中华人民共和国地方志丛书

湘西土家族苗族自治州志

1989—2010

（上册）

湘西土家族苗族自治州地方志编纂委员会　编

方志出版社
Publishing House of Local Records

图书在版编目（CIP）数据

湘西土家族苗族自治州志. 1989—2010 / 湘西土家族苗族自治州地方志编纂委员会编. — 北京：方志出版社，2018.7

ISBN 978-7-5144-3143-8

Ⅰ. ①湘… Ⅱ. ①湘… Ⅲ. ①湘西土家族苗族自治州—地方志—1989—2010 Ⅳ. ①K296.42

中国版本图书馆 CIP 数据核字（2018）第 166889 号

湘西土家族苗族自治州志（1989—2010）

编　　者：湘西土家族苗族自治州地方志编纂委员会
责任编辑：张颢

出 版 人：冀祥德
出 版 者：方志出版社

地址　北京市朝阳区潘家园东里 9 号（国家方志馆 4 层）

邮编　100021

网址　http://www.fzph.org

发　　行：方志出版社发行中心
电话（010）67110500
经　　销：各地新华书店
印　　刷：湖南省吉首市广源印务有限责任公司

开　　本：889×1194　　1/16
印　　张：78
字　　数：1997 千字
版　　次：2018 年 7 月第 1 版　　2018 年 7 月第 1 次印刷
印　　数：0001~2000 册

ISBN 978-7-5144-3143-8　　定价：550.00 元（上、下册）

《湘西土家族苗族自治州志》编纂委员会

(2009年)

(2018年)

《湘西土家族苗族自治州志（1989—2010）》编辑部

《湘西土家族苗族自治州志（1989—2010）》主要采编人员

（排名不分先后）

庞大森	谢绍猛	李鹏飞	符兴武	杨玉彬	张齐湘	邓启宪
赵玉林	田　忠	余　文	姜长青	胡启模	高　钰	张　华
孙龙明	杨求发	钟　杰	康　洋	张和清	向玉玺	李美雄
麻秋雨	张学英	符　明	唐立成	张长元	罗春波	龙为民
王吉平	蒲忠胜	杨　波	张太利	李湘君	廖　莉	陈凌玲
罗应奉	田闻鑫	彭书珍	唐方科	张建安	梁　华	李　春
秦可国	佘朝阳	葛红梅	腾久文	何　文	张　莉	张家尚
阙德斌	黄居正	向德芳	杨玉斌	陈　军	朱　敏	陈明来
张慧云	陈昌保	张训辉	田宏运	单　红	杨晓莉	肖怡湘
尚远道	李成晚	符桂英	吴玉乾	王　华	何　健	向宗志
李晓鹏	邵　华	黄沛军	向春好	张千政	杨俊州	彭　坤
吴天宇	张慧明	张　芳	刘加敏	孙海青	袁文婷	钟生友
瞿光祥	杨代宏	刘本刚	李士平	刘本长	谭晓午	王　涛
朱德清	王学保	曾亚波	许　波	陈　明	邹仁艳	田运红
张五一	杨　晶	彭勇忠	王耀宗	龙兴昌	李于蓝	龚惠君
侯先祥	隆金华	孙仲平	田万荣	杨明莲	陈明灯	印胜贵
杨子顺	孙　波	邹建军	张　军	龙承亮	石邦明	符金波
宋新情	武长松	肖通泽	常国安	甘　霖	龙清海	胡明涛
赵书秦	彭银忠	彭　辉	田再顺	杨金秀	甘德芳	王　琛
彭明友	蒋作斌	石兴炯	罗远培	杨昌勋	易礼顺	黄绍纷
彭　斌	龙会吉	田仁利	龙向阳	石昌麟	向振兴	藤召帆
余　俊	朱世博	张朝霞	张　临	陈家宜	陈兴军	邵启珍
郑树清	覃　昆	杨　杰	龙永春			

《湘西土家族苗族自治州志（1989—2010）》省级评议参评人员

湖南省地方志编纂委员会：易介南　邓建平　杨盛让　隆清华　杨　帆　李章进　阳雍悦

湖南省其他市地方志办公室：王习加　张列群　黄　磊　李一平　陈北宏　吴　夏　易小兰
陈育松　胡亿群　杨伟东　胡朝伟　蒋大英　李敦楚　周玉柳
曾爱武　易　林　曹春友　刘李波　周华辉　周　波　杨慈安
向凤毛　黄真龙　周冠军　蒋精华　曾光明　匡剑波　唐　璨
张让前　李小如　赖中霖　高　波　王劲梅　林有良　邹文程
吴六权　杨　耀　肖艳君　唐宏晖

湖北省恩施土家族苗族自治州：龙新松　谭　华　唐海泉

重庆市黔江区：何泽禄

重庆市酉阳土家族苗族自治县：彭清玉　简　朴　冉　军

重庆市秀山土家族苗族自治县：白胜文　吴　勇

贵州省铜仁市：安婵娟　滕继承　陈觉云

贵州省松桃苗族自治县：秦梅英　卿尚雄　姚　卫　秦志扬

湘西土家族苗族自治州：叶红专　彭武长　龙德忠　龙靖波　王如兵　张永中　彭继春
翟建凯　吴陵杉　彭延敏　骆邦建　熊明刚　李雄野　刘　海
龙儒文　杨远志　侯先祥　余　俊　方厚钊　毛永强　莫建章
杨　云　黄　锋　王　璨　梁先荣　易建鸣　陈秀实　符兴武
刘仁明　刘忠明　滕久文　石昌磷　罗应丰　左干国　田仁利
杨昌勋　杨求发　张家尚　周耀宗　彭明友　秦加生　覃华臣
彭银忠　尚明权　徐绍平　曹彩云　唐黎明　符　明　张长元
李　华　罗春波　葛文前　龙乾疆　吴绍德　谢远平　王世祥
田　彦　蒲忠胜　黎楚云　向明星　杨　波

湖南省地方志编纂委员会终审验收人员

易介南　邓建平　隆清华　杨　帆
李章进　阳雍悦　谭文美

序一

古人云：“郡之有志，犹国之有史”“治天下者以史为鉴，治郡国者以志为鉴”。地方志书作为全面系统记述特定区域内自然、政治、经济、文化、社会历史与现状的资料性文献，是“一方之全史”。湘西土家族苗族自治州历史文化厚重、民族风情浓郁、山水风光神奇、自然资源丰富，人杰地灵、名贤辈出。境内历代重视编修地方志，到清代修成府、县（厅）志若干部。正是拥有如此丰富的地方志，才使人们对湘西州有了更多的认识与了解。因此，编写湘西土家族苗族自治州志既是历史的要求，也是现实的需要；既是代代相传、永不断章的历史使命，也是发挥志书见证历史、以史鉴今、启迪后人的需要。

伟大的时代造就伟大的事业。新中国成立以来，特别是改革开放以来，在党的民族政策光辉照耀下，在党中央、国务院和湖南省委、省政府的亲切关怀及正确领导下，湘西州广大干部群众感恩前行，团结奋斗，艰苦创业，全州经济平稳较快发展、城乡面貌显著变化、社会事业全面进步、人民生活持续改善、绿色生态加快修复、各族群众团结和谐，取得了有目共睹的历史性成就。此次编写的《湘西土家族苗族自治州志》续志，客观记述了1989—2010年间湘西州自然、政治、经济、文化、社会等方面的历史和现状，融史、地、风、物于一体，具有鲜明的时代特征和地域特色，为全州各族人民和社会各界人士认识湘西、了解湘西、建设湘西提供了科学依据和历史借鉴。《湘西土家族苗族自治州志（1989—2010）》编修历时8载，经过三级评审，数易其稿，终将付梓。我谨代表中共湘西州委、湘西州人民政府，对付出艰辛努力的全体修志工作者和关心支持修志工作的各界人士，表示崇高的敬意和衷心的感谢！

当前，湘西州正迎来大有可为的重要战略机遇期。我们要全面贯彻党的十九大精神，以习近平新时代中国特色社会主义思想为指导，按照加强经济建设、政治建设、文化建设、社会建设、生态文明建设“五位一体”的总体布局和坚持全面建成小康社会、全面深化改革、全面依法治国、全面从严治党“四个全面”的战略布局，牢固树立新发展理念，打好防范化解重大风险、精准脱贫、污染防治“三大攻坚战”，落实省委创新引领开放崛起战略，紧扣脱贫攻坚和区域发展两大任务，围绕打造国内外知名生态文化公园，大力实施优势产业、基础设施、新型城镇、生态文明、民生事业“五大建设”，着力建设绿色、文化、开放、和谐“四个湘西”，努力实现在武陵山片区率先发展、率先脱贫。同时希望，通过修志、读志、用志，把握历史前进脉搏，洞悉事物变化规律，筹谋科学发展方略。相信《湘西土家族苗族自治州志（1989—2010）》的出版，将为加快建设美丽开放幸福新湘西，实现创新提质、特色赶超，在武陵山区率先崛起发挥积极的借鉴作用。

中共湘西土家族苗族自治州委书记 

2018年3月15日

序二

《湘西土家族苗族自治州志（1989—2010）》，几经寒暑，终成卷帙，这是湘西州人民生活中的一件大事，又是展示湘西州盛世风貌的重要成果，是一笔弥足珍贵的精神财富，可喜可贺。

湘西州地处湖南西部边陲，武陵山区腹地。境内资源丰富，土地神奇，千百年来，勤劳朴实的各族人民在创造自己历史的同时，又创造了许多优秀的民族文化。1957年，实行民族区域自治，成立湘西土家族苗族自治州，历史掀开了新的一页。1978年，中共十一届三中全会召开，推行改革开放，湘西州经济社会得到长足发展。1989年开始，随着扶贫攻坚的纵深推进，全州建设发展驶入快车道。至2010年，州境交通状况明显改观，特色农业初见成效，旅游产业不断升级，民生事业全面进步。1989—2010年的22年，是湘西州建设赶超持续发力的22 年，22年的辉煌成就，为决胜全面小康和实现湘西州经济社会发展新跨越奠定了坚实基础。

地方志是传承中华文化、弘扬历史传统的重要载体，具有“资治、存史、教化”的功能。2009 年，中共湘西自治州委、湘西自治州人民政府执行国务院《地方志工作条例》，决定续修《湘西土家族苗族自治州志》。同时，遵循“党委领导、政府主持、社会各界参与、地方志机构组织实施”的原则，成立州志编纂委员会，召开动员大会，落实编修工作任务。《湘西土家族苗族自治州志（1989—2010）》在编纂过程中，坚持以辩证唯物主义和历史唯物主义为指导，精心谋篇，广征博引，科学考证，去粗取精，去伪存真，全面真实地记述了湘西州经济社会发展、自然环境变迁、民族风土人情等等。全书资料翔实，图文并茂，是一部时代特征强烈、民族特色显明、内容横存百科的湘西州地情书。

地方志的价值在于应用。在二轮州志成书之际，希望全州上下认真读志用志，挖掘历史智慧，借鉴先辈成功经验，吸取前人失败教训，切实把握州情、地情，为谱写中国梦湘西州新篇章而努力奋斗。也希望全州广大地方志工作者，坚定方志文化自信，拓宽视野，多出精品，不断提升地方志公共服务能力和水平，共创湘西州更加美好的明天。

湘西土家族苗族自治州人民政府州长 龙晓华

2018年3月29日

领导关怀

LING DAO GUAN HUAI

1994年8月，中共湖南省委书记王茂林（中）考察龙山县卷烟厂（州团结报社提供）

1999年11月，中共湖南省委书记、省人大常委会主任杨正午（中）在州委书记彭对喜（左一）、州长武吉海（后排右三）等陪同下到口粮田建设工程花垣县尖岩片区考察调研（州团结报社提供）

2017年9月20日，中共湖南省委书记、省人大常委会主任杜家毫（右三）在州委书记叶红专（左二）等陪同下，到凤凰县雄龙村看望慰问困难群众（州团结报社提供）

2017年4月13日，中共湖南省委副书记、省长许达哲（前排右二）到古丈县红石林镇考察脱贫攻坚和旅游开发工作（州团结报社提供）

2014年10月31日，州委书记叶红专（前排左二）深入古丈县红石林景区二期工程施工现场调研（州团结报社提供）

2017年3月23日，州委副书记、州长龙晓华（前排左二），副州长李平（前排右二）一行深入湘西经济开发区州幼儿园分园和吉首大学师范学院附属小学校区建设工地调研施工进展情况（州团结报社提供）

州庆庆典

ZHOU QING QING DIAN

1997年9月25日，湘西土家族苗族自治州建州40周年庆典

（龙传永/摄）

2007年9月20日，湘西土家族苗族自治州建州50周年庆祝大会在州民族体育中心举行

（田仁利/摄）

2017年9月20日，湘西土家族苗族自治州建州60周年庆祝大会在州文化体育会展中心举行，全州各界3万多人参加盛会

（向民航/摄）

城乡建设

CHENG XIANG JIAN SHE

湘西经济开发区一角（湘西经济开发区管委会提供）

吉首市乾州新区（向民航摄于2017年6月）

泸溪县白沙新城（州住建局提供）

凤凰县城（州住建局提供）

古丈县城（张世德摄于2016年）

花垣县城（州住建局提供）

保靖县城（州住建局提供）

永顺县城（蒲忠胜提供）

龙山县城（州住建局提供）

十八洞村 2013年11月3日，中共中央总书记、国家主席、中央军委主席习近平考察十八洞村，首次提出精准扶贫重要论述。2016年11月，该村被列入中国传统村落名录（龙艾青/摄）

古丈县城茶文化街
（罗春波摄于2017年7月）

凤凰县官庄乡大湾村
（韩桃红摄于2014年8月）

花垣县蚩尤村村民住房
（州住建局提供）

交通通信

JIAO TONG TONG XIN

三桥叠立：3座桥位于吉（首）罗（依溪）公路猫儿潭地段，分别建于1964年、1972年和1999年，是湘西州交通事业发展的时代印记（陈庭茂/摄）

国道319泸溪县白沙至武溪段
（泸溪县公路局提供）

龙（山）永（顺）二级公路：龙山县红岩溪镇凉风村段
（龙山县史志办提供）

省道229芙蓉镇酉水大桥（罗春波摄于2017年7月）

湘渝高速公路矮寨特大悬索桥（向民航摄于2015年7月）

吉首高速公路立交桥（向民航摄于2017年7月）

龙（山）永（顺）高速公路穿越龙山县崇山峻岭
（向明海摄于2016年9月）

永（顺）吉（首）高速公路：古丈县罗依溪隧道
（罗春波摄于2017年7月）

古丈县岩头寨镇梓木村通村公路
（李祖干摄于2008年1月）

泸溪县武溪镇千吨级深水码头（张宗南/摄）

20世纪90年代忙碌的电信长途台
（中国电信湘西分公司提供）

2010年电信主干工程——吉首市区光交上架熔
（中国电信湘西分公司提供）

贫困学童在家中观看交互式网络电视教育节目
（向昳中摄于2016年9月）

20世纪90年代邮递员爬山涉水送信（中国电信湘西分公司提供）

水利电力

SHUI LI DIAN LI

保靖县格则湖小（一）型水库除险加固大坝施工现场（谢绍猛提供）

保靖县格则湖小（一）型水库除险加固后的水库大坝外观（谢绍猛提供）

位于酉水中游、保靖县境内的碗米坡水电站（彭司进/摄）

龙山县湾塘水电站（谢绍猛提供）

凤凰县长潭岗水库鸟瞰（向曦提供）

2005年8月，武水灌区泸溪县续建配套工程岩门溪水库英雄渡槽一角（谢绍猛提供）

2006年7月，花垣县社会主义新农村建设示范点排碧乡岩锣村饮水安全工程（谢绍猛提供）

永顺县羊峰山风力发电试验电站（向曦提供）

2015年12月，国网湘西供电公司“国强”党员服务队维护龙山县贾市乡光伏发电设施（田良东/摄）

2012年7月7日，国网湘西供电公司员工深入龙山县土家村寨实施农网改造（田良东/摄）

工业经济

GONG YE JING JI

2017年，湘西经济开发区标准厂房一角（彭玥友提供）

泸溪县湖南恒裕新材料科技发展有限公司（张宗南、许世知/摄）

湖南金天铝业高科技股份有限公司
（泸溪县武溪工业园提供）

凤凰县工业集中区一角
（州经信委提供）

古丈县南方水泥生产区
（罗春波摄于2017年7月）

2017年，古丈县英妹子茶叶有限公司自动化生产线车间一角（彭明友提供）

湖南（花垣）太丰集团电解锌生产车间（州经信委提供）

花垣县工业园区一角（州经信委提供）

2017年，保靖县金峰陶瓷公司制胚车间（彭明友提供）

2017年，保靖县新中合光电科技有限公司全景（彭明友提供）

永顺县经济开发区一角（州经信委提供）

龙山县工业集中区标准厂房建设开工动员大会现场（州经信委提供）

酒鬼洞藏文化酒利达洞基地

（酒鬼酒股份有限公司提供）

馥郁香型白酒酿制车间

（酒鬼酒股份有限公司提供）

酒鬼酒现代化包装车间

（酒鬼酒股份有限公司提供）

52度洞藏文化酒

（酒鬼酒股份有限公司提供）

湘西老爹公司猕猴桃系列产品

（向民航摄于2012年8月）

吉首市河溪香醋生产基地

（向民航摄于 2012年7月）

特色农业

TE SE NONG YE

2017年，龙山县籼粳杂交稻高产攻关百亩示范片（龙山县农业局提供）

龙山县石牌镇上母村百合基地（州农委提供）

湘西红心猕猴桃（向斌摄于2017年7月28日）

2014年8月，凤凰县大坡高山葡萄种植基地（凤凰县史志办提供）

永顺县松柏大米（永顺县史志办提供）

2015年，龙山县召市镇烟叶连片种植基地（龙山县史志办提供）

湘西椪柑（州农委提供）

古丈县青鱼潭有机茶园一角（张世德/摄）

保靖县吕洞山片区万亩黄金茶精品园一角
（州农委提供）

古丈县牛角山茶叶专业合作社
（罗春波摄于2017年7月）

湖南德龙牧业科技有限公司湘西黄牛养殖（州农委提供）

湘西铁骨猪养殖（州农委提供）

古丈县古阳镇南山村山羊养殖
（罗春波摄于2016年5月）

古丈县大鲵特种养殖
（张世德摄于2012年11月）

保靖县比耳镇脐橙基地（州农委提供）

商贸服务

SHANG MAO FU WU

泸溪县浦市镇标准化农贸市场

（州商务局摄于2014年9月）

改造后的保靖县大妥农贸市场

（州商务局摄于2014年2月25日）

湘西经济开发区举行招商引资集中签约仪式，现场签约四大项目，总投资1.22亿元。签约项目分别为盘古电子商务公司电子商务项目、湘西御民阁医药公司中药饮片加工项目、湘西州金都装饰公司新型建筑装饰材料加工项目、金鑫建材商行PVC电力管线及HDPE穿线管生产项目（胡大湘、朱良杜提供）

吉首市大田湾汽车城一角（向民航摄于2017年7月）

2015年10月6日，湘西经济开发区国盛商业广场开业盛典
（胡大湘、朱良杜提供）

吉首市乾州农贸市场一角
（向民航摄于2017年8月）

全州农贸市场标准化改造现场会在保靖县召开
（谢江摄于2013年8月）

吉首市凯莱大饭店
（向民航摄于2017年7月）

自然风光

ZI RAN FENG GUANG

吉首市德夯风景区问天台景点（符志兵/摄）

泸溪县沅水风光带十里画壁（符元启/摄）

泸溪县武溪镇天桥山景区（张宗南/摄）

凤凰县禾库镇板吉村天星山景区（陈利摄于2006年2月）

古丈县坐龙峡核心景区（向邦金摄于2011年10月）

古丈县高望界林场（罗春波摄于2017年7月）

古丈县红石林核心景区（张时红/摄）

古丈县罗依溪——栖凤湖景区（向黎明/摄）

保靖县白云山晨曦（保靖县民族宗教事务和旅游文化广电新闻出版局提供）

保靖县吕洞山（保靖县民族宗教事务和旅游文化广电新闻出版局提供）

永顺县猛洞河漂流——阎王滩（王银/摄）

永顺县不二门国家森林公园入口处（蒲忌胜/摄）

永顺县小溪原始次生林春色（樊林传/摄）

永顺县灵溪镇老司城“万马归朝”（杨邵东/摄）

龙山县乌龙山大峡谷（龙山县史志办提供）

名镇名村
MING ZHEN MING CUN

泸溪县浦市镇古街一角 2010年12月，浦市镇被住建部、国家文物局批准为国家历史文化名镇（张宗南/摄）

凤凰古城 2001年12月，凤凰古城被国务院批准为国家历史文化名城（张瑜摄于2011年8月）

凤凰县都里乡拉亳村 2012年，该村被住建部、文化部等7部门列入中国传统村落名录（州文物局提供）

花垣县边城镇 2014年2月，边城镇被住建部、国家文物局批准为国家历史文化名镇（州住建局提供）

永顺县芙蓉镇 2008年12月，芙蓉镇被建设部、国家文物局批准为国家历史文化名镇（蒲忠胜/摄）

龙山县里耶古镇老街 2005年9月，里耶镇被建设部、国家文物局批准为国家历史文化名镇（州住建局提供）

龙山县猫儿滩镇捞车河村全景 2014年2月，捞车河村被住建部、国家文物局批准为国家历史文化名村（龙山县史志办提供）

民族建筑

MIN ZU JIAN ZHU

吉首市乾州古城（向民航摄于2010年9月）

吉首市乾州文峰楼

（向民航摄于2016年7月）

吉首市丹青镇锦坪村苗寨晨炊

（向民航摄于2017年4月）

泸溪县达岚镇岩门村古堡寨一角（州文物局提供）

泸溪县涉江楼（泸溪县史志办提供）

古丈县默戎镇夯吾苗寨（张廿德摄于2011年11月 ）

保靖县吕洞山苗寨群（保靖县民族宗教事务和旅游文化广电新闻出版局提供）

2007年6月竣工的花垣县图书馆（州住建局提供）

永顺县芙蓉镇土家吊脚楼（州住建局提供）

龙山县猫儿滩镇惹巴拉凉亭桥（龙山县史志办提供）

革命遗址

GE MING YI ZHI

湘鄂川黔革命根据地省委、省革命委员会、省军区旧址所在地——永顺县塔卧镇全景（州文物局提供）

永顺县塔卧镇湘鄂川黔革命根据地省委、省军区旧址全景（州文物局提供）

永顺县塔卧镇湘鄂川黔革命根据地省委旧址（州文物局提供）

红二、六军团大战十万坪指挥部旧址，位于永顺县毛坝乡毛坝村范家组（永顺县文物局刘国胜提供）

永顺县塔卧镇湘鄂川黔革命根据地旧址红军标语（州文物局提供）

永顺县塔卧镇湘鄂川黔革命根据地省委旧址贺龙同志住房（州文物局提供）

永顺县塔卧镇湘鄂川黔革命根据地省委旧址北厢房任弼时同志住房（州文物局提供）

永顺县灵溪镇连洞村谢家祠堂红军标语（州文物局提供）

龙山县茨岩塘镇湘鄂川黔革命根据地省革命委员会旧址全景（州文物局提供）

龙山县茨岩塘镇湘鄂川黔革命根据地省革命委员会旧址主体正面图（州文物局提供）

教育体育

JIAO YU TI YU

吉首大学（向民航摄于2017年7月）

湘西民族职业技术学院（陈昊摄于2017年5月）

州民族中学校园一角（龙卫华/摄）

州幼儿园（向民航摄于2017年7月）

泸溪县第五中学新建的省心楼和明溪图书馆
（袁绍仁摄于2016年）

凤凰县落潮井镇九年制学校教学楼
（吴玉辉/摄）

古丈县默戎镇完全小学（罗春波摄于2017年7月）

花垣县民族幼儿园全景（花垣县教体局提供）

吉首市矮寨镇新安装的健身器材（石家祥摄于2016年）

2015年4月24日，凤凰县箭道坪小学“1+N”网络共享课堂（箭道坪小学提供）

2012年6月1日，古丈县河蓬中心幼儿园“六一”庆祝活动（杨世明/摄）

2016中国·吉首“秀兰杯”矮寨公路奇观第四届自行车公开赛（吉首市教体局提供）

爬刀梯（向民航摄于2006年5月）

苗族武术（田景成/摄）

传统体育项目——高低脚（张明明摄于2015年5月）

2000年9月，保靖籍举重运动员杨霞在澳大利亚悉尼举行的第二十七届奥运会女子举重53公斤级比赛中获得冠军（州教育和体育局提供）

2008年8月，龙山籍举重运动员龙清泉在北京举行的第二十九届奥运会男子举重56公斤级比赛中获得冠军（州教育和体育局提供）

科技文化

KE JI WEN HUA

2016年，湘西自治州科学技术奖励大会会场（州科技局提供）

2016年，湘西州科技活动周启动仪式（州科技局提供）

龙山县科技局百合培管技术培训（州科技局提供）

州科技局地震科普知识讲座（州科技局提供）

湖南省科技特派员李健权（左一）现场传授黄金茶培管技术（州科技局提供）

位于永顺县灵溪镇司城村的世界文化遗产——老司城遗址（刘海/摄）

龙山县里耶古镇出土的秦简（州文化广电新闻出版局提供）

凤凰县黄丝桥古城（石计生摄于2017年7月）

凤凰县南方长城一角（张吉珍/摄）

位于湖南湘西经济开发区武陵山大道的湘西民族文化园全景（张术杰、朱良杜提供）

位于湖南湘西经济开发区武陵山大道的湘西民族文化园夜景（张术杰、朱良杜提供）

土家摆手舞（田仁利/摄）

古丈县第二十七届土家族舍巴节摆手舞现场
（张世德摄于2017年3月）

土家打溜子（杨超提供）

土家族三棒鼓（田志大/摄）

土家族毛古斯舞（卢瑞生/摄）

凤凰县苗族四月八歌会（向民航/摄）

苗族清明歌会（向民航摄于2010年4月）

2014年9月，花垣县茶洞（边城）苗族赶秋节（麻正光/摄）

苗鼓争春（向民航/摄）

苗族椎牛祭祖（麻美垠/摄）

公共卫生

GONG GONG WEI SHENG

州人民医院全貌（州卫生和计划生育委员会提供）

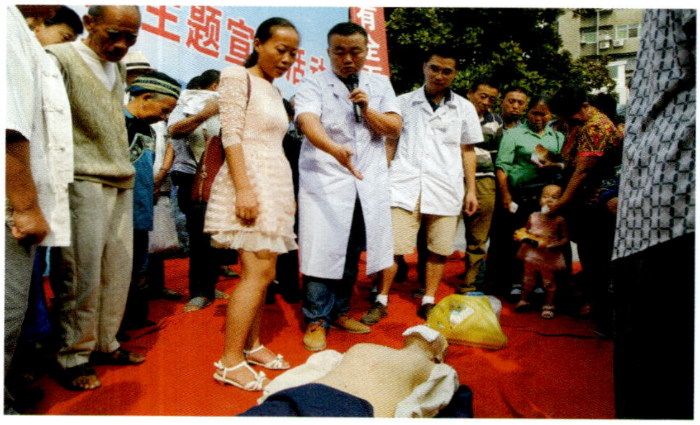

州人民医院急诊科专家为群众进行急救模拟培训
（州卫生和计划生育委员会提供）

州民族中医院送健康下乡
（州卫生和计划生育委员会提供）

中医专家为群众把脉
（州卫生和计划生育委员会提供）

2016年健康中国（湖南）行湘西站主题宣传活动
（州卫生和计划生育委员会提供）

州直医疗卫生部门为群众作健康知识宣传
（州卫生和计划生育委员会提供）

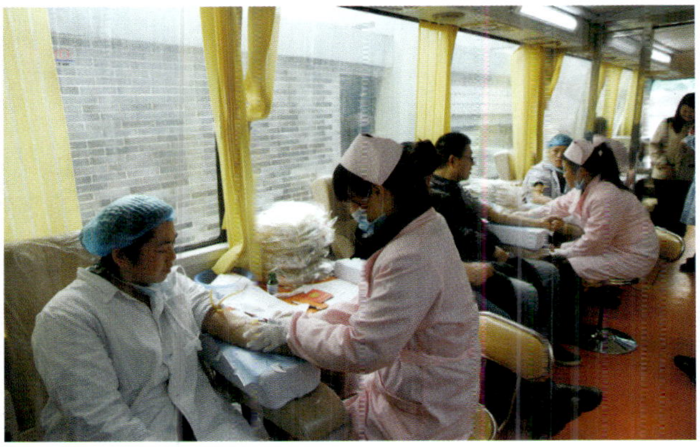

无偿献血
（州卫生和计划生育委员会提供）

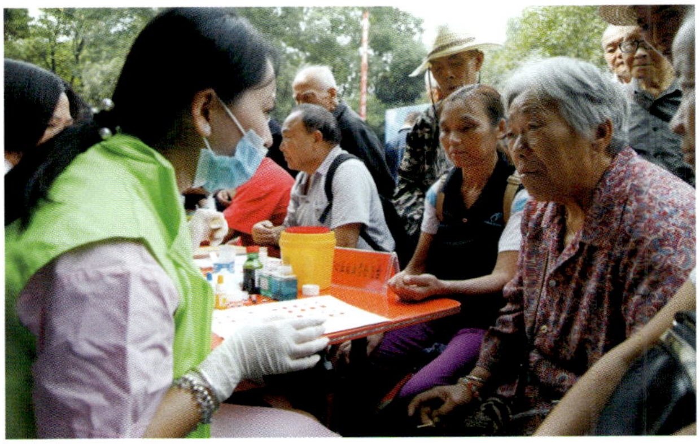

湘西州血站工作人员为群众查验血型
（州卫生和计划生育委员会提供）

群众在宣传展板前学习保健知识
（州卫生和计划生育委员会提供）

"世界卫生日"湘西州集中宣传服务活动现场（州卫生和计划生育委员会提供）

人民生活

REN MIN SHENG HUO

土家族盛装（田仁利/摄）

土家族哭嫁（向代坤摄于2006年4月）

土家族婚俗背亲（田仁利/摄）

土家织锦（卢瑞生/摄）

土家织锦图案（四十八钩花）
（刘能朴/摄）

苗族银饰（向民航/摄）

“吉泸式”苗族服装（赵春华/摄）

苗族打花带（汪石凌/摄）

苗族拦门酒（石维刚/摄）

苗族手工刺绣帐檐（麻美垠/摄）

2015年5月26日，《湘西土家族苗族自治州志（1989—2010）》稿评议会

2015年5月26—27日，《湘西土家族苗族自治州志（1989—2010）》稿评议会在湘西州民族宾馆召开。图为与会人员合影
前排左三起至右二：张永中、邓建平、彭武长、易介南、叶红专、龙德忠、龙靖波、翟建凯

凡　例

一、本志以马克思列宁主义、毛泽东思想、邓小平理论、“三个代表”重要思想、科学发展观、习近平新时代中国特色社会主义思想为指导，坚持辩证唯物主义和历史唯物主义的立场、观点和方法。遵循国务院《地方志工作条例》，力求全面、真实、准确地记述本行政区域内自然、经济、政治、文化和社会的历史与现状，推进社会主义物质文明、精神文明、政治文明、社会文明和生态文明建设，为湘西州决胜全面小康、打造国内外知名生态文化公园服务。

二、本志为《湘西土家族苗族自治州志》续志。记述时限原则上以1989年为上限，2010年为下限。与前志下限（1995年）部分内容重叠，前志漏载的重要内容，在相关章节予以补载；部分内容适当上溯或下延。本志记述地域，以2010年湘西自治州行政区划为限。

三、全志一般分设篇、章、节、目四个层次，运用述、记、志、传、图、照、表、录、索引等方志体裁，以志为主。总述及部分篇（章）设置的无题小序，有叙有议，以叙为主；大事记，编年体结合本末体；县市篇，采用条目体记述，按概况、乡镇、特色事物（事件）顺序排列；其余均以类系事，以时间为序，只记事实，一般不作评述。

四、统一使用规范汉字及现代语体文记述体。行文力求准确、简洁、朴实、流畅，除引文外，一律采用第三人称记述。

五、州名全称“湘西土家族苗族自治州”，记述一般称“湘西自治州”“湘西州”“全州”“州”；相关机构名称，一般称“中共湘西自治州委”“州委”“州人大常委会”“州人民政府”“州政府”“湘西州政协”“州政协”等。地名更改的，必要时加注说明。所言“村”皆指建制村。乡镇辖区的“街道”为村级（社区）组织。

六、人物收录以本籍为主，坚持“生不立传”的原则，须入志的在世人物一般按以事系人的形式记载。立传的政治部类人物，职务州级以上；其他方面，主要有各行各业英模典型代表、有特殊技艺的民间艺人等。相关篇章中的领导干部名录，分别收录副县（处）以上实职人员等。

七、志文纪年，涉及1949年9月30日以前的纪年，使用中国历史纪年和民国纪年，同时括注公元纪年；1949年10月1日中华人民共和国成立以后均用公元纪年，“公元”二字省略。

八、所需数据，以统计部门的为主，统计部门缺项的，选用主管部门数据。

九、数字用法、标点符号、计量单位等执行国家相关规定。考虑到社会使用习惯，书中的“亩”不全部换算。

十、本志资料主要来源于州直部门和各县市，少量资料摘自出版书刊，一般不注明出处。

总　目

目 录

（上册）

第一篇 地 理

第二篇 人口与计划生育

第三篇 民 族

第四篇 中国共产党湘西州地方组织

第五篇 人民代表大会

第六篇 人民政府

第七篇 人民政协

第八篇 民主党派 群众团体

第九篇 政 法

第十篇 军 事

第十一篇 人事 劳动 社会保障

第十二篇 民 政

第十三篇 经济综述

第十四篇 扶贫开发

第十五篇 农业农村经济

总　述

一

展开中华人民共和国地图，在莽莽苍苍的武陵山脉腹地，湘西土家族苗族自治州（以下简称湘西州）犹如一颗多棱的宝石，镶嵌在北纬27° 43'23"～29° 34'12"、东经109° 11'55"～110° 23'10"的湖南省西北部，闪烁于湘、鄂、渝、黔四省市边境地区，东南与怀化市、张家界市接壤，西北与贵州省铜仁市、重庆市秀山和酉阳土家族苗族自治县、湖北省来凤县相邻。境域南北长212公里，东西宽120公里，面积1.55万平方公里；有耕地面积13.95万公顷，森林面积74.9万公顷。湘西州山峰突兀，沟谷纵横，山、岗、丘、平交错分布。海拔最高为龙山县大灵山，海拔1737米；海拔最低为泸溪县武溪镇大龙溪出口，海拔97.1米。全境北高南低，地貌分三大区块：西北部为中低山山原区，中部为低山山原区，东南部为低山山岗平原区。境内属中亚热带季风湿润性气候，冬暖夏凉，四季分明，雨量充沛，光热适中，年均气温16.2℃~17.1℃，年均降水量1398毫米，适宜各种植物生长。

悠悠历史长河，湘西州如一叶古舟，穿越风雨云烟。旧石器时代，境内便有人类活动。唐虞之时，有“蛮地”之称，属“三苗”范围。夏，为“荆州之域”。商代，属楚。西周至春秋，属楚“黔中地”。战国时，属楚“黔中郡”。三国时，初属蜀、后属吴，西晋、东晋，属荆州武陵郡。隋唐五代时期，属黔中道。宋，为荆湖北路辰州、澧州。元，为湖广行省恩州军民安抚司、新添葛蛮安抚司和四川行省永顺司。明，置永顺宣慰使司、保靖州宣慰司，部分地域为岳、辰两州。清，置永顺府和凤凰、乾州、永绥直隶厅。民国时期，属辰沅道、第八、第九行政督察区。中华人民共和国成立之初，分属沅陵专区、永顺专区。1952年8月，湘西苗族自治区成立，辖吉首、泸溪、凤凰、古丈、花垣、保靖6个县，代管永顺、龙山、桑植、大庸4个县；12月，代管的永顺、龙山、桑植、大庸4县正式划归湘西苗族自治区管辖。1955年4月，湘西苗族自治区改为湘西苗族自治州。1957年9月20日，湘西土家族苗族自治州成立，辖吉首、泸溪、凤凰、古丈、花垣、保靖、永顺、龙山、桑植、大庸10个县。1988年12月，大庸市、桑植县划出湘西州。1989年，湘西州下辖吉首、泸溪、凤凰、古丈、花垣、保靖、永顺、龙山8个县（市）。2010年，全州有户籍人口285.01万人。其中，土家族108.93万人，苗族86.31万人，其他少数民族31.52万人，汉族58.25万人。

二

日升日落，沧海桑田。湘西州这块古老的土地，自然资源极其丰富。水利资源有沅江、酉水、武水、猛洞河、花垣河等大小河流及溪沟千余条，其中干流长5公里以上、流域面积10平方公里以上的河流368条。境内年均径流量127.9亿立方米，且有187条较大地下暗河。各河流坡降急，落差大，按平均流量计算，水能蕴藏量218.8万千瓦，可开发总装机容量162.70万千瓦。矿产资源种类多，藏量大。境内发现黑色金属矿产41处，有色金属矿产160处，金属矿产10处，能源矿产68处，非金属矿产199处，地热矿泉水6处。其中，大型矿床14处，中型矿床25处，小型矿床

400余处。探明储量在湖南省占据一定分量的有锰、汞、铅、锌、钒、钾、磷、紫砂、陶土、含镁白云岩、页岩气等。其中，锰、汞、铅锌、紫砂、陶土矿位全省第一；锰储量3106.57万吨，居全国第二位。境内奇花异木，葱笼荫郁，堪称野生植物资源天然宝库。有蕨类、裸子、被子等维管植物221科、1039属、2648种、35亚种、315变种、11变形。名贵古稀，种类繁多，属数占全省72%，科数占全省51%。境内还保存着大量世界孑遗植物水杉、珙桐、伞花木、伯乐树、双盾木、鹅掌楸、喜树、杜仲、青钱柳、香果树、青檀等古老珍稀树种。境内有陆生脊椎动物358种，隶属24目74科；昆虫4175种，分属22目177科。国家一级保护动物有云豹、金钱豹、林麝、白颈长尾雉、金雕。国家二级保护动物有50种，地方重点保护动物89种。

湘西州旖旎风光如诗画，奇异风情似美酒，被人们称之为“神地”。这里，山水风光秀丽，民族风情奇特，历史文化灿烂。境内有誉为“梦里故乡”“远去的家园”“中国最美的小城”——国家历史文化名城凤凰；有历经800余年风雨烟云的世界文化遗产——土司故都老司城遗址；有震惊中外考古界，被国家文物局专家评价为21世纪初中国考古界惊世大发现——“里耶秦简”及多座战国古墓；有奇特雄伟的“南长城”；有蜚声中外，古色古香，拍摄电影《芙蓉镇》之地的千年古镇王村（芙蓉镇）；有风光独特、美不胜收的吕洞山、红石林、古苗河、栖凤湖和雄奇险峻、幽谷急流“天下第一漂”猛洞河及中南第一大峡谷坐龙峡。此外，有民族风情浓郁、民俗文化独特、古朴雅致的乾州古城；有独特风光风情溶于一体的德夯苗族风情园及洗车、夯吉、陇木洞等民俗文化村；有绚丽多彩被誉为东方古老戏剧活化石、国家非物质文化保护项目辰河高腔目连戏，土家族情景戏剧毛古斯、摆手舞等。湘西更是地灵人杰，有曾任民国内阁总理、晚年致力于教育和慈善事业的熊希龄；有“通古今文史，教天下英才”、毛泽东敬重的国文教员袁吉六，有现代著名作家、历史文物研究家沈从文，有全才鬼才之誉的画家黄永玉；有著名爱国民族实业家李烛尘，有民族歌唱家何继光、宋祖英；有体育奥运冠军杨霞、龙清泉等。湘西州又是具有光荣传统的革命老苏区，土地革命时期，这里曾为中国革命占据范围最大的三块红色根据地之一、湘鄂川黔革命根据地的中心、湘鄂川黔红色政权苏维埃政府所在地。

特殊的土地，特殊的人文，特殊的历史，湘西州得到历届党和国家领导人高度重视和深切关注。20世纪90年代以来，党和国家领导人李瑞环、朱镕基、曾庆红、吴邦国、贺国强、贾庆林、李克强、温家宝、习近平等先后到湘西州视察，为这块光辉闪映、热血浸染的土地送来党和国家无尽的关怀和温暖。

三

经济发展、社会和谐、人民安康。留步20世纪80年代末至21世纪初的湘西州，一幅改革开放、欣欣向荣与多彩动感的画面跃入眼帘。1989—2010年，在这历史时空短暂的22年中，全州各族人民在中共湘西自治州委领导下，励精图治、锐意进取、奋发创业，用勤劳和智慧，使脚下这块古老的神地发生了巨大的变化。2010年，全州生产总值303.54亿元，为1989年16.76亿元的18倍；财政收入32.23亿元，是1989年2.67亿元的12倍；农民人均纯收入3713元，比1989年371元增长10倍；城乡居民储蓄存款235.81亿元，是1989年3.18亿元的74倍。

农业强，则基础牢；基础牢，则发展快。20世纪80年代末至90年代，随着改革开放的深入推进，昔日“种田为吃饭，养猪为过年，喂鸡养鸭为找油盐钱”“小打小闹”的小农经济生产观念被抛进历史。州委、州政府响亮提出：抓好一个基础，即粮食；实行八大系列开发，即林果、烟草、茶叶、苎麻、中药材、草食动物、矿产品、旅游业；大力发展特色优质高效农业成为农业高歌奋进主旋律。至2005年，农业产业化初具规模，全州稳步形成以椪柑为主的水果种植业、以山羊为主的草食畜牧业、以优质烤烟为主的高效经作业和以青蒿及白合为主的中药材产业。2006年，全州水果基地面积7.34万公顷，产量67.6万吨，其中椪柑4万公顷，占全国总面积的四分之一；发展优质烤烟1.352万公顷，青蒿、百合等中药材1.34万公顷，出栏山羊46万只。全州农产品加工企业及农村合作组织风生水起，有农产品加工企业310家，州级以上龙头企业29家，联系农户25万户，发展农村合作经济组织288个，种养大户2000余户，拥有会员1.9万户，带动农户18.2万户。2010年年末，特色支柱产业稳步发展，涉农加工企业及专业合作组织迅速壮大，有柑橘、茶叶、蔬菜、养羊、养猪、养鱼、养蜂等农业专业合作社370个，新增养殖大户217户。全年出栏（笼）猪、牛、羊、家禽分别为115万头、6.7万头、33.3万只和635万羽。全年水产品产量达2万吨，是1989年的3.1倍。全州特色支柱产业产值53.84亿元，占农业总产值的66.63%。湘西州传统农业基本被现代农业所取代。

1988年11月，湘西州委、州政府作出《关于五年消灭荒山十年绿化全州的决定》，州境全面打响绿化造林之仗，而且一届接着一届干。1993年，宜林荒山全部消灭；1997年，绿化全州目标提前实现。1999年，全州又马不停蹄地实施长防工程、世行贷款造林、绿色通道等绿化攻坚工程。2001年，实施退耕还林工程。当年，全州完成退耕还林面积12万公顷；同时完成长防造林6400公顷、国债资金造林4600公顷、世行贷款造林1.17万公顷、中（国）德（国）造林项目3600公顷，累计封山育林31.46万公顷，森林总面积由建州时的29.73万公顷增至64.50万公顷，森林覆盖率62.3%，比建州初期提高32.9个百分点；有活立木蓄积量2428万立方米，增加61.8%。2010年，全州实施退耕还林工程封山育林面积2000公顷，长防林工程封山面积212.67公顷，石漠化综合治理工程封山面积1345.31公顷。是年，实施“八百里绿色行动”拓展工程，涉及全州8个县（市）的79个乡（镇）234个村，总投资4290万元，完成造林绿化面积3042.33公顷。年底，全州森林覆盖率66.86%，比”八五”时期增长8.7个百分点。一个山青水秀、鸟语花香的美丽湘西，款款向人们走来。

水利是农业的命脉，标本兼治，综合治理，确保农业长足发展。1989—2010年间，全州大力开展渠系和灌区配套、病险水库除险加固和小流域治理。先后实施高家坝、碗米坡、浦市和里耶防洪大坝等一批重点水利项目，完成206座病险水库除险加固，治理水土流失面积700平方公里。境内有中型水库23座，中型水轮泵站1座，中型引水工程1处，小（一）型水库104座，小（二）型水库499座，山塘5905口，河堤1万多处，小型水轮泵站192处365台，其他水利设施3.2万处。境域有效灌溉面积由1956年的5.55万公顷增至8.4万公顷，旱涝保收面积由1956年的9700公顷增至5.96万公顷。基本实现“清清泉水悠悠流，流来丰收冲去愁”的理想境界。

春风拂神地，扶贫结硕果。22年来，全州人民穷则思变，变则求速，用坚毅和顽强，演绎了一场扶贫攻坚大战。1989—1993年，扶贫开发一改过去“授人以鱼”的做法，全州实施区域性产业开发扶贫，由原来的“输血型”转向“造血型”。1994年，国家实施八七扶贫攻坚计划，湘西州紧紧把握这一历史机遇，治山改水、修路引电、调整产业、优化结构。湘西州成为湖南省扶贫攻坚主战场，部门扶贫、对口扶贫、结队扶贫、定点扶贫等应运而生。州委、州政府每年组织千余个单位、万余名干部进驻贫困村，采取“单位包村、干部包户”办法，坚持“点上不脱贫，单位不脱钩”。2000年，全州农民人均纯收入1277元，贫困人口由60万人减至23万人。2001年，湘西州进入国家扶贫开发纲要“笼子”，扶贫主体由单一的扶贫开发机构专抓，转变为各个涉农部门共同参与，拧紧拳头，形成合力，协同作战。至2010年，全州贫困人口由1985年的156万人下降到87.6万人（贫困标准由150元提高到1196元），农民人均纯收入由325元增加到3173元，农村贫困发生率由84%减少到31.7%。

工业兴，湘西兴。20世纪80年代末，湘西州委、州政府作出切合州情的抉择：化自然优势为经济优势，以工业发展作为全州经济建设的主攻方向。全州上下大胆摒弃传统观念，瞄准市场，勇于开拓，工业企业实行改革改制，资产重组。进入21世纪，先后组建湘泉集团、三立集团、东方锰业集团、喜阳食品集团4家大型企业，累计完成国有企业改革改制343家，占州内国企总数的71%。同时，积极发展以矿产品、酒烟食品、化工、医药、能源等五大支柱产业为主导的规模企业，大力扶植各类非公有制企业，振兴化工、太丰集团、金天铝业、金旭冶化、老爹公司、亿事达集团、南方牧业、金山实业、湘泉制药、华吉制药、宏成制药、本草制药等一大批民营企业成长壮大。2006年，全州乡镇企业发展到60296家，民营工业增加值实现31.5亿元，占全州工业增加值的79%，民营经济上缴税金11.09亿元，占全州财政总收入的72%。民营经济成为全州工业经济主体。在治理工业污染方面，按照“关停一批、限期治理一批、改造提高一批、淘汰一批、转产一批”的思路，实施污染源达标排放治理工程，全州取缔、关闭钒厂31家。治理电解锰生产污染企业44家、铅锌企业122家。其中，电解锰企业污染治理全部通过国家验收达标，得到时任中共中央总书记胡锦涛的肯定。州境先后建成吉凤经济开发区、吉首经济开发区、永顺经济开发区等工业园区26个，累计完成投资25.3亿元，入园企业218家，入园项目300个。工业产品以不可类比的质量和特色纷纷走向山外，走出国门。其中“酒鬼”获中国驰名商标，“三立”“喜阳”“金银花”“果王素”“老槐”“金天”“湘泉”等获湖南省著名商标；酒鬼、湘泉系列产品、老爹猕猴桃果汁饮料和果王素胶囊、金大铝业的金天牌微细球形铝粉、三立集团的三立牌锌锭、东方锰业集团的东锰牌电解锰、土家人集团的土家人酒、湘泉制药厂的妇炎康片、州七〇化工厂的4号岩石粉状铵锑油民用炸药等产品获湖南省名牌产品称号。2010年，全州实现工业增加值121.26亿元，占国民生产总值的33.7%。抓发展，严质量，提品位，一座座工厂从小到大，由弱到强，湘西州工业铁军，铿锵地走过艰难，走出湘西，走向辉煌。

“山青自有画眉叫，梧桐引得凤凰来。”湘西州经济建设快速化、多元化发展，全州积极抓好内部环境的优化和治理，制定一系列优惠政策，筑巢引凤。22年间，先后举办大型招商会议和活动60多次，参加国家、区域、省级重点招商活动40余次，签约项目500余个，合同引资500余亿元。采取走出去请进来的办法，开展节会招商、定向招商、上门招商、代理招商、园区招商、网上招商，商贸范围扩大到“长三角”“珠三角”、中国香港地区和英国等国家。2001年，商贸快速发展，商品结构不断优化，市场逐步多元化，出口突破1亿美元，成为当年全省出口过亿美元的4个市（州）之一。诚信守诺，过硬质量，湘西州与亚洲、欧洲、北美洲、南美洲、非洲、大洋洲的36个国家和地区均发生贸易往来。2006年，境内城乡集贸市场发展到101个，其中亿元以上商品交易市场15个。全州个体工商户3.25万户，从业人员6.76万人。吉首、泸溪、凤凰、古丈、保靖、永顺6个试点县（市）累计发展农家超市49家，为农村市场流通注入新的活力。2010年，全年实现社会消费品零售总额117亿元，为1989年7.6亿元的15.39倍。一个市场繁荣、贸易活跃的喜人景象展现在湘、鄂、渝、黔边的湘西州。

开发旅游，带动经济。湘西州旅游业兴起，为全州经济长足发展抹上了重重一笔。20世纪80年代末，境内旅游业开始起步，年接待游客48.4万人次，旅游收入238.6万元。2000年，州委、州政府充分发挥湘西神奇的自然风光和独特的民族历史文化优势，将旅游业作为全州国民经济重要支柱产业来抓。按照“政府主导、市场运作、公司经营”的发展模式，加大旅游基础设施建设力度，不断完善配套设施，形成以凤凰历史文化名城游、德夯民俗风情游、猛洞河土家文化生态游、里耶战国古城游为特色的四大旅游板块。2006年，全州旅游直接和间接从业人员8万余人，接待游客677万人次，实现旅游收入24.6亿元。2010年，旅游大通道建设、景区公路连接线建设和旅游配套设施建设工程相继竣工。老司城遗址发掘震惊考古界，对外影响力不断扩大。州境拥有国家历史文化名城、国家历史文化名镇、国家重点风景名胜区、全国红色旅游经典景区、国家级自然保护区、国家森林公园、国家地质公园、国家重点文物保护单位等“国”字号旅游品牌18个，省星级乡村旅游景点11处，星级旅游宾馆33家，国家级导游持证人员430人。是年，接待国内外游客1315万人次，为1989年的27倍；实现旅游收入63.8亿元，是当年全州国民生产总值的23.3%。湘西州被评为“中国最佳旅游去处”，州域旅游跻身湖南省旅游发展先进市州行列。

“土路多而石路少，绕溪越岭，时上时下，幽深险阻，迴绝人寰……险要之处，猿猱难攀”。这是昔日州境著名苗族学者石启贵在《湘西实地调查报告》中对境内道路的如实记载。要致富，先修路。20世纪90年代，按照省委、省政府到2000年85%以上建制村、到2005年95%的建制村通公路要求，借助扶贫攻坚、西部开发的强劲东风，全州上下掀起交通建设热潮。先后实施县际公路、通乡公路、枝柳铁路、国道省道及村道建设和改造。2000年后，张家界至吉首、桑植至龙山、凤凰至贵州大兴、吉首至茶洞等公路，实现高等次改造，通乡、通村公路扩展延伸迅速。2005年，境域乡镇全部通车，建制村通公路率95%，如期实现省委、省政府工作目标。2008年，湘西州被列入国家第三批农村公路建设示范工程单位之一，全州通达工程、县乡公路提质改造等项目启动，吉茶、吉怀、张花、凤大、龙永、永吉高速公路相继开工建设。是年，常（德）吉（首）高速公路建成通车，湘西州融入全省4小时经济圈。同时，酉水、沅水、武水等水运航道不断改造完善，可经洞庭湖通江达海。至2010年，全州累计改造县城至乡镇公路2057公里，通畅工程竣工1852公里，新建和改造通村公路1917公里，通乡（镇）公路全部实现水泥（沥青）硬化，适宜通公路建制村全部通公路。州府吉首与张家界机场和铜仁机场分别相距152公里和80公里。湘西州水路通，陆路畅，空中飞，一个水陆互补、陆空相连、四通八达的交通运输网络基本形成。

“灯火辉煌如白昼，明灯万盏映山河”。22年的发展变迁，湘西州电力发展，步伐坚定，踏出一片光明。“八五”期间，湖南电网连接湘西，泸溪、古丈、永顺、龙山四县电网并入省网，并新建乾州110千伏等输变电站。电力增强，流量加大，州内用电紧张局面有所缓解。“九五”期间，先后建成沅陵凤滩至泸溪武溪镇110千伏输变电、吉首万溶江220千伏输变电和保靖梅花、龙山新城、花垣佳民、泸溪白沙和浦市5个110千伏输变电工程，实现湘西地方电网与湖南电网并网运行。“十五”期间，随着境内经济的迅猛发展，工业企业的快速崛起，全州进一步吹响电力建设的号角，新建岩人坡、枇杷冲变电站，并扩建万溶江220千伏变电站，新扩建110千伏变电站18座、35千伏变电站22座。2004年，州境装机容量第一的碗米坡电站运行发电。2006年，州域发电总量9亿千瓦时，完成供电量35亿千瓦时。2010年，全州拥有220千伏变电站4座，110千伏变电站28座，初步形成以6回220千伏线路为骨干，29回110千伏线路为主干的湘西州区域性输变电网络。

“坐地日行八万里，巡天遥看一千河”。这曾是昔日浪漫的幻想和放飞的追梦，如今，在消灭无电村的湘西州，信息化建设也如一把利剑，斩云切雾，直穿长空。“八五”时期，湘西电信连续实施“7215”“165”和“718”三大系统工程。1993年，组建湘西州基础数据分组网。1995年，吉首市数字数据网络建成，为用户提供64~2048K接入速率。1997年，全面完成县DDN网络建设。2000年，吉首在全州率先实施宽带网建设。2001年，IP城域网覆盖至县级，并开始实施乡镇综合接入网建设。2002年，全州乡镇综合接入网全部建成。2008年，分组网络用户改用DDN网或宽带专用及大客户专网。2010年，州境光纤、数字微波、程控交换、数据通信、移动通信、综合信息等实现有线无线并举，宽带窄带兼容，从根本上扭转湘西通信落后于国民经济发展的被动局面。同时，邮政网点密布。湘西州跨入全新的信息化时代。

边地长高楼，郊外拓新城。22年，湘西州城镇建设飞速发展。20世纪80年代末，着力加快城镇基础设施建设和旧城改造。进入“十五”时期，抓住国家西部大开发和扶贫攻坚机遇，突出城镇扩容提质和开发区建设，对城镇道路、供水、污水和垃圾处理等实行统一规划、配套建设。2001年，城镇化建设全面推进，突出工业园区（小区）建设，新增城区面积56.94平方公里，新建城镇道路126.5公里。2006年，以州庆项目建设为契机，实施城镇基础设施建设项目25个，其中州庆重点项目7个。年内，新增城镇道路面积67万平方米，新增公共绿地面积55.21公顷，人均公共绿地面积达到6.62平方米。初步形成1个市7个县城60个建制镇，以及具有一定规模的集镇构成的城镇体系发展框架，全州城镇化水平达30.5%。2010年，完成城镇基础设施建设投资4.81亿元,新建城镇经济适用房1.05万平方米、城镇廉租房25.15万平方米，新增城镇道路面积12.5万平方米，新铺排水管道103.7公里。全州城镇自来水普及率85%，燃气普及率60%，城镇化率37%。

四

科技，能量无限，是第一生产力。进入20世纪90年代，湘西州科技兴州战略实施步伐加快。2005年，全州累计实施州级以上科技计划项目2017个，引进推广新技术、新成果1160项，研发新产品386项，鉴定科技成果847项，获得省、州科技进步奖656项。申请专利976项，专利授权342项，实施专利技术113项，应用型科技成果转化率52%，科技入户率85%。2006年，全州拥有各级各类专业技术人员4.44万人，享受国务院特殊津贴22人，省优秀中青年专家3人。有科研机构7个，高等院校3所，农、林、畜等技术推广服务机构1017个，企业技术研发机构35个，其中省级工程技术研究中心和企业技术中心3个、博士后流动站1个。初步建立起集研究、开发、推广、服务于一体的科技创新体系。全州有培育发展新技术企业12家，民营科技企业61家，累计实施州以上高新技术项目40个，转化高新技术产品37个，实现高新技术产业产值53.64亿元，利税9.68亿元，出口创汇4.71亿美元。2010年，全州投入科技引导资金2980万元，组织实施州以上科技计划项目97个。新发展高新技术企业7家、民营科技企业11家。引进推广农业新技术、新品种40项，建立农业科技示范基地0.53万公顷，开展科技培训11.18万人次。申请国家专利323件，其中职务发明创造专利100件，工矿企业专利74件。专利授权188件，专利实施率31%。

教育，强盛的根基，是腾飞的翅膀。短短22年，湘西州教育事业迈出坚实的步伐。1989年，全州实施“义务教育工程”，开展基本普及九年义务教育。1995—2000年，湘西州在“再穷不能穷教育，再苦不能苦孩子”的思想指导下，实施“希望工程”、建百所希望小学，改造学校危房，建设农村寄宿制学校。2001年，全州扫除青壮年文盲；基础教育进入全面推进素质教育新阶段。2006年，境内高等教育由师范专科发展到各类专科、本科和研究生教育；民办教育风生水起，民办教育机构达370个。2007年，湘西州“两基”教育通过国家验收。2010年，现代远程教育网络体系基本建成，覆盖全州92%的中小学，义务教育合格学校建设全面推进，是年，州境有大学3所，中职学校31所，普通中学185所，小学1006所，幼儿园347所。全州平均每万人在校学生分别为大学74人、中等职业学校94人、普通高中149人、初中412人、小学856人，教育事业健康发展。

山歌唱得太阳亮，苗鼓打得月亮明。湘西州随着人民物质生活条件的改善，文化事业也得到迅速发展。20世纪90年代，弘扬民族文化，繁荣文艺创作，开展群众文化活动，组织艺术团体送戏下乡。同时，发展广播电视，丰富群众精神生活。进入21世纪，州内全面开展非物质文化遗产分布状况、价值、传承人基础调查，制订保护计划，落实保护措施。州委、州政府加大文化事业投入，文化设施条件不断改善。2006年，州境有公共图书馆9个，基层图书馆217个，博物馆4个，各级文物保护单位351处，文化馆8个，群众艺术馆1个，文化站217个，专业文艺表演团体9个，电影发行放映及专业电影院（队）104个，各类文化经营单位1825家，从业人员2.11万人。2010年，全州广播综合覆盖率72.9%，电视综合覆盖率95.3%。“人在家中坐，能看天下事”成为全州人民的现实。文艺创作更趋繁荣，作品质量不断提升，其中获国家级奖励13个，省级奖励37个。

美美满满享生活，健健康康沐平安。22年的卫生事业是湘西州社会事业建设和发展大写的篇章。20世纪90年代，全州坚持“预防为主、治疗并进、防治结合”的方针，积极开展疾病普查和防治工作，大搞爱国卫生运动和推行卫生保健。同时，加大投入，不断完善州、县（市）、乡（镇）三级医院基础设施，添加高新医疗器械。境内形成紧急救援、疾病预防控制和卫生监督网络，并建成州、县（市）、乡（镇）三级医疗救治体系。通过培训、进修、招揽人才等举措，提高医疗技术水平。2000年，社区医院和个体诊所在州境城镇广泛建立，大小药店遍布城乡。2007年，湘西州新型农村合作医疗实现全覆盖，预防保健水平稳步提升，地方病、寄生虫病得到有效控制。基本消灭疟疾、丝虫病、脊髓灰质炎。肺结核病人治愈率达到92.9%，儿童“五苗”接种率以乡为单位达90%以上，孕产妇住院分娩率80%以上。实施卫生改水工程300多处，卫生改厕工程2.5万多处，解决40多万农村居民卫生饮水问题。2010年，人均预期寿命增至73.7岁。年末全州有县以上国有综合医院9所，中医医院8所，专科医院4所，疾病预防控制中心9个，乡镇卫生院203所。有卫生技术人员1.41万人。基本消灭地方病。全州医疗卫生机构固定资产总值11.86亿元，其中专业设备1.91亿元,分别为1989年的22倍、4.9倍。

20世纪80年代末，湘西州体育事业在发展群众体育的同时，以学校体育为基础，坚持“强县、强项、强校、强人”战略，注重发展竞技体育，先后培育出一批又一批在全省乃至全国出类拔萃的优秀运动员。2000年9月8日，在悉尼奥运会上，保靖籍运动员杨霞荣膺女子举重冠军，实现湘西州奥运金牌零的突破。2002年，在第九届全国运动会上，杨霞、马继游分别获得举重和蹦床金牌。2006年，湘西高脚竞速、高脚竞技、高脚撞架在全国推广，并列入全国少数民族体育运动会正式比赛项目。在突出竞技体育和培养优秀运动员同时，加强体育基础设施建设，大力发展群众体育。各项球类比赛、民族体育竞技、体操舞蹈健身，赛事联谊，常年坚持。2010年，全州拥有体育场（馆）27个，全民健身工程项目和农村体育示范点277个，有省、州、县（市）级传统体育项目学校10所，各级各类体育协会12个，各级社会体育指导员1956人，各类健身活动站点34个，青少年体育俱乐部4个，学校施行《国家体育锻炼标准》，施标率100%，达标率94.2%。22年为国家培养输送400余名优秀体育后备人才。

五

“两手抓，两手都要硬”。州委、州政府始终坚持“以经济建设为中心，两个文明建设一起抓，两个轮子一起转”。20世纪90年代初，实施物质文明和精神文明双百分目标管理，将“两手抓，两手都要硬”落实在实际工作中。1993年，州委、州政府先后三次召开全州县处级以上干部会议，部署党风廉政建设工作，新设22个举报中心、128个举报箱，公布17部举报电话，取消州以下政府和主管部门印发的43个收费文件309个收费项目，党政机关与所办经济实体脱钩。1994—1995年，州委整顿州、县（市）机关作风，清理党政机关和领导干部违规购买和更换小汽车问题，通报批评拖欠职工工资购买小车单位21个。开展公费出国出境旅游或变相旅游清理。1998年,开展以狠刹公款摆阔风、公款吃喝风、干部赌博风为主要内容的机关作风整顿，大兴调查研究之风、艰苦创业之风和勤俭节约之风。开展创建文明机关，当好人民公仆活动。1999年，清理查纠住房改革、干部营建私房中的违纪违规问题。2001年，开展“三个代表”重要思想学习教育活动，州、县（市）委书记为第一责任人，乡镇党委书记和州、县（市）直部门负责人为直接责任人。2002年，在各级领导干部中推行民情调查制度，实行“两上门”（上基层门、上群众门）服务制度和乡镇干部驻村工作制度，州、县（市）、乡（镇）政府全面推行政务公开，打造人民满意政府。是年，乡镇政务公开办事制度全部建立。2006年，州委在全州各级党组织推行“三卡”管理模式，即党委书记抓基层党建工作责任卡、党支部书记发挥战斗保垒作用目标卡、共产党员发挥先锋模范作用行动卡，建立保持共产党员先进性长效机制。2008年，州委实施《公民普法实施纲要》，开展“社会公德、职业道德、家庭美德”教育，对影响社会稳定的重大隐患，实行挂牌督办。2010年，州委按照科学发展观要求，建立县市和州直单位领导班子绩效考核体系，领导班子分为一类、二类、三类排列,领导干部按优秀、称职、基本称职、不称职4个等次考核，强化绩效问责，与工资津贴挂钩，年终奖罚兑现，实行末位淘汰。基层党组织建设以“三制一卡”为抓手，创新活动载体，开展创先争优活动，“三制一卡”工作法获得中共湖南省委组织部重大创新奖。民主法治建设有序推进，州人大常委会完成《小溪自然保护区保护条例》立法工作，对“一府两院”依法实施监督。全州各级政府依法行政，人民政协有效开展民主监督。政法机关严厉打击各种刑事犯罪分子，建设平安湘西，为经济发展提供良好的社会环境。

“路漫漫其修远兮，吾将上下而求索”。二十年姑且为一个周期，却又仅仅是个开始。境内精准脱贫任务仍然艰巨，有的贫困程度较深；农业基础比较薄弱，服务业整体服务水平较低；人才、资金等经济社会发展的要素制约较为明显；少数干部以人民为中心的观念淡薄，存在懒政怠政行为；打牌赌博、吸毒贩毒、卖淫嫖娼等社会丑恶现象时有发生；影响社会稳定的不安定因素依然存在，实现湘西州后发赶超的美好愿景任重道远。

进入新时代，湘西州各族人民勠力同心，以永不懈怠的崭新姿态，尽锐出战，开启创新提质特色赶超率先崛起新征程；用创造历史的激情、续写奇迹的决心、实现梦想的力量，不断夺取建设美丽开放幸福新湘西的新胜利！

大 事 记

1989 年

1月1日　湘西自治州在执行国家连续五年全额减免农业税之后，恢复征收农业税。

2月15日　州直单位扶贫工作团成立，副州长贾长岳兼任团长。22日，该团100多名机关干部分别下到吉首市丹青、排绸、排吼，泸溪县梁家潭、八什坪，古丈县山枣、河蓬、坪坝，凤凰县两林、柳薄、米良，花垣县雅西、补抽，龙山县坡脚、靛房，永顺县对山，保靖县普戎，共17个贫困乡，开展扶贫工作。实行扶贫责任到单位，工作任务落实到个人，扶贫干部一年一轮换，点上不脱贫，扶贫不脱钩。

3月22—24日　湖南省代省长陈邦柱率省政府有关部门负责人，到保靖、花垣、凤凰、吉首、泸溪五县市和吉首大学现场办公，研究扶持湘西州政策和办法，帮助湘西州解决工农业生产特别是粮食生产中的困难。27日，州委、州政府在吉首召开各县市和州直有关部门主要领导人紧急会议，传达贯彻省政府领导在州现场办公期间的指示精神。

4月20日至5月4日　世界粮食计划署主管中国项目高级官员梅布里吉斯等评估团一行10人，到湘西州现场评估武陵山区农业综合开发项目。

4月20—24日　中国民族贸易经济理论研究会在吉首召开。出席会议的有全国14个省、区的专家和民族工作者100多人。大会收到论文70余篇。

4月28日　州委召开州直局以上单位党组织负责人会议，要求全州共产党员和各族人民群众学习《人民日报》社论，把思想认识统一到中共中央的精神上来。

4月29日　湘西州、吉首市房地产部门举办吉首城区首届房地产交易会，成交18套，总价值165万元。

5月5日　吉首酿酒总厂复合饲料分厂建成投产，在全州工业企业中率先采用微型电子计算机控制工艺操作。

5月9日　国家计划生育委员会主任彭珮云到吉首考察计划生育工作，强调湘西是贫困地区，应将扶贫与计划生育工作结合起来。

7月10日至9月3日　泸溪、凤凰、永顺和吉首4个县（市）租用高炮9门，实施人工降雨。高炮作业52次，降雨52次。其中暴雨10次、大雨12次、中雨11次、小雨19次。受益乡（镇）80多个。

7月14—23日　在首届北京国际博览会上，吉首酿酒总厂酿制的“湘泉酒”“酒鬼酒”获银牌奖。

7月17日　湘西州邮电局开通区号为07481的长途自动电话，可直接拨全国370个城市。

7月20日　湘西州人民医院副院长周娴君获国际红十字会授予的第三十二届“南丁格尔”奖章。

8月20—22日　吉首市人民政府和州民贸一局在吉首联合举办焦柳铁路沿线商业经济协作区第四届、湘鄂川黔四省边区吉首市第六届商品交易会，15个省（市、区）780个单位的2500名代表参与购销，成交总额1.08亿元。其中吉首市2035万元，创历届交易会新高；吉首市农贸中心750万元，居参加该届交易会单位成交额之首。

9月　泸溪县城迁建工程在上堡乡白沙村奠基。

11月17日　州人民政府发布《关于扫除社会六种丑恶现象的布告》，全州开展扫除“六害”斗争。“六害”即卖淫嫖娼和引诱、介绍、容留、强迫妇女卖淫；走私、制作（含复制）、贩卖、组织传播淫秽物品和利用淫秽物品教唆、引诱他人犯罪；拐卖妇女儿童；聚众赌博；组织反动会道门和利用封建迷信手段散布谣言，蛊惑人心，骗财害人；私种罂粟、非法加工或走私、贩卖、偷运、吸食毒品。

11月18—19日　中国地方志指导小组民族志指导组第四次（扩大）会议在吉首召开。

12月　吉首市科协获中国科协颁发的首届金牛奖和先进集体优秀奖，市科协副主席易筱琴（女）获金牛奖先进个人奖。

龙山县酿酒总厂酿制的乌龙山酒获轻工部颁发的1989年新产品奖和包装设计奖。

12月下旬　吉首椪柑参加在长沙举行的湖南省优质水果评比，以味形俱佳获第一名，被评为省优产品。

永顺纺织厂生产的18号纯棉售纱、州制药厂生产的峒河桥牌甲氧氨嘧啶原汁药、花垣县锰矿电解锰厂生产的电解金属锰、花垣县糖酒厂生产的钟佛山牌刺梨原汁和保靖县松花皮蛋厂生产的永桂牌松花皮蛋，均被评为1989年度湖南省优质产品。

1990年

1月19日　湘西州汽车运输公司龙山分公司166车队166018号东风牌客车，7时10分从吉首出发开往龙山方向。18时许，该车行至国道209线2088公里路段时，翻下垂直高度64.6米的山涧里，导致34人死亡、16人重伤，直接经济损失32万元。

是月　州委农村社会主义思想教育工作领导小组成立，组建州委社教工作团，在全州开展农村社会主义思想教育。2月17日，全州217个农村社会思想教育工作队和17个企业教育部门试点工作队，共6700余名工作队员分别下到乡（镇）、村和试点厂矿企业及学校，开展社会主义思想教育工作。

4月18日　州纪委、州监察局联合举行加强廉政建设惩治腐败新闻发布会，宣布对8名违纪党员、干部（其中副县级4人）的处分决定和6名副县级干部立案查处的决定。

4月28日　州洗溪磷矿矿长兼党委书记赵继成和怀化铁路分局吉首火车站客运值班员王源孝获全国“五一劳动奖章”和湖南省人民政府授予的省劳动模范称号。

5月中旬　州农业局高级农艺师黄仕杰获农业部和人事部颁发的全国农业劳动模范奖章和证书。

5月26—30日　中共湘西自治州第六次代表大会在吉首召开。中共湘西自治州六届一次全会选举郑培民为州委书记，杨正午调任湖南省委副书记。

6月6—10日　中共湖南省委副书记、省人大常委会主任刘夫生考察花垣县团结、道二、雅桥、排碧、雅酉等15个乡（镇）和县铁合金厂，询问和查看群众生产生活情况。

6月13日20时至15日20时　州境除龙山县外，普降大到暴雨。其中，泸溪、吉首、古丈三县市降特大暴雨，造成洪水灾害。全州因灾死亡15人，伤346人；30个乡（镇）、110个村、4.28万户22.6万人受灾严重；有1.66万公顷农作物和部分生产生活设施被冲毁，直接经济损失1.39亿元。

6月22日　吉首市工商银行中心储蓄所始用电脑办理储蓄业务，成为全州首家电脑储蓄所。

7月1—10日　湘西州开展全国第四次人口普查工作，经登记，全州总人口2294866人。其中，土家族806433人、苗族711126人；男性1180883人、女性1113983人。

7月3日　民政部副部长张德江受国务院总理李鹏委托，率领12人到泸溪县查看洪灾情况，慰问灾民。

7月中旬至9月底　全州大部久晴少雨。7月22日至8月底，龙山县总降水量仅21毫米，蒸发量223.7毫米，州境71座水库、1900口山塘干涸，187条溪河断流，220个乡（镇、场）出现旱情，4.2万公顷迟熟中稻、0.26万公顷晚稻有4.15万公顷受旱；1.3万公顷迟熟玉米有0.73万公顷干枯；1600多个村、45万人发生饮水困难。

8月上旬至11月上旬　全州抽调1229名党员干部，进驻281个村（占州境村总数10.6%），开展后进村党支部整顿工作。经整顿，94%的党支部有明显进步，95%的党员受到一次党性原则和为人民服务宗旨教育。

8月17—18日　湘、鄂、川、黔四省边区武陵山区板栗技术开发协会和武陵桐油经营集团相继在吉首成立。

8月19—21日　吉首市人民政府在吉首承办上海市南市区、浙江省嘉兴市、四川省自贡市、江西省吉安地区、江苏省南京市建邺区和湖南省湘潭市名优特新产品暨湘鄂川黔四省边区吉首市第七届商品交易会，16个省（市、区）的714个单位客商和政府官员共5195人与会，商品成交额2.5亿元。

8月21日至9月4日　州人民政府副州长李遨夫带领泸溪、凤凰、花垣、保靖、永顺、龙山和古丈7个县县长、主管农业的副县长、农委主任及州农委、州计委、州科委、州开发办、州林业局负责人一行38人，先后考察湖南省浏阳县和江西省铜鼓县封山育林、安徽省金寨县系列开发、河南省上蔡县庭院经济、四川省石柱县扶贫综合开发和科技兴农等，并开展经验交流。

8月22—28日　以湖南省人大常委会副主任吴运昌为组长的省减轻农民负担执法检查组一行8人，到永顺、吉首等县（市）检查《湖南省人民政府禁止向农民乱收费乱派款的规定》执行情况。

8月28日　全州大型冶炼企业泸溪县铝厂正式投产。该厂于1987年11月动工兴建、1989年10月建成试产，建设投资1100万元，设计年产电解铝2000吨。

8月30日　凤凰县开通县城沱江镇至全国电信自动网长途电话，成为湘西州第一个可不经长途话务员转接长途电话的县。

9月1日　州委决定成立州生产委员会，制定关于搞活工业企业生产和商业流通十条措施；编制全州工业产品目录，组织180人的工作组，分赴54家企业帮助工作。

9月17日至10月2日　州人民政府副州长余中佑带领外经贸考察推销组一行3人，到德国、英国考察工矿、医保和农副产品市场，并开展相关贸易洽谈。

9月12日　州委确定全州农村教育近期目标：抓好40所寄读制小学建设；两年内每个县（市）办好1～2所高标准的、名副其实的四年制初中试点，1991年全州普及六年制小学教育。“八五”期间，全州教育实现校校无危房。

10月5—6日　州人民政府在花垣县召开全州长江中上游防护林体系建设工程工作会议，永顺、保靖、花垣、吉首等县（市）分管林业的副县（市）长、县（市）绿化办和林业局负责人共60多人参会。会议要求全州完成绿化荒山荒地1330公顷。

10月中旬　凤凰县沱江综合市场和吉首市石家冲农贸市场被国家工商行政管理局授予“全国文明集贸市场”称号。

10月　湘西州以县为单位达到基本消灭疟疾标准。

11月6—19日　州委书记郑培民、州长石玉珍率湘西州党政代表团一行18人到南京、上海、湘潭等市参观考察，先后考察工商企业15家，双方签订协作协议4项、意向性协作协议23项。

11月13日　湘运保靖分公司一辆载42人的客车，上午9时30分从保靖县汽车站出发，开往吉首方向。11时55分，车行至吉首市矮寨镇幸福村排兄学校国道209段2301公里处，翻至垂直高度23.6米坎下，司机及31名乘客当场死亡，受伤11人；送医院抢救无效死亡4人。

12月　龙山县土家织锦厂生产的土家族织锦获第十一届亚运会畅销产品奖。

1991年

1月12日　时为世界跨径最大的公路石拱桥——凤凰县乌巢河大桥竣工通车。该桥主拱跨径120米、高42米、宽8米、长241米。全国政协原副主席、原交通部部长王首道为大桥题词：“天下第一大石桥”。

3月下旬　湖南省地矿局四〇五队、湘西州民族中学、龙山县人民政府、吉首市人民政府、龙山县八面山乡人民政府、花垣县雅桥乡人民政府、永顺县松柏园艺中学、凤凰县税务局、泸溪县浦市镇中心卫生院、古丈县河蓬乡苏家村村委会，被国务院授予“民族团结进步先进集体”称号。吉首市己略乡副乡长、乡林业站站长石光华被评为全国造林绿化模范。

4月8—15日 在中国国际展览中心举办的北京第二届国际博览会上，龙山县织锦厂生产的土家族织锦、古丈县古阳精制茶厂精制的“七叶参茶”获金奖，花垣县民族工艺厂生产的苗绣领带、吉首羽绒厂生产的腊染羽绒服、龙山县家具厂和州工艺美术研究所共同开发的车木织锦磊具获银奖，花垣县民族五金厂生产的电信花色钳、州工艺试制工场生产的织锦壁挂、吉首市羽绒厂生产的羽绒被和羽绒背心获铜奖。

4月28日至5月8日 国务院贫困地区经济开发领导小组副组长、国务院开发办主任杨钟，到永顺、保靖、花垣、泸溪、古丈、吉首等县(市)考察，指出贫困山区开发仍然要围绕脱贫这个主题去做。

7月1日 全州国有企业职工离退休费实行以州统筹。

7月14—16日 六省市八地区第二届名优特暨湘鄂川黔武陵山区吉首市第八届商品交易会在吉首举行，18个省(市、区)的50多个代表团、700多个单位共2000名来宾、5000名客商参会，展出商品1万种，签订各种合同4100份，成交额8.5亿元。

7月 州委给在农村任党支部书记20年以上的957名党员颁发荣誉证书。

8月13日 中共湘潭市委、市人民政府慰问团在吉首举行捐赠仪式，向湘西州捐赠救灾款20万元、粮食2.5万公斤、布匹5000米。

8月底 古丈籍16岁的苗族运动员龙玉玲，在印度尼西亚举行的第四届亚洲女子举重锦标赛上打破52公斤级世界纪录，获抓举、挺举和总成绩三枚金牌，实现湘西州体育运动史上世界纪录零的突破。

10月1—3日、14—16日 全国人大常委会副委员长、民盟中央主席费孝通先后视察吉首大学、凤凰县三拱桥乡拉务村、凤凰烟厂、吉首酿酒总厂、州民族工艺美术研究所、吉首市河溪橡胶厂以及龙山县和永顺县。

10月15日 州人民政府在州邮电局电信大楼举行吉首城区万门程控电话工程开通庆典。

10月20—26日 “(吉首)中国傩文化国际学术研讨会”在吉首举办，国内外近200名民族专家学者与会，宣读或提交学术论文108篇。会议由中国戏剧协会和中国傩戏学研究会主办，湘西州文化局承办。

11月11日 湖南省教育督导评估团宣布，龙山县达到省级教育先进县标准，跨入全省教育先进县行列，实现全州省级教育先进县零的突破。

11月15—19日 中共南京市委书记包生华率领南京市经济协作考察团一行15人到州考察，双方商谈意向性项目21个，初定开发香精香料等一批新项目。

11月19日 世界粮食计划署援助的武陵山区农业综合开发工程，在花垣县雅桥乡举行开工仪式，农业部副部长陈耀邦出席。

11月20—22日 农业部、中国人民解放军总参谋部动员部、国务院贫困地区经济开发领导小组办公室、国家民委等部门和湘、鄂、川、黔四省人民政府在吉首联合召开武陵山区扶贫经济开发工作会议，与会人员160多人。会议总结交流经验，研究建设区域性支柱产业、用好扶贫资金及安排好以工代赈项目等问题。

12月28—29日 州委、州政府和吉首军分区联合召开全州拥军优属拥政爱民(简称“双拥”)会议。会议还给南海舰队吉首舰赠送锦旗和慰问品，吉首舰向大会馈赠一面题有“共建筑长城，双拥结深情”的锦旗。

1992年

1月中旬 花垣县长乐乡被日本国政府农林水产省和日本国际协力事业团确认为日本国农牧畜综合发展技术援助的“湘西南支山脉农牧畜业综合发展计划典型示范区”。该省、团对长乐乡开发项目在技术、资金方面给予无偿投入。

2月15—17日　中共湖南省委书记熊清泉、省委副书记杨正午，省政协副主席、省民委主任邓有志到湘西自治州调研少数民族地区经济和社会发展情况，听取各方意见和建议，为召开全省民族工作会议作准备。

2月29日　全州首家圆筒编织袋自动化生产线在龙山县新城乡塑料制品厂投产运行。

3月9日　林业部门租3架农用飞机分别从湖北省来凤机场和贵州省大兴机场起飞，在永顺、保靖、花垣、凤凰、泸溪5个县53个乡（镇）198个村的3.64万公顷荒山上空播种造林。

4月29日　州人民政府印发《湘西自治州人民政府关于鼓励外商投资的若干规定（试行）》（简称《若干规定》）。提出外商在湘西州投资办企业在纳税、收费和用地方面实行优惠，并在物资供应、资金筹集、外汇调剂等给予优先。同时，州人民政府出台推进横向经济联合的十条规定。

5月8—10日　湖南省首届大中型工业品市场联席会在吉首召开。出席会议的有株洲、湘潭、衡阳、长沙、岳阳、常德、冷水江、吉首等市主要工业品市场代表和各地（州、市）工商局负责人共40多人。

5月20日　湖南省副省长汪啸风率领省直有关部门70多人在泸溪县五强溪水电站库区现场办公，解决移民工作中的急难问题，指出移民工作要从改革和调整产品结构中找出路。

7月6—19日　在北京“'92全国科技成果展览交易会”上，吉首市建筑材料研究所开发的“小型空心砌块一二三四铺灰器砌筑”项目和“建筑工程系列工艺卡”项目获银奖。

7月7—16日　州委、州政府召开县（市）委书记和县（市）长流动现场会。与会人员行程1400公里，参观林果药茶支柱产业、“一村一品”商品农业、乡镇企业、利用外援外资实施山水田林路综合治理工程、推行三项制度改革和技改企业、个体私营企业等50个典型，就如何加快全州改革开放和经济发展这两个热点问题开展讨论，求得共识。

7月26—28日　“'92中国湖南猛洞河国际旅游漂流月经贸洽谈会”在永顺县城举行，来自全国15个省（市、区）和香港地区的419家厂家和个体经营者参加交易，成交额1.85亿元。其中，现货交易6641万元、期货交易5229万元、意向性协议3625万元，引资3005万元。

7月　凤凰县在州内率先启动“世界银行贷款中国控制结核病项目”工作（简称“卫五”项目），免费为农民治疗结核病。1995年，项目覆盖全州。“卫五”项目历时10年，利用世界银行贷款267.28万元、地方配套178万元，发现和治疗病人1.66万例，治愈1.55万例。

8月1—30日　永顺县人民政府主办“'92中国湖南猛洞河国际旅游漂流月”。8月1日，举行开幕式；8月2日，举行首漂式。7月21日至8月30日，共接待9个国家和地区中外游客7万多人次，其中漂流2万余人次；获旅游收入135.52万元，其中漂流收入55万元。

8月4—6日　吉首市人民政府承办七省市九地区第三届名优特产品暨湘鄂川黔武陵山区吉首市第九届商品交易会，成交额3.86亿元。其中工业品2.37亿元，农副土特产品1.08亿元。

9月初　凤凰县南华山被林业部确认为国家级森林公园。公园最高海拔567米，占地面积224.66公顷。

9月中旬　经国务院经贸办、国家计委、国家统计局等6个部门联合审定，湘泉酒总厂被列为国家大型二级企业，为湘西州首家国家大型企业。9月27日，湖南省省长陈邦柱考察湘泉酒总厂，指出要以改革精神加快建好“湘泉城”。

9月28日　湖南省省长陈邦柱专程到其工作联系点保靖县检查工作，指出对摸准的经济发展路子要一任接一任地走下去、干下去。

10月18日　州长石玉珍在中共十五大会议上当选为中共中央候补委员。

11月　州委书记郑培民调湖南省人民政府工作。

11月12日　贵州铜仁至吉首110千伏输变电工程竣工，并投入运行。

11月19—21日　浙江省嘉兴市、江西省吉安地区、四川省自贡市、上海市南市区、黑龙江省哈尔滨市南岗区、南京市建邺区、湖南省湘西自治州吉首市多边经济技术协作会议在吉首召开，总结成绩，研究增强多边协作网络凝聚力和继续发展多边协作的问题，洽谈经济技术物资协作项目，讨论通过多边经济技术协作区章程。

11月25日　吉首鸦溪110千伏变电站工程竣工，并投入运行。

11月30日　全国第一个以企业产品命名的火车站——湘泉站，在焦柳线吉首市吉首乡振武营村竣工营运。铁道部为该站建设投资500万元。

12月11日　采用电脑调控自动化生产高频焊管的吉首市吉首乡大田村金属制管厂建成投产。

12月10—14日　湖南省科委、省计委、省经委等省直13个单位在长沙联合举办1992年度全省新产品新技术贸易交易会。会上，26家酒香型相同厂家中，吉首市民族酿酒厂酿制的湘霸酒、马颈坳镇的湘神酒、河溪镇的矿泉酒获得金奖。市机械厂GJM型高效节煤器获省科技创新金奖。

12月28日　湘西州首家石油液化气贮配站——州建材公司石油液化气分公司贮气站第一期工程在乾州竣工。

12月　石昌禄任中共湘西自治州委书记。

1993年

1月2日　湘西州政协七届一次会议在吉首闭幕。向熙勤当选为州政协主席。

1月3日　州九届人大一次会议在吉首闭幕。吴沅生当选为州人大常委会主任，向世林当选为州人民政府州长。

2月16日　湘西州对外经济贸易公司与俄罗斯克拉斯诺亚尔斯克边疆区伊利姆斯克联合公司在州民族宾馆签订进出口总额为362万美元的木材、牛肉、羽绒衣、方便面等13个品种的易货贸易合同，双方并就长期合作的领域和内容交换意见，并形成纪要。

3月1日　湘西州农村实行“农民负担卡制度”，以确保减轻农民负担。

是日　湘西州首家全国性电脑联机综合信息网络——国家信息中心计算机联合信息网络吉首终端开通。

3月26—30日　在常德举行的全国星火计划成果展销洽谈会暨湖南省新技术新产品春季交易会上，永顺县送展的芙蓉镇酒、湘冠食用植物油、农一清超级肥料获新产品金奖。

3月29—30日　湖南省副省长周伯华率省直50多个部门负责人在泸溪县现场办公，商议支援问题，研究开发性移民举措，指出经济建设要突出重点，移民工作要注重开发。

3月　州人民政府印发《湘西自治州农村实现“2000年人人享有卫生保健”的实施规划》，湘西州全面开展初级卫生保健工作。

4月3日　州委、州政府在州政府礼堂举行全州首批人民警察授衔仪式。经公安部和司法部批准，278人被分别授予一、二、三级警督警衔或专业技术一、二、三级警督警衔；经省公安厅和省司法厅批准，397人被分别授予一、二、三级警司警衔或专业技术一、二、三级警司警衔，2人被授予警员警衔。

5月6—19日　湖南省人大常委会主任、省西线开发工作负责人刘夫生，在湘西自治州15个乡(镇)、2个国营林场、8个村寨、10家乡镇企业及古丈县栖凤湖旅游开发区及水利建设工地和学校调查研究，指出自治州要把握西线建设机遇，发挥优势，突出重点，依靠群众，抓基础、抓能源、抓效益，加快山区经济建设步伐。

5月29—31日　世界粮食计划署水利专家亨利·洛兹和世界粮食计划署驻华代表处高级官员解红义，现场查看州3779粮援项目区花垣、保靖、永顺三县粮援水利工程建设情况，重点考察永顺县排渍试验工程，重新审定并适当增加该工程用工定额。

7月3日　湖南省副省长王克英率领省直相关部门负责人在古丈县野竹乡洞坪村专题调查特贫户衣、食、住状况及其贫困原因，指出搞活农村经济，一是要饱肚子，二是多抓票子。

是日　永顺县国土局在全州率先公开拍卖县城新开发区十字街东段土地 388.25 平方米。使用年限 50 年，卖价 23.9 万元。

7 月 19 日　州畜牧局禽畜疾病防检站投资兴建的全州首家动物医院在吉首挂牌开业。

7 月中旬　湖南省人民政府批准古丈县栖凤湖为省级风景名胜区。

7 月 23 日至 8 月 1 日　州境遭受特大暴雨袭击。八县市降水量均在 300 毫米以上，有的高达 529.5 毫米，暴雨引起山洪暴发，泛滥成灾。全州 199 个乡（镇）、27.23 万户 118.8 万人受灾。其中：重灾 7.5 万户 34.17 万人；因灾死亡 34 人（其中永顺 32 人）、受伤 4200 多人（其中永顺县 2100 余人）、失踪 10 余人；直接经济损失 5.5 亿元，其中永顺 2.8 亿元。灾情发生后，省委、省政府领导到州查看灾情，全州各级合力投入抗洪救灾。州、县（市）直机关单位干部职工为灾区捐款 160 多万元，捐物折价 20 多万元，捐赠衣服 38594 件。

7 月 26—28 日　州人民政府主办、永顺县人民政府承办的集商品展销、招商引资和旅游漂流为一体的猛洞河第二届国际旅游漂流月经贸洽谈会在永顺县城举行，国内外厂商代表 1235 人参加洽谈，成交额 2.8 亿元，其中现货成交 7400 万元；签订合资项目合同 8 个，引资 5800 万元。

8 月 5 日　湖南省省长陈邦柱率省直有关部门负责人深入永顺灾区，查看灾情，慰问灾民。

8 月 5—7 日　国家防汛抗旱总指挥部副总指挥、水利部副部长何璨受国务委员、国家防汛抗旱总指挥部总指挥长陈俊生委托，率领慰问组一行 8 人，由湖南省委常委、常务副省长储波等陪同，到永顺县了解灾情，指导救灾和水毁工程修复工作。

8 月 6—8 日　花垣县政府在县城举办“'93 中国湖南花垣名优特新产品展销暨贸易洽谈会”。签订物资贸易成交合同 142 个，成交总额 1.75 亿元，其中销售合同 120 个，销售总额 1.37 亿元；经贸洽谈招商引资合同 22 个，合资合作总金额 3839.9 万元。达成技术协作项目 3 个，引进人才 53 人，引进其他资金 1415 万元，签订合作合资意向合同 7 个，意向投资 4340 万元。

8 月 7 日　湘西州首家县级国家信息中心计算机联合信息网花垣终端开通。

8 月中下旬　世界洞穴学会巴黎分会和湖南省地质研究所一行 16 人（法方 10 人）到龙山县火岩溶洞群探索洞穴发育形成及特点，研究与当地地质环境的成因关系和洞内生物进化情况。

是月下旬　州保险公司和永顺县保险公司在永顺县城举行 7 月 23 日特大洪灾保险理赔兑现大会，给 41 家投保受灾企业和 2733 户投保受灾户支付保险赔款 858 万元。

9 月 18 日　全州“八五”期间重点建设项目、占地面积 8 公顷的州民族体育活动中心工程在吉首市砂子坳破土动工。

9 月 28 日　吉首市城区移动电话开通。

10 月 21—23 日　中共龙山县委、县人民政府在县城举办“'93 中国湖南龙山土家族摆手节暨经贸洽谈会”，1500 名嘉宾、6690 名各地客商参加“一节一会”，展出商品 1.44 万种，经贸成交额 3403万元；签订招商引资项目协议 6 个，引资 1648 万元。

10 月 23—24 日　中共湖南省委书记王茂林到永顺县砂坝乡、湘泉酒厂和凤凰烟厂考察，要求州委、州政府认真研究湘西经济尽快发展问题，强调要切实安排好遭受洪水灾害地区农民生产和生活，保证农民度过灾荒。

10 月 29—31 日　湖南省教委、省民委在吉首联合召开全省少数民族地区教育工作会议，总结交流少数民族地区和贫困地区教育事业改革发展的成绩和经验，研究部署民族地区教育工作。

11 月 16—18 日　湖南省副省长周伯华带领省直有关部门负责人到湘西自治州现场办公，调查研究在社会主义市场经济新框架形成的形势下如何发展民族工业问题，指出县属工业要尽快同市场经济新框架接轨运行。

11 月 16—22 日　吉首市机械厂生产的高效节煤器和离心式渣浆泵，在广州国家科委举办的第五届中国新技术新产品博览会上分获金奖和银奖；州植物油厂的“闻得福”牌食用植物油获银奖。

12月2—4日　全国人大常委会副委员长布赫，在省人大常委会主任刘夫生、副主任赵培义陪同下，到龙山、永顺、保靖、花垣、吉首、凤凰等县（市）和湘泉酒厂考察调研。

12月5日　全州各级人民政府贯彻落实“政府负责，部门配合，社会参与”的防疫工作方针，组织干部和医务人员开展全国统一消灭脊髓灰质炎（d，JL麻痹症）强化免疫活动日活动，给零至4岁儿童服用d，JL麻痹症糖丸，共发放20万人份。

12月24日　州委、州政府在州政府礼堂举行毛泽东诞辰100周年纪念大会，与会各界代表共1200多人。

12月29日　州邮电局与湖南省各地、市同时开通可视电话会议系统。

1994年

1月6日　湖南省第一所苗族希望小学——凤凰县腊尔山希望小学竣工落成。该校于1993年5月26日动工修建，上海贝尔公司捐赠48万元。

3月中旬　州科委和部分县科委承担完成的“五倍子资源综合技术开发”项目获国家星火二等奖。

4月16日　全国第一所土家族希望小学——龙山县长潭乡希望小学奠基。

5月14日　林业部部长徐有芳考察湘西林业工作。指出湘西州的潜力在山，希望在林。山区开发的实质就是林业的开发，要以此为龙头，带动湘西经济发展。

5月23日　湖南省最大的啤酒灌装线在湘泉酒总厂啤酒分厂投产。投资1000万元、每小时可灌装啤酒2万瓶，洗瓶、灌装、杀菌、贴签、包装实现自动化。

6月1日　吉首市政府印发《吉首市人民政府关于加强吉首城区燃放烟花爆竹管理的通知》。《通知》规定吉首城区除重大喜庆节日外，原则上不准燃放爆竹。特殊情况燃放，须经市公安局批准。

7月22日　吉首市被民政部和中国人民解放军总政治部授予“全国双拥模范城”称号。

8月6—13日　中共湖南省委书记王茂林到湘西州考察调研扶贫工作。

8月13日　国家对外贸易经济合作部赋予保靖县松花皮蛋厂进出口经营权，成为州境首家获得进出口经营权的企业。

9至11月　湘西州境发生霍乱（“二号病”），为40年来首次出现。疫情流行范围主要在吉首、凤凰、花垣等6个县（市）的29个乡（镇）69个村，发病348例，死亡3人。

9月22日　深圳市人民政府将50万元赈灾款和市民捐赠的115万件衣物运抵湘西州，并在吉首火车站举行交接仪式。

9月下旬　保靖县松花皮蛋厂加工的松花皮蛋在亚洲太平洋国际博览会上获金奖。

9月9—10日　沅江上游地区普降暴雨，由于五强溪水电站试关闸蓄水，致使沅江水位陡涨。10日凌晨，泸溪县城水位110.5米，为1949年以来之最。县城被洪水分割成若干小块，3万多居民被洪水围困，农作物被洪水冲毁或淹没，全县直接经济损失3380万元。副州长武吉海等州领导第一时间赶赴现场，了解灾情，慰问灾民，并组织开展抗洪抢险救灾工作。

9月27日　中共湖南省委、省人民政府印发《关于支持湘西土家族苗族自治州实施“八七扶贫攻坚计划”的意见》，提出省直单位和省辖长沙、株洲、湘潭、衡阳、岳阳、常德6个市对口扶持湘西州。

10月上旬　古丈县七叶参茶在林业部举办的全国林业名优特新产品博览会上获银质奖。

10月13—17日　湘西州送展的五倍子及其系列产品、AH系列离心渣浆泵、高效节煤器、优质西洋参和微细球形铝粉，在成都举办的1994年全国星火科技精品展示会上获金奖。

10月16—19日　州人民政府在吉首举办以“友谊、协作、发展”为宗旨的'94中国湖南湘西州国际苗族文化研讨会暨经济贸易协作会，国内外与会代表200多人。

11月15日　州委农村工作队121人分赴8个县（市）的27个乡（镇）50个村开展扶贫工作。

11月15—20日　吉首市河溪镇湘福酒厂酿制

的湘福酒，在广州举办的第六届中国新技术新产品博览会上获金奖。

11月16日　湘鄂川黔四省边区首家股票交易场所——湖南省证券股份有限公司吉首证券交易营业部和湖南省信托投资公司湘西自治州办事处组建的吉首股票交易厅开业。

11月中旬　经湖南省委、省政府批准，吉首市列为全省唯一的少数民族自治地方改革开放试验区。

11月22—23日　湘西自治州首次律师代表大会在吉首召开。湘西州律师协会成立。

11月23日　应湖南省21世纪人才培养基金会邀请，日本关西日中交流恳谈会访湘团到永顺县访问，为该县174名贫困小学生捐赠奖学金20万日元。

11月24—25日　州委个体私营经济领导小组在花垣县召开全州个体私营经济工作会议，要求各县市把发展个体私营经济纳入扶贫攻坚总体战重要内容，加快个体私营经济发展。

11月26日　州委在永顺县举行湘、鄂、川、黔边区革命根据地创建60周年纪念大会，参加会议的有湘、鄂、川、黔、滇五省边区党政干部、党史工作者和革命老区群众共1000多人。

12月9日　州委、州政府在古丈县默戎镇民族小学举行湘西州兴建100所希望小学奠基仪式。湖南省副省长郑培民、共青团中央书记处书记赵实出席并讲话。中共湖南省委书记王茂林、省长陈邦柱致贺信。

1995年

3月下旬　古丈县花果山至保靖县110千伏输变电工程竣工输电。该工程为全州重点建设工程之一，投资1.5亿元，线路长45公里。

3月　州人民政府印发《关于解决乡村医生和村接生员报酬的通知》，提出解决“两员”报酬的具体办法和管理措施。

4月15日　全州领导干部会议召开。会议宣布省委决定，李大伦任湘西自治州委书记，武吉海、彭诗来任州委副书记，石昌禄、蔡四桂调省工作。

4月21—23日　以比利时王国埃诺省省长办公厅主任路易·杜每为团长的比利时王国埃诺省班奇市政府代表团一行3人，访问湘西州，双方草签缔结友好关系协议书。

5月30—31日　保靖、永顺、龙山、泸溪、凤凰、古丈等县（市）普降大到暴雨，局部特大暴雨。30日20时至31日20时，永顺县城降水量344毫米、塔卧262毫米、石堤238毫米，保靖县普戎258毫米，龙山县水田141毫米。州境有6个县144个乡（镇）1313个村60.6万人受灾，1.2万人被洪水围困，18个乡（镇）政府所在地被淹，直接经济损失6.19亿元。

6月30日6时40分至7月1日18时　泸溪、凤凰、吉首3个县（市）遭受暴雨和特大暴雨袭击，最大降水量分别为155.8毫米、312.9毫米、175.9毫米。泸溪县武溪镇被洪水分割，2万余人转移到四层以上楼房。3个县（市）63个乡（镇）585个村40万人受灾。

7月1—5日　中共湘西自治州第七次代表大会在吉首召开。中共湘西自治州委七届一次全会选举李大伦为州委书记。

7月3日　中国人民解放军总参谋部陆军航空兵驻河南直升机团派直升机从长沙大托铺机场起飞，空运饼干579件、救生圈358个、药品10件，实施紧急救援，解救泸溪老县城武溪镇受灾群众2万多人。

8月中旬　永顺县被农业部列为国家商品粮基地县，凤凰、泸溪、古丈、花垣、保靖、龙山、吉首7个县（市）的35个乡被列为湖南省商品粮基地乡。

8月20—26日　1995年“旺旺杯”全国少年举重运动会在古丈县举行。

9月11日　州委、州政府在吉首市吉首乡振武营村举行全州百所希望小学落成庆典。中共中央政治局常委、全国政协主席李瑞环出席庆典仪式，并向希望工程基金捐款4000元。

10月20日11时20分，四川省大竹县汽运公司开往广州的川S–03823号峨眉牌45座位客车，在行至永顺县大干溪209国道2165公里+800米处时，向右翻下垂直90米高陡坎。车载79人，死亡24人，重伤14人，轻伤37人。事故发生后，州长向世林等州县领导第一时间赶到现场，组织抢救。

10月21—24日　中共湖南省委副书记、省长杨正午，省委常委、副省长周伯华带领省直有关部门负责人，在湘西自治州现场办公，研究解决扶贫攻坚工作中的困难问题。

10月23—26日　国家教委在凤凰县召开全国民族地区贫困山区农村教育综合改革经验交流会。

11月14—17日　农业部在吉首召开湘西州、湖北省恩施州、四川省黔江地区和贵州省铜仁地区有关单位负责人参加的扶贫研讨会，讨论农业部制定的武陵山区扶贫规划。

12月18日　龙山县里耶大桥举行奠基仪式。该桥为州庆重点工程，长391米，6孔双曲拱桥，总投资1100万元。

12月24日　古丈县委、县政府在断龙山乡报武村举行扶贫攻坚重点工程——接龙渠工程竣工通水剪彩。该工程1994年10月开工，为湖南省少数民族地区重点工程，投入以工代赈资金800万元。

1996年

1月9日　州委、州政府在吉首召开全州科技大会，印发《中共湘西自治州委湘西自治州人民政府关于加速科技进步的意见》。

1月10日　湘西州被确认为全国第一个农村水电初级电气化自治州。

1月　经世界卫生组织、联合国儿童基金会、卫生部联合考核验收，确认湘西州实现“四苗”全程接种第三个85%（“四苗”全程接种率以乡镇为单位）目标。

3月4日　州人民政府印发《关于保护湘泉酒酒鬼酒商标及特有名称、包装、装潢的通知》，以保护两酒知识产权。

3月上中旬　中共湖南省委书记王茂林到湘西州农村开展“百乡千村万户大调查”，强调要把湘西州扶贫攻坚重点放在扶持贫困乡村的稳定脱贫上。

4月1日　全州8个县（市）人民武装部收归军队建制。

5月　州委召开全州整顿机关干部作风动员大会，要求从5月10日至6月10日，全州乡（镇）以上机关开展机关干部作风整顿工作。

5月7—8日　州人民政府在龙山县召开全州商品粮基地建设工作会议，要求抓好商品粮基地建设，突出科技兴农。

7月1日20时至2日20时　保靖、永顺、花垣、龙山4个县100个乡（镇）105个村暴雨成灾，受灾人口70.7万人，其中8000人被洪水围困。13日8时至18日8时，吉首、泸溪、凤凰3个县（市）降雨量分别为283毫米、363.6毫米、307毫米，泸溪县武溪镇水位最高时117.3米、浦市水位最高时126.3米，五强溪水库超高蓄洪10多亿立方米。该县库区移民1.11万户5.55万人被洪水围困，直接经济损失10.8亿元。州、县组织1.2万人抗洪救灾，出动车辆200多台次、大小船只250艘，发放救灾粮3000余吨、救灾款2000余万元。

10月3—4日　中共湘西自治州委七届二次全体（扩大）会议召开。会议审议通过《中共湘西自治州委关于加大扶贫攻坚力度的决议》。

10月20—21日　州委、州政府在吉首召开全州扶贫开发工作会议，讨论修订《中共湘西自治州委关于尽快解决我州农村贫困人口温饱问题的意见》，确定全州工作重点为741个村，要求“千个单位扶贫，万名干部入村”。

11月18—19日　州委在吉首召开七届三次全会，审议通过《中共湘西自治州委关于广泛深入开展社会主义精神文明建设活动的意见》。

11月　湖南省卫生厅受卫生部委托，到现场抽取丝虫病指标，经审核泸溪、凤凰、吉首、永顺四县市，确认湘西州达到消灭丝虫病标准。

1997年

1月4日　湘西州九届人大四次会议审议通过《湘西自治州国民经济和社会发展“九五”计划和

2010年远景目标纲要》。

1月9日　经国务院批准，泸溪县被列入对外国人开放地区。

1月31日　湘西州220千伏输变电工程在万溶江变电站举行竣工庆典仪式。该工程是国家重点工程五强溪水电站配套工程之一。第一期工程变电容量12万千伏安，1995年11月18日破土动工，国家总投资1.78亿元。

5月22—23日　州委、州政府在吉首召开全州个体私营经济工作暨表彰大会，印发《中共湘西自治州委湘西自治州人民政府关于进一步改善个体私营经济发展环境的决定》。

6月　保靖县被全国爱卫会办公室确定为中国/联合国儿童基金会健康教育合作项目县。

7月10日　湘西州首家上市公司——酒鬼酒股份有限公司创立，股票上市地为深圳证券交易所。

7月26日　湘西州保护个体私营经济合法权益投诉委员会成立，并举行授牌仪式。

10月　州委、州政府印发《中共湘西自治州委湘西自治州人民政府关于党政机关厉行节约制止奢侈浪费行为的实施意见》。

10月中旬　州委常委、吉首军分区司令员彭楚政被全国第四届“扶贫状元”评委会评为1996年度全国“扶贫状元”。

10月28日　全州县（处）级以上干部会议召开。省委组织部副部长杨章林宣布省委决定：彭对喜任中共湘西自治州委书记，提名武吉海为湘西州人民政府州长候选人；李大伦、向世林调省工作。

10月31日　湘西州第九届人大常委会第三十四次会议决定武吉海为州人民政府副州长代理州长；接受向世林辞去州人民政府州长职务。

12月19日　湘西州委、州政府在长沙举行扶贫攻坚汇报会。湖南省委书记王茂林、省委副书记胡彪等领导出席并讲话，省直32个部门、6个省辖市主要负责人参加汇报会。

12月25日　州委召开七届七次全体（扩大）会议，提出“决战三年，稳定脱贫；再战二年，迈向小康”，发展民营经济，实施科教兴州、可持续发展战略。

1998年

1月2日　湘西州政协八届一次会议选举向邦礼为州政协主席。

是日　“‘扶贫司令’先进事迹报告团”（简称“报告团”）启程前往长沙、广州、北京等地作巡回报告。报告团成员有吉首军分区司令员彭楚政、州委副书记向邦礼等。23日，中共中央政治局委员、书记处书记、中央军委副主席张万年，中共中央政治局委员、中央军委副主席迟浩田，中央军委委员傅全有、于永波、王克、王瑞林接见报告团成员。报告团载誉归来后，州委印发《中共湘西自治州委关于深入开展向彭楚政学习活动的决定》。

1月3日　州第十届人大第一次会议选举彭诗来为州人大常委会主任，武吉海为州人民政府州长。

5月7—8日　全州普降暴雨。峒河吉首水文站最高水位186.24米，距警戒水位仅差0.26米；吉首市河溪水库坝前水位181米，超汛限水位2米。泸溪县甘溪桥电站8个闸门均开闸泄洪。全州因灾死亡10人、失踪5人；死亡牲畜1500多头（只）；农作物受灾面积8000公顷，冲坏房屋210间、桥涵40多座、河堤250处、渠道10公里，公路塌方355处，损坏输电线路120公里；20多家企业停产。全州直接经济损失2.24亿元。

5月9—10日　州委、州政府在吉首召开民营经济工作会议，印发《关于加快民营经济发展的若干意见》，部署全州以民营经济为主体的县域经济发展工作。

6月18—20日　州委、州政府召开全州口粮田建设动员大会，印发《中共湘西自治州委湘西自治州人民政府关于加强基本农田建设的决定》，全州八县市政府主要负责人向州政府递交“口粮田建设目标管理责任书”。

6月17—21日　以世界银行官员支安澜为团长的世界银行和联合国开发计划署考察代表团一行7人，到永顺和保靖县考察扶贫开发项目。

7月20—22日　永顺、龙山、保靖、古丈4

个县普降大到暴雨，局部特大暴雨。永顺县城降水量339毫米，三分之一城区被水淹，平均深度7米，最深11米；通信、供电、供水和国道209线交通一度中断；3万多人被洪水围困。龙山县城降水量230.2毫米，保靖县城128.5毫米，古丈县断龙、茄通、河西等乡（镇）降水量180毫米。4个县104个乡（镇）1134个村72.2万人受灾。因灾死亡9人、伤75人，直接经济损失3.42亿元。

7—9月　除龙山县外，州内有7个县（市）相继发生霍乱，疫情蔓延40个乡（镇、街道）97个村（居），发病390人，死亡9人，健康带菌者689人。疫情发生后，通过采取封锁农村墟场和暴发疫点、强制关闭食品生产经营单位、预防服药、疫源检索、自来水消毒等措施，历时65天，疫情消除。

8月10日　湘西州民营经济协调领导小组办公室、州民营经济权益保护委员会挂牌成立。

8月　州委经济工作会议重点研究部署国有中小型企业和乡镇企业改制问题。

9月初　州委办、州政府办发出通知，从10月开始，全面开展延长农村土地承包期工作，合同期在前一轮基础上再延长30年不变。

9月26日　湘鄂渝边区首家县级股票交易厅——龙山县股票交易厅挂牌成立，并投入营运。

9月26—27日　州委、州政府在龙山县里耶镇召开全州民营经济试验小区建设工作座谈会，讨论研究加快建设民营经济试验小区措施和办法。

10月23—25日　州委、州政府在永顺和龙山两县召开全州精神文明创建工作会议。会议要求全州在开展精神文明创建活动中，文明村评选以文明农户为重点，文明行业以优质服务示范窗口为重点，文明机关以领导机关为重点，文明城镇以优美环境、优良秩序、优质服务为重点。

10月25日　湖南吉首机床厂引进西班牙达诺巴特公司MACR不锈钢螺旋桨生产设备合同在吉首举行签字仪式。西班牙达诺巴特公司驻北京首席代表奥斯卡、中国仪器进出口总公司万诺公司副总经理高延军、吉首机床厂厂长张卫泽，分别以卖方代表、买方代表和最终用户代表的身份在合同文本上签字。

12月10—12日　州委七届九次全会召开。会议审议通过《中共湘西自治州委关于贯彻〈中共中央关于农业和农村工作若干重大问题的决定〉的实施意见》和《中共湘西自治州委关于进一步改善党群关系干群关系的若干意见》。

1999年

1月14日　州人民政府作出《关于实施按比例安排残疾人就业的决定》，要求各用人单位要按比例安排残疾人就业。

1月18日　国家重点工程项目——泸溪县2000吨微细铝粉生产基地破土动工。

1月18—19日　州委、州政府在吉首召开全州民营经济工作会议，要求各级各部门进一步放宽政策，优化环境，推进全州民营经济持续、快速、健康发展。

1月中旬　州委、州政府印发《关于切实减轻农民负担的通知》，作出合理负担、定项限额、一定三年不变，以及凭卡上交等规定。

3月　州委、州政府出台《关于改革和加强农村卫生工作的意见》，在全州范围内全面推行以“医防剥离”“抓大活小”和“乡村医疗卫生服务一体化管理”为主要内容的农村医疗卫生改革。

7月20日　州委、州政府国有企业深化改革办点工作队进驻湘泉集团、州七〇化工厂、州洗溪磷矿、州煤炭化工厂、州机床厂、州建材化工厂、州配件厂、永顺纺织厂、州闻得福油脂集团和州七一化工厂，开展为期4个月的办点工作，帮助企业打好改革攻坚战。

9月2日　州委常委会（扩大）会议召开。会议决定11名州级干部分别抓10户企业改革改制试点。各试点企业主管部门组成3~5人工作组常驻企业。会议原则同意《湘西自治州建立城镇职工基本医疗保险制度实施办法》。会议决定全州8个县（市）选拔100名大中专毕业生到农村基层工作。

10月9日　州委在吉首召开全州“三讲”教

育动员大会，部署全州县级以上干部“讲学习、讲政治、讲正气”教育工作。

10月30日　中共湘西自治州委作出《关于加快扶贫开发步伐，努力实现“稳定脱贫，逐步致富”的决定》。

12月24日　州委七届十一次全体（扩大）会议召开。会议传达贯彻《中共湖南省委省人民政府关于继续支持湘西土家族苗族自治州扶贫攻坚的意见》和省委书记杨正午到湘西州调研时的指示精神，研究全州跨世纪扶贫问题。

2000年

1月8日　州委常委会会议听取吉首市乾州开发区等有关问题汇报，会议原则批准吉首市委、市政府关于开发乾州新区以及迁建市委、市人大常委会、市政府、市政协“四大家”机关至乾州新区请示及相关方案。会议议定成立州乾州新区建设协调领导小组。会议要求用10~15年时间使新区建成区面积达到10平方公里以上，人口达到10万~15万人左右，城市经济总量在现有基础上实现翻两番目标。

3月1日　联合国世界粮食计划署援助湘西州又一大型无偿外援项目“武陵山区少数民族地区农业综合开发项目（WFP6023）正式开工实施。该项目主要以以工代赈和以粮代教方式支持项目区农村基础设施建设和社会发展，IFAD提供2800多万美元优惠贷款。

是日，州人民政府举行《湘西州志》发行会。首部湘西自治州志公开出版。

3月7日　吉首市委、市政府在乾州街道小河坪举行乾州新区建设工程开工典礼。

3月22日　州委、州政府印发《关于深化教育改革全面推进素质教育的实施意见》，决定5年内，州财政每年对教育的投入增加1%。

3月30日　州委、州政府召开治理经济环境工作会议，印发《湘西自治州2000年治理经济发展环境实施方案》。

3月30日　州委、州政府召开全州党政机关与所办经济实体脱钩工作会议，要求10月底以前全面完成脱钩任务。

6月　永顺县列入国家“西部开发—退耕还林项目”试点县。

6月5日　永顺县第一中学经湖南省教育厅验收合格，跻身湖南省重点中学行列。

8月8日　州委、州政府在永顺县石堤镇举行张（家界）罗（依溪）公路建设工程开工仪式。湘西州段长67.3公里，工程总投资3.58亿元。

8月9日　州人民政府召开全州城镇职工医疗保险制度和医疗卫生体制改革工作会议。从2000年1月1日起，全州城镇职工实施医疗保险制度。

8月　州人民政府将吉首卫校移交给吉首大学。吉首卫校与吉首大学合并后更名为吉首大学医学院。

9月11日　全国杂交水稻现场验收会在龙山县召开，经专家测产，平均亩产703.5公斤，增产20%，增产幅度获历史性突破。

9月18日　保靖县籍土家族运动员杨霞在第二十七届奥运会上，以抓举100公斤、挺举125公斤、总成绩225公斤破女子53公斤级三项世界纪录，为中国代表团夺得该届奥运会首枚金牌。

9月22—26日　中共湘西自治州第八次代表大会在吉首召开。在中共湘西自治州委八届一次全会上，彭对喜当选为州委书记。

12月　州委、州政府作出《关于大力推进边远特困村扶贫攻坚的决定》，确定重点扶持90个边远特困村，并从2001年起，为每村选派3名干部驻村工作，其中党支部书记1名，科技副主任1名，小学校长1名；时间5年。

10月22日　四川成都“中国西部论坛”会议宣布：中国西部地区包括湖南湘西土家族苗族自治州，湘西自治州纳入西部大开发范围。

2001年

1月5日　湘西州人民政府公众信息网开通。

3月21日　湖南省湘西开发工作会议在吉首召开。省委书记杨正午、省长储波等省领导及省直有关部门主要负责人出席会议。会议讨论通过《中共湖南省委湖南省人民政府关于加快湘西自治州发展的决定》，并确定湘西州加入西部大开发十大标志性建设工程。

4月7—8日　中共中央政治局常委、国务院总理朱镕基先后到花垣县、凤凰县、吉首市和吉首大学视察，指出当下湘西地区的关键问题就是要改善生态环境，善用国家退耕还林政策。

4月19日　州委八届二次全会召开。全会作出《中共湘西自治州委关于抓住西部大开发机遇，进一步解放思想，加快发展的决议》。

4月下旬　湖南省人民政府行文同意永顺县设立湘西猛洞河旅游经济开发区。

6月8日　州委、州政府重点保护的骨干民营企业授牌仪式在吉首举行。同时印发《中共湘西自治州委湘西自治州人民政府关于对骨干民营企业实行挂牌重点保护的通知》。

6月30日　湘鄂川黔省革命委员会所在地——永顺县塔卧被中共中央宣传部确定为全国爱国主义教育基地。

7月16日　永顺县老司城遗址被国务院批准为全国重点文物保护单位。

7月25日　湘西州第十届人大常委会第二十八次会议通过《关于保护和发展森林资源加快林业建设的决议》。

10月10日　州人民政府第八次全会推出三条措施，对各种投资项目和州内建设项目实施“一站式”审批，“一个窗口”对外，“一条龙”服务。公布州直有关单位首批予以取消的147项行政审批事项，对其相应的行政事业性收费一并取消。

12月18日　州委八届四次全体(扩大)会议召开，会议作出《中共湘西自治州委湘西自治州人民政府关于加强旅游产业发展的决定》，讨论通过《湘西自治州旅游产业管理若干规定》《湘西自治州2001—2010年旅游发展规划》及凤凰古城、小溪生态旅游区、猛洞河、王村古镇、老司城、不二门等旅游区保护和开发规划。

12月27日　凤凰古城被国务院批准为国家历史文化名城。

2002年

3月17日　州人民政府批转全州民营经济“十五”发展规划。

3月底　中国政府和德国政府合作的湖南省第二期造林项目结束可行性研究评估。中德双方总投资11396万元，龙山和古丈两县获得项目总投资50%的份额。

3月　国家“健康快车”专列在吉首停靠85天，免费实施白内障复明手术1002人，为患者减免治疗费510万元。

4月10日　经国务院批准，州境龙山、永顺、保靖、花垣、凤凰、泸溪和古丈7个县被确定为新阶段第一轮国家扶贫开发工作重点县。

5月20日　州委、州政府印发《关于进一步治理和优化经济环境的意见》，要求深化行政审批制度改革，简化办事程序；严禁发生乱收费、乱罚款等“四乱”现象，保护企业和民营业主合法权益。

5月25—30日　湘西州在上海参加“湖南—上海”经贸活动周，共发布招商项目62个，签约4个，草签合作协议6个，合同利用外资近5000万美元。

是月下旬　州人民政府转发《湖南省人民政府关于印发所得税分享改革方案的通知》，此项改革从2002年1月1日起在全州开始实施。2002年，中央、省、州分享收入的比例分别为50%、15%和35%，2003年起为60%、12%和28%。

6月8日　全州农村税费改革具体实施方案确定，全州统一农业税税率为6.5%。

6月12日　乾州经济开发区南区开发工程举行奠基仪式。该区用地总面积6平方公里，规划居住人口5万人。新区定位为四个功能区，即高科技产业区、生活区、商贸区、体育休闲区。

6月26日　州委、州政府印发《关于加快文化产业发展的若干意见》。

7月中旬　龙山县里耶古城出土秦简2万多枚(后陆续出土共计3.6万枚)。考古学界称，此次发掘是继西安兵马俑之后秦代考古的又一惊世大发现，学术价值巨大。

7月　世界银行贷款/英国赠款结核病控制项目（卫X项目）在凤凰县卫生防疫站举行湘西州项目启动仪式，全州获得项目资金34万美元，用于治疗农村结核病患者。该项目执行8年，世界银行、全球基金、中央至县（市）四级财政共投入889.72万元，发现病人1.99万例，免费治疗1.98万例、治愈1.85万例。

9月3日　州人民政府制定的《湘西自治州农村扶贫开发纲要（2001—2010）》颁布实施。

9月27日　州第十届人大常委会第三十五次会议通过《关于推进全州工业化进程的决议》。

10月15—19日　中共湖南省委书记杨正午率省直有关部门负责人到湘西州考察工作。

10月28日　州委、州政府在吉首举行纪念毛泽东主席为《团结报》题写报头暨《团结报》创刊50周年大会。

12月4日　全国退耕还林现场会在吉首召开，24个省（市、自治区）的林业厅局负责人与会。

12月7日　州委八届六次全体（扩大）会议召开。会议作出《中共湘西自治州委关于深入学习贯彻落实党的十六大精神加快全面建设小康社会步伐的决议》。

12月27日　龙山县里耶战国古城遗址被国务院批准为国家重点文物保护单位。

12月　湖南省卫生厅在泸溪县召开全省卫生系统对口扶持湘西州卫生工作联席会，长沙、株洲、湘潭、衡阳、岳阳、常德六市卫生局和中南大学湘雅医院等8所省、部属医疗卫生单位开始在湘西州实施卫生扶贫工作。

是年　全州推行乡村卫生机构一体化管理，州境219所乡（镇）卫生院由县、乡共管改为县（市）卫生局直管。

2003年

1月1日　湘西州政协九届一次会议闭幕。会议选举向后兴为州政协主席。

1月3日　湘西州第十一届人民代表大会第一次会议召开，大会选举龙颂江为州人大常委会主任，武吉海为州人民政府州长。

1月6—7日　衡阳市委书记徐明华、副市长蒋勋功率领衡阳市考察团一行到湘西州考察对口扶贫工作。

2月26日　全州领导干部大会召开。会议宣布省委决定，童名谦任中共湘西自治州委书记，彭对喜、武吉海调省工作。

3月19日　全州招商引资工作会议在吉首召开。会议印发《中共湘西自治州委湘西自治州人民政府关于进一步加强招商引资工作的若干意见》，同时宣读州委、州政府关于表彰招商引资先进单位和个人的决定，并颁奖。

3月27日　湖南省考古队在保靖县清水坪镇发掘出1000多件西汉文物。

4月2日　龙山县里耶古镇修复工程正式实施，即“中华秦简第一镇”建设工程全面启动。

4月3日　“凤凰古城”品牌被评为2002年度中国旅游知名品牌。

4月12日　州委作出《关于深入开展学习郑培民同志活动的决定》。郑培民生前曾任中共湘西自治州委书记、湖南省委副书记等职，因积劳成疾，于2002年不幸病逝，年仅59岁。

4月14日　2002年度全国十大考古新发现于13日在北京揭晓，龙山县里耶战国古城及出土秦简排名第二位。

4月15日　州第十一届人大常委会举行第三次会议，任命杜崇烟为州人民政府副州长、代理州长。

5月16—17日　中共中央政治局常委、国家副主席曾庆红先后到南方长城、凤凰古城、凤凰县火炉坪乡火炉坪村、吉首市万溶江乡双河村、老爹农业科技开发公司和吉首大学考察。

5月27日　卫生部批准老爹农业科技开发公司果王素产品为“国产保健食品”。

6月23日　州人民政府办公室发出通知，从7月1日起，全州取消“湘O”号牌等机动车免缴通行费的规定，除国家规定的免费车辆外，其他车辆一律按规定缴纳通行费。

6月　湖南省教育厅批复同意以湘西自治州农

业学校和吉首经济贸易学校合并为基础，筹建湘西民族职业技术学院。

7月8—9日　龙山、永顺、保靖等县（市）普降大到暴雨，多数乡镇受灾，房屋倒塌，群众被困。吉首军分区和县（市）人武部组织民兵预备役人员第一时间奔赴抗洪一线，抢险救灾，救出被困群众2000多人。

7月21日　州人民政府印发《关于大力扶持农业产业化重点龙头企业的意见》。

7月21日　国务院批复同意建设常德至吉首高速公路。

7月　州人民政府颁布《湘西自治州农村初级卫生保健实施规划（2001—2010）》。

8月　湖南省首批新型农村合作医疗试点启动，全省试点县5个，花垣县为其中之一。该县在州内率先实施新型农村合作医疗制度。

9月2—8日　湘西州邀请《光明日报》《中国青年报》、湖南卫视、红网等近20家媒体30名记者，到州开展生态旅游业宣传报道活动。

9月9—16日　湘西州派出招商团赴浙江、上海、河北等地开展招商活动。此次活动达成意向合作项目9个，协议引资4.25亿元。

9月13日　州人民政府确定州级农业产业化龙头企业10家，即吉首打叶复烤厂、吉首万宝山乳业有限责任公司、湘西亿事达实业发展有限公司、凤凰华兴肉食有限责任公司、泸溪皂素加工厂、泸溪椪柑公司、古丈猛洞河天然植物制品有限责任公司、湖南湘源植物生化有限公司、湖南武陵天然牧业（集团）股份有限公司、龙山西源中药材饮片厂。

9月19日　常（德）吉（首）高速公路湘西段征地拆迁工作动员大会在吉首召开。

9月22日　香港苗圃行动工作组一行5人到花垣县回访，为贫困学生现场捐资27.27万元，受助学生2238人次。

10月9—14日　湘西州参加深圳洽谈会，招商签约项目38个，合同及协议引资48.66亿元。

10月15日　龙山县里耶镇与湖南鸿仪投资发展有限公司达成协议，协议项目为里耶古城保护开发及文化旅游开发区道路建设工程，意向引资7800万元。

10月17日　国务委员陈至立到吉首大学、永顺县高坪乡中心完小考察。

10月24日　湖南省委书记、省人大常委会主任杨正午，省委副书记、代省长周伯华一行到湘西州考察调研。

10月25日　中共中央政治局委员、国务院副总理曾培炎在湖南省委书记、省人大常委会主任杨正午等陪同下到吉首市马颈坳镇退耕还林现场视察，并考察老爹农业科技有限公司。

10月25—26日　衡阳市委副书记、市人民政府市长贺仁雨到碗米坡库区龙山县苗儿滩镇、隆头镇和花垣县开展对口支援与对口扶贫活动。

11月3日　州委、州政府在州委党校举行民营企业挂牌保护授牌大会，全州43家规模民营企业由政府挂牌重点保护。

11月15日　州委八届七次全体会议审议通过《中共湘西自治州委关于深化经济体制改革，加快基础设施建设、产业建设和生态建设的决定》。

11月7日　州人民政府印发《湘西州旅游业发展规划（2001—2015年）》。

11月16日　州委、州政府作出《关于发展繁荣文学艺术的决定》。

11月21日　碗米坡水电站通过验收。30日，水库开始下闸蓄水。该电站于2000年8月开工建设，装机容量24万千瓦，水库总库容3.28亿立方米，有效库容1.25亿立方米，年发电量7.92亿千瓦时，工程总投资20.15亿元。

11月24日　湘西州出台《湘西州州直行政事业单位机动车辆统一保险暂行办法》，将车辆保险纳入政府采购范围，实行招标定点。

12月28日　张（家界）罗（依溪）公路湘西州段通车典礼在永顺县王村镇举行。

12月22日　湘西州首家建筑招标代理机构——湘西泰和建筑工程招标代理有限公司在吉首成立。

2004年

1月13日　国务院公布第五批26处国家重点风景名胜区名单，永顺猛洞河风景区列入其中。

2 月 21 日　吉首国际大酒店奠基暨乾州汽车客运中心站签约仪式在乾州新区举行。该项目为乾州新区标志性工程，总投资 3.8 亿元。

2 月 24 日　湖南省副省长杨泰波深入龙山“2·20”冰雹重灾镇查看灾情，慰问灾民。

2 月 28 日　州第十一届人大第二次会议选举杜崇烟为州人民政府州长。

3 月 25 日　常德至吉首高速公路开工仪式在吉首市万溶江乡小庄村举行。

3 月 25—26 日　湖南省政协主席胡彪到吉首市和泸溪县考察民营经济和扶贫工作。

3 月 27—29 日　教育部在吉首召开会议，部署新一轮民族贫困地区中小学教师综合素质培训项目启动工作，全国 23 个省（市、自治区）的教育战线 500 多名代表出席会议。

4 月 1—12 日　州委书记童名谦、州长杜崇烟率州党政代表团赴对口支持湘西州的常德、衡阳、湘潭、株洲、岳阳、长沙六市学习考察。

4 月 10 日　湘酒鬼工业园通过全国首批工业旅游示范点验收组验收。

4 月 11 日　吉首大湘西物流园项目签约仪式及湖南省建工集团捐建希望小学捐资仪式在长沙湘麓山庄举行。该项目投资方为湖南大汉集团，总投资 1.8 亿元，占地面积 20 公顷，建筑面积 10 万平方米。

4 月 16—17 日　全国政协原副主席杨汝岱到凤凰县、吉首市考察农村经济发展和旅游工作。

4 月 19—21 日　中共中央政治局原常委、中央纪委原书记尉健行到永顺、吉首、凤凰三县市考察。

5 月 10—14 日　全国人大常委会副委员长李铁映到湘西州考察。

5 月 15—16 日　国家旅游局、国家民委、国家质量技术监督局在凤凰县召开《民族（民俗）文化旅游点规划建设与管理规范》国家标准启动会。

5 月 31 日　湖南省第十届人大常委会第九次会议表决通过《湘西土家族苗族自治州凤凰历史文化名城保护条例》。

6 月 20 日　全州公共卫生体系建设项目开工仪式在吉首市乾州新区举行。

6 月 12—13 日　全国政协副主席、致公党中央主席罗豪才到吉首市和凤凰县视察调研。

6 月 24 日　中共湖南省委常委、省军区司令员郑治栋到湘西州检查指导民兵预备役工作。

6 月 25—27 日　中共湖南省委副书记、省长周伯华先后到吉首、凤凰、保靖、龙山等县（市）调研经济发展情况。

6 月 28—29 日　中共湖南省委、省人民政府在吉首召开湘西地区开发工作会议。湘西州、怀化市、张家界市、邵阳市和省直相关部门以及列入湘西地区开发的 32 个县（市、区）主要负责人与会。会议提出继续把湘西自治州作为扶贫攻坚主战场。

7 月 7 日　吉凤工业园（湘西经济开发区）开工仪式在凤凰县竿子坪乡湾溪村举行。园区位于吉首市与凤凰县交界处，首期规划面积 7.12 平方公里。

7 月 21 日　中共中央政治局委员、国务院副总理、国家防汛抗旱总指挥部总指挥回良玉在湖南省领导杨正午、周伯华等陪同下，到泸溪县上堡乡、武溪镇查看灾情。

7 月 22 日　湖南省委副书记、省政府常务副省长于幼军率省直相关部门负责人到永顺、龙山两县考察湘西地区重点建设项目实施情况。

8 月 1 日　长沙市赴湘西州赈灾捐赠仪式在吉首举行。此次捐款 60 万元，捐赠大米 20 吨及一批衣物。

9 月 17—18 日　荷兰驻华大使馆农业参赞万代英和参赞助理屠大熘到湘西自治州考察项目选点情况。

10 月 4—5 日　由新华社湖南分社、《光明日报》驻湘记者站、中新社湖南分社、《大公报》驻湘记者站、《香港商报》驻湘记者站、《湖南日报》、湖南卫视、湖南电台、《潇湘晨报》等 14 家省内外媒体 31 名记者组成的“走进大湘西”采访团到湘西州采访。

10 月 22—23 日　中共中央政治局常委、中央政法委书记罗干到凤凰县和吉首市考察。

10 月　州人民医院乾州新址建设项目启动。乾州新院区一、二期工程用地 30 公顷，房屋建筑面积 25.58 万平方米，工程概算 7.2 亿元。

11 月 3 日　中共岳阳市委书记易炼红率岳阳市党政代表团到保靖县开展对口援建工作。

12 月 15 日　州委、州政府召开第四届科教兴州表彰大会。张永康、潘太国等27人获奖。

12月21日　凤凰县被科技部列为全国科技工作试点县。

2005年

2月6日　永顺县塔卧被中共中央宣传部、国家发展和改革委员会、国家旅游局等13个部门列为全国122个红色旅游经典景区之一，同时列入全国红色旅游30条精品线路。

2月27—31日　州第十一届人大第三次会议召开，会议通过《湘西土家族苗族自治州里耶历史文化名镇保护条例》及《湘西土家族苗族自治州环境保护条例》。

2月30日　龙山县收到国家文物局《关于里耶古城遗址本体保护工程总体设计方案的批复》。

5月　湘西州在全省率先开通“湘西行风热线”，构建经济环境测评监督网络。全州设立行政效能投诉中心9个、经济发展环境观测点150个，聘请观测员150人，为广大群众参与支持行风建设提供新的平台。

6月　全州开始实行“I类疫苗”（即规划免疫疫苗，包括卡介苗、脊髓灰质炎疫苗、麻疹疫苗、百白破疫苗、乙肝疫苗和百破二联疫苗等6种）免费接种。

7月4日　经湖南省人民政府批准,吉首市乾州古城被列为省级历史文化街区。

7月8日　州委、州政府召开吉首地区城市化暨州庆项目建设动员大会。确定基础设施和社会事业项目50个,总投资207亿元,相当于中华人民共和国成立以来全州固定资产投资总和的70%。

9月5日　凤凰景区和古丈红石林景区被国土资源部批准为国家级地质公园。

9月7日　中共中央政治局原委员、国务院原副总理钱其琛在湖南省副省长许云昭等陪同下到凤凰县考察。

9月11日　龙山县里耶古城1号井中出土的3.6万枚秦简全部完成清洗、脱色工作，释读出文字30万字。

9月18日　国家发改委批复吉首至茶洞（今边城）高速公路建设工程可行性研究报告。

9月31日至10月1日　中共中央政治局常委、全国人大常委会委员长吴邦国，中共中央政治局委员、全国人大常委会副委员长王兆国，全国人大常委会副委员长、秘书长盛华仁一行到凤凰县视察工作。

11月9日　湘西民族职业技术学院乾州新区学院新校区奠基。

11月12日　湖南省人民政府批复同意湘西州建立湖南保靖白云山省级自然保护区和湖南龙山印家界省级自然保护区。

11月12日　龙山县里耶镇被住房城乡建设部、国家文物局授予“中国历史文化名镇”称号。

11月18日　湖南省高新技术特色产业基地——湘西锰锌铝新材料深加工产业基地挂牌仪式在州政府礼堂举行。同时挂牌成立的还有湘西自治州高新技术创业服务中心。

是年　全州乡镇防疫、妇幼专干工资全部列入县（市）财政预算。

2006年

1月16日　国务院公布第六批国家重点风景名胜区名单，湘西州德夯风景区榜上有名，至此，湘西州的国家重点风景名胜区已有2个。

2月25日　州人民政府出台《关于进一步加强村级卫生组织建设的意见》，州、县（市）两级财政每年安排200万元用于支付乡村医生从事公共卫生服务的劳务报酬。

3月20日　永顺县高坪乡懂坪村被定为全国建设社会主义新农村示范村，这是农业部在湖南省创办的3个示范村之一。

4月14日　湘西州首次承担的两项国家“863”计划课题顺利通过科技部组织的专家验收。两项课题分别是“无硒高纯电解金属锰电子级高纯四氧化三锰关键技术开发”和“年产2万吨超细球形活性锌粉开发应用”。项目填补国内空白。

6月上旬　湘西州申报的苗族古老话、苗族歌谣、土家族梯玛神歌、土家山歌等23个“非遗”项目被列入湖南省首批非物质文化遗产名录。

8月1日下午　龙卷风袭击永顺县万坪镇,造成该镇2796户1.26万人受灾,直接经济损失100多万元。

8月17日　湘西州部分乡镇发生严重干旱,全州8个县（市）的142个乡（镇）1418个村120多万人受灾，12.4万公顷农作物和经果林受损，直接经济损失4.07亿元。

9月18日　湘西宏成制药有限责任公司第一期年产50吨“复方桐叶烧伤油”专利新药通过国家药品GMP认证。

9月21日　中共湘西自治州第九次代表大会在吉首召开。24日选举产生新一届州委常委会，童名谦任州委书记，王超祥任州纪委书记。

11月19日　泸溪县被国务院确定为“中国优质椪柑基地重点县”。

12月1日　泰中友好关系协会考察团一行5人，在协会顾问、泰国原总理府顾问卡西杰·库吉德邦（给）带领下，考察湘西州怡昌能源科技有限公司年产30万吨燃料乙醇项目。

12月16日　湘西州田隆信、田茂忠、聂方俊、龙葵棠4人被中国民间文艺家协会评选为中国民间文化杰出传承人。

12月24—25日　在海南省三亚市举行的首届中国旅游品牌年会及中国旅游品牌论坛上，湘西州与全国15个风景名胜区被评为中国最佳旅游去处。

2007年

3月6日　全国人大五次会议湖南代表团举行全体会议，审议政府工作报告，中共中央总书记胡锦涛参加审议，听取代表们发言。湘西州代表汇报的“全州14家电解锰企业污染实现达标排放”，得到总书记充分肯定。

3月27日　湘西州第十一届人大第五次会议通过《湘西土家族苗族自治州人民代表大会立法程序条例》《湘西土家族苗族自治州猛洞河风景名胜区保护条例》，决定废止《湘西土家族苗族自治州各级人民代表大会常务委员会监督本级人民法院人民检察院工作条例》。

6月初　凤凰古城堡、沈从文故居及湘鄂川黔革命根据地旧址（含永顺县、龙山县旧址）被列为全国重点文物保护单位。至此，湘西州有国家文物保护单位6个。

6月8—12日　第四届泛珠三角区域合作与发展论坛暨经贸洽谈会在长沙举行。湘西州在该届“珠洽会”上签约招商项目32个，引资48.23亿元。

6月10—11日　欧盟轮值主席国——德国驻中国特命全权大使史丹泽博士偕夫人到凤凰县和吉首市考察。

6月14日　由文化部组织评选的首批国家级非物质文化遗产项目代表性传承人揭晓，湘西州叶水云和刘代娥两位土家织锦工艺大师榜上有名。

6月29日　凤凰县被国家旅游局确定为中国旅游强县试点县。

7月4日　湘西黄牛入选国家种质资源基因库。凤凰县腊尔山被划定为湘西黄牛唯一保护区。

是日　花垣县边城镇、古丈县默戎镇、吉首市丹青镇、龙山县兴隆街乡等11个乡（镇）被文化部命名为“中国民间文化艺术之乡”。

是日　保靖县代表湘西州接受国家教育督导团“普九”（普及九年义务教育）验收检查，合格通过；湘西州“普九”全部合格达标。

7月　湘渝高速公路控制性工程矮寨特大悬索桥开工建设。该桥主跨长1176米、桥面宽24.5米、桥面距峡谷底部355米。桥两端直接与隧道相连。

8月13日下午4时40分　凤凰县建设中的沱江堤溪大桥发生坍塌事故。该桥长320米、宽12米，为4跨型石拱桥。14日，湖南省委书记、省人大常委会主任张春贤，省委副书记、省长周强，省委常委、省委秘书长于来山赶到事故现场；省委常委、副省长徐宪平指挥事故救援工作。交通部部长李盛霖、国家安全生产监督管理总局局长李毅中、建设部副部长黄卫率领有关专家紧急赶赴事故现场，检查指导抢险救援工作。国务院总理温家宝、副总理曾培炎作出重要批示。国务委员、国务院秘书长华建敏连夜作出重要指示和部署，并受党中央、国务院委托，于14日下午率国务院有关部门负责人，专程赶赴事故现场，指导救援工作，慰问伤员和遇难者家属。15日，中共中央总书记胡锦涛作出重要指示：要求严肃追究责任者，吸取事故教训，严防此类事故再次发生。16日，国务院凤凰“8·13”堤溪大桥垮塌特别重大事故调查领导小组和调查组，全面启动调查工作。至18日，现场搜救工作基本结束。事故造成64人死亡、22人受伤，直接经济损失3874万元。

8月23日　永顺县王村镇更名为芙蓉镇。

8月28日　参加湘商大会的湘西自治州代表团在长沙市举行投资说明会暨项目签约仪式，与外地客商签订项目30个，协议、合同引资总金额38.92亿元。

9月20日　全州各族各界群众2万多人欢聚州民族体育中心，庆祝湘西土家族苗族自治州成立50周年。全国政协副主席张思卿，中央部委祝贺团团长、国家民委党组成员、副主任丹珠昂奔，湖南省委书记、省人大常委会主任张春贤，省祝贺团团长、省委副书记、省长周强与全州各族群众共庆节日。

11月12日　泸溪县被列入国家“整合资金、整村推进、连片开发”扶贫湖南唯一试点县。

11月27日　“湘西猕猴桃”通过国家质检总局评审，跻身国家地理标志产品保护行列。

12月4日　在全国果品产业经验交流会暨先进典型宣传推介表彰会上，泸溪县获“中国椪柑之乡”称号。

12月6日　凤凰县被国家旅游局命名为“中国旅游强县”。

12月10日　州第十一届人大常委会第四十二次会议接受杜崇烟辞去州人民政府州长职务请求，任命徐克勤为州人民政府副州长，代理州长。

是月，州人民政府决定全州乡村医生按人均每年1000元补助标准纳入财政预算。湘西州新型农村合作医疗制度实现全覆盖。

2008年

1月3日　州第十二届人大第一次会议选举刘路平为州人大常委会主任，徐克勤为州人民政府州长。

1月13—19日　全州出现大范围冰冻雨雪天气，大部分地区连续多日平均气温低于摄氏零度，低温形成积雪和冰冻，全州遭遇冰冻灾害。州境受灾人口108万人，直接经济损失10.04亿元。

3月26日　何泽中任中共湘西自治州委书记，童名谦调邵阳市工作。

4月13—15日　中共中央政治局常委、中央纪委书记贺国强到湘西州考察调研。

4月21日　中南大学与湘西自治州人民政府全面合作框架协议在吉首签署。

5月6—9日　州委印发《关于加快推进新型工业化的若干意见》《关于加快推进农业产业化的若干意见》《关于加快推进旅游产业发展的若干意见》《关于加强经济社会发展软环境建设的若干意见》等文件。

5月12日14时30分左右　四川省汶川8.0级地震引发州境8个县（市）持续2分钟左右震感。湘西州于16日向地震灾区提供300万元物资援助，18日首批500万元捐款汇至阿坝藏族羌族自治州慈善总会。全州卫生系统44名卫生专业人员分期分批赴四川省都江堰市、彭州市和阿坝州理县参加抗震救灾与医疗卫生防疫工作。

6月5日　国家发改委批复同意建设吉首至怀化高速公路。9月26日，包头至茂名高速公路吉（首）怀（化）段开工动员大会在怀化市举行。

6月25日　州人民政府行政效能投诉中心挂牌成立。

8月3—5日　湖南7家异地商会代表在湘西州对接洽谈招商项目，签订项目协议14个，总投资25亿元。

8月10日　在北京举办的第二十九届奥运会上，龙山籍选手龙清泉以抓举132公斤、挺举160公斤、总成绩292公斤为中国男子举重队夺得本届奥运会首枚金牌，打破该级别三项世界青年纪录，夺回中国举重队失去24年的男子举重56公斤级的奥运金牌。

9月3—4日　吉首市福大房地产公司因民间

集资未能按承诺兑现付息，导致发生该公司部分集资者到州政府上访，并聚集在吉首市区主要街道和吉首火车站堵塞交通的事件。事件发生后，湖南省委常委、省委政法委书记、省公安厅厅长李江迅速赶到吉首协调处理，并组织公安民警和武警官兵依法处置堵塞铁路的上访者，恢复交通。9月24—25日，吉首再次爆发集资风波，数万群众涌上街头，一些不法分子趁机打砸抢。9月29日、10月21日，公安民警、武警官兵抓获参与"9·4""9·25"事件涉嫌违法犯罪人员115人。11月6日，经检察机关审查，决定逮捕76人，直接移送审查起诉22人。

9月31日　张（家界）花（垣）高速公路开工动员大会在花垣县举行。该条高速公路全长143.21公里，设计时速80公里，总投资100.76亿元,是构成湖南省"五纵七横"高速公路网的重要组成部分。

11月27—28日　湘西州人民政府与贵州省铜仁地区行署及贵州省机场建设集团达成合作框架协议，约定共同建设铜仁机场并拟将机场更名为铜仁凤凰机场。2009年11月4日，国家民航局批复同意铜仁机场更名为"铜仁凤凰机场"。

12月18日14时　湘西州境首条高速公路——湘渝高速公路常（德）吉（首）段建成通车。

12月26日　州委九届四次全会在吉首召开。全会审议通过《中共湘西自治州委关于加快推进农村改革发展的实施意见》。

12月31日　州第十二届人大常委会举行第十一次会议，任命叶红专为州人民政府副州长，代理州长，徐克勤调省工作。

2009年

1月4日　湖南省人民政府与广州市人民政府在广州签署《关于加强湘西自治州与广州市经济社会发展合作框架协议》。

3月5日　州委常委会会议传达全省加速推进新型工业化会议精神，研究贯彻意见。会议要求建立州本级中小企业信用担保公司，选派100名干部到企业帮助工作。

3月17日　州人民政府印发《湘西自治州人民政府关于支持工业企业保增长促发展的若干意见》。

3月18日　州人民政府印发《湘西自治州招商引资考核奖励办法》，要求加大招商引资特别是承接沿海产业转移工作力度。

3月27日　州第十二届人大第二次会议召开，会议选举叶红专为州人民政府州长。

3月　州第十二届人民代表大会第二次会议通过《湘西自治州土家医药苗医药保护条例》，经湖南省第十一届人大常委会第八次会议批准，于2009年7月1日正式颁布实施。

4月23日　黔张常铁路预可研启动工作会议在龙山县召开。会议要求拟建黔张常铁路沿线各地从大局出发，确保各项工作有序推进。

5月4日　《湘西自治州人民政府重大行政决策程序规则》出台。

5月18日　在广州举行的湘西（广州）承接产业转移推介会暨招商项目签约仪式上，湘西州与外地客商现场签约招商项目29个，引资总额80亿元。

5月21日　"湘粤经贸合作项目签约暨广东产品湖南行"活动在长沙正式启动。中共中央政治局委员、广东省委书记汪洋，湖南省委书记、省人大常委会主任张春贤，广东省委副书记、省长黄华华，湖南省委副书记、省长周强出席。启动仪式上湖南省副省长陈肇雄和广州市委副书记、市长张广宁为湘西（广州）工业园授牌。

7月13日　州人民政府印发《湘西自治州人民政府关于开展防范和打击高利贷活动的通知》。要求加强防范和打击高利贷活动，维护金融安全和社会大局稳定。

7月15日　中国国民党主席吴伯雄及夫人戴美玉，中国国民党副主席林丰正、蒋孝严等一行参观游览凤凰古城。

9月16日　永顺县芙蓉镇被住建部、国家文物局评选为"中国历史文化名镇"。

10月10日　永顺县被纳入全国烟叶整县推进现代烟草农业项目试点。此项目从2009年10月起，分三年实施。计划投入建设资金2.5亿元至3亿元。

10月13日　州委九届六次全会审议通过《中共湘西自治州委关于加强和改进新形势下党的建设的意见》。

10月18日　州人民政府印发《湘西自治州人民政府关于认真做好土家语苗语抢救保护传承工作的若干意见》。

11月12日　铁道部在张家界市召开新建“黔张常”铁路预可研审查会。该铁路全长355公里，设计时速200～250公里/小时，总投资300亿元。规划为国家一级铁路。线路西起重庆市黔江区，途经湖北省咸丰县、来凤县和湖南省湘西州龙山县、永顺县，张家界市桑植县、永定区及常德市桃源县、鼎城区，东止常德火车站,是一条以客运为主，兼顾货运的多功能铁路。其中湖南境内长260公里，概算投资185亿元。

11月16日　州人民政府印发《湘西自治州农村最低生活保障制度与扶贫开发政策衔接试点工作方案》。

11月9日　世界首例轨索移梁法主桁架设节段足尺模型试验在吉（首）茶（洞）高速公路矮寨特大悬索桥建设取得成功。

是年　州内甲型H1N1流感流行，发病182例、死亡3人，全州卫生系统开展综合防控，为重点人群免费接种甲型H1N1流感疫苗14万人份。

2010年

1月21日　湘西（广州）工业园产业中心建设奠基仪式在吉凤经济开发区举行。

1月　吉首市和龙山县纳入湖南省首批基层医疗改革试点县，并于1月31日启动实施国家基本药物制度，基本药物实行零差率销售。

2月　州第十二届人大第三次会议审议通过《湘西土家族苗族自治州小溪国家级自然保护区条例》，报请省人大常委会批准。

3月5日　保靖县白云山自然保护区被国家林业局评定为国家级自然保护区。

3月21日　全州党政系统电子政务内网建设工作会议召开。湘西州非密级纸质公文正式开始实行网上传输。

3月22日　州人大常委会首次采用电子表决方式决定人事任免事项。

6月2日　中共中央政治局委员、国务院副总理、国家防汛抗旱总指挥部总指挥回良玉深入泸溪县朱雀洞村、吉首市河溪水库和泸溪县盘古岩村雀儿西组查看灾情，慰问受灾群众。

6月3日　州委出台《公开选拔高学历优秀人才暂行规定》，全州计划5年内每年引进100名全日制博士、硕士学历人才，并在工资、住房等方面给予优惠。当年选拔录用66人。

7月9日　湘西州被文化部批准为“武陵山区（湘西）土家族苗族文化生态保护试验区”，为湖南首个国家级文化生态保护试验区。

7月20日　花垣县锰矿区发生透水事故，13名矿工困于矿井。州、县随即展开抢险救援，8月1日，抢险救援工作结束，3人成功获救，10人遇难。

7月24日　2010年湘西（上海）投资说明会暨招商项目签约仪式在上海举行。湘西自治州30个项目成功签约，签约金额76亿元。

10月20日　铁道部鉴定中心常务副主任周孝文等一行30人到龙山县踏勘黔张常铁路（龙山段）线路走向及火车站选址。

10月28日　龙山县里耶考古遗址公园正式向公众开放。中共湖南省委书记、省人大常委会主任周强和国家文物局局长单霁翔为里耶秦简博物馆揭牌。

12月6日　泸溪县浦市镇被住建部、国家文物局评选为“中国历史文化名镇”。

12月12日　泸溪县楠木洲发现大规模史前遗址。经考古专家对出土文物初步鉴定，早在史前，泸溪县楠木洲就有人类生产生活踪迹。

12月21日　泸溪县白沙镇被全国爱国卫生运动委员会命名为“国家卫生县城”。

12月26日　湘西州人民政府州长叶红专与湖南省建工集团总经理周海兵分别在战略合作框架协议上签字，标志着吉首市国道209及319绕城线建设、凤凰县旅游基础设施建设及市场开发、吉凤经济开发区吉凤小区二期土地综合开发建设等项目正式启动。

第一篇 地理

第一章 区域 建置

第一节 位置 面积

湘西土家族苗族自治州位于湖南省西北部，地处北纬 27° 43'23" ~ 29° 34'04"、东经 109° 11'55" ~ 110° 23'10" 之间。武陵山脉自西南向东北蜿蜒境内，系云贵高原东缘武陵山脉东北部，西倚云贵高原，北靠鄂西山地，东南以雪峰山为屏。东部、东北部与怀化市沅陵县、张家界市永定区及桑植县接壤；南部、西南部与怀化市辰溪县、麻阳苗族自治县及贵州省铜仁市、松桃苗族自治县毗邻；西部与重庆市秀山、酉阳土家族苗族自治县相连；西北部与湖北省恩施州来凤县、宣恩县连接，系湘鄂渝黔四省市交界之地。焦柳铁路自张家界市后坪进入州境，经永顺、古丈、吉首、泸溪至凤凰县燕子岩隧道出境进入怀化市。国道 319 自沅陵县与泸溪县交界的枚子山进入州境，经泸溪、吉首至花垣边城镇入渝。国道 209 自鄂、湘交界之地的龙山县官渡口入境，经龙山、永顺、保靖、花垣、吉首至凤凰石羊哨出境，进入怀化市麻阳县。境内通往境外水路主要有沅、澧两大河流及沅水支流酉水。沅水流经泸溪县境，沿河逆水向上达怀化市辰溪县，顺水向东至怀化市沅陵县。澧水南源于永顺县万坪镇流入张家界桑植县。酉水源于鄂渝黔三省市，由西入境向东横穿龙山、保靖、永顺、古丈 4 个县，流入怀化市沅陵县注入沅江。州域东西横跨 120 公里，南北纵距 212 公里，总面积 15472.47 平方公里，占湖南省面积的 7.3%,其中山地 1.26 万平方公里，占 81.59%；丘陵 0.16 万平方公里，占 10.3%；岗地 0.04 万平方公里，占 2.45%；平原 0.06 万平方公里，占 4.06%；水面 0.02 万平方公里，占 1.6%。

第二节 行政区划

1989 年，湘西自治州辖七县一市，即泸溪县、凤凰县、古丈县、花垣县、保靖县、永顺县、龙山县和吉首市；下设 25 个区、45 个镇、4 个街道办事处、173 个乡；有建制村 2685 个。是年，花垣县撤销三角岩乡，将其行政区域并入花垣镇。1995 年，永顺县撤销艾坪乡，整体并入灵溪镇。同时，全州 25 个区改设办事处，为县人民政府派出机构。是年，7 个乡改为镇。2001 年，全州 25 个办事处撤销，乡镇均为县直辖。2003 年，永顺县撤销镇溪乡，整体并入小溪乡。

2005 年，全州乡镇行政区划调整。龙山县撤销民安镇，设立民安街道办事处；撤销华塘乡，设立华塘街道办事处；撤销新城乡，设立新城街道办事处；比溪乡并入茨岩塘镇，西湖乡并入红岩溪镇，坡脚乡并入靛房镇，凤溪乡并入苗儿滩镇，八面乡、长潭乡、岩冲乡并入里耶镇，火岩乡并入桂塘镇，辽叶乡、瓦房乡并入召市镇，水沙坪乡并入茅坪乡；撤销干溪乡和猛西乡，将干溪乡细砂坪、木友、耳洞、捞溪、牙龙、扒耳、干溪坪、支家 8 个建制村及猛西乡水桶村划入洗车河镇；将猛西乡陈庄、邬都、烈坝、高峰、泽果、中寨、矮王、猛西 8 个建制村划入洛塔乡。乡镇行政区划调整后，全县辖 3 个街道、11 个镇、20 个乡。

是年，永顺县柏杨乡并入泽家镇，和平乡并入大坝乡，新寨乡并入颗砂乡，羊峰乡、大明乡并入石堤镇，杉木乡与龙寨镇并为万坪镇，仓坪乡并入塔卧镇，官坝乡、桃子溪乡并入砂坝镇。连洞乡并入灵溪镇。撤销万福乡，将该乡白腊、雨咱、那住3个建制村划入勺哈乡。撤销麻岔乡，将该乡老司城，上河博射坪3个建制村划入灵溪镇。其余新庄、鸭拉、通达、龙勺、颗砂洞、友谊、落月洞、行坡、湖必、四联、坡塞洞、麻岔12个建制村划入石堤镇。撤销保坪乡，将保坪乡龙头、湖坪2个建制村划入松柏乡，其余吴必、毛冲、保坪、劳庄、大龙5个建制村划入芙蓉镇。撤销西米乡，将该乡星火、西元2个建制村划入松柏乡；其余马鞍山、西那、泽龙、米寨、江泽、三角岩、摆那、懂坪8个建制村划入高坪乡。撤销三家田乡，将该乡合心、青竹界2个建制村划入砂坝镇；其余长溪、大坝、惹坝沟、惹必湖、三家田、向家寨、蟠龙、牛角山8个建制村划入塔卧镇。将吊井乡联合村划入灵溪镇；高坪乡雨龙村划入王村镇。乡镇行政区划调整后，全县辖11个镇、19个乡。保靖县梅花乡、龙溪乡并入迁陵镇；马王乡并入清水坪镇；隆头乡并入比耳镇；昂洞乡并入碗米坡镇；簸箕乡并入毛沟镇；仙仁乡并入阳朝乡；中心乡并入水田河镇；堂朗乡并入葫芦镇。乡镇行政区划调整后，全县辖10个镇、6个乡。花垣县茶洞镇更名为边城镇，大河坪乡并入边城镇；大龙乡并入补抽乡；窝勺乡并入花垣镇。乡镇行政区划调整后，全县辖8个镇、10个乡。古丈县城关乡并入古阳镇，草潭乡与野竹坪乡并入岩头寨乡；茄通乡与河西镇合并，更名为红石林镇；高望界林场设立高望界乡。乡镇行政区划调整后，全县辖8个乡、4个镇。吉首市撤销吉首乡，原石家冲街道石家冲、砂子坳、吉大、雅溪、马坡岭、科技园、胡麻井、杨家坪社区和原红旗门街道荣昌坪、香园、吉新、红旗路、商业城、团结路社区及原吉首乡吉新、砂子坳、雅溪、坪山坡、寨垅5个建制村，寨垅划入镇溪街道；由原吉首乡16个建制村（云庄、桐油坪、光明、五里牌、新桥、大田、牛岩、岩寨、溪头、振武营、白果坪、上侥、林木山、小溪、望江坳、樟木溪）和原红旗门街道大田社区及原峒河街道7个社区（云庄、桐油坪、光明、五里牌、新桥、峒河、向阳）组建新的峒河街道；撤销万溶江乡，该乡15个建制村整体划入乾州街道。行政区划调整后，全市辖7个乡、5个镇、3个街道。凤凰县齐良桥乡并入沱江镇，黄合乡并入阿拉营镇，桥溪口乡并入木江坪镇，板畔乡并入山江镇，火炉坪乡、两头羊乡和木里乡万溶江村并入吉信镇。撤销大田乡，将其首云、三角坪2个建制村划入吉信，阳光、高斗、大田、洞脚、高寨5个建制村划入三拱桥乡。乡镇行政区划调整后，全县辖9个镇、15个乡。泸溪县长坪乡并入浦市镇；撤销上堡乡，将上堡乡车站、王家庄、联盟、暮江头、大溪、黑塘、天门溪、榆树坪、丰子岩、高大坪、上寨、团爱12个建制村及李家田乡杨斌庄、朱食洞2个建制村划入武溪镇；将上堡乡刘家滩、铁山、红土溪、侯家4个建制村及李家田乡辛女溪、红岩2个建制村划入白沙镇；将李家田乡引家冲、岩头山、茶村溪、黑竹坳、李家田、李家寨6个建制村划入浦市镇；将李家田乡李尧溪村划入洗溪镇；踏虎乡并入合水镇。乡镇行政区划调整后，全县辖8个镇、7个乡。州域乡镇和街道办事处由221个调整为164个，建制村由年初的2652个调整为1975个。

2007年8月，永顺县王村镇更名为芙蓉镇。11月，凤凰县竿子坪乡牯牛坪村长潭组部分区域（0.195平方公里）划入吉首市乾州街道双河村。2008年，撤销永顺县松柏乡，设立松柏镇，辖2个居委会13个建制村，镇人民政府驻松柏。撤销古丈县岩头寨乡，设立岩头寨镇，辖3个居委会21个建制村，镇人民政府驻野竹坪。

2010年，凤凰县竿子坪乡湾溪、木林坪、牯牛坪、捧捧坳4个建制村划入吉首市乾州街道。乾州街道原湾溪村、木林坪村、牯牛坪村、捧捧坳村、双河村、兴隆社区二组转为吉凤街道。吉凤街道面积18.85平方公里，人口4966人，街道办事处驻人民南路，受托吉凤经济开发区管理。是年年末，全州有90个乡、68个镇、7个街道、

180个社区、1970个建制村，其中龙山县3个街道、11个镇、20个乡、28个社区、434个建制村；永顺县12个镇、18个乡、27个社区、300个建制村；保靖县10个镇、6个乡、17个社区、196个建制村；花垣县8个镇、10个乡、19个社区、288个建制村；古丈县5个镇、7个乡、18个社区、140个建制村；吉首市4个街道、5个镇、7个乡、40个社区、138个建制村；凤凰县9个镇、15个乡、15个社区、340个建制村；泸溪县8个镇、7个乡、16个社区、134个建制村。

第二章　自然环境

第一节　地质　地貌

湘西州地层横跨场子、华南两大一级地层区，含中元古界至第四系58个地层单元，除缺石炭系、侏罗系、第三系外，大部分地层层序完整，分层标志明显，沉积类型复杂，横向变化明显。古生物化石丰富，种类繁多。各系地层分布范围比较集中，区分明显，出露面积约占州境总面积98.5%。州境有花垣县排碧阶和古丈县古丈阶“金钉子”剖面。境内处于云贵高原东北边缘，燕山运动后期长期剥蚀夷平成云贵高原组成部分，地势西北高，东南低，高差较大，垂直差明显。第三纪后期，鄂西和云贵高原经喜马拉雅山运动和新构造运动，大面积间歇性掀斜上升，地势呈西北向东南倾斜。全州1000米以上山峰200余座，境域西部八面山耸于湘、渝、黔三省市边境，呈剥夷面以梯级式向东南倾斜，最高峰为龙山县大灵山海拔1737米，最低点为泸溪县武溪镇龙溪出口河床海拔97.1米，高低差1639.9米，光、热、水及土壤、植被有明显垂直差异。州境大地构造属湘西洼地，地质构造以褶皱断裂为主，其主体由武陵山次级隆起带构成。地貌类型以山地、山原为主，具有成层地域规律，深受地质构造控制和流水侵蚀溶蚀影响，山体破碎，山、岗、丘、平交错分布。地表石灰岩分布面积占全州总面积60.9%，长期浸蚀和溶蚀形成众多平原和洼地为农业提供一定生产条件，25度以上陡坡占全州总面积60%，开发难度大，同时岩溶地区发育石芽、石林、溶斗、溶沟、峰丛及落水洞、地下河、溶洞等形成千姿百态地貌景观，不易建造山塘、水库工程，但河流侵蚀形成深切曲流，呈现多级裂点跌水，形成梯级开发水利和水能资源良好地貌条件。

第二节　气候

一、气候特征

气候温和、四季分明　湘西州年平均气温16.2℃（龙山）～17.1℃（泸溪）。龙山、永顺、吉首、凤凰四县市与同纬度省内中东部的临湘、常德、长沙、湘潭四县市比较，年平均气温偏低0.6℃～1.2℃。冬季年极端最低气温偏高1.5℃～6.5℃，夏季最热的7月，月平均气温偏低1.8℃～2.4℃。年极端最高气温偏低0.5℃～2.8℃，气温年较差（最热7月平均气温与最冷1月平均气温之差）偏小1.6℃～2.9℃，因而州境具有冬暖夏凉气候温和的特征。

州境春季始于3月中旬末至下旬初，春长73～80天。夏季始于5月底至6月上旬，夏长91～110天。秋季始于9月上旬末至中旬，秋长67～73天。冬季始于11月下旬前期，冬长115～123天。全年四季分明，以冬季最长，秋季最短。

降水丰沛、时段集中　州境年平均降水量为1307.3～1404.7毫米。与省内同纬度县市比较，年平均降水量多数县市偏少33～103毫米，偏少率为 2.4%～7.3%。但年平均降水日数偏多 6～25 天。在省内属于多雨地区。4 月上中旬，州境自南向北先后进入雨季，雨量逐渐增多。4—9 月为汛期，每年各县市平均有 13～15 次大到暴雨出现，降水量 911.1 毫米～1028.8 毫米，占全年降水量 70%～75%，其中暴雨、大暴雨年 3～5 次，尤以 5—7 月雨量相对集中，降水量 601.9～695.7 毫米，占全年降水量的 44%～51%。雨季平均结束日为 7 月 5—12 日，但有 27.5%～51%年份雨季结束不明显。

天气多变、灾害频繁 州境 3—4 月受冷暖空气频繁交汇影响，每月有 3～4 次较为明显的冷空气入侵，造成明显的阴雨低温天气。一般降温幅度 5℃～10℃，强的超过 10℃。比较强的“春寒”天气出现频率各县市为 45%～59%。4—6 月随着气温回升，空气对流加强，局部出现雷雨大风、冰雹、暴雨等气象灾害。5—7 月为州域主汛期，暴雨多，常引发洪涝灾害。7—9 月盛夏初秋受副热带高压控制，多晴热少雨天气，易出现夏秋干旱。10—11 月在大陆高压的控制下，秋高气爽少雨，易发生秋旱。有的年份由于冷暖气团在州境长时间对峙停留，形成连绵秋雨。12 月至翌年 2 月，境内冬季主要受大陆气团控制，冷空气强盛，常有霜冻、降雪、冰冻等灾害性天气。

山地气候、垂直存异 州境地处武陵山脉，纬度南北相差仅 1° 54’，但地势高低相差 1639 米，年气候垂直差异明显。气温随高度上升而递减，海拔每升高 100 米，年均气温递减 0.5℃～0.6℃，≥10℃积温减少 190℃～200℃，无霜期缩短 5～7 天。年均气温最高点在泸溪，测站海拔 132 米，年均气温 17.1℃；最低点在海拔 1346 米的八面山，年均气温 10.4℃，每上升 100 米气温下降 0.55℃。降水随高度上升而递增，海拔高度每升高 100 米，年降水量平均增加 20 毫米～75 毫米，递增趋势在 600～1500 米内最大。龙山县海拔 400～600 米的年降水量在 1350 毫米左右，变化不大。该县召市海拔 630 米年降水量 1345.2 毫米，大安海拔 1300 米年降水量 2064.6 毫米，平均每 100 米增量 107.4 毫米。

日照随高度升高而减少 州境大部分地区处于海拔 1000 米以下，在地形近似的情况下，海拔越高，受云雾遮蔽越大，日照时数越少。龙山地形相近而海拔不同的几个测点年日照时数情况是：城郊（490 米）1214 小时，召市（630 米）1008.6 小时，茨岩塘（830 米）935.2 小时，召市与茨岩塘分别比城郊减少 205.4 小时和 278.8 小时。

二、热量

年平均气温 州境年平均气温 16.2℃～17.1℃。以泸溪县 17.1℃、吉首市 17℃最高，龙山、古丈两县 16.2℃最低，其余县为 16.3℃～16.5℃。最高值 17.9℃，2006 年出现在吉首市和泸溪县。最低值 15.3℃，1989 年出现在龙山县。境内年平均气温总体呈现南高北低、东高西低，以地势影响为主。

月平均气温 州境月平均气温最低在 1 月，为 4.6℃～5.4℃，其中凤凰县 4.6℃最低，吉首市 5.4℃最高。月平均气温最高在 7 月，为 26.5℃～27.7℃，其中以泸溪县 27.7℃最高，龙山县 26.5℃最低。5—9 月月平均气温在 20℃以上，其中 7 月、8 月两个月在 25℃以上，为 26.2℃～27.7℃。

极端气温 州境极端最高气温为 39℃～40.2℃，均出现在 7 月、8 月、9 月。其中泸溪县最高为 40.2℃（1995 年 7 月 3 日），凤凰最低为 39.0℃（1997 年 9 月 1 日）。高于等于 39.5℃的有永顺、古丈、吉首、泸溪四县市。低于 39.5℃的有龙山、保靖、花垣、凤凰四县。年极端最低气温为 -6.0℃～-3.7℃，出现在 1 月、2 月，其中以凤凰县最低为 -6.0℃（1989 年 1 月 4 日），龙山县最高为 -3.7℃（1993 年 1 月 24 日）。低于等于 -5.0℃的有永顺、凤凰两县，高于 -5.0℃的有龙山、保靖、花垣、古丈、吉首、泸溪 6 个县（市）。平均终霜日期是 2 月 18 日至 2 月 27 日，龙山县最迟为 2 月 27 日。无霜期平均为 278（花垣）～298 天（保靖），为全年总天数的 76%～82%。年无霜期最长的泸溪县达到 364 天，最短的花垣、古丈、凤凰 3 个县 242 天。

日照 州境年均日照时数 1015～1373.2 小时。4—9 月 687.8～917.4 小时，占全年的 65.7%～

67.8%。8月为160.0～206.9小时，1—2月日照时数35.5～51小时。泸溪县年均日照时数最多，为1373.2小时；保靖县最少，为1015小时；其他县市为1198.8～1341.8小时。

三、降水

年降水　州境年均降水1307.3毫米～1404.7毫米。最多的古丈县1404.7毫米，最少的凤凰1307.3毫米。大于1350毫米的有永顺、花垣、古丈、吉首、泸溪5个县（市），小于1350毫米的有龙山，保靖、凤凰3个县。绝大多数年份降水丰沛，正常（距平率在±25%以内）年份，永顺为72.7%，其他县（市）为81.8%～100%。

月降水　州境月平均降水量差别较大，呈现夏多冬少规律。1月（32.1毫米～52.2毫米）和2月（46.4毫米～63.2毫米）。3月为少雨季节向多雨季节过渡月份，降水量61.6毫米～94.8毫米。4—6月处于前汛期，降水量逐月增多，4月降水量125.3毫米～162.2毫米，5月降水量171.2毫米～198.0毫米，6月降水量200毫米～232.6毫米。7—8月处于后汛期，7月降水量195.1毫米（凤凰县）~278.6毫米（永顺县），8月降水量108.2毫米～155.5毫米。9—10月进入秋季，降水量明显减少，9月降水量62.5毫米～96毫米，10月降水量93.6毫米～113.3毫米。11月是秋冬转换过渡月，降水量60.6毫米～70.6毫米。12月降水量21.5毫米（龙山县）～37.0毫米（古丈县）。

日降水　州境年均降雨日（≥0.1毫米）153.2～179.4天，年平均降雨日频率42%～49%。1995年5月31日永顺县出现最大日降水344.1毫米。日降水各量级年均出现天数和频率情况：

暴雨　据《湖南省暴雨洪水查算手册》记载，州境多年平均24小时雨量在90毫米～140毫米之间，由东北向西南递减，龙山县水田坝乡以东、永顺县石堤镇以北与张家界市交界地区为高值区，雨量在130毫米～140毫米之间，花垣县城以西与重庆、贵州交界地区为低值区，雨量小于100毫米。最大6小时暴雨均值、变差系数与最大24小时分布规律基本一致，高值区80毫米～90毫米左右，低值区70毫米以下。最大1小时暴雨均值、变差系数分布以花垣县岩板滩站、保靖县普戎站与龙山县苗儿滩站一带为中心向周边递减，高值区45毫米～50毫米。最大24小时暴雨为永顺县青天坪站470毫米（2003年7月8日），最大6小时暴雨为永顺县羊峰山站264.5毫米（2003年7月9日），最大1小时暴雨为吉首市丹青站117.5毫米（1998年5月8日）。

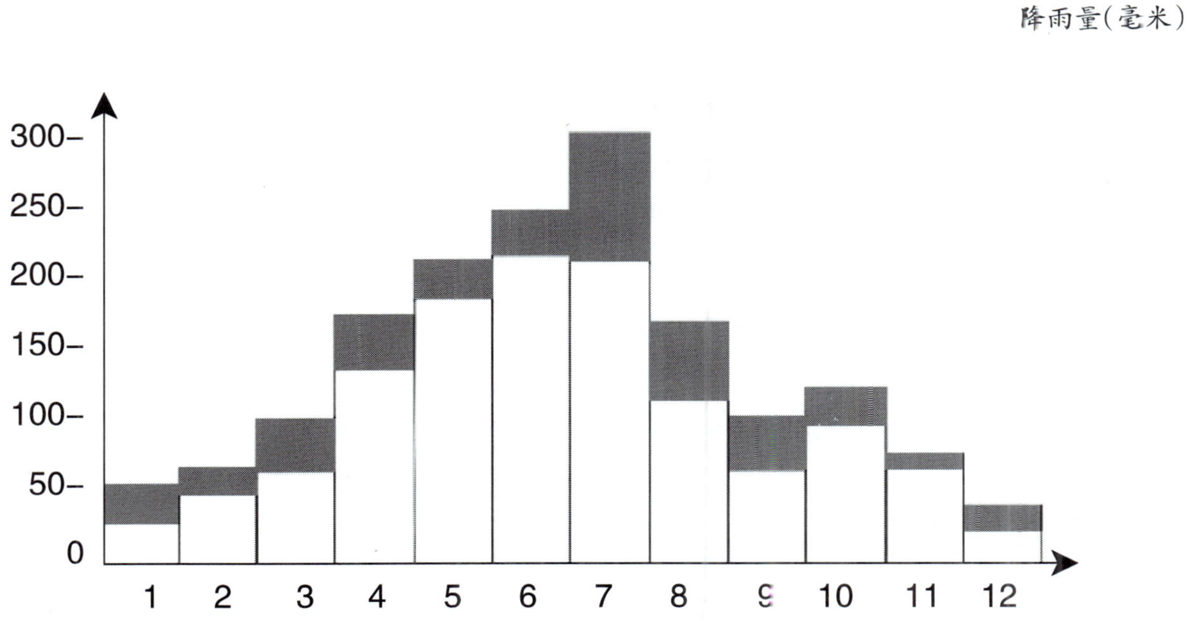

图1-1　1989—2010年湘西州月平均降水量分布图

1989—2010 年湘西州降水情况一览表

表 1-1 单位：毫米

量级 / 值日 / %	小雨 (0.1～9.9)	中雨 (10.0～24.9)	大雨 (25.0～49.9)	暴雨 (50.0～99.9)	大暴雨 (100.0～199.9)	特大暴雨 (≥200.0)
出现天数	114.9～141.4	23.3～26.2	9.6～10.3	3.0～3.8	0.5～1.0	0～0.14
占总降水天	75.0～78.8	13.4～15.5	5.5～6.5	1.8～2.5	0.3～0.7	0～0.09

第三节 水文

一、水系

湘西州河流属长江流域洞庭湖水系，南有沅江干流过境，酉水、武水干流横穿西东，属沅江一级支流。北有澧水，主要一级支流有杉木河和贺虎溪。州境除泸溪县有 40 公里沅江干流、永顺县有 17.5 公里澧水干流外,其余均为沅江、澧水支流，流程 5 公里以上河流 368 条。河流总长 6308 公里，干流长 100 公里以上河流 5 条，50 公里以上 16 条，流域面积 100 平方公里以上河流 55 条。

1999 年湘西州河流分级情况一览表

表 1-2 单位：条

干流名称	干流条数	各级支流条数(流程≥5 公里)					
		1	2	3	4	5	合计
沅江	1	8	73	164	79	22	346
澧水	1	5	11	3	1	0	20
小计	2	13	84	167	80	22	366

沅江为洞庭湖水系四水之一，发源于贵州东南部，有南北二源：南源出自贵州都匀县云雾山，为龙头江，又称马尾河。北源起于贵州麻江县平越间的大山，称重安江。两江流至岔河口汇合后称清水江，江水曲折东流，沿程纳入巴拉河、南哨河、六洞河等支流，于托口纳入渠水后始称沅江。水流折向东南，至黔城纳舞水，至洪江纳巫水，再转向北流，经大江口、辰溪、泸溪、沅陵，先后汇入溆水、辰水、武水、酉水，又折向东北流入洞庭湖。沅水干流全长 1033 公里，流域面积 8.92 万平方公里。沅江干流从泸溪县浦市镇小熟坪上游约 1 公里处入境，流经浦市镇、白沙镇、武溪镇与武水汇合，至大龙溪出境，流经州内干流长度 40 公里。

1999 年沅江及主要支流特征值情况一览表

表 1-3

河流名称		发源地点	河口地点	河流长度（公里）	流域面积（平方公里）	平均坡降度（‰）
沅江		贵州省都匀县云雾山	常德县德山	1033	89163	0.594
左岸支流	舞水	贵州省福泉县罗柳塘	黔阳县黔城	444	10334	0.996
	辰水	贵州省铜仁市梵净山	辰溪县小路口	145	7536	0.555
	武水	花垣县老人山	泸溪县泸溪	141	3625	2.14

续表 1-3

河流名称		发源地点	河口地点	河流长度（公里）	流域面积（平方公里）	平均坡降度（‰）
左岸支流	酉水	湖北省宣恩县西源山	沅陵县张飞庙	477	18530	1.05
	深溪	张家界市梳坪垭	沅陵县深溪口	84	398	3.57
	珠红溪	沅陵县堡子界	沅陵县珠溪口	77	625	2.54
右岸支流	渠水	贵州省黎平县地转坡	黔阳县托口镇	285	6772	0.919
	巫水	广西区北石坳	黔阳县洪江镇	244	4205	1.81
	公溪	绥宁县张家冲	会同县塘冲	64	488	7.35
	溆水	溆浦县架枕田	溆浦县大江口	143	3290	0.191
	兰溪	沅陵县羊皮帽	沅陵县兰溪口	68	596	3.58

武水为沅江一级支流，发源于花垣县老人山、火焰洞一带，干流东流6公里至凤凰县柳薄乡消水坨。其中大部分水流渗入暗河，自大龙洞瀑布口而出；另一部分水流沿牛角河下流13公里，与大龙洞瀑布会流，始称‘峒河”。沿下经矮寨、吉首市区，抵张排寨会万溶江，至河溪会沱江，始称“武水”。续经黄连溪入泸溪县，至武溪镇汇入沅江。武水干流全长141公里，流域面积3574平方公里。

1999年武水及主要一级支流特征值情况一览表

表 1-4

河流名称	流域面积（平方公里）	长度（公里）	平均坡降度（‰）	发源地点	河口
武水	3625	141	2.14	花垣县老人山	泸溪县武溪镇
小龙洞河	121	14	25.3	夯儿	高岩寨
新寨河	51.2	13.0	51.9	大塘寨	矮寨
洽比河	86.2	33.0	9.50	吕洞山	马坳
文溪河	124	21.0	13.0	夯石市	文溪坪
万溶江	488	59.0	4.61	古长坪	张排寨
司马河	264	55.0	3.00	保靖仁猪佑	吉首市老寨
沱　江	988	131	2.78	凤凰县中都	河溪小河坝
两岔溪	85.4	23	9.90	吉首市三角坪	泸溪县潭溪
丹青河	369	74.0	2.96	古丈县四方坡	潭溪张家湾
能　溪	273	56.0	3.95	泸溪县马家冲	能滩

酉水为沅江一级支流，有南北二源。北源为主流，源出湖北省宣恩县西源山，往南偏西流至湘西州龙山县境，复出境经湖北来凤、重庆酉阳，南流至重庆秀山与南源汇合。南源称秀山河，源出贵州省松桃县山羊溪，北行经重庆秀山县至妙泉乡内龙潭河后，东北至石堤，与北源汇合。酉水自此折向东南14.5公里，经高桥入州境保靖县清水坪镇大桥村，流经龙山县

里耶镇、隆头镇，保靖县碗米坡镇、迁陵镇，古丈县河西镇，永顺县芙蓉镇、施溶溪，在沅陵县凤滩水库大坝出境，于沅陵县张飞庙汇入沅江。西水干流全长477公里，流域面积1.85万平方公里。其中，州境干流长度233公里，流域面积9099平方公里。

1999年酉水主要一级支流特征值情况一览表

表1-5

河流名称	发源地点	河口地点	河流长度（公里）	流域面积（平方公里）	平均坡降度（‰）
酉水	湖北省宣恩县酉源山	湖南省沅陵县张飞庙	477	18530	1.05
果利河	湖南省龙山县红溪界	湖南省龙山县水再坪	49	363	15.7
皮渡河	湖南省龙山县梅子坳	湖北省来凤县梅子坳	54	366	7.08
桂塘溪	湖南省龙山县上毛坡	重庆市酉阳县张家堡	16	99.8	7.61
人落河	湖南省保靖县摸鹰嘴	重庆市秀山县张家堡	21	175	13.1
长潭河	湖南省龙山八面山西麓	湖南省龙山县里耶	31	194	6.12
洗车河	湖南省龙山县二台坪	湖南省龙山县隆头镇	86	1276	2.68
马圹河	湖南省保靖县棋盘岩	湖南省保靖县大喇寺	24	76.0	11.0
巴科河	湖南省保靖县白云山	湖南省保靖县拔茅寨	20	77.8	23.0
花垣河	重庆市秀山县椅子山	湖南省保靖县江口	187	2797	1.84
造库河	湖南省保靖县世万山	湖南省保靖县倒骑龙	23	123	15.4
泗溪河	湖南省永顺县大人澳	湖南省保靖泗溪口	42	392	4.84
阳朝溪	湖南省保靖县桃树股	湖南省保靖县龙车洞	12	84.2	7.96
涂乍河(白溪)	湖南省花垣县排腊	湖南省古丈县白溪口	59	515	6.09
猛洞河	湖南省桑植县八家田	湖南省永顺县龙头	158	2275	2.25
观堂河	湖南省古丈县芭蕉湾	湖南省古丈县河西	24	90.3	9.27
王村河	湖南省永顺灯盏乙土	湖南省永顺县王村	22	191	31.1
古阳河	湖南省古丈县唐尔度	湖南省古丈县罗依溪	47	266	6.12
施溶溪	湖南省永顺县樟木垭	湖南省永顺县施溶溪	44	301	7.93
鱼泉溪	湖南省永顺县东姑佬	湖南省永顺县枫香岗	22	102	319
明 溪	湖南省永顺县土地垭	湖南省沅陵县明溪口	43	250	7.72
西溪河	湖南省古丈县老寨	湖南省沅陵县乌宿	84	887	2.10

澧水有北、中、南三源，北源为主源，源出桑植县杉木界；中源又名绿水河，源于桑植县西北的八大公山；南源又名上洞河，源出州境永顺县万袦山，东北经上洞街入桑植县境。南源至两河口与中源汇流。北源至赶塔与中、南两源汇合成干流。至津市小渡口注入洞庭湖。干流全长388公里，流域面积1.85万平方公里，其中湘西州境1236平方公里。澧水干流于州境永顺县有17.5公

里，其中州境主要一级支流 3 条。

州境流向辰水—锦江小水系在凤凰县内有苏马河、茶田河、新地溪、白泥江，泸溪县内有踏虎溪、太平溪等，累计流域面积 802 平方公里，其中白泥江 340 平方公里、太平溪 196 平方公里。流向西水干流凤滩水库大坝下游，有永顺县明溪、古丈县草塘河和泸溪县西溪河，累计流域面积 975 平方公里，其中明溪 210 平方公里、草塘河 388 平方公里、西溪河 377 平方公里。流向澧水主要小水系有永顺县杉木河和贺虎溪，累计流域面积 1247 平方公里，其中杉木河 1071 平方公里、贺虎溪 176 平方公里。

1999 年澧水州境段主要一级支流特征值情况表

表 1-6

河流名称	发源地点	河口地点	河流长度（公里）	流域面积（平方公里）	平均坡降度（‰）
南　源	永顺县万祐山	桑植县两河口	59	553	4.74
贺虎溪	永顺县照角坪	大庸五码头	28	176	11.6
后坪河	永顺县魏家台	张家界大庸所	27	142	9.13

湘西州部分年份主要河流控制站径流特征值情况表

表 1-7

站名	河名	集水面积（平方公里）	径流深（毫米）	多年平均年径流量（亿立方米）	最大年		最小年		CV	比值
					径流量（亿立方米）	年份	径流量（亿立方米）	年份		
河溪	武水	2556	774.4	20.24	32.6	1977	12.5	1981	0.26	2.61
凤凰	沱江	524	668.8	3.526	5.421	1995	2.02	1981	0.25	2.68
吉首	峒河	769	940.3	7.244	11.2	1977	4.56	1979	0.25	2.46
黑潭	古阳河	194	735.6	1.459	2.67	1977	0.703	1994	0.32	3.80
岩板滩	花垣河	2628	853.4	14.27	33.41	1963	12.9	1966	0.26	2.59
石堤	西水	8400	888.8	74.66	121	1980	41.64	2006	0.28	2.91
红岩溪	洗车河	204	890.9	1.817	3.167	1998	0.7961	2006	0.37	3.98
永顺	猛洞河	1035	863.7	8.652	16.01	1998	4.163	2006	0.33	3.85

二、径流

州境江河径流主要来源于降水补给，融雪水补给占 2% 左右。多年平均年径流深为 827 毫米，高于全省均值，折合径流量 127.9 亿立方米，径流深变化在 668.8～940.3 毫米之间。年径流地区分布与年降水地区分布基本相应，北部大于南部，山区大于平地。北部西水流域多年平均年径流深 846.5 毫米，年径流模数 26.9×10−3 立方米/（秒·平方公里），南部武水流域多年平均年径流深 794.5 毫米，折合径流量 29.2 亿立方米，年径流模数 25.1×10−3 立方米/（秒·平方公里）。北部洗车河上游和猛洞河上游交界处为高值区，多年平均年径流深 891 毫米；西水干流上段为低值区，多年平均年径流深 736 毫米；南部武水上游峒河流域为高值区，多年平均年径流深 940 毫米；沱江流域为低值区，多年平均年径流深 669 毫米。

州境径流量年内分配与降水量基本一致，境内多年平均汛期（4—9 月）径流量占年径流量

71.8%～79.2%；主汛期为每年5至7月，径流量占年径流量46.1%～52.9%。最大月径流量一般出现在6月，北部个别站出现在7月，平均占年径流量18.3%；最小月径流量全部出现在1月，平均占年径流量2.3%。

州境径流量年际变化各地不同，北部酉水流域大于南部武水流域，与降水量年际变化大体相似。最大年径流量与最小年径流量比值km在2.46～3.98之间，年径流变差系数CV在0.25～0.37之间。一般河流丰水期发生在20世纪60年代、90年代；酉水上游丰水期在80年代、90年代。21世纪初，酉水上游以及一般河流均为枯水期。

州境多年平均年径流系数0.59，地区分布规律与降水和径流深的地区分布基本相似，北部酉水流域大于南部武水流域，山区大于丘陵地区。南部泸溪、凤凰县属于低值区，年径流系数0.50～0.55；吉首、古丈、花垣等县（市）年径流系数0.53～0.65；北部保靖、永顺、龙山等县属于高值区，年径流系数0.58～0.68（注：径流系数能综合反映气象和地理因素对径流形成影响，是重要径流地区特征。年径流系数是年径流深与年降水量之比，系数大表明降水量转化为径流量大，损失较小）。

三、水位

1989年年初，除浦市站外，州内各站均是模拟式自记水位计，其中凤凰、吉首、河溪、拉务、新溪5站为SCJ-50型月记式，其余各站均为SW40型日记式。1995年10月，浦市站新水位井建成投入使用，州内各站水位采集再一次实现自记化。2002年4月，州内凤凰站首先采用WFZ-2型固态存储水位计采集水位资料。6月，河溪站改用SW40型日记式水位计。2006年，浦市站、红岩溪站采用固态存储水位计。至2010年末，州境各站全部采用固态存储水位计采集水位。境内多年发生超警戒水位：

1994年10月10日12时，泸溪县武溪镇水位110.41米，浦市镇水位121.57米，流量2.1万立方米/秒，武溪、浦市两镇被洪水淹没，为1949年以来之最。

1996年7月14日13时40分，吉首峒河洪峰水位186.8米，超警戒水位2米，超危险水位1.1米，是近15年来出现的最高水位。7月17日20时42分，五强溪水库水位高达112.83米，比正常蓄水水位高4.83米，最高库水位113.26米，超正常水位5.26米，超1000年一遇校核洪水水位1.64米，凤滩水库最高水位206.03米，超正常水位1.03米，也超过1000年一遇的校核洪水水位，相当于5000年一遇的洪水设计标准。泸溪县城7月18日22时最高洪峰水位达117.03米，比1995年“6·30”洪峰水位高出4.07米，超过20年一遇洪水水位113.2米（即省定泸溪移民搬迁线）3.84米；浦市水位7月18日22时达126.37米，比1995年“6·30”洪峰水位高2.94米，超过126.33米历史最高水位。7月1日8时至3日36小时内，猛洞河、花垣河超过警戒水位。

1998年7月21日8时至22日8时，猛洞河永顺县城段过境流量3600立方米/秒，水位20136米，永顺县城三分之二被淹，平均水深7米，最深11米。

2003年7月8日，永顺县石堤酉水文站最高洪峰水位257.86米，里耶最高洪峰水位253.25米。

2004年7月21日，五强溪库区浦市站水位达123.1米，超过20年一遇的设计洪水水位0.5米。

四、蒸发

州境多年平均水面蒸发量（E601蒸发器）在544～799毫米之间，平均值为668.7毫米。地区分布与降水相反，南部大于北部，丘陵地大于山区，最大泸溪县浦市站多年平均水面蒸发量799.3毫米，最小龙山县红岩溪站543.7毫米。8月蒸发量最大，平均106.5毫米；1月蒸发量最小，平均23.4毫米，两者比值为4.5，4—9月蒸发量占年总量69.7%。蒸发量年际变化不大，各地最大年蒸发量与最小年蒸发量比值在1.3～1.7毫米之间，最大日蒸发量为10.7毫米。1990年7月21日至8月末，龙山县境蒸发量达223.7毫米。

第四节　土壤　植被

一、土壤

湘西州土壤母岩：（1）石灰岩（含白云岩）

107.206万公顷，占土地总面积50.2%，其中花垣县占县境总面积85.8%，凤凰县占71.5%。保靖、龙山两县分别占52.2%和51.4%；（2）板页岩554513公顷，占25.4%，各县（市）均有分布，其中古丈县西部，永顺县南部和中部，龙山县东南部面积较大；（3）紫色砂页岩247867公顷，占11.6%，其中泸溪县占县境总面积71.6%，吉首市占36.3%，古丈县占20.2%，凤凰县占10.6%；（4）砂岩210693公顷，占10.63%，主要分布在中低山区，以永顺县西部的太平山与龙山县交界的永龙大界、保靖县东南部吕洞山以东、泸溪县与凤凰县交界的巴斗山等地面广；（5）其余三种母质面积很小，河流冲积物20287公顷，占0.9%；第四纪红土10213公顷，占0.5%；花岗岩93公顷，占0.004%。石灰岩母质发育的自然土壤，土层厚薄不一，质地中壤土至中黏土，透水性较差，呈微酸性至微碱性反应，土壤养分含量较低，特别是白云岩发育的马肝泥，质地较黏重，耕性差，钾含量低，速效磷更缺，岩溶发达，地表水缺，森林一旦被坏，难以恢复。板页岩发育的土壤，土层较厚，酸性或微酸性反应，质地中壤至重壤，养分和速效养分含量较多，地表水丰，森林繁茂，但植被一旦被破坏，易造成水土流失。由紫色砂、页岩发育成的紫色土，土层浅薄，质地疏松，易受冲刷，微酸性反应，养分含量较低，但由紫色页岩发育的紫色土，含量较高。紫色土保水保肥性差，易受干旱危害。由砂岩母质发育的土壤土层较厚，呈酸性反应，质地砂壤或壤土，通透性好，适种性广，但保水保肥性较差。

按照国家和省制定的《第二次土壤普查土壤分类暂行方案》，州境土壤分为水稻土、潮土、红壤、黄壤、黄棕壤、石灰土、紫色土7个土类，21个亚类，88个土属，261个土种。水稻土亚类一般呈阶梯式分布。分布于地形部位高的天水田，水源缺、灌溉条件差，多形成淹育型水稻土，土壤较瘠瘦，易受干旱，一般为低产田；分布于山脚的排田、垅田、坪田，水利条件好，多为潴育型水稻土，一般为高产稻田；冲垅低洼田，土壤长期渍水，缺气少热，还原性强，土体呈青灰色，形成低产的潜育性或沼泽性水稻土。故水稻土亚类分布从山坡到谷地，依次为淹育型水稻土—潴育型水稻土—潜育型水稻土—沼泽型水稻土。旱土和山地土壤，随海拔高度而变化。海拔500米以下为黄红壤，500～1000米为黄壤，1000米以上为山地黄棕壤。

根据全州第二次土壤普查，州境八县市土壤的主要性状和养分状况为：

1. 耕层土层和质地

耕地耕作层：按面积排序，厚度15～20厘米的>10～15厘米的>20厘米以上的<10厘米以下的，其中大于15厘米的稻田和旱土分别占其总面积的67.4%和68.34%，有利于作物生长；而小于15厘米的（浅薄）占32.6%和31.67%。山地土层厚度大于40厘米的占78.22%，有利于林、果、药和牧草的生长。

土壤质地：稻田、旱土、山地土壤均以壤土>黏壤土>沙壤>黏土>粗沙土。其中质地好的壤土分别占其总面积的60.84%、60.43%和56.91%，质地较好的沙壤土和黏壤土分别占37.96%、34.87%和38.28%。

2. 土壤酸碱度（pH值）

稻田、旱地、山地土壤均以酸性为主，分别占其总面积的54.57%、47.74%和71.94%，中性土壤分别占27.01%、36.76%和22.09%，酸性土和中性土都有利于多种植物的生长。

3. 土壤养分状况

（1）土壤有机质：稻田土壤有机质含量大于3%的肥田占36.98%，含量2%～2.99%的中肥田占44.41%，含量小于2%的瘦田占15.51%；旱土和山地土壤有机质含量大于3%的肥土分别占16.37%和28.98%，含量2%～2.99%的中肥土分别占38.16%和30.56%，含量小于2%的瘦土分别占45.47%和40.46%。

（2）土壤全氮：土壤全氮含量是土壤潜在肥力的重要标志之一。稻田土壤全氮含量大于3%的（丰）占59.2%，含量2%～2.99%（中）的占33.55%，含量小于2%（缺乏）的占7.25%；旱土和山地土壤全氮含量丰的分别占29.49%和30.54%，含量中等的占50.79%和39.15%，含量缺乏的占19.72%和30.31%。

依据1994年完成的土地详查，州境8个县（市）耕地总面积20.1万公顷（按国家土地利用8种类型统计），其中稻田11.78万公顷，占总面积58.6%。灌溉水田6.58万公顷，占稻田面积的55.9%；望天田（山旱田）5.2万公顷，占稻田面积的44.1%。旱土面积8.32万公顷，占总面积的41.4%，其中蔬菜地0.22万公顷。

州境坡地多、平地少，耕地多数展布在7~15度的缓坡地上。据1994年土地详查，耕地展布在坡度小于或等于2度的有2.45万公顷，占12.2%；展布在2~6度的有4.15万公顷，占20.6%；展布在6~15度的有7.36万公顷，占36.6%；展布在15~25度的有4.83万公顷，占24.1%；展布在大于25度约1.31万公顷，占6.5%。

州境八县市常年亩产比平均水平低20%以上的低产田有4.48万公顷，占稻田面积的38.03%；低产旱土3.49万公顷，占旱土面积的41.95%。

二、植被

州境属中亚热带季风湿润气候区，植被类型：低山区为常绿阔叶林，中山区为常绿落叶阔叶混交林或针叶阔叶混交林，山顶为苔藓矮林，分为2个大类、5个植被型组、12个植被型、21个植被亚型、39个群系组、84个群系。2个大类为：自然植被和人工植被；5个植被型组为：阔叶林、针叶林、灌丛和灌草丛、草甸、湿地和水生植物。

12个植被型为：常绿阔叶林、常绿落叶阔叶混交林、落叶阔叶林、山顶矮林、竹林、低山常绿针叶林、中山常绿落叶针叶林、灌丛、灌草丛、草甸、湿地和水生植被；21个植被亚型为：低山常绿阔叶林、中山常绿阔叶林、低山落叶阔叶林、中山落叶阔叶林、水湿地落叶阔叶林、典型山顶矮林、陡峭山顶矮林、河谷竹林、低山竹林、低山常绿针叶林、中山常绿针叶林、低山灌丛、中山灌丛、低山草灌丛、中山灌草丛、水沼草甸灌丛等；39个群系组中有栲树林、青冈林、润楠林、猴欢喜林、木荷林、油茶林、枫香林、刚竹林、松林、杉木林、落叶松林、果用型林、药用型林、灌木灌丛、沼生草丛、挺水植物草甸和沉水植物草甸等。由于长期人工开垦，地带性植被遭受破坏，所剩无几，大面积原生植被和次生植被被人工林所代替。州境植被垂直分布上下限取决于地理位置、地形地貌和气候条件等生态因子综合影响，每一种植被类型存在反映该植被对所处立地条件适应。由于受山体高度限制，湘西植被垂直分布不具备明显垂直带谱，从山脚到山顶大致分为3个植被带谱：海拔1000米以下为喜温性常绿阔叶林带，伴有少量落叶阔叶林和常绿针叶林青冈栎、楠木等；海拔1000~1300米为常绿、落叶阔叶混交林带，伴有少量针叶林，针叶林多为暖性针叶树，如福建柏、柳杉、杉木、松树等；海拔1400~1500米为耐低温、抗风力强的常绿、落叶阔叶林带，如多脉青冈、金叶白兰、槭树、甜槠等。州境植被区系主要特征：树种起源古老，植被区系保留有第三世纪植物区系基本成分和老古植物类型的银杏属、水杉属和杜仲属等，体现州境植物古老性和孑遗性。据州林业局调查，州境林木树种有1455种，分属98科309属，其中裸子植物8科73种，被子植物90科1382种。有保存完好的原生“古水杉王”和小溪、高望界、两头羊、九重岩等国家级、省级自然保护区主要保护对象—亚热带常绿落叶阔叶林生态系统。

第三章　自然资源

第一节　土地资源

1989年，湘西州有耕地14.44万公顷，园地7.07万公顷，林地110.74万公顷，草地5.83万公顷，商业用地468.48公顷，工矿仓储用地4371.79公顷，住宅用地3.48万公顷，公共管理与公共服务用地1335.43公顷，特殊用地164.54公顷，交通运输用地 1.13 万公顷，水域及水利设施 3.09 万公顷，其他用地 3.29 万公顷。1999 年 12 月末，全州完成土地变更调查，变更后地类面积：耕地 14.18 万公顷，园地 18.02 万公顷，林地 109.36 万公顷，牧草地 5798 公顷，居民点及工矿用地 3.17 万公顷，其中城市用地 1063 公顷，建制镇用地 2795 公顷，村庄 2.60 万公顷。旱地 1485 公顷，特殊用地 180 公顷。交通用地 4916 公顷，其中铁路用地 314 公顷，公路 3045 公顷，农村道路 1430 公顷，民用机场 127 公顷。水域 2.76 万公顷。未利用土地 16.61 万公顷。2010 年，全州耕地面积 13.95 万公顷。

第二节　水资源

一、水资源总量

湘西州气候湿润多雨，水系发达，地表水资源比较丰富，多年平均降水 1398 毫米，多年平均降水总量 219.1 亿立方米，多年平均径流量 127.9 亿立方米。2010 年州境降水量 1696.7 毫米，径流总量 151.9 亿立方米。

二、水资源类型

州境碳酸盐岩类分布较广，岩溶地貌发育，地下水比较丰富，多年平均地下水量 25.07 亿立方米，占多年平均总水资源量 20.0%，埋藏深度一般在 30～70 米，易于开采。2010 年，地下水资源量为 31.03 亿立方米。州境地下水与地表水基本重合，地表水资源量等于水资源总量。

三、水资源利用

州境水能资源理论储量 218.8 万千瓦，技术可开发量 162.7 万千瓦，已开发 136.46 万千瓦（包括风滩电站、碗米坡电站），占可开发量的 83.9%。酉水流域水能理论储量 183.2 万千瓦，占全州总储量的 83.7%；武水流域理论储量 31.1 万千瓦，占全州总储量的 14.2%；澧水流域理论储量 4.5 万千瓦，占全州总储量的 2.1%。

第三节　生物资源

一、野生动物

湘西州有野生脊椎动物 199 种，占全省野生脊椎动物总数 76%，其中兽类 8 目、21 科、55 种，其中属东洋界 40 种、古北界 15 种；鸟类 9 目、23 科、79 种，其中候鸟 14 种、留鸟 65 种；爬行类 26 种，两栖类 19 种；经济昆虫 16 目、69 科、208 种。国家保护野生动物有猕猴、毛冠鹿、红腹角雉、大鲵（娃娃鱼）、穿山甲、水獭、大灵猫、小灵猫、华南竹鸡、相思鸟、乌梢蛇等。1999—2000 年，州林业局与中南林学院联合调查，州境有陆生脊椎动物 4 纲、24 目、74 科、358 种，其中鸟纲 12 目、39 科、196 种；哺乳纲 8 目、17 科、79 种；爬行纲 2 目、10 科、51 种；两栖纲 2 目、8 科、32 种。属国家重点保护的有猕猴、毛冠鹿、小灵猫、白颈长尾雉、红腹锦鸡、金雕、苍鹰、褐耳鹰、赤腹鹰、雀鹰、松雀鹰、燕隼、长耳号鸟、短耳号鸟、虎纹蛙、斑头鸺鹠等 18 种。池鹭、棕背伯劳、画眉、黑斑蛙、虎纹蛙、豹猫、中华竹鼠及蛇类等州境均有分布。

二、野生植物

州境有野生木本植物 94 科 419 种，其中纤维植物 150 余种。如山棉皮、雪花皮、构皮、桑树、山野麻、葛藤等；油料植物 120 种，如圆叶乌桕、仿栗、山桐子、光皮树等；淀粉植物和干果植物 100 种，如锥栗、麻栗、甜槠、苦槠、山核桃、猕猴桃、刺梨、蕨类等；药用植物（见下目）；栲胶植物有胡桃科化香、五倍子、红根等；芳香植物有灵香草、香茅、荆芥、滇白珠等。1999—2000 年，州林业局与中南林学院联合调查，州境有野生植物 221 科、2648 种，其中野生木本植物 94 科、419 种；蕨类植物 35 科、206 种；纤维植物 150 余种，油料植物 120 余种，淀粉和干果类植物 100 余种，鞣料和香料植物 120 余种，林业食用植物 402 种，观赏植物 91 科、383 种。主要用材林树种有马尾松、杉木、柏木、桤木、日本落叶松、湿地松、香椿、樟木、楠木等；主要经济林树种有油茶、油桐、板栗、枣子、核桃、柑橘、柿子、花椒、杜仲、黄柏、厚朴和莫东萸等。属国家一级保护野生植物有 8 种，二级保护 31 种；省级保护 36 种。南方红豆杉、黄杉、楠木、榉木、香果树、巴东木莲等珍稀树种在州境有群落分布。

2005年《湖南林业志》记载，州境属国家重点保护野生植物有银杏、水杉、南方红豆杉、珙桐、光叶珙桐、金毛狗、篦子三尖杉、黄杉、榧树、樟树、闽楠、楠木、喜树、野大豆、花榈木、鹅掌楸、厚朴、凹叶厚通朴、毛红椿、金荞麦、香果树、伞花木、榉树等24种，占全省国家重点保护野生植物的52%。

三、野生药材

州境野生药用植物985种，国家重点保护名贵中药材26种，其中名贵中药材主要有鸡血藤、乌药、黄栀子、茯苓、野菊花、野蔷薇果等。

鸡血藤又名大血藤、血枫藤，属豆科多年生攀援灌木。根茎折断后有鲜红汁液流出。多生长于深山密林的阔叶林或灌木丛中，以山地多见。秋季采割全藤，切成一尺长一段或切片后晒干，成药微有香气，味淡、微甘、性温，可补血行血、舒筋活络。宜治月经不调或闭经腹痛，治腰膝四肢疼痛麻木，还可配合其他滋补气备药治放射性白血球减少症。

黄桅子属茜草科常绿灌木，其干燥成熟果实入药称为桅子。黄桅子各县市广为分布，喜生于低山丘陵山歧杂木林中。采收时间为寒露过后，果皮呈红黄色时即可采摘，果实采回后及时晒干贮藏或送药材部门收购。本品入药味苦性寒、清热、泻火、凉血，可治黄疸、发热、大便干燥、鼻血、热病吐血，外敷可治扭伤肿痛。

茯苓又名茯灵、云灵、安灵，为多孔菌科茯苓菌的干燥菌核。野生常寄生在马尾松或赤松2~3年生的伐莌树根上。以菌核入药，有益脾胃、宁心神、利水渗湿之功效。州属主产区之一。采挖茯苓以立秋后9月质量最好。挖出茯苓刷去泥，堆在不通风处，用稻草等物围盖，使其“发汗”(充分蒸发水分)，约5~8天后取出摊在荫凉干燥处晾干。茯苓入药可治脾胃虚弱、食小便糖、肢软无力、水肿、小便不利、咳嗽多痰、心神不安、健忘、心悸、失眠等症。

乌药为常绿灌木或小乔木。喜生于向阳山坡的灌木丛中或草丛中，州境广泛分布。全年均可采收，但以立冬后至次年清明前采挖的质量较好。挖出后洗净晒干，或趁鲜时切片晒干；切成片的乌药片分厚薄两种，圆形薄片，有放射性及环纹；不切片的乌药呈纺锤形，两头稍尖，中部膨大成连珠状，表面黄棕色或黄褐色。质坚硬、气香、味微苦辛、性温，有顺气散寒、止痛之功效，主治胸腹胀痛。

钩藤属茜草科常绿木质藤木。喜生于山谷、溪边的疏林中，州境各地均有分布。采收季节为寒露前后，剪下有钩的藤茎，趁鲜切段，放开水中烫一下，取出晒干，可使其色泽油润光滑。其味甘、性微寒，有清热退火、平肝息风止痛之效，主治肝阳上升或风热头痛、目眩、面红耳赤、小儿发热惊风等症。

女真为木樨科常绿小乔木。女真子的果实熟时呈黑色。生于温暖潮湿地区，或植于田边、路旁、庭院，州境各地广泛分布。秋冬摘取成熟果实晒干即可入药，味苦、性平，具有滋养肝肾、明目强腰之效。主治肝肾阴虚、头晕耳鸣、目干发花、阴虚内热、腰膝酸软或老年人习惯性便秘。

野菊花属菊科草木植物。喜生于山坡的浅草丛中，成片分布，花浅黄色，州境各地广泛分布。秋季当花刚放蕾时收取，采回后即时晒干或晾干贮藏。菊花含有菊花粉、腺嘌呤、胆碱、水苏碱氨基酸以及微量维生素等，对大肠杆菌、金黄色葡萄菌、甲型及乙型链球菌等有杀菌作用，临床有明目、清神、败毒之效。

第四节 矿产资源

湘西州位于全国19个重要成矿带之一，为湖南省唯一部级整装勘查区。发现矿产63种，有27种已探明或初步查明资源储量，其中主要优势矿产资源为钒、锰、铅、锌、汞、钾、磷、含镁白云岩、页岩气。有矿产地490处，其中大型矿床14处，中型矿床25处，小型矿床400余处。形成规模效益主要集中在锰锌产业，其他优势矿种尚处于初步开发和待开发状态。矿产资源潜在总价值万亿元以上，其中钒、锌、锰等矿种有广阔前景和开发潜力。据初步估算，钒潜在价值高达

5000亿元以上，锌1000亿元以上，锰1000亿元以上，钒尚未开发利用。州境页岩气资源分布在龙山、保靖、花垣及永顺4个县区块，其资源储量4.81万亿立方米，约占全省7成，可采储量超过1.44万亿立方米。按全省年用气量12亿立方米计算，页岩气可供全省使用1200年。按2010年每立方米天然气市场价格2.4元计算，州境页岩气市值可达3.46万亿元。

第五节　风能资源

湘西州群山起伏，对风的阻挡作用很大，平地峡谷风能资源贫乏，无开发价值，仅有龙山县八面山台地、永顺县羊峰山、保靖县野竹坪等具有较丰富的风能资源。据八县市气象站（县城，离地约10米高度）1971—2000年风气象资料统计分析，年平均风速为0.8～1.8米/秒，年平均风功率密度为1.8～43.9瓦/平方米,年平均有效风时数为739～2289小时，均未达到可开发功率密度2级（风功率密度100～150瓦/平方米，平均风速5.1米/秒）标准。龙山县八面山气象站(海拔高度1345.6米)1971年1月至1980年2月，风能资源考察塔2004年5月至2006年4月所记录的资料统计分析，八面山具有较好的风能资源开发价值。风电机轮毂高度处（50米）年平均风速5.3米/秒左右，2月、5月、7月、9月，月平均风速5.8～6.4米秒；5米/秒风速频率最大；主导风向，最多能量风向为东风，平均风功率密度为164.09瓦/平方米,有效风功率密度≥214.21瓦/平方米,年有效风力小时数≥5325小时。风功率密度在2～3级之间，风能资源储量为8.3万千瓦，技术可开发量为6.5万千瓦。

第四章　自然灾害

湘西州自然灾害主要有气象灾害、地震及作物病虫害、瘟疫等。其中气象灾害主要有旱、涝、风、雹、冰冻等。

第一节　干旱

干旱是境内主要气象灾害，尤以夏秋旱危害最大，受害面积最广。历史上因干旱而造成“江河枯竭”“禾稻枯萎”“赤地千里”“道馑相望”的记载屡见不鲜。

一、干旱频率及地域性

1989—2010年，全州发生较大旱灾15次，尤以2005年、2006年、2009年3个年份最为严重。

全州干旱分布规律：夏秋干旱南部重于北部。南部为重旱区，干旱出现频率为73%～92%，大旱级以上旱灾2～3年一遇，旱象常在6月下旬前后开始。中部的干旱频率为40%～70%，为偏旱地区，大旱级以上的旱灾4～7年一遇，旱象常在7月上旬露头。北部干旱频率40%，大旱级以上旱灾一般10年一遇，旱象一般在7月中旬后露头。

除夏秋干旱外，还有春旱和冬干。春旱对春播和抢水犁田带来严重影响，常常使水稻种植计划难以落实和不能按时栽插，春旱北部重于南部，这与雨季自南向北逐渐推进有很大关系。北部出现频率29%，南部13%，中部14%，且春旱在20世纪80年代又有频率加大之势。冬干主要影响越冬作物生长，水力发电，人畜饮水；出现频率：南部27%、中部29%、北部25%。

二、旱情简记

1989年8月上旬，全州降雨量0～43毫米，1070条溪河断流，3023座山塘、水库干涸，受旱农作物面积8896公顷，旱灾造成粮食减产7.5万吨。

1990年7月21日至9月20日，全州持续出现酷热高温天气，溪河多数断流，80%以上山塘干涸，泸溪、花垣、永顺、古丈、保靖5个县30.22万人发生饮水困难。全州农作物受灾面积

11.75万公顷，其中重灾4万公顷，旱灾造成粮食减产9万余吨。

1992年7月下旬至8月下旬，全州大部分县（市）夏秋连旱，农作物受灾面积2.33万公顷，其中古丈县旱情尤为严重，该县绝收面积2607公顷。8月下旬至12月下旬又有泸溪、古丈、花垣等县秋冬连旱，泸溪县4.9万人、古丈县50%的村寨出现饮水困难，农作物受灾面积2万公顷。

2005年6月上旬至8月上旬，州境大面积高温少雨，全州水库山塘仅为可蓄水量的29%，有224座水库、4049口山塘干涸，524条溪河断流。3657个村民小组、35.5万人、21.61万头大牲畜饮水困难，100多家工业企业缺水停产，直接经济损失21.8亿元。

2006年8月上旬，境内发生严重干旱，全州有142个乡（镇）、1418个村、120多万人受灾，农作物和林果受旱面积12.4万公顷，直接经济损失4.07亿元。

第二节　洪涝

一、洪涝频率及地域性

湘西州洪涝发生频率高，基本为十年九遇，地域分布特点明显，基本与暴雨相同。总的特点是北部重于南部，尤其在澧水河源头的龙山县发生频率59%，居全州第一位，永顺县50%，吉首市、凤凰县45%，泸溪县47%，古丈县40%。

州境洪涝现象有其季节性，主要发生在4—9月。

二、洪涝简记

1990年4月29日，龙山县21个乡（镇）洪涝。6月13—15日，州境大部洪涝，主要以南部的泸溪、古丈、凤凰、吉首、保靖等县（市）为主，泸溪县城36小时降雨量451.4毫米，农作物受灾面积3.766万公顷，其中粮食作物2.723万公顷，死亡15人，重伤28人，轻伤316人，房屋倒塌682间，经济损失1.39亿元。

1991年6月上旬，吉首、泸溪、凤凰3个县（市）发生洪涝灾害，死亡4人，伤46人，房屋倒塌100余间，稻田受灾3333公顷，经济损失2000多万元。6月底至7月中旬，全州相继出现洪涝灾情，死亡22人，伤160人，倒房473间，农作物受灾面积6.67万公顷，经济损失9650万元。

1993年7月23日至8月1日，全州遭特大暴雨袭击，8个县（市）降水量均在300毫米以上，部分高达529.5毫米。199个乡（镇）、27.23万户118.8万人受灾，其中重灾7.5万户34.17万人。因灾死亡34人（其中永顺县32人）、受伤4200余人（其中永顺县2100余人）、失踪10人。直接经济损失5.5亿元，其中永顺县2.8亿元。

1994年9月9—10日，沅江上游地区普降暴雨，由于五强溪水电站试关闸蓄水，致使沅江水位陡涨。10日凌晨，泸溪县城水位110.5米，县城被洪水分割成若干小块，3万多居民被洪水围困，严重影响农业生产，全县直接经济损失3380万元。

1995年5月30—31日，保靖、永顺、龙山、泸溪、凤凰、古丈等县普降大到暴雨，局部特大暴雨，山洪暴发，洪水泛滥成灾。30日20时至31日20时，永顺县城降水量344毫米、塔卧262毫米、石堤238毫米，保靖县普戎258毫米，龙山县水田坝141毫米。6个县144个乡（镇）、1313个村、60.6万人受灾，1.2万人被洪水围困，18个乡（镇）政府所在地被洪水淹没，直接经济损失6.19亿元。

是年6—7月，全州8个县（市）相继发生洪涝，其中泸溪、永顺、龙山3个县为特大洪灾，农作物受灾面积10.37万公顷，死亡24人，伤1812人，经济损失13.86亿元。其中泸溪县6月30日至7月4日，连续两次暴雨，引发特大洪涝灾害，全县1.727万公顷农作物受灾，经济损失5.1亿元。其次为永顺县，经济损失3.4亿元。

1996年7月1日20时至2日20时，保靖、永顺、花垣、龙山4个县有100个乡（镇）105个村暴雨成灾，受灾人口70.7万人，其中8000余人被洪水围困。7月13日8时至18日8时，吉首、泸溪、凤凰3个县（市）降雨量分别为283毫米、363.6毫米、307毫米。泸溪县武溪镇水位最高时117.3米、浦市镇水位最高时126.3米，五强溪水库超高蓄洪10多亿立方米。该县库区移民1.11万户5.55万人被洪水围困，直接经济损失10.8亿元。

1998年5月7—8日，全州普降暴雨。峒河吉首水文站最高水位186.24米，距警戒水位仅差0.26米；永顺县杉木河水库水位569米，超汛限水位1.5米，该县马鞍山水库水位316.85米，超过汛限水位5.35米；吉首市河溪水库水位181米，超过汛限水位2米。全州因灾死亡10人、失踪5人，死亡牲畜1500多头，农作物受灾面积8000余公顷，水冲沙压农田100多公顷，损失秧苗666公顷，冲坏房屋210间、桥涵40多座、河堤250处、小型溪坝380处、渠道10公里，公路塌方355处，15条等级公路一度交通中断；雷击变压器180台，损坏输电线路120公里；20多家企业停产。全州直接经济损失2.24亿元。

是年7月20—22日，永顺、龙山、保靖、古丈四县遭大暴雨袭击，局部降特大暴雨。永顺县城降水量339毫米，三分之一城区被淹，平均水深7米，最深11米；通信、供电、供水和国道209交通一度中断，3万多人被洪水围困。龙山县城降水量230.2毫米，保靖县城128.5毫米，古丈县断龙、茄通、河西等乡（镇）降水量180毫米。4个县104个乡（镇）、1134个村、72.2万人受灾，因灾死亡9人、伤75人，直接经济损失3.42亿元。

2010年，全州先后发生“5·12”“5·18”“5·21”“5·27”“6·8”“6·19”“6·23”“7·9”“7·12”“7·24”等19次洪涝灾害，强降雨出现频率为近10年之最，总降雨量、降雨密度与强度、一小时降雨量、一次降雨量5个超历史。全州因灾倒塌房屋6045间，农作物受损23840公顷，绝收2050公顷，死亡25人，226家工矿企业因灾停产，直接经济损失52.73亿元。

第三节 大风 冰雹 雷击

一、灾情特点

（一）大风 州境大风根据其成因可分为：寒潮大风、雷雨大风、龙卷风三类。

寒潮大风多出现在冬春两季，其特征是影响范围大，风向稳定，危害程度轻。一般每年出现1～2次。泸溪县是全州风灾最重的县，县城白沙镇年均7次；龙山县城少有寒潮大风，年均出现0.3次，县城周边地区2.1次。

雷雨大风多出现在7—8月，其特征是风向不定，风力大，其风力可达10级（28米/秒）以上，范围小，但危害大。州内雷雨大风，各县市每年一般出现2次左右，最多的泸溪县城年均5次，最少的凤凰县城，年均1.1次。

龙卷风虽发生次数不多，但其破坏力极大，发生时屋倾、树折、垣断，作物、财产荡涤一空。主要发生于花垣、永顺等县的部分乡镇。2006年，龙卷风袭击永顺县万坪镇。该镇2796户12580人受灾，直接经济损失100多万元。

（二）冰雹 州境冰雹出现的机率大，对人民生命财产的影响大。冰雹发生时间，从上年的12月至次年的8月均可出现，其中以3月最多，占全年冰雹总次数的31%～38%，4月次之，占23%～31%。

冰雹的出现是以天气系统为背景，在复杂的地形作用下，引起强烈扰动而造成，所以与地形有很大关系。降雹区多为狭长带，其移动基本上有稳定的路径，一般沿山脉、河谷移动。

（三）雷击 在州境也是一种较严重的气象灾害，时有发生，造成的损失严重。

二、灾情简记

1992年4月20—21日，泸溪、凤凰、花垣、保靖4县遭遇冰雹伴随大风袭击，死亡6人，伤30人。5月5日，保靖县遭受冰雹、大风灾害，受灾乡（镇）25个，经济损失1050万元。8月15日，保靖县清水坪乡遭受龙卷风袭击。

1994年4月19日，泸溪、古丈、永顺、凤凰4县遭受冰雹、大风危害。5月13日，泸溪、永顺两县遭受冰雹、大风灾害，死亡3人，重伤5人，轻伤29人。

第四节 冬季冰冻与严寒

一、特征

州境严寒期虽不长，但冰冻天气几乎年年出

现，有的年份特别严重。

冻害出现时间多在2月，其次1月，其强度与海拔有关，一般地势越高，气温越低，强度越大；与地形有关，一般向北开口的地形，冻害重。

二、灾情记述

1995年1月初，凤凰、古丈、保靖、花垣4县发生冰冻，保靖县城最大积雪深度26厘米，部分乡镇交通、通信、电力中断，直接经济损失1700万元。

2008年1月13日至2月3日,全州平均气温-1.0℃，较历史同期偏低5℃~6℃，出现长达13天日均气温≤0℃的严寒天气，部分地区出现大雪和持续冰冻，108万人受灾，直接经济损失10.04亿元。

第五节　春秋冻害

一、春季冷空气和低温

州境春季冷空气主要出现在3月中旬至5月上旬，此时正值冷暖交替之季，冷空气活动频繁，南下的冷空气伴随的低温阴雨天气影响农业生产。州境此段时间内历年平均每月有3~4次冷空气活动，约每隔7天1次，而活动次数最多的又是3月中旬至4月中旬，两次之间有3~5天的间歇期。冷空气伴有低温阴雨天气的有46%出现在3月中下旬，29%出现在4月上中旬，25%出现在4月下旬至5月上旬。

春季冷空气主要影响州境喜温作物播种或造成烂种烂秧，越冬作物不能正常开花结实。

二、5月低温

州境5月中下旬，中稻开始进入分蘖期，低平区的双季早稻也进入分蘖盛期或幼穗分化阶段。此时如出现连续5天或以上的日平均气温低于20℃的阴雨寡照天气（称5月低温），引起中稻僵苗不发和早、中熟早稻颖花退化或花粉不育而减产。

州境5月低温出现的频率：南部41%，中部和北部38%~41%。出现时段：有60%出现在5月中旬，30%出现在5月中下旬之交，10%出现在5月下旬。一般每次维持5~10天，最长可达15天之久。

三、夏末秋初高山低温

州境海拔800米以上高海拔区，往往8月中下旬常会出现低温阴雨天气，对当地农业生产带来严重影响。主要特征是在高海拔区的夏末秋初季节，阴雨时间长（但降水强度不一定大），气温偏低（低于20℃），雨雾日多，它对玉米授粉和水稻抽穗扬花构成危害，致使结实率下降，产量大减。其多发区主要集中在龙山县的高海拔地区。

四、秋季低温

9月，北方冷空气伴随寒露风入境，常持续3天或以上日平均气温低于20℃（或23℃），影响双季晚稻抽穗扬花。州境日平均气温≤20.7℃平均出现日期：南部泸溪县城在9月27日，北部龙山县城9月21日，80%保证率的日期，全州平均在9月17日，因此常规晚稻要在此前齐穗才有较好收成。日平均气温≤23℃的平均日期南部泸溪县城9月14日，中部花垣县城9月11日，北部龙山县城9月7日，80%保证率的日期南部、中部在9月9日前后，北部在9月3日前后，杂交晚稻要在此前齐穗，才能保证其较高产量。

第二篇　人口与计划生育

1989年，湘西州贯彻执行国家人口管理和计划生育政策，城镇居民和国家干部职工生育实行一胎化，农村户口允许生二胎。当年人口出生率20.9‰，自然增长率14.7‰，全州总人口227万人。1990年，执行《湖南省计划生育条例》，州委、州人民政府将计划生育工作纳入经济社会发展规划，列入县市目标管理考核内容，同时，计划生育与扶贫工作相结合，计划生育贫困户优先照顾。是年，全国第四次人口普查，州境人口自然增长率13.92‰，比上年有所下降。1995年降至9.54‰，五年降低4.38个千分点，计划生育成效显著。

1997年，州委、州人民政府作出《关于落实计划生育以村为主推进、计划生育与扶贫开发相结合的决定》，加大基层计划生育投入，州、县（市）、乡（镇）、村（居）四级计划生育服务网络基本完善，计划生育基础工作基本实现“村为主”。同时，计划生育宣传工作持续开展，少生、优生观念基本深入人心。2000年，第五次全国人口普查，全州人口自然增长率为7.79‰，比“四普”降低14.29个千分点，人口生产基本形成低出生、低死亡、低增长格局。2005年，推行农村计划生育家庭奖励扶助办法，稳定全州低生育水平。2009年，随着工业化和城镇化步伐加快、农村人口逐渐向城镇集聚，居民迁徙变化频繁，州、县（市）人口计生部门创新流动人口管理机制，促进人口有序流动。2010年，全州人口和计划生育工作实现规范化、制度化。是年，第六次全国人口普查，湘西州总人口285.01万人，人口自然增长率7.52‰，比1989年降低7.18个千分点；其中以土家族、苗族为主的少数民族人口226.76万人，占总人口的79.56%。人口文化素质普遍提升，大专以上学历占人口5.77%，比1990年“四普”时增加近10倍。男女性别比为100：105，逐渐趋于合理。人口平均预期寿命直线上升，由1990年的66.91岁升至73.26岁，年均增长0.32岁。

第一章　人口总量与分布

第一节　人口总量

1989年，湘西自治州人口总量227万人，人口出生率20.9‰、死亡率6.19‰、人口自然增长率14.7‰。1990年，第四次人口普查全州人口总量229.49万人，人口出生率21.56‰、死亡率7.64‰、自然增长率13.92‰。2000年，第五次人口普查全州人口总量246.36万人，人口出生率13.69‰、死亡率6.94‰、自然增长率6.75‰。2010年，第六次人口普查全州人口总量254.96万人，人口出生率14.6‰、死亡率7.08‰、自然增长率7.52‰。是年，人口出生率、死亡率、自然增长率分别比1989年下降6.3个千分点、上升0.87个千分点和下降7.18个千分点。

1989—2010年湘西州总人口情况一览表

表2-1　　单位:人

年份	全州	吉首市	泸溪县	凤凰县	花垣县	保靖县	古丈县	永顺县	龙山县
1989	2270039	219540	237951	320892	232864	253913	118260	425547	461072
1990	2306706	224665	242415	327224	235832	256772	119888	431633	468277
1991	2341635	229201	246582	331807	239535	258769	121966	438317	475458
1992	2371168	234335	249671	335711	243965	260549	123502	443589	479846
1993	2401893	240314	252662	339710	246746	262106	126373	448647	485335
1994	2441509	246113	257884	344042	251364	264159	129125	456106	492716
1995	2474972	252490	261070	348155	254369	267482	130773	461650	498983
1996	2511298	256134	264768	353214	257925	271360	133072	468306	506519
1997	2538337	260495	267883	357966	260823	274706	133777	474143	508544
1998	2565728	264052	270892	361873	263220	277707	135322	478366	514296
1999	2592956	268632	274026	365694	265838	279748	136522	482624	519872
2000	2608249	273925	275160	367727	268684	281086	136333	482632	522702
2001	2624273	275842	279942	369166	270813	277975	136935	482824	528076
2002	2645791	283436	285222	370516	270118	273198	137183	491211	534907
2003	2655473	285246	286933	373075	270747	274096	137404	490137	537835
2004	2666324	285064	287336	374135	272646	276143	137637	491640	541723
2005	2683419	286040	288127	375972	274613	281278	138074	493789	545526
2006	2700000	286500	289000	379000	275000	288000	138500	495000	549000
2007	2721269	289012	292251	381504	278212	291506	139605	497023	552156
2008	2739361	290504	294312	383831	280706	294011	140185	499864	555948
2009	2758346	291620	295801	386302	283416	296402	141195	503699	559911
2010	2850143	290402	306773	400933z	305019	300712	142225	530475	573604

说明:1.此表全州8个县(市)总人口为户籍总人口
2.数据均为人口普查资料

第二节　人口分布

一、县市分布

1990年，湘西州各县市人口总量分别是：吉首市23.06万人，泸溪县24.09万人，凤凰县32.54万人，花垣县23.43万人，保靖县25.34万人，古丈县11.87万人，永顺县42.65万人，龙山县46.51万人。2010年，湘西州各县市人口总量分别是：吉首市30.21万人，泸溪县27.54万人，凤凰县34.68万人，花垣县28.86万人，保靖县27.82万人，古丈县12.73万人，永顺县42.96万人，龙山县50.16万人。2010年与1990年比，全州8县市人口总量发生变化依次是，吉首市从第七位上升为第四位，花垣县从第六位上升为第五

1990—2010 年湘西州三次人口普查人口情况一览表

表 2-2 单位：万人、%

全州	第四次人口普查(1990 年)		第五次人口普查(2000 年)		第六次人口普查(2010 年)		2010 年比1990 年增长
	人口数	结构	人口数	结构	人口数	结构	
	229.49	100.00	246.36	100.00	254.96	100.00	11.10
吉首市	23.06	10.05	29.43	11.95	30.21	11.85	31.01
泸溪县	24.09	10.50	25.69	10.43	27.54	10.80	14.32
凤凰县	32.54	14.18	34.39	13.96	34.68	13.60	6.58
花垣县	23.43	10.21	25.37	10.30	28.86	11.32	23.18
保靖县	25.34	11.04	26.00	10.55	27.82	10.91	9.79
古丈县	11.87	5.17	11.92	4.84	12.73	4.99	7.25
永顺县	42.65	18.58	44.52	18.07	42.97	16.85	0.73
龙山县	46.51	20.27	49.04	19.91	50.16	19.67	7.85

资料来源：州统计局(此表人口数为常住人口数)

位，泸溪县从第五位下降为第七位，保靖县从第四位下降为第六位。其他各县位次均无变化。

二、城乡分布

1989 年起，州委、州人民政府出台一系列加快城镇化建设政策和措施，包括落实户籍改革制度、改革小城镇户籍管理制度、鼓励农民进入小城镇、保障公民正常迁移和择业权利，组织农村劳务输出，保护进城农民工劳动就业、社会保障、子女教育等合法权益，推进人口在城乡间有序流动。1990 年，全州城镇人口为 27.02 万人，占总人口 11.77%；乡村人口为 202.47 万人，占总人口 88.23%。2000 年，全州城镇人口 48.67 万人，占总人口 19.77%；乡村人口 197.69 万人，占总人口 80.23%。2010 年，全州城镇人口 88.52 万人，占总人口 34.57 %；乡村人口 166.44 万人，占总人口 65.28%。

三、人口密度

1990 年，湘西州人口密度为每平方公里 148 人。各县市人口密度分别是：吉首市每平方公里 267 人，花垣县每平方公里 210 人，凤凰县每平方公里 184 人，泸溪县每平方公里 152 人，龙山县每平方公里 147 人，保靖县每平方公里 144 人，永顺县每平方公里 112 人，古丈县每平方公里 91 人。2000 年，全州人口密度每平方公里 159 人。2010 年，全州人口密度每平方公里 165 人。各县市人口密度分别为：吉首市每平方公里 285 人，花垣县每平方公里 260 人，凤凰县每平方公里 198 人，泸溪县每平方公里 176 人，龙山县每平方公里 160 人，保靖县每平方公里 159 人，永顺县每平方公里 113 人，古丈县每平方公里 99 人。

第二章 人口结构

第一节 性别与年龄结构

一、性别结构

1989 年，湘西州总人口 227 万人。其中，男性 117.31 万人，占总人口的 51.68%；女性 109.69 万人，占 48.32%。1990 年，总人口 229.49 万人。其中，男性 118.09 万人，占总人口的 51.46%；女性 111.40 万人，占 48.54%。男女性别比（每 100 位女性所对应的男性数目，下同）为 106。2000

年，全州总人口246.2万人中。其中，男性127.74万人，占51.88%；女性118.46万人，占48.12%。男女性别比为107。2010年，全州总人口285.01万人，其中，男性占总人口的51.29%，女性占总人口的48.71%，男女性别比为105。

二、年龄结构

1990年，湘西州人口年龄结构类型为成年型中期，总人口中，0～14岁人口为69.74万人，占30.39%；15～64岁人口为147.38万人，占64.22%；65岁及以上人口为12.37万人，占5.39%。2000年，全州总人口中，0～14岁人口为69.89万人，占28.37%；15～64岁人口为158.84万人，占64.48%；65岁及以上人口为17.63万人，占7.16%。2010年，全州总人口中，0～14岁人口为51.01万人，占20%；15～64岁人口为179.30万人，占70.32%；65岁及以上人口为24.64万人，占9.66%。1990—2010年，全州0～14岁人口比重下降10.4个百分点，15～64岁人口比重上升6.1个百分点，65岁及以上人口比重上升4.27个百分点。是年，第六次人口普查，60岁及以上老年人口达到36.98万人，比1990年第四次人口普查时18.98万人增加18万人，增长94.85%，其中65岁及以上老年人口为24.64万人，比1990年第四次人口普查时增加12.27万人，增长99.19%。60岁及以上老年人口占总人口比重（老化系数）为14.5%，比1990年第四次人口普查时上升6.23个百分点。20年间，全州总人口仅增长11.1%，而老年人口却增长94.84%。1990年，全州有百岁以上老人14人；2000年，有百岁以上老人46人；2010年有百岁以上老人101人，20年增长6倍，人口老龄化进程明显加快。

1990年、2000年、2010年湘西州人口老龄化状况一览表

表2-3　　单位：万人、%

县市	第四次人口普查(1990年)			第五次人口普查(2000年)			第六次人口普查(2010年)			老化系数2010年比1990年增加百分点
	总人口	60岁及以上人口数	老化系数	总人口	60岁及以上人口数	老化系数	总人口	60岁及以上人口数	老化系数	
全　州	229.49	18.98	8.27	246.36	26.50	10.76	285.01	36.98	14.50	6.23
吉首市	23.06	1.72	7.45	29.43	2.72	9.24	29.04	4.10	13.58	6.13
泸溪县	24.09	1.92	7.97	25.69	2.77	10.78	30.67	3.95	14.34	6.37
凤凰县	32.54	2.51	7.71	34.38	3.52	10.24	40.09	5.03	14.50	6.79
花垣县	23.43	2.11	9.00	25.38	2.74	10.80	30.5	3.88	13.44	4.44
保靖县	25.34	2.31	9.12	26.00	3.07	11.81	30.07	4.32	15.53	6.41
古丈县	11.87	0.94	7.92	11.92	1.38	11.58	14.22	1.94	15.24	7.32
永顺县	42.65	3.69	8.65	44.52	5.28	11.86	53.04	6.77	15.76	7.11
龙山县	46.51	3.78	8.12	49.04	5.02	10.24	57.36	6.99	13.94	5.82

资料来源：州统计局(此表人口数为常住人口数)

1990—2010年湘西州三次人口普查老年人口年龄结构情况一览表

表2-4 单位：人、%

年龄组	第四次人口普查（1990年）		第五次人口普查（2000年）		第六次人口普查（2010年）		2010年比1990年增长	
	人口数	比重	人口数	比重	人口数	比重	人口数	比重
合计	189807	100.00	265033	100.00	369834	100.00	180027	94.85
60~69岁	116112	61.17	159477	60.17	206719	55.90	90607	78.03
70~79岁	58149	30.64	82659	31.19	120499	32.58	62350	107.22
80岁及以上	15546	8.19	22897	8.64	42616	11.52	27070	174.13
其中：100岁以上	14	—	56	—	101	—	87	621.43

第二节 人口民族结构

一、民族人口比重

1990年，湘西州有少数民族31个，少数民族人口152.9万人，占全州总人口66.63%。其中土家族80.64万人，占全州总人口35.14%；苗族71.11万人，占全州总人口30.99%；侗族0.14万人，占全州总人口0.06%；瑶族0.19万人，占全州总人口0.08%；白族0.12万人，占全州总人口0.05%；回族0.6万人，占全州总人口0.26%。至2010年，少数民族增至41个，少数民族人口196.71万人，占总人口77.15%，比1990年第四次人口普查时增加10.53个百分点。其中土家族108.93万人，占少数民族人口55.38%，占全州总人口42.72%；苗族86.31万人，占少数民族人口43.88%，占全州总人口33.85%。其中汉族人口58.25万人，占总人口数22.85%，比1990年第四次人口普查减少10.52个百分点。其他少数民族人口较多的有回族0.74万人、瑶族0.24万人、侗族0.15万人、白族0.15万人。

1990—2010年湘西州三次人口普查少数民族人口比重情况一览表

表2-5

	第四次人口普查（1990年）	比重	第五次人口普查（2000年）	比重	第六次人口普查（2010年）	比重	2010年比1990年增长
全州	152.90	99.93	183.70	99.87	196.71	99.92	—
土家族	80.64	52.74	101.30	55.14	108.93	55.38	2.64
苗族	71.11	46.51	80.88	44.03	86.31	43.88	-2.63
侗族	0.14	0.09	0.20	0.11	0.15	0.08	-0.01
瑶族	0.19	0.12	0.19	0.10	0.24	0.12	—
白族	0.12	0.08	0.18	0.10	0.15	0.08	—
回族	0.60	0.39	0.72	0.39	0.74	0.38	-0.01

二、民族人口分布

湘西州各民族人口地区分布是历史上逐渐形成的。各民族人口中，少数民族仍占很大比重，少数民族人口主要以土家族、苗族人口为主。土家族人口主要聚居区为永顺、龙山、保靖、吉首四县市，苗族人口主要聚居区为花垣、凤凰、泸溪、吉首四县市。少数民族地区分布，1990年土家族依次是：永顺县32.70%、龙山县26.72%、保靖县16.34%、吉首市8.74%、古丈县5.18%、泸溪县4.44%、凤凰县4.25%、花垣县1.61%。苗族依次是：花垣县24.69%、凤凰县23.74%、吉首市12.78%、泸溪县10.86%、保靖县7.88%、龙山县7.43%、古丈县6.83%、永顺县5.79%。2000年，土家族依次是：永顺县33.82%、龙山县24.78%、保靖县14.64%、吉首市10.19%、凤凰县6.39%、古丈县4.66%、泸溪县4.01%、花垣县1.52%。苗族依次是：花垣县23.75%、凤凰县22.89%、吉首市13.95%、泸溪县13.27%、龙山县7.63%、保靖县7.11%、古丈县6.74%、永顺县4.66%。2010年，土家族依次是：永顺县32.20%、龙山县25.18%、保靖县15.18%、吉首市9.91%、凤凰县6.50%、古丈县4.87%、泸溪县4.20%、花垣县1.96%。苗族依次是：花垣县25.51%、凤凰县22%、泸溪县13.78%、吉首市12.63%、龙山县7.98%、古丈县7.04%、保靖县6.97%、永顺县4.08%。

1990—2010年湘西州三次人口普查民族人口分布情况一览表

表2-6　　单位:万人、%

	第四次人口普查(1990年)				第五次人口普查(2000年)				第六次人口普查(2010年)			
	土家族	比重	苗族	比重	土家族	比重	苗族	比重	土家族	比重	苗族	比重
全　州	80.64	100	71.11	100	101.30	100	80.88	100	108.93	100	86.31	100
吉首市	7.05	8.74	9.09	12.78	10.32	10.19	11.29	13.96	10.80	9.91	10.90	12.63
泸溪县	3.58	4.44	7.72	10.86	4.06	4.01	10.73	13.27	4.57	4.20	11.89	13.78
凤凰县	3.43	4.25	16.88	23.74	6.47	6.39	18.51	22.89	7.08	6.50	18.99	22.00
花垣县	1.30	1.61	17.56	24.69	1.54	1.52	19.21	23.75	2.13	1.96	22.02	25.51
保靖县	13.18	16.34	5.60	7.88	14.83	14.64	5.75	7.11	16.54	15.18	6.02	6.97
古丈县	4.18	5.18	4.86	6.83	4.72	4.66	5.45	6.74	5.30	4.87	6.08	7.04
永顺县	26.37	32.70	4.12	5.79	34.26	33.82	3.77	4.66	35.08	32.20	3.52	4.08
龙山县	21.55	26.72	5.28	7.43	25.10	24.78	6.17	7.63	27.43	25.18	6.89	7.98

第三节　人口行业与职业结构

一、行业结构

1990年，第四次人口普查，全州第一、二、三产业人口结构分别为86.43%、4.98%、8.59%。2000年，第五次人口普查，第一产业人口结构比1990年下降5.4%；第二、第三产业人口结构分别比1990年上升0.26%和5.13%。2010年，第六次人口普查，第一产业人口结构比1990年下降18.31%；第二、三产业人口结构人口分别上升5.38%和12.93%。

二、职业结构

1990年，湘西州人口职业结构中，智力型在业人口占6%，体力型在业人口占94%。2000年，智力型在业人口占7.26%，体力型在业人口占92.74%。2010年，智力型在业人口占8.99%，体力型在业人口占91.01%。

1990年、2000年、2010年湘西州三次人口普查人口行业结构情况一览表

表2-7　　　　单位：人、%

行业门类	第四次人口普查（1990年）		第五次人口普查（2000年）		第六次人口普查（2010年）	
	行业人口	占在业人口	行业人口	占在业人口	行业人口	占在业人口
全州	1303550	100	126735	100	114954	100
第一产业	1126659	86.43	102694	81.03	78307	68.12
农、林、牧、渔业	1126659	86.43	102694	81.03	78307	68.12
第二产业	64954	4.98	6650	5.24	11907	10.36
工业	58348	4.47	5570	4.39	8478	7.38
建筑业	6606	0.51	1080	0.85	3429	2.98
第三产业	111937	8.59	17391	13.72	24740	21.53
交通运输、仓储及邮电通信业	14217	1.09	2131	1.68	2609	2.27
商业、饮食业、物资供销和仓储业	29850	2.29	5952	4.70	10066	8.76
金融、保险业	3651	0.28	451	0.36	537	0.47
国家机关、政党机关、社会团体	23866	1.83	2849	2.25	3678	3.20
其他服务业	40353	3.10	6008	4.74	7850	6.83

1990—2010年湘西州三次人口普查人口职业结构情况一览表

表2-8　　　　单位：人、%

行业门类	第四次人口普查（1990年）		第五次人口普查（2000年）		第六次人口普查（2010年）	
	在业人数	占在业人数	在业人数	占在业人数	在业人数	占在业人数
	1303550	100	126735	100	114954	100
各类专业技术人员	49590	3.81	5493	4.34	5476	4.77
国家机关党组织企事业单位负责人	14184	1.09	829	0.65	905	0.79
办事人员和有关人员	14466	1.11	2879	2.27	3954	3.44
商业工作人员	23096	1.77	7565	5.97	13107	11.40
服务性工作人员	15706	1.21	—	—	—	0
农林牧渔业劳动者	1112092	85.31	102631	80.98	78335	68.14
生产工人运输工人和有关人员	74237	5.69	7298	5.76	13039	11.34
其他劳动者	179	0.01	40	0.03	138	0.12

说明：表2-7、表2-8的2000年第五次人口普查和2010年第六次人口普查行业及职业结构情况为长表数据，即对所有常住人口中抽取10%样本的调查结果

第三章 人口变动

第一节 人口自然变动

1989年，全州出生人口46114人，出生率20.9‰；死亡13936人，死亡率6.2‰。自然增长33029人，增长率14.7‰。1990年，全国第四次人口普查，湘西州出生人口4.9万人，出生率21.56‰；死亡1.74万人，死亡率7.64‰。自然增长率13.92‰。2000年出生人口30071人，出生率13.69‰；死亡11064人，死亡率6.94‰。自然增长率6.75‰。2010年出生人口4.05万人，出生率14.60‰；死亡1.96万人，死亡率7.08‰。自然增长率7.52‰。2010年与1990年相比，人口出生率下降6.96个千分点，死亡率下降0.56个千分点，人口自然增长率下降6.4个千分点。与2000年相比人口出生率上升0.91个千分点，死亡率上升0.14个千分点，人口自然增长率上升0.77个千分点。全州人口低出生、低死亡、低增长格局初步形成，人口增长进入稳定低速增长时期，人口生产步入稳定发展轨道。

第二节 人口流动

1991年12月，湘西州贯彻执行国家计生委《关于流动人口计划生育管理办法》，州、县（市）成立清理流动人口计划生育领导小组，清查流动人口54743人。1993年，清理流入州内55699人，动员就地落实节育措施2828人。1996年，全州开展流动人口大清理、大排查，全面开展签订合同、发证验证、建档建卡工作，签发新证2.1万本，验证68784人。2000年，湘西州户籍人口为260.82万人，其中常住本地人口246.36万人。外出离开州境半年以上人口为16.88万人，占总人口的6.47%，居住本地户口待定人口1.02万人，原住本地在国外工作学习暂无户口32人。2010年，全州户籍人口为285.01万人，其中常住本地人口254.96万人、务工迁移69154人、工作调动迁移14942人、分配录用迁移寄挂户口迁移896人、学习培训迁移48990人、拆迁搬家迁移16008人、婚姻嫁娶迁移20821人、随迁家属47835人、投靠亲友迁移8200人，其他原因迁移24515人。

第四章 人口素质

第一节 人口身体生命素质

一、身体健康素质

湘西州近70%人口为农村人口，多数乡村地处偏僻山区，环境较差，有些贫困山村尚处于自然经济状态。随着全州经济社会发展，医疗卫生条件逐步好转，用于医疗卫生支出逐步增加，人口身体健康素质逐步提高。2010年，第六次人口普查结果显示，全州常住人口中，60岁及以上人口身体健康素质比重为42.91%；基本健康素质比重为39.22%；不健康，但生活能自理比重为15.37%；生活不能自理比重为2.49%。

二、人口平均预期寿命

1990年，湘西州第四次人口普查人口平均预期寿命66.91岁，其中男性65.32岁、女性69.57岁；2000年，全州第五次人口普查人口平均预期寿命69.87岁，其中男性68.07岁、女性71.8岁；2010年，全州第六次人口普查人口平均预期寿命73.26岁，其中男性70.4岁、女性76.56岁。1989—2010年，湘西州社会经济发展和医疗卫生服务水平逐步提高，人口平均预期寿命直线上升。

1989—2010年湘西州部分年份每万人拥有卫生人员情况一览表

表 2-9

年份	卫生机构数(个)	实有床位数(张)	卫生技术人员(人)	执业医师(人)	执业助理医师(人)
1989	2.11	21.86	23.99	—	—
1990	2.12	22.10	23.65	—	—
1995	2.07	23.40	26.70	—	—
2000	2.05	23.09	29.11	—	—
2005	1.20	23.09	26.15	7.48	3.60
2006	1.19	23.68	26.78	7.85	3.71
2010	2.33	35.59	36.15	9.87	3.92

第二节 人口文化素质

1989年后，湘西州人口出生率和自然增长率逐步下降，人口文化素质明显提升。2010年，全州15岁及15岁以上文盲人口为14.69万人，与1990年第四次人口普查相比，文盲率由29.38%降至7.2%，下降22.18个百分点。

2010年，全州总人口中接受小学及以上文化教育人口占总人口比重由1990年第四次人口普查的63.32%上升到85.74%，增加22.42个百分点。6岁及以上人口中接受大学（指大专以上）教育14.51万人，占5.77%；接受高中（含中专）教育26.67万人，占10.46%；接受初中教育92.41万人，占36.24%；接受小学教育84.80万人，占33.26%。与1990年第四次人口普查相比，每10万人中拥有各种受教育程度人数有如下变化：具有大学教育程度由765人增加到5769人，具有高中教育程度由6741人增加到10459人，具有初中教育程度由15614人增加到36244人，具有小学教育程度由40232人减少到33262人。

1990—2010年湘西州人口普查人口学历情况一览表

表 2-10　　单位：人、%

	第四次人口普查（1990年）	比重	第五次人口普查（2000年）	比重	第六次人口普查（2010年）	比重
总人口	2294870	100	2463617	100	2549558	100
6岁及6岁以上人口	1973372	85.99	2254159	91.50	2352814	92.28
小学	923264	40.23	1087638	44.15	848035	33.26
初中	358332	15.61	626651	25.44	924072	36.24
高中	154696	6.74	221414	8.99	266668	10.46
大学专科	13325	0.58	34249	1.39	99747	3.91
大学本科	4218	0.18	12730	0.52	45323	1.78
研究生	—	—	172	0.01	2006	0.08

第五章　计划生育

第一节　计划生育宣传教育

1989年4月，湘西自治州委、州人民政府召开吉首地区“中国11亿人口日”大会，呼吁全州各族人民增强人口意识，提高控制人口增长重要性和紧迫性认识，同时举办全州计划生育十年改革开放艺术成果展览。12月，召开电话会议，贯彻《湖南省计划生育条例》（以下简称《条例》），收听电话会议的有县市委宣传部部长、计生委主任等。全州翻印《条例》13.94万份，出墙报、黑板报1076块，出刊2145期，编写山歌苗歌2267首，编排文艺演唱节目81个，出动宣传车276车次，受教育群众123.5万人次。1990年，全州计划生育部门层层举办《条例》学习班，明确生育政策、奖励规定和处罚措施。1991年4月，全州各地利用不同形式宣传中共中央、国务院召开的计划生育工作座谈会精神。州计生委会同州司法局举办《条例》法律知识竞赛，10万人参加竞赛。1994年7月，州、县（市）落实《湖南省人民政府实施〈湖南省计划生育条例〉若干规定》，培训专兼职计划生育专干1568人。1995年2月，500余名州县乡计划生育干部走上城镇街头、农村圩场开展计划生育政策法规和优生优育科普知识宣传，纪念“中国12亿人口日”。1996年，《团结报》长篇人物通讯——《兄弟河的女儿》获湘西自治州年度十大新闻奖，花垣县计生委副主任、县计划生育站站长晏玲玲获“十大新闻人物”称号。1997年，国家计生委在湖南省株洲市召开全国计划生育队伍建设会议上，晏玲玲作典型发言，国家计生委主任彭珮云在会上称全国计划生育队伍典型“北有姜淑琴，南有晏玲玲”。1998年2月，国家计生委印发《关于在全国计划生育系统开展向晏玲玲学习的决定》，州委、州政府亦下发《关于开展向晏玲玲同志学习活动的决定》。是年，晏玲玲被湖南省人民政府评为“人民满意公仆”。

1999年8月，州计生委会同州委宣传部、州文明办在保靖县召开“全州婚育新风进万家”活动试点工作会议，确定保靖县复兴镇、吉首市吉首乡等16个乡镇为试点，宣传科学文明进步婚育观念，普及计划生育和生殖保健知识；城镇加强优生优育优教、增强自我生殖保健能力、提高家庭生活质量和讲求健康生活方式。同时，与州教委、州卫生局等单位联合开展“优生优育优教知识进万家”活动，开展计划生育知识读书竞赛活动和电视抢答赛，组织各种业余文艺宣传队41支，编排节目179个，深入基层巡回演出128场次，观众达11万人。是年，花垣县计生委副主任、县计划生育服务站站长晏玲玲获第二届“湖南人口奖”。2000年，组织学习《中共中央、国务院关于加强计划生育工作稳定低生育水平的决定》，开展计划生育“东进”战略具体内容培训。晏玲玲获全国“计划生育先进工作者”称号，被国家人口计生委授予全国第一批“新时期最可爱的人”称号。《中国人口报》、《人口与计划生育》杂志、《湖南人口报》分别报道晏玲玲先进事迹。2001年12月，副州长李德清就《中华人民共和国人口与计划生育法》宣传工作发表电视专题讲话，州计生委主任彭计划就《中华人民共和国人口与计划生育法》有关问题专题回答团结报社、湘西电视台记者提问，州依法治州办把《中华人民共和国人口与计划生育法》列为全州农村法制宣传周宣传内容，州直500余名副处级以上干部参加《人口与计划生育法》等法律法规培训并闭卷考试。湘西电视台开设《人口与经济》栏目，《团结报》开办“计划生育之窗”专栏。2002年，全州各级党委学习中心组把《中华人民共和国人口与计划生育法》及相关法规列入学习内容，州委州政府研究建立人口计划生育利益导向机制，运用政策推动人口计划生育工作创新与突破。2004年1月，凤凰县被列为全省14个“关爱女孩”试点单位之一。该县政府向省计生委递交项目责任书，实施“绿卡助学”“红卡养老”“扶贫帮困”“建房安居”“保健服务”计划生育五大工程，《中国人口报》《湖南日报》《团结报》对此均作宣传报道。7月，中共湖南省委副书记、省长周伯华批示全省推广“唐之享副主任组织总结的凤凰县计划生育经验”。省政府办公厅《内部情况通报》第24期与省人口计生委《湘人口计生通报》均刊发省长周伯华批示和省人大常委会副主任唐之享调研报告，国家人口计生委内刊亦推介凤凰“绿卡”经验。此后，湘西州在凤凰县举行“农村部分计划生育家庭奖励扶助启动仪式”，州党政领导干部出席启动仪式，该县40户少数民族计划生育家庭代表、各县市计划生育干部代表及当地数千名群众参加活动。2005年1月，编印《风雨20年——湘西土家族苗族自治州人口和计划生育工作纪实》图片集，州计生委会同州卫生局、州食品药品监督局在城乡公共场所张贴近万份《湖南省禁止非医学需要鉴定胎儿性别和选择性别终止妊娠规定》，同时公布各级政府受理“禁止非医学需要鉴定胎儿性别和选择性别终止妊娠”（简称“两非”，下同）及“两非”举报电话，开展为期3个月宣传发动，整治“两非”行动。2007年，州人口计生委领导深入8个县（市），为县（市）委中心学习组作“中共中央国务院关于全面加强人口和计划生育工作统筹解决人口问题的决定”专题辅导讲座，复印“决定”800多份，文艺宣传表演174场次，受教育群众达30万人次。2010年，对2003年以后退休干部职工和城乡居民男方年满60周岁、女方年满55周岁独生子女父母奖励5000元试点工作在吉首和古丈两个县（市）启动。

第二节 计划生育政策实施

1989年，湘西州委、州政府落实上级生育政策规定，11月，州委、州政府在古丈县召开全州计划生育工作会议，规定全州乡镇建立健全计划生育办公室，由1名副乡长兼办公室主任，乡计划生育专干任副主任，妇女主任、团委书记、乡计划生育协会负责人等协助工作。乡计划生育专干列入行政编制，对热爱计划生育工作、表现好考核合格者，享受副乡级干部待遇，连续三年被评为计划生育先进工作者向上浮动一级工资，离开岗位后自行消失。8个县（市）计划生育技术服务站有节育技术人员55人，乡镇计划生育技术服务所有节育技术人员63人，其中执业医师10人、执业助理医师18人、执业护师5人。1990年12月，州委、州政府出台《关于扶贫工作与计划生育工作相结合的意见》，计划生育贫困户实行“八优先”：在减免义务工、解决住房或宅基地、供应生产资料、贷给扶贫资金、提供生产服务、安排劳动就业、提供致富信息和科学技术等给予优惠；对超生贫困户要先节育再扶持。是年，州委、州政府把计划生育纳入全州经济和社会发展规划，列入县市目标管理考核内容。州长办公会议把计划生育纳入农村社教和扶贫工作规划。1991年，州委、州政府提出计划生育“一年打基础，二年见成效，三年赶上全省中等地区水平”目标。1993年，州委、州政府对全州乡（镇、场、街道）实行计划生育工作考核评估排队，吉首市石家冲街道办事处、永顺县王村镇、保坪乡被授予“全州计划生育工作红旗单位”称号，奖励2000元。吉首市吉首乡等19个乡（镇、街道）被授予“全州计划生育工作先进单位”称号，奖励1000元。吉首市峒河、花垣县茶洞、永顺县桃子溪等110个乡（镇、场、街道）给予全州通报表扬。吉首市矮寨镇，泸溪县潭溪镇、永兴场乡，凤凰县吉信镇、官庄乡，花垣县董马库乡、雅酉乡，保靖县葫芦镇、野竹坪乡，古丈县双溪乡，永顺县砂坝乡、对山乡、列夕乡，龙山县塔泥乡、比溪乡、内溪乡被列为全州计划生育工作重点管理单位。全州乡镇建立“四位一体”计划生育办公室，确定1名党政副职兼任办公室主任，配备2~4名工作人员。花垣、保靖、泸溪、古丈和吉首5个县（市）计划生育服务站能承担节育手术任务，结束从卫生部门抽调医务人员做节育手术历史。

1994年，州委、州政府出台《关于国家机关企事业单位干部职工计划生育若干问题的规定》。对全州党政机关、企事业单位干部职工计划生育问题作出统一规定。是年，8个县（市）计划生育服务站全部建立，221个乡（镇）均设“四位一体”的计划生育办公室，并筹集资金130万元，购置B超171台。1995年6月，州委、州政府在永顺县王村镇百胜村、孔坪村召开全州计划生育村为主工作会议，要求计划生育工作由乡镇为主下移到以村为主。全州举办18期504人的业务培训班，其中83名节育手术医生领到岗位合格证书。花垣县原计生委主任李建英获湖南省首届“湖南人口奖”。1996年，全州农村完善乡镇“四位一体”、村“三位一体”阵地建设，城镇建立健全机关企事业单位和街道办事处、居委会计划生育工作机构，配齐专兼职计划生育干部，落实流动人口计划生育管理责任制。州委、州政府考核州计生委、州工商局、州公安局、州劳动局、州卫生局、州建委、州民政局计划生育工作，并排列名次，州计生委、州工商局、州公安局获全州计划生育综合治理先进单位称号。

1997年6月，州委、州政府作出《关于落实计划生育村为主推进计划生育与扶贫开发紧密结合的决定》，对农村独生子女户、两女结扎户实行“五优先”“三减免”，即优先安排扶贫开发项目，优先提供扶贫资金和贷款，优先传授致富科学技术，优先在希望工程中照顾子女入学，优先安排计划生育系列保险。对特贫计划生育户，减免农业税和粮食定购任务，对独生子女户、两女节育户免收农业特产税3年，乡镇政府对独生子女户、两女结扎户免收村提留和乡镇统筹费3年。年内全州要求50%以上村实现计划生育工作以村为主，1998年80%村实现计划生育工作村为主，50%村达到合格村标准。8月，在花垣县召开全州工作现场会，要求组织领导村为主，宣传教育村为主，落实人口计划生育村为主、掌握孕检村为主、落实节育措施村为主、流动人口管理村为主、建章立卡村为主、扶贫帮困村为主，实行分类指导，整体推进。是年，湖南省人大机关驻花垣县卧岔那建整扶贫工作组等8个省直单位驻村和州农业局驻永顺县百胜村等12个州直单位建整扶贫工作组获“建整扶贫与计划生育相结合先进单位”称号。州交通局驻龙山县坡脚乡联星村建整扶贫工作组等24个三类单位实行一票否决。1998年，全州45岁以下村计划生育女专干比例上升到98.7%。1999年，201个乡（镇）建立计划生育宣传技术指导站，招收全民合同制乡镇节育技术人员110人，全州计划生育管理人员和专业技术人员达到884人。当年，筹资60万元为乡镇添置节育手术及孕检器械等设备。2001年，确定14个乡（镇）为优质服务试点单位，配齐宣传、微机、红外光治疗仪等设备，制定计划生育队伍建设工程实施方案，开展学历教育和岗位培训16200人。3月，州委、州政府召开全州“村为主”工作现场会，明确“村为主”基本内涵和基本条件、具体要求，确定三年分步实施奋斗目标。5月，举办“村为主”培训班，县市分管计划生育工作领导、计生委主任、各乡（镇、场、街道）计划生育专干等260人参加培训。龙山县计划生育服务站站长向明开获第三届“湖南人口奖”。

2002年2月，凤凰县率先推行对自愿终身只生育1个孩子并领取“独生子女证”夫妇给予一次性奖励2000元，其子女从小学至初中读书期间核发“入学绿卡”，免费在县内学校入学。对农村两女户落实节育手术给予一次性奖励500元，其子女在小学读书期间核发“入学绿卡”，在县内学校免费入学。是年，该县125户两女户主动落实绝育措施，510对符合生育二孩条件育龄夫妇主动领取“独生子女父母光荣证”。2003年，各县市在凤凰县“计生绿卡”基础上拓展优惠政策范围和内容。花垣县、吉首市分别推出计划生育“幸福卡”和“计生民情直通卡”，对年满60周岁农村独生子女户和两女结扎户夫妇按月每人发放50元养老补助金。古丈县对农村独生子女户、两女结扎户、计划生育手术后遗症、并发症的户一律实行入学绿卡、贫困救济卡、重病和大病救治卡、建房绿卡等“四卡”优惠。永顺县力推“免、奖、补、扶、保”为一体的优惠政策，形成“协会办项目、项目联基地、基地联计生户”的计划生育扶助新模式。凤凰、保靖、龙山、古丈、永顺、泸溪等县与法院建立计划生育执法联络室，加大对破坏计划生育工作，非法施行计划生育手术，施行非医学胎儿性别鉴定，残害、买卖、遗弃女婴打击力度。是年，州人口计生委主任彭计划当选湘西州年度十大新闻人物。2005年，推行农村计划生育家庭奖励扶助制度，农村只有一个子女或两个女孩部分计划生育家庭，夫妻年满60周岁，每人每年给予600元奖励扶助，直至死亡为止。是年，彭计划获“全国人口和计划生育系统作风建设先进个人”荣誉和“湖南人口奖”。2006年，州人口计生委培训164个乡（镇、街道）计划生育专干，县市培训2142个建制村的计划生育专干。对独生子女伤残家庭108户，每年补助960元；对独生子女死亡家庭241户，女方年满49周岁，每年补助1200元。

2007年1月，州人民政府印发《关于进一步落实农村计划生育奖励优惠政策的意见》，对农村符合政策可以生育二孩，但自愿放弃二孩生育且领取“独生子女父母光荣证”的独生子女户，从领证之月起到子女年满14周岁止，每月发放不低于10元独生子女保健费。对农村两女户落实绝育措施后一次性补助3000元。子女在州内学校九年义务教育学习期间每人每学期给予不低于100元的生活补助，高中学习阶段每人每学期给予不低于200元的生活补助。夫妻和子女由县（市）免费直接纳入农村新型合作医疗范围，大病住院期间医疗费按同类病种最高限额给予补助。夫妻一方意外伤残丧失劳动力或者子女夭折不再生育的，由民政部门一次性给予2000元补助，凡符合低保条件农村独生子女户和两女绝育户贫困家庭全部纳入低保。子女大中专毕业后就业报考州内国有企业事业单位的，考试综合成绩给予5分优惠加分。2008年，全州为57名农村独生子女户和两女绝育户子女考入全日制专科以上高等院校大学生每人奖励5000元。5个县级计划生育服务站配备B超、生化分析仪、双目显微镜，给39个乡（镇）计划生育服务所免费配备39台便携式B超机。163个乡（镇、街道）开展“关爱妇女生殖健康，实施生殖道感染干预工程——免费普查生殖道感染疾病”活动，免费普查287824人，其中患病87835人，患病率31%；免费治疗43323人；低费治疗37639人；发放免费药品价值57万元。分析染色体G显190例，孕中期B超检查67例。开展对党员、干部和社会公众人物违法生育行为清理清查工作。是年，州人口计生委主任彭计划、凤凰县人口计生局局长李亚慧入选湖南省“十佳新闻人物”，龙山县计划生育服务站入选省“十佳生殖健康服务单位”，花垣县农村计生优惠政策获湖南省“十佳新闻事件荣誉奖”。2009年，按照全国流动人口计划生育“一盘棋”“三年三步走”工作部署，州计生委在吉首市峒河街道办事处创办社区流入人口服务和管理试点，在镇溪街道办事处创办市场流动人口服务和管理试点、在河溪镇创办流出人口服务和管理试点，建立“属地管理、单位负责、居民自治、社区服务、街道监督”社区流动人口服务管理工作机制，“主管单位负责、经营单位落实、社区服务指导、双向监督考核”市场流动人口服务管理工作机制，“政府牵头、部门协作、综合施治、优质服务”工作机制。2010年，全州有计划生育专职人员325人，计划生育节育技术人员509人，其中县计划生育技术服务站120人，乡镇计划生育技术服务所389人，取得依法执业资格205人。1989年与2010年比，计划生育多孩控制率从21.79%下降到3.85%，下降17.94个百分点；计划内生育率从72.31%提高到83.61%，提高11.3个百分点；已婚育龄妇女节育率从83.67%提高到89.17%，提高5.5个百分点。年末总人口从227万增加到285万，增加58万人，完成省下达的人口控制计划。是年，侯德檀等10名州、县（市）、乡（镇）、村（社区）人口计划生育工作者获首届湘西州人口奖，花垣县计生局局长唐建获第五届“湖南人口奖”。

第三节　计划生育协会活动

1991年5月，湘西州计划生育协会与吉首市计划生育协会在万溶江乡办计划生育养老保险试点。1993年，全州两女绝育户7213户，参与保险4510户，占两女绝育户62.53%，保险金额69.6万元；参加母婴平安保险1349人，保险金额1.3万元。1994年，参加独生子女两全保险4368人，占领取独生子女证38.15%，保险金额59.76万元；参加母婴平安保险2698人，保险金额2.773万元。1997年，开展“个、十、百、千”扶贫帮困活动，落实扶贫联系户15112户，投入扶贫资金200万元。1998年3月，州委办、州政府办印发《关于进一步加强计划生育协会工作的意见》，明确州计划生育协会与计划生育委员会一视同仁，常务副会长配处级干部，正副秘书长分别配副处级和科级干部。县（市）计划生育协会常务副会长、秘书长，比照州计划生育协会安排，其活动经费按同级计划生育事业费6%单独列入年度财政预算，乡村基层计划生育协会所需活动经费根据实际需要逐步解决。村级计划生育协会会员重新登记造册，会长、秘书长由乡（镇）人民政府任命。

1999年5月29日为全国首个协会会员活动日，全州各级计划生育协会开展以“我为贫困母亲办实事”为主题宣传活动。州计划生育协会向中国计划生育协会申报计划生育“三结合”项目获资金10万元，省计划生育协会配套安排13万元。2000年“5·29”活动日，全州75名县（市）级领导干部参加慰问计划生育户381户，送慰问品944件、慰问金5.11万元。2002年9月，明确州计划生育协会为正处级单位及主要职责、内设机构、人员编制和领导职数。是年，州计生协会会同州直11个部门开展计划生育、优生优育、生殖健康、科技致富“宣传服务千里行活动”，6名州领导、65名县处级领导、678名乡镇领导、1193名村干部参与此次活动，发放畜牧、蔬菜、水果科技致富培训教材等资料和不孕不育症治疗指南优惠卡，培训农村科技致富带头人2552人，为5583名育龄妇女免费检查和为独生子女户、两女绝育户免费发放治疗药品3.8万元，为2220名患妇科病妇女提供优惠治疗。2004年，落实计划生育工作村为主，配齐村计生专干和组指导员。2005年，与州人口计生委联合到吉首市双塘镇创办村（居）民自治工作示范点。2006年，《团结报》开辟计划生育宣传专栏，定期宣传协会工作经验。2007年3月，州人口计划生育领导小组印发《关于全面推进计划生育村（居）民自治的实施方案》，开展计划生育村（居）民自治争先创模活动，要求2010年末全州80%以上村（居）达到计划生育村（居）民自治合格村标准。2008年10月，州委、州政府印发《关于进一步加强计划生育协会工作的意见》，对州、县、乡计生协会工作机构、队伍建设、活动经费作出明确规定。2010年2月，州委、州政府印发《关于加强计划生育村（居）民自治工作的意见》，提出“十二五”期间推进计划生育村（居）民自治工作目标、标准、保障措施及考核评估办法，把计划生育列入村（居）民自治工作重要考核指标。5月，在纪念中共中央《关于控制人口增长问题致全体共产党员、共青团员的公开信》发表30周年和中国计生协会成立30周年之际，州计划生育协会、州委宣传部、州人口计生委在吉首市团结广场联合举办全州首届生育文化艺术节和计生工作30年成果展。

1989—2010年湘西州人口情况一览表

表2-11　　单位：人、‰

年份	出生人数	出生率	死亡人数	死亡率	自然增长人数	自然增长率	计划生育率	多孩控制率	节育率
1989	46944	20.90	13916	6.19	33029	14.7	72.31	21.79	83.67
1990	43495	21.56	17400	7.64	26095	13.92	45.23	25.30	79.54
1991	61128	25.77	17990	7.81	43138	17.96	46.79	26.02	73.03
1992	50796	21.48	18185	7.69	32611	13.79	47.38	17.03	78.87

续表 2-11　　单位：人、‰

年份	出生人数	出生率	死亡人数	死亡率	自然增长人数	自然增长率	计划生育率	多孩控制率	节育率
1993	46185	19.27	11783	7.42	28402	11.85	61.90	9.99	84.62
1994	42990	17.74	17680	7.30	25310	10.44	67.91	6.67	86.46
1995	41110	16.82	17659	7.23	23451	9.59	72.13	6.19	87.71
1996	38194	15.49	18569	7.53	22798	9.25	76.73	4.46	88.49
1997	38004	15.05	18409	7.29	19595	7.76	83.06	3.23	97.02
1998	38826	15.22	17931	7.03	20859	8.19	85.05	3.06	90.42
1999	37941	14.72	17994	7.00	19920	7.75	85.20	2.39	91.32
2000	30071	13.69	11064	6.94	19007	6.75	90.83	1.24	90.35
2001	36200	13.82	17797	6.79	18403	7.02	89.81	2.46	90.18
2002	34913	13.28	17767	6.76	17146	6.52	87.01	3.47	90.74
2003	33880	12.84	17548	6.65	16332	6.19	87.23	3.13	89.90
2004	36207	13.68	17481	6.60	18726	7.07	87.89	3.21	84.89
2005	34164	12.86	17742	6.69	16422	4.26	89.39	3.51	85.29
2006	34710	13.01	17868	6.70	16842	5.31	91.65	2.31	87.71
2007	35106	13.10	18003	6.72	17103	5.38	90.74	1.72	95.09
2008	39069	14.48	18291	6.78	20778	7.70	85.84	2.70	85.14
2009	41885	15.29	19144	6.99	22741	8.30	82.15	3.95	84.11
2010	40567	14.60	19660	7.08	20907	7.52	83.61	3.85	89.17

说明：资料源于湖南省计划生育委员会每年公布的计划生育评估排队数据

第四节　计划生育机构

1988 年，湘西自治州计划生育协会成立。1989 年，州计划生育委员会（简称州计生委，下同）内设办公室、计划统计科，直属事业单位州计划生育宣传站、州计划生育避孕药具管理站，核定编制 24 名，实有 18 人。1991 年，增设政策法规科，增编 2 名。1994 年 9 月，州计生委更名为州计划生育局。1995 年 7 月，州计划生育局更名为州计划生育委员会，内设办公室、法规科、计划统计科和财务科，核定行政编制 13 名，事业编制 1 名。1997 年，设立州计划生育科技站，编制 5 名，为全额拨款事业单位。1998 年，州计生协会编制 4 名。2000 年，设立州计划生育培训中心，编制 5 名，为全额拨款事业单位。2001 年，机构改革，核定州计生委行政编制 11 名。2003 年，增设人事科，增编 2 名。2004 年，州计生委更名为州人口和计划生育委员会，内设办公室、计划统计科、政策法规科、财务资产管理科、人事科，行政编制 15 名，后勤服务编制 1 名。直属事业单位有州计划生育宣传站、州计划生育药具物资站、州计划生育培训中心、州计划生育科技站，事业编制 24 名。州计生协会参照公务员管理。2005年，增设科学技术科，增加行政编制2名。增设州流动人口计划生育管理站，为全额拨款事业单位，编制3名，由州计划生育培训中心和州计划生育宣传站各划拨1名。州计划生育科技站更名为州计划生育生殖健康服务中心。2010年，州人口计生委机关内设机构有办公室、计划统计科、政策法规科、财务资产科、人事科、科学技术科；直属事业机构有计划生育宣传站、计划生育避孕药具管理站、州计划生育培训中心、流动人口管理站、计划生育生殖健康服务中心，编制40名，实有40人。州计生协会内设办公室、项目部，编制未变。

1989—2010年，湘西自治州计生委历任主任：侯德檀、张自家、麻应新、彭计划；副主任：刘世寿、彭计划、胡泽凤、吴桂珍、黄绍萍、宋维金、晏玲玲、田晓萍、田娟、田国元、石红。

第一届（1989.1—1991.7），州计划生育协会会长周从玉（州人大常委会副主任），常务副会长侯德檀，秘书长胡泽凤；第二届（1991.8—1998.6）州计划生育协会会长周从玉（州人大常委会副主任），常务副会长刘世寿、吴桂珍（州计生委副主任），秘书长胡泽凤（州计生委副主任）兼；第三届（1998.7—2003.9）会长贾祖霞（州人大常委会副主任），常务副会长胡泽凤、黄绍萍（州计生委副主任），秘书长杨清英；第四届（2003.10—2010.8）会长龙友芳（州人大常委会副主任），常务副会长田国元（州计生委党组成员），秘书长石红；第五届（2010.9—2010.12）会长宋友达（州人大常委会副主任），常务副会长石红（州计生委副主任）；秘书长：彭大为。

第三篇　民族

湘西土家族苗族自治州是一个多民族聚居的地方，以土家族、苗族为主体。土家族，自称“毕兹卡”，主要分布在永顺、龙山、保靖、吉首、古丈等县市。苗族，自称“果雄”，主要分布在花垣、凤凰、吉首、泸溪、古丈、保靖等县市。土家族、苗族均有自己的语言，没有文字，书面交际使用汉语。土家族、苗族传统习俗基本保持，部分习俗逐渐简化或消失。苗族服饰、土家服饰、土家打溜子、苗鼓、苗剧、毛古斯、摆手舞及民族节庆等民族文化，生生不息，代代相传。1989 年，全州有少数民族人口 151.56 万人，占总人口的 66.75%。在少数民族中，土家族 79.93 万人，占总人口的 35.21%，占少数民族人口的 52.74%；苗族 70.58 万人，占总人口的 31.09%，占少数民族人口的 46.57%；回族、瑶族、侗族、白族等其他少数民族 28 个 1.04 万人，占总人口的 0.45%，占少数民族人口的 0.68%。2010 年，全国第六次人口普查，全州少数民族人口 196.71 万人，占总人口的 77.15%，比 1989 年上升 10.4 个百分点。在少数民族中，土家族 108.93 万人，占总人口的 42.72%，占少数民族人口的 55.38%，比 1989 年增加 2.63 个百分点；苗族 86.31 万人，占总人口 33.85%，占少数民族人口的 43.88%，比 1989 年减少 2.69 个百分点；其他少数民族由 28 个增至 39 个，人口 1.47 万人，占总人口的 0.58%，占少数民族人口的 0.75%，比 1989 年增长 0.07 个百分点。

湘西州注重民族政策法规执行情况的调查研究，1993 年上报《湘西州关于修改自治法的建议》。1995 年，州、县（市）建立落实民族政策领导班子，加强少数民族干部的选拔和培养，推动民族地区经济和各项事业不断发展。同时，在州《团结报》开辟“民族团结”专栏，大力宣传民族团结进步先进典型，广泛开展民族团结进步创建活动。在湘鄂渝黔边区定期举办民族团结联谊会，在州内县市交界地乡镇间建立民族团结联系点，并开展文化节、艺术节、体育比赛等活动。2005 年，中共湘西自治州委被国务院授予“全国民族团结进步先进集体”称号。2010 年，龙山县桂塘镇、古丈县默戎镇等省级首批民族团结进步示范点取得显著成效，经济发展，文化繁荣，民族团结，桂塘镇成为湘、鄂、渝三省市边区民族团结进步示范窗口。

州、县（市）民族工作部门认真落实少数民族教育优惠政策。1992 年，州民委执行湖南省民委、省公安厅下发的《关于严格审核报考大、中专院校考生民族成分和户籍的通知》精神，确定专人办理，严格把关，当年全州审核少数民族考生民族成分 6400 余人，实现考生、家长、学校三满意。该项工作每年坚持，政策落实到位，至 2010 年，实现零投诉。同时州、县（市）民族工作部门参与民族专项资金管理，扶持“两民企业”（民族贸易和民族特需用品生产企业）发展，开发土家织锦、苗绣、土家族苗族服饰、苗族银饰等十多类特色产品和民族民间工艺品。开展民族传统体育活动，2001 年，湘西州“吉么列”（高脚马）被列入全国少数民族传统体育运动比赛项目。搜集、抢救民族民间文化资料，至 2010 年，全州先后整理、出版民族古籍 158 部，计 4389 万字。

第一章　民族概况

第一节　土家族

一、族源人口

土家人自称“毕兹卡”，1957年1月被正式认定为土家族。土家族族源主要有四种说法：即“巴人说”，认为土家族是古代巴人（廪君种）后裔；“乌蛮说”，认为湘西北土家族是中唐以后由贵州迁来的乌蛮的一支；“土著说”，认为湘西北土家族是当地土著先民的后裔，与进入此地后的部分巴人、乌蛮以及江西人长期融合而形成的人们共同体；“賨[ts'∂η14 丛]人（板楯蛮）说”，认为湘西北土家族是古代賨人（板楯蛮）后裔。

1990年第四次全国人口普查（下称“四普”），全州土家族80.64万人，占总人口35.14%，占少数民族总人口52.74%。主要分布于永顺、龙山、保靖3个县，其中永顺县26.37万人，占全州土家族人口32.70 %；龙山县21.55万人，占全州土家族人口26.73%；保靖县13.18万人，占全州土家族人口16.34%。吉首、凤凰、古丈、泸溪、花垣5个县（市）有土家族人口19.54万人，占全州土家族人口24.23%。

2000年第五次全国人口普查（下称“五普”），全州土家族101.3万人，占总人口41.12%。主要分布于永顺、龙山、保靖3个县，其中永顺34.26万人，占全州土家族人口33.82%；龙山25.1万人，占全州土家族人口24.78%；保靖14.83万人，占全州土家族人口14.64%。吉首、凤凰、古丈、泸溪、花垣5个县（市）有土家族人口27.11万人，占全州土家族人口26.76%；10年间上述5个县（市）土家族人口呈上升趋势，尤其是州府吉首市因工作调动、经商活动等因素土家族人口增加趋势明显。

2010年第六次全国人口普查（下称“六普”），全州土家族108.93万人，占总人口42.72%，比1990年增长7.58个百分点。主要分布于永顺、龙山、保靖3个县，其中永顺县35.08万人，占全州土家族人口32.2%；龙山县27.43万人，占全州土家族人口25.18%；保靖县16.54万人，占全州土家族人口15.18%。吉首、凤凰、古丈、泸溪、花垣5个县（市）有土家族人口29.88万人，占全州土家族人口27.44%；10年间上述5个县（市）土家族人口仍呈上升趋势，吉首市土家族人口由1990年7.05万人增加到2010年10.8万人。

二、语言文字

湘西州土家族有自己的语言，叫毕兹煞（bi^{35} ts‘ i^{35} sA^{51}），属汉藏语系藏缅语族，语支未定。其特征是：有声调；无复辅音，复合元音较多，辅音韵尾较少；词汇以复音词占优势；句子基本语序是“主语—谓语”“主语—宾语—谓语”；名词和领格代词定词在被修饰语之前；形容词、数量词定语在被修饰语之后；指示代词位于修饰名词之前。

湘西州土家族没有自己的文字，20世纪80年代初，一些土家族学者接受人大代表建议，按照周恩来总理提出创制少数民族文字的原则和土家语北部方言语音系统创制《土家语拼音方案》，并开展土家·汉双语双文接龙教学实验。

土家族用汉语言文字作交际工具。2010年，州境龙山、永顺、保靖、古丈、泸溪等县土家族聚居村寨有5万多土家人操用土家语言作交际工具。

第二节　苗族

一、族源人口

湘西州苗族自称“果雄”或“仡雄”。中华人民共和国成立后，按该民族意愿统一称为“苗族”。系古代“九黎之后”“三苗之裔”。自九黎战败南迁，经三苗西迁，苗族先民在湘西境内定居，从事耕凿，以艺百谷。

1990年“四普”，全州苗族71.11万人，占总人口30.99%，占少数民族总人口46.51%。主要分布于花垣、凤凰、吉首、泸溪、古丈5个县（市），其中花垣县17.56万人，占全州苗族总人口24.69%；凤凰县16.88万人，占全州苗族总人口23.74%；吉首市9.09万人，占全州苗族总人口12.78%；泸溪7.72万人，占全州苗族总人口10.86%；古丈4.86万人，占全州苗族人口6.83%；永顺、保靖、龙山3个县共有苗族人口15万人，占全州苗族总人口21.09%。

2000年“五普”，全州苗族80.88万人，占总人口32.83%。主要分布于花垣、凤凰、吉首、泸溪、古丈5个县（市），其中花垣19.21万人，占全州苗族总人口23.75%；凤凰18.51万人，占全州苗族人口22.89%；吉首11.29万人，占全州苗族人口13.95%；泸溪10.73万人，占全州苗族人口13.27%；古丈5.45万人，占全州苗族人口的6.74%；永顺、保靖、龙山三县苗族人口15.69万人，占全州苗族人口19.38%。10年间，古丈、保靖、龙山三县苗族人口呈增长趋势，唯永顺县苗族人口由10年前4.12万人减少到3.77万人。

2010年“六普”，全州苗族86.31万人，占全州总人口33.85%，与1990年比增长2.86个百分点。主要分布于花垣、凤凰、吉首、泸溪、古丈5个县（市），其中花垣22万人，占全州苗族人口25.52%；凤凰18.99万人，占全州苗族人口22%；泸溪11.89万人，占全州苗族人口13.78%；吉首10.9万人，占全州苗族人口11.69%；古丈6.08万人，占全州苗族人口7.04%；永顺、保靖、龙山3个县有苗族人口16.43万人，占全州苗族人口19.03%。10年间，古丈、保靖、龙山3个县苗族人口呈增长趋势，永顺县苗族人口依然呈减少趋势，由2000年3.77万人减少到3.52万人。

二、语言文字

湘西州苗族有自己的语言，使用湘西苗语，即苗语东部方言。州境苗族历史上没有正式通行统一文字，书面交际均用汉语。但有不少苗族知识分子，借用汉字音、形、意，将汉字拆组，创制一些在一定范围内使用的民间方块苗文。如清末苗族秀才石板塘借鉴汉字“形声”和“会意”两种造字方法，创制板塘苗文；见于清光绪三十三年（1907）所修《古丈坪厅志》上记述的古丈苗文；民国时期苗族学者石启贵创制的苗语速写符号等。1953年，花垣县麻栗场乡老寨村苗族艺人石成鉴创制老寨苗文用于记录苗歌和写作苗剧。1956年10月，湘西苗族自治州试行《苗语东部方言文字方案（草案）》。这套苗文以拉丁字母为书写符号，以花垣县吉卫语音为标准音，是为新苗文。同时，开展苗·汉双语双文接龙教学实验。

苗族对外使用汉语言文字作交际工具。2010年，湘西州尚有50余万苗族人在本民族内部仍用苗语作为交际工具。

第三节 其他民族

一、汉族

1990年“四普”，湘西州有汉族人口76.44万人，占全州总人口33.31%。2000年“五普”，州境有汉族人口62.67万人，占全州总人口25.44%。2010年“六普”，州境有汉族人口58.25万人，占全州总人口22.85%，比1990年减少18.15万人，占比降低10.46个百分点。州境土家族、苗族称汉族为“客家”，称汉语为“客话”。

二、回族

1990年“四普”，湘西州有回族人口0.6万人，占全州总人口0.26%，占州内少数民族人口0.39%。2000年“五普”，州境有回族人口0.72万人，占全州总人口0.3%，占州内少数民族总人口0.39%。2010年“六普”，州境有回族人口0.74万人，占全州总人口0.3%，占州内少数民族人口0.38%。20年间，州内回族人口及占总人口比例均呈上升趋势。州内回民多因经商或工作而来，杂居于龙山、永顺、凤凰、吉首等县（市）土家族、苗族、汉族之间，未形成独立聚居村落或城镇。禁食猪肉和不食妄杀之物习俗犹存，服饰等习俗基本与汉族相同。

三、瑶族

1990年“四普”，湘西州有瑶族人口0.19万人，占全州总人口0.09%，占州内少数民族总人口

0.12%。2000年“五普”，州境有瑶族人口0.19万人，占全州总人口0.08%，占州内少数民族人口0.1%。2010年“六普”，州境有瑶族人口0.24万人，占全州总人口0.1%，占州内少数民族人口0.12%。20年间，州内瑶族人口数量有所增加，占总人口的比例基本持平。瑶族与苗族有着亲密族源关系，语言同属汉藏语系苗瑶语族，族源上均称“三苗”遗民、“盘瓠之裔”，民间有“苗瑶一家”之说。州境泸溪县为古代瑶族主要聚居地之一，留存着大量盘瓠崇拜神话传说和古迹遗址。州内瑶族或为古时瑶民后裔，或为当代工作分配、务工、经商而来，散居州内各县市，主要分布于龙山、吉首、保靖等县市境内。民族习俗则已“坐乡随俗”。

四、侗族

1990年“四普”，湘西州有侗族人口0.14万人，占全州总人口0.07%，占州内少数民族人口0.09%。2000年“五普”，州境有侗族人口0.2万人，占全州总人口0.09%，占州内少数民族人口0.11%。2010年“六普”，州境有侗族人口0.15万人，占全州总人口0.06%，占州内少数民族人口0.08%。20年间，州内侗族人口数量略有增加，但占总人口的比例则有所下降。

五、白族

1990年“四普”，湘西州有白族人口0.12万人，占全州总人口0.06%，占州内少数民族人口0.08%。2000年“五普”，州境有白族人口0.18万人，占全州总人口0.07%，占州内少数民族人口0.1%。2010年“六普”，州境有白族人口0.15万人，占全州总人口0.06%，占州内少数民族人口0.08%。20年间，州内白族人口数量略有增加，占总人口比例基本持平。

第二章　民族区域自治

第一节　民族政策法规

1989年，湘西自治州民族事务委员会（简称州民委）组织人员深入少数民族聚居地区，开展民族政策法规贯彻落实情况调研，研讨民族地区扶贫政策，并与武陵山区各兄弟地区民委互通情报，交流经验，提出建议意见，形成“纪要”上报。1990年，州民委会同有关部门开展全州“民贸三项照顾”政策执行情况调查，分别向省和中央写出书面报告，提出落实民族贸易政策建议。1991年，州民委配合州人大常委会民侨委调查《中华人民共和国民族区域自治法》和《湖南省实施〈中华人民共和国民族区域自治法〉的若干规定》执行情况，形成《湘西州贯彻落实湖南省〈若干规定〉的情况汇报》，赴省专题汇报。是年，州民委会同州相关部门组成联合调查组，调研改革开放10年间全州贯彻执行民族优惠政策和扶贫政策情况，完成《少数民族和贫困地区迫切需要更为优惠的特殊政策》调研报告，整理出《湘西州少数民族和贫困地区政策调查材料汇编》。9月，赴北京向中央政策研究室和国家民委汇报。1992年5月，州民委再次会同州相关部门组成联合调查组，就民族工作和民族政策落实开展综合调研，召开座谈会49次，421人参加座谈，完成《湘西州民族工作现状及建议》《湘西州民族工作情况及建议调查材料汇编》《关于进一步加强民族工作的若干意见》等材料22篇。1993年，州民委配合州人大常委会开展3次调研活动，征集各级各部门意见，形成《湘西州关于修改自治法的建议》，就修改指导思想、原则、重点提出建议。并被特邀参加专题研究自治法修改问题全国各省市区人大常委会民侨委主任会议。会议评价“湘西思想解放，认真负责，有所创新”。1994年，州民委开展主要民族优惠政策执行情况清理，完成《湘西州民族优惠政策执行情况及建议》，填制“主要民族优惠政策执行情况表”，参与起草吉首市少数民族自治地方改革开放试验区方案。

1995年，州、县（市）组建落实民族政策领导班子，设立专抓机构，贯彻落实《中共湖南省委湖南省人民政府关于支持湘西土家族苗族自治州实施“八七扶贫攻坚计划”的意见》《中共湖南省委湖南省人民政府关于吉首市民族自治地方改革开放试验区试验方案的批复》和《中共湖南省委湖南省人民政府关于少数民族和民族地区发展经济和社会事业若干优惠政策的通知》（湘委〔1994〕23号）等文件精神。1998年1月，州人民政府印发《关于进一步贯彻湘委〔1994〕23号文件的意见》，《意见》包括加强民族工作领导、“民族三项经费”到位和管理等。5月，州委召开全州贯彻落实民族政策工作会议，强调领导分工负责制和部门工作责任制，将主要民族政策特别是“三个文件”优惠政策列出清单，具体任务分配到单位，由6个单位牵头、26个单位参与完成、5个单位独立完成相关政策的落实。6月，州人民政府组织3个督查组，深入6个县（市）和14个州直单位督查民族政策落实情况，并将督查情况及时通报：23号文件31条政策中，16条落实较好，10条部分落实，5条没有落实。全州落实民族政策获得省直及对口支援单位支持资金1.55亿元。1999年5月，州政府召开全州落实民族政策工作座谈会，提出用足用活现行民族政策，突出抓好两民企业流动资金贷款优惠利率贴息、增值税减免、民族三项经费、项目进国家和省计划“笼子”、吉首市少数民族改革开放试验区5个方面政策落实，要在研究和争取新民族政策上有突破。8月中旬至9月初，州政府组织2个督查组到8个县（市）和部分州直单位开展民族政策执行情况督查。州民委组织召开民委委员会议并邀请30多位人大代表、政协委员举行座谈，就民族政策落实与争取工作广纳良策；配合省计委、省民委关于民族地区“十五”规划编制开展调研活动。1999年12月，省委、省政府印发《关于继续扶持湘西州扶贫攻坚的意见》，提出湘西州至2005年扶贫攻坚基本目标和主要任务，确定继续把湘西州作为全省扶贫攻坚主战场，在财税、信贷、投资、库区移民、工业企业、外经外贸、科教和人才培养等方面给予新的优惠政策，并落实省直单位和省辖六市对口扶持的责任制。

2000年5—6月，州委、州政府抽调30余名干部组成民族工作调查组，围绕民族政策、民族经济和社会发展、边远少数民族聚居特困村发展状况、少数民族干部队伍建设情况展开调查。调查中，听取各县（市）委、县（市）政府工作汇报8次，召开座谈会101次、参加座谈会人数690人，走访139人，实地查看23个企事业单位，深入26个乡（镇）查看“双文明”典型村13个、边远贫困落后村22个，搜集资料表格247份，完成调研报告46篇、表180个，共60万字，汇编成《湘西土家族苗族自治州民族工作调研资料汇编》，报送州领导和州直相关单位。9月，湘西州纳入国家西部大开发范围。

2001年4月，湘西州人大常委会组织修改《湘西土家族苗族自治州自治条例》。是年，湘西州在资金投入、税收优惠、资源利用、对外开放、人才培养、科教发展等方面获得省委、省政府支持。2002年3月，州第十届人大常委会第五次会议审议通过《湘西土家族苗族自治州自治条例》修正案。6月，报湖南省九届人大常委会第29次会议批准，7月施行。修订后的《湘西土家族苗族自治州自治条例》就“自治权”和“自主权”作出具体规定。自治条例《附则》规定9月20日为湘西自治州成立纪念日。是年，州民委开展‘民族三项资金、乡镇干部办公住房条件和民委系统自身建设”调研活动，形成60万字调研材料汇编。州委、州政府决定从2002年开始，在部分乡镇试点，每年由财政安排一定数量资金，改善乡镇干部办公住房条件；“民族三项资金”纳入州委、州政府对八县市文明建设目标管理。调整补充州民委委员制单位和委员，委员制单位由20个调整为21个，委员由20人调整为21人。2003年3月，州民委主任梁远邦在全国自治州民委工作现场会上作“以调查研究带活全局，推动民委工作不断上新台阶”典型发言，国家民委副主任牟本理在小组讨论和大会总结中两次对湘西州民委通过调查研究出政策、出思路、出形象经验予以肯定。是年，州政府召开全州落实民族贸易和民族用品生产优惠政策座谈会；州民委会同有关单位开展民族政策法规督查活动，促进各项民族优惠政策落实；州政府在全省落实民族政策经验交流会上作“强化三个意识，落实民族政策”典型发言。随后，州政府、州政协分别组织人员到部分民族自治州和毗邻地区学习考察，进行民族优惠政策比较研究，提出湘西州跨越式发展政策性建议。2004年6月，州民委组织开展全州民族民间工艺、民族特色饮食调研。8个县（市）参与调查的干部、专家25人，走访调查86个乡（镇）159个村和有关单位，召开调查会245次，直接调查700余人次，填写传承人情况调查表132份，编写条目简介138条，拍摄照片4000余张，撰写调查报告16份。州民委聘请2名专家综合归类，补充调查，搜集条目资料300份，完成湘西民间工艺和特色饮食综合调研报告，向州委、州政府提出保护利用建议。是年，州民委还会同州委组织部、州人事局重新启动边远艰苦地区津贴争取工作，在国家民委、人事部、财政部支持下，湘西州西部边远艰苦地区津贴政策得到落实，全州机关事业单位9.62万人享受该项津贴，人均年增加工资或离退休费1040元，全州每年可获得中央财政经费1亿元以上，州民委等单位获州政策争取重大项目贡献奖。

2005年10月，州委、州政府组织全州性民族工作调研活动，围绕民族经济社会发展、少数民族“就医”“就读”“就业”三难问题及社会保障问题，开展调查研究，组团赴延边、黔西南、红河、白色考察，形成30多篇共23万字调查资料汇编。11月，国家民委主任李德洙考察湘西州，表示把湘西州作为自己和国家民委民族工作联系点，并协调相关部门，帮助湘西州衔接好建州50周年州庆项目；把湘西州民族文化产业中心建设项目作为国家民委试点工程给予支持；将“退人还山”列入国家民委重点扶贫研究课题。是年，湘西州制定里耶历史文化名镇保护条例、湘西州环境保护条例，废止环境保护若干规定。

2006年8月，州委、州政府印发《关于进一步加强民族工作的意见》。州、县（市）财政设立少数民族义务教育助学金，探索“九年义务教育加两年劳动职业教育”扶贫教育模式，解决村医生报酬，发展民族民间医药事业，培育和扶持土家族、苗族标志性民族文化项目，保护民族建筑、民族村落，举办民族传统节会，建立农村最低生活保障制度，重视选拔优秀乡镇干部到州、县（市）机关工作等。是年，重新向上申报并落实“十一五”期间民族特需用品定点生产企业34家、民族贸易县7个，州人民政府下发《关于重新公布湘西州享受民族贸易贷款优惠利率政策企业名单的通知》，召开全州落实民族贸易和民族特需用品生产企业（以下简称“两民企业”）优惠政策工作会议。是年，制定民族民间文化遗产保护条例，废止电信管理条例。

2007年，湘西州开展两次民族政策宣传落实检查工作，举办两期落实民族优惠政策业务培训班，召开银行企业协调会，助推新一轮优惠政策落实。全州21家“两民企业”，落实民族优惠利率贴息1410万元；11家民族贸易企业实行增值税减免政策，减免增值税200多万元。调整州民委委员制单位和兼职委员，委员制单位由21个增加到23个，兼职委员由21人增加到23人。州民委定期或不定期召开兼职委员会议，研究协调解决民族工作重大问题。是年，湘西州制定猛洞河风景名胜区保护条例、州人民代表大会立法程序条例，废止州人大常委会监督本级人民法院、人民检察院工作条例。2008年3月，州政府召开全州“两民企业”落实银行贷款优惠利率工作会，总结安排工作。会后，州政府成立落实“两民企业”政策领导小组，全州民委系统到银行、企业做协调服务工作。65家“两民企业”落实民族优惠利率贴息2704万元。州政协组织州委政策研究室、州民委等单位开展“少数民族和民族地区优惠政策在州内贯彻落实情况”调研活动，分析存在问题和原因，提出落实政策措施和建议。州、县（市）人大常委会开展《中华人民共和国民族区域自治法》实施情况检查，对存在问题向省人大汇报，跟踪督促，一些问题得到解决。全州2.5亿元

“普九”债务，上级核定补助1.64亿元，湘西州民族地区生活补贴恢复执行。

2009年，州委、州政府成立研究落实民族政策工作领导小组，开展调研活动，完成《湘西州关于落实民族优惠政策情况的汇报》《关于继续支持湘西州经济社会发展若干优惠政策的建议》《关于修改〈湖南省实施民族区域自治法的若干规定〉的议案》《打好民族牌，着力争取和用好用活民族优惠政策》等调研报告。同时，推动民族医药立法，是年，《湘西土家族苗族自治州土家医药苗医药保护条例》颁布实施。落实民族贸易和民族特需商品生产贴息3406万元。2010年1月，湘西州成立民族贸易企业和民族特需商品定点生产企业协会，建立银行、企业、民委沟通交流平台，形成正常联席工作机制。3月，举办70多名相关企业及金融机构人员业务知识培训班，普及“两民企业”政策及相关知识，增强银行、民委系统服务意识，加强对“两民企业”诚信教育。9月，开展湘西州贫困状况调查，完成国家民委办公厅关于“少数民族和少数民族地区建制村基本情况调查表”及《关于湘西州贫困村情况的汇报》，填报近5万个数据，汇总湘西州2147个建制村（11786个自然村）基本情况和年人均纯收入2576元以下的1803个建制村贫困程度、基础设施、自然灾害等情况。是年，州政府确认民族贸易企业235家。“两民企业”获得优惠利率贴息5464万元。

第二节　民族干部培养及使用

1989年，湘西州培养选拔少数民族干部领导小组和干部实践锻炼工作协调小组成立，安排专项经费，研究少数民族干部队伍建设，召开培养选拔少数民族干部经验交流会。

1990年，湘西州开始从优秀少数民族工人、农民、民办教师和“五大生”中招聘录用乡镇干部，招聘企业中层以上骨干，大、中专院校采取降分录取、定向招生、办民族班预科班等形式为少数民族考生就读大中专院校创造条件。1991年6月，湘西州在全省培养选拔少数民族干部工作座谈会上，作培养选拔少数民族干部工作典型发言。

1992年，湘西州开始选派少数民族干部到各级党校、干校、高校学习深造；选派县（处）、乡（科）级年轻干部到福建省、上海市相关单位挂职锻炼；选派州、县（市）直机关有培养前途但缺少基层工作经历年轻干部到基层单位挂职锻炼。8月，中共中央组织部、统战部和国家民委在吉首市联合召开“中南华东十省市民族干部工作调研会”，湘西州在会上介绍经验。至1994年，全州招聘录用乡镇干部2217人，其中少数民族1763人，占79.5%；录用企业中层以上骨干465人，其中少数民族315人，占67.7%。

1998年，中共湘西州委、州人大常委会、州人民政府、州政协的领导班子成员38人，其中，少数民族干部28人，占73.7%，州委书记、州长均为少数民族。8个县（市）“四大家”领导班子成员272人中，少数民族干部209人，占76.8%，其中担任县（市）委书记6人、县（市）长8人。218个乡镇换届，党政领导班子成员1367人，其中少数民族干部1079人，占78.9%。年底，全州有少数民族干部43888人，占干部总数74.3%。1997—1998年，全州从基层、经济部门及企事业单位新提拔干部2001人，其中少数民族干部1478人，占73.9%。1992—1998年，全州选派4.5万名干部到各级党校、干校、高校学习提高，其中少数民族干部3.4万人，占总数75.6%。7年中先后选派14批173名县（处）、乡（科）级年轻干部，分别到福建省福州、莆田、泉州、漳州、厦门5个市70多个单位以及上海市南市区所属40多个单位挂职锻炼，其中少数民族干部127人，占73.4%；选送12批66名州、县（市）级年轻少数民族领导干部到中直或省直机关挂职锻炼。挂职锻炼回来后，有46名乡（科）级干部提拔到县（处）级领导岗位，35名副处级干部提拔到正处级领导岗位，其中3人担任县委书记、6人担任县（市）长，有3人进入州委、州政府领导班子，34人到综合部门工作，11名由党务工作部门转到经济部门领导岗位。同时，7年中分年度抽调6000

多名干部参加农村建整扶贫工作，其中少数民族干部占70%以上。2000年10月，中共湘西自治州委印发《关于湘西州2001—2005年培养选拔少数民族干部工作的意见》，对少数民族干部选拔在指导思想、工作目标和工作措施上提出明确要求。

2001年，湘西州派出7名少数民族干部随"西部少数民族干部农业经济培训团"前往澳大利亚参加农业经济培训。2000—2004年，全州2450名少数民族干部参加各级党校、行政学院中青班、科干班、县干班、妇干班培训学习，168名少数民族干部参加各类业务技能培训班学习。全州通过考试从应届大中专毕业生中录用少数民族公务员245人、事业单位干部107人，从省内优秀大学毕业生中选拔少数民族选调生37人，从企业事业单位、城镇待业人员及优秀青年农民等其他社会领域公开招考少数民族干部265人。

2005年，全州少数民族干部占干部总数77.3%；州级党委、人大常委会、政府、政协领导班子成员中，少数民族干部占70.7%；八县市和州直单位领导成员中，少数民族干部占67.5%；1627名乡镇党政领导班子成员中，少数民族干部占79.2%。2006年，在中央民族干部学院开办湘西州民族干部培训班，60人参训。2007年3月，湘西州出台《2007—2011年湘西州培养选拔少数民族干部工作规划》。2007年和2009年，全州两次选派52名干部赴新加坡培训，其中少数民族干部占70%。2010年，全州有干部15142人，其中少数民族干部12525人，占总数82.7%；处级以上少数民族干部810人，占同级干部总数74.3%；科级少数民族干部7921人，占同级干部总数83.1%。

1989—2010年部分年份湘西州少数民族干部情况表

表3-1　　　　单位：人

年份	干部总数	少数民族干部		研究生	本科	专科	中专	高中及以下
		人数	占干部总数(%)					
1989	46436	28323	60.99	14835			18180	13421
1995	49197	34052	69.22	3655		13129	22711	9702
2000	69273	52657	76.01	24	5134	19765	35177	9173
2005	69053	55140	79.85	65	11862	31778	19104	6244
2007	68055	55140	81.02	138	15772	30795	16243	5107
2010	63494	52335	82.43	257	19673	28933	12443	2188

第三节　民族团结进步

1989年，州民委与州团结报社在《团结报》开辟"民族团结"专栏，定期刊载民族团结宣传文章；州、县（市）民委在电视台、广播台定期或不定期开办"民族苑"电视节目、"民族团结"广播节目，宣传民族团结。

1991年3月，全州有湖南省地矿局四〇五队等28个民族团结进步先进集体、邓雪英等29名民族团结进步先进个人受到湖南省民委表彰，《团结报》《湘西民族工作》等报刊发表文章20篇，宣传"双先"模范事迹。10月，国家民委行文表彰全国民族团结进步先进集体、先进个人。全州有湖南省地矿局四〇五队等11个先进集体、邓雪英等14名先进个人受到表彰。1993年6月，古丈县民族工艺美术厂厂长、设计员王钊被共青团中央、国家民委评为全国民族青年团结进步先进个人。1994年9月27日，在国务院第二次全国民族团结进步表彰大会上，永顺县第一中学、州民委等4个先进集体及杨顺初等6名先进个人受到表彰。12月20—21日，州委、州政府在吉首召开全州第二次民族团结进步表彰大会，表彰民族团结进步先进集体63个、先进个人88人。

1996年4月初，国务委员、国家民委主任司马义·艾买提到湘西州考察民族工作。深入湘泉集团、凤凰烟厂、凤凰职专、吉首振武营小学、林木山村、德夯苗寨等企业、学校、乡村考察，听取州委州政府工作汇报，对湘西州民族团结工作给予肯定，勉励湘西州各族人民贯彻民族政策，加强民族团结，发展民族经济，弘扬民族文化，建设社会主义新湘西。是年，州民委与州委宣传部社科纵横杂志社联合编印发行《湘西州民族团结进步专集》2000册。1997年，州委、州政府决定把当年9月定为全州民族团结宣传活动月。是月，州《团结报》、州广播电台、州电视台及各县市广播电视台分别开设州庆专版、专栏和制作专题节目，宣传民族团结进步。9年中，《团结报》“民族团结”专栏开办556期、发稿1600余篇。

1998年9月，国家民委和湖南省人民政府在长沙联合召开民族团结进步模范表彰大会，湘西州湘泉集团有限公司等5个模范集体及彭诗来等6人被授予“民族团结进步模范”称号。是年，州民委与龙山县民委在龙山县桂塘镇联合创办民族团结进步联系点。桂塘镇位于湘西州西部，与重庆市酉阳土家族苗族自治县大溪镇、可达乡和湖北省恩施土家族苗族自治州来凤县百福司镇、漫水乡毗邻，总面积152平方公里，总人口1.45万人，其中土家族、苗族占总人口的81%。该镇与湖南、湖北、重庆3个省（市）交界的13个乡（镇）成立“湘鄂渝边区民族团结联谊会”，在桂塘召开第一次联谊会议，制定联谊章程。1999年，州民委指导吉首、古丈两县（市）民委在边界接壤的马颈坳镇和默戎镇创办民族团结联系点。两镇苗族、土家族等少数民族人口均占总人口80%以上。两镇边界间曾经因民事、林权纠纷引发数起重大群体性械斗流血事件，边民关系紧张。创办民族团结联系点后，开展民族团结进步工作，两镇联合举办“赶秋节”，马颈坳镇团结村和默戎镇龙鼻村苗族同胞用苗歌对唱形式宣传民族团结政策，同台表演民族传统鼓舞，互赠团结友好牌匾，昔日“冤家”结为兄弟友邻村。两镇民族团结进步事迹，被中央电视台《焦点访谈》专题报道。是年，州民委在州民族中学和吉首民师附小开展民族团结教育活动试点，通过讲座、歌舞表演、民族知识演讲和绘画以及举行民族团结故事会等形式，寓民族团结教育于丰富多彩活动中。7月，国家民委副主任李晋有到湘西州考察民族工作，听取州委、州政府工作汇报，考察吉首市市政建设和龙山县民族团结进步创建工作，对湘西州民族团结工作给予肯定。9月底至10月初，中央民族工作会议暨国务院第三次民族团结进步表彰大会在北京召开，湘西州有州民委等5个模范集体和彭诗来等5名先进个人被授予“全国民族团结进步模范”称号。龙山县人民政府及龙玉霜、彭继福代表模范集体和模范个人赴京出席大会。州《团结报》、湘西电视台等媒体作专题报道。

2000年，古丈、吉首两县（市）民委支持民族团结联系点默戎和马颈坳两镇把龙鼻、团结两村作为两镇共同建设小康示范村。8月，两县（市）民委在团结村举办“吉古边界民族团结艺术节”；10月，举办“民族团结杯”篮球邀请赛；决定每年一次“赶秋节”在团结村、龙鼻村轮流举行，邀请保靖、泸溪群众一道欢度苗家传统节日。是年，永顺县民委邀约张家界市桑植县民委在边界共同创办民族团结联系点，投资建成3000米“民族团结渠”，解决桑植县利福塔镇和永顺县桃子溪乡近千亩稻田灌溉问题，化解两地边界白族和土家族群众间多年灌溉用水纠纷和积怨，促进两地各民族群众团结。全州各县市民委全面开展民族团结教育活动，将民族政策、民族团结进步先进事例编成山歌、苗歌、三棒鼓词，利用民族节日、墟场活动组织歌手演唱。在吉首召开州委民族工作会议暨全州第三次民族团结进步表彰大会，表彰63个先进集体和96名先进个人，并给先进个人记二等功奖励一次。龙山县桂塘镇党委等4个先进集体代表和凤凰县沱江镇木林桥村农民滕春明等5名先进个人在会上作典型发言。

2001年7月，龙山县桂塘镇、吉首市马颈坳镇与古丈县默戎镇被湖南省民委确定为全省首批民族团结示范点。是年，吉首市民族局利用广播电视、上街游行、苗歌山歌等形式宣传民族团结；古丈县民族局通过举办友邻地区“民族团结杯”老年门球邀请赛开展民族团结教育活动；凤凰县民族局在落潮井乡勾良村举办苗家“六月六”歌节，增进边区各民族团结友谊。2002年11月，“湘鄂渝边区民族团结联谊会”改称“湘鄂渝边区民族团结促进会”，在桂塘召开第一次会议，交流民族团结进步工作经验，表彰民族团结进步先进集体和个人，制定边区合作协定，加强边区“四联”(联防、联调、联治、联打)，维护边区团结稳定。是年，吉首市马颈坳镇、古丈县默戎镇民族团结示范点利用国家退耕还林政策，联造封山禁伐生态林和经济林，共同实施“三个千亩”工程（即连片开发千亩绿色无公害蔬菜生产基地、千亩优质脐橙和千亩优质苗木示范基地)，龙鼻和团结两村共造生态林2万亩，经济林每户平均8亩。州民委以此组织拍摄《边区盛开团结花》电视专题片，在湘西电视台《西部环线》栏目滚动播出。2003年9月21日，吉首马颈坳、古丈默戎民族团结示范点在两镇边界喊娘坳举行“民族团结亭”竣工剪彩仪式，州相关领导及古丈、吉首两县（市）领导和民族局负责人为团结亭竣工剪彩，全州其他六县民族局负责人、两镇干部及各族群众数百人参加剪彩仪式。民族团结亭内置一石鼓，鼓面镌刻民族团结章程。2004年，龙山县民族局组织桂塘民族团结示范点等乡镇参加重庆市酉阳县大溪民族艺术节活动；古丈县和吉首市民族局联合组织开展民族团结交流活动，在民族团结示范点龙鼻村举办苗族“赶秋节”。保靖县民族局为民族团结联系点清水坪镇大桥村争取资金350万元，扶持该村调整产业结构和基础设施建设，全村人均纯收入达到5200元。

2005年5月27日，中央民族工作会议暨国务院第四次全国民族团结进步表彰大会在北京召开，中共湘西州委和保靖县清水坪镇大桥村党支部等5个模范单位和吴彦承等5名模范个人受表彰，模范代表吴彦承、张光琼和吉首大学、保靖县清水坪镇大桥村党支部负责人赴北京出席表彰大会。10月22日，在湖南省委民族工作会议暨省政府第四次全省民族团结进步表彰大会上，龙山县人民政府和州民委等6个模范集体、欧迪进和李芸等16名模范个人受表彰。是年，州民委还总结、推广创办民族团结联系点经验，组织指导各县市制作民族团结光碟宣传片，播放推广。2006年6月，州委、州政府在吉首召开第四次全州民族团结进步表彰大会，表彰先进集体59个、先进个人100名，并为先进个人记二等功一次。是年，州民委主任梁远邦被人事部、国家民委授予全国民委系统民族团结先进工作者称号。

2007年元宵节，吉首市、古丈县民族团结联系点马颈坳镇和默戎镇在马颈坳镇溪马村举办“钢火烧龙”节，两镇群众盛装歌舞，同台献艺。5月，州民委副主任田玉华带领政策法规人事科工作人员深入龙山县桂塘镇、保靖县清水坪镇、花垣县边城镇、凤凰县落潮井乡等民族团结联系点调查研究，总结办点经验，形成《关于湘西州创办民族团结联系点工作的调查报告》。是年，保靖县民族团结联系点清水坪镇大桥村帮助重庆市秀山土家族苗族自治县石堤镇高桥村开发水果产业，建立柑橘基地和大棚蔬菜基地，把苗木、技术无偿送给高桥村村民。5年中，默戎镇、马颈坳镇民族团结联系点共化解调处矛盾纠纷89起，其中边界纠纷8起。2008年，凤凰县民族局在民族团结联系点落潮井乡勾良村开展民族团结进步创建活动，制定民族团结联席会议制度，定期召开与周边村寨民族团结联席会议，投入资金搞好该村基础设施建设。永顺县民族局为民族团结联系点砂坝镇（桃子溪乡合入砂坝镇)，完成投资268万元，建成3500米的民族团结渠、1000米的民族团结堤和21.33公顷民族团结林。

2009年6月，州委办公室、州人民政府办公室印发《湘西州开展民族团结进步创建活动实施方案》，成立创建活动领导小组，开展民族团结宣传教育、加强民族团结基层基础工作等民族团结进步创建活动；同时，州民委、州团结报社联合举办“民族团结进步”征文活动。7月，州民委编印试卷，开展民族团结有奖知识竞赛活动。8月下旬至9月下旬，州民委组织州电视台记者深入一线采访，在《湘西新闻联播》中开辟“湘西色彩·民族团结进步花最美”专题，每天播出1集，连续播放1个月。9月，“民族团结进步”征文收到稿件126篇，采用24篇，评出一等奖2篇、二等奖4篇、三等奖6篇、优秀奖12篇。民族团结有奖知识竞赛，回收答卷2400份，黄天勤等10人获一等奖，吉首市民族局等3个单位获优秀组织奖。是月底，国务院第五次全国民族团结进步表彰大会召开，湘西州财政局等5个模范集体和何泽中等5名模范个人受表彰。12月，州委办公室、州人民政府办公室印发《关于深入开展民族团结宣传教育活动的实施方案》，州人大常委会民侨委和州民委等部门举办“民族团结进步行”活动，成立“民族团结进步行”活动组委会，宣传推介民族团结进步先进典型。州、县（市）民委干部在城镇街道、农村墟场开展民族团结咨询活动，发送宣传资料，开展民族团结主题文化娱乐活动。是月，开展民族政策法规和民族团结知识短信有奖答题活动，收到7.8万人次短信答题，从优秀答题中抽出一等奖1名、二等奖3名、三等奖6名。是年年底，保靖县野竹坪镇和花垣县边城镇被省民委确定为全省第二批民族团结示范点；继续办好桂塘镇、马颈坳镇和默戎镇两个全省首批民族团结示范点。全省首批民族团结示范点龙山县桂塘镇先后争取上级资金1700万元，建成长740米民族街，成为湘鄂渝边贸中心集镇。

2010年，全州建立民族团结联系点8个，并与建设社会主义新农村和扶贫攻坚相结合。是年，湖南省第五次民族团结进步表彰大会在长沙召开，湘西州有保靖县人民政府、凤凰县民族事务局等11个模范集体和余家文、叶红专等10名模范个人受到表彰。

第四节　民族区域自治庆典

1957年9月20日，湘西土家族苗族自治州成立。

1997年4月，中共湘西自治州委、州人民政府成立建州40周年庆典活动领导小组及办公室，作出“抓住州庆机遇，实施州庆工程，为建州40周年大庆献厚礼”决策，确定18个州庆重点建设项目、30个献礼项目，投资总规模25.6亿元。州领导多次赴省进京汇报衔接庆典相关工作，争取上级党委、政府和相关部门支持。州庆日前夕，州庆重点项目和献礼项目分别完成投资94.4%和54.2%，州庆重点项目基本竣工。9月20日，是湘西州建州40周年纪念日，因逢中共十五大召开，报经国家民委同意，庆典活动推迟到9月25日。25日上午9时，庆祝大会在州民族体育中心举行。国家民委副主任图道多吉团长率国家祝贺团，中共湖南省委书记王茂林，省委副书记、省长杨正午，省政协主席刘正，省人大常委会副主任吴运昌和赵培义、副省长唐之享、省政协副主席石玉珍、省军区副政委黄祖示等领导率省祝贺团到会祝贺。曾担任过湘西州领导职务的离退休老同志出席庆祝大会。长沙市、株洲市、湘潭市、衡阳市、岳阳市、常德市、怀化市、张家界市及湖北恩施州等市州地区派代表到会祝贺。全州2万多各族群众参加庆祝大会。州委书记李大伦主持大会；图道多吉代表全国人大常委会、国家民委宣读贺词；唐之享代表省委、省人大常委会、省人民政府、省政协、省军区发表讲话。全国人大常委会副委员长布赫题词“贯彻党的民族政策，建设社会主义新湘西”，全国政协副主席杨汝岱题词“加强民族团结，发展民族经济”。州委副书记、州长向世林汇报建州40周年成就。5000名演员表演民族盛装、打溜子、接龙舞、盾牌舞、跳香舞、铜铃舞、摆手舞、花鼓舞、跳马、99节长龙等民族歌舞。州直单位设计制作20台大型彩车在场内缓缓行驶，展示建州40年来经济建设社会发展成就。场内表演结束后，参演队伍、表演方队、彩车队走出大会会场，在吉首街头游行表演，10万名群众观看表演。中央电视台、《新华每日电讯》《参考消息》《科技日报》《湖南日报》《民族团结》、湘西州《团结报》等中央、省、州三级新闻媒体对湘西州州庆活动盛况及全州政治、经济、文化发展成就采访报道。

2005年4月10日，湖南省人民政府省长周伯华率省直相关部门负责人在吉首市召开会议，研究支持湘西州办好50周年州庆有关问题，决定在高速公路建设、县乡公路改造和国道319文明样板路建设、民族文化建设、民族教育事业、公共卫生事业、广播电视“村村通”工程和对州庆活动专题宣传报道等方面有关项目给予资金支持。会议形成《关于支持湘西州经济社会发展和办好五十周年州庆有关问题的会议纪要》。2006年12月，中共湘西州委、州人民政府正式启动庆祝活动各项筹备工作。成立庆祝活动筹备领导小组，组建综合协调组、文艺表演组、项目督查组、后勤接待组等州庆活动筹备工作机构，制定州庆活动总体方案和“隆重热烈、务实节俭、创新高效、和谐安全”原则。州委、州政府主要领导多次赴长沙向省委、省政府领导汇报衔接相关工作，争取支持；4次向国家民委汇报州庆筹备工作情况。省委书记张春贤，省委副书记、省长周强，省政协副主席石玉珍先后率省直相关部门负责人到湘西州研究州庆问题。州委、州政府围绕州庆活动启动50个涉及交通、水利、能源、城建、通信和社会事业等领域州庆重点项目建设工程，整治交通秩序、城区卫生、环境污染问题。州人民政府对吉首地区十大标志性工程实行一月一督查、一月一通报，7月后实行一周一督查、一周一通报。州庆前，50个州庆重点工程项目竣工或主体竣工17个，累计完成投资61.8亿元。常（德）吉（首）高速公路州内段路基基本拉通，国道209吉首绕城线拉通路基，人民路改造、乾州中央商务区、州民族体育中心、湘西民族宾馆改造和湘西民族大剧院等工程竣工使用。2007年9月20日上午，湘西州建州50周年庆典大会在州民族体育中心举行。全国政协副主席张思卿，中央有关部门祝贺团团长、国家民委副主任丹珠昂奔；中共湖南省委书记、省人大常委会主任张春贤，省祝贺团团长、省委副书记、省长周强，省政协主席胡彪，省委常委、省委秘书长于来山，省人大常委会副主任谢佑卿，副省长郭开朗，省政协副主席石玉珍、王汀明，省军区副政委万建华，以及州籍著名歌唱家宋祖英、著名画家黄永玉、“扶贫司令”彭楚政、奥运举重冠军杨霞和省内十三市、全国各少数民族自治州、周边地市领导、在州外工作部分原州领导共1500多名州外来宾和州内各族各界代表2万余人参加庆祝大会。全国人大常委会、国务院发来贺电。全国人大常委会副委员长韩启德，全国人大常委会财经委员会副主任委员、中共湖南省委原书记杨正午，中共中央组织部副部长欧阳淞，湖南省人大常委会原副主任、湘西自治州委原书记齐寿良和中央有关部门发来贺信贺电。州委副书记徐克勤主持大会，张思卿宣布庆祝大会开始，丹珠昂奔、张春贤、周强作重要讲话，州委书记童名谦汇报建州50年的成就。会上，身着民族盛装的各县市表演方队和工人、农民、学生、武警部队等16个方阵5000人开展行进式大型原生态民族歌舞《神秘湘西》《湘西酒歌》《祭祖祈福》《秦简传奇》《苗疆边墙》《酉水放歌》《织女谣》《溜子锣鼓》《毕兹卡的嫁娘》等。主会场表演结束后，在吉首街头游行表演，近20万人观看演出。州庆活动持续3天，还举行大型民族歌舞表演、民族歌舞晚会《我的湘西》、旅游推介暨经贸洽谈会、原生态民族风情晚会《山风鼓韵》及湘西历史、民族风情暨50周年成就展览等七大主题活动以及“我为湘西增魅力，我为州庆添光彩”十大系列活动。中央、香港地区、省内二十多家新闻媒体参与“魅力湘西行”新闻采访活动，全方位、多层次宣传报道湘西州建州50年来经济社会发展变化；湖南经视、湘西电视台直播州庆庆典大会盛况。《人民日报》《湖南日报》和香港《文汇报》《香港商报》等媒体专版报道湘西州建州50周年成就和州庆活动情况。

第三章 民族事务管理

1989年，湘西州民族事务委员会（简称州民委）内设办公室、一科、二科（内设苗文办）、宗教科，编制15名；下属机构2个，即事业单位民族古籍办公室（简称古籍办）和企业民族宾馆。1991年9月，民族宾馆移交州委办公室。1992年3月，州民族研究所成立，与古籍办合署办公，两块牌子一套人员，增加编制3名。1993年5月，机关增设政法科，人员由内部调剂配备。1997年7月，撤销宗教科。1998年2月，增加编制1名。2001年，州民委内设办公室、政策法规科（人事科）、经济发展科、文化教育科、监察室，编制12名。2002年8月，州少数民族干部培训站成立，隶属州民委，定编2名。2003年7月和2005年7月分别增加行政编制1名。2006年7月，增加编制1名。2007年12月，机关编制16名。2010年，州民委内设办公室、政策法规人事科、经济发展科、文化教育科、监察室，行政编15名。加挂州宗教事务局牌子（未合署办公）。3个下属事业机构性质、编制不变。

1989—2010年，州民委历任主任：龙廷光、吴池莲、梁远邦、龙金碧；副主任：梁绍文、叶立吉、金述富、向世银、梁远邦、罗自汉、彭善富、覃章胜、田玉华、黄天勤、陈万永。

第一节 民族成分审核及更改

1989年，州、县（市）民族工作部门建立民族成分更改专门班子，明确领导分管，确定专人办理，严格把握政策尺度。是年，州民委审核州内少数民族考生和民族地区汉族考生（以下简称两种考生）民族成分，少数民族考生享受降20分、汉族考生享受降10分录取的优惠政策。1990年，组织全州各县市民族部门工作人员学习湖南省民委、省公安厅、省统计局《关于确定和填报民族成分的规定》等操作性文件，要求工作人员明确政策规定，严格审批手续。1992年，州民委落实省民委、省公安厅等联合下发的《关于严格审核报考大、中专院校考生民族成分和户籍的通知》精神，采取突击初审、专人把关、重点复查办法，完成6453名考生民族成分审核工作。

1994年4月18日，州民委举办“公民个别更改民族成分”培训班，来自县市民委和州民委相关科室20名业务人员参加培训。学习国家民委、国务院第四次人口普查领导小组、公安部《关于中国公民确定民族成分的规定》和湖南省民委、省公安厅、省统计局《关于确定和填报民族成分的规定》等文件，掌握公民民族成分确定、更改依据，明确民族成分更改任务、范围和办理程序。要求工作人员在办理民族成分更改过程中，严格按照政策规定进行办理，严把政策关，对不符合政策的耐心做好解释说明工作。严禁弄虚作假，以权谋私。按“谁主管，谁负责”的原则，任务到人，责任到人。

1997年2月，州民委与州公安局联合下发《关于做好报考大中专院校考生民族成分审核工作的通知》。全州确定专职审核人员14人，龙山、永顺等县还建立审核小组。是年，全州审核考生民族成分12275人，其中大专3171人，少数民族3000人，占94.6%；中专9104人，少数民族8274人，占90.9%。1998年，州民委、州公安局组成5人领导小组。民委部门20人参加审核工作，完成10737名考生民族成分审核任务，其中有853名考生审核表被退回补办有关手续。2001年，执行省民委、省公安厅《关于按规定正常进行公民个别更改民族成分工作的通知》精神，全州审核“两种考生”民族成分4142人，其中少数民族考生3775名，占91.1%。2005年，湘西州落实省民委、省教育厅等单位联合下发的《关于做好2005年普通高等学校招生中享受民族优惠政策考生资格审核工作的通知》精神，“考生本人随父或母在少数民族聚居区有常住户口、且户口迁入少数民族聚居区的时间两年以上的考生，才可享受少数民族聚居区考生的优惠政策”。全州审核“两种考生”民族成分9908人，其中少数民生考生9210人。2006年，“两种考生”优惠政策改“降分录取”为“加分录取”，“两种考生”分别加20分、10分。

2007年，湘西州贯彻落实省民委、省教育厅等单位联合下发的《关于做好普通高等学校招生中享受民族优惠政策考生资格审核工作的通知》精神，“全面实行享受民族优惠政策考生名单公示制”，设立举报电话，全州13619名“两种考生”民族成分审核全部公示，其中少数民族考生11926人，占87.6%。是年，州民委确定全州“两种考生”民族成分专职审核人员19人，终审上报名单时，再次逐人核审，重点严把户口迁移关，防止“高考移民”现象发生。共完成14219名“两种考生”民族成分再审核工作，其中少数民族考生12628人，汉族考生1591人。有412名考生因户口迁移时间、父母民族成分等方面填写有误的被退回重填。2009年11月16日和12月3日，州民委在乾州世纪广场和建整扶贫联系点古丈县默戎镇潭溪村举办民族政策知识抢答赛，民族成分更改政策是竞赛、抢答题内容之一，1万余名各族干部群众观看演出、参加抢答。是年，湘西州贯彻落实省民委、省教育厅等单位联合下发的《关于进一步加强普通高校招生工作中享受民族优惠政策考生资格审核工作的通知》精神“考生户口在聚居区，但属空挂户口的，不能享受聚居区同类考生优惠政策”“外省（市、自治区）的少数民族考生，不能享受优惠政策”“审核工作实行县级初审、市州终审制度”等，层层建立责任追究制度，纳入年度目标管理，实行“一票否决”。全州完成14994名“两种考生”民族成分审核工作，其中少数民族考生13274人，占88.5%。

2010年春节期间，湘西州各县（市）电视台连续一周黄金时间播放《州民委审核公告》和州民委领导“就全州普通高校招生工作中享受民族优惠政策考生资格审核工作有关问题答记者问”。是年3月，在全州民族工作会议上，组织学习国家民委、教育部、公安部三部委办公厅印发的《关于严格执行变更民族成分有关规定的通知》。同时，各县（市）民族局牵头，召开学校、年级、班主任和家长会议40次；制定下发“审核工作流程图”，坚持下到学校终审，解决具体问题，做到应审尽审和学校、家长、考生三满意。湘西州考生民族成分审核的做法，得到省民政等相关部门肯定。年初，州民委在全省“两种考生”民族成分审核工作会议上，介绍审核工作“思想认识确立一个‘责’字，工作布置讲究一个‘早’字，队伍建设注重一个‘精’字，工作方法做到一个‘便’字，审核把关突出一个‘严’字，终审结果重视一个‘公’字”的“六字经验”。全年审核确定享受民族优惠政策考生13979人。其中少数民族考生12111人，占86.6%；汉族考生1868人，占13.4%。

1995—2010年湘西州公民更改民族成分情况一览表

表3-2　　单位：人

年份	总人数	土家族	苗族	白族	其他少数民族
1995	266	142	121	3	—
1996	309	182	123	2	2
1997	298	153	135	6	4
1998	306	182	121	1	2
1999	312	175	131	4	2

续表 3-2 单位：人

年份	总人数	土家族	苗族	白族	其他少数民族
2000	385	204	171	3	7
2001	212	122	78	8	4
2002	345	193	142	7	3
2003	308	162	144	—	2
2004	384	212	171	1	—
2005	425	241	181	2	1
2006	637	386	241	6	4
2007	720	390	302	16	12
2008	932	503	409	8	12
2009	1106	611	485	2	8
2010	1108	625	465	5	13

第二节 民族专项资金管理

1989 年，州民委参与管理支援经济不发达地区发展资金 382 万元，主管州本级少数民族地区补助费 116 万元。1992 年，州民委参与管理少数民族贫困地区温饱基金人民银行专项贷款（简称人行温饱基金贷款）。1993 年，州民委参与管理乡镇企业技改贷款贴息 74 万元。1994 年，州内各级民族工作部门参与管理少数民族医疗减免费每县市 10 万元、少数民族义务教育助学金每县市 20 万元。1995 年，州民委参与执行“两民企业”流动资金贷款利率贴息 213 万元。民族工作部门参与管理少数民族义务教育助学金 25 万元，实行专款专用。

1999 年，州民委开展民族资金效益年活动，集中资金和力量，组织实施“民心工程”，以民心工程为载体，独立完成一批项目，办好一些看得见、摸得着的实事、大事。2000 年，州民委安排资金，征集民族文物。2001 年，州民族工作部门参与管理少数民族义务教育助学金与少数民族医疗减免费。是年，州民委实施民族文化“民心工程”，建设一批学校、医院，独立完成一批示范工程。

1989—2010 年，州民委管理或参与管理民族专项资金 66196.7 万元。其中，支援经济不发达地区发展资金 17798.3 万元，少数民族地区新增发展资金 5678 万元，财政温饱基金 1005 万元，人行温饱基金贷款 1810 万元，民族贸易和民族特需用品生产企业（以下简称“两民企业”）技改贷款贴息 384.2 万元，“两民企业”流动资金贷款利率贴息 27990 万元，民族特需商品定点企业生产补助资金 220 万元，民族贸易企业增值税返还 3237 万元，乡镇企业技改贷款贴息 74 万元，少数民族义务教育助学金 2802.5 万元，少数民族医疗减免费 1442.7 万元，州本级少数民族地区补助费 3755 万元。

22 年间，州民委将少数民族发展资金投入农村基础设施建设 10271 万元，实施项目 2500 个。其中，新修和改造农村公路 2277 公里，新修维修便民桥 116 座，混凝土硬化道路 447 公里，受益村 3295 个，解决 52 万人行路难问题；实施人畜饮水工程 100 处，铺设引水管道 428 公里，修建蓄水池 516 个，整修水井 180 口，解决 19.3 万人及129.4万头牲畜饮水难问题；新修和改造灌溉水渠22.1公里，新修维修山塘22口、防洪堤坝2000米，增加灌溉面积1112公顷；改造农网线路16处63公里；建设农贸市场2.4万平方米。投入资金4698万元扶持种养业，扶持800多个种植、养殖业项目。其中，育苗135万株，种植干鲜果7467公顷，茶叶1000公顷，金银花、黄柏、青蒿等药材1148.2公顷，蔬菜4093公顷，烤烟1702.7公顷；饲养家禽21.6万羽，生猪、山羊、牛57684头（只），网箱养鱼5.02亿尾。投入1978万元扶持民族文化特色产业，实施项目203个。先后开发民族民间工艺品2.7万件（套），建设和保护民族特色村寨16个，开发民族特色旅游20处，添置民族服装和民族乐器设备5094台套。增加旅游收入5000多万元。2006—2010年，投入资金800万元，扶持1个民族文化县、两个民族文化点、20个村开展“民族特色村寨游”；扶持10多个民族民间工艺协会和民族民间工艺厂，添置设备2431台套，生产销售民族民间工艺品，增加收入3000多万元。投入资金3629万元，扶持农村文教卫体事业。其中，用于建乡镇文化站33个；支持128所学校新建和维修校舍5.75万平方米，受益师生4.5万人；扶持24所乡镇卫生院，新建、维修房屋4412平方米，解决16.4万人看病就医难问题。投入农村扶贫建房资金49万元，帮助整修房屋103栋3.51万平方米，解决100户511人住房困难问题。投入资金3.76亿元，扶持工商企业和乡镇企业，推动湘泉集团公司、湖南三立集团公司、泸溪铝厂、花垣振兴化工厂、保靖狮子桥电站铁合金厂等一批重点财源骨干企业发展，促成保靖毛沟冶炼厂、花垣龙潭冶炼厂等一批新型乡镇企业诞生，创办永顺不二门矿泉水公司、吉首市椪柑开发服务公司、保靖梅花水果示范场、古丈西洋参生产基地等一批属于民委部门的经济实体。投入8000.2万元扶持其他事业。其中，用于少数民族义务教育补助2802.5万元，为9.34万人次义教阶段学生给予补助；为2.8万少数民族困难群众补助医药费1442.7万元。

1989—2010年湘西州民族部门资金使用分项情况一览表

表3-3　　　　单位：万元

年份	支援经济不发达地区发展资金	少数民族地区新增发展资金	财政温饱基金	人行温饱基金贷款	款贴息“两民企业”技改贷	企业”流动资金贷款利率贴息	民族特需商品定点企业生产补助资金	民族贸易企业增值税返还	乡镇企业技改贷款贴息	少数民族义务教育助学金	少数民族医疗减免费	州本级少数民族地区补助费
总计	66196.7											
1989	382	—	—	—	—	—	—	—	—	—	—	116
1990	387	—	—	—	—	—	—	—	—	—	—	116
1991	389	—	—	—	—	—	—	—	—	—	—	122
1992	251	190	150	250	42.2	—	—	—	—	—	—	125
1993	247	300	115	260	—	—	—	—	20	—	—	126
1994	234	490	130	150	54	—	—	—	20	—	—	130
1995	11.8	1040	100	150	23	213	—	—	34	25	5	130
1996	308.5	880	—	300	—	220	—	—	—	30	8	130

续表 3-3 单位：万元

年份	支援经济不发达地区发展资金	少数民族地区新增发展资金	财政温饱基金	人行温饱基金贷款	款贴息“两民企业”技改贷	企业”流动资金贷款利率贴息	民族特需商品定点企业生产补助资金	民族贸易企业增值税返还	乡镇企业技改贷款贴息	少数民族义务教育助学金	少数民族医疗减免费	州本级少数民族地区补助费
1997	285	—	—	—	—	218	—	—	—	30	10.5	135
1998	271	620	—	700	—	1670	—	416	—	49.5	28.5	145
1999	329	737	255	—	18	1899	—	284	—	53	32	150
2000	335	648	255	—	12	1695	—	581	—	91	46.7	160
2001	414	773	—	—	12	1623	—	321	—	82.5	63.6	200
2002	1339	—	—	—	22	1812	—	325	—	135	79	200
2003	1302	—	—	—	22	1746	—	372	—	144	104.7	200
2004	1223	—	—	—	22	1757	—	276	—	242.5	114.7	200
2005	1415	—	—	—	17	1059	—	152	—	320	150	200
2006	1453	—	—	—	12	1094	—	200	—	320	160	200
2007	1540	—	—	—	61	1410	60	200	—	320	160	200
2008	1686	—	—	—	—	2704	25	110	—	320	160	250
2009	1905	—	—	—	38	3406	85	—	—	320	160	250
2010	2091	—	—	—	29	5464	50	—	—	320	160	270

第三节 扶持“两民企业”

1989年9月，州、县（市）民委，组织州内34家企业，选送产品80余个，参加国家民委在京举办的“全国少数民族用品暨少数民族名优特新产品展销会”。会上，土家织锦等湘西州民族产品受到外商青睐。1990年，州民委组织力量挖掘民族民间工艺珍品，并于10月举办“全州民族民间工艺品大奖赛”，评出一等奖3个。1991年11月，副州长余忠佑组织州内14个“两民企业”的粮油、化工、矿产、工艺美术等产品，参加在深圳举办的“全国民族用品暨少数民族地区名优特新产品展销会”。会上，湘西州签订400万元的桐油销售合同。1992年4月，副州长余忠佑担任展销分团团长，率领州内79家“两民企业”负责人，并带产品1000多个，参加“湖南省首届民族名优特新产品深圳展销会”。会上，谈成项目35个，总金额1.08亿元，其中签订合同15个，金额3381万元。是年，获“两民企业”技改贷款贴息42.2万元。1993年，州民委推荐少数民族优秀厂长、经理，参加国务院委托国家民委举办的“全国少数民族优秀厂长、经理评选表彰活动”，永顺纺织厂厂长田国兴、龙山卷烟厂厂长龚其彪被授予“全国少数民族优秀厂长、经理”称号。1994年，获“两民企业”技改贷款贴息54万元。

1995—1998年，获“两民企业”技改贷款贴息23万元、“两民企业”流动资金贷款利率贴息2321万元。

1999年9月，州民委组织湘泉集团、老爹公司、吉首五金厂等企业赴北京参加“全国少数民族和民族地区名优产品博览会”，老爹猕猴桃汁、金银花牌纯银饰品等产品得到吴邦国、李瑞环等中央领导及中外客商好评。是年，获“两民企业”技改贷款贴息18万元、“两民企业”流动资金贷款利率贴息1899万元。2000年6月，州民委选送60多套（件）土家族、苗族古代与近代民族服饰和床上用品，参加“昆明首届全国少数民族服装服饰精品展销会”展出，派出4人参加湖南省民族服装表演队表演，被省民委、省文化厅授予最佳组织奖和最佳贡献奖。是年，获“两民企业”技改贷款贴息12万元、“两民企业”流动资金贷款利率贴息1695万元。2001年9月，州民委组织全州24家企业40多个产品和项目参加由国家民委和深圳市政府主办的“深圳首届中国少数民族和民族地区名优新特产品交易会”，湘西州产品和项目以“绿色、民族、西部”概念为主题，受投资商、采购商、参展商和深圳市民好评。签订正式合同和意向合同19个，金额2.29亿元人民币、247万美元，其中正式签约1.1亿元人民币、47万美元。湘西州参展分团获优秀组织奖、优秀展览奖。16家参展企业被评为参展先进单位。是年，获“两民企业”技改贷款贴息12万元、“两民企业”流动资金贷款利率贴息1623万元。

2002年，州民委摄制播放宣传报道“两民企业”纪实片。安排少数民族地区补助费8万元，研制土家族、苗族服饰。至2006年，5年共获“两民企业”技改贷款贴息95万元、“两民企业”流动资金贷款利率贴息7468万元。

2007年，州民委从少数民族发展资金中挤出一部分，支持民族民间工艺品研制开发，并依托毕果民族服饰研制中心完成设计定型土家族女装11款、男装8款，苗族女装26款、男装13款。龙山县征集民族工艺品，筹办展销会。永顺县工艺品协会举办竹编、织编、绣花三期工艺培训班，培训技工60余人，全县有传统民族工艺品从业人员千余人，企业50余家，年创产值2000余万元。吉首市民族局扶持光三工艺厂，开发水冲石砚。是年，全州获“两民企业”技改贷款贴息61万元、“两民企业”流动资金贷款利率贴息1410万元、民族特需商品定点企业生产补助资金60万元。2008年，州民委投入资金，引导民族民间工艺品合理开发利用，相继对龙山县三和竹木工艺厂、永顺县高坪乡拉丘村绣花鞋厂、泸溪县菊花石厂、吉首市光三工艺石雕厂等民族企业增加100多万元资金投入，开发具有本地民族特色旅游新商品。永顺县民族民间工艺协会发展到20个单位会员，全年培训140人，会员单位从业人员455人，年产值2100余万元，带动相关从业人员420人。是年，全州获“两民企业”流动资金贷款利率贴息2704万元、民族特需商品定点企业生产补助资金25万元。

2009年，州民委从少数民族发展资金中安排50万元，扶持民族民间工艺品研究开发。10月，州民委参加组织在乾州古城举办“湘鄂渝黔边区首届民族民间旅游商品暨民间工艺大师评选大赛”。州民委协同凤凰县政府策划筹办“第二届中国·凤凰苗族银饰节”，来自湖南、贵州、广西、重庆共28支苗族服饰展演队和银器现场加工展演队盛装登台，展示中国苗族服装银饰丰厚文化渊源和银器锻造精湛技艺。是年，全州获“两民企业”技改贷款贴息38万元、“两民企业”流动资金贷款利率贴息3406万元、民族特需商品定点企业生产补助资金85万元。

2010年，州民委安排100万元资金，扶持土家织锦、苗绣、土家绣花鞋（垫）、苗族银饰、土家族苗族服饰、木雕、石雕等10多类民族民间工艺品研究开发。是年，全州获“两民企业”技改贷款贴息29万元、“两民企业”流动资金贷款利率贴息5460万元、民族特需商品定点企业生产补助资金50万元。

第四节　民族文体活动

1989年，州民委在吉首市举办全州首次少数民族服饰表演大奖赛，各县（市）及州直单位9个代表队117人参赛。90多套民族服饰在民族影剧院、吉首街头亮彩。评出集体一等奖1个、二等奖2个、三等奖1个，服装设计一等奖4个、二等奖5个、三等奖8个，模特儿优秀表演奖9个。10月，州民委将花垣县麻栗场苗剧团和龙山县苗儿滩土家族艺术学校业余文艺队伍调至吉首市汇报演出。

1991年6月30日至7月4日，州民委参与组队参加省民运会，获金牌12枚、银牌10枚、铜牌10枚。11月10—17日，州民委组织各县市民委20余人，赴南宁观摩第四届全国少数民族传统体育运动会（以下简称“全国民运会”）。以湘西州花垣县队员为主力的湖南女子龙舟队获800米竞速第一名，吉首、凤凰苗鼓队获表演项目三等奖。1992年年初，州民委参与组织土家族文艺演出队，代表湖南省赴昆明参加中国第三届艺术节。7月6—8日，州民委在吉首举办全州首届土家山歌、苗歌大奖赛，32名歌手身着民族服装参赛，评出一、二、三等奖16名。8月，州民委和花垣县民委参与组织在花垣县举行的湖南省“秋千赛”。是年，州民委和保靖、吉首两县市民委组织射弩比赛。1993年年初，州民委参与选拔土家族、苗族歌手11人加入省代表队赴昆明参加“全国少数民族声乐大赛”。5月1日，州民委参与举办湖南省少数民族业余歌手大赛自治州预赛，48名歌手参赛。选拔出10名歌手赴长沙参赛，1人获一等奖，1人获二等奖，3人获三等奖，5人获优秀奖。1994年9月，州民委在吉首市举办湘西州首届民族舞蹈赛，8个县（市）150人参赛，参赛节目25个。10月16—20日，州民委参与组织湘西州代表队赴怀化参加省第三届民运会，获奖牌47枚，其中金牌数居全省第一位。1995年11月5—12日，州民委组建跳鼓队赴昆明参加第五届全国民运会，获表演项目二等奖。

1997年9月，州民委完成“辉煌50年——湘西州两个文明建设成就展览·民族厅”布展任务。“民族厅”有5个展室，面积270平方米，展出图片300余幅，实物800多件，接待观众1万余人次，获州委、州政府优秀组织奖一等奖、内容设计二等奖。州庆期间，州民委配合开展民族民间体育活动，举办民族武术擂台赛，开展民间斗牛活动。1998年10月18—22日，州民委参与组队赴永州参加省第四届民运会，获甲组女子器械、男子单蹴（球）、女子单蹴、男子双蹴、女子双蹴、女子陀螺，乙组双人秋千触铃、单人秋千高度、秋千团体、男子100米高脚马竞速、4×100米高脚马混合接力、高脚马团体、女子单蹴比赛第一名。1999年8月和9月，第六届全国民运会分别在西藏拉萨分赛场和北京主赛场举行，州民委参与组建女子龙舟队参赛，获500米竞速第一名，“吉打哈”获表演项目一等奖。

2001年，州民委配合省民委在吉首大学承办“吉么列”（高脚马）全国邀请赛和技术培训班，来自国家民委、国家体育总局和全国11个省（区）民委、体育局领导、专家、运动员、教练员共150人参加活动。经国家民委、国家体育总局和技术委员会领导、专家考核，认定湖南省“吉么列”民族传统体育项目符合国家要求，被正式列为全国少数民族传统体育运动比赛项目。

2002年4月，州民委征集民族服装设计方案，12人168幅设计图纸参加竞标。9月中旬，召开州内专家学者评选会，请专家指导，进行修改后，生产出土家族、苗族两个民族，男、女两个性别，成年、青年两个年龄段，春秋、炎夏两种季节，盛装、工装、生活装三种形式，共22款民族服装和“毕昊”（取音于土家族、苗族自称“毕兹卡”“果雄”）商标方案2个。12月11日，召开民族服装制作样品评审会，请模特儿着装展示，州内民族学专家20余人参加评审。12月29日，在边城歌舞厅举行“湘西州民族服装新款展示会”，32套传统与时尚相结合的民族服装登场展示，州领导和“两会”代表及多家新闻媒体200余人观看表演，对新款民族服装给予肯定。是年，州民委配合有关单位在吉首德夯苗寨举办“中国苗鼓节”，来自湖南、贵州、重庆和台湾地区20多支代表队参加鼓舞比赛，产生第四代“苗鼓王”龙菊献。苗鼓节期间，还举办苗族椎牛、百狮登高、苗歌比赛、八人秋等苗族传统民间文体活动。州民委参与组建代表队赴邵阳参加省第五届民运会，272名运动员参加射弩、秋千、高脚马、陀螺、蹴球、武术、押加等8个项目比赛，获得金牌15枚、银牌24枚、铜牌13枚，总分410.5分。2003年9月，州民委参与推荐1名教练员、4名运动员赴银川参加第七届全国民运会高脚竞速、秋千项目比赛，土家族《嬉鼓》获表演项目一等奖，并作为颁奖晚会表演节目。2004年5月，州民委及各县（市）民族工作部门进行“武陵民族之花”选拔工作。7月6日，8个县（市）和吉首大学的52名佳丽在湘西电视台演播大厅进行角逐，产生冠军、亚军、季军，评出“湘西十佳”“最佳才艺”等奖项。随后，确定6名选手赴重庆参加“武陵民族之花”复赛和总决赛，5人挺进总决赛，其中3人分别获得最佳上镜奖、最佳才艺奖、最具民族风情奖。10月，“湖南省民族民间文化艺术博览会暨湘西第二届民族民间文化生态保护艺术节”先后在吉首、凤凰、永顺3个县（市）举行，州民委参与组织民族服饰表演队参加开幕式表演后在南长城举行专场表演。是年，州民委参与在全州8个县（市）和州直建立蹴球、高脚马、秋千等9个培训基地，开展训练。

2005年2月23日，州民委在凤凰县勾良民族文化村举办“赶年”闹元宵活动，3万余各族群众参与。9月，州民委参与组织举办首届全州少数民族传统体育运动会。8个县（市）和州直单位共9个代表队160余名运动员、教练员，进行蹴球、高脚马、秋千、陀螺4个项目比赛。是年，州民委筹集资金38万元，支持州民族歌舞团创作和排练《我的湘西》，参加湖南省第二届少数民族文艺调演，获特等奖。2006年9月，《我的湘西》代表湖南省到北京参加第三届全国少数民族文艺会演，获“会演大奖”（最高奖）。10月，参与组队赴张家界参加省第六届民运会，获金牌33枚、银牌33枚、铜牌17枚。11月17—18日，州民委协助凤凰县在凤凰古城举办“首届中国·凤凰苗族银饰节”，州内及贵州、北京等21个代表队参赛。12月14日，州人民政府在吉首召开表彰大会，对州民委等6个在民族文体活动中有突出贡献单位和梁远邦等42名突出贡献个人通报表彰，其中梁远邦等22人记三等功。2007年3月，永顺县民族局扶持永顺县毕兹卡艺术团编演《毕兹卡的谷神歌》，在全国少数民族曲艺展演会上获三等奖。4月，花垣县民族局在雅西镇举办大型民族文艺演出。泸溪县民族局同文化部门先后在19个乡（镇）举办“三月三”苗歌会、端午龙舟赛等民族传统节日活动，共10万人参加节日活动；吉首市和古丈县民族局协同有关部门组织德夯、默戎镇苗族赶秋节、茶乡歌舞等民族文化活动。参与组队于11月中旬赴广州参加第八届全国少数民族传统体育运动会，在秋千、高脚、射弩、板鞋竞速等竞技项目比赛中，获4金4银2铜的成绩。是年，州民委配合国家民委摄制组摄制56集大型电视文化记录片《中华民族——土家族》，作为首批存入中国民俗博物馆民族影像资料。

2008年3月，州人民政府召开参加第八届全国民运会座谈表彰会，州民委、花垣县民族局、保靖县民族局受到表彰奖励。5月，州民委协助开展“中国芙蓉镇毛古斯节”、凤凰山江苗族“四月八跳花节”等系列民族文化节庆活动。6月，州民委组织申报“湘西苗族服饰”通过评审，进入首批国家级非物质文化遗产名录扩展项目。8月，湘西州土家族毛古斯参加北京奥运会开幕式表演。2009年5月下旬，州民委在凤凰举办“第二届中国·凤凰苗族银饰节”，贵州、广西、重庆和湖南28支苗族服饰展演队和银器现场加工展演队、400多名模特儿和艺人冒雨表演。10月下旬，州民委参与承办“湘、鄂、渝、黔边区首届民族民间旅游商品暨民间工艺大师评选大赛”，湘、鄂、渝、黔边区和州内各县（市）15个代表团近500个单位、个人带来1000余件（套）作品参赛，上万件产品参展。46件（套）民族民间工艺美术品获大赛金、银、铜奖和特别奖，11人获“湘西州首批民族民间工艺美术大师”称号，16人获“湘鄂渝黔边区首届民族民间旅游商品大赛民族民间工艺美术大师”称号，19人获“民族民间工艺美术师”称号。49家客商与吉首市政府签订落户乾州古城创业园合同，130家客商签订意向性入园协议书，165家商品入园留管。活动期间，热销旅游商品和工艺美术品1200多万元。11月，州民委协同花垣县策划筹办中国·湖南（花垣）首届苗族艺术节。艺术节活动期间，还举办“全国蚩尤文化研讨会”，征集论文51篇61万字，北京、上海、山东等十多个省（市）和地区高校、科研单位86名专家学者到会作学术发言，共同研讨蚩尤文化。是月，花垣县民族局选送《湘西苗族鼓舞》参加第九届中国民间文艺“山花奖”·全国民间鼓舞鼓乐大赛，获“山花奖”。

2010年年初，州民委与各县（市）协调到位备战省第七届民运会资金600万元。10月，湖南省第七届民运会在郴州市召开，湘西州9支代表队参加秋千、蹴球、陀螺、板鞋、射弩、高脚、押加、毽球及民间文化表演等比赛项目10余个，获金牌51枚（占本届民运会金牌总数42.15%）、银牌37枚、铜牌32枚。州政府印发《关于表彰湘西州参加湖南省第七届少数民族传统体育运动会突出贡献单位和个人的通报》，对州民委、凤凰县和古丈县民族局等单位给予表彰奖励。

第五节　民族古籍搜集整理

1989年，中共湘西州委巡视员杨国湘及州内和州籍在外工作的民族古籍研究人士编著出版《田茂忠山歌选》《梯玛歌》《苗族文化论丛》等9部民族古籍共220万字。1990年，全州整理出版《湘西歌谣大观》《古老话》《苗族历代诗选》等4部民族古籍190万字。

20世纪80年代中期至1991年12月，湘西州400余名民间文学工作者及业余爱好者搜集、整理、选编、翻译，出版计33册900万字湘西州《民间故事》《民间歌谣》《民间谚语》“三套集成”。

1995年10月，州民委古籍办、凤凰县民委、永顺县民委被湖南省民族古籍工作领导小组授予“全省民族古籍工作先进单位”称号，州古籍办张应和与永顺县彭勃、花垣县龙炳文被授予全省民族古籍工作先进个人称号。1996年，州民委古籍办搜集整理，出版民族古籍《湘西苗族婚俗》一书。

1998年，湘西州落实国家民委《关于印发〈中国少数民族古籍总目提要编写纲要〉的通知》精神，开始民族古籍总目提要编纂工作。5月，湖南省民委决定由湘西州民委牵头，在全省首先开展苗族古籍总目提要编纂试点。州民委制定编纂规划，确定专人负责编纂工作。9月，省民委在吉首召开全省少数民族古籍编目工作及登录人员培训班会议，各地州市民委相关人员40人参加会议，州古籍办介绍苗族古籍编目经验。1999年4月，湘西州完成苗族古籍总目提要编目400余条，上交省古籍办。

2001年，州内和州籍在外工作的民族古籍研究人士增多，搜集整理范围扩展。是年，编著出版《中国土家语地名考》《苗汉语的历史比较》《湖南少数民族史》等7部民族古籍著作，计196万字。2002年10月，湘西州原副州长龙文玉，搜集苗族文物、古籍，在凤凰县山江镇叭固苗寨开办“中国凤凰山江苗族家庭博物馆”。是年11月，在长沙市召开《中国少数民族古籍总目提要·土家族卷》编纂工作座谈会，国家民委确定湖南省民委为全国土家族古籍编目牵头单位，省民委确定湘西州为全省牵头单位，土家族古籍编目工作正式启动。翌年3月，州民委组织召开全州土家族古籍总目提要编纂工作会议，各县（市）民族局分管副局长、兼管古籍工作人员20人参加会议，省民委原副主任彭继宽应邀到会指导。会议通过编纂工作规划，确定编纂工作人员。2004年10月，在永顺县召开《中国少数民族古籍总目提要·土家族卷》第一次审稿会议，湖南、湖北、贵州、四川、重庆5个省（市）民委领导和登录人员30人参加会议。2005年12月，在湖北省武汉市召开《中国少数民族古籍总目提要·土家族卷》第二次审稿会议。2006年6—7月，湖南省民委古籍办组织人员在湘西吉首将全国土家族古籍登录表格

4000份改写成散文体形式。2007年8月，湘西州政协原副主席田荆贵所著《土家族纵横谈》出版，20年中，他坚持土家族文化研究，出版民族古籍论著6部。是年底，州民委派员赴长沙参加《中国少数民族古籍总目提要·土家族卷》审订工作；州内和州籍在外工作的民族古籍研究人士编著出版《土家族纵横谈》《湘西苗族建筑文化》等16部民族古籍研究著作，计500万字。

2008年上半年，湘西州完成土家族古籍总目提要编纂。6月，州民委组织人员新编苗族古籍条目470条，与原条目合计820条，基本涵盖湘西州苗族古籍大部分项目。同时，州民委古籍办安排专人集中时间到州、县（市）各档案馆、图书馆征集古籍相关资料，共复印、拍照州域历代方志19部174册，还有族谱、湘西苗防资料、民国年间有关人士的湘西调查报告、金石碑刻等。其中苗防资料有清道光《三省边防备览》、清光绪《苗防备览》《湖南苗防屯政考》等；民国年间湘西调查报告有《湘西苗族调查报告》《五溪苗民古今生活集》等；金石碑刻有国家文物保护单位溪州铜柱等。是年，州内和州籍在外工作的民族古籍研究人士编著出版《溪州土家族文人竹枝词注解》《湘西苗民革屯史志》等15部民族古籍著作，计384万字。

2009年1月，由州民委组编的《湘西民族民俗文化丛书》由中央民族大学出版社出版，共11册249万字775幅图片。7月，出版《民国时期湘西苗族调查实录》10部，该书系乾州（今吉首市）人氏石启贵于20世纪三四十年代调查湘西苗族记录资料，经其子石建中等整理出版，全书8卷10册406万字。是年，州古籍办在登录少数民族古籍总目提要时，即开始调查金石碑刻，初步调查项目181项；州内和州籍在外工作的民族古籍研究人士编辑出版民族古籍18部，计836万字。

2009年7月至2010年年底，湘西州民委古籍办再次开展金石碑刻调查，查阅各种文献资料400多本，从中抄录所载碑文，了解现存实物碑线索，只存碑文、实物不存222项；向州、县（市）文物局，文化老人了解情况，询问对象千以上人次。并坚持只要“实物存在，定去现场”原则，实地调查138天，调查项目290项。调查内容包括处所、碑文、拍照、尺寸以及有关实物民间传说。两项合计搜集519项，抄录碑文65万字，拍摄照片3000余幅。实物现存、尚未实地调查重点项目尚有200项以上。是年，州古籍办田仁利被国家民委授予全国民族古籍工作先进个人称号。州内和州籍在外工作的民族古籍研究人士编著出版《湖南土家族风情》《湘西苗族理词》等10部民族古籍著作，计510万字。1989—2010年，湘西州内人士和州籍在外工作人士整理编著出版有关湘西州民族古籍著作148部4389万字。

第四篇 中国共产党湘西州地方组织

1989年，中共湘西自治州委在第五届任期之内。1990年，中共湘西州第六次代表大会召开，州委举行换届，至2010年，州委先后历经四次换届。每次换届，州委领导班子实现平稳交接，工作衔接紧密，成为全州经济社会发展和各项事业的坚强领导集体。22年间，全州党员由82142人发展至124836人。

历届州委通过党的代表大会、州委全体会议、州委常委会会议，并深入基层调研，广泛听取各方面意见，将党的路线、方针、政策与湘西州实际紧密结合，作出符合州情的一系列重要决策，带领全州各族人民向贫困宣战，建设全面小康社会。1989年，州委着重抓党的自身建设，旗帜鲜明地反对腐败；经济工作中，贯彻中央和省委部署，整顿经济秩序，深化企业改革。1990年，开展农村社会主义思想教育，巩固农村社会主义阵地。同时，抽调机关工作人员，驻村扶贫。1995年，贯彻中共湖南省委把湘西州作为扶贫攻坚主战场的战略部署，加派扶贫力量，次年，州委作出《关于加大扶贫攻坚力度的决议》，州直副处、县市副科以上干部每人扶持1户贫困户。1999年，州委决定，州、县（市）安排一定数量干部，专抓国有集体企业改革改制，大力发展民营经济。2003年，州委决定建立吉凤工业园区，州内县市同时建立工业园区，加快推进工业化和城镇化。2005年，州委开展党员先进性教育，加强各级领导班子建设，评选"人民满意单位"，表彰"十佳乡镇党委书记（乡镇长）"。2007年，州委开展社会主义荣辱观教育，开展文明社区、文明机关、文明家庭、文明公民创建活动。经济工作中，积极招商引资，发展规模企业。是年，全州8个工业园区入园企业86家，实现工业增加值6.22亿元。2010年，州委加强社会主义精神文明建设，开展首届"感动湘西"人物评选活动。同时整村推进建整扶贫工作；高速公路等重点工程项目建设力度加大，支持生态保护立法工作，全州旅游业呈现良好发展势头。

州委各工作部门，工作有序推进。纪委持续开展党风廉政建设和反腐败斗争，从严治党，严肃查处违纪案件，减少腐败存量，遏制腐败增量，利剑作用充分彰显。综合服务不断创新，信息反馈质量提高。组织工作注重发展一线党员，坚持成熟一个发展一个；任用干部坚持德才兼备，以德为先，班子建设不断加强。宣传部门一直以正面宣传为主，把握正确舆论导向，注重树立先进典型，倡导文明新风。统战工作积极联系党外各界人士，鼓励和支持他们参政议政。政法工作坚持打防结合，综合治理，确保社会稳定。另外，党务督查、党校教育、政策研究、保密、老干部、党史编研等工作全面开展。

第一章 组织机构

第一节 领导机构

1985年9月至2006年9月，中共湘西州第五次至第九次代表大会先后举行，选举产生中共湘西州委及州委领导班子，任期均为5年。

1989年，中共湘西自治州第五届委员会进入第五个年头。是年，中共湘西州委有州委委员30人、候补委员5人。州委领导班子设书记1名、副书记4名、常委11名。1990年5月，召开中共湘西州第六次代表大会及第一次全会，选举产生州委委员33人、候补委员4人。州委领导班子设书记1名、副书记3名、常委12名。1992年4月29日，州委六届四次全会决定递补为六届州委委员3人。1995年7月，召开中共湘西州第七次代表大会及第一次全会，选举产生州委委员35人、候补委员6人。州委领导班子设书记1名、副书记5名、常委13名。2000年9月，召开中共湘西州第八次代表大会及第一次全会，选举产生州委委员35人、候补委员6人。州委领导班子设书记1名、副书记5名、常委13名。2006年9月,召开中共湘西州第九次代表大会及第一次全会，选举产生州委委员43人、候补委员8人。州委领导班子设书记1名、副书记5名、常委13名。

1989—2010年中共湘西自治州委领导一览表

表4-1

姓　名	性别	民族	学历	藉贯	职务	任职时间
杨正午	男	土家	大学专科	湖南龙山	书记	1988年1月至1990年5月
郑培民	男	汉	大学本科	河北武安	书记	1990年5月至1992年12月
石昌禄	男	苗	硕士研究生	湖南花垣	书记	1992年12月至1995年4月
李大伦	男	汉	硕士研究生	湖南桃源	书记	1995年4月至1997年10月
彭对喜	男	土家	大学本科	湖南永顺	书记	1997年10月至2003年2月
童名谦	男	汉	硕士研究生	湖南长沙	书记	2003年2月至2008年3月
何泽中	男	汉	博士	湖南临湘	书记	2008年3月任
吴运昌	男	苗	大学专科	湖南花垣	副书记	1988年1月至1990年5月
郝瑞华	男	汉	初中	山西平遥	副书记	1988年1月至1993年9月
向和友	男	土家	大学专科	湖南永顺	副书记	1988年1月至1993年1月
石玉珍	女	苗	大学专科	湖南花垣	副书记	1988年1月至1992年12月
颜长钊	男	汉	初中	湖南保靖	副书记	1990年5月至1993年3月
向世林	男	土家	硕士研究生	湖南龙山	副书记	1992年1月至1997年10月
欧阳淞	男	汉	大学本科	湖南双峰	副书记	1993年1月至1994年3月
杨顺初	男	汉	大学本科	湖南华容	副书记	1993年2月至1995年4月
蔡四桂	男	汉	硕士研究生	湖南华容	副书记	1994年5月至1995年4月
武吉海	男	苗	硕士研究生	湖南吉首	副书记	1995年4月至2003年2月
彭诗来	男	汉	大学本科	湖南双峰	副书记	1995年4月至2000年9月
向邦礼	男	土家	大学专科	湖南龙山	副书记	1995年7月至2000年9月
徐百万	男	汉	大学本科	—	副书记	1995年4月至2000年9月
孙在田	男	汉	大学专科	湖南隆回	副书记	1997年2月至2000年4月
叶贞琴	男	汉	大学本科	江西上犹	副书记	1999年3月至2000年3月
童名谦	男	汉	硕士研究生	湖南长沙	副书记	2000年9月至2003年2月

续表 4-1

姓 名	性别	民族	学历	藉贯	职务	任职时间
万燕华	女	汉	大学本科	—	副书记	2001年2月至2003年6月
龙颂江	男	苗	大学专科	湖南凤凰	副书记	2000年9月至2006年9月
王承荣	男	土家	大学本科	湖南永顺	副书记	2000年9月至2006年9月
龙爱东	男	苗	大学本科	湖南花垣	副书记	2001年12月至2004年7月
田家贵	男	土家	大学专科	湖南龙山	副书记	2002年4月至2006年9月
杜崇烟	男	土家	大学本科	湖南永顺	副书记	2003年3月至2007年8月
曾震亚	男	汉	大学本科	湖南宜章	副书记	2003年4月至2007年1月
刘路平	男	汉	大学本科	湖北武汉	副书记	2004年11月至2006年9月
王秀忠	男	汉	大学本科	山东青州	副书记	2005年11月至2006年9月
徐克勤	男	苗	硕士研究生	湖南龙山	副书记	2006年9月至2008年11月
何泽中	男	汉	博士研究生	湖南临湘	副书记	2007年1月至2008年3月
彭武长	男	土家	大学专科	湖南永顺	副书记	2007年11月任
叶红专	男	土家	大学专科	湖南龙山	副书记	2008年12月任
郭建群	女	苗	硕士研究生	湖南凤凰	副书记	2009年2月任
黄有为	男	汉	高中	湖南龙山	常委	1988年1月至1993年3月
吴沅生	男	苗	大学本科	湖南凤凰	常委	1988年1月至1993年1月
向熙勤	男	土家	大学本科	湖南永顺	常委	1988年1月至1993年1月
汤仕荣	男	汉	大学本科	湖南沅陵	常委	1988年1月至1991年6月
李正喜	男	汉	初师	湖南古丈	常委	1988年1月至1988年4月
肖征龙	男	汉	大学本科	湖南永顺	常委	1988年4月至1988年11月
颜长钊	男	汉	初中	湖南保靖	常委	1988年8月至1993年3月
欧阳淞	男	汉	大学本科	湖南双峰	常委	1988年8月至1994年3月
杨顺初	男	汉	大学本科	湖南华容	常委	1990年5月至1995年4月
向邦礼	男	土家	大学专科	湖南龙山	常委	1990年5月至1995年7月
石昌禄	男	苗	硕士研究生	湖南花垣	常委	1990年5月至1995年4月
彭楚政	男	土家	大学专科	湖南古丈	常委	1991年6月至1999年4月
向世林	男	土家	硕士研究生	湖南龙山	常委	1992年12月至1995年7月
陈家俊	男	汉	大学本科	湖北石首	常委	1992年12月至1994年1月

续表 4-1

姓 名	性别	民族	学历	藉贯	职务	任职时间
李邀夫	男	汉	大学专科	湖南冷水江	常委	1993 年 1 月至 1995 年 4 月
彭诗来	男	汉	大学本科	湖南双峰	常委	1993 年 1 月至 1995 年 7 月
彭清明	男	汉	大学本科	湖南龙山	常委	1993 年 1 月至 1995 年 7 月
武吉海	男	苗	硕士研究生	湖南吉首	常委	1993 年 1 月至 2003 年 2 月
田景安	男	苗	大学本科	湖南凤凰	常委	1993 年 5 月至 1999 年 4 月
李大伦	男	汉	硕士研究生	湖南桃源	常委	1994 年 1 月至 1997 年 10 月
孙在田	男	汉	大学专科	湖南隆回	常委	1995 年 6 月至 2000 年 4 月
龙爱东	男	苗	大学本科	湖南花垣	常委	1995 年 7 月至 2004 年 7 月
向后兴	男	土家	大学专科	湖南龙山	常委	1995 年 8 月至 2003 年 4 月
金述富	男	汉	大学本科	湖南张家界	常委	1995 年 7 月至 2000 年 9 月
龙颂江	男	苗	大学专科	湖南凤凰	常委	1995 年 7 月至 2006 年 9 月
童名谦	男	汉	硕士研究生	湖南长沙	常委	1997 年 9 月至 2007 年 12 月
王承荣	男	土家	大学本科	湖南永顺	常委	1997 年 12 月至 2006 年 9 月
梅荣保	男	汉	大学专科	湖北省	常委	1999 年 4 月至 2002 年 4 月
刘路平	男	汉	大学本科	湖北武汉	常委	2000 年 2 月至 2006 年 9 月
田家贵	男	土家	大学专科	湖南龙山	常委	2000 年 9 月至 2006 年 9 月
张建文	男	汉	大学专科	湖南长沙	常委	2000 年 9 月至 2004 年 6 月
徐克勤	男	苗	硕士研究生	湖南龙山	常委	2000 年 9 月至 2008 年月
杜崇烟	男	土家	大学本科	湖南永顺	常委	2000 年 10 月至 2007 年 8 月
杨先杰	男	汉	大学本科	湖南长沙	常委	2002 年 4 月至 2003 年 8 月
张铁流	男	汉	大学专科	山东烟台	常委	2002 年 4 月至 2005 年 3 月
姚建江	男	汉	大学本科	吉林省	常委	2003 年 4 月至 2004 年 6 月
滕万翠	女	土家	大学专科	湖南麻阳	常委	2003 年 4 月至 2008 年 11 月
龙德忠	男	苗	在职研究生	湖南古丈	常委	2003 年 4 月任
周应华	男	汉	大学本科	河南固始	常委	2003 年 8 月至 2005 年 1 月
李德清	男	苗	大学专科	湖南泸溪	常委	2003 年 8 月至 2006 年 9 月
向兴仁	男	土家	大学本科	湖南张家界	常委	2004 年 7 月任
孙剑霖	男	汉	硕士研究生	山东高密	常委	2004 年 7 月至 2007 年 12 月

续表 4-1

姓　名	性别	民族	学历	藉贯	职务	任职时间
贾正中	男	汉	大学本科	河北省	常委	2005 年 3 月至 2008 年 11 月
周小毛	男	汉	硕士研究生	湖南益阳	常委	2005 年 3 月至 2008 年 4 月
梁秋松	男	苗	大学本科	湖南保靖	常委	2006 年 9 月至 2007 年 12 月
王超祥	男	汉	大学本科	湖南邵阳	常委	2006 年 9 月至 2007 年 12 月
胡章胜	男	汉	在职研究生	湖南常德	常委	2006 年 10 月任
方　军	女	汉	硕士研究生	—	常委	2006 年 9 月至 2007 年 12 月
吴彦承	男	苗	大学本科	湖南凤凰	常委	2007 年 3 月任
曹　举	男	汉	大学本科	山东省	常委	2007 年 8 月至 2008 年 12 月
彭武长	男	土家	大学专科	湖南永顺	常委	2007 年 11 月任
叶红专	男	土家	大学专科	湖南龙山	常委	2007 年 11 月任
秦国文	男	汉	在职研究生	江西南昌	常委	2008 年 3 月至 2009 年 4 月
陈　潇	男	汉	在职研究生	湖南茶陵	常委	2007 年 11 月任
王德芬	女	汉	大学本科	江苏泰州	常委	2008 年 11 月任
陈湘如	男	汉	大学本科	湖南益阳	常委	2008 年 11 月任
郭建群	女	苗	硕士研究生	湖南凤凰	常委	2008 年 12 月任
谢建华	男	汉	硕士研究生	江苏锡山	常委	2009 年 11 月任
曹普华	男	汉	硕士研究生	湖南衡山	常委	2010 年 1 月任

州委历任秘书长：欧阳淞、向邦礼、金述富、杜崇烟、姚建江、向兴仁；副秘书长：向邦礼、刘德美、秦崇光、覃华臣、沈万隆、龙书生、孙岱毅、向兴仁、姜定赳、黄光锦、滕万翠、姚建江、曹世凯、吴陵杉、杨中明、王斌辉、何钟鸣、贾高飞、石泽彬、刘洋、颜长文、姚常雨、方佟曙、邓建英、向传林。

第二节　工作机构

1989 年，州委工作机构有州委办公室、组织部、宣传部、统一战线工作部、政策研究室、政法委员会、直属机关党委、编制委员会(以下简称州编委)，核定编制 189 名，实有 185 人。1991 年 4 月，恢复州委农村工作部，6 月，核定编制 2 名。1994 年 9 月，州编委更名为州机构编制委员会，并明确为州委、州政府负责全州机构编制管理工作机构。1995 年，州委工作机构有州委办公室、组织部、宣传部、统战部、农村工作部、政策研究室、政法委员会、直属机关党委、编委，核定编制 207 名，实有 208 人。12 月，确定州委政法委员会为州委工作机构。州社会治安综合治理领导小组和办公室与州委政法委“两块牌子、两套工作人员”，合署办公。是月，州机构编制工作领导小组设立，州编委为其常设办事机构。1996 年 3 月，州编委为州委工作机构与州政府职能部门，设立州事业单位登记管理办公室。1999

年，州委党校由州委组织部管理。2000 年 11 月，州编委加挂州事业单位登记管理局牌子。2001 年，州编委更名为州编委办公室（以下简称“州编办”）。州委工作机构有州委办、组织部、宣传部、统战部、农村工作部、政策研究室、政法委员会、直属机关党委、编办，核定编制 198 名，实有 186 人。2010 年 6 月，州委农村工作部与州农办实行“一个机构、两块牌子”的体制，列入州委机构序列，核定编制 20 名。年末，州委工作机构有州委办、组织部、宣传部、统战部、农村工作部、政策研究室、政法委员会、直属机关党委、编办 9 个，核定编制 224 名，实有 225 人。

中共湘西州委办公室

1989 年 1 月，州委办公室内设秘书科、综合调研室、督查室、业务指导科、机要科、行政科、财务科、政工科、保卫科、老干科、接待科和州委机关党委、工会及事业机构州委机关园林处、医务室、幼儿园、车队，行政编制 60 名、工勤编制 12 名、事业编制 16 名，实有 86 人。1996 年，撤销机要科，设立机要处。2001 年，撤销业务指导科、政工科，设立人事科；撤销州委机关党委、机关工会，设立州委办公室直属机关党委和工会联合会、州委信息技术中心，核定行政编制 51 名、工勤编制 12 名、事业编制 18 名，实有 81 人。2003 年 6 月，增加事业编制 3 名。2007 年，撤销机要处，改设州委机要局；增设信息科。年末，该办编制 84 名，实有 83 人。2010 年 6 月，增配行政周转编制 2 名。是年，该办机构设置未变，核定编制 86 名，实有 82 人。

1989—2010 年，州委办公室历任主任：覃华臣、向兴仁、杜崇烟、姚建江、向兴仁；副主任：吴陵杉、刘路平、彭秀琍、姜定赳、杨中明、彭秀彪、曹世凯、王斌辉、邓晓东、刘洋、贾高飞、石泽彬、黄光锦、何钟鸣、颜长文、姚常雨、方佟曙、向传林、谷月清、朱建军。

前志补遗

《湘西州志（上卷）》卷三第一章第一节（196 页顺数 16 行），组织部前加“州委办公室，1950 年 2 月—1952 年 8 月，中共永顺地委设秘书处，1952 年 8 月，中共湘西苗族自治区地委办公室与地委政策研究室“两块牌子、一套班子”，合署办公。1953 年 12 月，撤销地委政策研究室，保留中共湘西苗族自治区地委办公室。1955 年 4 月，中共湘西苗族自治区地委办公室更名为中共湘西苗族自治州地委办公室。1957 年 9 月，成立中共湘西土家族苗族自治州地委办公室。1960 年 2 月，中共湘西土家族苗族自治州地委办公室更名为中共湘西土家族苗族自治州委办公室。1967 年 2 月，中共湘西土家族苗族自治州委办公室由于州委瘫痪而停止工作。1973 年 5 月 19 日，撤销州革委会办事组秘书小组，设立州委办公室，与州革委会办公室“两块牌子、一套班子”，属党政合一综合工作机构。1981 年 9 月，州委办公室为州委综合办事机构。1991 年，设办公室主任、副主任职位。

历任主任（1995 年 12 月止）：王彩彰、刘海波、赵志钧、张国权，邹赤松、龚汝仁、周碧联、夏启民、覃华臣；副主任（1995 年 12 月止）：游佩玉、邹赤松（第一副主任）、黄辛夷（第二副主任）、何启安、朱光庭、谭谷香（又名谭谷湘）、杨通栋、袁世传（袁仕传）、吴陵杉、刘路平、彭秀琍、姜定纠、朱采、杨中明、彭秀彪。

第二章　重要会议

第一节　党的代表大会

一、第六次代表大会

1990 年 5 月 26—30 日，中国共产党湘西土家族苗族自治州第六次代表大会在吉首召开，大会应出席代表 400 名，实到代表 383 人。大会主要议程：听取和审查第五届州委和第五届州纪委工作报告；选举产生第六届州委、中共湘西土家族苗族自治州纪律检查委员会（以下简称州纪委）

委员和出席省第六次党代会代表。大会由杨正午代表中共湘西自治州委第五届委员会作题为《同心同德，苦干实干，为实现我州政治经济和社会的进一步稳定发展而奋斗》的工作报告；吴沅生代表第五届州纪委向州第六次党的代表大会作工作报告。大会选举产生州委委员33人、州委候补委员4人，州纪委委员25人。1992年4月29日，州委六届四次全会决定递补尹桂生、黄秀兰、麻富明为第六届州委委员。湘西自治州出席中共湖南省第六次代表会代表24人。1992年10月12—18日，湘西自治州出席中共第十四次全国代表大会的代表3人，即郑培民、石玉珍、杨玖华。

二、第七次代表大会

1995年7月1—5日，中共湘西土家族苗族自治州第七次代表大会在吉首召开，应出席代表400名，实到代表387人。大会主要议程：听取和审议李大伦代表中共湘西州第六届委员会作题为《艰苦创业，励精图治，为实现2000年稳定脱贫而努力奋斗》的工作报告；彭清明代表六届州纪委向州第六次党代会作工作报告；武吉海代表六届州委作关于全州“九五”计划及2001—2010年规划（草案）编制情况的说明。大会选举产生第七届州委委员35人、州委候补委员6人，州纪委委员27人。湘西自治州出席中共湖南省第七次党代会代表14名。1997年9月12—18日，湘西自治州出席中共第十五次全国代表大会代表3人，即李大伦、龙颂江、彭图玉。

三、第八次代表大会

2000年9月22—26日，中共湘西土家族苗族自治州第八次代表大会在吉首召开，应出席代表420名，实到代表408人。大会主要议程：彭对喜代表中共湘西自治州第七届委员会作题为《努力实践“三个代表”，为稳定脱贫，加快发展，逐步致富而奋斗》的工作报告，审议通过《中共湘西州委关于州国民经济和社会发展“十五”计划及2010年长期规划的建议》。大会由龙爱东代表第七届州纪委作《加强党风廉政建设，深入开展反腐败斗争，为全州改革、发展、稳定服务》的工作报告。大会选举产生州委委员35人、州委候补委员6人，州纪委委员27人。湘西自治州出席中共湖南省第八次党代会代表35人。2002年11月8—14日，湘西自治州出席中共第十六次全国代表大会的代表2人，即彭对喜、郭建群。

四、第九次代表大会

2006年9月20—24日，中共湘西自治州第九次代表大会在吉首召开，应出席代表421人，实到代表413人。大会审议第八届州委和州纪委工作报告，选举第九届州委委员、候补委员和州纪委委员，选举出席省第九次党代表大会代表，童名谦代表中共湘西自治州第八届委员会作题为《全面落实科学发展观，着力构建和谐社会，为实现富民强州而努力奋斗》的工作报告。刘路平代表第八届州纪委作《深入开展反腐倡廉，努力实现三个保护，为实现富民强州提供坚强保证》的工作报告；大会选举产生州委委员43人、州委候补委员8人，州纪委委员33人。湘西自治州出席中共湖南省第九次党代会代表42名。2007年10月15—21日，湘西自治州出席中共第十七次全国代表大会的代表2人，即童名谦、麻晓玲。

第二节　州委全会

一、第五届委员会全体会议

1989年11月28—29日，中共湘西州委在吉首召开五届五次全体（扩大）会议。会议传达贯彻中共十三届五中全会和省委五届九次全体（扩大）会议精神，学习《中共中央关于进一步治理整顿和深化改革的决定》，总结州委五届四次全会以来的工作。翌年4月11—13日，州委五届六次全会在吉首召开。会议传达贯彻中共十三届六中全会和省委五届十次全会精神，学习《中共中央关于加强党同人民群众联系的决定》，提出继续加强廉政建设和党风建设。

二、第六届委员会全体会议

1991年1月19—22日，州委六届二次全会在吉首召开。会议传达中共十三届七中全会和省委六届二次全会精神，讨论形成《湘西土家族苗族自治州国民经济和社会发展第八个五年计划及十年规划设想》，确定未来10年湘西州经济和社会发展基本任务。1992年1月22—24日，州委六届三次全体（扩大）会议在吉首召开。会议传达贯彻中共十三届八中全会和省委六届三次全会精神，安排部署1992年工作。10月31日至11月1日，州委六届五次全体（扩大）会议在吉首召开。会议传达贯彻党的十四次代表大会精神，就如何学习贯彻十四大精神提出四点意见。1993年3月16—18日，州委六届六次全体（扩大）会议在吉首召开。会议传达贯彻省委六届五次全体（扩大）会议和全省专员州长市长会议精神，安排部署全州1993年各项工作。会议提出1993年全州工作指导思想，并就如何真抓实干提出四点意见。1994年1月20—22日，州委六届七次全体（扩大）会议在吉首召开。会议学习贯彻党的十四届三中全会、中央农村工作会议和省委六届六次全体（扩大）会议精神，总结1993年工作，部署1994年工作。州委书记石昌禄作题为《奋力拼搏，真抓实干，夺取我州改革开放和两个文明建设的新胜利》报告。会议确定以打好农业、工业、商贸改革和发展总体战为主线，推进建立现代企业制度、财税、金融等各项改革，培育乡镇企业、第三产业、个体私营经济和山地开发四个经济增长点。10月26—27日，州委六届八次全会在吉首召开。全会传达贯彻省委六届七次全会精神，学习《中共中央关于加强党的建设几个重大问题的决定》和省委贯彻四中全会《决定》意见，实施湘西州“八七”扶贫攻坚计划。1995年4月3日，州委六届九次全会在吉首召开。会议研究召开州委第七次代表大会有关问题，表决通过《中共湘西自治州委六届九次全会关于召开中共湘西自治州委第七次代表大会的决定》。6月25日，州委六届十次全会在吉首召开。会议听取州第七次党代表大会筹备工作情况报告；审议通过六届州委向州第七次党代表大会的工作报告（征求意见稿）；讨论通过州第七次党代表大会开会日期、议程（草案）和日程安排（草案）；酝酿确定出席省第七次党代表大会代表候选人预备人选建议名单。

三、第七届委员会全体会议

1995年7月5日，州委七届一次全体会议在吉首召开。全会审议通过《中共湘西自治州委关于加强自身建设的决定》，要求州委全会和州委常委会必须坚持民主决策、科学决策原则；州委成员必须廉洁自律。1996年10月2—4日，州委七届二次全体（扩大）会议在吉首召开。会议传达中央扶贫工作会议和省委七届二次全会精神，部署湘西州扶贫攻坚工作。会议表决通过《中共湘西土家族苗族自治州委关于加大扶贫攻坚力度的决议》。11月17—19日，州委七届三次全会在吉首召开。会议传达贯彻江泽民在十四届六中会上的讲话和王茂林在省委七届三次全会上的讲话，表决通过《州委关于贯彻落实党的十四届六中全会精神广泛深入开展社会主义精神文明建设活动的意见》。1997年4月12日，州委七届五次会全在吉首召开。会议酝酿确定湘西州出席省党代表会议代表，讨论通过《中共湘西自治州委关于在全州乡以上党政机关开展“三讲、三为、三实”思想作风建设活动的决议》。5月4日，州委七届六次全体（扩大）会议在吉首召开。全会选举产生湘西州出席省党代表会议代表14人。12月25日，州委七届七次全体（扩大）会议在吉首召开。会议进一步贯彻落实党的十七大精神，传达贯彻中央经济工作会议精神和省委七届五次全会精神，研究部署扶贫攻坚和经济工作。1998年10月12日，州委七届八次全体（扩大）会议在吉首召开。会议学习贯彻中共中央总书记江泽民在全国抗洪抢险总结表彰大会讲话，传达贯彻省委七届六次全会精神，州委书记彭对喜作《大力发扬伟大抗洪精神努力完成今年工作任务》报告，会议宣读《中共湘西州委关于认真贯彻落实〈中共湖南省委关于动员和组织全省人民发扬抗洪精神，重建家园，发展经济的决议〉的意见》。12月10—12日，州委七届九次全会在吉首召开。会议贯彻落实党的十五届三中全会精神，传达学习省委七届七次全会精神，审议通过《中共湘西自治州委关于贯彻〈中共中央关于农业和农村工作若干重大问题的决定〉实施意见》和《中共湘西自治州委关于进一步改善党群关系干群关系的若干意见》，全面部署湘西州新时期农业农村工作和思想政治建设工作。1999年5月29日，州委七届十次全会在吉首召开。是年8月22—23日，州委七届十一次全会在吉首召开。会议传达中央12号文件、省委12号文件和全省经济工作会议精神，讨论通过《关于保持我州国民经济持续快速健康发展的意见》。1999年12月24日，州委七届十二次全体（扩大）会议在吉首召开。会议研究全州跨世纪扶贫问题。州委书记彭对喜发表题为"为完成'稳定脱贫，逐步致富'的战略任务而努力奋斗"的讲话。会议表决通过《中共湘西自治州委员会关于加快扶贫开发步伐，努力实现"稳定脱贫，逐步致富"的决定》。

四、第八届委员会全体会议

2001年8月4日，州委八届三次全会在吉首召开。会议由州委书记彭对喜主持。州委副书记龙颂江作关于出席省第八次党代表大会代表候选人初步人选有关情况说明。大会以无记名投票方式确定全州出席省第八次党代表大会代表候选人预备人选。9月5日，州委八届四次全会在吉首召开。会议根据《党章》和《中共湖南省委关于做好省第八次党代表大会代表选举工作的通知》要求，选举产生湘西州出席中国共产党湖南省第八次代表大会代表35人。2002年12月7日，州委八届六次全体（扩大）会议在吉首召开。会上彭对喜就学习贯彻党的十六大精神、部署全州如何全面建设小康社会这两个问题发表讲话。会议表决通过《中共湘西自治州委关于深入学习贯彻落实党的十六大精神加快全面建设小康社会步伐的决议》，确定全州全面建设小康社会分三步走思路。2003年11月15日，州委八届七次全体会议在吉首召开。全会学习贯彻党的十六大三中全会和省委八届六次全会精神，审议通过《中共湘西自治州委关于深化经济体制改革，加快基础设施建设、产业建设、生态建设的决定》。2004年9月8日，州委八届八次全体会议在吉首召开。会议总结州委八届七次全会以来州委常委会工作，并对下一阶段工作进行安排部署。10月25日，州委八届九次全体会议在吉首召开。会议传达贯彻十六届四中全会和省委八届八次全会精神，安排部署加强党的执政能力建设工作。2005年8月19日，州委八届十次全体会议在吉首召开。会议学习贯彻省委八届九次全会精神，报告州委八届九次全会以来州委常委会工作，研究部署后段工作。11月6日，州委八届十一次全体会议在吉首召开。会议传达贯彻党的十六届五中全会和省委八届十次全会精神，总结全州"十五"计划工作，研究部署"十一五"时期全州经济社会发展重大问题。2006年5月26日，州委八届十二次全体会议在吉首召开。会议举手表决通过《中国共产党湘西土家族苗族自治州第八届委员会第十二次全体会议关于中国共产党湘西土家族苗族自治州第九次代表大会的决议》。会议决定中国共产党湘西土家族苗族自治州第九次代表大会定于2006年9月在吉首召开。9月16日，州委八届十三次全体会议在吉首召开。会议酝酿确定湘西州出席省第九次党代会代表候选人预备人选名单。9月20日，州委八届十三次全体会议（第二次会议）在吉首召开。会议讨论审议州委、州纪委工作报告和州委第九次党代会有关问题。根据《党章》有关规定，州委应于2005年9月换届，省委考虑到全省14个市州同步问题，湘西州委推迟换届。

五、第九届委员会全体会议

2006年12月26日，州委九届二次全体会议在吉首召开。会议传达省委经济工作精神，推荐全州出席党的十七大代表候选人初步人选。2007年12月12日，州委九届三次全体会议在吉首召开。会议报告州委九届一次全会以来的工作，审议通过《中共湘西自治州委关于认真学习贯彻党的十七大精神扎实推进富民强州的决定》。2008年12月26日，州委九届四次全会在吉首召开。会议审议通过《中共湘西自治州委关于加快推进农村改革发展的实施意见》。2009年10月13日，州委九届六次全会在吉首召开。会议审议通过《中共湘西自治州委关于加强和改进新形势下党的建设的意见》。2010年12月10日，州委九届七次全会在吉首召开。会议听取叶红专《关于制定湘西自治州国民经济和社会发展“十二五”规划纲要（草案）的说明》，审议并原则同意《湘西自治州国民经济和社会发展第十二个五年规划纲要（草案）》，表决通过州委九届七次全会决议。

第三节 州委常委会会议

一、第五届州委常委会会议

1989年6月1日，州委书记杨正午主持召开州委常委会。会议学习国务院总理李鹏讲话和《人民日报》社论，会议决定在任何情况下都要维护党的团结，反对资产阶级自由化，抓好廉政建设，清除腐败。

二、第六届州委常委会会议

1990年9月1日，州委书记郑培民主持召开第六次常委会（扩大）会议。会议学习全省地州市委书记、专员、市长、州长会议关于“统一思想、集中力量，打一场振兴工业的总体战”精神，会议确定全州组织州生产委员会，制定关于搞活企业生产和商业流通各10条措施，编制全州工业产品目录；组织180人工作组分赴54个企业帮助工作，重点帮助税利大户，加强资金调度和原材料安排，参与省珠海交易会和组织吉首交易会，调剂650万元资金用于小改小革，成立全州工业发展后劲研究班子等。会议要求把有关各方面力量动员起来形成合力，组织起振兴全州工业的“大合唱”。州拟组织综合服务组、生产调度组和重点企业生产组，并组成若干工作组，下到企业帮助工作。进一步搞好企业第二轮承包，加强企业内部管理，加强企业技术改造工作。用足用好现有政策。层层建立健全责任制，并及时开展检查督办。对好的部门和个人给予适当精神物质鼓励。1991年8月28日，郑培民主持召开州委常委会议。会议学习中共中央、国务院关于苏联局势的通知及省委常委学习讨论中央精神的会议纪要。州委要求全州各级党政领导和党员干部坚决严格政治纪律，思想上政治上与中共中央保持高度一致，不自作主张，不各行其是。引导党员干部群众明确划清马克思主义与反马克思主义、社会主义与资本主义、科学社会主义与民主社会主义的界限，筑起抵御和平演变的钢铁长城。12月3日，郑培民主持召开第17次州委常委（扩大）会议。会议决定建立州委常委定期听取政府工作汇报制度，每季度安排一次，研究带全局性的重大经济问题，提出指导性意见，及时帮助解决经济工作中的突出问题。1992年1月，州委书记郑培民主持召开第一次州委常委会会议。会议听取省计划会议精神和1991年全州国民经济和社会发展情况汇报，决定今后把经济工作重点转到调整结构、提高效益的轨道上来，加快改革开放步伐，加速科学技术向现实生产力转化；继续稳定以家庭联产承包为主的责任制，不断完善统分结合双层经营体制，发展社会化服务体系，逐步壮大集体经济；加快工业结构调整和企业经营机制转换，提高经济效益；对一些重点项目继续实行倾斜。1994年6月25日，州委书记石昌禄主持召开州委常委扩大会议,会议听取全州工业情况汇报，研究加快工业发展具体措施。1995年2月22日，石昌禄主持召开第六次常委会会议。会议听取州计划、物价、以工代赈、财政、金融工作汇报。会议提出抓好菜篮子、米袋子工程，切实加强物价监管。对争取以工代赈计划外的无偿资金实行激励机制，由州政府研究制定一个综合性的奖励方案；财政在保正常工资、正常支付、重点建设项目前提下，尽可能增加精神文明建设经费。财源建设一个项目一个项目、一个县（市）一个县（市）研究。会议对财源预算留有余地，考虑到个别特困企业发不出工资、个别不稳定因素妥善予以安排；金融工作坚决盘活资金存量，严格控制消费基金过快增长。企业投入重点用于技改，而不能用于消费，不能修高级房子，买高级轿车。积极向上争取政策，以得到政策上倾斜。建行和农行各承担一、两户企业扶持任务，为工行分担困难。其间，州委常委会会议主要议题为反对和平演变、审定州“八五”计划纲要、打工业总体战、扶贫攻坚、农村教育、经济体制改革、农村和城市社会主义教育等问题。

三、第七届州委常委会会议

1995年10月18日，州委书记李大伦主持召开第十九次常委会扩大会议。会议传达省第七次党代表大会精神，通报赴省汇报州庆项目和州庆活动情况及州希望工程汇报团在沪活动情况。会议决定把州民族中学建成全省一流水平、名副其实的重点中学；重点抓好凤凰县廖家桥职中建设；建200所希望学校；希望工程基金达到3000万元，年内完成1500万元目标任务。县（市）10%希望工程基金足额上交到位。会议议定成立州希望工程省外引资工作小组，开展引资工作。10月底，召开全州希望工程工作会议，部署普及九年义务教育工作。11月中旬以后集中精力抓农田基础设施建设和山地开发，突出抓好农户自身投入。抓紧做好州直副处级、县（市）直副科级以上干部每人扶持1户贫困户建卡上册工作。

1996年5月31日，李大伦主持召开第十七次州委常委会会议。会议听取州委调查组关于全州实施“六六温饱脱贫工程”情况和粮食生产情况调查汇报。提出各级各部门围绕实施“六六温饱脱贫工程”开展扶贫攻坚，州、县（市）分别成立领导小组，由分管农业的副书记和副州长、副县（市）长为主抓；制定项目审批与资金管理暂行办法，对各个渠道扶贫资金统筹安排，配套使用；加大对70个特贫乡镇扶持力度，实行造册登记、重点管理；组织扶贫攻坚工作组进驻到重点村，州、县（市）直局以上单位每个单位负责扶持1个特贫村。每个工作组成员不少于5人，其中有1名国家干部挂职。

1997年1月6日，李大伦主持召开第一次州委常委会扩大会议。会议组织学习中共中央、国务院《关于切实做好减轻农民负担工作的决定》和省纪委、省监察厅《关于向农民乱收费乱罚款乱集资摊派等违法违纪行为的处理办法（试行）》，听取州减负办关于1996年全州农民负担情况和主要问题及1997年减负工作意见汇报。会议决定春节前召开全州减轻农民负担工作会议，研究部署全州1997年减负工作。以县（市）为单位，举办有村党支部书记参加的农村基层干部培训班；州委党校分期分批开展乡镇党委书记培训。通过学习，划清农民承担合理费用与通过“三乱”加重农民负担界限，农民承担合理义务工、积累工与加重农民负担界限，农民承担合理费用与依法征收税费界限，做到有政策依据负担费用积极收取，不该收取的费用一分钱不能收；州、县（市）农民负担监督管理办和纪委、监察、督查部门实施专项治理：坚决禁止在结婚登记、中小学生就学、农村建房和计划生育指标等审批办理过程中向农民搭车收费；坚决治理向农民乱集资、乱罚款、乱摊派；坚决制止在税费收取工作中随意动用专政工具，非法抓人、关押人和没收、毁坏农民家庭财物等行为。强化监督制约机制，全面推行农民负担监督卡，力争负担卡入户率100%。州、县（市）人大常委会就贯彻执行《中华人民共和国农业法》《农民承担费用和劳务管理条例》情况开展一次全面检查，发现问题及时处理到位。

1998年3月30日，州委书记彭对喜主持召开第八次州委常委会会议。会议听取关于《湘西自治州1998—2000年扶贫攻坚规划（送审稿）》汇报，就如何制定好全州后三年规划展开讨论。会议要求《湘西自治州1998—2000年扶贫攻坚规划（送审稿）》对照省委17号文件再作进一步修改。具体指导思想：打开禁锢思想的种种枷锁，特别强调发展以民营经济为主体的县域经济；抓住几个主要指标、突出重点项目；国内生产总值年递增目标8%；就不同海拔地区不同特点，逐个规划论证，把发展科技含量高的项目作为主攻方向；用产业化思想搞好农村三大支柱产业建设，做到有生产基地、有科技作依托、有“龙头”企业；走扶贫开发与控制人口数量提高人口素质相结合路子；通过搞一个辐射面广牵动力强项目，把千家万户串在一起；政府尽可能增加投入；三年规划修改与各部门衔接，听取人大、政协领导意见、老干部意见和专家意见，形成积极可行的三年规划。

1999年7月22日，彭对喜主持召开第十二次州委常委会会议，传达全省市州县和省直单位党委（党组）负责人会议精神，审议湘西州为省委、省政府代拟的关于支持湘西土家族苗族自治州继续攻坚稳定脱贫的意见。会议决定，抽调人员组成专门班子，根据本次会议初步审议要求，对现有讨论稿作进一步修改和完善，并于近期内将修改稿提交州委常委会审定后报省。9月2日，彭对喜主持召开第17次州委常委会（扩大）会议，听取州直国有企业改革和全州城镇职工基本医疗保险制度改革方案、选拔大中专毕业生到农村基层工作等有关事项汇报，审定部分州直单位机构编制调整方案。会议决定由11名州级领导分别抓10户企业改革改制试点。负责办点的人每月深入试点企业调查研究几次，帮助解决实际问题。各试点企业，派出由企业主管部门1名处级干部任组长的3~5人工作组常驻，专抓企业改革改制。与此同时把相关职能部门作为协调服务单位确定到改革改制试点企业，并对其工作情况予以考核。整个企业改革改制试点工作由州企改办负责组织、协调、督查、考核。州直各企业主管部门、各县市按州里模式选好各自的试点企业，并做好试点企业改革改制工作。年底完成全州城镇职工基本医疗制度改革各项准备工作，翌年1月起正式组织实施。会议原则同意《湘西州建立城镇职工基本医疗保险制度实施办法》，要求修改完善后报省审批，由州政府发文实施。全州医疗保险制度改革总原则是：积极推进，稳步实施，以收定支，收支平衡。已先行试点的州直和花垣县于是年12月1日起正式实施，其他各县（市）于翌年1月1日全面实施。实行以县（市）为单位统筹，创造条件逐步过渡到以州为单位统筹。考虑到全州职工个人承受能力，采取记入个人账户比例略高于省定比例，个人自付比例略低于省定比例办法。补充医疗保险具体办法由州有关部门另行制定。对不属于医疗保险项目的职工工伤、职业病、生育医疗费用，仍按原渠道解决，已实行工伤、生育保险的按新规定执行。副州级以上领导干部和享受副州级3项待遇退休人员按规定参加基本医疗保险补贴的具体办法待国务院规定下达后执行。会议同意是年9月召开专门会议，具体部署全州医疗保险制度改革工作。2000年1月8日，彭对喜主持召开第一次州委常委会会议。会议原则批准吉首市委、市政府关于开发乾州新区以及市委、市人大常委会、市政府、市政协机关迁建至乾州新区的有关方案。会议议定支持吉首市乾州新区开发建设及市级机关迁建工作。7月5日，彭对喜主持召开第11次州委常委会会议。会议听取全州“十五”计划及2010年长期规划基本思路、全州2001—2015年交通发展规划、全州2001—2005年旅游产业发展规划，会议原则同意《湘西自治州国民经济和社会发展“十五”计划和2010年长期规划基本思路（送审稿）》。会议提出把基础设施（主要是交通、水利）带动战略、民营带动战略、旅游带动战略、科教兴州战略、可持续发展战略作为基本发展战略。会议原则同意《全州2001—2015年交通发展规划》。会议提出全州交通发展战略思路突出干线公路升级改造，建设便捷进出州公路大通道，实现州内高等级公路网络化，加快乡村公路建设，改善港口、站场设施，提高综合运输能力。会议提出重点抓好“十五”时期内交通规划，国道319州境公路全线建设高速公路，国道209州境公路建设高速公路。“十五”期内，依托张家界荷花机场和铜仁大兴机场航空港同时，建设吉首市、猛洞河风景区直升机场。会议原则同意《湘西自治州旅游产业发展规划（草案）》，提出“十五”时期全州旅游业发展思路是实施“猛洞河—吉首—凤凰”一条线开发，突出猛洞河生态旅游、吉首民俗风情游、凤凰历史文化名城游三大特色，旅游业在“十五”后期发展成为全州支柱产业之一。会议议定州委、州政府出台加快旅游业发展的文件。8月5日，彭对喜主持召开第13次州委常委会会议。会议听取关于全州进入西部大开发范围有关情况汇报。会议提出围绕国家实施西部大开发战略出台一系列政策；集中精力抓好第一批西部大开发项目的启动和实施。会议要求基础设施项目以公路建设、碗米坡电站、“两网”改造、县城扩容和小城镇建设为重点。生态环境项目按照建设生态州总目标制定实施规划。提升全州传统产业、产品档次同时，培育新的经济增长点。加大基础教育投入，依托吉首大学调整高校结构，为扶贫攻坚和实施西部大开发提供科技和人才支持。建立农村科技培训网络。会议要求州、县（市）做好参与西部大开发总体规划和各专业规划。总体规划框架8月下旬出台，专业规划年底完成，详细规划于翌年2月底拿出初稿。其间，州委常委会会议主要议题是研究加快工业发展、建立现代企业制度、以工代赈、希望工程、物价、金融、六六温饱脱贫工程、扶贫攻坚、减轻农民负担、开发乾州新区、旅游业发展等问题。

四、第八届州委常委会会议

2001年2月5日，彭对喜主持召开第三次州委常委会会议。会议审议并原则同意《州委州政府关于实施生态州建设战略的意见（讨论稿）》，会议决定实施生态州建设发展战略，用30年左右时间分三个阶段建立良性生态系统。

2002年3月26日，彭对喜主持召开第七次州委常委会会议。会议听取全州国有企业改革工作情况汇报，会议认为，以产权制度改革为重点，积极稳妥地推进国企改革工作。会议议定从州经贸委、劳动和社会保障局、财政局、国土资源局、中级人民法院、建设局、民政局、州人行等部门抽调人员集中办公，充实州改制办工作力量；分别由彭对喜、武吉海、龙爱东、向后兴、田家贵、杨先杰、黄秀兰挂点，组成相应工作组。重点抓好吉首纺织厂、州塑料厂、州轻工机械厂、州机床厂、州七一化工厂、州外贸化工厂6户企业改革改制和州洗溪磷矿、州煤炭冶化厂人员分流、破产工作。下发深化国有企业改革规范性文件。

2003年4月12日，州委书记主持召开第六次州委常委会会议。会议传达全省对外开放工作会议精神，研究贯彻意见。会议原则同意州外经局汇报的贯彻意见。会议要求加大宣传力度，营造对外开放的舆论氛围；建立健全招商引资领导机构；优化招商引资工作环境，落实已出台的招商引资政策；搞好项目储备，开发一批效益好有吸引力项目。会议议定近期组织督查组，对各县市贯彻落实是年招商引资工作会议精神进行一次督查，并根据督查情况，提出改进意见；乾州工业园区成立领导班子，迅速启动运转。10月10日，州委书记主持召开第19次州委常委会会议。听取全州经济工作情况汇报，会议要求从翌年起，建立州委常委会议每季度听取一次经济工作情况汇报制度；实行县市经济工作指标完成情况和州直经济综合部门工作任务完成情况每季定期通报制度；加大对州级领导联系重点工作、重点项目、重点工程和重点企业服务监督力度。

2004年10月9日，州委书记主持召开第20次州委常委会会议，听取全州扶贫开发工作汇报。会议要求州扶贫开发办、州建整扶贫办等有关部门根据此次州委常委会会议意见，提出具体实施方案并出台具体管理办法。会议议定把2005年启动首轮整村推进扶贫开发工作与正在实施的以2005年为期的州、县（市）直单位驻村扶贫和选派干部到90个边远特困村驻村扶贫工作衔接起来。原定驻村扶贫做好扫尾工作，新启动整村推进扶贫实行单位包村、干部挂户、队员驻村扶贫模式，由州直归口管理单位或有实力单位牵头，选派优秀干部，一驻两年，原则上中途不换人，并且实行目标管理。

2005年1月23日，州委书记主持召开第三次州委常委会会议，传达省委保持共产党员先进性教育活动工作会议精神，研究贯彻意见。会议原则同意《中共湘西自治州委关于贯彻落实〈中共中央关于在全党开展以实践“三个代表”重要思想为主要内容的保持共产党员先进性教育意见〉的实施意见（建议稿）》和《湘西自治州第一批先进性教育活动实施办法》；会议决定将8个县（市）和州直148个单位作为第一批开展教育活动单位，并组织18个督导组，赴县市和州直开展督导工作。督导组成员组成由孙剑森根据此次州委常委会会议讨论意见把关；2月2日在吉首召开州委保持共产党员先进性教育活动动员大会。

2006年5月12日，州委书记主持召开第九次州委常委会会议。会议传达省委召开的抓住中部崛起机遇、加速推进湖南新型工业化座谈会精神，研究贯彻意见。会议要求全州各级各部门学习贯彻此次座谈会精神，采取行之有效的措施，加速推进全州新型工业化，把工业放在优先发展位置；

突出全州工业发展重点。抓好优势产业，依靠全州优势资源，延伸产业链条，催生产业集群，注重培养高素质企业家队伍。抓好项目建设，特别抓好大项目、高新技术项目和新项目建设。其间，州委常委会会议主要议题是实施扶贫攻坚、全州医疗保险制度改革、州直国有企业改革 、选拔高校毕业生到农村基层工作、开发乾州新区、“三讲”教育、全州“十五”计划及2010年长期规划基本思路等问题。

五、第九届州委常委会会议

2007年8月21日，州委书记主持召开第17次州委常委会会议。会议听取凤凰县“8·13”堤溪大桥垮塌事故情况、全州安全生产情况汇报。会议要求全州各级各部门以对党和人民高度负责态度，切实增强安全生产责任感，深刻吸取“8·13”事故惨痛教训，贯彻落实中央和省领导批示精神，举一反三，切实抓好安全生产工作，制止群死群伤重特大安全生产事故发生。会议决定建立和完善安全生产工作机制，建立健全安全隐患整改台账，一个问题一个问题解决。落实责任追究制度，对导致安全生产事故发生的单位和个人及时严肃处理。

2008年9月4日，州委书记何泽中主持召开第13次州委常委会扩大会议。会议通报9月3—4日吉首因非法集资引发大规模群性体事件有关情况，研究处置意见。会议要求全州各级各部门要把妥善处理和化解民间非法集资事件作为压倒一切大事来抓，举全州之力，做好化解工作，尽力把群众损失降到最低限度，严防出现集资企业主携款潜逃和人身安全事故，严防出现集资企业同时或连环崩盘现象，严防发生群体性突发事件，确保全州经济社会大局稳定。会议强调全体州级干部要主动做好分管单位干部工作，并下发关于做好处置非法集资、维护社会稳定紧急通知，要求各县（市）认真处理和化解非法集资问题，防止集资人员进县进州闹事，特别防止堵塞交通事件发生，严密监控县（市）内民间集资企业生事。纪委、组织、宣传等部门组织力量，摄录闹事现场，制成光盘，为此后给参与闹事干部职工党纪政纪处分提供证据。用宣传车把几个公告在主要路段进行宣传。所有新闻信息报送、新闻宣传稿件实行通稿制，由秦国文把关，州委办、州政府办、州处非办加强协调。12月2日，何泽中主持召开第28次州委常委会会议。会议决定12月下旬在吉首召开州委九届四次全会，专门研究部署全州农村改革发展工作。

2009年3月5日，何泽中主持召开第七次州委常委会会议。会议传达全省加速推进新型工业化会议精神，研究贯彻意见。会议对2008年全州加速推进新型工业化工作给予充分肯定。会议原则同意州经委汇报的贯彻意见。会议要求支持工业企业保增长，突出解决当前企业发展资金困难等问题，积极搭建银企合作平台，创新金融服务机制，支持中小企业信用担保机构发展，按照现代企业管理要求，建立州本级中小企业信用担保公司；着力培育锰、锌、钒、光伏、生物产业集群，做大做强5个百亿优势产业；用好用活政策，废除束缚企业发展各项规章制度，集中精力整治和优化经济社会发展环境；选派懂工业经济、有管理能力干部到县（市）挂职；明确县（市）委专职副书记抓工业，州直5个行管办资源实行整合，选派100名干部到企业帮助工作，与企业党建联络员结合起来，鼓励大学生到企业工作。2010年7月12日，何泽中主持召开第12次州委常委会会议。会议传达贯彻全国西部大开发工作会议精神。会议要求全州各级各部门要抓紧湘西州与西部大开发战略对接，找准湘西州发展切入点、关键点和对接点，发挥优势，用好用足政策。会议议定由州发改委牵头，州直有关单位参与，组成专门班子编制全州实施西部大开发十年规划，与全州“十二五”规划（2011—2015年）编制衔接，7月底前形成具体成果送审。10月8日，何泽中主持召开第19次州委常委会会议。会议听取花垣县锰、铅锌矿山整治整合工作情况汇报。会议议定由州人民政府依法把关并批转《花垣县民乐锰矿区资源整合实施方案》《花垣县铅锌矿区资源整合实施方案》；州安监局、国土资源局等部门安排专门技术人员常驻花垣县，配合省安监局专家开展工作；州财政安排500万元用于花垣县整治整合工作；州政府协调金融机构，帮助解决花垣县整合工作所需贷款资金。其间，州委常委会会议主要议题为招商引资、扶贫开发、乾州工业园区、保持共产党员先进性教育、推进全州新型工业化、贯彻党的十七大精神、处理非法集资、湘西与西部大开发战略对接、编制全州实施西部大开发十年规划与全州“十二五”规划编制衔接等问题。

第三章　决策纪要

第一节　物质文明建设

1989年11月，州委五届五次全体（扩大）会议提出把农业作为第一位经济工作，实现稳定脱贫；坚持财政信贷“双紧”方针，真心实意过紧日子。1991年1月，州委讨论形成《湘西土家族苗族自治州国民经济和社会发展第八个五年计划及十年规划设想》，确定未来10年湘西州经济和社会发展基本任务：“八五”基本解决温饱问题，“九五”实现稳定脱贫，农民生活达到宽裕水平；加强基础设施和基础产业建设，合理调整产业产品结构，全面提高经济效益；发展商业和对外贸易，培育社会主义市场体系，搞活城乡商品流通。同时加速四省边区贸易设施建设，初步形成以吉首为中心的四省边区商品集散地。“八五”技术进步在经济增长中的比重达到35%以上，“九五”达到45%以上。“八五”重点加强职业教育，基本普及初中教育；“九五”基本扫除青壮年文盲，基本实现九年义务教育。12月，第十七次州委常委会（扩大）会议决定建立州委常委定期听取政府工作汇报制度，每季度安排一次，研究带全局性重大经济问题，提出指导性意见，解决经济工作突出问题。

1992年1月，州委决定把经济工作重点转移到调整结构提高效益轨道上来，加快改革开放步伐，加速科学技术向现实生产力转化；完善统分结合双层经营体制，发展社会化服务体系，逐步壮大集体经济；加快工业结构调整和企业经营机制转换；对一些重点项目继续实行倾斜。5月，州委提出做好国有土地有偿使用制度改革、与沿海发达地区进行干部交流起步工作；清理全州临时性机构；清理不利于改革开放和制约经济发展的文件；复查清理明显不符合中央2号文件精神的部分经济案件；建立特厂特店制度，陆续制定出台若干促进改革开放和经济发展的具体政策和规定。1993年3月，州委六届六次全体（扩大）会议提出以建立社会主义市场经济体制为目标，实行全方位开放，集中精力把经济建设搞上去，确保国民经济既快又好持续发展。要求各级各部门突出中心，形成齐心协力抓经济建设合力；搞活人才使用机制。同时提出推进农村改革，引导农民走向市场，发展“两高一优”农业；工商企业以转换企业经营机制、落实企业自主权、把企业推向市场为重点，开展“三项制度”改革，有领导、有步骤地进行股份制和股份合作制以及国有民营等改革试点；探索公有制实现形式，发展非公有制经济，发展个体私营经济，单一所有制结构逐步被以公有制为主体、多种经济成份并存的所有制结构所代替；单一分配制度逐步被以按劳分配为主体、其他方式为补充的分配制度所代替；社会保障制度改革向政事分开、统一领导、分级管理、强化监督体制推进；各级政府各部门转变职能，逐渐改变统得过死状况，着力于执法、协调、咨询、指导、保障服务，党政机关与所办经济实体基本脱钩。

1994年1月，州委提出围绕到20世纪末初步建立社会主义市场经济体制，实现稳定脱贫奔小康两大奋斗目标，推进建立现代企业制度、财税、金融等改革，培育乡镇企业、第三产业、个体私营经济和山地开发四个经济增长点。1996年10月，州委七届二次全体（扩大）会议表决通过《中共湘西土家族苗族自治州委关于加大扶贫攻坚力度的决议》，提出严格控制人口，依法保护耕地，稳定发展粮食生产；推进农业产业化进程，在贫困乡村建立种植业、养植业、乡镇企业连环发展高效农业体系；大搞农田水利建设，建设稳产高产农田；选派500名干部下村任职，州、县（市）单位包村扶贫。1998年2月，州委经济工作会议研究和部署全州3年扶贫攻坚工作，6月，州委出台《关于加快民营经济发展的若干意见》，部署全州实施以民营经济为主体的县域经济发展战略；同时州委出台《关于加强基本农田建设的决定》，动员和组织全州干部群众全力以赴投入农田水利第三次创业，提出到2000年全州实现新增1.33万公顷旱涝保收农田和农民人均拥有0.03公顷口粮田目标。12月，州委通过《中共湘西自治州委关于贯彻〈中共中央关于农业和农村工作若干重大问题的决定〉的实施意见》，全面部署全州新时期农业农村工作，坚持以扶贫攻坚为中心，把农业放在经济工作首位；长期稳定党在农村基本政策，深化农村改革；狠抓农村支柱产业开发，加速农业产业化进程；以发展乡镇企业为重点，推进民营经济快速发展；推进以口粮田土为重点的农业基础设施建设，确保农业可持续发展；坚持科教兴农，发展优势高产高效农业；完善农业投入机制，加大对农业投入力度；集中人力财力扶贫到村入户，加快稳定脱贫步伐；加强党对农村工作的领导。

1999年8月，州委在《关于保持湘西州国民经济持续快速健康发展的意见》中提出加快投资工作力度，确保投资需求较快增长；增加城镇中低收入居民收入，促进居民扩大消费；采取有效措施，力争农民收入稳定增加；千方百计扩大出口，积极有效利用外资；继续推进国有企业改革，提高整体经济效益；把握发展机遇，切实抓好中央和省委决策贯彻落实。12月，州委七届十二次全体（扩大）会议研究全州跨世纪扶贫问题，落实省委、省政府审批的《关于继续支持湘西土家族苗族自治州扶贫攻坚的意见》，审议通过《中共湘西自治州委关于加快扶贫开发步伐，努力实现“稳定脱贫，逐步致富”的决定》，对全州扶贫工作作出重要部署：坚持以扶贫攻坚为中心；坚持把扶贫开发政策措施落实到贫困村、贫困户；加强基础设施建设，改善生产生活条件；推进农业产业建设，促进农民稳定脱贫奔小康；实施科教扶贫，把扶贫开发逐步转移到依靠科技进步和提高劳动者素质上来；发展民营经济，促进农村扶贫；加强生态环境建设，全面实施建设生态州发展战略；切实加强对扶贫开发工作领导。2000年1月，第一次州委常委会会议原则批准关于开发乾州新区有关方案，支持吉首市乾州新区开发建设，成立州乾州新区建设协调领导小组；州财政支持乾州新区开发建设和市级机关迁建；对乾州新区开发建设及迁建工作涉及税费给予优惠，对办理有关手续提供便利。会议要求乾州新区开发建设按照“高起点规划，高水平建设，高科技含量”要求，用10～15年时间，新区建成区面积达到10平方公里以上、人口达到10万～15万人，城市经济总量在现有基础上实现翻两番的目标。新区开发建设特别注意定位和规划，突出“州府、民族地区、边区、生产型、生态型特色，以建设科技工业园、专业批发市场、龙头企业等为支撑，以功能完善中等规模城市为目标”的指导思想；开发建设融资引入市场机制，按市场经济规律办事，原则上停止土地行政划拨，通过土地拍卖、招商引资、放开民间投资等措施吸引资金，继续争取国债资金；坚持一手抓新区建设，一手抓老城改造，老城建筑原则上只准拆不准再建，尽力恢复绿地和休闲地。9月，州委第八次党代表大会审议通过《州委关于州国民经济和社会发展“十五”计划及2010年长期规划的建议》，建设以椪柑、猕猴桃为主的林果业，以牛羊、生猪为主的畜牧水产业，以烤烟、油菜为主的种植业三大支柱产业。同时，州委按照“抓大放小”的方针，加快企业改革改制步伐，按照“不论所有，但求发展”的原则，实施以民营经济为主体的县域经济发展战略，州委制定发展民营经济“二十条”。

2001年1月，州委分三个层次推进扶贫攻坚，即抓好1500个左右已解决温饱村稳定脱贫，抓好300个小康示范村建设，抓好700个贫困村和90个边远特困村扶贫攻坚。全州派出1656名干部进驻700个村开展扶贫攻坚工作。对90个边远特困村采取新扶贫机制，集中人力物力财力攻坚，公开选拔224名干部到90个边远特困村任党支部书记、科技副主任、村小学校长，一定5年不变，不脱贫不脱钩。4月，州委出台《关于加快生态州建设的意见》、《关于退耕还林的意见》，从州委书记、州长到项目区农户建立退耕还林责任制，州、县（市）党委、人大、政府、政协、军分区（人武部）及林业部门、乡镇负责人均办退耕还林示范样板点，搞好资金、种苗和技术服务，全州规划设计小流域综合治理模式及推广十几种退耕还林生态经济发展模式。5月，州委贯彻朱镕基总理在湘西州视察时的重要指示和省委、省政府召开的湘西自治州开发工作会议精神，审议并通过《中共湘西自治州委关于抓住西部大开发机遇，进一步解放思想，加快发展的决议》，全州安排重点项目47个，其中在建项目42个，固定资产投资26.3亿元。州委制定《关于加强旅游产业发展的决定》《湘西州旅游产业管理若干规定》《湘西州2001—2010年旅游发展规划》及凤凰古城、小溪生态旅游区、猛洞河、王村古镇、老司城、不二门等旅游区保护和开发规划，突出“凤凰—吉首—猛洞河”三点一线开发。2002年1月，州委提出全州经济工作以农业和农村经济结构调整为主线，坚持抓退耕还林与生态家园富民计划实施，推进农业产业化进程；以扩大有效经济总量为首选，坚持抓传统工业提升与生态工业发展，推进工业化进程；以建设生态城镇为重点，坚持抓城市扩容提质与城市依法管理，推进城镇化进程。同时州委出台《关于加快文化产业发展的若干意见》，启动州影视文化中心等八大工程建设。12月，州委通过《中共湘西自治州委关于深入学习贯彻落实中共十六大精神，加快全面建设小康社会步伐的决议》，确定全州建设小康社会分三步走思路：第一步，2003—2005年，调整经济结构，提高经济增长质量，实现国内生产总值100亿元（2000年不变价，下同），人均3650元（440美元），财政收入达到8.8亿元，城镇人均可支配收入达到5300元，农民人均纯收入达到1800元，恩格尔系数降至54%，稳定解决温饱，为全面建设小康社会奠定良好基础。第二步，2006—2010年，全州实现国内生产总值140亿元，人均5300元（640美元），财政收入达到12亿元，城镇人均可支配收入达到6400元，农民人均纯收入达到2400元，恩格尔系数降至50%，人民生活明显改善，开始步入小康社会。第三步，2011—2020年，实现跨越式发展和文明发展，全州实现国内生产总值300亿元，人均9800元（1200美元），财政收入达到25亿元，城镇人均可支配收入达到8400元，农民人均纯收入达到4600元，恩格尔系数降至45%，人民生活比较富足，全面实现小康社会目标。此外州委分三个层次推进城镇化建设：以乾州新区开发为重点，抓州府吉首市建设，完成中等城市架构；以扩大县城容量，完善城镇基础设施为重点，把城镇建设民营小区、工业小区和市场建设结合起来，加快二、三产业发展，吸纳大量农村富余劳动力向非农村产业转移，加快农村建制镇建设。推进民营经济带动战略，重点通过发展股份制、股份合作制经济，鼓励和支持民营经济参与国有、集体企业改革改制，提高民营经济运行质量。

2003年年初，州委将16户重点企业、20个重点建设项目、19个重点招商引资项目捆绑到州级领导，重要经济工作按月调度，按季通报。各县市亦按照州委的要求将重点工作、重点企业、重点建设项目、重点招商引资项目捆绑到县市领导。11月，州委审议通过《中共湘西自治州委关于深化经济体制改革，加快基础设施建设、产业建设、生态建设的决定》，提出加快基础设施建设，构筑发展平台；加快产业建设，提高发展水平；加快生态建设，实现可持续发展；深化经济体制改革，为发展提供动力。是年，州委落实抗灾救灾工作责任制，州委常委均深入抗灾第一线组织干部群众抗灾救灾。全州拨付救灾资金4000

多万元，灾区较快地恢复通电、通水、通路，同时安排灾民建房，毁房户春节前全部搬进新居。州委还专门召开就业再就业会议和发展劳务经济会议，安排部署再就业工作和发展劳务经济工作，要求各级党委政府以增加就业岗位为目标，狠抓领导责任、政策措施、就业资金、培训服务、广辟就业渠道等工作落实。全州新增城镇就业 2.2 万人，其中下岗失业人员再就业 1.4 万人。全州劳务输出人员 35 万人，劳务收入 14 亿元。是年，全州拟定 109 个文化产业建设项目，启动 67 个。开展州、县（市）直机关联系下岗职工家庭活动，各种渠道投入扶贫资金 3.71 亿元。州委突出抓国有骨干企业改革改制，完成 88 户国有企业改革改制任务。全州在建 65 个重点项目，有 34 个超额完成任务。其中张（家界）罗（依溪）公路、农网改造、吉首雅溪民营小区二期工程等项目全部竣工。常（德）吉（首）高速公路州内段完成征地拆迁工作。县际公路改造完成 340 公里。碗米坡水电站第一台机组正式发电。退耕还林完成 8.11 万公顷。全年引进外资 1513 万美元，增长 50%；引进内资项目 133 个，到位资金 7.5 亿元，增长 48.6%。2004 年 9 月，州委利用国家实施西部开发的发展机遇，围绕项目建设、骨干企业、结构调整、文化旅游、招商引资、科教兴州 6 个工作重点，推进基础设施建设、产业建设和生态建设。州委把十大标志性工程和 100 个重点项目作为重中之重。碗米坡电站 3 台机组全部投产发电。泸溪 22 万伏输变电站投入试营运。常吉高速公路州内段全线开工，完成投资 7.5 亿元。高家坝水库 6 号坝浇筑至 328 米高程，配套工程全部完成。凤（凰）大（兴）公路建设进展顺利。吉凤工业园完成征地，道路工程开工建设。全州县际公路建设改造、病险水库治理、中小学危房改造等项目进展顺利。39 个项目进入湘西州开发产业建设规划，总投资 67.5 亿元，申请银行贷款 36.5 亿元。

2005 年，州委实施人才强州战略，出台《关于加强人才工作的实施意见》《关于引进人才为湘西州经济建设服务的意见》等，建立和完善人才市场，全面推行教育人事制度改革。出台《关于发展民族民间文化产业的若干优惠政策》等文件，启动民族民间文化遗产保护工程。按照“做大支柱产业、提升传统产业、发展新型产业”思路，州委把加快工业发展作为产业建设重中之重，突出工业在经济工作中主导地位，着力培育优势产业和骨干企业。建设吉凤工业园、吉庄工业园等 8 个工业园区。2007 年，州委把推进新型工业化作为富民强州第一推动力，坚持以吉凤经济开发区等 8 个工业园区为重点，全年引进 86 家规模企业，园区实现工业增加值 6.22 亿元。突出锰锌加工、食品加工、生物医药三大优势产业，全州有 33 户企业年销售收入过亿元，26 户企业年上缴税收过千万元，三大产业集群实现增加值 41.1 亿元，增长 28.8%。突出湘泉制药新药生产线、金山实业酒精生产线、东方锰业集团等和 50 个湘西地区开发产业项目及 50 个投资 500 万元以上工业技改项目。突出椪柑、烟叶、中药材、草食牧业及名优水产品等规模基地建设，全州各类农产品基地发展到 16 万公顷，其中以椪柑为主的水果产业面积达 8.4 万公顷。

2008 年，州委印发《关于加快推进新型工业化的若干意见》《关于加快推进农业产业化的若干意见》《关于加快推进旅游产业发展的若干意见》《关于加强经济社会发展软环境建设的若干意见》等文件，把新型工业、农业产业、生态文化旅游产业作为湘西州经济发展三大支柱产业。主动承接产业转移，签署《关于湘西自治州与广州市经济社会发展合作框架协议》《关于支持开发建设湘西(广州)工业园合作协议》。组建承接产业转移领导班子和工作班子，组织招商小分队赴广东开展驻点招商活动；邀请驻长沙的浙江、广东、江苏、深圳、温州、泉州等地湖南商会到湘西州经商办企业，签订 14 个项目协议。全年招商引资到位资金 41 亿元，增长 21%。开展对接合作，签署 61 个校地合作和科技创新合作项目；与湖南有色金属控股集团签署全面战略合作协议，投资 50 亿元的江苏三房巷集团多晶硅项目落户吉首；与国家开发银行签署合作协议，实施在建技术改造项目 103 个，完成技术改造投资 26 亿元，同比增长 30%；湘西州地区开发第二批 52 个产业项目完成投资 3.8 亿元，实施 10 个投资 5000 万元以上工业技改项目。加快吉凤工业园、吉庄工业园、武溪工业园、钟灵山工业园建设，全州各类工业园区累计入园企业 131 家。州委紧扣旅游增长点，提出“建设一个龙头、一个集散中心、两条风景线、三个核心景点圈、实现六个增值”的旅游产业发展思路。努力破解湘西州发展地理困境，常吉高速是年正式通车。吉茶高速完成投资 20 亿元，吉怀高速、张花高速、永龙公路、迁河公路、下沱公路开工建设，县乡公路改造完成路基 255 公里、路面 233 公里，村级公路竣工 250 公里，硬化村间道路 1100 余公里。启动第三期农网改造工程。实施州级领导联系重点项目、重点企业、重点产业“三联”制度，加强指导、协调、服务和督查。

2009 年，州委坚持把保持经济社会平稳较快发展作为首要任务，突出项目建设拉动经济增长，州财政安排前期工作专项经费，争取国家扩大内需投资项目 996 个，开工率 70%，竣工率 54%。91 个重点项目开工 68 个，完成投资 82 亿元。吉茶、吉怀、张花、凤大高速和龙永、迁河、下沱等 9 条骨干公路开工建设，吉恩高速启动前期工作，大兴机场正式更名铜仁凤凰机场，与贵州合作共建正式实施。启动泸溪千吨级深水码头建设，枝柳线复线等铁路项目抓紧规划、争取立项。全年招商引资到位资金 56 亿元，增长 21%。与中钢、中铁等大型企业开展合作，启动江苏三房巷集团多晶硅项目、广州石材工业园项目。州委出台《关于支持工业企业保增长促发展的若干意见》，从财政补贴、电价优惠、税费减免、暂停检查评比、支持技术改造等方面加大对工业企业政策扶持力度，开展“企业服务年”活动，组织 4 个专门工作组深入各县市重点企业，选派懂工业经济的干部到 8 个县（市）挂任副县（市）长，从州县市机关选派 100 名干部进驻工业企业，帮助解决生产经营中困难和问题。支持 27 个投资 5000 万元以上技改项目、52 个湘西地区产业项目、省“双百工程”“四千工程”和“小巨人”项目建设，全年完成工业技改投资 25 亿元。州委把“巩固发展柑橘产业，重振百万果农信心”摆上议事日程，抓好柑橘加工贮藏营销工作，全年完成椪柑品改低改 1.33 万公顷。投入 1600 万元统一配置 652 台选果机，实行椪柑选级和包装，集中打造“湘西富硒椪柑”和“中国南极考察队选用水果”品牌。同时因地制宜发展猕猴桃、茶叶、蔬菜、药材、油茶和养猪、养鱼等特色产业。落实国家粮食直补、良种补贴、农机购置补贴、农资综合补贴、家电下乡补助、燃油补贴、退耕还林补助等一系列支农惠农政策。此外州委落实省委关于推进新型城市化战略部署，出台《关于理顺州府吉首城市规划建设管理体制的意见》，实行州市共建共管州府吉首，推进州府建设。

2010 年，州委完成“十一五”规划，确定目标任务，直接抓重点项目 128 个，完成交通建设投资 56 亿元，吉茶、吉怀、张花、凤大高速公路建设进展顺利，龙永、永吉高速公路开工建设，与贵州合作共建铜仁凤凰机场总规获批，黔张常铁路、焦柳铁路石门至怀化段扩能改造项目进入国家铁路建设规划；永龙、下沱、迁河、国道 209 凤凰绕城线等骨干道路和县乡公路改造加快建设；农田水利、病险水库治理、城乡电网改造、通信网络工程等重点项目有序启动实施。深化与中科院、中山大学、北京科技大学、省内 8 所高校产学研结合，落实 80 多个科技创新合作项目。落实与广州市政府共建湘西广州工业园合作协议，签订入园合同 11 个，11 家企业落户园区。全州工业园入园企业 100 家。全年招商引资到位 71.3 亿元。州委制定《关于促进矿业经济持续健康发展的若干意见》，从财政补贴、税费减免、技术改造等方面加大对工业企业扶持力度。3 次召开推进新型工业化现场会，及时研究解决工业经济运行中重大问题。烟叶产业进入全国新烟区开发试点，实现烟叶收购 51.3 万担。茶叶新扩良种基地 0.13 万公顷。全州外出务工劳动力超过 54 万人。实施“百个特色村庄、千栋百年老宅、万户民族民居”保护工程，启动建设非物质文化遗产园、民间工艺品加工创业园。继续推进“两条旅游风景线”建设。

第二节 政治文明建设

1989年11月，州委五届五次全体（扩大）会议决定在全州农村深入开展社会主义思想教育活动，巩固农村社会主义阵地。1990年4月，州委五届六次全会提出贯彻《中共中央关于加强党同人民群众联系的决定》意见，要求切实保证决策和决策执行符合人民利益。全州抽调7024名干部组成234个工作队，进驻2454个村、17个厂矿企业和195所大中专院校和中小学开展社会主义思想教育。州委驻永顺县高坪乡雨龙村工作队在社教中建设思想政治工作网络，其成功经验得到中央和省有关领导肯定。1991年8月，州委要求全州各级党政领导和党员干部严格政治纪律，思想上、政治上与中共中央保持高度一致，引导党员干部群众明确划清马克思主义与反马克思主义、社会主义与资本主义、科学社会主义与民主社会主义界限，筑起抵御和平演变的钢铁长城。1993年，州委坚持“两手抓”“两手都要硬”的方针，先后三次召开全州县处级以上干部大会进行部署，全州成立反腐败工作领导小组156个，新设立举报中心22个，举报箱129个，公布举报电话17部。取消州以下政府和主管部门下发收费文件43个，取消收费项目309个，清理涉农文件899份，立案查处基层干部打骂群众案件15件，处分5人。翌年，州委开展州、县（市）直机关作风整顿，清理党政机关和领导干部违规购买和换乘小汽车案件，通报批评21个单位在拖欠职工工资情况下购车的相关责任人。全面清理公费出国出境旅游或变相旅游。开展蓝印户口资金专项清查，查处违纪资金1040万元。清理全州党政机关兴办各类经济实体374家。1995年7月，州委七届一次全会作出《中共湘西州委关于加强自身建设的决定》，指出州委全会和州委常委会必须坚持民主决策、科学决策原则；州委成员必须廉洁自律，与腐败现象和不正之风作斗争。州委推进各项改革和制度创新，构建预防和治理腐败体系。各县市和州直部分单位推行“阳光行动”，制定办事公开制度，跟踪检查全州2000户扶贫建房专项资金使用情况。州委印发《关于保护企业合法权益的若干规定》，确定对24家大中小型重点企业实行挂牌保护。同时清理行政事业性乱收费、私设“小金库”及无偿占用企业钱物问题，全州清理检查行政收费单位1004个，均按规定予以处理。

1996年5月，州委召开全州整顿机关干部作风动员大会，全州乡（镇）以上机关从5月10日至6月10日，开展以狠刹公款摆阔风、公款吃喝风、干部赌博风和大兴调查研究之风、艰苦创业之风、勤俭节约之风为主要内容的机关干部作风整顿，印发《关于规范党政领导干部公费配置、使用“大哥大”的意见》《关于党员干部犯赌博错误的处理意见》等文件，推行县处级以上领导干部收入申报制度、礼品登记制度、国有企业业务执行费使用情况向职代会报告制度和个人重大事项报告制度。1997年，州委印发《关于党政机关厉行节约制止奢侈浪费行为的实施意见》，清理全州党政机关、企事业单位和群团组织用公款安装住宅电话3753部，移动电话2983部，全部作价处理，收缴资金373.58万元；清理违规购买小汽车58辆，制止违规出国（境），控制各种庆典活动。1998年，州委印发《关于在全州农村普遍建立健全村务公开制度，进一步推进村民自治工作的意见》，将纠风和廉政机制建设等11项工作任务分解到20个责任部门，聘请83名干部（其中8名离退休干部）担任廉政建设监督员。12月，州委七届九次全会审议通过《中共湘西自治州委关于进一步改善党群关系干群关系的若干意见》，加强农村民主法制建设，确保农村社会政治稳定。1999年，州委开展报刊发行专项治理，逐刊逐报提出整改意见，全州22家报刊除9家取得公开刊号继续创办外，8种报刊转化为内部资料，3种报刊停办。清理查纠房改、房建“赶末班车”中违规违纪问题，收缴违规违纪资金1016万元。翌年，州委在州直机关和县市领导班子和领导干部中开展“三讲”教育活动，制定《关于在公务活动中收受礼品的处理办法》《关于坚决刹住党政机关工作人员赠送和收受礼金、有价证券、贵重物品的歪风的通知》，印发“全州礼品情况登记表”，全面清理各级各单位收受礼品、礼金情况，并纳入“三讲”教育内容。建立和完善能上能下、促进优秀人才脱颖而出用人机制，先后选派291名优秀年轻干部到中直、省直机关、发达地区或基层单位挂职锻炼，制定下发《关于对企业合法权益实行挂牌保护的暂行规定》。

2001年，州委在全州开展农村“三个代表”重要思想学习教育活动，州委成立学习教育领导小组，州委书记彭对喜任组长，下设办公室；各县市亦相应成立领导机构，组建专门班子，并明确县（市）委书记和乡（镇）党委书记及县（市）直部门负责人为“第一责任人”和“直接责任人”。学习教育分三批进行，全州218个乡（镇）、857个直属部门及2288个基层站所和2669个村普遍开展学习教育活动，参加学习教育对象6.14万人。同时完成县处级领导干部配偶、子女不准在其管辖范围内经商办企业清理工作。探索农村外出打工党员、城镇流动党员、下岗职工党员管理新办法，在民营经济组织中建立党组织。翌年，建立健全减负责任制，实行农民负担“一票否决制”，落实农民负担卡入户制度。制定《州委常委关于加强和改进自身作风建设的意见》，各级领导干部中推行民情调查制度，州、县（市）直单位实行“两上门”（上基层门、上群众门）服务制度，乡镇干部坚持驻村工作制度。州、县（市）、乡（镇）人民政府全面推行以建立政务服务中心为主的办事公开制度。全州有995个单位开展“两上门”服务，乡镇政务公开面100%；全面推行干部任前公示制度、干部考察预告制度、差额考察制度等，保障群众对干部工作知情权、参与权、选择权和监督权，防范干部工作不正之风。是年，全州公开选拔12名处级和61名科局领导干部，对新提拔37名处级和365名科级干部投票表决，对新提拔60名处级和127名科级干部任前公示。全州选派25名优秀年轻干部到国家部委机关及上海、福建等地挂职锻炼，选调9名优秀应届毕业生到基层工作。州委常委实行“一岗双责”，各部门签订党风廉政建设责任状，全州4021名乡(科)以上领导干部分解党风廉政建设责任制，并组织专门班子和人员定期督促检查。全州围绕重点单位、重点项目、重点资金开展财务监查，查出违纪资金1354万元，收缴入库82.34万元。

2003年，州委印发《关于在全州兴起学习贯彻“三个代表”重要思想新高潮的通知》，州委中心组集中专题学习胡锦涛“七一”重要讲话和《“三个代表”重要思想学习纲要》。此后州委中心组第三次集中学习十六届三中全会精神，开展“艰苦奋斗、廉洁从政”主题教育活动，作出在党员干部中深入开展向郑培民学习决定，组织观看《为民书记郑培民》典型电教片。落实党风廉政建设领导责任制，逐级签订党风廉政建设和反腐败工作责任书。州、县（市）直单位开展全州建设工程项目普遍推行《建设工程项目廉政合同制》，开展经营性土地使用权招标拍卖挂牌出让执法监察。州本级和8个县（市）均建立政务服务中心，州本级建立会计核算中心，撤销行政事业单位的会计岗位和银行账户，政府集中采购范围向工程物资、车辆维修保险等方面延伸，并尝试通过招投标代理公司代理政府采购。全州聘请行风评议监督员3654人，549个单位开展行风评议。州委下发《中共湘西自治州委巡视工作规程》，建立巡视联席会议制度，成立州委巡视工作办公室。11月，省纪委、省委组织部在州委八届七次全会上就工作情况、抓党风廉政建设情况和廉洁自律情况进行民主测评，八县市委书记分别在州委全会上述职述廉。州委启动农村党员干部现代远程教育，加强民营经济党的建设，探索下岗职工党员、外出流动党员教育管理模式。

2005年1月，州委印发《关于贯彻落实〈中共中央关于在全党开展以实践“三个代表”重要思想为主要内容的保持共产党员先进性教育意见〉的实施意见》和《湘西自治州第一批先进性教育活动实施办法》，决定把开展保持共产党员先进性教育活动作为加强执政能力建设大事来抓。2月，召开保持共产党员先进性教育活动动员大会。8个县（市）和州直148个单位为第一批开展教育活动单位，全州有2323个基层党组织、2.96万名共产党员参加第一批先进性教育活动；有2077个基层党组织、2.91万名党员参加第二批先进性教育活动；有2349个单位、2364个支部、5.44万名党员参加第三批先进性教育活动。其间，州委组织18个督导组，赴县市和州直开展督导工作。中央《保持共产党员先进性教育活动简报》对此予以充分肯定。与此同时州委出台《中共湘西自治州委关于贯彻〈建立健全教育、制度、监督并重的惩治和预防腐败体系实施纲要〉的具体意见》，建立健全信访联席会议制度，定期研究反腐败查办大要案工作。全州176个党风廉政建设责任单位及牵头部门向州委递交党风廉政建设责任状，1028个乡（科）以上单位层层进行责任分解。州委还对各级领导班子和领导干部廉洁自律情况实行监督检查和专项治理。州委常委带头向全州社会各界郑重作出廉政承诺，并通过各种新闻媒体向社会公布，接受社会监督。开展由人大代表、政协委员和广大群众为主评选“人民满意单位”“人民满意公仆”活动，同时开展行风评议活动，开展创建“五好乡镇党委”“十佳乡镇党委书记（乡（镇）长）”“基层党建示范点”活动，推进干部作风转变。

2006年，州委贯彻落实《中华人民共和国民族区域自治法》等民族法律法规作为推进新形势下民族团结进步事业的一件大事来抓，开展民族团结进步创建活动，表彰59个民族团结进步模范集体和100个先进个人。推进行政审批制度改革，狠抓州直窗口单位和项目向政务服务中心进驻，完善州政务服务中心功能。2007年，州委印发《关于认真学习贯彻党的十七大精神的通知》，召开党的十七大精神宣传工作专题会议，组织社科理论界学习十七大精神座谈会，举办学习十七大精神理论骨干培训班，开展“万名干部下基层，排忧解难促发展”活动，对州直127个单位作风建设开展民主评议活动，评出最满意单位10个，不满意单位10个。州委常委带头坚持民主集中制原则，凡是重大事项决策、重大问题决定、干部任免等都由常委集体讨论研究决定，切实做到民主决策、科学决策。州委印发《关于拟提拔任用州委管理县处级干部人选征求州纪委意见的办法（试行）》《州纪委办理拟提拔任用州委管理县处级干部人选征求意见工作的办法（试行）》，加强对干部任用监督。清理土地违法违规案件，查处涉案金额2000多万元的花垣亘泰公司国有资产流失案、涉案金额1000万元的扶贫培训资金案等案件，协助中央纪委、监察部和省纪委、省监察厅查办凤凰“8·13”堤溪大桥坍塌事故责任追究案。出台《关于加强“两规”措施使用管理的暂行规定》，确保办案措施使用正确、安全。建立重大投资项目审批办证全程代理绿色通道，开通《湘西州优化经济环境与效能监察信息网》及《湘西州行政效能投诉中心》网络平台。组建湘西自治州人民政府行政效能投诉中心，统一全州行政效能投诉举报电话“12342”，全州组织纳税人评议州、县（市）职能部门及执收执罚单位52个。全州8个县（市）164个乡（镇）和110多个州直单位建立政务公开目录，设立政务服务中心或政务服务大厅，全州国有及国有控股企业168家全部推行公开制度；275家非公有制企业，推行厂务公开163家，占60%；1975个村全部实行村务公开。是年，州委表彰勤政廉政、富民强州优秀领导干部27人，向省推荐5人。

2008年，州委印发《关于进一步加强村级组织建设的意见》，启动村级集体经济窗口建设，选拔13名优秀村干部进入乡镇公务员队伍，选派107名优秀党员干部到107个重点移民村担任村党支部第一书记，选派120名大学生到两条风景线沿线村任职；选派116名党员干部到非公有制企业担任党建工作指导员，建设村级组织活动中心178个，设立村纪检委员。同时，州委还印发《关于加强州委常委领导班子自身建设的意见》《关于进一步规范州级领导公务活动的通知》《关于做好新时期群众工作的意见》《关于建立健全惩治和预防腐败体系建设的实施意见》等文件，提出贯彻落实中央《建立健全惩治和预防腐败体系建设2008—2012年工作规划》具体意见，严格执行党风廉政建设一把手负责制和分工负责制，健全党代表、人大代表和政协委员考察机制、纪检监察机关监察机制、组织部门考察机制。同时州委出台《关于加强经济社会发展软环境建设的若干意见》，建立统一行政效能投诉中心，清理行政审批项目，推行“一站式”审批、“一条龙”服务和限时办结制、全程代办制、首问责任制等制度。

2009年，州委推进民主政治建设，先后两次研究人大工作大政方针和重点任务，支持人大及其常委会开展有关条例立法调研、执法检查和有关工作考察，帮助解决人大工作中实际困难。支持人民政协开展大会协商、专题调研和考察，对全州贯彻落实《中共湘西自治州委关于进一步加强人民政协工作的意见》情况开展专项督查，选派50名政协委员分别担任行风评议员和监督员，参与行风监督和评议。加强与港澳台同胞、台湾同胞、海外侨胞、国际友人和社会团体交流合作。解决历时13年的州基督教吉首教堂房产问题，依法维护宗教领域和谐稳定。是年，龙山县等5个模范集体、州委书记何泽中等5名模范个人获国务院表彰。

2010年，州委支持州人大常委会完成《湘西土家族苗族自治州小溪国家自然保护区条例》立法工作，并于7月1日公布实施；启动德夯风景名胜区保护条例立法工作，修订《湘西土家族苗族自治州凤凰历史文化名城保护条例》；废止《湘西土家族苗族自治州个体工商户和私营企业生产经营权益保护条例》；组织开展“湘西自治州民族经贸文化考察交流团”“走进台湾湖南周”等考察交流活动。承办全国30个少数民族自治州第二十三次人大工作研讨会暨第三届交通发展论坛，与各少数民族自治州互相学习交流。

第三节　精神文明建设

1989年，州委分别在机关、企业、乡镇创办党的建设和思想政治工作试点，在党员教育、党员管理、民主评议党员和“三热爱”教育取得有益经验。1991年，开始实行物质文明和精神文明双百分目标管理责任制。1995年，农村开展评“五好家庭”、做遵纪守法户为主的争先创优活动，机关企事业单位开展“岗位学雷锋、行业树新风”活动。翌年，州委提出抓好农村精神文明建设，保持两个文明建设协调发展和共同进步。11月，州委出台《州委关于贯彻落实党的十七届六中全会精神，广泛深入开展社会主义精神文明建设活动的意见》，要求把全州党员干部思想认识统一到中共十七届六中全会精神上来，准确把握社会主义精神文明建设的指导思想和工作重点，解决当前干部群众普遍关心的问题，深入开展精神文明创建活动。

1997年1月，州委印发《关于认真贯彻落实〈中共湖南省委、湖南省人民政府、湖南省军区关于开展向彭楚政学习活动的决定〉的通知》，号召全州各级党组织开展向彭楚政学习活动。4月，州委七届五次全会讨论通过《中共湘西自治州委关于在全州乡以上党政机关开展“三讲、三为、三实”思想作风建设活动的决议》（“三讲”即讲学习、讲政治、讲正气；“三为”即为中心、为基层、为群众；“三实”即谋实略、干实事、求实效），并确定此活动从4月开始到6月结束。成立州精神文明建设指导委员会，制定《“九五”期间社会主义精神文明建设规划》，下发《关于广泛开展社会主义精神文明建设活动的意见》《湘西自治州文明单位、文明标兵单位和文明行业（系统）评选和管理办法》等文件。翌年1月，湘西州“‘扶贫司令’彭楚政先进事迹报告团”前往长沙、广州、北京等地作巡回报告。中共中央政治局委员、书记处书记、中央军委副主席张万年，中共中央政治局委员、中央军委副主席迟浩田，中央军委委员傅全有、于永波、王克、王瑞林在北京接见彭楚政事迹报告团成员。是年，州委在龙山、永顺两县召开全州农村精神文明建设现场经验交流会，开展文明单位推荐评选表彰活动。

1999年5月，州委召开《扎花女》进京演出汇报会，民族舞蹈史诗《扎花女》获全国“五个一工程”奖。州委还通过深入开展全民国防教育和“双拥”活动，推进民兵预备役建设，驻州部队和广大民兵预备役人员在两个文明建设中完成急难险重任务，贡献突出。2001年，开展“讲文明、树新风、争做文明市民活动”，开展以致富星、法纪星、科教星、新风星、计育星、卫生星“六星”为主要内容的文明村和文明农户创建活动，全州八县市评选并授牌“六星”农户达万户。同时机关单位持续深入开展创建文明机关、转变机关作风活动和创人民满意单位、人民满意公仆活动，依托湘西丰厚文化资源和文化底蕴，探索文化产业建设新路子。6月，州委在永顺县塔卧镇召开大会，隆重纪念中国共产党成立80周年暨湘鄂川黔革命根据地创建67周年，缅怀革命先烈丰功伟绩，传承红色基因，弘扬红军精神。翌年，州委完善两个文明建设目标管理奖惩机制，对获得双文明目标管理一、二等奖的县市和州直单位，除给予物质奖励外，还给予单位党政“一把手”记功奖励，单位年终评优增加2%个人指标，对双文明标兵单位还增发人均年标准总工资8%作为奖金，县市实行“末位淘汰制”。

2003年，面对“非典”（非典型性肺炎简称，下同）疫情，州委坚持把人民群众身体健康和生命安全放在首位，动员干部群众全力抗击“非典”。州、县（市）成立防治“非典”协调领导小组，全州深入一线抓“非典”防治工作副处级以上干部2600人次，科级干部2.2万人次，其中驻村抓“非典”防治工作1.8万人次。各级财政投入1100万元用于“非典”防治。其间，处理不履责和履责不力者干部职工11人。州内未发生“非典”病人和疑似病例。翌年，州委制定《吉首地区市民文明素质教育暨城区秩序综合整治行动实施方案》，以州府吉首市文明城市创建工作为重点，继续推进文明城市创建活动。2005年3月，州委作出《关于向赵小琼同志学习的决定》，是年，赵小琼被评为湖南省十大新闻人物之一。2006年，州委探索建立保持共产党员先进性长效机制，在全州8个县（市）、108个乡（镇）、334个村、224个党政机关、94个事业单位、9个社区和19家企业等788个基层党组织20360名党员中，推行“三卡管理”，即党委书记抓基层党建工作责任卡、党支部书记发挥战斗堡垒作用目标卡、共产党员发挥先锋模范作用行动卡。加强社区、机关、学校和非公有制经济组织党的建设，全州65个社区有63个成立党支部或临时党支部，65户民营企业建立党的基层组织。州委组织宣传学习《中国共产党章程》《中国共产党纪律处分条例》《中国共产党党内监督条例（试行）》和《中国共产党党员权利保障条例（试行）》等党内法规，严格查办违纪违法案件。2007年，州委印发《关于在全州组织开展社会主义荣辱观宣传教育的实施意见》，围绕坚持科学发展观、构建和谐社会等重要内容，州委举办县市和州直党政“一把手”和理论骨干培训班，参训300人次。开展文明社区、文明机关、文明家庭、文明公民系列创建活动；开展以为人民服务、树行业新风为主题，以诚实守信教育为重点，以办事公正、群众满意为中心文明行业创建活动；农村开展以农户为单位，以创致富星、法纪星、科教星、卫生星、计生星、新风星为内容的“六星”级农户创建活动。是年，全州受省委、省政府表彰的文明县（市）2个、文明单位23个。翌年，州委实施《公民道德实施纲要》，加强社会公德、职业道德、家庭美德教育，开展以“讲文明、树新风”为主题的文明城市、文明村镇、文明行业、文明公民等文明创建活动，开展文明单位城乡共建小康生态文明示范村工作活动，涌现出彭司礼、彭继福、田蕊、向金坤等先进典型。对影响社会稳定重大隐患，实行挂牌督办。2008年，坚持“政府主导、部门配合、依法依规、公开公正、积极稳妥、多管齐下、分类处置、一企一策”原则，开展对非法集资清理整治工作，400余人进驻20家重点涉嫌非法集资企业开展集资清理、资产清理、企业监管和维稳工作。

2010年，召开全州农村精神文明建设经验交流会，开展首届“感动湘西”人物评选活动。4月，州委作出《关于在全州开展学习“矮寨交警精神”活动的决定》。10月，中共湖南省委书记周强慰问矮寨交警。全州6296个基层党组织和12.22万名党员开展创先争优活动，形成“年初承诺、一季一点评、年中年末评议”格局。对州直党委部门和政府组成局及其主要领导干部，公开评议其服务态度、服务质量、办事效率、法纪观念和廉洁自律情况，累计评议州直单位29个。开展“百村千户”扶贫大调查，派出1500个工作组万名机关党员干部深入基层。建立基础信息数据库和体现科学发展观要求的考核指标体系，对102个州直单位、8个县（市）领导班子和1073名正副县（处）级领导干部实施绩效考核，领导班子分类排出一、二、三等，领导干部评出优秀、称职、基本称职、不称职4个等次，强化绩效问责，与工资津贴挂钩，年终奖惩兑现，实行末位淘汰。采取“三级联动、四方共建共管”方式，与吉首市28个社区开展和谐文明共建。组织开展“中国小康村进湘西”活动，与10个村签订对接合作协议。是年，中央活动《简报》和省《简报》推介湘西自治州以“三制一卡”为抓手推进县级创先争优活动经验。

第四章　组织建设

1989年，中共湘西州委组织部内设办公室、干部科、党员管理科、青年干部科、干部教育科、干部审查科、组织指导科和企业党的建设科。1991年，增设人武干部管理科、干部档案统计科。1993年，撤销企业党的建设科。1995年，设立企业党建干部科，办公室加挂调研室牌子。1997年，增设党员电化教育中心服务站，为下属事业单位。1998年，设立调研室，办公室不再加挂调研室牌子。增设人武干部培训中心，为下属事业单位。1999年，明确州委党校为下属单位。2002年，该部内设办公室、研究室（政策法规科）、组织指导科、党员管理科、干部一科、干部二科、干部三科、干部信息管理科、干部教育科、干部监督科，编制31名，其中行政编制27名，实有29人。2004年，增设人才工作科，党员电化教育中心更名为党员干部现代远程教育管理中心。2007年，州委组织部编制35名，其中行政编制31名，实有35人。2010年年末，该部内设办公室、研究室（政策法规科）、组织指导科、党员管理科、干部一科、干部二科、干部三科、干部信息管理科、干部教育科、干部监督科、人才工作科等，下属行政单位1个、事业单位4个；编制37名，其中行政编制36名，实有32人。

1989—2010年，州委组织部历任部长：颜长钊、杨顺初、彭诗来、孙在田、童名谦、张建文、孙剑霖、曹普华；副部长：何成林、龙廷显、肖国良、杨顺初、廉开科、王德靖、张建文、邱贤智、龙靖波、彭民健、石耀华、龚瑞珍、彭继春、谭吉慧、龙春生、彭昌蛟、黎致远、钟立文、刘洋。

第一节　党员队伍建设

一、党员队伍

1989年，全州有党员82142人。1990年11月，纠正少数单位发展党员时采取“分指标、卡比例”错误做法，防止出现降低质量发展党员倾向，注重在生产第一线工人、农民和知识分子中发展党员。1991年，贯彻执行《中国共产党发展党员工作细则（试行）》规定，把工作重点放在入党积极分子培训教育上，发展党员2121人，其中生产一线1420人。1994年，对5年以上未发展党员的村逐个造册登记，并提出限改措施。1997年，发展新党员按照重点向一线倾斜、向年轻人倾斜、向薄弱地方倾斜的原则，全州举办入党积极分子培训班220期，培训积极分子2.25万人，发展新党员1500人。2006年，在非公有制企业中发展党员563人。2007年，全州开办党训班200期，培训入党积极分子1100人，发展新党员2765人。2010年，发展新党员3556人。是年年末，全州有党员124836人。

1989—2010年湘西州中共党员基本情况一览表

表4-2 单位:人

年份	党员总数	党员占人口比例(%)	性别		少数民族	学历					
			男	女		研究生	本科	专科	中专	高中、中技	初中及以下
1989	82142	3.62	70686	11456	49426	—	—	5415	6460	9621	60646
1990	83818	3.63	72129	11689	50626	—	—	5781	7030	10261	60746
1991	85583	3.65	73676	11907	51784	—	—	6237	7605	10896	60845
1992	87414	3.69	75088	12326	53595	—	—	6678	8043	11635	61058
1993	89443	3.72	76825	12618	55225	—	—	7152	8518	12496	61277
1994	91813	3.76	78724	13089	56716	—	—	7873	9235	13386	61319
1995	94557	3.82	81021	13536	59453	—	—	8542	9881	14291	61843
1996	97703	3.89	83570	14133	62211	—	—	9343	10571	15530	62259
1997	100263	3.95	85500	14763	64769	—	—	10493	11400	16024	62346
1998	101188	3.94	86197	14991	66445	31	—	11401	12020	16082	61654
1999	102583	3.96	86993	15590	68418	485	—	12044	12521	16228	61305
2000	105128	4.03	89102	16026	70506	60	—	13417	13156	16856	61639
2001	106791	4.07	89954	16837	72273	56	3755	10446	13791	17180	61563
2002	108668	4.11	91535	17133	73678	62	3484	11480	14485	17854	61303
2003	111244	4.19	92681	18563	76711	80	4677	12565	15150	18413	60359
2004	114138	4.28	95144	18994	78159	151	4975	13536	15253	19458	60765
2005	115314	4.30	95848	19466	79282	249	5645	14167	15333	19820	60100
2006	116965	4.33	96667	20298	80582	346	6634	15404	15172	19898	59511
2007	118825	4.37	97821	21004	82500	353	7266	16104	15423	20400	59279
2008	120807	4.41	98867	21940	84565	289	8523	16822	15172	20650	59351
2009	122282	4.43	99372	22910	84756	391	9982	17830	15567	20579	57933
2010	124836	4.37	101096	23740	86847	563	11072	18851	15954	21157	57239

二、党员教育

1989年，州委组织部在州委党校举办5期州直局级领导干部培训班，学习邓小平、江泽民的讲话和中央重大决策，进行“一个坚持、两个反对”教育，开展自我反思，相互批评，总结经验教训，统一认识。1990年，加强党的基本知识教育，抓党支部书记和党员轮训工作。全州8.38万名党员，有7.69万名参加轮训，占应训党员

91.8%。1995 年，开展建设有中国特色社会主义理论和党章学习活动，召开全州发展党员工作经验交流会，17 个单位介绍经验，突出解决农村党支部长期不发展党员和企业党员空白班组问题。1996 年，州委组织部党员电化教育中心自筹资金 90 万元，开工建设湘西州党员电化教育培训中心大楼。1997 年，湘西州党员电化教育培训中心大楼竣工，增设党员电化教育服务站，为下属事业单位，由党员电化教育中心领导，自收自支事业编制 5 名。1998 年 8 月，召开全州党员电教工作现场经验交流会议，推进全州党员电教工作规范化制度化建设。1999 年，开展党员电教科技扶贫活动，全州确定党员电教科技扶贫示范乡（镇）、村 24 个。2000 年，开展全州 10 万名农村党员、基层干部学习科学技术致富竞赛活动，确定全州学习科学技术致富示范户 100 户。2001 年 1 月起，全州 857 个县（市）直部门 218 个乡（镇）及其 2288 个站（所）、2669 个村 6.41 万名学教对象，分三批开展农村“三个代表”重要思想学习教育活动，按照学习培训、对照检查、整改提高 3 个阶段要求，先后组织 6 次专题会议，开展回访复查工作。7 月，开展庆祝建党 80 周年纪念活动，向省委推荐表彰保靖县他沙村党支部、酒鬼酒公司党委、龙山县柳坪村党支部 3 个先进基层党组织，符鸿、彭继美、张胜、胡成全 4 名优秀共产党员和王福吉、王海锋 2 名优秀党务工作者。2002 年，租用州农业局三叉坪椪柑基地建设湘西州党员干部电化教育培训实践基地。2003 年 6 月，州委成立农村党员干部现代远程教育工作领导小组，州委书记任组长，下设办公室，并将原电教中心更名为远教中心，实行合署办公。7 月，召开全州农村党员干部现代远程教育工作会议。吉首市、凤凰县在全州率先开展远程教育试点工作，建成终端站点 16 个。2004 年，组织党员学习《中国共产党纪律处分条例》《中国共产党党内监督条例》和中共十六届三中、四中全会精神，开展“立党为公执政为民”专题学习教育活动，引导党员树立科学发展观和正确政绩观。5 月，州委远教工作领导小组召开第二次全体会议，研究解决远教站点建设配套资金 25 万元，制定主要领导联系远程教育站点制度。全省组织统一采购远程教育站点设备，湘西州与湖南计算机股份有限公司签订 86 个终端站点的设备采购和建设合同。8 月末，全州完成站点建设工作任务。10 月，建成红星网站湘西分站，被省委远教办评为优秀分站。

2005 年 2 月起，全州 5592 个单位、6128 个基层党组织、11.32 万名党员，分三批开展以实践“三个代表”重要思想为主要内容的保持共产党员先进性教育活动。3350 名骨干实行 5～6 天封闭式系统培训，对 2013 名老弱病残、行动不便的党员送教上门，并开展“组织找党员、党员找组织”活动，找回 2392 名流动党员参学。组织自编《保持共产党员先进性教育 50 问》《公仆赞歌》《生命之光》《警钟长鸣》等辅导教材供党员自学。举办学党章专题竞赛和先进性教育知识竞赛；举办优秀共产党员赵小琼先进事迹巡回报告会 30 场次；全州组织党员参与党员先进性标准大讨论，并联系实际，开展党性分析评议，找准各级党组织和党员存在突出问题。中共中央对湘西州进行党性分析评议给予肯定。5 月，州委远教工作领导小组召开第三次全体会议，研究解决新建站点配套资金 125 万元。召开全州远程教育工作会议，提出全州远教工作任务。与湖南计算机股份有限公司签订两批计 322 个站点建设合同。7 月，接收全省统一招募远程教育志愿者 15 人。参加省委远教办组织赴西欧学习考察远程教育活动。11 月，远程教育站点基础设施建设竣工。

2006 年，开展第三批先进性教育活动—农村保持共产党员先进性教育活动，全州农村 1728 个基层党组织、5.44 万名党员参与活动。州委推行驻村指导员制度，在农村专业合作经济组织建立党组织。开展“五个好”示范站点建设。州委书记等领导小组成员每人联系 1 个远程教育终端站点，吉首市寨阳乡和河溪镇、龙山县新城街道、花垣县雅酉镇等 8 个站点被评为全州首批“五个好”示范站点。组织参加全省届农村党员干部现代远程教育学用典型暨袁隆平科技奖评选活动。2007 年，以远程教育为平台，加强对学习实践科学发展观活动宣传和对返乡农民工作培训。新建站点195个。组织摄制反映湘西州3年农村党员干部现代远程教育工作情况专题汇报片《魅力湘西舞彩虹》和反映建州50年党的建设工作巡礼片《永葆本色》。8月，完成424个远程教育终端接收站点卫星地面接收设施转星调整工作。参加全省第二届农村党员干部现代远程教育学用典型暨袁隆平科技奖评选投票活动。2008年，四川汶川地震发生后，全州党员先后交纳特殊党费866.72万元。开展乡镇争创“双十佳”活动，向省委推荐表彰一批“五个好”乡镇党委和村党支部。6月，召开全州农村党员干部现代远程教育工作座谈会，研究部署全州10万名农村党员干部远教之星科技学用大比武活动。组织专家与远程教育站点进行网上视频对接，参加省委远教办组织赴新加坡学习考察远程教育活动。2009年，创办党建《手机报》，搭建党员空中教育课堂；实施农村党员干部现代远程教育与文化信息资源共享工程，为返乡流动党员送学补课。全州新建村级站点1373个、乡（镇）站点164个。是年年末，全州累计建设终端站点2141个，实现乡镇、建制村远程教育全覆盖。远程教育与文化共享工程纳入当年州委为民办实事工作范畴。2010年，创办党建《手机报》，搭建党员“空中教育课堂”；同时开展为返乡流动党员“送学补课”活动。

三、党员管理

1989年，全州5814个党组织有3479个开展民主评议党员工作，占59.84%；参加评议党员4.75万人，占党员总数8.25万名的57.63%。全州评出优秀党员1266人，处置不合格党员945人，其中开除党籍36人、清退和除名95人、取消预备党员资格85人、限期改正错误533人、其他处理196人。1990年1月，州委组织部下发《关于在部分单位进行党员重新登记工作的实施意见》，开展清查清理和消除政治隐患工作。全州在北京政治风波期间存在不同程度的问题党员122人、干部340人，立案查处33人。

1994年，州委提出加强对流动党员教育管理意见，探索出一条融教育管理与监督为一体可行办法。1997年，州委召开县市领导班子届中考察情况通报会，对领导班子思想作风建设搞得好的单位和个人宣传表扬，对差班子和个人公开批评。同时，作出关于开展向洛塔煤矿领导班子学习决定，并拍摄反映洛塔煤矿党委一班人艰苦创业、负重奋进先进事迹的电视专题片，并在《团结报》和《湘西组织工作》部刊开辟先锋工程专栏，集中宣传推介80个受州委表彰的先进领导班子、优秀领导干部、模范共产党员的先进事迹。1999年，探索下岗职工党员、困难企业党员和流动党员管理办法，指导泸溪、龙山、吉首等县（市）创办试点。2000年，8个县（市）和州直单位对下岗职工党员、困难企业党员、流动党员教育管理采取划归当地党委管理、挂靠主管单位党委、成立联合支部、成立流动党员管理中心等一系列管理办法，使其逐步恢复正常组织生活。

2005年，全州8个县（市）、108个乡（镇）、334个村、224个党政机关、94个事业单位、9个社区和19家企业等800个基层党组织11万余名党员推行党员“三卡”管理模式，分层次细化量化党委书记党建责任、支部书记党建目标和普通党员行动要求，解决党员怎么保持和体现先进性问题，初步构建党员长期受教育、永葆先进性长效机制，中央以《保持共产党员先进性教育活动简报》介绍其经验。2006年，全州1712个村级党组织推行“三卡”管理，推行面达86.7%，引起中共中央和省委及省内外媒体广泛关注。成立短信网络党组织，突出对流动党员人本化管理。《光明日报》以《湘西自治州流动党员网上“安家”》为题推介湘西州经验。是年，全州处置不合格党员540余人。2007年，建立城乡一体流动党员动态管理机制，全州建流动党支部124个，发放“流动党员活动证”6000多个，发放面98%以上。2008年，推行党组织书记抓党建述职评议制度。修订《州直党建目标管理考核细则》和《基层党支部工作细则》，分类指导基层党建双基工程示范点，突出对流动党员服务型管理和风筝式教育；对“流动党员活动证”及时查验和年审，建立流动党员管理服务工作月制度。州委下拨党费60万元，对贫困党员和老党员走访慰问；抗冰救灾下拨 67 万元党费帮助受灾党员渡过难关；对农村 1949 年 10 月 1 日之前加入党组织的 17 名老党员实行生活补贴；在处理非法集资工作中，向省委组织部争取党费 50 万元，并配套 20 万元慰问困难党员。2009 年 4 月，正式开通“12371”党员咨询服务电话，为党员寻求帮助、解决实际问题提供便捷通道。州委召开建党 88 周年表彰大会，表彰先进基层党组织 20 个，优秀共产党员 60 人、优秀党务工作者 20 人。全州发展新党员 3556 人、处置不合格党员 258 人。

2010 年，开展创先进基层党组织、争当优秀共产党员活动，以“三制一卡”为主线，形成“年初承诺、一季一点评、半年、年末评议”创争格局。《人民日报》推介湘西州的做法，中央创先争优活动《简报》推介湘西州创先争优经验，州委组织部被评为全国扶贫开发先进集体。是年，全州处置不合格党员 205 人。

第二节　干部队伍建设

一、后备干部队伍建设

1989 年，州委组织部结合各县（市）换届选举，把村级后备干部队伍建设作为基层组织建设一项重要任务来抓，帮助花垣县委组织部办村级后备干部队伍建设试点，重点推广泸溪县抓村级后备干部队伍建设经验。建立健全州直单位党政“一把手”后备干部名单。是年，全州有后备干部 244 人，其中州级 24 人，县级 220 人。1991 年，州委党校举办中青年干部培训班，为期 3 个月，参训 19 人。抽调 18 名后备干部参加社教到基层锻炼。1992 年，恢复选调生工作，经过考察、研究和筛选，省委组织部确定，吉首大学推荐的 10 名应届毕业生为该届选调生。坚持培养与使用相结合原则，选拔优秀中青年干部进入各级领导班子。州级后备干部进入州级领导班子 9 人。县级后备干部进入县级领导班子 53 人，县市换届安排 21 人。1993 年，选派 30 名优秀中青年干部到福建省挂职锻炼，选派 10 名优秀中青年干部到上海南市区挂职锻炼，选派 5 名优秀中青年干部到省直单位和国家教委挂职锻炼。从州直机关抽调 65 名优秀中青年干部到农村和工交、财贸企业挂职锻炼。93 名优秀中青年干部提拔到县处级领导岗位。1996 年，围绕中青年领导干部讲政治调研课题，组织报省文章 15 篇，获奖 6 篇。1997 年，出台并实施《湘西自治州跨世纪领导干部培养选拔工作》《培养选拔妇女干部五年规划》《跨世纪党外干部培养选拔工作规划》。从吉首大学选派 10 名优秀应届大学毕业生到基层工作，选派 4 名年轻干部到上海南市区挂职。1998 年，加强对选调生跟踪考察和管理，得到省委组织部肯定。1999 年，实施《湘西自治州州直单位中层干部竞争上岗暂行办法》，提拔县（市、区）级后备干部 7 人，列入后备干部名单 82 人。

2000 年，州委制定《加强党外干部培养选拔工作的意见》《2001—2005 年培养选拔女干部、发展女党员工作规划》，重新审核确定 377 名县处级后备干部人选。选调 50 多名优秀应届大学毕业生到农村基层工作。建立健全全州优秀年轻干部、县处级妇女干部、非党干部台账。2001 年，选派 16 名选调生分别到 8 个县（市）的乡镇基层工作，选派 15 名大学毕业生充实到公安队伍。推荐 16 名优秀年轻干部参加省委组织部英语考试，7 名获得赴澳大利亚学习培训资格。2002 年，选派 25 名优秀年轻干部到国家部委机关、青岛、省直机关、上海黄浦区、福建等地挂职锻炼。2003 年，组织州直机关 137 名未达到本科学历的在职干部离岗到吉首大学进修。坚持定期选派 20 余名干部到中央、省直机关和沿海发达地区挂职锻炼。2006 年，贯彻落实《干部任用条例》《党政领导干部职务任期暂行规定》等法规性文件，做到“三坚持三注重”，即坚持群众公认，注重提高透明度；坚持党管干部，注重改进工作方法；坚持集体研究，注重把好决策关口。2008 年，把挂职锻炼作为在实践中培养锻炼后备干部重要措施来抓，选派 24 名优秀年轻干部到中直机关、省直机关和沿海发达地区挂职锻炼；选送 11 名乡（镇）党委书记到长沙、株洲挂职；选派 2 名机关干部到企业挂职。

2009年，集中考察8县市处级后备干部，确定32名县（市）级正职和160名县(市）级副职后备干部，其中正职以45岁以下为主体，副职以40岁以下为主体，女干部不少于20%，少数民族干部不少于70%，非党干部每县（市）不少于1名。

2010年，创新后备干部考察，推行提名制、考评制、竞争制、差额制。选派71名干部到基层挂职、23名干部外出挂职，选调50名选调生到基层工作。

二、少数民族与妇女干部选拔

1989年，州委组织部结合县市换届，将少数民族干部和妇女干部提拔对象，充实到党委班子和人大、政府、政协班子中去。1990年，落实州委转发《关于选拔培养妇女干部工作情况和今后意见的报告》，注重调整补充有培养前途的优秀女干部。是年，调整充实州级妇女后备干部4人，占总数20%；少数民族干部13人，占总数65%。县级女后备干部45人，占总数8%；少数民族干部157人，占总数62.8%。1991年，制定培养选拔妇女干部工作目标和措施。选拔53名妇女干部进入县级后备干部队伍，占后备干部总数17%，为州委办、州政府办等9个州直局级单位和4个县（市）党政班子配备妇女干部，为3个县（市）人大、5个县（市）政协班子配备妇女干部。全州新提拔科级妇女干部152人，占同期提拔数16.8%。全州从优秀工人、农民、待业青年中招收妇女干部123人，占新招收干部35.1%。此后每年都注重培养选拔妇女干部工作。1994年，做好“女、少、非”干部工作，培养并推荐一批“女、少、非”干部进各级领导班子。5月、8月，相继在全省民族干部工作会议和培养选拔妇女干部工作会议上，湘西州作为经验介绍单位参会。1995年，与州妇联制定《湘西州女干部培养选拔五年规划》，建立优秀女干部名单，推荐女干部进班子。《湘西州跨世纪领导干部培养选拔工程的通知》明确提出各级领导干部中少数民族和妇女干部结构比例。新当选35名第七届州委委员和6名候补委员中，女干部有5人，占12.2%，少数民族25名，占61.5%；新当选13名州委常委中，少数民族干部8人，占61.5%；新当选27名纪委委员中，女干部5人，占14.8%，少数民族20人，占74.5%。1996年，落实《湘西州选拔培养女干部五年规划》，把“女、少、非”干部培养选拔工作有关要求和主要指标列入到对县（市）委组织部目标管理。1998年，调整州直班子，提拔的170余名处级干部中，少数民族干部129名，占总数80%。乡镇党政“一把手”全州女干部34人，居全省第一位，12月，湘西州在全省选拔培养女干部工作座谈会上介绍经验。1999年4月，全国妇联主席彭珮云到湘西州考察，对湘西州培养选拔女干部工作给予充分肯定。2000年，州委、州政府召开全州民族工作会议，对新形势下培养选拔少数民族干部工作提出明确要求，并制定《湘西自治州2001—2005年培养选拔少数民族干部工作意见》。2001年，从县市机关选拔224名少数民族干部到全州96个边远特困村第一村党支部担任书记、村委会科技副主任、村小校长，一任5年。2002年，县市党委、人大、政府、政协换届时，新安排80名少数族干部进入县市党政领导班子，占新进班子人数80.8%。2004年底，通过各种渠道加强学历教育，全州少数民族干部中，98.3%具有大专以上学历,比2000年提高31.1个百分点。2005年，全州有少数民族干部55227人，占干部总数77.3%。州级党委、人大、政府、政协领导班子41人，少数民族干部占70.7%；8个县（市）和州直单位882名领导成员中，少数民族干部占67.5%；1627名乡镇党政领导班子成员中，少数民族干部占79.2%。全州在96个边远特困村任职的224名少数民族干部提拔任科（局）长11人。2007年，州委制定《2007—2011年湘西自治州培养选拔少数民族干部规划》，明确全州培养选拔少数民族干部指导思想、工作目标和措施。2002—2010年，全州从应届大中专毕业生录用少数民族公务员245人、事业单位干部107人，从省内优秀大学生中选拔少数民族选调生37人，从企事业单位、城镇待业人员及优秀青年农民等其他社会领域公开招考少数民族干部265人。2010年，全州机关事业单位干部63494人，其中少数民族干部52335人，占干部总数的82.43%；女干部24498人，占干部总数的38.50%。

1989—2010年湘西州干部基本情况一览表

表4-3　　　　单位：人

年份	干部总数	其中										
		女		少数民族		中共党员		学历				
		人数	占比（%）	人数	占比（%）	人数	占比（%）	研究生	本科	专科	中专	高中及以下
1989	46436	11538	24.85	28323	60.99	18474	39.78		14835		18180	13421
1990	44814	10527	23.49	27544	61.46	18060	40.30		13325		18739	12750
1991	49606	12763	25.73	31608	63.72	18455	37.20		13187		20917	15502
1992	44214	11552	26.13	28751	65.03	15959	36.09	2873		11337	19806	10198
1993	47990	12580	26.21	32031	66.75	18252	38.03	3147		11706	21650	11437
1994	48950	13043	26.65	33255	67.94	18367	37.52	3418		12222	22434	10876
1995	49197	13386	27.21	34052	69.22	18467	37.54	3655		13129	22711	9702
1996	51604	14454	28.01	36856	71.42	18926	36.68	3796		14322	24583	8903
1997	55840	16320	29.23	40571	72.66	19527	34.97	4106		15733	27231	8770
1998	59112	18080	30.59	43888	74.25	19956	33.76	10	4418	16944	29558	8772
1999	61136	19338	31.63	46264	75.67	21009	34.36	21	4781	17977	30984	7373
2000	69273	23250	33.56	52657	76.01	22718	32.79	24	5134	19765	35177	9173
2001	71661	24890	34.73	54595	76.19	23423	32.68	19	5615	21525	35449	9053
2002	71431	25137	35.19	55635	77.89	24016	33.62	26	5950	21713	35724	8018
2003	69891	24425	34.95	55227	79.02	24812	35.50	25	6872	26190	29353	7451
2004	68923	25178	36.53	54236	78.69	23920	34.71	44	9189	30773	21986	6931
2005	69053	25503	36.93	55140	79.85	24622	35.66	65	11862	31778	19104	6244
2006	68278	25434	37.25	54814	80.28	25504	37.35	86	14215	31029	17398	5550
2007	68055	25541	37.53	55140	81.02	24791	36.43	138	15772	30795	15243	5107
2008	71371	26350	36.91	57549	80.63	26759	37.49	199	18246	32436	16575	3915
2009	69555	26331	37.85	56563	81.32	26674	38.34	297	18937	31705	15245	3371
2010	63494	24498	38.58	52335	82.43	25446	40.07	257	19673	28933	12443	2188

第三节　专业技术人才队伍建设

1989年，州委出台《关于选拔有突出贡献的专业技术人员的试行意见》，州委知识分子工作领导小组成立，并在州直各战线、各县（市）明确分管知识分子工作领导和工作科室。1990年，凤凰县箭道坪小学高级教师滕昭蓉，永顺县科技情报站副研究员刘学温入选省优秀中青年专家。1991年，州委确定在田云耀等30名州管有突出贡献的专业技术人员基础上选拔专家25名进入人才信息库，建立领导与专家联系制度。推荐38名中央和省直掌握联系的高级专家人选，争取上级对湘西州人才的培养和管理。申报湘西地区特聘专家岗位14个。1993年，全州选派5名科技副县（市）长。1995年，参加省第二批优秀中青年专家表彰大会，湘西州农业局李定生入选省第二批优秀中青年专家。2000年，湘西州召开优秀专业技术人员表彰暨专家迎春座谈会，表彰第二批州管有突出贡献的专业技术人员13人。2004年，制定《进一步加强人才工作的意见（讨论稿）》和《湘西州“132人才工程”实施方案（讨论稿）》（“132”指湘西州突出抓好三个层次人才培养：到2010年，培养10名达到国内同行认可，具有较高学术技术水平的国家和省级专家（第一层次）；培养30名省内同行认可，达到州内领先水平的州级科学技术带头人（第二层次）；培养200名在各产业、各学科领域起骨干作用，具有发展潜能的优秀专业梯队后备人才（第三层次），并征求有关专家和相关领导意见。

2005年，州委人才工作领导小组成立，州委组织部设立人才工作科，建立组织部门牵头抓总，各有关部门各司其职的人才工作新格局。州委组织部会同州人事局、州科技局配合省委组织部、省社科院开展《湘西自治州人才资源开发战略研究》课题调研，制定《进一步加强人才工作的意见》《湘西州“132人才工程”实施方案》，编制“十一五”人才规划并制定相关政策。建立州人才开发基金，每年由州财政安排30万元用于人才开发，奖励有突出贡献专家。2006年，州委制定《湘西州新世纪“132人才工程”实施方案》，选拔第一批湘西州新世纪“132人才工程”85人，印发《关于选拔州管有突出贡献的专业技术人员的通知》，出台《湘西州高技能人才评选奖励办法》，开展高技能人才学习培训和新技术、新工艺技能竞赛等活动，推动高技能人才队伍建设；州委、州政府印发《湘西州专业技术人员管理暂行办法》《关于引进、培养人才为湘西州经济建设服务的意见》，出台人才引进、服务等方面优惠政策。是年，全州先后推荐选拔2.67万名乡土实用人才进入人才库，实行跟踪管理。从中组部、中央博士服务团、农业部、对口扶贫市等引进干部到州挂职扶贫，选拔100名服务西部志愿者到湘西州基层单位工作。配合省委组织部在州内5个县（市）、30个乡（镇）、10所中心卫生院开展科技特派员试点工作。邀请10多名专家顾问和20名院士到湘西州开展技术服务，培训技术骨干1000余人次，为企业解决生产技术难题12个，与企业联合开发高新技术产品5个，培训农村技术人员11万人。开展农业专业技术人员职务评聘，全州有10名获得高级农艺师职务、96名获得中级农艺师职务、105名农民获得农民技师职务。2007年，对彭继福和张永康2名专家颁发“科教兴州”突出贡献奖，每人奖励10万元，对15名科教兴州奖每人奖励5000元，30名科教兴州先进个人各奖3000元；设立特殊津贴，对州管专家20人和享受国务院津贴专家15人发放津贴。开展科技特派员试点工作，省、州、县选派科技特派员347人，其中省派75人、州派31人、县（市）派241人。州、县（市）均成立科技特派员工作领导小组，建立联席会议制度，设立办公室，抽调人员集中办公。制定《湘西自治州科技特派员工作方案》，明确规定科技特派员四项优惠待遇。印发《湘西自治州科技特派员联席会议制度》，落实相关部门责任。制定《湘西自治州人才发展“十一五”计划和十五年规划》，配合上级组织部门推荐评选省新世纪“121人才工程”人选和省科技领军人才人选，推荐上报22人；实施湘西州新世纪“132人才工程”，选派高学历人才充实基层人才队伍，首批选派53人。5月，制定老科协联席会议制度，建立健全老科协组织机构。6月，召开湘西州首次老科协联席会议，研究有关工作，衔接落实老科协项目和资金，协助组织老科协专家到农村基层开展技术服务和指导。湘西州科特试点工作被省科技特派员工作协调小组评为2007年全省试点工作先进单位。评选10名州第六届青年科技奖人选，评选推荐2名省第六届青年科技奖人选；向省推荐表彰2名扎根基层建功立业优秀高校毕业生。选派43名专业大户为乡土人才科技特派员到农村开展工作，建立农村实用人才信息库。全年培训农村技术人员15万人次。依托州民族职业技术学院，实施国家雨露计划，首批培训274人。举办两期全国职业技业技能鉴定培训，培训1200人次；审批认定州技工学校等22家培训机构作为州内培训骨干基地，同时联系建立山东胶州、即墨二市实用技能人才对口培训基地。针对市场需求和培训对象的特点，兴办特色培训班，全年培训高技能人才108人，技术工人768人。此外与沿海发达地区劳动部门"联姻"，与驻地大中型企业建立劳务协作关系，和42家企业签订用工协议，为技能人才广辟就业渠道。

2008年，州委印发《加强农村基层人才队伍建设暂行意见》，对全州中长期农村基层人才队伍建设全面部署；利用州校合作和校企合作，实行项目引才、基地聚才，联系15名专家充实科技特派员队伍；设立人才奖励基金，对突出人才进行奖励；创新事业编制管理办法，争取5年内设立人才引进周转编400名。做好博士服务团挂职干部服务工作和科技副县（市）长选派工作。2009年，州委组织部围绕建设社会主义新农村主题，把农村人才资源开发纳入人才规划，制定优惠政策，建立激励机制，鼓励各类人才向农村基层流动。组织协调老科协积极开展工作，完成省"132人才工程"和第四批州管专家评选工作。表彰科教兴州奖10人和州青年科技奖14人。选派45名"三支一扶"（即支农、支医、支教、扶贫）大学生到村服务，招聘160名农村中小学教师，定向培养200名师范专业和100名医卫专业大学生。

2010年，州委印发《企业引进高层次人才意见》，出台《公开选拔高学历优秀人才暂行规定》，5年公开选拔500名全日制博士、硕士学历人才。实施农村实用人才"八大工程"，招聘农村教师200人，定向培养农村师范生210人，免费定向培养农村"专升本"全科医师100人。出台《大学生村干部就业创业工作实施意见》，明确10项优惠政策，实行定向考录选聘，录用大学生村干部选调生30人、公务员14人，招聘事业编制人员37人。畅通人才引进绿色通道，凡符合人才引进政策的，一律实行准入制、备案制，由人事部门牵头设立一站式人才引进服务窗口，按照就地、就近、方便原则办理，并限时办毕，解决薪酬待遇、社会保障、住房、户口、配偶子女就业上学等问题。是年，全州事业单位干部总数48352人，其中专业技术干部38054人，占事业单位干部总数的78.7%。公有经济企业有专业技术人才1281人。其中获高级职称19人，工程师等中级职称194人，初级职称1068人。

第四节　领导班子建设

1990年6月，州委下发通知，要求各级领导干部联系实际着重解决四个方面的问题：即对社会主义、共产主义的信念坚不坚定；全心全意为人民服务的宗旨树得牢不牢；遵守党的纪律自觉不自觉；与人民群众的关系密切不密切。1991年，印发《关于建立健全县（局）级领导班子五项制度的通知》，并对落实情况督促检查。1993年，全面考察8个县（市）党政领导班子思想作风建设和工作情况，有895名干部参加民主测评，其中县级干部212人、科级干部683人。1994年，与纪检、监察部门建立工作联系制，推行"一簿一卡"，即纪检监察部门工作联系记录簿、干部重要问题呈报卡。

1995年，州委落实《领导干部个人重大事项向组织请示报告制度》，探索新时期领导干部管理与监督的新路子。制定《湘西州党员学习建设有中国特色社会主义理论和党章的三年规划》，并组织实施。贯彻中共湘西州委《关于进一步加强党校工作的通知》，州委干教工作领导小组制定《全州县级党校教育评估考核方案》，全州各级党校主动开展创先争优达标活动。贯彻中共中央《党政领导干部选拔任用工作暂行条例》，选拔任用干部坚持任人唯贤，反对任人唯亲；坚持干部职务安排由组织决定的原则，防止拉关系、走后门、伸手要官的恶劣风气；坚持走群众路线，发扬民主，不搞个人或少数人说了算；坚持党管干部原则，深化干部人事制度改革。1996年，先后制定《关于清理规范州直党政机关干部公费配置使用移动电话的意见》《关于禁止党员干部赌博的暂行规定》《关于在州内公务活动中进一步规范接待工作的规定》等文件，全州乡以上党政机关、事业单位整顿干部作风，狠刹公款吃喝风、公款摆阔风、干部赌博风，大兴调查研究之风、艰苦创业之风、勤俭节约之风。广泛开展领导干部民主评议，组织各级人大代表和政协委员评议有关部门领导干部，对问题较多、群众反映较大的局领导班子，与州人大常委会共同组织力量评议考察，1名正职干部作调离原岗位降职安排，3名不称职副职就地免职，新提拔4名政绩突出年轻干部进入班子。1997年，落实中共中央、国务院提出的党政机关县（处）级以上领导干部廉洁自律五项规定和中纪委、中组部、监察部《关于印发〈关于党政机关县处级以上领导干部廉洁自律的五项规定的实施意见〉》，制定领导干部诫勉制度和免职待岗制度，实行领导干部动态管理淘汰机制。开展县处级以上领导干部个人收入申报工作，全州31名州级领导、760名县处级干部分别向组织申报个人收入。全州党政机关集中开展以“三讲（讲学习、讲政治、讲正气）、三为（为中心、为基层、为群众）、三实（谋实略、干实事、求实效）”为主要内容的机关思想作风整顿与建设活动，通报表扬思想作风好、政绩突出的班子成员，公开处理一批生活腐化堕落、严重违纪的典型案例。1998年，开展州级领导班子和领导干部“三讲”教育活动，第一责任人充分发挥表率作用，省委巡视组指导到位，达到预期目标。1999年，州、县（市）、乡（镇）党委、人大、政府及政协换届，重视各级领导班子的选配工作，把德放在第一位，一批德才兼备、经受过实践锻炼的优秀干部充实到各级领导班子中。全州党政部门开展为期一年的创建文明机关、转变机关作风活动，州直159个副处级以上单位分类排队并发通报，63个单位被划为一类，88个单位划为二类、8个单位划为三类，对三类单位公开批评。分两期对全州132名县处级党政“一把手”开展集中教育。

2000年，全州推进以扩大民主、完善考核、推进交流、加强监督为主要内容的领导班子选配制度改革。推行领导干部任前公示制度，对公开选拔领导干部实行试用期制度，领导干部任期和离任经济责任审计258人，其中党政领导干部247人，国有企业领导人员11人。推行公开选拔党政领导干部制度，坚持每两年公选一次，先后公开选拔不同层次、各个类别干部364人。州直机关单位中层领导职位都实行竞争上岗，县乡全面推行竞争上岗。州委办、州委组织部、州委统战部、州政府办、团州委5个单位1名正处级职位、5名副处级职位试行竞争上岗。州直和县市领导班子及领导干部“三讲”教育从2月底开始到9月上旬分三批进行。省委向州境8个县（市）派出8名巡视组组长、40名巡视组成员。通过“三讲”教育，领导班子和领导干部普遍受到一次深刻的马克思主义教育，群众反映强烈的一系列实际问题得到较好解决。2001年，制定《2001—2005年湘西自治州干部教育培训规划》，实施140名干部离职到吉首大学接受本科学历教育。出台湘西州加强党政正职管理监督实施意见；全州8个县（市）举办学习《条例》巡回培训班，210余名县（市）级干部和230名各县市的科级干部参加学习培训；出台《关于建立监督干部选拔任用工作督查员制度的暂行办法》，聘请4名州级老领导担任督查员；强化州管领导干部经济责任审计制度，对5名州直和县市主要领导干部开展离任审计，全州实施科级干部经济责任审计118人。2002年，创新公开选拔领导干部方法和推行党委讨论干部无记名投票表决制度、干部考察预告制度、差额考察制度、任前公示制度、竞争上岗制度，公开选拔12名处级领导干部和64名科局级领导干部。2003年，开办中央党校函授本科、省委党校函授大专层次的学历教育，全州有3888人参加党校学历教育。同时，开展干部新知识和新技能培训，1155人通过湖南省计算机应用能力考核，省委组织部颁发中级“合格证”。2004年，落实州委、州政府关于全州中小学校长实行竞聘上岗和年薪制或职级津贴制决定。推行干部差额考察和考察预告制度和调整不胜任现职领导干部制度。

2006年，州委推行党委讨论干部无记名投票表决制度和全委会对下一级党委、政府领导班子正职投票表决制度，凡新提拔县（市）级和乡（科）级领导职务干部一律实行任前公示，实施干部交流制度。至是年末，6年内全州票决县处级干部480人，调整不胜任现职领导干部484人，其中县处级干部20人、科级干部464人；有20名科级干部拟任人选公示后未予任用；8个县（市）16名党政正职全部实行避籍交流任职；交流干部4441人，其中县处级干部344人、科级干部4097人。推进企业单位人事制度改革，全州33家大中型企业有32家完成改制，68家国有小型企业有55家完成改革改制。2007年，落实省委《关于认真做好市县党委、人大、政府、政协换届工作的通知》，全州县市换届坚持严把素质关、程序关、推荐考察关、会议决定关、提名关，领导班子结构得到优化。新提拔州人大、州政府、州政协领导干部及法检“两长”8人，交流轮换岗位10人，州级“三家”班子成员平均年龄由52.67岁下降到49.48岁；本科以上学历16人，占64%；女干部3人，占12%；党外干部7人，占28%。新提拔县市人大、政府、政协领导干部及法检“两长”32人，交流轮岗55人；县（市）级“三家”班子成员平均年龄由49.07岁下降到46.82岁；本科以上学历78人，占51.32%。女干部27人，占17.76%；党外干部41人，占26.97%。乡镇人大、政府换届后领导班子成员628人，其中35岁以下487人，占总数的77.5%；大专以上文化507人,占总数80.7%。其中女干部174人，占总数27.7%。出台《湘西州干部教育培训五年规划（2007—2011）》和《湘西州〈干部教育培训条例（试行）〉实施细则》，干部教育培训经费列入财政预算。选送6名州级领导干部、51名县处级干部和20名党校系统优秀教师参加上级组织部门和有关部办委举办的培训班，首次选派22名干部赴新加坡培训。完成州委党校大专体制评估申报工作。制定干部监督工作部门联席会议制度方案，编印《干部监督工作流程》，发挥“12380”专门举报电话作用，强化群众对干部工作监督。2008年，规范领导干部任用提名制度，完善干部考核评价体系，完善公开选拔、竞争上岗、差额选举办法，健全干部职务任期、交流回避、责令辞职制度，优化干部选拔任用方式。完成1681名在职干部档案清理工作。2009年，加大领导干部年度考核力度，全州县处级以上干部参加年度考核1189人，其中省管干部46人，县处级1126人，外来挂职17人，按要求审定考核材料。并运用综合考核评价办法考核和评价干部，加强领导班子优化配备。对“双十佳”乡镇党政正职实行重点培养，成立绩效考核办，推进领导班子和领导干部绩效考核工作。选送20名乡（镇）党委书记、乡（镇）长参加农业部培训；选派4名领导干部参加上级部门组织的出国培训；组织30名干部赴新加坡参加区域经济发展培训。建立“12380”电话举报、信访举报和网上举报“三位一体”举报网络。

2010年，创新领导干部人事制度改革，重要人事任免事前征求党外人士和老同志意见，竞争性选拔干部邀请用人单位领导和群众代表担任观察员，请“两代表一委员”观摩干部考察民主测评。建立绩效考核体系，对102个州直单位和8个县（市）领导班子的1073名正副处级领导干部实施绩效考核与管理。创新运用“双十佳”差额推荐评选办法，推行乡镇领导干部模块化管理绩效考核制度，调整“不在状态”县处级干部35人、乡科级干部69人。

第五节　基层组织建设

1989年，州委组织部针对北京出现的政治风波及对湘西州影响，组织学习中央文件和中央领导讲话，利用民主生活会等形式，开展批评与自我批评，在政治上思想上与党中央保持一致。1990年年初，开展农村社会主义思想教育，州委成立农村社会主义思想教育工作领导小组，组建州委社教工作团。贯彻落实省委《关于加强全民所有制企业党的建设的几点意见》，全州分级开展企业党组织建设试点工作。从组织部、宣传部等单位抽出23人进驻州酿酒总厂开展试点，整个试点历时11个月。8个县（市）分别选择一个重点企业为试点单位。1991年，州委召开全州村级组织建设座谈会，15个村级组织建设先进单位在会上作典型发言，讨论修改《州委州政府关于加强以党支部为核心的村级组织建设的决定（征求意见稿)》，各县市委研究部署村级组织建设工作。并组织调查全州2.09万户私营企业党建情况，召开全州企业党建座谈会，起草《关于加强企业党的建设的意见（讨论稿)》。1992年，全州开展党支部达标升级活动，印发《党支部达标升级细则》，并在泸溪县浦市镇创办试点，各县市也相继试点。全州一类村党支部由社教前618个上升到1518个，二类村党支部由社教前1766个减少到1225个，三类村党支部由社教前273个减少到78个。全州10个三类乡镇党委领导班子整顿8个。1994年年末，在凤凰县召开全州乡镇党委思想作风建设座谈会，凤凰县委和各县（市）的16个乡（镇）党委在会上介绍经验。召开州直大中型企业党委书记座谈会和全州国有企业党建工作座谈会。湘泉酒总厂、凤凰雪茄烟厂等13家企业介绍党建工作经验。1995年，州委组织部在龙山卷烟厂召开有19家大中型企业和5家特邀企业党委书记参加的全州国有大中型企业党委书记联席会议，形成一年一次联席会议制度。会后下发《关于尽快建立健全全州乡镇企业党组织的通知》。1996年，州委制定《关于建立各县市委抓好农村基层党组织建设责任制的意见》，确定工作目标和工作措施，建立健全县（市）委和乡（镇）党委抓农村基层党组织建设的责任制，明确县（市）委书记为抓党建的第一责任人。各县（市）委也相应制定有关文件，与乡镇党委签订抓好农村基层党组织建设的责任状，对全州农村、企业、机关、街道、学校五大类基层党组织分别从工作内容、工作任务、工作目标、工作职责以及考核办法等方面提出具体要求。1997年，召开全州大中型企业党建工作会议，传达贯彻中央、省国有企业党建工作会议精神，18个单位总结交流国有企业党建工作情况和经验。1998年，组织全州32家国有大中型企业学习贯彻《中共中央关于进一步加强和改进国有企业党的建设工作的通知》，抽查州直和各县（市）部分企业，对抽查中发现的问题及时责其整改。1999年，推介保靖县他沙村党支部典型，出台《中共湘西自治州委组织部关于向他沙村党支部学习的决定》。抓好基层组织宣传工作，全州被中组部采用信息15篇，被省委组织部采用信息150篇，在中组部《党建研究》和《党建研究内参》发表综合文章2篇，在省级报纸杂志发表1000字以上综合文章20多篇。

2000年，全州各级组织部门采取座谈走访、问卷调查、设立电子邮箱和征求意见箱、开通热线电话等形式，实行全方位、多渠道、宽领域征求意见，找准组织工作和自身建设方面存在的突出问题，开展“三讲”教育和创建基层建设先进县、“六好乡镇党委”“五好村支部”联创活动。2001年，出台《2001—2005年全州农村党员基层干部实用技术培训规划》，开展全州“百乡千村十万户”农业科技大培训活动，投入培训经费321万元。召开全州国有企业党建工作经验交流会，指导国有企业特别是困难企业党建工作，全州1029个非公有制经济组织、社会团体、民办非企业单位建立党组织77个。2002年，深入调查湘泉集团、州七一化工厂、州运输总公司、闻得福油脂集团、州龙家寨煤矿等28家企业和239家“关、停、破”企业党建工作情况，出台《关于在国企改制中进一步加强领导班子建设和党的建设工作意见》，召开企业党建工作协商会，解决企业在改革改制中出现的“有党员无组织、有组织无上级”现象。2003年，抓基层党建示范点创建工作。推荐龙山县岩冲乡比耳村党支部为省级基层党建示范点创建单位。启动全州基层党建示范点创建工作，建立50个州级基层党建示范点，确定20个州级基层党建示范点创建单位，有58个基层党组织被确定为县级党建示范点。制定下发《2003年全州国有企业党建工作目标管理指标》。

出台《关于加强民营经济组织中党建工作的意见》，建立党建工作责任制。2004年，按照一个社区一个基层党组织目标要求，逐步完善社区党建工作，全州65个社区有63个成立党支部或临时党支部，同时规范民营经济组织中党组织隶属关系。2005年，新确定21个基层组织为第二批州级基层党建示范点创建单位，选择湖南老爹公司、吉首市乾州街道竹园社区等七种不同类型基层党组织集中连片创建。

2006年，全州开展保持共产党员先进性教育活动，推行以基本队伍、基本阵地、基本活动、基本制度为主要内容的基层"双基工程"建设工作。八县市选择机关、事业、企业、农村、社区五种不同类型单位试点。州委组织部基层党建《推进政务公开，构建和谐湘西》获全省"科学发展观重在落实"研讨征文一等奖。民营经济行政主管部门设立党的工作委员会，全州有65户民营企业建立党的基层组织，非公有制企业中发展党员563人。2007年，州委总结上年各县（市）5个不同类型党组织开展"双基工程"试点经验，出台《党的基层组织建设五年规划（2007—2011）》和《关于实施党的先进性建设基层基础工程的意见》，创新党建活动内容，健全党的先进性建设基本制度，强化党建工作保障机制。2008年，印发《关于建立村党组织第一书记制度的意见》，向全州选派108个重点移民村第一书记，选派120名高校毕业生到村任职，出台《湘西州选聘高校毕业生到村任职干部管理暂行办法》，落实《党的基层组织建设五年规划》和《关于实施党的先进性建设基层基础工程的意见》，对全州1936个建制村（占总数的98.02%），200多个州、县（市）直单位和社区推行"三卡"管理。

2010年，全州推进520个村、社区活动场所建设，"两新"组织党工委、律师协会党组织组建率达到100%；村企联建55对，对接项目资金1.5亿元。组织245个州、市直单位与吉首市28个社区结对帮扶，采取三级联动、四方共建共管方式，推进社区和谐文明共建。其他基层党组织普遍推行党建责任制、公开承诺制、考核评价制，承诺行动卡的"三制一卡"党建工作法。农村一类支部由21.2%提至33.9%，三类支部由10.5%降至7.4%；群众对党员满意率由62%升至90%以上。

1989—2010年湘西州中共地方党委（党组）和基层组织情况一览表

表4-4　　　　单位：个

年份	地方党委					各级党组			基层党组织		
	州委	县委	市委	农村区委	乡镇党委	小计	其中		党委	党总支部	党支部
							州一级机关党组	县(市)一级机关党组			
1989	1	7	1	25	222	123	46	77	295	197	5784
1990	1	7	1	25	221	143	54	89	311	207	5902
1991	1	7	1	25	221	166	63	103	327	217	6045
1992	1	7	1	25	222	175	65	110	340	210	6112
1993	1	7	1	25	223	180	64	116	357	195	6211
1994	1	7	1	25	223	184	67	117	361	212	6274
1995	1	7	1	—	222	194	62	132	380	219	6284
1996	1	7	1	—	223	224	62	162	396	211	6332

续表 4-4　　单位:个

年份	地方党委					各级党组			基层党组织		
	州委	县委	市委	农村区委	乡镇党委	小计	其中		党委	党总支部	党支部
							州一级机关党组	县(市)一级机关党组			
1997	1	7	1	—	225	194	45	149	403	221	6385
1998	1	7	1	—	223	115	45	70	405	221	6302
1999	1	7	1	—	223	155	59	96	414	212	6225
2000	1	7	1	—	223	100	61	39	436	206	6233
2001	1	7	1	—	223	95	37	58	430	202	6259
2002	1	7	1	—	222	93	37	56	431	199	6380
2003	1	7	1	—	223	340	44	296	419	206	6527
2004	1	7	1	—	221	330	43	287	415	218	6609
2005	1	7	1	—	164	365	43	322	343	220	5783
2006	1	7	1	—	164	388	45	343	357	219	5781
2007	1	7	1	—	164	364	27	337	366	235	5922
2008	1	7	1	—	158	364	45	319	369	234	5832
2009	1	7	1	—	158	366	45	321	367	226	5703
2010	1	7	1	—	158	372	48	324	374	231	5736

第五章　宣传思想工作

1989 年，中共湘西州委宣传部内设办公室、理论科、新闻出版科、宣传科、企事业宣传科、精神文明建设办公室、党员教育科、对外宣传办公室、干部科、纪检组，核定行政编制 22 名，工勤编制 2 名。1997 年，增设文化艺术科。2001 年 10 月，部机关内设办公室、理论科（加挂党员教育科牌子）、新闻出版科、文化艺术科、宣传科、企业宣传科、外宣办、网络新闻宣传管理科、精神文明建设指导委员会办公室、干部科、纪检组等科室，核定行政编制 18 名，地财编制 2 名，后勤编制 2 名。2003 年 6 月，增加编制 1 名。2004 年 5 月，设立州文化产业改革发展管理委员会办公室，新增行政编制 2 名。2007 年 6 月，置换 2 名事业编制为行政编制。2008 年 5 月，网络新闻宣传管理科加挂新闻发布科牌子。2009 年 3 月，增设舆情信息科加挂未成年人思想道德建设科牌子，新增行政编制 2 名。2010 年年底，州委宣传部内设办公室、理论科（加挂党员教育科牌子）、新闻出版科、文化艺术科、宣传科、企业宣传科、外宣办、网络新闻宣传管理科、精神文明建设指导委员会办公室、干部科、州文化产业改革发展管理委员会办公室、网络科（加挂新闻发布科牌子）、舆情信息科（加挂未成年人思想道德建设科牌子）、纪检组等科室，有编制 27 名，其中工勤编制2名。

1989—2010年，州委宣传部历任部长：向熙勤、田景安、刘路平、周小毛、秦国文、陈潇；副部长：何启安、田景安、孙岱毅、贺学双、向兴仁、李绍书、向大万、彭冠智、田万荣、刘世树、石伏龙、肖世辉、唐镜、娄亚莉。

第一节　理论学习

1989年，州委宣传部举办副处级以上干部培训班5期594人次，举行形势报告会6400场，听众80万人次。1990年，开展形势和国情教育，举行形势报告会617场次，受教育13.47万人次。抽调6700名干部组成234个工作队，进驻217个乡（镇）、2454个村、17个厂矿企业和部分大中专院校及中小学开展社会主义思想教育。1991年，举办科学技术是第一生产力读书班，开展反“和平演变”斗争理论宣传教育。举办5期县处级理论学习骨干培训班，州直县处级以上干部和2000名理论辅导员参加培训。全州769名县级领导干部参加政治理论考试，及格率98%。发行《毛泽东选集》第二版（1～4卷）8.8万套。围绕庆祝建党70周年，开展以“共产党人颂”为主题征文活动，征集作品170篇，有4篇在省获奖。举办纪念建党70周年理论研讨会，收到论文89篇，评选出优秀论文33篇。1992年，各级学习中心组集中学习讨论邓小平南方谈话和中共十四大精神。1993年，建立中心组学习情况登记制度，全面检查州直局以上单位理论学习情况。1994年，推行理论工作联络员制度，聘请联络员21人。将龙山县、州交通局、州工程公司、州建行和州邮电局5个单位作为理论学习联系点。举办县（市）委书记、州直局级单位党组（党委）书记学习《邓小平文选》第三卷理论研讨班和县局级干部理论研究班，130名县（市）委正副书记、人大常委会主任、宣传部部长、州直局级单位党组（党委）正副书记参加学习，10名州委常委跟班学习作辅导报告。1995年，106个县处级以上单位学习中心组实行跟班陪读制度，同时开展扶贫攻坚与改革开放理论研讨活动，向农民群众宣讲发展才是硬道理、科学技术是第一生产力理论，引导农民走向市场。

1996年，组织州直局以上单位党组（党委）和县（市）委学习中心组理论学习，中二型以上企业和乡镇建立学习中心组，组建湘西经济发展研究课题组，完成《湘西自治州发展市场经济对策研究》课题，全书25万字，省专家评审小组对此给予充分肯定。1997年，制定理论工作目标管理细则，对理论工作各项任务实行量化。下发《关于进一步加大广播电视报刊理论宣传的通知》，加大理论宣传音量和容量。1999年，围绕“贫穷不是社会主义”“三个有利于”判断标准、“发展是硬道理”、树立大市场观念、社会主义初级阶段基本经济制度运行等开展深入学习和研讨。2000—2001年，开展国企改革理论研讨，印发《湘西自治州县处级领导干部理论学习考试考核工作规定》。中共中央总书记江泽民“七一”讲话后，举办中心组辅导员、乡镇宣传委员和县处级干部培训班。组建4个理论宣讲团，分赴各县（市）宣讲“七一”讲话精神。

2002年，州委宣传部印发《关于切实搞好十六大精神宣传报道的意见》，举办学习十六大精神报告会、座谈会、理论骨干培训班，组织宣讲团巡回宣讲。2003年，组织160名县市及州直单位“一把手”开展为期7天的封闭式学习；300名县处级干部参加培训考试，并颁发合格证书。2004年，举办全州县处级干部树立和落实科学发展观专题研讨班，州、县（市）198名主要领导干部参加学习研讨。2005年，开展创建学习型组织，争当学习型党员活动，各媒体开辟领导言论、专家访谈、理论论坛、和谐湘西大家说等专栏，广泛开展中共十六届四中、五中全会精神和科学发展观、节约型社会、构建和谐社会等重大理论和政策宣传。构建社会主义和谐社会形势政策报告会和理论培训班。

2007年，州委邀请中央党校副校长李君如到州作学习中共中央总书记胡锦涛“6·25”重要讲话辅导报告。中共十七大召开后，下发学习贯彻中共十七大精神通知，召开贯彻中共十七大精神宣传工作专题会议，举办社科理论界学习中共十七大精神座谈会、学习中共十七大精神理论骨干培训班，组织宣讲团、文艺宣传队，以多种形式开展宣传。2008年，举办3期县处级领导干部学习中共十七大精神培训班，同时组建宣讲团和县、乡宣讲小分队，深入机关、企业、学校、社区、农村宣讲中共十七大精神。开展解放思想大讨论和纪念改革开放30周年、毛泽东思想与中国特色社会主义、春天的故事征文和理论研讨活动。2009年，全州各媒体围绕中共十七届三中、四中全会精神，开辟专栏、专版加强理论宣传，解读州委经济工作会议精神。以抓住机遇促发展为主题，组织由50名理论学习服务专家组成的州、县（市）宣讲团宣讲；以唱响社会主义好、共产党好、改革开放好、伟大祖国好为主题，组织8支100人的县市宣讲队到乡镇集中宣讲。

2010年，围绕加快转变经济发展方式，邀请清华大学教授孙立平、著名经济学家钟朋荣等到湘西州作理论学习辅导。建立健全学习型党组织建设领导机构，完善理论学习效果考评机制。全州推荐评选23个学习型党组织建设工作示范点，永顺县地税局党组等4个党组织被评为全省学习型党组织建设示范点。组建理论宣讲团，深入基层开展加快经济发展方式转变、中共十七届五中全会精神等专题理论宣讲活动，听众达9万人次。《人民日报》在显著位置报道龙山县学习型党组织建设事迹。

第二节　典型宣传

1989年，州委宣传部举办培训班17期，培训通讯员403人，组织拍摄《飘向芙蓉镇》《龙腾四十年》《吉首掠影》《梦游德夯》《跳马节》等8部电视专题片。1990—1991年，宣传贯彻中共中央《关于加强宣传思想工作的通知》精神和中共十三届七中全会精神、中共中央总书记江泽民在中国共产党成立70周年大会上讲话精神。报道“七五”期间扶贫开发成就、经验和典型。1992年，宣传中共十四大精神，报纸、广播、电视及时转发转播中央主要媒体重要消息，采访报道龙山县轻工系统实行“三项制度改革”经验。1993年，邀请新华社、湖南日报社等29家上级媒体60名记者参加1993年中国湖南猛洞河国际旅游漂流月暨经贸洽谈会、1993年中国湖南花垣苗族赶秋节暨经贸洽谈会、龙山土家族摆手艺术节暨经贸洽谈会宣传报道活动，先后推介湘泉酒总厂、龙山植物油厂以及古丈县党政机关上山办实体、与农民联手开发山地资源典型；吉首市发挥区位优势，大力发展个体私营经济、培育新的经济增长点典型等；组织力量赴深圳采访，报道龙山县农民向德辉等大胆闯特区致富典型。1994年，《团结报》设立《县（市）领导谈改革发展稳定》《科技兴州》等栏目，湘西电视台和湘西有线电视台设《黄金一刻》《经济生活访谈》《社会经纬》等栏目，宣传建立现代企业制度和财税体制改革举措与成就，宣传各县市改革、开放、开发、致富以及两个文明建设、农民奔市场和发展非公有制经济等典型。1997年，突出建州40周年宣传，《人民日报》、中央电视台、新华社、《湖南日报》、湖南电视台等40家新闻单位80名新闻记者到州采访；宣传报道吉首军分区司令员彭楚政扶贫帮困先进事迹。1999年，印发《关于进一步加强马克思主义唯物论和无神论宣传教育的通知》，各媒体开展系列宣传。

2000年，宣传广州军区某集团军一等功获得者龙山籍战士田波、吉首市河溪镇中岩村党支部书记杨廷翠、吉首市个协加强和改进思想政治工作、凤凰县三拱桥乡打狗坡村小学教师吴生权甘于清苦常年为贫困学生奔波等先进事迹。2001年，邀请《人民日报》、中央电视台、新华社、《湖南日报》、湖南电视台等20家新闻单位43名记者，深入全州8个县（市）采访，组织“走进湘西”系列报道。2002年，宣传中共十五大以来湘西州各族人民取得的成就。邀请《湖南日报》、湖南卫视、《团结报》、湘西电视台等媒体到永顺、龙山、保靖、花垣等县采访，重点报道抗洪自救感人事迹，中央电视台播出龙山县苗儿滩镇村支部书记尚仲元救人牺牲先进事迹。州直各媒体和龙山电视台会同全国主要媒体对里耶古镇考古大发现连续采访报道。2003年，邀请中央电视台西部频道一路顺风栏目组到州拍摄一路顺风、走玩湘西系列专题片，历时一个多月，拍摄9集电视专题片，每集55分钟，中央电视台西部频道连续播出时间长达2个多月。2004年，宣传贯彻中央1号文件精神，组织走进农民专题报道。开展新闻阅评工作，聘请离退休资深新闻工作者、高校新闻专业教授组成新闻阅评队伍，全年刊发阅评文章46篇，把握正确舆论导向，提高办报办台质量。开展湘西民族民间文化新闻宣传活动，邀请《湖南日报》、湖南卫视、湖南人民广播电台、红网等省直新闻媒体和部分中央驻湘媒体25名记者，分两组采访湘西州民族民间文化，采访为期6天，发稿60篇（幅）。配合中央电视台综合频道发现之旅栏目组在里耶拍摄报道《神秘里耶古城》。2005年，推出保持共产党员先进性教育、构建和谐湘西、爱心改变命运等系列大型主题报道。重点推介党员“三卡管理”。对禁钒和整治锰污染跟踪报道。

2006年，州委宣传部组织“回眸‘十五’”和“展望‘十一五’”及建设新农村宣传报道。围绕纪念建党85周年和红军长征胜利70周年，组织20名记者分两路重走红二、六军团长征路行程千余公里，《团结报》推出纪念红军长征胜利70周年红二、红六军团在湘鄂西专版。开展社会主义新农村和保持共产党员先进性教育宣传，推出10个优秀基层党组织、10名优秀村支部书记、10名优秀共产党员。出台《关于进一步规范新闻管理制度的意见》，整顿新闻出版秩序。完善新闻阅评，充实阅评队伍。开展2005年度十大新闻、十大新闻人物评选活动。团结报社记者彭世贵被授予“全国优秀新闻工作者”“全省十佳新闻工作者”荣誉称号。翌年，出台《全州新闻上稿实行月报制》办法，开展“富民强州2007·农村篇·教育篇”“两会”“科学发展，共建和谐”“纪念建军80周年”宣传报道和“8·13”凤凰跨桥突发事件舆论引导。2008年，组织全州各级媒体及时报道抗击冰冻灾害典型。加强对处置非法集资工作宣传报道，掌握舆论主导权。2009年，宣传各级党委政府深入贯彻落实科学发展观，积极应对金融危机实施的一系列重大政策措施。2010年，开展“破解难题促转变，服务民生促和谐”“回顾‘十一五’、展望‘十二五’”等主题宣传活动。全州18件新闻作品获2010年度湖南新闻奖。

第三节　对外宣传

1989年，州委宣传部接待香港亚洲电视台、无线电视台、香港《明报》等10余家新闻单位采访。组织民间艺术团到香港演出，土家族毛古斯、摆手舞、打溜子和苗家鼓舞等节目获得境外观众赞誉。1990—1991年，制作对外宣传品，举办外宣外事干部培训班，接待香港记者代表团、香港文化代表团及台湾作家，推介民族传统产品。1993年，全州外宣部门对外发稿217篇。州民族歌舞团小乐队赴马来西亚演出湘西民族民间曲目，受到国际友人赞赏。泸溪县在长沙举行盘瓠凿花展览，吸引日本、美国、澳大利亚和港澳台客商2000人次。1995年，外宣片《神奇的湘西》在美国熊猫电视台播出。1997年，采用发送对外宣传品等形式开展对外宣传，香港《商报》刊发《宽松舒适的湘西大环境》专访文章。9月州庆期间，邀请境外和中央对外新闻记者到州采访，介绍建州40年建设成就。迎香港回归期间，组织发行《香港特别行政区基本法ABC》和香港回归宣传画，在香港《文汇报》《商报》《大公报》、匈牙利华文报、《对外经贸时报》等报刊上发稿158篇（条）。1998年，派出民间艺术代表团35人参加法国民间艺术节，带去目连戏、高甲戏与世界各国进行交流。1999—2000年，《中国报道》《人民画报》、中央电视台海外中心记者多批到湘西州采访报道。《湘西旅游》折页、专题片《边城·老人·龙》获国家对外宣传金桥奖一等奖，纪实画册《世纪决战》对外展示湘西州扶贫攻坚主战场巨大成就。2001年，邀请联合国教科文组织澳门中心主任、澳门基金会主席吴志良博士、《澳门日报》驻北京记者，香港《文汇报》《大公报》驻湖南记者等到湘西州采访。在澳门举办湖南湘西民俗风情摄影展。港交会期间，召开湖南省实施西部大开发战略专题新闻发布会，香港《大公报》《文汇报》、凤凰卫视等媒体专题报道西部大开发战略基本情况，重点推介50个招商项目和旅游开发项目。2002—2003年，邀请香港《大公报》《文汇报》《商报》、香港亚洲无线电视台记者和澳门新闻媒体10名高层人士到湘西州采访。2004年，邀请凤凰卫视《纵横中国》栏目在湘西州拍摄《纵横中国——湖南篇》第一集，由凤凰卫视节目主持人在凤凰古城沱江上纵谈湖南民俗文化。邀请台湾东森电视台、三立电视台采访旅游资源、民族文化与民族风情，节目在台湾地区反复播放。协助美国加州朗克亚公司拍摄《中国凤凰》专题片和比利时国家电视台拍摄《中国风情》专题片。完成《中国湘西》出版发行工作，制作《历史文化名城——凤凰》画册中英文对译本。组织州民族歌舞团参加台湾南岛文化节演出活动。在新加坡举行天下凤凰摄影作品展。

2005—2006年，邀请凤凰卫视总裁刘长乐等文化名人以及与凤凰名字有关的中外企业、商家齐聚凤凰古城，共议中华凤文化渊源、内涵和精髓，借助天下凤凰名牌打造凤凰名城品牌。开展湘西龙山·西安临潼秦文化之旅活动，通过跨省文化联姻和交流，宣传推介里耶秦简，提升“北有西安兵马俑，南有里耶秦简牍”里耶秦简品牌价值。2007年，举办秦文化国际学术研讨会，来自日本、韩国、美国等国80余名专家、学者交流，扩大里耶秦简国际影响。举办西安临潼—湘西龙山秦文化之旅活动暨中国湖南（龙山）第二届土家族摆手节，整合西安临潼与湘西龙山秦文化资源，实现简俑联姻、共同打造秦文化品牌。承办“情系湖湘——两岸文化联谊行”文化交流湘西行活动，来自海峡两岸和港澳地区100余名文化人感受湘西独特民俗风情和深厚文化底蕴。先后组织州民族歌舞团到韩国、日本等国家和中国香港、台湾地区参与文化交流活动，受到境外人士好评。建立网络舆情监控机制，编发《网络舆情专报》，删除各种有害信息。制作发送《魅力湘西》电视外宣片，扩大湘西州对外影响。2010年，参与台湾湖南周等经贸交流活动外宣工作，邀请外宣媒体到州采访报道。打造湘西州“第四媒体”，开通湘西新闻网。外宣画册《魅力湘西》荣获全国外宣出版物三等奖。国务院新闻办与美国电视台拍摄的电视系列片《魅力中国——凤凰》，在美国电视台播出。完善新闻发言人制度，州级举办新闻发布会12场，指导县市举行新闻发布会8场。

第四节　精神文明创建

1989年，州委宣传部开展做人民公仆、创廉洁机关活动，制定为人民服务、廉洁奉公具体措施，自觉接受群众监督。组织企业开展培养企业精神，深化企业改革竞赛活动，系统开展职业理想、职业道德、职业技能、职业纪律教育。全州农村开展“破旧风陋俗，树文明新风”活动。1990年，开展学雷锋活动，树立田仁喜、张真齐、胡乔宝、符星胆等典型。1991—1992年，推行双文明目标管理责任制，对州直单位和各县市实行双文明目标管理。其间，州委、州政府表彰30个文明建设先进单位、189户双文明户。1993年年初，双文明目标管理责任制实施办法下达，各县（市）与乡（镇）和县（市）直单位签订责任书。各县（市）把创建文明单位与评奖评优升级挂钩。1994年，开展军警民共建活动。驻州某部积极主动与当地村民开展军民共建文明村活动；州武警支队与吉首市委政府结成对子，共建文明城市。吉首市荣获“全国双拥模范城”称号，州武警支队荣获“全省警民共建先进单位”称号。是年末，全州有县级文明单位580个，州级文明单位187个，省级文明单位19个，州级文明户189户。1995年，全州集镇文化既保留农村传统文化特点，又接受现代文明新文化现象，对此全州宣传部注重引导，初步建成农村集镇文化中心60个，村组文化活动室1057个。1996年，开展形式多样墟场宣传活动，把农村传统赶墟场变成赶政策场、信息场、知识场、娱乐场。省委书记王茂林在《求是》杂志第20期调查报告中称赞“湘西州以墟场为依托，使传统的赶墟场成为宣传文化部门开展精神文明建设活动的基本方式之一”。吉首市开展当文明市民、创文明小区、建文明街道活动，制定《文明城市公约》和《文明市民手册》。各县（市）开展评遵纪守法户、科技示范户、五好家庭户、双文明户活动，共评出“五好家庭户”2087户，“双文明户”1380户。邮电、金融、工商、税务等窗口行业开展推行文明用语，杜绝服务忌语活动，18家服务行业推行服务承诺制。是年，驻州某部与吉首市万溶江乡结成对子，双双获省级“军民共建先进单位”称号，州武警支队与吉首市携手共建文明城市，吉首市再次获“全国双拥模范城市”称号。

1997年，州委宣传部制定《湘西自治州“九五”期间社会主义精神文明建设规划》，修订《1997年全州双文明建设目标管理责任制实施办法》，印发《关于在全州广泛开展“八城百店无假货”活动的通知》。1998年，开展“创建文明机关，当好人民公仆”活动，泸溪、永顺、保靖、花垣、凤凰等县对城镇社会秩序、文化市场、街道环境卫生开展专项整治，集中解决市民反映强烈的问题。1999—2000年，城镇及社区采用双文明目标管理措施，开展文明城市、文明行业、文明窗口、文明小区、文明集镇、文明家庭创建活动。农村开展创建计生、科技、卫生、法纪、致富、新风“六星级”农户和文明村镇活动，实现农村思想政治工作与农民生产生活有机结合。是年末，8个县（市）评选出“六星级”农户5万户。企业利用企业文明建设和生产经营竞赛，以及文明车间、文明班组、先进个人评选等活动，进行理想信念教育，培养主人翁精神，增强企业凝聚力。2001年，8个县（市）和州直29个部门实行目标管理责任制，目标任务进一步细化和量化，优化两个文明建设目标管理责任指数，其中精神文明建设设置12项目标指数，物质文明建设设置13项目标指数。同时硬化两个文明建设目标管理奖惩机制，凡获得双文明目标管理一、二等奖县市和州直单位，除给予一定物质奖励外，单位党政“一把手”可以给予记功奖励，同时，单位工作人员年终考核择优指标增加2%；双文明标兵单位工作人员可人均增发增发年标准总工资8%奖金。县市还设置末位淘汰制。是年，全省宣传部门开展“三创一争”（创高水平工作、创高质量载体、创高素质队伍、争当优秀宣传思想者）活动。州委宣传部、凤凰县委宣传部分别被评为全省“三创一争”先进集体。2002年，贯彻执行《公民道德建设实施纲要》，全州发行《公民道德建设读本》28万册。在吉首市和凤凰县办公民道德建设示范点，把贯彻《纲要》与文明城市创建以及环境整治紧密结合起来。2003年，印发《全州2003年文明建设目标管理责任制实施方案》，将文明建设工作分为物质文明、政治文明、精神文明三大块25个子项目纳入目标管理责任制，做到统一部署、统一检查、统一考核。开展先进文化进百村入万户示范工程活动，抓西部开发助学工程和基层文化扶持工程。开办宏志班、资助贫困优秀学生。2004年，诚信湘西宣传教育领导机构成立，召开诚信湘西宣传教育活动电视电话会议，制定《湘西自治州诚信机关、诚信行业、诚信企业评选与管理办法》。召开吉首地区未成年人思想道德建设座谈会，召开加强和改进未成年人思想道德建设工作会议，出台《加强和改进未成年人思想道德建设工作》文件，建立全州加强和改进未成年人思想道德建设联席会议制度并成立领导小组。组织开展网吧清理整顿工作，严厉打击接纳未成年人上网的黑网吧。开展改陋习、树新风演讲比赛、假日广场文化、爱国主义教育电影放映月和文明交通月等系列宣传教育活动。2005年，州委宣传部印发《关于开展文明城镇创建活动方案的通知》和《文明城镇测评细则》。当年，吉首市和泸溪县城被评为省级文明城市。州电业局等10个单位被评为全国文明先进单位，州教育局等19个单位被评为省级文明单位。州民族中学首届宏志班高考，50名考生全部上本科线，向小玲以档案分701分名列全省文科榜首。

2006年，州委宣传部、州教育局印发《关于加强农村寄宿制学校学生行为养成教育工作的意见》。是年，全州文明城镇创建再上新台阶，龙山、花垣两个县城被省文明委评为省级文明县城。2007年，农村寄宿制学校学生行为养成教育被中央文明网推介其具体做法。举办感恩教育报告会、开展如何感恩专题讨论、邮寄感恩教育书信等。2008年，关爱留守儿童工作受到全社会广泛关注。全州13个单位获国家级“文明单位”称号。2009年，坚持把社会主义核心价值体系建设作为文明创建基础工程和灵魂工程来抓，组织开展首届道德模范评选活动，公众投票100余万票。举行道德模范颁奖晚会，湘西电视台对颁奖晚会现场直播。组织实施绿色网络、视听清洁、阳光校园、宣传教育、文化服务五大文化环境综合整治工程，出动执法人员1783人次，收缴非法出版物3750本，淫秽光碟815个，查处网吧394家。开展向国旗敬礼，做一个有道德的人签名寄语活动，全州10万中小学生参加。组织全州350所学校32万名青年学生为烈士扫墓活动，对青少年开展革命传统和感恩教育。2010年，组织感动湘西人物评选活动，网络投票近百万。“德行潇湘”三湘道德模范市州巡讲活动中，湘西州助人为乐模范田金珍、全省诚实守信模范张守望的感人事迹获得好评。开展传承美德、奉献爱心，做一个有道德的人教育活动、传唱优秀童谣，做有道德的人网上签名寄语活动。实施绿色电脑进西部工程，在农村中小学校倡导文明上网、健康上网，集中开展“扫黄打非”和网吧整治行动，加大社会文化环境和校园周边环境整治力度，出动执法人员9527人次。州委与吉首市委推出州市共建和谐文明社区活动，州直和吉首市118个正副处级、98个正科级单位对口联系吉首城区28个社区，开展文明社区共建活动。

第六章　纪检监察

1989年，中共湘西州纪律检查委员会（以下简称“州纪委”）内设办公室、干部管理室、纪律检查室、案件审理室、来信来访室、调查研究室，编制27名，实有31人；州监察局内设办公室、监察科、案件审理科、信访科、人事科，编制8名，实有23人，为州政府组成局。1990年，州监察局监察科分设监察一科、监察二科。1991年，机构改革，州纪委内设办公室、干部管理室、纪律检查室、案件审理室、控告申诉室、调查研究室、教育室，行政编制26名，工勤编制6名，实有30人；州监察局内设办公室、监察一科、监察二科、案件审理科、信访室、政工科、法制科，行政编制8名，事业及工勤编制18名，实有26人。1993年3月，州纪委、州监察局合署办公，两块牌子、一套人马。合署后州纪委内设办公室、调查研究室、干部人事管理室、案件审理室、纪检监察一室、纪检监察二室、纪检监察三室、执法监察室、监察综合室、宣传教育室、信访室、党风廉政建设室，各室主任为副处级职级，行政编制34名，事业及工勤编制23名，实有52人。州纪委、州监察局原内设室、科自然消失。州纪委履行党的纪律检查和政府行政监察两项职能；合署后州监察局仍属于政府序列，实行政府和上级纪检监察机关双重领导体制。1995年，机构改革，州纪委监察局内设办公室、调研室、干部人事管理室、案件审理室、纪检监察一室、纪检监察二室、纪检监察三室、执法监察室、监察综合室、宣传教育室、信访室（加挂举报中心牌子）、党风廉政建设室（对外保留州委、州政府廉政建设领导小组办公室的牌子），定编55名，其中行政编50名，事业编4名，工勤编制1名，实有55人。1996年，州监察局配备1名非党副局长。9月，各县（市）纪委书记参加县（市）委书记办公会议；明确州直单位派驻（出）纪检监察干部由州纪检监察机关管理为主，州直单位纪检监察组织科级干部（含纪检组副组长、监察室副主任）由州纪委任命，并将办案补贴纳入财政预算，由州纪委统一掌握发放。1997年，州纪委派驻州直纪检机构38个，划编86名。1998年，州纪委设立财务监督室，州纪委督查室更名为州纪委监督检查室。2001年10月，机构改革，州纪委监察局内设办公室、监察综合室、调研法规室、党风廉政建设室（加挂州党风廉政建设领导小组办公室、州领导干部廉洁自律工作领导小组办公室牌子）、执法监察室、纪检监察一室、纪检监察二室、纪检监察三室、案件审理室、信访室（加挂举报中心牌子）、宣传教育室、纠正部门和行业不正之风室（加挂州人民政府纠正部门和行业不正之风领导小组办公室牌子）、财务监察室、干部室，行政编制49名，事业编制4名。2002年，州纪委建立机关党委、工会。2004年，增设行政效能监察室，增加行政编制2名。2005年，州纪委增设监督检查室，增加行政编制2名。2010年，州纪委监察局内设办公室、监察综合室、调研法规室、党风廉政建设室、执法监察室、纪检监察一室、纪检监察二室、纪检监察三室、案件审理室、信访室、宣传教育室、纠正部门和行业不正之风室、财务监察室、干部人事室、行政效能监察室、监督检查室，编制63名，其中行政编制57名、工勤编制4名、州级干部编制2名，实有59人。

1989—2010年，州纪委历任书记：吴沅生、彭清明、龙爱东、刘路平、王超祥；州监察局局长张宏任；州纪委副书记、州监察局局长：滕树杞、胡万凤、彭益、肖保林；州纪委副书记：彭清明、田茂林、龚瑞珍、周叙清、符元润、宋新情、杨大富、田铁；州纪委常委：王长庆、余沩、符忠能、覃遵忠、向光辉、胡万凤、周叙清、谢显辉、杨秀莲、宋新情、黄天勤、罗光生、彭文昌、杨大富、吴运祥、谭登仟、熊祥、肖保林、陈文姝、陈光彬；州监察局副局长：谢显辉、符忠能、胡万凤、彭文昌、杨建军、杨大富、杨秀莲、谭登仟、肖保林、陈文姝；州纪委常委、秘书长：宋新情、彭继春、熊祥。

第一节　风纪教育

1989年，州纪委开展党规党法和党纪理论系统教育，开办9个教育试点。1990年，加强对党员系统化教育，举办党员培训班711期，全州参加培训6.24万人。州纪委会同永顺县纪委在杉木乡创办党纪教育试点，通过试点，探索出“一谈心、二走访、三培训、四帮困、五处理”的新模式。州纪委、州监察局联合召开新闻发布会，公开处理违纪党员干部。推广花垣县电化教育经验，引进各类党教录相片，自拍播放党教片《一个优秀共产党员的事迹》33场次。1991年，贯彻中央纪委《关于党的纪律检查机关党风党纪教育工作纲要》，州委把党纪教育作为党的建设重要内容列入各县（市）目标管理。11月中旬，在花垣县召开全州党风党纪教育经验交流会暨农村党风党纪教育试点现场会议，总结推行谈心式、函授式、开放式、阵地式与穿插式等多种方式教育。年底，省纪委《关于区分经济活动中违纪与非违纪界线的若干意见》下发，州纪委组织开展“了解党、热爱党、坚信党、忠于党”的知识学习竞赛活动，州内新华书店、图书馆和图书室13万册有关党的建设知识书刊被购买或借阅，全州6600个基层党组织参加活动，并选派代表队参加由省纪委和湖南省电视台举办的党纪知识电视抢答赛，湘西州获组织奖和优胜奖。1992年，州纪委在与花垣县纪委办好排吾乡党风党纪教育试点同时，又将凤凰烟厂作为党风党纪教育联系点，各县（市）随之举办试点，加强党规党法和艰苦奋斗教育。开展“讲党性、讲团结、讲纪律、讲奉献”为主题的演讲比赛活动，历时3个多月。1993年，坚持教育为主，预防为主方针，开展全州经济管理、执法监督部门为经济建设服务先进事迹宣讲活动，有110个先进典型宣讲60多场次，受教育党员干部2.62万人次。开展党教片展播月活动，巡回播放1960场次，观看《贿赂忧思录》等电教片18部，观看人员19万人次。全州配合反腐败斗争，召开动员教育大会431次，举行反腐败专题教育1419次，受教育7.86万人次。《团结报》、湘西电视台、广播电台党风党纪专栏改为党风与廉政专栏。举办“反腐败、动真格”图片展览，组织观看《新中国第一大案》电影。1994年，利用各级党校、报刊、电台、电视台等阵地，举办党员干部培训班，总结宣传王锡炳、魏承清等一批县级以上领导干部勤政廉政典型。开展全州职业道德先进事迹报告活动，受教育5万余人次。1995年，总结推广廉政勤政典型31个，发行《公仆风情录》百余套，组织参加全国党的民主集中制知识测试，参加测试750人。1996年，州邮电局局长王福吉典型事迹“新时代的拼命三郎”被省纪委作为全省勤政廉政先进事迹报告会发言材料，并在《三湘风纪》杂志刊登。

1997年，宣传学习《中国共产党纪律处分条例》《中国共产党党员领导干部廉洁从政准则》和《中华人民共和国行政监察法》等纪检监察法规，组织全州党员干部（其中县处级干部1150人）参加省纪委命题的学习法规集中考试。5月下旬，州纪委监察局牵头组织保靖县和花垣县、贵州省松桃县、四川省秀山县（现属重庆市）的纪委监察局，在花垣县茶洞镇墟场举办湘黔川边区纪检监察法规演唱会，邀请三省边区著名歌手14名同台演唱，开展法规咨询、版面展览等配套宣传活动。组建中国纪检监察报社与三湘风纪杂志社湘西通联站。1998年，组织以彭楚政为代表的艰苦奋斗先进典型报告团在全州巡回宣讲，将彭楚政的先进事迹编成歌剧《使命》在全州巡回演出，出版发行《扶贫司令彭楚政》光盘和书籍。1999年，采取集中辅导、开研讨会、举办有奖征文和山歌、苗歌演唱会等形式，学习宣传《邓小平论党风廉政建设和反腐败》一书，将学习宣传纳入到讲学习、讲政治、讲正气“三讲”教育重要内容，州、县（市）主要负责人人手一册，全州90%以上党员干部观看《党纪处分条例》系列电教片。

2000年，建立副科级以上干部廉政档案1.2万份，其中副处级以上干部廉政档案1150份。2001年，州、县（市）和部分州直单位配备领导干部廉洁自律管理微机和廉政档案软件，建成5218名乡科级以上领导干部廉政档案，初步实现领导干部廉政档案微机化管理。州纪委作出《关于开展向刘明祥同志学习活动的决定》，刘明祥被推荐为全国纪检监察先进个人。建立新提拔州管干部岗前党风廉政法规教育制度，规定新提拔的州管干部，必须参加党风廉政法规学习培训，经考试合格后方可上岗，是年，全州培训科以上领导干部389人。2002年，全州领导干部开展改进作风，拒腐防变主题思想教育活动，各级各单位按照要求集中10天以上理论学习，县处级以上干部参学率96%，科级及以下干部参学率91%。2003年，开展艰苦奋斗、廉洁从政主题教育活动，州委作出在党员干部中开展向郑培民学习的决定，组织观看《为民书记郑培民》典型电教片5000场次，受教育6万余人次。评选表彰全州艰苦奋斗、勤廉为民优秀领导干部101人，其中省表彰2人。是年起，州纪委每月给副处级以上领导干部发送一次廉政短信，元旦、春节期间给近万名科级以上干部赠发廉政明信片。

2004年，建立廉政承诺制，州委常委带头向全州社会各界郑重作出廉政承诺，并通过各种新闻媒体向社会公布，授受社会监督。以《中国共产党党内监督条例（试行）》和《中国共产党纪律处分条例》学习宣传落实为重点，层层举办两个《条例》专题培训班，近6万名党员干部受到教育。组织廉政公益广告征集活动，建立党员干部警示教育基地和湘西廉政网，全年网民点击量30万次。组织观看湖南省艰苦奋斗、勤廉为民优秀领导干部表彰暨先进事迹报告会210场次，播放任长霞先进事迹、王怀忠腐败案件等电教片2200场次。2005年，学习党中央颁布的《建立健全教育制度、监督并重的惩治和预防腐败体系实施纲要》以及中央纪委制定的《“三个代表”重要思想反腐倡廉理论学习纲要》，全州党员干部参加全国学习两个《纲要》知识竞赛46137人，其中县处级以上干部参加竞答1278人，优秀率100%。在吉首监狱建立全州反腐倡廉警示教育基地，通过在押服刑人员现身说法、观看警示教育片和典型案例展板、参观服刑人员生活生产区等形式，使党员干部接受现场教育。将全州2002—2005年党员干部中发生违纪违法的16个典型案例编印成《警钟长鸣》一书发至全州科级以上干部。2006

年，州委、州人大、州政府、州政协领导成员和全州处级单位“一把手”集中到州委党校封闭式学习《党章》4天，举办州直副处级以上党员干部学习贯彻党章报告会，给副处级以上党员领导干部发送《党章教程》《党章知识问答》，州、县（市）直机关举行学习党章辅导报告195场次，受教育2.34万人。“七一”前，全州在职党员干部4.8万人参加全国学习党章知识竞答。2007年，州委制定《关于建立健全惩治和预防腐败体系具体意见》，将惩防体系建设纳入到全州“十一五”发展规划和“三个文明”建设目标管理。

2010年，围绕抓好非法集资案后续维稳、锰锌整合等42项重点工作，组织开展破解难题促转变，服务民生促和谐作风建设主题月活动。组织编印《〈廉政准则〉八禁五十二不准顺口溜》5000册，发放《廉政准则》及其学习资料8000册，全州副处级以上领导干部人手一册。组织《廉政准则》知识测试，全州副科级以上领导干部参考率和合格率均达100%。开展廉政文化进机关、学校、企业、社区、农村、家庭“六进”活动，量身打造特色各异廉政文化品牌，该做法获省纪委授予的全省纪检监察工作创新奖。

第二节 廉政建设

1989年，州委先后制定《关于加强全州行政机关廉政建设的若干规定》和《关于县级以上领导干部带头保持廉洁的几项规定》，各县市亦相应制定廉政制度。1994年，先后出台领导干部学习制度、领导干部集体领导下分工负责工作制度、民主生活会制度、领导干部个人重大事项请示报告制度、领导干部廉洁自律制度等。州委、州政府对接待用餐标准、陪同人数等均作出具体规定。

1995年，全州推行办事公开制度，出台《关于不准接受可能影响公正执行公务的宴请和公款支付的高消费娱乐活动的规定》《领导干部个人重大事项请示报告制度》《领导干部廉洁自律制度》《会议费、接待费、住宅电话费管理办法》等一系列规章制度。1996年，制定《关于规范党政领导干部公费配置、使用“大哥大”的意见》，下发《关于对全州行政事业单位公费配置“大哥大”情况进行全面清理的紧急通知》，出台《关于党员干部犯赌博错误的处理意见》，全州普遍推行县处级以上领导干部收入申报制度、礼品登记制度、国有企业业务招待费使用情况向职代会报告制度和个人重大事项报告制度，有38名州级干部、714名县处级领导干部申报上年度个人收入情况。1997年，州委办公室、州政府办公室联合下发文件，要求抓好办事公开和行风评议工作。全州确定33个单位和龙山、花垣两县为联系点，每个县（市）都确定2~3个县直单位和乡镇为联系点。建立岗位轮换为主要内容的内部权力分解制约机制，全州630个国家机关中有30个州直单位和250个县（市）直单位实行岗位轮换，州、县（市）机关轮换率65%。取消单位预算外收入账户，实行专户储存，取消罚没款过渡账号，统一收款收据，统一入库账号，取消小钱柜，并将行政性收费纳入预算管理。各级党委政府和纪检监察机关还规范和完善通信工具、小汽车、公款接待等规章制度，制定《关于清理规范州直机关干部公费配置、使用移动电话的意见》《关于对违反〈关于党政机关厉行节约制止奢侈浪费行为若干规定〉行为的党纪处理办法》等有关规定。1998年，下发关于湘西州党政机关移动电话和住宅电话使用管理相关规定和补充规定，全州党政机关各级干部移动电话、住宅电话费补助统一降低到省要求标准。建立会议审批制度，严格控制会议规模、人数、时间和经费。实行接待费单列和定点接待制度，倡导恢复机关食堂，基本做到在乡（镇）执行公务的，在机关内部食堂就餐，在州、县（市）执行公务的在各单位定点接待馆所食宿。全州聘请廉政机制建设监督员83人，其中州纪委聘请8名离退休老干部作为廉政机制建设监督员，每季度召开一次碰头会，每半年开展一次督查。行政事业单位全面推行收支两条线，规范预算外资金管理，全州所有行政事业单位取消原来的预算外资金过渡账户。农村推行村务公开，出台《关于在全州农村普遍建立健全村务公开制度，推进村民自治工作的意见》，全州村务公开面达100%。推行领导干部廉政监督五项制度，包括县级领导班子廉政考察制度、党员干部廉政谈话提醒制度、廉政工作巡视制度、州直机关派驻（出）纪检监察机构负责人向州纪委常委述职制度、党政“一把手”离任考察制度。

1999年，州委印发《关于坚决刹住党政机关工作人员赠送和收受礼金、有价证券、贵重物品的歪风的通知》和《关于在公务活动中收受礼品的处理办法》，明确规定礼品概念、范围和管理、处理办法，健全礼品登记制度，实行规范化管理。落实党风廉政建设责任制，全州副处级以上单位“一把手”每半年书面向州纪委报告一次党风廉政建设责任制落实情况。取消全州所有执法执纪机关追缴赃款、罚没款返还比例机制，全部上缴财政。推行厂务公开，全州国有企业653家，实施厂务公开551家，占84.4%。2001年，制定下发《关于进一步推行全州政务公开的实施意见》，全面推介龙山县茨岩塘镇政务公开的做法和经验。在吉首市举办政务公开试点。全面清理和规范行政审批制度改革事项。推行干部人事制度改革，出台文件规定“凡进必考”，公开招考干部121人，竞争上岗492人，任前公示291人。全州1058个乡（镇）、县直局以上单位建立党风廉政建设责任制工作领导小组，将责任制工作纳入双文明目标管理，签订责任状单位1058个，其中向州委签订责任状单位41个。2002年，出台规定实行行政审批项目改革，清理州直62个部门的782个审批项目，保留314项，取消448项，改变管理方式40项。州人民政府先后成立大宗物资采购中心和州医药招标采购中心，集中采购小汽车、空调、电脑等。州会计核算中心启动，纳入集中核算单位169个，开设核算套账190套，从各单位划转资金4700万元。2003年，制定和实施县（市）委书记在县（市）委全会上述职述廉规定、州管领导干部任前廉政谈话规定、州纪委负责人同县市党委政府和州直单位党政主要负责人谈话规定、对州管领导干部诫勉谈话规定。州本级和8个县（市）均建立政务服务中心，撤销行政事业单位会计岗位和银行账户。州委出台《中共湘西自治州委巡视工作规程》，州委成立巡视工作办公室，建立巡视联席会议制度，州委从正处级以上退休干部中聘请党风廉政巡视员8人。

2005年，州委细化量化党风廉政建设责任制报告和考核办法。落实组织人事部门选拔任用干部事前征求纪检监察机关意见规定，9名干部因发现有问题被取消任职资格。5—7月，由州纪委、州监察局牵头，州直17个职能部门配合开展公务消费改革、公务用车改革、司法体制改革、财政管理体制改革、干部人事制度改革、办事公开和建设工程招投标7个课题调研活动，形成31个调研分析报告，出台10个文件规定。完善非税收入管理，国库集中支付在古丈县试点，部门预算在州公安局、州计生委等8个部门推行。政府采购扩展到公务用车定点保险和维修、公务人员长沙出差实行定点住宿以及行政事业单位办公用品（零星）定点采购等服务类项目。制定出台《湘西自治州建设工程招投标合理定价评审抽取办法》和《中共湘西自治州委关于贯彻〈建立健全教育、制度、监督并重的惩治和预防腐败体系实施纲要〉的具体意见》，提出目标要求和落实时限。2006年，出台《县处级领导班子和领导干部落实党风廉政建设责任制报告、考核办法及成果运用的实施意见》《关于在地方党委换届工作中进一步严肃组织人事纪律的通知》等文件，州、县（市）成立71个指导组，对县市和乡镇党委换届进行指导和监督。推进行政审批制度改革，将州直具有行政许可职能的53个单位许可事项全部纳入政务服务中心集中办理，对许可项目和非税收入项目全部纳入中心实行目录管理，将政府采购、公物拍卖和产权交易纳入中心管理。规范政府采购行为，制定公开招标操作规程、询价采购操作规程等制度，建立近100家注册供应商库。2007年，下发《关于不准领导干部及工作人员利用公车接送子女上下学的通知》，通报批评违规单位11个。制定《湘西自治州关于进一步加强党政机关公务用车配备和使用管理的规定》，处理6个违反规定配备使用小汽车问题，停批18个单位购车申请。

全州8个县（市）、164个乡（镇）和110个州直单位建立政务公开目录，建立政务服务中心或政务服务大厅，168家国有及国有控股企业全部推行公开制度，275家非公有制企业有163家推行厂务公开。2008年，中共中央政治局常委、中纪委书记贺国强到湘西考察干部作风建设情况后，州委出台《贯彻落实贺国强同志在湘西领导干部作风建设座谈会上讲话精神的实施意见》，把作风建设纳入党风廉政建设责任制考核范围。州纪委下发《关于禁止国家公职人员参与非法集资的通知》《关于党员和国家公职人员参与非法集资有关问题的处理意见》《关于正副处级领导干部如实登记参与非法集资情况的通知》等，对全州2500多名处级以上干部参与非法集资情况摸底登记。贯彻落实中央《关于深化行政管理体制改革的意见》，转变政府职能，精简和规范各类议事协调机构，重新调整议事协调机构64个，规范议事协调机构70个。全面清理、重新公布全州5年内政府规范性文件1711个，废止301个。完善国库管理运行机制，州直单位推行国库集中支付率100%。2009年，出台《湘西自治州贯彻落实〈湖南省建立健全惩治和预防腐败体系2008—2012年的实施办法〉责任分解方案》，将各项任务具体分解到相关牵头单位和协办单位。对全州科级以上领导干部特别是党政正职，着重就重大事项集体研究决策、领导干部人选任用、财政预算执行情况、重大工程项目招投标和项目资金安排使用、领导干部个人重大事项等实行公开监督。建立健全并严格执行《关于拟提拔任用州委管理县处级干部人选征求州纪委意见的办法（试行）》。建立健全党务公开审批机制和反馈机制，全州县级以上机关、乡镇、街道都设置党务公开栏。推介龙山县人进、事进、权进经验,全面推行办事公开制、首问负责制、一次告知制、服务承诺制、限时办结制等效能保障制度，落实经济责任审计跟踪监督制度。

2010年，全州公共企事业单位均建立办事大厅、行风热线或服务热线及部门网站等服务平台，建立健全咨询、公示、信息发布、投诉、反馈、处理等办事制度和监督考核、责任追究等制度。清理行政许可、非行政许可审批项目及办事服务项目，取消行政许可项目39项，保留非行政许可项目36项、行政许可项目336项。清理出州本级经济社会管理事项306项，其中取消的管理项目4项，下放到县（市）管理事项125项。完善对国有资产的监管制度和机制，国有企业进场交易国有产（股）权27宗，占总交易宗数100%。出台《专项资金纪检组长监督责任制暂行办法》，探索强化专项资金监管新途径。

第三节 风纪纠察

1989年，州、县（市）纪委落实中纪委《关于严明党纪、维护党的团结统一的通知》后，全州各级党组织通过组织学习和讨论，会同有关部门开展内部清理工作，查明涉及内部有不同问题对象539人，其中党员122人，干部340人，其中33人列为重点清查对象。1990年，州纠正行业不正之风办公室成立，开展以“索拿卡要”、乱收费、乱摊派、乱罚款为主要内容的清理工作，通过清理收集案件线索326件，其中立案142件，涉及210人，纪律处分186人，清缴资金100万元。开展党政干部违纪建私房清理工作，州直局级干部建私房69人，查出存在经济问题43人；全州重点清理对象164人，其中县级干部25人。立案查处86人，受党纪政纪处分79人。兑现补退资金84.4万元，收回土地70户、2585户退出公房。1991年，州纠风办改为州廉政办，重点清理公安部门审批“农转非”问题。1988—1991年办理公安审批农业户口转非农业户口19820人，清理、注销不符合政策户口4户13人，补办7户14人，停办或不办16户48人。清查泸溪县上堡乡五强溪电站水库淹没移民搬迁招工安置问题，清退不符合条件人员82人。1992年，开展“一杀三清”工作，即刹公款吃喝浪费歪风、清理公费着装和公费送子女亲属到大中专学校读书、清理干部职工拖欠公款。清理违规着装1536人，补齐违规款项84.3万元；用公款送子女亲属到大中专学校读书876人，符合政策816人，纠正60人，清退款项7万元。清理干部职工拖欠公款1307人，归还拖欠款207万元。217个乡（镇）清理“七五”期间至1991年年底各种资金1.74亿元，查出有问题资金315.37万元，处分3件3人，挽回经济损失148.48万元。1993年，清理行政性乱收费问题，全州取消州以下政府和主管部门下发的收费文件43个，取消收费项目309个，抽查收费单位236个，查出违纪资金439.12万元，收缴财政33.4万元，清退39.48万元。全州清理涉农文件899份，其中废止涉农文件79份，修改涉农文件35份，取消收费项目402项，清退不合理收费42.97万元。整治基层干部作风恶劣行为，受理农民群众来信来访158件次，初核85件，立案查处15件，受党纪政纪处分5人，行政处罚1人。清理党政机关拆借资金炒地皮和摊派资金买小车行为，全州清理出拆借炒地皮资金5370万元，收回2080万元。

1994年，印发中央纪委三次全会重申和提出的党政机关县（处）级以上领导干部廉洁自律“五条规定”实施意见，全州县级以上领导干部带头学、带头查、带头纠，各级领导干部主动退交红包礼金等8万余元。是年起，将清理领导干部收受红包礼金、礼品等工作常抓不懈。查处违纪金额283.6万元。开展党政机关及其工作人员利用职权无偿占用企业钱物清理工作，查出占用37户企业资金98.64万元，清退给企业资金53.45万元及相关设备。清理1992年7月至1993年10月公费出国出境人员151人次。组织审计调查办理蓝印户口城市增容会收支情况，1992—1994年，全州办理蓝印户口2.67万人，收费总额达4824.64万元，查处违纪违规资金1040万元。检查救灾救济款390万元、救灾粮365万公斤、救济粮855.9万公斤，查出违规发放资金42.6万元，立案查处4件。整治党政机关与所办经济实体未脱钩现象，划转19户，注销179户，改为无主管部门4户，366名党政机关干部兼职人员回机关上班，74人辞去行政职务到企业任职，经组织批准继续兼职16人。1995年，开展清理违规挂用军警车牌号工作，查出清缴非军警单位挂用军警车牌65块。狠刹公款吃喝玩乐风，全州704个党政机关事业单位全年的公务接待费开支比上年下降27.2%。全州治理中小学乱收费问题，检查大中小学校668所，查出违纪金额187.58万元，全部予以清退。开展执法监察项目68项，查出违纪金额2145.12万元，收缴违纪资金104.91万元，给予党纪政纪处分26人。5月，检查全州8个县（市）36个重灾乡（镇）救灾款物发放使用情况，查处问题20个。整顿规范交通行政执法人员着装，收缴工料费5.27万元。

1996—2000年，乡以上党政机关开展狠刹公款吃喝风、公款抖阔风、干部赌博风，大兴调查研究风、勤俭节约风、艰苦创业风活动。清理查纠房改、房建“赶末班车”等违规违纪问题，清查售房单位931个购房户2.64万户，发现有2267户有违规违纪现象，其中涉及州级领导干部2人、县（处）级领导干部128人，违纪金额917.9万元，收缴759万元，纠正超控制面积建房售房等违纪单位189个2382人，纠正用公款超标准装修住房1898人超标金额204.7万元。检查35家大中型企业业务招待费向职代会报告制度执行情况，清理出“小金库”5个，收缴违纪资金8.6万元，收取41人的违规回扣、礼金、中介费38.75万元。州委、州政府下发《关于党政机关厉行节约制止奢侈浪费行为的实施意见》，组织清理出党政机关、企事业单位和群团组织用公款安装住宅电话3753部、移动电话2983部，全部作价处理给个人，收缴资金373.58万元，清理违规购买小汽车58辆，制止违规出国（境）73人，节约经费65.4万元，控制各种庆典活动49次，节约经费156万元。处理公款旅游问题9起170人，挽回经济损失21万元。整顿公路站卡，调整31个木材检查站布局，撤除12个不合理检查站和6个非法收费站，查处公路“三乱”（乱设卡、乱罚款、乱收费）案11起，给予行政处分6人。调查清理全州乡镇企业负担问题，取消收费项目260个，降低收费标准64项，缩小收费范围66项，为农民减轻负担1500多万元。开展政法机关不再经商办企业检查，查出政法机关有企业72家，资产总额

2591.7万元。全州22家报刊除9家取得公开刊号继续创办外，《湘西工作》《神地》等8种报刊转为内部资料，《凤烟报》《湘西文史资料》《导向》3种报刊停办。开展粮改执法监察，注销粮食经营户30户，变更登记121户，立案查处违法违纪案件24起，给予纪律处分18人。

2001—2006年，全州开展治理党员干部参与赌博活动，关停带有赌博活动娱乐场所29处，处罚有聚众赌博现象酒店13家，查处4起乡（科）级干部赌博案件，处分3人。清理党政领导干部在企业兼职行为，清理出21名副县（处）级以上干部在企业兼职，其中12人被免去兼职，9人报省批准后保留兼职不兼酬。开展党政领导干部拖欠公款清理，清理出科级以上干部拖欠公款399人，因公超期借款526.68万元，因私借款52.19万元，责成全部按时归还。处理全州82个机关事业单位用公款为个人购买商业保险，投保金额1.86亿元，交保费143万元，保险7257人次。建立医药购销集中招标采购制度，启动运行州药品集中采购中心，全州县级以上医院和乡镇卫生院用药全部纳入集中招标采购范围，采购金额1.75亿元，让利于患者957万元。持续开展农民减负工作，推行农民负担卡、涉农收费公示制和农村“一事一议”等制度，落实中央各种补贴政策和税费改革，全州减轻农民负担1.15亿元。开展中介组织专项清理整顿，清理出社团组织276个、中介机构120个，有273名副处级以上领导干部在98个社团兼职（其中州级干部兼职8人）。全州社会团体合并25个，撤销112个，脱钩12个，规范制度198个，查处黑中介2个。开展行风评议工作，实行部门行风星级挂牌管理。建立和完善办事公开制度、标底编制和审查暂行办法等14项制度。全州建设工程项目推行建设工程项目廉政合同制。对全州涉钒、涉锰企业落实州委州政府决策情况重点监督，其中依法炸毁9家、拆除8家，停止建设3家，转产和关闭11家。建立经济环境测评监督网络和行政效能投诉中心，开展纳税人评议职能部门行风工作，对24个“最不满意”票多单位主要负责人诫勉谈话。围绕非税收入、房改资金、退耕还林资金、社保资金等专项资金使用和管理，开展财务监察项目310项、查出各类违规资金1.75亿元，收缴财政821.4万元。

2007年，州纪委、监察局督促有关部门落实农村义务教育经费保障机制，全州为学生免除学杂费8230万元，规范改制学校管理，停止审批新的改制学校，创办教育收费示范校28所。策划大型节目《八县市纠风工作巡展》，采取嘉宾接受记者访谈形式介绍县市政风行风建设工作，其作法在全省政风行风热线建设座谈会上作典型经验交流。督查州人民医院、永顺县中医院等11家县以上医疗机构药品、医用耗材招标采购情况，从严查处保靖县中医院违规采购人血白蛋白案件。开通湘西州优化经济环境与效能监察信息网及湘西州行政效能投诉中心网络平台，建立优化经济发展环境测评点150个，其中省优化办测评点46个。对《中华人民共和国行政许可法》贯彻执行情况开展明察暗访28次，提出监察建议56条，督促行政机关及行政许可实施单位完善制度537个。组建湘西自治州人民政府行政效能投诉中心，统一全州行政效能投诉举报电话“12342”。2008年，全面推行农村义务教育经费保障机制改革，查处群众举报教育乱收费问题，责令违规学校清退违规收取饮水费、补课费等61.9万元。开展清理规范道路交通标志和技术监控设备设置使用管理工作，整改交通标志不规范路段43个，不规范标线设置20个，新增警示牌99个。州委、州政府出台《关于进一步优化经济发展软环境的若干意见》，成立由州委常委、州纪委书记任组长的优化经济发展环境工作领导小组，8个县（市）均成立行政效能投诉中心，74个州直部门相应成立行政效能投诉受理机构。开展“小金库”集中清理工作，全州检查单位213个，其中党政机关112个、事业单位101个，发现“小金库”资金1900万元，收缴资金150万元，责任追究7人。2009年，下发《关于全州开展清理机关事业单位在编不在岗人员工作的通知》，全州清理出在编不在岗人员1359人。出台《湘西自治州机关事业单位在编不在岗人员的处理办法》，辞职、辞退、解聘18

人，行政开除5人，调离18人。督促相关单位制定《湘西自治州行业协会管理办法》，清理行业协会等市场中介组织违规收费项目7个。出台《湘西自治州工程建设领域突出问题专项治理工作实施方案》，开展农村能源、移民后扶、抚恤赈灾、扶贫培训、水利建设等项目资金财务监察37项，查出违纪违规资金8600万元，收缴财政520万元，责令归位3200万元，给予党纪政纪处分10人。

2010年，全州严格公务用车编制管理，规范审批程序、配备标准和金额控制，对公务用车使用管理实行统一安排、统一调度，严格控制领导干部驾驶公车。清查159个强农惠农项目资金使用情况，发现违规违法问题179个，党纪政纪及组织处理4人，移交司法机关处理5人。查处社会劳动保险资金违规金额124万元，管理不规范金额44万元，应归还原渠道资金5万元。重点加强全州公立医院参与全省网上药品集中采购全程监管，药品网上集中采购2亿元，医用耗材集中采购4390万元，集中采购药品降价总金额3400万元，降价幅度17%。全面推进行业协会和市场中介组织与政府主管部门在机构、职能、人员、财务、办公场所“五分开”，清理整顿行业协会和市场中介组织199家。开展机关效能建设年活动，提出限期整改单位59个，通报批评21个单位29人。整治工程建设领域突出问题，排查工程项目895个，重点检查102个，纠正工程项目决策、矿业权出让、城乡规划管理等问题187个，收缴违法违纪资金500万元。

1989—2010年湘西州领导干部上交红包礼金情况一览表

表4-5　　单位：万元、人

年份	上交金额	其中处级及以上干部	年份	上交金额	其中处级以上干部
1989	2.6	10	2000	26.3	28
1990	3.8	12	2001	14.3	38
1991	4.9	22	2002	26.0	67
1992	6.2	15	2003	35.6	55
1993	7.3	18	2004	60.5	45
1994	8.0	16	2005	16.5	22
1995	12.5	46	2006	74.2	60
1996	38.9	173	2007	72.4	70
1997	53.0	200	2008	75.9	59
1998	5.2	30	2009	87.4	52
1999	7.8	58	2010	368.3	180

1989—2010年湘西州清理教育乱收费情况一览表

表4-6　　单位：万元、人

年份	违纪金额	清退金额	处分（理）人员	年份	违纪金额	清退金额	处分（理）人员
1989	—	—	—	2000	335.98	250.00	—
1990	—	—	—	2001	305.00	33.00	16

续表 4-6

单位：万元、人

年份	违纪金额	清退金额	处分(理)人员	年份	违纪金额	清退金额	处分(理)人员
1991	—	—	—	2002	198.00	170.00	—
1992	—	—	—	2003	307.80	307.80	11
1993	—	—	—	2004	380.00	380.00	31
1994	—	—	—	2005	194.00	191.00	35
1995	187.58	131.08	—	2006	110.00	109.10	9
1996	204.00	204.00	—	2007	234.00	216.00	3
1997	778.22	502.12	—	2008	187.00	186.00	3
1998	170.19	120.00	—	2009	1280.00	857.00	40
1999	123.00	94.00	—	2010	42.00	42.00	—

第四节 违纪案件查处

1989年，全州立案查处党员违纪案件515件，处分违纪党员452人，其中县（处）级干部8人、乡（科）级干部61人，开除党籍113人，留党察看135人，撤销党内职务12人，严重警告114人，警告78人。1990年，对重大案件采取包案负责制，常委集体研究把关。1991年，实行纪委常委信访接待日制度和深入基层挂牌接访制度，领导包查案件122件，为52名受到不实举报的党员干部澄清事实。57名办案人员回访教育犯错误党员131人。1993年，全州成立反腐败工作领导小组156个，新设立举报中心22个，举报箱129个，公布举报电话17部。州、县（市）纪检监察机关合署办公后，收集案件线索515件，初查后立案271件，审结217件，受处分党员干部220人。1995年，全省纪检监察机关案件质量大检查，湘西州案件质量全部合格，优质案件96%。

1997年，州纪委实行常委包案、集中办案办法，采取专项清理、按月通报、严格奖罚等措施，先后2次公开处理违纪党员干部31人。1998—2000年，侧重大要案件查处，侧重党政机关、行政执法机关、司法机关和经济管理部门以及案件多发领域违纪案件查处，侧重查办案件工作社会效益。通报并在报刊公开曝光案件30起。2001年，全州检查党纪政纪处分决定执行情况，检查受处分人员1200人，纠正处分决定执行不到位50人；检查全州纪检监察机关使用要求有关人员在规定时间、地点，就案件所涉及问题作出说明“两规”，责令有违反行政纪律嫌疑人员在指定时间、地点，就调查事项涉及问题作出解释和说明“两指”办案措施情况，州、县（市）两级使用“两规”措施55次，涉案64人，使用“两指”措施10次，涉案11人，有61人受到党纪政纪处分，20人被移送司法机关追究刑事责任。2004年，州直纪检监察机构查办案件领导小组（以下简称领导小组）成立，下设综合组、审理组和办案联组。以战线为单位，组建20个办案联组，战线纪检组组长担任联组组长。2005年，出台《署名举报承诺办法》《关于奖励实名举报有功人员的暂行办法》《基层纪检监察信访举报工作责任追究办法》等文件，受理群众来信来访和电话举报1355件（次）。是年，纪检监察机关和公安、检察、法院、审计等部门联合成立的查办大要案协调领导小组，出台《湘西自治州反腐败联合查办大要案协调领导小组工作规定》，定期研究反腐败查办大要案工作。2006年，推行乡案县审工作，乡镇、县（市）直纪检监察机关所办案件交由县（市）纪委审理室审理，归卷入档100%，吉首、凤凰等5个县（市）自办案件、基层案件优质率均达100%。重点治理公益性强、与人民群众切身利益密切相关、严重破坏市场秩序突出问题，查处商业贿赂案件12件，涉及13人，移送起诉8件9人，涉及公务员6件7人，涉案金额30万元。2008年，围绕"处非"工作，协助省纪委省监察厅调查组查办湘西州企业"非法集资"案，查处州委管理的部分涉案对象，向社会公布专用举报电话，派专人坐班接听群众举报。2009年，受省纪委、省监察厅调查组安排，抽调专人开展187户集资总额在50万元以上国家公职人员资金来源合法性调查，涉及集资金额4.2亿元，立案调查4人，移交上级主管部门调查处理1人，移交司法机关侦查1人，追回违纪资金2054.27万元，减少国有资产流失1200万元。

2010年，州纪委建立领导干部信访问题公开点题说明制度。推行案件审理自行量纪制度，对违纪案件审理工作中一般性违纪问题，由违纪人员根据自己违纪事实、性质、危害、责任，对照党纪、政纪有关规定，自我学习纪律条规、自我定性量纪，量纪意见作为纪检监察机关审议案件依据之一，该制度得到省委常委、省纪委书记许云昭肯定，并在省纪委《党风廉政》等刊物的创新工作平台予以推介。州人民医院原院长黄某某、党委书记李某某等院领导4人和业务科室负责人3人，利用职务之便，收受商业贿赂，涉嫌严重违纪，立案查处，并移送司法机关处理。州粮食局党组成员严重违纪立案查处，其中州粮食局原局长杜某涉嫌犯罪，移送司法机关处理。

1989—2010年湘西州违纪案件查处统计表

表4-7

年份	接待信访（件次）	立案数（件）	其中处级及其以上干部（人）	结案数（件）	党纪政纪处处分（人）	其中县级干部（人）
1989	975	515	8	452	452	8
1990	907	502	13	477	438	13
1991	987	404	4	381	378	3
1992	984	312	5	255	255	5
1993	997	384	3	330	220	3
1994	1446	446	13	344	357	8
1995	1625	314	8	253	253	10
1996	2524	683	15	586	586	8
1997	1803	362	18	337	322	15
1998	2541	442	15	404	389	15
1999	1852	448	16	402	382	12
2000	2866	628	8	591	576	4
2001	2075	420	10	447	415	9

续表 4-7

年份	接待信访（件次）	立案数（件）	其中处级及其以上干部（人）	结案数（件）	党纪政纪处处分（人）	其中县级干部（人）
2002	2602	429	11	528	503	10
2003	1977	529	10	499	499	3
2004	1768	485	10	465	425	5
2005	1355	514	10	521	532	8
2006	1109	402	6	381	372	7
2007	882	411	5	270	276	7
2008	1018	445	10	510	510	2
2009	1042	394	9	392	355	12
2010	701	358	14	352	318	3

第七章 统一战线

1989年，中共湘西州委统一战线工作部（简称州委统战部）内设办公室、干部科、工商联络科。州委对台办公室与州人民政府台湾事务办公室合署办公，归口州委统战部管理。州归国华侨侨眷联合会与州侨务办公室合署办公，核定行政编制5名，为正处级机构。1992年，州委对台办公室更名为州委台湾工作办公室（以下简称州台办），加挂湘西州人民政府台湾事务办公室牌子。1995年5月，州侨联单列，隶属州委统战部。6月，增设州委台湾工作办公室（州政府台湾事务办公室）经济科，行政编制14名（含台湾工作办公室5名）、州级领导职数行政编制1名、事业编制1名。10月，州侨联核定行政编制3名，实有2人。1996年3月，台湾工作办公室单列，定编6名，下设综合科、经济联络科，为副处级机构，归口州委统战部管理。2001年10月，州委统战部内设办公室、干部科、经济科、联络接待科，行政编制8名，州级领导行政编制、事业编制未变。2002年起，州、县（市）委统战部部长由同级党委常委兼任。年末增加地财事业编制2名（后转为行政编制）。2004年7月，州委统战部系统直属机关党委成立。12月，州台办升格为正处级机构。2007年4月，增设政策研究室、民族宗教科（分别与办公室、联络接待科实行两块牌子、一套人员）。州侨联经费列入财政预算。2010年5月，增设“两新”（新经济组织、新社会组织）组织党工委办公室，配备行政编制2名。是年年末，部机关内设办公室、干部科、经济科、联络接待科、政策研究室、民族宗教科和“两新”组织党工委办，行政编制13名、事业编制1名，实有13人。州台办内设机构、编制、实有人数、隶属关系未变。7月，州侨联核定编制3名，实有4人，隶属关系未变。州委统战部归口管理：州黄埔同学会、州海外联谊会、州光彩事业推动委员会和州统战理论研究会民间性组织；下属机构：州海外联谊服务中心，自收自支事业单位。

1989—2010年，州委统战部历任部长：龚葆桂、麻富明、田茂林、滕万翠（兼）、郭建群（兼）；副部长：麻富明、龚耀楚、彭武汉、尹文钰、龙建国、彭佳、吴凌频（第一副部长）、刘建民、彭光荣。

1989—2010年，州台办历任主任：杨绪综、张登林（苗族）、龙生贵、吴求华；副主任：杨明连、石正冲。

1989—2010年，州侨联历任主席：钟醒钟、刘声仁、彭家钧（兼，女）、张平（兼）；副主席：林树浓、姚源清、杨启帆（女）。

第一节 统战宣传

1989年，全州统战部门学习宣传《中共中央关于坚持中国共产党领导实行多党合作共事政治制度的决定》。同时，宣传贯彻中共中央召开的全国统战工作会议精神。通过州《团结报》专题报道宣传。各县市召开统战工作会议广泛宣传。1990—1991年，贯彻落实《中共中央关于坚持和完善中国共产党领导的多党合作和政治协商制度的意见》精神，编印《统一战线基本知识问答》学习资料，印发统战宣传资料，举办党的统战方针政策报告会，召开统战理论研讨会。1992年，学习宣传邓小平南方谈话。1994年，组织州直单位科以上干部1790人学习统战理论政策，选送3名副处级以上非党干部到中央社会主义学院和省社会主义学院学习，选派1名非党副处级干部赴闽挂职锻炼。1995年，落实《〈中共中央关于坚持和完善中国共产党领导的多党合作和政治协商制度的意见〉的实施办法》，集训统战干部、党外干部，召开统战工作座谈会。选派11名非党干部到省社会主义学院学习，选调11名非党中青年干部参加州委党校中青年干部培训班。1996年，州委统战部部长田茂林撰写调查报告《湘西州光彩事业推动工作情况调查》获全省统战理论研究成果一等奖。1998年，州委批转《全州统一战线宣传教育活动实施方案》，成立以州委分管副书记为组长的统一战线宣传教育活动领导小组，安排统战宣传专项活动经费。1999年，举办党外干部、统战干部、乡镇统战委员、工商联执委和非公有制经济人士等对象培训班，进行统战理论培训教育1427人；选派8名党外中青年干部、2名副州级党外干部、2名非公有制经济代表人士和1名民盟成员到省社会主义学院学习。组织万名乡（科）级以上干部参加知识竞赛。2000年，刘鸿洲、田儒龙、龙玉霜、陈艳红等凤凰籍画家美术作品在台湾《民族报》发表，宣传凤凰风土人情。2001年，举办全州统战知识报刊答题竞赛和首届电视抢答赛，干部群众5500人参赛。

2003年，推进统战调研先导工程，收集调研论文32篇，推荐报省委统战部8篇，获全省统战调研论文一等奖1篇，优秀奖2篇。2004年，围绕基层统战、合作共事、非公经济发展等课题组织调研活动，收集调研论文38篇，筛选报省10篇。州委统战部副部长龙建国撰写《实践党同党外人士合作共事的调查与思考》论文获全省统战理论研究成果二等奖。全州举办统战干部和非党干部培训班10期，培训490人次。2005年，邀请中共湖南省委常委、省委统战部部长石玉珍到州作统战政策、形势辅导报告，参加报告会的有州委学习中心组成员及州直副处级以上单位负责人400余人。参加全省多党合作知识竞赛活动，40余名州级领导及其他党员干部6000人参与答题，30人获得竞赛奖。是年，州委统战部获全省统战系统培训工作“先进单位”称号。

2006年，州委统战部主要负责人多次赴北京邀请湘西籍画家黄永玉、歌唱家宋祖英出面，与湘西州申报全国十大魅力城市活动工作人员一道，亲临中央电视台现场陈述，促成湘西“申魅”成功。围绕产业建设、生态建设、城市建设与管理、反腐倡廉等课题，组织党外人士调研建言。2007年，参与举办建设文化湘西研讨会，邀请州内民族民间文化名人参会研讨，著名画家黄永玉讲课，收集调研论文30余篇，《中国统一战线》《中国民族》《民族研究》等刊物发表12篇。2008年，采取读书班和短期培训相结合、集中学习和社会实践相结合等形式培训党外干部，举办党外干部培训班10期，参训280人，选送参加中央、省社会主义学院培训25人。2009—2010年，组织统战干部和统战对象围绕非公有制经济发展现状、党外干部培养选拔、民族政策落实情况、民族特色村落建设、“两新”组织党建等课题调研，收集论文80余篇，就非公有制经济发展、党外干部培养选拔、民族政策争取等问题，向州委、州政府领导提供决策参考意见。

第二节　非党人士工作

1989年，州委统战部落实中共中央《关于进一步加强党外干部选拔、培养和安排使用的意见》，会同有关单位考察党外人士718人，物色非党干部作为县市级班子换届候选人44人，提任党外科（局）长职务55人，确定党外后备干部231人，增补州、县（市）人大代表、政协委员55人。对48名非党副处级以上干部和63名非党副处级以上后备干部在政治风波中的表现和廉政情况进行调查，形成书面专题汇报材料。开展非党干部和非党知识分子调查工作，造册建档，澄清底子。是年，州境有非党干部19760人，其中副乡（科）级以上干部694人，非党高中级知识分子5950人。1990年，考察党外人士1056人，安排党外人士担任乡（科）级以上领导职务725人（州级干部8人、县（处）级干部63人、乡（科）级干部654人）；推荐安排党外人士担任各级人大代表636人、政协委员1004人。1991年，与州委组织部印发《关于适当控制吸收党外代表人物入党问题的通知》，对需要留在党外的主要对象及要求作出明确规定，填报“暂留党外人物登记表”。对暂留党外人物吸收入党时，须征得统战部门同意。是年，全州选拔安排党外领导干部126人，增补党外州政协委员16人、县（市）政协委员116人；37名民主党派、无党派人士受聘有关部门审计员、监察员、检察员和督导员（以下简称“四员”）；配备党外后备干部341人，其中县级后备干部74人、科级后备干部267人。给480名国民党军队起义投诚人员发放生产生活补助费30余万元。1992年，配合州、县（市）领导班子换届作好非党人士安排工作。是年末，非党干部当选县（市）人大副主任8人、副县（市）长5人、县（市）政协副主席31人（驻会7人），当选州人大副主任、副州长各1人、州政协非党副主席6人。1993年，全州安排州直副局级党外干部10人、党外科级干部383人。

1994年，落实州委《关于进一步加强和完善政治协商、民主监督的几项规定》，州、县（市）两级党委召开民主协商会33次；安排非党干部担任副处级领导职务2人、正副区（乡、镇）长25人、正副科（局）级干部13人，增补非党州政协委员4人。1995年5月，向省委统战部呈报非党后备干部52人，建立州内党外县、科级后备干部1000人。安排非党干部担任州直副处级领导干部4人、非党正副科级干部83人，受聘为特约“四员”统战对象89人。1996年年初，全州撤区并乡、配备乡镇班子，安排党外干部担任正副乡（镇）长200人，提名安排副州级党外领导干部后备人选5人、处级党外领导干部后备人选116人，安排担任司法、监察机关副处级实职党外干部2人。至1997年年末，全州非党干部当选县（市）人大副主任8人、副县（市）长7人、县（市）政协副主席32人；安排非党县（市）人大代表、政协委员816人。公选州工商局党外副局长1人。

1998年，落实州委《关于党外领导干部、民主党派负责人享受有关待遇问题的意见》，全州23名兼任县（市）人大副主任、政协副主席两届以上的非党干部均被确定为副县级干部。安排非党副处级干部5人，公开选拔州检察院党外副检察长和州审计局党外副局长各1人。12月，全州218个乡（镇）换届党外干部当选正副乡（镇）长238人。1999年，安排非党干部担任州直局级副职干部8人。全州非党副乡（科）以上干部达960人，其中州级干部8人、县（处）级干部79人、乡（科）级干部873人。非党后备干部538人。

2002年，对各级人大代表、政协委员、副科级以上党外干部、副高级职称以上党外知识分子、港澳同胞、台湾同胞、海外侨胞及“三胞”亲属、宗教界人士、原工商业者、国民党起义投诚人员等12种统战对象开展普查，逐人造册建档。会同组织部门开展州为党外干部、人大代表、政协委员考察工作，提名推荐非党干部，担任州级干部3

人、县（市）级干部12人；推荐非党全国政协常委1人、非党全国人大代表1人、党外省人大代表11人；安排非党州政协委员207人、非党中、高级技术职称委员136人。2004年，实施州、县（市）《2004—2008年党外干部建设规划》，对非党干部造册登记，并按照“一职二备”要求，储备党外后备干部队伍。11月，召开与党外人士合作共事经验交流会，州委表彰先进集体12个、先进个人15名。

2005年，州委印发《关于进一步健全和完善统战工作机制的意见》《关于加强党外干部培养选拔工作的意见》，试行党外干部培养选拔“五个共同”机制（培养选拔党外干部由州委组织部和州委统战部共同规划、共同行文、共同考察、共同开会、共同督查），对州内1294名科级以上党外干部配备党外后备干部队伍。是年，县（市）选拔优秀非党干部担任乡（镇）长7人，州科协选配非党主席1人。2006年，8个县（市）领导班子换届，州内192个乡（镇）安排非党干部担任乡（镇）长8人；安排非党州人大代表85人、非党州政协委员207人。8个县（市）新聘党外人士担任特约“四员”25人。2007年，州人大、政府、政协班子换届，州内党外人士当选全国政协常委1人、全国人大代表1人，省人大代表7人、省政协委员13人，州人大常委会委员10人、州人大代表90人、州政协常委33人、州政协委员207人。2008年，组织党外人大代表、政协委员提交提案（议案）30多件，其中《关于加大州直机关干部管理，提高机关办事效率》《关于解决农村留守儿童问题的建议》被列为州政协主席重点督办提案，州委书记何泽中责成有关部门围绕机关干部作风、经济发展环境进行调研，州委州政府出台《关于优化经济发展环境的若干意见》。组织吉首大学、州环保局、州科协等单位15名非党知识分子参与技术攻关，攻克沉淀处理电解锰废水技术与运用工艺，被20余家电解锰企业治污推广。2009年，贯彻州委《关于贯彻〈关于进一步加强和改进中国共产党领导的多党合作和政治协商制度建设的意见〉的实施意见》，建立统战部门、聘请单位、特约人员民主监督机制，组织党外人大代表和政协委员围绕州境矿产资源开发、旅游资源整合、生物制药、企业发展融资难等课题开展调研，形成调研报告60多篇报送有关部门参阅。

2010年，州委印发《关于党外副职领导干部确因需要到龄可不改非的规定》，州直2名非党副处级干部明确正处级待遇留任工作；安排非党干部担任州直部门正职2人、非党干部担任乡（镇）长7人。组织党外人士建言献策，提交提案（议案）67件，其中《关于扩大中小企业融资渠道，破解中小企业融资难题》议案，促成长行村镇银行落户湘西；《关于修建矮寨特大悬索桥旅游观光通道》提案促成该项目立项，争取专项资金1.1亿余元；《关于湘西州非公有制经济发展存在的问题及对策建议》提案，促成州政府出台《关于进一步优化非公有制经济发展环境若干意见》文件。

第三节　非公有制经济工作

一、民营经济扶持

1989年5月，全州统战部门会同工商联开展私营企业逐户造册登记，登记私营企业55户。组织统战对象开展技术咨询服务，培训私营工商业者。1992年，州、县（市）委统战部组织非公经济社教工作队51个315人进驻私营企业，推进非公有制经济社会主义教育活动。1993年，开展市场经济体制下如何做好统战工作、州内个体私营经济和“三资”（中外合资企业、中外合作企业、外商独资企业）企业、党与非党合作共事等专题调研，撰写调研报告报送州委、州政府领导参阅。调查反映吉首市因提高管理费征收标准，导致吉首地区700户个体工商户停业外走等情况，引起州、市领导重视。州委成立以副书记欧阳淞为组长的非公经济领导小组及办公室，加强非公经济服务指导。吉首市委、市政府根据调查通报情况，纠正提高收取管理费标准问题。1994年，全州8个县（市）建立个体私营经济领导小组，均由县（市）委统战部部长担任领导小组组长，全年为非公有制经济人士办实事 372 件。

1995 年 5 月，州委、州政府召开全州个体私营经济工作会议，支持保护个体私营经济发展，同时教育非公经济代表人士牢固树立爱国、敬业、守法思想。1998 年 5 月，州委统战部与州工商联抽调专人，组成两个组下到县（市）和重点乡（镇），开展非公有制经济发展现状、存在问题等情况调研，写出《关于湘西自治州个体私营经济发展的情况调查及建议》，为州委、州政府出台《关于加快民营经济发展的若干意见》和召开全州民营经济工作会议提供翔实的情况和参考数据。是年，首次评审非公有制企业经济系列中级专业技术职务，25 名州内私营企业董事长、经理、厂长获经济师资格。1999 年，经州委统战部、州工商联考察推荐提名，州委、州政府召开全州劳动模范表彰大会，民营经济企业主肖荐椿、徐劭钧被授予全州“劳动模范”称号、吉首市个私协会被授予全州“五一劳动奖章”称号；花垣县太丰选矿有限公司、保靖县毛沟第一选矿厂等 6 家私营企业被湖南省政府授予湖南省百强私营企业；乔云、邓意民、肖荐椿、刘集贵等 6 名私营业主被授予“湖南省百强私营企业家”称号。

2000 年 5 月，州委统战部与州工商联联合组成两个调查组，发现制约民营经济发展高能耗企业优惠电价政策欠落实、个体户贷款难等问题，引起州委州政府领导重视。2001 年 4 月，选派吉首市海发实业总公司经理刘弟海赴北京出席第四届全国技术创新项目交易洽谈会，发明的中草药饲料添加剂技术获国家专利，同时获国际东西方第一届优秀专利奖。2003 年，会同有关部门对固定资产 100 万元以上、年纳税 10 万元以上民营企业进行造册登记、建立档案，澄清底子。组织非公有制企业专业技术职称评审，全州 150 名非公经济人士获专业技术任职资格。2004 年，选送 7 名民营企业负责人赴京参加中央党校举办的全国第 43 期民营经济理论培训班学习。推选表彰州内非公有制经济代表人士 210 人次，田儒斌、许洁等 4 名民营企业主被授予“湖南省优秀青年民营企业家”称号，刘虹被授予“湖南省社会主义建设者”称号。2006 年 3 月，组织出席州人大、州政协会议 22 名非公经济代表人士举行建设社会主义新农村座谈会，倡议全州非公经济人士积极投身社会主义新农村建设。4 月，组织 13 名非公有制经济代表人士深入保靖县葫芦镇傍海村办点，投入新农村建设资金 48.8 万元。是年末，全州 272 家非公有制经济组织实施新农村建设项目 125 个，投入资金 3038 万元，惠及民众 20 万人。2007 年，召开全州万企联村、共同发展动员会，有 50 家私营企业与 50 个贫困村建立村企联营关系。是年末，全州 125 家非公有制企业参与联系村或联系片建设，结对开发项目 102 个，投入建设资金 1.3 亿元，到位 6865.6 万元。2008 年，深化万企联村，共同发展活动，组织非公有制经济人士帮助结对联系村开发茶叶、猕猴桃、柑橘、蔬菜等产业 1666.6 公顷，投入乡村公路、农田水利等基础设施建设资金 2700 万元。引导非公有制企业向社会提供就业岗位 3500 多个。与沿海发达地区商会、企业开展交流合作，协议签约项目 47 个。2009 年，组织非公有制企业与 185 个村结成万企联村，共同发展对子，筹集投入新农村建设资金 6700 万元，带动农村产业开发 1733 公顷；组织举办劳动用工、实用技术培训 3.5 万人次。年末全州非公经济安置就业 11.15 万人，非公经济规模达 182 亿元，占全州国内生产总值（GDP）74.5%，上缴税收 16.69 亿元。

2010 年，全州开展万企联村、共同发展活动，促成 325 家非公企业与 404 个建制村结成对子，实施村企联建项目 364 个，投入资金 2.76 亿元，带动 9162 户农户 34024 人脱贫致富。是年，归集民间大师、特色项目、民族产品，做大吉首乾州古城湘西坊，建设百工坊、百味坊、百戏坊，带动周边 100 余个村发展文化旅游产业。贯彻州委、州政府关于推进矿业战略整合部署，以加强行业商(协)会建设作为抓手，筹建矿业行业商会，参与整顿矿业，消除不安全隐患。至年末，全州成立锰锌行业商会、矿业行业商会、果品行业商会、宝庆商会等行业商(协)会 55 个。帮助非公企业破解融资难问题，帮助工商联会员企业与州工商银行开展银企合作活动，10家会员企业现场签约合同，融资2.3亿元。

二、 光彩事业

1994年4月,全州统战部门响应刘永好等中国民营企业家“让我们投身到扶贫的光彩事业中来”倡议，成立湘西州光彩事业推动委员会，州财政拨专款6万元。1995年，接待省内外民营企业家到州考察、洽谈推进光彩事业79人次，签订种植、加工、流通、房地产开发、救助失学儿童等项目合同、投资协议（意向）64项，签约投资近亿元。至年末，11个项目投产，到位资金及物资1100万元。1996年，接待州外民营企业家到州洽谈项目4批57人次，签订投资意向合同（协议）18个，签约投资金额2亿元，到位资金500万元。

1997年，开展“十百千万”光彩事业活动，即动员州内非公有制经济人士建立10个光彩事业扶贫联系村，扶持100户科技示范户，帮助2000户1万人脱贫致富。州内建立光彩事业扶贫联系村11个，建立扶贫联系户67户，启动建设项目31个，发展种、养业注入资金62.8万元。是年，全州筛选报省光彩事业推动委员会项目50个，其中20个项目进入省光彩事业项目库。当年，实施项目11个，引进资金1053万元。是年末，州、县（市）均建立光彩事业基金会，筹集资金53万元。1998年，接待省内外私营企业家到州考察洽谈项目11批132人次，签订投资意向项目68个，签约金额7800万元。是年，实施项目18个，到位资金1500万元，其中无偿捐助湘西州兴办公益事业资金780万元，用于修建学校14所、医院11所，救助失学儿童和孤儿100人。1999年4月，州委调整州光彩事业推动委员会成员，推委会顾问由4名增至6名（州委常委3名），主任、副主任及成员由6名增至13名，吉首老爹酒业有限公司、神龙汽车维修有限公司等非公有制经济代表人士进入推委会。是年，州光彩事业推委会向省光促会申报光彩事业重点项目10个，引进建设资金585万元。湘西吉首民营经济小区项目被列入全国光促会重点项目，享受国家中扶资金贷款300万元。还为湘西猕猴桃产业化项目争取第二期中扶贷款500万元。2000年，引进长沙市政府、市光彩事业基金及私营业主捐款193万元，扶持湘西修建希望学校11所。7月，接待中国光促会深圳分会副会长兼秘书长张国铮一行到州考察投资项目，考察铜仁凤凰机场，参观凤凰黄丝桥古城等景点，听取凤凰申报国家历史文化名城等情况汇报。张国铮对凤凰古城提质包装提出建设性意见。

2001年，经州光推委联系申报，湘西州薯类加工项目被中国光促会批准列为光彩事业重点项目。至此，湘西州有猕猴桃产业化、吉首雅溪民营小区、薯类加工项目3个项目被列入全国光彩事业重点项目，每年可获资金扶持。2002年，引进南京爱德基金会为凤凰县无偿提供救灾物资价值100万元和救灾资金50万元。引进香港地区陈振东资金45万元和衣物6000件价值60万元，主要为湘西抗灾、建校再次捐赠。8月，会同花垣县举行光彩事业捐款仪式，为援建6所光彩学校收到捐款110万元。2003年10月，吉首光彩家居汇展中心开业，该中心占地7.2公顷，投资1.2亿元，建筑面积11.5万平方米，其建材、装饰材料及各类居家用品交易居湘西州首位。是年，州委统战部推动实施全国光彩事业项目1个，引进建设资金1000万元。2004年，接待省内外民营企业家、社会团体及境外友好人士100人次，洽谈、实施光彩项目10个，到位资金3200万元，用于修建光彩学校9所（栋）、医院2所、救助贫困学生320人、设立教育助学基金和下岗职工救助基金3个、培训农村基层医疗卫生人员252人次。参与全省10万招工扶贫光彩行动，为社会新增就业岗位2300个，发动非公有制经济人士为教育及其他公益事业捐款捐物折价3400万元。至年末，11年间全州统战部门或协助有关单位共争取金融部门和境外非公有制企业投入湘西州建设资金17.8亿元，为社会提供就业岗位3.8万个，上缴税收2亿元，10多万人口摆脱贫困。是年，州委、州政府召开光彩事业实施10周年总结表彰会，表彰奖励全州推进光彩事业先进单位5个、光彩事业先进个人18人、非公有制经济人士20人。

2005年，引进实施社会公益项目25个，其中援建学校12所、医院7所，资助特困生108人，引进无偿资金2176.43万元。参与全省10万招工扶贫光彩大行动，组织州内外34家大中型民营企业现场招聘，签订招工合同3000人。2006年6月，经州光彩事业推动委员会争取，中国农业银行向湖南省分行信贷处安排龙山县中药材产业化和百合系列产品开发、永顺县黄姜产业化、荣昌公司维生素肥、花垣县工业废渣综合利用等5个光彩项目，项目资金总额1.16亿元。2007年，引进北京壮胜集团资金100万元，援救建湘西州光彩学校2所。2009—2010年，实施社会公益事业项目20个，联系引资2100万元。香港郭氏基金会保靖项目部在保靖县开展扶贫试点，由3个村增至5个村，实施项目87个，投入资金2400万元，涉及农村教育、医疗卫生、人畜饮水、基础设施、技术培训、产业开发等领域。组织引导州内非公有制企业回报社会，捐赠各项建设资金200万元，资助贫困学生2200人。

三、招商引资

1989年，全州统战部门参与经济管理部门招商引资，服务经济建设。协助州、县（市）工商部门组织工商联会员赴广东、广西等地洽谈贸易，成交额300万元。协助凤凰县工商部门创办工商开发公司、民族印刷厂、接管县民族服装厂、城市信用社，年盈利20万元。1991年，协助和支持州、县（市）工商联组织会员参加桂林交易会、吉首六省八地区交易会和大庸农副产品联展销会，3次交易会工商联会员成交额380.2万元。1992年，支持民盟省委与吉首大学等3家联合建立湘西州科技开发与人才培训中心，举办技术人才培训班3期，培训人才185人。协助省民建在湘西州兴办湖南华强科技开发实业吉首公司，开展科技扶贫。1993年，牵头引进港澳同胞、台胞和海外侨胞援建湘西州捐款700万元，兴办公益事业40项；支持州内“三胞”亲属利用亲人馈赠款项办企业30个、投资70万元；支持统战对象建立扶贫联系户215户。支持吉首城市信用社收储社会闲散资金641.9万元，向个体私营户投放贷款760万元。支持吉首大学民盟支部与龙山县科委联建中华美味猕猴桃种植试验基地，带动县内12个乡镇农户种植猕猴桃。1994年，参与联络长沙市有关部门支援龙山县建设，投入125万元，修建县、乡7个医疗单位业务用房，捐赠医疗器械、药品值50万元；投资500万元，新建县城长沙路；投资380万元，新建里耶镇长沙街；投资90万元，新建桂塘镇湘鄂渝边贸市场；结对救助贫困学生1172人。1995年，参与引进长沙市有关部门向龙山灾区捐助救灾款84.8万元、救灾物资价值101万元。

1998年，州、县（市）统战部门牵线招商引资项目11个，引进建设资金4600万元。引进香港顺盈纸品公司老板邵振东与泸溪县轻纺公司（分别出资120万元和100万元），合资租赁县纸厂，安排就业人员135人，每年向国家纳税58万元。1999年，经州及花垣县委统战部和政协牵线搭桥，湖南明天集团总裁杨源为花垣县发展教育事业捐助贫困儿童入学资金87万元，并设立100万元教育奖励基金，每年用于奖励优秀教师和优秀学生。2000年，引进香港预发集团董事局主席陈振东为保靖、花垣贫困学生捐助衣物12000套，价值120万元。是年，杨源支援湘西州建设，累计投资500万元。2001年，引进著名画家黄永玉捐赠100万元，修建凤凰县文昌阁小学礼堂。2002年，联系美国首联集团公司代表到州考察洽谈，签订投资文化旅游产业意向协议，签约金额1亿元。2003年3月，争取南京爱德基金会秘书长顾仁发、江苏省基督教协会会长姚增谊等一行到州考察，援助100万元，实施古丈县微水电建设、永顺县水渠修复、退耕还林等项目。是年，全州统战部门协助落实引资项目30个，签约引进项目资金4.64亿元，到位资金1.15亿元。2004年，参与招商引资，签订到州建设意向性项目18个、签约引进资金3亿元，实施项目12个、到位资金6000万元。引进南京爱德基金会项目资金260万元，在湘西修建农村微水电95处、新建沼气池610个；引进深圳启雄集团董事长吴启雄开发凤凰南华山旅游精品园区，投资1.8亿元，增加社会就业岗位300多个。

2005年，协调建州50周年献礼建设项目，参与争取国家政策性资金12.29亿元,其中争取全州2057公里乡级油路改造资金戴帽安排资金5亿元。引进湖南太子奶集团董事长李途纯捐赠120万元，修建花垣县道二、龙潭两所小学宿舍，并救助特困生；引进南京爱德基金会援助项目资金280万元，援助龙山、永顺、古丈、花垣等县微水电设备300套。2006年，各级统战部门协助争取湘西州县乡公路改造、凤凰古城改造等项目，落实政策性资金12.8亿元；开展对外联络，协助落实湘西州建设引资项目37个，引进资金4.8亿元。争取南京爱德基金会、州外非公有制企业家协会等捐资1000万元，引导州内非公有制经济人士捐资539万元。2007年，州委统战部主要负责人与州政府主要领导一道前往国家有关部委汇报，争取张（家界）渝（重庆）铁路走线规划途经湘西州龙山、永顺境内；安排湘西州实施3个温暖工程项目：即培训百万农民项目，投资经费108万元，培训3600人；建筑业农民工培训项目，投入项目经费16.8万元，培训800人；培训万名乡村医生项目，项目经费192万元，培训800人。是年末，全州实际培训农民2242人，实现转移就业2038人；开展引导性建筑农民工培训400人、岗位技能培训400人；乡村医生培训350人。是年，州委统战部和州工商联发挥商会作用引进外资2800万元，收购州金蝶大酒店和吉首市国土综合大楼。2008年，参与多渠道招商引资，引进项目资金1.8亿元。州委统战部主要负责人带队向国家有关部委汇报，争取黔（江）张（家界）常（德）铁路湘西州段项目建设进入国家规划。争取南京爱德基金会、香港嘉里集团郭氏基金会等投资300万元，为龙山、永顺、花垣等县（市）修建农田水利灌溉和人畜饮水工程、兴办教育事业、资助贫困学生。8月，组织召开湖南异地商会湘西行招商项目洽谈对接会暨签约仪式，湖南省浙江商会会长单位、湖南省深圳商会、长沙市温州商会和湖南金信集团公司4家商会和企业，各捐款50万元、援建希望学校1所；湖南省广东商会会长单位、湖南粤海投资有限公司捐款100万元，修建希望学校2所。2009年6月，经州、县统战部门协调，由金利来集团有限公司董事局主席、中华全国工商业联合会副主席曾宪梓捐资100万元修建的泸溪县潭溪镇曾宪梓希望小学竣工。争取南京爱德基金会投资150万元，支援龙山洗车河镇水桶村、靛房镇吾拉村实施基础设施建设和支柱产业开发。引进60万吨新型干法旋窑水泥生产线项目落户龙山县，投资1.6亿元。

2010年，统战部门参与招商引资改为牵头主抓招商引资，先后组团参加2010湖南（上海）投资洽谈月、第六届珠洽会、广州博览会、湖南经洽会等招商活动，协助吉凤经济开发区、湘西广州工业园签订入园企业合同8个，其中5家企业入园；争取宁波20万吨不锈钢项目落户泸溪县武溪工业园；对接洽谈凤凰故事主题文化公园、北京民生银行矿山整治、保靖西部矿业等建设项目；实现湘西州与中铁、中钢、中冶等集团战略合作。

第四节　对台事务

一、对台宣传

1990年，州、县（市）台办宣传贯彻中共中央关于对台“和平统一，一国两制”的方针，做好对台工作。1991年，州、县（市）台办联系州内台属，给去台亲人写信8700封，发寻人启事1800条，找到去台亲人2130人。1998年，清明节期间，州政府、州政协领导干部上门看望返乡台胞陈宪章，并帮助解决祖坟迁移相关问题。1993—1998年，州台办组织拍摄《猛洞河》《吉首风光》《古城凤凰》《神奇迷人的边城——花垣》等对台宣传画册画页。每年被对台新闻媒体采用稿件、图片100余篇（幅）。1999年，在台湾《民族画报》开办6个湘西画廊专版，宣传武陵明珠——凤凰城、中国南长城——湘西苗疆边墙、山水画家田明、独脚画家刘远镇、自学成才画家刘鸿洲、苗族女画家龙玉霜等湘西风土人情。2001年，采写拍摄《湘西州热情接待台湾彰化太极拳协会》《新娘本是泸溪女、新郎原是台湾郎》《千里寻故地》等50篇（幅）文章和图片，分别被《人民日报》海外版、《人民政协报》《两岸关系》杂志、海峡之声广播电台等对台对外媒体采用。同时发送《台属企业在民营经济中独树一帜》《中国南方长城寻踪》《春兰秋菊墨飘香》等32篇文章图片，分别在台湾《民族报》《乡情导报》和香港《大公报》《文汇报》以及《澳门日报》等刊载发表。州县市台办开展台胞情况调查统计，建立台胞简易档案2900个、卡片3800张，全州有台胞9800人，其中第一代台胞2280人，重点台胞对象115人。2002年，组织《土家族社巴节》《里耶古城一角》等30余篇文章图片，在香港《明报》《人民日报》海外版以及《台声》《两岸关系》杂志采用。协助海峡两岸记者在湘西州采风，拍摄制作13集电视节目，在中央电视台、湖南卫视和台湾东森电视台、TVBS电视台、中天电视台、年代电视台每天滚动播放4个小时，连续播放一周，台湾《中国时报》刊登1个半专版图文宣传湘西州。组织撰写和拍摄《情有独钟在湘西》《台湾旅游业人士在湘西考察旅游资源》《大陆名画家饶坤》60余篇（幅）文章图片，分别被《人民日报》海外版、《人民网——海峡两岸》等18家对台新闻媒体以及台湾《民族报》等刊登采用。2004年，组织拍摄制作4集纪实片《台湾记者湘西行》，发往台湾播放。2005年6月，州台办组织撰写《湘西自治州涉台维稳情况调查》《湘西自治州台胞定居情况调查》等调研报告，其中《广泛开展涉台教育，形成全民做对台工作氛围》的调研报告被《湖南对台工作》采用。2006年，邀请台湾中天电视台等15家主流媒体60名记者到州采访拍摄民族经济发展、自然风光、人文景观、民情风俗等电视片、制作电视节目32个，在台湾滚动播放。2007年，州对台宣传领导小组、州对台经济协调领导小组、州处理涉台突发事件协调领导小组和州台胞台属联谊会成立，制定《处理涉台突发事件预案》。台湾三立电视台、台湾中天电视台、台湾东森电视台等新闻媒体到州采访，制作电视节目5套8集，在台湾滚动播放一周。2008年5月，州委对台工作领导小组成员调整，由州委书记何泽中兼任州对台工作领导小组组长，增补州发改委、州国土资源局、州广播电视局、团州委主要负责人为领导小组成员。是年，台湾多家媒体25名记者到州采访拍摄制作宣传片，在台湾《中央时报》、东森、中天、三立等电视台发表文章15篇，播放电视片12集。2010年，州台办编印《湘西州优质项目简介》1200册发送给台商。组织《神秘湘西游——感受中国十大魅力城市》《湘西自治州矿产生物山林丰富观光资源丰沛》等新闻稿件20篇（幅）在台湾《经济日报》《旅奇》等报刊发表。

二、涉台教育

1989年，州台办组织州中级人民法院和州人民检察院干警学习贯彻最高人民法院、最高人民检察院《关于不再追诉去台人员在中华人民共和国成立后当地人民政权建立前的犯罪行为的公告》文件精神。1998年5—6月，调查州内12家台资企业、10余家台属企业运行情况，为台资台属企业解决难题。1999年，州委召开台海形势报告会，邀请省政协副主席、省委统战部部长、省台办主任石玉珍作报告，州直单位副处级以上领导和政工科长以及部分吉首市科级以上干部1000余人与会。全州发行《中国台湾问题干部读本》1000册，副县级以上干部人手一册；7月，州委召开座谈会，批判李登辉“两国论”，州委、州人大常委会、州人民政府、州政协领导及相关单位负责人出席会议并相继发言，揭批李登辉“两国论”。10月，州委办公室印发《关于组织全州县（处）级以上干部学习党的对台方针政策，迎接全省统考的通知》，州台办制定《学习党的对台方针政策知识考试实施方案》，州直机关1142名副处级以上干部参加对台方针政策知识考试，参考率97.1%。州台办连续8年被评为全省对台宣传工作先进单位。

2000年，以国务院台办和新闻办《一个中国的原则与台湾问题》白皮书为教材，开展多种涉台形势教育活动,州级领导干部、各战线负责人50余人参加座谈会，118名“三胞”（台湾同胞、港澳同胞、海外侨胞）亲属参加中秋座谈会，邀请省台办主任余友文作《当前台湾局势及我们的对策》形势报告。是年，全州举办涉台形势报告会、座谈会32场次，州委党校安排涉台形势授课15次。2005年3月，州委贯彻《反分裂国家法》，邀请湘潭大学教授李广一到州作台海形势报告，州直副处级以上领导干部1100人参加报告会。7月，在州博物馆举办“中国·我们的家园——台湾问题图片展”展出，州、县（市）领导干部及群众观看展览。2006年3月，参加全省对台知识电视大赛，湘西州选送3名参赛选手。2008年，州台办参与汇编《2008年湘西州投资指南》，汇集湘西投资优惠政策及56个优良项目，印发1200册，发给台商。

三、交流交往

1989年，湘西州允许在州台属邀请台湾亲属到大陆探亲。州、县（市）对台办接待湘西州籍台胞彭楚植、黄顺城返乡探亲，为家乡建设捐款53.4万元，黄顺城还捐款30万元资助3个侄儿发展经济。1990年，接待台胞周氏返乡探亲，为侄儿周启位馈赠13万元，开发椪柑26.6公顷。1991年，接待回家探亲的凤凰籍侨胞谭德森，为家乡齐良桥乡王家寨捐款6万元解决饮水难题。其夫人为谭德森母校凤凰县文昌阁小学捐款80万元，修建科技楼；接待古丈籍台胞胡绵昌回高峰乡李家洞村探亲，捐款6.5万元，作为该村学校教育基金。至年末，3年间，全州接待返乡探亲台胞850人次，赴台探亲31人。1994年，湘西州遭遇特大洪灾，州台办联系探亲台胞周开荣，与台湾慈济会沟通，为永顺县捐赠棉衣、棉被、大米等物资折合人民币300万元。1989—1996年，台胞为家乡亲人和公益事业累计捐款捐物7400万元。

1998年4月，州台办接待由台湾政治大学教授张骏逸先生带队、17名研究生组成的台湾政治大学少数民族参访团。该团先后参访永顺县王村镇民族博物馆和土家织锦制作工艺、龙山县马蹄寨土家摆手舞、吉首市德夯苗寨风情和凤凰古城，并在吉首大学开展学术交流。永顺籍台湾大学教授石之瑜和台湾中山大学教授黄竞娟等到州考察吉首大学、凤凰县腊尔山民族中学、永顺县民族实验学校，参观湘泉城、凤凰古城、德夯苗寨等地。10月，总教练王旭东率队台湾彰化县太极拳协会一行34人到州交流太极拳武术。2002年，接待台大教授石之瑜湘西农村行等3个团组25人到州考察观光。台湾金马珠宝有限责任公司与湘吉化工有限责任公司签订合同，合作生产农用复合肥，计划投资600万元，实际到位资金270万元。台商谢碧珍与泸溪钢化玻璃有限责任公司签订协议，投资400万元，合作生产钢化玻璃。是年，全州台办系统接待台胞1100人次，走访慰问台属1200人次，台胞援建家乡公益事业捐款127.5万元。2003年，接待台湾年代电视台记者、两岸记者联合采访团等18人到州采访。2004年，台湾大学教授袁正民、台湾农民联盟主席黄帮政等3批26人到花垣、古丈、吉首与吉首大学考察及学术交流。8—9月，州民族歌舞团一行32人应邀赴台湾演出交流。2005年，接待台湾太平洋投资咨询公司董事长赵倩、台湾茶商联合会会长杨山虎、海峡两岸文化总裁吕祥雄、广东中山市台商投资协会副会长张国祥等10个团组70人到州考察交流和观光。香港友人杨静、张自立夫妇两次深入州内土家苗寨捐资助学，资助特困生94人，其中资助50名品学兼优学生直至大学毕业。2007年，接待由台湾美国世界企业集团董事会主席李厚业率队的高雄基层民意代表团、以台湾海基会原秘书长焦仁和为团长的情系湖湘——两岸文化联谊行、以台湾国立台北艺术大学音乐学院院长潘黄龙为团长的湖湘文化之旅参访团、以台湾中华两岸少数民族经贸交流协会理事长巴湃·拉拉格狮一行等10个团组450人到州考察交流。争取香港知名人士苏永强、颜培英、莫耀强与泸溪县签订3000吨椪柑保鲜气调库合作协议，第一期工程于9月底竣工。2008年，接待台湾第八届湖湘文化之旅考察团、高雄市各界精英参访团和澳门中华文化协会考察交流团等18个团组1060人到州考察交流。11月，应台湾中华两岸经贸文化交流促进会邀请，湘西州组成29人经贸考察交流团赴台考察交流。是年，接待到州探亲、旅游、考察、交流“三胞”及海外人士5200人次。2009年，接待两岸媒体联合采访团、沈从文文化之旅、澳门涉台记者考察团等5个新闻媒体团组，80名记者到州采访，在台湾、香港、澳门等地报刊发表文章图片 50 篇（幅）。接待台湾第九届湖湘文化之旅考察交流团、台湾青年夏令营、嘉南湖南考察团等 10 个团组 500 人到湘西州考察交流。接洽台湾青年智囊团董事长黄泰之、台湾钜达机械工业股份有限公司董事长吴淑珍、台湾生技产业经贸协会等 3 个团组 20 余人到州考察洽谈合作投资事宜，与吉凤工业园区管理局等单位达成项目投资意向协议。7 月、9 月，接待国民党荣誉主席吴伯雄、亲民党主席宋楚瑜两批台湾高层人士到州参访。是年，州民族文化赴台考察交流团、州民族教育文化赴台考察交流团先后到台湾考察交流。台资企业旺旺集团为湘西州捐赠价值 100 万元的旺旺食品，发放给敬老院、孤儿院、特殊学校等单位。争取香港李兆基基金会、南京爱德基金会等国内外社团，为支援湘西建设捐赠现金和物资折价 730 万元，援建一批农村小水电、沼气能源、水利灌溉及乡村医生培训等项目。

2010 年，台湾中研院历史语言所教授王明珂、康豹一行 8 人，台湾青年第十届湖湘文化之旅一行 150 人，湘西籍台胞返乡省亲团一行 11 人等 20 个团组及台胞 2.6 万人次到州考察交流、探亲访友、旅游观光。参与组织湘西州民族经贸文化考察交流团、民族工业经济考察交流团、少数民族经贸考察交流团、走进台湾湖南周等多项赴台考察、交流活动，介绍湘西州情，推介优良项目，播放风光宣传片。州委书记何泽中、副书记郭建群、副州长曹世凯、陈爱林等率团赴台，在台北举办湘西州情说明会，台湾工商、旅游企业董事长、总经理及媒体记者 150 人应邀出席说明会，拜会台湾国民党荣誉主席吴伯雄、亲民党主席宋楚瑜等高层人士。州人大常委会主任刘路平、副州长贾祖霞等在台湾高雄市举行湘西州情推介会，台湾企业老板、媒体记者等 90 人应邀出席推介会。州旅游局与台北市旅游商业同业公会签订两地旅游合作框架协议；州海峡两岸交流促进会与台湾中华两岸少数民族文化经贸交流协会签订两地少数民族交流合作协议。台商陈青云、谢咏钦、陈建祥等 3 家台资企业落户吉凤工业园，投资 800 万元。至年末，5 年间台塑集团累计捐资 1215 万元，为湘西州修建明德小学 18 所。争取香港郭氏基金会保靖扶贫项目，投资 2100 万元。

第五节　联谊活动

1989 年 7 月，州委统战部等单位联合举行吉首地区"三胞"亲属形势报告会，120 名"三胞"亲属、归国华侨参加会议。全州统战部门发动"三胞"亲属给亲人写信 774 封，宣传党的政策和国内形势。1991 年，接待海内外人士 464 人次。全年联系外商与湘西州签订合资项目合同协议 22 个，总投资 2430 万美元，外资 1074.4 万美元。其中实施 4 个，总投资 319 万美元。1992 年，协助新批合资企业 3 家，引进资金 649.5 万元。1993 年 5 月，派人看望护送母亲骨灰返乡安葬的美籍华人谭德森及夫人，聘请谭德森为州海外联谊会顾问。发动州黄埔军校同学会会员写信 500 封，撰写抗战文史资料 40 万字。1995 年 8 月，联系省政协委员、香港颈发集团总经理、省海外联谊会常务理事陈振东建立湘西助学奖励基金 60 万元，用于资助州境考上全国重点院校而家庭困难无力上学的应届高中毕业生和部分高中、初中家庭生活困难的在校学生，奖励乡村教师。1998 年 6 月，邀请美国杜邦公司总公司副总裁、美籍华人彭定中博士到州为 1300 名机关干部、学校师生作学术报告，聘任彭定中为州人民政府经济建设高级顾问、州海外联谊会名誉会长、吉首大学名誉教授。

1999 年 1 月，州海外联谊会召开第二届理事会议，选举产生新一届州海联会领导班子，安排理事 86 人，其中台胞亲属 31 人、港胞 3 人、归侨 1 人。日本民间组织关西中日交流恳谈会到湘西州实地考察，为永顺县捐赠 80 万元，援建 4 所学校。2001 年，接待 CHF 考察组等来州考察投资、观光旅游团组 10 批 112 人次。10 月，协助美籍华人谭德森遗孀吴保仁举办凤凰文昌阁小学德森科技楼落成仪式。吴女士捐款 10 万美元援建该科技楼。2003 年，联系省海外联谊会向湘西州灾区捐赠救灾款 20 万元、捐献物资价值 50 万元。2005 年，省海外联谊会为湘西州 8 个县（市）的

60个乡（镇）捐赠价值60万元的医疗药品，派遣30名大学生志愿者分赴州内乡（镇）卫生院工作。是年，州委统战部接待海外人士团组15个175人次，引资888万元。2007年，广交海内外朋友，引进投资项目12个、项目资金1.2亿元，接受无偿捐资150多万元、大米40吨、食用油800桶、衣物4000件。世界华人华商联合会捐资8000万元，援建吉首市智能化公交候车亭。争取新加坡喜丰国际资源有限公司总经理刘桓投资500万元，在泸溪工业园区修建万吨磷矿加工项目。2009年，接待海外知名人士湖南考察团及其他客商，接待来自27个国家的侨胞到湘西观光考察。

2010年，引进法国西伯利亚鲟鱼养殖及鱼子酱加工出口项目，投资6000万元。

第八章　其他党务工作

第一节　综合信息

1989—1990年，州委办公室从州直和县市抽调综合信息骨干7人，与8个县（市）委办公室主任一起到岳阳市、湘潭市、韶山市学习综合信息工作经验。1992年，省委办公厅以湘西州委办公室为现场，召开全省综合信息工作现场经验交流会，向全省各地（市）委办推介湘西州委办综合信息工作经验。1991—1993年，州委办向上报送的综合信息被中办采用量连续三年居全省首位。1996—2000年，5年内采集信息2万条，省办采用1968条，被中共中央办公厅采用的信息名列全省前茅。在省委刊物和省以上报刊发表调研文章200篇。其间，州委办被中共中央办公厅、省委办公厅评为信息工作先进单位，6人被中共中央办公厅评为信息工作先进个人，1人被省政府评为先进工作者。

2001年，州委办公室围绕重大决策开展调查研究，先后草拟州委和州政府关于加快旅游产业发展、实施生态州建设战略、密切联系群众改进干部作风、州委常委带头加强和改进自身作风建设等重要文稿，对推动全州旅游产业发展，加快生态州建设，切实转变干部作风等方面具有现实指导作用。组织涉及全州社会经济20个课题大型调研，汇集100万字调查材料，编辑出版《跨越式发展战略研究》一书。全州开展100个典型调研活动，编辑出版34万字《典型调研文集》向州内外推介。翌年，组织5次全州大型调查研究活动，调研课题涉及生态工业、生态家园富民计划、文化产业、优化经济环境、湖南西部旅游一体化、党的建设与干部作风、六大发展战略等8个方面30多个子课题。是年，在《湖南日报》《湖南经济》《湖南政报》《决策天地》《内参》等报刊发表21篇。信息工作排全省第一名、全国第四名。

2003年，州委组织八县市委办公室和州直有关单位开展湘西发展文化旅游产业、工业企业改制、农村小康建设、农业支柱产业、加快城镇化步伐、乡镇职能转变等7个课题调研，编辑出版27万字的《招商引资理论与实践》一书。《向郑培民同志学习》《坚持不懈地发展民营经济》《坚定不移加快湘西发展步伐》等6篇州委主要领导署名文章，先后被《湖南日报》《决策天地》、省委《内参》和《湖南通讯》等报刊采用。翌年，组织县市和州直有关单位开展工业企业改革改制矿产品和农产品深加工、农业科技园建设、发展县域经济、基层党建工作等课题调研，撰写调研报告，被省委《内参》《湖南日报》《决策天地》《城市经济论坛》等采用20篇。是年，州委办公室被中共中央办公厅评为党务信息工作先进单位，被中共湖南省委办公厅评为湖南省党务信息工作先进单位、全省综合调研工作先进单位。2005年，组织和参与发展优势农产品、推进工业化、旅游产业建设、基层政权建设、优质水稻生产、发展烤烟生产、农村寄宿制学校建设和泸溪县推行“三联三帮”责任制 8 个课题调研，撰写调研报告。在省委《内参》《湖南日报》《决策天地》等省以上报刊发表州委领导署名文章 20 多篇。

2006 年，州、县（市）委办公室突出解决信息“报忧难”问题，建立健全紧急信息和问题信息报送制度，完善信息工作网络，基本形成上下贯通、密切协作信息工作体系。8 个县（市）委办公室全部成为省委办公厅信息直报点。县（市）委办公室和州直单位办公室均配备 1 名以上专职信息工作人员。全州 190 个重点乡（镇）和企事业单位安排特约信息员。建立和完善定期研究信息调研工作制度、信息调研工作轮流值班制度、紧急信息报送制度、节假日信息值班制度、信息工作激励机制和目标责任制。对县（市）委办公室和州直单位办公室信息调研工作，每月发 1 期业务通报，年终考核评奖。同时突出重要课题调研，参与湘西地区开发、工业园区建设、电力体制改革、烟叶产业建设、库区移民工作、吉首市农业产业化建设、泸溪县支柱产业建设和凤凰县文化旅游产业建设等 8 个课题调研，撰写调研报告。其中湘西地区开发、烟叶产业建设和库区移民工作调查 3 个调研材料先后被省委办公厅《工作情况交流》、省委政研室《决策天地》和省移民局《移民工作》杂志刊载。翌年，《湘西信息》电子文档成为州委办向中共中央办公厅和省委办公厅上报信息平台，报送内容主要有重大紧急信息、日常工作信息和调研类信息。《湘西要情》不定期出刊，每周 2～3 期，主要反映八县市和州直各部门贯彻落实州委重要决策、重大工作情况，推介八县市和州直各部门工作好经验、好做法，反映落实、推进工作中存在一些难点、热点问题。是年，凤凰“8·13”堤溪大桥垮塌事故发生后，州、县两级党委办公室信息人员通力合作，第一时间向省委办公厅报送《凤凰县堤溪大桥发生重特大坍塌事故》信息，为省委领导及时掌握情况，正确决策指挥赢得主动，受到省委办公厅通报表扬。开展工业污染治理、新农村建设、新型工业化、农村教育、农村卫生、地质灾害等专题调研，先后在《人民日报》《西部日报》《湖南日报》《潇湘晨报》《工作情况交流》《决策天地》《新湘评论》《湖南教育》等刊物发表领导署名文章 13 篇。

2008 年，州委办公室创办信息《原件呈阅》，主要反映八县市和州直各单位“忧”的信息，以原件方式迅速呈送州委领导阅示，为领导及时了解情况、科学决策、指导工作提供信息参考。是年，在依法处置非法集资过程中，及时将《集资群众的思想动态》《吉首市清理整治非法集资工作存在的难点》《广大集资人员对吉首市人民政府七号、八号通告的反响》等重要信息报送给领导，并在第一时间报送吉首铁路被堵、新一佳超市被抢等信息，为出台‘处非”政策，化解“处非”矛盾，处置非法集资问题发挥积极作用。针对全州椪柑销售严峻形势，州委办及时上报《湘西州椪柑销售难》等信息，引起省委主要领导干部重视。省委主要领导专门就湘西椪柑销售作出批示，省政府召开专题会议研究湘西椪柑销售问题，促进湘西州椪柑销售。是年冰灾期间，《湘西州普降大雪部分路段封堵》的信息以《原件呈阅》方式报给州委领导后，州委迅速采取措施，组织交警、路政、养护及安全管理人员 3000 余人次上路巡查，调集防滑砂石 600 立方米，工业用盐 20 吨，麻袋 700 条，保障全州主要道路交通安全畅通。同时及时收集整理八县市的粮食、电、燃气等生活必需品供应情况，按照“一天一报”原则，为领导干部提供情况。《湘西州建立依托自身优势的产业结构成效显著》《湘西州构建五大体系搞好劳务输出》《湘西州搞好“四个对接”促进经济发展》等 20 篇反映全州工作重要信息先后被省委办公厅《每日要情》刊发。同时开展调研，组织起草关于加快推进新型工业化、加快推进农业产业化、加快推进旅游产业发展、进一步优化经济社会发展软环境等重要文件，全面指导全州工作实践。全年有 6 篇领导署名文章在《湖南日报》《工作情况交流》《新湘评论》等刊物上发表。2009 年，按照省委办公厅要求，从第二期开始编发《处非信息专报》至一〇二期（第一期由省委办公厅信息处编发），及时、准确、全面报送“处非”信息。挖掘整理上报一批具有全州地域特色和工作特色动态类和经验类信息。《湘西州计划三年内完成锰锌企业整合》《湘西州四措并举巩固和发展柑橘产业》《湘西州采取积极措施加快推进旅游产业发展》等特色信息进入党委领导视野。组织撰写《落实“一化三基”战略，打牢产业发展基础》《民族团结保发展促和谐》等14篇领导署名文章分别在《理论前沿》《民族团结》《湖南日报》《新湘评论》《工作情况交流》《湖南督查》《内参专报》《新型工业化简报》等省级以上重要刊物发表。是年起，开展“好信息”评比工作。该办信息工作在省办质量系数考核中位居全省第一名，被评为全省信息工作先进单位。

2010年，州委信息工作全方位、多角度、深层次反映全州推进科学发展新思路、新举措和贯彻落实上级政策遇到的新困难及新问题。其中《湘西州四措并举做大做强旅游产业》《湘西州100余支农民文艺队伍送戏进城》《湘西（广州）工业园产业中心破土动工》《湘西州库区移民生产生活困难需要二次搬迁》《三大因素制约民族贫困山区家电下乡政策深入推进》《湘西州近3万困难群众年前将搬进新居》等特色信息被省委办公厅单篇或综合采用。为做好重大紧急信息报送，州委办还出台《关于进一步做好重大紧急信息报送工作的通知》，明确紧急信息报送范围、要求和责任。8月，州委办应邀参加在青海省海北州举行部分少数民族自治州座谈会，并作典型经验发言，得到与会代表一致认同。是年，州委办信息工作在省办信息质量系数考核中列全省第二名。

第二节　党务督查

1989年，州委办公室督查室为内设正科级机构，主要督办落实领导批示意见。1990年起，防汛抗灾工作督查成为重要常态化工作,该室会同水利、国土等部门，深入偏远地区水库、电站和地质灾害易发点，检查防汛责任落实、物资储备与调运、人员值班与群众紧急撤离等工作情况，通报存在问题，促进全州防汛抗灾工作落实。1996年，州委办公室督查室升格为州委督查室，督查室工作内容拓展为决策督查、专项查办、督查调研（含民情调查）和督查队伍建设。是年起，其查办工作侧重上级领导和本级党委领导批示和上级函件转呈、交办与督办、呈报以及各级人大代表建议和政协委员提案承办。1月，州委督查室创办《湘西督查》《督查专报》《民情调查》专刊。

1997年起，州委督查室按照“察实情、讲实话、办实事、求实效”原则，围绕州委重大决策和州委关注重点、难点问题，抓好决策督查、批办督查和督查调研。1999年，州委督查室主任高配为正处级。是年，督查室会同有关部门，在全州范围内开展治理“三乱”（乱收费、乱摊派、乱罚款）、减轻农民负担督查，推进依法治州。2001年，开展减轻农民负担、生态州建设、发展民营经济、安全生产、计划生育、退耕还林等10项决策督查活动，以“两办”（州委办公室、州人民政府办公室）名义下发督查通报8期。7月，牵头组织全州安全生产大督查，发现问题责令及时整改。全州确定16个联系点、32名联络员，总结民情调查经验和做法，为州委决策提供依据。翌年5月，州委督查室深入到全州八县市病险水库现场，检查水库整修情况，发现某县防汛工作问题突出时，立即以防汛工作存在4个突出问题为题，撰写督查通报，下发至各县市。翌年，开展决策督查15次，主要涉及退耕还林、计划生育、安全生产、防汛救灾、民营经济、干部作风、扶贫攻坚、减轻农民负担等12个方面。

2003年4—5月,州委督查室联合州卫生等部门先后督查“非典”防治机构设置、宣传发动、防治物资准备及发放等，总结推介防治工作经验，发现存在突出问题，撰写编发督查通报15期，推动防治工作。是年，州委督查室被州人民政府评为全州“非典”防治工作先进单位，州委督查室主任何钟鸣被州人民政府记二等功。2004年，开展防治禽流感、交通安全、严打整治及涉法上访、中央1号文件精神贯彻落实情况、防汛救灾工作、招商引资工作等14次决策督查活动，形成13期督查通报。翌年8月，相关督查室联合州政府督查室、州商务局等单位组成督查组，全面督查湘洽会、港洽会签约项目履约情况，掌握招商履约存在主要问题，并就做好下步工作提出对策建议，其督查报告被转发至八县市及有关部门参阅。是年，编报《督查专报》被省办采用3期；编报《民情调查》3篇督查调研材料，省委领导阅后作重要批示。2006年，州级领导带队开展决策督查活动5次，向省委督查室编报《督查专报》44期，其中问题类材料18篇，省委督查室采用6篇。是年，州委督查室被州委、州政府授予减轻农民负担工作先进单位、为民办实事工作先进单位、支持旅游产业发展先进单位等称号。

2007年，州委督查室围绕“三农”问题、库区移民后期扶持、省定8件实事、安全生产、信访维稳、防汛抗灾、州庆项目建设、全国和全省科技大会精神落实情况等，开展8次重点督查，及时下发督查通报。8月，围绕安全生产、防汛、地质滑坡、交通等安全重点部位和环节开展深入督促检查，此次督查通报发至全州。2008年，围绕保畅通、护民利、优决策等重点开展产业建设、新型工业化、招商引资、信访维稳、矿山整治和钒矿禁采、防汛抗灾、计划生育等方面工作督查。4月起，实行州委常委会议议定事项督查专报制度，由州委督查室牵头承办，重点督查州委重大决策、重要部署开展和落实情况，写出督查专报，向州委常委会集体汇报议定事项办理情况，同时督办领导批示件，全年办结率98%。是年，州委督查室被省委办公厅评为全省党委系统督查调研工作先进单位。

2009年，州委督查室重点开展旅游产业发展、八百里绿色行动、尾矿库治理、“甲流”防控、招商引资、州级领导“三联”工作和州委经济工作会议精神落实情况等16项决策督查，完成州委常委会议议定事项督促检查。督办和办结上级有关部门及本级人大代表议案、政协委员提案，适时督促与抽查各县市专项查办特别是各级领导批示交办事项办理情况。全年在省委督查室上稿7篇，其中《八百里绿色行动取得实效》《做好民族工作，加快湘西发展》在《湖南督查》刊发。是年，州委督查室被省委办公厅评为全省党委系统督查工作综合先进单位；2010年，被省委办公厅考评为全省督查工作第二名。

1989—2010年，州委办督查室历任主任：吴陵杉、杨中明、徐远忠；州委督查室历任主任：何钟鸣、龙庆翔；副主任：肖怡湘、杨胜勇、向传林。

第三节 州直机关党建

1989年，湘西州直机关党委核定编制6名，实有9人。1990年6月，设立州直纪工委。1991年2月，撤销州直党委，设立中共湘西土家族苗族自治州直属机关工作委员会（以下简称州直工委），内设办公室、组织部、宣传部、纪工委、团工委，行政编制14名，实有15人。1995年8月，核定行政编制11名，后勤服务事业编制1名，实有12人。2001年，核定行政编制9名、后勤服务事业编制1名。2003年，增加行政编制1名，后配财政拨款聘用指标1个。2007年，核定行政编制10名，后勤服务事业编制1名，用工聘用指标1个，实有13人。2010年，州直工委内设机构未变，增加事业编制3名，实有14人。

1989—2010年，州直工委历任书记：汪兴德、王长庆、王海锋、李冬梅（女）、贺以茗（女）；副书记：廖尚伦、符光前、向绪远、杨秀忠、杨克昌、向义付、罗德富。

一、机关职工思想教育

1989年，州直机关党委印发《关于维护大局，保卫革命建设和改革成果的通知》，要求州直机关党员严守党纪、管好亲属、坚守岗位，并牵头组织人员深入到知识分子较集中的39个基层单位，做好稳定工作。同时，组织州直党员干部观看《风雪大别山》《烈火中永生》等革命故事片；会同州博物馆等单位举办中国革命斗争史和湘西州党的早期革命活动图片展览，受教育者3万人次。组织州直党员干部6000余人参加民主生活会，对照中央精神，检查个人政治思想及廉洁表现等问题。1990年3月，贯彻中央《关于加强党同人民群众联系的决定》，组织州直党员干部联系东欧演变、苏联动荡等国际局势，开展形势和党的基本路线教育。州直单位建立学习中心组、基层党校上党课80堂次，受教育1.16万人次。1991年，州直工委组织党员干部学习中共十三届七中全会和中共中央总书记江泽民"七一"讲话精神，开展城市社会主义思想教育活动。举行党的知识竞赛，769名副局级以上党员干部和5102名科级及以下党员参加学习测试。举办歌颂党、歌颂祖国歌咏比赛，观看演出1.1万人。1992年，组织党员干部集中学习邓小平南方谈话，播放《中国共产党的七十年辅导讲座》电视录像，开展我为党旗添光彩演讲比赛活动，423个党支部5522名党员参加。10月，邀请中共十四大代表、中共中央候补委员石玉珍宣讲中共十四大精神，州直三级机构党组织书记和州直副科级以上党员干部800人参加。1993年，组织党员干部学习《邓小平建设有中国特色社会主义理论摘编》和《建设有中国特色社会主义理论简明读本》，发行《邓小平文选》第三卷8300套，组织2000名副科级以上干部参加建设有中国特色社会主义理论学习考试。开展纪念毛泽东诞辰100周年歌咏比赛，州直13个代表队参加全州歌咏决赛。1994年，州直单位发行《中共中央关于建设社会主义市场经济体制若干问题的决定》540本，组织党员集中学习和自学《邓小平文选》，举办学习《邓小平文选》知识竞赛，6900人参赛。

1995年，州直工委组织424名州直副处级以上党员干部参加州委党校领导干部培训班，集中学习建设有中国特色社会主义理论和党章，联系陈希同、王宝森典型案例展开讨论。1994—1996年，州直工委举办党员干部"双学"培训班30期，参训4621人。发放《孔繁森同志先进事迹》资料，组织党员干部学习孔繁森事迹，对照先进找差距。1997年2月，州直8300名党员干部集体收看悼念邓小平追悼会实况、学习《告全党全军全国各族人民书》等文献，缅怀伟人丰功伟绩。7月，香港回归祖国，州直党员学习《香港回归与爱国主义学习辅导资料》等资料，开展庆"七一"、迎回归、观看香港回归电视实况转播、《香港回归100天》录像片。9月，州直8600多名党员学习宣传党的十五大文献，举办中共十五大精神知识学习竞赛，2000人参加竞答。1998年，开展反腐治奢、艰苦奋斗主题教育，组织党员学习《中国共产党纪律处分条例（暂行）》，悬挂《条例》宣传挂图100套，购进《情系钟声》《黄昏歧路》等警示教育录像带320盒。同时开展学习"扶贫司令"彭楚政先进事迹活动，发行《"扶贫司令"彭楚政》一书4000册，举行彭楚政先进事迹报告会，播放先进事迹报告会录像。州直工委新修电教中心片库室，8个州直战线创办电教规范化示范点17个，建立电教室50个。是年起，州委将州直机关单位评选精神文明先进单位（个人）、指导中心组学习、发行党报党刊等职能业务由有关部门移交州直工委承办。

1999年7月，州直工委印发《关于在州直党员中开展集中学习教育活动的通知》，州直清理"法轮功"问题领导小组及防范和处理邪教问题领导小组办公室成立，召开州直机关分管政工的负责人会议，清理揭批"法轮功"邪教组织，收缴"法轮功"出版物971件。2000年2—7月，州直机关处级党员领导干部分两批开展"三讲"教育，第一批573人，涉及121个州直局级单位；第二批108人，涉及13个州直局级单位。州直工委7人参加州直第一、二批和县市"三讲"教育巡视工作，州直625个党支部召开专题民主生活会。是年，落实《中共中央关于加强和改进思想政治工作的若干意见》，州直单位领导与743名干部个别谈话，其中有违纪苗头提醒谈话124人。2001年3月，指导州直单位科级及以下党员干部开展

“三个代表”重要思想学教活动。2002年，深化“三个代表”重要思想学教活动，印发《学习实践“三个代表”重要思想，推进新一轮思想大解放》8500册、《WTO知识干部读本》2000册，组织150名州直干部参加全州WTO世界贸易组织知识培训班学习。同时组织州直126个副处级以上单位党员干部观看《厦门特大走私案》等警示教育片。开展公民道德教育，印发《公民道德建设教育读本》《公民道德建设实施纲要》《公民道德建设宣传挂图》。11月，学习贯彻中共十六大精神，印发《党的十六大文件汇编》《党章学习问答》等学习辅导资料。2003年，开展学习实践“三个代表”重要思想、争当人民满意公仆演讲比赛活动，州直32名选手进入州直复赛、12名优胜者参加决赛。州直29名党务干部参加全省学习党的十六大精神理论骨干培训班和全省党组（党委）中心组辅导员培训班学习。组织万名党员干部参加学习中共十六大精神知识竞赛，州直工委获全省组织奖。开展学习郑培民先进事迹活动，播放《“为民书记”郑培民》《郑培民同志先进事迹报告会》等电教片，观看花鼓戏《郑培民》，观众达2万人次。州委常委、州委组织部部长、州直工委第一书记张建文撰写的《以培民精神为榜样，树组工干部形象》一文，被中组部《党建研究》杂志刊发。2004年，组织各单位党员干部学习《中国共产党党内监督条例（试行）》和《中国共产党纪律处分条例》，举办党内法规知识竞赛，州直5个代表队参加全州决赛，实况录播在州电视台播出。邀请中央党校博士生导师王东京教授作经济形势学术报告，州直500余名副处级以上干部和部分理论骨干听课受教育。

2005年1月，开展保持共产党员先进性教育活动，组织州直125个单位3000名党员干部观看电影《生死牛玉儒》，播放《新时期优秀共产党员风采录》等电教片478场次，组织5368人次参加重温入党誓词活动，州直党员干部到吉首监狱警接受警示教育2150人次。其中州直局级单位及县市党政正职配偶152人参加家庭助廉警示教育活动。举行纪念长征七十周年歌咏比赛和廉政歌曲歌咏比赛，州直30多个直管单位3100人参赛。9月，州直保持共产党员先进性教育活动结束。2006年，州直开展学习党章活动，印发《学习贯彻党章知识问答》；举办州直副处以上干部党章学习报告会，参加报告会800人，听取省委党校副校长袁准主讲的党章学习专题辅导报告。组织州直4000名党员干部参加全国红船杯学习党章知识竞答。2007年，开展创建学习型机关、学习型党组织、学习型党员活动。印发《“五五”普法学习读本》，组织州直科级以上干部参加普法学习考试，参考率与合格率均为100%；组织党员干部重温入党誓词，播放《任长霞》《新时期优秀共产党员风采录》等电教片335场次，州委表彰州直勤政廉政、富民强州优秀领导干部6人。是年末，表彰州直学习型党组织59个、学习型党员99人。

2010年起，单位学习中心组参学对象由处级干部扩大到科级，增加参学人员1.2万人。印发《马克思主义学习型政党建设》《学习型党支部建设》等学习读本9000册，举行专题宣讲（报告）179场次，听众2万人次。举办“金叶杯”州直机关“讲党性、重品行、作表率”演讲比赛，4个直属机关党委和23名选手获奖。组织《廉政准则》知识考试，3200名科级干部参加学习考试。推进廉政文化进机关活动，120个州直单位网站建立党风廉政专栏，制作廉政文化宣传窗和壁画。是年，授予州委办等10个单位为全民阅读进机关活动优秀组织奖，州政府办公室、州委党校等10个单位为“全州十佳书香机关”称号。

二、机关党组织建设

1989年，州直机关、企事业单位有党组织493个，其中党委36个、党总支33个、党支部424个，党员5370人。1991年，州直单位党组织届满改选后有机关党委6个、党总支6个、党支部16个。1992年，州直工委首次试行机关党建目标管理，将工作任务分解为思想、组织、作风建设和基础工作4个大项21个小项，实行百分制量化考核。1993年，推进机关党建创先争优活动，总结推介州政府办机关、湘泉酒厂、湘运公司等单位党建工作经验。调研67个单位党建情况，发现党员先锋模范作用发挥好的党支部34个，党员不起作用党支部4个。1994年，州七一化工厂发生液氯压力表阀门损坏、液氯毒气外泄事故，共产党员向选坤及时排除故障，避免重大安全事故发生，被中共湖南省委授予“优秀共产党员”称号。

1996—1997年，州直工委推行党建“先锋工程”，协助州委调整3个州直局级领导班子，充实31个基层党委（总支、党支部）领导班子，处置不合格党员5人；指导州直党组织完善党内分工、“三会一课”（党员大会、支部委员会、党小组会、上党课）、密切联系群众、组织生活会、民主评议党员、党风廉政建设、党内监督、党费管理等10余项党内管理制度；培训入党积极分子1148人，发展新党员454人。1998—2003年，州委相继印发《认真贯彻落实〈条例〉和湘发11号文件精神，切实加强州直机关党的建设的通知》《州直单位党组织设置及管理的意见》等文件，对州直机关党组织领导体系、工作关系等作出规范，同时将州直直管、协管单位党组织调整为州直机关党委3个、直属机关党委17个、党总支3个、党支部2个。州直工委印发《关于按照“三个代表”重要思想要求，加强基层党组织建设的意见》《中共湘西州直机关支部工作细则（试行）》等文件，对州直机关党组织职能、设置及党费收缴、管理、使用等作出具体规定。州建委、州电大和湘泉集团等7个单位试办机关企事业3个类型党建工作示范点；组建州直首家民营企业集团党组织湖南金石矿业集团党委；专项抽查80个州直党组织的党费缴纳管理及使用情况；发展新党员1114人。至2003年年末，指导534个州直党支部9050名党员参与民主评议党员活动，评出优秀党员38人、合格党员8956人，处置不合格党员18人。2004年，总结推介州民政局、州发改委等单位党建经验，指导5个州直党组织按时换届选举，充实8个党组织领导班子。指导160个州直党组织健全三级党员台账。2005年，推广永顺县经验，州直机关试行党建“三卡”管理，即党委党建责任卡、支部目标卡、党员行动卡。5月，州直党建“三卡”管理试点16个单位。12月，在全省直属机关党建工作座谈会上，州直工委书记李冬梅介绍湘西州直机关党建“三卡”管理经验。2006年，启动党建抓基层、打基础“双基工程”试点工作。指导263个党组织按时换届选举，指导州纪委监察局、州委组织部、州发改委、州经委、州农办5个直属机关党委调整或增补机关党委书记、专职副书记，指导州直单位配备专兼党务干部139人。首次表彰州直机关党建工作最佳指导（领导）者12人。建立州直党员信息库143个。350个党支部完成民主评议党员活动。州地税局机关党委获全省“先进党组织”称号。2007年，深化党建“三卡”管理和党建“双基工程”，召开州直党建“双基工程”建设现场会，学习推介吉首大学师范学院、州水利局、州体育局、州民政局等单位“双基工程”经验。至年末，共创办党建“双基工程”示范点159个、实施“双基工程”建设党支部396个，推行党建“三卡”管理党支部302个，参与管理党员3753人。2008年，指导443个党支部完善党的“三会一课”、民主生活会和评议党员等制度，指导46个单位内部网站建立党建网页，新增党建“三卡”管理党支部240个。2006—2009年，实施党建“双基工程”党组织404个，建立党员学习活动室184个，设立党员示范岗170个，创建党员教育实践阵地110个，完善46个单位内部网站党建网页；新调整、配备机关党委书记和专职副书记24人，审批发展新党员859人；680个机关党组织完善党委（支部）日常党务、争先创优、教育培训、票决公示等系列党建工作制度；督促160个单位将党建经费纳入年度财政预算。

2010年，州直机关推行党建责任制、党员承诺制、考核评价制和承诺行动卡“三制一卡”管理模式，并将机关党建纳入单位绩效考核体系，州直机关81个党委、21个党总支、557个党支部、7070名在职党员“三制一卡”管理全覆盖。至年末，州直“两新”组织有党委3个、党支部11个，有党员213人。

1989—2010年湘西州州直党组织、党员基本情况一览表

表 4-8　　　　　　　　　　　　　　　　　　　　单位：个、人

年份	党组织				党员						
	总数	其中			总数	其中					
		党委	党总支	党支部		少数民族党员	女党员	新党员	副处级及以上干部	非公有制经济组织党员	离退休人员
1989	501	36	8	457	6409	3609	1331	117	545	—	788
1990	514	36	5	473	6633	3015	1381	132	532	—	970
1991	529	44	7	478	6832	3142	1412	158	634	1	1300
1992	546	47	3	495	7041	3322	1467	161	652	3	1228
1993	579	50	3	526	7390	3538	1563	201	645	3	1478
1994	597	54	5	538	7683	3697	1639	202	655	3	1726
1995	610	56	9	545	7973	3865	1697	196	647	6	3664
1996	635	62	8	565	8265	4067	1774	193	642	6	2111
1997	637	67	6	564	8647	4339	1877	261	646	6	2215
1998	618	68	7	543	8503	4513	1866	229	698	7	2204
1999	618	72	2	544	8540	4436	1911	206	664	9	2502
2000	659	89	3	567	8934	4643	2023	274	682	12	2552
2001	675	97	3	575	8945	4713	2065	118	667	16	2756
2002	677	97	3	577	9033	4799	2090	133	682	13	2779
2003	574	89	4	481	9058	5253	2595	204	643	26	2795
2004	613	80	6	527	9080	4850	2200	226	607	88	3199
2005	608	74	5	529	9195	4961	2211	224	655	95	2852
2006	616	77	3	536	9286	5156	2273	261	530	140	2947
2007	682	83	0	599	9649	5287	2379	160	621	168	2109
2008	654	83	7	564	9678	5673	2511	225	650	192	3042
2009	639	81	1	557	9551	5490	2522	249	645	198	3092
2010	648	81	1	566	9997	6108	2720	255	669	213	2918

三、机关作风建设

1989—1990年，州直80多个机关单位相继完善机关作风建设制度，将作风建设列入机关党建重要日程。1991年，州直工委制定贯彻中央《关于加强党风和廉政建设的意见》实施办法，指导各单位加强机关作风建设。1995年，州直工委牵

头，调研29个州直机关单位作风建设，制定机关作风整顿方案报州委批转执行。1996年，开展狠刹公款吃喝风、公款摆阔风、干部赌博风，大兴调查研究、艰苦创业、勤俭节约之风的整顿机关作风活动，州直党员干部受教育面95.5%。129个州直机关单位修订公务接待制度，领导干部上缴公款购买“大哥大”电话48部、自费补交费用3.3万元。1998年6月至1999年6月，开展“创建文明机关，转变机关作风”活动，建立州直战线和局级单位创建活动领导小组150个，制定各单位活动方案，编印《创建文明机关转变机关作风学习资料》，表彰机关作风建设先进单位25个、优秀组织者18人。

1999年7月，州直工委印发《加强州直机关作风建设的意见》，开展整治干部队伍服务意识不强、学习风气不浓、公款吃喝玩乐和打牌赌博歪风。年末召开州直机关干部作风建设经验交流现场会，州公安局、州纪委、州人行、州统计局等单位介绍机关作风建设经验。2001年，开展万名干部下基层活动，州直党员干部下基层走访农户、走访企业职工家庭，为群众办实事。2002年，148名州直党政“一把手”带队，3350名干部下基层，走访企业733户、学校222所、乡（镇）164个、建制村625个、农户2671户。州直126个帮扶单位与215户特困职工结成帮扶对子，走访慰问特困职工和农户。有123个州直单位实行办事公开，累计上门服务2700人。2004年4月，优化全州经济发展环境，起草州直机关优化经济发展环境的意见，呈报州委。州卫生局将卫生行政许可项目审批纳入州政务中心被湖南省政府授予“依法办事示范窗口”称号。

2006年3月，州直单位公开评议机关作风，设立机关作风问题举报信箱190个，90%的单位修订健全办事公开、首问责任、责任追究、作风问题举报4项制度。2007年，组织为州庆添光彩系列活动，423个支部党员围绕单位业务开展劳动竞赛，4225名党员干部参加州府绿化，219个单位参与街景整治，160个单位坚持“门前三包”（包门前环境卫生、包门前公共秩序、包门前绿化）。12月，经各方面群众对州直127个处级单位机关作风状况评议投票，“满意”“基本满意”率98.6%。2008年9月，吉首地区非法集资事件暴发，组织各单位干部职工学习州委州政府处理非法集资问题有关文件精神，落实应急预警制、公开承诺制、责任捆绑制和责任追究制等，维护社会稳定。2009年，会同州纪委等单位，邀请人大代表、政协委员、法人代表、群众代表和新闻记者等各界人士评议州环保局等16个州直机关作风，并将评议整改等情况向媒体公开。是年，有州直187个副处级以上单位2962名党员参加万名干部下基层、排忧解难促发展主题活动，为民办事实981件。2010年，州直派出1654个工作组1.21万名党员干部，深入3413家企业、基层单位，协助解决项目、建设问题795个，走访群众21.1万人，排解“三农”（农村、农业、农民）难题及民生问题2639个，筹集到位帮扶资金1.65亿元。青海玉树发生地震后，州直党员干部和职工为支援灾区重建，捐款120万元。是年年末，州领导带队走访慰问州直单位特困党员和企业特困职工313人，发放帮扶慰问资金100万元。

四、机关反腐倡廉

1989年，州直机关党委处分机关违纪党员7人。1990—1992年，州直纪工委立案查处州直违纪党员52人，其中开除党籍14人、留党察看14人、撤销党内职务4人。1993年，贯彻中央《关于党政机关与所办经济实体脱钩的规定》精神，参与清理整顿州直机关单位兴办经济实体133个，有58个经济实体、60名办实体人员与原工作单位脱钩。指导州直单位修订完善机关廉政建设制度，取消部门收费项目52个、暂停收费项目11个，降低收费标准3个；清理涉农文件，取消收费项目24个，降低收费项目3个。1994—1997年，开展纠正党政机关侵占企业钱物活动，自查自纠，清退公务活动接受礼金及有价证券3万元，清退机关占用（挪借）企业财物价值90万元。1998年，组建州直单位反腐败责任制工作班子，并牵头规范州直单位礼品登记上交、定点接待、车辆管理、电话费管理等廉洁自律制度。是年，州直单位公务接待费同比下降 18%，小车费用下降 27%，医药费用下降 90%，会务开支下降 31%。1999 年，州直单位恢复机关食堂 55 个，确定公务接待点 164 个。至 2000 年年末，州直清理规范党政机关与经济实体脱钩工作结束，涉及 41 个尚在经营的州直单位经济实体，有 22 个与机关脱钩、6 个办理转让移交手续、2 个变更实体负责人、11 个办理注销手续。2002 年，推行州直单位党风廉政建设责任制，由单位主要负责人签订责任状，每半年将单位廉政建设情况考核、排队、通报一次。2003 年，把党风廉政建设责任制工作纳入州直党建工作目标管理考核范围，督促州直副处级以上单位负责人每半年上交一次落实党风廉政建设责任报告，并阅评和通报。州直纪工委整合州直局级单位纪检监察办案力量，分块组成 20 个办案联组，实行联合办案，查办州直党员违纪案件 35 件，党纪处分 26 人。2004 年，召开州直查办案件工作会议，总结交流办案联组办案经验，表彰查案工作成绩突出办案联组，同时由州委巡视员带队，抽查州直 8 个副处级以上单位负责人半年落实党风廉政建设责任情况。会同州会计核算中心，检查 160 个州直局级单位党政主要负责人不直接分管财务规定执行情况，发现有 21 个单位“一把手”均为落实副职分管财务，随即下发整改通知，限期整改。2005 年，对州直 29 个直管单位及下属单位实行廉责工作责任分解，签订责任状，年末组织领导班子及其成员述职和民主测评。2007 年，推行领导干部“一岗双责”，即党员领导干部履行本职岗位职责的同时，还要对党风廉政建设负责。指导 110 个州直单位建立政务公开目录，设立政务服务中心或政务服务大厅。2009 年，配合州纪委在州直单位开展“公车私用”、私设“小金库”和工作人员在编不在岗治理。2010 年，贯彻落实重大事项决策、重要干部任免、重要项目安排、大额资金使用集体决策、‘一把手”末位表态制度，州直 272 个机关单位实行党员干部公开廉政承诺制度和“一把手”负总责的廉政建设责任机制。实行州直纪检监察干部轮流参加案件审理和案件质量交叉检查制度。

1989—2010 年湘西州州直党组织奖惩情况一览表

表 4-9　　　　单位：个、人

年份	表彰先进			组织处理						违纪处分				
				人数	其中					人数	其中			
	先进党组织	优秀党员	优秀党务工作者		除名	劝退	自行脱党	限期改正	取消预备资格		开除党籍	留党察看	撤销党内职务	其他处分
1989	29	216	42	5	—	—	—	5	—	7	2	—	—	5
1990	17	229	12	10	—	3	—	7	—	19	5	5	2	7
1991	22	204	63	4	—	1	—	1	2	18	6	6	1	5
1992	39	67	77	2	1	1	—	—	—	15	3	3	1	8
1993	32	165	61	3	2	—	—	—	1	9	5	2	—	2
1994	13	65	14	2	1	—	—	—	1	20	6	5	—	9
1995	14	54	12	1	—	1	—	—	—	11	3	1	—	7
1996	12	35	13	4	—	1	2	1	—	15	7	4	1	3
1997	9	177	9	1	1	—	—	—	—	18	8	2	2	6
1998	20	74	17	5	—	—	—	2	3	11	6	1	2	2

续表 4-9　　单位：个、人

年份	表彰先进			组织处理						违纪处分				
	先进党组织	优秀党员	优秀党务工作者	人数	其中					人数	其中			
					除名	劝退	自行脱党	限期改正	取消预备资格		开除党籍	留党察看	撤销党内职务	其他处分
1999	23	199	18	4	—	3	—	—	1	13	3	3	—	7
2000	26	94	9	6	—	1	2	3	—	11	—	3	—	8
2001	29	61	31	5	2	—	—	3	—	9	2	1	2	4
2002	27	170	20	3	2	—	1	—	—	16	7	1	2	6
2003	23	58	17	1	—	—	1	—	—	7	1	—	—	6
2004	27	26	16	1	—	—	1	—	—	9	1	—	—	8
2005	11	31	20	2	1	—	1	—	2	11	2	—	—	9
2006	10	30	21	—	—	—	—	—	—	14	2	1	—	11
2007	15	36	29	1	—	—	—	1	—	3	—	—	—	3
2008	43	195	91	—	—	—	—	—	—	9	1	—	—	8
2009	57	223	103	—	—	—	—	—	—	13	3	1	2	7
2010	27	70	19	—	—	—	—	—	—	6	3	1	—	2

第四节　党校教育

1989 年，州委党校内设办公室、行政科、组织科、教务办、哲学教研室、政治经济学教研室、科学社会主义教研室、党史党建教研室、管理教研室、文化教研室、图书资料室。全校有教职工 58 人，其中教师 39 人。1991 年，增设党校工作联络科、保卫科。1995 年，党校工作联络科更名为函授联络科。1997 年，增设膳食科。1999 年 6 月，州委党校与州行政学院和州社会主义学院合署办学，三块牌子，一套人员。核定编制 90 名，实有 77 人。2000 年 3 月，撤销文化教研室，设立法学教研室和理论研究室，图书资料室更名为图书馆。2001 年 12 月，科学社会主义教研室、党史党建教研室合并为邓小平理论教研室。2002 年 1 月，增设老干部科。2007 年 7 月，增设学员管理科。2008 年 10 月，接受省大专体制评估检查，验收合格。2009 年 9 月，升格为副厅级单位，内设办公室、人事处、教务处、科研处、行政后勤处、财务处、培训管理处、中国特色社会主义理论教研部、党建教研部、法学教研部、管理教研部、经济学教研部、科技教研部、图书馆，均为副处级处室。2010 年全校编制 90 名，实有 82 人，其中副教授以上高级职称教师 19 人，讲师级中级职称教师 10 人。

1989—2010 年，州委党校历任校长：戴一新、王士林、田际平、彭民健；副校长：王士林、向泽锡、田儒福、宋光沛、覃长有、隆明清、田际平、秦贤义、张顺畅、龙延平、宋和林。

一、干部培训

1989—2007 年，州委党校开办干部培训班，有主体班、县（处）干班、科（级）干班等。主体班教学包括中青年干部培训班，学制 2～6 个月（少数年份因特殊情况而时间不同）；县（处）级干部进修班，学制 1～2 个月；科级干部进修班学制1个月，乡（镇）党委书记培训班、乡（镇）长培训班，学制半个月；党外干部进修班学制2个月；妇女干部培训班学制2个月。同时还与州直相关部门联合开办专业班：全州行政诉讼法骨干培训班、全州企业厂长培训班、全州文化教育卫生战线科技干部读书班、全州组织人事干部培训班、全州财税体制改革培训班、全州政法系统干部培训班、人大常委会干部培训班、共青团干部培训班等。2009年，制订主体班教学计划9个，开设教学专题87个，基本形成"理论教学、重大现实问题研究、能力素质与党性修养、知识讲座"四大教学板块。全年办班24期，参加学习培训5410人次。2010年，推行教学改革，坚持"四个突出"：突出马克思主义基本理论教学特别是经典著作学习辅导，突出学员讲座（学员论坛）以及"头脑风暴"专题研讨，突出学员需求调研及现实热点难点问题解答，突出"菜单式点学"。注重"五个结合"："选修式教学"和"自主选学"结合，基本理论学习与州情州策结合，老师讲授与学员讨论交流结合，校内教师授课与外请领导专家授课结合，课堂教学与现场教学实地参观考察及异地教学相结合。全年完成计划内班次教学12期，轮训632人。开设教学专题76个，其中新专题33个。有9名教师到州直和8个县（市）20余个单位宣讲理论政策60余次。

二、学历教育

1989年，州委党校招收大专生86人，大专毕业77人。1992年，中央党校函授（简称中函）本科招生103人，大专招生122人。中函本科毕业92人，大专毕业105人。1992年，增设中央党校函授学院湖南分院湘西州学区，开设大专与本科班次，开设行管、经管、党政、涉外、政法、财税管理等专业，面授总课时1378小时。2002年4月，州委党校开始招收省委党校函授学院研究生班，设有经济管理、法学、公共管理等专业。至2007年，累计招收本专科函授学员1.13万人，毕业1.12万人；招收函授研究生320人，毕业98人，函授授课4.53万课时。2008年，招收在职研究生75人，实际参考63人，录取58人，开设政治与行政管理专业。函授大专班与本科班停招。2009年，在职研究生报名43人，参考42人，录取35人，注册33人，开设政治与行政管理专业。2010年，在职研究生报名103人，参考90人，录取70人，注册63人，开设政治与行政管理专业，完成本、专科函授教学任务。是年，设立中央党校教学网B级站，参加学习学员120人。

1989—2007年中央党校、省委党校湘西学区学历教育情况一览表

表4-10

年级	招生人数			招生小计	毕业人数			毕业小计
	中函本科	省函本科	大专		中函本科	省函本科	大专	
1989	—	—	86	86	—	—	77	77
1991	—	—	56	56	—	—	49	49
1992	103	—	122	225	92	—	105	197
1993	90	—	96	186	82	—	92	174
1994	153	—	141	294	142	—	132	274
1995	188	—	559	747	178	—	501	679
1996	137	—	403	540	112	—	360	472
1997	185	—	500	685	161	—	434	595

续表 4-10

年级	招生人数			招生小计	毕业人数			毕业小计
	中函本科	省函本科	大专		中函本科	省函本科	大专	
1998	255	—	408	663	229	—	367	596
1999	304	—	541	845	271	—	507	778
2000	166	239	791	1196	161	226	744	1131
2001	497	294	1447	2238	470	279	1317	2066
2002	609	238	690	1537	569	237	374	1180
2003	432	109	146	687	396	109	144	649
2004	413	289	196	898	373	246	182	801
2005	193	153	132	478	171	149	118	438
2006	179	151	207	537	149	151	200	500
2007	—	230	193	423	—	229	181	410
合计	3904	1703	6714	12321	3556	1626	5884	11066

三、教学科研

1989年，州委党校教学主要组织学员学习中共十一届三中全会以来的路线方针和政策，学习党的基本理论和基本路线。1990年，各教研室与教员每周召开1次教学例会，相互交流各学科的重要理论观点、学术动态以及社会热点问题。1992年9月，中共湖南省委干部教育领导小组授予州委党校教员胡希旷湖南省干部教育优秀教师称号。1993年9月，州政府授予隆金华、秦贤义州优秀教师称号。1995年，宣传学习中共十四届四中、五中全会精神，将建设有中国特色社会主义理论贯穿于教学科研工作中。该校教师入选国家级优秀论文2篇。1996年，先后有12名教师参加调研、2名下州内农村锻炼、1名到福建挂职。该校教师两篇论文收入省级以上出版社出版论文集，3篇在省级以上公开刊物发表。1997年，该校制定《教师岗位责任制考核规定》。选派5名骨干教师到中央党校、省委党校深造。该校教师在国家级刊物发表论文1篇。1998年，加强教师基本业务技能培养，统一提供笔、墨、纸、帖，督促教师开展“三字一话”（钢笔字、粉笔字、毛笔字和普通话）训练，组织50岁以下教师集中学习电脑20天。该校教师1篇论文在《中国改革》杂志发表，副教授廖报白编著的30万字《湘西简史》由湖南人民出版社出版。该校组织编写的《邓小平理论问题》一书，成为湘西州开展“三讲”（讲学习、讲政治、讲正气）教育和招考各级领导干部的必备资料。

2000年，州委党校开展“三讲”教育活动，学习马克思列宁主义经典著作，强化理想信念教育、爱国主义教育和社会主义教育。2001年，选派10余名教师赴省委党校、中央党校及全国各地参加师资培训、经验交流及参观考察学习。该校在国家级公开刊物上发表论文2篇。2002年，开展“三个代表”重要思想、中共中央总书记江泽民“5·31”讲话精神学习，2名教师参加党的十六大精神宣讲团。2003年，该校撰写论文在国家级刊物发表3篇。2004年，该校学习传达中共十六届三中、四中全会精神，选送13名教师到中央党校、省委党校及其他院校学习培训、学术交流研讨。该校教师撰写的论文在国家级公开出版刊物上发表2篇。

2005年，全校教职工参加保持共产党员先进性教育，组织教师编写《保持共产党员先进性教育50问》。该校教师在国家级公开出版刊物上发表论文5篇，副教授隆金华撰写理论专著《邓小平民族理论研究》出版发行。2006年，州委党校以“明荣辱、树新风”为主题，开展社会主义荣辱观教育，学习《党章》《江泽民文选》，并组织7个调查组深入全州各县（市）实地调查，调查内容涉及农村法治、农村文化、农村建设、乡镇改革等问题。2007年，组织教职工学习中共中央总书记胡锦涛“6·25”讲话、中共十七大精神，实施“双基工程”建设。各教研室制定教学计划、科研计划、调研计划、学习计划，实施教学科研互帮互学活动，每个教师每学期互相听课均在10次以上。4名骨干教师参加州委中共十七大精神宣讲团赴县市和州直单位宣讲。隆金华申报的《邓小平民族理论研究》课题为该校首次获省社科规划办批准立项。撰写论文在国家级报刊发表2篇；是年，《湘西党校》校刊更名为《湘西论坛》，升格为省级内刊。谭和平等承担州委常委会确定湘西州经济社会发展重大现实课题研究。符原菁撰写的论文《科学发展观对马克思主义历史辩证法的科学诠释》在《光明日报》理论版发表。

2008年，州委党校选送3名教师到省委党校师资班进修学习，选送1名教师到省委党校参加继续教育培训。10月，隆金华被评定为教授，成为全州党校系统首位正高级职称教师。

2010年，州委党校提出团结务实、廉洁高效班子建设和政治强、业务精、作风实、形象好的队伍建设要求，开展“创先争优”活动，被省委宣传部确定为全省首批学习型党组织建设示范点，被州委州政府授予文明单位称号。

第五节 政策研究

1989年，州委政策研究室（简称州委政研室）核定行政编制7名。1995年6月，州委政研室增加事业编制1名，机关内设综合科。2001年10月，核定行政编制6名、事业编制1名。2009年3月，增加行政编制1名；是年，《湘西工作》编辑部成立，为正科级全额事业单位，隶属州委政研室，核定编制3名。2010年，州委政研室机关和事业单位有工作人员10人。

1989—2010年，州委政策研究室历任主任：颜长钊、袁仕传、黄光锦、杨中明、向邦伟；副主任：袁仕传、周述之、刘纪福、钟明星、向光辉、张国祥、向邦伟、梁远平、戴蓉芳。

1989年，州委政研室与州政府经济研究室开展联合调查，以州委、州政府、中国民族贸易研究会名义撰写《关于急切要求在少数民族地区放宽执行几项政策解决资金严重短缺问题的报告》，报送国务院报送；撰写《少数民族地区急切要求放宽执行紧缩政策》调查报告，被省委政研室《领导参阅》刊载；开展食品工业发展问题调查，撰写《发展食品工业是少数民族地区工业发展的最佳选择》，提出政策性意见；会同有关部门组成廉政制度建设联络组，以龙山县农业银行等10个单位（部门）为试点，建立廉政建设制度，印发《廉政制度建设》专辑，刊发试点廉政制度26项。在州计委等18个单位和重点部门试行“两公开、一监督”廉政制度。试办湘西《调查研究》（季刊），由州委主办，州委政研室承办。

1990年，州委政研室9名工作人员参与农村、企业和学校社会主义思想教育组织工作，参与草拟、制定全州社会主义思想教育工作方案、文件，主办相关内部刊物。

1991年，州委政研室与州民委、州财政局等单位组成民族政策考察组，赴云南大理州、贵州黔东南州等西南地区民族自治州县考察民族政策执行情况，撰写《毗邻地州民族政策执行情况的考察报告》，供领导决策参考。5月，州委政研室牵头，调研全州民族政策执行情况，撰写《少数民族和贫困地区迫切需要更为优惠的特殊政策》一文，同时筛选整理各单位调查材料编成《民族政策调查材料汇编》合订本。10月，州委政研室开展农村联产承包责任制、农业社会化服务体系建设、发展农村集体经济等课题专题调研，撰写《深化农村改革系列调查》，为州委提供决策参考。参与全州食品工业发展情况调查研究，撰写一批调查报告和材料，被省以上报刊采用15篇，其中中央报刊登载5篇。是年，《调查研究》改为《湘西工作》（双月刊），为州委机关刊物，发行至农村乡镇、县（市）直科（局）级以上及州直科以上单列单位。

1993年，州委政研室围绕如何超常规发展湘西州经济问题开展深入调研，提出全州快速发展经济总体思路和建议，得到州委书记石昌禄肯定。

1994年，州委政研室完成分税制对湘西州经济的影响和对策调查，形成调查报告，为州委和州政府争取新特殊政策提供材料依据，并在省委政策研究室《领导参阅》刊物上发表；参与湘西州周边地区黔江、鄂西、铜仁等地民族经济政策对比调查，为州委、州政府贯彻省委书记王茂林指示提供调查材料；完成州政府关于发展全州第三产业政策研究，撰写《加快湘西州第三产业发展的若干政策建议》；参与省社科院“湘西州发展市场经济对策研究”课题调研，撰写《发展市场经济对策研究之一》一文。

1995年，由州委政研室牵头开展撤区并乡建镇简政放权工作调研，与州委农村工作部等有关部门分赴全州八县市调研，起草关于实施撤区并乡建镇简政放权工作的意见，提出撤区并乡建镇方案，以州委文件下发。与州外经贸委、州协作办一起调查7个县（市）和15家引资企业招商引资情况，提出坚持外引内联并举、以内联为主的工作方针和具体意见，向州领导汇报；参加省统一安排的湘西州发展市场经济对策专题研究，就市场配置资源问题撰写研究文章。此外与州计委共同完成省委、省政府统一布置的修改《湖南中长期经济发展战略研究报告》和研究撰写《湘西州中长期经济发展战略研究报告》，经州委州政府领导审定并上报省委省政府。

1996年初，州委政研室落实省委、省政府《湖南实施“开放带动”战略研究》部署，牵头开展湘西州子课题调研，撰写《实施内外并举的全方位开放带动战略，加速实现湘西扶贫攻坚战略目标》研究报告，汇编20篇11万字《湘西州实施开放带动战略研究》文集，撰写《打开山门，内外联动，把湘西建成名酒名烟重要生产基地、无污染绿色食品加工基地、矿产品加工重要基地》领导署名文章，在《香港商报》湖南专版头版头条发表。参与省委统一组织的“百乡、千村、万户”大调查，参与由原中顾委委员、中纪委书记李昌对龙山、永顺两县草场资源和猛洞河综合治理考察活动，草拟考察汇报材料和有关论证报告，获州委领导好评。参与全州70个特贫乡（镇）贫困状况调查，重点调查吉首市6个特贫乡（镇）经济情况，为全州实施“六六”温饱脱贫工程和打好扶贫攻坚战提供有参考价值意见和建议。开展以扩张经济总量和调整经济结构为主要内容的调查研究，为“抓大放小”结构性调整提供科学决策依据；开展以实施可持续性发展战略为主要内容的调查研究，举办可持续性发展战略调查有奖征文活动，就环境污染问题、滥占滥用耕地问题、不合理利用资源问题、控制人口增长、提高人口素质问题等开展深层次调研，提出决策建议。

1997年起，《湘西工作》由双月刊改为月刊。

1998年，州委政研室开展搞活农产品流通调查研究，撰写《搞活农产品流通势在必行》综合调查报告，反映全州农产品流通现状及主要问题，分析农产品卖难成因，提出搞活农产品流通对策建议，为州委、州政府制定实施农村经济政策，推动农村经济稳定发展提供决策参考；开展“乡镇人员分流试点情况”调查研究，提出进一步搞好乡镇人员分流措施和建议，对推进乡镇人员分流，建立高效灵活乡镇工作运行机制起到一定促进作用；开展对凤凰县检察院、龙山县法院实行双向选择人事制度改革调查研究，肯定两院实行双向选择做法和成效，建议州委州政府推广两院人事制度改革经验；参与深化财政体制改革和加强财源建设调查研究；贯彻落实中共十五届三中全会《决定》情况的调查研究，形成调查综述，为省委起草贯彻落实三中全会《决定》实施意见提供必要参考性素材；开展关于进一步放宽农业科技人员政策调查研究，起草《关于进一步放宽农业科技人员政策的若干规定》。

1999年，州委政研室组织8个县（市）及州直30多个单位深入调研，代拟中共湖南省委、省人民政府《关于继续支持湘西州扶贫攻坚的意见》〔1999〕18号。开展人大工作调查研究，起草中共湘西州委关于进一步加强和改善党对人大工作领导的若干意见；开展农民增收问题调查研究，撰写《关于湘西州农民增收问题的调查报告》，参加全省农民增收研讨会。开展加强全州村级民主政治建设调查，撰写《关于加强湘西州村级民主政治建设的调查报告》，送省委政策研究室；针对民营经济在思想领域存在“过渡论”“贫富悬殊论”“负面影响论”“剩余价值定阶级论”等六大问题展开调查，撰写《进一步解放思想，加快民营经济发展》在《团结报》等报刊上发表。

2000年，湘西州参加全省县域经济调查活动，州委政研室撰写的《关于湘西州大力发展以民营经济为主体的县城经济的调查报告》受到省委政研室好评；开展全州民族工作调查，撰写《关于湘西州贯彻落实民族政策情况的调查报告》，起草州委州政府关于加强民族工作的决定等。州委政研室牵头，组织州直40个单位100余人，围绕“十五”规划、“六大发展战略”等20个课题开展系列调研。州委政研室撰写《关于生态州建设的调查报告》，起草州委、州政府关于实施生态州建设战略的意见等。

2001年，开展国家干部驻村任职扶贫调查，形成《关于国家干部驻村任职扶贫的调查报告》，建议简化项目审批程序，规范驻村任职干部经济待遇，州委督查室将该调查报告以《民情调查》简报转发给州委领导；开展撤区并乡调查，形成《撤办事处势在必行，合并小乡大势所趋——对湘西州撤办事处并乡的调查综述》，为乡镇机构改革和撤办事处提供决策依据；按照省委政策研究室统一安排，州委政研室与县市及州直有关部门联合调查，撰写《调整结构，提质增效，大力推进工业化进程——关于湘西州工业化问题的调查与思考》；开展全州民营经济党组织建设情况调查，形成《加强湘西州民营经济党组织建设的调查与思考》调查报告，为民营经济党组织建设提供有价值资料；开展关于鼓励干部参与农村经济结构调整调查，形成《关于鼓励干部参与农村经济结构调整的若干意见》；编撰《中国西部概览·湖南省湘西州卷》一书，主要收集全州50年经济和社会发展成就，为全面推介、宣传、展示湘西州形象起到一定作用。2002年，开展扩大社会就业问题的调查研究，撰写《湘西州扩大社会就业问题的调查报告》，被省委政策研究室评为优秀调查报告，并被国务院发展研究中心收入《中国经济结构调整理论与实践指导全书》。此外，《入世之际建设高素质民族企业家队伍的思考》《积极推进干部选拔任用工作的创新》等5篇文章在省级以上刊物发表。

2003年，州委政研室会同州招商局、州协作办、州民营办等单位就如何进一步扩大开放，加大招商引资力度深入到吉首、保靖、花垣等县（市）调研，并赴益阳、郴州等地考察，形成《关于加大湘西州招商引资工作力度的调查报告》，起草州委州人民政府关于进一步加强招商引资工作的若干意见及州委州人民政府关于机关干部和科技人员参与农业产业化经营的意见。开展“退人还山”决策调研，形成《“退人还山”是贫困山区农民走向小康的必由之路——对湘西州贫困山村的调查与思考》调查报告，在新华社内参发表，写进州委八届七次全会决定；完成全州劳务经济发展调研课题，形成《湘西自治州劳务经济发展情况的调查报告》，送省委政研室。牵头起草州委、州政府关于加快劳务经济发展的意见，协助州委、州政府制定《州委州政府劳务经济发展规划》；开展民族民间文化产业课题调研，撰写《州委州政府关于发展民族民间文化产业的若干优惠政策》。此外配合省科技厅开展湘西州农民增收调研，形成《湘西自治州政策对农民收入影响的调查与思考》；参与省民委在湘西州开展民族工业调查活动，形成《民族地区推进新型工业化的调查与思考》。

2004年，州委政研室开展异地搬迁扶贫工程调研活动，撰写《实施退人还山工程，实现扶贫生态双赢——赴云南、广西、贵州等省区考察报告》，报送州委、州政府领导参阅；开展扶贫工作调查，撰写《以村为主 成片推进——赴贵州省考察扶贫开发工作的报告》，为州委、州政府决策新一轮扶贫工作，推行整村推进扶贫方式提供决策依据；开展农业产业化龙头企业专题调研活动，撰写《加快全州农业产业化龙头企业发展的调研报告》，并作为州政协提案呈送州委、州政府，得到充分肯定；开展文化旅游调研，撰写《着力解决发展中问题，构建湘西大旅游格局——关于加快全州文化旅游产业发展的对策思考》；开展乡镇村行政区划调整调研活动，撰写《全州乡镇行政区划调整方案》《全州村行政区划调整方案》，为全州乡镇行政区划调整提供参考意见。

2005年，州委政研室会同民政、工商等部门深入州直有关中介组织机构调研，起草州人民政府关于加快中介组织发展的若干意见；开展工业强乡强镇调研，撰写《湘西州工业强乡强镇发展的调查报告》和《湘鄂边区工业发展的考察报告》。起草《州委州政府关于加快工业强乡强镇发展的意见》；开展退人还山子课题调研，完成退人还山课题挂靠国家民委民族问题研究中心工作，牵头筹办湘西州退人还山理论研讨会，参与编辑《退人还山》一书。

2006年，会同州民委、州民政局等部门起草州委、州政府关于加强民族工作的若干意见；会同州科技局，起草州委、州政府关于增强自主创新能力，建设创新型湘西的决定；按照州委主要领导指示，邀请北京专家，组织州教育局等11个单位成立退人还山总课题组和11个子课题组，指导、协调，并独立完成《统筹协调资金，实行扶贫款直付——“退人还山”扶贫资金投入新机制试点研究报告》，6月在北京举办湘西州“退人还山”课题成果鉴定会，国家民委、农业部、民政部、扶贫办、中央政策研究室、中国科学院、中国青基会、中国人民大学等部门领导和专家17人参加鉴定会，对“退人还山”的调研成果予以充分肯定。同时完成编撰《新农村建设——湘西模式“退人还山”》一书。是年，《湘西工作》开辟网页，扩大交流范围，发送到全国30个少数民族自治州和各党刊系统。

2007年，州委政研室牵头组织州旅游局等单位深入州内调研和广西、海南考察，起草州委州政府关于进一步加快文化旅游的决定等，开展全州新型工业化调研征文活动，收集调研文章76篇，组编《新型工业化》一书。

2008年，加强村级组织建设、信访维稳工作、新型城镇化3个调研课题直接进入州委、州政府决策，形成文件出台。

2009年，开展农民工返乡就业问题调研，为省委、省政府和州委、州政府制定返乡农民工就业政策提供决策依据；会同州委办、州人民银行等单位对全州融资难问题开展调研，调研报告引起州委州政府主要领导重视，为4月在长沙举行湘西州与省金融机构银洽会提供重要依据；开展民族优惠政策落实情况调研，形成《湘西自治州关于落实民族优惠政策情况的汇报》材料和《关于继续支持湘西自治州经济社会发展若干优惠政策的建议》《关于请求修改民族区域自治法的建议》；是年，参与解决处非后续遗留问题，负责处非后续问题政策综合工作，牵头负责16家涉案企业的工矿资产处置。

2010年，州委政研室开展生物产业、扶贫攻坚、少数民族政策、改善民生、新型城镇化等12次重大课题调研，形成一批调研报告，其中《湘西州扶贫攻坚百村千户调查》由省委政策研究室以《送阅件》呈报省委省政府领导；《全州转型发展战略研究》有关内容写入州委“十二五”规划建议、州委九届七次全会、州委经济工作会议报告；《发挥资源优势，打造绿色经济增长极调查报告》《他山之石可攻玉，群雄并起看湘西州与周边地区及全国其他少数民族自治州经济社会发展比较研究》《用活用足政策，加快湘西发展研究报告》《应对未来大交通，谋划湘西大发展对策研究》等调研文章得到州委领导肯定和批示。创办《政研内参》，全年出刊5期，呈送州委主要领导和省委政策研究室参阅。牵头或参与起草修改《省委省政府关于继续推进湘西州深入实施西部大开发战略的若干意见（代拟稿），全州百个乡镇街道整脏治乱绿化行动方案，州委、州政府关于企业引进高层次人才的意见州委、州政府关于加快推进全州产业园区发展若干措施的意见等政策性文件，撰写《注重建立长效机制，促进产业科学发展》《少数民族贫困山区乡村社会治理的对策与建议》《切实履行参谋服务职能，全面提升政研工作水平》在省委政研室《决策天地》发表，《建立科学发展观长效机制》在省学习科学发展观实践办《简报》上刊发。是年，参与编撰《科学跨越，强基惠民》和《建立长效机制，促进科学发展》两本书出版。

第六节　保密工作

1989年，州委、州人大常委会和州人民政府召开州直单位学习宣传贯彻《中华人民共和国保守国家秘密法》（以下简称《保密法》）动员大会，州直机关1000余名科级以上干部参加会议，州党政领导在会上作动员报告。各县（市）亦相继召开学习宣传《保密法》报告会。建立健全和完善各项保密规章制度。凤凰县保密委制定颁发《凤凰县涉外保密暂行规定》，该县5个县（处）级单位、15个乡（镇）和12个县局级保密室陆续达到要求。各县（市）和州直局以上单位保密室建设60%达标。10月，州委保密委员会下发《关于开展全州保密工作检查评比的通知》。11月，全州159个县处级单位保密组织普遍开展自查。12月，由州保密委员会牵头，组织全州8个县（市）专（兼）职保密干部开展全州保密工作检查，发现泄密事件严肃查处，凤凰县烟草专卖局保卫干部朱某某违反保密法规，为犯罪分子通风报信，泄露重要机密，给该县一起特大经济犯罪案件侦破造成困难，朱某某也因此违法犯罪，州保密委就此泄密事件通报全州。同时还对州人民法院彭某某、永顺县城郊法庭审判员吴某某泄露办案案情事件进行追查，并分别给予政纪处分。1995年，州、县（市）保密部门会同科技管理部门开展宣传贯彻《科学技术保密规定》（以下简称《规定》），组织18个相关单位和部门130名科技管理人员和科研人员学习贯彻《规定》。此外组织干部职工学习《湖南省实施〈保密法〉若干规定》，受教育面90%以上。4月，宣传学习海关总署颁布的《关于禁止邮寄或非法携带国家秘密文件资料和其他物品出境的规定》，重点在州、县（市）24个宣传文化、涉外部门贯彻落实。检查《对外经济合作提供资料保密暂行规定》执行情况，查阅26个单位招商引资、涉外经济资料。配合有关部门查缴、销毁个别书店《核爆炸之后》一书。“二五”（1991—1995年）普法期间，州保密委员会组织州、县（市）48个党政机关学习贯彻中共中央总书记江泽民重要批示，组织收看保密教育录像片《没有硝烟的激战》520场次，5800名干部职工收看。党员干部培训班讲保密教育课15场次，受教育党员干部1200人。其间，全州有5个单位被评为全省保密工作先进集体，14人被评为全省先进工作者。2004年，以宣传教育和督促检查为重点，完善保密工作机制。是年，州保密局被评为全省保密督查工作先进单位。2005年，配合政府上网工程、高考等重要活动保密安全检查管理，结合制定“五五”保密普法规划，组织观看保密教育资料片《刘兵、龙向京窃密案》和《佟宁达间谍窃密案》，8个县（市）和160多个州直单位分40场播放该片。开展计算机安全保密检查50多个单位，安装50台涉密电脑物理隔离卡。完善秘密文件资料印刷、收发、阅读、借阅、传递、保管、销毁制度，制止和纠正秘密文件资料乱传、乱印、乱入、乱毁和随意提供或携带出入公共场所现象。州、县（市）党政主要领导办公室及其他保密部位推广应用电子密码文件柜、碎纸机、物理隔离卡、重要会议安装保密机等。2007年，培训高考试卷存放点保密检查和保密行政执法人员，组织全州性保密执法大检查3次，未出现泄密事件。翌年，下发《关于涉密便携式计算机及储存介质保密管理的规定》《关于加强上网信息保密审批的通知》，完成国家和省州县四级紧急重要电报通信演练，开展州直25个单位计算机信息系统安全和《国家医学统一考试》保密检查。2009年，全州党政机关开展保密法规知识宣传月活动，制定《涉密和非涉密计算机保密管理制度》等相关保密制度，开展涉密计算机和电子政务内网登记造册、涉密计算机张贴管理标识和涉密载体销毁管理检查活动3次。2010年，全州保密工作纳入绩效考核和行政执法培训，全州党政机关开展保密法规知识宣传月活动，印发领导干部保密手册和干部职工保密知识资料。开展涉密计算机和电子政务内网登记造册、涉密计算机张贴管理标识和涉密载体销毁管理检查活动3次。

1989—2010年，州保密局历任局长：尚道明、杨中明、颜长文；副局长：杨晓莉。

第七节 老干部工作

1989年，湘西州委老干部工作局（以下简称州老干局）内设办公室、州关工委办公室，编制9名，实有8人。归口州委组织部管理。1991年，增设老干部管理科，增编1名。2001年10月，州委老干部工作局更名为州委老干部局，内设办公室、老干部管理科、活动指导科（州关工委办公室），核定编制9名，其中行政编制7名、事业编制1名、工勤编制1名。下设州级机关离休干部休养所、州老干部活动中心。2007年，增加行政编制1名，冲销机关1名事业编制。2010年，局机关内设办公室、老干部管理科、活动指导科（关心下一代工作委员会办公室），编制9名，实有10人。

1989—2010年，州委老干部局历任局长：江丰、叶立吉、敖素珍、彭昌蛟、刘洋；副局长：向宏模、蒋廷斗、敖素珍、文兴祥、金光华、石邦明、姜扬能、刘鸿宾、张翠珍。

一、老干部待遇

1989年，州老干局为离休干部和县处级退休干部换发物资供应证，其中州直地厅级离休干部及抗日战争时期参加革命工作的县处级干部106人、解放战争时期参加革命工作的离休干部305人、中华人民共和国成立后参加革命工作的县处级退休干部414人。是年，全州离休干部的离休费、医药费、专项经费等项经济待遇，由离休干部所在单位按政策规定支付。1990年，州境年满70周岁以上离休干部每人每月发放护理费60元，给无固定收入离休干部配偶每人每月发放补助费35～40元。1991年2月1日起，给离休干部遗孀发放物价补贴14元。永顺县将3名老红军遗孀生活困难补助费由每月60元提高到100元，给全县106名离休干部发放肉食、副食和藕煤三项补贴。古丈县从4月起给任过实职的县级退休干部每人每月发给乘车费12元。1990—1991年，针对东欧剧变和苏联解体给老干部思想带来震荡，全州八县市和州直各单位及时组织老干部集中学习、举行形势报告会，州、县（市）委书记分别作学习辅导和形势报告，学习中央领导的讲话，收看《东欧剧变》录像片，老干部参加学习1927人次。

1992年，各县（市）和州直单位组织老干部集体学习中共十四大文献和邓小平南方谈话，收看邓小平南方谈话专题片，通报国际国内和本地政治经济形势。集中学习15次，专题辅导报告31次，参加学习的老干部7000人次。1993年7月，召开州直单位和吉首市离休干部及县以上退休干部700余人参加的形势报告会，州委常委、宣传部部长田景安作报告，《中国老年报》报道此消息。是年，全州各级社会劳动保险机构动用社会保险基金110万元，为全州35个特困企业1440名离退休人员发放离退休费。1994年5月，州委印发《关于进一步加强离退休人员工作的通知》，规定老红军遗孀每人每月生活困难补助费由100元提高到120元；抗日战争时期老干部遗孀每人每月由83元提高到100元；解放战争时期老干部遗孀每人每月由75元提高到90元。老红军无固定收入配偶生活补助费按原标准继续执行，其他离休干部无固定收入配偶每人每月发给生活补助费50元。离休干部和州级退休干部特需经费由每人每年150元提高到200元，县级退休干部由每人每年100元提高到150元。

1995年12月，全州老红军和抗日战争时期参加革命工作年满70周岁离休干部，每人每月60

元提高到90元；年满70周岁解放战争时期离休干部每人每月仍按原规定发给60元，年满80周岁每人每月提高到90元。健康疗养和参观工农业生产项目费，州级以上离休干部（含享受待遇的）每人每年400元，县级离休干部（含享受待遇的）每人每年350元。科级以下离休干部（含科级）每人每年300元。老干部特需经费，离休干部和州级退休干部由每人每年200元提高到250元；县级退休干部由每人每年150元提高到200元。州级离退休干部（含享受待遇的）由每人每月20元提高到40元，县级离退休干部由每人每月20元提高到30元。1996年3月，州老干局派出调查组到8个县（市）和州直5个战线、20个老干党支部调查党建情况，总结推广州粮食局等3个老干部党支部建设经验。派员深入到州建材化工总厂等9个企事业单位调查，发现累计拖欠离退休费37.69万元。州委、州政府从社会统筹金中动用400万元解决全州参加社会统筹的36家困难企业离退休干部生活费，其中州直投放30万元。1997年，州委州政府于9月20日前将资金全部拨付到位，解决拖欠离休费、医药费、护理费、无固定收入配偶生活补助费等126万元。1998年，以支部为单位抓思想政治建设。全州有离退休干部党员6301人，建立离退休干部党支部221个。

2000年，州老干局对老干部关心的国内外大事、社会热点问题请州委宣传部、州委党校、讲师团教员和有关领导作报告。是年，州委办、州政府办印发《关于进一步做好老干部工作的通知》（州办发〔2000〕13号），恢复因故中断7年的全州老干部事业发展经费55万元。州委将离退休干部党支部建设纳入党建目标管理，全州成立老干党支部241个，有离退休干部党员7520人，发展新党员24人。对特困企业老干部因大病住院治疗，企业无力承受巨额医药费特殊问题，与有关部门协调，先后由州、县两级财政为30名老干部解决住院医药费60万元。是年年末，全州仍拖欠41名老干部医药费8.45万元。2003年4月，州委、州政府出台《关于建立离休干部离休费、医药费财政支持机制的暂行办法》文件，规范“两费”保障措施和方法，各县市亦制定相应政策。州委、州政府对州直离休干部医药费将原来上交统筹金1000元，财政返回500元给单位作老干部门诊费提高到返回1200元，住院费由财政统一负责，困难企业离休干部看病就医问题得到妥善解决。2004年，开展共产党员永不退休学习教育活动，全州各部门各县市举行形势报告会、情况通报会，组织老干部考察工农业生产项目、参观改革开放成果等。2月，组织3个调查组，专题调查州直41户企业85名离休干部生活待遇落实情况，形成专题调查报告。4月，州委办、州政府办印发《关于深化州属企业改革改制若干政策措施的意见》（州办发〔2004〕24号），明确离休干部交由原企业主管部门负责管理，原企业按国家和省有关部门规定享受的各项政策性补贴及有关经费，由改制企业或破产清算组一次性预留5万元，交由原企业主管部门负责管理并发放，经费不足部分由同级财政弥补；各项医疗费按州人民政府有关规定执行；丧葬费由民政部门按有关规定办理。

2005年，州老干局组织离退休干部党员参加先进性教育活动。调整全州年满75周岁解放战争时期参加工作离休干部护理费，由每人每月60元增至90元。州财政还给州直企业离休干部发放边远艰苦地区津贴。针对1952年年底前参加革命工作29名州直企业退休干部退休金过低问题，州委常委会议研究，决定按“特事特办”原则作个案处理。2006年年初，州直37个归口管理和协调单位老干部工作推行责任制考核制度。对全州八县市老干部工作实行目标管理。组织4个慰问组走访慰问州直单位和易地安置老干部及遗孀395人。2007年，组织老干部学习《中共中央关于构建社会主义和谐社会若干重大问题的决定》，学习中共中央总书记胡锦涛关于科学发展观的重要论述。主动上门配合其主管部门，与州财政局协调，按照州政府关于“预留经费不足，由财政弥补”的规定，落实老干部各项生活待遇。是年年末，全州建立离退休干部党支部435个。2008年，落实老干部学习、通报情况、阅读文件、参观考察、参加重要会议等制度。2009年，组织老干部学习有关政策法规，正确看待依法处置吉首地区非法集资问题。将“三个机制”（健全离休费保障机制、医药费保障机制、财政支持机制）纳入全州老干部工作目标管理考核内容。州直单位离休干部津补贴在原基础上提高5%。

2010年，全州恢复发放400余名离休干部健康休养费和交通费，落实13名生活不能自理的离休干部护理费，督查离休干部无固定收入配偶、遗孀进医保问题。是年，州直单位建立离退休干部党支部103个，州直2300余名党员过上正常组织生活。全州445个离退休干部党支部1.4万名离退休干部党员参与创先争优活动。

二、发挥老干部作用

1989年,全州有500余名离退休老干部在物质文明和精神文明建设中发挥作用。1990—1991年，全州40名老干部参加社会主义思想教育工作队，175人参与扶贫帮困，380人发展种养殖业，60人参与计划生育工作，77人担任社会治安员。同时，开办幼儿园12所，招收幼儿2820人；创办中学7所，招收学生1832人。1993年，老干部从事种植业、养殖业1644人，创产值320万元；参加服务业181人，创收30万元；办厂、办公司14家，实现产值65万元。办幼儿园14所，招收幼儿705人；办学校6所，招收学生1318人；参与计划生育工作324人，维护社会治安276人。1995年，全州参加各种社会活动的离退休干部863人。其中，参与维护社会治安439人，参与基层党组织建设264人，参加关心下一代工作160人。有259人参与创办经济实体51个，投入资金135.4万元，获利润18.1万元；有640人从事种植业和养殖业，创产值20.79万元。同时，开办学校5所，招收学生745人；开办幼儿园16所，招收幼儿1897人；开办诊所38家，医治病人18581人；参与抗洪救灾372人，参与抗旱223人，参与扶贫260人。建立校外辅导站（组）200个，400所中小学聘请老干部担任校外辅导员。2001年5月，州委办公室、州政府办公室印发《关于转发州关心下一代工作委员会〈关于进一步加强关心下一代工作的意见〉的通知》。州关工委确定吉首市太平乡中心完小、保靖县、州文化局、吉首市峒河办事处居委会为联系点。在吉首市太平乡完小联系点挂牌仪式上，州关工委、州老年大学学员为该校捐赠图书、衣服、收录机等学习用品，还与该校师生开展“大手牵小手”活动。

2002年，建立老干部联系县市制度，发挥老干部在关心下一代工作中作用。州委决定由州委、州人大常委会、州政府、州政协13名州级离退休干部和4名正副处级老干部分别联系8县市和州直有关单位关心下一代工作。州委原副书记、州关工委主任颜长钊联系保靖县，该县财政拨款5万元，率先在全州建立关心下一代工作基金，并将县老干局恢复为行政单位，全县配备21名老干专干。2005年5月，州关工委顾问莫伟才、常务副主任宋克湘等筹建州贫困家庭大学生救助基金会，先后筹资430万元，帮助730名贫困家庭学生圆了大学梦。

2007年，州境各级关工委（关协）组织1359个，其成员以老干部老党员为主体，全州离退休党员干部参加关工委（关协）1.45万人，州内老科协组织100余个，会员1800人，其中95%以上为离退休科技工作者。2008年，离退休干部以2371个关工委组织为平台，在各级各类学校开展以师生手拉手、老少手拉手、城乡儿童手拉手活动，关工委成员、关协会员和“五老”（老干部、老党员、老教师、老模范、老专家）人员参与“手拉手”人员1.97万人，为青少年弱势群体和特殊群体办实事7427件，赠送各类图书18.9万册。筹集各种教育救助基金4400万元，救助贫困大中小学生11.64万人。汶川地震发生后，全州老干部向灾区捐款和交纳特殊党费110万元。

2010年，全州实行州级离退休干部联系督查老干部工作制度，指导督查县市、州直单位老干部工作。州关工委把州直单位57个扶贫联系村作为示范点。全州有172个乡（镇）1876个村建立关工委；各级关工委向学校派出德育辅导员1099人，指导建立校外辅导员站281个；有“五老”志愿者网吧监督员1125人，定点监督网吧。是年，州关工委被评为关心下一代工作全国先进集体、州老年大学被评为全国先进老年大学、州老科协被评为全国新社会组织先进集体。

三、老干部活动

1989 年 9 月，州老干局会同州人事局、劳动局、老龄委、总工会等部门，举行“九九”登高活动，参与者 2300 人。1993 年，全州举办门球赛 74 次、钓鱼 40 次、书画展览 3 次，举办香功培训班、迪斯科、歌咏会等 40 多期（次）。1994 年 11 月，举行全州老干部首届文艺会演，有 14 支代表队 150 多位老干部参加，演出节目 30 个。1995 年，抗日战争和世界反法西斯战争胜利 50 周年，州直和各县市召开各种类型纪念座谈会，组织撰写纪念文章，举办书画展、门球赛、钓鱼、乒乓球、棋类、气功等多项活动。1997 年 4 月，举办全州首届老干部“长寿杯”门球赛，全州 11 支门球队、100 余名老干部门球队员参赛。吉首市老干部门球队获第一名。7 月，举办吉首地区离退休干部、青少年迎香港回归演讲比赛，吉首地区 43 所大中小学 4 万名学生和离退休干部参加初赛，76 人复赛，43 人决赛，老年组、青年一组、青年二组和少年组分别设一、二、三等奖和优秀奖。1999 年，举办全州第三届老干部“长寿杯”门球赛，22 个队、200 余名老干部参加比赛。组织参加全省中华人民共和国成立 50 周年书画展。举行老年节联欢会，州直 600 名老干部参加。2000 年，与州委宣传部、州文化局、老龄委联合组织全州“金秋颂”老年合唱比赛，参赛人员 500 人。以老年大学为依托，开办古诗词、书画、歌舞和京剧班，常年开展活动，参加活动老干部 6000 余人次。2001 年，举办“入党那一天”读书征文演讲比赛活动，吉首大学离休干部李泽南获一等奖。举办全州老干部第二届文艺会演，18 支队伍 200 人表演节目 40 个。2003 年，全州组织老干部参观建设项目和外出观光旅游，参加活动的离退休干部 3000 余人。是年 11 月，与州文化局、州文联共同主办、由州老年大学具体承办湘黔边区第四届京剧票友联谊演唱会。州老年大学艺术团、州关工委手牵手合唱团、夕阳红等先后为全州教师节暨优秀教师表彰会和抗非典表彰大会专场演出。2004 年 10 月，州委老干局在吉首市郊花果山组织老年节登山活动，州直 800 余名老干部参加活动。州老年大学开办诗词、绘画、歌舞、书法、京剧、乒乓球、电脑等课程，500 余名老干部常年参加学习。

2005 年 8 月 15 日，全州举行纪念中国人民抗日战争胜利 60 周年大型图片展览活动，活动为期一个月，参加活动离退休干部 1600 人。吉首市组织全市 120 余名离退休干部到西安、延安等地接受革命传统教育。10 月，全州第三届老年人运动会在保靖、花垣、古丈 3 个县举行，参赛老年运动员 500 人。2008 年，组织老干部参加全省离退休干部高举旗帜、支持发展、建设美好湖南征文活动，收到征文作品 100 余篇。是年 4 月，由州人大常委会办公室承办的全州第十二届老干部“长寿杯”门球赛在吉首举行。来自全州 8 个县（市）和州直单位 22 支门球队 200 多名老干部参加比赛。10 月 8—11 日，游园、书画展、乒乓球比赛、京剧专场演出、向老干部赠书以及健康咨询、《老爹果王素成果展》等各专项活动在州老干部活动中心依次展开，参加活动的老干部 3500 多人次。是年，全州组织老同志开展各类活动 600 多场次，参加活动老同志 3.8 万人次。2010 年 4 月，由州政协办公室承办的全州第十四届老干部“长寿杯”门球赛在州老干部活动中心举行。来自全州 8 县（市）和州直 22 支老干部门球队共 200 多名运动员参赛，州检察院代表队、古丈县代表队、州劳动和社会保障局代表队获得前三名。

第八节　党史研究

1989 年 1 月，湘西州委党史资料征集研究办公室（以下简称州委党史办）核定事业编制 9 名，实有 9 人。1997 年 1 月，州委党史办内设党史资料征集研究科和综合联络科。2001 年 8 月，州委党史办更名为州委党史研究室，核定事业编制 8 名，实有 8 人。2002 年 1 月，州委党史研究室正式定为州委直属正处级事业单位，内设机构不变。2010 年州委党史研究室内设征集研究科、综合科、党史联络科，编制、实有人数未变。

1989—2010年，州委党史办（研究室）历任主任：田茂德、覃华臣、向光辉、张国祥；副主任：全荣阶、刘纪福、张国祥、孙桂梅。

1989年5月，州委党史办在古丈县召开全州党史资料管理工作现场会，组织全州党史资料管理人员到常德、益阳、长沙、岳阳等地（市）党史办和省委党史委参观学习。全州征集的重要史料有：永顺县委党史办征集国民政府国防部何应钦为永顺县毛坝乡王家撰写的墓志铭，以及国民党湖南省第八区专员张中宁撰写的有关彭春荣资料；保靖县委党史办征集土地革命战争时期国民党对共产党的通缉令和全省人民代表大会文件；泸溪县委党史办征集中国人民解放军第二野战军总司令部在泸溪发给毛泽东主席的电报等。全州多数县基本完成党史资料整理立卷归档工作。主编《湘鄂川黔革命根据地》一书，中共党史资料出版社出版，成为研究湘鄂川黔革命根据地历史权威史料书籍。《湘西剿匪》由湘西自治州、怀化、常德、邵阳等州（市）委党史办共同编著，湖南人民出版社出版，该书全面反映大湘西地区剿匪历史。是年，州委党史办和州直属机关党委、州博物馆联合举办“没有共产党就没有新中国”文物图片展，展出图片300张、实物100件。吉首市委党史办利用党史资料为2人提供落实政策依据。1990年，全州征集党史资料1047件682.3万字，其中照片146张。8个县（市）党史办档案室有4个县（市）达标定级。《湘西英烈》，州委党史办编纂，由上海同济大学出版社出版。保靖县委党史办与县民政局、昂洞乡党委为红二、六军团29位烈士竖立一座集体墓碑。州委党史办在州《团结报》开辟“湘西英烈小传”专栏，发表烈士传记8篇；与州民政局、州博物馆联合举办“湘西英烈事迹图片展览”，先后在州内巡回展出。1991年，围绕纪念中国共产党成立70周年，州、县（市）委党史办组织1万多名党员干部参加各级举办的党史知识竞赛。是年，州委党史办被评为全国党史系统先进集体，受到中共中央党史研究室表彰奖励。

1993年，州委党史办编辑《解放湘西》一书，由中国文史出版社出版发行；内部出版《南下人员入湘西土家族苗族自治州名录》，标志着社会主义革命和建设时期党史编研成果陆续面世。州委党史办撰写的《改革开放是毛泽东思想的重大发展》《从湘鄂川黔革命根据地到武陵山新经济区》，编入中南六省区中共党史学会论文集。围绕毛泽东诞辰100周年纪念活动，州委邀请省党史专家谭双泉、何鹄志到州直和7个县（市）巡回作毛泽东思想学术报告。1994年，州委党史办组织拍摄4集电视连续剧《红军女儿队》。1995年，全州征集党史资料218万字，完成社会主义时期党史资料专题9个。1997年起，州委党史办与州党史联络组联合编辑出版以社会主义时期为主要内容的党史资料系列丛书《湘西春秋》第一、二辑，与永顺、凤凰、花垣、吉首、古丈、龙山、保靖、泸溪等县（市）委党史办和党史联络组合作编辑出版《湘西春秋》第三、四、五、六、七、八辑，以及《岁月留痕》《峥嵘岁月》两本书，总计250万字。还编辑出版《中共湘西土家族苗族自治州历史大事记》，出版《湘西自治州党委工作纪事（2006—2010年卷）》5本360万字。

1999—2001年，全州完成社会主义时期党史资料专题38个，征集党史资料1050万字。是年起，州委党史办先后编辑出版《湘西人物》40万字。撰写完成湘西苗族老红军、原州长石邦智回忆录《红星岁月》46万字，由湖南人民出版社出版发行；编写出版湘西土家族老红军、原副州长彭祖贵回忆录《风雨征程》36万字；编写出版《培民书记在湘西》23万字。永顺县史志办编辑出版《溪州公仆——记永顺历届县委书记》25万字，永顺县史志办与县党史联络组联合编写出版《岔西泰——土家汉子彭武刚》22万字；围绕庆祝新中国成立50周年和南下干部入湘50年，州委党史办和州党史联络组拍摄反映南下干部电视系列片《南下春秋》。州委党史研究室撰写的2万字革命烈士传记《王炳南》，载入《中共党史人物传》第73卷，由中央文献出版社出版发行。2002年，州委党史研究室编辑出版《湘西第一》，全书80

万字，内容涵盖政治、经济、文化、风景名胜、风情民俗等850条；编辑出版《公仆赞歌——湘西州践行“三个代表”重要思想风采录》25万字，选编全州立党为公、执政为民先进典型50个；配合全州发展红色旅游，再版永顺籍老红军马忆湘《朝阳花》红色经典著作，开展党史资政育人理论研讨征文活动，获奖优秀论文汇编成《资政育人服务现实》一书。是年，全州征集党史资料1280万字，其中社会主义时期党史资料1000万字，专题20个80万字。

2004年，州委党史研究室协助州委在郑培民生前扶贫联系点凤凰县火炉坪乡建立“郑培民先进事迹陈列馆”，负责撰写陈列馆序言，提供一批文字和图片资料；派员参加全国任弼时诞辰100周年生平与思想理论研讨会，并出席中共中央在北京召开的纪念任弼时同志诞辰100周年座谈会。2005年4月，下发《中共湘西自治州委办公室关于开展编写全州地方党史正本工作的通知》。召开全州党史工作暨党史联络工作会议，州委副书记曾震亚要求各级党委抓好党史基本著作编写工作，做到领导落实、方案落实、人员落实、经费落实、办公条件落实。11月，召开全州党史联络工作会议暨党史基本著作编写骨干培训班，全面启动党史基本著作编写工作。12月，州委党史研究室先后3次召开《中国共产党湘西土家族苗族自治州历史》三卷本编写提纲审稿会，确定编写提纲。该室在《团结报》《边城视听报》分别开辟《湘西第一》《丰碑》和《湘西英模》栏目，发表宣传湘西优秀人物文章，应邀参加全省纪念抗日战争胜利60周年学术研讨会。龙山、保靖两县组织撰写的3篇文章在中共中央党史研究室主编的《抗日档案》一书中刊载。2006年，围绕纪念红军长征胜利70周年活动，州、县（市）委党史研究室分别在《湘潮》等书刊发表文章10篇，州委党史研究室、龙山县委党史研究室派员参加全省纪念红军长征胜利70周年学术研讨会。2007年起，州、县（市）陆续公开出版党史基本著作。州委党史研究室公开出版《中国共产党湘西土家族苗族自治州历史》第一、二卷53万字；保靖县史志办编写出版《中国共产党保靖历史》第一、二卷64万字；古丈县委党史研究室编写出版《中国共产党古丈历史（1921—1978）》26万字；泸溪县编写出版《中国共产党泸溪历史（1926—1978）》上册26.9万字；吉首市史志办编写出版《中国共产党吉首历史上、下册（1921—2006）》73.2万字。至年末，全州征集党史资料500万字，其中新民主主义革命时期党史资料100万字、社会主义时期党史资料400万字。吉首市史志办配合民政等部门，把抗日阵亡将士纪念碑、麻扎進梁烈士公墓、犁口嘴烈士墓列入吉首市革命传统教育和爱国主义教育基地。2008年，围绕改革开放30周年纪念活动，州、县（市）委党史研究室征集文章100篇，评出一批优秀文章在州级媒体发表。2009年，以庆祝中华人民共和国成立60周年为契机，州委党史研究室编写出版《我看湘西六十年》一书60万字，图文并茂地再现湘西自治州解放60年翻天覆地的变化，并与湘西电视台开辟《湘西解放60年》访谈栏目，在湖南都市频道《故事湖南》节目中播出。

2010年，州、县（市）党史研究室开展革命遗址普查工作。州委党史研究室在《团结报》发表专题文章，宣传红色遗址，呼吁全社会重视红色遗址保护工作；吉首市党史工作纳入全市乡镇（街道）“四个文明”目标管理考核范围；保靖县史志办与县电视台合作，宣传党史专题，把党史纳入县委党校干部培训内容；龙山县委党史研究室聘请年过七旬老干部袁承善做党史宣传教育员，宣传红色历史，传承红色精神，上革命传统教育课70场次。至2010年，全州征集各个时期党史资料7800万字，州、县（市）党史联络组发动老干部撰写回忆录800篇2000万字。累计发行湖南《湘潮》杂志17826份，发行各类党史书籍3.8万册。

第五篇　人民代表大会

1989—2010年，湘西自治州历经五届人民代表大会，每年举行一次全体代表会议，听取和审议“一府两院”工作报告。代表大会闭会期间，州人大常委会依法履行职责和行使职权，审议和通过政府相关议案及民族区域地方法规，开展执法检查，认真办理人大代表议案和督办代表的建议批评意见，决定“一府两院”有关人事任免，组织代表视察等。同时，指导县市人大工作，保障人民当家作主权利，充分发挥地方人大在社会主义民主法治建设中的重要作用。

1989—1992年，州第八届人大常委会依照宪法和相关法律规定，提请人民代表大会通过并报省人大常委会批准2部单行条例，审议并依法作出15项决议（决定），审议通过《湘西土家族苗族自治州国土资源开发保护条例》《湘西土家族苗族自治州各级人民代表大会常务委员会监督本级人民法院、人民检察院工作条例》。届内组织代表开展10次视察活动，办理代表建议批评意见778件。

1993—1997年，州第九届人大常委会提请人民代表大会通过并报省人大常委会批准4部单行条例，作出落实企业自主权、严禁道路自行设卡收费、减轻农民负担、普法等决议决定31项，听取和审议“一府两院”关于全州农业产业结构调整、民族、以工代赈和州庆重点建设项目等工作汇报，组织代表开展视察活动5次，办理和督促办理代表建议批评意见388件。

1998—2002年，州第十届人大常委会提请人民代表大会通过并报省人大常委会批准3部单行条例、修改1部条例，围绕全州扶贫攻坚规划、西部开发、落实民族优惠政策、农业产业化、工业化、城镇化及生态州建设、国有企业改革改制、下岗职工生活保障和再就业等重要工作和群众普遍关心的热点、难点问题实施监督。届内组织代表开展视察活动5次，督促办理代表建议批评意见429件。

2003—2007年，州第十一届人大常委会提请人民代表大会通过并报省人大常委会批准6部单行条例，废止3部条例，并就推进州域工业化、执行城镇规划和吉凤工业园总体规划、治理学校周边环境、州政府和凤凰县机关搬迁、开展法治教育、预防和制止家庭暴力、预防职务犯罪、加强人民法院执行工作等作出决议决定13项。围绕国民经济和社会发展计划、财政预算编制和执行情况、参与西部大开发、新农村建设、湘泉集团核减债务、乡镇行政区划调整、县乡公路改造、共建吉首大学第一附属医院（州人民医院）、新型农村合作医疗、90个边远特困村扶贫资金使用、中小学校布局调整、寄宿制学校建设和“两免一补”、农村中小学教师公转住房建设等工作听取和审议“一府两院”专项工作报告，并对存在问题分别提出意见和建议。督促办理代表建议批评意见676件。

2008—2010年，州第十二届人大常委会提请人民代表大会通过并报省人大常委会批准单行条例2部，并就湘西（广州）工业园、湘西民族职业技术学院建设项目等重大事项依法作出决议决定14项。围绕“十二五”规划编制、新型城镇化、集体林权制度改革等60余个重点难点问题实施监督，形成审议意见交政府办理。同时，开展《中华人民共和国民族区域自治法》《中华人民共和国体育法》《吉首市城区饮用水水源保护条例》等10余部法律法规实施情况执法检查，并提出改进意见和建议。3年间，督办人大代表建议批评意见607件。

第一章 人大代表与人民代表大会

第一节 人大代表

一、第八届人大代表

1988年1月9日，湘西自治州八县二市10个选举单位，选出州第八届人大代表410名，其中少数民族代表260名，占63.4%；工人代表56名，占13.66%；农民代表124名，占30.24%；知识分子代表91名，占22.2%；干部代表111名，占27.07%；民主党派和无党派爱国人士代表24名，占5.85%；驻军（包括武警、消防部队）代表4名，占0.98%；妇女代表92名，占22.44%；非中共党员代表124名，占30.24%。州第八届人民代表大会代表至第五次会议时缺额14名，分别为吉首市丰正秋、陈克舫、杨正午、谷炳生、周碧联，泸溪县张福临、黄辛夷，凤凰县吴光海，保靖县张玉清，永顺县曾子华、杜春芝、赵蓉生，龙山县石志香、刘丛猛。补选代表10名，分别为吉首市唐铁君、姜定赳，泸溪县吴应举，花垣县石昌凡，保靖县梁远邦，古丈县郑培民，永顺县彭善久、向仕江，龙山县徐本发、符光安。

湘西州出席湖南省第七届人民代表大会代表：马英奇、王文治、方定菲、龙文玉、龙金术、龙泽全、石昌禄、田廷安、田隆信、申康如、向仁志、向汉林、向和友、向明发、向家凤、向彬然、庄尔和、刘国钧、刘秉钺、杨开业、杨贵荣、杨清、李浓（女）、吴运昌、吴和梅（女）、吴雪恼、邹二英（女）、张声标、陈千宏、郝瑞华、钟为举、钟德声、姚明英（女）、徐本发、唐轶君、曹义、黄仁杰、符富全、麻玉贤（女）、彭大刚、彭对喜、彭家钧（女）、游碧竹、廖丽君（女）、滕昭蓉（女）。

出席第七届全国人大代表：石玉珍（女）、黎子泽、宋克湘、黄自莲（女）、张光玉（女）。

二、第九届人大代表

1992年12月，湘西州8个县（市）8个选举单位，选出州第九届人民代表大会代表329名，其中少数民族代表208名，占63.2%；工人代表32名，占9.7%；农民代表41名，占12.5%；知识分子代表35名，占10.5%；干部代表108名，占32.8%；军人代表4名，占1.2%；其他代表108名，占32.8%；妇女代表73名，占22.2%；归侨代表1名，占0.3%；非中共党员代表83名，占25.2%。州第九届人民代表大会代表一至第五次会议共缺额15名，分别为吉首市田福德、杨顺初、周声强，泸溪县邓守祥、杨顺谦、杨靖媛，古丈县向邦柱、麻富明，花垣县丁代斌、石昌禄、石登友，保靖县石维斌，龙山县王发胜、王志顺、李运华。补选代表13名，分别为吉首市孙家生、李运秋、易柱良、徐克勤，泸溪县杨永花、杨明仁，古丈县刘万云，凤凰县彭诗来，花垣县丁子健、石英伯、李大伦、刘卫平、张湘德。

湘西州出席湖南省第八届人民代表大会代表：王裕新、王锡玉（女）、石昌凡、卢春芬（女）、朱新秋、向世林、向和友、向彬然、向满云（女）、杨正午、杨安位、杨顺初、吴运昌、吴宜斌、吴秋玉（女）、余万友、余中佑、张泽、张开敏、张文孝、张兰秀（女）、张声示、张祚兴、陈世香（女）、陈庭义、周天颂、周敬夫、赵继成、姚绍元、凌宇、麻玉贤（女）、梁洪斌（女）。

湘西州出席第八届全国人民代表大会代表：王锡炳、龙寿红（女）、吴沅生、贾明忠、滕昭蓉（女）。

三、第十届人大代表

1997年12月，全州8个县（市）8个选举单位，选出州第十届人民代表大会代表334名，其中工人代表33名，占9.9%；农民代表42名，占12.6%；知识分子代表79名，占23.7%；干部代表77名，占23.1%；解放军和武警、消防代表6名，占1.8%；归侨代表1名，占0.3%；其他代表

96 名，占 28.7%；妇女代表 72 名，占 21.6%；非中共党员代表 90 名，占 26.9%；少数民族代表 237 名，占 70.9%（其中土家族代表 128 名，占 38.3%；苗族代表 105 名，占 31.4%；其他民族 4 名，占 1.2%）。第十届州人民代表大会代表至第五次会议共缺额 15 名，分别为吉首市王明贵、印四海、刘祖芳、陈和平、郝诗康、黄福成，花垣县吴立平，古丈县李绍丰，永顺县杨元章、杨崇媛、沈德华、欧阳圣云、彭诗来、覃德泽，龙山县田雄甲。补选代表 17 名，分别为吉首市龙友芳、李桂林、宋友达，凤凰县李鹏程、赵大军、谢茂忠、滕万翠，花垣县石建芳、龙靖波、李万松，保靖县游清高，古丈县张贤义、梁明金，永顺县全智、孙剑霖、金述富，龙山县贾高飞。

湘西州出席湖南省第九届人民代表大会代表：王祝明、王福吉、石英伯、石美香（女）、龙玉昌、田仁莲（女）、向云花（女）、邬世碧（女）、杜芳清、李绍丰、肖芝翠（女）、吴运昌、吴沅生、张开敏、张建永、张建民、陈庭义、武吉海、欧家太、周伯华、胡明珠（女）、晏友生、麻建成（女）、彭文昌、彭对喜、彭诗来、覃德泽、傅学俭、曾晓浒。

湘西州出席第九届全国人民代表大会代表：王锡炳、龙志平、武吉海、彭家钧（女）

四、第十一届人大代表

2002 年 12 月，全州 8 个县（市）8 个选举单位，选出州第十一届人民代表大会代表 333 名，其中少数民族代表 252 名，占 75.68%（其中土家族 143 名，占 42.95%；苗族 104 名，占 31.23%；其他民族代表 5 名，占 1.5%）；工人代表 41 名，占 12.31%；农民代表 57 名，占 17.12%；干部代表 86 名，占 25.83%；知识分子代表 81 名，占 24.32%；军人代表 4 名，占 1.2%；其他代表 60 名，占 18.02%；妇女代表 78 名，占 23.42%；非中共党员代表 89 名，占 26.73%。州第十一届人民代表大会代表至第五次会议共缺额 15 名，分别为吉首市刘先宇、张官仁、欧阳荣化，泸溪县向明煌、武吉海，凤凰县孙吉勇、杨勇宏、李运秋、彭对喜，古丈县郭建群，花垣县苏宪益，保靖县张建文，永顺县周振祥，龙山县陈昌余、贾高飞。补选代表 15 名，分别为吉首市刘万云、姜明辉、梁银明，泸溪县杜崇烟、何学智，凤凰县王育行、叶红专、刘路平、吴凤齐，古丈县石盛文、高文化，保靖县王承恩、彭司礼，永顺县张党闽，龙山县曹世凯。

湘西州出席湖南省第十届人民代表大会代表：王彩平（女）、石邦祥、石昌禄、石凌霜（女）、田芦娥（女）、龙金玉（女）、龙桂群（女）、龙颂江、龙靖波、叶红专、邬世碧（女）、孙剑霖、李启群（女）、杨永宏、宋友达、张勇、张继纲、陈家鹏、武吉海、金述富、周伯华、胡章胜、贾绍本、贾高飞、唐祖余、黄扬起、梁明金、彭对喜、曾晓浒。

湘西州出席第十届全国人民代表大会代表：田儒斌、张永中、张苹英（女）、武吉海。

五、第十二届人大代表

2007 年 12 月，全州 8 个县（市）8 个选举单位，选出州第十二届人民代表大会代表 334 名，其中妇女代表 90 名，占 26.95%；非中共党员代表 88 名，占 26.35%；工人代表 39 名，占 11.68%；农民代表 44 名，占 13.17%；知识分子代表 89 名，占 26.65%；干部代表 90 名，占 26.95%；民主党派和无党派人士代表 5 名，占 1.5%；军队代表 3 名，占 0.1%；其他方面代表 64 名，占 19.16。在代表总名额中，土家族代表 146 名，占 43.71%；苗族代表 114 名，占 34.13%；汉族代表 70 名，占 20.96%；其他民族代表 4 名，占 1.2%。州第十二届人民代表大会代表至第三次会议共缺额 24 名，分别为吉首市文婷、李春华、张晚发、陈国胜、金孟贤、梁银明，泸溪县罗序英、符自龙、董清云，凤凰县吴翔、傅元壮，古丈县丁子健、吴凌频、高文化、熊晓平，花垣县孙剑霖、宛庆丰，保靖县吴兴花，永顺县丁卿林、向用高、周云、郑桂章，龙山县曹世凯、童名谦。补选代表 24 名，分别为吉首市田白云、杨昌富、张湘州、祝自元、秦国文、麻兴志，泸溪县杜晓勇、彭图瑜、胡世和，凤凰县龙金明、何杰、陈海波，古丈县向顶天、秦真林、彭继春，花垣县曹普华、彭益，保靖县张启茂，永顺县王承荣、卢向荣、李平、祝期祥，龙山县罗天明、彭正刚。

湘西州出席湖南省第十一届人民代表大会代表：万伟、王秋沙、龙冰（女）、龙宁英（女）、田芳春、刘纯玺、刘集贵、刘路平、杜晓勇、李启群（女）、李雄、吴凤齐、吴文钊、何泽中、何益群、张慧（女）、陈久经、陈松岭、林洁（女）、周强、欧阳旭、姚俊峰、贾顺祥、徐克勤、麻趖、梁明金、彭计划、彭桂香（女）、董清云、葛汉栋、童名谦。

湘西州出席第十一届全国人民代表大会代表：徐克勤、吴正有、田儒斌、张苹英（女）。

第二节 人民代表大会

一、第八届人民代表大会

第二次会议 1989 年 6 月 29 日至 7 月 2 日在吉首举行。出席会议代表 313 人。会议听取和审议州人民政府工作报告、州人大常委会工作报告、州中级人民法院工作报告、州人民检察院工作报告、全州 1988 年国民经济和社会发展计划执行情况及 1989 年国民经济和社会发展计划（草案）的报告、全州 1988 年财政预算执行情况和 1989 年财政预算（草案）的报告，并分别作出相应的决议；审议通过关于设立州第八届人民代表大会法制、财政经济、教育科学文化卫生专门委员会的决议及其组成人员名单。

第三次会议 1990 年 4 月 6—10 日在吉首举行。出席会议代表 273 人。会议听取和审议州人民政府工作报告、州人大常委会工作报告、州中级人民法院工作报告、州人民检察院工作报告、全州 1989 年国民经济和社会发展计划执行情况及 1990 年国民经济和社会发展计划（草案）的报告、全州 1989 年财政预算执行情况和 1990 年财政预算（草案）的报告，并分别作出相应的决议；补选符光安（苗族）为州第八届人大常委会副主任，补选裴祖耀为州第八届人大常委会委员。

第四次会议 1991 年 5 月 3—7 日在吉首举行。出席会议代表 294 人。会议听取和审议湘西州国民经济和社会发展十年规划和第八个五年计划草案的报告、州人大常委会工作报告、州中级人民法院工作报告、州人民检察院工作报告、关于全州 1990 年国民经济和社会发展计划执行情况及 1991 年国民经济和社会发展计划（草案）的报告、全州 1990 年财政预算执行情况和 1991 年财政预算（草案）的报告，并分别作出相应的决议；审议通过吴应举为州第八届人大教科文卫委员会主任委员；审议通过《湘西州土家族苗族自治州国土资源开发保护条例》。

第五次会议 1992 年 5 月 6—10 日在吉首举行。出席会议代表 325 人。会议听取和审议州人民政府工作报告、州人大常委会工作报告、州中级人民法院工作报告、州人民检察院工作报告、关于全州 1991 年国民经济和社会发展计划执行情况及 1992 年国民经济和社会发展计划（草案）的报告、全州 1991 年财政预算执行情况和 1992 年财政预算（草案）的报告，并分别作出相应的决议；审议通过关于州第九届人大代表选举问题的决定；审议通过《湘西州各级人民代表大会常务委员会监督本级人民法院和人民检察院工作条例》。

二、第九届人民代表大会

第一次会议 1992 年 12 月 29 日至 1993 年 1 月 3 日在吉首举行。出席会议代表 329 人。会议听取和审议州人民政府工作报告、州人大常委会工作报告、州中级人民法院工作报告、州人民检察院工作报告、关于全州 1992 年财政预算执行情况分析和 1993 年财政预算初步设想的报告，并分别作出相应的决议；审议通过《湘西州九届人大第一次会议选举办法》，选举产生州第九届人大常委会，吴沅生（苗族）当选为州第九届人大常委会主任，刘定远（土家族）、余中佑（苗族）、罗国兴、周从玉（女，土家族）、莫伟才、贾长岳（土家族）、符光安（苗族）、董继兴为州第九届人大常委会副主任，盛德珍（土家族）为州第九届人大常委会秘书长；选举向世林（土家族）为州人民政府州长，龙文玉（苗族）、刘殿兴、李遨夫、陆光祖、武吉海（苗族）、黄秀兰（女，土家族）为州人民政府副州长；选举石维斌（苗族）

为州中级人民法院院长、向邦柱为州人民检察院检察长，选举湘西州出席湖南省第八届人民代表大会代表32名；审议通过州第九届人民代表大会专门委员会组成人员名单。

第二次会议 1994年4月19—23日在吉首举行。出席会议代表328人。会议听取和审议州人民政府工作报告、州人大常委会工作报告、州中级人民法院工作报告、州人民检察院工作报告、全州1993年国民经济和社会发展计划执行情况及1994年国民经济和社会发展计划（草案）的报告、全州1993年财政预算执行情况和1994年财政预算（草案）的报告，并分别作出相应的决议；补选徐克勤（苗族）为州第九届人大常委会委员；审议通过《关于将州人大法制委员会更名为内务司法委员会的决定》。

第三次会议 1995年3月28日至4月1日在吉首举行。出席会议代表331人。会议听取和审议州人民政府工作报告、州人大常委会工作报告、州中级人民法院工作报告、州人民检察院工作报告、全州1994年国民经济和社会发展计划执行情况及1995年国民经济和社会发展计划（草案）的报告、全州1994年财政预算执行情况分析和1995年财政预算（草案）的报告，并分别作出相应的决议；审议通过关于设立州人大农业委员会的决定；审议通过州人大农业委员会组成人员名单；审议通过关于免去原州人大内司委主任委员、副主任委员和决定任命主任委员人选名单；审议通过《湘西州矿产资源管理条例》。

第四次会议 1996年3月25—29日在吉首举行。出席会议代表327人。会议听取和审议湘西州国民经济和社会发展“九五”计划和2010年远景目标纲要（草案）的报告、州人大常委会工作报告、州中级人民法院工作报告、州人民检察院工作报告、全州1995年国民经济和社会发展计划执行情况及1996年国民经济和社会发展计划（草案）的报告、全州1995年财政预算执行情况分析和1996年财政预算（草案）的报告，并分别作出相应的决议。大会审查和批准《湘西州国民经济和社会发展“九五”计划和2010年远景目标纲要》；审议通过《湘西州环境保护若干规定》《湘西州电信管理条例》《湘西州个体私营经济生产经营权益保护条例》；补选欧阳旭（土家族）、易柱良、黄金泉为州第九届人大常委会委员，补选刘基剑为州中级人民法院院长、郑昌文为州人民检察院检察长。

第五次会议 1997年3月25—29日在吉首举行。出席会议代表325人。会议听取和审议州人民政府工作报告、州人大常委会工作报告、州中级人民法院工作报告、州人民检察院工作报告、全州1996年国民经济和社会发展计划执行情况及1997年国民经济和社会发展计划（草案）的报告、全州1996年财政预算执行情况分析和1997年财政预算（草案）的报告，并分别作出相应的决议；审议通过关于设立州人大城乡建设环境保护委员会和州人大民族侨务外事委员会的决定；审议通过杨胜芳为州人大民族侨务外事委员会主任委员，杨永花为州人大民族侨务外事委员会副主任委员。

三、第十届人民代表大会

第一次会议 1997年12月28日至1998年1月3日在吉首举行。出席会议代表334人。会议听取和审议州人民政府工作报告、州人大常委会工作报告、州中级人民法院工作报告、州人民检察院工作报告、全州1997年国民经济和社会发展计划执行情况及1998年国民经济和社会发展计划（草案）的报告、全州1997年财政预算执行情况分析和1998年财政预算（草案）的报告，并分别作出相应的决议；审议通过《湘西州第十届人大一次会议选举办法》；会议选举产生州第十届人大常委会，彭诗来当选为州第十届人大常委会主任，刘定远（土家族）、周从玉（女，土家族）、杨元章（苗族）、田志海（土家族）、陈久经（苗族）、石光清（苗族）、廉开科（土家族）、贾祖霞（女，土家族）为州第十届人大常委会副主任，尹桂生（回族）为州第十届人大常委会秘书长；选举武吉海（苗族）为州人民政府州长，王承荣（土家族）、黄秀兰（女，土家族）、董继兴、王新华、田家贵（土家族）、李德清（苗族）、梁秋松（苗族）为州人民政府副州长；选举向泽楚（土家族）

为州中级人民法院院长、白贵泉为州人民检察院检察长，选举湘西州出席湖南省第九届人民代表大会代表29名；通过州第十届人民代表大会各专门委员会组成人员人选名单；审议通过州第十届人大第一次会议关于设立本次会议议案审查委员会、计划预算委员会的决议及组成人员名单。

第二次会议 1999年3月25—28日在吉首举行。出席会议代表331人。会议听取和审议州人民政府工作报告、州人大常委会工作报告、州中级人民法院工作报告、州人民检察院工作报告、全州1998年国民经济和社会发展计划执行情况及1999年国民经济和社会发展计划（草案）的报告、全州1998年财政预算执行情况分析和1999年州本级财政预算（草案）的报告，并分别作出相应的决议；审议通过《湘西州矿产资源管理条例（修订）》。

第三次会议 2000年3月28—31日在吉首举行。出席会议代表332人。会议听取和审议州人民政府工作报告、州人大常委会工作报告、州中级人民法院工作报告、州人民检察院工作报告、全州1999年国民经济和社会发展计划执行情况及2000年国民经济和社会发展计划（草案）的报告、全州1999年财政预算执行情况和2000年州本级财政预算（草案）的报告，并分别作出相应的决议；审议通过《湘西州乡村公路条例》《湘西州吉首市城区饮用水水源保护条例》；补选王锡玉为湘西州出席湖南省第九届人大代表，补选杨永花为州第十届人大常委会委员；审议通过龚安书为州第十届人大教育科学文化卫生委员会主任委员，杨永花为州第十届人大城乡建设环境保护委员会主任委员。

第四次会议 2001年3月27—31日在吉首举行。出席会议代表335人。会议听取和审议全州国民经济和社会发展第十个五年计划纲要草案的报告、州人大常委会工作报告、州中级人民法院工作报告、州人民检察院工作报告、全州2000年国民经济和社会发展计划执行情况及2001年国民经济和社会发展计划（草案）的报告、全州2000年财政预算执行情况和2001年州本级财政预算（草案）的报告，并分别作出相应的决议；审查批准湘西州国民经济和社会发展第十个五年计划纲要；审议通过《湘西州十届人大四次会议选举办法》，补选金述富为州第十届人大常委会主任，补选晏友生、游清高（土家族）为州第十届人大常委会副主任、补选龙靖波（苗族）、刘长生（白族）为州第十届人大常委会委员，补选何剑（土家族）为州中级人民法院院长；审议通过《湘西州河道管理条例》。

第五次会议 2002年3月28日至4月1日在吉首举行。出席会议代表312人。会议听取和审议州人民政府工作报告、州人大常委会工作报告、州中级人民法院工作报告、州人民检察院工作报告、全州2001年国民经济和社会发展计划执行情况及2002年国民经济和社会发展计划（草案）的报告、2001年全州及州本级财政预算执行情况和2002年全州及州本级财政预算（草案）的报告，并分别作出相应的决议；补选龙友芳（苗族）为州第十届人大常委会副主任，补选刘卫平、李鹏程、谢茂忠为州十届人大常委会委员；审议通过李鹏程为州十届人大教育科学文化卫生委员会主任委员、石建芳为州十届人大教育科学文化卫生委员会副主任委员、刘卫平为州十届人大民族侨务外事委员会主任委员、赵大军为州十届人大民族侨务外事委员会副主任委员；审议通过《湘西州自治条例修正案》；审议通过关于设立州人大法制委员会的决定。

四、第十一届人民代表大会

第一次会议 2002年12月28日至2003年1月3日在吉首举行。出席会议代表333人。会议听取和审议州人民政府工作报告、州人大常委会工作报告、州中级人民法院工作报告、州人民检察院工作报告、全州2002年国民经济和社会发展计划执行情况及2003年国民经济和社会发展计划（草案）报告、2002年全州及州本级财政预算执行情况和2003年全州及州本级财政预算（草案）报告，并分别作出相应决议；审议通过《湘西州十一届人大一次会议选举办法》，会议选举产生州第十一届人大常委会,龙颂江（苗族）当选为州第十一届人大常委会主任，陈久经（苗族）、田志海（土家族）、游清高（土家族）、龙友芳（苗族）、王锡炳（土家族）、李万松、肖国良（土家族）、陈继延（女，土家族）为州第十一届人大常委会副主任，熊福为州第十一届人大常委会秘书长；选举武吉海（苗族）为州人民政府州长，李德清（苗族）、杨先杰、秦湘赛（土家族）、贾祖霞（女，土家族）、梁秋松（苗族）、彭善文（土家族）为州人民政府副州长；选举何剑（土家族）为州中级人民法院院长、薛献斌为州人民检察院检察长；选举湘西州出席湖南省第十届人民代表大会代表29名；通过州第十一届人民代表大会各专门委员会组成人员人选名单；审议通过州第十一届人大一次会议关于设立本次会议议案审查委员会、计划预算委员会的决议及组成人员名单。

第二次会议 2004年2月24—28日在吉首举行。出席会议代表334人。会议听取和审议州人民政府工作报告、州人大常委会工作报告、州中级人民法院工作报告、州人民检察院工作报告、全州2003年国民经济和社会发展计划执行情况及2004年国民经济和社会发展计划（草案）的报告、2003年全州及州本级财政预算执行情况和2004年全州及州本级财政预算（草案）的报告，并分别作出相应的决议；审议通过《湘西州凤凰历史文化名城保护条例》；补选杜崇烟（土家族）为州人民政府州长，补选宁明、彭文昌为州第十一届人大常委会委员，补选孙吉勇、童名谦为湖南省第十届人民代表大会代表。

第三次会议 2005年3月27—31日在吉首举行。出席会议代表338人。会议听取和审议州人民政府工作报告、州人大常委会工作报告、州中级人民法院工作报告、州人民检察院工作报告、全州2004年国民经济和社会发展计划执行情况及2005年国民经济和社会发展计划（草案）的报告、2004年全州及州本级财政预算执行情况和2005年全州及州本级财政预算（草案）的报告，并分别作出相应的决议；补选举尹桂生、彭司礼为州第十一届人大常委会副主任，补选举宋友达为州第十一届人大常委会秘书长，补选王斌、傅世友为州第十一届人大常委会委员；审议通过《湘西州里耶历史文化名镇保护条例》和《湘西州环境保护条例》。

第四次会议 2006年3月26—29日在吉首举行。出席会议代表334人。会议听取和审议湘西州国民经济和社会发展第十一个五年规划纲要的报告、州人大常委会工作报告、州中级人民法院工作报告、州人民检察院工作报告、全州2005年国民经济和社会发展计划执行情况及2006年计划（草案）的报告、湘西州2005年财政预算执行情况和2006年预算（草案）的报告，并分别作出相应决议；审议通过《湘西州民族民间文化遗产保护条例》，审议批准废止《湘西州电信管理条例》。

第五次会议 2007年3月27—31日在吉首举行。出席会议代表336人。会议听取和审议州人民政府工作报告、州人大常委会工作报告、州中级人民法院工作报告、州人民检察院工作报告、全州2006年国民经济和社会发展计划执行情况及2007年计划（草案）的报告、湘西州2006年预算执行情况和2007年预算（草案）的报告，并分别作出相应的决议；补选宋友达、董道平为州第十一届人大常委会副主任，补选刘万云为州第十一届人大常委会秘书长，审议通过傅世友为州第十一届人大内务司法委员会主任委员、张党闽为州第十一届人大城乡建设环境保护委员会主任委员、何学智为州第十一届人大法制委员会主任委员；审议通过《湘西州人民代表大会立法程序条例》和《湘西州猛洞河风景名胜区保护条例》，审议批准废止《湘西州各级人民代表大会常务委员会监督本级人民法院、人民检察院工作条例》。

五、第十二届人民代表大会

第一次会议 2007年12月29日至2008年1月3日在吉首举行。出席会议代表333人。会议听取和审议州人民政府工作报告、州人大常委会工作报告、州中级人民法院工作报告、州人民检察院工作报告、全州2007年国民经济和社会发展计划执行情况及2008年计划（草案）的报告、湘西州2007年预算执行情况和2008年预算（草案）的报告，并分别作出相应的决议；审议通过《湘西州第十二届人大第一次会议选举办法》，选举产生州第十二届人大常委会，刘路平当选为州第十二届人大常委会主任，秦湘赛（土家族）、李万松、董道平（土家族）、宋友达（土家族）、向清平（女，土家族）、刘万云（苗族）、刘昌刚（苗族）为州第十二届人大常委会副主任，曾庆祥（土家族）为州第十二届人大常委会秘书长；选举徐克勤（苗族）为州人民政府州长，胡章胜、陈潇、贾祖霞（土家族）、吴彦承（苗族）、周赛保、曹世凯（土家族）为州人民政府副州长；选举李立新为州中级人民法院院长、曾新善为州人民检察院检察长；选举湘西州出席湖南省第十一届人民代表大会代表31名。通过州第十二届人民代表大会各专门委员会组成人员人选名单；审议通过州第十二届人大第一次会议关于设立本次会议议案审查委员会、计划预算委员会的决议及组成人员名单。

第二次会议 2009年3月24—27日在吉首举行。出席会议代表330人。会议听取和审议州人民政府工作报告、州人大常委会工作报告、州中级人民法院工作报告、州人民检察院工作报告、全州2008年国民经济和社会发展计划执行情况及2009年计划（草案）的报告、湘西州2008年预算执行情况和2009年州本级预算（草案）的报告，并分别作出相应的决议；选举叶红专（土家族）为州人民政府州长。审议通过《湘西州农村公路管理养护条例》和《湘西州土家医药苗医药保护条例》。

第三次会议 2010年2月24—27日在吉首举行。出席会议代表333人。会议听取和审议州人民政府工作报告、州人大常委会工作报告、州中级人民法院工作报告、州人民检察院工作报告、全州2009年国民经济和社会发展计划执行情况及2010年计划（草案）的报告、湘西州2009年预算执行情况和2010年预算（草案）的报告，并分别作出相应的决议；审议通过《湘西土家族苗族自治州小溪国家级自然保护区条例》；补选罗天明为州第十二届人大常委会副主任，彭继春为州第十二届人大常委会秘书长，田白云、张启茂、张湘州、陈海波、尚光友、麻兴志、彭图瑜为州第十二届人大常委会委员。

第二章 人大常委会

第一节 组成人员

一、第八届人大常委会

（1989年1月至1993年1月）

湘西自治州第八届人大常务委员会由30人组成，其中主任1人，副主任7人，秘书长1人，委员21人。常委会成员的民族结构为：土家族10人，占33.33%；苗族7人，占23.33%；白族、瑶族各1人，占6.66%；妇女5人，占16.67%；中共党员21人，占70%；非中共党员9人，占30%。因大庸市和桑植县于1989年1月划出自治州行政区域，经省七届人大常委会重新核定，州第八届人大常委会组成人员名额调整为29名。

二、第九届人大常委会

（1993年1月至1998年1月）

湘西州第九届人大常委会由29人组成，其中主任1人，副主任8人，秘书长1人，委员19人。常委会成员的民族结构为：土家族10人，占35%；苗族7人，占24%；回族1人，占3.5%；瑶族1人，占3.5%；少数民族合占66%；妇女6人，占21%；非中共党员8人，占28%；驻会专职组成人员16人，占全体组成人员的55%。

三、第十届人大常委会

（1998年1月至2003年1月）

湘西州第十届人大常委会由31人组成，其中主任1人，副主任8人，秘书长1人，委员21人。常委会成员的民族结构为：土家族12人，占39%；苗族8人，占26%；回族1人，占3%；瑶族1人，占3%；妇女8人，占26%；中共党员24人，占77%；非中共党员7人，占23%；驻会专职组成人员19人，占61%。

四、第十一届人大常委会

（2003 年 1 月至 2007 年 12 月）

湘西州第十一届人大常委会由 31 人组成，其中主任 1 人，副主任 8 人，秘书长 1 人，委员 21 人。常委会成员的民族结构为：土家族 13 人，占 42%；苗族 7 人，占 23%；白族 1 人，占 3%；妇女 7 人，占 23%；中共党员 24 人，占 77%；非中共党员 7 人，占 23%；驻会专职组成人员 18 人，占 58%。

五、第十二届人大常委会

（2007 年 12 月—）

湘西州第十二届人大常委会由 37 人组成，其中主任 1 人，副主任 7 人，秘书长 1 人，委员 28 人。常委会成员的民族结构为：土家族 13 人，占 35%；苗族 11 人，占 30%；妇女 10 人，占 27%；中共党员 25 人，占 68 %；非中共党员 12 人，占 32 %；驻会专职组成人员 17 人，占 33 %。

1989—2010 年，州人大常委会历任副秘书长：周樾初、杨胜芳、杨正勋、龚安书、宋清良、姚绍元、刘小平、尹桂生、李鹏程、谢茂忠、赵大军、满元清、杨清英、熊福、何学智、胡林燕、梁厚能、杜修林。

1989—2010 年湘西自治州人大常委会主任、副主任、秘书长名录

表 5-1

姓　名	性别	民族	政治面貌	文化程度	籍 贯	职 务	任 职 时 间
向和友	男	土家	中共党员	大学专科	湖南永顺	主 任	1989 年 1 月至 1992 年 12 月
吴沅生	男	苗	中共党员	大学本科	湖南凤凰	主 任	1992 年 12 月至 1997 年 12 月
彭诗来	男	汉	中共党员	大学本科	湖南双峰	主 任	1998 年 1 月至 2000 年 11 月
金述富	男	汉	中共党员	大学本科	湖南张家界	主 任	2001 年 3 月至 2003 年 1 月
龙颂江	男	苗	中共党员	大学专科	湖南凤凰	主 任	2003 年 1 月至 2007 年 12 月
刘路平	男	汉	中共党员	大学本科	湖北武汉	主 任	2008 年 1 月任
石国玺	男	苗	中共党员	初中	湖南花垣	副主任	1989 年 1 月至 1993 年 1 月
黄辛夷	男	汉	中共党员	高中	湖南醴陵	副主任	1989 年 1 月至 1990 年 1 月
李　忠	男	汉	中共党员	初中	湖南常德	副主任	1989 年 1 月至 1992 年 12 月
李正喜	男	汉	中共党员	初中	湖南古丈	副主任	1989 年 1 月至 1992 年 12 月
陈敬夫	男	汉	—	大学本科	湖南衡南	副主任	1989 年 1 月至 1992 年 12 月
周从玉	女	土家	中共党员	大学专科	湖南保靖	副主任	1989 年 1 月至 2003 年 1 月
符光安	男	苗	中共党员	初中	湖南龙山	副主任	1990 年 4 月至 1997 年 12 月
刘定远	男	土家	中共党员	中师	湖南龙山	副主任	1993 年 1 月至 2001 年 3 月
余中佑	男	苗	中共党员	高中	湖南保靖	副主任	1993 年 1 月至 1997 年 12 月
罗国兴	男	汉	中共党员	中专	湖南长沙	副主任	1993 年 1 月至 1997 年 12 月
莫伟才	男	汉	中共党员	大学专科	湖南桃江	副主任	1993 年 1 月至 1997 年 12 月
贾长岳	男	土家	中共党员	高中	湖南保靖	副主任	1993 年 1 月至 1997 年 12 月
董继兴	男	汉	—	大学本科	四川省	副主任	1993 年 1 月至 1997 年 12 月

续表 5-1

姓　名	性别	民族	政治面貌	文化程度	籍　贯	职　务	任　职　时　间
石光清	男	苗	中共党员	中专	湖南吉首	副主任	1998 年 1 月至 2003 年 1 月
田志海	男	土家	中共党员	大学专科	湖南古丈	副主任	1993 年 1 月至 2005 年 3 月
杨元章	男	苗	中共党员	大学专科	湖南泸溪	副主任	1998 年 1 月至 2001 年 11 月
陈久经	男	苗	中共党员	大学专科	湖南凤凰	副主任	1998 年 1 月至 2007 年 12 月
廉开科	男	土家	中共党员	初中	湖南张家界	副主任	1998 年 1 月至 2001 年 3 月
贾祖霞	女	土家	—	大学专科	湖南保靖	副主任	1998 年 1 月至 2003 年 1 月
晏友生	男	汉	中共党员	大学本科	湖南临澧	副主任	2001 年 3 月至 2003 年 1 月
游清高	男	土家	中共党员	大学本科	湖南永顺	副主任	2001 年 3 月至 2007 年 12 月
龙友芳	男	苗	中共党员	大学专科	湖南凤凰	副主任	2002 年 3 月至 2007 年 12 月
王锡炳	男	土家	中共党员	大学专科	湖南保靖	副主任	2003 年 1 月至 2004 年 6 月
李万松	男	汉	中共党员	大学本科	湖南花垣	副主任	2003 年 1 月任
肖国良	男	土家	中共党员	大学专科	湖南保靖	副主任	2003 年 1 月至 2007 年 12 月
陈继延	女	土家	—	大学专科	湖南永顺	副主任	2003 年 1 月至 2007 年 12 月
尹桂生	男	回族	中共党员	大学专科	湖北来凤	副主任	2005 年 3 月至 2007 年 3 月
彭司礼	男	土家	中共党员	大学本科	湖南保靖	副主任	2005 年 3 月至 2007 年 3 月
董道平	男	土家	中共党员	大学专科	湖南龙山	副主任	2007 年 3 月任
宋友达	男	土家	中共党员	大学专科	湖南保靖	副主任	2007 年 3 月任
向清平	女	土家	—	大学本科	湖南古丈	副主任	2008 年 1 月任
秦湘赛	男	土家	中共党员	大学本科	湖南龙山	副主任	2008 年 1 月至 2010 年 2 月
刘万云	男	苗	中共党员	大学本科	湖南古丈	副主任	2008 年 1 月任
刘昌刚	男	苗	中共党员	在职研究生	湖南花垣	副主任	2008 年 1 月任
罗天明	男	土家	中共党员	大学本科	湖南花垣	副主任	2010 年 2 月任
盛德珍	男	土家	中共党员	大学专科	湖南龙山	秘书长	1989 年 1 月至 1996 年 3 月
尹桂生	男	回	中共党员	大学专科	湖北来凤	秘书长	1998 年 1 月至 2003 年 1 月
熊　福	男	汉	中共党员	大学专科	湖南凤凰	秘书长	2003 年 1 月至 2005 年 3 月
宋友达	男	土家	中共党员	大学专科	湖南保靖	秘书长	2005 年 3 月至 2007 年 3 月
刘万云	男	苗	中共党员	大学本科	湖南古丈	秘书长	2007 年 3 月至 2007 年 12 月
曾庆祥	男	土家	中共党员	大学本科	湖南龙山	秘书长	2008 年 1 月至 2010 年 2 月
彭继春	男	土家	中共党员	大学本科	湖南永顺	秘书长	2010 年 2 月任

第二节 专门委员会与工作机构

一、人民代表大会专门委员会

（一）财政经济委员会（1989 年 7 月至 2010 年 12 月）

主任委员：聂祖喜、丁子健、李鹏程；副主任委员：李子达、丁子健、胡祥云、王育行。

（二）内务司法（法制）委员会（1989 年 7 月至 2010 年 12 月）

主任委员：熊云腾、符光安、黄金泉、傅世友、尚光友；副主任委员：李天姣、黄金泉、杨明仁、傅世友、麻三艳。

（三）教育科学文化卫生委员会（1989 年 7 月至 2010 年 12 月）

主任委员：石维斌、吴应举、彭善久、龚安书、李鹏程、石建芳；副主任委员：彭善久、刘卫平、石建芳、程三艳。

（四）农业委员会（1995 年 4 月至 2010 年 12 月）

主任委员：李子达、李运秋、宁明；副主任委员：李运秋、宁明、李桂林。

（五）民族侨务外事委员会（1997 年 3 月至 2010 年 12 月）

主任委员：杨胜芳、刘卫平；副主任委员：杨永花、李桂林、赵大军。

（六）城乡建设环境保护委员会（1997 年 3 月至 2010 年 12 月）

主任委员：龚安书、杨永花、夏佳、张党闽；副主任委员：夏佳、尚光友。

（七）法制委员会（2002 年 3 月至 2010 年 12 月）

主任委员：彭文昌、何学智；副主任委员：宁明、王承恩。

二、人大常委会工作机构

（一）办公室（1988 年 1 月至 2010 年 12 月）

1989 年 1 月，州人大常委会办公室为州人大常委会办事机构，内设秘书科、综合科、人事科、行政科。2001 年 11 月，办公室内设秘书科、综合科、人事科、行政科、老干科、接待科和纪检组。2002 年 9 月，增设人大代表培训中心、州人大机关车队。2004 年 5 月，老干科更名为老干部工作办公室。2007 年 3 月，撤销州人大内司委信访科，设立信访工作办公室。

2001 年 8 月，州人大常委会办公室不再单设主任、副主任职务，分别由州人大常委会秘书长、副秘书长兼任。

办公室主任：杨正勋、龚安书、姚绍元、尹桂生、熊福、宋友达、刘万云、曾庆祥、彭继春；副主任：张桂兰、蔡武明、赵大军、刘小平、李鹏程、谢茂忠、满元清、杨清英、何学智、胡林燕、梁厚能、杜修林。

（二）选举任免联络工作委员会（1988 年 8 月至 2007 年 12 月）

主任：裴祖耀、丁学勇、姚绍元、谢茂忠；副主任：周樾初、杨明生、丁学勇、彭凤英、符吉平。

（三）预算工作委员会（2006 年 6 月至 2010 年 12 月）

主任：李鹏程；副主任：田白云。

（四）法制工作委员会（1988 年 1 月至 1989 年 6 月）

主任：彭武刚、熊云腾；副主任：熊云腾、李天姣。

（五）财政经济工作委员会（1988 年 1 月至 1989 年 6 月）

主任：石国玺、聂祖喜；副主任：聂祖喜、李子达。

（六）教育科学文化卫生工作委员会（1988 年 8 月至 1997 年 3 月）

主任：石维斌。

（七）民族侨务外事工作委员会（1988 年 8 月至 1997 年 3 月）

主任：吴远明、杨胜芳；副主任：宋清良、杨永花。

（八）农经工作委员会（1990 年 1 月至 1995 年 3 月）

主任：李子达；副主任：李运秋。

（九）法规工作委员会（1995 年 3 月至 2002 年 3 月）

主任：李天姣；副主任：时维善。

第三章 人大职权行使

1989—2010年，湘西州第八届至十二届人大常委会认真履行宪法和法律赋予的各项权，听取和审议“一府两院”相关议案和专项工作报告，开展执法检查，认真办理代表议案和督办代表建议批评意见，任免国家机关工作人员，组织代表视察等。同时指导县市人大工作，保障人民当家作主权利，充分发挥地方国家权力机关在社会主义民主法治建设中的重要作用。

第一节 决定重大事项

1989年，州人常委会第九次会议审议州人民政府提出的关于恢复农业税议案，作出《关于在全州恢复征收农业税的决定》。是年，全州减免灾后农业税1043万元全部用于农业发展基金。1991年，贯彻《全国人大常委会关于深入开展法制宣传教育的决议》，为全州经济建设和改革开放创造良好法制环境，州人大常委会第24次会议听取和审议州人民政府关于开展法制宣传教育第二个五年计划汇报，并作出《关于认真开展第二个五年普法工作的决议》。1988年1月至1992年12月，州第八届人大常委会先后听取政府有关部门涉及工交生产、计划生育、职业教育、农业税征收、普法工作、治理经济环境、扶贫开发等工作汇报，审议并依法作出决议、决定15项。

1993年，根据各级人大代表和人民群众反映，州境有在道路上自行设卡收费问题，州人大常委会第四次会议作出《关于严禁在道路上自行设卡收费的决定》，全州撤除4个自行设置的收费站(卡)。为切实保障农民合法权益，州人大常委会第五次会议作出《关于切实减轻农民负担的决议》，要求政府把减轻农民负担当作一件大事来抓，制止一切向农民乱收费、乱罚款、乱摊派、乱集资行为，对有禁不止的要追究单位负责人责任。全州减轻农民负担金额2053万元。1993—1997年，州第九届人大常委会召开会议对落实企业自主权、农民增收、法制教育等重大事项作出决议、决定31项。

1999年，根据全州农技推广工作现状，州人大常委会第十次会议作出《关于加强我州农业科技推广网络建设的决议》，要求州人民政府把科技兴农工作落到实处，建立健全农业科技推广体系，增加投入，为农技推广工作提供必要保障。决议作出后，州人民政府召开会议专门研究，印发《关于加强农业技术推广服务体系建设切实做好乡镇农业技术推广机构“三定”扫尾工作的通知》。1998年1月—2002年12月，州第十届人大常委会围绕依法治州、农村科技推广、森林资源保护、工业化进程推进、预防职务犯罪等人民群众普遍关心的热点、难点问题，依法作出决议、决定40项。

2003年，州人大常委会第六次会议作出《关于提高农村税费改革后中央转移支付用于教育危房改造资金比例的决定》，要求将农村税费改革后中央转移支付用于教育危房改造资金比例由10%提至20%以上，并由州财政局对20%部分实行专项调度、封闭式管理。2004年8月，州人大常委会在审议州政府关于吉凤工业园总体规划草案时，对规划草案中的环保措施不具体、工业用地比例偏低、园区功能定位不突出等问题提出质疑，常委会采取无记名投票表决予以否决。州政府及时组织专家修改规划草案，邀请人大常委会组成人员实地考察，并对规划草案再次审议，对修改结果表示满意，作出《关于原则同意吉凤工业园总体规划的决定》。2003年1月至2007年12月，州第十一届人大常委会就推进工业化进程、治理学校周边环境、州政府机关和凤凰县“五大家”(县委、县人大常委会、县人民政府、县政协、县人民武装部)机关搬迁、预防和制止家庭暴力、加强人民法院执行工作等重大事项作出决议、决定13项。

2009年，州人大常委会第16次会议作出关于同意湘西（广州）工业园、湘西民族职业技术学院有关建设项目向国家开发银行申请贷款9000万元决定。2010年，为加快实施州人民医院异地扩建工程建设，州人大常委会第20次会议在2008年同意预算安排9000万元基础上，再次作出同意向国家开发银行申请贷款1.2亿元的决定。2008年1月至2010年12月，州第十二届人大常委会就工业园区建设、重大建设项目等重大事项依法作出决议、决定14项。

第二节 法律监督和工作监督

1988年1月至1992年12月，州第八届人大常委会先后召开33次常委会议，听取和审议州政府及相关部门关于计划、财政、振兴全州经济、计划生育、农村改水、中等教育改革与职业教育发展、科技体制改革和社会治安综合治理等经济社会发展重大问题工作汇报。其中听取审议国民经济计划和财政预决算报告12次，审查批准1个年度国民经济和社会发展计划以及3个年度财政预决算。1989年，州人大常委会牵头抽调446人组成145个检查组，检查全州420个机关单位有关《刑法》《刑事诉讼法》《国土法》《森林法》《矿产资源管理法》《治安管理处罚条例》等70多个法律、法规执行情况，及时纠正处理159件违法犯罪案件。1990年，州人大常委会第17次会议通过《关于监督国民经济和社会发展计划实施的暂行办法》和《关于监督财政预算实施的暂行办法》，并于是年4月10日起实施。1991年，州人大常委会检查《湖南省禁止向农民乱收费乱派款的规定》执行情况，由常委会领导带领农工委和政府有关部门负责人调查77个乡镇农民负担情况，发现收费、派款、集资、罚款达280项。州人大常委会第21次会议听取和审议农工委关于调查情况和贯彻落实湖南省有关规定汇报，州政府专门开会研究，制定整改措施，向农民乱收费、乱派款行为得到有效遏制。

1993年1月至1997年12月，州第九届人大常委会先后召开36次常委会议，听取和审议州“一府两院”（州人民政府、州人民法院、人民检察院）关于全州农业产业结构调整、民族、侨务、外事工作、以工代赈和州庆重点建设项目、环保和教育卫生事业、社会治安、反腐败斗争等工作汇报，督促和支持“一府两院”工作。1995年，州人大常委会首次开展政府及其职能部门工作评议，当年评议单位有州公安局、州工商局、州教育委员会。评议采取人大代表广泛征求群众意见，被评议单位汇报工作，对存在问题限期整改等方式进行，并由人大有关委员会跟踪督查。1996年，州人大常委会检查《预算法》《预算法实施条例》《湖南省预算外资金管理条例》（以下简称“一法两条例”）实施情况，听取审议州人民政府关于“一法两条例”贯彻执行情况汇报。针对预算编制不规范、预算执行约束不力、预算外资金管理比较混乱等问题，提出整改意见。州人民政府根据人大常委会提出的建议和意见，取消或调减一批收支项目，查处一批违法案件，加强对财政预算和预算外资金管理。

1998年1月至2002年12月，州第十届人大常委会先后召开36次常委会议，围绕全州扶贫攻坚规划、“十五”计划编制、西部开发、争取和落实民族优惠政策、农业产业化、工业化、城镇化及生态州建设、民营经济发展、国有企业改革、产业结构调整、下岗职工生活保障和再就业、干部职工医疗保险等重要工作和群众普遍关心的热点、难点问题进行监督，把国民经济和社会发展计划、财政预决算作为工作监督重点，做到每次代表大会召开之前，提前介入计划和预算审查，每年年中均安排听取和审议一次州政府关于当年国民经济和社会发展计划、财政预算执行情况报告，帮助政府分析问题制定对策，确保计划和财政预算实现。1999年，州人大常委会专题听取和审议州人民政府关于贯彻落实民族优惠政策情况汇报，要求州人民政府通过多种渠道向上级提出建议，请省委省政府出台《关于继续支持湘西土家族苗族自治州扶贫攻坚的意见》，继续把湘西州作为扶贫攻坚主战场。同时常委会对《建筑法》《城市规划法》《水法》《防洪法》《水土保持法》《行政处罚法》《义务教育法》《森林法》《湖南省乡镇财政管理条例》等法律的教育贯彻实施情况开展执法检查。2001年，某派出所所长刘某某在查找他人被盗板车时故意非法拘传被害人，并违反人民警察使用枪支规定，朝受害人左腿和腹部各射击1枪造成八级伤残。为逃避罪责和处罚，刘某某伙同他人从报案到立案、调查取证、案件定性编造假案，使无罪人受到刑事立案追诉。州人大常委会根据群众反映，对此案实施个案监督，副主任石光清直接督办，内务司法委员会向有关单位下发交办函，年底州中级人民法院作出一审判决，依法追究刘某某等人刑事责任，此案得到依法查处。2002年，州人大常委会围绕《行政处罚法》《行政事业性收费管理条例》等18部法律法规开展综合执法检查，就行政审批环节多、对企业"四乱"（乱收资、乱集资、乱罚款、乱摊派）、法院执行难和干部作风粗暴等问题分别向州政府、州中级人民法院交办，此后取消行政审批项目416项，违规收费停止，违规资金得到清退或上缴，有关责任人受到纪律处分。同时州人大常委会各专门委员会对《民族区域自治法》《刑法》《科技进步法》《乡镇企业法》《食品卫生法》《传染病防治法》《消防法》《气象法》《村民委员会组织法》《土地管理法》《归侨侨眷权益保护法》《宗教活动场所管理条例》《治安管理处罚条例》等60部法律法规的执行情况开展检查和调查。

2003年1月至2007年12月，州第十一届人大常委会先后召开45次常委会议，围绕国民经济和社会发展计划、财政预算编制和执行情况、参与西部大开发、新农村建设、工业园区建设、湘泉集团核减债务、州府城市建设和管理、州庆重点工程建设、乡镇行政区划调整、县乡公路改造、共建吉首大学第一附属医院（州人民医院）、新型农村合作医疗、90个边远特困村扶贫资金使用、中小学校布局调整、寄宿制学校建设和"两免一补"（免除学杂费、课本费，补助住宿学生生活费）、农村中小学教师公转住房建设、法院执行工作、监所检察工作等方面听取和审议"一府两院"专项工作报告，并对存在问题分别提出意见。2003年，州人大常委会开展义务教育法执法检查，并向州委报告检查情况，州委支持督促州政府整治学校周边环境，规范依托重点高中创办民办初中问题，足额安排少数民族义务教育助学金、提高农村税费改革中央财政转移支付用于教育危房改造资金比例，筹集资金3.4亿元建成农村寄宿制学校308所，村小三年级以上学生到中心完小集中就读达4万余人。2006年，州人大常委会在听取和审议州人民政府关于少数民族医疗减免费、义务教育助学金、民族事业补助费第三项经费落实情况汇报，针对"三项经费"在预算、拨付、管理、使用等问题提出意见，引起政府重视，全州900余万元"三项经费"财政全部拨付到位。是年，检查《民族区域自治法》及《自治条例》执法情况，对需要上级支持解决的配套资金、通乡油路建设、生态公益林补偿、财税政策等问题向省人大常委会作专题汇报，同时向州政府提出加大争取优惠政策力度、用好用活民族区域自治政策建议。

2008年1月至2010年12月，州第十二届人大常委会召开27次常委会议，围绕"十二五"规划编制、新型城镇化、新型农村合作医疗、集体林权制度改革等60余个重点、热点和难点问题审议监督，形成意见和建议交政府办理。对《民族区域自治法》《体育法》《吉首市城区饮用水水源保护条例》《固体废物污染环境防治法》《科技进步法》等10余部法律规贯彻实施情况进行执法检查，形成执法检查审议意见，连同执法检查报告一并交政府办理落实。2010年，州人大常委会听取和审议州政府关于规划纲要草案编制情况报告，对整体发展战略、区域布局、优势产业建设、基础设施建设、新型城镇建设、州府吉首城市建设、旅游通道建设、新农村建设、民生事业建设等提出建设性意见，为科学制定规划提供参考。是年，通过对民族区域自治等法律执法检查的跟踪督办，促使一些问题得到解决，全州2.5亿元的“普九”（普及九年义务教育）债务，上级核定补助1.64亿元。

第三节 任免国家机关工作人员

1990年，州人大常委会第十八次会议修订《人事任免工作暂行办法》，组织部分常委会委员和人事任免工作机构工作人员，采取“听述职报告，看工作业绩；听群众意见，看清正廉洁；听领导评价，看决策才能”方法，听取32名政府组成人员和法院、检察院副职干部工作汇报，分别同83名委办局副职干部和179名科级干部个别座谈，并向州委作专题汇报，州委对干部作出调整。是年，州第八届人大常委会依法任免国家机关工作人员211人，其中州人大常委会工作人员任职22人，免职9人；州人民政府组成人员任职58人，免职25人；州中级人民法院任职38人，免职14人；州人民检察院任职34人，免职11人。批准任命县（市）人民检察院检察长16人。

1993年1月至1997年12月，州第九届人大常委会任免国家机关工作人员243人，其中任命政府组成人员59人，任命州人大机关办委负责人13人，任命州人民法院副院长、审判委员会委员、庭长、副庭长、审判员76人，任命州人民检察院副检察长、检察委员会委员、检察员32人，免职63人。纠正个别单位未经人大常委会审议批准擅自调整干部工作岗位的做法。1995—1996年，州人大常委会先后开展对州政府组成人员述职评议，评议对象为州经济委员会主任、州林业局局长和州民政局局长。

1998年1月至2002年12月，州第十届人大常委会修订《湘西州人大常委会人事任免工作办法》，开展对被选举和任命人员岗前法律知识学习培训，建立被任命人员述职报告制度，每年选择1~2名被任命”的国家工作人员进行会议述职评议，了解被评议对象贯彻法律法规情况、履行岗位职责情况、接受人大监督情况、办理代表建议、批评和意见情况、勤政廉政情况。2002年，州人大常委会执行《湖南省县级以上人民代表大会常务委员会述职评议工作条例》，对州公安局局长、州国土资源局局长举行会议述职评议，采用无记名投票表决，新闻媒体予以报道。对其他国家工作人员则采取书面述职，常委会组成人员分别评定述职报告。是年，州人大常委会任免国家机关工作人员222人次，其中任命136人次，免职59人次，接受或批准辞职25人次。

2003年1月至2007年12月，州第十一届人大常委会规范和完善人事任免办法，严格任免程序，发扬民主，提高审议质量。届内常委会任免国家机关工作人员281人次，其中任命182人次，免职66人次，接受或批准辞职33人次。先后对12名州政府工作部门负责人和1名州中级人民法院副院长履行职责情况举行会议述职评议，并对评议对象履职情况无记名投票表决，当场公布结果；对其建议和意见，分别下达整改交办通知，进行跟踪督办，限期报告整改结果。

2008年1月至2010年12月，州第十二届人大常委会依法任免国家机关工作人员175人次，其中任命110人次，免职55人次，接受或批准辞职9人次。2008年，州人大常委会对州政府27名拟任人员举行任前法律知识考试，规定考试不合格者，不再提请任命。州人大常委会3名正副主任和州委组织部、人大常委会选任联工委、州普法办公室等单位负责人参与监考。2009年，州人大常委会人事任免首次采用电子表决。2010年，出台州“两院”（州中级人民法院、州人民检察院）提请任命人员实施任前调查意见，被提请任命“两院”工作人员调查材料作为审议人事任免议案的参考依据。

第四节 议案建议督办

1988年1月至1992年12月，州第八届人大常委会办理代表议案13件、建议批评意见778件，常委会归口承办5件，交州人民政府办公室承办764件，交州中级人民法院承办6件，交州人民检察院承办3件。

1993年，王发胜等19名代表提出《关于要求切实加大措施减轻农民负担》议案，州政府召开3次州长办公室会议，专题研究部署减轻农民负担工作，组织4次全州性减轻农民负担执法检查，清出涉及农民负担文件911份，撤销本级本部门文件91份、修改40份，取消农民负担项目473个。1993年至1997年12月，州第九届人大常委会办理和督促办理代表建议批评意见388件，州人大常委会归口承办9件，交州人民政府办公室承办373件，交州中级人民法院承办2件，交州人民检察院承办4件。得到解决和部分解决272件，留作以后参考116件。

1998年，向明权等18名代表提出《关于制定湘西自治州人大代表合法权益保障条例》议案，州人大常委会派出两个调查组深入到县市与各级人大代表座谈，听取代表意见和要求，出台《关于维护人民代表大会代表合法权益保障代表执行职务的决定》，为代表执行职务落实具体保障措施。2002年，张子伟等13名代表提出《关于清除吉首城区噪音污染的议案》，州人大内司委交由州人民政府转交吉首市人民政府，发布《关于在吉首城区禁止机动车辆鸣喇叭的通告》，规定从9月1日起禁止机动车辆在城区鸣喇叭。1998年1月至2002年12月，州第十届人大常委会督促办理代表建议批评意见429件，其中解决300件，占总数的70.2%。

2003年1月，张子伟等12名代表联名提出《关于实施湘西州民族民间文化保护工程》议案，连续3年跟踪督办，州政府成立保护协调领导小组，组建州民族民间文化保护中心，制定保护规划及实施方案，成立专家委员会，2004年4月，湘西州被文化部公布为全国第二批民族民间文化保护工程试点少数民族自治州；2006年3月，州第十一届人大常委会第四次会议审议通过《湘西州民族民间文化遗产保护条例（草案）》。2006年5月31日，湖南省第十届人大常委会第21次会议批准该条例，条例颁布实施标志着该议案办结。至2007年12月，州第十一届人大常委会督促办理代表建议批评意见676件，全部在法定时间内办结。

2009年，重点抓好交办、承办、督办、答复4个环节，坚持会议交办、“三段式督办”和“三位一体联办”运作模式，实施承办工作目标管理责任制，推行重点督办代表建议制，引入代表评价建议办理工作机制。鲍中顺等13名代表联名提出《对纳入财政管理的项目资金实行政府采购，是提高财政资金使用效率的有效途径》议案，州人大常委会将此议案及时向州政府交办。州政府出台采购管理办法，规范政府采购行为，降低采购成本，全州完成采购规模4.19亿元，节约采购资金6960万元。2008—2010年，州第十二届人大常委会督促办理建议批评意见607件。

第五节 民族立法

1991年，州人大常委会审议《湘西土家族苗族自治州国土资源开发保护条例》，并于5月提请州第八届人民代表大会第四次会议通过后报省人大常委会；8月，省第七届人民代表大会常务委员会第24次会议批准该《条例》。1992年1月，州人大常委会审议《湘西土家族苗族自治州各级人民代表监督本级人民法院、人民检察院工作条例（草案）》；5月，提请州第八届人民代表大会第五次会议审议通过；6月，湖南省第七届人民代表大会常务委员会第29次会议批准该《条例》。1988年1月至1992年12月，州第八届人大常委会提请人民代表大会通过并经省人大常委会批准2部单行条例。

1995年4月，州人大常委会审议《湘西土家族苗族自治州矿产资源管理条例（草案）》，并提请州第九届人民代表大会第三次会议通过后报省人大常委会；8月，湖南省第八届人民代表大会常务委员会第17次会议批准该《条例》。1996年，州人大常委会审议《湘西土家族苗族自治州个体工商户和私营企业生产经营权益保护条例（草案）》；3月，提请州第九届人民代表大会第四次会议通过后报省人大常委会；6月，湖南省第八届人民代表大会常务委员会第22次会议批准该《条例》。1997年年初，州人大常委会审议《湘西土家族苗族自治州环境保护若干规定（草案）》和《湘西州电信管理条例（草案）》；3月，州第九届人民代表大会第四次会议通过此两个《条例》。1993年1月至1997年12月，州第九届人大常委会提请人民代表大会通过并经省人大常委会批准4部单行条例。

2000年3月，州人大常委会审议《湘西土家族苗族自治州乡村公路条例（草案）》《湘西土家族苗族自治州吉首市城区饮用水水源保护条例（草案）》，提请州第十届人民代表大会第三次会议通过并报省人大常委会；7月，湖南省第九届人民代表大会常务委员会第17次会议批准该《条例》。2001年2月，第九届全国人大常委会第二十二次会议通过《关于修改民族区域自治法的决定》修正案，对“民族区域自治法”章节内容作较大修改，于是，州第十届人大常委会将修改自治条例列入州人大常委会工作要点。州人大常委会主任任修改领导小组组长，并明确工作机构和人员。10月，州人大常委会副主任田志海率领起草小组成员赴西部民族自治地方考察，并深入到县市和州直单位征求意见；11月中旬，形成条例修正（草案）；下旬，州第十届人大常委会第67次主任会议听取自治条例修改情况汇报，对自治条例修正（草案）作调整、补充和完善；12月，全国人大民委听取湘西州自治条例修改情况汇报，全国人大民委法案室审查条文，并提出具体修改意见；是月，省人大法制委与民族华侨外事委等相关处室负责人专程到吉首帮助修改，形成“自治条例”修改第四稿。2002年1月，州第十届人大常委会第30次会议听取自治条例修改情况汇报；3月，州委常委会会议听取自治条例修改情况汇报，随后根据州委常委会会议和省人大常委会主任会议意见，经修改形成自治条例修正第五稿，州第十届人民代表大会第五次会议通过关于修正《湘西土家族苗族自治州自治条例》决定；6月，湖南省第九届人大常委会第29次会议批准该条例修正案。1998—2002年，州第十届人大常委会提请人民代表大会通过并经省人大常委会批准3部单行条例，修改1部条例。

2003年，州人大常委会将《湘西州凤凰历史文化名城保护条例》列入州人大立法规划，10月首次审议该条例（草案），并将条例（草案）印送到8县市人大常委会和州直相关部门征求意见，同时起草小组成员赴山西平遥、祁县两座历史文化名城考察，对条例（草案）再做修改，形成条例草案一审修改稿。2004年2月，湖南省人大常委会民侨外委与法制委一行11人到凤凰县对条例一审修改稿详细修改，并作合法性审定，州第十一届人大常委会第十次会议再次审议条例（草案），州第十一届人民代表大会第二次会议通过《湘西土家族苗族自治州凤凰历史文化名城保护条例》；5月，湖南省第十届人大常委会第九次会议批准该条例。2005年3月，州人大常委会审议《湘西土家族苗族自治州里耶历史文化名镇保护条例（草案）》和《湘西土家族苗族自治州湘西州环境保护条例（草案）》，并将审议后的两个条例报省人大常委会；5月，省第十届人大常委会第15次会议批准该《条例》。2006年3月，州人大常委会审议《湘西土家族苗族自治州湘西州民族民间文化遗产保护条例（草案）》，提请州第十一届人民代表大会第四次会议通过后报省人大常委会；5月，湖南省第十届人大常委会第21次会议批准该《条例》。2007年3月，州人大常委会审议《湘西土家族苗族自治州猛洞河风景名胜区保护条例（草案）》和《湘西土家族苗族自治州立法程序条例（草案）》，提请州第十一届人民代表大会第五次会议通过后报省人大常委会，6月，湖南省第十届人大常委会第27次会议批准该《条例》。是年，废止《湘西土家族苗族自治州环境保护若干规定》（1996年）、《湘西州电信管理条例》（1996年）、《湘西土家族苗族自治州各级人民代表监督本级人民法院、人民检察院工作条例》等条例。2003年1月至2007年12月，州第十一届人大常委会提请人民代表大会通过并经省人大常委会批准6部单行条例、废止3部条例。

2007年年底，为解决全州村级公路管理养护所面临的困难和问题，依法保护和传承湘西州土家医药苗医药，州人大常委会先后组织《湘西土家族苗族自治州村级公路管理养护条例》和《湘西土家族苗族自治州土家医药苗医药保护条例》制定起草工作，数易其稿，于2009年3月提请州第十二届人民代表大会第二次会议通过两个条例；5月，两个条例经湖南省第十一届人大常委会第八次会议批准实施。2010年2月，州第十二届人民代表大会第三次会议通过《湘西土家族苗族自治州小溪国家级自然保护区条例》后报省人大常委会；3月，湖南省第十一届人大常委会第14次会议批准该《条例》。2008年1月至2010年12月，州第十二届人大常委会提请人民代表大会通过并经省人大常委会批准单行条例2部。

第六节 代表考察

湘西州第八届人大常委会届内组织代表考察10次。1990年2月，州人大常委会组织4名全国人大代表、25名省人大代表和237名州人大代表考察全州执行1989年国民经济计划和廉政建设以及"扫黄"等方面情况，听取城乡275个单位干部群众意见和情况反映，人大代表就减轻农民负担、拨统销粮度荒、治安管理、廉政建设、加大教育投入等群众反映强烈问题，分别逐级作了反映，部分问题得到解决。

州第九届人大常委会届内组织代表考察5次，主要围绕全州国民经济和社会发展、财政收支、社会治安综合治理、抗灾救灾等问题进行。1993年12月，州人大常委会组织在州的全国人大代表、省人大代表和州人大代表围绕全州国民经济和社会发展计划及财政预算执行情况、减轻农民负担、全民所有制工业企业转换经营机制等问题开展考察。代表们召开座谈会169次，实地察看单位178个，广泛收集人民群众意见，形成考察报告，一些建议意见引起中央和省有关部门重视。

州第十届人大常委会届内组织代表考察5次。1998年12月，州人大常委会组织在州的全国、省及州人大代表就重点建设项目安排、库区移民专项补助、重新核定烟税专项上解基数等问题开展考察，考察分成9个组，分别深入到8个县（市）了解情况，考察建议分别由在州的省人大代表和全国人大代表在省九届人大二次会议和九届全国人大二次会议上提出，有的建议意见得到上级政府和有关部门的重视和支持。

州第十一届人大常委会届内组织代表考察5次。2006年10月，州人大常委会组织在州的部分全国、省及州人大代表深入湘西民族职业技术学院建设现场考察，听取湘西州职业教育发展情况汇报，并就如何发展湘西州职业教育提出建议和意见，交由政府及相关部门办理落实。

2009年8月，州人大常委会组织在州的部分全国人大代表和省人大代表就湘西州铁路建设集中考察，提出"改造枝柳铁路复线，开工建设黔张常铁路，启动恩施至吉首铁路、秀山经吉首至益阳铁路，迁建吉首火车站"等考察建议，引起省和国家有关方面重视，部分建议被采纳。黔张常铁路国家铁路"十二五"规划，吉（首）恩（施）高速公路列入湖南省公路建设规划。至2010年，州第十二届人大常委会先后组织代表考察2次。

第六篇 人民政府

1989—2010年，湘西自治州历经五届人民政府。州政府通过政府全体会议、常务会议、州长办公会议等会议，以及分工负责、发布政令、目标管理、调查研究、现场办公、请示报告等行政方式，推进工作落实。同时，抓好政府法制、公文审批、政务督查、民族宗教、信访接待、外事侨务、信息化建设、地方志工作等，保证政令畅通和各项工作协调运转。

湘西州实行民族区域自治，自治州州长由实行自治主体民族（土家族或苗族）公民担任。州人民政府实行州长负责制。历届州政府坚持在上级党委、政府和州委的领导下，在州人大、州政协的监督支持下开展工作。

1989年，州人民政府在第八届任期之内，至1992年，坚持发展为第一要务。农村，抽调机关干部驻村扶贫；农业，稳定粮食生产，建设商品粮基地，发展多种经营；工业，国营、集体企业推行经营承包，重点发展电力、食品、冶金、烟草、轻纺五大产业，扶持酒鬼酒、电解金属锰等一批高新优质产品发展；旅游，开始开发猛洞河漂流、凤凰古城、德夯风景区。生态环境、教育、科技同步推进。

1993年，第九届州人民政府，提出转换工商企业经营机制，开始实施企业改革改制；农业调整产业结构，培育新的经济增长点，至1995年，全州开发山地8万公顷，以椪柑等水果业为主；扶贫工作，制定扶贫攻坚计划；旅游业开始加大投入，建成省级风景名胜区4个。1997年，酒鬼酒股份有限公司挂牌成立，成为湖南食品行业首家上市公司。

1998年，第十届州人民政府，确定“工业立州、工业强州”发展战略，商贸企业“抓大放小”，实行“国有民营”“社有民营”，以“两个置换”为重点，以产权多元化为核心，采取破产、租赁、股份合作、拍卖等方式，推进国有企业改革改制，发展壮大优势企业和优势产业，至2002年，全州15家大中型企业工业总产值占全州工业总产值的38%。在扶贫方面，州定90个边远特困村扶贫，一定5年。其间，退耕还林工程启动。

2003年，第十一届州人民政府，提出农业发展产业化龙头企业，带动农民致富，同时，加大劳务输出力度。2004年，全州农村劳动力输出40万人，实现劳务收入20亿元。扶贫项目实施50个，减少贫困人口4.6万人。工业实施园区建设，先后设立州吉凤经济开发区、永顺猛洞河经济开发区等。全州入园企业262家，实现销售收入21.4亿元，占全州工业销售收入24%。旅游制定规划，着力打造“神秘湘西”品牌，凤凰古城被国家旅游局批准为国家AAAA级景区。交通等基础设施建设步伐加快，至2005年，全州原218个乡（镇）全部通公路，建制村通达率96.4%。生态州建设全面启动，退耕还林成效显著，空气质量进入全省先进行列。在此期间，州政府依法行政力度加大，全面实施《中华人民共和国行政许可法》，清理废止违规项目126项。

2008年，第十二届州人民政府第一次会议，要求突出抓好改善民生工程项目和重点工程。同时，确定旅游业为全州三大支柱产业之一，州旅游产业领导小组成立，至2010年，全州旅游收入63.5亿元，占国民生产总值20.9%；整村扶贫开发强力推进，农民人均纯收入实现3173元，比1989年增长2802元；建制村公路全部贯通，常（德）吉（首）、吉（首）茶（洞）高速公路等重点工程开工建设；城镇化率达到37%；城乡特困家庭低保实现应保尽保，新型农村合作医疗参合率94.4%。

第一章　政府机构

第一节　领导机构

1989年1月，湘西自治州行政区划调整后，第八届州人民政府州长：石玉珍；副州长：欧阳淞、余忠佑、李邀夫、龙文玉、刘殿新、贾长岳、刘定远、张毓琮（挂职）；秘书长刘德美。3月，挂职副州长张毓琮离任，云泽民接任。1990年3月，挂职副州长云泽民离任，闵耀良接任。1991年1月，秘书长刘德美离任，杨元章接任。6月，挂职副州长闵耀良离任，朱杰接任。1992年3月，挂职副州长朱杰离任，陈林圭接任。

1992年12月29日至1993年1月3日，州第九届人民代表大会第一次会议在吉首召开，选举产生第九届州人民政府。州长：向世林；副州长：武吉海、龙文玉、黄秀兰、陆光祖、李邀夫、刘殿新；秘书长杨元章。1994年11月，李大伦任副州长。1995年3月，副州长李邀夫离任。7月，王承荣任副州长，郭晋和任挂职副州长。11月，王新华任挂职副州长。9月，副州长刘殿新离任。1997年10月，州长向世林调省工作，武吉海代理州长。

1997年12月28日至1998年1月3日，州第十届人民代表大会第一次会议在吉首召开，选举产生第十届州人民政府。州长：武吉海；副州长：王承荣、田家贵、黄秀兰、李德清、梁秋松、董继兴、王新华（挂职）；秘书长罗天明。1998年3月，杨先杰任副州长。1999年5月，挂职副州长王新华离任。2000年11月，副州长王承荣离任。2001年1月，彭善文任副州长，3月，万燕华任挂职副州长。

2002年12月28日至2003年1月3日，州第十一届人民代表大会第一次会议在吉首举行，选举产生第十一届州人民政府。州长：武吉海；副州长：杨先杰、李德清、梁秋松、董继兴、彭善文、贾祖霞、秦湘赛；秘书长罗天明。2003年3月，州长武吉海调省，副州长董继兴退休。4月，杜崇烟任副州长、代理州长。10月，副州长杨先杰调离，胡章胜任副州长、周应华任挂职副州长。2004年7月，李球任副州长。8月，副州长彭善文免职。2005年2月，周应华离任。3月，秘书长罗天明离任，李平任秘书长。12月，勒晓阳、王秀忠任挂职副州长。2006年8月，副州长王秀忠离任。10月，副州长勒晓阳离任，方军任挂职副州长。2007年10月，副州长方军离任，曹举、蒲绪章任挂职副州长。12月，陈潇、周赛保任副州长。州长杜崇烟免职。

2007年12月至2008年1月3日，州第十二届人民代表大会第一次会议在吉首举行，选举产生第十二届州人民政府。州长：徐克勤；副州长：胡章胜、陈潇、贾祖霞、吴彦承、周赛保、曹世凯、曹举（挂职）、蒲绪章（挂职）；秘书长李平。2008年11月，州长徐克勤离职，叶红专任副州长代理州长。2008年12月，挂职副州长蒲绪章离职，王德芬、谢建华任挂职副州长。2009年3月，叶红专任州长。2010年1月，秘书长李平离任，翟建凯任秘书长。4月，龙靖波任副州长。12月，挂职副州长王德芬、谢建华离任，石教群、胡长顺挂职任副州长。

1989—2010年湘西自治州人民政府领导名录

表6-1

姓名	性别	民族	政治面貌	籍贯	职务	任职时间
石玉珍	女	苗	中共党员	湖南花垣	州长	1988年1月至1992年12月
向世林	男	土家	中共党员	湖南龙山	州长	1993年1月至1997年10月

续表 6-1

姓名	性别	民族	政治面貌	籍贯	职务	任职时间
武吉海	男	苗	中共党员	湖南吉首	副州长	1993年1月至1997年10月
					代州长	1997年10月至1997年12月
					州长	1998年1月至2003年3月
杜崇烟	男	土家	中共党员	湖南永顺	副、代州长	2003年1月至2004年2月
					州长	2004年2月至2007年12月
徐克勤	男	土家	中共党员	湖南龙山	州长	2008年1月至2008年11月
叶红专	男	土家	中共党员	湖南龙山	代州长	2008年12月至2009年3月
					州长	2009年3月任
欧阳淞	男	汉	中共党员	湖南双峰	副州长	1989年1月至1992年12月
余中佑	男	苗	中共党员	湖南保靖	副州长	1988年1月至1992年12月
李遨夫	男	汉		湖南新化	副州长	1988年1月至1995年3月
龙文玉	男	苗	中共党员	湖南凤凰	副州长	1988年1月至1997年12月
刘殿新	男	汉	中共党员	河北省	副州长	1989年1月至1995年9月
贾长岳	男	土家	中共党员	湖南保靖	副州长	1988年12月至1992年12月
刘定远	男	汉	中共党员	湖南龙山	副州长	1988年12月至1992年12月
张毓琮	男	汉	中共党员	—	副州长	1988年3月至1992年12月
云泽民	男	—	中共党员	—	副州长	1989年3月至1990年3月
闵耀良	男	—	中共党员	—	副州长	1991年3月至1991年6月
朱　杰	男	—	中共党员	—	副州长	1991年6月至1992年3月
陈林圭	男	—	中共党员	—	副州长	1992年4月至1993年1月
李大伦	男	汉	中共党员	湖南桃源	副州长	1994年11月至1995年5月
王承荣	男	土家	中共党员	湖南永顺	副州长	1995年7月至2000年11月
黄秀兰	女	土家	中共党员	湖南张家界	副州长	1993年1月至2002年12月
陆光祖	男	汉	—	上海市	副州长	1993年1月至1997年12月
郭晋和	男	汉	中共党员	河南省	副州长	1995年7月至1997年12月
王新华	男	汉	中共党员	—	副州长	1995年11月至1999年5月
田家贵	男	土家	中共党员	湖南龙山	副州长	1998年1月至2001年2月

续表 6-1

姓名	性别	民族	政治面貌	籍贯	职务	任职时间
杨先杰	男	汉	中共党员	湖南长沙	副州长	1998年3月至2003年10月
李德清	男	苗	中共党员	湖南泸溪	副州长	1998年1月至2007年1月
梁秋松	男	苗	中共党员	湖南保靖	副州长	1998年1月至2007年12月
董继兴	男	汉	中共党员	四川省	副州长	1998年1月至2002年12月
万燕华	男	汉	中共党员	—	副州长	2001年5月至2002年2月
彭善文	男	土家	中共党员	湖南永顺	副州长	2001年1月至2004年8月
贾祖霞	女	土家	—	湖南张家界	副州长	2003年1月至2007年12
秦湘赛	男	土家	中共党员	湖南龙山	副州长	2003年1月至2007年12月
胡章胜	男	苗	中共党员	湖南常德	副州长	2003年1月至2007年12月
周应华	男	汉	中共党员	河南固始	副州长	2003年10月至2005年2月
李　球	男	汉	中共党员	—	副州长	2004年7月至2007年12月
王秀忠	男	汉	中共党员	山东青州	副州长	2005年12月至2006年8月
勒晓阳	男		中共党员	—	副州长	2005年12月至2006年10月
方　军	男	汉	中共党员	—	副州长	2006年10月至2007年10月
吴彦承	男	苗	中共党员	湖南凤凰	副州长	2007年1月至2007年12月
蒲绪章	男	汉	中共党员	山东	副州长	2007年10月至2007年12月
曹　举	—	汉	中共党员	山东	副州长	2007年10月任
陈　潇	男	汉	中共党员	湖南茶陵	副州长	2008年1月至2010年4月
王德芬	—	汉	中共党员	江苏泰州	副州长	2008年12月至2009年12月
周赛保	男	汉	中共党员	湖南岳阳	副州长	2008年1月至2010年8月
曹世凯	男	汉	中共党员	湖南张家界	副州长	2008年1月任
陈　琳	—	汉	中共党员	—	副州长	2008年10月任
刘德美	男	汉	中共党员	湖南桑植	秘书长	1989年12月至1991年1月
杨元章	男	苗	中共党员	湖南泸溪	秘书长	1991年1月至1997年12月
罗天明	男	汉	中共党员	湖南花垣	秘书长	1998年1月至2005年3月
李　平	男	土家	中共党员	湖南龙山	秘书长	2005年3月至2010年1月
翟建凯	男	汉	中共党员	黑龙江克山	秘书长	2010年1月任

第二节 工作部门

1989年，州人民政府设工作部门56个：州政府办公室、修志办、协作办、经济研究室、人事局、劳动局、编委、监察局、国土局、旅游局(旅游局外事办)、档案局、科委、民委、计委、计量局、统计局、物资局、物价局、财委、审计局、财政局、工商局、民贸一局、民贸二局、粮食局、经委、交通局、工业局、轻纺工业局、二轻工业局、化工局、煤炭局、医药局、标准局、外经委、农委、农业局、林业局、水电局、乡镇企业局、畜牧局、农机管理局、建委、环保局、建材工业局、教委、文化局、体委、广播电视局、卫生局、计划生育委员会、公安局、司法局、民政局、文教办公室、经济开发办公室。省、州双重管理机构9个：税务局、邮电局、气象局、烟草专卖局、中国人民银行吉首分行、农业银行州中心支行、建设银行州中心支行、工商银行州中心支行、中国银行。1991年月，增设州水文水资源勘测局。

1994年8月，州政府机构改革，州人民政府工作部门调整为38个：州政府办公室、计划物价委员会、经济委员会、经济体制改革委员会、教育委员会、科学技术委员会、建设委员会、对外经济贸易委员会、民族事务委员会、公安局、司法局、监察局、审计局、财政局、民政局、人事局、劳动局、交通局、农业局、林业局、水利水电局、文化局、卫生局、计划生育局（以上24个办委局为州人民政府组成单位)、州政府农村工作办公室、财贸工作办公室、统计局、工商行政管理局、乡镇企业局、环境保护局、国土管理局、地方税务局、粮食局、外事侨务办公室、地质矿产局、冶金机械电子工业局、煤炭局、化学工业局。中央、省属与州双重管理机构有：州国家税务局、中国人民银行湘西州中心支行、州邮政局、州烟草专卖局、州技术监督管理局、州气象局、水文水资源勘测局。1998年12月，设无线电管理委员会湘西管理处。

2001年8月，州直单位机构改革，州人民政府设工作部门26个：州政府办公室、发展计划委员会、经济贸易委员会、民族事务委员会、科学技术局、教育局、公安局、司法局、监察局（与纪委合署办公，列入政府序列，不计政府机构个数)、民政局、财政局、人事局、劳动和社会保障局、国土资源局、建设局、交通局、水利局、农业局、林业局、对外贸易经济合作局、文化局、卫生局、计划生育委员会、审计局、环保局、统计局、物价局。州政府直属机构16个：州国有资产监督管理委员会、粮食局、煤炭局、档案局、体育局、广播电视局、畜牧水产局、旅游局、农业机械管理局、供销联社、扶贫开发办公室、地方志办公室、公路管理局、人民防空办公室、水库移民开发管理局、吉凤经济开发区管理委员会。州政府部门管理机构24个：州政府法制办公室、信访局、吉首监狱、劳动教育管理所、农村合作经济管理局、乡镇企业局、经济技术协作办公室、疾病预防控制中心、老龄工作委员会办公室、商业行业管理办公室、建材工业行业管理办公室、轻纺工业行业管理办公室、二轻工业协会、化学工业事务管理办公室、冶金机械电子工业事务管理办公室、物资行业管理办公室、食品药品监督管理局、煤炭安全生产监督管理局、宗教局、政务服务中心、住房公积金管理中心、信息化工作办公室、无线电管理处、知识产权局。2003年，州乡镇企业管理局更名为州民营经济发展局。2004年11月，州发展计划委员会更名为州发展和改革委员会，州对外贸易经济合作局更名为商务局。2005年，州经贸委撤销，设立州经济委员会(州民营经济发展局)。中央和省属在州行政管理机构有：州国家税务局、州地方税务局、中国人民银行湘西州中心支行、州邮政局、州烟草专卖局、州质量技术监督管理局、州气象局、州水文水资源勘测局、州无线电管理处。

2010年，州人民政府工作部门29个：州人民政府办公室、发展和改革委员会、经济和信息化委员会、教育局、科学技术局、民族事务委员会、公安局、监察局、民政局、司法局、财政局、人力资源和社会保障局、国土资源局、住房和城乡建设局、交通运输局、水利局、农业局、林业局、商务局、文化局、卫生局、人口和计划生育委员会、审计局、环境保护局、统计局、物价局、安全生产监督管理局、旅游局、食品药品监督管理局。州政府直属机构有：国有资产监督管理委员会、粮食局、煤炭局、档案局、体育局、广播电视局、畜牧水产局、农业机械管理局、供销联社、州政府扶贫开发办公室、州政府地方志办公室、公路管理局、人民防空办公室、水库移民办公室、信访局、吉首监狱、劳动教育管理所、知识产权局、经济技术合作办公室、疾病预防控制中心、老龄工作委员会办公室、商业行业管理办公室、建材工业行业管理办公室、轻纺工业行业管理办公室、州内贸行业管理办公室等。中央与省属在州行政管理机构有国家税务局、地方税务局、中国人民银行州中心支行、州工商行政管理局、烟草专卖局、质量技术监督管理局、气象局、水文水资源勘探局、省无线电管理委员会办公室湘西州管理处等。

州政府办公室

1989年，州人民政府办公室（简称州政府办）内设秘书科、综合科、城工科、行政科、保卫科、接待科、秘书二科、法规科、政工科、财务科、对外联络科、监察室，实有干部职工90人。1990年，法规科升格为州法制工作办公室（副处级），归口州政府办管理。1991年，增设信息科。1993年，增设老干科。1995年，州政府办内设秘书一科、秘书二科、综合信息科、经济科、社会发展科、城镇工作科、行政科、接待联络科、财务科、保卫科、政工科、监察室。1996年，增设车管科和机关服务中心（事业单位），设立州政府督查室（副处级）。2001年，增设秘书三科。2004年5月，增设金融证券办公室（副处级）。2006年，综合信息科更名为州政府研究室（副处级），增设州应急管理办公室。州宗教局由州民委管理改为州政府办管理。州政府办实有干部职工109人。2010年6月，金融证券办更名为金融工作办公室，副处级，为州人民政府部门管理机构，由州政府办管理。9月，增设州人民政府外事侨务办公室（州人民政府港澳事务办公室）。年末，州政府办内设文电科、会议科、秘书一科、秘书二科、秘书三科、秘书四科、秘书五科、秘书六科、秘书七科、信息科、综合科、调研科、督查室、应急管理办公室、政务公开办公室、保卫科、行政科、人事科、财务科、老干办，核定编制78名。

1989—2010年，州政府办公室历任主任：杨元章、罗天明、谭建军、李平、翟建凯；副主任：谭建军、秦加生、李烽、张昌云、王秀文、麻乐声、刘建民、向碧波、张小舟、李渭渔、陈仕良、邱生顺、刘光复、易小林、彭知勇、龙文辉、杨正存、李力、文武斌、伍程灿、石龙、龙春生、陈敬会、张发权、骆邦建。

第二章 重要会议

第一节 政府全体会议

一、第八届州人民政府

1989年5月3—4日，第八届州人民政府第二次全体会议召开，主要讨论修改《政府工作报告》，讨论并通过《州人民政府关于加强廉政建设的若干规定》。1990年2月2—3日，第八届州人民政府举行第三次全体会议。会议要求全州不准再开工建设新楼堂馆所，不准搞高标准整修办公用房，机关事业单位住房建设严格审批。凡是机关内部自设小招待所小客房单位一律不能安排建房经费；行政事业单位经费继续实行包干、节余留用、超支不补。精简会议和文件；行政事业单位不增加汽车。1991年2月2—3日，第八届州人民政府第四次全体会议召开，主要议题确定是年政府工作任务和措施，征求对“八五”计划修改意见。8月12日，第八届州人民政府举行第五次全体会议，会议主要总结当年前7个月工作，研究部署后5个月政府工作。1992年1月20日，第八届州人民政府召开第六次全体会议，会议指出巩固完善农村双层经营体制，建立健全社会化服务体系。确保粮食稳定增长，支持发展多种经营。加大措施发展乡镇企业。深化企业改革，转换经营机制，搞好利税大包干和县属国营企业转换机制两个试点，搞好企业人事制度、劳动用工制度、分配制度、经济责任制四项改革。抓紧技术改造，加强企业内部管理。突出重点建设，生产性投资保持在70%以上。加快发展第三产业，推行商业经营、价格、用工、分配“四放开”改革和粮食企业经营体制改革。扩大对外开放。5月26日，第八届州人民政府召开第七次全体会议，会议强调，贯彻《中华人民共和国企业法》，把企业推向市场；建立健全企业自负盈亏机制；企业内部形成干部能上能下、职工能进能出、工资能高能低用工机制和工资分配机制；确定一部分特厂、特店给予特殊政策；促进企业兼并联合；加快政府职能转变，逐步减少对企业直接管理。年内建立中国香港和泰国曼谷窗口，参与上海浦东新区开发。12月16—17日，第八届州人民政府举行第八次全体会议，会上传达省委六届五次全体（扩大）会议精神，讨论并原则同意第八届州人民政府的政府工作报告。

二、第九届州人民政府

1993年3月19日，第九届州人民政府第一次全体（扩大）会议召开，会议主要研究落实本届政府工作任务、目标和州委六届六次全体（扩大）会议作出的工作部署以及加强政府自身建设问题。会议要求抓好贯彻《湖南省全民所有制工业企业转换经营机制实施办法》，强调新一届政府组成人员做到思想、工作、接受监督三到位。4月11日，第九届州人民政府举行第二次全体（扩大）会议，会议主要讨论修改提交州九届人大二次会议审议的《政府工作报告》。会议原则同意《政府工作报告》，并提出修改意见。1996年1月17日，第九届州人民政府第三次全体（扩大）会议召开，会议重点要求打好“八七”扶贫攻坚战。1997年1月10日，第九届州人民政府召开第四次全体（扩大）会议，会议要求突出解决温饱；调整和优化经济结构，培育新的经济增长点；突出财源建设，增加可用财力；突出社会政治稳定，优化发展环境。12月9日，第九届州人民政府举行第五次全体（扩大）会议，会议主要听取代州长武吉海介绍《报告》起草和修改过程。《报告》三易其稿，政府常务会议讨论3次。

三、第十届州人民政府

1998年4月1—2日，第十届州人民政府第一次全体（扩大）会议召开。会议要求州、县（市）集中力量抓好粮食生产、烟叶生产和畜牧业生产。继续抓经济总量扩张，启动内需大项目，挑选一批有竞争力的项目挤进国家启动内需笼子，争取重点项目与国家启动内需确定的农林水利、铁路、公路、通信、市政、环保、高新技术产业建设和住房建设与现有企业技术改造相衔接；抓住国家支持企业集团低成本扩张和技术改造机遇做好湘泉扩配股和技术改造，带动全州工业第二次创业。对商品有销路，过来有亏损、欠电费、欠利息企业按当期效益、当期信誉择优支持；对产品市场较好，发展潜力较大骨干企业和优势企业排出扶持名单，研究扶持措施。冻结新设机构和机构升格，冻结政府机构编制。鼓励州、县（市）、乡（镇）三级党政机关干部分流创办开发服务经济型实体；鼓励优秀年轻干部到企业任职；鼓励有经营能力干部兴办民营企业。州政府为此制定配套措施。8月8日，第十届州人民政府第二次全体（扩大）会议召开，主要议题是贯彻执行州委、州政府关于大力发展民营经济和全面推进企业改制两个文件。1999年2月27日，第十届州人民政府举行第三次全体（扩大）会议，会议要求抓好经济结构调整；突出开拓市场，加快培育竞争型营销人才；抓好一批重大基础设施项目。2000年1月12日，第十届州人民政府第四次全体（扩大）

会议要求抓好全州新一轮经济结构调整（2000—2005年），将民营经济在全部经济中比重由1998年62%提高到80%以上，形成以民营经济为主体多元化县域经济格局；调整三次产业结构比例，产业排序由一、二、三调整为二、三、一；调整三次产业内部比例，第一产业在稳定粮食基础上突出发展畜牧水产业、高效经作业和林果业，第二产业在提质改造壮大烟酒业同时发展绿色健康食品加工和矿产品深加工，第三产业发展民族风情和生态旅游。会议要求做好重大项目进入西部大开发范围的申报争取工作。2月25日，第十届州人民政府第五次全体（扩大）会议主要议题是确定本年政府目标管理任务，征求《政府工作报告》意见。9月14日，第十届州人民政府第六次全体（扩大）会议召开，会上通报当年10件实事和目标管理任务进展情况，审议全州“十五”计划建议、扶贫规划、旅游规划和州本级财源建设规划。会议要求西部开发项目把突破口放在项目建设上；国有企业改制重点放在转换国有职工身份和妥善安置职工上，将中小企业推向市场；抓好“八七”扶贫攻坚计划结账的同时，把专业村建设作为新一轮农村扶贫开发突破口。2001年2月28日，第十届州人民政府召开第七次全体（扩大）会议，主要审议《政府工作报告（征求意见稿）》《关于湘西自治州国民经济和社会发展“十五”计划纲要的报告（征求意见稿）》《湘西自治州国民经济和社会发展“十五”计划纲要（草案）》。10月10日，第十届州人民政府举行第八次全体（扩大）会议，会议要求政府机关深入学习贯彻《中共中央关于加强和改进党的作风建设的决定》，落实“八个坚持、八个反对”，主推政务公开和“一站式”服务，政府工作从直接抓经济转到间接抓经济，从直接抓项目转到抓治理经济发展环境。抓清理减少行政审批、推进政务公开中心和“一站式”服务、落实西开项目优惠政策和降低行政运行成本及项目建设成本。2002年2月25日，第十届州人民政府第九次全体（扩大）会议召开，会议提出国内生产总值、工业增加值、固定资产投资、城镇化率、财税收入、农民人均纯收入等方面目标，要求推进农业产业化和扶贫开发，抓住西部开发机遇，抓好以交通、生态为重点的基础设施建设，促进城镇扩容提质和旅游产业发展。各级政府和各部门推行首问责任制、限期办结制、失误追究制、政务公开制。8月31日，第十届州人民政府举行第十次全体（扩大）会议，会议要求注意研究全国入世后市场走势和紧跟国家政策调整，实施投资拉动和工业拉动。突出交通建设，拉通进出湘西州大通道，为推进工业化、城市化和农业产业化提供硬件支撑。突出保护和改善生态环境，保护开发历史文化古迹，发展旅游产业。突出调整经济结构，改造提升烟酒、矿产品、农副产品加工业，加速发展绿色有机食品、生物制药、新材料等科技含量和附加值高的新兴产业。突出发展科技教育，推动经济增长从粗放型向集约型转轨。整治优化经济发展环境抓好5件实事：继续抓好清理行政审批；州政府和8个县（市）年内抓紧政务中心运作筹备；重点搞好投资1000万元以上的西部开发重大项目服务；落实州人大常委会交办的经济环境案例查处；新闻部门加强对治理优化经济环境正反典型跟踪报道。12月23日，第十届州人民政府十一次全体会议召开，全会审议《政府工作报告（征求意见稿）》。

四、第十一届州人民政府

2003年2月26日，第十一届州人民政府举行第一次全体（扩大）会议，会议部署州直部门和县（市）政府目标管理工作，提出突出产业建设、招商引资和优化环境，实现国内生产总值（GDP）年增长8%。2004年2月14日，第十一届州人民政府第二次全体（扩大）会议要求突出基础设施建设、产业建设、生态建设。产业建设提出培植新的经济增长点。生态建设提出“生态立州”目标。要求州直各部门为“三大建设”提供优质服务，突出抓好项目建设，成立专门班子，“一把手”亲自抓。各县市把纳税人评议制度作为优化经济发展环境重要手段和机遇，拿出优化环境具体实施方案。突出抓好人才建设。会议要求完善目标管理责任制，层层推行目标管理。2005年2

月27日，第十一届州人民政府第三次全体（扩大）会议召开，会议要求政府机关开展保持共产党员先进性教育活动，突出抓好工业生产启动、农业农村工作、旅游造势活动、社会事业发展等工作。2006年2月24日，第十一届州人民政府第四次全体（扩大）会议讨论《关于全州国民经济和社会发展第十一个五年规划纲要的报告（讨论稿）》。会议要求制定好“十一五”规划；抓好县乡公路建设、村级公路管护、敬老院建设、乡村医生报酬落实、农村寄宿制学校建设。抓好整村推进扶贫和新农村示范村建设工作，抓好项目储备和上争工作。2007年2月7日，第十一届州人民政府第五次全体（扩大）会议审议《政府工作报告（征求意见稿）》，部署当年对县市和州直有关单位目标管理工作。会议要求以50周年州庆为契机，围绕建设小康湘西、平安湘西、文化湘西、生态湘西、活力湘西目标，推进优势产业建设、基础设施建设、环境建设和社会事业建设，加快新型工业化、农业产业化和城镇化进程。做好新农村建设示范村和建制村村庄规划编制与实施工作，抓紧县乡公路、水利工程等项目实施；强化督查督办。2007年12月18日，第十一届州人民政府第六次全体（扩大）会议审议《政府工作报告（送审稿）》《关于湘西自治州2007年国民经济和社会发展计划执行情况与2008年计划草案的报告（送审稿）》《关于湘西自治州2007年预算执行情况和2008年预算草案的报告（送审稿）》。会议要求全州各级各部门搞好重点项目争取和重大工作衔接。各级各部门突出抓好生产安全、经济安全维护。开展生产、消防、交通、药品食品等安全大检查行动，建立工作台账，健全排查整改责任制和责任倒查制。

五、第十二届州人民政府

2008年4月7日，第十二届州人民政府第一次全体（扩大）会议要求国内生产总值（GDP）增幅恢复到8%以上，固定资产投资增幅稳定在20%以上，规模工业增加值增幅恢复到10%以上，财政收入增幅稳定在12%以上。突出加大重点项目实施力度，突出抓好改善民生重点项目和重点工程，推进和谐社会建设，建设服务型、创新型、法治型、廉洁型政府。2009年2月28日，第十二届州人民政府第二次全体（扩大）会议讨论《政府工作报告（征求意见稿）》《湘西自治州人民政府重大行政决策程序规则（征求意见稿）》《湘西自治州人民政府关于对县（市）人民政府和州直单位2009年主要工作实行目标管理的通知（征求意见稿）》《关于湘西州2008年预算执行情况与2009年预算草案的报告（征求意见稿）》《关于湘西州2008年国民经济和社会发展计划执行情况与2009年计划草案的报告（征求意见稿）》。会议提出坚持以行政程序建设为突破口，推进依法行政，完善重大行政决策程序，推动依法、科学、民主决策。严格规范性文件制定程序，落实规范性文件清理和备案审查制度。推进政务公开，切实保障人民群众的知情权、参与权、表达权和监督权。2010年1月27日，第十二届州人民政府第三次全体（扩大）会议审议《政府工作报告（送审稿）》《关于湘西州2009年国民经济和社会发展计划执行情况与2010年计划草案的报告（送审稿）》《关于湘西州2009年预算执行情况和2010年预算草案的报告（送审稿）》。11月29日，第十二届州人民政府第四次全体（扩大）会议审议并原则通过《湘西自治州国民经济和社会发展“十二五”规划纲要〈草案〉（送审稿）》。会议提出用中共十七届五中全会精神谋划好新一轮湘西州发展。贯彻省委省政府《关于加快经济发展方式转变、推进“两型社会”建设的决定》。

第二节　政府常务会议

1989年1月4日，州长石玉珍主持召开第八届州人民政府第16次常务会议，议定将旅游业纳入全州经济发展计划，发展和扶持旅游经济实体，成立旅游工作协调领导小组。1990年3月6日，州长石玉珍主持召开第八届人民政府第30次常务会议，讨论通过《州人民政府关于进一步搞活企业经营帮助企业渡过难关的意见》。1991年9月24日，州长石玉珍主持召开第八届人民政府第48

次常务会议，决定用2~3年时间完成对病险水库治理，力争到下年改善和新增灌溉面积1.5万公顷，“八五”末全州实现人均达到0.5亩旱涝保收稻田目标，农村达到初级电气化标准。会议议定成立州水利建设指挥部，成立水利建设资金协调领导小组。11月28日，州长石玉珍主持召开第八届州人民政府第49次常务会议，要求突出抓好税利大户生产经营，重点保证利税大户电力、资金需求。工交部门深入重点企业为企业排忧解难。财政、金融部门通力协作组织税收入库；财政、金融、电力等部门主动地向上级主管部门反应全州资金、电力困难情况，争取上级支持。1992年3月27日，受州长石玉珍委托，常务副州长欧阳淞主持召开第八届州人民政府第53次政府常务会议，讨论并原则通过《湘西土家族苗族自治州鼓励外商投资优惠政策若干规定》和《湘西土家族苗族自治州推进横向经济联合的优惠政策》。7月27—28日，州长石玉珍主持召开第八届州人民政府第56次常务会议，决定建立乡镇企业奖励基金，州财政每年拿5万元用于奖励为乡镇企业做出突出贡献的县市领导干部、州直有关部门和乡镇企业主管部门；州财政每年拿出50万元用于信用社贷款超基准利息贴息；福建省交流到湘西自治州各县（市）的干部应分工1人专抓乡镇企业；州级各家银行每年每家拿出50万元信贷资金支持1个乡镇企业项目。1989—1992年，第八届州人民政府召开常务会议43次。其间，主要议题是研究发展旅游业、工业生产、扶贫开发、水利建设、乡镇企业等工作。

1993年1月28—30日，州长向世林主持召开第九届州人民政府第一次常务会议，要求吉首城区近期解决好城市规划和交通、供水问题。抓紧做好猛洞河省级风景区规划评审和申请上报国家级风景区。要求吉首民族体育中心建成集竞技体育、群众体育和娱乐三大功能于一体场地，争取提前到1995年建成。会议讨论并原则通过《农村初级卫生保健工作规划》，议定卫生事业费占财政总支出比例“八五”期间逐步提高到8%。10月11日，州长向世林主持召开第九届州人民政府第十次常务会议，研究全州“三查”、清理“三乱”工作。会议讨论并原则通过《关于大力提倡过紧日子坚决反对挥霍浪费规定（讨论稿）》《关于公费安装住宅电话的管理规定（草案）》。1994年2月16—17日，州长向世林主持召开第九届州人民政府第13次常务会议，议定将州残疾人事业领导小组改为州政府残疾人工作协调委员会，建立并逐步扩大残疾人福利基金会，将残疾人特殊教育纳入义务教育规划，按政策规定安置残疾人就业，残疾人康复手术收费视同计划生育手术给予优惠。议定成立国有资产经营公司，拟定从财政周转金中适当集中部分资金，建立工业企业扭亏增盈周转金，发放办法由州经委商有关部门办理。旅游节会活动由政府举办转变为企业举办，由单纯接待型向经营型转变。会议议定教育经费收归县管；农村教育费附加由地方税务局在征收农业税时一并征收，专户储存，专款专用，主要用于民办教师工资福利集体补助部分及改善办学条件等开支；吉首城区小学入学难问题所需资金，采取财政拿一点、蓝印户口收费拿20%、群众集一点等办法解决。10月7日，州长向世林主持召开第九届州人民政府第20次常务会议，决定出台招商引资优惠政策，同意成立招商局和贸促会，牌子挂在外经委，实行一套人马，几块牌子。1995年1月21日，常务副州长李大伦主持召开第九届州人民政府第25次常务会议，要求编制”九五‘计划，争取一批项目进国家和省“九五”计划笼子，其中洗溪磷矿50万吨采选项目要尽量挤进“八五”计划，保证进入“九五”计划，洗溪磷矿30吨饲料添加剂项目要进一步落实配套资金。8月6日，受州长向世林委托，副州长武吉海主持召开第九届州人民政府第32次常务会议，同意制定《湘西自治州企业职工养老保险实施办法》《湘西自治州劳动监察暂行规定》。8月29日，州长向世林主持召开第九届州人民政府第33次常务会议，要求扶贫开发项目落实到村到户，基地乡（镇）开发形成规模，各级各部门办点作样。州财政支持永顺商品粮基地县开发配套资金，计委、农发基金对气象部门地面卫星接收站建设资金给予配套。按省政府有关文件规定征收防洪保安基金。1996年5月14日，州长向世林主持召开第九届人民政府第41次常务会议，议定组建企业集团，搞好湘泉集团公司试点，对拟组建的锰业集团和铝业集团由州经委和州体改委牵头作详细调查；对严重资不抵债、救活无望的企业实施破产，由州经委与有关银行、法院研究制定实施方案报州政府批准，年内力争每个县（市）每家银行对1～2家企业实施破产；改变企业办社会状况；各县（市）年内要搞好搞活2～3户骨干企业，抓好1～3户企业改革试点。会议决定成立州取缔关停严重污染环境小型企业领导小组，负责实施取缔和关停工作。会议议定从是年6月起，对自收自支和差额拨款事业单位全部工作人员，机关和全额拨款事业单位合同制工人、聘用人员、计划内临时工和挂靠机关事业单位人员征收和支付养老保险金，待条件成熟后再扩大范围；机关和全额拨款事业单位养老保险金开征待年终财政决算后再定；对于部分困难较大非全额拨款单位，由州人事局在核实基础上制定具体实施细则报州政府；加强管理，确保基金保值增值；全州离退休人员增加离退休费处理，同意在省定征收养老保险金比例基础上加收3%，由离退休人员所在单位缴纳；现行60元标准误餐费和专业技术职务岗位津贴不作为征收和支付基本养老保险金基数。8月27日，州长向世林主持召开第九届州人民政府第42次常务会议，议定组建县信用联社，增设州县农业发展银行，清理整顿农村“两会”及供销社增资扩股。会议同意成立州农村金融体制改革领导小组，由武吉海任组长。11月11日，州长向世林主持召开第九届州人民政府第44次常务会议，研究湘泉集团有限公司股份制改组和股票发行上市工作。1997年7月3日，州长向世林主持召开第九届州人民政府第54次常务会议，研究全州廉政纠风工作。1993—1997年，第九届州人民政府召开常务会议59次。主要研究农业、计划、金融、城乡建设、体育、卫生等工作。

1998年2月26日，州长武吉海主持召开第十届州人民政府第四次常务会议，审议《关于突出抓好1998年18件大事的通知》《关于对州直有关部门主要工作实行目标管理的通知》和《关于加强重点产品创优夺牌工作的通知（讨论稿）》。会议原则同意以州人民政府名义下发上述3个文件。会议要求州财政对重点创优夺牌产品生产给予经费支持。由州农办、州开发办牵头，在广东新修湖南省优质农产品广州番禺中心批发市场销售州内优质农产品。3月22日，州长武吉海主持召开第十届州人民政府第五次常务会议，要求是年重点抓好保靖食品工业集团、花垣三立锌业集团、湘西椪柑集团组建运作，帮助搞好湘泉集团扩配股和花垣锰业集团A股上市争取工作；加快城镇住房制度改革，加强住房公积金归集和管理，加快经济适用住房建设，继续做好集资建房和出售公有住房工作。会议要求集中资金投入扶贫攻坚；指导吉首市办好少数民族改革开放试验区；组建吉首市椪柑集团公司。会议同意召开全州落实少数民族政策工作会议。6月4日，州长武吉海主持召开第十届州人民政府第十次常务会议，议定成立州再就业工作领导小组，州、县（市）劳动局成立再就业服务中心。7月29日，州长武吉海主持召开第十届州人民政府第14次常务会议，要求加快口粮田、吉首打叶复烤厂工程、湘泉“2020”扩改工程等重点项目建设进度，完成无电村通电工作，抓紧1828线建设责任公司工商注册，加快碗米坡电站等重点项目向上衔接工作。1999年11月19日，州长武吉海主持召开第十届州人民政府第45次常务会议，确定重点抓好700个特困村扶贫攻坚，实行单位包村、干部包户、工作队驻村扶贫，一定3年，不脱贫，不脱钩。会议要求制定全州2001—2005年扶贫攻坚规划，原则同意州直10户国有企业改革改制方案。11月29日，州长武吉海主持召开第十届州人民政府第46次常务会议，原则同意《湘西自治州2001—2005年农村经济结构调整实施方案（讨论稿）》，要求全州农业结构调整突出市场导向，主推专业村和大户，以优质种苗工程建设作为突破口，继续抓好以口粮田建设、农村“五通”和生态工程为重点的基础设施建设，增强农业持续发展后劲。

会议同意设立吉首大学医学院和农学院，报省批准后实施；将吉首民族师范学校、州民族教育学院合并，组建吉首大学师范学院；原则同意组建湘西民族职业技术学院。2000年1月5日，州长武吉海主持召开第十届州人民政府第48次常务会议，研究贯彻落实《省委省人民政府关于继续支持湘西土家族苗族自治州扶贫攻坚的意见》。5月11日，州长武吉海主持召开第十届州人民政府第54次常务会议，议定成立碗米坡水电站工程建设领导小组。由州政府出面与省五凌公司签订移民搬迁包干总协议，州政府再同保靖、龙山两县签定分包协议。7月31日，州长武吉海主持召开第十届州人民政府第57次常务会议，要求推进政务公开工作，逐步推行政府采购。会计委派工作首先在1个县搞试点，然后逐步铺开。会议议定成立州政务公开领导小组。10月16日，州长武吉海主持召开第十届州人民政府第61次常务会议，研究全州边远特困村扶贫攻坚工作。会议同意筹集8000万元集中解决90个村扶贫投入问题，由州扶贫办、州民政局以每户2000元标准各筹措一半的办法，解决无房户建房问题。2001年4月24日，州长武吉海主持召开第十届州人民政府第72次常务会议，议定州政府工作机构设28个，人员编制精减30%，党委、人大、政协、群团、民主党派机关各精减20%，政法机关精减10%，纳入此次改革范围承担行政职能的事业单位编制精减20%比例做方案。2002年11月5日，州长武吉海主持召开第十届州人民政府第101次常务会议，研究国有企业改革改制工作。会议要求是年全州完成30户国有企业改制目标。改制企业州管干部去留问题，州委组织部拿出意见报州委常委会议研究。改制企业离休人员移交行管办或企业主管部门管理，经费先由改制企业列支，不足部分主管部门或行管办补助，州财政最后兜底。1998—2002年，第十届州人民政府召开104次常务会议。主要议题包括：经济体制改革、民族、金融、乡镇企业、扶贫攻坚、碗米坡电站口粮田建设等工作。

2003年2月14日，代州长杜崇烟主持召开第十一届州人民政府第七次常务会议，原则同意乾州开发区实施方案，其名称以再次报省批准为准。开发区范围向凤凰县竿子坪乡方向延伸，按8～10平方公里总体规划，园区项目引进以科技含量高、污染小的加工项目为主。发展思路为独立建制、股份合作、行政引导、公司运作。组建乾州开发区管理委员会，作为州委、州政府派出正处级行政机构，按照“两块牌子，一套人马”模式，管委会注册成立开发区建设开发公司，资金和土地由政府划拨。2005年9月12日，州长杜崇烟主持召开第十一届州人民政府第52次常务会议，研究湘西民族职业技术学院建设工作。会议议定2007年9月前该职院竣工交付使用。州发改委、州财政局衔接争取国家开发银行贷款，支持职院建设。该职院异地新建享受州重点工程和州庆项目相关优惠政策。2006年7月30日，州长杜崇烟主持召开第十一届州人民政府第69次常务会议，研究产业空白村扶贫工作。会议要求各级各相关部门确保帮扶100个产业空白村产业扶贫工作到位。产业空白村选择制定一个基本准入条件。落实产业空白村产业开发扶持资金，明确产业空白村产业扶持方式，原则通过《关于突出抓好特色产业空白村扶贫产业开发的决定》。2007年2月5日，州长杜崇烟主持召开第十一届州人民政府第76次常务会议，研究州人民医院搬迁工作。会议决定比照湘西民族职业学院贷款贴息标准，每年由州财政给该院安排贷款贴息400万元，连续支持5年，解决其新医疗区建设部分贷款利息。2003—2007年，第十一届州人民政府召开常务会议85次，主要研究乾州开发区建设、劳动和社会保障、湘西职院建设、产业空白村扶贫、州医院搬迁等工作。

2008年1月3日，州长徐克勤主持召开第十二届州人民政府第一次常务会议，原则同意《州人民政府工作规则（送审稿）》。7月12日，州长徐克勤主持召开第十二届州人民政府第11次常务会议，要求做好民间融资风险滚动排查，及时启动处置非法集资突发事件应急预案；州处置非法集资联席会议成员单位，按照国家、省有关处置非法集资联席会议制度要求，做好民间融资风险化解工作。2009年5月6日，州长叶红专主持召开第十二届州人民政府第23次常务会议，研究机关效能建设和优化经济社会发展软环境工作。会议原则通过《湘西自治州2009年机关效能建设和优化经济社会发展软环境工作意见（送审稿）》，州人民政府行政效能投诉中心、州优化办机构编制问题按程序报批。2010年8月18日，州长叶红专主持召开第十二届州人民政府第39次常务会议，研究新型城镇化工作。会议要求以州府吉首为龙头、7个县城为骨干、中心乡镇为依托实施新型城镇化建设，力争到2015年全州城镇化率达45%，2020年超过50%。会议原则通过全州主体功能区规划方案，其中吉首市为重点开发区，泸溪、古丈、凤凰、保靖、永顺、龙山6个县为限制开发区，花垣县由限制开发区调整为重点开发区，按程序报省审定。11月12日，州长叶红专主持召开第十二届州人民政府第41次常务会议，审议并原则通过《湘西自治州十二五规划纲要草案（送审稿）》。2008—2010年，第十二届州人民政府召开常务会议44次，主要议题为审议州政府工作规则、湘西自治州“十二五”规划纲要草案、民间融资风险化解、新型城镇化建设等工作。

第三节　州长办公会议

1989年4月10日，州长石玉珍主持召开州长办公会议，要求全州加大自营出口规模，鼓励企业多创汇出口。1991年4月26日，州长石玉珍主持召开州长办公会议，要求工业企业大胆运用上级给予的各项政策，敢于坚持和完善经营承包制、经济责任制，打破大锅饭，建立健全激励机制；各级经委和所属行业主管部门组成扭亏增盈服务队，深入亏损大户帮助解决企业难以解决的问题；推行和落实销售承包责任制。6月26日，州长石玉珍主持召开州长办公会议，要求主动开发名优特产品。会议同意农业部门种子贷款贴息按照分级负责办法,由种子风险基金、州财政、农发基金分别解决。1992年5月12日，州长石玉珍主持召开州长办公会议，决定政府有关经济技术部门和流通主管部门由行政机构逐步转变为经济实体。机关出去办实体职工工资可暂不脱钩，机关人员减少后，财政应给拨款暂不减少。农业、商业等部门和科委可先走一步，分行业局部突破，然后带动全局。会议确定吉首市为全州县市级综合改革试点。1989—1992年，第八届州人民政府召开州长办公会议38次，主要研究工业企业扭亏增盈、农业生产、金融、外贸、政府机构改革等内容。

1993年3月17日，受州长向世林委托，副州长李邀夫主持召开州长办公会议，研究猛洞河第二届国际旅游漂流月活动筹备工作。1994年3月26日，州长向世林主持召开州长办公会议，同意将工商部门收费暂时作为专项收费管理。同意成立州消费者协会，方案由州工商局负责拟定。要求落实市场建设各项优惠政策。4月24日，州长向世林主持召开州长办公会议，原则同意州农校挂上“民族中等专业学校”牌子，实行“两块牌子，一套人员”，并做好民族干部班招生工作。5月4日，州长向世林主持召开州长办公会议，议定设立农村卫生建设基金；由财政拿一点、社会集一点、卫生部门拿出一点办法解决农村乡镇卫生院建设，力争两年完成乡镇卫生院危房改建任务。11月30日，受州长向世林委托，常务副州长李邀夫主持召开州长办公会议，要求把行政事业性收费罚没收入全额纳入财政预算和管理。同意拟定《湘西自治州行政事业性收费、罚没收入管理暂行办法》补充规定；要求取消执收单位行政事业性收费和罚没收入过渡账户。1995年3月9日，州长向世林主持召开州长办公会议，要求加快100所希望小学建设步伐，建立完善分管教育副州长、副县市长和教委主任、团委书记为第一责任人工作机制，希望小学建设未下文明确的尽早衔接，资金赶快到位，未开工的尽快动工，下文的84所到秋季开学前交付使用；执行《州政府办关于对希望小学建设工程实行优惠政策》规定，能免费用一律免掉，坚持投标、招标、议标办法，由建委、教委、团委具体审查，报领导小组审定；县、乡党委政府做好配套资金到位工作，发动群众捐工献料；同意设立希望工程基金领导小组，制定全州希望工程基金实施方案，明确2000万元捐资目标（其中党政机关、企事业单位干部职工1000万元，个体工商户、运输户和私营企业主1000万元）。8月6日，常务副州长武吉海主持召开州长办公会议，原则通过《中共湘西自治州委、湘西自治州人民政府关于进一步加快发展工业若干问题的意见（讨论稿）》。会议议定成立州级工业财源办公室，州经委、财政、银行等部门抽调专人负责具体工作；要求全州突出建设15户销售收入过亿元、利税过千万元和10户销售收入过5000万元、利税过500万元企业；每个县搞1~2户企业年薪试点，全州培养200~300名跨世纪企业家，挑选50名干部到企业挂职锻炼；明确工业投入政策，凡涉及投入产出总承包的与新税法衔接，原则上不增加财政空转。投入大头在银行，争取银行支持。企业税收返还跟踪检查，督促企业把钱用在刀刃上。同意建立工业发展基金。9月3日，常务副州长武吉海主持召开州长办公会议，要求到1997年基本解决60万贫困人口温饱问题，全州新增可用财力2亿元（其中州级4000万元）；力争州庆前有20个左右重点项目建成投入使用。1996年3月12日，州长向世林主持召开州长办公会议，要求抓好城镇规划、建设和管理；解决村镇建设助理员编制，配备村镇建设管理人员；依法足额收取使用城市建设维护税。3月27日，常务副州长武吉海主持召开州长办公会议，要求全州电力建设“九五”初期抓好5项重点工程：是年9月底前完成吉首22万伏输变电工程；两年内完成花垣、龙山两县11万伏输变电工程；3年内解决200个无电村通电问题；争取碗米坡水电站立项和开工建设；抓好农村电气化扫尾工作，完成在建长潭岗、海螺、双溶滩、万坪火电厂电源点建设。9月25日，常务副州长武吉海主持召开州长办公会议，研究古丈县年产30万吨水泥生产线扩建项目前期工作。会议议定项目按投资总规模2.5亿元20%比例筹措落实建设资本金5000万元，具体筹措工作由古丈县负责。是日，常务副州长武吉海主持召开州长办公会议，议定吉首纺织印染厂分立原则，即资产不流失、债务不挂空、合理分摊债务、职工合理分流，并于10月10日前完成；分立后吉首纺织厂继续为中一型企业，吉首印染厂视同中二型企业对待。会议要求州经委牵头组建工作组进厂协助搞好分立工作，同时协助抓好盘活资金扭亏增盈工作。10月27日，常务副州长武吉海主持召开州长办公会议，研究州七〇化工厂、州七一化工厂技改和“九五”时期投入产出总承包事宜。会议原则同意州财政局与州经委、州化工局、州国税局、州地税局、七〇化工厂、州七一化工厂商定方案。1997年1月9日，常务副州长武吉海主持召开州长办公会议，原则同意《出售公有住房新老政策衔接办法》《集资建房管理办法》《出售公有住房实施办法》；原则同意房改办为独立机构，管理住房公积金管理中心，归口州体改委；要求全面建立职工住房公积金制度。1月31日，常务副州长武吉海主持召开州长办公会议，要求围绕调整经济结构积极发展和培育企业集团、抓好重点企业扭亏控亏、加强企业基础管理。要求湘泉集团加快现代企业制度试点步伐，按公司制规范化运作，力争在翌年前建设成为销售收入过10亿元、利税过5亿元大型企业集团。要求湖南东方锰业集团公司按照股份制企业改造，翌年筹划股票上市。会议议定对州内4家烟厂继续实行目标管理，州七〇化工厂和七一化工厂作为州级重点财源建设项目继续重点扶持。4月1日，向世林主持召开州长办公会议，要求以建制镇为重点搞好规划修编工作。1993—1997年，第九届州人民政府召开州长办公会议127次，主要研究旅游、企业改革改制、民族宗教、卫生、教育、希望工程建设、行政性收费管理、住房公积金、财税等工作。

1998年2月14日，州长武吉海主持召开州长办公会议，要求把主要领导干部和离任领导干部审计列入议事日程。5月18日，州长武吉海召开州长办公会议，同意吉首、镇苑、前程3家城市信用社合并，更名为吉首市城市信用联合社；按股份制改制，并支持湘泉集团有限公司参股；改制后地方税收入库吉首市。8月27日，州长武吉海召开州长办公会议，原则同意吉首市城区建设发展规划方案，要求吉首市做好小区规划特别是工业小区、民营经济小区、仓储小区规划修编工作。1999年9月22日，州长武吉海召开州长办公会议，要求“十五”规划编制突出结构调整内容。2000年2月12日，州长武吉海召开州长办公会议，研究全州争取进入国家西部开发问题。会议议定成立州西部开发项目办公室，与州重点办合署办公。会议要求落实湘西自治州进入西部开发规划，挤进国家以粮代赈试点，启动并完成总体规划编制。3月26日，州长武吉海召开州长办公会议，议定全州骨干交通建设按以下顺序开展工作：吉（首）罗（依溪）公路9月底前路基开通，翌年9月底全部竣工；张（家界）罗（依溪）公路初步设计争取是年4月底拿到批文，7月底前拿到施工设计批文，9月底前完成招投标，10月开工，2002年年底竣工通车；国道319改造争取当年7月底前完成工程可行性研究，2002年开工，2005年竣工通车；国道209改造“十五”期间完成各项前期工作，“十一五”开工建设，张罗公路开工后，争取吉首至大兴机场段改造；龙山通道先争取龙山至桑植公路改造，再争取分段改造花垣老鸦塘至龙山洗洛公路；全州还有永顺县小溪、镇溪两乡未通公路，交通部门做好实施规划。4月18日，州长武吉海主持召开办公会议，要求对重大事故隐患开展专项治理，实行“一把手”负责制，对是年发生重大事故依法依规处置到位，对损失巨大、社会影响大的事故依法追究刑事责任。6月19日，州长武吉海召开州长办公会议，议定修改完善全州旅游产业发展规划（草案）；凤凰县年内申报国家级历史文化名城，南方长城年内申报国家级保护文物，黄丝桥古城申报国家级保护文物，小溪申报国家级自然保护区，猛洞河、德夯申报进入国家级旅游区；抓紧启动南方长城、凤凰县城、黄丝桥古城、德夯景区、王村景区等整修建设工程和小溪生态保护开发工程，策划好民俗博物馆。是年，武吉海先后主持召开或委托召开5次州长办公会议，研究碗米坡电站建设问题，促成碗米坡电站8月18日顺利开工。2002年2月19日，州长武吉主持召开州长办公会议，研究永顺县高家坝防洪水库开工有关问题。会议议定争取该项目进入省和国家年度计划规划，争取首批资金到位，同时抓紧前期工程启动，上半年完成大坝“三通一平”工作，下半年启动移民安置和大坝基础处理工程；州政府为永顺县解决前期工程资金200万元。州直部门办理相关手续实行“一站式”审批，落实相关优惠政策，减免州、县两级各项收费；将高家坝防洪水库项目纳入州政府重大项目贡献奖。4月11日，州长武吉海主持召开办公会议，研究湘西州农业学校与吉首经济贸易学校合并创建湘西民族职业技术学院工作。会议议定湘西民族职业技术学院是年秋季挂牌招生1998—2002年，第十届州人民政府召开州长办公会议246次，重点研究工业生产、财税工作、重点项目建设、企业改革改制等工作。

2003年4月29日，代州长杜崇烟主持召开州长办公会议，要求国有企业改制50户工作目标任务力争完成48户。2004年6月11日，州长杜崇烟主持召开州长办公会议，议定吉凤工业园7月上旬开工奠基。副州长秦湘赛分管联系吉凤工业园工作。州直部门抓紧管网配套建设，把工业项目招商摆在首位，带动整个园区项目招商。8月24日，州长杜崇烟主持召开州长办公会议，议定加快常（德）吉（首）高速公路建设，年内完成投资5亿元，争取7亿元。凤大公路确保是年基本完成路基工程。县际公路由州交通局负责做好前期工作，工程所在县（市）成立专门班子，明确专人负责工程，抓好施工队伍入场，保证施工力量；除国道209和319改线工程外，桑植至龙山公路路面工程年底前全面竣工。花垣至保靖清水坪公路精加工年底前全面完成，泸溪县白沙至四新乡公路改造抓紧建设；吉首至花垣茶洞高速公路尽快拿下交通部行业审查意见，力争翌年底开工建设；国道209吉首绕城线工程由吉首市政府担任业主并具体负责项目前期工作，州政府成立协调领导小组负责项目工作。吉首至怀化高速公路、花垣至张家界高速公路项目，要求各部门抓紧跟踪，争取“十一五”期间开工建设；永顺吊井岩至塔卧公路、凤凰至铜仁大兴机场公路二期工程年底动工建设，永顺县城至小龙村公路、国道209改线工程争取年底前开工建设；保靖凉水井至清水坪公路路面施工由副州长秦湘赛协调。2005年9月3日，州长杜崇烟主持召开现场办公会议，研究州供销联社改革改制工作。2006年5月23日，州长杜崇烟主持召开州长办公会议，研究人大代表建议、政协委员提案办理工作。2007年4月30日，州长杜崇烟主持召开州长办公会议，要求把卫生工作重点放到农村，突出抓好村卫生室建设，决定州、县（市）两级财政投入1000万元建设1000所合格村卫生室。会议还研究粮食直补抵减农民上交新型农村合作费用办法与途径，实行合格村卫生室家庭门诊报账制度。2003—2007年，第十一届州人民政府召开州长办公会议137次，主要议题是研究国有企业改革、吉凤工业园、交通基础设施建设、农业发展，以及人大代表政协委员建议与提案办理和卫生等工作。

2008年8月26日，州长徐克勤主持召开州长办公会议，议定实施“中药提取物标准产品精深加工关键技术研究及产业化”“馥郁香型酒鬼酒关键技术研究与应用”“柑橘皮渣综合利用”“JN-A型全自动改性铵油炸药新技术生产线”“用低品位二氧化锰矿石高效还原焙烧生产高纯电解金属锰的技术装备及产业化示范”等5个项目，每个项目支持科技创新引导资金100万元；确定10个重点项目和40个一般项目，并将支持额度分别调整为每个项目30万元和10万元，并提交领导小组审定。要求各级相关部门建立项目资源库。11月6日，常务副州长胡章胜主持召开州长办公会议，研究依法清理整治县市非法集资问题。会议议定11月12日前按要求重新填报“集资企业调查表”，11月20日前按要求上报。各县市做好涉案企业监管工作，防止涉案企业转移资金、资产和主要涉案人员潜逃。2009年2月12日，代州长叶红专主持召开州长办公会议，研究柑橘营销工作。2010年9月25日，州长叶红专主持召开州长办公会议，议定推进湘西职院和湘西经贸学校整合工作，成立整合工作领导小组，力争1年时间完成重点项目建设任务，翌年9月学生入住。是日，州长叶红专主持召开州长办公会议，议定成立州人民医院异地迁建项目建设协调领导小组，所有新区续建项目于翌年6月底前完工，翌年10月1日前州人民医院搬迁新区；同意将新院区传染病区、健康管理中心迁至老院区，保留老院区门诊、急诊业务，扩大相应医疗服务功能。2008—2010年，第十二届州人民政府召开州长办公会议127次，主要议题是研究科技创新项目、清理非法集资、柑橘营销、教育、卫生等工作。

第三章 施政纪要

第一节 发展农业

1989年，全州有耕地面积14.44万公顷，其中稻田9.83万公顷。中低产田甚多，粮食产量低而不稳。1991年，州人民政府出台《果药茶桑畜开发实施办法》，要求全州采取统一规划、连片开发、分户或联合经营等形式，带动千家万户搞开发，建设商品基地，发展果药茶桑草食畜禽等支柱产业。1994年，州政府选择50个乡（镇），划出1.8万公顷作为商品粮生产基地。至1995年，全州山地开发面积8万公顷，其中椪柑2.33万公顷，挂果1.2万公顷，年产椪柑6万吨，产值1.2亿元。山羊饲养量近41万只，产值0.8亿元。1998年，州政府决定举全州之力建设9.48万公顷口粮田，20世纪末实现全州农业人均近0.47亩旱涝保收农田。6月，州政府在保靖县复兴镇和平村举行全州建设“口粮田”开工典礼，并在永顺县召开全州口粮田建设动员大会，要求各县市动员和组织广大干部群众投入“口粮田”建设。2000

年，全州粮食总产量83.3万吨，基本实现粮食自给。“九五”期间，州政府调整农村产业结构，建设493个专业村，其中茶叶专业村13个，烤烟专业村125个，水果专业村163个，百合专业村23个，其他专业村26个。期末，全州农村初步建成以椪柑、猕猴桃为主的林果业，以牛羊、生猪为主的畜牧水产业，以烤烟、油菜为主的种植业等三大支柱产业，支柱产业收入占农业收入57.6%。

2001年，州政府加速产业化经营，争取农业部扶持湘西州项目12个，资金3121万元用于推进椪柑产业发展。2002年，州政府把推广超级杂交稻示范作为政府经济工作10件实事之一，聘请副省长庞道沐担任龙山县千亩超级稻示范片指挥长，袁隆平院士任技术总顾问。全州有效灌溉面积8.21万公顷，人均旱涝保收面积0.47亩。9月，全国超级杂交水稻现场验收会在龙山县召开，农业部、科技部和江西、湖南两省领导及国家“863”计划研究员共60余人参加现场测产验收，宣布超级杂交水稻在湘西州示范成功。2003年，全州实现农业产值36.1亿元，比上年增长3.1%；农民人均纯收入1401元，同比增长5.7%；经济作物播种面积9.35万公顷，为粮食播种面积40.48%。2004年，全州组建农业合作组织242个，累计输出农村劳动力40万人，实现劳务收入20亿元。2005年，全州粮经作物比由2000年59：41调整到56：44，各类农产品基地13.9万公顷，林果、畜牧水产和中药材等产业初具规模，形成一批连片基地带农户的“龙头”企业，农业产业化企业发展到198家，农民专业合作组织发展到288个。

2006年，第十一届州人民政府第69次常务会议要求落实产业空白村产业开发扶持资金，明确产业空白村产业扶持方式。全州新开发脐橙、猕猴桃0.33万公顷，发展商品蔬菜3.1万公顷，种植烟叶1.44万公顷，中药材1.3万公顷。农产品加工企业增至310家，其中州级以上“龙头”企业29家。2007年，全州建成各类农产品基地16万公顷，农产品加工企业发展到473家，农民专业合作组织309个。以椪柑、猕猴桃、脐橙为主的水果栽培面积8.4万顷，水果总产量70万吨。2008年，农业部继续安排250万元资金专项用于推进椪柑品种改良，21万农户、60余万农民直接受益；完成椪柑品改、低改0.67万公顷，收购烟叶52.64万担，出栏生猪133万头；新增6家省级农业产业化龙头企业，州级以上龙头企业33家。

2010年，州委、州政府作出《关于突出抓好特色产业空白村扶贫产业开发的决定》。全州落实决定精神，发展椪柑、猕猴桃等水果生产基地8.4万公顷，其中椪柑面积5.9万公顷，产量70万吨，形成以椪柑、猕猴桃为主的水果产业。泸溪椪柑获得国家农产品地理标志认证；发展以烤烟、茶叶、蔬菜、百合、生姜为主的经作产业，其中烟叶基地2万公顷、蔬菜基地1.3万公顷、茶叶基地0.8万公顷、百合基地0.4万公顷；发展以黄柏、杜仲、金银花为主的中药材产业和以生猪、水产养殖为主的畜牧水产业。至年末，全州建成烤烟基地50个乡（镇），发展优质烤烟1.3万公顷，年产优质烟叶2.5万吨，产值4.5亿元。高效经作和水果、中药材等特色产业为全州农民增加收入20亿余元。

第二节 扶贫攻坚

1989年2月，州委、州政府决定成立扶贫工作组，从州、县（市）直单位抽调800名干部到贫困乡村驻村扶贫，一定三年不变，点上不脱贫，工作不脱钩。1991年9月，全省扶贫开发工作会议在湘西州召开。会议总结“七五”扶贫开发经验，部署“八五”扶贫开发工作。此后省直44个机关团体、71个企事业单位深入湘西州各地对口扶贫，先后给予湘西州无偿投资3965万元，通过贴息贷款、补偿贸易、协调引进资金4546万元；组织科技人员576人次，开展技术咨询和技术服务，培训农业、工业生产管理人员25万人次；引进技术人员155人，经济合作项目113个，新建、改建各类基础设施56个，实施技术改造项目202个。1994年9月，中共湖南省委、省人民政府出台《关于支持湘西土家族苗族自治州实施“八七扶贫攻坚计划”的意见》，决定把湘西州作为全省扶贫攻坚主战场，举全省之力帮助湘西自治州扶贫脱困。12月，州委、州政府制定《湘西自治州扶贫攻坚计划》，提出建州40周年时基本解决全州60万贫困人口温饱问题，20世纪末实现稳定脱贫，重点抓好食品、轻纺、化工、冶金等支柱产业，完成解决温饱、人畜饮水、农村通电、农村通公路、农村通广播电视、农村通电话、农村教育、农村卫生、农村无房户建房九项任务。1995年5月，州委、州政府印发《关于实现“六六温饱脱贫工程”的意见》，决定从1995—2000年，用6年时间解决60万人温饱和稳定脱贫问题。1996年11—12月，州政府讨论修订《关于尽快解决我州农村贫困人口温饱问题的意见》，确定全州重点抓741个特困村扶贫，并提出“千个单位扶贫，万名干部入村”的要求。

2000年12月，州人民政府作出《关于大力推进边远特困村扶贫攻坚的决定》，确定90个边远特困村作重点扶贫对象。第一轮省定741个特困村有420个村达到温饱线，新解决35万贫困人口温饱问题。全州实现村村通电，公路通村率达85%，电话通村率74%，广播电视通村率100%，建成希望小学301所，建成村级卫生室1101个，18个乡（镇）全部建立农科教中心，有各类专业技术人员5591人，专业示范户4万户，农业先进技术入户率达60%，良种覆盖率98%。2001年起，州政府实施整村推进扶贫开发，从国家干部中为每个边远特困村选聘1名支部书记、1名科技副主任、1名小学校长，一定5年，待遇从优。同时决定3年内筹集资金8730万元，用于特困村基础设施建设和特色产业开发。是年，实施以粮代赈退耕还林4.7万公顷，分3个层次启动新世纪扶贫开发工作，加大741个特困村和90个边远特困村基础设施建设和支柱产业开发力度，新增62个建制村通公路，823个建制村通电话，解决3.35万人饮水困难和8.2万户农村贫困人口温饱问题。新扩专业村320个，启动建设规模乡（镇）110个、小康示范村40个。2002年，州政府坚持单位进村、干部挂户，通过科技兴农和产业开发，结束长期缺粮调粮历史，实现州内粮食基本自给和基本解决温饱，大部分特困村实现稳定脱贫，部分村寨向小康迈进。全州累计解决23万人饮水困难；新增通公路村526个，电话通村率80.5%，新建希望小学144所，扶贫建房4000栋，建设合格乡镇卫生院76所，达标村卫生室1531个，全州原生性贫困人口由35万人降至15万人。10月，经过州、县政府争取，国家农业综合开发办公室批复同意花垣、凤凰两县为新增国家农业综合开发项目县。至此，全州国家农业综合开发项目县增至5个。

2004年，全州实施扶贫攻坚项目50个，减少贫困人口4.6万人。推进农村税费改革，兑现农民粮食直补1870万元、良种补贴2064万元、农业税减免2543万元，农民人均减负34元，农民人均纯收入1602元，增长14.3%。2005年，取消除烟叶外全部农业特产税，免征农业税。16万库区移民享受国家移民后扶政策，5年减轻农民负担2.2亿元。启动寄宿制学校建设和中小学危房改造495个，竣工468个，“普九”目标基本实现。完成118个乡（镇）卫生院建设。“十五”期间，全州累计投入开发资金12.6亿元，减少低收入人口54万人，电话通村率95.8%，农民纯收入1760元，年均增长6.7%。救助农村特困人口126万人次，新增农村劳动力转移就业17万人。2008年，第二轮整村推进扶贫开发任务全面完成，农民人均纯收入2255元。2010年，加大整村推进和中高海拔地区扶贫开发力度，开展百万农民大培训、农村低保和扶贫开发两项制度衔接试点工作，实施能工巧匠扶贫创业园工程。农民人均纯收入3173元，比1989年净增2813元。

第三节 推进工业化

1989—1990年，州人民政府组织编制《湘西自治州“八五”工业发展规划》，抓第一轮工业企业承包经营兑现和第二轮承包经营合同签订及考核，重点发展电力、食品、冶金、烟草、轻纺五大支柱产业；扶持酒鬼酒、电解金属锰、电解锌、微细球型铝粉、松花皮蛋、古丈毛尖等一批高新优质产品发展。1993年9月，州政府印发《关于加快国有工业企业经营机制转换的意见》，强调扩大企业自主权，企业成为自主经营、自负盈亏、对国有资产保值增值经济实体。1994年3月，州政府印发《关于国有企业深化改革若干问题的意见》，规定凡第二轮承包到期企业，从是年起不再实行新承包，一律照章纳税，税后利润原则上不再上缴，留给企业扩大再生产。同时推进建立现代企业制度，吉首酿酒总厂通过股份制改造，形成大型企业湘泉企业集团。泸溪县鼓励聚集社会闲散资金，发展股份合作制企业；龙山、花垣等县小型工业企业推行股份合作制改革。“八五”期间，全州202家国有工业企业实行承包经营责任制。

“九五”期间，州政府把工业企业改革改制任务纳入目标管理，全州抽调149名机关干部，由11名州级领导带队，深入企业推行产权制度改革，企业改制面80%。组建湖南湘泉集团、湖南东方锰业集团、湖南三立集团、湖南喜阳食品工业集团、湖南闻得福油脂集团。湖南湘泉酒鬼酒股份公司成为湖南省食品行业首家上市公司。该5家企业工业总产值占全部工业总产值比重30%以上。完成技术改造项目224项，技术改造投资19.09亿元，比“八五”期间增长2.4倍；开发新产品105个，其中填补省内空白新产品29个，新产品产值16.5亿元，对工业经济增长贡献率33%。州内主导产品湘泉酒、酒鬼酒、电解金属锰、电解锌、古丈毛尖、松花皮蛋、黄磷、顶俏牌植物油等先后获得“湖南省优质（名牌）产品”称号。

进入“十五”期间，州政府制定《2001—2010年工业发展规划》，确定“工业立州、工业强州”发展战略，把工业摆在优先发展战略地位。商贸企业实行“抓大放小”，实现“国有民营”“社有民营”。实施锰、锌、多钒硅、食品、生物医药等5个工业百亿产业计划，对州属重点工业企业实行目标管理，对超额完成目标管理任务企业实行重奖。新增湖南湘源植物生化有限公司、湖南湘泉制药公司、湖南龙山现代中药材开发公司、湖南华立制药有限公司、湖南本草制药有限公司5家骨干医药企业，新增固定资产3.3亿元。完成技术改造项目334项，完成技术改造投资41.73亿元，比“九五”期间增长2.18倍；开发新产品94项，猕猴桃果汁、果脯、果王素、嫩肤油等系列新产品产业化。2002年，州政府实施民营经济以“两个置换”为重点，以产权多元化为核心，采取破产、租赁、股份合作、委托经营、拍卖等方式，推进国有和集体企业改革改制，发展壮大优势企业和优势产业。15家大中型企业实现工业总产值占全州工业总产值38%。2003年11月，设立湘西吉凤工业园，创新工业园区建设。2004年9月，州委、州政府作出《关于加快吉凤工业园建设的决定》，全面开展招商，实施民营主体战略，扩大工业经济总量，主攻矿产品和农产品精深加工，发展烟酒工业、矿产品加工业、绿色食品加工业、畜牧水产加工业、制药业、水电工业及建筑建材工业。“十五”期末，全州国有企业改制面69.6%，民营经济增加值增至73.4亿元，增长20.4%。

“十一五”期间，州政府坚持把新型工业化作为富民强州第一推动力，以花垣县为重点整治整合锰、锌冶炼企业，组建湖南东方矿业有限责任公司，形成湖南三立集团、湖南太丰矿业集团、泸溪金旭集团3家锌冶炼骨干企业，完成技术改造项目704项，完成技术改造投资132.29亿元，湖南酒鬼酒股份有限公司、湖南东方锰业集团有限公司、湖南老爹农业科技开发股份有限公司3家企业成为省级企业技术中心。50余家工业企业、部门与高校科研院所签订53个矿产品精深加工、农产品精深加工、生物医药开发等产业项目合作协议。2005年，州人民政府出台《湘西吉凤工业园建设发展管理办法（试行）》。全州入园项目300个，入园企业262家，从业人员2.5万人，实现销售收入21.4亿元，占全州工业销售收入24%；上缴税金1.72亿元，占全州财税收入14%。2006年，突出发展优势产业和优势企业，全面实施50个开发项目，启动50个投资万元以上工业技改项目。完成25家国有企业改革改制，国有企业改制面75%。民营企业逐步建立现代企业制度，民营经济增加值73.4亿元。2008年，州政府稳步推进新型工业化建设，加快推进52个湘西地区开发产业项目，2个省“双百”工程和10个投资万元以上工业技改项目；实施42个科技创新引导专项、81个州校科技创新合作项目，完成工业技改投资21.7亿元；新增规模企业45家，年销售收入过亿元企业50家，矿产品、绿色食品和生物医药三大集群增加值增长11.5%。期末，全州完成工业总产值296.09亿元，工业增加值102.21亿元，实现利税总额40.9亿元，规模工业每万元产值能源消费量为1.3吨标准煤。

第四节 发展旅游产业

1989年，州委、州政府确定“四个一”（一条猛洞河、一座凤凰古城、一个民族风情区吉首德夯、一个龙山火岩地下溶洞群）旅游发展思路。1991—1993年，吉首德夯、凤凰古城和古丈栖凤湖相继被批准为湖南省省级风景名胜区。1992—1993年，凤凰县南华山、永顺县不二门被批准为国家森林公园。湘西州形成以猛洞河风景区为重点，以“天下第一漂”和民俗风情旅游为“龙头”，以4个省级风景名胜区，3个州级风景名胜区和两个国家森林公园为基础旅游格局。1995—1996年，州政府编制《湘西州旅游业发展“九五”计划到2010年远景目标》，并经州九届人大四次会议审议通过执行。1996—2000年，全州累计投入旅游建设资金1.65亿元。2000年10月，州委、州政府在凤凰召开全州旅游发展工作会议，确定将旅游业作为全州国民经济的重要支柱产业。2001年，凤凰古城被批准为国家历史文化名城；永顺县小溪被批准为国家级自然保护区；永顺县老司城遗址被批准为国家重点文物保护单位。是年，州委、州政府作出《关于加快旅游产业的决定》，突出发展以凤凰国家历史文化名城、黄丝桥古城和南方长城游，永顺县猛洞河漂流、王村古镇、老司城和小溪生态游，吉首德夯民俗风情和州府文化景观游，古丈栖凤湖和峡谷游等为主要内容神秘湘西游。加大凤凰历史文化名城保护整治，启动世界文化遗产申报，将凤凰打造成中国优秀旅游城市和世界知名旅游品牌，带动湘西大开发和旅游产业大发展。州政府编制《湘西自治州2001—2015年旅游业发展总体规划》，将湘西州旅游品牌定位为“神秘湘西游”，品牌内涵是悠久历史文化，浓郁民俗风情和奇特山水风光。翌年，里耶古城遗址被批准为国家重点文物保护单位。2004—2005年，永顺猛洞河、吉首德夯被批准为国家级风景名胜区；龙山里耶被批准为国家历史文化名镇；古丈红石林被批准为国家地质公园。2004年，酒鬼工业科技园被评为国家级工业旅游示范点。2005年，州政府编制完成《湘西州“十一五”旅游产业发展规划》。2006年，老爹工业园被评为国家级工业旅游示范点。湘鄂川黔革命根据地旧址、凤凰古城堡、沈从文故居获批为国家重点文物保护单位。是年，湘西州被国际旅游组织评为“中国最佳旅游去处”；“神秘湘西游”被推选为“全国十佳旅游线路”。2007年，州委、州政府作出《湘西自治州进一步加快旅游产业发展的决定》和《湘西自治州加强旅游行业管理的若干规定》，制定《湘西自治州进一步加快旅游产业发展的实施方案》，突出湘西州旅游“秀美的自然风光、浓郁的民族风情、厚重的历史文化”三大特色，精心打造“神秘湘西”旅游品牌，着力培植以凤凰古城、芙蓉镇、乾州古城为重点古城古镇旅游产品，以猛洞河漂流、坐龙峡探险、小溪休闲度假为重点生态旅游产品，以南方长城、秦城里耶为重点历史文化旅游产品，以湘鄂川黔革命根据地茖卧为重点红色旅游产品。是年，凤凰古城获批国家AAAA级旅游景区，花垣茶洞边城、凤凰南长城获批为国家AAA级旅游景区。凤凰县成为全国首批旅游强县。吉首、永顺、古丈、龙山、花垣等县（市）被确定为全省旅游产业重点县（市）。2008年，永顺县芙蓉镇被批准为国家历史文化名镇。2009年，州委、州政府把旅游业确定为全州三大支柱产业之一，成立州旅游产业领导小组，面向全国公开招标编制《湘西自治州旅游产业发展总体规划》《芙蓉镇景点圈建设性详规》《吕洞山风景区旅游发展规划》。古丈县高望界被批准为国家级自然保护区；龙山县乌龙山获批国家地质公园。2010年，吉首峒河被批准为国家湿地公园。是年，全州接待游客1255万人次，实现旅游收入63.48亿元，占全州GDP比重的20.92%。

第五节　招商引资

1989—1990年，州人民政府先后承办湘鄂川黔四省边区第六届和第七届商品交易会，加入湘桂黔毗邻地州市经济技术协作会、湘鄂川黔武陵山区县（市、区）经济技术协作会等区域性协作组织。组团到上海、南京等地和德国、英国等国外参观考察，开展经济协作和对外经贸推销，两年全州实现招商引资项目216个，到位资金3378万元。1990年6月，州体港卷烟材料有限公司获批，总投资31.5万美元，为州境首家三资企业。1992年4月，州政府出台《关于推进横向经济联合的若干规定》和《关于鼓励外商投资的若干规定》，对外商投资予以税收、收费和用地优惠，物资供应、资金筹集和外汇调剂优先等政策。

1991—1995年，湘西自治州举办中国湖南猛洞河国际漂流月经贸会、中国湖南湘西州国际苗族文化研讨会暨经贸协作会等活动。州政府组团参加湖南省民族名优特产品展销会、湖南省对外经贸洽谈会、哈尔滨边境贸易洽谈会等经贸活动。5年全州实现招商引资项目417个，到位资金1.88亿元。

1997年，州政府实施“开放带动”战略，州、县（市）成立招商引资领导小组，公开招考和选送30名涉外经济领导干部到湖南大学学习，把招商引资工作纳入“双文明”目标管理，全年招商引资到位资金1.32亿元，其中利用外资465万美元。1996—2000年，州政府组团参加湘交会、港交会、中国投资贸易洽谈会、中国高新技术成果交易会等经贸活动。5年全州实现招商引资项目405个、到位资金13.1亿元。2003年，州政府印发《关于实施西部大开发的若干优惠政策》《关于进一步加强招商引资工作的若干意见》等文件，出台招商引资奖励等多项政策。确定是年为全州招商引资年，8个县（市）相应制定一系列招商引资优惠政策，各级各部门主要负责人组织参与重大招商活动、联系重点招商引资项目，实行招商引资进度按季通报制度。12月，州委、州政府召开外来投资客商恳谈会，营造“客商发财、地方发展”双赢环境。先后引进黄龙洞旅游公司、张家界旅游公司、上海鸿仪投资公司、香港启盛集团等战略合作伙伴，开发凤凰古城、德夯、猛洞河等旅游项目。州政府组团参加湖南香港投资贸易洽谈会、深洽会、俄罗斯交易会等经贸活动。

2006年，州政府组团参加珠江三角地区投资贸易洽谈会、中国中部投资贸易博览会、湘商大会、湖南（上海）投资洽谈活动周、湘西自治州（杭州）招商项目投资说明会等经贸活动。2007年，吉凤、吉首、永顺3个省级经济开发区实现入区项目30个。2009年，州政府在北京、上海、广州、深圳分别设立招商联络处，从州直经济部门抽调18名干部长期驻点招商，推介招商引资项目，与长三角、珠三角、港澳台、环渤海四大经济圈签订承接产业转移合同项目11个，合同金额75亿元。2006—2010年，州政府编制《中国湘西投资指南》和《湘西自治州招商引资项目库》，集中将项目资料整理印制成册，统一对外发布。5年间全州实现招商引资项目1148个、到位资金235.24亿元，先后引进40万吨/年青蒿素扩建、中糖集团中皇公司受让“酒鬼酒”10780万法人股、中铁置业世纪山水、120万吨/年干法旋窑水泥生产线、湘西农产品综合物流中心建设等重大招商引资项目。

第六节　道路交通建设

20世纪80年代，州人民政府即着手抓道路交通建设，至1992年，全州投入道路交通建设资金7424.6万元，新修公路78条874公里，改造公路43条465公里，解决全州5个乡230个建制村行路难问题。1993年，州政府启动“8442”工程，开始建设州境“8条公路、4座桥梁、4个车站和两个港口码头”。1994年，省委、省政府要求湘西州到2000年实现85%以上建制村通公路，州政府为此制定《湘西自治州扶贫攻坚计划》，强调抓好道路交通建设。

1996年1月，州人民政府作出《关于加快全州公路建设的决定》，要求“九五”期间重点抓吉首至泸溪、吉首至王村等主要干线公路改造。1999年，州第十届人大常委会第三次会议讨论通过《湘西自治州乡村公路条例》，报请省第九届人大常委会第十七次会议批准。吉首至罗依溪二级路开工建设。2000年，州政府以湘西州列入国家西部大开发范围为楔机，加快全州交通重点工程建设。至“九五”期末，全州交通建设累计完成投资9.2亿元，新修等级公路173.81公里，完成公路改修324公里，新修通村公路3361公里，建制村通公路率85.3%。

2001年12月，州人民政府落实《省委省政府关于抢抓西部大开发机遇加快湘西自治州发展的决定》，在吉首市林木山公路收费站举行吉首至罗依溪二级公路通车典礼。2005年8月，州政府确定常吉高速州内段、吉茶高速、吉首209国道绕城线、县乡公路等10个项目为50周年州庆献礼项目，计划总投资120亿元。至年末，全州公路通车全长达到8540.2千米，218个乡（镇）全部通公路，建制村通公路率96.4%。

2006年，州政府全面启动县到乡镇公路改造工程和农村公路通达工程。2008年6月，州政府争取交通运输部将湘西自治州列入国家第三批14个地市州农村公路建设示范工程单位，组织实施通达工程、县乡公路改造、通畅工程等项目，使湘西自治州融入全省“4小时经济圈”。2009年7月起，州政府实施《湘西自治州村级公路管理养护条例》。至2010年年末，全州实现100%乡（镇）通水泥（沥青）路，建制村公路通达率100%。

第七节 水利水电建设

1989年，湘西州有小（一）型水库104座，总库容1.70亿立米，设计灌溉面积2.43万公顷；小（二）型水库497座，总库容1.11亿立方米，设计灌溉面积1.6万公顷；有小水电站255处，装机390台，装机容量13.7万千瓦，年发电量4.491亿千瓦时。1990年，州政府争取联合国粮食计划署将花垣县小排吾水库、保靖县卡棚水库、永顺县松柏水库3座水库灌区配套资金列入“WFP3779”项目中国3779项目。1994年7月，引进湖南省电力公司，加大电力建设投入。1995年，州政府提出农田水利建设“5·10·5”重点计划，完成各类水利工程1.58万处，水利部授予“WFP3779”项目为“国家优秀项目”称号。

1996年，州人民政府作出《关于在全州大力开展农田水利建设的决定》，以实施七大水利片区建设为依托，集中12条渠道资金重点投入水利建设，全州完成土石方8665万立方米、劳动工日1.12亿个，投入水利资金3.28亿元、新增灌溉面积1.32万公顷，新增旱涝保收面积0.62万公顷，解决11.24万人、8.42万头牲畜饮水困难。电力建设相继完成沅陵高滩至泸溪武溪110千伏输变电工程、万溶江220千伏输变电工程和龙山新城、泸溪浦市、花垣佳民3个110千伏变电工程。1997年，州政府先后实施长江中上游水土流失防治工程、国家预算内水土保持工程、农业综合开发水土流失治理工程等水土保持工程项目。2000年8月，省、州政府在保靖县拔茅乡举行碗米坡水电站开工典礼。该电站为沅水流域规划第四级水电站，正常蓄水位248米，总库容3.28亿立方米，电站装机容量24万千瓦，年均发电量7.92亿千瓦时，工程总投资20.15亿元。是年，全州电网拥有1座220千伏变电站、14座110千伏变电站、19个35千伏以下变电站（开关所），主变容量81.35万千伏，220千伏线路99公里，11千伏及以下线路1410公里。“十五”期间，全州实施长江中上游水土流失防治工程等项目，主要实施凤凰县三里湾、水打田、香炉山、土桥垅小流域水土流失治理工程；永顺县观音堂、龙头沟小流域水土保持项目工程；泸溪县岩头河、达岚、岩门、冧溪口、田冲小流域治理项目，投入治理资金5138.7万元，累计治理水土流失面积529.4平方公里。

2001年，州政府启动国家武水灌区续建配套项目。碗米坡水电站实现截流。2002年，碗米坡水电站第一台机组投产发电。2003年，国家启动小水电代燃料工程，湘西州首批实施凤凰县官庄、永顺县老司城、龙山县洗车、古丈县断龙4处小水电代燃料项目，涉及5个乡（镇）27个村代燃户1.11万户。2004年8月，碗米坡电站全部建成投产。“十五”期间，全州完成206座病险水库除险加固，有中型水库20座，中型水轮泵站1座，中型引水工程1处、小（一）型水库120座，小（二）型水库416座，有效灌溉面积8.4万公顷，其中旱涝保收面积5.9万公顷。扩建万溶江220千伏输变电站、新建扩建110千伏变电站18座，35千伏变电站22座。全州水电发电量10.79亿千瓦时。花垣、永顺、龙山三县列入全国“十五”水电农村电气化范围；龙山、永顺、花垣、凤凰4县列入国家“十一五”电气化建设规划。

2008年，州政府实施酉水灌区续建配套与节水改建项目。2009年，启动山塘清淤扩容加固工程，省下达湘西州补贴资金1549万元，全州完成1695口山塘清淤扩容加固处理工程任务。“十一五”期间，全州投入水利建设资金15亿元，完成高家坝防洪水库建设和380多座病险水库治理，实现大型灌区续建配套与节水改造，建成引水工程3941处，年供水量3.52亿立方米，灌溉面积5233.3公顷。全州有166.44万人达到农村饮水安全标准。投入电力建设资金41.9亿元，建成4座220千伏和27座110千伏输变电工程。开发水电站217处（不含凤滩电站），装机容量524兆瓦，年发电量18.19亿千瓦时。花垣县竹篙滩、永顺县洞潭电站开工建设。

第八节　城镇建设

1989年，州人民政府开展城市规划修编工作，含州域8个县（市）、45个建制镇、4个街道。“八五”期间，吉首市人民南路等40年州庆城市基础设施建设重点项目全面实施。全州城镇累计建成自来水厂16个，简易水厂和人畜饮水工程3138处，日产自来水24.35万吨，城镇供水人口占城镇总人口75.3%；建成城乡集贸市场211个，宽3.5米以上城镇道路544公里，新建下水道154.8公里，路灯线路544公里，购置各类环保车59辆，交通车38辆；新建公园、陵园、游乐园7个，总面积152公顷；新建液化气贮配站4个，年供气量1.13万吨，城镇气化率47.5%。

“九五”期间，州政府实施47个建设项目，其中城市供水项目10个、道路工程29个、环卫工程7个、燃气工程1个，建设投资10.1亿元，其中国家专项基金1.35亿元，国家预算内专项资金1390万元，省投资4657万元，银行贷款1.98亿元，县（市）自筹6.07亿元，分别占总投资0.9%、13.9%、4.6%、19.5%和61.1%。全州新增城镇道路面积143.7万平方米，完成“九五”计划133%。

“十五”期间，全州城镇建设以扩容提质工程为重点，基础设施建设提速。2001年，拉通乾州新世纪大道、府南路、府北路和朝阳西路4条主干道，总长4.27公里。2002年，基本形成乾州新区中心区主干道“一纵四横”道路网。2005年8月，州政府召开吉首地区城市化暨州庆项目建设动员大会，确定50周年州庆50个献礼项目，其中常吉高速公路州内段、吉茶高速公路、国道209吉首绕城线、吉凤工业园、吉首乾州新区中央商务区、湘西民族职业技术学院、湘西民族文化城等10个项目为州庆标志性工程，总投资120亿元。年末，全州城镇化水平达到28.5%，城镇燃气普及率76.04%，人均住房面积22.9平方米，人均公共绿地面积5.95平方米,初步形成8个县（市）城、60个建制镇和一批乡集镇的城镇体系框架。

2010年，州政府出台《关于理顺吉首城市规划建设管理体制的意见》，召开推进吉首新型城市化州市共建共管动员大会，实施州市共建共管，加快推进30个共建重点项目，将共建共管纳入党政领导干部绩效考核、州政府目标管理和“四个文明”建设考核范围；强调实行“以市为主，州为后盾，州市共建共管”的州府城市管理新体制；

集中州、市两级人力物力财力,加快推进州府城市规划、建设和管理，提高城市品位，尽快把吉首建设成为全州文明卫生城市、优秀旅游城市、生态园林城市。7个县城扩容提质步伐加快，开展百个乡镇街道整脏治乱绿化行动。按照商贸物流中心、民族民俗文化展示中心、区域工业加工中心、旅游集散中心发展定位，突出山区特点、民族特色、时代特征，推进吉首新型城市化，打造四省市边区中心城市。“十一五”期末，全州完成城镇基础设施建设投资4.81亿元，城镇居民人均居住面积（建筑面积）34.7平方米，新建城镇经济适用房1.05万平方米，新建城镇廉租住房25.15万平方米，新增城镇道路面积12.5万平方米，新设排水管道103.7公里，城镇自来水普及率85%，燃气普及率60%。城镇化率37%。

第九节　生态环境建设

1989年8月，州人民政府召开环境保护工作会议，要求防治三废污染，搞好环境保护，启动长江中上游防护体系建设工程，翌年，该工程在永顺、保靖、花垣三县实施。保靖县大妥乡颜家村境内建立湖南湘西长防示范林场，直接经营面积77.2公顷，与相邻村联营660公顷。1992年，全州建立环保监测站7个，有国家森林公园1处，省级自然保护区2处。年处理污水量722吨，废气21.3万标准立方米，固体废物119万吨。州政府动员全社会办林业，营造一批民兵林、青年林、三八林等。至1993年，全州5年完成造林24.27万公顷，封山育林13.3万公顷，完成消灭宜林荒山任务。

1994年，州政府启动世界银行贷款造林项目，实施地点为永顺、古丈、保靖3个县和州林业示范场。1995年，州政府印发《关于加强全州城镇园林绿化建设的意见》和有关标准，城镇开展群众性植树、种草、养花、庭院绿化、创建园林式单位等活动。1997年，启动“百场千里百万亩”育林富山工程。1999年初，州政府组织实施省林业厅对湘西州“三难地”（赤赭色紫色岩、灰白色石灰岩、紫黑色钙质岩地区）绿化攻坚工程。全州5年植树643万株、种草4.06万平方米。

2000年，湘西州实施生态州建设战略，永顺县为全国首批退耕还林试点。2001年，州政府出台《关于实施生态州建设战略的意见》，全面启动“退耕还林”工程。2003年，八县市部分乡镇开展集体林权制度改革试点工作，州政府主要领导干部调研督办州政协委员提案“关于调整退耕还林林种比例，大力开发经济林果业的建议”，并制定全州退耕还林林种结构：20%经济林、30%生态林、50%生态与经济兼用林。是年，全州完成8.1万公顷退耕还林、长防工程造林0.48万公顷、世行工程造林0.24万公顷。2005年，全州开展禁止开采钒矿、禁止钒矿外运、禁止冶炼‘三禁”行动，防止土地荒漠化。

2008年12月，州政府启动“八百里绿色行动”造林工程，以张家界经古丈、吉首至铜仁凤凰机场和泸溪经吉首、花垣至龙山里耶两条旅游黄金线为重点，在全州高速公路和国省道沿线实施植树造林。“十一五”期间，全州投入林业建设资金26.3亿元，完成人工造林4.4万公顷。新建沼气池15万口，推广“两省灶”25万个；建设8个生活垃圾处理设施和9个污水处理设施，完成城镇污水处理设施建设“三年行动计划”，饮用水质达标率96%。空气质量进入全省先进行列；关闭84家土法炼钒企业，依法关闭整治华源等1227个矿硐，集中治理122家铅锌浮选加工企业，44家电解锰企业污染治理通过验收。

第十节　社会事业发展实施

1990年，州人民政府组织第四次人口普查，全州229.49万人口，其中有文化人口145.38万人。有文化人口中，大学本科4218人，专科13325人，中专33595人，高中121101人，初中35.83万人，小学92.33万人，扫盲班人口59.95万人。是年，全州开始推行以州统筹社会保险工作。1992年3月，州政府作出《关于科技兴州的决定》，实施科技兴州战略，安排星火计划、成果推广250项，项目执行率98%，评审州级科技进步奖39项，获省级科技进步奖9项，建立乡镇科委191个，农科教中心142个，乡镇全部配齐科技专干。发展科技示范户3.5万户，掌握两门以上实用技术劳动力15万人，5000人成为农民技术员。全州国有厂矿拥有科研机构104个，安排州级以上科技推广42项，投入经费500万元。全年签订技术合同407个，申请专利63件，获专利权34项。实行以州统筹国有企事业单位职工离退休费。建立各类职业介绍所33个，安置城镇待业人员6120人。1995年，全州初步建立企业基本养老保险制度。

1996年1月，州人民政府印发《关于加快科技进步的意见》，并在吉首召开全州科技大会，坚持经济建设必须依靠科技进步，科技工作必须面向经济建设的基本方针。2月，州政府召开全州救助失学儿童及扫盲工作会议，要求全方位加快希望工程建设，多途径加大教育扶贫力度，要求到20世纪末基本普及九年义务教育和基本扫除青壮年文盲。1998年，州政府落实中共中央、国务院关于“两个确保”政策，加大筹资力度，同时实施再就业工程，分流安置国有企业下岗职工1.62万人，占国有企业下岗职工总数49.7%。1999年7月，州政府在全州建立实施城市居民最低生活保障制度，建立再就业基地11个，再就业一条街3条，为5000名下岗职工提供就业岗位。主办“辉煌50年——湘西自治州两个文明建设成就展览”，8个县（市）和州直12条战线参展，设展厅12个，有展线377.9米，观众5万余人。参加全省50年成就展览，受到省政府表彰。至2000年，全州建立劳动服务企业16家，安置国有下岗职工1583人。“九五”期间，湘西希望工程筹资1.27亿元，新建学校303所，改善办学条件396所，救助贫困儿童8万人，救助金额1500万元。

2002年，州政府推进社会保障体系建设，全州企业离退休人员养老金发放率100%。“十五”期间，全州享受城镇低保人数达7万人，救助农村特困人口126万人次，新增城镇就业10.7万人，新增“五项保险”（城镇职工基本养老、失业、医疗、生育、工伤保险）17.2万人次。完成征缴企业养老保险基金1.1亿元、失业保险基金1496万元、生育保险基金650.3万元、工伤保险基金94.89万元。为2.3万名企业离退休人员发放养老金1.7亿元，按时足额发放率100%。

2007—2008年，全州在省内率先实现乡乡有敬老院，完成968套农村教师公转住房建设，农村新型合作医疗参合率90%，完成104所乡（镇）卫生院改扩建和500所合格村卫生室建设。2009年10月，州政府印发《关于认真做好土家语苗语抢救保护传承工作的若干意见》，要求抢救保护传承土家语和苗语，促进民族团结，构建和谐湘西。11月，州政府制定《老年优待办法》《关于自治州第三批非物质文化遗产名录的通知》，公布“湘西苗语”等58项为州第三批非物质文化遗产名录，要求做好非物质文化遗产保护、管理和合理利用工作，重视对传承人保护。是年，全州财政用于民生领域支出38.6亿元，占全州财政总支出45.4%，新增城镇就业2.3万人，失业人员再就业1.6万人，返乡农民工转移就业18.5万人，城镇零就业家庭保持动态清零。“十一五”期间，全州新增城镇就业10.9万人，“五项保险”覆盖范围扩大，龙山、吉首、永顺、保靖等县（市）先后纳入国家农村新型养老保险试点范围。城乡特困家庭低保实现应保尽保，全州有低保对象21.5万人，其中农村14.4万人、城市7.2万人。农村“五保户”住院医药费实现零支付。城镇保障性住房完成1.42万套、农村危房改造1.85万户。全州实施科技创新引导专项计划和州校科技创新合作项目，引进推广新技术、新成果400项；全面免除义务教育阶段学杂费，化解“普九”债务2.44亿元，建成农村寄宿制学校308所，义务教育合格学校170所，农村教师公转房1896套；湘西高职院与湘西经济贸易学校实现整合；不断完善医疗卫生服务体系，新农合参合率94.4%，实施州人民医院迁建和县级综合医院建设，完成217所乡镇卫生院建设，实现村村有卫生室；建成农村综合文化站95个、农家书屋600个，新增15项国家非物质文化遗产名录；计划生育工作进入全省先进行列，人口自然增长率控制在7.24‰以内。

第四章　综合政务

第一节　政府法制

1989年，州人民政府办公室内设法规科，核定编制1名。1990年7月，法规科升格为州政府法制办公室（简称州政府法制办），定为副处级机构，归口州政府办公室管理，核定编制3名。1995年，州政府法制办加挂州人民政府行政复议办公室牌子，增编2名。2001年10月，州政府法制办升格为正处级机构，内设综合法规科、行政复议应诉科，编制未变。2010年，州政府法制办内设综合人事科、立法和规范性文件管理科、行政执法监督协调科（依法行政指导科），核定行政编制8名，实有9人。

1990—2010年，州政府法制办历任主任：龙承亮、张小舟、沈世锋；副主任：曾春生、侯世勇。

一、行政法规宣传

1990年，州政府法制办印发《行政诉讼法》单行本8万份，并会同有关单位举办培训班，参加培训学习的有县（市）政府、州直局以上单位分管领导、各单位行政诉讼代理人、学习辅导员等。各县市、州直单位分别组织所属工作人员学习《行政诉讼法》。州政府决定各级政府法制办负责人列席同级政府办公会议、常务会议。1993年，组织州直各单位负责人、法制机构工作人员参加省直各部门专业法律和《行政诉讼法》学习培训。1994年6月，组织全州行政机关公务员学习《中华人民共和国国家赔偿法》。1996年9月，州政府印发《关于贯彻实施〈中华人民共和国行政处罚法〉的通知》，州政府领导干部在电视台讲话，州、县（市）悬挂横幅、张贴标语，组织宣传车与农村歌手自编自演节目，受教育群众25万人次。州、县（市）政府法制办培训执法人员和执法监督人员55期4230人。

1999年9月，第十届州人民政府第42次常务会议，听取副州长杨先杰和法制办主任《关于全省依法行政工作会议暨宣传贯彻〈行政复议法〉》情况汇报。会议议定由州政府发文部署，全州公务员集中学习《行政复议法》并开卷考试；《团结报》、湘西电视台等媒体组织文章和专题宣传。2004年4月，州政府召开全体（扩大）会议，州人民政府州长及法制办主任宣讲《行政许可法》，并作出贯彻实施《行政许可法》具体安排。5月，常务副州长李德清在湘西电视台就《行政许可法》有关问题答记者问；州政府法制办与州普法领导小组办公室联合行文对全州学习宣传《行政许可法》安排部署。至6月末，州政府法制办会同州人事局培训公务员11500人。开展州、县（市）、乡（镇）三级政府自行设定行政许可项目、规定、收费清理，清理出违规项目126个，全部废止；州直62个行政执法单位清理855个许可项目，审核后取消608个。

2005年，州人民政府印发《关于贯彻落实〈纲要〉的实施意见》，成立推进依法行政工作领导小组，各县（市）亦成立相应机构。州直60个单位300余名法制工作人员在吉首市区人民路、团结路临街设点宣传解说《纲要》及相关法律法规条文，提供法律咨询服务；州委学习中心组举行《纲要》专题学习；全州一千多名副处级以上干部分3期完成《纲要》轮训，8个县（市）近万名公务员、执法人员完成《纲要》学习培训；州委将依法行政知识教育纳入州委管理干部党校培训必修课程；州法制办创办“湘西法制信息网站”与国务院法制办、各省（市、自治区）及州内各县市、州直各部门信息共享；创办《湘西州政府法制简报》；全州政府法制干部开展“依法行政与构建和谐社会”理论研讨，评出优秀论文25篇。2006年，州政府制定《湘西自治州全面推进依法行政五年规划（2006—2010年）》。州直30多家单位200多名法制工作人员在“12·4”法制宣传日举行《纲要》学习宣传活动。州交通等10余个部门1000名执法人员开展依法行政知识培训。2007年，州政府法制办组建依法行政讲师团定期到州委党校宣讲《纲要》，并到州审计局、州工商局、州卫生局及吉首市、永顺县等单位辅导《纲要》学习。2008年，州政府常务会议专题研究贯彻国务院《关于加强市县政府依法行政的决定》和省人民政府《湖南省行政程序规定》，听取法制办负责人专题汇报。会议决定成立程序建设领导小组；印发州政府贯彻落实实施意见；将龙山县、凤凰县及州交通局、州建设局、州国土资源局、州地方税务局作为行政程序建设示范单位；确定《湘西政报》定为州政府发布政策和规定独家载体，公布标准文本。组织100余名州、县（市）法制办干部分5批参加省政府法制办培训班。2009年2月，州政府全体（扩大）会议听取州政府法制办主任沈世锋宣讲《规定》，并就贯彻落实《规定》作出部署。3月，州政府常务会议，州直单位负责人92人参加，会上，州政府法制办主任沈世峰解读宣讲《湖南省规范行政裁量权办法》。4月，召开全州依法行政暨政府法制工作会议，对继续贯彻落实《纲要》《决定》和《规定》作具体安排部署。开展规范行政执法年活动，换发行政执法证841个，行政执法监督证17个。2010年，组织举办全州《湖南省规范行政裁量权办法》骨干培训班；3—4月，发放《湖南省规范行政裁量权办法》释义，为8个县（市）政府法制办和州直80个执法单位提供培训学习资料；5—6月完成全州1.46万名政府部门工作人员培训。

二、行政执法监督

1989—1990年，州政府办法规科审核修改州政府组成单位向州人大常委会的工作汇报材料、审核州政府规范性文件、参与协调涉法事务。1991—1992年，指导县市政府和州直局以上单位建立健全政府法制机构和培训政府法制工作人员。1993年2月，州政府法制办印发《关于建立规范性文件法律审核制度通知》，对规范性文件审核报送作相应规定。1994年3月至1995年2月，州政府法制办组织州直54个行政执法部门开展执法依据和执法工作人员大梳理，梳理出执行法律、法规、规章426个，一线执法人员5700人（含县级4900人）。

1996年8月，州人民政府印发《湘西州发放湖南省行政执法证和行政执法监督证工作方案》，规定州域内“湖南省行政执法证”发放和管理，由州人民政府统一进行，州人民政府法制办公室负责具体工作。州、县（市）分别开展行政执法主体资格清理审核，州直确认具有行政执法主体资格单位56个。其中受委托执法单位6个，被依法取消主体资格单位1个。5700名行政法人员经培训合格由州政府颁发“湖南省行政执法证”。1997年，州政府法制办会同州统计、林业、城建等9个部门，在全州开展执法大检查，查处违法案件7起，纠正违法提案5起，调处执法争议12起。同时落实“两证”（行政执法证、行政执法监督证）发放，实行“持证”上岗、亮证执法制度。1998年，州政府法制办先后到常德、怀化、岳阳等地考察学习推行行政执法责任制经验。11月，制定出湘西州实施方案。12月，开展对“两证”年检年审工作，并将检审结果在《团结报》公布。

1999年，推行行政执法责任制，将实施方案向州政府常务会议汇报并获通过。州政府印发《关于在全州实行行政执法责任制的通知》，州政府办印发《湘西自治州行政执法责任制实施方案》和《湘西自治州人民政府行政执法责任目标管理责任书》。该责任书将执法责任11个大项目分解成38个小项目，细化评分标准，年终检查打分，评出优、一般、差三个等级，年终按等级奖惩。5—7月，州政府在吉首召开全州行政执法责任制工作会议，州人大常委会、州政协领导应邀列席会议，8个县（市）常务副县（市）长、56个州直单位负责人分别向州长武吉海签呈责任书。州政府法制办推介印发州水利局结合实际制定的行政执法13项制度，指导各单位建立执法制度。花垣县10家选矿企业污染保靖县复兴镇100余户农民的水稻，经济损失200余万元，州长、常务副州长、分管副州长及相关部门负责人深入花垣、保靖事发现场听取调查组汇报，依法依规现场处理，被污染农户获得赔偿。2000年2月，州人民政府召开1999年度全州行政执法责任制总结表彰暨2000年度行政执法责任状签字大会，表彰和奖励1999年度先进单位35个，优秀个人44人。州直56个单位和8个县（市）政府负责人与州政府签订新年度行政执法责任状。年末，州政府研究决定不再签订责任状。

2003年，州人民政府决定全面推进相对集中行政处罚权工作，解决以往行政管理中职责交叉、多头执法、重复处罚、执法扰民等问题。2005年，州政府法制办加大对县（市）政府和州直部门依法行政指导督促力度，牵头考核8个县（市）和州直70多个行政执法单位依法行政目标管理执行情况，并首次将考核结果纳入州委、州政府双文明目标管理。2006年，州政府在全省贯彻落实《纲要》座谈会上介绍经验。州委办公室、州政府办公室印发《湘西自治州行政执法“双十佳”创建活动实施方案》。2007年，开展督促指导检查评议“双十佳”活动，推荐评审“双十佳”单位和个人。2008年2月，州委办公室、州政府办公室印发表彰全州“十佳”行政执法单位和“十佳”行政执法人员决定：州委、州政府授予龙山县审计局、永顺县农业综合执法大队、保靖县人口和计划生育局、古丈县劳动和社会保障局、吉首市物价局、凤凰县地税局、州工商行政管理局、州食品药品监督管理局、州环保局、州国税局等10个单位为“全州行政执法十佳”单位，授予张天勇、向才官、刘学军、宋寻冬、王平、彭廷熊、张远胜、田锦松、李永彭、罗亨桥等为“十佳行政执法人员”。州政府法制办印发《湘西自治州行政处罚、行政许可、行政复议案卷评审办法》，并配套印发《湘西自治州行政处罚案卷评查标准》《湘西自治州行政许可案卷评查标准》《湘西自治州行政复议案卷评查标准》，根据投诉和举报，分别督查龙山、凤凰、泸溪等县8起违法执法案件整改。2009年，州政府办公室印发《关于认真贯彻实施“湖南省规范性文件管理办法”的通知》，对规范性文件审查、修改、公告程序，规范性文件备案审查制度，检查、通报、考核制度等作具体规定。此后州政府法制办会同州政府办举办全州政府文秘人员及文件管理人员专题培训班，开展规范性文件清理工作，清理出一批不符合实际、失去实施意义文件。是年，州政府法制办审查规范性文件160件，向省政府报备160件。办结省政府法规、规章征求意见函3件；县（市）政府报备规范性文件125件，清理规范性文件2194件，其中州本级393件，县（市）级1727件、乡（镇）级74件，其中废止98件、宣布失效371件、继续有效1629件、重新公布76件、修改20件，并将清理结果上网公布，同时完成5873名执法人员和执法监督人员清理并上网公布。抽查行政执法重点单位和吉首、龙山、凤凰3个县（市）的行政执法局执法案卷，现场评查案卷100余个，督查督办6个行政执法“不作为、乱作为”典型案件。清理州直42个单位行政审批项目及非行政许可项目，保留行政许可项目256项（含省下放管理层的60项），非行政许可项目16项，取消行政许可项目40项，取消行政事业性收费162项。

2010年，州政府常务会议集中学习《湖南省规范行政裁量权办法》，并部署全州依法行政暨行政程序建设工作。州政府印发《湘西自治州依法行政工作要点》。州直部门40个基准行政处罚权全部在州政府法制信息网上公布。州政府召开《湘西自治州国民经济和社会发展“十二五”规划纲要编制听证会，25名听证代表和10名旁听人参加听证会。是年，全州各级政府举行听证会22场次，编辑发布听证会指导案例8个，审查州人民政府文件（送审稿）45件，出台31件，并及时报省政府备案。审查县（市）人民政府报备规范性文件125份。指导州直单位制定规范性文件51件。对全州8680名执法人员换发行政执法证件，查处违法执法案件9起。州政府法制办向社会公布执法监督举报电话。

三、行政复议

1990年，州人民政府确立行政复议制度，州、县（市）政府法制办受政府委托，承办行政复议案件。1991—1995年，州政府法制办（州行政复议办公室）指导县市开展行政复议工作，未受理此类案件。1996年，永顺县灵溪镇果园村一组不服永顺县人民政府关于土地权属争议处理决定，向州政府申请复议。州政府法制办（州行政复议办公室）依法进行复议：审查申请人与被申请人全部相关材料，办案人员到现场调查专访，听取双方陈述，实地勘查重要物证，村民眼见办案人员认真、细致、公平，对是“荒山”而非“茶山”结果表示折服。州人民政府作出维持原处理决定。1998年，凤凰县大田乡首云村委会不服凤凰县政府关于木里乡万溶江村与大田乡首云村山界纠纷处理决定，向州政府申请复议。州政府法制办决定依法受理复议。案件因山界权属不清而引发木里乡万溶江村与大田乡首云村对“邦叭”权属争议，首云村对凤凰县政府、县法院、州法院先后4次裁决不服，向州政府申请复议。州政府法制办对申请人被申请人提供相关材料阅读审核，并深入争议地察看，查明处理决定合法合理公正。1998年3月，州政府作出复议决定：维持凤凰县人民政府1997年10月处理决定。1999年，县市政府和州直部门办理行政复议案件22件。

2000年，泸溪县踏虎乡砂子坳村四组村民廖某某不服泸溪县政府《山村界线确权书》决定，向州政府申请复议。州政府法制办办理案件虽然复议难度和工作量大，但群众对州政府办行事作风和处理结果反映很好。是年，州政府受理行政复议申请4件，全部办结。2001年，湘西州落实中央退耕还林政策，昔日荒地荒山价值徒增，农村土地权属争议纠纷亦徒增，全年州政府收到当事人提出行政复议申请12件，比上年净增8件，经审核受理9件，行政复议维持7件，被撤销2件。2002年，全州行政复议机构办理行政复议案件68件，比上年增加35件，其中州政府复议22件，比上年增加13件。2003年，州属七O化工有限公司收到州卫生局对该公司未取得集中式供水单位卫生许可证而擅自供水“行政处罚决定书”。该公司依法向州政府申请复议。州政府法制办办案人员审核和现场查勘，听取申请人辩解意见，最后认定：被申请人作出行政处罚认定事实清楚，证据充分，适用规章正确，程序合法，州政府下达维持决定。是年，州政府还通过行政复议，撤销保靖县政府以“罚”代“批”违法颁发“国有土地使用证”行政行为，并责令其在复议决定下达后30日内重新作出行政行为。该县认真执行州政府决定，在规定期限内纠正违法行为。至2004年两年间，州政府复议申请人不服县级政府作出的具体行政行为申请45件，办理结果维持39件，撤销重作6件。2005—2006年，州政府法制办办理州政府行政复议案件51件，其中维持43件，撤销重作8件。

2007年7月，州政府法制办参加《中华人民共和国行政复议法实施条例》创新复议方法。是年，全州复议审结64件复议案件中有5件经复议委员会集体审理决定，首次采用调解方法处理5件行政复议申请。2008年，州政府首次把行政复议受案率、法定期限内结案率、上级复议机关复议决定履行率、重大行政复议案件报备率等“四个率”均达到100%列入州政府目标管理内容。古丈县罗依溪镇黑潭村三组村民符礼军不服该镇政府林地处理决定，申请州政府复议，古丈县法制办对该案在全州率先举行听证会。申请人、被申请人及第三方参加听证并充分发表意见，对本案全部证据进行质证。2009年，行政复议工作实现受案率、结案率、履行上级复议机关复议决定率、案件统计率和重大案件报上级备案率5个100%。州政府法制办行政复议应诉科科长张仕新被评为全省行政复议先进个人。2010年，全州受理行政复议案件70件，审结70件，其中州本级受理24件，审结24件，其中维持19件，撤销重作2件，驳回申请1件，责令履行1件。

四、地方法规制定

1991年，州政府法制办开始实施州人民政府地方立法工作。1993年，编制《州人民政府1994—1997地方立法规划》，并获州政府常务会议同意和州人大常委会审议通过。1994年年初，会同州工商局并邀州人大常委会法制委、财经委负责人参加，就《湘西州个体工商户和私营企业生产经营权益保护条例》开展立法调研。组织《湘西自治州矿产资源管理条例》和《湘西自治州电信管理条例》起草人员深入龙山、永顺、花垣、凤凰等县矿山、企业、机关调研，分别草拟条例初稿，并赴上海、温州、无锡、深圳考察非公有制经济发展情况，借鉴沿海地区经验，运用宪法和民族区域自治法赋予的权力，对国家法律法规作重要“变通”和“补充”，形成送审稿。是月两个条例（草案）获州政府常务会议原则通过并报送州人大常委会审议。12月，邀请湖南省人大常委会民侨委、法规委、省矿产局、省电信局专家对草案指导论证。1995年，州人大常委会二次会议审议通过两个条例。8月，获省第八届人大常委会第九次会议批准。1998年，编制《州法制办1998—2002年立法规划》，获州人大常委会议审议通过。1999年年初，与吉首市政府衔接会商《吉首市城区饮用水水源保护条例（草案）》起草相关事宜，历经7次修改。修改《湘西土家族苗族自治州矿产资源管理条例》，并上报州第十届人大常委会第二次会议审议通过。6月，获湖南省第九届人大常委会第九次会议批准。此外，还指导和参与《湘西土家族苗族自治州乡村公路条例》草案起草。2000年，参与《湘西土家族苗族自治州河道管理条例》修改。2001年3月，州第十届人大常委会第四次会议审议通过湘西州《河道管理条例》。

2003年，州政府法制办参与指导《湘西土家族苗族自治州保护凤凰历史文化名城保护条例》制定起草工作。其间，组织召开建设、国土、林业、文化等州直相关部门领导和专家座谈会，征求意见，形成《条例》送审稿。次年2月，州人大二次会议审议通过报省人大常委会审查。

2004年，州政府法制办负责人及专业人员到龙山县开展立法调研并指导《龙山县里耶历史文化名镇保护条例》（以下简称《保护条例》）起草工作。《保护条例（草案）》先后3次审议，5次修改。2005年，省人大常委会相关专门委员会和省建设厅、省文物局具体指导下再次修改后，《保护条例》经州第十一届人大常委会第三次会议审议通过。5月，经省第十届人大常委会第十五次会议批准。同时，州政府法制办会同州环保局还完成对1996年制定的《湘西土家族苗族自治州环境保护若干规定》（以下简称《若干规定》草案）重新修订工作，修订后的《若干规定》（草案）经州第十一届人大常委会第二次会议审议、3次修改后，于是月经州第十一届人大常委会第三次会议审议通过，同月，经省十届人大常委会第十五次会议批准。州政府法制办还指导州文化局在开展立法调研基础上起草《湘西土家族苗族民间文化遗产保护条例》，经4次修改形成送审稿。州第十一届人民政府第49次常务会议审查并原则通过送审稿，送州第十届人大常委会第二十三次会议审议。2006年，州第十一届人大常委会第四次会议审议通过《保护条例》，省十届人大常委会二十一次会议予以批准。永顺县政府组建《猛洞河风景名胜区保护条例》草案起草班子，同时由县领导带队赴国内立法保护工作先进的风景名胜区考察取经，草拟《保护条例》初稿。州政府法制办组织州建设局、猛洞河风景名胜管理区、州旅游局、州水利局、州林业局等部门负责人，邀请州人大常委会法制委负责人和工作人员到永顺县听取县起草小组汇报，并指导初稿修改。修改后形成送审稿。州政府常务会议对《保护条例》草案讨论审查并原则通过，提交州人大常委会审议。2007年3月，猛洞河风景区《保护条例》经州第十一届人大常委会第四次会议审议通过，6月，省第十届人大常委会第二十七次会议批准实施。

2008年，州人民政府将《湘西自治州土家族医药苗族医药保护条例》和《湘西自治州乡村公路管护管理条例》列入《州人民政府2008—2012立法规划》。州卫生局起草《湘西自治州土家族医药苗族医药保护条例》初稿。此后，州政府法制办组织民族民间医药师、州内知名中西医学专家学者调研论证3次；邀请州人大教科文卫委、法制委负责人等对条例草案提出修改意见。条例草案经过先后6次讨论修改，于是年10月经州第十二届人民政府第16次常务会议审查并原则通过，送州第十二届人大常委会第七次会议审议，同时置入州人大网，向全州各届人士征求意见，形成第二稿。2009年，省人大常委会民侨外委、法制委、教科文卫委及省民委、省中医药管理局专程到湘西自治州具体帮助修改该条例。州第十二届人大常委会第二次会议通过该条例。5月，经省第十一届人大常委会第八次会议批准实施。《湘西土家族苗族自治州村级公路管理养护条例》亦同时经省人大批准。州政府法制办受州政府委托，向永顺县政府交办《湘西土家族苗族自治州小溪国家级自然保护区条例》起草工作相关事宜，永顺县政府成立条例起草领导小组和工作班子，形成条例草案第一稿。10月，州政府法制办组织召开立法听证会，州直17个相关单位负责人、州政府法律顾问、知名学者、专家及群众代表出席会议，对条例草案提出修改意见，其后五易其稿，形成送审稿。2010年3月，省第十一届人大常委会第十四次会议批准该《条例》。是年，州政府法制办协助吉首市起草《湘西土家族苗族自治州德夯风景区保护条例》，年底，条例初步形成。

第二节　政务督查

1989年，州政府办会同州建委，督查全州小城镇规划编制工作，规范建制镇规划编制文本。年末，花垣县茶洞镇、永顺县王村镇规划获建设部小城镇规划编制工作二等奖。1990年3月，州政府办会同州水电局、州国土局等组成督察组，深入凤凰县龙塘河、龙山县贾坝等中小型水库和吉首市雷公坡、保靖县夯沙等地质灾害易发点，督查物资储备、人员值守、险情排除等情况，对发现存在问题发出通报。1991年，由副州长刘殿兴带队，组织州经委等部门人员，3次深入到区街工业现场督查调研，协调解决工业企业发展存在环境欠优、资金紧缺、销售不畅等问题，为区街工业企业排忧解难。1992年7月，州政府办、州公安局、州统计局等单位组成两个组，督查县市“农转非”政策落实情况，针对手续繁杂、程序不够透明等问题，提出限期整改要求。1994年5月，州政府办组织州国土局、地矿局、环保局等部门人员，深入凤凰茨岩，花垣民乐、团结、龙潭等乡镇矿区，督查矿硐安全生产、尾砂坝加固等落实情况，发现有两家企业的矿硐在通风条件、安全通道、尾矿库加固及尾水排放等存在问题较为突出，督查组责令两家企业停产整顿，并将存在问题通报相关部门。1995年3月，组织州农办等单位人员，深入龙山、永顺、保靖等种烟大县，督查烤烟种植面积和育苗落实情况，5月中旬组织4个督查组深入保靖野竹坪、龙山大安、永顺抚志等烤烟种植重点乡（镇）督查，落实烤烟种植面积1.3万公顷。9月，再次组织4个督查组，督查重点乡镇烟叶收购情况，促进烟叶收购，全年收购烤烟2.5万吨，同比增收0.5万吨。

1996年4月，州人民政府设立督查室，政务督查更趋规范。7月中旬，沅江发大水，泸溪县武溪、浦市两镇等地遭受洪涝灾害。是月下旬，州政府督查室组织人员深入泸溪县，开展州直单位救灾工作专项督查。发现州农机局10余名干部在泸溪青草小学睡课桌，食宿自理，送技术到田间，组织10多台耕整机犁田、抢插晚稻，督查组随即通报表扬。1997年，会同州建委、州交通局等，督查州府吉首城区道路改造等州庆项目建设情况，并对建设进度较慢的个别重点项目，采取倒计时方式，按周督办。1998年，州政府开始对县市政府工作和州直单位政务工作实行目标管理，目标管理方案经州政府常务会议和政府全会审定后，行文实施。7—9月，组织两个督查组，督查县市落实目标管理项目情况，对个别县存在工作进度滞后、资金紧缺等问题予以通报，限期整改。年末由州政府督查室牵头，抽调州直相关单位工作人员组成验收组，检查验收。2000年，先后开展春耕备耕、口粮田建设、退耕还林、防汛抗旱、冬修水利等20余项督查，并发出督查通报。

2002年，落实州政府《关于对县市和州直部门主要工作实行目标管理的通知》要求，先后开展骨干公路、水利电力等基础设施建设和工业企业改制等10件实事专项督查，形成书面材料呈报政府领导。是年，州人大常委会检查全州经济发展环境，发现35个问题，责成政府相关部门依法依规整改，州政府督查室负责督查，清退收费3.37万元，上缴罚款1.45万元，处理违纪违规人员2人。2004年1—4月，牵头督查泸溪县小章乡、凤凰县黄合乡、古丈县高峰乡、保靖县水银乡、龙山县里耶镇等地81座小（二）型病险水库除险加固进度和质量情况，通过督查，全州小（二）型病险水库除险加固工程在主汛前全部完成。5—11月，3次牵头组织州为民办实事考核办公室人员，到永顺县芙蓉镇、泸溪长坪、古丈断龙山等地，检查农村沼气池等建设任务落实。此外，还开展“禽流感”预防、防汛工作、安全生产、就业与再就业、农村合作医疗、招商引资、民营经济、能源建设、食品安全、农民减负等15件交办事项办理情况督查，撰写专项督查报告15份。2005年，围绕确保省定8件实事顺利实施开展重点督查，协调解决农村沼气池建设和农村中小学危房改造等项目实施难点问题11个。全年编印督查通报20期，完成州长办公会议和州委、州政府领导批示交办督办事项24件。2006年，继续开展省定8件实事和就业、就读、救助等群众关注的六大保障体系建设进展情况督查督办，督查3次，并印发通报。同时结合州政府主要工作项目有针对性地开展寄宿制学校建设等专项调研督办，农村寄宿制学校建设督查调研文章引起教育部领导关注，在全国寄宿制学校工作会议上作经验介绍。2007年，督查永顺县高家坝水库、吉首市人民路复线等州庆十大标志性工程和献礼项目建设情况。同时按照州政府阶段性工作安排，先后开展防汛抗旱、新农村建设、涉锰企业污染治理等工作督查，形成督查报告呈报相关领导参阅。

2008年5月，州政府督查室会同州国土资源、环境保护等相关部门，深入保靖县葫芦和夯沙、古丈县默戎和平坝等乡镇，督查土法炼钒企业关闭情况，建立问责制，全州依法关闭土法炼钒厂84家。全年编发《督查通报》《督查专报》25期，撰写调研报告20余篇，其中6篇被州政府决策采纳。2009年3月，州政府印发《关于落实政府工作报告重点工作部门分工的意见》，分解、明确县市和州直部门工作责任。同时，围绕惠民政策落实、重点项目建设、优化经济发展环境等重要工作，开展督查调研，全年编发《督查工作通报》和《督查工作专报》31期。是年，州政府督查室被省政府办公厅评为“全省政务专项督查先进单位”，骆邦建、傅立波评为“全省政务督查工作先进个人”。2010年，开展湘西州“八百里绿色行动”拓展工程、县市污水处理工程及廉租房建设等专项督查23次；督查芙蓉镇景点圈建设项目和凤凰县旅游发展项目2次；督办州政府常务会议和州长办公会议议定事项330个，向各县（市）和州直部门印发督办函107个。

第三节 经济调研

1989年，州人民政府保留经济研究室，副秘书长吴奕海、唐双发先后兼任经济研究室主任。1994年，州直机构改革，州政府经济研究室与州经济体制改革委员会合署办公，两块牌子，一套班子。2001年，州政府机构改革，州政府经济研究室与州经济体制改革委员会一并撤销。2006年，州政府研究室成立，至2010年年末，彭延敏任研究室主任。

1988年10月，州长石玉珍在省政府办公厅《经济通报》上发表《关于湘西土家族苗族自治州经济发展战略的思考》。1993年3月至1994年7月，由常务副州长欧阳淞牵头，组织州政府经济研究室、州科委、州体改委人员从事科技兴州实施方案研究，并写出报告。州委、州政府据此制定《科技兴州实施方案》。与此同时，州政府经济研究室赵玉林先后撰写《试论土地使用制改革》《试论企业优化重组》《内陆民族地区经济发展的困境与出路》《湘西少数民族地区也要建立改革开放实验区》等多篇经济政策研究论文为州委州政府决策提供重要依据，并在省州多家刊物发表。1994年9月，省委、省政府《关于支持湘西土家族苗族自治州实施“国家八七扶贫攻坚计划”的意见》，明确把湘西州作为全省扶贫攻坚主战场。州委、州政府随即制定《湘西土家族自治州扶贫攻坚计划》，强调集中人力财力物力，打一场扶贫攻坚的总体战，力争在1997年建州40周年时基本解决全州60万贫困人口温饱问题，20世纪末实现稳定脱贫。为此，州政府相继出台《果药茶桑草食兽禽开发实施办法》《关于进一步加强财源建设的决定》《关于实现“六六温饱”脱贫工程的意见》等政策举措，加快稳定脱贫路线。

2006年，州政府研究室围绕政府中心工作，选择新农村建设等10个重点调研课题，组织调研活动20次，其中新农村建设、创品夺牌、工业强乡强镇等调研被纳入州委、州政府有关文件或重大决策。全年编发《政府工作通报》59期，《政务信息》30期，《经济提要》12期。2009年，州政府研究室按照办公室党组“内强素质，外树形象，人讲奉献，事创一流”总体要求，发表领导署名文章7篇，其中《政府工作报告》被评为全国优秀工作报告，领导署名文章《强化项目建设推动科学发展》获全州学习实践科学发展观优秀调研论文二等奖。州政府研究室主任彭延敏撰写的《湘西自治州推进新型工业化的战略选择》一文，在中国改革报社、人民日报大地杂志社联合举办的全国征文赛中获特等奖。州政府研究室撰写的《湖南省湘西自治州“五个协调发展见成效》在中央党校《理论前沿》发表。州政府研究室杨荣波获全省政务信息“先进个人”称号。

2010年，州政府研究室围绕州府建设、凤凰旅游、城乡一体化、新型城市化等专题发表领导署名文章10余篇，新闻稿件30余篇。州长叶红专署名文章《围绕打造“五个吉首”加快州府城市化进程》在《湖南日报》发表，彭延敏、张奇华、杨荣波署名《转变经济发展方式加快富民强州进程》在《中央党校学报》发表。

第四节　金融工作

2004年8月，州政府金融证券办牵头，贯彻州委、州政府《关于进一步做好全州党政机关事业单位和其他组织工作人员逾期贷款清收工作的通知》，落实全州公职人员逾期贷款清收工作。9月，协助州建设银行处置不良金融资产2870万元。协助完成湖南闻得福油脂集团股份有限公司和湖南喜阳食品工业集团股份有限公司的民营化改制、湖南老爹农业开发股份有限公司增资扩股及股份转让、湖南武陵山天然牧业股份有限公司解散申报工作，按期获得省金融证券办批文，变更公司注册登记。2005年4月，参与组织州政府、州建设银行政银合作座谈会，促成建行放贷、转贷和核准贷款6.2亿元。7月，组织商业银行选择论证州庆和重点建设项目，赴长沙向各商业银行省分行汇报，争取信贷支持，全年信贷资金到位19项5.7亿元；组织有改制上市意向的老爹农业、金天铝业、湘泉制药、宏鑫矿业、猛洞河旅游等公司负责人参加深交所、湖南证券局和湖南省金融证券办联合举办的中小企业改制上市培训班学习。配合州信合办抓好全州农村信用社改革，8个县（市）农村信用社改革方案获批准，拿到央行票据，获得1.63亿元资金额度，置换1.2亿元不良资产和0.43亿元历年亏损，使全州农村信用社资本充足率在5%以上。与此同时，继续开展公职人员逾期贷款清收工作，全年新增清收贷款254.9万元，累计完成4235万元。

2006年，支持非银行业金融机构进州建立机构。10月，支持泸溪县成立三维中小企业投资担保有限公司；组织州内企业参加全省非公有制经济暨中小企业银企合作洽谈会，发布17个洽谈签约项目，现场签约11个项目，签约资金4.998亿元。11月，太平洋财产保险公司湘西分公司成立。12月，德胜期货入驻湘西。2007年1月，州政府首次授予吉首市马颈坳镇等10个乡（镇）和州烟草公司等10个企业为全州“十佳信用乡镇”和“十佳信用企业”。2月，州政府为上年度新增贷款的农村信用联社湘西州办事处、中国银行湘西分行、建设银行湘西分行、农业发展银行湘西分行4家优秀行社颁奖，共发奖金23.87万元。4月，支持大地财产保险公司到湘西州设立机构。6月，全州金融工作暨银企合作洽谈会在吉首举行，现场签约18个银企合作项目，签约金额15.8亿元。会后，各家银行和信用社还签约24个项目8.74亿元贷款额度。10月，支持天安财产保险公司到湘西州设立机构。12月，支持中华联合保险公司到湘西州设立机构。年内龙山、永顺和凤凰3县开展农业水稻和母猪保险试点工作。2008年，参加全州处置非法集资工作，起草《湘西自治州处置非法集资突发事件应急预案》等“处非”规范性文件51个、承办各类专题研究处非工作会议30余次、起草汇报材料30余份、形成各类专题会议纪要20余个。编发《处非工作动态》《处非工作综述》《处非信息专报》《原件呈阅》等工作信息410期。同时，开展民族贫困地区金融发展体制与政策的调查研究，撰写《金融改革助推民族贫困地区发展的思考》；与州财政局联合制发《湘西自治州2008年育肥猪保险试点实施方案》，转发《湖南省育肥猪养殖保险条款》和《湖南省农业保险工作考核办法》等文件。推荐湘泉制药、老爹公司、三立集团、凤凰旅游公司等4家企业成为全省拟上市重点培育对象。2009年，起草《关于进一步加快社会信用体系建设的意见》，建立全州社会信用体系建设基本框架和运行机制；协助州中级人民法院和州人民银行草拟《关于开展“提振信心、共创诚信”专项审判服务活动实施方案》；协调州人民银行拟定《金融支持湘西自治州经济发展的十条措施》和《湘西自治州金融产品和服务方式创新综合试点工作实施方案》；会同州财政局等部门下发《湘西自治州2009年农业保险实施方案的通知》《关于规范农业保险工作费用管理有关问题的通知》，明确涉农保险的政策措施。4月，组织州内企业参加在长沙举行的金融支持湘西州发展专题会议暨签约仪式，促成州内26家企业与7家金融机构现场签约项目33个，签约金额41.95亿元；支持安邦财产保险公司入驻湘西。7月，协助州经委组建全州第一家州级中小企业担保公司——湘西州兴业投资担保公司。8月，配合省证监局取缔恒信投资公司在泸溪县的非法证券活动。9月，支持花垣县成立中小企业信用担保有限责任公司。

2010年，州金融生态建设领导小组成员调整，州长叶红专任组长。州金融证券办起草《湘西自治州人民政府关于建立非法集资举报奖励制度的通告》和《湘西自治州处置非法集资联席会议办公室关于印发非法集资举报奖励制度实施办法的通知》，在全省率先制定和公布打击非法集资的举报奖励办法；起草《关于切实改善金融生态环境加大金融支持力度促进经济发展的若干意见》《关于组织开展行政事业单位和公职人员逾期贷款清收活动的通知》《关于进一步加强金融安全区暨金融生态环境建设考评工作的通知》《关于建立守信激励和失信惩戒机制的通知》等一系列文件，明确全州金融生态环境建设目标原则、重点和具体措施；会同州财政局等部门下发《湘西自治州2010年农业保险实施方案的通知》；起草《关于加快保险业改革发展的实施意见》。4月，组织州内银行业金融机构和18家企业代表参加湖南省政府在长沙召开的2010年湖南省融资合作洽谈会，会上有18个项目成功签约，签约金额15.97亿元。12月，支持长沙银行到湘西州建立全国首家总分行制村镇银行——湘西长行村镇银行，并在吉首、凤凰设立支行。至年末，全州金融组织有银行业金融机构8家、保险公司13家、证券营业部2家、融资性担保公司3家。推动花垣、泸溪、古丈、龙山、永顺、凤凰6个县成功举办银企洽谈会暨合作项目签约仪式，签约项目101个，签约金额20.274亿元。是年，支持金融机构依法核销不良金融债权3697万元；开展国家公职人员逾期贷款清收活动，收回逾期贷款本息553笔1000余万元；协助州内5家企业列入全省重点上市后备企业资源库，即湘泉制药、西部民爆、三立集团、凤凰古城、天泽生物等。

第五节 信访工作

1989年，湘西州信访办公室（以下简称州信访办）内设接访科、综合科，核定人员编制9名，为州委办、州政府办共同管理的正处级议事协调机构。1994年9月，机构改革，州信访办被撤销，其职能由州委办、州政府办信访科承担，人员分流到两办信访科。1995年4月，恢复原建制。2001年8月，州信访办更名为州信访局，内设办公室、来信科、督查办案科、社会协调科（对外称调处纠纷办公室）。2004年9月，加挂州联席会议办公室牌子，组建州驻北京维稳劝返工作组。2006年，州政府信息中心州长信箱办公室划归州信访局管理。2009年，州信访局内设办公室、接访一科、接访二科、办信科、复查复核科、信息网络科。2010年，设立湘西州信访接待办理中心，系州信访局下属全额事业单位，核定全额事业编制6名。各机关内设科室未变，人员编制20名。

1989—2010年，州信访局（办）历任主任（局长）：兰鸾、徐纪毕、陈仕良、刘建民、罗光生、伍程灿；副主任（副局长）：陈仕良、熊清尧、彭图翠、邹建军、张家莲、朱德实、向忠、符高。

1990年，州、县（市）的信访、司法、民政及涉农部门等瞄准大案要案集中突破，调处结案7384件，占立案总数的98.16%。1992年，全州260个乡（镇、街道）等基层单位，开展“七有”（有信访工作组织、有领导干部分管、有人员专抓、有工作制度、有接待场所、有办公设施、有活动经费）达标活动。是年，州信访办被评为全省信访工作先进单位。1995年，州信访办副主任彭图翠被省委办公厅、省政府办公厅、省人事厅授予“湖南十佳信访干部”称号，州委、州政府给予其特殊贡献奖。

1996年1月1日，州信访办施行国务院《信访条例》，召开全州宣传、纪念会议，刊发笔谈通讯以案说法，举办电视、广播专题讲座，印发《条例》单行本和张贴件，派专人深入龙山、凤凰、泸溪、吉首等县市协助举办《条例》学习培训班，现场指导信访干部学法用法，引导群众依法信访，并与龙山烟厂联手在《团结报》开展《条例》有奖知识竞赛。在全省信访工作对口检查中，湘西州“关口前置、重心下移”举措受到检查组关注。1997年年初，启动全州信访工作“三三工程”，即切实加强基层、队伍、工作规范化三项建设，严格控制越级、重复、集体三类上访，着力提升案件办结、老户稳定、信息效能三大指标。凡属有政策规定、有事实依据、有条件解决的信访事项，均由分管领导干部牵头，相关部门联动，责任单位落实的模式限期办结，不留尾巴；对责任主体不明、时间跨度过长等疑难问题，尽量变通解决或逐步处理到位；实在不能解决的，晓理动情、精疏细导，避免矛盾激化。龙山县青年米某某1997年从湘西电大法律专业毕业后自行联系到州检察院跟班见习。他随队到长沙返回途中车辆不慎翻入水中，车内有数额较大罚没款。米某某几次潜入水中捞救，终于使这笔国家财产得以保全。数月后，米某某右腿出现病变，向检察院要求作为工伤付给医疗费，并将其录用为职工，检察院当即回绝。米某某到州信访局上访。该局与检察院协商数次未果，再次与检察院协商解决部分医药、生活费用，检方同意一次性付给米某某近万元，米某某同意并签字，但出院后多次到省、州信访部门上访，要求安置固定工作。州信访部门特事特办，与有关部门商议安排1个专项劳动指标交由龙山县安排就业，随后在乡政府担任司法助理，至此，米某某息访。1998—1999年，州信访办按照“百天千人”培训计划，选派19名干部参加3期省级轮训，其中有县（市）分管领导及信访部门主要负责人，州信访办主要科室负责人；州信访办主办全州信访工作骨干培训班1期，参加学习166人；各县（市）集中办班，以会代训，培训基层专兼职信访工作人员800人次。年末，全州专职信访干部参训率达到93%。

2000年，州内乡镇开通程控电话后，322名乡镇电话员随之歇业，因无任何补偿，有的生活困难，长期邀约集体上访。州信访局牵头调查核实有关情况，拟定解决遗留问题实施意见，经领导出面调处，并与相关部门协商，筹措资金290.57万元安置补偿，该群体从此息访。2001年，州信访局收留保靖县一对未满5岁双胞胎孤儿，其父亲离世，其母则在西安女子监狱服刑。该局与原籍保靖县有关部门联系，孤儿无直系亲属可代为抚养，后与西安女子监狱联系并征得小孩母亲同意，派人专程护送至西安，由当地救助机构安置在监狱附近一家保育院。2002年，推行信访工作公开承诺制，乡（镇、街道）等基层单位接访人员与来访群众签订双向承诺书，州、县（市）信访局办公开承诺试点21个。向社会公开承诺上访必接、来信必复、立案必结、有错必纠、见困必帮等。2003年，抗击“非典”期间，全州信访部门干部不顾个人安危，为上访群众及多例疑似病人端茶送饭、嘘寒问暖，以热情周到服务维护社会稳定。2004年，州委、州政府作出《关于进一步加强和改进信访工作的决定》，要求强化量化细化信访工作领导责任制，解决突出信访问题和集中处理重复信访问题。是年，州信访局针对退耕还林、征地拆迁、计划生育、复员退伍军人安置、田土权属纠纷、基层干部作风等190多例信访突出问题，建立台账，将化解任务落实到相关县（市）或责任单位，反复督查、限期办结、逐案销账。

2005年5月1日，全州实施新的《信访条例》，州委、州政府在州委党校举办培训班，州、县（市）分管领导和相关部门负责人参加培训，各县（市）相继开办培训班，组织县市相关部门和乡镇负责人集中学习。同时，全州设立宣传点218个，印发各种资料1.82万份，受教育群众11.66万人。按照《条例》要求探索信访听证制，全州组织听证疑难信访事项15起；实行责任追究制，全州有6名干部因信访问责受通报批评或记过处分，有两个县处置不力被通报追责。州信访局为州政府起草湘西州群体性上访事件应急预案，建立处理信访突出问题和群体性事件联席会议制度，设立7个专项工作组，即企业改制族组、城镇房屋拆迁组、农林土地征用组、涉法涉诉组、企业军转干部及退役士兵安置组、污染治理组等；组建驻京维稳劝返工作组。是年，劝返赴京上访571批688人次。2006年，开展突出信访问题集中整治工作，训诫一批无理纠缠的信访老户。2007年年初，州委、州政府印发《关于从源头上解决信访问题的意见》和《湘西自治州信访工作责任追究的暂行办法》，并3次下发明传电报，交办督办有关事项，州、县（市）建立矛盾纠纷排查化解领导小组，并配备工作班子处理日常事务，确定重大复杂问题实行领导包案专人办理，其活动经费纳入县（市）财政预算。花垣镇农科村村民冉某某持续上访，要求解决责任田土并补偿承包经济损失。州、县信访部门曾多次派员到长沙、北京等地劝返，组成州、县联合调查组深入现场调查核实情况，与当事人知情人及镇村干部走访座谈，查看镇村原始资料，证明冉某某反映的情况基本属实。于是，由花垣县两名县级领导干部牵头，成立包案处理小组，先从村内暂留农转非户退还的责任田土发包给冉家3.08亩旱土、2.56亩水田，并颁发“土地承包经营权证”。但冉氏姐妹再次赴京上访、反映田土实际面积不符，经济补偿没有落实。包案处理小组再次到村实地丈量，将该村机动土地0.2亩补划给冉家，重新换发责任证书，并从财政拨出6万元作为对冉家困难救助。冉氏姐妹表示再不给政府添麻烦。2008年，吉首地区特大非法集资案引发大规模群体性上访事件。州信访部门与各县（市）从部门抽调的180名干部在州体育中心实行联合接访，县市领导轮流每周一次公开接访，解决各类信访问题1722件，其中现场拍板处理819件。与此同时，州公安局、检察院和法院各抽1名领导干部及协办民警定期到州信访局联合接待涉法涉诉上访人员，为群众提供法律服务。2009年，全州建立领导干部接访制度、信访救助制度、信访联席会议制度、信访工作绩效考核制度、信访工作责任追究等8项信访工作制度。实现信访工作制度化、规范化。

2010年，州委、州政府将信访工作责任目标、考核评估均延伸到乡（镇、街道）等基层单位，年底考核结果按先进、合格、基本合格、不合格4个等次分类排位，并与干部考绩、评奖、任用挂钩。州级及8个县（市）首次设立解决特殊疑难信访问题专项资金，全州筹措救助专项资金419.96万元，除中央、省拨120万元外，州财政安排95万元，县（市）财政安排254.96万元。全州年内发放救助资金302.4万元，救助对象89人。州信访局开辟IP网址，设置办理报告等5个公文模板，网上办理信访案件，场所安装电子监控录像系统，各县（市）先后开通内网，开展网上办案。永顺县投入100万元建成面积2700平方米信访大厅，吉首、花垣、古丈3个县（市）将租用房改建成信访大厅。

1989—2010年湘西州来信来访情况一览表

表 6-2

年份	信访总量（件）	其中来信（件）	来访（批）	集体访（批）	省以上越级访（次）
1989	1938	1302	636	17	—
1990	1827	1216	611	18	—
1991	2084	1173	911	31	155
1992	2542	1430	1112	27	—
1994	2761	1791	970	41	112
1995	3690	1810	1880	50	161
1996	1779	657	1222	19	313
2000	9089	1018	8071	270	358
2001	9324	1312	8012	289	366
2002	9916	1354	8563	298	371
2003	10984	1633	9351	326	411
2004	11885	1812	10073	381	405
2005	15412	1450	13962	452	785
2006	13506	1321	12185	395	484
2007	13773	1456	12317	424	428
2008	17670	1200	16470	611	536
2009	20884	1143	19741	214	996
2010	17600	1246	16354	826	827

第六节 外事与侨务

1989年，州政府侨务办公室与州侨联合署办公。1991年2月，州侨务办升格为局级机构。1994年9月，州侨务办与州外事办合并为州政府外事侨务办公室（简称州外侨办），为州政府工作机构，内设综合科、外事科、侨务科，定编8名。1995年5月，州外事侨务办与州侨联分设。2001年9月，撤销州外事侨务办，设立州政府办公室外事侨务科，定编2名。2004年6月，撤销州政府办外事侨务科，改设州政府外事侨务办公室，为州政府办公室副处级内设机构。2010年3月，州政府外事侨务办公室升格为正处级机构，并加挂州人民政府港澳事务办公室牌子；9月，州政府外事侨务办核定行政编制3名，实有干部3人。

1989—2010年，州政府外事侨务办历任主任：林树浓、黄子耀、秦顺芝、肖德昌、彭知勇；副主任：秦顺芝、熊清尧、姚源清、唐力、林定华、肖德昌、汪渲。

一、外事

1992年，州政府侨务办公室印发《关于做好“三资”企业情况调查的通知》，开展“三资”企业（中外合资经营企业、中外合作经营企业、外商投资企业）情况调查工作，全州“三资”企业43家，投资金额2000万美元。12月，接受美籍华人晏素兰女士捐资3万港币，为其家乡保靖县阳朝乡麦坪村修建村小学。1993年，接受美籍华人谭德森捐资17万元，为凤凰齐良桥乡修建水厂和道路。1994年，州外侨办办理外国友人捐赠手续6宗，折合人民币1241.1万元；全年接待国际友人及华侨146人次；审批因公组团出国（境）40人次；组织参与经贸洽谈、海外招商，签订意向投资协议合同30个，引进外资2000万美元。接受日本友人关西日中交流恳谈会长竹田幸子女士一行、汤川郎先生率队的日本无偿援助中学教学器材基本设计调查团到州，为永顺县教育事业捐款20万日元，为州民族中学援助教学仪器价值人民币1000万元。1995年，参与接待以比利时王国埃诺省省长办公厅主任路易·牡海为团长的比利时埃诺省班奇市政府代表团一行到州访问，草签《中华人民共和国湖南省湘西土家族苗族自治州与比利时王国埃诺省班奇市关于发展友好合作关系协议书》。全州审批出国（境）考察200人次。接受美籍华人晏素兰女士在湘西州设立多家助学基金，即州民中钟氏奖学金、保靖奇虹教育奖学基金、泸溪盛氏女儿奖学金等。1997年，印发《关于开展新移民调查工作的通知》，组织调查州直单位1978年至是年因公因私出国（境），加入外国国籍或取得长期居住权人员情况。全州有新移民对象50人，调查弄清情况27人。其中男16人，女11人；属于申请出国留学14人，出国伴读7人，打工4人，担任体操教练和继承财产各1人；获得博士学位7人、硕士学位6人，继续攻读学位11人，就业15人。

1998年，州委、州政府印发《关于严格管理公费出国（境）人员工作的具体规定》。是年，乌干达《新观察报》记者莉迪亚、凯瑟琳到州采访农村扶贫情况，协同有关县（市）、州直部门做好踏线选址、参观踩点等工作，并与州开发办等单位向外国记者介绍州情。审批泸溪县辰河戏剧团一行29人赴法国第二十七届巴黎秋季艺术节和西班牙巴塞罗那木偶（戏剧）艺术节演出。接待法国电视二台记者格里贝一行3人，到永顺县采访拍摄民办教师教书育人及居家生活。1999年，协助永顺县接待日本国立电视台节目主持人山本先生等新闻记者一行3人，到永顺泽家湖采访银宜希望小学。协助龙山县接待由安玛丽率队的美国保护红杉代表团一行12人到州交流，建立湖南张家界—龙山水杉保护基金会。经州外事办牵线、省外事办扶持，凤凰县先后派出分管领导和畜牧技术人员赴加拿大、澳大利亚、新西兰等国家学习考察山羊品种改良、饲料生产青贮等先进技术，成功掌握波尔山羊、苏门塔尔牛、利木赞牛冷配技术，建立种草养畜基地，引进黄牛20头，项目惠及州内25个乡（镇）1000余农户。2001年，参与接待日本读卖新闻报社记者藤野彰一行到永顺县王村镇考察。接受美藉华人谭德森遗孀为凤凰县文昌阁小学德森科技大楼捐助80万元。

2005年，接待《巴黎竞赛》《欧洲时报》、日本JCP株式会社《中国行》摄制组、日本NHK《世界城镇漫步》摄制组等5批外国记者到州采访报道宣传湘西。州外侨办得知《华盛顿邮报》记者爱德华、金铃违规在花垣茶洞镇清水河一带采访，立即派员赶往现场处置，礼节性劝说两名外国记者，并于当天将二人送达张家界机场离境。接待美国欣欣教育基金会李丽娜女士和潘定国先生到州，经对州内6个县（市）23所山区学校实地考察，引进捐赠建校资金8.72万美元，电脑设备5000美元。2006年，配合州外宣办起草《关于因公出国（境）人员携带对外宣传品的通知》，对全州涉外宣传工作作出规定。参与组织州内农村小学教师32人赴常德参加美国欣欣教育基金会举办的第二期英语教师培训班；接待美国普林斯顿大学12名学生到吉首大学师范学院，为该院学生开展为期六周的英语口语强化训练。接待日本有骏制作公司摄制组到州采访拍摄南方长城、凤凰古城等湘西风光。接待欧洲著名影视策划制作商、比利时嘎那嘎纳制片公司人员到凤凰拍摄以苗族夹竹舞等实景民俗真人秀游戏节目《北京快车》。接待泰中友好关系协会顾问、前泰国总理府顾问卡西德杰·库吉德邦带领考察团一行5人到州考察州怡昌能源科技有限公司年产30万吨燃料乙醇项目。2007年，接待中德财政合作湖南小农户造林项目国际咨询专家史蒂芬·德文尼什到州考察龙山、古丈小农户造林项目，为期4天。参与接待日本驻华大使馆吉首市矮寨镇小学宿舍建设项目捐赠签约仪式，接受日本驻华大使馆经济部无偿援助建校资金8.87万美元。接待美国福特基金会创新基金土家族织锦项目管理代表甘洁小姐、赖达富先生一行到州观看保靖县普戎镇土家织锦工艺表演。接待澳大利亚全国林学会主席、桉树营林专家Peter Volker博士到州考察凤凰桉树基地并商讨未来科研合作计划项目。协助组织州农业研究部门与孟加拉国合作开展杂交水稻新品种试验、示范和审定工作，州农科所选荐的"金优217"杂交水稻品种在孟加拉国获审定通过。2008年，州外侨办会同州公安局承办湘西分会场的全省电视电话会议，全面追踪调查境外非政府组织在湘西州活动情况。接待由亚洲旅游交流中心主任林山带队的考察团一行到州考察年初冰灾之后湘西旅游线路和接待设施恢复情况。参与接待多名外国朋友到泸溪县洗溪镇参加湘西喜丰磷化有限公司20万吨磷矿石浮选厂投产剪彩仪式，日本三菱商事有限公司、马来西亚Dangerg集团公司、澳大利亚Intitec Pivot Ltd化肥集团和CIR磷矿集团等国外企业派员参加。接待世界彭氏宗亲联谊会组织世彭教育基金湖南江西专访团到永顺寻根问祖、考察采访。接待美国普林斯顿大学13名师生到州开展培训活动，参与组织湘西140名学员，接受为期40天的英语口语培训指导。接待由英国、瑞士、西班牙、爱尔兰、希腊等欧洲8个国家旅游文化传播考察团50人，考察凤凰古城、德夯苗寨、芙蓉镇、坐龙峡等景区景点和旅游线路。接待出席2008"友好论坛"的美国、加拿大、澳大利亚、新西兰、瓦努阿图等8个国家友好组织代表60人到州参观考察，会同相关部门重点推出凤凰古城(含南方长城)、里耶古镇、德夯苗寨、乾州古城、芙蓉镇、边城6个旅游风景区，作为全州主要涉外旅游风景区，并将详细资料上报省外侨办。接受美国欣欣教育基金会到州捐助活动，该基金会向湘西州34所农村学校捐款1.02万美元(每校300美元)，用于维修在冰雪灾害中损坏的教学用具，同时捐赠各类图书1万册。接待美国盛氏女儿慈善教育基金会向泸溪县32所中小学校92名女学生发放奖学金。2003—2008年，经外侨部门联系，美国微笑列车基金会出资为湘西唇裂、腭裂患者手术修补，治愈患者38人，人均花费2374元。2009年，接待德国、奥地利、捷克等欧洲3国8名国际高层人士到州考察秦简集团、土家人集团、钟灵山集团、仙赐公司、碗米坡电站等企业和紫砂陶、白云石、金属镁矿藏资源。参与接待中德财政合作湖南小农户造林项目国际咨询专家，配合专家组开展相关验收工作。

2010年，改进外事服务工作，填报"因公出国人员审查表"由多份改为一份；办理因公出国（境）审核手续时需提供《湖南省人民政府出国、赴港澳任务批件》复印件改为可事后补交；制定《湘西州因公出国（境）审核报批制度》和《因公出国（境）申报人员申报审核流程简介》，利用网络向社会公开。接待参加"2010中国湖南国际友好城市合作论坛暨国际友城大会"论坛活动的澳大利亚澳中友好协会会长张力、德国华人社团总会副主席温振宇、加纳水资源住房部副部长汉娜·路易莎·比斯达、美国萨利纳斯市市长丹尼斯·多诺霍、越南义安省副省长泰文恒等81名国外嘉宾到凤凰观光。协助组织吉首市老年大学艺术团一行27人赴韩国参加中韩文化交流活动，表演《苗家富银龄美》舞蹈，展现湘西苗家风情。接待由加拿大联邦政府国会议员、自由党劳工政策评论家玛利亚明娜和加拿大国际亚裔交流协会组成的加拿大访华团到州考察访问，州委、州政府领导同加拿大访华团磋商经贸合作相关事宜。协助吉大师院附小邀请接待当年被罗盛教救出的朝鲜落水少年崔莹妻子、女儿等一行5人参加建校70周年庆典活动。接待朝鲜国家观光总局副总局长赵成杰一行15人到州参观访问。参与接待来自非洲18个国家的43名国际友人，参加在华举办的2010年非洲国家减贫与可持续发展官员研修班后到州考察新农村建设，为期3天。州外侨办接待韩国驻华使馆参事官、法国中央大区官员、非洲国家官员及华人华侨等376人次。是年，全州审批因公出国（境）38批99人次，出访22个国家和地区。

二、侨务与港澳台事务

1989年，州侨联组织清理州内涉侨历史遗留问题，平反纠正归侨、侨眷及港澳同胞眷属冤假错案108起，其中"文化大革命"期间69起，"文化大革命"前39起。清退黄金269克、银首饰250克、银元79块、古董101件、字画12幅；抽查279人档案，清理不公正结论和不实之词档案材料960份；落实侨房42户，91栋497间1.71万平方米，占应落实总数92%，对在"文化大革命"中被挤占的11户私有侨房，采取退、换、折价补偿办法，发放补偿款44万元。1990年，州境遭遇洪灾，经州侨联呼吁，10月和翌年2月，港胞彭立珊先后两次为泸溪县灾民捐棉衣3000套，折价16万元。1991年，州侨联发布《告全州侨胞书》，号召归侨侨眷捐款捐物，共筹集粮票784公斤，现金1055元，物品37件。1993年，州侨联直属企业中侨公司注册成立。1994年，接受华人华侨及香港慈善机构捐赠资金、物资3宗，折合人民币370万元。接受保靖籍香港同胞余虹为家乡水银乡花桥村修建公路捐资10万元，湖南省委书记王茂林为此题名"希望路"。1995年，接受香港基督教救世军给湘西州赈灾棉被、衣物和大米折合港币300万元。1996年，贯彻省政府办公厅《关于对归国华侨退休后给予生活补助实施意见的通知》精神，为9名退休归侨每人每月补助生活费50元。同时，调查摸底吉首、凤凰、花垣等县（市）归侨家庭经济情况，将3户归侨困难户列入重点扶持对象。是年，经州、县（市）侨办牵线搭桥，合同利用外资1048万美元，兴办侨资企业3个。侨资企业由上年7家增加到13家。此外，接受香港大学学生会中国教育小组捐助教育经费40万元，资助保靖县阳朝乡团结小学改建教学楼1栋，重建复兴镇茶市小学1所，救助失学儿童327人。1997年，全州慰问贫困归侨、侨眷90户，发放救济扶贫资金7000元，棉被20床。邀请州书法家协会会长林时九、著名书法家康柏永、美术家协会主席张雁碧为香港回归作书绘画，其创作书法和绘画作品送至省侨办参加全省迎香港回归书画展，受到好评。全年受理华侨、归侨、侨眷来信来访220件，接待华侨华人、港澳同胞到州40人次。1998年，经国务院港澳办牵线，港方选定湘西州人民医院为"香港关怀行动"国内10个工作点之一。1999年，州外侨部门加大贯彻落实侨务法规工作力度，并与州政府签订责任状，至年末，全州48户侨务扶持对象，其中37户脱贫致富。接受香港中文大学携带资金13万元、医疗物资价值10万元，与州人民医院联合举办"香港关怀行动"——救助骨创伤障残者，无偿康复治疗患者150人。

2000年圣诞节、春节前夕，全州外侨办开展送温暖活动，由州、县（市）政府分管侨务的副州长、副县（市）长带队，走访慰问60户特困归侨、新移民眷属、先进劳模侨眷代表家庭，发放困难补助及慰问金1万余元。组织全州华人华侨、港澳同胞到州投资办实业情况专题调研，收集有关情况数据。联系美籍华人吴保仁女士出资60万元，修建凤凰县沱江镇文昌阁小学科教大楼。2001年，州外侨办响应中国侨联"捐建百所侨心小学、资助千个科教项目和万名贫困学生"主题活动号召，组织侨界开展"侨（爱）心工程"捐资、援建活动。至2003年8月，全州审查批准侨商投资企业42家，投入资金4635万美元，年创产值1800万美元，投资项目涉及房地产、旅游服务、能源开发、交通运输、冶金等多种行业。会同教育部门为3名侨眷子女办理升学加分手续，帮助5家侨眷协调祖坟搬迁事宜。走访慰问4户特贫侨眷属，为2户协调解决子女就业和提前退休问题。联系执法部门处理侵犯归侨邓崇焕正当权益1案。争取香港救世军、香港苗圃行动及香港大学学生会团体向保靖捐资200万元，其中捐资教育108万元，救助贫困生5329人。2004年，向有关部门宣传侨法和组织协调，印尼华侨陈传发与凤凰综合市场管理方的纠纷得到妥善解决。2007年，接受香港万志仁慈善基金会向永顺县妇幼保健所捐赠价值25万人民币医疗仪器。会同有关部门接待台湾慈心慈善事业基金会执行长温婉伶一行在湘西农村卫生院和中学实地考察。接受港澳救世军帮助保靖灾区灾捐赠大米18吨、棉被200床和蚊帐200顶。至年末，州侨联部门引进公益捐赠资金95.2万元。其中建校55万元、扶贫18万元。

2008年，湘西州接受香港救世军委员、社区关系总监王国清以及众多赈灾官员到州境考察冰雪灾情况，赈灾捐赠230万元。接待香港嘉里集团郭氏基金会到州，同保靖县教育局签订班主任培训和校本研修等4项师资培训协约，并为保靖县7所中小学校和县教师进修学校赠送电脑325台，价值2017万元。此后郭氏基金会从北京请来眼科专家到花垣县检查12周岁以下在校学生视力，其中18名筛送北京手术治疗。接受香港警察汽车会和香港汽车游乐会向凤凰县捐赠15万元现金、10吨大米及100床棉被，用于帮助冰雪灾害中受灾群众。接受香港宏施基金会董事罗嘉穗女士以及工作人员到州考察灾情，为湘西州捐赠救灾物资394箱，价值上百万元衣物。向州内归侨和侨眷发放困难救助金和慰问金1.05万元。接待香港怡海集团官员到吉首参加其捐建的吉首市乾城侨心怡海小学落成剪彩与命名活动，接受怡海集团捐赠特制冬季校服1960套和其他服装文具书籍。还接受怡海集团向永顺县芙蓉镇雨龙村、长官镇马石村57户冰雪重灾户提供救助款15万元。2009年，接待澳门善民会人员到州参加援建4个县学校项目总计60多万元的工程峻工剪彩仪式。引进香港郭氏基金会向保靖县教育部门援建学校344.7万元。联系香港郭氏集团向湘西农村年满60周岁以上白内障患者提供疾病治疗费用，治疗患者79人，人均费用3500元。引进香港红十字会捐赠60万元,用于湘西卫生院建设；引进香港基督协进会捐赠65万元，援建州境农村3个改水工程，为一所农村卫生院购置医疗设备。贯彻省政府办公厅《关于提高老年归国华侨生活补助费标准的实施意见》，将老年归侨生活补助标准由100元/人月提高到200元/人月。

2010年，接待由香港明爱青少年活动中心组织的20多名香港学生到吉首市马颈坳中学，开展国情教育及交流活动。州外侨办推荐丰达合金科技有限公司、三鑫锰业科技有限公司为省级重点联系挂牌服务外资企业，均被省外侨办确定为“湖南省侨港澳资企业重点联系服务单位”。州政协常委、州侨联主席张平在政协委员视察调研时提出的《关于修建矮寨特大悬索桥旅游观光通道》提案，引起州委、州政府重视，作为矮寨特大悬索桥附属项目列入茶吉高速公路建设。是年，该办提交提案11件均立案，涵盖农业、教育、劳动人事、城建、卫生、交通、金融、文化、贸易九大类，全部办结。全州侨联内联外引公益捐赠资金累计7000万元。美籍华人彭定中、香港郭氏基金会投资6800万元实施新农村建设项目，涵盖卫生、教育、水资源等，惠及农民群众5000人。海外侨胞、港澳同胞及海外基金会侨（爱）心工程捐款500万元，修建侨心学校4所，支助贫困学子1000余名。泸溪龚兆龙盛世女儿奖学金和美国南加州助学基金出资200万元，资助泸溪籍贫困女学生就学。全州侨资（属）到湘西兴办企业50家。全州归侨、侨眷侨属有近10万人，海内外侨务对象1.73万人，受理归侨侨眷和华人华侨、港澳同胞来信来访132人次（件次）；为47户困难归侨侨眷家庭发放救助金，调解侨眷邻里、家庭等纠纷11户，核实侨眷身份并办侨眷证3人。全州接受华人华侨、港澳同胞援建湘西捐赠（含物资折合）1870.35万元。

第七节　无线电管理

1989年，湘西州无线电管理委员会办公室（简称州“无委办”）设在州政府办公室，为科级单位，行政编制3名，实有3人。1991年5月，州无线电监测站成立，与州无委办合署办公，增加编制1名，经费由财政列支。1995年8月，州无委办对内为州政府办科室，对外为州无线电管理委员会办事机构，核定事业编制5名。1998年5月，州无委办更名为湖南省无线电管理委员会办公室湘西自治州管理处（简称州无管处），为副处级单位，内设综合科，核定行政编制3名，后勤事业编1名，实有4人。2005年5月，州无线电监测站获计量资格认证。2010年，州无管处核定编制9名，实有9人。

1998—2010年，州无管处历任主任：潘晓厚、郑志昂。

一、频率资源管理

1993年2月，州无委办批复州防汛抗旱短波无线电通讯网使用7.97兆赫和4.4兆赫两个频率。与湖南省怀化、贵州省铜仁、四川省黔江等周边地区无委办联系，帮助解决州邮电部门组建集群通信网频率问题。1995年，开展全州无线电普查工作，对州内各无线电台站设置、频率逐台逐项登记造册，换发电台执照。2001年，批复长沙光大实业有限公司在吉首花果山7601台设置股票信息台，使用150兆赫无线电频率。协助湖南国信通信公司使用频率转入中国联通。2002年7月，停止收取州内移动电话手机用户频率占用费。2005年，开展全州无线电频谱使用情况监测工作。2008年2月，贯彻湖南省信息产业厅和铁通湖南分公司《关于进一步加强铁路无线列车调度指挥通信系统专用频率保护工作的通知》，开展铁路列车调度专用频率保护工作，实施州境内15个车站29台人机见面核查。2009年，开展无线电频谱监测月报工作，全面调查150兆赫、400兆赫频段和其他频段对讲机频率使用情况。经监测发现，453.450~453.725兆赫频段存在被非法占用问题。2010年2—5月，贯彻省无委办《关于进一步做好春运期间航空无线电专用频率保护工作的通知》和《关于加强导航台站电磁环境保护的函》，派员考察花垣县导航台电磁环境情况，并在该县召开有县政府办、城建、规划、安监和导航台等相关部门负责人参加的现场协调会，加强导航台站电磁环境保护工作。

二、电波秩序管理

1989年，州无委办先后开展4次电磁环境治理和电波秩序整顿工作，登记和核实现有无线电设备；进行空中电波监测，摸清吉首地区无线电波状况；检查通报购置不合格无线电设备情况，搜捕13个“黑台”频率。1990年，开展治理电磁环境、整顿电波秩序活动。与州保密办、州公安局、州工商局联合行文，部署治理整顿步骤和方法；组织联合检查组检查州、县（市）机关、学校和企业等30个单位，查出并处理擅自占用频率11个单位、擅自设台8部、违章购置设置电台6部。1992年，整顿领导小组成立，各部门相应建立整顿机构，重点开展无线电管理专项整顿，利用报刊、广播、电视、电台、简报等形式广泛宣传，开展整顿工作现场咨询活动，联合吉首市城市监察队、市税务局、工商局等单位，检查吉首地区旅馆、商店，查处乱销售无线电设备单位22个，查出“黑台”61家、无证销售单位12个，收缴6家“黑台”设备，处理违规人员3人。1994年，州防汛抗旱指挥部防汛短波台受到河南某电台同频干扰，州无委办及时受理扰投诉，并转报省无委办出面协调解决。1998年，州政府办主持召开座谈会，州法院、州公安局及无线电用户单位负责人20人与会，纪念《中华人民共和国无线电管理条例》颁布五周年，深化条例精神宣传。

2002年9—11月，州无管处开展高楼、高塔、高山无线电发射基站清理工作和无线电寻呼业务整顿，净化电磁环境，保障航空通信安全。全年受理各类无线电干扰16次，查处干扰13次。2003年8月，州政府办印发《关于保护民用航空无线电专用频率专项整治工作的通知》，州无线电专项整治工作领导小组成立，从是月起至翌年末，在全州开展以保护民用航空无线电专用频率为主要内容的专项整治行动，同时开展全州移动通信手机信号屏蔽器专项清理整顿工作，制止单位会场屏蔽器滥用行为。清查凤凰、泸溪、龙山、永顺、古丈和吉首6个县（市）大功率无绳电话销售市场，清查电话经销商46户，查出销售大功率无绳电话户7户。2004年，州政府办印发《关于切实保护民用航空无线电专用频率的通知》，要求各县（市）政府督促电信部门做好大功率无绳电话拆除、收缴工作。2005年5月，湘西人民广播电台由吉首花果山搬迁至州广电大楼，州无管处依法责令其办理变更手续。2007年，开展民航专用频率保护工作，州无管处复查凤凰、泸溪、花垣、保靖、永顺等县大功率无绳电话，成功排查无线电干扰3起。2009年，贯彻工信部《关于开展清理违法使用对讲机专项行政执法活动的通知》，开展清理违规使用对讲机专项行政执法活动，重点清理宾馆酒店、建筑工地、娱乐场所、物业保安等场所，累计查处各类非法设台案5起，排查无线电干扰4起，破获研究生考试利用无线电设备作弊案3起。2010年9月，为庆祝《无线电管理条例》颁布实施17周年，全州无线电管理机构开展为期1个月的无线电管理宣传月活动。11月，完成防范“法轮功”邪教组织插播广播电视实施反宣传活动无线电安全保障，查处广播电视、公众通信等各类无线电干扰10起。开展无线电波监测，全年监测7000余小时，上报频谱监测统计报告12份。

三、台站设置管理

1989年，州无委办通过组网设台，形成保护森林网络，用电台调度护林，乱砍滥伐下降60%。吉首市工商银行无线电组网后，保证巨额现金安全准时接送。州航运公司建立短波通信网和船用电台传递信息指挥运输，促进扭亏为盈。1990年，全州各类无线电设备总数1100台站，为上年5倍，其中指挥经济建设设备为上年两倍。全州气象部门利用无线电搜集传输气象信息，指挥人工降雨，成功率98%。1991年5月，州无委办印发《关于无线电设备普查验证的通知》，开展无线电设备普查验证工作。由各单位自查，然后按统一格式上报台站资料，办理电台执照，交纳频率占用费。1992年，州防汛抗旱指挥部组建全州防汛抗旱短波通信网。全州各类无线电设备增至2600台，比上年增长1.5倍，使用单位220家。1993年，州无委办贯彻湖南省无委《关于实施全省无线电台站设备普查登记的通知》，部署全州无线电台站设备普查登记工作。同时，印发《关于清理整顿无线寻呼发射台的通知》，开展无线寻呼台站整顿工作。湖南永德国际旅游公司申请组建无线电通讯网络，永顺县邮电局申请建立150兆赫无线寻呼电台；花垣县邮电局申请使用无线电寻呼机频率设置使用寻呼电台。古丈县森林防火指挥部申请设置森林防火通讯电台，对讲机10对，中转台1台；湖南永德国际旅游公司申请组建猛洞河风景区无线电通信网。中国人民银行吉首分行申请建立VSAT站；凤凰县税务局申请报停对讲通讯设备座机3台，手持对讲机8对。龙山县邮电局申请使用集群电话450兆赫工作频率，设置使用集群电台；州长途电信线路局申请设置使用移动电话2部、BP机11部；省外汇调剂中心吉首交易所申请设置使用移动电话台；中国银行吉首支行申请购置使用两台“大哥大”移动电台；中国人民银行吉首分行申请设置使用6部“大哥大”移动电台。批复龙山县邮政局组建龙山无线电集群通信网。1994年，永顺县松柏水利粮援工程指挥部申请购置使用对讲机电台2对，用于年度联合国中期评估。州水电勘测设计研究院申请购置使用对讲机电台1对。吉首大学申请建立外语教学广播电台，随即批复同意。凤凰县森林防火指挥部申请购置使用专用防火通讯中转机。州防汛抗旱指挥部办公室申请增设防汛短波无线电通信网电台2部。凤凰县农业银行申请停止使用对讲机电台。州7602台申请使用米波段和分米波段各两组频率。湖南汽车工业吉首公司申请购置无线移动电话1台。州邮电局申请使用150兆赫频段频点12个用于补充450兆赫集群通信。湖南有色地质勘查局245队申请报废报停FT-180A无线电台3台（套）。中国工商银行湘西州中心支行申请注销除吉首外其余7县工行和州工商银行无线电对讲机设台。11月，广铁吉首采石场申请报废无线电对讲机3对，同月，批复州电业局使用150兆赫超短波频率和在吉首电力局安装无线电短波电台。1995年，贯彻省无委、省公安厅《关于开展取缔私设电台的通知》，与州公安、州邮电部门配合，查处私设大功率无绳电台的单位和个人。为湘运湘西汽运出租汽车公司策划组建超短波无线电调度网。1996年4月，州政府办印发《关于开展全州无线电管理执法、守法大检查工作的通知》，成立州无线电管理执法守法大检查领导小组，全州受检单位46个，检查各类台站236台(套)，查处违章设台20部，乱占频点2家、频率8个，补办手续20部，补交无线电管理费17万余元。1997年8月，州政府办印发《关于在全州开展无线寻呼专项检查工作的通知》，启动全州无线寻呼台专项检查工作，开展无线电设备销售市场整顿工作，查处1户个体未经批准销售通信设备，审批两家企业销售900兆赫移动电话。1998年，州无管处开展频率台站清理，清查8个县（市）28个单位，收回频点48个。1999年，印发《关于在全州开展无线电台站设备核查的通知》，启动全州台站核查工作。全州有无线电设备1.52万部，基站147个，BP机发射机67台、地球站11个、微波站23个、雷达站1个。完成67台寻呼发射机的检测工作，合格58台，不合格9台。开展无线电设备销售市场整顿工作，规范设备销售商21家。是年，州电信与寻呼、电信与移动分家，3个县出现电信移动两家交纳频率占用费和注册登记费互相推诿现象，最终达成两家按比例分摊费用协议。

2002年，开展校园外语教学调频台清理整顿。2003年11月，州无管处发布《关于在全州范围内开展无线电对讲机清查工作的通告》，至翌年3月，全州开展对讲机专项清查工作，配合省无委办开展小灵通基站检测，检测基站16座。2004年，印发《关于开展公众通信网GSM、CDMA基站检审工作的通知》，启动全州公众通信基站年检工作，对全州联通公司三分之一基站实施检测。9月，印发《关于开展在用无线电台站合法手续检查的通知》，至11月检查工作结束。全州有无线电设台单位68家，设台1347个，合法台站857个，无批文执照的设台490个，非法设台率达36%。完成联通移动基站及微波站电磁环境测试。印发《行政处罚意见告知书》，核查发现州电信公司存在小灵通基站和450兆赫CDMA无线接入系统非法设台情况，要求办理相关设台手续。12月，要求怀化铁路分局吉首车务段办理18个车站台、18个手持台和84个中继器电台相关设台手续。2005年，要求各单位停止使用450兆赫无线接入基站，无线电管理部门责令州电信公司停止使用全州14座450兆赫无线接入基站。开展频率台站核查工作，核查移动、联通、电信等公众通信网基站513座、PHS基站515座、微波站46座、450兆赫无线接入基站14座，补办公众通信基站电台执照157份，新办电台执照46份。规范州境铁路无线电设台52个。清查广播电视（含差转台）15座。复查凤凰、泸溪等县大功率无绳电话96户，维护民航专用频率安全。开展“村村通”通信扶贫工程，减免州移动公司新建“村村通”工程基站电磁环境测试费和年审检测费。

2006年，全州无线电台站核查工作启动，核查广播电视发射设备53台（套），下达限期整改通知书10份。完成新建调频广播电台电磁环境测试2座；移动公司新建基站电磁环境测试6座，新建卫星地球站电磁环境测试2座；联通公司新建基站电磁环境测试10座。完成公众通信基站年检检测载频16个。清查对讲机68户，对4家不服从管理用户，依法查封设备。对湘西电台在7县非法设置调频台、联通公司非法设置使用直放站、吉首4家对讲机用户不服从管理拒办设台手续等行为启动相应行政处罚程序，发出行政处罚告知书，限期办理相关手续。抽检联通公司在泸溪县境内设置使用基站22座，下达整改通知和行政处罚意见告知书，限期规范办理相关手续。2007年，州无管处印发《关于在全州开展无线电台站数据清理登记工作的通知》，清理登记各类无线电台站2491个，实地核查无线电台站357个。清理登记对讲机设台327台，规范新设台站143台，立案查处违规设台2户12台。配合省无委办开展基站检测6座、载频18个，新建台站电磁环境测试58次。2008年，审批和初审各类新建无线电台站247个，完成电磁环境测试56次，检测基站频率26个。2009年，全面核查8个县（市）人防无线电通信系统。2010年，完成公众通信、人防系统等新建台站初审工作和电磁环境测试工作，初审台站556座，测试基站28座。为移动泸溪县中心公园基站和浦市二小基站及电信吉首金海岸基站开展电磁辐射测试，出具测试报告。

第八节 宗教事务

1988年，州民委设立宗教科，编制1名。1997年7月，撤销州民委宗教科，设立州宗教事务局，为副处级行政机构，归口州委统战部管理，定编3名，实有2人。2001年8月，该局划归州政府办公室管理，实有3人。2010年，该局核定编制3名，实有5人。

1997—2010年，州宗教事务局历任局长：尚钰芝、熊明刚。

1989年，州委办公室、州政府办公室转发州民委《关于加强宗教工作的意见》，各县（市）民委增加宗教专干1~2人。1990年，开展宗教情况普查，全州开展活动的佛教寺庙37座，僧尼116人，主要活动有讲经、祈福、超度亡灵等；有基督教堂9处，天主教堂7处。1993年，开展宗教管理工作检查，发现县市存在重建乱建庙宇问题。1994年6—9月，州委统战部、州民委联合开展宗教情况调查，形成《关于湘西自治州宗教情况的调查报告》，调查发现全州132处寺庙中重建、新建68处，管理混乱，引起州委、州政府领导重视。州政协第七届第八次常委会专题听取宗教工作情况汇报后，向州委、州政府提出改善宗教事务管理建议。1995年4月，州宗教活动场所清理登记工作领导小组成立，启动清理登记工作。1996年，全州批准登记开放宗教活动场所41处。

1997年5月，州委常委会会议听取全省专项治理乱建庙宇和露天佛像工作会议精神汇报，决定全面治理州内宗教活动场所。全州组织35名干部分成13个调查组，深入158个乡（镇），开展为期两个月的调查，发现州境有宗教活动场所和带有一定原始宗教色彩活动民间信仰场所271处，分布于8个县（市）219个乡（镇）。其中带有佛教活动性质场所213处、基督教聚会点24处、民间信仰地方神庙34处，神职人员及居士2996人（其中宗教神职人员120人），信徒及信教群众37.8万人。在调查摸底的基础上，州宗教事务局将173处佛教场所、民间信仰场所和23处基督教聚会点纳入管理，分别予以正式登记、临时登记、暂缓登记和不予登记决定。历经一年的治理，拆除小型活动点63处，改建93处，合并17处，保留16处；按当地习惯拆除19处民间信仰活动点。是年，凤凰县宗教事务局被评为全省宗教活动场所登记工作先进单位；州宗教局局长尚钰芝被评为全国宗教活动场所登记工作先进个人，获国务院宗教事务局表彰。

1998年4月，凤凰县竿子坪乡湾溪村朝阳庵举办琉璃盛会大型佛事活动，原定7000人，活动3个月；州宗教局参与该项活动协调、处理，责成举办此次活动的僧尼释普云将活动时间改为7天，每次参加佛事人数不得超过300人，确保活动安全。5月，全国政协常委、中国佛教协会副会长、湖南省佛教协会会长释圣辉、厦门市虎溪岩寺等宗教团体和个人为龙山县捐款20万元修建1所爱心小学，为花垣县捐款25万元修建1所爱心小学并修缮1所小学危房。6月，三自爱国会主席赵元灏带领湖南省基督教人员为龙山县捐款18万元修建1所希望小学。

1999年4月，接待中国佛教协会副会长圣辉法师一行6人到湘西州考察，圣辉法师捐资23万元，用于学校建设。2000年11月，州佛教协会召开第一届代表大会，8个县（市）佛教界人士代表及广东省、福建省和湖南省怀化市、张家界市宗教管理部门负责人和佛教界人士100余人与会，选举释芳振法师为会长，释源明、释广慧、释本海法师及朱湘萍居士为副会长。州佛教协会成立后，组织引导宗教界人士和信教信徒开展募捐救灾助学活动。州宗教局联系澳门特别行政区筹委会成员、澳门基督教会宣道堂港澳区联会主席、宣道堂中国爱心工程基金会主席蓝钦文牧师，连续两年为湘西州500名失学儿童援助入学资金20万元。2001年，《湖南省宗教事务管理条例》实施，整顿宗教场所，规范宗教活动并依法实施年检，为全州57名教职人员依法登记并发证。10月，永顺县基督教福音堂异地重建竣工，占地面积175平方米，建筑面积487平方米，工程造价

25万元，可容纳300人做礼拜。是年，联系湖南省佛慈基金会为湘西州157名中小学生解决学费5.36万元。2002年，清理并规范宗教事务行政审批。全州宗教界代表人士迎春茶话会在吉首召开，州内佛教、道教、伊斯兰教、基督教代表20人参加会议。开展宗教行政执法，对到州从事非法宗教活动的安徽籍人员陈某某、李某某、岳某某、谭某某收缴其非法宗教用品，勒令写出检讨悔过。落实宗教房产，花垣县乡镇企业局与省天主教协会商定，将其所占土地补偿金8万元支付给省天主教协会，作为该县天主教本堂建设补偿。组织宗教界开展创五好场所、五好个人活动。是年，泸溪县佛教场所狮子庵、凤凰县佛教场所莲花庵被评为全省五好宗教活动场所，李先盛、释心静、释广锐被评为全省宗教界“五好”个人。2005年，贯彻落实国家《宗教事务条例》，州、市宗教局联合收缴吉首市竹园庵非法接受境外经典等书籍221本、光碟卡片3000张，将其降为临时登记，对该庵僧人给予警告。是年，引进南京爱德基金会资金建设龙山县基督教福音堂。省、州佛教界为州内230名贫困中小学生资助学费7万元。凤凰县人大常委会和县政协机关退还天主教堂产权，搬出天主教堂。龙山县成立基督教“三自”爱国运动委员会。

2006年，州佛教协会换届，释芳慧法师当选州佛教协会第二届理事会会长。州佛教慈爱功德会成立，释方丽法师当选会长。协调解决花垣县宗教房产问题，落实凤凰县伊斯兰清真寺、天主教堂房产，建立健全宗教信息网络。2007年，引导宗教界人士捐助贫困孤儿、孤寡老人、特困学生。审批登记开放基督教场所12处，登记备案基督教徒2000余人。湘西州宗教界组队参加湖南省宗教界首届文艺汇演暨书画艺术展“五教同光、共致和谐”活动，州基督教选送歌舞“摆手迎吉祥”获优秀节目奖，州宗教局获此次活动组织奖。12月，州基督教“三自”爱国运动委员会成立，牧师李先胜当选为主席。是年，州宗教事务局副局长杨求发获国家宗教事务局颁发从事宗教工作二十年证书、湖南省宗教工作系统“先进个人”称号，并记二等功。2008年，抓“涉藏”“涉台”维稳工作，深入宗教活动场所走访座谈，引导宗教界人士认清拉萨事件性质和危害性。组织召开州佛教协会、州佛教慈爱功德会第二次理事扩大会议，组织宗教界人士及慈善人士100余人为“5·12”四川汶川地震捐款16万元，走访慰问州社会福利院77名孤儿及老人，捐款3850元。2009年，组织州佛教协会、州佛教慈爱功德会开展节日慰问、赈灾捐款活动，走访州内87座寺庵，向45名特困僧人送上慰问金5000元，慰问州福利院残疾儿童及孤老112人，发放慰问金及物资折款4800元。开展全州首届佛教居士参与创建和谐寺观教堂活动，组织103名道教人士赴株洲炎陵参加湖南省道教文化节暨海内外道教人士公祭炎帝活动。是年，全州开展宗教团体认定宗教教职人员工作。

2010年，州宗教局开展宗教教职人员认定备案工作培训，印发湘西州道教教职人员认定备案工作培训资料，发放给县（市）宗教局。州佛教协会、州佛教慈爱功德会、吉首市佛教协会在吉首市佛教场所观音堂举办全州佛教界为青海玉树地震献爱心募捐活动，州、市委统战部及宗教局和宗教团体负责人及信众100余人参加赈灾捐赠活动，捐款6.7万元。全国人大代表、中国佛教协会副会长、湖南省佛教协会会长、湖南省佛慈善基金会会长圣辉大和尚一行4人到州慰问泸溪、古丈“6·19”遭受洪灾的群众，发放赈灾现金及大米折款人民币14.82万元。州内首批（泸溪县除外）376名道士个人档案材料上报省道教协会认定，并报省宗教事务局备案。州佛教协会第二届、州佛教慈爱功德会第一届第七次常务理事会在吉首市太虚寺召开，会议增补“两会”副会长、常务理事、理事。组织道教教职人员登记、认定、备案工作，查处违法乱建扩建寺庙72处，其中纳入规范管理50处，依法取缔9处、关闭11处、改作他用2处。是年，州宗教局获“全省依法整治乱建寺庙滥塑宗教造像工作先进集体”称号，张琳获“全国宗教工作系统‘五五’普法工作先进个人”称号。

第七篇 人民政协

1989—2010年，人民政协湘西自治州委员会（以下简称“州政协”）为历届中共湘西自治州委、州人民政府决策建言献策，为全州中心工作服务。

20世纪80年代末，州政协通过会议、提案、视察、调研等方式，履行政治协商民主监督职能，积极主动对群众反映的“学校乱收费”和“黄色书刊淫秽录像”精神污染问题、某些领导干部在营建私房中以权谋私问题、吉首地区食品安全卫生监管及行风问题，提出批评建议，引起州委、州政府的高度重视。

20世纪90年代，州政协为制订全州“八五计划”和十年规划、经济结构调整、发展个体私营经济、开发山地资源发展支柱产业、发展以食品为主的名优特产品等建言献策，为州委、州政府科学决策发挥重要作用。同时，州政协对湘鄂川黔边界地下私造购买枪支弹药滋扰社会治安问题、文化市场管理中存在的问题、有关部门以权谋私乱收费乱罚款乱摊派等不正之风问题、希望工程建设工程设计质量进度和经费管理等问题，建言献策，提出批评意见，均被州委、州政府及相关部门采纳。

进入21世纪，州政协围绕发展全州文化产业、民族特色旅游产业、农业特色产业和农村劳务经济、全州退耕还林、新型工业化、乾州新区建设以及创新“三农”工作体制机制、推进生态建设、农村文明卫生村建设、争取民族地区优惠政策等提出对策建议。此外，州政协为农村电网改造、中药材加工及生物制药、铜仁凤凰机场扩建、迁河（保靖县迁陵镇至古丈县河西镇）公路建设、旅游商品开发和边城醋业公司提质发展等献计出力。

第一章 政协委员与会议

第一节 政协委员

1989年，湘西自治州政协第六届委员会由18个界别326名委员组成。其中，中共党员121名，占37%；非中共党员205名，占63%；高中以上文化程度占79.7%；工程师、讲师、主治医师等以上技术职称153人，占46.9%；妇女委员占15.6%；少数民族145名，占44.5%；委员平均年龄52.8岁。

1993年1月，州政协第七届委员会由18个界别315名委员组成。其中，中共党员115名，占36.5%；民盟成员13名，占4.1%；无党派人士187名，占59.4%；少数民族166名，占52.7%；妇女51名，占16.2%；大专以上文化171名，占54.3%；中专（高中）90名，占28.6%；初中及以下54名，占17.1%；高级职称56名，占17.8%；中级职称95名，占30.2%；委员平均年龄47岁。

1998年1月，州政协第八届委员会由18个界别323名委员组成。其中，中共党员114名，占35.3%；民盟成员12名，占3.7%；无党派人士197人，占61%；少数民族207名，占64%；妇女65名，占20.1%；大专以上文化182名，占56.3%；中专（高中）104名，占32.2%；初中及以下37名，占11.5%；高级职称48名，占14.9%；中级职称102名，占31.6%；委员平均年龄44.6岁。

2003年1月，州政协第九届委员会由19个界别332名委员组成。其中，中共党员125名，占

37.7%；民盟成员12名，占3.6%；无党派人士195名，占58.7%；少数民族253名，占76.2%；妇女73名，占22%；大专以上文化的247名，占74.4%；中专（高中）76名，占22.9%；初中及以下9名，占2.7%；高级职称45名，占13.6%；中级职称91名，占27.4%；委员平均年龄42.2岁。

2008年1月，州政协第十届委员会由16个界别335名委员组成，其中中共党员138名，占41%；民盟成员15名，占4%；无党派人士189名，占56%；少数民族250名，占75%；妇女73名，占22%；研究生学历11名，占3%；大学文化（含大专）283名，占84%；中专（含高中）39名，占12%；初中2人；具有高级职称108名，占32%；中级职称121名，占36%；委员平均年龄39.5岁。

附一：推荐湖南省政协委员

推荐政协湖南省第六届委员会委员：黄有为、汤克定、张志怡、范冬香、向健生、梅挹秀、覃德泽、彭伯胜、董继兴、陈平书、李义和、刘开运、张云珍、向兴泽、田茂忠、龙再宇、吴兴华、赵继书、李遨夫、谢流镛、曾健存、吴光士、岑臣章、谢洁、易盛臬、龚汝仁、龚葆桂、康景清、龙玉霜、向芳。

推荐政协湖南省第七届委员会委员：向熙勤、麻富明（常委）、张文贤、侯玉英、田福德、瞿新华、张有志、张云珍、莫开银、向鸣坤、董继兴、瞿震宇、赵全胜、彭家钧、吴璆星、龙庆芳、侯自佳、彭学明、杜国安、谢流镛、李远辉、李义和、石远明。

推荐政协湖南省第八届委员会委员：向邦礼、田茂林、侯玉英、郭建群、龙金碧（常委）、王焕明、董继兴、贾明忠、唐世洪、吴俊忠、全治中、向军、田岚、张勇、彭一慧、彭南龙、王贵武、石远明、彭顺文、陈继延、侯自佳、王庆云。

推荐政协湖南省第九届委员会委员：向后兴、滕万翠、龙金碧（常委）、贾明忠、唐世洪、彭一慧、王贵武、石远明、滕森林、梁远邦、张建永、吴呈呈、严腊英、杨永芳、张正跃、郑慧侠、田继芳、谢茂璜、杨建军、吴志明、彭昌兴、金桦。

推荐政协湖南省第十届委员会委员：李德清、滕万翠（2008年12月撤销）、向清平、贾明忠、龙金碧（常委）、王贵武、吴呈呈、严腊英、杨永芳、吴志明、彭昌兴、彭一慧、李志平、钟飞、刘小刚、金孟贤（2008年12月撤销）、吴兴花（2009年12月免）、杨彦芳（2009年12月免）、彭大旺、石海林、邹英姿、龙德忠（2010年增补）。

附二：湘西州全国政协委员名录

田渊（1988年3月至1993年2月，任全国政协常委）、宋克湘（1993年3月至2003年2月，任全国政协常委）、石昌禄（1993年2月至1995年4月，任全国政协委员）、田岚（2003年3月，任全国政协常委）。

第二节　政协委员会会议

一、第六届委员会会议

第二次会议　1989年5月15—18日在吉首召开。会议听取、审议州政协六届常务委员会工作报告和六届一次会议以来提案工作情况报告。全体委员应邀列席州人民代表大会。会议通过《州政协六届二次会议政治决议》等有关决议。

第三次会议　1990年3月26—30日在吉首召开。会议听取并审议州政协第六届常务委员会工作报告和六届二次会议以来提案工作情况的报告。全体委员应邀列席州人代会。会议补选吴官林、瞿震宇为州政协副主席。会议通过《州政协六届三次会议政治决议》等有关决议。

第四次会议　1991年4月25—29日在吉首召开。出席会议的全体委员，重点围绕湘西州国民经济和社会发展十年规划和“八五”计划纲要（草案）建议献策。会议听取并审议州政协第六届常务委员会工作报告和六届三次会议以来提案工作情况报告。会议听取并协商讨论州人民政府关于国民经济和社会发展十年规划和“八五”计划纲要（草案）的通报。会议补选宋克湘为州政协副主席，接受龚葆桂、杨明发辞去本届委员、常委职务，补选田福德、麻富民为州政协常委。会议通过《州政协六届四次会议政治决议》等有关决议。

第五次会议 1992年5月4—8日在吉首召开。会议听取并审议州政协第六届常务委员会工作报告和六届四次会议以来的提案工作情况报告。全体委员列席州人代会。会议通过《州政协六届五次会议政治决议》等有关决议。

二、第七届委员会会议

第一次会议 1992年12月27日至1993年1月2日在吉首召开。会议听取和审议州政协第六届常务委员会工作报告和州政协第六届委员会提案工作报告，全体委员列席州第九届人代会第一次会议。大会通过《政协湘西自治州第七届委员会第一次会议政治决议》《关于州政协第六届常委会工作报告的决议》《关于州政协第六届委员会提案工作情况报告的决议》。会议以无记名投票方式，选举向熙勤为州政协第七届委员会主席，吴官林、麻富明、张泽莉、张长乐、瞿震宇、宋克湘、杨明察、吴荣发、赵全胜、沈卓民为副主席，石绍清为秘书长，王家森等37人为常务委员。

第二次会议 1994年4月18—22日在吉首召开。会议审议州政协第七届常务委员会工作报告和州政协七届一次会议以来提案工作情况的报告，全体委员列席州人代会。全国政协常委、州政协副主席宋克湘传达全国政协八届二次会议精神。会议补选徐纪毕为第七届州政协秘书长。会议通过《州政协七届二次会议政治决议》等有关决议。

第三次会议 1995年3月27—31日在吉首召开。会议听取和审议州政协第七届常务委员会工作报告和州政协七届二次会议以来提案工作情况的报告，全体委员列席州人代会。会议同意李名元、杨松如、张安源辞去州政协常委职务，补选龙成凤、石远明、田隆信、宋运宝、张建永、彭一珍为州政协常委。会议通过《州政协七届三次会议政治决议》等有关决议。

第四次会议 1996年3月24—28日在吉首举行。会议听取和审议州政协第七届常务委员会工作报告和州政协七届三次会议以来提案工作情况的报告。全体委员列席州人代会。会议接受麻富明辞去州政协副主席职务，补选田茂林为州政协副主席；接受向兴仁、龚瑞珍、李烽辞去州政协常务委员职务，补选向大万、秦立平、滕建新为州政协常务委员。会议通过《州政协七届四次会议政治决议》等有关决议。

第五次会议 1997年3月24—27日在吉首召开。会议听取和审议州政协第七届常务委员会工作报告和州政协七届四次会议以来提案工作情况的报告，全体委员列席州人代会。会议表彰七届一次会议以来的40件优秀提案和20个提案承办先进单位。会议通过《州政协七届五次会议政治决议》等有关决议。

三、第八届委员会会议

第一次会议 1997年12月27日至1998年1月2日在吉首召开。会议听取和审议州政协第七届常务委员会常委会所作的工作报告和州政协五年提案工作情况的总结报告，全体委员列席湘西州第十届人代会第一次会议。通过《政协湘西自治州第八届委员会第一次会议政治决议》《关于州政协第七届常委会工作报告的决议》和《关于州政协第七届委员会提案工作情况报告的决议》。会议以无记名投票方式，选举向邦礼为州政协第八届委员会主席，徐纪毕、宋克湘、田茂林、宋光沛、吴池莲、贾明忠、龙金碧、陈永昌、田岚、赵全胜为副主席，向天喜为秘书长，尹文钰等39人为常务委员。

第二次会议 1999年3月24—27日在吉首召开。会议听取和审议州政协第八届常务委员会工作报告和州政协八届一次会议以来提案工作情况的报告，全体委员列席州人代会。会议接受龙成凤辞去州政协委员、常务委员职务，补选印胜贵、李进国为州政协常务委员。会议通过《州政协八届二次会议政治决议》等有关决议。

第三次会议 2000年3月26—30日在吉首召开。会议听取和审议州政协第八届常务委员会工作报告和州政协八届二次会议以来提案工作情况的报告，全体委员列席州人代会。会议听取贾明忠等6名委员协商发言。会议同意龙廷显辞去州政协常务委员职务，补选刘兴国、邱贤智为州政协常务委员。会议通过《州政协八届三次会议政治决议》等有关决议。

第四次会议 2001年3月26—30日在吉首举行。会议听取和审议州政协第八届常务委员会工作报告及州政协八届三次会议以来提案工作情况的报告，全体委员列席州人代会。会议通过《州政协八届四次会议政治决议》等有关决议。

第五次会议 2002年3月27—31日在吉首举行。会议听取和审议州政协第八届常务委员会工作报告和州政协八届四次会议以来提案工作情况的报告，全体委员列席州人代会。委员们对关系湘西州改革、发展、稳定的若干重大问题深为关注，就扶贫攻坚和西部开发，农业产业结构调整和增加农民收入，推进工业化、城镇化和农业产业化，加强社会信用建设和公民道德建设，提高公务员素质，推进廉政建设和反腐败斗争，治理经济环境和生态环境，加强社会治安和社会稳定等问题，提出意见和建议。会议接受徐纪毕、吴池莲辞去州政协副主席职务，补选尹桂生、符兴武为州政协副主席；接受李玲辞去州政协常务委员职务；撤销彭顺文州政协常务委员职务。会议通过《州政协八届五次会议政治决议》等有关决议。

四、第九届委员会会议

第一次会议 2002年12月27日至2003年1月1日在吉首召开。会议听取和审议州政协第八届常务委员委员会工作报告和州政协提案工作情况的报告全体委员，列席州第十一届人代会第一次会议。会议以无记名投票方式，选举向后兴为州政协第八届委员会主席，符兴武、贾明忠、龙金碧、田岚、尹桂生、周光忠、向天喜、李汉林、向清平为副主席，吴陵杉为秘书长，王力平等40人为常务委员。会议通过《州政协九届一次会议政治决议》等有关决议。

第二次会议 2004年2月23—26日在吉首举行。会议听取并审议州政协第九届常务委员会工作报告和州政协九届一次会议以来提案工作情况报告。全体委员列席州人代会。与会委员关注湘西州经济建设和社会全面发展，就深化经济体制改革，加快基础设施建设、产业建设、生态建设、转变政府职能、促进农民增收及科教兴州等，提出许多建设性的意见和建议。会议听取民盟湘西自治州委、州工商联、永顺县委员组、泸溪县委员组和彭一珍等5名委员的协商发言。会议通过《州政协九届二次会议政治决议》等有关决议。

第三次会议 2005年3月26—29日在吉首举行。会议听取和审议州政协第九届常务委员会工作报告和州政协九届二次会议以来提案工作情况的报告。全体委员列席州人代会。会议就颜建燕等4名委员的协商材料和《要还千年古镇王村的一个清新》6份情况反映展开讨论。会议接受尹桂生辞去州政协副主席职务，补选熊福为州政协副主席；接受李改芳、黄明君、向东升辞去州政协常务委员职务，补选宁燕子、杨永芳、张湘林、彭昌兴为州政协常务委员。会议通过《州政协九届三次会议政治决议》等有关决议。

第四次会议 2006年3月25—28日在吉首举行。会议听取和审议州政协第九届委常务员会工作报告和州政协九届三次会议以来提案工作情况的报告。列席州人民代表大会会议。会议接受李进国、金辉辞去州政协常务委员职务，增补王旷生、谭建军为州政协常务委员。会议表彰“争先创优”活动中涌现出的先进委员组、优秀政协委员，表彰优秀提案50份。会议通过《州政协九届四次会议政治决议》等有关决议。

第五次会议 2007年3月26—29日在吉首举行。会议听取和审议州政协第九届常务委员会工作报告和州政协九届四次会议以来提案工作情况的报告。全体委员列席州人代会。会议接受向后兴辞去州政协主席职务，接受符兴武、周光忠、向天喜辞去州政协副主席职务；补选李德清为州政协主席，贾高飞、张官仁、梁远邦为副主席。会议通过《州政协九届五次会议政治决议》等有关决议。

五、第十届委员会会议

第一次会议 2007年12月28日至2008年1月1日在吉首举行。会议听取和审议九届州政协常务委员会工作报告和九届州政协提案工作报告。全体委员列席州人代会。会议选举李德清为州政协第十届委员会主席，贾高飞、田岚、贾明忠、龙金碧、李汉林、张官仁、梁远邦、龚瑞珍、杨建军为副主席，吴陵杉为秘书长，王力平等43人为常务委员。会议通过《州政协十届一次会议政治决议》等有关决议。

第二次会议 2009年3月23—25日在吉首举行。会议听取和审议州政协第十届常务委员会工作报告和州政协十届一次会议以来提案工作情况的报告。全体委员列席州人代会。会议听取并讨论蒋厚林等17名委员分别围绕项目建设、工业产业结构调整、优化经济建设环境等17个方面重要问题发言。会议通过《州政协十届二次会议政治决议》等有关决议。

第三次会议 2010年2月23—25日在吉首举行。会议听取和审议州政协第十届常务委员会工作报告和州政协十届二次会议以来提案工作情况报告。全体委员列席州人代会。会议听取并协商讨论杨杰东、雷力兵、李秀冉等22名委员的协商发言，表彰优秀提案和提案承办先进单位。会议接受李德清辞去州政协主席职务，补选龙德忠为州政协主席。会议通过《州政协十届三次会议政治决议》等有关决议。

第二章　组织机构

第一节　领导机构

湘西州政协常委会由主席、副主席、秘书长和常委组成。

州政协第六届常委会（1989年1月至1992年12月）由51人组成，其中：主席1人、副主席9人、秘书长1人、常委40人。51人中，土家族16人，占31.4%；苗族13人，占25.5%；白族、满族各1人，占4%；妇女6人，占11.8%。主席：黄有为；副主席：龚汝仁（1990年10月离任）、马耕田、尚心锦（土家族）、向健生(女，苗族)、吴光仕（苗族）、向云俊（土家族）、钟醒钟（土家族）、张志怡（苗族）、赵树本、吴官林（苗族，1990年3月任）、瞿震宇（1990年3月任）、宋克湘（土家族1991年4月任）、麻富明（苗族，1992年5月任）；秘书长：石绍清（苗族）。常委：王长汉、文元琰、文庭芝、龙廷显、龙盛超、田仲达、田景农、刘开运、刘自强、刘枝厚、向兴泽、向鸣坤、向顺捷、任朝东、李义和、吴开勋、吴荣发、张安源、张治中、陈治水、杨明发、杨明察、易松林、赵全胜、宛志琼、候玉英、钟吉爱、姚自强、徐廷芳、徐振鹏、秦湘赛、梁小玲、龚葆桂、龚瑞珍、彭勃、彭武一、谢浩、蒋元酬、曾正汉、戴国梁。届中，免职：杨明发、龚葆桂；增补：田福德、麻富明。

州政协第七届常委会（1993年1月至1997年12月）由49人组成，其中：主席1人、副主席10人、秘书长1人、常委37人。49人中，土家族16人，占32.7%；苗族14人，占28.6%；妇女7人，占14.3%。主席：向熙勤（土家族）；副主席：吴官林（苗族）、麻富明（苗族，1996年3月离任）、张泽莉(女，土家族)、张长乐、瞿震宇、宋克湘（土家族）、杨明察、吴荣发（苗族）、赵全胜、沈卓民、田茂林（苗族，1996年3月任）。秘书长：石绍清（苗族1994年4月离任）、徐纪毕（1994年4月任）。常委：王家森、王槐安、石玉、石光清、石远勤、龙廷显、龙源泉、向八一、向天喜、向世银、向兴仁、向鸣坤、向朝富、杜国安、杨光兴、杨秀生、杨松如、杨建军、杨祥、李烽、李名元、吴昌长、张世军、张安源、张选泽、陈文博、陈继延、胡文华、袁朝和、夏文英、龚瑞珍、龚德官、彭大刚、彭武汉、彭梦麟、蒋元酬、阙光金。届中辞免：石玉、向兴仁、向鸣坤、李名元、张安源、陈继延、蒋元酬、阙光金。届中撤销：向世银。届中增补：龙成风、石远明、田隆信、宋运保、张建永、彭一珍、向大万、秦立平、滕建新。

州政协第八届常委会（1998年12月至2002年12月）由50人组成,其中：主席1人、副主席

9人、秘书长1人、常委39人；50人中，土家族22人，占44%；苗族17人，占34%；妇女6人，占12%。主席：向邦礼（土家族）；副主席：徐纪毕（2002年3月离任）、宋克湘（土家族）、田茂林（苗族）、宋光沛（土家族）、吴池莲（女，苗族，2002年3月离任）、贾明忠（土家族）、龙金碧（苗族）、陈永昌、田岚（土家族）、赵全胜、尹桂生（回族，2002年3月任）、符兴武（苗族，2002年3月任）。秘书长：向天喜（土家族）。常委：尹文钰、石远明、龙成凤、龙廷显、龙源泉、田隆信、向大万、向东升、向启军、向朝富、刘小刚、刘慧平、江民新、杨万刚、杨光兴、杨建军、杨明察、李玲、李远辉、吴运顺、吴荣臻、余清海、张世军、张昌政、张爱群、陈文博、胡明珠、侯玉英、秦立平、郭建群、黄定、黄明君、黄福全、麻纪元、梁仁海、彭勇、彭一珍、彭顺文、彭家钧。届中辞免：龙成凤、龙廷显、江民新、李玲。届中撤销：彭顺文。届中增补：印胜贵、李进国、刘兴国、邱贤智。

州政协第九届常委会（2003年1月至2007年12月）由51人组成,其中：主席1人、副主席9人、秘书长1人、常委40人。51人中，土家族21人，占41.2%；苗族18人，占35.3%；回族1人，占2%；妇女7人，占13.7%。主席：向后兴（土家族，2007年3月离任）、李德清（苗族，2007年3月任）；副主席：符兴武（苗族，2007年3月离任）、贾明忠（土家族）、龙金碧（苗族）、田岚（土家族）、尹桂生（回族，2005年3月离任）、周光忠（苗族，2007年3月离任）、向天喜（土家族，2007年3月离任）、李汉林、向清平（女，土家族）、熊福（2005年3月任）、贾高飞（土家族，2007年3月任）、张官仁（土家族，2007年3月任）、梁远邦（苗族，2007年3月任）。秘书长：吴陵杉（女，土家族）。常委：王力平、尹文钰、龙科、龙源泉、叶文智、田万荣、印钊、印胜贵、向东升、向启军、刘兴、刘小刚、刘兴国、严腊英、李进国、李改芳、杨万刚、杨建军、吴志明、邱贤智、余清海、张平、张文英、张正跃、张昌政、张淑萍、陈千豪、罗红卫、罗康隆、金辉、胡真平、秦立平、黄定、黄明君、黄福全、麻纪元、梁仁海、彭一珍、彭万祥、彭南龙。届中辞免：向东升、李进国、李改芳、金辉、黄明君。届中增补：宁燕子、杨永芳、张湘林、彭昌兴、王旷生、谭建军。

州政协第十届常委会（2008年1月至）由54人组成，其中：主席1人、副主席9人、秘书长1人、常委43人。54人中，土家族22人，占40.7%；苗族15人，占27.8%；妇女7人，占13%。主席：李德清（苗族，2010年2月离任）、龙德忠（苗族，2010年2月任）；副主席：贾高飞（土家族）、田岚（土家族）、贾明忠（土家族）、龙金碧（苗族）、李汉林、张官仁（苗族）、梁远邦（苗族）、龚瑞珍（女）、杨建军（土家族）。秘书长：吴陵杉（女，土家族）。常委：王力平、王小兰、王旷生、王春和、王福军、石伏龙、石耀华、龙建国、田世金、印钊、印胜贵、向仍森、向启军、向柏林、刘小刚、杨正存、杨永芳、严腊英、严德忠、吴志明、余清海、张平、张正跃、张昌政、张湘林、陈千豪、陈海波、周光斌、胡林吾、胡真平、秦文忠、秦立平、彭其祥、唐志明、黄福全、梁晓冬、彭俊、彭彪、彭际森、彭昌兴、彭南龙、蒋厚林、谭建军。届中辞免：王旷生、陈海波、胡吾林、彭其祥。届中撤销：张昌政。届中增补：杨胜刚、张文英、刘汉勇、郭怀初、贺建军、郝刚、向汝莲。

1989—2010年政协湘西州委员会历任主席一览表

表7-1

姓　名	性别	民族	籍贯	学历	政治面貌	任职时间
黄有为	男	汉	湖南龙山	高中	中共党员	1988年1月至1992年12月
向熙勤	男	土家	湖南永顺	大学本科	中共党员	1993年1月至1997年12月
向邦礼	男	土家	湖南龙山	大学专科	中共党员	1998年1月至2002年12月

续表 7-1

姓　名	性别	民族	籍贯	学历	政治面貌	任职时间
向后兴	男	土家	湖南龙山	大学本科	中共党员	2003 年 1 月至 2007 年 3 月
李德清	男	苗	湖南泸溪	大学专科	中共党员	2007 年 3 月至 2010 年 2 月
龙德忠	男	苗	湖南古丈	在职研究生	中共党员	2010 年 2 月任

1989—2010 年政协湘西自治州委员会历任副主席一览表

表 7-2

姓 名	性别	民族	籍贯	学历	政治面貌	任职时间	其他职务
龚汝仁	男	汉	江西清江	大学本科	中共党员	1985 年 11 月至 1990 年 10 月	—
马耕田	男	汉	山东莘	小学	中共党员	1986 年 7 月至 1992 年 12 月	—
向云俊	男	土家	湖南永顺	大学本科	—	1983 年 12 月至 1992 年 12 月(兼)	永顺县建设局高级工程师
向健生	女	苗	湖南古丈	初中	中共党员	1988 年 1 月至 1992 年 12 月	—
吴光仕	男	苗	湖南凤凰	中专	中共党员	1981 年 5 月至 1992 年 12 月	—
张志怡	男	苗	湖南麻阳	大学本科	民盟盟员	1988 年 1 月至 1992 年 12 月(兼)	吉首民师副校长
尚心锦	男	土家	湖南龙山	初中	中共党员	1988 年 1 月至 1992 年 12 月	—
赵树本	男	汉	湖南洪江	大学本科	—	1988 年 1 月至 1992 年 12 月(兼)	州人民医院儿科主任
钟醒钟	男	土家	湖南凤凰	大学本科	—	1983 年 12 月至 1992 年 12 月(兼)	州民族中学副校长
吴官林	男	苗	湖南凤凰	高中	中共党员	1990 年 3 月至 1997 年 12 月	—
瞿震宇	男	汉	上海市	大学本科	民盟盟员	1990 年 3 月至 1997 年 12 月(兼)	州卫校副校长
宋克湘	男	土家	湖南保靖	大学专科	—	1991 年 4 月至 2002 年 12 月	—
麻富明	男	苗	湖南花垣	初中	中共党员	1992 年 5 月至 1996 年 3 月	州委统战部部长
张泽莉	女	土家	湖南永顺	中专	中共党员	1993 年 1 月至 1997 年 12 月	州妇联主任
张长乐	男	汉	浙江省	初中	中共党员	1993 年 1 月至 1997 年 12 月	州外经委主任
杨明察	男	汉	湖南常德	大学专科	—	1993 年 1 月至 1997 年 12 月(兼)	州审计局副局长
吴荣发	男	苗	湖南保靖	大学本科	—	1993 年 1 月至 1997 年 12 月(兼)	州文研所所长
赵全胜	男	汉	浙江余姚	大学本科	—	1993 年 1 月至 2007 年 12 月(兼)	州工业局副局长、州科技局副局长
沈卓民	男	汉	湖南湘乡	大学专科	—	1993 年 1 月至 1997 年 12 月(兼)	吉首市人大常委会副主任
田茂林	男	苗	湖南凤凰	大学专科	中共党员	1996 年 3 月至 2002 年 12 月	—
徐纪毕	男	汉	湖南汉寿	大学本科	中共党员	1998 年 1 月至 2002 年 3 月	—

续表 7-2

姓 名	性别	民族	籍贯	学历	政治面貌	任职时间	其他职务
宋光沛	男	土家	湖南保靖	高中	中共党员	1998 年 1 月至 2002 年 3 月	—
吴池莲	女	苗	湖南凤凰	中专	中共党员	1998 年 1 月至 2002 年 3 月	—
贾明忠	男	土家	湖南保靖	大学本科	民盟盟员	1998 年 1 月任(兼)	吉首市副市长、人大常委会副主任、州民盟主委
龙金碧	男	苗	湖南古丈	大学专科	—	1998 年 1 月任(兼)	州工商联会长、州工商联会长、州民委主任
陈永昌	男	汉	浙江温州	大学本科	—	1998 年 1 月至 2002 年 12 月(兼)	州卫校校长
田 岚	男	土家	湖南保靖	大学专科	—	1998 年 1 月任	—
尹桂生	男	回	湖北来凤	大学专科	中共党员	2002 年 3 月至 2005 年 3 月	—
符兴武	男	苗	湖南永顺	大学专科	中共党员	2002 年 3 月至 2007 年 3 月	—
周光忠	男	苗	湖南泸溪	大学本科	中共党员	2003 年 1 月至 2007 年 3 月	—
向天喜	男	土家	湖南永顺	高中	中共党员	2003 年 1 月至 2007 年 3 月	—
李汉林	男	汉	广西陆川	大学本科	—	2003 年 1 月任(兼)	吉首大学成教学院院长
向清平	女	土家	湖南古丈	大学本科	—	2003 年 1 月至 2007 年 12 月(兼)	州工商联会长
熊 福	男	汉	湖南凤凰	大学专科	中共党员	2005 年 3 月至 2007 年 12 月	—
贾高飞	男	土家	湖南龙山	在职研究生	中共党员	2007 年 3 月任	—
张官仁	男	土家	湖南吉首	大学专科	中共党员	2007 年 3 月任	
梁远邦	男	苗	湖南保靖	大学专科	中共党员	2007 年 3 月任	—
龚瑞珍	女	汉	湖南张家界	大学本科	中共党员	2008 年 1 月任	—
杨建军	男	土家	湖南凤凰	大学专科	—	2008 年 1 月至(兼)	州监察局副局长

1989—2010 年政协湘西自治州委员会历任秘书长一览表

表 7-3

姓 名	性别	民族	籍 贯	学 历	政治面貌	任 职 时 间
石绍清	男	苗族	湖南吉首	—	中共党员	1987 年 5 月至 1994 年 4 月
徐纪毕	男	汉族	湖南汉寿	大学本科	中共党员	1994 年 4 月至 1997 年 12 月
向天喜	男	土家族	湖南永顺	高中	中共党员	1998 年 1 月至 2002 年 12 月
吴陵杉	女	土家族	湖南慈利	大学专科	中共党员	2003 年 1 月任

说明：1989—2010 年，湘西州政协历任副秘书长：向天喜、米召清、谢茂忠、张清寿、印胜贵、田清忌、田世金、石建华、罗贤兵、彭俊、宋永华、向仍森(兼)、张文英

第二节 工作机构

1989年2月，湘西州政协设办公室和学习、文史、经济科技、教育文化卫生体育、提案、联谊7个专门委员会。办公室内设秘书科、人事科、行政科。1990年9月，增设群众团体委员会。至1992年，有编制44名。1996年，州政协设办公室、提案法制委员会、经济科技环境联谊委员会、文教卫体委员会、民族宗教群团委员会、文史学习委员会。办公室增设老干科。2007年5月，老干科更名为老干办，主任高配副处级。1997年5月，接待处成立。1998年2月，提案法制委员会更名为提案委员会，民族宗教群团委员会更名为民族宗教法制群团委员会。2005年7月，增设人口资源环境委员会，经济科技环境联谊委员会更名为经济科技联谊委员会。2010年7月，增设研究室。年末，州政协设办公室、提案委员会、经济科技联谊委员会、人口资源环境委员会、文教卫体委员会、民族宗教法制群团委员会、文史学习委员会、研究室。

1989—2010年，州政协办公室历任主任：向天喜、印胜贵、吴陵杉；副主任：彭武森、田世金、田清忠、罗正义、石建华、印胜贵、罗贤兵、彭俊、宋永华、张文英、查仕清。提案委员会历任主任：王金生、王春和、印胜贵、张文英；副主任：龙盛超、龙清宪、曹冀湘、杜修炎。经济科技联谊委员会历任主任：向天喜、田应全、罗荣明、田世金、王春和；副主任：田应全、吴晋阶、罗荣明、米召清、李秀冉、龙柳光。人口资源环境委员会历任主任：印胜贵、田世金；副主任：贺显明。文教卫体委员会历任主任：张选泽、张清寿、米召清、张文英；副主任：张清寿、傅冠群、曹玲芝、李秀冉、杜修炎、何煜。民族宗教法制群团委员会历任主任：廖尚伦、王金生、张清寿、龙清宪、田清忠、杨胜刚；副主任：廖尚伦、张清寿、傅冠群、李秀冉、石胜福、查仕清、田新亚。文史学习委员会历任主任：石光荣、张二牧、龙清宪、伍贤佑、石建华；副主任：张二牧、龙清宪、傅冠群、刘本刚、李秀冉、印胜贵、龙延平、李万隆。研究室主任：彭俊；副主任：罗虹。

第三章 职能履行

第一节 政治协商

1989年2月，湘西州政协邀请州农业局、粮食局、公安局负责人共同协商讨论农业生产、粮食工作和社会治安问题。1991年，组织省、州、县（市）262名政协委员和98名政协机关干部深入到93个基层单位，就《湘西州八五计划和十年规划（草案）》指导思想、奋斗目标、战略措施、发展步骤等提出177条意见和建议，均被计划部门采纳。1991年，州政协被评为州直目标管理“双文明”单位。

1993年，州政协针对吉首城区个体工商户歇业“出海”或转移资产到外地另谋出路或集体罢市请愿告状等问题，主席会议决定组织有关政协委员专题调查，重点调查吉首市4个街道辖区的八大行业62户个体私营业主，走访州、市直11个部门，向州委、州政府提交《严峻的现实与清醒的反思》的调查报告和《关于加速全州个体私营经济发展的建议》，并在州政协七届第三次常委会议上专题协商。中共湘西州委书记石昌禄，州委副书记、州长向世林及有关部门负责人听取委员意见和建议。湖南省委书记王茂林对调研报告作出重要批示。州委、州政府对报告和建议要求逐条加以落实。1994年，州政协主要领导带队与州开发办等单位负责人组成联合调查组，深入到凤凰、龙山、永顺、保靖、泸溪、吉首6个县（市），开展山地开发专题调研，提出《关于加速开发山地资源，努力建设支柱产业的建议》，被州委、州政府采纳。1995年8月，州政协总结农村开发经验，向州委、州政府提出用社会主义市场经济理论指导开发，发展以食品为主的名优特产品，搞好全程服务等建议，得到州委、州政府主要领导肯定。1996年9月，州政协七届十五次常委会议专题协商全州国有、集体小型企业改革问题，并向州委、州政府报送《关于对全州11户国有、集体小型企业改革情况调查的典型材料》，引起州委、州政府领导重视。1993年1月至1997年12月，州政协第七届委员会制定《关于贯彻落实〈政协全国委员会关于政治协商、民主监督和参政议政的规定〉的实施细则》，报州委予以批转。此外，还陆续制定和修订《常务委员会工作规则》《常委会组成人员守则》《主席会议规则》《秘书长和办公室主任工作规则》等工作制度，对各种会议协商议事规则和具体程序予以明确规范。

1998年12月，州政协受中共湘西州委委托，组织200余人，分成43个调查组，选择110个村1130户农户，就其人口、资源、环境、收入等情况展开调查，写出《湘西州百村扶贫调研报告》，被列为是年州委经济工作会议参阅材料。1999年12月，州政协召开协商会，专题协商湘西州“十五”规划及经济结构调整工作，委员的建议被州政府相关部门采纳。2000年2月，州政协“百题”调研工作正式启动，至10月末，调研报告分别送州委州政府及相关部门作决策参考。

2003年5—6月，州政协组织政协委员和林业、农业等部门调研全州退耕还林工作，总结全州退耕还林主要成效和基本经验，并从科学规划、优化林种结构、强化管理、完善配套政策、规范工作程序等方面向州委、州政府提出建议。该调研报告获全省政协优秀调研报告二等奖。2004年8—9月，组织政协委员调查全州14家龙头企业和11家涉农企业，并结合考察学习江苏、浙江两省几个市县涉农企业发展经验。11月，州政协第九届第八次常委会议上与州委、州政府专题协商，并提交建议案，州党政主要领导对调查报告和建议案给予充分肯定。

2005年7—11月，组织委员深入8个县(市)，就乡镇基层政权建设问题开展调研，并写出调研报告，提交州政协第九届第十二次常委会议协商。该调研报告被省委《决策天地》采用，省政协九届四次会议列为大会协商发言材料。2006年5月，组织部分委员和相关部门负责人，调研全州新农村建设情况，选择四川省仪陇、苍溪两县开展对比性考察，形成考察报告。6月，州政协召开第九届第十四次常委会议专题协商全州新农村建议问题，州委、州政府采纳其协商成果。2007年9月，州政协第九届第十九次常委会议听取和审议《关于加快推进我州新型工业化进程的调研报告》，并协商讨论州委、州政府相关领导提出的全州新型工业化问题，对推进新型工业化进程起到促进作用。

2008年，组织调研组深入州直相关单位和县(市)征求意见，提出落实民族地区建设项目配套资金减免政策、建立资源补偿机制、调整现行金融优惠政策、继续执行优惠电价政策、加大培养交流少数民族干部力度、确保民族地区公务员政策性津补贴按时足额发放等建议，为州委、州政府加大民族地区优惠政策的争取和贯彻实施力度提供参考。2009年4—6月，组织政协委员调研全州8个县(市)16个乡(镇)32个村的产业发展和农民收入情况，同时对比考察江西赣州农业产业化建设情况，从提升农业特色产业质量和效益、发展农村劳务经济、提高农业科技含量、创新“三农”工作体制机制等提出对策建议，呈送专题调研报告。州委、州政府运用调研成果推动椪柑、烟叶特色产业提质增效，促进农村经济发展和农民稳定增收。该调研报告被省政协评为年度优秀调研报告。2010年2月，州政协十届三次会议“关于在吉首设立村镇银行的建议”被州委、州政府采纳，12月，湘西州与长沙银行合作，全国首家地市村镇银行湘西长行村镇银行及吉首支行、凤凰支行正式营业，湘西州金融网点覆盖率得到提升，同时，州内金融供给不足问题也得以缓解。

第二节　民主监督

1989年2月，湘西州政协委员在元宵节座谈会上，对群众反映“学校乱收费”和“黄色书刊、淫秽录像”等精神污染问题提出批评建议，引起州委、州政府领导重视，随即采取措施予以解决。10月，州政协委员批评某些领导干部在营建私房中以权谋私，并向州委、州政府提出惩腐倡廉建议，此后全州查处一批干部以权谋私、违纪建私房问题。建立州政协全委会、常委会、主席会等例会制度和机关委办负责人联系会议、各专门委员会、机关文秘及行政等规章制度。1992年，州政协《政协信息》关于《湘鄂川黔边界地下私造、购买枪支弹药滋扰社会治安》一文被省委办公厅、中共中央办公厅《情况通报》所采用。

1993年12月，州政协第七届第五次常委会议邀请有关部门负责人列席，共同讨论查处以权谋私、权钱交易、官商不分、乱收费、乱罚款、乱摊派等不正之风问题，会后由州政协领导带队，组织部分政协委员配合州直有关部门负责人组成4个视察组，深入各县（市）视察，对被视察单位有关减轻农民负担、党政机关与所办经济实体脱钩等问题当面提出整改建议，促进问题解决。1994年7月，州内出现宗教违法活动情况，州政协向有关部门提出批评建议，并组织部分委员协同州委统战部、州民委，调查各县（市）宗教情况，写出《关于湘西州宗教情况的调查报告》，引起州委、州政府重视。1995年1月，州政府召开全州宗教工作会议，解决宗教中存在问题，促使宗教依法活动。是年，州政协主席、副主席带队，组织部分政协委员和机关干部先后两次到泸溪、龙山、永顺、花垣等县，视察希望工程建设情况，并与县委、县政府领导交换意见，及时解决工程设计、质量进度和经费管理问题。1996年9月，组织宣传文化新闻组委员，跟踪视察吉首市区及万溶江乡、河溪镇音像市场与电游市场12天，提出整改建议。州委领导责成相关部门限期解决文化市场管理中存在的问题。

1998年7月，州政协视察组一行29人，视察全州计划生育“村为主”、推进计划生育与扶贫开发紧密结合情况，视察为期9天，重点视察32个乡（镇）32个村，写出视察报告，提出6条建议与州委、州人民政府协商，8个县（市）委、县（市）政府分管领导和州直有关单位负责人及县（市）计生委主任列席协商会，全州计生工作采纳协商会提出的意见。1999年，州政协《湘西政协报》刊登一篇题为《累计投资200万，贫困帽子仍然戴》文章，反映州内某村多年扶贫，未见脱贫情况，获全省社科研究一等奖。2000年3月，组织部分政协委员视察州直150个单位和州内8个建制镇8个农村文明卫生村爱卫工作。视察组对存在问题当面提出意见和建议，各县市及州直单位开展爱卫综合治理。2001年3—4月，州政协与州人大常委会联合开展以“倡导绿色文明，推进生态建设”为主题的环保世纪行活动，对超标排污企业通过新闻媒体曝光，并提出限期整改要求。2002年6月，州政协第八届第十九次常委会议与会人员视察乾州新区建设工程，并对新区规划实施和完善提出建议，被州政府采纳。

2003年11月，州政协组织部分委员视察永顺、古丈、花垣、吉首4个县（市）计划生育政策落实情况，并针对存在的问题提出对策和建议。州政府主要负责人在视察报告上作批示，要求有关部门按照委员建议切实改进工作，《政府工作通报》转发其视察报告。2004年，组织部分州、市（吉首）政协委员和民主党派、工商联及社区代表，视察调研吉首地区175家食品生产经营单位安全卫生现状和州市卫生、质监、工商等有关职能部门履责情况，并在州政协九届七次常委会议上，开展吉首地区食品安全卫生监管工作行风评议。州委、州政府及州、市被评议的职能部门主要负责人到会听取委员们意见。州政府主要负责人对此次民主评议活动给予充分肯定，会后多次召集会议专题研究全州食品安全问题。州政府组建全州食品安全卫生工作巡视组，加大对食品安全卫生隐患督查和防范力度。2005年，关注群众“看病难、看病贵”问题，组织委员就各级医疗机构服务功能情况、医疗卫生服务收费政策及收费标准执行情况、药品最高零售价执行情况、药品采购管理及药品让利情况、单病种费用情况开展视察。从发挥政府保障群众医疗主导作用、增加投入、建立和完善医疗救助和社会保障制度、规范医疗机构的医疗行为等提出意见和建议，为州委、州政府解决群众“看病难、看病贵”问题提供决策参考。2006 年，组织委员视察《中华人民共和国土地管理法》执行情况，就州内贯彻落实耕地保护、保障失地农民长远生计、加强土地市场调控等提出 8 条建议，并形成视察报告该视察报告被评为全省政协优秀调研视察报告二等奖。

2003—2007 年，州政协制定《湘西自治州政协委员守则》；同时印发《政协湘西自治州委员会关于进一步加强委员工作的意见》，并协助州委出台《中共湘西自治州委关于进一步加强政协工作的意见》，加强对县（市）政协工作的联系和指导。州政协关于加强敬老院建设的提案，引起州人民政府高度重视，出台《关于加快农村敬老院建设的意见》，使全州敬老院由 2002 年的 80 所增至 157 所。九届州政协收到委员提案 1449 件，经审查立案 1436 件。提案得到解决或基本解决 602 件，占立案总数 41.9%。

2008 年，州政协组织委员就残疾人就业及基本生活保障、民族旅游商品开发、农村寄宿制学校暨义务教育合格学校建设与管理、城市建设与管理等展开调研视察，并分别通过主席会议、常委会议协商等形式向党委、政府提出工作意见和建议，并逐步得到落实。同时州政协加强政协网站、《社情民意》《情况反映》和《湘西政协》等载体建设，全年编发社情民意和相关信息 40 期，州党政主要领导签批《社情民意》和《情况反映》20 期，关注“留守儿童”、规范收费项目、优化投资环境等意见建议得到相关部门重视和逐步解决。制定出台《政协湘西自治州委员会常务委员会关于加强自身建设的意见》《政协湘西自治州委员会关于加强委员管理的暂行办法》等规章制度，首次对委员撰写提案、反映社情民意信息、开展调研视察、参加政协会议等情况实行量化考核。建立主席会议成员联系专委会、专委会和办公室联系委员组、委员组联系界别委员工作机制，将委员组活动纳入政协工作日程，为委员履行职责搭建平台。主席会议成员带队走访 107 名州政协委员，倾听委员和所在单位对政协工作意见建议。2009 年，组织委员就湘西职业技术学院建设、“八百里绿色行动”实施管理、吉（首）茶（洞）高速公路和烤烟基地建设、非物质文化遗产传承与保护、吉首城区社会治安综合治理等开展专项视察，提交专项视察报告 6 份，提出意见建议 60 条，部分意见建议转化为州委、州政府工作决策。全年围绕湘西州经济、政治、文化、社会和生态环境建设等收集委员及社会各界意见建议 120 条。实行部门聘请与政协选派相结合，规范委员民主监督行为。2010 年，州政协关于吉首大学师范学院附属小学办学情况视察意见，州委、州政府有关领导组织相关部门，帮助解决该校相关具体问题。同时，决定把全州城镇小学建设纳入“十二五”规划。

第三节　参政议政

1990 年 8 月，州政协在吉首召开“建设有湘西特色的自治州”战略研讨会，为制定全州“八五”计划和十年规划建言献策。2005—2006 年，州政协组织科技界委员到联系点开展科技服务，帮助农民提高科技致富能力；组织医卫界委员到农村开展义诊活动，传授保健知识，帮助农民提高疾病预防能力。

2003 年 1 月至 2007 年 12 月，州政协领导和部分委员分别参与民营企业帮扶、公路建设、抗灾救灾、湘泉集团和酒鬼酒公司改革改制、追缴酒鬼酒公司巨额抽逃资金等重点工作，参与凤凰堤溪大桥垮塌事故等重大突发事件应急处理。参与招商引资工作，协助泸溪县引进香港企业家投资建设水果保鲜项目，为农村小学争取日本驻华大使馆“利民工程无偿援助”等项目。5 年间，州政协发动委员捐资和募集资金 290 万元。2008 年，州政协领导多次深入重点企业、重点项目和重点产业开展调查研究，帮助协调和解决具体问题，实现建言献策与服务发展有机结合。参与依法清理整治非法集资和维护社会稳定工作。发动政协委员和机关干部为遭受冰灾和四川汶川地震灾害灾民捐款200万元。

2009—2010年，州政协主席、副主席在农村电网改造、中药材加工及生物制药、铜仁凤凰机场扩建、迁河公路建设、旅游商品开发和边城醋业公司提质发展等工作中发挥应有作用。支持乾州办事处狮子社区开展通路、照明、饮水和文化活动场所等基础设施建设。翌年10月，国务院正式批复《武陵山片区区域发展与扶贫攻坚规划》，湘西州被确定为示范区。

第四节 提案办理

1989年，州政协六届二次会议期间收到提案164件，审查立案163件，经承办单位认真办理，当年建议被采纳或基本落实57件，占办复提案34.96%。1990年3月，州政协委员关于“泸溪二中师生饮水困难”提案，引起州人民政府领导关注，8月，常务副州长欧阳淞、副州长龙文玉主持召开相关部门协调会，筹集资金8万元实施该校饮水工程，1300余名师生饮水问题得到解决。1991年4月，州政协委员关于《凤凰县米良乡叭仁村贫困情况》提案反映到州委后，州委书记郑培民深入到该村当场拍板拨款10万元，打通450米引水隧洞，解决人畜饮水困难，并拨款2万元、批拨统销粮40吨，解决缺粮和通电通路问题。1989—1992年，州政协第六届委员会收到提案803件，解决和基本解决562件，占提案总数的70%。1995年5月，州政协督办《吉首城区蔬菜市场管理》提案后，吉首市人民政府立即组织工商部门专题研究，筹集40万元，扩建维修石家冲农贸市场，新辟1000余平方米蔬菜自产自销区。是年，州政协七届三次会议期间收到提案244件，审查立案239件，经承办单位认真办理，当年建议被采纳或基本落实170件，占办复提案71%。州政协第七届委员会收到提案1441件，解决71%，委员对办理工作满意率90%。

2000年，州政协第八届第三次会议期间共收到提案219件，审查立案211件，经承办单位认真办理，当年建议被采纳或基本落实166件，占办复提案78.7%。2003—2007年，协助州政府制定《州人大代表建议和州政协提案工作目标管理积分标准考核办法》，把提案办理工作纳入政府对工作部门目标管理和工作考核内容。修订政协有关重要会议规则和提案工作条例，完善机关内部管理制度。1989—2010年，州政协收到提案5360件，审查立案5300件，经承办单位认真办理，当年建议被采纳或基本落实4145件，占立案数78.2%。

第五节 其他职能活动

一、文史资料征编

1989—1992年，州政协征集各种资料400万字，编辑出版《湘西文史资料》16辑。1993—1994年，征集资料180万字，编辑出版8辑《湘西文史资料》，其中由全国政协副主席叶选平题写书名的《湘鄂川黔边区名镇》（第31辑）等资料，对开发边区、建设集镇提供经验和参考。1995年，征集文史资料200万字，出版4辑《湘西文史资料》和3本书，总计120万字。1996年，筹备召开湘鄂川黔四省边区文史协作会议，征集史料70万字，编辑出版2辑《湘西文史资料》，发行《湘西文史资料》23万册。1997年，编辑出版4辑《湘西文史资料》。1998年1月，创办《湘西政协报》。是年，《湘西文史资料》停办。2003年1月，州政协恢复文史资料征编工作，制定5年文史工作规划，编辑出版《古镇里耶》一书。2004年，全州征集200余万字文史资料，编辑出版《乱世纷争》一书。2005年，组织征集《湘西交通》《名人故居》《古镇浦市》等专题史料，编辑出版《乱世聚义》一书。派员参加全国政协在贵州凯里召开的《苗族百年实录》征编会议，州政协承担湘西苗族撰写任务。2006年，完成民国时期湘西社会历史系列丛书《乱世强夺》和湘西州历年文史资料目录汇编。2008年，编辑出版《湘西苗族百年实录》和《唐力臣其人其事》等专题资料，分类归档整理1000余万字文史资料，初步拟定5年文史资料征集工作规划和征集要目。2009年，贯彻落实全国、全省政协文史工作会议精神，将文史资料工作重点放在新中国成立后30年的史料征集上。全年征集建国后各类文史资料500余篇300余万字，同时注重库存文史资料整理、分类和利用，举行《湘西苗族百年实录》出版首发式，人民网、新华网、《光明日报》等多家媒体均做报道。2010年，制定1949—1979年全州文史资料征集纲要和年度征集规划。各县（市）和州直相关部门设立文史资料征集联络站，聘请联络站站长23人。全年征集文史资料300万字，完成《湘西民俗实录》资料搜集、内容筛选和目录梳理工作。配合省政协文史委征集《锦绣潇湘》资料，制定《经典湘西》征编工作方案。1989—2010年，州政协征集文史资料2500万字，编辑出版《湘西文史资料》42辑，840万字。

二、团结联谊

1989年，州政协同有关部门通过项目开发、技术传授、资金扶持等办法，帮助"三胞"（港澳同胞、台湾同胞、海外侨胞）亲属艰苦创业，脱贫致富。1990年6月，州政协联谊委员会筹办湘西联谊中学。7月，州政协派员前往贵州省黔南布依族苗族自治州政协共同协商倡议召开湘、鄂、川、黔、桂边区少数民族地区10州（地、市）政协工作横向联系会议，得到支持与赞同。10月在吉首召开横向联系筹备会议，商定5个省（区）少数民族11个州（市、地）的政协横向联系会议指导思想、会议名称、主要议题、会议地点等相关事宜，印发《会议纪要》。根据少数民族地区特点和人民政协优势，一年一次轮流开展民族地区政协工作横向联系活动。重庆直辖后，会议名称改为湘鄂渝黔桂13个州（市、地）政协工作联系会议。州政协先后两次主办会议。是年，州政协联谊委员会直接扶助10户"三胞"亲属贫困户，至1992年有8户解决温饱，向小康线迈进。

1995年，《故乡情》编辑出版，"三胞"人员及亲属读后激发出爱国爱乡热情。香港培华教育基金会为湘西联谊中学捐赠10万元港币修建校舍，定居美国的晏素兰女士捐赠10万元港币在该校设立奖学金，台胞苏孝惠女士第三次给该校捐赠奖学金。1996年，召开"三胞"亲属委员座谈会，学习江泽民总书记关于"为促进祖国和平统一大业而继续奋斗"的重要讲话，鼓励"三胞"亲属委员做好港澳台亲属工作。"三胞"资助家乡公益事业资金24万元。1997年，举办形势报告会和卡拉OK赛，迎接香港回归祖国。至1998年，湘西联谊中学培养中学毕业生1400人。1998—2002年，州政协每年举办台海形势报告会，揭批企图制造"两个中国""一中一台"的分裂行径，表达盼望祖国和平统一共同愿望和维护祖国统一立场。

2003—2007年，州政协通过组织台海形势报告会、"三胞"亲属座谈会、《反分裂国家法》学习宣传和收集编印《湘西州在外成功人士通讯录》等方式，加强与社会各界及其代表人士联系，为维护祖国统一、巩固扩大爱国统一战线开展工作。2008年，促成民进北京市委在湘西州启动"送出去、引进来"的师资培训项目。2010年，在吉首大学举办州政协委员培训班，邀请省、州专家学者开办专题讲课。建立主席、副主席分工联系县（市）政协工作制度，加强与全国各地政协工作交流。至是年年末，联系长沙景鹏集团、吉首家乐富等企业爱心人士，筹集资金85.6万元，资助贫困大学生207人次。

三、参与扶贫

1989年，州政协驻龙山县坡脚乡扶贫工作组推广地膜苞谷种植面积199.8公顷，在大旱之年获得好收成。1990年，州政协驻坡脚乡扶贫工作组为坡脚乡科学种田安排农业技术培训经费5000元，培训300人次，种植地膜苞谷206.3公顷，杂交水稻"双两大"201公顷。9月，州政协作出《关于积极响应州委、州政府统一思想，振奋精神，打一场振兴我州工业总体战的决定》，要求全州各级政协组织及政协委员，主动深入厂矿企业调查研究，帮助企业抓扭亏增盈建言献策。1991

年，州政协组织坡脚乡乡、村两级24名主干驱车到怀化市、黔阳县等地学习考察山地开发、大办绿色企业经验，帮助该乡开发药材133公顷。1991—1992年，全州政协组织和政协委员向党政领导和有关部门提建议、献良策751条，被采纳478条，效果明显126条；引进经济开发项目7个，资金368.38万元；举办各类科技培训班275期、参训24610人次；组织社会力量办学13所；举荐人才52名，被起用36人。1993年，州政协领导参与发展州内乡镇企业、非公有制经济、烤烟生产、移民搬迁等工作。州政协抽出干部配合有关部门深入到河溪镇，帮助发展镇办企业，是年，该镇完成工业产值6000万元，实现利税610万元，分别比上年增长92.4%和51.5%。州政协挤出部分经费，组织学有专长委员深入到保靖县吕洞山区举办山地开发培训班，100多名村组干部和重点专业户参加培训。1994年，州政协引进“87单交”玉米新品种，在21个乡（镇）2387户农户种植，亩产均在500公斤以上，个别亩产653.9公斤，创历史新高。同时，州政协还牵头联合州矿产资源管理局、州大龙洞水电站在古丈县默戎镇驻点扶贫。驻点村新建高标准茶园20公顷，兴修水利工程2处，解决用电困难300户1750人，扶贫建房11户60人，举办3期实用技术培训班，参训1.5万人次。

1995年3月，州政协第七届委员会第三次会议向全体委员提出开展“我为扶贫攻坚做贡献，我为政协添光彩的‘四个一’竞赛”（委员组联系1个扶贫开发项目，扶持1户贫困户，救助1名辍学儿童，写好1份调查报告）活动。年末，全州20个政协委员组联系扶贫开发项目26个，扶持贫困户42户，资助辍学儿童23人，撰写调查报告24篇，筹措资金40万元。1996年，州政协主席向熙勤受州委委托带领州委、州政府督查组，督查龙山、永顺两县实施“六六温饱工程”情况，督查报告对龙山县靛房乡提出脱贫建议，引起州委、州政府高度重视。1996—1997年，州政协在古丈县默戎镇盘草村扶贫新修球场、扩建学校、整修道路投入资金9万元，投入水泥62吨。

1998—2002年，州政协协助党委、政府有关部门向上争取重要项目。同时，筹措资金百余万元和钢材水泥80余吨，用于机关扶贫联系点农业产业开发、村级小学及水电路等基础设施建设。

2003年起，州政协在古丈县双溪乡蔡家村开展建整扶贫，筹措资金125万元，用于茶叶开发、创办集体经济、修建小学及村部、人畜饮水工程和道路建设。2005—2006年，州政协在古丈县默戎镇盘草村开展建整扶贫，争取扶贫资金90万元，用于修建通村公路、产业开发和能源建设等。州政协还组织科技界委员到联系点开展科技服务，帮助农民提升科技致富能力。2007—2008年，州政协争取和协调扶贫资金450万元，投入建整扶贫村——吉首市寨阳乡栗溪村产业开发和基础设施建设。

2009—2010年，州政协驻点扶持吉首市矮寨镇金叶村，先后争取和协调扶贫项目资金430万元，帮助实施水电路基础设施建设和发展支柱产业。支持乾州办事处狮子社区实施通路、通电、供水、文化活动场所等基础设施建设。

第八篇　民主党派　群众团体

第一章　中国民主同盟湘西州委员会

1988年8月8日，中国民主同盟湘西土家族苗族自治州委员会（简称民盟州委）在吉首成立。中国民主同盟组织主要由从事文化教育和科学技术工作的高、中级知识分子组成，是致力于中国特色社会主义事业，与中国共产党通力合作的参政党。其主要职能是：参政议政、民主监督，参加中国共产党领导的政治协商。

1988年，民盟湘西州委有5个支部、1个直属小组，盟员93人。1990年6月，因湖南省行政区域划分变更，民盟大庸支部隶属于大庸市，隶属关系变更转出盟员39人。2010年，民盟州委有9个支部、1个总支委员会，盟员230人。

1989年，民盟州委机关设办公室、组织部、宣传部、社会服务部，行政编制4名，1990年划给民盟大庸市委会行政编制1名，2010年有行政编制3名。

第一节　盟员代表大会

一、民盟湘西州第一次代表大会

1988年8月8日，民盟州委召开第一次代表大会，应到代表93人，实到代表93人。会议由民盟州委筹备委员会委员汤克定主持，筹备委员会主任委员文元琰作《民盟州委筹备委员会工作报告》，大会听取和审议民盟州委筹备委员会工作报告，选举产生9名委员组成的第一届民盟湘西自治州委员会。文元琰为主任委员（兼）（时任州教师进修学院副教授，民盟湖南省第七届常委，第九届顾问），汤克定、瞿震宇为副主任委员（兼）。10月，叶德书当选为民盟中央“六大”代表。1989年2月，文元琰主委、汤克定副主委退休辞去主任委员、副主任委员职务，文元琰聘为民盟州委顾问。是年11月，补选瞿震宇为主任委员（兼）（时任州卫校副校长、州政协六届三次全会上增选为州政协副主席），补选贾明忠为副主任委员（兼）（时任吉首市副市长）。

二、民盟湘西州第二次代表大会

1992年3月13日，民盟州委召开第二次代表大会，应到代表75人，实到代表70人。会议由副主委贾明忠主持，主委瞿震宇作第一届民盟州委会工作报告。大会听取和审议民盟第一届州委会工作报告，选举产生9名委员组成的第二届民盟湘西自治州委员会。瞿震宇为主任委员（兼）（时任州政协副主席、州卫校副教授、民盟湖南省第八届委员）、贾明忠（时任吉首市人民政府副市长、第八届全国人大代表）、唐才甫、李文健为副主任委员（兼）；文元琰为名誉主任委员。1993年7月，李文健调离湘西自治州，补选赵成山为副主任委员（兼）。

三、民盟湘西州第三次代表大会

1996年11月27日，民盟州委召开第三次代表大会，应到代表68人，实到代表62人，特邀代表2人。会议由副主委贾明忠主持，主委瞿震宇作第二届民盟州委会工作报告，大会听取和审议民盟第二届州委会工作报告，选举产生9名委员组成的民盟湘西自治州第三届委员会。贾明忠为主任委员（兼）（时任吉首市副市长、第八届全国人大代表），赵成山、唐世洪为副主任委员

(兼)；文元琰、瞿震宇为名誉主任委员。

四、民盟湘西州第四次代表大会

2001年6月23日，民盟州委召开第四次代表大会，应到代表85人，实到代表73人。会议由副主委赵成山主持，主委贾明忠作第三届民盟州委会工作报告，大会听取和审议民盟第三届州委会工作报告，选举产生11名委员组成的民盟湘西自治州第四届委员会。贾明忠为主任委员（兼）（时任州政协副主席、吉首市人大常委会副主任、民盟湖南省第十届常委），唐世洪、刘小刚、向仍淼为副主任委员（兼）；文元琰、瞿震宇为名誉主任委员。

五、民盟湘西州第五次代表大会

2006年2月23日，民盟州委召开第五次代表大会，应到代表72人，实到代表72人，特邀代表5人。副主委向仍淼主持会议，主委贾明忠作第四届民盟州委会工作报告，大会听取和审议民盟第四届州委会工作报告，选举产生13名委员组成的民盟湘西自治州第五届委员会。贾明忠为主任委员（兼）（时任州政协副主席、吉首市人大常委会副主任、民盟湖南省第十一届常委），伍坤杰（专职）、唐世洪、刘小刚、向仍淼为副主任委员（兼）；文元琰、瞿震宇为名誉主任委员。

第二节　议政献策

1989年，湖南省政协委员曾健存、汤克定、向鸣坤在省政协六届二次会议上联名提交《加强中小学生身心卫生教育工作》提案，引起省、州教育主管部门的重视，决定在中小学校增设卫生健康、心理学等课程。州政协委员叶德书在州政协六届二次委员协商会议上，提出治理整顿要让群众知道，一是县（处）级以上干部私人建房的面积造价及处理情况要向群众公布；二是党政干部在职期间，其子女家属的安排要向群众公开；三是清理官倒私倒的情况要向群众公开，应安排一位党外同志参加治理整顿，中共湘西自治州委书记杨正午做了明确回答并采纳。民盟州委在州政协六届二次协商会上，建议州委、州人民政府尽快配好配齐州、县（市）人大常委会、政府、政协驻会的党外副职领导，改善民主党派的办公条件，有利于推动民主政治建设，有利于发挥统战作用。中共湘西州委、州政府领导表示，将分类排队，解决急需的问题。是年，中共湘西州委副书记郝瑞华就民盟州委委员叶德书反映《龙山县洗车区巡回办案组在坡脚、靛房办案中违纪违法问题的调查报告》批示，责成龙山县委查处所反映的问题，并将查处情况转呈民盟州委。1990年，在中共湘西州委书记郑培民倡导下，州政协召开“建设有特色的自治州”研讨会，州财政局经济师曾昭齐、乾州烟厂工程师江义芳、州人民银行高级经济师唐才甫分别提出《努力增强我州民族地区财政的开发性》《湘西自治州烟草企业现状与下一个发展循环对策意见》和《增强金融意识，向管理要钱》的书面发言，郑培民表示对所有材料进行研究。1991年，民盟州委调查湘西州烟叶质量、烟丝生产线和企业管理情况，提交《实行烟草种植业一体化，建立复烤厂，资金早期投入，科技兴烟》的提案，被州政协列为典型案例,州烟草局采纳并立项。民盟州委对吉首市商业布局、商业管理、市场流通等情况开展调查，提交《发挥地域优势，把吉首市建成四省边贸中心》的提案，被州政协列为典型案列。州工商局制定12条开放搞活商贸经济的措施，并投资600万元，建设吉首市民族批发市场。吉首市副市长贾明忠撰写的《吉首市发展粮食生产的思路和对策》调研报告，被中共吉首市委、市人民政府采纳。该市“八五”期间推广种植水稻“双两大”面积80%以上，粮食产量比“七五”期间年均增长20%，获国务院奖励。

1992年，省政协委员石远明提交《关于加快普及九年制义务教育，加大少数民族地区教育投入》提案，引起湖南省财政厅高度重视，出台政策每年为湘西州增拨1000万元，用于贫困地区发展九年制义务教育。1994年，中共湖南省委书记王茂林拟定“湘西农村初中教育改革”的课题，民盟州委与州政协、州教委组成联合调查组，深入州内部分县（市）15所农村职业中学调查，召开29次座谈会，填写1000多份问卷表格，写出《湘西自治州农村初中教育改革情况的调查与建议》调查报告，提出职教改革5点意见与建议，获湖南省民主党派参政议政调研成果奖，得到省、州领导及州教育主管部门的采纳。1995年，民盟州委被民盟湖南省委授予“积极参政议政、认真进行调查研究的先进集体”称号，并出席中南六省区第五次盟务工作经验交流大会。

1996年，全国人大代表贾明忠提交全国人大八届四次会议《关于长江防护林工程项目建设的建议》，被国务院有关部门采纳并列入国家“九五”计划项目。1998年，民盟州委提交《关于解决吉首城区初中入学难》《关于自治州椪柑生产应从种植向市场转轨》提案，被州政协八届一次会议列为州党政主要领导重点阅示提案，中共湘西州委副书记、州长武吉海签批提案承办意见，州人民政府作出《关于解决吉首城区初中入学难的决定》，州教委采取办点扩班增校等举措解决初中入学难的问题。1999年，民盟州委深入永顺县，开展农村基础教育工作调查，形成《关于加强湘西州农村基础教育工作的调查报告》，州人民政府作出《加快普及农村九年制义务教育工作的决定》。民盟吉首卫校支部提出《逐步将州卫校中等教育向高等教育过渡并入吉首大学组建医学院的建议》，被列入省、州教育体制改革方案，此后州卫校正式并入吉首大学。州特邀监督员叶德书跟踪调查龙山县坡脚乡扶贫攻坚实施情况，写出《累计投资200万贫困帽子仍然戴》的调研报告，从战略和战术上指出湘西州扶贫模式的缺陷，大胆提出适合州情的扶贫举措，被中共湘西州委、州人民政府采纳。1999年起，扶贫攻坚实现缩短战线、分步实施的战略性转移，该调研报告获1999年湖南省高校统战调研报告一等奖。叶德书被民盟湖南省委评为“优秀盟员”。2002年，民盟州委针对湘西州小城镇建设发展中的问题，提交《充分利用西部大开发的契机，加大全州小城镇建设步伐的建议》提案，中共湘西州委、州人民政府制定《关于加快发展小城镇的实施方案》，把小城镇建设作为全州扶贫攻坚、经济增长重要项目落实。民盟州委针对吉首市城区饮食卫生安全问题提交《关于对吉首市区饮食行业餐具卫生消毒进行整顿和实行规范化管理的建议》提案，被吉首市政府采纳，吉首市成立康洁消毒有限公司，对市区餐具实行集中统一消毒。是年，被民盟湖南省委评为“参政议政调研工作成绩突出单位”。2004年，省政协委员唐世洪提交省政协九届二次会议《关于吉首市矮寨镇家庭村交通与开发问题的建议》提案，该村被湖南省政府列为省重点扶贫村，连续3年在资金上予以扶持。2006年，民盟州委提交湘西州政协九届四次会议提案13件，其中3件被列为州政协主席重点督办提案，1件为《关于农村教师安居工程的建议》提案，被州政府采纳，出台《湘西州农村教师安居工程实施方案》，推行农村教师住房公积金制度。2007年，全州盟员参加“迎州五十大庆、谋湘西发展”活动，建言献策200余条，被采纳100多条。其中《关于进一步加强城市治理的建议》《关于加快全州农村客运网络化建设》《关于进一步完善全州新型农村合作医疗制度的建议》被列为州政协重点提案。

2008年，民盟州委组织盟员专家、教授深入到州境30多个乡、村的40多所学校，就农村职业教育改革、农村希望工程、普及九年义务教育等开展调研，共写出调研报告15份，有关职业教育改革等建议被采纳实施。《关于加快发展我州畜牧业，为农民脱贫致富找出路》《关于建设湘西生态农业的建议》等调研报告，被列为湘西州经济建设扶贫攻坚重大开发项目。民盟州委撰写的《进一步加强湘西州农村留守儿童工作的建议》调查报告，州教育局制定《关于进一步加强农村留守儿童教育管理工作的意见》《湘西州寄宿制学校管理办法（试行）》等文件，为留守儿童创造良好的学习、生活环境。2009年，省政协委员钟飞在湖南省政协十届二次联组会上作“关于免费定向为农村培养医学本科生的建议”发言，引起省长周强高度重视，当即表示“由省卫生厅负责相关办学经费，由医学院校培养农村医学人才”。省卫生厅委托吉首大学为农村培养定向医疗本科生试点，该校首批录取医疗定向本科生44人。2010年，民盟州委提交的《关于进一步完善全州就读保障体系的建议》提案，被列为州政协重点提案。州教育局与全州8个县（市）教育局和14所州直学校负责人签订资助工作责任状。

第三节　社会服务

1989年，民盟州委组织农业、医疗专家深入吉首市河溪镇阿娜村开展扶贫活动，为村民传授种植、养殖实用技术，为小学生上健康知识课，为学校捐赠文体用品，资助特困生5人，为村民义务看病162人次。1990年，民盟州委组织农业、医疗、财会专家给矮寨镇农业广播学校义务授课，使农广校学员掌握1～2门种养技术，成为农村科技致富领头人；为矮寨镇民族完小免费体检982人次，为苗族村民义务看病155人次；为矮寨德夯风景区财务人员培训指导；给矮寨中学教师辅导英语教学，并赠送英语教学设备，使该校成为吉首市民族中学英语教学示范点。是年，民盟湖南省委授予民盟州委“先进市级委员会”。1991年，民盟州委组织州农校教师为农业广播学校上专业课，并把州农校科研和生产实习项目设在学校所在乡（镇），形成教学、科研、生产网络一体化的办学模式。吉首市副市长贾明忠在花垣县腊乙村推广地膜玉米套种西瓜和蔬菜技术，取得平均亩产450公斤高产，花垣县获中国科协“金牛奖”。民盟州农校支部在腊乙村推广科学养猪法，发展生猪2144头，创产值26.42万元。

1992年，民盟吉大支部与龙山县科委建立推广中华美味猕猴桃种植试验基地，编制图文并茂的猕猴桃展板，接受咨询5000人次，辐射12个乡（镇），种植规模由20多株发展到2万多株。中共里耶镇委员会送上一面题为“悠悠酉水深千尺，不及民盟一片情”的锦旗。吉首大学副教授叶德书编写的《土家语拼音方案》，得到国内130多个语言专家肯定，被入选中国社会科学院《民族语言研究》一书。1994年，民盟盟员、保靖县夯沙乡挂职副乡长刘小刚，为该乡争取资金56.8万元，改善该乡义务教育学校基础设施，并解决355名失学儿童人均400元的扶贫助学金，受到中共湘西州委、州政府嘉奖。有关专家对叶德书副教授开展的“土家·汉双语双文接龙教学”试验班首轮成绩对比分析，均获成功，实验点被评为“湖南省民族语文工作先进单位”，叶德书被评为“湖南省落实民族语文政策先进个人”。

1997年，民盟州委组织全州盟员为保靖县夯沙乡吉新村捐图书300册，并赠送资金1000元。州农校高级教师潘学军与吉首市寨阳乡矮板村苗族青年杨永华结为“一帮一”扶贫对子，坚持5年送科技上门服务，使杨永华脱贫致富。

1998年，民盟州委组织盟员为永顺县重灾区捐款8693元，捐物638件。民盟州委组织农业科技、医疗专家为保靖县夯沙乡吉新村、水银乡马洛村，泸溪县小章乡大水坪村，凤凰县黄合乡湾田村、竿子坪乡鱼洞村，古丈县默戎镇开展科技下乡扶贫活动，培训村民4500人次，义诊1658人，免费赠送药物3000元。经民盟吉首大学总支委员会牵线搭桥，促成吉首大学为默戎镇文化站捐赠图书5000余册，副教授谷遇春每年为该镇赠订农村养殖、科技信息报刊，村民运用科技发展经济，每年人均增收5万多元。1999年，刘小刚担任永顺县副县长，分管教育工作，当年为该县农村学校建设，向上争取资金660万元，协商资金390万元，新修、改造中小学校80所，湘西州人民政府给他记三等功奖励。是年，民盟州委被民盟湖南省委授予“先进市（州）委员会”。

2000年，民盟州委组织医疗、农业科技专家为保靖县水银乡马洛村村民义诊300余人次，健康咨询200余人次，赠送药物和医疗器械990元，救助失学儿童15人，协调解决扶贫资金5万元。2006年，民盟州委与州科协联合举办“2006年培育新农民、建设新农村科技下乡活动周”，组织农业、医疗专家到花垣县长乐乡那光村开展扶贫，培训村民200余人次、义诊100余人次。民盟吉首大学总支委员会为吉首市河溪镇群众进行养鱼技术指导，养鱼户由19户发展到38户，养鱼年收入200万元。民盟州农校支部为古丈、保靖、吉首三县市举办种、养殖科技培训班，培训村民2000余人次。2007年，民盟州委组织农业科技专家为凤凰县山江镇早岗村开展农业科技扶贫，传授烤烟科学种植方法，与贫困户龙金刚结为帮扶对子，送去开发资金2000元。民盟医卫支部、州中医院支部开展医疗扶贫活动10余次，义诊3400人次，发放科普资料1000份，捐赠医疗设备2000多元。

2008年，吉首大学教授刘建本，副教授何则强、吴显明为湘西州矿业企业攻克电解锰技术难题，当年企业新增产值1500万元。2009年，民盟州委副主委、州科协主席刘小刚带领州科协开展系列科普服务活动，建立农村科普示范基地20个，科普站320个、科普图书室303个，邀请全国132个单位460名科技人员，培训农村劳动力3万余人次，州科协被评为全国科普先进单位。2010年，刘小刚担任州劳动和社会保障局局长，创建湘西州首个大学生创业孵化基地，组建首个创业专家服务团，推出《创业湘西》电视栏目。1989—2010年，全州有53名盟员获得各级奖励，61名盟员取得科研成果50项、国家专利20项，发表教育科研论文1000余篇，出版著作100余部。

第二章 工商业联合会

1988年2月，湘西州工商业联合会（简称州工商联）成立，是中国共产党领导的面向工商界，以非公有制企业和非公有制经济人士为主体的人民团体和商会组织，下设办公室（秘书处）、经济部，编制5名。1993年5月，加挂州总商会牌子，与州工商联实行“两块牌子，一套人马”。2006年5月，增设会员部。至2010年，州工商联（州总商会）有行政编制5名，工勤编制1名，实有7人。

第一节 会员代表大会

一、第一届会员代表大会

1988年8月10日，州工商联第一届会员代表大会在吉首召开，出席代表78人。麻富明作《高举社会主义和爱国主义旗帜，坚持改革开放的方针，为振兴湘西经济而努力奋斗》工作报告。大会选举产生州工商联第一届执行委员会委员33人，常务委员12人，正副主任委员5人。主任委员：麻富明（苗族）；副主任委员：胡德春（土家族）、廖瑞旭（兼职）、唐才甫（兼职）、张文贤（土家族）；秘书长：胡德春（土家族）。

二、第二届会员代表大会

1992年12月，州工商联第二届会员代表大会在吉首召开，出席代表148人。张文贤作《以“十四大”精神为指针切实把工商联工作推上新的台阶》工作报告。选举产生州工商联第二届执行委员会委员37人，常务委员18人，正副主任委员7人。主任委员：杨明察；副主任委员：张文贤（土家族）、吴求华（苗族）、杨建军（苗族）、曾立品（兼职）、唐才甫（兼职）、张键（土家族，兼职）；秘书长：吴求华（苗族，兼任）。

三、第三届会员代表大会

1997年5月，州工商联（总商会）第三届会员代表大会在吉首召开，出席代表163人。刘慧品作《再接再厉、负重前进努力开创新时期工商联工作新局面》工作报告。大会选举州工商联第三届执行委员会委员42人，常务委员23人，正副会长10人。会长：龙金碧（苗族）；副会长：龚耀楚（土家族）、刘慧品（苗族）、闵耀云、廖瑞旭（兼职）、江民新（兼职）、张昌政（兼职,）、彭顺文（兼职，土家族）、舒友耀（土家族，兼职）、杨世明（兼职）；秘书长：石正冲（苗族）。

四、第四届会员代表大会

2002年3月，州工商联（总商会）第四届会员代表大会在吉首召开，出席代表181人。龙金碧作《与时俱进、勇于创新、开创工商联工作新局面》工作报告。大会选举产生州工商联第四届执行委员会委员61人，常务委员18人，正副会长16人。会长：龙金碧（苗族）；副会长：龙建国（苗族）、刘慧品（苗族）、闵耀云、吴君升（苗族）、彭晖（苗族）、张国顺（土家族，兼职）、张远胜（土家族，兼职）、傅光明（土家族，兼职）、彭种棠（土家族，兼职）、张昌政（兼职）、金辉（兼职）、邓意明（兼职）、金孟贤（兼职,）、田儒斌（苗族，兼职）、孙世林（兼职）、舒友耀（土家族，兼职）、陈振锦（兼职）；秘书长：何健。

五、第五届会员代表大会

2007年3月，州工商联（总商会）第五届会员代表大会在吉首召开，出席代表200人。向清平作《把握机遇、真抓实干、为开创我州工商联工作新局面而努力奋斗》工作报告。大会选举产生州工商联（总商会）执行委员会委员81人，常务委员31人，正副会长17人。会长：向清平（土家族）；副会长：彭佳（土家族）、吴君升（苗族）、彭晖（苗族）、张昌政（兼职）、田儒斌（苗族，兼职）、金孟贤（兼职）、叶文智（兼职）、刘集贵（土家族，兼职）、许洁（兼职）、石邦松（苗族，兼职）、向春（土家族，兼职）、刘宝义（兼职）、李良发（兼职）、钟以品（土家族，兼职）、彭兵（土家族，兼职）、尹钦（土家族，兼职）；秘书长：何健。州总商会会长：向清平（土家族）；副会长：彭佳（土家族）、吴君升（苗族）、彭晖（苗族）、邓意明（兼职）、文婷（兼职）、左孝惠（土家族，兼职）、严德忠（苗族，兼职）、彭其祥（兼职）、廖海程（兼职）；秘书长：何健。

第二节　基层行业组织

1989年，州工商联加强州内工商联基层组织发展和管理，发展基层行业商（协）会。1993年5月，州总商会成立，选举产生会长、副会长及名誉会长。2003年，州工商联印发《关于尽快办理总商会注册登记的通知》，规定各县（市）工商联将总商会依法注册，进入依法管理程序，统一归口管理各类非公有制经济领域各类基层行业商会，成为全省首家获得行业商会管理授权单位。州燃气行业商会成立，分散经营液化燃气商户成为自律管理行业组织。2004年1月，吉首城区相继建立电脑、出租车、家纺和建材家居等11家行业商会。2007年，州策划行业商会成立，成为全国首家策划行业商会。此后，浙江温州商会等州内外埠行业商会相继建立，全州工商联会员增至1000余户。2009年，永顺、保靖等县根据水电站库区水利资源优势和渔业养殖户相对集中特点，支持帮助养殖渔户建立渔业养殖协会，初步实现库区渔业养殖规范化管理。9月，龙山县副食行业商会等行业商会成立。2010年11月，时为全州规模第一的外来商会组织，即湘西宝庆商会正式挂牌成立。12月，湘西矿业行业商会召开第一次会员代表大会，行业（协）会组织建设进入崭新发展时期。年末，全州会员5587人（个）。其中县级工商联组织8个，州直属商会1个，团体会员135个，企业会员1021个，基层分会56个，行业商会58个。规模企业会员达到全州注册私营规模企业数49%。

第三节　会员服务

1992年，州工商联成立法律服务室，聘请湖南四维律师事务所景阳律师为常年法律顾问。1996年5月，首批个体会员私营老板和私营企业分别被评为劳动模范和先进集体。1997年，州工商联落实省人事部门《关于非公有制经济企业人员评定专业技术资格（职称）由工商联牵头管理，并纳入当地人事（职改）统一组织的通知》精神，成立湘西州非公有制经济技术职称领导小组和湘西州非公有制经济技术职称评审专家委员会。1998年起，州工商联每年选派吉首市部分骨干会员企业老板或高层管理人员，参加中央党校等高等学府民营经济理论高级研讨培训班学习，选派州内会员民营星级宾馆总经理参加中央统战部和香港培华教育基金会在广州、香港举办的全国少数民族宾馆总经理培训班。

2002年，州非公有制经济法律维权中心成立，聘请湖南新世纪律师事务所主任律师魏奇迹为常年法律顾问，并担任州非公有制经济法律维权中心常务主任。是年，《湘西工商联》简报改版，增设市场行情、企业动态、会员风采和会员文苑等栏目。与团州委、州总工会、州妇联、州质监局等部门表彰推介全州非公有制经济诚实守信服务和优质产品企业及会员。州内优秀民营会员企业家和企业分别获湖南省首届十大杰出青年民营企业家称号、全省十大光彩人物、全省质量信得过单位、湖南省优秀青年企业家、全省员工信得过企业、全省关爱员工优秀民营企业家和湖南省中国特色社会主义优秀建设者等荣誉称号。

2003 年，成立数家民营企业贷款担保公司，为中小会员企业担保贷款近 2 亿元。翌年，全州 564 名老会员工商业者生活困难补助等遗留问题，所需资金由政府列入财政预算，困难问题得到解决。2006 年，开通湘西州工商联网站，成为拓宽会员沟通、交流渠道和了解会员思想动态信息通道。年末，州工商联累计组织百余家会员民营企事业单位 1500 名专业技术人员参加专业技术职称考试，有 1350 人经资格审查和专家评审，获 4 个系列 10 余个专业的初、中、高级技术职称。翌年初，州工商联与州农业发展银行、州农业银行、州农村信用社联合印发《关于合作支持“万企联村、共同发展”活动意见》，为会员民营企业上项目提供资金保障。此外，还推荐湖南老爹公司等 6 家州内会员企业为上市融资民营企业，推荐和鼓励企业参加金融资产处置推介会。2008 年，湘西州非法集资事件发生后，一些合法投资商、建筑商和经营户合法权益亦受到不同程度侵害。州工商联在调查研究、掌握真实情况基础上，向州委、州政府及相关部门反映汇报，保护其合法权益。2010 年 5 月，与中国银行湘西分行联合召开银企合作座谈会，共同探讨化解中小会员企业贷款难题，搭建银企互动平台，为个私会员企业及商户提供短期周转资金 5000 万元。11 月，与州工商银行在吉首联合举行银企融资签约仪式，10 家会员企业与州工商银行现场签约 2.3 亿元贷款协议。

1989—2010 年，全州各级工商联组织各类学习 1.5 万人次，有 1800 名非公有制会员经济代表人士在县以上各类评先表彰活动中受到表彰和奖励，有 25 人当选省工商联执委，10 人担任省工商联常委，3 人进入全国工商联执委；有 138 名非公有制经济代表人士被安排为省、州人大代表和政协委员；协调、协商妥善处理和解决非公有制经济侵权案件 375 件，直接挽回经济损失 1250 万元；先后与香港观塘工商业联合会、香港海内外华商联合会、上海市松江区和黄浦区工商联以及湖北宜昌工商联等 32 家商会正式签约为友好商会，达成长期合作交流、互通信息，促成两地数十家企业达成多项投资协议；与州协作办、州商务局及政府有关职能部门承办和参加 6 次大型招商引资活动，全州会员企业引资 19.6 亿元，项目 92 个，协助签约项目 47 个，签约资金 29.2 亿元；非公有制经济完成增加值 226 亿元，占全州国内生产总值 76.67%；全州私营企业 4954 户，注册资本 98.13 亿元；个体工商户 44078 户，注册资本 23.88 亿元；全州私营企业安置就业人数占在州就业的 85%；非公有制经济实际完成税收 20.57 亿元，占全州税收 63.8%。

第四节　光彩事业

1994 年，州工商联响应全国知名企业家刘永好“让我们投身到扶贫的光彩事业中来”倡议，成立湘西州光彩事业推动委员会，以光彩事业为载体，将招工扶贫、扶贫助学社会公益事业有机结合，推动工商联工作。全国人大常委会副委员长王光英为湘西州光彩事业题词“推动光彩事业，促进共同发展”，并亲笔提写“湘西土家族苗族自治州工商业联合会”。

2002 年，州、县（市）工商联配合省内企业家援建湘西州乡镇卫生院行动，开展援建卫生院选点定点工作。翌年，与州劳动和社会保障局一道，利用大型就业再就业招聘大会、与大中型民营企业鉴定招工合同等形式开展招工扶贫。2004 年，光彩事业发起十周年之际，举办湘西州光彩事业十周年晚会和光彩事业十年成就图片展，同时举行光彩事业高层电视访谈活动。2006年年初，22名民营企业家向全州非公有制经济人士发出参与社会主义新农村建设、回馈社会倡议，得到全州非公有制经济人士响应。与州劳动和社会保障局、州扶贫开发办公室、州总工会、州妇联、团州委、州贸促会等7个单位联合印发《关于“十万招工扶贫光彩大行动”的通知》，制订“十万招工扶贫光彩大行动”工作计划。2002—2006年，州工商联参与组织县以上就业招聘会128场，应聘人员5万人；动员300家企业会员和民营企业家参加各类就业招聘会，安置农村劳动力转移就业10万人次，安置城镇下岗职工2万人次。此外还配合扶贫开发办公室、劳动和社会保障等部门，对缺乏一技之长农村劳动力开展技能培训。

2007年，州工商联结合新农村建设，开展万企联村，共同发展活动。近百家非公有制企业深入51个乡（镇）100余个村开展调查研究、项目对接。至6月，州内10家企业和省内10余家企业签署援建协议，到位物资和资金220万元。9月，首批47名家庭贫困学生进入湘西职院参加专业技术培训。至2010年，全州民营企业家为社会公益事业和扶贫助学捐资1.5亿元，设立助学教育基金1000万元。组织全州民营企业家参加社会主义新农村建设研讨会、倡议会、签字仪式、示范点启动仪式等各类活动17次，直接参与新农村建设非公有制企业143家，建立示范村46个，开发农业项目25个，项目涉及87个村，投入资金3554.9万元。接待联合国扶贫官员和境内外民营企业家及各界人士300人次，洽谈到位资金5.6亿元，实施光彩项目80个，其中，州内有湘西猕猴桃产业化项目、吉首雅溪民营经济小区项目和花垣县薯业项目等8个项目进入全国光彩事业重点项目。

第三章　工会组织

1989年，州总工会内设办公室、组织宣传部、生产生活部、民主管理部、财务部、女工部，编制12名。下设工人文化宫。1990年，增设职工技协办公室，成立州总工会女职工委员会。1991年7月，增设实业部，系自收自支事业单位。1995年5月，增设州直工作部；12月，州总工会纪检组成立。1996年8月，撤销州直工作部，将生产生活部与民主管理部调整为生产保护部与民主管理社会保障部。1997年3月，职工技协办调整为内设职能科室。机关编制15名，其中工勤编2名。2002年，机构改革，州总工会内设办公室、组织宣传部、生产保护部、民主管理法律保障部、财务部、女工部、职工技协办公室；下设实业部和工人文化宫。公务员编制12名，工勤编制2名，自收自支事业编制5名，差额拨款事业编制14名。2010年，州总工会内设科室未变，增设下设机构州困难职工帮扶中心，增加全额拨款事业编制2名。

1989—2010年，州总工会历任主席：王德福、尹桂生、彭善富、谢茂璜、张建文、孙剑霖、曹普华；党组书记：王德福、尹桂生、彭善富、谢茂璜、吴兴花、张启茂；副主席、党组成员：程华星、龚瑞珍、瞿新华、石玉、黄汉波、谢茂璜、麻纪元、鲍忠银、王小兰、吴兴花、陈生明、毛家、张启茂、邓永坚。

第一节　工会代表大会

一、第六次会员代表大会

1987年7月28日，州工会第六次会员代表大会在吉首召开。出席代表223人、特邀代表25人、列席代表18人。王德福作《团结奋斗，开拓进取，把我州工人运动和工会工作推向新阶段》工作报告。大会选举产生州总工会第六届委员会委员47人，王德福当选为主席，彭善富、龚瑞珍当选为副主席。1990年3月，王德福任党组书记，尹桂生任主席。

二、第七次会员代表大会

1992年7月26日，州工会第七次会员代表大会在吉首召开。出席代表201人。尹桂生代表州总工会第六届委员会向大会作工作报告。大会选举产生州总工会第七届委员会，委员25人。尹桂生当选为主席，彭善富、龚瑞珍、瞿新华当选为副主席。1995年7月，尹桂生调离，彭善富任主席。1996年2月，补选石玉为副主席。

三、第八次会员代表大会

1997年8月28日，州工会第八次会员代表大会在吉首召开。出席代表225人，列席代表8人。谢茂璜代表州总工会第七届委员会向大会作工作报告。大会选举产生州总工会第八届委员会委员35人。谢茂璜当选为主席，石玉、黄汉波、麻纪元当选为副主席。

四、第九次会员代表大会

2002年11月5日，州工会第九次会员代表大会在吉首召开。出席代表223人，特邀代表25人，列席代表18人。谢茂璜作《坚持以"三个代表"重要思想为指导，与时俱进，开创全州工会工作新局面》工作报告。大会选举产生州总工会第九届委员会委员37人。张建文当选为主席，谢茂璜、麻纪元、鲍忠银当选为副主席。2004年7月，张建文调离，10月补选孙剑霖为主席。2004年10月，麻纪元不再担任副主席职务；2005年5月，谢茂璜不再担任副主席职务。8月补选吴兴花、王小兰为副主席；2007年2月，补选毛家为副主席。

五、第十次会员代表大会

2007年10月30日，州工会第十次代表大会在吉首召开。出席代表274人，特邀代表8人，列席代表26人。吴兴花作《高举中国特色社会主义伟大旗帜，团结奋斗，开拓进取，全面开创我州工运事业新局面》工作报告。大会选举产生州总工会第十届委员会委员37人。孙剑霖当选为主席，吴兴花、王小兰、毛家、陈生明当选为副主席。2009年7月，王小兰、吴兴花调离。2010年1月，孙剑霖调离；3月补选曹普华为主席，张启茂、邓永坚为副主席。7月，毛家调离。

第二节　职工教育

1990年，州总工会在全国职工法律知识竞赛中被全国总工会授予组织奖。个人获全国总工会奖励者47人，获省总工会奖励者44人。4月，全州职工学雷锋先进个人表彰暨学雷锋演讲比赛大会在吉首召开，表彰全州职工学雷锋先进个人。1992年，全州各级工会开展职工读书自学成才活动，组织近5万名职工参加政治理论、法律知识和岗位技能培训，全州获省总工会"自学成才"表彰职工21人。1995年1月，组织职工学习《中华人民共和国劳动法》。1997年5月，州总工会开展吉首纺织厂、吉首市内衣厂下岗职工再就业问题调查，教育下岗职工转变就业观念，克服"等、靠、要"思想，激励其下岗不丧志、失业创新业，组织下岗职工参加就业培训，转岗就业。2000年3月，州总工会在龙山县召开下岗女职工再就业座谈会，推动全州下岗女职工再就业工作。2001年，全州成立再就业服务中心118个，帮助2万余名下岗职工重新获得工作机会。洛塔煤矿工会组织下岗职工兴办养殖场，开发黄姜种植基地，建立"露天车间"，实行第二次创业，走出一条"上山""下海""进硐"多管齐下的再就业之路，使80%下岗职工重新就业。1997—2002年，州总工会印发《中华人民共和国工会法》5万余册，供全州职工学习。

2004年5月，开展安全生产宣传月教育，各县（市）总工会通过发放资料、现场咨询、宣传橱窗、新报道等各种形式，宣传有关安全生产政策法规。2003—2007年，州、县（市）总工会举办各类培训班50期，培训工会干部4000人，并输送200人参加省总工会培训。2009年7月，《湘西工人运动简史》由湖南人民出版社出版发行。2010年，州总工会创建5所女职工培训示范学校，开设女职工素质教育大讲堂，建立职工书屋14个。

第三节　职工民主管理

1990年3月，州委、州政府召开大会，表彰全州企业目标管理扭亏增盈先进单位和职工先进模范。其中有赵继成等劳动模范19人，杜正娥等先进生产者79人。1991年4月，州总工会组织职工参与以百万职工创新兴湘为主题的劳动竞赛及合理化建议活动，全州有777个单位6.33万人参与合理化建议活动，提建议13.98万件，采纳7.16万件，实施5万件，增利4261万元。1992年9月，州职工技术创新成果在全省职工技协合理化建议成果展览会上展出，有7项成果分别获1金、2银、4铜奖牌。1994年7月，全州工会开展扭亏增盈活动会议，要求各级工会为工业企业扭亏增盈做实实在在的工作，并以永顺等县为示范点，帮助县总工会总结扭亏增盈工作经验，召开现场经验交流会向全州推广。在省总工会扭亏增盈工作会和全国总工会与国家经贸委召开的全国扭亏增盈电话会上，州总工会作经验介绍，并被《工人日报》等报刊转载。1996年，下发《关于组织评选表彰1996年度模范职工之家和模范职工小家的通知》，推动全面建设先进职工之家和模范职工小家活动。全州创建全国模范职工之家1个、省模范职工之家7个、模范职工小家6个、州模范职工之家39个。

1998年4月，州总工会引进岳阳造纸厂工会和洪江造纸厂工会工程技术人员上门指导，帮助凤凰县建成年产千吨书写纸生产线，年产值500万元，创税利40万元。1999年10月，全省职工技术发明成果评选活动中，湘泉集团有限公司“名优酒多层泥发酵新工艺”，凤凰县广播电视局“混合型广播电视共缆传输系统”，获湖南省职工发明革新优秀成果奖。2000年10月，州总工会技协办公室联系山东省总工会技协办与山东省硅酸研究院，实施跨省扶贫项目——湘泉集团保靖陶瓷公司年产27万件镁质强化瓷生产线，填补湖南省该领域技术空白。2006年4月，开展民营企业“双评双爱”活动，即评爱企业优秀员工、评爱员工优秀经理的企业爱员工员工爱企业活动。评选出省、州两级“双爱双评”先进员工和业主18人。召开全州劳模表彰大会，表彰10个“五一劳动奖”单位和李绍前等40名劳动模范。

2010年，全州工会组织以“工人先锋号”创建活动为载体，开展推进富民强州、争当“五一”先锋劳动竞赛活动。推荐表彰全国工人先锋号2个、“五一劳动奖章”3个，省工人先锋号4个，表彰湘西州工人先锋集体3个，工人先锋号10个，“五一”先锋8个。组织全州职工参加全省环保杯职业技能大赛，获组织奖。组织参加全国职工技术创新大赛，三立集团龙党生、徐红喜等人的镉提取冶炼技术获得全国第三届职工技术发明创新奖。引导职工提合理化建议3万条，开展技术革新500项，开展发明创造260项，创经济效益1000万元。1989—2010年，州总工会累计推荐彭继福等16名全国劳模和93名省部级劳模。

第四节　维护职工权益

1989年，全州建立249个厂矿企业单位工会劳动保护监督检查委员会、267个车间工会劳动保护监督检查委员会，聘请劳动保护检查员2026人，专职劳保干部88人。1990年3月，州总工会印发《关于开展妇科病普查普治的通知》，要求各级工会维护女职工特殊利益。6月，州境遭受洪涝灾害，全州各级工会组织200个职工慰问组，慰问受灾企业，捐款捐物100万元。1991年4月，州总工会下发州政府办批复的《关于解决省部级以上职工劳模家属子女农转非指标问题的请示》，解决17名劳模家属子女“农转非”39人。1992年起，开展“进万家门、知万家情、解万家难、暖万家心”送温暖和“双联”帮扶、扶贫助学、金秋助学、困难劳模与困难女职工帮扶、女职工平安团体防癌保险等工作。1995年，总结推广泸溪县总工会率先在全州建立首家困难职工互助互济会的经验。1999年，贯彻中共中央政治局常委胡锦涛关于维护农民工权益重要批示精神，开展农民工权益维护现状、农民工劳动安全卫生状况专题调研，组织下岗职工和农民工技能培训923期1.46万人次，签订集体合同856份，走访慰问4.66万人次，发放慰问金和物资折价8139万元，配合劳动部门解决拖欠6.09万名农民工工资2002.3万元。协调组织全州女职工参加女职工特殊疾病保险16万人次，实施理赔44起，理赔金额55万元。

2003年10月，州困难职工帮扶中心成立。2005年10月起，工会经费实行税务代收。是年，组建凤凰县进城务工人员工会联合会，为全省第一个农民工工会组织。2006年6月，开展农民工入会维权宣传月，编印《农民工维权知识手册》，印发致农民工和民营业主一封信，编发农民工入会维权专题简报，办黑板报；利用墟场、集会演出文艺节目等形式开展宣传。2007年，州总工会党组协助州政府起草并下发《关于做好维护农民工合法权益工作的意见》；6月，省总工会在凤凰召开全省工会维护农民工合法权益现场经验交流会，推广凤凰县工会开辟维护农民工合法权益“五条绿色通道”经验。中共中央政治局委员、全国人大常委会副委员长、全国总工会主席王兆国肯定“湖南经验”。2008年，全州落实帮扶困难职工资金2686.43万元，提供就业岗位816个，实施帮扶项目1198个，帮扶特困职工2496户。

2010年，州总工会以中小非公企业为重点，开展“工资集体协商攻坚年”活动。全州签订集体合同426份，覆盖企业398家、职工4.5万人。建立州大龙洞电站等20个工资集体协商示范企业和示范行业，培训50名工资集体协商指导员，完成工资集体协商3年行动计划第一阶段工作任务。会同劳动、公安、建设等部门，组织133人检查405户企业劳动合同签订、农民工工资支付情况，查出拖欠工资企业38户、金额887万元，责令补发工资678万元。参与凤凰县金矿业碳沥青“3·21”冒顶事故、花垣县峰云矿业“4·10”溢坝事故、花垣排吾乡“7·20”较大事故和凤凰县禾库镇新湾村张老生非法采石场“10·29”坍塌事故调查处理工作，维护职工劳动安全权益。开展女职工特殊疾病保险工作，为困难女职工捐赠保险金3万元，全年投保额59万元，参保人数2.31万人，为18名患病女职工办理理赔金额37万元。全州826个机关单位3265名干部联系困难企业281家、社区184个，帮扶困难职工3265人，为困难职工子女捐资助学200万元。筹集资金728万元，走访慰问困难职工和困难劳模家庭827户。筹资40万元，帮扶困难职工和困难农民工家庭大学生100人。

第四章　共青团组织

1989年，共青团湘西州委（简称团州委）内设办公室、组宣部、青工青农部、学少部、州直属机关团委，有干部职工11人。1991年，设立共青团湘西州直属机关工作委员会，隶属州直属机关工委领导。1995年6月，州民族青少年发展基金会成立，为正科级全额拨款事业单位，核定事业编制3名，隶属团州委领导。是年，团州委核定编制8名。2002年，增设权益部，编制未变。2003年，增设州希望工程监察委员会办公室，为正科级事业机构，核定自收自支编制3名，隶属团州委领导。2010年，增加事业编制1名，实有9人。下属单位：州民族青少年发展基金会，增编1名；州民族青少年宫，为团州委下属全额拨款事业单位，编制15名；其中事业编制14名，工勤编制1名。

1989—2010年，团州委历任书记：杨明发、田福德、徐克勤、石玉、欧阳旭、郭建群、吴凌频、杨彦芳、陈海波。

第一节　共青团代表大会

一、共青团州第十次代表大会

1986年11月至1990年8月，杨明发任团州委书记，田福德任副书记。1990年10月21日至

10月24日，共青团湘西州第十次代表大会在吉首召开，到会代表350人。大会听取并审议通过杨明发代表共青团第九届委员会所作《奋发进取苦干实干为我州政治经济和社会的进一步稳定发展贡献青春力量》工作报告，选举产生共青团湘西州第十届委员会委员30人，候补委员6人。团州委十届一次全会上，田福德当选为书记，马军、石玉、滕建新、徐克勤当选为副书记。1994年5月，田福德、马军调离，徐克勤接任书记。1995年6月徐克勤调离，石玉任书记，滕建新、彭佳任副书记。1996年1月，石玉调离，欧阳旭任书记，彭佳、郭建群、石红任副书记。

二、共青团州第十一次代表大会

1996年4月1—4日，共青团湘西州第十一次代表大会在吉首召开，到会代表400人。大会听取并审议通过欧阳旭代表共青团第十届委员会所作《团结带领全州各族团员青年为实现我州跨世纪宏伟目标努力奋斗》工作报告，选举产生共青团湘西州第十一届委员会委员35人，候补委员4人。在团州委十一届一次全会上，欧阳旭当选为书记，彭佳、郭建群、石红为副书记。

三、共青团州第十二次代表大会

2001年4月25—28日，共青团湘西州第十二次代表大会在吉首召开，到会代表382人。大会听取并审议通过郭建群代表共青团第十一届委员会所作《把握机遇谋求发展努力开创我州共青团工作新局面》工作报告，选举产生共青团湘西州第十二届委员会委员35人，候补委员4人。在团州委十二届一次全会上，郭建群当选为书记，向恒林、张文英为副书记。2002年12月郭建群调离，吴凌频接任书记。2005年6月，吴凌频、向恒林、张文英调离，杨彦芳接任书记，石建军、陈海波、石利民任副书记。

四、共青团州第十三次代表大会

2006年4月26—29日，共青团湘西州第十三次代表大会在吉首召开，到会代表382人。大会听取并审议通过杨彦芳代表共青团第十二届委员会所作《全面贯彻落实科学发展观团结带领全州广大团员青年在实施“十一五”规划的伟大实践中建功立业》工作报告，选举产生共青团湘西州第十三届委员会委员35人，候补委员4人。团州委十三届一次全会选举产生团州委常委11人，杨彦芳当选为书记，石建军、陈海波、石利民为副书记。

第二节　青年志愿者行动

1989年，团州委在泸溪县八什坪乡营建133公顷青年林。全州团员青年参加植树造林28万人次，造林面积560公顷，绿化公路1800公里。全州230个团委、2437个村团支部27万名团员青年，自愿集体上山造林3152公顷，其中团州委、团县（市）委工程造林493公顷，157个乡（镇）团委工程造林1973公顷，1075个村团支部组织团员青年基地造林686公顷。团员青年利用荒山发展庭院林果业1393公顷。80个乡（镇）团委与部门联合造林1780公顷。1993年2月，团州委与州绿化委、公路总段等部门联合开展公路绿化活动，全州公路沿线10万青年参与公路绿化签名和会战，义务植树40万株。7月，湘西州遭遇洪水灾害，全州成立2100支青年抗洪救灾突击队、抢险队、治安队和自救队，团员青年捐款、捐物（折价）30万元。吉首城区设置5个募捐点，团州委机关带头捐款1175元，捐衣物450件，大米250公斤。1995年5月，州境永顺、泸溪、保靖、龙山等县山洪暴发。团州委组建1000余支青年志愿者抗灾救灾抢险队、维护社会治安行动队、重灾户解难队和重建家园突击队，开展“亲帮亲、邻帮邻、团员青年帮灾民”活动，州直和吉首市团委募集救灾款2万余元、衣物10万余件。州青基会发送到永顺、保靖两县重灾学校调拨资金30万元。

1997年，湘西州青年志愿者协会成立，花垣、泸溪、龙山三县相继成立青年志愿者服务中心，300多个基层团组织组建志愿者服务队1000余支，形成青年志愿者服务网络，数万名青年志愿者在全州城镇开展清扫街道、清洗栏杆、清除非法张贴物，维护交通秩序等活动。同时推进一助一结对服务计划，州商业集团团委和吉首市太平乡深坳村13户贫困户攀亲结友，捐资6500元；州直团工委与州劳教所结对，开展“众心化一心，帮教育新人”活动。

2000年，团州委组织以保护母亲河，建设生态州为主题义务植树周活动，州直10所大中专学校2000余名青年志愿者上山植树造林，同时建立州直青年义务植树造林基地。2002年，团州委印发《关于开展“争做绿色文明使者”活动的通知》，组织吉首市城区大学、中专、中学和市直单位团员青年1500人，以争做绿色文明使者、树立湘西青年形象为主题，种植青少年道德纪念树，建立绿色承诺青少年教育基地。全州近20万青年参与此项活动，建立青年绿色基地60个、希望工程纪念林9处，造林1200公顷。2005年，州西部开发协调领导小组出台大学生志愿者参加国家公务员录用笔试加分优惠政策，鼓励志愿者就业和创业。2008年3月，联合州绿化委、州林业局开展迎绿色奥运，建生态湘西植树护绿活动，参加活动志愿者1300余人，绿化荒山1公顷。四川汶川发生地震后，团州委与州书法家协会、州美术家协会在吉首开展书画义卖活动，筹集善款8万元，全州各级团组织募得善款160万元，州青基会给地震灾区援建1所希望小学。2010年，集中开展10次志愿服务活动，动员1万余名志愿者开展巡查防守、义务诊疗、心理援助等服务，参与灾民生活安置工作，帮助因灾辍学学生重返校园。

第三节 青年文明号创建活动

1994年，团州委开展“共青工程”与“青年文明号”并轨工作，并在全州城镇窗口行业确定100个争创单位。“五四”青年节期间，保靖县复兴共青团文明示范税务所、湘西州人民医院内二科共青团优质服务窗口、州邮电局共青团优质服务座席3个争创单位被团省委授予全省首批青年文明号称号。1996年，州青年文明号创建活动领导小组成立，制定具体实施方案，以推行服务卡为突破口，将青年文明号纳入部门、行业目标管理，公开向社会作出服务承诺。全州有13个系统476个单位参加创建活动，青年文明号授牌单位63个，其中省命名授牌10个，州命名授牌53个。1997年，全州15个行业730名青年创建青年文明号活动，该项活动覆盖州内所有窗口单位。全州135个单位获“青年文明号”称号，其中8个单位获省级“青年文明号”。有47人获“青年岗位能手”称号。湘运吉首客运公司司机石三春获“全国青年岗位能手”称号。1998年，配合州委创建文明行业、文明机关活动。全年评选州、县（市）级青年文明号32个，青年岗位能手40人。湘酒鬼有限公司酒鬼二车间被中共中央文明办授予“全国生产文明线”称号。1999年，州地税局直属分局获国家级“青年文明号”。

2000年，团州委制定《青年文明号管理办法》，对创建活动宗旨和评选标准、申报及评选办法、考核管理作出明确规定，加强活动规范化指导和管理。同时按照“谁命名谁管理”原则，通过公布服务标准、措施和监督电话，及时接受社会监督。对失去先进性的青年文明号限期整改，经过整改仍不达条件的，则予以摘牌或在新闻媒体宣传专栏曝光。2001年，全州不审批授牌新的“青年文明号”创建单位，重点强化管理授牌的“青年文明号”。是年，全州检查、验收国家级、省级、州级青年文明号近百个，同时开展青年文明号结对帮扶下岗困难职工58户。2004年，培训全州青年文明号创建单位负责人60人，推动创建活动可持续发展。2008年，按照《湘西州青年文明号管理条例》，对青年文明号实行流动管理。是年，团州委获全省青年文明号活动优秀组织奖，龙山县会计核算中心获国家级“青年文明号”荣誉称号。2010年，龙山县地税第五分局、永顺县国税办税服务厅等11个青年集体被评为省级“青年文明号”，陈智等5名青年被评为省级“青年岗位能手”。

第四节 实施希望工程

1990年，州民族青少年发展基金会成立，争取社会各界对希望工程支持和救助，至1992年6

月，累计筹集资金172.98万元，为高中、初中、小学贫困生每年提供800元、120元、60元学费，救助贫困大学生1人、中学生15人、小学生4869人，直至其完成学业。1993年5月26日，由上海贝尔公司捐赠48万元，湖南省第一所苗族希望小学——凤凰县腊尔山希望小学动工建设。是年10月，全州希望工程暨爱心券发行会议在吉首市花果山庄举行，州、县（市）有关负责人及全州八县市团委书记及州直部分单位团委负责人共40人与会。同时举行州直团组织结对救助失学学生捐款仪式和10万元救助金发行仪式。州委、州政府负责人带头购买爱心券，各县市党政领导、团委书记和州直团委书记亦解囊购买。是年，团州委被团省委评为全省共青团工作先进单位，授予全省希望工程单项奖。州民族青少年发展基金会被中国青少年发展基金会授予全国首届希望工程建设奖。1994年1月6日，凤凰县腊尔山希望小学竣工落成；4月16日，全国第一所土家族希望小学在龙山县长潭乡举行奠基仪式，投资近百万元。

1995年，湖南省直单位为湘西州捐建希望小学105所，援助资金1875万元。上海贝尔电话公司资助223.8万元，香港苗圃行动团为保靖县援建小学改善办学条件10所。9月11日，在吉首市吉首乡振武营希望小学举行全州百所希望小学落成庆典。中共中央政治局常委、全国政协主席李瑞环和省委书记王茂林出席庆典仪式，中央有关部委和省、州相关领导及捐资单位代表参加庆典活动，共青团中央第一书记李克强发来贺电。李瑞环及夫人为湘西州希望工程捐款4000元。1996年，湘西州从省内外引进青少年发展基金1079.33万元，新建希望小学61所。1997年，州希望工程转拨550万元救助金，建设希望小学208所，建希望书库158个，5万余名失学儿童重返校园。上海浦东经贸局资助10万元，建设永顺县灵溪镇咱竹村希望小学。

2000年，团州委印发《关于进一步加强希望工程管理的意见》，州、县（市）团委组织在广东、福建两省开辟新的筹资点，筹集建校资金512. 57万元，捐建希望小学22所，新增受助学生3364人；筹资29万元，为58个希望学校配赠湖南希望书库。以90个边远特贫村为重点，筹资810万元，建校15所，改善办学条件35所，救助贫困儿童2850人。香港苗圃行动团捐款160万元，捐赠书库44个。2002年5月，组织湘西希望工程实施十周年巡礼暨湖南省新一轮助学行动启动仪式，来自广东、上海、香港捐资方及中央、省级新闻单位代表参加活动，现场捐赠220万元。8月，可口可乐（中国）有限公司湘西希望之星考察团选送16名优秀贫困学生赴江西省就读全国希望之星班，并在州民中设立首届希望之星班。9月，由上海弘扬房地产开发公司捐赠36万元，保送50名贫困初中生进入州民族中学希望之星班。是年，筹资600余万元，兴建希望小学12所，改善办学条件21所，救助贫困儿童2万余人次。实施托普计算机教室建设项目和希望工程远程教育计划，全年到位资金500万元，新添置计算机1500台。州民族青少年发展基金会被中国青基会授予全国希望工程攻坚奖。2003年，团州委直接引资150万元。上海青基会捐款20万元，援建古丈县4所希望小学。香港苗圃行动捐款74.6万元，救助花垣、保靖两县贫困学生6000人。香港智行教育促进会捐款30万元在凤凰、古丈两县援建希望小学。翌年，团州委组织湘西州希望工程回访团赴上海走访10余家单位及个人，引资140万元。是年，全州筹资630万元，其中投入建校400万元，援建21所希望小学，改善办学条件42所；发放救助金150万元，救助贫困学生1.1万人。

2005年，团州委牵线搭桥，古丈团县委与湖南电视台、《潇湘晨报》、湖南交通广播电台、边城爱心网等媒体联合开展“关注湘西、帮学助学”爱心救助活动，1000名学生受益。同时探索希望工程扶贫助学新模式，在古丈县坪坝乡开展低年级寄宿制试点工作。2007年，筹资重点向法人机构倾斜，构建捐方网络，培植持久稳定募捐途径和社会资源，全年实现社会筹资400万元，其中州直单位筹资200万元，援建希望小学8所，救助贫困学生3000人次。2009年，引进湖南交通银行、长沙华雅集团等单位资助项目，救助贫困学生2000人次。9月，联合州直工委在州直党、团组织中发起为吉首大学身患晚期尿毒症贫困学子贾光学捐款倡议，为其募捐医疗款34万元。2010年，全州实现社会筹资358万元，援（改）建希望小学3所，资助大中小学贫困学生2000人。

第五节　少年先锋队

1989年，全州各级团组织发扬以团带队传统，加强少年先锋队（简称少先队）工作，组织小学生观看革命影片，开展爱国储蓄活动、红领巾读书读报活动和为人民服务活动。1993年，全州48所中学创办业余团校，培训1100名少先队辅导员。1994年，发展新队员4万多人，推荐优秀少先队员入团2000余人。永顺一中把开展少先队"五心"（忠心献给祖国、热心献给社会、孝心献给父母、爱心献给老师、诚心献给朋友）教育作为新形势下学生德育工作的新途径，原中共中央顾问委员会委员、中央纪律检查委员会原书记(时设第一书记）李昌称之为"令人振奋和欣慰的年轻人的首创"，并推荐给《光明日报》。省委书记王茂林4月5日批示"五心"教育"是对青少年进行精神文明教育的一种很好形式，是培养'四有'新人一种新的行为方式。"团州委、州委宣传部、州教委联合总结推广永顺一中团委开展青少年"五心"教育的经验。保靖民族中学成立少先队五心社和家长协会，古丈一中形成学校、家庭、社会少先队"五心"教育立体网络。1995年，团州委抓住纪念反法西斯战争胜利50周年和"一二·九"运动60周年有利时机，在全州大中小学校普遍开展"四百"（唱百首爱国歌曲、看百部爱国影片、读百本爱国书籍、写百篇爱国读书日记）活动，同时与州关协、州教委、州文化局等单位联合举办全州青少年纪念抗日战争胜利50周年征文竞赛活动，通过国粹、国耻、国情、国策、国格、国魂教育，强化广大青少年的民族意识、民族感情和民族精神。"六一"期间表彰100名州雏鹰好少年。

1996年，团州委实施《中华人民共和国未成年人保护法》，组建救助工作领导小组，制定救助方案。1997年，调整州未成年人保护委组成人员，成立县市未保组织。开展保护未成年人消费品监督检查联合行动，聘请20名市场特邀监察员，查获非法书刊2670册、色情书刊（录像带、磁带、VCD）2322册（盒），捣毁制假窝点4个。1998年，以跨世纪雏鹰行动为载体，组织参加全省少年综艺大赛，团州委被评为全省优秀单位。开展红领巾助残活动，组织吉首民师附小雏鹰假日小队与州残疾人学校83名学生结成"1+1"助残对子，重点推荐少儿优秀典型，选拔20名优秀少先队员参加湖南省第三届未成年人军事夏令营活动，推荐土家族优秀少先队员彭楠、张清阳入选中华66名民族少年参加全国表彰。吉首民族师范学校附属小学教师兼校大队辅导员石利群、永顺县灵溪镇第二小学学生龚朕分别被授予全省"十佳辅导员"和"十佳少先队员"称号。2000年6月，州未成年人保护委员会在全州范围内开展《预防未成年人犯罪法》《未成年人保护法》和《实施办法》执法大检查。成立帮教小组108个，吉首市所有中小学均聘请法制副校长，培训法制教育2000人。

2001年，团州委围绕《公民道德建设实施纲要》开展青少年思想道德建设活动，组织40名青少年代表赴广西百色参加"传革命圣火，为党旗增辉"——湘桂青少年革命圣地"七一"互访活动。2002年4月，州小背篓少儿艺术团成立，下设声乐、器乐等22个培训班，少儿学员逾1000人。7月7—25日，组织全州8个县（市）优秀少先队员、优秀团员及优秀学生干部507人，开展首届山里孩子首都行夏令营活动。10月，9名参加城市少年儿童和进城务工农民的少年儿童手拉手示范活动，在长沙家庭爱心护送下全部安全返回吉首。开展"致2008年北京奥运会的一封信"书信写作大赛，全州近10万中小学生踊跃参与。是年，州民族青少年宫被文化部、共青团中央评为全国先进青少年宫。

2005年5月，团州委在州民族青少年宫主办庆"五四"大型青少年儿童游园活动，参加人数3

万人次。2008年，州少工委联合教育部门印发《湘西州少先队辅导员管理办法》，对少先队辅导员的权利义务、工作职责等作出明确规定。5月，联合州文明办、州教育局在吉首市民族实验小学启动全州做一个有道德的人青少年主题实践活动。年底，与教育部门一道开展全州十佳自强少年、十佳少先队员、十佳少先队辅导员、十佳支持少先队工作校长等年度评选活动。2009年国庆前夕，开展升国旗唱国歌爱祖国湘西10万青少年庆祝新中国成立60周年签名祝福活动，在中央电视台科教频道播出。2010年，开展争当四好少年和少先队感恩教育湘西行教育专家进校园活动，在吉首市民族实验学校举行第一场专家讲座，全州少先队组织开展“一瓶水，一份情”支援西南旱灾特别行动和玉树赈灾募捐活动，募集特殊团队费28.2万元，县市募捐71.6万元。同时开展红领巾手拉手、“大手拉小手”、青年文明号一助一救助、“代管家长”和留守儿童假期爱心学校、快乐过“六一”、山里孩子看世博等爱心帮扶活动，建立留守儿童亲情视频室；省直青联善心点亮希望助孤活动，直接帮扶湘西州泸溪县157名孤儿解决基本生活和学习困难。

第五章　妇女联合会

1989年，湘西州妇女联合会（简称州妇联）内设办公室、组织部、宣传部、儿童少年工作部、妇女儿童权益保护部，核定行政编制10名，后勤服务编制1名。下设州妇女技术培训中心，为全额事业单位，编制1名。1991年，内设组织部和宣传部合并为组宣部，其他部室未变。5月，州妇女技术培训中心增加编制1名。1994年，乡以上妇联主任改称妇联主席。1995年6月，州妇联内设办公室、组宣部、维权部（原妇女儿童权益保护部更名为维权部，增设法律顾问室，与维权部一块牌子）和儿少部（由原儿童少年工作部更名为儿少部），核定行政编制8名，后勤编制1名。1999年12月，州妇女技术培训中心更名为州民族妇女培训中心。2002年，州妇联内设办公室、组宣部、维权部（法律顾问室）和儿少部（与州政府妇女儿童工作委员会办公室合署办公），核定行政编制7名，事业编制1名（配给州政府妇女儿童工作委员会办公室1名），实有9人。2007年12月，州民族妇女培训中心核定全额事业编制2名、自收自支编制1名，实有2人。2009年，州妇联内设办公室、组宣部、维权部、儿少部4个职能部（室），核定编制9名。下辖二级机构民族妇女培训中心，编制3名。2010年，州妇联内设办公室、组宣部、维权部（法律顾问室）和儿少部（与州政府妇女儿童工作委员会办公室合署办公），核定行政编制7名、事业编制1名、后勤编制1名，实有9人；州民族妇女培训中心核定全额事业编制2名、自收自支编制1名，实有2人。

1989—2010年，州妇联历任主任（主席）：张泽莉、侯玉英、严腊英、彭图瑜；副主任（副主席）：侯玉英、杨永花、向八一、杨秀莲、周爱平、罗序英、林莹、时荣芬。

第一节　妇女代表大会

一、州第七次妇女代表大会

1987年5月19—22日，州第七次妇女代表大会在吉首召开，出席大会代表400人，特邀代表11人。大会听取向健生代表上届执行委员会作工作报告，选举产生州妇女联合会第七届执行委员会委员41人。第七届一次执委会选举产生州妇女联合会第七届执行委员会常委11人。向健生当选为主任，张泽莉、侯玉英当选为副主任。

二、州第八次妇女代表大会

1992年10月14—16日,州第八次妇女代表大会在吉首召开，出席大会代表302人，特邀代表11人。大会听取张泽莉代表上届执行委员会作《抓住机遇，迎接挑战，团结奋进，努力开创我州妇女工作新局面》工作报告，选举产生州妇女联合会第八届执行委员会委员 41 人。第八届一次执委会选举产生州妇女联合会第八届执行委员会常委 11 人，侯玉英当选为主任；向八一、杨秀莲、周爱平当选为副主任。

三、州第九次妇女代表大会

1997 年 10 月 29—30 日，州第九次妇女代表大会在吉首召开，出席大会代表 320 人，特邀代表 5 人。大会听取侯玉英代表上届执行委员会作《高举邓小平理论伟大旗帜，团结带领全州妇女为实现我州跨世纪宏伟目标而努力奋斗》工作报告，选举产生州妇女联合会第九届执行委员会委员 41 人。第九届一次执委会选举产生州妇女联合会第九届执委常委 9 人，侯玉英当选为主席；向八一、周爱平当选为副主席。2001 年 8 月，侯玉英退休，严腊英接任主席，罗序英调任副主席。

四、州第十次妇女代表大会

2002 年 11 月 21—22 日，州第十次妇女代表大会在吉首召开，出席大会代表 340 人，特邀代表 6 人。大会听取严腊英代表上届执行委员会作《抓住机遇，与时俱进，努力开创我州妇女事业新局面》工作报告，选举产生州妇联第十届执行委员会委员 43 人。第十届一次执委会选举产生常务委员 9 人，严腊英当选为主席；周爱平、罗序英当选为副主席。

五、州第十一次妇女代表大会

2007 年 12 月 18—19 日，州第十一次妇女代表大会在吉首召开，出席大会代表 350 人，特邀代表 6 人。大会听取严腊英代表上届执行委员会作《立足科学发展，促进社会和谐，团结动员广大妇女为全面建设小康湘西而努力奋斗》工作报告，选举产生州妇联第十一届执行委员会委员 43 人。第十一届一次执委会选举产生常务委员 11 人。严腊英当选为主席，罗序英、林莹当选为副主席。2009 年 12 月，第三次执委会选举主席：彭图瑜；副主席：林莹、时荣芬。

第二节　“双学双比”活动

1989 年，州妇联组织“双学双比”（学文化、学技术，比成绩、比贡献）竞赛活动，组织农村妇女学习养殖、种植、缝纫、绣花、织锦等实用技术。1991 年，县市政府将妇联“双学双比”竞赛活动纳入县（市）政府目标管理内容，研究制定五年规划和年度实施计划，开展一村一品竞赛活动。同时，全州各级妇联把“三八”绿色工程建设纳入“双学双比”竞赛活动，组织 48 万妇女植树造林，成片营建“三八”绿色工程 629 个、面积 1180 公顷，其中妇联兴建林果基地 28 个、面积 113.3 公顷。1993 年，全州举办各类农技知识培训班 2158 期，培训妇女 18 万人，其中掌握 1～2 门实用技术妇女 12 万人。以妇女为主的科技示范户及重点户发展到 1.43 万户，400 余名农村妇女获农民技术员职称。同时，州妇联先后组织 260 名富余女劳力到广州等地打工，增加农民收入。翌年，开展“三八”绿色工程赛、山地开发赛、庭院经济赛、吨粮高产赛、科技攻关赛、积极奉献赛等“六竞赛”活动，全州近 30 万名妇女参加此项竞赛。新创办“三八”绿色工程和基地 356 个、面积达 3153 公顷。创办集培训、示范、创收为一体绿色基地 229 个、面积 1393.3 公顷。全州妇联系统牵头组织 20 批 544 名富余妇女劳力输送到广州、深圳、福建等地打工。1997 年，全州组织 4.73 万名青壮年妇女文盲参加培训，4.17 万名文盲妇女脱盲，全州 8 个县（市）基本通过省政府扫盲评估验收；组织 35 万名妇女参加各类实用技术培训，有 33 万名妇女初步掌握 1 门以上生产实用技术。配合有关部门实施再就业工程，帮助 600 名下岗女工再就业。

1998 年 5 月中旬，湘西州连续遭受特大洪水袭击。全州在抗洪救灾中有 1525 名妇女骨干进村入户，帮助灾民搞好灾后农业生产。州妇联负责人陪同世界粮食计划署项目官员拉尔森到凤凰、龙山、泸溪、古丈考察，争取中国武陵山少数民族妇女发展培训项目，援助小麦 1.5 万吨，用于少数民族妇女扫盲、技术培训、医疗、人畜饮水等项目，凤凰、泸溪、古丈、龙山 4 个县妇联均获此类项目，州妇联参与督促实施。1999 年，举办各类实用技术培训班 1524 期，参加培训妇女 19.5

万人次，掌握一门以上实用技术妇女10.8万人。举办绿证培训班6期，有42名农村妇女获绿色证书。全州参加金花赛行动妇女6.79万人，其中以妇女为主种烟0.67公顷以上的有1668人、种烟1.34公顷以上的有727人。

2001年，州妇联实施下岗女工再就业工程，建立下岗女工资料库，兴办妇字号社区服务实体。全州创办信息服务中心15个，3100名下岗女工实现再就业。古丈县下岗女工吴晓琼创办雅洁食品有限公司，生产快餐食品，拥有固定资产300万元，多次被省、州妇联评为“三八红旗手”、优秀女企业家。翌年4月，州政府主持召开农村妇女“双学双比”活动领导小组会议，研究落实全州农村妇女“双学双比”活动年度计划，明确成员单位工作职责，解决妇女技术培训所需经费，采取短训、联办、组织参观、请农业专家授课、送科技下乡等形式，提升农村妇女种植、养殖、加工实用技术水平。是年，全州有5万名妇女掌握1~2门实用新技术，其中143名妇女获农民技术员职称，208名妇女获绿色证书。2003年，开展送科技下乡活动，组织两批科技能手到保靖县普戎乡山羊养殖基地学习山羊养殖技术，现场教学和实际操作。同时把发展劳务经济作为帮助农村妇女增收致富有效途径，转移农村女劳力14.3万人，增加收入1500万元。2005年，开展“四个十万”(十万妇女学科技、十万妇女出湘西、十万妇女参与绿化、十万妇女创新业)活动，采取送科技下乡、请专家授课、办短期培训班等方式，培训妇女10万人次，培训移民5000人次，培植专业大户135户，培训外出务工妇女5600人，转移就业4000人。翌年，配合政府及有关部门培训女能人、村妇代会主任3000人次。参与加拿大西部援助培训项目，被列入加援培训项目成员单位之一。

2007年，州政府重新调整州农村妇女“双学双比”活动领导小组，由一名副州长担任领导小组组长，明确各成员单位工作职责。妇联组织把开发妇女人力资源放在首位，采取借智、借资、借台方式，对城乡妇女开展多渠道、多形式、多层次技能培训,举办各类技能培训班300多期，培训妇女6万人次。保靖县妇联联合县劳动就业局为城乡富余女劳动力搭建就业与再就业平台，为295名下岗失业女工办理再就业优惠证，为58名下岗女工发放小额贷款。翌年，实施湖南省妇联泸溪县妇女就业技能培训项目，开展就业培训和实用技术培训，为125名下岗失业妇女实现再就业。吉首市为解决零就业及低收入家庭生活困难，拿出近1500个公益性岗位，为下岗失业妇女解决再就业难题。花垣县石建湘等6名优秀妇女荣获全国“双学双比”女能手称号。2010年，开展有关特色农业、现代农业实用技术培训，妇联系统自办联办各类培训班100期，培训农村妇女1万人次。古丈县实施省财政厅、省劳动厅龙潭村创业就业培训项目，培训时间10天，主要传授种茶技术，参训茶农100余人。同时，协调财政、劳动、信用社等相关部门，转发财政部等部门《关于完善小额担保贷款财政贴息政策，推动妇女创业就业工作的通知》，明确全州小额贷款项目执行办法，帮助下岗失业妇女实现再就业。

第三节　“巾帼建功”活动

1989年，州妇联向各县（市）推介“巾帼建功”先进典型，编印《自治州女能人情况简介(第二册)》。1992年，组织全州妇女参加“3883”工程竞赛，即38万妇女劳力参赛，人平增收80元，全州增收3000万元。翌年，城镇妇女开展创一流工作成绩、精通一门技术、提一条合理化建议、搞一项技术革新、增收节支100元“五个一”竞赛活动,突出岗位建功立业。1995年,开展学知识、学技术、学管理、学法律、立足岗位建功和争创“巾帼建功”标兵、巾帼英雄厂长、经理活动。全州表彰巾帼建功先进单位228个，巾帼标兵435人。1996年，与凤凰县妇联一起，在官庄乡官庄村与农户签订合同，新建椪柑基地66.7公顷；与泸溪县妇联在浦市镇青草村建立早熟蜜橘基地6.67公顷。全州县（市）妇联办“三八”基地8个、面积248.2公顷；乡（镇）妇联办“三八”基地258个、面积2074.8公顷；村级妇代会办“三八”基地 897 个、面积 1093.3 公顷。同时，全州妇联抓住省烟叶生产战略重点向湘西转移机遇，组织 8 万妇女参加烟叶栽培技术培训，种烟 2.4 万公顷,产量 2.5 万吨，产值 2 亿元。1998 年，开展巾帼扶贫、巾帼成才、巾帼创业活动,组织下岗女工学习新知识、新技术、新技能，1139 名下岗女工走上新岗位。翌年，成立妇女再就业信息中心和服务中心 15 个，专兼职工作人员 162 人，为下岗女工开展职业介绍 2130 人次，开展职业指导 1470 人次，115 名下岗女工实现再就业。2000 年，州闻得福油脂集团股份有限公司原料仓库被全国城镇妇女“巾帼建功”协调小组授予巾帼建功模范岗荣誉称号。

2001 年，州妇联印发《关于组织广大妇女积极投身退耕还林工作的通知》，组织妇女参加“退耕还林”工程实施。是年，湘泉集团酒鬼酒股份公司包装一车间和三立集团股份有限公司中心化验室获“全国巾帼文明示范岗”荣誉称号，花垣县医药总公司总经理覃连成荣获“全国巾帼建功标兵”荣誉称号。2002 年，深化巾帼文明示范岗创建活动，参加创建活动单位有 414 个，参加妇女 1 万余人。至 2003 年，全州有省以上巾帼文明示范岗 3 个，县（市）以上巾帼建功标兵 84 人。

2005 年，全州“巾帼建功”活动创建单位 100 个，岗位 500 个，参加活动城镇妇女 3000 人。2008 年，开展评选城镇妇女巾帼建功先进集体、先进个人巾帼文明岗活动，先后评出州级巾帼文明岗 20 个，州级“巾帼建功”先进集体 10 个，州级“巾帼建功”先进个人 10 人。龙山县地税局第一税务分局等 4 个单位被省地税局评为省级巾帼文明岗和全省岗村共建先进单位。翌年，开展创省级巾帼示范村活动，妇联系统自办联办各类培训班 100 期，培训农村妇女 1 万余人（次），落实小额担保贷款财政贴息政策，推动妇女创业就业工作。永顺县妇幼保健所所长易美玲被授予“湖南省巾帼建功标兵”荣誉称号，州住房公积金管理中心被授予全国巾帼文明岗荣誉称号。2010 年，州委印发《关于进一步加强党对妇女工作的意见》，选送 6 名巾帼文明岗负责人赴长沙参加业务培训，州妇联及永顺县妇联主要负责人参加全国地县妇联干部科学发展专题培训，1 名副州长和古丈县长参加在北大举办的湖南省女领导干部科学高级研修班。围绕州委、州政府新农村建设总体部署开展巾帼示范村创建活动，联合州扶贫开发办确定 8 个示范村，每个村投入 10 万元创建经费，4 月，举行巾帼示范村授牌仪式。同时还协调财政、劳动、银行等部门，研究全州妇女小额信贷项目运行中相关事项和存在问题，联合转发财政部、劳动和社会保障部、中国人民银行四部委及省级相关部门文件，专门印发《妇女小额担保贷款财政贴息政策问答》手册。至年末，全州发放妇女小额信贷 1940 万元，获得创业资金支持的妇女 785 人。

第四节 文明家庭创建

1989 年，州妇联动员全州妇女家长给在校大中专子女写信，教育其子女言行要符合维护社会稳定大局。1992 年，全州开办家长学校 300 所，广播家长学校 60 所，受教育家长 30 万人。组织 5300 名家长参加“三优”（优生、优育、优教）知识考试，培训普及“三优”知识骨干 4600 人。翌年，州、县（市）办试范性家长学校 14 所、家长学校 269 所、广播家长学校 60 所，发放《生命知识》录音带 500 套 1500 盒，受教育家长 4 万人。与州电视台合作，连续报道 8 户文明家庭。花垣县苗族妇女魏金凤一家被拍成专题片在全省播出。1994 年 5 月 15 日为第一个国际家庭日，州妇联与州委宣传部、州直工委等 14 个单位联合组成国际家庭年湘西州协调小组，将 5 月 1 日至 6 月 1 日定为全州国际家庭日活动宣传月，“五一”“五四”“五一二”“五一五”“六一”等节日开展各项活动，同时组织古湘杯文明家庭 10 人巡回报告团，到吉首、凤凰、泸溪、花垣、保靖、永顺、龙山 7 个县（市）巡回报告。结合国际家庭年活动，开展五好家庭、十佳优秀妇女工作者等争先创优活动。是年，州、县（市）妇联表彰好婆媳、好妯娌 9865 人，优秀家长 523 名，美好家庭120户。

1997年，州委、州政府转发《关于深入持久地开展创建“五好文明家庭”活动的意见》通知，州、县（市）成立家庭教育研究会，召开家庭教育研讨会，评出五好文明家庭483户。州妇联获国家民委、全国妇联表彰的民族团结进步奖。2000年，州妇联与州人事局联合表彰18名优秀妇女干部，推荐“三八红旗手”40人。表彰五好文明家庭875个，双文明户351户，廉内助137人。州妇联被省妇联评为全省妇联系统先进单位和州委、州政府表彰的民族团结进步先进单位。2002年，实施《公民道德建设实施纲要》，开展创星级农户、公民道德教育、家庭美德教育等活动。翌年，开展妇女儿童发展规划初期监测评估工作，撰写自评报告，建立未成年人思想道德建设联席会议制度，成立以州委副书记、州人大常委会主任为组长，州妇联与宣传、教育、文化、司法、财政、工会、团委等单位“一把手”为成员的领导小组，推进未成年人思想道德建设工作。2004年，全州城镇开展创建学习型机关、学习型家庭活动；农村开展为期3年的美德在农家活动，活动示范点凤凰县牯牛坪村举行启动仪式，对美德在农家活动示范点和农村妇女文化活动示范点实行挂牌，村民代表向州妇联递交责任书。“三八”妇女节期间，全州表彰十佳女性10人、“三八红旗手”69人、五好文明家庭139户。

2006年12月，州妇联与州综治办等州直12家单位将平安家庭创建活动列入社会治安综合治理目标考核体系。通过举办家庭教育知识讲座、组织优秀家长巡回报告、发放优生优育宣传资料等形式，提高家长家教水平。此外，州妇联还开展妇科疾病普查普治活动，为近2万名妇女免费体检，动员1万名妇女参与女性安康保险，保费金额20万元。组织示范点吉首市马颈坳镇竹寨村组建新农村巾帼志愿者服务队，开展“三比、三看、三创”活动，即，比科技素质、看致富本领、创小康之家；比敬老爱幼、看家庭和睦、创和谐之家；比家庭整洁、看环境绿化、创卫生之家。2007年，开展平安家庭创建活动,成立创建活动领导机构，制定实施方案，全州有全国平安家庭创建活动先进示范社区2个、平安家庭示范户4户、五好文明家庭130户、妇女工作先进集体100多个、优秀妇联干部15人。州妇联被评为2007年度州级文明单位。翌年，先后从上级妇联争取到抗冰救灾资金4万元和价值5万元保暖内衣及100套棉被等物资，及时送到困难群众和学生手中。四川省汶川地震发生后，州妇联迅速下发通知，号召全州各级妇联组织发扬“一方有难、八方支援”的精神，为抗灾救灾做贡献。州妇联机关13名干部职工为灾区捐款1.45万元，县（市）妇联募集善款20万元。2009年，创建和谐家庭、绿色家庭活动，古丈县黄明娇家庭被评为第七届湖南省五好文明家庭标兵；保靖县贾光菊家庭、凤凰县吴志莲家庭、龙山县李泽生家庭及吉首市陈先莲家庭被评为第七届湖南省五好文明家庭。2010年，州妇联联合有关单位在吉首市漩潭社区举办和谐社区、平安家庭创建活动启动仪式。有95%以上家庭参与平安家庭创建活动。同时通过《团结报》向全州发出“倡廉洁家风、建文明家庭”活动倡仪书，基层妇联干部及领导干部配偶100余人参加活动。组织家庭和个人参加由全国妇联宣传部开展的低碳生活创新明星评选活动。古丈县工商行政管理局向秋红及花垣县妇联傅冉华被评为低碳生活创新明星。

第五节　维护妇女儿童权益

1989年，州妇联在州直女职工中开展法律知识竞赛活动，内容涉及《宪法》《刑法》《民事诉讼法》《婚姻法》等法律法规。1991年，州妇联印发《税法》《婚姻法》《女职工劳动保护规定》《继承法》等普法资料，聘请律师解答有关保护妇女合法权益问题，举办法律知识竞赛，为女当事人担任诉讼代理人。翌年，州妇联制定《州儿少事业“八五”发展计划要点》，州、县（市）党政领导深入32所小学、幼儿园看望慰问少年儿童，社会各界为儿童捐款11万元。州、县（市）妇联及妇保部门组织1.67万名0~7岁儿童健康检查。1993年，湘西州妇女儿童工作委员会成立，办公室设州妇联。配合州委组织部拟定《1995—2000年湘西州培养选拔女干部五年规划》，建立妇女人才档案，开展科以上优秀妇女干部摸底调查，配合组织部考察被提拔妇女干部。是年，人大换届选举，乡（镇）级妇女代表占代表总数23%，县（市）级妇女代表占同级代表22%，州级妇女代表占同级代表22.2%。全州有妇女干部1.21万人，占干部总数的26%，党委、人大、政府、政协中，州级有女领导干部3人，占总数的8%；县级有女领导干部26人，占总数的11%；乡级有女领导干部134人，占总数的6.4%。

1995年，州委、州政府召开贯彻实施《妇女儿童权益保障法》经验交流会，州委组织部、州劳动局等5个单位分别介绍贯彻执行《妇女儿童权益保障法》经验。1996年，州妇联与州人大常委会联合开展《妇女儿童权益保障法》贯彻情况检查，写出调查报告，对存在问题提出整改建议。1998年，与州普法小组联系，把《妇女儿童权益保障法》《未成年人保护法》纳入州、县（市）“三五”普法规划。1999年，州妇联与州经管局联合印发《关于在延长农村土地承包期工作中切实维护妇女土地承包权益的通知》，对农村妇女在延长土地承包期中因离婚、丧偶、出嫁、改嫁等原因土地承包权益作出规定，切实维护农村妇女权益。是年，州中级人民法院接受州妇联建议设立妇女维权审判合议庭，为受害妇女伸张正义提供法律保障。2000年，宣传湖南省《关于预防和制止家庭暴力的决议》。同时，与州司法部门开通“148”妇女维权热线，为受害妇女伸张正义。吉首市矮寨镇大兴村妇女杨某某房屋纠纷案，经吉首市法院一审、州中级法院二审判决，仍然不服。州妇联接待她来访后，立即组织干部深入大兴村详细调查，通过一个多月的调查走访，发现判决不公。于是，以社会团体名义免费为杨某某申请再审，经过近一年的努力，为杨某某讨回公道，其合法权益得到保护。2001年，州妇联起草《2001—2005年湘西自治州培养选拔女干部、发展女党员五年规划》，向组织部门推荐177名优秀妇女干部，其中有118名走上领导岗位。全州设立乡镇妇联218个，配备妇联干部218人，健全农村妇代会2668个，配备村妇代会主任2567人，建妇代小组1.07万个，建立党政机关、科教文卫等事业单位妇委会287个，乡镇企业、个体劳协等新经济领域妇女组织52个，至此，妇女工作延伸到社会各个层面。

2002年9月，全州实施春蕾计划，开展失学、辍学1347名受助女童情况摸底，并将其输入省妇联春蕾女童救助管理系统，利用网络、报刊等形式多方救助。2003年，与州人大常委会内司委、州中级法院、州检察院、州法制办、州公安局、州司法局等单位建立湘西州维护妇女儿童合法权益工作联席会议制度，建立45个反家庭暴力工作机构，制定妇女儿童工作委员会会议制度、督办和回复制度、述职制度、文书制度等，印发《州妇女儿童工作委员会工作规则》，成立州妇女儿童发展规划监测统计办公室。同时把吉首市作为全省实施两个规划的示范市，并实行目标管理考核。翌年，与各部门构建维权网络，召开维权联席会议，州人大印发《关于预防和制止家庭暴力，维护家庭成员合法权益的决议》，州公安局建立反家庭暴力110报警中心和伤情鉴定中心；全州法院系统建立维权合议庭7个，聘请妇联干部担任人民陪审员14人；检察院建立侦察、起诉、控告、反家暴绿色通道；司法行政机关建立反家暴法律援助工作站；州综治办把反家暴纳入社会治安综合治理范畴。是年，全州有6名妇女干部获省维权工作先进个人称号。2005年，与法院配合完善维权合议庭，增聘11名妇联干部担任人民陪审员。各县（市）建立以乡（镇）妇联主席、村妇代会主任为信访联络员的信访联络制度。2006年，州妇联在吉首大学师范学院附属小学、吉首市实验小学和凤凰县箭道坪小学建立家长学校示范点。组织120名农村留守儿童免费到长沙参加为期7天的夏令营活动。发动社会各界人士捐资53.2万元，救助失学儿童349人。实施“9+2春蕾扶贫助学”行动，争取中国烛光基金3.2万元，累计筹资100万元，建立“9+2春蕾扶贫助学基金会”，举办电子电器、酒店管理、服装设计、数控4个专业培训班，资助贫困学生200人。州妇联筹资50万元，解决春蕾扶贫助学班200名孤儿、残疾人子女、服刑人员子女等特困孩子两年职业技术教育学费问题。在湘西职院开办小新星英语师资班，解决30名贫困初中生两年职业教育学费，每月补助100~200元生活费，毕业后到小新星英语集团工作。

2008年，州妇联利用“三八”维权周，加大对《婚姻法》《妇女儿童权益保障法》《未成年人保护法》《农村土地承包法》、省人大《关于预防和制止家庭暴力决议》、州人大《关于预防和制止家庭暴力决议，维护家庭成员合法权益》等有关法律法规宣传，牵头制定《湘西自治州家庭教育工作2008—2010年规划》，成立家庭教育领导小组、湘西州家庭教育指导委员会、湘西州家庭教育讲师团等专业委员会，完善来信来访登记制度和转办交办制度，为春蕾女童争取救助资金99万元，1.32万名女性参加女性安康保险。全国妇联副主席甑砚出席在湘西州召开的全国维护妇女儿童合法权益座谈会，参观妇女创业基地，给湘西州赠送6台母亲健康快车（救护车）。2010年8月，与州电信公司衔接，开通全州“12338”妇女维权公益服务热线，服务范围覆盖8个县（市）。举办“我与父母共度‘六一’”活动，组织20名留守儿童前往广东省佛山市与打工父母见面。

第六章　科学技术协会

1989年，湘西州科学技术协会（以下简称州科协）由黄远柔任主席，陈千文、刘蕴任副主席。1996年，州科协与州科技局合署办公，“一套人员，两块牌子”。1998年，黄远柔退休，朱先之担任主席，刘慧平任副主席。2001年，州科协与州科技局分设。2005年3月，刘小刚任州科协主席，刘慧平任副主席。2006年，州科协党组成立，罗世平任党组书记。2007年5月，增补李绍权为副主席。2009年9月，刘小刚调离科协，10月，罗序英担任州科协主席。州科协机关内设办公室、学会组宣工作部、科普工作部。其直属机构有：州科技咨询服务中心、州科普工作队、州农村专业技术协会联合会。2010年，机构未变。

第一节　科普活动

1996年，州科协负责人朱先之被评为全国科普工作先进个人。2001年，州科协利用科普活动向群众普及科技知识，州民中一名学生用电脑制作的《小猪化学分子器结构图》参加全国青少年创造发明奖评奖活动，经中国科学院院士和权威专家评审，获二等奖。2003年，第一届全国科普日活动期间，州科协组织科普知识谜语竞猜、科普文艺节目表演等活动。州科协被评为全国科普日活动先进单位。2004—2006年，州科协连续三年被中国科协评为全国科普日活动先进单位。

2007年，湘西州科普网开通，确定专职人员负责网站管理，及时更新科技信息、实用技术等内容，通过网站年发布科普信息5000多条，网站点击率17.5万次。2008年，州科协先后举办2期青少年科技辅导员培训班，5次组织专家走进校园开展科普报告、科普讲座、科技咨询、科普展览等系列活动，向广大青少年开展节约能源、保护环境、保障健康教育和防范各种事故的安全教育活动，提高其应对地震、火灾、洪水等突发自然灾害的技能。组织全州青少年参加第二十九届全省青少年科技创新大赛，获一等奖3个、二等奖7个、三等奖18个；开展湘西州第三十一届青少年科技创新大赛活动，征集参赛作品180件（幅），评出一等奖18个、二等奖22个、三等奖25个；开展科普进校园、大手拉小手、校园科普讲座、青少年科技创新大赛等系列校园科普活动，为青少年服务搭建科普平台。在青年科学家进校园活动中，邀请第六届湖南青年科技奖获得者彭军、文利新两名教授为州民中、吉首市一中、吉大师院附小等3000名中小生巡回演讲；在“3·23”世界气象日活动期间，州科协开展主题为“天气、气候和我们呼吸的空气”的气象科普进校园活动，以气象知识讲座、气象知识抢答竞赛两种形式，1000多名中小学生接受气象科普知识培训。开展百名专家讲科普、“科普五进”等一系列大型科普活动，搭建社会化科普平台。在百名专家讲科普活动中，先后有120名科技工作者深入农村、学校、社区、企业举办科普讲座96场，听讲人数1万余人。此外，州科协还组织相关专家编印《新农村致富技术手册》15万册、《节能减排知识》卡片2万份。《新农村致富技术手册》正式出版，并向全州农村发行。

2010年，全州农村专业技术协会发展到310个，拥有会员5.6万人，成为全州农村科普前沿阵地。当年7月，州科协举办农技协理事长培训班，以电脑操作、农技协管理、农业产业建设等知识为主要内容，培训农技协理事长100多人。

第二节 新技术推广活动

1989年，州科协从江苏省农科院引进巨峰葡萄系列、红富士、玫瑰香等5个品种1.65万株，并以科技扶贫形式，把新品种苗木发放到古丈、吉首、泸溪、凤凰、花垣等县（市）科协推广，并派技术员跟踪服务。1990年，在吉首排绸乡和平村示范种植椪柑1.3公顷，并与农户签订椪柑开发合同，由农户出土地、劳力，州科协出资金购买苗木1.8万株，州科协实行技术、肥料、效益承包。排绸乡椪柑种植发展到666.7公顷，排吼、丹青等周边村寨的椪柑产业也相继带动。2008年，州科协在全州建整扶贫村开展科技培训1200期，90%以上党员干部参加培训，参训的每个党员干部均掌握1~2门实用新技术。9月，州科协举办全州农技协会理事长培训班，集中培训农技协会理事长120人，全年聘请20多名专家为农技协会开展技术咨询服务60多次。州科协争取资金10.87万元，为21个农技协会配备电脑和打印机各22台。先后6次组织技术专家、农村科技骨干、农技协理事长、产业示范大户等200多人次到广州、衡阳、永州、怀化、娄底等地考察学习。州林学会引种耐寒桉树23.33公顷，栽培桉树苗3.8万株，得到省、州专家肯定。同时围绕全州退耕还林和楷木、药材产业化等重点工程，派专业技术人员深入8个县（市）开展林业科技培训81期，培训林农6万人次，解决林农冰灾后恢复重建所需的栽培、引种、培管、病虫害防治等技术难题。

2009年，州科协投入资金21万元建立雪莲果、湘系油茶栽培示范基地和竹鼠、蜜蜂养殖等示范基地，全年接待参观学习5000人次。其中雪莲果66.67公顷（1000亩），每亩收入5000元以上；发展竹鼠养殖60户，饲养量1万余只；油茶栽培示范基地培训300余名油茶嫁接技术能手，被贵州、云南等省区高薪聘用。是年，州科协所属各学会建立科技示范基地，开展“三新”（新技术、新品种、新项目）试验示范。州水利学会重点突出永顺县猛洞河水土保持生态环境示范基地建设，开展在各种种植条件下的水土流失观测工作，以便农民选择当地土质条件下水土流失少、经济价值高的农经作物种植；州林学会通过创办GGR育苗造林技术示范样板，带动全州退耕还林、“三新”品种引进、三难地造林等工程；州畜牧水产学会抽调7名畜牧水产专家深入到全州各县畜牧水产养殖基地和养殖企业，推广实用新技术和新品种，帮助企业巩固和发展保靖碗米坡等州内6个斑点叉尾鮰养殖基地以及怀化沅陵、益阳安化等州外4个斑点叉尾鮰养殖基地，辐射和带动养殖户800户，建网箱7000个。11月，州农学会举办全州农业转基因作物安全管理和植物新品种保护培训班，邀请省农业厅领导及相关专家开设专题讲座，培训农业技术人员60人。是年，州烟草学会承担国家、省级科研课题6项，与湖南、广东中烟工业公司合作开展科研项目3项，自立科研项目5项，示范、推广实用新技术成果5项。全州烟草行业获实用新型专利1项、申请专利2项。州水利学会根据水库病险问题，组织引进新技术、新工艺、新材料、新产品，开展原始科技创新，为湘西州病险水库除险加固提供技术保障。饮水安全型集雨节水窖工程技术应用研究取得进展，解决古丈县岩溶干旱地区1.5万人饮水困难，并在永顺、泸溪和保靖等县应用推广。

2010年，州科协组织培训农村科技示范户1200人次，为农村科普示范基地先后投入项目资金30多万元，通过项目资金扶持、专家技术指导、宣传推介、表彰奖励等办法，扶持和发展农技协组织。全州农技协会发展到300个，其中州3个农技协会、1个科普示范基地和1个先进科普个人顺利通过全国筛选评比，获中国科协表彰奖励。州科协为把雪莲果发展成为全州农民增收致富新产业，通过与吉首大学食品研究所、吉首市边城醋业有限公司、花垣县雪莲果生产基地协调，促成四方签订雪莲果、醋共同研发协议，形成产、销、研、企业一体化的产业发展模式。2006—2010年，全州争取国家科普惠农兴村计划项目15个（其中农村专业技术协会7个、科普示范基地3个、科普带头人4个、科普工作队1个），获奖补资金270万元；争取湖南省科普惠农兴村计划项目4个（其中农村专业技术协会1个、科普示范基地1个、科普工作队2个），获奖补资金40万元。

第九篇　政法

1989年，中共湘西州委政法委员会主要协调政法部门工作，重点开展社会治安综合治理，清理整顿政法队伍，维护社会政治稳定。1991年，全州社会治安综合治理纳入目标管理考核，实行“一票否决权”。1995年，政法干部队伍建设力度加大，县（市）公安局局长、检察院检察长、法院院长异地交流，乡镇配备驻乡民警，开展依法治村活动。1997年维稳工作纳入目标管理。2001年，全州社会治安综合治理坚持以村为主的方针，重点加强基层综治工作，预防青少年违法犯罪。2004年，州委政法委制定全州政法队伍建设规划，评选十佳优秀政法干警，表彰先进单位和个人。2008年，全州综合治理专干配备到村、综治经费保障到村、综治工作考评到村，州内综治基础工作明显改善。是年，全省社会治安综合治理考核评比，泸溪县被湖南省综治委授予“平安县市区”称号。2010年，全州广泛开展平安创建，深入推进社会矛盾化解，组织开展严打斗争，政法机关工作效率和执法质量全面提升，社会大局保持稳定。

1989年，湘西州公安局以侦破大案、要案为突破口，开展打击盗窃和拐卖妇女儿童专项行动，至1990年，全州解救被拐卖妇女儿童210人。道路安全检查重点把住国道、省道和墟场、弯道及事故多发路段。1992年，开展查禁取缔卖淫嫖娼统一行动。1993年，全州试行蓝印户口，当年解决城镇务工经商人员蓝印户口8000余人。1996年，加强流动人口管理，建立暂住人口申报登记制度。1999年，开展涉税案件侦查。2000年，全州开展平安大道创建活动，设置标志牌，更新出租车，处罚交通违章行为。是年，州禁毒支队成立，全州禁毒工作力度加大。2003年，加强特种行业管理，州保安服务公司挂牌成立。同时，深化户籍制度改革，户政、居民身份证办理实行一个窗口服务。2005年，出入境管理实现网络化。交通道路开展反超速、反超载（员）和整治无牌无照摩托车专项行动。2010年，开展打黑除恶、禁黄禁赌专项行动，严厉惩罚涉枪犯罪，打击传销活动，整治酒后驾车，基层警务建设普遍加强。

1989年，湘西州人民检察院充分运用批捕、起诉职能，打击各类刑事犯罪。是年，贯彻最高人民法院、最高人民检察院公告，州内一批经济违法犯罪人员投案自首。1992年，重点查办刑讯逼供、徇私舞弊、玩忽职守和重大责任事故等五类案件。1996年，坚持证据复核制度，防止错捕现象发生，当年案件复核率80%。2000年，持续开展贪污贿赂案件查处行动，查处司法人员滥用职权、行政执法人员渎职案件。2003年，州境林业犯罪案件频发，全州检察机关集中力量查处。2005年，州检察院加大对基层院指导力度，总结推广花垣、凤凰两县民事行政检察工作经验。2010年，贯彻严打方针，重点惩罚危害国家安全犯罪、严重暴力犯罪、涉枪、涉毒犯罪等，当年受理案件1152件，批捕2223人，比1989年分别超过32.56%、42.77%。监所检察、控申检察工作加强，涉检进京实现零上访。

1989年，湘西州各级人民法院相继恢复成立执行机构，加大案件执行力度。同时，在民商事审判中，推行当事人举证制度，优先审理影响经济建设的案件。刑事审判重点打击严重危害社会治安和破坏经济秩序的犯罪分子。1990年，加强行政审判工作，州、县（市）法院设立行政审判机构。1992年，建立民商事审判责任制，开展审判观摩、案件质量检查评析，案件合格率98%。1996年，州中级法院组织3次统一宣判行动，判处一批严重刑事犯罪分子。2000年为国企改革和发展提供法律服务和司法保障，及时审理企业破产案件。2001年，全州法院执行局相继成立，依法查处违法暴力抗法案件。2005年，全州各级法院配合湘西州民营经济带动战略实施，对民营业主诉讼案件实行“三优先”原则，即优先立案、优先审理、优先执行，依法保护当事人合法权益。2010年，州直6个政法部门联合行文支持人民法院执行工作，一批经济债务纠纷得到化解，执行标的6.1亿元。全州法院审结刑事案件1167件，比1989年减少153件，案件下降率11.59%。

1989年，湘西州司法系统持续开展“一五”普法教育。乡（镇）村（居）基层调解组织基本健全。律师机构正式建立，公证业务正常开展。监狱管理加强，罪犯请假探亲制度取消。1991年，“二五”普法启动，全州县处级以上干部集中学习法律法规。1994年，湘西州律师协会成立，律师业务范围扩大。“三跨”（跨县、跨地、跨省）纠纷民调机构成立，规章制度相应建立。1997年，州、县（市）成立法律援助中心，承办法律援助业务。是年，吉首监狱实行狱企分离，监狱与企业脱钩。2001年，花垣县举办湘渝黔边区首届法律知识竞赛，300余人参加竞赛活动，省普法办检查验收湘西州普法工作，点赞湘西州普法工作成效大、有特色。2010年，全州有调解委员会2846个，调处民间纠纷13785件，调解成功率98.94%，防止“民转刑”案件166起。

第一章　政法委及综治工作

1989年，中共湘西州委政法委员会（简称州委政法委）内设办公室、干部科、调研室，编制10名。1990年，设立州社会治安综合治理委员会，下设办公室（简称州综治办），与州委政法委合署办公。1995年，增设督查室，编制增至19名。1998年，督查室更名为执法监督室。2000年，设立州维护社会稳定工作领导小组，下设办公室，简称州维稳办，挂靠州委政法委。2001年，机构改革，州委政法委内设办公室、信访室（与办公室合署办公）、调研室、综治室（州委政法委内设科室）、执法监督室、政治部（由干部科更名）和纪检组。2008年，信访室从办公室分离，更名为信访督查室，增编2名。2010年，州综治办增编2名。年末，州委政法委编制23名。

1989—2010年，州委政法委历任书记：吴沅生、石昌禄、陈家俊、向后兴、龙德忠、周赛保；副书记：陈杰、石光清、李大培、吴运顺、胡维平、朱采、伍道春、彭万祥、田仁喜、董道平、宋新情、张世平、张自政、杨大富。

第一节　社会治安综合治理

1989年，州委、州政府决定成立全州扫除“六害”（卖淫嫖娼、制作贩卖传播淫秽物品、拐卖妇女儿童、私种吸食贩运毒品、聚众赌博、利用封建迷信骗财害人）工作机构，组织政法等工作人员深入乡（镇、街道）、村宣传发动、调查摸底，组织“六害”违法人员集中学习。1990年，实行“谁主管、谁负责”社会治安综合治理责任制，并将其纳入目标管理。1991年，八县市和州直单位主要责任人向州委、州政府递交责任状，实行“一票否决”。各县（市）与乡（镇）和县（市）直单位均签订责任状。1992年3月，州综治委、州委社会主义教育领导小组联合发文，在全州城乡开展评选遵纪守法户、双文明户、五好家庭，帮助轻微违法人员“三评一帮”（评好党员、好农户、好农民，帮教后进人员）活动。1993年，健全联防网络、调解网络和帮教网络，从全州政法机关抽调71人到乡镇任职，专抓综治工作。151个未设公安派出所的乡（镇）配备公安助理员和驻乡民警。1994年1月，设立见义勇为奖励基金，推广吉首市综治工作先进经验。1995年，选派1400名工作人员下到479个村，开展依法治村活动。

1997年，湘西州将整顿铁路治安秩序工作纳入年度社会治安综合治理目标管理，与铁路沿线5

个县（市）签订责任状。铁路沿线111个建制村召开村民大会、24所中小学开设铁路安全知识课。州委政法委与州综治委印发《湘西自治州创建安全文明小区、安全文明村镇、治安模范单位实施方案》。1998年，全州8个县（市）“110”报警平台和州公安局“110”指挥中心建成运行。1999年，州委办公室、州政府办公室印发《关于切实加强社会治安综合治理基层工作意见》，开展农村以村为主、城镇以居委会为主、机关企事业部门以单位为主的“三为主”基层综治工作试点。年末，经社会治安综合治理考评，州委、州政府对吉首市双塘乡、保靖县葫芦镇、花垣县塔里电站实行“一票否决”。对泸溪县解放岩乡等15个单位实行“黄牌警告”。被“一票否决”的单位党政“一把手”就地免职。列为“黄牌警告”单位“一把手”和分管领导一年内不能提拔、调动，年内下浮一级职务工资，并限期整改。2000年，综治工作目标管理实行分类管理、分项量化、分级评分、百分竞争、首位为先、末位否决办法。全年安全文明小区达标90%，安全文明居委会达标85%，安全文明乡（镇）达标89%，治安达标单位达标92%。州委、州政府对凤凰县木里乡、泸溪县石油公司两个单位实行“一票否决”，其党政“一把手”就地免职。州综治办评定吉首市双塘乡等7个单位为创建安全文明铁道线工作先进单位，腾建东等8人为先进个人。

2001年，社会治安综合治理坚持以村为主方针，全面推行“六个一”（即一书：镇、村、组、户层层签订责任书，一牌：评选“三户”进行挂牌，一约：建村规民约，一队：群防群治队伍，一校：法制夜校，一档：建立村民违规、违纪、违约、违法档案）管理，做到软件向硬件、由点向面转变，做到小矛盾不出组、较大矛盾不出村、大矛盾不出乡。年末，州委、州政府对永顺县长官镇、泸溪县白洋溪乡、龙山县扶贫开发办3个单位实行“一票否决”，其党政“一把手”就地免职。2002年，流动人口治安管理小组成立，州委常委、副州长杨先杰任组长，办公室设州公安局。加强流动人口治安管理工作。2003年，预防青少年违法犯罪工作领导小组成立，办公室设州综治办。是年，领导小组印发《可防性案件责任追究办法》，严格责任追究。所有废旧品收购业主由公安机关与其签订《禁止收购销售铁路器材协议书》，对铁路周边流动人口、暂住人口全面清查。农村继续推行“乡负责、村为主、组包干、户落实”责任制。

2005年，社会治安综合治理注重“人防、物防、技防”工作，建立社区警务室65个，专职巡逻队24支234人，义务巡逻队2432支15932人。银行、商店、机关、企事业单位财务室、仓库等增加防护措施，各县（市）城区重要路口、重要部位、繁华闹市区安装监视探头1106个。2006年5月，州委政法委与州委宣传部联合制定《打造平安湘西，构建和谐社会宣传方案》，利用大型展板宣传，开展法律法规咨询活动。同时，州综治办与州电信公司、州移动公司、州联通公司开通“平安湘西”短信平台，定期给手机用户发送短信。古丈县山枣乡在平安乡建设活动中被湖南卫视《乡村发现》栏目誉为“湖南平安第一寨”。由湘西自治州选送《平安凤凰》专题片于6月30日在中央电视台社会与法频道《法制视野——平安家园》栏目播出。2007年，开展“平安通达县市”达标活动。全州城区新配备专职治安巡逻队员213人；治安复杂区域，重点要害部位、案件高发区新增监控探头1332个，达到2438个；各级各部门投入1000万元，用于门卫值班室、围墙、防盗门窗修建安装。全州7个县城关镇和吉首市各街道办事处建立流动人口、重点人口和房屋出租户管理服务中心；各乡（镇）成立流动人口管理服务领导小组办公室。龙山县兴隆街乡、永顺县芙蓉镇、保靖县野竹坪镇、花垣县猫儿乡、吉首市马颈坳镇、凤凰县千工坪乡被“黄牌警告”；州公路局被“一票否决”。对“黄牌警告”单位限期整改。整改期限内单位和第一、二、三负责人不能评先评优，并缴纳治安整改费3000元转入见义勇为基金。被“一票否决”单位，其第一、二、三责任人按干部任免权限免职。2008年，综治工作实行综治专干配备到村、综治经费保障到村、综治工作考评到村，推行“任务共性化、责任层次化、队伍专业化、工作经常化”管理模式，先后开展综治工作宣传月、铁路护路联防宣传月、农村普法宣传月活动，送法律法规、交通安全知识下乡入户。流动人口服务和管理采取“政府牵头、公安指导，街道为主”模式，清理流动人口62141人，租住房屋18915间。持续开展平安校园建设，查处并整改安全隐患198处；取缔学校周边黑网吧38家；整改违规网吧227家，电游室、棋牌室、桌球室等73家；拆除违章建筑60处；取缔占道游动摊点210个，全年无涉及校园重大治安案件和刑事案件发生，无重特大安全责任事故。吉首市、花垣县被省“黄牌警告”。2009年，全州164个乡（镇、街道）建立综治维稳中心和矛盾纠纷调处中心实行“三调联动”（即人民调解、行政调解、司法调解）。8个县（市）分别组织1000人大巡逻，加大对社会面控制和防范。花垣县道二乡、龙山县塔泥乡被“黄牌警告”，永顺县农村信用合作社被“一票否决”。2010年，创建“七平安”（平安乡镇、单位、校园、医院、企业、村寨（社区）和工地）、“五入户”（入户送法、了解民情、调处纠纷、搞好稳控、解决实际困难）活动，参与率96%。湘酒鬼公司、泸溪金旭冶化集团公司等重点企业被纳入综治考核范围，以综治推进企业管理。州人民医院、州洛塔煤矿、花垣县长乐乡、龙山县兴隆街乡被“黄牌警告”；州粮食局、花垣县医保中心被“一票否决”。吉首市、花垣县“黄牌警告”被省取消。

第二节　维护社会稳定

1989年4—6月，州内受北京政治风波影响，以吉首大学为主的少数大中专学生冲击学校管理机构和单位。州委、州政府根据上级要求，成立全州清查工作领导小组，县市亦成立相应机构，从政法机关抽调干警组成清查工作专门队伍，列出重点处理对象96人，其中交学校处理65人。1990年3月，州委召开全州稳定工作会议，决定对全州开展“稳定压倒一切”教育活动，要求8个县（市）制定城镇、边沿结合部、移民遗留问题多的地区、严重受灾乡（镇）4类12种工作预案。州公安局、武警、消防支队和吉首市公安局共同制定《吉首地区公安机关、武警部队联合处置各种突发事件的工作预案》；州、县（市）还成立民兵应急大队和分队；州、县两级成立情报信息中心；各派出所和重点单位均确定1名以上专职或兼职信息员。1991年7月，凤凰县发生“7·20”新湾事件。县公安、检察、法院干警在禾库乡新湾村强制执行1起民事纠纷裁定时，与当地村民发生冲突，开枪打死村民2人，重伤1人，轻伤1人，殴打致重伤1人严重事件。事发后村民围困执法人员和乡政府。州委书记郑培民赶到现场，组织公安、武警维持秩序，反复做村民工作，事态得以平息。事后凤凰县委、县政府受到通报批评，相关责任人分别受到党纪、政纪处分和法律追究。是年，州委、州政府组织为期5个月的民间矛盾纠纷大排查、大调解活动，抽调法院、司法、民政和基层调解员3.09万人，集中摸排民事纠纷1.09万件，成功调处1.08万件，防止群体性械斗157起。1992年，全州发生土改、镇反运动中受处理的部分人员反攻倒算，打击报复基层干部256起，惩处违法犯罪分子174人。1995年，全州开展专项行动，取缔非法组织“门徒会”组织机构275个，处理骨干分子158人。8月，花垣县民乐镇村民与贵州松桃县虎头口电站因淹没区补偿问题发生纠纷。松桃县组织公安局干警在虎头口电站强行带走谈判代表4人和村民9人，引起民乐镇村民强烈不满。双方对峙，事态一触即发。湖南省委书记王茂林、省委政法委书记吴向东对此作出批示，要求维护边界稳定。州长向世林带领州委政法委人员与花垣、松桃两县的县委、县政府领导一起协商，达成补偿协议，对强行带走的13人予以释放，此事平息。1996年2月，吉首市和古丈县交界地区接连发生流氓斗殴、聚众闹事事件。是月28日，事件造成1人死亡、2人重伤、11人轻伤，另有3辆汽车被损坏。事件发生后，吉首、古丈两县（市）党委政府机关干部和政法干警200余人赶到事发地团结村、默戎村做工作。州长向世林，州委副书记彭诗来、州委政法委书记向后兴参与处理。时称“2·28”事件。抓捕犯罪分子4人，事态很快平息，两县（市）边界实现和谐稳定。

1997年，州委常委会会议确定全州稳定工作由州委书记、州长负总责，把维护稳定纳入全年工作目标管理，实行“一票否决”。州委、州政府印发《关于正确处理人民内部矛盾，确保全州社会政治持续稳定的意见》，州政法部门制定《处理群体性事件预案》《开展民间纠纷大排查方案》《审慎审理事关群众生产生活案件的意见》，开展送温暖、减轻农民负担、制止乱收费等活动。1998年，制止宗教非法活动17起；处置“门徒会”等非法组织活动10起。

2001年，州委调整州稳定领导小组成员，8个县（市）按照“谁管理、谁负责”原则，明确领导责任、主管单位责任和直接责任人责任，分级负责，一级抓一级。凡涉及稳定问题采取“一个问题、一名领导、一套班子、一个方案”，纳入3个文明建设和综治工作内容，实行“一票否决”。2003年春夏，在防控非典型肺炎中，全州政法机关投入警力2万人次，出动车辆5000台次，深入车站、码头、公共场所与有关部门一道筑起防止“非典”屏障。全州未发生监管安全事故和“非典”感染病人。2005年，州委、州政府印发《关于认真解决进京上访问题的紧急通知》《关于加强进京接访工作的暂行办法》，建立涉法涉诉信访接待日等制度。州、县（市）委政法委书记和公检法司“四长”直接接访，州级领导带队督办老大难案件。对矛盾较突出的改制企业、移民搬迁、征地补偿、砚矿猛矿污染、山林田土水利纠纷、交通营运纠纷强力化解。2006年8月，湘酒鬼酒股份有限公司因企业亏损，经营困难，公司决定改制，引进战略投资者，进行资产和债务重组，部分职工面临下岗。8月23日，湘酒鬼公司700余人围堵州政府，堵塞吉首市人民北路州政府路段长达18小时。事件发生后，州政法机关干警在州委、州政府领导下，通过反复学习企业改制文件，对围堵政府策划人员谈话和进行法制教育，以及对涉嫌聚众扰乱社会秩序的犯罪嫌疑人采取强制措施等办法，终使事态平息。同月，酒鬼公司部分职工堵塞公司大门，并打出“誓与酒鬼共存亡”横幅标语，阻止公司正常生产。州维稳办组织州、市政法干警300余人果断处置，刑拘2人，训诫40人，确保企业生产正常进行。

2007年，开展“矛盾纠纷排查化解年”活动，把司法调解、行政调解、人民调解捆在一起，建立“三调联动”机制。同时各村配备1名维稳信息员，各乡（镇）、县（市）和州直各部门配备1名维稳信息专干，建立健全多层次信息网络制度。2009年，强化非法集资事件后续维稳处理，接访集资群众1085批2557人次。2010年，印发《湘西州重大事项社会稳定风险评估办法》，强化特别防护期维稳和保卫工作，赞应上海世博会、广州亚运会两项重大活动安全维稳工作。

第三节 政法队伍建设

1989年，州委政法委开展清理清查政法队伍在北京政治风波中涉及的人和事，涉及人员10人，其中被收审1人，批评教育9人。年末，查处违法违纪干警35人，其中刑事处罚4人、党纪处分9人，行政处分22人，调离政法部门67人。1990年，开展学习雷锋活动，做好人好事5841件，拒收贿赂2011人次。1991年10月，结合社教整顿政法队伍，发现32个严重违纪问题，调查核实后立案查处8件，调离政法部门32人。保靖县公安局被省委、省政府评为全省双文明建设模范单位。龙山县检察院检察长魏承钦被中共中央组织部、中共湖南省委、中共湘西州委授予“优秀党员干部”称号。

1992年，州委政法部门和县（市）委政法委领导班子调整，8个县（市）委政法委书记进入县（市）委常委班子。1993年，整顿政法队伍，收集553条批评意见，集中研究解决202个问题，查出违纪违法干警95人。1995年，8个县（市）公安局局长、检察院检察长、法院院长异地交流。州委政法委从社会各界聘请229名义务监督员。州政府给予崔湘军、杨再武记二等功奖励，给予喻人周、李茂均、贺新旺记三等功奖励。州委政法委决定给予不严格执法的永顺县泽家湖派出所所长涂某某撤销所长职务和党内严重警告处分，免去泽家湖派出所李某某教导员职务，并给予行政记大过和党内严重警告处分。

1996年，全州开展评先进、讲典型、树标兵活动，表彰奖励46名优秀政法干警。永顺县公安局刑侦大队长彭英凤、吉首市司法局局长张维元、泸溪县公安局民警向庭书、州人民检察院林胜平、龙山县法院民事审判庭庭长吴良佑、永顺县龙家寨派出所长彭泽彪、吉首监狱一大队长曾子文7人组成“国徽在我心中”巡回报告团在全州巡回演讲。1997年，开展“抓班子创‘三好’，带队伍争一流”、评选办案有功人员、好班长、好搭档、好班子活动，解决门难进、脸难看、话难听、事难办和不良警风、会风及乱设卡、乱罚款、乱收费等问题。州法院干警张某某嫖娼被抓时开枪杀人并潜逃，抓获后被判处死刑。州委政法委为此专门发出通知，要求全州政法各单位结合该反面典型查找队伍问题。立案查办干警违法违纪案件48件48人，其中逮捕3人、判刑2人、免予刑事处分1人；党内警告5人、严重警告3人、撤销党内职务3人、留党察看3人、开除党籍3人；行政警告7人、记过5人、记大过2人、降职13人；调出政法部门53人，辞退52人。1998年，州委办转发州委政法委《全州政法队伍集中教育整顿惩治司法腐败活动方案》，开展公安机关治安联防队清理，撤销联防队139个，辞退988人。检察机关撤销设在行政机关、企事业单位检察室77个，解聘338人。对违反法律规定任命的18名检察员交由人大常委会予以纠正。1999年6月，州委政法委制定《全州政法系统深入开展争创人民满意政法基层单位（干警）活动方案》，州法院、州检察院、州国安局、吉首监狱在政法系统率先实行中层干部竞争上岗、干警双向选择制度。受到国家有关部委、省委、省政府及相关部门表彰单位71个、干警56人。通报批评120人，调离政法部门27人。查处干警违法违纪案件41件，处理53人。其中8人被判刑，9人被清调辞退，受党纪政纪处分36人。永顺县“12·27”轮奸团伙案，办案人员徇私枉法、重罪轻判的司法腐败案，涉案县检察院原检察员陈某某、县公安局原河西派出所教导员张某某、县法院原审判员张某某和县公安局原法医张某某等人，均被追究刑事责任。2001年，州委政法委协同组织部门调整更换县市政法部门“一把手”11人，副职46人，确定处级后备干部37人，选拔中层骨干110人。2003年，开展“公正执法树形象”为主要内容集中教育活动，处理各类矛盾纠纷1404起，查处执法问题165起，纠错156起，24名干警受党纪政纪处分。州公安局出入境管理科原正科级侦察员谢某某滞留香港4年不归，依法依规予以辞退。

2004年，州委政法委制定政法队伍建设规划，259名干警和57个集体受到表彰奖励。泸溪县人民法院办公室主任吴代双被授予全省十佳政法干警称号。2005年，全州开展评选十佳政法干警和优质文明服务窗口单位活动，向金坤等10人获全州十佳政法干警称号并记二等功；吉首市公安局石家冲派出所等10个单位获优质文明服务窗口单位荣誉称号。凤凰县检察院被最高人民检察院授予“全国先进检察院”称号。

2008年，“5·12”四川汶川地震发生后，全州政法干警捐款捐物、交纳“特殊党费”24.08万元。泸溪县获“全省社会治安综合治理先进单位”。花垣县公安局民警谢昌忠被湖南省人民政府追认为烈士，公安部追授该民警为“全国公安系统二级英雄模范”，共青团湖南省委、湖南省公安厅追授予其“湖南省杰出青年卫士”称号。2010年，全州政法机关开展“六个严禁”专项行动，即严禁接受当事人、代理人和请托人的钱物、吃请、娱乐、旅游；严禁违规使用枪支、警车及其他警用器械；严禁打骂、体罚虐待、刑讯逼供；严禁对待群众作风粗暴；严禁参与任何形式的赌博；严禁参与经营娱乐场所或为非法经营活动提供保护。通过“六个严禁”行动，查出违规警车359辆，分别予以查封和处罚。全州19名政法干警及亲属退出经营娱乐休闲场所。州委政法委、花垣县委政法委、州中级人民法院和泸溪县人民法院被授予“全省政法工作先进集体”；宋新情等4人被授予先进个人。永顺县公安局长向金坤获全国“五一劳动奖章”；“3·31”涉枪专案组被公安部记集体一等功；吉首监狱九监区区长李建军获全国“监狱工作先进个人”称号；湘西擎天司法鉴定中心主任高生发获全国司法鉴定先进个人称号。州中级人民法院立案庭副庭长龙桂珍获“全省十杰政法干警”称号；泸溪县法院获“全国优秀法院”称号；州公安局刑侦支队重案大队长李博获第六届“湖南省杰出青年卫士”称号。

第二章　公安

1989年，湘西州公安局内设办公室、政治处、行财装备科、纪检组（监察室）、审计室、政治保卫科、出入境管理科、经济文化保卫科、治安科、户政管理科、机要通信科、计算机管理监察科、法制科、警卫科、刑事侦察科、州公安职工中专学校（副局级）、消防处（武警现役编制，副团级），直属机构州公安局看守所、预审科、收容审查所、州交警支队（副局级），核定行政编制135名。1990年，消防支队升格为正团级。1995年，州刑事侦察支队升格为副处级。1996年，设立州公安局警卫处（副局级）。1998年，设立州公安局振武营分局（副局级）、州公安局涉税犯罪案件侦察支队。2001年，机构改革，局机关内设警务督察室、办公室（指挥中心）、政治部、国内安全保卫警察支队（邪教侦察科）、经济犯罪侦查支队、治安警察支队、刑事警察支队（副局级）、出入境管理科、警卫处（副局级）、经济文化保卫支队、科技通信计算机网络监察科、行动技术支队、监所管理支队、户政科、法制科、装备财务科、禁毒支队、涉税犯罪案件侦察支队（副局级）、振武营公安分局（副局级）、警官培训管理处（副局级）、消防支队（武警现役编制）、碗米坡公安分局、森林公安分局、电信公安科、纪检组（监察室）与审计室合署办公，核定行政编制134名，专项事业编制34名。直属机构有州交警支队（编制未定）、州看守所、州戒毒所、治安拘留所、收容教育所，核定编制47名。2008年，局机关部分内设机构调整，设刑事侦查支队、治安管理支队、警令部、纪检组（监察室、审计室）法制与信访办公室、国内安全保卫支队、人口与出入境管理支队、警务督察支队、网监与行动技术支队、后勤装备部、交通警察支队、森林警察支队、碗米坡分局，编制196名；原振武营公安局更名为振武营分局，警官培训管理处更名为州人民警察训练学校，并由机关内设机构为直属单位，局直属单位行政编制由47名增至83名。2010年，局机关内设机构、编制未变。

1989—2010年，州公安局历任局长：陈家俊、朱锦忠、龙德忠、周赛保；副局长：朱锦忠、龙德忠、彭承进、张清泉、李大培、吴运顺、吴廷松、田志明、田仁喜、王国任、胡维平、崔湘军、田茂胜、彭元、田儒平、杨铭旗、向仍平、王平、陈思念。

第一节　严打整治

1989年，州公安局开展打击盗窃专项行动，侦破盗窃高压电线、盗杀耕牛、盗窃人畜饮水设施等案件134件，摧毁团伙17个，抓获犯罪嫌疑人71人。1990年5—6月，开展缉拿“三逃”人员（批捕在逃、负案在逃、劳改劳教在逃）统一行动，抓获“三逃”人员338人，其中流窜犯罪人员681人。1992年4—6月，开展“反窃车、摧团伙、打击黑恶势力”专项行动，查获被盗自行车1957辆，挽回经济损失47.3万元。摧毁团伙465个，成员1947人，缴获各类枪支1141支、土炮3门、天雷523枚、自制手榴弹27枚、炸药357公斤、雷管2700发、管制刀具2376把。取缔私造枪支弹药窝点15个，摧毁贩卖枪支团伙3个11人。1993年，开展打击车匪路霸、打击抢劫和盗窃、打击拐卖妇女儿童犯罪，整顿交通秩序，整顿重点路段治安秩序；查禁卖淫嫖娼、贩黄传黄（贩卖传播淫秽物品）“三打两整一查禁”专项行动，破获刑事案件2589起，抓获涉案人员3285人，缴获赃款、赃物折合人民币203.4万元。摧毁沅水上游泸溪段自称“水上飞”重大盗窃团伙和横行乡里、危害一方的吉首市郊区“洪家五虎”黑恶团伙。专项行动中，主动到公安机关投案自首的犯罪嫌疑人113人。清查路边餐饮旅店505家、城镇宾馆393家、发廊282家、娱乐场所186处、出租房366户、录像放映场所55个，取缔播放淫秽录像场点51个，收缴淫秽录像带519盒、淫秽录音带630盒，没收录放器材46套，收缴淫秽书刊1730册。查获违法犯罪人员837人。1994年，全州以两条国道、4条省道、1条铁路沿线89个区、乡（镇）为重点，开展打击地痞、地霸统一行动，抓获地痞地霸等1480人，缴获自制火枪1461支、土炮2门、管制刀具2535把，赃款赃物折合人民币183.52万元。1995年，州公安局针对花垣、龙山、吉首等县（市）连续发生抢劫杀人恶性案件，局部地段车匪路霸活动频繁，开展春季“严打”统一行动，破获各类刑事案件828件，抓获各类违法犯罪分子1236人（其中“三逃”案犯265人），摧毁各类犯罪团伙171个，瓦解团伙成员772人，追缴赃款赃物折合人民币84.2万元。1996年春运期间，全州抽调930名政法干警分编成150个小分队，在国道209、319及省道1801、1828、1867线和湘鄂川黔四省市边区公路沿线开展为期40天打击车匪路霸、地痞地霸行动，打掉车匪路霸团伙6个35人，抓捕各类违法犯罪分子141人，缴获赃款赃物折合人民币20.1万元。夏季，开展“三禁一扫”（禁赌、禁毒、禁黄及扫除黑恶势力）严打行动，取缔违法经营歌舞厅、发廊、电游室等118家；查处非法经营危爆物品、制造枪支窝点66处，收缴土枪1126支、军用枪支3支、子弹28发、炸药1610公斤、雷管2207发；收缴管制刀具2714把，缴获毒品海洛因52.7克、鸦片1.7公斤、可卡因1公斤，铲除罂粟原植物2.21万株，抓获“三逃犯”405人。1997年春，继续开展扫除“黄、赌、毒”专项整治行动，取缔违规音像放映、出租场所110个，收缴赌博游戏机236台，拆除、整改全封闭包厢486个，取缔封建迷信摊点75处，责令搬迁学校周边200米范围内电游室7处。夏季“严打”侦破各类刑事案件805件，抓获犯罪嫌疑人780人。曾经猖獗一时的吉首市赵某某、龙某某为首的流氓团伙被摧毁。该团伙5年内在吉首市区流氓斗殴20余次，致人死亡2人，伤44人（其中重伤7人），31名成员被绳之以法。1999年春季，开展打击车匪路霸专项行动，将国道209、319线吉首至花垣段作为重中之重。州公安局“排碧行动组”将正在对过往司机实施抢劫的吴某某、石某某等6人抓获，挖出案件30起，团伙成员10人。此次行动破获车匪路霸案45件，抓获犯罪嫌疑人34人，摧毁团伙4个，瓦解成员21人，追缴赃款赃物5万元。夏季，全州扫黑除恶行动破获涉毒案件49起，抓获涉毒人员152人（其中贩毒人员14人）。

2001年4月，州公安局按照州委部署开展严打整治专项行动，抓获各类违法犯罪嫌疑人2927人，收缴猎枪等各类枪支2.28万支（其中仿真手枪216支），子弹2.83万发。7—9月，开展追逃专项行动，抓获在案逃犯1047人。2003—2004年，开展“打击两抢一盗”专项行动，破获盗窃耕牛案件78起，涉案耕牛154头，抓获犯罪嫌疑人26人，追回被盗耕牛59头。破获以何某某为首的盗抢机动车团伙案，追缴2000型桑塔纳轿车10辆。2005年6月，落实省委政法委电视电话会议，部署“减刑、假释、保外就医”专项整治行动，全州清理（罪犯）减刑案件629件，假释案件42件，保外就医案件46件，暂予监外执行的18人，纠正不符合保外就医条件52人，不符合暂予监外执行20人。

2006年，州公安局落实州委州政府决定，是年10月至翌年2月，开展以“打击涉枪违法犯罪，整治城区治安秩序，整治道路交通秩序，整顿队伍纪律作风”为主题的“一打三整”行动，破获各类刑事案件4386件（其中历年积案和外省市协办案件1717件），摧毁各类犯罪团伙116个，收缴各类枪支235支，查获被盗车辆30辆，摩托车348辆。2008年，“3·31”枪案发生后，由湘西州牵头，协调湘、黔、桂、粤四省区400余名公安检察民警参与，经过一年侦办全案告破，多个犯罪团伙相互交织形成跨四省区制造贩卖枪支地下网络涉嫌犯罪人落入法网，抓获涉案人员492人，缴获成品枪支190支，半成品枪支94支，子弹361发。捣毁制枪窝点11处，缴获制枪工具11套66种2129件。是年9月，吉首地区非法集资融资引发大规模群体性事件，州、市公安局主动介入，抓捕涉嫌打、砸、抢犯罪嫌疑人91人。2009年，继续治理非法集资，立案侦办非法集资等其他经济犯罪案件167件，涉案金额64.43亿元，抓获犯罪嫌疑人253人。2010年，开展打黑除恶、打击涉枪犯罪专项行动，先后摧毁吉首市王某某、花垣县吴某某和邓某某为首的3个涉黑涉恶团伙，抓获犯罪嫌疑人62人，破获刑事案件54起，缴获枪支37支。

第二节　治安管理

一、治安案件查处

1989年，全州公安部门开展清查打击流窜犯罪统一行动，清查重点部位，逐个发放限期整改通知书。1990—1991年，查处各类治安案件1.21万起，治安处罚1.43万起，调处各类民事纠纷1.07万起。1992年3月，凤凰县茶田镇砂罗村村民田某和茶田村村民杨某煽动村民盗挖、哄抢国家矿产，被茶田派出所传讯，砂罗村村民田某为首纠集200余人，围攻冲击茶田派出所，抢走被传讯人，打伤派出所所长、指导员、镇党委书记、镇长等7人，并抢走“五四”手枪1支，砸烂派出所办公设施。事发后，州、县公安局负责人率民警赶到现场调查处理，抓获案犯田某等7人。

1993年，全州公安部门开展系列专项行动，至1999年，查处治安案件4.03万起，查处违法人员6.07万人，调解纠纷1.52万起。2005年6月，破获以龙某为首的特大盗窃电力设施犯罪团伙，抓获团伙成员5人。该团伙流窜贵州、湖南两省4个地区13个县（市），作案168起，造成直接经济损失100余万元。2008年3月，永顺县交通征稽部门在县城河西国道209线上查车收费时，征稽人员贾某被该县泽家镇司机刘某驾驶一辆无牌无证货车压死，事后司机被公安机关依法刑事拘留。是月13日，刘某亲属听信社会谣言，称“刘某在死者灵前披麻戴孝时被征稽人员打死”，不明真相的100余村民聚集到县人民医院、县公路养路费征稽所、县公安局、县人民政府讨说法，少数村民涌进征稽所砸坏办公设备及车辆，后经公安机关现场处置，抓捕2名组织参与打砸人员，相关部门领导做工作，事态得以平息。

2010年6月，凤凰县邓某醉酒后搭乘该县石某的出租车，因在车内随意小便与其发生口角扭打引发治安案件。县沱江派出所调解未果，100余人冲击派出所闹事，围观群众300余人，现场秩序混乱。不明真相的腊尔山镇村民在非法组织“出租车协会”人员怂恿下，携带砍刀、镰刀、钢筋、斧头等凶器藏于4辆面包车内随时准备械斗，40余辆出租车集中摆放在沱江镇南华路两边示威助阵，并发白色手套区分阵容。事发后，州长及相关部门人员迅速赶赴凤凰，抓获涉案重点人员19人，并对吴某刑事拘留，石某等6人治安拘留，另12人警告处罚。是年，全州公安部门开展社会治安冬季行动，打击各类违法犯罪活动，受理治安案件6883起，查处5801起，查处违法人员6569人次；加大对校园及周边治安整治，投入巡逻警力1200人次，组织治安防范检查895次，发现整改隐患236处，查处各类涉校案件35起，抓获违法犯罪嫌疑人41人。全州新增治安岗亭59个，新派驻保安员128人，新选派法制副校长和辅导员72人，新设交通标志和安全设施70处，确保师生安全和正常教学秩序。州公安局为张（家界）花（垣）、吉（首）茶（洞）、吉（首）怀（化）等高速公路重点工程派驻民警，对重点工程治安防范工作进行专门指导和监督，成立重点工程110巡警队，及时查处重点工程中违法犯罪案件，解决高速公路建设施工各类矛盾纠纷156起，制止化解群体性阻工闹事事件7起，查处违法犯罪案件35起，抓获违法犯罪嫌疑人46人。

二、扫黄禁赌禁毒

1989年，全州公安部门开展除“六害”（卖淫嫖娼，拐卖妇女儿童，利用封建迷信骗钱害命，聚众赌博，制作、贩卖、传播淫秽物品，稀释、制作、贩卖毒品）斗争，至1990年，侦破各类案件2528起，违法人员8600人，摧毁团伙264个，瓦解成员772人，解救被拐卖妇女儿童210人。

1992年起，开展查禁取缔卖淫嫖娼统一行动，至1994年，侦破卖淫嫖娼案件545起，查获犯罪团伙34个，捣毁传播淫秽录像物品场（点）46个，收缴淫秽录像带3442盒、书刊和画册2.79万本。1995年始，全州开展扫除黄赌毒统一行动，当年，抓获赌博、卖淫嫖娼及传播淫秽物品等违法犯罪分子324人，收缴赌资、罚款19.3万元。至1999年，查处赌博、卖淫嫖娼、传播淫秽物品案件5074起，处罚1.36万人，取缔查封有奖电子游戏室466家，收缴电子游戏机1320台。

2000年9月，州禁毒支队成立。是年，州、县（市）公安禁毒部门联合作战，打、防、管、建、教并进。2001年6月，副州长杨先杰参加吉首街头万名群众、学生珍惜生命、禁绝毒品签名活动，号召群众积极行动，同毒品违法犯罪作斗争。是年，全州禁毒力度加大，至2004年，州公安局禁毒支队在吉首市区5所大中小学，开展禁毒知识讲座。同时，全州各级各单位悬挂横幅，张帖标语，印发宣传资料，展出禁毒图片，设立永久性宣传牌，张贴禁毒警示牌，设立举报电话、举报箱。广播电台、电视台滚动宣传，报刊刊登禁毒文章，宣传党委政府禁毒决心和法律法规。6月26日禁毒日，将毒品严重镇、寨列为禁毒整治重点，签订责任状，实行挂牌管理，限期整改。同时开展麻醉、精神药品生产、运输、使用、经营情况排查，责令账目不清单位限期整改，对非法将二类精神药品安定针剂卖给吸毒人员实施治安处罚，并组织集中统一收戒行动，查处吸毒人员1573人。2005年，州禁毒支队筹集资金，建立10个禁毒教育基地；各部门落实戒毒出所人员接管帮教制度，出所人员由家庭、机关企事业单位、街道、村（居）委会签订帮教责任书，实现戒毒所与社会无缝对接。6月，州、市公安禁毒支队联合破获跨国贩毒案，案件源自云南方向，抓获田某等犯罪嫌疑人7人，缴获毒品海洛因929.4克，收缴毒资90万元。

2008年，永顺县公安局集中开展整治赌博专项行动，地下“六合彩”、街面“转转麻将”、比“九点”等聚赌现象得到有效整治；保靖县公安局采取查处扫黄禁赌热点问题，净化社会风气，针对一个时期保靖黄赌等丑恶现象予以打击取缔，两县经省禁赌办实地暗访、检查验收，摘掉禁赌工作重点整治县牌子。是年12月，破获贩卖新型毒品案件，当场缴获新型毒品麻古1976粒，赃款3万元，抓获犯罪嫌疑人5人。2003—2008年，开展打击赌博、整顿彩票市场秩序专项行动，查获赌博案件887起，抓获组织和参赌人员7384人。

2010年，全州公安机关开展扫黄禁赌专项行动，打击手机淫秽色情网站、网络赌博和网络黑客等，关闭有淫秽色情链接网站并责令其限期整改。针对毒品向农村蔓延特点，在农村墟场设立咨询点，发放宣传资料。是年，侦破毒品案件227起，抓获犯罪嫌疑人207人，缴获制毒工具1套、毒品9389克。

三、特种行业管理

1989年，全州公安部门管理特种行业单位1675家，其中旅店业1150家。1990年起，以公安为主，工商、税务、物资等部门配合，澄清特种行业底数，清理整顿旅店业、文化娱乐场所，核查特种行业从业人员，对非法经营者依法查封、停业整顿、限期整改，或吊销营业许可证，对合法经营者予以审验、核发、换发特种行业经营许可证、旅馆业安全经营许可证等证件。2003年8月，州保安服务有限责任公司挂牌并正式营运，注册资金10万元，归口州公安局治安支队管理。2010年1月，州保安公司获得GB/T19001：2008标准质量管理体系认证证书，为全州首家保安服务公司获得质量管理体系认证。年末，州保安公司设有13个守押中队和10个人力保安中队，队员286人，年服务合同额1700万元。2007，加强对易发案人群和重点行业、场所管控工作，开展对涉枪涉爆涉危、娱乐场所、金融单位安全隐患整治行动，澄清特种行业5009家，清查753家旅馆业信息系统，抓获网上逃犯280人，整改安全隐患78处，侦破刑事案件53起、治安案件23起，抓获各类犯罪嫌疑人62人。

四、危爆物品管理

1989年，全州公安部门开展清理整顿危爆物品等系列专项行动，至1999年收缴炸药8.49万公斤、雷管6.35万枚、导火索4.74万米，处罚违法使用危爆物品人员683人。2001年始，全州开展“治爆缉枪”专项行动，至2003年，收缴炸药4.82万公斤，雷管11.58万发，导火索3.21万米，管制刀具1441把，4897名违法使用危爆物品人员受到查处，取缔非法生产烟花爆竹小作坊5个；同时开展全州收缴“毒鼠强”等剧毒化学品专项行动，查封取缔集贸市场、摊点、游商游贩410个，收缴“毒鼠强”338.36公斤，氰化物24.50公斤。2004年8月，保靖水泥厂被盗放射源核素铯137（CS137），经保靖警方侦查安全追回。

2008年始，全州公安部门对危爆物品开始实行封闭式管理，培训爆破从业人员，核发从业许可证。开展整治涉爆涉危单位安全隐患2202家，排查非法矿点17家，停产17家，取缔15家，收缴炸药5473.65公斤，雷管3319发，导火索6607.4米。2010年，开展危爆物品安全大检查，检查使用、储存危爆物品单位641个，整改隐患116处，完善民爆临时库房建设88处，查处非法购买、运输易制毒化学品案件9起，查获易制毒化学品97吨。

五、枪支弹药管理

1989年，全州公安部门组织检查内部单位枪支管理情况，至1991年，先后检查单位1598个，发现不安全隐患372处，收缴各类枪支488支、子弹4372发。1993年，开展清理整顿枪支弹药专项行动，至1997年捣毁私造枪支弹药窝点17处，收缴各种仿真枪、土火枪等非法枪支4350支。1998年，全州收枪治爆工作力度加大。2000年，省公安厅在湘西州召开全省收枪治爆工作现场经验交流会。至2004年，收缴非法枪支4.91万支。2007—2009年，检查涉爆涉枪单位2787家，发现安全隐患714处，下发整改通知书365份，整改安全隐患564处，立涉枪案件528起，破479起，收缴各类枪支497支，捣毁非法制枪窝点51个，打掉涉枪团伙62个，抓获犯罪嫌疑人688人。2010年，继续深化打击涉枪犯罪，全州立涉枪案件62起，破104起，打掉涉枪犯罪团伙6个36人。

六、基层建设

1989年，全州公安部门整顿和调整乡镇派出所，至1990年，撤并5人以下派出所11个，充实加强调整后派出所79个，未设派出所乡镇配备公安助理员92人。1994年，吉首市率先组建巡警大队，加强控制社会面；同时，恢复和新建农村派出所12个，至1996年，新增派出所40个。1997年，8个县（市）公安部门开通110报警台或报警电话。2004年，全州组建65个社区警务室，社区民警295人。2006年，全州有公安派出所86个，纳入西部开发第一批投资建设53个派出所，完成城关镇和农村中心派出所按副科级机构设置，全面收缩整合5人以下派出所，统一派出所外观标识、外观形象和警用车辆外观制式。2007年，吉首、凤凰、古丈、保靖、永顺、龙山6个县（市）完成以城市治安电子防控系统为主的技防建设。2008年，全州84个派出所均解决无车、无电脑、无电话问题。2010年，全州公安部门加大城市治安电子监控建设，安装电子监控摄像头509个，构成覆盖全州城区主要街道、重点单位、要害部位全天候监控网络，建设城区社区警务室55个，农村警务室140个。

第三节　户政管理

一、户籍管理

1989年11月，州公安局出台《农转非户口廉政建设制度》，规定农转非户口工作实行监督公开。12月，为全州整顿核对户口月，纠正户口登记差错4491处。1990年3—5月，结合全国第四次人口普查，清理整顿城乡户口，核实全州常住户为54万户、人口230.67万人。1991年8月，60万人口信息资料输入微机，为湘西州利用微机管理人口信息开端。1993年，全州开始试行蓝印户口，为城镇务工经商人员解决蓝印户口8000人；是年，永顺县公安局遭受特大洪水袭击，14万常住人口登记表和3.5万户口簿被洪水冲走、浸泡情况下，县公安局迅速印制好40万份常住人口登记表下发各乡镇，集中人力清理户口表册，重新登记，确保人口资料完整无缺。1994年，开展清理整顿暂住人口、出租房屋和农村户口工作，清理农村人口210.88万人，查出迁入未上户3088人，出生未登记户口4756人，死亡未注销户口4668人，迁出未注销户口3457人，纠正各种差错1.39万处；审查农转非材料2.29万份，办理农转非户口7634人。

1996年，全州贯彻落实湖南省农村户口城市化管理工作会议精神，98个乡（镇）正式启动，次年，有73个乡（镇）完成农村户口城市化管理相关程序。古丈县公安局古阳派出所人口信息管理在全州率先实现微机化管理，实行微机对外办公。1998年，继续完善农村户口城市化管理工作，有100个派出所接管农村户口，乡（镇）设户籍室100个，村委会设户籍室1614个，配备户籍民警182人、乡（镇）配备户政员119人、村配备户籍协管员2232人、设村民小组户籍信息员1.09万人，清理出生未登6527人、迁入未登2800人、其他未登4015人、死亡未注销1793人、迁出未注销4307人、其他未注销2147人，纠正户口登记项目差错2.06万处，换发常住人口登记表388.8万张、换发户口簿50.9万本，绘制方位图710张、设置村碑1635块、装订门牌39.86万块。吉首、保靖、龙山3个县（市）完成农村户口城市化管理工作。古丈县公安局在全州率先建立辖区派出所工作对象管理信息库。

2000年，州公安局结合全国第五次人口普查，印发《关于全州开展户口整顿工作的实施意见》，组织公安干警684人、乡村干部8144人，以派出所为单位，对辖区内各类户口和人口，逐人逐项核对登记，澄清全州总户数和总人口，全州有65.75万户，总人口260.83万人，比1999年增加1.53万人。

2002年，全州深化户籍制度改革，放宽城镇准入标准，全州取消和降低暂住人口管理费等6项收费项目。2003年，州公安局户政、居民身份证办证工作直接搬至州政府政务中心，实行一站式审批和一个窗口服务。2004年，开展人口信息主项差错和重记录纠错工作，补录常住人口8442人，纠正居委会为空记录5.28万条，纠正重记录1707条，纠正主项差错记录4.65万条，纠正逻辑差错记录3194条，纠正12岁以下文化程度差错记录6.82万条。是年11月，召开湘西州户籍管理制度改革工作会议，州政府下发《深化户籍管理制度改革的实施意见》，明确户籍制度改革内容。2005年，州公安局出台“一元化”户籍制度改革实施办法及其细则，加强人口信息质量维护工作。至是年年末，全州有72.94万户，总人口268.65万人，比上年增加8111户2.02万人。2006年1—10月，办理新生婴儿上户1.26万人；外迁入户8529人。2007年，全州清理黑户、无户口人员7118户8309人，人口信息补录1.35万人，清理纠正重证号、重记录5486人。2008年，清理1人多户人员630个，取缔非法办理虚假户口29个，清理登记应落未落常住户口1990人，清理、注销应销未销常住户口4334人，清理、纠正户口登记项目3534项，开展户口整顿发现违法线索59条。2010年，全州清理人户分离3.82万人，暂住人口4.05万人，漏登户口2758人，重登户口人数1074人，应销未销数1.75万人，死亡未销数1.49万人。第六次人口普查，全州有72.93万户285.58万人。

二、居民身份证管理

1989年，州公安局落实公安部《关于在全国实施居民身份证使用和查验制度的通告》，决定9月15日开始，实施居民身份证使用和查验制度。1990—1991年，全州办理居民身份证40余万人证。至1993年，查验身份证10.18万人证，发现各类案件线索 1902 条，查破案件 1464 起，查获流窜嫌疑人 2554 人，打击处理违法犯罪分子 91 人。

1996 年 1 月 1 日起，采用新工艺制作防伪居民身份证，签发没有采用新工艺制作的居民身份证视为无效证件。1998 年 1 月 1 日，为换领、补领、申领居民身份证人员编制 18 位号码居民身份证，对 16 周岁以下公民实行赋码，对新生婴儿上户时直接赋码，同时利用户口整顿清理纠正居民身份证编号中错误。2000 年，实行无底卡居民身份证制作，取消有底卡居民身份证制作。

2005 年，州境城区停发一代身份证，发放二代身份证，全州完成二代证换发 2.79 万人。2008 年，为集中换发第二代居民身份证最后 1 年，全州投入经费 80 万元，增设 22 个固定服务处、34 个流动服务点，新购置二代证受理设备 44 套，完成二代证换发 93.27 万人证，完成全年任务 100%。2010 年，开展宣传活动，召开各类会议，印发宣传标语、通告等，完成二代证换发 10.83 万人证，完成任务 100%，同时将重证号人员名单分发到县（市），由县（市）采取人在本地逐人上门道歉；人在外地依托亲朋好友，与其取得联系方式,对需更改身份证号的群众耐心做解释工作。户口所在地公安机关免费为其办理二代证，为急需用证群众提供二代证邮政快递服务。全州各制证点通过办理身份证件业务抓获故意伤害、抢劫、盗窃、绑架等在逃人员 37 人。

三、暂住与流动人口管理

1989 年，全州公安部门实施公安部《租赁房屋治安管理规定》和《暂住证申领办法》，开展清理整顿暂住人口、出租房屋工作，成立出租房屋暂住人口管理领导小组，建立暂住人口申报站，至 1995 年，全州澄清暂住人口 25.65 万人，办理“暂住证”20.57 万人（证）。1996 年，建立《暂住人口申报登记制度》《暂住人口管理员职责》《暂住人口协管员职责》《暂住人口协查函调制度》《暂住人口收费标准》《暂住人口租赁房屋治安管理规定》等规章制度。1998 年，要求各县市对情况不明、无身份证、无固定住所、无正当职业、无流动人口计划生育证明的流动人口发函调查，对外地来函及时复函。同时开展治理流动人口和房屋出租情况清理，至 2003 年，全州清理暂住人口 29.51 万人，出租屋 2.09 万户，发现重点人口 455 人。2005—2006 年，清理暂住人口 7.91 万人，出租房屋 2.91 万户，签订治安责任状 2.38 万份。2007 年，以出租房屋为基点，用社区资源共同管理出租房屋和暂住人口，清理流动人口 2.79 万人，清查出租屋 1.08 万间，房屋登记备案 1.08 万件，完成流动人口录入 3.42 万人，出租房屋录入 8852 间，签订治安责任书 6219 份。2008 年，通过流动人口管理、换发二代证制证信息比对，抓获故意伤害、抢劫、爆炸、盗窃等在逃人员 34 人。2010 年 6 月，州政府办印发《湘西州流动人口与出租房屋服务和管理工作方案的通知》，正式建立州流动人口与出租屋服务管理工作模式。是年，清理整顿流动人口登记 3.43 万人、录入系统 2.22 万人，出租房屋登记 6681 户、录入 4892 户，签订出租房屋治安责任书 5453 份。

1989—2010 年湘西州户数与人口情况一览表

表 9-1　　单位：户、人

年份	户数	人口
1989	530369	2270039
1990	540044	2306706
1991	560655	2341635
1992	573101	2371168

续表 9-1 单位:户、人

年份	户数	人口
1993	588181	2401893
1994	606787	2441509
1995	618102	2474972
1996	631210	2511298
1997	648894	2538337
1998	647668	2565728
1999	659798	2592956
2000	657497	2608249
2001	674585	2624273
2002	696218	2645791
2003	713530	2655473
2004	721246	2666324
2005	729357	2683419
2006	747226	2700000
2007	784007	2721269
2008	800702	2739361
2009	784518	2758346
2010	729288	2850143

第四节 刑事侦查

1989年，全州公安机关以破大案为突破口，结合专项斗争和战役行动，打击刑事犯罪，遏制大案上升势头。1992年，开展“三打两整一查禁”行动，即打击车匪路霸、抢劫和重大盗窃、拐卖妇女儿童犯罪，整顿交通秩序和重点地区、路段治安秩序，查禁卖淫嫖娼，至1995年破案1.31万起，其中重大案件5474起，抓获犯罪分子2.09万人。

1995年，针对全州拐卖妇女儿童犯罪突出、起伏大的特点，全州公安机关坚持不间断地开展多次侦破打击行动，至2000年，侦破拐卖妇女儿童案件613起，抓获拐卖妇女儿童犯罪分子1263人，摧毁涉拐团伙98个，瓦解成员406人，解救被拐妇女儿童1231人，其中儿童112人。

2001年，开展打黑除恶、治爆缉枪和打击各种经济犯罪等“三条战线”专项斗争，至2004年，抓获侦破一批严重刑事、经济犯罪案件和违法犯罪嫌疑人，缉拿重大逃犯，立刑事案件1.7万起，破案1.14万起，抓获犯罪嫌疑人1.09万人，缴获赃款赃物折款2759万元。2005年，开展命案侦破、追逃、百日会战、打击破坏农村春耕生产和电力设施犯罪等系列专项行动，至2010年，立刑事案件3.31万起，破2.38万起，抓获犯罪嫌疑人 1.45 万人。

一、重特大案件侦破

1990 年 3 月，永顺县王村镇花果山全国第一批重点文物溪州铜柱被人盗锯破坏，州、县公安局刑侦人员成立专案组，于 6 月 18 日下午将犯罪分子彭某人赃俱获。5 月 16 日，吉首市吉首乡雅溪村村民杜某 6 岁儿子被绑架，犯罪嫌疑人用匿名信索要 1000 元现金到市人民电影院换人，上午 10 时，在雅溪五组附近公路桥下发现被绑架人尸体。接到报案后，州市公安刑侦部门迅速行动，于上午 11 时 30 分在吉首市人民电影院附近录像厅将犯罪嫌疑人杨某抓获归案。1992 年 10 月，龙山县召市镇方坡村二组村民陈某在厕所掏粪时，发现粪坑内尼龙袋装有人体四肢。州、县公安机关接到报案，组织 30 余人专案班子开展侦察，查清死者是 2 个月前失踪村民田某。在缩小侦察范围，确定侦查第一现场和凶器同时，组织群众掏粪坑、下天坑，找回死者头颅和躯干。奋战 5 天，将杀人碎尸犯罪分子陈某和康某抓获。1996 年 8 月，泸溪县潭溪镇虎食溪村 3 组村民杨某一家 8 口被犯罪分子用斧头、尖刀杀死 7 人，重伤 1 人，犯罪分子作案后潜逃。案发后省、州、县党政领导干部、公安机关领导干部带队，组织现场勘查，围捕罪犯，全体参战民警、武警官兵连续奋战，群众踊跃提供线索，参与搜山，经过 4 天夜以继日搜捕。24 日，犯罪嫌疑人杨某某在吉首市吉首乡大田湾村青山湾乌珂山上被搜山武警击毙。1997 年 10 月，凤凰县长潭岗水库一渔民拉网时钩出两包尼龙编织袋，袋内分别装着被肢解人躯干、四肢和头颅。此案为该县首起碎尸案，州公安局和凤凰县公安刑侦办案人员穿梭于 9 个乡（镇）54 村（寨）30 平方公里的山岭，走访群众 500 余人，11 月发现尸体，奋战 57 个昼夜，查明死者系廖家桥乡报木林村苗族男孩龙某，年仅 15 岁。12 月 2 日抓获犯罪嫌疑人张某。张某对其报复杀人供认不讳。1999 年 4 月，吉首市民中生物教师吴某之子（12 岁）在上学途中被绑架，绑匪勒索 10 万元。州、市领导认为该案系高智能犯罪，案犯事先作充分准备，作案手段狡猾，多次变换地点，使用 IC 卡电话勒索威胁，还从报刊杂志上剪贴文字，拼凑成恫吓信投寄给受害人家长。州、市公安侦查人员先后下广州、上北京，于 2000 年 7 月 9 日将该案破获，抓获犯罪团伙嫌疑人陈某等人。10 月 31 日，永顺籍犯罪嫌疑人彭某将两包炸药分别塞进同村村民两彭某家卧房内地板下，并先后引爆，炸毁房屋 2 栋，当场炸死 4 人，重伤 3 人，后潜逃。在外地还多次打电话恫吓其他村民，村民人人自危。州公安局和永顺县公安局追捕组五下海南，40 度高温下连续作战，翌年 5 月 6 日，在海南琼山市将特大爆炸杀人犯罪嫌疑人彭某抓获。2001 年，花垣县连续发生“3·18”“4·24”“5·20”麻醉抢劫案。州、县公安刑侦接警联合作战，从作案手段、方法及犯罪嫌疑人体貌特征等分析研究，串并案件，走保靖，跑龙山，历时 20 天，终于在怀化靖州县将犯罪嫌疑人王某等 4 人抓获归案，连破保靖“5·1”麻醉抢劫案、龙山县“2000·12·12”里耶麻醉抢劫案，追回面包车 3 辆、手机 3 部和金器等，挽回经济损失 32 万元。

2002 年，全州公安机关加大对大要案件侦破和重大逃犯缉捕力度。向某、张某于 1998 年 6 月 15 日将吉首市出租车司机孙某骗至马颈坳杀害，尸体埋于事先挖好的土坑，而后驾驶抢来车辆逃至贵州松桃销赃。潜逃 3 年期间贩枪、抢劫、吸毒、盗窃作案 23 起。3 月 30 日，州公安局副局长崔湘军、吉首市公安局局长龙明钊部署指挥，在吉首市天河茶馆设伏将向某、张某抓获，在其出租屋内搜缴仿 64 式手枪 9 支、子弹 30 发。2004 年 8 月 11 日，花垣县兄弟河水库职工吴某、田某先后失踪，失踪的田某带有大量现金。13 日，吴某因赌博输钱找死者吴某借钱未果，然后绑架吴某，此后以借高利贷为名，骗吴妻田某取款 22 万元，拿到现金后将吴夫妇杀死后拖至矿洞掩埋，并将死者猎豹车开至矿洞内爆炸焚烧灭迹。州、县公安局接到报案后，侦技结合摸排，25 日，将犯罪嫌疑人吴某和逃至江苏泰州犯罪嫌疑人张某抓获。9 月 19 日，吉首市絮荆城茶楼前厅吧台收到一个生日礼品盒，服务员张某接到电话，拆开礼品盒时发生爆炸，张某被当场炸死，另一服务员刘某被炸伤，在送往医院抢救无效死亡。接到报案后，州公安局副局长胡维平、市局局长龙明钊随即赶到现场，抽调侦技人员组织侦破。是日23时40分在泸溪县城将犯罪嫌疑人石某抓获，石某供称因怀疑死者张某与其夫有不正当关系，于是自制爆炸装置，托人送至茶楼报复杀人。2005年1月，吉首市发生一起杀人毁尸案，犯罪嫌疑人吴某因经济纠纷将被害人吴某某杀害在自己住宅内，并从商店购卖硫酸，把被害人尸体放入事先准备的塑料桶，然后倒入硫酸，毁尸灭迹。州、市公安刑侦部门经过5昼夜侦查，案件终于告破。2005年，吉首市乾州张某、滕某纠集10名社会闲散人员合伙购买刀、枪等凶器，在吉首等地故意伤害、敲诈勒索、非法买卖枪支，寻衅滋事，称霸一方。2007年8月，张某等团伙又在吉首市乾州新区持七八支长短枪追杀高某致残，州、市公安机关将其列入黑社会性质团伙开展侦查打击，抓获其他犯罪嫌疑人，而滕外逃。2008年3—6月，专案人员3次赴广东中山市和湖南娄底新化、怀化溆浦追捕未果。8月12日，专案组将掌握信息筛选鉴别，15日，在怀化市金桥宾馆门口将逃匿6个月之久，省公安厅挂牌的吉首“8·8”案涉恶主犯滕某抓获归案。

2008年3月，州公安局根据群众举报，获取一团伙涉嫌贩卖枪支线索，迅速抽调精干力量组成专案组，该案涉及广东、广西、贵州等省（自治区），公安部、省公厅领导高度关注，经过近2年艰苦奋战，成功侦破此起系列制贩枪支案件，摧毁涉及4个省（市）19个市（州）的多个犯罪团伙制贩枪支地下网络，抓获犯罪嫌疑人568人，捣毁制枪窝点11处，缴获各类枪支233支、子弹2274发、制枪工具2376件，破获各类刑事案件1265起，打掉涉黑团伙4个、涉恶团伙21个。公安部部长孟建柱签署命令，给州公安局“3·31”系列制贩枪支案专案组记集体一等功，省公安厅给5个专案小组记集体二等功，10名干警记一等功、28名干警记二等功。2009年1月，永顺县颗砂乡猫山村村民宋某夫妇及其孙子一家5口被人杀死在家中，同时距凶案现场附近村民宋某某家房屋被烧毁，人亦死在烧毁现场。接到报案，永顺县公安局局长周斌立即带刑警到现场指挥，分4组开展侦破。省公安厅副厅长阳红光、省公安厅刑警总队长孙湘隆、州公安局分管副局长田儒平、永顺县委书记周云等省、州、县领导干部闻报也相继赶到现场指导侦破工作。40余名干警经过2个月周密调查，将20余件物证送省厅DNA化验，反复研究案情，4月3日，终于解开案件之谜：即宋某某因与宋某矛盾纠纷，将宋某一家5口杀死后，回家放火畏罪自杀。2010年4月，抓获涉嫌买卖枪支董某等8名犯罪嫌疑人，缴获各类枪支31支，其中AK47冲锋枪1支、猎枪20支、仿64式手枪2支；子弹1843发，其中猎枪弹966发、步枪弹197发、冲锋枪弹413发、54式手枪弹74发、64式手枪弹26发。7月，湘西州“3·31”系列制贩枪支案件侦办。9月15日凌晨，吉首市发生一起女出租车司机被强奸杀害案，案件发生在城区，出租车司机群体反应强烈。州、市专案民警经过53天连续奋战，终于认定此案为四川省自贡市自流井人张某所为，并于11月8日在四川自贡将潜逃回家张某抓获，案件告破。11月13日，凤凰县公安局接杨某报案：其夫田某于11日晚6时失踪至今毫无音讯。根据调查，其朋友反映当天多次接到田某电话要求往其卡上打60万元现金，其中有两人分别打8万元和3万元。同时专案民警经调查还发现田某信用卡11日晚和12日白天分别在凤凰和贵州铜仁市被一陌生人各取走4万元。接警后，州、县公安局及时开展全方位侦查工作，经过4天4夜奋战，专案民警从数万条信息中，成功锁定犯罪嫌疑人，尔后在铜仁、吉首等地将犯罪嫌疑人4人全部抓获归案。

二、刑侦技术

1989年，州政府投入50万元改善刑侦技术装备，州公安局二级技术点建成湘、鄂、川、黔边区痕迹、枪弹、法医、毒化检验鉴定中心，微机检索车辆、人犯、逃犯、情报资料业务初具规模。1990年10月，设立湘西州公安局法医门诊部，并行文发布公告，开始接诊。1991年，州局刑侦大队验收全州刑侦技术三级点，除永顺因房屋搬迁影响外，其余七县市全部达到三级技术点建设标准。刑事技术在破案中直接应用。是年，刑侦大队阎文玉写的《14种导火索解剖检验》论文，在《全国公安院校首届刑事侦察刑事技术学术讨论会论文集上发表。1992年，全州建立枪弹痕迹档案，至是年年末，通过刑事技术直接破案307起。1993年，处理凤凰“7·20”新湾事件技术难题中，龙铁学与州检察院彭秀林一道，开展一个多月技术攻坚，利用2名死伤者体内取出2枚混合弹头和仅有两张体内弹头的X光片，成功解决何人枪支击中何人，哪个弹头是哪支枪发射等系列复杂技术问题。1995年6月，龙铁学与他人合著《弹头参数推导过程及其在枪管中的作用》论文于8月在公安部第四次全国刑事技术破案研讨会上作为入选论文交流发表。1997年，阎文玉获省公安科技进步二等奖，首位获公安部评审理化检验高级工程师技术职称。1994—1998年，利用网络信息、刑事技术破获案件912起。

1999—2001年，以发展刑侦业务为突破点，走科技强警之路，勘查现场4304起，提取痕迹物证3902件，利用痕迹物证3315件，检验鉴定利用技术手段直破刑事案件288起。2002年5月，州刑侦支队阎文玉撰写的《综合利用物证鉴定破获一起杀人焚尸案》一文，在第三届全国物证鉴定管理工作研讨会论文集上发表；12月，胡运亮、宋祥生、余家树、彭秀文、陈善云等合写的《人体骨骼身份判别系统的开发与运用》一文，在公安部首届全国法医人类学学术交流会论文集上发表。2004年，全州投入100万元建成指纹自动识别系统及8个远程工作站，湘西州公安局指纹自动识别系统正式开通。1月，在系统安装调试当天就通过该系统比中4枚现场指纹，锁定龙山、凤凰、吉首、古丈等县（市）发生4起盗窃大案犯罪嫌疑人。是年，县市挤出资金数十万元，增购ZHYC—茚三酮DFO熏显箱、摄像机、照相机、数码照相机、现场勘查箱、金属探测器、夜视仪、电脑及打印机等仪器设备，勘查现场3273起，提取痕迹物证2405件，利用痕迹物证1491件，检验鉴定1395件，破案95起。2006年，州公安局筹资20万元建成枪弹痕迹检验室，公安局刑事警察支队技术大队更名为州公安局刑事技术科学研究所，加挂州公安局物证鉴定所牌子。至2007年年末，全州出勘现场8290起，提取痕迹物证5799件，利用痕迹物证1541件，破案821起。2010年，州公安局将刑侦基础工作纳入全州公安机关岗位责任目标管理，各县（市）相继建立刑事技术室，龙山、凤凰、永顺3个县达到一级技术室，除花垣和吉首两县（市）为三级，其他均为二级技术室。配置痕迹、法医、理化等技术人员，选送技术员参加中国刑警学院和省公安厅组织各种培训，添置紫外勘查照相系统。出勘现场8153起，提取痕迹物证5785件，利用痕迹物证1261件，破案923起，刑事技术人员勘查率达到100%。

第五节　经济犯罪侦查

1999年，州公安局税侦支队初查涉税案件248起，立案侦查32起，挽回损失1322万元，拘捕犯罪嫌疑人14人。2001年7月，州税侦支队将虚开增值税专用发票犯罪嫌疑人谢某等人拘留。经查，1996年11月至1997年12月，谢某以永顺有色金属选矿厂和永顺选矿厂名义购领增值税专用发票350份，代叶某等个体矿贩和单位向湖南、甘肃、河南、青海、陕西5个省20个单位虚开发票219份，虚开税款总额950.9万元，价税合计8265.5万元。2002年10月，破获吉首市裕宏实业有限公司邓某偷税案，挽回损失20万元。11月，破获一批建安企业三偷税案，追缴税款45万元。2003年，开展打击涉盐经济犯罪专项行动，查处盐业违法案件11起，处罚涉案人员30人，查获涉案盐产品1.83吨。同时，成功侦破酒鬼酒公司16.8万枚酒鬼酒防伪标志被盗案。

2005年，州税侦支队开展取缔非法制造烟草制品和交易市场专项行动，整治乾州烟草非法制售市场统一行动中当场扣押伪劣烟草1.5万公斤，缴获假冒伪劣卷烟520条，涉案总值150万元。2006年，侦办销售假冒注册商标商品案中，抓获犯罪嫌疑人刘某、周某，截获价值83万元611件假冒卷烟，该案涉及福建等8个省（市）30个县（市）的乡（镇），涉案人员54人，缴获各类假冒卷烟700件，涉案金额3475.15万元。2003—2006年，税侦支队受理涉税案件384起，为国家挽回税收损失5048万元。2007年，与有关行政执法部门及经济管理部门协作，开展打击涉税、涉酒、商业贿赂等专项活动，立案30起，破案11起，涉案金额507.8万元。2008年3月，犯罪嫌疑人林某涉嫌偷税罪被立案侦查，林某采取隐瞒事实，在账簿上不列收入、少列收入、账外经营、向税务机关虚假申报等手段偷税454万元。10月，将涉嫌非法集资额在3000万元以上20家企业，统一予以立案侦办，省公安厅成立“10·2”专案领导小组，由副州长、州公安局长周赛保任组长，从全省抽调以经侦民警为主专案民警320人，成立18个专案侦办小组，实行市、州包案制和组长主办负责制，还派驻网侦、技侦、监管、人口与出入境以及资产评估、司法会计鉴定等专业小组，举全省公安之力，实行14个市（州）、2个省厅总队包案办理制，18个专案小组侦办20家涉案企业，依法执行逮捕76人，移送审查起诉96人，20家涉案企业累计集资本金总额168.23亿元，追缴涉案财产总价值46.54亿元。是年，开展打击银行卡犯罪专项行动，配合工商银行追回恶意透支金额40万元。2009年，全州立案侦办传销犯罪案件2起，捣毁传销窝点33处，当场抓获传销头目2人、传销人员38人，教育遣返涉传人员459人，查获传销书籍50册、手抄传销笔记本400本。2010年，开展打击假发票违法犯罪专项行动，检查户数2164户，查处违法企业12家，查处非法发票68份，非法开票金额529.36万元。成功破获“8·27”以陈某为首的特大制造销售假发票案，收缴假发票1135万份，假发票地域涉及湖南、辽宁、天津、大连、长沙等四省五市，省公安厅为此发来贺电。全年立案查办非法吸收公众存款案及非法集资案件3起，破案3起，起诉4起，抓获3人，刑事拘留3人，监视居住1人，移送起诉10人，涉案金额3410万元。是年，全州开展为期3个月的打击传销专项行动，出动警力200人次，捣毁“松花粉”“忆丽诗儿”两个传销犯罪组织，教育遣散传销人员80人，解救被禁锢人员25人。

第六节 监所管理

1989年，州看守所搬入新址。1993—1995年，州看守所先后收容劳教、少管1019人。1996年，根据《公安部 财政部关于印发看守所在押人员伙食实物量标准的通知》，州看守所经费实行分级负担，除在押人员给养费由省财政统一安排外，其他各项费用由同级财政负担。1999年11月，州公安局强制戒毒场所经费由州政府统一划拨。州政府将州供销学校房产交付州公安局作为强制戒毒场所。戒毒所经维修改造，翌年3月正式投入使用。2001年，州看守所通过省公安厅达标验收，被评定为三级看守所。2002年，州公安局争取到国债资金1200万元投入“四所合一”项目建设，扩建州看守所、州戒毒所。2003年“非典”期间，州委州政府决定将州强制戒毒所狮子庵所址临时用作非典医院。4月，戒毒所搬迁。12月，州公安局将新建成收容教育所所址作为州强制戒毒所正式投入使用。2003—2004年，州看守所收容劳教、少管3373人。2005年起，该所陆续投入资金60万元，购置微机13台，组建局域网，建成应急报警系统、在押人员受虐报警系统、信息管理系统、监区智能电网。2007年，中央下拨资金60万元，州政府配套拨付60万元，新建特殊病员监区。省财政厅、省公安厅核拨看守所在押人员给养费每人每月157元，由省财政直接核拨到看守所。是年，全州监所勤务模式改革，实行管理教育与巡视监控分开，成立专职管教队伍。全年监所通过谈话教育获取犯罪线索75条，破获刑事案件43起，抓获犯罪嫌疑人15人，其中网上追逃犯8人。

2005—2007年，开展打击牢头狱霸、安全隐患大排查、深挖犯罪、加强在押人员行为规范等专项工作，消除监所安全隐患260处，破获各类刑事案件421起,其中杀人案4起，强奸案2起，涉毒33起，抓获网上逃犯5人，追缴赃款赃物折款20.33万元。期间戒毒所与监所连续被评为三级强制戒毒所、二级看守所。2010年6月，完成监控设施升级改造，办公区主体建筑为1100平方米，有蔬菜园地0.8公顷。监区功能齐全，设有办公室、讯问室、律师会见室、接待室、家属会见室、管教室、医疗室、视频会议室、监控机房等。至是年末，全州监所连续3年实现全州公安监管场所安全无事故；在全省率先完成看守所视频监控系统建设任务，实现省、州、县三级视频联网；同时完成全州看守所信息系统建设，实现在押人员网上信息数字化管理。解决看守所视频监控、囚车、生活用车、智能电网、受虐报警装置、热水洗浴、AB门哨、办公电脑等硬件设备。全州监所普遍实现民警巡视、管教、值班、狱医、收押等岗位分设，管教岗位轮换，确保监所安全。

第七节　国内安全保卫

1989年10月，永顺县公安局侦破以李某为首的“人民党”反动组织案，查清涉及两个省的8个县（市），有成员27人，李某被捕入狱。1990年1月，吉首市连续发生2起署名为“爱国党”书写、张贴反革命宣传煽动标语案，州、市公安机关抽调67名干警，组成侦察班子，连续战斗34个昼夜，于2月2日将犯罪分子高某某抓获归案。是年，成立9个情报信息中心，成员26人，专门负责搜集、综合、传递情报信息。各派出所和重点单位设立专职或兼职信息员93人。同时组织政保、内保、治安等部门民警50人，以大中专院校、大型厂矿企业及其他要害部门为重点，收集掌握各类情报信息108条。1991年，刑满释放人员彭某某回家后不思悔改，声称要再度组建“中国农民委员会”和“中国国家军事委员会”，公开进行反党反政府宣传活动，继续与人民为敌。州公安局依法将彭某某再次抓捕。

1995年，全州公安国保部门组织力量打击非法组织“门徒会”，依法查禁取缔小分会6个，非法聚会点267个，收容审查骨干分子27人，治安处罚157人，责令具结悔过455人；举办法制学习班开展法制教育3812人，收缴“门徒会”反动宣传资料263种1842份，侦办各类反革命案件2起。1996年，依法查禁取缔“门徒会”小分会1个、聚会点116处，解散信教人员2725人，依法收容劳教7名骨干分子，治安处罚126人，责令具结悔过156人，开展法制教育100人。1997年，开展台胞情况、三资企业、自发社团、涉外单位等各项基础调查，澄清底数，摸排重点，落实防控措施。完成香港回归、中共十五大召开和建州40周年庆典安保工作。开展查禁取缔非法组织“门徒会”死灰复燃专项行动，拆除、改建庙宇156处，依法查禁取缔“门徒会”小分会4个、分会点23个、教会点23个、聚会点145个，解散信徒2300人，收容劳教“门徒会”骨干分子36人，治安处罚319人；侦破反革命案件1起、非法组织案件2起。1998年，打击和取缔非法组织“门徒会”“梅花党”“观音法门”等，全州取缔非法组织4个，查获登记非法组织人员807人，处罚221人；其中劳动教养6人，治安处罚18人，具结悔过197人。

2001，加强互联网监控与管理，拓宽情报信息来源，采取公密结合、专群结合等形式，及时掌握敌社情动态苗头。2002年4月，龙山召市镇发生反动宣传案，龙山县公安国保部门立即成立专案组开展侦破工作，于8月23日将书写并张贴反动大字报的犯罪嫌疑人陈某某抓获归案。2005年，加强社会调查和秘密力量建设，把掌握深层次、预警性情报作为头等大事来抓，获取各类情报信息802条。2006年，全年立“门徒会”案件39起，破案39起，查处58人。2007年，查处“门徒会”非法聚会案71起，依法打击处理21人。2008年奥运会期间，对全州摸排涉奥重点对象77人、涉恐重点对象12人，完成奥运背景审查307人，审查合格率和按时上报率达100%。全年查处各类邪教案件29起，其中“门徒会”案10起、“主神教”和有害气功案18起；查处“5·17”泸溪县教师唐某利用互联网进行反动宣传案。2009年，加强情报搜集、专案侦察、防范保卫二作，侦破邪教案件12起，一举打掉“主神教”杨某某为首的邪教团伙，抓获骨干成员15人，排查可能影响社会政治稳定各类重点人员423人，处置涉非、涉警等一批网上恶意炒作事件。2010年，围绕上海世博会、广东亚运会等重大活动安全保卫及全州处非后续工作，切实加强情报信息搜集研判，发现掌握预警性、行动性、内幕性情报信息870条。

第八节　警卫

1991年9—10月，全国人大常委会副委员长、民盟中央主席费孝通一行7人先后到吉首、凤凰、龙山、永顺等县（市）农村、工厂、学校视察，州公安局及相关县（市）抽调民警警卫。

1992年6月，全国政协副主席钱伟长一行6人，到永顺、古丈、吉首、凤凰等县（市）视察，州、县（市）公安局抽调民警执行警卫任务。8月，全国人大常委会副委员长廖汉生一行13人，专程出席猛洞河漂流月活动开幕式，警卫工作按漂流月保卫工作方案进行，州公安局机关抽调民警参加保卫工作。是月，全国政协副主席王光英一行5人，在中共湖南省委书记熊清泉、省政协主席刘正等陪同下，专程赴永顺参加李烛尘先生110周年诞辰纪念会。州县公安局抽调民警执行警卫任务。王光英一行离开永顺返京，王光英临行前为参加警卫民警题词“猛洞河卫士”。

1993年4月，全国人大常委会副委员长廖汉生一行7人，在湖南省人大常委会副主任吴运昌等人陪同下，经桑植县到龙山县视察工作。其间，州县公安部门均抽调民警执行警卫任务。8月，湘西州在花垣县举办'93中国湖南（花垣）苗族赶秋节暨经贸洽谈会，州公安局、花垣县公安局抽调300名警力投入保卫工作。此外，还完成全国人大常委会副委员长布赫和王恩茂等领导人两次警卫工作。1994年10月，'94中国湖南湘西州国际苗族文化研讨会暨经济贸易协作会在吉首市举办，其间全州出动公安民警200余人次。

1995年9月，中共中央政治局常委、全国政协主席李瑞环一行17人，在湖南省委书记王茂林等领导陪同下，乘专列从张家界市抵达吉首市，考察湘西州。其间，李瑞环参加在吉首乡振武营村举行全州百所希望小学落成庆典仪式，并为落成纪念碑揭幕等活动。10月，全国政协副主席吴学谦一行专程从张家界到永顺县王村镇考察。

2000年8月，联合国专家赖尚龙一行8人，到吉首、花垣考察光彩事业项目，州公安局均出动民警警卫。2001年4月，中共中央政治局常委、国务院总理朱镕基及夫人劳安一行到湘西州考察调研，州公安局出动民警警卫。2002年4月，全国政协副主席罗豪才一行10人从酉阳路经花垣到吉首市考察吉首大学、老爹猕猴桃果汁生产线，州县公安局抽调民警执行警卫。2003年5月，国家副主席曾庆红到凤凰、吉首考察工作，州公安局完成一级警务任务。10月，国务委员陈至立一行10人到吉首市吉首大学和永顺县高坪乡中心完小考察。是月，中共中央政治局委员、国务院副总理曾培炎一行15人，先后考察吉首市、凤凰县退耕还林工作。2004年3月，泰国公主诗琳通一行35人专程到凤凰县观光旅游。4月，中共中央政治局原常委、中纪委原书记尉建行一行9人到吉首市、凤凰县视察工作。7月，中共中央政治局委员、国务院副总理回良玉一行到洪灾区泸溪县查看灾情。

2005年，完成“两节”“两会”安全保卫工作和吴邦国委员长等中央、省领导到州视察等13次警（保）卫任务，全州警卫工作受到湖南省公安厅表彰。2008年4月，完成中央政治局常委、中纪委书记贺国强到州考察工作一级警卫任务。2009年7月，全国人大常委会副委员长李建国一行到湘西州视察古丈、永顺、吉首、凤凰等县（市）；中国国民党主席吴伯雄率团到湘西州凤凰县参观访问。11月，全国人大常委会副委员长周铁农一行6人到湘西州视察工作，先后视察永顺、古丈、吉首、凤凰等县（市）。是年，全州警卫工作在全省9个非现役警卫部门综合考评中获第一名。

2010年6月，中共中央政治局委员、国务院副总理回良玉一行，到湘西州吉首市、泸溪县考察洪涝灾情。10月，全国政协副主席黄孟复一行到凤凰县视察。是年，全州执行三级加强警卫1次、二级警卫3次、二级加强警卫2次。

第九节 出入境管理

一、中国公民出入境管理

1989年，随着改革开放深入及中国台湾当局对大陆政策变化，全州出国和前往港澳台探亲、定居和自费留学人员逐渐增多。从1993年1月28日起，凡自费组团申请赴东南亚各国或港澳等地旅行，申请者有工作单位的，公安机关不签具意见；无职业无工作单位的，公安机关均签具意见。1994年，将双程去港条件逐步放宽至叔伯、姑舅、姨类较近亲属；7月，全省启用新申请、审批表。9月，湖南省公安厅授权湘西州办理经港去台审批发证权。

1991年，州出入境管理部门严把受理、审核、审批关，至1994年，受理公民因私出境申请材料194件215人次，批准105件。1997年7月，申请人持带编号《中国公民自费出国旅游审核证明》和发票及户口册、身份证到地区级公安出入境管理部门直接申请，不再由县（市）公安机关签署任何意见字样。1998年10月，对《中华人民共和国出境入境管理法》规定不准出境人员实行报备制，规范非公务出国护照颁发，取消外事警官证和涉外定点宾馆；明确涉外治安案件归口管理和处罚权限及各级公安出入境管理职责，对涉外单位涉外人员作出新规定：凡未经公安出入境管理部门培训，且颁发涉外接待上岗证，一律不准上岗。通过培训合格者，实行挂牌服务。1995—1999年，实行公开承诺，坚持文明办事，推行便民利民措施，受理公民因私出境申请材料6917件6918人次。

2000年9月，湖南省公安厅暂停州公安局出入境管理科审批权，并责成采取整改措施；12月，省公安厅授予州公安局出入境管理科双程去港审批制证权以及恢复出国审批权。2002年4月，召开关于贯彻落实出入境管理工作改革新举措新闻发布会，出台10项改革措施，公开向社会承诺，降低门槛，简化护照申领手续，改进商务赴港申请审批办法。2000—2004年，开展“春雷”专项行动，核查湘西州非法出入境中介机构，受理公民因私出境申请材料8062件6612人次，收集各类情报信息256条。

2005年，州公安局通过计算机网络信息系统，建立起两个报备系统，实现出入境管理业务处理网络化、数据采集规范化和网络信息化。省公安厅将港澳团队旅游权限正式下放到湘西自治州。2006年，收集情报信息85条，建立特定身份人员登记备案档案1561份，建立法定不准出境人员通报备案档案402份，查处涉外案事件及查处弄虚作假骗取出国（境）证件案9起，及时阻止非法务工、非法移民人员42人次。2007年，吉首市率先开通按需申领护照受理工作。2008年4月，制定《湘西自治州公安民警因私出国（境）管理规定》。2009年年底，全州8个县（市）全面开通按需申领。

2010年，州公安局出入境大厅推行朝九晚五工作制，提倡“六零”服务，即零延误、零积压、零距离、零遗漏、零违规、零投诉。2009年至2010年年底，州公安局受理审批公民因私出国出境申请2.20万人次，其中办理护照6609人，办理往来港澳通行证9414人，办理往来中国台湾通行证5977人。

二、境外人员入出境管理

1989年，全州公安系统根据入境人员不断增多和分布面较广特点，各派出所和乡镇均确定1名干警兼管入境人员暂住户口登记工作。1990年，开展公开户政管理和入境回乡人员回访工作，至1992年，从中发现特嫌9人，发现整治可疑人19人，获得境内外情报信息244条，发现并及时处理非法旅行等涉外事件12起，入境人员2981人。是年10月24日，法国人皮埃尔和安妮未携带任何证件到吉首市，违反《中华人民共和国外国人入境出境管理法》，损害国家法律尊严，州、市公安出入境管理部门发现后，给予两名法国人口头警告处分。1993年，古丈县尚未对外开放，英国人迪斯托马斯不持旅行证前往古丈探亲，州出入境管理科给予英国人和提供方便责任人李某两姊妹各处罚100元。1994年10月，吉首市举办国际苗族文化研讨会和经济贸易协作会，州公安局领导和省、州、市出入境管理部门对来自不同国家和地区63名外宾依法验证，并逐个履行住宿登记手续。

1995年1月，州境除涉外定点边城宾馆、民族宾馆、王村猛洞河宾馆外，增加吉首市金蝶大厦，永顺县政府招待所、王村民族村及溪竹园，凤凰县古湘山庄，泸溪县政府招待所、浦市化工总厂招待所，花垣县花垣宾馆，保靖县政府招待所，龙山县民族宾馆，古丈县政府招待所等为主要留宿外国人、境外人员单位。8月，开始启用新临时住宿登记表。是年，发现首例外国人非法居留者，该女青年叫马氏梅，越南人，6月被人拐入中国境内，10月到达湘西州境，翌年1月，将其遣送出境。1996年，州涉外宾馆、饭店微机联网领导小组成立。出入境管理微机与州内主要涉外单位边城宾馆微机和省公安厅17处微机正式联网。1997年，开展回乡定居境外人员基本情况调查和三资企业调查工作。全州有回乡探亲、祭祖、旅游台胞331人496次；有台资企业4家，其中独资2家、合资2家。1998年1月，全省实施统计报表软件微机管理。10月，部分外管和处罚权逐步下放至基层公安机关。2005年8月，吉首市公安局出入境管理部门发现2名俄罗斯女子在州影视文化中心进行非法营业性演出，涉嫌非法居留、谋职，依法给予2名俄罗斯女子及影视文化中心副总经理田某处罚。

2006年4月，全州公安机关开展清理“三非”外国人专项整治行动，花垣县查处并遣送1名非法居留、非法演出尼日利亚黑人男青年；保靖县发现1名非法入境并与当地人同居生子越南籍妇女；永顺县查处1名未随身携带证件美国游客。2001年，全州执行境外人员临时住宿登记制度，将境外人员纳入实有人口管理。至2006年，到州的境外人员7461人次，办理外管手续280人次。2010年，州、县（市）公安机关清理流动人口，发现非法入境人员4人。永顺发现一起拐卖越南妇女案件，处置非法入境越南妇女8人；11月，州公安局出入境大厅发现吉首大学两名美籍教师未按时办理居留许可，构成非法居留，当即立案查处。是年，全州办理外国人普通签证52人次，办理外国人居留许可62人次。

第十节　警务督察

1997年6月20日，州公安局实施国务院《公安机关督察条例》。1998年2月，开展现场督察121人次，纠正各类违反警容风纪行为85人次，纠正公安民警交通违章20人次，收缴违规警灯33只，警用标志42块，接待群众来信来访和电话投诉21起，当场制止民警违纪违规行为24起。2001年，完成警务督察机构组建工作，设立警务督察室（队）9个，配备督察人员25人；开展清理整顿警用车辆专项行动，清查出“两假、两无”警车和违规驾乘警车81辆，核查重要信函12件，现场督察、处置群众电话投诉24起，查证属实20起，当场纠正15起，停止执行职务2起、移送纪检监察部门2起。2002年，开展以优化经济环境，严格执法，热情服务为主题督察活动，抽查基层执法单位51个，留置室21个40间，查阅执法基础台账326册，抽查报警案件2597起、刑事案件245案、治安案件370案；核查重要信函20件，现场督察、处置群众电话投拆10起，查证属实5起，当场纠正5起，停止执行职务13人，禁闭2人，移送纪检监察部门4起。2003年，组织纪检组、督察室暗访20余次，检查警车58台次，上路检测民警饮酒驾车情况72人（次），局长龙德忠、副局长胡维平分别带队明察暗访工作落实情况，暗访201次，查警车58台次，受查民警72人次。2005年，与怀化、邵阳公安局督察部门开展交叉督察。印发《湖南省警车使用管理四条禁令》，州公安局同时开展全州金盾工程及监所部门执法管理现场督察。

2006年，州公安机关维护民警正当执法权益委员会（州维权委）及日常工作机构（州维权办）成立，与纪检监察室合署办公，配齐督察专用设备；开展《湖南省公安机关禁酒暂行规定》《警车管理规定》日常督察，明察暗访176次，检查单位411个，检查娱乐场所21个次，检查警车6台次，有效防止民警违禁行为发生；开展对警车外观制式涂装改制工作专项督察，出动督察警力180人次，警车42台次，路检路查10次，检查警用车辆167台次，查扣假军警车7台次、盗抢嫌疑车16台次，军警假牌33副，5本假军证，没收警灯2套、警报器2台，强制改漆17台，刑拘2人，治安拘留3人。全年受理投诉101起，落实上级交办案件7起，办结108起，开展现场督察和专项督察224次，暗访21次，发现和纠正各类违法违纪问题139起，下发督察通知书33份，禁闭8人，停止执行职务7人，移交其他部门处理4人。

2008年，州公安局警务督察室改为警务督察支队，加挂州公安机关维护公安民警正当执法权益委员会办公室牌子；继续推行千案督察工作，开展个案督察。2009年，制定《警务督察支队精细化管理绩效考核办法》和《警务督察支队业务工作指标》，建立绩效考核工作制度。以吉首城区为重点，做好国庆60周年安保专项督察工作，发现问题23处，发整改通知8份。先后对"两会"（人大、政协会议）、全州经济工作会议等警保卫工作开展现场督察；开展驾考工作现场督察、警用器材及非警务人员着装清理整顿，以及对警用车辆规范管理现场督察。是年，出动警力1375人次、警车264台次，开展酒后驾驶整治专项督察；开展预防执法过程中非正常死亡专项督察行动，督察单位47个，其中看守所、拘留所、戒毒所15个，派出所31个。提出整改意见50条，发督察建议书2份。2010年，开展州局机关枪库现有库存枪支弹药（含报废）情况全面排查3次，查对民警借用公务用枪23人。全年受理投诉18件，办结18件。

第十一节　道路交通管理

一、交通安全宣传

1989年，州交警支队主要宣传国务院《中华人民共和国道路交通管理条例》出动民警170多人，宣传车22辆，印发《条例》3万册，组织5000余名驾考人员学习《条例》，并进行考试，到25所大中小学上法规课150次。1990年，州交警支队在全省"交通安全在我心中"演讲比赛中获第三名。1995年，开展百日交通安全宣传活动，与客货运单位司机签订客运安全责任状，在国道、省道沿线建立警示宣传牌，组织工作组下到国道、省道沿线乡、镇墟场和中小学开展交通安全宣传，发布通告，张贴标语，州、县（市）新闻媒体播发宣传稿。1999年，全州道路两旁增设警示宣传牌，中小学门外警示标牌，固定交警流动执勤岗，与沿线中小学签订遵守交规安全出行责任书，《团结报》开辟《交通法制》专栏，宣传交通法规。2004年5月，实施《中华人民共和国道路交通安全法》及其《实施条例》。2006年，组织民警开展法制宣传"五进"（进机关、进学校、进工厂、进农村、进社区）活动，全州120万人受到教育。2007年，实现县乡道路每10公里有一块宣传牌，8个县（市）城区出入口建立永久性龙门架式宣传标语，车驾管部门、交通驾校密切配合，推行阳光考试，促使每1名学员真正掌握好交通法规基础知识；制作交警信息网页，宣传交通法规；把办事程序、结果公开化、透明化，推行阳光警务。2009年，矮寨三中队交警在无办公室、无宿舍、无水电情况下，长期坚守在临时搭建执勤台。10月，一篇题为《国内最牛交警执勤台》帖子在省内外网站多次转载，吉首交警大队矮寨三中队交警被网友亲切称为"最牛交警"。全国网络、媒体报道该交警文章、帖子50万篇，中央电视台先后10次报道矮寨交警中队事迹。2010年，全州发放交通安全教育资料3万份，播放教育警示节目40场次，受教育群众100余万人次。矮寨交警中队被省公安厅授予湖南省"十大人民满意基层交警所队”称号。

二、道路交通秩序管理

1989年，全州交警部门在路检中实行定点和游动检查相结合的方式，重点把住国道、省道沿线墟场、弯道、事故多发等危险路段客运车辆检查，清理整顿检查站设置、占道及其审批权和客运车辆争线等问题，拆除非法和设置不当道路检查站30个，全州拆除占用道路货棚摊点900个，其中城区699个公路沿线集镇201个。

1990年，全州交警开展畅安工程、百日交通安全竞赛、整治无牌无证车等专项治理活动，至1995年，拆除违章建筑104栋、货棚摊点1.05万处，治理事故多发路段和危险路段84处，搬迁马路市场17个，清理无牌无证车1337辆，纠正交通违章25.07万件。其间，吉首市在全省开展整顿城市交通秩序“百日竞赛”活动中获全省B组第一名。1996年，开展春季道路交通秩序整顿和文明行车、文明行路交通秩序整顿活动，采取蹲点整治与流动检查相结合、教育和处罚相结合，整治违章占道、违章驾车行驶、违章停放车辆等交通“三乱”问题，至1999年拆除占道经营摊点6723处，违章建筑1515处，占道堆放杂物废料1.02万处，占道作业场点502处，纠正违章85.23万人次，查纠无牌无证车辆2.39万台次，酒后驾车2.32万台次，超速行驶2.02万台次，违章超车9.69万台次，按章处罚66.59万人次，全州28个城镇重点墟场基本实现车不乱停、人不乱穿、路无障碍、各行其道、安全行车、畅通有序和事故减少的目标。

2000年，全州开展创建平安大道、畅通工程活动。2003年，吉首市政府投入230万元，完善城区街道标志牌257块，更新700余辆出租汽车。至2004年，全州在创建平安大道中拆除违章建筑637处，清除公路上货棚、摊点2.89万个，搬迁马路市场2处，改道绕行9处，增划公路分道线530公里，设置交通标牌3352个，设置疏通交通执勤点396处，纠正交通违章20.99万次。是年，花垣县投入300万元，改造县城电子化交通监控系统。吉首市市区电子化交通监控系统完成。

2005年，全州公安交警开展反超速、反超载（员）、整治无牌无证摩托车、警车治理、反盗抢机动车、创建平安畅通县（市）等专项整治行动，至2007年，查处超员违法行为463起，取缔非法马路市场11处，查处农用车非法载客车辆7293台次，设立检查站点65个，设固定测速点8个，流动测速点26个，查处各类交通违法行为3.9万起，行政拘留违法人员76人。2008年年初，湘西州发生50年未遇特大冰雪灾害，全州2条国道、6条省道以及乡道全线封冻，州委、州政府先后召开5次电话会议，5名副州长、16名正副县（市）长带领公安、交警、交通、公路等2万名干部职工和民工，动用铲车50余台，撒盐200吨，铺沙350公里，守护弯道、桥梁、隧道90处，指挥破冰铲雪，打通生命线。州交警支队被省委、省政府、省交警总队授予“抗冰救灾先进集体”称号。迎奥运道路交通秩序整治百日会战期间，全州出动警力1.1万人次，警车2500台次，设立检查站、卡19个，设测速点19个，检查上路车辆7.1万台次，查处各种交通违法行为7.8万起，行政拘留违法人员157人。2010年，开展道路交通秩序冬季大会战、春运道路交通安全管理工作、整治酒后驾驶等行动，纠违超过4万起，行政拘留160人次。

1989—2010年湘西州道路交通事故情况一览表

表9-2

年 份	起数	死亡(人)	受伤(人)	直接经济损失(元)
1989	296	71	184	386740
1990	260	124	175	540000
1991	361	97	217	719523

续表 9-2

年 份	起数	死亡(人)	受伤(人)	直接经济损失(元)
1992	293	78	220	920080
1993	364	87	251	1015510
1994	349	109	624	2695000
1995	544	162	840	4485170
1996	633	128	818	5294850
1997	591	182	802	4341600
1998	718	145	967	4382661
1999	685	132	935	4238000
2000	562	149	657	2920000
2001	795	130	1094	3072035
2002	667	128	993	2402409
2003	649	139	708	2266000
2004	536	158	720	3051500
2005	457	112	755	2555183
2006	359	156	624	2195793
2007	240	133	339	2610000
2008	213	123	355	1497476
2009	227	79	232	1187476
2010	367	112	426	2515173

三、车辆与驾驶员管理

1989 年，全州交警部门开展机动车驾驶员培训教育，至 1993 年，举办驾驶员培训班 154 期，参加培训 1.99 万人，举办违章驾驶员培训班 196 期，受教育驾驶员 4330 人，纠正交通违章 58.96 万台次，处罚、教育 15.97 万人次。是年，全州有机动车驾驶员 1.96 万人。1994 年年初，州交警支队投入 80 万元，征地 6 公顷，建立州机动车驾驶员培训学校。10—12 月，运用计算机管理系统，换发“九二”式牌证 2184 台。至 1996 年，举办驾驶员培训班 165 期，参加培训驾驶员 1.41 万人，办理新车入户手续 6739 辆，新增驾驶员 1.59 万人次，全州有机动车 1.43 万辆，机动车驾驶员 2.35 万人。1997 年，“湘 U”车辆号牌换发 1.42 万副。

1999 年，州交警支队落实公安部关于车辆管理规定，举办 3 期业务培训班，要求车管窗口业务按章执行。2000 年，开展 AC 卡发行工作和驾驶员异地考试工作，做好驾驶员档案迎检工作和公安机关“三警一牌”（警车、警灯、警报器，非法定标志牌）清理整顿工作。

2001年，全州公安机关以整治公安内部两无两假车辆为突破口，先后对无牌无证、假牌假证、走私车、拼装车和报废车开展6次集中专项整治统一行动。2003年，设立机动车驾驶员管理科，专门负责全州驾驶员管理工作。年末，全州有机动车4.55万辆，机动车驾驶员5.33万人。2004年10月中旬，车辆及驾驶管理计算机操作系统升级，正式启用新系统对外办理业务。至2006年年末，全州机动车保有量7.12万辆，新增机动车1.06万辆，有机动车驾驶员11.28万人，注销驾驶证6014本，新增驾驶员5328人。

2007起，全州公安交警开展车驾工作预防性检查、车管所登记评定工作，严格核发“春运临检合格证”和“春运准驾证”，实行谁检审，谁签字，谁负责责任倒查制度、新车登记注册许可制度、驾驶人办证必考制度。2008年10月1日，推行机动车号牌自编自选。至2010年，全州有机动车16.99万辆，机动车驾驶员19.59万人，办理机动车注册登记27611辆/次，新增机动车2.44万辆，新增驾驶员2.94万人。

第三章 检察

1989年，湘西州人民检察院（以下简称州检察院）内设刑事检察一科、刑事检察二科、经济检察科、法纪检察科、监所检察科、控告申诉检察科、刑事检察技术科、行政管理科、人事科、办公室、电大教学分部办公室，核定编制80名，实有79人，下辖8个县（市）检察院，以及州农业银行、州税务局、州供销联社检察室。1990年，撤销经济检察科，设立反贪污贿赂工作局。人事科更名为政治处。1991年，设立民事行政检察科和林业检察科。1994年，反贪污贿赂工作局更名为反贪污贿赂局，内设侦查一科、侦查二科、综合指导科。下辖18个乡（镇）和税务检察室。1997年，撤销法纪检察科，设立渎职犯罪侦查局，县（市）检察院法纪检察股（科）更名为渎职犯罪侦查局。1998年，撤销设在行政机关和企业单位77个检察室。1999年，州检察院政治处改为政治部，刑事检察一科改称审查批捕科，刑事检察二科改称审查起诉科，增设法律政策研究室和法警支队。2001年，审查批捕科改称侦查监督科，审查起诉科改称公诉科，政治部下设干部科、教育科和宣传科，增设职务犯罪预防科（与法律政策研究室两块牌子一个机构）。2003年，职务犯罪预防科与法律政策研究室分设。2006年，渎职犯罪侦查局更名为反渎职侵权局。2008年，设立老干科。2009年，撤销州院电大教学分部办公室（干部教育培训中心），其职能划入州院政治部教育科。新增设驻吉首监狱检察室、驻州劳动教养管理所检察室、驻州看守所检察室。2010年，州检察院内设办公室、政治部、行政装备科、侦查监督科、公诉一科、公诉二科、反贪污贿赂局、反渎职侵权局、监所检察科、民事行政检察科、控告检察科、刑事申诉检察科、检察技术科、职务犯罪预防科、法律政策研究室、法警支队、林业检察科、监察室和检务督查科，编制119名，实有113人。归口管理进驻行政事业单位检察室。

1989—2010年，州检察院历任检察长：王家松、向邦柱、郑昌文、白贵泉、薛献斌、曾新善；副检察长：易翼、黄透华、李茂钧、向邦柱、田再清、陈耀朗、张召贵、吴志明、杨再武、张和善、田智慧、马林海、雷丰超、龙玉华、陶燕飞。

第一节 刑事检察

一、侦查监督

1989年，州检察院依法开展对公安机关侦查活动和法院审判活动的法律监督。全年不批捕人犯184人，不起诉4件11人；追捕罪犯43人，追诉罪犯31人，改变公安机关定罪定性59人；检察机关提出法院判决抗诉11件。全年受理公安机关提请批准逮捕人犯1823人，经过审查批准逮捕 1557 人。州检察院刑事检察二科在审查起诉杨某某等 5 人拐卖妇女案时，发现山东省窝主代其某构成犯罪，但公安未报捕，也未移送起诉，经审查决定对代某某作追捕追诉。其后被告代某某被依法判处 15 年有期徒刑。

1990 年，检察机关提前参与重大特大犯罪案件侦查预审活动，提前熟悉案情，做到快捕快诉。5 月，吉首市发生绑票杀人案。州、市检察院迅速派员提前介入此案，参与公安现场勘查和预审工作，掌握案情。市公安机关提请逮捕犯罪嫌疑人杨某某，市检察院随即作出批准逮捕决定。此案移送到州检察院审查起诉后第二天，州检察院便依法将杨某某向州中级法院提起公诉。1992 年，办案人员对故意杀人、抢劫、强奸、爆炸及带黑社会性质犯罪等案件，提前介入公安侦查，及时审查作出批捕决定。是年，州检察院主动提前介入 35 件。受理公安机关提请批捕刑事案犯 704 件 1459 人，经审查批捕 648 件 1231 人（含追捕 27 人）。1994 年，打击锋芒指向故意杀人、抢劫、强奸、流氓、重大盗窃，以及带黑社会性质犯罪团伙等案件，批捕案犯 594 人。批捕团伙案犯 574 人，特大案犯 294 人。吉首市检察院提前介入赵某某等 35 人特大流氓案，以赵某某等人为首组成的“三十六弟兄”，以蒋某某、秦某某等人为首组成的“万宝路”两个流氓犯罪团伙，自 1993 年 5 月至 1995 年 3 月，先后在吉首市区、凤凰县等地，聚众斗殴、寻衅滋事 20 次，致 2 人死亡、7 人重伤、9 人轻伤、2 人轻微伤。其中赵某某持械为主斗殴 9 次，直接开枪打死 1 人，打伤 5 人。其中，重伤 1 人，轻伤 3 人，轻微伤 1 人。公安机关提请批捕后，仅用两天就作出批捕决定，批捕 37 人。起诉后法院判处蒋某某、秦某某、赵某某等 5 人死刑、缓期 2 年执行，其他同案犯皆受到相应刑事惩处。1995 年，受理公安机关提请批捕各类刑事案犯 1710 人，经审查批捕 1437 人，其中故意杀人、故意伤害、抢劫、强奸、流氓、放火、爆炸、投毒及拐卖妇女儿童和强迫妇女卖淫等严重危害人民群众生命财产、严重扰乱社会治安犯罪分子 1288 人，占 85.5%。审查批捕特大案犯 97 人，占 19.6%。提前介入，参与侦查重特大案件 49 件。受理以劳改释放人员刘某、龚某某等为首 20 人特大抢劫团伙案，涉及 3 县 5 镇 11 村，作案 16 次，抢劫金额 9546 元，仅用 3 天便作出批捕决定。

1996 年，检察机关坚持证据复核制度，杜绝闭门办案、坐堂批捕，通过讯问犯罪嫌疑人、实地复核证据，发现漏犯 56 人，防止错捕 46 人，案件复核率 80%。办理石某某等盗窃一案时，承办人通过仔细审查，发现公安漏报一起重大抢劫犯罪，于是携卷到案发地及相关部门复核，提取证据 5 份，查清全案事实，追捕 5 人漏犯。是年，州检察院办理公安报捕案件 591 件 1360 人，批捕 490 件 1052 人，其中重特大案犯 323 人。3 月，提前介入吉首市矮寨镇村民秧某某杀死市域砂子坳村民秧某某一家 3 口特大杀人案，检察机关提前介入侦查活动，公安报捕后，仅用半天就作出批捕决定，起诉后秧犯被处死刑。1997 年，修改后的刑法和刑事诉讼法正式实施，检察机关受理案件数和批捕数下降，全年受理提请批捕各类刑事案件 558 件 1111 人，比上年下降 39.59%，经审查批捕 507 件 951 人，比上年下降 42.76%。由于部分办案人员对新的批捕条件尚不适应，怕错捕赔偿，操作时仍受旧的执法观念束缚，因而全年批捕率仅为 87%，部分基层院掌握批捕标准过严，致使全州批捕率仅有 82.5%，部分县院仅有 70%。是年 7 月，州中级法院审判员张某某与情妇奸宿被公安人员查获后，张开枪将公安干警打死 1 人、打伤 1 人，然后携枪潜逃。10 月，张某某被抓捕归案，州检察院派员提前介入，参与侦查、预审，此案由公安报捕后，州检察院当天就作出批捕决定。

1998 年，检察机关严把审查质量关。办理刘某某过失投毒一案，检察人员审查后发现，犯罪嫌疑人交代毒药与被害人中毒毒药不一致，经复核有关证据，依法作出不逮捕决定，避免一起错案。1999 年，开展执法效果年活动，全州提前介入重特大恶性案件 83 件，此类案件审结时间在法定时限内提前。受理杨某、杨某某抢劫杀死出租车女司机案，由于及时派员提前介入公安机关侦查活动，公安机关报捕后，仅用 1 天就作出批捕决定。起诉后被告人均被判处死刑。2000 年，加大对重特大案件介入力度。花垣县铁合金厂下岗职工陈某某与刑满释放人员李某某、龙某某、吴某勾结，受香港警匪片描述绑架勒索情节启发，在1999年4月将吉首市一小12岁学生吴某绑架至重庆市秀山县境内杀害，然后向吴某父母索要10万元。案发后，几十名教师和学生家长联名向政法机关写信要求严惩凶手。市检察院提前介入侦查，参与审讯案犯，公安报捕后，仅用一天就作出批捕决定。州检察院提起公诉后，法院依法判处罪犯死刑。

2001年，检察机关主动与公安机关联系，把提前介入列为工作重点，形成介入制度。7月，犯罪嫌疑人张某某、石某某等7人手持凶器包乘一出租车，趁车开至永顺县城郊之机，劫车杀人。案发后，检察机关立即派员介入公安机关侦查活动，提前掌握案情，把握证据，在公安报捕当天即作出批捕决定。此案移送州检察院审查起诉，办案人员连续提审犯罪嫌疑人7人，深入300公里外作案现场复核证据，6天内审查终结并提起公诉，法院当庭判处4名被告人死刑。是年，受理报捕案件827件1586人，审查后批准逮捕734件1392人；受理立案监督线索73件，通知公安机关立案54件94人；提前介入公安机关侦查活动358件次。

2003年，州检察院贯彻从重从快严打方针，突出打击重点，打击杀人、抢劫、爆炸、重大盗窃和涉枪暴力犯罪以及带有黑社会性质的团伙犯罪，批捕“三类”重点案件犯罪嫌疑人333件686人。2008年，立案监督36件。其中州检院侦监科追捕的张某某等8人涉黑案，公安机关仅以涉嫌故意伤害罪报捕1名犯罪嫌疑人。州检察院在审查中发现案件还涉及其他7人，他们犯故意伤害他人罪、非法持枪犯罪，并有涉黑嫌疑。州检察院研究，并与公安机关召开商讨会，决定追捕涉黑嫌疑人7人。

2010年，全州检察机关贯彻严打方针，严厉打击危害国家安全犯罪、严重暴力犯罪、黑恶势力犯罪、“两抢一盗”等多发性侵财犯罪、毒品犯罪等。以吉首市王某某、杨某某和花垣县刘某某、吴某某等为首的黑势力犯罪团伙，各自在吉首市、花垣县称霸一方，采取故意杀人、故意伤害、寻衅滋事、敲诈勒索等恶劣手段，肆无忌弹地频繁疯狂作案，严重威胁到群众生命财产安全，引起中央政法委关注。湘西州公安局成立专案组，立案侦查，按照集中审查、集中审讯、集中研究方式，办理提请逮捕涉黑案件。王某某等人涉嫌组织、领导、参加黑社会性质组织罪案，涉案人员18人，涉嫌犯罪27次。检察人员办理此案时，通过适时介入，引导侦查部门调查取证，固定严重刑事犯罪案件证据，在法定期限内审结此案，依法批捕犯罪嫌疑人18人。是年，批准逮捕犯罪嫌疑人1684人。其中，故意杀人案件30件42人，绑架案件9件28人，故意伤害案件210件353人，强奸案件65件116人，“两抢一盗”案件382件762人，聚众斗殴案件12件50人，寻衅滋事案件13件31人，涉枪案件38件70人，毒品案件110件204人，组织、参加黑社会性质组织案件2件28人。

二、审查起诉

1989年，州检察机关严厉打击各类刑事犯罪，受理公安机关移送起诉案件1056件2069人，经审查向法院提起公诉834件1514人。审查时注意深挖漏罪漏犯，追捕漏犯43人，追诉31人。州检察院认为确有错误的刑事案件向法院抗诉3件5人，法院审理后改判1件1人，维持原判2件4人。支持、指导基层院抗诉10件，法院改判4件。1990年5月，新疆维吾尔族旅客吐鲁洪在吉首市一录像场酒后无端滋事，与人发生纠纷后，煽动21名新疆籍旅客，在吉首市大街上持刀追杀群众和政法人员，将只身前往平息事端的吉首市公安局局长田某某扣作人质达7小时之久，引来上万人围观，造成交通堵塞3个多小时。州检察院闻讯后，派员提前介入，提出收集证据意见，使此案顺利办结。是年，州检察院重大疑难案件的提前介入，审结速度短，对3件14人仅用10天，长的只有18天。1991年5月，州检察院审查起诉一起反革命案件。被告人李某（湖南大庸市，今张家界市人）于1987年11月刑满释放后，对党和政府心生怨恨，勾结在狱中认识的刑满释放人员彭某某，成立反革命组织“人民党”，先后发展张某某、彭某某等 4 人“入党”，并委任其职务。李某、彭某某对“人民党”组织“中央机构”作出设想，并起草反革命纲领《告全国人民书》。李某率彭某某、彭某某、张某某等人先后到湖北省五峰县湾潭镇立界山及湖南省永顺县羊峰乡徐家界等地开展反革命武装训练。李某案发被捕入狱后，企图组织越狱。此外，李某和彭某某诈骗熊某某等 10 人现金 2.93 万元，李某还隐瞒已婚事实，与永顺县石堤镇一女青年以夫妻名义共同生活。州检察院向法院提起公诉后，法院以组织领导反革命集团罪、组织领导反革命越狱罪（预备）、诈骗罪、重婚罪数罪共判处李某有期徒刑 36 年，决定执行有期徒刑 20 年。其他涉案人员视情节予以获刑或免诉。李某等人不服，上诉至湖南省高级人民法院，省高级法院审查后裁定驳回上诉，全案维持原判。1992 年，泸溪县人民法院移送州检察院起诉石某某故意杀人一案。公安机关起诉意见书认定，石某某在泸溪县合水镇派出所，残杀值班公安干警，当地公安机关和群众要求严惩凶手。州检察院通过审查发现石犯行凶时有不能控制自己行为表现，经鉴定，石患有精神病，依法不应负刑事责任，决定不予起诉。1994 年，加强起诉阶段审查，州检察院刑事检察二科检察员田送智、助理检察员罗永忠在审查一起杨某某爆炸杀人案时，通过自行补充侦查揪出两名同案犯，其中 1 人被判死刑，1 人被判无期徒刑，湖南省人民检察院为田送智记一等功、罗永忠记二等功。

1995 年，州检察院严格执行免诉案件有关规定和程序，全年刑事案犯免诉率 3.1%，经济案犯免诉率 12.1%。1996 年，加强对基层院办案指导，受理基层院报送的疑难、免诉案件 80 件 94 人，经审查把关，改变基层院原决定 10 件。1997 年，实施修改后的《刑法》《刑诉法》后，检察机关受理起诉案件数和提起公诉数均大幅度下降，受理侦查机关移送起诉犯罪嫌疑人 1080 人，经审查决定起诉 779 人，受理人数、起诉人数均比上年下降 51.7%。

1999 年，检察机关审查起诉受案数和提起公诉数开始回升，受理公安机关移送起诉犯罪嫌疑人 1318 人，比上年增加 25.2%。审查后起诉 912 人，比上年增加 39.7%。2000 年，检察机关依法对不应当追究刑事责任人员决定不起诉 9 人；对犯罪情节轻微的决定不起诉 18 人；对证据不足，不符合起诉条件的决定不起诉 11 人；追诉被告人 27 人，追诉漏罪 18 条，改变定性 23 条。因审查起诉工作质量过硬，没有出现无罪判决，湘西州为湖南省唯一没有无罪判决地区。

2002 年，检察机关狠抓快审快诉“三类”重点案件，即有组织犯罪、带黑社会性质的团伙犯罪和流氓恶势力犯罪，爆炸、杀人、抢劫、绑架等严重暴力犯罪，盗窃、抢夺等严重影响群众安全感的多发性犯罪。起诉此三类案件 569 件 824 人，占起诉总数的 73%；复查案犯 165 人，其中判缓刑 87 人，判处免予刑事处罚 13 人。2003 年，参与打击“两抢一盗”（抢劫、抢夺、盗窃）犯罪、涉爆涉毒犯罪等多种专项行动。起诉“两抢一盗”犯罪案件 337 件 563 人，毒品犯罪案件 8 件 15 人。

2007 年，全州检察机关参加打击整治涉枪、涉毒、涉赌违法专项行动。花垣、吉首、凤凰、保靖、永顺 5 个县（市）将涉枪犯罪确定为打击重点；毒品犯罪打击重点有吉首、永顺、凤凰、花垣 4 个县（市）；赌博违法犯罪打击重点有永顺、吉首两个县（市），全年起诉此类案件 132 件 199 人。同时加大起诉职务犯罪案件力度，起诉贪贿、渎职等职务犯罪案件 54 件 58 人。州检察院审查起诉州内特大职务犯罪案件杨某某贪污 1495 万元案，一审判决杨某某死刑、缓期 2 年执行，二审维持原判。

2008 年，凤凰县发生“8·13”沱江堤溪大桥垮塌案，涉案人员 18 人，案情重大复杂，社会影响大。州检察院成立专案组，主管刑检副检察长吴志明与专案组一道，侦查阶段提前介入，提出有针对性的补查意见，和侦查人员共同研究应对翻供反证举措，不到两个月此起备受群众关注的案件起诉到法院。2010 年，全州受理案件 1152 件

2223人，提起公诉1078件2002人，决定不起诉56件211人，退回补充侦查661件1547人，自行补充侦查1件1人。出庭支持公诉833件，法院判决1023件1491人。公诉部门追诉漏犯21人，追诉漏罪56条，建议并由公安机关撤案8件29人，发出纠正违法通知51份，检察建议19份，绝对不起诉3人。提出抗诉17件，经二审判决维持原判5件，改判或发回重审、指令再审10件，其中无罪改判有罪2件3人。

三、林业检察

检察机关充分运用批捕、起诉职能严厉打击林业犯罪，同时还参与林区综合治理，保护国家森林资源，1989—1992年，批准逮捕盗伐、滥伐林木案犯191人，提起公诉185人。1993—1995年，办理哄抢、盗伐、滥伐林木犯罪案件65件99人。1997年，受理林业公安部门提请批捕案件5件8人，批捕5件8人，受理移送起诉7件15人，经审查提起公诉5件12人，不起诉1人，退补2件2人。1998年，受理案件数呈上升趋势，至2002年受理批捕案件104件197人，经审查批捕91件148人；受理移送起诉案件115件164人，审查后提起公诉107件150人。2003—2007年，州内林业犯罪频发，5年受理提请批捕93件176人，经审查批捕86件128人，受理移送起诉126件180人，审查后起诉108件146人。在此期间，州检察院加强基层院工作指导，批复、把关请示案件20件。2008—2010年，受理森林公安机关提请批准逮捕的案件60件84人，经审查批准逮捕50件72人；受理森林公安机关移送审查起诉案件83件107人，经审查向法院提起公诉85件108人，移送起诉的案件法院均作有罪判决。州林检科受理县院请示的疑难案件13件18人。

1989—2010年湘西州刑事案件办理情况一览表

表9-3

年份	提请批捕		批准逮捕		起 诉	
	案件数	涉案人数	案件数	涉案人数	案件数	涉案人数
1989	925	1823	869	1557	834	1514
1990	987	1958	951	1624	900	1481
1991	876	1875	843	1667	804	1553
1992	704	1459	648	1231	690	1226
1993	856	1815	812	1631	786	1432
1994	876	1975	826	1739	795	1530
1995	884	1710	837	1437	801	1429
1996	887	1839	819	1679	786	1613
1997	558	1111	507	961	479	779
1998	550	1089	486	910	433	732
1999	684	1347	637	1135	596	912
2000	686	1294	642	1022	615	955

续表 9-3

年份	提请批捕		批准逮捕		起诉	
	案件数	涉案人数	案件数	涉案人数	案件数	涉案人数
2001	827	1586	734	1392	687	1384
2002	765	1350	706	1209	683	1177
2003	821	1531	778	1364	732	1122
2004	948	1788	852	1525	765	1150
2005	1048	1955	930	1690	807	1132
2006	1197	2449	1055	2001	1123	1864
2007	1139	2116	1012	1664	977	1618
2008	968	1962	815	1571	1039	1729
2009	1398	2880	1198	2389	1123	2134
2010	1328	2640	1152	2223	1078	2002

第二节　民事行政检察

1991年，州检察院开始受理民事申诉，全年11件。1992年，受理民事申诉69件，经审查决定立案7件，审结后向州中级法院提出抗诉3件，向法院提出检察建议2件，不予抗诉2件。1993年，办理湘西州首件行政抗诉案。申诉人罗某某于1989年经吉首市城建局批准，在原住址改建四层楼房1栋，后由于邻居李某某起诉引起一系列诉讼。1992年6月，吉首市法院判决，撤销市城建局处理决定，城建局不服上诉到州中级法院，州法院审理后判决撤销市法院判决，维持市城建局决定。罗某某不服向州检察院申诉。州检察院受案后，承办人员审阅案卷材料，3次到现场实地查看，4次与有关部门座谈、咨询，查找大量行政法规和资料，认为此案中鉴定结论将地形图与红线图割裂开来，用红线面积与建成面积对比而得出的违章建筑数据不科学；二审判决适用的《城市规划条例》被国务院于1990年4月1日废止，州法院适用法律错误，遂依法提请省检察院抗诉获得采纳。1994年5月，凤凰县检察院接到凤凰县凤流商场不服孙某某诉凤凰凤流商场福利纠纷案判决申诉后，发现此案判决确有错误，并易引发社会不稳定因素。凤凰县检察院及时调取一审法院案卷材料，提出抗诉意见报州检察院审查。州检察院派员到凤凰调查，查阅大量文件资料，走访劳动人事部门，查找职工福利医药费支付有关规定，通过与凤凰县法院交换看法，提出检察机关对此案意见。8月，凤凰县法院再审后采纳，依法改判。是年，州检察院受理各类民事、经济、行政案件120件，审查后立案查办18件，办结17件，其中提请上级检察机关抗诉8件，不予抗诉9件；转刑事立案侦查1件，不予立案102件，其中直接答复申诉人93件，转有关部门处理9件。1996年12月，州检察院向省院提请抗诉高某某诉吉首市马坡岭居委会房产纠纷案获得改判。此案申诉人高某某从1986年起开始上访，要求落实被马坡岭居委会占用的房屋。其间，历经法院3次判决。高某某到州检察院申诉。检察人员仔细审阅此案一审、二审及再审判决案卷材料，并前往实地调查取证，查清原车站路居委会（现马坡岭居委会）向其管理部门原吉首镇请求此房产所有权，原吉首镇单方面强行作出处理决定，没有实现房产所有人出卖意愿，房产所有人实为高某某。州检察院将此案向省检察院提请抗诉，省检察院抗诉后，省高级法院将争讼房产判归高某某所有。

1998年，州检察院贯彻省检察院《关于开展"办案质量年"活动的实施方案》，狠抓民事抗诉案件质量，推广古丈县检察院办理民事案件"三慎重"经验，即慎重受理初查、慎重立案、慎重抗诉。1999年，检察机关优先受理民营业主申诉。州检察院在办理花垣县团结镇老王寨选矿厂借款纠纷一案时，仅用7天就将此案办结，向州法院发检察意见，州法院再审全部改判，从而救活了一家企业。

2000年，州检察院坚持每月下发一次全州办案情况通报，明确要求各县市院把工作重点放在办理一审抗诉案件上，州检察院派业务骨干到各县市院抓业务指导，推动基层县院办理一审抗诉案件；与律师、信访部门建立联系制度，挖掘一审抗诉案源。2002年，推行民事检察案件受理"五公开"制度，即案件公开、诉讼权利义务公开、申诉内容公开、审查公开、结论公开。2003年6月，州检察院和州法院联合发出《关于办理公益诉讼案件几个具体问题的通知》，狠抓事关群众切身权益裁判、执行不公监督，对执行有异议、判决有意见的典型案件，选择性地介入到法院执行环节，采取执行和解方式结案。2005年6月，召开全州民行检察工作现场会，推介花垣和凤凰县检察院工作经验，省检院民行处副处长雷丰超与会，并讲授民行检察业务知识。2006年，州检察院办理曾某某等17人与秦某某合伙纠纷案，因案情复杂，泸溪县检察院受案后及时向州检察院汇报，州检察院当即派员与泸溪县检察院共同审阅材料，讨论抗点，使该案的办理时间在州、县两级检察院不到两个月，省检察院提出抗诉后高级法院裁定州法院再审。州检察院承办人员多次与州中级法院再审法官交换意见，阐述抗诉观点，法院经重审，认为抗诉意见成立，应予改判，改判标的117万元，创下全州检察机关办理民事抗诉案件改判标的历史新高。2007年，严格把握抗诉条件，牢固树立质量意识和证据观念，重办案数量更重办案质量，是年，法院再审的15件抗诉案件中，改判10件，改判率2/3。2010年，受理各类案件277件，立案审查62件，提请抗诉32件，不提请抗诉5件，提出抗诉23件，终止审查8件，发再审检察建议20件，发其他检察建议23件，采纳18件；人民法院再审案件9件，其中改判6件，调解1件，其他1件，维持原判1件；办理刑事附带民事诉讼案件9件，法院判决9件，并全部胜诉，督促起诉126件，涉及国土资源、林业、住房公积金、环保、银行等领域，为国家挽回经济损失近500万元。

1992—2010年湘西州民事行政案件办理情况一览表

表9-4　　单位：件

年份	受理	立案	结案
1991	11	—	—
1992	69	7	5
1993	39	11	6
1994	120	18	17
1995	271	24	13
1996	387	23	15

续表 9-4

单位：件

年份	受理	立案	结案
1997	190	47	30
1998	146	44	44
1999	173	56	53
2000	182	64	53
2001	144	74	68
2002	137	60	57
2003	99	56	66
2004	52	40	46
2005	46	38	22
2006	34	32	30
2007	96	28	23
2008	147	104	97
2009	200	168	148
2010	277	62	56

第三节 反贪污贿赂

1989 年，全州检察机关贯彻最高人民法院、最高人民检察院《关于贪污、受贿、投机倒把等犯罪分子必须在限期内自首坦白的通告》，先后组织 25 个工作组进驻 71 个单位，宣传通告，发动群众检举，有 182 名经济违法犯罪分子投案自首；其中 99 名被查经济案犯向检察机关坦白经济犯罪事实，主动交出赃款 86 万元。是年，全州检察机关立案侦查贪污罪案 96 件 119 人，贿赂 69 件 75 人。1990 年，继续抓紧"两高通告"期间自首坦白案件消化处理工作，立案处理 140 件，作不立案转有关部门处理 141 件。州检察院进驻浦市化工总厂，从代某某贪污案入手，相继挖出浦某某、谢某某、石某某、向某某、杨某某等贪污贿赂案 6 件 7 人，其中大案 2 件 3 人。检察机关结合查办贪污贿赂案件，协助该厂追回欠款 10 余万元，并将办案中追回的赃款 3.5 万元及时退给该厂。同时，办案人员针对该厂生产管理问题，提出检察建议，帮助制定和完善各项规章制度。针对查办贪污贿赂案件等自侦案件中赃款赃物管理中存在问题及个别干警在赃款赃物管理中出现的问题，州检察院开展全州检察干警思想整顿，并作出《关于加强对赃款赃物管理的暂行规定》。

1991 年，州检察院提出"五个优先"工作思路，即优先查处大要案件，优先解决查办大要案件中遇到的各种困难和问题，优先查处群众揭发的党政机关工作人员大要案件，优先查处发案多群众反映强烈的行业和执法部门的大要案件，优先查处党委、人大和上级检察机关交办的大案要案。深挖犯罪案件 24 件，挽回损失 50 万元。

1993年，州检察院检察长向邦柱在州电视台发表电视讲话，鼓励群众举报。同时将个别要案审讯、执行逮捕录像在电视台予以曝光；建立举报箱、接待室和公布举报电话，实行24小时值班制。全年立贪污贿赂案件67件，挽回损失260.66万元。1994年，州检察院查办州农业银行党组书记蔡某某（正处级）受贿案，蔡利用职权，将巨额资金投放到海南省海口等地炒房地产从中受贿，仅收回资金20万元，给国家造成巨大损失，州检察院对其立案查处。1995年，针对泸溪县城搬迁工程中行贿受贿问题突出给国家造成重大损失情况，州检察院组织发起白沙战役，至1996年，查办贿赂案件31件，涉及违法犯罪人员50余人，为国家和集体挽回直接经济损失802.76万元。

1997年，全州检察机关充实反贪办案力量，组织开展查办职务犯罪大要案夏季攻势。全年受理贪污贿赂等经济犯罪案件线索297件，初查257件，立案98件，侦查终结68件，其中移送起诉36件，为国家和集体挽回直接经济损失1700万元。2000年，开展查处贪污贿赂案件百日奋战行动，立案侦查贪污贿赂犯罪案件22件，通过办案为国家、集体挽回直接经济损失703.92万元。

2002年，州检察院查处州盐业公司陆某特大贪污案。陆某于1995年3月至1999年4月利用担任州盐业公司出纳、会计或代出纳职务之便，贪污公款39.6万元，挪用公款77.25万元。除案发前归还公款7.27万元外，其余109万元被其赌博挥霍一空。案发后，陆某用家庭财产退赃款11.3万元，其夫梁某某及亲属退赃款32.1万元。最后法院以贪污罪判处陆某犯有期徒刑15年，并处没收个人全部财产；以挪用公款罪判处有期徒刑15年，决定执行有期徒刑19年，并处没收个人全部财产。

2003年，州检察院制定《湘西自治州检察机关自侦办案安全工作规则》，强化谁领导谁负责、谁办案谁负责、谁监护谁负责安全防范责任制，层层签订个案安全防范责任状，严格责任追究。2005年，制作贪污贿赂犯罪侦查工作流程图和自侦案件线索移送登记表，对工作每个环节及运转程序，通过图示予以规定，制定法律文书管理制度，实行法律文书分类管理存放，统一编号、签发，并严格法律文书签批使用手续。此外州检察院派员下到八县市检察院开展摸底，分析办案下降原因，制定具体扭转下降局面的有效措施和方案，迅速扭转立案数大幅下滑局面。2006年，推行办案工作责任制，明确规定检察长是反贪办案第一责任人，主管副检察长是第二责任人，反贪局长是直接责任人。推行办案流程管理制，办案必须严格遵守相关办案程序规定，文明办案，高效办案。同时加大追逃工作力度，创新追逃工作机制，对陈年积案重新梳理，发现新线索，确定重点追逃目标。是年6月，监守自盗120万元出逃3年的湘西州工商银行库管员彭某某被州检察院在新疆乌鲁木齐市抓获归案。2010年，反贪部门立案侦查贪贿等职务犯罪案件39件50人，大案22件24人，要案4件4人。侦查终结35件43人，其中起诉24件38人，法院作有罪判决21件32人，有罪判决率64%。

1989—2010年湘西州反贪局案件办理情况一览表

表9-5　　单位:件、人

年份	立案		侦查终结	
	案件数	涉案人数	案件数	涉案人数
1989	165	194	133	152
1990	165	182	206	265
1991	63	75	51	62

续表 9-5 单位：件、人

年份	立案		侦查终结	
	案件数	涉案人数	案件数	涉案人数
1992	51	53	47	49
1993	67	76	54	63
1994	91	97	83	86
1995	98	113	84	89
1996	67	84	31	54
1997	98	112	68	76
1998	82	93	69	81
1999	83	97	80	92
2000	85	92	76	83
2001	77	80	66	68
2002	54	74	54	74
2003	51	56	43	47
2004	57	62	41	43
2005	34	43	33	25
2006	47	51	42	46
2007	44	44	38	38
2008	49	54	42	48
2009	38	44	29	33
2010	39	50	35	43

第四节 反渎职侵权

1989 年 8 月，州检察院制定《关于进一步加强法纪检察工作的几点要求》，重点查处非法拘禁、刑讯逼供、玩忽职守、重大责任事故四类案件。1990 年，坚持有案必办原则，全年立案侦查 25 件，起诉判刑 16 人。1992 年，按照省检察院多办案，办好案，敢于办大要案要求，重点查办刑讯逼供、非法拘禁、徇私舞弊、玩忽职守和重大责任事故案件，五类案件占全年立案数 83.3%。1993 年 4 月中旬，州化轻建材总公司副经理全某某在北京采购钢材期间，经人介绍认识北京丰台地区物资公司花香经营部曹某、付某某等人，对其编造有钢材、假车皮计划虚假事实信以为真，将 107 万元货款打入对方账户，致使巨额货款被骗走。5 月中旬，州检察院接到报案后，以玩忽职守罪对全某某立案侦查，派出数名干警赶赴北京、河北等地追赃，仅用半月就追回被骗款104.85万元。

1998年，注重拓宽渎职犯罪侦查工作领域，查办修改后刑法新增加的渎职犯罪案件，全年查办私放在押人员案、失职致使在押人员脱逃案、徇私舞弊不征、少征税款案以及滥用职权案各1件。1999年4—7月，侦破永顺县公、检、法3家4名办案人员联手作弊，致使县境一起特大轮奸案被降格处理的司法腐败串案。主管副检察长精心组织整个案件查处工作，主持讯问犯罪嫌疑人。提起公诉后，法院以徇私枉法罪判处陈某某有期徒刑6年，张某某、张某某有期徒刑3年，以包庇罪判处张某某有期徒刑3年。2000年，立案查处司法人员涉嫌滥用职权、徇私枉法案件10件10人，占当年所立渎职案件62.5%。同时查处行政执法人员渎职犯罪案件。2001年12月，省林业厅责成古丈县林业局张某调查县境滥伐林木案，张某不仅没有认真调查处理，反而安排他人为犯罪嫌疑人黄某补办有关林木采伐手续。此后县林业局林政资源股股长孔某利用职务之便，授意发证员游某某为黄某补办林木采伐许可证，游某某违反规定为黄某补办林木采伐许可证，致使林木被滥伐1812立方米（折合活立木材积2788.62立方米）。为彻底查清此案，州检察院渎侦局办案人员历时2年，走遍古丈县14个乡（镇）100余个村组调查取证，询问证人200余人次，对游某某作有罪不诉，张某、黄某、孔某3人构成渎职罪，被起诉到法院，均被判处有期徒刑。

2002年，注重从其他案件中发现渎职犯罪案件线索。泸溪县检察院在查阅一起反贪局撤案案卷时，发现县供销社主任杨某（正科级）涉嫌滥用职权、挪用公款，决定重新立案侦查。经过近半年蹲点、暗访，终于找到关键证人、关键证据，突破历时7年积案。2004年，州检察院作出《关于进一步加强惩治和预防渎职侵权犯罪的决定》，在州《团结报》开设惩治与预防渎职侵权犯罪宣传专版，在湘西检察网设置宣传网页，分管渎侦工作副检察长专门接受广大网民咨询和举报。2006年，开展州内29件重特大责任事故情况审查，从中发现渎职犯罪线索。事件由县检察院侦查，移送起诉到法院8件，判决7件，均为有罪判决。州内首次实现反渎案件由县检察院立案，得到省检察院充分肯定并在全省检察机关作为典型予以推介。2007年8月，凤凰县堤溪大桥垮塌，造成64人死亡特大事故。州检察院检察长薛献斌、主管渎侦工作副检察长杨再武第一时间赶赴现场，组织力量调查取证。省检察院副检察长卢乐云随即到达凤凰，成立以卢乐云为组长的专案组。高检院副检察长王振川、渎检厅长陈连福、大要案指挥中心主任吴福金飞赴凤凰，组织指挥“8·13”跨桥事故调查工作。全州检察机关抽调26人参战。州检察院从立案查办州交通局质监站原站长张某某玩忽职守一案入手，通过深挖细查，相继立案查办州交通局原副局长王某某玩忽职守、受贿及总工程师刘某某贪污、受贿特大案件，挖出涉案金额400余万元贪污受贿案件7件7人。州检察院对“8·13”特大事故的快速反应和对事故背后渎职犯罪的侦破得到最高人民检察院和省检察院肯定。2010年，全州立案22件24人，侦查终结21件23人，起诉9件12人，判决13件18人。

1989—2010年湘西自治州反渎局案件办理情况一览表

表9-6　　单位：件、人

年份	立　案	侦查终结
	案件数	案件数
1989	30	17
1990	25	29

续表 9-6　　单位：件、人

年份	立案	侦查终结
	案件数	案件数
1991	15	19
1992	16	15
1993	16	13
1994	12	11
1995	9	12
1996	7	6
1997	12	9
1998	7	5
1999	16	15
2000	17	16
2001	7	4
2002	14	7
2003	9	8
2004	12	7
2005	12	7
2006	16	13
2007	16	13
2008	21	20
2009	22	19
2010	22	21

第五节　监所检察

1989 年，全州检察机关贯彻最高人民法院、最高人民检察院《关于贪污、受贿、投机倒把的犯罪分子必须在限期内投案自首的通告》，召开座谈会 15 次，促使劳改人员坦白交待余罪线索 99 条，检举揭发他人犯罪线索 267 条，破获案件 92 件，挽回经济损失 170 万元。受理监管改造场所移送审查起诉 11 件 11 人，起诉 10 件 10 人，法院审结 9 件 9 人，均判处有期徒刑以上刑罚。1990 年，州检察院印发《看守所检察规范化标准》，安全防范检查发现不安全漏洞、隐患 32 处，提出建议 32 条，预防脱逃、自杀、报复行凶、哄监闹狱等事故90人次；监管改造场所在押人员发生性病流行，省、州有关部门拨出专款8万元，治疗罪犯性病患者315人，治愈261人。先后依法加戴戒具处罚“牢头狱霸”43人，对两名情节严重、构成犯罪的向法院提起公诉，法院均作有罪判决。1992年9月，贯彻省司法厅禁止乱收费文件，劳教所乱收费问题得以纠正。1993年，州检察院印发《关于加强检察、严防串供的通知》。1994年，配合全州公安机关开展打击地痞地霸专项行动，印发《打击牢头狱霸稳定监内秩序的通知》。1995年，开展以办案为“龙头”，带动执法监督全面开展执法监督工作，检查监管场所安全防范103次，发现不安全隐患116处，提出建议184次，消除隐患96处。州检察院监所科检查监管场所出现的违法问题，发现吉首监狱服刑犯龚某犯抢劫罪，再审减刑不当，州检察院监所科专门调查，并将情况及时向省检察院监所检察处汇报，同时提出抗诉意见，其意见被省检察院采纳。1998年，驻监狱检察室在审查罪犯12人保外就医时，发现有个别罪犯病情有假，便对12人罪犯实施初检，确定其中8人重做病情鉴定，结果有6人罪犯不符合保外就医条件。同时开展看守所超期羁押专题检查，超期羁押达1年以上案件16件40人均得到处理。1999年，监所检察股对吉首监狱决定呈报减刑、假释25人提出异议均被监狱采纳。同时清理吉首监狱自1990年至是年保外就医超期未归情况，查出超期未归123人，给监狱发出检察建议。另外纠正看守所超期羁押211人。

2000年，州监所检察部门落实劳教人员教期执行情况登记卡制度，在州劳教所设立检察举报箱，公布举报电话，重点监督看守所保外就医工作，保外就医超期人犯96人。州检察院监所科及各县（市）检察院监所股向相关单位发出纠正违法通知书或检察建议，收监执行65人。2001年，贯彻最高人民检察院《关于监所检察工作若干问题的规定》，调整监所检察工作任务；加强安全防范检察，组织清理罪犯接见同宿室，纠正超期羁押和违法会见；清理全州看守所留所服刑犯46人，对不符合留所规定的，建议看守所投劳改造。2002年，落实《湖南省人民检察院关于加强监所检察工作的决定》，以监管场所安全监督为重点，履行监所检察职能，逐一排查并办理劳教所以教代刑案件。2003年，州检察院印发《加大纠正超期羁押力度的紧急通知》，清理和纠正看守所超期羁押。

2004年，州检察院加强对减刑、假释、暂予监外执行法律监督。开展创建规范化等级室活动，经省检察院组织验收，吉首市检察院驻吉首监狱检察室被评为三级规范化检察室，成为州内唯一获得三级规范化检察室称号单位。2005年，全面建立检察犯罪嫌疑人、被告人收押、释放、诉讼期限登记表制度。5月，州首次规范化减刑、假释听证会在吉首监狱召开，邀请部分州人大代表、州政协委员及相关职能部门负责人出席听证会，吉首监狱服刑人员130人到庭旁听。2006年，与州公安局联合，规范全州9个看守所执法行为，同时开展消除安全隐患大检查，初查监所职务犯罪案件线索8件，立案1件。2007年，贯彻中央社会治安综合治理委员会办公室、最高人民法院、最高人民检察院、公安部、司法部联合发布《关于开展核查纠正监外罪犯脱管、漏管专项行动的意见》，与公安司法等职能部门一道开展全州核查纠正监外罪犯脱管、漏管专项行动，发出检察建议193份，发出纠正违法通知书5份，处理监外执行罪犯违法情情况14人，纠正脱管、漏管罪犯251人，批捕监外执行罪犯又犯罪7人，起诉4人，判决4人。是年，吉首市看守所发生脱逃事故，凤凰县看守所发生武警战士在值班岗楼上多次向监号内犯罪嫌疑人喊话传递信息事件，州检察院为此先后向州公安局、州武警支队发出检察建议，要求加强相关教育和管理，均得到采纳。2010年，全州检察机关审查减刑576件、假释25件、暂予监外执行（保外就医）31件案件，并制作《检察意见书》，其中发现不当案件9件，建议监管单位不报或缓报，均得到采纳。针对监管场所存在安全隐患方面问题，发出书面检察建议102份，提出口头建议92次，均得到采纳纠正。清理出暂予监外执行（保外就医）罪犯83人。

第六节 控告与申诉检察

一、查处控告案

1989年，全州检察机关受理举报各类案件线索1134件，其中属于检察机关管辖的经济、法纪案件线索分别为833件、74件，涉及县（处）级以上干部41人，科级干部192人，国有企业负责人202人，国家工作人员297人，其他人员509人。检察机关立案查处76件，其中万元以上大案13件。1991年8月，连续收到吉首、花垣、龙山、泸溪等县（市）来信反映，在计划生育工作和上交农户承包合同款中，基层干部严重违法，造成死亡2人、重伤1人。州检察院及时派员核实，书面向州委、州人大常委会、省高检院报告，对构成犯罪的，转有关部门立案查处。1992年，检察机关共受理控告信访905件，占信访受理总数71.76%。

1993年，完善和健全举报机制，统一举报中心名称，举报中心主任由主管副检察长兼任，配专人负责。建立和完善控告登记、转办、催办、答复等相关制度。1994年，落实《最高人民检察院关于加强举报工作的决定》，建立举报奖励基金，筹措举报奖励基金9.2万元。州检察院举报中心受理群众举报线索333件，其中贪污贿赂线索244件，占73.29%。1995年，州、县（市）检察院控申举报接待室开展创文明接待室活动，贯彻执行国家刑事赔偿法，成立刑事赔偿工作办公室。1997年，州、县（市）检察院加强举报初查工作，初查案件线索71件，为国家挽回经济损失70万元。1999年，制定《关于全州检察机关举报线索管理、审查、催办的规定》，规定举报线索一律归口举报中心管理，由专人管理，并负责分流；建立举报线索审查协调小组。加强检察长接待日工作，规定每周二为检察长接待日，并规定集体上访由检察长亲自接待，要求接待日受理信件、案件线索当日接待当日批办。

2002年，全州落实省高检院首办责任制，坚持谁接待谁负责制度，责任到人，避免推诿，给信访人明确答复，将问题尽量解决在首次信访环节，防止重复信访、久诉不息情况发生。2005年4月，吉首市关厢门批发大市场20余名民营业主到市检察院控告市场管理单位截留、侵吞上缴税款，声称要罢市游行、越级上访。市检察院立即安排控申部门开展调查，发现商户应缴税额尚在确定之中，市国税局作出暂缓征收决定，但市场管理部门仍一票统收，对256户业主全额收取。经市检察院多次做市场管理部门工作，促使其作出返还未缴税款决定，256名业主以现金返还和账面抵减方式，领回25.28万元多缴税款。7月，在全省检察机关集中处理涉检信访问题工作会议上，州检察院以“牢固树立群众观念，全力解决涉检上访问题”为题做典型经验发言。2006年，开展集中清理排查职务犯罪举报线索工作，清查2003年至是年职务犯罪举报线索54件，其中初查未结19件,未查、存查35件。清理出来的举报线索被列出清单，作再分流、消化和处理。2007年3月，州、县（市）检察院为3年内55起案件实名举报人员兑现奖励。

2010年，全州检察机关受理各类案件296件，其中举报案件94件，申诉案件202件。按照“分级负责，归口管理”规定，依法妥善处理重大涉检信访案件20件，化解可能进京上访涉检信访积案4件，涉检进京实现零上访。

二、申诉检察与赔偿

1989年，州、县（市）检察机关主动受理刑事申诉案件。至1990年，全州受理不服拘留、逮捕、免诉、判刑、劳教等刑事申诉案件492件。1992年，把办理控告申诉案件特别是对不服检察机关处理决定申诉案件作为重点，做到申诉1件，复查办理1件，全年办理不服检察机关免诉和不诉案件25件，通过阅卷和调查，撤销原处理决定不当6件。1995年1月，全州检察机关贯彻《中华人民共和国国家赔偿法》，先后设立刑事赔偿工作办公室，配备专（兼）职人员。是年，受理申诉信访62件，其中不服检察机关决定的申诉22件，经复查纠正2件。

1996年，加强对刑事赔偿案件申请处理，受理两起不服检察机关批捕、起诉赔偿申请案。1998 年,州检察院在复议张某某不服吉首市检察院逮捕、没收决定申请赔偿一案时，承办人员调阅原卷，找到原承办人调查办案情况，又到张所在单位调查张的经济收入情况，终于查明，张以借款为名向包工头索贿确系事实，因而维持吉首市检察院决定。1999 年，州检察院受理凤凰县环卫所谭某某等 10 人申请刑事赔偿案，通过调卷审查，多次到案发地调查取证，认为谭某某等人不构成贪污罪，应返还原扣押赃款，对谭某某等人被刑拘期间应给予赔偿，遂作出赔偿决定。2001 年 2 月，一名湖南省人大代表就永顺县检察院办理唐某诈骗案提出批评意见。省检察院将此意见转交州检察院，州检察院迅速组织人员前往永顺县调查办理此案，仅一个星期就将情况调查清楚，并向省检察院作出汇报，随即将调查情况反馈给省人大代表，该代表对检察机关落实人大代表意见做法表示满意。

2003 年，州检察院针对各县（市）检察院控申工作薄弱环节，以参办、督办、交办案件等形式当好基层院后盾。2004 年，州检院控申部门与公诉部门组成联合复查组，清理上年不诉案件 90 件 110 人，全州控申部门还开展清理扣押、冻结、收缴专项工作，受理申诉 11 件，审查后退还当事人款项 10 万元。2005 年，以办理涉检案件为重点，处理上级交办案件，受理涉法案件 26 件，其中重点挂牌督办涉检上访案件 14 件，依法办结 12 件，赔偿退回金额 2.67 万元。

2006 年，全州检察院处理涉法上访案 79 件，息诉 58 件，息诉率 73.4%。办理人大、党委政法委及上级检察院交办案 26 件。2007 年，突出重点办理“两刑”（刑事申诉、刑事赔偿）案件，实现办理“两刑”案件质量有新突破；赔偿执行到位实现零的突破。2010 年，州检察院受理刑事申诉 12 件。受理不服检察机关处理决定的申诉 4 件，立案复查 4 件，办结 4 件，维持原处理决定 4 件；受理不服法院生效刑事裁判申诉 8 件，立案复查 5 件，办结 8 件，不予抗诉 3 件，建议法院再审 1 件，改判 1 件，存查 1 件。刑事赔偿决定执行 1 件，支付赔偿金 2.37 万元；办理刑事申诉交办件 2 件，办结 2 件。

第四章　法院

1989 年，湘西州中级人民法院（以下简称州中级法院）内设办公室、人事科、民事审判庭、林业审判庭、刑事审判一、二庭、司法行政科、法医室、告诉申诉庭、经济审判庭、行政审判庭、业余法大分部、执行庭、监察室，核定编制 83 名，实有 84 人。1990 年，人事科更名为政治处。1994 年司法警察支队成立。1995 年，设立赔偿委员会办公室。1996 年，政治处改称政治部（内设法官管理科、组织干部科、宣传教育科）。设立立案庭，告诉申诉庭更名为审判监督庭。1999 年，增设研究室。2003 年，执行局成立（内设执行工作庭、执行裁判庭、综合办公室）。2004 年，法医室更名为技术科。2006 年，设立审判管理办公室、林业审判庭（挂牌民事审判第三庭）。2008 年，设立老干科。2010 年，内设纪检组、政治部、办公室、研究室、监察室、司法行政装备科、老干科、赔偿委员会、刑事审判第一庭、刑事审判第二庭、林业审判庭（挂牌民事审判第三庭）、民事审判第一庭、民事审判第二庭、行政审判庭、执行局（内设执行工作庭、执行裁判庭更名执行审查庭、申诉审查庭、综合办公室）、立案庭改为立案信访局（内设立案一庭、立案二庭、信访办公室）、法警支队（内设警务科、警政科、直属大队）、审判管理办公室、审判监督庭、司法技术科、司法行政装备管理科，核定编制 124 名，实有 115 人。

1989—2010 年，州中级法院历任院长：吴廷安、石维斌、刘基剑、向泽楚、何剑、李立新；副院长：贺兴旺、向泽楚、陈伐桂、杨家福、余玉章、张和善、麻志初、李新贵、钟子荣、吴方国、向柏林、邱贤周。

第一节 刑事审判

1989年，全州法院刑事审判工作坚持严打方针，依法严厉打击故意杀人、抢劫、贩毒、拐卖人口等严重危害社会治安和破坏经济秩序犯罪分子。全年受理刑事案件1345件，审结1320件。其中州中级法院审结刑事一审案件98件，二审案件180件，经济犯罪案件86件。全州集中召开公判大会23次，宣判案件400件罪犯491人。1990年，充实刑事审判力量，刑事审判干警由53人增至73人。开展打击流窜犯罪分子、打击盗窃高压线、破坏电力设施和水利工程犯罪专项斗争，受理刑事案件1344件，审结1312件，其中审结经济犯罪案件131件。公判大会宣判刑事案件413件589人。其中判处5年以上有期徒刑52人，免予刑事处分20人，判决无罪20人。

1994年，全州法院刑事审判坚持依法从严从快惩处原则，始终把打击重点指向杀人、抢劫、流氓、强奸、重大盗窃等严重刑事犯罪分子。组织召开4次集中宣判大会，宣判罪犯564人，其中依法严惩地痞地霸、车匪路霸和黑社会性质犯罪团伙及其他严重刑事犯罪分子57人；对投案自首、有主动表现的犯罪分子，依法予以从宽处理。1995年，依法从重从快判决严重刑事犯罪分子。受理刑事案件1114件1945人，审结1096件1914人（其中州中级法院受理一、二审刑事案件185件，审结180件），判决生效罪犯1254人。其中判处杀人、抢劫、重大盗窃、拐卖妇女儿童严重刑事犯罪分子665人，审结经济犯罪案件94件149人，判处经济罪犯65人，挽回经济损失76.41万元。是年，州中级法院公开宣判中共吉首市委原书记石远章贪污、受贿案，一审判处石远章死刑，缓期2年执行，剥夺政治权利终身，经最高人民法院批准，维持中院一审判决。

1996年，州中级法院组织全州统一宣判3次，判处一批严重刑事犯罪分子。罪犯陈贤昌等人曾多次在猛洞河州贮木场码头、船上抢劫作案，采用刀砍、棒打、罚跪等残暴手段，将多名被害人打伤砍伤。此案经州中级法院受理后，仅用10天时间，一审结案判处重刑，报经湖南省高级法院核准后，主犯被依法处决。1997年，继续坚持依法从重从快方针，维护社会稳定。罪犯赵某某为首的“三十六弟兄”流氓团伙与蒋某某为首的“万宝路”流氓团伙，自1993—1995年间持自制炸弹、火枪在吉首地区作案20余次，致2人死亡、44人受伤。州中院受理此案后，依法严惩该案犯罪嫌疑人31人，其中主犯赵某某被判处死刑。1998年，刑事审判重点继续指向故意杀人、抢劫、强奸、持枪以及带黑社会性质团伙犯罪，严惩危害社会治安罪犯。州法院办理的死刑案件复核准确率达到100%，得到湖南省高级法院肯定。1999年，组织3次春夏严打集中统一宣判行动，依法判处劫车杀人犯胡某某、邹某等严重刑事犯罪嫌疑人死刑。同时适时开展专项审判，重点惩罚“三假”（假种子、假农药、假化肥）和侵犯消费者权益的犯罪活动，为农户挽回损失10万元。被告人田某某（原泸溪浦化厂职工）1998年自办化肥厂，从泸溪县浦市化工厂运来水淹失效磷肥进行烘晒、球磨后，假冒浦化“杜鹃”牌钙镁磷化肥，向吉首、凤凰、麻阳等地农民销售500余吨，金额10万元，给农民造成重大损失，被泸溪县人民法院依法判处有期徒刑。2000年，突出惩罚故意杀人、绑架勒索、贩卖毒品、拐卖妇女儿童、制售假钞以及“三假”坑农犯罪活动。州中级法院组织4次全州统一宣判执行活动，依法公开宣判4批犯罪嫌疑人。被告人陈某某、吴某、李某某、龙某某为勒索钱财采取暴力胁迫手段，绑架吉首市第一小学学生吴某，勒索巨额钱财，并残忍杀害被害人。经州中级法院审理，依法对4名罪犯判处死刑，经省高院复核，于是年9月对陈某某等4名罪犯执行死刑。同时注重教育、挽救失足者，分化瓦解犯罪嫌疑人，判处缓刑和宣告无罪及免予刑事处分153人，办理减刑、假释案件280件。

2002年，全州深入开展严打整治斗争，依法严惩严重危害社会治安和严重破坏经济秩序的犯罪嫌疑人。同时坚持惩办与宽大相结合的刑事审判政策，把打击、防范、教育有机结合起来，依法办理减刑、假释案件264件，判决宣告无罪和免予刑事处分61人；审结案件化解各类矛盾128起；其中依法严惩贪污、受贿、挪用公款等各类严重经济犯罪案件46件，审结43件，刑事处罚42人，为国家和集体挽回经济损失768万元。2005年，强化刑事审判职能，开展严打整治斗争。州中级法院组织3次全州统一宣判执行活动，依法公开宣判一批危害社会治安的犯罪嫌疑人。此外办理刑事自诉案件34件，判处未成年罪犯229人，办理减刑、假释案件519件。2007年，全州法院贯彻“宽严相济”刑事政策和社会治安综合治理的各项措施，全年受理各类刑事案件1234件，审结1168件，审结率94.65%，给予刑事处罚1220人，其中判处5年以上有期徒刑、无期徒刑和死刑295人，重刑率27.87%。依法办理减刑、假释案件526件。依法减刑假释经验被最高人民法院向全国法院系统推广。

2009年，全州法院集中开展打击商业贿赂、非法集资等专项审判活动，依法审结“9·4”“9·25”非法集资系列打砸抢和湘西13起集资诈骗、非法吸收公众存款罪等案件，对罗某某受贿、石某某集资诈骗等案犯依法从重处以刑罚。2010年，全州法院受理刑事案件1186件，审结1167件，结案率98.39%（州中级法院审结233件），其中，判处5年以上有期徒刑、无期徒刑和死刑罪犯263人。“9·4”凤凰少女跳楼案，经中级法院受理后半个月内开庭，一个月内审结；石某某非法集资诈骗案，涉案金额达亿元，州中级法院及时审结，依法判处石某某死刑缓期2年执行。此外，依法审结吸收公众存款、集资诈骗案件20件39人，审结“3·31”系列涉枪刑事案件145件312人。同时酌情从轻、减轻处罚未成年被告人38人，依法办结减刑、假释案件618件。

第二节 民商事审判

1989年，全州法院在民商事审判工作中注重突出重点，优先审理影响经济建设的案件，推行当事人举证制度，贯彻“谁主张，谁举证”原则。全年受理民事案件5100件、审结4920件；一审经济案件1485件，审结1450件；二审经济案件85件，审结81件。州中级法院审结一、二审民事纠纷案件450件，审结一、二审经济纠纷案件262件，结案诉讼标的1514.92万元。1990年，坚持乡（镇）村（寨）巡回办案制度，在有关单位设立联络点和联络员，依法解决民商事纠纷案件。1991年，坚持依法维护公民合法权益、依法调节经济关系规范经济秩序。受理民事纠纷案件4246件，审结3733件，其中州中级法院审结一、二审民事纠纷案件595件。全州各县（市）法院审结赔偿案件552件，审结山林纠纷案件62件。州、县（市）法院受理经济纠纷案件1163件，审结1055件；其中州中级法院审结一、二审经济案件286件，诉讼标的1150万元。全州法院就地巡回办案2255件。

1992年，州中级法院健全民商事审判责任制，明确书记员、审判员、合议庭、审判委员会和院长职责；成立审判业务小组，加强基层法院、法庭办案业务指导，开展审判观摩，案件质量检查评析，案件合格率98%，改判发回重审案件减少。此外依法开展清理“三角债”工作，多举措开展诉讼处理，以支付令方式结案602件，标的433.38万元。在湘泉酒总厂等国有大中型骨干企业建立经济审判联络站57个，聘请经济审判联络员132人。1993年，组织309名干警在6个月内审理一审经济案件1250件，还以协商函、协商会、法庭调解等手段调处经济纠纷案件2333件，直接收回各种资金6259.25万元。各大中企业和经济部门建立联络站65个。州七一化工厂多次代办托运供给山东济南轻工化学总厂、山东济南牙膏厂、山东淄博市制酸厂等单位货物，而这些单位长期无理拒付货款。9月，州中级法院派出办案组，分赴3个被告单位，依法收回货款100.4万元。是年，州中级法院审结经济纠纷案件387件，解决诉讼标的8174.55万元，为企业收回资金2.24亿元。1994年，开展法律咨询，向企业提供司法建议，使企业免受经济损失 995 万元。全州法院还注意通过处理民事纠纷抓苗头、除隐患，防止矛盾激化，减少民转刑案件的发生。泸溪白沙新城建设时发生一起土石方开挖工程纠纷案，数百名民工到新城建设指挥部静坐绝食，影响新城建设。泸溪县政府和城建指挥部领导多次调解无果。泸溪县法院了解到白沙新城发生纠纷情况后，派出办案人员前往白沙发案地处理纠纷，经过 7 天工作，纠纷解决，事态平息，新城建设得以正常进行。是年，州、县（市）两级法院受理各类经济纠纷案件 3930 件，审结 3675 件，为企业收回各类资金 2.44 亿元。1995 年，全州法院注重依法审理与企业经营机制转换相关案件，审理企业联营、兼并、租赁、承包等案件 130 件、审结破产案件 3 件；审结企业周边纠纷案件 31 件，侵犯企业自主权案件 25 件。发支付令和开协商会、发协商函方式办理经济纠纷案件 1467 件，收回资金 4271.06 万元。州中级法院审结一、二审民事案件 481 件、审结一、二审经济案件 397 件。经诉讼和非诉讼方式，为州内企业盘活资金 3.67 亿元，97 家企业摆脱困境，81 家企业扭亏增盈。

1996 年，全州法院审判职能延伸，建立“两建三巡回“制度，设立审判联络站和投诉点 95 个，采取巡回接待、巡回办案、巡回考察回访办案方式，巡回办案 3375 件。1997 年，重点加强各类经济合同、金融、借贷合同纠纷案件和企业承包、租赁及破产案件审理，审理购销合同纠纷案件 129 件，借贷合同纠纷案件 2451 件，企业承包、租赁合同案件 23 件，帮助 56 家濒临破产倒闭的特困企业清收债权 2147 万元，审结企业破产案件 7 件。1998 年，围绕保护民营企业权益，提供司法保障和优质周到司法服务，审结民营企业经济纠纷案件 1346 件，派出 65 个办案组奔波于全国 10 多个省市、自治区，为企业收回外欠资金 1632.83 万元。州中级法院受理吉首市重点工程建设纠纷案件，为吉首市政府挽回经济损失 2000 万元。同时，全州法院还将审理企业破产案件作为服务经济建设突破口，受理企业破产案件 16 件，审结 5 件，总标的 4637.02 万元。

1999 年，全州法院突出审理重点工程建设案件、农村“两会一部”（农村合作基金会、互助储金会，供销社股金服务部）案件、企业购销联营案件、破产案件，全年审结农村“两会一部”案件 4722 件，收回资金 1718.55 万元。2000 年，为国企改革和发展提供法律服务和司法保障，受理企业承包、租赁、转让、破产等案件 37 件，审结 25 件。全州法院受理民事案件 4765 件，审结 4452 件。其中审结婚姻家庭、损害赔偿、继承、劳务、房地产案件 4120 件，审结林业案件 332 件。2001 年，州中级法院在受理吉首汽车配件厂破产一案时，与有关部门联合依法做好债务清理和职工安置工作，顺利终结该案。审理票据、融资租赁、证券、期货、保险纠纷及金融市场规范发展过程中各类案件 593 件。是年，受理一审民事案件 3972 件，审结 3691 件，其中审理婚姻家庭、继承纠纷案件 1770 件。审结损害赔偿劳动争议、宅基地、水利等纠纷案件 632 件，审结山林纠纷案件 337 件，挽回经济损失 300 万元。审结房地产开发纠纷案件 41 件，审结合同、债务纠纷案件 1410 件。2002 年，抓好常规民商事案件审理同时，突出破产案件审理、影响经济环境案件审理、山林纠纷案件审理，受理破产案件 36 件，审结 13 件，破产标的 14.2 亿元；审理农村土地承包、农技服务、种养加工等案件 1432 件；审结山林纠纷案件 310 件，为林农挽回经济损失 1000 余万元。2003 年，州委转发州中级法院《进一步为我州民营经济发展提供司法保障和服务的意见》和《关于进一步规范企业破产加强企业改制工作的意见》，依法规范全州企业破产改制工作。全年受理破产案件 53 件，审结 26 件，破产标的达 8.2 亿元。同时依法审理农村承包、农技服务、种养加工等案件 898 件，山林纠纷案件 205 件，挽回林农经济损失 140 万元。

2004 年，全州法院依法审理农村土地山林承包合同纠纷、土地承包经营权流转合同纠纷案件 1081 件；受理破产案件 58 件，审结 23 件，破产标的 7.12 亿元，其中州中级法院审理破产案件 14 件，审结 5 件，破产标的 2.5 亿元。2005 年，民商事审判工作配合湘西州民营经济带动战略，对民营业主诉讼案件普遍实行优先立案、优先审理、优先执行“三优先”原则，重点审理与推进农业产业化、工业化、城镇化进程、经济结构调整、国有企业改革、非公有制经济发展及农村经济和区域经济发展相关案件，依法保护当事人合法权益。审结涉及保护农民合法权益民商纠纷案件692件，为农户挽回经济损失850万元；依法审结婚姻家庭、损害赔偿、山林纠纷等多发性民事案件2972件；受理企业破产案件67件，审结18件，破产标的11.61亿元。受理各类民商事案件4748件，审结4228件，其中州中级法院审结一、二审民商事案件589件。酒鬼酒有限公司诉湖南成功集团返还财产纠纷一案，涉案标的4.2亿元，州中院依法及时调解结案。

2006年，花垣县民乐镇响水村45户村民合伙纠纷案，村民多次聚众到省、州上访，经州中级法院受理后，16次派专案小组深入村寨，做双方当事人工作，终将650万元标的款全部执行到位。2007年，全州法院化解民商事矛盾纠纷，努力实现案结事了。州法院重点审理湘泉集团及下属5家子公司破产案，新受理中港合资企业湘泉大酒店等3家企业破产案件。切实关注社会弱势群体的司法需求，依法减免缓交诉讼费146.32万元。探索建立以诉讼调解为主导的“三调联动”机制，民商事案件调解结案1464件。2008年，民商事审判重视“三农”（农村、农业、农民）问题，严厉打击和制裁坑农、损农、害农违法行为，审结涉农案件841件，审结林业案件218件，审结婚姻家庭、相邻纠纷等多发性民事案件1284件；审理企业改制相关案件26件。全州法院受理民商事案件5272件，审结4995件，审结率为94.75%，涉诉标的11.87亿元。2009年，依法妥善处理破产重组、产权转让、合同纠纷、金融债权、劳动争议等案件260件。加强对非法集资案件审理工作，组织资深法官开展非法集资引发相关纠纷处理机制专题调研；成立专案组参与清收“涉非”企业债权，通过诉外、诉讼调解等途径，化解非法集资引发的各类纠纷。开展金融专项审判，受理不良金融债权纠纷案件407件，审结367件，结案标的1.32亿元，支持金融机构依法核销不良金融债权3697万元。受理涉外案件4件，审结3件。2010年，开展金融专项审判工作，建立金融债权调研、信息同享和联系会议制度等长效机制，全年审结金融诉讼案件416件，诉讼标的4.3亿元，执结或部分执结185件，执行到位标的1630万元。此外，坚持调解优先、调判结合的原则，调结率51.14%。审理婚姻家庭纠纷案件827件，损害赔偿案件573件，农村山林、土地承包合同纠纷案件217件。是年，全州法院审结各类民商事案件4125件，诉讼标的5.69亿元；其中州中级法院审结民商事案件625件，诉讼标的2.34亿元。州中级法院审理的湘泉大酒店破产案，历时3年补证，终以3.2亿元拍卖成交。

第三节　行政审判

1989年，全州法院组织学习讨论、宣传行政诉讼法律法规。全年受理行政一审案件38件，行政二审案件10件，审结35件。其中州中级法院审结行政一、二审案件20件。1990年10月1日，正式施行《中华人民共和国行政诉讼法》，县市法院均设立行政审判庭，组织行政审判人员学习、培训，并派人员到各类型行政执法培训班授课90次，其中州中级法院派员授课14次。1991年，依法保护公民、法人和其他组织合法权益，监督和支持行政机关依法行政。全年受理一审行政案件101件，审结90件。其中州中级法院审结一审行政案件25件，二审行政案件12件。

1994年，全州法院在行政审判工作中克服各种困难和阻力，全年受理行政案件111件，审结97件，其中州中级法院审结一、二审行政案件34件，州、县（市）两级法院判决撤销被告具体行政行为案件12件，占一审行政案件结案数16%；判决维持被告具体行政行为案件16件，占一审行政结案数21.33%。6月，中级法院行政庭受理凤凰县原服装厂邓某某、王某某等86人诉该县轻纺工业局行政侵权赔偿一案，公开审理，双方当庭达成调解协议。该厂86名退休职工全部领取一次性养老救济金，本案全部执行完毕。1995年，行政审判工作取得新进展，全年受理一审行政案件187件，审结168件，其中州中级法院审结一、二审行政案件59件，受案数同比上升110%，结案数同比上升124%。同时办理行政机关申请强制执行行政处罚决定案件361件。其中依法维持行政机关处罚决定25件，变更2件、撤销21件、撤诉84件。

1998年，举办行政执法培训班，促进行政机关依法行政。

2005年，全州法院开展行政审判和国家赔偿工作，依法监督和促进行政机关依法行政。全年受理各类行政事件168件，审结156件，结案率92.86%。再审行政事件45件，办理行政机关申请法院强制执行起诉行政案件3件。

2009年，州中级法院为基层法院印发《关于进一步加强行政审判工作的指导意见》，全年受理行政案件127件，审结113件，审结率88.98%。

2010年，全州法院贯彻执行最高人民法院《关于依法保护诉讼当事人诉权的意见》，规范受案标准，加强行政审判和国家赔偿工作。全年受理各类行政案件358件，审结345件。其中州中级法院审结280件，结案率96.37%。同时贯彻执行《国家赔偿法》，依法审结国家赔偿案件7件，决定赔偿2件，赔偿金额6.5万元。

第四节　审判监督

1989年，全州法院坚持依法监督司法裁判，确保审判活动公正合法高效。6月，州中级法院在永顺县法院开庭审理一起刑事再审案件，组织现场观摩讨论，总结再审经验。全年受理人民来信3057件次，接待来访2677人次，处理2426件次；受理各类申诉、再审案件193件，审结193件。其中州中级法院审结再审案件43件，办理减刑假释案件307件。1992—1993年，注重审监工作调节职能，依法化解矛盾纠纷。其间，受理各类审判监督再审案件446件，审结426件，结案率95.52%。其中再审改判124件，维持原判322件。受理群众信访立案处理999件次，说服息诉602人次，指定管辖258件次，调处简易纠纷161件，防止矛盾激化138件。

1996年，全州法院建立审判监督庭实行立案、审判、执行、审监分开，规范内部执法程序，建立和完善错案追究制度。1998年，强化监督机制，开展经常性案件质量检查和执法检查，依法纠正错案。至2000年，受理各类审判监督案件543件，审结496件，结案率91.34%。其中依法改判91件，维持原判297件，发回重审18件。

花垣县花垣镇三角岩村会计谭某某举报本村支书谭某某、村主任张某某和花垣镇副镇长田某某等人存在经济不清问题，3人对受举报不满，遂共同作伪证诬告谭某某贪污犯罪，并使谭某某遭到错误逮捕、起诉。经花垣县法院一审查明，谭某某贪污罪证不足，判决宣告无罪并当庭释放，检察机关提出抗诉。州中级法院受案后，建议检察机关补充侦查，终于获取张某某、谭某某贪污铁证，举报人谭某某得以洗清冤屈，张某某、谭某某和田某某受到法律惩处。2003年，建立健全监督约束机制，从州人大代表、政协委员中聘请96名司法监督员，定期召开会议，听取他们对法院工作意见和建议，并每季开展一次案件质量评查活动。从司法人文关怀理念出发，创新信访接待工作机制，出台领导预约接待和专门接待制度。全年接待来访人员4706人次，处理来信2682件。2004年，全州法院加强审判监督工作。成立以院长为组长的处理涉诉上访工作领导小组，州中级法院出台《全州法院开展集中处理涉诉上访问题的实施方案》，建立上访台账，澄清底数，实行分级管理。2005年，全州法院建立以院长为组长的处理涉诉上访工作例会制度，每月召开1次涉诉上访工作例会，逐案分析申诉案件原因。州中级法院实行副处级干部轮流接访制度。接待来访人员6216人次，处理来信1254件。

2006年，完善审判监督纠错、防错机制，依法开展审判监督工作的同时，探索平息涉诉上访新途径，采取开门接访、带案下访、预约接访等措施，畅通涉诉信访渠道。全州法院全年接待来访4865人次，处理来信1326件，办结涉诉进京上访案件47件。2009年，全州法院全力化解涉诉信访案件，狠抓信访积案清理工作。对上级交办信访案件，州中级法院按照属地原则分解到各县（市），处理办法为：中级法院领导班子成员包县（市）、县（市）法院院长向中级法院院长递交结案息诉息访责任状。至2010年，受理各类再审案件398件，审结398件，其中改判49件，调解结案124件，维持原判210件，发回重审13件。其中州中级法院审结各类再审案件140件。受理涉诉复查案件119件，结案119件；受理涉诉信访积案279件，化解息诉256件。接待来访5323人次，处理来信1326件次。

第五节　案件执行

1989年，全州法院相继恢复成立执行机构，配备执行人员，制定工作制度。全年执行案件2786件，执行标的额1240万元。其中州中院执行案件482件。

1992年，全州坚持专门执行和各业务庭正常执行工作相结合。对有执行能力而拒不执行的采取强制执行措施，并排除妨碍。同时对执行兑现确有困难的暂缓执行。对暂无能力无条件的，实行中止执行。交通法规、养路征费、税务等领域设立24个执行室。全年受理各类应执行案件3195件，实际执行2627件，其中州中级法院执行698件，执行率82.22%，执行标的额1018.029万元。中止执行77件。1993年，继续加强执行工作，全州政府执法部门成立法规执行室90个，协助人民法院办理执行案件。举办3次执行人员轮训班，培训300余人。

1997年，全州案件执行率相比上年有所下降，境内尚有1777件应执行案件未能执行到位，依然存在执行难问题和执行不规范问题。为此州中级法院于11月召开全州法院执行工作会议，并用3个月时间集中开展清理执行积案专项行动。1998年，优化执行环境，推行审执分离。泸溪县法院针对移民区特点，改进执行方法，执行261件290万元，获“全省法院清理执行积案先进集体”称号。1999年，采取分散执行与集中执行相结合，强制执行与教育当事人自动履行相结合办法，执行积案1058件，执行标的额1000万元。其中州中级法院执行积案31件。2000年，清理执行积案，组织攻坚克难，执行一批老大难案件。古丈县法院成功执行一起货款几年执行不到位案件，收回欠款1900万元。

2001年，全州法院先后成立执行局，初步形成执行工作新体制，对一些重大疑难复杂案件，均由执行长牵头组织合议庭合议，依法稳妥地把案件执行到位。2002年，开展治理暴力抗法集中执行专项活动，依法打击违法暴力抗法案件9件15人，集中清扫一批多年未结案件。受理各类申请执行案件3325件，执结1911件，执行标的额16105万元。其中州中级法院受理申请执行案件90件，执结24件，执行标的额12367万元。是年，省高院向全省法院推广湘西州法院经验。

2004年，州中级法院受理申请执行案件137件，执结76件，执行标的额1617.51万元。吉首市法院对内实行合格上岗、易人执行、政策倾斜、24小时滚动执行等制度，对外采取限制高消费、财产申报、召开执行督促、兑现大会等举措，全年受理执行案件948件，执结704件，执结标的额3084万元。2006年，建立领导包案挂牌督办制度，采取委托调查、举报有奖和公布拒不执行的当事人名单等办法，加大执行力度。酒鬼酒股份有限公司申请执行成功控股集团有限公司和湖南省成功开发投资有限公司一案，涉案标的4.3亿元。酒鬼公司系湘西州唯一上市公司，且牵涉到企业改制重组和2000余名职工安置等问题。州中级法院采取跨区域、协调执行等方式，予以成功执结。2007年，中国长城资产管理公司长沙办事处申请执行怀化市五金交电化工公司一案是由省高级法院指定州中级法院执行的重特大疑难案件，标的额2100万元，因牵涉企业改制，企业资产处置款被政府无偿占用，导致无法执行到位。州中级法院执行人员通过划拨存款等强制措施，成功从鹤城区政府财政非税收入账户扣划1700万元，鹤城区委、区政府主要领导多次主动找州中级法院请求协调解决，通过州中级法院协调，申请人终于主动放弃部分债权，退回鹤城区政府500万元，双方达成和解。州中级法院清积工作受到湖南省高级法院表彰。

2008年，州中级法院加强执行案件信息管理系统和执行威慑机制建设，实行逐月排名通报，建立党政领导包案挂牌督办制度，强化清积责任制，采取交叉执行、委托调查、举报有奖、公布拒不执行的当事人名单、召开联系会议和执行兑现大会等措施，实现胜诉当事人合法权益。2009年，开展为期一年的集中清理执行积案专项行动，州中级法院与州直27个领导小组成员单位联合签署《人民法院执行工作联动威慑机制》文件，建立党委领导、人大监督、政府支持、社会各界配合、法院主办的执行工作长效机制。州中级法院检查辖区基层法院执行工作6次，逐案上报，督促整改，及时纠正违法执行行为。全年办理当事人申请执行监督的案件18件。

2010年，州中级法院与州直政法6个单位联合印发《关于进一步加强支持人民法院执行工作若干问题的意见》。院长李立新率领副院长向柏林、执行工作庭庭长唐仁旺等人执结中国银行与北京庄胜房地产公司长达13年债务纠纷案，执行标的6.1亿元，北京信达资产公司与庄胜房地产公司52亿元多角债务纠纷得到化解。湖南省公路机械工程有限公司申请执行龙山县里龙公路工程有限公司一案，标的为418万元。被执行人系龙山县政府为修建里龙公路临时成立的机构，到案件执行时，该机构原由政府抽调的工作人员均回原工作单位。因该工程系政府重点工程，执行中只能找龙山县政府，主体特殊，但申请人的权利不能落空。州中级法院通过多方协调，终于促使龙山县政府与申请人达成和解协议，做到案结事了。同时开展无积案法院创建和委托执行案件专项清理工作，受托4件执行案件全部执行完毕，还为特困申请执行人发放执行救助资金111.65万元，涉案标的392.73万元58件案件得以息诉结案。是年，执结各类执行案件1129件，执结标的额52.23亿元。清理执行积案374件，执结348件，结案率为93.05%。州中级人民法院被湖南省委政法委、省高级人民法院授予“全省集中清理执行积案先进集体”称号。

第六节 司法技术辅助

1989年，全州法院设立法医室，配备法医10人，依法开展法医学鉴定工作。是年，受理法医检案580件。1990年，法医室改为法医技术室。1996年，法医技术室改为司法技术工作室，法医技术司法鉴定业务由单纯法医检案向司法技术辅助综合业务扩展。州中级法院制定印发《关于对外委托鉴定、评估、审计、拍卖等工作的实施方案》《关于进一步对外委托鉴定、评估、审计、拍卖等工作的规定》《关于对外委托鉴定、评估、审计、拍卖等工作操作实施细则》《关于规范选取中介机构的规定》等15个文件和案件委托审批表、案件办理函格式表、案件鉴定、评估、审计、拍卖移送表等表格目录。对中介机构实行达标年检，严格审查中介机构人员资质、机构资质、硬件、软件条件是否达标符合要求，年检不达标的中介机构不准参加中介业务活动，并取消入册资格。2001年，司法技术辅助工作逐步将原来审判、执行工作中需要对外委托鉴定、评估、审计、拍卖等工作，从各业务部门中分离出来，由司法技术辅助工作室统一规范管理，对外委托工作进入中介机构。2004年，司法技术室更名为司法技术科，充实司法技术管理人员，结合审判工作开展司法技术鉴定、评估、拍卖、审计等工作，审判中开展司法技术辅助868件。2006年，加强司法技术辅助工作规范管理，将司法技术鉴定、评估、拍卖、审计等中介机构备案工作，归由州中级法院统一办理。2009年，州机电公司建筑工程质量纠纷一案，总造价1000万元，原告田某与被告方因工程质量纠纷长达三年之久，此案经州中级法院司法技术科工作室摇号选定中介机构公开工程质量、公平鉴定后得到解决，经法院判决息诉，双方结清工程款，被告方还付清民工工资30万元。2010年，全州清理办理对外委托案件351件，其中评估120件，鉴定195件，拍卖33件，审计31件。州中级法院协助各县（市）法院随机摇号60件。

第七节　法院与法庭基本建设

1989—1991年，州、县（市）财政安排专项资金实施人民法庭办公用房和装备设施建设，至1991年，龙山、保靖、永顺、吉首、凤凰等县（市）法院修建人民法庭26个，法庭用房建设达到58%。1992年，全州有42个人民法庭新建办公、生活用房，占法庭总数76.36%。1995年，26个法庭安装电话，12个法庭配备摩托车。州中级法院添置办案车2辆。1996年，全州法院开始修建审判庭，至2000年，全州法院修建综合审判庭26个，新建办公楼、干警宿舍11栋，添置办案车29辆，添置电脑57台。2002年，全州法院购置警车6辆、电脑21台。保靖、龙山两县法院审判庭工程报国家计委立项，建设资金部分到位。泸溪县法院筹资800万元动工修建综合大楼，州中级法院新建的7000平方米审判大楼和3000平方米综合办公楼竣工。年底，州中级法院整体搬迁至雅溪新区办公。2004年，州中级法院投入资金建成湘西州首个法院网站，与省高院视频会议系统开通。2005年，州中级法院和8个县（市）法院网站相继开通。2006年，州中级法院投入400万元，建成局域网，实现办公自动化。是年，州中级法院司法行政工作成绩显著，被最高人民法院评为全国法院司法行政工作先进单位。2003—2006年，泸溪、龙山两县法院新建办公大楼启用。凤凰、永顺、保靖、吉首等县（市）法院整体搬迁所需国债资金部分到位。其间，全州新建人民法庭10个。2008年，全国13家IT企业资助1000万元，支持湘西州法院信息化建设。州、县（市）两级法院实施信息化设备升级改造，统一安装使用紫光华宇审判流程管理软件，实现数据共享,并依托中国法院网重建湘西法院网站，湘西州法院信息化建设步入全省法院信息化前列。2007—2008年，全州先后新建人民法庭23个。2009年，州中级法院决定迁至吉首市乾州新区，新址征地面积3.6公顷。原办公地址及其建筑拟整体出让，临时租借州图书馆办公。是年，全州法院投入装备建设资金671万元、“两庭”（法院审判庭、基层法庭）建设资金585万元、办案专项补贴1851万元，33个人民法庭建成使用。州中级法院实施移动办公系统开发升级测试，保靖、泸溪等县法院综合信息管理系统建设启动，州科技法庭建成。湘西州法院信息化建设工作被省高级法院向全省法院推介。2010年，州中级法院原办公地址固定资产出让，新址规划建设启动。是年，全州法院更新办案车30辆，添置办公设备价值1000万元。同时，州中级法院实施法院专网升级改造，并开发测试远程电子签章。

第五章　司法行政

1989年，湘西州司法局（以下简称州司法局）内设政治处、办公室、宣传教育科、人民调解科、公证律师科、劳改劳教科（与州劳动教养管理所两块牌子、一套人马），行政编制30名，警务编制8名。1994年4月增加警务编制3名。1995年11月，州司法局为州政府组成部门，核定编制44名。1996年12月增加行政编制6名、警务编制1名。1997年1月，州公证处划入州司法局（对外使用州公证处牌子），5名行政编制划入机关。1998年12月，增加警务编制1名。2001年10月，机构改革，局机关内设办公室、政治部、监狱劳教管理处、州普法依法治理办公室（法制宣传科）、公证律师管理科、基层工作科、警务科、行政财务管理科、纪检组（监察、审计室）、公证处（对外为州公证处）和州法律援助中心。2003年5月，政治部内设组织干部科、教育培训科。

2004年12月设立政策法规科。2006年6月，撤销公证律师管理科，设立公证工作管理科、律师工作管理科。2008年9月，州普法依法治理领导小组办公室更名为州依法治州领导小组办公室，设立司法鉴定管理科。2010年6月机构改革，机关内设办公室、政治部（人事警务部）（下设组织干部科、教育培训科、警务科）、法制宣传科(州委州人民政府依法治州办公室)、律师工作管理科、公证工作管理科、基层工作科、社区矫正工作科、国家司法考试工作科、司法鉴定工作管理科、政策法规科、计划财务装备科、纪检监察室，核定编制70名，实有73人。是年，撤销州法律专业电大函授工作站和州民族广播电视大学司法分校；设立州乾城公证处，核定差额拨款事业编制3名。

1989—2010年，州司法局历任局长：鲁荣增、肖国良、龙文高；副局长：彭朝玉、田景贤、王文金、李贞发、吴远军、麻志初、曾广友、王富华、张世平、石玉、龙继华、杨再武。

第一节　普法教育

1989—1990年，为“一五”普法（1986—1990年）期间，州司法局利用法制报、讲演、宣传橱窗和苗歌、山歌等形式开展普法宣传，重点普及《中华人民共和国宪法》《中华人民共和国民族区域自治法》《中华人民共和国刑法》《中华人民共和国民事诉讼法》等法律法规。

1991年，“二五”普法（1991—1995年）启动。公职人员主要侧重学习宪法和专业法规，全州从事工程技术、经济、财会、医疗卫生等科技管理人员参加《技术合同法》《专利法》学习与考试。是年，州委党校举办3期县处级干部普法培训班，参训500人，学习《社会主义法制建设若干问题讲话》《中华人民共和国宪法讲话》。同时，编印1.5万册《二五普法学习辅导资料》《二五普法考试题集》下发给干部职工学习。1992年突出宪法学习宣传，重点开展各级领导干部学法、农村普法、企业普法和青少年法制教育。学习《宪法》《社会主义法制建设若干问题讲话》《行政诉讼法》《义务教育法》等。1993年，州普法办编辑《社会主义市场经济法律法规选编》。组织党政领导、企事业单位负责人200余人参加市场经济法律法规培训班，主要内容有涉外经济、金融证券与投资法律法规知识。会同有关部门在花垣县雅桥乡岩科村举办依法治村试点，探索“普法—调解—帮教”三结合依法治村新路子。1994年，州普法办举办厂长经理等企业管理人员市场经济法律法规培训班，参训人员126人。同时，开展《农业法》《消费者权益保护法》《劳动法》等法律法规知识竞赛，全州参赛干部职工12.7万人。是年，州普法办公室出台《湘西州依法治村三年规划》，抽调机关干部1479人组成工作队，下到479个村开展依法治村工作。“二五”普法期间，全州普及7个部法律、两个决定和29个专业法。

1996年，“三五”普法（1996—2000年），重点对象为领导干部、执法部门人员等。主要学习内容：《行政处罚法》《刑事诉讼法》《国家赔偿法》等。是年7月，州委州政府批转“三五”普法规划。州普法办公室下发《关于在全州逐步推行普法合格证制度的实施方案》。年底，28名州级干部和8个县（市）247名县（处）级干部参加年度普法统考。同时组织3.5万名干部职工参加全省百万公民学法用法知识大竞赛。州、县（市）直单位派出1400名干部深入乡村开展依法治村工作，选定泸溪、龙山、花垣3个县为全州推进依法治县试点县。抽调2500名干部深入875个村开展依法治村工作。全州25个国家机关、27家厂矿企业、66所学校开展行业依法治理试点活动。1998年，州普法办印发《法律选编》《普及法律常识讲课提纲》《农村普法问答》《农民简明普法读本》等50种1.2万册。州委中心学习组集中学法，两次集中学习金融法律、社会主义法制建设基本知识、《中华人民共和国统计法》《中华人民共和国刑法》《中华人民共和国担保法》等，举办法制讲座31场次。是年6月，州委作出《关于依法治州的决定》。全州有205个乡开展依法治乡工作，672个国家机关、厂矿、学校开展行业依法治理活动。1999年4月，州政府印发《依法治州实施方案》，州依法治州办在吉首民师召开州直中专学校法制教育工作座谈会，州直13所中专学校负责人及法制课教师参加会议，部署中专学校法制教育工作。是年6月，30余名州级干部集中4天专题学习《宪法修正案》和《经济合同法》。同时举办4期州直处级干部普法培训班，重点学习《宪法》《经济合同法》《土地管理法》等，2000年6月，州普法办下发《关于在农村开展普法宣传月活动的通知》，开展农村普法宣传月活动，全州组织3000余名建整扶贫工作队员和1万余名县、乡干部进村送法入户，组织农村党员、村组干部和村民学习《农民普法简明读本》和有关党的农村政策。是年，对公职人员普法考试合格者颁发“普法合格证”。

2001年，“四五”普法（2001—2005年）开始，重点加强领导干部、国家公职人员法律教育。是年5月，州司法局副局长王文金被中共中央宣传部、司法部评为“三五”普发教育先进个人。10月，州依法治州办公室印发《关于2001年度各级各类干部及大中专学生学法统考的通知》，规定全州国家公务员及参照公务员管理的机关工作人员、事业单位行管人员、专业技术人员、企业管理人员、大中专学校学生都需参加年度学法统一考试。年底，州依法治州办公室印发《关于2001年度全州各类干部职工年度考核审批查验“普法合格证”的实施意见》，规定全州各级组织人事、教育部门在审批各单位工作人员年度考核情况时，要先查验被审批对象是否持有普法合格证，然后再行审批。是年，全州近6万名公务员及专业技术人员参加学法考试，参考率95%。2002年4月，州依法治州领导小组下发《关于加强领导干部学法用法工作的实施意见》，规定由州依法治州办公室、州委组织部、州人事局共同组织，每年举办3～4期州直处级干部培训班，学习必学法律内容，学习结束时举行考试，并将成绩录在普法合格证上，作为年度考核依据。6月，州依法治州办在吉首市举办法律进社区活动，解答群众法律咨询160人次。根据全省要求，每年9月最后一周定为青少年法制宣传教育周。8月，州依法治州领导小组第二次全体成员会议通过《关于加强领导干部学法用法工作的实施意见》和《湘西州行业依法治理目标管理暂行办法》。10月中下旬，举行公职人员年度学法集中考试，全州7.2万名公职人员参加学法统考，参考率97.5%，其中有13名县（处）级干部考试不合格。州人事局对公务员年度学法考试不合格者不予评优，州直单位34名公务员因学法考试不合格，年终考核审定时，取消原定的优秀等次。12月4日为全国第二个法制宣传日，主题学习宣传宪法，推进民主法制建设。州直33个部门303人在吉首街头开展法制宣传，接受法律咨询1700人次。2003年3月，全州开展第二届农村法制宣传月活动，印发《农村常用法律法规》，把法律知识进村入户作为建整扶贫工作的一项重要内容列入目标管理考核内容。7月，推介州国税局“内抓规范管理，外树执法形象”和州林业局“依法治林，推动退耕还林”经验。9月，组织州直大中专院校7580名学生参加培训考试。州普法办公室下发《关于进一步加强和推进依法治州的意见》《关于将州林业局等11个单位确定为湘西州第二批行业依法治理示范单位的通知》，57个执法部门推行内抓规范管理，外促公正执法活动。全州2654个村、65个街道（社区）建立村务公开栏，1831个村（居）务公开达到省、州标准和要求。10月，州普法办公室下发《关于在州直处级干部年度学法培训班中对学习不合格者实行离岗学习制度的通知》，规定因故不参加教育的必须参加由州委组织部、州依法治州办公室组织补考，不合格的参照州直处级干部的办法，离岗学习。12月，开展《湖南省审计条例》《国家安全法》宣传。围绕“依法执政，执政为民”主题，州直、吉首市直50余个司法和行政执法单位400余人参加湖南省首届社区法制宣传日活动，为社区居民解答法律咨询276人次。2004年4月，州司法局、州普法办公室下发《关于切实加强宪法学习宣传工作的通知》，全州160个州、县（市）直单位党组（委）中心学习组开展宪法知识专题讲座。下发《关于组织开展全州农村法制宣传教育月活动的通知》，组织3万余名干部开展送法下乡，出动法制宣传车3120台次，发放各种法制宣传资料23万份。9月，第三届湖南青少年法制宣传教育周活动期间，全州中小学校举办法制报告会210场，举办法律知识竞赛75场，开展青少年和学法用法主题班会3100期，法制演讲510场。年底，42个州直、吉首市直单位和吉首大学法学院400人参加第四个全国法制宣传日和第二届全省社区法制宣传日活动，集中宣传《宪法》等法律法规。同时，州普法领导小组下发《关于进一步开展民主法治示范村创建活动的通知》《关于进一步开展创建依法办事示范窗口单位活动的通知》，全州农村开展民主法治示范创建活动，服务行业开展依法办事示范窗口单位创建活动，为期1年。2005年5月，为全省第四届农村法制宣传月，主题为服务三农，维护稳定，推进基层民主法制建设，出动法制宣传车1230台次，开展法律知识竞赛120场次，法制文艺演出400场次。州人大常委会内务司法委员会、州人事局、州教育局、州依法治州办公室等单位组成8个督查验收组，验收县（市）“四五”普法、依法治理工作。州直各单位分成26个系统，开展“四五”普法检查验收。是年，全州“四五”普法验收，全部合格。

2006年，全州实施“五五”普法（2006—2010年）教育。州普法办公室与州委组织部联合下发《关于利用农村党员干部远程教育站点有效开展普法工作的通知》，利用全州424个远教终端接收站点开展法制培训。围绕落实“五五”普法规划，促进和谐社会建设主题，开展法律进机关、进乡村、进社区、进学校、进企业、进单位活动，举办中小学生远离烟酒、远离网吧、远离迷信、远离赌博、远离毒品签名活动，有30万中小学生参加签名。当年8月，州政府印发《湘西州全面推进依法行政实施纲要（2006—2010）》。10月，对依法办事示范窗口单位实行动态管理，跟踪检查。州依法治州办公室、州司法局下发《关于组织开展“12·4”全国法制宣传日活动的通知》，组织州直40多个和吉首市直30多个行政执法部门在吉首街头开展大型法律咨询活动，有1500人参加，免费提供法律援助案件32件。是年，州普法办公室副主任黄昌华被中共中央宣传部、司法部评为2001—2005年全国法制宣传教育先进个人，州普法办公室被评为普法依法治理先进办公室。2007年，全州7.12万名公职人员参加考试。是年7月，复核州卫生监督所、吉首市工商局等27家全省第一、第二批依法办事示范窗口单位，取消吉首市运输管理处“依法办事示范窗口单位”称号。同年9月，泸溪县国税局第一税务分局、龙山县运输管理处等11个单位被省依法治省领导小组授予第三批依法办事示范窗口单位。2008年3月，州人大常委会对州直28名拟提请任命的新一届州政府组成人员举行任前法律知识考试，涉及《宪法》《行政许可法》《地方各级人民代表大会和地方各级政府组织法》等法律法规，以及依法行政和依法治国等理论知识。9月，州依法治州办公室首先考核龙山、永顺、保靖、花垣、凤凰、古丈、泸溪7个县，然后考核州直和吉首市，全州列入年度学法考试公职人员8万人，其中县（处）级干部980人。11月，会同公安、信访等部门，开展以依法清理非法集资、确保社会稳定和谐为主题的法制宣传月活动。是年，州依法治州办公室总结推广花垣县麻栗场镇老寨村、保靖县清水坪镇大桥村等全国“民主法治示范村”先进经验，推进农村基层民主法治建设。2009年3月，州委学习中心组聘请中国科学院院士白春礼到湘西州举办以“化解金融风险，促进经济社会全面发展”为主题的法制讲座。是年5月，全州开展第八届农村法制宣传教育月活动，州依法治州办公室组织州直8个单位、7个律师事务所律师及永顺县直15个涉农部门150人，在永顺县芙蓉镇开展送法下乡及专项法律咨询服务活动。7—10月，州依法治州办组织公职人员学法用法征文活动和全州“五五”普法全民法律知识大赛，8个县（市）和州直近300名司法、行政执法人员参加征文活动。11月，州委、州人大常委会、州人民政府、州政协领导，州中级法院院长、州检察院检察长等近30名州级干部参加学法用法考试。2010年5月，州依法治州办公室在龙山县举办全州首届土家族农民法治山歌演唱赛，歌手用土家族山歌讴歌党的民族法制政策，宣传《婚姻法》《土地管理法》等法律法规知识。6月，在花垣县举办湘渝黔边区首届法律知识竞赛，300余人参加竞赛活动。8月，组织州直各机关、法人团体和武警部队等120个单位8500余人，学习《中华人民共和国保守国家秘密法》。举办2010年度全州普法骨干培训班，8县（市）140人参加培训。9月，省“五五”普法检查验收组检查湘西州，先后到吉首市竹园社区、工商行政管理局、州民族中学、州电力公司，以及泸溪县等检查，对湘西州“五五”普法和依法治理工作表示满意。是年，州司法局局长龙文高被中共中央宣传部、司法部评为2006—2010年全国法制宣传教育先进个人，州依法治州办公室专职副主任被中共中央宣传部、司法部评为2006-2010年全国法制宣传教育模范。

第二节　律师事务

1989年，湘西州法律顾问处统一更名为律师事务所，州法律顾问处更名为州第一律师事务所，从业律师53人，担任常年法律顾问99家。1990年10月，《行政诉讼法》颁布，行政诉讼代理成为一项律师新业务，其业务涉及土地行政、工商行政、税务行政等。全州10个律师事务所均建立常年法律顾问工作制度。是年，律师代理非诉讼法律事务28件，办理民事案件598件，除传统的婚姻、家庭、继承、抚养赡养、损害赔偿及房屋宅基地纠纷外，知识产权、医疗纠纷及涉外民事纠纷等新业务逐步增多。州第一律师事务所为全州强化律师事务所内部管理试点。1991年2月，改革和完善国办所内部运行机制，包括效益浮动工资制、综合目标责任制下的风险抵押制及主任选聘制等。

1994年11月，湘西州第一次律师代表大会召开，会议选举产生第一届律师协会理事13人、常务理事7人，会长、副会长各1人。州律师协会主要承担律师执业道德和执业纪律教育、律师业务培训两项工作。州律师协会最高权力机关是律师代表大会，代表大会闭会期间，由理事会、常务理事会行使领导权力。日常工作由秘书长主持。州律师协会接受湘西州司法局监督和指导，同时接受湖南省律师协会指导。全州律师办理诉讼法律事务从当初的审查修改合同等扩大到开展项目可行性分析和风险预测及参加商务谈判等。是年，办理非诉讼法律事务615件。1995年，开始兴办合伙制律师事务所。1996年，湖南四维律师事务所代理一起中外合作企业合同纠纷案件。香港星辉集团有限公司到湘西州投资，与州吉首化工厂合作开办吉星玻璃厂。星辉公司起诉州吉首化工厂及其上级主管单位州煤炭局，要求被告赔付全部投资、利息和违约金。经代理律师周密调查，以充分证据证实：被告对合作合同终止要承担主要过错责任，从而赢得诉讼。

1997年，湖南民生律师事务所与电信部门合作，在律师所设立“168”电话法律咨询热线。湖南四维律师事务所组成律师顾问团，为湘泉集团提供诉讼代理、法律培训，全面参与企业股票上市、兼并控购等现代企业运作。12月，召开第二次律师代表大会，选举产生第二届州律师协会，有理事15人、常务理事7人、会长1人、副会长3人。1999年12月，召开国资所改革理论研讨会，专题研究解决国资所改革与发展问题。全州15个律师事务所中，新建或改组为合伙制有5家，全州律师担任常年法律顾问333家。其中出任政府顾问团（组）7家，出任国家机关负责人法律顾问24家。组织律师资格统一考试，报名2400人次，250人取得律师资格。2000年，全州有律师事务所16家（州直所6家，县市所10家），有执业律师132人。律师担任常年法律顾问261家，办理各类案件1683件，业务收费175万元，解答法律咨询服务3455人次。2001年，全州律师事务所减少为11家（合伙所6家、国资所5家），有执业律师86人。

2002年12月，第三次律师代表大会在吉首召开，会议选举产生第三届律师协会，有理事19人、常务理事9人、会长1人、副会长3人。全州律师事务所增至15家（合伙所7家、国资所8家），有执业律师106人。是年起，司法部将律师、公证、检察官、法官等法律从业人员资格考试合并为国家司法统一考试。凡从事法律职业人员必须取得法律职业资格。湘西州首次参加全国司法统一考试445人，考试合格19人。2003年，湖南延群律师事务所由国资所变更为合伙所。全州有律师事务所16家（合伙所9家、国资所7家），有执业律师117人。律师担任常年法律顾问288家，办理各类案件2183件，业务收费230万元，解答法律咨询服务4045人次。2004年，全州120名执业律师参加执业纪律和职业道德暨业务培训。同时开展律师队伍集中教育整顿活动，全州律师事务所16家（合伙所9家、国资所7家），有执业律师121人。

2006年1月，湘西州第四次律师代表大会在吉首召开，会议选举产生第四届律师协会理事21人、常务理事11人、会长1人、副会长3人。是年6月，24名律师组建湖南省农民工法律援助律师志愿团湘西分团，接待农民工1103人次，为农民工追回拖欠工资款221.97万元，获工伤赔偿款411.44万元。2007年，州内17名律师组建湘西州律师协会未成年人保护委员会。州律师协会组织6名律师参加全州第五届公诉团体辩论赛。全州有律师事务所15家，其中合伙所8家、国资所7家；有执业律师122人。2009年，州律师协会开展应对金融风险，促进富民强州专项法律服务活动和学习实践科学发展观活动。是年5月，州律师协会带领州直律师事务所20多名执业律师，深入到永顺县芙蓉镇发树村，举办法制宣传图片展览和为村民免费提供法律咨询服务等活动。全州有律师事务所18家，其中合伙所9家、国资所7家、个人所2家；有执业律师144人。2010年4月，全州第五次律师代表大会在吉首召开，会议选举产生第五届律师协会理事21人、常务理事9人、会长1人、副会长3人。同年6月，州律师协会依托吉首大学法学院，成立湘西州律师教育学院。是年，全州律师参与各类调解188件。

第三节　公证

1989年，湘西州公证处9个，有工作人员30人。涉外及涉港澳台公证业务均由州公证处主办。县（市）公证处均可承办涉外公证业务。全年办理民事权益类公证479件，办理涉外公证9件，经济合同公证4828件。1990年始，公证员资格实行全国统一考试。

1991年，州内经济合同公证开辟新的领域，针对交通规费征稽机关在养路费征稽中的困难，泸溪、保靖和古丈三县公证处主动服务，办理养路费征稽合同403份。1992年，开始办理土地使用权出让、转让合同公证等。1993年始，全州每两年举行一次公证人员职业道德和执业纪律集中培训。同时每年开展一次公证质量交叉检查。是年起，州公证处连续七年为全州福利彩票发行与中奖活动提供现场公证。1995年1月，州司法局与州体改委联合印发《关于运用法律手段规范和维护企业体制改革的通知》，明确规定企业改制及企业租赁等公证具体事项。1996年，全州执业公证员实行年检注册，当年注册公证员20人。是年，全州办理涉外、涉港澳台公证720件，主要涉及探亲、旅游、定居、学习、结婚等事项。

1997年，州、县（市）公证处改为行政机构。公证业务重点围绕经济建设开展服务。湘酒鬼股份有限公司股票发行、股民申购股票和首次股东大会召开，州公证处均现场公证。是年，永顺县公证处取得涉台公证业务资格。1998年9月，州司法局召开全州公证工作会议，提出解放思想、创新理念，大胆开拓公证新领域思路。是年，全州办理公证4.90万件，为历年办证新高，其中经济公证4.35万件，民事公证8977件。1999年，全州有29人取得公证员资格、6人取得涉外公证员资格。2000年，统一印制公证卷宗目录样本，建立公证服务质量追踪、回访制度，为国有企业改革改制提供法律服务。至年末，全州为企业改制活动办理公证46件，办理下岗职工安置补偿协议公证或买断工龄协议公证353件。同时介入各类重点工程，办理土地使用权出让、转让公证75件，工程招标公证61件，工程承包合同公证24件，房屋拆迁补偿协议公证75件，还及时为吉首至张家界公路湘西州段、保靖县城至碗米坡电站等高等级公路工程建设招投标活动举行现场公证。

2002年，全州公证工作贯彻《司法部关于深化公证工作改革方案》，州公证处行政体制保持不变，内部逐渐按事业单位模式管理运行。2003年，启用A4型涉外公证专用纸。同时，统一印制使用公证书封面和卷宗夹，规范公证档案管理。

2004年，全州开展公证投诉检查活动，开展公证人员年度培训，加强监督考核工作。至年末，处理投诉39件，主要涉及公证质量、瑕疵、出证迟缓、错证、假证等。2007年6月，贯彻湖南省司法厅《关于公证机构更名的通知》，县和不设区的市统一更名湖南省XX县公证处。2008年，为全州公证部门参与处置非法集资工作，公证员20人，联系重点工程17家，担任常年公证法律顾问19家，对口联系乡（镇、街道）8个，联系企业8家，实施公证法律援助127件，减免公证收费8万元。2009年，开展应对金融风险，实施公证法律服务进社区、进乡（镇）活动，提供现场公证咨询102场次，发放《公证法》及公证业务宣传资料1.5万份。参与处置非法集资后续工作，为集资群众免费提供公证服务，办理涉及非法集资款清退公证77件，涉及对象500人，金额700万元，免除公证费6万元。

2010年，州司法局制定《湘西自治州公证质量检查评定办法》和《湘西自治州公证质量检查评定标准》，统一规范公证质量检查标准。是年，湘西州公证处更名为湖南省湘西州乾城公证处，执业区域为吉首市城区，新增公证员4人。

1989—2010年湘西州律师业务一览表

表9-7

年份	办理案件数	其中					常年法律顾问（家次）	业务收费（万元）
		刑事(件)	民事(件)	经济(件)	行政(件)	非诉讼(件)		
1989	1471	501	543	337	20	70	199	615
1990	1305	664	420	178	15	28	119	764
1991	1565	727	423	275	47	93	141	603
1992	1583	640	456	357	39	91	214	790
1993	1684	527	578	373	44	162	427	1781
1994	2243	565	607	406	50	615	445	1536
1995	1582	471	583	309	43	176	408	1825
1996	2186	579	809	461	75	262	450	3757
1997	2080	491	847	330	60	352	430	11082
1998	1674	372	686	233	45	338	317	4187
1999	1948	451	836	236	66	359	333	5590
2000	1683	386	755	170	58	314	261	175
2001	1687	399	754	164	62	308	285	186
2002	1871	489	887	209	60	226	254	232

续表 9-7

年份	办理案件数	其中					常年法律顾问（家次）	业务收费（万元）
		刑事(件)	民事(件)	经济(件)	行政(件)	非诉讼(件)		
2003	2183	396	885	226	45	631	288	230
2004	2157	475	764	257	68	593	310	300
2005	2091	363	848	285	75	520	318	427
2006	2893	527	949	297	76	1044	355	484
2007	2089	461	309	52	972	295	468	—
2008	2417	572	804	30	747	264	794	—
2009	1935	599	753	36	284	263	506	—
2010	2014	621	735	32	295	331	613	—

1989—2010 年湘西州公证业务一览表

表 9-8

年度	办理公证件数	其中			收费数额（元）	涉及金额（万元）
		民事(件)	经济(件)	涉外(件)		
1989	5316	479	4828	9	72244	3698
1990	3047	802	2212	33	65959	4026
1991	5059	575	4416	68	70597	4465
1992	11039	656	10267	116	141072	15708
1993	4351	965	3283	103	273662	43169
1994	6216	4322	1754	140	209217	45483
1995	2499	727	1688	84	161590	12000
1996	3643	1189	2311	143	173800	2934
1997	11619	3592	7921	106	277190	194733
1998	49034	5385	43530	119	331900	79885
1999	19577	4179	15284	114	396348	49559
2000	11967	8223	3627	117	329745	94583
2001	9703	5270	4283	150	358400	85690
2002	5652	2413	2961	278	349810	75159

续表 9-8

年度	办理公证件数	其中			收费数额（元）	涉及金额（万元）
		民事(件)	经济(件)	涉外(件)		
2003	4726	2193	2248	285	349535	974513
2004	3658	2388	1014	256	418310	132577
2005	3052	1294	1384	374	386800	51220
2006	2712	1442	927	343	390100	43844
2007	4211	1595	2125	491	548980	10112
2008	3691	2585	631	475	339500	18927
2009	2882	1678	641	563	736330	38307
2010	2699	1860	365	474	384500	29096

第四节　人民调解

1989 年，湘西州人民调解组织以防止纠纷激化为重点，全年调处各类民事纠纷 2.67 万起，防止“民转刑”纠纷 228 起。1991 年，开展大规模民间纠纷大排查和专项治理行动，重点调处疑难纠纷和积压纠纷。

1993 年起，全州开展创“四无”活动（无因民间纠纷调解不及时或不当而造成“民转刑”案件、无群众性械斗、无非正常死亡、无群众性上访或闹事事件），针对“三跨”（跨县、跨地区、跨省）纠纷问题，组建相邻建制村联合民调委员会，制定相关章程，协同调解跨界民事纠纷。1994 年，全州调处纠纷 1.81 万件，防止“民转刑”19 起。1996 年，开展大规模矛盾纠纷专项排查调处活动，调处纠纷 2.34 万起，防止“民转刑”49 起。1999 年，组织 2.6 万名基层干部和司法调解人员，开展“百乡千村”排治专项行动，先后排查各类纠纷 2.39 万起，成功调处 2.32 万起，调处成功率 90%。

2000 年，加强县、乡（镇）民调中心建设和调解委员会组织建设，至 2001 年，全州建立民调中心 223 个，成立 8 个重大疑难纠纷调解指挥中心，有专职人员 211 人，兼职 1495 人。2004 年，完善调解组织，全州人民调委会 3013 个。其中，乡（镇、街道）228 个，村（居）2741 个，企事业单位 36 个，区域性、行业性调委会 8 个；有人民调解员 14875 人。

2005 年，州司法局组织乡镇调解主任培训，全年培训 66 期 7680 人次。2006 年，开展“大力调解矛盾纠纷，创建平安和谐湘西州”专项攻坚活动，各级调解组织将矛盾纠纷排查调处工作纳入社会治安综合治理考核体系，实行双月一排查、一报告。是年，根据乡镇行政区划调整情况，基层调解组织设置同步调整，全州设立人民调委会 2311 个，其中乡（镇、街道）164 个，村（居）2124 个，企事业单位 23 个；有人民调解员 1.35 万人。2007 年，开展司法行政大动员，化解矛盾促和谐专项维稳活动，实施“12112”工程（即组织 1200 名司法行政机关工作人员、人民警察、各类法律服务工作者，动员 1 万名人民调解员，两年内完成 1000 余起法律援助案件，调解 2 万余起矛盾纠纷）。推进人民调解与司法调解、治安及其他行政调解对接联动，当年全州调解民事纠纷 9694 起，防止“民转刑”313 起。

2009 年，全州各级人民调解组织参与州内司法行政系统应对金融风险，促进富民强州专项法律服务活动，组织矛盾纠纷大排查，对重点矛盾纠纷开展集中治理。是年4月，凤凰县一村民刘某某患病到县中医院住院，该院医生对其实施手术治疗，然术后切口愈合不良，引起医患纠纷。县社会矛盾纠纷调处中心主任吴仕华得知信息后，与律师吴宏志主动与民族中医院法律顾问田胜勇就此案调处交换意见，调阅相关资料，并前往水打田乡天堂村刘某某家了解案情，听取患者和家属意见。通过耐心细致地思想工作，双方终于达成协议，一次性给当事人刘某某补偿14.2万元，双方当事人在《调解协议书》上签字，一起医患纠纷成功化解。2010年，全州设人民调解委员会2846个，有人民调解员16848人。其中专职调解员5548人，兼职调解员11300万人。是年，全州各级调解组织调处民间纠纷13785件，调解成功13577件，调解成功率98.49%，防止和化解群体性上访313起，防止"民转刑"事件166起。

第五节 法律援助

1997年5月，州法律援助中心成立。1999年，全州办理法律援助案件193件。2002年，州政府办公室印发《关于进一步做好法律援助工作的通知》，对法律援助机构设置、队伍建设和经费保障等作出具体规定。2003年，开展法律援助进社区、入乡村活动，建立法律援助网络体系。2005年，州法律援助中心先后制定《法律援助工作人员学习培训制度》《法律援助经费管理制度》《法律援助案件申请程序》《法律援助案件一次性告知制度》。2006年，州人民政府将法律援助工作纳入政府工作目标管理内容，进入政府"六大保障体系"（即：城乡养老、医疗、民政、住房、就业、教育扶助保障体系）。组织全州法律援助律师加入湖南省农民工法律援助律师志愿团湘西州分团。2008年，全州164个乡（镇）建立法律援助工作站，171个村（社区）委会建立法律援助联络点，配备相应法律援助工作人员，县（市）、乡（镇）、村（社区）三级法律援助服务网络基本建立。2009年，组织20名法律援助律师深入开展应对金融风险，促进富民强州专项法律服务活动。为农民工、妇女、未成年人开辟绿色通道，全州办理法律援助案件1087件。2010年，州法律援助中心与吉首军分区联合成立涉军法律援助工作站；州残联维权部设立湘西州残疾人法律救助工作站；县（市）未成年人保护办公室与团县（市）委联合成立县（市）法律援助中心青少年工作站。州人民政府将法律援助工作纳入为民办实事项目考核；中央专项彩票公益金法律援助项目在湘西州及保靖县和龙山县法律援助中心实施。是年，全州法律援助中心承办案件1145件。其中，刑事案件277件，民事案件858件，行政案件10件。

1989—2010年湘西州基层调解情况一览表

表9-9

年份	调处纠纷(起)	防止群众械斗(起)	避免非正常死亡(人)
1989	26764	228	103
1990	25847	152	108
1991	23257	157	75
1992	19817	54	105
1993	19293	30	129
1994	18179	19	152
1995	19271	41	194

续表 9-9

年 份	调处纠纷(起)	防止群众械斗(起)	避免非正常死亡(人)
1996	23415	49	196
1997	21235	42	41
1998	7575	30	49
1999	23900	54	269
2000	19027	127	49
2001	18609	292	41
2002	20932	232	62
2003	16072	53	32
2004	11532	62	85
2005	10507	60	53
2006	9038	141	38
2007	9694	313	41
2008	11218	124	19
2009	12759	167	50
2010	13785	166	87

第六节 基层法律服务

1989 年，湘西州有 162 个乡（镇）设立法律服务所，有工作人员 475 人。是年，基层法律服务人员调解纠纷 5526 件，协办公证 1966 件，办理民事代理案件 951 件，担任顾问 211 家，为当事人挽回经济损失 265 万元。1991 年，州、县（市）司法局按照巩固、完善、提高、发展方针，实行机构设置“四定”，即定机构、定编制、定人员、定职责，撤销不达标准法律服务所 60 个。乡（镇）法律服务所减至 102 个，其中能开展业务 47 个。1992 年，全州法律服务所调解纠纷 8071 件，协办公证 4798 件，代写法律文书 1604 份，挽回经济损失 179.8 万元。1993 年，全州法律服务所调整为 98 个。1999 年，全州法律服务所调整为 58 个，有法律工作者 247 人。乡（镇）法律服务所定为自收自支事业单位，所长实行聘任制，工作人员为合同制。全州乡镇法律服务所担任常年法律顾问 410 家，承办诉讼代理和非诉讼代理 2880 件，协办公证 920 件，代写法律文书 1.2 万份，开展法律宣传 430 场次，调处纠纷 1996 起，挽回经济损失 268 万元。

2002 年，基层法律服务工作实现稳定发展，全州年检注册法律服务所 31 家、法律工作者 180 人。担任法律顾问 292 家，代理诉讼案件 2079 件，代理非诉讼案件 1200 件，接待法律咨询 1.56 万人次，为困难群众提供法律援助 82 件次，为当事人挽回和减少经济损失 397.9 万元。2003 年 5 月，新核准法律工作者 7 人。全州开展基层法律工作者法律服务湘西行、法律服务进社区活动。2006 年，州司法局完成 29 个法律服务所及 139 名法律工作者年检注册。

2008 年 6 月，全州基层法律服务工作者大会召开，选举产生第一届理事会和常务理事，州基层法律服务工作者协会成立。2010年，全州有法律服务所27个，基层法律工作者145人。全年法律服务代理各类法律事务1566件，参与纠纷调解350件次，提供法律援助45件次。

1999—2010年湘西州法律援助情况一览表

表9-10　　单位：件

年份	承办案件	其中		
		刑事案件	民事案件	行政及其他案件
1999	193	62	31	100
2000	334	126	57	151
2001	197	137	56	4
2002	286	150	113	23
2003	272	177	65	30
2004	246	95	66	85
2005	370	192	160	18
2006	410	321	69	20
2007	550	396	121	33
2008	861	185	623	53
2009	1087	226	854	7
2010	1145	277	858	10

第七节　司法鉴定

2003年，湖南立信司法鉴定所、湖南锦兴司法鉴定所成立。2004年，湖南武陵司法鉴定所成立。全州有专职注册司法鉴定人员25人，兼职3人。办理涉及法医病理、法医临床、司法会计、建筑工程等领域司法鉴定28件。2005年，全州有专职注册司法鉴定人员增至34人。办理涉及精神疾病、司法会计、建筑工程等领域司法鉴定55件。2006年，湖南龙腾司法鉴定中心、湖南擎天司法鉴定中心、湖南吉顺司法鉴定所、湖南沅水司法鉴定所、湖南凤凰司法鉴定所相继成立。全州有专职注册司法鉴定人员34人，兼职66人，办理涉及法医病理、法医临床、法医物证、法医毒物、精神疾病、司法会计、建筑工程等领域司法鉴定372件。2007年，湖南金思维司法鉴定所、湖南天顺司法鉴定所、湖南红石林司法鉴定所、湖南仁信司法鉴定所成立。全州有专职注册司法鉴定人员63人，兼职47人，办理涉及法医病理、法医临床、法医毒物、精神疾病、司法会计、建筑工程等领域司法鉴定714件。2008年，湖南双雄司法鉴定所成立。是年，全州司法鉴定机构和司法鉴定人员集中开展司法鉴定规范管理年活动，主要通过加强司法鉴定机构基础设施建设，完善司法鉴定执业公开、受理登记、鉴定意见审查、鉴定人出庭、投诉查处、错鉴追究、教育培训等内部管理制度。2010年，全州有专职注册司法鉴定人员66人，兼职65人，办理涉及法医病理、法医临床、法医毒物、精神疾病、司法会计、文书司法、建筑工程等领域司法鉴定1318件。

第六章　吉首监狱

1989年，湘西劳动改造管教队更名为湘西劳动改造管教支队（以下简称湘西劳改支队），下辖汽车配件一分厂（杨家坪农场）、汽车配件二分厂和汽车配件经销公司。1991年11月，撤销汽车配件二分厂。1995年，湘西劳改支队更名为湖南省吉首监狱，下辖汽车配件厂、杨家坪农场和8个押犯大队及汽车配件经销公司、劳动服务公司等8个经济实体。1999年，企业依法破产。2001年，机构改革，吉首监狱内设办公室、政治处、保卫科、计划财务科、行政装备科、狱政管理科、教育改造科、生活卫生科、狱内侦察科、生产管理科、特警队、离退休人员管理办公室、医院、纪检会（监审科）、工会、法学会和9个监区。2004年，增设刑罚执行科。2005年，增设安全生产管理科。2008年，增设法制科。2010年，吉首监狱内设政治部（含组织人事科、老干科、警务科）、办公室、计划财务管理科、行政装备管理科、狱政管理科、教育改造科、生活卫生科、狱内侦察科、刑罚执行科、安全生产监督管理科、生产管理科、保卫科、纪检会（监察室）、特警队、医院、工会、团委和9个监区。

1989—2010年，吉首监狱历任政委：龙海泉、解宗印、刘文寿、彭治、彭光胜、田茂盛；副政委：王文金、向明魁、许年丰、张长和、田茂盛。历任支队长：龙海泉、刘文寿；副支队长：喻人周、毛大松、刘立坤、龙海泉、王察兵。历任监狱长：喻人周、向德和、李年富；副监狱长：王察兵、李复春、文先桂、张德华、杨林、李帮清。

第一节　狱政管理

1989年，湘西劳改支队建立健全罪犯进出监搜身制度和内看守24小时巡逻制度，严格家属接见制度，取消罪犯请假、探亲，反革命犯和危险分子一律停止接见。1990年，开展“无脱逃、无自杀、无重大案件和无流行性疾病”百日竞赛活动。狱内配备侦察工作专干3人，监内建立“耳目”77人，收集各类违纪违规线索66条，防止逃脱事故3起、自杀事故2起，破获其他案件9起。年末，湘西劳改支队获全省监管安全金马奖。1991年，创办两个规范化示范大队，发布戒烟令，禁止罪犯吸烟，开展3次百日安全竞赛活动，清监24次，查出各种违禁物品538件。组织罪犯学习背诵监管规范58条，举行行为规范化比赛，给予禁闭和处分严重违纪违规罪犯256人。1992年，分押、分管、分教、分级处遇工作领导小组成立，制订工作计划和实施方案。由于汽车配件等生产经营亏损，至1994年，支队经济账面亏损1000万元，实际负债1528.16万元。

1997年，吉首监狱按照狱企分离原则，监狱与企业脱钩，接上级关于政法机关不再从事经营活动的规定，所属汽车配件厂、公司、工人、车间移交给州工业局管理，职工分流。监狱总部地址迁往杨家坪农场，下拨200万元改造和整治杨家坪农场基础设施。罪犯劳动改造实行封闭式管理。1998年，创建现代化文明监狱工作启动，三监区和卫生分监区，接受省监狱局检查，验收通过，被授予“湖南省级现代化文明监区”称号。1999年3月，吉首监狱发生罪犯孙某某请假回家后脱逃事件，监狱4名民警分别受到党纪政纪处分和刑事处罚。此后被刑事处罚的民警历经10年诉讼，州中级人民法院四审终结，裁定其无罪。

2001年，加大追逃力度，捕回历年在逃犯3人，依法收监保外超期罪犯12人，破获八监区罪犯黄某某利用接见之机预谋杀妻一案，受到湖南省监狱局表彰。2005年，吉首监狱制定《进一步加强总值班工作的规定》等5项监狱管理制度。2006年，开展打黑除恶、“一打三整”（打击监内严重违规行为和整顿监内改造、生活、生产秩序）等专项行动，减刑假释案件推行“自报公议”

和公示制度。至2010年年底，吉首监狱连续11年无罪犯脱逃。

2008年，吉首监狱印发《罪犯心理矫治评估与减刑假释相结合的具体实施意见》。组织处置突发事件预案联合演习。开展罪犯假姓名、假地址、假身份检查工作，排查出“三假”罪犯72人，抓获脱逃13年的罪犯李某某，并协助津市监狱抓获逃犯1人，得到省监狱局肯定。2009年，审核高危人群339人，其中撤销182人、保留157人，新增11人。加大罪犯生活卫生8项经费投入，罪犯生活费达到省局要求每犯每月160元标准，其他7项经费均按要求予以落实。2010年，自筹经费65万元，扩建监狱内看守楼、新建自备应急发电系统和监管区二门警戒安全系统，增设武警监门哨。1989—2010年，吉首监狱累计收押罪犯8899人，释放罪犯7765人。

第二节 罪犯教育

1989年，湘西劳改支队成立技术教育领导小组，配备教育专干，开设4个中级技术教学班、15个初级技术教学班，66名罪犯获初中补习合格证，106名罪犯分别获小学毕业证和脱盲证。1991年，坚持教育挽救方针，开展社会主义思想教育、法制教育、形势教育活动，召开劳动改造积极分子、罪犯家属代表座谈会4次，开办文化班12个，有学员748人，考试及格率92%，转化危顽分子62人，11名罪犯被评为全省劳改积极分子，8人参加湖南省第五次劳动改造积极分子大会。1992年，以《中国人权状况》和《中国改造罪犯状况》两个白皮书为基本教材，编写8个专题讲课材料，向罪犯宣讲，参加听课罪犯在95%以上。组织罪犯人背诵行为养成58条，学习《国旗法》，参与国旗升旗仪式，向国旗集体宣誓，开展爱国主义教育。1993年，增配专职教育干部、技术工程师，开办9期文化、技术培训班，全年上技术教育课120次，300余名文化、技术学员考试及格。此外，订阅各种报纸杂志，编办《改造小报》20期，电影放映20场。吉首监狱业余文艺宣传队参加全省罪犯文艺表演，获湘西片第一名。

1995年，吉首监狱采取走出去、请进来的办法，加强罪犯转化教育，民警上门入户为罪犯解决家庭纠纷13次、为困难罪犯的家庭捐送钱物。1997年，以罪犯改造行为规范为主题，开展心理健康教育，向社会推介“好姐姐”李光玉先进帮教事迹，先后被省级以上新闻媒体宣传报道。举办“五四”校狱联欢晚会，邀请吉首市民族幼师职业学校等4所中等专业学校师生到狱举行帮教演出，州内8个县（市）司法局领导一部到监狱对口召开罪犯帮教座谈会20次，帮教罪犯300人。1998年，与相关单位和社会团体签订帮教协议书922份，危顽罪犯转化率65%；开设文化扫盲班2个、初小班3个，学员253人，入学率100%；举办宝石加工技术培训班，受训率85%。1999年，完善罪犯教育改造制度、报表资料等，教学步入正规化，罪犯政治、技术、文化教育入学率分别达到100%、90.7%和96.7%，危顽罪犯转化率达60%。年末，在全省“大墙之声”监区文化艺术节目会演中，吉首监狱两个节目分别获一等奖和三等奖。

2001年，吉首监狱探索对罪犯教育转化新途径，一监区采取从生产收入中划拨资金、民警捐献津贴、罪犯自愿捐献零用钱等方法，建立救助贫困罪犯家庭基金，募集资金6000余元，首期投入2000元，救助泸溪县籍罪犯徐某某两个女儿重返课堂；八监区邀请吉首大学4名专家到监狱开展罪犯心理矫治活动，帮助19名罪犯消除不良心理障碍。2002年，开展“树立改造目标、争取早日新生”专项活动，参与罪犯1380人，实现改造目标90%。2004年，开展普法教育年活动，罪犯普法教育基本完成教学大纲规定任务，5名危顽罪犯通过民警教育，并经业务部门跟踪考核，有2人符合转化条件，1人基本达到转化条件。2005年，各监区结合自身特点开展系列辅助教育活动，二监区鼓励罪犯写改造日记，民警以批语为桥梁，实现民警与罪犯心灵交流；三监区开展亲情互动活动，促进罪犯与家人亲情交流；五、六、七监区开展罪犯背诵行为规范比赛；八监区开展罪犯量化考核知识抢答赛、民警和罪犯共同编演花鼓戏等，强化教育效果。古丈、龙山等县有关领导干部和吉首大学政法学院师生到监狱看望服刑罪犯，开展结对帮教和法律咨询；身残志坚的学生代表郎美玲以自己生活和求学经历向罪犯做专题报告。2006年，将上年反改造罪犯攻坚招标中没有明显转化的2名罪犯和新确定的4名反改造罪犯纳入攻坚教育对象，重新制定教育攻坚方案，有5名攻坚对象有明显转变，其中罪犯谭某某主动承认犯罪事实。开展借助亲情促转化活动，春节期间，民警到15户罪犯家中走访，打电话联系160人，亲属到监狱探视74人。与吉首大学法学院、州法律援助中心、吉首市职业技术中专师生联合举行“手牵手、心连心”帮教文艺演出。开展警囚谈心专项活动，民警找罪犯谈话1.5万人次。

2007年，推行罪犯教育改造质量评估，评估建档1325人，有14名罪犯被评为全省改造积极分子。三监区罪犯技改小组被评为省级文明小组。2008年，突出抓好新犯再教育，培训新犯392人，给新犯讲解38条行为规范、罪犯考核相关规定、安全生产知识等。针对罪犯可能出现的10种情况，建立十必谈制度。邀请吉首大学各院系代表120名师生和150名罪犯家属到监狱开展阳光无处不在大型主题帮教活动和学雷锋活动月、“迎奥运、讲文明、促和谐、做先锋”主题教育活动。2009年，聘请7名吉首大学政法学院教员给罪犯上法律常识课。开展阳光助学活动，省监狱局、州司法局、吉首监狱及一监区捐资8000元，用于资助一监区罪犯谭某之子上大学；帮助八监区罪犯张某两个女儿全免中学费用。2010年，开办焊工培训班，为罪犯刑释再就业打基础。成立罪犯心理健康指导中心，制定罪犯心理咨询工作制度，确定周三为教育改造日，邀请吉首大学、州关工委负责人及专家80人到监狱开展社会帮教，州戏剧家协会京剧联谊会50位老艺术家应邀到监狱表演文艺节目，用社会关爱激励罪犯改造。

第三节　劳教戒毒管理

1989年，州劳教所开展首个“百日三无”（无脱逃、无非正常死亡、无重大工伤事故）竞赛活动，当年，州劳教所被湖南省劳教局授予无逃跑单位称号。1991年，州劳教所实现“三无”，被省劳教局授予全省劳教系统先进单位称号。1993年，州劳教所创办前程学校，制定《劳动教养管理工作实施细则》，将劳教人员实施分类教育；投入3.5万元，改善劳教人员生活环境。劳教人员转为以室内手工生产和锰粉加工为主，生产收入大部分用于改善劳教人员生活。年末，州劳教所被省劳教局批准为卫生三级达标单位。1994年年底，州劳教所收容劳教人员500人。

1995年，州劳教所建立健全《劳教人员日常生活准则》《劳教人员的生活卫生管理制度》《劳教人员出所管理制度》《对劳教人员奖惩的实施细则》及劳教人员通信接见等系列管理制度，加强劳动改造管理，严格执行劳教人员分级处遇、分类教育办法，依法维护劳教人员正当申诉、控告、接见与通信权利。对劳教人员开展心理咨询和心理矫治，防止劳教人员交叉感染。开展社会帮教工作，与劳教人员亲属、原工作单位和街道办事处、村（居）委会签订帮教协议，邀请县（市）公安局局长、检察院检察长、法院院长和司法局局长到所重点帮教。组织木工组、弹花队，修复门窗、翻新棉被，变废为宝。组织罪犯种植蔬菜8个品种，产菜60吨，自养家禽206羽（只），加工副食品7个品种37吨，价值20万元。每人每月生活费支出从51元提高到71元，为统一量身制作囚服，添置蚊帐和凉席，月底和年终发放一定数额奖金。1997年，州劳教所停止监狱外劳动，犯人劳动改造全部在监狱车间进行。全省创建现代化文明劳教所工作现场会在州劳教所召开，省劳教局奖励州劳教所1辆吉普车。1998年，州委书记彭对喜到州劳教所调研，详细询问劳教人员的改造情况和与劳教人员座谈，鼓励其加强思想改造。吉首市老龄工作委员会、吉首民族老年宫负责人带领50位离退休老干部看望劳教人员，并表演文艺节目10个，赠书2000册。至是年，州劳教所连续3年实现“四无”，被省劳教局授予创建现代化文明劳教所先进单位称号，并记集体三等功。1999年10月，因少数干警和护卫队员玩忽职守，导致2名劳教人员深夜越墙逃跑。2000年，劳动改造项目主要生产电子配件、宝石加工、手表配件和鞋业等密集劳动、适合室内操作劳动项目，年创收入219万元，收入略大于支出，补发拖欠民警工资30万元，还清历年所欠水电费60万元。年末，州劳教所收容劳教人员1584人，解教1507人。

2001年，州劳教所实行民警担任劳教人员寝室长制度，与干警奖罚挂钩。此项制度得到省劳教局充分肯定，并向全省推广。2002年，争取国债资金400万元，新建一栋四层2000平方米的劳教人员宿舍、一栋200平方米劳教人员食堂和一栋四层1990平方米劳教人员习艺大楼，整修一栋1600平方米旧房，劳教人员生活条件得到改善。2003年8月，所内发生3名劳教人员集体脱逃事故。2005年8月，州劳教所3名劳教人员趁干警组织劳教人员开餐时翻墙逃跑。因所内发生两起集体脱逃事故，18名民警受到经济处罚，7人受到待岗处理，5人受到党纪政纪处分。

2006年，州劳教所中止劳教生产。州财政拨款60万元，启动收容戒毒业务工作，设立筹建领导小组及办公室，制定《湘西州劳教所劳教戒毒筹建工作实施方案》，增设劳教戒毒大队，劳教戒毒收容规模150人。2007年，建立25项劳教戒毒管理制度，引入科学戒毒矫治方法，借鉴医疗戒护、社会控制、社区治疗经验，推行“相对封闭、三区四期、流程管理、综合矫治、后续照管、量化评估”戒毒模式。邀请大专院校学生及吉首地区老年演出队到该所联欢，开展珍爱生命，拒绝毒品签名活动，邀请部分劳教人员家属座谈，谈毒品给社会、家庭和个人造成的危害，同时通过心灵之窗交流平台，拉近民警与劳教人员之间的心理距离，及时给予心理疏导，帮助其去除毒瘾。是年，州劳教所恢复劳教生产。2008年，组织民警为汶川地震灾区捐款，党员交纳特殊党费；160名劳教人员自发捐款3000元。年末，州前程学校被湖南省劳教局命名为省级劳动教养学校。2010年，新增强制戒毒人员216人，制定戒毒人员班组管理、行为养成等制度，劳教戒毒管理基本步入规范化、制度化轨道。

第十篇　军事

1989年1月，湘西自治州行政区划调整，原大庸市和桑植县划归新设地级大庸市管辖，但就大庸市永定区、桑植县的军事工作仍由吉首军分区代管。1991年2月1日，永定区、桑植县人民武装部转交常德军分区代管，由常德军分区会同中共大庸市委、市人民政府组织实施。1992年12月11日，吉首军分区内设司令部、政治部、后勤部，下辖勤务排、教导队、卫生所、仓库等单位。1993年，吉首军分区司令部内设作训、通信、军务装备、动员、机要、技术保障办公室，政治部内设组织干部、宣传保卫办公室，后勤部内设战勤、供应、生产办公室和卫生所，下辖龙山、永顺、古丈、保靖、花垣、凤凰、泸溪、吉首8个县（市）人民武装部，受军、地双重领导。1996年4月，8个县（市）人民武装部收归军队建制，级别由副团级恢复为正团级。1997年7月，吉首军分区司令部设作训科、军务装备科、动员科，政治部设组织干部科、宣传保卫科，后勤部设战勤科、供应科。1998年，军务装备科与动员科合并为军务动员科，人数不变，分区机关形成"三部"（司令部、政治部、后勤部）"六科"（作训、军务动员、组干、宣保、战勤、供应科）格局。2010年，吉首军分区机关内部机构设置与下辖机构未变。

第一章　体制　兵役

第一节　党管武装

1989年，湘西自治州实行党管武装的根本制度，即地方党委书记兼任制、军方领导参加地方党委制、人民武装委员会制度、党委议军会制度、党委第一书记和武委会主任军事办公日及党委、人大常委会、人民政府、政协领导干部过军事日制度。其后，州、县（市）党委一直坚持一年一度的党委议军会制度。武委会领导干部均随人事变更而变动。

20世纪90年代，每年全州议军会召开前，先召开有州人大常委会、州人民政府、州政协、州国防动员委员会、州武委会、州国防教育委员会等主要领导干部参加的州委常委会扩大会议，听取吉首军分区工作汇报，对需要地方协调，特别是经费保障等重要问题，在常委扩大会上先定盘子，明确责任，再到议军会上部署。1998年，州委书记彭对喜到吉首市人武部现场办公，解决建设资金和征地等问题。此后州委提出，州、县（市）第一书记和武委会主任每半年到军分区、人武部现场办公1次，每年"八一"前夕组织州、县（市）党委、人大常委会、政府、政协领导干部过军事日活动：听军事课、学习军事基本知识，开展军事训练和实弹射击。2003年，军分区党委建立以党委书记为第一责任人，机关齐抓共管的帮建责任制，先后6次组织机关工作组到永顺县人武部，实施面对面指导。2004年，军分区与州委、州政府联合印发《关于加强民兵预备役工作的意见》，其中对边远山区民兵看病就医问题纳入党管武装议事日程和财政经费预算，基本解决民兵看病用药难问题。军分区机关先后派出6批工作组，由部以上领导带队，深入基础比较薄弱的单位蹲点，帮助解决存在的问题。2005年12

月，州委、州人民政府、吉首军分区联合印发《关于加强党管武装工作的意见》等文件，对党管武装和民兵预备役建设的内容、形式、程序和经费等问题作出明确规定。2006年，军分区组织县（市）国防动员委员会主任述职，开展检查讲评，营造党管武装的良好氛围。2009年，州委、州人民政府、吉首军分区联合印发《关于落实湖南省委、省政府、省军区〈关于进一步加强新形势下党管武装工作意见〉的通知》。吉首军分区结合民兵营长军事比武表彰大会，组织州级领导开展军事日活动，观摩民兵军事表演。是年，保靖县委书记、县人武部党委第一书记龙靖波被广州军区评为第四届“国防之星”。2010年，州、县（市）落实武装工作经费，州财政预算安排军分区本级工作及建设经费增长10%，部分县（市）财政收入为零增长甚至负增长的情况下，武装工作经费仍保持一定增幅。

第二节 义务兵役

1989年，吉首军分区开展春季征兵工作。1990年，军分区开始分春、冬两季征兵，其中征有女兵。1991年，军分区改为冬季征兵。1998年，《中华人民共和国兵役法》修订。军分区实施修订后的《兵役法》，新的《兵役法》规定：缩短义务兵期限，由陆军3年，海军、空军4年，超期服役陆军1～2年，海军、空军1年，改为服役一律2年，取消超期服役；志愿兵除由义务兵留转外，还可直接从非军事部门有专业技能的公民中招收，志愿兵期限直至30年，退出现役，可作退休安置；加强后备力量建设，对士兵预备役分类作调整，分一类预备役和二类预备役。一类预备役包括35岁以下退出现役士兵、地方与军事专业对口技术人员、28岁以下编入预备役部队和预编到现役部队预备役士兵；二类预备役包括编入民兵组织和其他符合士兵预备役条件的男性公民。民兵预备役参训年龄由18～20岁放宽到18～22岁。

2002年，军分区按照省军区要求，调整民兵组织，健全基层武装机构，花垣、吉首、泸溪3县（市）在个体私营企业和民营企业中组建民兵组织。军分区完成预备役登记统计和动员潜力调查。配齐配强专职武装干部，完成省人武学院在湘西州招收16名学员的招生考试工作。军分区围绕端正征兵风气，妥善处理征接关系，完成兵员征集任务。2003年7月，完成对报考军队院校考生的政审、体检和面试，全州有23名青年学生被军队院校录取。2006年11月，完成老兵退伍和士官选改工作。2009年，古丈县人民政府征兵办公室被国防部评为征兵工作先进单位。

2010年，吉首军分区突出完善软件资料、改善基本条件、提升民兵预备役能力，全州70%基层武装部基本达标。军分区坚持公开、公平、廉洁征兵，完成新兵征集和士官直招任务。

第三节 预备役

1989年，龙山县人武部被国防部评为民兵预备役工作先进单位。1995年，湘西州完成兵役登记工作，全州与军事专业对口的地方专业技术人员及29～35岁普通民兵服二类预备役人员底子全部澄清，其中包括专业、退伍军人和经过军事训练人数等。

1997年，吉首军分区执行《中华人民共和国国防法》和《中华人民共和国预备役军官法》规定：预备役军官分军事军官、政治军官、后勤军官和专业技术军官，由政治部负责本区域预备役军官管理工作。预备役军官登记，由县人民武装部办理。退出现役被确定转服预备役人员，向地方安置部门报到时办理预备役军官登记。2001年5月，吉首军分区召开全州党管武装工作会议。会议回顾分析民兵预备役工作形势，表彰党管武装先进单位和党管武装工作先进个人、民兵基层建设先进单位和武装工作先进个人，研究部署全州民兵预备役工作。讨论通过州委、州政府、吉首军分区《关于加强湘西土家族苗族自治州民兵预备役工作的意见》。

2007年8月，吉首军分区联合州政府组织召开全州民营企业关心支持国防后备力量建设座谈会，促进民营企业民兵工作落实，省军区转发吉首军分区的经验。2008年，吉首军分区下发《湘西自治州国防动员工作暂行规定》《国防动员组织机构建设暂行规定》和《2008—2010年国防动员建设三年规划》，研究拟制《加强非公有制企业党管武装工作的意见》，在试点运行基础上向全州推行。吉首军分区指导花垣县人武部组织民兵应急突击队维护矿山安全生产，开展应急维稳演练。

2009年，吉首军分区按照“平时服务、急时应急、战时应战”要求，狠抓国防动员和基层建设，在全区开展先行试点和达标活动。是年7月，召开湘西州国防动员暨民兵基层建设现场会，会议观摩吉首市国动委8个专业办公室、2个基层武装部和1个村民兵营规范化建设成果，制定印发《湘西州国防动员委员会专业办公室正规化建设细则》和《湘西州民兵基层正规化建设细则》等文件，全州60%的国防动员专业办公室、80%的乡(镇、街道)武装部实现达标。

2010年，吉首军分区完成现役部队预编兵员核对登记、退伍军人服预备役登记和国防动员信息数据采集统计。完成民兵整组工作，调整优化组织布局和结构，编实建强应急应战队伍。组织州、县(市)两级国动委成员和8个专业办公室人员共137人的国防动员业务集训，邀请南京陆军学院专家授课。召开州国防教育工作会议，部署新形势下国防教育工作。

第二章　部队建设

第一节　政治工作

1989年，吉首军分区印发《开展创先进人武部活动目标管理百分制(试行稿)》，开展创先进人武部活动和争当先进人武干部活动，表彰一批先进人武部。是年8月，军分区、州国动委组织州直局以上单位干部参加军事比赛，并统一测试全州党政干部国防知识1次。

1995年，军分区开展“四个教育”(革命人生观教育、爱国奉献教育、艰苦奋斗教育、尊干爱兵和拥政爱民教育)，包括思想作风清理整顿，历时36天，使中央军委“从严治军”方针落到实处，保证政令军令通畅。1996年，吉首军分区党委落实中共湖南省委、湖南省人民政府、湖南省军区作出的《关于开展向彭楚政同志学习活动的决定》，提出“学习彭楚政，作合格军人”“学习彭楚政，安心山区干事业”，有7名外地籍军官主动把家属迁到湘西山区。吉首军分区有34名分区机关、县人武部的军官及在编职工立功受奖，军分区有14名军人被评为优秀党员。吉首市人武部部长余国庆被广州军区评为优秀团以上干部党员。凤凰县人武部部长王家义被湖南省军区评为学雷锋先进个人。1998年，吉首军分区党委被广州军区评为先进党委。1999年，吉首军分区开展以“讲学习、讲政治、讲正气”为主要内容的党性党风教育活动，制定和落实各项纪律制度，干部党员学会用制度发挥监督职能。2001年，组织学习实践“三个代表”重要思想。古丈县人武部党委被省军区党委评为先进党委。军分区司令员张铁流、政治委员梅荣保被省军区党委评为一对好搭档。

2002年，吉首军分区组织官兵学习中央军委主席江泽民“5·31”重要讲话,开展“重事业、讲奉献、爱本职、强素质”干部教育整顿和“尊干爱兵、兵兵友爱”教育活动。中共十六大召开后，军分区组织部队官兵认真学习贯彻中共十六大精神。同时，落实广州军区党委《各级党委贯彻落实江主席“十六字方针”，正确执行民主集中制的规则》。开展争当一对好搭档活动。2003年，军分区重新修订并严格执行《吉首军分区党委常委自身建设的措施》和《认真贯彻“十六字”方针正确执行民主集中制的规则》,组织19名师团干部参加两级军区组织的理论培训班，推荐6名干部参加军队院校培训，推荐41名干部参加各类院校本科和研究生函授学习。2004年，狠抓党风廉政建设，军分区、人武部科以上干部落实党风廉政建设责任制；军分区在官兵和职工中开展“重事业、讲奉献、爱本职、强素质”干部教育整顿和“尊干爱兵、兵兵友爱”教育活动。在党员干部队伍中进行思想作风教育整顿，强化奉献意识，端正机关作风。2005年，军分区和县（市）人武部开展“三个代表”重要思想和保持共产党员先进性教育学习，推荐2名师团干部参加两级军区理论培训班。组织全区参谋、干事、助理员集训，突出新知识和“六会”新技能学习。

2007年，军分区开展“知恩、尽责、自律”教育活动，组织收看“庆祝建军八十周年暨全军英模代表大会”直播盛况，弘扬听党指挥、服务人民、英勇善战的优良传统。开展“赞颂新成就、履行新使命、迎接十七大”主题教育。组织官兵观看湘西五十年成就展。开展向方永刚学习活动。组织全州团以上领导干部参加省军区举办的辅导培训班。吉首军分区政治部汇编《十七大报告解读50题》下发到全区官兵职工和专武干部手中。坚持每月召开一次战备形势教育和战备形势分析例会，修订完善军分区和人武部反“台独”应急防卫作战计划预案。2008年，先后6次召开党委常委会议，研究部署创新理论学习，军分区政治部组织开展中共十七大知识竞赛和运用科学发展观指导民兵预备役建设征文活动，把“信念、使命”主题教育作为一项重大政治任务精心组织，通过开展军嫂唱军歌、军旗杯篮球赛等一系列教育活动，强化官兵职工奉献意识和争创一流进取精神。开展反腐倡廉警示教育和优良传统教育、经常性思想教育。是年11月，军分区派出工作组深入县市调研，找准困扰军分区部队科学发展突出问题，为下一步开展深入学习实践科学发展观活动做好充分准备。军分区、人武部两级都认真开展建设学习型效率型机关活动。军分区党委常委成员带头上辅导课21次，15名营以上干部轮流讲授党课和业务知识，组织全区干部认真学习《省军区进一步规范干部工作的补充规定》，激发干部使命意识。吉首军分区下辖泸溪、吉首、凤凰等7个单位先后15次受到省军区以上表彰奖励，泸溪县人武部被广州军区评为全面建设先进团级单位，吉首市人武部和凤凰县人武部分别被省军区评为民兵预备役军事训练先进单位和抗冰救灾先进单位，阎明星等16人受省军区以上表彰，有6名干部荣立三等功，10名干部受嘉奖，11名干部被评为优秀机关干部。

2009年，吉首军分区提出整改目标33项，如期完成10项目标。23项中长期目标，顺利启动16项。完善《吉首军分区基层建设三年规划》，制定《加强民营企业党管武装工作的意见》等11项规章制度。汇编下发辅导讲课提纲，组织官兵参观革命旧址，教唱革命歌曲，观看《建国大业》等红色影片。开展第三批学习实践活动，开展党史军史、战斗精神教育。组织民兵乡土文化队，编演反映军队和国防后备力量建设科学发展文艺节目，走村串寨演出200多场次。召开专题民主生活会，落实党课制度，加大对重点领域监督，促进两级党委和党员干部作风转变，其经验材料被湖南省军区转发。

2010年，吉首军分区及时传达学习中共十七届五中全会精神，集中组织授课辅导12次。制定下发《关于创建学习型党委机关的措施》，组织2次学习体会交流，其做法被湖南省军区转发。开展“团职干部讲党课、营职干部上讲台”等活动。人武部党委召开专题民主生活会，得到湖南省军区肯定。

第二节 军事训练

1989，吉首军分区组织机关干部参加省军区8909演习，完成文书42份。1990年，各县市人民武装部干部全部学会总参颁发的《民兵训练四年纲要》中规定的训练内容，并达到“三会”（会讲、会做、会教）水平。1991年，组织8个县（市）人武部军事科37名参谋学习军事识图用图、军用文书、战术标图等，考核验收及格率达95%，优秀率40%。1994年，省军区组织的9408军事演习中，军分区机关人员获得团体第3名，还有6名参谋在省军区开展的百名“六会”参谋评选中受嘉奖。1998年，以“六会”为主要内容的省军区组织的人武部参谋尖子比武中，军分区又获团体总分第3名和两个单项第2名，4人立三等功，2人受嘉奖。1999年，军分区司令部、县（市）人武部军事科所有参谋人员全部参加桂林陆军学院开设的军事指挥专业大专或本科函授，至2000年，80%参谋人员会使用和操作微机，其中2人会编制软件程序。

2002年，军分区侧重提高干部高技术条件下指挥业务技能。4月，参加省军区组织的参谋业务集训中获总分第四名，被评为先进单位，两名参谋被评为参谋业务标兵。2003年4月，组织两周集中训练，重点开设体能、队列、射击、高科技知识等科目，分区常委带头参训。5月,组织全州民兵冲锋舟操作手集训，为全州抗洪抢险培训骨干。6月，组织各县（市）人武部军政后三科科长和军分区司政后三部部领导进行了半个月集中训练，并参加省军区组织的全省各军分区、人武部“三长”军事大比武，获省军区通报表彰。2004年3月，组织各县（市）人武部和机关进行参谋“六会”新技能集训，4月,参加省军区组织的参谋业务集训获总分第4名，被评为先进单位，两名参谋被评为参谋业务标兵；8月,组织为期16天军政后干部40人网上作业演习集训；政治部对新调任政工干部到分区政治部跟班实习，为基层培训政工干部。后勤部采取以会代训的形式抓后勤干部业务培训，先后举办财务干部和兼职计生干部培训班。是年，军分区被省军区评为参谋训练先进单位和对台军事斗争准备学术研讨先进单位，两名参谋被评为参谋训练标兵。

2006年3月，吉首军分区组织全区政工干部集训。4月，组织专武干部军政训练。5月，组织全区参谋、干事、助理员业务集训，学习新颁发的《司令部条例》；选拔骨干参加广州军区业务尖子比武，其中1人获军区训练尖子，2人受表彰。协助吉首大学召开全省大学生军训自训试点现场会，其经验在全省推广。2007年，军分区开展4期300课时首长机关在职训练。两次选送16名新任职专武干部参加省军区集训，获团体总分第一、单项3个第一。7月，常驻民兵应急分队参加省军区比武，获团体总分第五名、轻武器射击单项总分第一名和手榴弹投掷个人单项第二名。司令部孙海青等4人被省军区评为优秀四会参谋。是年，在完成大中学生军训任务同时，还组建一支电子网络战分队，心理战分队。军分区机关组成3个工作组对县市民兵应急分队和常驻民兵应急分队进行点验，民兵在位到点率均在96%以上。是年年末，人武部干部在职训练考核，总评成绩及格100%，优良87%。

2008年9月，军分区以省军区军事训练考核为契机，组织全区干部强化训练，完成首长机关干部在职训练、基干民兵军事训练任务。制定应对山洪、森林火灾和突发事件等8个方面行动预案，并在实战中得到有效检验和发挥。军分区组织应对非军事化条件下如何协调地方党委政府提高民众心理防御能力调研，撰写调研报告，在省军区《政治工作简讯》刊发并在省军区心理战研讨会上作交流发言。修改完善后勤动员、重大动物疫病防治、抗洪抢险等保障预案。泸溪县人武部被广州军区评为全面建设先进团级单位。2009年2月，组织新任职专武干部和“四会”（会讲、会做、会教、会做思想工作）教练员强化训练。5月，举行千名民兵营长大比武活动，8个县（市）人武部组织民兵营长集中训练，成绩合格率100%。7月，挑选96名训练尖子参加军分区军事理论、战术基础6个课目比武竞赛，优秀率92.3%。9月，组织吉首、泸溪、凤凰3个县（市）民兵应急分队代表军分区参加省军区组织的比武考核，所有科目成绩均在优秀以上，成绩在省军区14个单位排名第六位。召开湘西州国防动员暨民兵基层建设现场会，制定《军分区落实军事斗争准备中长期任务具体实施计划及措施》，完善作战数据库，完成军事斗争准备中长期任务及措施研究论证。制定《军分区非战争军事行动能力建设规划》，修订完善抢险救灾、应急维稳等13个预案。12月，军分区机关高标准完成省军区年度军事训练考核验收。永顺县人武部被省军区评为军事训练先进团级单位，军分区司令部参谋林庆根被广州军区评为优秀参谋。吉首市人武部参谋刘胜高被评为广州军区优秀“四会”教练员。

2010年，修订规范《战备值班制度》，完善细化动员支前、重要目标警戒防卫等6项使命任务配套方案。投入资金改造射击场、作战值班室，完成国防动员信息资源管理系统安装与培训。落实“五个轮训一遍”的要求，组织全区参谋人员开展6期业务集训。集中1个月时间，组织机关干部和部分民兵骨干开展队列训练，并组织网上会操。组织全区60名教练员开展以“四会”为主要内容封闭式训练，4名主官代表军分区参加省军区分级联考，均取得较好成绩。泸溪、保靖两县民兵分队分别组织扑灭山火、维稳处突演练，花垣县与重庆市秀山县首次联合开展跨区联动抗洪抢险演练。是年，军分区组织全区干部强化训练1个月。吉首军分区被省军区评为军事训练先进师级单位。

第三节 后勤保障

1983年，湘西州各县（市）民兵训练基地开始建立。至1990年，工程全部竣工，投资逾100万元，其中大多为地方财政拨款，少量为自筹。各县（市）土建基本结束后，随即着手训练基地“四配套”（生活设施配套、训练场地配套、教学队伍配套、教学器材配套）建设。1994年,龙山、永顺、保靖、花垣、古丈、凤凰、吉首7个县（市）民兵训练基地设床位704张，被盖1165床，食堂面积1404.8平方米，教室9间，教研室5间，器材室14间，操场7115平方米，射击场1.48万平方米。战术场仅龙山、保靖2县共2.67公顷，专业训练场仅龙山、花垣两县共1250平方米。步兵教材1250册，专业兵教材133册。步兵器材1835件，专业兵器材508件。2000年，除泸溪县外，7县（市）基本实现训练基地“四配套”。

2001年，军分区机关和8个县（市）人武部投入200万元，完成作战指挥自动化系统基础设施建设，建成分区、花垣、吉首、凤凰等单位指挥自动化室，实现与省军区可视电话会议及部队人武部军网程控电话功能；修建地下指挥所，以确保战时指挥畅通；完成军分区机关办公楼设施配套建设，改造州民兵武器仓库。军分区修复防空袭指挥所，新建招待所。龙山县人武部新建干部、职工宿舍楼。保靖县人武部新建民兵训练基地投入使用。吉首市人武部完成武器仓库改造和训练场地建设。除泸溪、古丈因搬迁需新建民兵武器仓库外，其他6个县（市）均实现民兵仓库“六面坚固”。组织人武干部、民兵应急分队训练，全年完成240课时机关干部在职训练。2002年，重点加强战备软硬件建设，先后投入260万元，基本完成作战指挥自动化建设，除龙山、古丈外，其余6个县（市）建成三级指挥自动化系统和可视电话会议系统，加入全军长途电话自动交换网。

2003年，全州县（市）人武部全部开通可视电话会议系统，实现军网电话直拨。2004年，新建分区卫生所，坚持医务人员定期下基层巡诊制度。2006年，军分区机关各办、县（市）人武部各科保密管理安全有序。改造维修州武装干部培训中心，新建招待所员工房。分区机关和8个县（市）人武部全面完成“部库合一”建设。2007年，军分区与湘西州电信分公司合作，升级改造军分区程控总机社会化保障设备，提高通信质量。修改完善各类后勤保障预案，完成国防交通信息系统采集、医学地理信息采集和应急作战后勤动员数据采集工作。军分区综合楼建设基本竣工。2010年，投入资金改造民兵武器仓库，机关营院重点部位安装监控系统和红外报警器，安全防卫能力加强。

第三章 拥政活动

第一节 拥政参建

1980年末，吉首军分区先后在古丈县河西镇和吉首市马颈坳定点扶贫。在古丈县河西镇扶贫期间，军分区司令员彭楚政带领古丈县人武部官兵组成工作组，在调查研究摸清情况的基础上，发动群众，因地制宜找准致富之路，让群众掌握先进的种植、养殖技术。至1990年年初，镇内有百余户畜牧、家禽专业户，年出售猪羊3000头（只)。发动群众垦荒造地266公顷，兴办以茶叶为主的绿色企业。当彭楚政与河西镇“脱钩”时，镇办企业利润突破百万元，人均年收入3000元。在吉首市马颈坳镇挂点扶贫，彭楚政带领军分区机关和吉首市人武部工作组与镇领导共同制定“种养结合，山地开发，科技兴农”的脱贫致富规划。组织民兵和村民开发椪柑、板栗等果园基地1133公顷，其中椪柑667公顷，指导村民家家户户办起“庭院经济”。发动民兵架便桥13座，修公路20公里、水渠17公里，解决林果运输和灌溉难的问题。与此同时，军分区和8个县（市）人武部现役干部和专武干部挤出大部分时间长期深入9个扶贫点包乡（镇）包村、包户扶贫，仅用3年时间帮助7个乡148个村8581户贫困户，初步解决温饱问题；帮助兴办以山区土特产开发和农副产品加工为主的小型企业72户，经济实体359个，直接帮助3500户贫困户增加收入；军分区机关和8个县（市）人武部先后为扶贫投工3万个，出动车辆500台次，从单位收益中挤出资金10万元；帮助两个贫困乡修建17处引水工程，两座桥梁。

1999年，军分区和8个县（市）人武部建立10个特困乡（镇）和100个特困村联系点，先后安排310名现役干部和专武干部蹲点扶贫，并从机关经费中挤出41万元，从有关单位筹集360万元，投入扶贫乡（镇)。团以上干部每人扶持1户，营以下干部和在编职工每人扶持1户，全州扶持186户贫困户，2000年，其中167户稳定脱贫。有3万户民兵家庭跨入小康行列，8万贫困户在民兵扶持下稳定脱贫。培训民兵4万人次，3万民兵掌握1至2门种植、加工、饲养等实用技术，1.3万户成为农村民兵科技示范户。80%的建制村有3~5名民兵科技服务队。此外军分区还组织8个县（市）成建制地动员12万名民兵进入省道1828线吉首、古丈段工地，仅用3个月就完成58公里的公路土基工程。动员5万名民兵投入州重点工程碗米坡水电站建设，完成80公里国防光缆铺设任务，新垦旱涝保收田273公顷，新修整修引水渠道380公里。是年，吉首军分区被农业部、总参动员部以及湖北省、湖南省、重庆市、贵州省人民政府评为武陵山区科技扶贫先进集体。

2001年年初，中共吉首军分区第九次代表大会作出《关于发动和组织民兵参与西部大开发和投入新一轮扶贫攻坚的决定》，每年开展“五个一”（扶持好一个特困村，建设好一个民兵造林示范基地，办好一期民兵科技培训班，引进推广一项种养业科技产品或技术，成建制组织民兵参与一项重点工程或基础设施建设）活动，参与碗米坡电站主体工程、乾州新区开发、张罗公路、花龙公路、高家坝防洪水库、全州公路沙改油等重点工程建设。启动“十、百、千”（培养树立十大民兵科技标兵，培训指导200名民兵科技致富骨干，对全州3000户特困户实行包户服务）工程。军分区机关和县（市）人武部组织民兵开展植树造林、退耕还林还草活动，6万名民兵奋战1个月，整地挖穴1.33万公顷。2002年3月，军分区召开全州民兵包户服务活动现场经验交流会，推广吉首市在新形势下对老荣誉军人、伤残军人、烈军属等开展包户服务、扶贫帮困经验。湖南省民政厅、省军区政治部派领导参加会议。国务院扶贫办、湖南省军区和省民政厅宣传推广吉首军分区经验。

2005年，军分区修建爱民桥2座。帮助贫困县培养种、养大户8户。帮助扶贫村完成全村农电网改造，修建水渠3000米。分区机关和县（市）人武部对口联系1个特困村。开展爱心献功臣活动，组织民兵对烈军属、老伤残复退军人实行包户服务。2006年，参与8个新农村示范点，和吉首市人武部联合帮助吉首市马颈坳镇竹寨村制定三年发展规划，组织400名官兵和民兵营造生态林10公顷，协调州交通部门整修村级公路，硬化村组路面，发展种养产业。凤凰县人武部参加新农村建设的经验被省军区推介，被广州军区转发。至2006年，军分区机关连续两年在革命老区永顺塔卧中华村扶贫，新修便民桥3座，拦水坝7座和灌溉水渠2500米，修建7个蓄水池，完成人畜饮水工程，实施全村农网改造。2008年，冰冻灾害中，军分区挤出12万元，筹措棉被和衣物1000床（套），发动官兵为受灾群众捐款5.6万元。军分区机关和8个县（市）人武部为9个扶贫联系村争取基础设施和产业建设项目经费200万元，筹集资金15万元。为扶贫联系村永顺县高坪乡西米村修建一座"八一桥"，聘请农技员开办科技培训班70期，培训青年民兵和贫困村群众近万人次。2009年，组织民兵近万人次，参与"八百里绿色行动"，植树造林200公顷。军分区机关、县（市）人武部联系贫困村和对复退伤残军人开展包户服务活动，为定点扶贫村争取致富项目52个，协调基础设施建设和产业开发经费330万元。军分区机关为扶贫点永顺县太平村制定"五个一"工程规划，协调投入资金130万元，硬化一条4.3公里通组公路，修筑一条1.1公里的简易公路和两条5公里机耕道，新建一个人畜饮水池，解决该村村民饮水难问题。2010年，军分区机关先后协调投入180万元用于扶贫联系村百亩油茶、百亩烟叶基础产业项目建设和"两道一水"基础设施建设。

第二节　拥政爱民

20世纪80年代末至90年代初，军分区机关和八县市人武部开展军民共建活动，并投身于抢险救灾、维护社会治安之中。1994年，军分区司令员彭楚政被评为全国民族团结进步模范、吉首市被评为双拥模范市，军分区被评为全国民族团结先进单位。1997年，彭楚政被评为全国拥政爱民模范个人。1999年，在"8·26"洪灾中，军分区出动部队和民兵预备役人员4500人，转移被困群众1528人，抢救仓库货物110吨，排出险情175次，抢救财物5511件。资助贫困学生116人。

2001年，军分区在春节、三月三、四月八、赶秋节、摆手节及"八一"建军节等节日期间，开展国防体育、文化等拥政爱民活动。7月，湘西州发生严重旱灾，军分区成立指挥班子，向全区人武部发出《关于配合地方认真做好抗旱救灾工作的紧急通知》，组成两个抗旱救灾工作组，指挥抗旱救灾。2002年3月，组织机关官兵和协调武警、消防官兵250人及时扑灭吉首椆油坪特大山火。5月初，龙山县人武部组织民兵应急分队，安全转移湘西州向阳煤矿矿区遇险群众637人；保靖县人武部组织出动两支民兵应急分队180多人，在碗米坡电站截流坝发生决堤时，及时疏散下游群众，保护县城和下游群众安全。6月下旬，永顺县长官、永茂等乡（镇）发生山体滑坡，永顺县人武部出动民兵4000人次，抢救和搬迁受灾群众50户240人。

2003年6月下旬，州境大部分县（市）遭受特大洪灾，分区党委常委分赴各灾区现场指挥，发动军警和民兵1.3万人次，解救被围困群众7200人。各县（市）人武部组织民兵预备役人员参与防"非典"工作，有2名干部受到湖南省政府、省军区通报表彰。2007年7月下旬，州内部分地区遭受暴雨袭击，军分区和县（市）人武部全力组织抗灾救灾。军分区副政委李春华组织古丈县人武部民兵应急分队，用沙袋在省道1828线竹溪湾段，筑起防洪墙1500米，安全转移因山体滑波和公路塌方影响居民20户136人。凤凰县"8·13"特大跨桥事故抢险救援中，军分区迅速启动突发事件应急处置预案，司令员贾正中、参谋长刘长生组织凤凰县人武部民兵预备役人员300

人连续奋战123小时，抢救受伤民工23人，搜寻遇难民工遗体64具，得到广州军区通报表彰，凤凰县人武部记集体三等功1次。

2008年，“5·12”四川汶川大地震发生后，军分区迅速组织官兵为灾区捐款、交纳特殊党费16万元，捐赠棉被衣物730床（套）。

2010年，军分区和县（市）人武部出动部队和组织民兵应急分队1.2万人次，扑灭山火80公顷，营救被困群众1000人，转移受灾群众6.5万人。军分区团以上干部为贫困大学生捐款3.7万元，军分区机关16名营以上干部与16名留守儿童结成帮扶对子，开展“一帮一”助学活动，捐款1.63万元。组织官兵为云南旱区、青海省玉树地震灾区和舟曲灾区捐款10万元。

第四章　驻军

第一节　武警部队

一、维护社会稳定

1989年1月，武警湘西州支队组建机动中队，担负部队机动任务。是年8月，机动中队军械库发生武器被盗案。州武警支队和州公安局立即侦破，迅速找回被盗79式微型冲锋枪1支，但64式手枪仍无下落，对此起武器被盗案负有直接责任的原机动中队队长受到拘留审查。1990年8月，支队直属机动中队19名官兵参加全省机动部队军事、后勤6大科目13个项目技术比武，获团体总分第一名、两个单项第一名。1996年8月，州支队一中队奉命追捕泸溪县“8·20”特大杀人嫌疑犯，将其擒获归案。

2000年8月，古丈县发生5名歹徒绑架一歌厅老板事件。州武警支队古丈县中队出动17名官兵，组成3个战斗组，协助公安干警行动，5名歹徒很快被抓获归案，缴获火枪10支、猎枪3支、7.62毫米普通弹3发、马刀5把、匕首2把。是月，凤凰县腊尔山镇岩坎村犯罪嫌疑人石某某身缠烈性炸药，对其堂兄、堂嫂施以爆炸。州支队凤凰县中队出动10名官兵赶赴现场，配合当地公安机关参加战斗，翌日上午将犯罪嫌疑人抓获。2005年6月，州支队出动官兵11人，协助当地公安机关，抓获田某某等4名贩毒骨干分子，缴获毒品700克，毒资60万元，雷管2枚，炸药2公斤，导火索20米。是年12月，省武警总队通令，给基层建设标兵凤凰县中队中队长王洪军记一等功。州支队被评为2005年度安全工作先进单位。2008年9月，吉首市部分企业非法集资，引发数千人多次聚集冲击州委、州政府机关，堵塞城区主干道和铁路交通。总队长王小荣亲临一线指挥，先后抽调官兵1800人、车辆85台，协助地方党委政府依法稳妥平息事态，维护吉首市社会稳定。2009年4月，总队召开处置湘西州吉首群体性事件总结讲评电视会，州支队在会上作经验介绍，支队长祝自元、政委刘立新被省政府评为处非先进个人，并荣记一等功一次。是月，州支队出动官兵130人、车辆4台，协助当地公安机关参与公安部统一部署的迅雷行动，担负“3·31”系列制贩枪支毒品案警戒封控、捣毁窝点、临时看守、武装押解和机动备勤任务，跨省押解和临时看守犯罪嫌疑人60人，捣毁制枪窝点3个，缴获自制枪支5支、子弹8发、雷管156枚、导火索200米、火药2公斤、管制刀具9把、制枪工具3套及44件加工材料。

2010年8月，保靖县涉恶犯罪团伙以强买强卖、收取保护费等手段谋取钱财。州支队出动官兵7人，协助公安机关成功捣毁涉恶团伙，抓获犯罪嫌疑人翟某某、向某某等，缴获自制火枪1支、管制刀具2把。

二、抢险救灾

1991年7月，龙山县山洪暴发，城郊向家沟大堤裂缝溢水，下游群众生命财产受到严重威胁。县武警中队17名官兵赶赴现场转移群众，参加加固大堤抢险战斗，奋战5小时终于排除险情。1993年7月，永顺县连降大雨，山洪暴发，县城五分之四被淹，平均水深4.8米，全城2万人被洪水围困。县武警中队全体官兵立即投入抢险救灾战斗，救出围困群众116人、转移大米8000公斤、电视机25台、电冰箱18台，挽回经济损失25万元。中队炊事员代立在抢救群众时，3次因疲劳过度而昏倒，独自1人从水中救出3名老人和8名小孩，获武警总队一等功奖励。1994年10月，泸溪县城遭受特大洪水袭击，县武警中队15名官兵奔赴灾区，先后在县副食品公司仓库、县民政局仓库连续奋战8小时，搬运物资410吨，为国家挽回经济损失110万元。1995年7月，州武警支队队长王国任和政委严奉炳带领91名官兵奔赴泸溪县城参加抗洪抢险，经过24小时连续奋战，从洪水中抢救群众877人，疏散和转移群众4318人，转运物资6524件473吨，挽回直接经济损失115万元。

1996年7月，湘西州连降两次暴雨和特大暴雨，泸溪县老城和浦市镇全部被淹。州武警支队出动兵力446人次，车辆27台次，抢救群众500人，转移群众6500人，转运物资1260吨，清理淤泥2200立方米，转移各种仪器价值100万元，转移泸溪县农行人民币数百万元，家用电器400台，挽回经济损失800万元。1998年5月，吉首城区突降暴雨，山体滑坡，部分地段被洪水淹没，多处房屋被毁。州支队机关和驻吉部队100名官兵，连续奋战10个小时，抢救和转移被洪水围困群众和财产。是年7月，永顺县发生特大洪涝灾害，县城三分之二被淹。县中队20名官兵连续奋战3天3夜，抢救群众260人，转移物资40吨。同年9月，吉首制药厂发生特大火灾事故，一栋四层楼厂房被大火吞没，1个贮药罐爆炸，4个贮药罐在大火中随时有可能爆炸。州武警支队120名官兵不顾生命危险，奋力转移库房药材200吨，挽回经济损失200万元。是年年底，吉首市大田湾发生山火，火灾面积6.7公顷。支队97名官兵迅速奔赴火灾现场参加灭火，经过两小时艰苦奋战，大火被扑灭，挽回经济损失50万元。1999年9月，州制药厂发生特大氯气泄露爆炸事故，并引发大火，州支队机关和一中队40名官兵紧急出动，连续奋战通宵，将大火扑灭，5名重伤职工被救出，挽回经济损失500万元。

2004年6月，全州普降大到暴雨，州支队出动165名官兵连续奋战8个小时，成功转移和抢救吉首市被洪水围困群众550人，抢运物资400吨，价值1200万元。武警部队司令员吴双战打电话给省总队长龙汉荣、政委赵龙，询问抗洪抢险情况。是年7月，凤凰县300名游客被洪水围困。凤凰县中队出动20名官兵，连续奋战6个小时，转移受困游客362人，行李1200件。2006年8月，吉首市佳佳超市因电源短路引发特大火灾。州支队出动100名官兵，与当地公安机关、消防官兵一起，连续奋战2小时，疏散购物群众、经营业主2000人，解救被困群众200人，抢救、转移物资价值近1000万元。是月，州支队出动156名官兵，连续奋战15天，完成“8·13”凤凰县堤溪沱江大桥坍塌事故现场抢险及外围警戒任务，抢救出受伤群众26人，挖掘遇难者遗体25具。国务委员华建敏、湖南省委书记张春贤、省长周强、省委秘书长于来山、省武警总队队长王小莱等领导先后慰问支队抢险官兵。12批群众自发慰问抢险救灾官兵。残疾人周那英租用一辆小卡车运送20件矿泉水慰问官兵。凤凰县一家旅游投资开发有限责任公司在送来毛巾、洗漱用品的同时，给支队官兵赠送“灾难之时见真情，舍生忘死为人民”锦旗，1000名群众自发组织秧歌队、锣鼓队手持鲜花夹道欢送子弟兵。

2007年7月，州支队、古丈县中队和吉首市中队出动80名官兵参加古丈县和吉首市两次抗洪抢险救灾任务，搬运沙袋2300袋，筑子堤500米，转移受灾群众1200人，抢运物资价值120万元。2008年1月，湘西州遭遇50年不遇的冰冻灾害。州支队出动官兵110人，担负吉首市城区三千道、火车站、汽车站破冰保畅通任务，连续奋战3个小时，清除积雪路段4.6公里，冰冻区域4000平方米。

2010年7月，吉首市、泸溪县和花垣县等地出现山洪险情，州支队出动5支救援分队官兵143人、冲锋舟5艘，连续奋战13个小时，转移被困群众3700人，清理土石1500立方米，转移车辆12台，抢运物资价值300万元，挖出遇难者遗体3具。

第二节　消防支队

一、消防宣传

1989年，武警湘西州消防支队坚持“以防为主、防消结合”方针，举办消防知识讲座，制作防火宣传牌，挂防火花灯，唱山歌苗歌开展防火宣传。1991年，“119”消防宣传周期间，组织消防法制咨询活动。是年8月，举办首期法人代表培训班，培训各县市消防重点单位法人代表及部分主管部门领导110人，至1994年，举办消防培训班109期，培训3416人。全州消防部队被各级新闻媒体采稿593篇，印发消防宣传资料15.7万份，放消防录像、幻灯264场。1995年，开展“怎样搞好火场指挥”为主题的大讨论活动。湘西电视台制作播放副州长陆光祖消防电视讲话和《领导谈消防》系列节目，《团结报》头版转载江泽民在《人民日报》发表的《责任重于泰山》一文。

1998年，与湘西电视台《军警99》栏目和州有线电视台《视野》栏目联合拍摄“责任重于泰山——庆祝《中华人民共和国消防法》实施一周年”专题片，与吉首大队分别到吉首民师附小等5所中小学开展“消防知识讲座”“消防知识演讲比赛”等活动。2000年，组织各行各业干部群众创作消防题材书画、摄影作品参赛，支队上报书画、摄影作品30件，收集上交铜钟、铜水枪、水车等一批珍贵消防文物。

2001年，州消防支队以“整改火灾隐患，珍爱生命安全”和“让火灾远离家庭”为主题，开展消防知识宣传活动。是年3月，吉首市消防站在全州率先向社会开放。2002年，该站被评为全国消防站开放工作先进单位。2005年，全州开放消防站48次，参观群众24700余人次，张贴标语600余条，发放宣传资料14800余份，出动宣传车24台次，举办消防文艺演出6场。2009年5月，开展消防知识培训和灭火、逃生演练活动，并把“传递平安，祝福千万”平安明信片传递给学校师生，举办“人人关注《消防法》”专题讲座活动，推广《消防三分钟》KTV版安装工作，安装率达到100%。开展消防车车队上街游行宣传新《消防法》活动。2010年，消防支队投入专项经费30万元，为各大队配置专业消防宣传摄影摄像器材。与州内主流新闻媒体负责人和记者就做好消防宣传工作举行座谈；为公安派出所消防业务培训发放消防安全实用手册。培训吉首市各派出所消防分管领导和消防专兼职民警30人；春节火灾易发期间，开展冬季防火百日宣传消防知识有奖竞答活动。

二、消防监督

1989年4月，湘西州防火安全委员会组建，各县（市）机构亦相继成立。是年，开展防火材料、消防灭火设施系统专项调查整顿及“十大隐患”排查行动，并清理整治全州液化石油气运输、储存、销售、使用市场，至1991年，全州组织消防安全检查组2667个，检查各类单位场所1.67万家，排查整改火灾隐患1.84万处。

1992年，全州实行建筑防火装饰材料准销制度。开展建筑室内装修和公共娱乐场所消防安全专项整治行动，全面检查各县（市）大型商场、市场消防安全状况，实行易燃易爆物品生产、销售、运输单位及液化气用户消防安全许可证、液化气用户准用证制度。选定部分村（寨）试点农村消防管理工作。1994年，开展安全防事故工作，层层签订安全防事故责任书，实行风险抵押金制度，排查整改安全事故隐患。组织消防安全检查组542个，检查各类单位场所4850家，排查整改火灾隐患4770处。1995—1998年，开展公共文化娱乐场所、易燃易爆场所、城镇和建筑消防设施3个专项治理行动及文物系统消防安全大检查。检查机关单位302家，公共文化娱乐场所626家，易燃易爆场所390家，下发整改意见书2168份，提出整改意见6626条，停业整改44家，有264个单位和176人受到处罚，处以经济罚款37万元。

1999年，全州将消防管理纳入公安派出所目标管理，实行消防三级责任制。重大节日、重要会议、重大活动期间，开展公众聚集场所消防安全、建筑消防设施、商贸市场消防安全专项治理，对农村大自然村实施消防安全大检查，督促其建立和健全消防组织，落实防火安全措施，配备兼职防火员和消防器材。是年，全州检查集贸市场、易燃易爆场所3099家，发现隐患1152处，下发责令当场改正通知书2395份，下发责令限期改正通知书2068份，罚款58万元，查封社会单位55家。2000年，会同工商、税务、建委、新闻、城管等部门开展集贸市场、商场消防安全检查，同时开展公共娱乐场所、宾馆饭店、易燃易爆化危品场所和大型仓库等消防安全专项整治活动。全州组织检查组331个，检查公共场所3004家，易燃易爆场所465家，检查违章建筑工程67个，下发责令当场改正通知书735份，下发责令限期整改通知书491份，查封58家。2002年，制定《凤凰古城消防安全管理规定》，落实古城消防保护专项资金70万元。

2006年6月20日，湖南省政府挂牌督办重大火灾隐患边城宾馆整体成功爆破。至2007年，围绕火灾隐患排查整治行动，开展灭火器市场、消防应急灯具市场和防火栓箱及配件市场专项整治，与各社会单位签订《消防安全承诺书》，检查单位、场所7263家，排查整改火灾隐患9761处，实施整改未到位单位公安处罚137家。责令“三停”（停止施工、停产、停业）87家，罚款94万元。

2008年，全州应用消防监督业务信息系统和网络版火灾统计，实现消防行政执法文书电子化、自动化、统一化，形成文件网上走、台账网上建、绩效网上考的消防监督新格局。开展“铁拳整治”“零点行动”、国庆安保等系列消防安全专项整治行动，出动警力2437人次，检查各类场所4079家，排查火灾隐患5722处，下发责令改正通知书2241份，处罚存在火灾隐患和消防违法单位217个，罚款280.9万元。

2010年，全州落实消防监督三级管理责任制，开展消防产品普查整治、自动消防设施维护与检测，加大对火灾隐患和消防违法行为查处力度，持续开展世博会、亚运会消防安保、建筑消防设施、公众聚集场所消防安全，学校、幼儿园消防安全和“平安使命”专项行动，组成检查组571个，检查各类单位场所3768家，排查整改火灾隐患4300处，责令“三停”（停产、停业、停止施工）74家，罚款237.3万元，临时查封52处，拘留11人，由政府挂牌督办的9处重大火灾隐患，有8家整改到位。

三、消防设施

1990年，州消防支队开始修建支队机关营院，征地0.8公顷。1992—1995年，龙山、永顺、凤凰等县消防股（队）投入200万元改造营房，购置工作车10辆，消防指挥车6辆，水罐消防车2辆和执勤消防车3辆及其他消防执勤器材。1996—2000年，州、县（市）政府为全州消防部门总拨专项经费2800万元，新建营区4个，办公楼3栋，营房5栋，干部宿舍楼3栋，建筑面积1.78万平方米，安装消火栓573具，新增执勤消防车6辆，添置各类执勤器材1875套（件）。1999年年初，州、市政府出资100万元，为吉首市消防大队购置全州首台登高消防车。

2001年，州消防支队与州石油公司签订建立古丈县消防站无偿用地协议，争取资金近100万元，启动古丈县大队营院建设工程。2003年，龙山县大队投入30万元装修大队、中队办公楼；保靖县大队投入近50万元新修干部家属楼和大队办公楼；吉首市大队公寓房竣工并投入使用。2004年，州消防支队先后投入专项经费140万元，维修改造食堂、浴室、卫生间、荣誉室、图书室和游艺室，安装市政防火栓762座。同时投资580万元更新购置车辆及器材装备，其中投入240万元购置BKQ-1型便携式无燃气快速切割器等特种装备，堵漏设备1套，脉冲水枪4支，浮艇5套，救生气垫2个，复合型空气呼吸器及备用钢瓶各10具及起重气垫、防毒面具、隔热服、防化服等特种、常规器材；投入682万元购置执勤车17辆。2005—2007年，乾州新区新征特勤站建设用地1.55公顷，投入408万元，购置三大件个人防护装备及其他器材装备；投入560万元购置微型水罐消防车3辆、6吨水罐消防车1辆、水罐泡沫消防车1辆、通信指挥车1辆、大吨位消防车1辆、高喷消防车1辆，以及5个特勤班抢险救援器材。2008年，湘西州和吉首市两级财政投入500万元用于特勤站建设，凤凰县消防大队投入42万元建设公寓房，龙山县消防大队完成营房改造，州支队机关和吉首、泸溪、花垣、保靖、古丈、永顺6个县（市）消防大队完善营房、文化、生活设施建设。

2010年，州消防支队消防执勤车和行政车全部完成GPS系统安装工作，实现支队对大队、中队统一远程教育和实时视频监控，8个县（市）大队消防业务经费均突破100万元，其中5个大队超过200万元。全州投入2990.7万元，购置消防车22辆、消防人员防护装备10件套。

四、灭火救援

1989年，全州消防部队以压事故、保安全为重点，健全安全防火责任制，至1993年，接警497次，出动警力5603人次，出动消防车1406台次，实施抢险救援567次，营救群众235人，抢救财产价值1.12亿元。1995年4月，吉首市乾州火车站一列装有炸药的车箱起火燃烧，随时可能发生巨大爆炸。州消防支队接警后立即出动，同时调集吉首大队全体官兵50人参战，经过2个多小时奋战，终于将大火扑灭。1999年3月，吉首市香园路发生重大氯气泄漏事故，3人当即死亡，135人中毒。消防官兵接警后紧急出动，稀释封堵毒气，疏散营救群众160人。是年7月，吉首地区山洪暴发，桐油坪国泰加油站两个50立方米油罐被洪水冲走。为防止油罐泄油污染河道，撞击大桥发生爆炸，消防官兵60人参加抗洪抢险工作，使两个油罐顺利通过吉首市区6座大桥。1994—1999年，全州消防部队接警出动1022次，出动警力1.04万人次，车辆2170台次，社会抢险救援785次，营救群众276人，抢救物资价值2.29亿元。2000—2006年，全州消防部队出动警力2.57万人次，车辆3872台次，参加社会抢险救援819次，抢救遇险者285人，保护财产1.55亿元。2009年5月，国道209狮子桥路段附近锰渣尾矿库发生垮塌事故，花垣县消防大队参加抢险救援，经过30个小时连续作战，5名遇险群众获救，搜寻出遇难者遗体3具。2010年7月，花垣县雅西镇下水村六组突然出现山体滑坡，有人员被埋压。县消防大队10名消防官兵前往搜救，挖掘清理出遇难者遗体7具。

1989—2010年湘西州火灾情况一览表

表10-1

年份	火灾起数	死亡人数	受伤人数	直接财产损失（万元）
1989	38	7	11	103.4
1990	71	9	15	163.6
1991	102	8	25	202.8
1992	100	4	22	130.5
1993	88	6	15	158.9
1994	93	7	12	143.7
1995	87	5	8	131.4
1996	117	8	11	340.5
1997	203	8	10	483.0

续表 10-1

年份	火灾起数	死亡人数	受伤人数	直接财产损失(万元)
1998	215	8	19	463.7
1999	245	6	4	352.0
2000	226	3	16	313.9
2001	289	—	2	299.5
2002	312	5	11	220.1
2003	318	5	12	211.5
2004	305	6	4	273.0
2005	335	19	12	265.0
2006	214	4	4	342.3
2007	181	2	1	179.0
2008	107	10	1	410.8
2009	65	8	—	236.8
2010	80	6	—	258.0

第五章　民兵

第一节　民兵组织

1989年，吉首军分区司令员彭楚政、副司令员易柱良及司、政、后机关领导带领工作组到州境农村34个乡（镇）、办事处和厂矿检查指导民兵整组工作。是年4月下旬，全州民兵整组工作全部结束。1990—1998年，民兵预备役工作重点主要抓住建好专武干部、民兵应急分队、专业技术分队和对口专业技术分队4支队伍。2000年，全区基干民兵营占民兵营的7.22%。基层武装机构的编制、装备全部落实。2001年6月，军分区首长和分区机关部门领导率工作组下到各县（市）检查民兵整组落实情况，参谋长刘长生面对面指导。通过宣传发动、民兵出入转队、干部调配、健全制度、清点装备、点验、资料整理等工作过程，至7月末，完成整组任务。

2004年，花垣、吉首、泸溪3个县（市）在个体私营企业和民营企业中组建民兵组织。完成预备役登记统计和动员潜力调查。湘泉集团有限公司人民武装部被总参谋部、总政治部评为基层民兵预备役工作先进单位。2005年3月，根据湘西州在未来军事斗争中可能担负兵员动员、支前保障和反空袭作战任务，军分区调整民兵组织布局，落实编组，优化民兵组织结构。2006年，调整巩固民兵组织布局，扩大专业技术分队比例。2008年，制定《吉首军分区基层全面建设三年规划》。

2010年，军分区领导到各县（市）就民兵预备役基层暨国防动员专业办公室正规化建设情况展开检查调研，破解影响和制约基层建设难题，突出国防教育室、青年民兵之家等功能作用发挥，年内100%基层单位达标。

第二节　民兵建设

1989年，吉首军分区组建全州城镇应急民兵分队，入选持枪基干民兵，部分乡（镇）成立治安护村队。应急分队和治安队，配合公安、武警为保卫领导机关和重要守护目标安全稳定执勤巡逻，联防自卫。军分区完成976人训练任务，其中包括基干民兵、高机专业、82迫击炮专业、民办侦察专业、民兵通信专业人员。1991年，全州民兵投工28.4万个，捐资251.4万元，新建、改建校舍309栋8.5万平方米，添置课桌12321套，为干旱地区打水井850口，修蓄水池2330个，开挖引水渠道4000公里，架设管道253米，修筑河堤25处，解决饮水困难13万人。1995年，组织“兴州强武”阅兵活动。从下达组织开进到正式阅兵历时3天，动用摩托车102台，保障车12辆，参加人员380人，湖南省军区首长莅临指导。

1999年，军分区组织防洪抢险民兵机动团1200人，通过训练，明确抗洪抢险、处置突发事件的原则和方法，提高完成急、难、险、重任务能力。2000年，各县（市）人武部组织民兵配合公安部门收缴流散民间的各种非法枪支3万支，抓获犯罪嫌疑人19人，收缴赃款物价值25.4万元。2002年，军分区和各县（市）人武部建立退耕还林示范基地，民兵成为退耕还林主力军。在保靖县碗米坡电站主体工程、吉首市乾州新区及张罗公路等重点工程建设中，有关人武部和民兵组织主动为重点工程顺利实施创造良好环境。2003年，各县（市）人武部充分利用“青年民兵之家”“民兵训练基地”等阵地，举办种养加工等方面科技培训班98期，6800多名民兵成为乡土科技人才。组织民兵承担铁路守护以及中央领导到湘西视察、“中韩围棋邀请赛”暨湖南旅游节闭幕式等重大活动值勤任务。

2004年5月，龙山县人武部组织民兵应急分队安全转移湘西州向阳煤矿矿区遇险群众687人，保靖县人武部组织出动两支民兵应急分队180多人，在碗米坡电站截流坝发生决堤时，及时疏散下游群众，保护县城和下游群众安全。6月下旬，永顺县长官、永茂等乡（镇）发生山体滑坡，永顺县人武部组织出动民兵4000人次，抢救和搬迁50户240人。进入汛期后，泸溪县人武部牵头召开全县军、警、民防汛抢险动员大会，组织官兵和民兵日夜巡逻在浦市镇防洪大堤上，排除险情，保住大堤安全，受到省防汛办和州委表扬。2005年4—6月，组织全州专职武装干部集训。7—9月，在凤凰、保靖分别组织1期民兵侦察专业技术骨干和民兵迫击炮专业技术骨干培训。军分区修正完善民兵应急动员作战方案。八县市完成兵员、预任军官调查摸底和审查统计工作。同时，完成退伍军人服预备役登记核对及国防动员潜力调查等工作。2006年，组织民兵对全州3800多户老伤残复退军人，采取3名民兵包1户办法，有1.3万民兵参与，实行对口帮扶，包户服务。

2007年，保靖县人武部带领民兵应急分队60人，成功拦截从酉水河上游漂流而下的失控废弃大货船，避免一起货船撞毁酉水大桥事故。2008年初，军分区抗冰救灾中出动官兵512人次、民兵1.8万人次，转移群众9562人，疏通道路300余公里，完成15次排险救人等突发性任务。完成60名冲锋舟操作手、60名民兵工程抢修队员、98名民兵心理战人员训练，民兵专业技术能力全面提升。2009年5月中旬，泸溪县能滩水库、古丈县白溪关水库等先后发生险情，吉首军分区，泸溪、古丈两县人武部主要领导分别带领工作组第一时间赶往病险水库，现场指挥、组织民兵队伍集结待命、疏散群众、排查险情，使几座水库安然度过两次强降雨引发的洪峰。2010年，组织全州新任职专武干部集训、全州冲锋舟骨干集训、全州国防动员业务集训等，参训率95%。此外参加省军区组织的专武干部集训、驻湘部队无线电台针对性演练。是年，州境先后发生“6·8”“7·9”“7·12”洪水灾害，泸溪、花垣、龙山、永顺、吉首5个县（市）民兵应急分队6000人参加抗洪抢险，营救被困群众1200余人。

第六章　人民防空

1989年，湘西州国防动员委员会下设国防教育办公室。2001年8月，州人民防空办公室（简称州人防办）成立。2002年，州人防办内设综合科，编制4名，为副处级全额事业单位，隶属州政府办公室领导，工作人员参照公务员管理。州人民防空实行联席会议制。联席会议由常务副州长牵头，成员由吉首军分区、州人大常委会、州委宣传部、州人民政府、州机构编制办公室、州发展计划委员会、建设局、财政局、教育局、国土资源局、政府法制办公室、物价局、司法局、电信分公司、消防支队、无线电管理处等单位组成。是年，调整州国防动员委员会成员，州委书记彭对喜任第一主任，州长武吉海任主任，吉首军分区司令员张铁流任副主任。2003年，州人防办升格为正处级单位，增设业务科。2007年，有工作人员8人，归口管理州人防通信站。2009年，县（市）级人防机构成立，吉首市为国家三类人防重点城市。凤凰、泸溪、花垣、保靖、古丈、永顺、龙山7县成立正科级人民防空办公室，均为全额拨款事业单位，其中五县配备人防办主任，二县配备副主任。州人防办增加编制2名，增设法规科。2010年，州人防办内设综合科、业务科、法规科、人防指挥信息保障中心，编制7名。

2001—2010年，湘西州人防办历任主任：张昌云、向光清；副主任：黄继声、向光清、向盛月、游光华、杨小勇。

第一节　防空宣传

1980年，州县（市）人民防空办事机构撤销，人民防空业务纳入军分区和县（市）人民武装部的正常业务工作。

2002年5月，召开全州首次人防工作会议，8个县（市）和州、市直局以上单位负责人与会。州人民政府、吉首军分区联合印发《关于高等学校和高级中学开展学生军训工作意见的通知》，规定“要结合军训工作进行城市人民防空知识教育”。州人防办组队参加省人防办组织的“永远的蓝天”演讲比赛。2006年，《人民防空法》颁布十周年，州《团结报》原文刊登《人民防空法》《湖南省实施〈人民防空法〉办法》，常务副州长梁秋松发表专题电视讲话，吉首军分区司令员贾正中、州人大常委会副主任彭司礼接受记者采访。州人防办组织两台宣传车上街巡回宣传，印发宣传资料，利用防空警报试鸣日开展宣传，提高人民群众防空意识。2007年，先后在《湘西工作》和《边城视听报》开辟专版宣传人防工作。是年，通过人防网页、公示牌、报刊等方式向社会公示，加强人防行政执法制度建设，推行人防政务公开，严格执行人防收费政策，公布举报电话，主动接受社会监督，保证人防收费公开、公平、公正。2008年，《湖南省人民防空通信管理办法》颁布，州《团结报》全文刊登。2009年，州人防办到州第二民族中学开展人防教育试点，把人防知识教育纳入学期课时计划。2010年，新中国人民防空事业创立60周年，州、市人防办为市民免费发放人防宣传单、防空应急手册等宣传资料3000份。州举办庆祝人民防空事业创立60周年书画、摄影展览。选送9名优秀青少年参加湖南省人防办组织的体验人防发展60年历程主题活动。州人防办获湖南省人防办全省优秀组织奖。同时在永顺、保靖、花垣、凤凰、泸溪5个县招募5名人防安全志愿者参加全省人防安全志愿者培训。是年，州人防办承担《天高地厚有大爱》主题词、曲制作任务，获省优秀奖，《修筑地下长城，建设美好家园》作品被评为全省优秀奖。

第二节　人防工程

1980年代，联防组织撤销后，湘鄂川黔边区仍在中共地方组织统一领导下，保持联系，互通情报，“三防”（防空降、防空投、防暴乱）联网，在友邻单位的协同配合下协商处理问题。

2002年5月，州人防办利用吉首军分区人民防空指挥所，修建口部伪装房，建筑面积1200平方米，为平战结合工程开发利用，创造经验和典型。完成城市人民防空通信网络、警报网络配套建设。沟通与湖南省人防指挥所、国家公众网、军队通信网联络。以光缆、有线、无线等多种手段并用，逐步与军队侦察、预警系统形成一体化网。调整警报网点布局，利用通信、广播、电视等系统，建立多样化警报报知系统。2003年，全州警报音响覆盖率和警报鸣响率达到100%。2006年，加强人防视频网络维护管理，吉首市完成人防通信网络建设。

2006年，全州实施民用工程结合建设人防工程（简称“结建工程”)。州、县（市）实行分头把关，执法人员持证上岗。是年，州与吉首市征收人防规费260万元。2007年，经与州发改委协商同意，州直每个建设项目计划文件分送人防部门，确保结建工程实施。人防执法不漏项目，落实泸溪、永顺、龙山3个县防空警报建设资金，安装电声警报12台，主控机房4套；吉首市人防办开通视频电视电话，安装单边带电台1台。2008年，与州监察局、财政局、建设局、政务服务中心等单位联合印发《关于加强民用建筑项目防空地下室建设和防空地下室易地建设费征收管理的通知》，妥善处理人防易地建设费征收遗留问题。选派人员参加全省人防通信培训班，提高通信队伍业务素质。安装单边带短波电台，加强防空警报维护管理。2009年，集中人员和时间，排查漏建、漏缴或少建少缴项目5个，追缴项目3个，追缴金额47万元。州人防办征收易地建设费87.5万元，征收维护费4.31万元。建成无线电台站。吉首军分区司令部会同州无线电管理处检测州内警报安装点和采集地理坐标相关资料，湖南省无线电管理办公室核发全州防空警报电台站执照。是年，制订实施县级城市防空袭预案和人口疏散（接收）计划。

2010年6月和9月，州人防办先后两次组织人防执法检查，查出历年未缴费项目4个，总建筑面积1.46万平方米，追缴易地建设费13.42万元。是年，新增电声警报器7台，电声警报器比例达到70%以上，警报建设覆盖率动态比例100%。州境防空袭预案制定工作全部完成。

第十一篇　人事　劳动　社会保障

第一章　人事与编制

1989 年，湘西州编制委员会办公室（简称州编办）内设办公室、工资基金管理科、机构编制科。核定编制 12 名，实有 9 人。1991 年，机构编制科更名为行政机构编制科，工资基金管理科更名为事业机构编制科。1992 年，行政机构编制科更名为机构编制科，事业机构编制科更名为核编统计科。

1994 年，州编制委员会更名为州机构编制委员会。1995 年，州机构编制工作领导小组成立，州机构编制委员会为其常设办事机构，核定编制 10 名，实有人员 11 人。1996 年，设立州事业单位登记管理办公室，对内为州机构编制委员会正科级内设机构，增加行政编制 2 名。2000 年，州机构编制委员会加挂州事业单位登记管理局牌子。

2001 年，州机构编制委员会更名为州机构编制委员会办公室（以下简称州编办）。2002 年，州编办为州机构编制工作领导小组常设办事机构，加挂州事业单位登记管理局牌子，内设综合科、行政机构编制科、事业机构编制科、事业单位登记管理科，核定编制 10 名。2003 年 5 月 14 日，湘西州机构编制委员会成立（简称州编委会）。2007 年，取消加挂的州事业单位登记管理局牌子，撤销事业单位登记管理科和州事业单位登记管理服务中心，设立州事业单位登记管理局。同时增设督查科。2010 年，州编办机关内设科室和下属机构未变，核定编制 11 名，实有 11 人。

1989—2010 年，州编办历任主任李正喜（兼）、颜长钊（兼）、张显廉、满维军、彭民健、杨清英（女）；副主任朱宗武、张家强、王德贵、李根清、王实践（女）、何杰。

1989 年，州人事局机关内设办公室、干部科、任免奖惩科、职位职称科、培训管理科、州军官转业安置工作小组办公室、工资科、保险福利科。1991 年，州干部培训交流中心成立。1992 年，州干部培训交流中心更名为州人才交流培训中心。1995 年，州机关事业单位社会保险处成立。1996 年，州人事局考试指导中心成立。1999 年，州人事局人才开发服务中心成立。2001 年，机构改革，局机关内设办公室、公务员管理科、专业技术人员管理科、军转干部安置与流动调配科、工资福利科、综合规划与人事仲裁科、教育培训科、外国专家科等，局属事业单位有州人才交流培训中心、州考试指导中心、州人才开发服务中心、州人才市场。

1989—2010 年，州人事局历任局长石兴祝、宋光沛、覃事松、龙友芳、龚瑞珍、龙春生；副局长符光前、吴裕云、陈世新、向心亮、杨世荣、秦惠长、谭　滔、向国慧、吴明强、贺茵萍。

第一节　机构编制

1989 年，全州党政群局级机构 595 个，内设机构 1624 个，编制 5690 名，实有 6104 人；公检法司机构 255 个，编制 3098 名，实有人数 3020 人；区、乡（镇、街道）机构 246 个，编制 4248 名，实有人数 3930 人。事业单位 5184 个，编制总数 42661 名，实有人数 36276 人。完成定编定员单位 3976 个，核定编制 26753 名。全州 6048 个党政群机关、事业单位，51031 人全部纳入工资基金审批范围。

1990 年，全州党政群机关人员编制冻结，严把机关进人关口，推进机关“消肿”工作，地方财政开支编制全部冻结。控制党政机关机构增设和升格，保持机构相对稳定。全年增加局级机构24个，批准增设科、股室41个。全州减少人员71人，余编29名。实有事业单位5242个，较上年增加58个，实有人数较上年增加1502人。全州5991个党政群机关、全额事业单位、局改公司纳入审批范围，审批工资基金人数51259人，审批工资总额1.01亿元，核减人员441人，核减各种不合理津贴32万元。1991年，全州局级机构688个，较1990年增加16个，内部调整行政编制64名。全面清理州内区、乡（镇）机构设置、人员编制和雇请人员，清出自设机构765个，非正式人员5710人，撤销自设机构623个，清退非正式人员1624人。开展行政事业单位统一代码标识工作，党政群机关赋码登记761个，事业单位赋码登记2347个。1992年，全州党政群机关机构编制坚持冻结、精简上层、充实基层管理原则，减少党政群机关人员，稳定政法机关人员，充实区、乡（镇、街道）基层人员。年末，县以上党政群编制5685名，实有人数7405人，较上年减少128人；政法机关行政编制3106名，其他编制119名，实有人数3130人，较上年增加52人；区、乡（镇、街道）行政编制4248名，实有人数4101人，较上年净增159人。1993年，全州党政机关机构改革采用“上下联动，同步进行”办法。年末党政群机构658个，较上年减少4个，编制5314名，与上年持平，实有人数7321人，较上年减少84人；事业单位5518个，较上年增加229个，定编50723名，较上年增加2788名，实有人数47578人，净增1881人；区、乡（镇、街道）办248个，编制4248名，与上年持平，实有人数4184人，增加83人；政法编制3106名，与上年持平，人员3222人，增加92人，增幅3%；参与经办实体人员806人，占总人数1.36%。

1994年5月，州机构改革领导小组成立，下设办公室。6月27日，州直党政机构改革方案报省审批，8月经湖南省委、省人民政府批准实施。9月13日，州委、州人民政府相继印发《关于湘西土家族苗族自治州州级党政机构设置的通知》和《湘西土家族苗族自治州党政机构改革方案的实施意见》，明确改革指导思想、任务和时间安排。9月15日，召开州直机关机构改革动员大会暨县市编委主任会议，宣布州直党政机关机构改革方案和领导班子配置，安排部署全州机构改革工作，要求在年底前完成州、县市党政机构改革任务。11月9日，州委召开州直机关“三定”工作会议，安排部署州直机关“三定”（定内设机构、定职能、定编制）工作任务。10月19日，州委、州人民政府印发《关于印发〈湘西土家族苗族自治州州直机关机构改革“三定”工作实施意见〉的通知》，州直党政机构设50个，党政机构比原来减少19个，精简27.5%；改事业单位6个，转经济实体6个，撤并机构7个，新设机构2个。1995年，全州机构党政群机构机关机构编制一律停止办理，机关人员除调整领导班子外，一律停止进人；对事业单位机构、编制和人员实行机构控制、编制控制和人员控制，全年仅增加自收自支事业机构11个，一次性冲销1395名事业编制和自定地方财政编制；清退临时聘用人员400人。

1996年，全州参加机构改革党政群机构528个，除人大常委会、政协机关和法院、检察院机关外，全州纳入“三定”方案机构488个。机构改革后，全州党政机构由489个，减至354个，减少135个。8个县（市）党政机构由424个减至303个，减少121个。全州实有在编人数从改革前7321人减至5952人，减少1369人。全州空余编制136名。撤并职能交叉和职能相近机构85个。是年，州编委主任张显廉，因在机构改革工作中成绩显著，被省人民政府记一等功。1997年，事业单位登记工作启动，全州有6799个事业单位，应申报登记5949个，完成注册登记5591个，颁证公告5491个。1998年，印发《湘西土家族苗族自治州机构编制工作办事制度》；在全州机关事业单位推行统一使用《湘西州机关事业单位人员编制管理手册》。是年，实行事业单位年检制度，当年年检事业单位4275个。

1999年1月31日，州乡镇机关人员分流工作领导小组成立。6月28日，州机构编制委员会印发《关于搞好全州乡镇分类测算工作的通知》，根据乡镇人口、财政收入、土地面积等主要指标分类测算，按一、二、三、四类确定各乡镇类别。7月13日，州委办公室、州人民政府办公室印发《关于切实做好全州乡（镇）机关事业单位人员分流工作的通知》，清退乡（镇）机关事业单位临时雇请人员，分流超编人员，是年，全州有非在编临时雇请人员3854人，清退3018人；乡（镇）分流超编人员280人。2000年9月8—9日在花垣县召开全州事业单位法人换证、非法人过渡工作会议，部署全州事业单位“换证”“过渡”工作。是年，完成换证699个，过渡238个。2001年3月26日，州委、州政府决定成立州机构改革领导小组。4月27日，印发《关于切实加强机构改革中人财物管理工作的紧急通知》，冻结全州机关事业单位机构编制，停止调入（录用）人员。8月21日，州委、州政府召开州直机关机构改革动员大会，部署州直机关机构改革组织实施工作。州委工作机构调整后，州委设置工作机构9个，部门管理2个。州人民政府工作部门调整后，州人民政府设工作部门26个，部门管理机构2个。州直行政编制由1143名减为837名，减少306名，州直政法部门机关专项编制由425名减为382名，减少43名。

2002年，全州各级党政群机关以及部分承担行政职能事业单位机构编制和领导职数按比例精简。全州各级党政机构由743个减至656个，减少87个；纳入改革范围事业机构，由2313个减少到1911个，减少402个。全州行政总编制由9517名减至7549名，减少1968名；纳入改革范围事业编制由9333名减至7827名，减少1506名。全州纳入改革范围机构领导职数由4602名减至4022名，减少580名。全州纳入改革范围机构实有人数由19185名减至16618名，减少2567名。机构改革中涉及到机构和职能调整，应重新拟定、批复“三定”规定机构2567个，批复“三定”2562个，完成99.8%。全州清理行政审批事项2799项，减少961项，取消303项，下放78项。2003年2月25日，州人民政府办公室转发州编办、州教育局、州人事局、州财政局《关于湘西州中小学教职工核编定岗和人员分流实施意见》，就全州中小学教职工核编定岗和人员分流工作提出实施意见。5月28日，州委、州人民政府决定撤销州煤炭安全生产管理局和州经贸委下设的安全生产管理办公室，设立湘西州安全生产监督管理局；撤销州供销中等专业学校、州城乡建设职业中专学校，划转或收回其人员编制；7月1日，州委、州人民政府印发《关于进一步加强全州机构编制管理工作的通知》。7月6日，州委、州人民政府同意州乡镇企业局（民营办）更名为州民营经济发展局，加挂州乡镇企业局牌子；7月16日，设立州统计调查支队；设立州国土资源监察支队；7月29日，州编办印发文件，将省下达给湘西州27744名普通中小学教职工编制通知到各县（市）。8月5日，召开全州中小学教职工定岗分流工作会议，月底，全州2.8万余名教职工实行全员聘用，代课教师和临时聘用人员全部清退。同月，撤销卫生防疫站、职业病防治所、结核病防治所、健康教育所等5个站（所），组建卫生监督所和疾病预防控制中心。10月14日，州人民政府决定设立州农税局。是年，完成全州中小学核编定岗和人员分流工作。

2004年11月，州机构改革领导小组、州机构编制委员会印发《湘西州人民政府机构改革方案的实施意见》，州人民政府设置工作部门27个，直属特设机构1个，部门管理机构2个。全年行政机构编制得到控制，事业机构审批比上年下降71%，事业编制审批同比下降38.6%。2005年，全州核定行政机关编制13807名，实有在职人员13707人，余编100名；核定全额拨款事业单位编制42183名，实有在职人员42087人，余编96名；核定差额拨款事业单位编制10392名，实有在职人员11310人，超编918名。2006年10月7日，州机构编制网站建立。2007年5月20日，开通“12310”机构编制举报电话，全天24小时接受社会和群众对机构编制违规行为监督举报。7月，全州行政机关、事业单位正式推行编制实名制管理，年底，全州党政群机关实名制登记工作全部完成。是年，州编办主任杨清英撰写《深入学习领会党的十七大精神积极探索职能有机统一的大部门体制》一文，在“中国机关网”发表。2009年，采取自然减员、总编内动态调整、选派人员任职、动员和鼓励人员分流等措施和途径，全州消化超编和地方财政编制506名，清退临时人员286人。全州事业单位法人全面实行网上登记管理，完成事业单位网上年检，年检率99.9%。加强机构改革、实名制管理、消化超编人员管理和考核。9月下旬，州人民政府机构改革方案及实施意见上报省编办审批。

2010年3月1日，州委、州政府印发《关于印发〈湘西州人民政府机构改革实施意见〉的通知》。3月22日，召开州、县（市）政府机构改革动员会议，部署州、县（市）政府机构改革工作。4月26日，在吉首召开全省政务和公益域名注册管理工作经验交流会，会上，湘西州编办受到表彰奖励。4月底，全州机构编制实名制数据库全部建成。全州7335个行政事业单位、75417名实有人员，包括机构、编制、职数、职能和实有人员及其变化情况在内的100多项指标信息全部记录在库。5月12日，州纪委、州监察局、州编办联合印发《关于严肃机构编制纪律，加强机构编制监督管理的通知》，要求各级党委、政府以及编委要加强机构编制集中统一领导，各级党政领导干部增强机构编制意识，严格控制机构编制，维护机构编制的严肃性和权威性，要求各县（市）围绕《通知》内容开展自查。5月中旬，州编委印发《关于加强行政事业周转编制管理的通知》，规定行政单位新增行政编制、事业单位新增事业编制实行周转管理。5月24日，州编委决定，从即日起，州直现有自收自支事业单位人员实行只出不进，人走编销，自收自支事业单位逐步取消。撤销州直6个无人无编、有编无人“空壳”事业单位。机关、事业单位人员异动坚持编内进行，探索实行职能有机统一大部门体制，新组建州人民政府农村工作办公室，不再保留州委办公室加挂的州农村工作领导小组办公室牌子；组建州经济和信息化委员会，不再保留州经济委员会（州民营经济发展局）；组建州交通运输局，不再保留州交通局；组建州人力资源和社会保障局，不再保留州人事局、州劳动和社会保障局；组建州住房和城乡建设局，不再保留州建设局；组建州人民政府金融工作办公室，为州人民政府管理的副处级机构，不再保留州地方金融证券领导小组办公室；将州旅游局由州人民政府直属事业单位调整为州人民政府工作部门；将原由省食品药品监督管理局垂直管理的州食品药品监督管理局调整为州人民政府工作部门；州民族事务局加挂州宗教事务局牌子。州直机关整合撤销处级行政机构3个，撤销议事协调机构12个，设置政府工作部门29个，部门管理机构2个。取消整合副处级内设机构级别13个，对州直40个涉改部门重新“三定”，规范事业单位机构编制管理，各县（市）及州直部门一律不再新设自收自支事业单位及承担行政职能的事业单位和从事生产经营活动的事业单位，不再新增自收自支事业编制。是年年底，全州政务和公益域名注册管理工作启动。

第二节　人事制度改革

1989年，全州推进干部人事制度改革，做好干部吸收录用工作。州直及各县（市）从“五大生”（电大、业大、职大、函大、夜大）和优秀工人、农民等各类人才中吸收录用干部2795人。招录工作中，严格考试考核，克服选人用人随意性和不正之风。推行和完善乡镇干部招聘制度，至1994年，通过考试，全州招收乡（镇）聘用干部2032人；解聘241人。在岗聘用制干部1006人，分布在全州247个乡（镇）12个行业。聘用制干部来源结构中，村主干占59%，“五大生”占8%，复退军人占23%。

1997年，按照先易后难、分步实施、突出重点、分类推进原则，实行以岗位管理代替身份管理，不再实行混岗招工，建立和推行事业单位聘用制度，全年办理聘用干部手续284人。全州人事部门推行竞争上岗和岗位轮换，轮岗率85%；州、县（市）直机关普遍实行轮岗，轮岗率65%。

辞退公务员 18 人。1999 年，全州企事业单位 4000 余名管理岗位人员通过考试转为聘用制干部；推行竞争上岗和岗位轮换，全州 238 个中层领导职位实行竞争上岗。

2001 年，州人事局出台事业单位人事制度改革实施意见，对全州事业单位新进人员实行聘用制，开始实行事业单位考试进人。印发《州直机关机构改革竞争上岗实施方案》《州直机关机构改革人员分流方案》，全州参与改革单位 266 个，参加竞争上岗人数 7664 人，推行岗位轮换单位 122 个，岗位轮换人数 6116 人。

2005 年，州人事局和相关部门开展调研，州委办公室、州人民政府办公室出台《湘西州事业单位人员实行公开招聘暂行办法》，全州事业单位新进人员一律“凡进必考”、公开招聘。2006 年，全州事业单位公开招聘工作人员 417 人。2007 年公开招聘事业单位工作人员 836 人。是年，全州教育、卫生行业等事业单位人事制度改革实施，中小学校长和乡（镇）卫生院院长实行聘任制，中小学教职工和乡镇卫生院医务人员竞聘上岗，实行全员聘用制管理。2008 年，全州义务教育学校教职工实施绩效工资制，纳入绩效工资人员 23514 人，人均月增工资 61.6 元。2010 年，深化事业单位人事制度改革，印发《关于深化乡镇卫生院人事制度改革的意见》，部署全州公共卫生、基层卫生和卫生院绩效工资实施工作。是年，全州事业单位公开招聘工作人员 715 人。

第三节 公务员管理

1995 年，州人事局组织实施国家公务员制度，制定全州《国家公务员职位设置实施办法》等 5 个操作性文件。全州各级人民政府机关通过培训考试过渡为国家公务员 13165 人；同时，通过公开招考录用政府机关公务员 98 人。1997 年，全州机关补充录用国家公务员和工作人员 70 人。拓宽选才渠道，所在地域、身份、户口等全面放开。1999—2001 年，全州选拔 220 名优秀大学毕业生到农村基层锻炼。州、县（市）党政机关面向社会公开招录国家公务员 34 人。

2004 年，州人事局会同州委组织部检查清理全州各级机关进人情况。2005 年，制定全州贯彻实施公务员法方案和配套文件 4 个。组织开展公务员队伍现状专题调研，在州直部分单位开展公务员模拟登记。落实《湘西州机关事业单位工作人员年度考核细则》，从德、能、勤、绩方面量化分解，提高考核科学性和可操作性。同时，组织开展“双优”（优秀公务员、优秀专业技术人员）和“双满意”（人民满意集体、人民满意公务员）评选表彰活动。全州评选表彰“优秀公务员”10 人，“优秀专业技术人员”10 人。2007 年 6 月，实施州直及县（市）、乡（镇）七大类机关和人民团体、群众团体公务员登记，全州登记党政机关公务员 13617 人、群团机关 279 人。同时，开展州直事业单位参照公务员法管理申报工作，经省公务员局审批同意全州首批纳入参照公务员法管理事业单位 39 个。落实公务员“凡进必考”制度，是年，选派“三支一扶”（支教、支农、支医和扶贫）人员 49 人。探索年度考核与绩效考核有机结合途径和力度，控制评优评奖比例，把关考核评奖，审核受党纪、政纪处分人员考核定等，完成机关事业单位工作人员年度考核工作，全年评选出人民满意集体和人民满意公务员各 10 人，并在州委经济工作会上予以表彰。2002—2007 年，全州公开招录公务员和机关工作人员 699 人，选拔大中专毕业生到基层锻炼 246 人。

2010 年，州考核办、州绩效办制定《2010 年湘西州落实省为民办实事工作考核奖惩办法》《湘西州党政领导班子和领导干部绩效考核与管理办法（试行）》《湘西州党政领导班子和领导干部绩效考核与管理工作的实施意见》等文件，建立健全工作机制，分解指标任务，落实工作责任，确保重点工程、重点工作和为民办实事项目进展顺利。对全州原已向省申报参照公务员法管理而省未审批的 775 个事业单位，重新清理和审核。11 月 29 日，向省公务员局再次申报。创新公务员招考面试方法，在坚持公务员招考“公开、平等、竞争、择优”原则的同时，针对公务员招录工作薄弱环节，重点加强公务员面试环节管理，做好三个“着力”，即着力完善公务员招考面试评委库，着力提高面试考官综合素质，着力规范面试场内操作。同时，在县市公务员招考面试评委安排上，采取异地交叉、差额抽选办法确定，对州直单位面试评委确定，采取两次抽签、临时通知等方法，规范面试工作程序，确保面试环节公平性。是年，全州省、州、县、乡四级联考招录公务员 103 人，从大学生村干部中定向招录公务员 10 人，党委机关招录机要保密人员 4 人，定向招录培养基层政法干警 7 人。

第四节　专业技术人员管理

1989 年，州境开展全民企业和集体所有制企业、事业单位职称改革。1990 年，开展专业技术职务评聘复查，查出不合格人员 1306 人。1993 年，职称评审实行“以考代评”制度，全州经济、财会、审计等系列报考人数 4845 人。1995 年，探索推行专业技术资格制度和建立专业技术执业资格制度，以考代评范围进一步扩大到经济、建筑 11 个系列。1999 年，州人事局印发《湘西州专业技术人员管理暂行办法》，专业技术人员管理工作逐步科学化、规范化、制度化。

2002 年，州人事局推行职称基层申报和结果公示制，加强各系列评委库建设，提高职称评审公信度和权威性。2005 年，召开全州人才工作会议，提出“人才强州”战略。实施州“132 人才工程”，即培养 10 名国内外同行认可具有较高学术水平国家和省级专家、30 名省内同行认可达到州内领先水平州级科学技术带头人和 200 名在各产业各学科领域起骨干作用具有发展潜能优秀专业梯队后备人才。2007 年，确定 93 人为全州首批“132 人才工程”人选；评选州管专家 37 人，享受国务院津贴人选 24 人。

2010 年，全州报省高级职称 395 人，州评审通过中级职称 1060 人；免费评定农民技术职称 110 人。年底，全州有各类专业技术人员 44431 人。是年，州委、州政府出台《湘西州公开选拔高学历优秀人才暂行规定（试行)》，州委办公室、州政府办公室制定《湘西州公开选拔高学历优秀人才实施细则（试行)》，面向全国公开选拔经济社会发展急需紧缺的全日制博士、硕士研究生 66 人。实施湘西地区特聘专家岗位工作。争取老爹农业科技开发股份有限公司等 13 个单位获准设岗 17 个博士后工作站；配合省人事厅在湘西州开展 5 次专家服务团科技咨询服务活动。搭建贫困地区科技项目平台，确定 6 个项目和 8 个专家对接基地，组织 140 名农村实用人才参加 6 期省科技平台免费技术培训班；招募“三支一扶”（支农、支医、支教、扶贫）大学生 30 人。向省申报“121 人才工程”（到 2010 年，培养 100 名达到国际或国内先进水平的专家、200 名达到同行认可、1000 名在省内各领域起到骨干作用）人选 20 人；全面完成湘西州“132 人才工程”，评选两批“132 人才工程”人选 154 名，第三批“132 人才工程”推荐申报人员 99 人，第三、四批州管专家 47 人。湘西州黄仕杰等 24 名技术人员被批准享受国务院特殊津贴，周明欢等 13 人被评为湖南省“121 人才工程”人选，彭继福等 210 人被评为州“132 人才工程”人选，招募“三支一扶”大学生 170 人。

第五节　机关事业单位工资福利

1989 年，全州机关事业单位工作人员执行结构工作制。保险福利制度主要为生育待遇、医疗待遇、离退休生活待遇、因公致残待遇、死亡待遇等。湘西州机关事业单位人员相关待遇均按国家规定执行，工作人员男满 60 周岁、女满 55 周岁，即办离退休手续，按月领取政策规定的离退休金。1993 年，机关事业单位工资制度改革。机关工作人员实行职级工资制，主要由职务、级别、基础、工龄工资四项组成；事业单位实行分类管理，分为全额、差额、自收自支三类。离休人员按同级在职人员平均增资额增加离休费；退休人员按同级在职人员平均增资额 90%增加退休费。至 1994 年 6 月，全州参加工资改革人员 59078

人，月增工资总额585.74万元，人均月增资99.15元。全州增加离退休费人员11526人，月增离退休费总额167.7万元，离休人员人均月增223.9元，退休人员人均月增140.89元。1995年，州机关事业单位社会保险处成立，1996年，州人民政府出台《湘西州机关事业单位养老保险实施细则》。至1998年，全州机关事业单位参保1477个，参保人员49510人，收缴基本养老保险金6141万元，

2001年，全州机关事业单位工作人员和离退休人员先后调整2次工资标准，参加工资标准调整93000余人，人均增加工资和离退休费210元。是年，全州收缴社会保障基金1.3亿余元，实现滚动积累4450万元。2004年3月，湘西州被国务院列入艰苦边远地区津贴实施范围，全州8个县（市）全部按二类地区标准执行，每年中央下拨湘西州艰苦边远地区津贴资金1.4亿元，惠及全州10万干部职工。2006年，全州机关事业单位纳入工资制度改革和增加离退休费范围10万人。其中在职人员月增基本工资1974万元，人均月增资259元；全州离退休人员月增离退休费总额670万元，人均增加离退休费300元。2007年，规范机关工作人员津补贴发放，州内少数民族地区补贴政策停止执行。2008年，经省人民政府研究同意，湘西州恢复执行少数民族地区补贴政策。实施义务教育学校教师绩效工资改革工作，全州义务教育学校教师实施绩效工资在职人员23514人，离退休人员7349人。同时完成州、县（市）机关工作人员滚动升级、正常升级、职务提拔、工作调动等工资审批兑现及退休审批工作。2009年1月，州直单位4739人恢复执行少数民族地区补贴。

2010年，州直义务教育学校工作人员1870人绩效工资调整，人均月增资20元，月增资总额37382元，其他事业单位绩效工资按照上级有关要求采取过渡性措施预增发津补贴。是年，根据《中华人民共和国公务员法》有关规定，经州委、州政府研究决定，全州公务员个人养老保险缴费暂时停止。

第六节 人事公共服务

1989年，湘西州军转干部安置工作，执行中央规定，回原籍或入伍地及配偶所在地。工作安排根据事业需要，参照本人在部队职务进行分配；行政职务上，一般降一级安排，工资按本人原行政级别，享受地方同级待遇。随军家属一般对口安置。

1992年，湘西州人才市场建立，组织招聘活动，重点开展流动人才人事档案管理、人才推介和高校毕业生就业和人才培训等公共服务工作。至1994年，7年间，安置军转干部及家属199人。

2001年，州人事局加强全州人事工作指导，严格考点考场管理，严肃考风考纪，注重细节服务，全年组织各类人事考试10场次，参考人员0.7万余人次。围绕州内优势产业、基础设施、生态环境和社会事业建设，开展外专引智工作。2004年，落实企业军队转业干部解困政策，全州680名企业军转干部拖欠的工资全部补发到位。2006年，新建湘西州人才市场，建筑面积6500平方米。是年，举办专业技术人员继续教育公需科目培训、计算机培训和事业单位新聘人员入门培训、公务员初任培训。1992—2006年，全州先后举办各类培训班450期，参训3.1万余人次；代理大中专毕业生人事档案1000余份。

2008年，全州安置军队转业干部29人，随迁家属6人。代理大中专毕业生人事档案500余份。州人事局围绕农村建设和农业产业化建设，向省人事厅争取引智项目5个。2009年，持续开展外专引进工作，吉首大学、吉首大学师范学院、吉首市第一中学、湘西雅思实验学校、花垣县边城高级中学、保靖县民族中学6所学校获得外国文教育聘请单位资格，引进外国文教育专家135人次，2名在州工作外籍专家获潇湘友谊奖。

2010年5月，新建人才交流培训中心大楼全面竣工。全州申报引智项目5个，获得省外专局资助资金16万元；新上报保靖县迁陵镇梭西村菊薯引种栽培实验基地和吉首市矮寨镇金叶村高海

拔农业开发示范园建设基地。组织公务员公开招考、事业单位公开招聘、计算机、职称外语等各类人事考试10场次，参考人员近万人。是年，湘西州人事考试指导中心获全国人力资源和社会保障系统优质服务窗口单位称号。加强人才推介和高校毕业生就业指导服务工作，组织专业技术人员开展继续教育公需科目培训、计算机培训和事业单位新聘人员入门培训、公务员初任培训42期，参训3646人。全州安置军转干部11人。成功仲裁处理州七六〇二台、湖南省民族歌舞团等单位人事争议案。

第二章 劳动与社会保障

1989年，湘西州劳动局内设办公室、计划调配科、培训就业科、劳动争议仲裁科、劳动保护安全监察科、矿山安全监察科、锅炉压力容器安全监察科、社会劳动保险科、工资科、福利科，编制32名。1990年，撤销社会劳动保险科，增设政工科和社会劳动保险事业管理处；州技工学校升格为副处级事业单位。1992年，州就业培训中心与就业服务处为独立核算机构。1993年，州职业介绍服务中心成立。1998年，州社会劳动保险事业管理处升格为副处级事业单位，更名为州社会劳动保险局；州就业培训中心与就业服务处更名为州就业服务管理局。1999年，设立州医疗保险管理服务中心成立。2001年，政府机构改革，州劳动局更名为州劳动和社会保障局，内设办公室、法制与监察科、（加挂州劳动和社会保障局行政复议办公室牌子）、就业与失业保险科（加挂湘西州境外人员就业管理处牌子）、职业技能开发（培训）科（加挂州工人考核委员会办公室牌子）、劳动工资科、劳动争议仲裁科（加挂州劳动争议仲裁委员会办公室牌子）、养老保险科、医疗保险科、人事科、纪检组，编制22名。同年，州社会劳动保险局更名为州社会劳动保险处，州就业服务局更名为州就业服务管理处，设立州劳动监察支队、州劳动和社会保障局信息中心。2005年，州工伤保险管理处成立。2007年，设立州劳动争议仲裁院，州社会劳动保险处更名为州社会保险管理服务局，州就业服务管理处更名为州就业服务管理局，州医疗保险管理服务中心更名为州医疗生育保险管理服务局，州国家机关事业单位社会保险处更名为州国家机关事业单位社会保险局，州工伤保险管理处更名为州工伤保险管理服务局。2010年，州劳动和社会保障局内设科室未变。

1989—2010年，州劳动和社会保障局（劳动局）历任局长：向仍武、孙必宽、杨明发、杜晓勇、刘小刚；副局长：李仕忠、秦惠长、钟为盛、李文度、彭希凡、石建秋、贾非、彭庆礼、贺以茗。

第一节 劳动就业与职业培训

1989年，湘西州执行公开招工政策，明确劳动部门与招工单位权利和责任，各负其责，互相协作，接受社会各界和广大人民群众监督。

1990年，全州控制“农转非”（农村户口转为城镇非农业户口）招工，凡从农村招工，由劳动行政部门管理。1991年，实行务工许可证制度，全州输出劳动力1.5万人。并按照“先培训、后就业”原则，开展就业前培训3069人。1992年，设立州劳务市场，八县市成立职业介绍所和乡（镇）劳务站，累计办理各种求职登记1.7人，为州内企事业单位介绍用工7960人，组织向沿海经济发达地区输出劳务2.1万人。1993年，企业转换经营机制，拥有用工自主权，按生产需要，自主确定招工条件、方式和名额，无须申报用工计划。是年，就业培训5160人。1994年，全州购买城镇蓝印户口1.5万人，社会待业人员剧增，城镇待业率4.5%。是年，就业培训采取与市场供需挂钩，注重社会效应，长、短班结合，初、中级培训并举，培训方式灵活多样，有自办、联办、随到随学等，培训8081人。1996年，州委、州政府把劳务输出作为湘西州新的经济增长点，全州组织专车138辆运送外出务工民工1.56万人，同时与铁路部门分别在吉首、猛洞河火车站设立“民工办卡购票服务处”，实行办卡、购票、候车、乘车一条龙服务，解决民工出行乘车难问题，全年劳务输出2.67万人，劳务收入1.75亿余元。1997年，农村劳动力转移就业5.23万人，劳务收入2.24亿余元。1998年，州、县（市）成立再就业工作领导小组，在劳动部门设立领导小组办公室，企业主管部门建立再就业服务指导中心58个，企业建立就业服务中心203个，有1743名下岗职工通过企业分流，自谋职业实现再就业。是年，农村劳动力转移就业6.3万人，劳务收入3.3亿余元。1999年，全州劳动部门实施“五个一批”战略，即立足企业改制分离搞活一批、鼓励下岗职工自谋职业一批、劳务输出转移一批、退养一批和培训转岗一批，全州城镇新增就业8300人，其中下岗失业人员再就业3700人。是年，农村劳动力转移就业3.2万人，劳务收入1.24亿余元。

2000年，全州城镇新增就业8180人，其中下岗失业人员再就业2750人。是年，农村劳动力转移就业4.1万人，劳务收入2.5亿余元。2003年，全州建立“再就业基地”42个，城镇新增就业2.18万人，其中下岗失业人员再就业7183人。是年，农村劳动力转移就业6.17万人，劳务收入3.39亿余元。2005年，全州城镇新增就业2.2万人，其中下岗失业人员再就业1.77万人。全州建立劳动力输出基地15个，农村劳动力转移就业6.52万人，劳务收入3.58亿余元。全年培训各类劳动者4.46万人，职业技能鉴定1.22万人，取得国家职业资格证书1.07万人。2006年，全州城镇新增就业1.77万人，其中下岗失业人员再就业1.01万人。是年，农村劳动力转移就业4.2万人，劳务收入2.3亿余元。全年培训5.61万人，职业技能鉴定2.32万人，取得国家职业资格证书2.07万人。2007年，全州城镇新增就业2.05万人，其中下岗失业人员再就业1.08万人。是年，农村劳动力转移就业4.49万人，劳务收入2.92亿余元。利用农村贫困劳动力转移就业技能扶贫工程培训、李兆基温暖工程培训等资金，全年培训5.85万人，职业技能鉴定2.43万人，取得国家职业资格证书2.17万人。2008年，全州城镇新增就业3.04万人，其中下岗失业人员再就业1.19万人。是年，农村劳动力转移就业5.98万人，劳务收入3.88亿余元。全年培训6.09万人，职业技能鉴定2.01万人，取得国家职业资格证书1.79万人。2009年，全州城镇新增就业2.12万人，其中下岗失业人员再就业1.12万人。是年，农村劳动力转移就业4.01万人，劳务收入2.6亿余元。全年培训5.27万人，职业技能鉴定1.66万人，获得国家职业资格证书1.59万人。

2010年，全州城镇新增就业2.22万人，其中下岗失业人员再就业1.16万人。是年，农村劳动力转移就业5.92万人，劳务收入3.85亿余元。全年培训5.79万人，职业技能鉴定2.22万人，取得国家职业资格证书2.04万人。

第二节 劳动工资

1989年，全州274家大户企业实行劳动工资与工效挂钩，挂钩人数4.3万人，挂钩率100%。同时，全州国营企业开展同省实行总挂钩测算工作，全州上报与省实行总挂钩国营企业543家4.34万人，工资总额基数7945.64万元，实现税利基数4565.9万元，浮动比例1：0.7。年末全州有32家企业职工2.39万人工资得到浮动升级，月增工资4.69万元，升级面37%。

1991年，严格工资基金审批制度，在“一卡”“一台”“一册”登记制度上，又建立劳动工资审批台账和银行支付台账，严把工资进出关。1992年，劳动工资制度改革，全州部分企业实行工效挂钩，岗位技能工资和在国家控制工资总额基础上，实行计时、计件工资和底薪浮动工资等多种形式工资分配制度。1995年，改进和完善企业工效挂钩办法，改单项指标挂钩为复合指标挂钩。全年实行工效挂钩企业507家6.31万人。是年，州劳动局按照《劳动法》规定和《湖南省最低工资标准规定》要求，开展全州最低工资调查与测算。1996年，按照既挂上又挂下，既负盈又负亏结算原则，全州331家国有挂钩企业中，有96家完成效益基数，计划新增效益工资1538万元，近2.5万名职工工资晋级。89家未完成效益基数，下浮工资798万元，148家效益持平。1999年，取消弹性工资计划，全面推行工资指导线制度，执行工资指导线单位437家，升级人数6.51万人，人均年增资额450元。在全州建立、实施国有企业经营者年薪制度，并在州盐业公司、吉首市河溪电站举办企业法人代表结算工资在原基础上增加3至5倍的试点。

2001年，州境实行工资指导线企业覆盖面96%，全州审核（审批）企业工资总额437家，完善试点企业经营者年薪制，将7月1日至2002年6月30日最低月工资标准调整为285元。2004年，全州工资指导线划定企业工资增长线为15%，基准线为10%，下划线为2%增长幅度。全年执行工资增长指导线企业197家，实列成本工资总额2.1亿元，年人均工资9266元；全州执行工效挂钩企业5家，实际工效挂钩工资1517.8万元，人均2.03万元。是年，完成劳动力市场工资指导价位测算和发布工作，发布61个工种价位工资。完成全州最低月工资标准（320元/月）和最低小时工资标准（3元/小时）测算工作，并通过新闻媒体向全州发布。2006年，全州117家企业执行工资指导线工资，工资总额基数2.08亿元。5家企业实行工效挂钩工资，工资总额基数1712.5万元。完成全州最低月工资标准（450元/月）和小时最低工资标准（4.5元/小时）调查、测算、上报和发布工作。完成全州64个工种576个价位工资调查、测算和汇总上报并向外发布。2007年，全州有107家企业执行工资指导线工资，企业工资总额基数8381.32万元。4家企业实行工效挂钩工资，工资总额基数3885.9万元。完成全州最低月工资标准（480元/月）和小时最低工资标准（5.2元/小时）调查、测算和上报，并向外发布。完成全州64个工种567个价位工资调查、测算和汇总上报，并向外发布。2008年，全州4家企业实行工效挂钩工资，107家企业实行工资指导线工资；123个建筑工程项目建立农民工工资保障金制度，128家企业建立工资集体协商制度。完成全州最低月工资标准（520元/月）和小时最低工资标准（5.4元/小时）调查、测算、上报和发布工作。完成63个工种756个价位的工资调查、测算和汇总上报工作，并向外发布。

2010年，全州月最低工资标准升至725元，小时工资6.8元，比2005年增长45%。

1989—2010年湘西州职工年均工资情况一览表

表11-1 单位:元

年份	全部在岗职工	国有单位职工	集体单位职工
1989	1666	1721	1426
1990	1907	1976	1598
1991	2039	2097	1765
1992	2404	2485	2008
1993	2953	3042	2729
1994	4049	4208	3110
1995	4576	4743	3590
1996	4834	4992	3854

续表 11-1　　单位：元

年份	全部在岗职工	国有单位职工	集体单位职工
1997	4949	5146	3757
1998	6016	6151	4605
1999	6764	6934	5111
2000	7374	7439	6492
2001	8446	8595	6919
2002	9815	10026	7356
2003	10875	11050	9108
2004	12328	12692	10832
2005	14965	15317	11915
2006	16487	16610	12747
2007	21258	21670	14206
2008	23661	23988	17529
2009	25503	25771	18061
2010	26726	27277	19189

第三节　社会保障

一、机关企事业单位社会保障工作

1989 年，州劳动局开展全州全民企事业单位和集体企业单位职工退休费社会统筹工作。1990 年，社会保险以州统筹。

1992 年，全州有 6.77 万名固定工、全民合同制工、临时工、个体工商户和私营企业职工参加社会养老保险，征集多项保险基金 2290 万元。全州参加职工待业保险单位 101 个 7.32 万人，筹集待业金 124.5 万元。是年，为 667 名待业职工发放救济金 6.58 万元。1993 年，筹集职工养老金 4649.8 万元，其中固定工 2270 万元，筹集率 87%，合同制工 2300 万元，筹集率 99.2%，农民轮换工、个体、私营企业职工养老金 79.8 万元。1995 年，全州推行企业职工养老保险社会统筹与个人账户相结合计发办法改革，制定《湘西土家族苗族自治州企业职工养老保险实施办法》；完善企业职工工伤保险、女职工生育保险和大病医疗社会统筹制度。全年征集待业保险基金 405 万元，征集养老保险基金 4895.4 万元。1996 年，收缴失业保险金 384 万元、养老保险金 4987.92 万元，改革工伤，医疗生育保险制度，部分县（市）把社保业务扩大到企业单位临时工、农民轮换工、个体工商户、私营企业、三资企业职工和城镇大集体工。1997 年，全州社会保险工作持续实行基金收缴与责任人经济利益挂钩激励机制，全年收缴养老保险基金 5500 万元，收缴率 86%。年末有 177 家企业 1.76 万名职工参加工伤保险，115 家企业 2.68 万名职工参加大病医疗保险，72 家企业 1.09 万名职工参加生育保险，1312 家企业 8.62 万名职工参加失业保险。1998 年，为进入再就业服务中心下岗职工 262 人发放基本生活费，为 454

家企业8669名退休人员养老金实行全额发放，发放金额332.38万元。1999年，全州筹集下岗职工基本生活保障资金1862.5万元，为4396名下岗职工发放基本生活费859.6万元。全年收缴养老保险基金6347.8万元，为1.21万名离退人员发放养老金6108.3万元。

2000年，全州筹集下岗职工基本生活保障资金2896.64万元，为签订协议下岗职工发放基本生活费1369.58万元，为1.44万名企业离退休人员发放养老金7678.41万元，社会化发放率70%。2001年，全州筹集下岗职工基本生活保障资金3524.76万元，为签协议下岗职工发放基本生活费769.95万元、代缴社会保险费，业务训练费466.81万元。全年收缴养老保险基金7700万元，为1.58万名离退休人员发放养老金7736.22万元。2002年，全州为签协议下岗职工6943人发放基本生活保障费3896.82万元，发放面100%；全年收缴养老保险基金8322万元，为1.79万名离退休人员发放养老金1亿元，社会化发放率100%。2005年，全州完成企业养老保险基金征缴1.1亿元、机关事业养老保险基金征缴2.5亿元，养老金发放率100%。完成失业保险基金征缴1496万元、工伤保险基金征缴94.89万元、生育保险基金征缴650.3万元。全年为2.3万名企业离退休人员发放养老金1.7亿余元，按时足额发放率100%。2007年，工伤保险扩面，全州参保事业单位、民间组织110家，参保人员6263人；为8.31万名参保职工做实个人账户，个人帐户基金2440万元。全州完成企业养老保险0.93万人、失业保险0.71万人、基本医疗保险2.75万人、生育保险2.02万人、工伤保险新增参保2.38万人，机关事业单位年末参保7.47万人。是年，全州征缴社会保险基金7.42亿余元，支出6.8亿余元。2008年，全州企业养老保险新增参保1.3万人，机关事业养老保险年末参保7.47万人，失业保险新增参保6961人，城镇职工基本医疗保险新增参保2.15万人，城镇居民医保参保29.01万人，工伤保险新增参保3.01万人，生育保险新增参保3万人，全年企业养老保险征缴基金1.9亿余元，收回企业欠费3091.3万元，提高企业离退休人员养老金水平，完成月人均增加100元养老金调待工作；征缴机关事业养老保险基金2.79亿余元、失业保险基金1390.8万元，城镇职工基本医疗保险基金1.13亿余元、城镇居民基金1444.6万元，2.17万名关闭破产企业退休退养人员参加医保，落实企业老工伤人员待遇5000人，征缴工伤保险基金672.39万元、生育保险基金784万元。全州各项基金收支平衡、略有结余。全州企业离退休人员月均养老金由上年的800元增加到987元；城镇职工医保单位缴费率从7%下调到6.5%，个人住院年最高支付限额由8万提高到25万元；把生育保险缴费率由1%下降到0.9%，实现分娩费用全额支付；城镇居民医保个人缴费由每人160元/年降为每人120元/年，个人住院年最高支付限额由2.8万元增加到4万元；城镇职工和城镇居民享受医保待遇等待期限，由90天下调到30天。在校学生（儿童、婴儿）即时参保即时享受待遇。全州企业养老、失业、城镇职工医疗、工伤、生育5项社会保险新增参保分别为1.39万人、0.64万人、1.99万人、3.13万人、0.7万人，征缴基金分别为2.4亿元、0.14亿元、1.6亿元、0.09亿元、0.089亿元，城镇居民基本医疗保险累计登记参保38.03万人，征缴基金0.31亿元，机关事业养老保险年末参保7.45万人，征缴基金3.3亿元。各项社会保险基金规范运作率、安全完整率均达100%。

2010年，企业养老保险实施新系统上线，实现全州联网，“一盘棋”管理，州内、省内乃至全国均可“异地参保缴费”；提高企业退休人员养老金待遇，人均月增养老金134元，增幅12.6%；调整社会保险补贴方式，下岗失业人员社会保险补贴实现“同缴同补”。升级医疗保险系统，完成IC卡语音挂失、药品目录升级等10多个网络模块改造；城镇职工个人住院年最高支付限额提高到25万元，城镇居民医疗保险个人住院年最高支付限额增加到6万元，生育保险城镇职工分娩政策项目内费用全额支付，城镇居民医保住院医疗费补偿率56%；合法矿山工伤保险，缴费标准实行“吨矿制”伤残人员待遇。是年，全州企业养老保险新增参保 1.34 万人，征缴基金 3.59 亿元，失业保险新增参保 9168 人，征缴基金 1947 万元，城镇职工基本医疗保险新增参保 7202 人，征缴基金 2.39 亿余元，工伤保险新增参保 1.16 万人，征缴基金 1370.17 万元，生育保险新增参保 4072 人，征缴基金 1372 万元，城镇居民基本医疗保险累计登记参保 39.54 万人，征缴基金 4901 万元，机关事业养老保险参保 7.52 万人，征缴基金 3.85 亿余元。各项社会保险基金规范运作率、基金安全完整率均为 100%。

二、农村社会养老保险

1991 年，全州民政部门宣传贯彻民政部《关于开展农村社会养老保险方案》。1992 年，以凤凰县为试点，启动农村社会养老保险工作。吉首市主动申请提前试点农村养老保险制度，上报省民政厅并获得批准。凤凰县农村社会养老保险机构定编 3 名。1993 年，全州各县（市）启动农村社会养老保险工作，扩大保面，建立农村社会养老保险制度。1994 年 4 月 20 日，吉首市在河溪镇召开养老金兑现大会，上年投保的三位老人领到 1994 年第一季度养老金。全市有 7 个乡（镇）、10 家乡镇企业 1.43 万人参加投保，缴纳保费 109 万元。保靖县吸取上年在毛沟镇试点工作教训，采取集中领导、集中时间、集中精力攻坚办法，在迁陵镇开展农保工作试点，两个月就收取保费 20.4 万元。是年，全州参加投保人数 2.18 万人，缴纳保费 145 万元。1996 年，采取“常年与突击”相结合方式抓农村社会养老保险工作。全年缴费 300 万元。1997 年，州人民政府转发州民政局《关于加强我州城乡居民最低生活保障制度和农村社会保障制度建设意见的通知》，全州印制宣传画册 537 本，宣传小报 380 份，宣讲、算账，提高农民认识，引导农民参加农村社会养老保险。各县市根据《通知》精神，开展调查摸底和试点工作。全州吸收保民 2502 人，缴纳保费 55.8 万元。永顺县个体工商户彭善云夫妻二人一次投保 3 万元，向永莲为全家 3 口人一次投保 4.2 万元。吉首市万溶江乡建筑工杨明星夫妻一次性投保 3 万元。1998 年，全州农村养老保险投保 5 万户，缴费累计 54 万元，有 54 人按月领取养老金。1999 年，民政部门开展的农村社会养老保险业务暂停。2009 年，龙山县被湖南省人力资源和社会保障厅列入首批全国新型农村养老保险试点县，当年全县参保 7 万人。2010 年，永顺、保靖、吉首 3 个县（市）列入第二批试点范围。加上之前试点的龙山县，全州 4 个县（市）农村户口参保 59.1 万人，60 周岁以上按月领取 55 元养老金人员 19.4 万人。

第四节 新型农村合作医疗

2003 年，花垣县被列入全国第一批新型农村合作医疗试点县。2004 年 10 月，州卫生局设立新型农村合作医疗管理办公室。全州新型农村合作医疗试行“住院补偿 + 家庭门诊账户”补偿模式，参合人员在乡（镇）、县（市）、州级医院住院补偿起付线分别为 100 元、200 元、300 元，补偿比例分别为 50%、40%、30%。每人每年住院累计补偿不超过 2000 元；参加新型农村合作医疗的家庭按参合人员每人每年 6 元提取门诊费用，建立家庭门诊账户，家庭门诊账户包干使用，结余留用，超支自负。2005 年，参合人员在乡（镇）、县（市）、州级医院住院补偿比例调整为 60%、50%、30%，每人每年住院累计补偿调整为不超过 3000 元；产妇住院平产符合生育政策的补助调整为 200 元，儿童计划免疫每人补助 27 元。是年，花垣县新农合基金结余 449.8 万元，其中财政专户余额 447.5 万元、支出户余额 2.3 万元。2007 年，全州 8 个县（市）全部被纳入新型农村合作医疗试点县，实现新型农村合作医疗制度全覆盖。州卫生局设立新型农村合作医疗管理科。8 个县（市）成立新型农村合作医疗管理局（中心），隶属同级卫生局管理，机构性质为全额事业单位，核定编制 281 名，其中县（市）合管局（中心）69 名、乡（镇）审核员 212 名。

2007 年，全州实行新的“住院补偿（含特殊慢病、定额分娩等其他补偿）+ 家庭门诊账户”，即参合农民住院起付标准和报销比例，按照一级医院、二级医院、三级医院及省级医院四个等次划分，补偿起付线标准分别为100元、200元、400元、600元，报销比例分别为60%、50%、30%、20%；每人每次报销最高限额不超过6000元；对每人每次住院费用超过2万元的，可试行二次补偿，超过部分可按同级定点医疗机构报销比例补偿，补偿最高限额不超过600元；将肿瘤（含白血病）、再生障碍性贫血、肝硬化、老年慢性支气管炎、尿毒症等5种疾病可在基本药品目录以内按每人每年500元标准补偿；家庭门诊账户以户为单位，资金提取标准原则上每人每年不低于6元。2008年，参合农民住院费用补偿起付线和报销比例继续执行2007年标准，每人每年累计限额补偿标准提高到8000～15000元；特殊慢性病扩至10～15种，补偿标准为每人每年400～500元。2009年，参合农民在各级定点医疗机构住院费用补偿起付线执行2008年标准，各级报销比例在2007年的基础上提高5个百分点，每人每年累计限额补偿标准提高到3万元；农村“五保户”参加新农合个人应缴纳的全部资金从医疗救助资金中列支；农村低保户参加新农合个人应缴纳的一半资金从医疗救助资金中列支，剩余部分自己承担；独生子女户、两女结扎户参加新农合个人应缴纳的全部资金从计划生育资金中列支；龙山县所有乡镇和泸溪县白沙、洗溪、武溪三镇开展门诊统筹试点。

2010年，参合农民在各级定点医疗机构住院费用补偿起付线执行2009年标准，各级报销比例在2009年的基础上提高5个百分点，一级、二级、三级和省级医院住院费用报销比例分别提高到80%、65%、55%、50%；每人每年累计补偿限额增至6万元；农村参合五保户人员和重度残疾人在县（市）、乡（镇）新农合定点医疗机构住院基本医疗费用全额补偿政策，农村参合五保户人员和重度残疾人在县（市）、乡（镇）定点医院住院治疗的，按所在县（市）新农合住院补偿政策补偿后，其自付住院费用由县（市）新农合基金和民政医疗救助资金各解决50%；对符合计划生育的参合孕产妇在乡（镇）卫生院住院分娩的，平产每例由中央和省财政补助300元后，由新农合基金再补偿300元；符合指征的剖宫产手术者，每例在中央和省级财政补助300元后，其余部分按县（市）新农合住院补偿相关规定给予补偿；对符合计划生育的参合孕产妇在县级及以上医疗保健机构住院分娩的，平产每例由中央和省财政补助300元后，由新农合基金再补偿550元。

第五节　劳动保障执法

1989年，州劳动局充实和完善仲裁组织制度和办案制度，全年举办5期劳动争议调解员培训班，参加培训人员265人。

1991年，全州制定完善厂规厂纪企业506家，按照《企业职工奖罚条例》规定处分296人。1992年，全州受理处理劳动争议案件6件，鉴证劳动合同1.37万份，国营和集体企业合同制工人劳动合同鉴证率100%。1994年，开展劳动用工大检查，检查国有企业650家，集体企业699家，民营企业8家，个体工商户4.16万户，查出擅自招用农民工8986人，集资招工3217人，未签订劳动合同1.56万人，万拖欠2.44万名职工工资273.04万元、养老保险基金630.3万元，调解劳动关系纠纷2052次。1995年，全州全年受理劳动争议仲裁案36件，处理33件，鉴证劳动合同2.42万份。劳动监察城镇各类企业5738家，发现违规违法问题182起，立案处理118件。1996年，全州建立8个劳动法规执行室。受理各类劳动争议案35件。9月，《湘西土家族苗族自治州劳动监察规定》颁布实施。1997年，全州推行劳动合同制度。4116个单位14.31万人实行劳动合同制。1999年，受理处理劳动争议案件30件，处理各类来信55件，接待来访800余人次，处理集体上访15起。

2000年，全州实施劳动用工年检，检查机关、企事业单位2733家，州属以上单位用工基本合格。全州建立劳动争议仲裁委员会9个，受理处理劳动争议45件。接待来访群众2258人次，接待集体上访48批次705人，处理上访信件109

件。2002 年 5 月，“州劳动保障监察支队”配备专职监察员 3 人，全州 99 名专、兼职执法人员着装上岗。完成全州劳动保障系统 273 名行政执法人员培训和换发证工作。全年立案受理劳动争议案 80 件，立案处理 52 件，案外处理 28 件。建立信访预警机制，全年接待群众和基层单位来人来电来信咨询 2.31 万人次，处理上访信件 568 件，接待集体上访 221 批次，涉及 7400 人。2005 年，查处一批拖欠农民工工资投诉举报案件，追讨到位工资 920 万元。全年受理、处理劳动争议案 127 件。2007 年，清理整顿劳动力市场，整治非法用工和农民工工资支付专项检查，监察 1665 家用人单位，涉及劳动者 5.86 万人，督促用工单位为 2.11 万名劳动者补签劳动合同，为 8491 名劳动者追讨工资 747 万元；涉及 6271 人，督促 186 家用人单位为 7114 名劳动者缴纳社会保险费 1134 万元。全年全州受理、处理各类劳动争议案 135 件。2008 年，全州接待来访 1967 人，立案 159 起，涉案人员 304 人，结案率 98%，为劳动者挽回经济损失 584.7 万元。检查用人单位 2679 家，涉及 9.45 万人，补签劳动合同 8945 人；责令督促用人单位为 2094 人兑现拖欠工资 202 万元，为 1479 人补发工资 175 万元；检查职业介绍机构 42 家，取缔 5 家无证职业中介机构，责令 3 家职介机构退赔求职费 1500 元。2009 年，检查各类用人单位 1622 家，涉及劳动者 6.49 万人，依法取缔非法职业中介机构 8 家，为劳动者追回拖欠工资 521.33 万元。全州接受举报投诉案件 639 件，立案查处 307 件，结案率 100%。接待来访 1426 人，立案 129 件，涉案人员 221 人，涉案金额 652.8 万元，结案率 100%。

2010 年，全州建立 53 家重点企业联系点，166 个基层劳动争议调解组织，调处和化解劳动争议，全年受理各类劳动争议案件 725 件，为 2030 人挽回经济损失 3156.7 万元，接待群众来访、申诉、咨询等 4865 人次，建立 79 家州直企业用工电子档案。全年立案 612 件，结案 612 件，为 8751 人追回各种经济损失 1131.32 万元。

第十二篇　民政

1989年，湘西州民政局下设办公室、优抚科、社会救济科、行政财务综合计划科、退伍军人安置办公室、基层政权建设科、军人离退休干部安置办公室、纪检组、政工科、行政区划地名管理科。下属事业机构有老区经济开发办公室（简称老区办公室）、社会事务管理办公室、募捐办公室、救灾扶贫服务公司、军人接待站、收容遣送站、军队离退休干部休养所（简称军干所）、残疾康复医院(肿瘤医院)、荣复医院。1990年，局内增设监察室；湘西州残疾人联合会（副处级）成立，归口州民政局管理。1992年，设立有奖募捐办公室（简称募捐办公室），为局下属事业单位。社团登记管理科更名为社团登记管理办公室。

1995年，机构改革，州民政局内设办公室、纪检组（监察室）、计划财务科、农村社会养老保险科、"双退"办（军人离退休干部安置办、退伍军人安置办）、政工科、社会团体登记管理科、社会救济科、区划地名科、基层政权建设科、优抚科等科室。

1999年，州民政局内设办公室、计财科、政工科、社救科、农保科、优抚科、退伍科、安置科、社团科、基政科、地名科、审计科、监察室、社会事务办公室、老区办公室。在编在职工作人员39人；下辖8个直属机构，即州康复医院、州荣复医院、州军干所、州收容遣送站、州军人接待站、州救灾扶贫站、州募捐办公室、州残疾人联合会。

2001年，州民政局机关行政编制24名。离退休人员管理服务编制单列。机关后勤服务人员事业编制4名。

2002年，老龄工作职能由州政府办公室划入州民政局，局机关内设老龄科。2003年，州收容遣送站更名为州救助站。2004年，州民政局内设办公室、人事科、纪检组（监察室）、计划财务科、安置科、社会救济科、区划地名科、基层政权建设科、优抚科、慈善办公室、社会事务管理科、民间组织管理局、最低生活保障局、信息中心、老龄科等科室。下属单位有州肿瘤医院、州荣复医院、州募捐办、州社会救助管理站、州军干所、州军人接待站、州社会福利院。2005年，恢复州老龄办（副处级），挂靠州民政局。

2010年，州民政局内设办公室、救灾科、优抚科、复员退伍军人安置科、基层政权和社区建设科、民间组织管理局、区划地名科、社会福利与慈善事业促进科、社会事务科、计划财务审计科、人事和社会工作科、老干科、纪检监察室13个科室，下辖慈善办公室、老区办公室、社区办公室、信息中心、婚姻登记处5个事业单位及州社会救助管理局、州老龄办公室两个副处级单位。共有编制44名。州救助管理站工作人员参照公务员管理，州军干所、州社会福利院为全额拨款事业单位，州募捐办公室、州肿瘤医院、州荣复医院差额拨款事业单位，州军人接待站为自收自支事业单位。

1989—2010年，州民政局历任局长：张先文、章素勇、熊福、彭司礼、吴凌频、向顶天、刘光复；副局长：宋月山、张芝登、张和兴、郭云贵、杨明仁、张正望、罗贤兵、向建胜。

1989年，湘西州老龄工作委员会办公室（简称州老龄办）为副处级机构，定编3名，归口州人事局管理。1991年，州老龄办升格为正处级行政机构，定编5名。1996年，州老龄办为州人民政府议事协调机构，由原归口州人事局改为挂靠州人民政府办公室，增设州老龄福利经济实体管理服务中心，定编3名。1999年，增设湘西州老年公寓机构，定编6名。2002年，机构改革，撤销州老龄办（正处级），其相关职能划入州民政局，在州民政局内设老龄科。2005年，恢复州老龄办（副处级）挂靠州民政局，定编4名。2010年，机构改革，州老龄办降为正科级，为州民政局内设机构。

1989—2010年，州老龄委历任专职副主任：罗性善、龙承禄、刘丽明。州老龄办公室历任主任：罗性善、秦惠长、梁远光、刘丽明；副主任：罗性善、李文度、秦惠长、梁远光。

第一章 赈灾救济

第一节 灾害救助

1989年，湘西州部分县（市）遭受旱、涝、虫等灾害，受灾群众37.35万户167.85万人；农作物受灾面积18.2公顷。全州民政部门下拨统销粮49500吨，救灾款768万元。是年，全州建立村级储金会523个，入会农户3.42万户，集资额156万元。抽查5个县（市）的12个乡（镇）救灾款管理使用情况，走访137户重灾家庭和长期困难家庭，救灾款管理到位，实现专款专用。1990年，泸溪、古丈两县遭受洪灾，龙山、保靖、花垣等县遭受旱灾。全州成灾人口127.8万人，粮食损失1.87亿公斤，经济损失1亿多元。州、县（市）挤出97万元资金抗灾救灾，发动群众开展支援灾区募捐，共募捐人民币15.54万元，粮票6.18万公斤，粮食2.6万公斤，衣被、蚊帐5万件（顶）。同时，巩固和发展村级救灾扶贫储金会和乡（镇）基金会，新建村级储金会238个，入会农户4.21万户，新增储金86.87万元。全州创建村级储金会766个，占全州村数28.96%，入会农户11.24万户，占全州农户24.8%，筹集资金259.87万元，其中群众自筹资金54.4%。1992年，全州遭受旱涝和风暴灾害，受灾面积21.5万公顷，成灾人口128.1万人；因灾死亡33人、伤157人，死亡大牲畜1372头，倒塌房屋2027间。全州因灾绝收、缺粮过年24万人。州民政局干部深入8个县（市）403个重灾乡（镇）、49个村组458个家庭调查灾情。省民政厅下拨救济款465万元，救济棉衣8000件。州下拨各县（市）救济款611.7万元，救济棉衣7800件。全州62.28万人得到不同程度救济。

1994年，州境春季遭受冰雹灾、夏季局部干旱、夏秋之交特大洪涝灾害。全州农作物受灾面积15.33万公顷，成灾人口106.27万人，经济损失2.78亿元。全州缺粮人口104万人。州民政部门安排救济粮2275吨、救济款50万元、灾民住房恢复资金146.1万元，募集衣物15万件；接收深圳市人民政府捐赠衣物150万件，捐款50万元；全州救济37万人。1996年，州内遭受特大洪涝灾害，损坏房屋5.09万间，倒塌房屋1819栋，泸溪县灾情尤为严重。全州民政部门组织900多万元救灾资金用于灾民生活和重建家园。同时开展救灾募捐活动，募集资金480万元、衣物500万件；州、县民政部门加工棉衣28万件、棉被3万床。1997年，州内局部地区发生水灾、旱灾、虫灾和冰雹灾害，126个乡（镇）640个村23万户100.1万人不同程度受灾。重灾17万户72.6万人，农作物受灾面积8.43万公顷，成灾面积5.76万公顷，绝收280.75公顷，直接经济损失4.5亿元。州民政部门下拨救灾救济款713万元，救济棉被6200床、救济棉衣5500件。

1998年5月7—8日、6月20—22日，州境两次大面积遭受洪涝灾害，重灾乡（镇）63个，重灾村352个，重灾人口66.7万人，农作物成灾6.73万公顷，绝收2.02万公顷，倒塌民房3882栋8684间，因灾死亡92人，直接经济损失13.5亿元。各级民政部门协同政府相关部门紧急转移群众6.83万人，安置灾民3.18万人，抢救国家和人民财物9.1万件。下拨救济款1612万元、救灾大米150吨、食盐120吨、水泥538吨、食品1.49万件、药品982件、新棉被6400床、旧衣被若干件套、车20辆、冰柜13台、彩电4台，安排灾民建房3882栋，建成3249栋，占总任务85%。全州50多万人得到不同程度救济。争得省拨救灾款2050万元，接收省分配救灾捐赠物资折价2700万元。全州募集资金209万元。州民政局被评为全省抗洪救灾先进集体，州民政局救灾救济科、龙山县民政局被评为全省民政系统抗洪救灾先进单位。全年安排扶贫资金150万元，扶持特困村滚动式项目开发30个。1999年6月，州境普降暴雨，全州187个乡（镇）受灾，重灾有龙山县里耶、保靖县黄连、凤凰县官庄、花垣县龙潭、永顺县永茂、泸溪县浦市等75个乡（镇），涉及17.67万户66.79万人，成灾9.8万户37.53万人。农作物受灾面积5.15万公顷，成灾3.29万公顷，绝收5237公顷，毁坏耕地1446公顷。因灾死亡12人，受伤131人；死亡大牲畜1.21万头。因灾损坏房屋4232栋1.15万间，倒塌1392栋4029间，直接经济损失4.89亿元。省下拨救灾款1616万元，救灾棉被3500床，棉衣4000件，全州募集救灾资金500万元；下拨棉被7000床，棉衣8000件，旧衣物10万件，全州80多万灾民得到救济；下拨资金100万元，帮助无房户建房，350户灾民搬进新居。是年，全州遭受3次不同程度洪涝灾害，重灾乡（镇）143个，重灾人口88.2万人。农作物成灾面积6.21万公顷，倒塌民房4414栋，因灾死亡29人，直接经济损失10.77亿元。

2001年，州、县（市）两级完善救灾预备金制度，共列预备金170万元；向省民政厅争取救济资金760万元，下拨春荒款200万元，地质灾害建房、搬迁费160万元，旱灾款250万元，全州80多万人得到救助。2002年，全州发放救灾救济资金1245万元，同比增加85.8%，救灾衣物20万件，救济棉被6000床，棉衣3000件，全州80万人次得到不同程度救助；新建灾民新村3处；为灾民建房1930栋5800间，2000户因灾无房户住上新房。州内救灾捐款139万元。2003年7月8日，永顺县发生特大洪灾，因灾无粮灾民每人每月救济大米15公斤，缺粮半年以上2756户11700人，安排大米1800吨；因灾房屋全倒建房3925栋，完成82.6%，半倒恢复1.11万栋，完成85.3%，滑坡全倒户建房1308栋，完成90%。州民政局被湖南省人民政府授予“全省抗洪救灾先进单位”，局长彭司礼被评为“全省抗洪救灾先进个人”。2005年，州内遭受重大旱灾，部分地区遭受特大冰雹袭击。州民政局向民政部、省民政厅争取救灾资金2718.25万元；州财政投入92万元，社会募捐209万元。发放救灾棉被6000床，救灾专用帐篷150顶。5月，风雹灾，下拨应急资金150万元，调拨救灾专用帐篷100顶，下拨棉被300床，紧急转移安置1500人。完成432户灾毁建房，安排旱灾救济款700万元。2007年，遭受多次山洪、地质等自然灾害，造成直接经济损失12.8亿元，倒塌房屋2942间，损坏房屋7293间。下拨灾后重建资金620万元，规划重建房屋6625间，竣工5952间。全年下拨救灾资金2290万元，下发棉被1.72万床，衣物3万件，发放救助卡15.9万张，救助98.1万人次。

2008年1月中旬，全州发生冰冻灾害；6–9月，州境相继发生洪涝、干旱灾害，198.4万人次受灾，倒塌房屋7393间，损坏房屋3.11万间，直接经济损失38亿元。全州民政部门向上级争取救灾资金8627万元，投入救灾资金2730万元；发放救灾棉被1.5万床、踏花被1.33万床、矿泉水4350件、大米135吨，食物油26吨、面粉6.25吨、发电机200台。春荒期间发放救助卡9.22万张，救助33.8万人次，恢复重建民房1.01万间。6月底，完成2000户农村安居房建设任务，8月底全部入住。四川汶川地震发生后，州内各级民政部门发起抗震救灾捐募行动，募得善款2654万元。2009年，州人民政府制定《湘西州自然灾害救助应急预案》，规范全州灾害救助应急工作。建立灾害信息员队伍，开展灾害应急培训。加强综合减灾示范社区建设，组织开展首个防灾减灾宣传日、防灾减灾暨消防演练、防洪应急综合演练等活动。全年救助灾民33万人次。吉首市竹园社区获“全国综合减灾示范社区”称号。2010年，下拨救灾救济资金1.13亿元，棉被1.4万床，紧急转移安置灾民39万人次，救助冬春生活困难群众49.3万人次。

第二节　困难救济

1989年，州境出现春荒，有89万农村居民缺粮，州政府下拨口粮救济款475万元。1993年，全州改革救济工作，完善国家救济、社会扶持、群众互助的救济体制。1994年，开展城镇社会定救对象生活摸底调查，全州有各类社会救济对象4287人，年救济总额107.59万元，人均救济2509.6元。同时开展扶贫建房，逐户核实，摸清1000户扶贫建房家底，州、县（市）两级民政部门深入建房现场，督促指导建房工作。第一批1000户建房任务，落实919户，动工817户，基本完工596户，其余年底竣工。2002年，全州完成11.06万名贫困老年人状况调查；向上级争取资金、物质，比上年增加2000万元，衣物1000件（套），医疗设备价值200万元。2003年，全州开展农村特困户救助13921户41651人，人均月标准6元。2005年，州政府印发《关于加快城乡社会救助保障体系的实施意见》，保证领导、责任、督查、地方财政投入四落实。州救助管理站全年救助群众2681人次。农村特困户救助对象4.2万人，人均月补助标准由上年的5元提至8元，全年保障50.4万人次，发放资金360万元；救助资金纳入州级财政预算113.84万元。启动城市大病医疗救助试点。8个县（市）均启动农村大病医疗救助工作，下拨资金194万元，累计救助349人次，发放医疗救助资金51.42万元。

2006年，州人民政府制定《湘西州城乡特困家庭医疗救助制度实施办法》，争取上级救助资金600万元，救助城乡大病患者2000余人次。2007年，全面开展城乡医疗救助工作，增加救助病种，降低救助门槛，扩大救助面，加强与新型农村合作医疗合作。全州救助农村大病患者5956人次，发放救助金312.9万元；救助城市大病患者392人次，发放救助金79.9万元。资助5.1万农村特困群众参加合作医疗，资助资金51万元。实施农村特困学生专项救助，发放棉被5000床。2008年，实施医疗救助9.29万人，发放资金893.3万元，其中城市医疗救助4288人，发放救助资金192.5万元；农村医疗救助8.85万人，发放救助资金700.8万元。全州处置非法集资期间，民政部门加强社区工作指导，深入社区入户调查，摸清困难群众底数，开展救助，发放低保金、医疗救助资金、临时救助资金1.3亿元。2009年，州人民政府印发《湘西州城乡困难群众临时救助制度的通知》，州级和8个县（市）救助机构完成升格或高配，人员编制增至61名。花垣、龙山两县分别荣获“全省社会救助规范化建设先进县”称号。各县（市）完成医疗救助政策调整，龙山、花垣、泸溪等县实现医疗救助对象“一站式”即时结算服务，由事后救助变为事前、事中救助。扩大城乡医疗救助面，全年救助19.1万人次，支出医疗救助资金2300万元，比上年分别增长100%和158%。州民政局获“全省城乡医疗救助工作先进单位”称号。救助贫困家庭适龄儿童入学，发放助学助教款85万元。全州8个县（市）全部进入全省农村危房改造试点县（市），全年完成6064户农村危房改造，超额完成省定任务。

2010年，完善城乡医疗救助模式，全州支出医疗救助资金2610万元，救助困难群众21万人次。发放临时价格补贴1646万元，发放春节生活补贴2715万元。各县（市）民政局负责农村危房改造工程组织、指导和协调工作，投入资金2.02亿元，完成农村危房改造7482户，3万多农村困难群众住房条件得到改善。

第二章 社会救助

第一节 农村最低生活保障

2005年，吉首市将最低生活保障制度实施，从城市延伸到农村；花垣县全面实施农村最低生活保障制度，永顺县开始试点农村居民最低生活保障制度。2006年，州政府制定《湘西州农村居民最低生活保障制度实施办法（试行）》，建立农村特困户救助台账。农村特困群众定期定量生活救助采取“两条腿走路，逐步过渡”办法。龙山、永顺、古丈、凤凰、保靖等县（市）实行特困户救助办法，保障对象1.08万户3.06万人，人均补差水平12元。全州发放特困户救助资金246.2万元。吉首、花垣、泸溪3个县（市）实施农村低保制度，纳入保障对象4120户1.06万人，月补差19.15元。2007年，全州农村低保制度全部建立，纳入农村低保对象2.7万户6.62万人，保障面2.9%，月发放低保金387.5万元，月人均补差30元。2008年，贯彻《湖南省农村最低生活保障办法》，加大资金投入，全州有农村低保对象10.6万人，占农业人口4.9%，累计发放资金4376万元，月人均补差44.3元，较上年月人均补差增加14.3元。实现农村无劳动力家庭、有劳动力但全部丧失劳动能力或半丧失劳动能力家庭及生存条件特别恶劣家庭等三类农村绝对贫困家庭应保尽保。2009年，全州农村低保对象11.8万人，累计发放资金6100万元，农村低保月人均补差46元。2010年人均月补差增至55元。

第二节 城镇最低生活保障

1998年，州境吉首市开展城市居民最低生活保障制度试点，全市落实保障对象1115人，每人每月可领取保障金80元。龙山和凤凰两县制定城镇低保方案，永顺县将城镇低保工作纳入政府目标管理。1999年，吉首市巩固完善城市低保制度，其余各县出台和实施城市低保制度；永顺县和保靖县月均保障标准100元，其余各县（市）月均保障标准80元。全州核定保障对象6628人，各级财政预算保障资金133.53万元，全年发放保障金111.8万元。2001年，全州核定保障对象1.58万人，新增保障对象8400人，扩面率113.8%，安排低保资金1140万元。2003年，州人民政府出台城市低保工作实施细则。8个县（市）实行低保资金社会化发放，封闭运行，确保低保资金安全。全州城市低保人数6.13万人，下发低保资金3500万元；建立低保对象有进有出、进出自主运行机制，全州退出低保对象4367人。通过低保对象信息录入和省、州、县（市）网络连接，规范低保管理。争取上级低保救助资金3300万元，较上年增加139.1%。2004年，城市低保金按月通过银行发放。2005年，向上争取低保资金4050万元，较上年同期增长13%。州、县（市）配套1000万元，较上年同期增长15%。月人均补差由年初52元提高到60元，较年初提高8元。落实城市低保对象享受水电费减免、义务教育阶段杂费减免、有线电视收视费每月不高于11元、医院免收挂号费及诊疗费减半等5项价费优惠政策，减免资金131.83万元，户均减免143.6元。吉首市低保补差提至69.5元。全州取消2445户6268人低保待遇，新增3045户5693人。

2007年，全州有城市低保对象2.83万户6.67万人，占非农业人口13%，月人均补差水平90.5元。是年，全州有1102户1897人退出低保，新增低保1399户3013人；增加3358户7638人低保补差标准，降低1641户3321人低保补助标准。下拨城市低保对象临时生活补助资金775万元，缓解物价上涨给低保对象造成的困难。州、县（市）两级财政预算到位城市低保补助资金1204万元。2008年，把符合低保条件的3466贫困人口纳入保障范围，生活水平超过低保线标准低保户2308人。全州有城市低保对象6.95万人，占非农业人口12.3%。累计发放各类资金1.14亿元，月人均补差139元，较上年月人均补差90.5元，增长48.5元。州、县（市）财政配套城市低保预算到位资金1344.8万元，较上年增长11.7%。2009年，城市低保对象7.3万人，发放资金1.12亿元，城市低保人均月补差124元。2010年，城市低保动态管理机制不断完善，城市低保人均月补差155元。

第三节 “五保”供养

1989年，全州落实《湖南省农村“五保”家供养办法》，以乡统筹“五保”供养经费，落实

“五保”供养标准，开展敬老活动。全州24个乡（镇）、315人实行以乡统筹；7041人村组联筹供养；143人由亲友代耕；677人自耕。1990年，州内以乡统筹供养的24个乡（镇），供养“五保”老人686人，供养标准一般为每位老人年供应粮食300~350公斤，钱80~120元，油2~3公斤，一年两套单衣，三年一件棉衣。同时，全州落实《湖南省老年人保护条例》，动员全社会关心“五保”老人，开展为“五保”老人送温暖活动，全州为“五保”老人做好事8000多件，送慰问物资折款5万元，送柴3万多公斤。1992年，全州80%的“五保”供养实现以乡统筹，每人供粮300公斤，钱120元，油6公斤，一年两套单衣，三年一件棉衣。1993年，城镇“五保”老人生活水准人均每月达到48元以上，建制镇和街道办事处每月给“五保”老人5元以上的生活补助费。1998年，州民政部门调查摸底“五保”老人供养政策落实情况，全州7338户1.1万名“五保”对象五项供养政策基本落实。1999年，以乡（镇）统筹供养43个乡（镇）1049人，村组提留供养178个村6276人，其他方式供养3115人，建立“五保”服务网络178个乡（镇）。2003年12月，湘西州制定“五保”供养实施意见，全州1.03万名“五保”老人按年均825元标准实行财政供养。2006年，全州发放救助金300万元，资助农村“五保户”参加合作医疗。2009年，凤凰、永顺、龙山3县分别获“全省农村五保供养工作先进单位”称号。全州农村“五保”对象11000人，其中集中供养5575人。集中供养标准每人每年3000元；分散供养标准每人每年1200元。2010年，“五保”老人在县、乡医院住院医疗费实现零支付；集中供养和分散供养标准每人每年提高到3500元和1500元。

第四节 敬老院建设

1989年，全州有敬老院31所，入住老人286人。1990年，各县市普遍兴办敬老院。是年，新建敬老院10所，新增入院老人83人。1992年，全州新建规范化敬老院20所，均达到“四小”（小鱼塘、小果园、小菜园、小猪圈）要求。敬老院由民政部门包袱转变成民政部门创收经济实体。保靖县采取群众集一点、乡（镇）干部捐一点、乡（镇）政府挤一点、县民政局和财政局扶一点的办法，建设8所规范化敬老院，建院面积由原620平方米增至3454平方米。吉首市已略乡敬老院发展庭院经济，全年养猪7头，养鸭30羽，养鸡20羽，养鱼100尾，种花生0.013公顷，种柑橘158棵，创收2280元，基本实现以园养院。龙山县里耶镇敬老院17位“五保”老人，3名工作人员兴办小猪场，经营小茶馆、小客房，开办小商店和舞厅，全年创收1.31万元。1994年，发展院办经济，全州56所敬老院年收入12万元。1998年，投入资金62万元，永顺县重建灵溪镇敬老院，吉首市重建社塘坡敬老院。2001年，全州有敬老院70所，收养“五保”对象537人，敬老院有工作人员99人。维修改造敬老院10所，整顿10所敬老院。2005年，全州改扩敬老院23所，新增集中供养人员713人。2006年，州人民政府印发《湘西州人民政府关于加快农村敬老院建设的意见》，全州民政部门实施敬老院改扩建52所，新增集中供养“五保”对象1699人。是年，湖南省民政厅在凤凰县召开全省农村敬老院改扩建工作会议，湘西州在会上介绍经验。2007年，全州投入资金2980万元，改扩建敬老院58所，其中列入省“八件实事”项目21所，新增集中供养“五保”3000人。全州有农村敬老院157所，基本实现乡乡有敬老院目标；“五保”集中供养人数6500人，集中供养率44.6%。2008年，州民政局制定《湘西州农村敬老院管理办法》，把敬老院工作经费、工作人员工资列入财政预算。全州在院“五保”对象6580人，集中供养比例45%。院办经济规模扩大，“以院补院”模式全州推广。2010年，全州有敬老院168所，入住“五保”对象5250人。

第三章　优抚安置

第一节　优抚

1989年，湘西州有烈士陵园5个，烈士纪念碑18座，烈士事迹陈列室1处。全年接待群众参观瞻仰4万人次。全州588位“三属”（烈士遗属、因公牺牲军人遗属、病故军人遗属）对象定期生活补助基数年增金额8万余元，全年定补25万元；1.32万名老复员军人全年定补金额305万元，人均月标准19.39元。全州有光荣院8所，入住老人69人。

1990年，全州复员军人定补对象6853人，定补金额140.83万元；退伍军人定补对象1281人，定补金额21.18万元；三属抚恤对象376人，抚恤金额17.5万元；确定红军失散人员544人，定补金额16.90万元；伤残人员抚恤对象849人，抚恤金额25.62万元；其他定补对象32人，定补金额0.30万元。全州复员军人定补面98%。各级政府挤出资金86万元，解决复员军人“三难”（吃饭难、治病难、住房难）问题4300户。民政与财政部门配合，投保160万元，为1.62万户优抚对象实行家庭财产保险。按照新评残条件对部分革命伤残人员等级作适当调整。按照现役军人计算，全州兑现优待金65.81万元。对义务兵家属实行按同等劳动力收入三分之二现金优待。吉首市改革优待办法，规定：凡在部队服役期战士，立一等功奖励1000元，二等功奖500元，三等功奖100元。

1992年，全州摸底调查9183名在乡复员军人生活生产情况，复员军人生活高于当地群众水准仅占总数6.9%，与当地群众水准相当的44%，低于当地群众水准的49%。州、县（市）采取多种办法，扶持复员军人发展生产，全年投入资金70万元，捐赠生产资料1.2万件，扶持复员退伍军人4018户，其中371户走上致富之路，2516户脱贫。各县（市）结合实际，制定优抚办法：凤凰县“抚恤金”实行以县统筹，保证复员退伍军人抚恤金一次到位；安排资金39万元，粮食43.5吨，解决867名复员退伍军人的生活困难；同时，投入6100元，帮工157个，为12名复员军人建住房。吉首市向国家干部、职工和城镇居民每人每年统筹1元优待金，保证优待金及时到位，减轻农民负担。龙山县从优抚经费中挤出1.5万元，分拨到区（镇），解决复员军人治病困难问题；同时，还组织89名在乡伤残军人检查身体，建立体检档案。

1993年，州境义务兵优待金逐步改革为以县（市）为单位向全社会统筹，人均达到400元以上。1994年639名三属、1033名红军失散人员、13名退伍红军、886名革命伤残军人提高定抚定补标准。吉首市、凰凰县地方财政拿出10万元，为复员军人提高优待标准。龙山、永顺、吉首、凤凰等县（市）从优待金中拿出3万～5万元解决复员军人治病问题。1996年，完成老复员军人定补提标工作，人均每月定补标准达25元以上。

1997年，全州退伍老红军13人，失散红军1014人，烈属518人，因公牺牲军人家属52人，病故军人家属58人，复员军人家属1160人，退伍军人2545人，死亡未注销定抚定补人员75人。对老红军、失散红军、在职在乡革命伤残军人、“三属”、光荣院老人等优抚对象，提高抚恤标准，提标对象9802人，提标经费213.8万元。各县（市）不同程度提高义务兵优待标准。凤凰县将优待标准提高到350元，年人均递增50元。1998年，全州下拨66.7万元，为老复员军人建房190户，超省分任务23户。是年，省民政厅检查验收湘西州光荣院，全州光荣院建设达标。1999年，全州拨出提标经费221.6万元，提高各类优抚对象补助标准。全州优待金基本实现以县（市）统筹，标准较上年提高，永顺、凤凰等县达到500元/人·年。省民政厅下达167户在乡老复员军人建房任务，实际完成建房183栋。2001年，全州有重点优抚对象1.67万人，安置对象741人，优抚事业单位7个。向上级争取优抚资金712万元。再次为革命伤残军人每人每年提高伤残抚恤金和伤残保健金55～1000元，为三属每人每月提高生活补助费10元。2002年，全州投入资金72万元，结对帮扶优抚对象4325人，解决特困优抚对象困难513户。2005年，全州争取上级优抚资金2000万元，保证重点优抚对象各项待遇落实。完成近1000名伤残人员换证和1.6万名重点优抚对象核查工作。申报优抚事业单位建设项目9个，省民政厅批准3个。

2007年，州民政局编制上报双拥优抚经费预算，州本级财政配套安排资金193万元。下拨1.9万名重点优抚对象抚恤、定期定量补助金1282万元；为全州30名新中国成立前入党的在乡老党员拨付生活补助金2.32万元；完成2017名参战退役人员认定上报工作；完成12名残疾军人、1名人民警察评残追烈申报工作；完成烈士名录编撰工作，州民政局被评为全省烈士名录编撰工作先进单位。2009年，全州1.8万名重点优抚对象抚恤补助标准提高15%，全年下拨各类优抚资金5240万元。2010年，全州下拨各类优抚资金7461万元，比上年增加2221万元。2041人次优抚对象通过参合参保、医院优惠减免、政府补助“一站式”平台受益，缓解优抚对象看病难问题。

第二节 拥军优属

1989年，全州拥军优属工作经验交流现场会在吉首市召开，总结推广吉首市峒河街道办事处、河溪镇、州七一化工厂等单位建立优抚服务网络经验。是年，全州8个县（市）建立419个服务组织，成员7748人，为2147户优抚对象帮工1.36万个，帮助烈属、军属买化肥和农药2.9万公斤，犁田、插秧、收割430公顷。1990年，全州建立优抚服务队4231个，志愿服务员发展到19.4万人，为烈军属、残疾军人做好事21.1万件，义务帮工1.4万个，送衣物、农具2.98万件，运肥1.59万担，挑水37万担，送柴1.3万公斤。

1991年3月上旬，中共湘西州委常委、州委宣传部部长向熙勤率慰问团赴广东省湛江慰问看望南海舰队“吉首舰”全体官兵。1992年，州、县（市）成立双拥领导小组和双拥工作办公室。全州有双拥服务小组3000个，参加服务活动人数20万人。双拥活动由日常做好事、办实事向融洽军民关系、促进当地经济发展上转变。吉首市主动为部队营房建设做选址工作；部队出钱出力在己略乡联营兴建钒冶厂，投资300万元，提供机械50台，献油料13吨，义务投工504个。是年，吉首市被湖南省人民政府命名为“双拥模范市”。龙山县在纪念建军65周年时，召开全县“双拥”工作会议，表彰双拥工作先进单位13个、先进个人21人。

1994年，全州举办“双拥”宣传报告会153场次，开设宣传窗口132个，展览图片131幅，广播电视报道78条，报刊发表文章50篇，制作双拥宣传标牌53块，领导讲话29场次，在《团结报》开辟“国防知识”专版25期；全州有国防教育馆（室）31个，受教育群众50万人。“八一”建军节期间，州、县（市）组织38个慰问团（组），走访慰问驻州部队和县（市）武警、消防部队官兵。民政部门拿出慰问金18万元，各单位和群众给部队送慰问物资1180件；给随军家属安排工作58人，调整工种12人，解决住房28户，解决子女入学入托109人，支持部队建设投入资金88万元。在车站、码头、商店、公共场所设立军人购票窗口11处。吉首军分区和各县（市）人武系统民兵，建立民兵林基地1577处，营造面积9713公顷，建立扶贫联系点11个，投入资金5万元；59959部队出资2万元与万溶江乡共修道路3000米。吉首市被评为“全国双拥模范城”。1996年，吉首市开展“全国双拥模范城再创”工作。公路部门在各收费站对军车一律实行免费，各大服务行业对军车停放一律实行无偿服务。医院、车站、邮电、商业、银行等部门对军人一律实行服务优先，报社、广播、电视等新闻媒体对双拥工作实行优先报道。是年，龙山县被评为全省拥军优属模范县。

1997年，开展《中华人民共和国国防法》宣传和双拥宣传教育工作，组织军民学习《中华人民共和国国防法》，举办《国防法》知识竞赛1500场次，有8万人参赛。州双拥工作领导小组组长、州长向世林在州财政困难情况下，批拨专款解决吉首军分区和武警支队医药费超支问题。春节、“八一”期间，州、县（市）党政领导走访慰问部队官兵。“八一”建军节，吉首市给远在湛江市“吉首舰”信汇现金1万元；端午节，吉首市及部队驻地附近乡、村负责人和村民背着粽粑，挑着松花皮蛋，慰问驻军59969部队。龙山县挤出4万元，为驻军改造营房；凤凰县挤出1.3万元作为武警、消防官兵节日慰问费，对官兵们1—2月电话费实行全免；供电公司、供水公司对武警、消防部队的水、电费给予优惠。部队官兵投身地方扶贫攻坚，挂点扶贫。1999年，湘西州政府作出《湘西州拥军优属若干规定》，各县（市）相应出台拥军优属若干规定细则；驻吉首军警制定《驻吉部队拥政爱民若干规定》，开展“爱人民、学人民、为人民”活动。吉首市再度被评为“全国双拥模范城”，龙山县被评为“全省双拥模范县”。全州干部群众参与“爱心献功臣活动”，龙山县组织全县民政干部开展联系一名功臣，建立一个登记卡，献一份精神食粮，办一件实事“爱心献功臣”活动。县电信局半费为26名伤残军人安装电话，县人民医院、中医院两次为县光荣院老人上门义诊。凤凰、保靖两县人民政府，将“爱心献功臣”活动纳入建整扶贫及机关目标管理之中。2001年，州人民政府、吉首军分区两次联合发出《关于节日期间广泛开展拥军优属、拥政爱民活动的通知》，州、县（市）两级组织慰问团72个，走访慰问全州驻军及484家重点优抚对象。州、县（市）成立“维护军人军属合法权益领导小组办公室”。永顺县成立“县人民法院审理涉军案件合议庭”“县涉军法律事务援助中心”；保靖县修建剿匪烈士陵园；驻州人民解放军及武警部队参加地方两个文明建设，帮助地方开展国防教育，为全州各部门上国防教育课52场次，开展国防知识竞赛35次，15万人受教育；帮助学校、企业搞军训38场次，投义务工5500个，出动车辆1124台次，建扶贫帮困点18个。

2005年，全州开展“援建军营图书室，共建学习型军营”和“拥军优属、拥政爱民”结对帮扶活动，结对帮扶1万多人次，为驻军办好事、做实事。出台23条关于军人家属子女就业、入学等相关优惠政策，援建军营图书室15个，赠书1.05万册。驻军支援地方建设，出动抢险车1000台次，扶贫帮困投资300万元。完成烈士传略编纂工作，上报省民政厅烈编办入传稿件11篇。2007年，调整充实州双拥工作领导小组成员；举办建军80周年大型“军民鱼水情”联欢晚会；开展春节、“八一”慰问走访活动，慰问驻军2530人次、重点优抚对象8250人次，发放慰问金152万元、挂历3200份、棉衣被800件（床）。2010年，巩固双拥创建工作成果，开展“八一”走访慰问驻军及部分重点优抚对象活动。

第三节　退伍军人安置

1989年，全州城镇户籍退伍兵和志愿兵108人全部一次性安置到位。对农村户籍退伍兵，州、县民政部门会同相关部门，举办农村实用技术培训班，全年办班24期，参训500人次。同时，安排60人进厂当工人，介绍120人做临时工。1990年，全州春、冬两季接收退伍士兵1432人，其中属城镇安置453人，农村户籍退伍兵979人。春季接收退伍兵872人，属城镇安置301人，退伍兵均如期安排单位上班。对农村户籍退伍兵开展技术培训，其中有技术专长的224人分别介绍到国营企业、集体单位、乡镇企业工作，有的被招工招干。为237名无房退伍士兵建房237栋，面积1.4万平方米。湘西州和龙山县、凤凰县被评为全省退伍安置工作先进单位。

1991年12月至1992年3月，接收退伍兵和转业志愿兵916人，其中志愿兵42人，义务兵874人。义务兵当中符合安置条件173人全部安置。对农村户籍退伍兵，从生活上关心，工作上发挥他们两用才能。古丈县走访55名农村户籍退伍兵，发现18人春夏荒期间生活困难，随即下拨救济款2510元，统销粮4125公斤，解决他们生产生活困难，并为他们培训技术，购置科普书籍。全州有190名有专长军地两用人才被推荐到各类厂矿企业工作，有的被推上村级领导岗位。

1993年12月至1994年春，全州接收退伍军人和转业志愿兵966人，其中城镇户籍26人及志愿兵均落实工作岗位；农村户籍退伍兵，扶持他们创办经济实体，发展种植、养殖业；指导他们去沿海务工。全州有180人担任村组干部，80多人进城务工、经商，30多人下广州、深圳、海南务工，25人办经济实体，30多人成为种养专业户。1996年，全州330名城镇户籍退伍兵、36名转业志愿兵、95名兰印户口退伍兵全部得到安置；482名农村户籍退伍兵顺利返回家乡，参加家乡建设。

1997年，全州执行“从哪里来，到哪里去”退伍安置政策和按系统分配任务，包干安置与按比例分配人员相结合办法，全年安置退伍军人461人。是年，严把城镇兵入伍比例关，城镇兵入伍实行“持卡入伍”制，作为退伍安置的重要依据。1998年，州内企业下岗、分流人员增多，退伍安置难度加大。全州接收退伍兵956人，按政策应安置462人，主要安置在事业单位，是年8月全部安置到位。龙山县制定“退伍军人安置优先于大中专毕业生分配，并安置到较好企事业单位”政策，一次性安置志愿兵、城镇户籍退伍兵64人，111名农村义务兵也得到妥善安置。

1999年4月中旬，州委、州政府安置领导小组召开全州退伍安置工作会议，部署退伍安置工作。民政部门到编委、人事等部门了解各单位空编情况及岗位需求情况，并协调相关单位，争取安置指标。泸溪县政府领导在全县退伍安置会上强调，任何单位不能以任何借口拒绝安置退伍军人；永顺县98名需安置退伍兵于6月19日全部办完手续，到岗到位，并将25名退伍兵安置在事业单位；龙山县将70%退伍兵安置在全额拨款事业单位，将30%退伍兵安置在效益好的企业单位，并为事业单位安置退伍兵增编50名。全州年内接收退伍兵1123人，转业志愿兵32人，其中按政策应当安置531人，全部安置上岗。2001年，全州接收退伍兵1093人，其中应安置478人，实际安排上岗350人。2002年，全州应安置401人，实际安置390人，占安置总数的97.3%。州直应安置91人，安置到位71人，占应安置数78.2%；冬季征兵发放280张“优待安置证”，比上年征兵数减少20%。2004年，全州城镇户籍退伍兵安置率95%，受到湖南省民政厅表彰。2005年，全州安置退役士兵347人，占应安置人数的94.2%；申请自谋职业安置54人，占应安置人数的15%；争取上级安置经费216万元。

2007年，全州接收2006年冬季退伍兵942人，按政策应安置356人。州委、州政府召开机构编制、劳动、人事参加的退伍安置工作协调会，研究州直退伍兵安置方案。落实安置退伍兵328人，占应安置人数的92%；申请自谋职业退伍兵43人，占应安置人数的12%。发放城镇户籍退伍兵待安置期间生活费7万元及自谋职业一次性补助101.4万元。2008年，全年安置城镇户籍退伍兵419人，安置率92%。落实安置人员工资福利待遇，退伍兵、转业士官自谋职业一次性补助由2.8万元和5.6万元分别提高到3.5万元和7.1万元。

2010年，全州接收退役士兵930人，其中农村义务兵522人，符合安置政策408人。另有往年遗留未安置22人。按政策实际安置427人。发放退役士兵待安置期间生活补助费43万元，为60人发放自谋职业一次性补助金312.05万元。

第四节 军队离退休干部安置

1989年，州民政局完成第三批和前两批军队离退休干部住房建设，建筑面积1937平方米。全州军队离退休干部修养所（简称军干所）有退休干部46人，其中21人自愿为社会服务，25人在所内从事生产经营等活动。永顺县退休干部田宗仁在军干所附近农村租地1.5亩种蔬菜，并利用菜叶养猪，一年收入2000余元。泸溪县退休军干王治安，自种柑橘，年收橘子1吨多，获利800元。1990年，全州5家军干所开展生产经营活动，发展养殖业和种植业，为军干所增加收入。有30名军休干部自愿为社会开展服务。是年，全州12名军休干部和5名工作人员被省民政厅评为先进个人。

1992年，州军干综合经营部开业。凤凰县军干所利用山区优势，发展庭院经济，人均收入600元。组织军休干部参加钓鱼、打门球、演讲比赛等活动；组织军休干部学习党内有关文件，了解国际国内形势等。1994年，落实中央《关于调整移交政府安置的军队离退休干部和退休志愿兵生活待遇的实施办法》，完成调资工作任务；全州各级军干所发展第三产业，创利润10万元。

1997年10月，州民政局在龙山县举办全州第四届军队离退休干部康复运动会。1998年，落实军休干部生活待遇，全州一次性补发军休干部生活费18万元。州军干所、永顺军干所派专车为年老体弱的军休干部买米购煤，送物上门。完成第四批军休干部建房和接收工作。军休干部生产经营，创利18万元。1999年，组织军休干部开展政治学习。开展"尊老爱工"活动。州军干所制定"工作人员尊老五条""休养人员爱工五条"，其做法在全省交流推广。是年，接收安置第四批退休干部8人。开展全州军休干部第五届康乐运动会、湖南省军队离退休干部吉首赛区钓鱼比赛等。凤凰县办起军干果木基地，种植猕猴桃3.4公顷，又与凤凰县接待处入股办餐馆，年创收5000余元。州军干所年创收5.2万元。2004年，州军干所被民政部授予"全国民政基层单位行风建设先进集体"称号。

2005年，全州开展军休系统人、财、物管理使用情况执法监察；发放第五批军队离退休干部住房补贴99.4万元。组织军休干部开展体育活动，参加门球比赛，获首届"贺龙杯全国老年人门球邀请赛"冠军。2007年，举办全州军休人员第十一届康乐运动会，开展"和谐军休之家""和谐军休家园"创建活动，组织全州军休人员参加民政部举办的"迎接党的十七大和建军八十周年知识竞赛"活动。

2009年，湘西州军休工作受到民政部表彰，州军干所被民政部、中国人民解放军总政治部评为"全国军休系统先进单位"。2010年，落实军休人员政治、生活两项待遇。

第四章　区划　地名　勘界

第一节　行政区划管理

1989年，湘西州辖7县1市，即龙山、永顺、保靖、花垣、古丈、凤凰、泸溪7个县和吉首市。是年，花垣县花垣镇与三角岩乡合并；州民政局写出泸溪县城搬迁问题书面材料呈报州政府和湖南省民政厅。

1990年，州民政局绘制《湘西土家族苗族自治州政区图》和编写《湘西土家族苗族自治州行政区划简册》。1992年，全州设市预测规划和设镇预测规划工作全面铺开，并编制系列行政区划资料。1994年，着手办理乡改镇事宜，并完成6个乡改镇工作。1995年，永顺县撤销艾坪乡，整体并入灵溪镇，同时撤销首车、泽家、高坪、长官、永茂、石堤、塔卧、万坪、城郊9个区公所。

1998年，保靖县撤销毛沟、比耳、复兴、阳朝、水田5个区公所，野竹坪乡改为建制镇。1999年，州民政局开展州内20个初具小城镇规模乡（镇）调查摸底，完成保靖县清水坪、比耳、普戎，永顺县首车、泽家、长官，吉首市双塘7个乡撤乡设镇的审核、报批和筹建工作。2000年，龙山县撤销城郊、水田、红岩、洗车、里耶、召市6个区公所。花垣县雅酉，龙山县石牌、靛房3个乡实施乡改镇。全州建制镇由53个增至64个。

2001年，《湘西土家族苗族自治州政区图》出版发行。州民政局配合小城镇建设，完成吉首市丹青乡，永顺县青坪乡、砂坝乡撤乡建镇报批工作。2002年，开展部分乡镇行政区划调整前期调研。2003年，永顺县镇溪乡并入小溪乡。

2005年，中共湘西自治州委、州人民政府贯彻中共湖南省委、省人民政府《关于进行乡镇村行政区划调整》文件和会议部署精神，全州8个县（市）所属224个乡（镇、场、街道)调整为164个，其中乡93个、镇65个、街道办事处6个，调减幅度26.7%。调整后，全州乡镇、街道平均面积94.38平方公里，平均增大面积25.38平方公里；平均人口1.62万人，平均增多人口0.42万人。其中，吉首市由原18个乡（镇、街道）调整为7个乡、5个镇、3个街道，调减幅度16.7%；泸溪县由原19个乡（镇）调整为7个乡、8个镇，调减幅度21%；凤凰县由原31个乡（镇）调整为15个乡、9个镇，调减幅度23%；古丈县由原16个乡（镇）调整为8个乡、4个镇，调减幅度25%；花垣县由原21个乡（镇）调整为10个乡、8个镇，调减幅度14%；保靖县由原25个乡（镇）调整为7个乡、9个镇，调减幅度36%；永顺县由原45个乡（镇）调整为19个乡、11个镇，调减幅度33.3%；龙山县由原49个乡（镇、街道）调整为20个乡、11个镇、3个街道，调减幅度30.6%。全州村级建制相应调整，由原2653个调整为1975个，调减幅度26%。其中，吉首市由原192个村调整为138个村，调减幅度28.1%；泸溪县由原220个村调整为134个村，调减幅度39.3%；古丈县由原185个村调整为140个村，调减幅度24.3%；花垣县由原300个村调整为288个村，调减幅度4%；保靖县由原368个村调整为195个村，调减幅度47%；永顺县由原511个村调整为302个村，调减幅度40.9%；龙山县建制村由原531个调整为434个，城镇居委会由原19个增至28个，调减幅度18.4%。

2007年，州民政局实施吉凤经济开发区部分行政区划调整审核报批工作；编制出版湘西州和8个县（市）政区图。2008年，经湖南省民政厅批准，永顺县松柏乡改设建制镇；古丈县岩头寨乡撤乡设镇。2010年，经湖南省人民政府批准，同意将凤凰县竿子坪乡的湾溪、木林坪、牯牛坪、捧捧坳4个建制村划归吉首市乾州街道办事处管辖。是年，经州人民政府批准吉首市乾州街道办事处划出湾溪、木林坪、捧捧坳、牯牛平、双河5个村和兴隆社区二组，设置吉凤街道办事处，并受吉首市委托，由吉凤经济开发区（湘西经济开发区）管理。是年，全州乡（镇、街道）由164个增至165个。

第二节　地名管理

1990年，州、县（市）民政局利用地名档案资料，为各部门提供资料咨询100余次。1992年，全州开展地名普查及资料更新和地名标志试点工作，编纂八县市地名录。1994年，加强地名管理，完成一个镇更名，设置3处地名标志；编撰《中华人民共和国地名大词典》湘西州词目648条、16万字；编纂定稿50万字《湘西方舆》。1997年，州民政局在国道319线泸溪至吉首段94公里设置地名标志21块。1998年，在国道209、319州境段设标172块。是年，经湖南省民政厅检查验收合格。

2002年，启动地名管理试点，编辑出版《区划地名大事记》。2003年，花垣、保靖、永顺、龙山等县城镇地名设标启动。2005年，投资58.5万元，设置地名标志326块；实施地名数据库录入工作；经湖南省人民政府批准花垣县茶洞镇更名为边城镇。2006年，永顺县完成地名数据库数据录入工作。2007年，启动《湖南省地名志·湘西地名志卷》编纂工作。经湖南省人民政府批准永顺县王村镇更名为芙蓉镇。2008年，完成全州国道、湖南省道、风景区沿线741个地名设标任务。全州地名信息通过湖南地名网与其他地区实现资源共享。完成《湘西州地名志》初稿编撰；《湖南地名志》编辑出版，下发《关于加快推进实施地名公共服务工程有关问题的通知》，按照地名规范、地名标志、地名规划、数字地名4个专项开展地名公共服务工程。2009年，全州乡镇地名设标工作完成。

2010年，州人民政府印发《关于开展城镇新区街巷命名清理整顿的通知》，明确地名管理工作重点和范围，加强地名管理工作；编辑《湖南省行政区划标准地名图集》湘西州资料。

第三节 勘界工作

1997年，湘西州贯彻执行国务院《关于开展勘定省、县两级行政区划界限工作有关问题的通知》（国发〔1996〕32号）文件精神，组织实施勘界工作。州、县（市）成立机构，抽调人员，安排经费。至2000年，勘定湘西州行政区域界限18条，共2040公里，其中：省界3条，即湘黔线、湘渝线、湘鄂线，全长559公里；州市界两条，即湘西州与怀化市、湘西州与张家界市，全长614公里；州内县市界线13条，即吉（首）凤（凰）、吉（首）泸（溪）、吉（首）古（丈）、吉（首）保（靖）、吉（首）花（垣）、凤（凰）花（垣）、古（丈）保（靖）、古（丈）泸（溪）、古（丈）永（顺）、保（靖）花（垣）、永（顺）保（靖）、永（顺）龙（山）、龙（山）保（靖），全长867公里。交汇点25个；实埋界桩88个。

2001年，总结表彰勘界工作，州民政局被民政部、人事部评为“全国勘界工作先进单位”，州民政局干部石维义被湖南省人民政府记一等功。2003年，修复鄂（西）湘（西）线B号界桩、怀（化）自（湘西州）线6号界桩、永（顺）古（丈）线A号界桩。2004年，湘西州人民政府与贵州省铜仁地区行政公署签订《行政区域界线管理协议书》。

2005年，州民政局联合相关部门开展省界湘渝线，州内界古永线、吉凤线、吉花线，共4条边界线联检工作。2006年12月，在湘西州凤凰县与贵州省铜仁地区松桃县4352002号界桩处共同设立“湘黔友好纪念碑”。2007年，完成湘西州与怀化市、州内边界线联合检查；开展创建平安边界活动；凤凰县被民政部评为全国行政区域界线管理工作先进集体。2008年，在全州相邻2040多公里边界线上开展创建平安活动，化解边界争议，维护边界稳定。2009年，在全省率先与贵州铜仁地区开展平安边界创建活动，其经验和典型事例在全省推广。

2010年，开展湘西州和张家界边界联检以及平安边界创建活动，双方签订《睦邻友好公约》，巩固边界平安创建成果。

第五章 基层自治组织

第一节 农村基层自治组织

1989年，湘西州有218个乡（镇），2683个建制村。是年，州民政局在州内10个乡（镇）、1133个村开展村务公开、村民自治试点。同时开展古丈县高峰、野竹等11个乡（镇）125个村委会组织现状调查。调查显示，好的村委会班子50个，占40%；较好61个，占48.8%；较差14个，占11.2%。当年，全州整顿较差村委会，组织村民学习《村民委员会组织法》和《选举法》，不带框框，按村民意愿民主选举村民委员会，并培训新当选的村民委员会成员。

1990年，全州开展村委会换届选举工作，州、县（市）成立换届选举领导小组，层层确定领导专抓，全州选举产生新一届村委会成员1.31万人。其中，连选连任9074人，占成员总数49.5%；妇女2277人，占成员总数17.3%；中共党员5249人，占成员总数42.1%；团员2141人，占成员总数16.3%。村委会成员平均年龄38.1岁。大专文化4人，占0.03%；高中文化3689人，占28.2%；初中文化4971人，占37.8%；高小文化4055人，占30.8%；文盲470人，占3.5 %。全州2683个村，有2643个村完成《村委会组织法》实施任务，2558个村建立人民调解委员会，2552个村成立治安保卫委员会，2364个村成立文教卫生委员会，2570个村成立社会福利委员会，467个村成立经济委员会。

1992年，全州开展村民自治示范活动试点8个。全州2683个村民委员会，建立村民代表议事会2516个、村民福利委员会2034个、风俗理事会1968个、储金会1604个，14.02万户农户加入储金会，筹集资金359.7万元。1993年、1996年，全州各县市分别完成第二、第三次村委会换届选举。至1997年，全州创建村民自治示范村535个，村民自治模范村128个，制定村民自治章程2621个。州、县（市）均成立村务公开领导小组，制定村务公开实施方案。全州2661个村委会，2270个建立村民代表会议制度，占村总数85.3%；2661个村全部制定村民自治章程；2445个设置村务公开栏，占村总数91.8%。1998年，州政府召开全州第四次村委会换届选举暨村务公开工作会议，部署全州第四次村委会换届选举工作，印发《湘西州第四次村委换届选举工作实施方案》，培训村委会换届工作骨干。同时，州、县（市）成立村务公开领导小组，加强村务公开工作领导，并采取先行试点、办点作样的办法，有序推进村务公开工作。是年8月，全州10个乡（镇）113个村村务公开试点成功，试点经验推广全州。年底，全州2663个村的村务全部公开。1999年，全州第四次村委会换届选举，全州2664个村民委员会，选出村委会主任2651人，副主任1940人，委员6951人。

2002年，村委会第五次换届选举，全州有村民代表55261人，选出村委会成员1.1万人、村民小组长1.5万人。8个县(市) 96%的村设置村务公开栏，主要公开集体收入、农民负担、计划生育等村民关心的热点项目。2005年，全州行政区划调整，8个县（市）1975个村委会换届选举，首次选举成功1941个，17个村次年补选或重选。2006年，州民政局接待处理涉及换届上访60起，查处违法行为90起。2007年，全州1975个村，其中969个村建有村部楼，当年新建394个。2008年，全州1975个村完成第七次村委会换届选举工作，培训新一届村委会成员8353人。2010年，全州1970个村的村务全部公开。

第二节　城市基层自治组织

1994年，全州145个街道居委会换届选举，州民政局组织培训新一届居委会并落实居委会干部生活待遇；发展街办经济，全州街办经济年创利20万元。1997年，全州居委会第三次换届选举，选举居委会主任145人，副主任278人，委员310人。1999年，州人民政府办公室转发《湘西州1999年至2005年社区服务业发展规划》。州民政局与工商、地税联合印发《关于实行社区服务业认证制度加强行业管理的通知》，各县（市）根据规划要求，办点作样。龙山县民政局、吉首市大田湾居委会等成立社区服务中心，开展多项便民利民服务活动，其中龙山县社区服务中心，年创收8万元。2000年，永顺县投资200万元，建设烈士公园正门综合楼竣工使用，县社区服务中心依托综合楼开展社区服务活动。是年，全州第四次居委会换届选举，各县（市）对新当选居委会成员开展培训，全州办培训班160期，参训居委会成员178人。

2002年，全州社区建设工作全面启动，8个县（市）人民政府审查批准社区划分调整方案并报州；龙山、吉首两县（市）举办社区试点。吉首市抽调20人，开展社区建设工作。2003年，完成第五次居委会换届选举。新组建64个社区居委会，完成20个社区新建、修建办公用房，面积5360平方米。2004年，全州社区新建办公用房29栋，每栋面积达到200平方米以上。2005年，全州新建、改建社区办公用房20栋。2006年，新建社区办公用房27栋，全州拥有办公用房的社区达80%。开展城中村和建制镇周边村“村改居”“村居合并”等社区整合工作。全州居委会整合为104个社区、66个居委会。社区居委会换届选举工作，吉首市先行试点，并采取“直选”与“间接”选举相结合办法进行。年底，全州社区居委会换届选举结束，选出居委会成员884名，平均年龄42岁，中专以上学历209人。2008年，提高社区干部待遇，低的由180元提高到300元，高的由500元提至1200元。社区办公经费由每年1万元增至2万元，吉首市达到10万元。2009年，吉首市向阳社区荣获“全国和谐社区建设示范单位”。

2010年，全州180个社区完成第七次社区居民委员会换届选举工作。

第六章 社会福利

第一节 福利事业及福利企业

1989年，全州有福利企业30家，从业人员950人，其中残疾人478人，占从业总人数50.32%，实现产值1492.83万元，利税126.3万元。其中县（市）民政部门福利企业4家，产值306万元，利润11.7万元。吉首市街办企业五金装潢厂，在整顿中求生存，从西安引进一位农民企业家和复合铝箔纸项目，企业绝路逢生。又从外地引进一套纤维嘴棒项目，企业后劲增强，实现年产值351.3万元，利税35万元，被评为全州福利企业先进单位。1990年，全州福利企业资金紧缺，原材料不足，加之设备陈旧，技术落后，部分企业产品质量上不去，缺乏竞争力，年末，有5家企业停产，其他企业效益相对下滑。1991年，企业内部挖潜，提升竞争能力，全州25家福利厂实现产值1292万元，创利税127万元，分别比上年增长8%和8.3%。

1992年，全州加大民政经济发展力度，没有福利企业的县（市）开辟福利企业项目，有福利企业的县（市），走向市场寻求发展。古丈县没有福利企业，民政局局长唐璞带队，走南闯北，找项目、筹资金，创办一个全民所有制民政综合福利厂，开设涂料制作、电脑打字复印、电子游戏机等车间；花垣县原福利厂和民政冶炼厂因缺拳头产品濒临倒闭，县民政局成立技改领导小组，州民政局副局长宋月山协助跑项目，引进精肝素纳系列和三盐基硫铅系列化工产品先后试产，这两个产品经检验合格，进入国际市场，年产值950万元，创利税90万元。龙山县福利厂引进海绵生产项目，产品销路畅通，供不应求。全州29家福利企业，实现产值3309万元，创利税231万元，同比增长112%和131%。1994年，全州福利企业面对严峻的市场竞争形势，坚持苦练内功，强化管理，全年创产值1500万元，实现利税80万元。龙山县福利厂，走技改新路，全年完成产值100万元，销售收入115万元，实现利税12.5万元。泸溪县社会福利企业，从内部管理入手，3家福利厂实现产值173万元，创利税18万元。全州绿色企业创产值15万元，实现利税3万元。1997年，全州福利企业创产值2500万元，创利税110万元。吉首市福利企业人员优化组合，年创产值80万元，职工人均工资由150元增至300元。

2001年，州社会福利院选址筹建。规划建设面积6000平方米，预算投资600万元，州财政先期投入100万元，开工建设。2002年，一期工程竣工，二期工程启动。2003年，州社会福利院、民政综合楼、社区服务中心、职工住宅楼竣工，建筑面积2.3万平方米。2005年，州社会福利院投入使用，收养社会弃婴、孤儿38人。启动涉外收养业务，老年公寓入住自费老人5人。2006年，花垣、龙山两县社会福利院建成投入使用。

2007年，全州11家福利企业安置残疾人就业909人。全州办理收养登记34例，州社会福利院、花垣县福利院收养登记弃婴、孤残儿童117例；办理涉外送养8例。2008年，全州有社会福利单位189个，拥有床位6882张，收养老年人、残疾人、孤儿等各类服务对象6749人。全年办理收养登记27例，涉外送养2例。2009年，全州有福利企业12家，从业1580人，其中残疾职工1100人。2010年，全州办理收养登记14例，收养登记合格率100%。福利企业安置残疾人就业1164人。

第二节 福利彩票及有奖募捐

1990年，全州开展社会福利有奖募捐工作，全年发行销售奖券37.83万元，完成湖南省民政厅下达任务的70%；募集福利奖金17万元。1992年，改变单一摆摊设点发行奖券做法，采取集中力量、突击销售，以及与单位、部门联营，共同销售等方式，销售局面打开，全年销售奖券120万元，超额完成省民政厅分配的83万元任务。龙山县利用湘、鄂、川、黔四省边区集贸会机遇，集中全局干部职工突击销售，7天销售奖券20万元。吉首市采取与商场、街道办事处联营销售办法，全年销售20万元。1994年，全州发行奖券150万元。1996年年初，州民政局由局长章素勇带头，所有干部职工齐上，发行彩票300万元。全州发行彩票980万元。1998年，采取城乡结合、灵活多样办法，全年发行福利彩票10次350万元；发行赈灾福利彩票350万元，其中花垣县100万元。1999年，全年发行社会福利彩票900万元，筹集社会福利基金270万元。2005年，全州福利彩票销售额2800万元，完成全年任务230%，为国家筹集福利基金1000万元。2006年，福利彩票发行工作突出“扶老助残、救孤济困”宗旨；打造电脑福彩品牌，加快发行网络建设，新增投注站38个，其中乡（镇）站点33个，全年销售电脑福彩5200万元，比上年增加2000万元。

2007年，全州开展福利彩票发行大宣传，在城市公交车投放福彩车身广告，结合七乐彩上市组织彩车上路宣传；举行福彩发行二十周年座谈会等纪念活动，并通过媒体专访报道。全年发行福利彩票5855万元，比上年同期增长14.87%，其中电脑彩票完成销售4980万元,同比增长0.78%；中福在线销售360万元，同比增长771.7%；“刮刮乐”即开型彩票完成销售518万元，同比增长353.39%。2010年，全州发行福利彩票9590万元，同比增长12%，筹集福彩公益金3000万元。

第三节 慈善事业

2001年，州委常委会会议和州人民政府常务会议专题研究慈善工作，并召开州直机关副处以上单位负责人会议，动员开展经常性捐助活动，将各单位捐助情况在《团结报》上公布。同时，成立捐助工作机构，州建接收站，单位设接受点。当年州直单位募得善款8万元，衣物8000件，从香港乐施会募港币40万元。“微笑列车”项目在州内免费矫治州内贫困唇腭患者150人，“烛光工程”资助贫困优秀教师100人；为花垣县补抽乡排档村修通排洪隧道1000余米，20公顷稻田实现旱涝保收。2002年3月3日，“健康快车”停靠吉首，为期3个月，为湘西州贫困白内障患者实施复明手术1002例，免除手术治疗等医药费用510万元，术后恢复良好率99%。州外6家慈善机构为湘西州捐资182万元，捐棉被1万床、毛衣1万件，医疗器械3台。2005年，实施患儿“明天计划”康复手术；为456名贫困大学生发放助学金197万元。2006年，全州接受各类慈善捐赠260万元，救助永顺、龙山、凤凰等县小学生134人，每人发放救助金400元。青岛海尔药业集团捐助价值11万元肝病药物，首期捐赠3.4万元药物，救助乙肝患者50人。慈善救助城市低保户600人，金额30万元。瑞典希望之星捐资7.6万元，为泸溪县桌子潭村修建村小学，为全州20名乡村小学教师免费到长沙进修学习半个月。2007年，开展慈善迎新春“送温暖献爱心”活动，走访慰问特困群众800多家。接收湘潭市慈善爱心屋、中华慈善总会、深圳市好邻居有限公司及爱心个人捐赠。救助特困大学生72人、中小学生150人，发放救助金36.5万元。选派10名贫困教师参加瑞典希望之星培训。发放慈善医疗金叶卡1000张，资金50万元，救助城乡特困患者638人次，累计支出救助资金32.75万元。海艺威肝病救助活动救助患者200多人次，救助金额15.45万元。全年先后接收中华慈善总会、中国爱心工作委员会等捐赠款物折合人民币400万元。2008年，选举新一届州慈善总会领导班子，各县（市）成立慈善总会。2009年，实施“金叶慈善医疗卡”等救助项目，救助贫困患者1300人；发放社会捐赠款物560万元。2010年，开展“慈善一日捐”活动，全年募捐款物折合人民币760万元，慈善救助特困患者1050人，救助困难学生92人。

第七章 社会事务

第一节 殡葬管理

1989年，全州有两个县成立土墓管理机构。1990年，州人民政府印发《关于制止丧葬中的封建迷信活动的意见》。全州建公墓基地14处，面积293公顷。凤凰县拨款10万元，征地11.3公顷，建立公墓山。1992年，全州建经营性公墓机构5个，有公益性公墓山749处。凤凰县兴办经营性公墓山1处12.4公顷。1997年，泸溪县政府出资10万元建起天乐公墓基地，无偿划拨土地0.33公顷。1998年，凤凰县公墓山开始启用。1999年，吉首市公墓山地址选定，古丈县公墓山投入使用。

2001年，州长武吉海到吉首市现场办公，安排部署吉首地区殡葬工作，决定投资100万元，启动吉首殡仪馆项目。2002年5月21日，吉首市兴隆陵园破土动工，规划面积200公顷，完成征地21.67公顷，引进外地客商合股经营，引资1600万元。2003年，湘西州出台《殡葬管理暂行办法》。泸溪县修建殡仪馆。2005年，吉首市人民政府印发《进一步规范吉首地区治丧活动的通知》。2006年，湘西州和吉首市民政局开展各类殡葬执法检查145次，查处无证经营、超范围经营和非法经营丧葬3家，取缔非法运送遗体车2辆，制止和查处违规违纪行为8起，集中安葬实现76.8%。2007年，吉首市开展殡葬条例宣传，出动宣传车200台次，张贴标语1000条，印发资料2万份，设立咨询点10个，召开各类会议115场次，开展各类殡葬执法检查51次。2009年，州民政局主办湘鄂渝黔四省市边区殡葬工作联席会，交流工作经验，推进殡葬改革进程。2010年，开展“文明祭扫、平安清明”宣传活动，整治乱埋乱葬违法行为。

第二节 民间组织管理

1992年，全州清理整顿社团1033个，撤销社团51个。1993年，开展社团年检工作，引导社团围绕经济建设开展工作。1997年，全州清理整顿社团326个，注销社团69个，合并社团31个，限期整改社团24个，登记发证社团202个。1998年，注销社团82个，合并社团33个，重新登记发证合格社团226个；全州各类社团下乡为农民办科技培训班200余次，听课2万人次。州民政局社团科在吉首市双塘乡联合村办科技示范村，帮助该村创办科技图书室，捐书400多册，为科技示范村开发玉环柚100亩，超高产粮作100亩。1999年，开展社会团体兼职人员清理工作，全州社团组织原有副处以上干部兼职85人，经清理，减少47人。

2001年，完成134个民办非企业单位复查登记工作。全州有社团183个，注销14个。2002年，全州依法登记和公布民办非企业单位135个和民间组织184个；推介吉首市个协和凤凰县竿子坪农民蔬菜协会两个典型。2003年，全州培育和发展农村产业协会46个。登记各类社会团体206个，民办非企业单位103个，取消社团组织24个；限期整改1个。2005年，全州开展社会团体和民办非企业单位年检586个，年检率100%，合格率98.8%。农村专业经济协会示范作用突出，保靖县花椒协会，年创收700万元。全州有7个协会受到省级表彰。2006年，全州有各类民间组织632个。其中合格民间组织598个，不合格社团和民间组织34个，注销19个，转工商登记1个。审批新成立民间组织57个。2007年，全州有各类注册民间组织606个，其中不合格民间组织24个，注销72个。审批新成立民间组织60个；吉首市个协拿出30万元，帮助贫困村改善生产生活条件；州医药卫生学会组织专家携带设备深入农村，送医送药到农家；依法取缔吉首市马颈坳镇非法组织湘马出租车协会。2008年，规范社会组织登记条件、登记方式和登记程序，全年新登记各类社会组织21个。完成685个社会团体年检，合格民间组织663个，不合格的63个，注销22个。2009年，组织全州666个社会组织开展学习实践科学发展观活动，加强社会组织党的建设。州民政局获"全国社会组织深入学习实践科学发展观活动指导小组先进单位"和"全省民间组织管理工作先进单位"称号；州老科协被评为"全国先进社会组织"，吉首市个协被评为"全国社会组织深入学习实践科学发展观活动先进单位"。

2010年，全州社会组织750个，其中当年培育发展84个。

第三节 婚姻登记管理

1989年，全州开展宣传贯彻《中华人民共和国婚姻法》（以下简称《婚姻法》）活动，播放幻灯片450场次，出墙报1500期；清理违法婚姻，劝阻近亲结婚、包办婚姻。1990年，全州清理违法婚姻3689对，补办登记手续1876对；劝说非法同居分居3452对，罚款处理1374对。1995年，全州准予登记结婚14505对，其中初婚28006人，再婚1004人。登记离婚835对。1997年，全州申请结婚登记1.87万对，依法准予登记1.75万对，婚姻登记率和合格率95%。清理整顿婚姻介绍所，全州取缔非法婚姻介绍所8家。1998年，全州以县（市）培训婚姻登记员，凤凰县组织婚姻登记员考试，合格者发给证书。全州8个县（市）抽查46个乡（镇）2652份婚姻档案，登记率为85%，登记合格率95%，其中，永顺县首车乡、保靖县梅花乡等9个乡（镇），婚姻登记合格率100%。1999年，全州培训婚姻登记员451人次，其中州民政局培训185人。同时，州民政局组织4个检查组，每组3人，分赴8个县（市）137个乡（镇）检查婚姻登记情况，查阅婚姻档案1.13万份，登记合格1.11万份，合格率98.5%。是年，吉首市成立婚姻介绍所，开展婚姻系列化服务活动。

2000年，全州准予登记结婚16356对，其中初婚31266人，再婚1446人。

2001年，《婚姻法》修订，全州开展学习宣传活动。泸溪县将《婚姻法》印发到每个村，并张贴；龙山、永顺两县分别举办学习《婚姻法》培训班，集中培训乡镇婚姻登记员。同时，抽查68个乡（镇）婚姻档案1846份，婚姻登记合格率99%。2007年，加强婚姻登记管理工作，坚持以县（市）集中登记为主，边远乡镇设点登记为辅的办法，全州设9个婚姻登记处，17个婚姻登记点，部分实现网上登记。全年办理结婚登记1.46万对，离婚登记2294对，登记合格率100%。2009年，全州办理婚姻登记2.29万对，其中结婚登记2.01万对，离婚登记2305对，离婚率13.95%。

2010年，全州完善婚姻登记信息化平台建设，婚姻登记全面实现在线实时网上办理，全年办理结婚登记22440对，其中初婚41734人，再婚3146人；复婚681对；涉外及华侨、港澳台居民14件。离婚登记3516件。

第四节 流浪救助

1989年，全州民政机关配合相关部门收容外流人员620人次，遣送外地350人次。1990年，全年收容自流人员650人次，遣送自流人员370人次。同时审查教育收容人员，组织他们参加修路、排污、种蔬菜等劳动。1997年，全年收容遣送610人。1998年，收容619人，遣送回原籍246人，被亲人接走221人，送外站中转136人。1999年，收容1480人次，遣送518人次。

2001年，全州收容中转外流人员1876人次，遣送736人次。2003年贯彻实施国务院《城市生活无着的流浪乞讨人员救助管理办法》。州收容遣送站更名为州救助站，其职能由收容遣送转为救助。2005年，救助流浪乞讨人员7918人次，发放救助资金80万元。2006年，创建文明救助管理站，全年救助孤儿8500人次，发放救助费40多万元。2007年，救助城市流浪乞讨人员1万余人次，其中救助危重病人490人，精神病患者498人。2008年，州人民政府办公室印发《关于规范城市流浪乞讨人员中危重病人、精神病人医疗救助和身源不清人员安置工作的通知》，按照“自愿受助，无偿救助”的原则，开展救助工作。全年救助1.75万人次，发放救助金125万元。2009年，救助流浪乞讨人员5335人次。

2010年，全州实施流浪乞讨人员关爱型主动救助行动，全年救助11358人次。

第五节　老龄工作

1989年，全州贯彻国家《老龄事业发展纲要》精神，坚持“党政主导，社会参与，全民关怀”的十二字方针，开展老龄工作。1996年8月，州人民政府印发《关于认真学习贯彻〈中华人民共和国老年人权益保障法〉的通知》，宣传贯彻《老年法》。1997年6月，州老龄委员会（简称州老龄委）等8个单位联合开展全州宣传贯彻《老年法》情况督查。12月，州老龄委给全州20名老龄工作先进个人颁发“重视老龄工作功勋奖”“敬老好儿女金榜奖”“老有所为奉献奖”等“三奖”；推荐省老龄工作“三奖”表彰先进个人11人，国家老龄“三奖”表彰先进个人4人。1998年4月，州人民政府召开全州老龄工作会议，落实老龄工作人员编制、机构挂靠、业务经费问题。12月，州老龄委被湖南省老龄委授予“全省老龄工作目标管理先进单位”称号。1999年6月28日，州老龄办等5个单位联合组织全州党政机关副科级以上干部学习《老年法》知识考试，8899人参加考试，合格率100%。

2000年3月，州人民政府召开全州老龄工作暨表彰会议，表彰老龄工作先进单位19个，敬老好榜样单位13个，老有所为奉献者9人，重视老龄工作好领导6人，老龄先进工作者8人。2004年，州民政局与湖南《今日女报》联合采访湘西百名百岁寿星，编撰《她们如何活到一百岁》一书。2005年5月，州政府领导到州民政局现场办公，研究解决全州老龄机构、编制、经费等问题并形成《会议纪要》。7月，召开全州老龄工作会议，州老龄委成员单位调整，由原28个增至32个，并聘请8位州级离退休干部为老龄委顾问。9月，组织开展州直单位老年健步行活动。2006年5月，州人民政府出台《湘西州老年人优待规定》，州财政、吉首市财政每年拿出80万元补偿吉首市公交车公司，解决60岁以上老年人免费乘坐公交车问题。7月，州老龄委制定《湘西州老龄事业发展“十一五”规划》，9月组织全州老年人知识抢答赛，开展中小学生尊老、爱老、敬老活动，要求读一本敬老书，写一篇敬老文章，做一件敬老事，全州中小学购买敬老书32万册，写敬老文章5828篇，做敬老好事75万件。2007年3月，全面启动“银龄行动”，州老龄委组织46位离退休老科技工作者为州内76位百岁老人免费就诊和体检。5月召开全州老龄工作会议，表彰老龄工作先进单位77个、先进个人79人。9月，湘西州老龄委艺术团成立，慰问演出10余场。11月，开展老龄工作创先评优活动。评出老龄工作先进集体15个、先进个人26人。2008年，州老龄委办公室（简称州老龄办）组织活动12次。州老龄办被省老龄委员会授予“湖南省老年维权示范岗”称号。2009年，州委、州人民政府印发《加强老龄工作意见》，在龙山县书院坪、吉首市竹园社区开展居家养老试点工作，在花垣县花垣镇拐代村试点签订农村《家庭赡养责任书》，并推介全州。

2010年，湘西州老龄办与州老干部局、州民政局等部门联合开展“敬老月”活动。开展首届湘西州“十大寿星”揭牌活动，凤凰县117岁老人田龙玉荣登“中国十大寿星榜”。州老龄委艺术团代表中国老龄委艺术团赴日本、韩国参加文化交流活动。是年，全州有60岁以上老年人42万人，占全州总人口15.5%，其中百岁老人115人。

第八章　残疾人联合会

1991年，湘西州残疾人联合会（简称州残联）成立，下设盲人协会、聋哑人协会、肢残人协会、智残精神残人亲友会。至1992年，全州8个县（市）及222个乡（镇）相继建立残联或残疾人协会组织。2000年10月，湘西土家族苗族自治州残疾人联合会成立，机构级别为正处级事业团体单位。1994年2月，州人民政府残疾人工作协调委员会成立，2007年更名为州人民政府残疾人工作委员会，残工委主任由政府分管领导担任，秘书长由州残联理事长兼任。2010年，州境吉首、凤凰、永顺、龙山4个县（市）建成基层残疾人组织规范化建设达标县（市）。全州164个乡（镇、街道）全部成立残疾人联合会，并配备专职人员；80%的村成立残疾协会，基本形成州、县（市）、乡（镇）、村四级残疾人组织网络。

第一节　残疾人康复

1989年3月，湘西州残疾人三项康复工作领导小组和三项康复工作办公室成立。州政府印发《湘西自治州残疾人三项康复工作四年规划》，并要求各县（市）结合本地实际制定三项康复工作实施方案。全州确定以州人民医院为州白内障复明手术中心，县（市）级医院为白内障复明手术站(点)。全州完成康复手术546人，占任务数的106.6%。

1993年，全州抽派30名工作人员，组成9个检查组，从5月5日到6月底，深入各县（市）、区、乡（镇、场、街道）、村（居委会）、组（巷）、家庭开展残疾人三项康复工作抽查。州残联重点抽查泸溪、古丈、凤凰、花垣、保靖、永顺6个县。抽查白内障复明手术27人，脱盲率100%，脱残率100%；抽查小儿麻痹后遗症矫治手术14人，有效率93%，显效率57%；抽查州聋儿语训部受训聋儿16人听力、语言康复自身评估和两名语训教师评价，均达到合格标准。全州筹措经费68万元，组派医疗队3支，培训技术人员26人。州聋儿语训部被评为全国三项康复工作先进单位。永顺县王村镇太坪村党支部书记周隆义，白内障手术复明后，重新挑起支部书记的担子，为村内架起电线，解决170户村民照明问题，带领村民造马尾松10公顷；完成上缴公粮20吨，收到“治好一个、解放一家、影响一片”成效。花垣县团结镇龙莉莎进入语训班3个月，父亲来看他时，见面就叫爸爸，他爸爸激动地流下眼泪，并对县三康办领导说：“我儿子7岁了，才第一次叫我一声爸爸。感谢党和政府，不再要二胎了。”群众赞扬“党的政策真英明，残疾变成健全人，跛子甩棍能走路，瞎子变成好眼睛”。

1995年，全州完成白内障复明手术633例，超出省分任务172例。儿麻矫治404例，超出省分任务46例。聋儿语训完成29人，超出省分任务12人。智残儿童培训48例，超出“八五”计划任务3名。培训智残儿童家长100名，完成“八五”计划任务100%。特需人群补用碘油60223人，累计完成159160人，完成“八五”任务263.3%。全州建立县级社区康复站8个，完成“八五”任务100%。乡级社区康复站151个，建立残疾人用品用具服务供应站3个，完成“八五”任务的100%。

1998年，州人民医院开始实施香港“关怀行动”，重点放在花垣县，至1999年为残疾人做手术2次85台，支具诊治疗60人次，职业治疗55人次，物理治疗144人次，打石膏46人次，诊治病人287人。排料乡张明茂，原准备右腿截肢。经过“关怀行动”治疗，不但右腿保住，而且扔掉双拐，回归常人生活。所需1万多元手术费全免。凤凰县官庄乡王梨村杨树风腿不能行走，躺在床上多年。经过香港“关怀行动”专家和州人民医院手术治疗，实现正常行走，并能参加劳动。

2001年，湘西州实施“视觉第一中国行动”

计划和香港关怀行动康复工程，全州有近600名白内障患者和2000多名肢体残疾患者获得康复。2002年，全州初查白内障患者1万余人，县（市）级医院筛查出近5000人，州人民医院复查2500人，其中眼B超复筛1800人，送至“健康快车”，施行手术1022例。凤凰、泸溪、古丈、花垣、吉首5个县（市）农村普查肢体残疾患者2000人，州人民医院专家门诊360人次，香港专家门诊320人次，康复训练125人次，手术治疗113台次。州人民医院、州康复办副主任李国光分别被国务院残疾人工作协调委员会等国家六部委授予全国残疾人康复工作先进集体、全国残疾人康复工作先进个人称号。

2005年，全州实施康复手术和训练2615人（件），均超额完成省下达任务，享受康复服务对象2.8万人，康复服务覆盖面9.8万人；帮助残疾人提供用品用具1287件，装配假肢72例，为100例精神病患者发放治疗药物；130名肢体残疾患者、41名脑瘫儿童、30名智力残疾儿童等得到康复训练。特别是为95名肢残儿童集中实施矫治手术，康复总量占到全省200例任务近一半，获得省残联颁发的组织奖。全年为贫困残疾人实施康复手术补贴75.9万元。

2007年，全州推广社区康复新模式，残疾人脱残或减轻残疾程度4653人。6月18—21日，中国残联、香港嘉道理基金会社区康复合作项目总结暨全国农村社区康复工作研讨会在湘西州召开。总结湘西州康复工作经验，探讨今后做法。

2008年，第二次全国残疾人抽样调查，全州有19.34万残疾人，占总人口的7.17%，分别高出全国、全省平均比例0.83个百分点、0.73个百分点。其中视力残疾39530人、听力残疾54456人、言语残疾1044人、肢体残疾34821人、智力残疾13081人、精神残疾10209人、多重残疾40318人。关联13万家庭69万亲人，分别占全州家庭数和总人口的22%和25%。在全州60万农村低收入人口中，残疾人占居近20%，全州13万原生性贫困人口中，残疾人或残疾人家庭接近10%。残疾人按家庭居住所在地分，城镇5.23万人，农村14.11万人，残疾人持证人数3.51万人；按年龄段分，18岁以下未成年人1.2万人，19～60岁成年人8.92万人，60岁以上老年人9.22万人；按残疾程度分，未成年人中可接受普通教育的0.46万人，需要特殊教育的0.31万人，成年人中有就业能力的4.28万人，通过康复手术和训练可以恢复或部分恢复劳动能力的3.8万人，老年人中能生活自理的5.29万人。各类残疾人中完全丧失劳动能力和生活不能自理的5.2万人。是年，完成综合康复任务5602人次。各县（市）相继成立视力、听力语言、智力、肢体、精神、辅助器具六类康复技术指导机构25个，举办康复业务培训班培训609人。依托新建服务网络提供辅具服务2360件，包括实施国家电网假肢装配145例，矫形器装配6例，低视力配助视器412例，美国扶轮社赠轮椅200件，州辅具中心160件。全州全年争获康复投入286.28万元（不含上级下拨）。州残联获全省残疾人工作目标管理考核二等奖。

2010年，全州完成白内障复明手术1030例，低视力配助视器472例，低视力家长培训133人，盲人行走生活训练30人；假肢装配42例，矫形器装配24例；聋儿语训90人，聋儿家长培训95人，专项救助贫困聋儿168人；贫困智障儿童训练92人，智障儿童家长培训112人。肢残训练198人，肢残儿童康复训练76人，肢体残疾矫治手术101例；重症精神残疾治疗康复725人，供应辅助器具1970件。康复服务指标均按要求超额完成，机构康复重点工程共使1万余人次残疾人脱残或减轻残疾程度。实施为民办实事0～6岁贫困残疾儿童抢救性康复项目，帮助128名项目对象搞好全方位系列化服务，完成规定任务的116%。吉首市社区康复通过国家级达标验收，有康复需求的残疾人得到康复服务5万余人。州残联获全国“十一五”麻风畸残康复工作先进集体，吉首市获全国社区康复示范市，凤凰县获全国首批白内障无障碍县。

第二节　残疾人教育与就业

1989年，州残联配合教育部门在永顺县连洞中学举办残疾人技能培训班，开设裁剪、缝纫、机绣等课程。1990年，州政府批转州教育委员会等9个部门联合印发《关于发展我州特殊教育若干意见的通知》。聋哑人毛汉元在吉首办起一所私立聋哑学校，聋哑学生由7人增加到11人，教育聋哑儿童学习写字、绘画、计算简单加减法。组建吉首市盲人按摩诊所，安排2名盲人就业。1992年9月，创办州特殊学校，学员74人。1994年，州特殊学校在校学生58人。永顺县建立县特殊学校，配备4名专职教师和保健员，有训练计划和教学大纲，在训儿童23人。全州新增盲、聋、弱智儿童随普通班就读人数1028人；普通高等学校、中专、技校招收残疾学生8人。实施彩票公益金救助和扶残助学活动，先后救助残疾中小学生965人，救助残疾大学生16人，救助金额76.7万元。全州分散在各普通单位就业和残疾人个体户488人。1995年，全州在校残疾学生2216人，入学率13.33%。普通高等学校、中专、技校招收残疾学生85人。开展残疾人待业登记、能力评估、职业培训、就业介绍，全州安置残疾人就业3334人，占城镇有劳力的47.4%；农村在业率占有劳力58.5%；建立残疾人劳动服务机构1个。1996年，全州有500余名残疾人参加职业培训，分散在各单位就业的残疾人有720人。

1999年，州人民政府作出《关于实施按比例安排残疾人就业的决定》，要求机关、社会团体、事业单位和城镇企业应当按本单位职工总数1.5%以上比例，乡村企业按本单位职工总数2%以上比例安排残疾人就业。2000年，州残疾人劳动服务所按比例就业和收取保障金工作，至年底收取保障金17万元。11月，召开全州残疾人就业工作会议，要求全州各级党委、政府及相关部门，按照规定比例安排残疾人就业。是年，全州城镇安排残疾人就业4358人，农村残疾人就业33756人。2002年11月，州长武吉海主持召开州政府常务会议，决定对残疾人就业保障金收缴全面实行财政代扣。2003年，州本级代扣残疾人就业保障金47万元。2005年，争取彩益金13.9万元，资助139名贫困残疾儿童接受义务教育，2名残疾人进入大学深造。全州残联系统会同相关部门举办实用技术、职业技能培训班250期，培训城镇残疾人500人、农村残疾人及其亲属1万人，盲人按摩培训45人。全年新增残疾人转移就业134人。全州征缴残疾人就业保障金156万元，比上年增加61万元。2006年，培训残疾人2098人，实现城镇转移就业5186人，全年新增就业1613人。全州实现财政代扣、地税代征残疾人就业保障金567.05万元。

2008年，州残联制定《湘西自治州培训就业扶贫基地建设管理办法》，州、县（市）投入40万元，扶持创业基地17个，依托基地新增培训1131人，新增就业6344人。开展集中安置残疾人机构认定、年审和日常管理工作，开展残疾人失业、求职登记和职业介绍985人。征收残疾人就业保障金723.43万元，比上年增加143.43万元。

2010年，州残联协助教育部门办好州特校、永顺县特校和龙山县特校，残疾儿童入学率68%。完成农村实用技术培训632人，占应训人数的105%；城镇职业技能培训202人，占应训人数的101%；盲人保健按摩培训22人，占应训人数的147%。创办扶贫基地9个，实现城镇新增就业143人，占应就业人数的71%；扶持盲人就业22人，占应就业人数的147%。全州完成残疾人就业保障金征缴入库707万元。

第三节　残疾人扶持救助

1991年5月15日，湘西州实施《中华人民共和国残疾人保障法》，开展首个助残日活动。州残联向党政机关、部队、群众团体、企事业单位及社会各界发送《全社会都来关心残疾人》协商捐赠函，至10月底，有1148个单位和24036人为残疾人事业捐款33.3万元。龙山县委书记马立本率先捐出80元，县直机关38名县级干部有35人捐款；全县215个单位和4250人，为残疾人捐款4.6万元。古丈县退休职工鲁选英，把丈夫去世后一次性抚恤金1200元，捐给州残疾人联合会。保靖县教委75岁退休职工曾文友，将自己多年积蓄1000元捐给县残联。保靖县实验小学1300名少先队员为残疾人捐出485.48元分分钱。1995年3—4月，保靖县残联抽出3人，在全县11个乡（镇）、48个村寨，走访120多家残疾人家庭，同他们寻求脱贫致富之路，并专门给政府汇报，有140多家残疾人家庭列入重点扶贫对象。泸溪县潭溪镇大坡流村肢残青年向民龙，在县、镇残联和有关部门扶持下，投工210个，开发椪柑基地3公顷。全州扶持800多家，扶持资金8万元，减免税收50万元，义务工90万个。

1999年，全州各县（市）、乡（镇、街道、场）陆续出台扶残助残办法。凤凰县实施优惠政策，为残疾人减免税收6.59万元，减免学杂费3.32万元，减免义务工3720个，康复医疗贫补费18万元，减免诉讼费5680元，减免其他管理费2.87万元。龙山县民政部门为残疾人发放救济8.5万元，税务部门免税11.4万元，财政部门落实残疾人事业费15.3万元，教育部门为残疾儿童减免学杂费4.7万元，工商部门优惠办证1.24万元。八县市残联均指定一处就近、就便律师事务所对残疾人开展法律援助服务工作。州本级与州律师事务所协商为全州残疾人搞好法律援助服务，全州年内为残疾人开展法律援助服务13人次。是年，争取到康复扶贫贷款390万元，地方配套资金52万元，其他扶贫资金70万元，扶持4046人，扶持经济实体17个，脱贫15638人。永顺县争取扶贫资金90万元，扶持残疾人200家900多人。全州包帮带扶残疾人3714家15516人，8945名残疾人解决温饱。

2000年，全国助残日期间，凤凰县组织15支志愿者助残队伍，向社会各界发动各类助残资料3800份，为残疾人办实事近千件，与500名贫困残疾人结成“帮扶对子”，该县133个单位、48名个体私营业主捐赠助残款物折合人民币6.1万元。该县分管残联工作副县长龙保荣结对扶持5家贫困残疾人，同时为全县残疾人事业先后8次捐款1.61万元。是年，全州争取到国家用于残疾人康复扶贫专项贷款累计790万元，实施康复扶贫扶持贫困残疾人5021人，解决温饱3871人。古丈县高望界林场高林村白岩坪组张丁兴，被毒蛇咬伤致残，家境贫困，林场每年为他解决300~400元救济款，县残联连续两次给他提供康复扶贫贷款，帮助他从事家电维修和养殖业，人均纯收入3250元。

2001年，湘西州纪念《中华人民共和国残疾人保障法》颁布实施十周年，全州各级残联组织开展志愿者助残、红领巾助残、文化助残、科技助残、法律助残等活动。7月，湖南省军区给州残联无偿捐赠一辆价值13.8万元的新捷达轿车。湖南金石矿业集团为州特校配备2.8万元教学设备，并确定每年资助贫困残疾学生生活费3万元。是年，落实残疾人扶贫贴息贷款400万元，扶持1.04万贫困残疾人参加各种生产劳动，0.29万贫困残疾人解决温饱。花垣县残联被国务院扶贫开发领导小组、财政部、中国农业银行、中国残联评为全国残疾人扶贫先进单位；石光平、文玉生、张芝登、龙保荣等被评为全省助残先进个人。

2003年，全州开展城镇贫困残疾人享受最低生活保障工作。州境低保人口中，贫困残疾人占16%。台湾曹氏基金会为湘西自治州捐赠30辆轮椅。是年，全州扶持1万余名贫困残疾人就业，近5000名贫困残疾人解决温饱问题。实施危房改造60户。2005年，协助民政部门将2021名残疾人纳入城镇低保。州财政除给州残联31万元预算经费外，还增加70万元专项资金。是年，争取上级财政扶贫资金41万元，其他资金10万元，农民自筹174万元，社会筹资70万元，帮助残疾人改造危房205户615人。争取彩票公益金31.25万元，危房改造50户。2006年，争取上级财扶资金项目50万元，扶持农村残疾人建房150户，争取彩票公益金29.5万元，危房改造50户，发展种养业200家。吉首大学团委被评为全省青年志愿者助残行动先进集体，吉首大学文学院梁兵、医学院肖政分别被评为全国、全省青年志愿者助残先进个人。

2007年，全州投入彩票公益金345.5万元，实施危房改造450户；利用财政扶贫资金58万元，扶贫建房100户；301个整村推进村“帮包带扶”结对扶助5850人。2008年，全州为个体经营残疾人补贴养老保险 80 人 4.12 万元，无偿购买经营工具资金 21.84 万元；对吉首地区 132 名参与非法集资残疾人纳入低保 117 人，临时救助 31 人，解决养老保险 2 人、医疗保险 54 人，子女入学 3 人，上门慰问 10 人，合计金额 17.16 万元。全州争取彩票公益金扶贫贴息贷款 1000 万元，财扶资金 42 万元，扶持农村贫困残疾人解决温饱 4950 人。争取彩票公益金 112 万元，危房改造 160 户。2009 年争取彩票公益金 168 万元，改造危房 240 户。

2010 年，全州助残注册志愿者 17283 人，建成全托机构 2 个、日托机构 3 个，居家安养资助 500 人。纳入城乡低保、农村“五保”、城镇职工居民医保、新型农村合作医疗及新型农村养老保险 17.72 万人。是年，扶持农村贫困残疾人 2.8 万人解决温饱增加收入；实施财扶资金与彩票公益金农村危房改造 230 栋。

第十三篇　经济综述

第一章　经济水平

第一节　生产总值

1989 年，湘西州完成生产总值 16.76 亿元（按当年价格计算，下同）。1991 年，全州完成生产总值 22.06 亿元，比 1989 年增长 31.62%。

1992 年，全州深入贯彻中共十四大会议精神，加快社会主义市场经济体制建立，转换国有企业经营机制，加强市场体系培育。1995 年，全州完成生产总值 48.24 亿元，比 1991 年增长 1.19 倍，年均增长 16.9%。

1996 年，推进经济体制和经济增长方式转变，立足农业，主攻工业，促进经济稳定发展。2000 年，全州完成生产总值 69.58 亿元，比 1996 年增长 27.24%，年均增长 4.9%。

2001 年，加强以交通为重点的基础设施建设，实施工业化、城市化和信息化建设，发展壮大支柱产业和个体私营等非公有制经济。2004 年，全州生产总值突破 100 亿元，达 111.41 亿元。2005 年，完成生产总值 127.25 亿元，比 2001 年增长 65.84%，年均增长 10.6%。

2010 年，全州实现生产总值 303.54 亿元；居全国 30 个少数民族自治州第 15 位，比相邻的恩施土家族苗族自治州少 475.94 万元；比上年增长 12.85%，比 2006 年增长 94.38%，年均增长 14.2%。人均生产总值 1.19 万元，居全国 30 个少数民族自治州第 18 位，比相邻的恩施土家族苗族自治州多 1622 元。生产总值中：第一产业 49.37 万元、第二产业 121.27 万元、第三产业 132.91 万元，分别居全国 30 个少数民族自治州第 15、12、13 位，分别比相邻的恩施土家族苗族自治州少 58.29 万元、多 20.35 万元、少 9.65 万元。

1989—2010 年湘西州生产总值一览表

表 13-1　　　　　　　　　　　　　　　　　　　　　　单位：万元

年份	生产总值				县（市）							
		第一产业	第二产业	第三产业	吉首市	泸溪县	凤凰县	花垣县	保靖县	古丈县	永顺县	龙山县
合计	21826465	5051199	7989460	8785806	5396417	518072	2490113	3266174	2144468	862179	2461632	3055634
1989	167575	67844	51201	48530	30545	18212	29022	13538	13835	7453	24428	30542
1990	185515	80391	47673	57451	34786	17334	32696	15885	17724	7674	29347	30069
1991	220562	88765	65433	66364	41342	21523	41514	17495	18057	8549	31197	40885
1992	264617	109088	74393	81136	54317	24074	40295	21125	19459	10647	41010	53690
1993	309360	113336	99164	96860	66377	28868	46654	24158	21244	14041	38891	69127

续表 13-1　　　　　　　　　　　　　　　　　　　　　　　　　　　　单位：万元

年份	生产总值				县	(市)						
		第一产业	第二产业	第三产业	吉首市	泸溪县	凤凰县	花垣县	保靖县	古丈县	永顺县	龙山县
1994	401742	151625	129696	120421	84406	42929	64293	31103	26323	18873	52438	81377
1995	482403	175426	157579	149398	107594	52740	72559	39753	33764	21929	65898	88166
1996	546833	197171	178899	170763	132924	55116	76685	50995	38884	24431	74896	92902
1997	582840	209296	184017	189527	151878	54108	68746	54701	43469	25479	80056	104403
1998	606330	208392	192908	205030	167481	52773	68262	60420	48712	25200	81655	101827
1999	642105	216094	197839	228172	177175	54818	71031	65095	54050	26138	84269	108529
2000	695793	223610	218478	253705	196128	57576	74730	74247	60613	28900	88440	115159
2001	767340	229671	244923	292746	219015	62075	81386	85171	68541	32176	95341	122635
2002	834209	227998	274652	331559	253171	68099	84168	85097	75713	34088	102126	131747
2003	910920	225798	299757	385365	256162	77577	97272	103972	87184	37602	112504	138647
2004	1114102	257068	395750	461284	309636	90308	116024	155859	115599	45383	132643	148650
2005	1272536	270674	434414	567448	316652	99998	132494	236514	118717	66809	138978	162374
2006	1561570	286943	600257	674370	391275	134904	162062	278577	158504	79673	164327	192248
2007	2058313	364945	842884	850484	505376	200077	221999	398184	215905	65801	20241	248730
2008	2476730	410019	1017191	1049520	565884	261141	266498	493615	272644	82188	243036	291724
2009	2689710	443394	1069697	1176619	621077	304264	298109	475715	304422	92143	269156	324821
2010	3035363	493654	1212655	1329054	713216	371334	343614	482955	331105	107002	308755	377382

说明：生产总值按当年价格计算

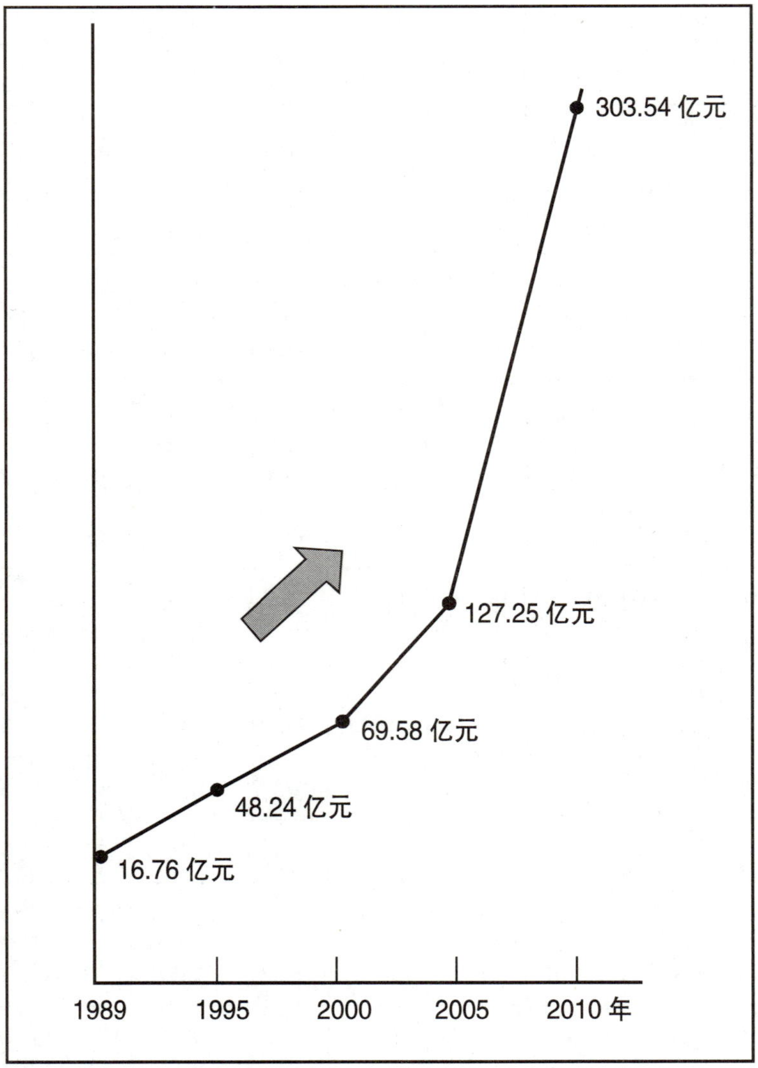

1989—2010 年湘西州生产总值变化情况示意图
主要年份全州生产总值(按当年价格计算)

第二节 经济结构

一、所有制结构

1989 年，湘西州有工业企业 18778 家。其中：国有 211 家，占 1.12%；集体 507 家，占 2.7%；个体 1.81 万家，占 96.39%。全州工业总产值（按当年价格计算，下同）12.9 亿元。其中：国营 9.66 亿元，占全部工业总产值 74.88%；集体 1.68 亿元，占 13.02%；个体只 1.56 亿元，占 12.09%。

1991 年，全州发展城乡集体经济和个体私营经济，招商引资办企业，引导国有大中型企业逐步建立健全企业集团或股份公司，国有小型企业实行租赁、拍卖、兼并或建立股份合作企业，逐步形成多种经济成份并存所有制结构。1995 年，全州有工业企业 1.74 万家。其中，乡及乡以上企业 835 家；有国有工业企业 314 家、集体工业企业 512 家、“三资”及联营工业企业 9 家，个体工业企业 1.63 万家，建制村及村以下工业企业 1.66 万家，城镇个体工业企业 1246 家。全州实现工业总产值 41.2 亿元。其中：国有工业企业 24.7 亿元，占全州工业总产值 59.95%；集体工业企业

5.86亿元，占14.22%；个体工业企业5.34亿元，占12.96%；私营工业企业5.1亿元，占12.38%。2000年，全州工业企业有1.97万家，其中国有204家、集体30家、个体私营1.94万家。实现工业总产值（当年价格）57.31亿元。其中：国有27.36亿元，所占比例降至47.74%；集体5.29亿元，所占比例降至9.23%；个体私营24.66亿元，所占比例升至43.03%。

2001年，全州探索公有经济多种实现形式，发展非公有制经济。2005年，全州规模以上工业企业221家。其中：国有企业65家，占企业总数29.41%；集体企业6家，占2.71%，私营企业125家，占56.56%；有限责任公司15家，占6.79%；港澳台商投资企业2家，占0.9%；港或澳台合资经营企业2家，占0.9%。实现规模以上工业总产值74.66亿元。其中：国有企业18.82亿元，占工业总产值25.21%；集体企业8196万元，占1.11%；私营企业35.84亿元，占48%；有限责任公司7.58亿元，占10.15%；港澳台商投资企业及港或澳台合资经营企业5972万元，占0.80%。

2006年，鼓励和允许部分国有和集体中小企业租赁、拍卖给个体私营企业；鼓励和支持下岗职工兴办个体私营企业；鼓励非公有制企业发展高科技企业，重点扶持一些规模大、水平高的私营企业；鼓励和引导非公有制企业参与经济结构调整和农业综合开发。2010年，全州规模以上工业企业发展到338家。其中：国有企业减至29家，所占比例降至8.58%；集体企业2家，所占比例降至0.59%；私营企业发展到283家，所占比例升至83.73%；港澳台商投资企业3家，占0.89%；有限责任公司13家，占3.85%；股份有限公司6家，占1.78%；外商投资企业2家，占0.59%。实现工业总产值265.31亿元。其中：国有企业38.66亿元，占14.57%；集体企业0.43亿元，占0.16%；私营企业187.91亿元，占70.83%；有限责任公司6.02亿元，占2.27%；股份有限公司21.91亿元，占8.26%；港澳台商投资企业9.22亿元，占3.48%；外商投资企业1.16亿元，占0.44%。

二、产业结构

1989年，全州生产总值（当年价格，下同）16.76亿元。其中：第一产业6.78亿元、第二产业5.12亿元、第三产业4.85亿元；生产总值构成（%）为40.45∶30.55∶29。

1990年，按“促进发展、保持稳定”基本要求，立足农业，主攻工业，发展商贸，生产总值结构基本保持稳定，1992年，三次产业结构为43.34∶25.66∶31∶29.41；1992年构成为41.23∶28.12∶30.65。

1993年，全州按照州委、州政府部署，加快发展第二和第三产业，建立烟草、食品、化工、冶金四大支柱产业，同时推进商品粮基地、财源项目、基础设施建设和山地开发，国民经济协调发展，生产总值有较大增长。是年，三次产业之比为36.62∶31.32∶32.06。1995年，全州生产总值48.24亿元，比1993年增长55.91%，三次产业之比为36.36∶32.67∶30.97。2000年，总产值增至69.58亿元，比1994年增长27.25%。第一产业所占比由1994年37.74%降至32.14%，降低5.6个百分点。是年，三次产业之比为32.14∶31.4∶36.46。

2001年，以保经济总量增长为目标，优化产业结构，加大投入，加快发展第三产业，三次产业结构发生较大变化，第一产业所占比例下降，第二、第三产业所占比例上升。2005年，全州生产总值由2001年的76.73亿元增至127.25亿元，增长65.84%。其中：第一、第二、第三产业依次为27.07亿元、43.44亿元、56.74亿元；其比例为22.14∶35.53∶42.33。

2006年，转变经济增长方式，调整经济结构，加强优势产业建设。2010年，全州生产总值由2006年的156.16亿元增至303.54亿元，增长94.38%。其中，第一、第二、第三产业产值依次为49.37亿元、121.26亿元、132.91亿元；分别比2006年增长72.08%、102%、97.03%；其比例为12.97∶39.95∶47.08。

1989—2010年湘西州生产总值构成情况一览表

表13-2　　　　单位:亿元

年份	生产总值	第一产业	第二产业	第三产业	生产总值构成(%)	第一产业	第二产业	第三产业
1989	16.76	6.78	5.12	4.86	100	40.45	30.55	29
1990	18.55	8.04	4.76	5.75	100	43.34	25.66	31
1991	22.06	8.88	6.54	6.64	100	40.25	29.65	30.1
1992	26.46	10.91	7.44	8.11	100	41.23	28.12	30.65
1993	30.94	11.33	9.92	9.69	100	36.62	31.32	32.06
1994	40.17	15.16	12.97	12.04	100	37.74	32.29	29.97
1995	48.24	17.54	15.76	14.94	100	36.36	32.67	30.97
1996	54.68	19.72	17.88	17.08	100	36.06	32.7	31.24
1997	58.28	20.93	18.40	18.95	100	35.91	31.57	32.52
1998	60.63	20.84	19.29	20.50	100	34.37	31.82	33.81
1999	64.21	21.61	19.78	22.82	100	33.66	30.81	35.53
2000	69.58	22.36	21.85	25.37	100	32.14	31.4	36.46
2001	76.73	22.97	24.49	29.27	100	29.94	31.92	38.14
2002	83.44	22.80	27.48	33.16	100	27.33	32.94	39.73
2003	91.09	22.58	29.97	38.54	100	24.79	32.9	42.31
2004	111.41	25.71	39.58	46.12	100	23.08	35.53	41.39
2005	127.25	27.07	43.44	56.74	100	22.14	35.53	42.33
2006	156.16	28.69	60.03	67.44	100	18.37	38.44	43.19
2007	205.83	36.49	84.29	85.05	100	17.73	40.95	41.32
2008	247.66	41.00	101.72	104.94	100	16.55	41.16	42.29
2009	268.97	44.34	106.97	117.66	100	16.49	39.77	43.74
2010	303.54	49.37	121.26	132.91	100	12.97	39.95	47.08

说明:生产总值按当年价格计算

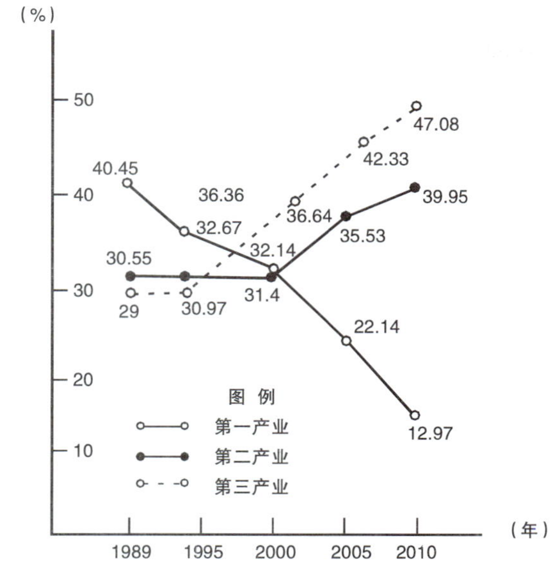

湘西州三次产业发展变化坐标图

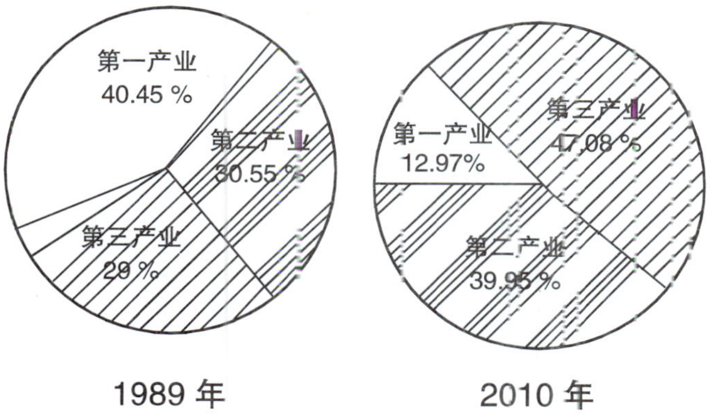

湘西州 1989 年与 2010 年三次产业比例图

三、投资结构

1989 年，全州全社会固定资产投资 2.1 亿元。其中：国有投资 1.2 亿元，占全州全社会固定资产投资额 57.14%；城镇集体投资 0.23 亿元，占 10.95%；城镇工矿区私人建房投资 0.08 亿元，占 3.81%；农村集体投资 0.26 亿元，占 12.38%；农村个体投资 0.33 亿元，占 15.72%。1993 年起，始有其他投资项目，当年其他投资 0.12 亿元，占 1.62%。1995 年，全州全社会固定资产投资 10.44 亿元。其中：国有投资 8 亿元，占 76.6%；城镇集体投资 0.34 亿元，占 3.26%；城镇工矿区私人建房投资 0.37 亿元，占 3.54%；农村集体投资 0.65 亿元，占 6.23%；农村个体投资 0.67 亿元，占 6.42%；其他投资 0.41 亿元，占 3.93%。2000 年，全州全社会固定资产投资 24.77 亿元。其中，国有投资 19.14 亿元，占 77.27%；城镇集体投资 0.23 亿元，占 0.93%；城镇工矿区私人建房投资 0.79 亿元，占 3.19%；农村集体投资 1.04 亿元，占 4.2%；农村个体投资 3.28 亿元，占 13.24%；其他投资 0.29 亿元，占 1.17%。2003 年，全州全社会固定资产投资 45.85 亿元。其中，国有投资 36.84 亿元，占 80.35%；城镇集体投资 0.02 亿元，占 0.04%；城镇工矿区私人建房投资 1.19 亿元，占 2.6%；农村集体投资 2.04 亿元，占 4.45%；农村个体投资 3.9 亿元，占 8.5%；其他投资 1.86 亿元，占 4.1%。

2004—2006 年，投资结构由城镇投资、房地产开发投资、非农户投资、农村农户投资和其他投资四部分构成。城镇以上投资额和所占比重分别呈增长和上升趋势，投资额依次为 42.12 亿元、45.78 亿元、64.31 亿元，所占比重依次为 74.21%、65.44%、75.97%。农村非农户投资额和投资额所占比重均呈增加和上升趋势，其投资额依次为 2.12 亿元、2.24 亿元、3.68 亿元，所占比重依次为 3.73%、3.21%和 4.35%。农户投资额逐步增加，而所占比重却逐年下降，其投资额依次为 4.52 亿元、4.93 亿元和 5.48 亿元，所占比重依次为 7.97%、7.04%和 6.48%。其他投资额增加而所占比重下降，其投资额依次为 8 亿元、17 元、11.17 亿元，所占比重依次为 14.1%、24.3%、13.2%。

2007—2010 年，投资结构由城镇以上投资、农村投资、跨地区投资三大部分组成。城镇以上投资各年投资额依次为 147.97 亿元、109.53 亿元、147.97 亿元、208.51 亿元，所占比重依次为 78.37%、83.68%、78.37%和 66.67%。农村投资呈减少趋势，比重下降，各年投资额依次为 14.79 亿元、12.08 亿元、14.79 亿元和 14.58 亿元，所占比重依次为 7.83%、9.23%、7.83%和 6.99%。跨地区项目投资额依次为 26.05 亿元、9.28 亿元、26.05 亿元和 54.91 亿元，所占比重依次为 13.8%、7.09%、13.8%和 26.34%。

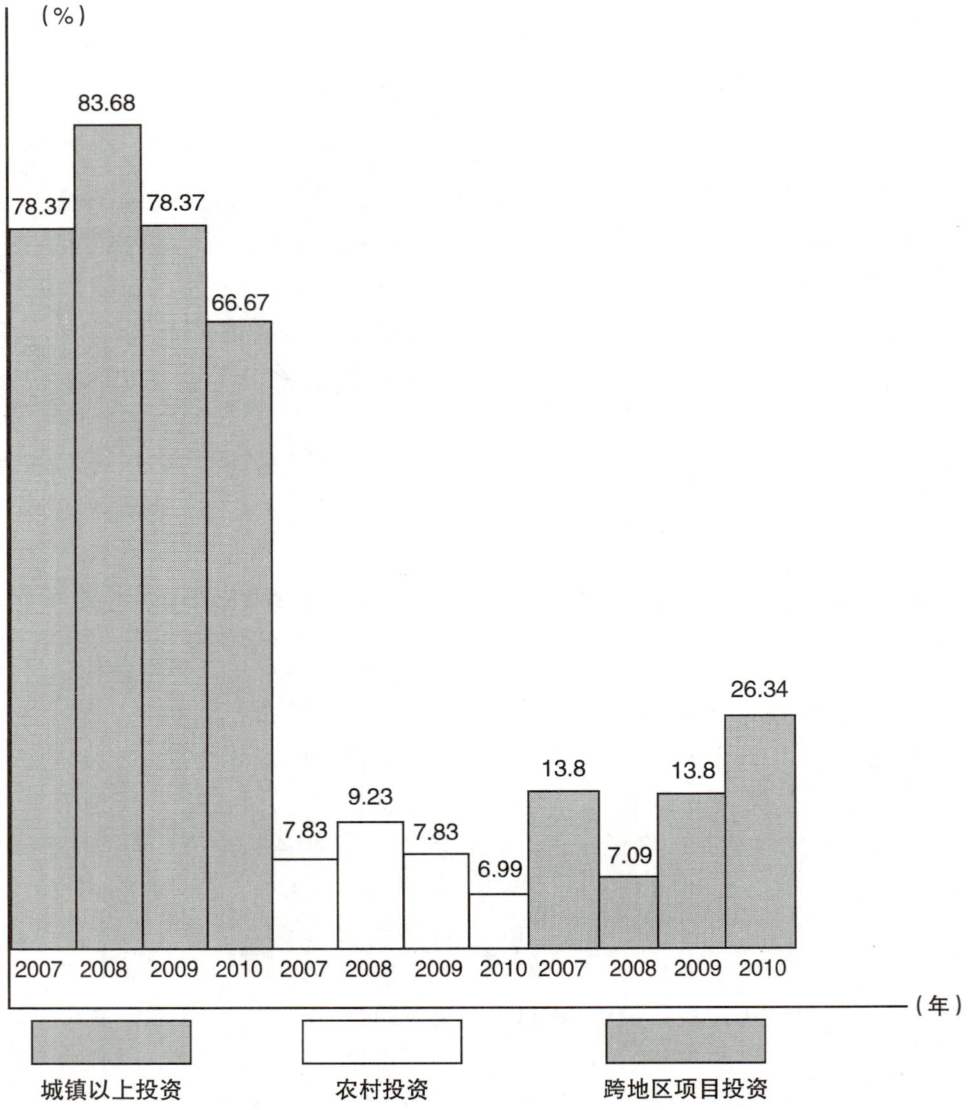

2001—2010 年投资结构图

第三节　经济效益

一、国民收入

1989 年，全州实现生产总值 16.76 亿元（按当年价格计算，下同），人均 745 元。其中：第一产业增加值 6.75 亿元，人均 288 元；第二产业增加值 5.12 亿元，人均 226 元；第三产业增加值 4.89 亿元，人均 224 元。

1990 年，农业增加投入，开展以工代赈和工作队扶贫；工业调整结构，保持适度增长，商品扩大流通渠道，平抑物价上涨。至 1991 年，全州实现生产总值 22.05 亿元，人均 849 元，比 1989 年分别增长 31.56%和 27.38%。其中：第一产业增加值 8.81 亿元，比 1989 年增长 30.51%；第二产业增加值 6.54 亿元，比 1989 年增长 2.77%；第三产业增加值 6.69 亿元，比 1989 年增长 3.57%。1995 年，物价上涨指数由年初 37.6%，到年底降至 1.9%，全年物价指数 19.1%，比上年回落 6.2%。农业战胜洪涝等自然灾害，实现产值 17.05 亿元，比上年增长 12.8%。以工代赈开发椪柑等水果 5333 公顷，通过扶贫开发，全州解决温饱 10

万人。克服资金短缺、电力紧缺、市场波动等不利因素，完成工业总产值 33.61 亿元，比上年增长 19.4%。增加有效需求，拉动消费市场，实现社会消费品零售总额 22.4 亿元，比上年增长 28%，扣除物价因素，实际增长 7.55%。1995 年，全州实现生产总值 48.24 亿元，比 1991 年增长 1.2 倍；人均 1962 元，比 1991 年增加 1157 元。其中，第一产业增加值 17.39 亿元，比 1991 年增长 97.21%；人均 703 元，比 1991 年多 326 元。第二产业增加值 15.76 亿元，比 1991 年增长 2.41 倍；人均 637 元，比 1991 年增加 28 元。第三产业增加值 15.09 亿元，比 1991 年增长 1.25 倍；人均 609 元，比 1991 年增加 473 元。

2000 年，湘西州列入国家西部大开发范围，全州重点项目 41 个，以项目拉动经济增长，提升经济效益。是年，全州实现生产总值 69.58 亿元，比 1995 年增长 44.23%；人均 2667 元，比 1995 年增加 714 元。2001 年，全州生产总值呈现持续增长势头，全年实现生产总值 76.73 亿元，人均 2924 元，同比分别增长 10.27%和 9.63%。第一产业增加值 22.79 亿元，增长 2.65%，第二产业增加值 24.49 亿元，增长 2.64%；第三产业增加值由上年的 25.53 亿元增加到 29.44 亿元，比上年增长 15.31%。

2005 年，全州完成全社会固定资产投资 68 亿元，比上年增长 23.2%。发展锰、锌、铝精深加工业，生物制药、新材料等高科技产业和农副产品加工三大支柱产业；财政贴息支持州内 30 家重点企业，州内湖南老爹公司猕猴桃深加工、湘泉制药新药生产线等 50 个项目实施；延伸农业产业增值链条；增加旱涝保收面积和改善灌溉面积 2867 公顷，全州粮食产量 71.23 吨；开展 385 个特困村整村扶贫推进工作，减少农村贫困人口 6.64 万人；突出第三产业发展，形成湘西旅游整体格局。全州实现生产总值 123.25 亿元，比 2001 年增长 65.84%，是近 10 年首次实现两位数增长。其中，第一产业增加值 27.07 亿元，比 2001 年增长 17.85%，第二产业增加值 43.44 亿元，比 2001 年增长 73.43%。第三产业增加值 56.74 亿元，比 2001 年增长 84.93%。

2010 年，农村完成椪柑品改低改 14000 公顷，解决农村安全饮水 17.4 万人；完成第三轮“整村推进”扶贫开发任务，减少农村贫困人口 5 万人；推进新型工业化，启动投资 500 万元工业技改项目 100 个、5000 万元项目 30 个；州内旅游推进一体化。全州实现生产总值 303.54 亿元，人均 11991 元，比 2005 年分别增长 1.5 倍和 103 倍。其中，第一产业增加值 49.37 亿元，比 2005 年增长 82.44%；第二产业增加值 121.27 亿元，比 2005 年增长 1.8 倍，第三产业增加值 132.91 亿元，比 2005 年增长 1.34 倍。

1989—2010 年湘西州国民收入情况一览表

表 13-3　　单位：万元、元

年份	全州生产总值（万元）	人均生产总值（元）	第一产业		第二产业		第三产业	
			增加（万元）	人均（元）	增加值（万元）	人均（元）	增加值（万元）	人均（元）
1989	167575	745	67466	288	51201	226	48908	224
1990	185515	811	79906	346	47673	207	57936	251
1991	220562	949	88184	377	65433	279	66945	136
1992	264617	1123	108327	457	74393	314	81897	345
1993	309360	1296	112141	467	99164	413	98055	408
1994	401742	1659	150006	614	129696	531	122040	500

续表 13-3　　单位:万元、元

年份	全州生产总值(万元)	人均生产总值(元)	第一产业		第二产业		第三产业	
			增加(万元)	人均(元)	增加值(万元)	人均(元)	增加值(万元)	人均(元)
1995	482403	1962	173908	703	157579	637	150916	609
1996	546833	2193	195381	778	178899	712	172553	687
1997	582840	2308	206829	815	184017	725	191994	732
1998	606330	2376	207137	807	192908	752	206285	804
1999	642105	2489	214697	828	197839	763	229569	885
2000	695793	2667	222026	851	218478	838	255289	979
2001	767340	2924	227940	869	244923	933	294477	1122
2002	834209	3444	226180	855	274652	1038	33377	1260
2003	910920	3740	223811	872	299757	1129	387352	1429
2004	1114102	4568	254850	956	395750	1484	463502	1738
2005	1232536	5187	270674	983	434414	1583	567448	2030
2006	1561570	6307	286943	1058	600257	2131	674370	2321
2007	2058313	8276	364945	1342	842884	3097	850484	3125
2008	2476730	9923	410019	1497	1017171	3713	1049520	3831
2009	2689707	10725	443391	1607	1069697	3878	1176619	4266
2010	3035363	11991	493654	1732	1212655	4255	1329054	4663

说明:生产总值按当年价格计算

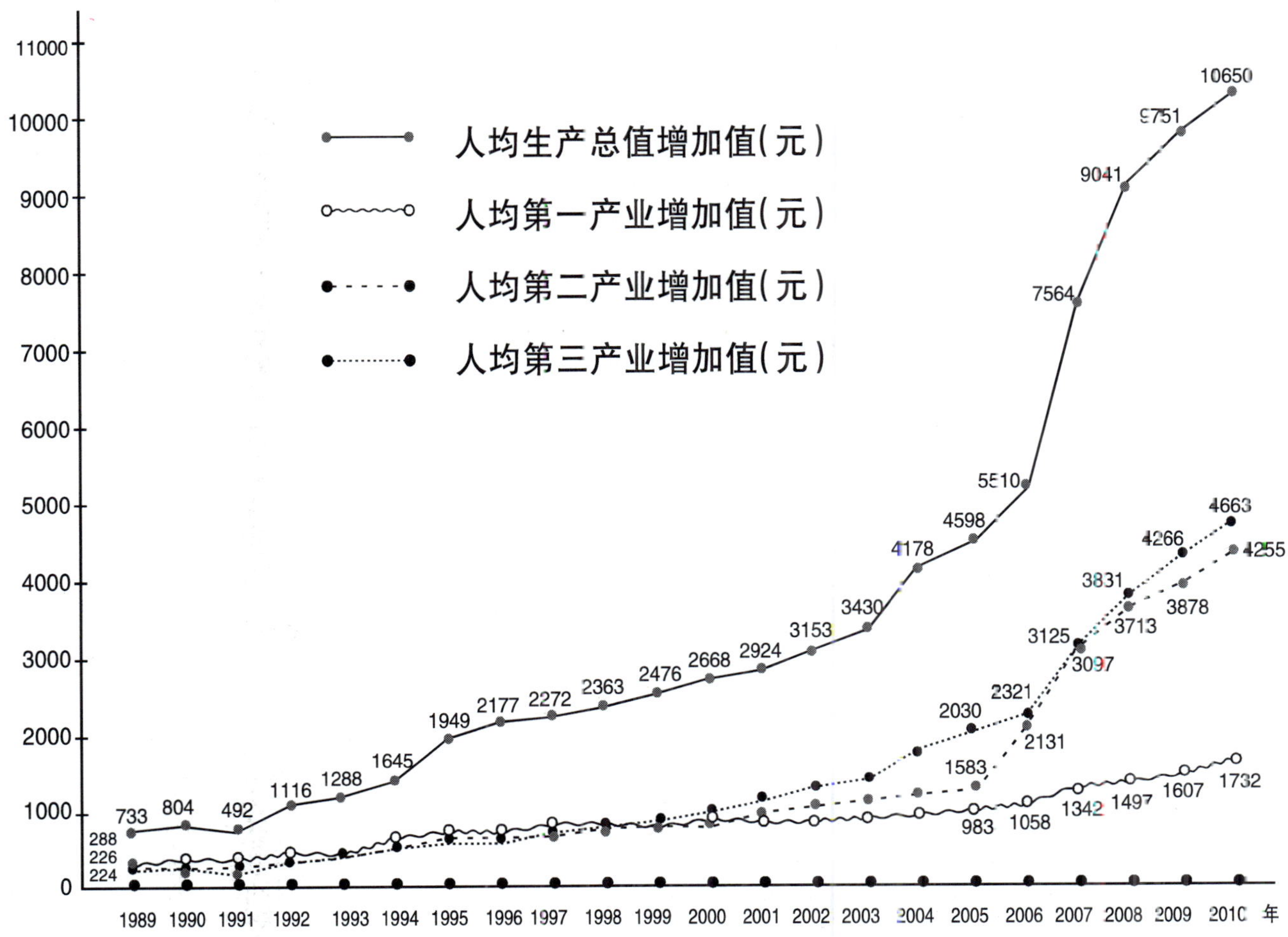

1998—2010 年湘西州生产总值及各产业人均(绝对额)增长速度(%)坐标图

二、财政收入

1989 年，全州财政总收入 2.67 亿元（绝对额，下同），同比增长 32.8%；地方财政收入 2.67 亿元。1990 年，遭受自然灾害，农副产品产量减少；轻工产品生产下降；全州预算内工业企业 83 家，其中 38 家亏损，亏损额 1420 万元，当年财政总收入减少 1600 万元。

1991 年，全州稳定和完善家庭联产承包责任制，增加农业投入，培植农村财源，同时发展乡镇企业，工业转换企业经营机制，当年全州财政收入 3.04 亿元，1994 年增至 6.01 亿元，比 1991 年增长 97.85%。

1995 年，工业深化改革，克服资金和电力紧缺、市场疲软等不利因素，保持经济平稳增长，全州财政总收入 7.23 亿元。

1998 年，湘西州发生水灾，主要农产品销路不畅；工业企业步履维艰，商品零售价格指数呈下降趋势。全州财政收入 6.68 亿元，比 1997 年 7.41 亿元下降 9.85%。2001 年，全州财政收入 6.99 亿元，与 1988 年基本持平，略有回升。

2005 年，全州通过招商引资、财政贴息扶持三立集团、东方锰业等矿产企业发展，矿业成为全州税收第一大支柱产业，年提供全州近三分之一税收。是年，全州财政收入突破 10 亿元大关，达 12.05 亿元，比 2001 年增长 72.38%。2009 年 6 月 1 日起，开征卷烟产品商业环节消费税，原属省计征的营业税 75%下放给市州征收；矿产增值税税率由 14%提到 17%。2010 年，全州财政收入增至 32.23 亿元，居全国 30 个少数民族自治州第 15 位，位次低于恩施土家族苗族自治州。

1989—2010年湘西州财政收入情况一览表

表13-4 单位:万元

年份	财政总收入		地方财政收入	税收收入	占地方财政收入的%
	绝对额	增速(%)			
1989	26696	32.8	26696	26215	98.20
1990	25081	-6.0	25081	24096	96.07
1991	30369	21.1	30369	27616	90.93
1992	32799	8.0	32799	32073	97.79
1993	48685	48.4	48685	47004	96.55
1994	60084	23.4	18783	16527	87.99
1995	72287	20.3	27553	20232	73.43
1996	74117	2.5	30564	22700	74.27
1997	72336	-2.4	33405	26501	79.33
1998	66767	-7.7	31563	25606	81.13
1999	65739	-1.5	31797	24902	78.32
2000	59801	-9.0	31228	23867	76.43
2001	69946	17.0	39951	36473	91.29
2002	70186	0.3	37275	32637	87.56
2003	79295	13.0	41381	34007	82.18
2004	96630	21.9	54034	39140	72.44
2005	120520	24.7	64506	47550	73.71
2006	154074	27.8	81504	62279	76.41
2007	229196	48.8	117144	86516	73.85
2008	240363	4.9	132395	90740	68.54
2009	262174	9.1	153457	103651	67.54
2010	322251	22.9	177829	114249	64.25

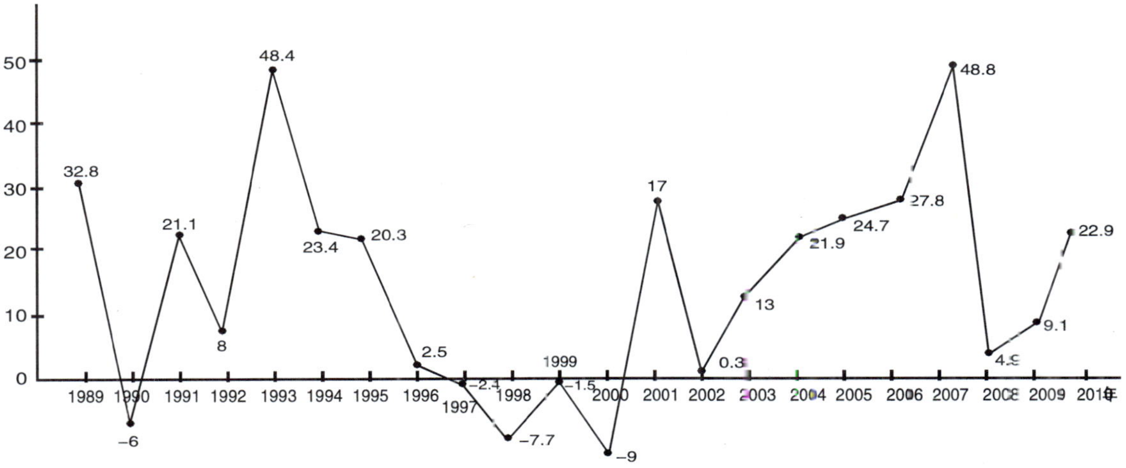

1998—2010 年湘西州财政总收入（绝对额）增长速度（%）坐标图

三、投资效益

1989 年，全州完成全社会固定资产投资额 2.1 亿元。按资金管理渠道分，基本建设投资 5970 万元，占投资总额 28.42%；工业更新改造 4691 万元，占 22.33%；其他投资 1.03 亿元，占 49.25%。按资金来源分，国家预算内资金 991 万元，占 4.72%；国内贷款 6151 万元，占 29.28%；自筹资金 5674 万元，占 27.01%；其他资金 8192 万元，占 38.99%。国有投资完成 1.2 亿元，占全州投资总额 57.13%。其中：基本建设投资 5970 万元，占国有投资 49.75%，项目投产率 63.69%，固定资产交付使用率 74.1%；更新改造投资 4691 万元，占 39.09%，工业项目投产率 47.5%，固定资产交付使用率 80.98%；其他投资 1340 万元，占 11.17%。安排实施农业重点产品 5 个，工业重点产品 10 个，基本建设项目 12 个，技术改造重点项目 5 个，总投资 4691 万元。安排引进设备项目 3 个，安排外汇 330 万美元。年末，泸溪县电解铝厂、保靖县黄磷厂、古丈县硫酸厂先后建成投产或试产，龙山和凤凰两家烟厂引进卷接包设备安装调试，凤凰县长潭岗电站开工建设。安排资金 1688 万元，实施科技项目 226 个，其中 20 个项目成果获省州奖励。固定资产投入拉动经济增长，全州实现生产总值（当年价格，下同）16.76 亿元，比 1988 年增长 9.41%。湘西州固定资产投资总量人均 93 元，低于全国人均 394 元、湖南省 192 元、怀化市 143 元；高于湖北省恩施州人均 83 元和贵州省铜仁地区 45 元。湘西州固定资产投资发展速度 69.4%，低于全国 23.1 个百分点、湖南省 12.3 个百分点、怀化市 24.7 个百分点、恩施州 11.9 个百分点、铜仁地区 24.3 个百分点。

1995 年，全州完成全社会固定资产投资 10.44 亿元，比上年增长 17.17%。国有投资中，基本建设投资 5.43 亿元，占 67.91%；项目投资率 49.96%，固定资产交付使用率 71.13%，新增固定资产 3.86 亿元；更新改造投资 1.94 亿元，占 24.33%，新增固定资产 2.66 亿元，项目投资率 58.62%，固定资产交付使用率 136.71%。州邮电“615”、泸溪县白（沙）浦（市）路、古丈县接龙渠引水，吉首市商业城，泸溪铝厂扩建等重点工程项目基本建成投产或使用。全州实现生产总值 48.24 亿元，比 1991 年增长 118.72%。湘西州固定资产投资总量人均 424 元，低于全国人均 1161 元、湖南省 826 元、怀化市 662 元、张家界市 655 元，高于恩施州人均 275 元、贵州省铜仁地区 157 元。湘西州固定资产投资发展速度 117.1%，低于全国 0.4 个百分点、湖南省 6.9 个百分点、张家界市 28.1 个百分点，高于怀化市 23 个百分点、恩施州 7.1 个百分点、铜仁地区 6.3 个百分点。

2000 年，全州完成全社会固定资产投资 24.77 亿元。其中：国家预算内资金 2.62 亿元，国内贷款 3.87 亿元，利用外资 2611 万元，自筹资金 9.08 亿元，其他资金 8.94 亿元。总量比 1995 年增长 137.26%。国有投资完成 19.14 亿元，其中，基本建设投资完成11.54亿元，占60.29%，比1995年减少7.62个百分点；新增固定资产8.76亿元，比1995年增长1.26倍，增长18.6%；项目投资率62.8%，比1996年上升4.18个百分点；固定资产交付使用率76.05%，比1995年降低60.66个百分点。更新改造完投资5.64亿元（其中工业更新改造3.67亿元），比1995年增长2.9倍，增长4.69个百分点。安排重点建设项目41个，其中在建36个，完成投资19亿元。开工建设碗米坡电站；吉首至古丈罗依溪公路基本拉通；湘泉“2020”主体工程基本完成；州邮政大楼和龙山、保靖、花垣邮政大楼竣工，建成电信无线接入网及信息化工程基站10个，实现通电话建制村1100个，移动通信“368”工程完成投资9000万元，转建GSM交换机基站17个；农网改造完成投资2.55亿元；完成转通公路建制村90个，转通广播电视建制村503个；完成“口粮田”建设2800公顷；三立集团扩建硫酸生产线、古丈茶多酚生产线、州机床厂不锈钢螺旋桨生产线、吉首市鸦溪民营经济小区、吉首城北11万伏变电工程先后竣工投入运行；完成全州初中校舍建设22万平方米。全州实现生产总值69.58亿元，比1995年增长44.23%。全州固定资产投资人均952元，比全国人均2580元、湖南省人均1634元、张家界市人均1979元低；比怀化市人均639元、恩施自治州人均828元、贵州省铜仁地区人均504元高。湘西州固定资产投资发展速度137.7%，略高于全国、全省和周边地区。

2005年，全州完成全社会固定资产投资69.95亿元，比2000年增长2.82倍。其中：城镇以上投资42.12亿元、农村非农户投资2.24亿元、农村农户投资4.93亿元、其他投资17亿元。全州95个重点建设项目完成投资34.2亿元，占全州全社会固定投资额48.9%。启动实施50个湘西地区开发产业项目，完成投资23.6亿元；50个州庆项目有30个开工建设，完成投资23亿元。湘渝高速公路常德至吉首段完成投资12.1亿元，路基工程基本完成。开工建设国道209吉首绕城线和永顺至桑植公路。完成7座中型和86座小型病险水库治理工程，高家坝防洪水库大坝主体工程浇筑到350米高程。开工建设雷公洞防洪水库和湘西民族职业技术学院。花垣县边城高级中学建设工程竣工。改造155所中小学校危房，消除危房面积16.3万平方米，完成危房改造面积20.1万平方米。完成59所乡镇卫生院建设。竣工23所乡镇敬老院扩建工程。实施59个州级及其以上科技项目。完成退耕还林补植面积12.87万公顷，森林覆盖率61%。新建沼气池2万口、节柴节煤灶1万个。全州实现生产总值127.25亿元，比2000年增长182.88%。减少农村贫困人口6.64万人，农民人均纯收入2448元，比2001增加692元。全州固定资产投资与全国、全省比，全国完成投资88604亿元，人均6796元；湖南省完成投资2540亿元，人均3782元；全州完成投资69.95亿元，人均2615元。

2010年，全州完成全社会固定资产投资208.51亿元，比2005年增长2.98倍。其中，城镇投资139.01亿元，农村投资14.58亿元，跨地区项目投资54.91亿元。全年施工项目684个，年内投产项目170个，共完成投资109.9亿元。重点扶持三立集团、东方猛业、金旭公司等优势企业发展，扶持湘酒鬼公司、鹤盛原烟公司、湘泉制药公司、湖南老爹公司等龙头企业发展。推进矿业整治整合，完成猛矿整治整合任务，以猛锌为主的重工业实现增加值79.1亿元，同比增长3.3%。湘渝高速公路吉首至花垣茶洞段路基竣工。开工建设龙山至永顺、永顺至吉首高速公路。完成29座小（一）型和两座中型病险水库除险加固工程。开通500个建制村电信、广播、电视和宽带“四线合一”线路。完成第三轮“整村推进”扶贫开发任务，进入全国重点扶持的六个贫困片区，减少农村贫困人口5万人。里耶考古遗址公园、秦简博物馆、乾州古城对外开放。年内全州接待游客125.6万人，旅游收入63.5亿元，比上年分别增长18.4%和25.3%。房屋建筑施工面积142.24万平方米，竣工面积17.31万平方米；保障性住房施工面积7.1万平方米，竣工388套，面积2万平方米，完成投资7500万元。湘西州人均完成投资7435元，比全国人均20800元少13365元，比全省14041元少6606元。是年，全州实现生产总值（按当年价格计算）303.54亿元，比1989年增长17倍，年均增长14.1%。

1989—2010年湘西州固定资产投资情况一览表(一)

表13-5　　　　　　　　　　　　　　　　　　　　　　单位:万元

年份	全社会固定资产投资额	国有投资额	城镇集体投资额	城镇工矿区私人建房投资额	农村集体投资额	农村个体投资额	其他投资额
1989	21008	12001	2266	761	2655	3325	—
1990	25691	17625	1291	668	3594	2513	—
1991	36623	29734	1008	491	2591	2796	—
1992	55041	44371	1879	902	3245	4644	—
1993	72896	54101	3809	2358	6301	5147	1130
1994	89142	68656	4314	3012	6201	4952	2007
1995	104358	79896	3398	3744	6539	6687	4094
1996	89754	68111	3978	4157	6057	6038	1413
1997	93489	67880	2328	5680	7637	8694	1270
1998	124717	94435	1921	5002	11254	7230	4875
1999	179903	137188	4732	5633	10876	7632	13842
2000	247666	191377	2297	7877	10402	32778	2935
2001	276487	211497	1483	5238	16743	34089	3360
2002	337091	267277	504	8094	18893	36843	5000
2003	469196	368404	229	11934	20417	39026	18590
—	—	城镇投资	—	—	非农户投资	农村农户投资	其他投资
2004	567547	421175	—	—	21164	45208	80000
2005	699455	457757	—	—	22437	49261	170000
2006	846494	643120	—	—	36830	54828	111716

2007—2010年湘西州固定资产投资情况一览表(二)

表13-6　　　　　　　　　　　　　　　　　　　　　　单位:万元

年份	全社会固定资产投资额	城镇投资额	城镇投资额	房地产开发投资额	农村投资额	农户投资额	非农户投资额	跨地区项目投资额
2007	1888033	1479718	1277700	202018	147859	59982	87877	260456
2008	1308922	1095319	937739	157580	120803	74850	45953	92800
2009	1888033	1479718	1277700	202018	147859	59982	87877	260456
2010	2085058	1390092	1170775	219317	145848	60316	85532	549118

说明:从2004年起,固定资产投资口径变化,按新口径整理

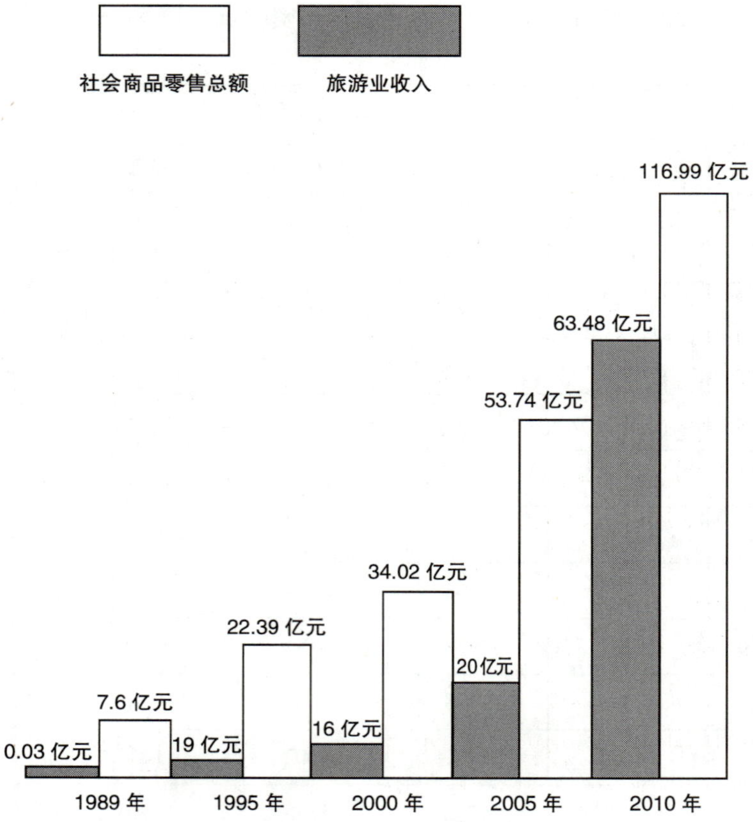

1989—2010 年部分年份湘西州社会商品零售总额和旅游业收入示意图

四、劳动生产率

1992 年，全州采掘业投入 560 万元，比上年增长 4.8%；制造业投入 1.8 亿元，比上年增长 32.62%；电力煤气、自来水生产和供应业投入 5105 万元，比上年增长 86.11%；工业更新改造投入 1.48 亿元，比上年增长 26.88%。全州实现工业增加值 5.14 亿元，劳动生产率为 7703 元 / 人·年。1994 年，投入能源交通等基础设施建设资金 1.18 亿元，比上年增长 164.21%；采掘业和制造业分别投入 1719 万元和 2.1 亿元，分别比上年增长 95.56%和 22.92%；实施工业性实验项目 3 个；完成工业技术改造投资 1.91 亿元，比上年增长 25.1%；国有及年销售收入 500 万元以上非国有工业企业年消费汽油、煤油、柴油（实物）总量 4377 吨，比上年减少 2096 吨；用电量 59398 万千瓦时，比上年减少 3466 万千瓦时；独立核算工业 553 个企业有 385 家盈利，比上年多 13 家。全州实现工业增加值 8.89 亿元，比上年增长 31.07%；劳动生产率为 1.1 万元 / 人·年，比上年增加 1784 元 / 人·年。

1998，工业更新改造投入 2.57 亿元，比上年增长 1%；制造业投入 2.51 亿元，比上年增长 45.57%；电力及自来水生产和供应业投入 5.46 亿元，比上年增长 63.21%。国有及年产品销售收入 500 万元以上非国有工业企业能源消费量折标煤合计 5769 吨，比上年减少 49.04 万吨；原煤 16433 吨，比上年减少 13.66 万吨；焦炭 52850 吨，比上年减少 990 吨；汽油 5565 吨，比上年减少 1589 吨；电力 35561 千瓦时，比上年减少 27.89 万千瓦时。全州实现工业增加值 15.39 亿元，比上年增长 23.75%；劳动生产率达 2.17 万元 / 人·年，比上年增加 7840 元 / 人·年。

1999 年、2000 年，国有及年产品销售收入 500 万元以上非国有工业企业能源消费量（折标煤）分别为 6.13 万吨和 65.21 万吨，分别比 1998 年增加 3564 吨和 59.44 万吨；分别消费原煤 1.85

万吨和 19.21 万吨，比 1998 年分别增加 2079 吨和 17.57 万吨；耗电量分别为 4.06 亿千瓦时和 39.23 亿千瓦时。国有独立核算工业企业按百元固定资产实现产值依次为 60.54 元和 56.48 元，比 1998 年分别减少 16.14 元和 20.2 元。部分工业产品产量减少：白酒产量依次为 2.2 万吨和 1.58 万吨，比 1998 年分别减少 7000 吨和 1.32 万吨；卷烟产量依次为 7.28 亿箱和 6 亿箱，比 1998 年分别减少 3.21 亿箱和 4.4 亿箱；发电量依次为 5.8 亿千瓦时和 5.6 亿千瓦时，比 1998 年分别减少 1.01 亿千瓦时和 1.21 亿千瓦时。全州工业增加值由 1998 年的 15.39 亿元减至 1999 年 12.1 亿元、2000 年 12.31 亿元，规模工业企业全部从业人员年均人数由 1998 年的 7.1 万人分别增至 7.65 万人和 8.68 万人，劳动生产率由 1998 年 2.17 万元 / 人·年减至 1.58 万元 / 人·年和 1.42 万元 / 人·年。

2007—2010 年，全州培育壮大锰锌加工、食品加工和生物医药三大支柱产业集群，强化优势产业带动作用，4 年间，三大支柱产业集群完成工业增加值 2.7 亿元，占同期全部工业增加值 31.03%、规模工业增加值 89.27%。2007 年，全州年销售收入过亿元的骨干企业由 2006 年的 19 家增至 35 家；劳动生产率为 12.15 万元 / 人·年。2009 年，注资 1.5 亿元组建中小工业企业担保公司，加大对中小企业融资担保支持力度。2010 年，全州销售收入过亿元的骨干企业发展到 59 家、新增年销售收入 500 万元以上规模工业企业 131 家。吉凤经济开发区（湘西广州工业园）实现工业总产值 12.3 亿元，比上年增长 150%；实现工业销售收入 12 亿元，比上年增长 145%。规模工业实现增加值 4.1 亿元，比上年增长 139%。全州劳动生产率增至 15.76 万元 / 人·年，居全国 30 个少数民族自治州第 20 位，比恩施州多 1625 元 / 人·年；每人每年比 1989 年增加 14.67 万元，年均增长 1436%；比上年增加 1.42 万元，增长 10.14%。

1992—2010 年湘西州劳动生产率一览表

表 13-7

年 份	工业增加值（万元）	规模工业全部从业人员年均人数（人）	劳动生产率（元 / 人·年）
1992	51413	66742	7703
1993	67849	73347	9250
1994	88923	80587	11034
1995	96191	85971	11189
1996	20628	87320	13814
1997	124402	89790	13855
1998	153947	70959	21695
1999	121011	76529	15812
2000	123149	86809	14186
2001	148842	44098	33753
2002	123159	42499	28979
2003	139035	39538	35615
2004	189405	40293	47007
2005	260716	45766	56967

续表 13-7

年 份	工业增加值（万元）	规模工业全部从业人员年均人数（人）	劳动生产率（元/人·年）
2006	430538	48518	88738
2007	641620	52842	121464
2008	705757	54289	130000
2009	765964	54648	140163
2010	900010	58298	157630

第二章　城乡居民生活

第一节　农村居民生活

20 世纪 80 年代末，湘西州农村居民主要从事农业生产，家庭经济水平较低，年人均纯收入 371 元，其中生产性纯收入 343 元；全年人均生活费支出 357 元，其中食品 214 元、衣着 31 元、居住 38 元。从食品结构上看，主要是粮食和蔬菜等淀粉和纤维质食物，年人均消费粮食 263.11 公斤、蔬菜 140 公斤，而蛋类、水产品类等消费量较低，年人均消费蛋类 0.6 公斤、水产品 0.5 公斤。据统计部门抽样调查，平均每百户有自行车 35 辆、黑白电视机 11 台。全州农村居民居住条件、环境及居住习惯依旧沿袭传统模式，住房多为传统木质结构，多数一户一栋，亦有少数困难家庭，几兄弟合居一栋，人均居住面积 20 平方米左右；村民多聚族而居，几户、十几户乃至几十户有血缘关系或姻亲关系家庭聚居一起，形成一个个自然村寨。土家族聚集的村寨各户房屋之间均留有一定的空间；苗族村寨各家房屋之间多房挨着房、屋接着屋。凤凰县山江镇上千潭自然村，各家各户紧挨着，但各自又用块石砌成围墙，整个苗寨就像一个大蜂窝，石板铺成的小路在块石围墙间蜿蜒曲折穿过。全州农村居民平均每户 4.89 人，平均每户劳动力 2.89 个，负担系数 1.69。老年父母一般同儿子住在一起，由儿子媳妇赡养；没有儿子的老年父母，或招郎上门，或由女儿女婿接到女婿家居住，由女儿女婿赡养。无子女的老年人，由村组和民政部门“五保”供养。炊具一般为普通灶台，以木柴为燃料。出行多步行，公路通达的村寨部分以自行车代步。

进入 20 世纪 90 年代，国家制定“八七”（即力争对全国农村 8000 万贫困人口温饱问题用 7 年左右时间基本解决）扶贫攻坚计划，在全国范围内开展有组织、有计划、大规模的扶贫工作。湘西州境农村属于国家“八七”扶贫攻坚地区，国家加大扶贫资金投入。同时，农村土地承包期再延长 30 年不变，提倡在承包期内实行“增人不增地，减人不减地”政策，稳定土地承包关系。农村居民家庭加大对承包土地投入，栽培果木和经济作物，加上开始外出务工，农村居民家庭经济收入有所增加。1999 年，全州农村居民家庭平均每人纯收入 1225 元，是 1989 年 371 元的 3.3 倍；人均生活费支出 1093 元，也是 1989 年 357 元的 3 倍，其中食品 757 元、衣着 44 元、居住 100 元，家庭设备用品、文化娱乐、交通通信、医疗保健等方面消费等 192 元，每百户家庭有黑白电视机由 1989 年的 11 台增加到 68 台，每百户居民中有 8 户拥有固定电话。从食品结构上看，除了粮食和蔬菜等主要食物外，油料、肉类、蛋类、水产品、水果类消费量明显增加。人均居住面积也略有增加。全年人均纯收入 1225 元除去生活费用 1093 元，结余 132 元，较 1989 年多结余 118 元。

进入 21 世纪，州境农村取消农业税，实行粮食直补、良种补贴、农机购置补贴政策，发放退耕还林补贴，农民负担减轻。2010 年，全州农村居民家庭人均纯收入3173元，是1989年371元的8.55倍；平均每人生活费支出2544元，是1989年357元的7.13倍，其中食品1472元、衣着125元、居住289元，家庭设备用品、文化娱乐、交通通信、医疗保健等方面的消费高达658元，是1999年192元的3.43倍。据抽样调查，每百户家庭有电视机97.4台，其中彩色电视机84.2台，有移动电话71.1部。洗衣机、电冰箱等家用电器进入寻常人家，有的开通互联网。从食品结构上看，每人每年消费粮食由1989年的263.11公斤减少至212.09公斤，蔬菜由140公斤减少至111公斤，肉类、蛋类、水产品、水果类消费量分别由14.6公斤、0.6公斤、0.5公斤、4.8公斤增加到25.19公斤、1.76公斤、1.58公斤、17.13公斤。全年人均纯收入3173元除去生活费用2544元，结余629元，为1989年结余14元的44.92倍。人均居住面积由1989年的20.48平方米增加到23.9平方米。靠近城镇、交通方便的农村居民，除少数困难户依旧住传统木房外，大多改传统木结构房舍为砖混结构的二层至三层面积300到400平方米有客厅、卧室、厨房、卫生间的楼房，有车的农户楼房内还建有车库，凡建新楼房的农户，人均居住面积大多达50平方米以上，衣着由“一衣多季”向“一季多衣”转变，并讲究个性、时尚和品牌，人们服饰日益多样化。

第二节　城镇居民生活

1989年，全州城镇居民（不包括未入籍的暂住居民）人均可支配收入1319.5元。人均全年生活费支出1052.71元，其中食品576.72元，占总消费支出54.8%，其他衣着124.78元、居住43.68元、娱乐文教102.47元，医疗保健和交通通信支出较少，医疗保健14.42元，交通通信仅7.81元。从食品结构上看，主要是粮食、蔬菜和猪肉，全年人均消费粮食137.99公斤、蔬菜126.22公斤、猪肉29.82公斤，而家禽、鲜蛋、鲜鱼、牛羊肉的消费量并不多，平均每人全年消费家禽4.5公斤、鲜蛋4.18公斤、鲜鱼2.75公斤、牛羊肉1.79公斤。城镇居民家庭大件耐用消费品多趋于低档和实用，平均每百户有电冰箱13台、电视机23台、洗衣机42台、摩托车1台。住房一般为砖木结构。人均居住面积不足15平方米；少数无房户和未入籍的暂住居民多租住于简陋的房屋或棚户区内。

20世纪90年代后期，特别是进入21世纪以后，改革开放进一步深入，城镇商贸服务业发展迅速，从业人员增多，城镇居民家庭经济收入随之提高。2010年，全州城镇居民人均可支配收入达到1.21万元，与1989年相比，22年间增长8.18倍，年均递增11.1%。是年，全州城镇居民平均每人全年生活费支出8431元，比1989年的1052.71元增加7378.29元。其中，食品2957元，只占总消费支出35.1%；衣着919元、居住902元、娱乐文教1231元、医疗保健551元、交通通信666元，共计4269元，占总消费支出50.63%；医疗保健比1989年的14.42元提高536.58元、娱乐文教比1989年的102.47元提高1128.53元、居住条件比1989年的43.68元提高858.32元、交通通信比1989年的7.81元提高658.19元。从食品结构上看，平均每人全年消费粮食82公斤、蔬菜83公斤、猪肉29公斤，植物油9.5公斤、家禽7.5公斤、鲜蛋4.5公斤、鲜鱼4.6公斤、牛羊肉2.9公斤、白酒2.54公斤。22年间的变化趋向是粮食、蔬菜消费量减少，猪肉、鲜蛋消费量基本持平，植物油、家禽、鲜鱼、牛羊肉消费量增幅较大，白酒消费量呈减少趋势。城镇居民家庭食品结构的变化表明城镇居民家庭生活正向着科学与文明的方向发展。城镇居民家庭大件耐用消费品由20世纪80年代末的低档、实用向高档、现代化发展。据抽样调查，州内城镇居民家庭平均每百户有电冰箱95台、空调49.2台、电视机110台、摄像机7.6架、照相机24架、家用电脑57.6台、洗衣机95台、热水器85台、移动电话196.4部、组合音响19.9套、健身器材2套、摩托车23台。花垣县老正街社区十字街片组23户居民家庭彩电、冰箱、洗衣机、热水器等大件耐用消费品已经普及实现户户皆有，23户中还有电脑19台、摩托车20台、中巴车2辆、小轿车4辆。同时，随着城镇扩容，开发商住房实施“安居工程”，新建经济实用房、廉租房，全州城镇居民人均住房面积达35平方米。

第三节　干部职工生活

1980年代末，湘西州国家机关工作人员实施工资改革，工资较以前有较大提高。据永顺县档案局一位退休干部的家庭档案记载，其1989年月工资为97元，是20世纪70年代末40元月工资的2.4倍。工矿企业实施经济体制改革，实行承包经营，工资浮动，一定程度上打破吃大锅饭和平均主义，职工平均年工资1666元，其中国有单位职工平均年工资1721元，集体单位职工平均年工资1426元。干部职工家庭规模户均3.75人，平均每一名就业者负担人口1.93人，经济收入及生活水平，包括食品结构、衣着、居住、娱乐文教、医疗保健和家庭大件耐用消费品等方面略高于城镇普通居民家庭而且较为稳定。国家机关工作人员和工矿企业职工住房一般为福利分房，单身干部职工可住无厨无卫的单间约10～15平方米，已婚的多口之家可住套间或无厨无卫的简单套间约50～70平方米不等。古丈县民政局干部每户分配住房面积约为50平方米；永顺县民政局干部每户分配住房面积约为55平方米；原州纱厂一对夫妇带一个小孩的3口之家可安排一套一室一厅一厨一卫约35平方米的小套间住房；州运输公司以前是省管单位，能在该公司就业被认为是捧上了“金饭碗”，该公司机关的干部职工就可以住上65平方米的套房。但是，部分工矿企业职工住房条件就十分不好，如1989年州属6家煤矿企业有职工2622人，住宅建筑面积仅2.09万平方米，人均居住面积不足8平方米，不少职工还住在干打垒房子和棚户内。

20世纪90年代后，改革开放进一步深入，国家机关工作人员和企事业单位职工调资、晋级进入正常轨道，家庭经济收入不断提高。永顺县档案局一位退休干部家庭档案记载，其1999年的工资已增加到506.8元，是1989年97元的5.22倍。州境工矿企业继续推行承包经营，开展多种形式优化劳动组合，把优化劳动组合与企业经营承包结合起来，实行平等竞争，择优上岗，分流富余人员，离岗待业，清退临时工等动态组合；压缩管理和非生产人员，打破“铁”的工资级别，实行计件、技能、浮动等多种工资分配制度。全州企业职工年工资平均增加到6764元，是1989年1666元的4.06倍；其中国有单位职工平均年工资6934元，比1989年的1721元增加5213元；集体单位职工平均年工资5111元，比1989年的1426元增加3685元。干部职工家庭中的彩电、冰箱、洗衣机、热水器等大件贵重耐用消费品数量增加，出行改以自行车代步为摩托车代步的人数增加。干部职工实行住房改革，改变福利分房为实行住房基金制度和购房；同时出现干部职工建私房现象，干部职工居住条件和环境有所改善。

进入21世纪以后，州境国家机关工作人员家庭经济收入大幅度增长，永顺县档案局一位退休干部家庭档案记载，其2010年工资已增加到1988元，是1989年97元的20.49倍，这位退休干部认为虽然物价上涨很快，但剔除物价上涨因素，干部家庭的实际生活水平仍然是提高的，而且提高幅度很大；对古丈和永顺两个县的县直机关调查，2010年机关干部平均月基础工资均在1900元以上；加上长期实行计划生育基本国策，人口负担系数降低，全州干部职工家庭规模户均3.44人，比1989年3.75人减少0.31人，平均每一名就业者负担人口1.62人，比1989年1.93人减少0.31人，人口负担系数降低，实质上也提高了国家机关工作人员家庭生活水平。调查显示国家机关工作人员家庭中的彩电、冰箱、洗衣机、热水器等大件贵重耐用消费品以户计算基本普及，家用电脑已进入普通干部家庭，移动电话除了婴幼儿基本上人手一部。出行多以摩托车代步为主，部分干部家庭已有小轿车，根据对永顺县一县直机关调查，平均每8户机关干部家庭中就有1户有了私家车。随着房地产行业兴起和发展以及私人建房，国家机关工作人员住房向大面积住房和多套住房发展。不少干部购买商品房或私人建房，居住面积越来越大，装修越来越豪华；有几套房的干部职工除自己居住一套外，多余的房屋用于出租增加家庭经济收入。国家机关工作人员文化程度相应提高，大学、研究生学历的人数增多，一般都具有大专和中专学历。婚恋完全自由，多为双职工家庭；离婚、再婚现象也有所增多，保靖县某县直机关年轻人中几乎都离异后再婚过；中老年干部职工丧偶后再婚现象逐渐增多。

2010年，全州工矿企业单位在岗职工平均年工资已增加到2.67万元，是1989年1666元的16.04倍；其中国有单位职工平均年工资2.73万元，比1989年的1721元增加2.56万元；集体单位职工平均年工资1.92万元，比1989年的1426元增加1.78万元。

2010年保靖县复兴镇陇洞村六冲组村民住房、生产工具、生活用品一览表

表13-8

户数	建楼房（栋）	彩电（台）	冰箱（台）	热水器（台）	洗衣机（台）	电脑（台）	摩托车（辆）	小轿车（辆）	挖土机（辆）	快巴（辆）	中巴（辆）	卡车（辆）	皮卡（辆）	微型车（辆）	盘拖（辆）
55	46	55	48	23	18	10	26	4	2	1	1	2	2	2	1

1989—2010年湘西州农村居民纯收入及生活消费支出情况一览表

表13-9

年份	调查户数（户）	调查户人口（人）	平均每户人口（人）	平均每户整半劳力（人）	负担系数	平均每人纯收入（元）	平均每人生活消费支出（元/人·年）
1989	510	2495	4.89	2.89	1.69	371	357
1990	510	2453	4.81	2.75	1.75	372	352
1991	750	3817	5.09	2.92	1.74	485	444
1992	770	3841	4.99	2.92	1.71	547	453
1993	620	2903	4.68	2.88	1.62	578	559
1994	620	2930	4.72	2.89	1.63	678	713
1995	690	3281	4.76	2.9	1.64	810	824
1996	690	3250	4.71	2.84	1.66	968	978
1997	700	3231	4.62	2.84	1.63	1079	980
1998	700	3270	4.67	2.83	1.65	1165	1072
1999	700	3210	4.58	2.82	1.62	1225	1093
2000	690	3140	4.55	2.84	1.6	1277	1147
2001	690	3131	4.54	2.81	1.62	1293	1135
2002	690	3098	4.49	2.77	1.62	1325	1170
2003	720	3218	4.47	2.77	1.63	1401	1283
2004	720	3248	4.51	2.84	1.59	1602	1498
2005	720	3258	4.53	2.97	1.52	1766	1597
2006	720	3242	4.5	3.01	1.5	1962	1777
2007	720	3247	4.51	3.1	1.44	2255	1915
2008	720	3250	4.51	3.13	1.44	2574	2237
2009	720	3251	4.52	3.16	1.43	2858	2379
2010	720	3266	4.54	3.17	1.43	3173	2544

表 13-10

1989—2010 年湘西州农村居民调查户收入与支出情况一览表

年份	平均每人纯收入(元)	生产性纯收入(元)	平均每人全年生活费支出(元)	食品(元)	衣着(元)	居住(元)	家庭设备用品及服务(元)	交通通信(元)	文教娱乐用品及服务(元)	医疗保健(元)	其他商品和服务(元)	人均居住面积(平方米)
1989	371	343	357	214	31	38	—	—	—	—	—	20.48
1990	372	327	352	217	30	22	—	—	—	—	—	20.38
1991	485	451	444	295	36	16	—	—	—	—	—	21.02
1992	547	502	453	293	36	20	—	—	—	—	—	21.18
1993	578	540	559	368	37	48	28	11	45	15	7	21.29
1994	678	632	713	492	44	43	30	14	59	19	12	22.18
1995	810	753	824	546	52	55	35	16	81	27	12	19.74
1996	968	877	978	649	60	68	40	17	103	27	14	19.99
1997	1079	1003	980	665	57	70	39	18	91	27	13	22.12
1998	1165	1089	1072	738	47	75	36	20	116	26	14	19.00
1999	1225	1135	1093	757	44	100	33	18	104	25	12	20.56
2000	1277	1179	1147	703	53	114	46	27	123	48	33	21.29
2001	1293	1217	1135	698	51	107	48	38	120	43	30	21.95
2002	1325	1222	1170	721	53	100	40	40	132	51	33	22.18
2003	1401	1346	1283	754	66	121	50	55	155	58	24	22.09
2004	1602	1468	1498	920	64	137	47	58	182	68	22	21.76
2005	1766	1556	1597	903	78	167	62	81	194	80	32	22.90
2006	1962	1752	1777	984	82	220	73	94	180	103	41	23.20
2007	2255	1999	1915	1119	99	186	78	117	160	111	45	23.50
2008	2574	2305	2237	1393	104	237	83	123	148	106	43	23.60
2009	2858	2559	2379	1438	113	274	106	133	158	115	42	23.70
2010	3173	2735	2544	1472	125	289	128	150	174	151	55	23.90

农村居民人均主要消费品消费量统计表

表 13-11　　单位:公斤 / 人

年份	粮食	油料	肉类	蛋类	水产品	蔬菜	酒和饮料	豆类及豆制品	糖类	奶和奶制品	水果类
1989	263.11	6.20	14.60	0.60	0.50	140.00	3.30	3.50	0.68	0.01	4.80
1990	264.50	6.40	16.10	0.70	0.80	130.00	3.30	3.48	0.69	0.02	3.50
1991	266.20	6.70	16.30	0.70	0.70	125.00	3.60	3.35	0.67	0.04	3.00
1992	265.70	5.40	14.30	0.70	0.60	128.00	3.20	3.43	0.64	0.03	3.10
1993	264.40	6.70	16.10	0.80	0.80	119.00	4.40	3.30	0.70	0.03	3.30
1994	267.43	5.34	12.91	0.73	0.59	105.00	4.88	4.00	0.64	0.02	3.80
1995	249.85	3.67	12.12	0.81	0.59	99.00	5.26	3.71	0.67	0.02	5.60
1996	235.25	2.74	13.38	0.72	0.65	108.00	4.65	3.17	0.68	0.01	8.60
1997	234.22	3.55	12.25	0.71	0.66	105.00	4.13	3.06	0.68	0.02	9.50
1998	263.31	6.77	16.03	0.89	0.86	134.00	3.94	4.22	0.67	0.02	10.90
1999	269.07	7.14	16.49	0.72	1.01	143.00	3.49	3.73	0.65	0.01	13.20
2000	276.11	9.84	18.43	1.15	0.82	138.00	3.73	4.19	0.67	0.02	16.54
2001	267.82	10.13	19.39	1.29	1.42	141.00	3.89	4.86	0.64	0.03	20.29
2002	267.11	8.86	22.55	0.87	2.38	149.00	3.89	4.91	0.69	0.03	21.95
2003	242.58	6.34	20.83	1.19	1.54	140.00	3.64	4.84	0.56	0.03	14.36
2004	233.72	3.05	22.19	1.46	1.49	137.00	3.63	4.72	0.49	0.11	14.36
2005	224.11	4.44	21.72	1.45	1.30	128.00	3.67	4.63	0.58	0.11	18.42
2006	227.24	3.90	21.41	2.24	1.39	142.00	3.83	5.49	0.50	0.10	15.60
2007	223.92	3.10	20.13	1.67	1.91	129.67	3.64	5.99	0.46	0.12	17.81
2008	212.26	3.51	21.09	1.21	1.65	127.30	3.36	5.28	0.48	0.11	19.91
2009	232.91	3.92	25.98	1.75	1.60	128.09	3.19	6.39	0.49	0.13	18.70
2010	212.09	3.91	25.19	1.76	1.58	111.30	3.05	5.34	0.60	0.15	17.13

1989—2010年湘西州农村居民平均每百户拥有耐用消费品情况一览表

表13-12

年份	自行车(辆)	电视机(台)	其中:彩电(台)	电话机(部)	移动电话(部)	洗衣机(台)	电冰箱(台)	家用计算机(台)	照相机(台)	影碟机(台)	摩托车(台)	热水器(台)	摄像机(台)
1989	35.0	11.0	—	—	—	—	—	—	—	—	—	—	—
1990	39.0	15.0	—	—	—	—	—	—	—	—	—	—	—
1991	29.0	18.0	—	—	—	—	—	—	—	—	—	—	—
1992	30.0	23.0	—	—	—	—	—	—	—	—	—	—	—
1993	35.0	32.0	—	—	—	—	—	—	—	—	—	—	—
1994	32.0	39.0	—	—	—	—	—	—	—	—	—	—	—
1995	27.0	43.0	—	—	—	—	—	—	—	—	—	—	—
1996	30.0	54.0	—	—	—	—	—	—	—	—	—	—	—
1997	26.0	44.0	—	—	—	—	—	—	—	—	—	—	—
1998	25.0	67.0	—	—	—	—	—	—	—	—	—	—	—
1999	23.0	68.0	—	8.0	—	—	—	—	—	—	—	—	—
2000	21.0	80.0	—	9.0	—	—	—	—	—	—	—	—	—
2001	18.0	84.0	—	11.0	—	—	—	—	—	—	—	—	—
2002	17.0	80.0	34.7	13.0	7.0	5.0	3.0	0.1	1.0	13.0	1.4	3.0	0.3
2003	11.0	79.0	34.7	15.0	8.0	7.0	5.0	0.1	1.0	16.7	1.5	3.5	0.3
2004	10.0	88.0	46.3	17.0	8.0	7.0	7.0	0.1	1.4	22.6	1.3	2.2	0.3
2005	13.0	92.0	60.4	21.0	15.0	9.0	8.0	1.3	1.5	37.8	1.7	2.1	0.3
2006	13.0	95.0	65.6	28.0	27.0	10.0	9.0	1.5	1.7	27.2	1.4	3.2	0.3
2007	13.6	94.9	76.5	33.0	42.0	14.0	11.0	0.8	1.9	42.5	4.0	2.6	0.3
2008	13.2	96.7	80.8	30.0	47.8	12.5	11.0	0.7	1.4	44.3	4.6	2.5	0.4
2009	12.8	98.2	83.3	30.8	54.7	13.6	12.2	0.4	1.4	47.2	6.0	2.9	0.7
2010	13.8	97.4	84.2	29.4	71.1	17.1	17.1	1.1	1.8	48.8	7.8	3.8	1.8

2010年花垣县老正街社区十字街片组居民家庭建新房及大件耐用消费品统计表

表13-13

户数	建新房（栋）	彩电（台）	冰箱（台）	热水器（台）	洗衣机（台）	电脑（台）	摩托车（辆）	小轿车（辆）	中巴（辆）
23	22	23	23	23	23	19	20	4	2

1989—2010年湘西州城市居民人均全年生活消费支出统计表

表13-14 单位：元

年 份	食品	衣着	设备用品	医疗保健	交通通信	娱乐文教	居住	其他
1989	576.72	124.78	110.03	14.42	7.81	102.47	43.68	72.70
1990	606.00	137.90	136.40	16.10	10.70	132.80	42.70	68.28
1991	670.41	166.80	135.25	20.84	13.97	152.39	51.15	45.59
1992	738.92	196.83	90.41	18.00	29.08	223.12	80.02	119.22
1993	844.56	274.94	224.13	35.08	108.14	300.57	128.10	208.16
1994	1254.27	344.76	342.58	66.51	116.22	329.32	143.75	226.15
1995	1809.26	424.84	464.49	80.35	157.48	427.79	168.49	302.34
1996	1866.88	501.50	574.00	102.00	188.60	498.00	220.00	379.80
1997	1754.50	433.60	296.50	147.10	195.90	515.30	250.00	162.20
1998	1551.70	362.10	217.30	144.40	176.80	649.00	289.80	169.10
1999	1625.80	344.60	208.00	163.70	253.20	956.60	390.80	215.10
2000	1677.80	439.10	333.10	305.20	357.50	791.90	349.60	324.50
2001	1571.60	401.10	271.30	231.00	362.70	1217.90	344.50	359.80
2002	1273.00	248.00	244.00	150.00	219.00	586.00	288.00	44.00
2003	1465.00	349.00	301.00	186.00	333.00	735.00	379.00	96.00
2004	1600.00	453.00	256.00	188.00	425.00	604.00	482.00	72.00
2005	1823.00	440.00	274.00	344.00	356.00	735.00	514.00	90.00
2006	1910.00	636.00	411.00	382.00	523.00	860.00	499.00	151.00
2007	2360.00	741.00	516.00	496.00	589.00	1053.00	703.00	214.00
2008	2629.00	880.00	586.00	513.00	603.00	900.00	687.00	349.00
2009	2708.00	976.00	737.00	547.00	637.00	1173.00	634.00	361.00
2010	2957.00	919.00	781.00	551.00	666.00	1231.00	902.00	424.00

1989—2010年湘西州城市居民主要消费品人均消费情况一览表

表13-15 单位:公斤

年份	粮食	食用植物油	鲜菜	猪肉	家禽	鲜蛋	鲜鱼	牛羊肉	酒
1989	137.99	4.09	126.22	29.82	4.50	4.18	2.75	1.79	3.79
1990	126.00	4.70	103.50	27.60	4.80	4.30	3.40	1.30	3.90
1991	134.12	5.55	94.82	28.29	5.82	5.47	4.05	1.94	3.67
1992	110.40	8.60	86.20	26.50	5.40	6.80	3.40	1.60	2.50
1993	85.00	6.90	86.00	26.00	5.20	4.50	3.10	2.10	1.90
1994	84.50	7.10	85.04	22.60	6.20	4.80	3.00	1.60	2.04
1995	82.10	7.10	79.67	24.45	7.31	5.57	3.47	0.93	2.12
1996	79.14	6.85	88.54	23.95	5.56	5.26	3.66	1.06	2.12
1997	79.94	3.77	76.70	21.93	6.55	5.74	2.18	1.60	1.85
1998	70.80	4.66	72.97	19.94	5.89	4.68	2.86	1.26	1.63
1999	63.67	4.36	59.56	19.06	5.71	3.95	2.87	1.19	1.92
2000	62.98	5.64	67.75	20.79	6.46	4.79	3.92	0.97	1.56
2001	61.05	5.57	68.92	20.95	7.34	4.79	2.97	0.84	1.81
2002	109.00	9.33	84.60	24.80	4.75	2.93	2.15	1.83	1.43
2003	92.78	8.34	83.74	22.70	6.71	4.96	2.84	2.15	1.20
2004	80.47	8.10	87.11	23.00	6.40	2.66	3.61	2.98	1.40
2005	78.33	7.96	88.26	24.68	6.52	2.71	3.17	2.13	1.44
2006	73.95	7.40	90.91	27.18	6.74	3.44	3.06	1.91	3.03
2007	59.67	8.56	89.20	25.00	6.84	3.55	3.69	2.01	2.08
2008	53.59	7.70	73.30	24.00	5.56	3.40	3.47	1.79	2.11
2009	49.20	6.50	71.40	26.00	4.97	3.30	3.73	1.76	2.10
2010	82.00	9.50	83.00	29.00	7.50	4.50	4.60	2.90	2.54

1989—2010年湘西州城市居民平均每百户拥有贵重及耐用消费品统计表

表13-16

年份	电冰箱(台)	摩托车(辆)	洗衣机(台)	电视机(台)	照相机(台)	热水器(台)
1989	13	1	42	23	11	—

续表 13-16

年 份	电冰箱（台）	摩托车（辆）	洗衣机（台）	电视机（台）	照相机（台）	热水器（台）
1990	50	1	83	18	17	—
1991	57	2	92	63	18	—
1992	63	2	93	75	23	8
1993	80	1	102	85	23	20
1994	80	2	95	92	43	43
1995	90	4	102	98	42	56
1996	92	6	98	100	34	82
1997	80	6	100	100	44	80
1998	90	6	114	116	50	92
1999	92	12	100	132	44	88
2000	94	20	104	114	42	104
2001	98	30	94	130	38	98
2002	74	10	83	108	24	66
2003	84	13	93	125	29	77
2004	83	22	92	113	29	82
2005	85	23	93	119	31	78
2006	90	19	93	117	29	73
2007	95	22	96	115	24	64
2008	94	19	94	109	20	74
2009	94	19	93	108	24	76
2010	95	23	95	110	24	85

1989—2010年部分年份永顺县退休干部刘顺礼工资增长情况一览表

表 13-17

年份	工资额(元)	年份	工资额(元)
1989 年	97.0	2004 年	1104.2
1991 年	122.0	2005 年	1314.2
1993 年	202.2	2006 年	1613.0

续表 13-17

年份	工资额(元)	年份	工资额(元)
1995 年	485.8	2008 年	1703.0
1999 年	506.8	2009 年	1928.0
2003 年	914.0	2010 年	1988.0

第三章　经济体制改革

第一节　农村经济体制改革

1989 年，湘西州分期分批检查农村土地承包合同签订和执行情况，制定合同管理制度，健全合同档案。各县市成立农业承包合同管理委员会，配备专（兼）职人员 71 人；乡（镇）建立承包合同管理机构 176 个，占全州乡（镇）总数 80%，配备人员 827 人；建制村建立承包合同管理机构 1526 个，占全州建制村总数 57.4%，配备人员 4336 人；完善承包合同建制村 1998 个，合同 35.25 万份，占建制村总数 75.1%。

1993 年，土地承包期再延长 30 年不变。提出在承包期内实行“增人不增地,减人不减地”办法，稳定土地承包关系。1997 年，继续宣传贯彻延长农村土地承包期 30 年不变政策，调查第一轮土地承包情况，为第二轮土地承包作准备。1998 年 8 月，州委、州人民政府印发《关于延长土地承包期的通知》，组织 82 名干部在凤凰县沱江镇举办试点。同时，召开全州农村工作会议，部署延长土地承包期 30 年不变合同续签工作。是年，全州签订土地承包合同农户 49.89 万户，集体“土地承包经营权证”，发放到户率 97%。2001 年，全州延包合同签订全部扫尾。泸溪、吉首、龙山等县（市）开始试点农村专业合作经济组织建设。2003 年 3 月，全州开展《中华人民共和国农村土地承包法》宣传工作，印发宣传资料及布告 7.29 万份，在墟场宣传 140 场次，举办培训班 29 期次，培训各级骨干 3300 人，开展“一证一书”（“土地经营权证”和“土地承包合同书”）配套发放工作。是年，土地承包“一证一书”入户率 98%。建立健全县、乡或乡、村两级土地承包合同档案，配备专门档案室（柜）2250 个。2004 年，全州建立农村土地流转管理制度，清理并完善土地流转手续 1.33 万公顷，涉及农户 5.87 万户。指导发展农民专业合作经济组织，农民自发成立各类专业协会或合作经济组织 89 个。

2005 年，全州各级干部 2500 余人，深入村组和农户宣传农村政策，2.8 万农户补办土地承包合同书和土地经营权证 2.8 万份；签领“一证一书”50.97 万户，入户率 99.8%。全州签订或完善流转合同 2.6 万份，涉及土地 2806.7 公顷，农户 3.26 万户。全州举办专业合作社试点 16 个，成立农民专业合作经济组织 288 个，注册登记 235 个，有农民会员 2.3 万户，成员 9.6 万人。是年，省财政厅批准 10 个协会（合作社）为财政扶持项目单位。2006 年，州内部分乡村建制调整，各县（市）依法开展“一书一证”重签和换发。全州建立农民专业合作经济组织 302 个，成员 4.2 万户。2007 年，全州补签更换“一证一书”17.65 万份，占应补签更换的 74%。至年底，全州累计签订 30 年不变土地承包合同 49.48 万份，发放土地经营权证 49.33 万本，分别占农户总数 92.97% 和 92.69%。全州农民专业合作组织发展到 309 个，有社（会）员 3.65 万户，带动农户 11.64 万户。2008 年，州人民政府印发《全州农民专业合作社示范社标准》，选择吉首市金凤凰渔业专业合作联社和泸溪县红山椪柑合作社为州示范社。全州发展农民专业合作社24个，比2007年增加20个，是年，获中央财政扶持项目5个，资金60万元。

2009年，州人民政府选择凤凰县两林乡、古丈县红石林镇作为土地流转试点，健全制度，规范管理，实现流转合同规范化、流转程序规范化、流转档案管理规范化。全州农村承包土地经营权流转面积累计9940公顷，占家庭承包经营耕地总面积7.6%。建立县（市）、乡（镇）两级农村土地流转服务中心，形成县（市）、乡（镇）、村三级土地流转信息网络，整理和发布农村土地承包经营权流转供求信息、开展政策咨询服务、合同审查备案和档案管理、监督农村土地承包经营权流转合同的履行、调处农村土地承包经营权流转纠纷等工作。是年，全州发展农民专业合作社88个、成员4886户，带动农户6.1万户，增幅127%。州人民政府办公室印发《湘西州人民政府关于进一步加快发展农民专业合作社的意见》《湘西州人民政府关于下达2009年农民专业合作社省级示范点建设任务的通知》，出台《关于实施农民专业合作社省级示范点建设工作方案》，成立农民专业合作社建设工作领导小组，全州8个省级示范社建设各项工作经省验收合格。获得财政部、农业部和省财政扶持资金141万元。2010年，全州农民专业合作组织发展到370个，农民专业合作组织成员5.3万人，占全州农村总人数9.58%，带动农户10.4万户，占全州总农户数18.68%。州、县（市）安排专项扶持经费95万元、工作经费36万元。获中央财政扶持项目11个，资金220万元；1个农业部扶持项目，资金20万元。是年，8个县（市）相继建立农村承包土地经营权流转试点，全州农村土地承包经营权流转面积2.02万公顷。

第二节 工业经济体制改革

1989年，湘西州国有工业企业211家，工业总产值12.9亿元。

20世纪90年代，全州工业经济体制改革进入转换经营机制“国有民营”阶段，州人民政府成立州企业改革领导小组及办公室。1992年，州人民政府印发《关于推进国营企业转换经营机制，深化劳动、人事、分配、社会保险制度改革的意见》，完善30户工业企业第二轮承包，完成湘泉酒总厂10年承包方案编制工作，在州一化二厂等44家工业企业举办劳动、人事、分配三项制度改革试点，有140家工业企业打破“铁”工资级别，实行计件、技能、浮动等多种工资分配制度。1993年，全州组建股份制企业2家，2家企业实行国有民营，41家企业实行分级分权管理，29家企业把后勤服务推向市场，13家企业走上工贸结合，71家企业实行岗位技能工资，26家企业实行全员合同制。1994年，州人民政府出台《关于国有工业企业进一步深化改革若干问题的意见》，实行一厂一策，实现股份制企业1家，股份合作制企业5家，租赁经营企业3家，兼并企业1家，分块经营47家，后勤剥离79家。1995年，33家企业完善内部运行机制，指导湘泉酒总厂建立现代企业制度试点；年底，全州95%的工业企业实行承包经营责任制。1996年，州人民政府印发《深化国有企业改革的若干意见》，建立“产权清晰，权责明确，政企分开，管理科学”的现代企业制度。州人民政府成立工业企业改制领导小组，下设3个工作组，督查全州企业改革改制。湘泉酒总厂挂牌成立湖南湘泉集团有限公司；州彩印厂破产终结；13家工业企业申请破产，4家工业企业进入法律程序；29家工业企业分别实行兼并、租赁、承包、分体经营和股份合作制。全州县及县以上工业企业分流富余职工1094人，压缩管理和非生产性人员461人，清退临时工3440人，减少工资费用支出1360.2万元。1997年，州人民政府印发《湘西州国有工业企业股份合作制改革试行办法》，全州93家工业企业实行改制，湘泉集团酒鬼酒股份有限公司上市，募集资金4.4亿元；组建湖南东方锰业集团；完成州七〇化工有限公司等一批工业企业股份制改造。1998年，州委、州人民政府印发《关于进一步深化国有企业改革有关问题的补充意见》和《深化国有企业改革的若干意见》。全州工业企业实行租赁承包47家、股份合作制19家、收购拍卖9家、分体经营39家、一厂多制24家、托管经营2家、进入破产程序16家、其他形式78家，改革面81.4%。组建湖南三立集团和湖南喜阳食品工业集团。1999年，州委、州政府印发《深化中小企业改革的若干意见》，由11名州级领导干部带队，49名科级干部组成10个工作组，深入州属工业企业举办改革试点，8个县（市）抽调149名机关干部组成52个工作组，深入县市工业企业指导企业改革改制。全州171家国有工业企业，其中有148家实施不同形式改革，改革面87.1%；组建湖南闻得福油脂集团股份有限公司。2000年，州委、州政府印发《进一步深化国有企业改革的若干补充意见》，全州国有企业民营化改制143家，占全部企业83.6%，置换职工身份1000余人。国有工业企业由1989年的211家减少到204家，集体所有制工业企业由1989年的507家减少到30家；工业总产值由1989年的12.9亿元增至57.31亿元，工业增加值由1989年的4.6亿元增至17.28亿元。

2001年，全州完成改革改制企业32家，职工身份置换1252人。2002年，州委、州政府召开州属国有工业企业改革改制动员大会，部署州属国有工业企业产权制度改革工作。以建立现代企业制度为重点，推行“两个置换”（职工身份置换、企业产权置换），对资不抵债、不能清偿到期债务、扭亏无望的企业主推规范破产。全州抽调7名州级领导干部，31名县级领导干部，316名机关干部组成48个工作组，深入工业企业开展企业改革改制工作。调查摸底企业资产、债务、生产经营状况，制定企业改革改制方案，征求企业干部职工意见，召开企业职工代表大会，依法稳定推行改革改制。全年筹集改革改制资金2.5亿元，“买断”（买断职工身份）安置职工8661人，还清企业债务10.1亿元，吸纳社会资本1.17亿元，盘活企业14家。2003年，全州抽调438名机关干部组成42个工作组进驻47家企业帮助企业改革改制。全州88家工业企业完成改制任务，安置职工2.8万人，处理资产9.66亿元、债务7.75亿元，剥离不良金融资产8亿元。2004年，州属工业企业30家中有21家完成改革改制任务。2005年，全州国有工业企业改革改制为民营化企业44家，集体所有制企业破产改制3家。2006年，全州国有工业企业改制为民营化企业2家，集体所有制企业破产改制2家。2009年，全州国有工业企业改制为民营化企业3家。2010年，全州国有企业改制为民营化企业1家。是年年末，全州国有工业企业由1989年的211家减至29家，改制面86.3%；集体所有制工业企业由1989年的507家减至2家，改制面99.6%；民营规模工业企业由2001年的63家升至309家，净增246家。州属30家独立核算国有工业企业除州龙家寨煤矿、洛塔煤矿、向阳煤矿、大龙洞水电站、林化厂、化工冶炼厂尚未改制到位外，其余24家全部改制到位，改制面80%。其中实行股份制改造3家、整体出售3家、破产18家。涉及企业干部职工1.05万人、资产11.4亿元、负债16.8亿元。州七一化工厂、吉首纺织厂、永顺纺织厂、州印染厂、湘泉集团等企业实现破产重组，部分下岗职工得到妥善安置。

第三节 流通体制改革

1989年，湘西州民贸系统41家企业实行承包；实行公开招标承包7家、经营者风险抵押承包2家、全员风险抵押承包13家，实行集资2家、工资总额同利税固定比例挂钩11家、百元利润（利税）工资含量2家，实行内部效益工资22家、建立内部银行4家、劳动优化组合20家、保本保利期管理7家。国营小型商业企业改为国有集体经营32个核算单位34个网点；租赁经营66个核算单位106个网点；向财政或主管部门承包企业72个核算单位150个网点；归口集体商业企业7家、核算单位47个、职工858人，职工集资企业1家30人，集资金额3.88万元；股份制企业1家，入股职工32人，入股金额1.55万元。州供销联社下发《关于供销社企业实行经理（主任）任期目标责任制几个问题的意见》，全州供销社系统实行层层抵押承包和干部聘任制，优化劳动组合、工资总额与经济效益挂钩等一系列配套改革。全系统208家企业，其中有189个实行（经理）主任任期目标管理责任制、19个实行主任责任制，2126个经营网点，实行任务联工资、效益联奖金的1078个，含量工资的857个，其他形式的191个。供销系统有179个企业实行工资总额和经济效益挂钩。1990年，全州开展企业达标升级和营业员等级评定工作。州百货站、州棉麻土产公司上省预备级，供销系统有737名营业员评定等级。全州供销系统162个独立核算单位均实行目标管理责任制。1991年，根据各企业特点，公司总体承包，实行利润、出口供货任务“大包干”，即“承包经营、包干上交，超额全留、独立核算、自负盈亏”；出口供货和利润指标承包到人。国营商业实行第二轮承包，供销、粮食企业实行目标管理。全州供销系统逐步推行经营、物价、用工、分配“四放开”工作试点，州供销联社成立“四放开”领导小组。直属企业州工业品公司、州废旧物资回收利用公司、州日杂食杂公司3家企业，被列为第一批“四放开”改革试点单位。州供销联社推行机关改革，先后组建州民族供销总公司和州供销石油化工公司。州供销联社机关人员转实体11人。1993年，州五交化站、州百货站实行利润总承包和税收效益目标管理，与财政、税务、主管局签订8年承包合同。全州供销系统对县以上公司推行“分组承包、风险抵押、联利计酬、超利分成”承包经营机制；对大中型零售商场（商店），实行“柜组承包、风险抵押、联利联销计酬”承包经营机制。国营合作商业引入个体机制，推行国有民营，全州有112个单位（门店）实行国有民营经营承包责任制。州供销联社机关11名兴办经济实体人员办理脱钩手续。推广花垣县“社有民营”经验，是年，全州基层供销联社实行社有民营单位、门店（柜组）35.1%。

1994年，全州供销系统推行“社有民营”单位130个，占基层总数57.6%，“社有民营”门店、柜组1169个，占网点总数59%，从事“社有民营”职工1845人，占基层社总人数46.5%，应交承包款515.5万元，实交427.6万元。1996年，全州供销系统158个单位实行“社有民营”，30个单位实行“抽本经营”，46个单位实行租赁经营，5个单位实行“剥离经营”，5个单位实行“分体经营”。分流职工3000人，占全系统总人数37%。1998年，全州供销系统企业实施铺底承包158家，抽本承包47家，抵押、租赁承包34家，以其他形式承包经营饮食服务业46家。参加承包经营职工3000人，占企业职工总数的47%。全系统出租经营场地门店126处，实行剥离经营企业5家，分体经营企业5家。开辟新经营领域，扩大再就业分流人员1000余人。1999年，州财贸工作办公室先后3次组团赴浏阳、郴州等地考察。学习外地经验，指导全州商贸企业采取租、卖、并、股、包等多种形式，向民营化转化。全州285家独立核算国营合作商业企业中有257家，采取不同形式改革改制，改革面90.2%。

2000年，全州商贸企业开展产权制度改革，实行“两个置换”（职工身份置换、企业产权置换），全州商贸企业职工参与“两个置换”改革573人。全州供销系统重点企业重组，培育“龙头”企业向专业化、市场化、规模化方向发展，州社直属13家企业，实施“两个置换”和资产重组；对亏损严重、扭亏无望的企业采取关门止亏，关闭基层社11个、企业8家，重组企业5家，实行股份制改造企业3家，整体改制试点企业2家；通过两不找办法，（即企业不找职工，职工不找企业）22个基层社停止产生新亏损；分流人员、解除劳动合同职工206人。2001年，州直商业系统有498名职工与企业解除劳动合同，州直粮食系统分流职工171人。全州供销社各社直企业和基层社分别采取出售、租赁、资产重组等形式置换产权，通过工龄补偿，解除到期劳动合同、资产量化安置等形式置换身份。供销系统有46个推行社直企业和基层社“两个置换”，完成整体改制35个，置换职工身份417人，实行资产量化安置职工743人。对22个边、小、亏、微基层社和亏损社直企业实行关、停、并、转，亏损单位由22个降为3个。2003年，州商业行业管理办公室成立企业改制领导小组，研究确定州劳保用品公司、州民族商业公司为改制试点企业。年底，州劳保公司改制完毕，企业整体出售给州鑫益通工业建材有限公司，44名职工一次性安置到位。全州供销系统64家社直企业和97个基层供销社，结合自身实际制定改制方案，全州供销系统置换职工身份1923人。2004年，州委、州政府印发《关于深化州属国有企业改革改制若干政策措施的意见》，全州供销系统置换职工身份2447人，置换面66.74%。2005年，全州供销系统改革改制社直企业53家，基层社56个，占应改制社直企业和基层社总数80%；置换职工身份1630人，占年初在职职工总数43.83%。2006年，州直商务系统10家企业改制启动，完成或基本完成5家。州外贸土畜茶公司、州副食品公司等企业通过改制安置职工300人。州民族商业公司、州粮酒副食品公司分别完成资产处置和“两个置换”工作，2个公司安置职工167人。全州供销系统置换职工身份885人，完成年计划221.3%。2007年，州盐务管理局、州物资行业管理办公室（州民爆办）先后撤并到州商务局。2008年，州直商业企业所属7家企业有4家企业改制工作取得突破，4家企业基本完成职工安置，安置职工355人。2009年，州直商业企业除武陵商厦由州人民政府明确暂不改制外，有州食品公司、州蔬菜饮食服务公司进入企业改制实施阶段。州食品公司实现处置资产收入1100万元，州蔬菜饮食服务公司实现处置资产收入570万元。2010年12月，完成州蔬菜饮食服务公司、州食品公司改制工作。全州除州武陵商厦因资产处置变现困难暂未改制外，基本实现州委、州人民政府关于州直国有商业改革预期目标。

第四节　宏观调控改革

一、计划体制改革

1989年，湘西州坚持“国家调控市场，市场引导企业”总方向，全面清理、整顿工业生产指令性范围，进一步改革生产领域和流通领域的直接计划管理，将州所属各专业部门和县（市）计委下达的生产指令性计划改由州计委统一下达，改变原来各级各部门层层加码、多层次下达指令性生产计划的混乱局面。

1990年，全州从管理和搞活两个方面推进计划体制改革，加强和改进国民经济总量平衡，按照新渠道统一下达指令性计划。指令性计划主要包括关系国计民生的少量重要产品、“上游”产品、某些稀缺和特需产品；一般生产资料和消费品逐步取消指令性计划。农业生产全部实行指导性计划和市场调节。同时，调整商品和物资分配调拨计划和权限。国家计委和省计委管理的商品由23种减至20种、负责平衡的统配物资由24种调减为17种，将各部门负责管理指令性计划物资品种由316种减至45种，其余的实行合同订购、产销衔接和自由购销。

1991年起，湘西州实行以工业指数代替工业总产值反映生产速度新的国民经济核算体系。1992年，贯彻落实邓小平南方谈话和《中共中央关于建立社会主义市场经济体制若干问题的决定》精神，着力推进全州计划体制改革和计划部门职能转变，州计委从抓解放思想入手，开展大讨论，针对当时计划部门出现的一些模糊思想，重点围绕计划与市场、姓“社”和姓“资”问题开展学习和讨论，解决计划部门在计划改革工作中怕戴资本主义“帽子”，怕丢计划管理“笼子”，怕出宏观调控失控“乱子”等思想顾虑，投入计划体制改革洪流之中。在全州计划系统开展“在改革开放新形势下计委怎么办、计划工作怎么办”大讨论，明确改革传统计划经济体制，计委首当其冲；建立社会主义市场经济体制，计划部门责无旁贷。早改早主动，迟改就被动，不改难行动，主动转变职能，加强宏观调控和经济调节，推进全州经济社会又好又快发展。

1993年起，全州计划管理主要是在经济总量上把握供求平衡，在产业结构上掌握发展方向，在产业政策上给予指导，在信息咨询上加强引导，从宏观上保证经济正常运行，从决策上促进微观放开搞活。改“笼子”控制为“轨道”调控，只要有利于国民经济和社会发展、有利于国计民生、有利于社会大局稳定的经济活动，不仅保证在计划系统开“绿灯”，不设卡，而且主动创造条件，为企业排忧解难，鼓励企业敢试、敢冒、敢闯。缩减指令性计划，扩大指导性计划和市场调节范围，为企业改革提供导向和创造宽松环境。农业生产全部实行指导性计划和市场调节。工业生产除国家计委下达的26个品种外，省计委不增加指令性计划品种，所下达的102种工业生产指标除黄金、卷烟和军工产品外全部为指导性计划。逐年缩减统配物资品种和数量，工业产品除国家规定的上调任务外，州只保留为保证农业、救灾扶贫、重点建设和社会发展急需的少数几个品种少量上调任务。物资计划除国家分配的指令性计划和省保留的极少量指令性计划外，其他都采取合同计划或合同订购方式，价格逐步并轨。

2001年，州计划委员会更名为州发展计划委员会，经济计划宏观调控，主要立足结构调整和开拓市场，立足体制创新和科技创新，确定全州国民经济和社会发展主要调控指标。

2004年，州发展计划委员会更名为州发展改革委员会，宏观调控主要规划重大项目建设，优化产业结构，确保全社会固定资产投资计划完成。2010年，改革发展主要统筹发展经济增长方式，调整经济结构，落实扩大消费政策措施。同时，推进医疗卫生体制改革和林权制度改革，促进民生和社会事业加快发展。

二、金融体制改革

1993年，湘西州金融部门贯彻落实国务院“政策性金融与商业性金融分离”原则精神，州农业银行举办信用社股份制改革试点，组建州信用合作股份责任有限公司。各县（市）信用联社和资金雄厚信用社为股东，采取入股自愿，风险共担，利益共享经营原则，按照市场经济要求经营。实行独立核算，自负盈亏，自担风险，自我发展。1994年，全州金融机构贯彻《国务院关于金融体制改革的决定》精神，州工商银行在全州推行行长目标管理责任制。1996年，全州农村金融体制改革，各县（市）信用联社领导班子全部建立、农业发展银行分支机构成立，农村信用社与农业银行脱钩。1998年，全州金融系统深化机构人事、分配制度和会计制度改革；建立调整经营、量化考核管理机构，建立能上能下、竞争上岗用人机制，建立以汇差制约贷款自加压力资金营运机构；突出存款、资产保全、利息清收、优质文明服务。州人民银行推行龙山、永顺、泸溪、凤凰、吉首5个县（市）人民银行所属城市信用社与人民银行脱钩，并开展合并改制工作。

2003年，建设银行湘西州分行制定《减员增效改革方案》，实行人员精减，机构管理扁平化改革。改革总体思路：以存款为基数，核定人员规模，上年度分行员工416人，精减分流180人；整合网点机构，实行级别管理，吉首城区设8个网点型支行，行政县设5个支行，分别实行动态等级行管理；完善扁平化管理，在分行统一资源配置，统一会计管理，统一财务管理，统一头寸管理，统一后勤，统一资金清算管理基础，按照“分行—支行（网点）”组织构架模式改革，公司类贷款业务和个人贷款业务分别集中到公司业务部和个人银行部经营和管理；整合内部机构，提高办理效率，州分行本部设置综合保卫部、人力资源部、风险监管部、个人银行部、计划财务部、会计结算部等7个职能部门。2004年，湘西州农村金融改革工作领导小组成立，研究制定《湘西州农村信用社改革方案》，农村全面清理信用社贷款，测算改革数据。在吉首市联社，组建农村合作银行，其他各县组建以县联社为法人的一级法人治理结构。年底，全州农村信用社改革增资扩股完成。2005年，州工商银行完成股份制改革，全行土地、房屋确权、各种证照更换全部完成100%；全州剥离不良贷款17.37亿元。2006年，中国银行吉首分行按照股份公司要求，整合全行各项业务。取消国家干部制度，实行股份公司合同制和临时工劳务派遣制，建立新型劳动关系和薪酬制度。是年，银监会批准农发行扩大产业化“龙头”企业贷款业务范围和开办农业科技贷款业务。2007年，州农业银行成立股份制改革领导班子及各个工作小组，全年完成22.4亿元可疑、损失类不良贷款摸底清理工作，处置抵债资产1150万元，完成率92%；土地、物业产权完善率

100%，闲置固定资产处置完成率92.92%；认定和追究不良贷款责任12.53万笔，金额22.83亿元，下发处理文件1101份，责任追究208人；财务历史包袱消化3386万元。

2009年，州农业银行改制为股份制银行并正式挂牌。2010年，全州推行财政性存款集中缴存改革。工商银行股改后，投资理财金额达16亿元；州邮储银行推出财富系列、创富系列等，投资额26亿元。全州金融机构存款余额360亿元，比上年增长19.98%；贷款余额161亿元，为1989年的12.63倍，增速居全省各市州首位。

三、投资体制改革

1989年，全州改革预算内基本建设投资办法，实行基本建设资金制。1993年下半年，省计委管理的固定资产项目审批权限原则上全部下放给州（市）计委。除大中型项目和限额以上项目须报省发改委转报国家发改委审批外，其余的只要符合产业政策都下放给州（市）发改委审批。凡属地方农业、林业、水利、公路、桥梁、市政工程、城市公用设施、科技、教育、文化、卫生、社会服务设施等建设项目不论大小，只要自行筹措建设资金、自行平衡建设条件，均由州计委审批。适当放宽县和县级市计委项目审批权限。国营企业在国家产业政策、行业规划指导下能自行平衡建设条件、生产条件和资金的生产性建设、职工住宅等建设项目由企业自行决策审批；集体所有制建设项目由州计委审批；个体投资项目，不论规模大小，报工商行政管理部门登记即可建设。州计委审批利用外资（含合资、合作、独资）项目权限 由100万美元放宽到500万美元。在利用外资、乡镇企业、街区工业、商品房建设、个体投资等方面当放开投资规模，不作总规模控制。州计委不横向转移审批权限，以减少审批环节。

1994年，建立州外债偿还基金，扩大利用外资领域，争取世界银行、亚洲银行等国际金融组织贷款和国外政府贷款，每年筛选一些项目，通过各种途径和多种关系吸引外商到湘西州直接投资，兴办“三资”企业，开发“三来一补”（来料加工、来样加工、来件装配和补偿贸易）项目。

2001年，州人民政府贯彻执行《湖南省鼓励非国有经济投资政策若干规定》，进一步放宽准入政策，除关系到国家安全和由政府垄断的行业以外，均允许非国有投入。鼓励条件具备的非国有投资主体参与政府统一规划的基础设施、市政设施、矿山资源开发和社会力量办学，依法举办营利性医疗机构；凡对外开放的金融、电信等领域均对国内非国有投资主体开放；鼓励非国有投资主体采取合作、联营、股份、BOT等方式参与资本市场竞争，通过竞标获得现有基础设施建设权和特许经营权，允许经营权和所有权转让；鼓励非国有投资主体采取兼并、租赁、参股、收购等方式扩张资本，参与国有企业改革、改组、改造，实现投资主体多元化；鼓励非国有投资主体依法利用土地、设备、技术、商标、品牌等资产开展投资活动，参与收益分配；在政府引导和扶持的同时，改进和加强对中小企业金融服务，所有商业银行投资机构都淡化投资所有制差异，按项目优劣选择投向；鼓励有实力、有条件的非国有企业改制上市或“买壳”上市。

2004年，全州贯彻执行《国务院关于投资体制改革的决定》和《湖南省人民政府贯彻〈国务院关于投资本制改革的决定〉的实施意见》，深化投资体制改革。至2010年，州、县（市）落实企业投资主体地位，鼓励和引导社会投资，拓宽企业投资项目投资融资渠道，鼓励各类企业以股权、融资、发行股票、债券等方式筹集资金，逐步建立多种募集方式互补多层次资本市场；允许各种所有制企业按照有关规定申请使用国外贷款；鼓励和促进保险资金间接投资基础设施和重点建设项目；除国家法律法规禁止进入领域外，其他领域都向社会资本开放；鼓励和引导社会资本以独资、合资、合作、联营、项目融资等方式参与经营公益事业和事项设施建设；鼓励和支持有条件的各种所有制企业进入境外投资。健全政府投资体制，州、县（市）政府投资主要用于关系国家安全和市场不能有效配置资源的经济和社会领域。凡能由社会投资建设的项目都尽可能利用社会资金建设。

四、物价体制改革

1989年，湘西州价格改革转入治理整顿阶段。重点治理通货膨胀。控制城镇居民定量供应粮食、食油价格；县市适当增加财政补贴，抓好“菜园子”建设，稳定“菜篮子”价格。控制出台新涨价措施。对日用消费品建立管价商品提供特批制，制止中间环节乱涨价。化肥、农药、农膜归口经营，统一作价。严禁经营单位自行定价，杜绝层层转手加价“倒卖”行为。计划外生产资料实行限价管理。适当提高短线产品棉花收购价格，实行价外补贴。1991年10月，全州市场放开卷烟零售价格和三级批发价格。11月，全州放开食糖经营和价格。农产品收购市场调节价和国家指导价比重分别达到50.4%和24.3%，国家定价比重降为25.3%；社会消费品零售额市场调节价和国家指导价比重分别达到45.5%和23.2%，且比重还在增大，国家定价比重降为31.3%，且比重还在缩小；生产资料价格按企业购进价格金额计算，国家定价降到5%。1992年，取消全州粮食购销价格倒挂；放开猪肉市场价格，全州副食品价格改革基本实现计划管理体制向市场体制转换；放开全州卷烟出厂价格，放开烟叶调拨价格，体现优质优价、优胜劣汰市场机制；推进生产资料价格“双轨制”（计划与市场）并轨，并在价格放开基础上由市场调节，调整化肥管理权限，提高统配肥价格。

1993年，湘西州价格改革进入攻坚阶段。由州物价局牵头成立治理“三乱”（乱收费、乱摊派、乱罚款）领导小组，清理企业“三乱”；对粮食、猪肉、蔬菜、中西药、农资等核定涨幅上限，规定提价商品须先经州物价局审核成本，再确定提价水平，启动征收“菜篮子”和生产资料专项价格调节基金，用于“菜篮子”工程建设、节日市场供应蔬菜价格补贴和农业生产资料价格补贴；州内计划外化肥实行最高限价。1994年，全州提高粮食收购价格；化肥价格并轨，实行浮动；下半年，统配煤价全部放开；电力价格打破单一指令电价模式，出现指令性和指导性电价并存局面；推进农村电价“两改一同价”改革，降低农村过高电价，给农民实惠；石油价格实行指导价格；钢铁和机电产品零售价格全面放开；放开公路货运价格，公路客运根据不同季节、不同线路、不同车型，实行优质优价和浮动价格。1996年年初，州人民政府制定全州及各县市全年物价涨幅不突破10%控制目标，实行县（市）长负责制。州物价局在全州物价系统，实行“综合考核评比制”。是年，再度提高粮食收购价格；化肥调拨、零售实行综合作价，取消出厂浮动形式。全州组织42个清查组，检查执证收费单位169个，检查收费项目554个，收费总额6562万元，清理越权制作收费文件22个，取消不合理收费项目112项，处理违价收费金额1312万元。其中，审核州直单位文件7份，取消和修改不合理收费项目9个，直接减轻农民负担5250万元。全州砍掉不符合规定义务工和积累工249.43万个，砍掉超规定统筹提留费91.3万元。1997年，全州开始实行粮食保护价格政策。1998年，理顺公房价格，促进商品房销售；降低电话初装费和出租电路资费标准，降低移动电话被叫话费水平；分区限制农村电价，超基数降低城镇居民和商业用电价格。继续清理基本建设项目收费，整治建筑行业乱收费。规范物业小区收费管理，落实水、电抄表到家工作。完善粮食价格形成机制，实行“顺价销售”。

2003年，湘西州价格改革进入深化阶段。开展“价格服务进万家”工作，建立覆盖全社会价格服务网络；形成“价格成本监审、制定价费政策、价格监督检查”三位一体价格监管格局。适时调整成品油价格，建立油运价格联动机制；推行城乡用电同网同价；建立煤电价格联动机制；试行差别电价政策；改革水资源收费管理办法，提高水资源费收费标准；改革水利工程供水价格管理；实施污水处理收费改革，推行城市居民垃圾处理收费政策。取消行政事业性收费项目194个，降低收费标准186个，注销收费许可证386个，累计减轻各方面负担7400多万元；取消春运铁路、公路客运运价上浮政策，加强春运票价监督检查。2004年，推行价费公示制度，规范部门执收行为，2110个价费执收单位和218个乡（镇）

实行挂牌公示。建立健全各类教育收费公示制度，规范教育收费行为；取消大多数县市出台“口子费”和教育附加“随读代征”。2005年，落实义务教育“一费制”和贫困学生“两免一补”政策，减轻学生及家长负担。启动州内旅游宣传促销费和旅游资源有偿使用费征收。2006年，整顿旅游风景点门票价格，改善门票价格管理，开展旅游价格诚信活动，组织旅游市场价格巡查，整顿规范旅游景区餐饮、宾馆和出租车收费。2007年，全州免除义务教育阶段中小学生杂费。推行医疗服务收费公示和住院病人医药费“一日一清单”制度。2010年，解决“看病贵”问题；降低2833个药品价格，落实集中招标采购药品价格管理措施，实行集中采购药品143批，累计减轻患者负担4150万元；研究出台减轻低收入阶层负担、扶持弱势群体价费办法，减免低保家庭每月用电8千瓦时、4吨水费和5.5元有线电视收视费，全州减少低保家庭负担820万元。

第十四篇　扶贫开发

湘西州由于历史、地理诸多原因，长期处于贫困状态。1984 年，全州农民人均纯收入 253 元，低于全省人均收入水平 24.77 个百分点，83%的农村人口处于贫困线以下。是年，中共湖南省委在吉首召开全省第一次扶贫工作会议，动员省直部门和社会各界到湘西对口扶贫。1985 年，农业部到湘西州定点扶贫。1987 年，州委、州政府成立扶贫工作领导小组，加强扶贫开发工作的组织协调。同时，通过以工代赈、两棉（棉被、棉衣）赊销、税收减免、扶贫建房、扶贫建校等优惠政策的贯彻落实，至 1988 年，全州解决 11564 人的缺衣少被困难、13048 户 56300 人的住房难和 26 万多人饮水难问题，新修和改造乡村公路 67 条 562 公里，15 个乡实现首次通电。

1989 年，推行区域性产业开发扶贫战略。永顺、保靖、花垣 3 个县列入国家重点扶持贫困县，其余 5 个县（市）为省定贫困县（市）。至 1993 年，全州上下认识到，“过去失误在山，现在优势在山”，提出“一八四”开发设想，即抓好一个基础（粮食），实行八大系列开发（林果业、烟草、茶叶、苎麻、中药材、食草动物、矿产品、旅游及旅游工艺品），搞好四项基本建设（农业基础设施、交通能源、科技教育、服务体系）。州委、州政府先后作出“大力发展庭院经济和农业企业”和“五年消灭荒山，十年绿化全州”等决定，在抓紧粮食生产的同时，集中人力和资金，狠抓林、果、药、茶、烟、草食禽畜系列开发和特困区开发，坚持把解决温饱和发展商品经济、发展农业和乡镇企业、富民和富县紧密结合，全州经济发展出现良好转机。农民人均纯收入增加到 578 元。农村尚未解决温饱的贫困人口由 156.9 万人下降到 60 万人。

1994 年，实施国家“八七”扶贫攻坚计划，州委、州政府贯彻落实《中共中央国务院关于进一步加强扶贫开发工作的决定》及省委、省政府《关于支持湘西土家族苗族自治州实施“八七扶贫攻坚计划”的意见》，出台《湘西州八七扶贫攻坚计划》等系列文件。至 2000 年，每年组织近千个单位、上万名干部，进驻贫困村，实行“单位包村、干部挂户”结对扶贫，点上不脱贫，单位不脱钩。至 2000 年年底，全州农民人均纯收入 1277 元，贫困人口由 60 万人减少到 23 万人。同时，社会扶贫力度加大，农业部持续扶持湘西州，广州军区司令部到凤凰县包村扶贫，省辖长沙、湘潭、岳阳、衡阳、常德、株洲六市对口扶持龙山、永顺、保靖、花垣、古丈、泸溪 6 个县。

2001 年开始，进入国家扶贫开发纲要实施阶段，扶贫主体由原单一的专门机构扶贫开发办逐渐转变为主要涉农部门，形成扶贫开发机构专项扶贫、主要涉农部门扶贫和社会各界广泛参与的扶贫新格局。州境永顺、保靖、花垣、泸溪、凤凰、古丈、龙山 7 个县列入国家重点扶持贫困县，吉首市为省定贫困市。2005 年，实施整村推进扶贫新举措，至 2010 年，全州农民人均纯收入增加到 3173 元。

1987 年 3 月，中共湘西自治州委、州人民政府成立州扶贫工作领导小组，州委副书记向和友任组长，吴光海、周从玉、马耕田任副组长，林宝珍为顾问。9 月，州扶贫工作领导小组更名为湘西土家族苗族自治州经济开发领导小组。

1988 年 8 月，州经济开发领导小组成员调整，由州长石玉珍兼任领导小组组长，李邀夫、张毓琮、阎德茂、彭楚政为副组长，林宝珍为顾问。

1993 年 11 月，州委重新调整扶贫开发领导小组，州委书记石昌禄任组长，杨顺初、武吉海、贾长岳、罗国兴为副组长，颜长钊、马耕田为顾问。

1996年11月，州扶贫开发领导小组由于人事变动，组长由州委书记李大伦担任，向世林、武吉海、彭诗来、向邦礼、吴沅生、向熙勤、彭楚政、孙在田、王承荣、龙廷显、肖茂初为副组长，州委办公室、州政府办公室、州委组织部、州农委、州扶贫开发办公室、州计委、州财政局、州民族事务委员会、州农业局、州畜牧水产局、州水利局、州林业局、州农机局、州交通局、州广播电视局、州教育委员会、州卫生局、州民政局、州科技局、州烟草专卖局、州劳动局、州移民局、共青团州委、州妇联、州邮电局、州人民银行、州农业银行、州农业发展银行、州信用联社等单位负责人为成员。

1999年4月，州委重新调整扶贫开发领导小组，州委书记彭对喜任组长，相关责任单位负责人为成员。

2004年9月，因州委书记变动，州委调整扶贫开发领导小组，州委书记童名谦任组长，相关责任单位负责人为成员。2004年9月至2005年3月，彭军兼任办公室主任；2005年3月至2007年7月，罗天明任办公室主任。

2009年11月，领导小组因人事变动进行调整，州委书记何泽中任组长，叶红专、孙剑霖、胡章胜、陈湘如、吴彦承、李万松、张官仁为副组长，相关责任单位负责人为成员。

2010年，州扶贫开发领导小组成员未变。

1985年，湘西州农业开发项目办公室成立，隶属州农业委员会管理，从林业、农业、畜牧部门抽调人员集中办公，主要开展农业开发项目的立项、论证、评估等工作。

1987年3月，州委、州政府扶贫工作领导小组下设办公室，办公室主要职责是组织调查研究，拟定贫困地区经济开发的发展战略和具体措施，制定开发规划，落实开发项目，管好用好扶贫资金，组织开发农村智力，协调解决农村开发建设中的重要问题，督促检查和总结交流扶贫经验。是年9月，州委、州政府扶贫工作领导小组办公室定名为州经济开发办公室，为州政府正处级直属事业机构，核定编制7名。

1989年，州经济开发服务中心成立，为州经济开发办公室下属自收自支事业单位，定编5名。1990年，州经济开发办公室内设综合科。1991年，增设项目管理科。1994年2月，州经济开发办更名为州人民政府扶贫开发办公室（简称州扶贫开发办）。1995年12月，州椪柑开发公司成立，隶属州扶贫开发办管理。

1997年，州扶贫开发办增加事业编4名，设调研督查科、社会动员扶贫科。1999年6月，设立副处级纪检员，成立州扶贫开发办党组。是年，县（市）扶贫开发办主任纳入州委统一管理，先后解决8个县（市）扶贫开发办主任副县级待遇。

2002年1月，州扶贫开发办设立纪检组（监察室）、综合科、项目科、调研督查科、社会动员扶贫科，核定编制13名，其中州级领导行政编制1名，事业编制10名，后勤编制2名。2002年10月，调整1名后勤编制为事业编制。2004年12月，增设财务审计监督科，增加2名编制，总编制达到15名，其中行政编制1名，全额拨款事业编制14名。

2009年3月，州扶贫基金会成立，为正科级全额拨款事业单位，隶属州扶贫开发办管理，编制3名。2010年，州扶贫开发办事业编制15名，实有工作人员19人。

1989—2010年，州扶贫开发办历任主任：周碧联（兼）、蒋发昌、彭军、罗天明、刘昌刚、宛庆丰；副主任：唐世裔、梁远兴、梁学凯、罗世平、覃长有、吴东驰、李光盛、石钢、彭经荣、杨秀莲、龙永金、赵海军。

第一章 贫困状况与扶贫规划

第一节 贫困状况

1984年，湘西州农民人均纯收入253元，低于全省人均315.67元的24.77个百分点。特困乡镇农民人均纯收入在80元以下。全州有150多万农民处在贫困线以下，占农村总人口的83%。

1989年，全州贫困户25.03万户（贫困标准是指年人均纯收入200元以下户）111.95万人，占全州农村人口42.7%，病残、“五保户”占贫困户的11.5%。

1991年，全州217个乡（镇），其中农民人均纯收入年均在200元以下的贫困乡（镇）有50个。

1997年，全州2660个建制村，其中达到小康村水平18个，稳定解决温饱村508个，基本解决温饱村1043个，实际处于温饱线以下特困村1091个。全州分布在海拔400米以上中高海拔集中连片贫困区3个，其中永顺、龙山、保靖3县的岩溶干旱片有贫困村563个，贫困人口23.1万人；以腊尔山为中心区域的高山台地贫困片，包括花垣、凤凰两县的263个特困村，有贫困人口15.89万人；以吉首市丹青、泸溪县梁家潭、古丈县山枣为中心区域的紫色砂页岩贫困片，有贫困村265个，贫困人口11.64万人。

1998年，州扶贫开发办及县市相关职能部门开展州解决温饱情况调查，全州有贫困人口53万人，其中当年因灾反贫25万人。2000年，州扶贫开发领导小组组织州、县（市）驻村工作队共1000余人开展贫困调查，重点调查分布在8个县（市）66个乡（镇）的90个边远特困村。调查451个村民小组。调查结果显示：90个村有13585户57485人。有耕地4116公顷，其中稻田面积2377公顷，旱涝保收面积547.8公顷，人均0.009公顷，人均产粮233.7公斤，人均纯收入344.7元。年人均纯收入500元以下特困人口27903人，占90个村总人口的48.1%；年人均纯收入500～800元贫困人口22754人，占总人口的39.9%；年人均纯收入800元以上基本解决温饱人口6530人，占总人口的11.4%。90个村为湘西州700个特困村中极端特困村。

2003年，州境泸溪县石榴坪乡牛角冲村、凤凰县落潮井乡铜岩村、花垣县长乐乡桃花村、保靖县堂朗乡茶坪村、古丈县茄通乡小龙热村、永顺县首车镇麦塔湖村、龙山县长潭乡凤寨村被湖南省扶贫开发办选为全省扶贫对象贫困状况信息典型调查与监测系统监测样本村，由指定专人负责定期上报相关数据并实行电脑信息化管理，实现数据共享。至此，全州扶贫调查形成常态化、制度化和科学化的新格局。

2009年3月中旬至4月初，州扶贫开发办组织80人开展贫困户抽样调查，调查锁定480户，分好、中、差三类，各县（市）随机抽取两个村，每个村随机抽取10户。调查结果显示：年人均纯收入低于1196元的农户有310户，贫困户比例高达65%，其中可纳入低保户占13.66%。贫困面大，其中310户贫困户年人均纯收入仅为830元，远远低于全州农户年纯收入2858元水平，其中高于年纯收入2858元的农户占13%，农户之间贫富差距较大。对310户贫困户主受教育文化程度调查表明：文盲占15%，小学占58%，初中占22%，高中占5%，中专以上学历空白。越贫困受教育程度越低。对310户贫困户人均占有资源调查表明：人均占有田土面积0.06公顷，人均借款917元，人均存款99元，贫困户可用于生产和再生产资金严重不足；劳动力占41.9%，其中外出务工人员占12.6%，劳动力相对不足。对310户贫困户家庭收入结构调查表明：种植收入占40.34%，养殖收入占14.25%，劳务收入占36.71%，商业收入占

0.64%，其他收入占8.06%。贫困户收入主要依靠种养业和劳务输出，而其收入有很大不稳定性。对310户贫困户家庭支出情况调查表明：生活开支占36.37%，医疗支出24.58%，教育支出22.63%，生产开支12.93%，其他开支3.49%。贫困户用于教育和医疗支出比例高，存在看不起病，读不起书现象。对310户贫困户住房条件调查表明：住房条件好占10%，差的89.68%，无房户0.32%。住房好的农户为政府近年来帮助建设的结果，绝大多数贫困户自身无力改善住房条件。对310户贫困户贫困原因调查表明：因病占17.73%，因教占10.04%，因灾占2.77%，因智占4.09%，无技能占18.45%，无资金占10.14%，自然条件占18.45%，无劳力占17.52%，其他占0.81%。因为导致贫困因素多，要脱贫难度大，即使脱贫，每年又有27.22%的人返贫。2010年，国家将贫困标准从150元提高到1274元。全州总人口为285万人，其中贫困人口为87.6万人；农民人均纯收入3173元。

1985—2010年湘西州农村贫困状况一览表

表14-1

年份	当年农民人均纯收入(元)	贫困人口数量(万人)	贫困标准(元/年)		贫困发生率(%)	备注
			绝对贫困标准	低收入标准		
1985	312	156	150	—	84	
1987	342	112	200	—	42.7	
1988	360	76.75	200	—	39	
1989	371	63.4	200	—	31.7	—
1990	372	43	300	—	20	—
1991	485	34	300	—	16	—
1992	547	30	300	—	14	—
1993	578	90	300	—	42	当年因灾返贫人口60万人
1994	678	60	300	—	28	—
1995	810	50	300	—	25	—
1996	968	43	530	—	20	—
1997	1079	35	530	—	16	—
1998	1165	53	530	—	25	当年因灾返贫人口25万人
1999	1225	46	530	—	21	—
2000	1277	23	625	872	33	—
2001	1293	23/82	625	872	30	—
2002	1325	23/75	625	872	27	—
2003	1401	23/66.3	625	872	24	—

续表 14-1

年份	当年农民人均纯收入（元）	贫困人口数量（万人）	贫困标准（元/年）		贫困发生率（%）	备注
			绝对贫困标准	低收入标准		
2004	1602	23/61.75	625	872	22	—
2005	1766	13/55	625	872	20	—
2006	1962	13/50	625	872	18	—
2007	2255	12/45	625	872	16	—
2008	2574	12/35	625	872	13	—
2009	2858	92.6	1196	—	33.6	当年贫困标准提高
2010	3173	87.6	1274	—	31.7	—

第二节　扶贫规划

1989年9月，州经济开发办组织114名多学科科技人员，制定扶贫规划项目848个。州委、州政府逐项研究，提出“一八四”开发设想，即一个基础，以解决群众温饱，抓好粮食生产为基础；八大开发，即以优势资源开发为重点，实施苎麻、烟草、草食牲畜、林果业、茶叶、中草药材、矿产品和旅游与民族工艺品系列开发；四个方面基本建设，即农业基础设施、科技队伍、交通能源和服务体系。

1992年8月，州经济开发办会同农业部门，运用农业区划、国土规划成果，编制《武陵山区（湘西州）“八五”农业和农村支柱产业规划综合报告》，提出“八五”期间全州支柱产业开发基本思路：以部优、省优名特优产品为拳头，以规模商品基地建设为依托，实行区域规划，系列开发，走贸工农技一体化道路，实现优质、低耗、高产、高效。规划目标以每年1万公顷开发速度向前推进，到1995年，全州果药茶桑总面积达到6.6万公顷以上。其中以古丈为重点，辐射保靖、永顺等区域，新扩茶叶基地2000公顷，扩大茶叶加工规模；以龙山、凤凰为重点，新扩黄檗、杜仲、厚朴等“三木”药材基地2.7万公顷，支持扩建中药材加工生产线；以永顺、龙山为重点，辐射保靖、泸溪等区域，新扩蚕桑基地4600公顷，建设两个3600～4800绪缫丝厂；以吉首、泸溪、保靖为重点，辐射凤凰和永顺，新扩以优质椪柑为主的柑、柚、李、栗等名优干鲜果基地1.33万公顷，在铁路及国道线三产区，建成一批以储藏、加工、包装相结合的设施项目；以花垣、保靖为重点，建立优质高产红薯基地1.67万公顷，扶持以花垣县红薯综合加工厂为龙头的系列加工、销售体系；以龙山、永顺为重点，建立稳产、高产油菜基地4万公顷，扩建龙山植物油厂，新建2个年加工能力万吨的植物油精炼厂；以吉首、花垣、凤凰为重点，新增肉兔饲养量190万只；以龙山、永顺为重点，新增牛饲养量8万头、羊15万只、鸡80万只，以吉首、凤凰为重点，完善配套冷冻储藏库，扶持一批加工生产线和制革、皮件、羽绒制品等加工型企业；以古丈为重点，新增网箱养鱼面积6700余公顷。

1994年12月，州扶贫开发办制订《湘西州扶贫攻坚计划（1994—2000年）》，提出全州扶贫攻坚的指导思想和具体奋斗目标，以及围绕奋斗目标组织实施“二四五九”工程工作措施。即全州扶贫攻坚事业分两步走，第一步，到1997年建州40周年时基本解决温饱；第二步，到2000年实现稳定脱贫。按照“两步走”设想，全州加强商品粮基地建设、财源工程建设、基础设施建设和丘岗山地开发四大工程建设，建立烟草、食品、轻纺、化工、冶金五大支柱产业，完成解决群众温饱、人畜饮水困难、农村通电、通公路、通广播电视、通电话、发展农村教育、建设农村卫生院及解决无房户住房困难等9项工作任务。基本要求：贫困户实现“四个一”，即有条件的地方人均0.03公顷稳产高产农田，人均0.07公顷经济林，户均向乡镇企业和发达地区转移一个劳动力，户均一项养殖业或其他家庭副业。贫困村基本实现通路、通电、通水，解决人畜饮水困难。贫困乡“三有”，即有333.3～666.7公顷商品基地，50万～100万元乡镇企业，有农贸市场。贫困县“三个达标”，即普及初等教育，扫除青壮年文盲，每户农民有1个劳力掌握1～2门实用技术，改善医疗卫生条件，防治和减少地方病，严格计划生育，人口自然增长率控制在国家规定范围内。具体经济目标：贫困户人均纯收入按1990年不变价达到500元，粮食350公斤。贫困乡：1993年人均纯收入300元以下乡（镇），1997年达到450元左右，2000年达到700元以上，基本解决温饱；人均纯收入300～400元乡（镇），1997年达到550元左右，2000年达到800元以上，基本稳定解决温饱；人均纯收入400～500元乡（镇），1997年达到750元左右，2000年达到1000元以上，基本实现脱贫；人均纯收入500元以上乡（镇），1997年达到900元左右，2000年达到1200元以上，实现稳定脱贫奔小康。贫困县：农民人均纯收入保靖、古丈两县1997年达到700元，2000年达到1000元，永顺、龙山、泸溪3县1997年达到800元，2000年达到1000元，吉首、凤凰、花垣3县（市）1997年达到900元，2000年达到1200元。在此基础上，分别制订粮食生产发展计划、丘岗山地开发计划、旱涝保收农田水利建设计划、乡镇企业发展计划、解决供电问题计划、农村公路建设计划、农村电话发展计划、普及九年制义务教育计划、农村卫生事业发展计划、农村广播网建设计划、解决人畜饮水困难计划、解决无房农户住房计划等13个扶贫攻坚专项计划。其中丘岗山地开发计划经过不断补充完善，到1995年4月，形成并由州政府转发《湘西州山地综合开发总体规划》。该规划分两步实施，即第一步（1995—1997年），建州40周年时，抓好基地建设，初步形成商品基地规模；第二步（1998—2000年）巩固前期成果，侧重抓好产品系列开发，兴办和改造一批深度加工项目，建设支柱产业，实现农工商一体化，产供销一条龙。基地建设主要内容有：在现有1.13万公顷速生丰产用材林基地的基础上，分两期新扩2.3万公顷，形成3.46万公顷规模；在现有1.6万公顷椪柑基地的基础上，分两期新扩1.7万公顷，总规模达到3.3万公顷，以四线两水流域为重点，抓60个333.3公顷以上的规模乡（镇）；在现有1万公顷时鲜水果和板栗基地基础上，分两期新扩1万公顷，形成2万公顷规模，重点抓15个规模乡（镇）；在现有0.47万公顷茶叶基地基础上，分两期新扩0.53万公顷，形成1万公顷规模，以古丈县为主，抓10个规模乡（镇）；在现有0.33万公顷蚕桑基地基础上，分两期新扩1万公顷，形成1.33万公顷规模，以龙山、永顺县为主，抓15个规模乡（镇）；在现有2.86万公顷药材基地基础上，分两期新扩2.8万公顷，形成5.67万公顷规模；畜禽水产基地重点抓50个基地乡（镇），扩建0.67万公顷人工草场，牛、羊、禽饲养量1997年分别达到48万头、100万只、1000万羽；2000年分别达到80万头、200万只、2000万羽。重点抓好林产品系列加工、茶叶系列加工、蚕茧系列加工、中药材系列加工、果品系列加工和畜产品系列加工。

1995年，州委、州政府印发《关于实施〈六六温饱脱贫工程〉实施意见》，计划用6年时间解决全州60万人温饱。同时作出《关于加速山地开发，建设支柱产业的决定》，修订和完善全州山地开发总体规划，年末州扶贫开发办制定《四线两水流域扶贫产业开发规划》，其主要内容是：以县域经济为单位，以果药茶桑畜为主导产业，沿国道省道、铁路、河流、水库连片规模开发建设果、药、茶、桑基地，同时在高海拔大山区建立药材基地。规划建设五千亩以上开发面积的基地乡

（镇）100个，一万亩以上村300个。形成四个产业带：即泸溪、吉首、凤凰沿武水流域1.33万公顷椪柑产业带，古丈默戎至永顺永茂镇铁路沿线0.67万公顷茶果产业带，保靖龙溪乡起经花垣团结至龙山里耶、湾塘公路沿线0.67万公顷橙柚产业带，永顺松柏、青天坪至龙山洗洛公路沿线0.67万公顷桑果产业带。两个药材基地：即以龙山大安乡和花垣排料乡为中心各建0.67万公顷三木药材基地。全州通过抓100个果药茶桑商品基地乡（镇），50个商品畜基地乡（镇），计划到1997年新发展柑橘1.33万公顷，产量150万担以上，新发展茶叶0.46万公顷，产量5万担，新发展蚕桑15万担以上，新发展药材0.67万公顷，产量15万吨，山羊饲养量达到80万只，出栏50万只。

1998年，州扶贫开发办落实国务院“八七”扶贫攻坚计划提出的“到2000年年底基本解决温饱，并为稳定解决温饱打好基础”要求，制订全州口粮田建设三年发展计划，即从1998年开始，计划用三年时间在特困乡村建设0.67万公顷基本口粮田土，在其他面上乡村建设改造0.67万公顷旱涝保收农田，使特困村人均稳定口粮田土达到0.02公顷，全州农村人均旱涝保收农田达0.03公顷。1999年上半年，开展贫困村摸底调查，进一步摸清全州贫困现状，理清工作思路，确立工作目标，制订全州扶贫攻坚计划。代省委、省政府起草关于支持湘西州继续攻坚稳定脱贫的意见的初稿，促成中共湖南省委〔1999〕18号文件出台。中央、省扶贫开发工作会议后，再次组织100个村扶贫大调查，并配合省委、省政府开展湘西州挤进西部开发笼子课题研究，同时提出新一轮扶贫开发分层次推进工作思路，制定分层次推进的量化目标体系和新一轮扶贫开发工作规划。

2000年，州委、州政府决定建立90个边远特困村全面扶贫攻坚新机制。从翌年1月起每个村明确一名有农村工作经验、有责任心、工作能力强的县（市）级领导和一名乡（镇）主要领导挂点，选派一名国家干部任村党支部第一书记，一名农技干部任村科技副主任，在校学生60人以上的村选派一名支教教师任村小学校校长。一定5年不变，点上不脱贫，人员不脱钩。在资金投入上，决定3年内筹措无偿资金8730万元，扶贫贷款3000万元用于90个村基础设施建设和特色产业开发。90个村农业税、农业特产税、牲畜屠宰税、教育附加费，先征后返，用于本村生产建设。帮助90个村特困户子女解决读书难问题，在建好村小增强教学功能同时，从省财政安排的少数民族义务教育助学金和希望工程失学儿童救助金中拿出一定比例，对特困村特困户子女九年义务教育实行希望工程救助。90个边远特困村科技投入，各级财政拿出一定资金用于村科技培训和新技术新种苗的示范、推广和应用。由州县市农业局、扶贫开发办牵头，组织农业技术顾问组，定期在特困村开展技术培训和技术服务工作，把科技扶贫措施落实到村到户。90个村就医难问题，各级财政安排民族医疗减免费，重点用于村医疗减免和建立标准村级卫生室。

2001年，州人民政府批转州扶贫开发办制定的《湘西州10万亩橙柚开发规划》，州内低海拔地区新建0.53万～0.67万公顷橙柚基地，中高海拔地区新建0.67万公顷猕猴桃、梨等干鲜果基地。是年6月，州人民政府按照国务院扶贫开发纲要（2001—2010年）制定《湘西州农村扶贫开发实施纲要（2001—2010年）》，提出全州扶贫开发10年奋斗目标、工作方针、对象和重点、内容和途径、政策措施、组织领导等。总体奋斗目标是争取到2005年全州有1000个村稳定解决温饱、1000个村稳定脱贫、100个村初步实现小康目标，2010年比较稳定地解决全州农村23万原生贫困人口温饱问题，提高82万低收入人口生活水平。2005—2010年具体奋斗目标：全州农民人均纯收入由1800元增至2500元。通村公路由90%提升至95%。电视扩大州、县（市）两级网络有效覆盖面，巩固村村通，发展寨寨通。村通邮通电话由85%升至100%。按农网改造标准，农村通电村达到100%。基本解决贫困人口人饮问题。生态建设森林覆盖率由62%上升到65%，森林蓄积量由2200万立方米增至2500万立方米。人口自然增长率控制在8‰以内。农村居民恩格尔系数由60%降至50%。实现“普九”，扫除青壮年文盲。100%乡（镇）有标准卫生院，90%村有卫生室，基本消除地方病。

2006年，州扶贫开发办制定通达工程规划实施方案，3年完成全州367个未通公路村通路任务，2008年全面实现村村通公路目标。同时制定“三百万工程”规划，5年至10年发展6.67万公顷产业，培养100家扶贫龙头企业，实现100万贫困农民脱贫。

第二章 专项扶贫

第一节 温饱工程

1989年，湘西州经济开发部门安排专项贴息贷款760余万元，占全州专项贴贷总额14%，扶持0.46万公顷玉米生产，占全州玉米地膜覆盖80%以上。开展以推广杂交良种为主的品种革命和以地膜玉米为重点的“白色革命”，良种普及率达到90%以上。

1991年始，全州引进外资近2亿元，实施由世界粮食计划署援助的武陵山区农业综合开发项目，提高粮食综合生产能力，全州人均增加粮食占有量50余公斤。1994年起，重点实施集雨节水高效农业、小水电和以沼气池为基础的农村能源建设以及改栏、改厕、改厨、改水、改路为主的农村“五改”工程，投入2452万元建设50个商品粮基地乡（镇）。1995年，根据州委、州政府“六六温饱脱贫工程计划”，全州采取分级负责，定点扶持办法，州抓到乡、县抓到村，村组党员干部包扶到户。其中州直70个单位定点扶持16个特困乡（镇）。1996年，全州组织2万公顷紧凑型旱玉米播种战役、8万公顷杂交水稻规范化栽培战役及冬季农业开发三大战役，50个商品粮基地乡（镇）除泸溪县有几个乡（镇）因遭水灾减产外，粮食产量仍然达到80.91万吨，增长6.9%。自是年起，全州粮食丰年有余，正常年景供求平衡，灾年粮食自给，结束外调口粮历史。

1998—2000年，全州559个村完成旱改水832公顷、坡改梯588公顷，水毁田恢复620.5公顷，渠道配套19.4万米，新增灌溉面积0.19万公顷。3年完成各类水利工程2200多处，新开口粮田土0.7万公顷，加固病险水库83座，渠道配套340公里，新增灌溉面积0.86万公顷。进入新世纪后，由于退耕还林、工商交通占地、调整种植业结构、发展经济作物等因素影响，全州粮田面积略有减少，但大量青壮年劳动力外出打工，本地口粮消费人口减少，全州粮食供求基本稳定在解决温饱水平，温饱工程扶贫不再是扶贫开发主要任务。2010年，全州粮食播种面积18.49万公顷，同比增长0.6%，粮食产量87.9万吨，同比增长0.7%。

第二节 产业开发

1989年，湘西州投入产业开发专项贷款478万元，新扩柑橘面积0.11万公顷，落叶水果0.04万公顷，干果0.06万公顷，茶叶0.02万公顷，药材0.29万公顷。1990年，山地开发新植果药茶桑0.6万公顷，牛、兔、鹅饲养量分别达到36.48万头、7.3万只和16.48万羽。1991年，全州定植果、药、茶、桑0.83万公顷，相当“七五”期间开发总面积62%，草食牲畜牛、羊、兔持续增长，肉兔饲养量11万多只。开发规模逐步集中连片，出现连片开发上66公顷乡36个，4个重点肉兔养殖乡饲养量达6.8万只。1992年，全州发展烤烟2.1万公顷，定植果、药、茶、桑0.9万公顷。全州新上乡镇企业项目58个，落实扶贫资金1761万元，乡镇企业完成总产值6.9亿元，实现利税9000万元。1993年，加快重点项目和规模乡（镇）开发速度，完成果药茶桑基地定植面积1.3

万公顷，烤烟栽培面积2.3万公顷，草食畜禽饲养量牛40万头、羊98万只、肉兔80万只，分别比上年增长2.7%、30%和60%。乡镇企业总产值实际完成10.7亿元，实现利润8400万元，分别比上年增长54.7%和29.1%。

1994年，州委、州政府与8个县（市）签订责任状，实行目标管理。8个县（市）委书记和县（市）长创办或规划样板工程地段。同时，州县（市）围绕开发主导产业，以加工销售企业或技术服务部门为依托，成立椪柑、茶叶、蚕桑、药材、畜牧开发总公司，基地乡（镇）拟成立开发分公司。组织连片规模开发，完成开发总面积1万公顷。规模开发333公顷以上乡镇62个，占全州乡（镇）总数28%。1995年，州委、州政府作出《关于加速山地开发建设支柱产业的决定》，印发《将山地开发适时转向规模开发的意见》，与八县市人民政府签订产业开发目标管理责任书。形成酉水、武水、猛洞河、凤滩库区四大片2万公顷以椪柑为主的柑橘产业带，龙山1万公顷木本药材带，古丈2700公顷优质茶叶开发带及永顺县柏杨乡、龙山县水田河乡为中心的蚕桑开发区。山羊饲养量达到69.8万只，牛饲养量48.8万头，分别较“七五”末增长22%和1.8倍。全州果药茶桑开发总面积达到7.3万公顷，形成一批“一村一品”“一乡一品”规模乡村，开发面积333公顷以上基地乡（镇）达到47个，666公顷以上乡（镇）17个，66公顷村115个，6公顷户210个。1996年，突出以烤烟为主的经济作物种植业、以山羊为主的养殖业、以椪柑为主的林果业开发。州、县（市）分别成立山羊开发公司。山羊饲养量达到121.37万只，比增73.4%，出栏46.03万只，比增89.35%。建成万只羊乡7个，千只羊村48个，养羊专业户3164户，户均达60只以上。

1997年，全州扶贫开发，实行两大重点战略转移，即椪柑开发由大面积基地开发转移到产业化建设上来，工作重点由低海拔地区转移到中高海拔地区上来，完成以椪柑为主的果药茶桑开发新扩0.53万公顷，以烤烟为主的经济作物栽培面积2.2万公顷，养羊项目村500个，年收入2000万元。1998年，全州烤烟、山羊、椪柑三大农村支柱产业稳定发展。果药茶桑累积开发面积9万公顷，其中以椪柑为主的柑橘面积3.4万公顷，柑橘产量12万吨，收入过亿元。种植烤烟1.4万公顷，产烟48万担。山羊饲养量128万只，出栏48万只。2000年，全州以稳定增加农民收入为重点，稳步发展以椪柑为主的林果业、以烤烟为主的种植业和以山羊为主的养殖业等农村三大支柱产业。烤烟种植面积1.5万公顷。山羊饲养量125万只，出栏48.25万只。开发新品种橙柚1.17万公顷，中高海拔地区开发猕猴桃1.12万公顷，发展高山反季节蔬菜0.2万公顷，种植百合0.29万公顷，开发梨、板栗等干鲜果0.2万公顷。同时柑橘产业突出培管抓品质，完成劣质低产园改造和高接换种0.07万公顷。三大支柱产业总收入4.5亿元，农民人均增收203元。

2001年，启动农村支柱产业第二次创业，州人民政府与8个县（市）人民政府签订责任状，橙柚开发工作纳入目标管理。完成橙柚新开面积0.35万公顷，猕猴桃、梨、李等开发面积0.15万公顷。至2003年，全州开发橙柚面积1.23万公顷，为规划面积185.6%，为州政府目标管理任务232%，项目覆盖115个乡（镇）687个村35009户357359人。建成200公顷以上橙柚开发规模乡（镇）26个，33公顷以上专业村100个。全州专业村达到800个。其中，水果业专业村400个，养殖业专业村100个，烤烟专业村300个。

2004年，州委、州政府出台《关于加快推进农业产业化的若干意见》和《湘西州农业产业化州级龙头企业认定和运行监测管理暂行办法》，州、县（市）成立农业产业化领导小组，政府整合捆绑扶贫开发、以工代赈、农业发展等资金8000万元，用于产业基地、龙头企业、品牌培育、基础设施、科技推广和市场营销等建设。至2008年，全州选定24个总面积为0.67万公顷椪柑出口基地，并取得国家进出口检验检疫局柑橘出口基地注册认证，实现中国柑橘出口欧盟零的突破。同时新开发蔬菜、茶叶、中药材等特色产业1.67万公顷，完成脐橙、椪柑品改、低改1.3万公顷，完成种猪品种改造5374头。围绕整村推进扶贫模式狠抓“龙头”企业带动扶贫，认定产业化龙头企业473家，其中州级以上龙头企业32家，国家级扶贫龙头企业10家。老爹公司、亿事达公司、湘泉制药、金山实业等“龙头”企业在贴息扶贫和引导资金的支持下得到不断发展，带动近45万农户脱贫致富。2009年，农民自身投入比重不断增加，完成中高海拔地区茶叶、中药材和特色经作面积0.86万公顷；完成柑橘品改低改面积1.12万公顷；新开发水果（含茶叶开发）面积0.41万公顷；建立优质椪柑出口基地0.16万公顷。

2010年，全州安排扶贫资金100万元，启动能工巧匠扶贫创业园项目建设；安排扶贫资金1400万元用于70个村级集体产业窗口建设，新开发特色产业基地0.76万公顷，实施柑橘低改品改1.6万公顷、新建柑橘出口基地666公顷。全州产业开发总面积22万公顷，乡村人均0.12公顷。至年末，以椪柑、猕猴桃为主的水果产业达8万公顷，以烤烟、蔬菜、花椒、茶叶为主的特色经济作物面积10万公顷，中药材基地面积1.4万公顷，以湘西黄牛、山羊为主的畜牧业健康发展，人工育草面积3.3万公顷，人工种草面积0.67万公顷，发展舍饲圈养示范户1000户，建立肉羊育肥场50个，肉牛育肥场10个，山羊饲养量174.5万只，出栏85万只，生猪饲养量302万头，出栏139万头，牛饲养量68.7万头，出栏13.6头，畜牧水产产值14.5亿元。安排1500万元西开贴息资金重点扶持州级以上扶贫“龙头”企业发展。全州农产品加工企业589家，州级以上扶贫龙头企业35家，国家级扶贫龙头企业10家，带动州内农村22万户45万贫困人口增收。

第三节 基础设施建设

1989年，全州建设人畜饮水工程1979处，解决1732个村32.7万人和25万头大牲畜饮水困难，新增浇灌面积1500公顷。建设小水电工程36处，装机1万千瓦，解决35个无电乡缺电问题，新增用电户4.65万户20.6万人。新修公路63条839公里，新通农村客班车12个乡。

“八五”期间（1990—1995），全州借助以工代赈、粮援项目等扶贫工程支持，投入水利水电建设资金4.4亿元，完成大中小水利工程4万处，整治水库150座，新修渠道740公里，有效灌溉面积达7.3万公顷；先后建成骨干电站5座，装机8.7万千瓦，架设农村输电线路2300公里，通电村实现80%；新建人畜饮水工程800处，解决饮水困难24.8万人；新修和改造公路17条，全长200公里，实现98%的乡（镇）和56%的村通公路；新建“希望学校”132所，建筑面积9.96万平方米；通广播村909个。

1996年，全州通村公路建设完成国家投资900万元，州、县（市）财政补助资金208万元，群众自筹145万元，开工288处，竣工464公里，新通公路135个村。新通广播300个村，183个村新建地面卫星、电视接收站。募集资金1353万元，建设希望小学61所。1997年，全州741个省定特困村有80个村动工修建通村公路；有40个村架设通村输电线路，有11个村竣工，其中省扶村4个、州扶村3个、县扶村4个，实现特困农户新通电951户；省定特困村新通广播54个、新通闭路电视村28个，新通电话30个村。741个省定特困村兴建水利工程705处，新增灌溉面积1400公顷，解决饮水困难1.67万人。1999年，新修通村公路141个村416公里，新架输电线路60个村83公里，新增通有线电视村108个，其中省定特困村77个。新增通电话村32个，其中省定特困村21个。兴建人饮工程476处，解决饮水困难人口3万人。新建希望小学74所，其中省定特困村37所。

2000年，全州完成各类水利工程1200处，新开口粮田1666公顷，新增灌溉面积2666公顷，旱涝保收面积达5.6万公顷，人均旱涝保收面积0.03公顷。新通公路村47个235公里，新增通电村14个，其中特困村12个；新通电视村240个，其中特困村24个；新通电话村330个，其中特困村28个。新建人饮工程86处，解决3.6万人饮水困难，其中特困村新建74处，新解决2.89万人饮水困难；完成农村扶贫建房968户。2002年，新修通村公路40条270公里；完成人畜饮水工程800处，解决饮水困难16万人和56万头牲畜；农网改造6万农户，农村每千瓦时电价下降0.15～0.65元；新增有线电视小片网136个，农村有线电视用户增加19322户；开通程控电话村141个；完成扶贫建房900户；改造乡（镇）卫生院8所，新建村卫生室100个。2003年，投资2.8亿元，治理病险水库、山塘184座（口），其中中型水库4座，小（二）型水库80座，山塘100口。投资4132万元（其中扶贫部门2000万元），新建沼气池38828口，建设“节柴节煤灶”23238个。2005年，整村推进扶贫新增通村公路253公里，新增或改造输电线路133公里，新修维修灌溉渠道35公里，解决饮水困难4万人；新修沼气池15175口，新修节柴灶2121个。

2006年，启动实施“通达工程”扶贫，州扶贫开发办安排通达工程资金900万元，开工建设25个（处），新修整修村级公路56公里；同时筹集资金1406万元，水泥硬化村间道272个村628公里。2007年，以“五通”为主基础设施建设扶贫不断完善，安排通达工程建设资金3319万元，实施通达工程174处，竣工147处，建制村通公路率90.4%；归集整合资金1000万元，完成村道水泥路面硬化100余公里。2010年，新修产业园区道和机耕道450公里；新修灌溉防渗渠道159.55公里；新修烤烟房1200栋；安排沼气池建设资金195万元，新建农村沼气池9028口。

1989—2010年，全州实施各类小型农田水利工程6万处，治理中型病险水库16座、小（二）型病险水库和病险山塘298口，农民人均旱涝保收农田0.03公顷，解决饮水困难121万人；建设沼气池15万口、节柴灶和节煤灶6万个，沼气池入户率28%，全州建制村通公路97.2%，电话、广播电视实现村村通。

第四节　外资外援扶贫

日元扶贫贷款项目　2000年，州扶贫开发办开始申报湖南省日元贷款武陵山区环境与生活条件改善项目（简称日元扶贫贷款项目）。2003年3月，中日双方政府正式签订日元项目贷款协议，2005年州政府与省日元办正式签约。全州日元贷款扶贫项目总投资5.78亿元人民币，占全省项目总额82.3%，湘西州成为全省日元项目建设重点地区。其中由日本国际协力银行提供贷款4.29亿元，国内配套1.49亿元，项目涉及教育、卫生、市场、供水4个方面49个子项目，主要分布在吉首市乾州开发新区，泸溪县浦市镇，凤凰县山江镇、廖家桥镇、阿拉镇，古丈县罗依溪镇，花垣县茶洞镇、董马库镇，保靖县梅花乡、复兴镇，永顺县王村镇、石堤镇，龙山县里耶镇等50个乡（镇），覆盖农户20万户，项目建设期5年，还款期限为30年和40年。2005年，日元项目办公设备（包括小车、电脑等）全部按合同到位，全州有浦市镇中学、王村镇水厂等11个子项目开工建设。2006年，龙山里耶卫生院、古丈罗依溪农贸市场、凤凰阿拉镇中心医院等11个子项目进入施工阶段；另有龙山里耶中学，永顺教育项目、古丈教育卫生项目，花垣茶洞卫生院、茶洞市场、董马库供水等7个项目完成招投标。2007年，新开工建设7个项目，另有6个项目进入招投标程序。2009年，开工建设项目1个，在建项目15个。至2010年年末，全州累计完成日元项目投资5.78亿元，其中日元贷款资金4.91亿元。

德元项目　2003年，中国与德国联邦政府联合签订由德国联邦政府赠款扶贫项目协议，其中在凤凰县腊尔山区5个乡（镇）由德国复兴银行与财政部共同完成农业开发投资5597.6万元，具体项目为：水利项目加固除险苟如、大老叉两座水库；修缮苟如水库、天星水库渠道18.43公里；整修加固9口山塘；修建禾库、吉乐及芭科水厂，投资3562.9万元，涉及农户3999户；农业项目修建420个集雨池，营造核桃60.6公顷、金银花248公顷、梨4.6公顷，修建机耕道60公里，购置12台金银花烘干机，投入1727万元，涉及农户2528户；项目能力建设投入资金307.7万元，项目区辖5个乡（镇）、65个村、374个村民小组，12613户5.64万人。2005年，完成凤凰县腊尔山地区农业综合开发项目可行性论证、初步设计及工程概算。2009年，项目正式开始实施，完成项目投资50万元。2010年，完成德援项目投资720万元，其中农业开发项目投入资金50万元，开发金银花26公顷，核桃20公顷；开展技术培训4期，培训贫困农民500人；水利项目首批投入720万元，工程进入施工阶段。

第五节　劳动力技能培训

2004年，湘西州被国务院扶贫办确定为全国11个劳动力技能转移扶贫培训示范基地之一，启动实施劳动力转移培训扶贫项目，选送1000名男女青年免费参加省扶贫办组织的劳动技能培训班；同时专项安排扶贫资金200万元在湘西民族职业技术学院等州直学校办培训班，培训青年学员1000人，被推荐到北京、上海、广州、深圳等大中城市就业。2005年，完成劳动力转移技能培训8117人，其中州级培训6183人，县级培训1934人，完成省分配任务6327人的128%；转移劳动力7303人，占培训总人数90%。2006年，强化技能培训跟踪管理，走访就业安置点27个。完成扶贫劳务技能转移培训10894人。是年，培训安置在上海、深圳等沿海城市就业月均工资2000元。2007年，完成农村劳动力转移培训5225人，全部推荐到发达地区和州内二、三产业上岗就业，带动全州近40万外出务工农民稳定就业。是年6月，州扶贫开发办代表州政府参加在北京举办的全国扶贫劳务技能培训“雨露计划”成果展，湘西州获国务院扶贫办颁发的全国扶贫劳务技能培训“雨露计划”成果展特别奖。2008年，全州确定36所学校为扶贫劳务技能培训学校，其中州级6所、县级30所，完成劳动力转移培训5932人。2009年，完成劳动力转移职业技能培训7750人，完成返乡农民工再培训2.5万人，完成农民实用技术培训12.85万人次，全州外出务工农民50万人以上，年获劳务收入50亿余元。2010年，全州完成各类劳动力扶贫技能培训6544人。完成“雨露计划”中专以上学历教育培训4258人，其中省级培训238人，州级培训1775人，县级培训2245人；完成扶贫短期培训1986人，返乡农民工再培训300人。培训学员全部推荐到发达地区和州内二、三产业就业。

第六节　整村推进扶贫

2005年，湘西州实施国务院扶贫开发办提出的新时期扶贫开发新战略，坚持以贫困人口集中的贫困村为扶贫开发载体，以村为单位制订和实施扶贫开发规划，一次规划、整村推进。至2006年，第一轮整村推进，省、州、县（市）三级有695个单位深入385个首轮整村推进村开展包村扶贫工作，其中省直单位15个、州直单位121个、县（市）直单位559个，抽调机关工作人员1041人驻村扶贫，18名州级干部在19个村开展挂点扶贫。归集财政扶贫资金8000余万元，协调部门资金5000余万元，单位包村投入近2000万元。2007—2008年，第二轮整村推进，全州组织301个建整扶贫工作队1069名队员进驻301个贫困村开展扶贫工作，其中有8个省扶村、54个州扶村、239个县（市）扶贫村。整合各类扶贫资金1.85亿元，帮助贫困村组织实施扶贫项目4000个。2009—2010年，第三轮整村推进，扶贫村327个，整合扶贫开发资金1.3亿元，包括基础设施建设、扶贫产业开发、农民转移技能培训、村级集体经济建设等项目。

第七节　“两项制度”衔接试点与实施

两项制度有效衔接，是指民政部门解决农村绝对贫困人口的生存问题，扶贫开发部门解决农村相对贫困人口的发展问题。2009年3月，州境保靖县被列入全国农村最低生活保障制度和扶贫开发政策有效衔接（简称两项制度衔接）20个试点县之一，当年保靖县在16个乡（镇）196个村全面开展试点工作。保靖县创新识别机制，规范识别程序，按国家确定的1196元这一贫困线识别贫困户，以省扶贫开发办确定的县贫困人口拟登记规模和统计部门提供的全县上年度农民人均纯收入占各乡（镇）农民人均纯收入的比率等因素为依据，科学测算各乡镇村场低收入人口规模。尊重民意，赋权于民，让村民在贫困指导规模内民主评议、自主抉择。各乡镇村实行“三不纳入、四不准、五比五看”的识别方法：三不纳入，即家庭住房条件较好、具有隐性收入的不纳入，没有经过村级评议的、没有乡、（镇）村两级集体研究的、没有张榜公示的不纳入，具有自救能力但好逸恶劳的不纳入；四不准，即不准暗箱操作、不准优亲厚友、不准平均分配、不准张冠李戴；五比五看，即比收入，看来源是否仅靠种粮；比住房，看住的是否是拥挤房；比医疗，看是否小病拖大病扛；比就学，看是否供得起孩子上学堂；比劳动，看有无劳动致富愿望。

2010年8月，试点区域扩大，由原保靖1个县扩至龙山、古丈、泸溪4个县及永顺、花垣、凤凰、吉首4个县（市）的部分乡（镇）；保靖县针对在对象评议上存在的拆户并户、平均分配、优亲厚友等问题，研究印发《关于切实做好扶贫对象复查复核和建档立卡工作的通知》，按照文件规定的“八项原则”开展对象识别复查复核工作。八项原则：（1）集中供养或散养的“五保户”，由民政部门负责帮扶。（2）65岁以上的老龄人口，纳入新型农村养老扶持范畴。（3）对虽已享受低保、但达不到当地生活水平且有一定劳动能力的低保家庭人口，可以实行交叉扶持。（4）对残疾或部分丧失劳动能力的对象户，纳入省下达的指导性指标内，由县政府筹积资金纳入扶持范围。（5）对于其他类型的贫困人口，按照贫困程度依次排队，分期进入，优先扶持贫困程度深的。（6）坚持以户为单位，优先考虑整户贫困对象，不允许拆户并户。（7）坚持从群众中来到群众中去，各村都要成立群众公认的评议小组。按照“农户申请、民主评议、审核审批、张榜公示”的程序进行，评出的结果做到贫困认定真实、群众认可。（8）坚持动态管理，对于通过扶持达到脱贫标准的，经评议后退出扶持范围，对于已经纳入扶持对象，但不按自己家庭申报并由县扶贫办审批的项目实施的，一律停止扶持。腾出的指标用于扶持其他未得到扶持的贫困户。通过上述复查复核，全县扶贫对象户均人口达到3.62人，符合上级要求并通过国务院扶贫办和省扶贫开发办验收。是年，全州识别登记扶贫开发工作对象53003户185365人；扶持资金达到7527万元，以户为单位，人均扶持资金400元。

第三章　社会扶贫

第一节　农业部扶贫

1986年，农业部到湘西州开始定点扶贫。1987年6月，农业部部长何康在吉首主持召开武陵山区首次扶贫工作座谈会，共商治穷扶贫大计。1989年，农业部对口扶持湘西州，把解决人民群众吃饭难问题放在首位，在花垣、保靖、永顺3个县实施以地膜玉米为核心的农业“白色革命”，推广玉米地膜覆盖栽培、水稻“双两大”和旱育栽培、旱土分厢间作套种多熟制栽培、测土配方施肥及病虫草鼠综合防治等实用技术,实施优质种苗工程、商品粮基地建设工程、粮食自给工程以及农业科技效益工程四大农业工程建设，其中由中国农业科学院牵头在花垣县开展实施玉米“丰收计划”，年投入贴息贷款85万元，规范化种植0.67万公顷杂交玉米，单产262.1公斤，增产490吨，增收264.8万元；同时推广地膜覆盖玉米2300公顷，总产1366公斤，每公顷单产5939公斤。1991年始，帮助引进外资2亿元，实施由世界粮食计划署援助的武陵山区农业综合开发项目，湘西州人均产粮增加50公斤，粮食年总产量稳定在80万吨以上。1994年起，全州连续3年投入2452万元，建设商品粮基地乡（镇）50个。1996年起，湘西州结束长期从外地调粮的历史，粮食实现自给有余。

1989年，农业部重点推广优良品种、推广先进适用技术。2001—2004年，农业部先后在湘西州实施柑橘品种改良和无病毒良种苗木繁育、反季节蔬菜良种繁育和无公害产业化生产示范、山羊良种繁殖和种草养羊大户建设及黄牛品种改良等29个项目，项目资金3474万元，全州水果生产基地面积8万公顷以上，其中仅椪柑开发面积达4万公顷，总产量75万吨，占全国椪柑总面积四分之一，获“中国椪柑之乡”称号；全州猕猴桃累计开发面积0.67万公顷,产量5万吨,产值近1亿元；橙柚开发1.3万公顷，梨、桃等时鲜水果开发面积0.67万公顷；特色经济作物栽培面积稳定在10万公顷以上，其中优质烤烟种植面积1.3万公顷；无公害商品蔬菜生产基地1.3万公顷，油菜面积6万公顷，无公害百合0.3万公顷；人工育草面积3.3万公顷，人工种草面积0.67万公顷，发展舍饲圈养示范户1000户,建立肉羊育肥场50个，肉牛育肥场10个，山羊饲养量174.5万只，出栏85万只，生猪饲养量302万头，出栏139万头，牛饲养量68.7万头，出栏13.6头，畜牧水产产值14.5亿元。

1994—1997年，农业部投入2452万元帮助湘西州建设商品粮基地乡（镇），重点开展集雨节水高效农业、小水电和以沼气池为基础的农村能源建设，以及实施农村“五改”（即改栏、改厕、改厨、改水、改路）。1986—2010年，农业部扶持湘西州农业项目227个，总投资2.47亿元，突出扶持农田基本建设、农村小型基础设施建设、生态环境建设和农业技术支撑体系建设，同时突出扶持植物保护体系、农业技术推广与农民培训体系、农产品市场信息体系、农产品质量安全体系、动物疫病防控体系等农业技术支撑体系建设，建成各类农产品交易市场215个，农技推广机构301个，农产品质量检验检测机构10个，科技对农业农村经济贡献率40%以上。

1989年，根据农业部指导意见，州委、州人民政府作出《五年消灭荒山，十年绿化全州》决定。2000年，指导湘西州实施“退耕还林”和天然林保护工程。2001年，全国生态家园富民计划工作会议在永顺县王村镇召开，以此推进湘西州生态家园富民工程。至2010年，全州完成各类造林33万公顷，退耕还林25.2万公顷，封山育林80万公顷，新建两省节柴灶22万个，沼气池17万口，森林覆盖率由48.7%上升到66.8%，森林蓄积量由1435万立方米增加到2886万立方米。

1989—1995年，农业部组织中国农业科学院、中国农业大学等科研单位和大专院校开展科技扶贫工作，重点推广水稻双两大、水稻旱育秧、水稻抛秧、玉米地膜覆盖栽培、旱土分厢间作套种多熟制栽培、油菜优势高产综合配套技术、测土配方施肥技术、病虫草鼠综合防治技术。1996—2000年，重点推广柑橘品种改良和无病毒良种苗木繁育、生猪品种改良技术、秸秆氨化养牛技术、稻田养鱼技术、庭院生态养殖模式等实用技术。2001年后，组织开展多种形式技术培训，开展“绿色证书培训”工程和“跨世纪青年农民培训工程”，重点培训村干部和科技骨干，提高农民的科学种田水平。定点扶持永顺县，先后安排资金100万元，开展科教基金会培训项目、跨世纪青年农民培训工程和各项专业培训,聘请专家教授100余人次到县境传授农业生产先进技术，受训农民40万人次，科技入户率达到80%以上；投资30万元推广滴灌、喷灌节水农业技术，旱作节水农业推广面积达到3340公顷；投资15万元实施油菜丰收计划，油菜产量增加到107公斤；引进65个种植新品种，品种改良面积0.46万公顷；建立黄牛服务站51个，投放基础母牛6280头,引进西门达尔、安格斯等优良冻精6000粒，完成冷配5200胎次,产杂交小牛3120头。

1989—2010年，历届农业部部长到湘西州农村调查研究，现场解决对口扶贫工作中实际困难和问题，先后派出80名干部到湘西州开展对口扶贫工作，具体指导湘西州的扶贫攻坚，扶持州境农业项目227个，总投资2.47亿元。

第二节 中石化集团定点扶贫

2002年，中石化为凤凰县投资100万元，支持核挑、板栗、爱宕梨等产业开发。2003年，投入扶贫资金405万元，其中投入产业开发资金50万元，扶贫建房20万元，扶贫建校30万元，技能培训20万元。是年，千工坪经麻冲乡公路开工建设，即千麻公路，全长30.88公里；中石化集团为工程投资285万元。2004年，投入扶贫资金240万元，其中千麻公路投入150万元，扶贫建校20万元，产业开发30万元，技能培训20万元，扶贫建房20万元。2005年，投入扶贫资金263万元，其中千麻公路投入150万元，扶贫建校20万元，产业开发50万元，技能培训20万元，扶贫建房23万元 。2006年，投入扶贫资金210万元，其中千麻公路140万元，扶贫建校20万元，产业开发30万元，技能培训20万元。经过长达4年的艰苦努力，千麻公路沙石路竣工，千麻人民结束肩挑背负历史。2007年，投入扶贫资金244万元，其中千麻公路水泥硬化150万元，扶贫建校20万元，产业开发30万元，技能培训20万元，竹山渠道建设24万元。2008年，投入扶贫资金284万元，其中千麻公路水泥硬化150万元，扶贫建校20万元，扶贫助学40万元，技能培训20万元，其他基础设施建设54万元。2009年，投入扶贫资金300多万元，其中千麻公路水泥路面硬化150万元，扶贫建校20万元，扶贫助学40万元，技能培训20万元，其他基础设施建设70万元。2010年，投入扶贫资金294万元，其中林峰公路改造190万元，凉灯公路改造40万元，扶贫助学40万元，技能培训24万元。2002—2010年，中石化在凤凰县总投入达到2340万元。其中，基础设施、扶贫建校、扶贫建房1766万元，科技培训164万元，扶贫助学120万元，建设脱贫产业290万元。扶贫项目遍及凤凰县31个乡（镇）160个村，直接受益群众3万户11万人。

2002年，中石化扶持泸溪县305万元，其中修建白沙中学180万元，投入黄姜产业开发125万元；捐赠衣物4万件。2003年，投入扶贫资金165万元，其中，修建白沙中学100万元，投入种草养畜产业开发40万元，救助困难学生10万元，科技扶贫15万元；捐赠衣物4万件。2004年，投入扶贫资金322万元，其中，人饮工程140万元，椪柑开发92万元，技能培训20万元，抗灾救灾70万元；捐赠衣物3万件。2005年，投入扶贫资金220万元。其中人饮工程100万元，椪柑开发120万元。2006年，投入扶贫资金200万元。其中，椪柑产业开发150万元，救助困难学生10万元，扶贫建校20万元，技能培训20万元。2007年，投入扶贫资金220万元。其中，椪柑产业开发160万元，救助困难学生10万元，扶贫建校20万元，技能培训30万元。捐赠电脑20台。2008年，投入扶贫资金260万元。其中，椪柑产业开发180万元，救助困难学生40万元，扶贫建校20万元，技能培训20万元。2009年，投入扶贫资金294万元。其中，椪柑产业开发124万元，救助困难学生40万元，村道硬化130万元。2010年，投入扶贫资金274万元，其中，椪柑产业开发60万元，救助困难学生44万元，村道硬化170万元。捐赠电脑20台。2002—2010年，中石化在泸溪县总投入2264万元。其中，投入基础设施、扶贫建校、扶贫建房资金880万元，科技培训资金105万元，扶贫助学资金158万元，建设脱贫产业投入资金1051万元，抗灾救灾资金70万元。

第三节 广州军区包村扶贫

1998年，广州军区司令部在凤凰县木里乡柳甲村定点扶贫。1999年，广州军区司令部军务动员部装备处处长张智华上校驻柳甲村扶贫，同时挂职中共凤凰县委副书记。柳甲村219户1051人，是个无公路、无电话，无彩电、无楼房的四无村，全村人同饮一口井，孩子上学在危房里，仅有1名函授大学生，人均纯收入471元。讨媳妇需好几代人存钱。张智华上校到任后带领扶贫工作组走遍全村各个角落，制定扶贫方案，实施“五个一工程”，即修建1条4.5公里通村公路和1

处灌溉53公顷稻田排灌工程，修建1所“八一希望小学”，建设1个村（委会）和民兵营部楼，修建一个卫星电视地面接收站。同时引导村民发展水果业、养殖业、加工运输业，种植金花梨、苹果、板栗33公顷，猕猴桃20公顷，养猪750头，牛300头，家禽1.2万羽，鱼28万尾，20户村民办起榨油厂、磨粉厂、打砂场，16户跑运输。组织4000余人次参加县科技局、农业局、畜牧局等部门科技培训，260人次出村出县考察，11人到广州军区学习汽车驾驶和烹调技术。军区司令部发动团以上干部262人，每人资助1~2名失学儿童，每年拿出11.42万元，分担学生学杂费，为学生寄送6000册书籍和学习用品，让273名失学儿童重返校园。至2000年，柳甲村人均纯收入升至1246元，比1989年增长2.64倍。

第四节　省辖六市对口扶贫

1995年，长沙市扶持龙山县资金393.8万元，其中水利建设135万元，县城长沙路建设258.8万元。1996年，投入扶持资金1011.27万元，主要用于县城长沙路建设。1997年，投入扶持资金919.17万元。其中：三大工程400万元（长沙路、民族路、湘鄂路），受灾学生物款39万元，学校建设100.17万元，里耶镇建设380万元。1998年，投入扶持资金696.9万元，用于民族路建设。1999年，投入扶持资金387.64万元，其中民族路建设337.64万元,湘鄂路建设50万元。2000年，投入扶持资金800万元，其中湘鄂路建设500万元，世纪广场建设300万元。2001年，投入扶持资金815万元，其中高级中学300万元，湘鄂路515万元。2002年，投入扶持资金950万元，其中高级中学650万元，希望小学建设300万元。2003年，投入扶持资金1036.21万元，修建长沙大桥。2004年，投入扶持资金1000万元，其中太平山森林公园牌楼建设300万元，洗洛百合城建设700万元。2005年，投入扶持资金1150万元，其中建设岳麓大道800万元，房屋整治工程350万元。2006年，投入扶持资金1300万元。其中，岳麓大道建设500万元，凉亭桥建设500万元，皇仓中学建设300万元。2007年，扶持资金1040万元，其中岳麓大道建设500万元，皇仓中学建设540万元。2008年，扶持资金1000万元，其中里耶古城环堤路建设900万元，人民医院住院部建设100万元。2009年，扶持资金1000万元，建设湘鄂情大桥。2010年，扶持资金1650万元。其中，规划整编500万元，凉亭桥建设300万元，党校建设800万元，皇仓中学体育场建设50万元。同时，长沙市还帮助改造乡镇卫生院17所，新建县预防保健检测中心和药检综合楼，捐赠50万元医疗器械和药品，先后为龙山县灾区捐款200万元。

1994年，湘潭市扶持永顺县资金100万元用于兴修公路等基础设施建设。1995年，扶持资金140万元用于修建公路，捐赠医疗设备及用具等折价100万元。1996年，湘潭市投资400万元修建县城湘潭路，路长780米、宽30米；捐赠医疗设备及用具等折价70万元。1997年，扶持资金260万元用于公路、电网等灾后重建工程，捐赠衣物及生活用品等折价20万元。1998年，扶持资金275万元用于公路、房屋、水渠等灾后重建项目。1999年，扶持资金180万元用于水渠等基础设施建设。2000年，扶持资金100万元用于房屋等灾后重建。2001年，扶持资金105万元用于水渠等基础设施建设。2002年，扶持资金80万元用于公路等基础设施建设。2003—2004年，扶持资金205万元用于河堤等基础设施建设。2005年，扶持资金120万元用于河堤、公路等基础设施建设。2006年，扶持资金150万元用于河堤等基础设施建设。2007年，扶持资金200万元用于公路、河堤等基础设施建设，捐赠衣物及生活用品等折价50万元。2008年，扶持资金920万元。其中：400万元用于县城休闲文化广场建设，500万元援建县福利中心、县医院综合楼、县图书馆、松柏小学，20万元帮助筹办土家族毛古斯文化节。2009年，扶持资金200万元用于永顺县一中运动场建设。2010年，扶持资金120万元用于基础设施建设。

1995年，岳阳市扶持保靖县资金45万元。其中，援助尿素200吨折价10万元，援建岳阳中学30万元，商务赞助5万元。1996年，扶持资金168万元，其中援助医疗设备折价56万元，援建岳阳中学112万元。1997年，扶持资金108万元。其中，援助广播器械折价17万元，援助邮政器材物资折价46万元，支助科技资金5万元，人才培训费10万元，其他资金30万元。1998年，扶持资金87万元，其中援助岳阳中学60万元，援建农机码头吊装机械27万元。1999年，扶持保靖县岳阳中学资金72万元。2000年，扶持资金180万元。其中，卫生人才培训15万元，援建清水坪镇医院30万元，葫芦镇医院30万元，民政康复中心15万元，赠送医疗设备折价90万元。2001年，扶持资金206万元。其中，援建岳阳大桥100万元，援助岳阳中学100万元，物资折价6万元。2002年，扶持资金200万元。其中，援建岳阳大桥100万元，援助岳阳中学100万元。2003年，扶持资金125万元。其中：援助岳阳中学72万元，援建岳阳大桥40万元，援助邮政器材物资折价5万元、广播事业费8万元。2004年，扶持保靖县岳阳中学资金160万元。2005年，扶持资金150万元。其中援建岳阳路100万元，捐赠医疗车折价20万元，其他资金30万元。2006—2007年，扶持保靖县岳阳中学资金200万元。2008—2009年，扶持保靖县岳阳中学资金110万元。2010，扶持资金300万元。其中：岳阳中学70万元，医院30万元，岳阳小学200万元。

1994年，衡阳市扶持花垣县资金140万元。1995年，扶持资金328.13万元。其中，修建衡阳路2190米160万元，修建团结镇吉峒坪市场20万元，扶持民乐镇乡镇企业20万元，扶持茶洞镇矿粉加工厂10万元，修建花垣镇祁垣综合大楼20万元，扶持道二乡矿粉加工厂15万元，修建龙潭镇衡龙市场25万元，购置3.15万千伏安变压器1台25万元，扶持县邮电局发展农村通信16万元，扶持县科技局科技信息网络建设6万元，修建窝勺乡希望小学10万元，慰问贫困户1.13万元。1996年，扶持资金261.98万元。其中，修建衡阳路145万元，修建猫儿乡程控电话20万元、修建团结镇吉峒坪市场20万元，扶持民乐镇乡镇企业20万元，扶持茶洞镇矿粉加工厂12万元，修建花垣镇祁垣综合大楼12万元，扶持民乐镇卫生院购B超机1台3.6万元，扶持县中医院购X光机1台5万元，扶持县卫生系统购医疗器械设备4.1万元，修建窝勺乡希望小学10万元，扶持县委办10万元，慰问贫困户0.28万元。1997年，扶持资金173.3万元。其中，修建猫儿乡程控电话40万元，修建团结镇吉峒坪市场20万元，扶持茶洞镇矿粉加工厂10万元，修建花垣镇祁垣综合大楼10万元，扶持道二乡矿粉加工厂15万元，修建龙潭镇衡龙市场20万元，修建窝勺乡希望小学10万元，扶持县交通局发展交通事业16万元，扶持县工商局购买桑塔纳轿车1辆10万元，扶持县政府办购置电脑设备2.5万元，扶持县文化市场管理站购置交通工具0.5万元，扶持县科技局科技示范经费5万元，扶持县公路局养路工班站房建设10万元，慰问贫困户4.3万元。1998年，扶持资金215万元。其中，修建衡阳路80万元，修建边城高级中学100万元，修建猫儿乡程控电话10万元，修建龙潭镇衡龙市场10万元。1999年，扶持资金110万元，其中修建边城高级中学100万元，扶持民乐镇乡镇企业10万元。2000—2004年，5年扶持资金550万元修建边城高级中学。2007年，扶持资金115万元，其中扶持发展教育事业100万元、修建麻栗场中心卫生院住院大楼15万元。2008年，扶持资金8万元发展卫生事业。2010年，扶持资金210万元发展教育事业。

1995年，常德市扶持古丈县资金141万元。其中，100万元修建常古友谊大桥，30万元扶持县自来水厂管网设施改造、老塘坊人饮工程、默戎镇机关人饮工程，10.66万元救助贫困学生150人。1996年，扶持资金137万元。其中，76.5万元援建古丈一中科技大楼等，20万元支援城关夏华希望小学、古阳镇完小建设，8万元支援茄通乡卫生院建设，26万元扶持山羊养殖项目，6万元扶持网箱养鱼。2001年，250万元援建县人民医院门诊楼，（建筑面积3800平方米）。2002年，扶持资金330万元，帮助县城扩容建设，修建宽24米、长595米的常德街，完成红星开发区征地8公顷。2003年，扶持90万元，其中20万元扶持县城电缆线入地改造工程，70万元援助医疗卫生事业。2004年，扶持223万元，其中130万元援建会展中心建设工程，93万元支持县环保局、国土局、建设局、广播局、邮政局、规划办、外经局、林业局、人民法院 、卫生局等改善机关办公条件。2005年，捐赠衣物折价10万元，捐赠医疗器械设备、药品20万元以及4万元救助贫困大学生30名。2006年，扶持200万元。其中：170万元援建会展中心建设工程，20万元支持市政建设，赠送果皮箱200个10万元。2010年，扶持资金765万元。其中，650万元建设德润体育文化广场，20万元建设山枣乡连接和沅陵县的团结桥，为县教育系统援助工作经费2万元，43万元援助县中医院综合大楼建设，25万元援助文化广播事业建设，为县委、县人大常委会、县政府、县政协、县人武部“五大家”援助工作运转经费25万元。同时，免费培训教师20人，挂职锻炼校长8人，免费代培普通高中学生13人，免费培训医疗卫生业务骨干50人，选派医疗专家学者讲座、坐诊10人次，免费培训党政干部20人。

1994年，株洲市无偿为泸溪县培养骨干教师20人教育管理人员6人，并捐资30万元救助失学儿童1000人，同时改造武溪小学危房。1996年，为泸溪县筹集救灾款500万元，粮食250万公斤，衣物100万件。1997年，资助县一中修建第一栋株洲教学楼2700平方米。1998年，帮助县一中修建第二栋株洲教学楼2000平方米，修建7所希望小学。1999年起，先后投资848万元，在县城修建一条沿江株洲路，帮助吨粮田改造，支持移民山地开发，推广网箱养鱼新技术，为兴隆场医院修建占地300平方米门诊大楼，赠送一批药品和医疗器械，为19个乡（镇）113户无房户援建住房。

湖南省辖六市对口扶持湘西州六县资金、实物情况表

表14-2　　单位：万元

年份 \ 对口扶持单位 / 受扶单位	长沙	湘潭	岳阳	衡阳	常德	株洲	合计
	龙山	永顺	保靖	花垣	古丈	泸溪	
1994	500	100	—	—	—	—	600
1995	394	140	45	328	141	51	1099
1996	1011	400	168	262	137	737	2715
1997	919	260	108	173	137	275	1872
1998	697	275	87	215	—	37	1311
1999	388	180	72	110	—	130	880
2000	800	100	180	100	—	132	1312
2001	815	105	206	100	250	215	1691
2002	950	80	200	150	330	260	1970
2003	1036	100	125	100	90	140	1591
2004	1000	105	160	100	223	110	1698
2005	1150	120	150	—	34	110	1564

续表 14-2　　单位：万元

受扶单位＼对口扶持单位 年份	长沙	湘潭	岳阳	衡阳	常德	株洲	合计
	龙山	永顺	保靖	花垣	古丈	泸溪	
2006	1300	150	100	—	200	110	1860
2007	1040	200	100	115	—	110	1565
2008	1000	920	50	8	—	70	2048
2009	1000	200	60	—	—	110	1370
2010	1650	120	70	210	765	110	2925

第五节　部门驻村扶贫

1989 年，州委、州人民政府决定成立扶贫工作团，州、县（市）直部门抽调 800 名干部到 17 个特贫乡（镇）驻村扶贫，一定 3 年不变，点上不脱贫，工作不脱钩。

1990 年，扶贫工作团改为驻村社教扶贫，全州组织 308 个单位 1069 人，其中县（处）级干部 87 人，科（级）干部 274 人，进驻 162 个乡 344 个村扶贫。年末，户均增产粮食 153 公斤、增加收入 687 元。

1991—1992 年，继续开展驻村社教扶贫工作，州直单位抽调 324 人扶持 26 个特贫乡，县（市）直单位抽调 2621 人扶持 210 个乡的特困村，扶贫资金、物资、技术向特贫乡村倾斜。

1993—1995 年，扶贫开发开始实施包村扶贫，州、县（市）分级负责，落实定点扶贫单位。州直负责 16 个乡（镇），县（市）负责 54 个乡（镇），采取 1 个单位牵头，2～3 个单位协助，选派干部长期驻点，实行一年一轮换、不脱贫不脱钩办法。州直副处以上干部、县市副科以上干部每人联系 1 个特困户，建档立卡，一定 6 年不变。1994 年，州级扶持 16 个特贫乡（镇）落实项目 82 个，协调配套落实资金 1210 万元，其中扶贫贴息贷款 630 万元。至 1995 年，州扶 16 个特贫乡有开发 66 公顷以上农村支柱产业乡（镇）9 个，其中开发 666 公顷以上规模乡（镇）3 个，累计开发面积 3333 公顷。

1996 年起，扶贫开发开始实施建整扶贫，州委、州政府每年组织近千个单位近 1 万名干部进驻贫困村，实行单位包村，干部挂户，结对扶贫，点上不脱贫，单位不脱钩。是年，州直 545 名副处以上干部、县市 4242 名副科以上干部开展包村包户扶贫，帮助贫困户落实解决温饱项目 4845 个，投入项目资金 226.21 万元。

1997 年，湖南省直 33 个单位包扶 29 个村，投入资金 689 万元。湘西州直 133 个单位包扶 84 个村，8 个县（市）752 个单位包扶 628 个村。全州部门抽调干部 2502 人（州直 266 人），其中副处以上干部 90 人（州直 76 人），科级干部 986 人（州直 93 人）开展驻村扶贫。此外还抽派 503 人到特困村任党支部书记或扶贫攻坚指导员，一定 3 年。全州 7090 名副科以上干部（包括部分县市股级干部）与贫困户开展结对挂户扶贫。

1998 年，省直 33 个扶贫单位 91 人包扶 29 个特困村，投入资金 1237.67 万元。湘西州抽调 2475 名机关干部（处级 141 人，科级 1006 人）进驻 741 个特困村开展驻村扶贫。州扶村 85 个 280 人，县扶村 627 个 2104 人，还有 7442 名副科以上干部与 7453 户特困户结对扶贫，503 名国家干部就任特困村支部书记或扶贫攻坚指导员。当年州直 133 个包村扶贫单位投入资金 769.36 万元，县（市）直 752 个包村扶贫单位投入资金 1191.57 万元。

1999 年，湖南省委、省人大常委会、省人民政府、省政协领导杨正午、储波、郑培民、胡彪、文选德、周伯华、庞道沐等多次深入湘西州扶贫攻坚第一线，帮助解决具体问题。郑培民、胡彪、文选德、周伯华分别在凤凰、泸溪两县包村扶贫，胡彪创办10万亩优质湘西椪柑示范基地。省直33个包村扶贫单位为29个省定特困村投入资金1361万元。全州抽调2430名国家工作人员开展驻村扶贫，7000名副科以上干部与贫困户结对帮扶。

2000年，州委、州政府提出新一轮扶贫开发分层次推进工作思路：第一个层次，700个特困村，由省直30个单位帮扶20个，州直140个单位帮扶80个，县市727个单位帮扶600个。省直抽出65名国家干部，湘西州抽出1996名国家干部驻村扶贫，其中处级干部113人，科级干部812人。省直30个单位投入扶贫资金1500万元；第二个层次，1700个基本解决温饱村，坚持以专业村建设为切入点，计划到2005年全州建成各类专业村1000个，是年启动502个，其中养殖业专业村114个，蔬菜专业村30个，烤烟专业村130个，水果专业村156个，茶叶专业村42个，其他专业村30个；第三个层次，稳定脱贫村力争通过3~5年努力，实现200~300个村达到小康水平。

2001—2003年，省委、省政府督促落实各项优惠政策，省长储波，省委副书记郑培民、胡彪、文选德等继续在湘西州挂村扶贫，省州县继续在700个特困村开展建整扶贫工作，包括省直单位在内，全州每年有1600名干部到特困村开展驻村扶贫工作，7000余名州直副处级、县市副科级以上在职干部与特困户结成帮扶对子，实行“一帮一”结对扶贫。其中省直30个单位2001年投入扶贫资金1628万元，2002年投入扶贫资金1200万元。同时，州委、州政府对90个边远特困村，从2001年起，每个村明确1名有农村工作经验的县（市）级干部和1名乡（镇）主要负责人挂点，选派或招聘1名国家干部任村党支部书记或扶贫攻坚指导员，1名农技专家任村科技副主任，学生多的村选派1名支教教师任村小学校长，一定5年不变，点上不脱贫，人员不脱钩。与此同时，开展支柱产业第二次创业，大搞橙柚类新品种开发和中高海拔地区支柱产业开发。至2003年，全州开发橙柚面积1.24万公顷。

2004年，905个州、县直机关事业单位选派1614名干部进驻755个贫困村开展驻村扶贫工作，为驻点村筹集帮扶资金（含物质折价）5700万元，为90个边特村安排扶贫资金2800万元，引进和推广新技术新项目635个，新增旱涝保收面积0.1万公顷，调整农业产业结构0.8万公顷。驻点帮扶村兴建水利（引水）工程710处，解决9.3万人饮水困难；修筑村组公路1100公里；架设高低压电线近400公里，解决1万多农户用电问题；建设维修小学157所；新建沼气池10170口。

2005年，从重点扶持90个边远特困村向首轮整村推进过渡，全州695个单位参与385个整村推进村扶贫工作，其中省直单位15个，州直单位121个，县（市）直单位559个，18名州级干部驻点挂村19个；抽调机关工作人员1041人，驻村扶贫，一定两年不变。是年，整村推进投入20803万元。其中，财政扶贫资金8233万元，联村单位帮扶资金1881万元，协调部门资金进村入户5472万元，帮扶物资折款507万元。

2006年，归集财政扶贫资金8000万元，集中用于整村推进扶贫村建设，整村推进扶贫资金占全州财政扶贫资金总量70%以上。其中15个省直单位为8个省扶村直接投入资金1000万元，州直89个单位定点帮扶66个整村推进特困村，投入资金1000万元。

2007年，实施第二轮301个村整村推进扶贫计划，驻村工作人员1069人。是年，整合各类扶贫资金8000万元，启动扶贫项目2000个，其中8个省直单位驻村扶贫投入1500万元。

2008年，归集和安排扶贫资金1.05亿元，财政扶贫资金用于建整扶贫70%，同时调动帮扶部门和社会扶贫资金1亿元，年末第二轮整村推进建整扶贫工作验收通过。

2010年，全州327个村实施第三轮整村推进扶贫计划，其中省扶村8个，州扶村57个，县（市）扶村262个。

第六节 香港郭氏基金会扶贫

2007年，香港嘉里集团郭氏基金会在保靖县成立探索创新扶贫模式基地，嘉里集团董事长郭鹤年任基金会总裁，聘任湘西州政府原副巡视员、州扶贫办原主任彭军为基地主任，保靖县原副县级干部蒋国全、保靖县扶贫办副主任吴波为副主任，抽调和选聘工作人员15人。是年，基地与县卫生部门、长沙湘雅医院合作，开展1～4岁儿童先心病普查和免费治疗活动，并给每个患儿家庭补助400元往返交通费，随后扩至湘鄂渝黔四省市边区。牵手湘西州人民医院、保靖县妇保站，在全州开展贫病孤老白内障普查和儿童健康检查，保靖县有16个乡（镇）开展妇科普查、免费治疗。同时开展县直医疗机构和乡镇卫生院医生分科多轮培训5826人次，选派近100名骨干医生到上海、长沙著名医院进修，从上海、香港、长沙等地聘请权威专家到县内培训，并对培训效果开展绩效评估。按1∶2比例构建大病紧急救助基金，以每人10元作为启动资金，基金会配套投入20万元。基地设立贫困生救助基金40.3万元，帮助106名贫困家庭子弟完成大中专及高中学业，推动农村劳动力职业培训转移就业；选送1112名农村教师参加省、州、县三级班主任培训；开展"保靖民中—湖南师大附中""保靖岳阳中学—保靖民中""保靖复兴小学—吉大师院附小""保靖梅花小学—州民族实验小学"等结对帮扶活动；建设保靖教育网站，提供学习交流平台；实施"读写三一一"工程，即每个教师精读3本专业书籍，详写1本校本研修《报告册》，献上1堂优质课；为19所中小学设置教师电脑室，配备487台电脑和适量空调、多媒体教学设备。同时帮助试点村因地制宜发展高山返季节瓜菜、小水果种植、庭院经济、大型家禽养殖等特色产业。其中在扁朝村建立养殖示范户5户（养羊示范户3户，养牛示范户1户，养猪示范户1户）；种植示范户11户（其中蔬菜种植示范户8户，老果园改造示范户3户）。实施通村公路路基改造硬化40公里。2008—2009年，组织村民分批前往湖北省利川市、长沙天心猪场、湖南省油茶产业示范基地等学习取经，建立扁朝村兴民养殖合作社、山河村水蜜桃合作社。至2010年，试点村由1个发展到4个（扁朝村、山河村、龙家村、垅木洞村），实施项目241个。扁朝村人均纯收入3950元。

第四章 扶贫资金

第一节 扶贫资金管理

1989年，湘西州扶贫资金主要集中用于特困村农田水利、乡村公路等基础设施建设、优势资源开发项目、壮大村级集体经济及农民实用技术培训方面，优先扶持尚未解决温饱特困地区、优先解决种养开发项目，确保扶贫贷款70%落地到种养业项目。州扶贫开发办对扶贫资金管理主要实行项目审批制、部门负责制，建立扶贫项目资金激励、约束及监督机制。根据"统一规划，统筹安排，渠道不乱，作用不变，相对集中，重点使用，各记其功"原则，报经省扶贫开发办审批，使用时采取各部门分别负责方式。州扶贫开发办会同农业银行和工商银行管理好专项贴贷扶贫资金使用。1991年，州政府制定《专项贴息贷款管理使用办法》，规定资金投向、承贷办法、发放方式等具体措施，总结推广古丈县岩头寨乡管理扶贫资金采取共同评估论证，分户立据，统一管理，见物不见钱投放扶贫资金。是年起，州扶贫开发办会同州计委等相关部门制定《以工代赈工程管理办法》《以工代赈建设项目财务管理办法》，为以工代赈实施提供制度保证。同时与财政、审计和监察部门合作，按照"项目跟着规划走，资金跟着项目走，监管跟着资金走”原则，加强扶贫资金管理。发现违规使用扶贫资金的单位和个人，依法依规严肃处理。

1997年，州扶贫开发办执行湖南省扶贫开发领导小组《湖南省扶贫资金管理实施细则》，州内扶贫资金分配和项目安排，到村入户项目，在村张榜公示，接受社会监督。1999年，改革扶贫资金管理办法，实行扶贫项目财政报账制管理。州县扶贫办和财政部门设立扶贫资金专户，实行专户储存、专账管理、封闭运行。扶贫项目下达后，县（市）财政部门根据工程建设进度，将资金分次直接拨到项目，不再通过其他部门转拨。预拨资金时，根据不同情况区别对待：对实行公开核算承包单项工程，签订承包合同，由承包单位或承包人提出用款计划，经工程行政负责人和工程技术负责人签字，报县（市）扶贫主管部门审查后，由财政部门分期拨付资金；对未实行承包的项目工程，由工程指挥部提出用款计划，经县（市）扶贫主管部门审查后，报财政部门分期拨付资金。扶贫部门把好审核关。同时加强项目建设跟踪检查，项目完成，组织专家和相关人员统一验收。2010年，执行扶贫资金财政专户管理规定；财政扶贫资金项目一律公告公示，同时定期审计。坚持在项目实施中全面推行扶贫项目管理责任制、扶贫项目建设招议标制、扶贫项目监理制、扶贫项目完工验收制。县（市）成立扶贫项目验收组，由扶贫主管部门牵头，相关技术人员参与，验收内容包括项目质量、资金使用情况等。参与验收人员在验收报告上签字。

第二节　扶贫资金统计

湘西州扶贫资金仅指扶贫开发办掌握部分，包括财政专项扶贫资金、新增财政扶贫资金、扶贫培训资金、省财政特贫乡周转金、股票售表资金以及其他明确规定用于扶贫银行扶贫贴息贷款，其中省财政特贫乡周转金仅在1993年至1996年发生，原为有偿借用周转，后改为无偿投入，股票售表资金仅在1997年及1998年发生。至1999年，全州扶贫资金主要以扶贫贷款为主，2000年始，财政转移支付和无偿投入逐年加大，财政专项扶贫资金逐步成为扶贫资金主渠道。

1986—2010年湘西州扶贫资金情况一览表

表14-3　　　　单位:万元

年份	总　计	财政扶贫资金	扶贫贷款		外资扶贫资金		
			中扶贷款	省扶贷款	日元贷款项目资金		德援资金
					日贷投资总额	日元贷款	
1986	830		830	—	—	—	—
1987	1915	65	950	900	—	—	—
1988	1784	84	940	760	—	—	—
1989	1725	95	1020	610	—	—	—
1990	1679	79	990	610	—	—	—
1991	1840	80	1230	530	—	—	—
1992	1758	78	1060	620	—	—	—
1993	2024	144	1230	650	—	—	—

续表 14-3　　　　单位:万元

年份	总 计	财政扶贫资金	扶贫贷款		外资扶贫资金		
			中扶贷款	省扶贷款	日元贷款项目资金		德援资金
					日贷投资总额	日元贷款	
1994	4155	165	3320	670	—	—	—
1995	5418	198	4550	670	—	—	—
1996	6939	379	5700	860	—	—	—
1997	15000	5750	8050	1200	—	—	—
1998	16550	5350	10250	950	—	—	—
1999	21623	4493	15700	1430	—	—	—
2000	25847	7417	15930	2500	—	—	—
2001	27735	6935	18000	2800	—	—	—
2002	24174	7884	12790	3500	—	—	—
2003	29435	9635	19800	—	—	—	—
2004	27341	10141	17200	—	—	—	—
2005	24109	12237	6176	—	5696	828	—
2006	30605	13480	6000	—	11125	10275	—
2007	34525	13279	8000	—	13246	11699	—
2008	21864	14578	—	—	7286	6349	—
2009	24963	17386	—	—	7577	14244	—
2010	30439	17569	—	—	12870	5700	700

说明:财政扶贫资金仅指扶贫开发办掌握部分

专记：椪柑支柱产业项目

1989年，州经济开发办牵头，成立工作班子，成员单位有：州农委、计委、财政局、工商行政管理局、农业银行、农业局等。全州按照“区域规划，连片开发，分户经营，配套服务”原则，沿“三线”(国道319、209，枝柳铁路)“两水”(武水、酉水)规划布局，形成四大开发产业带：泸溪县经吉首市到凤凰县国道209沿线3.3万公顷优质湘西椪柑产业带；永顺县经保靖县到花垣县国道209、319和省道沿线1.33万公顷椪柑产业带；酉水中游地区保靖、龙山、花垣3县1.33万公顷椪柑产业带；凤滩库区两岸保靖、永顺、古丈3个县0.67万公顷椪柑产业带。按技术规程“等高撩壕、深沟压绿、假植苗上山、规范化栽培”。州、县（市）聘请专业技术人员指导，对丘岗山地实行水平等高定位测量，按开沟、压绿、复土、定植四道工序施工，由扶贫开发办和项目资金单位逐一检查验收，不合格不放款，种苗全部选用州内自繁自育的“8304”“8306”“260”优良品种。1996年全州柑橘产销率80%。1997年，柑橘市场竞争加剧，年末，销售价格下跌50%，产销率降至30%。橘农销售收入损失4000万元左右。面对柑橘行业严峻形势，全州在产业开发理念上实现五个转变，即由政府行为向市场行为转变，由抓生产向抓流通转变，由抓扩面向抓培管转变，由抓产量向抓质量转变，由抓民品向抓名牌转变。在具体举措上实施四大工程，即稳收增收工程、质量效益工程、科技先导工程、基础设施工程，并以列入湖南省九大丘岗山地开发0.67万公顷优质“湘西椪柑”示范基地为主体，实施精品战略。以“湘西椪柑”商标注册为契机，清理州境椪柑商标，形成“湘西椪柑”统一商标。1998年，湘西州首次参加湖南省优质水果评选，选送5个样品，获金奖2个，获银奖3个。此后确立“立足湖南、挺进中原、抢占西南、适时东进、兼顾两北(东、西北)、试探东欧”和“主攻批发市场、兼攻零售市场、突破福利市场”营销战略，在长沙、昆明、广州、北京等地建立“湘西椪柑”销售窗口，通过中央电视台、湖南卫视、湖南经视等媒体扩大宣传。

1999年，湘西州召开“湘西椪柑”看样订货会。全国20个省（市）200个客商莅临湘西州，“湘西椪柑”销售价格达到1.4～1.6元／公斤。2001年，启动农村支柱产业第二次创业，完成橙柚新开面积0.35万公顷。2003年，全州开发橙柚面积1.23万公顷，项目覆盖115个乡（镇）687个村85009户357359人；建成200公顷以上的橙柚开发规模乡镇26个，33公顷以上专业村100个。是年，湘西州被中国农业技术推广协会果树专业委员会授予“中国椪柑之乡”称号。2006年，州委、州政府出台《关于加快推进农业产业化的若干意见》和《湘西自治州农业产业化州级龙头企业认定和运行监测管理暂行办法》，州、县（市）成立农业产业化领导小组，实行“一个产业，一个规划，一套班子，一套扶持政策”，全州各级政府及部门将扶贫开发资金、以工代赈资金、移民后扶资金、农业发展资金、国土整理资金等实行捆绑，每年整合农业产业化建设资金8000万元以上，开发面积6.6万公顷，国家投入1.5亿元。农民变卖财产，搬离世代居住家园坐山经营，农家过年没有杀过年猪，自筹资金近10亿元。2008年，全州柑橘产业遭受冰雪灾害，加上金融危机等影响，连续两年出现卖橘难，价格大幅下跌，果农损失巨大。椪柑销售价部分降至0.1元／公斤，大部分未能超0.4元／公斤。果农信心动摇，放弃培管，有的砍树毁园，柑橘支柱产业面临毁灭危险。面对危机和困难，州委主要负责人安排州级干部带队，到北京、上海、长沙等地开展椪柑营销推介活动。州长叶红专现场办公，研究解决柑橘产业发展瓶颈问题。2009年，州委、州政府印发《关于进一步巩固提高柑橘产业的意见》，组建州、县（市）柑橘产业办公室，落实专抓队伍，整合涉农项目资金1亿元,重点扶持椪柑品改低改，巩固产业基地；统一购置652台各类选果机，实行分级提质。各县（市）整合资金，狠抓品改低改，加强培管，建设标准化生产基地，提高柑橘质量。全州完成低改品改2.53万公顷，柑橘产业面积稳定在6.67万公顷，年产量近百万吨。品牌建设突出生态、绿色、有机富硒特色，实行统一标准、统一分级、统一包装，统一使用“湘西富硒椪柑”品牌，县（市）标明产地，“湘西富硒椪柑”成为全国乃至世界知名品牌。宣传营销开通中国湘西柑橘网，与农业部中国农业信息网“一站通”实现链接，在中国农产品促销平台及中央电视台军事农业频道、网站、报纸等媒体发布预供信息。先后赴北京、上海、西安、天津以及俄罗斯等举办湘西富硒椪柑推介营销会，同时设立柑橘营销“110”,开辟运销“绿色通道”，营造良好柑橘销售环境。引进富泰公司、超人集团有限公司，组织州境边城醋业公司、红湘西合作社果粒橙加工厂、保靖县鑫阳食品工业有限公司等13家食品加工企业，加工柑橘10万吨。2010年，湘西富硒椪柑被中国极地研究中心认定为“中国南北极考察选用水果”，允许湘西柑橘外包装使用“中国南北极考察”商标。至年末，建成湘西椪柑面积6.6万公顷，占全国椪柑总面积四分之一，其中，333公顷以上基地乡（镇）60个，666公顷以上基地乡（镇）18个，66公顷以上专业村160个，总产量75万吨，总产值10.5亿元，橘农人均增收400元。

第十五篇 农业农村经济

1989年，湘西州建立健全农村承包合同管理机构，修订部分承包合同，帮助解决农村土地承包合同纠纷。种植业，重点稳定粮食生产，推广杂交水稻和杂交玉米等新品种，同时鼓励农民发展蔬菜生产，扩大城镇专业菜地。1992年，以古丈县为主的茶叶基地扩大。1995年，龙山、永顺等县大力发展烤烟生产，1996年，湘西州被湖南省列入全省优质烟叶重点生产基地。是年，稳定农村土地承包关系，耕地承包延长至30年不变，全州粮食生产稳步上升，基本解决粮食自给问题。2000年，调整农村产业结构，实施山地开发，发展柑橘、猕猴桃等水果业；保靖县发展黄金茶。蔬菜引进新品种，发展无公害种植基地，建立科技示范户。2005年，全州加大烤烟生产投入，实施烟基工程项目建设，提升烟叶质量，增加烟农收入。同时，加大椪柑等水果品改力度，提升茶叶质量标准。是年，开始推进农业产业化发展，老爹公司、闻得福集团等4家涉农企业被湖南省民营经济发展局定为省级示范性"龙头"企业。2007年，"古丈毛尖"成功申报"国家地理标志保护产品"。保靖县获"全国百强重点产茶县"称号。2008年，湘西州试点推行农村土地流转。种植烤烟1.49万公顷，收购烟叶2.4万吨，实现烟叶税收7001万元，创历史新高。2010年，全州新农村示范村建设办点209个村；农民专业合作社登记276户；农机总量16.1万台(套)；乡镇企业实现增加值31.68亿元；65家涉农龙头企业实现销售收入19.7亿元，吸纳和转移农村劳动力27万人；粮食总产量87.9万吨；农业总产值81.81亿元；农民人均纯收入3173元。

1989年，州委、州政府成立肉兔开发领导小组，建立养兔基地。同时发展猪、牛、羊、鸡、鸭、鹅等传统养殖业，推广稻田养鱼。1990年，农业部在湘西州建立"湘西黄牛"良种繁育基地。次年，引进推广良种猪。1992年，州内各县（市）创办山羊良种繁殖场。1994年，养兔业滑坡，州委、州政府把发展山羊列入农村优势产业。同时，古丈、永顺、保靖3县在凤滩库区发展网箱养鱼。1998年，龙山县民安镇发展七彩山鸡养殖场。2000年，改良生猪和牛品种，投放良种猪，建立商品牛基地。2002年，发展大鲵等特色养殖。2006年，湘西黑猪列入"国家畜禽遗传资源保护名录"。2010年，"湘西黄牛"获国家农产品地理标志登记证书。是年，全州生产饲料1.58万吨，实现产值7960万元，养殖业保持稳定发展态势。

1989年，全州执行州委、州政府作出的《五年消灭荒山，十年绿化全州决定》，大力开展植树造林和封山育林。"八五"（1991—1995年）期末，州境森林覆盖率58.8%。古丈、龙山、保靖、泸溪四县通过省级检查验收，绿化达标。次年，州内各县（市）绿化全部达标。2000年，湘西州被列入国家西部大开发范围，永顺县被定为退耕还林试点县。当年该县实施退耕还林面积7333.33公顷，各项指标达到国家规定要求，2001年，永顺县在四川雅安召开的全国南方片区退耕还林（草）现场经验交流会上作典型发言。2002年，全国退耕还林现场会在吉首市召开。2005年，长防林工程、世行贷款造林、退耕还林、义务植树等全面推进。同时，加大野生动植物和自然保护区保护力度。至2010年，全州有国家级自然保护区1个、省级自然保护区6个；有国家森林公园2个、省级3个；森林覆盖率66.86%，比"八五"期末增加8.06个百分点，湘西州建成生态州目标基本实现。

1989年，湘西州利用以工代赈资金解决饮水困难人口1.3万人。20世纪90年代初，州境部分水库、塘坝水毁严重，失去灌溉功能。1995年，全州以水毁工程修复为重点，开展农田水利建设，当年投工2400余万个，完成各类水利设施1.58万处，新增灌溉面积860余公顷，恢复和改善灌溉面积1万余公顷。

1998年，全州开展口粮田建设，同时整修小型水库、山塘和河堤，至1999年，新增旱涝保收面积2420公顷。是年，湘西州被省人民政府授予“湖南省‘芙蓉杯’水利建设先进集体”称号。2002年，实施国债项目，开展小流域水土流失治理。同时启动武水灌区配套工程项目建设，至2004年，新建中型水库3座、提灌站9处，新增灌溉面积706公顷。2006年，省防汛办在湘西州开展抗旱集水窖建设试点，2007年，古丈县断龙山乡等4个乡（镇）全面推广。是年，全州大中型水库移民后期扶持补助政策实施。2010年，全州中型水库23座、小型水库603座、山塘5905口，有效灌溉面积10.13万公顷，旱涝保收面积8.09万公顷，户籍人口人均实现旱涝保收面积0.42亩，比1989年增加0.03亩。先后治理水土流失面积2600公顷，占水土流失总面积63%。解决农村饮水不安全问题17.27万人，乡集镇基本用上自来水。除险加固中小型水库31座，水库效益提升。

1989年，湘西州农业委员会（简称州农委）机关内设办公室、干部管理科、经营管理科（农村合作经济管理站）、区划办、能源办、农民教育科（对外称农业广播学校）、调研科、生产调度科，核定编制44名。与州委农村工作部合署办公，两块牌子，一套人员。1991年，州人民政府“粮援工程项目指挥部”成立，下设办公室，办公室隶属农委管理。是年，州农业委员会更名为州农村经济委员会，州委农村部配编2名。1994年，州农村经济委员会更名为州人民政府农村工作办公室（简称州农办）。1995年，设立州外资外援办公室（副县级事业单位），州农村合作经济管理站更名为农村合作经济管理处，为副县级事业单位，加挂州减负领导小组办公室牌子，归口州农办管理。是年，机构改革，州农办为州人民政府工作机构。

2001年，机构改革，州委农村工作部与州人民政府农村工作办公室变更为州农村工作领导小组办公室，为州委、州人民政府共同管理的综合协调机构，列入州委序列，编制计入州人民政府编制总额，以州人民政府管理为主，内设综合调研秘书科、生产开发科技教育科、政策法规基层组织科、人事科、能源科（对外称农村能源领导小组办公室）、纪检组（监察室），核定编制18名。下设直属科级事业单位州农业广播学校和能源站。归口管理州畜牧水产局、州农业机械管理局、州人民政府扶贫开发办公室、州乡镇企业局（州民营经济工作协调领导小组办公室）、州农业学校、州农村合作经济管理局（州减轻农民负担领导小组办公室）。协调管理州水利局、州农业局、州林业局。

2010年，州人民政府设立农村工作办公室（简称州农办），与州委农村工作部一个机构、两块牌子，列入州委机构序列，核定编制20名。

1989—2010年，州农委（农办）历任主任（州委农村工作部部长）：周碧联、彭诗来、肖茂初、熊福、李光盛；州农办主任：龙县文；州委农村工作部部长：向朝阳。副主任（州委农村工作部副部长）：戴国梁、肖茂初、唐世裔、钟正洪、陈安居、刘光复、杨天元、向仕江、向大权、符建民、罗楚长、谷仙玉；州农办副主任：刘志远。

第一章 种植业

1989年，湘西州农业局机关内设办公室、人事科、计财科、监察室4个科室，行政编制16名，实有人员21人；下设州农业信息服务站、科学技术教育培训站、粮油作物技术服务站、国营农场管理站、经济作物站、植保植检站、土地利用管理站、农业技术推广站8个财政全额拨款事业单位和种子管理站、农业科学技术研究所、旱粮原种场、蚕桑试验站4个差额拨款事业单位及农垦农工商服务公司1家企业，共有干部职工232人。1991年，州优质农产品开发服务中心成立，为差额事业单位。1992年，州土地利用管理站更名为土壤肥料工作站。1995年，局机关增设科教科、法规科；局机关核定行政编制20名，机关后勤编制2名；撤销科学技术教育培训站，州柑橘科学研究所成立。1996年，设立州蔬菜科学研究所，与柑橘科学研究所实行两块牌子、一套人员；种子管理站改为全额事业单位；成立种子公司，为差额事业单位。1997年，成立州农业环境保护监测管理站，与州土壤肥料工作站合署办公，两块牌子，一套人员。1998年，州农业科学技术研究所确定为副处级事业单位。2000年，州农药监督管理站成立，为全额事业单位。2001年，机构改革，局机关核定行政编制15名，后勤编制2名；撤销农药监督管理站，成立农业综合执法支队，为全额事业单位，定编7名。2003年，州外资外援项目办公室划归州农业局管理，为参照公务员管理的副处级事业单位；2004年，州农产品质量检验检测中心成立，为全额事业单位，核定编制8名。州乡镇企业局、州蔬菜工作领导小组办公室划归州农业局管理，为参照公务员管理的副处级事业单位。2005年，州种子公司并入农业科学技术研究所。2006年，州农业环境监测管理站更名为农业环境保护管理站。是年，局机关增设农业市场信息科。2010年，局机关增设农产品质量安全监管科，并加挂"农业市场信息科"牌子。是年，州农业局内设机构有办公室、计财科、人事科（加挂老干科）、法规科、科教科、纪检组、农产品质量安全监管科（加挂农业市场信息科牌子）7个科室，编制17名，实有15人。全局包括下属事业机构有干部职工242人，离退休人员140人。

1989—2010年，州农业局历任局长：彭诗来、肖茂初、李忠恺、彭武长、刘万云、吴振文；副局长：乐明卿、田朝武、王道生、邓集林、吴东驰、张继涛、刘海军、李文星、文武斌、杨普云、孟凡阜、满荣付、唐力、王汝荣、罗楚长、龙银珍。

第一节　粮食作物

一、水稻

1989年，湘西州种植杂交水稻6.85万公顷，其中杂交早稻1820公顷、杂交中稻6.43万公顷、杂交晚稻2353公顷。杂交水稻制种1090公顷。全州栽插"双两大"（水稻两段育秧、双株寄插及大蔸大行）4847公顷，亩产425.4公斤。其中龙山县面积4750公顷，亩产423.5公斤，占全州97%。全州引进汕优69、汕优78两个组合，亩产均在500公斤以上，比汕优63增产10%～20%。

1990年，州境开展水稻栽插示范工作，海拔120～550米布点10个，示范面积14公顷，示范品种包括V64、汕优64、V452、梅35等11个。全州栽插"双两大"3.15万公顷，较上年增加2.65万公顷，亩产445公斤，比常规栽培新增亩产74.5公斤，增产20.11%；再生稻小面积示范获得成功；在水稻作物上应用多效唑试验1333公顷，其中泸溪县早、晚稻应用多效唑273公顷，早稻亩增46.8～67.4公斤、增产10%～13.7%，晚稻亩增38.5～69.2公斤、增产7%～20.2%。龙山县引进旱育秧栽培试种0.45公顷；是年，全州亩产过吨粮稻田360公顷，亩产过千斤稻田2.93万公顷。

1991年，杂交水稻栽插面积扩大至8.57万公顷。栽插"双两大"5.87万公顷，亩产452公斤，与常规栽培亩产350.3公斤比，亩增101.7公斤，共增产6266万公斤。旱育秧栽培扩至133.7公顷；推广水稻作物应用多效唑试验8133公顷，较上年增长3.4倍。挖排灌沟、埋设排渍暗沟、修建栏河坝改造低产冷浸田1.19万公顷，其中水稻厢垄栽培1.04万公顷，亩产458.5公斤，较平栽亩增70.8公斤。是年，水稻播种面积9.84万公顷，单产363.7公斤，总产53.67万吨。同比面积减少480公顷，单产增加22.7公斤，增幅6.7%。

1992年，栽插杂交水稻8.8万公顷，继续推广普及杂交稻"63""64"系统组合，重点抓杂交稻"78""452""46"等系统组合。"双两大"栽插扩至7.01万公顷；再生稻示范面积扩大到607公顷，因受7月高温干旱影响，实收面积428.67公顷，平均亩产119.3公斤，比上年提高12.2公斤。旱育秧栽培1867公顷，亩产525.5公斤，较传统湿润育秧栽培亩增74.6公斤，增长

11.3%。是年，水稻播种面积9.88万公顷，总产52.19万吨，亩产352公斤。

1993年，旱育秧栽培4800公顷，示范面由上年44个乡（镇）扩大到168个，亩产473.5公斤。1994年，旱育秧栽培1.36万公顷，比上年增加8800公顷，增加183.4%。是年，水稻播种面积9.65万公顷，总产量51.03万吨。

1996年，全州除泸溪县外，7个县（市）多点实验水稻旱育秧抛秧栽培技术，面积0.79公顷，亩产420.2～591.3公斤。是年，水稻种植面积9.7万公顷，总产52.62万吨。1997年，水稻种植面积9.771万公顷，比上年增加760公顷，总产57.75万吨，比上年增产5.12万吨，增长9.7%。1998年，推广杂交水稻9.38万公顷，杂交良种普及率87%；旱育秧3.39万公顷。是年，水稻收获面积9.79万公顷，同比增加266.67公顷。特大洪涝灾害导致3780公顷早中稻无收，总产量52.31万吨，同比减少4.03万吨，减产7.2%。2000年，推广杂交水稻9.33万公顷，占水稻总面积98.8%；“双两大”5.02万公顷。是年，水稻栽插面积9.44万公顷，总产52.18万吨，亩产368.5公斤。2001年，推广杂交水稻9.38万公顷，占水稻总面积99.3%；“双两大”3.63万公顷，占水稻总面积38.33%。是年，全州水稻播种面积9.5万公顷，单产375.7公斤，总产53.55万吨。2004年，水稻收获面积9.14万公顷，总产53.21万吨。2005年，水稻播种面积9.25万公顷，总产45.27万吨。

2006年，水稻收获面积9.19万公顷，产量48.52万吨。2007年，水稻收获面积9.16万公顷，产量52.86万吨。2008年，水稻收获面积9.19万公顷，总产52.03万吨。2009年，水稻收获面积8.95万公顷，产量53.88万吨。2010年，水稻种植面积9.12万公顷，产量53.91万吨。

二、玉米

1989年，全州播种地膜覆盖玉米5773公顷，虽春播时受雨涝后期受伏旱高温影响，仍获得丰收，亩产323.9公斤。是年，全州播种杂交玉米2.42万公顷，较上年增加5056公顷。

1990年，播种地膜覆盖玉米1.69万公顷，亩产339.6公斤。1991年，播种玉米4.87万公顷，总产量9.2万吨，其中地膜覆盖2.67万公顷，因受特大洪涝灾害，水冲砂压绝收0.2万公顷，亩产231.1公斤。是年，推广杂交玉米3.56万公顷。1992年，地膜覆盖玉米种植面积下降到1.83万公顷，亩产较上年有所增长达284.8公斤；是年，州“玉米地膜覆盖综合丰产技术推广”获州科技进步一等奖。1996年，推广地膜覆盖玉米1.49万公顷。推广杂交玉米掖单13号、湘永单2号、雅玉2号等高产良种，总播种面积4.18万公顷，总产量10.23万吨。1997年，播种玉米3.72万公顷，总产量9.45万吨。1998年，播种玉米4.07万公顷，总产量9.96万吨。

2000年，播种玉米3.94万公顷，总产量12.44万吨，并在花垣县花垣镇伍家坡村试种金凤超甜玉米0.67公顷。2001年，播种玉米3.91万公顷，亩产213.3公斤，总产量12.5万吨。是年，播种地膜覆盖玉米及育苗移栽玉米1.91万公顷。2003年，播种玉米3.25万公顷，亩产210公斤，总产量10.24万吨。2004年，玉米收获面积3.33万公顷，总产量10.56万吨。2005年，播种玉米2.901万公顷，亩产184.97公斤，总产量8.05万吨。

2006年，播种玉米面积2.99万公顷，亩产233.19公斤，总产量10.44万吨。2007年，玉米收获面积2.94万公顷，总产量10.85万吨。2008年，播种玉米3.32万公顷，总产量12.69万吨。其中凤凰县腊尔山镇8.33公顷玉米丰产示范，品种为三北六号，亩产550.2公斤；永顺县高坪乡23.5公顷玉米丰产示范片，品种为永科5号，亩产546公斤。2009年，播种玉米面积4.56万公顷，总产量14.01万吨。

2010年，播种玉米4.38万公顷，总产量17.21万吨。

三、薯类

1990年，湘西州引进优质高产红薯良种“南薯双八”。1991年，栽插红薯2.21万公顷，总产量4.75万吨，分别比上年增加1066公顷、1.7万吨。是年，红薯高产示范57.6公顷，比大面积

"胜利百号"增产 30%，最高亩产 4000 余公斤。1996 年，播种马铃薯 2.01 万公顷，总产量 5.45 万吨。1997 年，栽插红薯 2.7 万公顷，比上年多 626.67 公顷，总产量 6.09 万吨；播种马铃薯 2.12 万公顷，总产量 5.93 万吨。1998 年，栽插红薯 2.76 万公顷，总产量 6.35 万吨。1999 年，栽插红薯 2.65 万公顷，总产量 7.07 万吨。2000 年，播种马铃薯 2.35 万公顷，总产量 7.26 万吨，是年，引进脱毒马铃薯原种 7 个，以鄂引薯 1 号和鄂马铃薯 1 号产量较高，亩产鲜薯分别为 1793.1 公斤和 1724.1 公斤。2001 年，栽插红薯 2.58 万公顷，总产量 7.83 万吨；播种马铃薯 2.39 万公顷，总产量 7.66 万吨。2003 年，栽插红薯 2.27 万公顷，总产量 6.99 万吨；播种马铃薯 2.77 万公顷，总产量 8.56 万吨。2004 年，栽插红薯 2.38 万公顷，总产量 8.06 万吨；播种马铃薯 2.67 万公顷，总产量 8.29 万吨。2005 年，栽插红薯 2.41 万公顷，总产量 7.01 万吨；播种马铃薯 2.42 万公顷，总产量 7.52 万吨。2006 年，栽插红薯 2.47 万公顷，总产量 8.02 万吨；播种马铃薯 2.03 万公顷，总产量 7.16 万吨。2007 年，栽插红薯 2.32 万公顷，总产量 8.52 万吨；播种马铃薯 2.07 万公顷，总产量 7.43 万吨。2008 年，栽插红薯 2.34 万公顷，总产量 8.44 万吨，保靖县迁陵镇龙溪村 15.1 公顷丰产示范地豫薯 868 和梅营 1 号亩产达 3200 公斤，龙山县茨岩塘镇 23 公顷丰产示范地豫薯 7 号亩产达 3000 公斤。是年，播种马铃薯 2.12 万公顷，总产量 7.49 万吨。2009 年，栽插红薯 1.82 万公顷，总产量 7.8 万吨；播种马铃薯 1.9 万公顷，总产量 7.07 万吨。2010 年，栽插红薯 1.71 万公顷，总产量 7.32 万吨；播种马铃薯 1.92 万公顷，总产量 7.23 万吨。

第二节　经济作物

一、水果

1989 年，全州新扩椪柑 1060 公顷，新扩时鲜水果 353.3 公顷，水果总面积 9546.7 公顷，挂果面积 6233.3 公顷，总产量 1.61 万吨；果用瓜、凉薯播种面积分别比上年增加 14.3%、50.4%，总产量分别为 1.8 万吨、1.6 万吨。1991 年，柑橘产量 1.27 万吨，较 1990 年的 0.7 万吨增长近一倍。州农业局示范点永顺县长官乡新建组柑橘产量 155 吨，户均 10.3 吨，人均 2.77 吨；柑橘收入 14.8 万元，人均收入 2640 元，纯收入达 2100 元。1992 年，果用瓜种植面积比上年增加 39.22%；新增柑橘 1833.3 公顷、时鲜水果 666.7 公顷。

1995 年，全州水果种植面积 2.33 万公顷，其中柑橘 1.76 万公顷，各类时鲜水果 5673 公顷，其中桃 1140 公顷、李 1813 公顷、梨 1861 公顷、枣 173 公顷、柿 367 公顷、葡萄 333 公顷；产量 3.9 万吨，其中柑橘产量 3.58 万吨；总产值 5460 万元。与上年比，面积增加 4707 公顷，增长 25.37%；产量增加 6938 吨，增长 21.61%；产值增加 966 万元，增长 21.5%；西瓜种植面积 3000 公顷，面积比上年减少 67 公顷，产量增至 4.83 万吨，比上年增产 5%。2000 年，全州柑橘面积 3.76 万公顷，产量 11.8 万吨。

2002 年，全州水果种植面积增至 5.87 万公顷，产量 24.31 万吨。其中，柑橘 4.41 万公顷，产量 13.67 万吨；猕猴桃 3333 公顷，产量 2 万吨；果用瓜 6567 公顷，产量 7.3 万吨；甘蔗 229 公顷，产量 7100 吨。2007 年，水果种植面积 7.32 万公顷，产量 71.85 万吨，产值 8.08 亿元。其中，柑橘种植面积 5.13 万公顷，产量 42.26 万吨，产值 4.75 亿元；桃、李、梨等水果 1.27 万公顷，产量 12.32 万吨，产值 1.97 亿元；猕猴桃 5153 公顷，产量 8.03 万吨，产值 0.96 亿元；其他水果 4000 公顷，产值 0.41 亿元。2008 年，水果种植面积增至 9.21 万公顷，比上年增加 1066.7 公顷，产量 68.06 万吨，比上年增加 19.48 万吨，产值 5.6 亿元，比上年减少 2.4 亿元。

2010 年，水果种植面积增至 9.83 万公顷，比 2008 年增加 6200 公顷；产量 80 万吨，比 2008 年增加 11.94 万吨，产值 15.1 亿元，比 2008 年增加 9.5 亿元。其中，柑橘 7.15 万公顷，产量 62 万吨，产值 7.8 亿元；梨 8146.7 公顷，产量 13 万吨，产值 2 亿元；桃 2560 公顷，产量 5 万吨，产值 0.6

亿元；葡萄813公顷，产量1.8万吨，产值0.4亿元；西（甜）瓜8806.7公顷，产量27万吨，产值2.7亿元；猕猴桃和其他水果6493公顷，产量10万吨，产值1.6亿元。

二、烟叶

1989年，州人民政府及州烟草管理部门出台一系列政策，扶持烟叶生产发展；州烟草公司在全州推广塑料营养袋、稻草营养圈“两段”假植育苗技术；州烟科所参与“湖南省晾晒烟研究与开发”及“湖南省烟草病虫害的调查与研究”。是年，全州种植烟叶2.58万公顷，收购烟叶1.26万吨，基本形成州内农村支柱产业。

1990年，州人民政府调整烟叶生产结构，压缩晒烟生产规模，加大烤烟发展力度。全州种植烟叶1.95万公顷，收购烟叶7045吨。1994年，全州推广烤烟“三段式”（变黄、定色、干筋）烘烤工艺，中上等烟比例提高10%。是年，全州种植烟叶1.61万公顷，收购烟叶5990吨。1995年，长沙、常德、郴州、龙山、永顺、张家界等卷烟厂与州内各县（市）挂钩，对口扶持建设烟叶基地；各县（市）成立烟叶生产办公室，各基地乡（镇）成立烟叶生产领导小组专抓烟叶生产；州烟科所完成“烟草专用肥的研制及其延续效应研究”；烤烟育苗推广应用“ABT生根粉”。是年，全州种植烟叶1.57万公顷，收购烟叶7100吨。1996年，湘西州被列为全省优质烟叶重点生产地区，在凤凰、吉首、花垣、龙山4个县（市）办示范片（点）22个，面积1800公顷。全州确定53个乡（镇）为烤烟生产基地；开发优质烤烟调香型主料烟1166.7公顷。是年，种植烟叶2.461万公顷，收购烟叶1.48万吨，烟农种烟收入1.5亿元，创农业特产税2000万元，财政收入4500万元。

1997年推广烟叶大棚工厂化育苗技术，全州种植烟叶2.86万公顷，收购烟叶3.18万吨。州烟草公司连续四年被评为全省烟叶生产先进单位。1999年，在龙山、永顺等县推广运用大棚工厂化育苗技术，全州形成专业化育苗、商品化供苗模式。2001年，州烟草公司系统深入农村与烟农签订种植合同，推行科技兴烟战略，指导、落实烟叶种植施行方案，全州种植烟叶1.26万公顷，收购烟叶5405吨，烟农种烟收入6997万元，实现利税1539.34万元。2002年，州人民政府出台多项扶持烟叶生产政策，突出专业村建设，建成50个重点乡（镇）300个烤烟专业村；推广稻田种烟、地膜覆盖、漂浮育苗、平衡施肥、成熟采摘、三段式烘烤工艺等烤烟生产新技术，组织科技培训班150次，参训人员1.55万人，印发资料3.09万份。全州种植烟叶1.32万公顷，收购烟叶1.12万吨，烟农收入1.2亿元，利税2522.3万元。

2004年，全州投入资金4800万元，种植面积9400公顷；州烟草公司投资744.6万元，共建水池3095个，水窖6口，水井6口，水渠54.42公里，受益面积3760公顷；建成标准化烟站点58个。全州种植烟叶1.21万公顷，收购烟叶1.27万吨，烟农收入1.63亿元，实现利税2778.6万元。2005年，以“三小”（小水窖、小水池、小塘坝）工程为主，试点开启基本烟田烟叶基础设施项目建设。全州烟草公司投入900万元，国家烟草专卖局补贴3300万元。修建水窖5323口，容量9.35万立方米；水池4130个，容量71.74万立方米，小塘坝25座，容量189.72万立方，沟渠313条，长度481.16公里。州烟草公司开展湘西密集式智能化烤房研究，研制出1号、3号、4号烤房系列，在全州推广应用，建密集式烤房74座。全州种植烟叶1.56万公顷，收购烟叶2.41万吨，烟农收入2.37亿元，实现税收5234.46万元。2006年，州烟草公司在全州开展烟叶科技示范基地建设，在泸溪县建立出口烟叶基地试点，建设工厂化育苗温室和烟叶烘烤工场，实行专业化集中育苗和烘烤。全州投入8668.4万元，建成烟水配套工程7370个，另建密集式烤房1818座，标准化烟草站2个，防雹点14个。全州种植烟叶1.352万公顷，收购烟叶1.85万吨，烟农收入1.76亿元，税收3885万元。2007年，州人民政府召开全州烟叶工作会议，部署全州烟叶生产种植及烟叶基础设施建设工作。投入资金1.11亿元，硬化通村公路20.4公里，新建机耕道27条81.4公里，新建密集式智能烤房1958座，烟叶工场5个，补贴购置农机163台（套）。全州种植烟叶1.27万公顷，收购烟叶2.25万吨，烟农收入2.13亿元，实现税收4708万元。

2008年开展现代烟草农业建设，龙山、永顺和凤凰3个县各建有一个现代烟草农业试点，试点面积260.9公顷，辐射面积800公顷；国家烟草专卖局局长姜成康到湘西州考察调研，把湘西州纳入国家烟叶开发新区、烟叶资源配置改革试点区。全州承担国家烟草专卖局“中国烟草种质资源平台建设”项目、省烟草专卖局“湖南特色品种配套技术研究”项目等烟草科研项目12大项。全州种植烟叶1.49万公顷，收购烟叶2.4万吨，烟农收入3.18亿元，实现税收7001.72万元。2009年，继续实施“第六批国家级烟叶标准化生产示范区建设”项目。实施出口烟叶基地GAP（良好农业规范）管理，州内烟叶生产通过菲莫国际（公司）亚太地区农艺经理GAP评估。开展烤烟新品种引进筛选和示范、绿肥改造土壤配套技术、特色优质烟叶栽培配套技术、烟闸及烟闸密集烤房、密集烤房配套烘烤工艺等烟叶科研项目。全州种植烟叶1.72万公顷，收购烟叶3.01万吨，烟农收入4.36亿元，税收9600.8万元。

2010年，落实国家烟草专卖局现代烟草农业整县推进，分单元实施要求，永顺县成为现代烟草农业县整县推进试点县之一。全州12个烟叶基地单元建设全部与湖南、广东、浙江、江苏、上海、陕西等卷烟工业企业实现对接。湘西州烟草局（公司）制定《湘西州烟草科技项目管理办法》，规范全州烟草科技项目实施与管理行为。投入资金1.67亿元，建成烟水配套工程307个，标准式烤棚463个；完成机耕道171条423.47公里；烟用机械2052台，育苗大棚64个。是年，全州种植烟叶1.32万公顷，收购烟叶2.49万吨，烟农收入3.79亿元，实现税收7260万元。

三、油菜

1989年，湘西州重点发展稻油两熟或三熟制，全州播种油菜3.12万公顷，亩产59公斤。秦油2号品种示范点均获高产，其中永顺县青坪乡中山村种植面积9.8公顷，亩产169.5公斤；保靖县梅花乡陇木村种植面积0.1公顷，亩产211.4公斤。1990年，全州油菜收获面积3.63万公顷，亩产64公斤，总产量3.47万吨。甘兰型良种推广面积达80%以上，其中推广“中油821”1.47万公顷、“怀油23”6200公顷、其他甘兰型良种5333.4公顷、推广双低油菜2666.7公顷。1991年，全州油菜收获面积4.43万公顷，产量4.71万吨，较上年分别增加0.8万公顷、1.25万吨。1993年，因灾减产0.58万吨。1994年，全州油菜收获面积4.53万公顷，产量5.2万吨。1996年，种植油菜6.2万公顷，总产6.4万吨，比1994年增产1.17万吨，增22.6%。2000年，种植油菜6.02万公顷，总产量8.28万吨。2001年，种植油菜5.97万公顷，亩产提至93.4公斤、总产量8.36万吨。2003年，油菜种植面积减少到5万公顷，产量减至6.67万吨。2004年，油菜收获面积4.43万公顷，总产量增至6.69万吨。2005年，油菜收获面积4.41万公顷，总产量6.38万吨，其中双低优质杂交油菜收获面积3.39万公顷，占油菜总面积64.1%。2006年，油菜收获面积4.44万公顷，总产量6.71万吨，亩产100.81公斤。2008年，油菜种植面积减少到4.66万公顷，总产量减至5.92万吨。泸溪县浦市镇76.7公顷优质油菜高产栽培示范片，品种为湘杂油753，中油杂8号、秦油9号，亩产145公斤。2010年，全州种植油菜4.78万公顷，总产量6.76万吨，平均亩产94.37公斤。

四、茶叶

1989年，全州新扩茶叶80公顷，茶叶面积达2346.7公顷。产量340吨，产值307万元，较上年产值降低40%。1990年，新扩茶叶271.2公顷。1991年，茶叶总产430吨。1992年，新扩茶叶800公顷；全州茶叶面积达3733.3公顷。1993年，新扩茶叶160公顷，总面积3920公顷，年产茶叶448吨。1994年，新扩茶叶1040公顷，总面积4960公顷，产量550吨。1995年，茶叶总面积与上年持平，产量530吨，减少20吨。1996年，茶叶面积4640公顷，比上年减少320公顷；产量562吨，比上年增加6%，产值1175万元，比上年增长38.67%。1998年，茶叶种植面积4333.3公顷，产量585吨，产值950万元。1999年，茶叶面积与上年持平，产茶630吨，产值增加150万元。2001年，茶叶面积4000公顷。2002年，茶叶面积3686.7公顷，产量618吨。2008年，茶叶面积增至5266.7公顷，比上年增加533.3公顷；茶叶产量807吨，产值8420万元。

2009年，茶叶面积6333.3公顷，其中良种茶叶2146.7公顷；产量896.5吨，产值9305万元。春茶产量385.2吨，产值7912.3万元；其中名优茶产量271.8吨，产值6210.9万元。2010年，茶叶面积6546.7公顷，比上年增加213.4公顷，其中良种茶3200公顷。产量900吨，产值1.1亿元，同比增加1900万元。

专记：湘西名茶

一、古丈毛尖

古丈毛尖历史悠久，始于春秋战国，唐代以茶芽入贡，清代又作为皇家贡品，为中国十大名茶之一。1989年,古丈县15个乡（镇）均有茶叶种植，种植面积621.4公顷，产茶130吨。毛尖茶以清明前采摘芽茶或一芽一叶初展芽头，经摊青、杀青、揉条、炒坯、摊凉、整形、干燥、筛选等八道工序，精制而成；以条索紧细、白毫显露之外形，香高持久、滋味醇爽之内质蜚声中外。

1992年，中共古丈县委、县人民政府制定“44111”（全县开发4万亩茶叶、4万亩药材、1万亩板栗、1万亩椪柑、1万亩蚕桑）山地开发工程规划，全县茶叶基地迅速扩大。1995年，全县茶园面积增至2011.27公顷。1998年，古丈县委、县政府开始实施茶叶产业化建设，古丈毛尖产量得以增加。1999年6月，中央电视台、湖南电视台、长沙电视台共同策划、拍摄由宋祖英演唱的MTV《古丈茶歌》，宣传古丈毛尖茶。是年，古丈毛尖获1999年中国国际农业博览会“名牌产品”称号，被评为“湖南名牌产品”“1999湖南市场占有率最高品牌”和“'99湖南消费者购买首选品牌”产品。

2001年，古丈县投资300万元建成茶叶科研基地——武陵茶叶大观园。同年，“古丈毛尖”在国家商标局注册商标。2003年，古丈县茶叶局制定古丈毛尖地方标准及“古丈毛尖”生产经营质量标准化体系，实现古丈茶叶“四个统一”（统一品牌，统一质量标准，统一商标、统一包装）。2007年，“古丈毛尖”成功申报“国家地理标志保护产品”。

2008年12月，“古丈毛尖”荣获“湖南省著名商标”。2010年4月，古丈县举办2010年中华茶祖节·古丈毛尖万人品评会。“古丈毛尖”获第八届国际名茶评比金奖，在湖南十大茶品牌评选活动中，“古丈毛尖”居地方公共品牌之首。

二、保靖黄金茶

1989年，保靖县全县茶园面积352公顷，产茶145吨。县境古老、珍稀茶树品种黄金茶为主要品种之一；黄金茶因明朝嘉靖年间（1522—1566年）湖广贵州都御史陆杰巡视兵防，途经深山密林，一行百余人中多染瘴气，行至保靖辖区两岔河，一苗族老阿婆采摘茶树叶沏汤饮巡防官兵，瘴气立愈。陆杰高兴，赐老阿婆黄金一两，将此茶上报为贡品，岁贡皇朝帝君。当地所产茶叶始得“一两黄金一两茶”身价，名曰“黄金茶”，两岔河苗寨也因茶而名“黄金村”。该茶树品种较为集中地分布于葫芦镇黄金村周边沿河的七大古茶园中，有干围径30厘米以上的古茶树2057株，总面积14.86公顷；其中“黄金茶树王”树龄达402年，经测定黄金寨古茶园是“我国最珍稀的种子资源库”。1990年，黄金茶注册“换金茶”商标，成为全县茶叶开发主要品牌。茶园不施化肥、农药，采取无公害栽培。

1994年，黄金村古茶园有百岁野生古茶树3500棵，县农业局在该村古茶树中选优开展短穗扦插繁殖，扦插面积0.0025公顷。选取优良单株进行短穗扦插繁殖。是年，黄金茶获“湘鄂川黔四省边区茶叶评比”一等奖。1995年，黄金茶获“湘茶杯”名茶评比银质奖。2001年，农艺师彭继光到黄金村，用福鼎大白茶和保靖黄金茶群体做绿茶拼配审批比较，确定黄金茶质优主要是品种优良和生态环境好。2003年，苗族村民石远树、向发友在黄金村成立“换金茶叶公司”，建立小型机制茶厂。2005年，保靖黄金茶首次纳入湖南省农科院科研项目。

2007年，保靖县人民政府与湖南省农科院茶叶研究所签署《黄金茶研究与产业化开发县所合作协议》。在第五届中国茶叶经济年会上，保靖县获全国百强重点产茶县，黄金茶被中国绿色食品发展中心认定为A级“绿色食品”。2008年，黄金茶获全国绿茶高峰论坛名优茶金奖。是年，湖南省茶叶研究所与湖南湘丰茶业有限公司合资，在保靖县注册湖南保靖黄金茶茶业有限公司。在黄金村投资300多万元兴建现代化加工厂和技术创新中心。省茶叶研究所在黄金村建设茶苗基地，扦插茶苗。2009年，保靖黄金茶被中国绿色食品发展中心认证为绿色食品。保靖县获“中国茶叶百强县”称号。农业部为“黄金茶”颁发“中华人民共和国农产品地理标志登记证书”。是年，出圃黄金茶扦插苗550万株。

2010年，黄金茶被中央电视台《科技苑》栏目报道。是年，开发出黄金红茶、黄金白茶等系列新产品。年底，县内黄金茶基地面积1567公顷，可采茶园667公顷，总产量120吨，产值3200万元。全县有茶叶专业合作社7个，黄金茶销售企业9家、专卖网点210个，从业人员2.8万人。

第三节　土壤肥力技术推广

1989年，湘西州采取开沟排水、水稻起垄栽培、水旱轮作等措施改造低产田5373公顷；测土配方施肥2.29万公顷；推广稻草、秸秆还田、还土、稻田播种绿肥和使用农家肥；推广稻萍鱼种养1666.7公顷。

1990年，全州改造低产田办厢垄栽培点9个，面积7640公顷；设立土壤定位自然监测点95个；推广测土配方施肥2.525万公顷；推广秸秆还田、还土1.3万公顷；种植绿肥2.43万公顷；推广旱土绿肥，在果园和旱土中套种豆科作物2800公顷。1991年，全州35个乡开展56处低改工程，挖砌排洪、排渍、灌溉沟116条，总长65公里，埋设排渍暗沟19条，长1.25公里，修建拦河坝、过沟桥、涵洞、机抽蓄水池和人饮井水等257处，完成土石方18.7万立方米，投资276万元，改造面积1466.7公顷。设立土壤监测点98个，完成监测点土样采集、化验、田间施肥、管理和作物产量等观察记载，建立田间档案；推行“旱土蓄水聚肥改土技术研究”，完成试验38个、面积3公顷；推广测土配方施肥3.47万公顷。1992年，全州66个乡（镇）、118个村改造低产田土92处，面积3527公顷，推广冷浸田垄栽面积9200公顷；推广测土配方施肥面积5.12万公顷；引进宁波大桥、湘肥3号、余江大叶等绿肥品种，冬播面积2.33万公顷；油菜秆还田3667公顷，稻草还田1.13万公顷，冬泡、冬板田压青1.6万公顷。1994年，全州改造低产田土2170公顷；推广作物配方施肥面积3.73万公顷；开展水稻、柑橘、茶叶、油菜喷施“农一清”试验。

1995年，全州改造低产田土3020公顷；推广作物配方施肥技术3.77万公顷；秸秆还田1.48万公顷；在花垣、吉首、泸溪、凤凰等县（市）试验示范旱地龙——抗旱剂。1997年，全州改造低产田土4166.7公顷；建立95个耕地地力与施肥效益长期定位监测点；推广配方施肥技术4.33万公顷；开展有机—无机杠杆专用肥对比试验，设置试验地5块；种植绿肥1.93万公顷，秸秆还田2.97万公顷，深沟压绿栽植多年生果木2000公顷。1998年，全州旱土改水田、坡地改梯土、恢复水毁田1420公顷；建立基本农田土壤肥力监测点95个；配方施肥4.21万公顷；实施“沃土计划”，施用农家肥244.26万吨，秸秆还田4.14万公顷。1999年，全州169个乡735个村投入资金5062万元，完成口粮田建设4013.3公顷；引进生物固氮菌肥，在吉首、泸溪、保靖、花垣、永顺、龙山等县（市）12个村布设试验点15个，示范面积41公顷。

2000年，全州建立基本农田土壤肥力监测点95个；实施“集雨蓄水—抑蒸保水—节水补灌”技术，在永顺县麻岔乡落叶洞村、王村镇茶园村、凤凰县三拱桥乡晒金堂村开展集雨节水旱作农业试点；推广测土配肥4.33万公顷；引进皇竹草、鲁梅克斯K-1、俄罗斯菜、鸭茅、菊苣、串叶松香草、红三叶、紫花苜蓿、籽粒苋、尾状羊茅等饲草品种试种。2002年，全州改造低产田土2766.7公顷；新建集雨蓄水窖495个，集雨节水容积1.36万立方米，新开引水沟10公里、引水沟硬化2公里、沉沙池500个，项目受益农户609户2445人，项目区发展高效旱作农业173.3公顷；推广测土配方平衡施肥技术4.33万公顷；秸秆还田1.3万公顷、种植绿肥2.33万公顷。2003年，全州建立基本农田土壤肥力监测点91个；新建集雨蓄水窖355个、集水容积2.5万立方米，新修引水沟渠1.24公里，实施集雨节水旱作农业4333公顷。

2005年，全州设立30个土壤肥力自然监测点；推广集雨节水旱作农业面积5033公顷；完成测土配方施肥面积9.43万公顷。2007年，实施土壤肥力监测，推广节水旱作农业面积5.23万公顷，占耕地面积30.2%；推广测土配方施肥面积17.39万公顷。2008年，全州新建集雨水窖（池）8525个，配套建设引水沟31公里，新增集雨节水旱作面积2580公顷，办点示范10处。推广测土配方施肥面积25.47万公顷，办点示范23处，面积6110公顷，龙山、永顺、保靖、花垣、古丈、吉首和凤凰等县（市）列入农业部测土配方施肥财政补贴项目示范县。

第四节　农作物保护

1989年，湘西州宣传贯彻国务院《植物检疫条例》，群众了解植物检疫，自觉接受植检。

1990年，全州加强柑橘大实蝇防控工作，凤凰县在竿子坪和水田乡开展摘虫果、拾落果措施，深埋处理虫果3000公斤；吉首市开展“春翻园土压基数、夏喷药剂杀成虫、秋摘虫果除后患”综合防治措施，虫果率由上年0.18%下降到0.06%。1991年，全州聘兼职检疫员270人，人均负担农作物耕地检疫面积513.3公顷。是年，隔离种植观察进口香料烟种子；截查处理国外进口带有“假高粱”小麦一批；消灭棉花枯黄萎病，压控柑橘溃疡病等疫情发生面积。

2000年，全州植保植检机构不断拓宽农作物病虫测报范围，从水稻、柑橘两项作物发展到水稻、柑橘、蔬菜、百合、烟草、茶叶、玉米、油菜、葡萄、猕猴桃等作物。2007年，扶持农作物病虫专业化防治组织建立，开展专业技术培训及专业化机手培训。2008年，全州植保部门创办大实蝇控防示范样板13个，各示范样板通过“翻、诱、摘、拾、砍”综合防治措施，落果率普遍下降10个百分点，基本控制在1%之内。

2010年，州、县（市）两级有专职农业植物检疫员54人、高级农艺师职称3人、农艺师44人、专职测报员67人、兼职测报员53人，设有水稻、柑橘、蔬菜、烟叶、葡萄、猕猴桃等作物病虫测报点51个，建立健全农作物病虫报表联系汇报、重大病虫防治关键时期专人值班等制度，做到主要病虫害7天一报，突发性病虫害及时汇报，且基本实现病虫信息传递网络化。有专业化防治服务组织20个，基层服务站159个，专业机手3436人，大型担架式喷雾器242台，背负式机动喷雾器2103台，实施农作物病虫专业化统防统治承包面积1.67万公顷。是年，州内有柑橘溃疡病植物检疫对象发生，发生面积2627公顷，涉及全州8个县（市）43个乡（镇）181个村。州植保植检站在古丈县古阳镇栖科村实施千亩茶园绿色防控示范园1个，通过对黄板、杀虫灯及生物农药集成运用，减少茶园用药5～7次，亩节约用药及施药成本200元，减少化学农药使用量，降低茶叶农药残留量，提升茶叶品质，茶叶售价每公斤较上年提高160元。泸溪、凤凰、保靖等县创办5个千亩柑橘大实蝇防控示范样板和1个500亩柑橘大实蝇防控区，辐射带动1万公顷，落果控制在5%以内。

第五节　农产品检测

2004年，湘西州农产品质量检验检测中心成立，并在全州设立18个农产品质量安全监测站，开始实施农产品质量安全检测和检验检测。当年抽检蔬菜样品3批次、样品364个，其中农药残留量超标样品13个，超标率3.6%，合格率96.4%。之后，各县（市）相继成立农产品质检机构。2005年，州农产品质量检验检测中心组织全州农产品质量检验检测机构开展农产品质量安全例行检验检测，抽检蔬菜样品3872个，农药残留量超标样品141个，超标率3.6%，合格率96.4%。是年，全州完成委托检验种子样品61个。2006年，全州设立农产品质量安全例行监测点64个，其中省级20个，州级44个。全州农产品质量检验检测机构开展农产品质量安全例行检验检测，累计抽检蔬菜样品258批次、5512个样品，其中农药残留量超标144批次，超标样品197个，超标率3.6%，合格率96.4%。是年，完成委托检验土壤样品33个，种子样品48个，肥料样品13个。2007年，全州设立农产品质量安全例行监测点65个，其中省级20个，州级45个。开展农产品质量安全例行检验检测，累计抽检蔬菜样品218批次、6050个样品，其中农药残留量超标150批次，超标样品235个，超标率为3.9%，合格率96.1%。是年，完成委托检验土壤样品84个、种子样品63个。2008年，全州农产品质量检验检测，累计抽检蔬菜样品1.091万个。其中，农药残留量超标159批次，超标样品279个，超标率2.6%，蔬菜农残合格率97.4%。是年，完成委托检测肥料样品21个，农作物种子样品70个。2009年，全州农产品质量检验检测，累计抽检蔬菜样品341批次，涉及69个蔬菜品种，抽检样品1.52万个。其中，农药残留量超标159批次，超标样品246个，超标率1.6%，蔬菜农药残留量合格率98.4%。是年，完成委托检验烟草种子样品103个。2010年，全州设立农产品质量安全例行监测点74个，其中省级20个，州级54个。全州农产品质量检验检测，累计抽检蔬菜样品339批次，涉及70个蔬菜品种，累计抽检样品1.12万个，农药残留量超标122批次，超标样品204个，超标率1.8%，蔬菜农药残留量合格率98.2%。

第二章 蔬菜业

1989年，湘西州蔬菜办公室（简称州蔬菜办）归口州民族贸易局管理，定编3名，实有1人。1995年，州民族贸易局改制为州商业集团公司，州蔬菜办并入州财贸办公室，为州财贸办内设科室。1998年，州人民政府财贸工作办公室蔬菜办公室改为湘西自治州蔬菜工作领导小组办公室，为单设副局（处）级事业单位，保留原行政管理职能，由州财办管理，人员参照公务员管理，核定事业编制3名。2002年，州蔬菜办划归州经贸委管理，内设综合科（加挂州无公害蔬菜质量管理监测中心牌子）。2003年，州蔬菜办定编4名，下设综合科，实有工作人员5人。2004年，州蔬菜办划归州农业局管理，定编4名，实有工作人员5人。2007年，州蔬菜办划归州政府办管理，内设机构不变，定编4名，实有工作人员5人。2008年，州政府蔬菜工作领导小组组长改由州长兼任，分管副州长改任副组长，州政府办公室、州农业局、州发改委、州国土资源局、州商务局、州物价局、州科技局、州环境保护局、州财政局、州工商行政管理局、州质量技术监督局、州畜牧水产局、州卫生局等14个相关单位负责人为成员。2010年，州蔬菜办增设生产技术科。是年，州蔬菜办实有在职人员4人。

1989—2010年，州蔬菜办历任主任：向云炘、洪博文、王瑞琪。

第一节 蔬菜基地

1989年3月，湘西州蔬菜办执行《湖南省城镇专业菜地管理办法》，严格菜地管理，严格征用菜地审批手续，做到先补后征。凡征用菜地，必须经当地土地管理部门、蔬菜办核实，报经省人民政府审批，才能征用。是年，全州8个县（市）实有城镇专业菜地4459.8亩（297.32公顷），按城市人口26.2万人计算，人均菜地1.7厘。

1991年，全州按照“稳定郊区”、发展“二三线”的原则推进蔬菜基地建设，全州有城镇专业菜地293.4公顷，建立农区二、三线菜地2934公顷。1992年，全州投入资金，修建城镇菜地道路、水渠、水粪池和蔬菜大棚，改善菜地生产环境和条件。吉首、永顺、古丈、花垣等县（市）安排菜田建设资金18.22万元，修建基地道路1.4公里，主干渠3公里，支渠0.4公里，电排1处，水粪池10个，钢架大棚5个，竹架大棚8个。

1995年，州财办先后召开4次全州蔬菜工作会议，专题研究蔬菜工作，并两次派出干部逐县逐块到新扩专业菜地检查督促。常务副州长武吉海带领州直相关部门负责人到吉首市现场办公，决定由州、市两级财政各拿50万元，建立吉首市“菜篮子”工程发展周转金，使用期三年，重点扶持2000户科技示范户。针对各地城镇蔬菜基地被严重挤占的情况，州、县（市）政府加大菜地建设资金投入，扩补新菜地。全州投入菜地建设资金227.7万元，完成新扩菜地402.96公顷，使全州城镇蔬菜基地由上年的334.57公顷增至737.53公顷，增长120.44%。至此，全州初步形成州、县（市）长抓“菜篮子”，乡（镇）长、村主任和组长抓“菜园子”，有关职能部门抓“菜摊子”的良性发展态势。

1996年3月，州人民政府作出《关于加强“菜篮子”工程建设的决定》，规定：扩补新菜地，按吉首市区非农业人口菜地3厘/人、其他县城2.5厘/人作出规划；设立蔬菜基地保护区；征收新菜地开发建设基金（吉首市7000元/亩，其他县城5000元/亩，保护区内菜地加收50%）；市（县）建立一批500亩、100亩以上稳产高产基地；市（县）财政按非农业人口年5元/人、3元/人标准给予蔬菜补贴，列入财政预算；计划安排蔬菜化肥、农药等生产资料；蔬菜副食品生产基地建设固定资产投资，适用零税率；每年拿出40%以上的物价调节基金，有偿使用于“菜篮子”工程建设。1997年，州境建立较为稳定蔬菜基地33处，科技示范园18个，科技示范户229户。全州拥有城镇专业菜地746.2公顷，其中保靖县新建葛头基地133.33公顷。

1999年，全州争得以工代赈、扶贫、农田水利、民政、信贷等资金433.9万元，投入蔬菜基地建设。保靖县投资80万元，新扩大妥乡踏梯村、昂洞乡押马村、新码头村专业菜地22.66公顷。吉首市针对城市建设征占专业菜地面积较大、专业菜地减少的情况，当年新增扩矮板村和阿挪村专业菜地16.66公顷、推行金坪垅村节水灌溉大棚菜地3.33公顷。2000年，全州投入资金432.5万元，用于蔬菜基地建设。其中，省拨资金40万元，新菜地开发建设基金12万元，县市拨款116.5万元，乡村自筹39万元，其他来源225万元。修建蔬菜地渠道31公里，修道路14.38公里，配置抽水机49台，建成排灌较好专业菜地358.53公顷，占常年种菜面积49.5%。是年，全州城镇蔬菜专业基地面积813.4公顷。

2002年2月，湘西州实施省政府“放心菜”工程和湖南省《无公害蔬菜地方标准》，部署建设州内首批28个高标准“放心菜”蔬菜基地，涉及州境28个村、菜地面积360公顷。举办无公害蔬菜生产技术培训班，组织农民学习《无公害蔬菜》地方标准，逐户到块登记挂牌公示，接受群众和消费者监督；定期开展蔬菜质量安全测检，确保不符合无公害蔬菜标准要求的蔬菜一律不得上市销售。全州投入蔬菜资金634.5万元，完成标准化蔬菜基地面积333.33公顷。经过检测，首批“放心菜”基地的蔬菜农残合格率为89%，高于省内平均水平。经湖南省人民政府蔬菜工作领导小组办公室行文确认，湘西州8个蔬菜基地2.45万亩（1633.33公顷）被授予湖南省“放心菜”基地。2003年，全州加强城镇蔬菜基地提质改造。投入资金634.5万元，发展钢架大棚100多个、水泥大棚600个、竹木大棚1000多个。修筑灌排渠沟2.4公里、道路1.2公里，配置频震式杀虫灯45盏，基本完成30个重点基地的基础设施建设。保靖县采取政府引导、市场运作的方式（即政府投资建设渠、沟、路和平整地面等基础设施，鼓励和引导农民购买大棚），投入资金110万元，在昂洞乡押码村建起高起点、高规格“放心菜”大棚基地建安蔬菜大棚400个、菜地面积10公顷。吉首市利用以工代赈资金25万元，聘请州设计院专家在社塘坡高标准规划设计标准化“放心菜”基地3.33公顷。泸溪县利用移民资金在武溪镇规划建设“放心菜”基地7公顷，当年建大棚30个。永顺县投入80多万元，建立石堤镇向阳坪高标准蔬菜大棚基地4公顷，修建灌排水渠0.5公里，发展水泥大棚148个。当年建设当年投产受益，蔬菜上市总量100万吨，经济收入10万余元，人均收入1000余元。是年，州内的平山坡、婀娜、农科、边城、亥冲、腊尔山、押码、石堤、鹭鸶庄、红岩寺、五里洲、龙潭12个蔬菜基地基本达到“放心菜”生产标准，被授予州第一批“放心菜”基地。其中，吉首市寨阳基地、河溪放心菜基地，花垣县柑子园基地、农科放心菜基地，龙山县红岩寺早夏菜基地，保靖县押码无公害基地，泸溪县五里洲放心菜基地，永顺县石堤放心菜基地8个基地经省蔬菜办验收，被授予湖南省“放心菜”基地。

2005年2月，州政府办公室印发《湘西自治州人民政府关于加强新菜地开发建设基金征收管理工作的通知》，州蔬菜办印发《关于认真搞好新菜地开发建设基金征收管理工作的通知》，对菜地开发建设基金征收管理工作的内容、方法、措施等做出具体部署和补充说明。是年，全州开展城镇蔬菜基地清理工作，明确“放心菜”工作的重点范畴，造册登记城镇原有蔬菜基地，吉首市、花垣县重新界定城镇“放心菜”基地，花垣、吉首、泸溪、永顺四县市按文件精神征收部分菜地开发建设资金。2006年，继续加强城镇专业蔬菜基地提质建设，安装大棚8643个。泸溪县借助省、州移民部门对库区移民产业扶持机遇，把五里洲村作为扶贫联系点，投入资金155万元，修建蓄水池21口、引水支渠2公里、排水沟1公里，硬化基地道路2500米，为蔬菜协会配送蔬菜销售汽车1辆。

2008年，湘西州重点专业菜地清理工作完成，经过清理，澄清城镇专业菜地底子：全州有划定的城镇专业菜地820公顷。州蔬菜办编制《2008—2012年全州城镇蔬菜基地扩面计划》，按照城市人口人均面积3厘标准规划，分年实施新扩菜地，五年扩面853公顷，使全州专业菜地达到2000公顷的省定标准。11月，吉首市政府行文确认，寨阳乡勤丰村纳入城镇专业蔬菜基地111.1公顷。是年，州蔬菜办筹集资金10万元，扶持保靖县押马基地完善引水基础设施建设。至年底，全州实际完成新扩菜地面积293公顷（全州城镇蔬菜基地面积达1373公顷）。同时完善菜地配套设施面积73.33公顷。加强农区二三线菜地培育，将州内36个乡（镇）113个村、2.5万户村民共5万亩农村商品菜地，列入规划区保护。

2010年，全州投入302万元，新建水泥大棚480个，新扩城镇专业菜地189.33公顷，全州城镇专业菜地面积达到2.32万亩，实现省分3万亩任务的77.33%，按当年城市人口86.5万人计算，人均菜地18平方米。

第二节　蔬菜种植

1989年，湘西州蔬菜市场全面放开，蔬菜自产自销，各级政府采取口粮、化肥与菜地种植挂钩形式，鼓励菜农发展常规蔬菜生产。加强城镇蔬菜专业基地种菜的组织、引导，对个别菜农无故荒芜菜地或改种其他作物，未种或改种的0.91公顷菜地，依照规定扣罚户主口粮4998.5公顷。同时注重引导、发展“二三线”粮农种菜。是年，全州蔬菜种植面积3066公顷，产量4.4万吨，产值3532万元。其中，城镇专业菜地种植880公顷，产量1.98万吨，产值1136.9万元；农区二、三线发展商品菜地2133公顷，蔬菜产量2.4万吨。

1990年，坚持“管放结合”原则，贯彻“产稍大于销”的方针，继续“稳定郊区”、发展“二三线”，狠抓“菜园子”，发展蔬菜生产。全州城镇菜地春夏菜种植计划457公顷，实种494公顷，完成计划的108%，比上年同期增长17.7%；冬菜种植计划面积556.2公顷，实种面积567.4公顷，完成计划的102%，与上年同期对比，增长26.9%。是年，全州种植常规蔬菜3820公顷，产量4.37万吨，产值3532万元。其中城镇专业菜地种植1060公顷，产量2.4万吨，产值1613.6万元。

1992年，加强蔬菜产前、产中、产后服务，推动蔬菜生产。吉首、泸溪、古丈、龙山等县（市）设立蔬菜种子商店或种药服务部，古丈、保靖、凤凰、花垣等县蔬菜办组织蔬菜种籽和农药供应。全州安排蔬菜化肥552吨。其中省安排400吨，州安排5吨，各县（市）安排147吨，农药8.5吨，农膜10吨。是年，全州蔬菜种植总面积7.6万亩。其中城镇专业蔬菜春夏蔬菜实种春夏菜面积699公顷，秋冬菜实种面积10733亩，蔬菜产量9.3万吨。

1994年3月7—9日，州人民政府在吉首召开全州财贸经济工作会议，把“菜篮子”粮棉油工作当作稳定社会、稳定大局的一项重要工作来抓，建立责任制，分级负责，责任到人。全州蔬菜种植总面积6966公顷。城镇专业基地菜地，春夏蔬菜种植面积实际611公顷，同比增长10.3%；秋冬蔬菜种植面积实际720公顷，比上年增长27.9%。全州粮农，春夏菜种植面积3620公顷，比上年增长34.3%；秋冬菜种植面积1859公顷，比上年增长17.6%。1995年，州政府召开两次常务会议，专题研究蔬菜工作，强调本着种足种好老菜地，巩固稳定新菜地，积极发展“二三线”菜地的思路，组织蔬菜生产。是年，全州蔬菜种植面积9533公顷，产量12.5万吨。其中城镇蔬菜基地种植面积1473公顷，产量3.37万吨，产值2696万元；农区二、三线发展商品菜地8000公顷，蔬菜产量11.8万吨。

1998年，州人民政府实行“菜篮子”工程行政首长负责制，把蔬菜工作列入政府工作议事日程，作为一项“安民工程”和“富民工程”来抓。州政府先后以泸溪、古丈、永顺3个县为现场，分别召开全州蔬菜工作会议、设施栽培现场会和高山反季菜现场会，推进州境蔬菜工作。是年，全州蔬菜种植面积18200公顷，产量27万吨。2000年，全州蔬菜种植面积21060公顷，蔬菜总产量32.5万吨。其中，全州专业蔬菜地种植蔬菜1540公顷，产量3.48万吨，产值2950万元；农村二、三线商品菜地种植19333公顷，产量28万吨，产值1.56亿元。龙山县华塘乡红岩寺村，种植蔬菜111公顷，人均收入3532元，全村有20%的菜农人均收入达到万元以上。

2002年，全州蔬菜种植总面积30333公顷，总产量45万吨，产值3.6亿元。其中，商品菜地种植21667公顷，产量39.3万吨。全州30个城镇“放心菜”基地种植面积2200公顷，年产量达7.3万吨、总产值7417万元。农村蔬菜专业村数量由原来的47个增加到60个，面积由2001年的1333公顷扩大到4000余公顷，年产蔬菜15.5万吨，实现产值9247万元。

2004年，全州八县市蔬菜办与农民签订无公害蔬菜生产承诺书，加强蔬菜生产源头监管。推广2001线椒、9701干椒、新黑田胡萝卜、白玉、白光萝卜、春大将白菜等20多个名优、高产、抗病品种及相应密植高产栽培技术，蔬菜种植面积突破3.71万公顷，总产量60万吨。加强蔬菜规模生产，发展生姜3800公顷、辣椒1.03万公顷。其中1666.7公顷生姜基地、5593公顷辣椒基地，获省无公害农产品产地认定。隆华牌生姜、边城线椒，获全国无公害农产品认证。2005年，全州蔬菜种植面积猛增至45893公顷，总产量59.2万吨，总产值7.47亿元。其中商品菜播种23533公顷，总产量达到41.4万吨，总产值实现4.3亿元。

2006年，推行“市场+基地+农户”模式，发展蔬菜生产，全州蔬菜种植面积46667公顷，总产量76.9万吨，总产值8.9亿元。其中，全州专业基地种植面积2467公顷，上规模开发菜地面积2667公顷，蔬菜订单生产面积1607公顷，季节性菜地面积32267公顷；建设蔬菜科技园27个，种植面积1万亩。

2007年，州人民政府印发《关于加快蔬菜产业发展的意见》，全州采取重点保护专业菜地、突出带群建设、规模特色、建设蔬菜直销基地、打造知名品牌等系列措施，加快蔬菜产业发展。是年，全州完成蔬菜播种面积50533公顷，总产量82万吨，总产值10.8亿元。其中商品菜地种植30667公顷，专业菜地种植2533公顷。

2008年，州、县（市）人民政府改由各级行政“一把手”直接兼任蔬菜工作领导小组组长，州、县（市）直相关部门主要负责人为成员；州人民政府印发《关于进一步加强新阶段蔬菜工作的通知》，从组织领导、政策措施、资金投入、安全监测、优化服务等方面全方位加强蔬菜产业建设。是年，全州蔬菜种植面积51786公顷，产量79.4万吨，产值9.59亿元。其中，商品菜地种植30600公顷，专业菜地种植2160公顷，季节性菜地49.5万吨。2010年，全州蔬菜种植面积增至56920公顷，蔬菜产量107.4万吨，实现蔬菜产值12.76亿元。其中，商品蔬菜种植32533公顷，城镇蔬菜基地种植3067公顷，规模菜地种植4667公顷，订单菜地种植1733公顷，季节性菜地24667公顷。蔬菜单个品种种植面积达万亩以上的有白菜、萝卜、辣椒、生姜、番茄、茄子、黄瓜、莴笋、空心菜、豇豆、大蒜、南瓜、红菜薹13个品种。其中，辣椒12667公顷，白菜10466公顷，生姜3333公顷，萝卜2667公顷，茄子2667公顷，番茄2266公顷，莴笋2133公顷。

第三节 蔬菜加工

1989年，全州有4家初具规模的蔬菜加工企业，年加工能力600吨。1993年，吉首市蔬菜局投资150万元，扩建市民族蔬菜加工厂，当年加工藠头95吨，创产值200多万元，产品出口日本，成为该市首家蔬菜食品行业出口创汇企业。1994年，蔬菜加工企业增至6家，年加工能力过千吨。1995年，吉首市蔬菜加工厂拥有固定资产250万元，流动资金100万元，生产车间面积6000平方米，各类专业技术人员25人，企业员工180人，主要加工藠头、生姜、榨菜、蕨菜、香椿等产品，成为湘鄂川黔周边市县区从事蔬菜干、腌、酱制、盐渍生产规模较大的厂家之一，其新开发的盐渍香椿、蕨菜品种，参加全国农业新技术新产品交易会获得金奖。湘西山源食品公司占地6500平方米，建设面积2000平方米，拥有固定资产250万元，年加工蔬菜成品2000吨。永顺县食品公司占地16600平方米，建设面积5200平方米，拥有固定资产210万元，年加工蔬菜能力500吨。

1997年，全州兴办各类蔬菜加工厂（公司）36家。其中初具规模的蔬菜加工企业12家。是年，凤凰科技实业有限责任公司成立，有加工作坊面积150平方米，年加工鲜枞菌1.8吨、冠冠菌1.2吨，销售额45万元。州境除上规模、纳入统计的蔬菜加工企业外，还有大量蔬菜加工户。永顺县灵溪镇有各种蔬菜加工户30多户，主要加工萝卜、大头菜、生姜等。其中酸萝卜片、萝卜丝等味美价廉，产品销路甚广，除在县境销售外，还销往长沙、宁波等外地城市。保靖县人民政府投入资金100万元，新建一家泡菜、脱水菜加工厂。

1998年，全州蔬菜部门将蔬菜加工列入年度蔬菜工作目标管理考核内容之一。是年，全州拥有各类蔬菜加工企业35家，其中初具规模的蔬菜加工企业15家。凤凰县蔬菜公司加二厂以山野菜加工为重点，年加工蔬菜成品40吨。湘西州湘凤食品有限责任公司加工野生牛肝菌、干枞菌（寒菌）、凤姐开胃菜等十多个品种产品。1999年，全州各类蔬菜加工企业37家。其中初具规模的蔬菜加工企业17家，出口产品企业5家，加工企业年实现利润337万元。永顺县灵溪镇蔬菜加工个体户黄茂隆、卢长玉夫妇，1995年开始加工蔬菜，是年，获利润30万元，年均盈利6万元。

2001年，全州规模蔬菜加工企业27家。保靖县喜阳集团加工、销售胡萝卜浓缩汁250吨；湘源公司生产生姜素15吨、辣椒素2吨，全部外销；凤凰县加工蕨菜、香椿、竹笋系列产品，年产量500吨，远销北京、深圳、上海、长沙等十多个城市；龙山县建成年产1000吨产值600万元的乌龙山牌大头菜加工厂、乌龙山藠头加工厂和春声调料厂先后投产，3个厂年加工蔬菜能力1580吨。保靖县原县酱油厂下岗职工彭秀仲，牵头联办“大湘西”山野菜加工厂，加工系列“大湘西”牌山野菜，参加省农博会，与长沙红星大市场湘西精品馆签订长期包销合同，在湘西州蔬菜果品展销会上，与津市蔬菜公司签订投资合作协议。2002年，全州规模蔬菜加工企业30家。凤凰县投资70余万元，建成县特色食品厂，该厂占地面积333平方米，建筑面积2500平方米，以加工霉豆腐、干豆腐为主，并申请注册“洗车河”商标，霉豆腐年产量超过5吨，年销售收入8万元。2003年，全州规模蔬菜加工企业32家。花垣县天隆酱菜加工厂挂牌成立，主要从事辣椒酱、剁辣椒、青辣椒、节节椒、酸豆角、大头菜等20多个品种加工，企业拥有员工150多人，年产酱菜400万吨，产品远销长沙、上海、深圳、广州等地。

2004年，州、县（市）蔬菜部门加强资金协调，服务蔬菜加工大户，扶助加工企业发展生产。全年为龙山富利实业有限公司、永顺县辣椒加工大户丁超文、花垣县蔬菜加工大户吴仕荣、古丈县雅洁食品公司等7家州内蔬菜大户协调解决银行贷款42万元，扶助企业扩大加工生产和产品销售。是年，全州各类蔬菜加工企业增至58家，有员工370人，其中初具规模 28家。龙山馥生食品有限责任公司建成投产，公司占地2万平方米、建筑面积8000平方米，有员工50人，年产值400多万元，利润100多万元。其新产品参加全县旅游产品展销会，受到来自全国400家旅行社赞誉。吉首田二姐山野菜农副产品加工公司成立，主要加工湘西腊味、香椿、山野菜等蔬菜、山野菜成品，还兼带种植天然富硒反季节蔬菜，产品远销海内外。龙山“乌龙山”牌大头菜加工厂建立，其生产的乌龙山牌大兜菜系列产品扬名州内外，带动城郊农户种植大头菜近万亩；吉首湘凤食品有限公司生产的源乡园辣椒系列产品由上海某企业包销。是年，州内蔬菜加工企业加工的春声调料系列制品、凤凰山野菜系列产品、“土翁”食品、“麻哥牌”系列食品、“天食牌”魔芋产品等在湖南省农博会上获奖。2005年，全州初具规模蔬菜加工企业35家。龙山县湘西人福大头菜加工厂创办，年加工大头菜70多吨，实现产值80多万元。2007年，全州初具规模的蔬菜加工企业39家，主要加工生姜、辣椒、大头菜、豆瓣酱、山野菜等。古丈县神土地农副特产制品厂加工的神土地辣椒酱、神土地葛根，年生产能力1000吨，当年获农业部农产品质量安全中心颁发的无公害农产品证书，成为古丈县蔬菜加工龙头企业。龙山洗车河刘氏食品厂霉豆腐参加2007年中国·湖南（国际）第九届农博会获金奖，被誉为“湘西一特，湖南一绝”。2008年9月，湘西自治州土家人集团双孢蘑菇罐头加工厂成立，厂区占地面积6000平方米，注册资金5000万元，主要生产双孢蘑菇、加工双孢蘑菇罐头，年栽培双孢蘑菇面积2万平方米，生产双孢蘑菇罐头2.4万吨、加工双孢蘑菇2万吨。年加工各类蔬菜产品30吨。其中酸剁椒15吨，泡椒5吨，酸莲头5吨，泡姜2.5吨，总产值35万元。

2009年，全州拥有各类蔬菜加工企业130家，其中初具规模44家，主要加工产品有生姜、辣椒、大头菜、豆瓣酱、山野菜等。龙山县种植、加工蔬菜大户王尚文，在八面山种植高山反季萝卜千余亩，并修建冷藏库、加工厂，从事蔬菜加工和鲜菜销售，产品供不应求。2010年，全州初具规模的蔬菜加工企业46家，年加工能力1500吨。龙山县有蔬菜加工规模企业8家，员工518人，年加工鲜菜700万吨，创产值1600万元。该县湘西人福大头菜加工厂与农户签订种植合同面积13.33公顷，保价收购经晾干处理每1.6元/公斤；洗车河镇有豆制品加工作坊158家，实现经济效益2000万元。

第四节　蔬菜质量监测

2001年6月，《湖南省无公害蔬菜地方标准》颁布实施，州蔬菜办举办蔬菜质检业务培训班，组织相关人员学习贯彻《省无公害蔬菜地方标准》。

2002年10月1日，州政府出台《湘西自治州无公害蔬菜管理办法》，各县（市）蔬菜质量检测工作启动。蔬菜质检人员按照有关规定和实验室操作规程办事，定期深入主要蔬菜生产基地、农贸市场和超市，抽取蔬菜样品进行检测。全年检测蔬菜样品160批次，合格142批次，合格率88.8%，好于省规定总体合格样本80%的标准。其中，蔬菜基地合格率92.5%，批发市场合格率90.2%，农贸市场合格率83.6%，超市合格率92.2%。2003年1月，开展蔬菜质量检测的蔬菜基地5个、批发市场1个、农贸市场2个、超市2个，共抽查蔬菜质量检测的蔬菜基地5个、批发市场1个、农贸市场2个、超市2个，共抽查蔬菜品种13个，抽取样品75个，合格样品64个，合格率85.3%。全年检测各类蔬菜1429批次，检测样品2.5万多个，合格率94.1%。蔬菜基地、超市、农贸市场受检覆盖率87%，抽检蔬菜平均合格率92.1%。年内无群体吃菜中毒事故。至年底，经省农业部门检测认定，州内8个蔬菜基地获无公害蔬菜基地，菜地面积1533公顷。

2004年，坚持从生产源头抓起，严格蔬菜质量监管，突出重点基地（授牌的基地）、重点季节（6月、7月、8月、9月）、重点品种（叶菜类、豆类）的农药使用管理，严格要求菜农不使用剧毒药品，提倡使用高效低毒农药，实施安全间隔期施药。重点做好州本级和吉首、花垣、凤凰等县（市）的按月规范化检测工作，每月在州、县（市）电视台滚动公布检测结果2次。全年抽检农贸市场486批次、超市827批次、基地1114批次，涵盖27个蔬菜种类，累计抽检样品24197个，平均合格率95.1%，好于省定85%的标准，全省排名第一位。

2005年，全州开展职能抽检747批次，抽取菜样17468个，涵盖20多个蔬菜种类，蔬菜农药残留合格率96.3%，高于省规定指标8.3个百分点，检测结果在电视、报刊等媒体公布。是年，经考评，全州有10家符合条件的蔬菜超市和农贸市场获得“放心菜”授牌。分别为：吉首市佳佳超市、家润多超市、佳惠超市、武陵山超市、龙山县新龙超市、永顺县猛洞河超市、保靖县福旺多超市、古丈县好运来超市、凤凰县旺家超市和花垣县赛特超市。全年未发生群体食菜中毒事故。

2006年，建立健全完善蔬菜质量安全系列制度。凡是申报的“放心菜”基地都必须按照《湖南省无公害蔬菜地方标准》和《湘西州无公害蔬菜管理办法》及各县市制定的《无公害蔬菜基地管理办法》履行报批手续；建立药源登记制度，对“放心菜”基地菜农每户发放农药施用登记册一本，实行“五个一”（即与菜农签订一份责任书，发放一个“放心菜”产销证、一本《无公害蔬菜生产技术手册》、一个《自治公约》、一份农药使用登记表）管理办法；建立产品质量信誉制度，发放、使用“无公害蔬菜产销合格证”；建立监督举报制度，对乡镇蔬菜站和蔬菜专业村实行奖惩办法，发动菜农互相监督，举报有奖；将无公害蔬菜产地认定纳入县（市）蔬菜工作年度考核目标，没有按要求完成的单位实行评先一票否决制。州检测中心创办《质量检测简报》，定期公布市场蔬菜质量状况。是年，全州抽检蔬菜样品5802批次，合格5590批次，平均合格率96.34%；不合格蔬菜样品212批次，占3.65%。年内，全州未发生群体食菜中毒事件。2008年，全州注册港澳蔬菜出口基地9个，对出口蔬菜品种先行试种，然后规模发展。是年，吉首市1053公顷无公害蔬菜标准化生产示范区项目通过国家正式验收；花垣县被确定为湖南省首批无公害蔬菜产业示范县。

2009年，实行自检与省抽检相结合，加强蔬菜安全管理。经州内自检，全州蔬菜合格率平均96.6%；经省抽检4次，合格率96.3%，好于省定控制标准。全州获省发证认定无公害蔬菜基地42个，认定无公害蔬菜面积9533公顷；获得部级认证无公害蔬菜产品10个，无公害蔬菜产量7.8万吨。2010年，全州实施蔬菜农药残留抽检4157批次、合格3868批次，合格率93.04%。其中，蔬菜基地合格率96.4%，批发市场合格率90.6%，农贸市场合格率95.7%，超市合格率96.5%。经省抽检，湘西州蔬菜农药残留抽检平均合格率93.04%。全州获湖南省发证认定无公害蔬菜基地42个，认定无公害蔬菜面积8200公顷；获省部级认证无公害蔬菜产品10个，无公害蔬菜产量9.8万吨。全年未发生群体性吃菜中毒事件。

第五节 蔬菜销售

1989年，全州建立蔬菜销售农贸市场18个，经营蔬菜个体户341户。1992年10月，吉首市新建峒河蔬菜水果批发市场，改建市一中桥头综合批发市场，1993年11月，市场建成开业，建筑面积9100平方米，投资480万元。1995年，吉首市争得国家内贸部支持，安排110万元专项贷款，扶持建设蔬菜批发市场。1995年，保靖县招商引资200万元，将县城人民广场改建成商贸中心。其中设置蔬菜专营场地500平方米。

1996年3月，州人民政府作出《关于加强菜篮子工程建设的决定》，要求继续坚持“放开、搞活”方针，既要发挥主渠道平抑菜价的作用，又要发挥多渠道丰富市场的作用；要敞开城门，提供更多的方便和服务，吸引更多的农民、商贩进城卖菜；工商、公安、物价部门要紧密配合，切实加强对“菜篮子”市场管理，保持良好的市场秩序，保护蔬菜副食品正常贩运活动；坚决打击强买强卖、欺行霸市、掺杂使假、短斤少两、哄抬物价等不法行为；加强农贸市场价格管理，确保大路品种价格基本稳定。

1998年，全州国有集体蔬菜零售门点11个，鲜菜经营从业人员3397人，全民集体蔬菜销售组织8个，蔬菜个体贩运户1611户，蔬菜销往省外2万多吨，金额9000多万元；出口蔬菜2390吨，出口金额1150万元。是年，经国内贸易部批准立项，安排贴息贷款900万元，筹建吉首蔬菜果品批发市场。1999年，安排蔬菜市场建设资金84万元，市场调控蔬菜资金26万元。全州建立蔬菜批发市场2个、全民集体蔬菜销售组织5个，有经营蔬菜个体户7197户、专业贩运户1235户。其中领取执照4460户。2000年，吉首蔬菜果品批发市场被国家经贸委、内贸局确定为全国首批50家定点市场之一，并在原到位建设资金900万元基础上，再安排2000年国家贴息贷款资金1580万元，用于工程建设。2001年8月，保靖县商贸中心菜市场正式投入使用。11月，吉首市蔬菜果品批发市场竣工，总投资2500万元，占地面积34666.33平方米，建成经营门面488个、经营面积26895平方米。是年，全州有一个蔬菜大型批发市场，面积4万平方米；有两个小型批发市场，面积1万平方米；另有7个经营鲜菜门市部，面积140平方米；有农贸市场63个，面积11.7万平方米，各类经营鲜菜个体户4115户。其中领取执照个体户2172户。2002年，吉首蔬菜果品批发市场被农业部批准为全国第八批定点市场。

2004年，全州按照民办、民管、民受益、入会自愿和退会自由的原则，扶持成立蔬菜协会12个，即：龙山县三湾堂蔬菜协会，永顺县麻岔蔬菜协会、龙寨镇蔬菜协会，保靖县普戎辣椒协会，花垣县望城蔬菜协会、长乐蔬菜协会、道二蔬菜协会、边城蔬菜协会，泸溪兴隆场辣椒专业合作社，凤凰县竿子坪蔬菜协会、吉信生姜协会和腊尔山反季蔬菜协会。是年，全州建立蔬菜协作组织20个，蔬菜个体运销户1183户，蔬菜协会组织协助菜农闯市场、跑销路，新设重庆、武汉、上海、广州等省外销售窗口14个，在省内长沙、常德、怀化、张家界等地有联络销售点10个。2005年，全州注册蔬菜协会22个。其中辣椒协会组织8个，即：龙山县贾坝辣椒合作社、永顺县麻岔辣椒协会、龙寨镇辣椒产业协会、保靖县普戎辣椒协会、花垣县道二辣椒协会、古丈县茄通辣椒协会、泸溪兴隆场辣椒专业合作社、凤凰县吉信辣椒生姜协会。协会协助外销蔬菜涉及全国13个省（市）。2006年，全州超市设置蔬菜专柜17个，净菜配送中心1个。州蔬菜办与永顺县在高坪乡那咱村组建大蒜协会，组织种植大蒜13.33公顷。并由协会与山东省客商签订包销合同，每亩收入2000元。2007年，全州建立蔬菜协作组织33个，设置超市蔬菜专柜22个。是年4月，吉首蔬菜果品批发大市场被农业部市场与经济信息司评为上年度全国农产品批发市场信息联网先进单位。2008年，吉首市投资30万元，改善市蔬菜批发市场环境。该市场被州政府确定为州级蔬菜果品中心批发市场，并被商务部确定为全国50个大型重点蔬菜批发市场之一。凤凰县创建“中国生姜网”，依托网络平台，全年实现网上生姜交易3000余吨。

2010年，全州11家大型超市基本实现超市连基地运作模式，把基地无公害蔬菜直接引进超市，实行明码标价、挂牌经营。是年，全州蔬菜协会和合作组织42个，协会协助蔬菜销售量6.5万吨。

第三章 养殖业

1989年，湘西州畜牧水产局内设办公室、政工科、财务科、科教科；下设州水产工作站、畜牧工作站、冷冻精液站、饲料监测站、州水产科技推广站、州家畜疫病防治检疫站、种畜场；有直属企业州牧工商公司；州畜牧水产系统事业编制152名。1991年，科教科更名为州畜牧水产科技管理站。1992年，财务科更名为计财科，成立州渔政管理站，设州畜牧水产技术培训中心。1994年，局机关增设畜牧水产科和政策法规科，办公室、计财科更名综合办公室、财务审计科，有事业编制160名。

2002年，州畜牧水产局下属企业州牧工商公司改制。全系统编制169名。2003年，法规科加挂州饲料工业办公室牌子。2004年，成立州监测地理站，与州畜牧工作站合署办公；成立州畜禽水产品质量检验检测中心，与州家畜疫病防治检疫站合署办公。

2005年，局机关单设饲料工业办公室。2009年，州船舶检验站成立，与湘西州水产工作站合署办公。2010年，州直畜牧水产事业人员编制171名。

1989—2010年，州畜牧水产局历任局长：李忠凯、龙县文、向远忠；副局长：匡体制、周桂香、张忠庭、龙县文、向春茂、王宇、周跃民、王清林、张文英、李秀冉、翁祖华、彭秀顺、唐忠球。

第一节 家畜养殖

一、猪

1989年，全州出栏生猪74.25万头,存栏生猪96.37万头。1991年，全州引进和推广生猪良种297头，黑猪占全州猪群60%以上。1992年，全州有种公猪10个品种967头，良种公猪占25.8%；全年出栏生猪升至77.82万头,存栏生猪突破100万头，达107.54万头。1993年，引进种猪350头，存栏能繁殖母猪10.68万头，产杂交仔猪52万头。1995年5至6月，全州遭洪灾，损毁猪栏7507间3.82万平方米，冲走生猪5420头。全州饲养良种公猪302头；出栏二元杂交猪55.38万头，占总出栏肉猪55.9%，出栏瘦肉型猪18.22万头，占总出栏肉猪18%。

1996年，全州引进杜洛克猪、长白猪、湘白猪种猪810头。出栏生猪101.09万头，存栏生猪123.09万头。州裕丰农牧有限责任公司养猪场被湖南省财贸办公室确定为全省十大商品猪生产基地和生猪储备企业。1999年，州人民政府投资100万元改造州种畜场，建产仔保育舍800平方米，引进繁殖良种母猪100头，生产仔猪1020头。2000年，全州有生猪品种改良点187个，种公猪1315头，产仔218.17万头。2001年,全州扶贫投放1516头良种猪，覆盖129个乡（镇）248个村。是年，全州有生猪品种改良点327个，种公猪1569头，产仔165.65万头。2002年，州原种猪扩繁场引进原种大约克猪、原种白猪50头，建立育种核心猪群，为农民提供优良种猪2165头。

2003年，州境有养猪协会3个，会员139人。有种猪场15个，存栏基础母猪2133头，种公猪97头。二元杂交猪出栏74.66万头，三元杂交猪出栏41.85万头。2004年，全州完成无公害生猪产地认定65万头。2005年，全州完成无公害生猪产地认定12万头。是年12月，州裕丰农牧有限责任公司经商务部确定为国家级生猪活体储备基地场。

2006年，湘西黑猪列入《国家级畜禽遗传资源保护名录》，产区设县级保种场1个。是年11月，湖南省畜禽遗传资源调查专家组屠宰检测5头浦市铁骨猪，瘦肉率由42.8%升至48.23%。是年，全州出栏生猪133.26万头,存栏生猪109.84万头。

2007年，《湘西州能繁母猪保险工作实施方案》实施，每头能繁母猪保险费60元，保险金额1000元；全州有种猪场7个，种公猪站12个，存栏种公猪30头，能繁母猪3333头。全州出栏500头以上规模养殖场326个，生猪规模养殖比例达40.1%。是年，湘西黑猪入选国家种质资源基因库。2008年年初，湘西州境遭受低温雨雪冰冻灾害，生猪死亡1.64万头。是年，全州投入970万元，建设生猪标准化规模养殖场68个，改扩建栏舍4.75万平方米、粪污处理设施8900立方米、消毒室和兽医室5400平方米，道路硬化1.1万米。实现州有原种猪扩繁场、县有良种制种场、乡有人工授精站三级生猪良种繁育体系。2009年，全州有种猪场14个，年末存栏3.89万头。是年，利用农业部扶持资金1020万元，标准化改扩建生猪规模养殖场48个。

2010年3月，州人民政府印发《关于进一步加快生猪产业发展的意见》，表彰奖励万头猪场6个、5000头猪场12个。是年4月17日，全国畜牧总站在吉首市举办生猪良种补贴项目技术培训班，培训72人。利用中央预算内资金880万元，标准化改扩建生猪规模养殖场36个。全州养猪小区发展到20个，养猪农业产业化龙头企业7家，存栏50头以上养殖户559户，出栏500头以上规模养殖场366个，生猪规模养殖比例45%。全州出栏生猪113.6万头，存栏107.9万头，存栏母猪11.55万头，猪肉产量7.63万吨。浦市铁骨猪获“中华人民共和国农产品地理标志登记证书”。

二、牛

1989年，全州存栏牛32.74万头，出栏1.48万头。永顺县松柏、羊峰、青坪、西米等地始建商品牛基地。1990年，农业部投资5万元建设湘西黄牛良种繁育基地。1991年，全州存栏牛35.93万头，出栏1.51万头。农业部扶持援建凤凰县湘西黄牛良种繁殖基地建设项目，选择12个乡镇90户养牛户作示范。永顺县商品牛基地5个乡（镇）73个村452个村民小组牛饲养量1.93万头，出栏3074头，收入123.88万元。1995年，暴雨冲毁牛栏161间7795平方米，冲走牛1586头。

1999年，州畜牧水产局建立州育肥示范场，栏舍1200平方米，建泸溪县麻溪口、凤凰县腊尔山、永顺县麻岔3个养牛示范场，栏舍2800平方米。全州建示范基地乡（镇）69个、示范户681户，扩建栏舍1.72万平方米。农业部投资152万元在永顺县实施秸秆氨化养牛示范项目。全州购进良种牛细管冻精7684支，冷配改良牛品种。2000年，建冷配点102个，冷配牛7815头，产杂交牛1548头，淘汰劣种公牛1864头。2001年，启动20个杂交牛专业村建设,专业村冷配牛1505头。全州淘汰劣质种公牛2029头，发放良种牛冻精9183粒，冷配牛7931头，产仔牛3492头。州畜牧工作站被评为全省草食动物品改先进单位。

2002年，州畜牧工作站添置5000升液氮槽1个，调进液氮3.49万升,购黄牛冻精1.5万粒、水牛冻精6000粒，制作解冻液3.5万支。全州冷配牛1.16万头，产仔3135头。永顺县建立商品牛生产基地，采取“公司+基地+农户”方式，扶持52户养牛大户，统一供种、统一贷款、统一饲料、统一防疫、统一收购、统一结算和最低保护价。养牛大户彭贤林饲养肉牛630头，出栏400头，收入80万元。2003年，省畜牧水产局在凤凰县腊尔山区实施湘西黄牛保种项目，建立湘西黄牛品种登记制度，实行区域管理，与饲养户签订“湘西黄牛保种公牛协议书”和“湘西黄牛保种母牛协议书”。2004年，州畜牧工作站推行冷配有偿服务，完成冷配牛1.58万头，产杂交牛1万头，并在凤凰县禾库镇成立湘西黄牛种牛场，占地20公顷，固定资产1500万元。

2005年，全州建成凤凰柳薄米坨村、永顺羊峰山两个养牛小区，小区存栏母牛3245头，良种覆盖率95%。永顺、凤凰两县获得省财政畜牧水产专项资金37.1万元，发放良种补贴并耳标登记种牛710头，淘汰劣质公牛543头。2006年，湘西黄牛被列入《国家级畜禽遗传资源保护名录》，凤凰县腊尔山区被认定为湘西黄牛品种资源保护区。2007年，湘西黄牛入选国家种质资源基因库，挂牌保护，农业部批准在凤凰县腊尔山区建立湘西黄牛保种区。2008年初，州境遭受雨雪冰冻灾害，死亡牛5520头。全州扶持发展规模养牛753户，户均养牛15头。州畜牧工作站对保种选育的湘西黄牛统一编号，指定配种，建立后裔系谱档案，确定零世代黄牛保种对象802头，指定配种母牛566头。设立乡镇品改站92个，完成牛品改冷配2.14万胎次。2009年，全州建立基层品改站120个，完成冷配牛2.26万胎次。

2010年，全州扶持规模养牛户843户，户均养牛15头。全州存栏牛33.89万头，出栏6.68万头；建立基层品改站87个，冷配牛2.84万胎次，产杂交牛8825头。是年，湘西黄牛获"中华人民共和国农产品地理标志登记证书"。

三、羊

1989年，全州引进和推广种羊187只。存栏羊14.42万只，出栏6.14万只。1992年，农业部和湖南省农业厅扶持州内各县（市）创办山羊良种繁殖场，引进南江黄羊2346只，生产繁殖良种羊5347只。1993年，州畜牧水产局集资15万元，引进1600只种羊投放到保靖、龙山、古丈、泸溪、吉首等县（市）的11个村79户农民试养示范。

1994年，州委、州政府把发展山羊列入农村优势产业，州畜牧水产局与花垣县排碧乡政府联合创办养羊示范场，调进山羊198只，试验阶段性育肥，11月底出栏，纯收入8143元。是年，州畜牧水产局投入资金90万元，扶持159户养羊户、453户养羊联系户。

1995年，中央、省、州共投资45万元启动种羊繁殖场项目，建羊舍180平方米，引进种羊530只，扶持种羊繁殖专业户50户。州人民政府成立山羊开发领导小组，省农业发展银行贷款200万元，州财政安排资金200万元，确定重点开发50个乡（镇）150个村。州畜牧水产局与花垣县麻栗场马鞍村联营办马鞍养羊示范场，养羊150只，总结规模养羊经验。是年，养羊专业户3164户，户均养羊64只。1996年，湖南省委书记王茂林在湘西州调研作出"发动群众大养山羊"的指示；州委、州政府出台奖励政策，把山羊作为"张羊工程"列入当年十大重要督察内容，在福州、广州、深圳、湛江、北海、海南建立6个信息、销售窗口，在州内建立38个收购网点和1个中转站，州及各县（市）成立山羊开发有限责任公司。全州投入山羊开发资金1400万元，农民投入资金2114万元。8个县（市）畜牧水产局115人办养羊示范点41个，投入资金180.69万元，发展万只羊乡20个，千只羊村119个，百只羊户883户，发展养羊专业户3805户。全州建造种羊场17个，9个山羊开发公司帮助农民销售商品羊2.5万只。龙山、永顺、保靖3县养羊均突破20万只。1997年，全州有养羊户19.71万户，占州境农户30%以上，有养羊专业户3766户，有万只羊乡（镇）34个，千只羊村228个，百只羊户874户。全州存栏羊74.48万只，出栏41.32万只。州畜牧水产局"山羊养殖技术"获省"丰收计划"三等奖。

1998年，州畜牧水产局以与澳中贸易有限公司合资开办波尔山羊繁殖基地，从南非引进波尔山羊胚胎206枚。是年，全州组织100万元项目资金，投放州内相关种羊繁殖场、基地建设。引进良种种羊5700只，与州内武雪山羊杂交，完成杂交改良18.5万只。1999年，全州从全国各地引进南江黄羊、京堂黑羊、川东黑羊、马头羊等优良羊品种及波尔山羊胚胎830枚。州种羊场109只移植波尔山羊胚胎的南江黄羊母羊产波尔山羊17只。全州山羊存栏63.15万只,出栏41.74万只，饲养量、出栏、存栏比上年均略有下降。2000年，州畜牧水产局投资200万元建立州波尔山羊原种场和杂交改良圈养育肥示范场。

2001年，州畜牧水产局在花垣县卧大召、苏岩、芷耳、董马库、让勒、排料、雅桥、狮子桥，吉首市桐油坪，泸溪县邓家坪10个村，建设杂交改良羊圈示范村；修建羊舍33栋，冷配羊2383只，杂交改良羊865只，年底，建成5个波尔山羊圈养师范村。2002年，州畜牧水产局新调进波尔山羊、波奶杂羊、南江黄羊种羊675只，投放州种羊场和8个县（市），全州纯种波尔山羊发展到328只，同时对示范村本地公羊、羔羊去势或淘汰。州波尔山羊原种场由杨家坪州种畜场迁至花垣县道二乡美惹村州草种基地，获得湖南省“种羊生产经营许可证”，成为全省首个波尔山羊原种场。2003年，全州养羊协会4个，有会员113人。

2005年，州畜牧水产局推广漏缝式吊脚楼羊栏、种草和半牧半舍饲养技术。全州建成山羊养殖小区5个，小区良种覆盖率80%，形成龙山、保靖、古丈、花垣、泸溪5县重点山羊集中产区。全州存栏羊54万只，出栏46.86万只。2006年，全州有种羊场8个，存栏5017只，其中能繁母羊3258只，当年出场种羊4692只。2007年，中央投资570万元，地方配套87万元，实施花垣县道二乡美惹村、保靖县水银乡马福村、龙山县里耶镇八面山、古丈县古阳镇高坳村4个肉羊良繁场建设项目。2008年，湘西州境遭受雨雪冰冻灾害，死羊6.92万只。

2010年，全州有养羊小区16个，有种羊场5个，存栏种羊2.22万只。全州存栏羊27.08万只，出栏33.31万只，分别比1989年增长1.87倍和5.42倍。

四、兔

1989年，州委、州政府成立肉兔开发领导小组，协助州牧工商完成肉兔加工生产线。国家及省农业部门投资12万元建设肉兔基地，州畜牧水产局确定保靖县普戎、昂洞及簸箕乡，古丈县城关镇、河西镇，吉首市矮寨镇，龙山县长潭乡，花垣县花垣镇为养兔基地。全州有79个乡（镇）1902户农户养兔。存栏兔5.61万只，出栏兔1.47万只，兔毛产量0.72吨。1990年，农业部投资30万元援建州内肉免生产基地,修建兔舍720平方米，购买种兔及设备。肉兔开发推广到6个县（市）50个乡（镇），基地乡（镇）发展到17个。1991年，全州引进和推广种兔2.48万只，肉兔饲养量11.11万只。

1992年，建立州二级种兔场及保靖、花垣、吉首、古丈、龙山5个县（市）种兔场。州畜牧水产局从外地引进良种兔5500只，推广良种兔15.6万只，扩大能繁母兔群3.6万只。全州肉兔饲养量50.18万只，出笼25.55万只，存笼24.63万只。1993年，州畜牧水产局确定吉首、凤凰、保靖、花垣、龙山5个县（市）重点开发肉兔乡（镇）30个，饲养量56.72万只，出笼45.04万只，占全州肉兔总数71.30%和71.76%。全州肉兔饲养量79.56万只，出笼62.74万只，存笼16.63万只。1994年，全州兔存栏2.35万只，出栏2.33万只，养兔业出现滑波。

2004年，全州存栏兔1.13万只，出栏1.31万只，屠宰1.11万只，兔肉产量26.2吨。2008年，龙山县鸿雁獭兔养殖有限公司成立，引进种兔568只。2009年，金星獭兔在保靖县养殖获得成功。2010年，全州存笼兔9802只，出笼4502只，兔肉产量13.61吨。

第二节　家禽养殖

一、鸡

1989年，全州出笼鸡125.67万羽，存笼214.1万羽。1991年，州畜牧水产局推广海赛克斯商品代蛋鸡7万羽，长沙黄鸡5万羽，引进和推广艾维茵肉鸡1500羽，多斯鸡2000羽。1992年，州种鸡场孵化鸡苗12万羽，出售种蛋5万枚、商品蛋23吨、商品鸡6000羽，存笼肉鸡7000只、蛋鸡7000只、种鸡4360只，鸡场全年收入45万元。1998年，全州从北京、长沙、四川等地引进种鸡40万羽。是年，州境出笼鸡231.3万羽，存笼287.87万羽。1999年，永顺县灵溪镇富坪村成立养鸡联合体，全村32户养鸡4.1万羽。吉首市32户养乌鸡，18户养野鸡。2003年，全州出笼鸡316.76万羽，存笼321.14万羽。2005年，州内建成养鸡小区一个。全年出笼鸡385.57万羽，存笼303.21万羽。2007年，全州有存笼2000羽以上蛋鸡场6个，出笼2000羽以上肉鸡场38个。2008年，出笼鸡501.94万羽，存笼352.1万羽。2010年，全州存笼鸡307.49万羽，出笼397.12万羽，出笼鸡2000羽以上鸡场44个。

二、鸭

1989年，全州有养鸭专业户1419户，饲养麻鸭182.46万羽，产蛋2500吨。全年出笼鸭90.36万羽，存笼93.75万羽。1991年，全州推广金定鸭、龙岩麻鸭22万多羽。1992年，出笼鸭107.2万羽，存笼92.23万羽。1995年，泸溪县长坪乡成为全州商品肉鸭生产基地，养鸭超过20万羽。保靖县良种鸭繁殖项目引进1000羽樱桃谷鸭和2000羽龙岩麻鸭两优良品种种鸭。1999年，保靖县建立普戎、大妥、阳朝等优质蛋鸭生产基地，供应保靖县喜阳食品集团生产皮蛋。吉首市马颈坳镇洋田村养鸭37.4万羽，户均养鸭912羽，养鸭产值563.6万元，占全村农业总产值62.3%。州种畜场办蛋鸭养殖场，引进“江南1号”蛋鸭5000羽，产蛋率90%。境内出笼鸭242.35万羽，存笼141.63万羽。2003年，州境有种鸭场4个，种鸭2200羽。2004年，全州有养鸭专业户1109户，存笼鸭293.39万羽，出笼219.76万羽。2005年，州境有养鸭小区2个，有种鸭场1个。年存笼鸭243.8万羽，出笼310.83万羽。2008年，存笼鸭251.5万羽，出笼389.5万羽。2010年，全州有肉鸭养殖小区3个。存笼鸭142.20万羽，出笼166.98万羽，鸭肉产量2701.65吨，鸭蛋产量2350吨。

三、鹅

1989年，全州鹅出笼7.72万羽，存笼6.68万羽。1990年，凤凰县新场乡、泸溪县上堡乡两个养鹅基地养鹅1.5万羽，带动两县养鹅13.15万羽，占全州79.79%。农业部批准凤凰县白鹅种鹅繁殖基地扶贫示范项目，投资10万元建孵化育雏室800平方米，扶植孵化专业户巩固和兴办11个孵化场。1991年，鹅出笼11.43万羽，存笼7.34万羽。1992年，农业部援建泸溪县种鹅场，投资5万元，省财政厅配套3万元，县财政配套2万元，建成孵化室、鹅舍550平方米，引进孵化设备一套，引进种鹅2500羽，孵化雏鹅3.5万羽。1995年，州境引进太湖鹅5000羽。1998年，全州鹅出笼10.44万羽，存笼10.1万羽。2003年，州内有种鹅场1个，年供种能力5000羽。2005年，全州鹅出笼31.63万羽，存笼13.61万羽。2006年，全州鹅出笼19.87万羽，存笼20.22万羽。2007年，全州鹅出笼20.13万羽，存笼22.82万羽。花垣县成立边城养鹅协会，有养鹅大户75户，养鹅20万羽。2010年，全州鹅出笼21.62万羽，存笼13.91万羽。鹅肉产量465.4吨，鹅蛋产量190吨。

第三节　水产养殖

一、稻田养鱼

1989年，全州稻田养鱼面积3.04万公顷，产鱼3319吨。1990年，州政府把稻田养鱼作为贫困户增产增收项目来抓，实施稻田养鱼“五五七”工程，即每亩稻田500公斤粮，50公斤鱼，700元产值。当年全州发展稻田养鱼874.5公顷，抽样验收1.72公顷稻田，产鲜鱼1299公斤，亩产50.35公斤，产稻谷1.36万公斤，亩产528.5公斤。是年7月，全国水产科技扶贫经验交流现场会在吉首召开，17个省（市、自治区、直辖市）68名代表出席会议。1991年，“五五七”稻田养鱼1466.7公顷，亩产鱼59.6公斤，亩产稻谷10237.5公斤，产值875.16元。1993年，花垣县排碧乡板栗村187户农户，稻田养鱼58.7公顷，占稻面积96.7%，户均产鱼111公斤、渔业产值385.5元。1995年，全州发展稻田养鱼2.87万公顷，产鱼5041吨。

1997年，州委、州政府把稻田养鱼作为支柱产业，纳入农村发展计划和国民经济计划。全州稻田养鱼3.81万公顷，产鱼6410吨。1998年，州政府下达“鱼稻双千”任务指标，即稻田养鱼产值过千元，稻谷产量过千斤（500公斤以上），全州32名州、县（市）领导办点213公顷，投入资金400万元。全州稻田养鱼3.91万公顷，产鱼4250.5吨，培育鱼种5986.7公顷，产种鱼713万尾。1999年，实施万亩鱼稻双千工程，经州、县（市）相关专家验收，平均亩产成鱼135.49公斤、鱼种325尾，亩均产值1378元；稻谷亩产513公斤，实现亩均鱼产值过千元，稻谷亩产超千斤目标。湘西州、龙山县、花垣县水产站稻田养鱼技术获农业部丰收计划三等奖。

2000年，州政府将新扩“鱼稻双千工程”列为十件实事之一，全州模式化养鱼9200公顷，公顷产750公斤。州水产站、各县市水产站稻田工程化养鱼技术推广获省科技进步三等奖。2001年，花垣、吉首、凤凰3个县（市）试点稻田高效生态渔业“三千工程”〔亩产稻谷一千斤（500公斤）、渔业产值一千元、田埂栽种瓜菜收入一千元〕。3个县（市）12个乡（镇）17个村投入116.7万元，投工4.54万个，实施稻田面积67.2公顷，建鱼池764口，投放鱼种17532公斤，田埂栽植果树苗1.93万株，鱼池周围种植瓜、豆蔬菜4400株，生姜850公斤。9—10月，省、州专家在3个试点县（市）抽样验收，抽取试验稻田0.41公顷，产鲜鱼729公斤，渔业产值6683元，亩均产值1095元；产稻谷2876公斤，稻谷产值2989.8元，亩均产值610元；田埂池边果菜收入3702元，总产值13374.8元，亩均产值2192.6元。2007年，州水产站在永顺县高坪乡西米村实施稻田培育美国斑点叉尾鮰6.67公顷，抽样验收0.35公顷，产稻谷2932公斤、12~17厘米斑点叉尾鮰鱼种6800尾、草鱼种1670尾，平均亩产稻谷564公斤，斑点叉尾鮰鱼种1308尾、草鱼种321尾，产值1.26万元，鱼种产值7623元，亩均1466元。

2010年，全州发展稻田养鱼面积2.55万公顷，其中模式化稻田养鱼1666.7公顷，产鱼5528吨，每公顷217.5公斤，单产比1989年增加1.7倍。

二、水库养鱼

1989年，全州水库养鱼面积2724.9公顷，产鱼759吨。1996年，全州水库养鱼面积4034.7公顷，产鱼2826吨，每公顷产鱼700.5公斤。1998年，龙山县将47座中小型水库承包出去，发展养殖。2000年，龙山县卧龙水库投放草鱼、鲤鱼、彭泽鲫鱼、斑点叉尾鮰等鱼种1万公斤，采取取大留小轮捕轮放方式，每天上午取鱼100公斤，年产鱼3万公斤。2004年，全州认定无公害养殖水面6773公顷。2005年，全州水库养鱼面积4709公顷，产鱼3224吨。2006年，全州水库养鱼面积4907公顷，产鱼3615吨。保靖县水产养殖协会完成无公害湘云鲫产品认定260吨、无公害斑点叉尾鮰认定300吨，湘西州峒河渔业开发有限公司认定无公害鲤鱼200吨。2010年，全州水库养鱼面积3785公顷，产鱼3600吨，每公顷产820.5公斤，比1989年增加3倍。

三、网箱养鱼

1989年，全州网箱养鱼1.87公顷，产鱼34吨。1990年，全州发展优质鱼类网箱2.05公顷。1991年10月，州政府将凤滩库区网箱养鱼列入保靖、永顺、古丈三县骨干项目和支柱产业。1992年，全州网箱养鱼3.7公顷。1994年，全州网箱养鱼4公顷，产鱼374吨。1998年，全州网箱养鱼8.7公顷，产鱼603.1吨。1999年，全州网箱养殖9.5公顷，其中网箱培育鱼种1.53公顷。

2001年，州内开始试养名特优鱼类青鱼、鳜鱼等。全州网箱养鱼面积8.7公顷，产鱼1257吨，2002年，凤凰、吉首、永顺、古丈4个县（市）开展网箱养殖斑点叉尾鮰试验，投放斑点叉尾鮰鱼种4000公斤。年底，凤凰县长潭岗水库网箱验收，每平方米产鲜鱼50公斤，产值900余元，纯利400余元。2005年，全州网箱养鱼20.5公顷，产鱼2628吨。2006年，全州发展以美国斑点叉尾鮰为主的名特优网箱1757口，产名特优商品鱼1301吨。

2007年，全州发展网箱1.13万口，网箱面积32.7公顷，产鱼4597吨。保靖县碗米坡镇、龙山县隆头镇、古丈县栖凤湖、吉首市河溪水库、永顺县长官镇、凤凰县长潭岗水库网箱养鱼成为全州六大水产品基地。是年11月，州水产站验收网箱养殖美国斑点叉尾鮰技术推广项目，永顺县长官镇网箱养鱼基地现场测产4口网箱，产斑点叉尾鮰8350公斤，每箱2087公斤；古丈县栖凤湖测产网箱2口，产鮰鱼4066公斤，每箱2033公斤。2010年，全州发展网箱养鱼1.23万口，面积30.7公顷，产鱼5200吨，占全年水产品26.5%，其中以美国斑点叉尾鮰为主的名特优网箱5600口，产商品鱼1956吨，占网箱养鱼总量37.6%，占水产品总量10%。

四、池塘养鱼

1989年，全州池塘养殖面积919.8公顷，产鱼1222吨，每公顷产量1335公斤。1997年，州水产科技推广站从江西九江引进彭泽鲫鱼亲本池塘养殖，当年繁殖鱼苗100万尾。1998年，全州池塘养殖面积1437.3公顷，产鱼3373.3吨。2000年，龙山县实施“淡水池塘80：20”养鱼新技术333.3公顷，产量227万公斤，每公顷水面产鱼6810公斤，粗鳞鱼比例82%。2001年，龙山县水产站、吉首市水产站完成“淡水池塘80：20养鱼”新技术获得农业部丰收计划二等奖。2002年，全州池塘养殖面积1457.6公顷，产鱼4276吨。2010年，全州池塘养殖面积987公顷，产鱼3525吨，每公顷3570公斤；其中精养池塘面积217公顷，产鱼1282吨，每公顷5895公斤。

第四节　特种养殖

一、大鲵

2002年，湘西州大鲵救护站成立，救护大鲵80尾。2003年，花垣县湘西武陵生物科技有限公司养殖野生亲本大鲵336尾，子二代2045尾。2005年，永顺县畜牧水产局建成大鲵驯养繁殖场，有4~5公斤能繁殖大鲵4尾，0.1~0.4公斤大鲵96尾。永顺县猛洞河生物工程责任有限公司繁殖大鲵165尾，子二代20尾。2006年，龙山县泰兴大鲵驯繁有限公司养殖野生后备亲鱼800尾。2008年，永顺县猛洞河生物工程责任有限公司产子代大鲵苗253尾。龙山县庆龙大鲵科技开发公司养殖野亲本大鲵20尾，野生子一代大鲵25尾，后备亲鲵子一代300尾。吉首市和盛农业科技有限公司养殖野生亲本大鲵2尾，后备亲本60尾。2009年，湘西州鑫鲵生物科技有限公司养殖野生子一代大鲵246尾，子二代400尾。古丈县友谊开发有限责任公司养殖野生子一代后备亲本大鲵70尾。2010年，泸溪县现团特种水产养殖有限公司养殖后备亲本大鲵50条。永顺、保靖小规模养殖6户，有野生亲本大鲵4尾，子二代后备亲本35尾。是年年底，湘西武陵生物科技有限公司产子代苗大鲵1139尾，养殖规模3520尾；永顺县猛洞河生物工程有限责任公司产子代苗大鲵1650尾，养殖规模2088尾；龙山县庆龙大鲵科技开发公司产子代苗大鲵900尾，养殖规模2145尾；永顺县畜牧水产局大鲵驯养繁殖场产子代苗600尾；吉首和盛农业科技有限公司产子代苗200尾；保靖县湘西州鑫鲵生物科技有限公司产子代苗440尾；古丈县友谊开发有限责任公司产子代苗500尾。花垣县湘西武陵生物科技有限公司、龙山县泰兴大鲵驯繁有限公司被认定为州级农业产业化龙头企业。

二、银鱼

2000年，古丈县和江苏省苏州市水产联合有限公司达成协议，联合开发凤滩水库大水面，移植太湖银鱼。4月8日，在凤滩投放银鱼卵2600万粒，9月25日开始发现有银鱼幼体。2002年年初，州水产科技推广站在凤凰县长潭岗水库移植银鱼卵500万粒，8月中旬试捕30分钟，捕获银鱼5尾。2003年，州水产科技推广站在长潭岗水库陆续投入银鱼卵1000万粒，冬季在该水体捕捞，一次性捕捞银鱼15吨，创收60万元。2007年，州水产科技推广站在花垣县兄弟河、永顺县马鞍山、保靖县碗米坡和卡棚水库及凤滩水库移植银鱼卵9000万粒。至2010年，全州银鱼移植大水面7133公顷，7月下旬对各大水库试捕，均形成一定种群。8月10日开始在凤滩水库捕捞银鱼，有的网箱捕获二三百公斤，个别有四五百公斤，凤凰县长潭岗水库捕捞银鱼40吨，产值160万元。

三、蟹

2001年4月，州水产工作站从江苏引进中华绒蟹苗2500只，投入1.5亩稻田，稻田四周设置防逃设施，是年9月取捕，产蟹58公斤，平均个体0.085公斤，最大0.113公斤。2009年4月，州水产工作站从江苏引进中华绒蟹苗4000只，在花垣县池塘、稻田养殖，是年9月验收，捕成蟹1550只，最大个体0.3公斤，平均0.2公斤。2010年，花垣县发展池塘、稻田养蟹3公顷，投放蟹苗4.2万只，年底捕成蟹2.2万只，最大个体0.3

公斤，平均0.15公斤。

四、鲟鱼

1995年，吉首市河溪水库、凤凰县长潭岗水库网箱试养史氏鲟、俄罗斯鲟，效果不理想。2008年8月，中法合资北京北欧玛鲟鱼养殖公司在花垣县注册250万元，成立花垣县北欧码鲟鱼养殖有限公司。2009年，花垣县北欧码鲟鱼养殖有限公司生产鲟鱼75吨，创产值400万元。2010年，花垣县北欧码鲟鱼养殖有限公司投资1200万元，建成孵化车间800平方米，精养池3.3公顷，鱼苗鱼种池200平方米，小冻库一座，生活用房800平方米，销售西伯利亚鲟鱼150吨，销售收入660万元。是年，花垣县北欧玛养殖公司被州委、州政府授予湘西州农业产业化龙头企业称号。

五、七彩山鸡

1998年，龙山县民安镇包丁衡办七彩山鸡养殖场，出笼成鸡2860羽，雏鸡500羽，纯收入10万元。1999年，吉首市发展美国七彩山鸡养殖，年末，饲养户由年初8户发展到24户，饲养量近2万只。2000年，花垣县乡镇企业局供销公司采取投放雏鸡，回收商品鸡方式在道二、窝勺两个乡发展七彩山鸡专业户16户，每户养500羽，回收七彩山鸡深加工，产品“苗峰”牌湘西山鸡获省农博会金奖。古丈县7户饲养户饲养长城七彩山鸡2万羽，罗依溪镇桂溪坪村7户养1万羽。2002年，七彩山鸡饲养主要分布到吉首市万溶江乡、河溪镇，古丈县古阳镇、城关乡、断龙乡，凤凰县沱江镇、廖家桥乡、吉信镇，保靖县龙溪乡，花垣县麻栗场镇、窝勺乡等。2010年，七彩山鸡养殖在湘西州养殖区域扩大，规模养殖以小型为主。

第五节　饲料种植与加工

1989年，全州有人工草场5处4640公顷。有饲料加工厂42家，生产饲料1.06万吨。1990年，凤凰县火炉坪兴建连片草地26.7公顷。全州改造草山草坡2000公顷,飞播666.7公顷,围栏保护333公顷。农业部及省财政厅投资12万元，州财政配套2万元，建成州种畜场饲料厂并投产。全州有饲料厂16个，生产能力1.32万吨，产量3300吨。1991年，全州累计改造草场2448公顷，八面山草场补播1333公顷，并施肥和除杂，完成堆垄砌坎工程2万米，生物围栏3500米。全州人工种植牧草2000公顷。

1995年，州畜牧水产局与湖南正虹饲料厂签订年产5万吨饲料合资企业协议，投资430万元，成立州正虹饲料有限公司。全州饲料厂18家，生产饲料7800吨。同时推广氨化青贮饲料18.98万吨。1996年，全州20家饲料厂，产量9800吨；秸秆氨化青贮和微贮2165吨。

1998年，州境部分县（市）开始实施国家生态建设工程，开展“三化”（草地退化、沙化、盐渍化）草场治理，改造草场533公顷。2000年，全州建立人工草地500公顷，改造草种地150公顷，种植优良牧草1860公顷，加工秸秆1.03万吨，贮草总量32.89万吨；27个饲料加工厂生产饲料9600吨。

2002年8月8日，农业部援建州优质牧草种基地揭牌，总投资950万元。同年9月，州委、州政府把冬季种草纳入三冬生产，调进牧草11万公斤，人工种草8000公顷。州畜牧水产局推广“粮—经—草”三元示范种草13.7公顷。是年，国家计委、农业部下达保靖县天然草原恢复和建设项目投资计划，投资630万元，改造天然草场2533公顷，新建人工饲草基地1333公顷。2003年，全州人工种草8060公顷。州优质牧草种籽基地种植牧草15公顷。保靖县建设完成人工种草、围栏改造草场面积3333公顷；古丈县纳入国家天然草原恢复和建设项目投资计划，投入1500万元。2004年，凤凰、花垣、吉首、龙山等县（市）实施国家生态环境建设治理“三化”（草地退化、沙化和碱化）草地工程，投入资金287万元，完成草地建设面积4466.7公顷。全州累计种草保留面积2.83万公顷，累计改造草场1.33万公顷。2005年，全州人工种草1.03万公顷。2006年，全州完成人工种草7660公顷。全州完成饲料生产3534吨，实现产值912万元。2007年，全州累计种草保留面积6.15万公顷,新增人工种草7013公顷,改造草地2480公顷,飞播牧草4900公顷，草原承包面积17.06万公顷，贮草总量150万吨。全州8家饲料生产企业，生产各类饲料9210吨。

2010年，龙山县八面山实施草场飞播项目，飞播牧草666.7公顷，永顺县改造草场5066.7公顷；全州完成人工种草6300公顷。饲料生产总量1.58万吨，实现产值7960万元。

第六节　疫病防治

1989年4月，湘西州部分县（市）发生牛出血性败血病，经各县（市）集中力量防治扑疫，疫情得到控制。是年，全州开展畜禽疫病普查，查出畜禽疫病102种，汇编《湘西州畜禽疫病普查数据集》，写出《湘西州畜禽疫病普查报告》。1990年4月，州境部分县（市）耕牛疫病流行，经诊治，疫情扑灭。1992年11月，州家畜疫病防治检疫站高级兽医师石远隆《水牛住肉孢子虫病研究》获农业部科技进步二等奖。

1998年，全州动物防检机构对11家肉类联合加工厂、冷冻库派员进驻实施监督检疫；122个畜禽交易市场确定检疫员开展常规检疫工作；春秋两季防疫投入5443人，免疫注射猪瘟疫苗177.23万头、免疫仔猪副伤寒18.25万头、投放各类家禽疫苗131万羽剂、投放牛三大疫病疫苗25万头剂。全州检活畜81.07万头，检疫率为98%，检出病畜1.2万头。1999年，全州投入畜禽防疫资金86.5万元，免疫猪瘟220.6万头，免疫家禽223.14万羽。州家畜疫病防治检疫站被省畜牧水产局评为全省动物防疫工作目标管理先进单位。2000年，全州投入动物防疫经费87万元，免疫猪瘟207.22万头；免疫鸡新城疫219.77万羽。实施产地、屠宰、运输牲畜检疫，检出病畜7400头，病禽1.02万羽。州家畜疫病防治检疫站被省农业厅评为湖南省“九五”动物重病防制工作先进单位。2002年9月，湘西州境部分县发生山羊痘疫情，各县迅速控制并扑灭疫情。州家畜疫病防治检疫站被省畜牧水产局评为全省动物防疫体系建设先进单位。

2003年3月，州政府召开全州防治五号病指挥长会议，部署免疫标识工作，全州外调牲畜免疫挂标率达90%，规模养殖场免疫挂标率100%。2004年，州境牲畜五号病免疫密度达100%。2005年，州境出现高致病性禽流感疫情，州重大动物疫情处置预备队成立。全州筹集动物防疫经费383.7万元，免疫禽流感432.66万羽，免疫密度100%；免疫猪丹毒、猪肺疫病152万头；免疫鸡新城疫545.34万羽，免疫密度81.2%；免疫猪瘟病163万头，免疫密度96%。州家畜疫病防治检疫站被省政府授予“湖南省防制高致病禽流感先进单位”称号。2006年，全州确定8名县级疫情信息员、2492名乡村动物疫情观察报告员。是年10月，州境部分县规模猪场发生生猪“高热病”，通过强化防控措施，疫情得到控制。州防检站监测州内57个乡（镇）、126个村动物疫情，牲畜口蹄疫免疫抗体合格率85.4%，家禽禽流感免疫抗体合格率70.8%。全州检疫活猪100万头、牛20万头、羊30万只、家禽110万羽，检疫畜产品5万吨，屠宰检疫率100%，产地检疫合格率90%以上。

2007年3—4月，州境部分县（市）发生斑点叉尾鮰套肠病，死鱼23.3万公斤，经过处理，基本控制病情。是年10月，州家畜疫病防治检疫站监测州内106个村动物疫情，牲畜口蹄疫免疫抗体合格率88.4%，家禽禽流感免疫抗体合格率81.8%。年底，州政府将动物防疫经费足额纳入财政预算，全州到位重大动物防疫专项经费434万元。州家畜疫病防治检疫站被省防治重大动物疫病指挥部授予湖南省重大动物疫病防控工作先进单位称号。2008年，州家畜疫病防治检疫站监测州内125个村动物疫情，猪瘟免疫抗体合格率85.7%，牲畜口蹄疫免疫抗体合格率79.4%，家禽禽流感免疫抗体合格率86.6%，鸡新城疫免疫抗体合格率84.5%。全州动物防疫经费到位525万元。

2009年，州境高致病性猪蓝耳病免疫160.85万头，免疫率100%；猪瘟免疫160.85万头，免疫率100%；仔猪副伤寒免疫79.54万头，免疫率92.09%；链球菌病免疫36.21万头，免疫率96.03%；禽流感免疫673.96万羽，免疫率100%。

产地检疫生猪69.51万头，牛6.89万头，羊28.56万只，家禽386.01万羽，动物产品检疫1279.49吨。州家畜疫病防治检疫站组织3156人监测动物疫病疫情，监测养殖户1309家、重点养殖场4个、牲畜屠宰场8个、畜禽交易市场21个；监测生猪3100头，耕牛1300头，山羊2600只，家禽1.29万羽，犬9100只，经检测猪口蹄疫免疫抗体合格率71.5%，猪瘟免疫抗体合格率66.7%，牛羊亚Ⅰ型及O型口蹄疫免疫抗体合格率81.8%，鸡禽流感免疫抗体合格率73.7%、水禽禽流感免疫抗体合格率82.5%，鸡新城疫免疫抗体合格率69.5%。湘西州被评为全省重大动物疫病防控工作先进市州、动物疫情监测工作先进市州。

2010年，州重大动物疫病防治指挥部调拨禽流感疫苗540万毫升、猪O型口蹄疫苗289万毫升、牛羊双价疫苗284万毫升、猪蓝耳病疫苗375万毫升、猪瘟185万头份，州畜牧水产局储备禽流感疫苗20万毫升、猪O型口蹄疫苗10万毫升、牛羊双价疫苗10万毫升，储备消毒剂254件，储备防护服400套。州境检测血清样品6327份，合格血清4486份，抗体合格率70.9%。检疫生猪169.43万头，牛29.32万头，羊55.08万只，家禽518.43万羽，动物产品检疫1978.1吨。全州禽流感、口蹄疫、高致病性猪蓝耳病、猪瘟分别免疫660.6万羽、287.85万头、173.42万头、173.42万头，免疫率均达100%。

第七节　牧渔行政执法

1990年，全州开展渔政执法，打击电力捕鱼违法活动，摸清非法销售点2处，收缴电鱼机24台，没收禁止使用渔具23件，罚款300元，处理其他渔业案件18件，拘留3人；河流污染调查取证32份。1992年，开展兽药整顿，兽药批发点由50家减至11家，兽药店由223家减至199家；清理查处无证经营、伪劣兽药23起54人次，价值2.9万元；查封、退回无证照兽药8.3万元。全州发案121起，结案97起，结案率80.2%。1993年5至9月，州畜牧水产局在凤滩库区开展三次检查行动，查处炸鱼、电鱼19起，没收电鱼机2台，2家小网目厂家被查处，新办牌证147个。查处伪劣畜药29起32人111个品种，折价金额10.36万元。1995年，全州查处渔业案件40起，查封非法制造电鱼机黑窝点3个，罚款3300元，拘留3人。

1997年6月，永顺县猛洞河发生毒鱼事件，死鱼5000公斤，永顺县政府对违法人员分别作出罚款处理。9月，州渔政站和永顺、保靖、古丈三县渔政站执法人员共15人，到凤滩库区开展12天的检查，检查捕渔船1000余艘，换发捕捞证40个，查处违规案件16人次，没收电鱼机4台，电线500米。全州查处各类渔业案件69起，办证800个，收缴有害渔具210米，没收工具369件，罚款10.73万元，拘留2人，查处电捕鱼17起。1998年6月，州畜牧水产局在凤滩库区查处电鱼船17艘，没收电鱼机17台，处罚炸鱼案件1起，没收炸药20公斤，雷管92枚，捣毁电鱼机生产窝点10处。2000年4月，州畜牧水产局在河溪水库查处电力捕鱼、偷捕养殖水产品，收缴偷捕网具12匹，价值4000元；在凤滩库区及武强溪水库处理渔业案件58起，收缴电渔机67台。全州核发“兽药经营许可证”378本。取缔无证经营户13家，查处假劣兽药案件61起，销毁假劣兽药86个品种235件，价值13.4万元，罚款3.34万元。

2002年，全州抽检兽药经营户31家、兽药生产企业30家，兽药产品34批次，合格18批次，合格率52.9%，不合格16批次，不合格率47.1%。2003年，清查兽药经营户389户，兽药使用单位712户，查出禁用兽药全部销毁。核发、换发、新办“兽药经营许可证”565本，取缔无证经营3户。2004年，检查饲料经营企业267家，查获不合格产品16件、假劣饲料103件，产量30吨，价值7.5万元；检查兽药经营户204户，查获不合格产品38件，假劣兽药168件，价值35万元；抽取兽药样20个，饲料样23个，饮水样6个。2005年，全州查处饲料案件48起，查获违规产品数量65.9吨，货值29.67万元，处罚涉案人员58人，检查企业213家，整顿市场64个，受理举报案件13起；检查兽药经营企业246家，使用单位 34 家，查获三无产品 32 件，违禁药物 7 种 18 件，假、劣兽药 193 件，标签、说明书不规范产品 24 种 113.5 件，吊销经营许可证 3 家，建立用药档案 88 家,销毁假、劣兽药 219.5 件，价值 6700 元，罚款 2700 元。

2007 年，全州清查兽药经营户 200 户、兽药使用大户 95 户、兽药经营企业 120 家，查获三无产品 32 件、违禁药物 7 种 18 件、假（劣）兽药 193 件，不规范标签、说明书的产品 24 种 113 件，吊销经营许可证 3 家，建立用药档案 30 家，销毁假劣兽药 100 件。2008 年，全州清理整顿饲料和兽药市场 25 次，检查经营企业 475 家、养殖场户 130 家，蛋白饲料原料经营户 2 家，奶牛养殖户和饲料生产企业各 1 家，查处饲料违法经营 13 起，兽药 4 起，渔药 9 起，渔机渔具 1 起，查获违规产品数量 27 个品种 2300 件（盒），饲料 6.74 公斤，过期兽药 711 盒，涉案金额 5.68 万元，取缔无证生产、经营企业 2 家。2009 年,检查饲料兽药经营企业 308 家，查处饲料违法经营 51 起，兽药 117 起，渔药 9 起，查获违规产品数量 37 个品种 1229 件，饲料 64.52 吨，价值 30.11 万元.查处流动售卖饲料添加剂商贩 2 人。是年，州畜牧水产局制定《湘西州猪感染甲型 H1N1 流感应急预案（试行）》，排查 517 个规模养猪场，155 个活畜交易市场，15 个生猪定点屠宰场，临床监测生猪 6.56 头，没有发现生猪感染甲型 H1N1 流感病例。开展“强生肽”专项检查活动，检查兽药（渔药）经销户 223 家，规模养殖场 285 家，未发现“强生肽”及同类产品。2010 年，全州检查兽药经营店、饲料及饲料添加剂经营店 359 家，检查饲料品种 167 个，兽药品种 1086 种，没收假劣饲料 23 个品种 9.34 吨，发现问题兽药 101 种 435 盒。责令 32 家兽药经营户、18 家饲料经营户、11 家规模养殖户限期整改。“莱克多巴胺”检测合格率 100%。

第四章　林业

1989 年，湘西州林业局内设办公室、人事科、计财科、公安科 4 个行政科室；下设营林管理站、林业科技推广站、林木种苗站、森林保护站、国营林场管理站、森林工业企业管理站、木材管理站、林业勘测设计院、林业科学研究所 9 个事业单位；有木材公司、林业运输公司、栲胶厂、罗依溪贮木场 4 家森林工业企业，有干部职工 441 人。1991 年，局机关增设监察室，人事科更名为政工科，森林保护站更名为森林资源管理保护站，木材管理站更名为林政管理站。1994 年，林业检察科和林业审判庭分别由州检察院、州人民法院、州林业局管理。1995 年，增设资源林政法规科、林业基金征收管理站（与计划财务科合署办公）。1999 年，设立酉水水上木材检查站。2001 年，政工科更名为人事科教科、国营林场管理站更名为国有林场森林公园管理站、林业公安科更名为林业公安分局。是年，增设退耕还林工作领导小组办公室。2003 年，林木种苗站更名为林木种苗管理站、森林资源管理保护站改为森林病虫害防治检疫站，增设野生动植物保护科。2007 年，州林业局机关及下辖事业单位编制 162 名，实有人数 161 人；森工企业在岗职工 130 人。是年，州林业公安分局升格为副处级单位，更名为州森林公安局；局资源林政法规科更名为资源林政科、森林工业管理站更名为木材行业管理站、罗依溪贮木场完成改制。2010 年，州林业局有办公室（含政策法规科）、人事教育科（含老干部管理科）、计划财务科、资源林政科（含林业改革发展科）、野生动植物保护科、造林科（含绿化办公室）、纪检监察室、森林公安局、林业审判庭、林业检察科 10 个行政科室；有林业科技推广站、营林管理站、林木种苗管理站、退耕还林办公室、林业基金管理站、酉水水上木材检查站、国有林场和森林公园管理站、森林病虫害防治检疫站、木材行业管理站、林业科学研究所（含森林生态研究实验站）、林业勘察设计院 11 个事业单位，核定机关事业编制165名，实有148人。

1989—2010年，州林业局历任局长：李学衡、向仕江、唐世裔、曾庆祥、丁子健；副局长：唐昌珩、谷中山、郭云贵、陈日明、谢应忠、陈良英、桂小杰（挂职一年），胡盛球（挂职一年）、曾庆祥、颜建燕、李光盛、龙源泉、翟星、张海。

第一节 森林资源

一、林地面积

湘西州“八五”（1991—1995年）森林资源调查，全州林业用地面积104.15万公顷，占土地总面积67.24%。在林业用地中，有林地面积56.73万公顷，占林业用地面积54.48%；疏林地面积3.64万公顷，占林业用地面积3.49%；灌木林地面积32.84万公顷，占林业用地面积31.53%；未成林造林地2.30万公顷，占林业用地面积2.21%；苗圃地90.2公顷，占林地用地的0.01%；无林地8.64万公顷，占林业用地面积8.28%。

“十五”（2001—2005年）森林资源调查，全州林业用地面积111.52万公顷，占总面积72%。在林业用地面积中，有林地面积53.98万公顷，占林业用地面积48.40%，比“八五”期间减少2.76万公顷；疏林地面积2.57万公顷，占林业用地面积2.47%，比“八五”期间减少0.89万公顷；灌木林地面积39.81万公顷，占林业用地面积35.69%，比“八五”期间增加6.97万公顷；未成林造林地面积12.37万公顷，占林业用地面积11.09%，比“八五”期间增加10.07万公顷；无林地面积2.61万公顷，占林业用地面积2.34%，比“八五”期间减少6.02万公顷；苗圃面积72.6公顷，占林业用地面积0.01%，比“八五”期间减少17.6公顷。

2010年，全州有林地面积76.50万公顷，比“十五”期间净增22.52万公顷；其中乔木林地面积65.08万公顷，占有林地面积99.60%，比“十五”期间净增11.26万公顷；疏林地面积0.31万公顷，比“十五”期间减少2.44公顷；灌木林地面积21.73万公顷，比“十五”期间减少18.07万公顷；未成林造林地2.45万公顷，比“十五”期间减少9.92万公顷；无林地12.49万公顷，比“十五”期间增加9.88万公顷；苗圃地87.7公顷，比“十五”期间净增15.1公顷。

湘西州“八五”“十五”期间林地面积变化一览表

表15-1　　单位：公顷、%

项目 地类	调查时期		后期比前期净增(减)	增(减)幅	年均净增(减)	年均递增(减)率	调查间隔期(年)
	“八五”期间	“十五”期间					
(一)林业用地	1041456.4	1115191.8	73735.4	7.08	7373.54	0.71	10
1.有林地	567338.7	539780.1	–27558.6	–4.86	–2755.86	–0.48	10
(1)乔木林地	373208.9	538201.7	164992.8	44.21	16499.28	4.42	10
(2)竹林地	770.4	1578.4	808.0	104.88	80.80	10.49	10
2.疏林地	36365.2	27496.5	–8868.7	–24.39	–886.87	–2.43	10
3.灌木林地	328372.1	398059.5	69687.4	21.22	6968.74	2.12	10
4.未成林造林地	23039.9	123690.3	100650.4	436.85	10065.04	43.69	10
5.无林地	86250.3	26092.8	–60157.5	–69.75	–6015.75	–6.97	10

续表 15-1　　　　单位:公顷、%

项目 地类	调查时期		后期比前期净增(减)	增(减)幅	年均净增(减)	年均递增(减)率	调查间隔期(年)
	"八五"期间	"十五"期间					
其中宜林地	12517.5	23540.3	11022.8	88.06	1102.28	8.81	10
6.苗圃地	90.2	72.6	-17.6	-19.51	-1.76	-1.96	10
(二)森林覆盖率	58.8	60.97	2.2	3.69	0.22	0.37	10

说明:1."十五"有林地不包括经济林,"八五"包括

2."十五"的乔木林含乔木经济林(计 31.8 公顷),"八五"的林分则不包含

3."十五"的疏林地指郁闭度 0.1~0.19,"八五"则指 0.1~0.34

4."十五"灌木林包含灌木经济林

二、森林蓄积

全州"八五"森林资源调查,州境森林总蓄积 1505.98 万立方米,其中林分(乔木林)蓄积 1380.66 万立方米,占总蓄积的 91.68%;疏林蓄积 74.81 万立方米,占总蓄积的 4.97%;散生木蓄积 24.46 万立方米,占总蓄积的 1.76%;四旁树蓄积 24.05 万立方米,占总蓄积的 1.59%;全州林木蓄积量为每公顷 36.99 立方米。

"十五"森林资源调查,全州活立木总蓄积 2427.83 万立方米,比"八五"期间,净增 921.85 万立方米。其中乔木林地(林分地)蓄积 2315.13 万立方米,占总蓄积 95.36%,比"八五"期间增加 934.47 万立方米;疏林地蓄积 63.89 万立方米,占总蓄积量 2.63%,比"八五"期间减少 10.92 万立方米;四旁树蓄积 31.84 万立方米,占总蓄积的 1.31%,比"八五"期间净增 7.79 万立方米;散生木蓄积 16.98 万立方米,占总蓄积量的 0.70%,比"八五"期间减少 9.48 万立方米。全州林分平均每公顷蓄积 43.02 立方米,比"八五"期间每公顷净增 6.03 立方米。

"十五"期间,湘西州乔木林(林分)面积 53.82 万公顷,占有林地面积的 99.71%。活立木蓄积 2315.13 万立方米,占总蓄积 95.36%。林分面积蓄积按起源分:人工林面积 19.86 万公顷,蓄积 614.81 万立方米;天然林面积 33.96 万公顷,蓄积 1700.32 万立方米;林分面积蓄积按优势树种分:杉木林面积 13.74 万公顷、蓄积 492.98 万立方米;松树林面积 21.05 万公顷、蓄积 1220.68 万立方米;柏木林面积 3 88 万公顷、蓄积 105.65 万立方米;阔叶林面积 15.14 万公顷、蓄积 495.58 万立方米。

州境林分集中分布在永顺、古丈两个重点林业县和"十五"调查时活立木蓄积量在 20 万立方米以上的 24 个重点林业乡(镇)、场。永顺、古丈两县林分面积 23.74 万公顷,蓄积 1168.03 万立方米,占全州林分面积蓄积的 44.11%和 50.45%。全州林分蓄积平均每公顷 43.02 立方米,其中 2 个重点林业县每公顷林分蓄积 49.19 立方米,平均每公顷比全州高 6.17 立方米。古丈县每公顷林分蓄积 69.54 立方米,比全州林分平均蓄积高 26.52 立方米。

2010 年,全州活立木蓄积 2901.16 立方米,比"十五"期间净增 473.33 万立方米。其中林分蓄积 2782.55 万立方米,比"十五"期间净增 467.42 万立方米;疏林蓄积 7.88 万立方米,比"十五"期间减少 20.63 万立方米;散生木蓄积 89.32 万立方米,比十五期增加 72.34 万立方米,四旁树蓄积 21.41 万立方米,比十五期间减少 10.43 万立方米,立竹株数 60509.2 百株,比"十五"期间增加 24592.3 百株。

湘西州"八五""十五"期间活立木蓄积变化一览表

表 15-2　　单位:立方米、%

项目／地类	调查时期		后期比前期净增(率)	增(减)幅(%)	年均净增(减)	年均递增(减)率	调查间隔期(年)
	"八五"期间	"十五"期间					
1.活立木总蓄积	15059802	24278329	9218527	61.21	921852.7	4.89	10
2.乔木林地蓄积	13806606	23151267	9344661	67.68	934466.1	5.3	10
3.疏林地蓄积	748090	638865	−109225	−14.60	−10922.5	−1.37	10
4.四旁树蓄积	240470	318350	77880	32.39	7788	2.85	10
5.散生蓄积	264636	169847	−94789	−35.82	9478.9	−3.11	10

说明:"十五"乔木林包含乔木经济林,未包含"八五"时期数据

三、森林覆盖率

"八五"森林资源调查，全州森林覆盖率58.8%。"十五"森林资源调查，全州森林覆盖率60.97%，比"八五"期间净增2.17个百分点；"十五"期间森林覆盖率在65%以上的有4个县(市)，其中古丈县森林覆盖率75.11%，位居全州第一；凤凰县43.04%，处于州境末位。2010年，全州森林覆盖率66.86%，比"十五"期间净增5.89个百分点。

四、古树名木

1984年普查，州境有树龄在300年以上或胸径100厘米以上古树名木34科92种1299株，尤以龙山、凤凰县居多。2001年普查，湘西州有100年以上古树名木2.31万株，其中树龄300年以上的599株，挂牌保护的古树名木270株。2008年，湘西州第二次古树名木普查，全州有古树名木10.39万株，其中树龄30~99年的大树1.65万株、树龄100年以上的古树名木7.57万株、树龄300~499年的二级古树9453株，树龄500年以上的一级古树名木2315株。永顺县小溪自然保护区1株"黄心夜合"，树高34米，为州内树干高度之首；吉首市社塘坡乡黄石洞三组1株青冈，树高20米，树龄约600年，胸围667厘米，其胸围位居州境第一；古树名木数量排在前列的有枫香、青冈、柏木、榉木等；珍贵树种有南方红豆杉、水杉、银杏、珙桐。挂牌保护的古树名木2.82万株。

第二节　造林育林

一、采种育苗

1989年，湘西州采集各类林木种子14.85万公斤，育苗840公顷，产苗2.85亿株。1993年，全州林木育苗174.55公顷，产苗5060.5万株。2000年，州境实施优质种苗工程，育苗95.97公顷，用种1.55万公斤。产合格苗4672.86万株，重点工程造林，良种苗木使用率100%。2002年，贯彻《中华人民共和国种子法》，全州核发"林木种苗生产许可证"79份、"林木种苗经营许可证"180份、"林木种子标签"31.5万份。全州育苗863.5公顷，用种22.79公斤，比上年增加47.73公顷。2004年，全州采集、调运林木种子10.6万公斤，良种使用率60.3%，育苗341.33公顷，湘西州获省林业厅2004年度林木育苗一等奖。2007年，秋播柏木、光皮树育苗26.67公顷。2008年，州境发生冰冻灾害，苗木受损严重。灾后补播，跟踪管理，产合格苗6185万株。培育生物能源树种——光皮树苗28.73公顷，培育油茶良种苗200万株。2008—2010年，龙山县林业局与省林科院合作建成光皮树种质收集库6.67公顷，收集品种(系)100个。

二、植树造林

1989年在保靖县试点，1990年在花垣、保

靖、永顺3个县正式启动实施长防林工程。1992年，工程辐射龙山、凤凰、泸溪3个县，1994年辐射到吉首市和古丈县。

1995年，全州完成长防林重点工程造林1.24万公顷，验收合格1.22万公顷。1990年至1995年6年间，全州投入长防林工程建设劳力815万个、资金1050万元，完成重点工程造林3.71万公顷，封山育林3.67万公顷，经国家林业局、省林业厅抽查、造林面积核实率98.3%。1995年年底，州营林站长防林专干钟少伟被林业部授予"长江中上游防护林体系一期工程建设先进工作者"称号。

1998年，全州完成长防林工程营造林8012.3公顷，为年计划的113.38%。经省林业勘察设计院技术人员抽查验收，营造林面积核实率99.97%,营造林质量合格率99.75%。2002年，州林业局营林站调查，从长防林在州境实施至是年，全州完成工程总投资5555万元，完成长防林重点工程造林和封山育林11.30万公顷，有林地由1990年的59.29万公顷增加到60.39万公顷；活立木蓄积由1990年的1438万立方米上升到1775万立方米；森林覆盖率由1990年的50.1%升至59.9%；水土流失面积由工程实施前的6258.5平方公里减至4848.6平方公里；土壤侵蚀量由工程实施前的2051.39万吨降至1214.49万吨。2005年，州境完成长防林工程，人工造林666.92公顷，为年计划的100%。2007年，全州长防林工程营造林和封山育林均超额完成年度生产计划。2010年，长防林工程完成人工造林629.59公顷，封山育林212.67公顷，经湖南省林勘院验收组抽查，实际完成842.25公顷，为年度计划的100.48%。

1990年，湘西州完成飞播造林8199公顷；1991年完成飞播造林2.51万公顷；1992年完成飞播造林34872.2公顷。

1993年，省、州林业部门抽样检查1990—1992年飞播造林情况，平均每公顷林地有飞播幼苗6765株，符合林业部飞播造林种子出苗率规定标准。1993—1995年人工补植补播飞播林地1.19万公顷。1995年6月，州林业局抽样调查"3年飞播，3年补植补播"飞播林地，平均每公顷有飞播苗2895株、天然苗2010株、补植补播苗780株，共5685株；分布均匀、长势良好，飞播苗平均高1米，个别达1.43米。保靖县仙仁乡飞播林场原是一片荒山，飞播后4年，934公顷飞播林地平均每公顷有马尾松幼树3630株，且郁闭成林。

1995年始，州境永顺、保靖、古丈三县和州林业局示范林场实施世界银行贷款森林资源发展和保护项目造林，当年完成636.81公顷，次年完成7.46万公顷，至1998年，4年完成投资折合人民币943.415万元，造林4435.51公顷。1999—2000年为幼林抚育阶段，幼林抚育率100%。

2000年，保靖、古丈、龙山、吉首4个县(市)开始实施世界银行贷款贫困地区林业发展项目造林。营造马尾松、杉木、阔叶林、湿地松、日本落叶松、竹林、经济林等。2004年，泸溪、花垣、龙山、永顺、吉首五县市和州林业局示范林场实施世界银行贷款林业持续发展项目造林。

2005年，全州完成世界银行贷款贫困地区林业发展项目投资折合人民币3497万元，造林8841.04公顷，经省检查验收，工程合格率100%，幼林抚育率99.1%。2009年，完成世界银行贷款林业持续发展项目投资折合人民币1268万元，造林7042.9公顷，经省有关专家抽查验收，各项指标达到或超过国家规定项目建设标准。

2008年，州委、州政府作出实施"八百里绿色行动"造林绿化工程决定，主要以张家界经古丈、吉首至铜仁凤凰机场和泸溪经吉首、花垣至龙山里耶两条旅游风景线为重点，工程全长386公里，总投资3215万元，涉及全州8个县(市)47个乡(镇、街道)、241个村。12月26日，州委、州政府在吉首召开"八百里绿色行动"动员大会。

2008年，州"八百里绿色行动"指挥部成立。2009年，两线完成整地、挖穴、造林绿化地段386公里，面积2666.82公顷，栽植桂花、杜英、大叶樟等树种大苗536万株。

2010年，州委、州政府决定实施"八百里绿色行动"拓展工程，拓展工程面积2667公顷，涉及全州8个县(市)79个乡(镇、街道)、234个村，总投资4290万元，重点打造“八百里绿色行动”造林绿化工程沿线及可视范围内河流、水库两旁、城镇、村寨、学校周边补植补造和公路沿线可视范围内有林地、灌木林地实施封山育林，投入劳力50余万人次，完成造林绿化2848.4公顷，栽植桂花、香樟、杜英、紫荆、爬山虎等树种700余万株。

2004年9月，州境龙山、古丈两县启动中德财政合作湖南省小农户造林项目，2005年完成营造工业原料林70.3公顷，为年计划的117%。2006—2008年，完成营造林6647.2公顷。2010年，完成营造林1428.3公顷。

1989年，全州采取多种方式实施封山育林和封山护林，有封山育林面积26.67万公顷。1996年，全州各地采取扎草标、喝血酒、吃罚户、赌咒发誓等形式实施封山育林，封山育林25.95万公顷。1999年，州林业局强调封山育（护）林要做到“三有”（有规划设计、有管护人员、有护林公约），“四落实”（责任任务、组织制度、护林员报酬和奖惩办法落实）。是年,全州封山增至31.46万公顷。2001年，州内结合实施重点项目工程，封山1.34万公顷。2006—2008年，完成重点工程封山育林1.47万公顷。2010年，完成退耕还林工程封山2000公顷，长防林工程封山212.67公顷，石漠化综合治理工程封山1345.31公顷。

1989年，执行州委、州政府关于《五年消灭荒山，十年绿化全州》的决定。3月12日“全民义务植树节”这天，全州83万人参加义务植树，占应参加人数59.7%，其中县（处）以上干部284人，栽植各类树苗1370万株。新建义务植树基地92处，面积0.13公顷，绿化公路166公里、植树6万株。

1995年，古丈、龙山、保靖、泸溪4县通过省级“绿化达标”检查验收。1996年3月12日植树节，湖南省委书记王茂林在花垣县林科所县直机关义务植树基地与500多名干部群众一道参加全民义务植树。是月，全州参加义务植树99.22万人，植树576.8万株。是年9—10月，吉首、花垣、永顺、凤凰4个县（市）通过省级“绿化达标”验收。至此，州内各县（市）绿化全部达标。

2000年，全州126.44万人参加全民义务植树，义务植树638.98万株；2003年，全州160万人参加义务植树，植树640万株。州妇联组织吉首城区机关妇女1000多人，在吉首大田湾后山坡营造14公顷“三八”妇女林；吉首军分区、吉首市人武部和吉首驻军官兵营造14公顷“官兵”林；团州委组织5000多名大中专院校团员、青年学生营造20公顷“青年”林，并实行包栽包活包成林。

2005年，全州126.2万人参加全民义务植树活动，植树面积1960公顷，植树516万株。州劳动和社会保障局由共产党员带头，每人出资100元，自购塔柏苗造林。州商务局、州林业局等单位购买树高1.5米以上塔柏、杜英、香樟等珍贵树苗，栽植在本单位义务植树基地上，实行包栽包活包成林。

2010年，全州160.13万人参加义务植树，植树524.87万株。

第三节　退耕还林

2000年，湘西州被列入国家西部大开发范围，永顺县率先启动退耕还林试点示范。是年，完成工程造林7333.33公顷，经县级自查、省级复查和国家核查，计划完成率、面积核实率、核实面积合格率、生态林和经济林比率、苗木合格率、良种使用率、混交林比率、经济林水保措施率、作业设计率、县级自查率、建档率、管护率和林权发证率13项技术指标均达国家规定标准。

2001年，永顺县在四川雅安全国南方片区退耕还林（草）现场经验交流会上作典型发言。4月，国务院总理朱镕基到湘西州视察，面对满目疮痍的生态环境，感慨万千，赋诗《重访湘西有感——并怀洞庭湖区》一首：“湘西一梦六十年，故地依稀别有天；吉首学中多俊彦，张家界顶有神仙；熙熙新市人兴旺，濯濯童山意快然；浩浩汤汤何日现，葱笼不见梦难圆。”在总理关怀下，退耕还林工程在湘西州全面启动。州、县（市）

成立退耕还林工程领导小组，党政主要领导任领导小组组长，领导小组办公室设林业局。5月，州退耕还林办公室编制全州退耕还林五年总体规划。退耕还林工程建设规模24万公顷，其中退耕地还林12万公顷，宜林荒山荒地造林12万公顷，项目总投资37.69亿元。参与退耕还林项目实施的有州境8个县（市）、158个乡（镇）、1965个村（社区）、39.8万户、162万人。8月8日，湘西州首次退耕还林钱粮补助兑现试点现场会在永顺县三家田乡召开。9月，省发展改革委员会（简称省发改委）、省林业厅下达湘西州2001年退耕还林（草）试点任务和投资计划3.6万公顷，其中退耕地还林2.0万公顷，荒山造林1.6万公顷。11月，州人民政府在吉首召开全州林业工作会议，与县（市）人民政府签订退耕还林目标管理责任状。12月，省发改委下达湘西州2002年（预安排）退耕还林工程任务和投资计划1.14万公顷，其中退耕地还林0.75万公顷，荒山造林0.57万公顷；2002年6月4日，省发改委下达湘西州2002年（第二批）退耕还林工程投资计划5.6万公顷，其中退耕地还林2.8万公顷，荒山造林2.8万公顷；是年9月，省发改委下达湘西州2002年退耕还林追加任务投资计划2.53万公顷，其中退耕地还林1.33万公顷，荒山造林1.2万公顷。至是年11月，全州退耕还林任务全面完成。12月3—6日，全国退耕还林现场经验交流会、全省第二次退耕还林和第四次“三难地”绿化攻坚现场会议在吉首召开。湘西州在退耕还林工作中的认识到位、领导到位、宣传到位、措施到位、工作到位、管理到位、科技到位、政策兑现到位“八个到位”，受到领导和与会代表赞誉。

2007年，湘西州落实《国务院关于完善退耕还林政策的通知》精神，继续对退耕农户直接补助。补助标准为每公顷退耕地每年补助300元，并与管护任务挂钩，生态林补助8年，经济林补助5年，还草补助2年。是年7—8月，由州人大常委会牵头，开展全州《退耕还林条例》执法检查；州林业局与湘西电视台合作，拍摄反映全州6年退耕还林发展建设历程的专题片《圆梦——湘西州退耕还林工程巡礼》，并印制《湘西林业50年摄影画册》。是年，吉首市获“全国退耕还林先进单位”称号，泸溪县林业局局长张光勤、李家田乡林业站站长杨必文获全国退耕还林先进个人称号，龙山县石牌镇桂英村周光富、保靖县碗米破镇起车村胡正文获“全国退耕还林优秀农户”称号。2008年，全州完成退耕还林造林5333.33公顷，其中荒山造林3000公顷，封山育林2333.33公顷。是年，全州退耕还林通过州级自查、省级复查和国家核查，造林面积保存率99.9%、成林率96.5%、管护率99.57%、发证率98.86%，综合得分99.69分，湘西州获全省退耕还林阶段验收一等奖。至2010年，全州完成退耕还林27.06万公顷，其中退耕还林地13.18万公顷，荒山荒地造林12.9万公顷，封山育林1.27万公顷，完成中央投资39.44亿元。

第四节 森林资源管理

一、森林保护

1989年，州、县（市）及林区乡（镇）、国营林场层层建立护林防火机构。1990年，全州有护林防火指挥部9个。实行周边跨省市、跨地区联合护林防火，州境跨县（市）、乡（镇）联合护林防火。湘西州与怀化市、张家界市，泸溪县与怀化市沅陵县、麻阳县，龙山县与湖北省来凤县，花垣与贵州省松桃县、重庆市秀山县签订联合护林防火协议；境内毗邻县市、乡镇与乡镇之间签订联合护林防火协议。州内各国有林场和林区乡镇开始营造生物防火林带。是年，全州发生森林火灾85起，受灾面积207.33公顷、损失成林蓄积2143立方米、烧毁幼林31万株。1991年，永顺县杉木河国有林场，同万坪、万福、毛坝、新寨等毗邻乡镇19个村召开森林防火联系会议，商议联合防止山林火灾，印发护林防火协议和护林公约3500份，发至周边农户。州护林防火指挥部落实湖南省《森林防火实施办法》，健全森林防火政策和预防、扑救规章制度。吉首军分区、各县（市）人武部把组织民兵参加森林防火纳入议事日程。

1993年，州境各林区、国有林场开始修建望塔和防火哨所。至1995年，全州先后发生山林火灾162起，受灾637.87公顷，损失成林蓄积2282立方米，烧毁幼林160.7万株。1996年，全州各县市利用广播、电视宣传省、州护林防火条例，印发森林防火通告6900份，在岩壁、墙壁、石碑上书写森林防火固定标语2700条。

1999年，湘西州公安消防支队发出《关于切实做好森林消防工作的通知》，要求各县（市）公安消防部门树立“家火山火”一起防的思想，配合森林防火部门，做好森林消防工作。2004年，州人民政府将森林火灾发生率、损失控制率列入林业部门目标管理内容，并层层签订护林防火责任状。2005年，州森林防火指挥部制定《全州森林消防队伍建设的总体规划》。

2007年，全州各林区、国有林场累计修建望塔、防火哨所11座。2008年春，州人民政府召开两次护林防火紧急会议，印发《关于“清明节”期间森林防火工作的紧急通知》。是年，全州发生森林火灾209起，过火面积800公顷，受灾面积485.47公顷，烧毁幼林56.1万株。是年2月，永顺县永茂镇卓福村村民孟某某焚烧田坎杂草引发森林大火。4名扑火人员牺牲，被省人民政府追认为烈士；孟某某犯失火罪被追究刑事责任。

2010年，保靖、永顺、古丈、龙山四县投入资金114万元，森林火灾保险25.56公顷。同时，加强治火基础设施建设，全州新建或改建森林防火物资储备仓库9处137平方米；州储备仓库储备风力灭火机60台、消防水泵7台、灭火水枪42支、油锯47台、割灌机11台、二号工具4050把、柴刀50把、手电筒450只。是年，全州发生森林火灾63次，受灾面积277.23公顷，损失成林蓄积53.3立方米。

1989年，全州森林病虫害发生面积6440公顷，防治面积2900公顷。1990年，州境有森林植物检疫站9个，专职检疫员20人，森林病虫害测报站点9个，专职测报员9人，森林病虫害防治人员20人。至1995年，州境发生马尾松毛虫、松茸毒蛾、油茶毒蛾等森林病虫害1.99万公顷，防治面积3699公顷。1998年，全州森林病虫害防治坚持“预防为主，综合治理”方针和“谁经营、谁防治”原则。是年，全州森林病虫害防治面积1466.67公顷，使用化学药物0.8吨，生物制剂3吨；2000—2005年，州境发生云南松毛虫、松褐天牛等1.48万公顷，防治1.04万公顷。古丈县发生马尾松赤枯病面积434公顷、泸溪县325公顷，湿地松遭到松梢小卷叶蛾危害；永顺县青坪乡667公顷板栗林感染疫病；花垣县267公顷油茶林被油茶毒蛾危害；2006年，州林业局制定《湘西州林业生物灾害应危预案》，对马尾松“癌症”——松线虫病采取“严防死守”，对调入林木种子、苗木、木材和竹木制品以及木竹包装箱等实行检疫。2007年，马尾松毛虫，云南松毛虫，松茸毒蛾危害马尾松林，面积5600公顷，各县（市）采用喷施白僵菌，苏云金杆菌，悬挂赤眼蜂卡和人工捕捉幼虫、刮卵等方法防治。2008年，全州发生马尾松毛虫、红黄半皮丝叶蜂等林业有害生物面积7186.8公顷，防治6633.3公顷。2010年，全州发生危害桤木红黄半皮丝叶蜂和危害马尾松林松梢螟面积2万公顷，投入防治经费50万元，防治面积1.9万公顷。

二、自然保护区

（一）永顺小溪自然保护区

1982年，经湖南省人民政府批准建立，位于永顺县小溪乡境内，地处北纬28° 43'～28° 51'，东经110° 11'～110° 18'，海拔205～1122米。面积2.48万公顷。以保护低海拔常绿阔叶林及其生态系统为目标。2001年，晋升为国家级自然保护区。保护区属低海拔地区保存完整的原生性常绿阔叶林，沟谷两旁阔叶林基本保持原始次森林状态，植被资源丰富，据考察研究，有维管束植物2702种，其中特有种21种。动物资源富有特色，雉类、猫科动物种类丰富，其中白颈长尾雉、大灵猫、穿山甲、豹猫等重点保护野生动物均有分布。

（二）洛塔自然保护区

1982年，经湖南省人民政府批准建立，位于龙山县洛塔乡西北部，面积1127公顷。主要保护3株巨型水杉。

（三）高望界自然保护区

1993年，经古丈县人民政府批准建立，位于古丈县东北部，原为国有古丈县高望界林场，面积1.72万公顷。2003年，升格为省级自然保护区。以保护亚热带常绿阔叶林生态系统为目标，保护区内森林茂密、树种繁多，森林覆盖率85.5%，属国家一、二级保护植物有银杏、南方红豆杉、伯乐树、黄杉、香果树、篦子三尖杉等36种；野生动物有林麝，白颈长尾雉，红腹锦鸡、穿山甲等31种。

（四）两头羊自然保护区

1985年，经凤凰县人民政府批准建立，位于凤凰县东北部，面积8838公顷。2002年4月，升格为省级自然保护区。主要保护亚热带常绿落叶阔叶林生态系统，保护区内植被多系原始天然常绿阔叶林，其中属国家一、二级保护树种29种；野生动物有白颈长尾雉、猕猴、穿山甲等38种。

（五）九重岩自然保护区

2002年，经凤凰县人民政府批准建立，位于凤凰县南部，面积8500公顷。2002年，经省人民政府批准，升格为省级自然保护区。主要保护对象是亚热带常绿落叶阔叶林生态系统，境内植被属泛北植物区系，属国家一、二级保护植物有银杏、南方红豆杉、黄杉、伯乐树等27种；野生动物有白颈长尾雉、穿山甲、猕猴、大灵猫等39种。

（六）印家界自然保护区

2005年，晋升为省级自然保护区，位于龙山县东部，与永顺县万民岗县级自然保护区相邻，面积1.02万公顷，辖2个乡（镇）、17个村、50个村民小组。属国家一、二级保护的动物有金雕、白颈长尾雉、穿山甲、猕猴、大灵猫等24种；植物有银杏、南方红豆杉、鹅掌楸、巴东木莲等28种。

（七）白云山自然保护区

1999年，经保靖县人民政府批准建立，位于保靖县西部，面积2.02万公顷。2005年，升格为省级自然保护区。保护区内属国家一、二级保护动物有林麝，金猫，大、小灵猫，穿山甲，红腹锦鸡等33种；植物有珙桐、银杏、凹叶厚朴等28种。

湘西州国家级、省级自然保护区一览表

表15-3　　　　单位：公顷

名称	级别	所在县乡	面积		建立时间	升级时间	主要保护对象
			总面积	核心区面积			
小溪	国家级	永顺县小溪乡	24800.0	9933.0	1982年	2001年6月	亚热带低海拔常绿阔叶林生态系统
洛塔	省级	龙山县洛塔乡	4333.3	1206.3	1982年	—	原生水杉
两头羊	省级	凤凰县两头羊乡	8838.0	1962.5	1985年	2002年	亚热带低海拔常绿落叶阔叶林生态系统
高望界	省级	古丈县	17169.8	7497.5	1993年	2002年	亚热带低海拔常绿落叶阔叶林生态系统
九重岩	省级	凤凰县	8500.0	1691.0	2002年	—	亚热带低海拔常绿落叶阔叶林生态系统
白云山	省级	保靖县	20158.6	6605.7	1999年	2005年	亚热带低海拔常绿落叶阔叶林生态系统
印家界	省级	龙山县	10206.0	3087.0	1999年	2005年	亚热带低海拔常绿落叶阔叶林生态系统

三、野生动植物保护

1989年，州林业局分发《湖南省野生动植物保护条例》1.5万份，出动宣传车12台次，宣传野生动植物保护条例；是年，清查猎杀、走私、偷运野生动植物场所和集散地，清查出国家二级保护动物——猕猴3只、大鲵（娃娃鱼）28尾、果子狸32只和红嘴相思鸟2980只、蛇1723条，青蛙30公斤。1995年，州、县（市）野生动植物保护稽查队，查处倒卖野生动物案件117起。1998年，发放野生动植物经营许可证137家，餐饮行业经营许可证15家，狩猎证12个，运输证件500份。

四、林地管理

1989年，全州5个国有林场经营1.26万公顷山林，完善各项法律手续，做到四周边界清楚。州山林定权发证办公室和州国土局会同省山林定权发证办公室、省国土厅给湘西州国有林场经营林地发放山林权证山县破获段某某、向某某、李某某等非法收购、贩运、倒卖国家二级保护野生动物案3起，没收猫头鹰、猕猴、锦鸡等91只。并依法判处段某某有期徒刑10年，处罚金3000元。2001—2004年，开展“爱鸟周”“春雷猎鹰”“候鸟二号”等行动，出动执法人员528人次，清查宾馆、酒楼、农贸市场等非法收购、猎杀、加工野生动物场所1036家，收缴活蛇2140公斤，青蛙1724公斤，其他野生动物6.62万只、成品1225公斤，收取野生动植物保护基金和检疫费等215.9万元。2007年，开展野生动植物养殖、经营单位年检年审和法律法规培训，保留和新办野生动植物养殖、经营户20家，市场经营摊点5家、餐饮行业3家、野生动物驯养繁殖6家，野生植物育苗18户。2010年，办理、审核野生动植物驯养繁殖（培植）经营许可证20本。

1994年，湘西州实施森林植被恢复费征收。1999—2001年，州、县（市）林政管理部门与有关部门配合，清理和督办省道1828线改造工程、碗米坡水电站建设等重点工程7处，征用林地面积148.48公顷，征收森林植被恢复费220.96万元。2003年，8个县（市）的部分乡（镇）开展集体林权制度改革试点工作，受理发证申请19万户，核实面积11.04万公顷。2004年，办理常吉高速公路建设工程等省、州重点工程征占用林地8处、面积234.52公顷，征收植被恢复费1113.67万元。2005年，全州换发林权证4700本、发证面积226.67公顷。2006年，办理吉凤工业园等工程项目31处，征占用林地129.36公顷，征收植被恢复费429.34万元。2007年，验收核实退耕还林地面积21.06万公顷、发证面积7.30万公顷。2008年办理湘西三房巷新能源项目等14处，征占用林地55.49公顷，征收植被恢复费333.8万元；2009年，州委、州政府成立湘西州林改领导小组，各县（市）林改机构相应成立。州集体林权制度改革办公室举办林改培训班，培训林改骨干87人。州人民政府印发《关于全面推进集体林权制度改革的实施意见》。州境林改工作全面启动。年底，省林改办考核验收永顺县林改工作，验收合格。

2010年11月，省林改质量检查组到州检查林改工作质量，抽查29个乡（镇）、58个村，抽查宗地1.71万个、面积8095.3公顷，宗地外业质量合格率89.3%，内业质量合格率83.3%，综合评分85.3分，质量达到合格标准。是年，州境完成集体林地核查109.12万公顷、面积核实率99.55%，发放林权证面积106.73万公顷、发证率97.37%，调处林权纠纷8875起、面积7701.8公顷、调处率94.84%。全州八县市相继建立林权管理中心、森林资源评估中心和林权交易中心。全州林地规范流转面积4.33万公顷；办理建设工程项目20处，征占林地425.15公顷，征收林地森林植被恢复费3418.3万元。

五、限额采伐与木材经营流通管理

1989年，州委、州政府规定严格控制木材采伐，停止收购杂木棒等，木、竹、柴、炭生产计划由计划和林业部门下达。是年，州林业部门下达各县（市）木材采伐计划11万立方米，比省计划减少6.11万立方米。同时，州委、州政府要求木材经营单位、个体经营户，按照国家和省有关规定，在征得州、县（市）林业局同意，同级工商行政管理部门核准，由林业部门发给“经营许可证”，工商部门发给“营业执照”后，方可经营；其经营许可证和营业执照每年审核一次。州境所有木竹及其成品、半成品运输，由林业部门开具证明、统一申报运输计划，运输木竹出县由县林业局发给运输证明，出州由州林业局发给运输证明，没有运输证明交通部门不得承运。经省、州人民政府批准在国道、省道、铁路、县乡道和水上设立26个木材检查站，配备检查员152人，形成州境木竹流通管理监督网络。

1990年，州委、州政府提出“少取多予、休养生息”林业发展方针；州、县（市）木材公司“放下斧头，拿起锄头”，办林场9个，面积1641.4公顷，新造幼林700公顷。州境木材年采伐量控制在10万立方米以内，比省下达采伐计划少4万立方米。1998年，全州开展木竹经营单位和个体经营户清理整顿，清理605家，查处各类林业行政案件3449起，收缴木材7241立方米。2000年，州人民政府行文，对林木采伐实行全额管理，凭证采伐。禁止砍伐天然阔叶林、烧木炭和木炭、柴火上市。2001年，贯彻落实《湖南省林业管理条例》，规定“林区运输木材，必须持有林业主管部门运输证件，没有运输证件者，木材检查站有权制止”。州人大常委会作出《关于保护和发展森林资源，加快林业建设的决议》，组织4个督查小组，深入八县市督查，吊销和停办以天然阔叶林为原料的单位和个体经营许可证，取缔公路两旁非法木材加工经营户，全州规范木材经营户100家。州林业局公布《凭证运输木材具体目录》。至2005年，全州商品材计划由10万立方米压缩到5万立方米，采伐指标向国有林场、乡镇集体林场和24个林区重点乡镇倾斜。同时，整顿木竹经营加工市场，经过年检、年审，吊销非法套购木材及其制品的经营户和加工场所经营许可证100个。2004年，全州查处违法经营加工户38家，没收木材49立方米。

2006年，州境实施“生态州”建设，商品材限额采伐指标，只下达给国有林场和商品林面积55公顷以上集体林场及35公顷以上个体林场，少部分限额指标分解给适合采伐林农个体手中。建立森林采伐台账，推进商品材指标进村入户“阳光行动”。2008年，州林业局印发《关于加强对木竹经营、加工单位（个人）监督管理的通知》和《关于进一步加强资源林政管理的通知》，严肃查处违法经营、加工行为，对年经营、加工木材5000立方米以上企业，林业部门派驻资源监督员和建立收购、销售木竹台账。规范木材运输证核发。2010年，全州查处违章经营、加工木材41起，没收木材2820.5立方米。

第五节 林场与森林公园

一、林场

（一）国有林场

1989年，湘西州有古丈县高望界、永顺县杉木河、凤凰县南华山、龙山县曾家界、泸溪县军亭界5个国营林场，面积1.9万公顷，活立木蓄积113.22万立方米。州境各国营林场坚持以林为主，以短养长，长短结合，广辟生产门路，先后建立一批多种经营项目和第三产业，如军亭界林场的椪柑，高望界林场的茶叶、中药材和城区餐饮、住宿综合服务招待所，南华山林场的旅游招待所、停车场等。

1990年，全州国营林场人工造林219公顷、为年计划的142%，育苗5公顷、为年计划的107.3%，中幼林抚育1010公顷、为年计划的114.8%，新修和复修防火线88公里，营造防火林带9公里；全州国营林场生产木材5947立方米、销售1.34万立方米、比上年增收247.8万元。是年，古丈县高望界国营林场被林业部授予全国先进国营林场。1991年，全州国营林场采伐木材8086立方米，为限额采伐指标99.3%，销售木材7168立方米。1992年，省林业厅同意凤凰县县办茶坪界、雷洞界林场为国营南华山林场分场。全州国营林场面积2.05万公顷，活立木蓄积115.49万立方米，比1989年面积增加1465.8公顷，蓄积增加2.27万立方米。1993年，州境国营林场强化内部改革，把国营林场资源优势推向市场。全年营造人工林126.6公顷、为年计划的104.2%；中幼林抚育 1148.13 公顷，新修和复修护林防火线 116.5 公里，营造防火林带 53 公里、防火林道 137.5 公里；采伐木材 7773 立方米，为限额采伐计划的 99%，生产抚育间伐材 3505 立方米，销售木材 1 万立方米；第三产业收入 12 万元、多种经营收入 41 万元，占林场总收入的 10%。

1996 年 5 月，州境国营林场按照 5 杉 3 松 2 阔树种比例，优先发展工业原料林。1998 年，全州国营林场完成人工造林 139.07 公顷、为年计划的 102.2%，林木育苗 1.43 公顷、为年计划的 102%，中幼林抚育 698.67 公顷、为年计划的 109%；生产木材 1.08 万立方米、销售 1.37 万立方米，木材销售收入 679 万元。2000 年，全州国营林场推行劳动、人事、工资制度改革，实行竞争上岗。2001 年，州国营林场管理站更名为州国有林场森林公园管理站，纳入省国有林场行业管理；林场鼓励职工开展以家庭为单位自主经营 280 户 347 人，年收入 185 万元。2003 年，全州利用退耕还林、世界银行贷款、长防林工程造林，调整林种树种结构，开展多林种多树种造林，完成人工造林 313.33 公顷；生产木材 1.25 万立方米，销售木材 8700 立方米。

2005 年，龙山县砂子坡国有林场利用桤木树桩接种木耳菌种生产毛木耳，年产 1250 公斤，产值 2.5 万元。2010 年 6 月，省林业厅同意龙山县砂子坡林场，纳入省国有林场行业管理，永龙界、跑马坪、可立坡县办林场为砂子坡国有林场分场。全州国有林场数量增加 1 个，经营面积比“八五”期间增加 2792.6 公顷，活立木蓄积增加 15.20 万立方米。

（二）乡镇林场

1989 年，州林业局要求凡造林面积在 500 亩以上的，均要“留下一班人、建立一个场，管好这片林”。州委、州人民政府带头在凤凰县吉信镇和永顺县砂坝乡办起鹰咀岩、盘龙山 2 个万亩联营林场，新造速生丰产用材林 633.33 公顷。全州新办各类林场 100 个，经营面积 6.67 万公顷。州林业局总结“年年造林不见林”“重造轻管”经验教训，要求各县（市）在造林同时，兴办各种形式林场，做到“造林一块、管护一块、成林一块”。是年，州境有乡村林场 681 个，经营面积 2.81 万公顷。1991 年，古丈县高峰乡八面山林场获“全国先进乡村林场”称号，县林业局获“全国造林绿化先进单位”称号。1992 年，完善乡村林场生产经营责任制。全州新增乡村林场 300 个、管护人员 700 人、经营管理面积 11.2 万公顷。1998 年，全州有各类乡村林场 1265 个，经营面积 14.28 万公顷，占全州林业用地面积 13.71%。2005 年，全州有乡村林场 1653 个。2010 年，全州有乡村林场 1488 个，管护人员 2166 人，经营面积 13.96 万公顷，活立木蓄积 481.98 万立方米、毛竹蓄积 49.96 万株；完成林木育苗 28.33 公顷，人工造林 0.04 万公顷，中幼林抚育 0.39 万公顷；生产木材 2.5 万立方米、毛竹 2.1 万根，产值 2133 万元。

二、森林公园

（一）凤凰县南华山森林公园

1992 年 7 月，经林业部批准，升格为国家级森林公园，位于凤凰县沱江镇，距县城 2 公里。面积 2134.2 公顷，森林覆盖率 96%，系山区型自然风景区，其主峰高大巍峨，树木葱绿，景色优美。区内有大小峰峦 45 座、溪沟 72 条、山泉水井 21 处、森林植被保存完好。植物种类繁多，森林树种有 73 科、325 种；珍贵野生动物 20 多种。公园呈“月牙形”环抱凤凰县城，有“万亩青山抱古城”之美称。

（二）永顺县不二门森林公园

1993 年 5 月 8 日，由林业部批准组建，位于永顺县城南 2 公里处。公园由不二门景区、杉木河景区和官河河段组成，面积 5032 公顷。园内山奇水秀、岚青霭紫，怪石林立，古木参天，环境优美。

（三）龙山县太平山森林公园

2003 年 1 月 24 日，经湖南省人民政府批准成立，位于龙山县境内。公园总面积 2533.4 公顷，其中森林面积 1658.2 公顷。太平山森林公园景观秀美，风景奇特，名胜古迹甚多。

（四）古丈县坐龙峡森林公园

2003 年 3 月 17 日，经湖南省人民政府批准成立。位于古丈县红石林镇、酉水河畔，总面积2199.9公顷，森林覆盖率81%。公园内有木本植物56科、342属、986种，野生动物20多种，有“天然植物园”之称。是旅游、探险、休闲度假胜地。

（五）吉首市红枫森林公园

2006年1月26日，经湖南省人民政府批准成立，位于吉首市乾州新城西南部，距新城约2公里，其前身为吉首市红山林场，面积1333.33公顷。园内物种丰富，有野生植物73科336种。2008—2010年，吉首市投资200多万元，修复公园主干道3公里，便道5公里，定植珍稀风景树3万株，营造毛竹6万株。节假日，游人如织，休闲度假，沐浴森林。

湘西州森林公园名录

表15-4 单位：公顷

名 称	级 别	建园时间	面积	公园地址
南华森林公园	国家级	1992年7月	2134.20	凤凰县城郊
不二门森林公园	国家级	1993年5月	5032.00	永顺县城郊
太平山森林公园	省级	2003年1月	2533.40	龙山县
坐龙峡森林公园	省级	2003年1月	2200.00	古丈县红石林镇
红枫森林公园	省级	2006年1月	1333.33	吉首市乾州
花果山森林公园	县级	1996年4月	12.40	花垣县花垣镇
酉溪森林公园	县级	1996年5月	256.80	保靖县迁陵镇

第六节 森工企业

一、木材生产与经营

1989年，州内各县（市）引导农民逐步完善山林经营方式和木材生产责任制。组织农民植树造林，统一护林、统一木材采伐，森林资源逐年增长。州、县（市）木材公司采取与林农联营、租赁、征地等办法新办“森工”林场。同时，清理整顿木材市场和经营、加工网点，关闭、取缔木材“黑市”和“地下”木材加工场、点。1991年，州林业局制定《湘西州森林采伐全额管理办法》，限额采伐指标由林业部门和计划部门联合下达，商品材、农用材和农民自用材指标均在限额以内，实行木材生产管理“一本账”，不层层加码，提倡以村组为单位，统一采伐期，统一检尺，统一验证，加强监督，把超额采伐和乱砍滥伐制止在山头。1993年，全州有“森工”林场9个，面积1641.4公顷，累计新造速生丰产用材林1364.67公顷；5年间，州、县（市）木材公司收购木材29.37万立方米，平均每年收购木材5.87万立方米，比独家经营时减少50%。1994—1997年，州境执行宏观调控，压缩基建，木材销售下滑。1998年，州、县（市）木材公司销售木材4.2万立方米，比1990年净减4.87万立方米。1999—2004年，州境落实国家天然林保护工程，区划生态公益林和商品林，建设生态州及限伐、禁伐政策，可供采伐森林资源减少，国有森工企业因外部环境和内部机制等问题，出现不同程度解体或半解体，州内民营企业和个体经营户成为木材经营及加工主体。2005—2010年，州林业系统13家森工企业，3家进入改制程序，90%企业处于停产或半停产状态；州直4家森工企业，2家停产、1家半停产，1家完成企业改制。9年间，州下达各县市商品材限额采伐指标161万立方米、民用材指标29万立方米、毛竹146.14万根，90%以上限额指标由农户自主采伐，乱伐超伐现象较少。

二、林化产品

1990年，州栲胶厂（后改为州林化厂）生产栲胶69.78吨、单宁酸69吨。1991—1996年，州栲胶厂有3年停产。投产3年生产栲胶182.2吨，单宁酸110.13吨。其间，州境生产松香129.8吨。1996年，州林化厂生产的“高纯度单宁酸”获湘西州科技成果进步三等奖。1997年，州林化厂停产。州境有个体户兴办松脂产业，至2004年，全州有个体民营松脂厂6家。2005年生产松香45吨。2006年，州林业局印发《湘西州松脂采集的技术规程》和《关于加强松脂采集加工管理工作的通知》。经营企业主、个体经营户在古丈、永顺、龙山、吉首等县（市）兴办松脂加工厂13家；至2008年，生产松香4400吨、松节油880吨；2010年，松香、松节油实现产值6114万元。

第七节　林业公检法

一、森林公安

1989年2月，凤凰县政府决定从公安局、林业局、水打田乡政府和南华山林场抽调17人，组成整治小组，历时13天，清查出参与偷砍滥伐国营南华山林场林木39人，调查审问后，分别给予刑事、治安和行政处罚，追回木材20立方米。是年7月，吉首市马颈坳镇林农村因护林与保靖县堂朗乡黄金村发生山林纠纷，双方动用火枪、刀棍，准备械斗。吉首市森林公安派出所接到报警，迅速与乡（镇）政府及其相关部门工作人员前往制止，经过调解，平息这次山林纠纷。

1990年5月，全州开展以清理乱砍滥伐和木材“黑市”交易为重点的“百日侦破战役”。出动森林公安民警106人，排查出林业刑事、治安案件62起，侦破刑事案件32起，逮捕违法犯罪嫌疑人14人，查处林业治安案件10起、治安拘留16人、罚款3人。保靖、古丈、泸溪、永顺4个县先后召开公捕公判大会，依法逮捕涉林案犯14人，判刑3人。1994年，组织森林公安民警95人，开展两次搜捕行动，搜捕涉林案犯嫌疑人20人，其中逮捕1人，收容审查18人，捣毁盗伐矮寨“公路奇观”集体林木8人犯罪团伙。受州人民政府委托，州林业局牵头从吉首、古丈、保靖3个县（市）抽调170名林业执法人员，开展打击毁林犯罪、整顿林区社会治安突击行动，取缔乾州、马颈坳、关厢门、龙鼻嘴等木材黑交易场所5处，拆除无证加工木材锯台2处，查处涉林案件90起，处罚120人，收缴无证采伐木材40立方米。1996年，州委、州政府决定把整治林区社会治安纳入全州第二次集中整治农村社会治安总体工作内容，成立协调指导小组，11人组成，并从公、检、法、林业等部门抽调140人，“立足重点、强化宣传、打防并举、层层深入、步步到位、全面整治”，对吉首市与古丈县交界的平坝、默戎、马颈坳、白岩4个易发涉林案件重点乡镇、重点部位开展整治行动。重点“打击盗伐林木、非法收购、加工、运输、倒卖木材违法犯罪活动”。整治为期一个月，重点涉及4个乡（镇）23个村，破获森林刑事案件14起、治安案件11起，审结林业和其他治安案件10起，收缴木材20立方米、打掉车匪路霸团伙3个、瓦解团伙成员13人、抓获犯罪分子6人，基本刹住偷砍盗伐林木歪风。1998年7月，州人民政府办公室印发《关于保护森林资源、制止毁林开垦和乱占林地的紧急通知》，开展森林整治活动，全州森林公安民警共办森林案件552起，打击处理873人。是年，吉首市和古丈县公安局在吉首和古丈两县市边界的乡镇，开展打击滥伐林木专项行动，历时30天。整治乱砍盗伐林木重点部位3个、乱收滥购木材重点地段3处，查处涉林刑事案件8起、治安案件2起、拘留1人、罚款1人、收缴非法木材20立方米。

2000年，全州建立健全乡（镇）、村、组护林组织，组建林业执法队伍。2005年，州森林公安分局民警与古丈县森林公安分局民警联合行动，经过多次调查、取证，破获古丈县黄某某、李某某盗伐、偷运“百年生古紫薇树”案，并将黄、李2人绳之以法。2008年8月，州委、州政府抽调34名森林公安民警参与整治破坏森林资源、非法开采钒矿行动，查处毁林开矿案件1起。2009年，林业公检法民警配合林政、野生动植物保护执法人员，开展以打击破坏森林，乱砍滥伐林木，乱猎乱捕、走私偷运野生动植物和林区社会安全文明整治行动，受省林业厅表彰先进单位1个、先进个人3名。

2010年，州境开展以打击破坏森林资源、乱杀乱猎野生动植物和非法占用林地为重点“绿盾行动”“飞鹰行动”“候鸟三号行动”和“雷霆一号”行动等，涉林案件有所下降。

二、林业检察

1989年，湘西州人民检察院设林业检察科。1992年，林业检察科人员由州检察院、州林业局两家选派，科长由州检察院委派，属检察编制。1995年，林业检察科为州林业局的一个科室，办公地点由州检察院迁入州林业局。是年，永顺、古丈、泸溪3个县设林业检察股，每县编制2～3名，受林业局、检察院双重领导。

1996年起，林业检察民警参与州、县（市）制止涉林案件，保护森林资源。至2004年，与森林公安民警、林政执法人员一道，查处林政案件63件、挽回经济损失24.3万元；受理公安机关涉林案件62件115人，经审查批准逮捕55件92人；受理森林公安机关移送起诉案件65件100人、提请公诉63件80人。2005年，林业检察干警参与林区社会综合治理40人次，协助办理林政案件7件，挽回经济损失3.5万元；受理森林公安机关提请批准逮捕案件23起32人，经审查批准逮捕14件19人；受理起诉案件24起31人，提起公诉案件23起28人。2008年，受理提请批准逮捕案件58件67人，向法院提起公诉55件64人。2010年，州林检干警参与护林防火宣传，查办森林火灾案件，泸溪县林检干警配合森林公安，林政人员查处破坏森林、侵占林地案件5起，收取森林植被恢复费1.5万元。

三、林业审判

1989年，州林业审判庭为州中级法院内设机构。至1991年，州、县（市）林业审判庭共审理一、二审林业案件657件。是年8月，保靖县人民法院审理一起盗伐林木的大案，盗伐林木判处翁某某有期徒刑11年，剥夺政治权利一年。1992—1996年，州、县（市）林业审判庭下乡巡回办案，解决纠纷、化解矛盾，审理一、二审林业案件1777件。1997—2001年，林业审判庭审理林业案件1532件。州林业审判庭受理州木材公司与河南省郑州矿务局购销合同货款纠纷案后，派员到郑州与当地司法部门一道封存矿务局银行账户存款，多次找矿务局负责人沟通、协调，历经半月，矿务局终于借资还款，连本带息退还州木材公司购销合同款18万元。2002—2006年，州县（市）林业审判庭审理林业案件850件。2007年，州林业审判庭审理林业案件121件。2008—2010年，审理林业案件222件。

第五章 水利

1989年，湘西州水利电力局（简称州水电局）机关内设办公室、人事科、计划财务审计科3个行政科室，机关编制14名，实有27人；局直属机构有水电职工中专学校、移民办、水利水电总工程师室、机电排灌站、科技情报服务站、农田水利站、电力管理站、水利工程管理站、水电物质供应站、水政水资源站10个全额拨款事业单位，水利水电勘测设计院1个差额事业单位，有事业单位编制178名，实有137人；局直辖大龙洞电站，为正科级企业单位，有干部职工79人。

1995年，州水利电力局更名为州水利水电局，局机关核定行政编制19名；保留防汛抗旱指挥部办公室，编制8名；核定机关后勤服务人员事业编制1名。全局有行政、事业编制28名。

2001年，州水利水电局更名为州水利局，局内设办公室、人事科、计划财务审计科、监察室、水土保持科、水利科、农村电力管理科、水政科8个行政科室，机关编制17名，实有17人。有全额事业单位8个，即州水利电力民族工业中专学校（副处级）、州移民局（副处级）、州防汛办、州水利综合执法监察支队、州农村地方电力管理站、州水利工程管理站、州水利工程质量监督管理站、州水土保持生态监测站；差额事业单位1个，即州水利水电勘测设计院。事业单位编制212名，其中全额编制176名，差额编制36名，实有人数184人。州大龙洞电站，有干部职工123人。局下设国有公司两家，即湘源水利水电开发公司、兴沅水利水电开发公司。

2005年，州移民局机构升格为正处级机构，归口州农办管理；州水利电力工业学校并入州职业技术学院。州防汛办主任高配为副处级。2006年，州水利局成立州酉水（武水）灌区管理局，局长高配为副处级。2007年，州农村地方电力管理站更名为州农村电气化发展中心（局）。州水利局机构改革，除州防汛办外，其余均为局属独立核算事业单位。2008年，湘源水利水电开发公司和兴沅水利水电开发公司注销。

2010年，州水利局内设办公室、计划财务科、人事科（老干科）、水资源科（湘西州节约用水办公室、河道管理科）、水利建设管理科、水土保持科、农村水电建设与水利经营管理科（加挂安全监督科牌子），纪检（监察）机构按有关规定设置。机关行政编制17名，暂配行政周转编制1名。机关后勤服务全额拨款事业编制1名；实有95人。局下属有8个全额拨款事业单位，即州水利工程管理站、州农村水电及电气化发展中心（局）、州水利水电质量监督站、州水利综合监察支队、州防汛抗旱指挥部办公室、州水土保持生态环境监测分站、州雷公洞防洪水库管理处、州酉（武）水灌区管理局。其中州防汛抗旱指挥部办公室、州水土保持生态环境监测分站属于参照公务员管理全额拨款事业单位。事业单位有全额编制79名，实有76人。州水利水电勘测设计研究院属差额拨款事业单位，差额编制36名，实有35人。州大龙洞水电站有干部职工127人。

1989—2010年历任局长：符兴武、翟建凯、高文化；副局长：邓声棠、曾绍尹、邓德好、向源忠、杨胜刚、滕建帅、龙复兴、翟辉、刘光跃（挂职）、贾胜、姚波、孙波、朱才茂。

第一节　水利建设

一、灌区建设

1989年，湘西州有水库灌区614处，灌田2.97万公顷。1990—1995年，州水利电力局负责实施联合国粮食计划署中国3779项目区水利工程，即花垣县小排吾水库、保靖县卡棚水库、永顺县松柏水库3个水库灌区；完成干支渠续修配套长129.1公里，灌溉面积分别1850公顷、650公顷和1990公顷，15个乡（镇）受益，灌区农民人均产粮由362.4公斤增至538.4公斤。1995年，州委、州政府提出“5·10·5”重点计划，即州抓5个重点水利项目，各县（市）抓10个重点工程，各乡（镇）抓5个重点水利项目。推行水利建设目标管理责任制，以水毁工程修复为重点。各级财政及群众自筹水利建设资金746万元，投入劳动工日2462万个，完成各类水利工程1.58万处，其中投资工程476处，建成山塘5口，渠道防渗187公里，新增灌溉面积866.6公顷，恢复灌溉面积4740公顷，改善灌溉面积6046.6公顷。

1998年6月，全州水利部门调查研究，摸清底子，科学规划，认真设计，确定7个重点连片跨县域开发项目区，即卧龙灌区、龙山—保靖项目区、保靖—古丈项目区、龙头冲片区、红卫提引灌区、花垣—凤凰项目区，吉首—古丈项目区。项目区涵盖8个县（市）47个乡（镇），1.6万公顷灌溉面积。花垣县委、县政府提出“千名干部下工地，十万劳力上水利”口号，从10月至次年1月，干部参加水利义务劳动2810人，其中县级干部34人，乡镇干部662人。花垣县吉卫镇发动全镇20个村义务投工开挖白果洞排涝渠，每家每户分段包干，高峰时上马劳力5000人，金新田示范片麻栗场和雅桥乡发动群众义务投工30天，高峰时上马4500人。永顺县柏杨乡东路村满潮组，是凤滩水库移民，仅有70个劳力，他们不等不靠，义务投工3800个，兴修渠道8931米，引水坝1座，人均旱涝保收田面积从0.3亩增加到1.4亩。至1999年1月，全州开挖、护砌、防渗各类渠道长23.96万米，整修小型水库、山塘67座，恢复水毁河堤1.18万米，开挖隧洞2345米，新建倒虹吸管6284米，大坝防渗灌浆进尺6844米，完成土方31.51万立方米，石方20.87万立方米，干砌石2.81万立方米，浆砌石13.51万立方米，混凝土4.42万立方米，钢筋混凝土4357立方米。高峰期上马劳力6.57万人，完成工日142.1万个，新增旱涝保收面积2420.2公顷。是年，湘西州获“湖南省‘芙蓉杯’水利建设竞赛先进单位”称号。凤凰县龙塘河水库管理处处长田景堂被湖南省人民政府评为水利建设功臣。2000年，全州有效灌溉面积6.44万公顷，旱涝保收面积5.95万公顷。

2001年，国家启动武水灌区续建配套项目。武水灌区位于湘西州南部，包括泸溪、凤凰、吉首、古丈4个县（市）37个乡（镇）376个村，由泸溪县岩门溪片、龙头冲片，凤凰县龙塘河片、大小坪片，吉首市黄石洞片，古丈桐木片6个片区组成。建成中型水库3座、小（一）型水库32座、小（二）型水库51座、山塘949口、提灌站9处、引水溪坝107处、蓄引提水总量2.11亿立方米。灌区面积3.02万公顷，总人口54.42万人，其中农业人口43.54万人，有效灌溉面积1.56万公顷。2001—2004年，安排中央国债资金1600万元，省配套100万元，实施岩门溪、龙塘河、黄石洞、桐木4个片区续建节水改造，衬砌防渗渠道21.8公里，改造管理用房2000平方米；新增节水量450万立方米，新增灌溉面积706公顷，改善灌溉面积1830公顷，新增粮食生产能力7400吨，新增经济作物产值154万元。2004年、2005年、2006年，湘西州连续三年获“湖南省‘芙蓉杯’水利建设竞赛先进单位”，谢绍猛、周宁南等获全省水利建设先进个人并记二等功。

2008年，州水利局开始实施酉水灌区续建配套与节水改建项目。酉水灌区位于北纬28° 11’~29° 37’、东经109° 15’~110° 10’之间。灌区涉及花垣、保靖、永顺、龙山和古丈5个县104个乡（镇）1036个村，总人口52.9万人，其中，农业人口36.32万人，耕地面积3.48万公顷，灌区人均耕地0.065公顷。当年实施项目主要有三批。同时，实施杉木河主干渠、西干渠、防渗衬砌及接龙片广潭河主干渠、右干渠改造等新增项目。第三批项目实施干渠渠首取水建筑物2处；红卫水轮泵站东干渠防渗衬砌，卧龙水库引水干渠及主要建筑物加固改造工程6处，红河、三洒、麦桃湾3处渡槽加固改造，上母、独脚堆3处隧洞加固改造。三批项目总共投资2850万元，其中中央投资2200万元，地方配套650万元。项目完成干渠改造31.2公里，新建和改造排水沟6.13公里，新建和改造渠系建筑物115座，完成土方2.96万立方米，石方1.17万立方米，混凝土1.37万立方米。2009年，实施第四批项目建设工程，加固除险卡棚水库主干渠防渗衬3处；新建隧洞1座，处理堰塞湖1处。

2010年，酉水灌区实际灌溉面积1.1万公顷，粮食总产21870吨。全州有效灌溉面积10.13万公顷，旱涝保收面积8.09万公顷。

二、蓄水工程

1989年，全州有山塘6396口，蓄水量5211万立方米，灌田6948公顷。有小（一）型水库104座，小（二）型水库497座，实际灌溉面积分别为1.11万公顷和9020公顷。建成中型水库9座，正常库容1.37亿立方米，灌田9.53万公顷。

1990年9月，龙山县湾塘水库（电站）建成，设计灌田113公顷，发电装机2.45万千瓦。1992年，全州有49座小型水库通过续修配套，新增旱涝保收面积130公顷。1995年，全州有山塘6417个，蓄水量5222万立方米，灌田6960公顷。有小（一）型水库104座，灌溉面积1.49万公顷；小（二）型水库499座，灌溉面积1.21万公顷。

1996年11月，保靖县塘口湾水库群灌区工程续修实施。包括塘口湾、格则湖、小河寨3座小（一）型水库和溪州格1座小（二）型水库，共完成库内堵漏及大坝灌浆8899.8米，大坝坝面整形5860平方米，安装节水闸43个；完成高标准防渗干渠12条长49.4公里，渡槽等渠系建筑物22处长7469米；累计投工32.18万个，完成土石方13.48万立方米，浆砌石2533立方米，砼及钢筋砼1.69万立方米，完成投资1477万元。工程新增灌溉面积708.5公顷，新增旱涝保收面积581.8公顷。

2000年，有山塘6033口，蓄水量4413万立方米，灌田5880公顷。小（一）型水库104座，灌溉面积2.29万公顷；小（二）型水库499座，灌溉面积1.3万公顷。

2003年11月永顺县高家坝水库修建正式动工。2004年，泸溪县投资353万元，培厚加固大田角水库大坝，新开右岸泄洪隧洞及副坝和翻修涵管。2005年，大田角水库治理竣工，改善灌溉面积66公顷。是年，龙山县投入12万元，实施哈马口水库大坝土工膜防渗工程，新开溢洪道和卧管改造，改善灌溉面积73.3公顷。全州有小（一）型水库104座，库容1.5亿立方米；小（二）型水库499座，库容1.03亿立方米。

2008年12月，永顺县高家坝水库竣工。总库容8000万立方米，防洪库容5200万立方米。工程总投资2.27亿元。工程建成后，新增灌溉面积666公顷，改善农田灌溉2000公顷，新增水面养殖190公顷。2009年，省水利厅，省财政厅下达湘西州补贴资金1549万元，全州清淤扩容和加固处理山塘1695口。

2010年，湘西州有山塘5905口，蓄水量2.95亿立方米，灌田1.28万公顷；小型水库603座，库容2.53亿立方米，灌田1.1万公顷；中型水库23座，库容5.07亿立方米，灌田2.02万公顷。

三、引水提水工程

1989年，湘西州有河坝9648座，灌田3210公顷；电力提灌809台2.16万千瓦；水轮泵247处543台，灌溉面积7560公顷。花垣县兄弟河引水工程引水隧洞2处长2298米，3条干渠长35.7公里，6条支渠长25.6公里，引用兄弟河流量13.6秒立方米，灌田1050公顷、旱地630公顷，并兼顾塔里水电站发电用水和县城3万余人生活用水。

1992年，古丈县断龙山乡接龙渠第一、第二期工程相继动工。湘西州有固定排灌站769处，装机2.24万千瓦，灌田4330公顷。1994年，接龙渠工程在断龙山乡细塔河左岸300米高程悬崖峭壁上，修建完成对门冲水库水源工程，架设倒虹吸管7处1690米，渡槽1处45米，打通隧洞7处1.58公里，修建干渠1条27.9公里。1995年，接龙渠工程通水，工程投工9万个，投资1000万元。

1996年，断龙乡水务管理站站长田志义被水利部授予“劳动模范”称号。花垣县兄弟河引水工程在老坝下游修建一座12米高砌石拱坝，利用8米高水头兴建一座装机2×325千瓦水电站。

1998年5月至2001年3月，接龙渠第三期工程启动，投入资金430万元，配套修建干渠2条5.2公里，支渠12条19.2公里，整修山塘4口，投工2.2万个。

2010年，接龙渠工程可灌溉断龙、红石林两乡镇546.6公顷稻田，新开稻田313.3公顷，解决饮水困难5000人。湘西州建成引水工程3941处，年供水量3.52亿立方米，灌溉面积5233.3公顷；电力提灌733台，装机1.99万千瓦，灌田1.28万公顷；水轮泵站192个348台，灌田1400公顷。

四、安全饮水工程

1989年，全州安排以工代赈资金257.82万元，完成人畜饮水工程54处，解决1.33万人、9100头大牲畜饮水困难。

1995年，州水电局投入1500万元，组织技术力量开展集雨节水工程——水窖研究。在永顺、凤凰、龙山等县试点，先后修建水窖50个，水池6500个，集流沟2000条，总长1000公里，解决2.5万人、2万头大牲畜饮水困难。

2005年，湘西州83.98万农村人口纳入全国“十二五”农村饮水安全规划。

2006年，省防汛办在湘西州开展抗旱集水窖试点建设，每个水窖容积21立方米，埋于地下，丰水时将山泉水用管道引入窖内，干旱时可够4～5口之家4个月饮用。10月，省防汛办投资30万元，在古丈县红石林镇花兰村修建集水窖30个。

2007年1月，湖南省首批抗旱集水窖示范工程会议在古丈县召开。省、州水利部门先后投入资金800万元，在该县断龙山乡龙王湖村等4个乡（镇）18个村新建抗旱集水窖2259个，解决1500多人、8000多头大牲畜饮水困难和266.6公顷农田灌溉问题。

至2010年，5年间，中央下达湘西州农村饮水安全项目计划14批，总投资2.58亿元，改建和改扩农村供水工程677处。166.44万人达到农村饮水安全标准。建成水窖1.28万个，蓄水容积20.9万立方米，解决5.8万人饮水困难。

第二节 防汛抗旱

1996年4月，湘西州防汛办组建永顺县抗旱服务队，抗旱浇地控制面积7660公顷次。7月，州境内连续发生3次特大洪灾，州委书记、州长、常务副州长及部分州委常委和州“四大家”领导均在州防汛办值班坐阵指挥抗洪救灾，先后召开两次成员单位负责人会议及一次州委常委会扩大会议，研究布置抗洪救灾。州级干部包干到县（市），奔赴灾区一线抗灾救灾。永顺县出动14条皮划艇和30名船工，州武警调派100多名战士，政法系统调派60名公安干警赶赴泸溪县解救被洪水围困灾民。18日至19日下午省防洪指挥部空投组启用溆浦机场，用直升飞机向泸溪县白沙镇和浦市镇两个空投点投放救生艇32艘，药品15件、食品2吨，明矾200公斤。州直商业、供销、粮食等20多个部门两天内给泸溪县灾区送达200多车食品和矿泉水，总救灾物资10658件（包）；消防、城建出动车辆为灾区送水，卫生防疫部门派出3个医疗队分赴泸溪、吉首重灾区防病治病。州委州政府分析灾情，查灾、核灾，确定6个重灾县84重灾乡，482个重灾村，21.25万重灾人口。7月24日组织4个救灾工作队40多名厅处级干部分赴浦市、上堡、高坪、吉首等乡（镇），组织抗灾自救，下拨救灾资金300万元、救灾粮500万公斤。州直单位开展“办一件实事，献一份爱心”救灾活动。募捐资金550万元和衣物万余件。

1997年初，湘西州防汛办成立州抗旱服务经营部，配备6人专抓抗旱后勤服务和FA-旱地龙经营推广工作。7月，州防汛办组建泸溪县抗旱服务队，服务浇灌面积6660公顷。完成州境城市风险图，制定险情水位下安全疏散转移计划，实行党政领导分管责任区，军分区、武警官兵组织汛期应急抢险救援队，各县（市）武装部组建民兵应急分队。泸溪县还配备冲锋舟，组建岩门溪水库潜水班。县（市）防汛办、各骨干水利水电工程严格执行汛期值班制度，及时上报水位。

1998年，湘西州有符兴武、张齐润、彭英学、田儒东、罗日新被评为湖南省防汛抗旱先进个人，由省人民政府记一等功，符兴武被省人民政府授予抗洪功臣，国家防总授予“抗洪劳模”称号。

1999年，湘西州水利水电局被评为湖南省防汛抗旱先进集体。滕建帅、晏成玥被评为省防汛抗旱先进个人并记一等功。

2002年，湘西州水利局被评为省防汛抗旱先进集体，彭英学被评为省防汛抗旱先进个人并记一等功。

2003年，谢绍猛、岑四新、赵光中被评为省防汛抗旱先进个人，并记一等功。2004年，湘西州水利局被评为省防汛抗旱先进集体，翟建凯、彭英学被评为省防汛抗旱先进个人并记一等功。

2006年7月，州境发生严重干旱，中共湘西州委、州政府启动抗旱预案，下拨抗旱资金180万元。州委书记、副书记，州长、常务副州长等州级干部，冒着烈日酷暑，深入干旱重灾区检查旱情，组织群众抗旱。要求各县（市）和州直职能门全力投入抗旱救灾、组织群众抗灾自救。水利部门组织技术人员深入各水库灌区、组织指导群众清淤渠道191.5公里，拦河筑坝600座，架笕870米，并投入8支抗旱服务队为群众抽水抗旱。气象部门23门高炮、9套车载火箭炮实施6次人工增雨，232门次发射高炮弹7000余发，火箭弹40发。湘西州1万多名干部30多万劳力，1万多台内燃机、电动机，80多辆机动车、一千多万件其他抗旱工具参与抗旱救灾。至2007年，州水利局连续两年被评为省防汛抗旱先进集体，颜兰被评为省防汛抗旱先进个人并记一等功。

2010年，湘西州八县市组建抗旱服务队，拥有应急水车18辆，移动灌溉设备1297台，发电动力设备75台套，人员133人，固定资产1787万元，抗旱浇地2.563万公顷。全州组建防汛抢险队伍3000支10万余人，并储备一定数量抢险物资器材。赵光中被评为全国防汛抗旱先进个人。

第三节 水利管理

1989年，湘西州水利部门组织力量开展水库安全大检查，建立病险水库鉴定卡片，610座水库中，有208座出现病险情况，占水库总数34%。观测岩门溪、黄石洞、小排吾、卡棚、龙塘河、松柏、杉木河、贾坝、卧龙9座中型水库的大坝浸润线、渗流、水文、气象情况。灌溉水系用水管理实行“一把锄头放水”制度，沿袭用水收费办法，水费收入150.34万元，亩均3.3元。

1990年，湘西州10座中型水库灌区由管理所（处）核实基础水量和灌溉面积，编制年度用水计划，经灌区代表大会讨论通过，流量包段、分级送水；干支渠安装三锁闸门，设配水员；村设管水员负责支渠分水；组设看水员，负责放水到田间，形成放水、配水、送水、接水、灌水一条龙用水秩序。小型水库只设干渠配水员和管水员送水到田。泸溪岩门溪水库大坝埋设测压管，钻孔发现坝体有4层泥层含水量高达30%~50%，存在隐患。

1991年，花垣县兄弟河引水工程管理所，在确保800公顷农田灌溉前提下，开展发电、养鱼、城市供水，加工等综合经营项目，年产值增加到42万元，被水利部评为水利综合经营先进单位。龙山县红岩溪区水利电力管理站，管辖5个乡1个镇2个林场，区内有小型水库9座，小型引水渠8条、山塘15口，电灌站8处，小水电站2座装机700千瓦，人饮工程39处，受益人口1.95万人，自办自来水厂一座和装机200千瓦小电站，新建一栋630平方米楼房，开展水利综合经营，人均年产值5000元，被评为全省水利综合经营先进单位。湘西州水利工程实收水费面积3.2万公顷，收粮440万公斤，亩均9公斤，亩均折币5.2元。

1992年，龙山县贾坝水库通过测压管观测发现工程隐患，经省水利工程管理局电测验证，确定大坝核心墙加高到设计高度处理方案，且组织施工。48个区、乡（镇）水管理站和管理所（处）办粮油加工、水泥预制品，建材矿产品加工厂，自来水厂，养殖场种植基地等综合项目，实现水利综合经营总收入2874.4万元。

1993年，州水利水电局为大坝观测配备工程观测车，设5万元专项资金，对9座中型水库大坝统一埋设观测设施，在变形观测中，采用视线法埋设工作基点92个，固定观标100个，位移点203个，起测水位点50个，水库大坝建观测房、气象园、雨量观测站，统一订购观测仪器，统一对观测设施分排编号；统一观测设施保护办法；统一观测方法；坚持自测与州局巡测相结合，定期检查校正；统一制定检查观测资料上报制度，并制定《湘西州中型水库工程观测考核指标百分制》，按月向州局汇报，统一整编资料。

1994年7月23日，永顺县杉木河水库区连降大暴雨，调度员吴让庭4昼夜坚守岗位，根据资料和观测经验，准确作出预报，并在交通、通信中断情况下，提前泄洪，拦洪削峰60.3%，使水库下游3公里内主河道两岸未造成损失。

1995年，中型水库观测进入常规，每年一次资料整编，每年一次水库调度会，每年下达一次中型工程度汛方案。工程维护、养护项目，坚持按灌区受益田亩面积，列入冬修计划，统一实施，经费由乡（镇）、村自筹，国家给予适当补贴。全年治理病险水库33座，恢复灌溉面积733公顷。水利经济总收入1.55亿元。1996年，水利经济总收入增至2.1亿元。

1998年，湘西州水电工程监理有限公司成立，州内投资100万元以上工程全部实行招投标和质量监理。

1999年，花垣县广车水库续修防渗配套干支渠14公里。

2000年，花垣县麻粟场镇成立片区管理所，配备9名管水员分片包干，负责广车水库灌区灌溉供水，农户与管理所签订水费粮征收合同，在长达38天大旱中，由于管水员工作认真负责，灌区无旱情发生，粮食增产30%，管理所收水费粮

1.1 万公斤。

2001 年，全州实施首批病险水库除险加固计划，治理中型水库 14 座、重点小（一）型水库 35 座。

2002 年，州水利局制定《湘西州水利水电工程建设项目招标投标管理办法》。规定公开招标时不得限制合格投标单位数目，经资格审查后，认可投标单位不得少于 3 家。2006 年，国家投资 497 万元，除险加固吉首市跃进水库。

2007 年，州境两座中型水库和 55 座重点小（一）型水库列入全国第二批病险水库除险加固计划并组织实施。

2008 年 8 月，州水利局组织水利系统专业人员学习相关招标投标法律法规知识，第一批审查通过进入省综合评标专家库 101 人，获评委资格证 91 人。2009 年，有 19 座重点小（一）型病险水库列入国家计划实施。

2010 年，湘西州实施小（二）型水库除险加固专项计划，投资 5.92 亿元，治理病险水库 465 座，恢复和新增防洪库容 7349.06 万立方米，防洪效益增长 3765.31 万元，改善灌溉面积 9290 公顷，提升灌溉效益 2956.7 万元。恢复和新增发电量 1.04 亿千瓦时，发电效益 1981 万元；解决饮水困难人口 7.45 万人。水利经济产值 3.97 亿元，实现利税 4604 万元。

第四节　水土保持

一、水土流失及治理规划分区

2002 年，据湖南省第二次水土流失遥感调查，湘西州水土流失面积 4097.8 平方公里,占国土面积 26.49%。中度以上侵蚀面积 2527.75 平方公里，占总流失面积的 61%，侵蚀模数为 3680 吨 / 平方公里 / 年。州境强度以上水土流失主要分布在 25 度以上坡耕地及新近退耕还林陡坡幼林地、修改建公路、房地产开发、采矿、部分开发建设项目等区域；中度流失主要分布在 15 ~ 25 度坡耕地、荒山荒坡、疏幼林地、部分开发建设项目等区域；轻度流失主要分布在坡度较缓疏幼林地带、部分开发建设项目区域。

二、水土保持项目实施

1997 年，湘西州投资 180 万元，实施长江中上游水土流失防治项目（简称长治工程，集中治理凤凰县三里湾、明星和永顺县灵溪、冒溪、向家、摆里 6 条小流域，其中三里湾治理面积 19.83 平方公里，其中坡改梯面积 159.6 公顷，水保林 940 公顷，退耕还林面积 133.3 公顷，经济果木林 322.7 公顷，保土耕作 23.3 公顷，封禁面积 537.7 公顷，小型水利水保工程 161 处，修渠道 6 公里，修公路 6 公里。年保水能力 329 立方米，土壤侵蚀模楼由原来 3350 吨 / 平方公里 / 年减少到 2250 吨 / 平方公里 / 年，治理面积 53.61 平方公里。

1998 年，湘西州利用国债资金 352 万元，实施国家预算内水土保持项目，主要治理凤凰县官庄、土桥垅和永顺县万坪以及吉首市周家寨等小流域，治理面积 24.22 平方公里。1999 年，治理泸溪县达岚小流域，治理面积 10.29 平方公里，占流失面积 89%。实施坡改梯 20 公顷，水保林 98 公顷，经果林 34 公顷，封禁 539 公顷，维修山塘 1 口，工程投资 10 万元。2000 年，泸溪县白沙镇岩头河、凤凰县水打田等小流域同时治理，治理面积 31 平方公里。

2002 年，除继续在凤凰、永顺两县实施“长治工程”外，“国债项目”又在保靖县寸溪河小流域和龙山县果利河小流域实施治理工程，共投资 220.2 万元，治理面积 13.8 平方公里。至是年，凤凰县先后完成三里湾、明星、官庄、土桥龙、水打田、竿子坪、都吾 7 条小流域综合治理，投资 705 万元，治理面积 107.64 平方公里；永顺县完成灵溪、冒溪、向家、摆里、狮子桥、湖必、两岔、泽龙、阿捞河 9 条小流域综合治理，投资 1006 万元，治理面积 127.18 平方公里。

2003—2008 年，永顺县实施农业综合开发水土流失治理工程（简称“农开项目”），治理新华、西那、狮子桥、花桥、观音堂、龙头、西湖、董坪、首车、骑马湖、莲蓬等 17 条小流域，总投资 1680 万元，治理面积 134.43 平方公里。其中，石堤镇观音堂小流域工程投资 77 万元，治理面积 1404 公顷，实施坡改梯 20 公顷，造林 524 公顷，封禁种植691公顷，保土耕作34公顷，建拦沙坝1座，谷坊4处，沉沙凼60个，蓄水池14口，增加蓄水能力313立方米，年减侵蚀量4.28万吨。2009年，龙山县实施“农开项目”，至2010年，治理桂英、卧龙、苦溪、龙洞4条小流域，投入资金476.5万元，治理面积28平方公里。同时，凤凰县的香炉山、泸溪县麻溪口及田冲等实施小流域治理工程，治理面积21平方公里。

1989—2010年湘西州各县(市)水土流失情况一览表

表15-5　　单位:平方公里

县市名	水土流失情况			
	总计	轻度流失	中度流失	强度流失
吉首	343.60191	176.07340	132.77220	34.75631
凤凰	397.35372	33.20999	313.53490	50.60883
泸溪	382.77486	241.84620	111.96990	28.95876
花垣	566.44887	347.78600	134.46340	84.19947
保靖	416.69613	167.49430	163.73680	85.46503
古丈	188.44445	26.78663	149.19720	12.46062
永顺	939.41000	102.35000	734.37000	102.69000
龙山	863.08550	474.51550	226.21210	162.35790

1989—2010年湘西州水土保持规划分区范围一览表

表15-6

县市	分区类别及范围		
	重点预防保护区	重点治理区	重点监督区
吉首市	吉首乡、万溶江乡、双塘镇、寨阳乡辖区共41个村	己略、矮寨、社塘坡等乡(镇)全部;其次有寨阳乡、马颈坳镇、白岩乡的部分,共计71个村	丹青、排绸、排吼、太平、河溪5个乡(镇)全部;其次是马颈坳、白岩、吉首、双塘等乡(镇)一部分,共80个村
永顺县	松柏乡、高坪乡、长官镇、回龙乡、小溪乡、朗溪乡、车坪乡、抚志乡、吊井乡、颗砂乡、勺哈乡、砂坝镇、对山乡	泽家、大坝、列夕、毛坝、万民、盐井、西岐、首车、两岔、永茂、青坪、润雅12个乡(镇)	灵溪镇、王村镇、塔卧镇、万坪镇、石堤镇
保靖县	涂乍乡、阳朝乡、碗米坡镇、比耳镇、国有林场、农场、苗圃及部分乡镇森林植被覆盖率高的地方	大妥、复兴、普戎、毛沟、清水、阳朝、清水坪、水银、水田河、夯沙、葫芦11个乡(镇)	迁陵、野竹坪、比耳(部分村寨)等乡(镇)及人为开矿、打岩打砂地区
花垣县	麻栗场镇、吉卫镇、长乐乡、道二乡、排碧乡、排料乡、雅酉镇、花垣镇、董马库乡	雅桥乡、补抽乡	团结镇、龙潭镇、民乐镇、猫儿乡、排吾乡、两河乡、边城镇
古丈县	高峰乡、高望界林场、岩头寨乡、野竹乡、草潭乡	双溪、坪坝、河蓬、山枣、河西、茄通、断龙山7个乡(镇)	古阳镇、罗依溪、城关乡、默戎镇

续表 15-6

县市	分区类别及范围		
	重点预防保护区	重点治理区	重点监督区
泸溪县	梁家潭乡、八什坪乡、洗溪镇、潭溪镇及武溪镇、浦市镇的部分村和军亭界林场	合水、石榴坪、达岚、解放岩、兴隆场、浦市、永兴场 7 个乡（镇）	武溪、白沙、白羊溪、小章 4 个乡（镇）全部及兴隆场、浦市、永兴场两镇一乡的大部分村
龙山县	石羔、华塘、兴隆街、石牌、湾塘、白羊、老兴、桂塘、茅坪、农车、塔泥、大安、隆头等乡（镇）	洗车、苗儿滩、靛房、召市、贾坝、里耶、贾市、水田、茨岩 9 个乡（镇）	三元、桶车、新城、洗洛、乌鸦、猛必、红岩、洛塔等乡（镇）
凤凰县	山江镇、麻冲乡、柳薄乡、米良乡、两林乡、禾库镇、腊尔山镇	竿子坪、三拱桥、吉信、木里、千工坪、都里、廖家桥、林峰、水打田、沱江、官庄、木江坪 12 个乡（镇）	阿拉营镇、落潮井乡、茶田镇、茨岩乡、新场乡及吉凤工业园凤凰片、吉怀高速凤凰段、凤凰县城开发区

第六章　水库库区移民

1989 年，湘西州移民办公室（简称州移民办）为正科级单位，隶属州水利电力局。1994 年 5 月，州移民办升格为副处级机构，隶属州水利局。1996 年 1 月，州移民办更名为州移民开发局（简称州移民局）。2005 年 7 月，州移民局升格为正处级单位。2006 年 4 月，更名为州水库移民开发管理局，归口州农办管理，内设办公室、法规科、安置开发一科、安置开发二科、计划财务科。2008 年 4 月，增设人事科。2010 年局机关编制 17 名，实有 28 人。

1989—2010 年历任局长（主任）：高从忠、杨胜刚、龙生贵；副局长（副主任）田茂钊、谷加祥、王本刚、龙生贵、游杰。

第一节　移民搬迁

1989 年 10 月 1 日，五强溪库区泸溪县城迁建工程启动，中共泸溪县委、县人民政府在上堡乡白沙村岩坪举行开工奠基仪式。五强溪水库建设淹没涉及泸溪县境武溪、白沙、浦市、洗溪、上堡等 5 个乡（镇）21 个村 52 个村民小组。需迁建州、县直部门 163 个，工矿企业 58 家，淹没影响移民 3.48 万人，实际需要动迁 1.55 万人，核定生产安置 4131 人，实际需要安置 5514 人。

1992 年 3 月，成立泸溪县 319 国道改线建设指挥部，并于当年开工建设。凤滩库区的保靖、古丈和永顺 3 个县移民 1100 人，先后从常德市安乡县及周边安置地返迁至州内原住地。

1993 年 3 月，湖南省副省长周伯华率省直 47 个单位负责人，在泸溪县召开现场办公会，帮助解决移民搬迁资金 1641 万元，加快推进移民迁建进程。12 月，泸溪县峒河大桥建设指挥部成立。

1994 年 3 月，泸溪县武溪老城改造指挥部成立并开工建设。是年 4 月，泸溪县移民补偿投资概算调整为 32908.84 万元。

1995 年 3 月 28 日，泸溪县人民政府由老县城武溪镇迁至新县城白沙镇。

1996 年，泸溪县白沙新城累计开工建房 50.5 万平方米，竣工 40.7 万平方米，分别占总计划的 96%和 77.3%；单位搬迁 142 个，居民搬迁住进新居 761 户，分别占应搬迁的 94%和 85%。拆除老城武溪镇线下 72 个单位房屋和 416 户居民房屋。是年 6 月，碗米坡库区淹没影响实物指标调查工作全面展开。调查确定淹没影响州境保靖、龙山 2 县 10 个乡（镇）、58 个村（居）、175 个村民小组、124 个机关单位。影响人口 1.68 万人，淹没房屋53.12万平方米，淹没耕地406公顷。保靖县清水坪、隆头、拔茅，龙山县里耶、长潭、隆头及苗儿滩等7个乡（镇）驻地不同程度受到淹没影响。

1997年，五强溪库区泸溪县移民补偿投资概算调整为6.3亿元。

1998年3月，中南勘测设计院提交碗米坡水电站可行性研究报告，即《水库淹没处理规划专题报告》，补偿投资概算湘西州部分静态投资3.33亿元。

2000年5月，州移民局组织库区受淹指标复核工作，确定碗米坡水电站湘西州部分静态投资3.97亿元。是年9月1日，碗米坡电站库区移民工作启动。12月16日，《碗米坡水电站水库淹没处理补偿投资包干协议》签字仪式在长沙举行，协议碗米坡水电站水库移民补偿总投资3.4亿元，其中龙山县11577.03万元，保靖县22285.07万元，州本级137.9万元。年底，泸溪县应搬迁163个单位和1292户居民1768人全部搬迁，生产开发安置移民2850人，占核定应安置人数4131人和实际需要安置人数5514人的69%和52%；农村移民297户2040人搬迁任务全部完成。

2001年5月，州人民政府制定《碗米坡库区淹没补偿安置实施办法》，规定碗米坡库区淹没实物补偿标准，水田8456元/亩，旱地6968元/亩，私人砖木房屋212元/平方米，木房145元/平方米。8月，安排碗米坡水库移民搬迁安置（湘西）资金9000万元。是年，泸溪县移民局全面完成库区坍岸滑坡地段的房屋、人口搬迁工作任务，基本完成泸溪化工厂、电石厂两个移民企业破产清算、职工安置任务。2002年，五强溪库区移民补偿投资3227.02万元。

2004年，州移民局完成花垣县竹篙滩电站淹没实物调查。是年12月,碗米坡库区移民工程通过州人民政府验收，库区移民项目征用土地746.4公顷，拆迁移民房屋36.53万平方米，完成11个乡（镇）45个村141个组、2728户1.21万人的搬迁工作，完成村庄建设742户3290人；迁建龙山县里耶、隆头、长潭和保靖县拔茅、隆头、清水坪6个集镇，搬迁居民1500户7397人，建设用地72.49公顷；复建公路9条6271.41米，桥梁长度361.41米；恢复电力设施38条，74.6杆公里；里耶、苗儿滩两处集镇防护工程竣工。是年，永顺县高家坝水库开工建设，需搬迁安置移民4352人。

2006年，竹篙滩水电站开工建设，涉淹花垣、保靖两县4个乡（镇）17个村24户120人，规划搬迁121人。淹没房屋4549.08平方米，淹没影响土地62.2公顷。是年，完成雷公洞水库淹没实物调查工作。古丈县启动镇溪滑坡搬迁工作，吉首市完成河溪库区永固滑坡体移民搬迁安置。

2008年，州移民局户均投资1万元，帮助库区120户无房移民建房，并与省电力公司签订镇溪滑坡体移民搬迁协议，争取资金200万元。永顺、古丈两县通过集中和分散安置办法，迁建房屋66栋，69户移民搬出滑坡地带。2009年，全州移民避险搬迁安置341人。

2010年5月5日，省移民局批复花垣县竹蒿滩水电站建设征地移民安置规划设计报告。库区淹没耕地采用两年一遇洪水标准，农村居民点采用20年一遇洪水标准。库区规划搬迁人口121人，生产安置人口796人。电站工程静态投资2.07亿元，移民安置补偿投资总概算4206.9万元，此外每年需补偿稻谷324.97吨。移民房屋搬迁本着“因地制宜，有利于生产生活，少占耕地，后靠分散安置”原则，统一规划，分户实施。是年，全州落实凤滩、五强溪等库区移民避险搬迁资金458.4万元，完成避险搬迁1049人。

1989—2010年湘西州中型水库工程及移民情况一览表

表15-7

工程名称	工程类别	开工时间（年）	竣工时间（年）	坝址所在县（市）	涉及移民人数（万人）	原迁移民人数（万人）	水库容量（亿立方米）	装机容量（万千瓦）	年发电量（亿千瓦时）	现状人口（万人）
松柏水库	水利	1964	1969	永顺	0.4262	0.4262	0.1166	—	—	0.4262

续表 15-7

工程名称	工程类别	开工时间（年）	竣工时间（年）	坝址所在县（市）	涉及移民人数（万人）	原迁移民人数（万人）	水库容量（亿立方米）	装机容量（万千瓦）	年发电量（亿千瓦时）	现状人口（万人）
贾坝水库	水利	1965	1976	龙山	0.2172	0.2172	0.139	—	—	0.2923
小排吾水库	水利	1966	1975	花垣	0.039	0.039	0.135	0.04	0.015	0.0536
岩门溪水库	水利	1966	1969	泸溪	0.287	0.287	0.251	—	—	0.287
长潭电站	水电	1972	1982	保靖	0.1205	0.1205	0.6336	0.5	0.252	0.1205
龙塘河水库	水利	1972	1975	凤凰	0.2129	0.2129	0.184	0.2635	0.08	0.2926
杉木河水库	水利	1965	1970	永顺	0.2121	0.2121	0.2	0.092	—	0.2121
卧龙水库	水利	1975	1979	龙山	0.2568	0.2568	0.117	—	—	0.3327
小陂流电站	水电	1975	1978	泸溪	0.2816	0.2816	0.1	0.3	0.055	0.2816
卡棚水库	水利	1977	1985	保靖	0.2188	0.2188	0.217	0.096	0.00166	0.2188
黄石洞水库	水利	1974	1978	吉首	0.025	0.025	0.11	0.0525	0.05	0.0272
河溪电站	水电	1978	1983	吉首	0.8727	0.8727	0.53	0.96	0.31	0.941
白溪关电站	水电	1976	1980	古丈	0.4559	0.4559	0.1348	0.375	0.3	0.4758
马鞍山电站	水电	1984	1986	永顺	0.3908	0.3908	0.284	0.8	0.35	0.4204
双溶滩电站	水电	1992	1995	保靖	0.3467	0.3467	0.1721	0.8	0.4747	0.3467
湾塘电站	水电	1984	1991	龙山	0.459	0.459	0.58	2.64	1.31	0.459
大小坪水库	水利	1995	1996	凤凰	0.0861	0.0861	0.1202	—	—	0.0879
狮子桥电站	水电	1985	1998	保靖	0.2821	0.2821	0.132	1.12	0.5187	0.2964
海螺电站	水电	1992	1995	永顺	0.0297	0.0297	0.1544	0.96	0.4491	0.0297
长潭岗电站	水电	1988	1998	凤凰	0.595	0.595	0.997	1.2	0.31	0.6251
雷公洞水库	水利	2004	在建	凤凰	0.2246	0.2246	0.242	0.5	0.3	0.2246
黄莲溪电站	水电	2005	在建	吉首	0.0683	0.0683	0.106	0.6	0.25	0.0683
高家坝电站	水电	2004	2009	永顺	0.4352	0.4352	0.8	1.26	0.4529	0.4352
小河电站	水电	2005	2006	龙山	0.108	0.045	0.222	0.5	0.182	0.108
纳吉滩电站	水电	2006	2008	龙山	0.0876	0.0578	0.38	5.1	2.15	0.0876
红卫水库	水利	1966	1970	花垣	0.8377	0.8377	1.52	—	—	0.0754
竹篙滩水库	水电	2004	2014	花垣	0.8377	0.8377	1.52	4.2	1.33	0.8377
兄弟河水库	水电	1984	1988	花垣	0.6688	0.6688	0.788	1	0.35	0.7822
甘溪桥水库	水利	1984	1987	泸溪	0.3788	0.3788	0.136	0.5	0.2	0.3125

第二节 库区移民后期扶持

一、后扶直补

1989年，湘西州水库移民以供应水淹区定销粮为主，少量后期扶持基金补助。是年12月，凤滩库区移民人均耕地0.55亩。

1992年，省移民办安排凤滩库区移民维护资金193.25万元。州移民办安排凤滩库区滑坡处理100万元，维护和搬迁移民128户667人，房屋21057.5平方米。

1994年，安排凤滩库区463.6万元库区维护费。

1996年，水淹区移民定销粮改为钱补。

1997年，州人民政府印发《湘西州水电站水库库区后期扶持基金解缴和管理办法》，规定1996年后修建的水电站，后期扶持基金按售电量每千瓦时提取1分钱；修建的水库，基金按年度从灌区受益年提取。

1998年9月1日，全州移民口粮补贴开始核减。至年底，凤滩和五强溪库区泸溪县移民被核减15%；其他中小库区移民核减25%。

1999年，全州水库移民后期扶持基金300万元。

2000年11月15日，省人民政府下发《关于印发〈湘西自治州解决凤滩库区移民安置遗留问题实施规划（2000—2002年）〉的通知》（湘政函〔2000〕94号），由省直14个部门对口支持凤滩库区移民后期扶持资金4680万元。

2001年，省移民局下达湘西州移民口粮补贴1255.36万元，后期扶持基金804.16万元。

2003年，全州移民人均纯收入1080元，实现移民脱贫6000余人。

2004年，开展大中型水库移民后期扶持情况调查，摸清全州32座大中型水库18.95万移民基本情况。州境库区移民人均纯收入1100元，未解决温饱贫困移民减至6万人。

2005年，州人民政府第44次常务会议决定，从全州27座中型水电站每年上网的7亿千瓦时电费收入中，按每千瓦时1分钱标准征收提取后扶资金，主要用于州内水库移民经济发展问题。

2006年7月27日，湖南省移民局下达湘西州大中型水库移民后期扶持人口指标16.14万人。是年11月9日，《湘西州完善大中型水库移民后期扶持政策的实施方案》经省完善大中型水库移民后期扶持政策领导小组批准实施，从2006年7月1日起，给农村现状移民按照每人每年600元标准，以直补、项目扶持和两者结合方式进行扶持，执行期20年。

2007年，州人民政府先后下达全州32座大中型水库移民后期扶持人口指标，保靖县2.97万人，泸溪县2.76万人，永顺县2.28万人，龙山县2.19万人，古丈县1.75万人，凤凰县1.47万人，花垣县1.01万人，吉首市7228人，州本级及竹篙滩电站预留人口1.08万人。全州核定登记后期扶持人口16.11万人，政策兑现16.11万人，占省核定人数100%。实行直补361个村，项目扶持67个村，直补和项目扶持结合70个村。是年，湖南省财政厅下达湘西州小水库移民口粮补贴及移民困难扶助金694.29万元。

2008年，湖南省后期扶持领导小组认定湘西州农村现状移民人口指标15.99万人。是年，除竹篙滩电站移民外，据实核定到全州8个县（市）113个乡（镇）587个村，核定后扶移民15.15万人。是年，省财政厅下达湘西州小水库移民扶助金和移民困难扶助金665.88万元。

2009年9月，州移民开发局将省下达移民扶助金分配到县（市）：吉首市38.87万元，凤凰县64.96万元，泸溪县133.18万元，古丈县76.07万元、花垣县48.26万元、保靖县124.20万元，永顺县112.74万元、龙山县102.72万元。

2010年，州人民政府办公室将原预留竹篙滩电站8377人口指标，分配到花垣县5445人，保靖县2962人。同时将留州2423人用于全州移民培训人口指标分解挂靠凤凰县1316人，吉首市1107人。是年，省定湘西州15.99万农村现状移民人口指标全部分解到库区8个县（市），其中保靖县3.26万人、泸溪县2.76万人、永顺县2.28万人、龙山县2.19万人、古丈县1.75万人、凤凰县1.6万人、花垣县1.55万人、吉首市8335人。落实15.99万人直补和项目扶持，共计拨付8县市移民后扶基金1.08亿元，移民人均纯收入由上年1890元增至2107元，同比增长11.51%。

二、基础设施建设

1989年10月，泸溪新县城白沙市政工程动工建设。年底，完成朝阳路土石方开挖3万多立方米，同时架设武溪镇至白沙通信线路9000米。

1990年7月，古丈县罗依溪饮水工程动工。是年11月，泸溪县铁山河大桥开工建设，大桥全长454.83米，宽13米，主桥3孔，总投资3300万元。

1992年，州移民办牵头调查古丈、永顺、保靖3个县移民居住地滑坡情况，查出滑坡体17处，涉及移民389户1972人，房屋392栋6.67万平方米。分类排队，确定急需搬迁127户662人，房屋2.09万平方米。是年5月，古丈罗依溪饮水工程竣工。

1993年5月8日，泸溪县铁山河大桥竣工通车。是年，州移民办安排凤滩库区滑坡处理经费80万元，搬迁和处理危房100栋，涉及人口533人；新建排洪沟0.65公里、码头1处100米、人畜饮水工程1处。

1996年4月28日，泸溪县浦市防护工程指挥部成立，浦市防护工程开工建设。该工程包括防护工程和移民搬迁两部分，工程投资8900万元。防护工程包括一条长2800米的沅江防洪大堤、一条长2300米的避洪渠、一条758米长的排洪隧洞，以及一座排涝泵站；工程涉及拆迁单位28个、居民3545户。

1998年，凤滩库区基础设施建设投入178.5万元，完成人饮工程4处，新建码头2处，新建4所学校教学楼2603平方米，完成柑橘储藏间配套工程1133平方米。11月20日，保靖县迁陵镇码头开工，工程投资245万元。泸溪县浦市防护堤坝建成平均高程123.5米，排洪隧道贯通，安置移民3000余人。

1999年4月8日，古丈县罗依溪引水工程开工。该工程引水管网全长3.92公里，总投资356.08万元。

2000年11月，省人民政府批准实施凤滩库区移民安置遗留问题三年规划项目，由省直14个部门帮助解决资金4680万元。是年，凤滩库区兴修公路84公里，便道173.7公里，大小桥梁18座，码头109座，渡船33艘，移民区18个乡（镇）全通班车；兴建水利电力工程36处，兴建人畜饮水工程9处，整修和新修学校36所，兴建水电站3座，架设35千伏输电线路26公里，兴建人畜饮水工程9处，整修和新修学校36所，兴建水电站3座，架设35千伏输电线路26公里，兴建2000千伏安变电站1处，架设10千伏输电线路133.7公里和低压线路16公里；开发鱼种养殖3处，拦网养鱼23处。

2001年3月，古丈县罗依溪饮水工程竣工验收。4月，保靖县迁陵码头工程竣工验收。库区完成人饮工程2处，管道6440米，地方交通5处，枞树坪渠道2公里。11月16日，碗米坡水电站建设工程实现大江截流。11月龙山县里耶防护工程开工建设，工程总投资9811.13万元，由四部分组成：一、防护大堤长4.1公里，堤顶宽6.5米，标高258米；二、长潭河改道1公里，拦河坝67米；三、猫儿溪排洪工程拦河坝67米，隧洞长648米；四、排涝泵站装机587千瓦。

2002年，州移民局编制《凤滩库区移民遗留问题处理六年规划（2002—2007）》，规划项目投资8000万元。是年，省移民局批准永顺县长官大桥项目预算350万元，批准古丈县栖凤湖大坝工程。全州库区基础设施总投资1822万元，兴修库区公路83公里，修建桥梁5座，码头16处，开建人畜饮水工程34处，修建学校、医院3所，架设输电线路26公里，安装闭路电视1200户，修筑灌溉堤坝15处，渠道3.2公里。

2003年，《湖南省凤滩库区移民遗留问题处理处理六年规划（2002—2007）》经国家批准实施，项目总投资8000万元，其中中央投资4000万元，地方配套和群众自筹4000万元。是年，凤滩和五强溪库区实施工程项目75个，竣工52个，在建23个，总投资2429万元。古丈县栖凤湖大坝完成土石方30万立方米，副坝、溢洪坝和交通桥竣工建成，累计完成投资1950万元。泸溪县刘家滩村在省移民局协助下，筹集资金300万元，劈山凿洞，修通10公里长的刘家滩大道。

2004年，州移民局完成花垣县竹篙滩电站淹没实物指标调查。凤滩、五强溪库区实施工程项目108个，竣工83个，在建25个，投入移民资金1263.8万元，受益移民4.34万人。古丈县栖凤湖大坝工程全面竣工，累计完成投资2770万元，形成水面333.3公顷，安置移民1200人，养鱼面积86.67公顷。永顺县长官大桥竣工，累计完成投资450万元。

2007年，全州库区新修公路187公里，桥梁23座，架设自来水管道138公里，输电线路66公里。

2008年，全州实施后扶项目，新建和硬化农村道路280公里，新建和改造饮水工程145处。

2009年，全州建设库区交通道路148公里，其中新修83公里，硬化65公里；修建水利设施78处，改善灌溉245.4公顷，解决17个移民村1.4万人的安全饮水问题。是年，花垣县兄弟河水库拦河坝养鱼项目开工。

2010年，全州新修村道61公里，解决安全饮水困难6216人。

三、产业开发

1989年，全州库区投入27.9万元，开垦橘园41.4公顷，培管柑橘140.3公顷，茶叶30.3公顷，板栗2.8公顷，葡萄1.3公顷；安装1台鱼种场孵化抽水机，网箱养鱼28口。古丈县河西镇购兔268.5对，发展到500余对；保靖县养猪294头；永顺县养牛10头，养羊40只、养兔30只。是年，投入企业发展资金71.15万元，其中投入古丈县电石厂45万元，投入保靖县黄磷厂26.15万元。

1990年，全州库区开发土地10公顷，柑橘改造13.3公顷，开发板栗20公顷，培管茶叶5.3公顷，培管柑橘2.67公顷；养牛71头，养猪350头，网箱养鱼4口。是年五强溪库区泸溪县开发柑橘32公顷，定植柑橘66.67公顷，培管柑橘88公顷。

1992年，全州库区新开发柑橘面积54.5公顷、柚园20.67公顷、茶园16.67公顷、板栗6.67公顷，培育柑橘面积111公顷、其他水果33.3公顷、茶叶面积5.33公顷，造林面积13.33公顷。发展网箱476口，网箱养鱼产量12.7万公斤，产值72.4万元，户均产值0.41万元。8月，创办栖凤湖茶叶加工厂，至10月底，加工绿毛茶1.75万公斤，销售利润3万元。

1993年，凤滩库区开发柑橘面积566.67公顷、茶叶180公顷，投放养鱼网箱1500口。

1994年，凤滩库区开发柑橘面积66.67公顷，新开茶叶66.7公顷，为无地少地移民征地13.33公顷，新建养鱼网箱170口。

1995年，全州投资2000万元，扶持移民企业9家。保靖县黄磷厂上半年生产黄磷284.6吨，销售收入293万元，吨黄磷降低成本302元。

1996年，凤滩库区开发柑橘66.67公顷，五强溪库区泸溪县建成刘家滩蔬菜基地20公顷。

1997年，州境凤滩库区投入移民开发资金1032.25万元，完成移民山地开发面积430公顷。凤滩库区和五强溪库区开发可耕作地84.5公顷。同时，库区培管、改造柑橘153.3公顷，新购优质黑羊品种1500只，围堤养鱼120公顷。全州库区果茶面积达到1000余公顷。

1999年，全州库区突出抓无地少地移民征地工作和口粮田建设，为移民征地面积14.6公顷，实施口粮田建设34公顷，山地开发44.67公顷，受益移民2500余人。

2000年，安排移民项目资金1040万元，其中基础设施建设资金744万元，生产开发资金296万元；凤滩和武强溪库区实施山地开发99公顷，低产田改造9.9公顷。

2003年，凤滩、五强溪库区新开山坡地面积200公顷，建蔬菜大棚200个。

2004年，投入生产开发资金1120万元，为古丈县河西镇龙天坪村移民新征土地116.7公顷，培植专业大户350户。全年新增开发面积464.7公顷，实施柑橘培管及品改693.3公顷，其他水果320公顷，网箱养鱼3500口，拦岔养鱼11处80公顷，实现规模养猪3.26万头，发展蔬菜大棚1235个。是年12月7日，全省移民工作现场会在吉首召开，推广湘西州“投资拉动、大户带动、协会推动”经验，促进移民脱贫增收。

2005 年，新培育养猪、养鱼等产业大户 182 户，实施柑橘等果木定植 150 万株，低改品改 333.3 公顷，发展网箱养鱼 2400 口，放养鱼种 350 万尾，新建库区产业合作组织 3 个。

2009 年，库区新开土地 1153.3 公顷。建成科普示范基地 1 个，面积 13.3 公顷。新建猕猴桃基地 1 个，面积 42 公顷。新建金银花基地 1 个，面积 67.7 公顷。新增养鱼网箱 887 口。移民人均纯收入由上年的 1750 元增至 1890 元。

2010 年，州移民局、团州委、州科协联合开展青年移民科技创业“启航行动”活动，推进“313”（即用 3 年时间，重点扶持 100 名青年移民，每户扶持 3 万元资金）工程实施，先期扶持 44 户移民吸纳民间资金和金融贷款 300 多万元。全州库区新建产业基地 7 个，面积 722.9 公顷。全年新开猕猴桃面积 346.7 公顷，茶叶 133.3 公顷，新开油茶 115.1 公顷，金银花 399.5 公顷，柑橘品改、低改新增 667.5 公顷，新增网箱 1164 口。帮助 1042 户移民与吉首老爹公司等龙头企业签订农副产品购销合同。库区形成以柑橘、猕猴桃、茶叶为主的 1.3 万公顷特色主导产业。移民网箱养鱼基地 7 个，水产品总量 3 万余吨。

四、移民培训

1989—1990 年，州移民办投资 3.8 万元，培训移民专业技术人员 1100 人。

1993 年全州移民实用技术培训 15 期 1000 人次。

1997 年，全州举办库区移民培训班 16 期，培训 3000 余人次；送省内大中专院校学习 98 人次。

1998 年，全州各县建立培训和技术服务网络，培训移民 1200 人次，有 40%的移民乡（镇）、村、组干部参加培训。1999 年 5 月 1 日，湘西州移民培训基地在永顺县王村镇挂牌成立，培训移民和移民干部 6 期 238 人。

2002 年，州移民局聘请库内外专家和技术人员采取“请进来，带出去”等方式开展培训，先后举办科技培训班 68 期，参训移民 4759 人次，专家到实地现场指导 73 人次，组织移民外出参观学习 480 人次，选派优秀青年到有关院校学习培训 11 人次，培养科技示范户 1720 户。

2003 年，全州举办库区果树栽培、养猪、养鱼和大棚蔬菜等培训班 46 期，培训移民 3180 人次，选送 13 名移民子弟上大学。2005 年，全州举办各类库区实用技术培训班 36 期，参训移民 3500 人。在凤凰县长潭岗库区移民村建立湘西州库区移民科技培训示范基地。基地集种苗、母本园、休闲、培训、示范、农业观光园为一体，占地面积 7 公顷，利用水面 53.3 公顷。

2007 年，新招库区“9+2”（九年制义务教育与两年制“订单式”职业教育）职业技术教育班 5 个，招生 400 人。完成移民实用技术和劳务技能培训 9 万人，实现劳务输出 1.3 万人，创劳务收入 2680 万元。

2009 年，州移民局制定湘西州库区智力移民工作七年规划和年度培训计划方案。9+2 职业技术教育新招 3 个班 139 人，在校生 570 人，新安置就业 194 人。选送 31 人参加省移民局技能培训。举办州、县、乡三级移民干部培训 21 期 1100 人次，库区移民实用技术培训 122 期 1.16 万人次。

2010 年 4 月 27 日，全州 10 万移民大培训仪式在吉首举行，全年组织移民就业技能培训 1353 人次，实用技术培训 9.55 万人次。

第三节　项目资金与移民管理

1989 年，凤滩库区移民建设资金到位 252.15 万元。州移民办选定项目，严格资金发放。

1990 年，州移民局推行移民工作目标管理制度。各县移民办公室建立健全财经制度，实行“一支笔”审批原则，加强周转金发放和回收管理工作。全州到位移民资金 1279 万元，其中五强溪库区泸溪县补偿费 982 万元，凤滩库区库建资金 297 万元。

1996 年，省移民局从后扶资金中安排救灾经费 889 万元，其中五强溪库区泸溪县 705 万元，凤滩库区 3 个县 184 万元。

1999 年，州移民局制定《关于进一步加强部、省属电站水库移民计划、项目、资金管理的实施办法》。是年，全州到位移民资金4954.14万元，其中五强溪库区泸溪县补偿费3100万元，碗米坡库区补偿费20万元，凤滩库区库建资金300万元，凤滩和五强溪库区后扶资金230.8万元，全州水库移民口粮补贴1303.34万元。

2000年，州移民局制定项目管理程序：30万元以下移民工程，由州移民局委托有资质的设计单位或设计人员勘察、设计，由县移民局与设计单位或设计人员签订勘察、设计合同，州移民局审批，并形成审批文件；投资30万元以上移民工程，由州移民局委托有资质的勘察设计单位勘察设计，由县移民局与勘察设计单位签订勘察设计合同，州移民局提出初审意见报省移民局审批，并形成省局审批文件。全州到位移民资金3357.92万元，其中五强溪库区泸溪县补偿费1150万元，碗米坡补偿费200万元，凤滩库区库建资金256万元，水电附加费2.86万元，凤滩和五强溪后扶资金469.7万元，移民口粮补贴1279.36万元。同时，州政府决定，全州移民机构人员和工作经费纳入同级财政预算。是年，州移民局被评为全省维护库区稳定工作先进单位。

2001年，州移民局规定移民项目实行项目法人制、招投标制和监理制，严格资金控制、进度控制和质量控制。全州到位资金15636.63万元。

2002年，州移民开发局制定《湘西州水库移民工程竣工验收实施办法》。是年，到位资金20165.02万元。

2003年，全州到位移民资金20328.36万元，其中五强溪库区淹没补偿费3100万元，碗米坡库区淹没补偿金1.2万元，凤滩库区库建基金300万元，凤滩和五强溪库区后扶基金2501万元，凤滩库区三年规划资金1280万元,移民口粮补贴1147.36万元。12月10日，五凌公司追加碗米坡电站移民补偿资金4000万元。是年，州移民局获全省移民工作先进单位称号和2003年度全省库区稳定工作先进单位称号，并获稳定工作奖金4万元。

2004年，五强溪、碗米坡、凤滩库区到位移民资金8465.67万元。此外，还争取长沙市、益阳市和怀化市对口支援碗米坡库区各类资金300万元。是年，州移民开发局被授予湖南省优秀事业单位法人称号。

2005年，州人民政府印发《关于加强凤滩库区六年规划实施管理工作的通知》，要求移民资金实行县级报账制；移民资金严格按年度计划项目和资金性质分类建立资金管理台账，并与项目管理台账相符；严格按年度计划使用移民资金，移民资金必须做到专款专用；加强对移民资金使用的检查和监督。全年到位移民资金4805.7万元，其中碗米坡库区补偿费1290万元，凤滩库区库建资金1240万元，凤滩和五强溪库区后扶资金906.3万元，凤滩库区三年规划60万元，移民口粮补贴1309.4万元。8月，中央直属水库六年规划实施管理座谈会在吉首召开，推广湘西州项目管理、扶持方式和投入机制创新经验。是年，州移民局被评为全国农村妇女“双学双比”活动先进单位。

2006年，州移民局、州扶贫办制定《湘西自治州2006年库区移民劳务技能培训项目暂行办法》。全年到位移民资金5524万元，其中碗米坡库区补偿费15万元，凤滩库区库建资金522.6万元，凤滩和五强溪库区后扶资金3647万元，凤滩库区三年规划30万元，移民口粮补贴1309.4万元。州人大常委会、州财政局、州移民局组成联合检查组，检查泸溪、古丈、保靖和永顺4个大库县2001—2005年移民项目实施和资金管理情况，检查实施项目785个，使用资金1亿元。没有发现移民项目资金使用违规问题。

2008年，州人民政府颁发《湘西自治州大中型水库移民后期扶持资金使用管理办法》，办法共分十六条。全年到位移民资金11075.89万元，其中凤滩库区库建资金110万元，移民扶助金665.88万元，后扶基金9481.79万元，后扶结余资金818.22万元。600元以内的后扶基金扶持分为直补和项目扶持，直补资金采用“一卡通”形式发放，项目扶持实行按项目实施进度拨款，实行县级报账制。是年，在全州库区选派108名党员干部，任重点移民村第一书记，首创全国农村党建和移民工作相结合新模式，州移民局被评为州政府目标管理优秀单位、全州农业农村优秀单位和全州信访工作先进单位。

2009年，州移民局制定《湘西州大中型水库移民后扶基金项目管理细则》，规范移民后扶基金管理。全年争取到位移民资金1.432亿元。是年，州移民局被评为全省移民工作优秀单位、全州文明单位、州政府目标管理优秀单位、全州信访维稳工作先进单位。

2010年，州、县移民部门争取到位应急救灾资金1325万元。全年争取到位移民资金1.65亿元，其中后扶基金1.08亿元，库区基金2094.62万元，后扶结余资金2518万元，移民扶助金762万元，竹篙滩电站淹没补偿资金380万元。是年，州移民局被州委、州政府授予“州直单位党政领导班子绩效考核一类单位”“州级文明单位”“州政府目标管理优秀单位”“全州重点建设优秀单位”“全州信访工作先进单位”等称号。

1989—2010年湘西州水库移民资金到位情况一览表

表15-8 单位：万元

年份	到位总额	其中									
		五强区库区补偿等	凤滩库区库建	水电费附加	后扶资金	碗米坡库区补偿	移民口粮补贴	凤滩库区三年规划资金	移民扶助	竹篙滩电站库区补偿	应急救灾资金
1989	252.15	—	—	—	—	—	—	—	—	—	—
1990	1279	982	297	—	—	—	—	—	—	—	—
1991	2740.25	2547	193.25	—	—	—	—	—	—	—	—
1992	4290	4103	187	—	—	—	—	—	—	—	—
1993	8208	7903	265	40	—	—	—	—	—	—	—
1994	10512.51	10063.11	319.4	130	—	—	—	—	—	—	—
1995	9209.99	8341.99	858	10	—	—	—	—	—	—	—
1996	10117.45	8042.45	360	—	1715	—	—	—	—	—	—
1997	5167.475	3430	150	—	1587.475	—	—	—	—	—	—
1998	5985.015	2678.18	435	—	1733.275	50	1088.56	—	—	—	—
1999	4954.14	3100	300	—	230.8	20	1303.34	—	—	—	—
2000	3357.92	1150	256	2.86	469.7	200	1279.36	—	—	—	—
2001	15636.63	2820	154	56.1	1604.56	8800	1278.97	923	—	—	—
2002	20165.02	3227.02	230	56.79	1258.85	13400	1255.36	737	—	—	—
2003	20328.36	3100	300	—	2501	12000	1147.36	1280	—	—	—
2004	8408.23	1080.75	260	—	2824.12	2710	1363.36	170	—	—	—
2005	4805.7	—	1240	—	906.3	1290	1309.4	60	—	—	—
2006	5524	—	552.6	—	3647	15	1309.4	30	—	—	—
2007	16366.155	—	226.2	—	15445.665	—	694.29	—	—	—	—
2008	11075.89	—	110	—	10300.01	—	—	—	665.88	—	—
2009	14321.86	—	—	—	13351.86	—	—	—	970	—	—
2010	16737.62	—	—	—	15412.62	—	—	—	762	380	1325

第七章　农业机械

1989年，湘西州农业机械服务公司内设管理科、计划财务科、党委办公室、行政办公室。1990年，州农机公司改为州农业机械化局（简称州农机局），局机关设办公室、政工科、计财科、内审科、监察室，编制20名。1995年，更名为州农业机械管理局，内设科室不变，工作人员39人。2005年，全州组建乡镇安全生产监督所与农机管理站。2007年，局机关工作人员16人。2010年，局机关设办公室、人事科、计财科、管理科。局直属机构有农机安全监理所、农机推广站、农机科研所、农机公司，在职人员86人。

1989—2010年历任局长（经理）：占正德，余本生、翟建凯、蒋发昌、吴振文、刘志远；副局长（副经理）：占正德、向源忠、赵国和、翟建凯、汪祥文、黄国银、陈千豪、吴翔。

第一节　农机推广

1989年，全州推广耕整机157台，人力提水泵415台。1990年，推广新农机具12项814台件。1992年，推广新式耕整机167台，新型柴油机139台，人力提水泵51台，化肥深施器50台。1995年，全州农机总动力40万千瓦，新增1.7万千瓦。1996年，农机总动力45万千瓦，新增5万千瓦；农机固定资产总值1.81亿元。1997年，农机总动力49万千瓦，新增4万千瓦。1998年，农机总动力58万千瓦，新增9万千瓦。1999年，全州农机装备总量5.04万台/58.9千瓦，农机固定资产总值4.9亿元。

2000年，全州农机总动力新增6.1万千瓦，农机装备总量5.56万台件，65万千瓦；引进推广农机化新技术11项，推广各类新机具2837台（套）。2003年，全州农机机械总值3.8亿元，农业机械总动力78万千瓦，农村机械运输量5.63亿吨公里，农机经营服务总产值5.68亿元。2004年，农机推广力度加大，国家实行农机购置补贴政策，全州补贴30万元。农机总值增至4.15亿元，农业机械7.53万台件，总动力90.26万千瓦。2005年，全州国家农机购置补贴90万元，全州农机总值4.56亿元，农机总动力8.4万台99.1万千瓦。2006年，全州国家农机购置补贴30万元，省补贴120万元，州补贴120万元，拉动农民投入2000万元，全年新购农机具4512台件。2007年，全州国家农机购置补贴400万元，省补贴40万元，州补贴120万元。全州有农业机械10.66万台件，总动力115.6万千瓦，农机原值4.66亿元。2008年，中央和省投入农机购置补贴资金800万元，州本级财政120万元，县（市）配套80万元，带动农民自筹资金1000余万元，购置各类农机具3797台件。全州有农业机械10.82万台件，总动力120万千瓦，农业机械原值4.27亿元。2009年，全州落实农机购置补贴资金1012万元，新购各类农机具1.06万台件。全州农机总量13.175万台件，总动力117.16万千瓦。

2010年，中央、省补贴湘西州农机购置资金2110万元，州财政补贴州内各县（市）170万元。全州有农机具15.38万台件。

第二节　农机种类

1989年，全州有拖拉机5139台、4.9万千瓦，有各类水泵287处，灌溉面积2680公顷；有动力打稻机11台、人力打稻机7.66万部、碾米机9917台、磨浆机2082台、磨粉机5195台、弹（扎）花机118台、榨油机1149台、饲料粉碎机1193台、其他加工机械1380台；有农用机动运输船234艘，载重量2825吨；有农用汽车1327辆。

1990年，全州有拖拉机5099台、4.8万千瓦，小型拖拉机4839台、4.17万千瓦，水田耕整机458台，有水田耕整配套农具1181台，有农田排灌机械 7164 台件、6.15 万千瓦，有动力打稻机 28 台、人力打稻机 9.49 万部、碾米机 1.03 万台、磨粉机 5737 台、磨浆机 2201 台、榨油机 1149 台、揉茶机 92 台、磨粉机 267 台、饲料粉碎机 1225 台，有农用机动板车 2 部，有机动运输船 398 艘、载重量 5626 吨、4732 千瓦，有大中型拖拉机 225 台、小型拖拉机 4254 台、胶轮大车 41 部、胶轮板车 3336 部，胶轮手推车 3560 台。1993 年，有碾米机 1.2 万台、磨面机 5259 台、淀粉加工机具 2465 台、弹花机 91 台、轧花机 119 台、动力榨油机 953 台、手工动力液压榨油机 1113 台。1994 年，全州有动力脱粒机 4 台、动力打稻机 25 台、人力打稻机 13.94 万台。

1995 年，全州有拖拉机 7077 台、6.6 万千瓦，水田耕整机 926 台、2964 千瓦，有农用排灌机具 8826 台、6.67 万千瓦，有农用汽车 2676 辆、总动力 13.05 万千瓦，农用运输车 1374 辆、油罐车 1 辆，机动运输船 449 艘、动力 5046 千瓦、载重 6270 吨。有大中型拖拉机 222 台、小型拖拉机 7166 台、人力胶轮板车 8157 台。1996 年，全州有拖拉机 5096 台、4.76 万千瓦，有耕整机 1256 台、4160 千瓦，有农用排灌机械 9176 台、6.79 万千瓦，有动力脱粒机 45 台、农产品加工机械 2.75 万台，有农用汽车 2958 辆、14.3 万千瓦。1997 年，全州有拖拉机 7220 台、农田耕作动力机械 1375 台、农产品加工机械 5.1 万台、农用汽车 3076 辆。1998 年，全州有拖拉机 7385 台、水田耕整机 1237 台、农用排灌机具 1.13 万台、碾米机 1.4 万台、磨粉机 5108 台、压面机 3403 台、磨浆机 2847 台、榨油机 2474 台、粉丝机 1142 台、其他加工机械 4001 台；有农用汽车 3426 辆。1999 年，全州有联合收获机 1 台、割晒机 1 台、动力打稻机 347 台、人力打稻机 13.5 万部（台）；有农用汽车 3835 辆，总动力 21.58 万千瓦；有农用汽油机运输车 20 辆、农用柴油机运输车 2185 辆；有机动运输船 507 艘、载重量 6980 吨；大中型拖拉机 95 台、小型拖拉机 5651 台。

2000 年，全州有农用排灌动力机具 1.36 万台、8.7 万千瓦。2001 年，全州有拖拉机（含变型机）9474 台、水田耕整机 3263 台；有动力排灌机械 1.5 万台套、水稻联合收割机 7 台、农产品加工机械 2.74 万台、农用运输车 2603 辆。2002 年，全州有拖拉机 1.15 万台、水田耕整机 4051 台、动力排灌机械 1.7 万台套、联合收获机 8 台、动力割晒机 8 台、农产品加工机械 3.5 万台，其中粮食加工机械 3.2 万台，棉花加工机械 222 台，油料加工机械 2956 台；有农用载重汽车 1605 辆、农用运输车 2692 辆；有农用机动运输船 565 艘、载重量 2336 吨。2003 年，全州有拖拉机 1.49 万台、耕整机械 4917 台、动力排灌机械 2.3 万台、联合收割机 11 台、农产品加工机械 3.3 万台。2004 年，全州有混合型大中型拖拉机 5161 台、14.2 万千瓦，有小型和手扶拖拉机 5380 台、5.25 万千瓦。耕整机发展到 5446 台、2.15 万千瓦，有农用排灌动力机具 1.7 万台、9.48 万千瓦，有联合收获机 33 台、农产品加工机械 3.5 万台，其中粮食加工机械 3.2 万台，棉花加工机械 161 台，油料加工机械 2534 台；有农用载重汽车 1593 辆、农用运输车 3307 辆；有机动运输船 522 艘、载重量 2360 吨。

2005 年，全州有农业耕作机械 7926 台，有排灌机械 1.89 万台，有联合收割机 105 台、农产品加工机械 3.88 万台、农用运输机械 1.16 万台。2008 年，全州有拖拉机 9350 台、18.83 万千瓦，耕整机 1.25 万台（套）、4.91 万千瓦，水稻插秧机 15 台、46 千瓦，机耕船 6 艘、27 千瓦，机引犁 8142 台、耙 6395 台，旋耕机等 692 台，有排灌动力机具 2.42 万台、12.63 万千瓦，有稻麦联合收获机 414 台，其他收获机具 637 台；有农产品加工机械 4.67 万台，其中，棉花加工机械 488 台，蔬菜加工机械 45 台，茶叶加工机械 1048 台；有农用运输汽车 8281 辆；手扶变型运输机械 2197 台；农用挂车 70 辆。

2010 年，全州有拖拉机 1.13 万台、20.72 万千瓦，耕整机 2.12 万台、8.52 万千瓦，有农用排灌机械 3.01 万台、15.41 万千瓦，有稻麦联合收获机 464 台，其他收获机具 768 台；有农产品加工机械 5.78 万台，其中粮食加工机械 5.27 万台，油料加工机械 1883 台，棉花加工机械 461 台，蔬菜加工机械1509台，茶叶加工机械866台；有农用运输汽车8460辆。

第三节　农机管理

1989年，全州培训各类农机人员2037人。维修各种农机具4450台件。1990年，全州培训农机手3681人。1991年，检查农用车1707辆。1993年，全州举办各类农机技术人员培训班39期，培训农用运输车驾驶员60人，手扶拖拉机手1154人，大中型拖拉机手165人，内燃机手579人，修理工23人。农机监理人员依法上路检查拖拉机及农用车4125台次，纠正违章驾驶3747人次，扣证118本，查扣无照无证农用机车175台，责令停开超期服役拖拉机60台，换发新驾驶证586本。完成农用车、拖拉机年检4055台，审核驾驶员资质4144人。1995年，农机监理人员上路检查农用车辆1.33万台次，纠正违章驾驶4993人次，查处无证机车920台、无证机手830人。1996年，农机监理人员上路检查农用车辆1.23万台次，纠正违章驾驶4432台次，查处无证机手520人、无证机车380台次。1997年，举办农机操作培训班38期，培训农机手1158人。农机监理人员上路检查农用车1.3万辆次，纠正违章驾驶2800台次，查处无证机手800余人、无证机车600余台次。1998年，培训各类农机技术人员4200余人。举办培训班25期，消除事故隐患128起。上门帮修、技术检测调试农机具2000余台件，修复各种型号柴油机1143台、农用电机382台、水泵863台、耕整机61台，焊修水管8714米，修理半机械化机具4.18万件。农机监理人员上路检查农用车1.1万辆次，纠正违章3300台次，查处无证机手450人。1999年，举办各类培训班80期次，培训农机手4300人。上路检查农用车2.67万辆次，纠正违章驾驶5253台次，责成无牌车辆上户1231台，督促无证机手参加培训1019人。

2000年，全州检查农机车辆1.15万台次、查出黑车926辆，纠正违章车辆2840台次，督促无证机手参加培训719人，责令无牌车上户926辆，疏导交通拥堵157起，无偿为机手排除故障523台次。2001年，农机监理部门检查农机手1.51万人次，检查机车2.96万台次，纠正违章作业1.81万台次，消除事故隐患773起，农用机动车上户率94%，驾驶员执证上岗率93.8%，机车年检率76%，机手年审率72%；农机事故责任认定准确率95.5%，调解率95.5%。2002年，农机部门与工商、质监部门合作，清查农机市场，检审经营维修网点312个，重点抽查经营、维修、销售网站36家，查处伪劣产品4种67台件，处罚网点2家，扣处非法拼装车1台，移交公安部门处理1人。上路检查农机手1.14万人次，机车2.77万台次，纠正违章作业5038台次，消除事故隐患777起，重大责任事故移送司法机关处罚26人。打击“黑车非驾”“违章载人”“超速超载”“病车”“报废车”“拼装车上路”，检查农用车1.67万辆，纠正违章违法2141人次、教育处罚机手1230人次，扣留机车231台，强制报废机车123台，拆毁拼装机车651台。农机部门开展“农机春运”“农机春耕备耕”“农机安全生产月”等专项安全监管、整治活动。重点整治“黑车非驾”“三无车辆”“报废车上路”和“三层式”“插笋式”人货混装等违章行为，查车3.41万台次，纠正违章车5019台次，处罚教育机手1670人，强制报废机车108台，拆毁违章载人装置725台件，配合公安部门拘留5人，排除事故隐患354起。2004年，新培训驾驶员2069人；新上户机动车2416辆。2005年，查车2.13万台次，纠正违章车辆3568台次，处罚教育机手1012人次，强制报废机车96台，拆除违章载人装置648台件，配合公安部门拘留4人，排除事故隐患306起。2006年，开展农机行业职业技能培训和考核，232名农民机修工拿到“农机职业资格证书”。州农机局和阳光保险公司合作，推行车上人员保险。开展农机维权打假24场次，检查农机经营维修网点420个，处理农机产品质量投诉案件16起，查出不合格农机产品470台件，为农户挽回经济损失2.2万元。2007年，举办农机手培训班105期，培训6280人次。检查农机车辆996台次，查处车辆1.5

万台次，纠正各类违章作业2258人次，查处“黑车”287辆，报废旧车10辆，查处无证驾驶人员235人，配合有关部门拘留严重违法人员5人，查扣违章机车291台，排除事故隐患168起。检验拖拉机、农用车598台。审验驾驶员415人，签订安全生产责任状787份。出动农机执法人员6288人次，查处不合格农机产品128台件。2008年，全州培训农机技术人员3911人。出动农机执法人员4277人次，检查车辆8513台次，纠正各类违章作业1254人次，处罚教育机手417人次，拆除违章载人装置180台件，强制报废机车8台，排除明显事故隐患154起。出动执法人员256人次，发放农机打假宣传资料1万余份，检查经营维修网点135户，抽查农机产品1055台件，受理农机产品质量投诉事件24次，查处不合格农机产品42台件，为农民挽回经济损失4.2万元。检审农机经营维修网点153个，换发技术合格证128本。

2010年，全州农机机构举办拖拉机驾驶员培训班，经考试合格审批发证849人，并为228人换发05式驾驶证，检测机车3700台次，拖拉机保险投保率100%。开展农机市场打假宣传18场次，检查农机产品1900多台件，收缴不合格产品12台件。组织执法车辆802台次，出动执法人员3250人次，检查农用车6850台次，纠正违章作业454台次。

第四节　农机服务

1989年，全州农机作业总产值7344.80万元，水田机耕38.07万公顷。1990年7—9月，全州久晴不雨，出现旱情，农机部门出动抗旱机具5736台/50.92万千瓦，抗旱灌田2.08万公顷。是年，动力机具收割面积153.3公顷，收割量995吨，机械碾米50.32万吨，榨油4.17万吨，饲料加工9.31万吨，棉花加工51吨，水田机耕2680公顷，机电排灌2.02万公顷，农机经营服务总收入1691.67万元。1991年，春耕时节，全州农机部门24名领导和147名技术骨干，深入126个村组，组建村级连片抗旱服务队215支，统一调度排灌机械2143台1.45万千瓦，灌溉稻田6395.7公顷。1992年，完成水田机耕586.7公顷，动力植保180公顷，动力脱粒393.3公顷，机电排灌2.19万公顷。1994年春，全州农机系统组织1590人次，下乡服务备耕工作，维修机具2125台件。是年，州境发生夏秋干旱，全州出动抗旱机械5000余台，抽水抗旱灌田面积2.19万公顷。1995年，机耕面积7453.3公顷，机电排灌2.28万公顷，农副产品加工120万吨，农机作业总产值2.4亿元。1998年，机械耕作和机电排灌1.07万公顷和3万公顷；农产品加工2562万吨，机械化运输2.58万吨公里，农机作业总值3.76亿元。1999年，发生春旱、夏涝和耕牛“5号”病，农机部门组建农机机耕、抗旱、维护服务队804支，2011人次与农户签订承包合同1200份。机耕面积2.37万公顷，排灌面积3.06万公顷，机械脱粒5400公顷，脱粒0.45万吨，农机服务作业总产值3.46亿元。

2000年，全州农机部门组织协调机耕抗旱服务队263支，组织农机工作人员9703人投入机耕和抗旱。州、县（市）农机局组织抗旱服务队45支、机耕服务队49支；31名州、县（市）农机局领导、125名农机技术骨干深入春耕生产第一线，自带抗旱机具185台套、耕整机118台，到贫困乡村和重灾区开展服务。是年，全州机耕面积2.33万公顷，机电排灌4.33万公顷，机械深施化肥7333公顷，农用机械运输4.6万吨公里，农机化新科技实施面积8.2万公顷，农机经营服务产值4.6亿元。2002年，组建农机服务队479支，机手1万余人，帮助农户犁田和抽水灌田。花垣县农机局结合退耕还林和土地整治，长期聘请农机手10人，组建1支16人的农机作业服务队，辗转茶洞、吉卫等乡镇，开展有偿服务，仅上半年完成平整退耕还林育苗基地86.7公顷，国土综合整治面积116.7公顷。2003年，秋收时节，州、县（市）农机部门抽调163名技术人员，维修机具459台，组织机械收割服务队327支，帮助农户收割水稻面积2.32万公顷。2004年，全年机耕2.53万公顷，机电排灌4.3万公顷，机收6666.7公顷，机械植保、化肥深施5333公顷，农用机械运输量

5.3亿吨公里，农副产品加工200万吨，全年农机经营服务总产值5.24亿元。2005年，春耕时节，农机部门抽派农机技术人员1200余人次，投入机具维修资金54.3万元，组织机耕服务队543支2695人，投入农机具1.14万台件，深入春耕第一线，维修农机具957台件，完成机耕面积2.77万公顷；创办农机化示范点，实施水稻机械收割、玉米营养制钵技术、烤烟机械化起垄、水稻机械化插秧等项目，建成永顺县万坪镇辣椒机械化作业示范基地、龙山县召市镇千亩烤烟机械化起垄示范基地和花垣县道2万亩农业综合开发机械化作业示范基地。是年，全州八县市普遭干旱，农机部门组织抗旱救灾小分队394支1506人，调度机具1.41万台，完成抗旱面积3万公顷。2006年，全州有农机从业人员3.41万人，农机专业户1795户，各类农机服务组织3.18万个，农机经营维修点386个；农机经营作业服务总产值突破7亿元。是年，州农业机械管理局被农业部评为“十五”期间全国农机化工作先进单位。2007年，全州组织“农机110”服务队9支，农机服务小分队242个，出动技术人员2133人次。维修农业机械1.98万台次，提供技术咨询1685次。配送补贴机械1380台件，发放补贴资金62万元。组织调配春耕机械1.87万台（套），耕整稻田3.2万公顷，机械抗旱1.87万公顷，农机耕作11万公顷。2008年1—2月，全州抗冰冻抢险救灾，出动农机人员3300人次，组织农机应急小分队345支，帮助农户抢修、维修柴油机等各类农机具3850台次，组织调配各类新机具1100台件。州农机局长刘志远带领12名农机人员，深入龙山县茨岩塘镇小米村开展农机技术服务。4月，中共中央政治局常委、中央纪委书记贺国强考察湘西州时，观看机械化犁田演示，肯定农业机械化在农业生产中地位和作用。5月下旬，州境遭受大面积干旱，农机部门投入抗旱救灾，组建农机抗旱服务队202支，出动农机工作人员1245人次，争取抗旱资金11.3万元，帮助农户维修抗旱机具3292台次，投入抗旱机具1.03万台件，机械浇灌1.54万公顷。

2010年5月，全州发生严重汛情。州、县（市）两级农机部门成立农机防汛救灾领导小组，组建州、县、乡、村四级农机服务队238支，1000余名农机工作人员参加防汛救灾，投入排灌、拖拉机等各种机械8300余台，检修农机7100台件，农机排涝作业面积8667公顷。

第八章　农村能源

1985年，湘西州农村能源领导小组在州农业委员会挂牌成立。1988年，州农村能源领导小组下设州能源工程技术服务站。1995年，州农村能源办公室（简称州能源办）成立，核定编制4名。2001年，州能源办内设能源科，编制3名。2004年，设立生态家园富民计划领导小组办公室（办公室设在农村能源办）。2010年，州人民政府农村工作办公室内设农村能源管理科（对外称州农村能源领导小组办公室）。

1989—2010年州能源办公室历任主任：李元生、黄太胜、李隆升。

第一节　沼气

1989年，全州投入农村能源补助经费8万元，创办沼气试点，建成沼气池248口。1990年，全州投入农村能源建设资金9.5万元，新建沼气池220口。推广新技术上流浮罩式小型高效沼气池25口。培训农村沼气施工技术员500人。是年，州能源办主任李元生被评为全国能源建设先进工作者。1991年，投入农村能源建设资金76.45万元，建沼气池565口，有565户村民用沼气照明。1992年，投入农村能源建设资金136.9万元，建沼气池1250口，实现沼气照明1250户。举办农民技术人员培训20期，培训农民技术员600人。凤凰县农村能源办公室被评为湖南省“七五”期间农村能源建设先进单位。李元生被评为湖南省“七五”期间农村能源建设先进工作者，获州人民政府记大功奖励。1993年，全州成立沼气建设工程队49个，有施工员281人，农民技术员352人，投入资金66.6万元，新建沼气池700口。1998年10月30日，州政府第20次常务会议听取州林业局、州农村能源办公室工作汇报。会议决定，全州新建节柴灶20万台、沼气池10万口。当年建成沼气池1052口。2000年，州、县（市）领导办点示范，当年有农村能源建设试点42个。全州举办培训班两期，培训沼气技术员498人。投入节能资金395.5万元，建沼气池1647口。2001年，农业部财务司副司长万燕华在永顺县王村镇茶园村创办“生态家园富民计划”项目示范点，建成沼气池178口，占农户总数的93%；建节柴灶191台，占农户100%。饲养大牲畜550头，新开发林果面积40公顷。是年11月，农业部全国生态家园富民计划经验交流会在王村镇召开，推广湘西州沼气建设工作经验。当年，全州投入农村能源资金1044.3万元，建设沼气池4414口。2002年9月，州生态家园富民计划领导小组印发《关于湘西州生态家园富民计划项目管理办法》，从业务范畴、目标任务、职权范围、申报程序、质量管理、资金管理、综合利用、人员技术培训、后续服务、奖励政策等作出规定。是年，全州投入资金2441万元，建成沼气池9154口。农业部挂职龙山县委副书记李波在洗洛乡深井村开展“一池五改”（一个沼气池、改厕、改栏、改厨、改水、改浴）建设。该村76户村民，投入资金228万元，“一池五改”入户率70%。2003年，全州建立农村能源服务中心9个，后续服务网点500个，获农村能源建设施工许可证456人。全州投入资金3132万元，建沼气池1.21万口。2004年，湘西州农村沼气池建设列入省人民政府8件为民办实事目标考核内容。全州投入5295万元，新建沼气池3.85万口。古丈县岩头寨乡老寨村5个村民小组65户260人，按照改厨、改灶、改水、改厕、改栏五改配套模式，建成沼气池50口，并在村部设立维修部、配件供应点，90%农户用上干净卫生的沼气，成为生态家园示范村。2006年，全州有沼气施工技术员1572人，施工实现专业化；各县市建立健全县、乡、村三级农村服务网络，县级成立服务中心，建池500口以上的乡镇设立服务站，建池100口的村建立服务点。凤凰县开展多种形式沼气后续服务，成立沼气协会，协会由会员大会、理事会和监事会组成，由1名副局长兼任理事长。协会在建池规模村设分会，每个分会确定1名联络员，负责协会与会员之间联系及维修信息传递。沼气用户按年会费24元自愿入会。协会人员工资由基础工资每月500元和每户1元绩效工资组成，联络员工资按每个会员5元提成，实行‘年薪制’发放。县财政按完成任务每户2元设置目标管理奖。是年，凤凰县下设分会25个，入会会员1220户，协会入村开展服务500余人次，维修沼气池826口，举办“沼气使用常识培训班”68期3500人次，直接受益5000余人，建成沼气池2556口，使用率90%以上。全州投入资金4369.98万元，建沼气池3.04万口。2008年1月，湘西州遭受冰灾，全州出动技术员400人，深入农户，维修因冰灾受损的沼气池浮罩等设备。吉首市能源办建立农村能源服务中心，乡（镇、街道）建能源服务站4个，村建服务部9个，服务覆盖全市15个乡（镇、街道）。同时筹集资金15万元，为沼气用户提供服务1113次，发放资料3410份。保靖县毛沟镇拱桥村李昌茂建沼气池13口，实施“猪—沼—果”发展模式，生猪、鹅、鱼用沼液拌饲料喂养提前15天出栏，节约饲养成本20%。是年，全州投入资金4737.5万元，建沼气池1.05万口。2009年，花垣县1.8万口沼气池建立档案，设置应急维修电话，先后在团结、民乐、麻粟场等乡（镇）建立6个乡级区域后续服务站，负责沼气配件采购、供应和进村入户开展后续服务。同时向上级申报“乡村服务体系建设试点县”项目，争取资金18.2

万元，购置沼气服务专用车7辆，发放到后续服务站，为农户提供进料、废料清理，综合利用等服务。是年，全州投入3227万元，新建沼气池1.37万口。2010年，州能源办在花垣县富贵种猪场、凤凰县裕丰农牧有限责任公司、保靖县富农牧业有限责任公司、龙山县湘健牧业有限责任公司、古丈神宝牧业开发有限责任公司5家企业，实施大中型沼气综合利用工程，当年投入资金450万元，完成工程量50%。同时创办8个沼气后续服务示范点，组织500户实施沼气综合利用，引导农户多用沼气、善用沼气，发挥沼气综合使用效益。是年，全州投资2760万元，完成户用沼气池建设9046口。

1989—2010年，全州投入能源建设资金3.54亿元，建设沼气池18.2万口，实现州内乡镇全覆盖。

第二节 太阳能

2003年，全州安装太阳能1.06万台，2111万平方米。2005年，安装太阳能1500台，5000平方米。2006年，安装太阳能2100台，4000平方米。2007年，安装太阳能500台，1000平方米。2008年，安装太阳能1500台，3000平方米。2009年，安装太阳能638台，1300平方米。2010年，安装太阳能2580台，5200平方米。

第三节 节能炉灶

1989年，全州新建节柴灶5.6万个。在16个乡镇新建藕煤厂，为所在乡镇机关单位和农户供应藕煤5000吨。在边远山区新安装微型小水电机43台113组，解决照明3774户。在县城以上机关单位安装节能烤火煤炉420个。1990年，完成节柴灶1万个，比老式灶节柴2/3。推广节能烤烟棚2100个，节能50%。烤50公斤烟叶由烧柴250公斤降到100公斤，烟质提高半档。推广微型小家电58台，装机容量100千瓦，解决1.22万户4.8万人的照明用电问题。新建藕煤厂12家，供应藕煤12个乡（镇）2500户。1991年，新建“两省”（省柴、省煤）灶4.16万个，新建节能煤房6800座。1992年，新建两省灶5.1万个，改建烤烟房1.15万栋。1993年，推广省柴节煤炉4.3万个。1994年，推广节柴灶1636个，新建微型水力发电站27台，装机189千瓦，新建节能烤烟房8000栋。1997年，推广省柴节煤炉灶2万个，改建节能烤烟房5500栋。1998年建节柴灶3.18万户，节煤灶1.96万户。1999年，各级领导办点示范作样，建节柴灶4.6万个。2000年，建两省灶1.54万个。2003年，建节柴灶4.36万个，节煤炉3.5万个。2005年，新建节柴灶5000个，节能炉6000个。2006年，新建节柴灶5000个，节能炉6000个。2007年，新建节柴灶1.25万个，节能炉8100个。2008年，新建节柴灶4630个，节能炉4460个。2009年，新建节柴灶5760个，节能炉1.35万个。2010年，新建节柴灶6640个，节能炉3410个。

第九章 乡镇民营经济

1989年，湘西州乡镇企业局内设办公室、生产技术科、经营管理科，编制16名，实有16人，归口州农村工作领导小组办公室（州农办）管理。1991年，州乡镇企业局更名为乡镇企业经济工作委员会（简称州乡经委），内设办公室、政工科、生产技术科、经营管理科，编制17名，实有17人。直属机构有州乡镇企业供销公司、州乡镇企业培训中心、州乡镇企业产品质量检测站。1992年，州乡镇企业科技发展中心成立，隶属州乡经委。1995年，州乡经委改称州乡镇企业局，内设办公室、政工科、生产技术科、经营管理科、科教经贸科，编制16名，实有16人。2001年，机构改革，加挂州民营办牌子，内设办公室、政策法规科、人事科、计划统计科、科教外经产业指导科、纪检监察室，编制17名，实有17人。

2003年，州乡镇企业局更名为州民营经济发展局，加挂“州乡镇企业局”牌子；内设办公室（加挂“民营经济信息中心”牌子）、权益维护科、企业发展指导科（加挂“民营经济项目代办服务中心”牌子）、统计科、人事科、纪检监察室，编制20名，实有20人；归口州人民政府办公室管理。2005年，机构改革，内设办公室、农业产业化和第三产业指导科、统计科，编制10名，实有10人，隶属州农业局管理。2009年，加挂州农业产业化服务局牌子，机构性质和编制不变。2010年，内设机构、编制、下属机构及隶属关系未变。

1989—2010年历任局长（主任）彭军、刘玉江、杜军、刘本刚；副局长（副主任）钟光义、杨水清、杨一松、张健、刘路平、李万喜、符大文、郭少卿（女）。

第一节　乡镇企业改革改制

1989年，州乡镇企业局派出12个调查组深入重点企业和乡镇，调查州内政企不分、超比例上缴和多部门重复收费等问题，写出调查报告7份；清理企业资金、收回应收货款、各种往来借款323万元。

1990年，全州农村个体私营企业和股份合作企业产值占据乡镇企业总产值71%。1992年，州内新上和技术改造项目85个，完成固定资产投入3251万元。竣工投厂项目61个，年新增产值3000万元，新增利税400万元。年末，全州乡镇企业为农村人均提供纯收入82.1元，比上年增加9.6元。乡村工业企业亏损比上年减少31家，累计亏损额比上年减少63%。1994年，全州个体私营企业发展到4.9万家，从业人员8.9万人，销售收入7.6亿元；其中产值过100万元的私营企业发展到27家。1995年，全州投入资金7698万元，实施5万元以上新扩改续建项目86个。全州乡镇企业完成固定资产投入7698万元，出口产品交货值完成6502万元，比上年增加2.6倍。全州个体私营企业6884家，其中年收入过100元万以上个体私营大户46家，股份合作制企业64家。年末乡镇企业总产值在全州农村社会总产值比重占46.17%，乡镇工业总产值占全州工业总产值30%，上缴国家税金占全州财政收入10%左右，乡镇企业从业人员14.5万人，占全州农村劳动力总数的21%，农业人口人均从乡镇企业获得纯收入201元，比上年增加40元。1996年，州委、州政府作出《关于加快“九五”时期乡镇企业发展的决定》，建立工业小区，投入资金9238万元，实施5万元以上新扩改续建项目71个。

1997年3月，州委、州政府召开全州乡镇企业减负工作电话会议，抽调22名工作人员，组成6个调查组，深入8个县（市）调查清理乡镇企业税外收费情况，清理收费单位47个、收费项目175项，其中属合法收费项目64项，占37%；属乱收费项目111项，占63%。是年，州乡镇企业局投入5823万元，实施5万元以上新扩改续建项目43个，招商引资总额2570万元，占乡镇企业总投资44.1%。利用外资新建乡镇企业10家，完成技术改造2项，新增产值1800万元，利税150万元。同时，协助凤凰县引进福建一个体老板，投资150万元，在茨岩乡创办铅锌选矿厂，日生产能力50吨，当年实现产值380万元，利税90万元。吉首市双塘水泥厂引进涟源市3家个体老板投资300万元租赁承包该厂，年租赁费223.2万元，比第一轮租赁费高出59.2万元，5年净增租赁费296万元。保靖毛沟冶炼厂改制组建湘西锌业有限责任公司，获自营出口权，实现年销售收入4500万元，完成利税500万元，其中纳税310万元；偿还银行贷款300万元，支付银行利息410万元。花垣县振兴化工厂投入770万元实施矿山建设，实现销售收入4677万元，利税85万元，自营出口创汇725万美元。1998年8月，州委、州政府召开国有企业和乡镇企业改制工作会议。全州实施改制的乡镇企业214家，改制面42%，盘活集体资产2亿元，年新增产值3.5亿元，新增利税3000万元。吉首市河溪电化厂以460万元拍卖后，实现产值750万元，实缴税金43.7万元。全州建成外向型企业18家，实现招商引资3000

万元，年出口交货值完成2515万元。年末，全州乡镇企业发展到7.7万家，从业人员13.95万人，占全州劳动力总数的百分之十五左右。饶德宗、钟昌成、贾绍本、朱祖刚、向良、向官生、张祖心、孙子权、李远军等9名乡镇企业法人代表被省人民政府授予“湖南省乡镇企业家”称号。1999年，企业改制持续推进，全州860户乡村集体企业，改革改制面81%，其中乡村集体工业企业389家，产权制度改革223家，改制面57.33%。年末全州乡镇企业实现出口交货值1.58亿元，同比增长26.5%；自营出口创汇920万美元，增长26.8%。

2000年，全州乡镇企业投入资金5.15亿万元，实施建设5万元以上新扩改续建项目353个，其中100万元以上项目141个，1000万元以上项目5个。招商引资1.2亿元，同比净增6000万元。全年新扩改建项目81个，完成固定资产投入1.4亿元，其中80%来自招商引资。全年投资100万元上以项目33个，其中500万元以上4个，1000万元以上3个。年产值达4.5亿元，新增利税7000万元。是年，全州乡村工业企业638家，实施民营化改制621家，改制面97.34%。其中，乡村集体工业351家，改制344家，改制面98%。在民营化改制企业中，拍卖81家，占13.04%；租赁493家，占79.39%；破产20家，占3.22%；股份合作制18家，占2.90%；兼并9家，占1.45%。盘活资产2.5亿元，企业资产负债率降至78%，新增企业增加值1.2亿元，新增税收3500万元。年末，全州乡镇企业6.99万家，其中集体企业598家，私营1.14万家，个体5.8万家。出口企业13家，完成出口交货值额2.56亿元，占全州乡镇企业工业产值11%。

2002年，全州248家民营企业，兼并、收购国有和集体企业263家。48家民营企业与国有和集体企业合资创办公司制企业，全州868户国有、集体企业实施“国有民营”或“公有私营”，盘活存量资产18.28亿元。全州民营企业新建、扩建、技改项目42个，投入资金6.2亿元，同比增长82.6%。通过各种方式和渠道引进建设项目41个，引进资金4.4亿元，比上年增长31%；引进外地老板800余人。10家民营企业通过ISO 9000国际标准质量管理体系认证，企业内部管理规范化。民营出口产品生产企业增至13家，完成出口创汇3218万美元，同比增长81.3%；民营企业投资科技项目开发895万元，开发科技产品20多个。湖南金石集团通过引资重组和低成本扩张，发展成为拥有资产5亿元的跨省跨地区集团公司。振兴化工股份有限公司改制后自营出口创汇1929万美元。年末，全州民营经济增加值完成52.3亿元，占全州地区生产总值70%；民营工业增加值完成11.2亿元，占全州工业增加值59%；个体工商户发展到13.2万户，从业人员25.3万人，私营企业1201家，从业人员2.4万人。全州民营企业实缴税金突破3亿元，占全州财税总收入48.2%。2003年，全州民营企业招商引资项目107个，合同引资24.04亿元，到位资金5.32亿元。年底，民营规模工业企业达132家，营业收入29.7亿元，比上年翻一番，上缴税金2.78亿元，同比增长200%。全州民营第三产业增加值21.8亿元，占全州第三产业的73%。民营出口产品生产企业发展到17家，实现自营出口创汇6600万美元，比上年增长26.1%。

2007年，永顺等县（市）乡镇企业局直属供销公司实施企业改制，企业依法破产，职工按政策妥善安置。至2010年，全州乡镇集体企业全面改制，实行民营。

第二节　乡镇重点企业管理

1989年，州、县（市）乡镇企业局先后抽调干部30人深入19家重点企业蹲点，帮助企业发展生产，其中10家工业企业生产经营状况实现好转，年获利润15.6万元。泸溪县洗溪水泥厂，在建材行业不景气情况下产量比上年增长28%。花垣县民乐锰矿和吉首市河溪橡胶厂达到省级先进设备企业标准，并通过验收。古丈县七叶参茶、凤凰县南华食品罐头等产品分别获得全国保健食品优质奖。

1990年，州乡镇企业局确定30个乡（镇）和50家企业作为全州发展重点，给予倾斜服务、直接调度。全年利税过100万元企业3家，销售收入过1000万元企业7家；产值过3000万元的乡（镇）10个、过5000万元的乡（镇）5个。全州先后与沿海发达地区及高等院校、科研单位引进技术、签订合作协议30项，引进资金1000万元，占全年固定资产投入15%。泸溪县浦市化工厂引进河南临颖、广西鹿寨等国内磷肥行业先进技术，实物单耗降低20%，产量由年产2万吨升至5万吨。全州61家重点乡镇企业共同倡导和决定在企业系统内开展“抓管理、促生产，争创时间过半、任务过半的社会主义劳动竞赛优胜奖”活动。州、县（市）乡镇企业局分成两套班子深入基层为企业协调服务。州乡镇企业局17名干部有12名深入基层办实事，为7家企业协调解决生产资金65万元。1993年8月，州委、州政府在龙山县召开全州乡镇企业工作会议，会后乡镇企业工作领导小组成立，并确定1名县级领导专抓乡镇企业。同时，各县（市）根据具体情况制定乡镇企业发展规划，落实具体措施。年末，全州乡镇企业总产值完成10.7亿元，工业产值完成6亿元，乡办工业产值完成2.1亿元；乡镇企业固定资产累计投入7358.9万元。新开工基建项目107个，年内新增工业产值8000万元，实现利润8453万元，缴纳税金4262万元，乡镇企业为全州农村人均提供纯收入129.5元。1994年，全州乡镇企业完成固定资产投入7845万元，新建和技改项目开工123个，完成产值15.16亿元，占全州国民生产总值35%，乡镇工业占全州工业总产值27%，纳税占全州税收的9.7%。按全州农业人口计算，人均从乡镇企业获得纯收入179元。

1995年，全州乡镇企业开展“产品质量信得过”活动，州技术监督局鉴定，14家企业14种产品被评为乡镇企业产品质量信得过单位，并在州《团结报》和湘西电视台公布。是年，全州乡镇企业产值和销售收入实现200万元以上有59家，1000万元以上18家。1996年，全州乡镇企业形成六大主导产业：即矿产浮选业，年采各类矿石120万吨，产值1亿元；化工冶炼业，年产值2亿元；建材建筑业，年产值3.2亿元；农副产品加工业，年产值1.2亿元；机械制造及金属制品业，年产值5000万元；林木加工业，产值1.2亿元。形成年产值5000万元企业有保靖县毛沟有色金属冶炼厂和花垣县振兴化工厂，过1000万元的骨干企业有11家。1999年，全州30个重点乡镇完成乡镇企业产值28.05亿元；完成工业产值15.7亿元。全州500万元以上工业企业，开工面达95%，比上年增加3个百分点。

2003年5月，州委、州政府印发《关于对规模民营企业实行挂牌保护的通知》，决定对规模民营企业实行挂牌保护制度，保护对象为年纳税100万元以上181家规模民营企业，实行“六个严禁”（严禁擅自提高行政事业性收费标准和收取范围；严禁向企业摊派索要赞助和无偿占用财物；严禁将应由企业自愿接受的咨询、信息、检测、商业保险等服务变为强制性服务并强行收费；严禁向企业强行推销各种物品，征订各种报刊，收取各种会费；严禁组织影响企业正常生产经营活动的检查和评比、竞赛、联谊、学习等活动；严禁机关、事业单位及工作人员到企业报销各种费用）。州政府同时印发《关于州级领导联系重点企业和重点项目实施方案》，决定由15名州级领导分别联系吉首老爹公司、湘泉集团等16家企业。州乡镇企业局印发《关于切实加强安全生产的紧急通知》，成立安全生产领导小组，制定安全生产专项治理及综合治理工作方案，加强对易燃易爆企业及烟花爆竹行业管理。全州8个县（市）通过清理，撤销收费文件25个，取消收费项目96个，变更收费项目37个，减轻民营企业负担2125万元。州、县（市）均在民营局（办）设立投诉举报电话，建立由纪检监察牵头、民营局（办）等单位参与的经济环境治理办案制度，全州受理并查处侵权案件328件，为民营业主挽回经济损失953万元。实行州级领导联系民营企业制度，16位州级干部联系16家企业。领导干部联系企业，主要是帮助企业争取资金支持，开发新的产品，加强企业管理，搞好安全生产和协调服务。州民营经济工作协调领导小组成员单位联系规模以上民营企业42家，205名州、县领导与205家重点企业建立工作联系制度。全州民营企业实施新建扩建项目68个，完成项目投资3.64亿元，其中1000万元以上项目19个。2004年3月，封闭花垣县有安全隐患矿硐21个，拆除乱搭乱建棚子150个。州、县（市）乡镇企业局设立投诉举报电话，各县（市）建立经济环境治理办案制度，设立“经警110”电话，受理并查处侵权案件89件，为乡镇企业直接挽回经济损失200万元。继续实行重点乡镇企业挂牌保护制度和工作联系制度。全州乡镇企业实施新建扩建项目42个，总投资3.5亿元，同比增长41.7%，累计完成投资1.23亿元。年末，全州乡镇企业完成出口交货值6.4亿元，同比增长41%。

2010年，州内水果业、畜牧水产业、经作业和中药材四大产业实现产值20亿元，占全州农产品加工总量83%。

第三节　乡镇企业选介

一、湖南鑫洋食品工业有限公司

1989年，保靖县蛋品肉类加工总厂成立,注册资本3000万元，资产总额8000万元，有职工258人。1998年9月8日，该厂联合湖南喜阳食品工业集团股份有限公司等5家企业，组建喜阳集团公司，法人代表彭仲棠，注册资金1.06亿元,经营植物饮料、松花皮蛋、龙珠咸蛋、咸蛋等食品，有员工186人。2000年，该公司通过LSO 9000质量管理体系、ISO 22000食品安全体系及QS认证。2002年，公司被农业部评为“农业产业化国家重点龙头企业”。2009年，完成销售收入7969万元，实现利税437万元。在科技部、农业部等14个部委举办的农业高科技博览会上获“后稷金像奖”。2010年2月，该公司改制后由自然人出资整体收购原公司所有资产，承接原喜阳集团各项业务及“喜阳”牌商标所有权，其主导产品柑橘浓缩汁、蛋制品均通过国家LSO 9001质量管理体系、ISO 22000食品安全体系及QS生产许可体系认证。8月，注册成立湖南鑫洋食品工业有限公司，占地面积7.4公倾，注册资本3000万元，有员工245人。公司主要从事柑橘浓缩汁、蛋制品、肉制品等农产品深加工及产品销售业务，有年产4000吨柑橘浓缩汁和年加工禽蛋3000万枚两条生产线。连续十年被湖南省工商局授予“省级重合同守信用单位”称号，“喜阳”牌商标被评为“湖南省名牌商标”，“喜阳”牌松花皮蛋和喜阳牌柑橘浓缩汁被评为“湖南省名牌产品”。

二、湖南振兴化工股份有限公司

1989年，花垣县二九电化厂是一家小型镇街集体企业，年生产能力400吨电解金属锰。1993年，该厂更名为花垣振兴化工厂。是年，投入160万元实施技术改造，形成年产1000吨电解金属锰生产能力。公司下辖8个分公司和4个子公司，占地40公倾，注册资金1.03亿元，企业总资产5.5亿元，员工2159人。1994年，该厂兼并县民贸局裘皮厂，征地3.4公倾，新建一条年产8000吨的电解金属锰生产线。1995年，厂址迁入花垣镇城南工业园，并更名为湖南振兴化工厂，同时，再次实施技术改造，电解锰能力达到3.3万吨，还兼并该县排吾乡一座远景储量800万吨的锰矿矿山。是年，该厂被省人民政府授予“湖南省先进乡镇企业”。1996年，该厂获得自营进出口权，成为“湖南省乡镇企业纳税大户”。1997年1月，年产4000吨的电解锰二期工程投产。1998年，该厂创“雪松”名牌商标。投资1500万元新建1座变电站，架设贵州松桃至排吾矿山、茶洞至振兴厂两条专用输电线路。是年，该厂被评为“全国出口创汇先进企业”，厂长饶德宗被农业部和省人民政府授予“全国乡镇企业家”和“湖南省乡镇企业家”。1999年，该厂改制，由41个自然人出资整体买断原企业全部资产，重新组建湖南振兴化工股份有限公司。企业改制后，与清华大学、浙江工业大学、中南工业大学等高等学校联姻，组建天马科技园，研究开发年产1000吨的氮化铝、年产3000吨的锰酸钾等新项目，建立完善清污分流管线网络，全面在线监控水质和空气。2000年，湖南振兴化工股份有限公司成立，注册资金1.03

亿元，公司法定代表人饶德宗。2001年，该公司被评为“省环保污染达标排放企业”。2002年，该公司通过ISO 9000国际质量管理体系认证，“雪松”牌电解金属锰远销美国、澳洲、日本等国家和地区。2004年，该公司获“中国优秀民营科技企业”称号。2010年，该公司基本形成前厂后矿，集采、选、冶、贸易、技术研究、资本运营一体综合性企业，生产经营全过程全面实现ERP管理系统。

三、龙山县农夫果业开发有限责任公司

2003年7月，龙山县农夫果业开发有限责任公司成立，占地21公顷，有员工108人，注册资金50万元，企业总资产2114万元。公司为一家休闲农业企业，主要经营水果种植、农产品加工、生态农业旅游观光、餐饮服务等。水果有美国精品红提、青提4.7万株，柑橘、枇杷、密桃、葡萄等3500株，另有2.4公顷育苗基地。有标准游泳池3个，占地3500平方米。有占地1500平方米的特色农家乐餐饮城，可容纳300人同时就餐。还建有一个年产2000吨的果酒厂，主要产品是“芏家穗穗”红葡萄酒。按照公司+基地+农户经营模式，带动农户2700户，水果种植140公顷。2007年，公司法人代表唐振明被共青团中央和农业部授予全国农村青年创业致富带头人荣誉称号。是年12月，公司股东追加投资950万元，注册资金达1000万元。2009年年初，公司一期工程配套建成后，全年接待游客12万人次，营业收入1100万元，实现利税230万元，先后被省旅游局确定为“湖南省农业旅游示范点”，被湖南省休闲农业协会评定为“五星级休闲农业庄园”。公司所产美国红、青提获农业部农产品质量安全中心授予“无公害农产品”证书。2010年，公司实施万吨果酒饮料加工项目，完成销售收入3241万元，利润296万元。

第十章　农业对外经济技术合作

1989年，湘西州粮援办公室（简称州粮援办）为州农委下属机构。1991年，州人民政府成立WFP3779项目工程指挥部，指挥部下设办公室，与州粮援办一套人马，两块牌子。1995年，设立州外资外援项目办公室（简称州外资外援办），归口州人民政府办公室管理，核定编制7名。1996年，州粮援办7名工作人员全部转入州外资外援办。2002年1月，州外资外援办内设综合科和业务科，定编6名。10月，州外资外援办归口州农业局管理，同时加挂“州农业对外经济技术合作办公室”牌子。2010年12月，州外资外援办有干部职工6人，内设综合科和业务科。

1989—2010年历任主任李良永、唐力；副主任袁征、宋金国、黄居正。

第一节　外资外援

1989年4—5月，州人民政府副州长李遨夫陪同WFP高级官员特布里吉斯（Mr. Roger de Brisis）一行10人，到花垣、保靖、永顺3县考察和评估WFP3779项目。初步确定项目用工量和粮食援助额度。州粮援办组织110名专业技术人员，完成工程测量，制定项目施工方案和年度计划。花垣、保靖和永顺3个县实施以旱土改水田、坡土改梯土、田间渠系配套等为主要内容的模拟工程5处50公顷。花垣县龙潭镇板塘村综合模拟试验点13.5公顷，31户149人受益。保靖县毛沟镇田家坪村综合模拟试验点8.7公顷。永顺县松柏乡松柏村泉渍田治理模拟试验点12公顷。

1991年10月23日，WFP3779项目签署《实施计划》。项目区为花垣县小排吾水车灌区、保靖县卡棚水库灌区和永顺县松柏水库灌区15个乡（镇），项目工程包括水库整修、修灌排渠道、稻田排渍、土壤改造、建果（茶）园、植树造林、修筑道路和技术培训等。计划总工日2393.19万个。WFP承诺无偿援助粮食（小麦）7.78万吨，折合1519.41万美元，国内配套资金6089万元。项目执行期五年。花垣县占总投资的34.97%，保靖县占38.63%，永顺县占26.4%。11月15日，WFP3779项目工程正式开工。是年，州人民政府将该项目纳入“湘西州国民经济和社会发展第八个五年计划”。1992年春，WFP3779项目工程建设在花垣、保靖、永顺三县项目区全面实施。花垣县每个工区明确一名负责人，另配2~3名干部和施工技术员，实行包组织劳力施工、包完成施工任务、包工程质量和包调处工程矛盾纠纷的“四包”责任制。猫儿乡安排8名乡村干部，包干负责两个工区，一冬春造林164公顷，土改田30公顷，修干渠3公里。保靖县毛沟镇下略村党支部书记龚自和，五次到离自家2.5公里远的第三组召开村民代表座谈会和村民大会，发动农户参与项目建设，一个月时间完成5公顷坡改梯工程，并全部栽上梨树。永顺县粮援办工程师关炯和杨炳皆负责项目区植树造林工程，常年坚持到项目村和点开展技术培训及工程质量把关。是年11月，副州长李邀夫陪同湖南省副省长王克英考察永顺县项目区，对项目建设成绩充分肯定。1993年1月，州人民政府和湖南省农业厅在吉首联合召开WFP3779项目表彰大会。对在项目前期准备和第一年度施工中作出较大贡献的李良永、石志和、余长拔和张贤富各记大功一次，对向清芳等8人各记功一次，给唐双发等68人各嘉奖一次，并给花垣县雅桥乡大坳综合开发工程等11项授予“优秀样板工程”称号。1994年9月，副州长武吉海陪同WFP3779项目中期评估团特沃（Terver philippe）一行5人到花垣、保靖和永顺3个县开展项目中期评估。评估团对项目给予肯定，并向WFP总部建议追加援粮1850吨。

1995年10月，农业部、水利部和林业部在北京联合召开WFP援华项目表彰大会，湘西WFP3779项目被评为“全国优秀粮援项目”，保靖县粮援办和永顺县粮援办被授予“全国粮援项目先进单位”称号，州粮援办主任李良永、保靖县粮援办主任余长拔、永顺县粮援办主任田宗阶、花垣县粮援办工程师刘贤元和雅桥乡乡长龙天华被评为“全国粮援项目先进工作者”，花垣县雅桥乡保楼村农民技术员危胜华和保靖县毛沟镇下略村党支部书记龚自和被授予“全国粮援项目优秀农民”称号。1996年3月，中共湖南省委书记王茂林深入花垣县雅桥乡和保靖县毛沟镇等地调研，赞赏两县粮援项目取得的成绩；两县WFP3779项目区新改造低产田1.4万公顷，坡改梯1828公顷，新增灌溉面积1378公顷，开发水果基地562公顷，农民人均增产粮食198公斤，人均纯收入增加300元以上。花垣县雅桥乡瓦落村实施项目后，公路进村，沟渠上山，山上开田，生产生活条件改善。该村原有53名大龄单身男子，其中40名很快娶妻成家。5月，中国新闻社记者到3个县的项目区采访，摄制专题片《中国3779粮援工程巡礼》，分别在中央电视台第四套以及境外电视台播出。12月，WFP3779项目签署《实施计划》修正案，项目执行期由五年改为六年。1997年3月，州人民政府向国际农业发展基金会（IFAD）申请武陵山区少数民族地区农业综合发展项目。9月，IFAD亚太局局长马腾斯（Erik Martens）考察凤凰县腊尔山项目区并签署《项目谅解备忘录》；WFP亦加入IFAD项目援助。11月，花垣、保靖、永顺3县WFP3779项目区全面完成项目计划。6年间，整修水库11座，新修拦水坝7处，抽水站1座，灌溉渠道2550公里，排水渠道760公里，增加和改善灌溉面积8944公顷，稻田排渍工程498公顷，土壤改造9406公顷，果（茶）园650公顷，植树造林3660公顷，修筑乡村道路100.5公里，培训农民3.18万人次；WFP实际提供援粮7.502万吨（折合1465.52万美元），为援助计划的96.45%；湖南省、湘西州和花垣县、保靖县、永顺县投入配套资金6895万元，完成计划的113.24%；3.77万户农户16.08万人参与项目建设，累计投入劳动工日2301.86万个。12月，完成I-FAD项目规划设计与评估。1998年9月，IFAD核准该项目，编号为IFAD483-CN。10月，签署项目贷款协议。项目区为凤凰、古丈、泸溪、龙山4个县所辖的29个乡（镇）。IFAD承诺提供贷款900万美元，项目内容包括水利基础设施建设、道路建设、林果业、畜牧水产业、农产品加工、农民技术培训等。项目执行期五年，贷款回收滚动发展期35年。1999年4月，湖南省政府在吉首召开IFAD483项目启动会议。10月，WFP项目委员会审核批准项目，编号为WFP6023。12月，签署项目《实施计划》。WFP承诺无偿援助小麦1.1万吨，通过以学代赈提高贫困农户（特别是妇女）技术水平和自助能力，通过以工代赈，改善贫困农户健康卫生条件，提高贫困人口生活水平和小学生（特别是女童）入学率。项目执行期三年。

2000年1月，IFAD483-CN项目第一批贷款586.69万元回补到位。IFAD483-CN项目全年到位贷款三批1700万元人民币，实际发放到农户1000万元，农作物生产及农用设备贷款占44%，畜牧和水产养殖贷款占43%，经济林果贷款占9%，妇女创收活动贷款占4%。3月，WFP6023项目开工实施。泸溪、凤凰、龙山、古丈4县完成劳动工日150.77万个，完成年度计划110.3%。培训农民13.62万人次。修建人畜饮水工程13处，新建和改建村小学校舍15栋，改建学校厕所9座，农户改厕60户，受益农民10.95万人。2002年4月，IFAD483项目通过中期评估，签署项目《中期评估备忘录》。是年，因IFAD与中方未能就信贷资金转贷渠道达成一致，项目停止执行。2003年年末，完成WFP6023项目，累计完成项目劳动工日335.96万个，完成计划数的100%。培训农民33.27万人次。完成人畜饮水工程30处，改扩建农村小学34所，农户改厕2689户，学校改厕22座。累计到位援粮1.1万吨，为计划数的100.05%。直接受益农民63.95万人，为目标数的87.15%。

2004年3月，联合国项目服务办公室（UNOPS）高级经理凯桑·吉尔（Kishan S Gill）一行3人，到湘西州重新评估设计IFAD483项目。调整后项目总投资1.14亿元；开发性小额信贷由原计划的93%调整为20%，投资信贷由原计划的7%调整为80%；项目乡（镇）由29个增至53个；项目执行期3年。4月，中国和加拿大政府间合作中国西部地区农业可持续发展项目（Ⅱ），双边签署谅解备忘录。湖南省项目区选定在保靖、永顺和古丈3个县。项目内容包括天然草场保护与利用、农业保护性耕作、节水农业、农村能源建设、技术培训等。项目执行期五年。5月，州人民政府向商务部和农业部申报中国和荷兰王国合作湖南农业示范培训项目（简称农业示范培训项目）。7月，IFAD项目重新启动。11月底，农业示范培训项目签署项目协议。湘西州凤凰县为项目区之一，项目执行期31个月，荷兰政府无偿援助100万欧元。项目内容有农村合作组织建设、沼气综合开发利用和农村生产技能培训等。10月，中国和德意志联邦政府签署“湖南/海南农业生物多样性保护”项目换文。12月，农业示范培训项目开始实施。凤凰县在官庄乡大湾村、林峰乡黄罗寨村、阿拉营镇川岩村和西牛村，建成10立方米上流浮罩式沼气池和圆筒式沼气池200口。帮助廖家桥镇菖蒲塘村猕猴桃果业合作社、官庄乡大湾果业合作社、吉信镇东子山柑橘合作社等10个农民专业合作社搭建网络信息平台、建成果品仓库等仓贮设施4处2350平方米。完成生姜、柑橘和猕猴桃产地认定和产品认证。组织专家编写猕猴桃栽培技术等培训教材500套，印发《中华人民共和国农民专业合作社法》等资料2600份。聘请荷兰瓦赫尼根大学国际农业中心和植物应用研究所专家到项目区开展农民合作社、生态水果生产加工与市场营销等方面培训。举办猕猴桃栽培、农民专业合作组织建设、沼气管理技能和产品营销等培训班21期，培训学员1.03万人次。组织项目技术人员两次赴荷兰考察学习水果、园艺以及农民专业合作社建设等经验。2005年12月，签署项目执行协议，保靖、古丈两县列入“湖南/海南农业生物多样性保护”项目区，德国政府承诺提供350万欧元技术援助。项目内容包括农业生物资源普查和建立数据库，推广农业生物多样性可持续管理办法等，项目计划执行期三年。是年，泸溪、凤凰、龙山、古丈4县利用IFAD贷款，开工建设乡村公路、灌溉渠道和人畜饮水等基础设施工程。泸溪县梁家潭至八什坪公路通车。凤凰县落潮井乡勾良村灌溉渠道建成。

2007年，州外资外援办建立涉农物种简易数据库，编写“湖南/海南农业生物多样性保护”《湖南项目区农作物品种与野生植物资源调查报告》；并邀请德方专家和国内专家到保靖县开设植物基因资源原地保护专题讲座。保靖县在碗米坡镇陇木洞村恢复和扩种濒临灭绝的九子苞玉米、冷水麻粘、大糯谷、冷水糯、鸡血李、蚌壳李、青皮李、阳冬梨等40多个传统农业物种，驯化种植野生蔷薇莓4公顷。6月，农业示范培训项目完成并通过验收；州内IFAD483项目通过IFAD竣工验收。累计完成项目投资1.16亿元，为计划的101.19%。8.09万农民直接参与项目基础设施建设，整修小水库3座，加固山塘30口，建抽水站7个，集雨窖491个，新建渠道61.5公里，改造渠道247公里，改造乡村道路219.2公里，改造农村输电线路25公里，新建人畜饮水工程8处，架设饮水管道48公里，新建沼气池2936口。支持农户养牛2562头、养猪7390头、养羊1.92万只，新建茶园53.3公顷、梨园46.7公顷、改造柑橘园751.8公顷。举办畜牧养殖、作物栽培、妇女特殊技能等技术培训班1535期，培训农民15.08万人次。是年，州外资外援办将中国西部地区农业可持续发展项目参训对象由保靖、古丈和永顺3个县延伸至全州八县市，培训学员469人次。选定永顺县芙蓉镇雨龙村、保靖县水银乡马福村和古丈县古阳镇田麻村作为项目示范村，每个示范村开办一所农民田间学校，确定10户农户为示范户，聘请一名农业或畜牧技术人员定期开展技术培训，并辅导示范农户。农民田间学校培训农民803人次。2008年6月，州外资外援办选派永顺县芙蓉镇雨龙村丰香组农民刘安友赴加拿大参加保护性农业派驻实习，学习保护性农业生产相关理论知识。是年，“湖南/海南农业生物多样性保护”项目在保靖县和古丈县投资136.4万元，帮助项目示范村修建村级公路3条13公里，整修村级公路1条6公里，硬化村内主干道1800米和便道200米，新建沼气池68口，维修沼气池7口，“改厨、改厕、改圈”12户，整修水井10口。开办农民田间学校4所，举办蔷薇莓和猕猴桃田间管理、沼气建设与管理等培训班30期，培训农民1200余人次。2009年2月，湘西州花垣县的花垣、边城、道二、麻栗场、雅桥和吉卫6个乡(镇)24个村列为世界银行贷款中国新农村生态家园富民工程项目（以下简称生态家园工程项目）区，项目贷款编号7605-CN。3月，州外资外援办在保靖县碗米坡镇陇木洞村开展种子交换活动，保靖县和古丈县“湖南/海南农业生物多样性保护”项目区农民交换具有地域特色水稻、玉米、豆类、薯类和蔬菜品种135个。5月，生态家园工程项目开始实施。是年，中国西部地区农业可持续发展项目竣工。5年间，培训州、县、乡各级政府官员、项目技术人员和农民1775人次，选派政府官员、项目技术人员和农民共14批34人赴加拿大进修学习。州外资外援办被农业部授予“农业可持续发展项目执行先进单位”称号。

2010年，德国政府延长农业生物保护项目执行期18个月，新增项目投资100万欧元。是年，湘西州农业生物保护主要做法被联合国教科文组织用3种文字编进项目实施教科书，向全球推介。年底，世界银行贷款中国新农村生态家园富民工程花垣县项目区建成一体化农户家庭生态农（牧）场2154户，实施果园改造77.07公顷，建设菜园22.4公顷。向世界银行申请提款报账两次，实际到位贷款174.68万元人民币，中央国债资金到位172.9万元，省财政配套资金20万元，县财政配套资金55.8万元。

第二节　援外

2003年，州外资外援办选派州内农业专家赴孟加拉国，协助实施中国—孟加拉国“南南合作”（发展中国家间的经济技术合作）项目。2004年1月，以州外资外援办宋金国为组长的专家组4人抵达孟加拉国。2月，专家组进驻诺瓦布甘杰市项目点开展工作，组织实施青枣和芒果两个水果种植示范项目，引种中国蔬菜品种20个，指导当地农业部门试制出中国传统农具——“风车”，得到孟加拉国政府和联合国粮农组织好评。

2005年12月，专家组完成在孟加拉国两年的援助任务回国。

第十一章　农村经营管理

1989年，中共湘西州委农村工作部及湘西州人民政府农村工作办公室内设农村合作经济管理站。1990年，州减轻农民负担领导小组成立。1995年，州农村合作经济管理站更名为州农村合作经济管理处，加挂州减轻农民负担领导小组办公室牌子，归口州农村办公室领导。州农经管理处内设办公室、集体资产管理科、农村承包合同管理科、农村合作基金会管理科，定编15名，实有7人。

1997年，州农村合作经济管理处更名为州农村合作经济管理局（简称州农经局）。2002年，州农经局加挂州农民负担监督管理办公室和州减轻农民负担领导小组办公室牌子（简称州减负办）。内设办公室、经营体制科、农民负担监督管理科、集体资产与财务管理科。编制14名，实有15人。

2010年，州农经局内设办公室、经营体制科、农民负担监督管理科、集体资产与财务管理科。编制14名，实有14人。

1989—2010年历任局长（站长、处长）邹家礼、符建民、向宏。

第一节　土地承包管理

1989年，州人民政府印发《关于认真贯彻实施〈湖南省农村合作经济承包合同管理办法（试行）〉的通知》，建立健全农村承包合同管理机构。上半年，全州修订农村承包合同9401份，完善经营承包项目1816个，帮助解决合同纠纷1390起。下半年，执行省人民政府下发的《湖南省农村合作经济承包合同管理办法》，在吉首、永顺和龙山3个县（市）办试点；其他各县也由点到面规范管理农村土地承包合同。

1996年，全州耕地承包期延长至30年不变，提倡承包期内实行“增人不增地，减人不减地”办法，稳定土地承包关系。1998年8月，州委、州政府印发《关于延长土地承包期的通知》，抽调82名干部在凤凰县沱江镇办试点。9月下旬，州委、州政府召开全州农村工作会议，规定延长土地承包期30年不变。10月，农村延长土地承包期工作全面铺开，全州49.89万户农户与村集体经济组织签订土地承包合同，领取集体土地经营权证，占农户总数的97%。

2001年初，全州检查验收延包工作。规范纠正承包合同和经营权证书2万余份；在制定村规民约过程中，结合制定村级《土地使用和管理公约》2600份；8个县（市）221个乡（镇）建立承包合同管理委员会和承包合同仲裁委员会，成立村级调解组织2600个，调解处理各类纠纷或争议3000余起，仲裁争议180起。是年11月，全州50.26万户农户，同集体经济组织签订二轮承包合同46.31万户，占应签户的92%。45.43万户领取县人民政府颁发的土地经营权证，占农户90%。12月，州政府开展土地二轮承包工作检查，全州221个乡（镇）2676个村二轮延包合同全部签订。

2003年，全州调整充实各级土地调解、仲裁机构1923个，配备调解仲裁人员8106人，依法调解、仲裁土地承包纠纷53起。是年，全州土地承包“一证一书”（土地经营权证、土地承包合同书）入户率96.1%。2004年，调整和充实村以上各级土地调解、仲裁机构。村级受理并调解承包合同纠纷3733件，乡级受理500件，结案343件；县级受理100件，结案91件。清理并完善土地流转手续1.33万公顷，涉及农户5.87万户。

2005年春节期间，各县（市）组织各级农经干部2504人次深入村组和农户，给未签订土地承包“一证一书”的2.8万户农户补办有关手续；为未签领证书的贫困户免收工本费、合同鉴证费5.2万元。3月底，51.2万户土地承包农户，签领“一证一书”50.97万户，入户率99.8%。州农经局在古丈县断龙山乡、龙山县农车乡建立两个土地流转工作示范点，探索规范土地流转管理经验。当年全州签订或完善流转合同2.6万份，涉及土地2806.67公顷，农户3.26万户。是年调整、充实乡镇土地调解（仲裁）机构221个，配备县、乡调解和仲裁人员723人。全州受理合同纠纷案件522件，调解或仲裁223起，成功率100%。

2006年，州内乡镇行政区划调整，部分农户土地经营承包合同书和土地承包经营权证需要重签和换发。全州建立健全乡（镇）以上各级土地调解仲裁机构172个，其中乡（镇）164个，配备调解、仲裁人员609人。县（市）、乡（镇）两级全年受理土地承包纠纷697件，涉及农户1420户，调解640件，成功率98.8%；受理土地承包纠纷案件31件，涉及农户50户，仲裁31件，仲裁率100%，执行终结28件，终结率90.32%。2007年，完成补签更换“一证一书” 17.65万份。

2008年初，州农经局印发《湘西州关于加快农村承包土地流转促进规模经营的意见》，鼓励种植大户、农民专业合作组织和农业产业化龙头企业以多种形式开展土地流转，发展特色产业，实行规模经营，形成市场牵龙头、龙头带农民专业合作组织、合作组织连农户的产业化经营格局。

2009年，州农经局选择凤凰县两林乡、古丈县红石林镇作为土地流转试点，成立试点工作领导小组，健全制度，规范管理，在实际流转中实现流转合同规范化、流转程序规范化、流转档案管理规范化。是年，凤凰县两林乡土地流转面积335.6公顷，主要流转形式为出租；古丈县红石林镇流转面积85.53公顷，主要流转形式为转包。全州农村承包土地经营权流转面积9940公顷，占家庭承包经营耕地总面积的7.6%。吉首、凤凰、保靖等县（市）成立农村承包土地信息化管理中心。全州县（市）、乡（镇）两级成功调解合同纠纷案件259件，结案254件；仲裁案件17件，结案率100%。

2010年，全州各县（市）相继成立土地调解仲裁机构，成功调解合同纠纷案件90件，结案90件，结案率100%；仲裁案件8件，结案率100%。是年，全州农村土地承包经营权流转面积2.02万公顷，涉及农户5.89万户，占农户10.57%。

第二节　农村集体“三资”管理

1989年，州农委制定十条财务规范化标准。当年，全州财务规范化达标村561个，占建制村的20.96%。60%的乡（镇）建立农村审计机构，年内审计406个村，56个乡、村企业，25个事业单位，揭露经济问题455起，发现违纪金额10万元。

1995年，全州开展农村财务会计制度改革，核查清理农村集体三资（资金、资产、资源）。1997年，州、县（市）建立农村集体资产清理审核小组，组织力量逐村清理登记集体资产，并公开清理账目和财务情况。1998年，州农经局局长邹家礼被农业部授予“全国农经管理先进工作者”称号。2000年，核实乡村债务，全州有农村集体资产3.19亿元，平均每村12万元。年底，全州2398个村建立民主理财小组，占总村数的90.1%；1589个村建立财务公开栏，占总村数59.7%。2001年，继续开展农村集体资产清产核资，全州3.19亿元村组集体资产中，有固定资产1.98亿元，占资产总额62%，流动资产7936万元，占资产总额25%。全州206个乡（镇）的2124个村结束财务清理整顿，占总村数的79.5%，累计清理资金1.41亿元。州、县（市）、乡（镇）人民政府成立财务公开领导小组，各级政府投入专项经费，建立村级财务公开制度。全州2392个村实行财务公开，占总村数的89%。全州建有村级财务公开栏2096个。专项审计60个重点村，审计金额314.91万元，发现违纪金额40.3万元。全州建立民主理财小组2398个，占总村数的89.7%。

2002年，全州开展村账乡（镇）代管试点工作。2003年，州内有5个县（市）的132个乡（镇）推行“村账乡代管”办法，规范集体资金管理。全州开展村集体资金“两税附加”（农业税和农业特产税附加）专项审计，清退违规资金37.2万元。2004年，全州1716个村建立健全财务公开制度，929个村财务公开质量达到部颁标准；117个乡（镇）建立村会计上岗制度。6—7月，州、县（市）32名农经审计人员，组成8个审计组，专项审计8个县（市）的117个村集体资金“两税附加”，审计金额3.11亿元，查处违规资金533.1万元，清退37.2万元。2005年，全州2284个村实行“村账乡代管”，占村总数的85.3%。州农经局在凤凰县沱江镇、泸溪县浦市镇创办村级财务规范化管理和财务公开试点，并将试点经验推广。当年全州有1323个村做到财务规范公开。同时开展乡村建制调整的村财务清理和资产登记工作，全州314个村开展财务清理，清理资金4935.66万元，查处违纪资金73.69万元，退赔50.05万元。

2006年，全州有142个乡（镇）实行村账乡代管，占乡镇总数89.87%；795个村开展财务清整，涉及金额2853.76万元，查处违纪违规资金127.9万元，退赔资金44.38万元，移交司法部门处理2人。开展村级债权债务清理、登记工作，全州村集体债权达1912.52万元。审计8个县（市）的127个村（居）委会财务，审计金额494.4万元；清整598个村（居）委会财务，清整资金1263.41万元。2007年，审计8个县（市）的185个村（居）委会财务，审计金额612万元。全州1860个村完善村财务公开制度，占总村数的95%；全州清理财务管理不规范村467个，占总村数22.9%，清理资金总额9724.15万元，清出违纪金额132.41万元。2008年，州人民政府印发《关于进一步加强村级集体资产和财务管理的意见》。全州164个乡（镇）实行村账乡（镇）代管。八县市结合村委会换届，对1997个村开展村干部任期和离任经济责任审计，查出违纪资金15万元。2009年，凤凰县沱江镇、泸溪县白沙镇为州农经局村级财务规范试点单位，州农经局派员驻村指导，以点带面。吉首市在乾州街道辖区村创办村集体财务管理规范化示范点。是年，乾州街道办事处被农业部授予全国农村集体财务管理规范化示范点单位称号。

2010年，全州90%的村建立民主理财小组并正常开展工作，98%的村财务公开且公开内容完整准确。州农经局将永顺县勺哈乡作为村级财务管理规范化试点，基本实现电算化，形成完备的财务管理制度、民主理财制度、财务公开制度。该试点被定为全国农村集体财务规范化管理第三批示范点。

第三节 减轻农民负担

1990年，州人民政府印发《关于认真贯彻落实省人民政府切实减轻农民负担的通知》。州减轻农民负担领导小组向州直各单位转发省领导小组《关于清理整顿农民负担文件的意见》，全州开展农民负担清理工作。1993年，州减负办印发《关于进一步做好减轻农民负担工作的几点意见》，并组织三次减轻农民负担执法检查。

1995年，全州开展减负工作，确保全州农民负担不超过上年人均纯收入的5%，不发生涉农恶性事件。全州核减不合理负担2.24亿元，砍掉不符合规定积累工、义务工248万个。是年，州减轻农民负担领导小组办公室被湖南省委农村工作部、省政府农村办公室授予“全省减轻农民负担先进单位”，局长邹家礼被评为全省减轻农民负担先进工作者。1996年3月，开展减轻农民负担宣传月活动，印发减轻农民负担宣传资料10万余份，并在州、县(市)委党校举办减轻农民负担政策法规培训班，培训县（处）级干部1200人，乡镇领导干部和涉农部门干部8100人、村级干部1.87万人。1998年，推行农民负担监督卡制度，农民按卡上交，对困难户实行减免，全州累计减免656万元。聘请300名基层干部和村民，担任农民负担监督员，查处群众来信来访举报等问题。

2001年9月，州人民政府印发《关于贯彻落实全国、全省减轻农民负担电视电话会议精神的通知》，抽调15人，组成4个督查组，深入8个县（市）20个乡（镇），专项督查减轻农民负担情况，查处“三乱”（乱收费、乱集资、乱摊派）行为17起、违规收费项目18个，发出整改督查通知书17份，清退违规资金146万元。12月11日，州委、州政府印发《关于切实做好减轻农民负担工作的通知》。全州以乡（镇）为单位，重新审定农民承担乡统筹村提留总额并锁定在1997年基础上。严格执行“一定三年不变”的规定，核减不合规定项目4个，减轻农民不合理负担150万元，全州农民承担费用总额3485.51万元，占上年农民人均纯收入2.07%，比1997年绝对额减少40.23万元。每个劳动力平均负担积累工8个，义务工6个,与1997年持平。全州换发或补发农民负担卡49.8万张，入户率95%。政府凭卡收费，农民凭卡交费，杜绝层层加码和无卡收费现象。全州审核会签涉农收费文件35份，取消不合理收费项目8个，为农民减轻负担195万元。坚持灾区和贫困户税费减免，全州减免5000多户农户税费，人均减免12元。是年，全州减轻农民负担1900万元。

2003年，全州建立减轻农民负担工作责任体系和监督网络及评价体系，将8个县（市）和18个州直涉农收费部门纳入减轻农民负担工作目标管理单位。县市也将有关涉农收费部门纳入目标管理。全州各级党委、政府与涉农收费单位签订工作责任状，明确“一把手”负责制，共聘请农民负担监督管理员256人。全州查处农村中小学收费和农民建房、用电、进城务工等乱收费行为74起，清退各项违规资金520万元，责任追究6人。全州调减计税面积800公顷，调减农民负担36万元，督查落实灾减、社减资金420万元。2004年，全州降低农业税率3个百分点，农业税由4205万元降至2471万元，农业税附加由832万元减少到495万元，减征农业税及附加2071万元。纠正学校乱收费和社会搭车收费45件，清退各项违规资金383.6万元，责令清退368.5万元，责任追究处理4人，推行义务教育“一费制”(即在严格核定杂费、课本和作业本费标准基础上，一次性统一向学生收取费用)，全州388所农村中小学减收学杂费1851.7万元；给低保户、农村两女节育户、独生子女户减免学费58.4万元。

2005年，州、县（市）、乡（镇）层层签订减轻农民负担责任书，落实免征农业税政策，为全州农民减轻直接负担2600万元。州境各级财政部门将补贴资金拨到农户存折账户，全州农民增加收入4000万元。全州为贫困学生免杂费、课本费、补助困难学生部分生活补贴，减轻农民负担3841万元。全州补贴农民购买农机124万元。全州检查398所中小学收费情况，清理出违纪资金194万元，清退191万元。

2007年，层层落实减轻农民负担工作责任制，完善农民负担和补贴监督卡制度。全州发放各项优农惠农补贴1.64亿元，全州户均减负增收308.94元。州农经局派出两个审计组，重点审计8个县（市）24个乡（镇）的村级财政转移支付资金和农民补贴资金等，审计金额198.34万元，其中涉及违纪违规金额68.33万元。开展农村中小学收费等专项治理，春秋两季抽查中小学435所，纠正学校乱收费和社会“三乱”收费行为141件，查处各项违规收费1492万元，责令纠正或清退1490万元。

2010年初，州委、州政府制定减轻农民负担工作目标管理考核办法。年底，考核8县（市）和州直责任单位，并通报考核结果，对落实减负制度不到位的永顺县泽家湖镇通报批评，对违规审批下级单位收费项目的凤凰县教育局列为农民负担监督管理重点单位，对工作成绩突出的八县市政府和12个州直单位给予表彰奖励。是年，全州发放各项强农惠农补贴资金8.42亿元。州纠风办牵头,组织财政、审计、减负等相关部门清查强农惠农资金落实到位情况，清查项目159个，清查资金6.42亿元，发现违规违纪违法问题59个，涉及金额3424.68万元，纠正整改资金3303万元。全州审计24个乡（镇）2007—2010年度财政转移支付村级补助资金使用情况和村级集体资产以及财务管理情况，发现违纪违规7项191.03万元，整改到位13.26万元。组织纠风、教育、减负、物价等部门清查收费学校260所次，查出各种违规项目12个，违规收费金额93.43万元，涉及学生7.28万人次，清退资金77.8万元。落实农民负担监督卡制度，负担卡入户率98%。

第四节　农村合作基金会

1989年，州内部分乡（镇）组织建立合作基金会，筹集资金847万元。扶持156个乡村企业和1.24万户农户扩大商品生产，当年增收270万元。凤凰县水打田乡4月份恢复经管站后，发动2150户集资1.3万元，给9个村86户急需资金农户投放周转金。通过扶持，当年户均增收300元。

1995年，落实中央“要继续办好农村合作基金会”精神，全州巩固发展农村合作基金会。1996年1月，州人民政府召开会议，鼓励、督促各乡镇创办农村合作基金会。1997年，全州农村合作基金会发展到173个，聚集资金9713万元，投放资金6674万元。

1998年，全州停止发展新的农村合作基金会，重点转向基金会规范管理工作。州人民政府农村工作办公室印发管理制度，加强检查和审计工作，关闭40个管理混乱的合作基金会。年底，全州正常运行基金会133个。

1999年4月初，州委、州政府召开清理农村合作基金工作会议，部署清理整顿工作。至2000年，收回投入资金6270万元，占总投放额的82.5%，尚未收回的有1333万元。向农户和社会上吸收存款9713万元基本兑清。133个农村合作基金会全部关闭。工作人员212人解散。其中，临时聘用的153人辞退，抽调的34人回原单位工作，借用的25人暂留协助收款。2001年，全州农村合作基金会清理解整顿结束，实现账册移交，农村合作基金会全部实现清盘关闭。

第五节　农民专业合作社

2001年，全州农经部门开展调研活动，探索农民专业合作经济组织建设的路径和办法。泸溪、吉首、龙山等县（市）试点建立农村专业合作经济组织。2004年，全州登记专业协会或合作经济组织89个。

2005年，农业、扶贫、农经、供销、畜牧等部门，结合产业布局办点示范，协助农民组建各种合作社或协会。全州农经系统办试点16个，有凤凰县官庄乡大湾村优质果业专业合作社、永顺县王村镇网箱养鱼专业合作社等。是年，全州成立农民专业合作经济组织288个，注册登记235个，比上年增加48个，有农民会员2.3万户，成员9.6万人，分别比上年增长2.7倍、2.5倍；农民专业合作组织专项纯收入1.76亿元，户均7566.9元，人均专项纯收入1831.3元，比上年全州农民人均收入高出828元。

2006年，州农经局开展调研，总结经验，制定“十一五”期间全州农民专业合作组织发展规划。将凤凰县水打田乡椪柑合作社等52个农民专业合作组织确定为全州“十一五”期间重点扶持对象。全州有农民专业合作经济组织302个，成员4.18万户。州农经局在各县（市）上报的31个项目中，挑选17个上报，争得省以上农民专业合作组织示范项目12个、扶持资金59万元。选择凤凰县官庄果业合作社、保靖县碗米坡网箱养鱼合作社开展试点工作：凤凰县官庄乡大湾村优质果业合作社有会员135户，开发以椪柑、脐橙、板栗等优质水果基地510.2公顷，果品远销广西、贵州、广东、内蒙古、陕西、河南、辽宁等地。是年，仅销售蜜橘1750吨，实现销售收入220万元，社内农民人均纯收入达到3116元，比上年增长50%。保靖县碗米坡网箱养鱼合作社当年获成品鱼总产量2250吨，实现销售收入1520万元，户均纯收入2.71万元，比上年增长13.9%。

2007年10月1日，《中华人民共和国农民专业合作社法》实施，湘西州向湖南省人民政府和农业部申报项目12个，8个农民专业合作组织获得项目扶持资金74万元。是年年底，全州农民专业合作组织发展到309个，涉及到以牛、羊为主的草食牧业，以网箱养鱼为主的渔业，以椪柑、猕猴桃为主的水果业，以蔬菜、茶叶、药材为主的特色经作业等农业支柱产业。拥有社（会）员3.65万户，带动农户11.64万户。全年全州农民专业合作组织总收入6.73亿元，户均纯收入5778元。2008年6月，州农经局印发《全州农民专业合作社示范社标准》，选择吉首金凤凰渔业专业合作联社和泸溪红山椪柑合作社作为州示范社。每个县（市）按《示范标准》选择两个规模大、运转灵、前景好的农民专业合作社作为示范社。12

月 10 日，全州获得中央财政扶持项目 5 个 60 万元。是年，全州新发展农民专业合作社 24 个，比上年增加 20 个。2009 年，州人民政府印发《关于进一步加快发展农民专业合作社的意见》和《关于下达 2009 年办实事农民专业合作社省级示范点建设任务的通知》，制定《关于实施农民专业合作社省级示范点建设工作方案》，成立农民专业合作社建设工作领导小组，落实工作经费。开展财政扶持项目申报和管理工作，获得财政部、农业部和省财政扶持资金 141 万元，8 个省级示范社建设经省验收合格。是年，全州新发展农民专业合作社 88 个，新发展成员 4886 户，带动农户 6.07 万户。

2010 年 3 月，州农经局验收州内 15 个农民专业合作示范项目实施情况，没有发现挪用资金问题。州内各县（市）安排农民专业合作社专项扶持经费 95 万元，安排工作经费 36 万元。州农经局争取州扶持资金 30 万元，工作经费 20 万元；争得 11 个中央财政扶持项目，资金 220 万元；1 个农业部扶持项目，资金 20 万元；省财政扶持项目 3 个，资金 60 万元。是年，全州农民专业合作组织发展到 370 个，农民专业合作组织成员 5.34 万户，占全州农户的 9.58%；带动农户 10.4 万户，占农户总数的 18.68%。

中华人民共和国地方志丛书

湘西土家族苗族自治州志

1989—2010

（下册）

湘西土家族苗族自治州地方志编纂委员会　编

方志出版社
Publishing House of Local Records

图书在版编目（CIP）数据

湘西土家族苗族自治州志. 1989—2010 / 湘西土家族苗族自治州地方志编纂委员会编. — 北京：方志出版社，2018.7

ISBN 978-7-5144-3143-8

Ⅰ. ①湘… Ⅱ. ①湘… Ⅲ. ①湘西土家族苗族自治州—地方志—1989—2010 Ⅳ. ①K296.42

中国版本图书馆 CIP 数据核字（2018）第 166889 号

湘西土家族苗族自治州志（1989—2010）

编　　者：湘西土家族苗族自治州地方志编纂委员会
责任编辑：张颢

出 版 人： 冀祥德
出 版 者： 方志出版社

地址　北京市朝阳区潘家园东里 9 号（国家方志馆 4 层）

邮编　100021

网址　http://www.fzph.org

发　　行： 方志出版社发行中心
电话（010）67110500
经　　销： 各地新华书店
印　　刷： 湖南省吉首市广源印务有限责任公司

开　　本： 889 × 1194　　1/16
印　　张： 78
字　　数： 1997 千字
版　　次： 2018 年 7 月第 1 版　　2018 年 7 月第 1 次印刷
印　　数： 0001~2000 册

ISBN 978-7-5144-3143-8　　**定价：550.00 元（上、下册）**

目　录

（下册）

第十六篇　工　业

第十七篇　工业园区

第十八篇 商 贸

第十九篇 旅 游

第二十篇 老苏区建设

第二十一篇 城乡建设

第二十二篇　环保　气象　水文

第二十三篇　交通运输

第二十四篇　电力　邮政　通信

第二十五篇　财税 金融

第二十六篇　经济综合管理

第二十七篇 科 技

第二十八篇 教 育

第二十九篇 文 化

第三十篇 卫 生

第三十一篇 体 育

第三十二篇 民俗 方言

第三十三篇 县 市

第十六篇　工业

1989年，湘西州完成工业总产值12.9亿元、工业增加值4.6亿元，独立核算企业资产总额11.72亿元，实现利税2.51亿元。1990年，编制《“八五”工业发展规划》，州政府对各县市、州直工业行业主管局实行工业生产目标管理。同时，兑现首轮全州工业企业承包经营合同，签订第二轮承包合同；调整工业所有制结构，促进民营经济发展；调整产业结构，扶持电力、食品、冶金、烟草、轻纺等支柱产业发展；调整产品结构，扶持酒鬼酒、电解金属锰、电解锌、微细球型铝粉、松花皮蛋、古丈毛尖等高新优质产品发展。“八五”期间，全州实施技术改造项目406个，总投资额7.97亿元；开发新产品137个，落实解困和流动资金6466万元，落实优惠电价总额4310万元。1995年，全州202户国有工业企业实行承包经营责任制，完成工业总产值41.2亿元、工业增加值13.76亿元，实现利税5.1亿元；工业从业人员9.19万人。

1996年，全州实行工业生产目标管理，加大工业企业改革改制力度，推行“两个置换”（企业产权置换、职工身份置换），建立现代企业制度；利用外来资金，加大技术改造；整合技术资源，推进新产品研发；同时，减轻企业负担，优化工业发展环境。2000年，全州完成工业总产值57.3亿元、工业增加值21.85亿元，实现利税4.98亿元。

2001年，州委、州政府作出进一步加快工业发展的决定，实施锰、锌、多晶硅、食品、生物医药等五个过百亿的产业计划；加大电力建设步伐；加快生物医药工业发展；继续抓好技术改造和新产品开发；继续筹措资金，提升企业市场竞争能力。2005年，全州完成工业总产值91.52亿元、工业增加值43.44亿元，实现利税4亿元。

2006年，全州重点办好工业园区，打造工业发展平台；抓锰、锌冶炼企业整合，扶持骨干企业做大做强；抓技术改造和新产品开发；组织创优夺牌，提高产品市场竞争力；继续对各县（市）开展工业生产目标管理；筹措资金，争取政策，扩大工业投入。2010年，全州完成工业总产值296.09亿元、工业增加值121.26亿元，实现利税40.89亿元。

1989年，州经济委员会（简称州经委），机关内设办公室、人事科、生产科、技术改造科、企业管理科、交通战备办、扭亏办、安全科，编制25名。归口管理州三电办公室、煤炭工业局、轻纺工业局、州二轻工业局、冶金工业局、机械工业局、化学工业局、医药局、建材工业局等部门。2001年，撤销州经委，组建州经济贸易委员会，内设办公室、人事科、综合科、经济运行科、投资与规划科、贸易市场科（行业管理科）、企业改革科（中小企业科）、技术进步与装备科、电力及资源综合利用科、经济法规科、交通科、医药食品工业科、安全生产管理办公室、扭亏办、纪检组等14个科室，编制32名，实有32人。归口管理州经济管理干部学校、煤炭工业局、医药监督局、技术监督局、电业局和州化工、冶金机械电子、轻纺、二轻工业、建材、物资、商业行业管理办公室及湘酒鬼股份有限公司。2005年，州经济贸易委员会撤销，改设州经济委员会（州民营经济发展局），内设办公室、人事科、政策法规科（加挂企业维权办公室）、经济运行科、投资与科技科、中小企业服务指导科、中小企业发展促进科、电力科、资源综合利用科、交通科、医药食品工业科、招商引资科、扭亏办、监察室等14个科室，编制29名，实有29

人。归口管理州电力行政执法支队、经济管理干部学校、电业局、煤炭局、技术监督局、食品药品监督管理局及州化工、冶金机械电子、轻纺、二轻工业、建材行业管理办公室等部门。2010年，州经济委员会（州民营经济发展局）撤销，设立州经济和信息化委员会，机关内设机构有办公室、综合科、经济运行科、投资规划科、中小企业局、科技科、能源运行科（电力科）、节能与资源综合利用科、交通科、消费品工业科（医药食品科）、原材料工业科、信息化推进科、电子通信产业科、工业园区管理办公室、人事科、纪检监察室等16个科室，编制33名，实有33人。机关后勤服务全额拨款事业编制4名。归口管理州电力行政执法支队、经济管理干部学校、煤炭局、电业局、州技术监督局、冶金机械电子事务办和州轻纺、化工、建材等行业管理办公室、二轻工业协会及湖南湘鬼酒股份有限责任公司。

1989—2010年，州经济和信息化委员会（州经济贸易委员会、州经济委员会）历任主任：刘殿兴、彭鹤志、孙必宽、王世开、张来林；副主任：王世开、刘枝厚、朱昭华、黄隆兴、叶德门、董继兴、黄纯柏、黎德超、张来林、贾高飞、陈太云、邱生顺、魏方平、刘时进、周德友、仇佩兰、宋清宏、王利辉、李万喜、王敏、马军、田华、毛建湘。

1989—2010年湘西州工业主要经济指标(一)

表16-1

年份	工业全部从业人员(万人)	工业总产值(万元)	比上年增减(±%)	占工农业总产值比重(%)	工业增加值(万元)	占国民生产总值比重(%)
1989	7.67	128955	8.5	57.4	51201	27.4
1990	6.02	130765	1.4	53.9	47673	22.5
1991	5.99	153945	17.7	54.56	65433	25.6
1992	6.6	190031	23.4	55.75	74393	23.74
1993	7.24	257010	35.2	60.85	99164	27.2
1994	8.14	331041	28.8	59.4	129696	28.2
1995	9.19	412039	24.5	61.1	157579	28.48
1996	8.83	506053	22.8	64.7	178899	29.12
1997	9.39	516435	2	63.1	184017	28.13
1998	7.61	549049	6.3	64.2	192908	27.8
1999	8.96	528697	–3.7	63	197839	25.1
2000	9.07	573088	8.3	64.5	218478	24.8
2001	10.26	645384	12.6	65.2	249923	25.15
2002	10.26	621571	–3.7	63.3	274653	25.4
2003	11.85	674080	8.4	65.1	299757	23.65
2004	12.28	835003	23.1	66	395750	27.26
2005	13.15	915283	9.6	67.3	434414	26.6
2006	13.35	1326287	44.9	73.4	600251	31.89

续表 16-1

年份	工业全部从业人员(万人)	工业总产值(万元)	比上年增减(±%)	占工农业总产值比重(%)	工业增加值(万元)	占国民生产总值比重(%)
2007	17.13	1924459	68.9	76.1	842884	35.4
2008	18.03	2415939	25.5	77.8	1017191	35.75
2009	18.93	2474620	2.4	77	1069697	33.8
2010	19.69	2960942	19.6	78.5	1212655	33.7

1989—2010 年湘西州工业主要经济指标(二)

表 16-2

年份	独立核算工业企业数量(个)	独立核算工业企业资产总额(万元)	比上年增减(±%)	独立核算工业企业实现利税总额(万元)	比上年增减(±%)	独立核算企业从业人员(万人)
1989	600	117213	—	25122	—	48944
1990	581	—	—	19265	-23	49687
1991	590	—	—	30380	57.7	51623
1992	576	—	—	28854	-5	55415
1993	586	328549	—	37372	29.5	65939
1994	553	373896	13.8	44741	19.7	66291
1995	701	526238	40.7	50985	14	—
1996	645	601877	14.4	63485	24.5	—
1997	609	737009	22.4	68817	8.4	—
1998	211	817174	10.8	89025	29.4	—
1999	213	934168	14.3	60784	-31.7	—
2000	228	1074582	15	49756	-18.2	—
2001	248	1108677	3.2	—	—	—
2002	246	1166410	5.2	31464	—	42499
2003	232	1200390	2.9	39903	26.8	39538
2004	225	1112810	-7.3	50842	27.4	40293
2005	221	1216973	9.3	40035	-21.3	45776
2006	276	1379678	13.3	80233	100.4	48518
2007	287	1561049	13.1	228732	185	52824
2008	332	1385080	-11	190079	-16.9	54289

续表 16-2

年份	独立核算工业企业数量(个)	独立核算工业企业资产总额(万元)	比上年增减(±%)	独立核算工业企业实现利税总额(万元)	比上年增减(±%)	独立核算企业从业人员(万人)
2009	336	1875221	35.4	201969	6.3	54645
2010	338	1941856	5.6	408902	202	58298

说明:1. 1989—1997 年全部独立核算工业企业数为乡(镇)以上独立核算工业企业,1998—2010 年全部独立核算工业企业数为规模以上独立核算工业企业

2. 工业总产值、工业增加值按当年价格统计

1989—2010 年部分年份湘西州工业总产值增长示意图

工业总产值:亿元

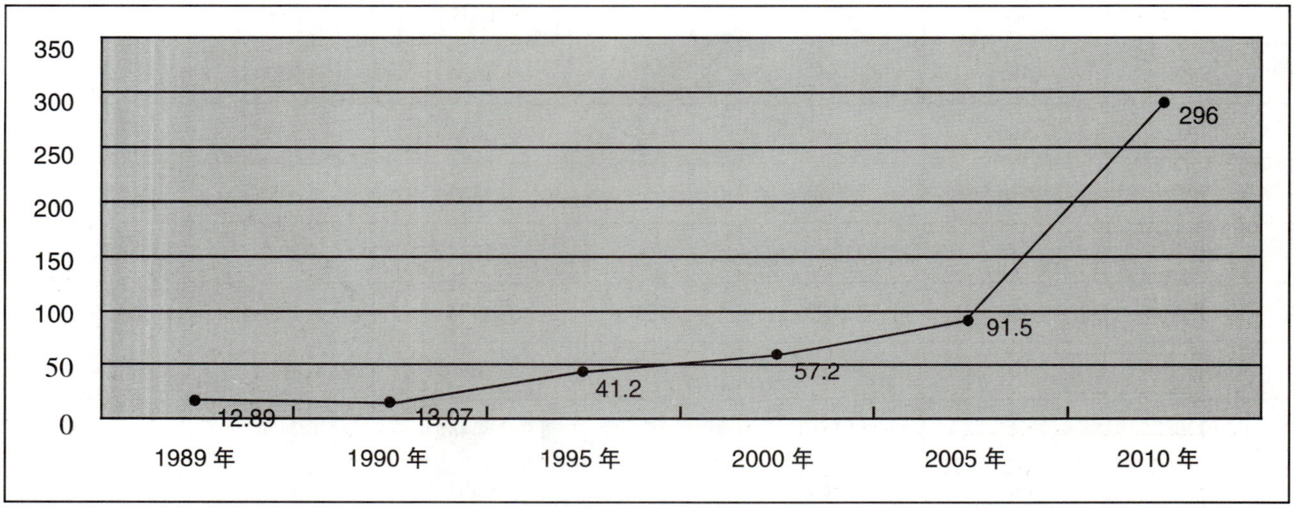

1989—2010 年部分年份湘西州工业增加值增长示意图

工业增加值:亿元

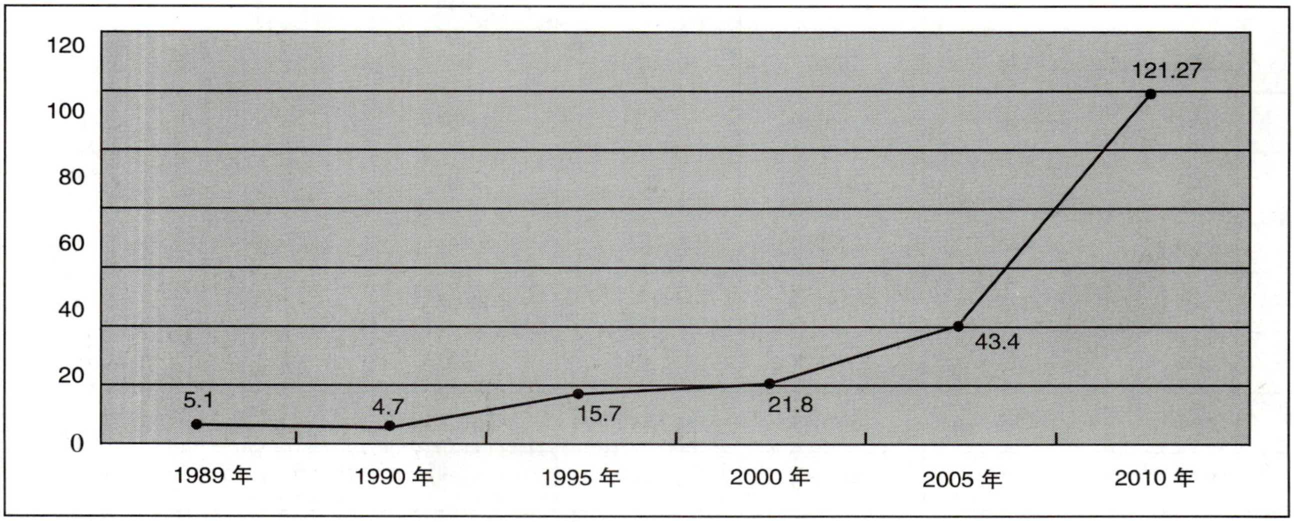

1989—2010 年部分年份湘西州全部独立核算工业企业资产增长示意图

资产：亿元

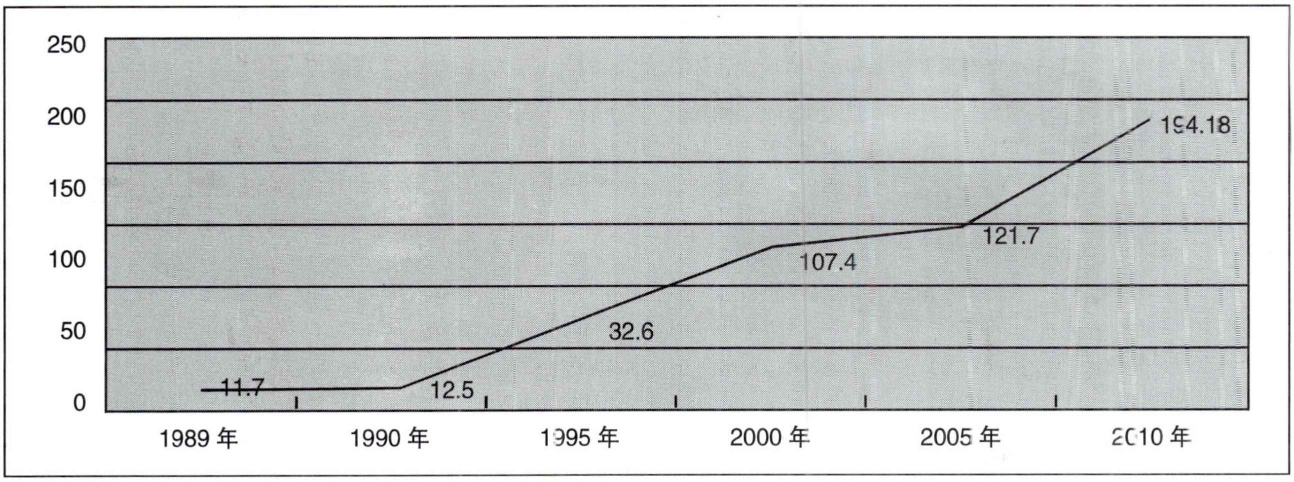

1989—2010 年主要年份湘西州全部独立核算工业企业利税变化情况

利税：亿元

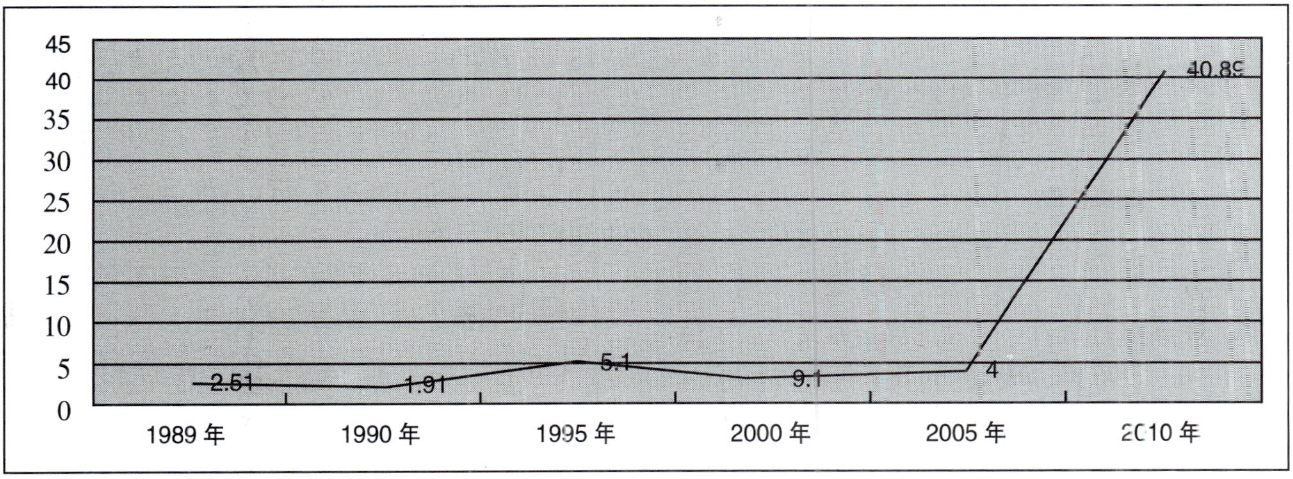

1989 年与 2010 年湘西州工业产值在全州工农业总产值中占比图

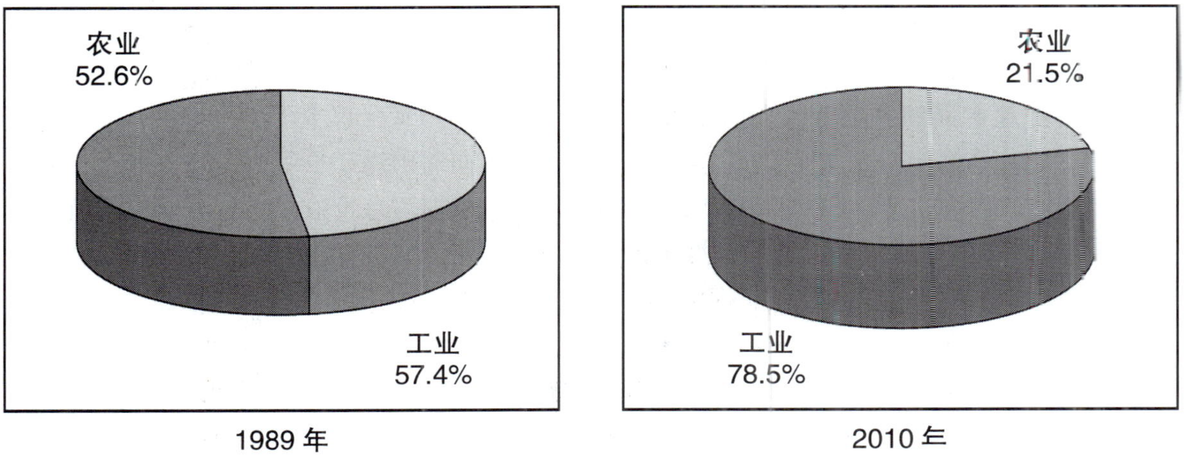

1989 年与 2010 年湘西州工业增加值在全州国民生产总值中占比图

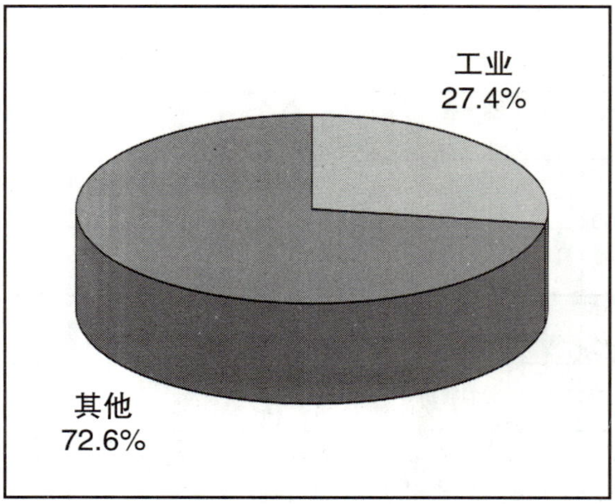

1989 年

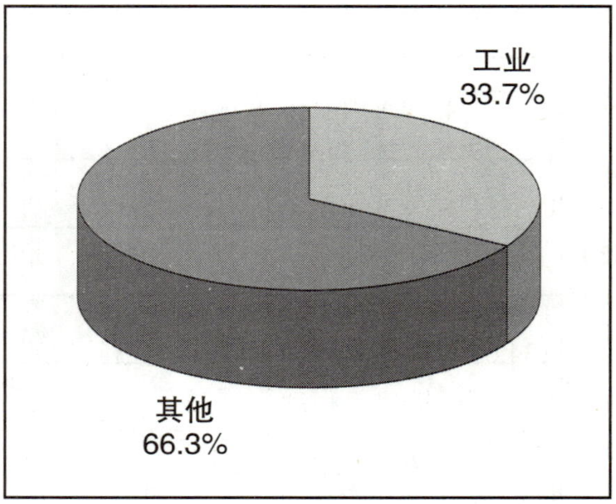

2010 年

第一章　煤炭工业

第一节　煤矿建设

一、矿井改扩建

1989 年，全州国有煤矿采用机械通风、机械提升运输，乡（镇）、村办及个体小煤矿采用自然通风，手锤钢钎凿岩、尖锄挖煤，撮箕竹篮装拖煤。1990—1996 年，州煤炭局筹措资金 723 万元，先后开展拱桥湾矿井、向阳平硐、汝池河井、卡棚煤矿等 5 对国有煤矿矿井技术改造。1997 年 2 月，湖南省人民政府省长杨正午对州洛塔煤矿满湖井建设项目作出批示，指出："对少数民族地区经济发展，请给予研究支持"。5 月，省计委批准《州洛塔煤矿满湖井项目建议书》；12 月，省计委批准《州洛塔煤矿满湖井项目可行性研究报告》。1998 年 2 月，省煤炭工业局批准《洛塔煤矿满湖井初步设计》，设计总投资 873.24 万元，批准概算 695.41 万元；3 月，省煤炭工业局批准满湖井 4 月 1 日开工建设。1999 年 9 月矿井贯通，完成投资 483.48 万元。是年，州向阳煤矿着手建设林家湾井。2000 年 3 月，省计委批准《湘西州向阳煤矿林家湾矿井可行性研究报告》，8 月，省煤炭工业局批准《湘西州向阳煤矿井林家湾矿井初步设计》，同意矿建总工程量 4306 米，总投资 1171.6 万元。是年 12 月，该项目开工建设；2005 年 8 月竣工投产，完成矿建工程量 2928 米，完成矿井建设投资 680.56 万元。

2001 年，州洛塔煤矿投资 43.69 万元，改造易家岩井通风系统，清理失修巷道 2165 米，矿井通风阻力由施工前 1842.4 帕下降到 970.9 帕。2002 年，州煤炭安监局拨付 30 万元资金，改造州洛塔煤矿易家岩井排水环节。2004 年，州洛塔煤矿争取到国债安全技术改造项目，改造易家岩井通风系统和防尘灭火系统，批准概算 336.9 万元。2005 年 3 月，州洛塔煤矿易家岩井通风、防尘灭火系统改造项目动工。同时，该煤矿易家岩井改造列入国债安全技术改造项目，批准概算 552.23 万元；州向阳煤矿平硐改造列入国债安全改造项目，批准项目总投资 923.69 万元，该项目 4 月开工建设。2006 年 1 月，州洛塔煤矿易家岩井安全技改项目开工；12 月竣工，累计完成投资 113.85 万元。是年，州洛塔煤矿易家岩井改造又纳入国债安全技术改造项目，批准概算 707.16 万元。2007 年 3 月，州洛塔煤矿易家岩井再次列入安全改造项目并开工。12月，州向阳煤矿平硐改造完工，累计完成投资486.82万元。年底，州洛塔煤矿易家岩井安全技改项目竣工，累计完成投资134.09万元。是年，龙山县苏家坪煤矿楠竹井投入770万元，改造矿井。2008年2月，州煤炭局批准《龙山县红岩镇木龙湾兴旺煤矿扩建工程初步设计》，扩建项目概算投资425万元。9月，州洛塔煤矿易家岩井再次安全改造项目竣工，累计完成投资134.63万元。2009年4月，龙山县红岩镇木龙湾兴旺煤矿扩建工程动工，12月竣工。州洛塔煤矿易家岩井改造再次纳入国债安全技术改造项目，批准概算投资550.24万元；州向阳煤矿平硐国债安全改造项目，批准投资764.31万元，9月开工建设。

2010年4月，州洛塔煤矿易家岩井再一次安全改造项目竣工，累计完成投资512万元。9月，州向阳煤矿平硐安全改造项目竣工，累计投入762.36万元。是年底，全州有煤矿矿井14对，消灭独眼井，全部采用机械通风、机械提升及运输，每对矿井完成瓦斯监测监控系统和通讯联络系统建设，更换风机、绞车、水泵等机电设备，淘汰煤矿井下无维修价值的生产器具。

二、地面建设

（一）生产生活设施建设

1989年，州龙家寨煤矿、洛塔煤矿、向阳煤矿、卡棚煤矿有工业广场，有专运煤炭、矸石轨道线和煤炭、矸石堆集地，有井口地磅房、配电室、矿灯室、机修车间，以及食堂、澡堂、职工宿舍。乡镇煤矿及个体煤矿，地面建设比较简陋，只设井口棚，堆煤场和通往煤场简易运输道。1990—2004年，州属国有煤矿没有资金投入井口地面建设。2005年6—9月，州洛塔煤矿投入资金11.27万元，在矿一平硐附近修建矿井主通风机房和两间12平方米值班室。2009年，龙山县红岩溪镇木龙湾兴旺煤矿投资20万元，维修矿部办公楼；投入10万元购置电脑、复印机等办公设施；投入25万元，硬化矿部道路800米。是年10月，州洛塔煤矿投资12.25万元，修建空压机、柴油发电房。2010年，州向阳煤矿投入46万元，新建地面空压机房、自救器房，配置安全监控室，并维修发电机房、充电房、洗澡堂、卫星电视地面接收器等生产、生活设施。龙山县红岩溪镇木龙湾兴旺煤矿投入20万元，改造职工食堂、澡堂、宿舍，投入7.6万元购置2台洗衣机。

（二）尾矿库建设

1989年，州属国有4矿均建有尾矿库。乡镇煤矿及个体煤矿均未建尾矿库。1993年5月，州向阳煤矿在原尾矿库下方30米处，新建一处拦渣坝。1995年，州洛塔煤矿投资48万元，征地2.7亩，在二平硐口下方采用对溪沟砌块拱涵建尾矿库。2001年，州煤炭局拨款5万元，州洛塔煤矿自筹10万元修建拦渣坝。2002年，州洛塔煤矿投入35万元再次改造该坝。是年，州煤炭安监局批准州卡棚煤矿在尾矿库下游50米处建第二道拦渣坝，并从统筹开发基金中拨付资金3万元。4月，工程开工，2005年3月竣工。是年，州洛塔煤矿投入70万元，在拦渣坝涵洞上方修建一条钢筋混凝土结构排水沟，工程4月开工，2006年10月竣工。是年，州洛塔煤矿地质环境治理项目获国土资源部、财政部批准，总投资300万元。该项目2007年5月开工。2009年9月，州发改委批准州向阳煤矿尾矿库专项治理项目可行性研究报告，在向阳煤矿主平硐东南方向1200米处新建尾矿库。工程概算729.03万元，州人民政府拨款300万元，企业自筹429.03万元。2010年1月，龙山县红岩溪镇木龙湾兴旺煤矿投资150万元开工新建拦渣坝，5月底竣工。州洛塔煤矿地质环境治理项目完成投资307.22万元。州向阳煤矿尾矿库专项治理项目竣工，完成投资319.5万元。全州煤矿有尾矿库5座，容量100万立方米。

第二节 煤炭生产与经营

一、采掘

1989年，湘西州有煤矿288个（处），生产原煤35.3万吨。州内国有和乡镇煤矿掘进主要采用全煤岩巷掘进和半煤岩巷掘进两种。因煤层极薄，全煤巷掘进甚少。1991年，州向阳煤矿1210采煤工作面使用金属摩擦支柱，万吨原煤坑木消耗由100立方米降至70立方米，采煤工作面达到“三直、两净、两畅通”（即：煤壁直、支架纵横排直、溜槽直；浮煤干净，坑木回收干净；上下两道安全出口畅通），月产原煤由1200吨增至2300吨，成为全州煤矿标准化矿井和文明生产井口。是年8月至1992年9月，该煤矿向阳平硐南大巷组织快速掘进，推广光面爆破、锚杆支护、激光指向、扒斗装岩等新技术，月进尺由35米升至85米，全年完成掘进进尺2300米。1993年，煤炭开采由计划转向市场，州内煤炭滞销，开拓进尺下降。1997年，州国有4矿只完成开拓进尺675米。1998年，州煤炭局决定采取奖惩办法，推进开拓进尺工作。1999年，州龙家寨煤矿超开拓进尺472米，奖9.94万元；州卡棚煤矿超开拓进尺15米，奖3000元；洛塔煤矿欠开拓进尺282米，罚5.64万元；向阳煤矿欠开拓进尺420米，罚8400元。2000年，州属4矿完成开拓进尺1500米，两证齐全乡镇煤矿完成开拓进尺1300米，国有煤矿开拓进尺比1997年增长45%，各矿均获数千元奖励。2006年，全州生产原煤17.71万吨，洛塔煤矿获奖金1.67万元，向阳煤矿获奖金1.95万元，龙山县煤炭局获奖5000元，龙山洛塔煤焦公司等13个乡（镇）煤矿获700~1900元不等奖金；龙山王家棚煤矿、老屋基煤矿、凤凰万溶江煤矿、保靖豹子洞煤矿4矿因考核不及格各罚款1万元。

2009年，州洛塔煤矿易家岩井采用充填式处理顶板，将随采随落伪顶向采空区充填，只留回风道、人行道、运输道。矸石不出井，回采工效由上年1.27吨/工日提高到1.3吨/工日。该薄煤层沿空留巷无煤柱绿色开采技术，作为“2011年矿产资源开发节约与综合节约奖励项目”向财政部、国土资源部申报。2010年，龙山县红岩溪镇木龙湾兴旺煤矿投资80万元，购置单体液压支柱、扒岩机等设备。在1203回采工作面实现落煤机械化、运煤溜子化、支柱液压化。原来人工煤锄落煤、人力拖篮运输，日循环不到1米，日产原煤不到50吨，职工人均月收入仅2000元左右；当年日循环达3米，日均可采原煤200吨，职工人均月收入达5000元左右。掘进工作面使用扒岩机装矸，掘进速度增一倍。使用液压支护后，采煤木材消耗由90平方米/万吨降为8平方米/万吨；掘进由过去耗材120平方米/2000米降为30平方米/2000米。是年，全州有矿井14对，生产原煤25.8万吨。与1989年相比，矿井减少88.89%，生产能力增长192.59%。

二、购销

1989年，州煤炭公司先后与河南、山西、湖北、浙江、四川、上海、广西、广东等省（市、区）建有煤炭购销业务关系。州内无无烟煤，所需无烟煤主要从省内涟源、冷水江等地购进，加工成型煤，供应州内八县市城区居民生活用煤。是年，州煤炭公司购进煤炭12.48万吨。州内私人小煤窑生产烟煤多属自产自销；州内国有煤矿所产烟煤除6.5%留作煤矿自己销售外，其余全部由州煤炭公司统一销售，主要销往广西合山电厂、广西来宾电厂、湖南株洲电厂、涟源钢铁厂、资江氮肥厂、湘澧盐矿等单位。全年，州煤炭公司销售煤炭17.84万吨，实现利税282万元。

1990年，水路公司并入州煤炭公司，增设龙山县隆头、古丈县罗依溪、永顺县永茂3个煤炭转运站及泸溪煤炭调运点。是年，全州煤炭经营业务实行指令性计划与指导性计划相结合办法。1993年，煤炭市场开放，国有煤矿生产原煤自产自销。主要供应烤烟和州烟叶复烤厂、古丈水泥厂、龙山水泥厂、石门电厂、桃源电厂等。销售价格随行就市，煤矿根据市场需求和生产成本，自主确定煤炭销售价格。1997年，州、县煤炭公司相继歇业和改制。州内生产、生活用煤均由厂家及藕煤店自行购进。国有、乡镇煤矿生产原煤炭自行销售。2001年，州煤炭运销贸易中心、州洛塔煤矿、龙山县煤炭公司、凤凰县煤炭公司、吉首市煤炭燃料公司取得煤炭经营资格许可证。2003年，凤凰县煤炭公司煤炭经营资格许可证被注销。2004年，龙山县煤炭公司煤炭经营资格许可证被注销。2005年，州煤炭局为7个乡（镇）煤矿煤炭生产许可证办理延续登记手续；为13对保留矿井煤炭生产许可证现场验收。2007年，州煤炭运销贸易中心煤炭经营资格许可证被注销。2010年，吉首市煤炭燃料公司、州洛塔煤矿、州鑫天贸易有限责任公司煤炭经营资格许可证被注销；泸溪县湘西华盛矿产品公司取得煤炭经营许可证。

第三节　煤炭工业管理

1989年，湘西州煤炭工业公司内设办公室、政工科、计财科、乡镇科、生产科、安全科、纪检会和煤炭系统工会，编制36名。有州龙家寨煤矿、州洛塔煤矿、州向阳煤矿、州卡棚煤矿、州吉首化工厂、州金属材料防腐厂、州煤炭公司、州煤炭物资公司、州煤炭地质队、州矿山救护队等下属单位。1990年1月，州煤炭工业公司恢复为州煤炭工业局，内设办公室、政工科、生产科、安全科、乡镇科、多经科、计财科、纪检会和系统工会，编制35名。2001年，机构改革，设立州煤炭安全生产监督管理局，内设办公室（加挂人事科牌子）、行业管理科、安全监察科、企业改革科、计划财务科、纪检组（监察室）。编制13名。

2003年，州煤炭安全生产监督管理局撤销，设立州煤炭行业管理办公室。2005年，州煤炭行业管理办公室更名为州煤炭局。加挂州煤炭安全生产监督管理局牌子，机构级别、人员编制及隶属关系维持原规定不变。内设办公室（加挂人事科牌子）、规划发展科、安全生产监督管理科、法规科、财务劳资科，编制15名。

2010年，州煤炭局内设办公室（加挂人事科牌子）、规划发展科、安全生产监督管理科、法规科、财务劳资科，编制15名，实有13人。有州矿山救护中队，州龙家寨煤矿，州洛塔煤矿，州向阳煤矿，州吉首化工冶炼厂，州野寨湾酒厂，州煤炭公司等下属单位。

1989—2010年，州煤炭局历任局长（经理）凌云、梁家标、肖和银、李宗耀；副局长（副经理）：邹金荣、胡祖希、张承照、程自潭、刘登桃、易礼顺、肖和银、高余平、钟以松。

1989—2010年湘西州原煤产量情况表

表16-3　　　　单位：万吨

年份	总产量	国有煤矿					乡镇煤矿	个体煤矿	其他
		小计	州龙家寨煤矿	州洛塔煤矿	州向阳煤矿	州卡棚煤矿			
1989	35.30	17.43	5.29	6.15	4.73	1.26	13.28	4.59	—
1990	39.96	18.57	4.03	8.24	5.19	1.11	14.90	5.68	0.81(村矿)
1991	39.39	22.41	5.95	10.01	5.43	1.02	13.91	3.07	—
1992	32.23	18.31	5.30	7.71	4.20	1.10	10.11	3.81	—
1993	27.31	11.24	1.51	4.82	3.86	1.05	12.46	3.03	0.58(村矿)
1994	27.26	14.25	1.38	5.84	6.01	1.02	12.48	0.53	—
1995	23.79	12.86	1.55	5.98	3.88	1.45	9.73	1.20	—
1996	23.53	10.32	1.50	4.52	3.10	1.20	13.05	0.16	—
1997	24.87	10.20	1.80	4.20	2.50	1.70	14.59	0.08	—
1998	24.60	8.50	1.86	3.23	1.91	1.50	16.05	0.05	—

续表 16-3　　单位:万吨

年份	总产量	国有煤矿					乡镇煤矿	个体煤矿	其他
		小计	州龙家寨煤矿	州洛塔煤矿	州向阳煤矿	州卡棚煤矿			
1999	15.62	8.19	2.20	2.69	1.80	1.50	7.19	—	0.24(水田)
2000	14.96	7.56	1.79	2.47	1.80	1.50	7.10	—	0.30(水田)
2001	13.02	7.82	1.97	2.85	1.40	1.60	5.10	—	0.10(水田)
2002	13.72	7.45	0.39	3.82	1.74	1.50	6.22	—	0.05(水田)
2003	12.41	6.70	—	3.00	2.20	1.50	5.71	—	—
2004	15.78	7.68	—	3.05	2.63	2.00	8.10	—	—
2005	15.71	5.74	—	3.06	2.49	0.19	9.97	—	—
2006	17.71	4.96	—	2.16	2.80	—	12.75	—	—
2007	25.09	7.09	—	3.08	4.01	—	18.00	—	—
2008	26.00	7.64	—	3.22	4.42	—	18.36	—	—
2009	26.48	6.26	—	2.80	3.46	—	20.22	—	—
2010	25.795	6.765	—	3.65	3.115	—	19.03	—	—

一、煤炭行业管理

1990年，州人民政府成立州清理整顿小煤矿工作领导小组。1991年1—4月，全州组织100余人参加清理整顿行动，拆除烧毁工棚200余个，关闭非法小煤窑230个，清理在非法小煤窑入股分红职工6人，入股金100余万元，处罚和上缴红利2.1万元。6月，全州乡镇煤矿由清整前338个，减少到108个。1992—1993年，龙山县红岩溪镇3个个体小煤窑乱采滥挖，影响国有煤矿生产和安全，州矿管局与州煤炭局派人前往现场调查，并向龙山县政府汇报。1994年3月，龙山县政府依法关闭这3个小煤窑。1997年，召开全州煤炭市场清理整顿会议，传达贯彻全省煤炭市场清理整顿工作会议精神。州属煤炭企业、龙山县洛塔煤焦公司、木龙湾煤矿、上游煤矿等13个单位，与州煤炭局签订安全生产目标管理责任书。是年，全州煤炭行业完成工业总产值1036.7万元，应收账款减少7.5%，产品达产率70%。为完成目标管理指标任务单位兑现奖金4.4万元。1999年4月，州政府印发《关于关闭非法和布局不合理煤矿的通知》，成立州关井压产领导小组。州政府决定全州煤炭行业关井压产工作由县、乡（镇）两级政府具体组织实施，分“调查摸底，制定方案，宣传发动，实施关井，检查验收”五步进行，全州送达关井通知书48份，停产整顿通知书58份。12月，全州关闭非法和布局不合理小煤矿48处，压减煤炭生产能力4.8万吨。

2001年，州煤炭局组织检查组，下到各县，深入矿井督促检查。永顺县先后召开15次煤矿整治会议，全县出动4辆宣传车到各产煤乡镇巡回宣传，副县长向国祥带队到矿区，调用炸药500公斤、雷管100发，炸毁非法和单证小煤窑46个，封填单证小煤窑5个。全州关闭非法和单证小煤矿114处，注销采矿许可权证70个，关闭国有煤矿矿办小井8处。2005年，州煤矿整顿关闭领导小组成立。制定三年整顿关闭工作规划，确定 2005—2007 年工作目标为全州关闭矿井 10 对，保留矿井 14 对。是年，全州关闭非法小煤窑 52 处。2006 年，在继续对州属煤炭企业和龙山县煤炭局实行双文明目标管理基础上，将保靖、凤凰两县煤炭主管部门及州内 17 个乡（镇）煤矿纳入双文明目标管理范围。10 月，州政府决定关闭龙山县洛塔煤焦公司苏家坪井、五台井和保靖县老场煤矿。2007 年 9 月，州政府决定关闭龙山县瓦房煤矿、茅坪乡观音岩煤矿吴坝井、猛必乡永茂煤矿景和井、洛塔煤焦公司福塘井、八仙洞井，保靖县豹子洞煤矿和凤凰县万溶江煤矿等 7 对矿井；保留州龙家寨煤矿、洛塔煤矿、向阳煤矿、永茂煤矿、枫香坡煤矿、王家桠煤矿、兴旺煤矿、苏家坪煤矿楠竹井、观音岩煤矿、八仙洞煤矿老屋基井、热家湖井、双塘煤矿、保靖县鑫安矿业有限公司小丫口井、关帝庙井 14 对矿井。2010 年，继续对州属煤炭企业实行双文明目标管理，给考核先进单位兑现奖金 12.21 万元。

1989—1996 年湘西州部分年份州属煤炭公司煤炭购销情况表

表 16-4　　　　单位：吨

年份	购进量				销售量			
		烟煤	无烟煤	焦炭		烟煤	无烟煤	焦炭
1989	124864	108209	15691	964	178374	87586	89860	928
1990	160517	126981	32148	1388	188540	83449	103983	1108
1991	165653	138775	26180	698	296175	146751	148547	877
1992	118092	85199	32893	—	123666	66597	57059	—
1995	37436	23854	13582	—	32878	17350	15528	—
1996	42819	27845	14974	—	29097	14123	14974	—

1999—2010 年湘西州煤炭经营单位煤炭经营情况表

表 16-5　　　　单位：吨

年份	州煤炭运销中心	吉首市煤炭公司	州洛踏煤矿	凤凰县煤炭公司	龙山县煤炭公司	龙山恒通贸易公司	州鑫天贸易公司
1999	2109	5000	26283	3000	7000	—	—
2000	12000	6938	26283	3000	8000	—	—
2001	12000	8010	25000	3100	8000	—	—
2002	1700	6391	38000	4500	—	—	—
2003	6800	4100	27622	—	—	—	—
2004	15000	4850	33300	—	—	—	—
2005	15000	4500	30300	—	—	3009	24960
2006	—	5000	21000	—	—	29500	7918
2007	—	124	33000	—	—	20000	20000

续表 16-5　　单位:吨

年份	州煤炭运销中心	吉首市煤炭公司	州洛踏煤矿	凤凰县煤炭公司	龙山县煤炭公司	龙山恒通贸易公司	州鑫天贸易公司
2008	—	127	31200	—	—	22000	30000
2009	—	—	28800	—	—	—	—
2010	—	—	37820	—	—	—	—
合计	64609	45040	358608	13600	23000	74509	262878

二、煤炭安全监管

1989年，州煤炭工业公司检查州内煤矿安全生产情况，发现有独眼井开采矿46个，明火明电照明矿250个，明火明电放炮矿270个，明刀闸开关矿237个。大部分小煤矿采空面积大，支柱少，顶板破碎，存在不同程度的安全隐患。1990年，州煤炭工业局成立安全监察领导小组，负责督促检查各矿安全生产。州煤炭工业局安全科增加一名主管通风专干，局办公室确定一名安全秘书。实行一周召开一次安全办公会、一旬一次安全汇报、一月一次安全总结、一季一次安全检查、半年一次安全评比制度。1991年，州煤炭工业局组织人员编写《安全技术管理制度汇编》，各矿完善安全承包责任制、干部跟班制、矿领导值班制、瓦斯检查员、安全员、安全监察员、班组长交接班制等制度；州煤炭工业局成立局安全培训中心，培训72名生产一线骨干及安全管理人员；州属煤矿开展百日安全无事故竞赛活动，矿级领导下井抓安全、堵漏洞、巡回检查，现场办公。1992年，州煤炭工业局全年组织4次安全大检查。州卡棚煤矿投资5万元购置主扇，结束该矿30多年自然通风历史；州洛塔煤矿、向阳煤矿井下供电实现三大保护。1995年，州煤炭工业局与州属国有4矿签订《安全目标责任状》，在各矿开展“百日安全生产”活动，州煤矿安全培训中心培训乡镇煤矿矿长、安监察员、放炮员、瓦斯检查员、井下电钳工259人。各矿培训、轮训各类作业人员600人。州卡棚煤矿连续9年无死亡事故，获全州工业战绩安全生产先进单位称号。

2001年年初，州煤炭局领导带队开展州属4个国有煤矿春季安全生产大检查，查出隐患28条。对存在严重安全隐患地方，立即组织作业人员撤离，并责成相关煤矿迅速整改，整改未到位之前，不能下井开工生产。2004年2月，龙山县煤炭行管办检查乡镇煤矿，查出隐患108条，下达限期整改通知书18份。3月，州煤炭行管办查出州属煤矿安全隐患20条。2005年3月下旬，州煤炭行管办检查州属国有煤矿、龙山县乡镇煤矿、保靖县乡镇保留煤矿，查出安全隐患143条。当即下达停产指令。2006年12月，州煤炭局检查州洛塔煤矿、向阳煤矿、龙山县苏家坪煤矿（楠竹井、福塘井）、观音岩煤矿（二平硐、吴坝井）、保靖县双塘煤矿、豹子洞煤矿、凤凰县万溶江煤矿9对矿井，查出隐患52条，下达安全监管指令9份。是年，州煤炭局检查全州各类煤矿安全生产5次，查出安全隐患和问题350条，制作执法文书30份，各矿隐患整改率90%。

2009年，州煤炭局于1月、4月、5月、7月、11月分别开展全州各类煤矿安全检查。8月，与怀化市煤炭局交叉检查；9月，与常德煤监分局开展联合执法检查。7次检查查出安全隐患339条，其中重大隐患2条，下达责令改整通知书30份，制作执法处罚决定书2份。2010年，开展全州各类煤矿安全大检查，查出安全隐患116条，其中通风方面27条，瓦斯方面11条、顶板方面6条、机电方面43条、运输方面2条、水患方面4条、提升方面6条、爆破方面8条等。同时，还与益阳市煤炭局交叉检查1次，与常德煤监分局联合执法检查1次，6次检查共查出安全隐患309

条，制作责令改整通知书28份。是年，组织安全月活动评比，排前一、二、三名的国有及乡镇煤矿，给予1000～2000元奖励。

三、煤炭矿山救护

1989年，原驻桑植县分水岭煤矿州矿山救护队22人中，桑植新街煤矿、分水岭煤矿8名队员回原单位，其余14名队员迁往龙山县红岩溪镇，房屋资产全部转让给桑植分水岭煤矿。州矿山救护队经费由州财政拨付。1992年，州矿山救护队以安全小分队形式，每月巡回各矿、各井、各生产作业点，排查整改安全隐患。1998年，州矿山救护队借驻州洛塔煤矿。1989—1999年，州矿山救护队及各矿救护队，参与事故救援43次，救出被困人员98人，其中，生还者39人，遇难者59人。2003年，州矿山救护队对全州各类煤矿特殊工种人员开展培训轮训。2007年，州矿山救护队驻地由州洛塔煤矿迁往龙山县红岩溪镇。2008年4月，州煤炭地质队与州矿山救护队合并，组建州矿山救护中队。2010年3月，凤凰县万溶江煤矿发生冲击地压事故，救出遇险者3人。是年，州矿山救护中队有队员20人。省、州有关部门给州矿山救护中队累计投资142万元，购置氧气呼吸器、瓦斯检查器、液压千斤顶、氧气充填泵、救护车、训练演习硐室等救护设备器材150台(套)。2月，州矿山救护中队资质由四级升为三级。11月，州矿山救护中队质量标准化达二级。

四、煤炭企业改革

1989年，州煤炭工业局、州财政局与州属国有4矿执行《承包经营合同》，《合同》为期3年。《合同》原则是包死基数、确保上交、超收多留、欠收自补，承包合同指标10项。1991年，《合同》终止，全州煤炭企业完成开拓进尺8028米，生产原煤25.8万吨，完成工业总产值1322.8万元，安全事故比上年下降80%。1992年7月，州煤炭工业局、州财政局兑现与州属国有煤矿《承包经营合同》，奖励州属4户煤矿1.42万元。是年，州洛塔煤矿实行职工工资与效益挂钩，上下浮动分配方法，工资奖金向生产一线倾斜，全矿日产原煤高达522吨，吨煤成本降低3.31%，亏损比上年同期减少18万元。1994年，州龙家寨煤矿精减机构，机关科室由上年10个减为6个。州洛塔煤矿根据“精减、效能、统一”原则，机关人员由94人减为45人。是年，州属煤炭各企业实行劳动用工优化组合，择优上岗，采取招标、选举、任命等方法确定车间、队、班、组负责人；车间、队及班组长采用自愿组合、招标组合等形式，聘用组合工人，与职工签订劳动合同。1995年，州龙家寨煤矿规定，年龄达到52周岁以上，工龄满30年以上，不能坚持正常工作的职工，本人申请，单位同意，实行企业内部提前退休，每月发给一定生活费。1996年，州向阳煤矿15人内退，17人自谋职业。是年，州煤炭公司采取划小经营单位扩大经营网点，分开核算，分灶吃饭，分块搞活的内部改革措施，先后成立汽车修配厂、节能服务公司、兴达物资贸易公司、矿产品公司等二级法人单位；公司副经理全部下到各小公司兼职；个人利益与所在公司效益直接挂钩。1997年，州洛塔煤矿新办多个矿办企业安置职工22人，药材基地安置职工92人，扶持48户个体经商户，23户个体运输户、33家养殖户、组织127名下岗女工和部分待业青年到广东等地打工。1998年，州煤炭局动员州属10户煤炭企业822名下岗职工进入再就业服务中心。是年7月，州煤炭局所属州燃料燃气总公司被州液化气石油化工总公司兼并。1999年，州煤炭局所属企业234名下岗职工进入再就业服务中心。

2004年5月，州人民政府第46次常务会议决定，派工作组进驻卡棚煤矿，整顿改制。9月，州卡棚煤矿召开职工大会，同意企业破产。是月22日，卡棚煤矿向州中级人民法院申请破产。10月，州中级人民法院《民事裁定书》裁定，宣告州卡棚煤矿破产还债。其采矿权公开拍卖。2007年1月，州煤炭物资公司请示州企改办，请求企业改制。4月，州长办公会同意州煤炭物资公司改制。6月5日，保靖县鑫安矿业有限责任公司以500万元竞买该矿采矿权和235千瓦水电站。2008年3月，州煤炭物资公司召开职工大会，同意用公司资产拍卖变现资金安置职工。7月，州卡棚煤矿职工讨论通过《职工安置方案》。8月，破产清算组与保靖县野竹坪镇人民政府签订《州卡棚煤矿改制后原职工家属和资产移交保靖县野竹坪镇人民政府管理的协议书》。煤矿94名在职职工与破产清算组签订《解除劳动合同书》，领取经济补偿金。12月，州卡棚煤矿破产职工安置工作基本结束。2009年10月，州中级人民法院《民事裁定书》裁定：州卡棚煤矿破产财产不足以支付破产费用，裁定终结州卡棚煤矿破产清算程序。州人民政府拨付职工安置费用918万元，职工社会保险欠费363.6万元作挂账处理。保靖县鑫安矿业有限责任公司收购州卡棚煤矿，投资919.16万元扩能改造关帝庙井。2010年12月竣工，产出工程煤2000吨。

五、协调服务

1989年，州煤炭工业局协助州煤炭公司拓宽煤炭市场，将州内北部龙山、永顺、保靖等县煤矿多余煤，通过铁路、水路销往外地，又从外地购进优质煤供应吉首、凤凰、泸溪等南部县市，提高煤炭经营企业效益。1990年，州龙家寨煤矿4对井被水淹没，州煤炭局副局长张承照带领技术人员，上猛必、下那扎，翻山越岭，日行数十里察看选址。是年，猛必、那扎3处硐探井完成开拓井尺300米。1994年，州煤炭局组织支帮促工作队，进驻州属各企业单位，帮助企业解困。州煤炭局多种经营科长钟以松、副科长杨自锦进驻州洛塔煤矿，与矿里一道，制定“进硐（挖煤）、上山（种药材、板栗）、下海（外出打工）、养殖（养猪、养羊）”八字方针。1995年，龙山县茅坪乡村民在州洛塔煤矿矿区范围内开办小煤窑。小煤窑乱采滥挖，吃肥丢瘦，浪费资源，危及州洛塔煤矿西翼12采区正常生产和作业人员生命安全。州煤炭局立即派一名领导前往龙山县，与该县政府协调。7月，龙山县政府作出“关于封闭湘西州洛塔煤矿矿区范围内非法小煤窑的决定”，矿区周围11个小煤窑全部关闭，州洛塔煤矿周边环境得以改善，生产秩序恢复正常。1997年1月，州煤炭工业局局长梁家标陪同州人民政府领导前往省煤炭工业局汇报，争取扶持。省煤炭工业局同意从基建资金中安排300万元新建满湖井，同意州龙家寨煤矿恢复大寨井，并将该工程列入全省煤矿技改项目计划，解决资金50万元。5月，州煤炭局副局长肖和银帮助州煤炭公司到广西来宾电厂、湘澧盐矿收回货款50万元，解公司燃眉之急。2003年6—9月，州煤炭行管办3次与中国华融资产管理公司长沙办事处协商，达成债务重组协议，煤炭行管办归还27万元，免除州煤炭公司409.52万元、州金属材料防腐厂364.41万元债务追索权，解除2家企业所有抵押权，退还全部抵押登记证。2004年，州煤炭局协助州洛塔煤矿争取国债安全技术改造项目1个，争取中央投资补助及贷款贴息130万元。2005年8月，州龙家寨煤矿、洛塔煤矿和向阳煤矿的采矿许可证到期，3家煤矿应缴采矿权价款723.83万元、地质环境治理备用金392.57万元。州煤炭局向州政府汇报3家煤矿无力缴纳相关费用、不能办理采矿许可证，并面临停产的困难情况。12月，州人民政府以《关于批准湘西州龙家寨、洛塔、向阳3个国有煤矿采矿许可证无偿延续一年的请示》，报送省人民政府。是月28日，省人民政府将该件批转省国土资源厅。2006年1月，省国土资源厅召开办公会议，议定3个矿采矿权价款按省有关规范缴纳50%，地质环境治理备用金按省规定最低标准缴纳。2007年春节前夕，州煤炭局从有关部门争取到扶贫解困资金46.2万元，发到州属6家煤炭企业困难职工手中；州煤炭局工会联系州直80个局级单位对口扶贫州属煤炭企业80户困难职工，有12户单亲家庭职工走出困境；组织行业女职工参加大病保险，协助停产企业办理“下岗职工优待证”；组织下岗职工参加各种技能培训，为停产企业近百名职工解决就业问题。2008年，州洛塔和向阳两矿缴纳采矿权价款100万元，地质环境治理备用金65.4万元，领取采矿许可证，实现合法生产。是年12月，州属6家煤炭企业欠缴职工养老保险金1770.3万元，264名退休职工为办理退休手续代企业缴养老保险金151万元，310名Ⅱ级以上尘肺病患者因企业困难无法康复治疗，企业职工有6户无房，818户人均住房面积达不到

10平方米。2009年5—7月，州政府先后5次召开常务会和州长办公会议，听取州煤炭局等部门情况汇报，研究解决州属煤炭企业存在的主要问题。同意分两年解决州属煤炭企业职工欠缴养老保险金问题；退休职工个人垫付应由企业缴纳151万元养老保险金，年内由州煤炭局督促企业落实到位，返还给职工个人；对患有职业病未参加工伤及医保的职工看病就医，须到指定的职工病诊疗治机构就医（仅限矽肺病）治疗，按实际发生费用由财政补贴50%，企业承担30%、医疗部门优惠20%办法解决；州属煤炭企业无房户和人均住房面积未达到10平方米的职工，按属地分别纳入县（市）廉租房建设规划范围，统筹解决。2010年10月，州煤炭公司张家界北站23户71人低收入职工家庭纳入吉首市峒河办事处向阳社区管理；对9户无房户，州财政从廉租房保障专项补助资金中提取5万元，用于这部分人员住房补助。12月，州属煤炭企业264名退休职工代企业缴纳151万元养老保险金全部退还职工个人；安排130名Ⅱ级以上尘肺病患者一次性康复治疗州财政解决医药费131万元。

第四节　煤炭企业选介

一、州龙家寨煤矿

1958年4月，龙家寨煤矿创办，时为永顺县地方国营县管煤矿。1960年，龙家寨煤矿划为州属国营煤炭企业。20世纪70年代，龙家寨煤矿快速发展，井下采、掘、运输机械化程度达30%～60%，成为州内大型煤炭综合性企业。1977年，生产矿井8对，年产原煤11万吨，产焦炭5000吨。被中共湖南省委、省革命委员会授予工业学大庆红旗单位称号，被煤炭部授予学大庆、赶开滦先进单位称号和全国大庆式企业。该煤矿还先后办有化工冶炼厂、酒厂、鞭炮厂、建筑队、汽车队、柑橘园、梨子园、养猪场、养蜂场、养鸡场、养鱼场、奶牛场，还有2个农业生产大队生产粮食和蔬菜。矿内建有九年制学校和职工大学，有30多名医务人员、50张病床职工医院，有文艺宣传队、俱乐部、电影院、图书室。该煤矿所属企业横跨永顺、龙山、桑植、大庸、吉首5县（市），从业人员5000余人，年上缴各种税费100余万元。1978年1月，经州委常委会会议研究，龙家寨煤矿定为县级企业单位。1979年、1982年、1983年，分别被授予全国煤炭战线农副业生产优胜单位称号。1989年，州龙家寨煤矿拥有固定资产198万元，职工1038人。

20世纪90年代，该矿产量大幅下滑，年产原煤3万吨左右，所属企业或倒闭或停产。2002年2月，龙家寨煤矿大寨井被水淹后，全矿停产。2005年1月，经与辰溪县城郊乡桐子湾煤矿达成协议，将大寨井租赁其经营。承租方投资1000余万元，几次堵水均未成功。2010年，州龙家寨煤矿有资产1735万元，职工563人，其中在职职工206人，退休职工357人。

二、州洛塔煤矿

1958年，州洛塔煤矿开办于龙山县茅坪乡境内，占地面积15.18平方公里。

20世纪90年代，洛塔煤矿走“以煤为主、多业发展”新路子，“进硐、上山、下海、养殖”，企业效益逐年好转。1997年，实现收支平衡。州委、州人民政府作出“开展向洛塔煤矿学习活动的决定”，号召全州各族人民学习洛塔煤矿艰苦创业精神。进入21世纪后，该煤矿走科技兴矿、安全强矿之路，争取国债安全技术改造项目。2004—2009年，先后争取国家安全技改项目4个，争取中央和地方资金544万元技改项目，完善矿井各生产系统，提高矿井防灾抗灾能力。2006—2007年，投资1408万元，在龙山县域征地14.9亩，建职工安居房224套，224户职工搬进新居。2010年，州洛塔煤矿有储量419万吨，生产能力9万吨/年，拥有固定资产1170万元，职工741人。

三、州向阳煤矿

1971年，州向阳煤矿开办于龙山县红岩公社比洞大队境内，矿区面积7.56平方公里。1980年1月投产。1989年，该矿资产总额499.81万元，有职工343人、生产原煤4.73万吨。1991年8

月，该煤矿向阳平硐南大巷组织快速掘进，推广光面爆破、锚杆支护、激光指向、扒斗装岩等新技术，月进尺由35米提至85米，全年完成掘进进尺2300米。在全省祁阳首届掘进团体技术比武中，获理论考试和全能操作爆破技术眼痕率两项第一名，总分第二名。是年，州向阳煤矿采煤工作面率先使用金属摩擦支柱，万吨原煤坑木消耗由100立方米降至70立方米，采煤工作面达到“三直、两净、两畅通”（煤壁直、支架纵横排直、溜槽直；浮煤干净，坑木回收干净；上下两道安全出口畅通），月产原煤由1200吨增至2300吨，成为全州煤矿标准化矿井和文明生产井口。

2002年年初，该矿北风坡发现特大崩塌地质灾害隐患，威胁危岩下方矿区内358户1262名职工家属生命财产安全。州人民政府出资160万元，矿自筹80万元，职工集资62.9万元，在红岩溪征地10亩，新修安居房40套，整修16套，安置职工56户168人，祠堂坳整修房屋安置25户83人，球场坪以下暂住安置116户353人，回农村居住安置161户658人。2005—2010年，向阳煤矿争取到中央和地方资金721万元，改造矿井通风系统、防尘灭火系统、提升运输系统、供电系统和安全监控系统，矿井安全生产基础设施建设和支撑体系建设得到加强。2010年，该煤矿尚有煤炭储量568万吨，矿井生产能力9万吨/年，有职工332人，固定资产总值2721万元。是年，修建廉租房182套，职工家属全部得到安置。该矿被州人民政府授予安全生产先进单位。

四、龙山县红岩溪镇木龙湾兴旺煤矿

1970年，龙山县红岩溪木龙湾兴旺煤矿，是为龙山县国营煤矿，1976年移交给红岩公社，变为社办企业。1984年为镇办企业。1989年8月，该矿由现任矿长沈世文租赁经营。2005年，该矿筹措资金500万元，实施矿井生产能力1万吨/年为3万吨/年技术改造。2006年，该矿被龙山县人民政府授予工业经济明星企业称号，2007年，矿井生产能力达到3万吨/年为6万吨/年。2008年，该矿被州煤炭局评为安全监管先进单位。2010年，该矿保有煤炭储量35.3万吨，资产总额2600万元，有员工120人，生产原煤4万吨，实现产值1724万元，上缴税利252万元。连续5年无事故，被州煤炭局评为安全生产先进单位、被省煤炭工业局授予一级安全质量标准化煤矿称号。

第二章 化学工业

第一节 化工生产

1989年3月，湖南省人民政府省长陈邦柱到湘西州现场办公，解决全州黄磷生产价格偏低、电力不足、维修钢材短缺等问题，将黄磷出厂价调至1万元/吨，为全州增供电力负荷指标，增加维修钢材指标100吨，并带帽下达至黄磷企业。是年，全州生产锰矿石6.06万吨、锌精矿1.7万吨、磷矿石23.26万吨、硫酸2.13万吨、烧碱0.19万吨、化肥1.18万吨、炸药0.16万吨，完成化工总产值7237.19万元，实现销售收入1.24亿元，实现利税1920万元。1990年，州化工局浦市化工总厂工作组帮助该厂解决资金短缺困难，3月，该厂恢复生产。6月，泸溪县发生特大洪灾，浦市化工总厂和泸溪氮肥厂遭受洪水袭击，损失严重。工作组和企业领导一道指挥全厂干部职工抗洪抢险，两个受灾企业灾后半个月内恢复生产。局领导和技术干部深入化工企业，帮助企业解决技术、资金困难和项目审批问题，使困难化工企业渡过难关，扭亏转盈。1991年，全州化工企业完善质检机构，落实质检人员。州七一化工厂、州洗溪磷矿、浦市化工总厂建立中心化验室和分厂、车间化验室。全州9家化工企业质监认证合格。全州化工产品除满足州内市场需求外，还销往省内其他地区和省外华北、上海等地。浦市化工总厂、吉首市化工厂赤磷、铝银粉、电解锰，通过外贸渠道组织出口，换取外汇。是年，全州化工行业完成工业总产值1.58亿元，实现销售收入1.03亿元。1993年，州七一化工厂发动全厂干部职工内部集资67万元，保证原材料、能源供应，促进全年生产正常进行。泸溪氮肥厂发动职工内部集资20余万元，保证液氨技改项目建成投产。保靖化工一厂和保靖橡胶厂采取物资抵货款办法，将欠款单位用以抵货款物资尽快销售变成资金，缓解企业资金困难。吉首市化工厂采取补偿贸易办法筹集技改资金，使年产1000吨电解锰扩能工程项目建成投产。1994年，全州化工企业实行新税制后产品税赋加重，企业生产经营难度加大。州化工局组织化工企业清收欠款和销售货款回笼，缓解资金紧张矛盾；协调联系金融机构，争取技改资金到位；开拓市场以销促产盘活资金。浦市化工总厂筹建"白沙股份有限责任公司"，干部职工集资股金30万元。古丈冶化厂组建古丈县冶化实业有限责任公司，干部职工认购股份58万元，解决资金短缺问题。1996年1—5月，州内供电不足，全州化工企业处于停产、半停产状态，亏损增加。15家企业中有4家停产达4个月之久，上半年欠产5000万元。产品销价下跌，销售不畅，库存增加，费用幅度上涨。全州11家预算内企业，有8家亏损，亏损总额3369万元。7月中旬，全州遭受洪灾，州七一化工厂、州七〇化工厂、保靖化工三厂和花垣化工厂4家企业遭暴雨袭击，造成不同程度损失。泸溪氮肥厂、洗溪磷矿、浦市化工总厂3家企业，工业生产和职工财产损失严重，厂区、生活区被淹。全州7家受灾化工企业，直接经济损失6783万元。是年，全州化工企业完成产值2.8亿元，实现销售收入2.66亿元，实现利税1946万元。1997年，州境化工产品价格下跌，市场疲软；全州完成化工总产值1.46亿元，实现销售收入1.4亿元。1998年，州化工局抓企业现场管理。吉首市化工厂规定，凡违反规章制度，首次给予黄牌警告，罚款10元，扣除当月奖金；违规出现3次，责令下岗，待业三年；由于从严管理，生产现场脏、乱、差局面明显好转。抓成本管理，调查能耗超过5000吨/年标煤企业，各企业通过落实节能降耗责任制，开展小改小革措施。州七一化工厂黄磷电耗较往年下降7%，氯碱产品综合能耗下降7个百分点，五钠生产成本降低80元/吨。湖南三立集团电解锌电耗、煤耗、锌耗、酸耗分别比上年降低50%、12%、8%、23%；吉首市化工厂电解金属锰电耗、矿耗、酸耗、氨耗分别比上年降低32%、17%、31%、44%。全行业全年完成工业总产值2.75亿元，净增产值1.18亿元；完成销售收入2.72亿元，产销率100%；实现利税总额2100万元，比上年增长75.6%。

2000年，全州主要生产化学矿、化肥、化工原料、无机盐、电化产品、橡胶制品、火工产品等40多个品种，形成立足资源优势，具有一定特色化学工业生产格局。全州化工行业12家预算内企业完成工业产值4700万元，完成现价销售产值4.6亿元。2001年，全州化工行业12家预算内企业完成工业总产值6.37亿元，完成销售收入6.28亿元，实现利税2480万元。是年，州内磷产品和氮肥停产，硫酸和炸药有所发展。湖南三立集团8万吨/年硫酸生产线竣工投产；州七〇化工厂通过ISO 9001：2000国际质量管理体系认证。2002年，湖南太丰矿业集团公司6万吨/年硫酸生产线竣工投产。2003年，浦市化工总厂和州洗溪磷矿钙镁磷肥停止钙镁磷肥生产。2004年，州七〇化工厂炸药生产能力由8000吨/年扩大到1.5万吨/年。

2005年，州洗溪磷矿和泸溪浦市化工总厂停产，全州磷矿石产量下降到100吨，磷矿石生产跌入低谷。湖南泸溪金旭冶化集团10万吨/年硫酸生产线竣工投产。是年，全州独立核算规模化工企业7家，比2000年减少11家；资产总额1.61亿元，比2000年减少4.73亿元；完成工业总产值2.29亿元；销售收入2.3亿元，实现利税3714万元。完成磷矿石产量100吨，硫酸产量29.42万吨，化肥产量100吨，炸药产量1.43万吨。2006年，磷产品市场价格回升，产量增长，州湘吉复合肥厂恢复生产。泸溪县鑫星磷化工厂等3家企业先后建成投产，磷矿石生产走出低谷，当年全州磷矿石产量3.77万吨。州七〇化工厂生产的“天桥牌”4号岩石粉状铵梯油炸药获湖南省名牌产品称号。2007年，湖南三立集团12万吨/年硫酸生产线、湖南轩华锌业公司10万吨/年硫酸生产线及泸溪县浦市新星化肥厂、泸溪县鑫星磷化工厂、泸溪县鑫来磷化有限公司建成投产。湖南西部民爆股份有限公司投资6000万元，建成年产1.2万吨酸性铵油炸药生产线，炸药生产能力由1.5万吨/年扩大到2.7万吨/年。2008年，泸溪县兴业冶化有限责任公司6万吨/硫酸生产线建成投产，泸溪县金利化工有限责任公司10万吨/年硫酸生产线竣工投产。

2010年，全州有规模化化工企业23家，从业人员3255人，资产总额8.43亿元。全年生产磷矿石1.57万吨、硫酸49.9万吨、硫铁矿3.56万吨、化肥6.44万吨、炸药2.53万吨。完成化工工业总产值14.34亿元、销售收入14.04亿元、利税2.93亿元。与1989年比资产增大7.8倍，工业总产值增长8.53倍，销售收入增长9.8倍，利税增长12.4倍。

第二节　化工技术改造

1989年，全州化工技术改造续建在建项目7项，计划总投资2272万元，竣工投产5项。1990年，全州化工续建和当年批准技改项目8个，投入技改资金2686万元。竣工投产5项，试产1项，续建结转下年2项。建成投产和试产项目为七〇化工厂活性氧化锌，花垣化工建材厂一水硫酸锌，保靖化工三厂轻质碳酸钙、浦化总厂硅盐、赤磷、州洗溪磷矿节能改造等项目。是年10月，花垣县化工建材厂一水硫酸锌投产，产品打进国际市场，四季度生产450吨全部出口，原放假职工全部召回投入生产。

1993年，全州化工行业实施技改项目9项，完成投资1930万元；开发新产品5项，全年完成产值3807万元。1994年，全州化工行业实施技改项目10项，完成投资2099.1万元；开发新产品7项。1996年，全州化工企业新开工项目4个。花垣化工厂改用反射炉熔锌铸锌为电炉熔锌，提高产品质量，回收提高3%；州七一化工厂上泥砼回收装置，年回收黄砼150吨。1997年，全州化工行业完成技术改造投资3500万元，完成技改项目3个。州洗溪磷矿50万吨/年采选工程由国家计委批准立项，总投资1212万元，该矿3万吨烟草复合肥由省计委批准立项；吉首市化工厂5000吨/年电解二氧化锰工程、浦市化工总厂15万吨/年钙镁磷肥均列入国家经贸委“双加”项目；1998年，全州化工行业完成技改投资2407万元，竣工项目3项。1999年，全州化工行业完成技改投资1886万元。全州化工行业有3个技改项目列入省、州重点技改项目。

2000年，全州化工行业有技改项目5个，共完成总投资9410万元。2003年，州洗溪磷中低品位磷矿浮选技术攻关被纳入国土资源部和财政部资金支持项目。

第三节　化工企业改制

1989年，州内化工企业实行多种形式承包经营责任制。州洗溪磷矿、州七一化工厂等企业实行承包经营责任制；浦市化工总厂、保靖油漆厂等企业实行“递增包干”承包经营责任制；泸溪氮肥厂、州七〇化工厂等企业实行“目标管理考核”承包经营责任制。实行承包经营制企业，其分厂、车间大多实行内部承包，职工工资联产计酬，基本消除吃大锅饭和平均主义现象。州属化工企业，还尝试职工优化组合和干部聘任等用工制改革。全州化工12家预算内国营企业内部实行厂长负责制，实行任期目标管理。1990年，继续推行企业承包经营，州化工局与全州15家化工企业签订目标管理责任书。1991年，全州化工企业完善内部配套改革。浦市化工总厂实行销售费用全额包干，销售和回收货款与费用挂钩。7家企业与主管部门签订第二轮承包合同。1993年，全州化工行业开展多种形式优化劳动组合，做到条件公开，平等竞争，择优上岗，离岗待业，动态组合。建立干部能上能下机制，推进企业厂（矿）

长负责制和管理人员聘任制；对干部实行全面考核，择优上岗；建立完善职工奖惩制度。州七一化工厂实行各车间总成本承包，节约分成，超支自负，工效挂钩，拉开收入档次。是年，该厂完成工业产值4250万元，比上年增长73.4%；完成销售收入4825万元，比上年增长192.4%；全年实现利税113.3万元，其中利润14万元，实现扭亏为盈。1994年，全州化工行业内17家企业改造成股份制企业1家，试点企业3家。州七一化工厂实行各车间生产总成本承包，实行产品质量否决和效益、工资、奖金挂钩经济责任制，在分配上向生产主车间倾斜，全年实现产值4875万元，利税165万元。花垣化工厂在确定全厂经营总目标前提下，对分厂实行分级核算，费用包干经济责任制，把经营者风险和企业效益挂钩，全年实现产值2678万元，比上年增长5倍；实现利税308万元，比上年增长148.39%。1997年，州委书记彭对喜、州长武吉海深入州七〇化工厂指导改制工作。9月2日，州七〇化工有限公司挂牌，完成股份制改造。浦市化工总厂在全面停产，生产难以启动情况下，采取"分离主辅、分体经营、一厂多制、分块搞活"内部改革举措，剥离子弟学校、职工医院、食堂、幼儿园、劳动服务公司等，通过租赁等形式分块搞活。保靖油漆厂宣布破产，保靖化工三厂实行租赁，洗溪磷矿、七一化工厂、浦市化工厂组建磷化集团公司，以花垣化工厂为主体组建三立股份有限公司。1998年，全州化工行业12家国有企业，按照"因厂制宜、一厂一策"原则，深化改革。其中，股份合作制1家，租赁6家，一厂多制分块搞活3家，职工全员风险抵押承包2家，改革面100%。8月，湖南三立集团正式挂牌。

2000年，州化工局企业改革脱困领导小组成立，加强企业改制领导。州洗溪磷矿资不抵债、扭亏无望，实施"两个置换"（置换企业产权和职工国有身份）。州七一化工厂实行改革、改组、改造与改善管理相结合。第一步，终止和解除全民合同制职工身份，减员增效，改革用工制度，新项目按新机制运行；第二步，待项目生产稳定发挥效益后，用有效净资产置换职工身份，完成"两个置换"。2001年，七〇公司改制，召开股东大会，选举产生新一届董事会。七一厂改制，181名合同工解除全民合同制职工身份。2002年，州化工办抽出4人，配合七一厂搞股份制改造，协助企业制定具体改革改制方案，与政府各部门协调，争取各项优惠政策，置换企业产权和职工国有身份，办理职工退休280人，办理职工身份置换手续242人，完成该厂民营改造。2003年，州洗溪磷矿被列为州人民政府改制企业，165人办理退休手续。2004年，州政府组成洗溪磷矿破产清算小组进矿协助改制，该矿在册353名职工实行一次性身份置换，补偿410名退休职工医疗费。2007年，州3家直属企业28名离退休教师和在职教师办理相关手续，其中17名退休教师进入州级财政发放养老金，11名在职教师工资分别纳入县（市）级财政统发，充实到农村小学任教。2008年8月，洗溪磷矿破产终结。州属3家国有企业，改制全面完成。

第四节　化工企业管理

1989年1月，州化学工业局（简称州化工局）改为州化学工业公司。4月，公司内设企业管理科、计划财务科、技术科、生产安全科、政工科、办公室、监察室，有干部职工27人。1990年，恢复州化学工业局，编制33名。1994年，内设办公室、政工科、科学技术科、行业综合指导科、计划财务科。编制16名。2001年，撤销州化工局，设立湘西州化学工业事务管理办公室（简称州化工办），副局级。主要职能是做好事务和服务工作。2010年8月，州化学工业事务管理办公室编制5名，在职干部11人。

1989—2010年，州化工局（州化工公司、州化工办）历任局长（经理、主任）：谷志宽、吴声清、李宗喜、周大贵、杨军波、李强；副主任（副局长）：李宗位、吴声清、李宗喜、陈太云、邱生顺、石远祥、仇佩兰、梁家标、曹宏杰、李列民、周大贵、杨再贵、高珏。

1989年，州化工公司对全州化工企业实行目标管理，指标层层分解，把目标管理任务落实到每一户企业。是年5月，州洗溪磷矿通过省石化厅评审验收。8月，州七一化工厂通过验收。州七〇化工厂、浦市化工总厂、保靖县化工一厂、保靖县化工二厂、吉首市化工厂5家企业被评为省三级计量合格企业。1993年，州化工局向州七一化工厂、州洗溪磷矿派驻支帮促工作队，帮助企业强化管理，扭亏增盈。州七一化工厂节能降耗，五钠生产采用液体烧碱代替20%纯碱工艺获得成功，减少大宗原材料纯碱进购数量，缓和纯碱供求紧张矛盾，五钠产品质量提升，消耗下降，全年完成五钠产量8585吨，实现利税113.3万元，比上年扭亏增盈253.3万元。是年，全面停止对企业升级、考核、检查验收活动，停止对企业有关目标管理竞赛和各项达标检查验收活动，停止对企业集资以及其他集资费用。州化工局配合州政府其他相关部门将产品定价权、劳务定价权、资产处置权、资金支配权、劳务用工权和人事管理权等逐步还权于企业。1996年，州化工局确定行业工作目标，制定扭亏增盈措施，引导企业开展效能监察。州七一化工厂建立厂、车间、班组三级核算体系；浦市化工总厂开展双增双节活动；州七〇化工厂四季度从厂领导到后勤人员，放弃双休日，连续奋战60天，确保400吨抗水炸药按时完成。州洗溪磷矿、浦市化工总厂遭受水灾后，不等不靠，开展经济互助，团结抗灾自救。浦市化工总厂召开达产达标全厂动员会，9月，实现电解锰产量164吨，比上月增长148%。1997年，州化工局贯彻国家《质量振兴纲要》，严格工艺指标，严格原材料、设备及备品配件进厂质量审核和验货制度，抓质量整顿工作。州七一、州七〇、浦市、花垣、吉首等化工厂通过州、县技术监督局验收。1998年，贯彻化工部《化工企业安全管理制度》和《安全生产禁令》，组织全州化工企业开展“第八次安全活动周”和全国化学品安全卫生知识有奖问答活动，检查七一、七〇、吉首化工安全生产，查出安全隐患30余处，提出限期整改要求。1999年年初，州化工局召开州直企业厂（矿）安全工作会议，与3家直属企业签订安全责任书，开展安全检查，查找隐患，及时整改，把事故消灭在萌芽状态。2000年，落实安全消防责任制，定期或不定期开展安全检查。全年检查4次，查出各种安全隐患17处，对企业发出限期整改隐患通知书并开展复查复核。2001年，州七一化工厂、州洗溪磷矿部分职工，几次到州政府上访。州化工办领导和科室工作人员接待上访职工，与政府领导一道，耐心细致地做上访职工思想工作，化解矛盾，全年接待上访职工6次400余人。2002—2010年，州化工事务办主要配合州直相关部门做企业破产改制协调服务工作；维护、维修机关房产设施；为离退休人员服务。

第五节　化工企业选介

一、湖南西部民爆股份有限公司

湖南西部民爆股份有限公司（原州七〇化工厂），位于吉首市寨阳乡国道319旁。系州化工行业管理办公室直属企业及湖南省国防工办火工产品定点生产厂家。1970年建厂，年生产能力1500吨硝酸铵炸药。1975年，投资30万元将生产能力扩大到4000吨/年。1978年，产量突破5000吨，利税110万元。1987年，投资15万元，改原2号岩石粉状铵锑炸药为新2号岩石粉状铵锑炸药，产品性能提升，销售市场扩大，生产成本降低。1990年，建成500吨/年活性氯化锌装置。1991年，扩建到1万吨/年。1994年，建成500吨/年工业福美钠生产线。1995年，完成工业产值1311万元，上缴利税152万元。该公司逐步发展成为以火工产品为主，包括日用化工和基本化工原料产品综合性化工企业。1997年8月，该厂为股份制改造试点单位，更名州七〇化工有限公司。改制后，公司走工贸一体化发展道路，投入近亿元资金先后收购张家界市、怀化市、湘西州内19家民爆全资子公司。2001年，公司通过ISO 9001：2000国际质量管理体系认证。2007年，投资6000万元，建成年产1.2万吨改性铵油炸药生产线。2009年，完成企业股份制改造，11月，注册成立湖南西部民爆股份有限公司。2010年，公司有资产2.84亿元，炸药生产能力2.2万吨/年，实现销售收入3.37亿元，上缴税金5863万元，实现利润1.04亿元。公司生产“天桥”牌炸药产品被省工商行政管理局授予“湖南省名牌产品”称号和“湖南省著名商标”。省、州人民政府先后授予该公司“省级重合同守信用企业”“特级信用优良企业”“安全生产优秀单位”“湖南省关爱员工优秀企业”“湖南省高新技术企业”“州推进新型工业化先进企业”等称号。公司董事长吴干建先后获“湖南省优秀企业经营者”“优秀民营企业家”“湖南省劳动模范”等称号。

二、州七一磷化有限责任公司

州七一磷化有限责任公司，位于吉首市区南郊焦柳铁路和209国道旁（原州七一化工厂），1971年建厂。1974年3月，完成投资141.3万元，建成700吨/年烧碱及1000吨/年盐酸，1200吨/年漂白粉生产线。1979年3月，投资12.5万元，建成150立方米/小时制氧生产线，并副产液氮。1980年，漂白粉生产能力扩大到2000吨/年，同时投资95万元，建成黄磷炉，产量628吨。1983年，投资20万元，建成500吨/年85%磷酸生产线，产量68吨。1984年5月，建成2号黄磷炉。1987年7月，投资50万元建成400吨/年电解金属锰生产线，年产量118吨。投资71万元建成2000吨/年液氯生产线，烧碱生产能力达3000吨/年。1988年7月，投资71.5万元，建成2000吨/年液氨生产线，产量375吨。1991年7月，投资640万元，建成1万吨/年三聚磷酸钠生产线。1992年，该厂升格为副县级企业。1994年12月，晋升为国家中Ⅱ型企业。1995年，投资92万元建成2万吨/年硅钙肥车间。拥有固定资产2716万元，生产磷、盐两大系列化工产品以及化学肥料、工业气体。完成工业总产值5708万元，上缴利税153万元，成为以无机盐为主综合性化工企业。1998年，该厂利用烧碱和液氯产品开发新产品，投资200万元，新建水合肼1000吨/年。扩大生产规模，将三聚磷酸钠产品由原1万吨/年扩至3万吨/年，配套产品磷酸由原3万吨扩至5万吨，工业产值6000万元，实现利润300万元。1999年始，烧碱、黄磷、三聚磷酸钠等产品滞销，至2001年，造成企业亏损。

2001年下半年，州委、州政府将七一化工厂列为企业改革试点。将该厂资产分为两大块，一块为有效资产，另一块为不良资产。以有效资产重新组建新公司。是年11月，州七一磷化有限责任公司注册成立，注册资本6300万元。将不良资产划归原州七一化工厂，并于2002年7月，依法破产。2003年，州七一磷化有限责任公司，主要产品三聚磷酸钠，价格下滑，市场价低于成本价，被迫停产。是年，投资3000万元，新建年产1万吨电解金属锰项目，当年建成投产。2004年4月，州七一磷化有限责任公司子公司——州金戈锰业有限责任公司局注册，注册资本600万元，主要生产金属电解锰和碳酸锰矿石、锰锭、金属锰片等产品。同年在广西宜州成立子公司——广西湘宜锰业有限责任公司，注册资本1000万元，主要生产金属电解锰和碳酸锰产品。2009年下半年，收购州鼎新矿业有限责任公司40%股份，并参与管理。2010年，州七一磷化有限责任公司固定资产2亿元，员工500人。年产电解锰7800吨，销售收入9000万元，上缴税金600万元，创利润480万元。该公司获自营进出口权，并先后获湖南省产品质量先进单位、重合同守信用单位、环境治理保护合格和排污达标单位称号。

第三章　冶金机械电子工业

1989年，湘西州冶金、机械、电子三个行业有企业22家。其中，冶金企业7家，机械企业13家，电子企业2家，总资产4606万元，职工4429人。全州三个行业16家企业开发新产品34项，通过鉴定8项，达国际先进水平1项，国内先进水平3项，填补省内空白5项。全州冶金、机械、电子系统州属22家企业完成工业产值4586万元，为年计划109.4%，比上年增长18.76%。产品销售收入6006万元，比上年增长45.7%；实现利润435万元，比上年增长61.92%；利税合计909万元，比上年增长68.71%。

1990年，州冶金、机械、电子工业系统销售收入和利润下降。1991年，三个行业21家工业企业产销形势好转，完成工业总产值1亿余元，为年计划105.62%，比上年增长12.66%；完成销售收入8161万元，比上年增长13.2%；实现利税674万元，比上年增长24.8%；预算内企业亏损由上年149.6万元降到100.4万元，扭亏32.9%。冶金工业有9家企业年产值完成300万元以上。

1992年，全州冶金、机械、电子三个行业有企业20家。各企业开展“质量、品种、效益年”活动。是年，机械、电子、冶金三个行业主要产品90多种，销售收入分别增长28%、22%和4%，税金分别增长48%、30%和–4%，利润分别增长708%、43%、–15%。产成品资金分别下降20%、18%、46%。一些企业出现产品无库存，货款全部回笼局面。全系统实现工业产值1.12亿元，其中，冶金行业增长领先，实现销售收入5423万元。1993年，全系统20家企业实现工业产值1.6亿元，比1989年增长2.52倍。

1994年，全系统20家企业实现工业产值1.61亿元。1995年2月，州冶金机械电子工业局领导赴省汇报州冶金、机械、电子工业现状及发展设想，寻求省行业主管局、公司对口扶贫支援。3月，在花垣县召开全州冶金、机械、电子工业工作会议。研究发挥行业优势，培育新经济增长点。7月1—2日，泸溪县发生特大洪灾，3家县属企业被淹，各家企业干部职工齐心抢救国家财产。是年年底，全州冶金、机械、电子行业20家企业，完成工业总产值2.14亿元。

1996年，州冶金机械电子工业局协助企业制定和实施扭亏增盈办法，协调内外经营环境。全州冶金、机械、电子三个行业州属19家企业，总资产4.76亿元，职工6250人。各企业因厂制宜，采取股份合作制、租赁、分立经营、承包经营、破产等形式改制，一批企业出现生机。全年完成技改、基建投资1362.83万元。是年，全系统完成工业总产值2.43亿元，比上年增长11.6%，销售收入完成2.59亿元，比上年增长3%，实现利税399万元。1997年，全系统18家企业，落实“全面推，重点抓，步步高”方针，开展“学习邯钢，降低成本，强化管理，挖潜增效”活动。全年全系统完成工业总产值3.11亿元。1998年，全系统16家企业完成工业总产值2.65亿元；1999年，全系统14家企业完成工业总产值2.82亿元；2000年，全系统13家企业总资产6.12亿元，职工4002人，完成工业总产值2.79亿元。

2001年，全州国有冶金、机械、电子工业企业改制，实行破产、租赁、承包。至2006年，全州冶金、机械、电子工业企业破产清算、财产处理、遗留问题解决工作全部结束。

2010年，全州冶金、机械、电子工业系统中冶金工业以个体民营企业为主体，其中铅锌采选规模企业81家、铅锌冶炼规模企业23家、锰矿采选规模企业28家；分别实现工业产值38.67亿元、51.7亿元、8.09亿元。机械工业规模企业3家，实现工业产值6806万元；州内电子工业已无规模企业。

1989年，湘西州工业局下辖冶金、机械、电子工业三个行业。局机关内设办公室、机电科、冶金科、计财科和人事科5个科室，编制25名，实有29人。1994年8月，州工业局更名为州冶金机械电子工业局（简称州工业局）。1995年，州工业局内设办公室、冶金科、机械科、电子科、安环设备科、企管财务科和政工科，编制19名，实有24人。2001年，州冶金机械电子工业局撤销，设立州冶金、机械、电子工业事务管理办公室，不再直接管理企业，不再承担投资项目立项、审查、审批职能，不再下达生产和分配计划及盈亏指标。

2005—2010年，州冶金机械电子工业事务办公室主要负责管理原冶金机械电子工业局国有资产和机关离退休人员管理服务工作。

1989—2010年，州工业局、州冶金机械电子工业事务办公室历任局长（主任）：胡泽高、刘瑞麟、赵继成、田国兴；副局长：刘瑞麟、徐洪均、董继兴、冷昵初、刘友东、谭晓鸣、赵全胜、曾树山；主任：葛元新、鲁观平（正处级）、杨昌妮；副主任：曾树山、杨昌妮。

第一节　冶金工业

1989年，全州有钢铁、锰、电解金属锰、铁合金、耐火材料、铅锌、铝等7家州属工业企业，总资产1949万元，职工1633人。吉首民族钢厂，有250型轧机和280型轧机各一套，购进钢丕轧制普通元钢和螺纹钢。福建投资者到州内合资办钢厂，先后建成凤凰阿拉轧钢厂、吉首河溪轧钢厂、泸溪福泸金属制材厂、龙山长龙钢铁公司、州金兴轧钢有限公司、保靖香保钢铁有限公司。各钢厂均建有0.5吨中频熔炼小电炉2~4台与1台250型小轧钢机配套；收购废旧钣铁炼钢、铸坯，轧制成普通元钢和螺纹钢供应建材市场。花垣县采用机械化采选锰矿；矿山采用平硐溜井开拓，空场法采矿；选矿采用破碎、分级、细粒湿式强磁选工艺流程。生产较高品位碳酸锰粉、电解金属锰和电解二氧化锰等产品；同时亦卖锰矿石。花垣县铁合金厂两台电炉转产硅锰合金；泸溪县浦市耐火材料厂以当地铝土矿为原料，生产高档耐火材料。花垣县县、乡、村及个体开矿者在李梅矿区兴建8座50~300吨/日机械化浮选厂，总能力1000吨/日原矿。各选矿厂均没有实行采矿、环保设施配套，靠收购群采矿石维持不均衡生产。矿区密布100多个小矿硐，多为手工开采，见矿采矿、采富丢贫、采易弃难、乱采滥挖，浪费铅锌资源，造成环境污染。9月下旬，泸溪铝厂投资1085.5万元的电铝工程竣工。10月1日投产，年产铝锭430吨，销售收入447.2万元，盈利62.1万元。龙山铅锌矿连续三年滑坡，实行强化管理，风险抵押，全矿风险抵押金达3.6万元，个人收入与效率、效益挂钩，工资浮动；重新修订工艺规程，严把原材料进厂、配料破碎、炉料入炉、冶炼、化验出厂等10多道工序关。该厂全年生产氧化锌1591吨，88%的产品含锌96%以上，比上年提高70%，企业增利43.8万元；生产“鹰牌”氧化锌，从内地推向沿海地区，打入深圳市场。全年完成工业总产值252.1万元，超过年计划93.9%，比上年增长42.7%，创利税140万元。花垣锰矿，掌握碳酸锰粉和原矿石市场销势好的行情，发挥科技人员作用，实行技术改革、节能降耗，扩大生产。上半年，将采选厂感应辊式强磁选机给矿装置，改为电振给料给矿装置，给矿均匀，材料、能耗少，回收率高，一年节能降耗2万元；该矿电解金属锰厂，采取“三同步”浸出法，浸出率提高15%，采用浆化桶，每吨产品成本下降20多元；产品一级品率提高5%。上半年生产碳酸锰粉1.59万吨，比1988年同期增长一倍，加上电解金属锰等产品，上半年完成工业产值295.68万元，比1988年同期增长132%；完成销售收入612.2万元，比1988年同期增长202%；实现利润88.8万元，税金45.5万元，利税合计比1988年同期增长113.48%。5月，花垣铁合金厂发现硅铁合金滞销，利润下滑，果断转产锰硅合金。从湘钢引进100万元，历经130多天，建成二号炉。全年完成产值213.64万元，超计划185%，比1988年增长214.73%，利税合计109万元，比1988年增长39.7%。全行业抓安全生产，坚持预防为主，抓隐患整改，全年开展3次行业安全检查、36次企业安全生产检查，查出大小隐患44起，整改39起，整改率88.6%。凤凰铅锌矿，井下作业长期使用220伏电照明，违反井下安全生产要求，经安全检查指出，限期12月底整改验收。龙山县铅锌矿，除搞好本矿安全生产外，还主动协助乡镇矿山制定规章规程37条。矿内抽出30多人，深入乡镇矿山，组织安全生产，收购群采矿石6000余吨，确保冶炼生产用矿。年生产氧化锌产品1582吨，比1988年同期增长34.4%，利税突破百万大关。泸溪耐火材料厂、花垣铁合金厂和花垣锰矿电解锰厂，建立定期检查研讨制、安全教育负责任制、逐级管理责任制、车间班组联保制和事故处理奖惩制共50余条，实现安全生产制度化、常态化。

1990年，全州冶金行业面临生产普遍滑坡局面，各企业挖掘内部潜力，克服困难，坚持在整顿中发展，保持稳定发展势头。4月，龙山县铅锌矿生产的“山鹰”牌氧化锌获全国冶金产品博览会银奖。全年全行业完成工业产值2001万元，为年计划的141.47%，比1989年增长55.13%。7个企业中，产值比1989年增长有4家：花垣铁合金厂完成产值213.64万元，增长214.73%；花垣锰矿完成701.51万元，增长46.37%；龙山铅锌矿完成252.1万元，增长42.7%；凤凰铅锌矿完成92.6万元，增长7.55%。比1989年下降有2家，其中泸溪耐火材料厂欠产较多，实际完成124.67万元，为年计划89.1%，比1989年同期下降5.64%，永顺铅锌矿下降7.6%。全行业完成销售收入4884万元，为年计划150.86%，比1989年增长68.1%；完成利润16万元，为年计划193.19%，比1989年增长180.07%；完成利税403万元，为年计划193.38%，比1989年增长137.25%，实现产值、销售、效益同步增长。1991年5月，花垣县在李梅矿区办铅锌矿；泸溪耐火材料厂与武汉钢铁学院联合开发全天然料电熔莫来石，产品质量达到国内先进水平。是年，冶金行业市场疲软、价格下跌，各企业采取措施，谋求发展。泸溪铝厂投资7857万元，实施7项技术改造和1项扩建工程，开发铝深加工，开发出铝板材、铝银粉和卷闸门等新产品，实现利税150万元。花垣锰矿强化管理、挖潜降耗、抓质量、扩销售。电解金属锰每吨生产成本由8091元降到6500元，每吨增利1600元；焙烧矿品位由27%～28%上升到30%，增利32万元；碳酸锰粉在全国市场占有率上升到24%，销售收入增长49%，产成品资金占用减少70%，实现产销良性循环，扭转亏损局面，由1990年亏损89.7万元变为1991年实现利税150万元。全年全州冶金行业完成工业产值6182万元，为年计划的103.04%，与1990年同比增长9.02%；完成销售收入5101万元，实现利税423万元。

1992年，全州冶金行业，产品种类增加到19种，其中电解锰、硅锰合金、焙烧锰矿、铝锭、氧化锌、莫来石等畅销国内外市场。泸溪耐火器材厂投资60万元建成1000吨／年电熔莫来石生产线，还生产镁铝尖晶石、电熔刚玉、氧化铝空心球等系列高级耐火材料，获得省科技进步四等奖和州科技进步二等奖。龙山铅锌矿在经营生产中，处理好产量与质量、工艺与质量、材料设备与质量、效率与质量、效益与质量等五个关系，生产“鹰牌”氧化锌，产品合格率100%，95%以上品位产品占88%。花垣县铁合金厂经营管理实行乡镇企业机制，完善经济承包责任制，采取按件计工、吨工资含量、质量效益挂钩、费用包干等措施，实现产值1000余万元，创利税近百万元。泸溪铝厂推行经营承包责任制，实行一厂多制，把各分厂、公司经济效益与个人工资收入挂钩，考核兑现。保靖县毛沟镇有色金属冶炼厂投资350万元，建成1000吨／年电解金属锌生产线。以氧化锌矿石为原料，经焙烧、球磨、浸出、净化、电解、熔铸成锌锭。全年全州冶金行业，完成工业总产值6524万元；产品销售收入5423万元、利润总额206万元。

1993年，吉首市吉首乡投资180万元，购置750千伏安熔炼电炉一套，建成4000吨／年粗铅冶炼厂，因铅砂供不应求，生产不正常。保靖县毛沟镇有色金属冶炼厂采用湿法冶炼金属锌，生产一级锌锭900吨，销售收入660万元，实现利税100万元。泸溪县航运公司兴建特种铝材厂，开发出400吨/年微习球形铝粉新产品。全州冶金行业6家州属企业完成总产值8990万元。1994年，龙山县铅锌矿，因县境铅锌资源枯竭，转产碳化硅，年产能力1500吨。花垣县化工厂改造成5000吨／年、6000吨／年电锌生产线投产。泸溪铝厂产值过亿元，利税过千万元，综合生产能力达到国家中型一级企业标准，成为州内重点企业和省百强企业之一，厂长杨昌伟被评为全国民族团结进步模范。是年，6家州属冶金企业完成工业产值1.02亿元，完成销售收入9447万元，实现利润97万元。6家企业中有凤凰铅锌矿、龙山铅锌矿、永顺铅锌矿3家企业出现亏损。

1995年，全州冶金行业州属企业6家，生产冶金产品其他企业67家，主要生产电解金属锰企业15家，总能力3.98万吨/年，实际产量2.3万吨，电解金属锰成为湘西州出口创汇拳头产品；生产铁合金企业16家，其中生产硅锰合金12家，总规模7.8万吨/年，实际产量3.1万吨。花垣县李梅矿区铅锌矿，投资1400多万元建成200吨/日铅锌浮选厂，产锌精矿3320吨，盈利3万元；该矿电解锌锭年生产能力12000吨，实际产量3739吨，盈利188万元。保靖县毛沟镇有色金属冶炼厂扩建电解锌锭5000吨/年工程，产电解锌锭1278吨，盈利132万元。凤凰县铅锌矿实行租赁经营，更名为湖南省凤凰劳联铅锌矿。吉首民族钢厂安装1.5吨熔炼电炉1台，收购废旧钢铁炼钢轧材。全州累计炼钢7.4万吨，轧制钢材9.5万吨。凤凰县茶田、阿拉一带有乡镇集体、私营个体零星小规模开采汞矿，至1995年累计产汞50多吨、朱砂20多吨。凤凰县猫儿口水电站利用自有电力，建成500吨/年电铝生产线。是年，州属冶金企业投资技术改造和基本建设资金4716.8万元，占“八五”投资总额42%，比“六五”和“七五”投资总和多1285万元。其中泸溪铝厂扩建6000吨/年电解铝、改建300吨/年铝粉工程竣工投产，工艺技术达到全国小铝厂先进水平；年底，形成年产8400吨铝锭、1500吨铝杆、300吨铝粉、6000平方米卷闸门、3万个金属包装桶、2000吨电解金属锰、2万吨锰矿粉生产能力；年产铝锭5617吨、铝板材190吨、铝杆916吨、金属锰940吨，完成工业总产值7650万元，销售收入1.19亿元，实现利税1392万元。花垣铁合金厂投资611.8万元，扩建3600千伏安电炉1台，新建35千伏变电站1座，硅锰合金生产能力突破1万吨，实际生产硅锰合金8176吨，完成工业总产值2616万元，实现利税166万元，成为州中二型企业。花垣铅锌矿新建加扩建300吨/日选矿厂等项目竣工投产。泸溪耐火材料厂生产高铝砖2340吨、硅酸铝纤维57吨、电熔莫来石830吨、镁铝尖晶石45吨，完成工业总产值650万元，实现利润28万元。是年底，全州6家州属冶金企业完成工业总产值1.55亿元，比上年增长58.3%，销售产值完成9605万元，比上年增长124.37%，实现利税总额712万元，比上年增长148.6%，其中利润为572万元，比上年增长519.35%，全面超额完成省冶金集团公司下达的各项目标管理任务，实现全行业无亏损，被评为全省冶金行业优胜单位。

1996年，全州冶金工业处于从计划经济体制向市场经济体制转变之中。企业不同程度推行股份制改造，外部搞企业重组，内部搞改制经营。凤凰铅锌矿实行租赁承包经营，泸溪铝厂组建企业集团，永顺铅锌矿准备依法破产。同时，企业技术改造，全州完成技改投资753.83万元。花垣锰矿生产设备老化、能耗物耗偏高，增加节能投入，开展技改、调整工艺，产品吨电耗下降329度，吨产品单位成本比上年下降800元/吨。花垣铁合金总厂在生产中加强吨产品能耗物耗考核，对生产电炉安装负荷控制器，坚持超罚节奖兑现制度，吨产品耗电4729千瓦时，比原来节电383千瓦时。泸溪铝厂遭受洪灾后，抗灾自救，坚持不停产；泸溪耐火器材厂灾后一个月就恢复正常生产，两企业均实现扭亏增盈。全州6家州属冶金企业完成工业产值19121万元，销售收入2.21亿元，分别比上年增长18%和6.6%。1997年，受东南亚金融危机影响，州内出口型冶金工业产品订单减少、价格下跌、资金回笼缓慢，经营效益下滑。各企业学习邯钢“模拟市场核算实行成本否决”“成本倒推法”经验，开展“学习邯钢，降低成本，强化管理，挖潜增效”活动，围绕自身特色和优势产品开展技术改造，谋求生存发展。5月，泸溪耐火材料厂投资55万元对电熔莫来石车间实施改造，年生产规模由1000吨增至2000吨；8月，花垣锰矿与花垣锰一厂组建为东方锰业集团，投资200多万元，改造设备和工艺，将原3000吨/年电解锰生产能力扩大到4000吨/年，当年取得电解锰出口经营权。同月，保靖镁厂一期工程竣工，金属镁产品投放市场。1998年8月，花垣铅锌矿与花垣化工厂联合组建三立锌业集团，花垣铅锌矿从州属冶金企业中转出。泸溪铝厂、泸溪耐火材料厂、龙山铅锌矿等中小冶金企业，分别实行租赁经营，启动生产、盘活存量资产。是年，全州6家州属冶金企业完成工业产值2.35亿元，销售收入2.08亿元，比上年均有所减少。

1999年1月，保靖镁厂更名为湘西镁厂。2月，第二期建设启动，累计投资1680万元，建成1500吨／年金属镁生产线，12月获得进出口经营权。是年，冶金市场疲软，价格低迷，电价偏高，企业利润率低，在盈亏边缘维持。泸溪铝厂实行管理体制上分体经营，租赁承包；精简冗员，原全厂700人，分体精减后缩编为524人；剥离、减缓历史部分债务；争取政策降低电价，由原0.46元／千瓦时降为0.36元／千瓦时。二季度始，铝锭销售转暖，逐步扭亏。至9月，铝锭产量4533吨、产值5240万元、税金270万元、利润48万元。龙山铅锌矿转由外地客户租赁经营。全州6家州属冶金企业完成工业产值2.57亿元，销售收入2.25亿元。

2000年，全州规模工业铅锌采矿企业6家，工业总产值4868万元，工业增加值1911万元，资产总值2306万元，销售收入4253万元，利税总额514万元。独立核算规模工业铅锌冶炼企业8家，工业总产值7.11亿元，工业增加值1.88亿元，资产总额12.51亿元，产品销售收入5.78亿元，利税总额7332万元。规模锰矿采选企业2家，资金总额518万元，工业产值451万元，全州锰矿石产量16.87万吨。电解金属锰产量7.57万吨。

2004年，湖南金天铝业高科技有限公司扩产改造，年生产能力7000吨，产品连续6年获“湖南省产品质量奖”“湖南省名牌产品”，并获“湖南省著名商标”，拥有资产1.167亿元。

2005年，全州规模工业铅锌采选企业25家，工业总产值4.19亿元，产品销售收入4.19亿元，资产总额2.8亿元，利税总额7553万元，员工2325人。独立核算规模工业铅锌冶炼企业19家，工业总产值15.06亿元，产品销售收入14.92亿元，资产总计18.83亿元，利税总额9034万元，员工5254人。规模锰矿开采企业4家，资产总额6620万元，工业总产值5380万元，全州锰矿石产量40.45万吨。电解金属锰产量18.77万吨，

2007年4月，泸溪县鑫辉耐火材料厂创办，总投资700万元，职工120人，产品为1万吨/年莫来石和1万吨/年普通耐火材料。是年，开办铜矿采选企业1家。2008年，全州电解金属锰生产企业51家，生产能力47.45万吨，实际产量36.13万吨。铁合金生产企业9家，年生产能力7.16万吨。

2010年，全州规模工业铅锌采选企业81家，工业总产值38.67亿元，产品销售收入38.58亿元，资产总计24.83亿元，利税总额6.62亿元，员工6336人。独立核算规模工业铅锌冶炼企业23家，工业总产值51.7亿元，产品销售收入50.29亿元，资产总额27.78亿元，利税总额9.23亿元，员工8973人。与1989年比工业总产值增长240.7倍，年均增长32%；产品销售收入增长356.1倍，年均增长32.2%；利税总额增长340.4倍，年均增长32%。规模锰矿采选企业28家，资产总额4.38亿元，工业总产值8.09亿元。电解金属锰产量增长49.9倍，年均增长20.46%。全州铁合金产量1.13万吨。铜矿采选企业实现工业产值1390万元，产品销售收入1390万元，资产627万元，利税186万元。

第二节　机械工业

1989年，全州机械工业有粮油加工机械、电器器材、锅炉压力容器、汽车修理等门类。州属机械企业13家，总资产2422万元，职工2569人。永顺县第二机械厂将手摇压面机改为动力压面机；州粮油机械厂生产MJ-450型面机。吉首市汽车修制厂生产金凤牌IGJ型钢芯铝绞线、BIV型铝芯铜塑线、BLLV型铝双芯铜塑线、BV型铜芯塑线、BVV型铜双芯塑线，共35万米／600吨，产品主要销往湘鄂川黔四省边区。永顺县机械厂将K-500型微型连续开水炉改进为K-800型开水炉，生产750台。吉首市汽车修制厂与州交警支

队联合组建吉首机动车辆综合性能检测中心，可自动检测发动机功率、底盘功率、汽车侧滑、前轮转角、噪音等。永顺县机械厂按产品系列分为齿轮齿条拖内配件和锅炉两个分厂，实行总厂、分厂两级核算，分厂自负盈亏，独立核算，向总厂承包，改变全厂捆在一起吃大锅饭状况。该厂拖内配件以质量取胜，成为全国油嘴油泵重点厂家，合同量由10万套增至60万套；分厂自己挤出资金购买部分生产设备，扩大再生产。上半年，完成产值146.23万元，超过年计划23.12%，比上年同期增长125%；完成销售收入110.8万元，比上年同期增长92.63%；完成利润12.13万元，比上年同期增长369%。全州机械工业各企业总结经验，开发新产品。吉首机床厂开发YBX–D系列（V3）变量叶片泵可替代进口产品；凤凰机械厂年初流动资金被压缩，企业到了关停地步，该厂果断处理积压产品、废旧材料、闲置设备，筹集资金10多万元，恢复正常生产，开发中低水头微型水轮发电机组和单相电容异步电动机，通过鉴定，质量达到国内先进水平，节能效果良好，很快投放市场，全年完成产值70万元，销售收入71.8万元，利润3.86万元，税金3万元。分别比上年增长5.3%、29%、298%和11.1%。是年，省机械厅为湘西州下达计内扶贫钢材50吨，戴帽下达，直接到厂，并派出调查组，了解扶贫情况，深入永顺县龙家寨，了解到该县二机厂因缺生铁，打谷机无法生产，回省后，即给该厂专拨生铁20吨，这家上半年亏损0.47万元的企业，下半年扭亏为盈。州工业局组织协作，和企业一起，调剂各种材料130多吨，缓解企业材料短缺矛盾。各企业主动想办法，得知花垣物资局库存100吨生铁，6家机械厂前去购买55吨。全州机械行业内部调剂钢材920吨，生铁580吨，焦炭5200吨和其他一些材料。全年全州13家机械企业完成工业总产值2455万元，销售收入2467万元，利税273万元。

1990年，全州机械行业生产活跃、门类多。吉首机床厂生产芙蓉牌FR–12型盘式拖拉机，累计生产251台。龙山县农机厂生产武陵–16型背负式手动喷雾器，累计产量6.59万部。州粮油机械厂生产MJ–450型压面机获国家粮食部金奖，被定为湖南省粮食系统面机生产定点厂，产品在全省粮食系统推广使用。凤凰县农机厂研制ZD–I，W–15／25型低水头轴流式微型水轮发电机组，远销云、贵、川、桂等12个省（区）。吉首市机械厂生产GJM型系列工业锅炉高效节煤器及各种规格压力容器144.5吨。同时与湖北省机电研究设计院联合开发生产AH型系列离心式渣浆泵。吉首市汽车修制厂与第二汽车制造厂联营，被确定为湘西州东风汽车大修定点厂。州运输公司吉首汽车修制厂与第一汽车制造厂联营，在该厂设吉首服务站。湘运吉首汽车修制厂用南京NJ–136、长沙CS–130型三类底盘改装轻型客车。州公路机械厂生产1.5吨液压翻斗、5吨沥青保温罐、1500吨导热油加热沥青装置。花垣县机械厂、古丈县机械厂、吉首市吉首乡耐磨件厂生产中锰稀土磨球、球磨机衬板、隔仓板等共497吨。吉首市大田村金属包装厂获国家商检局“海运危规”Ⅱ类生产证书，生产的黄磷包装桶获准包装黄磷出口。凤凰县机械厂生产YDQ90系列单相异步电动机7960台。州农机研究所生产星箭牌系列破碎机、JQ–250型立式夹层搅拌机。保靖县机械厂、古丈县机械厂加工生产大理石建筑装饰材料5100多平方米，加工重晶石1700吨。1991年，州属机械行业开展技改，组建新产品开发机构，开发新产品。吉首市机械厂投资100万元，开发节能、节材150／100E–AH及100／80D–AH两种渣浆泵，通过省机械工业厅鉴定，AH型系列渣浆泵获省经委“优秀新产品”称号，当年生产22台，产品性能好，耐磨。吉首机床厂投资178万元，实施连杆辊锻线第二期技术改造，改制辊锻机，购置JS–630型摩擦压力机等。凤凰机械厂自行设计研制开发80系列单相电容运转微型异步电机通过省级鉴定，微电机经省中小电机检测站检查合格。该厂参加省电器行业协会，成为省电机集团成员厂，年产值、销售、税金、利润均比上年分别增长99%、111%、112%和200%。吉首机床厂投资142万元，引进技术开发BD32（V3）变量叶片油泵，并技改连杆辊锻生产线、变量叶片油泵，辊锻试车成功，形成年产连杆毛坯30万根生产能力，变量泵2000台生产能力，经广州机床研究所测试，各项技术性能达到设计要求，通过省级鉴定。龙山机械厂投资86万元增加金刚石压机3台，新增人造金刚石30万克拉，人造金刚石及金刚石砂轮，采用国际标准，通过省级验收，产品行销内地20多个省市及深圳特区。永顺机械厂投资80万元，购置设备，形成年产配件40万件生产能力。吉首电缆厂投资20万元开发同轴电缆，形成年产4000公里生产能力，新产品投放市场并试用。全州机械行业开展“质量、品种、效益年”活动，3月中旬，湘西州《机械系统九一年质量工作要点》和《开展质量、品种、效益年活动实施方案》出台，5月中旬，组织14位企业负责人研讨企业负责人质量意识。同时举办群众性QC小组活动研讨班。7月，检查企业领导质量意识、实物质量、质量体系建立、运行和质量法规贯彻情况，全行业优质品产值273万元，优质品产值率7.7%，比省厅计划提高6.5个百分点；完成新产品产值228.44万元，新产品产值率7.49%，比省厅计划提高5.49个百分点。全年全州13家机械企业完成工业总产值3546万元，为年计划的110.47%，比上年增长19.4%，其中系统内12户企业完成3051万元，为年计划的119.18%，比上年增长30.49%。技术进步产品产值完成297.6万元，为省厅计划的193.25%。完成销售收入2815.4万元，为年计划的117.31%，比上年增长28.42%，其中系统内企业完成2414.3万元，为年计划的125.74%，为厅计划的130.5%，比上年增长34.39%。完成利税合计222万元，为年计划的67.6%，比上年增长0.57%，其中系统内企业完成158.7万元，为年计划的94.46%，比上年增长38.85%。年末全州机械行业企业产成品资金占用数967.4万元，比上年下降2.31%，其中系统内企业产成品资金占用614.4万元，比上年下降9.42%。全州机械行业有9个企业超额完成年计划，占企业总数的69%。龙山机械厂工业总产值完成639.83万元，为年计划的177.73%，比上年同期增长106.4%，销售收入完成303.64万元，为年计划的178.61%，比上年同期增长95.39%，利税合计47.69万元，为年计划的280.53%，比上年同期增长209.68%，其中利润完成28.2万元，为年计划的402.86%，比上年同期增长403.57%。

1992年，全州机械行业13家企业，产品有汽车配件、拖内配件、变量叶片泵、人造金刚石及其制品、中小型电机、电线电缆、压力容器、渣浆泵、农副产品加工机械等42种，其中V3泵、渣浆泵达国内先进水平，碾米机、人造金刚石等产品远销国外市场。吉首通用机械厂累计生产ZY-50型榨油机10087台，远销全国除西北以外各省、区。州粮油机械厂小批量生产桐籽剥壳机和桐果剥皮机。吉首机床厂从机械部广州机床研究所引进图纸，生产YBX-D型中压变量叶片泵，用于机械、冶金、化工、石油、轻工等行业。吉首市机械厂投资380万元，建成年产200台渣浆泵生产线，渣浆泵技改计划列入国家经贸委节能节材技改项目。湘运吉首汽车修制厂改装轻型客车产品经省级鉴定，定型为16座~19座吉首牌J-6600型、22座~25座JS-6700型轻型客车。永顺县机械厂生产6105Q型齿圈齿套。州农机研究所研制出JQK-19型水泥空心砌块成型机。州机床厂开发多种品种，变量泵增加到8种规格，产值超过年计划9.12%，达到327.36万元，比1991年增长28.88%，销售收入增长41.5%，税金增长39.5%，利润扭亏转盈。凤凰机械厂生产微型电动机和微型水轮发电机组，听取用户质量反馈意见，整顿工艺，改进提高产品质量，巩固扩大市场，完成产值213.16万元，超过年计划37.52%，比1991年增长99.21%，销售收入158.3万元，税金7万元，利润13.5万元，分别比1991年增长111%、112%和200%。永顺机械厂坚持质量第一，生产齿轮齿条、压力容器和油料粉碎机，质量稳定。全年全州12家机械企业完成工业总产值4320万元，销售收入3496万元，利税295万元。1993年，吉首市电机厂生产5.5万千瓦电动机5700台48300千瓦。吉首机床厂生产YBX型系列泵2791台。吉首市机械厂开发出200／150R-AH、80／50C-AH型渣浆泵，获湖南省科技进步四等奖，产品销往云、桂、赣等省、区。湘运吉首汽车修制厂改装轻型客车产品获州科技进步奖。州农机研究所研制JQK-19型水泥空心砌块成型机通过省级技术鉴定。龙山县机械厂生产人造金刚石766万克拉。当年全州12家州属机械企业完成工业总产值6434万元，销售收入5184万元，利税326万元。1994年，吉首市机械厂生产的200／150R-AH、80／50C-AH型渣浆泵在全国星火科技精品展示会上获"科技精品金奖"。吉首机床厂投资30万元，实施第三期技术改造，建成连杆余热处理生产线，余热处理工艺技术达到国内先进水平。该厂成为湖南省独家用辊锻工艺生产连杆毛坯企业。先后生产492Q、190、N85、EQ-140、6105Q等汽车发动机连杆毛坯。州农机研究所研制的JQK-19型水泥空心砌块成型机获湖南省科技四等奖，并获国家专利。当年，州属12家机械企业完成工业总产值5449万元，比1993年增长1.84倍；销售收入3622万元，比1993年增长2.36倍；产品结构由单一转为多元，主要有：汽车配件、液压基础件、电工电机、磨具磨料、锅炉压力容器等。龙山县机械厂改制，成立湖南龙山金刚石有限公司。

1995年，吉首机床厂累计生产YBX型系列泵141万台，远销20个省市，部分叶片泵与沈阳、济南等机床厂生产的组合机床、自动机床配套，出口西欧各国；累计生产492Q、190、N85、EQ-140、6105Q等产品22.5万套；开发耐海水腐蚀新型不锈钢铸件，生产640HP、12HP型螺旋桨，供海轮和渔船维修之用；还生产YS-12、YC-16、YS-14等型制丝线零配件，YJ-11、YJ-13A、YJ-13B、YJ-14、YJ-15、YJ-22、YJ-24、YJ-80等型卷烟接咀机零配件，YB21-6000、YB22A-3000、HB-3000、ZH-24等型包装机零配件，以及BC薄片成型机、YI0-33、YI0-21型嘴棒成型机零配件等轻工产品；还和吉首市机械厂为泸溪铝厂制造100型电解铝槽60座。湘运吉首汽车修制厂累计生产改装轻型客车118辆。州公路机械厂生产PE150×250、PE150×300、PE200×400、PE250×400型低悬挂破碎机。永顺县农机厂生产齿轮齿条44万件，齿圈齿套202万件。永顺县机械厂生产6105Q型齿圈齿套147.7万件。保靖县机械厂为大庸三〇二八厂配套生产南方牌125型摩托车套管减震器1.8万件。花垣县五金工具厂生产各种花色钳80万把，全部出口。州粮油机械厂、花垣县机械厂、吉首市吉首乡大田村金属包装厂先后生产200升闭口钢桶、310X480型金属锰包装桶、500X890型黄磷包装桶。龙山县红岩溪锅厂、吉首机床厂、花垣县机械厂、泸溪县机械厂、湘西州动力机械厂、保靖县机械厂、凤凰县机械厂、永顺县锁厂等分别生产铁锅、鼎罐、膨化机、爆米花机、蜂窝节煤炉、电风扇、民用挂锁、双保险门锁等日用机械产品。全州还有汽车修理厂、站321家。其中，国营49家、集体26家、个体246家；汽车大修厂16家、二类保修厂117家、三类保修厂188家。5月底，全州机械行业完成工业总产值2277.29万元，比1994年同期增长6.72%；生产增幅较大企业有古丈机械厂、凤凰机械厂、泸溪机械厂等企业。7月初，泸溪县遭受洪灾，泸溪机械厂1.3万平方米厂区被淹，直接经济损失190万元。年末，全州州属12家机械企业，完成工业总产值5476万元，比1994年增长1.8%，销售收入4059万元，比1994年增长11%。

1996年，古丈县机械厂、永顺县机械厂等企业对内、对外实行整体或分块租赁承包经营。龙山金刚石有限公司完善股份合作制经营机制。吉首机床厂寻求搞活企业新路子，采取"一厂多制，分块搞活"，内部除主导产品车间实行厂部管理外，其余各生产经营部门结合各自特点，分别采取租赁制、承包制、分厂制、公司制等多种形式管理方式，年产值、销售收入分别比1995年增长11.5%和35.3%，利润比1995年减亏61万元，减亏55%。吉首电机厂Y系列三相异步电动机、龙山金刚石有限公司人造金刚石产品，获国家技术监督局换发的采用国际标准产品标志证书。泸溪机械厂灾后搬迁，施工面积7180平方米，竣工1980平方米。全年全州11家机械企业完成技改、基建投资609万元。完成工业总产值4884万元，实现销售收入3508万元，亏损701万元。1997年，吉首机床厂改造38万支连杆毛坯辊锻线，新上10万支连杆机加工生产线；龙山金刚石有限公司再上20台压机工程；吉首市机械厂完成汽车前桥和桑塔纳维修中心项目。全州全行业11家州属企业完成工业总产值4713万元，实现销售收入2249万元，亏损791万元。1999年，永顺县机械厂自筹资金160万元开发生产高压油泵齿条产品免检进入上海市场。7月省机械行业重点引资项目和湘西州财源建设重点项目MACR新型不锈钢船用螺旋桨项目开始进入建设实施阶段，完成市场调研、厂房改造、工程技术人员培训和设备采购、引进考察等项工作。该项目总投资3486.6万元，其中固定资产投资2841.6万元，流动资金645万元。项目设计生产能力为年产1000吨规模，投产后年实现销售收入3690万元，利润736万元，利税1097万元。12月，项目国内配套设备基本安装调试完毕。当年，全州全行业9家州属机械企业完成工业总产值2181万元，实现销售收入2342万元，亏损87万元。2000年，全州规模机械工业企业15家，资产总计9979万元，完成工业产值1668万元，销售收入1470万元，实现利税134万元。湖南吉首宗南汽车修制厂创办，生产低速载货汽车，年产量810辆。MACR新型不锈钢螺旋桨系列产品开发、人造金刚石及制品、变量叶片泵、连杆辊锻毛坯和高压油泵齿条等产品市场占有量和质量信誉度上升。8月4日，MACR新型不锈钢船用螺旋桨项目国外引进设备全部到厂。9月，国外工程技术专家一行3人到厂指导设备安装调试，开始小批量试产。全年全州7家机械企业完成工业总产值2181万元，实现销售收入2342万元。

2001年，因州内机械工业产品不对路、企业负债重，资不抵债，机械工业企业相继破产或转产。是年，州汽车配件厂完成破产清算扫尾工作；吉首机床厂生产无资金，155名工人待岗，3个月未发工资。2002年11月，吉首机床厂经州中级人民法院民事裁定宣告破产。2005年，湖南吉首宗南汽车修制厂生产低速载货汽车1053辆。2006年，完成吉首机床厂破产清算扫尾工作及破产后遗留问题处理。

2010年，全州规模机械工业企业3家，资产总计4899万元，完成工业产值6806万元，销售收入7073万元，实现利税1205万元。湖南吉首宗南汽车修制厂生产低速载货汽车1800辆。

第三节　电子工业

1989年，全州电子行业企业2家，总资产235万元，职工227人。是年一季度，完成工业总产值104.43万元，为年计划30.27%，同比增长61.69%。全年完成工业总产值385.92万元，比上年增长17.65%。州无线电厂调整产品结构，开发新产品，与北京大学、冶金部武汉安全环保研究院共同研制ZCF-16型低频振动参数分析系统，10月通过部级鉴定，产品由A／D部件与计算机组成16通道低频振动参数采集分析系统，先后配用APPLE苹果机、PC机及286、386计算机，该系列产品获国家二级计量合格证，承担长沙矿冶研究所10段爆速仪生产任务，后改为5段、单段爆速仪。从省机械工业厅购进新型PGL低压配电屏图纸，添置6毫米剪板机，完善各种胎模具，参加全省低压开关柜生产秩序整顿。从国防科技大学引进调频广播喇叭，生产327只，后因销售不畅停止生产。是年，该厂在吉首市光明村新建电子大楼和金工车间，建筑面积2306平方米。永顺县无线电厂20世纪80年代末企业管理基础工作和经济技术指标达到省内先进企业标准，获国家采用国际标准和国外先进标准“双采”合格证，进入省先进企业行列，13项指标均达省级先进企业标准，其中，11项达到国家二级企业标准，完成产值285.71万元，超计划12%，比上年增长16.1%，销售收入增长7.5%，利税增长13.3%。1990年，州无线电厂厂址搬迁至吉首市光明村。10月，该厂生产的PGL-1、PGL-2型交流低压配电屏通过州级生产鉴定，并通过湖南省机械厅生产现场审查。永顺县无线电厂与华中理工大学技术协作，开发KP50A系列普通晶闸管，后逐步研制50安以上晶闸管。当年，全州2家电子企业完成工业总产值586万元，实现销售收入197万元，利税29万元。

1991年，全州电子企业投资87万元，实施技术改造项目2项，完成技改投资76万元，占总投资87.4%。其中州无线电厂完成27万元，永顺无线电厂完成49万元。州无线电厂开发BSW-3型智能五段爆速仪和GM-50型微型袖珍式起爆器两项新产品于12月19日通过州科委技术鉴定。其中智能五段爆速仪将微电子技术应用于仪器仪表，增加功能，提高稳定性，使原有五段爆速仪升级换代。微型起爆器为单发至50发雷管起爆提供能源，形成单发至2000发雷管起爆器系列产品。负责试制、改进测振仪技术负责人赵全胜被列为首批州管有突出贡献科技人员。该厂生产的PGL-1、PGL-2型交流低压配电屏获能源部、机电部联合颁发的低压开关柜生产许可证。随后投入20多万元实施技术改造，扩大生产能力，增设电器科、电器车间、平架车间，开发出高压开关柜。永顺无线电厂筹集60万元技改资金，改造生产线，加速平面工艺生产线建成，改修扩宽生产车间200平方米，增添设备仪器26台套，改造KP系列晶闸管生产线，KP晶闸管从一个规格增加到五个规格。12月12日，新改产品通过州技术监督局标准化工作定级验收，达到标准化等级四级要求。全州电子企业抓基础管理，以销定产，计划生产，畅销产品多生产，平销产品控制生产，滞销产品停止生产。对销售人员实行销售收入、销售费用、工资奖金大包干责任制。配电屏销售人员，常年在外跑销售，合同增加，全年完成订货100万元，完成销售收入80万元。派出“维修、收款、服务”三位一体小组，既回收贷款，又访问用户，服务上门，采集信息，调研市场。并开展企业质检、质量统计人员培训。组织8名有关人员参加全省统一上岗取证考试。举办三期宣传贯彻GB/TI0300系列质量管理和质量保证体系标准培训班。全年州属电子企业完成工业总产值279万元，为年计划105.13%；比1990年增长15.12%；完成销售收入244万元，比1990年增长19.8%。实现利税29万元，比1990年增长1.1%。

1992年，州属电子企业2家，总资产239万元，职工660人。电子产品品种增加到31种，开发出矿山电子仪器、低压配电屏、硅整流二极管等半导体器件系列产品。其中，州无线电厂测震仪达国际先进水平。8月，州无线电厂增挂“湖南（湘西）开关厂”厂牌，试制出GG-1AF高压开关柜。负责试制、改进测振仪主要技术负责人赵全胜获国务院“政府特殊津贴”。州属电子企业完成工业总产值400万元，与1987年比翻一番，产品销售收入334万元，实现利税32万元。

1993年，州无线电厂开发出高压霓虹灯产品。当年，州属2家电子企业完成工业总产值547万元，实现销售收入430万元，利税33万元。1994年，州属电子企业完成工业总产值497万元，实现销售收入236万元，亏损4万元。州无线电厂，产量457台，产值125万元，亏损5万元。

1995年，州无线电厂生产测振仪34台，创产值102万元。该系列产品项目获1995年劳动部科技成果三等奖。生产爆速仪系列产品595台，创产值356万元。还获得能源部、机电部颁发的高压开关柜生产许可证，同时生产GG-1AF型交流高压配电屏。5月底，全州电子行业完成工业总产值149.79万元，比上年同期下降31.97%。年底，全州电子企业2家，总资产940万元，职工总数154人，完成工业总产值454万元，实现销售收入319万元，实现利润7万元。

1996年，永顺县无线电厂产品滞销，企业亏损。开始实行对内、对外整体或分块租赁承包经营。1998年，永顺县无线电厂全面停产。1999年，州无线电厂抓住城乡电网改造机遇，开发新品种投放市场，扩大产品覆盖面。一方面抓产品质量提高，一方面组织申报进入全国电气设备推荐目录。同时该厂投资45万元，新建喷塑工艺生产线。年底，该厂有职工132人，工资总额63万元，企业总资产919万元，负债总额644万元，全年生产电子产品250台，生产电气产品1791台套，完成工业总产值295万元，完成销售收入316万元，实现利润2万元。

2000年，州境电子行业仅有州无线电厂1家企业，总资产927万元，职工109人。6月，该厂喷塑工艺生产线建成投产，该厂及其高低压开关柜均被纳入《全国城乡电网建设与改造所需主要设备产品及生产企业推荐目录》，全年生产电气产品产量5319台套，完成工业总产值345万元，实现销售收入267万元，税金3万元，利润持平。2001年州无线电厂生产无订单，处在半停产状态，职工待业，拖欠职工工资3个月。2002年，州无线电厂完成改制准备工作。2003年9月，州无线电厂经州中级人民法院民事裁定宣告破产。2004年，州无线电厂完成破产清算、财产处置工作，30名职工退休，86名职工买断工龄安置。

第四节　冶金企业选介

湖南三立集团股份有限公司1998年7月成立，注册资本1亿元，员工1500余人。经营锌矿采选、生产、销售；硫酸生产销售；有“中华人民共和国进出口企业资格证书”，可自营进出口业务。1999年年末，通过ISO 9001质量体系认证；2002年10月，企业改制，累计投入资金1.19亿元，回购湖南银信资产公司和长城资产公司债务，置换国有股份和职工身份，成为民营股份制企业。主营铅锌采选、冶炼、硫酸生产及销售业务。2007年被评为“中国铅锌冶炼行业10强企业”和“中国铅锌冶炼行业十大著名品牌”；2008年，公司形成年产电解锌8万吨、硫酸24万吨、金属镉1000吨生产能力，年处理12万吨电解锌浸出渣综合回收利用项目，利用余热发电总装机容量4000千瓦项目年内建成投产，拥有铅锌采矿权证14个，公司总资产7.29亿元，其中净资产6.24亿元，资产负债率14.41%。“三立”牌商标连续10年被认定为“湖南省著名商标”，2009年5月被认定为“中国驰名商标”；2010年，集团公司6万吨/年电解锌扩建工程奠基。

第四章　建材工业

1989年，湘西州建材工业公司隶属州城乡建设委员会。公司内设办公室、生产技术科、财务经销科，定编17名，实有17人。辖州推广散装水泥办公室（2月，更名为州散装水泥办公室）、州农房建材成套供应公司和州建筑材料设备经销公司（两个公司实行两块牌子，一套人员）、州建筑材料厂、州水泥制品厂、州新型建筑材料厂5个企业。1990年，州建材工业公司更名州建材工业局，定编12名，实有12人。辖州散装水泥办公室、州建筑材料设备经销公司和州农房建材成套供应公司、州建筑材料厂、州水泥制品厂、州新型建筑材料厂。1993年4月，撤销州建筑材料设备经销公司和州农房建材成套供应公司，组建州建材燃化总公司和州液化气石油化工总公司。12月，从州建材工业局机关和直属企业中抽调人员组建三产企业——州建材经济贸易公司，与州建材工业局实行“人员、职能、名称、财务”四脱钩，成为自主经营、独立核算、自负盈亏的全民所有制企业。1994年9月，州建材工业局成建制转体为州建材工业总公司，同时设立州建材工业行业管理办公室，暂时挂靠在总公司。1998年3月，州建材工业总公司成建制从州城乡建设委员会管理划归州经济委员会管理，其行政管理职能不变。但直属企业州液化气石油化工总公司从州建材工业总公司分离，仍归口州城乡建设委员会管理。2001年，州建材工业总公司不再保留，转体为州建材工业行业管理办公室，为副局级机构，隶属州经贸委管理，人员由改革前10人精简为7人，精简人员安排到直属企业中。8月，州建材化工总厂依法破产；11月，州新型建筑材料厂依法破产。2003年9月州民族线路器材总厂依法破产。2007年7月，湘西土家族苗族自治州新型墙体材料改革办公室成立，为正科级自收自支事业单位，负责全州新型墙体材料推广应用监督管理工作。2010年年底，州建材工业行业管理办公室在职人员6人，离退休人员13人。直属企事业单位有州散装水泥办公室、州新型墙体材料改革办公室、州建材燃化总公司、州建材经济贸易公司。

1989—2010年历任局长（经理）：田继绪；行管办主任：张建雄；副局长（副经理）：曾新春、田发珍、向经武、江国勇、麻文权。

第一节 水泥及水泥制品

1989年，全州水泥企业7家（不含乡镇、其他行业水泥厂），工业总产值738.05万元。1990年，有水泥生产企业12家，年生产能力22.11万吨,固定资产4500万元。1991年，水泥生产量（含乡镇）23.45万吨。1992年，水泥企业出厂水泥合格率100%。古丈水泥制品厂888仿瓷涂料试产成功。1992年7月，花垣水泥厂开发隔热镇水粉年产3000吨生产线竣工投产，同时开发人造大理石和复合吊顶板等新产品。1993年，全州水泥行业内完成18.66万吨，行业外完成13.58万吨，共计完成32.25万吨，散装水泥量完成6.8万吨，工业企业完成销售收入4664万元。

1996年，湘西州率先在全省实行水泥质量管理行业归口，水泥企业不论所属行业、不论规模大小、不论所有制性质，均纳入全州水泥质量行业管理。推动和保证全州水泥质量全面提升。2000年，全州14家水泥厂产量由1995年33.6万吨增至48.8万吨。推广散装水泥15.6万吨，国有企业散装率13.54%。国有建材企业年末职工总数2054人。

2002年4月，全省散装水泥工作会议在吉首召开，推动湘西州散装水泥事业发展。是年，纳入行业统计的14户建材企业完成工业总产值7492万元，比上年增长1.44%；生产主要水泥产品51.42万吨，比上年增长2.7%；利润亏损19万元，比上年减亏30万元；利税总额641.5万元，同比增长13.08%。完成散装水泥6.55万吨，比上年增加1.54万吨，同比增长30.62%，国有水泥企业散装率13.17%，比上年提升2.92个百分点。

2003年，14家建材企业累计完成工业总产值9180万元，比上年增长23%，生产主要水泥产品55.27万吨，比上年增长8%，实现销售收入1.439亿元，比上年增长26%。实现利润680万元，创利税总额1895万元，与上年同期比翻两番。完成散装水泥8.2万吨，同比增长5.3%，散装水泥率达15.3%，较上年提高两个百分点。散装水泥专项资金收缴增幅13%。花垣县水泥厂连续两年进入全省同行质量五十强，还获湖南工业产品质量奖。全州建材产品质量管理得到全省建材主管部门肯定。

2005年，古丈县和吉凤工业园分别通过招商引资合作，引进两条日产3000吨水泥新型干法生产线，总投资4亿元。投产后，全州水泥生产能力升至280万吨。2006年，散装水泥量15.81万吨，较上年增长20.68%。2007年，散装水泥量18.2万吨，较上年增长15.09%。2008年5月30日，州散装水泥办公室成立散装水泥行政执法队，负责《湖南省散装水泥条例》在全州贯彻实施。9月16日，州天源建材股份有限公司年产120万吨新型干法旋窑水泥生产线在吉凤经济开发区开工建设，项目总投资2.4亿元。是年，全州散装水泥量30.3万吨，较上年增产36.17%。州散装水泥办袁玲被评为全国散装水泥统计工作先进个人。

2009年,散装水泥量33.27万吨，较2008年增产9.82%。9月21日，州天源建材股份有限公司年产120万吨新型干法旋窑水泥生产线建成投产，总投资3.1亿元，生产“金湘牌”水泥。11月，州金成混凝土有限责任公司年产30万立方米预拌混凝土生产线在吉凤经济开发区开工建设，项目投资4000万元。

2010年6月，州散装水泥办开展《湖南省散装水泥条例》宣传周活动。全州散装水泥产量40.52万吨，比上年33.27万吨增长21.79%；水泥产量81万吨。是年，投资4亿元分别在古丈县和龙山县开工建设年产120万吨新型干法水泥生产线。州散装水泥办袁玲再次被评为全国散装水泥统计工作先进个人。

第二节 建材业体制改革

1995年，凤凰县水泥厂租赁给香港捷成国际贸易公司实行国有民营。1998年2月，龙山县水泥厂实行租赁，为国有民营。9月，永顺县水泥厂租赁，为国有民营。10月，泸溪县水泥厂租赁，为国有民营。1999年6月，古丈县水泥厂和保靖县水泥厂实行租赁，国有民营。至2000年，全州7家国有水泥企业，先后有6家完成租赁改制，租赁期分别为3~5年。

2001年8月，州建材化工总厂因企业转产，造成企业严重亏损，资不抵债，无力清偿到期债务，向州中级人民法院申请破产。8月13日，经法院审理，宣告州建材化工总厂破产还债。破产后，土地由州人民政府收回。企业职工按《破产法》和州人民政府关于国企改革有关文件规定妥善安置。安置职工269人，其中离退休职工70人。12月，州新型建筑材料厂向州中级人民法院申请破产。12月18日，经法院审理，宣告州新型建筑材料厂破产还债。破产后，厂区由政府转卖给州无线通信局，其土地变卖收入用于安置职工，职工安置按照《破产法》和州人民政府关于国企改革有关文件进行。安置职工37人，其中退休职工5人。

2002年，州民族线路器材总厂实行分产品租赁承包制。水泥电杆、大型屋面板、排污管道等分别实行租赁承包经营，产品销往湘鄂渝黔四省市边区。2003年9月，州民族线路器材总厂因资不抵债，扭亏无望，向州中级人民法院提出破产申请。经法院审理，州民族线路器材总厂于依法进入破产程序。清算组依法依规安置职工108人，其中离退休职工64人。

第五章 酿酒工业

1989年，湘西州有酿酒企业10家，其中国营企业8家，集体企业2家；酒产量2.09万吨，其中白酒1.62万吨，啤酒0.40万吨；完成工业产值5643万元。湘泉酒、酒鬼酒在首届北京国际博览会上获银奖。1995年，全州酒厂产量3.86万吨，工业产值3.78亿元。1997年，酒产量4.2万吨，工业产值6.95亿元。2000年，全州酒产量2.62万吨，工业产值6.31亿元，湘泉酒、酒鬼酒、乌龙山大曲酒、武陵源啤酒等名优酒形成规模。2001—2005年，国有企业改革改制，各县国营酿酒厂因管理不善等原因，先后转产或破产关闭。全州酒产量由2001年1.35万吨下降到2005年0.46万吨。2006年，州内酿酒工业开始恢复增长，2010年，全州酒产量由2006年0.29万吨升至0.95万吨。全州获得酿酒生产许可证企业有：湖南酒鬼酒股份有限公司、湖南老爹农业科技开发股份有限公司、湖南湘泉制药有限公司劝君酒分公司、湘西州兴中酒业酿造有限责任公司、湘西州南长城酒业有限责任公司、吉首市苗家王酒业酿造有限责任公司、湖南省湘西吉首酒魂酒业有限公司、湖南湘泉酒业有限公司、湘西州秦简酒业有限责任公司、湘西州土家人集团酒业有限公司、保靖县土司王酒厂、保靖县水田河酒厂、湘西州乌龙山酒业有限公司、湖南本草制药有限公司、湘西州湘酒酒业有限公司等15家。是年，全州酿酒业实现工业总产值7.19亿元，实现利税2.37亿元。与1989年比，工业总产值增长12.7倍，利税增长23.15倍。

2003年，湘西州酒类产销管理局（简称州酒管局）成立，为副局级全额拨款事业单位，隶属州经济贸易委员会管理。2006年，划归州商务局管理。机关内设综合科、市场稽查科（对外为市场稽查队），核定事业编制5名，人员参照公务员管理。2010年，机构和人数未变。2002—2010年历任局长：田国兴、吴光明。

1989—2010 年湘西州酿酒工业产品产量产值情况表

表 16-6　　单位：万吨、万元

年度	产量			产值	年度	产量			产值
	合计	白酒	啤酒			合计	白酒	啤酒	
1989	2.09	1.62	0.40	5643	2000	2.62	1.58	1.04	63105
1990	2.22	1.71	0.45	6037	2001	1.35	0.84	0.51	67761
1991	2.30	1.48	0.71	—	2002	1.19	0.70	0.49	44156
1992	3.25	2.21	0.94	—	2003	0.47	0.37	0.10	30178
1993	3.88	2.51	1.30	—	2004	0.50	0.37	0.13	5533
1994	3.47	2.46	1.00	—	2005	0.46	0.46	—	32451
1995	3.86	2.50	1.36	37815	2006	0.29	0.29	—	30557
1996	3.97	2.59	1.38	56388	2007	0.365	0.365	—	20029
1997	4.20	3.24	0.96	69546	2008	0.666	0.666	—	30323
1998	3.77	2.90	0.87	99206	2009	0.877	0.872	—	61010
1999	2.66	2.29	0.37	71898	2010	0.9533	0.9533	—	71886

第一节　酒产品

一、湘泉酒

1978 年，湘西州吉首酒厂试制湘泉酒成功并批量生产。该酒把小曲清香与大曲浓香两种工艺糅合在一起，形成自己独特风格。1988 年，获布鲁塞尔国际博览会金奖；1995 年，被世界名牌消费品认定委员会认证为“名牌消费品”；1996 年，获第五届国际食品博览会银奖；1999 年，获中国食品工业协会颁发的“跨世纪中国著名白酒品牌”称号；2002 年，被湖南省名牌产品审定委员会认证为“湖南省名牌产品”；2003 年，获中国白酒典型风格金杯奖；2006 年，获中国糖酒业百佳畅销品牌；2008 年，获湖南省酒业协会颁发的“2008 年度湖南省酿酒行业优质产品”；2010 年产量 159.8 万升。

二、酒鬼酒

1988 年，吉首酿酒总厂开始研制生产湘泉酒姊妹酒——酒鬼酒。该产品所用原料和水与湘泉酒相同；工艺则仿民间传统药曲为糖化剂，以陈年大曲老窖继渣发酵，陈年三载以上，年产量 50 万升。酒度 54°，系兼香型。著名画家黄永玉为该酒设计外形似捆口麻袋状紫砂陶瓶包装。是年，获中国首届食品博览会金奖。1989 年，获北京首届国际博览会银奖；1993 年，获第二届法国波尔多世界酒类专业博览会最高荣誉金奖；1994 年，获比利时布鲁塞尔国际博览会金奖和北京亚太国际贸易博览会金奖；1995 年，被世界名牌消费品认定委员会认证为“世界名牌消费品”。2001 年 12 月 18 日，为庆祝北京申奥成功，酒鬼酒股份有限公司采用湘西民间洞穴藏酒之法，邀请酒界专家、媒体在奇梁洞举行盛大酒鬼酒洞藏仪式，建设“酒鬼洞藏文化酒基地”，精选窖藏 10 年极品酒鬼酒370吨密封于陶坛，封存于奇梁洞中，并赋名为“酒鬼酒洞藏文化酒”，正式实施“酒鬼酒洞藏文化酒”工程。2005年8月12日,由全国白酒专家组组长、中国食品协会白酒专业委员会副会长沈怡方,中国白酒专业协会常务理事高月明,中国白酒专业协会副会长高景炎等15位专家组成专家组，品评酒鬼酒系列白酒,鉴定认为：“酒鬼酒系列微妙地融合了酱、浓、清香的风味，香味馥郁、酒体净爽,具馥郁型优质白酒的典型风格”。是年，经湖南省科技信息研究所鉴定,馥郁香型为中国酒类一种创新香型。2006年，被中国糖酒协会认证为“中国糖酒业百佳畅销品。2008年7月8日，酒鬼酒股份有限公司在湘西旅游胜地凤凰奇梁洞举行“酒鬼洞藏文化酒”启封大典，拍卖4瓶珍藏酒，编号DC001和编号DC2008收藏版酒鬼洞藏文化酒分别以46万元、58万元成交，两瓶由艺术大师黄永玉亲笔签名、现场灌装的珍品洞藏酒分别以99万元、90万元成交，拍卖所得293万元全部作为善款捐献给四川地震灾区兴建学校，全球限量发行洞藏酒2008套58度酒鬼洞藏文化酒每瓶容量2008毫升，奥运会前优惠价为20008元/瓶，8月8日后上调为32008元/瓶。是年，限量生产25吨52度酒鬼洞藏文化酒每瓶容量500毫升，优惠预订价2008元/瓶；8月8日后上调为3208元/瓶。2010年，酒鬼酒产量130万升。

三、水田河酒

1985年，水田河酒厂建立，同年研制并生产水田河酒，该酒坚持纯粮酿造，口感独特，柔顺绵甜，品质稳定，旗下拥有“湘西印象”“水田河”和“苗霸”三个品牌20多个花色品种，分别占领高、中、低端3个细分市场。产品市场主要分布在以湘西为中心的湘、渝、鄂、黔四省市边区市场，湘西州城镇及农村市场覆盖率90%以上，市场占有率25%；张家界、怀化、秀山、松桃、铜仁等周边市场覆盖率50%以上，市场占有率10%，成为湘西地区仅次于酒鬼酒的白酒优势品牌。2008年，该酒通过ISO 9001国际质量管理体系认证；2009年，被湘西州人民政府认定为“湘西州名牌产品”。2010年，水田河酒传统酿制技艺被纳入湘西州第四批州级非物质文化遗产保护名录，年产量97.6万升。

四、乌龙山大曲酒

1985年，龙山县酿酒总厂开始生产乌龙山大曲酒。该酒选用优质高粱、糯米为原料，取龙山县关庙巷井水，采用传统工艺结合现代酿酒技术精制而成。关庙巷古井水，香凉爽口，泡茶无浊，日久不腐。该酒具有无色透明、窖香浓郁、略带酱香、酒体丰满、绵甜甘冽、后味干净之特点，用该县有名的紫砂陶瓶包装。瓶体为古刹钟形，古朴大方。年产量100万升。乌龙山系列酒（54°、52°、48°、36°）1987年获湘西州优名优特食品“龙凤杯奖”；1988年12月获中国首届食品博览会银奖；1989年获北京国际食品博览会铜奖、轻工部优秀新产品奖；1991年获湖南省优秀产品奖，跻身湖南省名酒之列。1996年因龙山县酿酒总厂国有企业改制，该酒停止生产。

五、武陵源啤酒

1987年，吉首酿酒总厂开始生产武陵源啤酒。该酒选用进口优质麦芽、精大米和啤酒花，择取峒河泉水，采用青岛啤酒酵母和工艺酿制而成。酒的泡沫洁白细腻，持久挂杯，纯正爽口，苦味适中，执行GB4927-85及QB936-84标准，风格典型。年产酒1000万升。1988年该酒在湖南省啤酒评比中得分第一，为湖南省优质产品，同年获全国啤酒行业质量评比铜奖。1990年获轻工部食品博览会铜奖，1992年获全国“明星啤酒”荣誉称号。2004年因湘泉酒总厂改制重组，该啤酒停止生产。

六、其他酒

（一）神州三蛇酒

1985年，由永顺县酒厂和湖南省中医学院联合研制，批量生产。此酒分精装、简装、普装3种，每瓶净重分500克和250克。1985年10月，湖南省药政局批准此酒出口销售。该酒于1986年获湘西州“龙凤奖”，被评为全州“十佳产品”之一，同年11月获湖南省优秀新产品二等奖。1988

年10月荣获全国星火计划成果奖。1999年，永顺县酒厂依法破产，该酒停止生产。

（二）刺梨酒

1983年，凤凰县酒厂开始生产刺梨酒，该酒以刺梨为原料，经过精心酿制而成。该酒清澈透明，果香纯正浓郁，酒度14° ±1° ，甜度12° ，清爽可口，风格典型。1985年，该酒被评为湖南省轻工业系统优秀新产品、湖南省优质产品，获银杯奖。1988年，获中国首届食品博览会铜奖。1995年，该厂处于半停产状态，1998年，全部停产。

第二节　酿酒设备与工艺

一、制酒设备

1991年，湘泉酒厂从西安起重机厂购进QZ3.2T型双梁桥式起重机，同时，从国外引进凉槽设备，并购置Φ325/1.4分汽缸和CS202/B干燥箱，在“湘一”车间安装使用，提高白酒勾兑串香效率。1993年，“湘二”车间先后从西安起重机设备厂、重庆实验设备厂购置双梁起重机、凉槽设备、干燥箱等一系列设备，并投入运行。同时按照“湘一”“湘二”车间设备标准，添置“湘三”“湘四”车间。1994年，“湘五”按照“湘一”至“湘四”设备标准，从相同渠道购置更新，年底投入生产。

1997年，湘泉集团从常德市通用机械厂购买全无油空气压缩机，10月投入使用。1998年，与四川宜宾变压器厂合作，引进一批JZL–1不锈钢蒸馏设备。1999年，向湘潭市雨湖轻工机械厂硅藻土过滤机，5月投入使用。2000年，又向该厂购买不锈钢防爆酒泵，5月投入使用。2001年，向湘潭市雨湖机械厂购进TTHQ白酒净化器，提升酒质，同时将凉槽设备、不锈钢防爆泵、分汽缸等一系列设备更新换代，提高白酒串香、勾兑、醇化工艺技术，巩固酒业生产基础，扩大产业规模。“十五”期间，湘泉集团主打产品“酒鬼酒”“湘泉酒”品牌，实现100万升酒鬼和1000万升湘泉生产能力，生产规模进入中国白酒企业前20名。2002年，自制高进位罐和培养罐。窖藏工艺技术达到国内先进水平。粉碎班从安阳市粮油机械厂购买斗式提升机，从北京市粮油机械厂购买电动提升机，向郑州建筑设备公司、新乡市卷扬机厂、安徽三联泵业公司购买电控卷扬机、空压机、打粉机、清水泵，12月，购进设备全部投入使用。

2007年，中糖集团收购原属湘泉集团酒鬼酒股份有限公司，加大产品包装投资。从泸州慧江包装机械厂购进定量液体灌酒机，10月投入使用；从中国科技进口公司和日立集团引进喷码机，完善防伪技术，向长沙轻工机械厂等单位购买3吨酒灌、半自动封口机，提高包装车间工作效率。2008—2009年，分别从四川科华新技术研究院和四川岷江机械有限公司购买复合型高精密过滤机、电子定量灌装机，白酒从过滤到灌装完全实现数控操作。2010年，包装车间购买灌装机、微孔筒式过滤机、袋式过滤机等一系列包装设备，并同美国Videojet公司亚太分公司合作，引进激光喷码机，防伪技术领先同类产品。

二、制酒工艺

（一）湘泉酒酿造工艺

湘泉酒，采用“先小后大”（先小曲后大曲）工艺，把小曲清香型与大曲浓香型巧妙糅和，形成自己独特风格：芳香馥郁、醇和绵甜、酒体丰满、回味怡畅。湘泉酒属于大小曲混合法白酒，它将小曲糖化效果优良、出酒率高的优势，与大曲生成香味成份能力强的特点，有机结合，做到优势互补，以生产出别具一格白酒，使大曲酒的浓郁芬芳与小曲酒醇和绵甜的特点融为一体。

（二）酒鬼酒生产工艺

1988年，研制生产，通过创新和发展，吸收大曲酒中酱香与浓香型酒生产工艺特点，口感品质具有“香气浓郁、绵甜、醇厚、爽净，香味协调、酒体丰满、回味悠长”等特点。其制酒工艺：采用本地产的糯高粱，配以优质糯米，同时以根霉曲菌糖化剂，高温堆积，大曲续糟发酵，清蒸清烧，量质摘酒，分级贮存三年以上，精心勾兑而成。

（三）水田河酒工艺

1985年，水田河酒在传承湘西民间酿酒工艺基础之上，结合现代酿造技术，采用固态发酵法，吸纳大曲、小曲工艺各自优点，将多种工艺有机糅和形成独特工艺。其特征为：高粱整粒原料，粮醅清蒸清烧，药曲培菌糖化，续糟发酵，老窖提质增香，地窖存贮陈酿。水田河酒风格特征：曲香浓郁，入口绵甜，后味爽净，陈香突出，回味悠长。

第三节　酿酒企业选介

一、酒鬼酒股份有限公司

酒鬼酒生产企业前身为吉首酒厂，1956年创办。建厂时，仅有3口大甑灶、8口小甑灶、资产3万元、职工56人，以吉首东门向家祠堂作厂房。是年，完成工业总产值10万元，销售收入12万元，利税6万元。1957年，厂名改为湘西州吉首酒厂。1978年，试制成功湘泉酒。1985年，酒厂更名为湖南吉首酿酒总厂。1988年，开始生产酒鬼酒，由画家黄永玉设计紫砂陶瓶包装。1989年，该厂固定资产净值2184万元，酒产量196.7万升，工业总产值2649万元、销售收入3739万元、利税1025万元。

1991年，吉首酿酒总厂更名为湖南省湘西湘泉酒总厂。1992年，改用纯种根霉曲代替传统药曲。1995年，该厂拥有固定资产1.8亿元、流动资金2.2亿元，占地面积91万平方米，有职工3800人，各级技术职称人员200人。总厂下辖14个分厂、1个科研所和报社等22个经济实体，分布于湘黔两省和州内五县市。综合生产能力5000万升，生产湘泉酒、酒鬼酒、神鼓酒、啤酒、代白酒、淀粉、陶瓷、食用酒精、饲料、纸箱、中西药品、彩印品等12大类180多个品种。先后有38个品种获省级以上各种奖牌150多块。同年7月，酒鬼酒、湘泉酒分别获1995年香港世界名牌消费品博览会“世界名牌消费品”和“名牌消费品”殊荣，并获金牌。年底中国酒文化研究会授予湘泉酒厂“全国酒文化优秀企业”称号。1997年，湘泉酒总厂更名湘泉集团，并成功上市。2005年，酒鬼酒正式定为“馥郁香型”。2006年10月湘泉集团因资不抵债宣布破产。集团下属酒鬼酒公司剥离，改制重组。2007年中国糖业酒类集团公司子公司中皇有限公司成为酒鬼酒股份有限公司第一大股东。2010年，公司总股本3.03亿股，中皇有限公司持有1.09亿股，占总股本36.11%；中国长城资产管理有限公司持有3636.6万股，占总股本12%；其他7家社会法人股东持有5000万股，占总股本16.5%；社会流通股东持有1.07亿股，占总股本35.39%。是年，酒鬼酒股份公司酒产量415.7万升，完成工业总产值6.66亿元，实现利税1.59亿元；公司总资产13亿元，固定资产净值3.24亿元，年末职工1149人。酒产量、完成工业总产值、实现利税总额分别比1989年增长1.33倍、24.15倍、14.55倍。“酒鬼酒”成为“中国驰名商标”，公司主营业务为生产、销售洞藏酒、内参酒、酒鬼酒、湘泉酒等系列白酒产品。产品畅销全国30多个省、市、自治区（包括港澳台地区），并远销美国、日本、俄罗斯、韩国、东南亚等20多个国家和地区。

二、水田河酒厂

1985年州水田河酒厂创建，厂址：保靖县水田河镇。该厂以玉米、稻谷、小麦、高粱等粮食为主要原料酿造白酒。主导产品“水田河”瓶装酒和“苗霸”散装酒，拥有广大消费群体，市场逐渐向全省和黔、渝、鄂边界地区辐射。2005年，州水田河酒厂被湘西州经委确认为州级粮食加工重点企业；2008年,通过ISO 9001认证：2000国际质量管理体系认证；2009年，被州人民政府确定为州农业产业化龙头企业；还被省金融协会评定为“信贷诚信单位”，省农发行评定为AA级信用企业，是州农发行黄金客户。2010年，该厂有注册资金1000万元，资产4100万元，职工129人，占地2万平方米，有年产150万千升白酒生产线和年产400万升瓶装酒生产线。

第六章　烟草工业

1989年，湘西州有龙山卷烟厂、凤凰雪茄烟厂、永顺烟厂3家卷烟企业，资产1.87亿元。从业人员4592人，卷烟产量38.29万大箱，实现工业产值3.76亿元、销售收入3.46亿元、利税1.67亿元。1990年，全州卷烟企业资产2.17亿元，卷烟产量37.21万大箱，实现工业产值3.83亿元、销售收入3.45亿元、利税1.77亿元。1995年，全州有龙山、凤凰、永顺、乾州4家烟厂和部分附属卷烟企业，资产10亿元，年产卷烟20.24万大箱，实现工业产值6.19亿元、销售收入6.15亿元、利税3.19亿元。1997年，永顺卷烟厂和乾州卷烟厂，因经营不善，资不抵债，被迫停产。1998年，永顺卷烟厂关闭。1999年，烟叶复烤企业——湘西鹤盛原烟发展有限责任公司创办。是年，凤凰卷烟厂停产。2000年，乾州卷烟厂关闭；全州尚有卷烟企业资产10.94亿元，年产卷烟6万大箱，实现工业总产值2.96亿元、销售收入3.58亿元、利税1.43亿元。2001年，凤凰卷烟厂关闭。2003年，龙山卷烟厂停产，2004年关闭。2005年，州内只有烟叶复烤，卷烟生产结束。是年，全州烟草工业企业资产2亿元，实现工业总产值7029万元、销售收入6907万元、利税2285万元。2010年，烟草工业企业资产1.74亿元，实现工业总产值8[illegible]74万元、销售收入7643万元、利税1322万元。

第一节　香烟产品

1989年，龙山卷烟厂先后开发“张家界”“龙虾花”“神龙氏”“嘴龙虾花”等新产品，甲乙级卷烟30.7%；永顺卷烟厂开发“永顺”“白兔”等19个产品，产品合格率92%。同年，参加香港首届亚太地区国际烟草博览会，“嘴龙虾花”获金凤杯奖。1990年，凤凰雪茄烟厂引进国外设备，研制生产100毫米女式机制雪茄“乔治岛”，在北京“十国食品10年成就展”获优秀产

1989—2010年湘西州部分年份独立核算烟草工业主要经济指标一览表

表16-7

年度	资产（万元）	工业总产值（万元）	销售收入（万元）	利税总额（万元）	负债总额（万元）	企业数量（个）	从业人员（人）	卷烟产量（万大箱）
1989	18712	37629	34643	16674	—	3	4592	38.4
1990	21738	38266	34546	17718	—	3	3646	37.21
1991	45967	44584	51767	23060	—	4	4653	37.75
1992	49304	54994	50200	18531	—	4	4912	21.65
1993	31371	52723	57700	24626	—	4	5587	22.62
1994	78152	60172	53612	29062	—	4	5555	22.20
1995	100043	61891	61584	31920	91021	5	—	20.24
1996	107975	67991	63625	24298	106204	5	—	18.34
1997	111326	52842	49449	22956	105778	5	—	10.40
1998	101551	35571	30358	13745	99555	5	—	7.28

续表 16-7

年度	资产（万元）	工业总产值（万元）	销售收入（万元）	利税总额（万元）	负债总额（万元）	企业数量（个）	从业人员（人）	卷烟产量（万大箱）
1999	92956	2785	28707	13157	88335	4	—	6.20
2000	109421	29605	35805	14271	119064	6	—	6.00
2001	—	—	—	—	—	—	—	8.00
2002	97523	43052	41470	17603	87205	4	—	7.36
2003	53174	24695	22077	4492	60982	3	1080	—
2004	—	—	—	—	—	—	—	—
2005	19979	7029	6907	2285	4886	2	635	—
2006	19654	5995	5900	1497	4818	2	636	—
2007	18203	5208	5313	895	3635	2	616	—
2008	17832	—	5947	785	4361	2	456	—
2009	16371	6369	6334	1427	2521	1	456	—
2010	17401	8174	7643	1322	2616	1	622	—

品奖和全国星火计划博览会金奖。其中“红嘴鸟”“边城”“金凤凰”“古湘”“乔治岛”“爱丽春”为品牌产品。

1991 年，“乔治岛”批量生产，销往全国各大中城市。该品牌填补全国女式专用卷烟空白。7 月，国务院批准永顺卷烟厂为地方烟厂，调整产品结构，研制开发中档卷烟，相继推出“奥森”“古萧”“乌龙山”“特制铜柱”“司城王”等品牌烟投放市场，产值、利税持续增长。是年，“古湘”被评为湖南省优质产品，“老大哥”获“湖南省著名商标”奖。至 1997 年，永顺卷烟厂研制开发卷烟产品 26 个，其中“老司城”“兰牡丹”为畅销产品；龙山卷烟厂一、二类产品占 90%；1998 年，“老大哥”获湖南省“名牌产品”和湖南省“产品质量奖”，1999 年，获湖南省技术监督局产品质量信得过荣誉证书。2000 年，龙山卷烟厂推出“千禧张家界”等高档香烟，获省优秀产品奖，全国优秀装潢奖，其中“龙山雪茄”“龙虾花”“张家界”“老大哥”系列为龙山卷烟厂畅销品牌。

第二节 制烟设备与工艺

一、制烟设备

1989 年，龙山卷烟厂有切丝机、真空回潮机、蒸梗机、烘丝线、烘支房风机、炒丝筒、润叶机、加香机、真空回潮机等 80 台（套），年制丝能力 1.26 万吨；有接嘴机、卷烟机 22 台（套）,年卷接能力 18.33 万箱;有各类包装设备 69 台（套），包装能力 34.02 万箱;有电动机 843 台，装机容量 2350 千瓦，有控制机、贮梗丝柜、烘支鼓风机、打包机、氨叶发酵机、无垫再生干燥器、烟末簿片设备、废烟支处理机等通用设备 170 台（套）。凤凰雪茄烟厂有切丝机、型蒸梗、压梗机、烘丝机、热风润叶机、风力送丝机、烟叶输送机、加香筒等 15 台（套）。

1990 年，龙山卷烟厂陆续购进 3000 型包装机 3 台，6000 型包装机 3 台，ZB41 型硬盒包装机、ZB43 型硬盒包装机各 1 台。凤凰雪茄烟厂购置制丝设备 35 台（套）。制丝生产过程实现机械化流水作业和微机控制，生产能力20万箱；有烟支卷接设备63台（套）。其中卷烟机YJ11机3台、YJ13机5台、YJ80机29台，夹钳式接咀机2台，YJ23机6台，M08机组6组，YJ14机10台，引进英国MK8R/MAX2Ⅲ高速卷接机组2台（套），年卷接能力21万箱；有条包机、小包机、横包机、透包机、封箱机33台（套），其中先进横包机6种，全厂卷烟包装能力36.18万箱;有各种辅助设备91台（套），有真空压力复合泵、除尘系统、斜推往复式锅炉、气泵、各种型号低压配电屏、高压开关等通用设备412台（套）。1991年，龙山卷烟厂投入3070万元，改进制丝线设备系统；购进（2000支/分钟）YJ14/23机组6台，（6500支/分钟）YJ15/25/35卷接机组1台，PROTOS–70卷按接机（7000支/分）2台，共计64台（套），实现卷接机组自动化生产。1992年，龙山卷烟厂购置无油压缩机、干热再生燥塔、复合铝箔机、水松纸机、倒卷机、液压打包机。1997年，乾州卷烟厂有各类设备57台（套），其中制丝设备23台（套），卷接设备13台（套），包装设备16台（套），设备资产总值3700万元。1998年，龙山卷烟厂投资2330万元购进意大利8000支/分钟ZB25、ZB45包装机各1台，ZB41硬盒包装机2台，总计79台（套）。1999年，龙山卷烟厂投入1100万元，引进复烤发酵生产线，实现微机管理。湘西鹤盛原烟发展有限责任公司（原吉首打叶复烤厂）有6000公斤/小时打叶复烤生产线一条。2000年，龙山卷烟厂投入500万元，改进制丝工艺，提升烟丝质量。2002年，龙山卷烟厂拥有生产设备364台（套），实现制丝、发酵、复烤、卷接、包装等自动化生产微机管理。湘西鹤盛原烟发展有限责任公司，新增一台SZL10–1.25–AII型燃煤锅炉。

2003年，湘西鹤盛原烟发展有限责任公司与昆明信泰科技公司合作，建立网络中心机房，安装OA、MIS等软件系统，实现公司办公自动化。是年，湘西鹤盛原烟发展有限责任公司新建一条6000公斤/小时产线（简称二线），年生产能力达3000万公斤。2005年，鹤盛公司与秦皇岛烟机制造公司合作，投资70多万元，在二线烤片后打包前增加一套故障储叶柜，并与烤片机、打包机联机控制，有效解决烤片机、打包机故障后片烟处置问题，保障产品质量。2006年，公司投资60万元，与蚌埠环球机电设备公司合作，改造解把机，将二线解把机改为新型高效能UME–SUⅢ烟叶双路铺叶切断解把机。改造后，解把率达98%。2009年，鹤盛公司投入3000万元，改造二线生产设备，打叶加工能力由6000公斤/小时改为12000公斤/小时。

2010年，鹤盛公司投资400万元，改造二线工艺除尘设备，同时改造梗打包机、碎片打包机，节约能源20%。

二、制烟工艺

（一）烟叶发酵

1989年，全州各烟厂仅有发酵房3270平方米。1990年，凤凰雪茄烟厂增建发酵房4间，年发酵能力5220吨。龙山卷烟厂两次投资更新锅炉、真空负压室，改造真空回潮机，修建复烤车间1200平方米。永顺、乾州卷烟厂先后改造醇化设施。龙山卷烟厂和凤凰雪茄烟厂新建改造储存库，延长烟叶自然醇化期。

（二）制丝

1989年，龙山卷烟厂有切丝机、真空回潮机、蒸梗机、烘丝线、烘支房风机、炒丝筒、润叶机、加香机、真空回潮机等80台（套），年制丝能力1.26万吨。凤凰雪茄烟厂有切丝机、型蒸梗、压梗机、烘丝机、热风润叶机、风力送丝机、烟叶输送机、加香筒等15台（套）。1990年，凤凰绸厂购置制丝设备35台（套）。制丝生产过程实现机械化流水作业和微机控制，生产能力20万箱。1991—1993年，两次投入3070万元，更新改造制丝线，引进立式打叶机，形成立卧结合全自动微机控制打叶模式，实现制丝生产自动化。永顺、乾州卷烟厂改造制丝线，购置薄片生产线。

（三）配方

20世纪80年代后期，州内各烟厂，依靠当地烟叶及简单生产工艺，生产卷烟品种单一，等级不高。1991年，龙山卷烟厂研制和开发“老大哥”

“黄金路”等新产品，并在北京“中国工业十年成就展示会”上获新产品金奖。同时，龙山烟厂调整改造“龙虾花”“张家界”“伴君行”等老产品，其中“伴君行”被湖南省评为配方改革优秀产品。1995年,龙山卷烟厂研制出混合型“精品张家界”。并研制开发药物添加型卷烟。是年凤凰雪茄烟厂研制开发异香型“乔治岛”女式卷烟。

（四）卷制

1989年，龙山卷烟厂先后购进国产和进口的高速卷接机组11台，卷接能力30万大箱；凤凰雪茄烟厂购进各种型号的卷烟机56台，卷烟生产能力36.18万箱。永顺卷烟厂异地搬迁至城南门外新址后，购置YJ24等卷接设备7台，卷接能力10万大箱。1991年，国务院批准乾州卷烟厂为地方烟厂，吉首市政府筹资，引进英国莫林公司3000型新一代卷接设备，年卷制能力15万箱。

（五）接嘴

1989年，龙山卷烟厂购进各种滤嘴装接机9台，加大嘴烟生产。1991年，龙山烟厂引进英国莫林公司莫林8及仿莫林8机各2台，全年生产嘴烟8.15万箱，占全厂生产量64%。是年凤凰雪茄烟厂从英国和意大利购进莫林8和PQOTO870卷接机，全厂接嘴设备17套。永顺、乾州卷烟厂嘴烟生产能力分别为40%和60%。1997年，龙山卷烟厂全部生产嘴烟，产值稳步提升。

（六）包装

1989年，龙山卷烟厂有各种包装设备19台（套）。1990年，凤凰雪茄烟厂有包装设备33台（套），永顺卷烟厂、乾州卷烟厂分别购置高速自动包装机、透包机、硬盒包装机等先进包装设备。1991年，全州各烟厂按照烟草专卖法规的要求，各种卷烟小包、条包均要注明：吸烟有害健康，以及焦油含量标准。条盒上还规定印有条形编号，高档卷烟还设有防伪标志。1992年，龙山卷烟厂升级改造，购进意大利ZB25、ZB45包装机各一台、ZB41硬盒包装一台，并有各种类型及各档次包装机53台。

（七）打叶复烤

1999年，湘西鹤盛公司购置国产仿马克6000公斤/小时打叶复烤线。加工工艺要求以满足“白沙”品牌为主。2003年鹤盛公司新增一条6000公斤/小时新型打叶复烤线。工艺指标要求以满足中式卷烟配方需求，满足“柔打细分、低温慢烤”新工艺。2005年公司通过美国菲莫烟草公司“SPP”能力评定，至2006年，两年为帝国烟草公司、菲莫烟草公司加工出口烟叶500万公斤。2009年公司贯彻行业“原料保障上水平”方针，实施两条生产线技术改造，引进12000公斤/小时国内高效节能打叶复烤设备，实现加工过程多级杂物剔除自动化，模块打叶均匀化、低温慢烤智能化。2010年，基本满足“白沙”“芙蓉王”“双喜”“利群”等国内高端品牌工艺需求。

第三节 制烟原料与辅料

一、制烟原料

1989年，龙山烟厂烟叶采购人员远赴山东、河南、贵州、湖北等地采购烟叶，当年购进烟叶250吨。1990年，全州各烟厂调整产品结构，烤烟比重加大。随着市场卷烟消费结构变化，卷烟档次不断提升，烟厂对高香味、高浓度和高烟碱含量的优质烟叶需求增加。凤凰雪茄烟厂、龙山卷烟厂从云南、贵州等省调入部分上、中等烤烟，生产甲、乙级优质卷烟。1991年，龙山卷烟厂购进烟叶1.3万吨，其中省内70%，省外30%，省外以优质烟叶为主；凤凰雪茄烟厂调入烤烟8000吨，其中省外烟叶达50%；永顺烟厂购进烟叶3000吨。1993年，国家烟草专卖局推进限产压库措施，卷烟严格实行计划生产。州内各烟厂结构调整，以生产甲、乙级卷烟为主，优质烟叶主要从省外购进。1994年，凤凰雪茄烟厂卷烟生产量突破20万箱，烟叶调入量1万吨。1996年，乾州卷烟厂产量突破10万箱。该厂拓宽烟叶购进渠道，先后从邻近贵州、云南等省调剂部分优质烟叶以调整产品结构，提高经济效益。1997年，凤凰雪茄烟厂卖断生产指标，停止购进烟叶，以消库存为主。1999年，全州停止购进香料烟。至2000年，全州购进烟叶46736吨，其中，上、中等烟叶1.98万吨，占42.3%。

二、制烟辅料

（一）卷烟纸

20世纪80年代，凤凰雪茄烟厂研制开发机制雪茄烟，使用27毫米涂布纸。后调整产品结构，生产雪茄和烤烟型普通卷烟，从隆回、青城、成都等地造纸厂购进通用卷烟纸、全麻卷烟纸、涂布纸，年调入量38.8吨。高、中档卷烟，年购进相应档次卷烟纸量850吨。龙山卷烟厂所需盘纸从重庆、天津、湖南新晃等地购进。烟厂纳入国家计划，卷烟纸全部实行计划分配。先后由常德、津市、牡丹江、重庆、丹东、蚌埠、涪陵、隆回等卷烟纸厂供应。90年代初，卷烟档次提升，该厂先后从德国、日本、韩国、奥地利购进盘纸用于生产甲级卷烟。同时，经国家烟草专卖局批准，龙山县纸厂为计划内定点卷烟纸厂，专门生产机制雪茄烟各种规格涂布纸，1996年纸厂关闭。永顺、乾州卷烟厂受生产能力和计划限制，每年购进卷烟纸190～200吨。

（二）滤嘴棒

1990年，凤凰雪茄烟厂购进醋酸纤维嘴棒94.1万千支，嘴烟产量8.5万箱，递增103%。永顺、乾州卷烟厂滤嘴烟产量有限，滤嘴棒购进少，全年购进量20万～25万千支。1990年后，随着嘴烟生产量增长及中高档次卷烟研发，嘴棒使用量快速增长，分别从湖北咸宁、安徽蚌埠、广东汕头、湖南益阳、吉首卷烟材料厂购进醋纤和丙纤嘴棒。同时进口日本、韩国、南斯拉夫、美国等国外嘴棒，年购量80万～90万支。

（三）盒皮

1990年，随着产品结构调整及嘴烟生产量增长，甲、乙级卷烟产品陆续推出。盒皮品种规格、质量相应改变。其中大部分采用横包，盒皮为腊光纸，纸白、光滑度好，质量较前提高。盒皮印刷点多、面广，有20家，其中以长沙、常德、益阳等知名彩印厂为主。

（四）香精、香料

1989年，州内烟厂调整产品结构，开始开发系列高档烤烟型、混合型、异香型等产品，先后从广州白花香料厂、昆明考城香精厂、上海日用香精厂等15家企业购进23个品种香精、香料。1990年，龙山卷烟厂、凤凰雪茄烟厂年调入香精、香料273吨。乾州卷烟厂除外地购进外，自办香精、香料厂，调剂购进品种需求，供应毗邻地区小烟厂，后因香料产品单一而关闭。香精、香料均从外地购进。

（五）铝箔纸

1990年，凤凰雪茄烟厂铝箔纸调入量503吨，之后一直维持在550～600吨。州内其他烟厂铝箔纸均从外地调入，需求量视产量而定。

第四节　烟草企业选介

一、龙山卷烟厂

1989年，龙山卷烟厂实施技术改造，陆续购进各类卷、接、包设备，拥有切丝机，切梗机、卷烟机、接嘴机、包装机等60台（套），固定资产3200万元，厂房建筑3.89万平方米；是年，生产卷烟11.68万箱，投资3070万元，改造制丝线，完善和规范卷烟工艺流程，研制开发甲二级“张家界”“老大哥”香烟，分别获湖南省著名商标产品和名牌产品，畅销全国26个省（市、区）。4—12月，完成产值1.28亿元，实现销售收入1.49亿元，纳税7560万元。1992—1993年，生产卷烟23.44万箱，实现产值9.22亿元，利税5.6亿元。固定资产增至5000余万元，厂房、仓库等建筑扩至11万平方米，生产设备288台（套），员工1141人。设置24个职能科室（部门），5个车间。1996年，湖南省人民政府省长杨正午、副省长周伯华到龙山卷烟厂考察调研，对烟厂未来发展提出要求。烟厂职工实行劳动合同制，干部实行聘任制，精简管理科室，推行ISO 9000质量标准，实施品牌战略。次年，完成产值2.27亿元，实现利税1.19亿元。1998年，国家实行宏观调控，该厂生产计划指标被控制在7万箱，经二级政府和主管部门协调，每年卖断2万箱生产指标给长沙烟厂。该厂调整产品结构，加大“老大哥”“张家界”等拳头产品生产、销售。1999年，该厂实现销售收入2.3亿元，实现利税1.25亿元，占全县财政收入71%，成为湖南省纳税十强企业和全国500强企业之一。2001年，该厂累计负债2.93亿元，资本负债率88%。2003年7月，省政府责令龙山卷烟厂停产。2004年4月，该厂奉令关停。

二、凤凰雪茄烟厂

1989年，凤凰雪茄烟厂（以下简称凤凰烟厂）有各种专用设备133台（套），通用设备400台（套），厂房建筑1.36万平方米，福利用房2.66万平方米。1990年1月，龙山烟厂吉首车间无偿移交凤凰烟厂管理，定名凤凰烟厂乾州分厂。是年，该厂被评为湖南省烟草行业消防工作先进单位，湖南省烟草系统优秀企业，湖南省烟草工业（二组）目标管理第一名，全州卷烟销售工作先进单位，州、县双文明建设先进单位，被列为全国500强企业之一和湖南省百强企业之一。1991年，将凤凰烟厂乾州分厂有偿移交吉首市政府。10月，凤凰烟厂迁入新址。是年，该厂购置MKG8、YJ14等国产卷接机组，从英国莫林公司引进3000型、6000型、2000型及德国BE等高速卷、接设备。新安装3000公斤/小时仿丁德豪门制丝线。1993—1994年，生产卷烟35.3万箱，产值4.98亿元，利税2.78亿元，占凤凰县财政收入70%。厂内设29个科室、7个车间，员工1800人。资产总额4.85亿元，固定资产2740万元，流动资产4.58亿元。1997年,国家实行宏观调控，凤凰烟厂生产计划9万箱，给长沙烟厂卖掉8万箱，余下1万箱维持烟厂生产，保障职工基本生活。是年，厂内精简机构，36个科室合并为4个，清退临时工1000人。同时，创办凤凰县绿色食品总公司、中联四方网络公司及湖南前进实验药号，分流富余人员。2001年1月，烟厂正式关闭。

三、湘西鹤盛原烟发展有限责任公司

1999年，吉首市政府与白沙集团共同投资兴建吉首打叶复烤厂。该厂为白沙集团长沙烟厂加工卷烟原料。2003年12月,吉首打叶复烤厂通过ISO 9001质量体系认证。2004年5月，吉首打叶复烤厂更名湘西鹤盛原烟发展有限责任公司（以下简称湘西鹤盛公司）。2005年，公司占地1.03万平方米，员工415人，资产总额1.84亿元，固定资产1.4亿元，负债4875万元，复烤烟叶2.68万吨，完成工业总产值6241万元，实现销售收入5905万元，利税2252万元。2006年10月，湘西鹤盛公司一次性通过菲莫公司SPP标准认证。2007年7月，湘西鹤盛公司获得ISO 9000、ISO 14000、OHSAS 18000标准“三体合一”资格证书，率先在湖南中烟公司范围内通过一体化认证。2008年4月，湘西鹤盛公司通过LeafTc公司社会责任检查。2009年5月，湘西鹤盛公司被评为湖南中烟一类加工企业之一。2010年1月，湘西鹤盛公司通过管理改进，获得美国ANAB认证机构和国家认可质量、环境、职业健康安全管理体系认证证书。当年公司实现原烟加工682.82万担，产出片烟21.83万吨，实现销售收入6.62亿元，利润总额1.12亿元，缴纳税金1.01亿元。被湖南省国家税务局、省地方税务局评为纳税信用等级A级单位，被湘西州人民政府命名为农业产业化龙头企业和十佳诚信纳税企业。

第七章　医药与食品工业

第一节　医药工业

1989年，湘西州有州制药厂和吉首市制药厂2家国有制药企业。全州种植中药材面积760公顷，为年计划151%，实现产值407.5万元。是年，生产盐酸黄连素4.2万片、薯芋皂素61吨、甲氧苄氨嘧啶17.8吨、双烯醇酮26.5吨、肠康片50吨、中成药0.53吨。其中，中成药主要产品有古丈县蕲蛇风湿酒、百补酒和永顺县酒厂生产的“神州三蛇酒”；薯芋皂素50%以上产品出口苏联、芬兰、法国、瑞士等国家。1991年，生产薯芋皂

素 49.18 吨、双烯醇酮 28.88 吨。1992 年，生产双烯醇酮 32.98 吨，

1995 年，湘西州制药厂被湘西湘泉酒总厂兼并；全州完成中药材播种面积 2933 公顷，实现产值 2259 万元。是年，生产盐酸黄连素 4 万片、薯芋皂素 45 吨、甲氧苄氨嘧啶 15 吨、双烯醇酮 34 吨、肠康片 65 吨、妇炎康片 50 吨、中成药 47 吨。1996 年，生产薯芋皂素 60.5 吨。1997 年，因材料短缺薯芋皂素停产。

1999 年，湖南湘源植物生化有限公司创办，开发出白藜芦醇、青蒿素等高新产品，年产白藜芦醇 50 吨、青蒿素 5 吨。2000 年，全州完成中药材播种面积 5133 公顷，实现产值 8545 万元。是年，生产盐酸黄连素 4.5 万片、薯芋皂素 20 吨、甲氧苄氨嘧啶 8 吨、双烯醇酮产量 15 吨、肠康片 85 吨、妇炎康片 65 吨、中成药材 39.3 吨。

2001 年 11 月，重庆华立控股股份有限公司出资 9026 万元，购并吉首市制药厂，成立湖南华立吉首青蒿素有限公司，扩大青蒿素生产能力，年产青蒿素 25 吨。2003 年，湖南湘泉制药股份有限公司成立，并整体收购湘西州制药厂，开发中药饮片，形成年产 3000 吨中药饮片、1200 吨生物制品生产能力；肠康片、妇炎康片继续生产，并成为该公司主导产品。湖南本草制药有限责任公司，兼并永顺县猛洞河医药保健品厂，开发蒿白伤湿气雾剂高新产品；年产能力：蒿白伤湿气雾剂 1000 万瓶，三蛇风湿药酒 1000 万瓶，石杉碱果 70 公斤等。是年，湖南龙山现代药材开发有限公司创办，主产中药饮片和青蒿素。凤凰、泸溪两县制药厂改制为民营企业，转行生产其他产品。2004 年，湘泉制药公司生产肠康片、妇炎康片 203 吨。

2005 年，全州种植中药材面积 4466.7 公顷，产量 685 吨。湘泉制药股份有限公司生产肠康片、妇炎康片 422 吨，生产中成药 424 吨、中药饮片 288 吨、青蒿素 0.61 吨，生产盐酸黄连素 5.2 万片。永顺卫生材料有限公司破产关闭。2006 年，吉首湘泉中药饮片有限公司成立，为湘泉制药股份有限公司下属全资子公司，主产中药饮片。其医用橡皮膏麝香追风膏、伤湿膏、关节止痛膏、医用纱布、绷带、卫生口罩等停止生产。2009 年，湖南湘泉制药股份有限公司的肠康片和妇炎康片产品获湖南省名牌产品称号。是年，湘西宏成制药有限责任公司成立，开发“复方桐叶烧伤油”新药，并正式投产，年生产能力 50 吨。

2010 年，全州中药材种植面积 5546.7 公顷，产量 6.28 万吨，种植面积比 1989 年增长 7.4 倍。是年，州内制药企业生产盐酸黄连素 6.5 万片，肠康片、妇炎康 840 吨，中成药 430 吨，比 1989 年增长 811 倍；生产中药饮片 785 吨，比 2005 年增长 2.7 倍；生产青蒿素 7.2 吨，比 2005 年增长 11.8 倍。全州医药工业企业由 1989 年 2 家增加到 9 家，医药工业企业资产由 1989 年 1359 万元增加到 5.66 亿元，比 1989 年增长 41.6 倍；工业总产值由 1989 年 1530 万元上升到 3.85 亿元，比 1989 年增长 25.2 倍。

第二节　食品工业

一、饮料产业

1989 年，全州有茶叶加工企业 5 家，精制茶叶 255 吨；乳制品生产企业 1 家，年产 144 吨；酱油生产企业 5 家，年产 600 吨；香醋生产企业 1 家，年产 110 吨；花垣县酒厂和凤凰县酒厂利用刺梨野果生产刺梨饮料，年产 32 吨。是年，古丈县古阳茶叶精厂生产的青云牌七叶参茶被中国优质保健评委会评为“中国优质保健品新星杯奖”；花垣县“刺梨原汁”获湖南省优质产品称号；吉首市河溪香醋厂生产的“狮子山”牌香醋被评为湖南省“最喜爱食品”；保靖县“巨龙”牌酱油色美味鲜。全州饮料工业产值 5901 万元。1991 年，古丈县古阳茶厂生产的“七叶参茶”在国际博览会上获金奖。1994 年，古丈县“七叶参茶”在全国林业名优特新产品博览会上获银质奖。

1995 年，湖南喜阳食品工业集团股份有限公司试产柑橘汁饮料产品；茶叶加工企业 7 家，精制茶叶 376 吨。是年，全州生产乳制品 173 吨、酱油 1908 吨、香醋 195 吨、刺梨饮料 150 吨，实

现工业产值3.8亿元，比1989年增长6.4倍。1996年，湖南老爹农业科技开发股份有限公司，新上中华猕猴桃果汁生产线。1999年，第一期年产5000吨生产线投产，生产猕猴桃汁饮料150吨；

2000年，湖南喜阳食品工业集团股份有限公司柑橘汁饮料定型生产，年生产能力1万吨，当年产量1000吨。全州茶叶加工企业10家，精制茶叶750吨。是年，州内生产乳制品产量210吨、猕猴桃饮料4000吨、酱油2115吨、香醋248吨、刺梨饮料65吨，饮料工业产值6.31亿元，比1989年增长10.7倍。2001年，刺梨饮料因原料短缺停产。2004年，湖南老爹农业科技开发股份有限公司生产的“老拨铺牌猕猴桃果汁饮料”获湖南省优质产品称号。

2005年，全州有茶叶加工企业12家，精制茶叶1120吨；古丈县“古丈毛尖”茶和保靖县“仙人云雾”茶在湖南省第七届“湘茶杯”茶叶评比会上获银奖。永顺县“猛洞河春毛尖茶”在湖南省第七届“湘茶杯”茶叶评比会上获铜奖。新增湖南闻得福农业科技集团股份有限公司和吉首市壮仔乐营养食品厂两家生产乳制品，全州生产乳制品420吨。泸溪县富泰生物科技开发有限公司新建椪柑浓缩汁生产线四条，年生产能力1万吨，年产量250吨；全州年产柑橘汁饮料4500吨。新上一条年产5000吨猕猴桃汁饮料生产线，年产量5000吨。新增吉首边城醋业有限公司，生产“神秘湘西醋”和“柑橘醋饮”；全州香醋产量350吨。州内国营酱油厂先后停产，酱油产量大幅度下降，全州酱油产量1350吨。是年，全州饮料工业产值3.25亿元，比1989年增长5.5倍。2006年，保靖县仙人茶业有限公司“仙人毛尖”茶在第三届中国国际茶业博览会上获金奖。古丈县茶叶总厂生产的“古丈毛尖茶”和“古丈绿茶”获湖南省优质名牌产品称号。2008年，湖南喜阳食品工业集团有限发公司，新上柑橘浓缩汁生产线和胡萝卜汁生产线。该公司生产的“喜阳牌柑橘汁”获湖南省名牌产品称号。泸溪县富泰生物科技开发有限公司新建椪柑浓缩汁产量690吨。湖南省超人柑橘产业有限公司在泸溪县新建年产2000吨椪柑浓缩汁生产线。古丈县有机茶叶有限公司生产的“倩云牌古丈毛尖”和“倩云牌绿茶”获湖南省名牌产品称号。凤凰县果果三农科技公司生产的“姜茶”在第三届中国（长沙）食品博览会上获金奖。龙山利福尔生物科技开发公司生产的“百合凉茶”在湖南十届（国际）农博会上获金奖。吉首边城醋业有限公司生产的“神秘湘西醋”在湖南第十届（国际）农博会上获金奖，“柑橘醋饮”在首届中国中部湖南国际农博会上获金奖。

2010年，全州获得茶叶生产许可证企业17家，主要集中在古丈、保靖两个县；主要产品有古丈县的古丈毛尖茶、青云银峰茶、狮子银牙茶、茉莉花茶、七叶参茶、古丈绿茶；保靖县的黄金茶、吕洞岚针茶、白云岚针茶、仙人云雾茶、仙人毛尖茶；永顺县的猛洞河春毛尖茶；全州精制茶产量由1989年的255吨增加到1696吨，比1989年增长6.6倍。是年，全州生产柑橘汁饮料6500吨、猕猴桃汁饮料7500吨、乳制品660吨、酱油产品1010吨、香醋560吨。全州饮料工业产值10.58亿元，比1989年增长17.93倍。

二、肉蛋加工

1989年，全州有国营肉类加工企业11家，主要产品有鲜冻猪、牛、羊肉等，产量4560吨，出口苏联、东南亚等国家，生产再制蛋企业2家，产量256吨。保靖县松花皮蛋厂生产的“永桂牌松花皮蛋”在亚洲太平洋国际博览会上获金奖。1995年，全州肉类加工企业11家，肉类产量7015吨，比1989年增长1.5倍。蛋加工企业2家，产量494吨，比1989年增长1.9倍。1996年始，国营和集体工业企业改制，至2000年11家国营肉类加工企业停产关闭。肉类加工由民营企业取代。是年州内民营肉类加工企业12家，产量1.05万吨，比1989年增长2.3倍。蛋加工企业2家，产量741吨，比1989年增长2.9倍。2002年，湖南喜阳食品工业集团生产的“喜阳牌皮蛋”获湖南省优质产品称号。

2005年，全州肉类加工企业12家，加工产量5783吨，比1989年增长3.46倍；蛋加工企业2

家，产量1110吨，比1989年增长4.3倍。2007年，湖南喜阳食品工业集团生产的“松花皮蛋”、吉首葛四民族食品开发有限公司的“湘西腊肉”和凤凰县传统食品厂生产的“血粑鸭”，在湖南省第九届（国际）农博会上分别获金奖。2008年，金凤凰农业科技公司研制的“通威牌鮰鱼”在第三届中国（长沙）食品博览会上获金奖；凤凰传统食品厂生产的“血粑鸭”、吉首葛四民族食品开发有限公司生产的“湘西腊肉”在湖南十届（国际）农博会上获金奖。2010年，全州获肉类加工许可证企业14家，肉类产品产量25250吨，比1989年增长5.53倍，年均增长8.5%；全州获皮蛋加工许可证企业2家，产品产量1778吨，比1989年增长6.94倍，年均增长9.7%。湘西腊肉、湘西苗家酸鱼、乾州板鸭等土特产成为市场畅销产品。保靖县松花皮蛋获得出口免检资格。

三、粮油加工

1989年，全州有淀粉产品生产企业4家，主要产品有玉米粉丝、红薯粉、红薯粉丝等，产量1120吨。食用植物油工业企业8家，主要产品有精制菜油、精制茶油、菌油等，产量1.1万吨。1992年，龙山县植物油厂生产的“顶俏牌植物油”获湖南省优质产品称号。1993年，永顺县植物油厂生产的“湘冠食用植物油”在全国星火计划成果展销会上获湖南省新产品金奖；湘西州植物油厂生产的“闻得福”牌食用植物油在第五届中国新技术、新产品博览会上获银奖。

1995年，全州有淀粉产品生产企业4家，产量2243吨，比1989年增长2倍。有食用植物油生产企业8家，产量21882吨。1996年，国有食品工业企业开始改制，至1999年，龙山植物油厂、吉首市民族植物油厂、古丈县植物油厂、保靖县植物油厂先后破产。民营食品加工企业逐渐涌现，开发产品有马玲薯粉、葛粉、蕨粉、百合粉丝等产品。

2000年，全州淀粉产品产量3364吨，比1995年增长49.97%。有食用植物油生产企业4家，产量1.21万吨。2001年，龙山县百合保健食品公司生产的“喜乐百合粉”在湖南省第三届农博会上获金奖。2002年，湖南闻得福油脂集团股份有限公司生产的“湘西菌油”获湖南省优质产品称号。

2005年，全州有淀粉产品生产企业4家，产量5380吨，比2000年增长59.92%。生产食用植物油企业有湖南闻得福农业科技开发有限公司、泸溪湘锰植物油厂、龙山县宏程农贸开发有限公司3家企业，产量600吨。获得食用植物油生产许可证企业有泸溪县湘锰植物油厂、保靖县土司王花椒科技开发有限公司、龙山县宏程农贸开发有限责任公司、湖南闻得福农业科技开发有限公司4家，主要产品有精制茶油、精制菜籽油、菌油、花椒油等。是年，州内家用小型榨油机在农村普及，集中加工食用植物油产量逐年减少。

2010年，全州取得淀粉产品许可证企业有湘西州湘风食品有限责任公司、保靖县万发农业产业发展有限公司、保靖县仙赐农业生态有限公司、龙山县喜乐百合食品有限公司、古丈县神土地农副特产制品厂5家。主要产品有红薯粉、玉米粉、魔芋粉、马玲薯粉、葛粉、蕨粉、百合粉、等系列产品。产量8613吨，比1989年增长7.69倍。

四、糖果糕点加工

1989年，全州有糖果及糕点加工企业9家，主要产品有糕点、饼干、月饼等，产量278吨。1995年，全州糖果及糕点加工企业9家，产量185吨，比1989年减少34.5%。1999年，湖南老爹农业科技开发股份有限公司新上果脯果籽饼干生产线年产能力1000吨，凤凰县城传统姜糖生产渐成规模。2000年，全州糖果及糕点加工企业15家，产量3750吨，比1995年增长20.27倍。2005年，糖果及糕点生产企业21家，产量7650吨，比2000年增长1.04倍。2007年，凤凰贾氏姜糖厂生产的“贾师傅姜糖”在湖南第九届（国际）农博会上获金奖。2008年，凤凰县传统食品厂生产的“陈家老号姜糖”在湖南十届（国际）农博会上获金奖。凤凰县爱心食品厂生产的姜糖在首届中国中部湖南（国际）农博会上获银奖。2010年，全州获得糖果及糕点生产许可证的企业有27家。产量1.51万吨，比1989年增长54.3倍，年均增长21%。主要企业有湖南老爹农业科技开发股份有限公司，吉首市一心阁食品厂、湘西州都乐食品有限责任公司、保靖县秦简茶科技开发有限公司、龙山县乐意糖果厂、永顺县溪州山妹子麻辣食品厂、古丈县神土地农特产制品厂、凤凰县熊氏姜糖厂等。

第三节　医药食品企业选介

一、湖南湘西州制药厂

1958年5月，湘西州制药厂创办，时称吉首细菌肥料厂，职工139人，隶属州工业局领导。1959年，增设制药车间，9月，从“十大功劳”（一种野生中药材）中提取原料药盐酸黄连素精粉成功。1960年，更名为吉首化工厂，被中共湖南省委和化工部授予红旗单位称号。1961年，该厂以生产医药为主，工业产值118.99万元，实现利润15.51万元。1965年，该厂划归中国医药工业公司管理，定点生产盐酸黄连素精粉，部分产品出口，并免检。1969年，开发医药新产品氯化钾。1970年，该厂炸药车间析出成立州七O化工厂。1971年，烧碱车间析出，组建州七一化工厂。1972年，成功试制新产品原料药薯芋皂素。1973年，机修车间析出成立州化工机械厂。1974年，吉首县制药厂收归州办，与该厂合并，成立州制药厂，有职工136人。1975年，开发新产品香连片。1976年，被湖南省革命委员会评为大庆式企业。1981年，完成工业总产值469万元，实现利润32.87万元，被评为湖南省企业管理先进单位。1985年，企业由单纯生产型转变为生产经营型。成立技术开发股，配备4名工程技术人员，研制生产新药。1986年，总投资83.26万元，改造制药车间，移植多个医药品种投入生产。全年完成工业产值1212.31万元，实现利润100.01万元，销售收入1189.56万元。1988年，完成工业产值1631.19万元。1989年，完成工业产值1643万元。1991年，完成工业产值1613万元，销售总额2351万元，实现利润17万元。是年，该厂有固定资产原值96.21万元。生产原料药产品5个、化学药制剂产品52个、中成药产品33个；有机械设备158台（套），生产线10余条。1993年，企业亏损361万元。1995年，被湘西湘泉酒总厂兼并。

二、湖南湘泉制药股份限公司

2003年6月，由湘西州制药厂国有企业改制组建而成。注册资金500万元，固定资产800万元，占地11万平方米，建筑面积4万平方米。2004年10月，该公司通过国家药品GMP认证。主要产品有肠康片、妇炎康片，产品203吨，工业产值361万元，销售收入1695万元，利税407万元，资产1.18亿元，员工140人。湘泉牌妇炎康片评为湖南省名牌产品，2005年，该公司组建湘泉中药饮片有限公司；公司下辖制药厂、中药饮片公司、药材种植基地，成为融中药制剂、植物提取物和资源循环利用于一体综合性医药企业。该公司有药材种植基地43个，面积2666.7公顷，范围涉及州内8个县（市）32个乡（镇），影响和辐射湘鄂渝黔四省市边区。是年，生产产品422吨，工业产值7504万元，产品销售收入2772万元，实现利税998万元，资产1.41亿元，员工160人。2007年12月，中药饮片生产通过国家GMP认证。是年，生产产品522吨，工业产值1.25亿元，销售收入6074万元，利税1.2亿元，资产1.71亿元，有员工220人。2009年，产品740吨，工业产值1.24亿元，销售收入8820万元，利税2975万元，资产2.24亿元，员工260人。妇炎康片和肠康片获湖南省名牌产品称号。2010年，生产产品840吨，工业产值1.54亿元，销售收入1.17亿元，利税3231万元，资产总额2.74亿元，员工280人。公司先后被授予湖南小巨人企业、湖南省高新技术企业、湖南省农业产业化龙头企业、湖南省诚信企业、国家扶贫龙头企业、国家林业产业化龙头企业、国家农产品加工企业技术创新机构、中国优秀企业等称号。

三、湖南龙山现代中药材开发公司

2003年，湖南龙山现代药材开发有限责任公司成立，注册资金500万元，固定资产5291万元，占地面积2万平方米，建筑面积8000平方米，有员工130人。公司下辖一个中药材种植基地，一个中药饮片厂，一个青蒿素厂和一个新药研发中心。年加工中药饮片1000余吨，青蒿素12吨，产品畅销全国10多个省市30多个县市。2007年，该公司投入174万元引进一整套药品GMP认证要求的中药饮片加工设备；2008年，投入200多万元兴建科技楼，形成科技网络。与省派科技特派员温俊达、张永寒教授联合开发"百合及百合花药用保健产品研发项目"，项目产品有自主知识产权，并获国家专利。与湖南中医药大学教授李顺祥开展"无硫百合干片"实验，解决传统百合烘干易变难题，提高百合饮料、百合干片等百合系列产品价值。与中科院教授宫丹等签订联合开发杜仲，黄柏等三木药材协议，加强杜仲、黄柏等三木药材中多功能优秀提取研究。在省派科技特派员王晓明教授指导下，建立金银花无性繁殖基地，形成年产100万株优质金银花苗能力。2009年，该公司被授予"湖南省民营科技企业""湖南省林业产业化龙头企业""湖南省农业产业化龙头企业"和"全国农产品加工创业基地"称号。2010年，实现销售收入7000万元，创利润1000余万元，上缴税金100余万元。公司取得"药品生产许可证""国家药品GMP证书"及进出口资格，并与安徽亳州广弘集团药行市场和大型药企建立战略合作伙伴关系。

四、湘西华立制药有限公司

2001年11月，湘西华立制药有限公司成立，占地4.47万平方米，注册资金1000万元。2004年7月，该公司原料药青蒿素通过国家药品食品监督局GMP认证。2005年，被湘西州人民政府认定为州农业产业化龙头企业，并评为技术改造工作先进单位。2006年，被吉首市人民政府评为先进企业。2010年，该公司总资产9026万元，有员工120人。主导产品青蒿素，年加工生产能力25吨，青蒿种植基地1334公顷。该公司提取液预热装置、中药提取物尾气回收处理装置、锅炉尾气再利用装置、中药浓缩罐除泡装置四项设备技术获国家实用新型专利。是年，实现工业产值3527万元，销售收入3156万元，上缴税金309万元，实现利润572万元。被吉首市评为重点纳税二商企业。

五、湖南湘源植物生化有限公司

1999年，湖南湘源植物生化有限公司成立，占地2.3万平方米，注册资金1119万元，资产7200万元，员工168人，系国有控股、员工参股的股份制合作企业。公司有提取、浓缩、萃取、柱层松、冷冻、真空离心、喷雾、真空干燥、三维混合等生产设备及高效游相色谱仪，具备年处理原料5000吨、提取物产品50吨生产能力，主要从事天然植物有效成分提取、加工、销售业务。公司地址：花垣县花垣镇建设路58号。2003年，通过瑞士GSG公司ISO 9000–1质量管理体系认证。公司主产白黎芦醇和青蒿素，产品主要面向国际市场。2006年，该公司被确定为湖南省农业产业化龙头企业。2009年，被湖南省科技厅评为"高新技术企业"。2010年，实现工业产值5100万元，完成销售收入4800万元，上缴税金365万元，实现利润2100万元。

六、湖南本草制药有限责任公司

1986年，在原永顺县酒厂"三蛇酒车间"基础上创建湖南永顺猛洞河医药保健品厂，继续与湖南省中医学院联合研制药用滋补药酒——神州三蛇酒。1992年7月，永顺县政府申报，经省药政和省医药部门批准，改建成具有独立法人资格的国有企业。1995年，该厂占地面积1.34万平方米，厂区养蛇场6000平方米。主要生产"神州三蛇酒"和"伤湿除膜气雾剂"，年产值100万元，利税10万元，产品获湖南省新技术、新产品科技创新金奖。2003年9月，湖南本草制药有限责任公司兼并该厂。公司地址：永顺县芙蓉镇。2010年，该公司资产总值6075万元，有员工78人；主要产品有中成药蒿白伤湿气雾剂，中成药"三蛇风湿药酒"，原料药"石杉碱甲"及其他植物提取物；完成工业产值6715万元，销售收入6715万元，实现利润753万元，上缴税金544万元。

七、吉首老爹酒业公司

1997年，吉首老爹酒业公司成立，注册资金200万元，有员工45人，生产能力50吨/年，销售收入80万元。1999年，更名为湖南吉首老爹农业科技开发股份有限公司，采取“公司＋大学＋协会＋农户”模式，启动产业化项目。第一期工程年产5000吨猕猴桃果汁投产。2000年，公司总资产7865万元，员工82人。公司获得中国绿色食品发展证书，获准老爹富硒猕猴桃果汁使用绿色食品商标标志。“富硒猕猴桃系列产品深加工技术开发项目”列入2000年国家级星火项目计划。是年，产品销售收入1825万元，实现利润185万元，上缴税金92万元。2001年，该公司被湘西州人民政府授予全州10强农业产业化企业。2002年，公司自行开发研制新产品猕猴桃果仁油通过湖南省技术鉴定，被科技部等五部委列为重点新产品。2003年，公司“果王素”产品被卫生部批准为保健食品。2004年，该公司“老拔铺牌猕猴桃果汁饮料”产品获湖南省名牌产品称号。2005年，“果王素牌果仁油胶囊”产品获湖南省名牌产品称号。是年，公司总资产1.21亿元，完成产品销售收入4010万元，实现利润416万元，上缴税金127万元。2007年，“果王素牌猕猴桃系列化妆品”获湖南省名牌产品称号。该公司工业园通过国家旅游局验收，成为湘西州国家级工业旅游示范点。2008年，公司研究超微细猕猴桃果仁油制备方法被国家知识产权局批准为国家发明专利。2009年，公司依托吉首大学开发出杜仲天然橡胶、杜仲籽油、多种杜仲提取物等十多种产品，实现杜仲皮、果、叶综合利用。2010年，公司总资产1.76亿元，有员工256人，销售收入6895万元，实现利润682万元，上缴税金227万元。是年底，公司建有年产10吨果王素，万吨果汁，千吨果脯、果饼干，10吨猕猴桃祛斑油等多条生产线。公司内设湖南省猕猴桃产业化工程技术研究中心，有专兼职研发人员55人，与吉首大学、湖南大学、江南大学、中国科学院等20余所高等院校及科研单位建立猕猴桃产业科技合作关系。公司拥有自营出口权，企业和相关产品通过ISO 9001：2000CMP绿色食品原产地标，有国家新产品、国家发明专利等多项国家认证。

第八章　轻纺工业

1989年，湘西州轻纺工业局归口州经委管理，内设办公室、人事科、计财科、一轻科、纺织科、科技科6个科室，定编27名，实有30人。下辖吉首纺织印染厂、永顺纺织厂、湘西湘泉酒总厂、州民族彩印厂、轻纺供销公司、轻纺设计室、大庸利达轻纺旅游工贸公司7家企事业单位，有职工5115人。1994年9月，州轻纺工业局转体为州轻纺工业总公司，隶属关系及机构级别不变，行使国有资产经营管理职能。内设办公室、政工科、财务科、生产科、科技科5个科室，定编17名，实有18人。下辖7家直属企业，职工2389人。同年设立轻纺工业行业管理办公室，行使原轻纺工业局担负的部分行政职能，定编6名，实有6人，挂靠州轻纺工业总公司，设主任1名，由总公司总经理兼任。2001年12月，州轻纺工业总公司转换职能，不再行使行业国有资产经营管理职能；保留州轻纺工业行业管理办公室，隶属州经贸委管理，副局级级别，不内设科室，定编7名，实有11人，行使全州轻纺工业行业管理职能，不再直接管理企业。2010年定编6名，实有10人，职能未变。

1989—2010年，历任州轻纺工业局局长、总公司总经理、行管办主任：颜精楚、曾兴祥、武慧；历任副局长（副总经理）：廖书维、陈良英、辛翠莲、邹金荣、吴朝忠、丁俊杰、丁仙乐（挂职）、武慧、全东成、田国兴、马军、符文广。

第一节　纺织工业

1989年，全州县属以上纺织工业企业13家，工业总产值6692万元，利税总额1008万元，职工4378人。吉首纺织印染厂时为州内纺织工业龙头企业。

1995 年，州内 8 个县（市）纺织工业企业发展到 21 家，其中纺织工业 14 家，服装制造业 7 家，产品种类 32 个。州直属企业吉首纺织印染厂和永顺纺织厂，年工业总产值分别达到 3500 万元和 2517 万元；县属企业永顺县卫生敷料厂、线带厂，凤凰县毛纺厂，年工业产值分别达到 402 万元、592 万元和 456 万元。但大部分企业规模小，市场竞争力差，经济效益开始普遍下滑。企业有 4 家停产，9 家亏损，亏损额 266 万元。花垣县服装厂、泸溪县民族服装厂宣告破产，花垣县民族床单厂被湖南三立集团兼并。是年，全州纺织工业总产值 12561 万元，固定资产 11575 万元，利税总额 505 万元，有职工 5401 人。1996 年，吉首纺织印染厂分设为吉首纺织厂和吉首印染厂，吉首印染厂由于亏损，分设后一直处于停产状态。之后，企业生产继续下滑，亏损面增大，大部分企业停产；泸溪县服装二厂、保靖县服装厂、永顺县精干麻厂宣告破产。1999 年，纺织工业年产值降至 5333 万元，亏损额增至 1784 万元。

2000 年，纺织工业状况仍未得到好转，2002 年，亏损 904 万元，大部分企业资不抵债，难以为继。服装制造业由于普遍为县属集体小企业，品种单一，设备技术落后，基本处于自生自灭状况，受到省内外私营服装制造业冲击，全部解体或破产。2005 年，纺织工业企业完成改制。通过宣告破产，资产转让出售，企业资源得到优化重组，人员得到妥善安置，企业实现平稳过渡。原来基础较好、规模较大的企业生产线存续下来，生产资源得到合理配置，纺织工业始有转机，经过改制重组，企业恢复正常生产，扭转亏损局面。是年，实现工业总产值 1.08 亿元，利税总额 470 万元，其中利润 212 万元。永顺纺织厂、吉首纺织厂、吉首印染厂破产改制后，分别由新业主重新组建永顺锦帛钰纺织有限公司、长丰纺织有限公司、诚成纺织有限公司和达江纺织印染有限公司。新企业不但保留生产线，重组后还有新发展。2010 年，3 家纺织印染企业工业总产值 2.03 亿元，实现利税 1967 万元。龙山县突出地方民族特色，成立以绣花鞋垫为主要产品的龙山县巧手民族工艺有限公司。是年，该公司工业产值 1525 万元，利税实现 309 万元。是年年末，7 家改制重组企业，拥有固定资产 1.04 亿元，实现工业总产值 2.95 亿元，利税总额 3320 万元，有员工 1682 人。

永顺纺织厂（永顺锦帛钰纺织有限公司）

1989 年，永顺纺织厂有固定资产 775.7 万元，实现工业总产值 666 万元，产品销售收入 1123.2 万元，利税 68.4 万元。1991 年，该厂晋升为国家中二型企业；1992 年，厂长田国兴被国家民委评为“全国少数民族优秀企业家”。1995 年，该厂有职工 1400 人，织机 340 台及漂染生产线一条，纱锭 1.7 万枚，年产棉纱 2000 吨、棉布 640 万米、漂白布 800 万米；实现工业总产值 2517 万元，利税 334 万元；被纺织工业部评为“全国纺织工业双文明先进企业”；并晋升为国家中一型企业；厂长田国兴被评为纺织工业部和湖南省“劳动模范”。1996 年，国内纺织工业产能过剩，国家实施压锭限产、淘汰落后产能。该厂被压减 5000 纱锭，经济效益下滑。2003 年，永顺纺织厂改制，5 月，破产。2004 年 3 月，由农民工左孝惠等 5 人组成股东，整体收购，组建永顺锦帛钰纺织有限公司，由左孝惠任公司董事长。公司组建初期的 4 个多月内，企业出现亏损，5 个股东有 3 个退出，只有左孝惠与另一股东坚守。后经两位股东不懈努力，企业走出困境，在原有基础上开发和延承 80 多个产品，公司实现扭亏为盈。2006 年，实现工业总产值 6000 万元，上缴税金 120 万元。公司被州人民政府评为“民族团结进步先进集体”，董事长左孝惠被评为劳动模范。2007 年，公司投入 1000 万元完成技术改造，新增纱锭一万枚，年产值增至 7000 万元，上缴税金 200 万元，安置就业 600 人。2008 年，“锦泰”商标获中国著名商标称号。左孝惠被人力资源和社会保障部评为“全国优秀农民工”；被湖南省工商联和总工会评为“优秀民营企业家”。2009 年，被州人民政府评为工业企业“十佳经营者”。2010 年，该公司工业总产值达到 1.02 亿元，实现利税 727 万元。公司董事长左孝惠被中共湖南省委、省人民政府评为

"民族团结进步模范个人";被人力资源和社会保障部、中国纺织工业协会评为"全国纺织工业劳动模范"。

第二节　造纸工业

1989年,州内造纸企业有花垣造纸厂、龙山造纸厂和泸溪造纸厂3家。固定资产524万元,年产机制纸7200万吨,工业产值1356万元,利税52万元,职工571人。生产设备有787、1092、1575纸机和1880长网机12台,主要产品有光纸、书写纸、包装纸、凸板纸、打印纸、复印纸、铝箔纸等10余种中高档机制纸。造纸原料主要是野生芭茅、山竹、松木、麦秆等。

1990年始,州内纸制品市场需求不断加大,各厂相应扩大产能。同时,民营小型纸厂陆续创办。1992年8月,泸溪县造纸厂新增1600和1092纸机,生产能力由原年产1000吨扩至5000吨。至1995年末,3家造纸企业固定资产3003万元,资产总额6118万元,工业总产值4279万元,产量8900万吨,上缴税金139万元,职工1011人。永顺县兴建石堤镇洪飞纸厂、鸿昇纸业公司,古丈县创办罗依溪纸品公司和罗依溪纸厂。

1997年,泸溪和花垣县造纸厂亏损停产。1998年,泸溪县轻纺工业总公司与香港顺盈纸品有限公司合资租赁泸溪造纸厂,新组建泸溪县顺泰纸业有限公司。三年合同期内,该公司资金充足,港方包销产品,生产纸品7590吨,实现产值1400万元,合同期满,港方撤资,停止生产。

2000年,古丈县罗依溪纸厂转产,新建猛洞河天然植物制品有限公司;同年,罗依溪纸品有限公司更名为古丈包装纸品厂,后搬迁重建,更名为古丈县移民纸业有限公司。2005年,花垣造纸厂改制,转让80%国有资产,组建花垣县合力纸业有限公司。2006年,泸溪造纸厂资产负债率168%,当年12月依法破产。永顺县石堤洪飞纸厂和鸿昇纸业公司年产纸制品2300吨,年产值均达800万元以上。是年,全州生产纸制品1.77万吨,实现工业总产值5174万元, 利税总额516万元。

2010年,州内3家造纸企业工业总产值8166万元,生产纸制品2.34亿吨,固定资产2917万元,利税总额1196万元,员工216人。

第三节　印刷工业

1989年,全州印刷企业9家,固定资产871万元,工业产值1272万元,实现利税99万元,职工913人。

1990年,州内印刷工业企业技术设备更新改造,从活版机印、双色、烫金等工艺技术,逐步向激光照排、树脂胶印、多色印刷等新工艺技术转换,由单一书刊账表、联单发票印制,逐步向高档书刊、商标包装等中高档产品发展。到1994年,永顺县印刷厂拥有纸箱制造全套设备,以及0.8、0.3型胶印机、615型凸板印刷机、640型双色凸板轮转机等印刷设备57台套,年产值300余万元。花垣县印刷厂拥有北大方正激光照排系统、树脂胶印设备、商标及食品包装印刷设备43台套,年产值300余万元。该厂成为当时湖南省书刊、商标定点承印厂。州民族彩印厂添置四色胶印机,年产值100多万元。泸溪县印刷厂迁至新县城后扩大规模,固定资产由36.8万元增至312万元。凤凰县印刷厂彩印设备实施技术改造,主营凤凰雪茄烟厂烟盒生产,年产值830万元,利税59万元。是年,全州实现9家国营印刷企业工业总产值3282万元,产量达到79.25亿令,职工1600人。同时,民营印刷小厂相继兴办,初现市场竞争格局。

1995年,国营印刷企业生产经营开始下滑,年产量回落到1.13亿令,工业产值降至2471万元,亏损总额170万元。1996年11月,州民族彩印厂依法宣告破产,由湘泉集团有限公司整体收购,新成立金泉彩印有限公司。1998年,古丈、永顺和泸溪3个县的印刷厂相继停产,花垣县印刷厂处于半停产状态。

2005年,全州8家国有印刷企业停产,印刷工业总产值降至39万元;2006年,除花垣县印刷厂由少数人员承包和留守外,金泉彩印公司因湘泉集团改制而撤销，其他7家印刷厂破产改制。州内印刷行业业务经营，均由各县（市）民营企业及小厂接替。2010年，全州有印刷厂178家。

第四节 陶瓷玻璃工业

一、陶瓷工业

1989年，县属国营陶瓷企业有龙山县民族紫砂陶工艺厂、保靖瓷厂、保靖县卡棚瓷厂，年产日用陶瓷673万件。1991年，保靖县新建紫砂陶包装容器生产线两条，年生产能力1000万件。1992年，保靖县卡棚瓷厂与保靖瓷厂合并，成立保靖陶瓷总厂，有固定资产580万元，年工业总产值1500万元，职工320人。1994年5月，湘泉集团有限公司在保靖县新建陶瓷公司投产，该公司拥有推板窑、隧道窑、辊道窑等5条窑炉生产线，主要生产紫砂陶酒瓶及紫砂陶、镁质瓷包装容器和陶瓷工艺品，年产量2000万件，产值8000万元，职工650人。该公司改制后更名为四方陶瓷有限公司。至1995年，保靖陶瓷总厂和龙山民族紫砂陶工艺厂，固定资产达到1129万元，实现工业产值1824万元，税利72万元，职工770人。年产日用陶瓷2028万件，主要产品有紫砂陶包装容器、盆景、茶具、旅游工艺品及日用瓷器等130多个品种。

2000年，全州陶瓷工业产量2878万件。2001—2004年，陶瓷企业处于体制改革和产业调整期，生产一度停滞和下滑。2005年，企业改制重组，生产逐步恢复，实现工业总产值4012万元，利税90万元。2009年，工业总产值升至1.8亿元，利税770万元。保靖县发展陶瓷工业，陶瓷成为该县一大支柱产业。全州大小陶瓷生产企业15家，保靖县占13家，其中土家人集团陶瓷一厂、秦简陶瓷公司、四方陶瓷公司均为年产值超千万元企业。2010年，州内陶瓷工业固定资产6688万元，产日用陶瓷5092万件，产值2.27亿元，利税6633万元，员工843人。工业总产值比1995年增长12倍，经济效益增长92倍。

二、玻璃工业

1989年，州内有龙山玻璃厂、永顺县灯泡厂等玻璃工业企业。龙山县玻璃厂生产各类酒瓶1700吨，年产值100余万元，利税10万元，职工200余人。永顺县灯泡厂投产后因亏损而停产。1991年，永顺县灯泡厂被永顺县酒厂和永顺县卫生敷料厂兼并。

2005年，龙山县玻璃厂生产平板玻璃21万箱、产值1262万元、利税216万元。2010年，新增一家日用玻璃制品企业，年末，两家玻璃制品企业，拥有固定资产5381万元，产量35.5亿箱，总产值4541万元，利税581万元，有员工210人。

第五节 日用化工

一、火柴

1989年，吉首火柴厂有固定资产127万元，职工120人。主要生产普通火柴和脂梗火柴两种产品，年生产能力8万件。企业连年亏损，1995年亏损54万元，1998年6月停产。2005年12月依法宣告破产。

二、肥皂

1989年，保靖县肥皂厂，年生产能力1万吨，主要产品为“湘西牌”肥皂。同时生产香皂、洗发水、精甘油、水玻璃等系列产品；香皂、洗发水因无市场销路，一直未形成生产能力。1995年，实现工业产值102万元，利税3万元，职工113人。同年，该厂由保靖县橡胶厂兼并，冠名保靖县日化总厂；1996年停产；1998年从日化总厂分离；2000年因亏损严重，依法破产。

三、电池

1989年，吉首电池厂有普通电池生产设备6台套，主要生产“猫牌”普通电池大号、二号、五号三种产品，年生产能力600万只。1998年3月被州七O化工厂兼并。2001年10月，古丈县新建双力电池有限公司，属民营高科技企业，有固定资产3152万元，有员工96人。该公司拥有碱性锌锰电池流水生产线两条，年生产能力6000万只，主要产品为“双力牌”5号和7号电池。该产品属无汞碱性高档电池品种，无辐射。2002年6月被列入湖南省高新技术重点开发产品之一。2004年，该公司因产品市场份额不足而停产。

第九章　二轻工业

1989年，湘西州二轻工业局（简称“州二轻局”）有工作人员21人。1994年9月，州二轻局整体转为州二轻工业总公司，与州二轻工业联社，“两块牌子，一套人员”。2001年9月，机构改革，州二轻工业总公司改为州二轻工业协会，加挂州二轻工业联社牌子，为副局级机构，归口州经济贸易委员会管理。职能调整：不再直接管理企业；不再承担投资项目立项、审查、审批职能；不再下达生产和分配计划及盈亏指标。州二轻工业协会（州二轻工业联社）事业编制7名，实有7人，人员参照公务员管理。2010年，州二轻工业协会编制7名，实有8人。

1989—1994年9月，州二轻工业局局长向乃章，副局长晏友生、刘枝厚、田茂华。1994年10月至2001年9月，州二轻工业总公司历任总经理：许湘莉、江顺华；副总经理：熊再雄、姜长青、马求生、罗明。2001年10月至2010年12月，州二轻工业协会（州二轻工业联社）会长（主任）姜长青。

第一节　金属制品

1990年，全州金属制品主要有：金银首饰、元钉、元丝、电钒钳、刀剪、炊具壶、盆、桶等，小型农用机具及小型设备工具制造和维修。1996年，全州金属制品行业主要企业有15家：州轻工机械厂，吉首市民族五金厂、轻修厂，凤凰县民族五金厂、金属材料厂，花垣县民族五金厂，泸溪县五金厂、元钉厂、特种铝材厂，保靖县民族五金厂，永顺县民族锁厂、金刚石厂，龙山县民族五金厂、铁合金厂，古丈县民族五金厂。1998年，全州金属制品企业有固定资产5667万元，产值3219万元，销售收入3112万元，实现利税215.4万元，从业人员777人。是年，吉首市民族五金厂建成金银饰品全自动加工生产线。所产苗族银饰品按佩戴部位分为头、颈、胸、肩、手、足等类，妇女头饰式样有25种。2000年，州内二轻行业金属制品企业，先后破产改制。2002年，泸溪县民营业主姜胜男在吉首市租厂房生产铁钉，并成立盛明金属制品公司。2004年生产铁钉3500吨，次年增至6400吨，实现工业产值411万元，销售收入243万元。2010年，州内日用铁器生产主要有刀具、锄头、锅铲、铁瓢等，产地主要在：永顺县万坪镇、砂坝镇，凤凰县腊尔山镇、新场乡等；银饰加工主要在吉首市、凤凰县腊尔山镇及柳薄乡等。其中，柳薄乡德榜村银饰加工有从业人员60人，年产值200余万元。

第二节　竹木制品

1989年，全州林产品工业有家具制作、木地板制作等，主要产品有：楠木箱、樟木箱、柜、桌、椅、凳、床、沙发、木地板等。主要厂家有龙山县家具厂、泸溪县家具厂、木器厂、竹棕厂、吉首市家具厂、古丈县木器厂、保靖县家具厂、木件厂、永顺县家具厂9家集体企业和古丈、龙山等生产木地板场。

20世纪90年代中期，州境竹木品企业因工艺设计水平低，技术含量低，产品式样陈旧，经济效益下滑，工人收入偏低。随着广州等外地木制家具产品进入州内市场，境内厂家竹木家具产品基本滞销。

2000年，全州9家集体企业固定资产3224万元，产值1657万元，销售收入1524.6万元，实现税利106万元，从业人员378人。2001年后，州内9家集体林产品企业相继破产改制，人员分流。2005年，州内有细木工厂3家。2007年，州内新建1家胶合板厂，生产胶合板30万张，产值1200万元。是年，三和竹木制品开发公司、卓良木业有限公司等3家竹木加工企业被湖南省林业厅、省林产工业协会定为“湖南省林业产业龙头企业”。全州8家林产工业企业产值超过千万元，实现工业总产值5.94亿元。

2010年，全州生产细木工板3.1万立方米，产值6200万元；胶合板4.1万立方米，产值6970万元；指节板1.5万立方米，产值4800万元；木竹地板9.5万立方米，产值3700万元；木竹藤制品和家具产值6233万元。吉首仿古家具和龙山县全竹系列家具在首届湖南家具博览会上获奖。

第三节　塑料制品

1989年，全州塑料制品主要产品有农地膜、BOPP膜、卷烟包装膜、塑料管材、编织带、食盐塑料袋等等。生产厂家有州塑料厂、吉首市塑料厂两家国营企业和泸溪、永顺两家县办集体塑料厂。1993年，州塑料厂以生产农地膜、BOPP膜、卷烟包装膜、塑料管材为主；吉首市塑料厂以生产食盐包装、食品包装膜为主；泸溪县塑料厂以生产编织袋为主；永顺县塑料厂以生产编织袋、管材为主。

1996年，州塑料厂实施二、三两期技术改造项目，改造完成后，无资金启动。1998年，整体承租给广东省顺德市个体户梁启朝等4人经营。2000年，州内4家塑料制品企业有固定资产3544.7万元，年产值2724.3万元，销售收入2513万元，税利81万元，从业人员467人。2001年，州内塑料企业因工艺、设备落后，技术含量低、规模小，产品质量上不去，生产出现停停打打状态。泸溪、永顺两县塑料厂停产歇业。吉首市塑料厂由于资产少，无法改制，职工下岗，自谋职业。2003年，州塑料厂产品销路不畅，停止生产，经州人民政府依法批准破产改制，213名职工下岗分流。

第四节　皮革制品

1989年，全州皮革制品主要产品有：皮革、皮鞋、皮衣。主要企业有：吉首市制革厂、古丈县皮鞋厂、凤凰县皮革厂、花垣县皮鞋厂、泸溪县皮鞋厂、永顺县皮鞋厂、龙山县皮鞋厂等8家。其中吉首市制革厂为国营企业，其他为集体企业。

1996年，吉首市制革厂因缺少流动资金，未能正常生产。2000年，转厂生产氧化锰。是年，州内皮革制品企业有固定资产1590万元，从业人员492人；实现产值1340万元，销售收入1270.5万元，税利16.61万元。2008年9月，吉首市制革厂因参与融资倒闭。州内其他7个县的皮鞋厂因技术水平低，无效益，相继依法破产改制。

第十七篇　工业园区

湘西州工业园区建设始于21世纪初。2001年，吉首市建立吉首市吉庄工业园；永顺县组建湘西猛洞河旅游生态经济开发区。2003年，州委、州政府筹建吉凤工业园（湘西经济开发区前身）。2005年，保靖县组建钟灵山工业园区，泸溪县组建武溪工业园区，永顺县猛洞河旅游生态经济开发区更名为永顺经济开发区。2007年，花垣、凤凰两县分别组建工业园区。2008年，古丈县组建工业园区。2009年，龙山县组建工业园区。湘西州人民政府与广州市人民政府签署产业转移战略合作协议，湘西（广州）工业园正式挂牌运行。是年，吉凤、吉首、永顺3个省级园区和泸溪县武溪工业园、保靖县钟灵山工业园引进项目40个，到位资金10亿元。其中，吉凤、吉首、永顺3个省级园区和泸溪县武溪工业园、保靖县钟灵山工业园3年间共承接产业转移项目108个，实际到位资金20.4亿元。

2010年，全州开发建设工业园区26个，其中省级工业园区3个，承接产业转移特色工业园1个，园区规划建设总面积67.5平方公里，累计固定资产投入111.8亿元，其中基础设施建设20亿元。园区分布为：州吉凤经济开发区（含湘西广州工业园），龙山县工业园和民安、新城、华塘、石羔、红岩溪工业小区，永顺县经济开发区，保靖县钟灵山工业园区和碗米坡、毛沟、复兴、大妥、迁陵工业小区，花垣县工业园区，吉首市经济开发区及雅溪大学科技园、大田湾、河溪、双塘工业小区，凤凰县工业园区和阿拉工业小区，泸溪县武溪工业园区和浦市工业小区。是年，园区有企业218家，从业人员3万余人。完成工业总产值148亿元，实现工业增加值48亿元。

第一章　湘西经济开发区

2003年1月，湘西州委、州政府决定，在吉首市与凤凰县交界处设立吉凤工业园，同时成立园区筹备委员会。是年10月，吉凤工业园管理委员会正式成立，为州人民政府派出机构，规格正县级。2004年5月，工业园管委会（简称管委会）内设机构有办公室、产业发展局、招商合作局、财政局4个，核定全额事业编制12名；11月，增设州国土资源局吉凤工业园分局。12月，管委会内设机构增设环境保护局、规划建设局、监察局3个，同时，办公室加挂劳动人事局牌子；州公安局设立直属分局。管委会编制增至26名，实有工作人员28人。2006年4月，湖南省人民政府批准吉凤工业园为省级经济开发区，吉凤工业园更名为湖南湘西吉凤经济开发区。2007年6月，中共湘西吉凤经济开发区工作委员会（简称吉凤开发区工委）成立，为湘西州委派出机构，同时成立中共吉凤开发区纪律检查工作委员会（简称纪工委）。2009年更名为湖南湘西经济开发区（以下简称湘西经开区）。2010年9月，州工商行政管理局设立湘西经开区分局；11月，湘西经济开发区工委设立党群工作部。12月，管委会内设机构有办公室、招商与产业发展局、社会事务管理局、城乡建设环境保护局、农村发展局、财政局、监察局、城市管理行政执法大队8个，核定编制43名，实有65人。是月，设立吉凤街道办事处。湘西经济开发区受吉首市人民政府委托，对吉凤街道办事处行使管理权。该办事处管辖吉首市原乾州街道双河村、兴隆社区二组以及凤凰县原竿子坪乡湾溪村、木林坪村、牯牛坪村、捧捧坳村。

2003—2010年，历任主任、党工委书记：江顺华、向碧波（临时党委书记）、向顺荣（党委书记）、麻超（党委书记、常务副主任）、卢向荣（党工委书记）、陈爱林（党工委第一书记）。副主任、党工委委员：向碧波、尹科明、谭吉慧、梁晓琪、向鸿鹄、郭怀初、陈文君、胡幼平、杨再贵、全东成、伍郁文；纪工委书记：陈文君；总经济师：郭怀初；总工程师：吴华文。

第一节 园区规划

一、总体规划

2003年10月，吉凤工业园管委会邀请湖南城市学院、湖南大学设计院等设计专家，开展园区规划设计。总体规划面积20平方公里，其中核心区面积7.12平方公里。当年完成实地踏勘、测绘，2004年初完成环境综合评估，9月，《吉凤工业园总体规划（2003—2020）》文本报州人民政府审核，完成修改。10月，经州第十一届人大常委会第十五次会议审议通过，由州人民政府报省人民政府审批。

2005年4月，中共湖南省委副书记、省长周伯华到园区考察调研，指出园区总体规划工业用地比例过低，工业用地比例应达90%以上。把园区性质从综合城区性质统一到以发展工业为主的园区建设模式上来，为园区聚集产业、建设湘西州财源基地打下坚实基础。州政府贯彻省长指示精神，责成吉凤工业园调整园区部分工业用地规划类别，编制《湘西吉凤工业园"十一五"发展规划文本（2006—2010年）》，同时修订总体规划。是年12月，吉凤工业园两个规划（"十一五"规划、总体规划修订本）一并上报省政府审批。2006年4月，湖南省人民政府行文批复湘西吉凤工业园为省级开发区，7月，通过国家发展改革委员会审核公告，正式成为省级经济开发区，吉凤工业园更名为湖南湘西吉凤经济开发区。2007年3月，省人民政府批复同意湖南湘西吉凤经济开发区规划，面积6.44平方公里。

2009年1月，湘西州人民政府与广州市人民政府合作启动开发建设湘西广州工业园。工业园作为园区"区中园"，规划总面积为5平方公里，首期开发建设2平方公里。2010年，湘西州人民政府将园区规划面积扩至20平方公里。核心区规划面积7.12平方公里。开发区下辖湾溪、牯牛坪、木林坪、捧捧坳、双河5个村和龙凤社区，有人口1.5万人。

二、产业规划

2005年，湘西吉凤工业园"十一五"发展规划，坚持以工业为主体，结合城市综合开发，以招商引资促进产业聚群发展原则；坚持以技术创新提高企业竞争力，推进产业结构优化升级原则；坚持产业发展与生态保护相结合，建设资源节约型、环境友好型园区，实现可持续发展原则；坚持扩大就业，逐步完善社会保障体系，发展社会事业，构建和谐园区原则。园区产业布局以现代食品、生物制药、新型材料、农副产品加工为主要产业发展方向，坚持劳动密集型产业与资金、技术密集型产业相结合的原则进行布局。

2007年4月，吉凤开发区编制《湘西吉凤经济开发区"十一五"发展规划》，并修改产业规划。开发区计划在3年内贯通骨干路网，5年初具规模，8年建成湘西州产业建设龙头园区，成为绿色生态和现代化的新型工业城区。产业发展重点为现代食品产业。依托湘西州优质绿色茶叶、猕猴桃、柑橘、胡萝卜等绿色食品资源，引进超临界萃取、超微粉碎等现代生物技术企业，开发茶饮料、茶叶深加工、猕猴桃、柑橘和胡萝卜汁等果蔬饮料。鼓励采用生物技术和工程化食品技术项目，发展方便、安全、卫生、营养、保健的食品产业。重点发展软饮料制造业、绿色食品、保健食品制造业及轻工食品制造业。形成具有一定规模的食品产业集群，食品加工技术、规模达到省内先进水平。生物制药产业利用湘西州独特的丰富药材资源，引进利用先进的质量控制技术和提取、分离、纯化项目，促进中药产业现代化。加快引进具有自主知识产权的中医药科技成果产业化。引导实施州产大宗药材规范化种植，引导企业在工艺技术、制药装备及质量标准体系上实行创新。重点开发医药卫生产品、生物医药及其他生物技术产品。形成具有一定规模的医药加工产业集群，医药加工区达到省内先进水平。新型材料产业积极引进国内外高科技企业，依托国内各类大专院校、科研院所，围绕湘西州传统矿产品的深加工，引进开发矿业新型材料、粉末冶金及超硬材料、超细分析材料等项目，孵化一批科技含量高、成长性好的高科技企业。高度重视引进纳米材料、智能、多功能等复合材料的研制和产业化项目，把纳米研究和产业化项目提升到园区潜在重点产业的高度加以培育和发展。农副产品加工产业围绕湘西州生姜、薯类、板栗等农副产品产业化开发，推进农副产品产加销一体化经营，培育一批高效益、大规模、外向型、具有园区特色重点农副产品加工企业和生产基地。其他产业发展积极围绕东部沿海等发达地区产业升级转移项目，引进劳动密集型、资金密集型、技术密集型产业，承接东部产业升级项目。引进生物质能等可再生能源的新能源项目入区。形成具有一定规模园区日化轻工产业集群。

2010年，吉凤经开区编制“十二五”(2011—2015年)规划。“十二五”期间，开发区主要围绕“前、中、后三端产业”发展产业，重点对接和引进“珠三角”地区产业、资金、技术，着力建设矿产与新材料、电子信息、生物等方向性、导向性前端产业，市场布局型、财税贡献型环保建材和食品轻工等中端产业，适当发展容纳就业能力强的传统劳动密集型后端产业。同时围绕前端产业，加快建设矿产与新材料技术创新服务中心、锰锌工程技术研发中心、生物研发与实验中心、电子信息智能中心等四大研发中心。园区优先引进为广州工业企业配套、提供原材料项目入园，建成广州市及“珠三角”地区工业企业原材料和面向西南、中南市场区域加工重要基地。

第二节　园区建设

一、基础设施

2003年10月，吉凤工业园征地拆迁工作启动。2004年7月，园区正式开工建设。2005年4月，园区正式启动兴隆、三炮台、湾溪、木林坪、老营盘等5个安置区建设。12月上旬，兴隆安置区竣工。2007年9月，吉凤经济开发区纵横两条主干道，即吉凤路、长潭路东线贯通。吉凤路为国道209园区内新路段，承载吉首至凤凰交通运输能力。12月末，开发路等“四路五桥”工程全面开工，其中开发路、建设路和工业路分别完成形象进度70%和40%，建设大桥、开发大桥、吉凤五桥等桥梁完成主体工程。翌年，建设路竣工，开发路、创业路、吉凤工业大道和长潭路延伸段均完成60%以上工程量，吉凤110千伏输变电工程开工建设，项目区供水主管网竣工通水、污水管网完成主管网20公里。

2009年4月，吉凤经济开发区建设路、建设桥、吉凤五桥竣工通车。11月，长潭路延长线贯通，工业路、创业路、工业桥和创业桥等其他“四路四桥”工程正在建设之中，次干道坝塘路工程开工建设；水、电、通信、绿化和雨污管道及综合管线等配套设施与道路工程同步实施，9月中旬，吉凤110千伏变电站竣工投产，解决辖区企业群众生产生活用电问题；建成三炮台、湾溪、木林坪等安置区。

2010年，湘西经开区基础设施建设主要围绕湘西广州工业园基础设施建设开展，其中湘西广州工业园产业中心一期项目C、D栋基本竣工，工业桥、创业桥竣工通车，开发路、创业路完成路基；水电、管网配套设施同步跟进。全年投资3.7亿元。

二、招商项目建设

2003年12月，吉凤工业园与湘西宏成制药公司签订入园合同，该公司成为首家落户园区企业。2004年8月，州人民政府印发《湘西州人民政府关于吉凤工业园招商引资优惠政策措施的通知》。11月，州人民政府发布《湘西州人民政府关于优化湘西吉凤工业园建设环境的通告》。是年，园区参加首届“珠洽会”，成功签订吉凤工业园路桥工程、中央商务区、标准厂房和污水管网建设等项目4个，引进投资4.2亿元。

2005 年 5 月，园区与永吉包装有限公司就包装及印刷制品项目签订入园合同。8 月，园区与州东星农业资源开发有限责任公司就生姜产业化建设项目签订入区合同。9 月，园区与州吉凤建设发展有限公司就年产 30 万平方米建材制品项目签订入园合同，与湘西荣昌生物高科技开发公司就年产 2000 吨林风维生素肥系列产品项目签订入园合同。11 月，园区与州康悦精细化工有限公司就康悦精细化工项目签订入园合同，与州怡昌能源科技有限公司就 30 万吨乙醇生产项目签订入园合同。

2006 年 4 月，湘西宏成制药公司产品“复方桐叶烧伤油”上市。8 月，湖南省食品药品监督管理局检查湘西宏成制药有限责任公司的油剂（含中药前处理）生产和质量管理情况。公司通过国家药品 GMP 认证。9 月，首届中国中部贸易投资博览会在长沙举行，会上，开发区签约资金 2.03 亿元，其中与贵州铜仁阳光锰业有限责任公司、吉利建筑机械有限公司签订正式入区合同，合同引资 0.58 亿元；与中国农业科学院蔬菜花卉研究中心、长沙华泰医疗设备有限公司签订入区协议书，协议引资 1.45 亿元。是年，园区招商引资签订合同项目 12 个，合同引资 4.11 亿元，到位资金 8114 万元；湘西荣昌维生素生物肥项目正式投产。百草堂制药，建材建业等 5 个项目开工建设。开发区获“2006 年度全省内联引资先进单位”称号。

2007 年 1 月，湘西州金丰有机食品科技园建设奠基暨湖南永丰担保有限公司在园区内举行开业授牌仪式。6 月，园区代表团在泛珠洽选会上参加开幕式、开馆仪式和湘西州投资说明会暨招商项目签约仪式等招商活动，与客商签订年产 1000 吨氮化钒精深加工、中药材加工及植物提取和纸制卫生用品等 3 个投资项目，实现引资 1.52 亿元。9 月，由宏成制药公司开展的“复方桐叶烧伤油·烧烫伤便民应急治疗点”活动在吉首市城区 37 家诊所启动。是年，吉凤经济开发区引进合同项目 12 个，合同引资 5.58 亿元，到位资金 8500 万元，引进天下凤凰、宏信矿业、鸿源矿业、丰达矿业等 7 个资源精深加工类项目及奥瑞克公司、和益生物公司等 4 家生物制药类项目。是年，开发区获“2007 年度全省内联引资先进单位”称号。

2008 年 1 月，开发区湘西州百草堂生物科技开发公司年产 420 吨药液生产项目建成投产。6 月，“沪洽周”期间，园区引进邵东凌云有色金属制品有限公司阴阳极板及铝钛合金加工项目和上海合启贸易有限公司的金属锰系列精深加工两个项目，合同引资 4500 万元。7 月，湖南天下凤凰农业科技有限公司有机食品科技园一期工程竣工投产，湘西州丰达合金科技有限公司锰锭生产线建成投产。8 月，在湖南异地商会湘西行招商项目洽谈对接会上，园区引进塑钢制造加工项目，合同引资 3000 万元。召开年产 120 万吨新型干法水泥生产项目规划设计方案评审会。9 月，湘西天源建材有限公司新型干法水泥生产项目开工建设。10 月，湘西州凌云有色金属材料公司阴阳极板生产线建成投产。全年招商引进项目 6 个，合同引资 3.6 亿元，到位资金 1.56 亿元（外资 185 万美元），引进天源建材等大项目，引进凌云、金轲等矿产品深加工项目，提高产业集中度。

2009 年 3 月，吉凤经济开发区入驻企业湘西州金轲合金有限公司建成投产，年加工金属锰锭 2 万吨。4 月，开发区相继出台《湖南湘西吉凤经济开发区招商引资优惠政策》和《湘西广州工业园工业项目招商引资优惠政策》。6 月，湘西州丰达合金科技有限公司一期项目锻轧锰生产线建成投产。9 月，湘西州天源建材有限公司举行 120 万吨新型干法水泥生产线投产点火仪式。是月，湘西州丰达合金科技有限公司一期项目氮化锰锰生产线以及吉凤 110 千伏变电站项目竣工投产。10 月，由天源建材公司生产的首批 500 吨新型干法水泥产品出库，投放市场。园区与深圳市商智通电子商务有限公司签订项目入区合同，引进保温鞋制造项目。是月，省人民政府授牌园区“湖南省生物产业自治州基地”。12 月，天源公司新型干法水泥生产项目通过环保验收。全年签订入区合同 5 个，合同引资 3.03 亿元，到位资金 2.81 亿元，新增投产项目 3 个。

2010 年 1 月，湘西广州工业园产业中心举行开工奠基仪式。中共广州市委副书记、市长张广宁等市领导及广州市部分企业负责人，湖南省、湘西州相关领导以及州直相关部门主要负责人，开发区全体干部职工，入区企业负责人，辖区乡村群众共800余人参加开工奠基仪式。4月，举行富龙鞋业、明鑫高科竣工投产暨职业技能培训仪式。9月，湘西经济开发区与州人力资源和社会保障局联合，出台入区企业劳动社会保障补贴政策及高校毕业生创业扶持优惠政策。12月，湖南开泰服饰有限公司和湖南开泰服饰有限公司两家企业服饰生产一期项目竣工投产。是月，召开吉凤五星级酒店及商务中心项目规划设计方案初步评审会。湘西州政府和广州市政府联合举行湘西州—广州市经贸洽谈会暨项目合作签约仪式。洽谈会上，引进3个合同项目，合同引资1.2亿元，引进1个协议项目，协议引资5亿元。

第二章　县市工业园区

第一节　吉首市工业园区

2002年，吉首市按照“工业兴市，园区兴工，特色兴园”发展思路启动吉首市吉庄工业园（后纳入吉首经济开发区）建设，规划面积8平方公里。

2006年，吉首经济开发区管委会成立，负责管理工业园区建设。开发区印发《关于对工业项目建设审批、收费实行集中办公管理的通知》和《关于大力整治重点项目建设环境的通知》等文件，出台“过亿超千”重点工业企业实行“保存量，上增量”财政扶持政策。将企业当年缴纳税收的财政实得超基数部分50%以上返拨给企业，定向用于企业技术改造和新产品开发贴息，同时财政安排100万～300万元专项资金扶持企业开发新产品和技术改造；凡固定资产投资5000万元及以上的企业，享受工业用地“零地价”优惠政策；凡年纳税500万元及以上的企业，按照实际纳税额1%奖励企业法人代表；鼓励新办工业企业向工业园区集中。是年，全市工业园区完成投资5亿元，“二园三区”（二园：吉庄工业园、雅溪科技工业园；三区：大田湾、河溪、双塘工业小区。）规划建设面积15平方公里，规模工业企业28家，完成工业总产值8.12亿元，实现销售收入6.15亿元，实现税收1912万元。其中，吉庄工业园有工业企业10家，完成工业总产值3.22亿元，销售收入2.25亿元，上缴税金891万元，被认定为省级工业园区；雅溪科技工业园面积2平方公里，有规模工业企业4家，完成工业产值1.69亿元，销售收入9966万元，税金1212万元；大田湾工业小区规模企业6家；河溪工业小区规模工业企业7家；双塘工业小区规模工业企业1家。

2007年，市内“二园三区”有规模工业企业30家，完成工业总产值15.2亿元，实现利税1.3亿元，占全市利税总额93%。其中，吉庄工业园规模工业企业10家，完成工业总产值5.8亿元，销售收入5.1亿元，实现利税5626万元；新建项目8个，完成投资6000万元；雅溪科技工业园规模工业企业3家，完成工业产值2.7亿元，销售收入2亿元，实现税金4451万元；大田湾工业小区规模工业企业8家，完成工业总产值5.2亿元，销售收入2.5亿元，实现利税1851万元；河溪工业小区规模工业企业7家，完成工业总产值1.11亿元，实现销售收入1.11亿元，利税997万元；双塘工业小区规模工业企业1家，完成工业总产值3565万元，销售收入2400万元，利税229万元。

2009年，全市工业园区规模工业企业28家，实现工业总产值10.4亿元，销售收入10.1亿元，上缴税金6267万元。其中，吉庄工业园规模工业企业10家，完成工业总产值3亿元，销售收入2.9亿元，纳税3794万元；雅溪科技工业园规模工业企业3家，完成工业总产值2.5亿元，销售收入2.1亿元，税金1642万元；大田湾工业小区规模工业企业7家，完成工业总产值3.7亿元，实现销售收入3.6亿元，纳税523万元；河溪工业小区规模工业企业5家，实现工业总产值1亿元，销售收入1亿元，纳税378万元；双塘工业小区规模工业企业1家，实现工业总产值1586万元。是年，全市工业园区有规模民营科技企业15家，高新技术企业9家，拥有高技术产品13个。

2010年，吉首市工业园区有规模工业企业31家，实现工业总产值13亿元，销售收入12.6亿元，上缴税金1.3亿元。其中，吉庄工业园规模工业企业10家，完成工业产值4亿元，销售收入3.9亿元，上缴税金4749万元；雅溪工业科技园规模工业企业3家，完成工业总产值2.8亿元，销售收入2.5亿元，上缴税金2642万元；大田湾工业小区规模工业企业7家，完成工业总产值4.7亿元，实现销售收入4.6亿元，上缴税金3523万元；河溪工业小区规模工业企业5家，完成工业总产值1.6亿元，销售收入1.2亿元，上缴税金2178万元；双塘工业小区规模工业1家，完成工业总产值4586万元。是年，湘西鹤盛原烟发展有限公司，湖南华立制药有限公司，湖南三鑫锰业科技有限公司，吉首市大力建材有限责任公司，湖南湘泉制药有限公司，湘西老爹生物有限公司，湘西边城醋业科技有限责任公司等一批骨干企业在园区建成投产。

第二节　永顺县工业园区

1996年，三家田鞭炮工业园小区主产鞭炮，实现工业产值200万元。1998年，产值增至400万元。2000年，三家田鞭炮工业园租用村民土地8公顷，新修厂房110栋250间，引进机械设备270台，形成规模化生产，打造品牌，开拓市场，企业资产1000余万元。2010年，三家田工业园区实现产值1亿元，在园区务工劳动力1000余人。

2001年，经湖南省人民政府批准，在王村镇（芙蓉镇）建立湘西猛洞河旅游经济开发区，批准规划面积3平方公里。2004年，湘西猛洞河旅游经济开发区更名为湘西猛洞河旅游生态开发区。2006年，更名为湖南永顺经济开发区，为国家发改委公布的第七批省级开发区。2010年，开发区基础设施建设投资1.4亿元，收储湘潭大道、芙蓉大道等道路两厢土地28.4公顷。出让商服用地6170平方米，实现土地收益460万元。入驻开发区企业有湖南本草制药有限公司，湘西奥瑞克药业有限责任公司，永顺大洋复合肥有限责任公司，永顺方解石粉塑化材料有限责任公司等8家，涉及生物制药、能源、矿产品加工、特色食品加工等领域。当年实现技工贸总收入1.1亿元，工业总产值8000万元、利税260余万元。

第三节　保靖县工业园区

2001年，保靖县建成毛沟、复兴、龙溪3个工业小区。是年，毛沟工业小区招商引资2700万元，完成工业产值1.31亿元，实现工业增加值3673万元，利税250万元。2002年，复兴工业小区发展工业企业67家，完成工业产值3.1亿元，创利3500万元。

2004年，组建钟灵山工业园区，成立工业园区管委会。2005年，县委、县政府出台《关于加快钟灵山工业园区建设进程的若干规定》，引进中碳锰铁责任公司、秦简茶业责任公司、金土地责任公司、酉水中草药提取责任公司、松香厂、宇宏化工责任公司等6家企业，入园企业固定资产投资5021万元，园区基础设施建设完成投资240万元。钟灵山110千伏输变电工程开工建设。2006年，引进土司王责任公司、海达生物责任公司、鑫源责任公司、崇坤责任公司和鑫纳米责任公司、轩华锌业责任公司等6家企业，累计完成固定资产投资1.2亿元，园区基础设施建设投资4000万元。钟灵山110千伏输变电站建成投产，水、电、路等“三通一平”基本建成。2007年，引进红祥责任公司、锌业锌品责任公司2家企业，园区内工业企业累计建设完成标准房2万余平方米，完成固定资产2.1亿元。是年，上缴税金1100万元，解决就业800人。园区内基础设施建设累计完成投资5000万元。2008年，引进天瑞钒业公司，轩华锌业公司建成投产，实现销售收入3.8亿元，纳税2650万元。2009年，引进重庆宝精矿业公司、湖南中亚钢铁合金公司、恒康水泥粉末站3家企业，完成基础建设投资500万元。轩华锌业公司扩产新增投资1200万元，电解锌生产能力由年产3万吨增至3.5万吨，完成工业产值4.2亿元。

2010年，园区工业企业总投资1.2亿元，完成基础设施建设投资800万元。是年年底，园区基础设施建设投入6000万元，入园企业20家，企业总投资4.2亿元。基本形成冶金、化工、建材等产业。全年全县工业园区实现工业总产值突破17.6亿元，占全县工业总产值的45.7%。

第四节　泸溪县工业园区

2005年1月，泸溪县筹建武溪工业园。

2006年，武溪工业园管委会成立，园区规划总面积7.33平方公里。2007年，投入基础设施建设资金2300万元，建成长3.5公里、宽20米的泸溪大道，入园工业企业32家，新增固定资产投资1.3亿元；实现工业产值23.1亿元，纳税1.02亿元。2008年，完成基础设施建设投资3100万元，完成五里洲安置区“三通一平”（通水、通电、通道路、场地平整）和纵向第二大道工程2万平方米；入园工业企业35家，新增固定资产投资2.1亿元；实现工业总产值32.4亿元，工业税收1.52亿元。2009年，投入基础设施建设资金3400万元，建成滨江大道、纵向第二大道硬化、舜兴不锈钢公司“三通一平”等工程；入园工业企业42家，新增固定资产2.9亿元；实现工业总产值38亿元，上缴税金1.55亿元。

2010年，投入基础设施建设资金4800万元，完成园区管网、滨江大道延伸工程及公共尾矿库建设；入园工业企业47家，新增固定资产2.8亿元；实现工业总产值56.7亿元、纳税1.83亿元。是年，全县有武溪工业园区、浦市工业小区、白沙工业小区、洗溪工业小区。

第五节　花垣县工业园区

2007年5月，花垣县工业园区建设领导小组和园区管委会成立。园区位于花垣镇境内，地处国道319和209线交汇处。园区总体规划控制面积6.9平方公里，其中工业园区建设用地面积5.05平方公里。

2008年，工业园区征地拆迁完成，引进入园建设项目3个，总投资2.51亿元。其中花垣县科信公司电子级无硒高纯四氧化锰及高性能软磁材料项目投资1.6亿元。花垣县本牌山茶油有限责任公司年产6000吨精制山茶油项目投资5000万元。花垣县民用爆破器材有限公司茶多酚加工项目投资4128万元。2009年，工业园区入园企业17家，从业人员2.8万人，完成工业产值26亿元，实现工业增加值8.8亿元，上缴税收1.8亿元。

2010年，全县在建工业园区有县城工业园区、团结工业小区、民乐工业小区、龙潭工业小区、猫儿工业小区等。

第六节　龙山县工业园区

2007年，龙山县计划在民安街道辖区果利河下游沿河两岸建立经济开发区，规划用地面积4.3平方公里；在红岩溪镇、里耶镇、洗车镇建设工业小区；成立工业园区管委会。2008年11月，完成工业园区规划编制规划。发展目标是：2015年，入园企业超过20家，完成工业增加值5亿元，上缴税收5000万元。到2020年，入园企业超过50家，完成工业增加值10亿元，上缴税收1.5亿元。

2010年，入园工业企业6家，即湖南（龙山）金刚合金制品有限公司、龙山现代药材开发有限责任公司、龙山县川龙纸业有限责任公司、龙山县成美水泥厂、龙山县宝塔污水处理厂、龙山县湘建牧业经纪有限公司。小型企业有汽车修配、木材制品、预制构件、机械配件等。

第七节 凤凰县工业园区

2007年6月5日，凤凰县工业园区管理委员会成立，启动工业园区规划、立项、申报等筹备工作。园区地址位于县城西6公里的廖家桥镇境内、凤大二级公路和凤大高速公路之间，规划面积8.03平方公里，重点创建“一区两园”，即：旅游商品加工产业园和民族商品物流园，项目总投资30亿元，其中旅游商品加工产业园规划面积5.02平方公里，总投资10亿元；民族商品物流园规划面积3.01平方公里，总投资20亿元，以打造“仿古景区式小城镇”为建设目标。其中旅游商品加工产业园规划有供水供电区、商品展销区、企业加工区、仓储供应区、生活区五大功能模块。园区建成后，成为湖南省湘西州西南出口咽喉重镇，年新增旅游商品生产能力350万件（套），新增旅游接待能力100万人次，增加旅游收入35亿元、利润9亿元、税收3.5亿元，新增就业1.2万人，辐射带动全县20个乡（镇）参与旅游、工业、商贸、餐饮、仓储、物流等相关产业发展。

2010年，入园企业9家，其中建成投产4家。旅游商品加工产业园基础设施建设竣工项目5个，总投资1.12亿元，在建项目4个，总投资8000万元；民族商品物流园基础设施建设竣工项目3个，总投资2300万元，在建项目2个，总投资4.42亿元。

第八节 古丈县工业园区

2004年，古丈县矿产品加工工业园区成立（白溪关工业小区）。2005年，编制园区总体规划，规划面积2.21平方公里。园区主导产业以电解金属锰、铁合金，硫酸等矿产品加工为主。2006年，古丈县矿产品加工工业园项目建设协调领导小组成立，入园企业4家，即白溪关水电站、古丈县宏泰锰业公司、湘西恒源锰业公司、湘西华源硫酸公司。2006年3月，古丈县栖凤湖生态经济开发区管委会成立，开发区规划面积31.2平方公里，征地面积259.93公顷。区内有猛洞河天然植物制品公司、古丈县酉水矿业有限公司、青林化工公司、古丈有机茶业有限公司等企业。主导产业有旅游、仓储、物流、茶叶精加工、矿产等产品。2007年，白溪关工业小区新增两条电解锰生产线，年加工电解锰5000吨。2009年，完成九龙—曹家钒加工小区规划设计任务，贯通进区公路。2010年，白溪关工业小区年产电解锰生产能力1.5万吨，硫酸年生产能力8万吨，年发电量2240万千瓦小时。红石林建材小区，规划面积40公顷。建成110千伏输变电站，入驻企业有湖南古丈南方水泥公司，年生产新型干法水泥100万吨，主要开发高品位水泥、超细重质硫酸钙等建材产品。九龙—曹家钒加工小区引进年产3000吨精钒加工企业——古丈宏源钒业太盈有限公司。岩头寨钒矿加工小区引进年产3000吨的精钒大盈矿业有限公司，注入资金1亿元，完成公司登记注册。

第十八篇　商贸

1989年，湘西州国有商业实行经营承包和租赁经营，零售企业自主经营，放开进货渠道，减少流通环节，取消凭证供应。全州在坚持公有制经济为主体的前提下，扶持多种经济成分发展。年末，州境新增民营企业36家，合作经济组织23家。全州实现百货销售5194.5万元、针纺织品销售5614万元，五金、交电、化工类商品销售3977.7万元。各级供销合作社增设农资供应门市部87个、临时供应点129个，销售化肥10.82万吨，农业生产资料零售总值7047万元，与工厂建立不同形式联营，联购工业品金额4146万元，分购联销农副产品2000万元。入库包干收购粮食4.51万吨，收购议价粮1.9万吨；城镇供应总量4.83万吨贸易粮。全州各级政府和生产企业对外发布合资项目40个，招商引资到位1595万美元。出口收购额3707万元，为年计划的117.68%。全州实现社会消费品零售总额7.60亿元。

1992年，州人民政府出台《关于放手发展个体私营经济的若干规定》，为个体私营经济提供宽松环境。全州个体工商户达2.91万户，从业人员4.44万人，自有资金5372万元。1993年，全州国有商业实行第二轮承包。1997年，州内国有商业在完善租赁承包责任制的同时，逐步推行"国有民营"改革，部分门店、柜组采用"自主经营、自筹资金、自负盈亏、自理工资、包干上缴"的办法。1998年，全州多数国有商业企业退出商品经营，转向资产经营，面向市场公开招租，广泛开展招商引资，增加资产经营收入。是年，州委、州政府印发《关于加快民营经济发展的若干意见》。1999年，出台《关于加快民营经济发展若干意见的实施细则》。是年，国营商业实行国有民营，由职工自筹资金，自主经营，自负盈亏，按时交纳租金，全面放开，进入市场竞争经营。2001—2003年，全州国有商业重点推进置换企业职工身份、置换国有企业产权改革，国有资本逐步退出一般流通领域。

2004年11月，州人民政府决定将州对外贸易经济合作局、州内贸行业管理办公室合并，组建州商务局，管理全州商业工作。2006年10月，州盐务管理局成立，在州商务局加挂州盐务管理局牌子。2007年3月，撤销州物资行业管理办公室，职能及4名地方财政编制连人带编划入州商务局。

2010年，除国家食盐专卖、烟草专卖和石油专营外，其他国有商业、国有资本基本退出流通领域。全州个体工商户登记在册4.4万户，有农村集市80个，实现百货销售3578万元，针纺织品销售3640万元，五金、交电、化工类商品销售3460万元。是年，全州收购粮食7.32万吨，粮食销售7.02万吨。全州供销社系统完成商品购进总额14.98亿元，农副产品购进额2.25亿元；商品销售总额17.26亿元，生活资料零售额7.55亿元。全州招商引资到位资金67亿元。内联引资协作项目245个，内联引资71.34亿元。州境有"三资"企业24家，新批利用外资项目5个，合同外资额8791万美元，实际使用外资额602万美元。全州对外贸易实现24984万美元，其中出口24308万美元，进口676万美元，有自营进出口实绩企业21家。

第一章　商业成分

第一节　国有商业

1989年，湘西州国有商业深化经营体制改革，州县商业行政管理机构改为经济实体，实行政企合一。业务单位实行经营承包和租赁制，零售企业自主经营，放开进货渠道，减少流通环节，取消凭证供应。是年，全州国有商业基本稳定，全年销售总额比上年增长5.7%，比集体商业高出4.3个百分点，比个体高出3.7个百分点。

1991年，全州国有商业采取联合展销、上门推销、让利有奖销售、三带下乡、大篷车送货等措施，扩大购销，丰富市场供应，实现国内商品销售10.39亿元，比上年增长12.72%；国内商品纯购进3.93亿元，比上年增长12.84%。1992年，州内国营商业实行国有民营、租赁等改革，推行用工、经营、作价、分配“四放开”。1993年，全州国有商业第一轮承包基本到期，开始第二轮承包，完善承包内容，企业对所属部门、商店、商场、柜组实行分解承包，向职工收取300～500元风险抵押金。12月，全州国有商业完成国内商品销售9.9亿元，比上年减少4.57%；国内商品纯购进3.9亿元，纯销售4.8亿元。1994年，全州国有商业完成国内商品销售9.5亿元，比上年减少6.03%；完成国内商品购进7.95亿元，比上年减少6.79%，国有商业企业亏损660万元，比上年增亏200万元。1995年，全州国有商业机构285个，职工14157人，其中州直66个、职工1811人，县市219个、职工12346人。是年，州、县国有商业推行“国有民营”改革，州内国有商业完成商品购进总额9.57亿元，比上年增长20.4%，商品销售总额10.62亿元，比上年增长10.8%。

1997年，州内国有商业民营化改革全面推开，同时，创新营销方式，州民族商店开办州内首家“自选商场”，受到顾客欢迎。1998年，国有商业企业基本退出商品经营领域，转向资产经营。1999年，国有商业全面放开，进入市场化经营。2000年，全州国有商业企业亏损625万元，比上年减少亏损28.9%。是年，州内国有商业企业推行产权制度改革，全州国有商业系统置换职工身份503人。2001年，国有商业企业产权改革步伐加快，国有资本逐步退出一般流通领域。州直国有商业企业由1995年的66家减至11家，在岗职工199人，比1995年减少9倍。2005年，国有商业企业改制有序推进，州属7家形成改制方案，有在岗职工122人。2010年全州国有商业企业改革改制基本完成，实现国有商业改革预期目标。

第二节 非国有商业

1989年，湘西州在坚持公有制经济为主体的前提下，扶持多种经济成分发展。年末，全州社会商业机构16436个，从业人员34182人。

1990年，全州宣传贯彻《中华人民共和国私营企业暂行条例》和湖南省《关于促进我省个体私营经济健康发展的通知》，发展个体私营经济。1991年，全州个体工商户发展到2.27万户，从业人员3.3万人。1992年，州政府出台《关于放手发展个体私营经济的若干规定》，为个体私营经济提供宽松环境。全州个体工商户2.91万户，从业人员4.44万人，自有资金5372万元。1993年，州、县（市）先后成立非公有制经济领导小组及办公室，放手发展个私经济。1995年，全州集体商业网点817个，从业人员3406人；个体私营网点28234个，从业人员51917人。

1996年，湘西州制定《湘西土家族苗族自治州个体工商户私营企业生产经营权益保护条例》。1997年，州人民政府作出《关于进一步改善个体私营经济发展环境的决定》。1998年，州委、州政府印发《关于加快民营经济发展的若干意见》，1999年，出台加快全州民营经济发展《实施细则》。2000年，社会消费品零售总额34.02亿元，其中个体私营商业实现27.96亿元，占社会消费品零售总额的82.18%，成为全州商业的主力军。2002年，湘西州制定《关于优化经济环境促进州域经济发展的若干措施》，2004年，出台《关于2004年优化经济发展环境工作的意见》，为民营经济发展，放宽经营范围，降低准入门槛。2005年，全州进入集贸市场个体商业经营34208家，从业人员10.67万人，上缴国家税费3960万元。2008年，全州停收“个体工商户管理费”和“集贸市场管理费”，减轻个体工商户负担。2010年，全州流通领域以个体私营商业为主体，其中，进入城乡集贸市场经营户有51980家，从业人员13.22万元，商品成交额36.56亿元，占社会消费品零售总额的31.25%。

第二章　招商引资

第一节　招商活动

1990年，湘西州外经贸委会同州计委、州经委，整理精选10个特色对外经济技术合作项目，于4月、7月在深圳举办湘籍外商洽谈会和在北京举行海峡两岸贸易研讨会上发布。1997年，州外经贸委组织会员企业赴张家界参加“湘港恳谈会”和第六届“湘交会”，在“湘交会”上签订合同22个，引资2563万美元。1998年，在“1998中国中西部地区洽谈会”上，签约花垣竹篙滩水电站项目，引进外资4000万美元。2000年6月，湘西州组团赴德国幕尼黑，参加“欧交会”，发布重点招商引资项目7个，签订招商引资合同1个，引资78万美元，签订贸易合同2个，成交240万美元。9月，组团赴厦门参加第四届中国贸易投资洽谈会，签订招商引资合同2个，引资445万美元，补偿贸易合同1个，成交额1000万美元。10月，组团参加第二届中国高新技术成果交易会，签订合同、协议4个，协议金额4000万美元。2002年，州外经贸委组织参加“上海活动周”“俄罗斯交易会”“高交会”等外经贸活动，签订合约10个，引资金额1.2亿美元。2004年10月，湘西州组织代表团队参加湖南投资贸易洽谈会，推介发布118个招商项目，总投资17.56亿美元。签约项目38个，总投资27.91亿元，合同或协议引进资金25.35亿元。湖南投资贸易洽谈会期间，全州对外贸易成交5513万美元，国内贸易成交2.86亿元。湖南省委副书记、省长周伯华在参观考察湘西州展区后说：“湖南省的招商引资工作就要像湘西州抓布展一样搞出自己的特色”。2005年，湘西州参加湖南（香港）投资洽谈周，招商签约项目20个，合同引进外资2000万美元，内联引资人民币5亿元。2006年6月，州政府组团赴深圳市举办“2006年湘西州（珠三角地区）投资贸易洽谈会”，推介和签约一批优质项目。向州外投资贸易商发布总投资110亿元，100个体现湘西州资源特色和发展需求优质项目，签约总投资20.6亿元、协议或合同引资19.5亿元，招商项目33个。9月，湘西州组团赴长沙参加“首届中国中部投资贸易博览会”，重点发布总投资111亿元的100个项目，签约项目33个，合同或协议引资22.47亿元；实际贸易成交5.97亿元。2007年，湘西州组织州内民营企业参加“港洽周”等招商活动，共签订项目29个，合同引资65亿元，全州民营企业通过招商引资新扩建项目72个，总投资10.47亿元，累计完成投资3.64亿元。2009—2010年，湘西州组织代表团赴安徽合肥参加第四届中部博览会，推介湘西州优势资源和项目，与合肥市蜀山区政府开展经贸合作交流。湘西州在广州市珠岛宾馆举行承接产业转移招商会暨重大项目签约仪式，签约项目29个，投资总额80亿元。

第二节　外资利用

1989年，湘西州各级政府和生产企业对外发布合资项目40个，邀请50位外商到州洽谈合资项目，招商引资到位数1595万美元。

1992—1993年，全州签订引进外资项目意向、协议42项，总投资1.27亿美元，意向性利用外资额9034万美元，签订合同22个，总投资3753万美元，合同外资额1909万美元，新批准外商投资项目14个，总投资2144.51万美元，利用外资金额1008.34万美元。1995年12月，全州实现合同外资金额648.74万美元，实际到位199.5万美元，利用日本无偿援助项目和利用世界银行贷款项目均按期履约。1996年，全州组织参加第四届“港交会”和南下、北上招商活动，建立项目库，与180家海外公司开展联络。1997年，全州搜集招商引资项目300个，16个项目纳入省重点项目范围，州级重点项目选出61个，项目总投资7.6亿美元。1998年，全州签订招商引资合同48个，协议利用外资1.2亿美元，实际到位外资630万元。1999年，合同利用外资872万美元，实现到位外资694万美元。全州实施招商引资项目17个。是年，湘西州被评为全省招商引资先进单位。2000年，全州收集、整理、论证、编印出招商项目26个，在省电子招商网和各类经贸活动上发布，并通过州政府政务网和省万维公司湖南之窗向外发布。跟踪招商项目20个，其中实施项目13个，总投资1692万美元，合同外资1395.46万美元，实现到位外资751万美元。

2001年，全州实现合同外资1026万美元，到位外资814万美元。州食品公司与湖南大地房地产开发公司联合开发“红旗门商贸大市场”项目占地6500平方米，建筑面积1.25万平方米，总投资1200万元。2002年，州外经贸委跟踪签约项目20个，促成8个项目实施、4个重点项目深入洽谈，实现以外对外项目3个，引资金额514.5万美元。召开外商投资企业代表座谈，深入三资企业考察调研，改善投资环境。实现合同外资1723万美元，实施项目8个，实现到位外资1009万美元。次年，实现合同外资1522万美元，实际到位外资1513万美元。2004年，引进州外资金12亿元，投资客商主要来自我国港、澳、台地区，以及美国、加拿大、新加坡、马来西亚、英属维尔京群岛等国家和地区。实际到位美国、加拿大外资924万美元，港澳台资金505万美元。全州实现合同外资5830万美元，实际到位外资3345万美元。利用优势资源招商建设项目129个，实际到位资金18.6亿元。先后引进黄龙洞旅游公司、张家界旅游公司等战略合作伙伴，独立或合作开发凤凰古城、德夯、猛洞河、坐龙峡、红石林、南华山等旅游项目13个，合同引资18亿元，到位1.8亿元。

2005年，全州招商引资5648万元、自筹855万元，新建、改建、扩建市场项目31个，累计完成投资6503万元。全州供销社开展招商引资，全年资产经营收入838万元，在建项目5个，引资1430万元。2006年，全州实现招商引资25.17亿元，新批外商投资企业15家，合同利用外资9102万美元，实际到位外资1941万美元。全年招商引资总量占当年全州生产总值17.8%，与全社会固定资产投资总额的31.2%。引资2000万元以上项目30个，总投资19.1亿元，实现到位资金4.35亿元。中国糖业酒类公司中皇公司成功收购“酒鬼酒”10780万法人股，引资到位额居当年州内招商引资首位。2007年，全州实现招商合作项目224个，累计招商引资36.3亿元。引进投资2000万元以上项目169个、5000万元以上项目85个，锰锌、食品和生物制药三大产业集群吸纳投资7.1亿元，吉凤、吉首、永顺3个省级经济开发区实现入园企业项目30个。2009年，湘西州与长三角、珠三角、港澳台、环渤海地区签订承接产业转移合同项目11个，合同引资75亿元。5月，在广州举办湘西州承接产业转移推介会暨招商项目签约仪式，发布62个优势项目、总投资124亿元，成功签约招商项目29个、总投资80亿元。湘西州在北京、上海、广州、深圳开展驻点招商，洽谈项目25个，总投资18.26亿元。全年全州招商引资到位资金56亿元，引资到位资金占全州固定资产投资40.77%。全州引进总投资5000万元以上招商项目107个。2010年，全州招商引资到位资金67亿元。州商业行管办与湖南省供销社合作商贸股份有限公司在吉首联合开发湘西农产品综合物流中心建设项目，对方到位资金3700万元。

第三节 内联引资

1989年，湘西州经济技术协作系统参加湘桂黔毗邻地州市、湘鄂川黔武陵山区县（市、区）政府间经济技术协作会等3个区域协作组织，州内成立工业品经营集团、茶叶生产经营集团、桐油生产经营集团、板栗技术开发协会、食品集团、三盛锰业集团等6个跨区域经济联合体。至1992年，湘泉酒厂、凤凰烟厂等骨干企业通过经济技术协作获益，吉首市制革厂、针织厂等企业扭亏为盈。1993年，全州经济技术协作系统引资额突破5000万元。1997年，引资额上亿元，老爹农业科技开发公司等企业通过经济技术协作新上生产线。1998年，州人民政府印发《关于进一步推进横向经济联合的若干规定》，出台国内州外客商到州投资优惠政策。2000年，全州引进1000万元以上项目21个。

2001年，州人民政府召开第73次常务会议，研究部署内联引资工作。凤凰县举办“中国凤凰四月八民族艺术节”，签订合同3个，达成意向协议3个，项目投资总额1.07亿元，引进黄龙洞股份有限公司租赁凤凰县8个景点50年。2002年5月，州协作部门组织各县（市）参加上海活动周，签订项目1个。7月，组织部分县（市）和8个企业参加广东经贸活动，签订项目4个，合同引资2.86亿元。2005年，湘西州通过聘请经济顾问、招商代理引进产业项目10个，合同引资6亿元。全州主动承接长三角珠三角地区经济辐射和产业转移，引进内联引资协作项目196个，到位资金15.8亿元。

2006年2月，州人民政府印发《关于印发〈湘西自治州招商引资奖励规定〉、〈湘西自治州招商引资委托代理管理办法〉的通知》。州政府设奖金120万元，奖励2005年度招商引资目标管理先进单位、重大招商引资项目、招商项目第一引进人等，并继续将招商引资纳入目标管理。2007年，湘西州参加首届湘商大会并组织专场招商活动，签约项目30个，合同协议引资38.92亿元。州经济技术协作办公室被省经济技术协作办公室授予“首届湘商大会优秀组织奖”。2008年6月，湘西州组团参加“2008年湖南（上海）投资洽谈活动周”，湘西州签订合作项目27个，合同（协议）引资29.9亿元。2009年3月，州人民政府分别在北京、上海、广州、深圳设立招商联络处。全州各级采取“走出去”“请进来”办法，组织招商活动40次，实施州外国内引资项目241个，全国引资219亿元，到位资金54.6亿元，同比增长23%。2010年6月，州人民政府出台《湘西自治州招商引资考核奖励办法》，考核办法采取分项量化、规范和加大招商引资奖励相结合。是年，实施内资项目245个，合同引资273.73亿元，到位资金71.34亿元，比上年增长30.65%。

第四节 三资企业

1990年6月，湘西州批准“体港卷烟材料有限公司”申报项目，总投资31.5万美元，系州内首家“三资”企业（中外合资、合作、外商独资）。1994年，全州新批“三资”企业5家，总投资326.03万美元，合同外资金额177.46万美元，实际到位205.7万美元。1995年，全州审批“三资”企业7家，“三资”企业出口创汇299.6万美元。1996年，全州审批“三资”企业6家，合同外资金额1048万美元，实际到位186万美元。“三资”企业正常开业14家，开工率40%，完成工业总产值3500万元，销售收入9500万元，纳税1100万元，实现利润1800万元。

1998年，全州审批三资企业11家。全州“三资”企业以租赁、参股方式参与州内国有骨干企业改制，引进外资211万美元。东吉房地产公司被评为湖南省十佳优秀“三资”企业。1999年，全州审批“三资”企业5家。2000年，审批“三资”企业9家。年底，全州在册三资企业29家，运转企业12家，从业人员1727人，资产总额14906万元，全年产值6864万元，上缴税金317万元。

2001—2004年，全州分别审批“三资”企业7家、5家、6家，增资扩股企业2家。2005年，全州三资企业28家。其中，中外合资经营12家，中外合作经营3家，独资经营13家。新批利用外资项目4个，合同外资额5047万美元，实际使用外资额3050万美元。2010年，全州三资企业减至24家。其中中外合资经营11家，中外合作经营3家，独资经营10家。新批利用外资项目5个，合同外资额8791万美元，实际使用外资额602万美元。

1989—2010 年湘西州内联引资情况一览表

表 18-1

年份	内联引资协作项目(个)	内联引资(万元)
1989	109	1595
1990	107	1376.5
1991	84	934
1992	87	2995
1993	107	3883
1994	67	2607
1995	72	4200
1996	73	7521
1997	50	9430
1998	116	25776
1999	53	30743
2000	83	36665
2001	82	41128
2002	98	50612
2003	133	75246
2004	200	105535
2005	196	158000
2006	231	236000
2007	211	344000
2008	220	439600
2009	241	546200
2010	245	713400

1996—2000 年湘西州"三资"企业利用外资情况一览表

表 18-2　　单位:万美元

企业名称	合同利用外资	实际到位资金累计		批准时间
		现金	实物	
合计	1863	1165	120	

续表 18-2 单位:万美元

企业名称	合同利用外资	实际到位资金累计		批准时间
		现金	实物	
吉星实业有限公司	26	30	—	1996年3月8日
湘西闽辉实业有限公司	18	79	—	1996年10月8日
吉首泰城实业有限公司	723	—	—	1996年10月8
州菲莉特种养殖有限公司	6	2.5	—-	1996年12月9日
州华鑫发展有限公司	121	186	—	1996年12月26日
州石业有限公司	10	—	—	1997年1月18日
州立颖(永顺)香料有限公司	9	24	—	1997年5月9日
永顺森源油脂有限公司	77	99	—	1997年10月15日
州龙山金龙(香港)有限公司	36	50	—	1998年5月8日
泸溪顺泰纸业有限公司	14	49	—	1998年6月9日
州成美(香港)有限公司	121	67	50.00	1998年10月8日
湘西永葆食品有限公司	14	—	—	1998年10月8日
吉首富鑫实业有限公司	19	32	—	1998年11月4日
吉首永丰冷藏有限公司	42	23	—	1998年12月11日
州湘源畜牧发展有限公司	70	—	70	1998年12月18日
吉首金威钢厂	60	12	—	1998年12月25日
吉首鑫亨实业有限公司	27	20	—	1998年12月29日
州七星葛粉有限公司	7	18	—	1999年9月29日
建新木业有限责任公司	20	28	—	1999年11月22日
州天宝金属镁制品有限公司	65	133	—	1999年12月17日
吉首金泰来实业有限公司	121	27	—	1999年12月18日
猛洞河旅游开发有限公司	151	186	—	1999年12月21日
凤凰神龙农副产品有限公司	5	—	—	2000年1月8日
州喜阳阿姆天然果汁公司	78	—	—	2000年3月15日
州宏亚实业有限公司	11	—	—	2000年8月3日
州农兴农用机械有限公司	12	—	—	2000年9月29日

第三章　对外贸易

第一节　商品进出口

1989年4月，湘西州出口创汇协调领导小组成立。州内各外贸企业拓展贸易渠道，灵活经营、自营出口，全州出口收购额3707万元，为年计划117.68%，比上年增加343万元，增长10.20%。6月，泸溪化工厂投产1个月，生产硫酸1000吨，提供出口货源价值40万元。州外贸冻库年产冻牛肉569吨、冻羊肉110吨，分别占全州肉类出口78%和100%。各外贸企业进入乡村山寨，收购农副土特出口商品，出口供货价值1237万元。

1990年，全州完成出口商品创汇301万美元，为省计划6倍。1991年，州经贸公司与德国主营双烯醇酮三大客商建立稳定贸易关系，保证州制药厂双烯醇酮销售畅通，产品销售由每吨30万元增至50万元。州粮油食品出口公司和外贸冻库等单位出口冻牛肉1486吨。古丈县外贸公司、州土畜茶叶出口公司扩大绿茶出口，出口绿茶235吨，每公斤提价9元，茶农增收211.5万元。州经贸公司开拓黄药、礁亚硫酸钠等新商品出口。是年，全州完成出口供货7040万元，为省、州计划的195.56%。全州自营出口创汇306万美元，超过省计划178%。1992年，全州外贸企业推销地方产品，拓展外销渠道，电解锰推销8657吨，冻牛肉816吨，金额6057.18万元。州对外经贸公司、州外贸工矿公司配合州制药厂稳定外销客户，年出口双烯醇酮19吨，金额646万元。全州各外贸企业利用州内及四省边区盛产桐油优势，组织1392吨桐油出口，计划金额556.8万元。是年，全州出口商品供货9738万元，分别为省计划的150.98%，州计划139.11%，比上年同期增长38.72%。1994年，州对外经贸公司坚持“以质取胜”和“市场多元化”战略，全年出口创汇244万美元，全州三资企业全年出口创汇248.6万美元。州内各外贸企业采取联营、推销、代理、上门服务等手段，推销地方产品，其中电解锰出口6642吨，冻牛肉2700吨，水银568吨。外贸冻库扩大与美国麦当劳公司业务，年产值1500万元。1995年，全州出口供货1.5亿元，为年计划88.24%；自营出口创汇622.6万美元，为年计划124.5%。1998年，全州实现出口创汇3475万美元，完成年计划169%。州内大宗出口商品电解金属锰全年出口销售22750吨，创汇2564万美元，出口外销率100%。东方锰业集团、花垣振兴化工厂、喜阳食品工业集团，开拓国际市场，分别被授予国家、省、州三级出口创汇先进企业荣誉称号及全州年度出口创汇先进单位。1999年，全州实现出口创汇3140万美元，完成年计划任务112%。州国税局为全州争得退税指标2700万元，办理退税2500万元。湘西州被评为全省出口创汇先进单位。

2000年，全州出口创汇4506万美元，同比增长43.5%。全年出口产品11种，其中电解金属锰出口34200吨，创汇3075万美元；锌锭出口5500吨，创汇543万美元；冻肉出口7000吨，创汇660万美元。是年，州直运转外贸企业8家，实现销售收入10625万元，上缴税金299万元，实现净利润285万元。2002年，全州完成进出口总额6431万美元，同比增长5%。电解金属锰出口66000吨，增长32.7%，电解锌锭出口6000吨，增长1141.28%。2004年，全州完成外贸进出口总额1.5亿美元；57家外贸出口企业实现出口退税10961万元。花垣、保靖两县出口创汇额分别实现4219万美元和2131万美元，被湖南省政府定为全省出口创汇十大基地县（市）。2006年，全州完成进出口总额17270万美元，其中出口17149万美元，进口总额121万美元。湘西州与欧盟、北美洲、亚洲、拉丁美洲、非洲、大洋洲36个国家和地区发展长期贸易往来。美国、日本、德国、荷兰等国家成为湘西州主要出口地。出口商品中未锻轧锰12.36万吨，出口额3.19亿美元，占出口总额90.6%。2007年，全州完成进出口总额3.22亿美元，其中出口3.19亿美元，进口额247万美元。全州主要出口商品有未锻轧锰、铝粉、锌粉、电解铬、硒、二氧化锰、氧化锌、葛粉、白酒、牛肉等21个品种。2008年，全州完成进出口总额3.86亿美元，其中出口38604万美元，进口357万美元，加工贸易进出口171万美元。2009年，受国际金融危机影响，全州完成外贸进出口总额1.68亿美元，比上年下降56.78%。其中出口1.67亿美元，全州锰及其制品出口4.88万吨，出口1.23亿美元，农产品出口423万美元，比上年增长19.43%。是年，全州与日本、印度、韩国、荷兰、俄罗斯联邦、美国等38个国家和地区发生贸易往来。

2010年，全州对外贸易实现2.49亿美元，其中出口2.43亿美元，进口676万美元。是年，湘西州与39个国家和地区发生贸易往来，其中出口上千万美元的国家5个，即荷兰、俄罗斯、韩国、日本和美国。

第二节　出口企业

1989—1999年，湘西州没有自营出口外贸企业。

2000年，全州进出口企业19家，其中，中振兴化工厂、东方锰业集团、喜阳集团、吉首市化工厂、三立集团、武陵电化厂等企业出口创汇分别为1109万美元、684万美元、569万美元、568万美元、202万美元、244万美元。2001年，全州有10家企业新获进出口经营权，新获权企业中有5家开展出口业务，3家开展进口业务。州直8家外贸企业，5家盈利，3家持平，全年完成销售总额1.38亿元，实现税收368万元。2002年，全州出口企业增至27家。

2005年，全州有进出口经营权企业105家，有进出口业绩企业42家，经营外贸业务30家。州五矿、花垣振兴、保靖锰业等3家企业有进口实绩，分别为100万美元、42万美元、94万美元，进口产品中二氧化硒23.49吨，228万元；锰矿砂120吨，2万美元；新增含锌量低于99.1%及以下的未锻轧非合金41.03吨，6万美元。2006年，全州进出口企业125家，新增进出口企业20家。全州有进出口业绩企业32家，其中进口企业4家，主要是进口硒和锰矿砂。2008年，州境拥有进出口经营权国有企业、三资企业和民营企业146家，其中民营企业出口占90%，出口金额1000万美元的企业12家。评出11个进出口先进企业和8个出口创汇优质服务单位，花垣县、吉首市列入湖南省进出口十强县（市）。

2010年，全州有进出口实绩企业21家。其中：高新技术、农产品进出品企业9家，占有进出口实绩企业42.85%；进出口实现增长17家，占进出口有实绩企业80.95%。

第三节　外贸管理

1989年，湘西州对外经贸委组织立案16起，涉及经济犯罪金额10万元，追回赃款1.1万元。1990年，州对外经贸委开展“献百计”活动，开展内部审计，盘活资金450万元。1994年，州对外经贸委参加全州清产核资工作，澄清州内外贸企业家底。开展对外经贸公司下属发展、上海、吉亚等公司内部审计；对劳务、三盛等公司清理整顿。1995年，州外经贸委制定转机建制和股份制改造实施方案及扭亏增盈措施，完成全行业资产负债损益审计。1998年，州外经贸委成立州直外贸企业托管中心，托管5家外贸企业，综合管理35家外贸企业277名下岗职工。2002年，州外经贸委制定机关科室目标管理制度和考核办法。全年审批出口退税364单，金额2764万元。2005年，州商务局细化年度目标任务，将出口创汇指标分解到县市企业。2006年，州商务局为21家企业办理备案登记。2008年，为34家企业办理备案登记，其中新增企业20家。组织上年度农产品出口业绩突出且有较大发展潜力企业申报。制定湘西州产业联系工作计划及重点联系企业方案，更新入档13家企业数据。是年，州商务局与湖南省出入境检验检疫局共同举办农产品“政检企”三方合作备忘录签署仪式。签署企业有酒鬼酒、州金凤凰、湘西亿事达、天下凤凰公司、古丈茶叶总厂等10家。2009年，州商务局办理对外贸易经营者备案企业19家，其中新增企业11家。9月，州商务局在吉首举办湖南省国际电子商务应用平台湖南外贸网企业操作暨原产地优惠政策培训班。2010年，州商务局办理17家企业的对外经营者备案登记，其中新增企业6家。全州对外经营者备案企业181家。

第四章　外向经济

第一节　对外劳务

1989年，泸溪县输出21人到非洲加纳承包农田水利工程，投资总额1199.5万元人民币。1991年，州外经贸部门组建工程劳务合作承包公司，向国外派出劳务人员80人。2002年，全州输出国际劳务人员35人。2004年，全州向日本、埃塞俄比亚、尼日利亚、越南、斐济等18个国家输出劳务62人,新签合同额86.9万美元，实现营业额15.4万美元。2006年，全州外派劳务120人，实现劳务收入105万美元。花垣吉龙公司投资1000万元在越南开采铅锌矿，成为境外投资兴业企业。2008年，通过武汉中部外派劳务公司和珠海中山外派劳务公司输出劳务9人，其中新加坡卷烟工种5人，澳门博彩服务4人，同时，全州外派劳务基地选送6人赴新加坡从事酒店管理与服务劳务实习，为期半年。2009年，吉首市职业中专选派20名学生赴新加坡、澳门等地从事酒店管理工作。与新加坡俐富劳务公司、武汉中部外派劳务公司和珠海中山外派劳务公司合作，全年外派劳务人员203人。花垣县振兴化工公司到澳大利亚设立湖南晟宇国际投资有限公司，注册资本68万美元，投资1300万美元，在澳获得2万平方公里地域锰矿勘探开采权，取得25个勘采矿权证，与湖南地质勘查局405队、株洲煤勘院合作，勘出高品位锰矿石。2010年，州投资贸易促进中心加挂“湘西州对外劳务合作服务中心”牌子。同时，引进吉林延边大学国际培训交流服务中心、山东威海恒德劳务公司、吉林四和劳务公司，派人员常驻，设点合作，发展对外劳务。是年，全州外派劳务256人，人均年收入6万~8万元，个别高达16万元。

第二节　外经服务

1989年，湘西州外经贸部门赴长沙帮助“三资”企业办理各种审批手续。州工矿出品公司与香港重信投资公司落实香港洽谈会协议，签订年产1000吨金属锌冶炼厂合同，州外经委派专人到经贸部办理锌锭出口许可证手续。州外经委协助吉首市皮革厂引进三台机组，协助意大利专家搞好安装和调试设备工作；办助龙山烟厂引进二台英国卷接机组和一台意大利横包机组；派人与吉首市政府、吉首制革厂负责人到深圳与香港中晓公司洽谈加工二层革设备引进事宜，协助该厂引进香港梅窝出入口贸易公司合资生产皮革产品项目。1991年，全州50家生产企业申报引进外资项目，对外发布合资项目40个，邀请50余位外商到州洽谈合资，帮助“三资”企业办理各种审批手续。1992年，州外经贸委创办两家外贸公司，兴办一家合资企业。是年，州外经贸委联合州、市公安部门赴山东帮助州外贸工矿产品出口公司、州外贸土畜产茶叶出口公司追回被骗货款38万元。1993年，州国合商业对外招商办成立。1994年，筹建招商局、贸促会和国际商会，发展外贸公司、生产企业、“三资”企业33家为贸促会会员单位。是年，州外经贸委做好“三资”企业统计工作，督促双方履约，按时出资，协同有关部门解决企业实际困难。1995年，州外经贸委组建州贸促会和州招商局。1996年，州贸促会发展会员企业84家，为湘泉集团等八家企业争取到进出口经营权。1997年，州外经贸委加强对外资企业协调服务，保障外商合法权益，先后为12家生产企业和外贸企业申报经营进出口权。协助湘泉集团加入“中国贸促系统供求信息互联网”。调解湘西进出口公司和毛沟有色金属冶炼厂之间经济纠纷。

2000年，湘西州国税局办理出口退税申报企业17家，审核完成退税5167万元。州外经贸委受理协调“三资”企业投诉8起，召开协调会6次，下县市和企业30次，接待外商300余人次。帮助四家企业新获进出口经营权，帮助企业申请锌锭出口配额4300吨、冻肉配额6000吨。审核出口退税613单，完成退税金额5167万元，协助三户外贸企业改制。2001年，州外经贸委上报国际无偿援助项目22个，受援金额2322万元。2002年，州外经贸委协助企业取得退税托管账户贷款2220万元；帮助企业申报高科技贷款贴息项目5个，批准3个，金额80.5万元；帮助企业申报中小企业国际市场开拓资金项目33个，批准5个，金额540万元；帮助企业争取出口贴息3笔，共计411万元人民币。上报国际无偿援助项目55个，跟踪项目82个，27个项目获外经贸部批准。2003年，州外经贸局从州政府争取西部外贸发展资金40万元，支持州外贸粮油食品公司向上申报外经权。2004年，州商务局上报申请日本使馆基金80万元人民币，作为湘西州外贸发展资金。2005年4月，州商务局会同相关部门开展外商投资企业年检，全州应检企业23家，实检20家。其中，合资11家，合作1家，独资8家。州商务局还出面协调调解两起企业间经济纠纷。2008年，州商务局在吉首市职业中专学校成立州内外派劳务培训基地。2009年，州商务局引导花垣振兴化工公司到澳大利亚投资创业，带领公司领导赴湖南省商务厅衔接国外投资相关事宜。2010年，州商务局引进山东威海恒德外派劳务公司到湘西州合作，与州投资促进中心签订合作协议。

第五章　城乡贸易

第一节　商品市场

一、城镇市场

1989年，吉首市工商局投资320万元修建乾州农贸市场，占地3.6万平方米，固定门面85间、摊位3000余个，农历四、九日为场日。保靖县迁陵镇集贸市场有经营户1700余户，从业人员2800余人，交易商品580种，年市场交易额1.21亿元。是年,全州有城镇集市及批发市场13个,从业人员4578人,营业面积89159平方米，成交额1.94亿元。

1990年，花垣县城关集贸市场建成营业，占地面积1.38万平方米，建筑面积1.36万平方米。1991年,全州集市贸易成交额3.67亿元，市场管理费收入483万元。1993年，全州国合商业投入网点建设资金3000万元，新建、改建、扩建网点60处，新增营业面积7.1万平方米。永顺县百货大楼投资100万元扩建改造，新增营业面积和仓储面积1800平方米。吉首商场投资860万元扩建商场，新增面积6000平方米，增加经营品种1万余个。州百货站先后投资350万元，扩建、改造营业厅，增加营业面积2100平方米。古丈县工商局投资修建县城民族大市场，占地面积1.5万平方米，建筑面积1.7万平方米，一楼有固定摊位400个，农历三、八日为场日。是年，集市贸易成交额8.37亿元，比上年增加1.9亿元。1995年，全州重点市场网点建设项目44个，23个竣工使用，新增营业面积4.9万平方米，总投资9137万元。吉首大饭店、龙山县召市镇实行内联形式，投资460万元，建成7000平方米的召市农贸市场。是年，全州集市贸易成交额15.25亿元。1996年，泸溪县城迁至白沙镇，县工商局投资200万元，修建白沙辛女农贸市场，占地面积2.67万平方米，摊位200个。1997年9月，永顺县实行招商引资，与湖南东吉房地产开发公司张家界分公司合作开发永顺县中心市场，占地面积1万平方米，建筑面积1.3万平方米，固定摊位650个，临时摊位220个，固定门面228间。1998年，花垣县商业集团总公司招商引资1200万元，新建“花垣商业中心”，新增营业面积1.6万平方米。1999年，吉首五交化站与吉首百货站，联合改造商场，建成“石家冲工业品大市场”，面积1.1万平方米。2000年，吉首市建成关厢门服装批发市场；永顺县建成水果批发市场；保靖县扩建迁陵镇集贸市场；州再生资源公司建成吉首市建筑装饰材料市场；古丈县新建集贸市场、住宅为一体民营开发小区。是年，吉首百货站改造商场1500平方米，建成“吉百利量贩广场”。至年底，全州有城镇批发市场、城镇集市25个，从业人员10885人，营业面积102369平方米，成交额5.98亿元。

2001年，州市场服务中心筹措资金维修改造市场43处。永顺县猛洞河超市开始营业，投资2000万元，营业面积3600平方米。2002年，吉首市红旗门商贸大市场、石家冲农贸市场、永顺县城中心市场、花垣县中心市场等州、县（市）重点项目先后竣工投入使用。泸溪县白沙辛女农贸市场扩建为综合性大市场，有门面400间，摊位500个。是年，全州内贸系统市场商品成交额23亿元，上缴税费1500万元。2004年，吉首市投入日元贷款1620万元、国债资金300万元、自筹资金3394万元，在万溶江乡狮子村头炮台征地6.67万平方米，新建乾州农贸市场，修建门面75个、高空大棚15组、384间、停车场1个。花垣县筹资1300万元改造城关集贸市场。吉首市家乐富超市、古丈县红太阳购物广场超市、花垣县顺天福超市先后开业。是年，全州供销系统引资1430万元，实施花垣县边贸市场二期工程、龙山县棉麻购销中心及泰豪商业广场和吉首市边贸中心等5个项目。2006年，龙山县里耶商贸城签约修建。全州供销社推进“新网”建设工程，构建现代流通网络体系。2007年，龙山县丰彩超市开业，建筑面积7000平方米，注册资本100万元。佳惠超市（凤凰店）开业，面积4000平方米。2008年，龙山县里耶商贸城竣工营业，占地3.34万平方米，总投资2200万元。2010年，泸溪县投入350万元，扩建白沙辛女农贸市场。建经营区20个，门面400间，摊位800个，收纳个体经营户500家，从业人员1500人。是年，全州有城镇批发市场、超市、城镇集市65个，从业人员25647人，营业面积204397平方米，成交额25.14亿元。

城镇集市选介

乾州农贸市场　位于吉首市乾州街道西郊，距吉首火车站8公里。农历每月四、九日为场日。1989年，乾州农贸市场由市工商局投资320万元修建。市场占地3.59万平方米，有固定门面85间、摊位3000个。市场内设肉食、水产、蔬菜、水果、花卉、苗木、铁竹木制品、生姜、牲畜、粮油、餐饮、服装及日用百货经营区。1991—1998年，4次被省工商行政管理局授予湖南省文明集市称号。2000年5月20日，吉首市工商局将乾州农贸市场移交市市场局管理。2003年，乾州农贸市场场址被征作市人民广场。2004年1月，吉首市市场投入日元贷款1620万元、国债资金300万元、自筹资金3394万元，在万溶江乡狮子村头炮台征地6.67万平方米，另建乾州农贸市场，修建门面75个、高空大棚15组、384间、停车场1个。12月，乾州农贸市场开场，设肉食、水产、蔬菜、水果、粮油、餐饮、生姜、禽畜、副食品、农副产品、铁竹木制品、花卉、苗木、药材、服装、日化、种子、肥料、农药、农具共20个经营区，收纳个体经营户1082家、从业人员1436人。2005年5月，完成市场环境绿化、停车场和其他配套设施建设，市场建筑面积3.12万平方米。场日仍为农历每月四·九日，入市自产自销人员1.1万人，交易商品540种。场日人均流量3.5万人，旺季达5万余人，年交易额3000多万元。市场辐射湘、鄂、渝、黔、粤、桂等省（市、区）周边40多个县（市）。是年12月，乾州农贸市场被农业部挂牌定点为“全国大型农产品批发市场”500家之一。

里耶商贸城 里耶商贸城位于龙山县里耶镇秦风南路，系武陵山区日元贷款扶贫项目之一。2006年7月25日签约，是年9月动工建设，2008年11月竣工营业。商贸城占地3.4万平方米，建设总面积3.84万平方米。其中：综合楼2727平方米，冷冻仓库1522平方米，商铺5112.76平方米，交易大棚7628平方米，公厕176平方米，停车场1.7万平方米，室外绿化4242平方米；总投资2200万元。2010年，市场收益51.56万元。

迁陵镇集贸市场 位于保靖县城老街，临近高架桥、三中路，距城区中心300米。1986年，市场开始建立，收纳经营户1700家，从业人员2800人，交易商品580种，日客流量6000余人次，年市场成交额1.21亿元。2000年8月扩建，占地6330平方米，建筑面积7320平方米，有固定门面76间，摊位586个。市场设肉食、水产、蔬菜、水果、花卉苗木、铁竹木制品、家禽、粮油、餐饮、服装及日用百货经营区。2001年，通过招商引资，投入480万元用于市场扩建，2002年3月建成并投入使用。2010年，市场成交额4800万元，上缴税费24万元。

花垣县城关集贸市场 1990年，花垣县城关集贸市场建成营业。市场地处县城建设路中段，占地面积1.37万平方米，建筑面积1.36万平方米。2004年，市场服务中心筹资1300万元改建市场。是年，集贸市场成交额1900万元。2005年10月，集贸市场改建竣工。新市场建筑面积2万平方米，四层楼房，一楼为农贸市场，主营农副产品；二楼主营服装、百货；三楼为超市；四楼为市场管理办公室。2008—2010年，城关集贸市场年均贸易成交额7300万元。

超市选介

吉首市家乐富超市 位于吉首市团结东路与武陵东路之间、吉首商业城东侧。2005年5月，超市开业，营业面积6000平方米，从业人员140人，经营食品、肉食、生鲜水产、日用品、服装、电器等百余个大类两万多种商品。2010年，超市营业额1.1亿元，上缴税费1000万元。

龙山丰彩超市 位于龙山县城新建路54号，建筑面积7000平方米。注册资本100万元。2007年4月，超市开业，有员工230人。主营日用百货、纺织品、副食品、烟酒等1000多种商品。超市隶属湖南丰彩实业发展有限公司，承担龙山县“万村千乡”市场建设工程，2008—2010年先后建设乡、村标准化农家店171家。

花垣县顺天福超市 位于花垣县城建设路三岔路口，花垣县城关集贸市场内。2005年，超市开业，营业面积5000平方米，主要经营食品、百货、日用品、化妆品、烟酒、文体用品等。2010年，超市从业人员70人，年销售额320万元，利润80万元。

古丈县红太阳购物广场 位于古丈县古阳镇正街中心处。超市占地面积7400平方米，是古丈县唯一的一家大型综合超市。2004年6月，超市开业，经营货物种类1268种。2010年，超市从业人员189人，年营业额1600万元，上缴税金28万元。是年，红太阳购物广场被商务部批准为“万村千乡市场工程”配送企业。

佳惠超市（凤凰店） 位于凤凰县沱江镇建设路旅游商贸城，总面积4000平方米。2007年12月，超市（凤凰店）开业。主要经营生鲜蔬果、肉、蛋、米、面包、面点、生鲜熟食、食品、家居用品、个人清洁、家用百货、针棉、鞋服、床上用品、小家电等。

永顺县猛洞河超市 位于永顺县城十字街东侧，原永顺县百货大楼。2001年年初，改建超市，投资3000万元。是年6月，超市开业。该超市总投资2000多万元，营业面积3600平方米，从业人员350人，其中下岗职工再就业200余人。主营日用品、食品、水产品、服装、熟制品、五金交电、床上用品、烟酒、蔬菜等。2010年，猛洞河超市营业额400万元，上缴税费50万元。

二、农村市场

1989年，全州农村集市76个，从业人员1.17

万人，营业面积7.49万平方米。龙山县茨岩塘市场，每场赶集万余人，上市农副产品有800余种；保靖县复兴农贸市场有民营、个体工商户120家，入市交易人数3000余人，上市农副产品640种，年交易额1600万元，上缴税费8万元。花垣县边城镇综合市场由花垣县工商局修建，占地4310平方米，经营面积4100平方米。是年，全州供销系统增设农资供应门市部87个，临时供应点129个。1994年7月，保靖县新建复兴集贸市场，次年8月，复兴农贸市场建成投入使用，占地3300平方米，建筑面积3800平方米，有固定摊位200个，临时摊位120个。1996年，全州农村集市80个，从业人员25252人，营业面积101809平方米，年成交额15831万元，实现利润4452万元。是年，全州新建农村集市4个，供销系统增设农资供应网点270个。1997年，龙山县桶车乡供销社新建14个农资服务点，送肥下乡16吨。1998年，全州巩固完善和新建村级综合服务站140个，增设农资供应网点420个。

2003年，龙山县供销社建成茅坪、咱果等农贸市场；永顺县市场服务中心建成首车、回龙、泽家等农贸市场；保靖县供销社建设毛沟农贸市场；花垣县供销社建设龙潭、麻栗场、雅酉等农贸市场，全州农村农贸市场总数达到15个。2004年，永顺县市场服务中心利用日元贷款1841.49万元，自筹110多万元，将原王村农贸市场整体搬迁至五里牌，新址占地4.34万平方米，建筑面积3.71万平方米，经营面积2.7万平方米，摊位1000个，临时摊位330个，固定门面56个，逢农历二、五、八为赶场日。花垣县供销社规划7个城乡市场建成4个，建设规模8.28万平方米，带动1800人就业，为2.8万户农民提供农产品交易场所。2005年，花垣县供销社边贸市场二期工程实现引资500万元；龙山县供销社引资380万元建设棉麻购销中心项目；吉首市供销社引资60万元建设边贸中心项目。2006年，花垣县边城镇开发旅游业，综合市场搬迁。8月，新市场建设完成"三通一平"（通水、通电、通道路、场地平整）。2009年，花垣县边城镇新市场竣工建成，占地2.4万平方米，建筑面积1.3万平方米，摊位788个，门面108间，总投资1500万元。全州发展县（市）、乡（镇）、村三级参股或授权经营农资网络体系150家，发展营销服务网点20家。

2010年，全州农村集贸市场80个，营业面积41.46万平方米，年成交额20.78亿元。是年，全州供销系统建成农资供应网络网点280个，其中当年新建24个。湘西州农资配送中心改造扩建项目、吉首市万溶江永佳日用消费品配送中心项目，分别获得以奖代补资金36万元和30万元。

农村集市选介

茨岩塘市场 集市形成于清乾隆年间（1736—1795），时称茨岩雨坪市，清光绪年间（1875—1908）叫茨岩塘，是龙山至桑植的必经之地，商贾云集，商业颇盛。农历逢三、六、九为场日。周边地区桐油、茶油、菜油，四川的锅巴盐，大庸（今张家界市）、永顺、桑植的棉花多在此销售。1935年，中华苏维埃共和国中央革命军事委员会湘鄂川黔分会在此发布第一号布告，主要内容为"商人可以营业兹有，红军绝不干涉或没收，但必须遵守苏维埃的法律。故意卡卖或关闭、停业，危及工农群众与红军的供给，即分别加以惩办"。集市一派红火。红军长征后，土匪骚扰，集市萧条，赶集人数减少。20世纪50年代，国营、集体商业在此设购销网点，个体工商户增多，集市逐渐活跃，赶集人数每场增至5000多人。1981年，集市逢农历四、九为场日，上市的农副产品有800多个品种。1987年，兴建集贸市场，每场赶集万余人。2008年初，因冰冻灾害影响，集贸市场顶棚被雪压垮，市场交易额大大缩减。2010年，龙山县在全省率先启动农村集贸市场建设改造"三年全新"工程，投资100余万元重建茨岩塘集贸市场，年入市交易人数10万人以上，年交易额3000万元。

复兴农贸市场 农贸市场形成于明清，时称"复兴场"，是花垣至保靖必经之地；因地处水路码头，历来是商贾收购桐油、山货等水运至沅陵、常德的起点站。居民临河而居，从码头起，沿河岸划一半弧形的主道贯通，形成墟场，逢农历二、七为场日。清代、民国时期，以桐油、茶油、菜油、木炭、山货等土特产为主，还有盐、布、竹制品等。中华人民共和国成立后，集市一直活跃，上市农副产品有640个品种。1989年，市场有民营、个体工商户120家，入市交易人数3000余人，年交易额1600万元，上缴税费8万元。1994年7月，新建复兴集贸市场，1995年8月投入使用。新场占地3400平方米，建筑面积3800平方米，有固定摊位200个，临时摊位120个。市场主要经营椪柑、蔬菜、季节性水果、猪仔、竹制品等。2010年，市场固定经营户240家，入市交易人数5000余人，年交易额2900万元，上缴税费15万元。

边城镇综合市场 位于花垣县边城镇（茶洞），1986年由花垣县工商局修建。占地面积4310平方米，经营建筑面积4100平方米。2006年，边城镇开发旅游业，将原市场搬迁。2009年10月，新市场竣工建成。市场占地面积2.4万平方米，建筑面积1.3万平方米，总投资1600万元，建有市场摊位788个，经营门面108间。2010年，市场贸易成交额1732万元。

王村农贸市场 位于永顺县芙蓉镇（王村），集市形成于明清时期，原属湘西州五个码头繁华集市之一，水陆交通便利，素有“楚蜀通津”之誉，商贾云集，商业繁荣，原建于10里青石板街上，有商铺200多家 。2004年，王村发展旅游业，农贸市场从古镇迁出，县市场服务中心利用日元贷款1841.49万元，自筹110万元，将农贸市场整体迁至新开发的五里牌，新址用地面积4.34万平方米，建筑面积3.7万平方米，经营面积2.7万平方米，固定摊位1000个，临时摊位330个，门面56个，经营肉食、水产、蔬菜、水果、粮油、餐饮、禽畜、副食、农副产品、铁竹木制品、药材、服装、种子、农药、化肥等品种，逢农历二、五、八为场日。2010年，市场个体工商户130家，入市自产自销人数9000多人，年交易额10.6亿元，上缴税费70万元。

三、万村千乡市场工程

2005年，全州“万村千乡市场工程”建设启动。永顺、吉首进入商务部“万村千乡市场工程”建设试点县（市），发展乡（镇）店4家。2006年，全州“万村千乡市场工程”建设试点新增泸溪、凤凰、古丈、保靖4个县，承办企业为佳惠百货，新建或改建“万村千乡市场工程”农家店49家，营业面积5000平方米，年营业额3000万元，解决就业200人。2007年，承办企业增至3家，开办农家店118家。2008年起，州商务部门每年安排100万元配套资金扶持供销合作社参与“万村千乡市场工程”和“双百”工程建设，培育连锁经营骨干企业，改造网络终端，构建连锁配送体系。2009年，全州又有4家企业获得“万村千乡市场工程”承办资格，承办企业由原来3家增至7家。全州新建、改建农家店392家，竣工验收合格327家。2010年，全州有8家承办企业、4个商品配送中心，新建和改建农家店420家。全州农家店892家，乡镇覆盖率90%。

第二节　社会消费品零售

1989年，全州实现社会消费品零售总额7.59亿元，其中县（市）零售总额4.47亿元，县以下3.13亿元。1995年，全州实现社会消费品零售总额22.39亿元。至2000年，5年全州实现社会消费品总额151.46亿元，其中县（市）零售总额90.23亿元，县以下零售总额61.23亿元。2001—2005年，5年全州实现社会消费品零售总额217.42亿元，其中县（市）零售总额137.93亿元，县以下零售总额79.49亿元。2006年，全州实现社会消费品零售总额62.68亿元。2010年，全州实现社会消费品零售总额116.99亿元，县（市）零售总额96.87亿元，县以下零售总额20.11亿元。

第三节　商品经营

一、日用百货经营

1989年，湘西州实现百货销售5194.5万元。1993年1月，吉首百货站自筹24万元，改办公楼为营业间，增加营业面积800平方米。7月，投入200万元，扩建商场，安装电梯1台，增加营业面积1810平方米，总营业面积达2650平方米。增设家电、五金、化工柜、新辟服装自选，增加“雪豹”等国内名牌皮衣，引进“老人头”“先力高”“宾度”等国内外名牌皮鞋，经营品种由800余种增至1.5万种。12月，吉首百货站实现销售额3919万元，上缴利税125.3万元，流动资金周转3.6次/100天。同时，吉首百货站开展商品售前、售中和售后服务，为顾客送货上门2570次、2.16万件，金额320万元；退换商品780件，金额2.13万元；义务安装修理50人次。库存商品总额比上年下降22.23%。1994年，全州实现百货销售3983.4万元。其中吉首百货站完成商品销售额3821.1万元，上缴利税117万元，流动资金周转3.75次/96天，库存商品比上年增长12.3%。7月，吉首百货站自筹资金8万元，新建仓库300平方米作为拆零仓库。发展多种形式总经销、总代理业务，先后与山东“乐声”、襄樊“七巧板”等50个厂家名优产品实行区域性总代理、总经销，建立长期稳定购销关系。开展对库存商品分类清理，与供货方联系，采取注销部分购货合同及退货措施，商品适销率90%。1995年，全州实现百货销售4906.42万元。其中吉首百货站完成商品销售总额4798.2万元，上缴利税142.6万元，流动资金周转134天/次，库存商品余额1279.9万元，存货周转103天/次。1999年，全州实现百货销售3530.6万元。其中吉首百货站围绕盘活企业资产存量、市场招商为中心，挖掘有效资产潜力，推销库存商品和开展两清工作。12月，推销库存商品89万元，实现毛利8万元，非经营收入91万元，亏损180万元，比上年减亏46万元。2000年，全州实现百货销售2124.4万元。2001年，国有日用百货经营企业改革改制，日用百货由个体商户经营，全州实现百货销售2512万元。2006年，百货销售逐年小幅上升，全州实现百货销售2960万元。2010年，全州百货销售小幅上升，实现销售额3578万元。

二、针纺织品经营

1989年，湘西州实现针纺织品销售5614万元。1991年，全州实现针纺织品销售1768万元。吉首纺织站成立服装科，腾出原二级批发办公场地500平方米，开设全州首家服装自选商场，从事经营服装批发和零售业务。门市经营面积，由上年635平方米扩大到1050平方米，经营品种增至1万余种；参加长沙、常德、怀化纺织站商品调剂会。1992年，吉首纺织站纺织品批发销售648.9万元，零售58.2万元；针棉织品批发销售362.6万元，零售152.8万元。全州实现针纺织品销售3529.9万元。1995年，全州实现针纺织品销售1337.5万元。2000年，全州实现针纺织品销售1040.4万元。2003年，国有针纺织品经营企业改革改制，针纺织品由个体商户经营，全州实现针纺织品销售3010万元。2004—2007年，针纺织品销售有升有降，全州实现针纺织品销售额分别为3010万元、2620万元、3240万元、3560万元。2008—2010年，全州针纺织品销售小幅上升，实现针纺织品销售额分别为3420万元、3560万元、3640万元。

三、五金 交电 化工购销

1989年，湘西州实现五金、交电、化工类商品销售3977.7万元。1990年，全州实现五金、交电、化工类商品销售4337.3万元。吉首五交化站五金业务批发部与工厂联营，在供货会上以厂方产品本站名义洽谈业务。交电业务批发部与湖北枣阳“野马”自行车联营，实行多种铺底销售，延期付款等促销手段，实现销售6000辆。1992年，全州实现五金、交电、化工类商品销售7881.4万元。1996年，全州实现五金、交电、化工类商品销售11297.1万元。吉首五交化站完成商品销售总额3430.1万元，其中：交电类商品销售总额403.9万元，化工类商品销售总额326.5万元，家电类商品销售总额2150.1万元，摩托车类商品销售总额187.7万元。1997年，全州实现五金、交电、化工类商品销售7434.9万元。吉首五交化站完成商品销售收入1808万元，其中：交电类商品销售总额193万元，化工类商品销售总额

145.9万元，家电类商品销售总额1221万元，摩托车类商品销售总额81.7万元。2000年，全州实现五金、交电、化工类商品销售2548.7万元。2001年，国有五金、交电、化工经营企业改革改制，五金、交电、化工类商品由个体商户经营，全州实现五金、交电、化工类商品销售3160万元。2006年，全州实现五金、交电、化工类商品销售小幅上升，销售额3480万元。2010年，全州实现五金、交电、化工类商品销售有升有降，销售额3460万元。

1989—2010年湘西州社会消费品零售总额一览表

表18-3　　单位：万元

年份	总额	按销售地区分	
		县（市）	县以下
1989	75986	44708	31278
1990	76237	45088	31149
1991	84504	54573	29931
1992	103131	66684	36447
1993	128840	77892	50948
1994	174846	110715	64131
1995	223874	143536	80338
1996	257705	151674	106031
1997	290677	170897	119780
1998	304763	177973	126790
1999	321252	193216	128036
2000	340195	208547	131648
2001	362496	225809	136687
2002	390945	244359	146586
2003	415499	262936	152563
2004	467846	298926	168920
2005	537409	347278	190131
2006	626878	410105	216773
2007	739132	486354	252778
2008	885499	587268	298231
2009	1020661	666449	354212
2010	1169892	968749	201143

四、农业生产资料经营

1989年，湘西州各县（市）贯彻落实国务院关于重要农业生产资料实行专营的决定，成立农资专营领导小组。全州各级供销社增设农资供应门市部87个，临时供应点129个。销售化肥10.82万吨，农业生产资料零售总值7047万元。1994年，全州农资供应网点330个，供销系统完成农业生产资料零售32627万元，化肥供应量527490吨。1995年，州农资总公司先后派人分赴省内外20多家化肥生产厂家和化肥经营单位抓货源,从省内外调回70多个火车皮化肥，投放市场，支援春耕生产。1997年，全州供销系统销售农业生产资料1.08亿元，供应化肥10.65万吨，供应农药335吨，农用膜109吨。1998年，州内农资经营放开，个体私营企业开始批零兼营。吉首市从事化肥批发经营私营业主有10家。2000—2005年，全州供销系统销售农业生产资料总额6.19亿元。2010年，全州农资供应网点280个，组织落实化肥冬储4万吨。全州供销社实现化肥冬储3.5万吨，实现农资销售额4.9亿元；销售化肥29.43万吨，农用薄膜538吨。

五、农副产品购销

1989年，湘西州民贸、供销两家农副产品收购1.19亿元。商业、供销部门派出采购人员，赴全国各地采购调入各种商品投放州内市场。州副食品公司派员22人6次上自贡、赴重庆，落实副食货源。州棉麻土产公司先后组织30多人次外出采购，调进棉花2935吨。商业、供销部门帮助农民推销农副产品8678万元。1990年，全州民贸、供销部门收购农副产品9773万元；蔬菜上市量4057万公斤；肉食系统收购生猪3.4万头，白肉价比上年下降12个百分点。1991年，全州贯彻落实省人民政府办公厅《关于做好一次性削价处理积压商品工作的通知》精神，各级财政、银行、税务、物价、工商行政管理部门及主管局和企业配合，采取措施，推销削价处理积压商品2072.5万元。全州农副产品收购1.33亿元，肉食系统收购生猪5.13万头。1993年，全州商业、供销等部门派出人员7000余次，分赴全国各地采购适销对路商品投放市场。全州供销系统完成商品总购进4.98亿元，商品总销售5.76亿元，购进农副产品9513万元，蔬菜上市量5722万公斤。1994年，全州各级商业部门从全国各地购进7.9亿元商品，总销售9.4亿元。全州供销系统完成商品总购进4.42亿元，商品总销售5.41亿元，完成农副产品购进1.34亿元。1995年，全州供销系统完成商品购进总额6.14亿元，商品销售总额6.62亿元，完成生活资料零售3.23亿元，完成农副产品购进5110万元。1999年，组织供应牛肉2500吨、猪肉3500吨、食糖380吨，销售总额1.5亿元。2000年，全州供销系统完成商品购销总额3.5亿元。2001年，全州供销社完成商品购进总额3.73亿元，完成商品销售总额4.22亿元，销售收入2.39亿元，全系统盈利82.2万元。2002年，州内贸办重点扶持州粮运、喜阳两大猪场及吉首市万宝山乳业集团，帮助改造设施，扩大规模。全年州粮运和喜阳两大猪场出栏肥猪8242头，存栏肥猪4533头，万宝山乳业生产销售鲜奶520万杯。2003—2006年，全州供销系统完成商品购进总额10.15亿元，实现销售总额10.7亿元。2009年，全州家电下乡销售网点603个，销售各类家电产品5.82万台（件），汽车、摩托车1.43万辆，总计销售金额2.44亿元，农民获得国家补贴2595万元。2010年，全州供销系统生活资料零售7.56亿元。全州家电以旧换新网点279家，销售五类家电1591台，销售总额623.5万元，回收旧电器1835台，回收金额1.62万元；财政销售补贴1236台，补贴38.17万元。

第四节 物流

1989年，湘西州物资部门供应各类物资品种70种，至1995年，销售额累计12.51亿元。1997年，州邮电部门开办点对点直递运输业务，为邮政物流初始。

1998—2000年，州物资集团总公司利用吉首地处湘鄂黔渝四省市边区物资集散地优势，在经营上，开展联营联销，一手抓大厂，一手抓市场。

当年销售收入1.72亿元。同时，投资1500万元，兴建州金属材料、机电大厦、化轻建材三个综合市场，建设面积2.86万平方米，建成边区大型停车场1.5万平方米。

2001年，州物资集团总公司地处吉首市武陵西路10号，占地面积8万平方米，总资产4950万元，下属有州金属材料总公司，州机电设备总公司，州民爆专营公司，州物资贸易总公司，州金属回收总公司。主要经营金属材料、机电设备、汽车交易、化学危险品、民爆产品、橡胶、废旧金属、废旧汽车、五金交电等。由于物资市场基本放开，公司销售萎缩，除民爆公司经营正常外，金属、机电等关门歇业。是年，州邮政局成立物流分局。7月，湘西州邮政长沙高桥大市场长沙至吉首零担快运站启动，推出集运输、仓储、配送、代采购、代收货款为一体的邮政物流服务项目。10月15日，州邮政局国际货物运输代理中心正式挂牌。

2003年，州物资集团总公司改为州物资行业管理办公室（简称州物资行管办），归口州经贸委管理。州物资行管办成立后,及时向州委、州政府汇报公司改制情况，争取政策将州金属材料总公司、州机电设备总公司列入全州改制企业行列，享受工商企业同等政策待遇。主动与银行、财政、税务、工商、国土等相关部门协商解决债权、债务，积极争取相关的优惠政策，让职工得到更多的实惠。配合公安、工商行政管理部门清理整顿全州旧机动车交易和报废汽车回收点，取缔报废汽车非法收购点，规范旧机动车的交易行为。同时，制定旧机动车交易管理制度和办法，明确旧机动车收费标准，有效地防止和杜绝拼装车、走私车、盗窃车、报废车进场交易。同时，加强对民爆器材进、销、储的管理，确保民爆产品经营幅度上升和安全无事故。2004年，全州邮政网点开始分销农药化肥等农资产品。10月，邮政物流湘西分公司正式划归省邮政物流公司直管。

2005年，州邮政局设立服务“三农”（农业、农村、农民）办公室，农资连锁配送工作通过基础网络，用活让利政策，取得新进展。全州完成销售收入25万元；新建有效邮政“三农”服务点152个，完成建点计划的152%。县邮政局物流业务通过抓配送及时率和完好率，突出出口中邮快货的揽收，累计实现收入31万元，比上年增长93.75%。凤凰县邮政局采取有效考核方式，发展中型固定客户12家，全年实现物流毛利7.35万元，比上年增长397.29%。2006年，龙山县邮政代办点向邮政服务站转变，以种子肥料等为主的农资配送业务在全县范围内铺开，全年累计完成种子邮购2279公斤，农资配送额6.31万元。花垣县实现邮政物流3.67万元，永顺县邮政局农资配送实现收入3.25万元。2007年，全州创建“三农”服务网点280个，其中年销售额在5万元以上骨干网点8个。全州物流收入完成202万元，收入增幅290.79%。

2008年，全州建邮政“三农服务站”389个，网点覆盖率32.88%，收入5万元以上三农服务站达到29个，配送百吨以上生物有机肥网点达到9个，三农服务站充分发挥网络平台优势，抓住农时，结合实际，重点做好种子、化肥、农药、酒水等市场潜力大和具有地方特色的产品分销业务。全州完成农资分销收入267.42万元，完成省公司计划的109.15%，同比增长32.39%，超额22.42万元。2009年，全州邮政物流“三农服务站”达到148个，“三农”物流分销收入实现89万元。永顺县邮政局网点形象实现有效提升，全县农药分销额占全州总额64.99%，肥料冬储分销占全州总额的36.67%。2010年，全州邮政物流分销实现97.2万元，同比增幅10.59%。

第五节　食盐专营

一、食盐购销

1989年，湘西州盐业公司负责各支公司食盐分配、调拨、储存、市场安排，实行购销调存、人财物统一管理、两级经营。1990年，州盐业公司在核定购销指标基础上，实行风险抵押金与销售任务挂钩，工资奖金与利润指标挂钩办法，鼓励多销多超，奖金不封顶，超收应上缴国家部分外，余下按比例分成。从 1991 年 9 月 1 日起，湘西州每年 1.7 万吨食用盐从省盐业公司调拨，不得从省外调入；食盐价格给予照顾，按每吨比现行价 328.15 元低 60 元价格调拨；湘西州工业用盐也要按省盐业公司统一计划安排。1992 年，从四川自贡调进 110 吨 14 个品种特种盐。全年销售加锌盐 6 吨，粒状盐 8 吨，肠衣盐 16 吨，礼品型调味盐 103 件，调料盐 26 件，其他食品调料盐 53 件。1993 年，食盐调价，（散装）由 0.5496 元 / 公斤调为 0.8468 元 / 公斤。全州分 3 个价区，吉首、古丈、凤凰为二价区 0.84 元 / 公斤，泸溪、花垣、保靖、永顺为三价区 0.86 元 / 公斤，龙山为四价区 0.9 元 / 公斤。4 月，全省食盐调价后，湘西州与鄂川黔三省比较，每吨盐高出 200 元。外省低价盐迅速占领州内市场，全州 40 个乡（镇）受到外盐侵销。凤凰、花垣、龙山食盐销售比正常销量下降 64%。食盐经营费用上升，每吨盐仅运杂费上涨 50 元。1995 年 6 月，全州发放“食盐零售许可证”。1996 年，湘西州盐业公司学习贯彻《食盐专营办法》，主动停止从四川进盐。1997 年，调整衔接各县食盐价格：500 克袋装盐县城零售价 0.62 元，农村 0.65 元。12 月，州盐业公司下达调整食盐调拨价格通知，500 克小包盐价格每吨 641 元，增值税 108.91 元，价税每吨 620.1 元。1999 年，实行销售、利润和工资总额双挂钩，设立食盐超销奖，拉开分配档次。2000 年，建立食盐机械加工包装厂，实行统一加工、统一配送，提高加工质量。

2004 年 5 月，州人民政府企业改制工作组进驻盐业公司，州盐业公司改制工作启动。州人民政府以盐业全部国有资产 696 万元（实物）作为国有股份，占盐业股份企业总股权 51.18%，社会自然人占盐业股份制企业总股权 48.82%。12 月，州人民政府驻盐业改制工作组按照《州盐业公司改革改制方案》实施，实现政府控股股份制改革。2005 年 1 月，在州工商行政管理部门登记注册成立州盐业股份有限责任公司，负责全州食盐批发供应。2006 年，州盐业公司获得“和谐中国·2006 年度全国荣誉示范单位”等国家级、省级、州级荣誉 10 项；董事长、总经理黄健获得“全国轻工行业劳动模范”等国家级、省级、州级荣誉 4 项。2008 年，州盐业公司推行客户经理责任制，对市场、客户实行一对一管理与服务，提高服务质量及与客户沟通度，全州有食盐经营特许店 1600 家，销售各类生产用盐 7259 吨。2010 年，州盐业股份有限责任公司设置龙山、永顺（辖古丈）、花垣（辖保靖）、凤凰、泸溪 5 个县分公司和吉首市盐业经营部，同时，在里耶、石堤两镇设立食盐批发站。5 月和 9 月，州盐业公司先后两次开展促销活动，分别销售小包盐 1600 吨、4777 吨。

二、食盐专卖执法

1990 年 4 月，湘西州盐业公司宣传贯彻《中华人民共和国盐业管理条例》。1992 年 9 月，州政府决定授予州、县盐业公司盐政执法权，负责全州盐业法规贯彻实施。10 月，州盐业公司成立盐政科，与法院、检察院成立盐业法规联合执行办公室。1993 年 4 月，湖南省盐价调价到位后，与邻省价差悬殊，外省盐倾销龙山、凤凰、花垣、保靖一半市场。州盐业公司加强管理州内市场，上半年查处盐业违法案件 650 起，查获违法盐 74 吨。5 月，州盐业公司制定盐业市场管理相关规定。1994 年，全州整顿盐业市场领导小组成立，下设盐业市场整顿办公室。4—5 月整顿盐业市场，稽查各类违法盐 318 吨，查处违法案件 128 起，取缔非法批发食盐户 40 家，取消无证非法经营零售食盐户 220 家，捣毁地下加工盐黑窝点 2 个。1996 年，全州稽查各类违法盐 1126 吨，查处违法案件 208 起，取缔非法批发食盐户 35 户，取消无证无照非法经营零售食盐户 102 户，捣毁地下加工小包盐黑窝点 9 个。1997 年，州盐务管理局成立。1998 年，全年查处盐业违法案件 12 起、违法人员 27 人，查处假冒小塑袋 1 万个，没收私盐 221 吨，罚款 2.2 万元。1999 年，食盐严格划区供应，制止倾销、竞相降价、补贴运费等行为。是年，全州重新核发食盐经营许可证 5400 个，建立食盐零售专卖店 2400 家。2000 年，开展执法检查 32 次，查获涉盐违法案件 32 起，违法私盐 503.16 吨，假冒食盐小塑袋 3.32 万个，假冒防伪商标

3200个，查获地下加工批发私盐窝点3个。2001年，实行碘散盐销售审批责任制、非碘盐申报要货计划核准制，控制非碘盐、碘散盐销售。与贵州省铜仁地区、重庆市黔江区、湖北省恩施州、省内怀化市和张家界市达成稳定边区市场协议。2002年，开展盐业、公安联合执法，年内两次与州公安局联合开展整顿盐业市场秩序专项活动，查处涉盐违法案件58起，没收假私盐87吨。

2003年，受“非典”疫情影响，全州各地食盐市场出现“抢购风”。州盐业公司及时向市场投放储备食盐1000吨，平息抢购食盐风波。2005年，贯彻执行州委、州政府禁钒工作精神，禁止向制钒业主供应工业用盐。2006年，州盐业公司开展食盐特许经营布点工作，签订《食盐特许经营合同书》，全州设立食盐特许零售经营点504个。2008年，州盐务管理局组建盐务管理科和盐政稽查大队，深入八县市了解盐业市场，检查全州120多家厂矿和食品加工企业用盐情况，重点监管中小学校、机关食堂、工地集体食堂。查获永顺、古丈贩运私盐72吨。全年查处涉盐案件13起，查出违法人员20人，没收非法炼钒盐35.25吨。2009年，全州有食盐零售许可证经营户1620家，由州盐务局核发许可证。8个县（市）检查经营食盐零售户1500家，查出无“食盐零售许可证”1200家，查出食盐零售经营户擅自抬高食盐零售价格500家。收缴无碘盐25公斤，没收工业盐冲销食盐市场0.5吨，查出问题盐12.20吨。全州布局食盐零售销售网络3000个，实现全面覆盖市场和全民普食碘盐目标。

2010年，全州清理登记腊肉制品、月饼蛋糕、皮蛋加工、酱油、食醋、调味品、制水业、蔬菜腌制、饮料、乳制品等10类80家食品加工用盐企业，建立一户一档制的户籍化档案，规范食品加工企业用盐。全州清理整顿食盐批发企业7家，查处违法加工小包装盐一家。在8个县（市）集贸市场建立20个盐业市场监管联系点，聘请盐政协查员10人，公布举报电话，建立盐政管理“群防群治”新机制。州盐务部门集中开展盐政执法检查，查处保靖、凤凰两县非法炼钒用盐30.5吨，在乡镇学校食堂没收原包盐20公斤，收缴非法经营食盐13.5吨，处罚涉盐违法人员30人。

1989—2010年湘西州盐业(股份有限)公司经营情况一览表

表18-4　　单位:吨、万元

年份	购进	销售	销售收入	实现利润	上缴税收
1989	22839	17048	594.16	98.13	40.95
1990	15264	15567	825.29	187.44	32.87
1991	14529	17306	992.37	166.7	128.5
1992	18395	19085	993.29	169.28	102.80
1993	17156	16270	1041.34	147.3	97.50
1994	13355	15427	1268.94	164.58	141.20
1995	14068	15892	1744.30	210.56	159.8
1996	15016	15423	2017.7	8.86	183.22
1997	15203	15703	2030.1	-50.3	58.6
1998	17264	16229	2141.4	19.8	97.4
1999	16147	18741	2395	41.4	129

续表 18-4 单位：吨、万元

年份	购进	销售	销售收入	实现利润	上缴税收
2000	22386	22583	2915	106	236
2001	16339	20266	3229.4	106.3	254.7
2002	12929	15217	2712	102	236
2003	12488	14100	2322	76	250
2004	16339	15950	2384	-283.92	234.8
2005	20320	17783	3204	367	358.6
2006	11643	14639	2701	511	341
2007	13116	12121	2820	758.6	328
2008	16938	18732	3050	767	786
2009	13633	14855	2711	503	267
2010	13430	10876	2079	683.2	576.5

第六章 商贸管理

1989—2010年,湘西州国内贸易工作的主管部门为州财贸委员会、州财贸工作办公室、州内贸行业管理办公室、州商务局。

州商务局 2004年11月，组建湘西州商务局，加挂湘西州招商合作局牌子。机关内设办公室、政策法规科、外商投资联络科、外商投资管理科（加挂州外商投诉协调中心牌子）、对外贸易科、对外经济合作科、市场运行调节科（加挂州牲畜定点屠宰工作领导小组办公室、州汽车更新报废回收协调领导小组办公室牌子）、商贸改革发展科（加挂州物流领导小组办公室牌子）、市场体系建设科（加挂州政府商品市场建设管理领导小组办公室、州整顿和规范市场经济秩序领导小组办公室牌子）、商务信息管理科（加挂州商务信息中心牌子）、财务审计科、人事科、纪检组（监察室）。局机关编制30名，机关后勤服务事业编制6名。2006年9月，州商务局加挂盐务管理局牌子。2007年3月，撤销州物资行业管理办公室，4名地方财政编制连人带编划入州商务局。7月，州商务局增设老干部管理科和盐务管理科。12名地财编恢复为行政编，编制划转后，局机关编制42名，实有46人。

2004—2010年，历任局长：李全；副局长：游泓、王小亚、陈专、向荣、朱为民。

州对外贸易经济合作局 1989年1月—1995年9月，州对外经济委员会负责全州对外贸易工作（简称州外经委），1995年10月，州招商局成立，与州外经委两块牌子一套人员。内设办公室、财基科、审计科、政工科、保卫科、纪检组（监察室）、招商引资联络科、三资企业管理科、外贸科、法律事务科。核定行政编制20名，事业编制19名，共39名。中国国际贸易促进委员会湘西支委会办事机构归口州外经贸委管理。2001年8月，州对外经济贸易委员会更名为州对外贸易经济合作局（加挂州招商合作局牌子）。10月，对外贸易经济合作局内设办公室、计财科（审计科）、外贸科、外经科、招商引资联络科、“三资”企业管理科（加挂州外商投资企业投诉协调中心牌子）、人事科、纪检组（监察室）。核定行政编制15名，事业编制6名。

1989—2004年，历任主任（局长）：张长乐、龚其彪、胡少先；副主任（副局长）：廖瑞旭、王泽鑫、胡维岩、高伟、陈德根、满维军、邓保先、胡少先、房光大、张通荣、李力、李全、游泓、雷正发、陈专。

州内贸行业管理办公室 1989年6月，州财贸委员会设立社会商业管理科，人员编制从财委现有人员编制内调剂解决。1994年9月，州财贸委员会改为州政府财贸工作办公室，为州政府工作机构。内设综合科、政工科、商业贸易管理科、财税金融科、商办工业管理科、蔬菜办公室。核定行政编制19名，事业编制1名。2001年8月，机构改革，不再保留财贸工作办公室，设立州内贸行业管理办公室（副处级行政机构），属州经济委员会管理。内设办公室、市场调控与综合法规科（加挂“州生猪定点屠宰管理办公室”牌子）、市场建设管理科（加挂“州政府商品市场建设管理领导小组办公室和州市场服务管理中心”牌子）。核定行政编制12名，事业编制1名。

1989—2004年11月，历任主任：李万清、李振球、尹友明、龙友芳、周叙清；副主任：王承业、向召琪、李明、覃事松、鲁明福、王小亚、周叙清。

州物资行业管理办公室 1989年，州物资公司（对外保留州物资局名义），在职人员34人。1990年1月，州物资公司恢复为州物资局，编制33名。1994年9月，州物资局成建制转体为州物资集团总公司。2001年12月，机构改革，保留州物资行业管理办公室（副处级），归口州经济贸易委员会管理。事业编制7名，在职14人。人员管理按照只出不进规定执行。2005年3月，设立州民用爆破器材管理办公室（副处级全额拨款事业单位），与州物资行业管理办公室实行两块牌子，一套人员，归口州商务局管理，下设综合科、民用爆破器材管理科、安全监督科。事业编制11名。2007年3月，撤销州物资行业管理办公室，职能及4名事业编制连人带编划入州商务局。

1989—2007年，历任局长（经理、主任）：马本立、赖仲光、朱为民；副局长（副经理）:高洪元、李正太、赖仲光、朱为民。

州盐务管理局 1998年2月，州盐业公司加挂州盐务管理局牌子（副处级），实行两块牌子，一套人员。2003年3月，州盐业公司增设审计科，党委办两个职能机构；州公司建立食盐配送押运中心。2004年7月，州盐业公司在岗干部职工108人。12月，湘西州盐业公司由国有盐业转为盐业股份制企业。2005年1月，州盐业有限责任公司成立。2006年10月，成立州盐务管理局，在州商务局加挂州盐务管理局牌子（正处级）。12月，州盐务管理局定编2名。

1997—2006年，历任局长：黄健、李全；副局长：朱为民。

第一节 酒类市场管理

1989年，湘西州酒类经营由州、县（市）副食公司负责。2002年，州酒类产销管理局（简称酒管局）成立。2003年，州酒管局组织开展打击制售假冒伪劣酒违法行为，堵塞假冒伪劣酒进入流通渠道，指导各县（市）酒管部门检查城区酒类流通市场，推进酒类备案登记和溯源制度。2004年，州酒管局开展酒类专项整治活动，从重打击制售假冒伪劣、无证经营行为。全州办理酒类批发证50个，持证经营酒类批发93%；直接和协助相关部门查获假冒“酒鬼酒”名优酒70余瓶；查处无酒类批发证经营户购进酒类案件2起，封存各种酒类20余瓶，抓获售假嫌疑人2人。应酒鬼酒公司请求，实施“酒鬼”系列产品渠道审验和贴标。2005年，贯彻《湖南省酒类管理办法》，建立酒类准入制度，持续打击制售假冒伪劣产品和无证经营行为，全州持证经营酒类批发94%以上，直接和协助相关部门查获假冒“酒鬼酒”等名优酒类30余瓶，查处向无酒类批发证经营户购进酒类案件4件。

2006年7月，开展全州酒类终端市场稽查，处罚19家无酒类批发许可证批发经营户，查获

130余件假冒酒类，案值3万余元。2007年，州酒管局派员到县指导，从市场检查程序、现场辨识假酒、行政处罚案件办理、文书填写等各个细节示范操作。至11月，全州开展各类整治行动80余次，检查商业超市、酒店、KTV、批发点2400户（个），查处无证经营案件42起，不开具（索取）随附单、相关证明文件案件86起，缴获假冒五粮液、酒鬼、水井坊、王朝葡萄酒等300余件，案值23万元。2008年，把住酒类经营许可证核发和换发市场准入关口，州酒管局对不符合条件的20余起申报不予审批、15起不予行政许可，全年新增酒类批发证15件。全州酒类经营企业持证经营率达80%，90%以上销售终端能够主动索取相关酒类证明文件。2009年，全州接到批发许可申请30件，经审核批准19件。州内各级酒管部门开展"随附单"专项检查60余次，处理不开具或索取"随附单"、单货不符案件100余起。州酒管局组织各县(市）开展稽查行动37次，查获各种假冒名酒、进口酒200余瓶，处罚出售假酒等违法经营企业7家，违法个人5人。2010年，全州酒管部门接到批发许可申请58件，经审核批准15件。

第二节 定点屠宰管理

1998年7月，州人民政府生猪屠宰管理工作领导小组成立。1999年，全州财贸部门成立专门执法队10支，定期或不定期到各县（市）屠宰定点场（点）开展执法检查，防止私屠滥宰和注水肉、病（死）猪肉上市流通。12月，全州定点屠宰场（点）10个。2000年，全州定点屠宰生猪21万头，永顺、保靖两县实现机械化屠宰。2001年，全州推行"放心肉"工程，改善屠宰场硬件设施，定点屠宰向乡镇推进，泸溪县浦市、兴隆场、凤凰县阿拉等7个乡（镇）实行生猪定点屠宰。全州全年定点屠宰生猪27.48万头，进点屠宰率91%。2003年，州内贸办加强生猪定点屠宰场硬件设施建设，实施生猪定点屠宰机械化和半机械化改造，全州9个城区定点屠宰场均建立肉品质量检验室，全年生猪定点屠宰29万头。2004年，全州生猪定点屠宰32.3万头，湘西州被评为全省生猪定点屠宰先进市州。2005年5月，州商务局加强生猪定点屠宰管理，取缔私屠滥宰点21个，查处注水肉、病害肉9起450公斤，全州城区生猪定点屠宰进场率90%。2006年，全州生猪定点屠宰自给率35%，州裕丰公司被定为中央活猪储备企业。是年，全州完成定点屠宰量36.5万头。2008年3月和9月，州商务部门两次开展全州猪肉质量安全专项整治工作，并为8个县（市）安排屠宰场改扩建专项资金135万元，泸溪、古丈、保靖、龙山4县于是年完成扩改建任务并使用，其他县（市）改扩建工程启动。次年，全州八县市均完成定点屠宰场升级改造任务。2010年，州商务局加强畜禽屠宰环节整顿，督促企业建立和完善肉品质量安全全程监管体系，打击加工、销售病死病害畜禽肉和注水肉行为，整治重点区域8个，抽检猪肉295次，缴获私屠滥宰、注水肉120公斤，销毁病害肉51公斤。是年，州商务局核查清理州内屠宰企业，要求硬件达不到换证要求的企业限期整改。泸溪、保靖两县添置无害化处理设备；花垣、永顺两县屠宰场完成搬迁。企业执行生猪进场台账、生猪产品出场台账、肉品品质检验台账和无害化处理登记制度。

第三节 特种行业管理

2005年7月，州商务局与相关部门联合行动，取缔非法报废汽车回收拆解企业21家，查获伪造变造"报废汽车回收证明"1份，查处非法经营窝点39个、非法经营人员46人、报废汽车整车114辆、"五大件总成"217件套及零配件132.5吨，涉及非法经营总额（按废钢计）59.72万元，组织报废汽车回收公司回收和拆解报废汽车1038台。2006年5月，州商务局组织召开拍卖行业工作年会，学习《中华人民共和国拍卖法》和商务部《拍卖管理办法》，督促企业依法拍卖。在永顺、保靖两县开展报废汽车回收整治活动6次，捣毁黑窝点8处，查处报废汽车回收466辆，涉案废钢9.6吨。2007年4—5月，州商务局会同州相关部门组成整治工作组，整治吉首、花垣、永顺、古丈、泸溪等县（市）报废汽车非法回收黑市。8月，调查摸底全州典当行业，接受省商务厅实地检查。2008年3—4月，州商务局开展特种行业年度检查，检查典当行2家、拍卖公司6家、汽车报废回收企业2家，认定合格。2010年，州内2家汽车报废公司，回收提前报废老旧汽车467辆，更新新车146辆，发放以旧换新补贴180万元。

第七章 粮油经营

1989年，湘西州粮食局内设政工科、财基科、科教科、计统科、办公室、审计科、粮油工业管理站、粮油储运管理站、粮油购销管理站、议购议销管理站，编制71名，实有74人。局下属事业单位有州粮食职工中等专业学校，企业单位州粮运车队、州粮油机械厂和州粮油贸易公司。1992年，州粮油物资公司成立。1993年，州粮油技术开发公司、州汇丰粮油公司和州粮油多种经营公司成立，为局直属企业单位。

1996年3月，机构改革，撤销州粮油购销管理站、粮油储运管理站、粮油贸易管理站、粮油工业管理站和州粮食局驻广州办事处、粮油质量监测中心。局机关内设办公室、政工科、保卫科、计划统计购销科、储备储藏调运科、财务基建科(加挂粮油结算中心牌子)、行业管理科、审计科、监察室、行政管理科。编制50名，实有50人。设立下属企业单位乾州国家粮食储备库。2001年8月，机构改革，局机关内设办公室、调控科、财基科、行业发展指导科、人事科、监察室。编制35名，实有35人。

2003年，撤销州粮油机械厂。2004年，撤销州粮运车队及州粮油贸易公司。2005年，州粮食行业发展服务中心、湘西洪源和兴粮油发展有限公司成立。撤销州粮油物资公司、州粮油技术开发公司、州汇丰粮油公司、州粮油多种经营公司。2007年，撤销乾州国家粮食储备库。2008年，州粮食质检监测中心成立；撤销州粮食职工中等专业学校。2009年，撤销湘西洪源和兴粮油发展有限公司。2010年，州粮食局内设人事科、监察室、办公室、调控科、财基科、行业发展指导科、法规监督检查科、老干科，编制35名，实有35人。是年，湘西湘谷粮油发展有限公司成立。

1989—2010年，历任州粮食局局长：冯大来、向召琪、杜军、李力；副局长：石玉辉、鄢道春、彭武达、罗德敏、姚绍珍、尚心富、唐怀安、宋家发、鲁建。

第一节 粮油收购

一、粮食收购

1989年，湖南省下达湘西州粮食定购任务2.9万吨，“15%议转平”收购任务7300吨，退耕还林补助用粮议转平收购2.7万吨，定购任务和“15%议转平”（议价转为平价）为指令性计划，必须保证完成，退耕还林补助用粮可收粮食也可将每50公斤3.78元补贴款直接发给退耕户。州人民政府决定将“15%议转平”与包干收购任务一并下达，按4.58万吨落实到农户，县市不得随意调减，退耕还林用粮州按2.7万吨指标将差价款下拨各县（市），由各县（市）自行决策，全州除凤凰、龙山两县当年收购3200吨外，其余6个县（市）全部按指标将差价补贴直接发给退耕户。补发金额179.9万元。1990年，州人民政府决定全州仍按4.58万吨包干收购任务落实到户，各级政府不得加码。是年，全州部分农村遭受自然灾害，8.99万农户粮食减产，省政府同意核减湘西州重灾乡（镇）2500吨定购任务。全州入库包干收购任务粮食4.06万吨，完成核减后任务107%，收购议价粮1.15万吨。1991年，落实全州粮食定购任务3.12万吨，6310吨“议转平”任务由粮食部门随行就市收购，停止执行原定综合收购价格。1992年11月，粮食价格经营放开，全州定购粮入库 3.24 万吨。

1993 年，粮食收购实行经济合同。7 月，全州遭受特大水灾，粮食比上年减产 10 万吨，粮价上涨，多渠道竞相争购，粮食入库难。11—12 月，全州粮食部门增设 159 个村组收购点，派出 1950 人深入村、组和农户收粮。金融部门筹措 5688 万元资金保收购，12 月底经济合同收购 2.76 万吨，完成计划 61%。市场议购完成 2.52 万吨，超过年初计划。1995 年，州政府实行粮食“三包一放”（包收购，包调拨，包销售，财政体制下放）政策、“米袋子”行政首长负责制，决定在上年定购任务基础上加 5%机动，全州按 4.73 万吨任务定到农户。州内 5 月、6 月遭受三次特大水灾，严重影响粮食生产，粮价上涨，粮食平议价格差距拉大，省政府决定核减湘西州 10%定购任务，并在上年价外补贴基础上每 50 公斤再增加 4 元价外补贴。州政府决定全州每 50 公斤中籼稻谷按 60 元收购，全年完成定购任务 4.5 万吨，收购议价粮 3 万余吨。1996 年，全州粮食入库 8.42 万吨，其中国家定购 4.74 万吨。1997 年，粮食收购执行“敞开收购，顺价销售”政策，围绕解决农民卖粮难开展收购。是年，定购入库 4.81 万吨，市场收购 1.63 万吨。1998 年，贯彻落实国务院“按保护价敞开收购农民余粮，国有粮食企业实行顺价销售，收购资金封闭运行”三项政策精神。将 4.5 万吨定购任务只作指导性计划下达。全州粮食企业敞开收购农民余粮，执行省定保护价，不停收、不限收、不压级压价、不催收，按质量标准及时收购付款，不打白条。全州收定购粮 4.81 万吨，市场粮食 1.63 万吨。1999 年，州政府按照粮食收购不再作为硬任务，只执行省定收购保护价格，将全州中籼稻收购价格定为每 50 公斤 54 元，允许上下浮动 1 元。是年，全州国有粮食收储企业收购粮食 3.64 万吨，比上年减少 2.38 万吨。2000 年，州政府要求各县（市）国有粮食收储企业执行省定保护价，做到常年、常时敞开收购。是年，全州粮食经营企业收购粮食 5.78 万吨，比上年多收购 2.12 万吨。

2001 年，州粮食局抓促销腾库，腾出 6 万吨仓容，保证收购工作正常开展，全年收购保护价粮 6.27 万吨，定购粮 3.44 万吨，国家专储粮 4 万吨。2002 年，州粮食局贯彻执行省政府粮食购销市场和价格全部放开决定，及时调整收购策略，各基层企业按照购得进、销得出、有效益原则，自主定价，随市经营。2003 年，州粮食局转发湖南省粮食局、省财政厅、省农发行《关于做好当前粮食购销工作的通知》，提出贯彻落实意见，各县（市）粮食局按省、州意见组织企业开展收购，全年购进粮食 7.33 万吨。2004 年 7 月，州粮食局下发《关于做好 2004 年粮食收购工作的通知》，下达 8.5 万吨指导性收购计划。全州 102 个基层收购点全部实行挂牌收购。是年，市场粮价持续上涨，农民惜售。年末，全州国有粮食企业只收 3.67 万吨，非国有企业收购不到 3000 吨。2005 年，全州收购粮食 6.32 万吨。2006 年起，州粮食局执行最低收购价政策，组织引导粮油收购企业开展粮食收购。是年，收购优质稻 1.76 万吨，占收购总量 35.7%。2007 年，州粮食局组织安排各收购企业常年挂牌敞开收购，全年收购粮食 6.94 万吨。2008 年，收购粮食 5.18 万吨。2009 年，湘西州被确定为执行国家早、中、晚稻最低价收购预案单位。2009—2010 年，粮食价格持续上涨，州粮食局组织收购企业开展收购，两年收购粮食 14.64 万吨。

二、食油收购

1989 年，湖南省下达湘西州食油定购任务 2625 吨，州政府与粮食收购任务一并下达各县市。全州增设 229 个临时收购点，区、乡和粮店出动 5000 余人次进村到户组织入库，全年收购食油 4780 吨。1990 年，州内食油综合收购价：菜籽每 50 公斤 72.5 元、菜油每 50 公斤 214.18 元，茶籽每 50 公斤 57.36 元、茶油每 50 公斤 254.5 元。全年入库食油 5290 吨。1991 年，集市食油价格下跌，集市交易价低于国家定购价，州人民政府及时调整收购政策，取消综合收购价，定购任务食油执行国家定购价，任务外收购食油随行就市定价。全年收购食油 6171 吨。

1992 年，国家将定购改为计划收购，实行以销定购，全州核定到县（市）收购计划1837吨，全年入库食油6298吨。1993年，全州取消食油定购任务，粮食企业随行就市收购，全年收购6040吨。1994年，全州落实国家恢复粮食、食油定购政策，下达各县（市）食油定购任务2500吨。食油价格上涨，市场竞争激烈，全州粮食部门收购食油4728吨，比上年减少1260吨。1995年，省下达湘西州食油上调任务500吨，州政府在下达各县（市）收购任务时，增加下达各县（市）上调食油250吨。是年，全州收购食油4000吨。

1996年，各级不再下达食油收购任务，由企业根据经营需要自行确定收购。是年，收购食油2348吨，只占上年58%，1997—2005年，每年全州国有粮食企业收购食油不到500吨。2005年国有企业改制结束，全部转为私营或国有控股，食油全部转为私营企业收购。2006—2010年，全州收购油菜籽8.67万吨，折油2.85万吨。

第二节 粮油销售

一、国家计划粮食销售

（一）城镇粮食供应

1989年，州人民政府决定全州非农业人口定量口粮每人每月节约1公斤粮食；从7月1日起停止执行按月拨付平价豆制品指标，只保元旦、春节、国庆三大节日供应，其他行业用粮一律改供议价粮；定量外补助除保留农村区乡干部下乡搭餐补助、二等以上残废军人口粮补差和计划内雇请井下合同工补助外，其他补助全部取消；菜农定销与交售蔬菜挂钩。是年，城镇供应总量4.83万吨贸易粮。1990年4月，州政府决定城镇供应除定量口粮、事业供应外，其他非农业销售一律改供议价粮，控制精米、精面加工，减少加工亏损；“农转非”实行指标政策双控制，按照转户服从政策、政策服从指标原则掌握。州粮食局清理全州城乡粮食销售情况，压缩月销量479吨，食油250公斤，减少差价补贴1万余元。1991年4月，州政府召开会议传达国务院从5月1日起提高粮食统销价格决定。州粮食局组织全州9个大米厂日夜加班生产大米，解决粮源，保证23—30日8天之间居民购买结余指标需要，确定各县市增设临时售粮点，送粮上门解决人多拥挤矛盾。10月，州政府召开粮食定量压减会议，决定月定量高于13.5公斤的压减1公斤。13~13.5公斤的压减0.5公斤，菜农和农村统定销人口也按该标准压减。取消原来的工种定量。

1992年4月，州人民政府贯彻实施国务院决定，从5月1日起，居民粮油供应执行购销同价政策。11月，全州粮食经营、价格放开，除按购销同价保军队、居民、大中专院校学生口粮供应外，其余一律改为市场供应。1993年下半年，粮食因灾减产，粮价上涨，到粮店购粮群众增多，全州城镇粮店粮食库存空虚。州粮食局3次增拨城镇粮店平价周转粮5000余吨用作铺底，缓解粮店供应紧张状况。1994年8月，恢复实施国家粮食购销调拨包干政策，城镇居民基本口粮实行保量、保价供应。全年城镇人口口粮供应4.68万吨贸易粮。1995年，决定城镇粮食供应实行保量限价供应。全年供应城镇人口口粮4.44万吨。1996年，州粮食局于4月、6月两次安排新扩菜地用粮指标325吨。是年，市场粮价与国家定价差距缩小，大部分城镇居民转向市场购粮，全年居民口粮供应3.48万吨。1997年，粮食供应市场多元主体逐渐形成，州国家粮食部门对城镇人口粮食供应大幅度减少，全年销给居民口粮仅占需购量29%。1998年，全州城镇居民口粮供应全面走向市场。

（二）农村粮食统（定）销

1989年，全州缺粮15万户63万人；春夏荒缺粮23万户104万人，缺粮10.36万吨。全年农村灾销粮销售6.72万吨；水库移民定销2701吨。1990年，下拨灾销粮3.57万吨，实销农村灾销粮2.31万吨；增加水库淹没区定销粮1202吨。1991年，泸溪、吉首、古丈、龙山等县（市）遭受水、旱灾害，造成10.57万户49万人缺粮，加上25万人历史性缺粮，合计缺粮3.18万吨。是年，全州下达统销指标2.1万吨，实际销售1.76万吨。解决全州水库淹没区移民遗留问题，增加定销指标

1338吨。1992年，州内粮食增产，除历史性缺粮农户外，其余基本解决吃饭问题。是年，下拨统销粮指标1.5万吨，实际销售1.64万吨。1993年，州内遭受特大水灾，全州150个乡（镇）1800个村5400个村民组34.5万农户受灾，造成全州粮食减产11.64万公斤，26万户120万人缺粮，占全州农业人口57%。全州从7月开始到年底安排灾销粮2.08万吨，加上春夏荒年末共销灾粮3.85万吨。1994年1月，州粮食局等有关部门将2000吨议价粮转为平价粮下达到各县（市）重灾区，解决重灾户、特困户、五保户和烈军属春节粮。接近年关时，征得省政府和省粮食局同意，先动用3750吨省储粮下达分配到户，弥补2000吨不足。3月下旬，下拨灾销指标1.92万吨，4月中旬安排2.32万吨国家储备粮到县市，全年10次下拨灾销粮指标4.81万吨，实际销售4.64万吨。1995年，全州分10次下拨灾销粮1.8万吨。1996年6月底至7月初，州内遭受水灾，全州农作物受灾面积5.2万公顷，粮食绝收面积2万公顷，24.57万农户125.2万人因灾缺粮3.5万吨。全州全年下达灾销粮指标3.5万吨，实际销售2.71万吨。1997年，州内全年缺粮人口下降到35万人，缺粮2万吨。全年安排灾销粮2.1万吨，实际销售1.81万吨。水库淹没区粮食供应改为差价款补贴。1998年，全年灾销粮销售2001吨。2000年起，农村缺粮转由市场调节。

二、市场粮食销售

1989年，议价粮油由各县（市）粮油议购议销公司统一经营，农村议价粮收购由公司委托粮站代收。销售由县（市）粮食局核定指标拨给基层企业零售。1990年，县（市）收购议价粮，在完成上交任务和就地议转平计划后，余粮由县市自行安排使用。1991年，议价销售受市场影响，销量下降效益滑坡。1992年，州粮食局调整议价经营政策，取消由县（市）统一核算规定，平价供应购销同价后，各基层粮店议价经营更为灵活，是年销售1.66万吨贸易粮，转为平价2.27万吨，调出州外销售3.4万吨。1993年，粮食价格经营放开，国家粮食部门粮食经营没有平议之分，只有国家粮食和市场粮食区别，国家粮食保政策性供应，市场粮食则是企业营利性经营。1994年，州内在销售国家安排的粮食同时，组织市场粮食供应，全年销售市场粮食5.45万吨。1995年，全州市场粮食销售4.32万吨，批发给零售企业2.23万吨。1996年，粮食定购价格与市场粮价基本持平，粮食部门粮食质量次于集市贸易粮食，销量明显减少。1997年，粮价开始下跌，下半年，集贸市价低于国家定价。粮食部门全年销售1.63万吨。1998年，国家定价高于集市贸易价格，州内粮食继续滞销，全年总销售1.43万吨。1999年，州粮食部门将粮食促销任务与个人利益挂钩，抓粮食市场开发、拓展销售渠道，全年销售粮食4.62万吨。2000年，全州粮食部门销售计划5万吨，全年销售6.02万吨。2001年，全州粮食销售计划5万吨，各县（市）粮食部门将计划分解到每个职工，还抽调152名推销人员下广州、跑浙江，建立网络，拓展销售渠道。全年销粮11.93万吨，年底，保护价收购粮食顺价销售基本结束。2002年，全州启动退耕还林生态工程，计划供应粮食15.9万吨。州粮食部门召开会议，组织粮源，制定粮食供应具体操作规程，组织安排调运加工，合理设置售粮网点。全年供粮6.63万吨。2003年，全州退耕还林3.4万公顷，供粮10.99万吨。2004年，退耕还林粮食补贴一律改补粮为补钱。是年，供粮1.04万吨。2005年，全州国有粮食企业改制完成，105家粮油经营企业，其中93家实行“两个置换”（企业产权置换、职工身份置换）。2006—2007年，国有粮食企业参加全国最低收购价粮食竞价销售，共销粮食1.94万吨。2008年1月，全州遭受冰冻灾害，州内粮食调进困难，零售企业库存紧张，造成粮油价格快速上涨，州、县（市）政府相继启动应急预案，将冰冻期间粮食供应作重点安排。全州8个县（市）国有企业设立供应网点21个，抽调工作人员128人从事粮油供应工作，组织加工大米2440吨，1月20日至2月2日，国有粮食企业销售粮食7080吨，城市粮价比启动《预案》前每公斤下降0.1元。是年，销售粮食4.58万吨。2009年，全州粮食销售5.44

万吨。2010年8月，州粮食局与相关部门联合下发《湖南湘西自治州保证粮油市场供应、价格稳定工作方案》，州政府成立领导小组，确定湘西湘谷粮油发展有限公司等12个单位为保供稳价重点企业。是年，全州粮食销售7.02万吨。

三、食油销售

1989—1992年，全州城镇居民食油按月定量，工商行业用油按下达计划供应，4年全州销售食油1.41万吨。1993年，全州粮食部门食油库存1.49万吨，实行凭证不限量供应办法，全州销售9639吨。1994—1996年，销售11357吨。1997年，粮食部门销售食油1589吨，社会零售企业及个体商销售4589吨。1998年，粮食部门供应价格与市场接轨，居民食油以市场购买为主，全年市场供应4900吨。至2004年，每年粮食部门供应食油1000余吨。是年，全州粮食企业改制结束，食油供应全面市场化。2006年，全州个体私营粮油企业150家，粮食企业改制重新组合28家，承担全州食油经营，全年销售食油5400吨。2007年，销售6000余吨。2008年，全年销售9500吨。2009年，城镇销售1.01万吨。2010年，城镇销售9629吨。

第三节 粮油加工

一、粮食加工

1989年，全州粮食部门大米加工计划2万吨，面粉1万吨，面条3000吨，利润100万元。各县（市）根据生产计划将任务分解落实到车间，定产量，定利润，定奖惩办法。是年，完成大米加工2万吨，面粉7800吨，面条2380吨。1990年，全州展开代农加工和兑换加工，实现产量增加，收入增长。8个县（市）的工业股和大米厂各抓一个代农加工点。全年全州粮食加工完成3.3万吨。1991年，完善二轮承包责任制，加大技术设备更新力度，投资70万元，改造凤凰、龙山两家大米厂和浦市、花垣两个面粉车间生产设备。是年，完成粮油加工2.78万吨，实现利润204万元。1992年，粮食调价，全州各大米厂工人日夜加班，加工大米5758吨，面粉1150吨，实现利润220万元。1993年，全州粮食经营价格放开，粮食部门内部全面实现“两线”运行，政策性与经营性分开，各基层经营企业普遍开展小型加工，各县（市）大米厂原料供应不足，各粮站店自产自销，专门加工企业销售市场被挤占60%。全年全州粮油加工产量3万吨，基层企业自己加工占50%，加工企业每年1.5万吨，不能满负荷生产，除保靖、凤凰两县基本持平外，其余全部亏损。1994—1995年，专业加工厂年加工量不到1.5万吨。1996年，全州粮食加工企业亏损超过100万元。1997年，全州有两家企业实行承包，4家经营断断续续，2家转为经营其他业务。1998年，各县（市）大米厂相继停产。2001年，吉首大米厂将资产变卖，职工买断工龄。2004年，面粉厂实施破产。2005年，全州国有粮食加工企业改制结束，粮食加工由非国有企业承担。2006年，全州相继涌现出一批非国有粮油加工企业，吉首市有大鹏粮油食品有限公司、白云米业公司，凤凰县阿拉大米厂，花垣县吉卫米厂，永顺县石堤米厂等。2007年，州粮食局直属公司改制后重新组建湘西小背篓米业公司，该公司四个品牌大米在全国第六批“放心粮油”活动中被评为“全国放心米”。花垣卫城吉顺米业有限公司“卫城”大米在第九届湖南农博会暨第六届中国优质米交易会上获金奖。2009年，古丈、龙山、凤凰和花垣4个县粮食局分别建起大米加工厂，吉首、泸溪、保靖、永顺4县（市）创办应急委托加工厂。2010年，全州各级粮食行政管理部门支持社会粮油加工业发展。永顺县协调指导松柏镇建立大米加工协会，生产松柏米；凤凰县粮食局支持兴盛粮油加工企业发展资金36万元，发展深加工；龙山县帮助金山实业公司完成粮油加工技改项目申报工作，落实财政定向贴息180万元，到位红薯、马铃薯加工项目贴息37万元；保靖县粮食局为锦湘米业公司实现销售收入386万元，利润22万元；吉首市帮助做大做强白云米业，全年加工5500吨，实现加工收入1170万元。

二、食油加工

1989年，湘西州食油加工企业有泸溪县油厂、龙山县植物油加工厂等。全年全州加工菜籽 9500 吨。1990 年，龙山植物油厂创“顶俏”小包装品牌，春节期间远销香港 5 万余桶。泸溪油厂在负债情况下从江苏引进资金 180 万元，收购油料，全年加工菜籽、芝麻、花生等油料 3000 余吨。是年，扭亏为盈，抵减原老亏损 28 万元，盈利 5 万元。1991 年，龙山油厂相继生产茶籽、菜籽、花生、芝麻、大豆等调和油 10 个品种，远销广东、广西、湖北和香港。全年全州加工菜籽 1.6 万吨。1992 年 3—4 月，永顺县植物油厂和凤凰植物油厂先后立项。是年，全州食油加工原料 1.2 万吨。1993 年 4 月、9 月，凤凰、永顺两家植物油厂相继破土动工。1994 年 10 月竣工投产。是年，全州加工 1.25 万吨菜籽。1995 年，油脂指令性收购计划取消，全州粮食部门加工食油原料 1.15 万吨。1996 年，各油厂资金紧缺，贷款困难，全州加工菜籽 7400 吨。1997 年，各县植物油厂处于半停厂状态，全年加工菜籽 3500 吨，龙山油厂扩建桐油生产线，资金积压，无法竣工，基本停产。1998 年，龙山油厂破产。永顺、凤凰两家植物油厂停产；泸溪植物油厂全年菜籽加工量不到 200 吨；是年，花垣茶洞粮站加工菜籽 550 吨，州内国有粮食部门加工不到 5000 吨。全州 20 余万吨油菜籽，主要由个体榨坊加工或销往外地。2000 年，凤凰植物油厂破产。2001 年，永顺油厂破产。2003 年，泸溪油厂破产。2005 年，全州国有粮食企业改制结束，龙山县城郊粮站改制后办起民营食油加工厂，至 2008 年每年加工菜籽 1500 吨。泸溪油厂破产后由个体老板购买，重新组织加工。2010 年，全州加工油料 4000 吨。

三、饲料加工

1989 年，州粮食部门在全州饲料加工企业推广吉首市饲料厂“开发多个品种，适应多层次喂养”经验，州内各厂调整生猪饲料配方，增加仔猪、鸡、鸭、鱼饲料生产。全年生产饲料 2.07 万吨，实现利润 19.6 万元。1990—1992 年，龙山县饲料厂组织饲料下乡，同时开展兑换业务；凤凰县组织人员深入腊尔山、山江苗区宣传混合饲料喂养禽畜优点，并传授喂养技术；保靖县组织研制开发粗、青饲料生产、降低成本、减轻农民购买饲料负担；吉首市饲料厂控制饲料成本，提高产品质量，办示范场，发展农村联系户，优惠供应养殖大户，低价供应首次使用饲料养殖户，销售饲料近 2 万吨，盈利 20 万元。3 年全州加工饲料 5.67 万吨。1993 年，州内各饲料加工企业开始向加工兼养殖发展。年底，7 家饲料企业出栏生猪 4700 头，鸡鸭 5 万羽。1997 年，州粮油运储贸易公司被省定为“菜篮子工程”。龙山县饲料厂与大公司、大中专院校联姻，研制新配方，创“湘富”品牌，全年加工饲料 3500 吨，扭亏为盈。1998 年，饲料加工大幅度滑坡。全州除吉首、永顺、龙山 3 家加工企业还间断性生产外，其余全部停产转型。2001 年，吉首饲料厂实行置换改革。2002 年，保靖饲料厂破产。2005 年，全州国有饲料加工企业全部改制民营。2010 年，全州饲料加工企业 40 家，省级抽检合格率 100%。

四、粮食转化加工

1989 年，全州粮食转化加工成为粮食部门多种经营主要项目。全州转化加工粮食 4.16 万吨，生产品种 75 个。1990 年，州内粮食企业资金短缺，一些项目下马，重新调整。是年，全州食品转化加工品种 98 个，加工用粮 4.09 万吨，实现利润 215 万元。1991 年，州粮食部门确定各县（市）选准一至二个骨干项目重点投入，全州总投资 608 万元。凤凰县腊尔山、花垣县吉卫、龙山县洗车河粮站兴办酒业；吉首市马颈坳、龙山县里耶红岩粮站开办饮食店；永顺县万坪粮站生产豆制品，加工万坪豆腐；花垣县团结粮站办起红薯粉加工厂。全州有 190 个厂、库、点、店开展食品经营、加工。加工食品 3.15 万吨，品种 80 个，多种经营利润 406 万元，上缴税金 115 万元，转化用粮 4.08 万吨。1992 年，全州粮食转化加工 4.15 万吨，实现利润 285 万元。1993 年，全州将小而全分散加工集中为有竞争力加工。吉首市面条加工集中到经济区站进行，龙山县 4 个面粉加工点集中成一家小型加工厂，泸溪县米粉加工点由 16 个合并为 6 个，保靖县重点投入水田河酒厂和县食品厂。1994 年，全州粮食部门转化加工部分开始转型。全年经营品种1800个，经营范围跨20个行业，实现销售收入3.23亿元。1995年，保靖县吕洞山粮站将原手工烤酒作坊改建成酿酒厂，年产白酒200吨，年创利10万元。1996年，州粮油储运贸易公司开展大米和饲料加工，通过畜禽养殖转化粮食。1997年，州内国有粮食企业分为附营企业和收储企业，人员分流。粮食转化加工划归附营企业，由于铺底资金少，贷款困难，到2000年基本为个人承包经营。2001—2004年，粮食企业改制，除水田河酒厂，乾州食品厂，浦市酱油厂继续生产外，其余全部停止经营，每年加工量不到3000吨。2005年，州内国有食品加工企业基本转让和改制民营。2010年，国有控股食品企业有吉首一心阁食品厂；保靖水田河酒厂和州粮油储运贸易公司完成改制，成为民营企业。

第四节 粮油储运

一、粮油保管

1989年，全州集中精力抓仓储工作，力争实现“四无”（无虫、无鼠、无霉变、无事故）。是年，全州除凤凰县禾库发生火灾外，其余7个县（市）均实现“四无”粮仓县目标。1990年，全州处理高水分粮1.11万吨，高温粮385吨，虫危粮11.64万吨。1991年，州粮食部门抽调25人，组成4个检查组，检查州内219个点库，523栋仓库，23.4万吨仓容，16.97万吨粮油，查出高水分粮1558吨，高温粮533吨，严重虫危粮1.13万吨。检查后，各相关单位采取盘出翻晒，通风散热等办法加以处理。是年，全州达到“四无”粮仓州标准，受到省粮食局奖励。1993年7月，全州遭受水灾，85个粮站库120栋仓库地基不同程度下沉，5.5万吨仓容墙身浸湿进水，被水淹浸湿粮食2500吨。永顺县城特别严重，1100吨粮食被水浸湿，100多名职工奋力抢救，挽回损失15万元。全州各县（市）受灾单位及时翻晒水湿粮食，绝对损失报省粮食局核销。1994年，全州开展粮油库存数量、国家储备粮质量、“四无”粮仓三项检查，加工处理陈化粮1700吨。经省粮食局检查验收，全州达到国家规定储粮要求。1995年，州粮食部门清仓查库。查清全州有10.52万吨粮食库存，账实相符。

1996年7月，州内再遭水灾，全州29栋仓库受到毁灭性损坏，70栋受一般性损坏，仓库围墙倒塌3549米，冲毁进仓公路46平方米，冲坏晒坪4588平方米，被水淹浸泡粮食1.3万吨。受灾期间，粮食职工抗灾自救，整晒粮食2万吨，修复围墙2500米，修复仓库屋面400多平方米。1997年，全州粮食库存仓仓爆满，露天堆存粮8处，棚仓存粮15处，租借仓存粮16处，粮食总库存21.78万吨。州粮食局采取多条措施保粮。全年没有出现储粮事故。1998年，全州处理虫危粮1.05万吨，高温粮374吨，水患粮298吨。1999—2000年，调查粮食陈化，完成储备粮轮换2.51万吨。2004年，州粮食部门检查两个国储库和各县重点储粮企业，拍卖处理储存老粮5500吨。2005—2008年，湘西州国有粮食企业改制结束，全州国有粮食企业只剩11个。2009年2月，全州开展清仓查库工作，州粮食部门抽调124人，组成17个清查组，检查仓储企业18家、仓容23.7万吨、稻谷10.46万吨。8月，通过国务院和省人民政府验收。州粮食局被评为全省清仓查库工作先进单位。2010年，州粮食局开展全州粮食库存、质量安全大检查，检查7个县（市）的8家国有粮食企业、13个储粮点、34栋仓库及3.25万吨粮食，认定库存粮食质量，基本符合国家标准。

二、粮油调运

1989年，州内因上年受灾粮食减产，春夏时节，农村出现粮食缺口。省粮食局下达调入湘西州粮食15.6万吨。到年底，全州调进平价粮16.35万吨、议价粮1.5万吨。1991年，全年调入粮食9.61万吨。州内仓容紧张，各县（市）采取打露天堆，租借民房、闲仓、礼堂、搭建棚仓，利用仓库走廊过道堆码粮食，完成粮食调运计划122.5%。1992年3月，完成2.78万吨贸易粮调入，完成国家专储粮调入2.56万吨，还组织4.36万吨议价粮调入和1070吨小品种、645吨食油调出。1993年7月，州内遭受水灾，省粮食局安排从常德、长沙调入湘西州3000吨省储粮，2319吨国储粮，调出食油850吨。1994年，省政府安排调入湘西州6.25万吨定购粮，5万吨国家专储粮，1万吨市场调节粮。8月底，全面完成12.43万吨调粮任务。1995年，全州包干调入计划5万吨，省粮食局另外安排从常德调入2万吨省储粮，还安排从河南调入国储小麦1985吨，从黑龙江调入国储玉米2810吨。全年完成粮食调入计划和249吨食油调出计划。1996—1997年，州境粮食状况有所好转，城市人口口粮供应由市场承担70%，国有粮食部门定购粮食供应大幅下降，加上调粮费用过高，全州只适当调入一部分以弥补州内缺口。1998年，全州粮食库存超历史水平，12月底全州突破25万吨，收购点仓仓爆满，仓容紧张，从3月份开始，组织粮食集并，到年底将78个储粮点储粮集并到21个库储存。全州集并粮食3.21万吨。1999年后，取消粮食计划调运，全部为买卖关系。

三、仓储建设

1989年，湖南省安排湘西州建仓资金880万元，新建仓库和改建仓容4.97万吨。1995年2月，州粮食局投资700万元在乾州征地2.7公顷建仓三栋，仓容2.5万吨，作为州直属粮食仓库，是年5月动工，次年6月竣工，9月投入使用。省粮食局命名为“湘西自治州湖南省粮食储备库”。1998年，州长武吉海等赴北京向国家发展计划委汇报，争取国家粮食储备库建设在湘西州境内。9月，国家发展计划委同意永茂和乾州仓库建设项目。12月，永茂粮库动工建设，1999年底竣工，仓容3万吨。同时，国家发展计划委同意乾州国家粮储备库动工建库，总投资2230万元，仓容4万吨。乾州国家粮储备库2000年1月开工，7月启动二期工程建设，2001年8月竣工投入使用。9月，国家发展计划委同意龙山建4万吨国家粮库。2002年竣工。国家在湘西州境投资建仓10万吨。同时，州政府下达全州各县（市）仓库建设计划，第一批安排修建凤凰、泸溪、古丈和保靖4个县4栋，每栋仓容1000吨，是年底竣工并投入使用。第二批安排龙山、花垣、吉首和永顺4个县（市）4栋，每栋仓容1000吨。2001年年初动工建设，除永顺因工伤事故工程延期到次年外，其余3个县均于当年年底竣工，并投入使用。2007—2008年，泸溪、古丈、吉首、凤凰和花垣等县（市）建立县级粮食储备，总规模8700吨。省粮食局增加洪源和兴公司省储粮收购计划5000吨。2010年，8个县（市）维修改造18个点库21栋仓、3.26万吨仓容，共完成项目投资490万元，湘谷园仓库建设完成投资550万元，装粮1.2万吨。

四、粮食储备

1990年，州内国家储备粮2.49万吨。州粮食局实行分县计划指标管理，没有定专仓储存。1992年，全州国储粮库存5.67万吨，省储粮2.19万吨，做到专账管理，专仓储存。1993年，州粮食局3次下达国家专储粮收购计划1.15万吨，因灾减产，实际收购5000吨，其余用议价库存转抵完成。1995年6月，湖南省粮食局下达湘西州国家专项储油计划800吨，州粮食局全部分到各县（市）点库。6—8月，从河南、黑龙江调入专储玉米、小麦4795吨。是年，全州国家专储库存1.42万吨、省储粮1.1万吨贸易粮。1996年，全州收购国储粮3.08万吨，省内调入3440吨，进口转入4000吨，除用于农村生活安排外，实有库存国储粮3.89万吨，省储粮5637吨。1997年，从黑龙江调入专储玉米2903吨，从郴州调入专储稻谷1万吨。1998年9月，州粮食局清查全州73家承储企业，全州有省国储粮5.43万吨，账实相符。2000年3月，中央储备粮永茂直属库建成投入使用，州粮食局决定组织全州收购，完成3万吨收购任务。8月，原粮食企业承储国家储备粮统一划归国家直属粮库，实现垂直管理。国家乾州直属粮库竣工投入使用，吉首市国储库和州直企业储备粮划入。2001年，湘西州原800吨储备油上收归省。2005—2006年，乾州国储库原代省储备6000吨粮食划转湘西洪源和兴发展有限公司承储。2007，州政府决定建立州级储备1万吨，并要求各县（市）相应建立一定规模的县（市）级储备。凤凰、花垣、吉首、古丈、永顺和泸溪等县（市）确定县级储备规模。乾州国储库上收划转，更名中央储备粮湘西州直属库。2009年，地方粮食储备建立。县（市）级规模为1.67万吨，州级储备1万吨。2010年，全州储备粮10.25万吨。

第五节 粮油管理

1989年，州人民政府规定，以县（市）为单位在未完成国家定购任务之前，除粮食部门外，其他任何单位和个人不准插手经营粮油，农户完成任务后，可在当地集市出售余粮，调剂余缺，但不得转手倒卖。以县（市）为单位完成全年定购任务后，州内粮食市场放开，除稻谷大米继续由粮食部门统一收购，其他粮食品种放开经营。1992年11月，放开粮食价格和经营，城镇居民口粮供应实行购销同价，粮食市场多元化主体逐渐涌现。1993年，粮食减产，农民余粮上市减少，市场粮情出现紧张，6月，粮价上扬，秋粮收割时，多家争购，一些个体粮商到田头高价收粮。11月，早籼稻由年初每百公斤70元涨到140元。1994年4月，召开全州粮食工作会议，州政府重申“以县（市）为单位，在未完成粮食定购任务之前，国家粮食部门以外的任何单位不能直接到乡村和农户去收购粮食；外来湘西州采购粮食的，一律到县以上粮食批发市场交易；除粮食部门外，不能接受外省收购单位委托代收代运业务；农贸市场常年开放，允许生产者和消费者在市场调剂余缺，互通有无，但任何单位和个人都不能设点收购粮食”。全州粮食市场秩序好转。州政府决定，粮食实行县（市）长负责制，只要能够保县（市）自己平衡，出州粮食自我决策，报州备案。

1996年，私营粮店产生，粮食市场主体发生变化。1997年，吉首市区粮食零售店和公司147家，其中27家初具规模，粮价与市场并轨逐步形成。1998年7月，州粮食局、州工商局清理整顿州直粮油经营企业，重新办理粮食经营许可证和工商登记，清理整顿企业152家，重新办证98家。1999年，个体粮商直接从农民手中收购粮食，从外地大量购进，州内粮食市场基本由个体私营粮商占领。国家粮食部门仅仅起到储备和保管粮食作用。粮食由国家供给全面转向市场调节。2002年4月，粮油购销价格和市场全部放开，取消粮食运输凭证制度，撤销一切阻碍粮食流通关卡。州政府确定培育和完善粮食市场体系，加强信息网络建设，发展农村集贸市场，鼓励农民参与流通，加强粮食市场监管，维护正常粮食流通秩序。2004年5月，州粮食局、工商局重新核准州内粮食经营企业。至12月底，全州有32家加工企业提出收购资格申请，24家企业和个体户被核准并重新办理登记手续。2006年，全州国有粮食购销企业13家，年销售100吨以上非国有企业197家，粮食加工转化企业55家，新流通体制框架基本建立，多元化主体初步形成。2007—2009年，州粮食局加强粮食市场监督检查体系和管理制度建设，联合工商部门开展粮食行政执法，防止劣质粮食进入口粮市场。2010年，湘西州粮食储存批发由国有粮食企业占主导，州内粮食零售市场基本以民营企业及个体粮商为主体，全州有零售粮食商店181家，大米加工厂38家，食油加工厂19家，农村粮食交易市场114家，城镇粮食交易市场24家。

第八章 供销合作社

1989年，湘西州供销合作社联合社（以下简称州联社）、州民族贸易二局（简称州民贸二局）实行“两块牌子一套人员”，为正处级机构，归口州财贸工作办公室管理。州联社机关分设理、监事会。内设办公室、人保科、财基科、生产培植科、监事办、监察室、业务科、计统科、物价科、基贸科、安储科、教育科等职能科室。州联社直属机构有州农业生产资料公司、州棉麻土产公司、州日杂工业品总公司、州废旧物资回收利用公司、州民族供销职工中等专业学校。1994年9月，机构改革，保留州联社，取消州民贸二局牌子。1996年3月，州联社机关内设办公室、政工科、财会基建科（加挂股金管理科牌子）、基层指导科、统计物价科、法律、审计科（加挂法律顾问室牌子）、储运保卫科（加挂安全统筹办公室牌子）、老干管理科、监事会办公室等职能科室，事业编制25名。州联社直属机构有州农业生产资料总公司、州棉麻土产公司、州日杂食杂果品总公司、州再生资源公司、州植物油脂化工厂、州供销社综合贸易公司、州供销社五交化公司、州供销社农副产品公司、州供销社副食果品公司、州供销商贸总公司、州供销石油化工公司、州民族供销总公司、州彩色图像扩印服务公司、州民族供销职工中等专业学校14个。2002年4月，州联社由归口州经济贸易委员会管理调整为归口州农村工作领导小组办公室管理。内设办公室、人事科、财计科、基层指导科、社有资产管理科（对外为物业管理中心）、监督审计科（监事会办公室、法律顾问室）、纪检组（监察室）等职能科室，事业编制21名。2003年7月，撤销州供销职工中等专业学校。

2010年，州联社机关内设办公室、人事科、财计科、基层指导科、社有资产管理科（对外为物业管理中心）、监督审计科（监事会办公室、法律顾问室）、纪检组（监察室）等科室，在职人员21人。直属机构有州农业生产资料总公司、州日杂食杂果品总公司、州棉麻土产公司、州再生资源公司、州供销石油化工公司、州彩色图像扩印服务公司6个。

1989—2010年，历任州联社理事会主任：吴忠明、李万松、文体国、李光盛、罗世平、孙仲泉；副主任：蒋兴南、肖良华、鄢道春、胡定堂、田和仁、覃春燕、王永清、王海峰、姚本西、龙金碧、陈光德、向泰承、向胜利、唐晋。监事会主任：傅守贤、吴忠明、肖良华、胡定堂、向八一；副主任：彭武达、鄢道春、向胜林。

第一节　供销合作经营

1989年，全州供销社系统企业与9000家工厂建立不同形式联营，联购工业品金额4146万元，分购联销农副产品2000万元。收购桐油5026吨、柑橘512吨、辣椒285吨、红薯淀粉724吨、小杂竹6.3万吨、晒花帘15万床。

1990年，全州供销社系统企业调整营销策略，改进购销方式，推行村寨交流会、屋场交流会、大篷车、货郎担等形式，辅之以有奖销售、让利销售、节日展销、预约销售等办法，扩大销售，搞活购销。组织各种交流会110次，商品零售额767万元，收购农副产品49万元，分销金额1884万元，提高购销差率77.9万元。州、县（市）供销部门在购销旺季成立购销领导小组，组织购销工作组40个，摆设摊点410个，推销商品152.2万元；增设农副产品收购网点190个，收购商品金额414万元；县以上公司组织大篷车下乡430车次，送货金额915万元。1991年，全州供销部门开展农资科技系列化服务，创办“庄稼医院”152所，配备“庄稼医生”169人，为庄稼看病开具处方17.83万份，指导农民科学种田3.17万公顷。全系统参加农业技术集团承包工作，承包面积15.4万公顷。6月，全州供销企业158个核算单位2000个柜组和门市部，建立并落实经营承包责任制。1992年，开拓石油商品经营。11月，全州供销系统建成并开始营业加油站21个，柴、煤油供应门点80个，月销油量800吨。1993年7月，州供销石化公司和州棉麻土产公司联营建设乾州石油中转库，容量1320立方米。1994年，全州供销系统社办工业实现总产值3496万元；拥有成品油专业（批发）公司7个，合格零售加油站38个，农村基层社柴油供应点80个，煤油供应点213个，从业职工483人，固定资产1500万元。成品油销量1.03万吨。1995年，收购柑橘5000吨，商品购进总额6.14亿元。1996年，全州供销系统经营单位分别实行社有民营、抽本经营、租赁经营、剥离经营和分体经营等形式经营承包责任制。1997年，全州供销系统开展上门服务“千家万户工程”活动，上门收购各种农副产品128万元，给农民提供优质种苗522.1万株，为农民提供运输收入130万元。

2000年，州联社召开全州供销社椪柑联合促销会，在泸溪、凤凰、吉首等重点县（市）30个重点乡（镇）设点收购，全州供销系统实现椪柑销售2.25万吨。2001年，闻得福油脂集团兼并凤凰植物油厂，租赁贵州省印江植物油厂，扩大企业生产规模，集团加工油菜籽3.5万吨，实现销售收入6500万元，创利税120万元；精炼油在湖南省第三届农博会上获银奖，成为湖南名牌产品。龙山县联社投资100万元兴办百合精粉有限公司，产品面市即获消费者青睐，在湖南省第三届农博会上，公司“喜乐牌”百合精粉获得金奖，“喜乐”粉丝获银奖。是年，百合精粉公司加工百合500吨，实现销售收入200万元，创利税25万元。2003—2009年，全州供销社系统累计完成商品购进总额37.98亿元；实现商品销售总额43.67亿元，再生资源销售2.97亿元，烟花爆竹销售4504万元。

2010年，州联社组织全州32家供销社企业邀请13家客商，推出103个产品，参加在长沙举办的全省首届供销社系统产品暨年货展销会，参展企业实现商品零售额210万元，并签订意向购销合同1.5亿元。是年，全州供销社系统完成商品购进总额14.98亿元，农副产品购进2.25亿元；商品销售总额17.26亿元，生活资料零售7.55亿元。

第二节　商品基地建设

1989年，全州供销部门参与扶持大宗经济作物发展，种植面积9866.7公顷。1990年，全州供销系统通过人员、资金、物资、技术等方面服务，扶持农民发展各种经济作物面积6.2万公顷。1991年，全州供销部门扶持棉花、辣椒、蘑芋、蚕桑、晒烟、花生6个项目生产。配备生产培植员198人，雇请农民技术员39人，组织供应良种14万公斤，良苗1591万株，专用肥1741吨。办高产示范样板基点20处，面积866.7公顷；建立苗圃面积160公顷，出土桑树苗、李子苗、柑橘苗、板栗苗等根种苗木3875万株。全年州内供销部门归口扶持主要经济作物面积6666.7公顷。1992年，州外贸土畜公司与泸溪县政府、泸溪县供销联社配合，在11个乡（镇）连片种植“牛角椒”666.7公顷。保靖县供销社开展技术集团承包试点，由当初涂乍1个乡扩至阳朝、水银、仙仁4个乡，承包6610户，面积567.3公顷，粮食总产12685吨。1993年，全州供销系统开发山地，年产柑橘2万吨，板栗、梨子等农副产品比上年增长1倍。1994年，全州供销社扶持建立商品基地面积7733.3公顷。同时，参与山地开发。全州八县市供销联社向农村承租山地38.7公顷，自办果、药、茶、桑、林等绿色企业。1995年3月，州联社印发《关于推进贸工农一体化经营的几点意见》。全系统按照意见要求每年投入200万元用于山地开发。泸溪县供销联社投资300万元开工建设储量40万～50万公斤柑橘储藏保鲜库。9月，泸溪县柑橘生产列为省政府扶贫攻坚项目，橘园开发面积2066.7公顷。1996年，全州县（市）以下基层供销社实施第二次创业工程，参与丘岗山地开发，自办农副产品试验示范基地，购买、租赁、承包山地荒地自办农副产品试验示范基地340公顷。1997年，全州供销部门争取中央扶持资金和扶贫开发贷款600万元。花垣县供销联社干鲜果品公司利用中央扶贫资金开发金秋梨、苍溪雪梨、猕猴桃基地102.9公顷，创利130万元。保靖县供销联社累计开发柑橘、沙田柚、茶叶、黄姜、桑苗等项目126.7公顷。2000年，州供销联社制定发展全州1.3万公顷优质苎麻基地建设规划，5月，报经州长办公会议研究同意，进入考察立项程序；投入120万元，在凤凰、古丈和吉首等县（市）建立优质苎麻科技示范基地。

2001年，全州供销社开发苎麻、稻耳、辣椒、中药材产业。州棉麻土产公司新增种植苎麻面积66.7公顷。龙山县联社推广“稻耳”生产技术，建立菌种场3个，育菌种300万袋，建立生产基地3个，重点在12个乡（镇）推广“稻耳”生产，种植“稻耳”农户有100户，“稻耳”收入120万元。泸溪县供销联社开发辣椒产业，建立6.7公顷母种园，创办0.8公顷高产示范基地，在全县5个产椒区推广优质玻璃椒品种，种植玻璃椒面积 2000 公顷，年产值 1200 万元。2002 年，保靖县供销联社创办椪柑、沙田柚及用材林基地 5 个，面积 26.7 公顷；创办花椒生产示范基地 1 个，花椒生产专业合作社 2 个，花椒栽植面积 153.3 公顷。花垣县供销联社开发猕猴桃 20 公顷，产量 280 吨；金秋梨 26.7 公顷，产量 250 吨；两项产值 130 万元。2003 年，永顺县供销联社采取“公司 + 基地 + 农户”形式，在全县培育蚕桑、脐橙产业。3 月，全县栽桑养蚕有连洞、泽家、和平等 8 个乡（镇）。全州供销系统建成金秋梨、花椒、百合、脐橙、大红八角、玻璃椒、苎麻和茶叶等特色产业基地 8 个，面积 1066.7 公顷，推广种植 1 万公顷，带动农户 12 万户。2004 年，州联社参与推进农业产业化经营，引导农民调整产业结构，带动农户发展特色主导产业，建成百合、花椒、金秋梨、辣椒、柑橘、八角、猕猴桃等基地 13 个，面积 1313.3 公顷，推广种植 5066.7 公顷，带动农户 5.98 万户。保靖县武陵花椒开发有限公司自办花椒成品林科技示范基地 2 个，面积 150.3 公顷，自办优质花椒苗木基地 2 个，面积 6.7 公顷；发展花椒种植大户 70 户；发展农村专业合作经济组织领办花椒专业生产合作社 11 个，1350 户农户入社，种植花椒 800 公顷。2005 年，全州供销部门兴办特色农业产业基地 7 个，面积 1066.7 公顷，涉及农民 10 万户。保靖县供销联社 160 公顷花椒基地和全县移栽 1000 公顷花椒大面积试果。2006 年，全州供销系统建成 4 个千亩以上农业产业化示范基地，即泸溪县千亩辣椒基地、保靖县千亩花椒基地、龙山县千亩反季蔬菜基地、花垣县千亩金秋梨基地。2010 年，泸溪县辣椒种植面积 3400 公顷，供销联社基地占三分之二以上乡（镇）。全县辣椒总产量 7.8 万吨，为农户增收 1.5 亿元。全州供销系统商品生产基地 20 个，基地面积 1.3 万公顷，年产值 12.4 亿元。

第三节　合作（服务）社与协会建设

1989 年，吉首市供销联社以基层社为依托，采取全员所有制方式，创办吉首市苗木专业合作社、马颈坳米坡果品专业合作社、武陵山区板栗技术开发集团，入社社员 542 户，开发林、果种植面积 666.7 公顷。1990 年，吉首市马颈坳镇合群村果品联营合作社成立，有柑橘、板栗果园 28.9 公顷，年产柑橘、板栗 1500 担。1991 年，全州创办商品生产村级服务站 34 个。永顺县泽家区蚕桑专业合作社基地面积 213.3 公顷，龙山县洗洛乡蚕桑专业合作社基地面积 66.7 公顷。1992 年，州联社印发《湘西自治州供销社村级综合服务管理办法（试行）的通知》。1995 年，吉首市马颈坳供销社苗木专业合作社专业户发展至 150 户，商品销售总额 300 万元。次年，苗木合作社出售苗木 800 万株，收入 400 万元。120 户入社农户收入上万元，22 户超过 5 万元，8 户超过 10 万元。12 月，州联社印发《关于依托供销合作社大力发展专业合作社的意见》，明确各级供销合作社发挥优势，发展“一业一社”专业合作社。1997 年，州人民政府批转州联社《关于依托供销合作社大力发展专业合作社的意见》，全州供销系统企业相继成立专业合作社 9 个，入社农民 3700 户，种植面积 733.3 公顷。2000 年，花垣县供销联社开放办社，采取入股合作办法，组织分散经营农户建立专业合作社。2002 年，花垣县供销联社组建下寨河禽畜养殖专业合作社、窝勺林果业专业合作社、团结柑橘专业合作社、茶洞农产品加工专业合作社、吉卫建材专业合作社，入社农户 111 户。永顺县供销联社建立蚕桑专业合作社，入社农户 1000 户，蚕桑种植面积 333.3 公顷，收获鲜茧 120 吨，为农民增收 300 万元。2003 年，永顺县供销联社通过勺哈乡政府牵头搭桥，由县竹木蚕桑发展有限公司与勺哈、涓口、凤栖、新农、莲蓬等村组建“纽荷尔脐橙”专业合作社，入社 4000 余农户。供销社出资 2 万元，送肥 20 吨，提供技术咨询服务 80 人次，办技术培训班二期，培训 100 余人，脐橙开发面积 266.7 公顷。龙山县供销联社在桶车乡义比村建立义比百合专业合作社，96 户村民自愿加入，发展生产基地 46.7 公顷，收获干百合 600 吨，产值 240 万元，入社农民人均增收 1100 元。

2004年，州人民政府印发《关于加快发展农民专业合作组织的意见》。州联社在建整扶贫联系点古丈县罗依溪镇毛坪村建立茶叶专业合作社，入社移民农户130户。同时建立茶叶经营协会，并投入4万元，支持专业合作社创办茶叶机械化加工厂；全州八县市供销联社组建花椒、金秋梨、百合、脐橙、辣椒、桑蚕等专业合作社54个，入社农户7229户。龙山县联社义比百合专业合作社和花垣县联社金秋梨专业合作社被省供销合作总社命名为“湖南省供销合作社示范专业合作社”。2005年，全州供销系统兴办各类专业合作社58个。永顺县供销联社长官柑橘专业社和龙山县供销联社比耳脐橙专业合作社被省供销合作总社命名为全省供销合作社第二批示范专业合作社。是年，建立基层社综合服务社12个，各类专业合作社20个，入社农户3802户。2007年，泸溪县供销联社组建上堡乡椪柑专业合作社，有橘园基地220公顷，入社农户218户；永顺县供销联社组建长官椪柑专业合作社，有橘园基地200公顷，入社农户200户；龙山县供销联社成立农产品行业协会，建有八面山返季蔬菜、召市镇马铃薯、茨岩塘马铃薯等农产品基地；保靖县供销联社武陵花椒公司新扩花椒面积66.7公顷，投资1700万元，创办花椒加工厂，实现产值300万元。2008年，泸溪县供销联社新合作供销公司在全县15个乡（镇）的149个村，种植辣椒3453.3公顷。还在兴隆场、永兴场、小章、达岚4个主产区示范种植“301”红椒166.7公顷。兴隆场镇辣椒专业合作社被列入中华全国供销合作总社“千社千品”富民工程专业合作社。龙山县供销联社发动10名自然人，创办龙山县绿康蔬菜农民专业合作社，入社农户108户，发展马铃薯、辣椒基地53.3公顷，至6月末，销售马铃薯200吨，农民增收20万元。古丈县供销联社组建兴联柑橘专业合作社，入社农户286户，发展橘园基地273.3公顷。2010年，州联社印发《关于认真抓好示范农民专业合作社工作的通知》，全州供销系统领办农民专业合作社示范社8个，即吉首市阳林生态果木专业合作社、泸溪县八什坪鑫磊水果专业合作社、凤凰县林峰椪柑专业合作社、花垣县金秋梨专业合作社、保靖县武陵花椒专业合作社、古丈县联兴柑橘专业合作社、永顺县芙蓉镇柑橘专业合作社和龙山县里耶比耳脐橙专业合作社。是年，全州供销社系统“两社一会”（农民专业合作社、农村综合服务社、合作经济创业协会），发展入股入社农民7.2万，拥有农民专业合作社120个、农村综合服务社180个、各类专业合作经济行业协会64个，入会会员2.05万户，商品生产基地20个，面积1.3万公顷，年产值12.4亿元。

第四节　供销监督管理

1989年，全州各县（市）和州联社直属企业全面实行经理（主任）任期目标责任制。1990年，全州供销系统开展惩腐倡廉、深挖内部“蛀虫”行动，审计财物账目，审计金额422.1万元，审出违纪金额25.7万元，贪污盗窃金额8.1万元，损失浪费金额31.4万元，为企业挽回经济损失29.2万元，增加经济效益12.3万元。查出问题资金案件200起，金额244.6万元，收回问题资金91.7万元，挖出“蛀虫”617人。立案24起，结案23起，追回资金18.95万元，处罚27人。1991年，州供销联社制定《州供销社内审工作规范管理办法》，全州供销联社组织23个工作组，下到23个特困企业指导工作，抓扭亏增盈，至6月底，亏损企业比上年同期减少14个，亏损金额比上年同期减少183.3万元。1992年，州供销联社在全州供销社系统推行经营、物价、用工、分配“四放开”试点工作。1993年，州、县（市）联社分别成立清收领导小组，帮助企业收回外欠货款300余万元。1995年，贯彻执行省委、省政府《关于深化供销合作社改革的决定》，坚持以为农服务为宗旨，以扭亏增盈工作为中心，抓盈亏大户“支帮促”工作。1997年,州联社开展全州供销系统安全检查，先后检查州联社直属单位37个，基层社20个，大型商场9个，加油站10个，仓库66栋，发现安全隐患38处，下达整改通知书12份，处以罚款280元。州联社开展自查自纠廉政建设，制定《州联社直属副科级以上干部廉洁自律工作方案》，清理并折价处理公费配置移动电话11部、公费安装住宅电话32部。州联社建立《州供销社来信来访登记簿》和《纪检监察信访登记簿》，全年接待上访职工56人次，申诉信函5份，上级转来信函4件。州联社为企业清收内外欠款703万元，审查企业经济合同21份，标的金额408万元，代理法律事务7件，涉及金额78万元，为企业挽回经济损失19万元，查处违纪经济案件5起，追回公款4.2万元。先后开展内审单位65个，审出各类有问题资金420万元，提出合理化建议60条，节省基建费用40万元。1998年，全州供销部门投放使用股金2009万元，其中：投放生产资料购销444.4万元，生活资料购销564.7万元，农产品购销418.3万元。1999年，州联社决定收取社有资产占用费。全州供销部门清收放款837万元，清退社员股金873万元，股金余额1146万元。

2000年，州联社印发《州供销社清收欠款实施办法的通知》，全州清收应收账款1957.6万元。3月，州政府召开会议，研究全州农业银行剥离供销社不良贷款问题，要求各级各有关部门协调配合，大胆剥离，为企业减轻债务包袱。10月，湘西州承贷再贷款资金850万元；再贷款资金实行封闭运行，确保资金专项用于兑付群众股金，化解挤提风险。11月，州联社、州财政局、州人民银行中心支行联合印发《湘西自治州供销社系统社员股金兑付实施方案》。2001年，全州供销系统配合相关职能部门参与整顿全州市场经济秩序工作，整治时间13□天，涉案价值167.23万元。全年清查烟花爆竹经营网点850处，没收伪劣产品价值50万元，打掉两处非法生产烟花爆竹地下工厂；取消不合格废旧物资收购网点18个。2005年，全州八县市和州联社直属企业全面开展改革改制工作。2008年，全州供销系统新增农资连锁店160家，冬储各类化肥5万吨，新建乡镇日用消费品小超市10个，发展烟花爆竹配送网点26个，新建农村农贸市场1个。2009年，州农资流通协会成立，发展会员单位35个。全州供销系统新发展农资供应网点50个，创办8个农村日用消费品小超市，经营面积2100平方米，经营品种4000个，年销售金额2200万元。参与柑橘推销工作，全州供销系统承销湘西椪柑20万吨。2010年，开展全州供销社未办证土地普查，尚有46宗、4.73万平方米土地未取得土地使用证，通过实地测绘，完成办证手续。12月，全州再生资源行业协会成立，发展会员32个。自筹资金150万元，实施州棉麻土产公司吉首南站供销联营专用线升级改造，同时启动硫酸储存工程项目建设。

第九章　石油贸易

1989年，吉首石油分公司下辖吉首、泸溪、凤凰、花垣、古丈、保靖、永顺、龙山8个支公司。1991年8月，湖南省石油公司吉首分公司更名为湖南省石油公司湘西自治州公司（简称州石油公司）。1998年3月，州石油公司由省属企业上划为中央属企业。2000年4月，州石油公司重组方案获得省公司批复，8个县（市）公司和石化贸易公司、石油运输公司两个直属公司重组，形成上市部分主业公司和非主业部分实业公司。主业公司包括湘西州石油公司（石油贸易公司、吉首市石油公司并入州石油公司）和泸溪、古丈、保靖、龙山及凤凰县石油公司等6个经营单位，6座油库，33座加油站和3个门市部。重新设立10个科室，编制35人。州石油公司更名为中国石油化工股份有限公司湖南湘西自治州石油分公司，隶属于中国石油化工股份有限公司湖南石油分公司。非主业部分实业公司（也称存续公司）包括12个独立核算单位，其中整体非上市的有：州公司、州公司花垣分公司、州石油运输公司、花垣县公司、永顺县公司；部分非上市公司有州石化贸易公司和吉首、古丈、泸溪、保靖、龙山及凤凰县公司，隶属省实业公司，设立4个科室，编制10人，与主业公司领导班子合一。2002年，撤销泸溪、凤凰、保靖、古丈、龙山等5个县公司。2003年，关停花垣、永顺县公司和花垣分公司，成立花垣、永顺经营部。2004年，州石油运输公司实施改制分流,实现非上市资产、业务、人员有序退出国有企业经营领域。2006年，州石油公司及所属11个县（市）公司和多种经营实体法人机构全部清算注销。设立中国石化集团资产经营管理有限公司湖南石油分公司湘西工作部。2010年，中国石化股份有限公司湖南湘西州分公司设实物资产管理部。

1989—2010年，历任经理：胡义清、唐毅、张湘顺、田庆国、彭运锡；党委书记：张湘顺、田庆国、韩存生；副经理：张子英、杨继明、黄福满、唐毅、黄道春、韩存生、梁世华、莫良国、宁秀春。

第一节　石油购销

一、石油购进

1989年，湘西州石油资源由国家分配和自己采购（自采油）两部分组成。州石油公司制定《关于加强调运工作的有关规定》，实行“先计内后计外”调运原则。是年，购进汽油41136吨、柴油25650吨、煤油3679吨、润滑油1181吨。1990年，确定以湖南长岭和湖北荆门两个炼油厂为重点，实行定人定点，专人专线负责制 。1993年，成立由9人组成的调运班子，实行分组、专人专线、全过程负责办法，落实调运人员责任。计外油料调入，坚持以销定进、以销促进，多批次、少批量进货，防止盲目进货造成压库滞销。1997年，州石油公司调运油源难、运输难、资金难，加上县（市）公司和客户拖欠货款，造成州石油公司拖欠炼油厂货款1000余万元。州石油公司一边派专人衔接协调，取得炼油厂和银行理解与支持，改变现款现贷结算方式，银行恢复承兑汇票结算办法；一边加紧催收县公司和客户欠款，利用紧销油品带动滞销油品销售，预收销售货款，加快资金回笼，解决资金困难。是年，调回数千吨价格较低紧销油品。1998年，州石油公司安排主要力量抓调运，全年调进槽车290台，石油1.31万吨。2000年，州石油公司改革全州石油系统运输市场，将各县石油公司9辆油罐车无偿上划，由州石油运输公司统一管理，各县石油公司油料由州石油运输公司负责运输，统一全州石油运输市场，实行油料配送制。是年，购进汽油28726吨、柴油45810吨、煤油1725吨、润滑油1196吨。2006年，州石油公司设立物流管理部，各县（市）公司油料调运由物流管理部负责。与炼油厂、铁路部门衔接协调仍由营销部负责。2010年，州石油公司购进汽油55305吨、柴油121385吨。

二、石油销售

（一）石油批发

1989年，湘西州石油销售市场由原单一的州内市场发展到州内、州外两个市场。州石油公司利用吉首为湘鄂渝黔四省市周边物资集散中心和乾州油库仓储条件，开展对外批发业务，逐步由四川省（今重庆市）的秀山、酉阳等地扩展到黔江、彭水以及贵州省的松桃、铜仁、思南、玉屏以及广西玉林等地。是年，州石油公司批发汽油28189吨、柴油11896吨、煤油2680吨、润滑油896吨。1990—1993年，州石油公司利用地域差、价格差、时间差优势，按照“稳住批发、力保零售、内伸外扩、灵活经营”策略，采取降价让利、微利多销、远进远销、就地外抛、落实油源、相机先销、上门促销等办法抓批发销售。1994年，成品油市场整顿，重庆、贵州、广西周边地县设卡，外销油品走公路运输困难。州石油公司走铁路向外销售。州石油公司安排三分之一业务人员抓州外市场，除靠价格、地理优势外，还靠优质服务争取客户，采取适时走访与请客户上门相结合，对省外用户提供运输方便促进销售。1995年，州石油公司利用一级批发优势，对县级公司实行调拨价、特优价、成本价供应，拉大县市公司调拨价与社会市场批发价价差，县公司以较低进价优势参与市场竞争。1998年，石油销售政策进一步放开，州外市场扩展至省内怀化市麻阳、辰溪、沅陵，张家界市桑植、永定，湖北省恩施州来凤、鹤峰、利川、咸丰、巴东，贵州省遵义、凯里，广西自治区南宁、桂林、百色、河池、柳州等地。是年，销往州外市场油料达到3万吨，占全州销量40%。2000年，州石油公司批发汽油12555吨、柴油15356吨、煤油1085吨、润滑油1010吨。2004—2007年，油价持续走高，成品油市场资源持续偏紧，州石油公司一面向客户做解释宣传工作，稳定市场；另一面调整营销策略，确定"批零一体、以零售为重心"等措施，保证州内市场供给。2008年年初，遭受冰雪灾害，造成州内北四县断路、断油，"5·12"汶川大地震灾害又使资源紧缺。州石油公司组织人员、车辆冒着冰雪3次送油支援各县抗冰救灾。争取省公司配置资源、做好政府相关部门协调，基本保证市场平稳供应。下半年，受国际金融危机、湘西矿山整顿、社会融资事件影响，州内市场需求大幅萎缩，油品销量持续下滑。经营工作重心由限量保供向全面促销转移。2009年，国际金融危机持续，加之成品油税费改革影响，成品油市场资源供过于求、价格变动频繁，市场竞争加剧。州石油公司将目标市场细分为"区外市场""区内市场"和"重点工程及高速公路"，实行差别化经营，改"坐商"为"行商"，扩大市场占有率，增加销量。是年，批发直销4.67万吨，完成年度任务116.5%。2010年，柴油资源紧张，州石油公司制定《成品油供应应急预案》和《保供时期直销业务工作方案》，确定黄、橙、红三色预警机制及应对措施，组织抢调柴油资源，保在建重点工程、重点企业、公共事业等重点单位用油需求。是年，州石油公司批发汽油8640吨、柴油45745吨。

（二）石油零售

1989年，州内石油零售经营仅有州石油公司一家。1992年，社会加油站开始发展。次年，社会加油站近百座，加油网点300余个，其销量约占全州总销量50%。上半年，州石油公司零售1.04万吨，比上年同期减少42.3%。全年零售汽油15180吨、柴油9028吨、煤油970吨、润滑油512吨。1994年，整顿全州石油市场，取缔4座加油站和114处加油点。1998年，零售价格制定实行"三低三不低"原则，即边缘站、价位竞争激烈站、低型号油品低价操作，城区站、高型号油品、控制力强区域站不低价。2000年，州石油公司零售汽油18156吨、柴油37250吨、煤油1003吨。2001年，确立县市公司经营工作重心为发展终端销售。加油站开展对重点工程、用油大户以及酒店、宾馆配送业务，员工收入与销量挂钩，零售量上升。2006年，国内零售价格居高不下，资源供应持续趋紧。州分公司坚持"统一安排、灵活调度、突出重点、照顾一般、平衡内外、保证市场供应"的资源配置原则。是年，零售总量9.6万吨。2007年，零售总量增至10.91万吨。2008年上半年，遭遇冰灾和四川"5·12"地震，资源紧缺。州石油公司按照"紧而不断，紧而不乱"保供策略，确定各片区重点保供站，取消加油站零售环节柴油整车配送业务，严格控制罐桶，按计划均衡销售，保证市场不脱销。下半年，受国际金融危机、湘西矿山整顿和融资事件影响，州内市场需求大幅萎缩。州石油公司将经营工作重心由限量保供向全面促销转移，增加销量。2010年，州石油公司调整竞争对策，将州内零售市场分为农村市场、国省道市场、城区市场，再将目标市场中客户分为重点客户和一般客户，不同市场、不同客户实行差别化经营，与系统外加油站开展"点对点"竞争。同时新增2座IC卡加油站和10个发卡网点，改13座非卡站为卡机联动站，开展营销活动。并根据道路交通状况和用户需求，安排必保加油站点，为城市公交、长途旅游客运、政府重要部门及重要物流运输开通绿色加油通道，保证柴油资源供应。是年，州石油公司零售汽油46322吨、柴油71858吨。

（三）润滑油销售

1998年，湘西州润滑油销售实行集团化经营。州石油公司建立特油中心、润滑油总汇及门市部，形成润滑油零售规模。各县公司取消职工承包经营办法，改由公司统一经营管理，在各中心加油站设立润滑油专柜。2000年，实行个人带资经营零售管理模式。2001年，开始小包装经营。2002年，销售长城牌润滑油脂110吨，获全省润滑油销售一等奖。2003年，润滑油经营由于分割运行、管理不当，销量滑坡。2004年，润滑油划归上市公司，实行“统进分销”管理办法，市场占有率有所回升。之后，由于州内长城润滑油市场价格混乱，假冒伪劣产品多，润滑油销量逐年下滑。2010年，州石油公司开展轻润组合营销，并开展润滑油市场整治行动。是年，销售长城润滑油696吨，完成调整后任务113.91%。

第二节　油库建设

1989年，湘西州有专用油库一座，即乾州油库。乾州油库有2000立方米立式金属油罐8个，50立方米卧式金属油罐22个，总容量1.71万立方米；铁路专用线一条，长1336.68米；卸油栈桥一座，接卸货位20组40个；接卸轻、重油泵房各一座，接卸轻油能力180升/小时；化验室一座，可做11个化验项目；轻油发油采用流量计，重油发油采用齿轮泵和流量计配套发油，发油能力200升/小时；配电室一座，专用消防车一辆。有警卫消防人员20人,义务消防队员30人。州内各县（市）库站合一型油库8个，总容量6002立方米。1994年，实行石油储存安全风险抵押金办法。更换消防车和灭火器药液。1998年，州石油公司制定《湘西州石油公司等级事故及违规处罚规定》，完善安全风险抵押金办法，将油库安全与职工工资奖金挂钩，从分配机制上激活抓好安全工作内在动力。

2000年，全州各县（市）库站合一型油库全部关闭停用。2001年，投入660万元，将乾州油库1、2号拱顶罐改造成内浮顶罐和1号罐底板更换。购置备用电源和油气浓度报警装置，改造发油台、输油管线、油水排放系统，增设电脑自动发油系统。2002年，油库重点要害部位实行领导挂牌联系制度。2003年，州石油分公司与油库签订《安全责任状》，油库与员工签订《安全承诺书》。安全工作实行一票否决制。2005年，结合推行“HSE”（健康、安全、环境三位一体）管理，制定《湘西州分公司安全生产责任制度奖惩办法实施细则》和《湘西州分公司事故应急预案》。2006年，制定《湘西州分公司总体应急预案》和《办公楼应急预案》，完善油库应急预案。投入194万元，完成乾州油库、租赁部队油库7项大隐患整改。2008年，投入130万元，实施乾州油库立式油罐区一万伏高压线外移、进库高压电线改地埋电缆、油罐及管线防腐设备维修等。2009年，州石油公司制定《湘西州石油分公司油库、加油站、承运商油品计量交接管理办法》。完成乾州油库发油系统改造。2010年，完成乾州油库铁路栈桥整体改造。

第三节　加油站点建设

1989年，吉首石油分公司有加油站17座，年加油量9616吨。社会加油站5座。1993年，州石油公司新建加油站8座，总数达到40座。1994年，整顿石油市场，取缔4座社会加油站和114个加油点。各加油站开始实行安全风险抵押金办法。1997年，州石油公司制定“九五”期间加油站网点建设规划，设立基建科，负责加油站建设。各加油站增加公用电话、小卖柜、交通示意图等服务项目。每天公布油品密度，接受顾客监督。开展上门服务，送油或送油票上门。加油站推行以“工效”挂钩为主要内容的多种形式分配管理办法，按照“利效挂钩，公平合理”原则，根据各加油站地理位置、人员结构、前几年销量等因素，制定不同包干办法和包干标准，员工工资收入拉开距离。1997—1999年，全系统投资1170万元，新建加油站10座，改扩建加油站7座，收购1座，租赁1座，在建2座。

2000年，州石油公司成立网点建设领导小组。投入资金1400万元，收购加油站18座，改造3座，新建3座，新建农村网点3个。制定《加油站管理制度》，对加油站岗位职责、操作规程、安全管理制度等方面作出详细规定和说明。对全州所有高架罐改为地埋罐。开展加油站"达标创星"活动，将位于城区、国道、省道36个加油站分成三批，开展达标创星评比，6个加油站被认定为达标加油站。2001年，将优质服务和有奖促销相结合。封存档案工资，实行吨油含量工资。3个加油站被评为三星加油站，10个加油站被评为达标加油站。2002年，网点建设采取外松内紧策略，重点收购、租赁社会加油站。是年，收购社会加油站1座，租赁8座，特许3座。2004年，全州加油站喷溅式卸油全部整改为密封式卸油。

2005年，停止加油站收购和租赁，重点转向城区、国道、省道加油站规划布局。全年新增加油站布点27个。开始推行中石化IC卡，全年发放IC卡8500张，充值金额1380万元。实行安全工作一票否决制。州公司与各片区签订《安全生产责任书》，各片区与加油站员工签订《安全承诺书》。推行"HSE"管理，开展加油站规范管理百日竞赛和百日安全无事故竞赛活动。开展"星级加油员"评选活动，全州系统有37名员工获得"三星级加油员""四星级加油员"称号。2009年，网点建设坚持"守土有责，寸土必争"精神，抢占高速及城区重点位置，加大扩能增量和形象改造力度，征地、新建与改造三者齐头并进。是年，新建加油站2座，整体改造加油站2座，形象标识改造加油站1座。是年底，完成23座偏远小站"两权"（所有权与经营权）分离改革。开展"优质服务活动月"活动，在零售全员销售竞赛中4次被省公司评为先进公司，5次被评为总部、省级销售明星片区，24站/次被评为总部、省级销售明星加油站，100人/次被评为总部、省级销售能手，获省司年度零售全员销售先进单位三等奖。2010年，湘西州公司调整思路，打造"饭碗工程"，抢占市场"制高点"，完善零售网络布局，与湘西州政府协商签订《战略合作协议》，成立成品油市场"十二五"规划领导小组，向湘西州商务局提交《关于增加加油站规划点的请示》，规划布点立项加油站50座，覆盖湘西州各个高速出入口及城镇、城区主干道。设立加油站网络规划和加油站改造两个办公室，充实网建队伍，确保工程建设顺利进行。

第四节　燃气供应

1990年，州内吉首市液化石油气公司成立，开始供应部分单位和居民燃气。

1992年，州液化石油气化工总公司兴建乾州液化石油气贮装站，城镇新增用气居民1.3万户，较上年增长11.5倍。1993年，凤凰液化石油气充装站，州液化石油气化工总公司乾州贮装站建成投产，乾州贮装站建成设施2套，容积900立方米。1994年，州液化石油气化工总公司吉首南站液化石油气贮气库和铁路专用线动工新建，1996年，铁路专用线（不含气库工程）竣工，专用线长385米，累计完成建设投资1652万元。2006年，龙山县城管道天然气工程动工新建，是年完成建设投资1000万元，敷设供气管道67公里，年供气量230万立方米，天然气用气户0.45万、2.5万人。

2010年11月26日，经州人民政府授权，州住房和城乡建设局局长郑桂章在吉首市与北京新华联燃气有限公司董事长谭兆栋签署湘西州管道天然气特许经营框架协议；特许经营权行使地域范围为吉首市城市规划区和泸溪、古丈、花垣、保靖、永顺5个县；特许经营权有效期限为自管道天然气工程项目正式投产之日起计30年（不超过2045年12月31日）。是年，全州有液化石油气贮装站9个，液化石油气储气量1410吨，年供气量9600吨；天然气供气站1个，年供气量230万立方米。

第五节　油气市场管理

一、石油市场管理

2001年2月，中石化州石油公司一体化经营管理领导小组成立，在全州设立配送管理中心、批发直销中心、费用控制中心和7个经营部，改组7个县公司，保留县公司牌子，相应成立经营部，取消县支公司批发权，中心任务调整为加油站管理和农村市场开拓。全州加油站实施“一送二挂三定四化”（统一直接配送到站，人工费、经营费与销售目标挂钩，统一定制全州零售价格、统一核定用工总量、统一确定核算模式，业务决策制度化、效益责任规范化、用工分配统一化、安全监督经常化）管理。以提高州内市场控制力为工作重点，以开拓省外市场为挖掘空间，实施差别化经营策略：根据客户用油量，抓大不放小；根据客户商圈半径，求近不舍远；根据客户购油稳定性，抓“常”不放“松”；根据业务建立时间，扬“长”不避“短”；根据客户类型，善“始”（刚挖掘的用户）又善“终”（终端客户）；根据客户信誉度，争“金”（金牌用户）又夺“银”（银牌用户）。2002年，中石化州石油公司，先后撤销泸溪、凤凰、保靖、古丈、龙山5县公司财务部，财务账上交州公司。2003年，中石化州石油公司关停非上市花垣、永顺两县公司和存续花垣分公司，重新成立花垣、永顺两县经营部，经营权移交上市公司。是年，全系统销售成品油10.7万吨。2004年，州石油公司（存续公司）只保留机关管理科室（综合办）一个，加油站全部转让或租赁给上市公司，润滑油和燃料油转给上市公司经营，物业管理逐步实行社会化，存续公司与上市公司基本保留关联资产租赁业务。

2004年，州石油运输公司改制，更名为湘西州中天石油实业有限公司，实现非上市资产、业务、人员有序退出国有企业经营领域。改革州内年销量800吨以下非重点位置加油站，采用加油站所有权和经营权分离，实施小站承包。推行市县一体化改革，撤销县经营部，取消管理职能，财务核算全部上移州公司。2006年，注销州石油公司（存续公司），成立中国石化集团资产经营管理有限公司湖南石油分公司湘西工作部。同时，撤销原存续公司所属县（市）公司和多种经营实体，注销法人机构11个。2008年，中石化首推非油品业务（指加油站油品销售之外的其他业务），湘西州主营业务分为油品与非油品两大板块。

2010年，全州113个加油站点全部年检。同时开展成品油流动加油车非法经营专项整治行动，查处无证经营加油站点87户，依法缴获成品油数百公斤。

二、燃气市场管理

1995年，经州物价局批准，调整供气价格和服务收费标准，全州液化气经销单位15家，总贮气量3941吨，年供气量1.13万吨，用气户33824户13.19万人，城镇供气率47.5%。1997年，开展供气企业和14个供应网点资质审查与认证，泸溪、古丈两县新建液化石油气贮配站通过审定。1998年，州人民政府出台《湘西自治州液化石油气经营门市部消防安全管理规定》，州政府办公室印发《关于开展全州城市燃气及燃气器具经营市场整治工作的通知》，州政府成立燃气市场整治工作小组，副州长董继兴为组长，州政府办公室主任谭建军为副组长，州建委、劳动、公安、消防、工商等部门领导为成员。现场检查吉首城区燃气经营门市部34个，发现无证经营10家，缺证不全18家，责令限期整改。是年9月，州液化气公司、州燃气总公司、州长城燃气公司3家企业合并为州液化气石油化工总公司。1999年，全州各县（市）确定燃气管理专职人员或成立燃气管理办公室，加强燃气市场管理。是年，全州新批气站一个、新增经营网点34个。2000年，州人民政府批转《燃气市场整治方案》，成立由建委、劳动、公安、消防、工商、物价、技术监督等部门人员参加的整治办公室，开展全州燃气市场专项整治。取缔经营黑户点12个，停业歇业网点2个，责令网点位置不符合消防安全规定的12个迁址；强制检验灭火器118具，新置灭火器16具、防火毯30床、警示牌62块，检验超期钢瓶6300只，报废隐患钢瓶150只；为全州整治验收合格的11个燃气企业、86个燃气经营网点、36个燃气器具销售单位重新换发“消防许可证”“资质证”和“营业执照”。2004年12月，州液化气石油化工总公司改制，湖南闻得福集团农业科技股份有限公司竞拍收购，成立州燃气有限责任公司。2009年，按照州政府要求，将吉首城区燃气管理职能移交给吉首市人民政府。2010年，全州燃气供气量9600吨，供气普及率61.07%。

2010年湘西州城镇供气情况一览表

表18-5

县市	气站(座)	储气能力(吨)	管网长度(公里)	供气总量(吨)	用气户数(户)	用气人口(万人)	普及率(%)
吉首	2	300.0	—	2600.0	30000	10.50	50.0
泸溪	1	70.0	—	1020.0	7515	2.65	62.35
凤凰	1	110.0	—	1500.0	12000	4.00	42.11
花垣	1	450.0	—	1620.0	14125	5.20	73.14
保靖	1	110.0	—	1400.0	12159	3.25	44.70
古丈	1	60.0	—	160.0	1046	2.10	71.43
永顺	1	200.0	—	950.0	17500	6048	69.83
龙山	1	110.0	67.0	350.0	9900	4.9	75.0

第十章　烟草专卖

1989年，湘西州烟草专卖局（湘西州烟草公司），“两块牌子、一套人员”，局机关内设办公室、供销科、原烟科、专卖科、计划财务科、审计科（与财务科合署办公）、保卫科、监察室、机关工会、行政科、基建办、修志办、政治工作科、龙山调拨站、凤凰调拨站，编制40名。下辖吉首、龙山、永顺、凤凰、泸溪、花垣、保靖、古丈8个县（市）烟草专卖局（公司）。1992年，州烟草局相继成立卷烟销售公司和烟叶购销公司。1993年，增设边贸公司、铁路运输办公室、烟用物资公司、云南办事处及老干科。1999年，撤销吉首市烟草局（公司），所属人员并入州烟草局（公司）。2005年5月，州烟草局（公司）机构改革，取消县级公司法人资格，改为县营销部，保留县烟草专卖局名称。2008年，州烟草局机关设专卖科、纪检组（监察室）、政工科、基建办公室、人事劳资科、安保科、财务科、审计科、营销中心、信息中心、办公室、烟草服务中心、物流配送中心、烟叶生产经营部、烟科所、经济运行科、烟基办、烟草综合服务有限公司。下辖龙山、永顺、保靖、花垣、凤凰、泸溪、古丈7县烟草专卖局、烟草营销分公司。2010年，全州烟草公司系统有职工701人。

1989—2010年，历任局长（经理）：黄有生、张书华、杨治金、郭汉华、万伟；副局长（副经理）：田明成、陈纯才、黄家治、熊福、向阳、赵光琪、严许化、向顺彪、宁尚辉、向宝铸、张小舟、周米良、易政琦。

第一节　卷烟经营

1989年，州、县（市）烟草公司无省外卷烟直接购进权。省外卷烟，通过省烟草公司计划分配。是年，州、县（市）两级烟草公司省内购进卷烟14.09万箱，调入省外卷烟170箱；省内购进卷烟中，州产烟占80%。同时，委托农村供销社担负农村卷烟批发业务，全年发放委托许可证111个，卷烟批发9.87万箱。1990年，州产卷烟销售任务重，省外卷烟仅购进253箱。1991年，州烟草公司制定进驻云南卷烟批发市场经营策略。卷烟价格放开，州烟草公司系统加大省内烟厂业务联系，增加购进计划，全年购进省内卷烟7.36万箱。州烟草专卖局（公司）清理整顿全州委批网点，撤销、取缔委批点23个，推广龙山县烟草公司利用烟叶收购站下延卷烟批发网点经验，扩大农村自批点建设，自批网点增至42个。1993年，州烟草公司成立云南办事处，先后与云南玉溪、昆明、楚雄、曲靖等卷烟厂建立业务关系。是年，州、县（市）烟草公司从州外省内购进卷烟4.32万箱，销往外省州产烟3.9万箱。1994年，州烟草公司系统先后与上海、广东、山东、北京等烟厂建立业务关系。州烟草公司被获准进驻北京卷烟批发市场参与全国卷烟购销业务。是年，购进州产卷烟11.62万箱，占购进总量88%。1995年，龙山、永顺、花垣、凤凰、泸溪和吉首6个县（市）烟草公司亦获准进入北京卷烟批发市场，拥有省外卷烟购销资格。各县（市）烟草公司先后与北京、上海、山东、广东、浙江、河北、四川等省(市)20余家烟厂建立业务关系。是年，全州自批网点总数59个，卷烟自批能力80%，销售卷烟12.25万箱。

1996年，州烟草公司适时调整经营策略，加强与重点烟厂业务关系，邀请玉溪、昆明卷烟厂到湘西州布设专店。年末，州、县（市）烟草公司参与云南卷烟拍卖活动，州烟草公司采取名优卷烟搭销州产卷烟，扩大州产烟销量。全州取消委批点，实现自批，各批发店货源由县（市）烟草公司统一分配、统一价格，定期送货到各自批网点。州烟草公司投资1200万元，建成自批网点78个。是年，州烟草公司被评为全省卷烟销售工作先进单位，龙山县烟草公司被评为全省农业网建工作先进单位。1997年，州烟草公司把购进重心从省外转移到省内，加大省产卷烟销售市场开发和培育力度，同时培育和开发边区市场。是年，州产烟销往省外6万箱，州内销售卷烟23.61万箱。1998年，卷烟市场疲软，州、县烟草公司减少省外购进计划。同时，州产卷烟省外销量减少。州内各县（市）烟草公司配合长沙、常德、郴州和零陵烟厂在州内各县开展零售网点建设。各家烟厂在全州布设专销点或直供点5000个。1999年，州烟草公司撤销云南办事处和省外卷烟经理部，省外卷烟购进减少。

2000年，永顺、乾州卷烟厂相继关闭，凤凰雪茄烟厂因经营困难责令卖断生产指标，龙山烟厂生产计划减至5万箱，州烟草公司卷烟购进出现缺口，决定把购进重点放在州外，增加省产烟有效购进，与省内8家烟厂签订卷烟购进合同。各县烟草公司分别向长沙、常德烟厂派出常驻业务员，增加购进指标。是年，全州省外购进卷烟仅6408箱，省外销售1.76万箱。2001—2004年，州内卷烟厂相继关闭，出现供不应求状况。经省烟草公司批准，加大省外卷烟购进与市场培育，得到玉溪、昆明、曲靖、红河、贵阳、广州、四川、安徽、广西、浙江、福建等烟厂支持；4年全州购进省外卷烟3.32万箱。2005年，省烟草公司适当增加省内计划，不足部分下达省外购进指标，全州销售卷烟6.69万箱。2006—2010年，5年全州购进省内、省外卷烟分别为31.35万箱、8.92万箱。

第二节　烟叶收购与调拨

一、烟叶收购

1989年，州烟草公司负责州内烟叶收购。烟叶收购资金由烟草公司自筹和银行贷款。1990年，州政府印发《全州烟叶生产有关政策》，决定每50公斤烤烟价外补贴110元，晒红烟、香料烟参照执行。两年内全州收购烟叶3.47万吨。1991年，清理州境烟叶收购站、组、点，重新核发烟叶收购许可证，年末全州烟草公司系统自设烟叶收购站、点312个。烤烟收购推行40级国家标准。1993年，C3F等级每50公斤烤烟收购价220元。1994年，C3F等级每50公斤烤烟收购价调整为225元；一、二、三级香料烟收购价也有提高，四、五级价格不变。1995年，C3F等级每50公斤烤烟收购价调整为295元；香料烟收购价格和价外补贴提高。是年，全州烟叶收购站、点压缩至128个。1996年，全州晒烟收购价格由国家收购价格、生产资料补贴、优质烟奖励三部分组成，国家收购价格不变，生产资料补贴每个等级30元/50公斤，优质烟奖励实行优质优价。1998年，州政府印发《关于烟叶生产收购有关政策的通知》，要求烟草公司每亩产前无偿投入50元。同时，州政府从农业特产税中集中6%作为发展基金，每上调50公斤上、中等烟叶由调入单位承担5元生产基金。1999年7月，州人民政府决定对烟叶经营中超过国家规定升溢标准部分，由州烟叶生产领导小组掌握，全部用于发展烟叶生产。是年，湘西州烤烟收购价格划为三价区。一、二、三级香料烟分别为750元/50公斤、600元/50公斤、400元/50公斤。2000年，湘西州把原定12个低、次等级烟叶投入生产扶持费增加到上、中等烟叶中。是年，新增C4F和C4L两个烤烟等级收购价。三价区为455元/50公斤；C4L为423元/50公斤。2001年，州烟草公司与长沙烟厂协调，实施龙山、永顺和凤凰3个县产前投入，交烟厂上等烟每50公斤奖励100元，中等烟每50公斤奖励60元。2003年，州内烟厂预付资金有限，主要靠各级烟草公司购进卷烟，支付烟叶收购款。长沙、常德烟厂一直按协议规定提前预付收购资金。2004年，全州烤烟由于X3L等九个等级和B3V等5个副组等级收购价格偏低，州政府研究绝对调高14个等级价格。2008年，国家发改委、国家烟草专卖局确定湘西州为二价区。州人民政府决定有使用价值级外烟按120元/50公斤标准收购。2010年，州烟草专卖局清理烟叶收购站（点），年末，全州烟叶收购站（点）98个，其中标准化收购站20个，收购点55个。2001—2010年，全州收购烤烟19.84万吨。

1989—2010年湘西州卷烟购销情况一览表

表18-6

年份	总购进（箱）	省外购进（箱）	总销售（箱）	省外销售（箱）	销售总额（万元）
1989	140952	—	140952	—	—
1990	162107	—	162107	—	—
1991	75290	1673	86085	65636	7878
1992	100225	1410	101497	59570	17967
1993	102056	3515	107112	43036	24718
1994	132476	6564	127229	56229	27639
1995	119662	15774	125517	54620	52892
1996	111492	17525	109777	49165	79103
1997	111443	14076	112295	47771	94656
1998	125345	13974	123761	60325	85218
1999	123010	12913	119141	48107	54501
2000	87846	11070	84797	17853	47655
2001	95200	6408	95200	—	48768
2002	83461	6470	83461	—	54490
2003	78052	10106	78052	—	58299
2004	64613	10508	64613	—	63087

续表 18-6

年 份	总购进（箱）	省外购进（箱）	总销售（箱）	省外销售（箱）	销售总额（万元）
2005	66850	11113	66850	—	68683
2006	68451	11060	68451	—	81291
2007	75292	15452	75292	—	90644
2008	81415	22895	81415	—	115337
2009	85338	13744	85338	—	131226
2010	92107	26000	92107	—	157611

二、调拨

1990 年，烤烟调拨价提高幅度 4.96%。1994 年，除调整少数几个等级价格外，仍按 15 级制烤烟调拨基准价格执行。1995 年，晒烟调拨以省烟草专卖局基准价为基础，供需双方议定成交价。1996 年，按省烟草专卖局规定实行全等级调拨严格按基价执行，不得浮动。实行单一等级调拨上等烤烟每 50 公斤上调 70 元基地建设费，中等烟上调 50 元。到 2000 年，12 年间全州晒烟调拨 6.03 万吨，其中省内调拨 1.18 万吨，省外调拨 4.85 万吨。省内主要调往州内龙山、凤凰、乾州、永顺等烟厂。省外主要调往广东湛江卷烟厂、河北张家口卷烟厂、辽宁营口卷烟厂、辽宁岫岩卷烟厂、陕西延安卷烟厂。全州烤烟总调拨 19.47 万吨，其中省内 17.33 万吨，省外调拨 2.14 万吨。12 年间，龙山卷烟厂年调入烤烟 2250 吨，凤凰雪茄烟厂年调入烤烟 2000 吨。2006 年，州内各烟叶产区根据烟叶市场供求状况，在国家烟草专卖局烟叶调拨基准价格基础上不超过 15%范围内浮动，确定烤烟实际调拨价。2010 年，全州收购烟叶分别调往湖南中烟公司、广东中烟公司、上海中烟公司、浙江中烟公司、陕西中烟公司及省烟草公司进出口公司。其中湖南中烟公司 75%，广东中烟公司 15%。

第三节 专卖执法

一、烟草经营许可证管理

1989 年，州、县（市）烟草专卖局发放各类经营许可证 6494 本。1993 年，州、县（市）烟草专卖局发放各类经营许可证 1.27 万本。1998 年，统一使用防伪准运证，增强烟草专卖品有效管理。2000 年，烟草专卖准运证实现计算机网络化管理与全程监控。至 2007 年末，全州发放烟草零售许可证 6.8 万本。2008 年，州烟草专卖局制定《零售许可证申请与办理程序》，申请者必须拥有与经营烟草制品零售业务相适应资金，有与住所相独立具有合法使用权固定经营场所，并符合当地零售网点布局要求，许可证有效期 5 年。2009—2010 年，全州发放烟草零售许可证 1.8 万本。

二、卷烟价格管理

1989 年，放开进口卷烟零售价格，由经营企业随行就市、自由浮动、自主定价。放开“中华”等 13 种国产名优卷烟销售价格，提高省产高中档卷烟价格。1992 年，全面放开卷烟价格，由生产、经营企业自主定价。1993 年，州、县烟草公司成立价格领导小组，实行“集体定价、共同决策”。全州烟草公司系统内部制定统一批发价。2000 年，龙山、凤凰卷烟厂 12 个品牌实行最低批发限价管理。2005 年，执行卷烟牌号和卷烟条形码管理，按“一物一码一价”原则制定卷烟价格目录。2010 年，州烟草公司落实省烟草专卖局《关于开展卷烟价格管理检查工作的通知》精神，在全州范围内开展自查。

三、烟草专卖稽查

1989 年，州烟草专卖局执行《湖南省烟叶收购管理办法》，凭证收购，凭合同收购，统一收购标准和价格。1990年，全州各级烟草专卖机关查处无证运输烟草专卖品案件28起。1991年，州烟草专卖局与怀化铁路专卖科联系，建立铁路专卖管理联系制度。龙山县烟草专卖局与当地公安、工商等部门密切配合，捣毁石羔乡冲天村制售假冒卷烟窝点145个，查获制烟工具195套，收缴龙山雪茄、龙山、天柱等假冒卷烟2150条。1992年，州内各级专卖管理机关与州、县公安等部门协同在全州建立14个联合检查站，聘请交通警察等专职人员为专卖协管员，协助开展专卖检查，全年查处无证运输案件123起。1993年，州各级烟草专卖管理部门开展打击无证运输烟草专卖品违法行为。泸溪县烟草专卖局在白沙桥头查获无烟草专卖准运证运输烟叶22.35吨，卷烟12.5万条；花垣县烟草专卖局上路检查100次，查扣无证运输烟用嘴棒10车计1300件，烟叶24车180吨，卷烟8车8万条；龙山县烟草专卖局查处无证运输案件19起，查获卷烟10.87万条，烟叶14.25吨；凤凰县烟草专卖局查获违法倒卖烟叶30吨；永顺县烟草专卖局查处倒卖烟叶案件4起，查获烟叶12吨。全州查处制售假冒卷烟案件138起，取缔制售假冒卷烟窝点45处、收缴制烟工具99套、各种假冒卷烟2.61万条。1995年，州烟草专卖局贯彻国务院《关于整治三乱，禁止上路检查的通知》精神，研究新方法，制定新措施，依托各种常设交通检查站，与交警等部门采取上路巡查、举报侦查等方法，实行综合治理、联合办案。全州分别查处无证运烟案件68起和75起。1997年，花垣县烟草专卖局成立烟草专卖稽查队，聘请县公安人员参与烟草专卖稽查，查处无证运烟案件7起，查获烟叶76吨，卷烟2.1万条，嘴棒750件；凤凰县与公安部门协同，查获一起利用军车、伪造证件运输烟草专卖品案件；保靖县烟草专卖局查处无证运输案件8起，案值98万元；永顺县烟草专卖局在交警配合下，查处无证运烟案件43起，查扣烟叶966吨，卷烟3.01万条，丝束、嘴棒20吨。全州查处无证运输烟草专卖品案件133起，罚款93.89万元。1999年，州烟草专卖局贯彻落实国家烟草专卖局《进一步加大一清两打力度，整顿烟草经营秩序的通知》精神，联合重庆市秀山县烟草专卖局，两次在秀山县捣毁三家制售假冒“白沙”“老大哥”系列产品地下烟厂。查获YJ13、YJ14卷烟机6台、小包机3台、切丝机3台、烘丝机2台，及大批假冒卷烟和原辅材料；与吉首市烟草专卖局、吉首市公安局联手，查获广东茂名一无证运输烟草专卖品特大案件，查获烟叶465吨，价值390万元。全年查处无证运输案件159起，没收、罚款275.57万元。2000年，湘西州烟草专卖局制定《全州烟草市场整顿工作方案》。8月，龙山县烟草专卖局联合县检察院、龙山卷烟厂在县境查获一个卷烟制假窝点，现场查获“老大哥”“黔龙”等假冒卷烟1500条，制假设备6台，及大批卷烟原辅材料。2001年，州烟草专卖局联合州市公安、工商部门两次拉网式清查吉首市区。端掉制假、贩假窝点1处，查缴假冒卷烟1.25万条。全州捣毁制假窝点7处，收缴YJ14烟机4台，电动切丝机16台，缴获各类假冒卷烟2.4万条。2005年，州烟草专卖局、州公安局、州中级人民法院、州人民检察院联合建立打假长效机制。4月，龙山县烟草专卖局、公安局将运送、贩卖假冒卷烟的陈某某、冉某某等6人抓获。全州查获假冒卷烟4.85万条，查缴YJ13、YJ22卷接机12台。2006年，州烟草专卖局、州公安局联合印发《关于打击无证运输烟草及其制品的通知》，查处无证运输案件54起，查获晒红烟、烟丝586.66吨，罚款58.5万元。2008年3月12日，州烟草专卖局联合州公安部门捣毁一处藏匿贩卖假冒卷烟窝点，查获假冒“芙蓉王”“白沙”“中华”“三溪”“555”等12个牌号各种卷烟1209条，案值27万元，抓获犯罪嫌疑人2人。同时，端掉地下卷烟销售网点48个，拘捕涉案嫌疑人12人，涉案金额530万元。2010年，全州查处制假售假案件190起，查获假冒卷烟3054条。其中泸溪县烟草局查获“12·25”售假网络案，涉案金额280万元；凤凰县烟草专卖局查获“2010·5·5”售假网络案，涉及金额600万元，涉案人员15人。

第十一章　饮食服务

第一节　餐饮业

一、小吃

1989年，湘西州小吃以个体摊贩为主，主要品种有油条、油粑粑、汤圆、糯米糕、米豆腐、碗儿糕等。全州有小吃网点98个，从业人员193人，全年营业收入791万元，实现利润255万元，上缴税费76万元。1990年，人们逐渐形成进店购买早餐习惯，早餐店品种花样增多。1995年，全州小吃网点发展到231个，从业人员增至542人，营业收入1554万元，实现利润609万元，上缴税费147万元。1996年始，州内小吃新增长沙德园包子、天津狗不理包子、上海小笼蒸包、兰州拉面、北方水饺、削面、烙饼、津市米粉、云南过桥米线、广式面点及牛奶、蛋糕、面包等西式品种。2001年，城镇兴起烧烤摊和夜市（宵）。烧烤有烤牛肉串、猪肉串、排骨、脆骨等；夜市主营炒粉、炒饭及各式炒菜，摊位多摆在街道繁华地段，消费者以中青年为主。至2004年，全州小吃网点1015个，从业人员1687人，营业收入1.47亿元，实现利润5400万元；4年上缴税费3458万元。2005年，全州小吃网点持续发展，至2010年，全州有网点1304个，从业人员2798人，营业收入3.06亿元，实现利润1.09亿元，上缴税费2055万元。

湘西州特色食品选介

湘西腊肉　湘西腊肉选用本地生猪，“冬至”后宰杀，割成长条块状，撒上食盐、花椒腌于缸钵或木桶之中，7天后取出，用柴火熏烤，一般烤上10余天即可食用。食用时，先将腊肉皮用火烧黄，然后洗净放入水中煮10余分钟，出锅后切片蒸食或炒熟用。农村将腊肉存放在稻谷中保质，商家将腊肉放于冻库保存，随时拿出食用或销售，口味照样鲜美。州内榜爷食品有限公司“榜爷”牌腊肉连获中国湖南（国际）第四、第五、第六届农博会金奖。“葛四”腌腊肉2005年在中国湖南（国际）第七届农博会上获金奖。

1989—2010年湘西州小吃业经营情况一览表

表18-7

年份	网点（个）	从业人员（人）	营业收入（万元）	利润（万元）	税费（万元）
1989	98	193	791	255	76
1990	128	239	844	284	85
1991	135	294	1053	352	109
1992	166	356	1315	435	124
1993	189	414	1516	515	138
1994	201	455	1620	562	152
1995	231	542	1554	609	147
1996	253	592	1676	657	158
1997	291	676	2431	901	211

续表 18-7

年份	网点（个）	从业人员（人）	营业收入（万元）	利润（万元）	税费（万元）
1998	327	776	5965	1574	478
1999	376	879	6508	1757	493
2000	441	1019	7162	1949	551
2001	522	1117	8709	2707	708
2002	621	1287	11660	4211	845
2003	676	1361	13521	5006	925
2004	1015	1687	14658	5400	980
2005	898	1815	15565	5794	973
2006	1031	2061	16469	6411	980
2007	1137	2474	29295	9228	1971
2008	1189	2587	18578	7510	1079
2009	1248	2679	25245	9565	1560
2010	1304	2798	30550	10915	2055

凤凰姜糖 凤凰姜糖制作始于清朝乾隆年间（1736—1795）。有香、甜、微辣和脆等特点，并具有驱寒散热，润肺暖胃，化痰止咳之功效。凤凰姜糖以赤砂糖（或白砂糖）、生姜、芝麻、山茶油、泉水为原料，将原料精挑细选后按一定比例放入铁锅熬煮，熬成黏稠状后，倒在青石板台面上冷却，冷到可拉出丝来，便把姜糖团挂到铁钩上反复拉扯，将拉出糖条，用剪刀剪成拇指大三角形，然后包装进袋。姜糖口味取决于原料、配方和工艺以及现场火候。不同姓氏姜糖作坊因配方和工艺不同，其姜糖口味也就不同。凤凰县城有姜糖店铺60余家，日交易额近万元。

苗家酸菜 州内苗家酸菜有蔬菜酸、肉食酸和粮食酸三大类。蔬菜酸主要有，白菜酸、萝卜酸、辣椒酸、豆荚酸、葫葱酸、大头菜酸、青菜酸、茄子酸、藠头酸等，又有干酸菜和水酸菜之分。肉食酸有酸猪肉、酸牛肉、酸鸡肉、酸鸣肉、酸鱼等。粮食酸苞谷（玉米）酸、糯米酸。苗家酸鱼制作一般有选择250克重的鲜鱼，开剥洗净，放入香料盐水中泡二至三天，捞出晾干，然后在鱼肚内和周身粘上糯米粉或糯苞谷粉，铺在坛中填实压紧，腌半月而成。可以生吃，也可用各种方法烹调，炸煮皆宜。可以保存数年不变质，而且香嫩可口。

血粑鸭 血粑鸭是凤凰特色菜，制作考究。先将上等糯米浸泡好装入瓷盆里待用，宰杀鸭子时将鸭血溶入糯米中，加入适量食盐，搅拌均匀。鸭血凝固后，上锅蒸熟成血粑。将血粑切成小方块，可用茶油煎熟，也可不煎。鸭肉和猪肥肉、花椒、植物油一起爆炒，炒干水分，再加入生姜、食盐、酱油拌匀，加入清水，大火炖二十多分钟，有香气溢出，再放入大红椒切片。待鸭肉煮熟时，将血粑放入鸭夫里小煮，并掺合一定香料，煮成金黄色即可食用。血粑鸭既有鸭肉的鲜美味浓，又有血粑清香糯柔。

罐罐菌 又名牛肝菌、荞巴菌、猫儿菌。多生长于背阳山坡上松树、茶树等杂木混交林中。表面为灰白、黄褐和黑色三种颜色，菌盖没有褶皱，而是有无数小孔，盛产于凤凰县腊尔山、阿拉营一带。罐罐菌菌体肥大，肉质细嫩，味道香美。1990年，经国家科委微生物研究所鉴定，凤凰罐罐菌，富含异亮氨酸、亮氨酸、蛋氨酸等8种氨基酸，性温，有追风散寒、舒经和络及抗癌作用。罐罐菌收捡时间多在夏末初秋高温天气，九月、十月也有生长。罐罐菌以新鲜入菜为佳，亦可通过人工切片加工后，晾干晒干。晒干后呈黑色或黄色，色泽光亮为佳品，存放干燥处，可保色鲜味美。干罐罐菌用温水泡胀，洗净泥沙，然后用于炒肉或和鸡肉炖汤，其味脆香鲜美。

二、茶楼

20世纪80年代末，州境尚无专业茶楼，大酒店及娱乐场所设茶厅或音乐茶座，规模小，品种少。1996年，全州有茶楼2家，从业人员9人。由于服务项目单一，维持不到3年就被淘汰。1997年始，全州相继出现“大中华茶社”“天池茶楼”“大上海”等餐饮、茶社兼营的综合性娱乐休闲场所。至2000年末，全州茶楼增至20家，从业人员126人，营业收入789万元，实现利润207万元，上缴税费9万元。2005年，全州茶楼53家，从业人员397人。2006年，州内茶楼服务形式多样。客人可以只喝茶，不接受其他服务，也可选择其他消费。2010年，全州茶楼134家，从业人员1719人，营业收入1.56亿元，实现利润1.16万元，上缴税费1031万元。

三、冷冻食品

1991年，湘西州以吉首市峒河冰厂为龙头组建州饮食服务行业冷饮系列产品销售集团。1992年，全州有国营冷冻厂6家，从业人员13人。1993年，国营冰厂改制，实行国有民营，供销社冰厂先后停办，冷饮业均为个体经营。1995年，州内冷饮发展迅速，至2004年，全州冷冻厂有81家，从业人员149人。2005年，湘西州冷冻食品除本地产品外，多从外地购进伊利、蒙牛冰棒、雪糕、冰淇淋等名牌产品。冷冻食品不单纯经营冷饮品，还销售茶水、水果和各式点心，季节性逐渐淡化，加盟万利隆、都乐、格林奥等全国名牌连锁店，购进和引进总店原料和技术，生产和销售生日蛋糕、各式蛋糕等名牌产品。2010年，全州有冷冻厂201家，从业人员421人，营业收入3957万元，实现利润686万元，上缴税费78万元。

1996—2010年湘西州茶楼经营情况一览表

表18-8

年份	茶楼(座)	从业人员(人)	营业收入(万元)	利润(万元)	税费(万元)
1996	2	9	0	0	0
1997	3	17	43	26	3
1998	14	69	418	83	6
1999	17	92	611	152	9
2000	20	126	789	207	9
2001	26	183	1275	348	18
2002	34	245	1873	579	32
2003	42	307	2350	742	41
2004	49	362	3034	972	49

续表 18-8

年份	茶楼（座）	从业人员（人）	营业收入（万元）	利润（万元）	税费（万元）
2005	53	397	3887	1283	80
2006	61	443	6390	2694	153
2007	77	599	8176	3870	221
2008	106	1100	13787	6577	554
2009	117	1425	12830	7840	699
2010	134	1719	15589	11551	1031

第二节　服务业

一、酒店

1989 年，全州有酒店 86 家，从业人员 571 人，营业收入 647 万元，实现利润 190 万元，上缴税费 72 万元。1992 年，州内出现集住宿、娱乐、餐饮为一体的酒店，装饰豪华，功能齐全，陈设讲究。1993 年，全州有酒店 277 家，从业人员 1498 人。2000 年，州民族宾馆被省旅游局评为湘西州首家三星级旅游饭店。2002 年，州民族宾馆前厅被共青团中央授予全国青年文明号称号。2005 年，州民族宾馆和边城宾馆被评为三星级宾馆。2006 年，全州有酒店 645 家，从业人员 4562 人。2010 年，全州有酒店 619 家，从业人数 5834 人，营业收入 4.19 亿元，实现利润 2.5 亿元，上缴税费 4470 万元。

二、美容美发

1989 年，州内美容有洗面、气蒸和做面膜；美发主要有剪、吹、拉、烫、焗。年末，全州有美容美发店 199 家，从业人员 282 人，营业收入 110 万元，上缴税费 6 万元。2000 年，全州有美容美发店 334 家，从业人员 747 人。2001 年，州内宾馆、酒店及娱乐场所大多开展美容美发服务，商业、饮食集中地美容美发店多。美发店增加染色、发型形象设计等，出现“时尚动力”等发型设计专业店。有的美容美发店还提供保健按摩服务。2010 年，全州有美容美发店 317 家，从业人员 2529 人，营业收入 2183 万元，上缴税费 82 万元。

三、家政服务

1999 年，州内开始有家政服务公司，全州家政服务公司 12 家，从业人员 96 人。2000 年始，州内家政服务业快速发展，至 2003 年，全州家政服务公司发展至 56 家，从业人员 442 人。2006 年，全州有家政服务公司 92 家，从业人员 701 人。2010 年，州家政服务行业协会成立，有培训机构 3 家，完成培训人数 600 余人次。是年，全州有家政服务公司 159 家，从业人员 1539 人，营业收入 5601 万元，上缴税费 1566 万元。

1989—2010 年湘西州理发店经营情况一览表

表 18-9

年份	理发店（家）	从业人员（人）	营业面积（平方米）	收入（万元）	税费（万元）
1989	199	282	300	110	6
1990	211	291	400	111	6

续表 18-9

年份	理发店（家）	从业人员（人）	营业面积（平方米）	收入（万元）	税费（万元）
1991	221	299	500	112	6
1992	233	338	600	113	7
1993	244	361	700	119	7
1994	258	560	800	123	7
1995	272	627	850	125	8
1996	285	661	860	128	8
1997	297	676	870	137	8
1998	309	708	880	140	9
1999	321	733	900	145	9
2000	334	747	910	146	9
2001	352	776	920	167	11
2002	365	807	935	189	14
2003	375	812	940	230	17
2004	426	865	1075	585	35
2005	504	1085	1250	677	40
2006	546	1130	1480	779	43
2007	612	1262	1550	982	58
2008	683	1873	1650	1612	76
2009	738	2160	1770	1842	77
2010	817	2529	3190	2183	82

1999—2010 年湘西州家政服务情况一览表

表 18-10

年份	机构（家）	从业人员（人）	营业面积（平方米）	收入（万元）	税费（万元）
1999	12	96	—	—	—
2000	19	155	—	—	—

续表 18-10

年份	机构（家）	从业人员（人）	营业面积（平方米）	收入（万元）	税费（万元）
2001	31	162	—	—	—
2002	51	394	154	153	55
2003	56	442	303	195	56
2004	61	489	1087	459	168
2005	83	592	2010	1060	257
2006	92	701	2652	1278	574
2007	123	1022	4134	1981	847
2008	142	1181	6372	3495	954
2009	165	1374	7222	4090	1263
2010	159	1539	8781	5601	1566

四、休闲娱乐

1989 年，湘西州娱乐业以歌舞为主。是年，全州有娱乐场所 17 家，从业人员 181 人，营业收入 380 万元，上缴税费 18 万元。1992 年，州内单位礼堂多改装成舞厅，公共场所舞厅增多，较大酒家也有舞池。除在舞厅唱歌外，还出现大量“卡拉 OK”厅。2000 年，州内专业歌舞厅和“卡拉 OK”厅逐渐消失，由休闲娱乐“同一首歌”“星光大道”“大上海”等歌厅茶楼取代。全州有娱乐场所 106 家，从业人员 1111 人，营业收入 2311 万元，上缴税费 274 万元。2006 年，州内娱乐场所增加棋牌娱乐室、网吧等项目。2010 年，全州有娱乐场所 630 家，从业人员 5811 人，营业收入 2.36 亿元，上缴税费 7929 万元。

1989—2010 年湘西州休闲娱乐经营情况一览表

表 18-11

年份	娱乐场所（家）	从业人员（人）	营业面积（平方米）	收入（万元）	税费（万元）
1989	17	181	3200	380	18
1990	20	213	3600	483	24
1991	27	284	4000	610	35
1992	34	345	5100	750	48
1993	41	426	6200	880	61
1994	44	458	6700	980	81
1995	49	522	7700	1170	96
1996	57	589	8902	1280	110

续表 18-11

年份	娱乐场所（家）	从业人员（人）	营业面积（平方米）	收入（万元）	税费（万元）
1997	63	695	10726	1500	130
1998	69	768	11800	1720	140
1999	81	948	12300	1880	151
2000	106	1111	14562	2311.7	274.2
2001	120	1272	16979	2505.7	286.2
2002	135	1405	19535	2678.7	295.2
2003	155	1642	23066	4631	1032.5
2004	187	2007	27633	5401	1314
2005	313	3273	33935	6480	1748
2006	360	3859	42472	8347	2305
2007	391	4101	35059	15133	4945
2008	458	4764	43854	16768	5366
2009	511	5145	55786	20890	7006
2010	630	5811	68815	23643	7929

第十九篇　旅游

湘西州旅游资源丰富，自然景观优美，名胜古迹众多，民族风情独特，有“神秘湘西”之称。境内国家历史文化名城凤凰古城，历史文化名镇永顺县芙蓉镇、龙山县里耶镇、泸溪县浦市镇、花垣县边城镇，永顺县猛洞河“天下第一漂”、古丈县红石林、保靖县吕洞山、龙山县乌龙山大峡谷，以及永顺县800年土司故都老司城遗址等，久负盛名，蜚声中外。同时，还有红色圣地湘鄂川黔边革命根据地旧址塔卧镇和茨岩塘镇。州境美不胜收的山水风光和绚丽多彩的民俗文化，成为国内外旅游者观光揽胜、度假休闲、探险猎奇的最佳目的地。

1989年，湘西州旅游业开始起步，凤凰古城部分对外开放，永顺猛洞河漂流专线公路动工修建。州内有1家国内旅游社和1家旅游公司。1990年，永顺猛洞河专线公路建成通车，猛洞河漂流正式对外开放。1991年，时任全国人大常委会副委员长、著名社会学家费孝通漂流猛洞河，题词“天下第一漂”。是年，吉首德夯风景区成为省级风景名胜区。1995年，州人民政府制订《湘西州旅游业发展“九五”计划》。1998年，凤凰县人民政府编制《凤凰县城总体规划》。1999年，凤凰县人民政府出台《关于加强古城保护若干规定》。2000年，州人民政府制定《湘西州旅游业发展规划（2001—2015）》。2001年，凤凰古城被国务院批准为国家历史文化名城。2002年，永顺县塔卧镇湘鄂川黔革命根据地旧址被中共中央宣传部列为全国爱国主义教育示范基地。2003年，《湘西州（2001—2015）旅游业发展规划》通过专家评审，正式颁布实施。是年，龙山县里耶管理区管委会成立，按照“修旧如旧，修新如旧”原则启动古镇保护工程，改造古镇民居。2005年，塔卧被中共中央宣传部、国家发改委、国家旅游局列入《全国红色旅游经典景区名录》，里耶镇获“全国特色景观旅游名镇”称号。2007年，州委、州政府作出《湘西州进一步加快旅游业发展的决定》，突出秀美的自然风光、浓郁的民族风情、厚重的历史文化三大特色，提出全州各级党委政府要以主要精力推进旅游业发展。是年，州境旅游服务水平提升，酒店超过500家。

2010年，全州对外开放旅游景点46个，有旅行社37家，直接或间接旅游从业人员20余万人，全年接待游客1255.56万人次，为1989年的26倍；实现旅游收入63.48亿元，是当年全州国民生产总值的23.3%。湘西州被评为“中国最佳旅游去处”，“神秘湘西游”被推选为“全国一佳旅游线路”，凤凰县被列入全国旅游强县。州域旅游跻身全省旅游发展先进市州行列。

第一章　旅游资源

第一节　山地景观

湘西州山地景观旅游资源丰富，有奇峰、深谷、怪石、异洞，千奇百怪，鬼斧神工。处处可以成诗成画、入歌入赋。

八面山　位于州境西北部、龙山县南部、里耶古镇西侧，平均海拔1200米，山体两头尖尖，南北狭长，呈船形，总面积52平方公里。山体周围悬崖峭壁如削，仅有大岩门、小岩门、望乡台、西眉峡等隘口可供上山。山上地势开阔平坦，牧草肥美，气候凉爽，有燕子洞、自生桥等形态各异的洞穴230多个和青鱼潭、大鱼潭等天然陷池。晴日登临绝顶，湘鄂渝边景色尽收眼底。清人朱克敬在《登八面山》中赞道："指点西南形胜处，乱云如幕独横戈。"山体西北端有一孤峰拔地而起，独立于八面山主体之外，远看酷似老父背子，故又叫"背子岩"，海拔1414.5米，其顶有一灵仙寺，寺前平地有一石窝，窝内有泉，曰"一碗水"，随舀随出，不涸不盈，甘洌清爽。1950年初，中国人民解放军剿匪部队于山顶绝壁上的燕子洞与土匪激战，剿灭盘踞洞中负隅顽抗的土匪残部。

吕洞山 位于州境中部、保靖县夯沙乡境内，距州府吉首市区21公里。境内阿公山海拔1227米，山势雄峙，山顶立一方形巨石为峰，石峰绝壁上竖立两个大小并列的"天眼"，形似横卧的"吕"字而故名，苗族人尊其为"苗家圣山"，还流传着与"阿公山"有关的黛勾吉洞、吉舍和黛帕玲翠、年姑四人情感纠葛悲催动人的爱情故事。吕洞山风景区在保靖、花垣、吉首、古丈四县市交界处，主要景区包括保靖县葫芦、水田河、夯沙3个乡（镇）。景区众多溪流以放射状发育，形成多级剥落台阶，深沟峡谷、悬崖峭壁、奇峰异石、涓涓溪水、流泉飞瀑遍布各处，有"十里画廊""百米石龙""李白醉月""鸡畜对话""猴狮会""瀑布群落"等自然景观。2009年，被湖南省列入风景名胜区。

南华山 位于凤凰县古城之南，呈月牙形环抱凤凰古城，主峰海拔568米，被称为南华叠翠。区内有大小峰峦45座、溪沟72条、山泉水井21处。山上林木葱郁，有水杉、银杏、珙桐等珍稀树种，有天麻、灵芝、人参等名贵药材，有林麝、灵猫、穿山甲等珍禽异兽，有玉皇阁、石莲阁、观景山、壹停亭、虎尾峰、芙蓉岩、金钩挂玉、通风关、飞来峰、奇峰寺、革命烈士纪念碑等景观，形成"一湾沱江绕胜地，半壁南华抱古城"胜景。

乌龙山大峡谷 位于龙山县西南隅火岩乡境内，峡谷长15公里。秀美的皮渡河婉蜒其间，峡谷两侧山峦起伏，群峰竞秀，林木葱郁，碧竹青翠；峡谷内溶洞密布。有惹迷洞、鲇鱼洞、飞虎洞、风洞、石花洞、珠连洞、盘龙洞、天坑鼓等两百余个。著名画家黄永玉赞道：龙山二千二百洞，洞洞奇瑰不可知。

坐龙峡 位于古丈县红石林镇境内的酉水河畔，与芙蓉镇一水之隔。自然景观独特，溶洞多，峡谷长，集险、奇、雄、美于一体。峡谷长6.5公里，最深处高低落差300米，最窄处仅容1人通行。峡谷两侧石壁陡峭，森林茂密，古藤缠绕，谷底溪流婉蜒，有潭有瀑，是一条景观独特独具个性的奇峡游道，游人需靠手抓铁链攀爬。主要景观有碧潭映翠、卧龙潭、双虹潭、二跌飞瀑、龙口吐珠、彩虹瀑布、黑槽、四龙四跌、一线天、斜溪等，一步一景，处处奇观。

德夯大峡谷 位于吉首市西郊24公里处，系武陵大峡谷中段。"德夯"为苗语，是美丽峡谷之意。区内峰林重叠，有断崖、绝壁、峰林、瀑布、溪流，有盘古峰原始次生林、海螺峰、九龙溪、九龙门、孔雀开屏、问天台、观音洞、吉斗寨、蜡梅林等自然景观。2008年，湖南省国土资源厅认定为"湖南吉首德夯地质公园"。

红石林 位于古丈县红石林镇，区内遍布横面层叠的红色彩石，或依山而立，或拔地而起，或瘦削亭立，或富态敦实，百态千姿，大小高低，错落有致，各不相似，气势雄浑，尤以奥陶海底与天池等处景观更为集中雄伟大气壮观。还富集古生物化石，展示出数亿年前地球生命演化进程。石林的色彩还会随着天气变化而变幻，晴天一片火红，阴天暗红带紫，雨雪天变成黑色。2005年，被批准为国家地质公园。

洛塔石林 位于龙山县洛塔乡境内。天设其巧，地发其秀，漫山绵谷，奇石耸秀，百态千姿，似塔、似莲台、似罗汉、似帷幕、如锥、如刀、如箭镞，蔚为大观。2002年，湖南省国土资源厅批准为湖南龙山洛塔地质公园。

不二门 位于永顺县城南1公里处。景区内绝壁耸峙，酷似古佛，人称观音岩。观音岩后有"八阵图"，怪石间千岔万错，道路错综，如古代兵法布阵，酷似迷宫，人入其内，不知出入，常为影视外景拍摄之处。1993 年，被批准为国家森林公园。

第二节 水域风光

栖凤湖 位于古丈县北部西水流域，是 20 世纪 70 年代修建凤滩水电站形成的一座人工湖泊，水域面积 25 平方公里，平均水深 30 米。外湖宽阔，内湖迂回，半岛参差，岸线曲折，湖牵着湖巷，湖巷连着溪河，千岔万错，深幽莫测；湖中碧波荡漾，烟波浩渺，小岛棋布，层次丰富；湖的四周青山如屏，拥绿叠翠，茶果飘香。画家黄永玉、书法家龙清廉泛舟于此，题词“青山似画，碧水如诗”；记者、散文家萧离蹈波湖中咏叹“山水迷离”“人间仙境”。

碗米坡平湖 位于保靖县西北部，距保靖县城 25 公里。“十五”期间（2001—2005）修建碗米坡水电站，截流酉水河，形成高峡平湖，湖区全长 37 公里。沿途可赏尽酉水风光，有土家吊脚楼、梯玛公园、八部大王庙、魏家寨古城遗址、清水坪老街等景点。还可听到神奇的民族民间美丽的传说。

猛洞河漂流 位于永顺县猛洞河支流司河，上起哈尼宫，下至猴儿跳，全长 37 公里。精彩处位于哈尼宫至牛路河段，长约 17 公里。景区两岸多为原始次森林，葱葱郁郁，飞瀑流泉，有大小瀑布 20 处；河道滩奇水异，有急流险滩 108 处。漂流，赛急流，过险滩，闯峡谷，搏激流，有惊无险。1991 年 10 月 15 日，时任全国人大常委会副委员长、民盟中央主席费孝通在此体验漂流后，题词“天下第一漂”。2002 年，被中国旅行总社评为中国仅有的两个四星级漂流项目之一。

流沙瀑布 位于吉首市矮寨镇德夯村九龙溪源头，距吉首市区 24 公里。瀑布高 216 米，被誉为国内落差最大的瀑布。丰水期，滚滚流水从悬崖上飞落入深潭，犹如九龙翻波，吞云吐雾，声若巨雷震撼山谷，气势磅礴，雄奇壮观。枯水时节，流水飘下悬崖，时而如轻纱拂面，时而似珠帘悬挂，宛如白沙荡涤绿潭，漾起层层涟漪，婀娜多姿，温柔秀雅。

大龙洞瀑布 位于花垣县补抽乡境内，距吉首市区 41 公里。洞水从高约 500 米的如刀削斧劈的绝壁半腰山洞中喷涌而出，飞流直下 214 米，落入绝壁下的深潭，激得潭水浪花翻滚，发出雷鸣般的吼声，远在十里之外就能听到。瀑布如白练悬于空中，似银河泻于天际，整个山谷烟云弥漫，雾气蒙蒙，在阳光照耀下，五光十色的浪花艳丽夺目，蔚为壮观。

不二门温泉 位于永顺县城南 1.5 公里处猛洞河畔。水温宜人，四季恒温、恒量，多含人体所需矿物质，可饮可浴，被誉为“仙家三维之露、佛地入功之水”。

古苗河 位于花垣县境内，距吉首市区 70 公里。沿河峡谷风光带 15 公里。古苗河清新秀丽，两岸百丈悬崖，险奇雄峭。主要景点有月亮湾、白水河瀑布、雄狮捞目、蚩尤洞、七梯岩瀑布、祭祖坛、百年峰臭、盘瓠泉、七妃浴、千年灵芝等大小景点数十处。

皮渡河 位于龙山县乌龙山大峡谷，河水与溶洞衔接，与阴河相通，别具情趣。

第三节 生态景观

小溪自然保护区 位于永顺县小溪乡，海拔 205～1122 米，总面积 26347.6 公顷。植被资源丰富，动物资源极富特色，有维管束植物 2100 余种，有珙桐等国家重点保护珍稀树种 26 种。珍禽异兽繁衍生息其间，有大鲵等珍稀野生动物 31 种，雉类、猫科动物种类丰富。中国科学院专家考察后，称之为“中南 13 省亚热带低海拔常绿阔叶原始次生林免遭第四纪冰川侵袭而唯一幸存的天然绿色基因库”，森林覆盖率 91%。

高望界自然保护区 位于古丈县城东北 30 公里处，最高海拔 1146 米，总面积 1.3 万公顷，森林面积 1 万公顷，森林覆盖率 88.4%。区内森林茂密、树种繁多，有珙桐、红花木莲、银杏、南方红豆杉、伯乐树、黄杉、香果树、篦子三尖杉等国家重点保护珍稀树种 30 余种；有果子狸、云豹、白颈长尾雉、黄腹角雉、红腹雉鸡等珍稀野生动物20余种。这里，夏无酷暑，冬无严寒，秋天果满枝头。被誉为“天然氧吧”。

白云山国家自然保护区 位于保靖县西部，距县城45公里。保护区面积18.7平方公里，森林覆盖率90%。区内1000米以上山峰7座，主峰海拔1320米，为保靖县最高峰。境内植物资源181科1518种，珍贵树种有红豆杉、珙桐、银杏、钟萼木、闽楠、樟树等10科20种；动物资源55科163种，属国家二级以上保护动物有穿山甲、大灵猫、花面狸等；还有竹鸡、华南兔等15种三类保护动物。

第四节　古城名镇

凤凰古城 位于湘西自治州南部，距州府吉首市45公里。城区保存有古建筑群，既有唐代遗韵，更多明、清风格。风雨剥蚀的古城墙，青石板铺就的古街道，沱江沿岸的吊脚楼，古色古香，令人油然而生怀古幽情。主要景点有北门古城楼、杨家祠堂、虹桥、东门古城楼、民族一条街、熊希龄故居、沈从文故居、准提庵、夺翠楼、听涛山、万寿宫、朝阳宫、大成殿、遐昌阁、万民塔、三潭书院等。全国政协副主席钱伟长称赞凤凰古城“满城风光、满地文物”。凤凰古城被国务院批准为中国历史文化名城，被列为国家重点文物保护单位，评为国家AAAA级旅游区，与云南省“丽江古城”角逐获得“影响中国文化旅游的一个古城古镇古村”金奖。

乾州古城 位于吉首市乾州街道万溶江北岸，面积4.5平方公里。原为苗疆边墙（南方长城）军事防御体系指挥中心和屯兵据点，设有头炮台、二炮台、三炮台。清嘉庆二年（1797），乾州城扩建，城墙周长六百丈，高一丈二尺，底厚八尺，顶宽六尺，青石砌成，面积增为原来三倍。主要建筑景观有城隍庙、文庙、观音阁、胡家塘、杨岳斌故居、民族商品一条街、民族风味小吃一条街等。

里耶古镇 里耶，土家语，即“开垦、拓土”之意。位于龙山县南部，距县城106公里，古镇背枕巍巍八面山，面对涛涛酉水河，与保靖县清水坪镇隔酉水河相望，为湘西古代四大名镇之一。同时，还是往来沅水与乌江之间的边陲通衢、湘鄂渝三省市边境物资集散地。古镇石板铺街，光洁平整，吊脚楼子，飞檐翘角，秦砖汉瓦，古香古色。主要景点有古镇街道、秦简遗址、秦简博物馆、护镇河堤等。2005年被住建部等评为“中国历史文化名镇”。

王村古镇 位于永顺县南部，距县城灵溪镇41公里，是上通川黔下达辰州的水路要津，古为酉阳县治所，故有“酉阳雄镇”“蜀楚通津”之称。土司时期是土司陪都，现存酉阳宫就是当年“土司王”行宫，故旧称“王村”。街市繁华，店铺三百户，客栈百余家，商贾云集，熙熙攘攘，系湘西四大名镇之一。因电影《芙蓉镇》在此拍摄，2007年更名为芙蓉镇。镇内青五里长街石板铺就，顺着地势曲折而上；土家族吊脚楼鳞次栉比，古色古香；民俗馆里有国家重点文物保护单位——溪州铜柱，2008年，被建设部等评为“中国历史文化名镇”。

茶洞古镇 位于花垣县西部，湘、渝、黔三省市交界处，有“一脚踏三省”之称，距县城花垣镇20公里。古镇历史悠久，独特的苗风苗俗源远流长，系湘西四大名镇之一。沈从文以此为背景写成《边城》名著，故2005年7月更名为边城镇。这里青山怀抱，绿水环绕，昔日有龙凤呈祥、酉水旧澜、水帘百尺、银泉酒翠等八景，今天又增翠翠岛、橡胶坎、从文石板街、“中国边城碑林”等景观。古镇已被评为国家AAA级旅游景区。

浦市古镇 位于泸溪县南部，沅水中游西岸，距县城白沙35公里。是湘西四大名镇之一，旧有“小南京”之称，镇内人文古迹众多，文化底蕴丰厚。传统文化艺术有辰河高腔、盘瓠文化、踏虎凿花、菊花石雕等。古迹有延绵六七公里的千年青石板古驿道，明清古民居60余栋、建筑面积1.56万平方米，分别为万寿宫、吉家祠堂、周家大院、江东寺、天王行宫等。2010年，浦市镇被住建部、文化部等评为“中国历史文化名镇”。

第五节 文物古迹

溪州铜柱 现藏于永顺县芙蓉镇民俗博物馆，铜柱高4米，柱身中空，上为八方体，下呈圆柱形，直径39厘米，重2.5吨，原柱内用马氏统治时期所铸铁钱填实，柱上刻2300余字铭文。后晋天福四年（939），锦州、奖州、溪州少数民族万余人，反抗割据势力南楚王统治，湘西土著首领彭士愁与南楚王马希范之间爆发溪州之战，血战经年，彭军惨败，于后晋天福五年（940）被迫与楚相约议和结盟，双方盟誓为约。溪州土司彭士愁表示“一心归顺王化，永事明庭”，楚王即决定“尔能恭顺，我无科徭，本州赋租，自为供赡，本土兵士，亦不抽差。永无金戈之虞，克保耕桑之业”。北宋天禧元年（1017），立柱为信，铸铜柱于当时酉水河畔会溪坪野鸡坨，因修建凤滩水库铜柱迁至现址。1961年，被国务院列为全国重点文物保护单位。

里耶秦简 2002年6月，国家文物考古队在里耶镇一号井挖掘出土3万余枚秦简牍。这些秦简记载着当时社会政治、经济、军事、文化等各个方面的内容。为国内首次发现，实为罕见，堪称国宝。2010年，里耶古镇建成秦简博物馆，存放部分秦简牍。

老司城遗址 位于永顺县城东19公里的灵溪镇司城村，南宋绍兴五年(1135)，第十一代溪州土司彭福石修建，故又名福石城。老司城依山傍水，地势险峻，自然地形与军事防御功能高度统一，而且群山之峰皆朝向老司城，有“万马归朝”之像。昌盛时曾是“城内三千户，城外八百家”。清雍正七年(1729)“改土归流”后，老司城渐渐荒芜废弃。现存文物古迹有祖司殿、彭氏祠堂、庄园、石坊、石碑、烽火台、关卡、紫金山古墓群等数百处。断檐残壁仍可见当年土司治所的雄伟气势，为湘鄂渝黔土家族地区规模最大、保存最完好的土司城址，是西南少数民族地区最典型、最独特、最集中的民族古文化遗存，有“土家族露天博物馆”之誉，是中国古代土司制度的物化载体。2001年被国务院公布为全国重点文物保护单位。2010年9月，被列入中国首批国家考古遗址立项名录，并申报世界文化遗产。

中国南方长城 始称“苗疆边墙”。明万历年间（1573—1620），为封锁以腊尔山台地为中心的苗区，始建“苗疆边墙”。“苗疆边墙”西起于与贵州铜仁交界的凤凰县亭子关，东延至吉首市喜鹊营，明末损毁，清代有所修缮。存留部分全长190公里。大体在凤凰县境，保存完好的尚有古城1座、古城遗址两座、古城堡10座、屯堡130座、碉卡47座、哨台311座、城墙1.32万米。经中国长城学会副会长罗哲文教授深入“苗疆边墙”遗址考察，将其确认为“南方长城”，并被评为国家AAA级旅游区。

四方城遗址 位于保靖县城迁陵镇东约6公里处要坝村酉水河中游北岸。整个遗址包括：四方城遗址、汉代青铜冶炼遗址、战国粮窖遗址和战国、汉代墓群，总面积约160万平方米。城址坐北朝南，城址内发现大量板瓦、筒瓦，呈水平分布，瓦砾下层均系夯筑土层。墓葬区分布在城址西、北和东面，面积200多万平方米，清理出战国、汉代、晋、唐、宋墓葬95座，以及战国粮窖1处、东周遗址1处，春秋时期沟1条，汉代青铜冶炼遗址1处，总发掘面积4000平方米。出土一批珍贵文物。遗址上限年代为战国时期，向下延至汉代，考古界初步认定为“汉迁陵县故城”。保靖县西北部清水坪魏家寨西汉古城及古墓群遗址，占地面积2.52万平方米。城基完好，护城墙、筒瓦、板瓦、壕沟、夯土台清晰可见；魏家寨西汉古城遗址与龙山县里耶战国古城遗址、大板东汉古城遗址成“品”字形，鼎立于酉水河南北两岸。先后发掘清理历代古墓800余座，出土滑石、青铜、陶、铁、瓷等质地生产工具、礼器、古钱币等文物5000余件（枚），其中有近50件组完好青铜礼器，为湘西州境首次出土。

黄丝桥古城 位于凤凰县城西24公里处。原为土墙兵营，清乾隆十八年(1753)，将土墙改为石墙，屯兵驻守。城呈方形，城墙周长687米，外高5.6米，内高2.87米，墙顶道宽2.4米。城墙设箭垛300个，炮台5座，设东、西、北三座城门，后为苗疆边墙重要组成部分，1983年被列为湖南省重点文物保护单位。

八部大王庙（首八峒）遗址 位于保靖县碗米坡镇水坝村，清乾隆二年（1737）所建湘西州唯一的土家族八部大王庙遗址——首八峒遗址。该遗址是当地土家人祭祀祖先涅壳赖的神庙，当地还流传着许多关于涅壳赖的神话传说。遗址上正六方形墙基清晰可见；庙前一对石狮仍在，造型粗朴、古拙；庙门两侧石刻对联亦存，上联：勋猷垂简篇驰封八部；下联：灵爽式斯土血食千秋。尚有一块残缺石碑，阴刻文字依稀可见：首八峒，历汉、晋、六朝、隋、唐、五代、宋、元、明，为楚南上游……首八峒者乃峒中第一峒，后人修建八部大王庙以示纪念。原嵌在八部大王庙门楣上的青石碑，正中有“八大王庙”行楷四字，阴刻竖书于三条浮雕虬龙及云图间。现存湘西自治州博物馆。

第六节 宗教名胜

太平山 原名紫云山，位于龙山县城东北8公里的桶车乡。元末明初始建庵堂，鼎盛时达48座之多，朝拜者众，香火盛旺。明万历年间，官府横征暴敛，山下侗民举旗反抗，被重兵镇压，避入紫云山上，借山势陡峻，树高林密，始得安宁，故将紫云山改名太平山。这里山山相连，峰峦奇秀，雄奇险峻，山顶终年云缠雾绕，仅一条石径小路可登山顶；山上山下森林密布，竹海连绵。相传清代该寺住持宏松禅师云游京城，曾为光绪帝治愈奇险之疾“背花”，光绪帝赐封宏松禅师为中国佛教曹洞派第47世传人，并赏纹银若干。宏松禅师回太平山后修建了藏经楼、观音阁等，使太平山名扬天下。20世纪20年代末，我国著名政治活动家章太炎曾游太平山，赞赏云：“太平山层峦叠翠，林木葱茏，山峰险秀，殿阁凌云，风景优美，不亚于庐山雁荡”。1997年，全国政协副主席、中国佛教协会主席赵朴初亲笔题写“太平山”山名。太平山集文物、宗教文化、生态旅游于一体，主要景点有松月塔、息影洞、观音寺、登天梯等。

观音古刹 位于永顺县城南1.5公里处的猛洞河畔。进入不二门景区，南下百米，有3尊巨石并立，中有一石门向内倾斜，上倚下空，豁然洞开，门扉天成。昔人取佛教经文“不二法门”之意，命名“不二门”；进入石门，豁然开朗，林荫下古道旁石壁上题词赋诗之石刻120多处，最早为嘉庆年间（1796—1820）题刻“眼前南海”；密林深处突起一巨石，酷似古佛，人称观音岩，岩下有观音庙，建于清乾隆三十四年（1769）。后几经修复，终年香火不熄；庙前古木参天，翠竹青青，堪称“人间仙境”。

狮子庵 位于吉首市西郊2公里处狮子山头，北临峒河，石壁险峭如削，古木参天，倒影河中。古庵深隐山头，悬于崖上，每当晴晨雨天，云雾缭绕，风光旖旎秀丽，有“狮岫秋岚”之称，为清乾州厅八景之一。庵宇建于明万历年间（1573—1620），正殿高大雄伟，佛像雕塑精致，殿内金碧辉煌，供奉三圣佛像，庄严肃穆，香火旺盛，佛事频繁。清咸丰十一年（1861），太平天国翼王石达开西征，途经狮子庵时曾登庵造访。民国10年（1921），贺龙将军曾到庵闲游，并赞该庵风光绮丽，地形奇特。“文化大革命”期间，庵宇遭毁，后由群众自发集资、香港女士杨希民捐资重建庵宇。1996年，市宗教局批准为合法佛教庵寺。

第七节 民族风情

居住 湘西土家族、苗族的居住依然保持着聚族而居和多姓同寨的大村寨传统，各县市乡下都能找到数百乃至上千户的土家族、苗族寨子。凤凰县境还有些苗寨建筑在地势险要的山顶上，原来是明、清时期驻守苗疆的兵营，后来铸剑为犁，慢慢演化成为苗寨，成为一大独特风景。

服饰 行走湘西，必然要欣赏土家族、苗族服饰。土家族服饰的结构款式以简朴使用为原则，喜宽松，结构简单，但是注重细节，喜宽松、衣短裤短、袖口和裤管肥大，男女老少皆穿无领滚边右衽开襟衣，衣边衣领会绣上花纹，绣工精彩，色彩艳丽，具有浓厚的民族特点。苗族男装趋于去繁求简，简单朴实，更为得体，合身实用；女装仍持旧制，且向更加华丽多姿、紧身合体发展，多以月兰、藏青、黛绿等亮丽布料为底，饰以绣有花、鸟、虫、鱼及各种图案的青、蓝布花边，鲜艳夺目，独具特色，凸显湘西苗族服饰个性。银饰是湘西苗族男女都爱佩戴的饰品，认为佩戴不仅好看，而且可以避邪。银饰造型精美，有银冠、银钗、耳环、项圈、嵌肩、手镯、银链、牙钎、连心锁、石尾等，苗族银饰锻制技艺被列入国家级非物质文化遗产项目。

婚嫁 湘西土家族、苗族的嫁娶婚俗各具特色。土家族青年的婚恋旧时相对保守，缺少自由，均依父母之命、媒妁之言；进入现代，特别是改革开放以后土家族青年的婚恋才得以自由。但传统的嫁娶婚俗依旧保留。哭嫁是湘西土家族婚俗一大特色，已被列为国家级非物质文化遗产。新娘出嫁，都要哭嫁，少则三夜，多则半月，旧时有哭数月之久的。迎亲队伍中还有三样必不可少的东西，即抬花轿、吹唢呐、打溜子。湘西苗族青年男女婚恋，相对开放与自由。青年男女可以通过赶“边边场”和参加“挑葱会”等场合物色自己意中人，通过相约于坡头、溪畔，由群体对歌发展到单独对歌，以歌为媒，相识、相知、相恋，直到互定终身。湘西土家族、苗族迎亲还有“拦门”“摸米”习俗。双方执事以歌形式唱述拦门礼，查点“三茶六礼”、报晓鸡、梳头油、蒙面帕等迎亲必备礼品。礼品齐全，女方执事移开拦门桌子，请男方迎亲队伍进屋，盛情款待。

节庆 湘西的民族节庆与歌乐鼓舞亦独具特色。土家族每年新年或秋收时节，都要举行大型祭祀活动，叫舍巴节，祈求六畜兴旺、五谷丰登。苗族的传统节日有“四月八”和“赶秋”，其目的是祈求风调雨顺，五谷丰登和欢庆丰收。土家山歌有两种行腔，一种叫“坡头腔”流行于居住在高山大岭间的土家人中间，腔调高昂激扬；一种叫“沿河腔”流行于居住在平地溪河间的土家人中间，腔调圆润悠扬。苗歌是苗家人的至爱，苗族人的婚恋嫁娶离不开苗歌，苗家人的日常生活同样离不开苗歌。

饮食 湘西土家族、苗族的饮食习惯亦独具特色，食品有自制的腊肉、糍粑、酸鱼、酸肉和各色酸菜；节令食品有社饭、蒿菜粑；还有许多采自山间的野菜，如各种食用菌类、香椿尖、山竹笋、蕨菜薹、鸭脚板、折耳根（鱼腥草）以及葛粑、蕨粑等，样样美味可口。湘西土家族、苗族非常好客，吃饭时，主人劝你大碗喝酒、大块吃肉，毫无生分，碰碗举箸，其乐融融。饭后，围坐火堂边烤火，或讲四言八句，或摆古论今，或山歌、苗歌对唱，直至夜深，或围火堂铺被而眠。

第八节 红色圣地

湘西州是一片红色的革命热土，有着丰富的可歌可泣的红色旅游资源，是全国三十条红色旅游线路之一，主要景观有土地革命战争时期农民运动遗址、中国工农红军二、六军团工作和战斗留下的史迹以及抗日战争时期共产党活动的旧址。

土地革命战争时期（1927 年 8 月至 1937 年 7 月），中国共产党即在湘西宣传群众，组织发动群众，建立农民协会，开展农民运动。主要革命遗址有：中共凤凰县地下党活动地——凤凰县文昌阁小学，乾城县农民协会旧址——明伦堂，所里农民协会旧址——伏波宫，古丈县中正乡农民协会遗址——坪坝乡张家坪村，永绥县下王乡农民协会遗址——花垣县猫儿乡洞里村以及凤凰县沱江镇和落潮井乡白岩、高堰、牛堰等地打土豪现场遗址。

主力红军开始长征以后，红二、六军团在长江南岸创建湘鄂川黔革命根据地，吸引、牵制敌人大量兵力，配合中央红军战略转移。现湘西州境是湘鄂川黔革命根据地重要组成部分，是任弼时、贺龙、关向应、萧克、王震等老一辈无产阶级革命家和红二、六军团将士们当年工作和战斗的地方。他们在这里建党建政，壮大革命武装，建立各种群众组织，巩固扩大革命根据地。湘西州境8个县（市）留下了百余处大大小小的革命遗址：有湘鄂川黔省委，湘鄂川黔省革命委员会、湘鄂川黔省军区机关驻地、红二、六军团指挥部等旧址；有湘鄂川黔省委党校、中国工农红军第四分校、红军军校、红军小学、红军医院、红军兵工厂、红军无线电台以及红二、六军团供给部等旧址；有郭亮县、永保县、龙山县苏维埃政府遗址；有中共龙山县委、保靖县委、永绥县委、乾城县工委等遗址；有保靖县落梯乡、普戎乡、亨章乡苏维埃政府遗址和龙山县召市区苏维埃政府、古丈县田王乡苏维埃政府遗址；还有十万坪大战指挥部、十万坪大战等大小战斗遗址十余处；有丁祖华、廖云卿、苏杰、黄林、方振生、方汉英等有名有姓的红军烈士墓和无名无姓的红军烈士墓；还有保靖县碗米坡镇起车村“红军塘”遗址。

永顺县塔卧镇和龙山县茨岩塘镇是州内红色旅游资源集中之地。1934年12月10日，中华苏维埃共和国湘鄂川黔边省革命委员会由大庸迁至塔卧。至1935年春，先后建立永保、郭亮、桑植、大庸等县革命委员会（或苏维埃政府）。是年1月，湘鄂川黔省辖区从龙山洗车河到慈利溪口有二百多公里，从桑植北到永顺石堤西以南有一百二十里的地区，有四五十万群众。4月，为避开国民党军六路纵队合围，湘鄂川黔省委、省革命委员会、省军区以及红二、六军团向北转移至龙山县兴隆街，5月6日，迁往龙山县茨岩塘。当时，湘鄂川黔革命根据地发展到四省边区21个县，苏区群众200万。红军发展到6个师17个团2万余人，湘鄂川黔革命根据地进入全盛时期，成为主力红军长征后长江以南红都。11月4日，省委、中央军委湘鄂川黔分会决定红二、六军团主力战略转移，开始长征。

2010年，永顺县塔卧镇还完整保留着红军时期设立的各机关遗址和书写在遗址壁板上的红军标语；建有“湘鄂州黔边区革命根据地塔卧陈列馆”“红二、六军团湘鄂川黔边根据地革命烈士纪念碑”等。龙山县茨岩塘也完整保留着红军时期设立的各机关遗址，并修复红军时期中共龙山县委书记方汉英烈士墓。塔卧镇和茨岩塘镇均被列为全国红色旅游经典景区。

第九节　特色村寨

捞车村　位于龙山县猫儿滩镇境，北距龙山县城75公里。村中居民坐北朝南，依山而建。全村有明清建筑63栋、民国建筑34栋，有古式油榨仿、土家摆手堂、冲天楼，更具特色的有土家凉亭桥。该桥全长288.8米，三向构造，木质结构，呈“Y”字型，连接河西惹巴拉，河东的捞车、梁家寨三个村寨，形成三山套三河、三河绕三寨、一桥连三域的古村风景图。村内保留着土家族民族风俗，有哭嫁、摆手舞、毛古斯、打溜子等。2009年，湖南省民族事务委员会授予捞车河村为“湖南省少数民族特色村寨”。

双凤村　位于永顺县大坝乡北部，距县城灵溪镇15公里。该村坐落在海拔680米的山顶盆地之中。村中近百户人家，全是土家族，以彭、田两姓为主，是湘西土家族风俗保存较为完整的村寨之一。这里唐代建村，有着悠久的土家族文化，主要民族标识和民族文化有毛古斯舞、摆手舞、打溜子、土家织锦、梯玛神歌、土家族过赶年、土家婚嫁歌等。村内建筑全为木屋，有吊脚楼7栋、花桥1座、土家摆手堂1座。是国家民族事务委员会确定的“全国土家族民族文化调研基地”和首批“中国传统村落整体保护利用项目”村。

德夯村　位于吉首市西部，距市中心20公里，为典型苗族村寨，属国家级风景名胜区。这里山势跌宕，绝壁高耸，峰林重叠，民风古朴，民居独特，清一色青瓦木屋，几条纵横交错的青石板路编织着百余户人家。德夯村节庆活动主要有三月三、四月八、六月六、苗年、斗牛节、姊妹节等，其中尤以苗年最为隆重。苗族的文化活动有苗歌、苗舞、抢狮、上刀梯、赛牯牛，粗犷豪放，生动活泼。民俗活动有苗家做客、拦门对歌、敬酒、苗家跳歌晚会、歌舞会、苗族鼓舞、灯火送客等节目30多个。

早岗村　位于凤凰县山江镇西北端，距镇政府驻地 1.5 公里，距县城沱江镇 22 公里。辖 3 个自然村寨，其中早岗 2 组是一个纯苗族聚居古村落，全组 85 户 350 人。寨中较为完整地保留着苗族民居、民风、民俗和文化，而且集山、水、溶洞、古寨为一体，自然景观绮丽秀美。2007 年，早岗村成立“苗人谷”旅游开发公司。2008 年，被湖南省旅游局授予“湖南省农村旅游示范点”，2010 年成功创建湖南省四星级乡村旅游景区，入选湖南省历史文化名村名录。

第二章 旅游规划

第一节 旅游总体规划

1989 年，湘西州旅游业发展规划尚未形成书面文本，实际在实施中坚持“保护第一，开发第二”原则。主要依托张家界，重点开发一条河（猛洞河）、一座城（凤凰）、一个民俗村（德夯）、一个溶洞群（火岩）”。

1995 年，州人民政府制订《湘西州旅游业发展“九五”计划》，并经州第九届人大常委会第四次会议审议通过执行。

1999 年，州人民政府编制《全州国民经济社会发展“十五”规划》，将旅游业作为重要组成部分列入其中。

2000 年 6 月，州长武吉海主持州人民政府常务会，听取州旅游局关于《全州旅游产业发展规划》汇报。7 月，州委书记彭对喜主持召开州委常委会，听取州旅游局关于《全州旅游产业发展规划》汇报，并原则同意该规划。是年，州旅游局会同湖南大学生态旅游规划中心编制《湘西州旅游业发展规划（2001—2015）》。规划将湘西州旅游资源、旅游品牌形象、产业定位、产品开发、线路选择、市场导向等分别进行定位。旅游资源定位为奇特的山水风光、悠久的历史文化、浓郁的民族风情；品牌形象定位为神秘湘西游；市场定位为以国内市场为主，逐步开拓国际市场，市场开发适度超前；产业定位为国民经济重要支柱产业；总体目标以凤凰为龙头、以吉首为中心、依托两翼（大兴机场和张家界机场）、突出两城（凤凰古城和里耶古城）、实施猛洞河—栖凤湖—吉首—凤凰“一线四点”重点开发，建成国内外知名的旅游目的地；到 2015 年，全州实现年接待游客 800 万人次，旅游总收入 48 亿元，旅游业总产出相当全州生产总值 20%以上。

2001 年，州委、州政府作出《关于加快旅游产业的决定》，开始将旅游经费列入年度财政预算，并逐年增加。

2003 年，《湘西州 2001—2015 年旅游业发展规划》通过专家评审，州人民政府颁布实施。

2005 年，编制完成《湘西州“十一五”旅游产业发展规划》。

2007 年，州委、州政府作出《湘西州进一步加快旅游产业发展的决定》，出台《湘西州加强旅游行业管理的若干规定》，制定《湘西州进一步加快旅游产业发展的实施方案》，突出“秀美的自然风光、浓郁的民族风情、厚重的历史文化”三大特色。提出各级主要领导把旅游工作作为“一把手”工程，用主要精力抓旅游产业。

2008 年，州委、州政府印发《关于进一步加快旅游产业发展的若干意见》，明确“舞活凤凰旅游龙头，打造吉首旅游集散中心，建设张家界至凤凰和泸溪至花垣至龙山两条风景线，加快建设芙蓉镇、里耶、乾州三大核心景点圈，实现整合资源增值、合作经营增值、开发商品增值、提升文化增值、拓展服务管理”旅游发展总体思路。

2009 年，州人民政府面向全国公开招标，确定北京创景天下旅游规划院为编制《湘西州旅游产业发展总体规划》承担单位。

2010 年，《湘西州旅游业发展总体规划（2011—2030）》通过专家评审，规划将州内旅游资源定位为“奇特的山水风光，悠久的历史文化，浓郁的民族风情”；总体定位为“神秘湘西、风情画境”，围绕“神秘湘西”品牌塑造，通过引擎性项目创意开发、世界顶级生态旅游设施建设、世界顶级生态旅游设施建设、世界风情生态旅游天堂氛围营造和大旅游产业体系构建四大战略重点，构筑湘西州旅游的核心竞争力，把湘西州打造成为国家级生态文化旅游发展示范区，并努力将湘西打造成为世界级文化风情生态旅游目的地；产业定位为“促进经济社会科学发展、支撑产业结构调整和发展方式转移的战略性支柱产业”；旅游空间布局定位为“一个中心（吉首）、一个龙头（凤凰）、两条风景线（大湘西旅游黄金走廊：张家界—芙蓉镇—吉首—凤凰，大湘西旅游生态走廊：沅水风光—神奇矮寨—神秘边城）、三大核心圈（芙蓉镇景点圈、里耶景点圈、乾州景点圈）、六条发展轴（张花高速、凤大高速、常吉高速、吉茶高速、吉怀高速、吉恩高速）”的“11236”旅游空间布局结构。

第二节 旅游专题规划

1991 年，凤凰县人民政府制定《凤凰古城保护开发规划》。1998 年，凤凰县人民政府制定《凤凰县城总体规划》。1999 年，凤凰县委、县政府颁布《关于加强古城保护若干规定》和凤凰古城保护综合整治实施办法》。是年，吉首市人民政府制定《德夯风景名胜区总体规划》，湖南省人民政府批准实施。

2001 年，凤凰县人民政府向全国公开招标，确定北京建筑设计研究院为编制《凤凰旅游发展总体规划》承担单位，上海同济大学建筑与城市规划专家主持修编《凤凰历史文化名城保护规划》和《凤凰古城保护条例》。2002 年，吉首市人民政府编制《德夯风景区矮寨景区旅游项目详规》；永顺县人民政府编制《猛洞河风景名胜区总体规划》《王村镇(芙蓉镇)景区旅游概念性规划》。2004 年，吉首市人民政府编制《乾州古城历史文化街区保护规划》，规划面积 1.5 平方公里。2005 年 7 月，《龙山县旅游业发展规划》《凤凰县旅游业发展总体规划》《永顺王村镇保护规划》相继通过专家评审。

2009 年，湘西州面向全国公开招标，编制《芙蓉镇景点圈建设性详规》《吕洞山风景区旅游发展规划》。龙山县编制《里耶古城保护开发规划》《洗车河、太平山、乌龙山景区建设详规》。古丈县编制《坐龙峡景区总体规划》。

2010 年，湘西州编制《湘鄂川黔革命根据地塔卧红色旅游景区总体规划》。州、县（市）旅游专题规划均突出各自重点和特色。凤凰县重点突出历史名城和名人故里游；吉首市重点突出德夯民族风情游和旅游中心城市地位；永顺县重点突出猛洞河漂流、土司治所老司城遗址和小溪原始次生林生态游；龙山县重点突出里耶秦城、乌龙山溶洞群奇观和洗车河土家族风情游；古丈县重点突出坐龙峡、红石林地质奇观和高望界林海生态游；花垣县重点突出边城茶洞、古苗河和苗族风情游；泸溪县重点突出沅水风光带和盘瓠文化；保靖县重点突出酉水风光带。

第三章 景区开发

第一节 凤凰古城旅游开发

1989 年，凤凰县人民政府修复沈从文故居和三潭书院等重要文物遗迹，并对外开放。黄丝桥古城被列为湖南省重点文物保护单位。1992 年，沈从文骨灰从北京运回葬于凤凰城郊听涛山下。1995 年，沈从文故居、朝阳宫被列为湖南省重点文物保护单位。1998 年，凤凰县委、县政府决定，将凤凰古城向上申报历史文化名城。1999 年 4 月，省人民政府批准为湖南省历史文化名城。同时决定申报国家历史文化名城。9 月，县委县政府成立以县委常委、县委政法委书记为组长的古城保护综合整治领导小组，抽调16个部门39名干部开展集中整治活动，查处整改违章建筑532户（处）。2000年3月6—15日，凤凰县申报国家历史文化名城赴京汇报小组，走访建设部、国家文物局等部门领导、专家和在京参加“两会”的省州领导及凤凰籍知名人士。16—17日，又向省文物局和省建委汇报赴京活动情况，得到领导、专家的支持和具体指导。4月，中国长城学会副会长罗哲文教授带领一批专家学者到湘西考察，查获史料有关“苗疆边墙”遗址记载，将其确认为“南方长城”。8月，在凤凰县南方长城遗址举行中华炎黄圣火采集仪式。12月底，州人民政府州长武吉海召开州长办公会，听取凤凰县委、县政府关于南方长城（拉豪段）恢复性维修方案汇报，并原则同意该方案。

2001年4月，中共中央政治局常委、国务院总理朱镕基考察凤凰古城，指出“发展旅游业是今后湘西最大的门路”。国务院办公厅也就凤凰申报国家历史文化名城作出“先整治后公布，在整治过程中省里要参与，中央要出力”的指示。6月，成立由县委书记、县长负总责的凤凰县历史文化名城古城综合整治工作领导小组，并集中州县60名干部投入整治工作，完成沱江河、小溪河城区段清淤，遏制“乱扔乱排乱贴”行为，拆除古城区违章建筑和临时摊棚，设置果皮箱120个，规范摊点54处，并在县城禁止燃放烟花爆竹。8月，凤凰县人民政府向省建设厅、文化厅递交《凤凰古城申报为国家级历史文化名城的请示》。州长武吉海带领县申报组成员再次赴京，正式提出将凤凰县列为国家历史文化名城和中国南方长城——苗疆边墙列为国家级重点文物保护单位的请示。同时，加大古城区整治力度，投资6100万元，改造下水道17条，整修沱江河堤1000余米，治理不协调建筑997栋（处），并实现“三线一管”（电源线、电话线、电视广播线，自来水管）入地；古城墙、虹桥、熊希龄故居等文物古迹“修旧如旧”。是年12月17日，国务院批准凤凰县城为国家历史文化名城。

2003年，凤凰县实施风景名胜区建设工程，投资8010万元，修复古城东门至西门城墙390米，改造古城区民居800栋、街道12条。同时，投入2600万元，修复“南方长城”2700米。2004年，投资550万元，实施黄丝桥景区民房搬迁工程；投资1000万元，整治古城不协调房屋335栋。

2005年，凤凰县引进香港惠邦集团开发经营南华山。每隔两年在南方长城举办一次“世界围棋巅峰对决”赛。2006年，黄龙洞公司接手开发经营凤凰八大景点。是年，凤凰古城被列为国家重点文物保护单位。2007年，凤凰风景名胜区被评为国家AAAA级旅游区。

2010年4月，湖南省副省长甘霖到湘西州调研旅游工作，确定将凤凰列入全省旅游发展重点扶持县，成立由省政府领导任组长的凤凰古城申报世界文化遗产领导小组，加快建设世界级旅游目的地。9月，州委、州政府印发《关于进一步加快凤凰旅游产业发展的意见》。黄丝桥古城申报国家重点文物保护单位。11月，凤凰县参加首届中国国际文化旅游节，获“影响中国文化旅游古城古镇古村”金奖。

第二节 永顺县旅游开发

1989年，永顺县人民政府开始开发猛洞河漂流旅游业，抚志至哈尼宫旅游专线动工修建。1990年，7.5公里的抚志至哈尼宫旅游专线公路建成通车，同时，投资200万元，在王村镇修建一栋旅游宾馆。并拍摄旅游专题片《漂向猛洞河》。是年，猛洞河漂流对外开放。1991年，时任全国人大常委会副委员长费孝通漂流猛洞河，题词“天下第一漂”。1992年8月，永顺县举办首届中国（永顺）猛洞河国际旅游漂流月活动。随后永顺县人民政府先后出台《关于猛洞河风景区自然资源保护公告和发展猛洞河旅游事业的决定》等文件，并成立旅游公司。

1993年2月，永顺县与香港老板合作开发猛洞河，成立湖南永德国际旅游开发有限公司，开创湘西州引资开发旅游业先河。是年，猛洞河景区经省人民政府批准列为省级风景名胜区。1994年3月，州人民政府相关负责人率州旅游局领导赴省汇报猛洞河漂流方案。猛洞河漂流被列为全省“三节两会—漂流”旅游节会活动项目之一。1997年4月，永顺小溪自然保护区管理处成立。1998年，设立湖南猛洞河风景名胜区管理处（副处级）。1999年，引进张家界旅游开发股份有限公司开发经营永顺县猛洞河景区。

2000年，州旅游局牵头，研究编制小溪生态旅游规划大纲。2001年6月，州长武吉海带领州直10个部门主要负责人到猛洞河现场办公，研究解决猛洞河旅游经济开发试验区、王村古镇保护等问题。12月，猛洞河“天下第一漂”获湖南省著名商标，猛洞河景区被列为湖南省向世界推介的四条黄金旅游线路之首。2002年7月，州长武吉海、州委副书记龙颂江带领州直相关部门主要负责人到永顺县小溪现场办公，重点研究小溪原始次生林生态旅游区保护性开发及乡政府搬迁毛坪等问题。2003年，引进吉林政达旅游集团开发经营不二门景区。2004年，猛洞河景区王村民居整治投资300万元。国务院审定公布猛洞河为第五批国家级风景名胜区。

2005年，猛洞河被评为“中国最佳漂流胜地”。2009年7月，州委、州政府决定成立芙蓉镇景点圈管委会，加大芙蓉镇旅游项目开发力度。州、县两级筹资5400万元，注册成立湘西芙蓉镇景点圈旅游开发公司，策划芙蓉镇景点圈旅游重点项目，加快“两条旅游风景线”建设。是年，猛洞河漂流在全国六大漂流景区排行榜名列首位。2010年7月，湘西州与张家界旅游开发股份有限公司洽谈协商，收回猛洞河景区经营权，交由湘西芙蓉镇景点圈旅游投资开发股份有限公司经营。

第三节　德夯风景区开发

20世纪80年代末，吉首市人民政府制定德夯风景区开发规划，开发景区，对外开放。1991年，经省人民政府批准德夯风景区成为省级风景名胜区，旅游项目有：苗家做客、拦门对歌、敬酒、苗家跳歌晚会、歌舞会、苗族鼓舞、灯火送客等30余个。2001年6月，州长武吉海带领州直10个部门主要负责人到德夯现场办公，研究解决德夯旅游开发问题。2002年，引进张家界旅游开发股份有限公司开发经营。2003年，投资423.5万元，维修德夯村至吉斗寨（国道319）游道3.06公里、德夯村至雷公洞游道2.08公里、德夯村至流沙瀑布游道2.06公里、跳歌场环境绿化工程8000平方米、公共厕所68平方米（15蹲位）以及吉斗寨景区票房、公厕、停车场建设。同时，建设景区职工宿舍1300平方米，改造德夯村不协调建筑36处。2004年，投资400万元，建设景区相关设施，主要有石板游道、停车场、风雨亭、游道安全护拦及公厕等。2010年，矮寨特大悬索桥主体工程完成，成为景区一大新的景点。是年，收回德夯风景区经营权。

第四节　里耶秦城旅游区开发

20世纪80年代初，考古发掘在里耶麦茶溪口发现新石器时期遗址一处。1989年，州、县考古工作者在里耶麦茶李拐堡考古发掘，出土大批文物。1996年5月，州文物工作队在里耶镇考古，发现两汉古城遗址一处。2002年5月，湖南省考古所调集湘西州、怀化、常德、张家界、益阳及湖北恩施等地50余名考古队员在里耶考古发掘，探明里耶秦城规模和格局，并在一号井发掘清理出秦时洞庭郡下迁陵县官署秦王政二十五年至二世元年（公元前222—209年）档案秦简牍3.73万枚及其他文物。8月，国务院副总理李岚清在国家文物局报告上批示：“里耶古城的发掘和秦简的大量出土，是新世纪我国最大的考古发现，对于研究我国古代文化，特别是秦史有重大意义，也为我国提供了又一宝贵的旅游资源，必须保护好、研究好、管理好、利用好。”朱镕基总理批示：“把龙山里耶古城列为全国重点文物保护单位”。10月，湖南省委书记杨正午、省长周伯华等省领导考察里耶战国古城遗址。州委书记彭对喜、州长武吉海召集州直相关部门主要负责人座谈，就里耶古城保护、开发、利用听取意见和建议。11月，里耶古城遗址被破格增补为第五批全国重点文物保护单位。遗址所在地里耶小学整体迁建，修建中的碗米坡电站防洪堤外移16米。

2003年4月，经湖南省人民政府批准，里耶管理区管理委员会成立，管理范围含八面山、岩冲、长潭和里耶等乡镇，面积165平方公里，人口2.8万人。龙山县委、县政府按照“有效保护，合理利用，科学管理”原则，加大文化旅游产业开发力度，投资655万元，完成里耶古城遗址裸露部分全覆盖简易保护工程，整治长150米、宽4.5米的古街道，改造长沙路至里（耶）长（潭）路320米。7月，按照“修旧如旧，修新如旧”原则，启动里耶城区民居改造工程。里耶管理区管委会上争资金2400万元，整治明清古街巷3.5公里、古民居910栋，建筑面积3.19万平方米。铺设水、电、通信等地下管网。恢复里耶明清时期7街2巷旧貌。2004年，投入1400万元，完成里耶风景名胜区旧城搬迁及历史古街区整治。8月，里耶古城遗址保护暨里耶古城（秦简）博物馆工程经湖南省文物局等专家评审通过，国家文物局正式批准。总投资1.14亿元。其中，博物馆工程2450万元，古城遗址本体保护工程3980万元，古城环境整治工程4970万元。12月，湖南省405地质队和中国地质大学先后完成里耶古城（秦简）博物馆工程、古城遗址本体保护工程地质勘探评估报告。里耶古城遗址保护暨里耶古城（秦简）博物馆工程建设启动，征地20公顷。里耶被列入湖南省历史文化名镇。

2005年，西安市临潼区与龙山县缔结友好合作区县。9月，建设部、国家文物局公布里耶镇为第二批中国历史文化名镇。2010年3月，里耶镇获“全国特色景观旅游名镇”称号。10月，里耶古城遗址公园开园，秦简博物馆开馆，中共湖南省委书记周强为开园仪式剪彩、揭牌。

第五节 乾州古城保护开发

乾州古城位于吉首市城南，规划面积1.5平方公里，以保护古城风貌和发展旅游业为主。

2002年，州长武吉海、州委副书记龙颂江带领州直相关部门主要领导到吉首市现场办公，研究乾州古城保护与开发问题。2004年，乾州古城保护开发领导小组成立。引进大汉控股集团，古城保护开发工程启动，按照“修旧如旧、新建仿古”要求，重点实施民居仿古改造、管线入地、街巷青石板铺设、文物单位修缮和河东吊脚楼、湘西民俗文化街及风雨桥开发。

2005年，湖南省人民政府批准乾州古城为省级历史文化街区。2007年9月，乾州古城正式对外开放。2009年，吉首市委、市政府以乾州古城为平台，开展“中国优秀旅游城市”创建活动。10月，州委、州政府及吉首市委、市政府在乾州古城举办“湘鄂黔渝四省市边区首届民族民间旅游商品暨民间工艺大师评选大赛”，湘鄂渝黔四省市周边15个县（市、区）参展参赛，参赛的民族民间工艺名师182人，参展名优特旅游产（作）品5大类1000余件。通过评选，46件产（作）品获奖，46人被评为民间工艺大师。

2010年，乾州古城保护开发项目累计完成投资1.73亿元，其中政府投资1250万元、社会投资1.6亿元。改造临街面不协调古民居14栋，修缮文庙、杨家祠堂、杨岳斌和罗荣光故居及古客栈。同时修建湘西百工坊精品展示馆，建筑面积2200平方米，以及吊桥、北门、景观茶楼等。

第六节 古丈县旅游开发

20世纪80年代末，古丈县人民政府组织人员开展旅游资源调查。1996年5月，省旅游局负责人考察红石林。2002年，古丈县栖凤湖大坝工程指挥部成立。省移民开发局、省发展计划委和古丈县人民政府共同投资3000万元，建设栖凤湖大坝，次年正式动工兴建。

2004年，栖凤湖大坝工程竣工蓄水，形成水上娱乐、垂钓、餐饮于一体的栖凤湖旅游景点。引进湖南华厦科技投资公司开发经营红石林景区。8月，完成景区土地流转工作。9月，红石林景区试营业。11月5—8日，省旅游局副局长熊健考察红石林旅游。是年，投资178万元，建设古丈栖凤湖坐龙峡景区游道。2005年，湖南省人民政府副省长贺同新等到红石林景区考察调研。9月，国土资源部批准古丈县红石林景区为国家地质公园。古丈县人民政府与湖南华厦科技发展投资有限公司签订红石林景区开发经营合同。县旅游局组织修建红石林景区公路和停车场等基础设施。坐龙峡景区被审定为省级森林公园，与红石林景区共同被评定为红石林国家地质公园。2006年，投资650万元，完成红石林景区地质博物馆及附属工程；投资839万元，完成坐龙峡、红石林景区公路建设路基工程。2008年，总投资9900万元，开工建设红石林景区旅游专用公路。

2009年，中共湖南省委、省人民政府将古丈县确定为全省旅游重点县（市）之一，红石林景区项目进入全省“251”（经过3～5年努力，全省规划建设省级20个、市（州）级50个、县（市、区）级100个）旅游重点项目计划，并根据资源品位、区位条件、市场前景，规划开发成面向国际市场的三级景区之一。8月，红石林景区闭园，投入570万元，景区设施全面升级改造，包括引水、掏土、外围土石方、办公及生活区土建等。

2010年，红石林景区部分项目建设竣工，主要有游客服务中心、广场道路、消防通道等，完成投资920万元。次年，景区设施改造工程全面竣工，重新开园。是年，收回坐龙峡景区经营权，由湘西芙蓉镇景点圈旅游投资开发股份有限公司经营。

第七节　红色旅游开发

一、塔卧景区

20世纪80年代，塔卧被湖南省人民政府列为省级文物保护单位。2001年，塔卧被列为全国爱国主义教育示范基地。2004年，塔卧被列入全国100个“红色旅游经典景区”之一和全国三十条红色旅游精品线路之一。

2005年3月，塔卧被中共中央宣传部、国家发改委、国家旅游局列入《全国红色旅游经典景区名录》。是年，永顺县塔卧红色旅游办公室成立，组建导游队伍30人，并综合整治旅游环境。2006年，塔卧湘鄂川黔革命根据地旧址群被批准为全国重点文物保护单位。

2008年，永顺县实施景区旅游道路改造0.6公里，建设停车场2000平方米。2009年，投资5000万元，扩建红二、六军团革命烈士陵园，占地1.8万平方米。投资366万元，建设陵园配套工程红都大道，大道长300米、宽12米。

2010年，永顺县成立塔卧红色旅游景区创建工作领导小组，投资1880万元，完成塔卧红色旅游建设项目一期工程。8月，通过省红色旅游工作联席会议办公室评定检查，启动1369万元的二期工程项目申报工作。

二、茨岩塘景区

茨岩塘、兴隆街位于龙山县境，是中共湘鄂川黔省委、省革命委员会、省军区和红二、六军团旧址所在地。

1993年，龙山县文物管理所成立，负责管理湘鄂川黔革命根据地旧址。1994年，龙山县人民政府重建革命烈士纪念亭。1995—1998年，龙山县先后投入8万元维修湘鄂川黔边省革命根据地旧址龙家大屋。2000年，县人民政府组织有关部门搜集中共湘鄂川黔省委、省革命委员会、省军区和红二、六军团在兴隆街、茨岩塘活动的历史资料，包括文献、照片和历史文物，完成茨岩塘湘鄂川黔边省革命委员会展览馆，并对外开放。全馆展室陈列面积1200平方米，分三个展室，有实物180件（套），图片6000余张。

2002年，龙山县政府投入70万元，修缮革命烈士纪念碑，将瞻仰台由水磨石改造为青石板。2005年，举办湘鄂川黔革命根据地红色资源及历史图片展。2006年7月，茨岩塘湘鄂川黔边省革命委员会旧址被列为第七批全国重点文物保护单位。2007年8月，推出湘鄂川黔革命根据地原状陈列，陈展湘鄂川黔革命根据地总务处、肃反委员会、内务、民政、粮食、土地、供给各部及相关实物。2008年5月，推出两个临时展览，即

“茨岩塘湘鄂川黔革命根据地革命资源图片展”和“兴隆街湘鄂川黔革命根据地革命资源图片展”，展出红色资源图片6000余张。2009年，投入100万元，整治革命烈士纪念园纪念馆环境、绿化庭院；投入30万元，建成以贺龙、任弼时等五位老一辈革命家汉白玉雕像为主体的红军广场；是年，龙山县湘鄂川黔革命根据地纪念馆被评为“湖南省未成年人思想道德建设先进基地”。

2010年，龙山县投资150万元，维修兴隆街湘鄂川黔革命根据地省委、省革命委员会、省军区旧址及红军兵工厂旧址；投入350万元，回购红军医院产权，大修茨岩塘湘鄂川黔革命根据地省委、省革命委员会、省军区旧址。县人民政府投入145万元，在园内新建英雄纪念广场，占地1660平方米，广场地面由浅色花岗岩条石板铺就，其内镶景观灯14盏；中央屹立贺龙、任弼时、萧克、王震、关向应五位老一辈无产阶级革命家并肩战斗的花岗石雕像，雕像前下方附有五位老一辈革命家的生平简介；雕像后方横亘高2.5米、宽7.8米的英烈墙，正面刻着“革命烈士纪念碑文”“红军战斗在龙山简介”，背面刻着“龙山县烈士英名录”。

三、龙山县革命烈士陵园

位于县城民安街道城北路北端亭子堡。占地面积3.98万平方米，名为龙山县革命烈士纪念园。1982年建成，园内建有革命烈士纪念碑、纪念亭。纪念碑顶端有一尊绿色战士塑像，碑身四面有反映龙山县老区人民在各个革命时期英勇战斗的大型浮雕，碑上镌刻仿毛泽东“为人民而死虽死犹荣”手书和朱德“革命到底”、周恩来“在人民解放战争和人民革命中牺牲的英雄们永垂不朽”、贺龙“革命烈士们的业绩永远鼓舞着我们前进”题词。

2010年，龙山县投入700万元，在烈士纪念园内兴建6000平方米的烈士陵园，将红六军团十七师师长苏杰、红二军团六师参谋长向国登、副政委余导群等501位烈士墓迁葬其内，碑上镌文记载着每位烈士生平简介；还建一座1500名烈士合葬墓。陵园四周墙上镶嵌着萧克“红军战斗在龙山”和廖汉生“弘扬红军精神、振兴龙山经济”的题词。

第四章　旅游服务与旅游产品开发

第一节　旅行社与酒店

1989年，湘西州仅有1家国内旅行社和1家由航运公司转产的旅游公司。2000年，全州有旅游宾馆饭店19家，旅行社6家。2005年，全州星级宾馆33家，旅行社33家。

2010年，全州有旅行社37家，其中吉首市17家、凤凰县7家，花垣、龙山等县有13家。星级旅游饭店57家，其中四星级两家、三星级7家。非星级饭店旅馆793家，标准客房1.97万间。旅游运输车300余辆，游船600多艘（只）。有凤凰古城，吉首德夯，永顺猛洞河、不二门，古丈坐龙峡、红石林旅游公司和“天下游”旅游运输公司等骨干企业20余家。其中永顺猛洞河旅游公司前身为永顺县航运公司，因修建凤滩电站大坝，航道阻隔，航运业务逐渐枯竭，转产旅游业。该公司实行资产重组，成为湘西州骨干旅游企业，年营业收入3000万元。“天下游”旅游运输公司由吉首市吉首乡雅溪村几户村民组建，拥有豪华旅游车100余辆，年营运收入逾千万元，成为湘西州第一大旅游车队。全州还有从事旅游服务、特色产品开发，以及与旅游相关的餐饮、休闲山庄、农家乐等民营企业和个体工商户5000余家。

酒店选介

湘西民族宾馆　1986年修建，位于吉首市人民北路7号，占地面积3.33公顷，建筑面积1.3万平方米。绿化面积40%，系湖南省级园林式单位。1996年，宾馆扩建，新建二号楼4500平方米。2000年10月，被国家旅游局评定为“三星级饭店”。2010年，拥有文化氛围浓郁、装修考究的客房336间（套），有中、西式餐厅3个，风格各异的餐饮包厢21个，餐位共计1000余个，有会议室、洽谈室、会见厅共计7个，商务中心、商务吧、咖啡厅、康体休闲等配套项目一应俱全。2008年，荣膺湘西州首家四星级旅游饭店。2008年至2010年，连续三年被湖南省旅游局评为“湖南省一类优秀星级饭店”。

凤凰县天下凤凰大酒店 原为凤凰古湘山庄，位于沱江镇凤凰路1号，占地面积8万平方米，建筑面积4.8万平方米，绿化面积50%。2004年4月，凤凰县长松投资有限公司收购古湘山庄产权，更名为天下凤凰大酒店，由凤凰籍画家黄永玉题写店名。2005—2008年，凤凰县长松投资有限公司先后投入1.6亿元装修改造，兴建13层豪华客房。2007年被评为银叶级绿色饭店，2009年被评为四星级旅游饭店。2010年，酒店有总统套房、豪华套房、高级单间、高级标间548间（套），大、中、小宴会厅及包房可同时接待800人用餐，大、中、小会议室7个，功能齐全，配套设施完善。

永顺县猛洞河大酒店 位于灵溪镇府正街，占地面积3000平方米，建筑面积6100平方米。2002年9月，酒店开始营业，有客房76间（套），有能同时容纳130人餐厅和100多人会议室，歌厅、茶楼服务功能齐全。2010年，酒店资产总额810万元，被国家旅游局评定为三星级饭店。

龙山县民族宾馆 位于县城新建路71号。前身为县人民政府招待所，1965年建成，占地面积2400平方米。1993年，县政府投资500万元，改建为龙山民族宾馆，建成一栋九层的接待主楼和一栋八层的接待后楼，占地面积9000平方米，建筑面积1.8万平方米，设客房、餐饮、冷饮、娱乐、经营5个部，有客房174间，并有宴会厅、KTV包房、歌厅、保龄球馆、茶楼、美容美发、票务、商务、旅游、洗浴等配套服务设施。1997—2000年，先后被湖南省爱卫会评为“文明卫生先进单位”“百强宾馆”。2010年，宾馆固定资产2331万元，从业人员95人，年营业额1300万元。

保靖县香茗泉大酒店 位于迁陵镇建新南路。1999年7月开业，2005年酒店被评为县消费者信得过单位、诚信守法企业。2010年，酒店营业面积8000平方米，固定资产1980万元；酒店晋升为集客房、餐饮、娱乐、休闲、商务、会议于一体三星级酒店。

泸溪县辛女大酒店 位于白沙新城朝阳东路，沅江风光带旁。2005年4月，辛女大酒店开始营业，占地面积2.04万平方米，建筑面积5600平方米，绿化广场6000平方米，可容纳大小车辆60余台停放。酒店有标准客房、豪华套房69间（套），餐饮部有宴会厅及豪华包厢12个，可同时容纳280人就餐。

古丈县民族大酒店 位于罗依溪镇风景区——栖凤湖畔，距县城古阳镇9公里，距猛洞河火车站500米。酒店高6层，占地面积1.13万平方米，集住宿、餐饮、停车、娱乐为一体，一次性可提供200人用餐场地。2010年，酒店从业人员58人，年营业额800万元，上缴税金120万元。同年酒店被评为全州民族餐饮大赛湘西名店。

1989—2010年湘西州酒店经营情况一览表

表19-1

年份	酒店（家）	从业人员（人）	营业收入（万元）	利润（万元）	税费（万元）
1989	86	571	647	190	72
1990	96	623	683	219	93
1991	111	717	730	240	105

续表 19-1

年份	酒店（家）	从业人员（人）	营业收入（万元）	利润（万元）	税费（万元）
1992	117	809	823	260	112
1993	122	829	975	312	114
1994	137	906	1060	334	119
1995	154	1055	1259	485	122
1996	220	1153	1345	568	131
1997	242	1189	1536	639	137
1998	265	1445	1650	665	143
1999	277	1498	1795	870	160
2000	299	1601	2145	991	172
2001	310	1773	2470	1217	183
2002	325	1848	3240	1368	200
2003	351	2006	4637	1895	237
2004	394	2280	7309	2764	299
2005	425	2448	13939	5217	461
2006	449	2811	16485	5973	1678
2007	510	3439	22549	6509	2052
2008	572	3914	25301	9835	2597
2009	645	4562	35983	16908	3240
2010	619	5834	41891	24961	4470

第二节　旅游产品开发

1989年，全州食品类旅游产品生产企业有湘泉酒厂、湘西植物油厂、古丈茶厂等10多家。主要品种有湘泉酒、苞谷酒、古丈毛尖茶、湘西葛粉、湘西椪柑、精制菌油、乾州腊肉、乾州板鸭、万坪豆腐、苗家酸鱼等20多种；纺织品类厂家有凤凰县制锦厂、花垣县苗族制锦厂、龙山县土家制锦厂，主要旅游产品有凤凰织锦、土家织锦、苗族挎袋和花带等几个品种；工艺品类生产厂家有吉首市银质工艺制品厂，主要旅游产品有银碗、银筷及项链、耳环、戒指、手镯等银首饰品种10多个。

进入21世纪，湘西州随着旅游业发展，旅游产品开发品种增多，质量提升。食品类生产厂家有酒鬼酒公司、老爹猕猴桃公司、保靖黄金茶厂、凤凰爱心食品厂等，其主要旅游产品有高档洞藏年份酒鬼酒、河溪香醋、河溪香醋饮料、凤凰姜糖、龙山榨菜、保靖黄金茶、老爹猕猴桃等20多个新品种。古丈县旅游商品有驰名中外的“古丈毛尖”。全州湘西特色的有土家腊肉、茶油、茶多酚和各种山野菜，食品系列有蜂蛹、板栗、葛蕨粉、菌油、酸鱼等，工艺品有小背篓竹编系列以及苗族刺绣、土家织锦等。

2010 年，全州有湘西特产旅游商品专卖店 100 多家。

第三节 旅游宣传推介

1989 年 5 月，中央新闻制片厂导演雷振霖率领摄制组到永顺县拍摄猛洞河风光，溪州铜柱、土家族吊脚楼、摆手舞、马鞍山水电站等新闻纪录片。

1992 年 5 月，湘西自治州人民政府在长沙召开猛洞河国际漂流新闻发布会，邀请省领导、媒体记者及有关人士 225 人参加。州长石玉珍宣布每年 8 月为湘西猛洞河国际漂流月。是年，首届“'92 中国湖南猛洞河国际旅游漂流月”开幕式在永顺县城举行，全国人大常委会副委员长廖汉生，湖南省人大常委会主任刘夫生、副省长唐之享等出席，1300 名外宾及港澳同胞参加首漂式。全国 15 个省及台湾、香港地区 419 家厂商与会经贸洽谈，参展产品 300 余类，7000 余种，成交额 2 亿余元。

1997 年，州旅游局利用“中国旅游年”和湘西州建州四十周年庆典活动，推进旅游彩车和民俗风情表演队宣传。同时，在第六届“湖南猛洞河漂流月”活动期间，邀请国内外 38 家旅行社到湘西州考察，推介湘西旅游线路。2000 年 9 月 21 日，“中华炎黄圣火采集仪式”在南方长城举行。省、州电视台现场直播，宣传推介神秘湘西游景区景点。2002 年 2 月，在北京举办凤凰被列为国家历史文化名城新闻发布会,推介凤凰旅游；4 月，州委副书记龙颂江带领 65 人的旅游促销团，参加中国（南京）国内旅游交易会，推介湘西州旅游，湘西州促销团获全国优秀展台奖和旅游纪念品展销三等奖。是年，州内举办穿越飞虎洞大型科考探险、凤凰从文文化节、谭盾音乐会、德夯国际攀岩赛、电影《芙蓉镇》原班人马重返芙蓉镇等活动。国家旅游协会副会长、中国优秀旅游城市评审小组副组长、《中国旅游报》社长刘山率领中央新闻媒体湘西采风团到凤凰采风，怀化铁路总公司开通吉首至长沙旅游专列，州旅游局长解宗印代表州人民政府赴广西参加湘、桂、黔毗邻地区市州经济技术协作区联系会，在会上作湘西州旅游产业超常规发展专题发言。2004 年，州直相关部门和重点县（市）主管领导、重点旅游企业经理 38 人，赴贵州、云南、广西考察旅游，宣传湘西。全国各大电视台制作推介凤凰旅游的电视专题片 21 部，中央电视台多个频道及北京、上海、重庆等 17 个电视台卫星频道多次播出这些专题片。歌唱家宋祖英演唱的《家乡有条猛洞河》《古丈茶歌》和腾格尔演唱的《风雨南长城》在电视台播放，将湘西州旅游唱响全国。2005 年 4 月，副州长梁秋松带 80 人促销团，参加中国（桂林）国内旅游交易会，制作的“神秘湘西·天下凤凰”广告牌彩旗挂满桂林市主要街道，获全国优秀组织奖。7 月，边城翠翠雕像落成揭幕，花垣举办“走进边城”大型演唱会，歌唱家韦唯、韦嘉、张也、滕格尔出场献艺。在南方长城举办世界围棋巅峰对决赛，形成以后每两年举办一次的惯例。在德夯举办中国鼓文化节。在龙山八面山举办全国滑翔伞锦标赛暨湘鄂渝边区民族文化艺术节以及西安·临潼—湘西·龙山秦文化之旅活动，推动湘西旅游发展。

2007 年，电视连续剧《血色湘西》在湖南卫视热播，“神秘湘西”受到全国观众关注。举办全国著名作家湘西采风、“神秘湘西”全国摄影大奖赛、首届“魅力芙蓉镇、激情猛洞河、穿越坐龙峡”野外拓展展示大赛。2008 年，借北京奥运会造势，在奇良洞景区举办“洞藏酒鬼庆奥运”活动，原生态歌舞《土家族毛古斯·欢庆》代表湖南省参加奥运会开幕式前的文艺表演，提升湘西州旅游知名度。12 月，举办“常吉高速公路开通万辆自驾车游湘西”活动。2009 年 3 月，永顺县旅游局筹措资金 10 万元，建成“芙蓉镇·猛洞河”官方旅游综合网站，向社会提供了解永顺旅游信息平台，不二门旅游开发有限公司制作永顺旅游风光画册、光碟、导游图。举办“土家龙谷节”、首届湘西饮食文化节，与国家邮政局联合举办凤凰古城特种邮票首发式，将凤凰打造成国家名片。州人民政府领导带队，赴重庆、内蒙古、台湾举办“神秘湘西”大型旅游推介活动，与中央电视台合作，在凤凰、芙蓉镇、里耶、老司城等地摄制湘西民族风情专题片，并在央视黄金时段播出。湘西州与重庆、广州、内蒙古、铜仁开展区域协作，签订《旅游合作协议》。举办湘西德夯百狮会、南北鼓王聚苗山活动。

2010年，在德夯举办户外帐篷节，来自浙江、江西、湖北、贵州、重庆和省内近1700名驴友、车友、摄友参加，湘西州旖旎风光、神秘民俗给远方朋友留下难忘记忆。10月，中共湖南省委书记周强到湘西州为里耶古城遗址公园开园仪式剪彩和为秦简博物馆开馆揭牌。11月，湘西州组团参加“2010年首届中国国际文化旅游节”，凤凰古城夺得“影响中国文化旅游的一个古城古镇古村”金奖。央视《晚间新闻》及《中国文物报》报道老司城开发工作。央视《远方的家·北纬30° 中国行》介绍猛洞河风光、芙蓉古镇和老司城土司历史文化，并在中央电视台国际频道滚动播放。湖南卫视《好山、好水、好玩》栏目推介永顺特色旅游产品。日本朝日电视台到永顺拍摄猛洞河风光。湖南省级18家新闻媒体青年记者到永顺挂职锻炼，开展旅游文化采风活动，在省级报刊刊发报道125篇，介绍永顺自然景观和民族文化。

第五章　旅游管理

1989年，湘西州旅游局与州外事办实行“两块牌子，一套人员”，合署办公，定编8名。1994年，州旅游局与州外事办分设，为州人民政府直属正处级办事机构，定编8名，内设办公室、行业管理科、市场开发科。1996年，州旅游质量监督管理所成立，为正科级自收自支事业单位，定编5名，隶属州旅游局。2001年，州旅游质量监督管理所定为全额拨款事业单位，定编4名。2005年，州导游管理中心、旅游培训中心、游客服务中心成立，为正科级差额拨款事业单位，定编3名，隶属州旅游局。2007年，成立州旅游执法大队，与州旅游质量监督所实行两块牌子，合署办工，增加全额拨款事业编2名，隶属州旅游局。是年，州旅游局内设机构增设规划财务科，增加全额拨款事业编1名。2010年，州旅游局定为州人民政府工作部门，增加行政周转编3名。

1989—2010年，历任局长：黄子耀、解宗印、欧道胜；副局长：解宗印、张明主、张春华、杨克昌、张明主、史训魁、彭佳、彭秀金、胡朝晖、欧四清。

第一节　旅游市场管理

1989年5月，湖南省旅游局派有关开发技术人员到猛洞河勘查，协助州、县旅游局制定漂流安全操作规程。古丈航运公司与猛洞河旅游公司因平湖游发生纠纷，出现砸船、拦阻游客、封路和封锁码头等问题。州政府副州长刘毅兴带领州相关部门负责人前往协调处理，召集永顺、古丈两县主要负责人办商裁定：为维护猛洞河旅游形象和确保水上安全，平湖游只允许一家公司经营。8月，德夯风景区与花垣县排料乡芷耳村因边界纠纷发生炸路、毁游道和拦阻游客等问题。州委常委、常务副州长欧阳淞召集花垣、吉首两县（市）主要负责人协商并形成纪要：“德夯旅游整体性不可分割，不能多家经营”，考虑芷耳村对景区边界绿化和山林保护，吉首市每年给芷耳村补偿1000元，期限5年。是年，永顺、吉首和凤凰3个县（市）设立旅游局，龙山、花垣两县设立旅游办公室。1992年，龙山县旅游办公室改称旅游局，古丈县设立旅游局。

1995年3月，州旅游局负责人受州人民政府委托，协调德夯景区边界再次发生拦阻游客、擅自设置门票点等事宜，双方议定：吉首市一次性付清花垣县排料乡芷耳村补偿款，芷耳村拆除前往德夯风景区流沙瀑布关卡和门票点。

1996年，花垣县旅游办公室改为旅游局，保靖、泸溪两县设旅游局。猛洞河、小溪、凤凰古城、里耶古城、王村古镇景区先后设立景区管理机构，专司景区管理工作。

2000年，湘西州实施国家旅游局《旅游行业管理条例》《导游人员管理条例》《湖南省旅游管理条例》，结合湘西州实际，从州外引进旅游管理人才240人，从事州境旅游业管理。2004年5月，在凤凰县召开全国《民族(民俗)文化旅游点规划建设和管理规范国家标准》会议。

2005年12月29日，州旅游局组织召开凤凰古城旅游公司、德夯旅游公司、猛洞河旅游公司、坐龙峡旅游公司、红石林旅游公司负责人会议，专题研究州游客服务中心管理问题。会议议定，州游客服务中心房屋租金、装修费、设备购置费及每年所需运作费按3∶7比例分担：州旅游局承担30%，凤凰古城旅游公司等5家旅游公司承担70%；州旅游局按编制安排人员到州游客服务中心工作，其余人员从五大公司选调，工资奖金由所在公司支付。

2007年5月，州委、州政府颁布《湘西州加强旅游行业管理的暂行规定》，规范旅行社年检、持证导游年审、星级旅游饭店复核、旅游统计数据报表、重大事件（事故）报告等事项。是年，州旅游执法大队成立。2008年，湘西州旅游协会和旅游饭店分会、旅行社分会成立。同时，凤凰、吉首、永顺等旅游重点县（市）相继成立旅游执法队，加强旅游执法，打击旅游业中“黑社”“野马”“伴游”现象；遏制随意改变行程、误导游客购物、因团费纠纷扣“人质”以及拉客、宰客行为。是年，旅游黄金周期间，州内无旅游投诉。

2010年，州旅游局获全省行业管理和安全生产先进单位。

第二节 旅游从业培训

1989年，州内持证导游不到全省1%。州旅游局推行三级培训体制。州旅游局负责持证导游资格、旅游管理部门和旅游企事业单位中层以上人员培训；县（市）旅游局负责旅游企事业单位员工岗前培训；旅游企事业单位负责日常技能技巧培训。各级政府支持州内大专院校开设旅游专业，培训旅游人才。选送旅游管理部门、旅游企事业单位骨干到国家、省级旅游培训班培训，同时注重人才引进。

1990年，永顺县培训猛洞河漂流导游员，主要负责游艇驾驶、漂流沿途景点介绍，同时还要熟悉水性，确保游客安全。

1995年，永顺县贝尔民族中学在上海浦东新区旅游部门帮助下，开办旅游职业班。2007年，吉首、永顺、凤凤、龙山等县（市）职业学校均开办大专层次的全日制旅游服务专业和旅游管理专业。到2010年，全州举办景区管理、旅游公关、土家语导游等各种培训班46期，参加培训2600人次。是年，全州参加国家导游员资格考试600人，当年持证导游员430人。主要语种为普通话，还有英语、日语、粤语、土家语、苗语等语种。

第三节 出境旅游

1989年，湘西州居民没有出境旅游记录。1990年，开始有人出境旅游，至1995年，每年不上百人次。1996年，出境旅游增多，当年117人次。1998年，出境旅游777人次，为1996年的6.6倍。

进入21世纪，人民生活水平不断提高，出境旅游成为人们生活的一部分。2001年，全州出境旅游827人次。2002年，全州出境旅游2084人次，较上年增长1.5倍。2005年，全州出境旅游3951人次。2010年，全州出境旅游1.29万人次，办理护照4231人次、港澳通行证6676人次、台湾通行证1982人次。与2005年比，分别增长2.34倍、1.63倍、20.3倍。

1989—2010年部分年份湘西州旅游业基本情况一览表

表 19-2

年份	旅行社(家)	旅游从业人员(万人)	接待游客(万人次)	旅游收入(亿元)
1989	—	0.15	48.29	—
1992	—	0.5	62.43	0.0668
1993	—	0.5	70.10	0.0875
1995	—	0.5	57.25	0.099
1996	—	0.6	72.59	0.192
1997	—	0.8	80.26	0.443
1998	—	1	85.86	0.885
1999	—	1.2	91	0.884
2000	1	1.5	137.99	1.16
2001	2	2	169.97	2.18
2002	7	4.2	253.11	2.69
2003	14	6	275.7	3.64
2004	26	8	431.24	6.2
2005	27	9.7	570.3	20.5
2006	28	12.1	655.3	24.6
2007	29	13	793.5	31.3
2008	34	15	852.6	33.44
2009	35	17.3	1060.31	50.66
2010	37	20	1255.56	63.48

1989—2010年湘西州出境(国)及旅游人数统计表

表 19-3

年份	申请出境(国)(人次)	办理护照(人次)	来往港澳通行证(人次)	港澳通行证(人次)	台湾通行证(人次)
1989	63	39	—	—	—
1990	30	28	28	—	—
1991	46	30	30	—	—
1992	48	44		—	—
1993	缺				

续表 19-3

年份	申请出境(国)(人次)	办理护照(人次)	来往港澳通行证(人次)	港澳通行证(人次)	台湾通行证(人次)
1994	69	44	—	—	—
1995	117	44	73	17	14
1996	117	27	140	104	70
1997	219	56	219	91	32
1998	777	74	574	81	48
1999	583	92	327	95	69
2000	508	87	180	179	62
2001	827	182	562	—	83
2002	2084	477	1287 团队旅游 263 人	—	57
2003	1258	842	479 团队旅游 124 人	—	83
2004	1971	1265	4029	30	93
2005	3951	1265	2543	65	93
2006	4172	1852	2183	65	72
2007	6273	3053	3090	61	69
2008	7112	3615	3345	41	111
2009	7025	2836	3707	48	434
2010	12934	4231	6676	45	1982

第二十篇　老苏区建设

湘鄂川黔革命根据地，是土地革命战争时期中国革命处于极端困难的形势下，中国共产党在长江南岸创建的一块最大的红色根据地。鼎盛时期，覆盖湖南、湖北、四川、贵州58个县，拥有2万正规红军和近5万地方武装。1934年11月26日，奉中共中央书记处电示，在大庸（今张家界市）成立中共湘鄂川黔边省委、省革命委员会、省军区，开创湘鄂川黔革命根据地。在1935年2月8日至8月8日的反"围剿"战争中，红二、六军团经过大小战斗30次，消灭敌人1万多人，俘敌8000余人，缴获轻、重机枪150余挺、无线电台5部、山炮2门、子弹120万发。生擒敌纵队司令兼师长1人、师参谋长1人、团长3人、营长及以下官长200余人，击毙敌师长1人、旅长2人、团长5人、营连排班长100余人。在反"围剿"战争中，不仅钳制住敌人6个纵队的兵力，还把进攻中央红一方面军的敌人吸引过来，有力地策应了中央红军的长征。至1935年12月23日，随着红六军团第十八师从茨岩塘最后撤离，红二、六军团在湘西共计395天。其中在大庸16天，永顺塔卧122天，龙山兴隆街24天，龙山茨岩塘233天。在这一年多的时间里，红二、六军团足迹遍及千余里，创建省、县、区、乡四级红军党组织和红色苏维埃政权（8个区委50个乡党支部；9个区苏维埃政权、59个乡苏维埃政权）。红二、六军团撤离湘西长征后，国民党军队及当地地主武装对苏区革命群众进行疯狂屠杀。1935年至1936年4月，永顺、龙山、保靖苏区1万多革命干部、红军伤员、游击队员、赤卫队员和红军家属被杀害，同时杀害参加过革命的群众数以万计。

1989年，永顺、龙山、保靖3个革命老苏区县均被列为国家扶持的贫困县。2010年，三县实现生产总值101.71亿元，人均生产总值8829元，是1989年的13.80倍、13.05倍；财政收入6.24亿元，财政支出37.84亿元，是1989年的3.07倍、23.73倍；农民人均纯收入3082元，城镇居民可支配收入10458元，是1989年的7.24倍、5.39倍。是年，湘西州其他5个县（市）均被湖南省政府认定为革命老区县（市）。

第一章　老苏区开发与建设

第一节　苏区县项目开发

1990年，经湖南省老区办公室审定，给湘西州龙山、永顺和保靖3个革命根据地老区县下拨老区开发资金40万元，10月中旬发放到项目，主要发展种植和养殖业，其次为加工业。1994年，老区开发投放资金37万元，其中有偿29万元，无偿8万元，开发项目16个，创产值436万元，实现利税58万元。1997年，下拨老区资金129万元，到位125万元。龙山、永顺和保靖3个老区县开展贫困乡（镇）、贫困村、贫困户调查摸底、并建档立卡，3个老区县共有贫困乡（镇）99个、贫困村745个、贫困户21万户、贫困人口83万人。采取"一种、二养、三加工、四开矿"形式实施扶贫开发，全年发放扶持资金80万元。1998年，按照"项目到位、资金到位、效益明显"原则，经过论证，从各县上报的21个项目中选出12个项目上报省老区办，争得老区专项资金47万元，贴息贷款30万元，省拨扶贫资金2万元，新增财政资金80万元。同时清理历年投放的621万元老区专项资金，重新签订扶持合同10341份335.5万元，与16047农户重新办理315万元借款手续，回收本金49万元，回收占用费6.77万元。为省、州、县老区办公室联办示范村，即永顺县仓坪乡土苗村办实事9件，帮助土苗村制定《村民自治章程》等规章制度。

1999年，全州上报老区扶贫项目20个，获省老区办公室批准立项13个，争取省资金52万元。开展老区开发扶贫宣传，撰写文章50余篇。保靖县开展“老区杯”征文比赛，全县4300人参赛，评选优秀征文66篇。龙山县编辑《龙山老区扶贫资料汇编》，介绍该县老区扶贫开发工作。州老区办公室投资9万元，扶持龙山县洗洛乡开发百合生产，该乡种植百合2134公顷，实现产值9000万元；投资12.5万元，在老区扶贫联系点永顺县仓坪乡土苗村修建一栋集计划生育服务、科技图书、办公、村医务室为一体的村部楼，并帮助该村创办经济实体；投放资金102万元，修建公路13.8公里，开发林场127公顷，兴修水利工程10处，建设人畜饮水工程8处，扶持“种、养、加”大户17户。2001年，呈报省老区开发项目28个，落实开发资金49万元。龙山县白羊乡稻田木耳开发项目，每亩纯利3247元；洗洛乡百合基地产品畅销上海、广东、福建、浙江等省市，全乡80%种植户脱贫。全州老区县举办各类培训班83期，参训人员6.5万余人次。各老区县共投入资金23万元定点扶贫，扶贫点年人均增产粮食50公斤，增收100元。2002年，实施老区建设项目8个，争取资金52万元，解决3个老区县人饮困难11880人，实现脱贫人口2.7万人。2005年，争取项目10个，资金67万元；举办3期老区实用技术培训班；同时开展红色旅游宣传。

2006年，湘西州和保靖县、永顺县分别成立革命老根据地经济开发促进会（简称“老促会”）。全年争取老区扶贫项目15个，项目资金36万元。与理事单位合作，联办各类培训班6期，发放各类科普资料1万余册，培训2万人次。组织“情系红色沃土，关注老区群众”活动，为老区群众送棉被1500多床，粮食20吨，衣物1万余件。2007年，州内老苏区县共争取老区扶贫项目17个，资金47万元。举办老区农民致富培训班13期，发放资料2.3万册，培训2.3万余人次。开展老区宣传，上稿98件。为老区群众送棉被1700多床，衣物500袋。2008年，争取老区扶贫项目18个，到位资金50万元；争取国家老区转移资金400万元；举办各种老区农民致富培训班15期，发放资料2.8万份，参加培训1.9万人次。2009年，贯彻《湖南省扶持革命老区发展条例》，统筹安排老区专项资金800万元，支持老区扶贫项目24个。2010年，吉首、泸溪、凤凰、古丈和花垣5个县（市）均被省政府列入革命老区县（市）。落实老区建设项目41个，统筹安排老区扶贫资金568万元。

第二节　苏区重点乡镇建设

一、塔卧镇

1934年12月，中共湘鄂川黔边省委、省革命委员会、省军区设于塔卧。1935年1月，设塔卧乡，乡长丁祖华，辖13个村。同时成立塔卧、三家田、里仁、茶园、颗砂、官坝、广荣、砂坝、文昌等9个村农会，每个村设有党支部、妇救会、扶救会、共青团、儿童团。1950年，设永顺县第六区。1956年，撤区并乡改为永顺县塔卧乡。1958年9月，设立塔卧人民公社。1984年，塔卧人民公社改为塔卧乡。1985年10月，撤乡建镇为塔卧镇。2005年9月，仓坪乡、三家田乡并入塔卧镇。塔卧镇位于永顺县东北部，距县城38公里，总面积142.3平方公里，有耕地1432.7公顷，林地面积11333.3公顷，其中荒山1333.3公顷，省道S230穿镇而过。塔卧镇是“湘鄂川黔革命根据地”“全国爱国主义教育基地”“省级文明镇”“省级历史文化乡镇”、湘西州“十佳信用乡镇”。2010年，该镇辖两个街道居委会、12个建制村，总人口38961人，其中土家族36432人，占总人口的93.5%；其他民族2529人，占6.5%。全镇农业总产值1.8亿元，工业总产值1.25亿元，社会消费品零售总额2亿元，人均纯收入2285元。

1989—2008年，塔卧镇先后投资556万元，实施人畜饮水工程29处；投资1887万元，新修村级公路56公里，10个村公路水泥混凝土硬化；投资105万元，新建公路石桥7座。投资3000万元，建设沼气池1000口，节柴灶500个。投资112万元，实施老镇区部分下水道工程建设；投资273万元，建成集镇自来水厂；投资360万元，修建农贸市场；投资400万元，完成移动、联通通信信号塔工程建设；投资300万元，建成中心医院办公楼和苏区中学、小学教学楼；投资320万元，完成长虹水库除险加固工程。2009年，投资1880万元，启动红色旅游景区建设项目，新建湘鄂川黔革命根据地纪念馆、红都大道、苏维埃广场、旅游停车场、仙人山、轿顶山游道，并拆除原在湘鄂川黔革命委员会旧址门前房屋建筑。2010年，全镇村村通公路，组通公路73%，集镇有红色旅游车队1个，农村公交车公司1家，中巴客车32辆，大货车43辆，农用车、盘式拖拉机197台。老镇区基本形成一纵四横水泥硬化路面，硬化面积2万平方米。镇农贸市场占地8000平方米，每逢赶场日，交易人员达2万人，交易额50万元。镇内有变电站1处，供电所1家，容量为3.5万伏安，高低压线路全部投入使用，村（居）民生活用电和工业用电得到保障。

是年，镇域建有文化站、广播站，有村级文化活动中心9处，各类图书室5个，藏书1.2万册。组建各类业余文艺团队8支112人。集镇有学校2所，在校学生3300人，有专任教师302人；全镇有幼儿园13所，入园幼儿2230人；九年义务教育覆盖率98.6%。有中心医院1所，村卫生室12个，医务人员121人，病床58张，村民参加新型农村合作医疗90%。

全镇有工商企业557家。其中，百货经营户337家，餐饮、歌厅、网吧、理发等服务业23家，鞭炮厂15家、石材加工场20家，在镇域外从事工商业131户，其他企业31家。塔卧，俗有“石材之乡”之称，镇内以石匠技术为主的外出务工者3382人，石匠劳务收入累计1.05亿元，占农民人均收入的73%。全镇有23名农民经过培训取得湖南省建设厅颁发的建筑劳务资格证。塔卧外出石匠遍布全国，一批石匠还远赴海外打工。广荣村丁云树石雕技术过硬，在当地小有名气，先后参加坦桑尼亚、赞比亚、南也门、斯里兰卡、马里援外工程，得到专家们的高度赞扬。“石雕鬼才”李宏进带领塔卧石雕等艺人300余人，承建张家界土家风情园和湖北恩施土司城，还参加芙蓉镇古城修复等工程。该镇成立仿古石雕公司和石料工艺公司，组织兴办20家石料加工厂，每厂年产值均逾200万元，共解决剩余劳动力就业3000余人。

二、万坪镇

1934年，万坪属郭亮县龙家寨区苏维埃政府，镇域为湘鄂川黔边区革命根据地中心地带。是年11月16日，红二、六军团在十万坪设伏，取得歼敌两个旅的十万坪大捷。现有红军‘十万坪大战”战场遗址、苏维埃郭亮县政府旧址，革命文化底蕴深厚。1950年属永顺县龙家寨区。1952年3月，属永顺县第七区龙寨镇。1958年，建万坪人民公社。1983年10月，恢复龙寨镇。2005年，改为万坪镇。万坪镇位于永顺县北部，距县城46公里。镇域面积147平方公里，耕地面积1334公顷，林地面积1.2万公顷，其中荒山1200公顷，森林覆盖率64%。镇内森林资源有国家重点保护的南方红豆杉、黄杉、闽楠、薄叶润楠等36种。该镇地势南高北低，四周群山环绕，中部地势平坦，为冲积平原，农田多集中于此，俗称“十万坪”。2010年，该镇辖两个街道居委会、15个建制村，总人口29396人，其中土家族26219人，占总人口的89.19%。全镇工农业总产值1.15亿元，农民人均纯收入1805元。

2008年，镇区基础设施建设力度加大，至2010年，投资354万元，实施人畜饮水工程32处。投资500余万元，整修水毁农田200公顷，新开农田26公顷。投资9800万元，新修村级公路80公里，有11个村公路实现水泥硬化。投资1050万元，新建公路石桥13座。投资268万元新建沼气池815口，节柴灶1426个。1993年，万坪集镇自来水厂建成，可蓄水800立方米。1996年，投资450万元修建河西农贸街，总面积3万平方米。1998年，投资45万元建成商业城。1999年，开通移动和联通电话。2007年，整修扩建万坪汽车客运站，日发客运车34班次，日均客流量600人次。

2010年，该镇建有文化站、广播站，有村级文化活动中心15处，各类图书室5个，藏书1.2万册。组建各类业余文艺演出队23支260人。全镇有幼儿园7所，在园幼儿726人，专任教师32人；学前班2个，学生136人，教师8人；小学2所，学生1852人，教师112人；完全中学1所，初中生700人，高中生174人，教师122人。九年义务教育覆盖面97.8%。有医疗卫生机构25个，其中乡（镇）卫生院2所，村卫生室22个，设有床位40张；专业卫生人员77人，其中执业医师8人，执业助理医师12人，注册护士10人。全镇村民全部参加新型农村合作医疗，参合率100%。

镇域为永顺县原煤生产地，煤炭、硅、铝、铁等矿产资源蕴藏丰富。清乾隆五年（1740），龙家寨就有人开采煤矿、烧石灰。自此，万坪就有闻名湘西的“三客”（骡子客、煤炭客、石灰客）。20世纪七八十年代，万坪镇一度成为湘西州工业大镇，先后建立州属龙家寨煤矿，县属火电厂、氮肥厂、机械厂、铅锌矿厂、精干麻厂、野寨湾酒厂等工业企业，职工5000余人。90年代后，镇内工业企业先后倒闭或解体。进入新世纪，镇党委、政府贯彻落实科学发展观，充分利用煤炭资源优势，确立“工业兴镇”的工作思路，发展民营经济。在矿业开发上，把煤炭作为启动相关工业的增长点来抓，扶持辰溪煤矿大寨井建设，支持晓寨采矿权挂牌出让，加快煤矿开发步伐，缓解全县工业用煤困难。同时，还抓矿石业的开发，整顿规范砂石开采，马杉公路砂改油和万盐公路整修工程，砂石业创产值100多万元。镇党委、政府立足传统特色资源优势，发展“万坪豆腐”“万坪铁器”“万坪火腿”“杉木竹艺”等特色经济。以永顺土家人食品有限公司、万坪干豆腐厂、杉木河豆腐厂、湘顺豆腐厂等为龙头的农产品加工企业，不断发展壮大，品牌效应初现，年创产值500多万元。2010年，全镇有工商企业635家。其中百货经营户248家，餐饮、歌厅、网吧、理发、洗浴等服务业30家，厂、矿24家。大户有辰溪煤矿开采公司，员工100余人，年产煤5万余吨，产值1000万元以上；龙鸿耀百货超市，员工10人，年收入50万元；向仍涛水泥预制场，员工28人，年收入40余万元；刘贵贵火腿店，年收入10万元以上。镇内有“万坪豆腐”作坊200余家，从业人员2000多人，年产值100万元以上的豆制品厂或公司等7家，仅豆腐一项年产值2000多万元。全镇有篾匠300余人，各种篾器年销售额500万元以上。有铁匠铺80多家，从业人员200余人，年产值200多万元。是年，武汉凯迪公司生物质电厂落户万坪，7月18日，电厂建设破土动工。

三、茨岩塘镇

1935年5月6日，湘鄂川黔边省委、省革命委员会、省军区从兴隆街迁至茨岩塘。6月，中共龙山县委、中华苏维埃龙山县革命委员会成立，茨岩塘乡各村成立党组织、苏维埃农会、赤卫队、游击队、妇救会、儿童团、肃反队等群众自治、自卫、自救、支前的社团组织。全乡有3000多人自愿加红军，1000多人英勇牺牲。该镇有湘鄂川黔边省委、省革命委员会旧址等全国和省级重点保护文物5处。1950年，茨岩塘属龙山县二区。1955年，改称红苏区，1956年撤区并乡设茨岩乡。1958年，建立茨岩塘人民公社。1984年，社改乡称茨岩塘乡。1985年，改为茨岩塘镇。2005年撤销比溪乡，整体并入茨岩塘镇。该镇位于龙山县东北部，距县城22公里，总面积141平方公里，有耕地1187公顷，下辖1个街道社区、20个建制村，总人口20807人。该镇域属高山台地，四周群山耸立，桑（植）龙（山）公路穿境而过，是龙山县东北部地区的交通中心和物资集散地。2010年，全镇国民生产总值12758万元，农民人均纯收入2410元。

1989—2008年，该镇先后投资487万元，实施人畜饮水工程32处。投资4800万元，新修村组公路58公里，16个村铺筑水泥混凝土公路；投资400万元，新建公路石桥12座。投资1800万元，新建沼气池1200口，节柴灶2500口。投资120万元，完成茨岩塘镇街道自来水工程建设。投资400万元，完成移动、联通、电信通信工程建设。投资1000万元，完成中心医院和茨岩中学、小学及幼儿园建设。投资600万元，完成万福水库和双新水库除险加固工程。投资4000万元，完成耕地排灌配套工程。2009年，投资180万元，整修农贸市场。投资4200万元，实施茨岩塘烟叶基地单元建设。同时启动茨岩塘红色旅游项目建设，投资780万元维修“湘鄂川黔”省革命委员会旧址，回收红军兵工厂和红军医院产权，并“修旧如旧”红军兵工厂。2010年，全镇21个村(社区) 全部通公路，公路通组率99%。集镇建成公交车公司，有中巴客车20辆，出租车5辆，私家小汽车60多辆，各类货车450辆，农机284台。农贸市场交易额，每场逾百万元。镇内有变电站1处，供电所1家，容量3.5万伏安。村(居) 民生活用电和工业用电得到保障。

2010年，该镇建有文化站、广播站，有村级文化活动中心15处，图书室10个，藏书1.5万册。组建各类业余文艺演出队6支76人。集镇有学校2所，在校学生1100人，有专任教师136人。全镇有幼儿园2所，入园幼儿484人。九年义务教育覆盖率98.8%。有中心医院1所，村卫生室20个，医务人员64人，病床52张，村民参加新型农村合作医疗98.7%。

全镇有工商企业527家，其中百货经营227户，餐饮、网吧、理发等服务业20家，砂石厂20家，在镇外从事工商业200家等。茨岩塘镇是烤烟大镇，该镇从20世纪60年代开始种植烤烟，1996年，成为湘西州第二大烟叶生产基地，年种植面积保持在600公顷以上，烤烟成为该镇支柱产业。2004年种植烟叶914公顷，年产烟叶1860吨，收入2000多万元，纳税268万元，实现面积、产量、收入、税收、中上等烟叶5个单项全州第一。镇内有职业烟农400多户。2007—2009年，全镇每年烤烟种植均在1万亩以上。2010年，全镇种烟1.2万亩，烟叶产量1600吨，实现产值3300万元，仅此一项全镇人均收入1600元。全镇有121户烟农收入超过10万元，面山村游先付种烟8公顷，总产值42万元，纯利润25万元。

四、兴隆街乡

1935年4月12日，中共湘鄂川黔边省委、省革命委员会、省军区、红二、六军团司令部从永顺县塔卧迁至兴隆街。省委地方工作团组建中共兴隆区委，书记杨善恩；兴隆区苏维埃政府，主席张宝臣。还成立新寨坪、白岩洞、普口车、咱斗寨、苗沟、排楼、芭蕉砣等7个苏维埃乡政府。每个乡设有党支部、妇救会、扶救会、共青团、儿童团、担架队、洗衣队和支前运输队，有468人参加红军，在反围剿和长征途中牺牲172人。1950年，兴隆街分属龙山县二区、七区、十区；1956年，由新寨坪、普口车、白岩洞、三塘、苗沟、沙坝等乡合为兴隆乡。1958年，为城郊公社兴隆管理区。1961年，分置兴隆公社。1982年，改为兴隆街公社，1984年改为兴隆街乡。该乡位于龙山县东北部，距县城10公里，总面积74平方公里。有耕地855公顷，其中水田549公顷。林地3867公顷，其中累计造林882公顷，荒山造林1389公顷。桑（植）龙（山）公路从东向西，洗（洛）石（牌）公路自南向北从境内通过。兴隆街乡是“湘鄂川黔革命根据地”“全国爱国主义教育基地”“全国民间文化艺术之乡”“省级百优民间艺术之乡”“州级三棒鼓之乡”。2010年，兴隆街乡辖12个村，总人口14557人，其中土家族等少数民族5328人。全乡农业产值7290万元，人均纯收入2816元。

1965年，动工修建兴隆街响水洞渠道，1974年竣工，总干渠8640米，灌溉稻田533.3公顷。利用渠水自然落差发电，在阳茬坡建126千瓦电站1座，在烟棚建2200千瓦电站1座。1983年，在响水洞出口处建2340千瓦电站1座。1995—1996年，投资400万元，实施电网改造，农村用电从1元/千瓦时，下降至0.58元/千瓦时。投资500万元，对响水洞、牧场沟、苗沟三下汇，红军渠等5条共50余公里引水渠道实施加固、防渗和除险。1997年，水泥硬化镇区公路1.2公里，并修建集镇下水道。移动、联通、程控电话全面启动，信息畅通，有线电视全覆盖。年投资15万元，聘请环卫工3人，配垃圾车1辆，清扫面积3000平方米。设垃圾场1个，垃圾焚烧池5个，年处理垃圾5000吨。2003年，修建农贸市场，占地2000平方米，建摊板110块，设地摊位240个；有个体经商121户，赶集日平均入市5000余人次，交易额50余万元。2005年，县文物所投资5万元，恢复国家级文物保护单位——"湘鄂川黔边区省革命委员会旧址"的岩坪坝、石栏等。2010年投资420万元，修建阳光坡自来水厂，全乡自来水入户率90%。是年，全乡实现村村通公路，村民小组通公路率75%。

2010年，兴隆街乡建有文化站、万册图书馆，村村建立农家书屋，藏书2万余册。有三棒鼓演唱队12支，管弦乐队3支，文艺宣传队2支和舞蹈队1支，有文艺骨干200人。有幼儿园5所，入园幼儿289人，幼师15人；小学3所，在校生689人，专任教师69人；初中1所，在校生167人，专任教师28人。九年义务教育实现全覆盖。有乡镇卫生院1所，村卫生室13家，病床20张，专职卫生人员10人，其中执业医师5人，助理医师1人，注册护士4人，乡村医生15人。新型农村合作医疗参合率95%。有敬老院1所，农村"五保"老人集中供养30人。

20世纪60年代初，兴隆街乡开始种植百合，当初由个别农户将百合栽种在自家的自留地里，全乡仅有10余亩。1981年，农村实行联产承包责任制，百合种植面积开始扩大。至1998年，全乡百合种植面积增至200多公顷。鲜百合直销上海市，"百合干"销往成都、武汉、北京、广州等大中城市；同时，在浙江、广西和江西等省区也有销售。2010年，全乡种植百合面积260公顷，产鲜百合6000余吨，产值4800万元，占农业总产值的84.2%。黄土村三组徐利明组织53人参加"绿色百合合作社"，种植面积12公顷，产百合270吨，实现产值216万元，人均收入4.8万元。尖岩村第八组李干勇等30户百合种植大户，每户种植百合面积2公顷，年收入40万元。全乡种百合收入10万元以上的有104户。杨尚春、朱安莹等村民自行投资650万元，创办无硫百合干加工厂，日产百合干1.5吨，缩短百合加工周期，同时修建两座能储200吨百合的冷冻保鲜库，延长鲜百合存储期。

五、普戎镇

1934年10月，为配合中央红军长征，贺龙、任弼时等率领红二、六军团挺进湘西，创建湘鄂川黔边革命根据地，在保靖县的普戎、糯梯、亨章3个村建立乡苏维埃政府，现存苏维埃乡政权遗址3处（普戎村、糯梯村、亨章村），红军烈士墓1处（波溪村）。普戎镇位于保靖县北部，距县城25公里，总面积115平方公里，耕地面积944公顷，下辖1个街道居委会、9个建制村，总人口12985人，其中土家族11946人。境内最高海拔1049米，最低海拔180米，属中亚热带山区湿润气候。是"湖南省环境优美乡镇""湖南省农机安全生产示范乡镇"。2010年，全镇国民生产总值6854万元，农民人均纯收入2190元。

20世纪50年代，普戎乡建设大小山塘32口。1960年3月，亨章水库建成。1965年11月糯梯水库竣工。1979年12月，牙可松电站动工建设，1982年3月竣工，坝高14米，坝顶长28米，宽1米，正常库容20万立方米，最大泄洪量为1.3/秒，年发电量40万千瓦时。镇内有高低压变压器41台，11万伏高压线路40余公里，440伏和220伏低压线路40余公里。2001年，投资70万元建成普戎镇净化自来水厂，年供水1.82万立方米，镇区主要道路两侧铺设排水钢管5000米。2010年，镇内有迁普、普对、坡普3条干线公路，公路通村率100%，其中5个村公路实现水泥混凝土硬化。镇建有广播站，有数字化有线电视用户318户，邮政代办点1处，电信代办点1处，移动代办点2处，联通代办点1处，固定电话用户437户；移动电话用户3392户，互联网用户200户。镇区内有垃圾处理设施1处，聘请环卫工4人，修建垃圾围场4个。

2010年，普戎九年一贯制学校，有17个教学班，在校学生505人；教职工57人，其中专任教师53人。学校有1个400米的标准体育场，玻璃钢框架篮球场4个，灯光室内球场1个，内置乒乓球场、台球室、棋牌室于一体，同时置有土家传统健身器材抵杠、高脚、镏子、牛皮鼓和桓应现代化广场舞音响设备。该镇亨章村拥有红色文化底蕴丰厚、原生态民俗和非物质文化保存完整的优势，被确定为湖南省39个少数民族特色山寨之一，经科学规划后，亨章村创建成为保靖县的新农村示范村、油菜基地示范村、农家乐示范村、民族文化展示示范村、红色文化保护示范村。在创建示范村的同时，还将该村打造成集山水观光、民俗体验、户外运动、农业休闲、休闲度假为一体的特色乡村旅游区。镇内有镇、村两级医疗机构10个，镇卫生院有病床10张，专业卫生人员14人；村卫生室有村医19人。全镇新型农村合作医疗参合率91%，农村合作医疗报账金额100余万元。镇有敬老院1家，床位21张，供养农村“五保”对象21人。

普戎镇根据多山、多树、多草、气候温和等特点，因地制宜以短养长、长短结合发展养殖业。镇内波尔山羊繁殖场远近闻名，是湘西州成规模山羊良种繁殖和供应基地。2007年，全镇养猪1840头、养山羊1240只、养牛785头。2008年，镇党委、镇政府加大养殖业的宣传、培训、防疫和售销力度，扶持农民成立养殖专业合作组织。从养猪转向山羊和牛的养殖，改变镇内畜牧业结构单一的现状，多元养殖业迅速发展。2010年，全镇养殖山羊1.58万只，畜牧业产值1000多万元，100只以上的养羊大户63户。52岁的村民周贤发经过几年山羊养殖，成为养羊大户，共养殖山羊289只，年收入12万元，家庭人均收入1.7万元。全镇养牛1340头，20头以上的养牛大户12户，大户石登云养肉牛48头，年收入14万元，全家人均收入1.75万元。

第二章　老苏区革命旧址维护与建设

第一节　革命旧址保护

1983年10月10日，永顺县塔卧镇湘鄂川黔边革命根据地省党政军机关、单位旧址建筑群，被湖南省人民政府公布为第五批省级文物保护单位，并划定保护范围和建设控制地带。2001年6月，中共中央宣传部将湘鄂川黔革命根据地纪念馆列为全国爱国主义教育示范基地。2002年，永顺县文物管理部门全面维修湘鄂川黔边革命根据地省党政军机关、单位旧址建筑群，维修工程为更换腐朽木柱、地脚枋、楼板、天井石板，整修排水沟和阶沿，并普遍检瓦一次。

2004年，永顺县委、县政府按照中共中央办公厅和国务院办公厅下发的《关于印发〈2004—2010年全国红色旅游发展规划纲要〉的通知》要求。修复省委党校旧址，抢救性维修省委、省政府、省军区、红四分校等旧址建筑的严重朽烂部分，充实、更新湘鄂川黔边革命根据地纪念馆的陈列内容，修建3个消防水池，更换旧址内的所有灭火器，完成旧址保护展示利用规划的前期准备工作。通过申报，2005年，中共中央宣传部、国家发改委、财政部、国家旅游局等12个部委联合行文，将湘鄂川黔边革命根据地省党政军机关、单位旧址列为全国100个红色旅游经典景区和30条红色旅游精品线路之一。永顺县文物管理部门再次抢救性维修革命根据地旧址木建的朽烂部分，以及查漏检瓦，并修复倒塌的围墙150米。2006年5月25日，永顺县塔卧镇湘鄂川黔边革命根据地省党政军机关、单位旧址建筑群，被国务院公布为第六批全国重点文物保护单位。

2007年，永顺县文物管理部门实施革命旧址抢救性维修一期工程，项目主要包括兵工厂旧址、省革命委员会旧址、省军区旧址、省委旧址的整体检瓦、加瓦及部分椽皮更换，检瓦、加瓦 10.5 万块，更换椽皮 2100 米。2008 年，实施二期维修工程，主要包括整修陈列室内桌子、椅子，制作伟人图片，以及征集民间散在的刀、枪等文物。

2010 年，龙山县文物管理部门，投入 150 万元，保护性维修兴隆街湘鄂川黔边革命根据地领导机关旧址，包括省委、省革命委员会、省军区旧址及红军兵工厂旧址等。投入 350 万元，回购红军医院产权，并实施茨岩塘湘鄂川黔边革命根据地省委、省革命委员会、省军区旧址落架大修。

第二节 革命纪念园馆建设

一、永顺县湘鄂川黔边根据地红二、六军团革命烈士纪念园

1934—1935 年，在创建湘鄂川黔边革命根据地时期，永顺县有近万人参加红军，7.7 万余人参加赤卫队，2 万多名优秀儿女献出宝贵生命。为纪念革命先烈，缅怀红二、六军团创立红色根据地的丰功伟绩，永顺县人民政府于 1980 年在塔卧镇土城堡修建“湘鄂川黔边根据地红二、六军团革命烈士纪念园”，纪念园占地 1.8 万平方米。

二、龙山县革命烈士纪念园

1979 年 6 月，龙山县在民安镇城北路北端亭子堡兴建革命烈士纪念园，1981 年 4 月竣工，占地面积 3.98 万平方米。革命烈士纪念园由门楼、革命烈士纪念碑、纪念亭和花圃 4 部分组成。1982 年，增建人工春游湖。纪念亭设在纪念碑南 300 米处，1994 年，在湘鄂川黔边省委、省革命委员会成立 60 周年之际，龙山县人民政府在革命烈士纪念碑以东 10 米处，重建革命烈士纪念亭。

2010 年，龙山县人民政府投资 145 万元，在烈士纪念园内修建英雄广场。广场建于烈士纪念园内，占地面积 1660 平方米。地面铺设浅色花岗岩条石板，场内安装景观灯 14 盏。广场中央立有贺龙、任弼时、关向应、萧克、王震五位老一辈无产阶级革命家的汉白玉像。雕像后方 10 米处，竖有高 2.5 米、宽 7.8 米的英烈墙，墙正面镌刻有“革命烈士纪念碑文”和“红军战斗在龙山简介”；背面刻有“龙山县烈士英名录”。

三、永顺县湘鄂川黔边省革命根据地纪念馆

永顺县湘鄂川黔边省革命根据地纪念馆位于塔卧镇中心雷家大屋之内。大屋始建于 1926 年，四合院布局，穿斗式木质结构，有大小 28 个房间，占地面积 1600 平方米。1934 冬至 1935 年 4 月，红四分校就设在这里，初称红军随营学校，后改为中国工农红军第四分校，学校负责培养红军的军事干部。

1975 年，湘鄂川黔革命根据地纪念馆雷家大屋被“红军长征文物调查征集组”认定为革命旧址并加以保护。是年冬，在省委党校旧址筹建“湘鄂川黔革命根据地陈列室”，由永顺县文化馆管理。1980 年，湖南省文物局开始征收和维修旧址群，并将陈列室迁至红四分校旧址。1986 年，“湘鄂川黔边革命根据地纪念馆”筹建，由萧克将军题写馆名。1997 年，纪念馆工作人员 3 人。馆内展出文物 80 多件，主要有布告、地图、印章、梭镖、钢炮、铁叉等，展出照片 200 多幅。纪念馆即红四分校旧址，外墙有萧克夫人、后任水电部副部长的蹇先佛手书的红军标语：“提高战术素养，巩固思想一致”。

四、龙山县湘鄂川黔革命根据地纪念馆

龙山县湘鄂川黔革命根据地纪念馆位于茨岩塘镇茨岩村龙家湾，总面积 2.6 万平方米，由红军广场、湘鄂川黔革命根据地原状陈列室、接待服务部组成。全馆展室陈列面积 1200 平方米，分两个部分、三个展室。1993 年，龙山县文物管理所成立，管理湘鄂川黔革命根据地纪念馆。2005 年，纪念馆举办湘鄂川黔革命根据地红色资源及历史图片展。2007 年 8 月，推出一个基本陈列展，即“湘鄂川黔革命根据地原状陈列”展，陈展湘鄂川黔革命根据地总务处、肃反委员会、内务、民政、粮食、土地、供给各部及相关实物。2008 年 5 月，推出两个临时展览室，即“茨岩塘湘鄂川黔革命根据地革命资源图片”和“兴隆街湘鄂川黔革命根据地革命资源图片”，展出红色资料图片 6000 余幅。馆内有藏品实物 180 余件（套）。

2009 年，龙山县投入 100 万元，整治纪念馆

环境，绿化庭院；投入30余万元，建成纪念馆配套设施红军广场。是年，龙山县湘鄂川黔革命根据地纪念馆被评为“湖南省未成年人思想道德建设先进基地”。

第三节　老苏区革命烈士纪念碑

一、湘鄂川黔边革命根据地革命烈士纪念碑

1981年建立，位于永顺县塔卧镇湘鄂川黔边革命烈士纪念园内。纪念碑高16.7米，岩石结构。碑上的十七个大字“湘鄂川黔边红二、六军团革命烈士纪念碑”，由萧克将军手书，碑下座石正前嵌有铜板刻制的碑文，记载湘鄂川黔革命根据地的发展历史。座石背后刻有工农红军冲锋的浮雕。纪念碑周围有四座六角亭，亭内石碑刻有革命烈士姓名和记载英勇牺牲的红军指战员事迹的碑文。

附：湘鄂川黔边革命根据地革命烈士纪念碑碑文

湘鄂川黔边，丛山峻岭，地瘠民穷，在旧社会，官、匪、豪劣，残酷压榨，民不聊生。为救民于水火，贺龙、周逸群同志奉命回到湘鄂边，与澧水流域的党员一起发动群众，开展武装斗争。于赤溪河，一举全歼敌独立第十九师一个旅，毙其旅长向子云，连克鹤峰、桑植县城，开辟了湘鄂西苏区。真是“千钧霹雳开新宇，万户千村展笑颜”。

一九三四年十月二十四日，任弼时、萧克、王震等同志所率领长征先遣部队红六军团与贺龙、关向应等同志所率红二军团会师于黔东木黄。群情振奋，军威益壮，挺进湘西，攻克永顺县城。并诱敌深入，取得了龙家寨战役大捷，对发展湘鄂川黔边革命根据地起了重大作用。

一九三四年冬，党中央指示红二、六军团以四省边区的永顺、大庸、桑植、龙山、鹤峰、来凤、宣恩、恩施、酉阳、秀山、松桃等县为范围，成立中华苏维埃共和国湘鄂川黔边省，设省会于大庸，同年十二月十日迁至永顺塔卧。省委召开永、桑、龙、大等五县联系会议，作出了改造边区新根据地任务的决议。接着又颁布了没收和分配土地条例，建立了各级苏维埃政权和开展了建党、扩红、土改、支前等工作。并壮大了红军队伍，发展了地方武装。苗岭冬去，土寨春来，军民团结，同心杀敌，又连续夺取了陈家河、桃子溪、忠堡、芭蕉坨、板栗园等战斗的胜利，粉碎了敌人八十多个团的“围剿”，打死打伤和俘敌一万八千余人，缴获各种武器近万件，活捉敌纵队司令张振汉，击毙敌师长谢彬，有力地策应了中央红军长征，并在长江南岸建立了新的革命根据地。

一九三五年十一月，我二、六军团肩负全民族的愿望，北上抗日。根据地内，风云突变，边区人民又陷入苦难的深渊。我留守部队和各族人民顶逆风，战恶浪，浴血苦战，前仆后继，坚贞不屈，视死如归。烈士们的鲜血谱写了革命史册上光辉灿烂的篇章，迎来了全国解放。

革命先烈，精神不死，丰功伟绩，千古流芳，耿耿丹心昭日月，殷殷碧血沃中华。继承先烈志，迈步新长征。

先烈们！安息吧！

一九八一年十月一日立

二、龙山县革命烈士纪念碑

1979年6月，龙山县革命烈士纪念碑动工建设，1981年竣工。革命烈士纪念碑用青条石磊砌而成，碑高24米，碑顶一尊解放军战士塑像。碑的四周建有水磨石瞻仰台，碑身四面有反映龙山老区人民在各个革命时期英勇战斗的大型浮雕。碑上镌刻着仿毛泽东“为人民而死虽死犹荣”的手书，刻有朱德“革命到底”、周恩来“在人民解放战争和人民革命中牺牲的英雄们永垂不朽”、贺龙“革命烈士们的业绩永远鼓舞着我们前进”的题词。

2002年，县人民政府投资70万元，刷新维护革命烈士纪念碑碑身，更换避雷设施，并将瞻仰台地面水磨石改铺青石板。

附：龙山县革命烈士纪念碑碑文

龙山处湘省西陲，巍巍武陵支系参嵯逶迤，胜似蚕蔟，横亘鄂川黔边，尤扼数省，屏障一方。

古属永顺土司，清雍正七年归流设县，至民国中期，烟（鸦片）多、匪多、枪多，官匪一家。贪官、富豪如狼似虎，为利争战。兵灾匪祸，累续连年，生灵涂炭，民怨沸腾。人多结寨而居，耐劳苦、尚俭朴，生性慓悍。反剥削、抗暴政，义无反顾。从白莲教起义、太平军入境，至辛亥革命，民蜂起响应，震慑清廷，兴兵压境，义军牺牲惨重。惜因年久，无据稽考英名。

中国共产党，为救国救民，一九二八年春，桑植起义后，贺龙、关向应率红二军团，于县境游击七年，转移黔东。一九三四年秋，同任弼时、萧克、王震所率红六军团会师。群情振奋，军威益壮，挺进湘西，占领龙山，克永顺、桑植、大庸县城，成立了中共湘鄂川黔边区省委、苏维埃省革委，红军省军区。唤起工农，展开全面的苏维埃革命运动。龙山近万名青壮年参加红军，两万余人投入地方革命斗争。县区乡党委、党部、贫农团、少共、妇女会、游击队、赤卫队应运而生。组编了红军“龙永”“龙桑”和龙山独立一、二团，龙山独三营。掀起轰轰烈烈的土地革命，予敌人致命打击。

一九三五年春，围剿苏区的白军（国民党军），增至八十个团。省委于四月十二日撤出永顺塔卧，迁龙山茨岩塘。是时，白军二十二个师附地方保安军，共一百三十个团，堡垒推进，铁壁合围，海军扼守长江，空军临空轰炸，大灵山系，硝烟弥漫，血流漂杵。军民浴血奋战，于忠堡活捉敌纵队司令张振汉，板栗园击毙敌师长谢彬，湾塘歼敌陶广纵队十个团，粉碎围剿。八月二十日，主力东征澧州，策应中央红军北上，省后勤机关和十八师留守龙山，顶逆风、战恶浪，同数十倍之敌，鏖战百余日夜，十二月八日，从茨岩塘出发长征。

风云突变，地主还乡团，铲共义勇队疯狂反扑。施行剥皮抽筋，开膛挖心，头颅点灯，铁丝穿骨，零刀割肉，小孩抛刀尖等酷刑，杀害人民。国民党的大屠杀，持续至一九三七年秋，株连九族，人逃异乡，人口剧降四万余，白骨露野，村无鸡鸣，断壁残垣，惨绝人寰。继经抗日、解放、抗美援朝等战争，众多儿女血洒疆场。共和国成立后，政府追恤县籍烈士二千一百八十七人。无数外籍志士长眠龙山，可叹，可敬！

革命先烈，无私无畏，视死如归，用宝贵生命换来山河巨变，丰功伟绩，千古流芳。耿耿丹心昭日月，殷殷碧血沃中华。继承先烈遗志，发扬奉献精神，抵制贪图享乐，勇于开拓创新，再展辉煌宏图，以慰先烈灵，无贻来者羞。今立碑撰文，缅怀先烈，启迪后人。

一九九四年十一月二十六日立

湘鄂川黔边革命根据地党政军机关单位旧址一览表

表 20-1

旧址名称	地址	修建年份	占地面积 平方米	建筑面积 平方米	文物级别 公布年月	修缮投资 万元	修缮年份	修缮项目
中共湘鄂川黔边省委(永顺县塔卧镇)	塔卧镇丁家院子老屋	1890	1564	—	全国重点文物保护单位 2006.5	10	1984	维修阶沿、排水沟、楼枕和部分木柱
湘鄂川黔边省革命委员会	塔卧镇中心的雷家老屋	1884	1480	—	全国重点文物保护单位 2006.5	20	1980 1997	维修前厅、正屋门窗、围墙、天井石板。南部围墙加固,更换地脚枋、楼板,添瓦检漏
中华苏维埃湘鄂川黔边省军区	塔卧镇东北部的丁家院子	1915	750	—	全国重点文物保护单位 2006.5	—	—	—

续表 20-1

旧址名称	地址	修建年份	占地面积平方米	建筑面积平方米	文物级别公布年月	修缮投资万元	修缮年份	修缮项目
中国工农红军第四分校	塔卧镇中心的雷家新屋	1926	1600	—	全国重点文物保护单位 2006.5.20	—	1986 1990	天井、阶沿、排水沟、楼板、楼枕、检瓦。更换地脚枋、楼板
湘鄂川黔边省委党校	塔卧镇中心的涂家大屋	1902	966	—	全国重点文物保护单位 2006.5	10	2001	加固围墙保坎、房屋诠正、更换腐朽地脚枋、楼板
中国工农红军医院	塔卧镇中心的曾家院子	1884	1500	—	—	—	—	20 世纪 50 年代拆除
中华苏维埃湘鄂川黔边兵工厂	塔卧镇中西部的涂家台	1884	2700	—	全国重点文物保护单位 2006.5	—	—	—
红军无线电台	省委旧址后的丁家寨	—	—	190	全国重点文物保护单位 2006.5	—	—	—
十万坪大捷指挥所	毛坝乡范家村	清末	—	250	省级文物保护单位 2002.5	—	—	—
永保县苏维埃政府	永顺县城内府正街	民国	180	—	省级文物保护单位 2011.1	—	—	—
郭亮县苏维埃政府	万坪镇原田猷基主屋	民国	800	520	省级文物保护单位 2011.1	—	—	—
中共湘鄂川黔边省委、省革委、省军区（龙山县茨岩塘镇）	茨岩村龙家湾龙家大屋	明末清初	1240	790	全国重点文物保护单位 2006.5	280	2009	环境整治、庭院绿化、建造雕像、维护修缮
红二、六军团兵工厂	甘露村姚家大屋	清末民初	3400	1700	全国重点文物保护单位 2006.5	100	2010	落架大修
红二、六军团医院	凉水村杨家大屋	清末民初	—	576	全国重点文物保护单位 2006.5	250	2010	购回产权
苏维埃龙山县政府	茨岩村杨家住屋	民国	600	—	—	—	—	—
红二、六军团军部	茨岩村曹家大屋	民国	520	440	—	—	—	—
红军军干学校	茨岩村小前张家大屋	民国	594	280	—	—	—	—
红二、六军团供给部	苞谷村蒙家大屋	民国	1200	800	—	—	—	—

续表 20-1

旧址名称	地址	修建年份	占地面积平方米	建筑面积平方米	文物级别公布年月	修缮投资万元	修缮年份	修缮项目
红二军团团部	招头寨街上原师兴吾家	民国	520	502	县级文物保护单位 1962	—	—	—
招头寨区苏维埃政府	招头寨街上陈岳生家	民国	256		县级文物保护单位 1962	—	—	—
中共湘鄂川黔省委、省革委、省军区	兴隆街乡新寨坪村蒋家大屋	清末民初	670	480	全国重点文物保护单位 2006.5	—	—	—
省军区特务连	新寨坪村向氏老屋	民国	300	250	—	—	—	—

第二十一篇　城乡建设

1989年10月1日，泸溪县白沙新城破土动工。是年，全州启动第一轮城镇规划修编工作，吉首市政府组织人员修编《吉首市城市总体规划》。1990—1994年，州境八县市完成城镇总体规划修编工作，通过省、州人民政府批准实施。吉首市人民南路等一批建州40周年州庆城市基础设施建设重点项目铺开。1995年，泸溪县白沙新城基本建成，县城开始搬迁。1996—2000年，全州实施市政建设项目47项，其中供水工程10项、道路工程29项、环卫工程7项、燃气工程1项，完成建设投资10.1亿元。

2001年，全州开展第二轮城镇规划修编工作，城镇建设以扩容提质工程为重点，基础设施建设提速。2002年，吉首市乾州新区中心区主干道"一纵四横"道路网基本形成。2005年8月，州委、州政府召开吉首地区城市化暨州庆项目建设动员大会，确定50周年州庆献礼项目50个，其中常吉高速公路州内段、吉茶高速公路、吉首209国道绕城线、吉凤工业园、吉首乾州新区中央商务区、湘西民族职业技术学院、湘西民族文化城等项目为州庆重点工程，总投资120亿元。八县市城区垃圾集中处理场立项建设。全州总人口268.34万人，其中城镇人口76.4万人，城镇化率28.5%。2006年，八县市完成第二轮城镇总体规划修编工作，通过省、州人民政府批准实施。2009年，全州加大城镇化建设力度，八县市污水处理厂先后建成投产，建设总规模为日处理污水18.5万吨。

2010年4月，州委、州政府决定大力推进吉首新型城市化建设，提出建立"以市为主，州为后盾，州市共建共管"的州府城市建设管理新体制，打造四省市边区中心城市。全州城区加快建设步伐，城镇居民人均居住面积达到34.7平方米，新建城镇经济适用房1.05万平方米，廉租房25.15万平方米；完成城镇基础设施建设投资4.81亿元，新增城镇道路面积12.5万平方米，人均道路面积8.2平方米，新增排水管道103.7公里。全州城镇自来水普及率85%，燃气普及率60%。全州城镇化率37%，比"十五"期末提高8.5个百分点。全州农村人均居住面积20.87平方米，比1989年增加4.27平方米。全州有州级以上风景名胜区11个，其中国家级2个、省级6个、州级3个。全州城市公共绿地1311公顷，人均公共绿地面积4.85平方米。全州完成建筑业产值5.2亿元，竣工房屋面积64万平方米，分别比1989年增长6.27倍、1.13倍。

第一章　城市规划

第一节　城市总体规划

1989年，泸溪县城因沅江下游五强溪修建电站搬迁，新城白沙规划编制完成。吉首市城市总体规划开始组织编修，次年编修完成，上报州、省。州内其他6个县城规划编修启动。1991年，吉首市城市总体规划获省人民政府批复，同意实施。1993年，凤凰、花垣、古丈、保靖、永顺、龙山6个县城先后完成第一轮总体规划修编，并由州人民政府审批通过。此次城镇总体规划修编历时五年，投入修编经费63万元。

2001年，全州第二轮城镇总体规划修编启动。其内容有：城市建设目标、城市性质、城市规模、城市总体布局结构、居住用地布局、工业用地布局、仓库用地布局、城市公共设施、城市对外交通、城市道路交通、城市绿地系统、城市给排水工程、城市供电工程、城市电信工程、城市燃气工程、城市环境保护、城市环卫设施、城市近期建设、城市远景设想等。

是年，吉首市和泸溪县城总体规划由湖南省城市规划研究设计院修编；凤凰县城总体规划由中国城市规划设计研究院修编；花垣县城总体规划由省城乡规划学会咨询中心修编；古丈县城总体规划由湖南大学设计院修编。2003年，吉首市总体规划修编进入成果报批阶段；泸溪县城、凤凰县城、花垣县城总体规划修编《人口与用地规模论证报告》通过省建设厅审批；保靖县城总体规划完成修编与报批；古丈县城总体规划修编完成数字化地形图测量和前期准备。2004年，凤凰、花垣、泸溪、古丈、龙山等县城总体规划修编完成，进入成果报批阶段；永顺县城总体规划修编完成城区数字化地形图测绘1.8平方公里，进入修编阶段。2005年，全州8个县（市）投入总体规划修编经费330万元。2006年，全州各县（市）第二轮城市总体规划修编全面完成，《吉首市城市总体规划2003—2020年》通过省人民政府审批，凤凰、花垣、古丈、保靖、龙山和永顺6个县城总体规划，通过州人民政府审批。

2010年，州委、州政府提出：州、市共建共管吉首市城市规划和建设，打造四省市边区中心城市。吉首市、湘西经济开发区启动总体规划修改前期工作，花垣县完成《花垣县城总体规划(2010—2030)》编制，并经花垣县第十五届人大第十七次会议审议通过。保靖县聘请重庆大学规划设计院完成县城总体规划修改，凤凰县城总体规划修改进入成果编制阶段，永顺、龙山两县县城总体规划修改程序启动。泸溪县的《县城扩容区规划》和《白沙、武溪一体化总体规划》编制完成。

第二节 城市详细规划

1989年，永顺等县编制县城小区详细规划。1992年，凤凰县古城保护、泸溪县白沙新县城、永顺县城十字街、吉首市乾州新道路网等详细规划编制相继启动。1994年，全州7个县城和吉首市城区的控制性详细规划编制工作启动。城区控制性详细规划内容有：规划依据、规划原则、规划目标、规划功能与规模、用地布局规划控制、土地使用性质及兼容性控制、色线控制规划、道路交通规划控制、城区设计导则、生态环境保护规划控制、规划实施措施等。

1995年，全州完成城市控制性详细规划600.45公顷，吉首市和7个县城建成区控规覆盖率24.65%。1997年，州建委组织全州详细规划设计竞赛活动，永顺县城环城路南山段、古丈县城红星小区控制性详细规划获奖。1999年，州建委组织的全州详细规划设计竞赛活动，永顺县规划设计院编制的“永顺县城南区控制性详细规划”被州建委评为一等奖，长沙市规划设计院与龙山县规划设计室共同编制的“龙山县沿河风光带控制性详细规划”等7个方案分别获二等奖、鼓励奖。

2005年，全州投入详细规划编制经费583.5万元。吉首市完成乾州东区、南区、老城区、雅溪组团、人民路复线等控制性详细规划；泸溪县完成沅江大道控制性详细规划；花垣县完成城北新区控制性详细规划；永顺县完成南山路控制性详细规划。2006年，吉首市完成旧城区150公顷控制性详细规划、黄莲洞控制性详细规划；泸溪县完成武溪工业园300公顷控制性详细规划；凤凰县完成红旗新区控制性详细规划；古丈县完成城北小区修建性详细规划。是年，全州城市控规覆盖率55%。

2007年，吉首市完成乾州东区控制性详细规划，保靖县完成梅花组团控制详细规划。2008年，吉首市完成老城区控制性详细规划，泸溪县完成杨柳溪三期控制性详细规划、武溪工业园居民安置详细规划，凤凰县完成城北小区、杜田棉寨小区控制性详细规划，保靖县完成金龙湾、金年嘉园居住小区和魏竹路小区等3个修建性详细规划。2010年，全州新编控制性详细规划1233公顷，其中龙山县城果利河周围地块200公顷，永顺县城老城区405.3公顷，保靖县城魏竹新区400公顷，泸溪县城楠木洲28.4公顷，凤凰县城祥凤小区和棉寨小区200公顷。1989—2010年，全州8县市编制城市控制性详细规划、修建性详细规划60个，总面积5763公顷。城市建成区控规覆盖率60%，控规面积占规划区建设用地面积52%。

第三节 城市规划管理

一、规划审批

1989年，全州以城市规划为依据，审批城镇建设项目。1990年，实施《中华人民共和国城市规划法》，州建委制定《湘西州实施城市规划“一书两证”工作程序》，即实施城市规划“选址意见书、用地规划许可证、工程规划许可证”工作程序。1991年，吉首市城市规划由市城市建设管理局管理，泸溪、凤凰、古丈、花垣、保靖、永顺、龙山七县由县建委规划办负责。1995年，州建委修订《湘西州规划管理“一书两证”程序》，全州城市规划管理基本实现规范化。全州从事城镇规划管理工作119人，规划审批项目1407个，核发建设项目“选址意见书”93份，建筑面积74.07万平方米（包括公私房），核发“用地规划许可证”692份、“工程规划许可证”1401份，一书两证核发率100%。

1997年，州人民政府印发《湘西州私房建设规划管理规定》和《湘西州基本建设管理程序暂行规定》。是年，吉首市城建局更名为城市规划局。1999年，州人民政府出台《湘西州城市规划管理行政技术规定》。2002年，全州城市新区开发纳入城市规划管理范围。2004年，全州建立城市规划管理三项制度，即在规划管理过程中引入规划专家审查制度、规划公示制度、规划项目竣工验收制度。在州级审批项目或一些重点项目，推行专家审查制度。当年实施规划技术审查和专家审查项目有：凤凰县江天广场、凤凰县旅游商贸城、凤凰县富源小区、花垣县钟佛山北路商业步行街、湘西职业技术学院新校址、吉凤工业园安置区等11个。2006年，州人民政府印发《关于在招标、拍卖、挂牌出让国有土地使用权中加强城市规划管理的通知》，要求按照控制性详细规划管理土地“招标、拍卖、挂牌出让”。2010年，全州核发建设项目选址意见书25份，建设用地规划许可证705份，建设工程规划许可证1763份，“一书两证”发证率100%。

二、规划实施

1989年，全州规划管理执行规划红线、建筑规划放线制度。1990年，全州宣传贯彻《城市规划法》，州人民政府组织开展吉首市、县城关镇以及农村建制镇规划实施情况检查，吉信镇、王村镇在检查中分别获得97、95分；吉首市接受省检查，在县级市小组中排名第二位。1993年，州、县（市）委和政府把城市规划纳入工作日程，州委常委会会议、州长办公会议两次听取州建委汇报，州委书记石昌禄审批城建会议纪要，州长向世林三次深入州建委指导工作。龙山县城依照规划建设湘鄂路，应搬迁而不搬的“钉子户”，县政府依法予以拆除。1996年，州长办公会议确定建立州规划决策机构，州、县（市）先后成立规划委员会。2000年，龙山县在全州率先成立城市规划执法监察队，有队员8人。在执法过程中，查出局部规划确需更改，由县建委向县政府写出报告，经政府常务会议讨论通过，再提交县人大常委会审批。

2004年，全州开展规划管理年活动，州建设局印发《关于在全州全面实行城市规划及建设项目规划公示制度的通知》《关于进一步规范建设项目修建性详细规划编制的通知》《关于规范全州城乡规划设计市场管理的通知》《关于完善城镇详细规划技术审查制度的通知》，规范城市规划设计市场、城市规划项目总平面图编制、项目审查及规划公示。2006年11月，由州人大城环委、内司委、州政府办城工科、州建设局、州监察局、州规划处相关负责人组成4个检查组，分别检查全州各县（市）规划效能监察工作开展情况，按照《湘西州人大常委会城市规划执法检查工作方案》要求，采取听汇报、查资料、看现场、座谈反馈等形式，全面检查。通过检查，认为全州《城市规划法》和《湖南省实施〈城市规划法〉办法》贯彻执行情况较好。是年，全州核发建设项目选址意见书40份，建设用地规划许可证1110份，建设工程规划许可证1150份。

2009年，贯彻住房和城乡建设部、监察部“关于对房地产开发中违规变更规划、调整容积率问题开展专项治理”电视电话会议精神，州建设局、州监察局联合成立专项治理工作领导小组及办公室，制定《全州房地产开发中违规变更规划、调整容积率问题专项治理工作方案》，全州开展专项治理，是年，全州查处违法违章建设507件，建筑面积2.77万平方米。2010年，由州监察局、州住房和城乡建设局与州国土资源局组成联合检查组，检查全州八县市房地产领域违规变更规划调整容积率问题专项治理工作，开展“回头看”。清理房地产开发项目203个，发现依法按程序调整容积率项目19个，违规调整容积率项目25个，州、县（市）规划部门作出相应处罚与处理项目14个。

第二章　城市建设

第一节　城区建设概况

1989年，全州县市城区道路总长105公里、总面积128.3万平方米；桥梁41座、长度3097米；路灯2180盏，道路照明普及率达80%以上；县市城区自来水厂9家，日生产能力7.3万吨，供水管道119.2公里，年供水量2600.8万吨，水质合格率91.8%。全州8个县（市）有城区下水道58.6公里，日污水排放量9.5万吨。吉首市公共汽车公司营运公共汽车22辆，营运线路4条、长64公里，客运量561万人次。全州8个县（市）城区清扫面积49万平方米、年清运垃圾8.9万吨、年末环卫职工184人。全州城建资金收入1037万元，其中省投资82.5万元，银行贷款450万元，县市城建资金504.5万元。是年10月，泸溪县白沙新城动工建设。1990年，州人民政府批准，从全州各县（市）城市维护建设税总额中集中20%上缴州财政，实行专账管理，调剂使用，重点解决贫困城镇基础设施建设问题。

1995年，吉首市人民南路等一批40年州庆城市基础设施建设重点项目启动。全州城镇累计建成自来水厂16家，简易水厂和人畜饮水工程3138处，日产自来水24.35万吨，城镇供水人口占城镇总人口的75.3%；建成宽3.5米以上城镇道路544公里，新建下水道154.8公里，路灯线路544公里，购置各类环保车59辆，公交车38辆；新建公园、陵园、游乐园7个，面积152公顷；新建液化汽贮配站4个，年供汽量1.13万吨，城镇气化率47.5%。泸溪县白沙新城基本建成，县直单位开始搬迁。至2000年，5年间，吉首市和7个县城完成投资7.35亿元，建成区面积35.02平方公里，占整个建制镇投资的72.7%。新增城镇街道面积147.7万平方米，新增桥梁20座，新增供水能力7.93万吨/日，城镇自来水普及率96.5%。

2001年，全州实施城镇基础设施建设工程61个，完成投资3.15亿元，比上年增长18%。吉首市修通乾州新区主干道，永顺县完成南山路征地20公顷。泸溪重点治理白沙镇域噪声和饮水源污染。是年，白沙镇大气质量达到国家1级标准，被国家爱国卫生运动委员会评为“全国卫生县城”。2002年，吉首市乾州新区主干道“一纵四横”路网基本形成。2005年8月，州委、州政府召开吉首地区城市化暨州庆项目建设动员大会，确定50周年州庆50个献礼项目，其中常吉高速公路州内段、吉茶高速公路、吉首209国道绕城线、吉凤工业园、吉首乾州新区中央商务区、湘西民族职业技术学院等10个项目为州庆重点工程，总投资120亿元。吉首市和7个县城垃圾集中处理场立项建设，其中泸溪、保靖、龙山3个县垃圾处理场建成投产。全州总人口268.65万人，城镇人口76.4万人，城镇化率28.5%。2006年，吉首、凤凰、古丈、花垣、永顺5个县（市）城区垃圾处理厂竣工建成，并投入使用。2009年，吉首市和7个县城污水处理厂先后建成投产，建设总规模为日处理污水18.5万吨，批准项目总投资8.42亿元，实际完成建设投资9.36亿元，全州城市污水处理率61%。

2010年4月9日，州委、州政府召开推进吉首新型城市化州市共建共管动员大会，印发《关于理顺吉首城市规划建设管理体制的意见》，实施州、市共建共管，30个共建重点项目同步推进，共建共管纳入党政领导干部绩效考核范围。7个县城扩容提质，全州集中力量实施水、电、路、桥、气等基础设施建设项目，带动城市建设快速发展。全州完成城镇基础设施建设投资4.81亿元。城市建成区面积57平方公里，比2000年增加62.76%。新建城市经济适用房1.05万平方米，新建城市廉租住房25.15万平方米，新增城镇道路面积12.5万平方米，人均道路面积8.2平方米，新增排水管道103.7公里。全州城市有客运公交车205辆，城市万人拥有公共交通车辆：吉首市7.8标台、县城1.4标台，较1989年分别增加2.8标台、1.4标台。全州8个县（市）城区清扫面积514万平方米、年清运垃圾56.87万吨，与1989年同比分别增长9.5倍、5.4倍。全州城镇自来水普及率85%，燃气普及率60%。城镇化率37%，比2005年提高8个百分点。

一、泸溪县白沙新县城建设

泸溪县白沙新县城，位于原县城武溪镇东南9公里处，距五强溪水电站坝址134公里。沅江绕城而过，为三面环水半岛。1987年，水电部中南勘测设计院完成《泸溪白沙新县城总体规划》编制，城区范围约3平方公里。

1989年10月1日，白沙新县城建设在岩坪村举行开工典礼。1995年春，中共泸溪县委、县人大常委会、县人民政府、县政协等县直机关迁至白沙办公，商店开始营业，车站、码头开始营运，中、小学校开始上课。1997年，县直单位从武溪全部迁入白沙。2001年，白沙新城建成，功能齐全，占地面积1.56平方公里，修建道路11条、23.95公里，桥梁1座、长454.83米；安装路灯472杆盏；新建自来水厂1座、日供水1万吨；公共绿化面积4.38万平方米；白沙沿江新修客运和货运码头各1个。建成房屋1291栋，建筑面积75.68万平方米，其中公房356栋、56.96万平方米；私房935栋，18.72万平方米。与1989年老县城比，办公用房面积为3.2倍；居住用房面积为2.6倍。白沙镇人口2.5万人；商业用房面积7.75万平方米；建成医疗卫生单位5个，病床210张；文化事业单位5个；中、小学校4所。

二、龙山县城建设

1989年，县城改造、新装路灯线路9条，长7.8公里，县城道路照明率80%。修建商业大楼，高5层，营业面积1500平方米。1992年，投资116万元，全面改造县城自来水厂。新铺供水管道（直径300毫米）1.5公里，日供水能力1.5万吨。

1994年，县城华塘新区岳麓大道全面绿化，植绿化小苗69.85万株，灌木1300棵，大树595棵。1995年，建设长沙路，开发西门垅。1997年，投资1506万元兴修第二自来水厂。长沙路铺设直径500毫米水泥供水主管2.4公里。

1998年，修建民族路、接通朝阳街。1999年，延伸长沙路、开发磨盘寨、建设湘鄂路、拓展龙山城，县城街道建设加快。2000年，投资281万元，铺设供水主管11公里，新修泵房1座。县城有供水主干管道38公里，日供水3万吨，年供水量500万吨，供水普及率93%。

2002年1月，动工修建的时代大酒店，即国家旅游涉外三星级宾馆，高23层，时为湘鄂渝边区之冠。5月，修建环城大道，造价1.1亿元，南起十字坪，经汤家沟、丁家桥、土城坝，跨果利河与湘鄂路相接，全长2.95公里。2009年，污水处理厂建设启动。

2010年，经湘西州环保局监测验收，污水处理厂实现达标排放，日排污水量2.5万吨。城区主要路街巷56条，总长37.05公里，道路面积54.6万平方米，硬化率98.9%。城区供水主管网总长70余公里，年供水量680万吨，供水普及率99%。

三、保靖新城建设

2000年，保靖县委、县人大常委会、县人民政府、县政协及部分县直党政机关纳入梅花组团规划，即保靖县新城区，位于老城区迁陵镇东南角，面积3.48平方公里。至2005年，县人民政府采取国家支持、招商引资、单位筹资等办法，先后投入资金8054万元，新建和改建道路22条，车行道总长15.5公里。其中新建魏竹路、环城岳阳路，全长5.15公里。2004年，魏竹路开发区初步建成。12月，中共保靖县委、县人大常委会、县人民政府、县政协等机关入驻新区办公。2010年，完成209国道改线4.66公里，新建酉水河大桥两座，县城形成四横四纵四环路网格局。

第二节 城区道路桥梁建设

一、道路建设

1989年，全州城区道路总长105公里，总面积128.3万平方米。1991年，泸溪县白沙新城主要干道和台地基本成型；吉首市人民南路、永顺县城老城区街道、龙山县城主街道水泥路面等工程在建。1993年，花垣县城赶秋路和永顺县城十字街主体工程完成；古丈县城连城隧道竣工投入使用。是年，全州新增（不含白沙新城）道路长2.8公里，面积2.18万平方米，硬化道路7.8公里，面积6.08万平方米。1995年，泸溪县白沙新城道路系统形成，新建混凝土道路7.78公里、6.71万平方米，碎石路面道路3.68公里、2.69万平方米。是年，龙山县城长沙路、花垣县城衡阳路、吉首市武陵东路拓宽工程,共完成投资9040万元，完成建设用地征用43.56公顷，拆迁房屋3.83万平方米，开挖土石方48.6万立方米，新建碎石路面道路9.1公里、10.9万平方米，硬化道路5.87公里、11.45万平方米。

1996年，泸溪县白沙新城完成市政公用基础设施建设投资834.1万元，完成道路混凝土路面铺装长2.02公里、面积2.01万平方米，泥结石路面1540平方米，人行道板铺装2.2万平方米。省辖长沙、湘潭等市对口扶贫援建的龙山县城“长沙路”、永顺县城“湘潭路”、泸溪县城“株洲路”、花垣县“衡阳路”等5个城市道路工程项目，完成建设投资3695万元。1998年，吉首市西环路、1828线城区段与花垣县城南区、保靖县城魏竹区、永顺县城南山区和龙山县城西区开发建设启动，全州新建竣工城区道路4.79公里、面积11.44万平方米，硬化道路6.55公里、面积4.34万平方米。1999年，全州城市道路工程完成投资5708.4万元，新增城市街道6.89公里、面积12.4万平方米。是年，吉首市道路工程和龙山县民族路建设工程国家财政专项投资5000万元。吉首市西环路通过质量验收。

2000年，吉首市和龙山、永顺、保靖、花垣4个县城区道路骨架相继拉通。吉首市乾州新区府南路工程开工，完成工程量2000万元。龙山民族路磨盘寨二期工程建设投资9900万元，开挖土石方24.7万立方米，完成长2.5公里、宽34米的主干道4条。永顺县完成原有道路硬化1.37公里，南山路完成6.66公顷用地拆迁征地，完成土石方6.9万立方米，第一标段0.8公里路基建成。保靖县魏竹路一期工程累计完成投资1600万元，工程第一标段2.46公里路面基本拉通，完成土石方37.47万立方米。花垣县城城南新区投入2100万元，贯通衡阳路2.4公里。2001年，吉首市乾州新区世纪大道、府南路、府北路和朝阳西路等4条主干道全部拉通，总长4.27公里。龙山县城民族路拓展工程，竣工交付使用，工程用地4平方公里，基础设施建设工程投资1.44亿元，实际完成1.27亿元。花垣县城南区完成四方井路1.96公里路面硬化，城北新区拓展工程全面启动。保靖县旧城改造硬化街道3.64公里。永顺县城南山新区完成主干道路基1.4公里；古丈县城红星新区0.86公里干道工程建设启动；凤凰古城区改造石板路3.5公里，完成从文衙古街、正街、文星街、登瀛街、老菜街、十字街等保护性维修工程。2002年，吉首市乾州新区中心区主干道路网基本形成、南区路网工程完成70%，国道209线西口道路1.7公里拓宽改造工程竣工，人民北路改造工程全面完成。永顺县修通县城南山路3.82公里路基工程，完成国道209县城河西段2.8公里路面硬化。龙山县城投资2.39亿元，启动出入境环线工程。保靖县城魏竹新区魏竹路一期工程全线拉通，完成城北、南街道硬化2.5公里。古丈县城旧城道路改造获国家投资2000万元，年底完成投资1400万元。凤凰县城完成南华路道路改造，古城区2000平方米道路维修工程，完成投资4860万元。泸溪县城建设南路延伸工程完成投资500万元。

2003年，吉首市乾州新区道路工程完成人民南路四期、209国道拓宽改线、水厂路、燕子路、建新东路，乾州大道、府正路全线开工，年度完成投资1.15亿元。花垣县城建设路改造完成投资2098万元，城南209国道绕城环线建成，花烽路完成路基和下水道工程60%。古丈县城完成道路改造3.86公里、完成投资2200万元。保靖县城魏竹新区道路工程完成投资3000万元。2005年，吉凤工业园道路工程完成投资1.32亿元，乾州新区道路工程完成投资3700万元。凤凰县城城北大道工程完成投资3500万元，沱江大道工程完成投资1200万元。古丈县城竹溪湾道路工程完成投资510万元。花垣县城城北新区道路工程完成投资700万元。龙山县城环城路工程完成投资3000万元。2007年1月，龙山县城岳麓大道竣工通车。路长3234米，宽36米，投资额1亿元。2010年，全州新建、扩建城区道路11.8公里，改造道路241.53公里，投资9660万元。是年，全州城区道路总长409.1公里、总面积622.8万平方米，人行道面积167.9万平方米。城区道路比1989年增长3倍，总面积增长3.85倍。

二、桥梁建设

1989年，吉首市建成西门岗人行桥、乾州进站桥；全州城区有桥梁41座、长3097米。1991年，吉首市吉首大桥扩改竣工，花垣县城新区大桥建成。1993年，泸溪老县城五里洲大桥、花垣县城双龙潭大桥建成。1995年，吉首市电力桥、液化气专线桥，花垣县城钟佛山大桥、古丈县连城大桥竣工使用。

1996年，吉首市向阳人行桥、石家冲大桥建成；凤凰县城大坡脑单跨石拱桥、古丈县城法院大桥、“古常友谊桥”建成；永顺县城小西门大桥扩改，龙山县城南门二桥竣工投入使用。1997年，吉首市团结路人行天桥、人民南路小溪桥、省405地质队跨线桥、泸溪县武溪镇峒河大桥、永顺县城校场街小河桥相继建成。1998年，凤凰县城凤凰路两跨石拱桥、花垣县城四方井大桥、永顺县城猛洞河路北门河桥竣工使用。1999年，龙山县城瓦拱桥建成交付使用；吉首市光明大桥开工建设，预算投资1200万元。

2000年，吉首市武陵山人行立交桥、溶江细溪桥、花垣县城犀牛潭大桥、保靖县城岳阳大桥竣工交付使用。2001年，吉首市光明大桥竣工通车。2003年，吉首市污水处理厂地道桥、峒河大桥改建、花垣县城边城公园一桥、保靖县城建新路高架桥、永顺县城新华桥竣工投入使用；吉首市乾城大桥开工，当年完成投资1500万元。2004年，吉首市乾城大桥、乾州府北桥、溶江大桥、公路跨铁路立交桥建成；凤凰县凤凰大桥开工建设。

2005年，吉首市精诚大桥、永顺县城金龙桥建成交付使用，凤凰县城二桥工程完成投资814万元，龙山县城长沙大桥工程完成投资500万元。2006年，花垣县城边城公园二桥建成。12月，凤凰大桥竣工通车。该桥建设投资2218万元，箱肋拱预应力钢筋混凝土结构，混凝土路面，长237.3米，宽15米。2008年，永顺县城顾家桥建成。2009年9月，吉首市东环路峒河大桥动工兴建。2010年，全州城区桥梁91座，较1989年增加50座。其中跨河桥84座、长度4747.35米，立交桥5座、长度355.56米，人行天桥2座、长度181.5米。

第三节　市政建设

一、照明

1989年，全州城区街道路灯线路长97公里，有路灯2180盏，城区道路照明普及率80%。1995年，泸溪县白沙新城架设路灯线路3.6公里、路灯45盏。1997年，吉首市实施湘西自治州成立40周年城区亮化工程，人民南路、武陵东路、团结路等路段照明设施配套更新。全州城市新建、更新路灯线路11.7公里、路灯730盏，高杆灯5基。

1999年，全州城区路灯建设投资647万元，吉首人民北路路灯改造投资300万元、改造路灯157盏，西环路灯建设完成投资18万元、新增路灯34盏；永顺县城路灯建设投资120万元，新增路灯397盏；古丈县城路灯建设完成投资53万元，更新改造路灯257盏；泸溪县城路灯建设投资120万元，新增路灯90盏；龙山县城路灯建设投资36万元，新装路灯90盏。2003年，古丈县城扩容提质，新装路灯182盏。2010年，国家为吉首、凤凰两县（市）各投资金1000万元，实施城区亮化工程。全州城区新建、改造道路照明线路62.3公里，更换灯具4541盏，投资1390万元。是年，全州城区道路照明线路361公里、灯具14056盏，较1989年增长2.72倍、6.44倍。

二、供水

1989年，全州8个县（市）城区有自来水厂9座，日生产能力7.3万吨；供水管网119.2公里，年供水量2600.8万吨；水质合格率91.8%。1992年，吉首市第三水厂竣工投产。1993年，永顺县城水厂改造工程竣工并投入试运行；保靖、龙山两个县城水厂引水扩容工程投产。

1996年，吉首市乾州钟家寨水厂与老城区狮子庵水厂供水主管连通并网，泸溪县城水厂铺设直径200毫米供水管2.1公里。1998年，龙山县城二水厂竣工投入使用，古丈县城水厂高位水池竣工投产。2000年，吉首市狮子庵水厂（3万吨/日）扩建工程竣工投产，保靖县城二水厂两口地下取水（5000吨/日）深井工程竣工。2001年，花垣县城3万吨/日水厂扩建工程竣工投产。2002年，保靖县城水厂白岩洞引水工程建成投入使用。2003年，泸溪县白沙新县城与武溪镇供水管道连通并网。

2010年，全州8个县（市）城区有自来水厂15座，日生产能力28.4万吨，供水管网823.27公里，年供水5400万吨。日生产能力、管网长度、年供水量分别较1989年增长2.9、5.9、1.1倍。

三、排水

1989年，全州8个县（市）城区有下水道58.6公里，日污水排放量9.5万吨。1990—1995年，全州8个县（市）城区新建下水道121.4公里，日污水排放量11.63万吨。1996年，泸溪县白沙新县城新建直径300～1200毫米下水道1.93公里。1999年，吉首市新建排水管网1.69公里，龙山县城新建排水管网5公里，花垣县城投资54.4万元新修下水道1.7公里。2000年，花垣县城新建四方井路排水管2.09公里。2001年，国家专项投资5650万元建设县（市）污水处理厂，其中吉首市污水处理厂4000万元，凤凰县城污水处理厂1650万元。2003—2004年，古丈县城铺设老城区排水管网3.2公里。2005—2009年，吉首市乾州新区铺设主次排水干管41.7公里，吉首市老城区铺设主次排水干管18.21公里。古丈县城铺设主次排水干管15.7公里；保靖县城铺设主次排水干管37.29公里。

2010年，泸溪县城铺设主次排水干管31.2公里；花垣县城铺设主次排水干管14.3公里；龙山县城铺设主次排水干管60.75公里；永顺县铺设主次排水干管47公里。全州8个县（市）城区排水管网总长545公里，较1989年增长8.29倍。全州城市污水处理率61%。

2010年湘西州城市污水排放与污水处理工程一览表

表21-1

城市名称	年污水排放量（万吨）	排水管道（公里）		污水处理厂			总投资额（万元）	
		合计	其中污水管道	座数（座）	日处理能力（吨/日）	建成时间	合计	其中建厂投资
吉首乾州	1278	252	65	1	3.0	2008.12	20967	9273
吉首老城	—	—	—	1	4.0	2009.12	13871	6800
泸溪县城	562	35	11	1	1.0	2010.7	8258	2986

续表 21-1

城市名称	年污水排放量（万吨）	排水管道(公里)		污水处理厂			总投资额(万元)	
		合计	其中污水管道	座数（座）	日处理能力（吨 / 日）	建成时间	合计	其中建厂投资
凤凰县城	600	28	21	1	2.0	2005.10	7910	2300
花垣县城	410	54	26	1	2.0	2010.6	7993	3193
保靖县城	386	20	20	1	1.0	2009.12	7580	3400
古丈县城	200	27	27	1	1.0	2009.12	7107	3722
永顺县城	1420	60	47	1	2.0	2010.9	9231	3937
龙山县城	517	57	57	1	2.5	2010.6	10742	2942
合 计	5373	533	274	9	18.5	—	93659	38603

四、环境卫生

街道清扫 1989 年，全州 8 个县（市）城区清扫面积 49 万平方米，清运垃圾 8.9 万吨，年末环卫职工 184 人。是年，全州各县（市）环卫机构设置得到统一，环卫职工全部由集体工转为全民工。1995 年，全州 8 个县（市）城区清扫面积 74.3 万平方米，清运垃圾 13.4 万吨，年末环卫职工 457 人。2010 年，全州 8 个县（市）城区清扫面积 514 万平方米，清运垃圾 56.87 万吨，与 1989 年同比分别增长 9.5 倍、5.4 倍。

垃圾处理与公厕　1989 年，全州 8 个县（市）城区有垃圾清运车 29 辆，定点处理生活垃圾。1995 年，全州 8 个县（市）城区有公共厕所 28 座，垃圾箱（桶）560 个，环卫机械 44 台，简易垃圾场 9 处，面积 108.33 公顷，年销纳垃圾 18.78 万吨。2002 年，吉首市动工新建台儿冲城市生活垃圾卫生填埋场，建设规模为日处理生活垃圾 300 吨，项目投资 1.39 亿元。完成征地 45.33 公顷、拆迁安置 2200 平方米，进场道路 5.88 公里、场内道路 1.2 公里。修建垃圾坝、污水坝、调蓄池、垃圾防渗处理和垃圾收集中转站，垃圾收集机械设备 2 套。2005—2009 年，各县城区生活垃圾无害化处理场建设启动。2010 年，全州 8 个县（市）城区有公共厕所 126 座，环卫机械 89 台。8 个县（市）城区生活垃圾无害化处理场先后竣工投入使用，完成建设投资 3.84 亿元。生活垃圾日处理 920 吨，全州城市生活垃圾无害化处理率 83.1%。

五、城市公交

1989 年，吉首市公共汽车公司营运公共汽车 22 辆，营运线路 4 条、长 64 公里，客运量 561 万人次。1993 年，吉首市新购置城市客运中巴公交车 10 辆，年末实有社会出租大小机动车辆 451 台。1995 年，吉首市城区有运营线路 5 条，线路长度 71 公里，有公共汽车 36 辆、客运总量 147.6 万人次；有个体中巴车 55 辆，客运总量 182 万人次；出租车 16 辆，电动三轮车 500 辆。1995 年，吉首市公共汽车公司新购城市客运大巴公交车 16 辆，万人拥有公共交通车辆 7 标台。1997 年，吉首市公共汽车公司新购城市客运公交车 18 辆（中巴 10 辆、大巴 8 辆），万人拥公共交通车辆 7.5 标台。1998 年，吉首市公共汽车公司新购城市客运公交车（中巴）5 辆，万人拥有公共交通车辆 7.9 标台。2000 年，全州城市万人拥有公共交通车辆，吉首市为 5.52 标台，7 个县城为 0.76 标台。2002 年，吉首市乾州新区硬化停车场 3060 平方米。2003—2007 年，全州城市公交设施建设完成投资 492 万元。2008 年，全州城市公交设施建设完成投资 800 万元。2010 年，全州城市有公共汽车

205辆，其中吉首市145辆，凤凰、花垣、保靖、古丈和永顺5个县60辆；有出租车1445辆，其中吉首市683辆，其他7个县762辆。城市万人拥有公共交通车辆：吉首市为7.8标台、县城为1.4标台，较1989年分别增加2.8标台、1.4标台。

第四节　城区绿化

一、公园建设

1989年，凤凰县兴建南华山森林公园。全州有公园6个，面积62.6公顷。1996年，吉首市镇溪公园建设完成前期准备。2000年，龙山县城“龙烟花公园”建成开放。2003年，龙山县投资220万元启动建设皇仓坪公园。2004年，全州有城市公园9个，公园绿地面积40.64公顷，规划城市公园25个，规划面积1508.82公顷。2006年，全州新建城市公园（含郊野公园）9个，其中吉首市政府大楼10.09公顷生态园建成开放；凤凰县0.7公顷笔架山公园建成开放；花垣县23.33公顷边城公园建成开放；保靖县0.3公顷西溪公园建成开放；永顺县4.14公顷五里铺森林公园建成开放；龙山县6.9公顷河滨公园建成开放；泸溪县盘瓠公园动工兴建；古丈县规划建设五里坡和三巴枯两个环城公园，并投入11万元建设游道。2010年，吉首市投资100万元，提质改造峒河游园，绿化面积3000平方米。是年，全州有城市公园17个、面积257公顷。

二、园林式单位创建

1989年，全州城市党政机关、企事业单位开展庭院绿化、争创文明卫生单位活动。吉首城区有17个单位投入创建活动，绿化面积22.6公顷。1997年，省、州人民政府部署开展城市“园林式单位”创建活动，吉首城区有11个单位被评为省“园林式单位”。1999年，全州庭院绿化植树2万多株，植草皮3万多平方米，种花5万多株，有79个单位开展“园林式单位”建设。创建县级“园林式单位”83个、州级“园林式单位”38个，省级“园林式单位”17个。2000年，全州68家单位开展创建省州“园林式单位”活动，其中18个单位获“州级园林式单位”，31个单位获“省级园林式单位”。

2005年，全州创建园林单位28家，经省建设厅批准，州政府机关、泸溪县老干局、保靖县“四大家”办公中心、龙山县电力总公司等10家单位，为“省级园林式单位”；龙山县人口和计划生育局、永顺县人民医院、保靖县电信公司、凤凰县公安局、州中级人民法院、吉首市第四中学、湘泉制药有限责任公司等12家为“州级园林式单位”。同时复查验收原创建挂牌的省级“园林式单位”。其中有花垣县东方锰业机械包装公司、永顺县纺织厂、永顺县卫生材料有限公司、龙山县乌龙山酒厂4个单位未能保持标准，其“州级园林式单位”予以摘牌。2008年，吉首市政府庭院绿化工程获湖南省园林绿化工程质量“潇湘杯”奖；龙山县人武部、泸溪县建设局等20家单位被评为“州级园林式单位”；泸溪县人武部和泸溪县第一中学两家单位经省建设厅批准为“省级园林式单位”。2010年，全州创建省“园林式单位”69个，州级“园林式单位”150个。

三、公共绿地建设

1989年，全州城市园林绿地面积19公顷，人均公共绿地面积4.5平方米。1993年，全州城市新建公共绿地5000平方米，泸溪县白沙新县城植树2450株。1995年，吉首市改造峒河桥头三角绿地。是年，全州8个县（市）城区园林绿地面积1233.6公顷，其中公共绿地151.7公顷、单位附属绿地228.8公顷、居住区绿地107.6公顷、生产绿地38.3公顷、防护绿地177.7公顷、风景林地589.6公顷。1996年，按照州委、州政府关于“春有花，夏有荫，秋有果，冬有青”的要求，全州城镇植树20万株、种草0.14公顷，种花15.6万盆，新增园林绿地16公顷，人均绿地面积5.45平方米。

2000年，龙山县城建成“世纪广场”，占地3.13公顷。吉首市团结广场建成开放。2003年，吉首市投资600万元，建设峒河沿岸风光带2.2公顷，改造团结路、武陵路、西环路、人民南路、道路绿化带1.75公顷；凤凰县投资230万元，新建城南休闲绿化广场 0.22 公顷；龙山县投资 220 万元培育名优观赏树种、建设城市绿化苗圃；古丈县城在旧城改造中栽植行道树 560 株，建设公共绿地 0.15 公顷；花垣县投资 60 万元绿化建设路，栽植行道树 1285 株、建道路绿化带 0.15 公顷，新建城市园林绿化花圃 0.89 公顷；保靖县投资 160 万元，在县城入城口建设休闲绿化广场 0.7 公顷；永顺县投资 48 万元，在县城新建三角休闲绿化广场 0.2 公顷、连洞河防洪堤绿化带 0.14 公顷、环城绿化带 100 公顷；泸溪县投入 123 万元，新建县城沅江防洪堤休闲绿化带 0.8 公顷，并补植朝阳路、人民路行道树。2004 年，《吉首市城市绿地系统规划》出台并付诸实施，同时筹资 420 万元，新建西口绿化休闲广场 1.2 公顷、小溪桥绿化广场 1.6 公顷。2005 年吉首市建成市政府大楼绿地 10.67 公顷、州地税局大院 1.22 公顷、吉首监狱区 0.91 公顷、教师花园 1.47 公顷。2006 年全州投入城镇公共绿地建设 1923 万元，新增公共绿地面积 55.21 公顷，人均公共绿地面积达到 6.62 平方米。

2010 年，全州投入资金 1163 万元，增植和维护行道树。凤凰沱江风光带绿化树木更新、升级工程启动，购植垂柳、旱柳 150 株，碧桃、樱花等名贵树种 100 株，改造竹丛 50 处。是年全州城市公共绿地面积 1311 公顷，人均公共绿地面积 4.85 平方米，城区绿化覆盖率 23.01%，绿地率 16.24%。

第三章　村镇建设

第一节　村镇规划

一、建制镇规划

1989 年，全州完成建制镇规划图纸和文件资料立卷归档工作。1993 年，全州完成国道、省道沿线 16 个建制镇规划修编。1995 年，全州 8 县（市）投入资金 100 万元，完成 26 个建制镇规划修编，占全州 45 个建制镇 57.8%。1997 年，州政府作出《关于加快发展小城镇若干问题的决定》，州财政每年按总人口人均 0.1 元，标准确定“村镇建设规划事业费”年度预算，专项用于村镇建设规划补助。2001 年，全州 46 个建制镇（不含城关镇）首轮总体规划修编结束。2003 年，里耶镇通过招标方式，确定中国城市规划设计研究院编制里耶镇古遗址保护规划。2004 年，里耶镇历史文化名镇保护规划通过省人民政府审批，并报建设部审查。2006 年，龙山县完成里耶历史文化街区修建性详细规划，永顺县完成王村古镇保护规划。

2007 年，全州建制镇总体规划进入第二轮修编阶段。是年，泸溪县潭溪镇、洗溪镇、兴隆场镇、合水镇、浦市镇、武溪镇、达岚镇，凤凰县山江镇、木江坪镇、吉信镇、阿拉营镇，花垣县龙潭镇、团结镇，保靖县毛沟镇、普戎镇、复兴镇，古丈县默戎镇、双溪乡，永顺县石堤镇、塔卧镇、万坪镇、芙蓉镇，龙山县召市镇、洗车河镇、苗儿滩镇、茨岩塘镇、石牌镇、靛房镇、红岩溪镇、桂塘镇等 30 个重点小城镇，完成总体规划修编。龙山里耶镇天丘安置区、历史文化街区、麦茶安置区等详细规划编制完成。2009 年，花垣县编制《边城镇省级历史文化名镇保护规划》。是年，全州 100 个重点建设小城镇总体规划修编全部完成，实现预期目标。2010 年，泸溪县编制《浦市历史文化名镇保护规划》。

二、乡集镇规划

1993 年，全州 174 个乡集镇首轮总体规划修编启动。2001 年，修编结束。2003 年，全州开始修编第二轮乡集镇总体规划。2006 年，部分乡（镇）行政区划调整，州人民政府确定重点建设乡集镇 35 个，并重新编制总体规划，2009 年，规划编制完成。2010 年，保靖县编制阳朝乡总体规划，花垣县编制长乐、两河、雅酉 3 个乡总体规划。全州完成乡集镇总体规划 90 个。

三、村庄规划

1989年，全州完成村庄建设规划6262个。1998年，完成2个小康示范村详细规划设计。1999年，永顺县完成张（家界）罗（依溪）公路沿线7个移民新村建设详细规划。2000年，吉首市完成德夯村修建性详细规划。2005年，永顺县完成颗砂村州级历史文化名村保护规划，古丈县老司岩村州级历史文化名村保护规划。

2006年，全州社会主义新农村建设村庄布局规划及44个村庄建设规划编制启动。是年，完成吉首市社塘坡乡西门口村（省级试点村）、泸溪县洗溪镇李岩村和龙山县半寨、红岩寺、长春村村庄整治规划，完成花垣县花垣镇龙洞村总体规划。2007年，吉首市完成寨阳村、西门口村、龙午村村庄建设规划，古丈县完成红石林镇张家坡村村庄整治规划，花垣县完成100个村庄整治规划。

2008年，完成吉首市隘口村，凤凰县拉毫村、舒家塘村和黄毛村，古丈县老司岩村，永顺县颗砂村，龙山县长春村、街上村等8个州级历史文化名村保护与整治规划。2010年，古丈县完成张家坡、老司岩、岩排溪3个特色民居保护规划，保靖县完成夯沙乡梯子村保护规划，泸溪县启动达岚镇岩门古堡寨和白羊溪乡云上村2个历史文化名村规划修改。

第二节　集镇建设

一、路桥

1989年，州委、州政府组织工作队开展农村扶贫，筹集资金、水泥或沥青硬化所在乡镇街道。1991年，全州30个扶贫点乡（镇）新建道路42条，长35公里，面积2.1万平方米。1995年，全州集镇道路发展到3599公里，其中干线公路738公里、县级公路1290公里、乡镇公路1517公里。12月龙山县里耶大桥奠基兴建。1997年7月1日，里耶大桥竣工通车。是年，里耶镇投资120万元，建成长0.23公里、宽10米的后坪路和长0.16公里、宽7.5米的亚龙路；花垣县茶洞镇投资160万元，建成长0.48公里、宽8米的沿河大道；永顺县石堤镇投资120.98万元，实施5万平方米民营经济小区基础设施建设，建成长0.58公里、宽50米的韶山街，硬化道路1040平方米；凤凰县阿拉营镇投资120万元，建街道1.5公里；王村镇投资92万元，建成一条长0.25公里、宽50米的商业街，同时建小街0.2公里、排水沟0.21公里，硬化道路2.2万平方米；泸溪县浦市镇投资280万元，实施南新街移民新区基础设施配套工程项目。2000年，花垣县茶洞镇新建沿河大道路基1公里，茶洞商贸大街破土动工；龙山县里耶镇硬化街道6000平方米，打通张青路、中心街；永顺县王村镇整修古石板街1.5公里；凤凰县阿拉营镇至大兴机场道路一期工程竣工。

2002年，吉首市马颈坳镇完成镇区1.7公里道路硬化。河溪镇投入50万元完成国道改造硬化；龙山县隆头镇迁建工程进入建设阶段，里耶镇建成文昌路和长青路，长0.64公里、宽28米、总投资285万元。2003年，保靖县改造硬化乡镇道路1100平方米；古丈县建设罗依溪镇栖凤大道16公里，完成投资1150万元；永顺县王村镇经济开发区建设启动，投资800万元，拉通湘潭大道0.8公里。2005年，龙山县里耶古镇街区修复、道路建设工程完成投资900万元，花垣县边城镇隘门口村及老街道改造完成投资1300万元，永顺县王村镇经济开发区路网工程建设完成投资500万元，古丈县罗依溪栖凤大道建设完成投资1200万元。2007年，州人民政府印发《关于开展小城镇建设竞赛活动的通知》，计划3年内建设100个县城以下重点小城镇基础设施。12月，全州有26个小城镇道路工程破土动工，完成投资5299万元，比州人民政府下达的目标管理投资2000万元，超过3299万元。2010年，全州乡（镇）集镇区道路总长324.54公里，其中建制镇209.79公里，乡集镇114.75公里；桥梁232座，其中建制镇148座，乡集镇84座；道路总面积182.85万平方米，其中建制镇126.44万平方米，乡集镇56.41万平方米。

二、照明

1989年，全州173个乡集镇实现用电照明，占集镇总数99.4%。1995年，全州174个乡集镇均实现用电照明。1997年，王村镇安装路灯20盏。2001年，吉首市双塘镇安装路灯。2002年，吉首市投入300多万元，建成河溪、丹青两镇变电站。2003—2009年，全州8个县（市）实施农村电网改造，各乡（镇）集镇区和村庄照明供电线路得到维护与更新。2010年，全州8个县（市）供电电网均纳入国家电网营运和管理，乡（镇）政府驻地照明用电得到保障。

三、供水

1989年，永顺县王村镇自来水厂动工兴建。1990年，泸溪县兴隆场、浦市、吉首市河溪、花垣县茶洞、凤凰县阿拉营等镇自来水厂动工兴建。2000年，全州54个建制镇，自来水普及率8%，2005年，全州62个建制镇中，先后有河溪、浦市、王村、里耶、茶洞、阿拉营、罗依溪、清水坪、红岩溪、龙寨、隆头、吉信等12个建制镇兴建自来水厂，建净化设施13套，日产水11万吨。2010年，马颈坳、洗溪、潭溪、兴隆场、廖家桥、山江、董马库、龙潭、麻栗场、复兴、葫芦、默戎、塔卧、石堤、青天坪、茨岩塘、召市、苗儿滩等50个建制镇和90个乡集镇，采用打井取水或建引水设施实现集中供水。

四、排水

1989年，州内建制镇、乡集镇开始建设镇区排水管道或沟渠。1997年，永顺县石堤镇投资121万元，建成防洪堤0.55公里、整修下水道0.12公里，凤凰县阿拉营镇投资65万元，建成排水管网3公里，永顺县王村镇新建排水沟0.21公里。泸溪县浦市镇投资6700万元，建成防洪堤2.85公里、排水管网3.2公里。2001年，花垣县茶洞镇新建沿河防洪堤，龙山县里耶镇完成建设路排水管道建设，苗儿滩镇完成兴苗路、利民路和民建路排水管建设。2010年，全州乡（镇）政府所在地集镇有排水管道和沟渠88.72公里，其中建制镇67.91公里、乡集镇20.81公里。

五、垃圾处理

1989年，州内乡镇开始建简易垃圾堆放场。2010年，先后有浦市、王村、里耶、茶洞、阿拉营、石堤等121个乡（镇）建立简易垃圾堆放场，占全州乡（镇）的75%。是年12月，龙山县里耶古镇垃圾卫生填埋场破土动工，场地位于镇区北部岩冲村，建设规模为日处理生活垃圾30吨，项目总投资2996万元，到位资金1330万元，其中国家投资830万元，国家农业开发银行贷款500万元。

六、公用事业

1989年，全州乡镇有影剧院270个，卫生院317所，中学212所，小学283所，托儿所171所。1997年，里耶镇引资381万元，建设农副产品交易市场，占地面积9200平方米。同时，投资3.8万元，发展电信用户。阿拉营镇投资120万元，建设边贸市场，占地4000平方米。2000年，茶洞镇商贸大街和茶洞农贸市场破土动工，里耶镇新建占地1.46公顷的农副产品交易市场，占地1.46万平方米。2003年，里耶秦简古井实施简易保护，建筑面积1.1万平方米，建设投资5020万元。里耶小学搬迁工程全面启动，当年投资1300万元，教学楼、宿舍楼相继建成使用。2005年，边城镇建设翠翠岛。2007年，里耶镇兴建“土家摆手堂”，摆手堂建筑长21米、宽11米、高13.9米。2010年10月1日，里耶秦简博物馆建成，博物馆占地3.6万平方米，建筑面积7200平方米，总投资9800万元。

第三节　村庄建设

一、道路

1989年，全州乡村有道路2924.9公里。其中，沥青路面1233.5公里，泥结石路面1691.4公里；2564个建制村，通公路村2394个，占村总数93.4%。2005年茶洞镇隘门口村及老街道改造工程完成投资1300万元。2010年，全州1894个建制村通公路，路长889.5公里，其中路面硬化263.48公里。

二、照明

1989年，州境2564个建制村，有2140个村通电，占建制村总数83.46%。1995—2005年，国家实施农村电网改造，农村电网覆盖面扩大，供电质量提高。2010年，全州1970个建制村，通电1894个村，占建制村总数的96.14%。

三、饮水

1989年，全州利用以工代赈资金，解决贫困村寨人畜饮水问题。1995年，全州新建村庄供水设施396处，受益村庄增至654个，新增受益人口19.7万人。1997年，州人民政府作出《关于治理峒河污染解决沿河两岸人畜饮水问题的决定》，州建委具体组织实施。是年10月，工程破土动工；2001年12月竣工。工程上起吉首市河溪镇阿娜村，下至泸溪县上堡乡车站村，沿峒河70公里，建成拦溪坝9处、掘深井10口、高位水池27个，铺设供水管126公里，供水能力9310吨/日，实际完成总投资650万元，村民投工投劳18588个，解决峒河下游20个村、3个镇区、4个居委会、69个村民小组5942户25874人饮水问题。2010年，全州373个村50342户25.6万村民饮水困难得到解决。

四、农房

1989年，州境农村建房多为砖木结构，零星分散。1995年，全州农村有21866户建房，占全州农村总户数7.45%；房屋建筑面积231.2万平方米，其中混合结构69.8万平方米，砖木结构151.99万平方米，木质结构9.4万平方米。1998年，全州村镇建设住房56.36万平方米，投资14870万元，其中村庄人均居住面积11.22平方米。1999年，全州农村住房建设加快。2010年，全州村庄建房5714栋，投资41891万元，建筑面积78.9万平方米，其中混合结构70.5万平方米。是年，全州农村住房建筑面积3825.12万平方米，其中混合结构1121.28万平方米。人均住房建筑面积20.87平方米，较1989年增加4.27平方米。

五、小康村与新农村建设选介

（一）马鞍村

马鞍村小康示范村位于吉首市东部河溪镇境内，距吉首市中心7公里。1996年，马鞍村被市政府定为小康示范村。全村5个自然寨、183户765人，土地面积4.2平方公里，耕地51.9公顷，其中水田31.6公顷；开发椪柑49.8公顷，椪柑产量575吨，收入60万元。2005年，全村190户820人,耕地56.5公顷，其中水田30.1公顷；种植椪柑55.2公顷，椪柑产量689吨，收入82万元；全村总产值132万元，人均纯收入1699元，人均住房面积28平方米。自来水入户112户、电话机64部、有线电视入户160户、用卫星接收电视节目21户，村通公路水泥混凝土硬化。

2008年，全村劳务输出163人，建筑施工队4支，有各种专业技术人员55人。建村部办公楼200平方米、物业管理站40平方米、休闲广场2000平方米、农业科教培训基地1000平方米，沼气池100口。推广生态施肥100公顷，秸秆还田33.3公顷。安装频振式杀虫灯10盏，修建有机废弃物堆沤池3口、农业投入废弃物收集池10口、垃圾收集池2口、养殖污水处理系统2处、厌氧净化池10口、生态塘1口、化粪池30口、植物土壤处理池30口、花坛120平方米、围墙250米、排水沟1250米，道路硬化0.82公里，设置垃圾桶300个，有垃圾清运车1辆、有机垃圾净化造气炉10台，庭院硬化15户，改造厨房12户，改造厕所10户，改造饮用水设施25户，改造猪栏、牛栏10户，被市人民政府列为乡村清洁工程建设示范村，有核心示范户60户。

2010年，全村5个自然寨、7个村民小组，190户843人。耕地59公顷，其中水田32.6公顷。累计开发椪柑、南丰蜜橘、脐橙等优质水果112公顷，水果产量1500吨，产值120万元；推广“瓜—稻—菜”连作，种蔬菜6.67公顷，产值15万多元；种西瓜、香瓜14.67公顷，产值120万元。2户生态养猪户养猪100头。劳务输出246人，收入360万元。全村人均纯收入6000元。完成村级公路硬化4.2公里，修通户间道4.5公里、生产道2.5公里，改造明渠道1.3公里、暗渠道0.4公里。修建大寨污水处理池及一组、五组分类垃圾池各1个，户户配套垃圾桶；修建排放无污染养猪场；在公路和小溪旁植树2500株；修建溪坝2座。投资80多万元，架设光纤设备，在全州率先实现光纤进村入户，实现“生产发展，生活宽裕，乡风文明，村容整洁，管理民主”目标。

（二）拐代村

拐代村，花垣县新农村示范建设村。成立由

县主要领导亲自挂帅，各相关职能单位策划协调，建设局组织实施的建设试点工程指挥部。指挥部经过策划和论证，制定一套符合实际、切实可行的规划和施工方案。在总体规划设计方面：指挥部以经济、适用、美观为指导思想，尊重原有地形地貌，设计单体建筑依山而建，傍水而立，沿路而排，使整个新村建筑排列层峦叠嶂，错落有致，降低土石方量，节约成本，使整个新村具有山区建筑特色。在交通组织方面：指挥部以原有村道为主干道，适当拓宽，修缮。设计支道与主干道相互穿插，互相联通。在园林绿化方面：以建设绿色新农村为主题，突出“人与自然和谐共处”，在节约用地和不影响其使用功能的前提下，布置绿化用地，沿村内小溪设计沿河风光带，以山、水、桥、廊、亭相互结合，营造可游、可居、可休闲的优雅环境。在建筑单体设计方面：以适用为原则，在满足居住功能的前提下，以青砖、青瓦为饰面材质，并结合苗族建筑风格元素，采用木质吊柱，翘檐的装饰设计，为建筑注入民族特色。在施工组织方面：工程主要技术经济指标用地约 6.66 公顷，总建筑面积 2.2 万平方米，建筑占地面积 1.37 公顷，容积率 0.34，绿化率 42%，共 138 栋单体建筑，单体建筑面积 160 平方米，为两层砖混结构，合理降低建筑成本，工程采用半包形式（即：包工不包料）。由指挥部统一组织人工，统一采购材料，统一管理，为方便施工管理，指挥部对整个规划方案进行分区，对每个区域内的单体建筑进行编号，准确地掌握每栋建筑单体的实际建设情况，并按照建筑施工规范对工程质量层层把关，作详细记录，力求所有建筑质量达到优良。在进场前期，指挥部进行夜间加班施工，突击完成可操作区域（即：A 区，B 区）的“三通一平”（通水、通电、通道路、平整场地）工作，让工程主体建设能得以规范、安全、顺利实施，指挥部制定详细规章制度以保障施工，在管理人员相对紧缺的情况下，对工程管理人员做出详细分工，设置在项目法人统一领导下的规划组、施工组、结算收方组，财务票据组，各小组负责人在工作上团结合作，各负其责，各展所长，相互监督，形成一支职责明确、号令统一、赏罚分明的工程管理班子。至年末，主体工程基本完工，建成主体建筑 137 栋，其他附属工程及园林绿化正在建设之中。

第四章 城乡建设管理

1989 年，湘西州城乡建设委员会（简称州建委）内设建管科、城建科、乡建科、计财科、人事科、办公室、监察室，核定编制 32 名，实有 28 人。下属单位：州工程公司、州建筑勘察设计院、州建筑规划设计院、州城乡建设职工学校、州建设工程定额站、州工程质量监督站、州建筑管理站、州住房制度改革办公室。1994 年，州城乡建设委员会改为州建设委员会。州建委员会内设办公室（加挂政策法规室牌子）、计划财务科、科技设计科、建筑业科（加挂州重点工程建设领导小组办公室牌子）、建设科、房地产业科（加挂州城市综合开发管理办公室牌子）、政工科、纪检组（监察室），核定编制 24 名，实有 24 人。2001 年，州建设委员会更名为州建设局。州建设局内设办公室（加挂政策法规室牌子）、计划财务科、科技设计科、建筑管理科（加挂州重点工程建设领导小组办公室牌子）、城市建设科、人事科、纪检组（监察室），核定编制 21 名，实有 24 人。2010 年，州建设局改为州住房和城乡建设局（简称州住建局）。局机关内设办公室、住房保障科、建筑管理科、城市建设管理科、村镇建设管理科、建筑节能和科技设计科、计划财务科、人事科、纪检组（监察室），核定编制 24 名，实有 22 人。下属单位：州建筑规划勘察设计院、州城乡规划管理处、州风景园林管理办公室、州建设工程造价管理站、州工程质量安全监督管理站、州建筑行业劳动保险基金管理办公室、州建设工程招标投标管理办公室、州房地产管理局。

1989—2010年，历任局长（主任）：李瑞岸、邱贤智、王祯云、郑桂章；副局长（副主任）：邱贤智、陆光祖、王兆庸、向经武、唐鸣远、陈仲其、鲁邦学、王跃、周贤德、董佳瑛。

第一节　城市建设管理

一、城建资金管理

1989年，全州城建资金收入1037万元，其中省投资82.5万元，银行贷款450万元，县市城建资金504.5万元。1990年1月，州人民政府批准，从全州各县（市）城市维护建设税总额中提取20%上缴州财政，实行专账管理，调剂使用，由州建委提出使用计划，与州财政局共同审查戴帽下达，重点解决贫困城镇基础设施建设问题。是年，全州集中城市维护建设税214.6万元。全州城建资金收入2670万元，其中省投资173.5万元，县（市）自筹2496.5万元。1998年，加大城市基础设施建设投入，全州城建资金收入2.39亿元，其中中央财政专项资金1000万元，国家财政预算内投资360万元、省补助692万元、银行贷款3998.7万元、州集中1603万元、县市城建资金2074万元、土地出让金2700万元、交通基金423万元、库区维护资金5625万元、以工代赈270.7万元、对口扶贫资金320万元、自筹资金4845.8万元。

2001年，湘西州享受国家西部开发优惠政策，全州城镇建设资金支持力度加大。是年，全州城建资金收入3.24亿元，其中国家财政预算内专项资金1.05亿元、省投资1116万元、银行贷款1.03亿元、州集中200万元、县市城建资金1525万元、移民资金1160万元、以工代赈1006万元、长（沙）株（洲）湘（潭）等五市对口扶贫250万元、招商引资720万元、自筹5567万元。

2004年，国家引进日本协力银行武陵山区扶贫贷款，至2007年，到位贷款1.74亿元，支持州内浦市、王村、里耶、茶洞、阿拉营、梅花、董马库等10个乡（镇）供水设施建设。2010年，全州城建资金收入4.4亿元，其中国家投资6300万元（不含廉租房建设2.1亿元），省投资1416万元（不含廉租房1327万元），国家开发银行贷款4000万元，支持4个污水处理场建设，国家农业开发银行贷款7537万元，建设8个垃圾处理场，县（市）城建资金2.48亿元。1989—2010年，全州城乡市政公用基础设施建设投资总额78.72亿元，其中国家投资7.55亿元、省投资6.09亿元、银行贷款23.83亿元、对口扶贫3448万元、县（市）自筹40.9亿元。

二、市政设施管理

1989年，全州城市建设管理监察队归口县市建设部门管理。1993年，全州组织各县市城建监察队人员培训、颁证，明确城建监察工作业务范围和职责，依法照章实施城镇市政设施、供水设施、园林绿化设施、环境卫生和市容市貌管理。1995年，根据建设部、国家统计局《关于开展城市市政公用设施普查工作的通知》精神，组织开展全州城市市政公用设施普查。参加普查人员135人，普查吉首市、7个县城和44个建制镇共120多平方公里，主要普查州内城镇园林绿化、环境卫生、公共交通、供水供气等市政公用设施，投入普查经费15万元。6月开始，11月结束，历时5个月。普查结果显示：全州城镇3.5米以上道路362.01公里，以上年底非农业人口计算，人均道路7.28平方米。其中吉首市区道路71.5公里，49.23万平方米，人均道路5.02平方米；7个县城道路193.89公里、111.34万平方米，人均7.26平方米；县以下44个建制镇道路有96.62公里、81.63万平方米，人均5.4平方米。

1996年，州人民政府转发州建委《关于加强我州城镇规划区地下水资源管理工作的意见》，明确建设行政管理部门管理城镇规划区地下水资源。2007年，为吸取凤凰“8·13”堤溪沱江大桥垮桥特大事故教训，州建设局印发《关于转发〈省建设厅关于开展城市桥梁隧道建筑边坡安全隐患排查有关事项的紧急通知〉的通知》，全州开展城市桥梁、城市公交设施安全隐患排查。经查，全州有城市桥梁71座。其中，梁桥4座，拱桥63座，钢构桥4座。全部桥梁中，显现病害记录23座。其中，吉首市8座、凤凰县4座、永顺县11座，检查后通知相关县（市）及时整改。2010年，组织开展城市桥梁安全检查，检查桥梁64座，发现存在安全隐患5处，并通知整改。

三、公用事业管理

（一）供水管理

1989年，吉首市第三水厂和泸溪白沙新城、保靖县城、永顺县王村镇等自来水厂建设项目启动，州建委协助资金落实。1995年，全州城镇有8家自来水公司，24家自来水厂（其中简易水厂8家），日生产能力29.17万吨,年供水3920万吨，供水总人口43.12万人，供水普及率89.8%。1998年，改造提升城镇供水行业水质化验室等级建设，吉首市自来水公司中心化验室通过省计量局验收晋升为“湖南省水质检测网吉首监测站”。2000年，完成八县市城区和重点建制镇自来水水价调整，扭转供水行业亏损局面。同时，供水管推广新材料，淘汰镀锌管，使用铝塑管等环保材料。2005年，全州供水公司学习娄底、岳阳市等外地经验，实行“一户一表”供水制，吉首市供水公司率先推行。2010年，州住建局组织开展全州供水企业水质抽检，24家自来水厂，80%达到国家标准。

（二）环卫管理

1989年开始，州建委每年组织一次环境卫生检查评比活动。1995年，全州城镇垃圾清运实行有偿服务。1996年，全州环卫系统庆祝第一个“湖南省环卫工人节”，在环卫职工中评定先进个人15人，并被州人民政府授予劳动模范称号。2001年，全州环卫系统推行路段清扫、清运、保洁的竞标拍卖分段承包制，组织县（市）环卫处（所）交流环卫管理工作经验。2005年，全州八县（市）城区推行“门前四包”责任制，即包卫生、包绿化、包秩序、包公共设施管理。2010年，州住建局督查八县市环卫工作4次，新建垃圾中转站21个。

（三）路灯管理

1989年始，州建委每年组织一次全州道路照明行业服务质量评比活动。1995年，组织开展全州道路照明行业服务质量竞赛活动，经评比，凤凰县获第一名，花垣县获第二名，保靖县与龙山县获第三名；吉首市参加国家检查，获优胜奖。1997年，组织吉首市人民南路路灯设施新建和改造工程建设方案、招标投标，同时，派专人到现场监管工程质量。2000年，全州道路照明行业参加全国道路照明新技术研讨会，组织开展全州路灯设施维护、运行、管理情况大检查。

（四）城市公交管理

1989年，州内吉首市建有公共汽车公司，有职工133人。1995年，吉首市城市公共交通营运市场放开，国营、集体、个体公共汽车、中巴车、出租车、电动三轮车一起上，平等参与城市公共交通营运。7个县城出现三轮摩托车载客营运。基本隶属建设部门管理。1998年，吉首市规范道路标线72.33公里，设置公共交通标志482块，规范车辆停靠点265处，开设临时停车场38个。2000年，吉首市取消非环保型三轮车营运。

2001年，以“畅通工程”为龙头，开展城镇客运市场整治。吉首市组织查处各种违章车辆1638台，其中两轮摩托810台次，面的468台次，中巴143台次，微货110台次，非法营运两轮摩托车110台，面的车15台。同时，取缔非环保型三轮出租车1128台，7个县城公交车改为面的车。2002年，开展春运安全服务竞赛活动，吉首市公交公司被评为“省春运安全先进单位”。2004年，吉首市取缔私营中巴车在城区营运。2005年，湘西州执行省建设厅《关于实行统一的城市出租汽车三证的通知》，开展城市出租汽车摸底调查，同时组织城市出租汽车经营许可证申报。2007年，开展城市出租汽车专项整治，依法照章为龙山县出租汽车公司核发“三证”(经营许可证、车辆运营证、驾驶资格证)171本。根据“公交优先”原则，鼓励、支持州内各县开通公交线路。10月，保靖县首家民营公交公司挂牌成立，上线营运公交车6辆。2010年，批准永顺县城市公交车特许经营，投入运行公交车20辆。同时批准龙山县城市公交规划。

（五）市容环境管理

1989年，全州县市城区开展环境综合整治、创建卫生城市活动。1993年，州内7个县城环境综合整治由州检查，并分项排名。市容卫生：龙山县获第一名，永顺县、花垣县第二名，保靖县第三名。环卫建设：凤凰县获第一名，永顺县、龙山县第二名，泸溪县第三名。垃圾粪便管理：永顺县获第一名，凤凰县、龙山县第二名，保靖县、花垣县第三名。公厕卫生：永顺县获第一名，龙山县第二名，保靖县第三名。路灯管理：龙山县获第一名，凤凰县第二名，保靖县第三名。城市环境综合治理：永顺县、龙山县获第一名，凤凰县第二名，保靖县第三名。吉首市参加省检，获省检第二名。1995年，组织开展城市管理年活动，各县（市）建设部门会同工商、公安等部门整治马路市场，环卫部门清扫清运城市街道和垃圾，园林绿化部门绿化美化城市街区。1997年，以迎州庆为契机，开展城市“脏、乱、差”整治、创建文明城市活动。在全州爱卫检查中，凤凰、永顺、龙山3个县城分别获环境卫生先进单位第一、第二、第三名。吉首市在创建省“湘城杯”和“卫生城市”年度检查中，获得省检查组好评。

1998年，全州贯彻建设部《关于做好一九九八年城市环境综合整治工作的通知》精神，州人民政府与各县（市）人民政府签订“年度城镇环境综合整治目标管理责任书”，开展城镇环境综合治理。全州有7个县城、6个重点建制镇、4个街道办事处开展整治行动。全州拆除违章建筑152处、违章摊棚6821个、围墙26段、广告牌746块。取缔占道洗车点42个、电话亭44个、修车点39个。规范店外经营摊点4329个。城镇交通整治规范道路标线72.33公里，设置公共交通标志482块，规范车辆停靠点265个，开设临时停车场38处。2000年，泸溪县开展创建省文明卫生县城活动，朝阳街被评为2000年度全州“文明卫生样板街”。

2001年，全州城市交通以“畅通工程”为龙头，开展城镇客运市场整治；吉首市、古丈县城成功实施禁放烟花爆竹；开展创建“省级卫生县城”和“省级卫生镇”活动方面，泸溪县城经省考察验收被授予“湖南省卫生县城”称号，里耶镇成为全省第一个“省级卫生镇”。2002年，全州开展“让世界清洁起来”的清脏治乱活动。宣传贯彻国家计委、财政部、建设部、环保总局联合下发的《关于实行城市生活垃圾处理产业化的通知》，湘西州、吉首市人民政府发布《关于加强城市垃圾管理通告》《关于加强市容管理实行“五不准”的通告》，出台《吉首城区门前“四包”实施方案》，全州八县市城区和重点建制镇参与此次活动4万人。清理卫生死角145处，清除垃圾383吨，清扫街道面积44万平方米，发放宣传资料9万余份。2003年，组织开展抗击非典、清除卫生死角全民大扫除爱国卫生运动，全州共有8万人次参加。清理死角255处，清除垃圾593吨，清扫街道面积46万平方米。2007年，结合庆祝建州50周年开展城镇环境综合整治，重点治理大街小巷夜市和“牛皮癣”广告等。吉首市实行无费制管理，组建老年协管队，强化城市市容市貌监管。2010年，全州规范城市管理执法行为，举办城管人员培训班2期，开展城管普法2次，拆除违章摊、棚、点2100处。

第二节　村镇建设管理

1989年，全州建制镇聘请建设管理员。

1996年，州编委下达《关于全州村镇建设管理机构问题的通知》，明确乡镇政府建设管理机构的设置、工作职能、人员配置等。是年，州建委印发《新型集镇建设达标基本要求》，给“村镇建设试点”提供工作依据。1997年，州委、州政府作出《关于加快发展小城镇若干问题的决定》，确立全州小城镇建设的指导思想、工作目标和实施措施，城镇发展建设奠定政策基础；州政府印发《关于开展创建‘十强镇’活动的意见》，召开全州小城镇工作会议，总结全州小城镇建设经验，部署加快发展建设小城镇工作，同时考察学习重庆黔江地区小城镇建设管理经验。组织实施创建省“百强镇”和州“十强镇”活动。河溪镇获省

"百强镇"称号。浦市镇、花垣镇、团结镇、毛沟镇、灵溪镇、石堤镇、民安镇获州"十强镇"称号。1998年，全州继续开展创省"百强镇"和州"十强镇"活动。花垣县花垣镇、龙山县民安镇经报省验收批准，获省"百强镇"称号；组织开展创建"文明村庄"和"样板街"活动，吉首市德夯村、龙山县里耶镇长沙街报省参评，并获省"文明村庄"和"样板街"称号。

2000年，全州46个建制镇，每镇1名建设管理员配备到位。是年，省政府确定全省重点建设55个建制镇，经省小城镇领导小组批准，湘西州沱江、河溪、阿拉、王村、里耶、桂塘6个建制镇列入其中。2004年，全州八县市开展第一轮省级重点镇建设总结评估，第二轮摸底调查、预审和上报。2010年，全州村镇建设规划审批发证率100%。

第三节　名城名镇名村管理

2000年初，湘西州人民政府向建设部呈报《关于凤凰古城申报国家级历史文化名城有关工作的请示》。4月，罗哲文等4名专家受建设部委托考察凤凰县城。12月，凤凰古城申报国家级历史文化名城获建设部和国家文物局专家评审通过，呈报国务院审批。2001年12月，经国务院批准，凤凰古城名列国家历史文化名城。2002年4月，凤凰古城保护规划通过省级、国家级专家审查。9月下旬，建设部部长汪光焘到凤凰考察，为古城整治项目落实资金1000万元。

2004年9月，州人民政府公布湘西州首批州级历史文化名镇（村）名录。有泸溪县浦市镇、凤凰县阿拉营镇舒家塘村等10个村（镇）。2005年9月，建设部、国家文物局批准里耶镇为第二批中国历史文化名镇。2006年4月，州人大常委会组织州建设局、规划处及相关部门开展《凤凰历史文化名城保护条例》专项执法检查，发现古城内存在乱拆、乱建、乱加层等违法违章问题，当即邀请凤凰县政府及其相关部门现场查看，并制定整改方案，按《条例》专项整改。2009年，经住房和城乡建设部、国家文物局批准，芙蓉镇（王村镇）为第四批中国历史文化名镇。是年，各县（市）启动第二次历史文化名村调查摸底工作。

2010年，浦市镇公布为第五批中国历史文化名镇。是年，州住建局会同有关部门制定《湘西州历史文化名村（寨）特色民居保护技术导则》和《湘西州历史文化名村（寨）特色民居保护管理暂行办法》。同时，选定凤凰县吉信镇满家村第八村民小组、吉首市寨阳乡坪櫆寨、矮寨镇阳孟村与新寨两个民居小区，作为民族特色示范点，由州规划设计院编制四个示范点民居改造和修善方案。年底，全州有国家历史文化名城1个，中国历史文化名镇3个，省级历史文化名镇1个，州级历史文化名村8个。

第四节　园林绿化管理

1989年，湘西州花卉盆景协会成立。1992年，全州宣传贯彻《城市绿化管理条例》。州建委组织开展吉首市最美一条街创建活动。同时，在吉首市峒河小游园举办全州第二次根雕盆景展览。1997年，州人民政府批转州建委《关于加强城镇园林绿化建设管理的意见》，州建委组织迎接香港回归为主体的全州盆景花卉展览，获省一等奖1个、二等奖4个、三等奖2个。州人民政府颁发"湘西自治州城市园林绿化规划建设管理标准"，组织开展《城市绿化条例》执法大检查，同时建立全州风景园林单位联席会议制度。

2001年，州建委组织开展"中国人居环境奖"活动，吉首大学、凤凰县建委等单位完成相关材料的编辑、音像资料的制作及申报程序。州建委组织完成2个园林绿化施工企业的资质审查与发证。州人民政府印发《关于在城镇建设中实行"绿线""绿章"管理制度意见的通知》，全州城镇各项建设实行"绿线""绿章"管理，要求项目建设与绿化配套建设同步规划、同步建设、同步竣工交付使用。2004年6—9月，州建委组织开展全州城镇公共绿地普查，全州有绿化广场10个、广场绿地面积9.06公顷；城市公园9个，公园绿地面积40.64公顷；规划城市公园25个，面积1508.82公顷，建成开放面积431.56公顷。全州城市公共绿地面积287.41公顷，人均公共绿地面积5.95平方米。2005年，湘西州新批准园林绿化企业5家。2010年，全州有园林绿化施工企业14家，州建委执行《湖南省园林绿化施工企业资质管理办法》，年底，全部年检换证。

2010年湘西州风景园林区一览表

表21-2

风景名胜区名称	景区级别	批准文号	景区总面积（平方公里）	景区游览面积（平方公里）	游人量（万人）	境外游人（万人）
猛洞河风景名胜区	国家级	国函〔2004〕5号	509	368	135.0	4.0
德夯风景名胜区	国家级	国函〔2005〕107号	108	65	10.0	1.0
凤凰风景名胜区	省级	湘政函〔2003〕143号	128	—	—	—
栖凤湖风景名胜区	省级	湘政办函〔1993〕20号	—	—	—	—
里耶乌龙山风景名胜区	省级	湘政办〔2003〕143号	269	160	7.0	—
边城古苗河风景名胜区	省级	湘政办函〔2005〕22号	—	—	—	—
泸溪沅水风景名胜区	省级	湘政办函〔2006〕42号	120	72	36.0	15.0
酉水吕洞山风景名胜区	省级	湘政办函〔2009〕180号	—	—	—	—
永顺塔卧风景名胜区	省级	州政函〔2004〕102号	—	—	—	—
龙山茨岩塘风景名胜区	省级	州政函〔2004〕102号	—	—	—	—
吉首隘口风景名胜区	省级	州政函〔2004〕102号	—	—	—	—

第五章　房地产开发与管理

第一节　城镇住房制度改革

一、住房租金改革

1991年12月，州人民政府印发州房改领导小组《关于加快我州城镇住房制度改革统一城镇住房租金意见》，1992年1月1日起，在全州"统一租金、小步提租、新房新租、超标加租、建立基金、加强管理"。按照《意见》规定，各类公有住房每平方米月租金统一按0.2元收取，新房月租金根据其房屋质量，每平方米按0.2～0.4元的标准计算，并在全州贯彻执行。

1995年，州人民政府印发《湘西州住房租金改革实施办法》。要求从1995年7月1日起，全州住房租金平均水平提高到占双职工家庭平均工资5%。1996年，全州公有住房租金平均水平达到0.69元/平方米，租金支出占普通双职工家庭平均工资6%。其中花垣、龙山两县租金标准分别达到1.8元/平方米和1.5元/平方米。1997年，吉首城区租金标准，砖混结构：砖混一等，1.50元/平方米；砖混二等，1.30元/平方米；砖混三等，1.10元/平方米；砖混四等，0.90元/平方米。砖木结构：砖木一等，0.8 元 / 平方米；砖木二等，0.70 元 / 平方米。1998 年，公房平均租金达到 1.15 元 / 平方米，平均租金支出占上年双职工家庭平均工资收入 9.2%。2000 年，全州出售公有住房、集资建房工作普遍展开，公房出租逐渐消失。

二、公有住房出售

1993 年 11 月 30 日，州人民政府住房制度改革领导小组印发《州出售公有住房试行办法》（以下简称办法），全州出售公有住房工作全面铺开。《办法》规定，凡全州城镇范围内的州、县（市）属国家机关、人民团体和企事业单位以及中央与省属驻州单位（不含人武部、武警部队及铁路系统）的公有新、旧住房应有计划地组织出售。有城镇正式户口职工，除在城区内有私房的职工外，都可以按户申请购买一套公有住房，男女权利相等。《办法》对出售公有住房的等级确定、价格计算、优惠政策、住房标准与超标加价、购房人的权利和义务、售后公房的管理和维修等作出明确规定。其中，住房面积标准为：地厅级干部和相当于这一级的具有高级职称人员 115 平方米；县（处）级干部和相当于这一级的具有中级职称人员 85 平方米；科级干部和工龄在 40 年以上的老职工 75 平方米；一般职工 65 平方米；售房面积按建筑面积计算，其售价为砖混一等 280 元 / 平方米，砖混二等 240 元 / 平方米，砖混三等 200 元 / 平方米，砖混四等 160 元 / 平方米。1994—1996 年，全州出售公有住房 2.85 万套，总面积 182 万平方米，收回售房款 2.83 亿元。龙山县从 1996 年 1 月 1 日起取消标准价出售公房，全部实行成本价售房。1997 年，该县有 65 个县直单位按成本价出售公有住房 592 套，面积 4.24 万平方米，归集售房资金 868.45 万元。1998 年，全州出售公有住房 995 套、面积 6.8 万平方米，除部分集资款抵减购房款外，实际收回售房款 350 万元。

1999 年，集资建房兴起，职工退房、换房、购房数量增加。仅州直单位，办理职工退房手续 645 人，审批公房出售 668 套，办理和补办旧房自费扩建 40 个单位、800 多户，处理和解决住房矛盾纠纷 10 多起。4 月，针对职工个人原按标准价购买的公有住房只拥有 80%产权的状况，州人民政府印发《湘西州职工新购公房部分产权向全部产权过渡实施办法》，要求从 1999 年 6 月开始，补交 20%房价款后过渡成全部产权。2000 年 6 月，全州此项产权过渡工作基本结束，州直单位办理 1.3 万余户，全部完成。是年，出售存量公房实行“新房新办法，老房老办法”。州本级售出新住房 692 套、6.22 万平方米，归集售房款 1700 万元；旧房 712 套、3.56 万平方米，归集售房款 560 万元。合计 1404 套、9.78 万平方米，归集售房款 2260 万元。

2001 年，房改工作重点转移到研究政策和处理遗留问题上。州本级办理公有住房出售审批手续 95 个单位、880 套、5.8 万平方米，归集售房资金 3130 万元。全州累计出售公有住房 32837 套、面积 186.06 万平方米。2004 年，存量公有住房出售接近尾声。全州仅有少数单位的零星旧房和少量集资房办理审批手续。其中州直办理公有住房出售审批手续 280 套，面积 3000 多平方米，归集售房资金 100 多万元。

三、集资建房

1995 年，州内集资建房开始兴起，集资建房以部分集资（即建房成本由单位和个人共同负担）为主。1996 年，全州集资建房面积 23 万平方米、3093 套，总投资 1.1 亿元，其中个人集资 4200 万元。1997 年，部分集资建房发展成为以全额集资（即单位提供土地、建房成本完全由个人负担）为主。州人民政府印发《湘西自治州集资建房管理办法》，全州审批集资建房 22.7 万平方米，总投资 1.38 亿元，其中个人集资 6089 万元，解决 2700 户、近万人住房困难。其中州直单位审批集资建房单位 21 个，集资建设面积 4.2 万平方米，总投资 2682 万元；个人集资户 450 户，集资金额 1137.6 万元。

1998 年，州人民政府印发《湘西州集资建房管理办法补充规定》，主要就职工个人集资建房的税费减免对象、条件、审批程序和特殊问题处理等相关事项作出具体规定。“九五”（1996—2000 年）期间，全州八县市和州直单位集资建房单位431个，总面积88万平方米，投资总额4.8亿元。2002年7月，全州集资建房总面积14.36万平方米，总投资7367.6万元，个人集资6723.6万元，合计1240套。9月，贯彻湖南省委办公厅、省政府办公厅《关于禁止党政机关组织职工新建住房的通知》精神，湘西州集资建房停止。

四、住房公积金管理

（一）公积金归集与提取

公积金归集 1995年，州住房公积金管理中心成立，开始开展住房公积金归集工作。州畜牧局及其所属机构180人率先缴纳住房公积金。是年，州直归集8个单位7.64万元。1996年，龙山、永顺两县随之启动，归集单位92个、开户人数6253人，归集住房公积金175.96万元。其中龙山县将财政补贴部分纳入财政预算。1997年，州财政局印发《湘西自治州住房公积金财政补贴实施细则》，规定“凡具有本州城镇户口的州直单位属财政拨款的党政机关、群众团体、事业单位的固定职工、劳动合同制工人都享受住房公积金补贴”。还同时规定“凡是1997年元月已缴住房公积金的，一律从1997年元月起实行补贴；还未缴纳住房公积金的，从缴纳住房公积金起实行补贴”。9月，州人民政府办公室转发州住房制度改革领导小组《关于全面建立和完善住房公积金制度的意见》，进一步强制推行，并强调：“凡不按规定建立住房公积金制度的部门和单位，不得批准出售公有住房和集资建房以及住房建设的立项，不得动用单位房改资金，不得购买‘安居’住宅，各银行不得发放购、建房贷款”。是年，州内建立住房公积金制度工作全面铺开，归集公积金658.98万元，单位归集面73.6%。龙山县归集单位128个、开户人数5891人，累计归集住房公积金370万元，其中财政补贴97万元落实到位。

1998年，吉首市单位补贴部分列入财政预算。2002年，州直、吉首市和凤凰县的财政补贴部分正常到位，其他各县因财政困难，未能纳入财政预算。州内地方工商企业，因出现停产、半停产，甚至破产倒闭情形，住房公积金缴纳时断时续，大多停缴。2006年，全州住房公积金管理机构实现统一，累计归集6.73亿元。2007年归集对象向乡镇工作人员、农村中小学教师、民营企业扩展，是年，归集2.13亿元，累计归集总额8.87亿元。2010年归集额4.05亿元，累计归集总额达到18.82亿元。

公积金提取 住房公积金提取包括建房购房提取、调出州境提取、离退休提取和其他提取。1996年州直及龙山、永顺两县职工提取公积金25.2万元。1998年，全州各县均有职工提取公积金，提取额250.13万元。1999年，全州开展住房制度改革产权过渡，职工购买住房全部产权。提取公积金职工增多，2000年，提取额951.15万元，为1998年2.8倍，占当年归集额25.8%。2001年，州人民政府办公室印发《关于提取住房公积金有关问题的通知》，职工提取住房公积金做到有章可循。

2006年10月，州住房公积金管理委员会印发《关于对职工特殊情况提取住房公积金的暂行规定》，规定住房公积金的缴交职工因重大疾病和不可预见的灾难而造成家庭生活困难的，可以提取本人住房公积金账户内的存储余额。2010年，全州职工提取公积金1.05亿元，为2000年的10.07倍。

（二）公积金贷款

1997年，龙山县试点办理住房公积金贷款，全县发放住房公积金贷款122户126.9万元。1998年，州直单位试行，发放公积金贷款127户146万元，户均1.15万元。1999年，泸溪、花垣两县开始发放，全州发放532.8万元，贷款户525户。其中泸溪县发放19.8万元，贷款户81户，户均2400元。

2000年，全州各级住房公积金管理中心工作由住房公积金归集开始转向公积金贷款发放和管理。实行贷款与审批分离、贷款责任、以公积金和房产证抵押，以及从贷款人工资账户中划扣还款等制度。

2005年5月，州人民政府印发《湘西自治州住房公积金个人住房贷款管理实施细则》，就住房公积金贷款对象和条件、贷款额度和期限及利率、贷款催收和贷后管理等事项做出明确规定。

1997—2005 年，全州先后为 7731 户职工发放公积金贷款 2.55 亿元。

2007 年，贷款限额 15 万元，增加无房户预抵押登记贷款和期房按揭贷款新品种。2008 年，贷款限额增至 20 万元，并加强贷款真实性调查，建立贷款责任追究制度，开通个人诚信查询系统。2009 年，贷款限额 30 万元，还贷期限延至 30 年，增加大（装）修贷款和州内外异地贷款新品种。2010 年，贷款额 5.07 亿元，累计贷款 17.34 亿元。

（三）住房公积金财务管理

1998 年，住房公积金财务管理没有专门规定，都按一般财务管理办法和科目管理。1999 年，全州实施财政部颁布的《住房公积金会计核算办法》和《州住房公积金财务管理办法》，州、县（市）住房公积金管理中心逐步建立财务工作制度，主要包括会计工作制度、出纳员工作制度、现金收付审批制度、会计档案制度、民主理财制度等。2000 年，州、县（市）住房公积金管理中心开始购置电脑，用电脑处理月报表和季报表，及时上报归集、提取、贷款等资料数据。

2003 年，财务管理转入以规范化、电算化为工作目标，财务手工账和财务电脑账一起做，日清月结、账目清楚、账账平衡要求得以基本实现，住房公积金管理中心定期与受托银行、与缴存单位、与缴存个人对账，保证财务数据准确无误。2005 年，工作重点转向目标管理与绩效考核，对县（市）管理部管理费用实行统一核报、财政审批制度和内部审计、财务检查，建立监管信息系统、业务管理信息系统。2008 年正式实行稽核制度，全面推行财务电算化。2009 年实行全州统一管理、统一核算、统一制度、统一调配。2010 年实行资金集中管理，制定并实行《重要空白凭证管理办法》和《会计基础工作规范》，基本形成财务管理长效机制。

2006—2010 年湘西州住房公积金提取情况一览表

表 21-3

年份	提取金额(万元)	累计提取总额(万元)
2006	13694.97	17669.68
2007	7269.69	24939.37
2008	8222.94	33162.31
2009	10598.76	43671.07
2010	10536.99	54298.06

第二节　住房建设

1989 年后，全州住房建设坚持统一规划、合理布局、综合开发、配套建设原则，筹集建设资金，住宅建设速度加快。1995 年，全州重点建设吉首市光明新村、龙山县江凌大厦、永顺县芙蓉花园等经济适用住房。住宅投资 10.22 亿元，竣工面积 212.91 万平方米。农村住宅建设竣工面积 185.16 万平方米。城乡人均住宅建筑面积 21.9 平方米。

1996 年，州、县（市）人民政府开始实施“安居工程”，全州施工面积 10.96 万平方米，总投资 8775 万元，竣工面积 13.65 万平方米。吉首市人民政府采取三个三分之一方式（财政、单位、个人）筹集安居工程建设资金，建设 81 套 6000 平方米，主要解决政府机关和部分农村教师住房问题。1998 年，吉首市纳入国家安居工程建设计划，规模 12 万平方米，投资 7500 万元。分为三个小区实施：湘泉住宅小区，建设规模 5.3 万平方米，投资 3300 万元；五里牌小区，规模 10 万平方米，投资 2500 万元；光明小区，规模 2.7 万平方米，投资1700万元。是年，全州住房竣工面积85万平方米，完成投资4.27亿元，其中安居工程和集资建房竣工面积23.01万平方米，完成投资2.08亿元。2000年，湘泉住宅小区基本建成。

2006年，湖南省人民政府下达湘西州新建经济适用房指标1万平方米，州人民政府下达吉首市、龙山县城镇廉租房建设计划1000平方米。同时，州政府将指标分别下达8个县（市）。全州经适房竣工面积1.31万平方米，投资696万元，完成目标任务的131.27%；完成廉租房建设1452.1平方米，完成目标任务的145.21%，其中新建338平方米，维修改建963.8平方米，购买二手房150.4平方米，新安置城镇特困户30户入住；687户居民得到租赁补贴。2007年，全州完成经济适用住房1.09万平方米，完成投资844万元，竣工131套住房；筹建廉租住房9750平方米，安置城镇最低收入家庭困难户195户。

2008年，州人民政府印发《关于批转全州解决城镇低收入家庭住房困难3年（2008—2010年）行动实施规划的通知》下发实施，将省政府3年行动规划分别下达县市，并签订目标责任书。同时，州建设局制定《州廉租住房保障管理办法》和《州经济适用住房管理办法》。是年，全州完成经济适用住房526套、3.56万平方米，为省定任务的118.7%；新建廉租房412套、2.09万平方米，完成住房保障5088户，为省定任务的508.8%。2010年，全州经济适用住房竣工1515套，面积11.5万平方米；新建廉租房13181套、建筑面积65.9万平方米，廉租住房累计保障户数17328户。同时，启动棚户区危旧房改造工程，改造棚户区危旧房8万平方米。

第三节　房地产开发管理

1989年，全州有吉首、凤凰、永顺、泸溪4家房地产综合开发公司。1991年，综合开发投资2017.6万元，房屋竣工面积2.3万平方米。1992年，房地产开发经营机构增至18家。次年，全州房地产开发投资2066.6万元，商品房竣工面积2.6万平方米。1995年，全州房地产开发房屋竣工面积14.59万平方米，开发投资1.7亿元，房地产增加值0.6亿元。2000年，全州有开发公司21家，房地产开发竣工面积24.54万平方米，投资2.2亿元，房地产增加值0.79亿元。

2001—2005年，全州房地产业得到长足发展，先后建成5万平方米以上住宅小区5个，3万平方米以上商贸小区4个。房地产开发企业增至75家。其中，开发资质二级5家，三级22家，四级23家，暂定25家。5年完成房地产开发投资16.65亿元，房屋竣工面积109万平方米。

2008年，湘西乾城房地产开发有限公司等13家房地产开发企业存在非法集资违法经营行为，被吉首市人民政府立案查处。2009年8月，湖南省建设厅依据《房地产开发企业资质管理规定》，决定注销湘西乾城房地产开发有限公司、湖南三馆房地产开发有限公司等10家房地产开发企业资质，并责令州建设局做好注销非法集资企业相关项目的善后处理工作。2010年，全州房地产开发企业发展到150家。房屋竣工面积184.82万平方米，开发投资70亿元，房地产增加值2.4亿元。城乡住房建筑面积由上年24平方米增至36.5平方米。

第四节　产权登记管理

1989年，吉首市没有房地产管理局，龙山、泸溪两县设立房地产管理所，凤凰、永顺、保靖、花垣4县设立房地产公司，古丈县设房产办。是年，全州8个县（市）的18个建制镇开展房屋产权登记发证工作，当年登记核发房产证2.3万户、3.1万栋，建筑面积600万平方米。1990—1997年，全州房屋产权登记面积936.5万平方米。

1999年，各县房地产管理局成立，其中龙山、保靖和凤凰3个县为正科级事业单位，永顺、花垣、古丈和泸溪4个县为副科级事业单位。是年，州建委印发《关于进一步转变工作作风，切实加强和改善房屋权属登记发证工作的通知》，要求各县（市）必须按照《湖南省城市房屋产权产籍管理条例》规定做好产权登记工作。吉首、保靖、龙山等县（市）相继出台房屋产权产籍管理办法。2000年，全州换发全国统一房屋权属证书万余本，换证率82%，初始登记房屋面积84.37万平方米。

2002年，初始登记房屋面积200.86万平方米；2005年，全州基本实现微机绘图、微机缮证。吉首市房地产管理局加大基础设施建设力度，投入1500万元，在州内率先建成产权登记服务大厅，提高办证效率。2006年，吉首市房地产管理局被建设部评为“全国房地产产权产籍管理先进达标单位”。2007—2010年，全州房产初始登记面积743.42万平方米。

第五节　房产交易管理

一、房地产交易及管理

1989年，全州各县（市）房地产管理部门，经县（市）人民政府批准，建立房地产交易中心（交易所），负责城镇公私房屋买卖、转让、出租、抵押及房地产流通过程中的各种经营活动，并提供房地产相关法律、法规和政策咨询。是年，全州开展各类房屋交易72宗，成交面积5.8万平方米，成交金额752.4万元，纳税8.6万元。1990年11月，湖南省建设委员会在吉首市召开全省房地产经营管理经验交流会，吉首市房管局在会上介绍房产市场管理经验。是年，全州新建商品房销售面积0.7万平方米，销售金额576万元；存量房成交面积19.6万平方米，成交金额1596万元。1995年，全州成交房屋1921宗，成交面积7.47万平方米，其中住宅5.05万平方米，成交金额2898.38万元。1996—2000年，全州成交房屋面积58.26万平方米，金额3.02亿元。

2001年7月，州人民政府出台《湘西州房改房上市交易管理暂行办法》，至10月，吉首、龙山、保靖和凤凰4个县（市）相继上报《房改房上市交易实施细则》。州人民政府分别批准执行。2001—2003年，全州存量房交易面积75.49万平方米，交易金额4.65亿元。2004年6月，吉首市政府主办、市房地产管理局和州房地产协会承办，举行以“新城市、新人居”为主题的吉首市首届房地产交易展示会，与会房地产开发企业18家，物业管理、房地产中介、装饰、建材、家居、家电等单位22个，行业参展10个，房屋成交面积5.3万平方米，成交金额7200万元，缴税150万元，银企合作签约房地产开发项目贷款协议1.6亿元。是年，全州存量房交易面积21.03万平方米，金额2.11亿元；新建商品房交易17.46万平方米，金额2.84亿元。2006年起，吉首市每年举办一届房地产交易会，至2010年，连续举办五届。5年间，全州新建商品房交易面积226.11万平方米，交易金额41.21亿元；存量房成交278.46万平方米，成交金额21.84亿元。

二、房屋租赁管理

1989年，州内房产管理主要管理公产房出租。其中吉首市直管公房85栋、3.5万平方米，每平方米月租金0.17元。1990年2月，吉首市房地产管理局与市建委、工商、财政、物价、税务联合发布《关于加强吉首市房地产市场管理的通告》，采取个人、单位申报与主管部门调查相结合办法，管理房屋租赁工作。是年，列入租赁管理的公房81栋、私房67栋，租赁面积1.35万平方米，租赁金额13.1万元。4月，市房地产管理局又与市公安局联合印发《关于加强房屋出租和暂住人口租赁房屋管理的通知》，挂牌管理城区出租房屋1096间（暂住人口8689人）。1991—1995年，全州房地产租赁备案登记14188件，登记备案面积46.8万平方米。2000年，全州房屋租赁面积17.61万平方米，租赁金额4632.57万元。

2001年7月，吉首市人民政府制定《吉首市城区房屋租赁管理办法》，采取换发租赁许可证、上门收取税费、为租赁双方排解纠纷等措施，实现房屋租赁规范化。2005年，全州备案登记18957件，面积70.9万平方米。2006年，房屋租赁发生变化，由原以商业门面租赁为主、私房为辅，转为私房出租为主、门面为辅。2010年5月，州人民政府《关于印发湘西州流动人口与出租房屋服务和管理工作方案的通知》，全州各县（市）贯彻《通知》精神，加强出租房屋登记管理工作，吉首市房屋租赁管理由房产局委托于街道社区，其他七县均由县房产局直接管理。

三、房地产抵押管理

1995年，吉首市开始将房地产抵押工作纳入管理，主要审查房屋所有权证，看是否合法有效；房屋价值评估，看抵押房屋现行市场价值；办理房屋他项权证。1996年3月，州、市房地产管理部门与吉首地区金融单位召开联席会议，专门研究用房地产抵押需要办理的各种手续问题，吉首市房地产抵押管理步入正常轨道。是年，房地产抵押登记面积5.4万平方米，抵押金额5825万元。1998年，州内7个县房地产抵押工作启动。2000年，全州房地产抵押登记面积171万平方米，抵押金额8.2亿元。2001—2005年全州房地产抵押登记面积598.57万平方米，抵押登记金额32.72亿元；2006—2010年全州房地产抵押登记面积1006.1万平方米，抵押登记金额39亿元。

第六章 建筑业

第一节 建筑设计

一、设计队伍

1989年，全州建筑设计单位10个，其中资质条件乙级1个，丁级7个，许可证2个;从业人员201人，其中，高级工程师3人、工程师23人、助理工程师61人、技术员80人。完成初步设计项目78个、建筑面积5.9万平方米、项目投资2733.2万元；完成施工图设计项目336个、建筑面积23.13万平方米、项目投资7921.3万元，设计费收入91.35万元。2004年，按照设计单位资质条件规定，全州有建筑设计单位10个，其中资质条件乙级2个，丙级8个，从业人员223人。完成初步设计项目121个、建筑面积73.85万平方米、项目投资8.22亿元；完成施工图设计项目121个、建筑面积73.85万平方米、项目投资8.22亿元，设计费收入569.88万元。

2010年，全州建筑设计单位7个，其中，有资质条件乙级3个、丙级1个、丁级3个。从业人员165人。其中，本科学历53人、专科79人、中专33人；有高级工程师23人、工程师89人、助理工程师67人；执业资格一级建筑师6人、二级建筑师16人，一级结构工程师5人、二级结构工程师2人。完成初步设计项目189个、建筑面积129.5万平方米、项目投资14.34亿元，完成施工图设计189个、建筑面积129.5万平方米、设计费收入856.55万元。施工图设计、建筑面积、计费收入分别比1989年增长4.59倍、17.1倍，8.37倍。

二、设计技术

1989年，州内建筑设计单位由依靠图板、丁字尺和三角板绘图，手工结构计算，发展到电脑操作，工程软件绘制，全面采用计算机技术计算建筑结构图纸。1990年，建筑设计层数由二、三层，五、六层发展到八、九层。1993年，建筑设计行业推行全面质量管理，设计人员坚持适用、安全、经济、美观的设计原则，执行国家规范指标。合理采用标准设计和通用设计，推广新工艺、新材料。在全省率先改变秦砖汉瓦传统建筑材料，推广节能、节地、节工时混凝土小砌块。

2000年，建筑设计实行规划设计方案阶段、初步设计阶段（技术设计阶段）、施工图设计阶段管理，每阶段设计文件通过相关部门审查批准后，方可进入下阶段设计。施工图审查合格，建设单位才能报建，建设单位办完报建招投标手续后，设计单位会审图纸、技术交底，施工单位方能施工。施工过程中若有变更，需由原设计单位变更设计，发放《设计变更通知单》，若有重大变更，尚需送原施工图审查机构审查同意后，方可变更施工。2002年，推行标准化设计，并使其进入网络、设计文件力求标准一致，深度一致。2006—2010年，建筑设计单位发挥知识、技术密集作用，在从事建筑勘查设计业务外，还开展工程技术咨询、建设工程监理、建筑施工技术服务等工作。

第二节 建筑施工

一、施工队伍

1989年，湘西州境内建筑施工队132个9583人，境外进入州内施工队近百个，员工上万人，承建建安工程造价7150万元，竣工房屋面积30万平方米。1990年，执行建设部“施工企业资质等级标准”，审查州内施工企业75家，其中资质合格32家。在资质合格的企业中，国营有4家、集体27家、个体1家。是年，完成建安工程造价7225万元，竣工房屋面积32万平方米。

2001年4月18日，执行建设部《建筑业企业资质管理规定》（下称规定）。全州施工企业资质就位42家。其中，二级房屋建筑企业4家，一级公路工程企业1家，二级港口与航道企业1家，二级市政公用企业1家，三级房屋建筑企业26家，三级电力工程企业2家，三级市政公用企业1家，三级装饰装修企业1家，三级混凝土预制构件企业4家，消防设施企业1家。1996年，工程监理制度在州内建设领域推行，1997年，成立州建设工程监理公司，2005—2009年，州鑫诚、正元、宇辉工程监理公司先后成立。2010年，州内共有资质建筑业企业79家。其中，总承包企业40家，专业承包14家，劳务分包10家，县、乡公路专项资质15家。全州完成建筑总产值5.2亿元，竣工房屋面积64万平方米。

二、技术推广

（一）桩基础

1990年，泸溪县白沙新城建设推广人工挖孔灌注桩施工技术。1993年，州建材检验所添置桩基测试仪，配备检测人员，在全州实施桩基础检测。1998年，人工挖孔灌注桩施工技术在州内建设工程中广泛应用。2000年，冲击钻孔灌注桩、夯扩桩施工技术也在州内逐步推行，至2010年，其数量占人工挖孔灌注桩30%。

（二）钢筋电渣压力焊接

1994年初，执行湖南省建委《关于推广应用竖向钢筋电渣压力焊接技术的暂行规定》，钢筋电渣压力焊接技术先在吉首、泸溪、凤凰等县（市）试用，收到焊接质量可靠，节省钢材、提高工效、减轻劳动强度等效果。1995年，钢筋电渣压力焊接技术在州内各县（市）全面推广。

（三）钢管脚手架

1996年，钢管脚手架开始在吉首地区推广使用。1997年，在州内各县（市）推广应用。2004年，州建设局印发《关于州内建设工程施工逐步淘汰竹、木脚手架的通知》。2005年起，吉首地区所有房屋建筑工程、房屋拆除工程、开发项目、市政公用工程等建筑工程施工现场，全面淘汰竹、木脚手架施工，建筑施工使用钢管脚手架。2006年起，州内各县（市）城区房屋建筑工程、房屋拆除工程、开发项目、市政工程等基本使用钢管脚手架。2010年，州内县（市）城区建筑工程施工全面使用钢管脚手架，农村小型建筑工程也在逐步推行钢管脚手架施工。

（四）预拌商品混凝土

2009年，州内预拌商品混凝土开始起步。预拌商品混凝土机械化作业，集中搅拌，节约工时，提高效率，减少施工灰尘、噪音，保证工程质量。2010年，吉首市区全面推行，年产6万立方米，每立方米价格285～308元。随后，州内各县城区相继推广使用。

（五）高层建筑工程

20世纪90年代初，高层建筑工程在吉首城区开始建设。1990年，州电信大楼竣工，大楼高14层、建筑面积4640平方米、框混结构、投资200万元，1991年，吉首地区小高层和高层建筑工程建设逐步发展，至1995年，先后有吉首市医院门诊大楼、边城宾馆、金蝶大厦、金海岸大酒店建成等。1996年，小高层和高层建筑工程建设开始向州内各县发展。至1999年，吉首地区标志性高层建筑工程有：中国人民银行吉首分行大楼、湘西电网调度中心大楼、新世纪财政大厦等。2000年始，全州高层建筑工程快速发展。至2010年，全州竣工小高层和高层建筑工程101栋，建筑面积99.2万平方米，其结构有：砖混、框混、框剪、框架、钢筋砼架。建筑楼层由1990年的14

层升至28层。

第三节 建筑管理

一、招标投标管理

1989年，吉首地区10万元以上建设项目，实行招标投标或议标制度。1991年，州建委坚持招标投标制度，查处州日杂公司等6个单位违章工程。1992年，州人民政府出台《州建设工程招标投标管理暂行实施细则》，规范建设市场。1996年，全州5万元以上报建工程项目141个，报建率100%；50万元以上工程项目应招标投标99个，实际招标投标96个，招投率96.97%。1997年，全州报建工程项目268个，报建金额2.08亿元，报建面积36.4万平方米。1999年，吉首市、花垣县分别成立建设工程交易中心，建筑、邮政、水电、电信、交通等工程进入建设市场交易中心招投标。

2003年，推行代理招标投标和公开招标，州内建立专家评委库，有评委80人。2004年，全州建设行政主管部门严把工程建设项目施工报建关，杜绝边设计、边审报、边施工的"三边工程"，没有立项计划、施工图审查批准书、工程规划许可证的工程项目均不准报建。2006年，贯彻实施《中华人民共和国招投标法》，全州招投标监管机制建立。2010年，重点强化项目进场招标文件编制、开评标现场、专家评委、代理机构对象监管，严格规范招投标活动各方主体行为。

二、工程造价管理

1989年，州建委编制《建筑工程估算指标》和《建筑工程概算定额调整系数》，并举办为期一个月的全州建筑工程预算员认证考试培训班。1990年，州建委编制《混凝土小型空心砌块补充预算定额》，发布《吉首地区当年第一、二、三、四期部分主要建材预算价格》，编制《吉首地区市政建设主要材料预算价格》，强化预算定额管理。1995年，州建设工程施工合同管理办公室成立，编制州内施工合同规范文本模式。1997年，全州审查工程项目标底和鉴证建设工程承包合同34个，面积11.13万平方米，造价金额7785万元。开展州内7个造价咨询单位资质年检，年检合格率100%。1998年，结合州内建筑新材料、新技术、新工艺推广运用，适时补编"聚氯乙烯落水管""屋面涂膜防水"等四个定额子目。培训概预算人员1000余人、工程造价管理人员300余人、湖南造价工程师300余人。是年，全国注册造价工程师200余人，通过考试，203人拿到全国造价员证书，52人取得湖南造价工程师执业资格，54人取得全国注册造价工程师执业资格。2000年，审查施工合同67个，建筑面积21.66万平方米，调解鉴定造价纠纷1起。

2003年，全州推广建设工程造价软件技术。州建设局组织参加全省第二届建设工程造价知识竞赛，获省建设厅优秀组织奖。2004年，州建设局出台《建设工程施工合同管理》《建设工程竣工结算管理》《建设工程造价咨询单位管理》三个暂行办法。2005年，全州完成施工合同备案201个，建筑面积90万平方米，工程造价6亿元，工程竣工备案率91%。2006年，建筑工程施工合同管理实现四个统一，即文本统一、格式统一、内容统一、审查方法统一，减少合同纠纷发生。2010年，全州完成施工合同审查备案313个，监理合同备案154个，建筑面积189万平方米，工程造价21.3亿元。

三、安全生产管理

1989年，全州建筑工程安全生产管理职能，由州建筑工程管理站承担。1992年，州建筑工程安全监督站成立，与州建筑工程管理站实行两块牌子一套人员。1993年，全州各县（市）成立建筑工程安全生产领导小组和建筑工程安全生产监督站。1997年，全州抽检34个在建工程，其中17个合格，17个不合格，合格率50%。1998年，安全监督工程335个，面积46万平方米，核定15个安全优良工程。1999年，全州安全事故死亡率0.5人/万，低于省目标管理指标（按面积计）。2000年，州内建筑工程配备安全监督员。同时，开展创建文明工地活动，全州评出安全优良工程28个。

2003年，州建设局与八县市建设局签订安全生产责任书，县（市）建设局与施工企业、建设单位、监理单位、设计单位签订责任状，落实安全生产责任制。2004年，全州建设行政主管部门执行《中华人民共和国安全生产法》《建筑工程安全生产管理条例》，加大安全生产执法监督力度，印发宣传资料4000份，举办培训班7期，参加培训900人。2005年，全州开展建筑施工企业安全生产隐患排查治理专项行动，检查建筑施工企业16家，在建项目53个，建筑面积23.53万平方米,建设总投资2.4亿元，下发隐患整改通知34份，不良行为记录通知书1份，停工整改通知书1份。2010年，全州建筑施工强化安全责任制度，开展安全生产隐患排查，全年实现安全生产无事故。

四、工程质量管理

1989年，全州加强工程施工质量管理，完成受监工程426个，受监面积31.9万平方米。1990年，强化空心板屋面板生产要求，全州检查和验收预制厂58家。1991年，全州竣工工程350个，建筑面积31.3万平方米，合格率100%。其中优良工程18个，优良面积2.48万平方米。1992年，全州合格建筑工程354个，占91.7%，较上年增长5.7个百分点。全州创样板工程一个，省优工程一个。1995年，全州施工单位开展创优良工程、样板工程活动，落实加强混凝土、砂浆现场计量及质监站分项工程现场抽样的规定。工程质量优良率18.9%。2000年，在竣工工程中，工程合格率100%，优良率35.25%，比1995年提高16.36个百分点。州质量监测中心站经省计量局验收，获得"计量认证合格证"。

2001年，全州获湖南省"芙蓉奖"工程1个，省优质工程2个，"武陵杯"工程22个。2003年，全州质量安全受监工程224个，受监面积92.12万平方米，工程造价7.63亿元，竣工备案工程174个，竣工备案率75%，质量评优工程40个，优良率按竣工工程个数和面积计算分别为18%和37%。2005年，全州受监工程项目526个，面积142.07万平方米,造价6.84亿元，其中完成受监工程346个，面积102.31万平方米，造价5.36亿元。全州优良工程41个，面积16.85万平方米，工程优良率按个数和面积分别为11.8%和16.5%。2007年，全州优良工程41个，有3个工程获省优质工程奖，1个工程获省芙蓉杯奖。2010年，全州实施住宅工程质量分户验收制度，检查项目97个，下发工程隐患整改建设235处，停工通知12份，责令停业整顿企业1家，处罚金5.2万元。年底，验收竣工工程合格率100%。

1989—2010年湘西州建筑设计获奖项目一览表

表21-4

序号	项目名称	获奖等级	获奖单位或个人	设计时间	设计单位
1	住宅方案竞赛	部三等奖	集体	1989年	州建筑规划勘察设计院
2	全国幼儿园方案竞赛	部鼓励奖	司马安　唐少虎	1990年	州建筑规划勘察设计院
3	全国商品住宅方案竞赛	省三等奖	刘维林　吴华文	1989年	州建筑规划勘察设计院
4	全国商品住宅方案竞赛	省三等奖	龚建辉	1989年	州建筑规划勘察设计院
5	全国商品住宅方案竞赛	省表扬奖	邓守红　兰家兴	1989年	州建筑规划勘察设计院
6	商品住宅设计竞赛	省三等奖	米先平　袁有亮	1989年	州建筑规划勘察设计院
7	商品住宅设计竞赛	省三等奖	杨松如	1989年	州建筑规划勘察设计院
8	武陵大学诗文学楼	省三等奖	梁文彬	1990年	州建筑规划勘察设计院

续表 21-4

序号	项目名称	获奖等级	获奖单位或个人	设计时间	设计单位
9	自治州民族博物馆	省三等奖	黄春辉　詹巍巍	1990 年	州建筑规划勘察设计院
10	张家界邮电公寓	省三等奖	黄　翔　龚觉先	1990 年	州建筑规划勘察设计院
11	武陵大厦综合楼	省表扬奖	罗跃平　吴子星 唐少虎　王军国	1990 年	州建筑规划勘察设计院
12	节约工程 QC 组	省表扬奖	司马安　黄春辉 袁有亮	1991 年	州建筑规划勘察设计院
13	吉首市峒河民居	鼓励奖	陈　华　何云吉 江　新	1991 年 3 月	吉首市设计院
14	州羊峰山电视台生活服务楼	省三等奖	饶　巍　陈　华	1991年6月6日	吉首市设计院
15	全面质量管理 QC 评选	省三等奖	集体	1992 年	州建筑规划勘察设计院
16	湘西自治州肉联厂生产车间	省三等奖	邓守红	1993 年	州建筑规划勘察设计院
17	德夯民族风情楼	省三等奖	陈　华　饶　巍	1993 年 7 月	吉首市规划勘察设计院
18	吉首大学语言教学楼	省二等奖	彭龙南　付　军 刘湘志	1995 年	州建筑规划勘察设计院
19	古湘山庄工程	省二等奖	邓守红　兰家兴 刘湘志　刘维林	1995 年	州建筑规划勘察设计院
20	吉首大学科技交流中心	省三等奖	陈　华　何云吉 江　新	1995 年 9 月	吉首市规划勘察设计院
21	湘西民居竞赛	省三等奖	杨建军	1996 年	州建筑规划勘察设计院
22	湘西民居竞赛	省佳奖	付　军　曹　彬	1996 年	州建筑规划勘察设计院
23	湘西民居竞赛	省佳奖	唐巧云	1996 年	州建筑规划勘察设计院
24	湘西民居竞赛	省佳作	刘　剑	1996 年	州建筑规划勘察设计院
25	州民族中学逸夫教学楼	省三等奖	梁文彬　裴自德	1998 年	州建筑规划勘察设计院
26	吉首大学图书馆	省三等奖	陈　华　何云吉 江　新	2000 年 8 月	吉首市规划勘察设计院
27	湘泉集团敬老院	省三等奖	阳彩羽　何云吉 江　新	2002 年 3 月	吉首市规划勘察设计院
28	湘西自治州体育局中心	省三等奖	唐巧云　彭顺辉	2006 年	州建筑规划勘察设计院
29	古丈县红石林国家地质博物馆	省三等奖	鲁迎春　汪建军 李颖春	2010 年 9 月	湘西州南方华林设计有限公司

1989—2010 年湘西州获湖南省优质建筑工程一览表

表 21-5

序号	工程名称	施工单位	项目经理	授奖机关	获奖时间
1	永顺县灵溪一完小教学楼	永顺县第二建筑公司	周耀南	湖南省建委	1994 年 3 月

续表 21-5

序号	工程名称	施工单位	项目经理	授奖机关	获奖时间
2	湘西州水电局住宅楼	吉首市第二安装公司	张元吉	湖南省建委	1994 年 3 月
3	吉首市边贸批发大楼	吉首市第二安装公司	舒千山	湖南省建委	1995 年 5 月
4	吉首大学交流中心	吉首市第一建筑公司	金孟贤	湖南省建委	1995 年 8 月
5	吉首市交通局办公楼	吉首市第三建筑安装公司	杨秀林	湖南省建委	1997 年 6 月
6	湘西州电业局职工住宅楼	湘西州工程公司	石松华	湖南省建委	1997 年 6 月
7	湘西州五交化综合楼	湖南省津市第六建筑工程公司	王长安	湖南省建委	1997 年 5 月
8	吉首市光明大桥	中国有色金属工业二十三冶建设公司	戴阳贵	湖南省建委	1998 年 5 月
9	湘西州电信指挥中心大楼	湘西州工程公司	王良武	湖南省建委	1999 年 6 月
10	湘西州人民政府 B 栋住宅楼	湘西州工程公司	贾小卷	湖南省建委	1999 年 9 月
11	湘西州邮政局综合楼	吉首市第三建筑安装公司	杨秀林	湖南省建委	2001 年 5 月
12	吉首大学大田湾校区教学楼	湘西州建筑安装有限责任公司	麻群霞	湖南省建委	2001 年 5 月
13	湘西电业局电力调度大楼	湖南省常德市工程公司	刘明安	湖南省建委	2002 年 5 月
14	吉首大学艺术系教学楼	湘西荣昌建筑安装发展有限责任公司	金孟贤	湖南省建设厅	2002 年 6 月
15	保靖县邮政大楼	保靖县第一建筑工程公司	吴正银	湖南省建设厅	2002 年 6 月
16	吉首大学 7# 学生宿舍楼	湘西荣昌建筑安装发展有限公司	刘正银	湖南省建设厅	2003 年 6 月
17	永顺县人民医院外科大楼	永顺县宏达安装公司	向润琪	湖南省建设厅	2003 年 6 月
18	湘西州教育局电教综合楼	湘西州建筑安装有限责任公司	张先培	湖南省建设厅	2003 年 6 月
19	吉首大学体育馆	湘西荣昌建筑安装发展有限公司	陈石泉	湖南省建设厅	2004 年 7 月
20	龙山县里耶镇小学教学楼	龙山县第一建筑工程公司	王依明	湖南省建设厅	2004 年 7 月
21	吉首大学教学楼	湘西荣昌建筑安装发展有限公司	金孟贤	湖南省建设厅	2004 年 7 月
22	吉首一中教学楼	湘西州建筑安装有限责任公司	张先培	湖南省建设厅	2004 年 7 月
23	吉首打叶复烤厂二期技改工程	湖南省建筑工程集团总公司	黄　翔	湖南省建设厅	2004 年 7 月
24	吉首大学师范学院科技楼	湘西州工程公司	张文智	湖南省建设厅	2005 年 7 月
25	花垣县人民医院住院楼	花垣县建筑工程公司	潘宜西	湖南省建设厅	2005 年 7 月
26	吉首市政府办公楼	湘西荣昌建筑安装发展有限责任公司	王　琳	湖南省建设厅	2006 年 6 月
27	永顺县邮政综合楼	永顺县宏达建筑安装公司	向润其	湖南省建设厅	2006 年 6 月

续表 21-5

序号	工程名称	施工单位	项目经理	授奖机关	获奖时间
28	湘西州烟草公司卷烟配送中心大楼	湖南省第五工程公司	王志刚	湖南省建设厅	2006 年 6 月
29	湘西州财产保险公司综合楼	吉首市第三建筑安装公司	杨秀林	湖南省建设厅	2007 年 4 月
30	永顺县自来水公司住宅楼	永顺县第三建筑安装公司	向润琪	湖南省建设厅	2007 年 4 月
31	湘西州民族影视文化中心	湘西荣昌建设集团有限责任公司	金孟贤	湖南省建设厅	2007 年 6 月
32	吉首大学科研教学综合楼	湘西荣昌建设集团有限责任公司	金孟贤	湖南省建设厅	2007 年 6 月
33	湘西州民族中学综合教学楼	湘西州 建筑安装有限责任公司	陈贤利	湖南省建设厅	2007 年 6 月
34	花垣县人民医院医技综合大楼	湖南省津市市第六建筑工程有限公司	潘宜西	湖南省建设厅	2010 年 6 月

第二十二篇　环保　气象　水文

第一章　环境保护

1989年，吉首市城区二氧化硫年均值（毫克/立方米）为0.1219，超标率29%。氮氧化物年均值为0.009，未超标。颗粒物（TSP）年均值（毫克/立方米）0.154，超标率73.3%。降尘平均值（吨/平方公里·月）为12，超标率25%。综合污染指数为2.27，表明吉首市大气质量属中度污染。吉首市酸雨频率60%。峒河州食品厂断面水环境监测，枯水期大肠菌群超标率100%，化学耗氧量年超标率83%，其余项目均符合（GB3838-83）二级标准。吉首市交通噪声等效声级66分贝，未超标；区域环境噪声等效声级53分贝，未超标。1990—2007年，全州经过环境管理，建设项目"三同时"（建设项目建设中环境保护设施与主体工程同时设计、同时施工、同时投产使用。下同）达到90%～100%。全州建立饮用水源保护区7个，将"城市环境综合整治目标考核"10项指标纳入"爱国卫生考核内容"。湘西州第九届人民代表大会第四次会议通过《湘西土家族苗族自治州环境保护若干规定》，并经湖南省第八届人大常委会第二十二次会议批准实施。全州开展环境整治，取缔、关闭严重污染环境的小造纸、小制造、小染料、土法炼焦、炼硫、炼砷、炼汞、炼铅锌、炼油、选金和农药、漂染、电镀以及生产石棉制品、放射性制品以及小型炼钒、炼锑、炼铜、铅锌浮选等"十九小"（小造纸、小制造、小染料、土法炼焦、炼硫、炼砷、炼汞、炼铅锌、炼油、选金和农药、漂染、电镀以及生产石棉制品、放射性制品以及小型炼钒、炼锑、炼铜、铅锌浮选）企业。全州取缔关闭五氧化二钒生产企业84家，全面根除钒冶炼造成的环境污染隐患。同时还扎实开展涉锰涉铅锌企业污染整治和造纸企业污染整治专项行动，州域水质得到恢复。

2008—2010年，各县（市）人民政府开展环境优美乡（镇）和生态村的创建工作，三年内，全州申报36个环境优美乡（镇）和63个生态村，并全部顺利通过省环保厅验收，获得环境优美乡镇和生态村称号。全州二氧化氮年均浓度均未超过国家环境质量二级标准，酸雨频率64.6%，比上年下降28.4%。全州地表水11个水质监测中，断面功能达标率90.9%。区域环境噪声等效声级均值看，有5个县（市）城区均值低于国家标准，3个县均属于轻度污染。2010年，州城吉首市二氧化硫、二氧化碳日均值为0.005~0.139毫克/立方米、0.11~0.061毫克/立方米，符合国家空气质量二级标准。

1989年，湘西州环境保护局内设办公室、自然资源保护科、监督治理科、监测科技科，核定编制30名，实有36人。下属机构有科研所、排污监理站、环保监测站等5个单位。1993年，州环保局列入州政府组成局。1995年，机构改革，局内设办公室、环境管理科（自然保护科）、科技监测科、法制科。2000年，局内设环境管理科（自然保护科）、环境法制科、科技监测科、排污管理科、环境保护记者站和办公室，核定编制24名，实有21人。下设环境监测站和环境保护科研所2个事业机构。2002年，增设法规宣教科。2006年，增设州辐射环境监督站。2010年，局机关内设办公室（规划财务科）、人事科、污染源管理科（总量科）、自然生态保护科、法规宣传科、环境影响评价科、科技监测科（核辐射管理科）、纪检监察室。核定编制17名，实有17人。下设辐射环境监督站、环境监察支队、环保科研所、环境监测站4个事业机构。

1989—2010年，历任局长：龙承禄、彭军、欧湘浦、屈辉庭；副局长：蒋茂泉、林亲学、文正华、贾圣、张健、向文富、王建华、喻旗。

第一节　环境质量

一、大气环境质量

1989年，吉首市城区二氧化硫年均值（毫克/立方米）为0.121，超标率为29.0%。氮氧化物年均值（毫克/立方米）为0.009，超标率为零。颗粒物（TSP）年均值（毫克/立方米）为0.154，超标率为16%。降尘平均值（吨/平方公里·月）为12，超标率为25%。综合污染指数为2.27，表明吉首市大气质量属中度污染。

1995年，吉首市二氧化硫年日均值为0.264（毫克/立方米），超标。龙山县年日均值浓度0.056（毫克/立方米），未超标。保靖县年日均值浓度0.086（毫克/立方米），超标。吉首、保靖、龙山三县市总悬浮颗粒物年日均值未出现超标。吉首市大气氮氧化物年日均值（毫克/标立方米）0.021，超标率为0。

2000年，城市环境空气中二氧化硫，吉首市年均值浓度0.061（毫克/立方米），总均值0.121，超过国家标准。泸溪县年均值0.016.总均值0.010（毫克/立方米）,达到国家二级标准。花垣县年均值0.096（毫克/立方米），总均值0.079，超过国家二级标准。保靖县年均值0.089，总均值0.082（毫克/立方米）,超过国家二级标准。永顺县年均值0.046，总均值0.069（毫克/立方米），超过国家二级标准。龙山县年均值0.078，总均值0.072（毫克/立方米），超过国家二级标准。全州有6个县（市）5年环境空气总悬浮颗粒物年均值浓度范围0.078~0.427毫克/立方米；空气总悬浮颗粒物总平均值达到二级标准有泸溪、永顺两县。高值花垣县超标1.14倍。吉首市降尘年均值范围6.17~9.54吨/平方公里·月，平均值为6.21吨/平方公里·月，超标率33.3%。吉首市氮氧化物日均值范围为0.004~0.061毫克/立方米，年均值为0.022毫克/立方米，在国家二级标准范围内，未出现超标。

2001—2005年，全州二氧化硫年均值范围为0.088~0.093毫克/立方米，均超过国家二级标准。其中有4年平均浓度为0.088毫克/立方米，超标0.5倍。最高值出现在2005年，为0.093毫克/立方米，超标0.6倍。吉首市二氧化氮年均值浓度范围在0.022~0.036毫克/立方米，未超过国家二级标准。降尘年均浓度在4.6216~7.7038吨/平方公里·月之间。可吸入颗粒物年均值范围为0.060~0.084毫克/立方米，达到国家二级标准。泸溪、花垣、保靖、永顺和龙山5个县总悬浮颗粒物浓度范围为0.183~0.272毫克/立方米,年均值超标率分别为20%、100%、20%、50%、60%。

2006年，全州城市空气质量稳定，主要污染物二氧化硫呈下降趋势，2010年，浓度范围为0.014~0.136毫克/立方米，超标率21.9%。颗粒物浓度范围为0.31~1.16，超标率3.2%。吉首市降尘浓度范围为2.993~10.918（吨/平方公里·月），超标率25.0%。全州有6个县（市）二氧化氮年均浓度均未超过国家环境质量二级标准。

二、酸雨

1989年，吉首市酸雨频率60%。1991—1995年，吉首市城区降水酸碱度年均值范围在4.06~4.51之间，酸雨频率在62.5%~94.5%之间，降水酸碱度年均值无显著变化，平均值小于5.6。1996—2000年，吉首降水酸碱度范围3.02~7.60，总均值4.50。硫酸根和钙离子为降水的主要化学成分。2001—2005年，吉首市降雨酸碱度均值≤5.6（2003年酸雨重，pH年均值为3.94）。酸雨评价2001年为中酸雨区，2002—2004年，吉首市为重酸雨区，2005年为中酸雨区。2006—2010年，吉首市酸雨呈波动性变化，2006年为轻酸雨区，2007年为轻酸雨区，2008年为中酸雨区，2009年为重酸雨区；2010年为中酸雨区，酸雨频率64.6%，比上年下降28.4%；降水酸碱度年均值为4.81，比上年上升0.48个酸碱度单位，降水的化学成分阴离子以硫酸根和硝酸根离子为主，阳离子以钙离子和氨离子为主。

三、水环境质量

1989年，州七一化工厂下断面水环境监测结果,主要超标项目为黄磷、锰、大肠菌群。黄磷在枯水期（12月）超标率33%。锰在9月超标率100%，高值1.10毫克/升。大肠菌群超标率53%。其余项目符合（GB3838-83）二级标准。

峒河州食品厂断面水环境监测结果，1989年，枯水期大肠菌群超标率100%，化学耗氧量年超标率83%（高值为30.04毫克/升），溶解氧最低值为零，生化需氧量1989年超标率100%（最高值为7.06毫克/升），其余项目均符合（GB3838-83）二级标准。

张排断面水环境监测结果，生化需氧量1989年超标率100%，高值3.70毫克/升；黄磷超标率100%，高值0.015毫克/升；锰12月超标率66.7%，高值为1.330毫克/升。其余项目均符合（GB3838-83）二级标准。

沅水干流武水汇合口水环境监测结果，大肠菌群每年均出现超标，锰在1990年12月出一次超标，其值为0.302毫克/升;黄磷在1990年出现超标，超标率50%，高值为0.009毫克/升；其他项目均符合（GB3838-83）二级标准。

1991—1995年，州七一化工厂断面水环境监测结果，单质磷年均值范围为0.004~0.050毫克/升，超标率83%~100%；锰年均值范围为3.50~6.02毫克/升，超标率100%；1992—1995年大肠菌群超标率66.7%~100%；1991—1994年总磷超标率33%~100%；1991年、1992年、1994年溶解氧的年均值分别为6.48毫克/升、7.56毫克/升、7.37毫克/升，超标率分别为25%、1.7%、1.67%；1994年亚硝酸盐氮年均值为0.074毫克/升，超标率为22.2%；1995年氨氮年均值为5.523毫克/升，超标率为88.9%；其余项目符合GB3838-88的三级标准。

州食品厂断面水环境监测结果，总磷超标率范围为26.7%~66%，挥发酚超标率范围为20%~61.1%，溶解氧超标率范围11.1%~66.7%，高锰酸盐指数超标率范围为4.6%~29.1%。1992年、1994年、1995年，3个年度的生化需氧量年均值分别为19.40毫克/升、3.70毫克/升、3.53毫克/升，超标率分别为100%、33.3%、33.3%。1992—1995年大肠菌群超标率100%。1993年、1995两年锰的年均值为0.58毫克/升和0.023毫克/升，超标率分别为33.3%、11.1%。1993、1994年亚硝酸氮的年均值为0.240毫克/升和0.221毫克/升，超标率为66.7%和55.5%。其余项目未超标。

张排断面水环境监测结果,出现超标项目占统计项目40%。1991年、1994年、1995年单质磷高值分别为0.005毫克/升、0.024毫克/升、0.008毫克/升，超标率分别为33.3%、66.7%、77.8%。锰的平均值范围为0.733~1.68毫克/升，高值出现在1994年，为5.48毫克/升。总磷超标率为66.7%~100%。1991年、1992年、1994年溶解氧的年平均值分别为6.93毫克/升、5.65毫克/升、6.43毫克/升，超标率分别为16.5%、25%、11.1%。1992年12月高锰酸盐指数超标率为100%。1993—1994年亚硝酸盐氮超标率为77.8%~83.3%。1992—1995年总大肠菌群超标率为77.8%~100%。1995年氨氮超标率为77.8%。其余项目未超标。

武水汇合口水环境监测结果，出现超标项目占统计项目36%。锰在1991年、1993年、1994年、1995年均出现超标，1991年超标率66%。1992—1995年大肠菌群超标率范围为41.7%~75.6%；单质磷高值为0.025毫克/升，超标率范围为16.7%~100%；总磷超标率范围为5.6%~41.7%；高锰酸盐指数、生化需氧量、悬浮物只有一次超标；其余项目未超标。泸溪浦市上游断面水环境监测结果，1993年、1994年总磷出现超标，超标率为16.7%、11.1%；1993—1995年大肠菌群超标率范围为16.7%~66.6%；其余项目未超标。龙山南门河自来水抽水站断面水环境监测结果，超标的项目有悬浮物、化学耗氧量、生化需氧量，出现超标项目占统计项目15%。

龙山宝塔村渡口断面水环境监测结果，超标的项目有铅、pH、悬浮物、高锰酸盐指数、单质磷、溶解氧。5年中出现超标项目占统计项目的26.3%。红星村断面水环境监测结果，超标的项目有铅、高锰酸盐指数、单质磷、溶解氧、悬浮物。5年中出现超标项目占统计项目的26.3%。

花垣河复兴场渡口断面水环境监测结果，锰在1994年、1995年出现超标，超标率为100%。酉水干流保靖食品厂断面水环境监测结果，5年中总锰在1994年和1995年出现超标，最高值为0.53毫克/升和0.4毫克/升，超标率为55.6%和100%。

猛洞河永顺自来水厂断面水环境监测结果，1994年、1995年悬浮物和生化需氧量出现超标，其余未超标。永顺新大桥断面水环境监测结果，1994年和1995年悬浮物、生化需氧量、大肠菌群出现超标，超标项目占统计项目的33.35%。永顺县不二门电站断面水环境监测结果，1994年和1995年悬浮物、溶解氧、生化需氧量出现超标，超标项目占统计项目的33.3%。

1996—2000年，吉首市第三水厂断面水环境监测结果，大肠菌群、总磷、色度、非离子氨出现超标，5年中出现的超标项目占统计项目的3%。州七一化工厂断面水环境监测结果，5年中出现超标项目占统计项目的22.5%。主要超标项目为单质磷、锰、大肠菌群、非离子氨。单质磷年均值范围为0.019~0.156毫克/升，最大值为0.864毫克/升，超标率范围为69%~100%；锰年均值为2.17~9.22毫克/升，最大值为34.6毫克/升，超标率范围为55%~100%；大肠菌群最大值为350万个/升,超标率为100%。非离子氨最大值为0.664毫克/升，超标率范围为66%~100%。氨氮最大值为9.00毫克/升，超标率范围为66%~100%。

吉首市第二水厂断面水环境监测结果，出现超标的项目有大肠菌群、非离子氨、大肠菌群，5年中超标项目占统计项目的3.5%。

州食品厂断面水环境监测结果，1996—2000年5年中超标项目占统计项目的20%，主要超标项目为容解氧、总磷、非离子氨、大肠菌群等。溶解氧最低值为0.45毫克/升；总磷超标率范围为39%~64%；非离子氨超标率范围为33%~100%；大肠菌群超标率100%，粪大肠菌群超标率为100%；1997—2000年氨氮超标率范围为33%~100%；生化需氧量超标率范围为22%~77%；化学需氧量超标率范围为11%~39%；镉在1999年和2000年的年均值分别为0.0024毫克/升和0.0421毫克/升，超标率分别为11%和100%（最高值为0.2288毫克/升）；悬浮物超标率为22%；挥发酚1996年年均值为0.005毫克/升，超标率为24%；总汞在2000年的年均值为0.0003毫克/升，超标率为88%；锌在2000年均值为1.676毫克/升，超标率为66%。

张排断面水环境监测结果，1996—2000年5年中出现超标项目占统计项目的18%，主要污染项目为锰、大肠菌群、非离子氨、单质磷等。5年中锰的年均值分别为0.65毫克/升、1.594毫克/升、0.522毫克/升、0.80毫克/升、0.522毫克/升，超标率分别为100%、66%、33%、33%、100%。大肠菌群、粪大肠菌群每年都有超标，非离子氨超标率分别为88%、100%、33%、100%、77%。单质磷在1996—1999年的平均值分别为0.011毫克/升、0.019毫克/升、0.160毫克/升、0.104毫克/升，超标率分别为66%、55%、33%、100%。溶解氧在1996—1998年超标率分别为11%、22%、33%。氨氮在1998—2000年均值分别为0.46、3.49、0.578（毫克/升），超标率分别为44%、100%、67%。镉在2000年有6次超标，锌在2000年有三次超标。

沅水武水汇合口水环境监测结果，1996—2000年5年中超标项目占统计项目的5.8%。主要污染项目为锰、总磷、氨氮、单质磷等。锰在1997年、1999年、2000年出现超标，超标率分别为11%、22%、56%；总磷在1996年、1998年、1999年出现超标；氨氮在1998年、1999年、2000年出现超标；单质磷五个年度都出现超标，超标率范围为11%~55%，高值为0.011毫克/升；铅在1997、1999年出现超标;镉在2000年有5次超标。

沅水泸溪浦市上游断面水环境监测结果，

1996—2000 年 5 年中超标项目占统计项目的 3%，主要超标项目为铅、锰等。铅在 1997 年、1999 年和 2000 年中有超标；锰在 1997 年、1998 年、2000 年有超标；单质磷在 1997 年、1998 年有超标；镉在 2000 年超标两次。

龙山南门河自来水厂断面水环境监测结果，1996—2000 年 5 年中高锰酸盐指数出现一次超标，悬浮物出现一次超标。龙山宝塔渡口断面水环境监测结果,溶解氧在 1996 年、1997 年、1999 年有超标，超标率为 30%；悬浮物在 1998 有两次超标；其余项目未超标（按Ⅳ类水评价）。

保靖酉水江口汇合处断面水环境监测结果，主要超标项目为锰。锰在 1996 年、1998 年和 1999 年的均值为 0.160 毫克 / 升、0.331 毫克 / 升、0.176 毫克 / 升，超标率分别为 100%、100%、50%。其余项目未超标。

保靖副食品加工厂断面水环境监测结果,主要超标项目为锰。锰在 1996—1999 年均值分别为 0.370 毫克 / 升、0.103 毫克 / 升、0.470 毫克 / 升、0.198 毫克 / 升，超标率分别为 100%、100%、100%和 60%。花垣河川心城断面水环境监测结果，主要超标项目为锌、六价铬、镉、铅等。锌在 2000 年有检出，高值为 0.197 毫克 / 升；六价铬 9 次检出，高值为 0.012 毫克 / 升；铅有三次超标，超标率 33%；镉超标率 33%。

永顺县小河出口断面水环境监测结果，氨氮在 1996 年有两次超标；溶解氧在 1999 和 2000 年超标率 50%；非离子氨两次超标。永顺不二门电站断面水环境监测结果，1996 年、1997 年、1999 年、2000 年中超标项目占统计项目 15%。锰在 1999 年、2000 年的年均值分别为 0.087 毫克 / 升和 0.090 毫克 / 升，超标率分别为 17%和 50%；生化需氧量在 1996、1999 年出现超标，超标率 17%和 33%；氨氮在 1997 年和 1999 年超标率 100%。

2005 年，州内地表水属轻度污染，断面功能达标率 66.7%。其中，酉水支流水质状况属中度污染；其次为武水流域，水质状况轻度污染；酉水干流碗米坡水库断面、保靖喜阳集团断面、永顺不二门电站断面、古丈凤滩水库断面水环境监测结果，水质良好，属二类、三类水质。花垣川心城断面水环境监测结果，水质状况属重度污染，为劣Ⅴ类水质。氨氮、镉、铅的年、月均值均超标，其中氨氮年均值超标倍数为 0.03 倍、月均值超标率 33.3%；镉超标 5.98 倍，月均值超标率 100%。铅值超标 0.21 倍，月均值超标率 66.7%。该断面主要污染物分担率镉为 64.9%，铅为 11.2%。

吉首河溪断面水环境监测结果,水质状况属轻度污染，属Ⅳ类水质。总磷年均值超标，超标倍数 0.46 倍；溶解氧月均值超标率 8.3%。化学耗氧量（锰法）月均值超标率 8.3%。总磷月均值超标率 41.7%。锌月均值超标率 8.3%。氟化物月均值超标率为 8.3%。镉月均值超标率 8.3%。个别月份超标倍数 0.90 倍。

2010 年，全州地表水水质状况，武水、沅水干流水环境质量基本稳定，酉水支流水环境呈好转趋势，水质属轻度污染。断面功能达标率 74.5%。沅水干流其污染形式主要为有机污染，污染物平均分指数总磷 1.35、化学耗氧量（锰）0.35。酉水支流污染形式主要为重金属污染。污染物平均分指数镉为 1.13、氨氮 0.88。酉水干流水质污染形式主要为有机污染。污染物平均分指数氨氮 0.64、化学耗氧量（锰）0.47。武水水质污染形式主要为有机污染。污染物平均分指数氨氮 0.68、总磷（0.44）、化学耗氧量（锰）0.44。是年，全州地表水 11 个水质监测断面中，满足水域功能规划要求为 10 个，分别为碗米坡、喜阳集团、凤滩水库、虎渡口、不二门电站、宝塔村渡口、武水汇合口、浦市上游、里耶镇和河溪，断面功能达标率 90.9%，比上年上升 0.9 个百分点；劣于水质标准断面 1 个，为川心城断面，超标因子为化学耗氧量（铬）、氨氮，年均值超标倍数分别为 0.35 倍和 0.42 倍。

四、声环境质量

1990 年，吉首市交通噪声等效声级为 66 分贝，未超标；区域环境噪声等效声级为 53 分贝，未超标。1991—1995 年，除 1992 年吉首市区域环境噪声的等效声级为 57.2 分贝，高于国家标准

(55 分贝) 外。其余 4 年均达到国家标准。交通噪声分别为 68.4 分贝、72.1 分贝、72.2 分贝、73.4 分贝、70.1 分贝 (A), 5 年中只有 1991 年达到国家标准。2000 年, 吉首市区环境噪声平均等效声级 63.1 分贝 (A) ,超过标准值 8.1 分贝 (A)。影响城市声环境的声源结构: 施工、工业噪声占 10%, 交通、生活和其他噪声占 90%。2005 年, 州内声环境质量好的有保靖县, 平均等效声级 67.8 分贝 (A) , 永顺县 61.8 分贝 (A) , 泸溪县 62.3 分贝 (A), 占统计城市总数的 50%。属轻度污染的有吉首市, 平均等效声级 71.6 分贝 (A), 花垣县 71.9 分贝 (A), 占统计城市总数 33%。属中度污染的有龙山县,为 72.7 分贝 (A), 占统计城市总数 17%。2010 年, 州内城市交通噪声等效声级, 泸溪县 63.0 分贝 (A); 噪声质量为好; 泸溪县 64.1 分贝 (A), 占统计城市的 17%。属于比较好的县 (市) 有吉首市 69.5 分贝 (A)、保靖县 66.83 分贝 (A)、永顺县 66.95 分贝 (A), 占统计城市 50%。龙山县 70.3 分贝 (A)、花垣县 71.3 分贝 (A), 属轻度污染, 占统计城市 33%。

第二节 环保管理

1989 年, 全州完成环保治理项目 11 个。同时启动乡镇企业污染与环境影响调查工作次年 4 月, 调查结束。此次调查乡镇工业企业 10029 家, 占乡镇工业企业总数 58%, 调查企业工业产值 13223.5 万元, 占全部乡镇工业产值 80%。

1991 年, 全州建立饮用水源保护区 7 个, 将“城市环境综合整治目标考核” 10 项指标纳入“爱国卫生考核内容”。全州完成污染整治项目 17 个, 治理投资 248 万元。1992 年, 全州 34 个建设项目开展环境影响评价。凤凰县雪茄烟厂易地改造, “三同时” (同时设计、同时施工、同时投产使用) 工程通过环保验收。1993 年, 全州 13 家企业补办环境影响评价手续, 21 家企业补办“三同时”环保设施验收手续。1994 年, 全州审批项目 47 个, 39 个项目开展环评, 项目环境影响评价执行率 83%; 落实“三同时”制度项目 26 个, “三同时”执行率 77%。完成古丈县水泥厂窑尾粉尘、龙山县人民医院病原体废水治理等州、县 (市) 长办实事项目 4 个。

1995 年, 全州审批和环境影响评价州人民医院钴 60 放射室、花垣县化工厂浮选分厂等建设项目 57 个。1996 年 3 月, 湘西州第九届人民代表大会第四次会议审议通过《湘西土家族苗族自治州环境保护若干规定》, 6 月, 经湖南省第八届人大常委会第二十二次会议批准实施。是年, 全州审批新上项目 9 个, 环评率 100%。

1999 年 5 月 2 日, 泸溪县武水甘溪桥电站至沅江武水汇合处、沅江干流五里州到沅陵交界处两水域出现大量死鱼。5 月 3—8 日, 在沅江流域泸溪县境与沅陵交界处至柳林汊约 140 公里水域, 除中华鲟未发现外, 其他 81 种鱼均发现死亡现象, 死鱼 150 余吨。沅江环境污染死鱼事件发生后, 事件调查由湖南省环境监测中心站牵头, 调查组由湘西州环保局、监测站和怀化地区环保局、监测站和沅陵县环保局等 18 个单位组成。调查组 20 人, 分为领导小组、污染源调查组、分析测试组及资料综合 4 个组。调查历时半个月, 调查范围: 吉首七一化工厂至泸溪县武溪溪河口 3 条河道水域 71 公里、河口至柳林汊水域 140 公里、浦市化工总厂到河口水域 40 余公里。调查收集资料 112 份, 拍摄照片 33 张, 制图 2 幅, 获取数据 8108 个。调查认定, 此次死鱼是由鱼体黄磷中毒所致。黄磷源自湘西州浦市化工总厂、洗溪磷矿及州七一化工厂三家黄磷生产企业废水长期超标排放, 州环保局及时作出处理决定, 责令 3 家企业迅速治理污染, 实现黄磷零排放。同时, 三家企业拿出 9 万元, 赔偿网箱养鱼专业户经济损失。是年, 全州审批建设项目 43 个, 其中工业项目 7 个, 非工业建设项目 36 个, 环境影响评价执行率 100%。2000 年 3 月 31 日, 湘西州第十届人民代表大会第三次会议通过《湘西土家族苗族自治州吉首市城区饮用水水源保护条例》, 7 月, 经湖南省人民代表大会常务委员会批准实施。是年, 州人民政府副州长董继兴牵头, 持续开展工业污染治理, 实现达标排放, 州人大常委会跟踪监督,审查通过全州达标排放工作方案。全州按照“三个不变”（目标不变、期限不变、标准不变）要求，督查考核限期达标企业120家，其中107家实现达标排放，达标率89.2%。

2002年，全州环保部门立案查处违法企业13家，责令关闭浮选企业11家，停建在建浮选企业2家。州内限期达标排放企业88家，实现主要污染物达标排放85家，达标率96.6%。2003年，全州关闭、取缔严重污染环境企业16家，责令停产治理企业51家，责令补办环境影响评价或“三同时”验收手续企业49家。是年“非典”（非典型肺炎）防治期间，全面检查县以上医院污染处理设施运转情况，下达现场监察整改通知书150份，督促州“非典”定点医院和凤凰县医院投入31万元，建设医疗污水、废弃物处理处置设施。是年，全州环保部门审批非生产性建设项目35个，审批工业及生产性建设项目21个，组织验收非生产性建设项目37个、工业项目3个，全部实现“三同时”。

2005年，吉首、保靖、古丈等涉钒县（市）组织80人，开展钒矿企业现场执法和督查。是年，全州审批非生产性建设项目14个，总投资7171万元；审批和环评工业及生产性建设项目33个。验收非生产性建设项目12个，生产性建设项目46个。2007年，全州出动执法人员1300多人次，检查企业2000家，查处各类环境违法案件55起，处以罚款253.3万元。同时，排查吉首市峒河、万溶江等饮用水源保护区上游污染源68处，下达“限期整改”监察文书24份，实施行政处罚污染源单位11家。是年，全州审批项目170个，其中生产性项目160个，非生产性项目10个，完成花垣县鑫磊水泥有限公司等10家生产性企业、州石油公司等17个住宅项目的竣工验收，州环保局对省环保局审批的泸溪开发区等12个项目出具项目环评预审意见，开征20个项目“三同时”保证金61万元。2008年，全州环境管理以钒矿禁采、饮用水源保护、造纸行业整治为重点，严格环境执法。全州征收排污费740.24万元，其中州本级征收101.78万元,吉首市征收排污费195万元，居全州第一位；泸溪、花垣两县分别征收159.9万元、130万元，名列第二、第三位。是年，全州审批项目179个，其中上报省环保局审批新建项目20个，通过州环保局审批新建项目43个，各县（市）自行审批房地产、小型生产等项目116个。同时开展放射源调查工作，采集、监测全州38家企业375个样品，并逐一核对上报省环保局，现场检查10个涉源单位的13枚放射源，监测永顺、凤凰等县（市）4家水泥厂、3家医院放射源。

2009年5月14日零时55分，花垣县兴银锰业有限责任公司金属电解锰厂发生尾矿库坝体部分坍塌，造成4人死亡、1人重伤、3人轻伤及环境污染事故，直接经济损失511.20万元。事故发生后，州环保局启动环境应急预案，现场布置相关环境应急、处置工作，及时印发《湘西州环保局关于酉水水质异常应急监测的通知》，组织州环境监察支队、监测站及相关县（市）在5月14日至6月17日期间，监测州境100公里酉水流域7个断面，连续应急监测和排查州境相关县（市）涉锰企业排污，并将相关情况及时向州人民政府报告，州环保局、州安监局对其进行立案查处。环保部门作出行政处罚，责令花垣县兴银锰业有限责任公司于10月30日前，按要求完成溃坝事故造成的外泄电解锰废渣清理处置工作，垮塌主库闭库处理，杜绝二次污染，并处以20万元罚款。

2010年，全州清理整改未批先建违法项目54个，停产整治存在环境安全隐患企业34家，限期治理企业50家。全州立案查处各类环境违法案件39宗，处以罚金150万元，其中州环境监察支队处罚违法企业12家，罚金92万元。全州依法征收排污费788.35万元。是年，全州审批建设项目49个，出具审批意见并报省环保厅审批的项目24个；完成吉首、古丈等县（市）污水处理厂及州审批项目的“三同时”验收项目11个；完成未批先建项目整改54个；实现年度污染物减排目标。

第三节 污染治理

一、废水治理

1989年，全州实施废水处理项目24个，排放工业废水1465万吨，经过处理199万吨。1995年，工业废水2481吨，经过处理887吨，处理率35.75%。1996年，全州贯彻国务院和省人民政府关于取缔、关闭严重污染环境小企业指示精神，取缔和关停龙山县洛塔煤焦公司土焦群、永顺县永茂钒厂、吉首市万溶江炼锑厂等企业13家。1997年，全州关停企业27家。1998年，吉首市已略钒厂和花垣县角弄、畜牧局二选矿厂关停。至是年，全州污染小企业全部关停。

2005年，州境花垣县与贵州省松桃县、重庆市秀山县交界地区，涉锰企业相对集中，俗称"锰三角"。锰污染问题引起中共中央、国务院领导高度重视，中共中央总书记胡锦涛作出重要批示，要求切实加大涉锰企业整治力度。州委、州人民政府认真落实胡锦涛重要批示，成立州涉锰企业污染整治领导小组及其办公室。全面启动州内锰污染治理工程。9月2—11日，州治理领导小组先后4次深入花垣、保靖、吉首、泸溪、凤凰和古丈6个涉锰县（市）督查。全州49家电解锰企业，除2家企业在建，3家企业自愿关闭外，其余44家投产企业全部实施污染治理，全州完成污染治理投资15598万元，占投资计划额的123.5%，其中花垣县14家电解锰企业完成投资9200万元，治理验收合格率80%以上。州境水质逐步恢复，"锰三角"交界处清水江"翠翠岛"断面总锰、氨氮、六价铬、高锰酸盐指数分别由治理前的每升1.3143毫克、0.02毫克、1.31毫克，降至每升0.05毫克、0.264毫克、0.008毫克、0毫克。2006年，湘西州首轮锰污染整治工作通过国家环保总局验收。是年4月，湘西州代表湖南省在全国环境执法工作大会上作典型发言，治理工作得到中共中央总书记胡锦涛肯定。是年，全州开展铅锌污染整治行动，州人民政府印发《全州铅锌污染整治方案》，全州依法关闭铅锌浮选企业8家，停产治理30家企业34个厂，限期治理50家企业60个厂。

2007年，全州贯彻全国造纸企业污染整治专项行动电视电话会精神，州人民政府印发《湘西州造纸企业污染整治专项行动方案》，州环保局处罚废水严重超标排放企业两家，即龙山兴隆造纸厂和吉首市山城造纸厂。古丈县包装制品厂关闭。吉首市4家企业，经治理吉首荣昌纸业、吉首市创兴纸业验收合格。2008年，全州造纸企业污染整治累计投入资金550万元。2009年，全州造纸企业14家，关闭8家，达到整治验收条件6家，总规模9.6万吨。其中，花垣、保靖和古丈3个县造纸企业全部关闭和拆除，吉首、永顺、龙山3个县（市）造纸企业通过省政府验收。2010年，全州建成废水在线监控系统50个，完成配套设施40套，验收合格率72%；工业废水排放量1369吨，排放达标975吨，达标率71%。全州8座污水处理厂建成投入运行。

二、废气治理

1989年，全州实施治理废气项目19个，工业排放废气10.86万标立方米，净化处理3.8万标立方米。1995年，生产排放废气383600万标立方米，经净化的30224万标立方米。1999年，吉首市区有燃煤锅炉125台，其中生产锅炉34台，生活锅炉91台。根据国务院提出的"2000年实现所有工业污染源达标排放"要求，州环保局和吉首市环保局提请州人民政府将29家40台污染严重的燃煤锅炉列为第一批治理项目。2000年，州人民政府批转《吉首市城区燃煤锅炉污染治理方案》，确定边城宾馆等30个单位的41台锅炉为第一批整治对象，并拨专款20万元，奖励和补助锅炉整治工作。2002年，吉首市城区燃煤锅炉49台，治理46台，投入资金165万元。2004年，完成26家餐饮业油烟监测摸底和10家餐饮业油烟整治。

2005年1月，州政府印发《湘西自治州人民政府关于取缔关闭全州五氧化二钒生产企业的通知》，要求环保等相关职能部门停止行政审批，全州禁钒工作正式部署，古丈、保靖两县率先展开。3月，州政府领导听取州环保局的专题汇报，研究部署下步工作。4月，州人民政府《关于关闭钒厂、禁止开采和外运钒矿的紧急通知》印发各县市。5月，召开州长办公会议，再次研究全州禁钒工作。6月，检查验收涉钒县市禁钒工作。当年，全州有非法钒厂 21 家，经整治，强制捣毁 9 家、自行拆除 8 家、停止建设 3 家、转产 1 家。2010 年，全州工业废气二氧化硫排放量 9618 吨，排放达标 5413 吨，占总排放量的 56.27%；烟尘排放量 1747 吨，排放达标 720 吨，占排放量的 41.21%；工业粉尘排放 14529 吨，排放达标 7526 吨，占排放量的 51.79%。废气治理设施 94 套，处理能力 100.93 万标立方米 / 时，治理运行费用 562 万元。

第四节 环境监测

1989 年，州环境监测站有 721 分光光度计、测汞仪、分析天平等简单监测仪器。1990 年，吉首、泸溪、保靖和龙山 4 个县（市）环境监测站成立。1991 年，州环保局下发文件，要求建立环境监测机构，县市开展监测工作，重点监测工业污染源。1992 年，州环境监测站开展重点污染源监测，获监测数据 256 个。1993 年，获监测数据 144 个，并 72 小时连续监测七一化工厂和洗溪磷矿。是年，经州人民政府第八次常务会议研究决定，同意州环保局从排污费中提取 7%更新添置环境监测仪器设备。1994 年，全年提供污染源监测数据 299 个。

1995 年，永顺、花垣两县建立环境监测站，并形成工作能力。凤凰、古丈两县环境监测站可开展部分项目监测。州环境监测站按照国家环境监测技术规范开展环境质量监测工作，能够承担吉首市城区环境空气、降水、降尘监测；承担州境内的沅水和沅水支流峒河、万溶江的地表水水质监测，吉首市主要饮用水源水质监测；承担州直及部分县（市）污染事故、污染纠纷监测（包括水、气、固废、土壤、生物、噪声、放射性等）。2000 年，全州 8 个县（市），除古丈县外，7 个县（市）环境监测站均具备监测能力。是年 9 月，州环境监测站开始编制吉首地区空气质量周报，通过电视、报纸向社会发布。

2005 年，州内启动监控系统建设工作。2007 年，完成 49 家重点污染源监测，获监测数据 918 个。是年，州环保站通过省级计量认证，8 个三级站通过州级计量认证。2008 年，州污染源在线监控中心建成使用，获污染源监测数据 194 个。完成四期重点污染源监督性监测，获有效数据 4386 个。2009 年 5 月，州污染源在线监控中心通过验收，总投资 240 万元。全州启动污染源在线监测，在线监测企业 66 家。2010 年，州环境监测大楼竣工使用，占地面积 10855.8 平方米，建筑面积 3855 平方米。全站拥有固定资产 730 万元，其中仪器设备价值 465 万元。环境监测工作加深，获水源、城市空气、酸雨、噪声等环境质量监测数据一万多个。编发《环境质量周报》12 期。

第五节 环保科技成果

1990 年，保靖县化工厂、保靖县环保局组织轻质碳酸镁、氧化镁（简称“两镁”）生产废渣治理科技术攻关，用“两镁”废渣制成含镁碳酸钙新产品。其工艺流程：“两镁废渣”—调浆—过筛—压滤—调浆—脱水—烘干—粉碎—产品。该工艺推广到保靖化工三厂扩建的 3000 吨 / 年轻质碳酸镁工程的废渣治理中，建一套年产 3000 吨含镁碳酸钙生产装置，总投资 40 万元，商品成本 310 元 / 吨，市场销售价 495 元 / 吨，不到一年即可收回全部投资。1993 年，保靖县化工厂利用“两镁”碳酸钙 2456 吨，实现利税 27 万元，实现环境效益和经济效益双赢。1999 年，项目被湖南省环保局评为技术进步四等奖。

1997 年 6 月 湖南省、湘西州及泸溪县环保局与泸溪县造纸厂开展小型造纸厂黑液治理研究。该法在泸溪纸厂试验专用，结果表明，每处理 1 立方米黑液，造纸黑液可盈利 27.2 元。当年，泸溪纸厂运用研究成果，制浆黑液得到有效治理，污染物实现达标排放，总碱回收率 80%。

2001 年 1 月，开始铁 / 炭微电解床 + 石灰絮凝沉淀法处理电解锰生产废水项目研究，主要完成人沈扬、张光辉、毛卫华、陈佳、吕星浩、何良师、李莉，主要研究与完成单位州环保科研所和州清源环保公司。该项目采用铁屑、焦炭在一定反应条件下微电解生成二价铁来代替硫酸亚铁，后序石灰沉淀，不仅去除水中的溶解锰、同时沉淀三价铬，以达到彻底去除六价铬的目的。并将微电解原理应用于处理电解锰废水实践中，只需以 pH 值为监测指标，就可达到处理效果，主要污染物总锰、总铬、六价铬处理效率均可达到 99%以上，出水达到《污水综合排放标准》（GB8979－1996）一级标准。在“锰三角”污染整治过程中，有 20 多家电解锰生产企业采用该工艺处理电解锰生产废水。2007 年，该技术获得湖南省科技厅科学技术研究成果证书，并申报专利。2008 年，该项目获“州科学技术进步奖一等奖”和环境保护部“环境保护科学技术三等奖”。

第二章 气象

第一节 机构装备

一、机构

1989 年，州气象局内设办公室、业务管理科、政工科、气候资料科、天气预报科、综合经营站。下辖龙山、桑植、永定、永顺、保靖、花垣、古丈、吉首、泸溪、凤凰 10 个县（市、区）气象局。全州在职干部职工 153 人。1991 年，综合经营站改为综合经营办公室。1992 年，撤销天气预报科和气候资料室，成立州气象台；增设监审室，与政工科合署办公。是年，桑植县、永定区气象局划归大庸市气象局管辖。全州在职干部职工 109 人。1996 年，机构改革，局内设办公室（计财科）、业务科教管理科（人影办）、人事劳动政工科（监审室）、产业发展科、气象台。全州在职干部职工 117 人。2001 年，机构改革，局内设办公室（计财科）、业务发展科（人影办）、人事政工科（监审室）、政策法规科（防雷减灾办）。下属事业单位有气象台、国有资产运营管理中心、气象科技开发服务中心（专业气象台）、防雷减灾中心。全州在职干部职工 109 人。2006 年，机构编制职能调整，局内设办公室（计财科）、业务发展科（人影办）、人事教育科（监审室、精神文明办）、政策法规科（防雷减灾办、施放气球管理办）。下属事业单位州气象台、气象科技服务中心（专业气象台）、防雷中心、国有资产运营管理中心。全州在职干部职工 114 人。2007 年，增设财务核算中心。2010 年，全州在职干部职工 121 人。

1989—2010 年，历任局长：张训辉、曾建辉、米红波；副局长邬成文、伍超杰、夏超然、陈龙友、曾建辉、米红波、刘发挥、吴志科、彭洁。

二、气象台站装备

1989 年，州境有：州气象台（天气预报科），保靖县国家辅助气象站，龙山、永顺、花垣、古丈、泸溪、凤凰 6 县国家一般气象站，吉首（市）国家基本气象站。州、县气象台站建成单边带气象辅助通信网。1992 年，吉首国家基本气象站改为吉首国家基准气候站。1993 年，州气象台开通省、州模拟专线电路，建成州级计算机气象实时业务系统。1994 年，全州县级远程计算机气象通信工作站建成。1996 年，州气象台建成中规模卫星云图接收站。1997 年，州气象台建成气象信息卫星综合运用系统（VSAT 双向站）。1999 年，州气象台与龙山、永顺、保靖、花垣、古丈、泸溪、凤凰 7 县气象站建成气象信息卫星单收站（VSAT 单向站）。2003 年，8 县（市）气象站均添置一套车载式人工影响天气火箭发射系统。2005 年，州气象局购置启用 TWR01 小型移动式天气雷达。是年，州气象台建成“713”数字化天气雷达站；全州新购人工影响天气“三七”高炮 12 门，全州高炮拥有 35 门。2006 年，保靖县国家辅助气象站改为国家一般气象站。2007 年，保靖县国家一般气象站改为国家基本气象站，吉首国家基准气候站改为吉首国家观象台。2008 年，吉首国家观象台又改为吉首国家基准气候站，8 县（市）气象站建立地面气象观测自动站。2009 年，花垣县建立白岩湾、下水湾、东阳 3 个矿区尾砂库气象自动预警观测站，龙山县建立八面山风能资源自动观测塔。2010 年，全州建成乡（镇）气象自动观测站 174 个。

第二节　气象服务

气象为社会经济服务，在州内开展重要天气、重点工程、重大社会活动等决策和公益公众气象服务。同时还开展农业、林业、水利、电力、航空交通、旅游、防雷专项气象服务和人工影响天气服务。州人民政府及有关部门和社会，对气象服务工作反映良好。1990—2010 年，州气象局先后 6 次被国家气象局、湖南省人民政府评为重大气象服务（防汛抗旱）先进集体（单位）。

一、决策气象服务

1989 年 7—8 月，州境出现严重的夏秋干旱。州气象台对此作出准确预报。州人民政府提出全州经济工作以抗灾夺丰收为中心，及时开展人工增雨抗旱，减轻旱灾损失。是年，全州粮食总产 60 多万吨，比 1988 年增产 15%。1990 年春播期间，州境气象台站向州、县（市）党政部门专题报告天气预报与实况 67 次，结合农情写专题服务材料 37 篇。州气象台预报 3 月 16 日和 4 月 4 日开始分别有三天晴好天气，各县（市）抢播玉米，第一次播 4700 公顷，第二次播 1.4 万公顷，超额完成年计划。1991 年 7 月上旬，州境出现严重的暴雨洪涝灾害。7 月 1—10 日，各县（市）分别出现暴雨、大暴雨 4～5 次，雨量高出历史同期降水量的 2.5 倍～4.8 倍。州、县（市）气象部门向党政领导机关和防汛部门，提供预报、警报、雨情等信息 263 次，气象资料 1081 份。为州、县（市）防洪抗涝决策提供准确的气象预报，全州抗灾有力，没垮一座上型水库。是年，州气象局被国家气象局和湖南省政府评为防汛减灾先进集体。1992 年，州境遇到严重的夏秋连旱，7—11 月总降水量 234～317 毫米，为常年的 50%。州、县（市）气象部门事前准确预报雨季结束时间和夏秋干旱的发生，提请各级领导和有关部门在做好蓄水、保水工作的同时，积极开展人工增雨。是年，全州粮食产量 73.5 万吨，农业增收 7200 多万元。

1993 年 7 月，全州出现两次暴雨，局部出现大暴雨。降雨 200～500 毫米，永顺县 529.5 毫米。州、县气象部门提前准确预报，为州境各地防灾减灾赢得时间。永顺县塔卧、万坪两个区，大暴雨来临前，动用广播、喇叭筒，敲锣等各种手段发布警报，组织群众安全转移，有效减轻洪灾损失。1995 年 6 月 30 日至 7 月 1 日，州境中南部连降暴雨，吉首、泸溪、凤凰 3 个县（市）降雨量超过 200 毫米。泸溪老县城洪峰水位超警戒水位 5 米多。州、县（市）气象台站作出准确预报。州、县（市）政府根据预报，组织人民群众采取多种抗灾措施，有效减少暴雨洪涝灾害损失。是年，泸溪县气象局被中国气象局评为汛期气象服务先进集体。1996 年 7 月 14—16 日，州境普降大到暴雨、局部特大暴雨。吉首、泸溪、凤凰 3 县（市）连降暴雨，降雨量超过 300 毫米。泸溪县境内沅水暴涨，老县城水位 117 米，创历史新高。州境气象台站作出准确暴雨洪涝预报。州、县（市）紧急部署防汛抗灾，全州没有垮一座上型水库，抢救财产过亿元。是年，州气象局被湖南省政府评为防汛救灾先进集体。1998 年 7 月下旬，州境普降暴雨、特大暴雨。超过 100 毫米的有 5 个县。7 月 22 日，永顺县日降水量 265 毫米，龙山县水田乡降水量 613 毫米。州境山洪暴发，溪河水位陡涨。州、县气象部门准确预报有特大暴雨洪涝灾害发生。全州干部群众奋起抗灾，挽回财产损失近亿元。永顺县城被淹平均水深达 7 米，没有发生人员伤亡。是年，州气象局被湖南省政府评为抗洪救灾先进集体。

2002 年，春播期间，州境出现长时间的低温阴雨天气。4 月 23 日至 5 月 20 日，州境气象台站下乡调查 30 余次，向各级提供预报、情报材料 40 期 2000 余份。因州、县气象部门预报情报准确及时，灾害损失减少。2003 年 7 月上旬，州境出现特大暴雨。全州 90%的区域降雨量超过 100 毫米。州境气象台站作出准确暴雨预报和主动服务。州、县各级领导和广大人民群众迅速防汛救灾，减轻洪灾损失。永顺县石堤镇 8 日夜几小时内河水猛涨 5～6 米，无一人伤亡；永顺中坪小（二）型水库垮坝，永茂镇卓福村大面积滑坡，亦无一人伤亡。保靖县碗米坡电站工程采取防洪措施，防洪能力提升，确保了人员和设备的安全。是年，州气象局被湖南省政府评为防汛抗旱先进集体。2004年4—7月，州境暴雨频发，其中6月23日，7月18—19日，出现两次特大暴雨。每次暴雨过程，州、县气象部门都作出准确预报。并通过电视广播、电话短信传递、直接汇报等形式，传递到各级领导和千家万户。全州人民奋起防灾抗灾。州境发生严重滑坡等地质灾害30余处，无人员伤亡，没因暴雨垮一塘一坝。是年，州气象局被中国气象局评为重大气象服务先进集体。2007年7月22—26日，州境出现连续性强降水天气。全州县城和乡镇（自动雨量站）出现暴雨134站次，大暴雨24站次。7月22日花垣县补抽乡，7月26日泸溪县潭溪镇发生特大山体滑坡，州、县气象部门提前预警，当地政府防灾抗灾快速有力，群众及时转移，未造成人员伤亡。2008年1—2月，州境出现长时间、大范围低温雨雪冰冻灾害性天气。州境气象部门准确预报预警，并启动气象应急预案。2010年6月8日和7月12日，州境出现大暴雨和特大暴雨，州、县（市）气象台站将准确暴雨预报，通过手机短信，电话主叫外呼，专题气象信息等手段，传递至各级党政领导和广大人民群众，避免重大灾损。泸溪县潭溪镇雀儿村125人和吉首市太平乡太平村221人，在突发严重山洪地质灾害的情况下，均得以及时安全转移，无一伤亡。是年，州气象局被中国气象局评为重大气象服务先进集体。

二、公众气象服务

1989年，州境气象台站通过有线广播播送短期天气预报。1992年，全州气象台站开始在州县市电视台播出天气预报等气象信息。每天播出的内容：未来24～48小时晴雨、气温、风向风速预报和前一天降水、气温实况。每逢重要节假日，高考等重要时段，或有灾害性关键性天气出现时，播出专题预报。1998年12月，州专业气象台建立气象信息电话自动答询系统。每天将各县（市）天气预报、天气实况、城市生活指数预报和气象知识等气象信息，制作成30个电子语言信箱。用户用电话（手机）拨打96121和相应信箱号，可获取有关气象信息。公众拨打96121每日达万次。2004年，开展手机短信气象服务。州专业气象台，将各县（市）未来12小时和24～48小时天气预报，分别在每天早晨和下午用短信发送给用户。每天发送气象短信19万多条。是年，州气象台建成湘西气象网站。网站设有天气预报、气象实况、旅游气象、气象视频、气象科普等10个栏目。为网络用户提供服务。2008年10月，州专业气象台，通过气象信息电话自动咨询系统建立预警外呼系统，向6万固定电话用户和2000多防汛责任人手机发布灾害性天气警报。2010年，州、县气象台站通过（120套）卫星预警系统和（33块）电子显示屏，在全州城乡开展气象信息服务。

三、专项气象服务

（一）农业气象服务

1989年，省气象局与州气象局在凤凰县三拱桥乡晒金堂村联合建立气象科技扶贫点。推广早熟避旱地膜玉米、红薯、小麦套作三熟高产技术。是年，扶贫点粮食每公顷产量9877.5公斤，为一熟制2倍多。1991年，扶贫点由单一温饱型，向粮、经、林、牧综合开发发展。粮食比上年增产56.5吨，多种经营收入人均纯增200多元。1992年，古丈县气象局运用气象科技，培育出早熟、高产优质古优早3号、4号两个茶叶新品种。比原古丈茶早收15天以上，产量倍增，且具有耐旱、抗病的特点。1995年，古丈县气象局获中国气象局科技扶贫工作三等奖。1999年，州气象台与州烟草公司、长沙卷烟厂合作，编制出湘西州《优质烤烟区域化生产的气候区划》气象资料。2006年，州气象局和古丈县气象局联合开展“湘西山区反季节、无公害大棚蔬菜生产气象条件及决策服务研究”。2007年，古丈县种植反季节蔬菜207公顷，增加经济收入362万元。

（二）林业气象服务

1990年，古丈县气象局与州气象局联合，在古丈县高望界林场，开展森林火险预报方法试验。随后利用试验成果，开展县境森林火险预报服务工作。2001年，州气象局在多年森林防火服务基础上，总结分析州境降水、气温、湿度、风速等气象要素与森林火险关系，制作出森林火险天气等级预报方法。每年冬、春森林火灾易发季节，采取专题报告、新闻发布会、短信等形式，将森林火险等级预警信息报告州森林防火指挥部，通报社会公众，以防森林火灾发生。

（三）水利气象服务

1991 年 7 月 6 日，龙山县出现大暴雨。晚上汤家沟水库因洪水满库，出现大坝开裂漏水险情。在制定抢险方案时，龙山县气象局作出未来仍有大雨预报。县政府作出炸低溢洪道，迅速泄洪决定。在 7—9 日仍降大到暴雨情况下，水库没有发生事故。1996 年 7 月 2 日，永顺县境普降暴雨和大暴雨，县城上游马鞍山水库流量 1190 立方米 / 秒，猛洞河县城段洪峰流量 1800 立方米 / 秒。马鞍山如再加大泄洪量，县城就会淹没。关键时刻，永顺县气象局准确作出“县境雨势将减弱，短期内不再有大降水”预报。县政府合理调洪水库，既保住马鞍山水库大坝安全，又使县城免遭洪水袭击。1998 年 7 月下旬，全州发生严重暴雨山洪。泸溪县甘溪桥、吉首市河溪、永顺县马鞍山等径流电站水库，根据州县气象预报、情报，提前开闸泄洪，减小山洪到来时水库下游压力，确保人民生命财产安全。2003 年 7 月 8 日，永顺县普降大暴雨和特大暴雨。永顺县气象局和州气象台于 7 日将准确预报和龙山县普降大暴雨情报，通报给县水利部门，永顺县城上游马鞍山水库，提前开闸放水空库。8 日暴雨洪水到来时，错开猛洞河、连洞河、北门河三水洪峰的汇聚，有效减轻汇聚点县城过洪压力。2007 年 7 月下旬，州境出现暴雨、大暴雨。7 月 24 日，州气象台预报凤凰有持续暴雨，建议长潭岗水库开闸放水保安全；7 月 25 日预报后期降水减弱停止，州政府下令关闸蓄水。这“一关一放”，既保安全，又获防旱效益。

（四）电力气象服务

州气象台为凤滩水电站（蓄水区大部分在州境内）专业气象服务，始于 1982 年。围绕水力发电要素：流域（主要在州境）雨量、流量、降水过程等内容，积极主动开展预报、情报服务。特别是对牵涉到电站秋冬季发电调度的重要天气过程——“重阳水”，开展专业预报服务。1990 年，州专业气象台为吉首市境内的大龙洞、河溪两个水电站，提供水电高效安全运行的专业气象服务。服务的内容有发电所需的长中短期天气预报和实时气象资料情报等。1999 年，州专业气象台围绕州电业局电力优化调度，电力设施的安全、稳定运行，开展精细化专业气象服务。服务的主要内容为：州境各县市流域长中短期天气预报，全州电力负荷因气象因素变化预报，各变电站有利检修的 7 天天气预报，各电力线路上雷电及电线结冰预报等。

（五）航空交通气象服务

1989 年，吉首市气象局继续担负向广州、长沙等军航、民航部门拍发航空气象电报服务任务，保障军航、民航安全。此后，每年定时向军、民航部门拍发航空天气电报，航空危险天气电报，航空危险天气解除电报。遇有专机通过州内时，还加密拍发航空气象电报。1998 年 5 月 7—8 日，古丈、吉首、凤凰等县（市）降大暴雨和特大暴雨。铁路部门根据州气象台暴雨预报，向各站下发增加路段巡视人员指令。5 月 8 日凌晨 2 时，古丈县境龙鼻嘴路段出现滑坡断道，土石淹没路轨 20 多米，巡视人员在火车来临前 15 分钟发现险情，立即电令火车在事故前方车站紧急停车，避免一次列车特大颠覆事故发生。2004 年 6 月 23 日，州境中南部降特大暴雨，吉首市 1 小时降雨 91 毫米。根据州气象台暴雨预报，公路铁路部门及时抢险，及时排除 319 国道，1828 省道和铁路线上多处塌方，确保交通安全。2007 年开始，州专业气象台担负向贵州铜仁机场提供实时气象信息和重要天气预报任务。2008 年 1—2 月，州境出现冰冻灾害，道路结冰，州、县气象部门，对冰冻灾害的出现和维持作出准确的短、中期预报。州境交通运输部门及时采取防滑防冻措施，公路、铁路等未出现一起重大交通事故。

（六）旅游气象服务

1989 年始，州、县（市）气象部门为土家摆手节、舍巴节、毛古斯节、赶秋节、猛洞河漂流月、南方长城“中华炎黄圣火采集仪式”、德夯苗鼓节等旅游活动，提供专业气象保障服务。1999年，州专业气象台开始在湘西电视台播出南长城、猛洞河、德夯、火岩洞、古苗河、坐龙峡等9个景点天气预报；在气象信息电话自动咨询系统中发布猛洞河、德夯景点天气预报和旅游气象等级（将旅游适宜度划分5个等级）预报。2010年州专业气象台研发完成“湘西旅游气象服务系统”。

（七）防雷

1991年，州气象局防雷技术服务机构成立，7县气象局也逐步建立防雷专业队伍。同时开展防雷设施检测。1992年，州气象局防雷技术服务机构，检测吉首地区州、市34个单位防雷设施。1995年，湘西州气象部门开始开展避雷针、避雷带、避雷器等300多项防雷工程施工服务。其中州气象局防雷中心实施100多项。1997年开始，州县气象部门逐步开展防雷工程设计审查与施工质量检测服务。2005年，龙山、永顺、花垣、保靖、古丈、泸溪6县气象局防雷技术服务机构，为201项新建工程审查防雷工程设计，并检测施工质量。2008年，州气象局防雷中心和省气象局防雷中心为州民族中学，凤凰县第一民族中学、吉大师院附小等6所中小学校，免费建设防雷示范工程。2010年，州气象局防雷中心开展全州中小学防雷设施检查，检查学校1048所，查出隐患学校，发出整改通知书。

四、人工影响天气

（一）人工增雨

1989年7—9月，泸溪、凤凰、永顺、吉首4个县（市）出动高炮9门，开展人工增雨作业52次，缓解农作物受旱面积64.5公顷。1992年7—8月，8个县（市）出动高炮12门增雨作业44次，缓解农作物旱情10.7万公顷。减少粮食损失4000多万公斤。1995年7—8月，8个县（市）出动高炮15门，人工增雨作业95次，成功率100%，缓解农作物旱情9.3万公顷。2000年5—8月，8个县（市）出动高炮15门，开展春、夏两季人工增雨作业，先后作业162次，增雨率50%以上，两季缓解农作物受旱面积10.7万公顷，增加产值6533万元。受到州、县（市）政府表扬和国家气象局奖励。2001年7—8月，8个县（市）出动高炮14门，人工增雨作业65次，有效率100%，解除干旱面积7万公顷，水库增加蓄水1600万立方米，减少粮食损失1.9亿公斤，增加产值2亿多元。2005年8月3日，吉首市在寨阳、乾州，花垣县在佳民、麻粟场，分别开展高炮、火箭人工增雨作业。吉首市普降中到大雨，矮寨镇雨量为48.5毫米。花垣县平均降雨55.6毫米，张匹马雨量70毫米。2010年，全州开展防雹增雨作业历时5个月，投入高炮22门，火箭9套，作业101次，发射炮弹7135发，火箭弹182枚，有效缓解全州旱情。

（二）消雹

2005年，州人民政府、州烟草局、各县（市）人民政府共同投资225万元，建立人工消雹作业系统。6—9月，8个县（市）出动高炮18门、火箭8套、车载式天气雷达1套，先后开展高炮作业270炮次，发射炮弹6500发，火箭作业60次，发射火箭弹120枚。各炮点平均增雨280毫米，影响区未出现冰雹。基本解决烟叶后期需水问题，烤烟免遭雹灾面积2000多公顷。2006年，龙山县4—6月，8门高炮开展人工消雹作业6次，用弹2824发，影响区未出现雹灾，有效地保护全县烟叶生产。2008年7—8月，龙山、永顺、保靖等县开展人工消雹作业，全州作业54次，用弹3165发，各炮点影响区内未出现冰雹灾害。2009年5—9月，全州投入高炮20门，火箭9套，分别作业82次和13次，发射炮弹6043发，火箭弹39枚。影响区未出现雹灾，增雨量5000万立方米，获经济效益1.5亿元。

第三章　水文观测

1989年，湘西州水文局管辖7个基本水文站（含2个泥沙站），有雨量站41处，蒸发站4处。雨量站站网密度377平方公里/站，蒸发站站网密度3866平方公里/站。湘西水文部门分别在州内北部永顺县县城站和南部吉首市河溪站设立墒情固定监测站，结束湘西州无墒情监测历史。2009年，湘西水文水资源勘测局升级改造水文站、雨量站46处，全部实现自动测报。湘西水情分中心向省局、州县市政府发送报文50万余份，自动测报系统总误码率低于0.2%，报汛通信系统单信道畅通率大于95%，10分钟到报率达到100%。

1989—2010年，湘西水文部门共发报浦市、吉首、永顺、石堤等站短期洪水、旱情预报210站次，预报合格率93%，优良率为80%；通过《水文分析与预报》发布汛期雨水情趋势预测22年次，汛期各月雨水情预测140次。

1958年，州农业局水文分站成立，下设水文（位）站12个，委托雨量站19个，有职工63人。1959年6月，各水文（位）站下放到所在县农业局管理。1962年3月，下放站上收湖南省水文总站统一管理，将原按地区设置分站改为流域分站，湘西州各水文站分别划入沅水流域水文分站和澧水流域水文分站管理。1966年10月，撤销流域水文分站，仍按地区设立水文分站，湘西州水文分站成立，内设办公室、政工组、测资组，管辖水文站8个、水位站2个、委托雨量站31个，有职工77人。1980年3月，湘西州水文分站与怀化地区水文分站合并组建为沅水水文勘测队，湘西水文机构改组为吉首水文巡测队。（前志补遗）

1989年，吉首水文巡测队更名为湘西水文水资源勘测队，隶属沅水水文水资源勘测大队。1991年，湘西水文水资源勘测队更名为湘西水文水资源勘测大队，并升格为副处级事业单位，直属湖南省水文总站管理。1995年，湘西水文水资源勘测大队更名为湘西水文水资源勘测局，内设办公室、政工科、测资科、水情水资源科、水质监测科。1996年加挂湖南省水环境监测中心湘西分中心牌子。2010年，加挂湘西土家族苗族自治州水文局（简称州水文局）牌子，实行由省水利厅和州人民政府共同管理的双重领导管理体制。内设办公室、组织人事科、计划财务科、技术服务科、监测科、水情科、水资源科（与省水环境监测中心湘西分中心合署）7个职能科室，有职工52人。下辖基本水文站7个，专用水位站2个，委托雨量站34个。

1989—2010年，历任局长（站长、队长、大队长）：张国雄、刘继纯、张高中、杨承明、周祖亮、姚志明、刘汉云、赵寿云、方性良、张任金。

第一节 站网建设

一、水文（位）站网

1939年，扬子江水利委员会在泸溪县武溪镇设立泸溪水位站。1940年，扬子江水利委员会在保靖县迁陵镇设立保靖水文站。1941年，湖南省水利委员会沅西工程处水文测量队接管保靖水文站。1942—1946年，两站中断观测。1950年初，泸溪站恢复观测；1951年初，保靖水文站恢复。1953年设立吉首水位站。1957年，设浦市、河溪、石堤、贾家潭、岩板滩、永顺6个水文站。1958年，贾家潭站上迁，改设彭家寨水文站。是年，设立长潭岗、烈旗寨、黑潭、碗米坡4个水文站，同时撤销泸溪水位站。1959年初，境内有水文（位）站12处，水文（位）站站网密度达到1290平方公里/站，全州水文站网初步形成。

1961年，碗米坡站撤销。1962年，烈旗寨、长潭岗站撤销，在凤凰县沱江镇设立凤凰水文站。1972年，设立唐家河、朗溪河两个水文站。1974年，撤销保靖水文站。1978年，唐家河、彭家寨站撤销，在龙山县红岩溪镇设立红岩溪水文站和湖家沟小河水文站。1980年，撤销朗溪河站，新设己略、拉务、新溪小河水文站。1986年，撤销己略站。1988年，撤销岩板滩站和湖家沟小河水文站。1989年，州内有浦市、河溪、吉首、凤凰、石堤、红岩溪、永顺、黑潭、拉务和新溪10个水文站。1990年，撤销新溪小河水文站。1993年，撤销拉务小河水文站。1999年，黑潭小河水文站改为流量巡测点。1996年10月，水利部发布《国家重要水文站、省级重要水文站划分标准》，并公布第二批国家重要水文站名单。湘西州管辖的浦市、石堤两站列为国家重要水文站。1997年9月，省水电厅批准湘西州内吉首、河溪、凤凰、永顺和红岩溪5个水文站为省级重要水文站。1999年，湘西州水文局管辖7个基本水文站（含2个泥沙站）。2010年，站网无变化。

二、雨量站与蒸发站

1923年9月，扬子江水道水利委员会在永顺县王村（今芙蓉镇）设王村雨量站，时为湖南省首个雨量站。该站委托当地天主教堂神父观测，按月报送资料。民国22年（1933），湖南省政府训令各县设站观测雨量，永绥（花垣）县和古丈县设立雨量站。民国23年（1934），扬子江水利委员会设立永顺雨量站。民国26年（1937），永绥站停测。民国27年（1938），古丈站停测。民国30年（1941），永顺站停测。是年，保靖水文站兼测雨量。民国35年（1946），保靖站中断观测。

1949年10月，湖南省水文总站开展水文测站恢复重建工作。1950年7月，泸溪水位站开始观测雨量。1951年2月，保靖水文站恢复观测雨量。1953年8月，吉首水位站兼测雨量。1955年4月，吉首水位站开始观测蒸发。1956年1月，保靖水文站用80厘米套盆仪器开始蒸发观测。是年，省水文总站在湘西州内新设翁来、夺希、矮寨、丹青、潭溪、兴隆场、苗市、水田（保靖县）、槐树垭9个雨量站。1957年，省水文总站在湘西州内新设浦市、河溪、石堤、贾家潭、岩板滩、永顺6个水文站，并观测雨量。同时，浦市、河溪、石堤3个站兼观测蒸发。是年，州内雨量站21个，蒸发站5处。1958年，凤凰、古丈、龙山、永顺县农场雨量站，以及翁来、潭溪、泸溪雨量站先后停测。恢复夺希雨量站，增设石堤西站。同时，设立黑潭、长潭岗、烈旗寨、碗米坡4个水文站兼测雨量，另外浦市站蒸发停测。1959年，新设普戎雨量站。是年，州内有雨量站21个（含水位站、水文站兼测雨量站数），蒸发站4处，雨量站站网密度736平方公里/站。

1960年，夺希、石堤西、槐树垭3个雨量站停测，12月，碗米坡站停测。是年，全州雨量站减至17个。1962年1月，长潭岗站迁至凤凰县城，更名为凤凰站。同时，石堤站蒸发停测，撤销烈旗寨站。1963年，增设茨岩、石牌洞、龙山、茨岩塘、红岩溪、茶洞、排达牛、回龙、青天坪9个雨量站。同时撤销吉首县农场、保靖县水田2个站，恢复夺希、石堤西、槐树垭3个雨量站。石堤站蒸发停测。1965年，州内雨量站增至26处，蒸发站减为2处。1966—1979年，先后增设千工坪、雀儿寨、三拱桥、兴隆场、夏壁寨、首车、羊峰山、列夕、五十庄9个雨量站，撤销槐树垭站，其中羊峰山站是为控制降水量分布随地势变化而设的地面高程在海拔1000米以上的高山雨量站。1970年，全州雨量站增至34个。1971年，增设排碧、洛塔、唐家河、塔卧、朗溪河5个站。1972年1月，凤凰站开始蒸发观测，1974年1月，保靖站蒸发停测，石堤站恢复蒸发观测。2月，夏壁寨站迁至龙山县水田坝，更名为水田站。1975年底，全州有雨量站39个，蒸发站增至3个。1977年1月，凤凰县千工坪雨量站移至山江，更名为山江雨量站。1978年，增设湖家沟、苗新、白果、西湖、召市、老兴5个雨量站。1979年，全州水文站网建设以小河站建设为重点，站点设置方案调整。增设老场、吊井岩、翁草、太平、官坝5个雨量站。次年1月，撤销朗溪河站。增设新溪、夯坨、已略、吉寅、拉务、大田、麻冲7个小河站配套雨量站。4月，再增设洞奇、古者、高斗坡3个小河站配套雨量站。1982年5月，黑潭站、红岩溪站开始蒸发观测。是年，全州有雨量站58个，蒸发站5个，雨量站站网密度267平方公里/站。

1984年1月，泸溪雨量站停测。1986年，撤销或调整部分雨量站及小河站配套雨量站。是年3月，撤销已略、古者、夯坨3个雨量站，5月增设夯沙站，7月增设雅西、补抽2个站。1988年8月，撤销湖家沟站。1990年1月，撤销新溪、洞奇雨量站。1993年1月，撤销拉务、吉寅、高斗坡、大田、麻冲5个雨量站。1994年1月，撤销西湖站。1995年1月，龙山、塔卧站停测。1996年1月，凤凰站停止蒸发观测，浦市站恢复蒸发观测。1997年1月，保靖站停测。1999年1月，撤销翁草、太平、五十庄、官坝4个雨量站，黑潭站蒸发停止观测，是年，全州有雨量站41个，蒸发站4个。雨量站站网密度377平方公里/站，蒸发站站网密度3866平方公里/站。

第二节 水情预报

一、水文情报

1950年起，湖南采用北京时间拍发水情电报。1954年，规定日分界为8时。1978年，水利电力部正式明确湖南省汛期为4月1日至9月30日。1985年，湖南省水文总站规定汛期报汛雨量站起报标准为日雨量1毫米，拍报雨量一律采用不累计拍报办法；1小时降水量大于或等于30毫米，3小时降水量大于或等于50毫米，必须向指定的各级水文部门拍发暴雨加报。是年，水利电力部颁发《水文情报预报规范》。1987年，湖南省水文总站根据规范布站原则和要求，论证湘西自治州需布设20处水情站。

1989年，湘西各水情站均架设报汛专用电话线路。1992年，中央报汛站（岩板滩雨量站除外）配备单边带无线电台，实行有线、无线两套电话传报汛情系统互为备用。1995年，各站水情信息电话报给县（市）邮局，邮局以电报形式传输，收报单位人工抄录，手工译报处理。是年，湘西水文水资源勘测局水情科开始使用计算机接收水情信息，自动存储、译报和转发。1999年，湖南省水文水资源勘测局开发水情电话数传接收系统和水情发报专用电话机。7月，正式启用。局水情科接收报文后经由X.25广域网（9600bit/s）自动转发至湖南省水文水资源勘测局。使用该系统后，湘西水文水资源勘测局10分钟内收齐所有水情电报的概率为73.2%，20分钟内收齐的概率为98.8%。X.25网络传输中间过程少，速度快，达到水利部规定的在半小时内把水情电报收齐要求。是年，湖南省水文系统开通广域网（X.25），湘西水文经由广域网向省水文局拍发水情情报，再由湖南省水文水资源勘测局转发国家防汛抗旱总指挥部和外省有关部门。

2006年4月1日起，全面执行水利部2005年10月21日颁发的《水情信息编码标准》（SL330－2005），水情站站码由原5位码升为8位码。是年，湘西水文水资源勘测局机关拉通光纤，先后为局属7个水文站配置电脑，并开通ADSL宽带网（石堤水文站因站点偏僻采用无线上网）。2008年3月，湘西水文水资源勘测局启动湘西水情分中心建设。8月建成，投入试运行。是年，湘西水情报汛站20个，其中报汛水文站7个（4处含蒸发量监测），委托报汛雨量站13个，每个水情报汛站控制面积773平方公里。浦市、河溪、吉首、凤凰、永顺、红岩溪7个水文站和岩板滩雨量站向中央防汛总指挥部报汛，称为中央报汛站。2009年10月，完成永顺、河溪2个固定墒情监测站建设。11月，湘西水情分中心建成。2010年，湘西水文水资源勘测局有水情报汛站46个，全部实现自动测报，每站控制面积351平方公里。是年，湘西水情分中心向省局发送报文近50万份，自动测报系统总误码率低于0.2%，报汛通信系统单信道畅通率大于95%，在通信畅通的情况下10分钟到报率达到100%。

二、水文预报

1989年，州内主要开展沅江浦市水文站与武水河溪水文站短期洪水预报，两站预报方案均为手工作业。1995年，计算机在水文行业应用，水文预报改手工计算为计算机运算，短期洪水预报方法也由单一的上下游水位向多途径、多方法的河道流量演算、降雨径流、流域水文模型发展。1996年，编制吉首水文站与永顺水文站洪水预报方案，并用于作业预报。2003年，湘西水文水资源勘测局水情科，首次在计算机上安装SQL Server数据库管理系统，建立符合国家标准的雨水情数据库，安装湖南省水文水资源勘测局自主开发研究的沅江流域实时洪水预报调度系统，构建浦市、河溪、石堤等水文站和凤滩、五强溪水库洪水预报模型（新安江模型）。

2004年，浦市、吉首、永顺等站短期洪水预报实现计算机程序化，实行联机作业预报。摆脱费时、繁杂的手工作业预报。因沅江中上游干支流水电工程梯级开发导致预报使用站点出现变迁。2005年，湘西水文水资源勘测局收集整理1962—

2007年70场大、中洪水资料，完成《沅水浦市（二）站洪水预报方案》修编工作，经首检、评定该方案属甲级方案。2009年，完成《凤滩水库入库洪峰预报方案》编制工作。是年，两个方案在湖南省水文水资源勘测局复审通过。

1989—2010年，湘西水文部门先后发报浦市、吉首、永顺、石堤等站短期洪水预报210站次，预报合格率93%，优良率80%。湘西水文水资源勘测局通过《水文分析与预报》发布汛期雨水情趋势预测22年次，汛期各月雨水情预测140次。

三、水文情报预报效益

（一）情报效益

1989年，水文重要情报信息主要通过电话、传真方式报送给各级主要领导和防汛部门。水文情报预报服务效益，国内一般按防洪工程减灾效益的5%～15%估算。2003年7月，开通湘西水文信息网，水文信息通过互联网传输，实时水情信息由网站对外公布。2007年起，湘西水文部门增加手机短信服务，及时把全州重要雨水情信息发给各级防汛主管领导。是年7月22日，花垣县补抽乡与古丈、保靖等县局部地区降暴雨到大暴雨，泸溪县局部地区降大暴雨，出现严重山洪地质灾害，湘西水文部门及时把监测到的信息通过手机短信、电话、传真等方式传给州各级领导和防汛部门，为全州抗灾救灾赢得时间。1989—2010年，湘西水文部门人工拍发水情电报21万份，为有关领导和防汛部门编制《水情日报表》《汛情快报》雨量等值线图、各种分析材料等7900份。其中在2002年湘西州“6·19”暴雨山洪灾害防御抢险中，水文情报服务效益就达4370万元。

（二）预报效益

1995年5月29日至6月2日，永顺县猛洞河流域平均降雨量278.5毫米，永顺水文站最大24小时暴雨354.2毫米。5月31日，湘西水文部门提前4小时作出永顺站大洪水预报，并当即用电话报告永顺县主管防汛副县长彭武长，为合理调度县城上游马鞍山水库错峰泄洪赢得时间，为永顺县城减少直接经济损失约1.5亿元。6月29日20时至7月1日14时，沱江流域普降特大暴雨，凤凰水文站42小时降雨量315毫米。湘西水文水资源勘测局将县城水位、上游长潭岗库水位认真校核和全面分析，然后及时把预报结果报告县防汛指挥部，县政府根据预报，将库区两个村群众迅速转移，并疏散县城低洼地带群众。此次预报，为当地减少直接经济损失0.5亿元。1996年7月13—17日，沅水流域平均降水量275毫米，五强溪水库库区平均降水量330毫米。湘西水文水资源勘测局与湖南省水文水资源勘测局水情处共同作出预报，16日12—16时最大入库流量将达4万立方米/秒，相当100年一遇。湖南省委、省政府确定五强溪水库必须利用设计洪水水位以上库容临时滞洪，控制下泄，以力保下游城市和重点堤堰安全。湘西水文水资源勘测局参与省水文部门作洪水预报调度方案。通过联合调度，合理控制上游酉水凤滩水库泄量，达到保五强溪大坝和常德市安全目标，水文情报预报效益30.9亿元。

1999年7月上旬，酉水和沅江中下游发生洪水，凤滩、五强溪水库入库洪水总量达到30年一遇标准，湘西水文部门提出两库错峰泄洪联调方案，使发电经济效益分别增加0.8亿元和2.1亿元。7月28日8时，湘西水文水资源勘测局与湖南省水文水资源勘测局，根据27—28日酉水流域降雨情况，及时分析预报出酉水石堤站6月28日20时左右将出现8000立方米/秒以上洪峰流量，并同时预报出凤滩水库将于6月29日20时以前出现17000立方米/秒左右的最大入库流量，结果与凤滩29日14时的最大入库流量18000立方米/秒相比，相差甚小。此次预报，为凤滩水库防洪调度提供准确信息。2003年7月8日，永顺、龙山、保靖等县突降特大暴雨，湘西水文部门根据雨水情和酉水石堤水文站上游来水情况，经与湖南省水文水资源勘测局紧急会商，预报酉水干流石堤水文站可能会出现258米以上洪峰水位，并据此预报下游里耶古城最高洪峰水位可能将达253～253.5米。当时里耶护堤工程尚未竣工，挡土墙高程仅250米，古镇最低点高程在252.8米左右，如果洪水超过253米，里耶古镇危急。龙山县政府紧急行动，迅速组织干群筑起1米多高的子堤。实际结果表明，石堤水文站最高洪峰水位257.86米，里耶最高洪峰水位253.25米。及时准确的水文预报，加上正确的处理措施，里耶古镇面对洪水来临，安然无恙。9日3时，正当永顺县城上游首车镇猛降暴雨之时，州防汛抗旱指挥部办公室要求水文部门分析永顺猛洞河洪水，迅速确定马鞍山泄洪方案。湘西水文部门根据暴雨走势特点和马鞍山上游前6小时降雨情况，为缓解永顺县城暴雨及洪水压力，果断做出暂不增开闸门建议。科学调度水库消减洪峰，使永顺县城避免一次巨大的洪涝灾害。在两次洪灾中，水文情报预报防洪减灾直接经济效益1.48亿元，其中龙山县0.62亿元，永顺县0.86亿元。

（三）抗旱效益

1989年，湘西水文部门在汛前作出4—9月长期预报和旱涝趋势分析。1997年，湘西水文部门提前发布夏秋连旱的旱情分析预报，各地水库采取蓄水措施，挽回经济损失约0.7亿元。2001年、2005年、2006年等干旱年份，湘西水文部门及时主动向各级政府及各级抗旱决策部门提供大量的抗旱减灾服务信息。其中分析预测材料2005年26份、2006年30份。旱灾损失减轻。2009年，湘西水文部门在永顺县和吉首市河溪镇设立墒情监测站，结束湘西州无墒情监测历史，为全州农业生产、抗旱救灾提供更为科学的依据。

第二十三篇　交通运输

1989年，湘西州有航道里程1067公里，酉水河险滩10余处。1990年，整治航道，修筑酉水保靖县城段护航大堤。1993年，在泸溪县白沙镇修建沅江客运码头。1998年在保靖县迁陵镇修建移民码头。2002年，州交通局开展航道普查。普查显示，全州有大小河流1000余条，分属沅江、澧水两大水系，通航里程1120公里，其中湘西州管辖1067公里。2006年，加大航道整治力度，至2010年，先后投资814万元，治理酉水干流及花垣河、猛洞河、洗车河等航道928公里，七级以上等级航道由1989年的153公里增至328公里，增长1.14倍。是年，州内有港口6个，水路客运77万人次，货物吞吐量72万吨。

1989年，枝（城）柳州铁路更名为焦（作）柳（州）铁路，途经州境永顺、古丈、吉首、泸溪和凤凰5个县（市），过境里程132公里，设车站17个。2002年，吉首站由三级站升为二级站。2007年，焦柳铁路石（门）怀（化）段电气化改造竣工运行。2010年，铁路列车发送旅客183万人次，比1989年增长169%。

1989年，州境有国道干线公路两条，即209和319。其中，国道209由凤凰县入境，经过州辖吉首、花垣、保靖、永顺和龙山5个县（市）31个乡（镇），境内全长334公里；国道319经过州境泸溪、吉首和花垣3个县（市），全长173公里，其中在吉首、花垣段与209共线68公里。省道有常（德）永（顺）、吉（首）大（庸）（今张家界市）、桑（植）永（顺）、凤（凰）铜（仁）4条线。县、乡公路2724公里，通公路乡（镇）219个，未通公路乡3个，建制村通公路1610个，通村率59.96%。公路基本为砂石路，等级低。1994年，湘西州实施“湖南省‘八七’扶贫攻坚计划”，并以通村公路建设为重点，掀起公路建设热潮，至1995年，通公路乡（镇）220个。2000年，公路通村率85%。2003年，吉（首）张（家界）二级公路建成通车，全长128公里，为湘西州首条二级公路。是年，永顺县展（笔）小（溪）公路竣工建成，全州实现乡乡通公路。同时，国道大修，提升公路等级。2004年，全州贯彻中央关于解决“三农”问题，加快农村公路建设指示，通村公路建设提速，至2006年，建制村通路率达到96.2%。2007年，“通畅工程”启动，投资6140万元，建设里程675公里，受益村217个。2008年，常（德）吉（首）高速公路竣工通车，湘西州迎来高速公路时代。2010年，州境建制村通路率增至99.59%，适宜通公路村全部通公路。是年，张（家界）花（垣）、龙（山）永（顺）、永（顺）吉（首）、吉（首）怀（化）、吉（首）茶（洞）等高速公路全面开工建设。其中，吉茶高速公路控制性工程，即矮寨特大悬索桥，进入主索缆施工阶段。桑（植）永（顺）省道改建项目进展顺利，路面工程基本竣工。通乡公路全部建成水泥混凝土路面。全州有公路客运车3162辆，客运周转量3974万人次；营运货车13213辆，周转量559830万吨公里。

第一章　公路建设

第一节　高速公路

2004年5月，常（德）吉（首）高速公路开工建设。经过湘西州49.14公里，投资37.26亿元，2008年12月建成通车。2007年7月，湘西州吉（首）茶（洞）高速公路动工建设，全长65.03公里。2008年11月，吉（首）怀（化）高速公路湘西州段开工建设，长 43.98 公里。2009 年 6 月，张（家界）花（垣）高速公路开工建设，湘西州段长 114.628 公里。是年 11 月，凤（凰）大（兴）高速公路动工建设，湘西州段长 30.83 公里。2010 年 10 月，龙永、永吉（龙山—永顺—吉首）高速公路正式开工，州内高速公路建设全面推进，覆盖全州八县市。

一、常吉高速湘西州段

常（德）吉（首）高速公路湘西州段，起于泸溪县岩头河，迄于吉首市人民南路老岭北坡，与吉（首）茶（洞）高速公路相对接，州境长 49.14 公里，为长沙至重庆（长渝）高速公路其中一段，设计双向四车道，时速 80 公里，项目投资 37.26 亿元，每公里造价 7450 万元。有特大桥 3 座、1990.98 延米，大桥 18 座、4344.65 延米，中桥 9 座、581.9 延米；特长隧道 2 座、7490 米，长隧道 5 座、6036 米，中隧道、23 座 16026 米，短隧道、2 座 752 米；互通式立体交叉 3 处，分离式立体交叉 2 处，通道 20 道，涵洞 69 座。2004 年 5 月 18 日开工，2008 年 12 月 18 日竣工通车。

二、吉茶高速

吉（首）茶（洞）高速公路，是国家高速公路重点规划的 8 条西部公路大通道之一，为长沙至重庆公路其中一段。线路起于吉首市，与常吉高速公路相接，途经吉首市寨阳乡、矮寨镇和花垣县排碧乡、麻栗场镇、窝勺乡、道二乡、团结镇，止于“边城”茶洞镇。长 65.03 公里，其中吉首市内 22.51 公里，花垣县境 42.51 公里。设计双向四车道，速度为 80 公里 / 小时，路基宽度为 24.5 米（整体式）、2×12.25 米（分离式），路面结构以沥青混凝土路面为主。项目计划投资 50.6 亿元，由国家投资、湖南省自筹、国家开发银行贷款和亚洲开发银行贷款构成。2006 年 11 月破土动工，2010 年,完成建设投资 46.56 亿元, 占计划总投资的 92%。预计 2012 年建成通车。

三、吉怀高速湘西州段

2008 年 9 月 26 日，吉怀高速公路（吉首至怀化）开工动员大会在怀化市举行；10 月 23 日，吉怀高速公路湘西段征地拆迁工作启动。吉（首）怀（化）高速公路，是国家高速公路包头至茂名其中一段。起于吉首市以东小庄村，与常吉高速公路相连接，沿吉首市城市规划区边缘布设，经过州境凤凰县，在牛栏坡与邵怀高速怀化连接线起点对接。全长 104.83 公里，其中湘西州长 43.98 公里。全线采用双向四车道高速公路标准建设，项目批复预算 88.19 亿元。2008 年 9 月 26 日动工建设，2010 年,完成建设投资 22.82 亿元，占计划投资的 25.87%。预计 2012 年建成通车。

四、张花高速湘西州段

张（家界）花（垣）高速公路，是湖南省高速公路网规划“五纵七横”路网中第二横，即长沙浏阳（赣湘界）至花垣（湘渝界）高速公路组成部分。路线起于张家界市阳湖坪镇，顺接常张高速公路。州境经永顺县青坪、羊峰、抚志、泽家、保靖县城东及复兴镇，沿花垣县城规划区西面边缘连接吉茶高速公路，全长 146.84 公里。其中，张家界市永定区内长 32.22 公里；湘西州永顺县境长 67.89 公里、保靖县境长 37.21 公里、花垣县境长 9.52 公里。项目概算投资 121 亿元，设计双向四车道，时速 80 公里，路基宽 24.5 米。2008 年 10 月 31 日，工程开工动员，2009 年 6 月，工程进入全面施工阶段。至 2010 年，完成投资 47.6 亿元，占投资计划的 39.33%。预计 2013 年建成通车。

五、凤大高速湘西州段

凤大（凤凰至贵州大兴）高速公路是杭州至瑞丽国家高速公路在湖南境内一段，也是湖南省路网规划中第一横组成部分。路线起于凤凰县城城北，沿途经过沱江、南长城遗址、黄丝桥古镇等风景名胜区，止于贵州铜仁大兴镇，与杭瑞高速公路贵州大兴至思南段相接。路线全长 30.83 公里，设计双向四车道，时速 80 公里，标准路基宽度 24.5 米，总投资 19.36 亿元，建设工期 3 年。2009 年 11 月 3 日，开工动员。2010 年 5 月，全线动工。年底，完成投资 7.58 亿元，占计划投资的 39%。

六、龙永、永吉高速

龙永、永吉（龙山—永顺—吉首）高速公路，是湖北恩施至吉首高速公路湖南境内的两段，两个工程线路总长 175.4 公里，设计时速 80 公里，全线按四车道高速公路标准建设，预算总投资 230.45 亿元，总工期 4 年。龙永高速公路起自龙山县甘壁寨村，顺接湖北恩（施）来（凤）高速公路，经龙山、红岩溪、农车、永顺，止于永顺县泽家镇海洛村，长 91.2 公里。设龙山、茅坪、红岩溪、农车、首车、永顺等 6 处互通。另建龙山连接线 20.4 公里、永顺连接线 13.4 公里，采用二级公路标准建设，设计时速 60 公里；红岩溪连接线 4.2 公里、洗车连接线 18.8 公里，采用三级公路标准建设，设计时速 40 公里，项目估算总投资 121.75 亿元。永吉高速公路起自永顺县泽家镇海洛村，对接张花高速和龙永高速，经王村（芙蓉镇）、罗依溪、古阳、默戎、马颈坳、已略，止于吉首市曙光村，与吉茶高速相连，长 84.2 公里。设海洛、芙蓉镇、罗依溪、古阳、吉首北、吉首西 6 处互通。另建芙蓉镇连接线 2.1 公里、吉首北连接线 2.9 公里，采用二级公路标准建设，设计时速 60 公里；吉首西连接线 9.4 公里，采用一级公路标准建设，设计时速 80 公里，项目估算总投资 108.7 亿元。2010 年 10 月 28 日，龙永、永吉高速公路开工仪式在龙山县石羔镇举行，工程正式动工建设。

第二节　国道

2010 年，穿越湘西州的有 319 和 209 两条国道线，州境总里程 427.47 公里，其中吉首至花垣重复线 68 公里。公路质量达到山岭重丘二、三级标准。

一、国道 319 湘西州段

国道 319，即厦门至成都线，州境线段东起泸溪县六村坳，西至花垣县边城镇（茶洞），全长 173.84 公里（含国道 209 重复线 68 公里），民国 27 年（1938）建成通车。1992 年，因五强溪水电站建设，铁山河至武溪路段 7.93 公里成为淹没区，故改线新建。至 1997 年，建大桥 454.83 米 /1 座，路基宽 8.5 米，路面宽 7 米；除穿越白沙镇两公里路段铺水泥路面外，其余为沥青路面，投资 2498.1 万元。是年，吉首市东郊出口路段拓宽改造，投资 560.62 万元，解决吉首市东郊出口“瓶颈”问题。改建后路面宽度为 7～12 米，水泥混凝土和沥青混凝土路面，等级达到四至二级标准。根据交通部“十五”国道干线公路、危桥改造、GBM 工程及文明样板路建设规划，湖南省境内国道 319 列入“十五”期间部级文明样板路建设规划。319 国道文明样板路建设按照山岭重丘二、三级公路技术标准实施，州内路段总投资 1.73 亿元。2003 年路基施工完成，2004 年路面改造竣工，2005 年交付验收。

二、国道 209 湘西州段

国道 209 州境段，南起凤凰县石羊哨，北迄龙山县官渡口，全长 321.63 公里，其中，吉首市至花垣县段与国道 319 共线 68 公里。是北进湖北恩施州，南出怀化至广西北海的交通纽带。20 世纪 80 年代初，国道 209 州境段开始改造，至 1985 年，保靖段 32.93 公里铺装沥青路面；永顺县勺哈至凉亭坳段 26.64 公里，由等外级改造成四级。1989 年，投入资金 73.13 万元，凤凰县改线新建三拱桥段和吉信段 12.5 公里，达到三级标准。1995 年，龙山段、吉首段改造，1996 年花垣县段改造。至 1998 年，龙山段投入 3114 万元，改造公路 81.3 公里，占龙山县全路段 99.02%。其中，二级路 7.98 公里，三级路 7.23 公里，四级路 66 公里。吉首市砂子坳至乾州 6.17 公里达到二级标准。花垣县钟佛山路段拓宽改直，新建中桥一座，缩短里程 0.4 公里。至 2001 年，国道 209 湘西州段先后投资 10064 万元，改建新建路段 177.02 公里，公路质量提升，有二级路 16.15 公里，占全路段 5.02%；三级路 190.48 公里，占 59.22%；四级路 113 公里，占 35.13%；等外级 2 公里，占 0.6%。2003 年，湖南省交通厅决定，国道 209 凤凰、花垣、保靖、永顺等段 192 公里实施大修，预算投资 9600 万元，当年完成 62 公里，2005 年全部竣工。

2009 年 4 月，国道 209 龙山至永顺段改建工程动工。改建路段起于永顺县灵溪镇，经永顺县勺哈乡、首车镇，龙山县农车乡、红岩溪镇，止于龙山县茨岩塘镇，路线全长 62.37 公里。按山岭重丘二级公路标准建设，路基宽 8.5 米，路面宽 7.9 米，路面结构为沥青混凝土。全线路基土石方 258.5 万立方米，桥梁 1351.8 米 /11 座，涵洞 3746.3 米 /284 道，隧道 2888 米 /4 座，平面交叉 32 处，项目概算总投资 4.78 亿元。至 2010 年末，全线征地拆迁基本完成，路基开挖土方 113.99 立方米，路基石方 346.53 立方米，路基基本贯通；桥梁工程进入上部工程施工，累计完成建设投资 3.43 亿元，占概算总投资的 71.75%。

第三节　省道

1989 年，湘西州境有省道 4 条，即常永线（常德至永顺，编号 1801）、吉大线（吉首至大庸，编号 1828）、桑永线（桑植至永顺，编号 1841）、凤铜线（凤凰至铜仁，编号 1867）。2001 年，全省公路普查，湘西州划定省道 6 条，即石吉线(永顺县石堤西至吉首，编号 S229)、桑小线（桑植至永顺县小农村，代号 S230）、洗老线（编号 S231）、苗龙线（龙山县苗儿滩至县城，代号 S305）、南永线（编号 S306）、龙牛线（编号 S308），共 495.01 公里。其中，二级路 130.25 公里，三级路 54.19 公里，四级路 239.38 公里，等外级 71.18 公里；有沥青路面 492.98 公里，水泥混凝土路面 2.03 公里。

一、石吉线（S229）

S229 线，起自永顺县石堤镇，途经王村镇、古丈县罗依溪镇、古阳镇、默戎镇，吉首市马颈坳镇至光明大桥止，全长 107.23 公里。

路线分两段修建。一段从吉首市光明大桥起，至古丈县罗依溪大桥止，全长 61.11 公里，简称吉罗公路。另一段从永顺县的巴巴铺起，至古丈县罗依溪大桥南，全长 46.126 公里，简称张罗公路（其中石堤西至巴巴铺 21.17 公里属省道 S306 线）。

1999 年 1 月，吉罗公路开工，2002 年 12 月竣工，总投资 5.08 亿元。该线为山岭重丘二级公路，设计行车时速 40 公里，公路路基宽 8.5 米，路面宽 8.1 米，其中城镇过境路段路基宽为 12 ~ 16 米；路面结构为沥青混凝土，城镇路段采用水泥混凝土。

张罗公路起自张家界市，至永顺县巴巴铺进入湘西州，于古丈县罗依溪大桥与吉罗公路相连接，全长 67.38 公里。为山岭重丘二级公路，设计时速 40 公里，路基宽 8.5 米，路面宽 7 米，路面基本为沥青混凝土。2010 年 12 月动工，2003 年 10 月建成通车，总投资 3.9 亿元。

二、桑小线（S230 线）

桑小公路，起于桑植县利福塔，经永顺县桃子溪、砂坝、塔卧、颗砂、吊井岩、灵溪、抚志，至小龙村，与省道 S229 接线。桑小线在湘西州境路段长 102.23 公里。1996 年，投资 12 万元，改造岩屋口至桃子溪 3.2 公里，铺装沥青路面。1998 年，投资 24 万元，改造颗砂至吊井岩段，砂石路面铺沥青。

桑永公路，起于永顺县与桑植县交界处的岩屋口，止于永顺县吊井乡风洞村，途经砂坝镇、塔卧镇、颗砂乡，全长 42.06 公里，系省道 S230 之一段。全线按山岭重丘三级公路标准设计施工，设计行车时速 30 公里，路基宽 7.5 米，路面宽 6.5 米，工程总预算 1.29 亿元。2005 年 12 月开工，2010 年路面工程完成，并通过省州验收。

三、洗老线（S231）

洗老线起自龙山县的洗洛，经湾塘、火岩、桂塘、咱果、内溪、岩冲、里耶，保靖县清水坪、野竹坪、毛沟，止于花垣县的老鸦塘，与国道 319 线相接，全长 155.04 公里。其中二级路 2.02 公里，四级路 138.97 公里，等外级 14.04 公里，均系沥青路面。该条公路由湖南省计委、省交通厅投资 1.3 亿元，分两段改造。一段是洗洛至里耶 109 公里四级路改造，总投资 8230 万元。2001 年动工，2004 年竣工。另一段是花垣县凉水井至保靖县清水坪接里耶大桥的四级路改造，全长 47.09 公里，总投资 4857 万元。2006 年竣工。

四、苗龙线（S305）

起自张家界市慈利县苗市，由桑植县上河溪进入湘西州龙山县，经该县水田坝、茨岩塘、兴隆街，止于龙山县新城乡，长50.54公里，其中龙山县公路局管养16.65公里，龙山县公路站管养33.88公里。该段公路有四级路32.53公里，等外级路18.01公里，全部铺装沥青路面。

五、南永线（代号S306）

起于岳阳南江桥，由张家界市进入湘西州境，经永顺县青坪、石堤西、吊井岩与省道S230重合，到永顺县城止。州内路段47.75公里，其中二级路21公里，三级路26.75公里。全部铺装沥青路面。

六、龙牛线（代号S308）

起自邵阳龙门，由怀化市麻阳县进入湘西州凤凰县十里牌村,经沱江镇、廖家桥镇、阿拉营镇、落潮井乡牛堰村，进入贵州省铜仁地区。州境路段32.19公里，其中三级路10公里，四级路22.19公里。全部铺装沥青路面。

凤大公路起于凤凰县城，止于贵州省铜仁大兴，即湘西州凤凰县至贵州省铜仁大兴飞机场公路，长33.35公里。线路设计为平原微丘二级公路，路基宽12米，路面宽9米，时速80公里；连接线路基宽8.5米，路面宽7米。工程分两期实施，第一期工程起自凤凰县城北国道209线K2374+500处，经沱江镇、廖家桥镇、都里乡、阿拉营镇，在落潮井乡牛堰村与省道S308线相交，长29.37公里；第二期工程线路延伸至贵州省铜仁大兴飞机场公路转盘处，桩号K31+967.13处，长2.58公里。主线全长31.96公里，连接线1.39公里。

2003年11月28日，凤大公路动工建设，2009年1月8日，竣工通车。

第四节　县乡道

1989年，全州县乡公路2724公里，其中县道1301公里，乡道1423公里。通公路乡（镇）219个，未通公路乡3个；通客班车乡（镇）206个，占乡镇数的92.79%。1992年，凤凰县修建县城至千工坪乡道15.5公里，并在州内首次铺筑沥青路面。1995年，乡道达到1571公里，通公路乡（镇）增至220个，通客班车乡（镇）有208个。1999年，凤凰县投资320万元，修建火炉坪至禾库公路，长13.5公里，连通3个乡9个村。2000年，通客车乡（镇）216个。2001年，全州公路普查，有县道53条，长1663公里，占全州公路通车里程19.32%；乡道132条，1603公里，占州内通车里程18.63%。2003年，永顺县展（笔）小（溪）公路竣工通车，全州实现乡乡通公路。2005年重点修建“断头公路”和边际公路，新修古丈县草潭至沅陵县清水坪公路15公里，保靖县清水坪镇至重庆市秀山县大桥公路15公里，龙山县至湖北省宣恩县捏车坪公路15公里。是年，全州县道1664公里，乡（镇）道3978公里。2006年，州境县城至乡镇公路改造工程启动。当年，投资2.25亿元，完成路基工程466公里、路面217公里。2008年工程投入加大，投资2.85亿元，完成路基改造400公里，路面工程482公里。2010年，全州通乡（镇）水泥（沥青）路达到2057公里，乡乡通水泥（沥青）路的目标基本实现。

第五节　通村公路

1989年，全州建制村2685个，通公路村1610个，占村总数的59.96%。1994年，湘西州实施“湖南省‘八七’扶贫攻坚计划”，并以通村公路建设为重点。1995年，州交通局抽调工程技术人员174人，深入8县（市）农村公路建设第一线，协助设计施工，并派6名工程师担任监督员，负责工程质量监督。龙山县乌鸦乡，在没有外援情况下，组织600多劳动力，战严寒破冰雪，自力更生修通村道4.7公里。保靖县366个建制村，通公路村139个，占村总数的37.98%。是年，全州通公路村1664个，比1989年增加54个，公路通村率增至61.97%。1997年，保靖县新修通村公路178公里，新通公路村50个，居全州第一位。龙山县烟草部门配合烤烟基地建设，投入360万元，修建通村公路。湖南省交通厅先后安排资金6000万元，州、县（市）财政配套1095万元，乡、村自筹资金699万元，投入义务工日1853.5

万个，至2000年，全州通公路村2273个，占村总数的85.35%。2004年，贯彻中央关于解决“三农”问题、加快农村交通建设的指示，通村公路建设力度加大，当年全州投入4520万元，新修通村公路493公里，同时整修村道449公里。至2006年，通村路达到96.2%。2007年，“通畅工程”启动。是年，全州217个村动工建设，建设里程675公里，实施水泥混凝土硬化路面320公里，投入资金6140万元。2008年，湘西州被交通运输部列入为全国第三批农村公路建设示范工程单位之一。是年，全州投入1.5亿元，完成路基工程685公里，路面竣工672公里。2010年，州交通运输局启动未通公路村“通达工程”，同时改造标准低、损毁重的村级公路。全州投入4.5亿元，新建和改造通村公路1917公里，建制村通公路率达到99.59%，适宜通公路村全部修通。公路通畅村726个，通畅率36.85%。

第六节　桥梁

1989年，全州有公路桥梁585座、16069延米。至2001年，全州新建公路桥梁70座5297.06延米。其中，特大桥3座928.13米，大桥18座2329.56米，中型桥22座1469.06米，小桥27座570.31米。湘西州国、省道和县道全部改渡为桥。2010年，全州公路桥梁714座、24098.5延米。其中，特大桥1293.13米/4座，大桥6648.13米/60座，中桥6893.21米/135座，小桥9264.03米/515座。

重点桥梁选介：

一、泸溪铁山河大桥

位于泸溪县白沙镇东，为国道319线在州境泸溪沅江跨越的一座大型桥梁。大桥全长454.83米，其中引桥长130.33米，两端尚有接线6660米。主桥为钢砼箱型拱桥，引桥为连续的简支架桥梁。设计荷载为汽—20、挂—100，人群荷载3.5千牛/平方米；桥面净宽为9+2×2米人行道；设计洪水频率为1/100。引桥上部构造为普通钢筋混凝土空心板，下部构造为钻孔灌注桩基础和双柱式桥墩。主桥下部构造与引桥下部构造相同。主桥采用备有横移轨道的缆索吊装设备，将预制40号钢筋砼薄壁闭合箱肋分三段吊装，逐跨单箱合龙。该桥圬工砌体1035立方米，砼和钢筋工程11508立方米，耗用钢材661.42吨。1990年4月开工建设，1993年5月竣工通车，总投资2300万元。

二、里耶大桥

位于龙山县里耶跨酉水河至保靖县清水坪，该桥6孔×53米，全长395.3延米，桥宽7米+2×1.5米（含栏杆），上部构造为双曲拱桥结构，下部桥墩为钢筋混凝土单柱大管柱（属湘西州首次采用此技术），基础为钢筋混凝土沉井，设计荷载汽—20，挂—100，设计洪水频率为1/50，大桥两端接线长2029米，其中龙山方向1633米，保靖方向396米。1995年12月开工，1997年7月竣工，造价2640万元。经湖南省公路局验收，被评为优良工程。

三、王村特大桥

位于永顺县王村镇与古丈县河西镇之间的酉水河上。是湖南省实施西部开发标志性工程张罗公路关键项目。该桥为钢管砼中承式肋拱，主桥净跨200米，其单跨长度时为湖南省同类桥梁之首。矢跨比1/5，拱轴系数1.54，设计荷载汽—20，挂—100，桥梁总长302.3米。由湖南省交通勘察设计院设计。整个桥梁钢筋、钢板重量1296吨，混凝土方量11350立方米；桥梁吊杆为直径7毫米高强度钢丝束，总长66830米。桥梁缆索吊装累计吊重4800吨，吊装缆索分别为直径47.5毫米钢铰线主索和直径31.5毫米钢铰线扣索、牵引索、起重索、缆风索，共计10580米。钢管拱空中合龙精度横向为3毫米，竖向为7毫米。施工采用七段吊装三段合龙方案。2001年3月动工，2003年6月竣工，总投资2115万元。

四、古丈县河西镇6号桥

位于张罗公路K90+479处，系湘西州内首座采用贝雷钢拱架施工的公路桥。2001年10月开工，2002年8月建成。为1～60米石板拱桥，桥宽9米，圬工体积5800立方米，由湘西州路桥公司承建。由于此桥所处的位置溪间水深达15米以上，跨度40多米，无法搭设支架。州路桥公司工程技术人员决定采用贝雷钢架施工新技术，该项技术在州内推广应用尚属首次。

五、洗壁溪大桥

位于永顺县青坪镇洗壁溪村，即张罗公路K35+97.95地段。大桥全长199.4米，净宽8.5米，共6跨，上部结构采用30米T梁，下部采用扩大基础空心薄壁墩。桥梁高度69.28米。2002年4月开工，11月竣工，造价600万元。经湖南大学土木建筑工程检测中心检测，被评为优良工程。

六、泸溪沅水特大桥

位于常（德）吉（首）高速公路州境泸溪沅水河上。大桥全长1161.8米，桥面宽度：1.5米人行道+0.5米防撞墙+10.75米行车道+2米中央分隔带+10.75米行车道+0.5米防撞墙+1.5米人行道，总宽29米。主桥为68米+3×110米+68米预应力砼变截面悬浇连续箱梁，引桥为17×40米预制预应力砼简支后连续T梁。桥梁荷载等级为汽车—超20级，挂—120，人群荷载3.5千牛/平方米。2004年5月开工，2008年11月建成。

七、印家溪高架桥

位于常（德）吉（首）高速公路泸溪段，地处泸溪县洗溪镇印家溪村，大桥跨越武水支流印家溪，溪宽约15~20米，自北向南汇入武水。桥位区属中低山地貌，地形起伏大，切割深。桥位范围常德端最大高程293.8米，吉首端最大高程293.53米，溪中最低高程201.2米，相对高差92.6米。溪沟两岸均为陡坡地，覆盖层较薄，局部基石裸露，植被发育。根据这一地形地貌，印家溪高架桥采用9×40米刚构——结构连续T梁，结构形式为先简支40米预制T梁，中间高墩墩顶通过现浇连续段使T梁与下部结构固接；1、8号较矮边墩墩顶采用结构连续，全桥形成多跨连续——刚构体系。大桥最高墩柱超过93米，时为湖南省第一高墩柱大桥。印家溪高架桥全长376.24米，桥面宽为：2×（0.5米防撞栏杆+10.75米行车道+2米分隔带+10.75米行车道+0.5米防撞栏杆）+2.76米中央分隔带，桥宽共26.76米。荷载等级为汽车—超20级，挂—120，人群荷载3.5千牛/平方米。2004年7月开工，2008年11月建成。

八、矮寨特大悬索桥

位于吉（首）茶（洞）高速公路吉首市矮寨镇，跨越德夯大峡谷。桥面至峡谷底高差335米。大桥两索塔间跨度1176米。主桥采用钢桁加劲梁，梁高7.5米，梁宽27米，节段梁长14.5米，全桥69节，主梁全长1000.5米，采用“轨索滑移法”架设。主缆矢跨比1/9.6，中跨主缆直径844毫米，由169股预制平行钢丝索股组成，主缆施工采用预制平行钢丝索股逐根架设的施工方法（PPWS）。吊索采用钢丝绳，全桥共71对。索塔采用双柱式门式框架结构，悬索桥两端与隧道相连。

工程由湖南交通规划勘察设计院设计，湖南省路桥集团公司施工，工程概算7.9亿元。设计为双向四车道高速公路特大桥，行车时速80公里。2010年3月28日，通过氢气飞艇，将先导索连接两岸，进入主索缆施工阶段。是年年底，完成主缆索股架设，使大桥的索塔、主缆、钢桁梁三大主体工程完成两项。预计2012年竣工通车。

附记：凤凰堤溪沱江大桥重大坍塌事故

堤溪沱江大桥工程，是湖南省凤凰县至贵州省铜仁大兴机场凤大公路建设项目控制性工程。大桥长328.45米，宽13米，设3%纵坡，桥型为4孔65米跨径等截面悬链线空腹式无铰拱桥。大桥桥墩高33米，且为连拱石拱桥。2004年3月12日开工，计划于2007年8月底完成大桥建设所有工程，9月20日竣工通车，为湘西自治州50周年庆典献礼。2007年8月13日16时45分许，堤溪沱江大桥发生坍塌事故，造成64人死亡，4人重伤，18人轻伤，直接经济损失3974.7万元。

事故直接原因：由于大桥主拱圈砌筑材料未满足规范和设计要求，拱桥上部构造施工工序不合理，主拱圈砌筑质量差，降低拱圈砌体的整体性和强度，随着拱上荷载的不断增加，造成1号孔主拱圈靠近0号桥台一侧约3至4米宽范围内，即2号腹拱下的拱脚区段砌体强度达到破坏极限而坍塌，受连拱效应影响，整个大桥迅速坍塌。

事故间接原因：施工单位路桥公司道路七公司凤大公路堤溪沱江大桥项目经理部，擅自变更原主拱圈施工方案，违规乱用料石，主拱圈施工不符合规范要求，在主拱圈未达到设计强度的情况下就开始落架施工作业。建设单位湘西自治州凤大公路建设有限责任公司，发现施工质量存在问题，但未能及时督查整改，未经设计单位同意，擅自与施工单位变更原主拱圈设计施工方案，盲目倒排工期赶进度，越权指挥，甚至要求监理不要上桥检查。工程监理单位湖南省金衢交通咨询监理有限公司，未能制止施工单位擅自变更原主拱圈施工方案，发现有主拱圈施工质量问题，督促整改不力，在主拱圈砌筑完成但强度资料尚未测出的情况下即签字验收合格。设计和地质勘察单位华罡设计院，违规将勘察项目分包给个人，地质勘察设计深度不够，现场服务和设计交底不到位。湖南省、湘西州交通质量监督部门，工程质量监管严重失职。同时，湘西州政府和凤凰县政府及湖南省相关部门对工程立项审批、招投标、质量把关和安全生产等方面监管不力，导致事故发生。

事故性质：堤溪沱江大桥发生特别重大坍塌事故是一起生产安全责任事故。对事故责任人员及责任单位的处理：移送司法机关处理13人；给予党纪、政纪处理19人；处理事故相关人员24人；处理事故相关单位2个。

第七节　隧道

1989—2003年，全州有公路隧道8座，长629.2米，其中国道209线2座，即永顺县登隆坡隧道长246.77米，保靖县偏岩隧道长32米；省道3座，即永顺县S230线狗爬岩隧道长35.9米，龙山县S231线毛坡明隧道50米，小马鬃岭隧道139米；县道2座，即泸溪县泸麻线（XO41）白澄岩隧道长53米，保靖县迁普线（XO14）磨鹰嘴隧道长32.24米；乡道1座，即古丈县城双线（Y064）大坳隧道长40.3米。随着吉（首）罗（依溪）公路和张（家界）罗（依溪）公路两条山岭重丘二级公路的建设，仅吉罗公路就有中小型隧道5座，张罗公路有中型隧道1座，共3249米。2004年5月，常（德）吉（首）高速公路开工建设，全线有隧道41734延米（折算单洞），其中分离式隧道31793延米／15座，连拱隧道6060延米／18座，独立隧道349延米／3座。其中湘西段路线总长49.14公里，其中隧道总长超过15公里。

部分隧道选介：

一、小花园隧道

位于吉罗公路K28+896～K29+619处，全长723米，净宽7米，净高6.8米，1999年1月开工，2000年11月竣工。

二、牛角山隧道

位于吉（首）罗（依溪）公路K29+738～K30+575处，全长837米，净宽7米，净高6.8米。牛角山1#2#隧道是紧相连接的两座隧道，地形极为复杂，垂直高差大，1999年3月开工，2000年10月竣工。

三、社塘坡隧道

隧道地处海拔600米的剥蚀山地，山势陡峻，冲沟密布，地面横坡35%～60%左右。山体由石灰岩组成，除进出口地段岩石的风化侵蚀外，洞身围岩主块状整体结构强度高，稳定性好。该隧道是在天然石灰岩开凿隧洞，未改补砌，全长173米，边墙3.5米，顶高4米，隧道内纵坡3%，横坡2.5%。按单车道设计，采用两侧明沟排水，路面为碎石。位于吉首市社塘坡乡强虎村至劳动村公路越岭线段，距社塘坡乡政府2公里，1999年11月开工，2001年4月建成。

四、栖凤隧道

位于吉罗公路K59+100～K60+030罗依溪镇至罗依溪大桥之间，长980米，净宽7米，净高6.8米。该隧道属低山重丘山岭地貌，沟谷纵横，山峦叠嶂，海拔标高500～700米。此隧道修通后，使原老路线缩短3公里。全国政协副主席毛致用为栖凤隧道题字，1999年开工，2001年竣工。

五、火麻冲隧道

位于常（德）吉（首）高速公路火麻冲地段，全长1208米（折算单洞），是湖南省迄今最长的公路连拱隧道。火麻冲隧道是一座双向四车道高速公路连拱隧道，位于泸溪县洗溪镇峒头寨村四组。该隧道穿行于低山地貌之中，地形起伏较大，切割较深，冲沟较发育。隧道建筑限界按80公里/小时行车速度确定，采用二次衬砌独立成环的曲墙式断面，隧道内中心分隔带4.26米。隧道内轮廓为三心园形式，曲中墙。单洞建筑限界净宽9.75米，净高5米，行车道（含路缘带）宽8.5米，检修道0.75米，单洞净空面积为64.05平方米。隧道进出口均为端墙式洞门，边坡及明洞顶部采用植草绿化，洞门墙面用花岗岩石板装饰美化，2004年开工，2008年竣工。

六、岩门界隧道

常（德）吉（首）高速公路重点控制工程之一，进口位于泸溪县上堡乡联盟村，出口位于泸溪县洗溪镇仲溪村，为分离式单向行车双线隧道，隧道左线起止桩号为：K182+300～K186+085，全长3785米；右线起止桩号为：YK182+365～YK186+070，全长3705米。隧道左、右线均为复合式上坡，按隧道分类属特长隧道，2004年开工，2008年竣工。

第八节　公路养护

1989年，州、县（市）公路养护段管养2条国道和6条省道，以及37条县乡道，全长1774公里。乡村公路，归口地方道路部门管理，养路费主要从村民中收取民工建勤费，上级公路部门适当补助。由于养路费缺乏保障，道路管养不够到位，至1991年，州内主要干支线油路仅占52.39%，乡村道路路况一般较差。

1993年下半年，州公路部门在争取各级政府和各部门支待帮助的同时，着力内部挖潜，把强化劳动管理与改革分配制度紧密结合起来。内部联产联质计酬、奖勤罚懒、奖优罚劣、效益工资的全面推行，促进公路养护质量的提高。1994年，湘西州综合好路率76.3%。其中，国道、省道好路率分别为86.8%和81.9%，均突破省定路况目标和过去的路况水平。12月，全州开挖标准水沟790公里，整修标准路肩794.9公里，良等路标准均有提高。1996年，全州公路养护实行承包责任制。至2000年，先后开挖、砌筑标准水沟854公里，整修校准路肩831公里，创形象路278公里。有良等路1142公里，实现干支线好路率67.6%。是年，州公路局在湖南省公路养护质量评比中获得第三名。

2002年，州内打破县市界限，全州公路养护工程，实行项目法人、招投标、工程监理、合同管理等四项制度，并成立金路建设有限责任公司，集中管理。至2005年，全州完成公路大修144.96公里，公路改建256公里，危桥改造819.6延米/16座。实现好路率67.55%。2009年，国家实施成品油税费改革。湘西州贯彻湖南省人民政府《关于实施成品油税费改革完善交通体制加快交通发展的意见》，理顺机构管理体制，划分公路、养护和管理职责，按照属地管理原则，涉改各单位县级公路管理机构全部交由县级人民政府管理，实现人、事、财、责“四权”统一，明确州、县、乡三级事权。州人民政府印发《关于推进成品油税费改革完善交通体制加快交通发展的实施意见》，明确乡（镇）人民政府是乡村公路养护、管理和水上运输及安全管理的责任主体。州公路主管部门综合考核县（市）公路日常养护、路政管理、安全生产情况。是年，各县（市）公路局成立日常养护队。全年完成路面挖补10万平方米，改造危桥9座，国道省干线实现好路率86.2%。2010年，全州管养公路1767公里，完成公路大修14.8公里，中修66.4公里，水泥换板1.95万平方米，改造危桥5座，年均好路率达到76%。

第二章 水路建设

第一节 航道

1989年，全州航道里程1067公里，其中六级航道86公里，七级67公里。1990年，湘西州实施“以工代赈”水路工程建设，整治航道145公里，险滩21处，投入物资折合人民币472万元。主要按国家7级标准整治酉水航道，即保靖县城至隆头段，全长35公里。通行船舶为50吨，航宽22米，航深1.2米，流速2.8米/秒以下，曲度半径180米以上。整治重点险滩有雅鱼滩、田丘子、顺港、新滩、磨沟滩、驼背滩、古牛滩、铁泸滩等10余处。砌筑2米高8米宽护航大堤4000米。

20世纪80年代，酉水凤滩电站建成，90年代沅水五强溪电站建成，内河水位抬升，部分河面加宽，通航能力相应加大，航道整治转为以养护管理为主。2002年10月，州交通局开展航道普查，普查干支流航道46条，行程2000多公里。普查结果显示，全州有大小河流1000多条，其中流域面积20平方公里以上69条，长3873公里，分属沅水、澧水支流和武水、酉水水系。通航里程1120公里，其中澧水航道18公里，即中山至温塘段，属界河，与张家界市共管；有沅水航道41公里，即大龙溪口至浦市大码头段，属湖南省常德航道局管辖。湘西州管理航道1067.2公里，其中七级以上航道153公里，等外级航道914.2公里。主要河流有沅水两大支流酉水和武水。州内有兄弟河、长潭岗、河溪、岩门溪等中型以上水库10座。这些水库除发电、防洪外，还开行水运业务。2006年，全州利用以工代赈、省财政投资、省航务局配套资金和州内自筹等，投入814万元，先后整治酉水干流及支流、花垣河、猛洞河、洗车河等航道928公里，治理滩险380处，疏卵石18.40万立方米，炸礁15.51万立方米，筑块石坝11.75万立方米，清方及其他土石方12.67万立方米。航道等级提升，有四级航道41公里，六级航道107公里，七级180公里，等级航道比1989年增加175公里，增长1.14倍。

第二节 港口码头

1989年，全州有港口13处，码头50个，其中客运码头14个，货运36个，泊位68个。1993年新建泸溪白沙港及码头。2010年，全州有主要港口23处，其中客运码头8个，泊位13个，客运吞吐量每年达90.27万人次；有货运码头15个，泊位24个，货运年吞吐量33.89万吨。

一、龙山县隆头港

1984年，州投资20万元修建隆头港口码头；次年安排以工代赈资金40万元，修建站房、仓库各一栋，煤堆场一处近3000平方米，卸煤溜槽2个及下河公路，增加泊位2个。2010年港口正常使用。

二、保靖县城港

1985年，州安排以工代赈资金78万元，修建条石混凝土斜坡码头、条石混凝土直立式挡土墙堆场、阶梯式客运码头及候船室等附属建筑。1998年，投资237万元。工程由进桥道路段、引桥段、主桥段三部分组成，桥面宽14米，全长238米。设计年货物吞吐量8000吨，客流量60万人次。修建保靖迁陵移民码头，1998年11月20日动工，1999年7月竣工。港位建有3个码头，2010年，港口正常使用。

三、永顺县芙蓉镇港

1985年，投入以工代赈资金36万元修建，扩建客运泊位2个，码头全长100米，可停靠100吨级船舶。后又投资50万元，修建枯水、洪水位码头。每天码头上停靠40多艘各类船舶，客流量每年40多万人次。2010年，港口正常使用。

四、古丈县罗依溪港

位于酉水中游，是州境重要港口之一。1980年，动用凤滩移民费4万元，省、州投资6万元修建，1981年建成。修建下河公路码头630米，进库公路64米，砖木结构仓库1栋计217平方米，新砌挡土墙900立方米，新建阶梯码头1座长31米、宽2.5米。1985年，以工代赈投资76.2万元，修建罗依溪港火车站码头，新建客运码头1座长150米、宽10米，可停靠100吨级船舶。同时修建砼地面堆场1处6500平方米，仓库1栋240平方米，站房1栋850平方米，候船室及附属建筑500平方米。2004年12月，州投资30万元将客运码头延伸300米。该港口有焦柳铁路和省道S229线通过，临近猛洞河风景区，为州境水路、公路、铁路联运交通枢纽。2010年，港口正常使用。

五、泸溪县武溪港

州境主要港口之一，20世纪80年代年货物吞吐量曾达到45万吨以上，位居全州第一。此后由于铁路、公路运输的冲击和县城搬迁，客、货运量下降。1985年安排以工代赈资金15万元，改建站房和部分码头配套设施。1993年3月，湖南省交通厅批准在武水出口处沅水左汊的左岸修建500吨级洪水综合码头，投资80万元，由泸溪县交通局承建，2000年8月竣工。2010年，港口正常使用。

六、泸溪县白沙港

1985年，泸溪县和州航运公司在铁山河渡口修建一座杂货码头，主要是企业自建自用。五强溪电站建成后，泸溪县城迁往白沙村，1993年，省投资在白沙镇港修建2座码头，由省航务工程设计研究所设计，州航务工程处承建。白沙镇客运码头设计船型为100吨，吃水深1.6米，长度为30米，宽9米，最低通航水位为98.8米，最高通航水位为118米，投资30万元，1994年动工，1995年建成。杨里冲杂货码头设计船型500吨，码头长度45米，宽10.8米，设计低水位98.8米，高水位113.8米，投资60万元，1995年开工，1997年建成。2010年，港口正常使用。

七、泸溪县浦市港

1983年，省投资20万元，修建矿石下河公路码头。1985年，以工代赈投资34万元，修建站房、仓库，扩建大码头矿石堆场、斜面拉坡机码头、卸矿配套以及进港公路等。2010年，港口正常使用。

第三章　铁路

第一节　铁路建设

1988年1月1日，枝柳铁路与焦枝（河南焦作—湖北枝城）线合并，更名为焦柳铁路。湘西自治州境经过永顺、古丈、吉首、泸溪、凤凰5个县（市），全长132公里，其中，桥梁89座11.1公里，隧道98座71公里。2007年1月，焦柳铁路石（门北）怀（化）段（含湘西段）电气化改造工程竣工，是月29日，正式投入运营。

第二节　铁路站点

1989年，焦柳铁路湘西州段设车站17个，其中，吉首站为三等站，永茂、新永顺、猛洞河、古丈、万岩、吉首南、新凤凰为四等站，官坝、回龙、施溶溪、排口、龙鼻嘴、马颈坳、湘泉、周家寨、利略为五等站。吉首车站，设吉首市人民北路，中心里程为焦柳线Kl091+240。1989年吉首车站货物到达和发送量分别为20万吨和10万吨；旅客发送量60万人次。2002年，吉首车站升为二等站。经扩容改造，2010年，吉首车站到发线6股，有效度在883米以上，旅客站台长1093米，候车室使用面积1340平方米，行包房面积690平方米，仓库雨棚使用面积2450平方米，堆场使用面积8310平方米。接发列车信号为色灯电器集中联线和半自动闭塞设备，行车联系采用无线电步话机，站场照明用节能新光源铊钠灯。是年，货物到达和发送量分别为51.6万吨和15万吨，分别比1989年增长180.5%和50%；占全州铁路货物到送总量36.2%。旅客发送量180.4万人次，为1989年3.01倍；占全州铁路旅客发送量99.12%。

第四章　客货运输

第一节　公路运输

一、客运

1989年，全州拥有客车1043辆，其中州汽运总公司266辆，占总数25.5%。2001年10月，吉首市个体运输户龙勤勇等5人，自筹资金100余万元，购置福建厦门生产的“金龙”牌和长沙生产的“梅花王”牌豪华高档空调大客车5辆，成立“湘西州天下游旅游客运有限公司”，经州旅游局、州交通局、州运管处批准，经营州内旅游客运业务，客运线路有吉首至猛洞河、德夯、凤凰等。1999年12月，吉首市第二搬运装卸公司，扩大经营范围，采取融资入股筹集资金，购置4辆豪华高档大巴车、1辆普通客车，成立“吉首市安达旅游客运有限公司”，经州旅游局、州交通局、州运管处批准，参与德夯、猛洞河、凤凰等风景区旅游客运。2002年，州天下游旅游客运有限公司发展高档豪华旅游客车30辆，普通客车5辆，成为州内首家民营股份制旅游运输公司。州汽运总公司162车队，购置6辆中档旅游中巴车，跻身旅游客运市场，为吉首9个旅行社接待旅客。

2004年，吉首安达旅运公司与永顺猛洞河旅游车队合并。永顺汽运公司投入客车4辆，凤凰汽运公司投入客车6辆，分别加入永顺不二门、猛洞河和凤凰古城、南方长城、奇梁洞等风景区旅游客运。2010年，全州道路客运企业1923家，从业人员6343人，营运客车3162辆，客运量、客运周转量3974万人、26.7亿人公里。客运线路509条。其中，跨省67条，跨区69条，跨县107条，县内266条。全州各县（市）间客运基本实现快巴化，省际客运实现高速化，融入全省4小时经济圈。是年，全州有州天下游、吉首安达、州运湘西旅运分公司3家运输企业从事旅游班线经营，拥有旅游客车160辆、座位5119个。其中豪华车38辆，座位1545个；属于省、市际78辆、县际27辆。

二、货运

1989年，全州拥有营运货车2623辆、10442吨；拖拉机和其他机动车4090辆、3589吨。2001年，州交通局发布《湘西自治州道路化学危险货物运输管理的通告》。6月，州交通局、州公安局、州交警支队、州消防大队等部门联合开展个体户危险物品运输整治行动，成立专项治理整顿领导小组，集中治理州直及8县（市）从事危险货物运输的个体户。凡不足10辆汽车从事危险货物运输的县（市），本着自愿的原则，将个体经营危险货物运输的车辆融资入股，整合为危险货物运输企业。治理整顿后，全州审查批准从事危险货物运输企业7家，从业人员218人，运输车82辆/421.31吨，年运输总量18.9万吨。2006年，全州营运货车7852辆、18554吨，货运量1980万吨，货运周转量159900万吨/公里；另有运输拖拉机249台、249吨。2010年，全州营运货车13213辆、46120吨，货运量3063万吨，货运周转量559830万吨公里。

第二节　水路运输

一、客运

1989年，全州有船舶308艘，其中个体（联户）船舶170艘，占总数55.2%；航运公司客船138艘，占总数44.8%。客船主要参与旅游运输，其中旅游客运量主体为永顺、古丈、凤凰3个县。

2000年4月，猛洞河旅游公司招商引资，与香港振升集团签订合同，买断经营权50年，猛洞河旅游公司更名为“湘西猛洞河旅游开发有限公司”。拥有豪华旅游客船6艘、座位480个，漂流艇40艘、座位480个，年客运量在4万人左右。2001年，古丈航运公司破产改制，重新组建古丈县航运旅游中心，主要从事猛洞河火车站接送游客至王村或栖凤湖度假村，年客运量10万余人次。是年，凤凰县政府开辟古城北门码头至沈从文墓地1.5公里水上浏览路线，旅游木船由1999年20艘增至126艘。经凤凰县交通局清理整顿，组建凤凰县水上旅游客运公司。同时对游船舵手培训考核，择优录取舵手70人，批准客运游船70艘，取缔56艘。2002—2010年，凤凰县沱江、永顺县猛洞河及小溪旅游景区，年接待游客量由10万人次、门票收入800万元，增至18万人次，实现门票收入1500万元。凤凰沱江泛舟实现年接待量70万人次。火车提速后，罗依溪火车站停车改点，旅客流向转移，致使王村至罗依溪火车站航线全部停班停航，客运量急剧下滑。猛洞河平湖游设施老化，船舶缺乏更新改造，水上客运锐减。

二、货运

1989年，凤滩和五强溪电站大坝先后建成影响航运，客货运输发生变化。原水运的大宗货物运输量减少，水上货运处于下滑状态。1990年2月，州交通局、州交警支队、州工商局联合印发《关于加强新增运输车辆船舶管理的通知》，强调新增船舶必须经交通主管部门审批。8月，州交通局印发《关于治理整顿水路运输秩序的通知》，建立乡镇船舶管理机构，强化船舶驾驶员培训和年检年审，并清理整顿水上运输市场，水上交通安全事故减少。1991年，个体（联户）运输发展迅速。全州个体（联户）运输船舶发展到211艘/4308吨位，分别占全州船舶总数55.82%和26.46%。是年，全州航运货运量13万吨，货物周转量3763万吨公里。2001年，全州航运货运量10.2万吨，货运周转量3240万吨公里，比1991年分别下降22.25%和13.91%。全州拥有个体(联户)船舶213艘/11515吨位，分别占全州船舶总数69.16%和65.26%，比1991年增长13个百分点和38个百分点。2002年，州内基础设施建设快速发展，建筑等材料需求增大，弃陆走水的砂石和大宗货物运输增加。2010年，货船由2002年的9432载重吨增长至10735载重吨，货运量由23万吨增长至71.5万吨。国有水路货物运输企业减至1家。

第三节　铁路运输

一、客运

1989年，湘西州17个火车站均办理客运业务，旅客发送量65万人次。随着凤凰古城、吉首德夯、古丈红石林、永顺猛洞河等旅游业发展，2010年有13对客运列车通过州境，旅客发送量183万人次，比1989年增长169%。

二、货运

1989年，州境有永茂、新永顺、猛洞河、古丈、万岩、吉首、乾州和新凤凰8个站办理货运业务。有仓库雨棚使用面积2935平方米，堆场使用面积9354平方米，年货物到达和发送量分别为60万吨和30万吨。1992年在猛洞河站、吉首站、吉首南站建专用线6条，总长3694米，年货物到达和发送量分别为70万吨和35万吨。2007年货物到达和发送量分别为195万吨和80万吨。因运输市场变化、高速公路分流，2010年，吉首货运列车24对，年到达和发送量分别为153.9万吨和42.4万吨，分别比1989年增长156.5%和40%。

1989—2010年湘西州铁路客运发送人数统计表

表23-1　　单位：万人

年　份	吉首站	全州合计
1989	60	65

续表 23-1　　单位：万人

年　份	吉首站	全州合计
1990	63	68
1991	68	72
1992	71	75
1993	78	80
1994	80	85
1995	83	90
1996	88	92
1997	90	95
1998	92	96
1999	95	99
2000	100	103
2001	110	115
2002	118	120
2003	121.9	123.2
2004	140	142.1
2005	152.8	154
2006	170.9	173
2007	179.1	182
2008	185.7	187
2009	170.3	172
2010	180.4	182

1989—2010 年湘西州铁路车站货物发量情况一览表

表 23-2　　单位：万吨

年　份	吉首站合计	到达 / 发送	全州合计	到达 / 发送
1989	30	20/10	90	60/30
1990	31.5	21/10.5	95	63/32
1991	33	22/11	100	66/34

续表 23-2 单位:万吨

年　份	吉首站合计	到达/发送	全州合计	到达/发送
1992	36.5	25/11.5	105	70/35
1993	42	30/12	112	75/37
1994	47.1	35/12.1	118	80/38
1995	50.5	38/12.5	126	86/40
1996	53.8	41/12.8	136	95/41
1997	56.1	43/13.1	148	105/43
1998	61.5	48/13.5	170	120/50
1999	64.1	50/14.1	186	130/56
2000	68.6	54/14.6	206	145/61
2001	73	57/16	220	155/65
2002	75	58/17	227	160/67
2003	78	59/19	248	180/68
2004	82	60/22	251	182/69
2005	87	62/25	256	185/71
2006	92	63/29	265	190/75
2007	95.6	62.3/33.3	275	195/80
2008	90.6	67.3/23.3	265	200/65
2009	66.3	48.6/17.7	213.4	179.7/33.7
2010	71.1	56.1/15	196.3	153.9/42.4

第五章　交通管理

州交通运输局　1989年，湘西州交通局内设办公室、人事劳资教育科（加挂组织干部科牌子）、计划财务统计科、工程科（对外称州地方公路管理处）、运输工业科、安全保卫科、监察室（加挂审计科牌子），归口管理交通部门企事业单位。1993年，州交通局更名为州交通委员会。1994年，州交通委员会复名州交通局，内设科室、编制未变。1995年，州交通局内设办公室、政工科（加挂组织干部科牌子）、计划财务科、安全科（加挂保卫科牌子）、运输工业科、工程科（加挂交通总工程师室牌子）、审计科、纪工委与监察室、交通战备办，核定行政编制24名，后勤服务事业编制2名。2001年，机构改革，州交通局内设办公室、人事科、计划基建科（加挂总工室、交通战备办牌子）、财务审计科、运输安全科、纪检组（监察室），核定行政编制19名，后勤服务事业编制2名。2002年，撤销运输安全科，设立安全科和运输科，运输科加挂政策法规科牌子。2003年，州交通局增加行政编制3名。2010年，州交通局更名为州交通运输局，同时调整部分职能，将原建设部门管理的城市客运，包括出租车营运业务，划入交通运输部门。局机关内设办公室、人事科、财务审计科、计划基建科（加挂总工室、州交通战备办公室牌子）、运输管理科（加挂州城市交通行业指导办公室牌子）、安全监督科、政策法规科。州交通运输局设置纪检（监察）机构，核定行政编制22名，后勤服务事业编制2名。下属机构有：州交通运输管理处、州交通规费征稽处、州地方海事局、州交通规划勘察设计院、州汽车运输总公司、州公路局；州地方道路管理处（科级）。

1989—2010年，历任州交通（运输）局局长（主任）：彭武汉、王世开、游清高、秦湘赛、龙文辉；副局长（副主任）：王世开、游清高、刘毓群、彭善锦、刘自克、刘明智、王永双、陈新中、陈阳（挂职）、彭武安、王伟波、朱三明（挂职）、张立新、吴奕华、王斌辉、罗云跃。

州公路管理局　1989年，湘西州公路养护总段内设监察室、政工科、劳动工资科、计财科、审计科、纪检会、办公室、行政科、总工程师室、工务科、机料科、公安科、职教科、工会、团委会、养路费征收办等科室，下辖公路机械厂、公路机械工程队、公路工程车队、乾州油料转运站、大庸杨家溪转运站、服务公司和县（市）公路段，职工128人，其人财物均由湖南省公路局管理，行政隶属地方政府主管部门领导。1990年，撤销州公路总段工程队，设立州公路总段路桥工程处。1991年总段机关增设工程质量检验科。1993年，州交通系统体制改革，州交通局县乡公路管理处与州公路总段合并，成立州公路管理局，局机关内设办公室、人事劳资教育科、总工程师室、工务计统科、财务科、审计科、机务科、公路公安科、行政科、监察室、路桥质量检测科（对外为州路桥质量检测实验中心）、离退休人员管理科，核编72名。下属事业机构有州公路桥梁工程处、州公路工程车队、州公路机械厂、州公路物资供应总站（含乾州油料转运站、永顺大湾炼油场、吉首大田湾油库）。1997年，州公路工程车队并入州公路物资总站，编制130名。是年，州公路桥梁工程处增加编制22名，经费实行自收自支。2000年，州公路管理局撤销公路公安科，恢复路政保卫科，撤销各县（市）公路派出所，恢复路政管理机构，成立路政大队。2001年，州公路局设立公路通行费过渡费征收办公室。2004年，增设安全管理科；设立州交通建设质量监督试验检测站，为正科级自收自支事业单位，核定编制5名。2005年，撤销州公路管理局工务计统科、财务科、审计科，设立计划统计科、工务科、财务审计科。州公路机械厂更名为州公路机械所。2006年，州公路机械所加挂州公路桥梁工程处，编制和人员分别划入州公路桥梁工程处和州公路物资总站，其中划入州公路桥梁工程处事业编制30名；划入州公路物资总站自收自支事业编制25名。州公路桥梁工程处划转后有自收自支事业编制196名，州公路物资总站自收自支事业编制155名。2009年，州公路局参照公务员管理，内设办公室、人事劳资教育科、养护科、路政管理科、安全管理科、工程质量监督科、规划统计科、资产管理科、财务科、审计科、老干科和纪检组（监察室），核定全额拨款事业编制70名，实行人员只出不进，人走编销。2010年，撤销州交通建设质量监督试验检测站，5名自收自支事业编制予以核销。

1989—2010年,历任州公路管理局（公路养护总段长）局长（书记）：章素勇、彭全钊、胡东升、彭武贤；副局长（副书记）：游清高、彭惠树、刘明志、杨立元、汪普浩、崔维国、朱秋荣、胡清友、黄必鼎、陈洪贵、邹旋、任大初、吴树平、向目良、彭武贤。

州道路运输管理处　1989年，州交通运输管理处核定编制42名，归口州交通局管理。1991年，撤销州交通运输管理处，设立州公路运输管理处，定编35名。1993年，州公路运输管理处更名为州交通运输管理处，其单位性质、级别、经费渠道及隶属关系不变。1998 年 2 月州交通运输管理处升格为副处级事业单位，归口州交通局管理，内设办公室、征收计财科、政法科、客货运输科和汽车维修驾驶培训科，均为副科级，2003 年增设安全科，2004 年撤销维修驾培科，设立汽车维修行业管理科和驾驶员培训科，州交通运输管理处内设 6 科 1 室，分别为：办公室、计划财务科、政法科、客货科、驾培科、维修科、安全科。2009 年 12 月州交通运输管理处转为财政全额拨款事业单位，内设办公室、人事科、财务统计科、安全监管科、客货运输管理科、政策法规科、运政稽查科、机动车维修管理科、机动车驾驶员培训管理科，核定编制 35 名，实有 31 人，归口州交通运输局管理。

1989—2010 年，历任州道路运输管理处处长：龙培芳、王世强、龙吉显、陈新中、李上游。

州交通规费征稽处 1988 年，州公路总段养路费征收办公室与州交通局车辆购置附加费征收办公室合并，成立州交通局稽征办公室，定编 19 名，明确为事业单位，负责全州的车购费、客运附加费及拖拉机养路费的稽征工作。州交通局稽征办公室对内挂靠州交通局计财科。1993 年，州公路总段公路养路费征收办公室与原属州交通局的车辆购置附加费征收办公室合并，成立州交通规费征稽处，为正科级事业单位，隶属州交通委员会领导；6 月，设立州直交通规费征稽所；12 月，州交通规费征稽处升格为副处级事业单位，州直交通规费征稽所隶属州交通规费征稽处领导。各县（市）交通规费征稽所均为副科级事业单位。全州交通规费征稽系统核定事业编制 128 名。2001 年，车辆购置附加费改为车辆购置税，交由税务部门征管，至 2004 年 12 月 27 日，仍由交通规费征稽部门代征。12 月 28 日，州交通规费征稽处及所属征稽所原负责此项规费征收的 38 人，连同车购税征管业务一并划转税务部门。2005 年，县（市）交通规费征稽所统一上收州交通规费征稽处管理，机构升格为正科级事业单位。2009 年，国家实施成品油税费改革，取消公路养路费等交通规费的征收，州交通规费征稽处机构被撤销，人财物一并划转到新成立的州交通建设质量安全监督管理处。

1898—2009 年，州交通规费征稽处处长：武清际。

州地方海事局 1989 年，州航道管理处核定自收自支事业编制 96 名，实有 81 人。归口州交通局管理。湘西港航监督所、湘西船舶检验所核定自收自支编制 27 名，归口州交通局管理。1991 年 12 月成立州航运管理处，与湘西港航监督所、湘西船舶检验所三块牌子一套人马，核定自收自支编制 48 名，实有 41 人，归口州交通局管理。1995 年，湘西港航监督所、湘西船舶检验所更名为湘西港航监督处、湘西船舶检验处。2006 年，撤销州航道管理处、州航运管理处，成立州地方海事局，加挂州船舶检验局、州航务管理局牌子，为州交通局管理的正科级自收自支事业单位，内设办公室(加挂政策法规科牌子)、安全监督科、船舶船员科(加挂运输综合科牌子)、船舶检验科、航道管理科(加挂规费征稽科牌子)、计划财务科，核定自收自支事业编制 26 名,实有 26 人。下属自收自支事业单位 5 个。其中，1 个正科级单位，即州航务管理处；4 个副科级单位，即泸溪县地方海事处、古丈县地方海事处、保靖县地方海事处、永顺县地方海事处。2007 年，州地方海事局机构升格为副处级自收自支事业单位，其人员编制、隶属关系不变。

2009 年 7 月，州航务工程处更名为州航道管理处。12 月，州地方海事局和州航道管理处转为财政全额拨款事业单位，州地方海事局核定全额拨款事业编制 20 名，暂控编制数 36 名。州航道管理处核定全额拨款事业编制 20 名，暂控编制数 64 名。泸溪县地方海事处、古丈县地方海事处、保靖县地方海事处、永顺县地方海事处机构和人员编制统一下放到县交通局管理。

2010 年 12 月，撤销州航道管理处，其职能、人员编制全部并入州地方海事局。核定州地方海事局全额拨款事业编制 40 名，暂控编制数 100 名，工作人员参照公务员管理，隶属州交通运输局管理。

1989—2010年，历任州航道管理处处长：李春风、陈建强、彭德潭、朱煌。州航运管理处处长：邓世琪、张平、王世强、杨平。州地方海事局局长：朱煌。

第一节 路政管理

1989年，州人民政府印发《加强公路路政管理规定》，湘西州路政管理部门按照规定要求，联合公安等部门打击侵占、破坏公路、桥涵等不法行为。1997年，全州公路部门宣传《中华人民共和国公路法》。1998年，《公路法》实施，至2000年，全州拆除公路两旁违章搭建厂、棚1806处，房屋89栋，拆除违章砖瓦窑272座，制止公路两侧开山放炮1969处，收回公路用地2000平方米。

2003年，州内公路过往车辆超载现象增多，直接影响公路使用寿命和交通安全。次年，州公路局在全州设立2个固定治超站，3个临时治超站，专门治理车辆超限超载行为。5个治超检测站配备6套检测设备，制作超限站点标志牌38块。古丈县公路局在省公路局建点资金未到位情况下，自行贷款20万元，修建检测站房和车道，治超工作率先进行。同时，全州国省道沿线乡（镇）成立路政综合执法室，并纳入党委、政府目标管理。是年，全州车辆超载和公路沿线违章搭建现象得到遏制。

2005年，全州开展道路巡查，依法维护路产路权。全年取缔洗车加水点92个，拆除各种违法建筑和临时摊棚774处，拆除和整顿非公路标志牌888块，封闭不规范交叉道口16条，整顿马路市场6处，取缔采石场67处、砖瓦窑19座。9月，花垣县委、县政府组织车辆26台，执法人员近百名，在县内319和209国道沿线集中开展路政执法。拆除违法建筑7处213平方米，临时雨棚32个89平方米，小摊棚17个75平方米，排除各类路障6处151平方米，整改违章洗车加水点32个，整顿不规范采石场3家，收缴洗车水管39根，取缔非公路标志标牌37块。永顺县公路局路政人员全力维护路产路权。路政人员在省道306线洞坎河路段巡查时，发现某单位未经批准在公路路肩上违章埋设通信光缆。路政人员立即责令其停止施工，并将5圈光缆予以扣押。是年，治超力度加大，全州检查车辆2.54万次，其中超限超载8075辆次，卸载950吨，收取公路赔偿费350万元。

2010年，全州书写和刷新《公路法》宣传标语350条，整顿路边修车点28处，拆除各类违法建筑和临时摊棚152处，通信管线迁除5处，清除临时路障1700处；检查超限超载车辆1.12万台次，处理超限超载车3558辆次，卸载947吨，收取路赔费900余万元。

第二节 航政管理

1989年，州港航监督处开展酉水沅陵至隆头段7级航道整治可行性研究。1992年，交通部颁发《内河船舶船员考试发证规则》，1993年，湖南省港航监督局印发实施办法，明确船员服务等级为1～5等类型船舶，驾驶分为船长、大副、二副3等，轮机分为轮机长、大管轮、二管轮3等。从1993年，贯彻执行交通部和省港航局《规划》和《办法》，举办船员技术培训班。至2000年，全州先后举办船员技术培训班37期，经培训考试合格，516人获船员适任证，其中驾驶298人，轮机93人，非机动船员125人。经省港航监督局考核发证的船长21人，轮机长17人。是年，全州有船长86人、轮机长37人、驾驶453人、轮机142人、非机动船员296人。

2001年，酉水航道保靖碗米坡处实施电站建设工程，设置航行安全标志。2005年，重点开展凤滩和碗米坡电站库区航道整治，检查船舶63艘，处理违章船5艘，补缴规费2125元。2010年，全州海事部门规范航标设置，打击非法营运船舶，严格船舶检测，全年境内航道安全畅通。

第三节 规费征收

1989年，湘西州征收交通规费主要分为公路交通规费和水路交通规费。公路交通规费征收的项目：公路养路费，拖拉机、小四轮、六轮农用车、摩托车养路费，车辆购置附加费，公路货运附加费，公路客运附加费，公路运输管理费，车辆通行费，新车交通建设费等。水路交通规费征收项目：航道养护费，水路运输管理费，水运货运附加费，水运客运附加费，船舶港务费，船舶检验费。其他交通规费征收项目：交通设施建设基金，货物港务费。2000年，交通设施建设基金和新车交通建设费停征。2001年，车辆购置附加费改为车辆购置税，并由交通部门所属车辆购置费征稽机构代征，2004年12月28日，交由州国税局征收。2008年12月18日，取消公路养路费、航道养护费、公路运输管理费、公路货运附加费和公路客运附加费、水路运输管理费、水运货运附加费和水运客运附加费。2009年，湘西州一次性撤销境内政府还贷二级公路收费站点8个，同时停征车辆通行费。是年，国家实施成品油税费改革，开征燃油税。2010年，全州交通规费征收项目主要有：货物港务费，船舶港务费，船舶检验费。

一、公路养路费

1989年9月，湘西州执行湖南省交通厅、物价局、财政厅通知，调整养路费征收标准。当年，州内征收公路养路费1172.55万元。1991年，全州贯彻执行交通部、国家计委、财政部、物价总局《公路养路费征收管理办法》，征收养路费1228.3万元。1994年6月，执行湖南省政府《湖南省公路养路费征收管理办法》，全州征收养路费1864万元。1998年4月，执行湖南省政府颁发的《关于修改〈湖南公路养路费征收管理办法〉的决定》，“凡本省境内有机动车辆的单位和个人，必须按照规定，向交通部门缴纳养路费，车辆上路必须具有征稽机构核发的交通规费专用标志，携带养路费有效缴（免）凭证，并接受征稽机构的检查。车属单位或个人不得拒绝或者阻挠”。养路费的征收办法，分为按费率15%计征和按费额计征两种。当年征收养路费2293万元。1999年10月31日，改养路费为燃油税，但实施细则尚未出台前，仍继续征收公路养路费，全州征收公路养路费2170.53万元。2008—2009年，养路费征收标准为：客车200元/月·吨；货车180元/月·吨；拖拉机养路费180元/月·吨；三轮摩托车15元/月·台；两轮摩托车15元/月·台。2010年，养路费改为燃油税。

二、公路客运附加费

1987年7月1日，全州开征公路客运附加费（简称客附费），当年征收104万元。1989年，州境征收客附费155.18万元。1991年7月，执行湖南省政府《关于解决公路重点建设资金有关问题的通知》，9月1日，提高客附费征收标准，由每人公路3厘提高到1分，新增加7厘专项用于公路重点建设项目，全州征收218.03万元。比1989年多征62.85万元，增长40.5%。1993年2月，执行省交通厅、财政厅、物价局《关于公路客运附加费计收、解缴有关问题的通知》，由按收入和按人公里以及按计费座位收费统一为按座位计收。计收标准为每座每月80~120元。4月，执行省政府《关于提高客运附加费征收标准有关问题的通知》，客附费征收标准由每人公里1分提高到2分，除在城市固定路线上行驶城市大型公共汽车（不含中、小型公共汽车和各种出租车）客附费征收办法比照养路费征收范围执行外，其他从事客运车辆，均按新标准代征缴纳客附费。凡与长途车辆在同一线路行驶大型公共汽车，按全额开征客附费。1995年3月，执行省物价局、交通厅、财政厅《关于统一公路客运附加费计征标准等有关问题的通知》，客附费统一按计费座位征收，征收标准为市内中巴车每月每座90元，县（市）内中巴车每月每座80元，出租车每月每台480元，跨县线路客车每月每座90~100元，跨地（州、市）线路客车每月每座100~110元，跨省线路客车每月每座110~120元。2005年，全州征收公路客附费1360.11万元。2008年，征收标准为省际班线营运客车60元/月·座；市（州）到县（市）际班线营运客车55元/月·座；县（市、区）到乡（镇）或村班线45元/月·座；乡（镇）到乡（镇）或村班线25元/月·座；村到村班线5元/月·座；

水上客运 0.002 元 / 人公里。是年年底，客附费停止征收。

三、公路货运附加费

1992 年 12 月，全州执行湖南省物价局、财政厅、交通厅《关于开征公路货运附加费的通知》，从 1993 年 1 月 1 日起开征公路货运附加费（以下简称货附费）。车籍在州内公路运输企业（车队）、个体（联户）车主、自货自运车属单位和外省调驻州内各类货车、挂车、专用和特种货车及参加运输拖拉机除暂定免征以外，均向州公路交通部门缴纳货附费。货附费实行价外征收，每吨公里 2 分。鉴于实际货运周转量难以考核情况，采取折合吨位定额计征办法，按日平均行驶 50 公里折算，每月每吨 30 元包干缴纳，经核准免征养路费车辆同时免征货附费；核准减征养路费车辆，相应减征货附费；车辆因故停驶，办理报停手续后，亦停征货附费，但全年报停时间不超过 3 个月。货附费由各级养路费征稽机构在征收养路费同时一并征收货附费，并逐月向省解缴，实行财政专户储存，专款专用。是年，全州征收货附费 236.90 万元。2005 年，全州征收货附费 250.8 万元。2008 年征收标准为 30 元 / 月吨，是年末，货附费停征。

四、交通设施建设基金

1993 年，执行湖南省人民政府《关于征收交通设施建设基金的通知》规定，从 7 月 1 日起征收交通设施建设基金，凡境内国家建设和城镇建设用地（包括征地、划拨、出让），按每亩 1500 元征收（规定免征的除外），由当地国土部门统一代征，然后于次月全额划拨同级交通征稽部门，全额用于省交通重点工程建设，专款专用。2000 年 1 月 1 日起，停征交通设施建设基金。

五、新车交通建设费

1995 年 4 月 1 日，执行省人民政府《关于新车交通建设费征收标准及有关事项的通知》规定，开征新车交通建设费，以车辆购买者或使用者为义务缴费人，实行国产车按车辆生产（组装）厂或经销部门实际销售价格计算；进口车按进口环节各项税后组合价格分等级套档定额一次性征收；各类走私车、罚没处理进口车比照同类车辆计征。新车交通建设费属专项收费，按预算外资金管理。全州新车交通建设费征收 223.70 万元。1999 年，全州新车交通费征收 255.64 万元。2000 年 1 月 1 日起，停征新车交通建设费。

六、公路运输管理费

1992 年，执行湖南省交通厅《关于统一全省公路运输管理费定额征收标准的通知》，财务制度健全单位运管费仍按营收 1%计征；凡营收难以确定的单位和个体（联户）均按本《通知》规定定额征收标准计征；各地原自定定额征收标准即停止执行。1993 年 11 月 20 日，执行省交通厅《关于贯彻两部、一委〈关于涉及农民负担部分收费项目修改意见的通知〉的通知》，对从事农业生产的农民使用农用拖拉机(包括大、中型拖拉机，手拖和盘式手拖)和农用汽车(指农用小四轮)在农闲时搞营业性运输的，其运管费予以核减，核减比例为 30%，即运管费的征收最高不得超过营业收入的 0.7%。全州征收公路运输管理费 336.10 万元。1997 年，执行国家计委、财政部降低有关管理费征收标准通知，运管费征收标准从原来的最高不超过营运(营业)收入 1%降到最高不超过 0.8%。12 月 25 日《关于公路运输管理费征收标准降低有关问题的通知》，明确现阶段运管费暂仍采取定额征收的办法，并按 1992 年征收标准执行。2002 年 2 月 28 日，省物价局、财政厅《关于重新发布全省交通系统行政事业性收费项目和标准的通知》，认定运管费仍按营业收入 0.8%计征，对收入无法核定的仍按 1992 年规定的定额标准征收，对在农村从事营运的农用拖拉机和农用汽车最高不超过营收的 0.7%。2005 年，全州征收公路运输管理费 825 万元。2008 年征收运管费 1154 万元，是年年底，运管费停止征收。

七、航道养护费

1992 年，全州执行交通部、财政部、国家物价局《内河航道养护费征收和使用办法》，按其运费收入 8%计征，当年征收航道养护费 19.3 万元。1993 年，执行省交通厅、财政厅、物价局《湖南省航道养护费征收和使用办法实施细则》，按其运费收入8%计征。对难以准确反映运费收入的船舶和水上作业收入的船舶以及各种非营业性运输船舶，按其登记总吨位或载重吨、千瓦比照运费收入征费标准择大者计征。1998年，执行省物价局、财政厅根据国家计委、财政部《关于第一批降低22项收费标准的通知》，调整航养费收费标准，营运性运输船舶按运费收入6%计征等。2002年2月，省物价局、财政厅印发《关于重新发布全省交通系统行政事业性收费项目和标准的通知》，将营业性运输船舶航养费调整为按营运总收入5%计征，其余标准不变。2005年，全州征收航道养护费69.6万元。2008年，征收标准为营业性运输船舶运费收入6%；非营业性运输船舶每吨每月2元或每千瓦每月8.5元；竹木排筏和浮运物体0.004元/立方米（吨）公里；船舶过闸费（单项闸和升船机）1.00元/吨次；电动水力绞滩机0.5/吨次。是年年底，航养费停止征收。

八、水路运输管理费

1990年，执行省交通厅、财政厅、物价局联合制定的征收标准，对从事水路营业性客、货运输(服务)业和港埠业务的企业、单位和个人，均按营运(营业)收入总额的2%计征；对从事船舶修造的企业，按营业收入总额的1%计征。对难以准确反映月营业收入的运输单位和个人，按其营运船舶的下列标准计征：拖轮、推轮按主机额定功率每千瓦每月2元计征；客轮、客货轮、液轮、机动驳、帆船、挖砂船，按每定额载重吨每月1元计征；浮运或拖带的竹、木排筏，按每立方米每公里5厘计征。滞纳金按逾缴日期，每日以应缴费款的5‰计算。1993年，全州水路运输管理费征收7.1万元。2002年，省物价局、财政厅调整运管费收费标准为：从事水路运输和运输服务、港埠业务的企业，按营运(营业)收入的1.6%计征；对难以准确反映运费收入和营业收入的船舶按每吨（座）月定额2元计征。浮运和竹木排筏、船舶修造费率不变。2005年，全州水路运输管理费征收35.5万元。2008年征收标准为营运收入1.60%；运输服务和港埠业务营业收入的1.60%；浮运或竹木排运0.005元/立方米·公里；船舶修造营业收入的1%。2008年年底，水路运管费停止征收。

九、货物港务费

1989年，省交通厅、财政厅制定《湖南省港口费收管理使用办法》，规定货港费在支付代征手续费(代征手续费费率可在征收额的3%以内确定)后，实行全额上缴，逐级返回。按35%返回给码头所有者，35%返回给当地港务管理部门，30%由省港务管理部门集中管理、调剂使用。1990年，交通部、物价局调整货港费计费标准，即按货物进口或出口分别计征货港费各一次，以重量“W”计费的货物，每计费吨0.5元，以体积“M”计费的货物，每计费吨0.25元。1993年，省物价局再次调整为每吨次0.6元，全州征收货物港务费3.3万元。2005年，全州征收货物港务费12.1万元。2008年，征收标准为0.6元/吨·次。2010年，全州征收货物港务费6.05万元。

十、船舶港务费

1990年，执行交通部、物价局颁布的《港口费收规则》，上调收费标准为船舶每进港或出港一次，分别计征进口或出口船舶港务费每净吨（马力）0.35元；客轮、客货轮、从事100公里以内短途运输的船舶以及集体所有制水运企业船舶，按上述费率减半征收；在途中港停靠的船舶，按实际出口旅客人数（每5人折合1吨）和进出口货物吨数，按上述费率减半征收，全州征收船舶港务费2.9万元。2008年征收标准为0.35元/净吨（马力）次。2010年，全州征收船舶港务费23.17万元。

十一、船舶检验费

1993年，执行国家物价局《关于调整船舶和船用产品检验收费标准的通知》。省物价局、财政厅规定自1993年5月1日起，执行《船舶检验计费规定》计算公式中K值取1.0，全州征收船舶检验费3.9万元。1998年，省物价局将K值调整为0.63，从6月1日起执行。2010年，全州征收船舶检验费32.06万元。

第二十四篇　电力　邮政　通信

第一章　电力

1989 年，湘西州有小水电站 216 处，装机 128148 千瓦，年发电量 39192 万千瓦时。有小火电 2 处 3 台，装机 9000 千瓦。其中龙山县茅坪火电厂，装机 1 台 /3000 千瓦；永顺县万坪火电厂，装机 2 台 /6000 千瓦。输变电网，吉首有大石线、小石线、小河线、肖河线、乾小线 5 条 35 千伏输变电线路。是年，泸溪、古丈、永顺、花垣、龙山 5 个县县内电站联成独立电网，由县电力公司管理县境发电供电业务；保靖、凤凰两县水电站通过 35 千伏变电站与州电力公司同网，县境发电供电由县电力公司管理。

1990 年，湘西州实施第二批农村水电初级电气化建设，兴建永顺县海螺、龙山县湾塘、凤凰县长潭岗、保靖县双溶滩和下溪等电站。1991 年，花垣、泸溪、吉首、永顺、凤凰、保靖和古丈 7 个县（市）列为全国第二批农村水电初级电气化县。首批未能按时达标的龙山县为后备县。

湘西州电业局

1992 年 3 月 6 日，吉首电力局成立。1994 年 4 月，州电业局（以下简称电业局）成立。11 月，省网代管湘西州电力公司，实现大小电网统一规划、统一调度、统一经营、统一管理。1995 年 2 月，湘西州电业局与湘西州电力公司合署办公，相继代管保靖、古丈、凤凰、龙山、永顺五县电力公司，与花垣县并网趸售。2000 年，湘西州电力公司整体上划省电力公司。2001 年 8 月，湘西电业局内设办公室、政策法规部、生产技术部、安全监察部、电力营销部、农电工作部、计划财务部、人力资源部、经保部、审计室、党委工作部、纪检监察部、局工会共 13 个部室。下辖吉首城区供电局、计量管理所、调度管理所、变电管理所、线路管理所、德夯公司、泸溪电力局、保靖电力公司、古丈电力公司、凤凰电力公司。2003 年，花垣县电网脱离湘西电网，与重庆、贵州并网购电。2004 年 1 月，吉首、泸溪电力公司上划省电力公司。2 月，碗米坡电站发电并网。

2005 年，州电业局客户服务中心成立，开通“95598”服务热线，坚持 24 小时零距离服务。主网工程完成吉首、望城坡 110 千伏变电设施，保靖县钟灵山 110 千伏变电工程开工建设；泸溪县城配网改造完成，古丈、凤凰、吉首 3 县（市）配网改造基本完成，全州县市城区基本实现手拉手供电。2006 年 1 月，凤凰县电力公司上划湖南省电力公司。

2010 年，州电业局代管永顺县电力公司，龙山县电力公司改制稳步推进；吉首、保靖、凤凰、泸溪 4 县（市）由国家电网直接供电。电网建设完成投资 2.36 亿元，新增和改造 220 千伏线路 62 公里，110 千伏线路 12.95 公里；新建和改造 110 千伏变电站 3 座，35 千伏变电站 4 座。电网结构明显改善。

是年，湘西电业局内设办公室、发展建设部、人力资源部、财务资产部、安全监察部、生产技术部、营销部、营销稽察部、审计部、监察部（与纪委办公室合署办公）、思想政治工作部（与党委办公室合署办公）、农电工作部、离退休工作部、工会。下设变电、调度、变电修试、线路 4 个专业管理所和客户服务、电费管理、计量管理、信息管理、物流服务、财务管理、教育培训7个中心，以及吉首供电局、泸溪电力局、凤凰电力局、保靖电力局等机构，全州在职职工1313人。同时，代管古丈、龙山、永顺3个县电力公司。

1994—2010年，历任局长：刘祖新、段阳、罗检仔、胡林吾、杨志红；副局长：谌家良、陈诗玖、胡林吾、沈志斌、肖恩、任重、李勇、罗齐亮、刘朝阳、张世勇、肖德祥。

第一节　水电建设

1989年，湘西州有小水电站216处，装机128148千瓦，年发电量39192万千瓦时。

1990年，全州实施第二批农村水电初级电气化建设，境内开发水电，修建水电站。年初，凤凰县长潭岗水电站动工兴建，设计装机3×4000千瓦。1992年3月，永顺县海螺水电站开工建设，设计装机3×3200千瓦，年发电量4451万千瓦时。1993年，龙山县湾塘水电站竣工，供枯水期发电。1994年11月，凤凰县长潭岗水电站建成投产，装机2×4000千瓦。1995年，全州有电站178座，装机容量168896千瓦，年发电量61323万千瓦时。1998年12月，永顺县海螺电站竣工发电。

2000年，碗米坡电站开工，设计年发电量79000万千瓦时。2001年，泸溪县大门角水电站动工建设，为民营股份合作制。2002年5月，永顺县高家坝水电站开工兴建，设计装机2×10000千瓦，年发电量4970万千瓦时。12月，泸溪县大门角水电站建成投产。2003年11月，碗米坡电站水库下闸蓄水。是年，凤凰县官庄、永顺县老司城、龙山县洗车、古丈县断龙4处首批实施小水电代燃料项目。2004年2月，碗米坡电站发电并网。6月，龙山县乌鸦河电站开工兴建，设计水头320米，装机2×5000千瓦，年发电量2400万千瓦时。

2005年1月，龙山县小河水电站破土兴建，设计水头44米，装机2×2500千瓦，年发电量1816万千瓦时。6月，龙山县中寨水电站开工，设计装机3台，总容量12.5兆瓦。2006年3月，龙山县乌鸦河电站竣工发电。4月，泸溪县能滩水电站动工兴建，设计装机2×3200千瓦，年发电量2195万千瓦时。是年，泸溪县杨家滩电站、湘口溶电站、岩螺潭均在一年内建成发电。2007年3月，花垣县竹篙滩电站开工兴建。4月，龙山县中寨水电站第一台机组投产发电。

2010年4月，泸溪县能滩水电站投产发电。5月，永顺县高家坝电站竣工发电。6月，龙山县小河水电站竣工投产。年底，花垣竹篙滩电站土建竣工，进入机电安装阶段。全州开发水电站217处，装机容量524兆瓦，年发电量181906万千瓦时。其中中型（碗米坡）电站1座，装机240兆瓦，年发电量87551万千瓦时。小水电216座，装机284兆瓦，年发电量94355万千瓦时。建设中电站5座，装机容量52兆瓦。全州开发和正在开发水能资源占技术可开发总量84.5%。

第二节　火电与风电

一、火电

1989年，州境有小火电2处，装机9000千瓦。其中龙山县茅坪火电厂，装机1台/3000千瓦；永顺县万坪火电厂，装机2台/6000千瓦。

1992年，永顺县万坪大电厂将2台待报废机组扩建为2×6000千瓦。1997年，永顺县万坪火电厂新增1台6000千瓦机组，并投入运行。1998年，龙山县茅坪火电厂设备报废，改建为35千伏变电站。2006年，永顺县万坪火电厂停产关闭

二、风电

2004年，龙山县八面山建立测风站，兴建风力发电站，安装1台20千瓦机组试运行。2007年，永顺县羊峰山建立1座并网式风力发电站，装机30千瓦。

第三节　输变电网

1989年，吉首有大石线、小石线、小河线、肖河线、乾小线5条35千伏输变电线路。州内有古丈、小溪桥、乾州3个110千伏变电站。1993

年，花垣县花桥至永顺县杨公桥变电站110千伏线路建成，永顺县并入吉首地区网，同时架设吉首至铜仁110千伏线路，引进贵州电网电力，形成以州电力公司为龙头，吉首地区为中心的湘西电网框架，时称州网。网内发电站53座、装机9.6万千瓦，110千伏变电站3座/5万千伏安，35千伏变电站60座/15.5万千伏安，高压线路7653公里，低压线路8399公里。电力企业固定资产3亿元。是年1月，泸溪县与州电业局联营，签订联合经营合同。1994年，吉首市新建三拱桥、矮寨、马颈坳、燕子坪和大兴5座35千伏变电站。泸溪县新建八什坪、兴隆场2座35千伏变电站及白沙110千伏输变电站。凤凰县新建廖家桥35千伏变电站。保靖县新建昂洞、哪洞2座35千伏变电站和梅花110千伏输变电站。古丈县新建城郊、河西、大溪坪3座35千伏变电站。是年，以吉首为中心，包括凤凰、花垣、保靖3个县，地方电网初具规模。并网大小电站43座，总装机6.6万千瓦，35千伏线路22条/350公里，110千伏线路1条/45.2公里。固定资产1.1亿元，并在乾州与省网并网。州电力公司担负吉首地区电网调度及供电管理。是年，实现利润210.4万元，上缴利税190.6万元，综合线损率9.74%，安全运行568天，所辖电网被评为省优秀电网。1995年9月，吉首乾州2座110千伏变电站并网运行。1996年，完成沅陵县高滩至泸溪县武溪镇110千伏输变电工程。是年，湘西州万溶江220千伏变电站及220千伏输电线路“黄万线”工程开工。1997年投入运行，变电容量2×12兆伏安，工程投资2.4亿元。1998年，新建龙山县新城、泸溪县浦市、花垣县佳民3个110千伏输变电工程。1999年，凤凰县堤溪110千伏变电站、吉首城北输变电工程开工。同时改造雅溪、乾州、小溪桥3个110千伏变电站。1999年，州境吉首、凤凰、泸溪、古丈、保靖5县（市）电网融入省网，花垣、永顺、龙山3县电网以县运行。2000年，凤凰县堤溪110千伏变电站建成投运。吉首城网110千伏城北变电站建成投产，容量3.15万千伏安，线路6.8公里。2002年，吉首完成110千伏佳民变电站、城北变电站扩建，新增主变压器2台，容量63兆伏安。2003年11月，保靖县220千伏岩人坡变电站投运，容量2×12兆伏安。吉首220千伏岩万Ⅰ回Ⅱ回输电线路投入运行。12月，保靖县天堂湾变电站由原35千伏变电站改造升压为110千伏变电站，并投产送电，新建主变压器1台，容量3.15万千伏安。古丈完成110千伏古丈变电站扩建。2004年2月，吉首220千伏硪岩Ⅰ回Ⅱ回输电线路投运。4月，泸溪县枇杷冲220千伏变电站投运，容量12兆伏安，后又投资185万元，将该变电站扩建增容容量为18兆伏安，再投资7090.43万元，架设62.6公里220千伏黄枇Ⅱ线。是年，保靖、吉首扩建110千伏天堂湾变电站和雅溪变电站。2005年1月，110千伏官地坪变电站投产，容量5万千伏安。6月，吉首变电站由35千伏升压为110千伏并投入运行。年底，全州电网供电能力从150兆千瓦升至480兆千瓦，供电量增至31亿千瓦时。2007年7月，从怀化阳塘变电站至吉首万溶江变电站架设83.47公里220千伏“公万线”投入运行。2009年12月，花垣县220千伏格山变电站投入运行，容量1×18兆伏安。2010年，新建吉首北220千伏和泸溪110千伏输变电工程。是年，全州（不含花垣）拥有35千伏变电站44座，容量45.2兆伏安；35千伏线路104条，线路长1301.16公里。有110千伏变电站28座，容量1342.5兆伏安；110千伏线路47条，线路长927.14公里。有220千伏变电站4座，变压器7台，变电容量950兆伏安；220千伏输电线路10条，线路长560.89公里。

第四节 县市电网

一、泸溪县电网

1989年，泸溪县有怀化市辰溪县至县境110千伏输电线路1条，与县内洞底、甘溪桥、洞口3座水电站联接，形成独立电网。1992年，泸溪县与湖南省网实行电力联营。1996年，新架设沅陵高滩至泸溪110千伏输电线路。2004年1月，泸溪电力上划湖南省网直管。2010年，新建220千伏输变电工程，将泸溪独立电网同地区区域性电网联成一体。

二、保靖县电网

1989年，保靖县长潭、狮子桥、双溶滩3座水电站通过35千伏变电站与州电力公司同网。1995年3月，省网在保靖县城建成梅花110千伏变电站，县电网并入梅花变电站，加入湘西州区域性电网。1996年4月，县电力公司由省网代管，实现发供分开。2009年11月20日，上划湖南省网直管。

三、凤凰县电网

1989年，凤凰县猫儿口、长潭岗等骨干水电站与州电力公司35千伏变电站同网。1998年，省网在凤凰县城郊建成110千伏堤溪变电站，将凤凰县电网并入湘西区域性电网。1999年9月，县电力公司由省网代管，发供分开。2006年1月，凤凰县电业上划湖南省网直管。

四、古丈县电网

1989年，古丈县白溪关水电站与省网花果山110千伏变电站联成一体，形成独立电网。1996年9月，由湖南省网代管，发供分开经营。1997年，吉首市万溶江220千伏变电站建成，通过凤（凰）古（丈）、古（丈）吉（首）110千伏输电线路将古丈供电接入吉首万溶江220千伏变电站，古丈县电网加入区域性电网。

五、龙山县电网

1989年，龙山县由三元、英雄、茅坪、湾塘等几个骨干电站（厂）联成独立电网。1997年，湖南省网在该县城郊建成一座110千伏新城变电站，通过110千伏杨新线输电线路将龙山独立电网并入地区区域性电网。2007年5月，由湖南省网代管。

六、永顺县电网

1989年，永顺县由万坪火电厂及马鞍山、洞潭、海螺等水电站联成独立电网。1993年，州电力公司在县城西郊杨公桥修建1座110千伏变电站，通过110千伏花杨（花桥变电站至杨公桥变电站）输电线路将永顺独立电网并入湘西州区域性电网。2010年12月，由湖南省网代管，实行发供分开。

七、花垣县电网

1989年，花垣县由下寨河、塔里水电站联成独立电网。1991年，州电力公司在花垣县城郊花桥建成110千伏变电站，将花垣独立电网并入州网。1997年，湖南省网在花垣县城郊建成110千伏佳民变电站，将花垣县独立电网并入湘西州区域性电网。1999年，花垣县电网与湘西省网（州网）分开运行。此后，花垣县电网先后与重庆秀山和乌江用110千伏输电线路连接，形成独立电网。

八、吉首市电网

1992年3月，吉首市电力公司成立，以河溪、狮子庵、上游、青山湾等小水电站形成电网，独立运作近两年。1994年，由湖南省网代管，两家合并一年。1995年1月分开至年底。1996年，湖南省网与吉首电力局合并。2004年1月正式上划湖南省网。

第五节　城网与农网改造

一、城网改造

1998年，全州开始申报、设计城市电力网络改造。1999年，实施吉首市城北110千伏输变电工程，投资1396万元；城北35千伏配套线路项目，投资101万元；变电站无人值班改造，投资412万元。2000年，乾州城区线路改造，投资180万元；吉首城区35千伏变电设备改造，投资114万元。2001年，雅溪110千伏变电设备改造，投资93万元。2002年，吉首城北110千伏变电站扩建，投资431万元；吉首城区变电站部分设备改造，投资189万元。2003年，小溪桥至堤溪线路改造，投资124万元；泸溪县白沙变电站增容，投资549万元；新建古丈县城郊35千伏输变电工程，投资1544万元；保靖县山庄35千伏变电站增加间隔，投资31万元；古丈县栖凤湖35千伏输变电工程，投资701万元。2004年，花垣县望城坡（向家）110千伏输变电工程，投资1700万元；保靖县天堂湾（毛沟）变电扩建工程，投资

441万元；吉首市110千伏变电站微机防误工程，投资59万元；完善吉首市110千伏网络，投资97万元；吉首市城北110千伏变电站改造，投资157万元；吉首市雅溪110千伏变电站扩建，投资481万元；凤凰县杜田输变电工程，投资579万元。2005年，电铁工程，投资5550万元；保靖县钟灵山110千伏输变电工程，投资3072万元；吉首市110千伏输变电工程，投资2410万元；万溶江220千伏无人值班及设备改造，投资373万元；古丈县城郊变电站扩建，投资166万元。2006年，龙山县中寨电站110千伏输电工程，投资3046万元；吉首市城区110千伏线路改造工程，投资400万元；乾州、小溪桥110千伏设备改造工程，投资700万元；古丈县河西（红石林）110千伏输变电工程，投资2133万元；肖家坪输变电工程，投资2990万元。2007年，永顺县杨公桥至古丈县红石林110千伏线路改造，投资1449万元；吉首乾东输变电工程投资1942万元；吉首火车站至吉凤工业园地下电缆工程，投资8000万元；龙山县新城主变扩建工程投资802万元；古丈县花果山主变更换投资315万元；乾州2#主变更换投资604万元；永顺县杨公桥110千伏变电站扩建改造工程，投资538万元。2008年，抗冰技术改造工程及冰灾恢复重建，投资10610万元；龙山县里耶110千伏输变电工程，投资9102万元；凤凰县杜田35千伏变电站升压工程5620万元；龙山县新城变至宝塔变110千伏输电工程，投资954万元；凤凰县堤溪110千伏变电站实施搬迁工程，投资2955万元；泸溪县洗溪110千伏输变电工程，投资3956万元；吉凤110千伏输变电工程，投资3812万元；岩人坡变电站至花桥变电站110千伏线路改造工程，投资326万元；吉首市小溪桥110千伏变电站2#主变改造634万元。2009年，泸溪县天门溪110千伏输变电工程，投资4436万元；保靖县官地坪110千伏变电站增容工程，投资88万元。2010年，永顺县杨公桥110千伏变电站增容工程，投资520万元；黄秧坪变至枇杷冲变Ⅱ回输电工程（不含黄秧坪变增加间隔）7275万元。至年底，全州城市配网项目投资总额15.4亿元。

二、农网改造

1993年，全州农村电网改造启动。1998年，全州实施“两改一同价”（农网体制改革、农网改造及城乡同网同价）工程。州人民政府提出“先网改后体改，体改实施先试点后展开”方针，逐步实现由县公司直管到户目标。湖南省电业局负责联营代管5县（市），分配资金1.95亿元。湖南省水利厅负责花垣、永顺、龙山3县农网改造，分配资金2.2亿元。是年9月，花垣县动工；10月，龙山县动工；12月，永顺县动工。2004年2月，花垣县农网改造通过验收，新建110千伏变电站2座/183000千伏安，35千伏变电站4处/54200千伏安；架设、改造高压线路545公里，低压线路1419公里；新建改造配电台区37800千伏安，乡网改造18个，抄表到户4.72万户，实现34个无电村通电，总投资1.03亿元。是年3月，龙山县农网改造结束，新建宝塔110千伏变电站，洗车、水田、召市、三元、咱果等35千伏输变电工程7处/10台/10800千伏安，改造和新建10千伏线路372公里，低压线路399公里；新建改造10千伏线路433公里，低压线路525公里，改造台区82个村132台。全县低压改造面54390户，占总户数41.8%，直收到户率30.5%，农村平均电价由原1.1～1.5元/千瓦时降至0.55元/千瓦时，总投资8023万元。年底，永顺县农网改造竣工，新建城关110千伏变电站1座，以及王村、石堤溪、澧南、永茂35千伏变电站；新建及改造10千伏配电台区215台/17455千伏安，架设城关至万坪110千伏线路26.8公里，颗砂至耆卧、王村至高坪、海螺至抚志、万坪至澧南、石堤至洞潭等35千伏线路91.7公里，建10千伏线路299公里，低压线路586公里。电网综合线损率平均下降15%。全县46个乡（镇）中有38个完成农村供电体制改革，4个乡（镇）实现抄表收费到户，电价由原1.24元/千瓦时降至0.65元/千瓦时。全县平均电价由网改前1.14元/千瓦时降至0.95元/千瓦时。总投资6085万元。全州农网改造后，农网综合网损率下降8%，增加供电量7000千瓦时。

2005年，吉首市三拱桥35千伏变电站扩建

43万元。2006年，农网改造投资816万元。其中，古丈县河西35千伏变电站至白溪关电站35千伏输电线路工程350万元；泸溪县兴隆场35千伏变电站至达岚35千伏变电站输电线路工程466万元。2007年，农网改造投资1344万元。其中，泸溪县甘溪桥电站至小章35千伏变电站输电线路工程290万元，凤凰县廖家桥35千伏变电站扩建100万元，凤凰县茶田35千伏变电站改造65万元，永顺县哈尼宫电站至古丈红石林35千伏输电线路工程889万元。2008年，农网改造投资2877万元。其中，凤凰县吉信35千伏变电站设备改造728万元，永顺县长官35千伏输变电工程607万元，古丈县岩头寨35千伏输变电工程855万元，凤凰县禾库35千伏变电站改造687万元。2009年，农网改造投资3227万元。其中，吉首市矮寨35千伏变电站扩建工程303万元，泸溪县潭溪35千伏输变电工程909万元，龙山县茅坪35千伏输变电工程940万元，凤凰县山江35千伏输变电工程1075万元。2010年，农网改造主要实施泸溪县达岚35千伏变电站扩建工程，投资167万元。至年底，全州1913个村（不含花垣），农网改造953个村，总投资5.15亿元，供电区域总户数63.08万户，“一户一表”安装28.83万户。

第六节 农村电气化

1989年，州水利电力局组织各县编制农村初级电气化规划。1991年，花垣、泸溪、吉首、永顺、凤凰、保靖、古丈7个县（市）被国务院列为全国第二批农村水电初级电气化县。首批未能按时达标的龙山县为后备县。各县（市）成立电气化领导小组，并相继兴建一批骨干电源点和输变电工程。主要有湾塘、海螺、双溶滩、长潭岗电站、万坪火电厂6000千瓦机组改造，花桥以及杨公桥110千伏输变电工程等。1995年，全州8县（市）新建配套一批电源点，州内小水电装机容量由1989年13.71万千瓦增长到17.79万千瓦，年发电量由40167万千瓦时增加到62517万千瓦时。人均年用电303千瓦时，户均生活电量189千瓦时，通电户率88%。建成以吉首为中心，包括凤凰、花垣、保靖、永顺5县（市）地区电网，并与贵州铜仁地区电网并联运行。是年，首批农村初级电气化县龙山县有电站27座/51台/40342千瓦，年发电量18715千瓦时，新建望城、红岩、茨岩，咱果、苗市等5座35千伏变电站，建设35千伏线路7回/28公里，新建改造10千伏线路1978公里，新建集遥测、遥控、办公于一体电力调度中心。县电网覆盖全县47个乡（镇）95.8%的村，90.6%用户通电，用电保证率88.3%，户均生活用电量222.1千瓦时，网损率从1989年的13%降至10.6%。基本满足工农业生产用电。工业总产值比1989年增长3倍，农业总产值增长3.9倍。是年，州境各县市农村初级电气化建设验收通过，湘西州成为国家第一个水电农村初级电气化达标州。州人民政府召开总结表彰大会，授予龙山县电气化办、州电气化办等7个单位为湘西州农村水电初级电气化建设先进集体称号；给予何松高、符兴武、曾绍尹等73名个人记三等功奖励。同时举办湘西州水电农村初级电气化成果展。

2006年，龙山、永顺、花垣、凤凰4县列入国家“十一五”电气化建设范围，并开始实施。花垣县完成电气化建设投资3.35亿元，其中电气化专项资金235万元，新建竹篙滩、骑马坡、金银山、红卫左岸、小龙口、天洞等6座水电站，装机21台/38945千瓦。新建卡地220千伏电站及2条220千伏线路155公里。新建猫儿110千伏变电站一座及110千伏线路2条/16.5公里；35千伏线路1条6公里；新架改造10千伏线路74公里；新建改造变电台区56处/4690千伏安。永顺县完成电气化建设投资2.71亿元，其中电气化专项资金350万元，新建高家坝、哈妮宫、七儿河等水电站9座，新增装机容量25820千瓦。扩容改造不二门、钓鱼台等4座电站。新建35千伏变电站2座，35千伏线路99公里，10千伏线路126公里；改造配电台区92个。龙山县完成电气化建设投资2.6亿元，其中，电气化专项资金780万元，新建小河、黄土坡及中寨水电站，扩容澧南电站等，新增装机19100千瓦，新增发电量7095万千瓦时。建成里耶110千伏变电站，茅坪35千伏变电站；架设110千伏线路70公里，新建改造10千伏线路101公里。农网改造49个建制村。凤凰县完成电气化建设投资1.77亿元，其中电气化专项资金630万元；新建沱江、桂花、庄上水电站，改造长潭岗电站，增容3200千瓦。新建改造110千伏变电站2座/25500千伏安；35千伏变电站3座/14000千伏安，110千伏线路99公里，35千伏线路63公里，10千伏线路340公里。完成199个村7.8万户农网改造。4个县在电气化建设期间完成总投资10.42亿元，其中，国家电气化专项资金1995万元。完成电源建设19处，装机容量55390千瓦，在建电站4座，装机55409千瓦。2010年，经省州相关部门组织验收，各项指标均达到《水电农村电气化标准》要求。

第七节 "户户通"工程

1998年，全州启动农村村村通电、户户通电工程（简称"户户通"工程）。吉首、泸溪、凤凰、古丈、保靖等县（市）先期加入省网相继启动。5个县（市）投资4.63亿元，新建或改造10千伏线路3556公里，新建或改造配电变压器2873台240.62兆伏安，新建或改造低压线路6603公里，解决871个农村建制村无电或电网未改造问题，为农户改造电表22.23万户，供电户数33.33万户。

2007年，龙山县由省网代管，县内农村"户户通"工程建设实施，新建或改造10千伏线路91公里，新建或改造配电变压器115台9.44兆伏安，新建或改造低压线路518公里，消除无电（或未改）建制村49个，为农户改造电表5.76万户，供电户15.47万户，总投资4298万元。

2010年，永顺县农村"户户通"工程建设启动，投资913万元，新建或改造10千伏线路29公里，新建或改造配电变压器32台1.73兆伏安，新建或改造低压线路114公里，消除无电（或未改）村33个，改造电表8402户。至是年，13年间，全州农村用电"户户通"工程建设累计投资5.15亿元，新建或改造10千伏线路3676公里，新建或改造配电变压器3020台共计251.75兆伏安，新建或改造低压线路7236公里，解决953个无电村或未改造村，为28.83万户农户改造电表。

第二章 邮政

1989年，湘西州城乡投递邮路2984公里，其中农村邮路2549公里。投递信件622.7万件、报纸2009万份，收寄包裹7.63万件，出口机要文件1.43万件。同时，相继开设报刊零售门市部和零售亭，并开办邮政储蓄业务。

1998年，邮电分营，全州邮政亏损6574万元，负债7400多万元。1999年始，湘西邮政基础设施建设全面铺开，采取国家局解决一部分，省局解决一部分，州局自筹一部分的办法，措筹建设资金。全州邮政解决营业、办公和生产场地问题，州局新修州邮政大楼，各县邮政局均有办公用房，并添置和更新一批邮政设施和邮政运输车。

2010年，全州邮政有型资产1.22亿元，有邮储网点103个，并实现全国联网。90个邮政支局网点使用电脑终端，实现全国联网。有电子化支局70个。完成特快跟踪查询系统、报刊发行要数系统建设，开通电子汇兑、网点福彩投注、邮政通业务，并实现网上接入服务，其覆盖范围包括报刊订阅、汇兑、EMS查询、混合邮件、电子商务、代收代缴、信息服务等邮政新业务。全州7个邮政旗舰店、形象店全部通过省邮政公司现场测评及综合评审。电子邮政分局独立运行。湘西州邮政局集邮公司成立，先后开办邮政鲜花礼仪业务、商函广告业务、邮政贺卡业务、账单业务、票务、电子邮政业务、代理保险业务、代办业务等新业务多达20余种。全州有邮运车50辆，城乡投递邮路总里程 7277 公里。

湘西州邮政局

1989 年，全称为湘西土家族苗族自治州邮电局（简称州邮电局）。邮政电信合一、政企合一。下辖吉首、泸溪、古丈、凤凰、花垣、保靖、永顺、龙山 8 个县（市）邮电局。州邮电局内设邮政营发、邮运机要、邮政储蓄、集邮零售、电报、长途电话、市内电话 7 个生产科室；管理科室设劳动人事、邮政管理、电信管理、保卫、计划财务、行政、物资管理、农话管理、宣传、建设、教育、技术、经营办、审计督察、办公室、三产办公室 16 个，直属机构有劳动服务公司、鸿雁服务公司、邮电子弟学校等。1998 年 9 月，吉首、泸溪、古丈、凤凰、花垣县、保靖、永顺、龙山 8 个县（市）及州邮电局撤销，邮政局和电信局分设。10 月，州邮政局挂牌成立。下辖泸溪、古丈、凤凰、花垣、保靖、永顺和龙山 7 个县邮政局和吉首市农村邮政局。11 月，州邮政局管理机构设计划财务部、市场经营部、网络运行维护部、多种经营部、办公室、党群办公室。1999 年，湘西州邮政局隶属湖南省邮政局直接管理。2010 年，州邮政局机关管理机构设综合办公室、人力资源部、计划财务部、市场经营部、安全保卫部、工会、后勤建设部 7 个；生产部门设：金融业务部、集邮公司、三农推进办、信函广告分局、大客户营销中心、电子邮政分局、代办业务分局、邮件处理中心、保险代理分局、信息技术分局、机要通信分局、报刊发行分局、投递分局、吉首市邮政局 14 个。

1989—2010 年，历任州邮政（邮电）局局长：饶云祺、唐成文、黄青荣、刘力；副局长：袁界文、夏昌福、唐成文、何勇、田永利、张钢、肖坤吾、高昌华、单宏、罗春、贾胜君。

第一节　邮政业务

一、函件

1989 年，全州邮递信件 622.7 万件。1990 年 7 月 31 日，国家首次调整所有邮资：平信外埠从 0.08 元调整为 0.20 元，明信片外埠从 0.03 元调整为 0.08 元。挂号信从 0.12 元调整为 0.30 元；本埠平信和明信片也作相应调整，资费均为外埠的一半。各类信函取消邮件回执，代收货价两种业务。1992 年元旦、春节，州邮电局首次发行“贺年（有奖）明信片”。1996 年 12 月 1 日，信函取消本外埠之分，资费调整为信函 0.5 元，明信片 0.40 元，印刷品 0.3 元，挂号信 1.00 元。1999 年 3 月，国家调整邮政资费结构，函件仍恢复本外埠资费：信函本埠 0.60 元、外埠 0.80 元；印刷品本埠 0.30 元、外埠 0.60 元；明信片 0.60 元，挂号信 2.00 元。邮政快件取消。寄往台湾、港澳地区及国际的信函与印刷品增设计费档次，同时调整资费。5 月 1 日取消“邮电公事”信函。2002 年，州邮政局信函广告公司首次成功开发制作奥运湘军邮资片 10 万枚，成功开发制作德夯“国际攀岩溯瀑精英赛”邮资门票 1.5 万元枚，完成湘泉集团 30 万枚邮资信封设计制作，发行邮送广告 30 期 150 万份。2003 年 10 月 30 日，州政府市场经济秩序整顿办公室、州经贸委、州工商局、州质量技术监督局、州邮政局 5 个部门组成联合执法队，清理整顿吉首市区信封市场。2005 年，州邮政局将函件业务作为“一把手”工程来抓，主动出击，完成函件收入 274 万元，完成年初计划的 101.48%，全省 14 个市（州）局排名第七位。发展“2005 德夯·中国鼓文化节”邮送广告业务 10 万份，邮寄范围 14 个省市，实现业务收入 5 万余元。凤凰县邮政局实施函件 20 万元工程，成为函件第一县。该县开发景点门票 7 万元，风光邮资片 2.5 万枚，邮资封 1.5 万枚，企业拜年卡 3.2 万枚，校园封 2 万枚，2007 年，州邮政局为州庆办公室开发湘西州建州 50 周年请柬项目，与州旅游局联合开发《神秘湘西》本册式贺卡。花垣县邮政局自主开发边城中学校园明信片、医保账单和县医院邮筒式商函三个项目，创收 8.5 万元。2008 年，邮政贺卡营销目标任务，实现业务收入 254 万元，分别达到计划的 127.25%和目标的 115.68%。是年，州邮政局函件业务发展迅速，完成省邮政公司计划

109.99%，实现贺卡收入 340 万元，完成计划进度居全省第三位。2010 年，州、县（市）两级邮政函件专业机构实施一体化运作，全州办理函件 182.37 万件，实现函件收入 583 万元。

二、包裹

1989 年，州县（市）邮电局均办理为用户代采购、代包装、代邮寄商品邮购业务。全州邮电部门收寄包裹 7.63 万件，平均每百人邮寄包裹 2.52 件，在全省地州市中，列为第十一位。1990 年 7 月 31 日，取消快递小包和代收货价包裹。1999 年 3 月，邮政包裹每件加收 2 元挂号费。2000 年 7 月 1 日，寄往东南亚部分国家及港澳地区包裹资费平均下调 30%，并调整寄往柬埔寨的水陆路包裹、白俄罗斯、乌克兰、孟加拉国包裹资费。2001 年 8 月 1 日，开办国内快递包裹业务，其资费按普包 2:1 综合比价核定，县城以上城市投递到户。2005 年，州邮政局开发校园等季节性包裹市场，保持拓展节日礼品、土特产等包裹市场，实现包裹收入 177 万元，快包业务收入占包件收入 72.88%，比上年提高 6.97 个百分点。夏季校园包裹营销中，共收寄包裹 3100 多件，同比增长 15%，市场占有率 97%，实现收入 5.12 万元，绝对值居全省第四位。2006 年，快包收入完成 143.5 万元，增幅 11.38%，高出包件收入增幅 2.66 个百分点，成为包件收入主要增长点。2007 年 7 月 1 日，中国与美国、英国、日本、韩国、西班牙、澳大利亚、香港等 8 个国家和地区相互开办卡哈拉航空包裹业务。州邮政局坚持以上门揽收服务为基础，以项目开发为手段，全力开拓包裹业务市场，实现包裹收入 190 万元。2008 年 3 月，州邮政局加强传统包裹业务营销工作，设立包件分局，开发校园、军营等季节性包裹市场，拓展节日礼品，土特产包裹市场实现包裹 195.8 万元，比上年提高 6.5 个百分点。2010 年，州邮政局加强包裹专业化经营管理，充实包裹专业专职营销力量，提高包裹投递服务质量，加大客户营销力度，抓家乡包裹、区域包裹、电子商务包裹项目营销。全州完成包件业务收入 61 万元，累计业务量 2.75 万件，完成省公司计划收入的 121.27%，同比增幅 11.76%，居全省第三位。

三、报刊发行

1989 年，州境相继开办报刊零售门市部和零售亭。全年发行报纸 2009 万份，杂志 202 万份。1998 年，州邮政局建成 28 个社区报刊服务站。2002 年，全州有邮政报刊亭 52 个，其中当年新设 5 个。全年完成报刊零售流转额 1348 万元，占全州报刊流转额 40.23%，较上年同期增长 19.29%，实现零售收入 472 万元，占全州报刊业务收入的 48.11%，较上年同期增长 54.75%。2004 年，报刊发行业务完成 2005 年度报刊收订流转额 1533 万元，综合完成率在全省邮政系统排名第四位。投递服务质量及投诉处理及时率进入全省同行前列。2005 年，全州累计完成 2006 年报刊收订流转额 1705 万元，完成大收订计划的 101.15%，比上年增长 13.25%。其中，党报党刊完成 772.5 万元，为计划的 100.72%，率先在全省 14 个市州局中全面完成党报党刊发行任务。2006 年，实现流转额 1683 万元，完成一次性大收订流转额计划的 103.89%，比上年增加 191 万元，增幅 12.8%，在全省名列第二位。2007 年 8 月初，制订工作计划，从全局各部门抽调 48 人组成 8 个营销大组，开展大客户、单位订户和新用户为期一个月上门营销。提前超额完成党报党刊发行任务，累计完成大收订流转额 1771 万元，比上年同期增长 5.2%，完成省公司下达计划的 107.3%，全省排名第一位。2008 年，报刊发行业务稳步扩大。抓住重点报刊、重点市场、重点客户，实行报刊发行收订项目管理，抓指令性报刊、重点畅销报刊和私费报刊收订。将任务层层分解落实，责任到人，不留死角。组织专职营销队伍，采取项目经理分片包干负责，实行白天、晚上上门“地毯式”收订。全年收订报刊流转额 1800 万元，同比增长 1.64%。私费订阅率较上年上升 47.1%。2010 年，实现收订流转额 2239 万元，完成省公司下达收订计划 105%，创历史新高。报刊大收订期间，全州收订湘报集团报刊流转额 296.51 万元。是年，全州邮发报刊，报纸 1000 余种，杂志 6000 多种，报纸期发份数 39 万份，杂志期发数 22.7 万份，全州人均订报额

8.3 元 / 人。

四、邮政汇兑

2002 年 8 月 28 日，州邮政局全面建成八县市汇兑中心，以及 27 个汇兑邮储网点客户终端软件版本的升级联网。2004 年，汇兑新业务实现快速增长，年初占比 6%，年底达到 64%，汇兑收入计划完成率居全省第一位。2006 年，州邮政局汇兑业务通过拓展入账汇款，商务汇款，西联汇款等新业务，完成收入 129 万元，为湖南省局计划的 198.5%，全省排名第三位，收入增幅 128.7%。2010 年，完成汇兑注册用户 79%，占比全省排名第一位。

五、机要通信

1989 年，全州出口机要业务文件 1.43 万件，1995 年 1.06 万件。1998 年，邮政独立运营后，州邮政局设立机要科。2009 年 4 月 1 日，州邮政局机构调整，湘西州机要通信局成立，将原机要科并入州机要通信局。2010 年，全州完成机要业务 28143 件，其中出口机要邮件 6536 件，进口机要邮件 12749 件，转口机要邮件 1314 袋。机要通信质量全面完成年初制定的工作目标，实现机要邮件失密损件数为 0，延误差错率为 0，交通安全、人身伤亡和违章责任事故为 0，用户满意率 100%，邮件处理规格合格率 100%，邮件处理时限、频次达到中国邮政集团公司和湖南省邮政公司的要求，获省公司颁发的“机要通信质量全红奖”。全面完成中国邮政集团公司、湖南省邮政公司下达的各类内部刊物的收订任务，被新华社授予 2010 年内参发行地市先进单位。

六、邮政储蓄

1989 年，州邮电局和各县邮电局相继开办邮政储蓄业务 3 年。邮政储蓄业务种类及利息与人民银行相同。1990 年 1 月 1 日，邮政储蓄改为自办，吸收存款由微存改为转存人民银行。州邮电局设立储汇科，各县邮电局相继设立储汇股从事邮储业务管理工作。1998 年 10 月，州邮政局设储汇分局，从事邮政储蓄管理工作。1999 年 12 月，发行“驿使图”绿卡。2000 年 10 月，全州 76 个邮储网点与全国实现绿卡联网，实现通存通兑。2002 年，全州邮储余额达到 10.70 亿元，累计净增 2.2 亿元。泸溪、龙山、凤凰、永顺 4 个县突破亿元大关。2003 年，保靖县邮储余额过亿元，古丈县断龙与高峰支局安装邮储微机，全局通存通兑网点 7 个。是年，泸溪县局 11 个邮储网点全部进入全国“绿卡”网。2004 年 8 月 16 日，全州邮储实现邮储版本升级与全省统一切换上线，成功联入全国邮政储蓄大网。州邮政局投资 60 万元，更新改造全州邮储网点网络设备。是年，凤凰局农村支局所 9 个网点，邮储净增额达到 1799 万元，占全局总净增额 84.3%，创支局所余额净增新高。龙山县邮政局开展“打造湘西邮政第一县”活动，组织业务竞赛，年度净增余额 5447 万元，累计邮政余额 2.61 亿元。花垣县邮政局以发展农村邮储业务为重点，改变连续五年邮储业务滞后状况，邮储余额突破亿元大关，达到 1.175 亿元，完成年计划的 111.68%，农村支局所余额达到 6757 万元，占全局余额 57.48%，全局活期比例 69.9%，跻身全省前三名。2005 年，全州邮储累计净增 2.56 亿元，比上年净增 4400 万元，完成计划的 102.56%。2006 年，全州邮储余额 20.27 亿元，全年累计净增 3.16 亿元，创州邮储历史新高。2007 年，全州邮储余额累计净增 2.68 亿元，完成湖南省邮政公司 80 亿元分解计划的 118.44%。全州邮付收入完成 4748 万元，增幅 14.45%。是年，全州净增活期余额 2.94 亿元，占总净增余额 109.61%，完成净增计划 140.12%。贷款业务、代销基金等业务市场拓展初显成效。年末，全州贷款余额 1774 万元。完成湖南省邮政公司年计划的 591%，完成进度位居全省第一。2010 年，全州邮储余额快速增长，效益稳步提升。至年底，储蓄余额 42.17 亿元，全年净增 8.39 亿元，活期占比 56.87%，比 2006 年增长 9.61 个百分点。

七、代理保险

1999 年，州邮政局开始将代理保险列入新业务增长点。州邮政局与州人保人寿公司签订合作协议，2002 年，代办“国寿鸿泰”投资分红保险业务。2004 年，州邮政局、龙山和保靖县邮政局创新保险业务营销手段，以产品说服等形式开展

"国寿鸿泰"营销。2005年，代理保险业务通过搭建综合营销平台，走社会营销之路，州邮政局通过引进各专业保险公司营销精英加盟邮政保险代理队伍，建起一支完全属于邮政的社会营销队伍，有专职营销人员34人。社会营销队伍创造收入占全局保险总收入90%以上。车辆保费超过200万元，在邮政投保的车辆超过1000辆。全州提前一个月完成全年收入计划，累计完成保费1533万元，完成计划102.2%，实现保险收入44万元，完成年计划110%，居全省第五位。2010年，全州邮政代理保险完成保费9287.04万元，同比增长80.5%。实现保险代理费收入400.9万元，同比增长205%，增速全省位居第一。

八、集邮

1989年，州邮电局及各县邮电局集邮公司组建七年，开设集邮门市部，开办邮票信托业务，开展群众性集邮活动。2000年，州集邮协会第一次会员代表大会召开，湘西州集邮协会成立。举办湘西首届集邮展、巡回展，邮集15部45框。是年，庆祝湘西籍举重运动员杨霞在悉尼奥运会上夺得女子举重冠军，保靖县邮政局隆重推出杨霞个性化明信片一套三枚。2001年9月6日，第八届湘鄂边区集邮联谊会在凤凰县举行。2002年，州邮政局为州委党校建校50周年开发制作个性纪念邮册1100册，创收14.5万元，吉首打叶复烤厂开发制作个性化邮票500版，个性化纪念册1000册，创收20万元。2003年，张（家界）罗（依溪）公路设计制作《张罗公路峻工通车纪念》个性化邮票200册，《张罗公路湘西段峻工通车纪念邮册》创收18万元。是年6月，《湘西金融双十佳评选纪念珍藏邮册》及个性化邮票，成功设计制作，创收近20万元。2009年5月23日，《凤凰古城》特种邮票在全国发行，州邮政局及凤凰县邮政局销售各类纪念邮品54万元。是年，全州邮政企业完成集邮业务收入548万元，同比增长389%，增幅在全省排名第一位。2010年6月，州集邮公司人、财、物上划湖南省邮政公司。是年，全州纪特邮票95.22万枚，收入526.08万元。

九、特快专递

1986年8月15日，湘西州开办特快专递业务。1990年8月1日起，国内速递业务收寄标准调整为起重500克计价20元，每续重500克及其零数加收6元。1999年，速递公司更名为速递分局。2000年4月1日，寄往港澳速递邮件资费标准调整为：文件类起重500克90元，续重每500克加收30元；物品类起重500克150元，续重500克加收30元。7月1日调整国际速递邮件资费标准。2003年8月30日，国家调整国内速递业务资费标准和计费方式。2004年10月，湖南省邮政速递公司湘西州分公司挂牌成立，原速递分局的人、财、物成建制从州邮政局剥离，但仍与州邮政局保留业务往来关系。2010年，湘西邮政综合网与国家邮政局EMS主机联网，实现网络查询EMS全球特快专递服务。全州办理快递10.5万件，实现收入159万元，完成年计划101%。

十、电子邮政

2000年，州内电子邮政业务开始起步，州邮政局设立电子邮政分局，次年开通邮政"11185"服务专线，向社会公众提供网上邮购，邮资票品订购咨询，受理投诉及信息反馈等。2002年，州邮政局与州福彩中心签订协议，开办10个站点福利彩票业务；是年4月，全州开通11185福利彩票投注业务电话；9月20日，全州76个网点福彩投注业务开始办理。2004年2月，邮政"11185"服务"三农"（农业、农村、农民）代送火车票，解决农民工出行难问题，得到铁道部和国家邮政局肯定，受到州委、州政府表扬。是年，全州邮政代售火车票128117张，获湖南省邮政局"春运"票务代售竞赛二等奖。州电子邮政分局利用11185品牌，开展旅游、演出门票代理。2005年，全州实现代理票务收入81万元，比上年增长62%。春运票务实现3.04万张，完成省局分解计划的304%，比2004年多出票17589张，增幅137.4%，完成计划率及市场占有率名列全省第一位，获全省春运票务组织奖二等奖，金牌营销一等奖。2006年，开办电子邮政绿卡短信和汇兑短信38业务有效用户16800户，完成省局计划的

168%；汇兑短信占比 59.9%，两项均居全省第二位。2007 年，新增绿卡短信注册用户 31258 户，完成省公司计划 284.2%，完成进度名列全省第一位；汇兑短信完成 132800 笔，占比全省排第一。2010 年，开发绿卡短信 8.11 万户，累计用户 18.14 万户，同比增幅 8.8%；全州代售机票 3200 张，业务收入完成 15.1 万元，完成省、州局计划 216%，同比增幅 26.3%。

第二节 邮政网络

1989 年，湘西州邮政传输网络有步班邮路、民船邮路、汽车邮路。1996 年 12 月 26 日，天津、南京、杭州、济南、青岛、郑州和长沙连接到部中心，异地交易城市中心增加到 10 个。1997 年年底，联网运行城市达到 44 个。1998 年，州邮政局实施网络科技兴邮战略，开展湘西邮政“323”工程建设，建成和完善全州邮政物流、信息、金融三大网络。1999 年，部中心连接 50 个城市中心，实现全国 30 个省（市、区），800 多个县（市）之间活期储蓄通存通兑，全国性联网网点达到 7200 个，连接 2800 多台 ATM（自动取款机）。是年，全国邮政储蓄异地通存通兑业务交易量达到 1051.9 万笔。2000 年年底，邮政储蓄活期业务实现全国 31 个省（市、区）1189 个县（市）间通存通兑，全国联网网点达到 1.61 万个，ATM（自动取款机）达到 3900 台。

2005 年，网运质量提升，全年准班率 100%，准点率 97.1%。同时，投资 270 万元，改造网点终端设备，标准化网点改造 36 个，更新储蓄网点终端设备 103 个。

2010 年，全州邮政金融网与全国邮政金融网联网，绿卡开通。79 个邮储网点实现全国通存通兑，全州安装自动取款机 8 台。

第三节 邮政实物运递

2000 年，州政府驻地吉首市城区邮政投递一日一班改为一日两班。主要保证当天报纸读者及时看到。2001 年，全州邮政开展网运改革，全州内部生产人员由原 146 人减至 88 人，年节省工资支出 87 万元；减少自办邮路里程 838 公里，压缩邮运车 7 辆，年节约邮运成本 18.94 万元。是年 1—6 月，全州邮运费用（所有车辆）70 万元，较上年同期下降 38.6%。进口邮件提前半天到达 64 个局、所，占局所总数 62.14%。6 月，撤销原跨区张家界—龙山邮路。组开吉首—龙山邮路，邮路单程 283 公里，沿途连接 16 个交接点，全程运行 14 个小时，使吉首转口邮件当天到达龙山县局，较原提前 1 天。将吉首—凤凰、吉首—泸溪干线邮路延伸至当日往返。“1828”线开通后，组开吉首—古丈—永顺—保靖—花垣—吉首双环型邮路，使县邮政局和邮路沿线支局所每天有 2 个以上有效进出口频次，加快邮件传递速度。组开区内快递委办邮路，调整市内趟班作业时间，加快各类邮件传递速度。营业中心、速递分局在火车开行 1 小时前收寄的特快邮件，由两部门自行送交分拣部门处理赶发 527 次车一次、506 次车二次出口。并组开县以下邮路，除龙山、永顺各保留一条自办邮路外，其他全部改为委办方式。优化邮运网站，打破县市区划，缩短邮运距离，提高邮件专递速度。坚持“歇人不歇车”，体现邮政通信“全程全网、联合作业、昼夜不停、分秒必争”的特点和优势。调整邮件内部处理，班务和时间做到 24 小时不间断，保证对外时限和承诺的兑现。

2002 年 7 月，州邮政局开通吉首至长沙物流专线。8 月，州府吉首至境内 7 个县货运站营运启动，推出集运输、仓储、配送、代收购、代收款为一体的邮政物流项目。与重庆美好物业公司协商，获得该公司“GB”饲料的独家配送经销权。10 月 15 日，州邮政局国际货物运输代理中心正式挂牌运行。全州各类运递设备完好率达到 95%以上，利用率达到 90%以上，设备故障处理及时率达到 100%，整合邮运车 8 辆，减少运行成本 33.8 万元，减少驾押人员 6 人，节约人员支出 12 万元。2004 年 10 月，州邮政局实施速递、物流、集邮、书报零售 4 个专业剥离改革，增强邮政速递市场竞争力。10月，州邮政局实行“人、车、路”合一承包模式，节省邮车2辆，减少驾驶员3人，成本下降20%，邮运质量和管理效率提升。全年准班率达到100%，准点率达到97.1%。2006年4月21日，长沙—吉首快递汽车、邮路开通，吉首实现省报当日递。2007年12月，将原吉首—永顺—龙山对开邮路调整为吉首—永顺、永顺—龙山接力邮路，当日往返开行，每年节省邮运费7万元。2008年，重点调整县内邮路运行时间、路线及频次，邮件传递速度加快。全年完成汽车运邮3076万袋公里，交换量110万袋（件），州内自办汽车邮路准班率100%，平均准班率95%，全年总包丢失率为零。2009年，重点优化网络，调整邮件处理封发关系，实施网运“流程优化改革”。全年完成汽车运邮3064万袋公里，交换邮件105袋（件）。2010年，邮路运行计划基本未变。

第四节　邮政专用网

1999年，州邮政局成立邮政通信建设领导小组，全州邮政专用网建设起步。2002年4月18日，州邮政局11185客户服务中心系统正式开通。2004年，全州邮政投资300多万元用于网络建设，生产由手工操作向信息化转变。5月，全州邮储网点成功连入全国邮政储蓄大网。实现邮储版本升级与全省同步上线。完成电子邮政11185接入平台升位和功能升级。全州建成拥有37个台席的18个电子化支局。完成机要大客户、邮资票品、三级邮区中心局两网子系统的信息化网络建设。2008年，投入资金200万元，改造和改建32个营业网点的安防设施。安装14个储蓄网点电视监控系统，以及部分网点现金处理业务区防尾随门等。年底，全州实行网点押钞社会化。省邮政公司将11185、报刊发行、代办业务等7大网络管理资产160万元，交湘西州使用和管理。

2009年，全州邮政储蓄系统、综合业务平台、代理保险集中办公、OA信息处理平台、纪检监察管理等系统上线工程，完成各信息系统以及各网点系统升级改造工作。4月，开发全州代理保险综合管理系统，11月实现系统上线。

2010年，全州通过上级拨款、自筹资金，先后投资380万元，装修改造州邮政网点18个，改造规模1910平方米，并新建花垣县排碧所和置地支局。全州7个邮政旗舰店、形象店全部通过省邮政公司现场测评及综合评审。5月，吉首市武陵山邮政旗舰店还被中国邮政集团公司评为“双创”活动示范窗口和全国邮政营业旗舰店。全州安装监控设施101套，活动金库73座，联动门54个、网点防弹玻璃17块；为营业网点新增和更新前台终端、打印机、刷卡器、点钞机、通讯设备等设备30余套。完成自动取款机加密、电视电话会议系统改造、2M通信线路改造、机要系统升级等信息系统的建设和改造。

第三章　通信

1988年，湘西州邮电局内部机构调整，分为生产科室和管理科室，共23个科室，有职工2453人。1995年，州邮电局内设19个科室。邮政营销部下设10个科室，电信营销部下设4个机构，有职工746人。1998年10月，邮电分营，成立州电信局。1999年7月19日，移动业务从电信分离，成立州移动分公司。2000年9月，州电信局改制成为州电信分公司。12月，实施电信主附、主辅分离，成立州电信实业公司。重组后的湘西州电信分公司下辖7个县电信局，1个分局。州电信实业公司内设7个部室，下辖6个县实业公司（古丈县未设实业公司）。2004年6月，州电信分公司随湖南电信在香港、纽约成功上市。是年，实业公司撤销，合并入州电信分公司。州电信分公司设26个部室，7个县分公司，1个分局。2005年，州电信分公司本部设27个部室，下设7个县分公司、1个分局。2008年10月，州电信分公司设18个部室、7个县分公司、1个分局。2010年，州电信分公司设综合服务部、人力资源部、计划财务部、市场部、安全保卫部、审计部、工会（党群工作部）、物资配送中心，工程施工中心，资源管理中心、网络运行维护部、网络建设部、客户服务投诉处理中心、营销支撑中心、政企客户部、公众客户中心、农村营销中心、号百业务中心、互联网与增值业务中心、网络操作中心、客户服务调度中心、无线网络优化中心、政企客户支撑中心、客户端安装维护中心，辖7个县分公司、1个分局，有员工900人。

1989年1月至1998年10月，州邮电局历任局长：吴先铸、王福吉；副局长：彭大荣、冯本权、饶云祺、袁界文、阎明湘；1998年11月至2010年12月，州电信公司历任总经理：黄孟良、凌正夫；副总经理：彭先鼎、姚占先、张玉军、龙佩涛、陈琦。

第一节　固定电话

一、市话

1989年，吉首市内电话有纵横制交换机2000门，电话用户4255户。1990年，利用古丈HJ905纵横制交换机扩容200门。1991年10月，湘西州首个程控电话交换局——吉首S1240市话局开通，容量4000门。1993年，湘西州各县城均开通程控交换机，除凤凰为上海贝尔S1240交换机外，其他各县均为德国西门子公司EWSD交换机。1995年，吉首S1240市话局两次6000门扩容，容量达到16000门。1996年，市话S1240局再扩5000门。1998年邮电分营，电信开展“百万电话大行动”（在全省范围净增主线用户100万户，公用电话净增10万户）。5月，市话S1240局进行E扩J的升版扩容工程，由E型机升级为J型机，同时下挂RSU远端用户单元，分别置于地税局、无线电厂、教师进修学院、州医院、啤酒厂、湘泉酒厂、市工行宿舍等。是年6月，引入大唐电信SP30交换机，在吉首和龙山分别新建SM，吉首SM负责古丈、泸溪、凤凰、保靖、花垣BM接入，古丈EWSD设备全部拆除更换为SP30设备，泸溪、保靖、花垣、古丈EWSD设备合并为乾州EWSD，泸溪、保靖、花垣3县只设DLU。SP30交换机在吉首市话首期开通6408门。1999年，S1240交换机扩容2976线，而SP30交换机新建光明新村、吉首大学老校区、民营小区、州公安局等模块点，容量达到13464门。2000年，在“三百万工程”（三百万装机大行动）中，S1240市话局再扩容3072门，达到3.05万门，SP30交换机新建市公安局、药检所、光明新村等局点，增至2.25万门。

2003年，市内电话开始建设小灵通PHS。2006年，市内电话扩容采取户外设备。首期采用V5小容量综合接入。吉首市内主要采用中兴SU300设备，分别在明珠度假村、阿娜村（后改至肖家坪）、七一厂等室外点选址建设。

2007年，第二期综合接入设备建设实施，传统电话停止建设。2008年5月，烽火AN5116-02型OLT在湘泉城市花园正式上线，开通EPON，加上吉首市商业城、吉首市自来水公司等AG设备开通。是年，市话开通用户1496户。2009年，中兴公司OLT设备C200、C220亦投入使用，OLT开始布署到主要模块局点，用户容量达到4500户。2010年，华为公司GPON设备MA5680T上线，软交换接入用户发展迅速，市话容量超过8200户。随着移动语音业务对固网语音业务的替代和EPON业务的全面铺开、“光进铜退”（光进铜退是中国固网运营商中国电信和中国网通为逐步实现光纤接入（FTTx），用光纤代替铜缆所提出的一项工程）、窄带下移的实施，TDM交换机“空心化”现象严重，公司推进TDM交换机的缩容增效，全年市话S1240局缩容4810线，SP30局缩容6320线。是年，市内电话用户5.4万户。

二、农话

1989年，湘西州农村电话使用手摇磁石电话，全州有电话机2975部。1994年，湘西州邮电局引进台湾KY1000交换机，泸溪县洗溪镇率先开通，随后在浦市、吉首市河溪、马颈坳、矮寨及各县乡（镇）全部开通。1998年，州境开展“百万电话大行动”，农村电话发展达到1.9789万门。2003年，农村电话开始发展华为公司的450M。2004年12月，为解决农村电话的不足，引入农村无线接入电话（450D），首期新建15个华为公司的无线接入基站，基站均为广覆盖大容量站型，建在偏远乡村的高山上，作为有线电话的补充，解决农村通信质量问题。2005年2月，正式对外放号，全州发展用户1.2万户。2006年，全州新建21个基站，经过网络优化，全州农村无线接入网络信号逐步改善，在网用户5.1万户。2007年，全州基站52个，在网用户7万户。2010年，出台无线接入电话直转CDMA网络手机办法，鼓励无线接入用户转网CDMA。12月，无线接入用户在网3.9万户。

第二节　移动通信

1988年1月20日，湘西州首个数字显示无线寻呼系统在吉首开通。1992年7月18日，引进蜂窝移动通信系统（TACS），在吉首率先开通，办理移动电话业务。随后各县相继开通移动电话。8月扩建升级为全省联网的数汉兼容自动无线寻呼台。1996年，139全球通开通，无线寻呼实现全州通播。州内交换机总容量达到96855门，有55个支局开通程控电话。全州电话用户62638户，无线寻呼27001户，大哥大用户4905户。1999年7月，移动通信从电信公司分离，至2000年，全州移动用户近8万户，建成基站62个，信号覆盖州内大镇56个，以及部分旅游景点。

2005年，移动实施“村村通工程”，移动信号覆盖州内723个村，全州净增移动通话用户6.34万户，排名全省第一位。

2008年5月，中国电信开始启动收购中国联通CDMA网络，10月，正式接手营运基站100个，并启动当年一期工程建设，在州内县市城区新建基站136个。是年10月1日至2009年3月31日，中国电信和中国联通两家公司联合服务过渡期。2009年全州新建基站138个，CDMA语音覆盖全州大部分乡（镇）。4月，吉首民族宾馆召开天翼3G业务发布会，湘西州人民政府州长叶红专和湖南省公司邝剑萍副总经理启动天翼3G业务新闻发布会。湘西移动电话网CDMA网从原2G移动通信网络升级到3G，用户在不改号、不换号情况下，可享受到各种3G服务，亦可在全州县市城区体验无线3G上网。

2010年，全州新建基站42个，基本覆盖吉（首）常（德）高速公路、焦柳铁路及国道线。至年底，全州有3G基站191个，语音基站135个，在各个县城、较大的乡（镇）和旅游景区均可使用3G业务，有3G用户4.59万户。

第三节　联通通信

2000年6月6日，中国联通吉首分公司成立。公司设5个科室。年底，联通与寻呼合并，内设10个科室。公司员工，执行联通湖南省公司编制配备。用工实行合同制，有员工52人。是年，建成G网移动基站28个，基站控制器1个，吉首城区和县城实现网络覆盖。2001年，接入网光缆线路长度30公里。长途光缆线路长度270公里。州境光缆线路长度150公里。州境中继光缆线路长度120公里。长途数字微波线路长度540公里，长途业务电路1020路。州内有吉首至各县的线路和电路。是年，建成41个基站，信号基本覆盖州内县（市）城区及重点乡（镇）。2002年，公司开始经营CDMA通信业务，建成CDMA基站36个，直放站9个，完成县（市）城区及重点乡（镇）网络覆盖。2003年，长途光缆线路长度262公里，光缆线路长度为790公里，其中州内中继光缆线路长度756公里。州内数字微波线路长度50公里，数字微波7兆，长途业务电路5210路，业务电路6490路。2005年，接入网光缆线路长度68公里。长途光缆线路长度262公里，本地光缆线路长度为881公里，其中本地中继光缆线路长度845公里。州内数字微波线路长度40公里，数字微波6兆，长途业务电路9150路，业务电路6490路。是年，全州基站241个，其中G网基站142

个，CDMA 基站 99 个，网络覆盖偏远乡镇及重点公路和铁路沿线。2008 年 10 月 15 日，联通与网通合并，组建新联通。公司着重 G 网建设，并实施“村村通”工程。是年，建设“村通”基站 12 个，年底，联通 CDMA 网络转让电信，并与网通合并。2009 年，网络覆盖 8 县市，其中龙山县固网建设发展迅速，位居全州前列。联通取得经营 3G 资格，公司加快现有移动通信网络和 3G 网络建设，4 月底，吉首市区 3G 网络首期工程完成。是年，公司建成 WCDMA(又叫 3G)基站 35 个，至此，G 网基站 500 多个，网络容量达到 33 万门，随着首期“村通工程”竣工，偏远乡村基本实现网络覆盖。11 月 18 日，吉首联通改为州联通。

2010 年，全州完成项目投资 1987 万元，建成接入网项目 200 余个，投资建设网络光缆线路长度 300 余公里。全州长途光缆线路长度 400 公里，州内光缆线路长度近 3000 公里，其中州内中继光缆线路长度 2500 多公里。州内数字微波线路长度 60 多公里。州内数字微波 6 兆，业务电路近 4000 个 2M。是年，州联通公司内设 12 个科室，有员工 409 人。全州建成基站 700 多个，室内分布系统近 70 套；其中 G 网基站 600 个，室内分布系统 40 套，WCDMA 基站 100 多个，室内分布系统 20 套，“村村通”基站 30 个。年底，公司被共青团湖南省委评为“省青年文明号”单位。

第四节　数据通信网

一、基础数据网

1993 年，湘西州基础数据网组建（即分组网）。由吉首、乾州两个节点组成，使用 Motorola 设备，用户通过电话网拨号接入分组网络，完成州到省的网络通信。是年用户 8 户。1995 年，吉首建设数字数据网络（即 DDN 网），为用户提供 64K—2048K 接入速率。同时，完成吉首、乾州两台核心网络设备建设，端口容量 100 个，主要用于吉首市及乾州金融网点联网及州级金融系统与省级金融系统网络通信。是年，州内 DDN 用户 30 户。1996 年，州境的 7 个县 DDN 网络建设启动，次年完成。全州有 DDN 用户 98 户。1999 年，建设 FR/ATM 网络。ATM 网主要作为省干中继承载 DDN、FR 网长途传输，其用户接入将由 DDN 和 FR 取代。州内 DDN/FR 网有节点 11 个，中继端口 80 个，用户端口 586 个。其中，高速端口 233 个，在用 139 个；低速端口 353 个，在用 102 个，用户 335 户。2001 年，全州开始建设乡镇数字数据网，即乡镇综合接入网。2002 年，全面完成全州乡镇综合接入网建设（组网拓扑图详见附件 2）。2008 年，分组网络用户全部改用 DDN 网或宽带专网及大客户专网。2010 年，州内 4 个单位通信仍使用 DDN 网络。

二、宽带 IP 网

1996 年，州境互联网窄带接入网使用华为公司 A8010 设备，采用 7 号信令中继接入，可同时支持 PSTN 和 ISDN 拨入，在吉首和乾州汇接层各设一个接入点，其中吉首中心局 1860 线，乾州汇接局 600 线，合计 2460 线。是年，全州拨号用户 1200 户。2000 年，州电信局在吉首建设宽带网络。州电信局和乾州机房各设一个汇聚节点，其中州局使用华为公司的三层交换机 S8016，乾州使用 Extreme Alpine 3808 三层交换机，GSR、三层交换机通过千兆以太网两两相连，构成环行骨干。吉首园区交换机和宽带接入服务器通过千兆以太网以双路由接入汇聚层三层交换机，吉首市区的 ADSL DSLAM 通过裸光纤接入宽带服务器。2001 年，各县开展宽带接入网络建设，州内 IP 城域网覆盖至县级。是年，有 LAN 端口约 1 万户，用户 4000 户。

2003 年，窄带拨号用户 4 万户。宽带用户 2 万户。2005 年，全州 DSL 端口 85926 个，实占 48312，端口实占率 56.2%；LAN 端口 31587，实占 18925，端口实占率 59.9%。华为 MA5600、华为 MA5100、MA5103、MA5105、MA5605、西门子 5300、阿尔卡特 7300 等，设备 528 台。是年，宽带用户近 6 万户。2009 年，实施“村村通百兆”工程。2010 年，州内城区光进铜退改造工程实施，网络发生较大变化（网络结构图见附件 3）。是年，全州有 DSL 端口 112721 个，实占 74002 个，实占率 65.7%；LAN 端口 64232 个，实占 33570 个，实占率 52.2%。全州宽带用户近 9 万户。

三、专网专用

2005 年，州境开始应用专网。将电信产品或资源嵌入客户流程，为客户提供通信应用、信息应用、行业应用。2007 年，开展平安城市建设，依托中国电信公众电话网、无线网、互联网，整合城市管理行政执法应用软件，利用手机终端及 PC 终端设备，为城市管理行政执法部门搭建城市管理违法案件记录、案件处理、信息传输融合应用，实现城管执法人员现场移动执法等高效业务处理。是年，吉首市运用专网监控网吧 193 家。

2008 年，吉首市建设并完成 70 个网点金融监控。同时，开始建设“计生 E 通”，依托中国电信覆盖广泛的互联网和无线移动网络，建立“产前检查妊娠信息实时通报系统”，掌握怀孕对象产前信息。2009 年，保靖县试点开通“产前检查妊娠信息实时通报系统”用户 50 户。是年，投资 1800 万元，建设湘西州电子政务内网，全州 1400 余家收文单位接入电子政务内网。2010 年，全州各县开通“产前检查妊娠信息实时通报系统”。是年，筹建矿山监控系统。湘西州 DDN/FR 网有节点 11 个，接入网汇聚节点一个，接入节点 7 个。有中继端口 80 个，用户端口 751 个，其中高速端口 233 个，在用 139 个，低速端口 518 个，在用 295 个。全州宽带投入用户 13.46 万户。

第五节 电信代理

1998 年，邮电分营，州境始有电信代理业务。2002 年，州邮政局将邮政代办科更名代理业务分局。是年，州邮政局与电信、移动、联通公司分别签订通信业务代理全面合作协议，与州移动公司联合开展“兄弟杯”CDMA 放号竞赛，放号 6000 余台，为州联通公分司放号 1500 余台。2004 年，代理电信业务发展迅猛，代售终端产品、代收费、代放号业务增幅较大。特别是小灵通放号、建立公用电话超市等方面步伐加快。2005 年，拓展邮政自营、运营商专营厅、社会连锁代办业务渠道，实现代办、电信收入 125 万元，全年累计放号 1.3049 万户，累计代收话费 2595 万元，增幅 10.71%。2006 年代办电信收入 190.2 万元，完成年计划 121.92%，年增长 51.74%。2007 年，全州新建社会代办点 33 个，累计达到 43 个，社区网点代收费 1608 万元，占总代收金额 31.2%。代收各类话费 5145 万元，累计放号 3.21 万户，累计实现代办收入 183 万元，同比增长 18.4%。2008 年，代办渠道建设增加到 51 个，全年累计完成代办收入 187.9 万元。2009 年，与州有线网络公司签订代收有线电视费合作协议，改造移动 BOSS 系统网点 66 个，新增邮政便民服务站 34 个，实现代办收入 192 万元，同比增长 38.13%。2010 年，代办业务有代移动、联通放号，代收移动、联通、电信、电费、水费、有线电视费。是年，全州建立代办网点 152 个。其中：吉首 65 个、龙山 20 个、永顺 14 个、保靖 12 个、花垣 22 个、凤凰 6 个、泸溪 8 个、古丈 5 个；比上年增加 65 个。全州有移动专营厅 10 个。

第六节 无线电话小灵通与电报

2002 年 12 月，吉首新建 234 个中兴小灵通基站。2003 年 5 月，吉首小灵通开始营运，是年，发展用户 1.4 万户。2004 年 3 月在州内 7 个县城新建基站 1000 个。至 2007 年，各县城开展专题优化，重点优化测试政府办公楼、车站、医院、学校、酒店、商业区等。经过网络优化，小灵通网络信号逐步改善。2008 年全州有基站 1265 个。2009 年 2 月，湘西州规划小灵通所用 1900-1920MHz 频段用于 TD-SCDMA 的使用，要求在 2011 年前完成小灵通退市。2010 年，出台小灵通直转 CDMA 网络手机办法。是年 12 月，小灵通在网用户 18291 户。

1989 年 1—6 月，收发电报 15.63 万份。1990 年 1—6 月，收发电报 53.01 万份。2001 年 8 月 1 日，取消公众电报业务中特急和加急业务，传统电报业务逐渐淡出。2010 年,除个别鲜花礼仪用电报外，其余电信业务基本不用电报。

网络拓扑图如下：

2010 年湘西自治州光进铜退网络改造后网络拓扑图

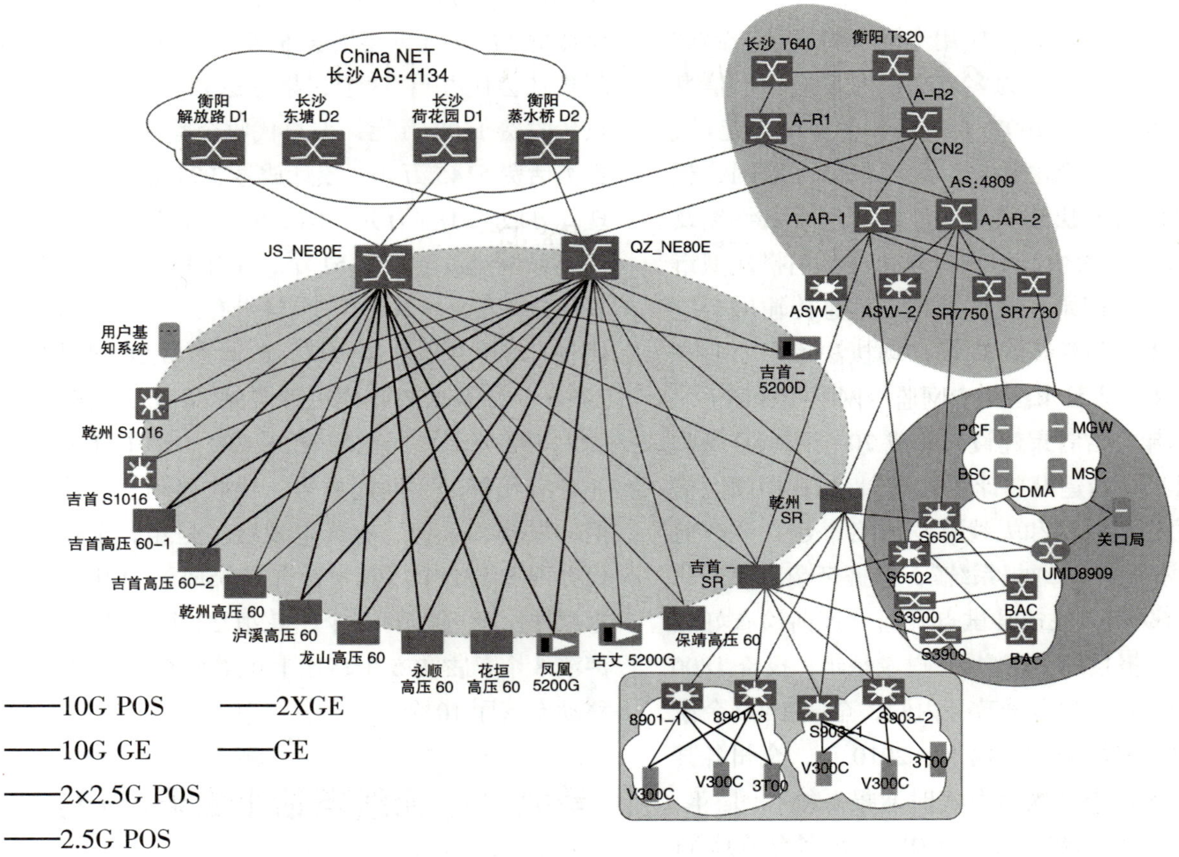

湘西自治州 IP 城域网

2010 年湘西自治州光进铜退网络改造后网络拓扑图

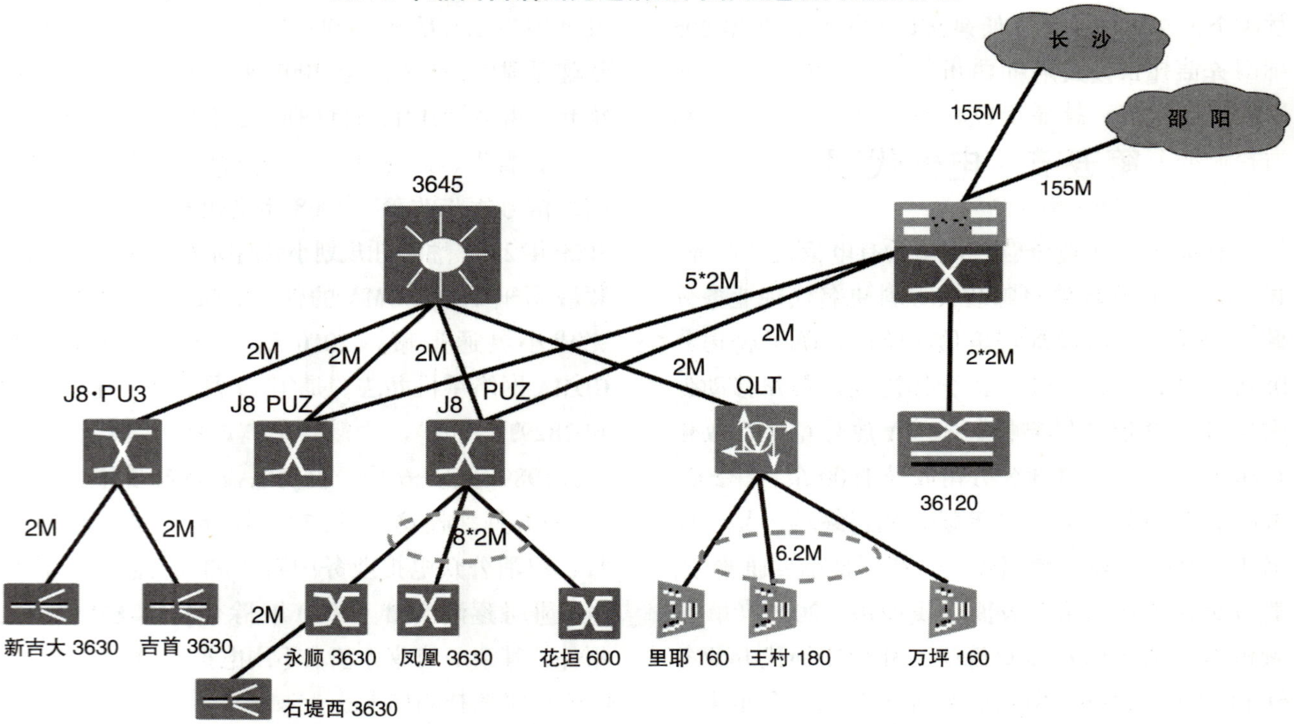

第二十五篇　财税　金融

第一章　财政

1989年，全州财政地方一般预算收入2.67亿元，财政支出3.31亿元。1990年后，全州认真加强财政管理，严格实行财政监督，大力推进财源建设，财政收入、财政支出大幅增长，推动全州经济社会快速发展。至2010年，全州财政地方一般预算收入17.78亿元，上划中央“两税”（增值税、消费税）11.99亿元，上划中央及省级所得税2.46亿元，累计财政总收入32.23亿元，是1989年的11.07倍。全州财政支出104.11亿元，是1989年的31.42倍。

1989年，州财政局内设办公室、预算科、行财科、农财科、农税科、工交科、商贸科、监察科、综合规划科、人事教育科、会计事务管理科、税收财务物价大检查办公室；直属事业单位有会计师事务所、中华会计函授学校湘西自治州分校、湖南省信托投资公司湘西州分公司、湘西自治州民族财会学校；挂靠单位有州政府社会集团购买力控制办公室。编制（不含州财校员工）90名，实有90人。1990—1996年，州财政局先后增设对外经济贸易科、监督检查科（加挂州财政监督局牌子）、收费管理处、国有资产管理局、经济建设科。1997年，增设税政法规科和社会保障科，州民族财会学校划归州财贸工作办公室管理；撤销税收财务物价大检查办公室；增设州工资发放中心和州基建工程预（结）算审查办公室、州政府采购中心；撤销国有资产管理局，成立产权科和统计评价科（加挂州清产核资办公室牌子）；收费管理处更名为非税收入管理处；撤销信托投资公司和会计师事务所；撤销行财科，设立行政政法科和教科文科。编制126名，实有124人。2001—2005年，增设国库科、州财源建设办公室、州农业开发办公室、州会计建账监督管理中心和州会计集中核算中心；撤销州会计建账监督管理中心，其职能划归会计科；增设州税费改革办公室；撤销农税科，设立农税局；州非税收入管理处更名为州非税收入管理局，州政府采购中心更名为州政府采购监督管理办公室；撤销工资发放中心，其职能划归会计集中核算中心；撤销产权科和统计评价科，设立资产管理与绩效评价科，加挂州控制社会集团购买力办公室和州清产核资办公室两块牌子；州基建工程预（结）算审查办公室更名为州财政投资评审中心，国有资产投资经营公司更名为州财政投资管理中心，州中华会计辅导站更名为州民族财政科学研究所。2006—2009年，增设信息管理科；农税局更名为州乡镇财政管理局，加挂州契税耕地占用税征收管理局牌子，州会计集中核算中心更名为州国库集中支付核算局；增设金融与债务科；州农业综合开发办公室升格为副处级全额拨款事业单位。2010年，州财政局内设办公室、预算科、国库科、行政政法科、教科文科、经建科、社保科、农业科、综合科、信息科、税政法规科、企业科、金融与债务科、资产管理科、绩效评价科、人事教育科、对外经济贸易科、会计科、监督检查科、纪检组（监察室）。下设副处级事业单位州财源建设办公室、州农业综合开发办公室、州非税收入管理局、州国库集中支付核算局、州乡镇财政管理局。下设正科级事业单位州政府采购监督管理办公室、州税费改革办公室、州财政投资管理中心、州财政投资评审中心、州民族财政科学研究所。编制

134名，实有133人。

1989—2010年，州财政局历任局长：王令之、向荣炎、欧家太、胡章胜、何益群；副局长：向荣炎、何先登、袁家兴、欧家太（正处级）、文玉生、田明业、吴建勇、石建辉、程宝生、杜红春、石康成。

第一节　财政收入

1984年12月，湘西州七届人大二次会议决定免征农业税五年。1989年，恢复征收农业税，当年征收农业税1043万元，加上工商税收、国营企业收入、专项收入、上级补助收入、预算外收入等，全州财政总收入2.67亿元。1990年，州内产品积压，企业效益下滑，全州产品销售收入同比下降5.10%，可比产品成本同比增长10.50%，实现利润总额同比下降37.50%，上交利润总额同比下降19.20%。全州财政总收入2.51亿元，同比短收119.80万元。1991年，烟税入库1.61亿元，占财政收入52.92%。财源结构的单一性，造成县市财力分布不均，三个有烟厂县（市）财政收入占全州财政收入的74.07%，全州财政总收入3.04亿元。

1994年，全州实行分税制改革,增值税的25%属地方固定收入，75%属中央收入。烟税和酒税改为增值税和消费税后，增长部分属中央税收。州政府确定州及县（市）分税制改革方案：烟税增长部分税收返还，州级集中1/3；州属企业税收，上年进入县（市）基数的，全部返还给县（市），其增收部分，除应上交中央和省以外，全部上交州财政；地方固定收入中的营业税、农业特产税和城建税作为州与县（市）共享收入；部分专项拨款和补助，比照省对州办法，适当调整和压缩；州级财政在财力可能情况下，给予特困县一定照顾，县市原体制补助继续执行；定额上解县市，按原规定继续上解。全州财政收入1.88亿元，上划中央消费税、增值税4.13亿元，累计完成财政总收入6.01亿元。1995年,全州实行财税收入均衡入库考核办法，即一季一考核，一结账，一奖励。实行领导干部包大户，筹措资金保大户，及时协调帮大户的措施。州政府一名副州长率工作组进驻凤凰烟厂帮助整顿挖掘企业收入潜力。同时，规范国土收入、个人所得税、行政性收费和罚没收入管理 。全州财政总收入2.76亿元，上划中央"两税"4.50亿元，累计财政总收入7.26亿元。

1989—2010年湘西州财政收入情况表

表25-1　　　　单位:万元

年份	财政总收入				小计
	一般预算收入	上划中央两税	上划中央及省所得税	基金收入	
1989	26696	—	—	—	26696
1990	25081.2	—	—	—	25081.2
1991	30369	—	—	—	30369
1992	32799	—	—	—	32799
1993	48685	—	—	—	48685
1994	18783	41301	—	—	60084
1995	27553	45026	—	—	72579
1996	30564	44154	—	—	74718

续表 25-1　　　　　　　　　　　　　　　　　　　　　　　　　　单位：万元

年份	财政总收入				小计
	一般预算收入	上划中央两税	上划中央及省所得税	基金收入	
1997	32077	38473	—	—	70550
1998	31563	35204	—	—	66767
1999	27782	33942	—	4015	65739
2000	26987	30173	—	4241	61401
2001	35183	29995	—	4768	69946
2002	31564	32911	7237	5711	77423
2003	41381	27079	8159	—	76619
2004	50188	33357	9239	3846	96630
2005	59226	44296	11717	5280	120519
2006	81504	56610	15958	—	154072
2007	117144	90625	21427	—	229196
2008	132395	85120	22848	—	240363
2009	153458	108712	—	—	262170
2010	177831	119863	24560	—	322254

1998 年，在壮大湘泉集团、推进东锰上市的基础上，组建三立锌业集团和喜阳食品工业集团，培植一批县域税源大户，保靖县毛沟冶炼厂、狮子桥铁合金厂、双溶滩电站、陶瓷厂、永顺县四氧化锰厂、花垣县振兴化工厂等。开发吉首机床厂不锈钢螺旋浆等一批科技含量高的财源建设项目。全州财政总收入 3.16 亿元，上划中央“两税”3.52 亿元，累计完成财政总收入 6.68 亿元。

2000 年，州级和部分县（市）取消对企业返还，全年压缩返还 8000 万元，夯实收入基础。税收性收入占地方财政收入比重 88.44%，同比增长 1.33%。县级收入占全州财政总收入 75.71%，同比增长 5.96%。营业税、个人所得税、房产税、契税、农业特产税等税种同比均有较大幅度增长。全州财政总收入 2.70 亿元，上划中央“两税”3.02 亿元，基金收入 4241 万元，累计完成财政总收入 6.14 亿元。

2003 年，州人民政府修订和完善《2003 年全州财税收入增长考核奖励办法》，及时按考核办法核对、算账和奖励兑现。财税部门深入酒鬼公司等税源大户分析研究税收入库形势，掌握企业产销动态，帮助企业解决缴税中具体问题，做好监测、统收工作。加大对主体税种和县市税收入库督查、监控和催缴力度，实现财政收入稳步增长。地方财政收入占财税总收入比重 55.62%，同比增长 7.48%；非税收入占地方财政收入比重 18.60%。全州财政总收入 4.14 亿元，上划中央“两税”2.71 亿元，上划省级所得税 8159 万元，累计完成财政总收入 7.66 亿元。2005 年，发电、供电、采矿等重点行业增值税上升，年实现增值税 5.9 亿元，同比增加 1.72 亿元，增长 41.05%，占总收入增量比重 71.85%。旅游、餐饮、住宿、通信等消费市场需求持续升温，拉动服务、通信、交通运输和房地产等行业营业税快速增长，年实现营业税 1.44 亿元，同比增加 2211 万元，增长 18.15%。随着企业效益好转，增值税和营业税快速增长，个人收入提高，所得税增长速度较快，年实现企业所得税和个人所得税分别为 5414 万元和 1.09 亿元，同比分别增长 28.58%和 25.98%，成为除增值税、营业税外的第三个过亿元税种。州财政局将争取政策和资金列入全年目标管理责任制。州财政局局长何益群带领相关科室人员多次赴长沙、北京就转移支付和各项补助等情况向上汇报，省为州调度资金 20.97 亿元，同比增加 3.27 亿元，并同意湘西州参与碗米坡电站税收分成。全州财政总收入 5.92 亿元，上划中央“两税”4.43 亿元，上划省级所得税 1.17 亿元，基金收入 5280 万元，累计完成财政总收入 12.05 亿元，同比增加 2.39 亿元，增长 24.72%。

2009 年，州内吉（首）茶（洞）、张（家界）花（垣）、吉（首）怀（化）、凤（凰）大（兴）高速公路和龙（山）永（顺）等 9 条骨干公路建设全面动工，争取国家扩大内需投资项目 996 个，竣工率 54%，带动建筑业实现地方税收 2.19 亿元，增长 22.19%，耕地占用税 5138 万元，增长 200.29%。各县（市）注重优化财源结构，培植壮大烟草产业，烟草行业成为部分县（市）重要税源支柱。国家对卷烟批发环节加征 5%的卷烟消费税，烟草行业入税 2.11 亿元，同比增加 1.09 亿元，增长 1.07 倍。酒鬼酒公司改制后，年入库税收 1.61 亿元。全州财政总收入 15.35 亿元，同比增加 2.11 亿元，增长 15.91%，上划中央“两税”10.87 亿元，累计完成财政收入 26.22 亿元，同比增加 2.18 亿元，增长 9.07%。2010 年，全州制定财政增收措施，政府继续对国税、地税、财政 3 个部门实行目标管理责任制，坚持财政收入完成情况分析会制度，制定弥补财政收入缺口措施，加大重点项目税收征管力度。全州财政总收入 17.78 亿元，上划中央“两税”11.99 亿元，上划省级所得税 2.46 亿元，累计完成财政收入 32.23 亿元，同比增长 22.92%。

第二节 财政支出

1989 年，湘西州坚持“量入为出、有保有压、区别对待”原则，重点增加农业、教育、公检法司、价格补贴支出。支援农村生产支出同比增长 29.19%；教育事业费同比增长 7.60%，占同期财政支出 17.38%；公检法司支出同比增长 14.83%；价格补贴支出同比增长 28.60%。全年财政支出 3.31 亿元，同比增加 4106 万元，增长 14.14%，财政支出增额超过收入增幅。全州除凤凰、吉首两县（市）外，其他 6 县均有赤字，累计 2152.5 万元，其中永顺县高达 888.8 万元。1990 年，重点保农业、教育、卫生等支出，压缩各项非生产性费用开支。永顺县 4 次调整预算，压缩支出 882.7 万元，其金额占该县是年预算的 17.40%。全州财政支出 3.64 亿元，同比增长 9.09%。

1993 年 11 月，州财政局印发《关于大力提倡过紧日子，坚决反对挥霍浪费的规定》《关于严格控制会议，加强会议经费管理的暂行规定》《关于州直财政拨款单位公费安装住宅电话的管理规定》三个文件，严格控制社会集团购买支出，优化支出结构，节减一般性开支，保证工资支付和党政机关正常运转需要。因永顺等 4 县遭受特大自然灾害，增加救灾支出，加之预留新增工资等特殊情况，是年赤字 1396 万元。1994 年，机关事业单位工作人员工资制度改革，工资提高。全州月均增资 864 万元，加上 1993 年 10 至 12 月工资补发部分，当年新增工资 1.30 亿元。是年财政支出 7.59 亿元，同比增长 24.05%，赤字 8882 万元；累计赤字 1.41 亿元。赤字加大，造成支出欠拨多，全州欠拨工资 1345 万元，欠拨各项专款 4620 万元。1995 年，州人民政府先后修订《关于加强专项资金管理的暂行办法》《关于加强会议费、考察费及通信工具管理的暂行规定》，推行零基预算，优先保证工资发放，对支农、教育、公检法办案经费和重点企业挖潜改造资金等支出给予照顾。

全年财政支出8.36亿元，同比增长10.17%。

1997年，州委、州政府作出《关于进一步严格增收节支的决定》《增收节支十条规定》《关于建立工资发放保障机制的决定》，加强财政支出管理。在公用经费使用上，根据单位性质、业务范围、业务量及财力可能，分类确定标准，“超支不补、结余留用”；人员管理，坚持“超编不安排经费、节编经费归单位”；车辆管理，实行定编定额压减支出；清理公费配置“大哥大”和公费安装住宅电话，全州公费配置“大哥大”，保留966部，减少1839部，公费安装住宅电话全部折价到人；严格控制境内外考察活动,外出考察费用同比下降20%；从严控制社会集团购买力，全州专控商品实际购买2875.65万元，占省分指标63.90%，同比减少381万元，下降11.7%。全州财政支出10.20亿元，同比增长4.20%。2000年，按照建立公共财政基本框架要求，调整支出结构，保证重点支出到位。建立工资专户，按比例划转收入，拖欠工资现象有所缓解，做到年底兑现。优先拨付教育、农业、科技及公检法司等支出，同比分别增长16.50%、5.53%、9.51%和8.75%。全年财政支出12.42亿元，同比增长5.08%。

2001年，坚持“一要吃饭，二要建设”原则，规范县市转移支付资金分配，对县市调度资金同比增加1.01亿元，增长15%，保证各县（市）财政供养人员工资发放到位。优先安排下岗职工、城镇居民最低生活保障费预算支出，全年社会保障补助支出8358万元，同比增长117.43%。按照国家实施积极财政政策要求，调整支出结构，增加基础设施建设资金。除预算内基本建设支出外，抓国债资金拨付。是年，偿还重点建设举债资金1000万元。全年财政支出15.87亿元，同比增长27.77%。

2005年，全州调度资金17.85亿元，其中工资专户9.10亿元，扶贫专户1.44亿元。随着国家对社会保障支出和教科文卫支出投入加大，抚恤和救济事业费支出1.43亿元，增长20.59%；社会保障补助支出1.34亿元，增长36.50%；行政事业单位离退休费支出2.62亿元，增长11.67%；教育支出5.99亿元，占当年财政支出19.91%，同比增加34.32%；科技、文体广播、医疗卫生分别支出1465万元、1.31亿元和1.51亿元，同比分别增长85.67%、45.54%和22.97%。全年财政支出30.09亿元，同比增长23.16%。

1989—2010年湘西州财政支出情况表

表25-2 单位：万元

年份	支出合计	经济建设支出	教科文卫支出	行政管理费支出	抚恤和社保支出	其他支出类
1989	33126.7	12431.3	9109.6	6313.7	1602.9	3669.2
1990	36406.6	12815.9	10523.8	7675.7	1277.6	4113.6
1991	39780.1	12993.5	10585.8	8093.8	1201.5	6905.5
1992	43789	13024	13461	10265	1149	5890
1993	61154	24952	15941	13099	1530	5632
1994	75861	29367	21527	17339	1972	5656
1995	83573	29862	22312	19830	2235	9334
1996	97862	34427	24989	21028	2820	14878
1997	101968	25754	25995	22472	8177	19570
1998	111605	29750	26703	22872	13505	18775

续表 25-2　　单位:万元

年份	支出合计	经济建设支出	教科文卫支出	行政管理费支出	抚恤和社保支出	其他支出类
1999	118148	24250	29871	24606	15729	23692
2000	124153	25705	34037	28472	19602	16337
2001	158701	32100	43841	37897	28319	16544
2002	176218	25094	50776	54372	33512	12464
2003	206743	32825	56476	48656	39540	29246
2004	244258	36640	66560	60958	45656	34442
2005	300920	42587	88559	75937	54772	39065
2006	385878	65515	104759	90645	69868	55091
2007	515702	96865	153851	120115	86269	58602
2008	623791	114823	187587	169909	111624	59848
2009	848370	186125	231871	152098	169674	108562
2010	1041096	149330	289929	192796	170122	238919

说明:其他支出类包括其他支出、政策性补贴支出、专项支出等

1989—2010 年湘西自治州财政收支示意图

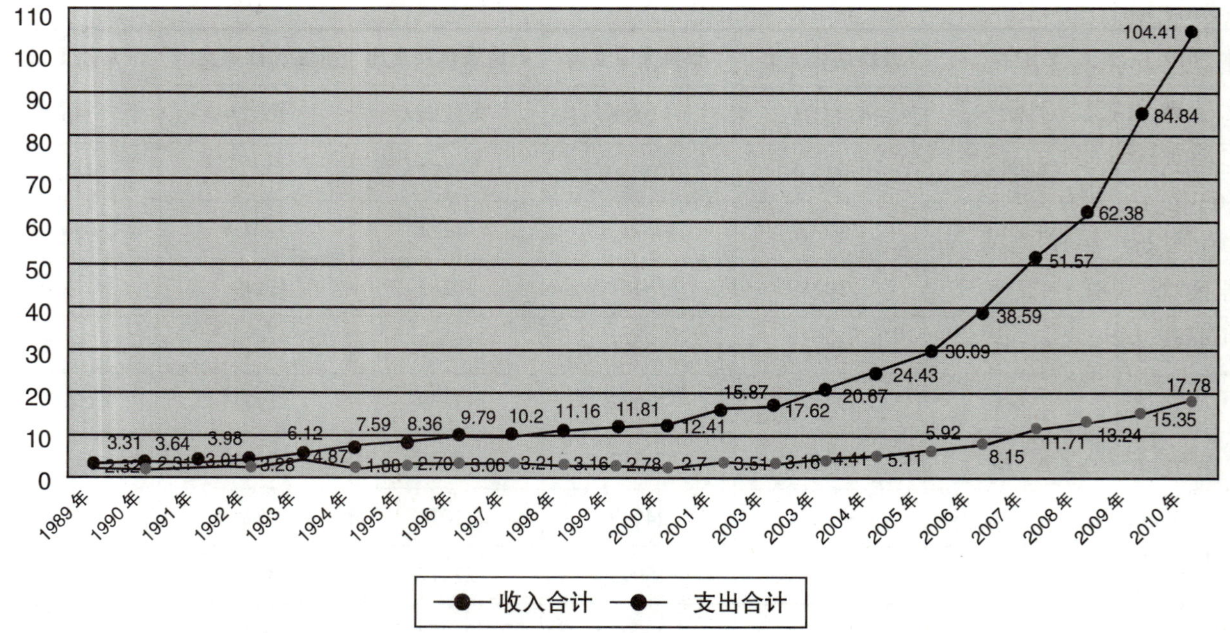

2008年，建立健全财政支农资金稳定增长机制，将农村教育、公共卫生、公共基础设施等优先纳入财政支出范围。全年拨付“三农”资金10.08亿元，同比增加2.82亿元，增长38.77%，其中农业支出增长45.78%。支持教育优先发展,全年教育支出11.49亿元，同比增加1.87亿元，同比增长19.39 %。加大社会保障投入，全州纳入农村低保10.58万人,享受低保城镇居民6.85万人，安排下岗失业人员社保补贴和再就业公益性岗位补助6910万元，全年社会保障和就业支出11.16亿元，同比增长29.39%。安排医疗保险改革经费预算，将职工基本医疗保险基金纳入社会保障财政专户，推进全社会医保制度建设。全年收取医疗保险基金1.58亿元，支付医疗保险基金1.20亿元；筹集资金1.60亿元，完善新型农村合作医疗制度，全州有200.6万人加入“新农合”；筹集资金2527万元，全面推行城镇居民基本医疗保险制度，全州有28.7万人加入“城镇医保”。全州财政支出62.38亿元，同比增长20.96%。

2010年，全州兑现各项惠农政策，农村能源综合建设、农村农林水事务支出13.87亿元，同比增加1.19亿元，增长9.38%，其中林业支出增长37.28%。教育支出14.65亿元，同比增长11.68%。社会保障和就业支出17.01亿元。全年为3.15万名企业离退休人员发放养老金40.98亿元，养老金社会化发放率达到100%。廉租住房支出2.79亿元；改造农村危房7428户，支出5271万元，同比增加1622万元,增长44.45%。医疗卫生支出8.63亿元，同比增加1.43亿元，增长25.31%，其中中医药、医疗保障、新型农村合作医疗、城镇居民基本医疗保险支出分别增长182.37%、21.47%、49.94%和20.29%。全州财政支出104.11亿元，同比增长22.71%，是1989年的31.42倍。

第三节 财政管理

一、预算管理

1989年，财政收入超额完成州政府确定的“紧中求活，难中求进，收入再增2000万元”目标。全年一般预算收入为预算的102.11%。同比增收5097万元，增长25.35%，剔除不可比因素农业税1053万元，仍比上年增收4054万元，增长20.16%。在支出方面，建立健全人员经费、会议费、购置费和其他行政支出定额管理制度，实行“超支不补、节余留用”的办法对预算经费进行管理，财政支出同比增加4106万元，增长14.15%。一般预算收入加上级补助、上年结余、调入资金等收入，减财政支出、专项上解、购买国库券等支出，年终滚存结余1030.5万元，再减能交基金结余20.9万元，排污费结余8.4万元，结转下年支出结余2306.4万元，年终净结余赤字1305.2万元。

1990年，全州财政收入2.51亿元，为预算的94.61%，为调整预算的100.13%，同比减少1615.3万元，减少6.05%。剔除教育附加295.40万元不可比因素，财政收入是年实际完成比同期减少1910.70万元，减少7.16%。财政收入实际完成数与当年预算任务数比,短收1428.30万元。收入短收的主要原因为全州经济不稳定，企业效益普遍下滑。全州产品销售收入同比下降5.10%，可比产品成本同比增长10.50%，实现利润总额同比下降37.50%。上缴利税总额同比下降19.20%，全员劳动生产率同比下降1.10%。由于经济滑坡，企业效益下降，带来财政收入短收。全州财政支出3.64亿元，为预算数的107.10%，是调整预算数的93.11%，同比增加3279.90万元，增加9.90%。全州财政收入未完成计划，仅凤凰、吉首、花垣和保靖4个县（市）完成任务，其他4个县均未达到预算指标。

1992年，全州财政收入3.28亿元，为预算的101.35%。全州财政预算执行情况较好。卷烟税完成1.25亿元，同比增加664万元。县（市）财政收入，吉首、龙山、古丈和永顺4个县（市）收入增加较多，分别比上年同期增长45.83%、39.42%、26.34%、19.17%，州本级完成收入435万元。收入预算执行存在进度不均衡，1—11月仅完成计划的66.8%，大部分收入集中在12月入库，影响正常的财政支付，使一些专款不能及时拨付。

1994年，实行分税制财政体制，州财政局、州税务局、州人民银行联合印发《实行分税制财政体制改革后州与县（市）有关预算管理问题的补充规定》，明确“中央、省、州税收按级次缴库后，县（市）税收返还部分，州对县（市）按上划收入调度资金。”龙山、凤凰、吉首和永顺4个县（市）分别按上划收入55%、62%、85%和88%返县。烟厂税收超年计划入库部分（基数内）按实际上划数全额返还。全州一般预算收入同比下降61.42%。财政支出同比增长24.05%。一般预算收入加上级补助、地方政府兑付有价证券本金、社会保障基金、上年结余等收入，减本年财政支出、专项上解、社会保险基金等项支出，年终滚存结余赤字8969万元，再减结转下年支出，净结余累计赤字1.41亿元，当年赤字8882万元。除吉首、凤凰两县（市）结余784万元、66万元外，其余六县均为赤字。1995年，按照州委、州政府提出的“三增”（国税、地税、财政收入比上年增收）、“两压”（压企业返还、压财政赤字）、“一保”（保证工资发放）和省财政厅“约法三章”（保证收入任务完成、保证工资按时发放、保证是年收支平衡）要求，克服洪涝灾害、银行资金短缺、企业效益不理想等不利因素，财政收入超额完成州政府确定的目标和州人大通过的预算任务，财政支出基本保证重点支出和工资发放，保证各级机关正常运转。一般预算收入同比增加8770万元，增长46.69%。财政支出同比增长10.17%。全年一般预算收入加上级补助、地方政府兑付有价证券本金、社会保险基金、上年结余、调入其他资金等收入，减本年财政支出、专项上解、社会保险基金等支出，年终滚存结余赤字7773万元，再减结转下年支出4803万元，净结余为累计赤字1.26亿元。

1998年，全州将预算内外资金纳入财政预算统筹范围。全年一般预算收入、财政支出同比分别增长8.09%、9.45%。一般预算收入加上级补助、国债收转贷、上年结余、调入资金等收入，减一般预算支出、专项上解、国债转贷、结转下年等项支出，累计赤字1.64亿元，同比压缩335万元。2000年，州政府制定《财税收入均衡入库目标考核办法》，将是年财税收入任务分解落实到各县市、各征收部门，对县（市）收入完成情况实行按季度考核和奖惩兑现。设置“办税服务厅”，规范征税措施，并将原委托国土、房管等部门征收的耕地占用税、契税改为财政部门直接征收，对税收大户、重点税种、重点行业实行专人负责，重点清理，确保重点税收增长和及时入库。建立工资专户，按比例划转收入，做到年底不欠发工资。全年一般预算收入完成预算的105.87%，同比下降2.86%，财政支出同比增长5.08%。一般预算收入加调入资金、上年结余等项收入，减一般预算支出、专项上解、结转下年等项支出，净结余赤字1.72亿元。

2005年，财政一般预算收入攀升，同比增长24.72%，增幅高出全省平均水平，名列全省第三位。坚持调整支出结构，确保重点支出到位。抚恤和救济事业费、社会保障、行政事业单位离退休等项支出分别增长20.59%、36.50%和11.67%。科教文卫支出力度加大，教育支出占财政支出比重19.91%，同比增长33.33%；科技、文体广播、医疗卫生支出同比分别增长85.67%、45.54%和22.97%。全年财政一般预算收入、财政支出同比分别增长18.01%、23.20%。全州一般预算收入加上级补助、国债转贷、国债转贷资金结余、上年结余、调入资金等项收入，减一般预算支出、专项上解、拨付国债转贷资金、国债转贷资金结余，年终滚存结余2.71亿元，减结转下年等项支出3.24亿元，累计赤字5363万元，同比减少2458万元，州本级净结余2208万元。

2006年起，全州财政收入呈现高基数、高增长发展态势，财政由单一保工资、保运转、保重点向公共财政、民生财政转变。全州增值税、消费税、所得税、营业税等主体税种增加2.66亿元，占增收额68.59%。按照“多予、少取、放活”方针，全年投入各类涉农资金2.96亿元，同比增长58.68%。全州教育、社会保障、抚恤和社会救济、医疗卫生等各项支出分别为6.94亿元、1.92亿元、1.91亿元和2.05亿元，同比分别增长15.81%、

43.11%、33.57%和36.08%。全州一般预算收入同比增长37.62%，增幅全省第一。财政支出同比增长28.23%。全州收支平衡，州本级财政实现收支平衡，略有节余。2008年，因特大冰冻灾害和其他因素影响，财政收入增速放缓，由前两年的名列前茅滑至全省倒数第一。支出方面，财政部门加大预算约束，抓好节支，保障重大、突发性事件应急支出。及时拨付抗冰救灾资金、手足口病防疫经费、非法集资事件中维稳经费。继续向“三农”倾斜，农林水事务支出10.08亿元，同比增加2.82亿元，增长38.77%。社会保障和就业、公共安全、教育等项支出同比分别增长32.05%、17.71%和19.39%。一般预算收入、财政支出同比分别增长13.02%、20.96%。全州一般预算收入加上级补助、上年结余等项收入，减一般预算支出、专项上解、调出资金，年终滚存结余1.06亿元，再减结转下年支出，净结余赤字2324万元。8县（市）及州本级是年收支平衡。

2010年，坚持依法理财，强化监督管理，加大非税收入征管力度，财政收支稳定增长。全年一般预算收入同比增加2.44亿元，增长15.88%。在支出方面，全州各级财政部门按照构建公共财政框架要求，统筹调度资金，优化支出结构，加大民生类支出力度，全年民生投入6.21亿元,同比增加1.53亿元，增长32.66%。社会保障、医疗卫生、教育、农林水事务等项支出同比分别增长0.21%、25.31%、11.68%和9.38%。财政支出同比增长22.72%。州本级收支平衡，略有节余，八县市收支平衡。

二、预算外资金管理

1989年，州财政局《关于加强对罚没收入管理的通知》规定，所有罚没财物和赃款赃物收据由财政部门统一印刷，各印刷（生产）厂家未经财政部门批准不得擅自承印与生产；执法机关执法使用的罚没财物和赃款赃物收据，必须到同级财政部门购买并按规定使用。执法机关处理违法、违章罚款（包括追回的赃物）每笔上1000元的，应一次性缴入同级财政国库，不得存放单位账户；处理违法、违章的罚款不足1000元的，可在执法单位账户“应缴预算收入”科目内记载，每月30日前缴同级财政国库。全年预算外资金收入292.50万元。

1990年3月，州财政局、州审计局印发《关于进一步加强罚没收入管理的通知》，规定各项罚没收入取消返回比例，全额上缴财政。取消“办案经费”按比例返回办法。不准任何单位和部门截留、坐支、挪用、提成罚没收入。不准执法机关将罚没收入逐级包干或变相包干，也不准财政机关对执法机关搞罚没收入包干上缴。不准执法机关和财政机关内部拍卖或选购收缴的各种罚没物资和赃物。改变过去根据罚没收入的一定比例发奖的办法。各执法机关所需办案费用，应在各自的包干经费中首先列支。是年，州财政局印发《关于进一步搞好预算外间歇资金融通工作通知》，就进一步搞好预算外间歇资金融通使用问题作出规定。全州审查自筹基建项目398个，审查资金4997万元，核减项目28个，核减资金907万元。保证预算外资金合理使用和工程项目资金落实。同时，州财政局印发《关于核定农口事业单位开展有偿服务所得收入用于弥补预算内事业经费的通知》，规定各单位开展有偿服务活动的一切收支，均应纳入本单位财务统一管理。是年，州农业局、州农机局、州国土局有偿服务用于弥补预算内事业经费分别为14万元、25万元（其中农机校21万元）、8.2万元。

1991年，州财政局制定《湘西州预算外资金管理暂行办法》，印发《关于下达预算外资金管理目标任务的通知》，对预算外资金实行“专户储存、计划管理、财政审批、银行监督”。1993年，采取抓专户储存、开展融资活动、治理“乱收费”三项措施，加强对预算外资金管理。全州纳入财政专户储存526户，累计储存金额1.05亿元，占全年预算外资金收入96.80%。利用预算外资金间隙时间差，开展融资活动，支持企事业单位139户，融通资金2189万元。清理单位收费项目，取消收费项目368个，降低收费标准102个，减轻企事业单位负担3000多万元。

1994—1995年，州人民政府印发《湘西州行政事业性收费、罚没收入管理暂行办法》和《关于〈湘西州行政事业性收费、罚没收入管理暂行办法〉补充规定的通知》，取消单位预算外收入账户，实行专户储存。全州取消收入账户645个，财政专户储存额6051.30万元。全州行政性收费收入2278.7万元，缴纳财政专户1693.10万元，增长69.30%。1996年，按照“所有权归国家、使用权属政府、管理权在财政”原则，财政部门将行政性收费纳入财政预算，全州行政性收费净入库411.10万元，为任务数的106.80%。事业性收费，明确财政集中比例，即全额单位15%，差额单位10%，自收自支单位5%，并作为政府调控资金，纳入财政预算。年征集政府调控资金276万元，其中州本级50万元，初步实现预算内外财力统筹。全州预算外资金实行财政专户储存单位865户，全年累计实现财政专户储存金额2.04亿元，同比增长55%，其中州本级全年累计财政专户储存金额9855万元，同比增长68%。1997年，州政府制定《湘西州州直单位预算外资金和罚没收入管理办法》，对单位预算外资金试行“取消预算外资金收入过渡户，资金直接上缴财政专户”的管理办法，全州取消预算外收入过渡户700户，上缴财政专户金额2.48亿元，同比增长21.70%。全州行政性收费上缴729万元，纳入财政预算管理，完成任务的156%，同比增长77.37%；全州对事业性收费征收政府调控基金448万元，同比增长38.40%。州财政局印发《湘西州行政事业性收费(基金)收入收缴管理和银行结算暂行办法》《关于对各项收费（基金）缴入银行代收点的通知》，规定“财政统一票据、单位执收执罚、银行定点代收、资金解存财政、综合预算分配、群众民主监督、部门联合督查”运作程序。1998年，州委、州政府全面推行财政收费征管体制改革和综合财政预算改革。7月，由州财政局牵头，州纪检监察部门配合，抽调12名工作人员，组织6个检查小组，检查州直行政事业单位122个，查出各类违纪金额639.97万元。

2000年，全州法院系统诉讼费，全额纳入财政专户储存，实行收支两条线管理；开展州直行政事业单位收费年检年审，取消不合理收费项目39个，注销收费许可证6个。2002年，落实省财政厅《关于切实加强彩票发行和销售监管工作的紧急通知》精神，清查全州福利彩票和体育彩票销售情况和财务状况，查出违纪金额603万元，其中公益金未入财政专户404万元，挤占挪用公益金199万元。2003年，州本级创立“单位开单、财政开票、银行收款”非税收入管理模式，率先设立非税收入征收大厅，对进入政务中心单位的非税收入一律由非税机构直接征收，对未进入政务中心的执收执罚部门的非税收入（必须现场执收的）实行委托征收办法，采取以财政非税机构征收为主、执收执罚部门征收为辅的征收方式。

2006年，建立信息相互沟通、数据相互交流、情况相互通报工作机制，全州实现非税收入8.05亿元，同比增长18%。

2008年7月，州财政局印发《关于彩票公益金纳入预算管理后有关事项的通知》，从当年起，将彩票公益金按政府性基金管理办法纳入预算管理。上缴中央财政的彩票公益金，由财政监察专员办就地征收上缴中央财政；上缴省级财政的彩票公益金，由省非税收入征收管理局及时划缴国库，纳入预算管理。是年11月，州物价局、财政局转发《湖南省物价局、湖南省财政厅关于公布涉农行政事业性收费项目和标准的通知》，取消土地承包经营权证书工本费、农机服务费、各类拖拉机、三轮车道路运管费、拖拉机、联合收割机异动费，拖拉机改装型收费、农机监理部门收取的事故调处费。降低农机监理部门收取的驾驶证许可证考试费。大中型拖拉机和联合收割机收费标准由每人次600元调整为每人次500元，手扶拖拉机收费标准由每人次400元调整为每人次300元。12月，州财政局、州物价局转发《湖南省财政厅、湖南省物价局转发财政部、国家发改委关于公布和取消征收100项行政事业性收费项目的通知》，决定2009年起，取消发展改革部门、教育部门、公安部门、民政部门、司法部门、财政部门等30个部门的82个行政性收费项目，停止水利、农业、林业、食品、药品监督部门征收的8

项行政性收费项目。

2009年，州人民政府印发《湘西州国土资源收购储备资金管理暂行办法》，将矿产资源（矿业权）纳入管理范畴，扩大国土资源储备范围，实现“收支两条线管理”。是年，全州非税收入14.20亿元。其中，纳入一般预算管理4.98亿元，纳入基金预算管理4.22亿元，纳入专户管理5亿元。州本级实现非税收入3.61亿元，同比增长3.69%。

2010年，全州执行《湘西州国土资源收购储备资金管理暂行办法》，开设国土资源出让交易收入结算专户，按宗地建立交易收入成本核算电子审核档案，确保国土资源收购储备资金安全运行和合理、有效利用，全州非税收入15.95亿元，为年度预算的156%，同比增加1.72亿元，增长12%。

三、国库管理

（一）国库常规管理

2001年，州财政局设国库科，各县（市）相继设立国库管理机构。2003年，州财政局制定实施《州财政局科室专户资金内部审批拨付暂行办法》，除外国政府贷款，以及社保、农开等省对各科室保留的专户外，原科室专户资金账户全部取消，其他专项资金均归口国库科管理。制定实施《州财政局国库资金拨付制度》，预算内拨款、预算外拨款、科室专户资金拨款，一律程序办理。全年省调入州资金14.23亿元，同比增加2.45亿元，增长20.92%；州本级调入县市资金12.14亿元，同比增加1.83亿元，增长17.76%。2005年，州财政局到吉首、凤凰、古丈、花垣、保靖和永顺6个县（市）调研财政国库管理工作，发现资金管理存在风险和漏洞、工资专户管理不规范、会计基础工作不扎实等问题，当场提出整改要求。2006年，州财政局制定《州对县市资金调度管理暂行办法》，按照“收支平衡、确保当年预算平稳运行”原则，按计划调度财政国库资金。2007年，州财政局强化总预算会计工作，确保账实、账账、账表相符；完善资金对账体系，严格内部控制制度；规范各类银行账户管理。全年省调入州资金42.59亿元，同比增加12.21亿元，增长40.19%；州本级调入县市资金32.61亿元，同比增加9.8亿元，增长43.96%。2010年，州财政局清理州、县（市）财政专户开设、账户核算、资金结存情况，撤销州本级资金专项账户3个，责令各县（市）及时纠正违规账户。

（二）国库管理改革

1999年，财政统发工资，州、县（市）设立工资发放中心。2000年元月，全州全额拨款单位人员工资由工资发放中心统一发放。2002年3月，全州应实行统发工资人数78277人，实统发工资人数66472人，统发率84.92%；全州月应统发工资6228万元，实统发6115万元，统发率98.19%。9月，州、县（市）工资发放中心撤销，其职能划入会计集中核算中心。2003年，州本级统发工资5494万元。2004年，工资统发网、集中支付网和代理银行网三者连通，将实发工资打入个人账户，实行“一卡通”。2006年，州、县（市）国库集中支付核算局替代会计集中核算中心统发工资。州本级年统发工资7040万元。2010年，州本级统发工资1.04亿元，统发津补贴7401万元。

（三）政府集中采购

2000年，州政府采购中心成立，为州财政局下属机构。7月首次开展政府集中采购活动，采购州本级政法系统办公设备，资金预算100万元，实付资金81万元，节约资金19万元，节支率19%。2001年出台全州车辆保险、会议接待等服务性项目实行定点管理暂行办法。全年完成政府集中采购24次，资金预算1481.44万元，实付资金1349.17万元，节约资金132.27万元，节支率8.93%。2003年，实施《政府采购法》，首次由招标代理公司通过公开招标方式代理政府项目。全年政府采购317次，采购预算10420万元，合同支付资金9300万元，节约资金1120万元，资金节约率10.75%。2004年，州政府采购中心更名为州政府采购监督管理办公室，履行监督管理职责，州本级实现“管、采”分离。印发车辆维修、定点印刷、长沙出差定点住宿等暂行办法和通知。全年政府采购510次，采购预算15380.94万元，合同支付资金14737.51万元，节约资金1643.43万元，资金节约率10.03%。2006年，全州扩大政府采购规模，拓宽政府采购范围，货物、服务和工程采购全面推进。全年政府采购460次，采购预算22499万元，合同支付资金20170万元，节约资金229万元，资金节约率10.35%。2007年，全州政府采购实行管采分离，8县（市）财政局成立政府采购监督管理机构。是年全州政府采购491次，采购预算27525.43万元，合同支付资金24344.83万元，节约资金3180.6万元，资金节约率11.55%。2010年，全州财政部门完善政府采购综合制度和专项制度，单独（或联合）行文46个，规范政府采购行为。全年政府采购558次，采购预算56520.32万元，合同支付资金48768.5万元，节约资金7751.82万元，资金节约率13.72%。

（四）国库集中支付

2004年，湘西州实施“先入轨、后规范、先试点、后推广”方案，首先在古丈县试行财政国库集中支付改革。次年，凤凰县推行财政国库集中支付改革。2006年，州本级确定州直9个部门为财政国库集中支付首批试点单位，年集中支付430.67万元。2007年，州本级确定州农业局等50个州直主管部门为财政国库集中支付第二批试点单位，年集中支付6114.75万元。2008年，州本级确定州政府办、州财政局等30个预算单位为财政国库集中支付第三批试点单位，年集中支付2.29亿元；全州八县市全面实施财政国库集中支付改革。2010年，州直有154家单位纳入州本级财政国库集中支付，占总数的80.60%，年集中支付7.86亿元。

四、会计管理

1989年，湘西州有会计人员7213人，其中持“会计证”6265人，获会计系列专业技术职称3741人。是年，湖南省会计师事务所湘西分所成立，各县（市）相继成立“分所”服务站。1990年，全州有274个单位会计工作达标，25个单位上三级。州人大常委会牵头，开展《会计法》执行情况大检查，自查905户，复查667户，抽查146户，查处违反会计法案例1437件。1991年，州财政部门实施《关于加强全州会计机构、会计人员管理的规定》，执行会计人员无“会计证”不能上岗制度。1992年，实施《湖南省会计凭证、账簿、报表暂行办法》，全州统一会计凭证、账簿和报表。举办财会人员培训班，参训3200余人。1993年，实施新《企业财务通则》和《企业会计准则》，举办培训班46期，参训财会人员等4466人。1994年，州财政局组织会计证统考，参考1786人，合格602人；组织会计专业技术资格统考，参考645人，合格181人；组织全国注册会计师统考，参考48人，合格7人。

1995年，首次开展会计证年检，全州应检7293人，合格7267人，合格率99.64%。1996年，州财政局制定实施《湘西州会计基础工作规范化九五计划》，并抽调338人，组成83个小组，重点检查482个单位的会计工作，确认23户为“会计基础工作规范化单位”。1997年，举办新预算会计制度培训班8期，参训545人。开始实施电算会计资格证考试，全州参加理论考试327人，合格101人；参加上机考试496人，合格465人。8月，湘西州注册会计师协会成立。全年有31户被确认为“会计基础工作规范化单位”。1999年，实施财政部和省财政厅文件，完成全州会计师事务所（9家）和审计师事务所（9家）与挂靠单位脱钩改制工作，通过审核整合，仅保留会计师事务所3家。

2000年，按州财政局要求，泸溪县率先试行会计委派制度，首批试点单位有劳动局等5个，派出5名会计人员进驻。2001年，开展新《会计法》执行情况大检查，自查1418户，重点检查119户，查处无证上岗490人，违纪金额857.49万元，不符合会计规范案例58起。龙山县乡镇开展会计委派制试点工作，推行“零户统管形式”（政府无收据、无会计、无账户，财务由财政所统一管理）。吉首市成立州内第一家会计集中核算中心。2002年，州财政局举办财会人员培训班80期，参训7471人。制定实施《湘西州州直行政事业单位会计集中核算实施细则》，州会计集中核算中心成立。

2005年，州会计集中核算中心资金涉及187户的255个账套及吉首城区多家商业银行，全年办结业务36382笔，累计资金9.16亿元。2006年，州财政局印发《关于开展全州会计人员继续培训的通知》，全年培训17948人次。州、县（市）会计集中核算中心更名为国库集中支付核算局。2007年，举办企业会计准则体系培训班57期，参训5700余人。举办预算改革培训班20期，参训2600人。2010年，举办村会计培训班，参训2167人，参训面100%。举办企业内部控制基本规范培训班57期，参训5700余人。全州有会计人员13679人，持会计证13630人，持证率99.64%；具有大专以上学历9272人，占67.78%；具有专业技术职称（资格）3303人，其中高级6人，中级700人，初级2597人。有会计师事务所和资产评估事务所7家，执业会计（评估）师50人。

五、国有资产管理

1989年，全州未使用固定资产数额1495万元，占全部固定资产3.02%。1990年，全州开展国有资产存量和运行情况调查，全民所有制企业占用国有资产2.10亿元。是年，全州加强产权变动审批管理，并建立国有资产评估制度。1994年，州政府制定《全州国有企业实行股份合作制改造管理办法》，股份合作制改造企业，资产和债权债务，由企业向同级国有资产管理部门提交"资产评估申请报告"。国有资产管理部门委托评估机构开展企业资产评估，并下达评估确认书。国有资产有偿转让收入和国有资产占用费由国有资产管理部门统一收取和管理，实行专户储存。1995年12月，湘西州征收入库"非转经"（非经营性国有资产转为经营性国有资产，下同）占用费80.26万元。

1996年，全州有行政事业单位1484个，应发证1406个，登记发证1378个，登记资产总额24.81亿元。其中：州级154个，资产总额6.15亿元；县（市）级546个，资产总额15.51亿元；乡（镇）706个，资产总额3.15亿元。9月，全州完成国有企业清产核资670家，征收"非转经"占用费98.2万元。1997年，全州国有企业开展国有资产保值增值与新增效益工资挂钩工作，下达国有资产保值增值考核指标企业326家，占应考核企业91.60%，按各项指标测算，保值增值率108.07%。全州478家（不含8户省直企业）国有企业总资产54.13亿元，国有资产13.29亿元，总负债45.03亿元，资产负债率77.46%。全州国有企业年检资产总额22亿元，负债总额1.64亿元，国有资产总额5.60亿元。1996年，全州核定行政事业单位"非转经"国有资产占用费征收任务93万元，至11月份末入库62万元，完成总任务66%。全州办理行政事业单位国有资产处置审批36件，审批、处置额127.3万元，专户储存29.1万元。1999年，全州审检和汇总国有及国有控股企业458家，资产总额84.42亿元，行政事业单位1160个，有资产22.64亿元；负债总额分别为64.82亿元、5.5亿元。完成全州城镇集体企业清产核资和年报统计任务。

2000年，州财政局与有关部门深入国有大中型企业，帮助理顺改革思路，制定改革方案。三立、东锰、花垣铁合金厂、州外贸化工厂通过产权重组，强强联合，成立湘西矿业集团。2001年，全州实施中小型国有企业"两个置换"，即置换国有企业产权，变国有经济为民营经济；置换国有企业职工身份，变全民固定工为民营合同工。同年4月，首先在外贸两家工业企业试点，次年，试点范围扩大，并全面推开。2002年，建立健全评估机构，开展全州企事业单位国有资产产权界定、清资核产。2010年，州财政局会同州直相关部门制定《湘西州行政事业单位国有资产处置暂行办法》，明确资产管理原则和资产实行分类管理办法，严格征管国有资产占用费，有效维护国有资产所有者权益，保障国有资产安全完整和保值增值。2010年，全州行政事业单位1600个，国有资产总额72.80亿元，其中：行政资产20.3亿元，事业资产52.5亿元。

第四节　财源建设

1989年，州财政部门采用政策促产、资金促产、办点促产等方式，扶持企业50多家，项目近60个，其中预算内工业企业81家，实现利润

2290.1万元，全州财政收入同比增长25.35%。1990年，财政部门筹集资金4509万元，帮助企业渡过难关。投资567万元，支持财政所（室）办生产基点1073个，全州实现乡镇财政年收入4894万元，占财政总收入18.16%。州财政局调拨资金800万元，支持凤凰创建亿元县，当年，凤凰县财政收入1.12亿元，成为全省首个财政收入过亿元的少数民族县。

1991年，全州安排工业生产资金1.3亿元，完成湘泉酒厂扩建、凤凰烟厂改造等项目51个。实施省财政厅提出的“3581”工程（3年内，每个县市财政收入分别达到3000万元、5000万元、8000万元、1亿元）。8月，省财政厅副厅长李长庚一行12人到吉首市现场办公，并与吉首市政府签订财政收入目标责任书。1992年，州财政部门投入资金4123万元，支持烟酒及重点企业技术改造。6月，省财政厅在吉首市召开全省财源建设现场经验交流会，全州各县（市）财税部门抓住契机将财政收入任务按项目层层分解，落实到岗到人，实行局长包片、干部包所、专管员包户责任制。10月，在古丈县召开全州乡镇财政工作会议，确定乡镇财源建设“8511”工程（“八五”期末，乡镇财政收入实现或超过1亿元，文明财政所达100个），全州乡镇财政收入6718万元，占全州财政总收入20.48%。1993年，各县市财政安排烟酒企业挖潜改造资金1.5亿元，缓解资金矛盾。召开县市实施“8511”工程流动现场会，开展赤字县“消赤”“减赤”工作。全州财政收入同比增长36.63%。龙山县财政收入1.12亿元，成为湘西州第二个财政收入亿元县。1994年，全州财政部门投入企业资金1.83亿元，其中凤凰、龙山、永顺、乾州4家烟厂和湘泉酒厂占投入总额82%，年提供税收3.88亿元，占全州财税总收入65%。

1995年7月，州委、州政府作出《关于进一步加强财源建设的决定》，确立“九五”期间加强农业支柱财源、主攻工业主体财源、拓展个体私营经济新兴财源建设战略，制定实施州财源建设“9511”工程（“九五”期间，全州财政收入增至11亿元）和州级财源建设“952”计划（“九五”期末，州级财政收入增至2亿元）。继续实施“8511”工程，全州乡镇财政收入1.20亿元。1997年，全州为构建财源结构多元格局实施“三个转变”：由侧重发展国有经济向重点发展民营经济转变，由侧重扶持中小企业向重点扶持企业集团转变，由侧重发展“两税”工业项目向重点发展地税项目转变。全州个体工商户发展到79875户，有从业人员151629人；民营企业631家，从业人员9420人，为国家纳税1.48亿元，占全州地方财政收入的43.95%。扶持湘泉集团“湘酒鬼”股票上市。该集团实现工业总产值2.82亿元，实现销售收入4.99亿元，实现利税3.99亿元，同比分别增长36%、7%和85%。发展农村三大支柱产业，全州烤烟产量达31万吨，实现烟叶特产税2615万元；柑橘产量7万吨，实现特产税101万元；山羊饲养量144.08万只，出栏61.65万只，同比分别增长18.71%和33.39%。全州地方财政收入占财政总收入比重46.65%，同比提高5.63%。1998年，优化产业结构，抓好湘泉、东方锰业、三立锌业等企业集团组建和创牌工作，构建工业主体财源；采用兼并、租赁、托管、拍卖、联合、破产等改革改制方式，搞活中小企业。全州119家国有工业企业实现工业总产值13.37亿元、产品销售收入17.38亿元，获利润2.23亿元，同比分别增长24.67%、15.5%和11倍。

2000年，全州实施“新一轮（2000—2005年）经济结构调整，推动第二次创业”财源建设战略。8月，州财政局制定州级“十五”财源建设规划，确立“十五”期末州级财政收入达3.5亿元目标。全州筹措资金1.10亿元，发展工业主体财源、农业特色财源、旅游产业和民营经济。2001年，全州安排资金12.68亿元，支持湘泉集团彩印项目等10项工程建设；扶持泸溪椪柑、龙山百合、古丈茶叶等农业产业化项目；开发猛洞河—吉首—凤凰精品旅游线路；加强城市基础设施建设，扩大城市容量，促进民营工商业发展。全州第一、二、三产业提供税收分别为6499万元、4.39亿元、2.20亿元，三者比重为8.99：60.64：30.37。2004年，争取上级专项财政资金13.1亿元，重点扶持金石集团等全州“标志性工程”和工业技改项目以及七〇化工厂、永顺县本草药业等21家工业企业和农业产业化龙头企业，开发农业基础财源，支持旅游开发项目。全州年纳税过千万元骨干企业7家，过百万元企业93家，纳税总额4.1亿元，占财政总收入43%。烟酒税收仅占财政总收入8%。2005年，安排资金1.5亿元扶持烤烟基地化建设，烟叶主产县基地化程度达80%。全州种植烤烟面积13467公顷，产值2.8亿元，上缴烟叶税收1.5亿元。实施旅游业带动战略，初步形成“政府主导、公司运作、群众参与”的旅游业发展模式，年接待游客550万人次，实现旅游总收入20亿元，同比分别增长27.6%、19%。一、二、三产业提供的税收分别为7298万元、6.19亿元和3.1亿元，比重为7.28∶61.77∶30.93。州人均可用财力为5.07万元，名列全省市州第三位。

2006年，筹集资金2.16亿元，支持企业改革改制，扶持湘泉制药、七〇化工厂等一批重点财源建设项目，发展亿事达等4家龙头企业；投入资金1000万元，扶持旅游产业。州本级财政总收入同比增长32.60%；全州财政总收入同比增长33.70%，增幅位居全省第一。2008年，实施“大项目带动大发展”战略，筹措资金8.63亿元，支持优势企业、支柱产业、招商引资和基础设施建设。全州实现国民生产总值226.66亿元，同比增长8.2%。三次产业结构的比重为18.34∶41.31∶40.34。2010年，实施“转变发展方式，优化产业结构，促进经济发展”战略。全州筹措资金4.14亿元，支持高科技企业研发产业技术和中小企业发展，加强吉凤工业园建设，扶持椪柑、养殖等现代农业产业项目。筹集资金5400万元，注册成立湘西芙蓉镇景点圈旅游开发公司，回收猛洞河、坐龙峡、德夯三大重点景区经营权，年接待游客1315万人次，实现旅游总收入63.5亿元，同比分别增长18.4%、25.3%。三次产业结构比重为16.3∶39.9∶43.8。全州财政总收入32.23亿元，比1989年增长11.79倍。1989—2010年，年均增长率14.12%。

第五节 财政监督

1989年，全州财政监察工作以治理整顿和廉政建设为重点，检查乡镇财政所34个、行政企事业单位32个，查出违纪资金766.05万元，应收缴金额113.66万元，实收缴95.81万元，入库率84.29%。全州清查出干部职工拖欠公款10211人902.40万元，收回651.80万元，收回率72.23%。全州开展税收、财务、物价大检查（以下简称“大检查”），自查2179户，重点检查998户，查出违纪金额2255万元，应收缴金额1458.80万元，实缴1120.32万元，入库率76.80%。

1993年，全州开展财务“大检查”，自查16638户，重点检查9246户，查出违纪资金2683.93万元，应收缴金额1465.34万元，实缴1385.81万元，入库率94.57%。1994年，州财政部门检查支农局转金管理、使用、回收和效益情况，并制定《湘西州财政周转金管理办法》，规范财政周转金使用与管理。开展财务“大检查”，查出违纪金额3148.36万元，应收缴金额2716.80万元，实缴2645.01万元，入库率97.40%。1995年，州财政部门清查全州1534个单位“小金库”，查出违纪金额82.71万元，实缴财政67.57万元，上缴率81.70%。全州开展财务“大检查”，查出违纪金额2940万元，应收缴金额2454万元，实缴2043万元，入库率83.30%。

1997年，州财政局修订《湘西自治州财政周转金管理办法》。全州投放资金1415万元，回收1301万元，回收率92%，回收创历史新高。是年，全州开展县、乡财政收支常规检查，检查1个县、25个乡（镇），查出违纪金额177万元，应收缴金额90万元，实缴8万元。1998年7—8月，州财政局会同州监察局检查州直122个单位的“两项改革”（收费征管体制、综合财政预算改革）执行情况，查出违纪金额639.37万元。9月，在全州组织交叉检查，共检查8个县（市）的财政综合收费部门和26个行政事业单位。通过检查、清理、整顿，预算外资金管理中多头开户、私设

"小金库"等问题基本整改到位。全州财政专户累计收入3.18亿元，征收行政性收费金额805万元，政府调控资金576万元，防洪保安资金324万元，分别比上年增长33%、35%、38%和15%。11月，州财政局制定《湘西自治州会计建账监督管理暂行办法》，规定凡在本州行政区域内的国家机关、社会团体、企业、事业单位、个体工商户及其他经济组织等会计主体必须依法建账，并接受监督管理。是年，全州财政部门贯彻实施财政部《关于加强财政监督机构业务工作和队伍建设的若干意见》，建立涵盖财政收支、财政管理，以及监测财政运行、预警、分析、保障的财政监督新机制。

1999年，全州财政部门贯彻实施财政部《财政检查审理工作具体规则》和《财政检查询问具体规则》等4个文件。检查1个县的财政预决算执行情况和27个行政事业单位财务收支情况，查出违纪金额1520万元，收缴入库金额38万元。检查退税企业在增值税申报、缴纳、申请退付、退税款项4个环节，审批处理一般增值税退税46笔，涉及企业单位30个，退税金额284.49万元，并针对存在问题，制定《湘西自治州退税工作规程》。查清全州供销系统财务挂账3.78亿元。是年，州会计建账监督管理中心成立，配备专管员，并在花垣县举办会计建账监督管理工作试点，该县248个独立核算单位全部办毕建账监管登记注册手续。2000年1月，州财政局印发《关于开展局机关内部审计的通知》，确定局机关内审的领导机构内容、范围及程序。3月，州政府向州内首家财税大户湘泉集团派出稽查特派组。特派组由州政府3名专职特派员（均为副处级以上领导干部）组成，并从州财政局、州审计局抽调两名业务人员担任特派员助理。其主要任务是受政府委托查阅湘泉集团的财务账目。查账时间为每季一次，每次一月。每次查账后，向财政、审计、企业主管部门和州政府提供查账情况，并提出工作建议。7月，全州财政监督机构宣传湖南省九届人大常委会颁布的《湖南省财政监督条例》。全州财政部门检查52个乡（镇）财政管理及会计基础规范工作，查出问题资金327.50万元，收缴金额6万元。州财政部门开展州直139个行政事业单位收费情况年检年审，涉及金额6100万元，取消不合理收费项目39个，注销收费许可证6个。州财政部门联合相关部门检查全州农业、水利、教育、科技、扶贫等专项资金及国债专项资金，涉及资金5000多万元，查出违规金额500多万元。

2001年，全州财政部门监督科（股）加挂"财政监督局"牌子。全州财政监督机构开展143个行政事业单位和68个乡（镇）常规检查，查出违纪金额3457万元，上缴入库139.80万元。同时，抽调55人，组成11个组，重点抽查11个单位，查出违法违纪金额1803.50万元，应收缴金额25.33万元，实际收缴16.03万元，入库率63.28%。

2004年，州财政局根据《中华人民共和国预算法》《中华人民共和国预算法实施条例》等规定，按照省财政厅统一部署，检查永顺、凤凰两县2003年财政收入情况，查出虚增财政收入48.92万元，截留财政收入164.31万元，改变税种入库30万元，均按法规作出处理。同时州财政局配合有关部门，检查全州8县（市）2000至2003年水利国债项目及资金和部分县扶贫资金情况，确保专项资金使用效益。是年，州财政局与州纪委、州监察局联合印发《关于加快党政机关工作人员拖欠公款归还进度的紧急通知》，全州清理出拖欠公款769.78万元，经强力催缴，9月底基本还款到位。

2005年，州财政局以实施《财政违法行为处罚处分条例》为契机，强化财政监督。全年检查州直12个行政事业单位2004年度财务收支情况，查出违纪金额115万元。配合有关单位，监督检查水利、林业等重点专项资金使用管理情况。配合州纪委清理"小金库"，查出违纪金额3028.26万元，收缴入库金额387.11万元。

2008年，全州财政监督部门贯彻实施省财政厅《关于创新财政监督机制的若干意见》，创新财政监督方式，全州财政部门检查州气象局等8个单位的财务收支情况，对其随意处置国有资金、挪用专项资金、财务管理不严、非税收入违反"收支两条线"规定等问题，依法按程序作出处理。组织检查组133个，检查133个项目《会计法》执行情况，查出违纪金额1996.06万元，收缴金额141.09万元，处罚金额56.40万元，纠正违规金额362.98万元。

2009年，全州清理机关事业单位“小金库”。清理办法采取单位自查和重点检查相结合，以自查为主。全州自查单位1530个，自查面100%。自查查出“小金库”17个，“小金库”账户11个，涉及金额246.28万元。单位主动纠正处理“小金库”17个，撤销“小金库”账户11个，调账处理金额204.16万元，向财政部门上缴违纪金额19.12万元。重点检查单位269个，查出有“小金库”单位27个，“小金库”29个，“小金库”账户24个，“小金库”资金901.49万元，应收缴金额267.98万元，实缴金额219万元，入库率81.72%。违纪处理结果：通报违纪案8件，受党纪政纪处分7人，移送司法机关处理1人。

2010年，州财政协会同州纪检监察部门，持续治理机关事业单位“小金库”，全州查出“小金库”59个，查处违纪金额1660.51万元。检查国有企业及国有控股企业7家、行业协会33个，查处“小金库”违纪金额134万元。7至11月，州财政部门会同有关单位清查强农惠农资金。全州清查项目159个，涉及资金6.41亿元。其中州级清查项目71个，涉及资金1.40亿元；县（市）级清查项目88个，涉及资金5.02亿元。全州发现违规违纪违法问题179个，涉及资金1.33亿元。涉及问题资金全部按规定整改到位。

第二章 税务

1989年，湘西州完成税收2.65亿元。1994年9月，国税与地税机构分设。全州国税收入4.64亿元，地税收入1.04亿元。2010年，全州国税收入13.26亿元，为1994年的2.86倍；地税收入12.09亿元，为1994年的11.62倍。

税务管理机构

1989年，湘西州税务局内设办公室、税务学会、人事科、宣教科、纪检组监察室、流转税科、地方税科、所得税科、征管科、检察室、计划会计科，实有人员61人。州税务局下辖8个县（市）税务局。1994年9月，机构改革，国税、地税征管机构分设，湘西州国家税务局（简称州国税局）成立。州国税局下辖8个县（市）国家税务局，54个税务所，全系统1015人，其中州国税局机关47人。1996年，将59个税务所撤并为40个征收分局，完成撤股、所建科室、分局的征收机构改革。1997年，州国税局内设科室由原14个精简为9个，县（市）局内设科室由原11个简为6个；国税征收分局由原40个撤并为22个。1998年，州国税局设立国税侦察大队，县（市）局设立税侦中队。2001年，州国税局内设办公室、政策法规科、税政科、征收管理科、计划财务科、人事科、教育科、监察审计室、机关党委办公室，下属稽查局、进出口税收管理分局2个直属机构，信息中心、注册税务师管理中心、机关服务中心3个事业机构，全州25个基层征收分局撤并收缩为18个税务所。2004年，撤销18个基层税务所，县（市）局成为一级征收机构。2005年，州国税局设立车辆购置税办税服务厅，车辆购置税划归国税部门直接征收。2010年，机构改革，州国税局下辖8个县（市）国家税务局，州国税局机关内设办公室、政策法规科、货物和劳务税科、所得税科、收入核算科、纳税服务科（纳税服务中心）、征收管理科、财务管理科、人事科、教育科、监察室、机关党委办公室、机关工会、离退休干部科。直属机构：稽查局、车辆购置税征收管理分局、信息中心、机关服务中心。全州国税系统930人，其中州国税局机关79人。

1989—2010年，历任州国税局长：龙仕福、张明忠、蒋焕灵、康家锦；副局长石绍金、张明忠、吴正升、谭德明、吴建义、康家锦、庹海渊、周云海、明克林、李湘生、胡永红、刘忠益。

1994年9月，国税、地税机构分设，州地方税务局（简称州地税局）成立。州地税局内设办公室、税政一科、二科、征管科、计财科、人事科、监察室、稽查局，核定编制619名，从县调入3名，实有622人。州地税局机关38人，县（市）地税局584人。分割给地税财产1000万元。1996年9月，增设审计科。2006年3月，增设收费科。是月，增设州直属分局，负责州本级财政税收征收管理。2010年，州地税局内设办公室、税政一科、二科、征管科、计财科、人事科、监察室、稽查局、审计科、收费科、州直属分局，机关编制38名，实有工作人员38人。

1994—2010年，州地税局历任局长：吴正升、秦继红、李亚刚、麻冬磊；历任副局长：周纯耀、李声祥、麻冬磊、伍志龙、陶文斌、李连卿、滕建华、朱泽民、邹志伟、唐胜。

第一节 税收征管

一、国税征管

1989—1993年，湘西州税务机关稳步推进税收征管改革，推行“建立以申报纳税和优化服务为基础，以计算机网络为依托，集中征收，重点稽查的新征管模式”，税收收入逐步增长，按年份分别为2.65亿元、2.46亿元、2.81亿元、3.18亿元、3.88亿元。

1994年，湘西州国税征收有增值税、消费税、企业所得税、外商投资企业和外国企业所得税五大类；税种有16个，即增值税、消费税、营业税、资源税、城镇土地使用税、企业所得税、外资和外国企业所得税、个人所得税、土地增值税、房产税、车船使用税、印花税、屠宰税、固定资产投资方向调节税、城市维护建设税、筵席税。是年，州国税局成立调查组，调查龙山、凤凰、永顺、乾州4家烟厂和湘泉、湘霸、保靖3家酒厂税负情况。同时，选定180户一般纳税人跟踪调查，对其详细统计和分析，并将调查情况反馈上级。是年,全州组织各项国税收入4.63亿元。

1995年，全州建立“税款过渡账户”制度，州国税局经与银行、财政等8个相关部门衔接、协调，由州人民政府转发8家《关于严格结算纪律，加强税款入库的意见》，全州建立重点税源大户“税款过渡账户”21家，遵守“先税后货”结算纪律，及时组织大户企业税款入库。是年,全州组织各项税收收入5.27亿元。

1999年，州国税系统推行税款预储办法，全州个体私营业户预储面90%，企业预储面70%。企业和个体私营户基本无欠税，实现税款及时足额入库，应征尽收。11月，恢复征收个人所得税（储畜存款利息所得税）。是年,组织各项国税收入4.19亿元。

2000年，全州国税系统认定、审核一般纳税资格，开展457户一般纳税人年审，取消28户一般纳税人资格。同时开展年审合格纳税人分类。全州A类一般纳税人49户、B类108户、C类272户。是年,国税收入3.60亿元。

2001年，全州清理企业1206家纳税识别号，采集录入一般纳税人信息451户。7月1日顺利上线运行，采集上报一般纳税人档案信息575笔，增值税专用发票存根联信息595笔，增值税专用发票抵扣联信息237笔，通过率100%。全年利用协查系统，全州发起生成有疑问委托函95起，涉及发票107份、金额640万元、税额104万元，收到受托函27件，涉及发票59份、金额518万元、税款88万元，当期委托、受托回复率100%。是年,全州组织国税收入3.92亿元。

2004年，全州18户年应纳税额在200万元以上企业纳入重点管理，并根据《湘西州重点税源信息上报及预警管理办法》，按月上报、分析和考核。是年,组织各项国税收入4.95亿元。

2005年1月，州国税局开通综合征管软件(ctais)，使纳税人信息全部录入软件，实行税收征管全方位监控。3月从全州国税系统抽调40多名税收业务和计算机技术员，引进上海一家软件开发公司相关技术，自主开发湘西州国税局税务工作绩效管理系统，11月该系统通过成功测试，并在全州国税系统投入试运行。得到国家税务总局和省国税局认可和肯定。车辆购置税划归国税部门直接征收。是年,组织国税收入6.44亿万元。

2007年，全州建立税收分析、税源监控、纳税评估、税务检查四位一体的互动协作机制，开展纳税评估，评估纳税人1112户，发现问题465户，入库税款、罚款、滞纳金3791万元，互动成果占收入总额3.17%。是年,组织各项国税收入12.80亿元。

2008年，全州推行纳税申报新“一窗式”管理，完成车购税征管系统、新“四小票”（海关完税凭证、运输发票、废旧物资发票、农产品收购凭证）采集系统、防伪税控“一机多票”系统、增值税专用发票稽核系统以及增值税抵扣凭证审核检查管理信息系统上线运行。是年,由于冰冻灾害、矿业整顿、世界金融风暴、非法集资事件影响，全州国税收入下滑，国税系统累计入库各项税收11.85亿元。

2010年，全州办理免抵退税1636万元，其中退税937万元，免抵699万元。组织各项国税收入13.26亿万元（不含车购税），占年初计划的101.24%，比1995年增收7.99亿元，增长1.51倍。

二、地税征管

1994年，全州地税系统加大征管力度，全年入库各项地税收入10372万元，完成年度计划9862万元的105.17%。1995年，开展税务登记验证工作，制定行业税收管理办法，完善个人所得税代扣代缴制度。全州建立个人所得税代扣代缴联系点793个，全年代扣代缴个人所得税65.5万元。

1997年，全州加大清理压低欠税力度，制订清欠目标，建立清理压缩欠税责任制，清理过往年度欠税2600万元。完善建筑行业管理办法，建立全州道路运输税收征管办法。州地税局在花垣建立屠宰税促产增收试点，提出培植屠宰税税源管理“三个一工程”思路，即发展饲养生猪1万头的乡（镇）1个，千头村10个，百头户100个。同时加大征管力度，收入由上年的500万元增至830万元，增长65%。加大个人所得税计划进度考核力度，适时调整个体工商户税收定额定率。开展个人所得税专项检查，检查重点为党员、干部工资薪金所得项目，专项检查1200户，涉及10127人，查补税款120万元。全州完成个人所得税1420万元，占年计划的115%，同比增收413万元，增长41%。1998年，按经济区域组建征收分局，全州撤销55个税务所，建立31个征收分局，各县（市）地税局办税服务厅投入运行，全部实现集中征收，纳税申报率90%以上。全年入库营业税5583万元，完成年度计划96.91%。入库屠宰税831万元，与上年持平。完成个人所得税年度计划120%，较上年同期增收623万元，增长44%。1999年，将营业税作为全局组织收入重点，全州组织营业税入库5961万元，完成年度计划93.55%，较上年同期增收378万元、增长6.77%。

2000年，税务登记率、纳税申报率、税款入库率由1994年的58%、42%、70%增加到95%、98%、95%。2001年，加强个体户税收征管，开展漏征漏管户清理检查。清查漏征漏管8460户，补办税务登记证1742户，补缴税款116.1万元，罚款32万元。全州开展税负核定和调查，调整“双定户”（固定纳税、期限纳税、固定税款）10833户，月增税额28.6万元,年增加税额343.2万元。12月，入库个体税收5312.8万元，完成年度计划的116%，占全州税收收入26.48%。2002年，全州推行营运车辆税收征税标准、征管办法、征收模式“三统一”，全州营运车11427辆，年应纳税1200万元，当年征收1190万元，比上年同期增收349万元，增长41.59%，车船使用税同比增收187万元，位居各税种增幅前列。全州筛选认定300名高收入者为个人所得税监控对象，规范征收办法，全年入库个人所得税5565万元，同比增收1056万元，增长23.42%。加大房地产开发、门面出租、行政事业单位税收、建筑安装等行业管理。全年建安营业税征收入库3248万元，同比增收840万元。全州入库个体税收9354万元，同比增收2298万元，增长32.57%。

2003年，全州地税系统开展“征管基础建设年”活动，相继制定《旅游行业税收征管办法》《出租车地方税收征管办法》《采矿业地方税收征管办法》等，推行“税收征管岗位职责考核体系”，建立与岗责体系相适应的“双简”管理办法，出台《基层分局税收执法工作规程》《个体定调税管理办法》，修订完善《征管质量考核办法》和《征管责任追究办法》等，企业和个体私营大户税收入库率100%。清理漏征漏管户，全年清理20020户纳税人，发现问题户数1851户，其中，漏办税务登记774户，漏征税款1077户，补税罚款150万元。全州代征地方各税1517万元，占地税总入库数5.12%。入库个体税收10518万元，较上年同期增长14.41%。2005年，全州推行《行业税收征管办法》《代征代扣代缴办法》，加强税收源泉控管。与交警部门合作，实现双方管理系统联网，全州55356户车辆数据如期录入，促进车辆税收增长。加大部门配合，包括国税窗口开票的委托代征、州工资统发中心，各县（市）工资统发中心个人所得税、营业税代征。全年个人所得税完成8862万元，完成年计划的122.40%。

2007年，全面推进税收征管改革，全州各县（市）全面实行征、管、查三分离的征管模式，以税收信息化为平台，按照科学化、精细化管理要求，整合税收征管流程，重组征管机构，再建征管岗责体系，落实税收管理员制度。吉首市地税局加大代征网络建设，设计户籍巡查记录，在税管员巡查纳税户时由纳税人签字确认；永顺县地税局制定《税源分类管理办法》，按月逐个考核税管员，下发整改通知书；凤凰县地税局调查摸底及定税调整家庭旅馆，并予公示，月增税款约10万元。全州推进纳税评估工作，重点评估278户，评估应补缴税款1803.08万元，移交稽查21户。根据各单位上报的纳税评估工作案例样本，开展集中讲评和项目评优活动，全州参评案例16件，评选出优秀项目8件。强化行业税收征管，完善“房地产一体化管理”机制，全州9个征收单位，建立4872个建安工程项目电子管理档案及税收征收台账，完善税源数据库建设，全年入库房地产业税收6578万元，较上年同期增收3234万元，增长96.71%。全年入库车船使用税235万元，较上年同期增长10.85%。选择10户房地产开发企业作为州地税局的土地增值税监控对象，全年入库土地增值税1252万元，占年计划的219.65%。入库烟叶税4446万元，较上年同期增长26.59%。2008年，在全州范围全面推广房地产行业一体化管理，确保房地产行业综合税收负担率在9.15%～10.05%。加大个人所得税自行申报和专项检查，全年个人所得税自行纳税申报1247人，补缴税款2142.9万元。强化税款征收率考核，全系统通过纳税评估，调增应纳税额4000万元，入库3850万元，税款征收率达到96%以上，其中花垣县地税局评估纳税人161户，辅导企业自查补申报税款1611.74万元，补申报各费186.09万元，评估入库地方各税费530万元。

2010年，州地税局印发《关于进一步加强税收征管工作的通知》，规范业务流程，建立健全税收征收、管理、稽查相互衔接、制约和监督的良性互动机制。9月，耕地占用税、契税两税种由财政部门移交地税机关征收，“两税”全年入库2941万元。全州地税系统组织入库地方各税12.09亿元，占年计划11.5亿元的105.18%，比1994年增长10.66倍。其中：完成中央级税收1.8亿元，占年计划的104.06%；省级税收2.33亿元，占年计划的108.67%，比1994年增长12.57倍。

第二节　税收减免

一、国税减免

1994年，全州废止能源交通基金征收、教育费附加继续征收。2002年，实行“免、抵、退”税管理办法，为22户出口企业办理出口退税5441万元，同比增加1341万元，同比增长32.71%，其中，为企业办理免抵调库1377万元，退税4064万元，缓解企业资金周转压力。2004年，贯彻落实国家关于“西部大开发”“老、少、边、穷”地区、“下岗失业人员再就业”和湖南省关于“加快少数民族地区发展”等各项所得税优惠政策。新办下岗人员税务登记证908户，免收税务登记证工本费36320元；因提高起征点而享受税收优惠的个体户有 11674 户，减免增值税 300 多万元。

2008 年，全州合并内、外资企业所得税，外商投资企业和外国企业所得税税种亦被取消；10 月，个人所得税（储畜存款利息所得税）暂免征收。2009 年，落实增值税转型政策，为全州一般纳税人申报抵扣固定资产进项税额 4459.07 万元。执行资源综合利用等企业增值税优惠政策，为州内 5 户享受即征即退政策企业办理退税 2229 万元。申请重新核定酒鬼酒公司消费税最低计税价格，酒鬼酒公司反映其消费税税负在同行业中偏高，以及部分白酒品种销售价格有所调整问题，州国税局深入企业调研，向省局汇报，其核定比例从销售公司销售价格 55%下调至 50%，酒鬼酒公司每年受益 1000 万元。是年，缓解企业资金周转困难，办理免抵退税 1228.41 万元，其中退税额 275.79 万元，免抵额 952.62 万元。2010 年，办理免抵退税 1636 万元，其中退税 937 万元，免抵 699 万元。

二、地税减免

1998 年，州地税局制定《湘西州地方税务局支持发展民营经济责任制》，向社会公开提出 7 项承诺，支持民营经济发展，为 15 户纳税人减免税费 40 万元。1999 年，州地方税务局制定关于支持下岗职工再就业 9 条税收优惠政策。全州地税部门为 32 户民营户减免所得税 150 万元。2002 年，贯彻落实下岗职工税收优惠政策和西部开发税收政策，向社会公开承诺支持民营经济发展 5 条办法和税收优惠政策 6 项措施。全州为 13 户减免企业所得税 58 万元；税前弥补亏损 10 户、金额 210 万元；财产报损及税前列支费用报批 5 户、金额 1555 元；为 1090 名下岗职工减免税收 34 万元；为 11 户企业税前扣除下岗职工安置费用 1419 万元；为 112 户特困企业减免房产税 99 万元；土地使用税 52 万元。2003 年，全州落实税收优惠政策，办理申报减免企业所得税 12 户，金额 567 万元，审批申请享受西部开发税收优惠 15%税率企业 7 户，涉及减免税 717 万元，减免 5 户新办企业税收，减免税额 416 万元；全州减免土地使用税、房产税、资源税 112 户，减免金额 178 万元；办理再就业优惠减免 140 万元，减免“非典”期间税收优惠 1786 户，减免 136 万元。2004 年，办理减免企业所得税 7 户，减免税额 212.08 万元；享受西部开发税收优惠 15%税率企业所得税 12 户，涉及减免税 1095.81 万元。为再就业人员办理税务登记 3035 户，免收登记证费 10.76 万元；办理减免“三税”（房产税、土地使用税、资源税）146 户，减免税金额 311.44 万元，其中房产税 73 户、207.51 万元，城镇土地使用税 68 户、93.98 万元，资源税 5 户、9.96 万元。

2005 年，全州减免“三税”118 户，金额 182.28 万元；减免企业所得税 6 户，减免金额 200.74 万元；享受西部开发税收减少征企业所得税 10 户，减免金额 863.49 万元；国有企业抵免企业所得税 1 户，抵免金额 48.39 万元；财产报损及税前列支费用报批 2 户，金额 363.33 万元；落实下岗职工再就业 2477 户，税收优惠 646 万元。2007 年，全州地税系统办理企业所得税减免 4 户，减免金额 83.12 万元；审核享受西部大开发税收优惠税率 15 户，涉及免税金额 1352.47 万元；国有投资抵免企业所得税 1 户，抵免金额 13.01 万元。2009 年，落实西部大开发困难企业减免政策，落实下岗职工再就业和大学生就业税收优惠政策和省委、省政府出台的“企业特别保护期”有关政策，全州减免税收 860 万元。2010 年，办理审核享受西部大开发税收优惠税率 15 户；国有投资抵免企业所得税 1 户；企业资产报损 3 户，减免税收金额 1204.48 万元；审批房产税、城镇土地使用税、资源税困难减免 191 户，减免金额 593 万元。其中，房产税审批减免 91 户，减免金额 241 万元；城镇土地使用税审批减免 97 户，减免金额 335 万元；资源税审批减免 3 户，减免金额 17 万元。

第三节　税务稽查

一、国税稽查

1989 年，全州加大税务稽查力度，充实稽查力量，至 1993 年，基层征收分局稽查人员比例占总人数的40%。1994年，全州国税系统，开展票证检查，盘点税票148182份，印花税票100752枚，核对税款239.87万元；同时审核填用票证报查联59518份，其中错漏1845份，差错率2.78%。全州纳税户自查10511户，查出漏税金额281.8万元；重点检查5723户，检查面近50%，查补税款1496.3万元，自查与重点检查合计金额1778.1万元，入库1553万元，入库率87.3%。检查集体企业160家（不含农村信用社），查补工商各税71万元；国营预算外企业40家，查补所得税50万元；私营企业5家，查补所得税3万元，入库率均为95%。

2000年，全州国税系统从单纯收入型稽查向执法型稽查转变，增强税法刚性。稽查实行选案、稽查、审理、执行“四分离”，制定《税务稽查工作考核办法》，建立重大案件上报备案和复审制度，检查210户（含个体），入库17.72万元，罚款18.64万元；稽查各类纳税户489户，结案476户，查补税款1035万元，入库820万元，入库流率80%，罚款203万元，处罚率19.52%。受理各类涉税案件线索175起，初查170起，立案侦查19起，刑事拘留2人，移送起诉逮捕1人，挽回国家经济损失650万元。2002年，开展税收执法检查，规范税收执法行为，清理1994—2001年州内国税文件千余件，经确认停止执行13件、失效文件6件。

2005年，全州开展高风险行业、企业税务稽查。上半年重点稽查钢铁、水泥、煤炭生产企业。主要清查锌锰行业不开发票、做假账、销售收入不入账等问题，下半年与公安部门联合开展全州矿石采选、加工、冶炼行业区域性税收专项整治行动，从全州抽调稽查人员和公安干警100人，检查花垣、保靖、吉首等6个县（市）248户矿业纳税人，查补税款、罚款及滞纳金6600万元。2010年，全州实施重点稽查，确保以查促收。全年查补税款10万~50万元以上大要案件26起，50万~100万元12起，100万元以上7起，入库税款、滞纳金、罚款2436.97万元，比上年同期增长24%。检查企业291家，查处假发票2151份，其中：假票1729份，非法开票金额7114.19万元，查补各项收入入库802.92万元。同时与州公安系统联合办案，通过布控、蹲点等办法，成功破获“8·27”特大印制、销售假发票案。

二、地税稽查

1994年，全州地税部门开展税收执法检查，查出偷漏税1150万元，查补入库税款920万元，入库率80%。

1995年，州地税局制定《稽查工作规程》《稽查工作岗位责任制》《稽查工作管理办法》等9项制度，全州地方税务稽查工作步入正轨。州、县（市）稽查局检查纳税企业167家，查补地方各税674万元。1997年，州、县（市）两级稽查部门集中力量查处偷逃抗骗避税案件，稽查纳税单位和个人523户，查补地方税收1071万元。严肃查处6起欧打、报复地税干部抗税案件，稽查某县“包工头”偷税案件，分别查补税款及滞纳金12万元和8万元。1998年，稽查吉首地区金融保险企业19家，查补入库地方各税282万元。1999年，根据群众举报，先后依法查处建安包头刘某、州有线电视台、原州邮电局广告装潢公司、州新华书店、吉首市烟草公司、吉首市自来水公司、吉首市卫生防疫站、州七六〇二台等单位和个人偷逃税情况，查补入库地方各税149.2万元。稽查湘泉集团2020扩建工程施工项目经理的地方税收和集团下属四家子公司的固定资产投资方向调节税，稽查施工项目经理12人，查补地方税收593.84万元。

2000年，根据举报，专案稽查卜某等5名项目经理偷逃税行为，查补入库税款40万元，收缴罚款7.5万元。专项稽查48户州、市纳税单位地方税，查补地方税收430万元，入库402万元，收缴罚款70万元。2005年，查处涉税违法案件206起，查补入库税款1126万元，收缴滞纳金、罚款270万元。2006年，推行稽查建议制度，强化检查目标和收入目标考核。检查纳税户452家，查补入库各项税收2671.62万元，罚款及加收滞纳金283.45万元，实现计划检查面、检查入库率、税收处罚面3个100%。

2008年，实现收入性稽查向执法性稽查转变，州稽查局查处涉案税额500万元以上案件3起，查处假发票案1起，收缴假发票404份，捣毁制假窝点1个。保靖县稽查局查处西部矿业保靖分公司漏税行为，追补入库税费及罚款95万元；吉首市稽查局检查湖南精诚房产开发公司，查补税款179万元；永顺县稽查局查处永发矿业公司转让“股权”一案，查补税款190万元；花垣县稽查局检查云峰矿业有限公司，查补税款403万元。2010年，督查核实2006—2007年A级纳税企业税收自查，组织企业自查入库税款776万元；查处500万元以上涉税大案两起，协同纪委查处涉税窝案1起。

第四节　办税服务

一、国税服务

1989—1993年，全州建立纳税人自行纳税制度，在八县市城区和州税务局直属分局设立办税服务大厅，以集中、公共形式为纳税人提供各种纳税服务，公开办事制度，开展“文明示范窗口”试点工作。

1994年，全州国税系统开展职业道德教育、文明优质服务、文明创建工程活动。征管采取集中申报、集中征收模式。2003年，全州国税系统依托办税服务大厅，在全州推行“一站式限时服务”，简化办税程序，实行限时服务。纳税人提供齐全办税手续给受理窗口后，在限定时间内即可在受理窗口取得结果，解决以往四处登门，多头办理，费时费力问题。2005年，推行“一站式”“一窗式”服务，落实首问责任制、服务承诺制、局长接待日等工作制度。简化审核审批程序，提高服务质量和办事效率。重点把好“免、抵、退”税资料复审关和上报关，并争取退税指标，及时足额办理出口货物退（免）税，全年剔除无指标无法退税情况外，没有出现无故压单不退现象。退税进度106%，排名全省第一位。在全州各级国税单位行风评议活动中，有6个单位9次被纳税人评为最满意单位。

2007年，开展诚信纳税企业、纳税个人和办税服务明星等三个“十佳”评选活动。以座谈会、贺岁卡、特邀监察员交流会等形式加强国税部门与纳税人及社会各界沟通，广泛征求意见，改进纳税服务，优化简并涉税事项37项，精简报送涉税资料81项，全面推行办税事项“一站式”服务，减轻纳税人负担。在企业和个体纳税人推广电子申报缴税729户，累计1318户，开通网上认证系统310户，推广应用税控收款机1680户。2008年，建立州、县（市）两级走访调查工作制度。委托州城市调查队，分两大类56个指标，独立调查全州国税干部履行职责、税收执法、廉政自律等情况，调查结果显示：纳税服务满意度88.69%。2009年，联合中国湘西网、团结网、湘西生活网三大网站，开展优化纳税服务专题局长访谈活动。网上答复纳税人涉税疑问180个，征集纳税人意见建议10余条。活动当日，约近万名网友同步上网观看。自主研发纳税服务查询系统，公开办税流程。以短信、培训和座谈等形式，向纳税人宣讲税收常识、办税流程和优惠政策，解答纳税服务热点及难点问题，免费发放税法辅导资料。全州办班40期，累计授课120个小时，培训辅导纳税人8560户次。

2010年，推广普及办税服务查询系统，建立税法宣传及纳税服务固定载体。疏通投诉举报渠道。配合省局“12366”纳税服务热线，州国税局机关和各县（市）国税分局均设立举报电话和举报箱，将办税服务查询系统举报监督与网上评廉直接链接，为纳税人自行维权提供多功能渠道。开展送税法上门活动，州国税局与吉首市国税局在吉首乾州古城联合开展为纳税人办实事活动，现场为锦绣乾城首批38户纳税人办理发放税务登记证，演示网上办税流程，开展税收知识有奖答题，发放自制税收宣传资料1000余份，发放12366宣传资料、承诺服务书等税收宣传资料2万份。

二、地税服务

1995年4月20日，州、县（市）地税机关开展首个“全州个人所得税集中申报纳税日”活动。当天，全州申报缴纳个人所得税42万元。1997年4月20日，州境举行个人所得税集中申报日活动，设立申报点42个，申报入库个人所得税4060人78万元。吉首市和永顺县在全州率先建立办税服务厅，随后保靖、泸溪、古丈和龙山4个县相继建起办税服务厅，申报征收实现集中办理。1998年，在全系统开展职业道德教育、文明优质服务、文明创建形象工程和办税服务厅流动红旗单位评比活动。1999年4月20日，举办个人所得税集中申报纳税日活动，全州有200余家纳税户及代扣代征单位申报纳税，入库个人所得税128.13万元。

2002年，全州地税部门开展为基层服务、地税干部为纳税人服务、地税机关为地税基层服务"三项服务"活动，提出项目16个，融入地税工作之中。州地税局领导深入到8个县（市）31个基层征收分局、21户重点税源大户，以及100余户个体纳税户中，开展调研，听取纳税人意见。推行文明办税"一站式"限时服务和延时服务，开展"服务之星"评比活动。州地税局连续四次获全州行风评议"五星级"单位。2004年，全国税法宣传月活动期间，围绕"依法诚信纳税、共建小康社会"税收宣传活动主题，州地税局和州国税局联合开展"税收咨询日"活动、"税收论道风雨湖——税法进校园"活动、"铁川谈税——局长热线特别节目"等形式多样税收宣传活动。2005年，在全国税法宣传月活动期间，州人民政府举行全州"诚信纳税双十佳"和纳税"五十强"新闻发布会。全州地税系统实行欠税公告制度，9个征收单位曝光欠税户51户，公告欠税金额2334.57万元，其中欠税额超过5万元的在《团结报》公告35户，欠税金额1806.46万元。2005年，经湖南省地税局验收，花垣、永顺两县办税服务厅分别达到四星级、三星级标准。2006年，树立"一切为了纳税人，为了纳税人的一切"的新理念，开展星级办税服务厅创建活动，人人争做星级办税服务员，花垣县地税局李士敏入选湖南省首批20个五星级办税服务员，全州获四星级办税服务厅1个，三星级办税厅2个。组织纳税信用等级评定，评出报省地税局A级纳税信用单位15户、B级755户、C级250户、D级51户。开通12366纳税服务热线，全年受理解答纳税人反映涉税问题1499个、解答税收政策4998条。2006年，开展"纳税人见证税官暨征纳角色互换"活动，税务机关邀请纳税人见证或参与税收征管、税款入库、纳税评估、办税服务等活动，安排税务干部在征得纳税人同意前提下参与或见证纳税人生产经营和缴纳税款过程。州地税局机关及9个所属单位350名税干与300名纳税人直接参与角色互换活动。是年，该活动获国家税务总局优秀税收宣传项目。

2007年4—6月，开展"八百税干下基层，服务经济促发展"活动，采取流动办税服务车形式，定期下乡解决偏远地区纳税户缴税难、购票难问题，推行"四卡连动"（服务联系卡、执法监督卡、温馨提示卡、行风评议卡）方式将税收宣传与纳税服务工作有机结合起来，构建征纳和谐关系，得到纳税人普遍欢迎。

2008年，围绕省地税局通报纳税人及社会各界对地税部门的194条意见，开展纳税服务问卷调查、"地税服务好不好，纳税人来评判"面对面测评活动。结合政务公开，利用网站、显示屏、公示栏等载体加大税收政策的及时发布；利用12366服务热线，及时受理税收咨询；制定《全州办税服务厅文明服务标准》，规范服务行为；推行"一窗式"办税，鼓励POS机刷卡缴税，倡导网上报税，提高服务效率。在开展纳税服务需求问卷调查活动中，全州发放调查问卷5215份，回收5127份，纳税人对地税机关工作作风、地税人员综合素质、地税服务水平和效率满意率均在92%以上。12月，在全州纳税人开展政府职能部门和执法执收单位行风评议活动中，经过自我评定、实地走访、集中测评三个环节，全系统包括州局机关在内的9个单位全部获得"满意单位"称号。2010年，全州地税系统开展大走访活动，走访企业73家，发放调查表800余份，向企业了解地税干部是否有吃、拿、卡、要、报等不廉行为，同时走访12个"机关效能监测点"，征得企业意见建议52条。重点评议州地税直属分局及花垣、保靖两个县局三个办税服务厅服务质量，通过问卷测评和集中评议，满意率99%。

第三章　银行

1989年，湘西州有金融机构6个，金融机构各项存款6.25亿元，各项贷款余额12.82亿元。1991年始，中央银行宏观调控能力加强，政策性银行和商业银行分离，金融机构增多，监管强化。至2010年，全州金融机构发展至10个，金融机构存款余额360.66亿元，比1989年增长56.74倍；金融机构各项贷款余额162.11亿元，是1989年的11.64倍，增速名列全省市州第一位。

中国人民银行湘西州中心支行　1989年1月，湘西自治州行政区划变动，原大庸市升为地级市，连同桑植县划出湘西州，中国人民银行湖南省大庸分行成立。中国人民银行湘西州分行（简称州人行）下辖永顺、龙山两个县支行。全州人行工作人员169人，其中州人行111人，永顺县支行30人，龙山县支行28人。分行机关增设宣传教育科、行政科、调查统计科。1991年1月，中国人民银行凤凰、泸溪、保靖3个县支行成立。1992年1月，州人行成立行政复议科，与金管科合署办公。1993年9月，州人行撤销附属单位劳动服务公司、资金市场、电脑服务部、汇金实业公司等4个实体，继续保留的城市信用合作社、证券公司、金店、调剂中心等4个实体财务独立。1994年，州人行附属单位湖南省融资中心吉首办事处、湖南省资金市场吉首代办处成立。1995年3月，州人行内设科室人事科与宣教科合并为人教科。5月，中国金融工委湘西自治州工作委员会在州人行成立。1997年，州人行增设农金科和党政办。1998年10月，人民银行由原行政区域设立省分行改为按经济区域设立9个大区分行，赣、鄂、湘三省辖内人民银行分支机构划入人民银行武汉分行管辖，湘西州人行隶属武汉分行。1999年1月，州人行更名为中国人民银行湘西州中心支行，接受人民银行武汉分行和长沙中心支行领导。3月，撤销州人行机关稽核科以及辖内县支行稽核股，稽核业务并入监管部门。5月，设立内审科、农金科。2000年，增设综合科和案件检查科。人民银行系统建立垂直领导的工会组织体系，州人行撤销原金融工会，成立工会工作委员会和女职工委员会，工会工作委员会接受同级党委和上一级工会组织的双重领导。工会工作委员会设立工会办公室，与党委群工部合署办公，工作委员会主任按副行级干部配备。县支行建立机关工会。州人行机关内设办公室、行政办、金管科、农金科、内审科、计划科、外汇科、统研科、会计科、国库科、科技科、发行科、人教科、机关党委、宣传部、监察室、保卫科、工会办、营业部后勤中心。县支行设农金股、业务股、会计国库股、人秘股、发行股、保卫股、金管股。全行356人，其中州人行机关170人，泸溪28人，凤凰40人，保靖39人，永顺38人，龙山40人。2001年，原国家外汇管理局吉首分局更名为国家外汇管理局湘西州中心支局。州人行机关后勤管理体制改革，设立后勤中心，专门承担州人行机关后勤服务保障工作。2002年，撤销职能科室行政办，业务分别划归办公室和后勤中心，后勤中心改称为后勤服务中心。2003年12月，中国银行业监督管理委员会湘西监管分局成立，州人行撤销原农金科和金管科，两科室人员整体划转银监局。2005年，调整龙山、永顺、保靖3县支行内设股室，将原5股1室合为2股1室，中层干部实行全员竞聘，调整充实一线业务人员；调整泸溪、凤凰2个县支行机构、人员和业务，除保留支付清算、国库经理业务外，其余业务收归州人行统一办理，保留支行机构、名称、牌子。2007年，增设金融生态建设办公室。2009年，州人行增设反洗钱办。2010年，州人行增设征信办。机关内设办公室（党委办公室）、纪委监察室、宣传群工部（党委宣传部、机关党委、机关工会）、货币信贷管理科、调查统计科、会计财务科、科技科、货币金银科、国库科、内审科、人事科（党委组织部）、外汇管理科、事后监督中心、保卫科、营业室、后勤服务中心、金融生态建设办公室、反洗钱办、征信办。下辖泸溪、凤凰、保靖、永顺、龙山等5个县支行。全行299人，其中州人行机关在职人员187人，县支行在职人员112人。

1989—2010年，州人行（中国人民银行湘西州中心支行、吉首分行）历任行长：周殿杰、周正明、张万志、龙雄、许立新；副行长：王凤祥、姚景庭、陈延喜、叶立典、周笃雄、曹丕铭、刘时华、张万志、刘爱国、唐圣奇、刘克俭、王君、邢敏卓、肖继辉、魏怡。

湘西银监分局 2003年12月，中国银行业监督管理委员会湘西监管分局成立（简称湘西银监分局）。分局核定人员编制35名，内设机构有办公室、银行监管一科、银行监管二科、合作金融机构监管科、统计信息科、人事科。下设龙山、永顺、保靖、泸溪和凤凰5个办事处，人员编制18名。2005年9月，增设财务会计科，2007年3月，撤销泸溪、凤凰、保靖、永顺办事处，保留龙山办事处，人员集中上收分局办公，同时撤销分局合作金融机构监管科，设立合作金融机构非现场监管科、合作金融机构现场检查科。2009年12月，设立监察科（纪委办公室）。2010年，分局内设办公室、银行监管一科、银行监管二科、合作金融机构非现场监管科、合作金融机构现场检查科、统计信息科、人事科、财务科、监察科；下设龙山办事处。湘西州银行业协会归口办公室管理。分局工作人员53人。

2003—2010年，湘西银监分局历任局长：刘爱国、李孔永；副局长：周云、罗平、余江文、李孔永。

中国农业发展银行湘西州分行 1996年11月，中国农业发展银行湘西州分行成立（简称州农发行），内设办公室、财会科、计信科、稽核科、人教科。下设分行营业部及泸溪、凤凰、花垣、保靖、永顺、龙山县支行和古丈业务组。全州有干部职工156人。2005年，凤凰、花垣、保靖3县支行对内由原支行调整为信贷组管理支行，各信贷组管理支行人员编制10名。古丈对内由原业务组调整为州分行派驻客户服务组，人员编制4名。龙山、永顺、泸溪3个县支行及州分行营业部为三类县支行，人员编制15人。2010年，州农发行内设办公室、资金计划部、客户服务部、信贷管理部、风险管理部、财务会计部、信息技术部、人力资源部、监察审计部。下设营业部及泸溪、凤凰、花垣、保靖、永顺和龙山6个县支行，全州有干部职工152人。

1996—2010年，中国农业发展银行湘西州分行历任行长：覃大喜、文体国、彭迪安；副行长：文体国、王宏政、彭迪安、麻秋斌、孟德军。

中国工商银行湘西州分行 1989年，工商银行湘西州中心支行（简称州工行）内设办公室、保卫科、计划科、储蓄科、信贷科、会计出纳科、稽核科、人事宣教科、行政科、工会办公室、老干办、信息咨询公司。下设8个县（市）支行，营业所5个，储蓄所30个，全州有干部职工776人。1994年，工商银行湘西州中心支行改称为湘西州分行。1996年，州分行全辖8个县（市）支行中，有6个支行完成精减内部机构工作；有7个支行实行双聘制度；州分行由12个科室减为8个科室，机关人员由年初84人减至59人。1999年6月，撤销中国工商银行古丈县支行。8月，中国工商银行泸溪县支行降格为泸溪分理处、中国工商银行凤凰县支行降格为凤凰分理处，由州工行直管。2000年8月，撤销中国工商银行永顺县支行，其下辖营业网点一并予以撤销。2004年,州工行职能科室和下属单位设置调整，内设办公室、保卫科、资金信息管理部、计划财务部、公司业务部、个人金融业务部、信贷管理部、国际业务部、银行卡业务部、机构业务部、会计结算部、资产风险管理部、法律事务部、稽核监督部、信息科技部、人力资源部、监察室（纪委）、工会办公室、电子银行办公室。下设支行4个，有营业所11个、储蓄所4个；分行营业部内设科室，其管理职能上收州分行统一行使，直接经营；全州有干部职工531人。2006年10月，中国工商银行湘西分行泸溪分理处升格为中国工商银行股份有限公司泸溪支行，中国工商银行湘西分行凤凰分理处升格为中国工商银行股份有限公司凤凰支行。2010年,州工商银行内设办公室、人力资源部、监察室（纪委）、财务会计部、个人金融业务部、结算与现金管理部、信贷管理部、公司业务部、运行管理部、风险管理部、电子银行部。下设支行13个，全州有干部职工451人。

1989—2010年，中国工商银行湘西分行历任行长：吴福珍、张业万、刘时华、向安国、蒋辉；副行长：张业万、彭景涛、张耀先、李代荣、汤建军、向安国、唐会松、杨周祥、肖新华、李国东、沈检胜、王福坤、罗志军、姚茂树、蒋辉、李祖来、杨官勋、匡维玮。

中国农业银行湘西州分行　1989年，农业银行湘西州中心支行（简称州农行）内设办公室、保卫科、行政科、监察室、工会办、人事科、稽核科、计划信息科、信用合作计划科。下设吉首、凤凰、泸溪、古丈、花垣、保靖、永顺和龙山8个县（市）支行，营业所75个，储蓄所21个，全州有干部职工1118人。1990年，州农行增设集约办、政治办和老干科。1992年，全州农行系统人员机构实行“三定”，（定人、定编、定岗），新增信托投资公司、房地产开发部、电脑信息科，撤销老干科、集约办、政治办，机关人员94人。1993年，州农行按照政策性金融与商业性金融分离的原则改组中国农业银行。同时组建湘西州信用合作股份责任有限公司。1994年，省农业银行分行国际业务部湘西州代办处开业，设立代理发行业务科。9月，撤销信托投资公司。1996年，新增加金穗卡部，撤销房地产信贷部。1996年，农业发展银行划出，成为独立机构；信用合作社划归人民银行。撤销信用合作科、代理发行业务科。金穗卡部成为独立营业机构，资金组织科合并为计划科。1997年4月,金穗卡部与房地产信贷部合并，更名为州农行商业城办事处，乾州营业所升格为乾城支行。10月,成立中间业务办。1999年,农业银行湘西州中心支行更名为中国农业银行湘西州分行，中间业务办更名为市场开发科。2002年,州农行在吉首城区全面推行扁平化管理，吉首市支行、乾城支行对外保留牌子，对内不设领导职数和机关部室，城区15个营业网点，统归州分行直接管理和经营。2004年，州农行职能科室调整，内设办公室、保卫科、计划统计科、会计科、资金组织科、市场开发科。下设支行9个、营业所28个、储蓄所6个，全州有干部职工872人。2010年，州农行内设办公室、保卫科、“三农”部、城区业务部、大客户部、信用中心、电子银行部、信贷科、财会运营部、资产处置部、内控合规部、信息技术部、监察部、工会办。下设支行8个，有营业所28个；全州有干部职工587人。

1989—2010年，中国农业银行湘西州分行历任行长：刘长之、杨家金、龙老六、刘立敏、胡汉良；副行长：高继文、蔡长忠、覃大喜、肖世恒、金兴振、周慧生、刘建东、谢顺松、满延奎、龙洪兴、张佐军、郭俊煌、李琳、陈光村。

中国银行吉首分行　1989年，中国银行吉首支行（简称吉首中行）内设办公室、保卫科、存汇科、计财科、信贷科。下设营业所1个、储蓄所1个，全州有干部职工26人。1998年，中国银行吉首支行内设办公室、保卫科、存汇科、公司科、计财科、风险科。下设营业所1个、储蓄所5个，全州有干部职工69人。2004年，中国银行吉首支行更名为吉首分行，行内增设零售业务科，有干部职工78人。2010年，中国银行吉首分行内设综管部、计财部、风险部、公司部、个金部。下设支行1个、有营业所1个、储蓄所5个，全州有干部职工104人。

1989—2010年，中国银行吉首分行历任行长：符小年、曾修才、喻峰、何再德、石毅；副行长：刘予明、张翼、石毅、屈国勇、易松寿、冷国强。

中国建设银行湘西州分行　1989年，建设银行州分行（简称州建行）内设办公室、人事教育科、计划科、财会科、储蓄出纳科、投资科、建经科、信托公司、咨询部、行政科、保卫科、纪监科、审计科、工会。下设吉首、凤凰、泸溪、古丈、花垣、保靖、永顺和龙山8个县（市）支行，全州有干部职工108人。1998年，州建行内设办公室、人事教育科、计划科、财会科、筹资储蓄科、信贷管理科、咨询中心、行政科、保卫科、纪监科、审计科、科技科、房地产信贷科、项目科、工会15个职能部门；下设支行8个、营业所37个、储蓄所8个，有干部职工310人。2004年，州建行机关职能部门调整，内设办公室、人力资源部、计划财务部、会计部、纪检监察部、风险管理部、公司业务部、个人金融部、房地产信贷部、工会办公室。下设支行13个、营业网点15个，全州有干部职工176人。2010年，州建行内设办公室、人力资源部、财务会计部、纪检监察部、风险管理部、公司业务部、个人金融部、房地产信贷部、营运管理部、中间业务推进办、电子业务推进办、资产保全中心、工会。下设支行13个，有营业网点15个，有干部职工197人。

1989—2010年，中国建设银行湘西州分行历任行长：曾晨辉、李忠旺、李元龙、侯继明、王学延、周健全、欧学军；副行长：李忠旺、杨胜祥、徐明忠、杨平、吴泽元、侯继明、欧学军、胡幼平、杨清泉、周方、夏海鸽、文志军、丁绍文。

中国邮政储蓄银行湘西州分行 2008年，邮政储蓄银行湘西州分行（简称州邮储行）成立，内设办公室、财务会计部、审计部、渠道科技部、个人业务部。下设凤凰、泸溪、古丈、花垣、保靖、永顺和龙山7个县支行、15个二级支行，储蓄所88个，全州有干部职工206人。2010年，州邮储行内设办公室、监察部、人力资源部、财务会计部、审计部、风险合规部、渠道科技部、公司业务部、个人业务部、信贷业务部。下设凤凰、泸溪、古丈、花垣、保靖、永顺、龙山7个县支行、18个二级支行，储蓄所86个，全州有干部职工335人。

2008—2010年，中国邮政储蓄银行湘西州分行历任行长：田永利、黄尚奇；副行长：吴绍付、杨文斌。

湖南省农村信用社联合社湘西自治州办事处 2005年，湖南省信用联社湘西州办事处（简称州信用联社）成立，内设综合科、业务指导科、内控科，履行对州内8县（市）信用联社管理、指导、协调、服务职能。全州农村信用社机构191个，其中信用分社42个，储蓄所3个，全州有工作人员1304人。2010年，省信用联社湘西办事处内设综合科、业务指导科、内控保卫科，下设网络管理中心、风险预警中心、资产管理中心、稽核大队。州境有营业网点192个，其中农村信用社150个、信用分社42个，有工作人员1516人。

2005—2010年，湖南省信用联社湘西州办事处主任：徐光辉；副主任：吴让禹、宋心旺、陈松。

湘西州长行村镇银行 2010年12月，湘西长行村镇银行（简称州村镇行）成立，内设办公室、保卫科、市场营销部、营业部、计划财务部、风险管理部。下设吉首、凤凰2个支行，全州有干部职工58人。

湘西州长行村镇银行行长（董事长）：陈富华；副行长：胡建军、蔡麟。

第一节 存款

1989年，全州金融机构各项存款6.25亿元。1990年，全州金融机构各项存款8.02亿元，比上年增长28.52%。1991年，全州金融机构各项存款9.68亿元，专业银行资金自结率由上年52.4%提至53.6%。1993年，州人行召开专业银行行长、储蓄科长联席会、研究制定储蓄各项新策，各金融机构在政策允许范围内，以良好服务吸引储户，以国家两次上调存款利率为契机，开展存款宣传活动。年底全州金融机构各项存款余额14.17亿元，比上年增长12.72%。1994年，州人行继续开展优质文明储蓄竞赛活动。由州人行牵头，州政府主持，召开1993年度全州优质文明储蓄竞赛“双先”（先进单位、先进个人）表彰大会，对上年度的“双先”单位和个人予以表彰和奖励。开展爱国、爱州储蓄宣传活动，鼓励城乡居民参加储蓄。全年全州各项存款余额19.88亿元，比上年增长40.29%。1996年，州政府召开吉首地区爱州储蓄动员大会，确定4月为“爱州储蓄”宣传月。全年全州金融机构各项存款余额29.18亿元，比上年增长15.61%。1997年，全州金融机构提高服务水平，以湘酒鬼上市为契机，不断增加存款。全年全州金融机构各项存款余额34.86亿元，比上年增长19.46%。1999年，全州金融部门制定《储蓄公约》《同业管理公约》，开展形式多样的存款组织、宣传活动。全年全州金融机构各项存款余额48.23亿元，比上年增长18.79%。

2001年，全州金融机构各项存款余额73.99亿元，比上年增长21.13%。是年，州工商银行首次推出“南方宝元”代理基金产品。2002—2006年，全州金融机构各项存款余额累计629.1亿元。2007年2月，湘西州农村信用社开始发行福祥借记卡，全年农村信用社发行“福祥卡”22.77万张，卡存款余额达到7.15亿元。全州金融机构各项存款余额214.82亿元，比上年增长19.67%。

2010年，全州推行财政性存款集中缴存改革。人民银行全辖每旬需办理的财政性存款缴存业务由原18笔减至4笔，缴存考核单位由45户减至14户。州工商银行自股改后有涵盖资金、股票、基金、贵金属、代理保险等理财产品上千种，投资理财金额约16.15亿元；州邮储银行推出财富系列（日日升、月月升、鑫鑫向荣、金苹果）、天富系列以及创富系列，投资额26.42亿元。全年全州金融机构存款余额360.34亿元，比1989年增长56.74倍。

第二节 贷款

1989年，全州贯彻“控制总量，调整结构，保证重点，压缩一般”的货币信贷方针，短期贷款期限管理，州人行发现下属支行突破规模及时纠正。累计发放短贷1383笔，金额10.4亿元，其中，季度性贷款1213笔，金额9.5亿元；日折性贷款170笔，金额8991万元。全州金融机构各项贷款余额12.81亿元，比上年增长17.5%。

1991年，全州金融机构各项贷款余额18.31亿元，比上年增长21.8%，其中州农行各项贷款余额6.38亿元，农业非正常贷款，两呆贷款占用率分别由上年的23.4%、13.7%下降到17.1%、9.7%。6月，州工商银行牵头召开湘、黔、桂3省（自治区）11地（州、市）工行资金协作网第五届年会，组织资金拆借，资金融通4400万元，其中，湘西州工商银行拆入资金300万元。1992年，全州房改工作全面铺开，州人行根据房改需要，审批同意在州级和8个县（市）各专业银行建立28家房改信贷部，累计吸收房改资金1.65亿元，发放房改贷款1.01亿元。全州人民银行专项贷款余额7727万元，比上年增长15.72%，累放4318万元，支持24个技术改造项目。投放专项贷款968万元，支持湘泉酒厂开发生产项目，酒厂年产值实现8000万元，上缴税利3000万元，均比上年翻一番。州建行贷款余额1.37亿元，贷款重点支持凤凰县长潭岗电站建设、吉首至铜仁电力输变路线改造、花垣县铅锌矿开发等项目。全州金融机构各项贷款余额22.9亿元，比上年增长16.6%。

1994年，全州开户企业实行“贷款证”管理。州人行率先在永顺县试点，63户工商企业取得由人行颁发的“贷款证”。全年全州金融机构各项贷款余额35.7亿元。1995年，全州金融机构各项贷款余额43.49亿元，其中工业、商业、农业及中长期贷款的增量分别为2.27亿元、1.97亿元、6499万元及1.60亿元分别占总增量的30%、25%、8%、21%。1997年，全州金融机构发放再贴现贷款66笔，金额2500万元；新增短贷3000万元，扶持农村信用社发展，向农村信用社注入调节资金1800万元，帮助农村信用社支持全州农业经济发展。全年全州金融机构各项贷款余额60.31亿元。是年，州建行贷款主要支持东方锰业和吉首市人民南路建设等州内重点工程。

1998年，全州金融机构累计发放再贴现贷款23笔，金额1332万元，支持湘泉集团、州电力公司等大中型企业的资金需要，发放再贷款4500万元，支持粮、油、烟的生产和冬季农业开发及水利建设。全州农村信用社发放各项贷款3.31亿元，其中农业贷款2.3亿元，占贷款总额69.7%；发放科技兴农贷款8791万元；烟叶贷款8534万元；支持1658户具有规模的菜农贷款投入，保证城市供应；建立扶贫联系村259个，扶贫户8500户，专项信贷扶持资金5216.3万元。全年全州金融机构各项贷款余额67.46亿元。

1989—2010年湘西州金融机构年末人民币各项存款情况表

表25-3　　　　单位:万元

年份	存款合计	企业存款	储蓄存款	农业存款	财政性存款
1989	62466	14716	31820	2791	7394
1990	80235	17766	42020	3061	9107
1991	96811	22836	55732	3590	7077
1992	125744	26933	75039	4381	8326
1993	141715	29835	87174	6295	2921
1994	198886	51174	120510	2221	6318
1995	252404	63836	157331	2883	16043
1996	291807	76733	183966	2006	10480
1997	348676	103065	212654	8819	6627
1998	405952	113796	251447	7908	1457
1999	482333	137695	287817	12555	12871
2000	610821	143614	394944	16950	6513
2001	739928	167362	463153	24336	30788
2002	863165	165128	557146	25995	39280
2003	1034211	206627	678818	35752	20276
2004	1187656	218972	785881	46787	44890
2005	1411010	239012	920292	41478	80330
2006	1795180	308246	1126315	60139	130354
2007	2148217	348812	1320651	79203	195114
2008	2363562	346885	1517985	94601	184000
2009	3003146	458215	1987968	111705	216641
2010	3603403	552935	2356480	163869	198707

2000年，经州人行调查研究，初步建立政、银、企三方参加的银企恳谈机制，采取“银企合作协议”形式支持地方经济发展，州人行选择有代表性的国有、集体、民营3个不同所有制企业，召开一次政银企三方参加的银企合作座谈会，通过授权授信，促成银企双方签约，新注入贷款1800万元，累计发放授信贷款4000万元，盘活沉淀的信贷资金2000万元，3家企业年实现销售收入3亿余元，实现利税3000多万元，解决再就业1000余人，增加银行利息收入80多万元。全州推

行主办银行制，引导和督促工行、农行、建行与4户重点大中型骨干企业，签订主办银行制协议，承诺贷款1.05亿元，支持全州内骨干企业发展。引导和督促州农业银行在全州每个县自主选择2户工业企业实施封闭贷款管理，注入信贷资金6400万元，帮助企业走出困境。加大助学贷款、住房贷款、消费性贷款的政策宣传力度，引导全州商业银行发放住房贷款3.24亿元，增长90%；新增助学贷款655.4万元。全年全州金融机构各项贷款余额72.94亿元，比上年增长12.01%。是年，全州各金融机构累计发放扶贫贷款2.07亿元，支持农村电网改造0.72亿元，发放烟草贷款0.72亿元，支持湘西州实施西部开发和扶贫攻坚；全州各商业银行累计剥离不良资产11.65亿元，其中州工商银行首次向华融资产管理公司剥离不良资产企业136家，总金额达5.17亿元、州建行剥离贷款2417万元，贷款主要投向教育、财政、城市基础设施建设等领域。

2001年，州人行召开政银企三方参加的银企恳谈会，促成金融机构与8家企业、公司签订银企协议，授信金额6000万元，其中民营企业3家，授信金额1500万元，引导和协调金融机构为100多户中小企业办妥1.16亿元借新还旧或展期手续。重点支持湘西锌业等民营企业100多家，累放贷款4768万元。州人行引导各金融机构新增各项贷款9.32亿元，其中新增个人消费贷款1.3亿元，短期贷款4.13亿元，商业贷款8771万元，农业贷款1.7亿元，基本建设贷款8665万元，技术改造贷款779万元。是年，全州开展信用村、镇创建，发放农户小额信用贷款,信用评估5.5万户农户、266个村、18个乡（镇），累放农业贷款6.1亿元，其中累放小额农户信用贷款4.23亿元。全年全州金融机构各项贷款余额82.19亿元，比上年增长12.69%。2002年，在吉首市召开银企恳谈会，促成5家金融机构与60多户企业达成合作意向22项，承诺授信金额24亿元。全年全州各项贷款余额91.94亿元，比上年增长11.86%。全州不良贷款绝对额减少1.96亿元，比例下降6.66个百分点。是年，州人行重点支持个人消费启动，全年全州消费信贷余额4.18亿元，较年初增加1.13亿元，增长27.03%。其中发放个人住房贷款8310万元，解决吉首城区3500多户居民住房问题。2003年6月，州人行累计办理再贴现19笔，金额2390万元，各商业银行签发银行承兑汇票1.08亿元，办理贴现0.84亿元，累放短期再贷款5000万元，累放支农再贷款4亿元。10月29日，中国工商银行总行下达《关于对湖南省湘西州分行实施业务停牌处罚的通知》，总行决定停办湘西州分行公司客户的全部本外币新增融资业务。法人客户存量融资到期必须收回。同时，要求省分行派驻工作组帮助整顿州工商银行。

2005年，全州金融机构发放小额担保贷款361万元，支持下岗失业人员再就业，被州政府评为落实省政府8件实事先进单位。全州金融机构累计发放助学贷款1624万元，其中国家助学贷款373万元，生源地助学贷款1251万元；累计发放支农再贷款4.7亿元，同比增长23%；发放贷款卡497张，贷款入库金额72亿元，占全州贷款总额77%。是年9月，由于不良贷款占比居高不下，中国工商银行总行再次停牌处罚州工行综合业务。年底，全州新增短期贷款4.78亿元，中长期贷款4.18亿元。发放个人住房类贷款2616万元。全年全州金融机构各项贷款余额94.2亿元，比上年增长41.76%。

2006年，州银监分局成立小企业贷款领导小组及办公室，制定推动小企业贷款工作方案。全年全州金融机构各项贷款余额101.69亿元，比上年增加7.49亿元。是年，州人行为农行、建行、农村信用社推荐12个项目，在参加当年湖南省非公有制经济暨中小企业银企签约项目洽谈会中，实现签约贷款金额4.98亿元。2007年，全州金融机构各项贷款余额116.67亿元，比上年增长14.73%。全州金融机构发放再就业人员担保贷款115万元，助学贷款1091万元，邮政储蓄发放小额质押贷款1774万元，居湖南省第三位；为22家“两民”（民族贸易和民族特需用品生产企业）企业办理贴息1410万元；协助州政府开展银企洽谈会，现场签约15.8亿元；帮助储备、筛选和推荐优势项目128项，项目融资39亿元。开展行政事业单位和公职人员逾期贷款清收，清收逾期贷款9800万元；推动全州农户信用等级评定和信用县市、信用乡镇、信用村组创建工作，全年全州创建信用乡镇30个、信用村组108个，评定信用农户25.98万户。是年，全州有7家县级农村信用合作联社申报票据兑付，有吉首、龙山、花垣、古丈、永顺、泸溪6个农村信用合作联社成功兑付中央银行专项票据，置换不良贷款1.26亿元。2008年，全州金融机构各项贷款余额106.92亿元。全州金融机构发放金融扶弱贷款7亿元，发放扶贫贴息贷款6亿元；助学贷款2812万元；下岗失业人员小额担保贷款448万元，为民营企业办理贷款贴息2160.47万元。发放“惠农卡”3000余张；在泸溪县选择一批成长性好的企业创办“企业金融服务点”，指导企业规范财务制度，培育信贷资源。支持银行业机构在保证城乡现有网点不减的情况下，在农村增设营业网点，加大服务“三农”力度。督促银行业机构执行授信制度，加强信贷管理，加大不良贷款清收力度，遏制不良贷款反弹，提高风险管理水平。全年全州银行业机构不良贷款17.72亿元，占比16.74%，比上年减少12.97亿元，下降16.66%。是年，凤凰和保靖县农村信用合作联社实现成功兑付，置换不良贷款3660万元；州人行率先在全省完成农村信用社共用央行票据兑付，兑付率100%。

2009年，全州金融机构召开湖南省金融支持湘西州经济发展专题会议，现场签约项目33个，达成贷款意向42亿元；协助州政府组建湘西州兴业担保公司，规范担保公司业务运作。该公司为200多家规模以上工业企业建立档案，其中有10%的企业提出担保申请；推动股权质押融资试点，与工商部门联合印发《湘西州股权质押贷款指导意见》，为12家企业办理股权质押融资贷款1.51亿元。全年全州金融机构各项贷款余额127.46亿元，比上年增加20.28亿元，同比增长18.92%。中国工商银行总行停牌处罚州工商银行个人贷款业务。同年，湘西州在全省率先开展农村金融产品和服务方式创新试点，设计“信贷+保险+财政”的新型支农信贷产品，引导信贷投放2550万元，受益农户4143户，农民增收2000余万元。在“2010年湖南省融资合作洽谈会”上，全州银企签约18个项目，签约金额15.92亿元，获授信9.68亿元，实际用信7.67亿元，履约率60.8%。花垣、泸溪、古丈、龙山、永顺和凤凰6个县相继召开银企洽谈会，签约项目101个，签约金额20.77亿元，授信9.92亿元，实际用信7.35亿元，履约率47.76%。

1989—2010年湘西州金融机构年末人民币各项贷款情况表

表25-4　　单位:万元

年份	贷款合计	工业贷款	商业贷款	农业贷款	固定资产贷款
1989	128166	39882	45205	15004	12747
1990	150521	51949	50096	16824	14924
1991	183137	62961	59060	20681	21136
1992	228514	77410	71373	24996	28555
1993	280460	91745	85937	33604	33538
1994	357045	106964	97878	17501	—
1995	434933	130173	118206	24616	—
1996	513722	154118	140076	26874	—

续表 25-4　　　　单位:万元

年 份	贷款合计	工业贷款	商业贷款	农业贷款	固定资产贷款
1997	603174	181697	165535	32462	—
1998	674627	215373	154842	43860	—
1999	739340	225739	162152	47173	—
2000	729383	205453	150622	40252	—
2001	821943	199293	160412	57294	—
2002	919408	238468	150813	79202	—
2003	1009226	238468	150813	99562	—
2004	1067270	243737	122427	127038	—
2005	942032	109548	110278	157118	—
2006	1016971	129330	100673	172840	—
2007	1166714	110510	78197	201230	—
2008	1069176	82892	79049	264574	—
2009	1287539	108982	78593	342194	—
2010	1621095	—	—	—	—

说明:表中工业贷款、商业贷款、农业贷款为短期贷款中的相应贷款

2010 年，凤凰县旅游业收费权质押贷款获得 3.2 亿元授信额度；全州 19 家企业向担保公司质押股权 3.15 万股，获得银行担保贷款 3.8 亿元；全州民营企业贷款余额 20.85 亿元，比上年同期增加 5.87 亿元，民营企业优惠贷款利差补贴累计 5465.67 万元，同比增长 60.44%。州人行被省委、省政府授予“湖南省民族团结进步模范集体”称号。全年全州金融机构各项贷款余额 161.89 亿元，为 1989 年的 12.63 倍，比上年增加 34.66 亿元，同比增长 27.24%，增速居全省市州第一位；新增贷款同比多增 14.37 亿元，增幅 70.86%，增幅排全省市州第一位，实现全州新增贷款 30 亿元以上的目标，其中州农发行各项贷款余额 15.28 亿元；州工行各项贷款余额 13.2 亿元；州农行各项贷款余额 13.18 亿元；中国银行吉首分行各项贷款余额 12.71 亿元；州建行各项贷款余额 40.18 亿元。全州收回逾期贷款 1141 笔，金额 1378.9 万元。推进金融安全区创建工作，成立以州长为组长的金融生态建设领导小组；制定信用乡镇、信用村、信用社区评审办法，开展金融创安工作督察，全州评定信用乡（镇）27 个，信用村 114 个，信用农户 28.14 万户，信用创建覆盖面分别达到 16.5%、5.8%和 50%。全州不良贷款余额 23.32 亿元，不良率 14.39%，比年初下降 3.86 个百分点。其中农村信用社不良贷款比年初减少 4133 万元，下降 3.22 个百分点。

第三节　银行信息化

1989 年，州内金融机构开始使用微机处理各种账表。州人行使用微机处理账表 1200 册。1990 年，州人行维护省人行 6 项软件，自主开发 9 项

软件，营业部会计记账核算系统上线，会计记账脱离手工。州工商银行首次使用计算机，办理个人储蓄业务。1991 年，工行吉首、龙山支行储蓄所装备电脑,吉首支行 5 个所联网后比年初增加存款 931 万元，比同期多增 282 万元。1992 年，州工行投资 227 万元，购进微机主机、终端、电脑打印机等设备 220 台（件），配备到会计、储蓄、计划等专业。1993 年，州人行新增电子计算机等电子化设备 30 多台，研究开发工业景气调查及多项电脑软件应用成果，由二级分行科技科直接或配合参与 3 个计算机应用课题软件研究，受到省分行认可和奖励，有的在全国、全省推广。州农行新增电脑 60 台，新增电脑储蓄所 9 个，有 20 个储蓄所使用电脑处理业务;吉首市农行电脑中心机房开通，实现城区储蓄存款通存通兑。

1994 年，吉首作为第六批 99 个电子联行清算分中心之一，建成清算卫星通讯小站，加入全国电子联行清算网络，标志着湘西州正式开通连接全国银行业异地资金汇划的“信息高速公路”。每笔资金清算时间由以前至少需 3 天缩减到只需 3 秒。州工商银行开发电脑软件，并利用通信设施在州内首次实现全州个人存取款业务通存通兑。1995 年，州工商银行对公结算业务实现全国电子汇兑。1996 年，州内完成“网络到县工程”，二级分行和县支行的局域网络及广域网建设完成，正式进入金融信息网络化时代。1997 年，建设完成“吉首市同城清算网络系统”，实现同城清算电子化，开通吉首地区工、农、中、建（行）等金融机构同城清算网络。州建行率先实现全省储蓄通存通兑，电子汇兑全国一日到账，龙卡全省一卡通，以及信用卡自动授权。州工商银行实现全省个人存取款业务通存通兑，实现全国联网。

1998 年，州人行实现同城清算电子化“天地对接”（“天地对接”是电子联行小站与各银行业务处理系统、与中央银行会计核算系统互联,实现支付信息从汇出行到汇入行资金实时清算的全程自动化处理）工作，开通吉首地区工、农、中、建（行）等金融机构同城清算网络，票据抵用率 100%。1999 年，州人行成立辖内解决计算机 2000 年问题领导小组和停业测试指挥中心，顺利完成第一次停业测试。州建行所有网点加入全国建行的首批龙卡通村卡通兑网络。成功解决“Y2K”问题即计算机“千年虫”问题。2000 年，连接电子联行卫星小站、人民银行分 / 支行会计核算系统、商业银行分行的电子联行“天地对接”系统完成。11 月，电子联行到县业务全部开通，全州现代化支付系统建设初具规模。

2002 年，全州建成州人行宽带网和计算机 NAV 网络防毒系统和防火墙，互联网接入实行审批管理，科室和支行明确计算机安全员，专人负责。州农发行完成全行系统网络升级改造，开通电子联行；州建行开通 CALL_CENTER,BTOB 网上银行。2003 年，人民银行办公自动化系统和邮件系统上线，全辖实现无纸化办公。开通内部“网络即时通”，全面提高电子化办公水平和整体办公效率。2004 年，州人行建立监管统计基础数据库和信息库，完成 1996 年以来的金融机构历史数据接转，形成金融统计监测系统数据库；州农发行推广使用电子公文系统、综合业务会计应用系统等应用软件。州银监局依托人民银行网络系统，完成分局信息网页初步建设，上挂法律法规、监管动态和统计数据等信息，实现监管资源局内共享。

2005 年，州、县（市）国库全部参加同城票据交换。3 月，湘西州大额实时支付系统和会计集中核算系统成功上线运行。4 月，州、县（市）国库开通“国库内部往来”，完成会计密押止安装、密钥导入、行名行号下载、系统参数设置等切换操作。5 月，大额支付系统推广完成；州建行顺利实现 DCC 系统切换上线，完成数据集中工程。6 月，人民银行账户管理系统正式运行。全州完成中央银行会计核算系统、合计大额支付系统、国库大额支付系统、人民银行账户管理系统、人事信息管理系统、发行管理系统、会计集中事后监督系统推广工作。州人行晋升为省特级档案室，成为全州唯一一家晋升省特级档案室单位。2006 年，全州小额批量支付系统成功上线运行，通过小额批量支付系统，居民可以足不出户缴纳各种公用事业收费。2007年，州人行在省内率先与地税局建立企业财务信息共享机制，实现信用信息银税共享，录入企业信用信息500户，居湖南省前列；州农发行实施三级备份网络建设工程，全面推广CM2006信贷管理系统。2008年，州人行开发“会计人员综合管理信息系统”，“登记簿电子化信息管理系统”,探索“会计基础工作预警管理系统”。自主开发“ABS日志监测预警分析系统”，该系统将ABS日志文件导入后，能自动进行分析排序，实现按网点号、操作员号和事件的查询功能，监督效率提高60%；自主开发《会计人员信息管理系统》。是年，州人行率先在全省开发和运用财务费用包干管理系统和固定资产信息管理系统；率先在中支营业室引入ISO9000质量管理理念，推选“闭环”管理模式，完成县支行ABS业务上收的各项准备工作；率先在全省实现出口企业自动核销。

2009年，州人行自主开发《绩效考核综合管理系统》。州农发行完成州分行机房预警监控安装及花垣、永顺、龙山3个县支行机房的提质改造及辖内视频会议系统推广工作。州建行电子银行业务发展迅速，综合排名为湖南省建行第一。2010年，鼓励和引导邮储银行在“零金融机构”乡镇增设POS机。7月与州人行共同组织在凤凰县茨岩、都里两个乡开通邮储银行POS机小额取现服务点。

第四节　银行管理

一、货币流通管理

1989年，全州现金投放9548万元，调入发行基金23次，金额1.86亿元，调出9次，金额4100万元，办理专业银行交款600笔，金额9900万元，取款1178笔，金额2.02亿元；回收损伤券1.11万捆，金额1200万元，销毁损伤券2300万元。考察运钞线路3条，计731公里，走访联系点44个，完成押运任务22次，深入支行检查10次。

1990年，全州现金投放1.34亿元。是年，州人行下到支行查库15次，参加押运3次，投入3.6万元，添置保卫设施。头寸押运11次，行程9000公里无事故。调入发行基金32次，金额2.58亿元。销毁1次，金额1910万元。1991年，全州现金投放2.32亿元。1992年，全州现金投放3.41亿元。州内资金市场同全国10个省（区）的22个市（地）建立业务往来。州人行资金拆入拆出总额3.5亿元。1993年，州人行办理现金回笼1.71亿元，调运现金73次，调拨金额10.89亿元。组织人员开展全州国库交叉检查，全州财税入库4.55亿元。通过筹建评审，全州批准设立3个乡（镇）国库。1994年，州内国库安全办理缴款27.71万笔，6.59亿元；办理拨款2.71万笔，7.73亿元；办理退库3623笔，4239万元。办理发行基金调拨业务100次，金额12.15亿元。其中，从省分行调入13次，金额7.87亿元；辖内发行基金调入53次，金额12.16亿元；调出34次，金额4.29亿元；全州货币回笼788笔，金额2.88亿元；货币发行879笔，金额95.01亿元。现金投放6.51亿元。1995年5月1日，州工商银行牡丹信用卡部正式对外营业，并发行首张牡丹信用卡。

1996年，州人行办理商业银行贴现，累计发放3.2亿元，余额1.36亿元；办理短期融资7.1亿元；拆借资金余额1.4亿元。1997年，州人行办理发行基金调拨3440次，金额44.76亿元。其中，中心支库从省分行调入10次，金额10.69亿元；货币回笼1094笔，金额6.58亿元；货币投放2260笔，金额151.21亿元。1998年，全州完成国库业务量17.89万笔，实现中央收入3.48亿元，省级收入2323万元，地方财政收入3.16亿元；办理预算收支19.53亿元，办理发行基金调拨26亿元。1999年，全州各级国库收纳预算收入2.43亿元，其中上划中央预算收入1.35亿元，收纳地方预算收入1.07亿元；办理地方预算支出3.83亿元，发行国债205万元，兑付国债本息16万元；州人行执行押运任务23次，行程2万公里，出动警力115人次，押运金额18亿元。2000年，全州现金投放4.8亿元。各级国库办理预算收入5.59亿元，其中中央级2.6亿元，收纳地方预算收入2.92亿元；办理地方预算支出12.39亿元；办理中央预算收入退库5667万元，其中出口产品退税4727万元；办理地方预算收入退库5790万元；国债发行1787.6万元，兑付国债本息272.5万元。2001年，全州完成预算7.15亿元，其中完成中央预算收入2.89亿元，省级2600万元，地方预算收入3.99亿元；办理地方预算支出16亿元；组织发行国债3420万元，兑付国债本息155万元。全州贯彻《人民币管理条例》，加大残损人民币回收，开展人民币反假工作，制作电视专题片、开辟宣传专栏，出动宣传车40多台次，组织1000余人参加宣传活动，分发资料10万余份，接待咨询群众10万余人次，兑换残损人民币20多万元。

2002年，全州调拨发行基金34亿元，销毁残损币14.7亿元，开展10元以下零钞及新版5元和硬5角券投放。规范黄金市场管理，取缔不合规经营户3家。2003年，全州销毁残损人民币8.08亿元，完成年销毁任务64.2%。2005年，全州国库部门开展“零差错”和“示范库”建设活动，收纳各级预算收入10.99亿元，办理地方预算支出31.15亿元，发行凭证式国债3149万元，兑付国债本息2.5万元，清理国债收款单834份，金额1182.8万元，在全省率先完成基础数据上报。全州发行部门推进库房达标升级和“五好钱捆”竞赛活动，投入资金20余万元，完善硬件设施，组织发行基金调拨12次，调入发行基金27亿元，销毁损伤券5次，8.5亿元，下送县支行6次，12.2亿元；组织反假币宣传420人次，发放宣传资料9000余份，收缴假币102万元。2006年，州人行办理财政预算收入12.24亿元，预算支出23.36亿元，实现会计核算和统计报表“零差错”工作质量考核目标；组织调拨发行基金14次、金额28.77亿元；安全办理会计业务29688笔、金额360亿元，州人行营业部被中国人民银行总行授予女职工文明服务示范岗称号，授予龙山支库省级示范库称号。

2008年，州人行按照“反假联动、反洗钱联手、金融稳定联合、信息数据联享、支付清算联通”合作机制，采用“唱苗歌、说苗语、穿苗服”等形式，联合开展反假宣传6次，发放宣传资料4万余份，该做法被国务院反假联席会议办公室和《金融时报》推介；联手开展反洗钱工作，协助处置非法集资工作组查询账户3888户；组织撰写“湘西州、恩施州、黔江区、铜仁地区”区域金融稳定报告，得到武汉分行和长沙中支充分肯定；统计数据交流进入常态化，为地方党委政府提供决策支持。湘鄂渝黔4省（市）边区金融服务创新合作机制的巩固和完善，推动湖南金融服务创新成果向湖北、重庆、贵州3省（市）辐射。《金融时报》对此进行报道。2009年，全州8个县（市）158个乡（镇）建立反假联强站166个，设立宣传点1191个，聘请反假宣传员1449人，县（市）、乡（镇）、村反假网络实现全覆盖。

2010年7月，吉首市农村信用联社取得全国银行间债券市场乙类主体资格。10月，吉首市农村信用联社成功进入全国银行间同业拆借市场，获准从事同业拆借金额1.4亿元，至年底，交易79笔，金额63.51亿元，资金加权收益率3.55%，实现净收益946.86万元，营运资金由初期2亿元增至12.37亿元。

二、结算管理

1989年，州人行组织专业银行培训和实施新的结算办法，成立结算举报中心，受理举报事件30多起，金额200多万元；办理专业银行往来汇款业务6570笔，金额23.59亿元，同城票据交换8.32万笔，金额3.91亿元，当日平均票据抵用率36.36%，堵住专业银行漏、欠、少、退缴财政性存款和一般性存款33笔，金额408.4万元；堵住各种错误凭证867笔，金额2340万元，计算缴存款利息无差错，省分行给予高度评价。

1992年，龙山县与毗邻的湖北省来凤县正式开展跨省同城结算办法，结束两地相距仅7.5公里，票据需7天至半个月在各自省地市绕圈子才能入账的历史。1995年，州工行办理国际结算业务50笔，245万美元，在州内商业银行中名列首位，牡丹卡累计发卡量1020张，联行和省辖电子汇兑网络系统顺利开通运行。

1997年，州人行提出、提入同城票据交换凭证3.92万张，金额17.10亿元，票据抵用率达

100%；签发人民银行汇票 498 笔，金额 1006 亿元，代理商业银行解付汇票 121 笔，金额 9980 万元，办理缴存款业务 2249 笔，金额 43.06 亿元。州工行完成国际结算总指标 1338.2 万美元，完成省分行下达任务 123%，比上年增长 179.4%，签发银行承兑汇票 138 笔，累计金额 1.05 亿元，到期兑付 2.64 亿元，履约率 100%，发行牡丹信用卡存款余额 811 万元，实现交易额 2.3 亿元，新增发卡量 1.18 万张，其中灵通卡 1.06 万张，存款余额 10 万元，发行电力收费等专用卡 1063 张，月均吸存额 250 万元。1998 年，州工行完成国际结算总指标 2642.3 万美元，比上年同期增加 1304 万美元，完成全年任务 188.7%；开出银行承兑汇票 9732 万元，兑付率达 100%；全辖发行牡丹卡 2.26 万张，存款余额 671 万元，其中发行电费、税费专用卡 1087 张，代收电、税费 1068 万笔，总交易额 1.64 亿元，实现利润 4 万元。中国银行吉首分行在国际贸易结算方面开辟湘泉集团等新的客户领域。

2000 年，全州金融机构受理会计业务 17.67 万笔，核算金额 75.11 亿元，柜面堵住差错 128 笔，涉及金额 976 万元，处理联行往来业务 2.2 万笔。州工行完成国际结算总指标 3082 万美元，先后推出银行—证券资金转账卡、牡丹交警卡，两项新卡发行量 1.16 万张，累计发卡总量 5.33 万张，新增 1.89 万张，交易额达 3.58 亿元；州农行累计签发承兑汇票 123 笔，9965 万元；累计收到务工汇兑存款 8112 笔，5097 万元，留存 3495 万元，办理贴现业务 13 笔 2572 万元，净收利息 60.4 万元；中国银行吉首分行完成国际结算 1307 万美元。2002 年，州人行加强银行账户管理，办理基本账户开户 737 户，堵住不合理开户 50 户。州工行完成国际结算业务 3707 万美元，州农发行拍卖陈化粮 1090 万公斤，结算销售 1020 万公斤，结算销售回笼货款 613 万元。2003 年，全州金融机构共办理电子联行往来账 8445 笔，金额 38 亿元；办理同城票据交换 1.84 万笔，金额 21.4 亿元。中国银行吉首分行发行银行卡 2000 张，其中：信用卡 300 张，借记卡 1700 张，实现收益 6.6 万元，累计直销额 155 万元；办理票据贴现 4570 万元，实现收益 30 万元。2004 年，全州会计国库营业部门办理会计业务 7.5 万笔，金额 625 亿元，电子联行往来业务 3.1 万笔，170 亿元，处理同城票据业务 2.3 万笔，34 亿元；办理各级预算资金收纳 9.1 亿元，地方预算支出 24.3 亿元。州农行累签承兑汇票 1.2 亿元，审议 287 笔 12.04 亿元信贷业务，通过 270 笔 11.34 亿元，审查退回 17 笔，7016 万元。中国银行吉首分行出纳业务收付总量日平 350 万元，业务 60 笔，比上年分别增长 35%、21%。

2005 年，州人行营业部实施“主任坐班”制度和“文明窗口”建设，办理会计业务 5.89 万笔、663.9 亿元；同城票据业务 2.76 万笔、42.6 亿元，会计核算差错率同比下降 70%。州工行完成国际结算业务 3325 万美元，比上年同期增加 512 万美元，同比增长 18.2%；州农行新发展网上银行用户 122 户，办理网上银行业务 1971 笔 185 万元，办理西联汇款业务 87 笔，审查信贷业务 306 笔、金额 8.3 亿元，通过 287 笔 7.53 亿元，审查退回 19 笔 7626 万元。中国银行吉首分行开通全国通存通兑业务，开办通知存款、汇划即时通等新业务品种。

2007 年，州工行完成企业网上银行开户 129 户，个人电话银行开户 6456 户，企业电话银行开户 54 户，手机银行实现开户 5878 户，个人网上银行实现开户 1.73 万户，个人客户证书 3130 户，电子银行交易额 130 亿元，实现电子银行中间业务收入 43.76 万元，同比增加 14.76 万元，发放牡丹信用卡 1.22 万张；州农行新发银行卡 4.32 万张，实现网上银行注册客户 2199 户，办理西联汇款 166 笔，因私购汇 48 笔；中国银行吉首分行完成国际结算量 1.72 亿美元，同比增长 157.8%，完成省分行下达任务 143.33%，市场份额达 57%（按海关统计口径），实现国际结算业务中间收入 291 万元，同比增幅为 131.08%，实现贸易融资利息收入 386 万元，同比增幅 235.36%，完成年计划的 241.25%。2008 年，州工行完成企业网上银行开户 144 户，个人电话银行开户 9279 户，手机银行开户 8499 户，个人网上银行实现开户 1.69 万户，个人客户证书 5910 户，电子银行交易额 173 亿元，实现电子银行中间业务收入 47 万元,发放信用卡 2.67 万张，比上年增加 1.44 万张，增长 117.8%；州农发行为信贷企业开立网上银行账户 17 户，安装收单 POS 机 4 户，办理牡丹金山商务卡 27 张，员工卡 245 张；州农行完成国际结算业务 4152 万美元，新增网上银行开户 3292 户，基金开户 815 户。2009 年，州工行完成国际业务结算量 572 万美元，新增个人网上银行 1.56 万户，个人手机银行 5112 户，企业网上银行 162 户，电子银行 6.51 万户，网上银行交易额 246.56 亿元，发放食用卡 4790 张，总量达 3.11 万张，消费额达 4.92 亿元，信用卡发卡量、消费额均居同业之首，新开对公结算账户 610 户，净增账户 93 户；州农发行开户企业共开立网上银行账户 21 户，商务卡 27 户，牡丹金山卡 251 张；州农行完成国际结算量 1291 万元，累计受理审查各项信贷业务 793 笔、金额 4.81 亿元，审查退回各项信贷业务 13 笔、金额 4470 万元，审查通过 780 笔、金额 4.36 亿元。

2010 年，州人行结合业务实际，编制《金融机构支付清算业务操作指引》，规范金融机构货币发行、账户管理、缴存款日常考核、账务核对、回单签发等业务事项。州工行完成国际结算业务量 2912 万美元，新增企业网上银行证书 193 户，个人网上银行 1.76 万户，U 盾客户同比多增 4727 户，新开户 WAP 手机银行净增客户 1.14 万户，新开对公结算账户 624 户，销售法人理财产品 6.59 亿元，实现中间业务收入 264.83 万元；州农行新增信用卡 8639 户，新增个人电子银行客户 6.86 万户，实现电子银行收入 444 万元；中国银行吉首分行新增对公账户 143 户，有效客户 18 户，企业网上银行 78 户，网上银行交易量 15 亿元，发放信用卡 2721 张，发卡完成率全省排名第五位，中高端客户新增 618 户，开办汽车分期付款、存贷通、居家安心卡、校园淘宝卡、军保卡、银通卡等新的业务品种和批发业务。

三、外汇管理

1989 年，全州坚持择优扶植、保证重点的原则，审批用汇 213.87 万美元，其中留成外汇 7.1 万美元，调剂外汇 206.77 万美元，用于技术改造项目 175.5 万美元，占用汇额的 82%；用于工业企业购进紧缺原材料 19.6 万美元，占 9.1%；其他用汇 18.7 万美元。

1992 年，全州办理个汇调剂成交额 677.43 美元，比上年增长 202%。办理外商投资企业登记 14 户，核准非贸易收汇单位 10 个，促进全州贸易和非外贸易创汇的增长。州工行开办美元、港币两类企业存款、储蓄异地托收等业务，吸收外汇存款 10 万美元，吸收外币储蓄 3.07 万美元，办理外汇调剂 0.67 万美元，对业务部投入资金 25 万美元。1993 年，全州核拨留成外汇额度 16.56 万美元，调拨外汇额度 263.02 万美元，办理外商投资企业登记 6 个，总投资 1071.41 万美元，出口外汇核销 245.45 万美元；办理外汇调剂成交额 380 万美元，其中对公外汇调剂 351 万美元，对居民个人外汇调剂 29 万美元，实际用汇 416 万美元，支持进口邮电程控设备等 23 个项目。州工行新增 3 个外汇代办点，外汇存款余额 60 万美元，增长 62.16%。1994 年，州外汇管理局围绕外汇管理体制改革，加强外汇业务监管。全州结汇 112 万美元，售汇 5 万美元；州工行吸收外汇存款 68 万美元，比上年增长 13%，其中外汇储蓄存款 31 万美元，比年初增长 47.6%。1995 年，全州外汇存款 165 万美元，比上年增加 13 万美元，增长 8.55%，外汇贷款 236 万美元，比上年减少 1 万美元。

1998 年，全州强化外汇监管，实现自营出口创汇 3200 万美元，比上年增长 80%，银行结汇 2450 万美元，比上年增长 85%，各项外汇存款余额 315 万美元，比上年增长 12%。州工行完成结算指标 937.7 万美元，完成省分行下达任务的 332.6%；非贸易业务完成 38 万美元，完成省分行下达任务的 189%；外币储蓄存款余额 83.3 万美元，比年初增加 22.3 万美元，完成省分行下达任务的 148.7%；完成外汇利润 4.3 万美元，完成省分行下达任务的 143.3%；完成对两个项目的外国政府转贷款业务评估、审批，金额达 460 万美元。中国银行吉首分行累计结汇 147 万美元，售汇 6.3

万美元。

2000年，全州加强外汇管理，实现自营出口收汇4719万美元，比上年增长51%，结售汇总额4074万美元，同比增长47%。外债转贷余额1324万元美元，新增262万美元；全州国际收支总额3938万美元，同比增加1330万美元，增长51%；州工行完成结售汇业务指标2150万美元。2001年，州外汇管理局创新外汇监管和服务方式，打击外汇黑市交易，防止企业逃、套、骗汇行为，实现国际收支申报准确率、及时率100%。全州实现自营出口外汇6836万元美元，较上年增加2136万元美元，增长45.4%。州工行外汇储蓄存款余额为124万美元，比年初增加19万美元，实现外汇利润15万美元，外汇业务实现中间业务收入87万元。2002年，州外汇管理局做好国际收支统计申报，监测出品企业和外汇指定银行经营动态，支持出口企业创汇，实现出口创汇7060万美元。6月，开通境内居民因私购汇业务系统，提前3个月实施国际收支5个工作日申报制度。州工行累计办理结售汇业务2544万美元，实现中间业务收入85万元，外汇储蓄存款余额为129万美元，比同期增加4万美元；各项外汇贷款余额454万美元，比年初增加199万美元，实现外汇利润2万美元。2003年，中国银行吉首支行完成结汇3220万美元，完成省行目标任务188.2%，市场份额为41%。2004年，州农行完成外汇结汇2941万元，比上年增长1158万元。2005年，全州外汇部门发出核销单1053份，累计核销1065笔，核销金额1.37亿美元。跟踪监测100万美元以上外汇贷款。处理农行湘西州分行违反《国际收支统计申报办法》案，处罚人民币1.07万元。州农行结售外汇2008万美元，办理打包押汇贷款8000万元，外汇存款余额76万元，实现业务收入35万元。

2007年，州人行下放外汇审批权限，将资本金结汇业务授权外汇指定银行办理，全州新增自动核销企业4家，自动核销额达60%。2008年，全州金融机构（不含外资）外汇存款485万美元，比上年增加109万美元，增长29%；外汇贷款393万美元，比上年减少771万美元。州农行完成结算汇业务4030万美元，结售汇收入59万元。2009年，州外汇管理局（人行）向企业提出利用出口信用保险等避险建议，根据辖内出口企业收汇率和出口逾期未核销出现“一降一增”实际情况，加大催核力度，审核办理差额核销35笔，金额2500万美元。6月，州人行推行全州符合自动核销条件出口企业出口外汇自动核销管理。9月，全州开展以“诚信兴商，和谐发展”为主题的诚信兴商宣传活动，各外汇指定银行以及进出口企业800余人参加活动，发放宣传资料2000份，悬挂宣传牌匾等20多幅，向群众提供咨询500多人次，参加网上答题450份。州外汇管理局完成外商投资企业联合联检工作，注销连续2年未参检企业18家。州工行完成外汇资金结算量1324万美元；州农行结汇完成1186万元，国际业务收入手续费16万元。全年全州完成结售汇14605万美元。

2010年，州外汇管理局推进进口付汇核销改革，现场核查和检查全州外汇指定银行、进出口企业开展国际收支及外汇业务政策执行情况。全州完成结售汇21227万美元，其中州工行完成结售汇1486万美元，实现中间业务收入97万元。

四、银行监管

1989年，州人行完成稽核和检查项目13个，现场稽核资金总额21.72亿元，查出不合理金额2.45亿元，占现场稽核资金总量11.3%，处理8504万元，待处理1.60亿元，处以罚息或罚款9.3万元；处理外汇违纪案件4起，检查违纪金额16.07万美元，罚款2.36万元，强制收兑565美元。州人行成立清欠领导小组，清理州内县外、省内州外、省外三个层次跨系统跨地区拖欠款，解决企业拖欠3000多笔，金额3351.9万元。

1992年，全州开展清理三角债工作，清理固定资产投资拖欠项目15个，源头清付拖欠1683.3万元，清付率100%。1993年，州人行印发《关于严格结算纪律的规定》，稽核检查全州18个县级支行、5个营业所结算纪律和开户情况，受理结算举报48起，金额3476万元。检查处罚无理截留他行资金银行5家，责成开户行注销100多户企事业单位非基本账户。1994年，全州查出转移财政性存款，少缴存款准备金等各种违规问题，涉及金额3.5亿元。依据《金融稽核检查处罚规定》，实施各种经济处罚101万元。

1996年，州人行金融监管委员会成立。6月，重新登记非银行金融机构，撤销州建行信托办事处及其证券交易部机构2个；稽查邮储机构45个，存款金额1.65亿元。查处案件4件。1997年，州人行抽查28家县级金融机构结算纪律执行情况，抽查结算业务26万笔，金额39亿元，查出违纪业务89笔、金额6873万元，对延压结算凭证、截留他行资金，违规开立和使用账户等问题，均予处理。全州金融系统查处各类违法违纪案件8件。结案6件，结案率75%；查处人民银行违纪案件2起。

1998年，州人行检查金融机构168个，查出违规金额960万元；花垣县邮政储蓄机构和吉首前程城市信用社存在利率违规问题，分别罚款15万元、3万元；开展信贷管理检查，检查辖内金融机构73个，检查面34.1%，抽查贷款户10万户，贷款余额24亿元。2002年，州人行督促永顺县信用联社开展内部职工责任贷款“门前清”活动，集中清收职工及家属贷款154笔275.8万元；对新增贷款，实行审批制度和责任追究制度，全州不良贷款比例下降17.52%，绝对额减少7923万元。2003年，州人行开展贷款质量和农村信用社序时性现场检查，投入工作日549个，检查农信社机构74家，涉及贷款金额6.5亿元，存款1.22亿元，提出整改意见10多条。开展银行账户大检查，摸底辖内具有开户资格的金融机构30个，检查各类账户3000户，保证新的《人民币结算账户管理办法》顺利实施。

2004年，州银监分局确定国有商业银行10家大贷款客户、20家不良贷款大客户，以及农村信用社10家高风险社和10家大贷款客户为持续跟踪监管对象。1—6月，州银监分局两次召开辖区农村信用社不良贷款“双降”联系会，商讨促降措施。12月，辖内农村信用社不良贷款余额3.83亿元，比年初下降3800万元，不良贷款实现“双降”。同时，先后完成辖区5家银行业金融机构钢铁、汽车、电解铝、水泥和房地产五大行业贷款情况专项检查；开展农村信用社非信贷资产经营情况专项检查；全面检查邮政储蓄机构、人员和业务；开展信用社在建和拟建固定资产贷款等系列现场检查。成立检查组26个，累计工作量1621人/天，累计检查机构430个，发现各类问题36个，提出整改意见88条，整改到位63条。2005年，湘西州成立湘西银监分局、商业银行、农村信用社案件专项治理督查指导小组，检查、督促其加强内部控制，防范信贷操作风险。建议发案行追究相关责任人员。州农行通报批评、警告和罚款舒某某案件相关责任人10人，7名信贷违规人员受到警告处分；州工行追究1999—2005年期间新增不良贷款责任人，经济处罚156人/次，行政处分12人，其中，警告8人、记过4人；解聘职务4人。州银监分局完成现场检查项目19个，派出现场检查组23个，检查131个机构，发现违规机构56个，涉及检查金额39.11亿元，违规金额2.8亿元，提出检查整改意见71条。开展机构审核，审核机构变更37个，其中机构升格1个，更名12个，迁址14个，撤销9个。州人行组织开展账户检查，检查辖内金融机构营业网点30个，检查各类账户4069户，发现违规账户615户，下发整改通知365份，实施处罚人民币0.55万元。

2006年，州银监分局派出检查组30个、投入工作日3619个，完成贷款分类偏离度等现场检查项目17个，抽查营业网点355个，涉及业务金额65.5亿元，查出违规金额21.72亿元。全州13个金融机构24个营业网点参与案例演练113件，“银鹰行动”头寸押运应急演练制作成全省学习教材。2007年，州银监分局在收集监管资料的同时，深入到各县（市）农村信用社座谈、了解，按照定性和定量指标，监管评级全州8个县（市）农村信用社联社，评出3级1个，4B级5个，4A级1个，5A级1个。审核报表704张，核对数据25538个。办理机构变更事项41项。其中，筹建机构8个，开业8个，升格9个，撤销8个，迁址6个，更名2个。核准高管人员任职资格49人，备案高管人员任职资格2人。完成“金融许可证”核对工作，审核修改银行业机构准入事项管理系统数据，换证364个。

2008年，州银监分局支持银行业机构进行资源优化配置，办理机构变更事项53项。其中,筹建机构2个,开业2个,升格26个,迁址22个,更名1个。州人行开展“制度落实年”和“业务操作标准年”活动，清理各项内控制度618个，新建各项业务规章制度65个，修订完善制度165项，制定业务操作规程图88个。湘西州非法集资事件爆发后，全州金融部门协调行动，积极应对，成功化解“9·8”银行挤兑和“9·25”银行营业网点停业等金融突发事件，维护全州金融和社会稳定。2009年，州银监分局监管评级全州8个县（市）信用联社，吉首、龙山两个县（市）为3级，永顺、保靖、花垣、凤凰、古丈、泸溪6个县为4A级。

2010年，州人民政府制定《非法集资举报奖励制度实施办法》，对举报并经查证属实的，按照涉案金额大小给首次举报人1万～5万元奖励。《办法》实施后，接到群众举报7起，促进湘西州打击非法集资活动的开展。参与非法集资后续处置工作，协助对涉非企业——喜阳集团处置资产，帮助州工行收回不良贷款0.7亿元。州银监分局组织开展农村信用社风险管控检查及银行业机构统计执法大检查，现场检查项目21个，检查机构134个，涉及资金57.93亿元，投入现场检查工作日1925个，检查发现违规机构82个，涉及金额17.79亿元，提出整改意见247条，跟踪整改意见211条，整改合格126条，责令被检查机构追究责任人责任72人。州人行制定《湘西州银行业金融机构执行央行业务综合评价办法（试行）》，加大执法检查力度，检查金融机构30家次，处罚5家次，处罚金额8.8万元。州人行、州银监分局与州中级人民法院联合开展“提振信心、共创诚信”金融债权专项审判活动，联合印发《关于进一步开展金融专项审判工作的通知》，构建金融司法维权长效机制。

第四章 保险

1989年，湘西州有中国人民保险公司湘西中心支公司及8个县（市）分支机构9个，职工181人，保费收入1674.6万元，支出784万元。1995年，保费收入4348.6万元，支出2838.3万元。1996年，财产保险与人身保险机构分设。2003年始，州内保险机构持续增加，至2010年，全州有保险机构13家，其中财产保险公司8家，人身保险公司5家。全州人身险保费收入71920万元，是1989年的118.56倍；人身险理赔支出5455万元，比1989年全州人身保险理赔支出增长19倍。全州财产险保费收入突破亿元大关，达到22725万元，是1989年的32.41倍；理赔支出9719万元，比1989年财产保险理赔支出增长19.52倍。

湘西州保险行业协会 2003年8月，州保险行业协会成立，协会设理事会、常务理事会，产险、寿险专业委员会，保险合同纠纷调解委员会和会员服务中心等机构，日常办事机构为秘书处，处内设办公室，产险、寿险工作部和调解办公室等部门，有工作人员12人，会员单位13家。2003—2010年，历任会长：邓靖生、李早、李慧明、朱旭川；秘书长：王宜勋、陈友山。

中国人民财产保险股份有限公司湘西自治州分公司 1996年6月，保险机构分设，中国人民保险公司湘西分公司继承中国人民保险公司品牌，经营非寿险业务（简称中国人保，原名中国人民保险公司湘西中心支公司）。2003年7月因股改上市，更名为中国人民财产保险股份有限公司湘西自治州分公司（简称中国人保财险），内设总经理室、综合部、车险部、财产险部、信息技术部、渠道管理部、理赔管理部、财务中心、承保中心、理赔/客户服务中心；下设吉首、泸溪、凤凰、保靖、花垣、永顺、龙山和古丈8个县（市）支公司及农村营销服务部，实有员工111人。历任经理：曾炎策、刘光林、章晓辉、邓靖生、刘剑波、段立新。

中国人寿保险股份有限公司湘西分公司 1996年6月，中国人寿保险股份有限公司湘西分公司（简称中国人寿）成立，内设总经理室、综合部、人力资源部、监察部、培训教育部、财务会计部、A柜面、信息技术中心、个险部、团险部、银保部；下设吉首、泸溪、凤凰、保靖、花垣、永顺、龙山和古丈8个县（市）支公司及农村营销服务部，实有员工173人。历任经理：舒先健、任卫东、熊喜良、李慧明、刘 辉。

中国平安人寿保险股份有限公司吉首中心支公司 1997年1月，中国平安人寿保险股份有限公司吉首中心支公司（简称平安人寿）成立，内设总经理室、契约部、理赔部、团险部、客服部、区拓部，实有员工32人。历任经理：欧阳军、袁一平、李凡强、黄希宁。

中国平安财产保险股份有限公司吉首中心支公司 1996年11月，中国平安财产保险股份有限公司吉首中心支公司（简称平安财产）成立，内设总经理室、综合管理部、客服理赔部；下设永顺、泸溪、花垣3个营业部，实有员工50人。历任经理：李早、马立新。

泰康人寿保险股份有限公司吉首中心支公司 2004年4月，泰康人寿保险股份有限公司吉首中心支公司（简称泰康人寿）成立。内设总经理室、营销部、培训部、公共资源部、财务部、新生活广场、团险部；下设花垣和永顺两家支公司及泸溪、凤凰、龙山、吉首本部4个营销服务部，龙山里耶、永顺石堤、保靖清水坪、吉首马颈坳、古丈古阳5个农村营销服务部；实有员工50人。经理：向松。

新华人寿保险股份有限公司湘西中心支公司 2005年8月，新华人寿保险股份有限公司湘西中心支公司（简称新华人寿）成立，内设总经理室、综合部、财务部、理赔部、人力资源部、客服部；下设龙山、花垣和凤凰3家县级营销部，实有员工55人。历任经理：喻卫阳、卢雷良。

中华联合财产保险股份有限公司湘西州中心支公司 2006年7月，中华联合财产保险股份有限公司湘西州中心支公司（简称中华联合）成立，内设总经理室、综合部、业管部、客服部、计财部，下设吉首、花垣和龙山3个支公司及凤凰、古丈、永顺、泸溪4个出单点，实有员工22人。经理：熊山。

中国太平洋人寿保险股份有限公司湘西州中心支公司 2006年9月，中国太平洋人寿保险股份有限公司湘西州中心支公司（简称太平洋人寿）成立，内设总经理室、银行保险部、团险部、个险部、人事部、财务部和营运部，下设花垣支公司，实有员工34人。历任经理：黄景波、张颦。

中国太平洋财产保险股份有限公司湘西州中心支公司 2006年11月，中国太平洋财产保险股份有限公司湘西州中心支公司（简称太平洋财险）成立，内设总经理室、综合部、服务部、业管部、计财部，下设花垣支公司，实有员工18人。经理：朱旭川。

中国大地财产保险股份有限公司湘西支公司 2007年4月，中国大地财产保险股份有限公司湘西支公司（简称大地财险）成立，内设总经理室、综合部、销售部、服务部、业管部，实有员工13人。经理：韩宗迅。

天安保险股份有限公司湘西州中心支公司 2007年10月，天安保险股份有限公司湘西州中心支公司（简称天安财险）成立，内设总经理室、综合部、业管部、计财部，实有员工18人。历任经理：李传民、沈栩。

都邦保险股份有限公司湘西州中心支公司 2008年7月，都邦保险股份有限公司湘西州中心支公司（简称都邦财险）成立，内设总经理室、综合部、业务部、业务管理部、财务部、市场部，实有员工13人。经理：钟慧。

安邦保险股份有限公司湘西州中心支公司 2008年9月，安邦保险股份有限公司湘西州中心支公司（简称安邦财险）成立，内设总经理室、财务部、理赔部、综合部、业务部，实有员工8人。经理：龚循江。

第一节 保险收入

一、人身保险收入

1989年，中国人民保险湘西中心支公司经营人身保险业务，投放市场险种有简易人身保险、团体人身保险、企业养老年金保险、少儿保险、意外伤害保险等，保费收入605.6万元。1996年4月，人身保险机构单设，全州从业人员50人。5月，财产、人寿险分业经营，中保人寿湘西分公司成立，专业经营人身保险业务。是年，保费收入2533万元，较上年增长103%。

1997年，引入保险代理人营销机制，人寿险从业人员骤增，全州达到400余人，营销代理人员走家串户，寿险市场逐渐活跃，险种逐渐丰富起来，定期寿险、终身寿险、两全保险、少儿保险、住院医疗保险和人身意外伤害保险相继入市，全年保费收入2778万元，较上年增长9.6%。1998—2003年，州内中国人寿和平安人寿两家人身保险公司经营寿险业务，随着寿险代理人逐年上升和分红型保险产品推出，保费规模逐年递增，至2003年达到15442万元，为1997年的5.5倍。

2004年，泰康人寿进驻湘西州，人身保险公司增至3家。全州保费收入实现15579万元，其中普通寿险保费收入4548万元，分红险保费收入7578万元，意外险保费收入1350万元，健康险保费收入2103万元。2005年，新华人寿进驻州内，人身保险公司增至4家。全州保费收入16328万元，其中，普通寿险5505万元，分红险6383万元，意外伤害险1246万元，健康险3194万元。2006年，太平洋人寿进驻州内，人身保险公司增至5家，平安、泰康推出万能险。全州保费收入达到16526万元，其中，普通寿险6215万元，分红险6470万元，万能保险643万元，意外险1248万元，健康险1950万元。

2007年，各家人身保险公司推出种类繁多的分红型保险业务，中介专管员进驻州内工商银行、建设银行、农业银行、中国银行和邮政储蓄各主要网点，银行邮政保险代理销售活跃，人身保险快速增长，2010年，全州实现人身保险收入71920万元，增速居全省第一位。比1989年增长118.56倍。

二、财产保险收入

1989年，全州有中国人保公司经营财险业务，保费收入701.1万元。其中家财企财险保费309.6万元，机动车辆险保费276.1万元，货运险保费79.3万元，农业险保费36.1万元。

1996年，财产保险公司与人身保险公司分设。次年全州有中国人保和平安财险两家财产公司经营财险业务。2000年，全州财产业务收入4307.6万元，其中州人民保险公司3801万元，平安保险公司506.6万元。其主导险种有家财企财保险、机动车辆保险、货运保险、农业保险和意外伤害保险。家财险主要集中在农房保险上，20世纪90年代初中期全民集体企事业单位投保较多，企财险兴旺一时。之后，由于企业改制，以及保险公司保额规模限制（一般总保额达不到200万元不保）等原因，州内仅有酒鬼酒股份有限公司、州农业银行、州工商银行、州建设银行、中国银行吉首分行、州电信公司、州移动通信公司、湖南三立集团有限公司、湖南（花垣）太丰集团有限公司、州烟草公司等10余家大企业参保，保费收入12517.5万元，年均收入1390.83万元；机动车辆保费占比较重，保费收入27475万元，年均收入3052.78万元；农业保险有中国人保1家开办，保险公司承保面积有限、保费收取难等原因，农业保险仅在椪柑、桑蚕、地膜玉米、烤烟、制种等少数开发性项目上试点推行，且多数由地方政府部门出资，未能大面积推广，多数年分保费收入徘徊在200万元左右；意外险多集中在学生平安保险上，累计保费收入3577万元。

2006年，随着中华联合、太平洋财险先后加盟，保费规模增长较快。2007年国家将农业保险作为一项支农惠农措施在六省区开展，湘西州作为湖南政策性农险试点州市之一，开展水稻、油菜、玉米、能繁母猪和山林等涉农保险保费补贴试点，种植业由中央和省财政出资65%，州、县出资30%；养殖业由中央财政出资80%，林木由中央和省财政出资80%，其余不足部分自筹。州内中国人保和中华联合两家财险公司经营此项业务，农险得以迅速发展，当年保费收入实现1831万元。是年7月1日，国务院颁布《机动车辆交通事故责任强制保险条例》，州内8家产险公司抢抓机遇，拓展市场，机动车保险得以快速发展，2010年突破亿元大关，保费收入达到1.46亿元。建安工程险、货物运输险、责任险、健康险和意外险等其他险种平稳推进，累计收入22725万元。比1989年增长32.41倍。

第二节 保险理赔

一、人身保险理赔

1989年，全州仅有州中国人保1家公司，险种有简易人身险、养老年金2个，累计理赔支出286.5万元。其中，简易人身险理赔支出25.2万元，养老年金理赔支出261.3万元。

1996年，中国人保公司新开普通寿险、意外伤害险、健康险3个险种，理赔支出分别为0.56万元、184.41万元、185.02万元。1997年，州平安人寿公司登录湘西州，开展普通寿险、意外伤害险、健康险业务。1996—2000年，全州累计理赔支出3189.05万元，其中，普通寿险理赔支出652.84万元，意外伤害险理赔支出1541.77万元，健康险理赔支出994.44万元。

2001年，州中国人寿、州平安人寿公司，分别理赔普通寿险353.3万元、意外伤害险545.08万元、健康险742.47万元。2003年，新开分红寿险理赔业务，理赔支出75万元。至2005年，5年间全州理赔支出8977.64万元，其中，普通寿险理赔支出2318.26万元，分红寿险理赔273.53万元，意外伤害险理赔支出2316.06万元，健康险理赔4069.79万元。

2006年，州太平洋人寿公司进入湘西州，全州经营人身保险公司达到5家，经营险种普通寿险、分红寿险、意外伤害险、健康险4个。2008年，新开万能保险理赔业务，理赔支出19万元。5家人身保险公司在“专业、合理、简捷”等方面不断创新机制，改善服务。各家公司推出24小时热线服务电话，随时受理咨询、报案、救援、理赔、查询等服务；同时开展形式多样的特色服务，主要有“客户服务节”“1+N”服务、“康乃馨”住院探视等。极力为客户营造“家”的感觉。2010年，全州人身保险赔款与给付6455万元，比1989年增长19倍。

二、财产保险理赔

1989年，全州财产保险仅有中国人保公司1家，理赔险种有家财企财险、机动车辆险、货运险、农业险、意外险、其他险6个，理赔支出497.8万元，其中，家财企财险理赔支出111.4万元，机动车辆险理赔195.9万元，货运险理赔23.2万元，农业险28.1万元，意外险理赔132.9万元，其他险理赔6.3万元。

1996年，州中国人保公司家财企财险、机动车辆险、货运险、农业险、意外险、其他险合计理赔支出3507万元。1997年，州中国平安财险公司进入湘西州。2000年，新增责任财险理赔业务。5年间，全州财产保险理赔支出15247万元，其中，家财企财险理赔支出6056万元，机动车辆险理赔6270万元，责任财险理赔3万元，货运险理赔496万元，农业险440万元，意外险理赔1837万元，其他险理赔145万元。

2001年，新增工程险理赔业务，停止“其他财险”理赔业务统计。至2005年，全州财产保险理赔支出15247万元，其中，家财企财险理赔15049万元，机动车辆险理赔9947万元，责任险理赔586万元，货运险理赔273.2万元，农业险312万元，工程险理赔68.9万元，意外险理赔31万元。

2007年，新增健康险理赔业务。2008年州保险协会成立保险合同纠纷调解委员会，建立快速调处机制。2009年，州内财产保险公司8家，理赔险种有家财企财险、机动车辆险、责任险、货运险、农业险、工程险、健康财险、意外险8个。各家公司推出24小时热线服务电话，随时受理咨询、报案、救援、理赔、查询等服务。平安财险公司提出“万元以下手续齐全一天内赔付”、太平洋财险公司启动“移动视频查勘”实现事故现场远程定损对接、中华联合实行“首问责任制”服务等。2010年，全州财产保险赔付8318万元，其中，机动车辆险7130万元，责任险399万元，健康险325万元，其他险464万元。比1989年增长15.71倍。

第五章 证券

1994年11月，吉首民族证券营业部成立。1995年，营业部正常客户1000余户，客户资产总值1亿余元。2008年1月，吉首财富证券营业部成立。2010年，吉首民族证券营业部拥有人民币普通股客户3万余户，客户资产总值12亿元，比1995年增长10倍；吉首财富证券营业部拥有客户1万余户，客户资产总值逾5亿元。

第一节 民族证券

1994年11月16日，吉首证券营业部成立，系州信托投资公司下属营业部，隶属州财政局，挂靠湖南省财政信托投资公司。2000年5月，吉首营业部由中国民族国际信托投资公司接管，有员工42人。2001年，下设龙山、永顺、吉首乾州3个服务部。2002年4月，吉首证券营业部更名为中国民族证券有限责任公司吉首人民北路证券营业部，从事证券经纪业务，经营品种包括A股、B股、基金、权证、国债、企业债等，代理上市公司办理投资者的分红派息，代理上海、深圳证券登记公司办理登记开户等业务。交易方式涵盖柜台委托、自助委托、电话委托、网上委托、手机炒股、网页委托等多种查询和委托方式。2007年，吉首乾州、永顺服务部先后撤销。2009年，龙山营业部迁址常德，仍属吉首营业部管理。2010年，吉首营业部内设综合部、电脑部、财务部、客服中心、理财中心、前台营销部6个职能部门，有员工49人。1994—2010年，历任总经理：石建勇、刘煌、彭继文、赵凯、郭悦、王冉。

1995年，吉首证券营业部投资1000余万元，与州财政局联合修建吉首市标志性建筑——州财政世纪大厦。是年，营业部有正常客户1000余户、客户资产总值1亿多元。2001年，营业部投入700多万元，更新交易软硬件设施，开通“民族证券网”，并与州工商银行、州建设银行联合，推行“银证一卡通”业务，与州七六零二段票寻呼台签订协议书，与湖南君士国投证券研发中心签订《关于设立“君士国投工作室”及“证券信息、股市分析内部广播网”协议》，为客户投资提供咨询服务。7月，营业部正式搬迁至吉首市人民北路93号财政世纪大厦（一楼、二楼），办公面积2000多平方米。2008年，吉首营业部经营业绩增长，在第二届“大智慧杯”中国明星证券营业部评选活动中获“中国最佳区域证券营业部”。2010年，投资170万元，完成经营场所装修改造，经营总面积1300平方米。并与工行、农行、中行、建行等国内主要商业银行开通第三方存管业务。是年，吉首民族证券营业部拥有人民币普通股客户3万余户，客户资产总值12亿元，比1995年分别增长18倍和10倍。营业部被湖南证监局授予“湖南证券期货经营机构合规管理先进单位”；被湖南证券业协会授予“湖南省2010年优秀营业部”称号。

第二节 财富证券

2008年1月，吉首财富证券营业部成立（前身为2003年8月成立的财富证券有限责任公司长沙八一路营业部吉首服务部），内设客服部、交易部、电脑部、财务及合规部、行政部、营销部6个部门，实有员工14人。2010年，吉首财富证券营业部内设客服部、交易部、电脑部、财务及合规部、行政部、营销部6个部门，实有员工27人。2008—2010年，营业部总经理：田忠。

2008年1月，营业部拥有经营面积400平方米，位于吉首市人民北路66号湘泉步行街A栋三楼。2009年，营业部办公场地扩建，营业面积增至1000平方米，设有中户区与散户区，拥有近200个客户交易终端机。营业部交易品种齐全，可为客户提供股票、基金、权证、债券等交易品种；交易方式多样，准确及时，自助终端、热键、网上交易、电话委托、手机炒股等多种交易形式一应俱全，采用深沪双向卫星报盘，跑道通畅；与建行、工行、农行、中行、邮储银行开通第三方存管业务，方便客户资金的即时划转；采用钱龙/大智慧两套行情分析系统，确保客户能方便快捷地收看行情和准确实时地查询信息。2010年，吉首财富证券营业部拥有客户1万余户，客户资产总值逾5亿元。

第二十六篇　经济综合管理

第一章　计划管理

1989 年，湘西州计划委员会（简称州计委）内设办公室、监察室、社会发展计划科、基本建设计划科、农业计划科、政工科、规划办公室、以工代赈办公室、饲料工业办公室 9 个科室，编制 23 名；直属机构有州开发办公室；归口管理州统计局、州物价局、州矿产资源管理局、州物资集团总公司、州经济信息中心、州经济建设投资公司 6 个单位；代管湖南省 405 地质队。

1990 年，设立科技科，与社会科实行两块牌子、合署办公。1991 年，增设经济计划科和投资许可发放办公室。1992 年，设立农村经济开发服务中心，与以工代赈办两块牌子、一套人员；设立第三产业办公室。1993 年，农村经济开发服务中心与以工代赈办分设，与农业计划科两块牌子、一套人员，合署办公。1994 年 9 月，州计委改为州计划物价委员会。1995 年 6 月，州计划物价委员会分设为州计委和州物价局。州计委内设办公室、综合科、社会发展科、科学技术科、工业经济科（加挂物资科牌子）、农业经济科（加挂州饲料工业办公室牌子）、固定资产投资科（加挂国土地区科牌子）、外经财贸科、第三产业办公室（对外称“州第三产业办公室”）、以工代赈办公室（对外称“州以工代赈办公室”）、经济技术协作办公室（加挂州对口支援领导小组办公室牌子）、政工科、州重点项目建设办公室（对外称“州人民政府重点建设项目办公室”），核定编制 40 名，其中行政编制 31 名，事业编制 9 名。1996 年，州计委设立综合科。1997 年，增设交通能源科。1999 年，设立州工程咨询公司；设立州人民政府项目库建设工作办公室，与州重点项目建设办公室，实行两块牌子、一套人员；州经济信息中心更名为州人民政府信息中心；设立农村经济开发服务中心。

2000 年，固定资产投资科（加挂“州重大项目稽察特派员办公室”牌子）。2001 年 10 月，州计委更名为州发展计划委员会（简称州发计委），内设办公室、国民经济综合科（加挂“地区经济发展科”牌子）、外经与经贸流通科、投资科（加挂“州重大项目稽察特派员办公室”牌子）、工业经济发展科（加挂“州国民经济动员办公室”牌子）、农村经济发展科（加挂“州饲料工业办公室”牌子）、第三产业发展科（对外称“州第三产业办公室”）、基础产业发展科、高新技术产业发展科、社会发展科、以工代赈办公室（对外称“州以工代赈领导小组办公室”）、重点项目建设办公室（对外称“州人民政府重点项目建设办公室”）、西部开发办公室（对外称“州西部开发领导小组办公室”）、人事科、纪检组（监察室），核定行政编制 27 名，机关后勤事业编制 3 名。重点项目建设办公室加挂“州招标投标指导协调办公室”牌子。

2004 年，州发展计划委员会改为州发展和改革委员会（简称州发改委）。2005 年，州发改委内设机构调整，设立办公室、国民经济综合科（加挂地区经济科牌子）、固定资产投资科、对外经济与财政金融贸易科、农村经济科、交通能源科、工业科（加挂州国民经济动员办公室牌子）、第三产业科（加挂州第三产业办公室牌子）、高技术产业科、社会发展科、以工代赈办公室（对外称州以工代赈领导小组办公室）、重点项目建设办公室（对外称州人民政府重点项目建设办公室）、西部开发办公室（对外称州西部开发领导小组办公室）、州重大项目稽察特派员办公室、经济体制综合改革科（加挂州经济体制改革领导小组办公室和州经济开发区办公室牌子）、法规科（加挂州人民政府招标投标领导小组办公室牌子、州招标投标指导协调办公室牌子）、人事科、纪检组（监察室）17个科室，核定编制31名（行政编制27名，事业编制4名），工勤编制3名。

2010年，交通能源科改为基础产业科，第三产业科改为服务业科，新设资源环境科和铁路建设办公室。州发改委内设机构为办公室、国民经济综合科（加挂发展规划科和地区经济科牌子）、法规科（加挂湘西州人民政府招标投标领导小组办公室和湘西州招标投标指导协调办公室牌子）、经济体制综合改革科（加挂湘西州经济体制改革领导小组办公室牌子）、固定资产投资科（加挂湘西州重大项目前期工作办公室牌子）、对外经济与财政金融贸易科、农村经济科、基础产业科、工业科、服务业科（加挂湘西州服务业领导小组办公室牌子）、高技术产业科、资源环境科、社会发展科、重大项目稽察特派员办公室、铁路建设办公室、以工代赈办公室（对外称湘西州以工代赈领导小组办公室）、西部开发办公室（对外称湘西州西部开发领导小组办公室，加挂湘西地区开发办公室牌子）、重点项目建设办公室（对外称湘西州人民政府重点项目建设办公室）、人事科、纪检组（监察室）20个科室。行政编制31名，暂配行政周转编制1名，机关后勤服务全额拨款事业编制3名。设立国民经济动员办公室（州国防动员委员会装备动员办公室），正科级。归口管理州经济技术协作办公室（对口支援领导小组办公室）、州经济建设投资公司。

1989—2010年，州发改委（州计委）历任主任：潘兴鲁、晏友生、叶红专、欧阳旭；副主任孙必宽、易松林、肖国良、夏远收、晏友生、叶红专、吴民乐（挂职）、江顺华、向顶天、文体安、郭汉辉、秦建平、蒋厚林、李世忠、向宏国。

第一节　宏观调控

1989年，宏观调控总目标和总任务是治理经济环境，整顿经济秩序，深化改革，压缩社会总需求，发展农业，确保物价涨幅低于上年；压缩非生产性建设，生产性建设投资要占总投资额70%以上，优先保证重点生产和重点建设需要；控制社会集团购买力和消费基金过快增长，在上年基础上压缩社会集团购买力20%。

“八五”（1991—1995年）时期，坚持“国家调控市场，市场引导企业”总方向，改革生产领域和流通领域直接计划管理，建立起相互配套、相互衔接宏观计划调控体系，实行计划经济与市场调节相结合，指令性计划与指导性计划相结合以指导性计划为主，用“抓住机遇，深化改革，扩大开放，促进发展，保持稳定”二十字方针总揽宏观调控全局，调整产业结构，着重发展农业和第三产业，培育社会主义市场经济体系，抑制通货膨胀，保持经济社会持续、快速、协调发展。按上述总方针、总目标和总要求，制定并执行全州经济社会发展主要宏观计划调控目标并基本达到预期效果。

1996年，研究经济热点问题，完成省计委安排的《经济发展战略研究》和《开发带动战略研究》两大课题。1998年，研究分析全州经济形势并预测，向州政府提交4份分析预测报告，提出一些完成计划建议和措施。1999年3月，州计委在州人代会上对全年GDP（地区生产总值）走势提出分析预测。4月，牵头完成《关于贯彻落实国务院17号文件及新一轮扶贫攻坚建议的汇报》。7月，在全州经济工作座谈会上，根据上半年经济运行情况提出六点建议。完成《“十五”时期湘西州经济发展的基本思路》课题研究。向州委、州政府提出实施科技项目意见，全州安排科技项目105项，投入项目经费1.09亿元。2000年10月，湘西州被纳入国家西部开发范围。年底，州计委完成《湘西州西部开发总体规划》和《湘西州实施西部大开发的对策和措施》专题材料和专题研究。

2001年，经济计划宏观调控坚持立足加快发展，立足结构调整，立足开拓市场，立足体制创新和科技创新。确定全州国民经济和社会发展主要调控指标：国内生产总值70亿元左右，全社会固定资产投资25.3亿元，全社会消费品零售总额37亿元，外贸进出口总额3650万美元，财政收入增长7.5%，农民人均纯收入增加80元左右，人口自然增长率控制在8.5‰以内，基本实现预期调控目标。2002年，围绕州委、州政府确定的工业化、城镇化、信息化和市场化目标，开展重点、热点问题调研，写出对应入世挑战、加快全州农业产业化专题应用调研报告；深入企业调查，为企业出谋划策；完成《湘西工业五十年》编写工作和基础设施带动战略实施材料及其他报告和汇报材料。2004年，重点抓重大项目建设调控，农业、水利、能源、交通、城建、以工代赈、退耕还林、科技、财贸、三产业等项目得到国家发改委和省发改委优先安排，纳入专项规划。2005年，加强经济形势分析研究工作，先后8次向州委、州人大常委会和州人民政府作经济形势分析专题汇报，提出应对措施和建议。

"八五"期间湘西州社会经济发展主要指标宏观调控效果一览表

表26-1　　单位:亿元

		1991年		1995年	
		数据	比上年增长	数据	比1991年增长
生产总值	计划	19.56亿元	4.8%	32.59亿元	66.62%
	完成	22.06亿元	12.78%	48.24亿元	20.08%
人均产值	计划	733元	4.4%	1497元	104.23%
	完成	792元	8.05%	1949元	30.19%
固定资产投资	计划	1.5亿元	36.36%	11亿元	633.33%
	完成	3.66亿元	144%	10.44亿元	174.32%
工农业总产值	计划	29.09亿元	5%	48.59亿元	67.03%
	完成	30.37亿元	4.4%	50.66亿元	66.81%
商品零售额	计划	9.58亿元	7.6%	20.99亿元	119.1%
	完成	8.5亿元	11.84%	22.4亿元	28%
农民人均纯收入	计划	485元	—	710元	225元
	完成	485元	113元	810元	325元
人口自然增长率	计划控制	13‰	—	10‰	-3‰
	实际控制	10.15‰	—	9.9‰	-0.25‰

"十一五"（2006—2010年）时期，全州计划完成投资540亿元。完成186.5亿元，以州庆项目为核心，抓重点项目建设。2008年，宏观调控重点加大全社会固定资产投资调控力度，控制投资过快增长。调控目标是推进新型工业化，加大工业园区投入，提升产业素质，优化产业结构；发展现代农业，推进新农村建设；突出文化旅游产业带动；加强重点项目建设，确保全社会固定资

产投资计划完成。5月和9月，先后3次向州委、州政府汇报全州经济形势，分析经济运行情况，指出面临主要困难和矛盾，提出下阶段工作建议。2009年，宏观调控重点是贯彻落实国家实施扩大内需政策，扩大投资，加大对保障民生、发展社会事业、转变发展方式和结构调整支持力度，解决“三农”（农业、农村、农民）、中小企业、区域协调、技术改造、兼并重组等资金瓶颈制约问题，扩大住房、汽车和农村消费信贷市场，加大农村基础设施投入，加快实施城乡保障性安居工程，解决交通运输“卡脖子”路段问题，优化节能结构，加大对节能减排、自主创新和产业升级支持力度。按“十一五”规划纲要目标要高于国家2个百分点目标导向以及积极稳妥目标原则，全州生产总值增长按10%调控安排，工业、进出口、利用外资、消费等指标增长按10%计划目标、12%工作目标安排。

第二节　计划编制

一、年度计划

《1989年年度计划》，由州计委综合编制。1989年6月29日至7月2日，州八届人大二次会议审议批准《1989年湘西土家族苗族自治州国民经济和社会发展计划（草案）》。随后，州计委正式下达各项计划指标。年末总结，一些主要计划指标比上年增长。完成农业总产值5.59亿元，为计划数的101.6%；完成工业总产值8.17亿元，为计划数的92.84%；完成社会商品零售总额8.8亿元，为计划数的88%；完成外贸收购总值3907万元，为计划数的117.7%；年末人口227万人，控制在省下达227.3万人以内，人口自然增长率14.7‰。1990—2010年，每年编制年度计划，计划有效性和操作性不断增强，计划执行情况较好，主要计划指标达到预期目标。2010年，计划全州经济增长12%，实际增长8.3%；计划投资增长30%，实际增长12%；计划财政收入增长12%，实际增长18.4%；计划消费增长15%，实际增长18.2%；计划进出口增长20%，实际增长45%；物价涨幅控制在3%左右，实际控制在3.2%；计划城镇居民人均可支配收入和农民人均纯收入均增长10%以上，实际分别增长10.7%和11%；计划人口自然增长率控制在9.8‰以内，实际控制在7.5‰。

二、五年计划

（一）“八五”计划（1991—1995年）

1987年，“八五”计划编制启动。1989年，形成“八五”计划讨论稿。1990年年初，拟订《湘西土家族苗族自治州第八个五年计划及十年规划设想（草案）》。其间，广泛听取和征求州直各部门、各县市、社会各界及有关专家意见，反复修改，数易其稿，形成《湘西土家族苗族自治州国民经济和社会发展十年规划和第八个五年计划草案（1991—1995—2000年）》。1990年4月，报省计委审查。1991年5月，州八届人大四次会议审议并批准计划草案，州八届人大常委会第三十三次会议修订；1992年12月11日通过。至1995年年底，“八五”计划主要发展目标基本实现。计划全州生产总值32.6亿元，完成32.59亿元；计划工业总产值31亿元，完成33.61亿元；计划乡镇企业总产值14亿元，完成24.52亿元；计划全社会固定资产投资20亿元，完成35.24亿元；计划社会消费品零售总额18亿元，完成22.4亿元；计划财政收入5亿元，完成7.26亿元；计划农民人均纯收入758元，实现810元；计划年末总人口控制在253万人以内，实际控制在247.5万人；计划人口自然增长率控制在14‰以下，实际控制在9.59‰。

（二）“九五”计划（1996—2000年）

“九五”计划编制，州计委按照全省计划安排和州情，在调查研究基础上，制定出计划草案，并广泛征求各方意见，经州人民代表大会批准实施。经过五年执行，至2000年，较好地完成“九五”计划所确定的各项目标。

（三）“十五”计划（2001—2005年）

1995年5月，开始编制“十五”计划，州人民政府成立“十五”计划编制领导小组及其办公室，召开全州“十五”计划编制工作会议，部署相关工作；责成州计委负责计划编制。农村经济计划、工业计划、第三产业增加值计划、能源交通通信及节能计划等专项计划由相关部门负责编制。首先组织人员研讨，提出“十五”时期全州经济社会发展基本思路。2000年上半年，各县（市）计委和州直相关部门按照基本思路研究提出本县市、本行业发展规划；同时，研究、开发一批事关未来发展全局重大建设项目，建立项目库，向国家计委和省计委汇报、衔接，力争一批项目进入中央和省规划。7—11月，编制全州“十五”时期国民经济和社会发展规划纲要。12月，向州政府作专题汇报，报州委审定。2001年1—2月，经反复修改，数易其稿，形成《湘西土家族苗族自治州国民经济和社会发展第十个五年计划纲要（草案）》，报州委、州人大常委会和州人民政府审查。3月29日，州第十届人大第四次会议讨论通过《纲要》。“十五”计划主要奋斗目标是：国内生产总值年均增长8%；全社会固定资产投资年均增长10%；财政收入年均增长8%；社会消费品零售总额年均增长9.5%；外贸出口总额年均增长15%；城市化率28%；科技对经济发展贡献率40%；人口自然增长率控制在8‰以内；电视人口覆盖率90%；初中毕业生升学率55%；城镇职工社会保险覆盖率100%，城镇登记失业率控制在4%以内；城镇居民可支配收入年均增长5%，农民人均纯收入年均增长6.7%，城镇和农村人均住房面积年均分别增长3%和2%；森林覆盖率65%；城镇燃气普及率65%；工业废渣利用率70%，工业废水处理率和废弃净化率80%。

（四）“十一五”规划（2006—2010年）

2004年，州人民政府成立州“十一五”规划编制工作领导小组，编制“十一五”规划，在“十五”计划中期评估基础上，研究提出“十一五”规划编制办法，开展重点课题研究，筛选重点建设项目。2005年上半年，提出计划基本思路，7—9月，研究计划纲要框架和专项规划草案，建立重大建设项目库。10月至2006年2月，起草计划纲要草案，征求各方意见，反复修改，形成《湘西土家族苗族自治州国民经济和社会发展第十一个五年规划纲要（草案）》，报州委州政府审定。3月29日，州十一届人大四次会议主席团第二次会议原则通过，提请州十一届人大四次会议审议；州十一届人大四次会议批准州人民政府《湘西土家族苗族自治州国民经济和社会发展第十一个五年规划纲要（草案）》。“十一五”规划主要奋斗目标及执行情况：2010年，全州生产总值计划220亿元，完成303.54亿元。人均生产总值计划9000元，完成11991元。全社会固定资产投资计划245亿元，完成208.51亿元。社会消费品零售总额计划90亿元，完成117亿元。财政总收入计划21亿元，完成32.23亿元。城镇居民人均年可支配收入计划9600元，实现12115元。农民人均纯收入计划2800元，实现3173元。人口自然增长率计划控制在8‰以内，实际控制在7.5‰。

三、中长期计划

（一）《湘西土家族苗族自治州国民经济和社会发展十年规划（1991—1995—2000年）》

1987—1990年，在编制“八五”计划时一并编制十年规划。1991年5月7日，州八届人大四次会议批准，州第八届人大常委会第三十三次会议修订；1992年12月10日通过。十年规划拟分两步走。前五年，解决温饱问题，实现稳定脱贫并向小康迈进。重点强化能源、交通、通信等基础设施；加快工业建设山地开发、乡镇企业和第三产业发展，梳理流通；加强农林牧生产和加工基地以及矿产品开发和加工基地建设，开拓国际国内市场，建成引东拓西，联南通北四省边区重要物资集散地。发展目标和实际完成情况：2000年，全州国民生产总值规划64.9亿元，完成69.58亿元；国民收入规划1618元，完成26.68亿元；工业总产值规划21.8亿元，完成26.68亿元；全社会固定资产投资规划19.4亿元，完成24.77亿元；社会消费品零售总额规划34亿元，完成34亿元；外贸进出口规划3300万美元，完成4065万美元；财政收入规划7亿元，完成5.93亿元；农民人均纯收入规划1305元，实现1277元；人口自然增长率规划控制在8.5‰以内，实际控制在6.75‰。

(二)《湘西土家族苗族自治州国民经济和社会发展“九五”计划和2010年远景目标纲要(草案)》

1993年，州政府召开州直各相关部门、各县市政府负责人会议，部署编制湘西州2010年远景目标纲要工作。上半年，州计委先后召开目标纲要编制、研讨会、座谈会，征求各方意见。经过反复论证比较、上下衔接和多次修改，1995年7月，形成《湘西土家族苗族自治州国民经济和社会发展“九五”计划和2010年远景目标纲要（草案)》。是年，中共湘西州第七次代表大会讨论审议，同意《中共湘西州委关于制定湘西土家族苗族自治州国民经济和社会发展第九个五年计划和2010年远景目标纲要的建议》。1996年3月29日，州九届人大四次会议审查批准《湘西土家族苗族自治州国民经济和社会发展“九五”计划和2010年远景目标纲要》。4月，州人民政府正式下达《“九五”计划和远景目标纲要》。远景目标是：到2010年，计划生产总值125亿元；人均国民生产总值突破9000元；三次产业结构力争调整为15∶50∶35；计划人均用电量超过1000千瓦小时，用电人口100%；95%以上建制村通公路，连接各县（市）主要城镇和州外干线公路以及重要经济路达到三级以上油路标准；乡镇全部开通程控电话，电话入村率100%；人均旱涝保收面积0.33公顷；城镇化水平30%以上，非农业劳动力占全部劳动力比重40%以上；科技对经济增长贡献率50%以上；普及九年制义务教育，城镇和60%以上农村普及高中阶段教育，巩固扫除青壮年文盲成果；人口自然增长率控制在9.8‰以内。2010年，远景目标基本实现。

四、专项计划

1988年，州计委组织编制1989年各行业专项计划。10月，将行业专项计划初步方案向省计委和省直相关部门作专项汇报，征求意见，再行修改，形成行业专项计划草案，交州人民政府审查，呈报省计委和省直相关部门审批，纳入全省行业专项计划。随后，正式下达《湘西州1989年农业生产计划》《湘西州1989年工业生产、交通能源开发及节约计划》《湘西州1989年饲料工业计划》《湘西州1989年主要商品收购调拨计划》《湘西州1989年对外贸易出口主要商品供货计划》《湘西州主要物资预拨计划》《湘西州1989年基本建设计划》《湘西州1989年社会发展计划》8个专项计划；制定《湘西州1989年以工代赈计划》《湘西州1989年城镇住宅建设计划》《湘西州1989—1991年治理整顿计划》《湘西州部分畜牧水产开发项目》《武陵山区农业综合开发项目湘西分项目计划》《湘西州1989年人口计划》《湘西州劳动工资技工学校招生计划》《湘西州1989年州属普通中等专业学校毕业生来源计划》《湘西州1989年州属中等学校毕业生分配计划》《湘西州1989年大中专毕业生分配计划》10个行业专题计划。

1991年，按同样程序和方法编制《湘西州1991年农村经济计划》《湘西州1991年工业生产交通运输能源开发及节约计划》《湘西州1991年工业经济效益计划》《湘西州饲料工业计划》《湘西州1991年土地利用计划》《湘西州1991年主要物资预拨计划》《湘西州1991年主要商品收购调拨计划》《湘西州1991年对外贸易出口商品计划》《湘西州1991年基本建设计划》《湘西州1991年社会事业发展计划》10个行业专项计划；《湘西州1991年公路养护计划》《湘西州1991年煤炭系统安全措施及挂改硐探计划》《湘西州各县市地膜玉米播种计划》《湘西州1991年工业品以工代赈计划》《湘西州1991年粮食以工代赈计划》《湘西州1991年废钢铁回收指导性计划》《湘西州1991年补助乡镇企业归口安排钢材计划》《湘西州1991年劳动计划》《湘西州1991年国家征地“农转非”建议计划》9个行业分类专项计划。

1995年，州计委和州畜牧水产局按照州委、州政府部署组织编制《湘西州草地牧业产业化开发示范区》专项计划。1996年3月，州畜牧水产局向州计委并省计委报送《湖南省湘西州草地牧业产业化示范区项目建议书》。是月，州计委分别向省计委和国家计委呈报《项目建议书》。项目拟

5年建成，总投资8000万元。计划改造草场1.34万公顷；拟建秸秆氨化池1000个，计2万立方米；建羊栏舍和牛栏舍1.5万平方米，引种山羊和牛2万只（头）；扩建加工能力1万吨，发展专业养殖户5000户。示范区选定在州属8个县（市）集中连片草场地域发展养殖业，计划全州每年饲养山羊250万只，出栏100万只；饲养牛30万头，出栏15万头；年产值13.2亿元，创税5950万元、纯利1.5亿元；人均年增收650元，项目区农民年均增收842元。

2006年，编制农村经济计划、工业计划等行业专项计划9个；制订中央预算内专项以工代赈计划、湘西州无电地区电力建设规划等重大专项计划32个。

2007年，州人民政府巩固退耕还林成果专项规划编制工作领导小组成立，召开规划编制工作会议，部署县市巩固退耕还林成果专项规划编制工作。各县（市）人民政府相应成立领导小组，召开专项规划编制工作会议，传达贯彻全州专项规划编制工作会议精神，聘请专家，抽调人员，组成专项规划编制班子，围绕“巩固退耕还林成果，解决退耕农户当前生计和长远发展”两大目标，立足退耕还林区域，突出重点，连片开发，形成规模，实施基本农田改造和口粮田建设，推广沼气、节煤炉、节柴灶、小水电等农村能源，支持农村特色产业和小水果业发展，实施补植补造；采取谨慎措施，实施生态移民；注重规划与扶贫开发、与以工代赈、与湘西地区开发及农林产品基地建设相结合，与新农村建设等专项规划相结合。编写专项规划草案，报请省发改委或省林堪院有关专家评审，县（市）政府审查，按评审和审查意见再行修改。10—12月，先后编成县市巩固退耕还林成果专项规划文本，报州发改委、州林业局等六个相关部门审批。2008年6月，州发改委、州林业局等6个相关部门审查各县（市）专项规划文本，州发改委综合六个部门审查意见，在各县（市）规划文本基础上编制《湘西州八县市巩固退耕还林成果专项规划》。是月25日，经州政府审查同意，报省发改委审批。规划项目覆盖全州160个乡（镇）、1893个建制村、415952户退耕户，总规划投资32.93亿元，项目实施期8年，基本口粮田建设规划实施期5年、补植补造规划实施期3年、农村能源、生态移民、后续产业等建设规划实施期均为8年。11月，省发改委、省财政厅、省农办、省农业厅、省林业厅、省水利厅批复《湘西州八县市巩固退耕还林成果专项规划》。12月，州发改委编制《湘西州2008年度巩固退耕还林成果项目及资金计划》。该计划投资总额5.32亿元。2009年1月，省发改委、省财政厅、省农业厅、省林业厅、省农办联合行文下达2008年湘西州巩固退耕还林成果项目及资金计划4.65亿元并到位。2月，州人民政府将湘西州巩固退耕还林成果项目列入2008年度重大项目贡献奖。

2009年9月，州发改委分析全州经济社会发展有利条件和积极因素、当年发展情况和发展走势，确定2010年行业专项计划指标，编制农村经济、工业经济和铁路运输、国家高技术产业投资、固定资产投资、主要商品平衡、社会发展、就业和收入以及社会保障、资源节约和环境保护、土地利用、粮食供需平衡等11个行业专项计划（草案）。适时制定《2010年湘西州农业基本建设计划》《2010年湘西州水电农村电气化及小水电代燃料工程中央预算内投资计划》《2010年湘西州节能备选项目中央预算内投资计划》《2010年湘西州城市基础设施建设申请中央预算内投资计划》《2010年湘西州退耕还林成果项目及资金计划》《2010年湘西州财政预算内以工代赈建议计划》《2010年湘西州社会发展项目省预算内补助资金投资计划》等行业专题计划53个。

第三节　重点建设项目管理

1992年，州计委、州重点建设项目办决定开展全州重点建设项目责任目标管理考核评比。考核评比内容分为前期准备项目和在建设项目，分别按年度计划目标管理和检查。前期准备项目主要考核申报项目、批准立项、可行性报批、落实资金、完成设计审查、安排年度计划、批准正式开工等内容；在建项目主要考核年度投资计划完成情况、工程形象进度及工程量、控制概算投资情况、工程质量及安全、报送报表情况、落实责任制目标措施等内容。1993年，经州计委和州重点办考评、推荐，州政府审定，在35个重点建设项目中，表彰优秀项目11个、优良6个。

1994年，州委、州政府重点建设项目协调领导小组成立，每个项目确定一、二名州级干部负责协调和管理工作，每名州级干部具体抓一两个重点项目，帮助解决资金问题。是年，全州重点建设项目21个，完成建设投资2.33亿元，完成年计划82.3%，按责任目标考核，完成责任目标16项，其中优秀8项、优良8项。

1995年，继续推行重点建设项目法人责任制和项目目标责任制，全面推行招标投标制和建设监理制，依法规范重点工程管理行为。重点建设项目的设计、施工、监理、设备采购等项工作都采取公开招标或邀请招标，州、县（市）招标办依法开展招标投标监督检查；监理单位依照政策法规全面监控工程质量、投资、安全、工期。4月，州计委转发《湖南省加速西线开发1995至2010年规划建设项目库》。转发《通知》提出，湘西州被安排项目数量较少，优质烤烟基地、特种经济林基地、一些公路建设、工业支柱产业、财源建设等重点建设项目未进入项目库；有些进入项目库项目建设规模和内容不明确或建设地址泛指西线地区；有些应安排"九五"期间项目被推迟安排在远期探讨项目中。要求各县（市）政府和州直有关单位针对以上几个问题，抓紧时间与省直有关主管部门衔接，争取湘西急需在"九五"建设重点项目都能纳入省在各有关主管部门计划。各县（市）人民政府和州直有关单位按州计委要求主动与省衔接，先后在4月底以前分别向州计委规划办反馈衔接情况。州计委根据反馈情况向省计委申报，全州有21个项目被列入省"九五"计划草案，7个项目由省计委向国家计委申报，保靖县碗米坡水电站建设工程获国家计委项目前期工作经费200万元。

1996年2月，全州18个州庆项目、38个献礼项目，州人民政府推行项目法人责任制。5月，州计委、州重点项目建设办公室联合印发《关于建立全州重点建设项目库的通知》，明确全州重点建设项目库由州、县（市）、州直业务主管部门三个部分项目库组成，州、县（市）和州直业务主管部门项目库为基础，州计委、州重点办负责综合汇总建立项目总库。重点建设项目按工作程序和审批渠道分为国家计委和省计委审批立项的项目、国家计委和省计委审批的在建项目、符合国家产业政策规划发展或近期准备发展暂未立项的项目三个项目类别。进入全州重点建设项目库项目以全州"九五"计划提出项目为基础，重点做好一类项目筛选论证，对二类项目要整理入库，对三类项目根据需要筛选补充。凡进入全州重点建设项目库项目要达到项目建议书或预可研深度要求。全州重点建设项目库由州计委和州重点办统一管理，并逐步建立网络系统。6月，州计委将全州扶贫攻坚重点项目纳入重点项目建设定期统计报告制度范围管理。

1998年，州计委将重点项目建设工作纳入《1998年度全州县市计委工作目标管理考核办法》，年终按《1998年度全州县市计委工作目标管理考核表》考核评分，成绩优秀者给予表彰。2001年，州政府继续对重点项目建设实行目标管理。首推张罗公路（吉首经古丈罗依溪至张家界公路）建设指挥部的管理经验"张罗精神"，即敢超越精神、对历史负责精神、善于团结精神和扎实工作作风。2003年2月，印发重点项目建设典型材料《为了脚下的路——张罗公司总经理胡清友》，推介胡清友"霸道管理法"，即业主方提出合理且能办得到的要求，施工方必须无条件执行，业主方用铁的手腕、铁的纪律来约束施工方。在双方签订的合同中，多为业主单位对施工单位提出严格要求和标准，把业主作用发挥到极致。

2004年，全州重点建设项目有常吉高速公路州内段、凤凰至大兴机场公路等100个。州政府目标管理办法分四个方面实施，即当年计划投资、当年建设内容、项目法人或责任人、县市责任领导干部和州直主管部门等。2005年1月，州政府通报表彰2004年度全州优秀重点建设项目11个、项目建设先进个人20人。

2010年6月8日，州人民政府办公室印发《关于对全州重点建设项目实施情况进行督查的通知》。6月17—30日，州政府督查室、州发改委、州重点办组成两个督查组，督查当年州政府目标管理范围88个重点项目、州、市共建州府吉首30个重点项目及凤凰县10个重点项目。7月13日，州人民政府发出《关于上半年州人民政府目标管理重点项目进展情况的通报》：全州由州人民政府管理的88个重点项目完成年度计划投资39%，44个重点建设项目完成年度计划投资48%；计划新开工的30个项目，有10个正式开工，12个项目前期工作有进展。存在的主要问题：项目建设资金不能按时到位，影响工程进度；新开工项目开工率33.33%，完成投资比重较小；一些项目施工环境较差，施工进展不顺；个别项目管理松散等。

第四节　固定资产投资管理

1989年1月，州计委出台《关于加强固定资产投资计划管理的补充规定》，完善全州固定资产投资管理办法。10月，印发《关于进行1989年度计划执行情况检查的通知》，要求各县市按《通知》自查。10月底至11月初，州计委组织检查组检查各县市固定资产投资在建项目执行情况，表扬先进，督促后进，年底，各县（市）基本完成当年投资计划。

1990年1月，州计委、州人民银行、州财政局、州审计局联合转发《国家计委中国人民银行财政部审计署关于进一步加强自筹基建资金管理的补充规定》，要求各县市相关部门和专业银行按照《补充规定》要求认真贯彻执行。明确州直各部门、各县市和企业单位自筹基建投资不属于专业银行业务交叉竞争范围，除建设银行外，其他专业银行、金融机构不得办理自筹基建存款、贷款或投资业务。各县市、州直主管部门、企事业单位和机关团体需用自筹资金安排基建，在资金转存建设银行时，财政部门审查资金来源是否符合国家有关规定，并由审计部门进行审计监督；在自筹基建计划审批前必须提前半年将自筹建设资金交存财政部门在建设银行开设“财政待转自筹基建资金存款账户”，实行专户管理；计划部门根据建设银行提供交存自筹资金证明安排项目年度自筹基建计划，基建计划下达后，由建设银行监督支付。建设银行按有关规定定期向州、县（市）人民政府及其计划、审计、财政、人民银行相关部门提供自筹基建投资管理执行情况。1991年1月，州、县（市）统计局、计委、建委、人民银行执行《国家统计局、国家计委、建设部、中国建设银行关于建立固资产投资项目新开工统计和竣工报告制度的通知》，凡计划总投资在5万元以上的全民所有制基建项目、技术改造项目、其他建设项目和城镇集体所有制建设项目均实行开工统计登记和竣工统计报告制度。统计部门检查监督制度执行，对违反统计报告制度的，按《中华人民共和国统计法》和地方统计法规规定查处，并商请同级计委、经委、建委、建行予以必要处罚。1992年5月，州政府印发《湘西土家族苗族自治州人民政府关于鼓励外商投资的若干规定（试行）》。《规定》对在民族地区引进外资，兴办“三资”企业，凡是符合国家产业政策的项目均予以同沿海地区一样税收优惠、收费优惠、用地优惠、物资供应优先等待遇。为发展湘西州经济文化提供或捐资金、贡献突出的外商投资者可竖碑纪念，可用其名字命名厂名、校名、店名并可在州志、县（市）志上留名或记入事迹。1994年9月，州计委制定并经州政府批准印发《湘西州基本建设投资经营性基金管理办法》。基金由州“拨改贷”投资基金、州能源交通重点建设基金、经州政府批准的专项集资以及新建立的各项基本建设基金和资金、国家和省的基建投资经营性基金或资金组成。州经济建设投资公司是基金的管理机构，受州政府委托负责与有关投资方、经营方商定投资方式，签订投资协议，负责投资、建设、经营及回收；根据州计委批准的基建计划下达用款计划，基金须有偿使用，优先保证计划内重点建设项目，专款专用，不得作为拨款或用于非经营性项目。在保证重点建设和完成计划的前提下，公司可按年度投资基金总量的20%内自行选择项目，纳入计划安排；基金用于重点建设项目取得的投资效益、基金存款利息等金额转入基金，免征所有税费；其他经营开发收益从取得效益月份起，三年内免交所得税和能源交通重点建设基金和预算调节基金，以后年度按规定纳税，纳税有困难时，经批准，可减免。州经济建设投资公司每年向州人民政府及其州计委、州财政局等报告上年度各项基金使用情况、项目执行情况及下年度资金筹集计划，向州财政局报送公司财务报表。

1998年1月，州计委制定并经州政府批准印发《湘西州基本建设投资经营性基金管理办法》，州基本建设投资经营性基金由州经济建设投资有限公司管理，专款专用，有偿使用，保值增值。基金由州"拨改贷"投资资金、州能源交通重点建设基金、州外汇留存资金、州投资方向调节税部分资金、州政府批准专项集资以及新建立各项基本建设专项基金和资金、国家计委和省计委安排基本建设投资专项基金或资金组成。有关部门必须保证各项基金和资金按期汇入投资公司专用账号，任何单位或个人不得以任何借口拖欠、截留或挪用基金。州经济建设投资公司受州政府委托，负责与有关投资方、经营方商定投资方式，签订投资协议，负责投资、建设、经营及资金回收。1999年2月，州计委、州财政局制定并经州政府批准印发《湘西黄牛品改产业化示范项目经营性资金管理办法》，建立湘西黄牛发展基金，基金实行有偿使用，滚动发展。国家计委和省计委共安排湘西黄牛品改产业化示范项目资金725万元，其中无偿资金224万元、有偿资金501万元。州政府授权州经济建设投资公司为湘西黄牛品改产业化示范项目资金管理机构。州经济建设投资公司在年终一个月内向州人民政府、州计委报告年度资金使用、项目执行、下年度资金安排计划等情况，本办法执行中有何问题由州计委解释。从5月8日起，全州计委系统和州直各部门贯彻执行《湖南省计划委员会关于经济适用住房项目审批权限程序的暂行规定》。按《规定》，建筑面积在5万平方米及其以上或总投资在5000万元及其以上经济适用住房项目和中央在湘以及省属单位的经济适用住房项目由省计委审批。建筑面积在5万平方米以下或总投资在5000万元以下项目由州计委审批，报省计委备案，审批权限不再下放。县（区）项目由县、区计委审查后报州计委审批或州计委转报省计委审批。经济适用住房原则上按项目建议书和可行性研究报告两道手续审批。经济适用住房可由有资质、有资信的房地产开发企业建设，也可由单位或有组织的个人以独立经济法人形式建设。鼓励工矿区、企事业单位在符合土地利用总体规划和城市规划前提下利用原已取得合法使用权建设用地，组织本单位职工集资建设。

2002年3月，州发计委印发《湘西土家族苗族自治州发展计划委员会关于认真做好生态环境建设综合治理工程项目管理工作的通知》。要求各项目管理单位和项目建设单位必须按照省发计委批复建设内容和投资计划组织项目实施，任何单位或个人不得变更；复查3年内所有工程，存在问题的工程，限期整改。达不到国家和省检查验收标准的建设项目，由县市相关项目负责人负责。2003年3月25日至4月10日，州发计委督促检查全州水库除险加固国债项目。检查相关水库除险加固项目建设审批程序、工程项目法人责任制、工程质量监理制、招标投标制、合同管理制和竣工验收制执行情况、资金管理使用情况、工程进度和工程质量情况。5月12—30日，州发计委牵头，州财政局、州监察局、州审计局、州水利局、州电业局抽调人员组成检查组，采取点面结合、深入现场，分别检查各县市农村电网改造竣工的一期工程和在建的二期工程情况，重点检查工程建设质量包括工程建设内容、标准、材料采购、建设资金管理及使用和向农户收费等情况。2005年3月，全州发改系统贯彻执行《湖南省发展和改革委员会关于进一步规范党政机关办公楼和公检法司专业技术用房审批管理的通知》有关规定，凡不能保证公务员和教师工资按时发放或机关财务运转县市，一律不得申报建设党政机关办公楼。8月，州发改委转发《湖南省人民政府关于党政机关办公用房建设审批的若干规定》，要求全州各级党政机关和发改系统本着艰苦朴素、实事求是、量力而行原则，按符合环境保护、土地使用、资源利用、城市规划、招标投标、项目建设控制性标准等法律和政策规定要求建设办公用房。项目批准后，建设单位严格按照批复建设规模、内容和标准建设，不得擅自扩大规模或提高标准，搞计划外工程。12月，全州发改系统和水利部门贯彻执行《湖南省水利基本建设投资计划管理暂行办法》。要求全州水利基本建设投资安排坚持以“保安全、保重点、保效益”为目标，实行分级负责原则。根据项目类型，建设投资分别由中央、省、受益地区和相关部门承担，同时鼓励企业、集体及个人筹资兴建。2006年5月，州发改委、州水利局、州财政局联合制定《湘西州农村饮水安全项目建设管理实施办法》，要求农村饮水安全项目建设坚持以自力更生为主、执行国家补助为辅和“谁投资、谁所有、谁管理、谁受益”原则，提倡和鼓励单位和个人出资参与或合作兴办农村饮水安全工程，国家依法保护投资人的合法权益。项目建设严格执行项目法人制、招标投标制和工程监理制。工程设备和材料必须符合国家规定技术标准和设计要求，证照齐全，严禁以次充好。项目竣工后，项目法人要报请水利质监部门作工程质量等级评定；工程运行30天后，报请主管部门验收。10月10—19日，各县（市）发改局按州发改委《关于开展对中央投资的农村项目稽查的通知》要求自查中央投资农村项目；10月20日至11月20日，州发改委稽查办牵头稽查全州农村饮水安全建设项目。中央专项资金及时到位，做到专户储存、专款专用、专账管理。存在主要问题是地方配套资金到位率仅16.84%；部分工程竣工后未完全如实整理竣工资料；自来水入户率不高；部分工程建成后，管理未能及时跟上，工程效益发挥不够。

2008年8月中、下旬，州纪委、州监察局、州发改委、州财政局、州国土资源局、州建设局、州审计局按省相关委厅要求，清理全州党政机关办公楼等楼堂馆所建设情况，明确提出机关楼堂馆所相关规定，新建项目一律暂停审批；审批的在建项目，不得超出预算、超过标准。2009年3月，州发改委、州建设局转发《国家发改委办公厅住房城乡建设部办公厅关于加强对廉租住房项目中央补助资金管理等有关问题的通知》，要求各县市发改局、建设局（房地产局）检查2008年新建廉租住房项目，重申中央预算投资必须用于新建廉租住房项目。5月，州发改委、州财政局印发《关于对扩大内需中央投资项目进行自查的紧急通知》，规定考核目标，各有关部门、单位接通知后开展自查，6月初将自查报告报送州发改委和州财政局。8月，州发改委、州统计局出台《湘西州投资目标责任考核办法》，考核内容分为固定资产投资完成情况、重大项目前期工作和中央新增投资项目实施情况。9月，州发改委印发《关于开展扩大内需新增中央投资项目实施情况督促检查的紧急通知》，要求各县（市）和州直相关部门必须在国庆节前完成中央新增投资项目再督查。

2010年5月，州发改委等五部门联合复查验收各县市2008—2009年巩固退耕还林成果建设项目，并召开座谈会，评价县级项目，写出县级项目书面综合验收报告，报送省发改委等四个委（办）。9月，州发改委转发《国家发改委关于抓紧做好扩大内需中央投资项目有关工作的紧急通知》，各县（市）发改局和州直有关部门按《通知》精神，开展扩大内需项目开工情况核查。截至10月底，全州交通、能源、通信等基础设施建设投入占全社会固定资产投资总额29.6%，项目实施进展顺利，成效明显。11月上旬，中央扩大内需促进经济增长政策落实检查工作领导小组和中央治理工程建设领域突出问题工作领导小组到州检查。两个小组认为，湘西州固定资产投资重点倾斜于交通、能源、通信等基础设施领域，方向正确，尚未发现工程建设突出问题，对工作表示满意。

第二章　工商行政管理

1989年，湘西州工商行政管理局（简称州工商局），为州人民政府工作机构。局机关内设办公室、企业登记管理科、市场管理科、经济合同管理科、个体经济管理科、人事教育科、财会科7个科室。全州8个县（市）工商行政管理局下设基层工商所66个。是年，州工商局设立经济检查大队。州工商局经济合同仲裁委员会更名为州经济合同仲裁委员会。

1993年初，州工商局成立“州工商服务工贸经营部”，年底撤销，更名为“干部培训中心”。4月，州广告协会成立，挂靠州工商局。1994年8月，州消费者权益保护委员会成立。

1995年8月，机构改革，机关核定行政编制19名，实有39人；后勤服务编1名，实有4人。是年，工商行政管理机关停止仲裁经济合同纠纷案，仲裁委员会自行消失。1996年6月，州工商局增设外资科。1997年初，州个私办挂靠州工商局，增加编制2名。1998年，州工商局机关新增法制科、商标广告管理科等。是年10月，工商系统管理体制改革，省以下实行垂直管理。

2002年1月，州工商局内设办公室、政策法规科、财务基建科、商标广告监管科、企业监管科、个体私营经济监管科、消费者权益保护科、人事教育科、机关党委、监察室（与纪检组合署办公）、审计科等11个科室；有注册登记分局、市场规范管理分局、公平交易分局3个直属行政机构；有后勤服务中心、信息中心、培训中心3个直属事业单位；有消费者权益保护委员会、个体劳动者私营企业协会2个挂靠社团组织办事机构。9月，州工商学会成立，挂靠州工商局。2004年，州工商局增设外商投资企业注册科。2005年8月成立州守合同重信用企业协会，11月成立州经纪人协会，均挂靠州工商局。2006年，增设离退休人员管理办公室。2007年，增设州12315指挥中心。

2010年，州工商局增设食品流通监督管理科。内设办公室、政策法规科、财务基建科、商标广告监管科、企业监管科、个体私营经济监管科、消费者权益保护科、“12315”申诉举报指挥中心、外商投资企业注册科、人事教育科、食品流通监督管理科、机关党委、监察室（与纪检组合署办公）、审计科、老干办等15个机构；有市场规范管理分局、注册登记分局、公平交易分局等3个直属行政机构；有后勤服务中心、信息中心、培训中心等3个直属事业单位；有州个体劳动者私营企业协会、州消费者权益保护委员会、州广告协会、州守合同重信用企业协会、州经纪人协会、州工商学会等挂靠社团组织，并设有工、青、妇组织。核定人员编制76名。

1989—2010年历任局长：阳乾元、龙友芳、龚其彪、李明珠、杨序清；副局长：张连甲、李明珠、曾立品、赵家安、罗树林、向云炘、杨关发、姜晓平、周斌、杨兆宏、张潇岳、张远胜。

第一节　企业登记管理

一、登记注册

1989年，全州工商部门贯彻执行州委、州政府《关于发展个体私营工商业的决定》，加大个体工商户发展力度，新增私营企业36家。归口经营彩电、钢材等重要生产、生活资料31种，核发专营许可证。年底，全州个体工商户发展到20288户，从业人员30249人。

1992年，州人民政府印发《关于放手发展个体私营经济的若干规定》，全州工商部门放宽从业人员、生产经营范围、生产经营方式限制，简化办照手续。鼓励个人承包、租赁、兼并国营和乡镇、街道、村办企业以及与国营、集体联营，并敞开大门，采取优先安排场地、优先注册登记、优惠税费政策、帮助解决子女入学入托难等措施，引进外地个体工商户到州开店办厂。1993年，开办集体所有制企业，可由具有法人资格企业出具资金担保证明，经审查委员会核实后即注册登记。全年新办企业1901家。1995年，全州工商部门采取放宽政策、树立样板、广造舆论、搞好服务、严格管理等措施，加大企业个私经济发展力度，为340户企业增加经营项目或变动经营方式。登记注册有限责任公司75家，全州有限责任公司增至119家。

1996年，州工商局实施《湘西土家族苗族自治州个体工商户私营企业生产经营权益保护条例》。帮助企业组建企业集团2家，支持66家企业实行股份制改造，为560户企业增加经营项目或变更经营方式。全州首次注册登记“三资”企业8家。1997年，全州实施个体工商户和私营企业“行政事业性收费项目卡”和“行政事业性收费登记卡”制度，发行“两卡”3.8万册，收费项目由原162项减至65项。州工商局在龙山县里耶镇办民营“小区”试点，全州各县市创办“小区”试点8个。1998年，州工商局参与州民营办组建工作，召开里耶民营小区建设现场会、小区工作座谈汇报会和州直部门服务个私经济联系会。全州10个民营经济试验小区有9个开工兴建。帮助花垣、保靖组建“湖南三立集团股份有限公司”和“湖南喜阳食品工业集团股份有限公司”。全州独立核算国有工业企业197家，其中144家通过多种形式改革、改制，改革、改制面71.6%；国合商业企业440家，361家改革改制。全州登记注册内资企业7601家，注册公司310家，登记注册外资企业23家。

2000年，州委、州政府提出要在全州“全面实施以民营经济为主体的县域经济发展战略”，并将发展个体私营经济列为2000年全州十件实事之一。全州工商部门在企业注册登记中，打破地区、部门、行业、所有制界限，坚持快事快办，特事特办。当年全州注册登记私营企业1140家，比上年增加140家，增长14%。2002年，在全州范围内首次实施私营企业免检制度，经审核，州新浪潮电脑有限责任公司等6家私营企业成为州内首批免检私营企业。2003年，全州工商部门推行行政审批制度改革，制定《关于优化经济环境促进州域经济发展的若干措施》，配合地方党委政府组建政务服务中心，全面公开办事程序、申报资料、办理时限、收费依据和收费标准，缩短办照时间，推行受理人员首办责任制。全年为下岗失业人员办理个体经营手续3697人次，个私经济吸纳下岗失业人员7063人。全州工商部门减免下岗失业人员各种执收费用105.56万元。2004年，全州工商部门贯彻落实《中华人民共和国行政许可法》，实行个体工商户登记“一审一核”和信用分类监管。为下岗失业人员办理工商登记2042户，减免登记费、工本费8万元，免收工商管理费191万元，个体工商户吸纳下岗失业人员就业2377人，私企吸纳下岗失业人员就业48人。州工商局印发《关于2004年优化经济发展环境工作的意见》，放宽经营范围，降低准入门槛，鼓励、支持、引导经济快速健康发展，帮助企业建立起现代企业运作机制，先后为湖南荣昌建筑安装发展有限公司、湖南湘泉集团房地产开发有限公司、酒鬼酒供销有限责任公司、州建筑安装有限责任公司等企业办理变更登记手续。

2006年，全州工商部门贯彻新颁布的《公司法》。州佳诚二手车交易有限责任公司以3万元注册资金在州工商局注册，成为新《公司法》颁布后州内首家注册资本达国家规定最低标准的有限责任公司。落实‘联系经纪人制度”，支持培育发展农村经纪人，全州成立经纪人协会9个，发展农村经纪人专业协会92户、农村经纪人组织198户，培训执证经纪人375人，新培训发展经纪人180人。落实再就业优惠政策，免收登记费12.8万元、个体管理费492万元、集贸市场管理费10万元。全州发展外资企业13家，投资总额11081万美元。2008年，全州工商部门开展“三为三联”（为群众代言、为群众排忧、为群众服务，联系困难群众、联系身边群众、联系普通群众）活动，围绕矿产品、农产品、中药材等优势资源开发，着力培育锰锌加工、绿色食品和生物医药三大产业集群。是年，全州私营企业登记注册3425家，从业人员46457人，个私经济实现产值24.8亿多元。2010年，州工商局出台《湘西州工商局服务经济发展指导意见》，通过降低市场准入门槛、下放登记权限、简化年检手续等20条措施，促进各类市场主体健康发展。是年，全州个体工商户43646户，从业人员69883人，分别为1989年的1.15倍和1.31倍。

二、市场主体监管

1989年，州人民政府清理整顿公司办公室成立，抽调相关部门工作人员17人，开展清理整顿公司工作。全州列入清理整顿企业523家，撤销112家，合并6家，保留389家，降格改变名称16家。州直党政机关开办公司15家，全部撤掉。党政干部（含离退休干部）在公司任（兼）职127人，均辞去一头职务，全部脱钩。清整工作中立案查处违纪违法案件65起，受党纪政纪处分23人，追究刑事责任12人。1990年，全州各级工商部门开展个体户经营作风大检查，检查个体户17973家，没收非法经营重要生产资料和紧俏商品35件，黄色淫秽书刊170册、图片567张、音像制品131盒，不合格衡器2037件；查处无照经营2528户；清理整顿州内原经营批发业务个体私营企业104家，撤销7家，取消批发权52家；撤、并各类公司134家；立案查处违法违章案件41起。1994年，全州工商部门重点监管市场主体和市场行为。州内162家内资企业抽逃注册资金2.9亿元，工商部门及时通知限期补齐。同时，建议省工商局注销不按合同投资外资企业6家。全州注销无经济活动能力企业74家；注销党政机关各类经济实体179家，占机关经济实体数的47.86%。1996年，全州抽调987人，组成125个检查组，查处超经营范围1878户，擅自改变经营方式87户，未亮照经营1978户，查处违章违法案件1664件。1997年1月15日至4月30日，全州工商部门开展个体工商户、私营企业年检换照。8县（市）查处人照不符544户、未亮照经营125户、擅自改变或自设名称42户、改变经营地址95户，取缔无证经营户462户，停业整换25户，重新登记注册1580户。2000年，查出“三无”（无营业执照，无注册资金，无固定经营场所）企业及两年以上未参加年检企业904家，对其依法吊销营业执照。年底，对全州党政机关所办197户经济实体分别作出处理，依法吊销执照24户、撤销6户、移交65户，解除挂靠32户。党政机关干部职工兼职回机关人数133人。

2001年，查处擅自变更注册登记事项356户，补办营业执照280户，补交前置审批手续1475户。全州清理内资“三无”企业53户、无照经营个体工商户2525户；查处内资企业违法违章行为57户、个体经营违法违章行为578户，1936户个体工商户和11户私营企业补办营业执照，责令24户内资企业限期办照。2002年，推行“经济户口”管理办法，实现市场主体属地化管理。全州清理登记注册有限责任公司390家、外商投资（合作）有限责任公司6家、验资机构2家，发现违反《公司法》有关登记事项或出资不到位内资企业15家，外资企业1家，查出无照经营户1322家，取缔459家。2003年，推广桃源“四方定费、电脑管理”（即对个体工商户两费定缴采取由管辖地政府领导、人大代表和政协委员、个体协会代表、个体业主代表四方共同协商议定）经验。开展“红盾飓风”行动，查处无照经营2109户，补办营业执照1580户，补收工商管理费20.85万元。2004年，州工商局成立取缔无照网吧专项整治领导小组，设立公开举报电话。全州取缔无证无照网吧66户。2005年，州工商局开展“消费者信得过单位”评选活动，评出州内“信得过”企业和个体工商户30家，并授予“全州消费者信得过单位”称号；申报省级“重合同、守信用”企业38家，单位年度免检依法经营、诚实守信重点企业131家，联系企业178家，并上门年检。全州48个基层工商所实施“阳光工程”,平均上门缴费率85%。2008年9月1日，全州工商部门个体工商户管理费和集贸市场管理费停收。2009年，州工商局制定《“五无（无无照经营、无假冒伪劣、无传销活动、无消费投诉积案、无对工商干部信访举报）监管区”创建实施方案》，同时制定《“五无监管区”基础工作办法》和《“五无监管区”考核评分标准》，并在全州工商部门组织实施。2010

年，全州“五无”监管创建活动整体推进，划分监管区 173 个，全面创建 51 个，申报验收 50 个，无照经营控制在 20%之内，比 2008 年下降 10 个百分点。

1989—2010 年湘西州个体工商户、私营企业情况一览表

表 26-2

年度	个体工商户					私营企业		
	数量（户）	从业人员（人）	注册资金（万元）	生产总值（万元）	营业额（万元）	数量（家）	从业人员（人）	注册资金（亿元）
1989	20288	30249	2574	6175	14763	5761	99897	9.87
1990	21727	31984	2779	6522	18300	5020	105000	11.83
1991	22713	33010	3053	6733	19936	6103	110917	12.7559
1992	29100	44384	5372	8904	25215	7210	128421	15.77
1993	38609	62550	8342	16649	36239	8267	133398	18.6623
1994	49017	84282	15412	16998	48678	8511	138140	17.84
1995	59884	109610	23799	17741	135125	8884	144855	0.8754
1996	35122	65015	14316	15030	60898	429	5959	1.027
1997	79875	151629	34518	41173	233446	631	8205	1.99
1998	99485	186702	41132	57412	289741	757	13748	2.35
1999	130290	228145	55000	60000	327986	1000	15742	3.49
2000	130720	243196	61895	60222	356123	1140	19441	4.3823
2001	141202	270564	82712	79853	769910	1455	15802	7.5996
2002	32675	55257	35000	82270	36000	833	16391	7.3
2003	30854	56490	58140	—	—	1196	21908	12.6
2004	31417	56989	113690	—	—	1502	28974	23.09
2005	31938	57292	152089	—	—	1965	36480	31.27
2006	32528	67584	167800	—	—	2507	44150	46.03
2007	29498	66390	175690	—	—	2978	45890	58.29
2008	33745	64409	187000	—	—	3425	46457	70.56
2009	39189	60751	190550	—	—	4207	110784	86.69
2010	43646	69883	217865	—	—	4887	139834	93.75

说明：2002 年改变统计口径，清理停歇业和注销的个体工商户，导致个体工商户实际营业总数大幅下降；自 2003 年起，不再统计个体工商户生产总值和营业额

第二节　市场秩序管理

1989年，全州工商部门办理经济合同纠纷案件5496起，解决争议金额1490多万元，清收沉淀资金300多万元；全州检查经济合同5070份，标的3.54961亿元，查出不合格合同85份，标的115.73万元，确认无效合同139份，标的583.2万元，查处违法合同4起，标的2.3万元；查处投机倒把案件460起，挽回经济损失17.68万元。

1990年，全州办结合同纠纷案件比上年增长3.9倍，解决争议金额1254.8万元，挽回经济损失320万元，收回沉淀资金834万元；查处投机违法案件189起。1991年，全州查处各类工商经济案件183起；受理行政复议案件12起，通过复议维持原处罚决定2起、变更处罚8起，定性不准、撤销和发回重新处罚2起，发生行政应诉案件1起；全州查获各类工商经济案件223起，结案209起，销毁伪劣商品折合人民币30余万元，为受害者追回经济损失53万元。1993年，全州查获贩私汽车40辆，彩电1555台，录放（像）机75台及其他物品，总金额1280万元，罚没23.5万元；打假案102起，查获假冒伪劣物资总金额21.86万元，罚没4.41万元；重新审核“重合同守信用”企业户，撤销49户，保留45户，命名湘泉酒厂等96家企业为“重合同守信用”单位。1994年，全州工商部门组织行动118次，出动人员1560人次，检查经营人员6618人，查处违章违法案件1119起，收缴不合格衡器具1366件，注水猪、牛肉1952公斤，过期、变质商品2.16万公斤；全州查处违章违法工商经济案件225件，查获物资总值281.30万元；检查经济合同3.06万份，金额1.8亿元。1995年，配合有关部门，参与对医药、文化、交通运输市场整治。取缔非法经营医药品企业14家，关闭不合格零售药店8家，取缔农村墟场非法经营药品摊点74个，查获假劣药品1592种，货值6.5万元；收缴非法出版物780册（盒）；没收违禁进口旧服装2.4万件。全年查案308件，罚没收入63.28万元。

1996年，全州工商部门整治商贸市场185个，查处各种违章违法案件1916起，没收不合规格衡器677件。推行法定代表人证书和法定代表人授权委托证书制度，企业法人代表办理“两证”107本。全州查处各类工商经济案件536起；检查124家农资生产经营单位；查处非法从事食糖批发经营96户、从非法渠道购进药品医疗单位17家，取缔非法经营药品摊店15家，没收销毁假药品价值23万元，清理假劣药品折价730.96万元。州工商局与州检察院、湘泉酒总厂联合行动，赴深圳、广东沿海等地，查处制售假冒“酒鬼酒”案件4起；查处电解锰掺假案件4起，掺假电解锰150吨，案值240万元。1998年初，全州工商部门清查酒类店铺作坊2130家，查获山西汾阳市中杏酒厂生产福寿酒、中华礼酒等5个品种酒150瓶，假湘泉780瓶，假酒鬼酒100瓶，假四川吉日佳酒4000余瓶。春耕期间，全州取缔非法经营农资单位35家，查获劣质化肥160.5吨、假劣农药7181瓶（支）、假劣种子1.03吨。5号病发生期间，重点整治州内农贸市场，没收病肉1700多公斤、注水肉765公斤。州工商局和吉首市工商局组成联合调查组，查处吉首市苗魂酒业有限公司生产的“苗魂”牌“土匪”酒一案，销毁印制包装盒3.5万套，停止外销“土匪酒”，封存“土匪酒”1200瓶。全州各县（市）工商局责令凡有“匪”字的菜名、店名一律整改，遏制“匪”气蔓延。会同卫生、医药、监察、检察等部门出动112人次，检查州内药品（医疗器械）经营单位、生产企业和医疗机构196家，查处药品回扣案2起；查处假冒伪劣药品案16件；查处个人批发经营药品案1起。全州办理非法收购粮食案件110起（含即时处罚案件），没收粮食64.64吨。1999年，全州查处非法经营粮食案件103起，没收粮食143吨，罚款25.63万元。检查药品经营单位223家、医疗机构1154家，查处医药违法案件14起，吊销1户经营者营业执照；配合相关部门取缔非法药店41家、非法诊所153家，收缴假劣药品、失效药品80种，价值5万余元。2000年年初，开展“整顿市场秩序，整顿队伍作风”行动，全州查处市场制假售假案278件，案值150.7万元；捣毁制假窝点23个，查获假冒伪劣商品623万元；批准54家粮食经营户早籼稻收购资格，经报省局批准22家企业申报取得收购中晚稻资格证书；成立66个粮食收购市场监管巡查队，查处粮食违法案件16件，没收粮食60.37吨，价值5.81万元；检查药品经营单位323家次，取缔无照经营户35户，查处药品销售回扣案件1起；检查国道319线成品油市场，责令限期整改13家，查封3家；取缔3个马路市场、960个占道烟箱和2000多个临时摊点。

2002年年初，全州检查集贸市场173个，检查整顿经营主体1.8万户，限期办理变更登记150户，吊销营业执照18户，取缔市场无照经营户425户。4月，开展加油站清理整治行动，取缔无证经营16户、超范围经营32户，责令停业整改16户。6月，清查辖区内汽车配件经营户、修理厂、拆解拼装市场，检查市场主体500多户，取缔州供销联社第17门市部。2003年，检查集贸市场135个，经营户8000余家，查处违法经营户286户，查处集贸市场违法违章案件1085件，捣毁制假窝点23个；取缔无证照经营鼠药217户，没收“毒鼠强”等剧毒鼠药142.5公斤、非法鼠药1598包（瓶），捣毁非法制售窝点2个；查处农资案件72起，没收假农药1200公斤，案值10.7万元；查处与防治“非典”有关各类违法违章案件18件，案值46.8万元。2004年2—3月，全州工商部门预防控制禽流感，检查市场97个、养殖场7个、相关经营户3800余户，关闭集贸市场68个，检查禽类活体15万多只、禽类制品6.8吨、各种禽蛋6198枚，收缴鸡、鸭208只，封存1户货源不明冷冻鸡翅、鸡腿615公斤，责令停业整顿38户。查扣劣质化肥291吨，农药1510件，假冒种子7250公斤。2005年，开展“打假保名优”专项整治行动。以“湘泉”“酒鬼”“古丈毛尖”“老爹”等州内知名企业和商标为重点，与湘泉集团、古丈茶叶总厂等企业开展专项联合打假执法行动26次。检查重点食品市场31个、超市215家次、个体工商户3120户，查处无照经营户186起，查处商标侵权案件25起。“两节”（元旦、春节）和“五一”“十一”黄金周期间，清查相关市场主体5600余家，查处劣质（过期）食品饮料360件，不合格饮用水400件、假烟1800条、假酒1420瓶，清除有关旅游虚假户外广告25块。

2006年，州工商局与永顺县工商局联合公安部门，端掉永顺县城周边“农夫山泉”制假窝点3个。全州工商部门清理规范食品经营户7515户，取缔无照经营16户，捣毁制假窝点9个。2008年，三鹿奶粉事件发生后，全州工商部门出动执法人员4788人次，检查经营主体12052户次，流通环节下架登记封存、召回不合格奶粉1.34万公斤，其中农村下架不合格奶粉2732公斤。吉首地区非法集资事件爆发前后，暂停政府通报的非法集资企业，“消费者信得过单位”和“守合同重信用”评比和申报推荐工作。2010年，全州工商部门检查批发市场、集贸市场等各类市场384个，检查经营户25331户；开展“家电下乡”和“汽车摩托车下乡”市场清查、劣质乳粉流通环节处理情况及各种劣质产品清查；开展节日食品、食品添加剂、乳制品、蔬菜、大桶纯净水、茶叶和烟熏腊制品等专项清理和整治，抽检样品332个，检出不合格样品38个，立案查处各类食品违法案件24起，案值10万余元；查处无照经营食品户45户，捣毁制售假冒伪劣食品窝点2个，查处制售假冒伪劣商品案件35件；查处农资案件23起，罚没金额24.68万元；取缔证照不齐农资经营户48户，挽回经济损失67.02万元。

第三节　商标广告监管

一、商标管理

1989年，州、县（市）工商局清理整顿全州酒类商标。检查酒厂13家，销毁不合格商标标识7.3万份。

1990年，全州有注册商标企业95家，其中新增注册商标15个。查处商标违法案件10起，收缴商标标识8.6万张（套)。1993年，为企业续展注册商标7件，新申请注册商标60件。1995年，查处假冒伪劣商标和冒充他人注册商标案11起，收缴商标标识59.6万张（套)，查处非法印制商标企业两家。1996年，指导湘泉酒厂将“湘泉”“酒鬼”两个商标分别向美国、日本、英国、法国、新加坡、马来西亚、泰国、约旦等国家和地区申报注册手续。查处侵犯“酒鬼酒”注册商标专用权案件3起，案值120万元。1997年，全州有效注册商标339件；全年查处商标侵权案件10件，收缴消除商标标识5.88万件（套)。1998年，全州有效注册商标比上年新增26件，初审公告9件，申报注册35件。全州重申《关于保护“湘泉”酒、“酒鬼”酒注册商标和争创驰名商标的意见》，强调对“湘泉”酒、“酒鬼”酒商标及特有名称、包装、装潢和全州7件著名商标实施重点保护。4月中旬，州工商局查处吉首市魂中魂酒业有限公司仿冒“酒鬼酒”特有名称、包装、装潢一案，查获仿冒“酒鬼酒”200件，案值10万余元。全州查处商标侵权案件16起。1999年，湘泉集团有限公司“湘泉”酒（第33类）商标被国家商标局列入《全国重点商标保护名录》，湘泉集团有限公司“酒鬼酒”、龙山卷烟厂“老大哥”“张家界”卷烟三件商标同时被湖南省工商局列入《湖南省重点保护商标名单》。2000年，“古丈毛尖”“湘西椪柑”等地理标志证明商标通过国家商标局评审；全州新注册商标29件，由国家商标局初审公告商标32件；查处商标违法案件5件，没收侵权商标标识及包装物1.65万张。

2001年，全州新注册商标47件,新认定省著名商标9件、申报驰名商标1件;查处违法商标案24件，收缴销毁侵权商标标识5.92万套；查获假“酒鬼酒”680件，各类假“湘泉酒”5000余件，拆除23块非法使用湘泉集团招牌，端掉1个制假“酒鬼酒”窝点。2002年，州工商局帮助指导三立集团创建“三立”驰名商标工作并办理相关手续；指导吉首市万宝山乳业有限责任公司“万宝山”全脂奶粉等6家企业申报省著名商标；查处商标侵权案件5件，查处两起销售假冒“小糊涂仙”酒商标侵权案。年底，全州有著名商标12件，驰名商标1件。

2004年，湘西州“金银花”“天下第一漂”“三立”“喜阳”“湘泉”“酒鬼”等6件商标均被省工商局认定为湖南省著名商标。吉首禾田湘泉啤酒有限公司涉嫌生产仿冒“青岛2000”啤酒，责令整改。是年，查处侵权酒类4000余件、药品1000多盒、汽车零配件12种，侵权商标标识5000余件；查处商标侵权案件10起；协同公安、质监部门赴江苏常州江南村市场糖酒贸易商行、望达酒类批发部查处假冒湘西州土家人实业有限公司“土家年”商标系列酒3945件，价值30多万元。2006年，全州著名商标达13件，驰名商标1件，无形资产4亿元。2008年，凤凰“贾师傅”姜糖、老爹“果王素”、吉首“葛四”腊味、“古丈毛尖”茶叶和花垣“太丰”矿业五件商标被确定为湖南省著名商标；查处商标侵权案件12件。2009年，湖南三立集团“三立”商标和湖南土家人实业公司“土家人”获中国驰名商标。

2010年，全州注册商标1000余件，其中湖南省著名商标19件，国家驰名商标4件。是年，州工商局开展特色商标保护工作，制作申请注册资料38件。11月，上报国家工商总局“乾州古城”“水磨香车”等首批湘西特色商标注册申请23件。

二、广告管理

1989年，全州广告管理不够规范。1990年，州内建立户外广告专栏52处，工商部门确认有效广告1616张，查处虚假广告10起。1991年，全州广告栏增设55处，工商部门审批发布户外广告12718张，确认无效广告2359张，查处违法广告案件5起。1992年，全州工商部门查处违法违章广告12起，查处非法经营广告单位3家，收缴、洗刷、销毁违法违章广告4470份（处)。1997年，查处违法违章广告34件。2000年，查处违法违章广告57件。2001年，全州广告经营单位74家，广告经营收入762万元，查处广告违法案件34

件。2002年，清查广告经营单位79家，查处违法违章广告59件，收缴违法印制品广告4.5万份，办理店堂牌广告登记350户。2003年，全州工商部门检查报社、电视台等媒体13家，药店200家，医疗机构400个，查处医疗虚假广告案件8起，拆除户外广告牌43块，没收虚假印刷品广告9.5万份，责令停播不真实医疗广告22条。2005年，责令停播停刊虚假违法广告59起，限期改正8起，查处违法广告案件37件。2006年，责令州内电视台停播内容不真实医疗药品广告22条，要求整改14条。2008年，监测媒体广告4800条，责令停播（刊）24条，立案查处2件。2010年，全州工商部门监测媒体广告2368条（次），责令整改违法媒体广告53起，查处广告违法案件65起，罚没23万元。

第四节　消费者权益保护

1993年，全州工商部门宣传执行《中华人民共和国消费者权益保护法》，开展消费者权益保护工作。1998年，全州工商部门开通“3·15”热线电话，在8个县（市）工商所和商场设立159个消费者投诉台，受理消费者投诉。全年接待咨询3000人次，解答法律疑难咨询7000余条，受理消费者投诉1103件次，为消费者挽回经济损失117万元。1999年，全州查处消费品市场违法违纪案件1590起，商品价值8万余元；查处假冒农资案件19起，查缴不合格及违法经营化肥280吨，假冒伪劣农药15吨，种子36100公斤，取缔非法经营农资产品单位53户，为农民挽回经济损失73万元。组织人员全天候监控定点屠宰场，从源头堵住病肉上市。3月中旬，永顺县对山乡发生误饮工业酒精中毒事件，局长和相关科室负责人及时赶赴现场处理，并清理全州酒类市场，清查酒类生产、销售企业（个体）经营户5056户，处理问题户40户。2000年，全州工商部门开通“12315”消费者维权专线，公开向社会承诺“有假必打，有诉必受，有难必帮”。全州以保护“酒鬼酒”“湘泉酒”等名优特产品为重点，开展打假活动，州内查处假冒酒类370件，劣质食品190公斤，饮料3万多瓶，化妆品2700瓶，服装200多件，假冒伪劣焊条60吨，价值20多万元；赴山东、河南等地开展异地打假，查获假冒“酒鬼酒”7900多瓶，案值100余万元。2002年，推进“12315”消费者申诉举报网络建设。11月底，全州8个县（市）“12315”网络全部开通，州工商局“12315”指挥中心共接咨询电话683条、申诉121条、举报29条，查处消费者权益案件89件，案值52.35万元。2003年，受理消费者投诉案件884起，调解处理873起，支持法院起诉9起，为消费者挽回经济损失78.7万元。2004年，受理消费者投诉485起，为消费者挽回经济损失56.39万元，查处侵害消费者权益案件483起，捣毁制售假窝点45个，查获假冒伪劣商品总价值380万元。

2005年，受理消费者投诉案件1543起，调解处理1497起，为消费者挽回经济损失253.23万元。全州8个县（市）建消费者委员会分会130个，建消费者投诉站134个，在城区超市、企业等建消费者联络监督站69个，在建制村建“12315”联络站125个。是年，吉首市消费者委员会处理一燃气热水器一氧化碳中毒案件获得赔偿，被中国消费者协会评为2005年度全国侵害消费者安全健康权益十大投诉案件之一。吉首市消委获湖南省维权工作先进集体、中国消费者协会2005年度“健康·维权”贡献奖。2006年，接待消费者来访、咨询1.63万人，受理消费者投诉1842件，解决1825件，为消费者挽回损失460万元。州消费者协会秘书长马超美被授予全省维权工作先进个人。2008年，全州“12315”消费者维权中心受理申诉、举报、投诉、咨询4717起，申诉调解率100%；各级消费者委员会接受消费咨询12967人次，受理投诉960起，调解率100%，为消费者挽回经济损失51.3万元。

2010年，州工商局制定《湘西州工商行政管理局“12315”工作规范》，全州12315指挥中心接到来电来访信息1772条，办结率99.7%，为消费者挽回经济损失 67.68 万元，支持消费者获得加倍赔偿 2.24 万元。

第五节　打击传销

1997 年 10 月，全州工商部门开展整治传销专项行动，查处各类案件 9 起。1998 年 4 月，传销点湘西红景天经营部来自河北、河南、安徽、黑龙江、天津等地网络传销人员 200 余人聚集州老干活动中心，以要求政府解决生活费和往返路费为由向州人民政府施压。29 日，州及吉首市工商局在州、市公安部门配合下，通过宣传政策，做思想工作，制止事态扩大，查禁传销点红景天经营部。当年，全州取缔和查禁传销点 12 个。2000 年，查处非法传销和变相传销案件 5 件，涉案人员 245 人，取缔非法传销点 10 个。2002 年，查处传销和变相传销活动 2 起，驱散、劝返传销人员 200 余人，清退各种“入编费”“入网费”4.6 万元。2006 年，建立州打击传销工作联席会议制度。2007 年 1 月，州政府安排打击传销经费 13 万元。州、县（市）工商局和基层工商所层层落实禁止传销和监管直销责任，建立打击传销巡查制度、地段责任制度、传销举报制度、信息反馈制度，加强社会控制面，保持打击传销和变相传销高压态势。5 月 9 日，查禁以传销天津生物发展有限公司产品“冰妮丝”传销组织，传销组织成员被遣送回原籍。2008 年，全州工商系统捣毁传销窝点 26 个，劝返遣散传销人员 500 余人。2010 年，全州查处传销案件 3 件，捣毁传销窝点 75 个，遣散和劝返传销人员 1883 人，抓获传销头目 15 人，公安机关治安、刑事拘留 45 人，检察院批准逮捕 5 人。

第三章　经济协作管理

1985 年，湘西州经济技术协作办公室（简称州协作办）成立，与州对外经济贸易委员会两块牌子、一套人员。11 月，州协作办析出，核定编制 8 名，实有 8 人；内设综合科、协作科。1988 年，州协作办下设州经济技术物资协作公司。1990 年，撤销州经济技术物资协作公司，成立州物资协作服务站，原州经济技术物资协作公司人员转入州物资协作服务站。1992 年，州协作办创办州经济技术协作开发公司。1995 年，原“州对口支援三峡和五强溪工程领导小组”更名为“州对口支援工作领导小组”，办公室设在州协作办。是年，州协作办降为州计委内设科室，更名为州计委经济技术协作办公室，对外仍使用“州人民政府经济技术协作办公室”名称。同时，州协作办成立州经济技术协作开发贸易中心。1998 年，州协作办从州计划委员会析出，为副处级单位，归口州计划委员会管理。2000 年，州经济技术协作开发公司和州经济技术协作开发贸易中心撤销。2003 年，加挂“州人民政府对口支援工作领导小组办公室”牌子；州招商开发促进会在州协作办成立。2010 年，州协作办内设经济技术协作科和对口支援科，核定事业编制 6 名。州物资协作服务站核定事业编制 4 人。

1985—2010 年历任主任：张建明、韩毅、吴池莲、刘玉忠（以上为正处级）、邹三定（副处级）；副主任阳尔玉、杨一松、黄金球（正处级）、周成梁、滕久仁、郝贤明。

第一节　经济技术协作

1985 年 7 月，吉首市倡导成立湘鄂川黔武陵山区县市区政府经济技术协作会，常设办事机构为联络处，设在吉首市。8 月，湘西州与上海市南市区共同倡导开展多边经济技术协作。10 月，浙江省嘉兴市、江西省吉安地区、四川省自贡市、湖南省湘潭市、上海市南市区、江苏省南京市建邺区、湘西州及吉首市六省市八地区在湘西州张家界国家森林公园召开首次多边经济技术协作会，达成协议60项，签订意向书179份。是年，泸溪浦市化工总厂从上海等地引进补偿贸易金740万元，相继开发45个产品；全州引进协作项目55个，引进资金1814万元，引进人才276人。

1986年、1987年、1988年全州引进协作项目分别为126个、162个、120个，引进资金分别为2308万元、1731万元、2524万元。

1989年8月，经吉首市吉首商场倡导，湘鄂川黔边区供销社大中型工业品经营集团在吉首成立。湘西州8个县（市），湖南常德，四川省酉阳县、黔江县、秀山县，湖北省咸丰县，贵州省铜仁市，石阡县、江口县等地21个实体企业组成理事会。是年，全州引进协作项目109个，引进资金1595万元，引进人才433人，项目新增产值6769万元，新增税利1742万元，物资协作金额8736万元。1990年4月，湘鄂川黔边区茶叶生产经营集团在古丈县成立，武陵山区12个县17家企业参加。古丈县派出4名技术人员分别指导7个茶场茶叶加工，传授制作工艺，茶叶质量提升，集团33.5万公斤茶叶销售一空，均价比上年上浮30%。8月，武陵山区板栗技术开发协会第一次会议在吉首市举行，湘鄂川黔边区18个县（市）代表参加会议。会议讨论协会章程，选举出常务理事县和理事长。是月，武陵山区武陵牌桐油生产经营集团成立，其产品畅销全国18个省（市、区），并打入香港、台湾地区市场，出口日本、韩国等国家。集团内部成员通过8月、10月、11月在吉首、铜仁、秀山三地召开交易会，签订桐油购销合同1300吨、桐籽购销合同500吨。是月，在吉首市召开湘鄂川黔边区第七届交易会暨六省八地区首届名优特商品交易会，与会的有全国16个省（市）54个县以上代表团712家客商5196人，交易商品1.6万种，总成交额2.5亿元，其中湘西州成交7066万元，吉首市成交5107万元。吉首市民族制革厂积压6个月之久的184万元产品，交易会上销出151万元，占压库总数82%。11月，在四川省自贡市召开六省市八地区第六次多边经济技术协作会。湘西州与协作会成员单位签订协作意向项目40个。12月，经怀化地区倡议，在怀化市召开湘桂黔毗邻10个市（地、州）经济技术协作区成立会议。协作区有湖南省怀化市、邵阳市、湘西州、大庸市，广西壮族自治区柳州市、柳州地区、桂林市、桂林地区，贵州省铜仁地区、黔东南苗族侗族自治州10个市（地、州）参加，辖81个县（市），面积18.73万平方公里，人口3060万人。协作区常设联络处设在怀化市。是年，省内外地区性经济合作组织由2个增加到3个，成员单位由31个增加到52个。湘鄂川黔武陵山区经协会成员县（市）由原23个增至31个。全州实施协作项目107个，交流专业技术、经济管理人才444人，引进新技术37项，开发出23个新产品；引进资金1376.5万元，物资协作金额9448.8万元，项目新增产值7541.3万元，新增税利2459.1万元。1991年7月，在吉首市举行6省市8地区第二届名优特商品交易会暨湘鄂川黔边区第八届交易会。18个省（市、区）706家工商企业5000余名代表与会。交易会期间，商品成交额35068万元，其中湘西州成交5880万元。11月，哈尔滨市南岗区被接纳为协作会成员，协作会发展为7省市9地区多边经济技术协作会。是年，全州引进协作项目84个，引进资金934万元，引进人才447人，项目新增产值8275万元，新增利税1365万元，物资协作金额6343万元。1992年，7省市9地区第八次多边经济技术协作会议和7省市9地区第三届名优特暨湘鄂川黔武陵山区第九届商品交易会在吉首市举行。协作会协商产生《协作区章程》，签署各类协议81项。参加交易会的有全国各地50多个代表团5200多人，总成交额3.86亿元。是年，全州引进协作项目87个，引进资金2996万元，引进人才465人，项目新增产值5799万元，新增利税946万元，物资协作金额5868万元。1993年，吉首市椪柑开发公司与南岗区外经委合作，在哈尔滨联合销售椪柑9600公斤，实现销售额23万元。是年，全州实施协作项目107个，引进资金3883万元，项目新增产值1.48亿元，新增利税3074万元。物资协作金额1.52亿元，引进人才380人。1994年7月，在哈尔滨市南岗区召开7省市9地区多边经济技术协作区第十届年会，会上促成实施州肉联厂与南岗区苏东边贸展销中心签订联合开发俄罗斯边境贸易协议，州肉联厂分2次发出白条猪370吨，实现销售额284.7万元，利润30万元。是年，全州实施内联引资协作项目67个，引进资金2607万元。泸溪县铝厂与怀化电力局联合，由怀化电力局以电力供应作投资，合资生产电解金属锰，仅上半年就实现产值184万元，实现利税41万元。1995年，全州实施协作项目72个，引进资金4200万元，引进人才310名，项目新增产值1.07亿元，新增利税2057万元，物资协作金额1.7亿元。

1996年，湘鄂川黔武陵山区县（市、区）政府经济技术协作会第十二届年会在湖北来凤举行。吉首市被评为“开发武陵山区资源，发展武陵山区经济”先进市。吉首市常务副市长张官仁、花垣县县长石邦庭被评为“对武陵山区经济发展有特殊贡献的官员”，并由国务院扶贫办颁奖。1997年，全州引进协作项目50个，引进资金9430万元。1998年5月，湘西州人民政府印发《关于进一步推进横向经济联合的若干规定》，出台国内州外客商到州投资优惠政策。是年，全州引进协作项目116个，引进资金2.58亿元，引进人才352人，项目新增产值1.8亿元，新增利税4200万元，物资协作金额3.52亿元。1999年，州协作办组织相关单位参加湘桂黔毗邻地区协作区年会及1999厦门交易会、1999年广西南宁项目洽谈会等活动。全州引进协作项目53个，引进资金3.07亿元。2000年1月，湘西州和吉首市派代表团赴四川省自贡市参加8省市11地区多边经济技术协作网第十五届年会。湘西州与协作网成员实施协作项目12个，引进资金1.46亿元，引进人才60人，新增产值3000万元，新增利税500万元，物资协作金额3000万元。是年，全州实施协作项目83个，协议引资7.18亿元，实际引进资金3.67亿元。全年引进1000万元以上项目21个。2001年，八省市十一地区协作网例会在吉首市召开，会上签署协作项目10个。是年，全州实施协作项目82个，引进资金4.11亿元。

2002年，全州实施协作项目98个，引进资金5.06亿元，其中省外境内项目52个，到位资金3.58亿元。州协作办被省经济技术协作办公室授予“2002年度内联引资超额完成任务单位”。2003年，湘西州先后组团参加“西洽会”（第七届中国东西部合作与投资贸易洽谈会）、“深洽会”（湖南深圳投资洽谈会）和“杭洽会”（杭州投资洽谈会），三次活动共签合作项目43个，合同（协议）引资51亿元。吉首市组织“光彩金秋”第四届经贸洽谈会达成合同项目14个，合同引资4.06亿元。是年，全州引进内资项目133个，合同引资23.08亿元，到位资金7.52亿元。2004年，湘西州聘请外地经济顾问和招商代理人为州内引进合作项目10个。湘西州组团参加“湘浙投资洽谈会”“泛珠三角区域经贸合作洽谈会”“湘洽会”（中国湖南投资贸易洽谈会）等招商活动。州协作办主任邹三定先后赴上海、杭州、广州、深圳、北京等地开展上门招商活动，为县市及吉凤工业园洽谈对接招商项目8个。州经协办张军先后承担“珠洽会”“湘浙投资洽谈会”“湘洽会”项目签约仪式具体组织工作。湘洽会”全州签订合作项目38个，合同（协议）引资25.3亿元；“珠洽会”签订合作项目28个，合同（协议）引资22.6亿元；“湘浙投资洽谈会”签订合作项目4个，协议引资3.2亿元。州招商开发促进会会长滕久仁帮助策划成立湘西西源渔业公司，在古丈县栖凤湖引进美国优良品种斑点叉尾鮰鱼，养殖200口网箱，带动全州水面养殖。从长沙引进200万元资金联合州内房产开发商加入，组建湘西州金凤凰农业生物科技有限公司。在吉首市吉庄工业园征地3.4公顷，从益阳益华公司引进技术合作，建年产3000吨斑点叉尾鮰鱼加工生产线，产品出口美国。后成都金威集团投入1亿多资金控股合作。是年，全州实施内联引资项目200个，合同引资52.48亿元,到位资金10.55亿元。2005年，湘西州在杭州举行“湘西州（杭州）招商项目投资说明会暨项目签约仪式”，首次通过委托中介机构承办重大招商活动，签订意向合作协议16个，协议引资16.2亿元。是年，全州主动承接“长三角”“珠三角”经济辐射和产业转移，共引州外境内项目196个，到位资金15.8亿元。

2006年2月，州人民政府印发《关于印发〈湘西州招商引资奖励规定〉、〈湘西州招商引资委托代理管理办法〉的通知》，废止2003年暂行规定和办法。4月，州人民政府委托中介机构太平洋投资咨询有限公司在浙江省杭州市承办湘西州（杭州）招商项目投资说明会暨项目签约仪式（简称“杭洽会”），签订合作协议30个，协议引资33.4亿元。6月，湘西州（珠三角地区）投资贸易洽谈会暨招商引资项目签约仪式在深圳举行。签约项目33个，签约资金18.9亿元。是年，全州实施州外境内引资项目231个，到位资金23.6亿元。2007年，州人民政府召开全州招商引资暨商务工作会议，表彰招商引资先进单位和个人，表彰重大项目21个，各给奖金3万元。授予张官仁等12人招商引资突出贡献奖，各发奖金3万元；授予吉首市人民政府、州林业局、州协作办等12个单位为全州招商引资先进单位。凤凰县人民政府、吉凤经济开发区管委会被评为全省内联引资工作先进单位，凤凰县人民政府副县长朱一瑾、吉凤经济开发区招商局局长汪天宏等4人被评为全省内联引资先进个人。是年，全州实施内联引资项目211个，合同引资130.1亿元，到位资金34.4亿元。2008年6月，湘西州组团赴上海参加省政府举办的“2008年湖南（上海）投资洽谈活动周”，签订合作项目27个，签约引资29.9亿元。8月，湖南省政协原主席王克英，省协作办党组书记、主任毛七星带领湖南省浙江商会等7个异地商会一行51人，开展“湘西行”投资考察活动，签订项目13个，协议引资23.4亿元。湖南省浙江商会、湖南省广东商会、长沙市温州商会、湖南省深圳商会合计认捐300万元援建湘西州希望学校。是年，湘桂黔渝毗邻地区经济技术协作区实施经济技术协作项目503个，签约资金245.1亿元，到位资金110.5亿元。全州引进内资项目220个，合同引资181亿元，到位资金43.96亿元。2009年5月，州人民政府在广州市举办湘西州承接产业转移推介会暨招商项目签约仪式专场活动，签订合作项目29个，总投资80亿元。5月19日，吉凤经济开发区在广州市举办湘西（广州）工业园投资恳谈会，引进入园项目2个。是年，全州实施内资项目241个，合同引资218.9亿元，到位资金54.62亿元。2010年6月，州人民政府办公室印发《湘西州招商引资考核奖励办法》，明确量化考核办法，规范招商引资奖励。7月，组团参加2010湖南（上海）投资洽谈月活动，湘西州举办招商专场活动，签约项目37个，合同引资78.44亿元。第六届珠洽会上签约项目1个，合同引资1.2亿元。是年，湘西州与湘桂黔渝毗邻地区经济技术协作区相关兄弟地区实施项目12个，合同引资6.9亿元，到位资金3.6亿元。全州实施内资项目245个，合同引资273.73亿元，到位资金71.34亿元。

第二节 对口支援

一、接受外援

2002年7月，湖南省人民政府批准开展对口支援碗米坡水电站库区移民工作。12月，湘西州人民政府组团，由副州长董继兴等带领州对口支援办、州移民开发局及龙山、保靖两县相关人员走访怀化市、益阳市、长沙市、衡阳市人民政府，协调碗米坡电站建设对口支援工作。2003年，碗米坡库区共争取长沙、衡阳、益阳、怀化4市及省直单位对口支援项目资金888万元。2004年2月，州协作办派员赴碗米坡库区调研，协助龙山、保靖两县编制对口支援项目。是年，州协作办两次赴长沙市、衡阳市、益阳市、怀化市和省直有关部门汇报，衔接对口支援项目，共争取长沙、衡阳、益阳、怀化四市及省直部门对口支援项目资金647万元。湖南省计委、省教育厅援助龙山县里耶小学迁建项目300万元；长沙市安排龙山县里耶镇、长潭乡政府整体迁建项目资金各50万元；衡阳市援助龙山县隆头镇政府迁建项目、苗儿滩镇自来水迁建项目各50万元；省卫生厅援助保靖县清水坪镇卫生院迁建项目资金25万元；益阳市援助保靖县隆头乡政府办公大楼整体迁建项目30万元、拔茅乡政府办公大楼整体迁建项目28万元；怀化市援助保靖县清水坪镇政府办公大楼整体迁建项目36万元、比耳镇街道路面硬化24万元，援助保靖县医护人员培训费4万元。2005年5月，州协作办（州对口支援办）被湖南省人民政府授予“对口支援工作先进单位”称号,邹三定、张军被评为全省对口支援工作先进个人。至2010年，长沙、衡阳、益阳、怀化4市和省直有关单位共无偿支援碗米坡库区保靖、龙山两县6个重点乡（镇）项目资金3380万元。

二、对外援助

1995年，吉首市向湖北省巴东县长江三峡库区移民转让小砌块专利技术设备6台套，每台套由5.6万元降至3.3万元。2009年，湘西州对口支援怀化市托口水电站库区会同县漠滨乡。2010年，州人民政府对口支援托口水电站库区移民工作领导小组成立，制定对口支援年度计划和五年规划。是年，州财政安排50万元，援助漠滨乡建设集镇街道和行政中心项目。

第四章　物价管理

1989年，湘西州物价局内设工价科、农价科、办公室，编制10名，实有10人。直属机构有：物价检查所，工作人员14人；工农产品成本调查队，工作人员13人。1992年，价格事务所成立。1994年，州物价局与州计划委员会合并为州计划物价委员会。1995年，恢复州物价局，内设办公室、价格科、收费科、政工科，编制10名，实有10人。

2001年，机构改革，州物价局由州人民政府办事机构改为州政府工作部门。局机关内设办公室（加挂综合法规调控科牌子）、价格科、收费科，核定编制10名，实有10人。2002年，价格事务所更名为价格认证中心。

2010年，局机关内设办公室（加挂综合法规调控科牌子）、价格管理科、收费管理科、纪检组（监察室），行政编制8名、事业编制1名，实有10人。下设机构有州价格监督检查局、州价格成本调查队及州价格认证中心。

1989—2010年，州物价局历任局长夏学忠、阳乾元、丁学勇；副局长夏学忠、李子达、杨克昌、吴纪元、李庆文、黄厚谦、刘明成、向纪荣、王小兰。

第一节　价格管理

1989年，吉首地区零售物价指数上涨幅度12%，群众日常生活必需品价格基本稳定，食品类价格上涨幅度较上年降低24.2个百分点；工业生产资料价格普遍上涨。州内市场销量多、金额大的商品，州物价局实行提价申报制度；日用工业消费品价格，实行指导价管理；饮食服务价格，实行差率控制；化工产品，实行价格封顶，扩大全州指导性商品价格范围。8月，公路客运每人公里加收5.6厘油料差价费，至10月，3个月减少企业亏损52万元；允许纺织厂自组棉花生产21支纱出厂价格，按省规定出厂价格再加收自组棉与国家分配棉价差绝对额及价差中应缴纳产品税制定；允许企业在保证完成国家生产任务前提下，超储积压3个月以上计内金属材料，经业务主管部门和物资分配部门核批，可以投入钢材市场调价串换。

1991年，全州零售物价总水平在1990年基础上上涨 4.3%，回落 1.9 个百分点。“菜篮子”价格稳中趋降；农资价格全年基本保持稳定，除计划外尿素略有上涨外，其他农资价格出现全面下降势头；日用工业品价格指数较上年仅上升 2.5%。州物价局制定《工业生产资料价格管理暂行办法》和《关于进一步增强企业的十项价格改革措施》，取消提价申报品种，缩小差率控制范围；完善新产品定价制度，执行优质优价原则；改进日用工业消费品价格管理办法，搞活商品购销；扩大企业定价权，促进经济联合；放开部分管价商品价格，由企业自主定价，放开化工、建材等 207 种商品价格。适当提高混配肥、湘泉酒、生活用煤等出厂价格。7—8 月，全州遭受洪灾，州物价局印发《关于做好稳定灾区市场物价的通知》，防止灾区市场粮价、蔬菜价格上涨。1992 年，全州零售物价指数较上年平均上涨 9.11%。州物价部门帮助企业建立健全价格管理制度，运用价值规律和市场规律，调整企业产品价格结构 8 起，为企业增创效益 10 多万元。1993 年，市场物价呈持续上涨趋势。吉首地区零售物价总指数较 1992 年上涨 24 个百分点。居民生活费用价格指数较 1992 年上涨 20 个百分点。消费品价格指数较 1992 年上涨 24.6 个百分点。全州物价部门核定粮食、猪肉、蔬菜、中西药、农资等价格涨幅上限，价格上升势头基本遏制。

1996 年，社会商品零售物价涨幅回落到 4.1%，较 1995 年涨幅降低 15 个百分点。7 月中旬，州内遭受洪灾，灾区市场物价有所上涨，7 月涨幅 6.8%，8 月涨幅 5%，但零售物价涨幅均在 10%之内。粮食、生资、医药等价格，州物价部门实行提价申报、调价备案制度；州内凡需调价商品，未经物价部门成本审核，一律不得调整，做到价格调整必须先有成本审核结论书。州物价部门先后审核吉首市自来水、全州粮食经营等费用成本，核减多计成本 1000 万元。1997 年，全州社会商品零售物价涨幅 0.9%；消费价格涨幅 2.8%，分别较 1996 年涨幅降低 3.2 和 3.1 个百分点。州物价局合理制定全州电力价格，年内电力企业增收 4000 万元。适当调整州内部分县市自来水价格，年内全州自来水企业增收 345 万元。1998 年，全州社会商品零售物价涨幅和居民消费价格涨幅出现负增长，分别为 -2.4%、-0.8%。1999 年，全州居民消费价格涨幅 0.1%，比上年上升 0.9 个百分点，商品零售价格涨幅 -1.1%。2000 年，全州居民消费价格指数 99.4，社会商品零售物价指数 97.2，分别较上年涨幅低 0.7 和 1.7 个百分点。州物价部门适当调整州内部分县由州管的电力价格。配合农村电网改造，全州 885 个村电价降到 0.65 元／千瓦时。2001 年，全州居民消费价格指数为 100，社会商品零售物价指数 99.9，分别较上年涨幅持平和下降 0.1 个百分点。3 月，州物价部门调整永顺县猛洞河旅游价格。从 12 月，调整全州食盐价格；支持黄龙洞旅游公司投资承包凤凰县“南长城”等八大旅游景点，核定景点具体票价；召开规范吉首市自来水价格听证会，恢复下浮前水价。是年，连续 11 次调整全州市场成品油价格；降低药品虚高定价，减轻患者药费负担 600 万元。

2003 年上半年，受“非典”影响，全州药品市场抗菌素类药物价格大幅飙升，全年居民消费价格指数 101.8，累计上涨 1.8%。抗‘非典”期间，全州板蓝根冲剂等中成药品和薄荷、草果等 32 种中药材以及部分医疗器械价格，物价部门实行临时行政干预紧急措施，涉及“非典”疫情防治价费审批特事特办，实行现报、现审、现批快速运作程序，保障市场药品及时供应。

2005 年 3 月下旬至 4 月初，整治农资市场，规定同种化肥在同一市场，只允许一道批发环节，禁止层层转手加价销售；规定尿素零售价格，每吨不得突破 1950 元；所有农资经营单位和个人，无论批零，都要严格执行明码标实价。对民爆器材价格实行统一定价，加强对“常吉”高速公路和“凤大”高等级路段等重点工程民爆器材供应价格监督检查，确保重点工程建设不因价费受影响。2006 年，州物价部门抓住石油液化气购进价格有所下降契机，决定对吉首市瓶装液化气价格实行下调。2007 年，全年分 8 批降低 709 个品种药品零售价格，全州药品价格平均降幅 37%，减轻患者负担1200万元；对医疗器械价格继续实行差率控制。

2008年，全州居民消费价格指数同比涨幅降至0.9%；全年累计上涨6.2%。州物价部门实施临时价格干预措施，州内26个列入调价备案名单企业提高成品粮、挂面、方便面、食用植物油、猪肉、牛羊肉及其制品、牛奶、奶粉等产品价格，实行调价备案制。两次提高粮食最低收购价。对主要农作物种子实行政府指导价管理。年内全州降低和理顺71个品种、217个规格药品最高零售价格，降低药品价格400多万元；全州乡镇192家非营利性医疗机构参与“新农合”药品集中招标采购，招标采购药品2694种，规格30740个，金额1.8亿元，减轻农民患者负担3060万元。在液化气气源价格持续攀升情况下，决定全州不上调液化气价格，实行政府补贴政策；气源价格下降时，及时调低液化气零售价格。召开州内部分县自来水价格听证会，出台部分县污水处理费标准。调整全州客运燃油附加费标准，重新制定全州《道路汽车客运价目表》。按照只降不升原则，整顿规范游览参观点门票价格。2009年，居民消费价格指数1—8月连续负增长，9月开始回升。9月，全州CPI同比上升1.2%，10月同比上升2.9%,11月同比上升3.2%,12月同比上升4.8%；全年累计比为-1.6%，比1—11月上升0.5%，呈现触底回升趋势。州物价部门降低餐饮、住宿业商业用电用水价格。对主要农作物种子价格实行政府指导价管理，加强对化肥市场价格监测和监督检查。调整全州基本药物价格，平均减少看病群众支出49%。完成除泸溪县以外7个县（市）自来水价格调整工作。将公路客运由政府指导价改为政府定价，取消节假日和春运价格上浮政策。2010年，居民消费价格总指数103.2，比上年上升3.2%；商品零售价格总指数103.4，比上年上升3.4%，呈回升趋势。州物价部门加强涉农价格管理，调整部分种子零售最高限价，提高稻谷最低收购价格，明确烟叶收购价格。对旅游景点实行成熟一个，定价一个，推介一个，促进旅游业边经营、边开发；开展旅游景区价格巡查，旅游门票实行公示制，旅游价格秩序基本规范。

第二节　收费管理

1989年，州物价部门采取“边查出、边纠正、边处理、边入库”办法开展非商品收费年检工作。检查单位810个，查出存在问题单位92个，违价金额33.5万元，收缴财政13.3万元，清退2.74万元。是年7月，州物价部门与有关部门配合，清理州境收费情况，全州各种收费金额10586.13万元，其中乱收费308.23万元，占整个收费2.9%。1991年，州物价部门会同有关部门帮助收费单位完善规章制度；适当提高中小学收费、客运附加费、旅游门票收费等收费标准。检查行政事业单位120个，查出违价单位3个。1996年，年检年审1448个单位，查出乱收费单位38个，吊销收费证8个，注销自立收费项目52个，没收违价收费17万元。1997年，州、县（市）物价部门向国营、集体企业和个体工商户印发湖南省企业税外费登记卡1500张、个体工商家私营企业规费负担卡1080张。1998年，限制增加部分直接涉及学生收费项目及提高收费标准，减轻学生负担80万元。全州取消不合理收费项目8个、降低标准12个，减轻企业负担800多万元。1999年4月，完成检审收费单位1532个，检审收费项目3967个，金额2.08亿元，注销收费许可证38个；取消和制止不合理收费项目6个，降低标准14个，减轻企业和群众负担600万元。5月，州纪委、州物价局等相关部门联合开展州直单位培训收费清查，52个州直单位办班166期，收费220万元；11个单位未申报收费办班，收费18.7万元；5个单位办班超标收费3.36万元；4个单位使用不合规定票据收费6.97万元。

2000年，全州检审收费单位1567个、收费项目31340个，吊销收费许可证18个；全州取消收费项目67个，降低标准12个，规范收费项目8个。全州清退多收学生费用3200万元。2001年，州物价局清理原审批收费项目53个，报州人民政府批准保留审批事项31个，取消和下放22个。

检审收费单位1281个、收费项目10357个，换证135个，注销许可证61个，年审总金额3.4亿元；制止和取消不合理收费项目30个，减轻企业、群众负担511万元；制止学校自立项目和搭车收费7项，金额400余万元；至11月底，全州实行涉农收费公示乡（镇）161个，涉及建制村682个。全州100个西部开发重点项目和100个西部开发重点招商引资项目实行“一票制”收费。2002年7月，州物价局在永顺县召开全州涉农收费公示经验交流会，推行涉农收费公示乡（镇）218个。2003年，检审并核发行政事业性收费许可证1655个，检审服务价格登记证878个，检审项目380个，注销许可证126个；制止和取消不合理收费58项，降低收费标准38个，查出价格违价金额20万元，实行经济制裁15万元。2005年3月下旬至4月上旬，州物价部门与州相关部门抽查8县市16所中小学春季收费情况，发现9所学校违规收费13.26万元，并及时清退。同时，州物价部门分两组检查吉首市4个社区的物业管理收费，取消部分违规收费项目。全年检审州直行政事业性收费许可证115个，检审服务价格证97个。州本级注销行政事业性收费许可证8个，注销行政事业性收费项目32个；注销服务价格登记证4个，注销服务价格项目12个；新办服务价格登记证6个；换发行政事业性收费许可证2个；换发服务价格登记证6个。审核调整制定吉首市民族实验学校、州农机监测站农用机动车流动检测服务、“村村通”有线电视收费等19个收费标准。

2006年，规范培训收费，按财政先立项、物价再批费程序操作。审批32个部门52期短期培训班收费，核减不合理收费金额20万元。开展全州大中专、中小学校春、秋季开学教育收费和公示情况检查，检查教育行政主管部门5个，大中专、中小学校119所，查出违价金额237.65万元，实行经济制裁132.75万元。2007年，全州物价部门指导管理公办幼儿园收费，除按规定收取教育保育费和伙食费外，不得再以其他任何名义收费；民办幼儿园收费，报物价部门备案。全州义务教育阶段学生全部免除杂费，除按规定可以收取课本费和作业本费，以及向自愿住校学生收取寄宿费和伙食费外，不得以任何形式向学生收取其他费用。全州减轻38万名义务教育阶段学生负担近亿元。取消民办教育向学生收取办学经费；实行教育收费公示。2009年，取消义务教育学校向住校学生收取住宿费；明令学校不得利用教学资源举办或与其他社会办学机构合作举办面向学生培训班并收取费用。公路收费站撤站后，取消向旅客代收通行费。州直检审行政事业性收费许可证97个，取消行政事业性收费48项，注销行政事业性收费许可证12个，重新核发许可证2个，换发许可证69个；检审服务价格登记证90个，换发新证90个，注销登记证2个，检审金额6.89亿元。注销超期未年检服务收费单位收费登记证33个。2010年，州物价局与13个州直部门联合制定《湘西州开展治理和规范收费工作方案》，确定州本级价费行政审批项目20个。州直核发收费许可证89个，执收项目128个，年度检审收费总额9854.7万元。清理取消行政事业性收费6项，取消材料费等不合理收费7项，注销收费许可证5个，重新核发许可证1个，换发许可证12个；州直检审登记证90个，换发新证23个，注销登记证1个。

第三节　物价监督检查

1989年，全州物价部门重点检查农资、煤炭、电力等行业价格。先自查，再抽查。全州应自查单位1275个，实际自查1261个。物价部门抽查单位48个，其中20个存在违价行为，违价金额146.3万元。3月，检查农资生产经营单位123个，查出违价单位21个、金额6.38万元，经济制裁4.9万元。抽查凤凰、永顺和保靖3个县的电力价费，查出电力违价案件6起，违价金额137.84万元。州、县（市）价格违价举报中心成立，接到举报案件55起，查处50起。是年，全州查出各类违价案件337起、金额104.3万元，处理261起，经济制裁102.9万元。

1990年上半年，州物价局和吉首市物价局成立“明码标价办公室”，并在吉首市办试点，全市500多家商品零售网点使用统一标价签。1991年，全州价格检查自查面98.7%；抽查单位276个，查出违价行为和案件188起、违价金额80.18万元。1992年，全州330家企业开展农资和农村电价执行情况自查，自查违价金额0.57万元；组织检查组，重点检查133家，查出违价单位43家，查出各类违价案件92件、非法所得10.882万元，经济制裁10.678万元。1996年上半年，抽查农资经营单位150个，查出违价单位45个、违价金额20万元，处理8万元。下半年，检查电力行业单位21个，查出违价单位21个、违价金额196.9万元，处以经济制裁125.4万元。是年，全州查出价格违价案件132起、违价金额202.8万元，经济制裁188.4万元。1997年，州、县（市）成立税外费领导班子，开展税外费清理工作，州委、州人大、州政府、州政协领导深入州内130多家企业开展清费工作；各县（市）委书记抓清费；州人民政府两次组织人员督查清费工作。全州842个单位开展自清自查，清理资金3.82亿元。抽查执收单位189个，654个收费项目，清出违价收费185项、违价金额967.49万元。全州各级物价检查所查出违价案件377件，查出违价所得633.70万元。1999年，春节期间，州、县（市）物价检查所与工商部门深入大型市场检查个体经营户468家，没收不合格秤28把。5月，全州物价检查所检查州内交通收费情况，查出违价收费51万元；州、县（市）物价检查所上路抽查客运车148辆，勒令退还多收旅客票款270元。全年各级物价检查所查出价格违价案件342起，查出违价金额496.4万元。

2000年，全州各级物价检查所查出各类价格违价案件215起，查出违价所得714.41万元。开展明码标价工作，吉首市建立定期检查制度，检查经营铺面2013家，其中不标或少标以及标价签不合规定453家，全部下发整改通知。2001年4月，八县市开通“12358”价格举报电话，建立完善各项价格举报制度。规范旅店、餐饮、出租车、公用电话等行业明码标价。州物价检查所配合省物价捡查所，检查州电力公司、州人民医院和州石油公司价格执行情况，查出违价所得478.3万元。全州查出农村中小学违价收入109.47万元。检查187个乡（镇）2139个自然村农村电价和农网改造收费，查出违价案件58起，实行经济制裁41.58万元。全年受理价格投诉35件，处理33件。2002年，组织明码标价专项检查21次，查出违反明码标价规定行为332起，罚款5000元。通过“12358”价格举报电话，受理各类价格投诉40余件，处理38件，查出违价金额56.72万元。对全州中小学校收费检查，查出违价收入56.43万元。检查州内重点国有粮食购销企业国家粮食价格政策执行情况，查出违价所得39.87万元。检查州烟草公司及龙山、永顺、保靖、花垣、凤凰等县烟草公司，查出违价所得54.64万元。检查全州工商部门和集贸市场收费，查出违价所得158.07万元。开展住房建设和城市基础设施建设配套费政策执行情况检查，查出超范围收费23.8万元。全年查出违价案件208起，查出违价金额534.92万元。2003年，抗“非典”期间，州物价部门建立24小时值班及防治“非典”药品价格一日一报和零报告制度。检查医院、药店和个体诊所1025个，查出违价案件253起、违价金额11.83万元。2月中旬，州物价局和吉首市物价局组成联合检查组，查处吉首市开明药店、州新药特药有限公司等7家药店违价行为，并责令在30天内将多收差价款如数退还给消费者。检查超市、专卖店、旅游景点明码标价876家，整治90家明码标价落实不到位单位90家，并处以罚款。检查涉及农业生产供电、供水价格，查出违价金额54.2万元。查出州交警支队违价金额90.16万元；核查州、县（市）教育主管部门收费、摊派情况，查出违价金额133.05万元。全年全州查出违价案件354件，查出违价金额504.8多万元。2004年，全州全年受理“12358”价格投诉事项166件，清退违价金额66.9万元，没收违价所得4.5万元，罚款0.9万元。州物价检查所被省物价局评为受理举报工作先进单位。2005年，州物价部门开展春运、农资等5项检查，查出各类违价案件64件、违价金额

351.02万元。开展化肥、种子两项价格检查，检查企业和经营户247家，16家乱涨价企业和经营户被查处。开通“局长信箱”，全年通过“信箱”受理价格举报和政策咨询386次，查出举报违价案件34起，实施经济制裁53.49万元。

2006年，全州开展涉农、教育、医药等行业检查，检查338个单位，查出违价案件207件、违价金额1191.94万元。规范药品价格秩序，是年，全州药品价格平均降幅26%。全年受理“12358”价格举报和政策咨询356起，查处举报违价案件42件，实施经济制裁112.56万元。2008年春运期间，全州制止乱涨价240起。全年查出违价案件242件、违价金额544.70万元。受理价格举报和政策咨询428起，查处举报违价案件205件。2010年，检查种子、农药、化肥等价格和涉农收费执行情况，查处违价案件12起，纠正违价问题5起。开展农机服务收费检查，查出违价金额3.10万元，处理单位1个，纠正违价行为2起，取消农机鉴定和产品认证费项目2个，降低拖拉机反光号牌收费标准1个。开展涉企收费检查，查出违价案件27起，违价金额1031.49万元。是年，全州查出各类违价案件205起、违价金额1347.73万元，实施经济制裁451.11万元。

第四节　物价调查

1989年10月，州物价部门组成两个调查组，调查农资价格及供应情况，收集农产品及78家企业134个工业品3年内成本变化资料，并分析整理，代表州人民政府向州第八届人大第十三次常委会作《关于上半年我州物价形势及存在问题》的汇报。1992年，物价部门深入重点企业，开展调查研究，向州人民政府提供报告材料。1996年，州物价局深入8家生资企业，摸清全州生资经营中存在难点问题。是年，深入企业94家，写出调查报告68篇。1997年上半年，全州物价系统组织开展“七县一市八乡”农民负担情况调查活动，基本摸清全州农村农民负担情况。深入粮食、供电，供水等企业开展调查研究，帮助企业探寻走出困境路子。州物价局领导带队深入企业调查剖析农资经营中实际困难和问题，澄清全州农资经营部门经营困难、价格倒挂、严重亏损实际原因。是年，全州各级物价部门深入市场开展调查研究71次，深入企业94家，为上级和有关部门提供调查报告及物价资料148篇（份）。1999年，全州物价部门组织人员调查研究84次，深入116个企业和乡镇，提供调查报告及材料186篇（份）。州物价局领导带队深入龙山、花垣两县开展全州粮食流通体制改革面临困境调查，写出《粮价改革的困境与思考》调研报告，剖析全州粮价改革难点问题，并提出解决的办法和建议。

2001年，州农调队调查农民种植意向、农资购买、农家收支、农民存粮情况，写出《农家种植意向情况调查分析》等专项调查报告12篇。2002年初，全州价格系统开展“调查研究日”活动，撰写出《做好假日经济的价格工作要坚持“三个结合”》等调研报告，其中5篇被省物价局评为优秀调研文章。州工农产品成本调查队连续三年获国家发展计划委员会全国农产品成本调查优秀集体称号；王敬军获国家发计委“全国农产品成本调查优秀个人”称号。2004年，州物价局成立调查组，先后深入基层20多次，调查古丈县一中、永顺县实验学校学生住宿费，古丈县坐龙峡、永顺县不二门国家森林公园及小溪国家级自然保护区旅游门票，高能耗、移民企业电价等，撰写调研报告12篇，其中《土家旅游文化产品价格初探》获省物价局二等奖；向扬获国家发改委全国农产品成本调查优秀个人称号。2005年，州物价部门完成古丈茶叶、保靖椪柑、凤凰烤烟3个常规调查。定期开展农民种植意向，农资购买意向，农家存售粮情况3个专题调查，完成涉及龙山、永顺、保靖、古丈、凤凰5个县、40多家农家农产品成本收益情况常规调查任务和布点，开展调查研究深度分析，形成专题调研文章7篇。是年，州物价局上报省物价局论文13篇，编印价格调研论文集《价格实践与理论的探索》200册。撰写《我州工业企业应积极应对煤电价格联动的冲击》等调研文章10余篇，其中《经营者不正当竞争行为及其规范对策》一文获省物价局二等奖，局长丁学勇撰写的《我州工业企业应积极应对煤电价格联动的冲击》一文，被《湘西工作》全文刊载，州物价局成本调查队被国家发改委授予全国农产品成本调查优秀集体称号。2006年，州物价局深入企业、农村调研阻碍企业发展和农网改造等涉及农民切身利益等价格问题，撰写调研文章17篇。局长丁学勇撰写的《充分发挥价格杠杆作用为我州构建和谐社会服务》一文被人民网等媒体采用。同时，完成《2005年度我州市场价格运行平稳》等价格形势调研分析材料10余篇。2007年，州物价部门围绕猪肉、液化气等价格热点问题调研，撰写调研文章10篇，其中《用科学发展观指导价格成本监审工作》一文获省物价局一等奖，《规范定价成本行为，提高定价成本监审工作质量，促进和谐社会全面发展》一文获省物价局二等奖。全州八县市均确定一名专职或兼职成本调查员，细化职责、明确任务，成本调查员李庆文被国家发改委授予全国农产品成本调查优秀个人称号。2008年，州物价局配合州政府督查室围绕化肥价格、花垣县矿产资源税费征收、节能减排等价费热点问题，开展调查研究，组织撰写调研文章20篇，其中《加强宏观调控，稳定市场物价，保护农民利益》一文获省调查队优秀奖，《发挥物价部门作用促进山区经济发展》被《湖南物价》刊用。2010年，全州完成烤烟、椪柑、茶叶成本调查布局点工作，确立烤烟成本调查点38个、椪柑成本调查点6个、茶叶成本调查点6个。州物价局组织开展关于高能耗企业电价、基本药物价格政策实施、农资价格、生猪生产销售价格等调研活动30余次，调研报告被省物价部门采用11篇，其中《湘西州农民增收途径的几点思考》获省调查队优秀奖。

第五节　价格调节基金

1992年，吉首、古丈两县（市）开始征收“菜篮子”和生产资料专项价格调节基金，用于“菜篮子”工程建设和农业生产资料价格补贴等。1996年，州人民政府办公室转发州物价局《湘西州价格调节基金征收管理实施办法》，决定开征宾馆、休闲娱乐等12个行业价格调节基金。7月，全州建立价格调节基金征收机构，完善征收制度，健全征收措施，落实征收办法，采取多种方式抓入库。是年，全州征收调节基金239万元，其中安排平抑春节和淡季市场蔬菜价格97万元，恢复发展灾区蔬菜生产基地30万元。1997年，全州征收调节基金195.2万元，其中龙山、凤凰两县超额完成全年征收任务。1998年，征收调节基金230万元，动用181万元，主要用于平抑节日市场物价及蔬菜基地建设。1999年，征收调节基金195.8万元。调节基金主要投入生产环节，永顺、凤凰两县运用调节基金自办蔬菜基地。2000年，全州征收调节基金189万元，动用185万元。

2002年，扩大价格调节基金征收范围，开征驻州中央企业调节基金。全州征收价格调节基金208万元。2004年，州物价局收取价格调节基金62万元；动用17万元，支持吉首、永顺两县（市）反季节蔬菜基地建设。2005年6月，州物价局制定《湘西州旅游资源有偿使用费和旅游宣传促销费征收管理实施办法》，决定从下年4月起，开征旅游资源有偿使用和宣传促销费。是年，征收州直单位价格调节基金70万元，投入反季节蔬菜基地建设8万元。2006年，首次开征旅游“两费”（旅游资源有偿使用费和宣传促销费），全州征收230万元。2007年，全州征收价格调节基金670万元，其中，10%用于药品市场监管；130万元一次性补助州内低保人群，全州补助对象6.53万人，人均补助20元；6万元扶持生猪饲养；24万元用于支持蔬菜生产。2009年6月，州人民政府办公室出台《湘西州价格调节基金征收管理办法》。7月，州人民政府办公室印发《关于执行湘西州价格调节基金征收管理办法有关事项的通知》，全州暂停征收新开矿业、爆破物品、地方电网等价格调节基金。是年，全州征收价格调节基金900余万元，征收旅游“两费”508万元。投放价格调节基金580万元，主要用于“菜篮子”基地建设和弱势群体副食品补贴及特殊商品价格补贴。2010年，启动煤炭调节基金征收项目。是年，州物价局征收价格调节基金144.87万元，全州征收旅游“两费”481.5万元。州物价局扶持“菜篮子”基地建设，投放基金40万元。

第六节 物价服务

一、物价监测

1992年，州物价局推出110种消费品及农业生产资料价格指数计算分析，预测重要行业商品价格。1996年，州市场物价监控领导小组成立，调查市场行情，预测市场价格走势。建立商品价格监测网络，测算114种商品价格指数，监督各种商品价格动向。1997年，州物价局安排资金3万元，完善和新扩吉首、凤凰、龙山三县市价格指数监测网点。2001年，湘西州有关价格信息与全省联网，用旬报、半月报形式报省及国家价格信息中心。2006年，开展各种价格监测品种采点布点工作。年底，全州建立各类农村物价站120个，完成成品粮零售价格、工业生产资料销售价格等八大类200个品种（规格）的价格资料上报工作，上报品种价格1.2万个。2009年，将粮、油、肉、菜、气、药品等100种商品和服务价格及成品油、化肥、农药等生产资料价格作为监测分析重点，关注大宗进出口商品价格动态，加强元旦、春节、端午、国庆等节假日市场价格监测，坚持日报制。2010年监测1700余个品种价格，获取数据1.35万个。

二、物价优惠

1992年，古丈县价格事务所会同县有关部门，就移民企业价格优惠政策，向省有关部门专题汇报。省有关部门同意给予优惠，为该县移民企业节约开支100万元。1993年，州物价局组织人员和州七一化工厂领导赴长沙，就该厂由州电网供电改为省电网供电后，优待电价被取消问题，向省物价局和电力局汇报，省物价局和电力局同意该厂仍然享受优待电价，为该厂节省成本39.5万元。1998年，全州企业享受优惠电价4000万元。1999年，州物价部门为州内高能耗企业和移民企业争取优惠电价4200万元。州境取消经营用电加价，为经营业主减负300万元。2000年，州物价局为19家高能耗企业争取优惠电价5848万元。2001年，州物价局到省物价局争得省网电价补贴65万元；为全州移民企业争取新增优惠电价1700万元，继续享受优费电价高能耗企业40家。当年，州内70家企业共享受省优惠电价9330万元。全州2663个村，其中1833个村实行月电限价，平均每千瓦时0.725元，比上年底降低0.12元，减轻农民电价负担2700万元。2002—2003年，扶持民营工业发展，争取优惠电价2.32亿元。并停止收取用电户申请新装及增加用电容量供（配）电工程贴费；学生宿舍用电价格一律执行居民生活用电标准。2004年，州境50家企业，4月、5月、6月、9月执行丰水期降价优惠。全州55家企业当年享受省优待电价6855万元。泸溪县甘溪桥电站、峒底电站上省网电价提高，两个电站年增收400万元。全州2.5万户城市低保家庭全年享受水、电费优惠350万元。2005年，州物价局为州内60家电解锰加工及移民企业，争取享受工业用电分时下浮优待政策，下浮总额8271万元，比上年新增享受下浮电价企业14家。

2006年，全州移民企业和电解锰、电解锌加工企业生产用电继续实行下浮政策，下浮电价7800万元。2007年，花垣、保靖、吉首、泸溪、古丈和凤凰6个县（市）矿产品加工企业实行下浮电价政策，共享受优待下浮电价7800万元。取消农村电网改造农民“家表费”600万元。2008年，全州51家企业享受优待电价7800万元。州内锰锌矿产品加工企业用电实行临时降价0.03元/千瓦时，优待4696万元。全州城镇低保家享受优惠价费467.78万元。免除全州义务教育阶段学生全部杂费，减轻学生家长负担1.2亿元。2009年，湘西州向省争取电价优惠7800万元。2010年，全州享受优惠电价7800万元。

三、信息咨询

1992年，全州建立价格联系户154家，州价格事务所走访企事业单位20家，确定常年价格联系户20家，向联系户委派常年价格顾问30人，为企业提供价格信息100余条。1996年，州物价部门完善价格信息网络，向各级领导及相关部门报告市场物价动态，反映重大价格问题。发展《边区价格信息》网员户220家，全州建立物价联系户681家，向企业委派物价顾问40余人。州价格事务所建立常年物价顾问21人，向企业提供信息300余条。1997年，落实价格信息网员户810家，建立价格联络户421家，向企业委派价格顾问60余人；建立常年价格顾问户43家。2001年，州价格事务所与3家大型企业签订价格顾问服务协议书，为协议企业提供价格政策、法规及信息咨询。2004年，建立湘西州价格信息网站。2005年，建立价格信息网员户662家。接受群众咨询148人次。2006年，湘西价格信息网发布价格政策信息100余条，被中央级信息网站采用5条，省级信息网采用9条，被州委、州政府采用19条。2007年，湘西价格信息网改版。当年向省以上物价部门及州直相关单位报送信息和综合调研材料90多条（篇），被省级信息网络采用8条，被州委、州政府采用18条，州级新闻媒体采用价格信息、价格走势分析文章19篇。在《湘西价格信息网》发布价格政策信息50余条。2008年，向上级和相关部门报送信息及综合调研等材料170多条（篇），被省、州采用40余条。全州发展《价格在线》会员户800余家。借助新闻媒体发布各类价格政策及信息135篇（条）。2010年，加强价格政务信息撰写和报送，及时将粮食、烤烟收购价格文件在湘西价格信息网宣传公示。报送的价格信息被中央、省、州价格政务信息采用48条（篇）。接受价格政策咨询93起。

四、价格认证

1992年，湘西州价格事务所开展固定资产、房地产价格评估。同时，接受法院、公安、财政等部门委托，鉴证罚没财产、赃物、抵押及企业资产价格。2002年，州价格认证中心，办理涉案物价格鉴证506宗，鉴定标的成交额1291.11万元。2004年，全年受理各类涉案物价格鉴证1348宗，鉴证标的总价值2763.81万元。州中阳拍卖公司召开拍卖会20场次，成交额5443万元，高于底价1000万元。2005年，全州受理各类涉案物价格鉴证46宗，鉴证标的总价值近800万元。2007年，受理各类涉案物价格鉴证2354宗，复核裁定3宗，鉴证标的总价值近5221万元。2008年，成功认证湘西百草堂生物科技开发有限公司新产品"肤净洁"价格。全年受理各类涉案物价格鉴证37宗，复核裁定1宗，鉴证标的总价值678万元。是年，州价格认证中心获得国家规范化价格认证中心称号。2010年，受理各类涉案物价格鉴证2337宗，鉴证标的总价值3678.01万元。涉案物价格认证、鉴定实现零差错。

第五章　质量技术监督

1989年，湘西州计量局和标准局为州经委归口管理事业单位。计量局编制15名，下设州计量检定测试所；标准局编制12名，下设州产商品质量监督检验所。

1990年9月，州计量局和州标准局合并，成立州技术监督局（简称州技监局），编制27名，实有26人。1995年，机构改革，核定编制22名，局机关内设办公室、综合计划科、法制科、质量科、计量科、标准化科和州商品质量稽查大队；下设州计量检定测试所和州产品质量监督检验所。州商品质量稽查大队与法制科为一个机构两块牌子。1999年10月，州技术监督局上划省质量技术监督局管理。

2000年1月，州技术监督局更名为州质量技术监督局（简称州质监局），并实行省以下垂直管理体制，编制27名，实有27人。局机关内设办公室、计划财务科、法制科、监督科、标准质量科、计量科、锅炉和特种设备安全监察科、人事科、监察室和机关党委，下设8个县（市）质量技术监督局和州计量测试检定所（加挂州能源利用监测站牌子)、州产商品质量监督检验所、锅炉压力容器和特种设备检验所、州质量技术监督信息管理所4个直属技术机构。2005年12月，州质量技术监督局增设食品质量安全监督科，增编2名。2010年，全州质量技术监督部门编制310名，实有336人。

1989—2010年，州质监局（州计量局、标准局、技监局）历任局长：秦庆生、鲁开双、吕继贤；副局长：陈权中、秦庆生、熊庭简、罗寿华、林亲学、廖书维、唐济群、鲁开双、吴朝忠、郭少华、方艳、欧阳小凯、方佟曙、荆长勇、胡章华。

第一节 计量管理

一、计量单位制划与计量检定

1989年，湘西州计量管理局完成试验机力值改制单位37个93台，全州力值改制结束。

1990年，全州计量检定能够开展长度、热工、理化、电学、力学五大类计量，计量检定测试73种，全州计量器具定期检定项目和种类覆盖率接近50%。湖南省计量局检查组检查湘西州完成法定计量单位过渡情况，验收合格。1992年，州技监局开始实施土地面积计量单位改制工作。至1996年年底，全州基本完成土地面积计量单位改制。1997年，州技术监督局推行“强检计量器具年审制度”，强检年审完成率88%，在用计量标准器受检率95%。1998年，州技监部门管理71台计量标准器受检率93%。1999年，全州用于粮食、烤烟收购计量器具受检率89%。至2000年，全州强制检定计量器具覆盖面60%，计量标准器受检率100%，强检工作计量器具受检率35%以上，县以上国有工业企业计量水平达到国家三级，5家大中型企业建立完善计量检测体系，30家乡镇企业通过计量合格确认。全州计量器具强制检定能力由1995年15项25种增至29项46种，覆盖率58.5%。

2002年，州内市场在用计量器具受检率72.5%，公平秤受检率98%，分别比上年增加21.45和12个百分点。2006年，全州由开展水、电、气三表首轮强检管理拓展到通信行业和县级车速里程表检定等。2010年，州质监局建立社会公用计量标准33项，可开展检定、校准项目72个。

二、计量监督

1989年，州计量管理部门开始抽查检定销售计量器具。至1994年，州计量管理部门监督抽查生产和销售计量器具5357台（件），合格率96.7%。1995年4月，州技监局、邮电局、物价局联合印发《关于加强全州公用电话自动计费器管理的通知》，决定实施公用电话计费器监督管理。1997年初，全州开展市场商品质量、计量监督大检查。现场检查计量器具1271台（件），合格657台（件），合格率52.5%。市场用计量器具作假，短斤少两现象严重，州技术监督部门没收劣质计量器具171台（件）。是年，州技监局组织定量包装商品、计量器具产品质量、计量计费行为等3次计量专项检查，全州定量包装商品合格率52.9%，计量器具产品抽查合格率85%，用于计量计费计量器具合格率77.5%。立案查处计量违法行为11起。销毁不合格计量器具200余件。1998年，州技术监督部门抽查计量器具产（商）品158批次573台（件），批次合格率86.7%。抽查定量包装商品白酒、水泥、食用油、食盐、液化气等5个品种92批次，查处不合格产、商品18批次。1999年，州技监局抽查电能表、台秤、水表等10种计量器具5638台（件），合格率99.5%；抽查白酒、水泥、食用油、饮料、液化气量、食盐、香醋等定量包装产（商）品20种124批次，合格率85%，查处计量违法案件17起。

2001年，州质监部门检查衡器245台（件），收缴不合格衡器16台（件）。检查质检机构17家、眼镜店37家，完成计量认证、考核7家，检查定量包装商品27类750批次。查处吉首市红旗门一废旧收购点商贩在台秤安放磁铁作弊案。2002年，抽查州境国道319、209及省道1828沿线19个加油站105台加油机，合格率58.3%。检查州内63个集贸市场，清理固定摊位5723台（件）计量器具，没收不合格计量器具975台（件），取缔不合格生产企业2家。2005年，州质监局与吉首市质监局合力捣毁一个伪造、盗用检定印证制假窝点。2006年，全州开展医用计量器具、粮食、烟叶收购在用计量器具、液化气充装量、集贸市场计量等专项检查。检查各类单位200余个，查处计量违法案件30余起。2007年，全州质监系统查处计量违法案件17起，收缴不合格杆秤、案秤、度盘秤33台（件）。2009年，州质监局抽查生产企业定量包装商品93批次，抽查经销企业定量包装商品35批次。开展吉首市市场空调等9类商品能效标识执法检查，处罚未标识店铺2家。

2010年，全州列入省定期检计量器具23273台（件），实际完成23182台（件），完成率99.6%。专项抽查大米、白酒、茶叶、调味品、复合肥、水泥和瓶装液化气共9种商品计量，抽查企业48家、产品56批次，合格率100%。抽查州内企业定量包装商品66个批次，净含量检验合格64个批次，合格率97%。依法处理1家销售净含量不合格定量包装商品企业。

三、工业计量与商业计量

1989年，州计量管理部门与物价部门联合开展商业物价计量信得过活动，全州评出商业物价、计量信得过企业187家。1990年，全州计量管理部门评出二级计量合格证书企业10家、三级计量合格证书企业78家，获得单项合格证小型或微型企业76家。检查验收州洗溪磷矿、州七一化工厂等企业能源计量工作，并颁发合格证。全州工业企业新设计量机构87个，新增计量人员100余人，新增计量仪器仪表价值70余万元，计量更新项目16个，计量改革40余项。1992年，组织初审5家企业计量认证，进入正审并通过3家；受理单项认证申请单位6个。1995年，“质量信得过商店”更名为“质量、计量信得过单位”。至年底，全州评选出“质量、计量信得过单位”商业企业18家。产品取得计量认证证书企业30家。1997年，开展企业降废减损工作，全州降废减损金额416.86万元。1998年，全州企业降废减损金额479万元。全年认证复查单位9个，其中合格8个，州职业病防治所放弃认证复查，被注销计量合格证。1999年，州技术监督部门筹建眼镜、房屋面积公证行。年审州内质检机构38个，书面年审率84%。抽查质检机构，3家企业通过计量合格认证。

2005年，州质监局清理全州计量认证质检机构，为7家质检机构向社会提供相关技术服务。共调查各类实验室84个。2008年，州质监局组成节能服务小分队，深入企业，开展节能降耗技术改造活动，帮助州内30家重点企业加强能源计量管理。三立集团和金旭公司通过国家能源审计，实现节能减排目标。推进商业、服务业诚信计量体系建设，州内加油站、商业零售企业、超市、眼镜制配企业参与。新杨明眼镜等4家州内企业向社会公开做出诚信承诺。2009年，州计量测试检定所能源利用监测站对州内13家5000吨标煤以上企业进行能源审计。8家企业获通过，并获政府节能奖金67万元。

2010年，州质监局帮助州内30家重点耗能企业加强能源计量管理。实施《用能单位能源计量器具配备和管理通则》，开展用能企业合格认可工作，认可1万吨标煤以上重点用能企业10家。与相关单位联合对3个部门和30家企业开展能源计量管理和技术人员培训。制定《湘西州质量技术监督局关于推进诚信计量、建设和谐城乡行动方案》，推进商业、服务业诚信计量体系建设。现场检查计量认证实验室3个，开展自查实验室53个。

第二节　标准管理

一、标准备案及国际标准采用

1989年，州标准局停止审批发布地方企业标准，开始实施企业产品标准备案管理，地方企业标准改由企业自行发布。组织电解金属锰、黄磷、啤酒、农用聚乙烯薄膜等4个产品11个生产企业“双采”（采用国际标准和国外先进标准）验收。搜集《企业按国际标准组织审查产品目录》《强制性标准目录》等18种300多册相关资料，标准文献馆藏量1.34万件，标准资料查到率78%。全年接待来访人数8952人次，为企事业单位提供标准765个。采取多种形式培训标准化技术管理人员64人。1991年，监督检查《食品标签通用标准》，检查生产企业46家，食品标签169种，合格率64.5%。检查214个经销企业食品标签，合格率71.6%。是年，全州标准备案80个。1992年，开展州内51家生产企业283种食品标签监督检查，合格率82%，限期整改后合格率升至93.3%。检查经销企业374家，受检品种4749种，合格率78.56%。监督检查烤烟标准，烟叶收购按标准判定综合合格率80.1%。受理61个产品标准备案，26家食品生产企业，84个食品标签通过审查认可。1994年，州技术监督局在吉首市开展国家标准GB/T1.1-1993《标准化工作指导》宣传。全州标准备案18个，审查认可食品标签42项。至1995年，州技术监督局按照标准备案程序，备案24家州级企业标准产品118个。"双采"验收企业27家、产品16个。1996年，州技术监督部门审查企业标准44个，食品标签备案33个。检查食品标签和烤烟，食品标签合格率86.8%，烟叶收购综合等级合格率75.8%。同时，开展"采用国际标准认可"工作，州内16家企业取得认可证书，6个产品获国家技术监督局"采标标志"证书。1998年，州技监局帮助企业收集和查找标准120个，指导制定标准97个，审查食品标签64个。帮助保靖县水泥厂和永顺县水泥厂完成采标认可和采标标志备案工作。与企业建立10个标准化联系点。抽查州内185家企业产商品，食品标签合格率75.3%，饲料标签合格率88.5%，"洋酒"标签合格率60%。全州烟叶收购等级合格率73.5%。花垣县达到消灭无标生产县标准。1999年，州技监部门备案标准446项，审查标签49项。为企业起草标准52个，提供标准文本284册。保靖、吉首、泸溪和龙山4个县（市）达到消灭无标生产县标准。

2000年8月，州质监局与州烟草专卖局联合开展全州烟叶标准实施情况检查。凤凰、古丈、永顺3个县达到消灭无标生产县标准。2001年，州质监部门制定龙山县"百合"地方标准。2002年，审查企业产品标准34个，帮助企业制定新标准74个，培训企业标准化人员64人，清理规范38家小化肥生产企业产品标准。2004年，州质监局清查286项食品生产企业标准执行情况，审查保留标准40项，修订企业标准122项，废止企业标准124项。举办"GB15496-2003《企业标准体系要求》"等6项标准培训班，培训企业业务人员70人。2005年，州质监局组织食品生产企业363人参加"GB7718-2004《预包装食品标签通则》"、"GB 13432-2004《预包装特殊膳食用食品标签通则》"和"GB 10344《饮料酒标签标准》"标准学习，审查食品标签182项，复审备案食品企业标准466项；复审继续有效的企业标准209项；取消备案标准257项。2007年，监督检查7个县（市）实施国家"烤烟"标准，综合等级合格率80.5%。2008年，州质监局清理企业185家，企业标准334项，保留标准225项，修订标准28项，废止标准81项。州质量技术监督局向省质量技术监督局申报标准17项，完成"DB43/397-2008《姜糖》"省地方标准审查，起草《保靖紫砂陶食品包装容器》标准，指导企业办理5项采标认可和34项采标标志备案。

2010年，州质监局组织相关专家审定《湘西州烤烟生产综合标准体系》；审查备案西部民爆及烟草公司企业标准。全州参与制定国家标准2项，行业标准1项，地方标准58项。全州24家规模工业企业采用国际标准或国外先进标准，64家企业通过ISO 9001质量管理体系认证，15家企业通过ISO 14000质量管理体系认证，2家企业通过ISO 22000质量管理体系认证，1家企业通过有机认证。

二、产品商品质量监督

1989年，州标准局编制《湘西州1989年产品质量监督检验计划》，列出年度受检产品60个。7月，处理保靖县水泥厂生产销售废品水泥行为，罚款2055元。1991年，州技监系统开展7次商品质量监督检查行动，检查经销企业1619家，行政处罚109起，立案查处48起，不合格商品货值839.94万元。抽检全州559家工业企业791个批次产品质量，批次合格率77.5%。州内主要工业产品合格率85%。1992年，州技术监督局查处不合格商品货值854.89万元，现场处罚152起，立案查处102起，结案97起。1994年，监督检查生产企业494家，抽查产品496个批次，批次合格率83%。检查销售企业887家，抽查商品2783个，合格率68%。州技术监督部门查处不合格农药、复合肥等827吨，其他不合格商品9237件，货值1225万元。1995年8—10月，全州技监部门开展复混肥产品专项检查，检查复混肥生产企业23家，经销单位40个，抽样检验复混肥23批次，18批次为不合格产品。立案查处13起复混肥质量违法行为，查封不合格复混肥570吨，没收劣质复混肥61.9吨。1997年1月，州技监部门开展州内食品、饮料、酒类、家用电器、洗涤用品、化妆品、低压电器、烟花爆竹及节日期间时令商品检查，查获假冒伪劣商品货值43.6万元，现场处罚生产及经销企业115家，立案查处9起，端掉制售假冒伪劣商品窝点7个，查获假冒食品包装袋5.1万个。全年查出不合格商品货值270.86万元，受理投诉169起。为企业调解质量纠纷10起，处理质量仲裁5起，为企业挽回经济损失483.3万元。1998年，州技监部门抽查州内110家企业847批次产品，合格率60.7%。查处假冒劣质酒1720件，扣押、封存问题酒260瓶，没收假冒问题酒1000余瓶。抽查农资、节假日商品、建筑材料、儿童用品等340批次产（商）品，合格率85%。查处质量违法行为417起，立案查处155起，处罚262起，违法产（商）品货值670多万元。处理申诉97起，为企业和消费者挽回经济损失270多万元。

2000年，全州开展粮食陈化鉴定。质监部门省级监督抽查州内生产企业28家，抽查产品28批次，合格率100%。州级抽查企业159家，抽查产品27类、325批次，合格率79.7%，不合格企业47家。州内国有大中型企业以及骨干企业产品质量稳定。2001年，开展“查假酒鬼酒，保名优产品”专项打假行动，查获假酒鬼酒245瓶。开展农资打假，端掉5个化肥农药制假窝点，受理农民投诉27起，提请工商部门吊销营业执照7个，查获不合格农资产品货值391.7万元。全年，州质监部门捣毁产品制假售假窝点20个，查处质量违法案件720起，涉案总标值2626万元，查获假冒伪劣商品货值269万元。查处郑州长风电缆厂和上海电缆公司销售不合格电缆案、州电力局转移电缆被扣押案等17起质量违法大要案。2003年，州质监部门查处不合格钢材54.7吨，查处食品不合格厂（店）256家，捣毁制假窝点2个，销毁假冒涂料980公斤、不合格油漆1165公斤、甲醛超标夹板2518块。开展“非典”防护用品质量专项打假，查处17件案件，查获假冒伪劣口罩3710只，消毒液4517瓶，总货值37万元。泸溪县肥料市场受低价假劣肥料冲击，企业竞相压价导致质量整体下滑，被省质量技术监督局列入重点整治地区。州、县（市）质监部门会同当地政府开展整治，与地方农资生产企业签订质量责任状，加大监督检查力度。立案查处18起违法行为，捣毁1个制假窝点。是年，质监部门查处违法案件486起，查获各类假冒伪劣产（商）品总标值453万元，捣毁制假窝点13个，受理群众投诉举报157起，为企业和消费者挽回经济损失213万元。2004年，州质监部门开展农资、建材、食品、小轧钢、汽车及汽车配件、散装白酒、奶粉、纤维制品等专项整治，查处案件446起，查获各类假冒伪劣产商品总货值1338万元。州质监局通过召开座谈会、抽样初检、整改不合格产品、培训企业质量人员、抽样复查等手段，促进州内14个主要肥料生产企业提高产品质量。检查禽类加工企业132家，超市53家，集贸市场128家，冷库36个，运输车85辆，禽类产品1.95万公斤。2005年，州质监局检查化肥生产企业14家，经销企业（店）157家，检查农资产品43种3500吨。抽检化肥、农药、农机等产品82批次，合格39批次。2006年，州质监部门抽查食品133批次，合格率55.6%；抽查复混肥、磷肥、农药、农用车、农用水泵、柴油机等产品278批次，合格率60.7%；抽查钢板、水泥和装饰材料等产品95批次，合格率65.2%。通过“12365举报投诉”受理案件137件。开展农资、食品、建材、烟花爆竹、计量监督、汽车及汽车配件、信息代码和条形码、"3C""QS""能源标识"无证无标等8个专项整治和执法检查，立案查处258起，现场处罚147起，各类假冒伪劣产（商）品涉案货值1000余万元，捣毁制假售假窝点7个。2007年，州人民政府产品质量和食品安全领导小组成立，制定《湘西州产品质量和食品安全专项整治行动实施方案》；质监部门检查企业和单位113家，监督抽查各类产品140余批次，立案28起，涉及总货值100万元。州质监局局长吕继贤督办被省挂牌督查的泸溪县小化肥，查处不合格小化肥250吨，为农民挽回经济损失10多万元。全州108个食品生产企业全部获得食品生产许可证，307个证照齐全小作坊全部签订质量安全承诺书，不符合条件小作坊移交当地政府和相关部门作停产关闭处理。2008年，推行产品质量电子监管，全州103家企业入网。开展"查农资、保春耕""查食品、保健康""查建材、保建设""查特种设备、保安全"等行动，检查生产企业120家，查处产品质量违法行为85起。2009年，州质监部门完成产品州级定检计划1164批次，合格率98.7%。整改15家生产企业，立案查处产品质量违法行为5家。抽查农资及建材等产品，农资产品抽查合格率60.7%，建材产品抽查合格率61.2%。立案查处产品质量违法行为7起，涉案货值70万元。

2010年，全州开展产品质量定期监督检查和市场监督抽查。州内工业产品抽查合格率94%，食品抽查合格率77.35%。农资、建材等20个品种产品抽样检查，合格率87.2%。组织专项打假103次，重点区域专项整治23次，立案查处质量违法行为222起。

三、工农业标准化

1989年，州标准局开展企业标准化水平等级评定。1991年，州技监局开始实施食品生产企业使用食品标签标准化审核认可管理。州技监局组建技术服务小分队，为保靖县陶瓷厂改进工艺，完善检测手段，提高产品质量；为吉首酿酒总厂制订包装酒紫砂陶酒瓶标准，解决产销方因酒瓶质量发生的矛盾纠纷。1992年，标准化水平评定工作暂停。州技监局和州烟草公司以吉首市马颈坳镇和杨家坪农场为试点，规范晒红烟栽培。印制《湘西晒红烟栽培技术规范》资料800份，发放到试点地烟农手中。是年秋，州技监局和州烟草公司验证《湘西晒红烟栽培技术规范》，试点地亩产烟叶100～125公斤，上中部一、二、三级烟达到70%以上。1993年，州技监局下放食品标签审核认可权限。县属企业食品标签审核认可由企业所在县市标准化行政管理部门负责。全州8县市标准化行政管理部门开始开展食品标签审核认可工作。州技监局与相关部门在泸溪县开展水稻种子标准化试点。是年，州种子标准化试点领导小组组织验证，示范生产杂交水稻种每公顷产1.1万公斤，个别农家逾2万公斤，种子发芽率90%，水分12.7%，达到国家标准要求。1995年，国家推行产品标准证书管理制度。州直企业清理生产产品依据标准。年底，州为108家国有工业企业、98家集体及个体经营企业获技术监督部门"产品标准实施证书"。全州企业采标产品22种，产品采标认可31种。州直企业采用国际标准产品7个，执行国家标准产品67个，执行行业标准产品17个，执行企业标准产品46个。1998年，州技监局在泸溪县建立农业标准化项目，有"烤烟规范化栽培""杂交水稻制种"两项。泸溪县烤烟种植面积60公顷，单产2550公斤/公顷，比上年增长675公斤/公顷，新增总产量4.05万公斤。

2001年，永顺县松柏猕猴桃和龙山县优质烤烟标准化示范区建立。2003年，永顺县松柏猕猴桃标准化示范基地通过国家验收。2004年，泸溪县椪柑国家级标准化示范区通过验收。吉首市无公害蔬菜标准化示范区、花垣县优质烤烟标准化示范区、永顺县辣椒标准化示范区被确定为省级示范区。各县制定实施方案和技术规范，争取到项目配套资金336万元。2005年，州质监局以龙山县馥生食品开发有限公司和土家人集团两家企业为试点，开展创建"标准化良好行为企业"活动。每个县选择3个乡，每个乡重点选择种植面积在10亩以上的农户3家作为农业标准化示范户，通过示范户引导，以点带面。2007年，泸溪县椪柑、吉首市无公害蔬菜、花垣县烤烟等州内国家农业标准化示范项目通过验收。州质监局向上申报“湘西烤烟标准化示范区”“永顺松柏大米标准化示范区”“泸溪玻璃椒标准化示范区”3个项目。2008年，“湘西烤烟标准化示范区”“永顺松柏大米标准化示范区”“泸溪玻璃椒标准化示范区”3个项目列入国家第六批全国农业标准示范项目。2009年，“湘西烤烟标准化示范区”“永顺松柏大米标准化示范区”“泸溪玻璃椒标准化示范区”3个项目示范区建立示范区技术标准体系，实行种苗、化肥、农药统一供应。2010年，“湘西烤烟标准化示范区”“永顺松柏大米标准化示范区”“泸溪玻璃椒标准化示范区”等国家级农业标准化项目全部通过国家验收。

四、统一代码标识制度

1991年2月，推行统一代码标识制度。州、县（市）相继成立代码办公室，组织开展统一代码标识工作。年底，赋码任务完成，全州赋予企业事业单位和社会团体代码1.02万个。1993年6月，州人民政府批转州代码办《关于颁发企业事业单位和社会团体统一代码证书工作意见的报告》。州代码办及各县（市）代码办开始颁发代码证书。1994年2月，州人民政府发出《关于加快颁发代码证书进度暨颁发党政机关代码证书的通知》，规定党政机关纳入发证对象。1995年5月，各县（市）代码数据库编制完成。6月，湘西州统一代码标识制度工作通过湖南省代码办验收，全部合格。州技术监督部门颁发代码证书4011本。1996年，全州开展组织机构代码颁证工作。州技监局按照“GB/T4754-94《国民经济行业分类与代码》”规定，修改全州原有3000余份标识代码申请表。清理9个代码数据库代码数据，清除重名、重码、跨码段赋码现象，全州颁发代码证书4628本。1997年，组织机构代码开始在税务和金融部门应用，州技监部门当年颁发组织机构代码证5307本。2000年12月，州质监局开展1997—1999年组织机构代码证书年检。2001年6月，州质监局印发《关于加强全州组织机构代码、商品条形码、信息工作的意见》，规范代码和商品条形码工作。州质监局颁发组织机构代码证7427个。2004—2007年，州质量技术监督局处罚违反组织机构代码管理规定单位394个。2010年3月，州质监局组织州、县（市）相关人员“全国组织机构代码共享平台数字证书”安装及共享平台查询使用方法培训。是年，州、县（市）质监局为政府经济信息普查提供准确、完整的企业代码信息。

第三节　质量管理

1989年，州、县（市）标准部门在全州工商企业开展质量管理知识普及教育活动，38家企业普教合格人数达到职工总数80%以上，获得湖南省全面质量管理基本知识普及教育达标企业证书。1991年年初，州经委将优质产品产值率和主要产品质量稳定提高率两项质量指标列入工交生产目标管理，交由州技术监督局统计考核。全州优质产品产值率6.6%，主要产品质量稳定提高率达91.67%。州技术监督局向上级推荐9家企业产品参加省（部）优质产品评选，年底，9家企业10个品牌产品分别获省（部）优质产品称号。1993年，州技监局在商业企业开展“质量信得过商店”活动，州民贸商店等8家商店验收合格。4月，在州内开展“质量信得过产品”活动，向社会推荐20家企业20个产品为“质量信得过产品”。1994年，开展产品创名牌活动，湘泉酒总厂54度优质湘泉酒被确认为湖南省名牌产品。1995年，州经委、州技监局联合印发《关于全州开展全面整顿企业质量管理的意见》，要求全州国有工业企业质量管理必须以《湖南省企业质量管理基本规范》为依据，开展自查整顿。州内13家电解金属锰生产企业开展整顿。年底，验收9家，其中泸溪县浦市化工总厂等4家合格，花垣县振兴化工厂等5家基本合格。州技术监督局向湖南省技术监督局提出湘泉酒总厂38度、54度湘泉牌湘泉酒，州植物油厂闻得福二级食用（精炼）菜籽油，吉首市湘霸酒厂湘霸酒为湖南省质量监督免检产品建议名单。经湖南省技术监督局初审，湘泉酒和闻得福菜籽油获准进入预选名单。年底，湘泉酒总厂和州植物油厂被列入免检单位名单，38 度、54 度湘泉牌酒和闻得福牌二级食用（精炼）菜籽油列入 1996 年度湖南省质量监督免检产品。1996 年，州技监局验收 68 家州内企业质量管理整顿情况，合格率 89.7%。1998 年，州技监局组织州直主管部门、州内骨干企业共 15 家单位编写《湘西州质量振兴实施计划》，指导州内企业开展创省名牌产品和创省质量奖活动。是年，州内主导产品等级品率达 85%。龙山卷烟厂“老大哥”卷烟、保靖蛋品肉类加工厂“松花皮蛋”、花垣东方锰业集团“电解金属锰”、永顺纺织厂纯棉轧光“精漂药用布”、吉首市楚霸酒厂“酒魂酒”5 个产品列入湖南省创名牌产品计划项目。1999 年，州技监局为州内 21 家企业办理生产许可证临时登记证，帮助 1 家企业办理省临时生产许可证，监督检查州内水泥生产企业生产许可证。湘泉集团酒鬼酒股份有限公司获 ISO 9002 质量体系认证证书，三立集团质量体系认证通过验收。“东锰牌电解金属锰”“三立牌锌锭 99.99”“古丈牌古丈毛尖”“古丈绿茶”“闻得福牌湘西菌油”“吴老槐牌老槐土腊肉”“狮子山牌河溪香醋”获湖南省产品质量奖，“东锰牌电解金属锰”“古丈牌古丈毛尖”“古丈绿茶”获湖南省名牌产品称号，“酒鬼牌酒鬼系列”“湘泉牌湘泉酒系列”通过重新审定，获湖南省名牌产品称号。

2001 年，州质监局全面实施《全州质量振兴规划》，湖南金天铝业高科技有限公司和吉首市武陵电化厂通过 ISO 9000 质量体系认证，酒鬼酒股份有限公司等 13 家白酒生产企业取得国家白酒生产许可证。金天铝业微细球型铝粉产品获省质量奖，湖南三立电解锌锭产品纳入当年省名牌产品计划。2002 年，州质监部门检查清理 38 家小化肥生产企业工业产品许可证，收回临时登记证。帮助和指导 3 家复混肥生产企业申领国家生产许可证。协助省质监局审查州内 12 家水泥生产企业生产许可证。州内金天铝业公司微细球形铝粉产品、州七一化工厂五纳产品、吉首市民族五金厂金银饰品纳入省名牌产品计划，湖南酒鬼酒股份公司、古丈茶叶公司湖南省名牌产品复审通过。2004 年，全州 20 家企业申报生产许可证，10 家获证。“土家牌土家人酒”“湘泉牌妇康炎片”“老爹猕猴桃系列”饮料、“三立牌锌锭”“东锰牌电解金属锰”5 个产品获“湖南省名牌产品”称号。2005 年，泸溪县开展质量兴县活动，创湖南省名牌产品 1 个，通过 ISO 9000 质量体系认证公司 6 家，通过 ISO 14000 环境管理体系认证企业 1 家。州质监局年度审查全州 43 家企业产品生产许可证，并抽样检验企业产品 49 个。全州累计创名牌 22 个。2006 年，州质量技术监督局申报七〇化工有限公司“4 号岩石粉状铵锑油炸药”、吉首橡胶厂“再生橡胶及制品”、湖南金天铝业高科技有限公司“微细球形铝粉”等 3 个产品湖南省名牌产品，并评审通过。2007 年，州质监局完成金凤凰牌叉尾鮰鱼片、果王素去斑胶囊、鑫海牌氧化锌等 3 个产品创湖南省名牌现场考核及吉首大力水泥厂等 10 家企业创州名牌调研。启动夯牌水泥、湘酒鬼、三立金属电解锰免检产品培育工作。6 月，召开州创品夺牌工作表彰大会，表彰七〇化工有限公司等 3 家获湖南省名牌产品企业，各发奖金 20 万元。“古丈毛尖”“溪州莓茶”通过国家质检总局审查，获国家地理标志产品保护；“酒鬼酒”和“湘西猕猴桃”申报地理标志产品获省质量技术监督局审查通过；凤凰姜糖、湘西椪柑、保靖紫砂陶、龙山大头菜、河溪香醋等一批产品锁定国家地理标志产品目标。2008 年，湘西州名牌产品申请认定委员会成立，制定名牌产品评价目录、申报条件和评分细则。选择州内 18 家产品质量好，质量管理水平较高、具有发展前景企业进行扶持和培育。三立集团“三立牌锌锭”、湖南金刚合金制品有限公司“QLAOYUN 牌工业硅”等 12 家企业 15 个产品申报“湖南名牌”。4 月，州质监局和古丈县政府组织举办“2008 中国绿茶高峰论坛”，中国茶叶学会、州相关部门负责人与来自全国 11 个省（市）的 28 位专家和 68 家茶叶企业负责人参加论坛。2009 年，古丈县建成 1850 吨绿茶、100 吨七叶参保健茶、100 吨速溶茶等茶叶生产线，“古丈毛尖”市场得到规范。泸溪县 11 家企业通过 ISO 9000 质量管理体系认证。2 个产品被授予湖南省名牌产品。5家食品企业、13家工业企业取得生产许可证。2个农业标准化示范区通过国标委立项。泸溪椪柑GAP认证列入全省试点。全州获5个湖南名牌。

2010年，继泸溪县质量兴县活动成功后，州内其他7个县（市）全面启动“质量提升”活动。州、县（市）质监局制定质量提升活动方案，明确“富民强州、富民强县”工作目标。州质监部门帮扶企业483家，解决难题500个，培训质量管理人员1243人。帮助和指导企业申报工业产品生产许可证，年底州内70家企业获证。检查60家获管理体系认证企业，下发整改意见120条。是年，州内企业4个产品获国家地理标志保护，3个产品获湖南省名牌产品。州质监局将湖南三鑫锰业科技有限公司高氮氮化锰等4个产品申报湖南名牌。

第四节　特种设备安全监管

1989年，州、县（市）劳动部门重点治理锅炉房，全州锅炉房137个，至1991年，验收合格107个。1995年，全州在用锅炉565台，压力容器715台，液化石油气钢瓶33340个。至1998年，全州锅炉压力容器连续16年无事故。

1999年，全州质监部门接受锅炉、压力容器、压力管道、电梯、起重机械、防爆、客运索道、大型游乐设施等特种设备管理工作。2001年，普查登记锅炉、压力容器、压力管道等特种设备情况，并开展专项整治行动。登记发证特种设备574台（件），定期检验特种设备10043台（件），查处特种设备违法案件145起，收缴超期液化气钢瓶574个，下达安全监察整改通知书234份，拆除并解体土锅炉77台。2002年，普查特种设备使用单位428个，检验特种设备828台（件），整改特种设备隐患328处，报废特种设备4台，注册并发证特种设备1423台（件）。2004年，州质监局下达特种设备安全监察指令书491份，提出整改意见997条，消除重大事故隐患12起，拆除土锅炉3台。检验超期钢瓶26671个，检验电梯、起重机械、锅炉、压力容器等特种设备542台。2005年，查处充装少量、超期未检气瓶、未贴警标和充装标记等违法行为。检查液化气充装站9个，液化气销售门店37家，充装用计量器具105台（件），液化气钢瓶2780个。下达特种设备安全监察指令书728份，提出整改意见2351条。普查压力管道在用单位60个，压力管道20545米。现场消除重大事故隐患5起，拆除在用土锅炉3台。2007年，州质监部门下达特种设备安全监察指令书323份，提出整改意见687条，现场消除重大事故隐患6起，取缔在用土锅炉2台，查处特种设备违法案件20起。督促指导116家特种设备使用单位建立健全事故救援预案。12月，与花垣县政府联合举行液化石油气应急救援演练，全州8个县（市）、贵州省松桃县和重庆市秀山县等地相关单位派人观摩演练。2009年，全州建立特种设备安全生产责任制，州、县（市）签订《特种设备安全生产责任状》456份。查处特种设备违法案件6起。2010年，全州查处特种设备违法案件54起，检验锅炉157台、压力容器185台、压力管道3020米、电梯455台、起重机械275台、场（厂）内机动车20台、气瓶2.9万只。

第五节　食品质量安全监管

1989—2001年，湘西州食品生产企业安全监管由州、县（市）卫生局承担，食品生产实行卫生许可证制度。

2002年，全州米、面、油、酱油、醋等5类食品实行质量安全准入制度，州内7家食品生产企业申报质量安全监管。2004年，州内在册食品生产企业155家，取得生产许可证10家。2005年，州质监局受理申办“QS”证企业40家，审查材料33家，完成办证企业22家、产品23个，帮助食品生产企业订购食品检验设备23套，建立化验室25家。2006年，州质监局帮助30家企业申办并获得食品生产许可证，年底，全州取得QS证企业74家。普查登记食品企业522家，建立健全企业档案74份。2007年，全州划定八个监管责任区域，实行定人员、定职责、定区域、定企业，加强对高风险食品加工环节质量安全隐患监督检查，落实巡查、回访、定检和监督抽查等监管措施。与全州307家食品小作坊签订《食品质量安全承诺书》。巡查食品企业80家，开出责令整改通知书50份。抽检食品1000余批次，下达不合格产品整改通知书34份。查处无证生产食品企业16个。2008年，重点整治凤凰县姜糖、吉首市饮料、永顺县芙蓉镇（王村）旅游食品和龙山县特色食品等4个食品集中生产加工区，按照食品质量安全市场准入制度要求审查。现场审查企业49家，换证14家，获生产许可证35家。是年，1家奶品企业送检，牛奶含有三聚氰胺，州质监局责令其停产整顿，停止向学校配送液态奶。2009年，实施《中华人民共和国食品安全法》，州质监局监督抽查食品198批次，合格145批次，合格率73.23%。不合格53批次。列入食品生产许可证审查计划企业61家，现场审查59家，2家不符合要求企业延期审查。14家企业取证，27家企业换证。2010年，全州质监部门巡查和回访食品企业179家、300余次，发现问题32个，责令企业完成整改29个，查处2个。州境8个县（市）监督抽查食品197批次，抽查合格率52.8%。年底，州质监局组织全州质监部门开展地毯式检查乳制品和乳制品生产企业，州内在生产加工环节尚未发现问题乳粉。

第六章　安全生产监督

1989年，湘西州安全生产由州、县（市）劳动部门综合监管。1993年，实行“企业负责、行业管理、国家监察、群众监督”的安全生产管理体制。1995年，州、县（市）经委、企业主管部门及各企业单位成立安全生产委员会或安全生产领导小组，班组设安全员。2003年，湘西州安全生产监督管理局（简称州安监局）成立，加挂州安全生产委员会办公室牌子（简称州安委办），归口州人民政府办公室管理。局机关内设办公室（加挂人事科牌子）、综合法规科，安全监督管理一科、二科；核定编制13名。2004年11月，州安监局由州人民政府直属事业单位改为州人民政府工作部门。2005年，州安监局内设办公室（加挂人事科牌子）、综合法规科，安全监督管理一科、二科，矿山安全监督管理科、纪检组（监察室）；编制13名，实有14人。2008年，州安全生产应急救援指挥中心成立，为州安监局直属副处级全额拨款事业单位，定编4名。2010年4月，州安全生产宣传教育培训中心成立，为州安监局管理的正科级差额拨款事业单位。6月，州安全生产应急救援指挥中心增加全额拨款事业周转编制3名；将州安全生产宣传教育培训中心转为全额拨款事业单位，核定全额拨款事业周转编制3名。6月，州安监局内设办公室（加挂人事科牌子）、政策法规科、非煤矿山安全监督管理科、烟花爆竹安全监督管理科、危险化学品安全监督管理科、安全生产综合监管协调科；核定行政编制14名，暂配行政周转编制1名。11月，州安全生产执法支队成立，为州安监局直属正科级全额拨款事业单位，核定编制4名。年底，州安监局使用财政拨款驾驶员用工指标3个，局机关实有人员16人；直属机构3个，核定全额拨款事业编制11名、全额拨款事业周转编制3名，实有10人。

2003—2010年，州安监局历任局长梁家标、何钟鸣；副局长熊再雄、刘登桃、彭明月、田发军。

第一节　非煤矿山整治

1989年，全州非煤矿山，即采石场300家。1995年增至634家。

2003年，州安监局排查摸底非煤矿山，并评估验收。2004年，组织非煤矿山安全专项检查6次。安全评估采石场228个。培训非煤矿山企业法人代表和安全管理人员5期375人。2006年，关闭、取缔非法和不具备基本安全生产条件非煤矿山企业和作业场所158个（处）。2008年，打击非煤矿山非法生产经营行为1525起。2009年，查处非煤矿山安全隐患1320处，取缔关闭非法矿硐、采石场185个。完成非煤矿山生产经营企业安全生产基本信息录入610家。2010年，查处非煤矿山安全隐患4200余处，取缔关闭采石场1600余家。完成非煤矿山企业信息化录入。

第二节　危险化学品整治

1989年，全州有石油油库8个，加油站115座。1999年，州内有油罐车5辆。2000年，改造加油站13座，新建农村加油站3座，至是年年底，全州连续五年无安全事故发生。

2003年，州安监局印发《关于规范全州危险化学品安全管理的意见》，成立州安全生产评估咨询事务所。2004年，清理整顿全州危险化学品生产、经营、储存、运输单位。开展174个经营使用单位安全评价，发放经营许可证81本；实施农村加油点安全评估128个，其中准予发证121个，限期整改3个，取缔4个。2005年，检查危险化学品企业84家，查出安全隐患96处，下达整改指令书81份，关闭危险化学品生产企业32家；申办危险化学品安全生产许可证企业28家，发放危险化学品乙种经营许可证493本。2006年，为20家危险化学品生产企业发放安全生产许可证。查出危险化学安全隐患1250处，当场督促整改800余处，下达隐患限期整改通知450份，整改423处，累计投入整改资金550万元。2007年，查处危险化学品安全隐患2240处，投入整改资金1200万元。2008年，查处非法违法生产经营行为45起，排处危险化学品安全隐患825万处。2009年，查处危险化学品安全隐患790处，取缔违法非法生产经营网点18个。完成危险化学品生产经营企业安全生产基本信息录入452家。2010年，全州查处危险化学品安全隐患1450处，取缔关闭非法违法生产经营企业12家，投入整治资金3200万元。

第三节　烟花爆竹整治

1989年，州境永顺县三家田乡有烟花爆竹生产个体作坊80家，销售点主要在县内各乡镇。

2003年6月，全州开展烟花爆竹生产经营单位调查摸底，制定加强烟花爆竹行业安全管理意见。2004年，州境有烟花爆竹生产企业72家、烟花爆竹销售点1000余个，发现隐患778处，取缔不具备安全生产条件小作坊12家，销售点25个。2005年，关停不符合安全生产条件烟花爆竹生产企业30余家；发放烟花爆竹批发、零售安全生产许可证886本。2006年，关闭、取缔非法和不具备基本安全生产条件烟花爆竹生产经营企业和作业场所12家（处），查处烟花爆竹生产经营企业和作业场所安全隐患470处，下达隐患限期整改通知65份，累计投入整改资金450万元。2007年，查出烟花爆竹企业安全隐患670处，督促整改安全隐患507处，下达限期整改通知180份，累计投入整改资金1400万元。2008年，检查烟花爆竹生产企业65家次，批发企业22家次，经营零售网点1100个，查处非法经营网点100余个，取缔无证经营烟花爆竹33家，整改连片经营烟花爆竹点2处，整治零售变相批发户12家，查处安全隐患287处，现场督促整改252处，限期整改35处，没收非法经营烟花爆竹2500万响、不合格产品505件、半成品鞭炮300万响、鞭炮编机5台，取缔非法生产、经营烟花爆竹作坊、网点16家（个），治安拘留非法生产烟花爆竹人员3人。全州48家烟花爆竹生产企业取得安全生产许可证；批发和零售企业全部办理烟花爆竹批发或零售许可证。对所有烟花爆竹生产企业提出限期实行技术改造指令和行业技术装备、质量等具体要求。年底，全州24家经营企业有13家完成整改任务；48家生产企业除3家安全生产许可证未到期外，余下应整改45家企业，18家退出烟花爆竹生产行业、17家企业整改主体工程基本完工。安监部门将烟花爆竹安全监管简易执法权委托到乡镇安监站。全州烟花爆竹业实现从家庭作坊式转向车间规范化生产。年底全州有烟花爆竹生产企业48家、批发企业25家、经营零售网点1600余个，从业员1万余人，实现年产值2亿余元、销售收入近1亿元。2009年，查处烟花爆竹安全隐患1180处，取缔不符合安全生产条件烟花爆竹零售网点56个；完成25家烟花爆竹批发企业、31家生产企业技术改造，累计投入整改资金4500余万元；完成烟花爆竹生产经营企业安全生产基本信息录入1025家。2010年，全州查处烟花爆竹安全隐患350处，取缔关闭非法违法生产经营烟花爆竹单位2家。实施烟花爆竹第二轮换证，以永顺、凤凰、龙山三县为重点，累计投入改造资金4500万元。年底，全州23家烟花爆竹批发商和31家生产企业均取得安全生产许可证。

第四节 其他安全生产监管

1989年，州、县（市）劳动部门依法开展安全生产劳动监管。1991年在全州实行建筑企业安全资格认证制度，审查100余家，发证98家。1994年5月13日，泸溪县铝厂发生爆炸事故，死亡3人，重伤2人，直接经济损失85万元。1995年，州经委印发《加强工业企业安全合格班组建设的意见》，当年安全班组合格率60%以上。2000年，全州建立安全生产责任制，明确各级行政"一把手"为第一责任人。

2003年，全州95%以上乡（镇）建立安全生产管理站，开展"安全生产月"活动。6月8日，州安委与吉首市安委在吉首商业城联合举办安全生产咨询活动。2004年，州安监局制定《湘西州安全生产"十一五"规划》。州人民政府印发《关于进一步加强安全生产工作的实施意见》和《湘西州安全生产目标管理考核办法》，量化考核县市和州直相关部门安全生产工作。22个单位与州人民政府签订责任状，比上年增加4个。全州安全生产监督管理人员由上年60人增至85人；全州177个乡（镇、街道）设立安监站，配备安监员695人。开展重大事故隐患排查工作，确定州级重大事故隐患26处，其中吉首市关厢门市场重大事故隐患由州政府分管领导牵头协调重点督促整改。年底，州级重大事故隐患26处，整改21处，累计投入资金1100余万元。州安监局制定《自治州特大事故应急救援预案》，构建全州应急救援工作总体框架。2005年，州人民政府把安全生产工作纳入全州经济社会发展规划，列为政府为民办实事内容。同时，州人民政府与8个县（市）和州直21个重点安全生产管理部门签订安全生产责任状。州政府印发《关于加快我州安全生产保障体系建设的意见》，明确全州构建安全生产保障体系目标任务、基本内容和工作要求。完成州本级安全事故应急救援预案和安全生产"十一五"规划编制。州内企业均按《安全生产法》要求，设置安全生产管理机构，配备专（兼）职安全生产监管员。州人民政府办公室印发《关于建立生产经营单位安全生产风险抵押金制度的通知》，依法督促和引导矿山、烟花爆竹、危险化学品、建筑施工、交通运输等企业按照要求提足安全费用，按比例足额缴纳风险抵押金，依法参加工伤保险。全年收缴安全风险抵押金780万元。开展"安全生产月"活动，全州评出安全生产优秀县4个、安全生产先进县（市）4个；州直机关评出全州安全生产优秀单位9个、安全生产先进单位9个、安全生产合格单位3个。2006年，州人民政府印发《关于印发〈湘西州安全生产工作职责〉的通知》，明确州、县（市）人民政府和州政府领导、州直有关部门及企事业单位安全生产工作职责，实行"一岗双责"制。部署安全生产示范乡（镇）创建工作。是年，永顺县王村镇被湖南省人民政府授予"湖南省安全生产示范乡镇"。2007年，州委将安全生产工作列入州委工作要点,州人民政府将安全生产工作纳入全州经济社会发展规划，并与8县（市）人民政府、州直20个相关职能部门签订安全生产责任状。将安全生产工作纳入州人民政府对县市政府和州直相关部门工作目标考核。州人民政府印发《关于进一步加强乡镇（街道）安全生产监督管理工作的意见》，明确工作职责、严格考核奖惩，加强乡镇安全生产工作。全州164个乡（镇、街道）落实专（兼）职安监干部563

人、村级安全生产信息联络员1250人。全年收缴安全生产风险抵押金1200余万元、工伤保险金400余万元。8月13日16点40分许，在建凤凰至大兴公路堤溪大桥发生坍塌事故。中共中央总书记胡锦涛、国务院总理温家宝对事故处理作出重要批示。国务委员华建敏，中共湖南省委书记、省人大常委会主任张春贤，省委副书记、省长周强，以及国家安监总局、交通部、建设部的领导等赶赴事故现场，指挥抢险，开展事故调查。州委、州人大常委会、州人民政府、州政协、吉首军分区及州直相关部门负责人也及时赶到事故现场，组织救援，救出遇险者88人。事故造成64人遇难、22人受伤、直接经济损失3874.7万元。2008年，安全生产目标管理考核办法，增设“黄牌警告”内容和处罚档次。全州签订涉及安全生产责任状1.48万份，其中与生产经营企业签订9500份。2009年，建立党委政府领导联系县（市）、联系乡（镇）、联系村（社区）、联系重点工程项目工作机制，实行捆绑式管理。开展安全生产月活动，保靖县碗米坡镇被省人民政府授予省级安全生产示范乡（镇）。2010年，州委、州政府印发《湘西州较大安全事故责任追究规定》《湘西州安全生产监督管理职责规定》《湘西州安全生产目标管理考核办法》，从各方面、多领域细化和明确各级政府及其各相关部门安全监管职责。同时，开展安全生产月活动和安全生产法律法规及安全生产知识宣传。在企业组织开展放一场电影、上一堂安全课、送一幅安全挂图“三个一”活动。是年，州人民政府授予州级安全生产示范乡（镇、街道）26个。年度安全生产目标管理考核结果，评出安全生产先进县（市）6个、安全生产合格县1个、“一票否决”县1个；州直机关评出安全生产先进单位17个、安全生产合格单位11个；全州乡（镇、街道）评出安全生产先进乡（镇）20个、安全生产合格乡（镇、街道）141个；有3个乡（镇）被“黄牌警告”。

第七章 国土资源管理

1989年，湘西州国土管理局内设办公室、区划规划科、法规科、地籍科、用地科，有工作人员15人。是年9月，原湘西州矿产资源开发管理办公室更名为湘西州矿产资源管理局（副处级事业单位），编制11名。1993年，州矿产资源管理局机构升格，副处级升为正处级，职能不变。1994年，州矿产资源管理局定为州人民政府工作部门，内设办公室、地矿科、征管科、法规科（矿法执行室），核定行政编制13名。1995年，州国土管理局内设办公室、政工科、建设用地科、地籍科、法规监察科、地产管理科、区划规划科、计划财务科、测绘管理科。下设测绘管理站、土地估价所、征地拆迁事务所。核定行政编制20名、事业编制2名。是年，州矿产资源管理局更名为湘西州地质矿产局（简称州地矿局），内设机构不变，实有工作人员17人。

1997年，州矿产资源管理局撤销征管科，增设地环科。

2001年机构改革，撤销州国土管理局、州地质矿产局，成立湘西州国土资源局。局机关设科室15个，直属单位5个，有工作人员79人。2003年，州国土资源局内设办公室、地籍科、用地科、地产科、耕保科、矿管科等14个科室和4个直属机构，工作人员59人。2005年，局机关核定行政编制38名，工勤编制3名，实有68人。2006年，局内设15个科室，核定行政编制39名，实有72人。

2010年，局机关内设机构和人员编制未变。

1989—2010年历任局长易舜益（地矿局）、舒沂庚、周天颂、杨正存；副局长吴宗湘、彭全钊、李振寰、文振声、余国庆、卢向荣、古水杨、袁昌全、向宏伟、彭英彪、彭华。

第一节　土地规划

1989年，湘西州开展土地资源调查，为土地规划作准备。1994年，完成州、县（市）两级土地资源调查任务。1996年，编成《湘西土家族苗族自治州土地利用现状调查数据集》。同时制作湘西州土地利用现状图和土地利用总体规划图。

1997年9月，湘西州土地利用总体规划领导小组成立，开展县(市）级土地利用总体规划修编工作，并编制《湘西土家族苗族自治州土地利用总体规划（1997—2010年)》。1998年2月，制定《湘西州州级土地利用总体规划编制技术方案》。12月，除保靖县外，其余7个县（市）土地利用总体规划通过州级验收。湘西州和吉首市土地利用总体规划报省验收评审。1999年，湘西州和吉首市土地利用总体规划通过省级评审验收。2001年，州、县（市）、乡(镇)三级土地利用总体规划编制完成。全州15度以上坡耕地面积100773公顷。其中，15～25度坡耕地80603公顷，大于25度坡地20170公顷，耕地后备资源面积38916公顷。2002年，州、县（市）两级土地整理开发规划编制和州级矿产资源总体规划编制完成，建立土地利用总体规划局部调整台账制度。2003年，县市开展矿产资源总体规划编制工作。9月1日，州国土资源局矿产资源总体规划编制后续工作获省政府批准。2004年，州、县（市）新一轮土地利用总体规划修编工作启动，完成全州土地利用现状变更调查。5个县（市）完成1：1万土地利用现状建库工作并通过验收，3个县完成数据库建设工作。2005年，参与全州“十一五”(2006—2010年）规划工作,完成“十一五”国土资源专题规划编制。2006年，完善1：1万土地利用现状调查，核查数据库，撰写《湘西州土地利用背景与战略研究报告》《湘西州土地利用总体规划修编前期“四查清、四对照”工作报告》《湘西州（1997—2010年）土地利用总体规划实施评价报告》。2007年，完成新一轮土地利用总体规划大纲州级评审工作。7月，第二次全国土地调查启动。2009年，州、县（市）两级土地利用总体规划通过省级评审。2010年，完成新一轮土地利用总体规划修编。完成二次全国土地调查的农村土地调查内外业工作，农村土地调查数据库经省验收通过；完成城镇部分内外业工作，并通过省级预检。

第二节　地籍管理

1989年，湘西州开展土地资源调查外业调绘。以村级为单位，标出地类和区划界线。1990年1月，湘西州在花垣县团结镇窝比村开展农村宅基地管理工作试点，各县（市）相应试点一个乡。组织专人逐村逐户丈量宅基地，并给农户发给集体土地使用证书，全州发放户宅基地土地使用证书2万本。1994年，全州土地详查澄清各类土地家底，完善土地登记、土地分等定级和土地统计制度，以村为单位确定土地权属界线。完成全州土地资源调查外业调绘，编制土地权属图376套。1998年，调处100余家企业土地纠纷，办理土地使用权转让手续57宗。1999年，州人民政府土地证书年检工作领导小组成立，协调解决土地证书年检工作。是年，全州完成地籍调查，调查面积73.8万平方公里。其中，吉首、花垣、古丈和泸溪4个县（市）经省国土测绘局验收，获优秀成果资格证书。

2000年，州境县市开展土地证书年检，查验158个乡（镇）国有土地使用权2.66万宗，宗地面积205.17公顷，违法违规处理兑现12752宗，通过年检26115宗，未通过年检534宗，办理初始登记86宗。2002年，完成州直51个单位93宗土地登记发证。保靖县清查迁陵镇辖区，奂发土地证书855宗，土地发证率85%。调处土地权属纠纷312起，处理结案310起。2003年，全州土地登记发证5643宗，集体土地登记发证868宗。为企业改制登记发证149宗。州国土资源局登记发证285宗，为企业改革改制登记发证38宗。全州调处土地权属纠纷421起。2004年，开展农村集体土地所有权登记发证工作，当年，为州内472个村颁发“集体土地所有权证”，占全州村总数的17.77%。城镇国有土地颁发“国有土地使用证”6062宗，调处土地权属纠纷749起。2005年，全州投入275万元，开展农村集体土地所有权登记发证工作，完成登记发证12060宗。其中，国有土地使用权证3509宗，集体土地所有权证3991宗，集体土地使用权证4560宗。调处各类土地权属争议154起。2006年5月，州国土资源局组织召开全州城镇地籍调查动员大会，发布《关于开展城镇地籍调查工作的通告》，6月，全州权属调查展开，将土地登记规范化作为重点，做到土地登记主体统一、权属明确、程序规范、手续完备、资料齐全，土地证书、登记卡等格式统一，内容完整，凡不符合规定的，不予登记发证。至年底，完成土地登记5345宗，其中国有土地使用权4739宗，集体土地建设用地使用权606宗。接收全州地籍档案，实行集中管理。2007年，全州完成土地权属登记发证6843宗，其中，国有土地5552宗，集体土地建设用地使用权1048宗，土地使用权抵押243宗。调处土地权属纠纷128起。2008年，全州完成土地登记发证6920宗。其中，国有土地使用权4098宗，商品房2007宗，抵押登记35宗，集体土地建设用地使用权780宗。调处土地权属纠纷98起。2010年，规范农村土地登记、确权、颁证工作，全州发放土地使用权证27万宗。调处土地权属纠纷286起。

第三节　用地管理

一、耕地保护

1989年，州内耕地呈减少趋势。州人民政府执行国务院《土地复垦规定》，制定《湘西土家族苗族自治州基本农田管理办法》，将基本农田保护工作列入各级政府目标管理内容，并将保护指标划定到丘块落实到户；实行“谁破坏，谁复垦”原则，恢复破坏耕地。控制非农业建设用地，查处违法占地案件，遏制耕地减少。各县市圈定保护范围，明确乡镇责任。鼓励农民开发耕地。开展综合治理，减少水土流失，保护耕地。是年，全州开发耕地840公顷，占补相抵后，仍减26.7公顷。1992年，州内耕地占用加剧，全州占用耕地1190公顷。是年，全州开发耕地增加830公顷，占补相抵，减少360公顷。1994年，全州开发耕地增加1140公顷，占补相抵，增加90公顷。1995年，全州占用耕地1860公顷。土地减少成因有自然灾害毁坏、公路等基础设施建设、城镇扩容、农村建房等。

1996年，州人民政府印发《湘西土家族苗族自治州基本农田保护管理办法》。州政府与8县（市）政府签订《1996年度保护耕地及土地使用制度改革目标责任状》。是年，全州投入50万元，开发和复垦耕地654公顷。全州划定基本农田保护面积14.2万公顷。州内三项建设用地占耕地207.3公顷。除农业结构调整和自然灾害毁地外，开发数大于占用耕地数量。1997年5月，州委召开常委会扩大会议，贯彻落实《中共中央国务院关于进一步加强土地管理切实保护耕地的通知》，冻结非农业建设占用耕地。1998年，继续“冻结”非农建设占用耕地。同时，州国土资源局将省下达的基本农田保护指标分解通知到各县（市）。是年，州国土局在凤凰县落潮井乡报国村试点建设口粮田，开发口粮田10公顷。1999年，全州获省审批用地项目7个，面积123公顷；州批用地26.8公顷，多用于城关镇以外的乡（镇）集体建设和灾民建房。建设占用耕地，实行先垦耕地预报制度，并预收一定耕地开垦费，专项用于耕地开垦。泸溪县在白沙新城投入资金700万元，推平一座小山，填平一口废塘，开发建设用地8.67公顷。全年占补相抵，净增耕地13.05公顷。州国土局组织土地开发整理检查验收，全州实施土地开发村753个，占村总数的28.62%；开发整理面积4018.1公顷，新增耕地168.3公顷，新增旱涝保收面积266.7公顷，总投资 7690 万元。

2000 年，全州实现耕地面积 199811.3 公顷，基本农田保护面积 161333.3 公顷，开发、整理等新增耕地面积 240 公顷，建设占用耕地 123 公顷。《凤凰县腊尔山万亩土地开发整理项目可行性论证报告》通过州、县专家审查论证，获国家批准立项，进入国家西部开发重点建设项目。2001 年，向上级争取两个国家全额投资土地开发整理项目，开发面积 941 公顷，总投资 2519 万元。花垣县吉卫片土地开发整理项目开工建设，拨付到位一、二期资金 450 万元。全州新增耕地 382.4 公顷，耕地保持总体动态平衡。2002 年，全州划定基本农田 16.27 万公顷；当年建设用地占耕地 252.3 公顷，实行先补后占办法。实施凤凰县腊尔山片区、花垣县吉卫片区、吉首市己略片区 3 个国家级土地开发整理复垦项目；实施龙山、泸溪、永顺、古丈四县省土地整理复垦项目，总投资 800 万元；20 个州级项目，实现项目引资 4100 万元。全州完成项目建设规模 1003.6 公顷、完成投资规模 2430 万元；新增耕地 666.7 公顷，实现州境耕地总量动态平衡目标。2003 年，全州基本农田保护面积 16.13 万公顷。实施 3 个国家级项目，10 个省级项目，20 个州级项目，实现内联资金 2797.54 万元，到位资金 2355.54 万元，新增耕地 1333.3 公顷。永顺县羊峰、石堤片区土地开发项目竣工验收，新增耕地 66.7 公顷。年内建设用地占用耕地 220 公顷，补充耕地 426.7 公顷，除去给异地提供补充耕地指标 86.7 公顷外，占补相抵节余 120 公顷。是年，争取中央、省土地开发整理项目 20 个，引进项目资金 4000 万元。2004 年，全州划分 217 个基本农田保护片区，建立标志牌 369 块、签订县（市）、乡（镇）、村基本农田保护责任书 3800 份，涉及农户 4.12 万户，保护基本农田 16.13 万公顷，占全州耕地总量 81.4%。是年，争取中央、省土地开发整理项目 29 个，实现土地开发整理净增面积 233.3 公顷。争取土地开发整理资金 4185.13 万元。老爹猕猴桃基地开发列入中央土地开发整理项目，尝试土地开发整理与利民惠民山地开发相结合，得到国务院副总理曾培炎、中共湖南省委书记张春贤、国土资源部副部长鹿心社的肯定。2005 年，贯彻《国务院关于深化改革严格土地管理的决定》，举办相关工作人员培训班，参训 1200 人。全州保护基本农田 16.27 万公顷，划分基本农田保护区 217 个，建立标志牌 2600 块；实施中央、省土地开发整理项目 17 个，建设规模 6500 公顷，投资总额 1.33 亿元，新增耕地 1100 公顷。

2007 年，永顺县被湖南省国土资源厅确定为省级基本农田保护示范区，规划实施 8 个片区基本农田整理项目，总规模 3452.48 公顷。全州争取中央和省级投入土地开发整理项目 10 个，土地开发总规模 2957.69 公顷，投入资金 7632 万元，新增耕地 287.17 公顷；争取异地占补项目 7 个，总投资 775.41 万元。2008 年，全州耕地保有量 17.34 万公顷。建设占用耕地项目 92 个，占用耕地 283.09 公顷，收取耕地开垦费 1591.94 万元。完成州级耕地占补项目 13 个，新增耕地面积 375.6 公顷，占补相抵实际新增耕地 92.53 公顷。实施省以上投资项目 6 个，总规模 1200 公顷，新增耕地 40.2 公顷，总投资 4084 万元；实施州级项目 28 个，总规模 410 公顷，新增耕地 210 公顷，总投资 857 万元。是年，州国土资源局被评为湖南省土地管理和耕地保护达标单位。2010 年，全州报批建设占用耕地项目 39 个，占用耕地 253.05 公顷，完成占补项目 15 个，新增耕地 297.93 公顷。实施占补平衡项目 12 个，新增耕地 506.95 公顷。实施省以上投资综合整治、异地占补、农土资金项目 13 个，总规模 1818.96 公顷，投入资金 1 亿余元，新增耕地 732.05 公顷。是年，全州耕地保有量 17.4 万公顷，基本农田保有量 15.55 万公顷。

二、土地征用与储备

1989 年，州国土局负责土地征用审批，补偿由各县市自定。1990 年，州国土局开展土地补偿调研，制定《湘西土家族苗族自治州征（拨）土地补偿标准》，土地征用补偿办法实行全州统一，土地补偿标准不再由县（市）自定。1994 年，州内土地补偿标准适当调整。2001 年，全州储备土地 26 宗，面积 68.13 公顷。2002 年，州内有 7 个县（市）成立土地收购储备中心，部分县（市）土地储备开始运作。2003 年，实施《湘西州征地拆迁补偿安置办法》，全州开发区规划面积 10 平方公里，征地面积 339.35 公顷，建成面积 70 公顷，供地面积 298.3992 公顷，收取土地使用权出让金 1.76 亿元。州国土资源局贷款 550 万元收购州七一化工厂土地 4.67 公顷；与有关县（市）收购储备项目打捆，向开发银行打捆贷款 3 亿元，启动全州土地收购储备工作。是年，全州储备土地 40 宗 587 公顷，收购金额 1.6 亿元，完成土地收购储备评估项目 7 个，评估总资产 1.98 亿元。2004 年 6 月，州人民政府印发《关于对征地农民集体所有土地补偿费用管理使用情况开展监督检查的方案》。9 月，州政府组织检查组，检查发生拖欠征地补偿费用县（市），督促征地补偿费用及时支付到位。是年，州境征地 166 公顷，应付土地补偿费用 4653.68 万元，支付 4653.68 万元，征地补偿费拖欠消除。全州储备存量建设用地和储备新增建设用地 587 公顷。2006 年，全州征用土地 166.67 公顷，其中吉首市征用的有吉风工业园工业大道、学院路、汇展路等四路五桥建设。2007 年，州国土资源收购储备中心成立。是年，依法收回国有建设用地 6.29 公顷，征地 123.3 公顷，投入 6845 万元。2008 年，州国土资源局制定《被征地农民社会保障实施办法》《集体土地上房屋拆迁补偿安置办法》。规范征地拆迁行为，规定在三个月内，所有征地项目征地补偿费全部到位。是年，全州应付征地补偿费 1.27 亿元，全部支付到位。州内 8 个县（市）均成立土地储备机构，年内储备土地 7.21 公顷。2010 年，州国土资源局制定《湘西州征收土地上青苗补偿标准》。落实《土地储备管理办法》和《州国土资源收购储备资金管理暂行办法》，通过储备环节出让用地 26 宗 56.59 公顷，总价款 4323.73 万元。

三、重点工程用地管理

1998 年，州国土局向省报批湘泉“2020”扩建、吉首至罗依溪 1828 线公路改造、州农科所搬迁、碗米坡电站生活区和工程前期用地等 12 个重点项目用地，省批准面积 392.6 公顷。2001 年，上报碗米坡电站建设，桑（植）龙（山）公路改建、吉首市尊华绿谷实业有限公司、国道 209 吉首段扩建和乾州农贸市场搬迁、州 6903 台搬迁、龙山环城大道建设，保靖县城扩容等工程用地项目，获省国土资源厅批准用地 185.91 公顷。2002 年，碗米坡电站建设总用地 1660.06 公顷，征地涉及龙山、保靖两个县的 10 个乡（镇）50 个自然村。州国土资源局组织专门工作班子开展工作，局领导三次赴省和国土资源部汇报，项目用地获国务院审批。碗米坡集镇安置用地 63.17 公顷，龙山县里耶防护工程用地 39.95 公顷，获省政府批准。2003 年，保证重点建设项目用地，推行政务服务“窗口办文”和集体会审制度，将申报要件减少 6 项，申报资料由 6 套减为 3 套，审批项目由 17 个减至 8 个。利用优惠政策争取重点建设项目用地报批规费减免，当年争取报批项目规费减免 2700 万元。2004 年，省给湘西州下达农用地转用计划指标 121 公顷，实际执行农用地转用计划 122.95 公顷。2006 年，办理各类重点建设用地项目招批 13 件 106.47 公顷。2007 年，上报焦柳铁路电气化、常吉高速、吉茶高速、高家坝防洪水库、竹篙滩水电站、农村电话村村通工程 560 个项目、32 个农村客运站土地转用，以及乡卫生院改造、农村学校扩建、农村道路建设等用地项目 32 个。为吉凤经济开发区、吉首吉庄经济开发区、猛洞河经济开发区报批用地 766.67 公顷，为乡镇企业用地报批转用土地 346.67 公顷，为凤凰、古丈等旅游项目报批用地 84.67 公顷。2010 年，省下达湘西州用地指标 230 公顷。州上报建设用地项目 61 个，用地面积 633 公顷，超出省下达指标 403 公顷，州内重点项目和民生工程顺利实施。是年，通过储备环节出让用地 26 宗 56 公顷，获出让金 4323 万元。

1989—1995 年湘西州占用耕地情况一览表

表 26-3　　单位：公顷

年份	合计	吉首市	泸溪县	凤凰县	花垣县	保靖县	古丈县	永顺县	龙山县
1989	866.7	46.7	46.7	113.3	86.6	26.7	46.7	213.3	286.7
1990	766.7	60	180	73.3	20	46.7	86.7	226.7	73.3
1991	860	60	73.3	6.7	6.7	93.3	40	333.3	246.7
1992	1190	140	60	320	40	100	120	230	180
1993	768	180	50	50	120	140	40	108	80
1994	1050	110	60	330	70	40	50	330	60
1995	1860	200	150	30	10	400	10	850	210

1989—1995 年湘西州开发耕地情况一览表

表 26-4　　单位：公顷

年份	合计	吉首市	泸溪县	凤凰县	花垣县	保靖县	古丈县	永顺县	龙山县
1989	840	73.3	80	60	33.3	13.4	40	446.7	93.3
1990	740.8	193.3	40	93.3	73.3	33.4	80	160.8	66.7
1991	600	173.3	6.7	126.7	60	53.3	46.6	106.7	26.7
1992	830	190	70	10	70	10	90	60	330
1993	770	170	110	20	130	10	110	200	20
1994	1140	160	280	150	60	60	90	320	20
1995	770	190	130	140	60	40	40	130	40

第四节　土地执法

1996 年，州国土局开展全州土地执法检查。查出各类土地违法案件 3046 件，违法用地面积 81.33 公顷，结案 2485 件，补缴各种税费和罚没款 341.5 万元。1997 年，州非农业建设用地清查暨土地执法检查领导小组成立，下设办公室。1998 年，八县市参与申报“土地执法模范县市活动”，12 月，凤凰县经省检查验收，被省人民政府授予“土地执法模范县”。是年，全州发生各类土地违法案件 599 宗，面积 17.57 公顷，查结 567 宗，收取罚没款 89 万元，补缴各种费用 81 万元。1999 年 1 月，实施新修订的《土地管理法》，全州查处各类土地违法案件 1289 宗，面积 23.01 公顷，结案 1174 宗，收取罚没款 32.12 万元，拆除违法建筑物 564 平方米，收回土地 1.55 公顷。2001 年，立案查处土地违法案件 512 件，结案 492 件。涉及土地 15.07 公顷，拆除违法建筑 1476 平方米。2002 年，开展土地执法宣传，组织拍摄、播放《国土卫士赋华章》电视专题片。是年，全州立案查处各类国土资源违法案件 239 件，结案 235 件，涉及土地面积 35.65 公顷；拆除违法建筑 16 宗，涉及面积 0.6 公顷，罚款 246.2612 万元，行政处分涉案人员 5 人，移送司法机关追究其刑事责任 2 人。开展争创“土地执法摸范县”活动，泸溪县被授予“全国土地执法模范县”。2003 年，全州立案查处违法案件 157 起，结案 155 起，涉及土地面积 38.71 公顷，拆除违法建筑 2.4 万平方米，收回土地20.6公顷，收缴罚没款66.29万元。清理划拨土地非法转让用于房地产开发案86件，面积0.15公顷，清理并依法处置闲置土地41宗。2004年，举办实施《行政许可法》和《国土资源听证规定》培训班，培训从业人员300余人；落实国土资源动态巡查等执法监察制度，开展土地执法模范县（市）创建活动。是年，全州立案查处土地违法案件115起，结案112起。2005年，建立《国土资源动态巡回检查制度》和《国土资源案件查处制度》，全州立案查处各类国土资源违法案件104件，结案102件。2006年，执行《土地执法动态巡查责任制》，查处各类国土资源违法案件125起，结案121起，涉及土地面积47.53公顷，收缴罚没款226.85万元。2007年，全年动态巡查处理违法案件510起，涉及违法用地面积57.7公顷，避免和挽回经济损失价值863.56万元。全州查处各类国土资源违法案件191起，结案182起，涉及土地 面积103.36公顷，收缴罚没款910.47万元。2008年，“6·25”全国土地日期间，在古丈和龙山两县举行“欢乐湘西走进国土——‘6·25’全国土地日大型文艺会演”和“大地颂歌”大型文艺晚会。在全州国土系统开展《行政许可法》《土地管理法》《矿产资源管理法》《测绘法》学习培训，培训从业人员450人次。是年，全州发现土地违法行为389起，涉及土地面积36.99公顷；制止违法行为为299起，涉及土地面积6.69公顷，挽回经济损失1430万元。立案查处土地违法案件80起，涉及土地面积28.47公顷，结案71件，面积25.3公顷。重点查处泸溪县金辉工贸有限责任公司、泸溪县蓝天冶化有限责任公司、凤凰县长兴花园等单位和个人违法用地案件。2010年，全州动态巡查发现土地违法行为398起，制止391起，挽回经济损失1261.7万元。实施监察部《违法土地管理规定行为处分办法》，启动约谈警示程序。州人民政府约谈龙山和泸溪两县县长、分管副县长、国土资源局局长。全州卫星图片执法检查发现违法用地地块15宗20.78公顷，对15宗违法用地全部立案查处，处罚额243.65万元。立案查处土地违法案件77件，涉及面积52.45公顷，结案72件，拆除违法构建物6.9万平方米，收回土地5.35公顷；立案查处矿山违法案件48件，结案46件，收缴罚没款74.5万元。

第五节　土地市场管理

1990年，全州贯彻国务院颁布的《中华人民共和国城镇国有土地使用权出让和转让暂行条例》，按照土地所有权和使用权分离原则，实施城镇国有土地使用权出让、转让、出租、抵押、终止制度。土地使用权出让采取协议、招标、拍卖等方式。1995年，全州收取土地出让金（含成本）1818万元。1998年，州国土局与凤凰县人民政府协商港华贸易公司及金都实业开发公司利用土地招商引资事项，议定给予免收规费等优惠。10月，在西部交易会上签订土地使用权出让合同。两个项目共计出让土地1.27公顷，引进资金3000万元，收取出让金533万元。1999年，龙山、花垣、永顺、泸溪、凤凰等县以招标拍卖的市场运作方式供地，先后招标拍卖土地53宗、面积0.47公顷，出让金451.56万元。8月，花垣县一次性拍卖城南开发区土地使用权14宗、面积0.14公顷，收取出让金142万元。

2000年，全州完成城镇基准地价评估工作，城镇国有土地资产总额评估价72亿元；收取土地出让金1847万元。2002年，全州有7个县（市）成立地产交易所（中心），土地入市交易格局基本形成。吉首、古丈、凤凰、保靖和泸溪5个县（市）开展土地市场清理整顿，收回土地23宗、面积1.2公顷，补缴土地收益金150万元。各县市土地价格登记1800宗，登记总额15.5亿元；招标、拍卖、挂牌出让土地680宗，实现土地收益1.2亿元。2003年，贯彻全国治理整顿土地市场秩序电视电话会议精神，州、县（市）成立治理整顿领导小组；国土资源系统州、县（市）两级成立工作班子，形成政府统一领导，将治理整顿工作纳入政府目标管理。各县市建立健全土地市场规范运行制度，经营性土地使用权采用招标、拍卖、挂牌方式出让，做到“出让计划、宗地信息、集体决策、程序、竞价、出让结果”六公开。8月中旬，省国土资源厅到州检查，认定湘西州土地出让运作规范。是年，全州评估土地项目715个，评估面积170.19公顷，评估资产总额58483.23万元。出让土地1113宗、面积121.2公顷，出让金额1.49亿元。2004年，经营性用地纳入公开招拍挂，支持37家州属改制企业，处置土地23宗、面积40公顷，获土地收益金7.9亿元。评估土地项目715个，评估总面积170.19公顷，评估资产总额58483.23万元。2005年，制定全州协议出让土地使用权最低价格标准，开展土地市场治理整顿和验收工作。

2006年，全州执行国务院办公厅转发建设部等部门《关于调整住房供应结构稳定住房价格意见的通知》和《国务院关于加强土地调控有关问题的通知》；房地产开发用地采取招、拍、挂方式公开出让；房地产供地做到有保有压，优先保证中低价位、中小套型普通商品住房和廉租住房土地供应，限制低密度、大套型住房土地供应，停止别墅类房地产开发项目土地供应。执行《湖南省土地市场管理办法》，执行划拨供地目录和经营性用地招标、拍卖、挂牌出让制度。推行经营性基础设施用地有偿使用和竞争性工业用地招标、拍卖挂牌出让。加强土地市场监测，建立地价、存量土地、房地产用地动态监测体系。开展新一轮县城以上城镇基准地价更新工作。制定其他建制镇基准地价。是年，全州出让土地990宗、面积184.19公顷，土地成交价款32033.76万元。2007年，开展闲置用地清理和国有建设用地调查工作，依法收回国有建设用地6.3公顷。全州出让土地737宗、面积145.15公顷，出让价款4.1亿元。评估乾州南区21号地块宗地，调整宗地规划设计条件，发布出让公告，挂牌出让，纯收益3500万元。2008年，全州出让土地660宗、面积113.66公顷，土地成交价款2.82亿元。吉凤经济开发区为15家企业（单位、个人）依法出让土地29.16公顷,实现土地出让收入4928万元。2009年，开展各类园区土地利用效率评价和县市基准地价更新工作，坚持批前参与、批中把关、批后监管。全州土地招、拍、挂212宗，面积165.86公顷，出让价款2.01亿元。

2010年，全州经营性用地和工业用地全部实行招、拍、挂出让，出让国有土地使用权1274宗，面积189.7公顷，成交额4.01亿元。开展城乡结合部土地市场清理专项行动，更新8个县（市）的基准地价，开通土地动态监测监管系统。

第六节　矿产管理

1989年，湘西州矿业秩序清理整顿领导小组成立，开展矿业秩序整顿。整顿坚持国有矿山主体地位和持证、安全、合法开矿原则，实行开矿许可证制度。全州国有矿山、集体矿山持证率100%，个体采矿持证率95%。1995年，实施《湘西土家族苗族自治州矿产资源管理条例》。1996年，湘西州被湖南省人民政府评为全省矿业秩序整顿工作先进单位。

2000年，全州开展矿业整顿，小煤窑由1999年的630个减至79个；金属矿产、非金属矿产由357个减至271个。查处侵权采矿56起，注销采矿许可证32个，换证348个，没收非法矿产品1500吨。2001年，加大矿业整治力度，全州取缔非法矿点104个，关闭单证煤矿67家，关闭小磷矿6家，纠正违法租赁转让2家，立案查处非法采矿29起，移交司法机关3人。开展矿山企业年检，全州应检矿山企业563家，实检534家，抽检428家；注销和吊销采矿许可证29个。2002年，建立湘西州矿业权市场，全州新设置采矿权35宗。其中协议出让采矿权7宗，招标、拍卖出让28宗，共获采矿权价款141.8万元。关闭无证采矿144处，查处越界开采14处，查处非法转租4处，关闭不安全采石场48家。是年，获全省矿山治理整顿目标管理第二名，获全国地质环境保护工作先进单位称号。2003年，州人民政府印发《全州矿产资源管理秩序整顿实施方案》，明确整治重点和目标，以煤炭专项整顿为契机，开展重点矿区（山）、重点矿种专项整治。全州关闭无证采矿硐194个，查处越界开采14处，查处非法转让行为4起，并处罚款10.35万元，打击违法犯罪分子15人。年检矿山企业397家，上报矿山企业年报资料436家，320家矿山企业采矿登记资料实行计算机管理。全州新办、延续、登记采矿许可证33个，收取采矿权价款446.65万元。2004年，编制矿权出让计划，实施新增矿权招、拍、挂，全州收取采矿权价款1193.4万元。制定《湘西州矿产资源勘查开采清理整顿实施方案》，整顿矿产资源管理秩序，全州关闭小煤窑5个，关闭磷、锰矿山企业9家，拆除采矿设施14处，注销采矿户21户，取缔无证采矿157处。2005年，全州挂牌出让矿业权18宗，收取价款1597万元。治理整顿矿产资源开发秩序，全州取缔查封矿硐79个，取缔无证锰矿54个、无证煤矿30个、无证钒矿80余处、无证采石场26家，关闭钒厂133家。古丈、永顺、保靖、吉首等县（市）钒矿实行“三禁”（禁采、禁运、禁炼），坚持24小时巡查，建立专门禁钒工作队，设立禁运检查站卡。

2006年，全州新批矿山企业全部通过招标、拍卖、挂牌（简称招、拍、挂）方式公开出让采矿权，挂牌出让采矿权2宗，采矿权延续登记48家。整顿和规范矿产资源开发秩序，排查违法开采矿产资源情况，发现越界采矿企业3家，证照不全54家，未按方案开采1家，严重污染环境矿山企业9家，不按安全生产规定采矿9家，无证采矿60余处和以采代探21处。取缔关闭矿山开采212处，炸毁井硐85个，拆除工棚564个，捣毁无证矿山供电电杆42根，拆除矿山机械设备274台，遣散采矿务工人员7080人。2007年，全年清查发现矿产资源违法案件1438起，查处1438起；关闭安全生产条件差、破坏环境、污染严重矿山企业32家；新批矿权通过招、拍、挂方式公开出让，收取两权价款1.04亿元。是年，州国土资源局被省人民政府授予维护矿产资源管理秩序达标单位称号。2008年，整合煤矿及花垣县李梅、芭茅寨铅锌矿区矿产资源，形成以锰锌为主的采、选、冶配套矿产资源开发利用产业链。开展钒矿“三禁”工作，全州炸毁非法炼钒土窑80座，拆除4座，58处非法开采点停止开采。开展整规“回头看”和安全生产百日督查专项行动，关闭无证非法采矿（硐、井、场）山267个，查处越界开采9起，非法转让矿业权3起，关闭不符合安全生产条件矿山企业2家。2009年，取缔关闭非法开采矿山405处。清理规范“两权”发证，配置矿权13个，延续登记16个，变更登记3个，收取两权价款及使用费2140.71万元。执行《违反矿产资源管理规定行为责任追究办法》，整合花垣县长登坡、土地坪、老虎冲铅锌矿区和该县锰矿区4个重点矿区矿产资源。

2010年，全州开展专项行动65次，取缔关停矿硐、采石场、作业点1500余个，立案查处无证采矿81起、超深越界开采10起，取缔非法钒厂1个，依法查处非法转让采矿权8起。印发《湘西州进一步推进矿产资源开发整合工作方案》，全州执行《方案》，减少小矿点，注销矿业开采许可证32个。

第七节　土地测绘管理

1997年，全州测绘持证单位29个，当年，经县（市）、州初审，报省国土测绘局审批，均登记合格。2002年，开展地图市场清理，检查涉及保密测绘成果资料单位50个、图纸12942张。2003年，全州测绘持证单位增至30个，新办“测绘工作证”21本。完成测绘质量大检查和《湖南省国土资源志》(湘西州测绘部分)编修工作。收缴各类违法地图1.2万张，责令有关单位停止编制、销售、展示地图活动。2006年，争取国家边远地区、少数民族地区基础测绘专项补助经费，实施C级GPS网及四等水准网建设；加强测量标志管护工作，组织全州测量标志大普查，建立测量标志档案。2007年，全州测绘资质单位增至38个，全年累计测绘宗地图12万平方米；实施湘西州国家基础测绘项目，并开展吉首市城区航空摄影制作正射影像图。2008年，全州乙丙丁级测绘资质单位增至42个，州国土资源局全部年检注册，同时开展地图市场监督检查。2009年，开展基本农田数据上图工作。2010年，全州各县市实施基础测绘项目，完成70多平方公里1：500大比例尺数字地形图，实现八县市城区全覆盖。完成吉首市等三县市航摄彩色正射影像图；启动“数字湘西”建设。

第八节　地质灾害防治

2001年，全州有地质灾害隐患点76个，其中55个重点隐患点制定防灾措施。2002年，州、县（市）国土资源局成立地质灾害防治工作领导小组，编制年度地质灾害防治预案，建立险情巡视和灾情速报制度，开展118个地质灾害隐患点巡查，确定各隐患点灾情监测责任人，签订灾情监测责任状；建立重大地质灾害点预灾预警系统，地质灾害预测预报准确率95%。2003年，州内各县（市）国土资源局与乡（镇）签订预灾责任状，特别防汛期坚持24小时值班制，监测168个地质灾害隐患点，发放防治工作明白卡930份，紧急疏散1.7万人，搬迁居民1453户，避免地质灾害威胁5500人。州国土资源局重点督查龙山向阳煤矿北风坡崩塌隐患点、花垣县民乐锰矿崩滑隐患点、泸溪县李家田桐林溪滑坡隐患等27处。

2005年，州、县（市）国土资源局编制年度地质灾害防灾预案，建立群测群防网络，落实172个隐患点监测责任人，巡查地灾隐患点216个，处理隐患点险情6处；完成花垣锰矿地质环境治理项目实地调查。2006年，全州设立监测点425个，安排监测人员469人，签订责任状452份，发放防治工作明白卡635份，防灾避险明白卡4349份。汛期24小时值班人数618人，派出巡查组604个，巡查隐患点422个，设立警示牌322块。2007年，全州安排监测人员469人，巡查隐患点422个。7月27日凌晨1时，泸溪县潭溪镇朱雀洞村丛树坪发生特大滑坡，滑坡体积200万立方米，由于预报预警及时、应急反映迅速，滑坡体上56人成功避险，滑坡区村民无一伤亡。泸溪县人民政府、县国土资源局分别受到省人民政府和省国土资源厅表彰。

2010年，全州发生地质灾害800余处，汛前有地质灾害隐患点518处，重点防患点60处。全年经历强降雨10次，引发地质灾害10起，死亡22人，伤12人，财产损失4200万元。是年，全州成功预报地质灾害17起，紧急转移23900人，搬迁42人，减少经济损失9300余万元。

第九节　地质遗迹保护

2002年，吉首市德夯地质公园、花垣县古苗河地质公园、龙山县乌龙山地质公园经湖南省地质遗迹(地质公园)审批领导小组批准，成为湘西州首批省级地质公园。2003年，乌龙山地质公园开始建设。2005年,凤凰县乌巢河峡谷和古丈县红石林被国土资源部批准为国家地质公园。德夯、洛塔、古苗河3个省级地质公园开工建设。花垣县排碧“金钉子”剖面保护项目完成设计，获首期保护项目资金100万元。2006年，申报古丈县红石林、花垣县排碧寒武系金钉子等地质遗迹保护项目，获第二期保护项目资金120万元；下达花垣县古苗河省级地质公园第一期保护项目资金180万元、凤凰县国家地质公园保护项目资金180万元、古丈县红石林国家地质公园保护项目资金650万元。龙山县投入资金300万元，保护性开发洛塔地质公园。2007年，龙山县乌龙山省级地质公园揭牌开园。2009年，龙山县乌龙山省级地质公园升格为国家地质公园。2010年，全州有国家级地质公园3个、省级地质公园2个；“金钉子”层型剖面2个。

第八章　统计

1989年，湘西州统计局内设办公室、经济科、社会科、法规科，行政编制17名；下设州城乡经济调查队、州电子计算站和州统计教育站3个事业单位，事业编制18名。1991年，增设综合科。2001年，州城乡经济调查队参照公务员管理。2003年，增设州统计调查支队，编制6名，为下属副处级事业单位，参照公务员管理。2007年，国家统计局湘西调查队成立，为国家统计局垂直管理的正处级参照公务员管理事业单位，与湘西州统计局合署办公。2010年，增设服务业统计科和能源统计科，撤销州统计教育站，局机关行政编制15名，下属单位州统计调查支队事业编制6名，州城乡经济调查队事业编制5名，州电子计算站事业编制11名。

1989—2010年，州统计局历任局长：王隆坤、夏远收、朱明、陈功信；副局长黄秀金、朱明、陈功信、朱芷毅、王健、翁远菊。

第一节 统计调查

一、定期统计

（一）国民经济核算

1989年，SNA体系（国民经济账户体系）国内生产总值核算与MPS体系（物质产品平衡表体系）国民收入核算并存，逐步解决国民经济核算历史资料相互转换问题。1992年，执行国务院关于实施新国民经济核算体系方案，实现国民经济核算转轨。开展新国民经济核算宣传和国内生产总值季度测算。1996年，设计季报测算表，各县市按测算表中方法测算，全州国内生产总值测算方法统一规范。1997年，设计《国内生产总值计算方法》流程表，要求各县（市）每季上报州局一份。2005年，建立地区生产总值（GDP）下算一级制度和联审制度，完善办法，将下算一级完善为上下同算，以上算为准。推行企业统计一套表，减轻企业负担。2007年，全州GDP季度测算改为月度测算。2010年，继续沿用GDP月度测算。

（二）农业统计

1989年，开展农业、林业、畜牧业、副业、渔业五业统计；按1980年不变价格计算农业发展速度。1991年，执行《湖南省农村社会经济统计一套表》制度；按1990年不变价格计算农业发展速度。1992年，实施国家统计局《农村统计一套表制度》。1994年，取消“副业”统计。1998年，涉及部门数据报表“农村自然灾害情况统计”改由部门直接上报。2000年，“农田水利建设情况”和“农业机械化情况”报表改由部门直接上报。2003年，增加农林牧渔服务业统计。采用价格指数缩减法和不变价格与价格指数缩减法两种方法计算农业发展速度。2004年，涉及部门数据报表“林业生产情况”改由部门直接上报。2009年，报表制度取消“不变价格计算农业总产值”。2010年，采用价格指数缩减法计算农业发展速度。

（三）工业、交通、邮电统计

1990年，工业统计范围是城镇街道及乡以上工业，包括全民所有制工业和集体所有制工业。年报开始使用1990年不变价格。交通运输业统计报表主要包括：运输线路里程，运输工具数量，交通运输业基本建设投资及新增生产能力，客、货运输量，运输业总产值，营运情况，运输财务成本。邮电通信业统计报表主要包括：邮电局所及邮电线路，邮电通信设备，邮电通信基本建设投资额及新增生产能力，邮电业务量，邮电通信企业主要财务成本。1992年工业统计调查单位分为两类：全部乡及乡以上独立核算法人工业企业和工业活动单位。工业统计由以往工业总产值为主评价考核指标体系转向新评价考核指标体系。1997年，采用价格缩减法试算工业速度。1998年，全部国有企业及年产品销售收入在500万元以上非国有企业列入地方政府统计部门统计范围，实行全面统计。年产品销售收入500万元以下企业、个体工商户纳入国家直属企业调查机构抽样调查。规模以下工业统计范围为年主营业务收入在500万元以下非国有工业企业、非工业法人附属工业产业活动单位和个体工业户，调查方式为抽样调查。2005年，规模以下工业统计范围改为年主营业务收入在500万元以下全部工业法人企业、非工业法人附属工业产业活动单位和个体工业户。2006年，申报新进规模工业企业，全州有74家企业进入规模以上工业企业行列。2007年，规模以上工业统计范围调整为年主营业务收入500万元及以上工业法人企业。2010年，工业统计限额标准不变；交通运输业、邮电通信业统计范围不变。

（四）能源统计

1989年，能源统计隶属于物资统计，只设基本能源统计指标。20世纪90年代初，建立相对完善能源统计指标体系并编制地区能源平衡表。90年代中期，能源统计划属工业统计。2006年，单设能源统计专业，建立科学、完整、统一节能减排统计方法制度；建立涵盖全社会能源消费统计指标体系和调查体系；建立和完善部门能源统计制度；参与政府有关节能考评工作，为节能减排考评、公共机构节能考评提供相关资料。2010年，能源统计范围不变。

（五）服务业统计

2008年，设立服务业统计专业，调查范围包括农林牧渔服务业，交通运输、仓储和邮政业，信息传输、计算机服务和软件业，批发和零售业，住宿和餐饮业，金融业，房地产业，租赁和商务服务业，科学研究、技术服务和地质勘查业，水利、环境资源与公共设施管理业，居民服务和其他服务业，教育、卫生、社会保障和社会福利业，文化、体育和娱乐业，公共管理和社会组织，国际组织。调查对象为境内所有从事服务业活动法人单位、个体工商户以及视同法人单位产业活动单位。2010年，服务业统计范围不变。

（六）投资统计

1989年，投资统计范围包括国有经济单位投资、城乡集体经济单位投资、各种经济类型单位投资和城乡居民个人投资。2000年，将城镇私营和个体生产性投资纳入统计范围，建立全社会投资季报制度。2004年，统一调整为城镇投资、农村(包括农村非农户和农户)投资及城镇工矿区私人建房投资三大部分。2009年，统计起点由计划总投资5万元及以上提至50万元及以上。2010年，投资统计限额标准不变。

（七）建筑业统计

1990年，建筑业统计实行电子计算机超级汇总。2004年，建筑业统计年报实行普查数据代替年报数据。2006—2007年，建筑业统计报表实行超级汇总,在《法人单位基本情况表》中“控段情况”进行修改，同时增加“信息化情况主要指标”，“建筑业主要能源消耗表”。2010年，建筑业统计范围不变。

（八）批发零售贸易业统计

1989年，批发零售贸易业统计称商业统计。1990年，建立社会商品零售额预测制度，预测指标设“社会商品零售总额”。1992年，开展个体商业抽样调查试点。1993年，国内旅游统计纳入国民经济核算体系。推行一套表制度。是年，商业统计更名为批发零售贸易业统计，将对外贸易业、物资供销业纳入贸易统计范围。1995年，开展小型批零贸易、餐饮业及个体商业户抽样调查。1998年，修订对外经济贸易业务统计调查制度；推行小型批零贸易餐饮业抽样调查，小型批发零售贸易业、餐饮业企业统计用抽样调查数据替代全面调查数据。1999年，开展商品交易市场快速调查。2000年，开展小型贸易业和餐饮业抽样调查。2001年，开展连锁零售业、餐饮业快速调查。是年，贸易、餐饮业抽样调查数据替代过渡，逐步使用抽样调查数据替代各地按原方法计算的统计数据。2005年，批发零售业、住宿餐饮业抽样调查对象为全社会限额以下批发和零售业、住宿和餐饮业企业（单位）和个体户。调查内容为当月销售额或营业额、零售额等。2008年，建立成品油批发和零售统计报表制度，调查方法为全面调查。2009年，执行新的城乡划分标准，将相关统计报表中按销售单位所地分组，由“市、县及县以下”调整为“城镇，其中：城区、乡村”。扩大限额以上全面报表统计范围，增加统计上达规模标准个体经营户；社会消费品零售总额统计范围调整为全部批发和零售业、住宿和餐饮业法人企业和个体经营户，以及非批发和零售业法人单位附营限额以上批发和零售业产业活动单位、非住宿和餐饮业法人单位附营限额以上住宿和餐饮业产业活动和餐饮法人单位，取消“非同业法人附营的限额以下产业活动单位”和“其他”两部分。2010年，批发零售贸易业统计标准不变。

（九）科技统计

1999年，州内开始统计高新产品产值，当时起报单位3个，由企业上报纸介质报表，通过手工汇总。2000年，起报单位增至8个，有高新企业1家。2001年，科技统计为全部大中型工业企业年报，起报单位为全部大中型企业。2003年，科技年报更名为重点工业企业科技活动统计报表，起报单位增加重要小型科技企业。2004年，科技年报作为首次经济普查组成部分，起报单位为全部规模以上工业企业。2006年，使用EPRAS（统计业务处理软件）程序，县（市）统计局开始独立利用单机版处理数据，向州局报送电子文档数据资料。是年，开展R&D（研究与实验发展）资源清查。2008年，科技年报作为第二次经济普查组成部分，起报单位为全部规模以上工业企业。是年，湖南省重新规范高新技术产品统计口径和统计范围，同时使用新旧领域代码衔接历史资料。2009年，正式使用新领域代码。开展第二次全国R&D（研究与实验发展）资源清查，湘西州获得第二次全国R&D资源清查先进单位、10人获先进个人称号。2010年，高新技术产品报表改为高新技术产品产值及高新技术基地园区表，增加高新技术基地和高新园区产值数据。

二、调查与监测

（一）企业景气调查

1998年，企业景气调查启动，调查企业家判断和预期宏观经济态势与企业生产经营状况。范围包括工业（采掘业、制造业、电力、煤气及水的生产和供应业）、建筑业、交通运输业、仓储及邮电通信业、批发和零售贸易餐饮业、房地产业、社会服务业。2002年，全州企业景气调查对象为上述调查范围内各法人企业及其负责人以及依照法人单位开展统计产业活动单位和负责人。2010年，企业景气调查统计范围不变。

（二）采购经理调查

2009年，开展采购经理调查，采用问卷形式以每月为一个调查周期，由企业主管采购业务活动负责人对当月采购情况客观真实填写，通过联网直报方式上报。全州7家企业被抽为样本。2010年，采购经理调查统计范围不变。

（三）价格调查

1989年，在吉首市开展价格调查，选取有代表性商品作为样本，经常性开展市场价格调查。1995年6月，增加凤凰县物价调查点。州统计局汇总，汇总数据代表全州居民消费价格（CPI）、商品零售价格综合水平。1997年，开始固定资产投资价格调查。采用重点调查方法统计。调查范围包括抽中各种经济类型工业、建筑业企业及建设单位。2000年，引进广东省城调队价格统计录入程序。2008年，使用全国通用价格统计程序。2010年，开始工业生产者价格调查，通过主观选样和抽样相结合方式调查全部规模以上工业企业（年主营业务收入2000万元以上工业企业）；通过随机抽样方式调查规模以下工业企业。每月发布工业生产者价格指数（PPI）。

（四）城镇居民家计调查

1989年，在吉首市开展城镇居民家计调查，调查对象为户口在本地区常住非农业户，户口在本地区常住农业户，户口在外地居住在本地区半年以上非农业户，户口在外地居住在本地区半年以上农业户；包括单身户和具有固定住宅流动人口。调查内容包括城镇居民家庭成员基本情况、城镇居民家庭基本情况、城镇居民家庭现金收支、城镇居民家庭消费支出、城镇居民家庭非现金收入等。2001年，凤凰县开展家计调查，调查数据直接报省。2003年，州级开始汇总县（市）级数据，据此代表全州平均水平。2004年，在吉首市和凤凰县开展城镇居民基本情况调查，调查600户，据此作为常规调查抽样框。2007年，在全州开展城镇居民基本情况调查，常规调查抽样框2400户。2010年，常规调查抽样框4000户。

（五）农村住户调查

1990年，州境开展农村住户调查，范围为全州所有抽中农村住户，主要内容包括农村居民居住社区发展情况、农村居民家庭基本情况、农村居民家庭人口基本情况和农村居民家庭现金收支、实物收支情况等，方法在国家农村住户调查网点中进行。农民自产自用农村产品计价采用新办法。1993年，农村住户调查开始实行账页超级录入汇总。1995年，全州农户调查网点由原510户增至690户。2003年，综合年报新增以反映农村劳动转移与流动情况的《农村劳动就业与流动情况》；综合定期报表增加反映农村劳动力变动情况的《农村住户劳动力就业与外出从业情况》。2004年，全州农户调查网点增至720户。2010年，调查户网点量不变。

（六）妇女儿童“两纲”监测

2001年，湘西州实施《中国妇女发展纲要（2001—2010年）》和《中国儿童发展纲要（2001—2010年）》，监测妇女儿童事业发展状况，评估全州实施“两纲”效果，收集、整理“十五”及“十一五”期间“两纲”监测成员单位统计资料，评估各领域、各目标进展情况。2010年年末，编写《湘西州〈妇女儿童发展纲要（2001—2010）〉终期监测统计报告》。

三、其他调查

1991年，全州开展湖南省国民财产调查。1992年，清理全州固定资产投资项目个数。1993年，开展小型工业企业调查、农业科技调查、两个定点县以外个体户抽样调查。开展全州第三次固定资产投资项目清理。1995年，调查全州房地产开发建设及经营情况；完成乡镇企业和个体私营经济快速普查；完成全州城市基础设施普查。1997年，全州开展农调、城调、人口、工业、商业等专业抽样调查，全州抽选4县280户个体商业、餐饮业作为抽样调查样本单位，比省定185户多加95户。

2001年，完成科技兴湘监测、公众安全感调查、城市道路畅通工程调查、工业企业单位清查、农村住户存粮调查、投资项目效益跟踪调查、重点房地产企业联网直报工作等。2002年，完成旅馆业调查、非国有企业社会养老保险情况调查、城镇社会保障参保情况调查、下岗（失业）人员情况调查、劳动年龄未就业人员情况调查、农民外出劳务情况调查、小学生秋季收费调查、城市道路畅通工程调查、农村费税改革调查等。2003—2004年，完成科技兴湘、社会物价水平、旅馆业抽样调查、企业下岗工人、失业人员状况和城镇居民低收入情况调查、国有企业改革状况分项调查、企业技术创新能力专项调查、“非典”疫情对相关行业影响调查、“五小”（小煤矿、小钢铁厂、小化肥厂、小水泥厂、小机械厂）工业现状及问题调查、湖南企业集团竞争力与发展力调查、企业创新能力与创新机制现状调查、部分服务业抽样调查、重点企业建立现代企业制度跟踪监测调查、农业春夏收粮油抽样调查、农业秋收作物抽样调查等工作。2005年，完成工业化进程调查。完成湘西开发考核统计工作。2006年，开展文化产业发展情况调查。完成主要能源消费情况一次性调查。2009年，开展R&D（研究与试验发展）资源清查工作。2010年，湘西州获得全国R&D（研究与试验发展）资源清查国家级先进单位称号。

四、周期性普查

（一）人口普查

1989年初，州、县（市）分别成立第四次全国人口普查办公室，1990年，第四次全国人口普查实施。普查时点为1990年7月1日零时。全州抽调普查员16891人，普查指导员4012人；普查经过宣传发动、正式登记、普查员自查及互查，指导员复查及组织干部和知情人议查、验收等几道程序，不合格普查区重新复查；普查表验收合格后，由普查员核对顺序号、数字项和圈填项编码，并将户数、人口、常住人口户口登记状况、人口自然变动、各民族人口、各种文化程度人口及市镇人口6个指标用手工汇总上报，然后由微机操作员计算机汇总。1992年，全州完成汇总上报并写出“四普”分析资料48篇。州统计局3名普查员被全国人口普查办评为人口普查先进工作者。

2000年，开展第五次全国人口普查，普查时点为2000年11月1日零时，较第四次人口普查增加工作状况、住房状况等26个项目，首次采用长短表调查方法，长表按随机抽取10%户填报。州人口普查办，即州统计局主要完成普查资料快速汇总、资料编码、数据处理、数据公布、资料开发利用培训与分析研究等项工作。同时，编写人口普查报告书，出版《湘西州人口普查资料》。湘西州人口普查办公室被国家人口普查办评为先进单位。全州被评为全国人口普查先进单位12

个、先进个人43人；被评为省人口普查先进单位15个、先进个人313人。

2010年，开展第六次全国人口普查，普查时点为2010年11月1日零时。此次普查首次采取在居住地登记原则，“逢人就查”“见人就登”。依次完成普查试点、业务培训、入户摸底、上门登记、数据处理等工作。运用新技术手段，人口普查利用国家遥感资料、卫星资料，在电子计算机上生成人口普查地图和小区图，还采用光电录入方式汇总数据。编印《湘西州第六次人口普查资料汇编》。湘西州被评为全国人口普查先进单位1个、先进个人2人；被评为全省人口普查先进单位20个、先进个人334人。

（二）农业普查

1995年，州农业普查工作领导小组成立，下设办公室；次年，各县（市）相应成立普查机构，开展首次农业普查。普查时点为1996年12月31日；普查对象是各种类型农业生产经营单位、农村住户、乡镇企业、建制村和乡镇；普查分38个项目、678个指标。1996年10月，开展普查员培训，全州有普查指导员3449人，普查员8482人。12月，印发资料，张贴标语，宣传发动。1997年1月1日，全州农业普查员深入现场调查登记，持续一个月。调查登记结束，普查员自查，交叉复查审核、乡（镇）集中审核、县（市）农业普查办公室复查、直至州、县（市）联合检查合格，5—9月，农业普查登记表集中到州普查办，采用“黑眼睛”仪器光电录入。编印《湘西州第一次农业普查资料汇编》。首次农业普查，湘西州被评为全国普查先进单位。

2005年11月，第二次农业普查启动，州人民政府印发《关于认真做好第二次农业普查工作的通知》，并召开会议，动员部署。2006年9月，在泸溪县武溪镇开展试点。选调和培训普查员、清查摸底。2007年1月1日零点开始至1月31日，普查员进村入户开展全面普查登记。随后复查、分类编码、数据光电录入。4—12月。系统审核普查资料并重点抽查、评估质量和统一上报。2008年，建立农业普查数据库。编印《湘西州经济普查数据集》。二次农业普查，州普查办公室被国家普查办评为全国农业普查先进单位。

（三）工业普查

1995年4月，州第三次工业普查领导小组成立，各县（市）相继成立普查机构。州、县（市）两级分别培训普查员。此次普查对象为湘西州境全部工业企业，重点是国有企业、乡镇企业和外商投资企业。1996年1月，全州开展普查登记，企业填草表，主管部门和普查办核对，验收合格，由企业填正式表上报。至年底，工业普查办作资料录入处理，并向社会公布普查主要信息。同时，编印《湘西州1995年工业普查资料汇编》《湘西州工业企业大全》和《工业普查论文集》。第三次工业普查，湘西州被全国工业普查办公室评为工业普查先进单位。

（四）第三产业普查

1993年，开展第三产业普查，普查范围是从事第三产业企业、事业和行政单位，第一产业和第二产业企业中附属第三产业单位，从事第三产业个体户。普查内容为第三产业发展规模、生产经营活动成果、实物资产情况和重点行业活动指标等。编印《湘西州第三产业普查资料汇编》。

（五）基本单位普查

1996年，湘西州开展首次基本单位普查。6月，州、县（市）普查办公室成立，制定普查实施方案，开展宣传动员，分级组织业务培训。11月，全州开展法人单位清查。普查对象：州境除农户和个体户以外所有从事社会经济活动法人单位和产业活动单位；普查内容：单位基本信息、主要属性、经营活动和其他信息。12月31日为第一次基本单位普查标准时点。1997年1月，正式普查登记。2月，各县（市）普查数据用计算机处理、汇总上报。首次基本单位普查，湘西州被湖南省普查办公室评为普查工作先进单位。

2001年11月30日，为第二次基本单位普查标准时点；各类法人单位及其所属产业活动单位和个体工商户为普查范围和对象；单位法定标识、分组类型、登记批准状况、登记注册类型、执行会计制度类别、国有经济控股情况、营业状态、从业人员、企业资产情况、企业主要经济指标等为普查内容。经过普查准备、普查登记、数据处理和名录库更新、总结及资料开发应用四个阶段，完成基本单位名录库建立和更新，掌握基本单位地区分布、行业分布、规模结构以及生产要素配置情况，建立和完善基本单位名录库。第二次基本单位普查，湘西州被全国普查办公室评为普查先进单位。

（六）经济普查

2005年1月1日，开展首次经济普查登记，以企业事业组织、机关团体和个体工商户为对象，主要普查第二、三产业发展变化情况。全州投入普查人员3000人。普查员逐户登记。州、县（市）普查办建立覆盖普查全过程质量控制体系，通过普查数据审核、录入、汇总、上报和质量评估，摸清全州经济社会发展基本情况，查实全州生产总值总量和三次产业比重；湘西州经济和全国变动方向、变动建设、变动行业、变动重点基本一致。州普查办公室被全国普查办公室评为全国经济普查先进单位。

2008—2009年，开展第二次经济普查，普查对象是从事第二产业和第三产业全部法人单位、产业活动单位和个体工商户。普查主要内容包括单位标志、从业人员、财务收支、资产状况以及企业主要生产经营活动和生产能力，主要原材料和能源消耗及科技开发投入状况等指标。州人民政府与县（市）人民政府签订目标管理责任状，明确落实每个县（市）普查经费预算标准，要求将县（市）级普查经费按最低标准纳入县（市）经济普查目标管理。通过组织试点登记，加强宣传，分级培训，完成行政区划代码编制，建立规范单位底册，如实登记和大量数据汇总处理。摸清全州二、三产业规模、布局、结构、效益情况、技术现状、生产要素，以及常规统计无法全面反映的服务业发展状况。湘西州普查办公室被全国普查办公室评为第二次经济普查先进单位。

（七）1%人口抽样调查

1995年和2005年，分别开展第二次和第三次全国1%人口抽样调查，标准时间为1995年10月1日零时和2005年11月1日零时。两次抽样调查经历抽取样本点、抽查员和抽查指导员业务培训、宣传发动、调查摸底和入户登记复查、编码、质量验收和综合汇总等阶段，分别摸清1990—1995年、2000—2005年期间全州人口数量、构成、生育、就业、社会保障以及居住等方面变化情况。

（八）投入产出调查

1992年、1997年、2002年和2007年，分别开展第二、第三、第四和第五次投入产出调查。调查由调查单位填报调查表，统计部门审核质量、汇总上报。

（九）劳动力调查

2005年11月，首次开展劳动力调查，主要调查州内劳动力就业与失业情况。2006年始，劳动力调查一年两次，调查时间为5月和11月。

第二节　统计资料编印与统计分析

1989年，州统计局组织撰写全州旱情综述材料，在湖南省统计局《统计工作》上刊登，被省委办公厅《快讯》转载。《湘西统计提要》根据行政区划变动情况，在州级统计数据基础上增设8个县（市）统计数据栏目。是年，编印《1978至1988年湘西改革十年》一书，反映全州改革一年取得成果；《湘西统计年鉴》改变过去只录当年资料做法，增加往年历史纵向比较和地区间横向比较；《湘西统计月报》增加九项重要经济指标内容。坚持与全国三十个少数民族自治州联系，协作办好《民族工业》刊物。

1992年，湘西州统计局承接四川凉山州《全国三十个民族自治州民族经济统计资料》编印工作，并由原单一工业统计资料扩展到农业、商业、投资、财政、金融、劳资等社会经济多个方面，统计指标由原7个增至23个。1994年，开展州境县市贫困监测。1998年，州信息咨询服务小组成立，每月8日向社会各界编发《月度快报表》，每季季后10日左右，向州委，州政府及新闻单位通报经济运行情况。是年，编辑《领导干部统计手册》，资料为1949—1997年。

2001年，湘西州统计学会成立，有单位会员70个，个人会员312人。学会创办《湘西州统计学会通讯》，向省申报统计科研课题，组织课题研究。2002年，编辑出版《(1949—2000)跨越半个世纪的湘西州》一书。2004年，《湘西统计年鉴》由32开本扩改为16开本，增设新指标。2005年，每季度结束，写出季度经济运行情况，在州《团结报》上发表。2006年，建立湘鄂渝黔边区及少数民族地区统计资料交换制度，牵头召开湘鄂渝黔边区统计协作工作会议。参加全州县市党政领导班子和领导干部综合考核评价。开展新型工业化考核统计和节能降耗考核统计工作。2007年，完善统计监测考核功能，建立和完善为民办实事数据评估，政府绩效考核评估、组工干部形象调查、新型工业化考核、退耕还林统计监测、畜禽监测调查、政府目标管理考核、党政领导班子和领导干部绩效考核、非公有制经济统计监测等新增职能。2009年，开展全面小康统计监测工作，包括经济发展、社会和谐、生活质量、民主法制、科教文卫和资源环境6个方面23个指标。

2010年，州统计局召开新闻发布会，发布全州经济运行情况及展望。在《湘西工作》刊物专设“湘西经济运行”特别栏目，每月定期发表1~2篇统计分析。成立专项课题组，研究全州GDP与财政收入关系。扩展《领导干部统计手册》内容，有页面390个。改进《统计月报》报送方式，每月4日前，第一时间向州委书记发送电子邮件后，再及时印出正式卡向“四大家”（州委、州人大常委会、州人民政府、州政协）领导和州直部门报送。主办湘鄂渝黔边区统计协作会议，湘西州、重庆市黔江区、贵州省铜仁地区和湖北省恩施州统计局参加。

第三节 统计执法

1989年，全州统计部门检查国家机关、社会团体，全民集体和私营企业、事业单位统计执法情况，检查单位168个，发现违法行为189起，立案查处5起。

1991年，州统计局开展统计法规宣传月活动，与州相关部门联合制订统计法制宣传教育“二五”规划。清理非法统计报表和统计报表制发审批备案工作。1992年，召开统计执法联席会，印发《湖南省统计管理条例》3000份。全年统计执法立案查处违法案件30起。1993年，州中级人民法院统计行政审判联络室成立，永顺、古丈、龙山3个县人民法院成立统计行政审判机构。全年立案查处统计违法案件32起。1995年，全州立案查处统计违法案件24件，结案24件，经济处罚5.63万元。1996年，开展统计法规宣传活动，全州印发《统计法》册子3000份和《统计法》宣传彩色挂图1000幅。州人民政府印发《关于进一步加强统计管理工作的通知》，规定“建立统计保证金管理制度”。1997年，州人民政府法制办举办统计执法人员培训班，培训县（市）统计局局长及统计执法人员66人；成立统计执法大检查领导小组，开展统计执法大检查，全州检查491个基层统计单位，立案查处统计违法行为58件。2000年，立案查处49件，其中迟报、拒报5件，虚报、瞒报44件，结案49件，罚款110450元。

2002年，检查327个行政企事业单位，查处统计违法单位134个，立案查处63件，经济处罚19件。2003年，检查329个行政企事业单位，立案查处51件，经济处罚9件，罚款1.7万元。2004年，开展基层单位统计执法检查两次。重点检查238个行政事业单位，立案查处57件，经济处罚8件。2005年，完成网络专线升级，全面使用实时通话系统以及新邮件系统。2006年，县（市）网站整合改版，新增栏目，利用epras程序平台编出一套农普清查摸底表数据处理程序。2007年，泸溪、龙山、凤凰3县开通统计信息网站。州统计局建成视频会议系统，实现与省和其他地市视频联通。

2010年，州统计局配备高配置服务器和数据处理终端，更换机房用电线路，规范乡镇和大中型企业统计联网直报。

第四节　统计基层基础建设

1989年，全州8个县（市）建立农村统计站137个，保靖、凤凰和吉首3个县（市）的乡（镇）统计站全部建立。全州配备农村专(兼)职统计人员228人。1991年，全州243个区、乡（镇），建立统计站140个，占区、乡（镇）总数58%。1992年，吉首市河溪镇统计站坚持“横向抓部门，纵向抓村组”，其经验向全州推广。是年，河溪镇统计站被省统计局授予先进统计站称号。1995年，开展统计登记（核定）工作，全州登记行政企事业单位2470个，个体工商户1111户。1999年，州、县（市）统计部门协助企业建立健全原始记录、统计台账、统计法规检查制度。2004年，州委办公室、州人民政府办公室印发通知，要求做好各撤并乡镇建立统计管理站工作，全州所有乡（镇）建立统计管理站。2007年，全州164个乡（镇、街道）统计站全部配备电脑、传真机和打印设备，实现乡镇统计联网直报。2009年，全州164个乡（镇、街道）建立“农村经济合作与统计管理站”或“乡镇综合统计站”，配备专（兼）职统计员180人。2010年，规范乡(镇)、村、组三级统计电子台账编制。

第五节　统计业务培训

1989年，州统计局协助各县市和州直业务主管部门开展统计业务培训；与吉首市统计局协作举办劳动工资统计培训班。

1990年，州统计局举办统计岗位人员培训班3期，参训400余人。1992年，举办3期工业、商业、能源、建筑企业基层统计人员业务培训班，参加培训学习600余人次。同时，举办统计系统专业技术人员微机培训班4期，参学80人次。1995年，开始组织州内统计专业职务任职资格培训，组织统计专业技术职务资格考试。1999年，开始组织全州专（兼）职统计人员“统计证”培训和考试。

2002年，举办5期计算机操作培训班，州统计局50岁以下人员基本能够独立上机操作，并利用互联网搜集相关信息，下发文件资料基本取消纸介质。2005年，开始实行统计从业资格考试制度，新任统计人员必须参加全国统计从业资格考试，考试合格方可获得统计从业资格证书。

2010年，全州获得统计从业资格证书1500人。当年参加统计专业技术职务资格考试700余人，其中100余人获得统计系列初、中级资格证书。

第六节　统计信息化建设

1989年，州统计局开发完成基建、商业统计月报和统计台账处理程序；编制人口生命表计算程序和《湘西统计月报》资料处理程序。1992年，州统计自动化建设报省立项，湘西州电子计算站被评为全国计算站系统先进单位。1993年，州统计局配备486微型计算机1台，8个县（市）配齐386微型计算机。1996年，全州八县市开通点对点通信网。

2001年9月，接通政府信息中心宽带网。争取到省统计局给全州8个县（市）各送1台计算机。2002年，安排资金8万元建设统计专网，州统计局局域网开始运行，实现统计专线宽带网络传输、资源共享。湘西统计信息网站正式接入国际互联网。全州8个县（市）统计局均上宽带网，其中，5个县（市）局建起局域网，两个县达到人手1台微型计算机。2003年，投入资金20万元，走立足自身、全员建网路子，建成湘西统计信息内、外网两个网站。8个县（市）新增电脑31台，并建局域网；泸溪、龙山两县统计局建网站。2004年，各月主要月度数据、湘西统计信息网内1000多张网页和所有文档资料内容全部装入数据库，并作为两个网站后台支持，使两个网站及时更新发布问题得到解决。是年，湘西统计内外网站全面改版升级，泸溪、龙山、凤凰3县开通统计信息网站。州统计局建成视频会议系统，实现与省和其他地市视频联通。2005年，完成网络专线升级，全面使用实时通话系统以及新邮件系统。2006年，完成县市网站整合改版工作，新增栏目，利用epras程序平台编出一套农普清查摸底表数据处理程序。

2010年，州统计局配备高配置服务器和数据处理终端，更换机房用电线路，规范乡镇和大中型企业统计联网直报。

第九章 审计

1989年，湘西州审计局设行政事业审计科、商粮贸审计科、财政金融审计科、基建审计科、人事教育科和综合科，编制44名，实有30人。是年，湘西州审计事务所成立。1990年，实有干部职工35人。2001年，机构改革，局机关内设办公室、人事科、财政金融与社保审计科、法制科、经济责任审计科、固定资产投资审计科、农业与资源环保审计科、行政事业与外资审计科、经贸审计科、纪检监察室。2007年，经济责任审计科改为经济责任审计室，并升格为副处级机构。2010年，局机关内设办公室、人事科、综合科、法规科、财政金融科、行政事业科、农业科、工交科、商粮贸科、基建科、纪检监察室。有工作人员49人。

1989—2010年，州审计局历任局长：黄秀兰、王忠良、夏学忠、郑宗凡、胡少先、万波平；副局长杨明察、宋家发 、胡家模、黄大健、吴东升、金利蓉、肖远湘。

第一节 财税金融审计

1989年1—4月，全州抽出审计人员30人，组成6个审计组，审计泸溪、花垣、保靖、古丈、永顺5个财政赤字县财政决算。检查龙山县1988年度财政收支和县财政局财务收支。审计州本级1988年度财政决算，并与州财政局一道，审计凤凰县1988年度财政收支情况，查处违纪金额800余万元。6—7月，审计中国农业银行湘西州中心支行1988年度信贷计划执行情况，发现给吉首市第一水泥厂设备贷款，超出上级批准指标19.2%。并将省农行指定用于贴息流动资金贷款50万元改作设备贷款。8月，开展中国人民银行吉首分行1988年至1989年上半年财务收支审计，发现该行各项违纪金额112.9万元。审计决定收缴财政48万元，补缴奖金税0.7万元。9月，审计州建设银行信托投资公司财务收支，发现该公司超范围列支费用进入成本7.2万元，以租赁形式变相购置小汽车一辆计10万元，超标准拨付福利基金0.34万元。是年，财税金融审计查出违纪违纪金额382万元，其中金融单位337万元。应收缴32万元，应调账52万元，其他处理298万元。5个乡（镇）财税单位审计，查出违纪企额50万元，应调账9万元，其他处理40万元。

1994年，开展吉首、凤凰、花垣和龙山四县市财政决算真实性审计，以及财政信贷资金使用审计。审计金融保险机构财务收支30家，审计金额168亿元，查出违纪违规金额8895.7万元，并作出相应处理。1995年，审计保靖、泸溪两县财政1994年度决算情况，查出违纪违规金额185万元，作收缴财政处理157万元。开展中国银行、建设银行等11家在州银行机构1994年度资产、负债、损益情况审计和审计调查，查出国有资产流失金额1507万元。核实资产负债差错并调整金额220万元，收缴违纪金额31万元。1996年，审计8县（市）财政部门1995年度预算外资金和周转金管理使用情况，查出违纪违规金额289.2万元，账务调整26.1万元，收缴财政9.8万元。1998年，上半年开展23个财政、税务部门及预算执行单位审计和延伸审计，查出违规行为金额851万元，应缴财政100万元，实缴财政29万元。1999年3月，派出审计人员65人，审计全州建行系统和工行系统（不含工行州中心支行）1998年度资产、负债、损益情况，并延伸审计418户企事业单位，查出违纪违规金额792万元。派出73

人，分25组，审计州级财政预算情况。同时，开展地税和农税系统税收成本审计调查，审计和延伸审计104个单位、293个银行账户，查出违规金额4669万元。应缴财政97万元，调账377元，作其他处理3265.77万元。

2000年，审计州、县（市）1999年度财政预算执行情况。投入审计人员73人，审计和延伸审计公安税侦支（大）队、教育系统以及湖南省信托投资公司湘西州办事处等390个单位，较上年多审计286个单位。查出违规金额5495万元，收缴各级财政49万元。2002年，审计州、县（市）财政局执行预算情况及地税系统税收征管情况，并延伸审计部分专项资金使用情况。查出违规金额1889万元，其中延压税款和应缴预算收入272万元，行政性收费收入未纳入预算管理1300万元，多提代征代扣手续费41万元，违规使用专项资金97万元。对查出问题，各级审计机关均作出处理处罚。2008年，州审计局派出审计组，审计龙山、保靖、凤凰三县2007年度财政决算，查出违规金额4074万元，管理不规范金额4.87亿元。审计处罚上缴财政56万元，归还原资金渠道2.4亿元。州审计局重点检查本级财政预算执行违规出借财政资金、改变专项资金用途等348万元，管理不规范金额5257万元。

2010年，州人民政府下达州审计局审计项目计划30个；截至12月10日，实际审计项目36个，查出违规违纪金额6.41亿元，管理不规范金额9.92亿元。审计决定处理处罚应上缴财政资金285万元，归还原资金渠道4.53亿元，调账处理资金7445万元。

第二节　行政事业单位财务审计

1989年，州审计局重点审计湘西民族财会学校、州人民政府驻海口和长沙两个办事处，吉首乡政府及其财政所、经管站、企业办，保靖县广播电视局，永顺县灵溪中学和县供销联社，龙山县林业局和林木种苗站等行政事业单位。湘西民族财会学校1988年度财务收支审计，发现违纪开支3.5万元。海口办事处审计，没有发现违纪现象，资金无短缺，财产账务清楚。长沙办事处审计，发现问题资金1.9万多元。审计永顺县灵溪中学财务，发现乱收费、乱开支情况严重。乱收费项目20种，金额4.8万元，审计决定所收防寒防盗费1.1万元，多收学杂费1.3万元，全部退还学生，不合法补助和奖金，立即停止发放。审计永顺县供销联社，发现该联社1988年1月至1989年11月间，违纪资金3万元，要求调整账务，补缴税金0.4万元，收缴超标发放防寒费0.1万元。审计龙山县林业局系统，查出各种违纪金额100.4万元，占审计总金额296.2万元的33.9%，审计决定对越权所搞基建罚款3.54万元，隐瞒不缴财政收入按30%上缴计4.2万元，加上其他罚款共收缴财政10.2万元，其余作调账或免予处理。将一级行政事业单位定期报送审扩大到行业性单位二、三级机构延伸机构，是年，定期报送审计党政机关农、林、水、文教5个行业性单位169个，查处违纪金额159万元。1998年，州审计局审计287个单位，查出各类违规金额1.938亿元，建议纠正地方部门不当规定67条，移送司法机关处理案件2起。是年，审计司法局系统、民委系统、希望工程等35个行政事业单位，查出违规金额953万元，应缴财政17万元，应归还原渠道资金20万元，实缴财政6万元。1999年，州审计局延伸审计州计委、州环保局、州教委、州科委、州蔬菜办，审计单位104个，银行账户293个，查出违规金额4669万元。审计结果显示：州境财政结构单一，后劲不足，县级财政赤字突出、财政运转困难等，建议多举措加以改进。是年，审计州广播电视、交通警察、交通运输系统和自来水公司等132个行政及企事业单位，查出违纪违规金额5806.7万元，应缴财政257万元，实缴财政118.3万元。

2000年，州审计局审计州民族中学，查出未纳入校财务大账核算的账外账2套，资金383万元，擅自收费3.8万元，应退未退学生代收费14万元，漏缴个人所得税4万元，不合规定发票列支基建支出11万元等违纪违规问题。依法作出罚款1.1万元，作出限期清退、并入大账、向税务部门清缴等处理。开展全州9个社保机构挤占挪用企业职工养老保险基金专项审计，查出挤占、挪用企业职工养老保险基金1621.6万元，全州社保系统建设办公楼和宿舍，挤占、挪用养老保险基金1131.2万元；购置小汽车，挤占、挪用养老保险基金181万元，审计结束时，尚有1601.6万元未能归位。是年，全州审计131个行政事业单位，查出违纪违规金额8800万元，处理归还侵占挪用资金2500万元、收缴财政191万元。2002年，审计2000—2001年度全州国土专项资金征、管、用情况，查出违纪违规金额885.22万元，发现国土部门存在挤占挪用国土专项资金478.67万元、应征未征国土专项资金188.92万元、截留国土专项资金50.07万元、乱收费37.97万元等问题，审计作出收缴财政139.37万元的处罚。审计州政府2001年末政府外债，发现州政府外债管理存在立项与资金管理脱节，造成外债项目底子不清，财政履行政府外债管理职能尚未转换等弊端。2007年，审计州国土资源局、州交警支队、吉首监狱等13个行政单位，发现存在资产疏于管理、账户处理不规范、往来款项结算清理不及时、奖金福利未按规定报批和未缴调节基金及个人所得税，以及房屋出租等收入未按规定交纳税金等问题，查处违规资金5274万元，管理不规范金额122万元，上缴财政98万元，归还原资金渠道319万元，调账处理金额1486万元。审计州国土资源局国有土地使用有偿出让和探矿、采矿权价款征、管、用及土地开发整理项目资金来源和使用情况，审计金额8149万元，查出违规资金558万元，收缴财政28万元，限期资金归位316万元。2008年，州审计局审计龙山、保靖、凤凰三县人民政府2007年度财政决算情况，查出违规金额4074万元，管理不规范金额4.87亿元，处理上缴财政56万元，归还原资金渠道2.4亿元。审计1993—2005年全州农村义务教育“普九”债务，审计债务余额28693.99万元，提出加强推进农村义务教育事业发展，清理、化解“普九”期间遗留债务建议。审计州民委、州统计局、州粮食局及所属单位、州交通职业中专学校、州人民医院等8个单位，查出违纪金额1248万元，管理不规范金额2496万元，提出审计整改意见15条。2009年，州审计局审计州委统战部、州民政局、州农业局及所属单位、州荣复医院、职业技术学校等，查出违纪金额1255万元，管理不规范金额4588万元，提出审计整改意见24条。2010年，审计州劳动和社会保障局社保基金征收、支出及管理情况，查出违规金额124万元，管理不规范金额44万元，应归还原渠道资金5万元，提出审计建议4条。

第三节　企业财务审计

1989年，州审计局审计凤凰烟草公司、永顺县议价粮油贸易公司，古丈县粮食局3个核算单位财务，并复审泸溪县供销联社，查处违纪金额187.2万元，收缴财政29.6万元，补缴税款3.2万元。其中，凤凰县烟草公司违纪金额153万元，上缴财政23.8万元，企业调账处理64.2万元，并给3名相关责任人各处1个月基本工资罚款，2人移送司法机关处理。古丈县审计局和州审计局组成联合审计组，审计古丈县粮食局及所属县城、茄通两个粮站1988年财务收支情况，查出违纪金额9.9万元，收缴财政4.7万元，补缴税款0.4万元。1990年，州审计局审计吉首市化工厂和市汽车运输公司、花垣县五金床单厂、永顺县电解锰厂、龙山县民族造纸厂和县汽车运输公司等6个单位。查出违纪金额167.4万元，收缴财政2.2万元，补缴税款及能源交通重点建设基金和预算调节基金8.7万元。6个单位中，永顺县电解锰厂和吉首市汽车运输公司财务管理较好，未发现违纪违规现象。吉首市化工厂查出违纪金额114.5万元，审计决定收缴财政2.1万元，补缴税款和“两金”（养老保险金、失业保险金）5.5万元，挤占挪用流动资金92万元限期归还，其余分别作调账处理。州审计局复审花垣县五金床单厂卸任厂长黄某某任职期间财务，查出存在挪用流动资金、成本核算不实、少提折旧基金等问题，违纪违规金额40多万元。1994年，州审计局审计州国有重点骨干企业21家，审计金额7.7亿元，查出违纪违规金额117万元，查出损失浪费193万元，核实账务差错金额108万元。1998年，州审计机关抽调80%审计人员参加粮食系统新增财务挂账审计，核实全州粮食部门新增财务挂账2.58亿元，核减挂账2514万元。

2000年，审计州17家工商企业资产、负债、损益情况，查出收入不实、成本不实、账外资产、虚增利润等违规金额2190多万元，并作出相应处理。州七一化工厂财务管理较为混乱，资产负债严重不实；下属氯碱公司在产品销售中采取少开票或不开票等手段，通过往来账户转移资金131万元，形成小金库；个别下属公司无账可查、账务不全、白条列支、漏税现象严重。小金库金额上缴财政、漏缴税费补缴入库；对相关违纪责任人作出行政处理。2002年，全州各级审计部门审计25家企业财务。州审计局审计龙山卷烟厂、州电信公司财务收支情况，企业家底摸清，并查处盈亏不实、漏缴税费等问题，分别作出相应处理。吉首市审计局审计市房地产局，查出虚开维修发票套取现金320万元，用于发放节假日补助及超产奖。查处市建管局以退回企业劳保统筹为名，虚列支出转移劳保统筹金20万元用于发放职工福利费。2007年，州审计局审计州汽车运输公司、州盐业股份有限公司等企业财务，查出企业随意处置国有资产和应缴未缴财政资金问题，并对国有和国有控股企业的国有资产如何保值增值提出建议。

第四节 基本建设审计

1989年，州审计局审计州农业局基建项目，建办公楼1栋、宿舍2栋，计划投资62.4万元，实际投资110.9万元，超计划48.5万元。花垣县化工建材厂新建硫酸车间，计划投资120万元，实际投入143.8万元；投资构成：县财政拨款77.3万元、州信托投资公司贷款20万元，其余46.5万元系挪用企业流动资金。龙山县工商局在修建民安农贸市场中，无计划修建民安工商所职工宿舍，耗资19.7万元，并漏缴耕地占用税9.9万元，建筑税8.6万元、城市建设维护费和教育费附加及营业税1.8万元，违规收取开发费3.7万元。除补缴漏欠税、费外，并罚款2万元。是年，全州审计基建单位11个，总投资1755万元。查出计划外投资139万元，资金来源不落实330万元，超计划投资178万元。审计处理归还原资金渠道30万元，压缩建设规模40万元，查出违纪金额199万元。1990年，州审计局审计和评估龙山县湾塘水电站工程，弄清项目真实情况和投资超概算2140.4万元原因，为建设单位挽回损失6.8万元，提出8条合理化建议，制止建设银行向单位不合理收费20万元。该项审计，得到中共龙山县委、县政府支持和肯定；龙山县湾塘电站工程指挥部给州审计局送来感谢信。花垣县审计局开展县民族医院门诊楼工程事前审计，发现基建预算和承包合同超投资计划16.2万元，加上水电安装、设计费用和城市增容等开支18.9万元，资金缺口35.1万元。是年，全州跟踪审计新开工和停缓建复建项目10个，审计金额5130万元，查出违纪金额130万元，补缴建筑税和国家重点建设债券14万元，归还挪用资金14万元。1999年，实施基建项目审计21个，审计资金14380万元，查出违纪违规金额315万元，应收缴财政87万元，核减工程造价188万元。

2000年，州审计部门会同相关部门稽查1997年月至2000年5月间竣工未经审计的建设项目。稽查项目34个，稽查投资4.78亿元，审减工程造价173万元。州审计局审计峒河人饮工程吉首段建设项目预算，核减工程造价11万元。是年，全州完成基建项目审计21个，审计资金总额8771万元，查出违规金额329万元，核减工程投资330万元。2002年，审计州财政局信托大楼竣工决算，工程施工方送审造价3459万元，经审计核减工程造价654万元，审减率18.9%。全州完成基建决算审计项目14个，审计核减工程造价906万元，提出审计建议9条。2007年，州、县（市）审计部门审计州肿瘤医院外科大楼、州民族中学综合教学楼、花垣县城北道路建设等21个重点项目竣工决算，审计核减工程价款783万元；查出违规资金3885万元，收缴财政57.8万元，提出合理化建议12条，均被审计单位采纳。2008年，州审计局审计吉凤工业园A 1合同段、A 3合同段建设项目，州商务局综合办公楼建设项目、州老干活动中心综合楼建设项目等竣工决算，查出高估冒算、虚报工程量、损失浪费等问题。基建投资审计送审金额1.17亿元，审计核减1893万元，核减率16.18%。2009年，审计凤凰县开发银行贷款项目、张花高速公路湘西段建设征地拆迁补偿资金、吉凤投资开发有限责任公司投资项目等13个工程建设项目竣工决算，审计核减工程造价2789.42万元，核减率22.38%。是年，全州建设项目审计40个，审计核减资金4624万元。2010年，全州完成项目审计总额17.9亿元，审计核减0.14亿元,核减率0.78%，发现违规资金0.15亿元，收缴财政74万元，提出合理化建议19条。

第五节　外资项目审计

1989年，州审计局审计州教师进修学院利用世界银行贷款举办中学在职教师培训项目，州农业银行和吉首市、泸溪县支行引进世界银行贷款执行第二期农村信贷开发椪柑项目等4个外资项目。州教师进修学院引进世界银行贷款40.3万元，国内配套资金216万元，项目总投资419.5万元，审计查证，该项目执行情况良好，管理措施到位，上报账表资料真实准确。州农业银行及吉首市、泸溪县支行该项贷款制度比较健全，账目完整，数字准确，对应关系合理，核算真实。但有4个项目单位存在借支、挪用和短款现象，违规金额2978元；有4个项目单位账证不符，金额680元；部分项目单位技术服务未能跟上，由于天旱，有40%项目单位出现椪柑死苗现象。1995年，审计世界银行贷款和国外援助物资项目18个，审计金额3745万元，查处违纪资金56万元。1998年，帮助外资运用单位收回被县财政长期挪用粮援配套资金28.3万元，收回被保靖县以工代赈办长期挪用粮援配套资金2万元，收回被有关单位长期借用的世行、亚行专项贷款资金48.5万元和土建报账资金45万元。还为外资运用单位收回被有关单位侵占汽车1辆。1999年，全州完成外资审计项目23个，查出违规金额311万元，归还原资金渠道5万元。

2000年，全州审计世行、亚行贷款项目28个，审计金额9835万元，查出违规资金520万元。2002年，全州审计世行教育、结核病控制、林业发展、农业发展、林业保护等外资运用项目29个，查出挤占挪用、白条支付、配套资金不落实等违规金额698万元。2007年，外资项目不再授权地市级审计机关审计，改由省级审计机关担任主审，市（州）级审计机关担任协审。是年，州审计局代省审计厅审计外资项目18个，审计范围涉及全州各县市。重点检查国外贷援资金到位使用情况和设备采购、运用情况。全州外资审计总金额4.998亿元，查出违规资金1196.1万元，提出建议11条。2010年，审计外资金额8.65亿元，查出违纪违规资金1.32亿元，审计决定收缴67.1万元，实缴入库6.07万元，提出建议7条。

第六节　经济责任审计

1989年，全州审计工商、城市公用、建筑安装等企业32家，查出违纪金额377万元，潜在亏损26万元。查处群众举报违纪大案16起，查出违纪资金121.9万元。11名责任人受党纪政纪处分，1人移送司法机关处理。

1997年，全州实施离任审计单位21个。1999年，实施领导干部离任经济责任审计项目18个，查出违纪违规金额449.3万元，收缴财政4.7万元：查出审计当事人涉案2件2人，其他非当事人涉案2件2人，均移送司法机关处理。组织部门根据审计意见，提拔被审计当事人2人，平级调动12人、诫免2人。司法机关依法处理2人。

2000年，全州各级审计机关接到交办审计对象43个，实际审计33个。对有关违纪违规问题作出处理，被审计当事人作平级安排26人，免职处理3人，移送司法机关查处4人。2001年，全州完成领导干部经济责任审计项目85个，查出违规金额8183万元，其中主管责任6026万元、直接责任703万元。向司法机关移送案件1起。2002年，州审计局审计州委党校，查出该校违规收费、违规开票、违规暗箱操作乱发钱物、食堂财务管理混乱等问题。州委党校根据审计查出的问题和审计建议，召开3次校务会，先后建立健全9项财务管理制度。审计州交警支队，查出该单位财务管理混乱、会计核算不规范、多处设账，特别是固定资产10余年不清理，变卖、捐赠固定资产行为严重，致使固定资产盘亏560万元。是年，全州完成66名领导干部经济责任审计，查出违规金额978万元，收缴财政15.5万元，责令调账等自行纠正审计处理263万元，移送纪检监察机关处理1人，涉案金额4万元。2005年，州审计局对州人民医院院长、吉首市市长、龙山县县长等8人实施经济责任审计。全州实施经济责任审计单位64个，查出违规资金13777万元，其中主管责任11508万元，直接责任2269万元。移送司法机关处理1人。2008年，领导干部经济责任审计对象有：州乡镇企业局局长、州广播电视局局长、州民族中学校长、吉首大学校长、泸溪县县长、州水利局局长、州畜牧局局长、州科技局局长、州商务局局长。审计发现，部分单位存在资产管理使用不够规范、资产负债账实不符，以及应纳税而未按规定缴纳等问题，并提出处理意见。至2010年，州审计局对州内8县（市）人民政府县（市）长的经济责任审计全部实施。

第七节　专项审计

1989年，全州派出审计人员32人，审计支农扶贫项目66个，查处违纪资金87.7万元。1994年，审计州本级和7个县粮食企业业务亏损挂账情况及1993年度财务收支情况。核实州粮食企业1991年和1992年度政策亏损情况；查出违纪违规金额316.22万元，收缴财政30余万元，调减政策性亏损挂账84万元，调整账务199万元。审计州公安系统1989—1993年度财务收支情况，审计47个单位，总金额2亿元，查出违纪违规资金529.93万元，上缴财政38.66万元。审计全州8个新华书店财务收支情况，审计总金额1086万元，查出违纪违规资金84.8万元。审计州内七县国土部门财务收支，查出违纪违规资金54万元。审计支农、扶贫等专项资金，审计资金7亿元，查处违纪违规12.09万元。1995年，全州审计机关出动23人，深入48个乡（镇）、村和小学，审计全州1992—1995年7月“希望工程”专项资金，查出挤占挪用等违纪违规金额27.39万元，并作相应处理。审计全州外贸企业48家，核实外贸亏损5135万元，查出问题资金16.6万元。审计全州农资和种子公司，查出违纪违规金额234万元。审计全州法院系统1994年度财务收支情况，查出违纪违规金额181万元，并作相应处理。1996年，开展农业投入资金审计，审计金额982万元，查出拨入专款有偿借给企业收取资金占用费、粮油站提价销售稻种多收价款等违纪违规金额690万元。审计古丈县林业“一金两费”（育林基金、维简费、林业保护建设费），审计金额635万元，查出欠缴“一金两费”等违纪违规金额252.9万元。1998年，开展住房资金审计，审查州本级及8个县（市）住房资金管理机构17个，延伸审计调查单位91个，审计资金2.85亿元，查出违规金额3228万元。州审计局审计州募捐办公室及其下属8个分支机构福利彩票和赈灾专项募集情况，彩票发行和资金使用不合规定收支295元，违规列支社会福利基金和支付职工补充养老保险27万元，审计机关依法作出处理。州审计机关抽调80%审计人员参加粮食企业新增财务挂账审计，粮食部门新增财务挂账2.58亿元，核减挂账2514万元。开展全州移民专项资金行业审计，查出州移民局会计人员挪用专项资金私自放贷和炒股，5年挪用金额140多万元。1999年，审计花垣、保靖、永顺三县以工代赈办公室1996—1998年计划执行及资金到位情况，查出违规金额2371.4万元，促进资金到位690万元。州审计局审计扶贫开发项目106个，涉及资金1.03亿元，查出扶贫资金挪作他用，随意改变项目，分配管理不规范等问题。全州投入审计力量40人，审计州内城乡教育费附加征管、使用情况，审计和延伸审计单位6354个，查出少征欠征教育费附加1735万元，挤占、挪用教育费附加209万元，审计提出改进建议65条。

2000年，州审计局实施住房资金审计。州住房公积金管理中心和经济适用房开发中心违规贷款600万元、设置账外账144.8万元、用公积金为本单位贷款担保30万元，应列未列经营收入642.7万元、漏缴税费35万元。2001年，延伸审计公安税侦支(大)队和计委管理专项资金，查出违规金额2674万元，要求纠正1938万元，收缴财政71万元，提出加强和改进财政预算管理意见和建议43条。2007年，审计专项资金项目52个，实施全州五大保险基金、湘西州第六期农业综合开发资金等专项资金审计。发现管理五大保险基金单位挤占专项基金200万元，挂欠基金3.3亿元，追回被占用基金3000多万元。2008年，州审计局审计全州农村九年义务教育学校1993—2005年债务。审计学校355所，方法采取8县市“大交叉”，参加审计专业人员38人。审计锁定全州“普九”债务余额28.69亿元。2009年，抽调32人，审计湘西州农村信用社系统2008年度资产负债损益情况。审计州内二级公路政府还贷收费债务项目，查出债务余额18.75亿元，调增2.9亿元。2010年，实施退耕还林资金、州住房公积金管理中心专项资金、永顺县就业资金、州教育局教育经费、全州中小学校舍安全工程等民生资金审计。

第八节　内部审计

1994年，全州建立内审机构78个，实施审计项目206个，查出违纪违规金额2434万元，查出损失浪费金额30余万元，查出涉嫌贪污1人，移送司法机关2件。1995年，实施承包离任审计及债权债务清理、经济案件鉴定、资产评估、预决算验证基建、咨询服务等委托审计项目470个，核减虚假注册资金1440万元，核减基建预决算工程项目总造价264万元，为委托单位挽回损失451万元。1996年，内审机构69个，配备审计人员189人。实施审计单位（项目）375个，纠正违纪违规金额1819万元。1997年，实施内审单位211个，挽回损失浪费金额82万元，为单位节支33万元，查出违纪金额3741万元。9家审计师事务所抽调人员参加1990—1991基建项目审计，核减基建预决算485万元，为委托单位挽回损失440万元。1999年，全州内审机构81个，配备内审人员188人，实施审计单位（项目）250个，纠正违纪违规金额2046万元，查出损失浪费金额72万元，建议行政处分2人。2000年，全州建立专兼职内审机构82个；内审人员115人。实施审计单位（项目）282个，查出损失浪费金额813万元，纠正违规金额6000多万元，提出并被采纳意见143条。2002年4月，州内部审计师协会成立，培训内协会员，组织会员开展内部审计理论研讨，收到论文20余篇，选送省内审协会2篇。与州审计学会编辑出版《湘西审计》一书，与省内各市及湘、鄂、渝、黔四省市边区审计部门交流。2009年，开展2008年度优秀内部审计项目评比，组织CIA（国际注册内部审计师）考试报名工作。收集资料，开展内部审计制度建立25周年纪念活动。2010年，州教育局内部审计475项，审计金额87288万元。其中，账务处理不当527万元，违规金额44万元，纠正处理违规金额261万元，促进增收节支667万元。

第九节　社会审计

1989年，州审计事务所受州审计局和其他单位委托，开展查证和咨询服务工作，至1990年审计金额5669万元，查处违纪金额121万元，为财政增加收入31万元。1996年，全州9家审计事务所接受社会各界委托事项42项，核减虚假注册资金3000万元，为委托单位挽回损失179万元。核减基建预决算工程项目总造价1069万元。凤凰县审计师事务所接受委托，审计州“八五”重点工程——凤凰长潭岗电站发电系统工程竣工决算，为该工程核减造价370.82万元，占工程总造价

29.2%。1997 年，泸溪县审计师事务所审计移民搬迁工程建设项目工程预决算 38 项，核减工程预决算 337 万元。2000 年，全州审计事务所改制，州、县（市）9 家审计事务所与审计局机关脱钩，人员妥善安置，部分转入新成立的会计师事务所。

第十节 审计监督

1989 年，州审计局加强审计机关自身建设，以领导班子建设为重点，建立健全审计人员岗位责任制和审计机关廉政建设制度。2007 年，州审计局实行岗位轮换制度，局机关 7 个处级干部 6 个重新分工；科级干部及职工 27 人，轮岗 18 人，轮岗面 70.5%。2008 年，全州审计执法质量检查和优秀审计项目评比领导小组成立，制定《目标管理责任制及工作实绩考核测评办法》，将目标管理指标细化分解责任到人，督促基层审计机关依法审计。严格三级复核，坚持集体审议制度，确保执法公正、公平。聘请 5 名行风评议监督员，加强审计行风监察。完善《岗位目标责任和考核办法》《党风廉政建设制度》《责任追究制度》《学习制度》《局长办公会议制度》《业务工作制度》《考勤制度》《局机关财务管理制度》《车辆管理制度》等制度。执行《州审计局领导干部收受礼金礼品登记制度》，州审计局全年拒收各种礼金和有价证券 31 人次，金额 14500 元。2009 年，州审计局制定《湘西州审计局审计结果公告试行办法》，社会各界人士公开评议州局机关作风，规范审计结果公告公示，提高审计执法透明度。2010 年，州审计局组织 8 县市审计执法质量交叉检查和优秀审计项目质量评比，评出优秀审计项目一等奖 1 个，二等奖 2 个，三等奖 3 个。

第十章 食品药品监督管理

1989 年，湘西州药政管理处（简称州药政处）隶属州卫生局管理，有药品监督员 4 人。1990 年，恢复设立湘西州医药管理局，编制 20 名。1994 年，州医药管理局成建制转体为州医药总公司，同时，成立州医药行业管理办公室，挂靠州医药总公司，两块牌子、一套人员，行政编制 5 名，其他编制 12 名。1996 年，州药管处更名为州卫生局药政科，行政编制 1 名，原州药品监督员人数不变。1997 年，州卫生局药政科加挂州药品监督所牌子。

1999 年，撤销州医药总公司和州医药行业管理办公室，组建州药品监督管理局。州卫生局药政科（州药品监督所）成建制划入州药品监督管理局。2000 年，州卫生局划出 5 名在编人员进入州药品监督管理局，整合后实有人员 20 人。内设办公室、药政、业务、财务、人事教育等科室；是年，州药品检验所成建制划归州药品监督管理局。

2001 年，州药品监督管理局上划为省局垂直管理，内设办公室、人事教育、财务、政策法规、市场监督、注册安全监管、医疗器械监管等科室。下辖非法人事业单位州药品稽查办公室（正科级）、8 个县（市）分局和法人事业单位州药品检验所。

2004 年，组建州食品药品监督管理局（简称州食药监局），行政编制 28 名，事业编制 3 名，稽查编制 9 名，设办公室、人事教育、财务、监察、机关党委、政策法规、市场监督、注册安全监管、医疗器械监管、食品监察与协调等科室。原州药品稽查办公室更名为州食品药品稽查办公室。是年，州食品安全委员会成立，下设办公室，州食药监局承担州食品安全办公室日常工作。2006 年，州食品药品稽查办公室更名为州食品药品稽查支队（简称州稽查支队）。2008 年，州药品检验所升格为副处级事业机构。

2010 年，全州食药监系统由省局垂直管理改为属地政府管理，州食药监局为州人民政府职能部门，撤销食品监察与协调科，增设餐饮服务监督科和保健食品化妆品监督科；行政编制30名，事业编制4名；下辖州稽查支队；州药品检验所更名为州食品药品检验所。

1989—2010年历任经理（局长）郑家齐、叶德门、黄榜梓、向精华、张宗炎；副经理（副局长）丁宏业、张湘源、张其昌、邱生顺、熊廷爱、张家志、杨双友、张宗炎、王余友、覃长国、欧阳荣化、张皓。

第一节　食品监管

一、综合监督

2004年，州食安委制定《全州食品安全整治工作方案》。2006年，州人民政府印发《全州食品安全工作综合考评办法》，将食品安全工作量化成25项考核指标，考核县（市）政府食品安全工作。2007年，州人民政府制定《全州食品放心工程和食品安全专项整治实施方案》《学校、托幼机构食品安全联合整治实施方案》和《农村、城乡结合部食品安全联合整治实施方案》等。3月，州人民政府召开全州食品安全工作会议，与各县（市）政府和州直各职能部门签订食品安全责任书。2008年，州食安委印发《全州食品安全工作要点》《全州食品放心工程和食品安全专项整治实施方案》《全州食品放心工程综合考评办法》和《全州学校、托幼机构、乡镇和旅游景区食品安全联合整治实施方案》等文件。至2010年，全州食品安全工作执行《方案》和《办法》，食品安全实施全程监管。

二、执法检查

2004年，全州抽出执法人员3854人次，检查食品生产加工企业1888家次，经营企业（户）642家次，没收变质奶粉1.48万公斤、豆制品5325公斤、调味品4000公斤、散装白酒2585公斤、猪肉2707公斤，涉案金额192.44万元，收缴罚没款29.72万元。2005年，在各节日期间，州食安委办公室开展专项整治执法，出动执法车1025辆次、人员1.03万人次，检查涉食品企业1.08万家，查办案件287起，查获违法食品货值254.21万元，罚款52.14万元，吊销证照29家，关闭取缔违规企业46家。2006年，全州开展“元旦”“春节”期间食品安全整治行动，出动人员768人次，检查食品生产、加工、经营等企业1697家，学校食堂122家。没收麻阳感染柑橘溃疡病冰糖橙495公斤，没收、销毁“三无”（厂名、合格证、生产日期）及过期食品800公斤，无害化处理病害畜肉133公斤，家禽2176羽，查封销毁病害猪肉374公斤，关闭取缔违法生产及小作坊5家，责令整改38家，查封不合格食品68个品种400件。2007年，开展“五一”黄金周旅游景区食品安全整治行动，检查食品生产、加工、销售等企业1.35万家，立案查处324起，查处不合格食品148种次，销毁不合格食品6.73万公斤，罚款53.65万元，责令整改408家，取缔违法生产经营户157家，吊销证照30家。2008年，开展学校、托幼机构4次食品安全整治，检查涉食品与奶粉相关企业2.03万家次，查处违法案件212起，取缔经营企业67家，查获假冒伪劣食品2547箱，收缴罚没款25.85万元，下架封存“问题”奶粉1.4万公斤，处理投诉举报687起。2009年，开展重大节假日、人大政协“两会”期间食品安全专项整治4次，检查企业7403家，整治1150家，整治重点产品356种次。

2010年，召开8次职能部门食品安全联系会议，开展8次食品安全专项整治行动，检查1.43万个经营单位，发现不合格食品613批次，下达整改通知书18份，立案查处16起，收缴罚没款4万余元。

第二节　药品监管

一、生产监督

1990年，州药政处验收发证药品生产企业7家。1993年，州药政处初审通过州制药厂内服药仿制品种5个；协助永顺县卫生敷料厂开发“麝香壮骨膏”等3个膏剂型产品；帮扶、指导永顺县猛洞河医药保健品厂开发“伤湿涂膜气雾剂”

等外用药剂型生产线。1994年，换发4家药品生产企业许可证。1996年，州药政处开展药品生产企业证照年检，州内4家制药企业验证通过。

2000年，州药监局召开换证企业负责人会议，部署换证工作。2001年，州内3家生产企业通过验收换证。是年，吉首市制药厂青蒿素产品获省药品监督管理局批准证书。2002年，州内4家生产企业80个药品批准文号通过州药品监督管理局初审。是年，姚福宏、姚福成原创新药“清润烧伤油”，获国家“发明专利证书”。2004年，湖南湘泉制药有限公司等3家企业，经省局专家组现场检查验收，取得GMP认证书。是年，姚福宏、姚福成“复方桐叶烧伤油”（原名“清润烧伤油”），获国家中药三类新药证书。2005年，全州7家药品生产企业取得2005版许可证书。2006年，湘西宏成制药有限公司经省药监局专家组现场检查验收，通过GMP认证。“复方桐叶烧伤油”成为湘西宏成制药有限公司主导产品。2007年，州食药监局跟踪检查药品生产企业执行GMP认证重点缺陷项目，规范药品标签说明书，加大“一药多名”“夸大功能主治”等不正当行为查处力度；与企业法人签订《药品质量责任书》，建立药品安全应急预案。2009年，指导湖南湘泉制药有限公司GMP再认证和州七一磷化有限公司完善硬件、软件改造，经省药监局专家组现场检查验收，GMP认证通过。

2010年，州食药监局与州内9家药品生产企业签订《药品质量责任承诺书》，明确企业为生产质量安全第一责任人。跟踪检查GMP标准实施，建立企业监管档案。是年，全州9家生产企业取得新“药品生产许可证”，有药品批准文号品种56个。

二、经营监督

1990年，州药政处验收换发药品批发企业许可证12家，零售企业许可证23家。是年，州药政处被卫生部评为先进集体。1994年，全州第二次验收换发零售企业许可证88家。1996年，开展全州12家批发企业药品经营许可证年度检查，全部通过。

2000年，州药监局纠正药品批发企业“转让证照”“一顶帽子大家戴”的违规经营行为，经省验收，有10家企业合格，换发新证；不合格不予换证有3家。2001年，省、州药监局指导3家验收未合格批发企业整改，年底，整改到位，换发新的许可证。零售企业验收换证140家，有6家因条件达不到要求被淘汰。2003年，吉首市博爱大药房引进专业人员，经6个月筹备，通过省局GSP认证检查组现场验收，成为湖南省首家取得GSP认证书企业。是年，新批农村乡镇零售企业113家、市县城区16家。2004年，州宏康医药有限公司等6家批发企业GSP认证验收合格，91家零售企业GSP认证验收通过。2005年，州食药监局新批城区零售企业15家、农村51家。完成224家零售企业GSP认证验收工作。协助省局新批批发企业3家。2006年，开展新开办零售企业现场检查验收工作，合格20家，不合格3家。跟踪检查通过GSP认证零售企业353家，发现药师虚挂不在岗，药品贮存条件降低等问题，现场责令整改。2008年，办理零售企业GSP认证38家。2009年，州食药监局受理55家新开零售企业办证申请，验收发证53家，变更许可证97家，注销许可证1家。办理零售企业GSP认证130家。

2010年，全州核发37家药品零售企业许可证，注销2家企业许可证。办理零售企业GSP认证252家。

三、医疗机构制剂监督

1989年，全州实行医院制剂报验制度，批准医院制剂注册登记品种512批次。1991年，实行医疗机构药房“药品调剂许可证”制度，核发许可证1201本。1992年，核发州内村卫生室“药品调剂许可证”1411本。州药政处注册登记9家医疗机构灭菌制剂与普通制剂等品种，审批134个批次。1994年，换发8家医疗机构“医院制剂许可证”。1996年，注册登记8家医疗机构制剂品种，审批175批次。全州换发“药品调剂许可证”680本。1997年，开展中药饮片质量评比活动，从35家参评单位抽取黄芩等10种中药饮片，抽取样品297批次，按《中国药典》等标准，经审评，州民族中医院等3家医院获优胜单位；龙山县中医院等6个单位获合格单位。是年，清理15家医疗机构制剂室配制品种，实施第三类制剂品种重新注册，核发注册文号200批次；州药政处受理3家医院制剂申请，两个二类制剂、10个三类制剂，经初审合格，报省药政局审批。1998年，州人民医院等3家医疗机构申报“盐酸环丙沙星滴眼液”等二类制剂品种18个，初审合格，上报省药政局。

2001年，州药监局深入州内8家医疗机构制剂室具体指导，经省专家组现场验收合格。2003年，实施医院制剂品种换发文号申报，取消不符合规定制剂50个，州人民医院制剂室经省局验收合格。2005年，3家医疗机构制剂室经省专家组现场验收获通过，取得新版医院制剂许可证。2006年，州食药监局与州卫生局联合制定《医疗机构规范化药房建设工作方案》和《县、乡、村医疗机构规范化药房建设验收标准》。2009年，受理1家医疗机构新申报的2个品种制剂，经检测合格审批，报省食药监局备案。配合省食药监局实施两家医疗机构制剂品种再注册。2010年，全州取得普通制剂批文48个品种。

四、特殊药品监管

1989年，全州开展经营麻醉药品企业年检，购用单位实行级别限量供应，使用单位实行“五专”（即专人负责、专柜加锁、专用账册、专册登记、专用处方）管理，晚期癌症病人实行专卡使用等制度。1991年，开始实行麻醉药品购用卡年审制度。州医药公司定为全州定点供应特殊管理药品企业。医用毒性中药“雄黄”因地方风俗习惯，未能完全严控。1997年，清查和年检109家麻醉、一类精神等药品使用单位，并用保险柜保管麻醉和精神药品。1998年，组织医疗机构1400名医务人员参加麻醉药品使用知识书面测试，其中1250人合格，获“麻醉药品处方权资格证”。禁止零售药店和诊所销售使用麻醉药品及一类精神药品。

2003年，全州推行医疗机构麻醉药品处方权资格认定制度。2006年，州食药监局与特殊管理药品经营企业签订责任承诺书。医疗机构采购、使用麻醉及精神药品监管职能移交州卫生局。2009年，实行电子监管检查制度，企业按要求采集麻醉、精神等药品数据，向省食药监局电子监管网报送。2010年，开展含麻黄碱复方制剂等特殊管理药品专项检查。

五、农村药品“两网”建设

2003年，全州开始实施农村“两网”（药品供应网络与药品监督网络）建设。2004年，州人民政府农村药品“两网”建设领导小组成立，州人民政府办公室印发工作方案，相关部门配合，选择配送企业，签订合同，部分乡镇开展药品配送。全州乡（镇）、村聘请药品监督员、协管员、信息员741人，网络覆盖2405个村。2005年，药品供应网络进乡（镇）192个、建制村1607个。古丈、吉首两个试点县（市）乡（镇）村监督网和供应网实现全覆盖，实现县（市）、乡（镇）、村药品同质同价。2006年，协助改造乡（镇）卫生院药房和村卫生室药柜，按规范要求制作药柜、药架，购置冷藏等设施。乡（镇）卫生院、村卫生室出现亏损的，由县（市）“新农合”补偿。2007年，8个县（市）聘任药品协管员、信息员1445人。药品供应网覆盖176个乡（镇）卫生院、2517个村卫生室和448个零售药店。2010年，巩固农村药品“两网”建设成果，农村药品供应网络运转正常。

六、日常监督检查

1989年，州、县（市）药政机构检查涉药单位492家，清出不合格药品2369批次。查办行政处罚案件59起，被处罚单位24家，收缴罚没款8252元，责令停业整顿3家，取缔无证经营12家。1991年，全州组成9个检查小组，检查相对管理人1087家，查出假劣药53个批次，被处罚单位47家，收缴罚没款1.15万元，移送公安机关拘留收审3人。1992年，检查相对管理人1144家药品质量，检查中西药品21.03万批次，查出不合格药品135批次，查办行政处罚案件6起，收缴罚没款3.02万元。1994年，“二号”病在部分县市流行期间，州药政处与相关部门联合行动，查处假劣四环素片17批次，计1028.25万片。取缔非法生产消毒敷料企业1家；取缔无证经营药品户 15 家；取缔非法游医药贩 54 起；被处罚单位 28 个，罚款 3.78 万元，刑事拘留 2 人。1995 年，全州取缔无证经营药品户 17 家；限期整改零售药店 11 家；取缔集市墟场非法销售药品摊点 74 个，公开销毁一批伪劣药品。1996 年，全州查办行政处罚案件 39 起，收缴罚没款 15.65 万元。没收假劣药品 511 批次。取缔非法经营药品户 58 家，限期整改 7 家，查封外埠企业驻州办事处 3 家，清理农村墟场药品摊点 38 个，没收药品 1155 批次；检查药品 15.94 万批次，查出不合格药品 703 批次。1998 年，州内部分县市发生“二号”病，确定州医药公司为救灾防病药品定点供应单位。全州组织 14 个“二号”病用药专项检查组，检查药品企业 14 家，医疗机构 520 家。暂控不合格诺氟沙星胶囊 3.32 万板，四环素片 5.55 万片，复方新诺明 3.76 万片。全州查办行政处罚案件 108 起，收缴罚没款 12.94 万元。

2000 年，州药监局与相关部门联合执法，整治吉首市城区上年被取缔复办和擅自新办的无证药店，没收药品并现场查封。全州查办行政处罚案件 67 起，收缴罚没款 23.8 万元，取缔无证经营药品店 35 家。2001 年，开展不合格药品和一次性输液器、注射器等打假行动，出动执法人员 984 人次，检查涉药单位 1532 个，清查出不合格药品 3256 批次，不合格一次性输液器、注射器 7830 支。是年，全州查办行政处罚案件 97 起，涉案药械货值 33.27 万元，收缴罚没款 38.43 万元。同时，抓获销售假劣药品犯罪嫌疑人 4 人，移送公安机关拘留收审 2 人；取缔无证生产加工中药饮片企业 1 家，没收药品 228 批次；处罚无证经营药品行为 1 起，没收药品 517 种类；下达责令限期整改通知书 155 份。2003 年，开展“疫苗”经营、使用和药品质量检查，检查涉药单位 1231 家次，查出不合格药品 2328 批次。开展橡胶避孕套和“非典”（非典型肺炎）防治医疗器械专项检查，检查涉药单位 1213 个，发现不合格医疗器械 308 批次。是年，全州查办行政处罚案件 1151 起，没收假劣药品、医疗器械 3721 批次，收缴罚没款 165.45 万元。取缔无证经营网点 32 家，抓获违法犯罪嫌疑人 3 人。2004 年，调查湖北天门人肖某在吉首无证经营药品行为，发现通窍鼻炎片等无证药品 22 个；检查制造邮售假药劣药点 58 个，端掉邮购假药窝点 1 个；检查制售假劣藏药单位 210 家；检查疫苗管理单位 776 个，检查各类疫苗 857 批次，发现过期失效疫苗 10 批次；检查不合格医疗器械单位 1076 个，检查医疗器械 2.55 万批次，不合格医疗器械 236 批次；全州查办案件 1149 起，收缴罚没款 171.52 万元，移送公安机关犯罪嫌疑人 1 人。2006 年，开展药用辅料丙二醇专项检查，检查涉药单位 1589 个，发现州内有 4 个批号亮菌甲素 1.36 万支；开展安徽华源生物药业有限公司“欣弗”药品专项检查，发现“欣弗”药品 4816 瓶，销售 3749 瓶，暂控 1067 瓶；开展使用高风险医疗器械专项行动，检查县级以上医院 18 家，清查器械 257 台次，并提出规范管理方案。开展医用卫生材料、敷料与橡胶避孕套检查专项行动，检查生产、经营、使用单位 581 家次，下达责令改正通知书 215 份。查办行政处罚案件 828 件，收缴罚没款 240.57 万元。2007 年，全州查办行政处罚案件 647 起，收缴罚没款 155.7 万元。取缔无证经营行为 23 起，捣毁制售假劣药品窝点 1 个，没收假劣药品 97 种次。没收不合格医疗器械 29 个批次。

2010 年，州食药监局制定药品、医疗器械市场整治工作方案，组织整治督查 3 次。开展非药品冒充药品专项检查，发现涉嫌违法品种 71 批次，下达责令整改通知书 207 份；开展中药饮片质量专项检查，检查生产、经营使用单位 485 家，发现涉嫌违法品种 6 批次，下达责令整改通知书 28 份；开展互联网和邮购销售假劣药品专项检查，检查经营、使用单位 649 家，下达责令整改通知书 20 份；开展高风险类医疗器械专项整治行动，检查经营、使用单位 1024 家，下达责令整改通知书 118 份。查办行政处罚案件 444 起，收缴罚没款 155 万元。是年，州食药监局被湖南省食品药品监督管理局评为药品专项整治先进单位。

第三节　药品技术监督

1989年，州、县（市）药检机构完成检品1338批次。1990年，检验药品1317批次，检出不合格药品244批次。1991年，检验药品l089批次，检出不合格药品280批次。1994年，检验药品1388批次，检出不合格药品277批次。1995年，检验药品任务1106批次，检出不合格药品167批次。1997年，完成检品1045批次，检出不合格药品113批次。1998年，“二号”病流行期间，州、县（市）药检所抽验治疗“二号”病药品104批次，检验诺氟沙星胶囊生产企业41家91批次，不合格34批次；检验生产四环素片企业8家16批次，其中不合格1批次；检验复方磺胺甲恶唑片生产企业14家16批次，不合格4批次；检验3家氯霉素片生产企业4批次，全部合格。全年检验药品903批次，检出不合格135批次。

2000年，州药检所抽样检品809批次，检出不合格药品l46批次。县（市）药品检验所不再承担药品检验职能。2001年，检验药品848批次，检出不合格药品84批次。2002年，完成抽验检品539批次，检出不合格药品60批次。是年，药品不良反应监测（以下简称ADR）工作启动，在州人民医院设立州ADR中心，全州建立医疗机构ADR网络。2003年，检验药品882批次，检出不合格药品9批次。全州ADR网络初步形成。2004年，实施药品同品种质量考核计划抽验150批次，监督抽验240批次，实施中药材专项抽验100批次。印发ADR宣传资料400份，全州上报ADR报告58份。2005年，实施药品监督抽验376件，检出不合格药品33批次。全州上报ADR报告180份。2006年，实施快速检验1900批次，快检筛选可疑假劣药品246批次。实施药品抽验410批次，发现不合格药品122批次。全州完成上报ADR报告1879份。2007年，实施快速检验511批次，快检发现不合格药品108批次，选送68批次，经州药检所法定检验发现29批次不合格。州药检所完成监督抽验489批次，检出不合格药品67批次。全州编制ADR报告1581份，药物滥用调查表14份。是年，州药品检验所徐玉辉被湖南省食品药品监督管理局评选为十佳药检能手。2008年，检验药品465批次，不合格120批次。州ADR中心成立。上报ADR报告308份。2009年，实施监督抽验375批次，检出不合格药品95批次。建立快检模块3个。上报ADR报告1091份，上报药物滥用调查表116份。

2010年，州药检所实施药品监督抽验355批次，检出不合格药品31批次。全州上报ADR报告967份，严重报告数5份，上报药物滥用调查表150份。

第四节　医疗器械监管

一、生产监督

2004年，永顺县强胜纺织有限公司取得“医疗器械生产许可证”。2005年，州食药监局制定I类医疗器械产品注册证办证程序。建立医疗器械企业信用等级评定制度，永顺县强胜卫生材料有限公司被评为AA级信用企业。是年，审批I类医疗器械产品注册证书企业1家，协助省局办理Ⅱ类医疗器械产品注册证3个和核发生产企业许可证1家，2006年，协助省食药监局核发生产企业许可证1家，全州建立3家企业电子档案与数据库。2007年，协助省食药监局核发生产企业许可证1家，全州建立4家生产企业电子档案与数据库。2008年，实施全州生产企业信用等级分类监管。2009年，州食药监局制定《医疗器械生产企业信用等级分类管理工作方案》，记录企业监督检查情况，建立企业诚信档案，评定信用等级。2010年，全州医疗器械企业信用等级评估工作领导机构成立，制定企业信用评定方案及评分细则，4家生产企业建立自律工作制度，并组织实施。

二、经营监督

1989年，州内医疗器械经营许可纳入药品经营范围，核发药品经营许可证。2001年，全州13家批发企业自查不足并整改。2002年，州药监局印制“购销记录台账”和“销毁记录台账”，发至经营和使用单位。核发104家零售企业备案表，其中11家批发企业达标，协助省局验收，核发“医疗器械经营许可证”。2004年，州食药监局核发75家零售企业备案表，新申办批发企业3家经省局现场验收通过，获经营许可证。2005年，核发87家零售企业许可证。2006年，核发零售企业许可证9家，变更许可证5家，协助省食药监局核发6家批发企业许可证。2007年，省州食药监局核发许可证13个、变更许可证9个。22家批发企业建立电子档案与数据库。2009年，州食药监局核发企业许可证27家，变更企业许可证12家，评定AA级企业12家、A级企业14家。2010年，省州食药监局核发企业许可证15家，换发企业许可证48家，变更企业许可证6家。

第十一章　国资管理

2004年，湘西州国有资产监督管理委员会（简称州国资委）成立。内设办公室、人事科、产权管理科、企业改革发展科与财务科、政策研究与法规科6个科室。直接监管企业6家。行政编制17名，工勤用工指标1个。2005年，州国有资产投资经营公司成立。2010年，州国资委增设资本经营合作科。

2004—2010年，州国资委历任主任：邱生顺、周叙清、杨波；副主任：雷正发、仇佩兰、李明、舒学锋

第一节　国有资产监管

2005年，州人民政府印发《湘西州州属企业国有产权转让暂行办法》和《关于加强全州国有资产监督管理工作的意见》，州人民政府办公室印发《州人民政府关于加强参股投入企业的财政性资金管理的通知》。州国资委会同州财政局、监察局等部门，清理州直210个行政事业单位国有资产和非税收入，州直有国有资产7.8亿元，年非税收入1.7亿元。启动企业国有资产产权登记工作，为162家企业重新办理国有产权登记手续，登记总资产30多亿元。其中登记州属企业31家（不含湘泉集团），总资产5.02亿元。启动直接监管企业经营业绩考核试点，将各项经济指标，尤其利润指标完成与企业工资总额及企业负责人薪酬挂钩。清收国有不良资产及债权，组织人员回收不良资产230万元。2006年，州人民政府印发《关于进一步明确州属公司制企业政府出资人的通知》，明确凡由州人民政府（含政府各部门）投资设立国有独资、控股、参股等州属公司制企业，统一由州国资委作为政府出资人履行职责，并明确在2007年6月1日前完成相应工商变更登记手续。开展企业产权交易监管工作，监管产权交易42宗，交易额1亿余元。2007年，全州167家企业国有产权全部登记，其中州属33家，县市134家。监管国有产权交易49宗，交易额2亿余元。核销湘泉集团、洗溪磷矿、大龙洞电站等企业不良资产10亿余元。直接监管企业州盐业公司，实现利润758万元，上缴税费由2004年的260万元增至714万元，国有股本由2004年的696万元增加到835万元，国有资产实现保值增值。2008年，为花垣县三立集团等15家企业回购不良金融资产5.27亿元，完成年计划的105.4%，累计为全州88家企业打包回购企业不良金融资产17.27亿元，为企业减轻债务包袱14.89亿元。监管企业实现利润750万元，上缴利税400万元。2009年，州人民政府第24次常务会议决定，州国资委首批履行出资人职责企业6家，即州盐业公司、州企业信用投资担保有限公司、州芙蓉镇景点圈建设投资股份有限公司、州产权交易所、州明珠拍卖行、州国有资产经营投资公司。2010年，明确首批履行出资人职责直接监管企业6家；产权管理依法依规转让企业国有资产3宗，委托资产评估3宗，

注销国有资产产权3宗。

第二节　国有企业体制改革

2004年12月，全州工业企业基本完成脱困改制任务，州属企业开始进入商贸流通行业改革改制新阶段。2005年，全州有52家企业改制结束，其中依法破产26家，整体出售16家，集体企业股份制改造1家，其他改制形式9家。安置职工13723人，化解历史债务9.9亿元，盘活存量资产近5亿元，国有企业改制面达到69.9%。2006年，全州有78家国有企业改制，化解历史债务15.9亿元，安置职工16576人，盘活存量资产23亿元。州内国有企业改制面达到80%。2007年，州属8家企业改制扫尾，7家开始启动。是年，全州国企改制22家，国企改制面增至80.12%。2008年，抽调112名干部，组成14个工作组进入16家商贸企业开展改制工作。2009年，湘泉大酒店、州工程公司、州五交化站、州百货站等10家企业改制完成。2010年，完成州食品公司、州工程公司、州蔬菜公司3家企业改制工作。州外贸华湘公司、州外贸冷冻厂和外贸系统18家公司企业改制开始启动。是年，州国资委参与湘泉大酒店资产处置工作。11月11日，湘泉大酒店成功拍卖，成交额3.21亿元，州政府收回债权1亿元。全州在企业改制过程中，及时兑现安置费，解决职工后顾之忧。同时，坚持做好改制企业职工的思想工作，州国资委全年接待上访群众500余人次，维护社会大局稳定。

第三节　投资经营

2006年，处置不良资产，清收国有不良债权，通过债转股形式，接收长城公司在湘泉集团不良金融债权2.77亿元（本金）；筹资回购长城公司在州金融债权。2007年，与长城资产管理公司、省信托投资公司签订债权转让合同，回购州直、古丈县和花垣县三立集团等不良金融债务。2008年，回购企业不良金融债务及清收企业不良债权。2009年，注入2000万元经营性资产，充实壮大州国有资产投资管理公司。组建州兴业投资担保公司，州人民政府授权国资委为出资人，注册资本1.5亿元，其中货币资本1亿元，实物资本0.5亿元，主要为州内中小企业提供贷款担保服务。参与芙蓉镇核心景点圈建设。2010年，支持州兴业投资担保公司开展业务，制定并实施担保公司增资扩股方案。州政府和永顺、古丈两县政府共同出资5400万元，支持芙蓉镇景点圈旅游开发。组建湘西州产权交易所，配合湖南省产权交易所处置“吉首地区非法集资”资产。

第二十七篇　科技

1989年，湘西州委、州政府把科技工作列为议事日程，全州县（市）、乡（镇）均配科技副县（市）长、副乡（镇）长。科技工作以扶贫为依托，大力实施科技兴农、科贸兴农、科教兴农战略，保障各项科技项目在扶贫攻坚中落地落实。是年，全州有1.13万多名科技人员，深入工矿企业、田间地头，具体实施科技扶贫项目。20世纪90年代，湘西科技开发专项计划启动，为推进农业产业化发展提供技术支撑，并推进高新技术产业建设；加快“星火计划西进示范工程”，围绕支柱产业开展技术引进、示范、推广和培训人才。州委、州政府制定加快湘西州科技进步办法，通过发展科学技术，推动全州经济快速发展。2004—2005年，全州科技示范企业（项目）20个，引进转化新技术40项，高新技术开发实现零的突破。

2006年，全州有科研机构7个，高等院校3所，农、林、畜等技术推广服务机构1017个，科技型企业58家，企业技术研发机构35个。各级各类专业技术人员4.44万人，较1989年增加3.31万人。平均每万人中有科技人员173人，州境初步建立起集研究、开发、推广、服务于一体的科技创新体系。2007年，全州拥有高新技术企业12家，民营科技企业61家。至是年，先后组织实施州以上高新技术项目40余项，开发高新技术产品37个，实现高新技术产业产值53.64亿元，创利税9.68亿元。2008年，湘西科普网开通，为全州科普创新发展搭建新的平台，州境有63家企业发展成为科技型企业，相继开发出猕猴桃果仁油、纳米果王素、生物菌肥、百合多糖、秋水仙碱、高纯电解金属锰、高性能锰铝合金、高氮化锰、电解锰无铬钝化剂、环保高效电解无硒金属锰用添加剂、超细活性锌粉、超微细球形铝粉、高档铝颜料等高新技术产品。

2010年，全州由科技部门牵头，以专业技术人员为骨干，“湘西科普网”、科协组织为阵地，推动全州科学技术大普及。是年，湘西州科普工作获湖南省人民政府表彰。全州专利申请283件，为1989年的9倍；各类科学技术人员4.31万人，为1989年的3.8倍。实施州以上科技计划项目97项，投入科技引导资金2980万元，实现产值8.5亿元，利税1.9亿元；高新技术产业实现产值39.52亿元。

1989—2010年，全州科技成果418项，其中，获国家级奖1项，省级奖74项，州级奖260项。

第一章　科技管理

第一节　科技机构

1989年，湘西州科学技术委员会（简称州科委），编制17名，实有17人。内设办公室、科技计划科、管理科、技术市场办、人事科。下属机构有州科技信息研究所（生产力促进中心）、《湘西科技》编辑部、州科学技术开发服务中心、州科技干部培训中心、州技术贸易经纪人事务所。1996年，州科委与州科协合署办公，内设办公室、综合计划科、科技成果科、科技管理科、技术市场管理办公室、科学普及科和政二科（纪检组、监察室），核定编制20名，其中，州科委行政编16名，机关后勤服务人员事业编1名；州科协行政编3名。实有20人。2001年，机构改革，州科协析出，州科委更名为州科学技术局（简称州科技局）。局机关内设办公室、发展计划科、高新技术发展及产业化科（加挂民营科技管理科）、社会发展科技科、农村科技科、科技成果与技术市场科、纪检组（监察室），核定编制13名，实有13人。2010年州科技局内设机构及人员编制未变。下属机构有州科技信息研究所（生产力促进中心）、《湘西科技》编辑部、州科学技术开发服务中心、州科技干部培训中心、州技术贸易经纪人事务所、州专利局、州地震局。

1989—2010年，州科委（州科技局）历任局长（主任）：阎德茂、李明旭、夏远收、吴裕云、彭烟侠（女）；副局长（副主任）：周定初、李春林、黄民高、向世银、陈太云、彭烟侠（女）、田朝武、赵全胜、张远伐、陈国民。

第二节　科技人员

1989年，州科委会同州委组织部、州人事局开展第二次科技副县（市）长及科技副乡（镇）长、科技专（兼）干选配工作。全州建立乡镇科委191个，配备科技副乡（镇）长218人、科技专（兼）干234人，村委会科技副主任925人。7名科技副县长为湘西州引进人才44人。全州科学技术专业人员1.13万人。2000年，州人民政府聘请8位中国科学院、中国工程院院士及其他专家教授为顾问；先后与中国科学院力学所、中南大学、湖南大学、湖南农业大学、吉首大学、长沙矿冶研究院等10家科研院所建立合作关系。2002年，成功开展“百乡千村十万户”科技培训，培训技术骨干及农民35万人次。2006年，启动智能化农业信息技术应用示范工程、星火科技富民培训。2007年，全州有省重点实验室1个（吉首大学林产化工重点实验室），省级工程技术研究中心1个（湖南省猕猴桃产业化工程技术研究中心），高新技术创业服务中心1个（州高新技术创业服务中心），生产力促进中心2个，科研机构7个，科技人员200人。厂办科研机构40个，科技人员410人。农业技术推广机构1017个，从业人员5500人。全州拥有各类专业技术人员4.2万余人，高级职称1600余人、中级职称1.5万余人。有各类技术贸易机构170个，从业人员1500人。2010年，全州有各类科学技术人员4.31万人，其中事业单位人员38054人，公有企业1281人。

1989—2010年部分年份湘西州企事业单位科技人员情况一览表

表27-1　　单位：人

年份	合计人数	工程技术人员	农业技术人员	卫生技术人员	科学研究人员	教学人员	其他
1989	11722	2660	1301	3881	110	3370	—
1995	16251	3140	1046	4406	100	7559	—
2005	41962	3136	2304	7589	58	25885	2990
2010	39335	2760	2150	7407	47	23495	3476

2010年湘西州事业单位科学技术人员行业分布一览表

表27-2　　单位：人

项目名称	专业技术人员														
	高级岗位				高级岗位				中级岗位			初级岗位			其他
	小计	一级	二级	三级	四级	五级	六级	七级	八级	九级	十级	十一级	十二级	十三级	
1.农林牧渔业	3053	—	—	—	1	—	—	76	—	—	1013	—	1149	748	66

续表 27-2　　　　单位:人

项目名称	专业技术人员													
	高级岗位				高级岗位				中级岗位			初级岗位		其他
	小计	一级	二级	三级	四级	五级	六级	七级	八级	九级	十级	十一级	十二级	十三级	
2.电力、煤气及水的生产和供应业	52	—	—	—	—	—	—	0	—	—	17	—	10	25	—
3. 建筑业	278	—	—	—	—	—	—	14	—	—	157	—	63	38	6
4. 交通运输、仓储和邮政业	399	—	—	—	—	—	—	16	—	—	157	—	152	55	19
5. 信息传输、计算机服务和软件业	35	—	—	—	—	—	—	1	—	—	19	—	11	4	—
6.批发和零售业	4	—	—	—	—	—	—	—	—	—	2	—	2	—	—
7. 房地产业	82	—	—	—	—	—	—	—	—	—	29	—	5	26	22
8. 租赁和商务服务业	8	—	—	—	—	—	—	—	—	—	3	—	2	3	—
9. 科学研究、技术服务和地质勘查	149	—	—	—	—	—	—	15	—	—	52	—	59	19	4
10. 水利、环境和公共设施管理业	896	—	—	—	—	—	—	11	—	—	249	—	363	251	22
11. 居民服务和其他服务业	33	—	—	—	—	—	—	1	—	—	19	—	13	—	—
12. 教育	23540	—	—	—	—	—	—	1555	—	—	11252	—	6439	3322	972
13. 卫生、社会保障和社会福利业	7748	—	—	—	39	—	—	392	—	—	2156	—	2575	2316	259
14. 文化体育和娱乐业	1009	—	—	—	—	—	—	55	—	—	311	—	345	217	81
15. 公共管理和社会组织	768	—	—	—	—	—	—	5	—	—	226	—	333	171	28

第二章　科技工作

第一节　科普宣传

1989 年，湘西州科委以《湘西科技》为平台，开展科普宣传。《湘西科技》面向全国公开发行，重点发行湘鄂渝黔 4 省（市）边区和州内各级各基层单位以及部分农户，年发行量 5000 份以上。期刊介绍外地先进技术和科技信息，推介州内成功经验。先后推广“地膜玉米”栽培新技术、水稻垄系栽培技术、“双两大”栽培技术、马铃薯和油菜及水稻免耕新技术、无公害猕猴桃栽培技术，优质烤烟栽培与加工技术、优质柑橘栽培与加工技术等。是年，全州科技系统先后 5 次组织宣传报道、开展科普一条街、“加强科技创新，促进经济社会发展”专题巡讲、科技下乡、参加创新农产品展示交易会、播放科技专题片，举办“科技创新知识电视大奖赛”“青少年科技创新大会”等科技宣传活动。1990年，主要宣传《中华人民共和国技术合同法》和《技术市场管理条例》等。

2003年，科技活动周期间，以“依靠科学，抗击非典”为主题，开展“党政‘一把手’谈科技”“科技咨询”“非典防治知识讲座”等专题活动。编印科学防治非典手册3万份，发放宣传挂图1.5万幅，专题报道45条（篇），受益群众50余万人次。2004年，《湘西科技》更名为《湘西科技信息》，年出版4期共1.2万册。2006年9月17日，州科技局在吉首市峒河公园举办湘西州“全国科普日·大型科普游园活动”，参加活动者数千人，主要观看科技成果展。

2007年，《湘西科技信息》推出电子版。2008年，在州科技信息研究所建立“96318”科技信息“互联网”中心站，开通“96318”农村科技服务热线。是年，州科技信息所和《湘西科技》编辑部分别利用网络和刊物平台，编印农作物和畜禽防冻技术等资料，并免费发放给农户。2009年，农村科技服务热线“96318”改为“12396”。热线传递各类信息1780条，接听农户电话7300余次，处理有效咨询电话4000余次。是年，组织实施民生科技行动，参与“全省企业服务年”“科技服务小分队”等活动。向农民赠送《湘西科技信息》和《农民实用技术》等农业科技资料3.86万册（份），发送科普宣传光盘1100张。州科技局建成“湘西电脑农业数据库”“科技成果数据库”和“企业信息数据库”等六大类数据库系统。更新信息5000多条；主页点击率6万余次。

2010年5月，第十届科技活动周在吉首市光彩会展中心启动。开展医疗义诊、节能、环保、健康、灾害防治、知识产权保护科普知识展等系列活动。6月，龙山县科技局、科特办、石牌镇政府联合举办科技下乡——百合、水稻连片轮作开发项目培训活动，有关专家就如何实施“百合—晚稻”水旱轮作讲解，现场发放《百合水稻轮作栽培技术要点》《农村科技致富实用新技术》《经济作物栽培技术》等技术资料2000余份。

1989—2010年，全州发放《湘西科技》《农民实用技术》等科技图书和资料111.26万册（份）。

第二节　科技推广

1989年，州委、州政府印发《关于鼓励各类人员承包、领办、协办企业和农业开发项目的规定》，州科委组织相关企业和科技人员带技术、带产品、带难题参加各种技术交易会，寻求合作伙伴。签订技术合同200余份，合同成交额3000余万元。7名科技副县长为湘西州引进技术项目21个，引进资金331.5万元；开发项目27个。州科委会同州经委、州财政局制定《湘西自治州厂办科研管理暂行办法》和《湘西自治州厂办科研推动企业科技进步奖励办法》。全州国营工矿企业建立86个厂办科研和技术开发机构，占企业的44%。有高、中级技术人员132人，初级技术人员355人，参与开发项目244项，64项科技成果获得县以上奖励。

1990年，建立健全科技兴农指挥体系和保证体系。州、县（市）、区、乡（镇）层层建立科技兴农领导小组，成员由乡镇党委、政府负责人和科技、农业、财政、供销等部门的负责人组成。同时，州、县（市）建立科贸兴农领导小组和科教兴农领导小组。泸溪县永兴场乡科委建立乡科技培训中心，重点培训村组干部、农技员、科技示范户和青年农民。乡科技中心自办饲料加工厂，促进全乡养猪业发展，当年全乡生猪存栏8980头，交售国家1100头。保靖县建立食用菌栽培技术基地，并推广到全县25个乡（镇）、118村2100家农户，该县食用菌产量由1988年的16吨增加到110吨。是年，全州水稻“双两大”栽培、玉米地膜栽培、柑橘早结丰产技术等30余项适用技术大面积推广，五倍子综合技术开发、中稻与玉米新品种选育、西洋参引种栽培、猕猴桃（米良一号）选育示范、湘泉酒及酒鬼酒窖泥培养及勾兑技术研究取得新成果。其中五倍子技术开发获国家星火科技二等奖。

1994 年，龙山县五倍子基地发展到 4340 公顷，为年初计划的 130%，涌现出一大批收入过万元的五倍子专业户。1995 年，从 30 多家亏损企业中，选择技术开发潜力较大的州无线电厂为扭亏增盈试点企业。州科委与州经委、州工业局组成“支帮促”工作队。通过专家会诊，与厂技术骨干和科技人员座谈，分析亏损原因，制定增盈措施，先后为该厂提供技术和产品信息十多项次，帮助该厂开展高压配电瓶论证和试制。年底，该厂开发新产品 4 个，实现产值 308 万元，利税 18 万元，企业扭亏为盈。

1996 年 1 月，州委、州政府召开全州科技大会，印发《关于加速科技进步的意见》。州长向世林在大会上作“全党动员、真抓实干，努力开创科教兴州新局面”报告。1997 年初，科技兴农主要围绕优质资源开发和利用建基地、立项目。全州建立科技示范基地 58 个，科技示范项目 110 个。推广玉米丰产栽培、水稻旱育早发、稻田测土配方施肥、椪柑、烟草规格化栽培及两系杂交水稻引种示范等技术。科技兴工围绕企业产品结构调整、升级换代和技术引进等，提升科技含量，开发新产品 130 个，9 项技术达到国内领先水平。

1999 年，州委、州政府作出《关于加强科技创新工作的决定》，印发《湘西州高新技术产业发展纲要》和《湘西州专业技术人员管理暂行办法》。州科技信息研究所开通“湘西科技信息港”，为全州科技推广开辟快速便捷通道。当年通过科技信息网更新科技动态 3000 余条，工作动态 200 余条。2002 年，围绕州内支柱产业开发和农业产业化推进开展技术引进、示范和推广。培育示范企业（项目）20 个，重点引进转化新技术 40 项，高新技术开发实现零的突破。30 名星火企业家和星火科技带头人组织实施 30 个项目，州配套 28 项，投入资金 1.09 亿元，实现总产值 5.2 亿元，利税 2.78 亿元。超级杂交稻、巴西旱稻、猕猴桃、落叶水果、优质椪柑等优良品种及丰产栽培技术推广实现州政府目标。

2008 年，花垣县科技局、县科协指导麻栗场镇新桥村开发中华大梨枣基地，开发面积 20 公顷，获产量 80 余吨，产值 15 万元。2010 年，州科技局为州内资源开发型中小企业，技术转让 87 项，接受转让企业 76 家，培育资源开发型龙头企业 3 家；科技成果转化 32 项，增加投资 6.36 亿元，年增产值 25 亿元。针对州内黄金茶、葛粉、斑点叉尾鮰、椪柑果醋等特色资源种养和加工业发展，建立示范基地 13 个，示范面积 1340 公顷，实现产值 3 亿元，示范基地农民人均增收 1800 元，示范企业实现产值 1.6 亿元，利税 6500 万元，出口创汇 6000 万美元。

第三节　科技创新

1992 年 3 月，州委、州政府召开湘西州首届科技兴州大会，作出“科技兴州决定”，会上为“科技兴州”先进单位和个人颁奖，刘学温、“古湘烟”科研组等五个单位（个人）获奖。1996 年，召开全州科技大会，颁发第二届科技兴州奖。湘泉酒厂酒鬼酒勾兑科研组及石泽亮等五个单位（个人）获创新奖。1997 年，州科委抓住全国“星火计划西进工程”机遇，湘西州科技项目纳入“星火计划西进工程”。长沙、湘潭、株洲、衡阳、岳阳、常德六市科委对口扶持龙山、永顺、泸溪、花垣、保靖、古丈 6 个县科委（局），选定 25 个项目分期支持。1999 年 6 月，州委、州政府颁发第三届“科技兴州奖”，彭继福等 7 名科技人员获奖，张永康等 16 人受到表彰。是年，州委、州政府作出《关于加强科技创新的决定》，鼓励和扶持民营企业科技创新。培育省高新技术企业 3 家，培育和发展科技型企业 10 家。泸溪县金天铝业公司“氮气雾化法生产超微细球形铝粉”项目列入省高新技术产业，分别获国家计委和省计委发展引导基金 800 万元。2000 年，湖南省科委决定在湘西州实施湘西科技开发专项计划，主要包括优质烤烟、百合、金水梨、茶叶和龙须草的丰产栽培技术，以及超微细球形铝粉技术开发等，每年安排资金 200 万元，为期 5 年。

2001 年，州科技局建设科技创新体系，培育高新技术产业和发展民营科技型企业。重点建设湘泉酒厂、湖南金天铝业、三立、喜阳、东方锰业、闻得福等企业技术开发中心。项目有“超微细球形铝粉”“双氢青蒿素”“MAC及不锈钢材料”“猕猴桃果粉中试”“龙须草生物制浆技术中试”“超级杂交稻高产栽培技术引进示范”“优质水果示范基地”等，安排资金30万元。2005年，开展科技特派员试点工作，全州选派科技人员347人，进驻8县（市）的149个乡（镇）、43家企业和46所卫生院，引进技术165项、新品种244个，培植龙头企业21家。项目示范基地农民收入增加16%以上。

2007年，全州实施“智能化农业信息技术应用示范工程”。州科技局在吉首、凤凰、永顺等县市建立电脑农业核心示范基地200公顷。州科技局组织政府专家顾问组开展咨询、调研等活动，帮助解决技术难题45个，设计新工艺10项，为州政府及相关部门提供咨询报告12篇，签订技术合作协议24项。至2009年，承担州级以上科技项目175个，其中湖南省湘西科技专项计划69个，中央部委26个，其他80个。争取省以上科研经费5300多万元（含湘西专项计划资金1000万元，州科技富民强企兴州专项计划资金1600万元），开发新产品62个，鉴定科技成果47项，其中国内领先水平26项，填补国内空白3项；申请专利240项，获专利授权130项。通过政策引导、项目支持、技术服务等方式，培育并认定高新技术企业11家、民营科技企业28家。全州63家企业发展成为科技型企业。先后与北京科技大学、中山大学、中南大学等省内外11所高校建立产学研合作关系，组织开展中科院“院士专家湘西行”、州政府专家顾问科技合作、11所高校与企业技术对接和科技小分队服务企业等活动。实施高新技术产业化项目70个，开发高新技术产品45个，主要有猕猴桃果仁油、纳米果王素、生物菌肥、百合多糖、秋水仙碱、高纯电解金属锰、高性能锰铝合金、高氮氮化锰、电解锰无铬钝化剂、环保高效电解无硒金属锰用添加剂、超细活性锌粉、超微细球形铝粉、高档铝颜料等。有自主知识产权品种30个，高新技术产品产值年均增长率25%，高新技术产业增加值占工业增加值比例20%。

2010年，湘西州推行州校合作、校企项目合作、委托研究和技术转让等产学研结合模式，实施科技合作项目160个，解决产业关键技术难题120个，引进推广新技术、新成果150项，形成以湘西州为主体的“武陵山区特色资源高效综合利用关键技术研究与示范”项目与“锰矿资源高效清洁利用关键技术开发与示范”项目实施格局，实现国家科技支撑计划重点项目和省重大科技专项在湘西州“零”的突破。高新技术产业产值达到39.52亿元，利税4.64亿元，出口创汇0.56亿美元。是年，科技部为“湘西国家锰深加工高新技术产业化基地”授牌。

第四节　知识产权保护

2002年，州科技局开展两次专利行政执法检查，举办1期知识产权法律知识培训班，参训80余人。全州专利申请42件，其中发明专利10件，实用新型专利22件，外观设计专利10件。印发《湘西专利》4期。2003年，申请专利51件，其中发明专利10件，实用新型专利27件，外观设计专利14件。专利授权28件。同时与州工商局、州版权局、州公安局联合开展执法检查，查处金泉印务、亚华种子有限公司等10家企业的商标、版权及专利侵权行为案件，维护消费者合法权益。全州实施专利（申请）技术24项。吉首市建科院发明的“线盒小型空心砌块”“地圈、过梁混凝土空心砌块”和“空调室外机罩”“一次性坐厕卫生垫”“一种生物菌液肥”等专利项目，实现产值1200万元，利润800万元。2004年，全州申请专利56件。其中，发明专利16件，占28.6%；实用新型专利25件，占44.6%；外观设计专利15件，占26.8%。工矿企业申请专利11件，占20%；个人申请43件，占80%。是年，州政府开展《专利法》实施20周年纪念活动。4月20日，州人民政府副州长梁秋松在州《团结报》上就实施《专利法》答记者问。4月26日和5月11日先后在吉首市各大商场开展执法检查，检查假冒专利商品，下达责令改正通知书7份。2005年，全州申请专利77件。其中，发明专利19件，占25%；实用新型专利36件，占47%；外观设计专利22件，占28%。全州专利申请获国家知识产权局专利权30件，其中发明专利5件。全州实施专利30项，主要有花垣县龙潭镇龙潭村村民杨胜祥的“菇式多芯脉动泵”，姚福宏、姚福成“治疗烧伤药”，老爹公司“超微细猕猴桃籽油处理方法”，清源环保公司“电解锰废水处理方法”等。2006年4月7—11日，州知识产权局工作人员先后与凤凰、花垣、泸溪3县科技局开展知识产权宣传和执法检查，发放各类宣传资料千余份。是月26日，第七个“世界知识产权日”，州知识产权局、工商局、版权局与吉首市科技局联合开展“4·26世界知识产权日”宣传活动。同时与古丈、吉首两县（市）科技局开展知识产权宣传和执法检查，查处假冒专利商品及药品4件，下达整改通知书4份。保靖县专利申请50件，创历史新高。湖南老爹公司通过专利权质押成功，获得国家开发银行贷款1500万元，开启湘西州通过“专利权”质押贷款先河。湘酒鬼公司被湖南省知识产权局定为全省知识产权“试点企业”。是年，全州申请专利110件。其中，发明专利64件，占58%；实用新型专利24件，占22%；外观设计专利22件，占20%。当年全州专利申请获得国家知识产权局授专利权40件。2008年，全州申请专利187件，其中发明专利41件，实用新型49件，外观设计97件；职务发明创造36件，非职务发明创造151件；工矿企业29件，学校、科研单位等7件。专利授权35件。全年专利实施100余件，年销售收入6.232亿元，年增利税8590万元，创汇1900万美元。

1985—2010年湘西州专利申请与授权情况一览表

表27-3　　　　单位：件

年份	申请量	授权量	发明	实用新型	外观设计	职务发明				非职务发明				
						小计	企业	事业	其他	小计	科技人员	工人	农民	其他
1985	11	—	2	9	—	6	6	—	—	5	—	—	—	—
1986	16	—	2	14	—	2	1	—	1	14	—	—	—	—
1987	23	—	7	15	1	5	5	—	—	18	—	—	—	—
1988	28	—		26	2	2	1	1	—	26	—	—	—	—
1989	29	—	3	23	3	8	7	1	—	21	—	—	—	—
1990	28	—	3	20	5	6	3	2	1	22	—	—	—	—
1991	41	—	6	26	9	14	9	5	—	27	—	—	—	—
1992	62	—	11	33	18	15	7	6	2	47	—	—	—	—
1993	52	—	12	34	6	10	5	3	2	42	—	—	—	—
1994	32	—	5	17	10	9	5	2	2	23	—	—	—	—
1995	44	—	9	24	11	9	2	4	3	35	—	—	—	—
1996	52	—	8	35	9	14	10	2	2	38	—	—	—	—
1997	48	—	6	27	15	11	11	—	—	37	—	—	—	—
1998	52	—	9	18	25	13	11	1	1	39	—	—	—	—
1999	50	—	5	20	25	8	6	2	—	42	—	—	—	—

续表 27-3 单位:件

年份	申请量	授权量	发明	实用新型	外观设计	职务发明				非职务发明				
						小计	企业	事业	其他	小计	科技人员	工人	农民	其他
2000	30	—	5	14	11	8	2	6	—	22	—	—	—	—
2001	37	—	4	21	12	13	13	—	—	24	—	—	—	—
2002	42	—	10	22	10	4	4	—	—	38	—	—	—	—
2003	51	—	10	27	14	11	10	1	—	40	—	—	—	—
2004	56	—	16	25	15	7	7	—	—	49	—	—	—	—
2005	77	—	19	36	22	—	—	—	—	—	—	—	—	—
2006	77	—	19	36	22	22	22	—	—	55	—	—	—	—
2007	108	30	61	25	22	—	15	—	—	—	—	—	—	—
2008	148	—	38	31	79	—	—	—	—	—	—	—	—	—
2009	187	15	41	49	97	36	—	—	—	151	—	—	—	—
2010	283	118	54	75	154	—	—	—	—	—	—	—	—	—

2010 年，州人民政府先后召开 4 次会议，专题研究知识产权保护工作。州知识产权局印发《湘西州 2010 年专利执法专项行动实施方案》，要求各县（市）加大打击侵犯各类知识产权行为力度，维护专利权人合法权益。3—4 月，分别开展花垣、保靖两县食品、药品、电器等行业专利行政执法，登记涉嫌假冒专利商品 20 余件。5 月，与吉首市知识产权局联合执法，登记涉嫌假冒专利商品近 20 件。是年，全州申请专利 283 件。其中，发明专利 54 件，占 19%；实用新型专利 75 件，占 27%；外观设计专利 154 件，占 54%。全州专利申请获国家知识产权局授予专利权 118 件。全年专利实施 128 件，新增产值 21.48 亿元，新增利税 3.99 亿元，创汇 2755 万美元。

第五节 专家服务

1992 年，湘西州专家咨询委员会成立，由州人民政府颁发聘书。1995 年，全州开展科技下乡服务活动。至 2000 年，组织科技下乡服务队 285 支 2050 人次，举办科技资询 220 次，发送科技图书 11 万册、科技资料 15 万份。2005 年，州科技局配合州委组织部、州卫生局等，制定《湘西自治州科技特派员制度实施方案》，开展科技特派员试点工作。选派科技特派员 347 人，其中省 75 人，州 31 人，县（市）241 人；进驻 8 个县（市）的 149 个乡（镇）、43 家企业、46 所卫生院开展科技服务。2006 年，龙山县科技局试行“6+1”工作模式（“龙头企业 + 科技特派员 + 技术团队 + 产业基地 + 农户 + 责任部门” + “一个项目”）。州政府专家顾问、中国有色金属长沙设计院高级工程师梁汝腾到湘西州开展锰锌矿产资源综合利用技术研究，帮助花垣县太丰公司完成年处理 2.8 万吨低品位氧化锌矿生产线设计，破解低品位矿无法再生产利用的技术难题。2007 年 5 月，州政府专家顾问先后带领 18 位专家教授及研究生到州开展技术对接活动，帮助龙山县金山实业公司、泸溪县汇祥矿业公司、保靖县秦简公司等 9 家企业解决生产技术难题 12 个，举办技术讲座 6 场次。专家顾问到州内企业开展新技术研发 11 项，帮助企业解决技术难题 28 个，与企业开展技术对接 17 次，为企业培育技术人员 200 余人。是年，建立州校科技合作长效机制，引导相关企业和单位与高校、科研院所合作，开展科技攻关和科技成果转化。湖南中医药大学研究员王实强在湘西州实施省、州科技项目，即“湘西特色中药材精深加工关键技术研究及产业化”；指导湘泉制药、华立制药公司攻关,解决青蒿素产业化高浸出率、高纯度和低溶剂残留三大技术难题，研发出复方丹参片、心脑健滴丸、脑心清滴丸等药品，项目纳入省科技计划“一把手工程”，当年获省科技厅经费100万元。湘西泸溪熙邦公司与中国地质大学合作，开发出环保型无铬钝化剂，从电解锰生产技术源头解决六价铬污染问题，基本实现电解锰清洁型生产。

2008年1月17日，州委、州政府举行州政府专家顾问迎春座谈会。全国政协常委、省政协副主席、中国工程院院士袁隆平，中国工程院院士、中南大学教授钟掘等17名专家学者，受聘担任州政府第四届专家顾问。会上，还表彰第三届专家顾问中4位贡献突出者，同时州内10家企业和单位与12位专家顾问签署技术合作项目12个。2月，湘西州科技特派员、湖南省茶叶研究所科技推广中心主任李健权调研保靖和古丈两县茶叶基地冻害灾情，并指导茶农尽快搞好灾后重建、备战春茶生产。4月，中南大学与湘西州人民政府在吉首签署全面合作框架协议 。湖南农业大学教授肖调义与金凤凰公司合作，开展叉尾鮰网箱健康养殖技术研究与推广，指导该公司在长官、河溪、栖凤湖等库区发展斑点叉尾鮰网箱养殖3000口。联合实施20多项科技重大项目和重点项目。

2009年，全州科技特派员工作全面展开，派出农业科技人员676人，进驻374个乡（镇）、村和企业，组织实施科技项目140个，投入项目资金4837万元，吸纳农村劳动力3.13万人，科技特派员服务点人均纯收入2802元，比上年增长9.8%。龙山县科技局被科技部授予全国科技特派员工作先进集体称号。9月，全国科技扶贫交流会在吉首市召开。7个省9个市（地）、县共54名代表考察湘西州科技特派员工作，并开展科技扶贫工作经验交流。湖南农业大学教授熊兴耀与金山实业公司开展的“薯类生产能源乙醇”项目年产5万吨能源乙醇生产线建成投产，并利用产生的沼气发电，建立全州首台沼气发电机组，装机容量1500千瓦，年可发电1000万千瓦时，可节约燃煤3000吨。

2010年，全州科技人员突出服务“三农”（农业、农村、农民），选派科技特派员608人，开展“科技服务小分队、企业服务年”活动，引进推广新技术、新成果150项。7月，古丈县连降暴雨，发生洪涝灾害，48名科技特派员立即开展生产自救和科学减灾工作，开展技术培训50期，培训农民1200余人次，发放生产自救技术资料2000余份，挽回经济损失1000多万元。

2006—2010年，州人民政府专家顾问组织实施科技合作项目38项，研究、推广新技术、新品种62项，解决产业关键技术难题45项，开发新产品15项，为企业新增产值18亿元，新增利税5亿元；举办科技咨询活动47场次、科技讲座35场次，发表论文和调研报告52篇，向州、县（市）政府及相关部门提供建设性意见68条。

第三章　科技规划

第一节　科技规划编制

1989年，湘西州科委编制全州“八五”（1991—1995年）科技发展规划。1994年，编制“九五”（1996—2000年）科技发展规划。同时，提出“418”科技工程设想，即：重点发展新材料、生物、信息和先进制造技术四大高科技及其产业领域；抓好一项重大经济工程关键技术，即山地开发；侧重突破农业、能源与交通、冶金、轻工、建筑与建材、医药与卫生、烟草等8大技术产业关键技术。

2000年，编制“十五”（2001—2005年）科技发展规划。全面实施“科教兴州”战略，按照“2348”布局，即：两个层面（高新技术和先进适用技术），三大区域（高新技术产业开发区、现代农业开发区、工业技术发展区），四个着力点（创新能力建设、产业化发展、优势资源开发利用、劳动力素质提高），八大科技工程；实现湘西州科技可持续发展。

2006年，编制“十一五”（2006—2010年）科技发展规划。总体部署是：“围绕一大主题，突出四大领域，建设五大工程，实施七大专项，采取五大措施”。“一大主题”，即坚持突出自主创新主题；“四大领域”，即现代农业领域、高新技术产业领域、传统支柱产业领域、社会发展领域；“五大工程”，即技术创新引导工程、高新技术特色产业基地建设工程、农业科技成果转化工程、矿产品综合加工利用科技示范工程、高层次创新人才建设工程；“七大专项”，即高性能锰材料产业化关键技术引进与创新、高档铝颜料与金属漆制备关键技术开发、超细高活性锌粉与纳米氧化锌产业化关键技术开发、大宗农副产品深加工关键技术研究与开发、主要中药材GAP规范化栽培及有效成分提取技术开发、主要农作物新品种选育及标准化栽培技术研究与推广、优势畜牧品种繁育及健康集约化养殖关键技术研究与示范；“五大举措”，即建立科技发展长效机制、建立科技投入稳定增长机制、建立广泛区域合作机制、建立人才成长与使用机制、夯实有利于科技创新的社会基础。

2010年，编制“十二五”（2011—2015年）科技发展规划。州科技局成立编制工作小组，深入生产一线调研，广泛听取企业、高校和政府相关部门意见，经过六次修改，形成《规划》文本。湘西州“十二五”科技发展总体思路是：以科学发展观为指导，遵循“自主创新、重点跨越，支撑发展、引领未来”的指导方针，建成“技术研发、成果转化、科技投融资、科技创新服务和科技示范基地”等五大科技创新平台，推进自主创新能力建设，实现依靠科技进步转变经济发展的战略目标。

第二节 科技项目实施

一、星火西进计划实施

1997年，州人民政府出台《湘西自治州关于星火计划西进示范工程优惠政策的若干规定》，州科委制定《湘西自治州“星火计划西进示范工程”实施方案》和《湘西自治州“星火计划西进示范工程”领导小组到会议事制度》及《湘西自治州“星火计划西进示范工程”督查办法》，星火西进计划在州境正式实施。2000年2月，在全省星火西进工程总结会上，湘西州的优质烤烟、百合、金水梨、龙须草、茶叶与超微细球铝粉技术开发等6个项目被确认为省星火西进优秀项目，3年筹备资金2亿元，开发项目30个，实现产值7.5亿元，利税3.2亿元。龙山、保靖、泸溪3个县人民政府被省人民政府授予星火计划项目实施先进单位称号。2002年7月，凤凰县加强与沿海地区技术经济合作，在提升工业、农业和旅游业的科技、文化含量工作成绩突出，被科技部定为全国首批9个“星火西进示范县”之一。2001年，湘西州科技开发专项计划，星火西进计划继续实施。

二、科技开发专项计划

2000年，湘西州获得湖南省科技厅“湘西科技开发专项计划”项目。2001年项目实施15个。永顺县旱粮科学研究所采用“所研、南繁、北育”产研方式，选育出5个抗性好、产量高的玉米新品种，填补湘西州玉米不育系空白。

2003年，州科技局实施“湘西山区生态环境建设与综合开发技术研究”项目，在龙山、永顺两县建立“高海拔干旱山区药材综合开发”“优化模式选择”“农林复合经营的防蚀保土集约栽培技术研究”等基地，开发中药材34公顷，恢复植被面积270公顷。在保靖县实施“波尔山羊标准化饲养、繁殖及种草圈养技术研究”项目，引进种植美国王草、桂牧一号等新草，种植面积107公顷，全年繁殖纯种波尔山羊100余只，波杂羊3000余只，其中出栏2300余只，创经济效益400

多万元。龙山县制定百合高产综合栽培技术标准(地方标准),全县推广百合种植面积2700公顷,实现产值1.5亿元。湖南老爹公司猕猴桃工程技术研究中心研发出猕猴桃果汁、果脯、果酒、果王素四大类35个新产品,形成年产20吨果王素、2万吨猕猴桃系列产品生产规模,猕猴桃综合利用率90%,公司成为省重点高新技术企业、国家重点龙头企业,实现销售收入1.2亿元,利税3500万元,带动全州4670公顷猕猴桃开发和20万农民脱贫致富。州旱粮科技开发公司创新"地方品种×外引群体"杂种优势利用模式,开展"永科5号""永科6号""湘永单3号"等玉米新品种选育。其中"永科5号"报湖南省农作物品种鉴定委员会鉴定通过。至2005年,玉米新品种在武陵山区推广种植64700公顷,新增产量4.84万吨,新增产值5814万元。

2006—2009年,州人民政府先后与中南大学、湖南大学等省内8所高校签署战略合作框架协议,州科技局成立州产学研合作办公室,组织汇编《湘西自治州技术难题选编》和《高校科技成果选编》,举办"州校科技合作大会暨签约仪式",签订州校、县校、校企合作协议60余份,80余名专家教授深入企业开展技术对接。保靖县秦简茶科技开发公司利用野生显齿葡萄干燥茎叶为原料,采用超声波法和超临界萃取技术提取、纯化二氢杨梅素。吉首溶江锰业化工公司与中国科学院湿法研究所合作,研发湿法浸出、萃取提钒新工艺,解决环境污染问题,并使五氧化二钒纯度达到99%,钒综合回收率达80%~85%,较传统钠法焙烧工艺提高40个百分点。州柑橘研究所承担"柑橘新品种选育及无病毒种苗繁育技术研究与推广"项目,培育无病毒柑橘砧木苗100多万株,培育柑橘无病毒容器苗30万株。州农科所承担"优质高产抗病超级稻新品种选育与示范推广"项目,投入科研经费80万元,选育出多抗、优质、高配合力不育系3个;新建百亩示范基地3个,有2个品种和1个优质不育系。龙山县现代中药材开发公司与湖南中医药研究院合作实施"双百安神胶囊中试工艺研究"项目,完成百合花药效学与毒理试验研究,制定湖南道地药材百合花药材质量标准,并列入《湖南省中药材炮制规范》。泸溪县椪柑种苗繁育及规范化栽培技术研究与示范、州柑橘研究所"柑橘新品种选育及无病毒种苗繁育技术研究与推广"等项目,共建万亩椪柑基地8个。超级稻攻"九"(九百公斤)项目在龙山县华塘实施,通过专家测产验收,百亩片平均亩产853.6公斤,最高亩产908.2公斤,居全国6个示范县百亩片平均亩产之首。花垣湘源公司实施"高纯度白藜芦醇去除大黄素关键技术研究"项目,创新白藜芦醇生产工艺,白藜芦醇纯度达到98%以上。凤凰县科技试验中心承担的"红阳猕猴桃规范化栽培技术研究与示范"项目,在县境不同海拔区建立4个红阳猕猴桃科技示范基地37公顷,并建红阳猕猴桃标准化育苗基地3.7公顷,重点开展红阳猕猴桃快速繁育、高效施肥、整枝修剪、病虫害综合防治等关键技术研究、示范与推广。经专家鉴定,其栽培示范技术进入省内前列,因品质好、口味佳,产品畅销,市场收购价超过16元/公斤。

至2010年,五年实施专项计划69项,研究推广新技术230项,开发新产品77项,培育发展科技型企业57家,湘西州科技专项及配套项目实现产值31.26亿元、利税8.36亿元。

三、科技富民强企计划实施

2005年10月,州科技局启动科技富民强企兴州计划。先后帮助湘泉制药、华力制药、溶江锰业等5家企业成立研发机构。11月,湘西州高新技术创业服务中心在吉首大学挂牌成立,成为州境高新技术成果和高新技术企业孵化基地。同时,泸溪县熙邦科技有限公司建成投产,成为州内锰材料清洁生产样板工程和材料基地建设的科技平台。2006年,州政府调配引导资金800万元,州科技局筛选科技攻关项目50个,开展联合攻关,其中当年立项、当年投产、当年见效41%。全年实施项目新增产值2.8亿元、利税3100万元,农民增收2.5亿元。2006年4月,"无硒高纯电解金属锰电子级高纯四氧化三锰关键技术开发"及"年产2万吨超细球形活性锌粉开发应用"两项国家“863”计划课题通过验收，生产工艺分别达到国际和国内领先水平，填补国内空白。2008年9月，湘西州与中南大学新材料合作项目洽谈会在长沙举行，会上签订意向性合同10份。是年，湘西州三鑫锰业承担的科技部国际合作计划“铝锰合金技术研发和建设”项目，首次引进马来西亚锰合金生产技术，加以消化、吸收、创新，形成具有国内自主知识产权技术，填补国内高性能锰铝合金材料生产空白。2009年，湘西州东锰集团“无硒高纯电解锰及四氧化三锰关键技术开发项目”首创焙烧法生产技术，成功解决胶体硅、硫酸根等除杂难题，经科技部专家验收，产品质量达到国际领先水平，填补国内空白。2009年，永顺县科技局建设标准化辣椒科技示范基地34公顷。同时，选派科技人员下到基地，改良当地辣椒品种，通过开展新品种引种对比试验，成功选育出适合当地推广种植新品种4个，是年种植新品种辣椒34公顷，平均亩产2500公斤，实现产值300余万元。2010年8月，州长叶红专带领州直相关部门负责人共7人到科技部汇报湘西州科技工作，科技部党组书记李学勇、副部长杜占元分别接见。后经科技部考察，同意湘西州锰深加工高新技术产业化基地定为国家基地。该基地成为州境首个国家级基地。是年，凤凰县科技局7公顷红阳猕猴桃示范栽培获得成功，且口感比原产地苍溪红阳猕猴桃更佳，批发价每公斤14~16元，亩产900公斤，每亩产值1.35万元。

四、科技创新引导资金专项计划

2008年，州科技局制定《创新引导资金管理办法》，首次设立重大专项计划支持项目，对申请项目组织专家评审和现场答辩，对拟立的重大专项和重点项目在州内媒体公示。当年归集资金1200万元，单个项目支持金额100万元。先后培育支持亿事达、高源生化、金山实业、利福尔公司等一批科技型农业产业化龙头企业发展。2009年，支持永顺县旱科所实施“玉米新品种选育”项目，建立玉米科研、繁育、制种基地340余公顷，繁育玉米良种近100万公斤；支持泸溪县椪柑种苗繁育及规范化栽培技术研究与示范项目，建成万亩椪柑基地8个，全县椪柑产量18万吨，产值1.6亿元，占全县农业总产值54%，获得科技部富民强县项目支持。支持保靖县建立龙头企业与茶农利益共同体。在示范区葫芦镇黄金村，创建“湖南省黄金茶工程技术创新中心”，投资科研资金300余万元，建立茶叶加工基地，并采取“政府+科研院所+公司+基地+协会+农户”模式，发展黄金茶产业。2010年，实施科技创新引导资金专项科技攻关项目19个，吸引企业和社会投资3.5亿元，专项项目新增产值1.2亿元。保靖县黄金茶基地列为湖南省科技厅农村特色产业科技示范基地。省财政为基地建设投资15万元。

第四章　科技成果

第一节　农业科技成果

一、水稻

（一）品种选育。湘西州及古丈县农科所成功选育的中稻品种，其中抗稻飞虱性填补州内育成品种一项空白，1991年获湘西州科技进步奖一等奖。

（二）州农科所梁子英等人选育出的中稻新品种“湘州8号”具有丰产性好，抗病虫性、抗逆性、适应性强等优良特性，1995年获湘西州科技进步奖一等奖。

（三）超级杂交稻高产优质栽培技术研究与示范推广。州粮油作物站李大恒、尹德仁，湖南省杂交水稻研究中心张其茂，湘西州科技局周庭照、叶俊超等示范推广两优培九、准两优527等超高产良种，重点研究超级杂交稻在湘西山区作中稻栽培的源、库、流特征，在超级稻百亩亩产800

公斤和千亩亩产700公斤超高产攻关中取得重大突破，2001—2004年在全州推广6.5万公顷，亩产597.1公斤，比前三年新增总产23223.29万公斤，新增总产值34872万元，2004年获湘西州科技进步奖一等奖。

（四）2003年，州农科所李绍前、全华、麻老春、钟伟等人实施金优217选育与推广，经湖南省新品种审定通过，2005年在湖南、广西、重庆、广东、贵州、四川、湖北等省（市、自治区）累计推广种植20余万公顷，新增稻谷产量1.5亿公斤，创社会效益2.4亿元，是年获湘西州科技进步奖一等奖。

二、玉米

（一）玉米地膜覆盖综合丰产技术推广。湘西州及永顺、龙山、保靖、花垣县农业局刘建中、彭国仁、李大恒等提出的玉米地膜覆盖综合丰产技术推广方案，被湖南省农业部门用于指导全省地膜玉米生产。1991年获湘西州科技进步奖一等奖。

（二）“湘永单2号”“永科5号”“湘永单3号”选育与推广。1991年，永顺县旱粮研究所彭继福等人开始试种“湘永单2号”，表现出较强的高抗、高产性。1993年获湘西州科技进步奖一等奖。选育出的“永科5号”具有产量高、品质优、抗性强等优点，2003年被湖南省农作物品种审定委员会破格审定并准予大面积推广；2003—2004年在武陵山区推广种植3.8万公顷，新增产量2850万公斤，新增产值3420万元，获2004年湖南省“百万职工创新兴湘优秀科技成果奖”、2004年湘西州科技进步奖一等奖。2007年实施的“高蛋白杂交玉米新品种湘永单3号选育与推广”项目，累计在武陵山区推广种植湘永单3号面积5.85万公顷，新增产值4880万元，2009年获湘西州科技进步奖一等奖。

（三）紧凑型玉米高产栽培技术推广。龙山县农技推广中心杨春献等人成功引进适合当地生态条件的掖单13号、11号等紧凑型玉米品种，并优中选优组装配套大面积推广应用地膜覆盖、育苗移栽、配方施肥、浸种催芽等高产栽培技术，两年内推广面积4714公顷，平均亩产365.6公斤，新增单产115.9公斤，新增总产819.5万公斤。1996年获湖南省科技进步奖三等奖。

三、马铃薯

龙山县马铃薯研究所李谟崧等选育的马铃薯“州芋1号”是州境历史上育成的首个马铃薯新品种，淀粉含量、食味品质、薯形、抗疾性和高产性均较其他品种强，在省内居领先地位。“州芋2号”是利用马铃薯“新型栽培种”的种质资源选育的第二个近缘种间杂交后代，单产高达2680公斤，创下湖南省高产新纪录。1991年获湘西州科技进步奖一等奖。龙山县农技推广中心张其茂、县种子公司黄陆军，县科技局张顺成等人开展的马铃薯高产栽培技术推广项目，主要推广州芋1号、2号、3号品种，并配套推广适用先进技术措施，1995—1997年三年推广面积1.63万公顷，平均亩产208.9公斤（折米粮），比前三年平均亩产增加69.4公斤，增长49.7%，新增总产1697.6公斤，新增总产值2598.7万元，新增纯收入1876.3万元。1997年获湘西州科技进步奖一等奖。

四、荞麦

州科技情报研究所，凤凰县政协农业组、县种子公司、县经济开发办公室等单位，调研、分析、鉴别、整理和综合研究荞麦资源丰产栽培及综合利用，建立湖南省首个较为系统和全面的荞麦科研、生产、系列开发资料库。1991年获中国农科院阶段性成果奖，1993年获湖南省科技进步奖四等奖。

五、油菜

1994年，州农业局种子站钟兴莲、州粮油站陈德金、吉首市农业局刘志玉和龙山县农业局田万先等人开展双低油菜栽培技术研究，至1997年，引进筛选并成功推广湘油13号等新品种10.38万公顷，双低优质油菜4年平均单产94.3公斤，总产量14534.99万公斤。1997年获湘西州科技进步奖一等奖。

六、西瓜

州农业局经济作物站黄仕杰选取育出“州优8号”西瓜新品种，1989—1990年参加全国第三批西瓜品种区试鉴定，在全国南方试片各点均表现突出，居10个参试新品种之首。1990年7月在州科委组织的现场评议会上被认定为国内首创。1993年获湘西州科技进步奖一等奖。

七、烤烟

（一）湘西晒红烟调制技术研究。州烟科所、州气象局在总结湘西地区传统调制方法基础上，利用当地有利气候资源开展调制技术系统研究，得出最佳调制期和薄膜覆盖调制方法，解决国内晒红烟调制技术一大关键难题。1992年获湖南省科技进步奖四等奖。

（二）湘西晒红烟一号。1983—1993年，吉首市烟草公司和吉首大学生物系李国民等人用地方优良品种“小花烟”作母本，“长勃黄”（烤烟型）作父本杂交而成，经对照表明综合性状比全国名晒烟之首“小花青”更具有优势。1995年获湖南省科技进步奖三等奖。

八、百合

高产栽培综合技术推广。龙山县张建民等人选用百合良种，从播种时间、密度、施肥、轮作等5个方面创新栽培技术，1997—1998年，推广面积1570公顷，单产比实施项目前增产10%以上。2001年获湖南省科技进步奖三等奖。

九、花旗参

1986年12月开始，中国医学科学院药用植物资源开发研究所副研究员杨丽华指导古丈县高峰林场开展“湖南花旗参栽培技术研究”，表明湖南省有更宜于洋参生长自然环境，种子可提前一年完成后熟播种收获，高产优质，试制出的系列产品为花旗参的综合利用、提高效益打下基础，填补省内栽培洋参空白。1991年获湘西州科技进步奖一等奖。

十、柑橘

（一）优质椪柑“8306”“8304”新株系。1986—1990年，州经作站、泸溪县柑橘站等选育的优质椪柑“8306”“8304”新株系，在中国柑橘北缘地区的椪柑选种具有领先地位，在株系贮性、选育与栽培技术研究同步等方面达到国内先进水平。谭世贤、吴东驰等人在椪柑栽培的次适宜区湘西贫困山区，利用当地小气候条件，大面积推广栽培8304、8306、260等椪柑新品种，并研究推广椪柑早结丰产优质栽培技术，在推广方法和采用技术措施等方面取得重大突破。1999年获湖南省科技进步奖三等奖。

（二）椪柑优良株系“260”“七五”（1986—1990年）期间，吉首市农业局经果站等单位承担省科委椪柑“260”攻关课题，经专家现场验收和鉴定，被一致认为是继8304和8306后的又一优良株系，1993年获湘西州科技进步奖一等奖。

（三）柑橘新品种引进及品改低改示范推广。2002—2005年，州、县（市）农业局经作站易强、钟习文、张林军等人引进柑橘新品种50个，实施柑橘品改低改面积9932公顷，亩产2656.7公斤，亩增产值1232元，累计纯收入14680万元，2007年获湘西州科技进步奖一等奖。

十一、葡萄

湘西州农业学校谢辅义等人首次发现吸食葡萄果实的蛾类有夜蛾科13种，尺蛾科、拟灯蛾科各1种，完成《葡萄吸果蛾》科教录像片摄制，填补国内空白。1997年获湖南省科技进步奖四等奖。

十二、猕猴桃

吉首大学石泽亮等人培育出猕猴桃新品种“米良一号”，遗传性状稳定，果实汁多味甜，风味好，综合性状达到国内优质水平。1997年获湖南省科技进步奖三等奖。

十三、农田生态建设

1998—2001年，州农业局土肥站潘太国、信息站田祖龙，吉首市土肥站陈道云，花垣县农业局农技推广中心方勇等人采用“四改一提高”新技术，实现高标准农田建设与改善生态环境、扶贫开发与可持续发展统一，四年完成建设面积9540.86公顷，增加粮食产量5009.2万公斤，增加农业产值6931.32万元。2001年获湘西州科技进步奖一等奖。

2001—2005年，州土壤肥料工作站、州以工代赈办及八县市土壤肥料工作站潘太国、冯晓华、彭玉璋等人开展岩溶山区旱作农业集雨节水综合技术研究，形成岩溶山区旱作农业集雨蓄水与节水补灌技术体系，技术成果推广应用18300公顷，新增产值1.16亿元。2006年获湖南省科技进步奖三等奖。

第二节 工业科技成果

一、烟草专用苗肥研制

州烟科所吕启松，州烟草公司王享贻，吉首市烟草专卖局段晓锋等人在研究N、P、K施用水平基础上，根据烟苗营养特性，有针对性地适量添加微量元素和生长调节剂，筛选出A、B两种剂型，成功研制出成本低、操作简便、实用性强的烟草专用肥。1999年获湖南省科技进步奖四等奖。

二、YD90系列单相电容运转异步电动机

凤凰县机械厂舒良君等研发的该电动机具有结构紧凑、功率因素高、温升低、性能好等特点，可广泛用于各种小型农副产品加工机械、农机具及微型水泵等原动机。1992年获湖南省科技进步奖四等奖。

三、GY-Ⅱ型曲线轨道涂油机

怀化铁路总公司吉首工务段周健全等人设计制造的GY-Ⅱ型曲线轨道涂油机，给油位置准确、油带连续均匀、宽厚适当可调，能有效改善钢轨侧磨问题，用油节省，无污染，效率高。1997年获湖南省科技进步奖四等奖。

四、人骨身份判别系统

吉首大学信息技术有限公司彭秀文、吉首市公安局余家树、湘西州公安局胡运亮等人共同研发的人骨身份判别系统，能准确推测种族、性别、年龄、身高等个体识别特征。产品易操作，易维护，可靠性强，使用价值高。2005年获湖南省科技进步奖三等奖。

第三节 食品、建筑业科技成果

一、湘西猕猴桃加工项目研究

1998年，吉首大学姚茂君、湖南吉首老爹酒业有限公司周亚林等人“湘西猕猴桃产业化项目可行性研究报告”联合试验，取得“富硒猕猴桃果汁饮料”成果，经鉴定认为在富硒猕猴桃果实、低温催熟、提高产品稳定性等工艺技术上具有创新性；果汁产品填补国内空白，整体成果居国内同类产品领先地位。是年，该项目成为湘西山地开发工程的一个重点。2000年，项目获湖南省科技进步奖三等奖。研发的“猕猴桃果仁油”利用先进的超临界CO_2萃取技术从猕猴桃果仁中提取而成，产品能有效保存原料的亚麻酸、亚油酸等生物活性成分，具有辅助降低血脂、软化血管和延缓衰老等保健功能，2004年，获湘西州科技进步奖一等奖。“果王素牌果王油胶囊应用与推广”项目利用超临界CO_2萃取技术批量生产猕猴桃果仁油胶囊，工艺科学合理，产品亚麻酸含量高达60%以上，具有辅助降低血脂，软化血管和延缓衰老等保健功能。获2005年全州科技进步奖一等奖。联合研发“猕猴桃果粒果汁饮料”运用UHT灭菌及胶体悬浮稳定技术，成功解决果肉颗粒的悬浮及护色难题，产品符合Q/WADB014标准，且富含维生素C、硒及丰富的膳食纤维。2005年获湘西州科技进步奖一等奖，2006年获湖南省科技进步奖三等奖。开展的“猕猴桃果脯新工艺研究”解决猕猴桃果脯加工周期长、成品得率低以及产品容易流糖难题，产品批量投放市场，受到用户欢迎。2007年获湘西州科技进步奖一等奖。“超微细猕猴桃籽油的开发及应用技术”使猕猴桃籽油的有效成分吸引分解速度和渗透性显著提高，调节血脂、延缓衰老的保健功能更为快速，2009年获湘西州科技进步奖一等奖，2010年获湖南省科技进步奖三等奖。此外“富含亚麻酸功能性植物油脂提取关键技术研究及应用”技术，获2009年湖南省科技进步奖二等奖。

二、“酒鬼酒”原料生产研究

田家贵、宋清宏、郑凤林等人开展“提高酒鬼酒原料出酒率及优级品率研究”，采取先进技术和检测手段，提高酒鬼酒香料出酒率及优级品率，2002年获湖南省科技进步奖二等奖。

三、无盐香醋加工新技术

湘西州边城醋业公司、吉首大学张永康等人研发无盐香醋加工新技术，以香辛料浓缩提取液代替食盐实现抑菌和抗氧化功能。在国内率先实

现香醋无盐陈酿。2010年获湖南省科技进步奖三等奖。

四、智能化烤房研究与推广

湘西州烟草公司、龙山县烟草公司李跃平、向德明等人成功研发强制通风与自然通风相结合"双制式气流下降式烤房"，成本低，装烟密度为普通烤房1.5~2.0倍，能有效提升烟叶烘烤质量，省工、节能，成功推广2.14万座。2009年获湘西州科技进步奖一等奖。

五、墙体砌筑法研究

吉首市建筑建材所等单位研发小型空心砌块砌筑法，既降低砌筑劳动强度，又提高工效和砌筑质量，并节约砂浆。1992年获湖南省科技进步奖三等奖。州农机研究所田必生等研制的"JQK—19型水泥小砌块成型机"被广泛用于制作水泥空心小砌块新型墙体材料，具有结构简单、操作维修简便、耗电低、工效高、砌块质量好等优点，填补湖南省空白。获湖南省1992年新技术新产品科技创新金奖和国家实用新型专利，1995年获湖南省科技进步奖四等奖。

第四节　林业科技成果

一、五倍子资源综合技术开发

1984—1992年，州科委牵头组织，保靖县五倍子总站、龙山县五倍子试验推广站、州林业化工厂等联合开展五倍子资源综合技术开发，由黄民高等主持实施。历经8年，完成五倍子生产、加工系列试验和研究。先后在国内学术刊物发表论文37篇，取得阶段性成果奖5项。其突出成绩有：在国内首次发现枣铁倍蚜的五种寄主，其中3种为优良冬寄主；在国内首次发现倍子新品种——黄主小铁枣；应用苔藓栽培配套技术参数，人工培藓养虫成功，其春迁蚜利用率高于国内同类平均水平；五倍子系列加工技术有新的突破，单宁酸质量达到国家标准。酵解综合一步法生产没食子酸技术填补省内空白，创国内先进水平，其产品质量优于国家一级品指标，远销日本、西班牙、墨西哥等国家。示范丰产基地平均单产创国内国际高产典型。通过组织开发，培训全国各地学员7.1万人次。全州3万多农民掌握五倍子栽培技术。五倍子产量大幅提升，1991年达到530吨，单宁酸达69吨，没食子酸21.7吨，年创产值1811.5万元，利税819.3万元。1993年，湘西州五倍子项目获湖南省星火成果一等奖、1994年获国家星火成果二等奖。

二、铁枣倍人工培育技术研究

1982—1987年，保靖县五倍子研究所徐希成等完成该项研究，1990年获湖南省科技成果三等奖。

第五节　畜牧水产科技

一、山羊养殖技术推广

1998年，州畜牧水产局龙县文等人推广山羊养殖技术，全州山羊饲养量107.15万只，出栏42.62万只，分别比1993年增加2.88倍和3.3倍，死亡率下降11%。2000年获湘西州科技进步奖一等奖。

二、斑点叉尾鮰鱼养殖及加工

2005年开展斑点叉尾鮰网箱养殖技术推广，州、县水产部门的彭英海、向先嘉、姚本相、彭世才等经4年时间，到2008年推广面积超过340公顷，网箱养殖5000口，全州网箱养殖累计产鱼1.74万吨，产值1.78亿元，2万人实现稳定脱贫。获2009年全州科技进步奖二等奖。州金凤凰农业生物科技有限公司万志祥、吉首大学张永康等人共同研发"从斑点叉尾鮰鱼片下脚料中提炼精制鱼油技术"将斑点叉鮰鱼片加工过程中的副产品分成几大类，分别提取到不同用途、不同质量等级鱼油，产品经检测各项指标达到SC/T3502-2000《鱼油》中精制鱼油一级。2009年获湖南省科技进步奖三等奖。

第六节　水利电力科技成果

一、坎型设计

1985年，永顺县修建马鞍山水电站，坎型为空腹填渣砌石重力坝。建在志留系石英砂岩上，上、下均为砂质页岩互层，总的挖空度时为湖南省之首，1993 年获湖南省科技进步奖三等奖。1982 年，州水电勘测设计院、花垣县水利电力局陈武元等人勘测花垣县下寨河水库坝址右岸垭口。经过综合勘测，果断决定将坝址上移 3.2 公里处的牛角屯处，避免不必要损失。1995 年获湖南省科技进步奖三等奖。1999 年凤凰县肖功伟等人设计水库取水设施，分别由分级逆流进水、斜卧输水、内伸缩柔杆启闭系统及封闭设施组成，具有防漏水、防淤塞、防盗窃破坏、取表层水易、投资省、操作简便等特点。在山江等 4 座水库应用，每年创节水增灌、取表层水增产及管理节支等经济效益数百万元。2000 年获湖南省科技进步奖三等奖。

二、灌溉系统设计

1991 年，花垣县水利部门结合山区特点，用系统划分方法加细分片灌区，实行一渠两用，灌、排自如，既节省耕地，又降低投入。灌区粮食由亩产 151 公斤增至 413.5 公斤，并实现生态环境改善。1992 年，获湖南省科技进步奖三等奖。

第七节　教育卫生文化科技成果

一、苗汉双语文教学方案

1986 年，州教育科学研究所和州民委苗文办公室联合实施湘西苗汉双语文教学方案。1992 年，经国家语委、国家民委、中国社会科学院及省、州有关专家学者和领导鉴定，一致认为，方案能促进湘西苗族地区语文教学改革和教学质量提升，有利于九年义务教育普及，为国内同类地区民族教育独创，具有广泛应用价值，在湘西苗族聚居区可以推广。1993 年获湘西州科技进步奖一等奖。

二、心脏病、伤寒遗传病、糖尿病诊治

州人民医院李兴炎等人在总结手术治疗器质性心脏病临床分析基础上，提出术前诊断方法、围术期处理、术中心肌保护、术后并发症防治方案，获 1990 年全州科技进步奖一等奖；曾传生等在戒指样组织细胞对伤寒临床诊断研究中，发现戒指样组织细胞是否呈阳性对诊断伤寒具有可信的敏感性及特异性，填补湘西州早期、简便、快速诊断伤寒空白。1999 年获湖南省科技进步奖三等奖。

2003 年，州人民医院符辉明等开展“中国苗族人群原发性血色病遗传流行病学调查及 HLA 研究”，成果获湖南省科技进步奖三等奖。州人民医院陈莉莉等开展中国苗族人群Ⅰ型糖尿病患者与 HLA-DR 基因频率相关性研究，在探讨苗族人群Ⅰ型糖尿病的 HLA-DR 基因多态性方面提供重要资料。2005 年获湘西州科技进步奖一等奖。

三、土家医诊疗方法

州民族医药研究所田华咏、瞿显友等开展“土家医诊断与治疗方法”研究，1998 年获湖南省科技进步奖三等奖。州民族医药研究所田华咏等历经三年，完成‘中国民族药炮制方法调查研究”项目，2000 年获湘西州科技进步奖一等奖；土家族医学发展史研究获 2005 年湘西州科技进步奖一等奖。彭芳胜、田华咏、滕建卓等人开展土家医方剂学研究，2007 年获湘西州科技进步奖一等奖。

四、科技规划研究

州科技情报研究所王明寅、钟兴莲等编制的《湘西自治州 1991—2000 年科学技术发展规划》文本，运用科学发展的观点，结合州情，与湘西自治州 2000 年发展规划相吻合。1993 年获湘西州科技进步奖一等奖。湖南省湘西州外资外援办公室李良永等人研究的《武陵山区农业综合开发研究与利用》，被农业部、水利部、林业部评为全国优秀项目，向全国九省推广，并得到联合国世界粮食计划署、日本农村开发企划委员会等国际组织和外国专家高度评价。2000 年获湖南省科技进步奖二等奖。吉首市国土局黄光荣等编制的《吉首市土地利用总体规划》，2000 年获湖南省科技进步奖四等奖。

五、广电传输

凤凰县广播电视局金宣元、黄合乡广播机线员韩忠文等人开发的混合型广播电视共缆传输系统，解决山区农村发展广播电视共缆传输技术难关，达到“一线多用，一线多能”，填补我国农村广播电视建设一项空白，得到广电部肯定，并在全省推广应用。1995年获湖南省科技进步奖四等奖。

六、武陵椪柑农业气候研究

1986—1988年，州气象局根据州科委和国家气象局下达的研究课题，开展武陵椪柑农业气候生态研究，通过三年的系统考察和分析，研究出武陵椪柑形成的农业气候条件及其发展所需的各种农业气象指标。1991年获湘西州科技进步奖一等奖。

七、环保能源

州环境保护局沈扬，州环境保护科学研究所张光辉等人采用铁/炭微电解床+石灰絮凝沉淀处理电解锰废水，并能自动监控，适时掌握处理效果，出水达到《污水综合排放标准》一级标准。2004年，处理设施在全国范围内推广应用。2007年获湘西州科技进步奖一等奖。1989年，凤凰县能源办推广小型高效沼气池应用项目，至1991年，全县推广建池612个，经济、社会和生态效益明显。1993年获湖南省科技进步奖四等奖。

1989—2010年，全州获科技成果418项，其中获国家级奖项1项、省级奖项74项、州级奖260项。

（说明：2002年、2003年、2006年、2008年、2010年5个年份湘西州没有开展科技成果评定）

1989—2010年湘西自治州获省州及其以上奖励的科技成果一览表

表27-4

成果名称	完成单位	主要完成人	获奖时间及所获奖项
“古湘”“爱丽春”中焦油卷烟产品研制	—	—	1989年全州科技进步奖一等奖
湘西州牲畜五号病防治与效益的研究	—	—	1989年全州科技进步奖一等奖
装饰型空心楼板预制板	—	—	1989年全州科技进步奖二等奖
枣铁倍人工培育技术研究	—	—	1989年全州科技进步奖二等奖、1990年全州获湖南省科技成果三等奖
锅炉烟道预热器	—	—	1989年全州科技进步奖二等奖
湘玉一号推广	—	—	1989年全州科技进步奖二等奖
乙炔黑代用材料生产锌锰干电池研究	—	—	1989年全州科技进步奖二等奖
酵解综合一步法生产没食子酸工艺研究	—	—	1989年全州科技进步奖二等奖
湘西州科技进步奖综合定量评审方法研究	—	—	1989年全州科技进步奖二等奖
凤凰县土地利用现状详查	—	—	1989年全州科技进步奖三等奖
稀土中锰抗磨球铁应用	—	—	1989年全州科技进步奖三等奖
X线电视导向经皮针吸肺活检	—	—	1989年全州科技进步奖三等奖
医院统计需求预测的方法	—	—	1989年全州科技进步奖三等奖
针刺耳穴低张双对比静脉尿路造影的研究	—	—	1989年全州科技进步奖三等奖
铬鞣山羊正鞋面革	—	—	1989年全州科技进步奖三等奖
首次从病源学、血清学证实湘西州为流行性出血热疫源地	—	—	1989年全州科技进步奖三等奖

续表 27-4

成果名称	完成单位	主要完成人	获奖时间及所获奖项
湖南省首次发现鸡丝虫	—	—	1989 年全州科技进步奖三等奖
优质椪柑“8306”“8304”新株系的选育	湘西州经作站、泸溪县柑橘站等	杨胜陶、谭世贤、彭振亚、黄仕杰、龙先仁	1990 年全州科技进步奖一等奖
手术治疗器质性心脏病	湘西州人民医院	李兴炎、胡荣望、梁春齐、刘佳赋、王燕玲	1990 年全州科技进步奖一等奖
酒鬼酒	吉首酿酒总厂	刘建新、田志峰、龙南戈、李忠明、孙世涛、周晓林	1990 年全州科技进步奖一等奖
永顺县马鞍山水电站空腹填渣砌石重力坝	永顺县马鞍山水电站工程指挥部、县水利局、县水电勘测设计室	彭南龙、邓运衡、谢时雨、宓维孝、彭绥南	1990 年全州科技进步奖二等奖
中 N 柑橘防腐保鲜剂研究	州农业局植保植检站	欧阳惠霖、向祥莲、段世强、陈大鹏、张庭术	1990 年全州科技进步奖二等奖
农村人畜饮水工程引水管道水力计算及曲线图的使用说明	州水利电力职工中等专业学校、州水利电力局	谷加祥、朱维美、罗松青	1990 年度全州科技进步奖二等奖
菜地小地老虎性诱剂应用推广	吉首市农业局蔬菜技术推广站	杨玲玲、杨英菊、张明富、石家发、梁柱	1990 年全州科技进步奖二等奖
双机头自动发报机串条发报控制板的研究	湘西州邮电局电报科	何建恒	1990 年全州科技进步奖二等奖
NP50 型喷风碾米机	州粮油机械厂、湘粮机械厂	杨超、姚一民、邓光耀、唐福南、易宏明	1990 年全州科技进步奖二等奖
利用黏土矿生产碱式氯化铝	龙山县自来水厂	刘再新、唐永富、韩宗权、段天义	1990 年全州科技进步奖二等奖
DZ 混合浆生产凸版纸新技术	龙山县造纸厂	田光春、钟学科、黄先胜、瞿绍清	1990 年全州科技进步二等奖
湘西州蛇伤流行病学调查	湘西州民族医药研究所	田华咏、吴成平、唐伯政、杨生绪、陈振岩	1990 年全州科技进步奖二等奖
玉米地膜覆盖综合丰产技术推广	州农业局粮油站，龙山县、永顺县、保靖县、花垣县农业局	刘建中、彭国仁、李大恒、张玉清、彭兴成	1991 年全州科技进步奖一等奖
湖南花旗参栽培技术研究	中国医科院药用植物资源开发研究所、湖南省古丈县高峰林场	王丽华、黄柏松、王发兴、吕瑞绵、唐颂州等	1991 年全州科技进步奖一等奖
小排吾水库岩溶防渗堵漏工程	花垣县小排吾水库工程指挥部	姚波、张齐湘、陈楷、杨永茂、麻胜超	1991 年全州科技进步奖一等奖

续表 27-4

成果名称	完成单位	主要完成人	获奖时间及所获奖项
山区田间工程优化设计研究	花垣县水利水电勘测设计室、花垣县粮援办水利组	向清芳、刘贤元、张树清、石远景、谭成武	1991 年全州科技进步奖一等奖
大龙洞水电站电气技术改造和两级微机实时监控系统的研制	武汉水利电力学院、州大龙洞水电站	刘正清、章少强、陆少培、唐晓波、杨同忠	1991 年全州科技进步奖一等奖
大龙洞水电站水机集中控制和水机微机监控系统研制	武汉水利电力学院、州大龙洞水电站	徐睦书、谭玫芳、向玉生、梁文、陈启卷	1991 年全州科技进步奖一等奖
聚脂玻璃纤维增强泥(PGRC)制品	州新型建筑材料厂	赵忠全、罗齐芳、张忠辉、李官珍、邓立新	1991 年全州科技进步奖一等奖
武陵椪柑农业气候生态研究	州气象局业务科	欧爱松、曹植槐、彭福临、龚英	1991 年全州科技进步奖一等奖
马铃薯新品种“州芋 1 号”和“州芋 2 号”的选育	龙山县马铃薯研究所	李谟崧、刘朝荣	1991 年全州科技进步奖一等奖
优 163 新组合制种高产技术	龙山县种子公司	谷丰、贾美银、丁纯青、刘庭云、李恪德	1991 全州科技进步奖一等奖
湘西晒红烟调制技术研究	州烟科所、州气象局	田峰、滕昱、周新民、李俊、王亨贻、李跃平	1991 年全州科技进步奖一等奖
YD90` 系列单相电容运转异步电动机	凤凰县机械厂	舒良君、于泽照、唐元炳、罗运斌、张正华	1991 年全州科技进步奖一等奖
中稻品种“湘州七号”	州农科所、古丈县农科所	李定生、兰家泉、王福顺、李少前	1991 年全州科技进步奖一等奖
纺纱车间清花除尘新技术研究	吉首纺织印染厂	吴炳良、向云飞、宋文祥	1991 年全州科技进步奖一等奖 、1992 年湖南省科技进步奖四等奖
“古丈毛尖”茶优质高产气象条件的研究	古丈县气象局	张正兴、李朝材、覃召荣、周湘、肖莫涛	1991 年全州科技进步奖三等奖
凤凰县农村能源规划应用与推广	凤凰县能源办公室	吴东驰、满元嗣、王湘平、周云卿、焦方军	1991 年全州科技进步奖三等奖
选择性支气管动脉插管灌注化疗药物治疗晚期肺癌	州人民医院放射科	张克兴、彭秀斌、姚本瑜、高文敏、王少兴	1991 年全州科技进步奖三等奖
对眼球内异物定位的研究与改进	州人民医院	唐果	1991 年全州科技进步奖三等奖
吴茱萸栽培技术	永顺县林业局	龙源泉	1991 年全州科技进步奖三等奖
古峰牌古丈茉莉花茶研制	古丈县茶叶示范厂	徐纪毕、彭玉章、张文仲、石忠思、梁世槐	1991 年全州科技进步奖三等奖
古丈县阻断斑氏丝虫病传播的研究	古丈县卫生局、县防疫站	张开仁、向德岳、傅沼祥、陈哲阶、赵志群等	1991 年全州科技进步奖三等奖

续表 27-4

成果名称	完成单位	主要完成人	获奖时间及所获奖项
铁倍蚜虫新冬寄主的观察研究	永顺县五倍子开发总站	彭星海、尹文贵	1991 年全州科技进步奖三等奖
SHW—13—AI 锅炉改造	龙山县卷烟厂	赵子才、骆斌	1991 年全州科技进步奖三等奖
r 心功能仪评价伤寒病人左心室功能	州人民医院	莫敬清、曾传生	1991 年全州科技进步奖三等奖
针刺内关穴对左心室功能的影响	州人民医院	李明庄、石光清、莫敬清、吕芝	1991 年全州科技进步奖三等奖
吉首西门岗桥千斤顶顶推转体设计与施工	州交通规划勘察设计院	吴元庆、魏文阳、陈开文、李德松、刘桃喜	1991 年全州科技进步奖三等奖
机外涂布雪茄烟纸新技术	龙山县造纸厂	田光春、黄光胜、钟学科、胡代绪、田义安	1992 年全州科技进步奖一等奖、1993 年湖南省科技进步奖四等奖
杂交中稻双两大综合丰产技术研究与应用	州农业局粮油站	刘建中、肖茂初、张其茂、李登洪、全健	1992 年全州科技进步奖一等奖
YBX—D 中压变量叶片泵	吉首市机床厂	熊青云、邓琥、吴安军、谢润林、胡杏成	1992 年全州科技进步奖二等奖
48 度湘泉牌湘泉酒	吉首酿酒总厂	刘建新、李忠明、唐双玲、魏义辉	1992 年全州科技进步奖二等奖
去湿机储粮应用研究	州粮食局、凤凰县粮食局	唐怀安、王国生、喻仁礼、杨秀良、杨昌元	1992 年全州科技进步奖二等奖
50/100E-AH、100/80D-AH 离心式渣浆泵及其过流件	吉首市机械厂	王应运、曹金宏、蔡向舟、袁良储、宋岩	1992 年全州科技进步奖二等奖、1993 年湖南省科技进步奖四等奖
凤凰县小型高效沼气池应用推广	凤凰县农村能源办	王湘平、滕明亮、韩志兴、周云卿、陈永生等	1992 年全州科技进步奖二等奖、1993 年湖南省科技进步奖四等奖
烟草“稻草圈(钵)”营养假植育苗技术研究与推广	州烟草公司、州烟科所	段晓峰、裴应富、向　阳、腾久炎、陈学燕	1992 年全州科技进步奖二等奖
七叶参茶的研制	湖南省中医药研究院	龚克剑、刘亚刚、唐颂州、高顺国、伍秉维等	1992 年全州科技进步奖二等奖
湘西州磷矿资源开发利用规划报告	州矿管局	田景先、叶钦盛、易舜益	1992 年全州科技进步奖二等奖
杂交中稻威优 46、仙优 46 示范推广	州种子站	李开太、张兴梅、彭善义、丁纯清、邹福全	1992 年全州科技进步奖二等奖
香料烟生产技术开发	州烟草公司、州烟科所、保靖县烟草公司、花垣县烟草公司	向阳、段晓峰、龙承刚、李俊、刘明华	1992 年全州科技进步奖二等奖

续表 27-4

成果名称	完成单位	主要完成人	获奖时间及所获奖项
全天然料电熔莫来石的研制和生产工艺	泸溪县耐火材料厂	李楠、罗永清、王玺堂、满家戎、邹维汉、周国茂	1992年全州科技进步奖二等奖、1992年湖南省科技进步奖四等奖
荞麦资源丰产栽培及综合利用调查研究	州科技情报所、凤凰县政协农业组、凤凰县种子公司、凤凰县开发办	钟兴莲、姚自强、李象贤、袁朝和、杨永宏	1992年全州科技进步奖二等奖、1993年湖南省科技进步奖四等奖
5406细胞分裂素在多种农作物上的应用	《湘西科技》编辑部、州科协、州农技推广站、凤凰县城郊区农技站、龙山县植保站	赵治太、汤倚霞、李恩远、邓长柏、郑剑虹	1992年全州科技进步奖二等奖、1993年湖南省科技进步奖四等奖
YY80型单相电容运转异步电机	凤凰县机械厂	田向东、于泽照、舒良君、唐元炳、熊孝文	1992年全州科技进步奖三等奖
小型空心砌块"一、二、三、四"铺灰器砌筑法	吉首市建筑建材科学研究所、市建筑学会、市第一建筑安装公司、市万溶江安装公司	周义清、刘玉林、曹祥兴、黄吉州、杨永祥	1992年全州科技进步奖三等奖、1992年湖南省科技进步奖三等奖
新辅材(玉米淀粉)啤酒	吉首酿酒总厂	曾雁宾、张昌战、刘永、吴介仁、王祥军、唐爱霞	1992年全州科技进步奖三等奖
花垣县兄弟河水电工程牛角屯大坝施工技术	兄弟河水电工程指挥部、花垣县水电勘测设计室、州水电设计院	王力平、唐高华、刘贵和、童骏、欧宏勋	1992年全州科技进步奖三等奖
硅粉砂浆在压力钢筋砼管修补工程中的应用	花垣县水电勘测设计室、州水电科教站、兄弟河水电工程指挥部	王力平、唐高华、彭先传、王烈民、黄明慧	1992年全州科技进步奖三等奖
椪柑良种示范与推广	吉首市农业局经果站、市椪柑公司	彭振亚、向红翠、罗兴勤、高顺发、石元贵	1992年全州科技进步奖三等奖
铁倍蚜虫新冬寄主的观察研究	永顺县科委五倍子开发总站	彭星海、尹文贵	1992年全州科技进步奖三等奖
杂交油菜"秦油二号"推广	州农业局粮油站,龙山县、永顺县、保靖县、凤凰县农业局	陈德金、张其茂、李大恒、张继武、郑方绪	1992年全州科技进步奖三等奖
杂交水稻"威优452"选育	州农科所	韩宗正、周开业、尹德仁、李建雄、李武陵	1992年全州科技进步奖三等奖
研究山区特点,建立具有地区特色的水稻病虫综合防治体系	龙山县植保植检站	郑剑虹、邓宗群、罗贤芝、彭清富、向富勇	1992年全州科技进步奖三等奖

续表 27-4

成果名称	完成单位	主要完成人	获奖时间及所获奖项
山区冷浸田水稻厢垄栽培技术推广	州农业局土肥站，永顺县、龙山县、凤凰县土肥站，州农业局推广站	田祖龙、韩二年、唐印良、张健民、韩宗文	1992 年全州科技进步奖三等奖
1%硝酸银溶液加压肾盂灌注治疗乳糜尿	保靖县人民医院	游联昭、彭继凤、石光志	1992 年全州科技进步奖三等奖
湘西州发现草螨新种的研究	州卫生防疫站、吉首市卫生防疫站	陈清、龙理良、覃章世、彭德华、吴生清、佘协龙、候廉元	1992 年全州科技进步奖三等奖
“州优 8 号”杂交一代西瓜新品种的选育	州农业局经济作物站	黄仁杰	1993 年全州科技进步奖一等奖
杂交玉米新品种——湘永单二号	永顺县旱粮研究所	彭继福、张自愿、向太宏、严其湘、段忠万	1993 年全州科技进步奖一等奖
湘西苗汉双语文教学方案	州民族教科所、州苗文办，花垣县教研室、县吉卫学区，凤凰县落潮井塘桥小学、县民委	周纯禄、石学东、吴继康、龙耀文、张宗权、张金文	1993 年全州科技进步奖一等奖
湘西州 1991—2000 年科学技术发展规划	州科技情报研究所	王明寅、钟兴莲、叶俊超	1993 年全州科技进步奖一等奖
优质烤烟规范化栽培	凤凰县科委、县两烟办公室、县烟草公司	闵凤喜、曹义、张友年、曹剑慧、田小平、包忠兴	1993 年全州科技进步奖二等奖
柑橘大实蝇综防技术应用研究	吉首市农业局植保植检站	纪湘珠、郭学涵、向红翠、张明渊、石元贵	1993 年全州科技进步奖二等奖
板栗芽砧嫁接技术的研究	古丈县林业局	张昌宁、李元成、周耀家、李健、陈述庭	1993 年全州科技进步奖二等奖
椪柑优良株系“260”选种	吉首市农业局经果站、泸溪县柑橘技术推广站、州经作站	彭振亚、杨胜陶、谭世贤、石元贵、向红翠	1993 年全州科技进步奖二等奖
花垣县兄弟河水电工程岩溶渗漏改变坝址地质勘察	州水电勘测设计院、花垣县水利电力局	陈武元、刘锡初、邓声棠、唐高华、万明海	1993 年全州科技进步奖二等奖、1995 年湖南省科技进步奖三等奖
保靖县仙仁大桥 1~80 米钢架拱转体设计与施工	州交通设计规划勘察设计院、保靖县交通委员会	吴元庆、米世炳、朱民宪、康文松、陈开文	1993 年全州科技进步奖二等奖
GJM 型工业锅炉高效节煤器	吉首机械厂	张子弟、刘维国、袁良储、康水平、谢小青	1993 年全州科技进步奖二等奖、1995 年湖南省科技进步奖四等奖
旱土蓄水聚肥技术研究	州农业局土肥站，龙山县、保靖县、永顺县、吉首市土肥站	杨胜和、田祖龙、张建民、张媛媛、乐明卿	1993 年全州科技进步奖三等奖

续表 27-4

成果名称	完成单位	主要完成人	获奖时间及所获奖项
龙山县官渡 U 型渠道工程	龙山县水利电力局、龙山县水利电力勘测设计室、龙山县城郊区水利电力管理站	杜德文、杨才树、彭继善、王建国、罗德孝	1993 年全州科技进步奖三等奖
ST 石油沥青玻璃布油毡	保靖县新型建材厂	徐世荣、肖乾炎、彭图荣、周锡全、邓祖禹	1993 年全州科技进步奖三等奖
西洋参锗茶科研新产品研制	湖南医药工业研究所、古丈县茶叶精制厂	王青、邓建成、米杰、伍秉维、杨辉	1993 年全州科技进步奖三等奖
白垩石棕片对农村饮用水过滤除菌效果的研究	州防疫站、州改水办公室、州计划委员会	石金泉、毕兆和、刘富礼、彭芪松、田宏富	1993 年全州科技进步奖三等奖
斜坡上枪弹俯射时射击距离公式	古丈县公安局、县科委、县第一中学	何洲、张景良、彭武银、文中央、黄金钢、鲁建军	1993 年全州科技进步奖三等奖
晒红烟新品种“湘西晒红一号”杂交选育研究	吉首大学生物系、吉首市烟草公司	李国民、王复文、王永明	1994 年全州科技进步奖一等奖、19956 年湖南省科技进步奖三等奖
扑虱灵新农药推广	州农业科技教育站、州植保植检站、花垣县农业科技教育站等	卜合林、段世强、李伏安、黄昌盛、张官富	1994 年全州科技进步奖二等奖
茶黄螨为害辣椒、茄子的特点与药剂防治研究	州农科所、吉首市蔬菜局	龙胜金、田开松、武吉生、梁子英、谢治强	1994 年全州科技进步奖二等奖
马铃薯新品种“州芋 3 号”	龙山县马铃薯科学研究所	李谟崧、刘朝荣	1994 年全州科技进步奖二等奖
水泥小砌块成型机	州农业机械研究所	田必生、李启建、钟明、韩志国、胡海宪	1994 年全州科技进步奖二等奖、1995 年湖南省科技进步奖四等奖
岩门溪水库斜井式自记水位装置	泸溪县水利电力局、泸溪县岩门溪水库管理所	唐世水、李兴文、郑雪静	1994 年全州科技进步奖二等奖、1995 年湖南省科技进步奖四等奖
龙塘河水库大坝渗漏采用冲抓套井回填及柔毡铺盖新技术综合治理	凤凰县水利水电局、龙塘河水库大坝防渗指挥部	刘紫光、田应坤、熊开武、袁新民、隆冬生	1994 年全州科技进步奖二等奖、1995 年湖南省科技进步奖四等奖
折线拱渡槽工程	州农田水利站，保靖县粮援水利工程指挥部、县水利电力勘测设计室	彭大凤、谢建刚、文兴举、喻兴旺、吴凤祥	1994 年全州科技进步奖二等奖、1995 年湖南省科技进步奖四等奖
200/150R-AH、80/50C-AH 离心式渣浆泵及其过流件	吉首市机械厂	袁良储、张子弟、宋岩、艾德厚、向绪英、杨元卫、张学武	1994 年全州科技进步奖二等奖

续表 27-4

成果名称	完成单位	主要完成人	获奖时间及所获奖项
混合型广播电视共缆传输系统	凤凰县广播电视局	金宣元、曹吉森、吴正国、黄志强、韩忠文	1994 年全州科技进步奖二等奖、1995 年湖南省科技进步奖四等奖
吉首牌 JS6600 型轻型客车	湘西州汽车运输总公司、吉首汽车修制厂	张俊、敖士龙、向乃富、甄如周、向宏珍	1994 年全州科技进步奖二等奖
治疗肝炎新药木瓜舒肝冲剂的研究	湘西州民族中医院（民族医药研究所）、湖南湘西制药厂	田奇伟、肖兴民、杨秀林、陈沧海、谢新平	1994 年全州科技进步奖二等奖
心律失常治疗的推广应用	湘西州康复医院	王福军	1994 年全州科技进步奖三等奖
BOPP 高级封箱胶带	凤凰县科委、县民族工艺装饰厂	田儒竹、田铁生、邓清明	1994 年全州科技进步奖三等奖
美味猕猴桃优良品种“米良一号”的选育	吉首大学	石泽亮、裴昌俊、刘泓	1995 年全州科技进步奖一等奖、1997 年湖南省科技进步奖三等奖
常规中稻新品种——湘州八号	湘西州农科所	梁子英、龙胜金、李绍前	1995 年全州科技进步奖一等奖
杂交水稻超高产制种综合配套技术研究	龙山县种子公司	谷丰、黄陆军、贾美银、刘庭云、陈全华、张宏锦、丁纯清、李胜元、李章茂	1995 年全州科技进步奖二等奖、1996 年湖南省科技进步奖四等奖
紧凑型玉米高产栽培技术推广	龙山县农技推广中心、县种子公司、县红岩区农技站、县水田区农技站、县土肥站	杨春猷、张其茂、向邦豪	1995 年全州科技进步奖二等奖、1996 年湖南省科技进步奖三等奖
倍花酵解一步法生产高纯没食子酸	吉首市第二化工总厂	高从翠、张明政、高金莲、张正元、高维平	1995 年全州科技进步奖二等奖
RTS-200 实时多任务电力监控系统在龙山电网中的应用	龙山县水电公司、西安电子科技大学计算机运动技术研究中心	陈昌余、孙春雷、吴文忠、向宏政、秦召旺	1995 年全州科技进步奖二等奖、1996 年湖南省科技进步奖四等奖
湾塘水电站 1#、2# 机组改进增容	龙山县水电公司、湾塘水电站工程指挥部	段维政、姚元详、肖中、段兴武、向清龙、向发祥、颜斌	1995 年全州科技进步奖二等奖
湘西水蚀地造林树种生态适应性及其类型研究	古丈县林业科学研究所	张拥祝、张金旺、王明贵、彭武顺、周耀家	1995 年全州科技进步奖二等奖
阴囊带血管蒂皮瓣正位尿道口一期尿道下裂成形术	湘西州人民医院	石永雄、滕伊漓、杨立刚	1995 年全州科技进步奖二等奖
高纯单宁酸研制	湘西州栲化厂	徐进、吴原忠、彭司义、鲁先成、田顺明	1995 年全州科技进步奖三等奖

续表27-4

成果名称	完成单位	主要完成人	获奖时间及所获奖项
38%(V/V)湘泉酒	湘泉酒总厂科研所	刘建新、李忠民、周晓林	1995年全州科技进步奖三等奖
TJK-L调压节能开关	吉首市建筑建材科学研究院	钱建良、周义清、李贵喜、曾祥云、姚本祥	1995年全州科技进步奖三等奖
头胸导联心电图的推广应用	湘西州康复医院、凤凰烟厂职工医院	王福军、阙道合	1995年全州科技进步奖三等奖
吉首市土地利用总体规划研究	吉首市国土局	高从功、徐卫东、黄光荣、罗业明、刘国良	1995年全州科技进步奖三等奖
GY-Ⅱ型曲线轨道涂油机	怀化铁路总公司吉首工务段	周健全、廖云辉、黄金鉴、黄殷夫、陈运和	1996年全州科技进步奖一等奖、1997年湖南省科技进步奖四等奖
葡萄吸果蛾的研究	湘西州农业学校	谢辅义、姚玲香、贺宋文、董仁富、杨玲	1996年全州科技进步奖一等奖、1997年湖南省科技进步奖四等奖
山野菜—保鲜、即食蕨菜开发研究	湖南省食品发酵工业科学研究所、湘西山源食品公司	郝健生、黄亮、龙胜利、谢元、龚天贵	1996年全州科技进步奖二等奖
复方牵牛子胶丸治疗癫痫的临床研究	凤凰县民族中医院、县烟厂职工医院，湘西州康复医院	张继德、郑根堂、王福军、龙玉山、滕建文、麻文兴、杨一兵	1996年全州科技进步奖二等奖
戒指样组织细胞对伤寒临床诊断的研究	湘西州人民医院	曾传生、孔宪珠、谭慕兰、向吉富、黄爱群	1996年全州科技进步奖二等奖、1999年湖南省科技进步奖三等奖
小孔径浅孔光面、预裂、梯段微差爆破技术在长潭岗电站工程的应用	湘西州水利水电勘测设计研究院、凤凰县水利水电勘测设计室	肖功伟、田儒琴、史祖林、林宗勋、吕忠源	1996年全州科技进步奖二等奖、1997年湖南省科技进步奖三等奖
浮雕玻璃工艺技术推广应用	凤凰县茂月工艺制镜厂	田茂月、苏向阳	1996年全州科技进步奖三等奖
湘西州农作物品种资源研究与利用	湘西州种子管理站	李开太、莫清玉、田霖、邹福全、刘庭云	1996年全州科技进步奖三等奖
板栗幼林丰产及其研究	湘西州林业局、吉首市林业局	左干国、谭国祥、钟少伟、张拥祝、彭佼	1996年全州科技进步奖三等奖
电子客票管理系统	吉首车务段、怀铁总公司电算中心、怀铁总公司客运分处	欧阳建权、贺忠明、黄曦	1996年全州科技进步奖三等奖
现代囊外白内障摘除术推广应用	湘西州人民医院	陈季生、陈良权、曾山秀、龚春英、覃冬菊、赵斯君	1996年全州科技进步奖三等奖
山区中稻旱育秧高产栽培技术研究及应用	州农业局粮油站，龙山、永顺、花垣、凤凰等县农业局	唐海沾、彭国仁、张其茂、胡绍东、刘建中	1996年全州科技进步奖一等奖

续表 27-4

成果名称	完成单位	主要完成人	获奖时间及所获奖项
马铃薯高产栽培技术推广	龙山县农技推广中心、县科技局	张其茂、张建民、田万先、黄陆军、张顺成	1997 年全州科技进步奖一等奖
古丈县接龙渠工程	古丈县水利水电局、县接龙渠工程指挥部	文体武、李绍章、周云、李启丁、向雪云	1997 年全州科技进步奖一等奖、1998 年湖南省科技进步奖四等奖
可调式道岔拉杆	怀化铁路总公司吉首工务段	朱益卿、许道新、张夏雨、杨朴清、周健全	1997 年全州科技进步奖二等奖
云斑鮰引种养殖技术研究	湘西州水产科技推广站、州水产工作站	彭世才、白洪青、陈长健、杨承明、姚本相	1997 年全州科技进步奖二等奖
土家医诊断与治疗方法研究	湘西州民族医药研究所	田华咏、潘永华、唐永佳、何炬、瞿显友	1997 年全州科技进步奖二等奖、1998 年湖南省科技进步奖三等奖
原发性高血压与心律失常关系研究	湘西州康复(肿瘤)医院、江苏省镇江市解放军三五九医院、凤凰县民族医药研究所、安徽省人民医院	王福军、慈书平、张继德、张亚斋	1997 年全州科技进步奖二等奖
竖井式开发利用夯彩岩溶地下水工程	花垣县水利水电局、湘西州水利工程管理站	杨永茂、王力平、姚波、万明海、张齐湘	1997 年全州科技进步奖二等奖、1998 年湖南省科技进步奖四等奖
江泽折线拱支撑式“自应力”倒虹吸管工程	永顺县水利水电局、松柏水库灌区工程指挥部	刘川云、张仲文、宋家兴、张庆修、向朝雨	1997 年全州科技进步奖二等奖
湘西州丝虫病防治及消灭丝虫病	湘西州卫生防疫站	李麟琳、张开仁、姚本华、罗享乔、黄生权等	1997 年全州科技进步奖三等奖
手部压榨伤毁损性断掌 5 指再植	永顺县人民医院	唐长友、向清国、印昌荣、冯时泉	1997 年全州科技进步奖三等奖
龙山县凤溪小流域综合治理工程	龙山县水电局、县水土保持站	杜德文、陈良荣、罗德孝、魏承松、郑凯荣	1997 年全州科技进步奖三等奖
双低优质油菜丰产栽培技术研究与推广应用	湘西州农业局粮油站，吉首市、龙山县、永顺县、凤凰县农业局	钟兴莲、陈德金、刘志玉、田万先、白应刚	1997 年全州科技进步奖一等奖
百合高产栽培综合技术推广	龙山县科技局、县农业局信息站、植保植检站、经作站	张建民、田清生、邓宗群、张顺成、黄敬贵	1998 年全州科技进步奖一等奖、2001 年湖南省科技进步奖三等奖
烟草专用苗肥的研制及其后续效应研究	湘西州烟科所	吕启松、王享贻、田峰、段晓锋、李跃平、张明发、方红	1998 年全州科技进步奖一等奖、1999 年湖南省科技进步奖四等奖
常规中籼糯谷新品种——湘州糯一号	湘西州农科所	梁子英、李绍前、龙胜金	1998 年全州科技进步奖二等奖

续表 27-4

成果名称	完成单位	主要完成人	获奖时间及所获奖项
自拟二花三草汤治疗盆腔炎性包块	湘西州人民医院	龙书云	1998 年全州科技进步奖二等奖
复方黄芪制剂“肾炎灵”治疗肾病综合症的研究	湘西州人民医院	符辉明、付腊莲、梁晓婷、刘立	1998 年全州科技进步奖二等奖
硬膜外阻滞加气管插管浅全麻用于腹腔镜胆囊切除临床研究	吉首市人民医院	吴伯卿、林志远、邬云斌	1998 年全州科技进步奖二等奖
支纤镜在临床中应用的创新研究	湘西州人民医院	高殿富、宋泽娟、陈启敏、黄生用、梁春齐	1998 年全州科技进步奖二等奖
内水压水导瓦及内水压主轴密封技术	泸溪县水电公司、县峒底电站	孙中金、杨必好、杨昌彬、戴春德、杨军	1998 年全州科技进步奖二等奖
花垣县三万亩杂交玉米综合高产栽培技术推广	花垣县农技推广中心、县科技局、湘西州农业局粮油站	田宗云、郭云钦、腾云安、蒋明章、彭国仁	1998 年全州科技进步奖三等奖
脐橙早结丰产栽培技术研究	湘西州、龙山县经作站,湘西州以工代赈办公室、湘西州农科所	谭世贤、田清生、龙先仁、夏远收、黄敬贵、郭汉辉等	1998 年全州科技进步奖三等奖
癫痫的病因及治疗研究	凤凰县民族中医院、湘西州康复(肿瘤)医院	张继德、王福军、裴庆生、杨通宝、石再和	1998 年全州科技进步奖三等奖
富硒猕猴桃果汁饮料	吉首大学食品科学研究所、生命科学研究所,湖南吉首老爹酒业有限公司	张永康、姚茂君、周亚林、李加兴、李克刚	1999 年全州科技进步奖一等奖、2000 年湖南省科技进步奖三等奖
龙须草丰产栽培及制浆造纸技术开发	湖南农业大学,花垣县科技局、县纸厂	邹冬生、蒋明章、侯昌森、王力平、袁胜繁、荣湘民、周清	1999 年全州科技进步奖一等奖
椪柑良种及早结丰产优质栽培技术推广	湘西州农业局经作站、州扶贫开发办公室、泸溪县柑橘站、吉首市经果站、凤凰县经作站	谭世贤、吴东驰、龙先仁、向宏翠、彭际森、石刚、田辉武、周云录、瞿长征	1999 年全州科技进步奖一等奖 、1999 年湖南省科技进步奖三等奖
武陵山区农业综合开发研究与利用	湖南省农业厅对外经济技术合作中心,湘西州、花垣县、保靖县、永顺县外资外援办公室	李良永、成良计、唐双发、黄岳男、宋金国、杨胜和、刘知文、满意生、余长拔	1999 年全州科技进步奖一等奖、、2000 年湖南省科技进步奖二等奖
稻田工程化养鱼技术推广	湘西州、花垣县、凤凰县水产工作站	姚本相、向先嘉、彭世才、吴潭富、杨胜亮	1999 年全州科技进步奖二等奖
湘西 3779 粮援项目水利工程研究与利用	花垣县、保靖县、永顺县外资外援办公室,花垣县、保靖县、永顺县农业局	周岳林、李清星、张贤富、麻绍伟、谢茂洲、肖明贵、鲁邦辉、印玉银	1999 年全州科技进步奖二等奖

续表 27-4

成果名称	完成单位	主要完成人	获奖时间及所获奖项
湘西 3779 粮援项目水利工程研究与利用	永顺县、花垣县、保靖县外资外援办公室，永顺县、花垣县、保靖县水电局	高林、刘贤元、刘川荣、宋家新、周锡洋、向清芳、张树清、杨秀贵	1999 年全州科技进步奖二等奖
中、小型水库封闭式取水设施研究及应用	凤凰县水利水电局、外资外援办公室	肖功伟、袁新民、黄福贵、向红、田小平、周健智、龙海其	1999 年全州科技进步奖二等奖、2000 年湖南省科技进步奖三等奖
苗医正骨手法与柏林接骨散治疗骨伤疾病研究	湘西骨伤科医院、州民族医药研究所	张东海、张立、田华咏、瞿显友	1999 年全州科技进步奖二等奖
湘西 3779 粮援项目林果业开发研究与利用	保靖县、永顺县、花垣县外资办公室，保靖县、永顺县、花垣县林业局，保靖县、永顺县、花垣县农业局	余长拔、丁欣荣、龙官金、龙标云、关炯、满意生、石志和、唐学明	1999 年全州科技进步奖二等奖
金水梨丰产栽培技术推广	保靖县科技局、湖南农业大学、保靖县农业局、保靖县民办适鲜水果研究所、保靖县林业局长防示范场	向建新、李润唐、赵清富、全运钧、向洪	1999 年全州科技进步奖三等奖
吉首市土地利用总体规划	吉首市国土管理局	黄光荣、梁乔发、肖丽荣、刘芳清、徐卫东、高从功、张旭、罗业明、陈清喜、高小平、曹永忠	1999 年全州科技进步奖三等奖、2000 年湖南省科技进步奖四等奖
谷维素治疗早搏的临床研究	湘西自治州康复(肿瘤)医院、解放军第三五九医院、湘西州人民医院	王福军、慈书平、朱灿、田英凡、张继德、张亚斋	1999 年全州科技进步奖三等奖
胸水内皮素检测在胸腔积液鉴别诊断中临床应用的研究	永顺县人民医院、湖南医科大学第二附属医院呼吸内科	朱黎明、唐跃明、向旭东、陈平	1999 年全州科技进步奖三等奖
乳酸菌素治疗小儿腹泻推广应用	凤凰县人民医院	邓发文、田寿仙、吴金牛、廖德喜	1999 年全州科技进步奖三等奖
珍珠粉治疗护理皮肤损伤的临床应用	湘西州人民医院	傅腊莲、杨万刚、王志英	1999 年全州科技进步奖三等奖
山羊养殖技术推广	湘西州畜牧水产局，花垣县、泸溪县、古丈县、保靖县畜牧局	龙县文、向春茂、潘承猛、姚本道、廖有生等	2000 年全州科技进步奖一等奖
中国民族药炮制方法调查研究	湘西州民族医药研究所	田华咏、瞿显友、熊鹏辉、刘玉琴、敬松、麦国荣	2000 年全州科技进步奖一等奖

续表 27-4

成果名称	完成单位	主要完成人	获奖时间及所获奖项
早熟中籼新品——湘州 9 号的选育	湘西州农科所	龙胜金、王福顺、李建雄、麻老春、田霖	2000 年全州科技进步奖二等奖
湘西州农田化学除草技术推广应用	湘西州植保植检站、8 县市植保植检站	张庭术、龚道国、吴秋明、邓宗群、樊家传等	2000 年全州科技进步奖二等奖
心律失常与相关疾病关系系列研究	湘西州康复(肿瘤)医院、解放军第三五九医院、安徽省立医院	王福军、慈书平、田英凡、刘文华、茅建华、张亚斋	2000 年全州科技进步奖二等奖
苗医外治法研究	凤凰县民族医药研究所	龙玉山、张继德、欧志安、龙灵芝、欧忠秋	2000 年全州科技进步奖二等奖
椪柑优质栽培示范及推广	湘西州科协、州科委	文中央、姚本发、何杰、陈世新、黄仁辉、朱先之	2000 年全州科技进步奖三等奖
性交后活体阴道内混合斑酸性磷酵酶和精子检出时限及影响研究	吉首市公安局、湘西州人民医院	余家树、刘梦桃、李建霞、覃开良、李嗣忠	2000 年全州科技进步奖三等奖
恙虫病肺部表现的临床观察与研究	湘西州人民医院	曾传生、向吉夫、傅腊莲、曾明明、向仍芝	2000 年全州科技进步奖三等奖
龟龙丸治疗慢性非特异性结肠炎的临床研究	湘西州民族医药研究所	彭芳胜、潘永华、田华咏、瞿显友、杨文兴	2000 年全州科技进步奖三等奖
食道心房调博术推广应用	湘西州人民医院	彭学军、赵菊霞、蒋勇、向芝青	2000 年全州科技进步奖三等奖
提高酒鬼酒原料出酒率及优级品率研究	湖南酒鬼酒股份有限公司	田家贵、宋清宏、郑凤林等	2001 年全州科技进步奖一等奖、2002 年湖南省科技进步奖二等奖
湘西山区高标准农田建设与综合开发利用研究	湘西州土肥站、湘西州农业局信息站、吉首市土肥站、花垣县城郊农技站	潘太国、田祖龙、孙艳、陈道云、方勇等	2001 年全州科技进步奖一等奖
土家族医药研究	湘西州民族医药研究所	田华咏、彭芳胜、潘永华、瞿显友	2001 年全州科技进步奖一等奖、2002 年湖南省科技进步奖三等奖
彭泽鲫引种养殖示范推广	湘西州水产站,凤凰县、花垣县、吉首市水产工作站	姚本相、向先嘉、彭世才、杨代全、吴潭富	2001 年全州科技进步奖一等奖
等容血稀加光量子疗法治疗肺性脑病的临床研究	湘西州人民医院	高殿富、杨万刚、欧回芬、唐召喜、金志兰	2001 年全州科技进步奖一等奖
杂交水稻Ⅱ优 441 的选育	湘西州种子公司、湖南杂交水稻研究中心	邓小林、韩宗正、向功旺、冉隆勇	2001 年全州科技进步奖一等奖
山区电力气象通讯网络现代化调度决策系统研究	湘西州电业局调度管理所、湘西州气象台	罗齐亮、彭小青、周新明、汤斌、吴志科	2001 年全州科技进步奖一等奖

续表 27-4

成果名称	完成单位	主要完成人	获奖时间及所获奖项
有锯齿外壁和楔形肋的小型空心砌块	吉首市建筑建材科学研究院	周义清、曾祥兴、周志娟、阳平、黄吉州等	2001 年全州科技进步奖一等奖
复合土工膜在马家冲水库坝体防渗中的应用	泸溪县水利局	黄维琪、戴金洲、刘弟伟	2001 年全州科技进步奖一等奖
妇科白带多项检查快速染色技术临床应用与推广	湘西州医学会、州人民医院、州妇幼保健院	田晓萍、向敏、石敏、程秋蓉、杜菡等	2001 年全州科技进步奖一等奖
铁路车站信息管理系统	怀化铁路总公司吉首车务段	贺忠明、刘斌、王焕联、姜惠丰、周赞刚等	2001 年全州科技进步奖一等奖
湘西州新增稻田培肥及综合丰产技术推广	湘西州、永顺县、龙山县、保靖县、花垣县土肥站	杜早东、向军、田应召、滕玉梅、石红梅	2001 年全州科技进步奖三等奖
湘西州缓坡地治理及综合利用技术推广	湘西州土肥站、湘西州农业局、吉首市土肥站、花垣县城郊农技站		2001 年全州科技进步奖三等奖
鲜杨梅汁饮料研究	湖南老爹农业科技开发股份有限公司、吉首大学科技研究开发中心、靖州县科技局	张永康、廖民富、李加兴、周亚林	2001 年全州科技进步奖三等奖
猕猴桃果仁油	吉首大学科技研究开发中心、湖南老爹农业科技开发股份有限公司	张永康、李加兴、姚茂君、周亚林、李克刚等	2004 年全州科技进步奖一等奖
粮饲兼用型杂交玉米新品种永科 5 号选育与推广	永顺县旱粮研究所	彭继福、田雨、王军、彭荣等	2004 年全州科技进步奖一等奖
湘西州超级杂交稻高产优质栽培技术研究与示范推广	湘西州粮油作物站、湘西州科技局、龙山县农业技术推广中心、永顺县粮油作物站	李大恒、尹德仁、张其茂、周庭照、叶俊超	2004 年全州科技进步奖一等奖
人骨身份判别系统	吉首大学信息技术有限公司、吉首市公安局、湘西州公安局	彭秀文、余家树、胡运亮等	2004 年全州科技进步奖一等奖、2005 年湖南省科技进步奖三等奖
板栗气调贮藏保鲜技术与产业化应用	湘西亿事达实业发展有限公司、中国林业科学研究院林业研究所	王贵禧、杜玉宽、杜新荣、梁丽松、董凤祥等	2004 年全州科技进步奖二等奖
Ⅱ优 217 选育及推广	湘西州农科所	李绍前、蔡义东、麻老春、李建雄、杨龙华等	2004 年全州科技进步奖二等奖
牛冷冻精液人工授精技术推广	湘西州畜牧水产局	陈军、彭英海、甄才民、石永忠、欧明朝等	2004 年全州科技进步奖三等奖

续表 27-4

成果名称	完成单位	主要完成人	获奖时间及所获奖项
脐橙低乙烯贮藏保鲜技术研究	湘西亿事达实业发展有限公司	杜玉宽、杜新荣、潘金建、吴祖舜等	2004 年全州科技进步奖三等奖
英雄水电站增容改造技术应用	龙山县电力公司	陈昌余、肖中、段兴开、向清龙等	2004 年全州科技进步奖三等奖
242 例急性氯气中毒病人抢救及整体护理临床应用研究	湘西州人民医院	陈继延、韩小怀、宋洁、甘慧芝等	2004 年全州科技进步奖三等奖
精斑检验的干扰因素研究	吉首市公安局、湘西州人民医院	余家树、覃开良、龚丽君	2004 年全州科技进步奖三等奖
红提葡萄栽培技术推广	湘西州扶贫开发培训中心	黄光美、钟生友、张安福、梁�等	2004 年全州科技进步奖三等奖
谷维素抗心律失常机理研究	湘西州人民医院、中国人民解放军三五九医院	王福军、王微、慈书平、许圣宣等	2004 年全州科技进步奖三等奖
湘西苗族人群 DN 遗传流行病学调查及 ACE 基因多态性研究	湘西州人民医院	符辉明、伍汉文、杨建平、傅腊莲等	2004 年全州科技进步奖三等奖、2003 年“中国苗族人群原发性血色病遗传流行病学调查及 HLA 研究”获湖南省科技进步奖三等奖
岩溶山区旱作农业集雨节水综合技术研究	湘西州土壤肥料工作站、湘西州以工代赈办及八县市土壤肥料工作站	潘太国、冯晓华、彭玉璋等	2005 年全州科技进步奖一等奖、2006 年湖南省科技进步奖三等奖
果王素牌果王油胶囊应用与推广	湖南老爹农业科技开发股份有限公司、吉首大学科技研究开发中心	张永康、李加兴、姚茂君、周亚林等	2005 年全州科技进步奖一等奖
猕猴桃果粒果汁饮料	湖南老爹农业科技开发股份有限公司	李加兴、陈双平、杨建军、李伟等	2005 年全州科技进步奖一等奖、2006 年湖南省科技进步奖三等奖
金优 217 选育与推广	湘西州农科所	李绍前、全华、麻老春、钟伟等	2005 年全州科技进步奖一等奖
土家族医学发展史研究	湘西州民族医药研究所	田华咏、滕建卓	2005 年全州科技进步奖一等奖
中国苗族人群 I 型糖尿病患者与 HLA-DR 基因频率相关性研究	湘西州人民医院	陈莉莉、高殿富、李凯、祝有国等	2005 年全州科技进步奖一等奖
乙型肝炎病毒感染与自身抗体的相关性研究	湘西州人民医院、中南大学湘雅医院	周明欢、欧强、谭德明	2005 年全州科技进步奖二等奖
桤木播种育苗技术规程	湘西州营林管理站	彭险峰、钟少伟、向志斌、杨杰	2005 年全州科技进步奖二等奖
提高农村儿童乙型肝炎疫苗首针及时接种率的策略研究	龙山县疾病预防控制中心	张建斌、包万春、黄全福、董金昌、张孝洪	2005 年全州科技进步奖二等奖
心肌细胞机动蛋白变化与死亡时间关系研究	吉首市公安局、吉首大学医学院、湘西州人民医院、湘西州公安局	余家树、吕江明、向吉富、吴长初、陈民敬等	2005 年全州科技进步奖二等奖

续表 27-4

成果名称	完成单位	主要完成人	获奖时间及所获奖项
漏斗式节能烤烟房	花垣县烟草公司	石昌美、麻建德、向德明、李跃平、段小峰	2005 年全州科技进步奖二等奖
土家族药材鉴别研究	吉首大学医学院、湘西州药品检验所	杨德胜、王正萍、杨德泉	2005 年全州科技进步奖二等奖
铁 / 炭微电解床 + 石灰絮凝沉淀处理电解锰废水	湘西州环境保护科学研究所	沈扬、张光辉、毛卫华、陈佳等	2007 年全州科技进步奖一等奖
猕猴桃果脯新工艺研究	湖南老爹农业科技开发股份有限公司	李加兴、陈双平、杨建军等	2007 年全州科技进步奖一等奖
柑橘新品种引进及品改低改示范推广	湘西州、吉首市、泸溪县、永顺县、保靖县、龙山县、古丈县农业局经济作物站	易强、钟习文、张林军、杨水芝等	2007 年全州科技进步奖一等奖
高淀粉红薯新品种(86-21、豫薯 7 号)高产栽培技术推广	龙山县农业技术推广中心、县科技局、县金山实业有限公司、县土壤肥料站、县植保植检站	彭顺光、杨春献、颜芳燕、王裔明等	2007 年全州科技进步奖一等奖
土家医方剂学研究	湘西州民族医药研究所	彭芳胜、田华咏、滕建卓、熊绍勤、王菊满	2007 年全州科技进步奖一等奖
湖南省民族医药发展史研究	湘西州民族医药研究所	田华咏、滕建卓等	2007 年全州科技进步奖一等奖
青龙茶加工工艺技术研究	古丈县溪州乌龙茶有限责任公司、县创新科技服务有限公司	沈仁春、向勇平、印代武、黄昌松等	2007 年全州科技进步奖二等奖
金优 108 选育研究	湘西州农业科学研究所	李绍前、李尚书、鲁建华、王元顺、彭明	2007 年全州科技进步奖二等奖
鱼胆草的组织培养与栽培研究	吉首大学师范学院	刘建成、陈先玉	2007 年全州科技进步奖二等奖
湘西土、苗、汉民族幽门螺杆菌感染及相关因素的流行病学调查研究	湘西州人民医院	杨万刚、李学峰、向平、周明欢等	2007 年全州科技进步奖二等奖
绞股蓝植物结构发育与其总皂苷积累的相关研究	吉首大学生物资源与环境科学学院	刘世彪、胡正海、陈功锡、李克纲	2007 年全州科技进步奖二等奖
湘西苗医正骨技术整理研究	龙山县红十字会民族骨伤科医院、湘西州民族医药研究所	张东海、田华咏、张立、滕建卓等	2007 年全州科技进步奖二等奖
局部钻孔加电针治疗胫骨骨折延迟愈合研究	永顺县人民医院	田吉云、彭学政、姜晓娥、彭心丹等	2007 年全州科技进步奖三等奖
土家族遗传性多发性骨软骨瘤临床特征研究	湘西州民族中医院、永顺县中医院、长沙市第三医院、吉首市医院、永顺县人民医院	唐长友、彭武治、陈松、向清国等	2007 年全州科技进步奖三等奖

续表 27-4

成果名称	完成单位	主要完成人	获奖时间及所获奖项
超微细猕猴桃籽油的开发及应用技术	吉首大学、湖南老爹农业科技开发股份有限公司	李加兴、陈双平、王小勇、李敏利等	2009 年全州科技进步奖一等奖
高蛋白杂交玉米新品种湘永单 3 号选育与推广	永顺县旱粮研究所	彭继福、彭德召、王军、彭云等	2009 年全州科技进步奖一等奖
湘西密集式智能化烤房研究与推广	湘西州、龙山县、永顺县、凤凰县、花垣县、保靖县、古丈县烟草公司	李跃平、向德明、段晓峰等	2009 年全州科技进步奖一等奖
无盐香醋加工新技术	湘西州边城醋业科技有限责任公司、吉首大学食品科学研究所	张永康、麻成金、黄群、高耀富等	2009 年全州科技进步奖一等奖
湘西州科技特派员工作模式创新研究	中共湘西州委组织部、湘西州科技局、州卫生局、州科技特派员工作协调小组办公室	孙剑霖、谭吉慧、彭烟侠、张旭等	2009 年全州科技进步奖一等奖
土家族药学研究	吉首大学医学院、湘西州药品检验所、桑植县卫生学校	杨德胜、杨德泉、彭延辉、杨树升等	2009 年全州科技进步奖一等奖
水稻三系不育系湘州 113A 的选育	湘西州农业科学研究所	李绍前、李尚书、彭淑英、吴光辉等	2009 年全州科技进步奖二等奖
湘西州水稻轻简栽培综合配套技术推广	湘西州、龙山县、凤凰县、泸溪县、花垣县、吉首市、永顺县农业技术推广站	向邦豪、秦小晖、彭顺光、杨秀洪等	2009 年全州科技进步奖二等奖
斑点叉尾鮰网箱养殖技术推广	湘西州水产科技推广站，湘西州、永顺县、保靖县水产工作站	彭英海、向先嘉、姚本相、彭世才等	2009 年全州科技进步奖二等奖
柑橘无病毒种苗繁育技术应用与示范	湘西州柑橘科学研究所	彭际淼、袁波、吴宁静、石军	2009 年全州科技进步奖二等奖
湘西少数民族地区弱势群体社区卫生服务研究	吉首大学医学院	陈正英、唐莹、薛桂娥、罗雪梅等	2009 年全州科技进步奖二等奖
显齿蛇葡萄中二氢杨梅素的绿色高效提取技术研究	保靖县秦简科技开发有限公司、吉首大学食品科学研究所、林产化工工程湖南省重点实验室	姚茂群、曹庸、秦齐树、银永忠等	2009 年全州科技进步奖二等奖
从斑点叉尾鮰鱼片下脚料中提炼精制鱼油技术	湘西州金凤凰农业生物科技有限公司	万志祥、张永康、胡江宇、李辉	2009 年全州科技进步奖三等奖
湘西州中草药及民族医药分子机理研究	吉首大学医学院	钟飞、卢成瑛、吴仕筠等	2009 年全州科技进步奖三等奖
红阳猕猴桃栽培技术示范与推广	凤凰县科技试验中心	林欣桥、吴正章、吴田安等	2009 年全州科技进步奖三等奖

第五章　防震减灾

1997年，湘西自治州地震局成立（简称州地震局），与湖南省地震局吉首地震台合署办公，两块牌子，一套人员，为副处级事业单位，归口州科委管理。2010年，州地震局挂靠州科技局，局长由州科技局局长兼任。

第一节　地震科普宣传

1997年7月28日，是唐山地震纪念日，州地震局在吉首市武陵广场首次开展地震知识宣传活动。上午9点至12点，安排4人在州政府门前搭建的专家咨询台，向广大市民发放地震知识、抗震自救知识宣传画册500余份，同时还在州《团结报》和湘西电视台专题报道。

1998年3月1日，实施《中华人民共和国防震减灾法》，州人大常委会教科文卫委、湘西电视台、州有线电视台以及州地震局在州政府门前联合开展《防震减灾法》宣传活动，向过往群众发放宣传资料1500份。次年起，每年3月1日和7月28日均在街头摆放展板、搭建咨询台，开展地震知识宣传。2007年12月，湘西州农村民居试点工作会议在永顺县泽家镇召开，州人民政府副州长梁秋松在会上就农村民居防震保安工作发表讲话。是年，泽家镇建成农村防震安全民居房78栋。

2008年3月1日，湘西州纪念《中华人民共和国防震减灾法》颁布实施十周年。吉首市城区相关单位干部职工上街宣传，在十字街、广场悬挂气球和条幅标语。发放《防震减灾法》宣传单3000多份。汶川地震发生后，州地震局向州境城乡居民印发《地震知识手册》3万册。2009年5月12日，州政府应急办牵头组织开展应急知识宣传周活动，在吉首市街头放光碟、摆展板，宣传防震知识，观看者万余人。

2010年5月12日，州地震局在吉首市街头设立咨询点、发放资料、宣讲地震知识。同时，在乾州民营小区光彩广场开展防灾减灾日科普教育宣传活动。州地震局专家到吉首大学、吉首市第一中学、吉首大学附属小学，为师生介绍防震、避震、应急自救常识。受湘西州联通公司邀请，为公司员工讲述地震来临时防护、逃生常识，以及在公共场所遇到各种突发事件的应急处理办法，并开展应急演练。州地震局邀请州电视台制作防震减灾相关专题片，宣传防震减灾知识，增强群众避险救助能力。

是年9月，永顺县两岔乡发生ML3.2、ML4.1级强有感地震。该县教育局、科技局联合在乡明德小学开展防震减灾科普示范，州地震局现场指导。两岔乡明德小学成为湘西州第一所地震防范常识科普示范试点学校。

第二节　监测预报与设防管理

1981年，吉首地震台建成开始观测。1998年，州地震局参加省地震局组织的年度地震趋势会商，并提交趋势会商报告。1999年，吉首台被国家地震局确定为全国31个有人值守台之一，并实施数字化改造。

2002年9月，州民族事务委员会实施“湘西民族文化产业中心”工程建设，为高层建筑，地面以上高度105米，州地震局依法组织地震安全性评价。2003年6月，地震设防管理进入州政务中心窗口，依法、规范办理抗震设防行政审批。2005年1月，州人民政府印发《湘西自治州建设工程抗震设防管理办法》，加强州域抗震设防监管。2006年，“十五”中国数字地震观测网络建设升级改造项目竣工。2008年，吉首地震台被中国地震局列入台站优化改造项目，改建改造台站办公楼、仪器房等。2010年，湘西州地震趋势会商报告呈送湖南省地震局，获全省市州会商报告一等奖第一名。

第三节 地震应急

一、地震应急预案与应急数据收集

1999年7月16日，州人民政府办公室印发《湘西自治州破坏性地震应急预案》，并设立抗震救灾指挥部。州人民政府分管副州长任指挥长，州人民政府分管副秘书长、吉首军分区参谋长及州计委、公安局、民政局、卫生局、地震局的主要负责人任副指挥长。成员单位包括：州计委、科委、交通局、民政局、地震局、医药管理局、卫生局、粮食局、农村工作办公室、教委、电业局、商业集团总公司、广播电视局、水利电力局、环保局、电信局、邮政局、外事办公室、供销联社、团结报社、公安局、吉首军分区、武警支队、吉首铁路车务段、中国人民保险公司及中国人寿保险公司湘西州公司等。

2003年，《湘西自治州破坏性地震应急预案》按省地震局要求，作出部分修订。2007年，州人民政府办公室印发《关于收集应急基础数据的通知》，建立地震应急基础数据库。各县市地震管理部门执行《通知》精神，开展市县政府驻地城区建筑、水库、桥梁、医院、学校、化工企业、危险路段等相关资料基本统计，为大震应急指挥决策提供第一手资料。

二、地震现场工作

1996—2010年，湘西州境内先后发生7次强有感地震，州地震部门均配合省地震局开展现场相关工作。

（一）永顺县泽家湖ML3.5级地震

1997年7月28日22时，永顺县泽家湖发生ML3.2、3.0、3.5级有感地震。地震发生后，先后接到震区地震情况电话，普遍反映有强烈震感，较多的人离开房屋，到室外谈论地震。州政府办公室通知地震部门前往地震现场调查，并将地震调查情况上报州政府。29日，州地震局与省地震局工程师前往泽家震区现场调查，在调查中向震区群众宣传地震知识、安抚民心。此次地震没有造成人员伤亡和财产损失。

1997—2010年吉首地震台地震监测资料省局评比情况一览表

表27-5

年度	评比项目	获奖等级	发证文号	年度	评比项目	获奖等级	发证文号
1997	DD—1	第一名	湘震发科字〔1998〕19号	2005	DD-1	第三名	湘震发〔2006〕17号
	大震速报	良好			数字观测	第一名	
	DK-1	第二名			大震速报	第三名	
	电台通信	优秀			—	—	
1998	DD-1	第一名	湘震发科字〔1999〕12号	2006	DD-1	第二名	湘震发〔2007〕15号
	DK-1	第一名			数字观测	第二名	
	电台通信	优秀			—	—	
1999	DD-1	优秀	湘震发〔2000〕19号	2007	DD-1	第二名	湘震发〔2008〕15号
	DD-1	第一名			数字观测	第一名	
	电台通信	优秀			—	—	
	大震速报	良好			—	—	

续表 27-5

年度	评比项目	获奖等级	发证文号	年度	评比项目	获奖等级	发证文号
2000	DD-1	第一名	湘震发〔2001〕30 号	2008	DD-1	第三名	湘震发〔2009〕29 号
	DK-1	第一名			数字观测	第一名	
	大震速报	优秀			—	—	
2001	DD-1	优秀	湘震发〔2002〕19 号	2009	—	—	湘震发〔2010〕15 号
	DK-1	第二名			数字观测	第一名	
	大震速报	第三名			—	—	
2002	DD-1	优秀	湘震发〔2003〕21 号	2010	系统运行	第一名	湘震发〔2011〕15 号
	数字观测	第一名			资料产出	第一名	
	大震速报	优秀			—	—	
2003	DD-1	优秀	湘震发〔2004〕12 号	—	—	—	—
	数字观测	良好			—	—	—
2004	DD-1	第三名	湘震发〔2005〕24 号	—	—	—	—
	数字观测	第二名			—	—	—
	大震速报	优秀			—	—	—

（二）吉首市小溪 ML3.0 级地震

2008 年 1 月 11 日，吉首市峒河办事处小溪村发生 ML3.0 级地震。极震区烈度高达Ⅶ度，地震造成两栋民房严重破坏，无法居住。有感范围东至吉首市城区红旗门，西至吉首市己略乡龙舞村，南至吉首市石家冲，北至吉首市湘酒鬼公司，有感区范围约 25 平方公里。吉首地震台及时向湖南省地震局速报，同时向州委、州人大常委会、州政府和州政协办公室以及领导小组成员单位送发地震简报。副局长满维忠前往地震现场。在得知有房屋严重破坏时，又向省地震局报告地震灾情。同时，接受州电视台现场采访。根据吉首地震情况，当天湖南省地震局副局长燕为民带领考察队赶到吉首。省地震局局长全德辉等乘坐火车连夜出发赶往吉首。12 日清早在州委常委、副州长陈萧等陪同下，冒雨调查现场，考察灾情。此次地震无人员伤亡。

（三）龙山县洗车河镇 ML2.7 级

2009 年 6 月 11 日，州境龙山与永顺县交界处发生 ML2.7 级和 ML2.4 级地震,据龙山县洗车河镇村民反映有震感。是日，州地震局满维忠会同龙山县科技局副局长、地震兼干黄兴戍走访调查洗车河镇，初步认定，为连续降雨造成地下溶洞岩体失稳塌陷所致。

（四）永顺县两岔 ML3.2 级地震

2010 年 9 月 16 日 10 时，永顺县与龙山县交界处发生 ML3.2 级地震。此次地震震感强烈、有房屋掉瓦现象、一所村小学出现房屋裂缝。地震发生后，州地震局迅速与永顺县防震减灾工作人员联系，在确定永顺县的两岔乡有强烈震感后，分别向省地震局和州委办、州政府办及防震减灾工作领导小组成员单位报送地震简报，下午，州地震局、省地震局考察人员先后赶赴永顺县了解震情。17日，赶往震中区两岔乡开展地震调查。

（五） 永顺县两岔 ML4.1 级地震

2010年10月8日15时，永顺县科技局局长彭英龙电话反映两岔乡村民感觉到很大的震动。经过与省地震局台网中心联系，确定两岔乡发生ML4.1级地震。州地震局迅速将情况反映给州委办信息科，同时，州地震局负责人与省地震局监测预报处考察人员赶赴永顺县。9日，永顺县政府组织县政府办、应急办及建设、民政、教育、科技等相关部门负责人同省地震局专家组成员一道前往两岔乡地震现场，兵分三路考察。10日晚上，湘西州人民政府分管领导听取州地震局情况汇报，并要求省地震局再次派人指导。10月14日，省防震减灾工程研究中心第二批考察人员前往震区开展房屋安全鉴定。15日，调查结束。震区无人员伤亡和财产损失情况，社会秩序稳定。

第二十八篇　教育

经济要发展，教育是基础；山区要致富，关键在教育。1985年，湘西州委、州政府贯彻执行《中共中央关于教育体制改革的决定》，作出全州实现普及九年义务教育分两步走的《决议》。第一步，1990年普及初等教育；第二步，1998年普及九年义务教育（后调整到2002年）。1989年，龙山、吉首、泸溪3个县（市）的小学初等教育达标。1990年，大力发展民族教育，全面落实民族教育优惠政策。在吉首、永顺两所民族师范学校开办“三定”（定向、定额、定分配）师资班，培养边远山区小学教师。同时，开展苗·汉、土·汉“双语双文”教学实验，创办民族寄宿制学校。加大农村扫除青壮年文盲力度，发展成人教育、农民业余文化技术教育。1992年，州境8个县（市）经省验收，初等教育普及达标。1994年，湖南省直企事业单位到湘西州援建希望小学，至1995年，全州建成希望小学105所，农村学校办学条件明显改善。1997年，湘西州基本扫除青壮年文盲。1999年，以县（市）为单位推进“普九”工作，实行党政“一把手”负责制，2001年，全州义务教育普及程度各项指标达到中央和省定标准，实现义务教育普及预定目标。2007年，湘西州“普九”工作全部通过国家验收。永顺县人民政府被中共湖南省委组织部、省教育厅、省人民政府教育督导室评为“教育工作优秀单位”。

20世纪80年代，湘西州社会力量办学兴起，到90年代，民办学前教育、初等教育均有发展。2004年，州人民政府贯彻实施《中华人民共和国民办教育促进法》，印发《关于促进民办教育发展的若干意见》，大力支持社会力量创办民办学校，设立民办教育发展基金。2010年，全州有民办学校53所、民办幼儿园317所，基本形成学前教育以民办为主体、义务教育适度发展、职业教育稳步推进的民办教育格局。

在巩固发展基础教育同时，州人民政府积极发展高等教育事业。2001年，湘西民族教育学院与吉首民族师范学校合并组建吉首大学师范学院。2004年创办湘西民族职业技术学院，至2008年，该院在吉首市乾州新区校址建设初具规模，总投入1.86亿元。

2010年，州境有幼儿园347所，在园幼儿61301人；小学1006所，在校学生236067人；初中179所，在校学生113510人；高中23所，在校学生41063人；中高等职业院校18所，在校学生26047人；特殊教育学校4所，在校学生288人；大学3所，在校学生29685人。全州有专任教师25365人。

第一章　教育管理

1989年，湘西州教育行政主管部门为州教育委员会（简称州教委），机关内设办公室、成人教育科、职业技术教育科、人事政工科、普通教育科、体育体卫科、计划财务科、招生办公室、师范科、勤工俭学办公室、纪检监察室、自学考试办公室、成人招生办公室，编制27名，实有41人。1990年，州政府教育督导室成立，增设大中专毕业生分配办公室。1992年，增设毕业生就业指导中心，挂靠毕业生分配办。1993年，增设语言文字工作委员会、审计室、高招办、中招办。1996年，高招办、中招办、成招办、自考办合并为州招生办。2000年，体卫科更名体卫艺科，局机关工作人员28人。2001年，州教育委员会更名为州教育局，就业指导服务中心与大中专毕业生分配办合并，更名为州教育局就业办。局机关内设办公室、政策法规科、计财科、教师工作师范科、基础教育科、职业教育与成人教育科、体育卫生与艺术教育科、毕业生就业办公室、审计科、人事科、纪检监察室、督导室12个科室，有工作人员25人。局直属单位：州语委办、州教育基金会秘书处、州招考中心、州普招办、州成招办、州自考办、州师资培训站、州勤管站、州电教仪器站、州教科所、州特殊学校、州幼儿园、吉首大学师范学院、州广播电视大学、州民族中学、州第二民族中学、吉首大学师范学院附属小学、州民族实验学校等18个部门和单位。2004年10月，州中小学救助受援捐赠中心成立。2005年，州招考中心、州普招办、州成招办合并，成立教育考试院，为副处级单位。是年，州教科所改称教科院，为副处级机构。2007年，设立民办教育发展科。2008年12月，设立州学生资助管理中心，与州中小学救助受援捐赠中心两块牌子,一套人员。2010年，局内设办公室、人事科、纪检监察室、基础教育科、职业与成人教育科、民办教育科、教师教育工作科、体卫科、计财科、大中专毕业生就业办公室、审计科、教育法规科、中小学救助受援捐赠中心、勤工俭学管理站、教育基金会、州教育工会。核定行政编制22名，实有22人。局直属单位：州特殊学校、州幼儿园、吉首大学师范学院、州广播电视大学、州民族中学、州第二民族中学、吉大师院附小、州民族实验学校、州电教仪器站、州教育考试院、州教育科学研究院等。州人民政府教育督导室设在州教育局。

1989—2010年，州教育局（州教委）历任局长（主任）：莫伟才、梁秋松、秦平、包太洋；副局长（副主任）：傅奉平、田克炎、周纯禄、贺令仪、符家银、余清海、王真江、刘保国、彭益、李建平、杨世全、包太洋。

第一节 教育管理体制

1989年，湘西州教委制定《全州中小学管理条例》，全州实行州、县（市）、乡（镇）、村四级办学和三级（州、县、乡）管理体制。州办并管理吉首民族师范学校和永顺民族师范学校；县办重点小学，乡（镇）办中心完小、片小（或称联校），村办村小。每个乡（镇）办一所中心小学，小学实行六年制，四、二分段。村小办1～4年级，中心小学、片小学办完全小学（1～6年级）。班级学额25人以下的开设复式班。偏僻边远山区，可办简易小学，只开设语文、数学等主要课程。特别偏僻、居住分散的地方可由片小和村小延伸教学网点，以适应普及初等教育需要。中心小学和条件较好的片完小附设学前班。民族寄宿制小学设在中心完小，乡管乡办。1991年，乡以下小学2479所，占小学总数89.43%。其中，简易小学657所，一班一校790所，教学延伸点81个。为确保小学高年级学生完全入学，开办不同规格的民族寄宿制中心小学100所（省教委定点80所）。是年，全州改革民族教育管理体制，州办重点中学，县办（管）高中，乡（镇）办（管）初中、中心小学，联村办完小，村办初小，并以县（市）、乡（镇）为主体，逐步形成“地方负责，分级管理”的办学格局。

1993年，全州推进教育管理体制改革，下放发展教育决策权。基础教育，职业技术教育和中等以下成人教育由县（市）人民政府主办主管。扩大学校办学自主权，实行校长负责制，推进教育经费管理体制改革。1995年，完善分级办学、分工管理体制。县（市）人民政府及教育主管部门负责制定教育事业发展规划，合理调整学校布局，统一管理教师队伍，加强教育经费管理。2001年，农村税费改革，取消教育费附加、教育集资，把“农村教育农民办”转变为“义务教育政府办”。2001年6月，贯彻全国基础教育工作会议精神，明确县级政府对发展农村义务教育所承担的主要责任。全州基础教育实行四级办学、三级管理、以县为主的管理体制直至2010年。

第二节 校长负责制

1991年，湘西州开展中小学校长负责制试点工作。2003年，全州中小学教职工完成核编定岗工作。吉首市作为整体实施改革试点，完成校长聘任、人员定岗和教职工聘任及人员分流工作。凤凰、泸溪、保靖、永顺、龙山等县在试点校长负责制方面取得成功经验，得到省教育厅肯定。全州8个县（市）完成中小学领导班子考核，并调整到位。学校实现校务公开，一年一次民主评议学校行政领导。凤凰县2名校长在民主测评中被就地免职。花垣县在民主评议中1名校长就地免职，2名校长调离岗位，4名校长被“黄牌”警示。2004年，全州推行教育人事制度改革，中小学全面实行校长负责制、教师聘任制和结构工资制。是年，全州新聘中小学校长241人，落聘校长28人，新聘任教师23397人。城镇向农村分流教师184人，乡（镇）中心学校向偏远村片学校分流475人。2005年，通过公开招聘、民主推荐、组织考察等方式聘任正副校长85人，校长队伍得到充实。全州教育系统选送16名中学校长到省内发达地区学校挂职学习，选送157名教育行政干部到各级党校和行政学院进修。教育部门举办初级中学校长任职资格培训班，各县（市）举办小学校长培训，提高小学校长管理水平。至2010年，全州校长负责制得到巩固。

第三节 教育督导

督导评估 1991年，湖南省教育督导评估团，到湘西州评估基本普及九年义务教育、基本扫除青壮年文盲（简称“两基”）工作。具体评估龙山县民安镇、花垣县民乐镇、凤凰县吉信镇和永顺县松柏乡的“两基”工作开展情况，4个乡（镇）“两基”工作均达省级验收标准。1992年，州政府教育督导室评估龙山县教育工作，经省评估团终评，认定龙山县为湖南省教育先进县。1996年，湘西州政府教育督导室组成督查组，督查各县（市）入学保生工作。1998年，州政府教育督导室组成州政府普及九年义务教育（简称普九）评估团，评估龙山县、古丈县和吉首市人民政府“普九”工作。3个县（市）按照评估通报要求，整改不合格部分；1999年，经州政府督导室上报湖南省人民政府教育督导室评估，省评估合格。是年，州政府督导室又将其余5县评估并报省评估。2000年，5县经省评估合格。2002年10月，州督导室组成“普九”年检评估团，评估检查8个县（市）“普九”巩固提高工作。评出泸溪、古丈两县为“普九”巩固提高一类县，吉首市、凤凰、花垣、保靖、永顺和龙山6个县（市）为二类县。是年年底，8个县（市）全部通过湖南省“普九”验收，湘西州普及九年义务教育合格。2003年，州人民政府被湖南省人民政府授予“普九”年检先进单位。是年10月，州政府督导室抽调30多人，组成州人民政府“普九”年检评估团，分成4个组，检查8个县（市）“普九”工作，评估团考查108个乡（镇），212所中小学校，查阅大量资料，认定8个县（市）“普九”年检全部合格。其中，一类为泸溪、吉首和凤凰3个县（市），二类为古丈、花垣、保靖、永顺和龙山5个县。2005年，州教育督导室评估考核8个县（市）人民政府教育工作和县级党政主要领导干部教育工作实绩（简称“两项督导评估考核”）。依据湖南省“两项督导评估考核”细则，印发督导考核情况通报，并在州《团结报》公示。花垣和保靖两县人民政府被评为优秀，泸溪、龙山、永顺、古丈、凤凰、吉首5县（市）人民政府被评为良好。2007年1月，州政府教育督导室组成“普九”教育督导检查团，督查8县（市）“普九”工作。4月，保靖县代表湘西州接受国家教育督导团“普九”检查验收，认定合格。至此，全州8县（市）全部通过国家评估验收。是年，考核评估8县（市）主要领导的教育工作实绩，吉首市人民政府被评为优秀，泸溪、凤凰、古丈、花垣、保靖、永顺和龙山县人民政府被评为良好。永顺县人民政府和党政主要领导被湖南省委组织部、湖南省教育厅、湖南省人民政府教育督导室评为“教育工作优秀单位”“教育工作优秀个人”。2009—2010年，州教育督导室督查8县（市）首轮“两项督导评估考核”整改意见落实情况，各县市欠拨的教育经费基本补拨到位。

办学督导 1992年，州人民政府教育督导室制定《湘西自治州完全小学督导评估方案》《湘西自治州普通初级中学督导评估方案》《湘西自治州完全中学督导评估试点方案》，全面开展办学督导评估工作。1994年，州政府教育督导室督导评估龙山县第二中学、保靖县迁陵镇小学、泸溪县武溪镇小学、古丈县古丈坪小学、花垣县花垣镇小学办学情况，认定5所中小学为一级学校标准。1995年制定《湘西自治州九年一贯制学校督导评估方案（试行）》，并开展九年义务教育学校办学评估工作。1997年10月，州教育督导室组织教育督导评估团，督导考核凤凰县文昌阁小学、古丈县岩头寨乡中心完小等6所中小学。经评估，认定6所学校为一级中小学，并授予“一级学校”校牌。1998年，评估吉首市第三小学、花垣县吉卫民族中学等6所中小学，认定为一级中小学。2003年，州教育督导室完成首轮中小学办学水平评估定级，经考核评估，全州省级示范中学2所、州级示范学校47所、规范化学校828所、合格学校1268所、薄弱学校102所。2004年，州教育督导室制定义务教育合格学校督导评估方案，开展第二轮中小学办学水平评估定级。2006—2009年，州督导室组织开展州示范性普通高中评估，先后评估保靖县民族中学、龙山县高级中学、龙山县第一中学、古丈县第一中学、泸溪县第二中学、凤凰县高级中学、泸溪县第一中学、吉首市民族中学，永顺县第二中学、湘西自治州第二民族中学、花垣县民族中学、花垣县边城高级中学等，主要检查评估办学思想、办学条件、领导班子与队伍建设、学校管理、教育教学质量五个方面，全部认定合格。泸溪县第一职业中学、永顺县职教中心、保靖县职业中专，为州示范性中等职业学校。同时，视导州境4所省级示范性高中，即龙山县高级中学、永顺县第一中学、吉首市第一中学、州民族中学。主要视导办学理念与办学行为、学校环境与办学条件、队伍建设与学校管理、德育工作与教学教研、教育质量与办学特色等方面，并行文视导评估报告，同时将评估报告呈送湖南省人民政府教育督导室。省政府教育督导室当年组织评估，认定4所示范校合格。是年10月，州教育督导室督查8个县（市）34所中小学，从校园规划建设、设施条件、生均公用经费、队伍建设、学校管理、教育教学、办学水平等7个方面督导评估。认定泸溪县明德小学等21所中小学为义务教育合格学校。2010年，督导评估全州8个县（市）的51所义务教育阶段学校，认定吉首市第一小学等46所学校为合格学校。

第二章　基础教育

第一节　学前教育

1989年，湘西州州直机关及吉首、泸溪、凤凰、古丈、花垣和龙山6个县（市）的机关幼儿园隶属教育行政部门管理，保靖、永顺两县机关幼儿园隶属县人事局管理。全州城镇机关幼儿园41所、154个班，入园幼儿6574人，有教职工343人。厂矿企事业单位开办幼儿园34所、136个班，入园幼儿5376人，有教职工365人。教育部门开办幼儿园（含城镇小学附设学前班）总计班数248个，幼儿6511人，教职工158人。各县（市）城镇街道集体单位创办幼儿园28所，班数560个，入园幼儿16001人，有教职工495人。全州城镇学前儿童入园率98.44%。是年，州幼儿园被确定为全州示范性幼儿园。州境农村幼儿园43所，幼儿班944个，在园幼儿27888人。其中小学附设学前班642个、幼儿18304人，均转入乡（镇）中心完小、片完小开办的学前班。1990年，全州幼儿班966个，在园（班）幼儿28536人；其中小学附设学前班750个，在班幼儿20287人。

1991年，州教委执行湖南省教委颁发的《湖南省农村学前班管理办法》和《湖南省示范性幼儿园标准（试行）》，将农村学前班归属当地学校管理。城镇幼儿园出现办园主体多元化趋势，教育部门通过办好示范性幼儿园加以规范和引导。10月，州教委出台《湘西自治州幼儿园登记注册规定》，任何单位和个人开办幼儿园必须到当地教育行政部门登记，并接受办学评估。年末，幼儿班发展到1126个，在园（班）幼儿33747人，其中小学附设学前班892班，在班幼儿23622人。1994年，全州城镇幼儿园入园率98.5%，农村5~7周岁儿童学前入班率47.59%。1995年，州境学前教育由教育部门统一管理。州教委印发《湘西自治州幼儿教育学前教育暂行规定》，纠正学前教育“小学化”倾向和以营利为目的做法。各县（市）陆续建立学前班登记制度，选择一所幼儿园作为规范管理试点，落实《幼儿园工作规程》。是年，全州幼儿园156所，小学附设学前班1156个，入园幼儿48523人，其中学前班幼儿40389人。1998年，全州幼儿园（包括学前班）1413个，入园（班）幼儿41504人。次年，全州实行“幼师资格证”制度，合格者发幼师资格证，持证上岗。

2000年，实施《幼儿园工作规程》，整顿城镇学前班。学前班招生计划由州教委统一下达，规定各城镇小学不得以任何借口，拒绝幼儿园大班已到入学年龄的幼儿入学。全州幼儿园（包括学前班）1734个，有幼教人员1564人，入园（班）幼儿40494人，学前三年受教育率28.8%。2002年，全州采取公办与民办相结合形式，在基本普及学前一年教育基础上，发展学前三年教育。各县市创办1~2所乡镇中心幼儿园。2004年，州教育局制定《湘西州示范性幼儿园标准》，以示范性幼儿园为参照，规范学前幼儿教育。2005年，州教育局组织评审组，评审吉首、古丈、龙山、永顺和保靖5个县（市）申报的7个州级示范性幼儿园、3个乡（镇）中心幼儿园报告，经审查，全部合格。是年，全州幼儿（学前）班1535个，其中附设小学学前班942个，在园（班）幼儿45385人，其中附设小学学前班27109人，入学儿童接受学前教育率78.24%。

2006年9月，州教育局开展州内8所公办幼儿园等级督导评估。泸溪县幼儿园评估为A等，认定为示范性幼儿园；保靖、龙山、凤凰、吉首、永顺、花垣6县（市）幼儿园评为B等，认定为合格幼儿园；古丈县幼儿园评为C等，认定为薄弱幼儿园。吉首市国际实验幼稚园为州示范性民办幼儿园；保靖县新城艺术幼儿园、吉首市第二幼儿园、泸溪县白沙希望幼儿园基本达到州级示范性幼儿园。2007年，规范管理幼教机构，公办幼儿园由州、县（市）教育部门管理，民办幼儿园经教育行政部门审核批准、民间组织管理局登记办理许可证，州、县（市）教育行政部门负责业务督查和考核。全州有幼儿园234所，入园幼儿48931人。2009年，评出州级示范性幼儿园17所，乡（镇）中心示范性幼儿园11所。2010年，州政府印发《湘西自治州人民政府关于加快幼儿教育改革与发展的若干意见》，并制定湘西州学前教育发展新规划。是年，全州幼儿园347所，其中民办幼儿园317所，在园幼儿61301人，小学附设学前班人数12529人，入学儿童接受学前教育率91.14%。

第二节 小学教育

1989年，湘西州有小学2709所，在校学生294556人。州政府组织验收团，验收龙山、吉首和泸溪3个县（市）初等教育，3个县（市）入学率分别为：97.13%、97.53%、95.28%；巩固率：96.75%、97.63%、97.88%；毕业率：83.62%、91.8%、79.71%；普及率：97.82%、93.06%、96.19%。其中，中心小学基础设施建设、师资队伍建设、民办教师报酬落实等方面均达到国家教委、省教委规定的普及初等教育验收标准。龙山、吉首和泸溪3个县（市）成为全州普及初等教育首批达标县（市）。1990年，湖南省民委在湘西州定点设立40所民族寄宿制中心小学。是年，古丈、凤凰、花垣、永顺4县经验收，成为普及初等教育县。1991年，州确立基础教育为“大底面、低重心、多层次”的教育结构，将农村教育发展列为重点和难点，同时根据国家和省规定，结合州内实际，制定规范化农村小学建设标准，全州开展规范化村小建设。州教委颁布《小学教学常规》，全州各小学执行教学计划和教学大纲，备课、上课、作业批改、课后辅导、课外活动、复式教学、考察考试、教研活动等提出简明扼要、可以操作的常规性要求。是年，州教委与省民委检查验收民族寄宿制中心小学，合格29所，基本合格10所，不合格1所，合格率97%。泸溪、吉首两个县（市）被评为全省民族寄宿制小学建设先进单位。是年，全州新定建设民族寄宿制小学40所，加强农村基础教育。1992年，保靖县普及初等教育验收合格。全州适龄儿童入学率、在校生年巩固率、小学生毕业率、初等教育普及率分别达到96.5%、97.5%、89%.96.5%，全州达到普初（六年义务教育）目标。

1993年，湘西州基础教育全面转入普及九年义务教育阶段。州教委组织九年义务教育课程计划和新大纲新教材分级培训。9月，各小学使用新大纲编写的各科新教材。1995年，根据教育部相关规定，州教委印发文件，对城镇学校落实部颁课程计划，减轻学生过重课业负担提出具体意见。永顺民族师范学校附属小学为现场，召开全州“落实活动课程教学、减轻学生过重课业负担、全面提高学生素质”经验交流会。1997年秋，实现普及九年义务教育的乡（镇、街道），废除小学升初中考试，达到毕业标准的小学生，全部升入初中。2000年，执行省定小学用书目录，及时查处和纠正违规用书现象，严格控制小学在校学习时间和作业量；严格禁止各小学利用节假日成建制补课。州教育局根据教育发展水平和人口动态变化，陆续调整农村小学布局。全州小学所数由上年2371所（教学点364个）调整为2305所（其中教学点270个），在校小学生326572人，适龄儿童入学率99.34%，15周岁人口初等教育完成率98.48%。

2004年，州人民政府办公室转发《州教育局、州计委、州财政局等单位关于实施中小学布局调整和农村寄宿制学校建设意见的通知》，农村寄宿制学校建设以片完小，乡（镇）中心完小、初中和九年制学校为重点。按照“六年规划、三年实施”的要求，全州农村寄宿制学校建设投入资金3亿元，采取“相对集中、方便入学、扩大规模、提高效益、先建后撤并”的原则进行。是年，全州小学调整为1956所，另有教学点86个，在校学生278991人，校均规模137人。同时，州教委结合课程改革新情况，制定《湘西自治州基础教育新课程教学常规（试行）》，对学校教学管理、教学设计、课堂教学、作业布置与批改、课外辅导、教学评价、教学研究等七个方面提出指导性意见和明确要求，提高效益，提升素质。2006年，以吉首市、凤凰县为现场，召开“全州农村寄宿制学校管理经验交流现场会议”，巩固农村寄宿制学校建设成果。年底，寄宿制学校建设投入资金2.86亿元，建设任务基本完成。农村中小学73%的学生寄宿，近4万名村小三年级以上学生到中心完小就读。全州受益农村中小学生30万人。小学校均规模由上年的148人增至169人。湘西州民族寄宿制学校建设，备受社会关注，国务院信息中心、人民网、中国人大新闻网、《光明日报》《中国教育报》《中国民族报》等20多家媒体相继报道。

2007年，州教育部门再次修改中小学教学常规，按照《湖南省义务教育学校办学标准》，按时完成30所义务教育合格学校建设项目申报，推进义务教育中小学标准化、规范化建设，逐步缩小乡村学校与城镇学校差距。印发《湘西自治州教育局关于进一步规范普通中小学办学行为，深入实施素质教育的意见》，组建40余人的州级督查队伍，加大规范办学督促检查力度，巩固寄宿制学校建设成果。2010年，规范中小学招生办法，坚持义务教育阶段免试就近入学，州直两所小学带头启动控制大班额工作，推进城镇小学与学前教育剥离，为义务教育阶段学生腾出学位。是年，小学调整为1006所，另有教学点58个，在校学生236067人。校均规模由上年的214人增至235人。小学适龄儿童入学率99.7%，学生年巩固率99.5%，毕业率99.8%。

学校选介

吉首大学师范学院附属小学 创办于民国29

年（1940），是国际共产主义战士罗盛教的母校，位于吉首市新桥社区教育街。学校坚持“一切为了学生，为了学生的一切”的育人理念，“以德治校，科研兴校，质量强校，特色立校”，注重环境育人和师德育人。建有诗词大道、诗词墙、艺术长廊、科技长廊、陶艺教室等，在走廊、楼梯的墙壁上，张贴名言警句、温馨提示，让每一个角落都会说话。开展“红领巾爱心基金”拍卖、“牵手农村留守小伙伴”等实践活动，提高学生综合素质。2001年被全国妇联、教育部授予“全国优秀（示范）家长学校”称号。学校承担的“湘西民族文化资源的开发利用和小学语文教学研究”被列入省教育学会重点课题。2006年被湖南省综治委、省教育厅、省公安厅授予湖南省“安全文明校园”称号。2009年被共青团湖南省委定为“湖南省红领巾示范学校”。2010年，学校占地面积1.6万平方米，建筑面积1.8万平方米；有教职工139人，其中特级教师2人、中学高级教师15人、小学高级教师90余人；设教学班48个，在校学生3400余人。

第三节 初中教育

1989年，湘西州有初中103所，在校学生61841人。1993年，州教委编印劳动技术课补充教材，开设农业技术教育课，授课时数占全部课程5%。1995年，各县（市）加强普及九年义务教育，相继修订《普及九年义务教育规划》。各学校加强思想教育，对学生、教师、学校提出标准。永顺一中首创“五心教育”（忠心献给祖国、热心献给社会、孝心献给父母、爱心献给老师、诚心献给朋友）；凤凰县腊尔山希望小学倡导“五种精神”（终生从教的献身精神，认真执教的敬业精神，爱生如子的园丁精神，不甘人后的拼搏精神，不计得失的牺牲精神）；龙山县教育局提出学校建设“四个样子”（学校像学校的样子，干部像干部的样子，教师像教师的样子，学生像学生的样子）。州政府批转州教委《关于在全州各类学校实施“五五四工程”的意见》，全州各学校思想建设呈现出新的局面。11月，州教委召开全州“五心教育”研讨会，12月又以泸溪县为现场，召开全州“五五四工程”建设总结表彰会。1996年，贯彻执行教学常规，提高课堂教学效率，着力减轻学生过重的课业负担。全州教学育人，蔚成风气。

1998年，全州有46个乡（镇）通过州人民政府“普九”验收，“普九”人口覆盖率48.71%。年底，州委、州政府决定，从1999年起，以县（市）为单位推进“普九”工作。州、县（市）、乡（镇）成立以党政“一把手”为组长的“普九”工作领导小组，实行党政“一把手”负责制，把“普九”工作纳入年度工作目标管理，实行三级双线承包责任制，层层签订责任状。是年，古丈、龙山和吉首3个县（市）通过省人民政府“普九”评估验收。1999年，湖南省教委组织工作组两次到州指导“普九”工作。副省长唐之享、省长助理兼省教委主任许云昭等到吉首现场办公，为湘西州安排“普九”专项资金3000万元，用于改善100所初级中学办学条件。2000年，永顺、保靖、花垣、凤凰、泸溪五县相继通过省人民政府“普九”评估验收。是年，100所定点初中建设完成，全州中学调整为128所，其中初中109所，在校初中生106115人。2001年，全州5.5万名小学毕业生，全部按规定进入初中学习，初中招生4.98万人，小学毕业生升学率92.9%。全州九年义务教育普及程度的各项指标达到国家和省定标准。

2002年，省教育厅以吉首市为试点，实施基础课程改革。2003年，按照省教育厅部署，州教育局印发《关于2003年普通中学招生工作的实施意见》和《关于州直中学招生工作的实施意见》等文件，明确规定小学毕业生升初中取消统一招生考试，实行免试就近入学。初中毕业考试与升学考试实行“两考合一”，禁止单独举行招生考试。教育行政部门统筹各类学校招生录取工作，坚持按考生志愿凭考生档案录取，制止滥发录取通知，争抢生源。是年，全州初中招生56541人，比上年增加2593人，小学毕业生升初中比率95%以上。

2004—2006年，湘西州全面实施“新课程改革实验”，州、县（市）召开各种基础教育新课程改革经验交流现场会，推介成功经验。在此期间，州教育部门从当地人口增长速度、城镇化建设、学龄人口变化实际出发，突破按行政区划设置学校的限制，在不新设学校前提下，人口较多乡镇原则上集中建好一所初级中学。人口较少乡（镇），与邻近乡（镇）联办初中。规模在6个班级左右的初级中学，与本乡（镇）中心完小合办九年制学校。2007年，州教育局制定《全州农村寄宿制学校管理暂行办法》，在吉首举办农村寄宿制学校校长管理培训班。全州寄宿制中小学校长、八县市教育局分管基础教育的副局长、基础教育股长共358人参加培训，将新课程改革落实到学校教学和管理之中。全州中学执行教学常规合格学校达标面95%。是年，州内初中88所，完全中学初中仍为21所，九年一贯制学校75所，校均规模709人。

2008年，全州加强中小学体育工作，实施“德育整体建设工程”。同时，启动中小学“关爱工程”建设。次年，州教育局在泸溪县召开实施关爱工程现场会。建立基础教育质量效益监测与评价体系，出台《进一步提高初中教育教学质量的实施意见》《全州基础教育工作目标管理评分细则》，确立以面向全体学生、以合格率为核心的教学质量评价标准和教育教学评价体系。2010年，全州有初中79所，完全中学初中17所，九年一贯制学校83所，在校初中生113510人，校均规模634人。各县市教育局、中小学校根据《湘西自治州中小学德育工作示范校评估办法（试行）的通知》和《湘西自治州中小学德育先进工作者评选办法》，开展创建评选工作。吉首市第四中学等14所学校被评为“州级德育示范校”、永顺县第二中学等两所学校评为“州级德育优秀学校”。州民族中学刘运华等62名教师被评为“州级德育工作先进工作者”。全州62所初级中学合格，其中九年一贯制23所。是年，新课程改革深入到课堂教学领域，龙山县石羔中学被湖南省教育厅评为课程改革样板校。

第四节　高中教育

1989年，湘西州有完全中学32所，高中在校学生13926人。是年，全州参加高考5608人，被大中专院校录取1448人，录取率25.82%，其中11所重点中学平均录取率45%，永顺一中高达59.2%。1992年，开展中学教学常规达标评估，提升高中教学质量，至1993年，全州50%中学被州教委授予“执行教学常规优秀学校”。1994年，州教委修订中学教学常规，重新印发中学教学常规实施意见，统一全州教学常规管理表册。年底，检查评估各中学执行教学常规情况，全州中学执行教学常规达标学校95%。1995年，全州实施普通高中布局调整，按照“每10万～15万人口办一所普通高中”要求，全州普通高中调整为25所。是年，高中学生9053人，校均学生362人。2000年，全州中学调整为128所，其中完全中学19所（省重点高中2所），高中生14157人。新课程体系启动，全州19所高中开设信息技术课。2001年，普通完全中学调整为21所。高中在校生16838人，比上年增加2680人。2002年，实施重点中学高、初中分离，扩大高中招生规模。全州高中招生比上年增加10%，达8000多人。2003年，普通高中24所，其中独立高中2所。普通高中招生12204人，比上年增加2726人；普通高中在校生26517人，比上年增加5597人。是年，启动学籍管理系统，堵塞学籍管理漏洞。2004年，州教育局印发《关于严禁公办高中举办复读班和招收复读生的紧急通知》，要求相关学校做好复读生清退工作。是年，州级10所重点中学统一更名为“州级示范性普通高级中学”，统一制作牌匾，强化重点中学管理。2005年，普通高中规模继续扩大，高级中学增至6所，完全中学19所，在校生35343人，比上年增加4187人，增长13.44%；全州每万人口高中在校学生133人，比上年增长万分之十六。全州新评审通过吉首市民族中学、永顺县第二中学为州级示范性普通高级中学，州级示范性高级中学增至12所。是年，州教育局印发《湘西自治州示范性普通高级中学管理办法（试行）》，按省示范性高中每期1000元、州示范性高中每期800元、一般高中每期600元，提请州物价局重新确定高中收费标准。

2006年，启动州级示范性高中年度督导评估工作，执行《湖南省普通高中学生学籍管理暂行办法》和《湘西自治州普通中小学学生学籍管理细则》等文件，规范学籍管理。州教育局组织专家评审团，评审花垣县边城高级中学申报州级示范性普通高中相关资料，并指导龙山县高级中学等4校落实省示范性高中学校申报。省、州示范性高中学校招生1.1万人，全州普通高中招生14825人，普通高中在校生规模143人/万人，比上年提高10个万分点。2007年，吉首市一中、龙山县高级中学先后被省教育厅评定为“省级示范性普通高级中学”。是年，全州省级示范性普通高中达4所，州级示范性普通高中10所。全州普通高中招生突破1.5万人。2008年暑期，组织76名高中教师参加省级以上高中课程改革实验培训，州级免费培训教师907人，参训面100%。2009年，完成全部学科岗前培训。参加州级培训教师739人，参加省级培训教师150人，其中参加省级通识培训79名教师全部获得结业证书。是年12月，花垣县边城高级中学申报省级示范性高中评审通过，次年4月挂牌。全州独立高级中学6所，完全中学高中17所，其中省级示范性高级中学5所、州级示范性高中9所。2010年，高中课改深入到课堂教学改革，全州高中学业水平考试参考人数12524人，各科合格率81.69%，比上年提升18.5个百分点；平均总分770.09分，比上年增加41.81分。全省排名由上年的第12位上升到第7位。州民族中学被省教育厅评为课程改革样板校。全州高等学校录取新生11863人，占报考人数84.73%。其中，应届生9908人，占报考人数83.5%；本科一批827人，本科二批2941人，本科三批828人，高职专科6293人；其他批次974人；文科5440人，理科4832人。

学校选介

湘西州民族中学 前身为创建于民国25年（1936）的湖南屯区各县联立初级中学。民国32年（1943）改为湖南省立第十三中学，翌年增设高中部，成为完全中学。1952年6月改称湘西民族中学，次年6月更名为湖南省吉首民族中学。1970年2月改名为吉首县第二中学。1978年8月定名为湘西自治州民族中学，校址位于吉首县（今吉首市）乾州小溪桥。1980年列入湖南省重点中学。是年，学校有教职工78人，学生580人，其中少数民族学生249人。1982年，学校降低30～100分，录取州内边远山区少数民族学生74人，开办两个民族实验班。1983年，学校被州政府定为民族寄宿制中学，同时定为县处级事业单位。学校以创办名校为宗旨，以“诚、朴、勤、勇”为校训，秉持“立德立校、突出特色、开拓创新、全面发展”和“一切为了学生，为了学生的一切”的办学理念，建立健全现代学校管理体制和激励机制，帮助学生破解学习难题，提升学业成绩。1985年，民族实验班74名学生参加全省高考预考，40人上线，参加正式高考，其中21人被录取。1990年，学生参加全国数学奥赛，获湖南省赛区一等奖一名。1991年，学生参加全国物理奥赛，获湖南省赛区一、二、三等奖各一名，位居全省参赛学校前列。1996年，学生参加全国高中数学、物理、化学、生物联赛，获奖名列全州前茅；毕业生会考合格率在98%以上，思想品德合格率和体育合格率100%；高考上线率90%、升学率80%。2004年成为首批湖南省示范性高级中学。2005年，521名考生参加高考，一本上线135人，上线率25.91%；二本及其他上线261人，上线率50.09%。应届土家族女毕业生向小玲，高考成绩681分，荣登湖南省文科第二名、湘西州第一名。学校先后被国务院、共青团中央、教育部授予“全国民族团结进步先进集体”“活跃的中学生活先进学校”“全国德育先进学校”等称号。2010年，学校占地面积14.5万平方米，建筑面积4.3万平方米；有教学班67个，学生3.6万余人；有教职工310人。

湘西州第二民族中学 位于永顺县灵溪镇玉屏社区，前身为湖南省永顺民族师范学校。2001年，开始招收初中生和高中生。学校利用中师优势，“面向全体学生，提高整体素质，着眼未来社会，培养优秀人才”。2004年，学校成为湘西州示范性高级中学。2005年，加挂“长郡中学湘西民族实验学校”牌子。2006年，成为湖南省教育科学“十一五”规划重点课题实验学校。学校突破应试教育格局，开“艺辅德，艺益智，艺养性”新路，至2010年，先后有150名艺术生进入中国音乐学院、星海音乐学院、鲁迅美术学院等全国知名艺术院校与综合性大学艺术学院，并为中国人民大学、武汉大学、北京理工大学、天津大学、中国农业大学等名牌大学输送学生60余人。是年，学校占地面积4.7万平方米，有教职工198人，设教学班44个，在校学生2900余人。

1989—2003年湘西州大中专招生录取情况一览表

表28-1 单位:人

年份	报考人数	少数民族考生	录取总数	录取率(%)	录取情况				考取清华北大人数
					重本	本科	专科	中专	
1989	5608	4346	1448	25.82	—	379	669	400	—
1990	6318	5370	1599	25.33	—	342	788	469	—
1991	6613	5687	1601	24.20	120	309	755	417	—
1992	6416	5690	1769	27.57	155	289	1035	290	—
1993	5748	5230	1878	32.67	—	311	1269	298	—
1994	5040	4788	1702	33.76	127	267	1142	166	—
1995	4802	4610	1853	38.58	—	499	1270	84	—
1996	4529	4257	1772	39.12	—	514	1103	155	—
1997	4060	3891	1878	46.25	—	576	1178	124	—
1998	3389	3244	1920	56.65	—	509	1305	104	—
1999	3634	3444	2209	60.78	—	740	1442	27	9
2000	3874	3630	2670	68.92	—	1187	1483	—	13
2001	4674	4304	3443	73.66	—	1322	2121	—	15
2002	5540	5044	3882	70.07	—	1619	2263	—	14
2003	6487	4605	5128	79.05	—	1929	3127	—	13

2004—2010年湘西州高考录取情况一览表

表28-2 单位:人

年份	报考人数	少数民族考生	录取总数	录取率	录取情况				考取清华北大人数	
					一本	二本	三本	高职专科	清华	北大
2004	7560	5937	5937	78.53	456	1634	57	3790	4	6
2005	9227	8184	6881	74.57	657	1615	366	4089	7	11
2006	11861	10294	7027	59.54	691	1911	558	3803	6	9

续表 28-2　　　　单位：人

年份	报考人数	少数民族考生	录取总数	录取率	录取情况				考取清华北大人数	
					一本	二本	三本	高职专科	清华	北大
2007	13100	11374	7498	57.24	731	2307	491	3870	9	8
2008	13848	12039	8971	64.78	707	1826	737	5103	5	9
2009	14757	12985	10728	72.69	728	2428	847	5959	4	5
2010	14000	11716	11863	84.73	827	2941	828	6293	5	2

2004—2010 年湘西州高考总体水平在全省 14 市州位置比较一览表

表 28-3

位次 项目 年份	文　科(位次)			理　科(位次)		
	一本	二本	三本	一本	二本	三本
2004	7	9	—	9	10	—
2005	1	5	9	5	11	12
2006	2	7	8	7	8	6
2007	1	5	7	8	11	11
2008	4	3	5	5	12	11
2009	3	5	6	10	12	9
2010	2	4	6	7	11	6

第五节　特殊教育

1990 年 3 月，吉首市五金厂职工毛汉元创办私立聋哑学校。第一学期招生 8 人，第二学期招生 11 人，学生来自西安、永顺、花垣、古丈、吉首等地区。学生年龄参差不齐，大的 17 岁，小的 11 岁，学制八年。开设语文、数学、体育、图画、聋哑手语、思想品德等课程。使用上海教育出版社出版的聋哑人教材。1991 年，州委、州政府批复，重建湘西自治州聋哑学校，为十一年制寄宿制特殊学校，机构级别正科级，隶属州教育局管理。1992 年，选址吉首市鸦溪，为全州盲、聋、哑、弱智儿童、少年提供学前教育、小学教育、初中教育和高中教育。9 月 1 日新校落成，校园占地面积 8700 平方米，建筑面积 4000 平方米。当年有教师 20 人，学生 61 人，设 4 个聋哑班。1994 年，永顺县创办特殊教育学校。1998 年全州特殊教育有学生 184 人。

2000 年，凤凰县开办特殊教育学校。开一年级、二年级、三年级 3 个教学班。凤凰县文昌阁小学开办特殊教育班，招收部分残疾儿童入校就读。全州特殊教育在校学生 327 人，形成“州办特校为龙头，县办特校（特教班）为骨干、普通中小学随班就读为主体”的特殊教育格局。全州残疾儿童入学率 68%，基本达到国家“普九”标准。是年，州特校规模扩大，有聋教、盲教班 15 个，学生 182 人，教职工 46 人。新建校园有特殊教学楼、综合楼、学生宿舍，有百米文化长廊。校园内有律动室、语音室、图书室、校园网、闭路电视系统、多媒体系统等设施。班班有电视，各科室有电脑。2005年，全州特殊教育学校3所，有教职工62人，在校学生273人。

2010年，全州有特殊教育学校4所，在校学生288人，教职工74人。州特校学生168人，开办13个班，课程设置思想品德、语文、数学、自然、社会、理科、生物、律动、体育、美工、音乐等。根据学生实际需要开设刺绣、烹饪、雕刻、书法、工艺美术、纺织、个别矫正、电脑等课程。同时，根据学生残疾类别和程度，指导学生正确运用康复设备和器具，开展康复训练，提升生活自理能力。

第三章　职业教育与成人教育

第一节　职业教育

1984年，凤凰县第一职业中学创办，成为湘西州第一所职业中专学校。1989年，湘西州有农业职业中学24所，在校学生5408人，有教职工596人。

1990年，湘西州有各级各类中等职业学校18所，全州高中阶段学校招收初中毕业生7799人，其中：职业高中1588人，普通中专915人，技工学校230人，招生数占高中阶段招生总数的35.04%，占高中阶段在校学生总数的40.32%。

1992年，调整中等教育结构，控制普通高中规模，发展职业教育。全州职高在校生4570人，占高中阶段总数的45.12%，比上年增长4.32%。四年制初中办学规模扩大，在校生5177人。1993年，湘西民族教育学院、州商业学校（吉首经济贸易学校）、州机电工程学校、吉首民族师范学校、永顺民族师范学校等成人高校和普通中专学校相继开办职业中专班、电视中专班。凤凰县职业中专学校和州交通职业中专学校、州文艺职校挂靠普通中专学校（即用普通中专学校的招生计划），扩大学校招生规模。1994—1995年，吉首市幼师职业中专、龙山县第一职业中学、凤凰县中医职校、泸溪县职业中学、州物资职业学校、州体育职业学校、花垣县职业中学、花垣县卫生职业学校、古丈县综合职业技术学校及一些较固定的办班点，扩建招生；凤凰县教师进修学校、凤凰县电大站、花垣县电大站、保靖县电大站、龙山县电大站，先后开办电视中专班、技工班。各级各类中等职业技术学校招生数占高中阶段招生总数65%，首次超过普通高中招生数。1995年，全州中等职业学校在校生20177人。其中，职业高中10068人，普通中专7737人，技工学校2372人；占高中阶段在校学生总数的69.1%。

1997年，大中专学校招生制度改革。中专学校实行自主招生，毕业生不包分配。1999年，调整中等职业学校布局，州人民政府成立以副州长梁秋松为组长、州直相关部门负责人为成员的“州直大中专学校布局调整领导小组”。是年，调整州域大中专学校布局，原吉首卫校并入吉首大学，州人民政府与吉首大学共建吉首大学医学院。2000年，经湖南省人民政府批准，吉首大学医学院挂牌成立，秋季开始招生。经湖南省教育厅专家评估审定，湘西自治州农校、吉首卫生学校，成为能够开办五年制高职大专班的中等专业学校。湖南省发展计划委员会、省教育厅批准，湘西州农业学校招生五年制大专班250名，吉首卫生学校招生五年制大专班50名。以五年制高职大专班的办学形式，实现高等职业教育与中等职业教育相衔接，拓展高等职业教育与中等职业教育的发展空间。湘西州供销职工中专学校改办成州公安局管理的州戒毒所。州物资职业学校停办，该校所有人员由州电视台统一安排，原学校资产由州电视台统一管理。全州独立设置职业高中由五年前的18所减少到15所，办班点由15个减少到9个。是年，整合职业教育资源，筹建湘西民族职业技术学院。龙山县第一职业中学被教育部认定为首批国家级重点中等职业学校，办学经验在全国民族地区职业教育现场会上交流。花垣县职业中学被湖南省教育委员会授予省级示范校称号。

2001年，吉首市职业中专、龙山县第一职业中学被省人民政府授予“湖南省示范校中等职业教育建设先进单位”。永顺县职业中专学校在全省中等职业学校专项评估中被评为合格学校。

2002年12月，原州农业学校、吉首经贸学校并入湘西民族职业技术学院。2003年11月，州政府印发《关于加强职业技术培训工作的意见》，大力发展职业教育。是年，花垣县职业中学、龙山县第一职业中学、泸溪县第一职业中学被省劳动和社会保障厅先后指定为“劳动预备制培训定点单位”“湖南省劳动力转移培训骨干基地”“湖南省社会培训骨干机构”。永顺县塔卧镇农校，王村镇农校被评为省级示范性农校。吉首市职业中专被教育部首批调整认定为国家级重点职业中等专业学校、被省人民政府授予“湖南省职业教育先进单位”，被省劳动和社会保障厅授予“湖南省再就业培训单位”。学校招生首次超过1000人，在校生1800人，办学规模位居全州同类学校前列。2004年，龙山县第一职业中学被教育部重新调整定为国家级重点职业学校。是年，湘西民族职业技术学院创办，投资2.3亿元，校址：吉首市乾州新区。

2005年，全州职业教育再度发展，8县（市）相继成立职教中心，一批职校成为省外派劳务技能培训基地、省级示范性中等职业学校。州水电学校、州技工学校相继并入湘西民族职业技术学院。2008年，州人民政府印发《关于进一步发展职业教育的实施意见》，决定从2008年起，每年投入职业教育800万元，为州财会学校、交通学校、机电学校、粮食学校资源整合提供经费支持。是年，全州中职毕业生7024人，就业率95.8%。2009年，湘西经济贸易学校建立。2010年，湘西经济贸易学校并入湘西民族职业技术学院，实行“一套班子、一个窝子、两块牌子、两个层次”办学模式。是年，全州中高等职业学校18所。其中，教育部门主办9所，其他部门主办1所，民办8所；校园面积87公顷，学校建筑面积30万平方米，学校实验、实训仪器设备1.5万台（件），总价值4000余万元，图书85万册。在校学生2.6万人，教职工1443人，专任教师932人。全州公办中职学校教职工965人，专任教师702人，本科学历479人，专科193人，中专30人；其中，高级职称85人，中级职称315人，初级302人。有“双师型”教师137人，占专任教师总数19.5%。开设专业55个。其中，第一产业专业6个，第二产业11个，第三产业38个。是年，全州职业学校31所，在校学生26047人，教职工1592人。中职毕业生6375人，就业6210人，就业率97.39%，稳定率93%。

第二节 中等师范教育

吉首民族师范学校 1953年6月20日，省立第九师范学校改设为湘西第一民族师范学校、湘西民族师范学校（原茶洞师范学校）改为湘西第二民族师范学校。1962年暑假，湘西第一民师与湘西第二民师合并为吉首民族师范学校（以下简称吉首民师），校址在吉首镇东郊鳌鱼峰。1966年秋，因“文化大革命”开始，学校停止招生。1969年，被撤销。1971年恢复。

1962年，吉首民师占地面积74137平方米、建筑面积27000平方米。2000年，分别增至73.67万平方米、32000平方米。学校招生以招收少数民族学生为主，将招生名额分配到州内各县（市），动员少数民族学生报考吉首民师，增设苗族简师班和苗语学习班。改革招生制度，实行招生指标到乡镇、就地择优、学生毕业后回原籍任教的定向招生制度。1985—1990年，招收定向生463人。1990年，普师班484人学生中有定向生236人，占48.76%，逐步改变少数民族聚居区小学教师“派不进，不安心，教不好”的状况。

1983年，学校设14个教学班，在校学生472人，其中：土家族130人，占在校学生数27.54%；苗族152人，占32.2%。教职工110人。1990年，开设教学班22个，在校学生963人，其中土家族和苗族730人，占75.8%。教职工146人，其中：土家族、苗族等少数民族73人，占50%；高级教师13人，占8.9%；讲师34人，占23.29%。2000年，开设教学班24个，在校学生1095人，教职工142人。其中：专任教师80人，占56.34%；高级教师25人，占17.61%；讲师46人，占32.39%；硕士课题研究生和特级教师各5人，均占3.52%。开设音乐、体育、美术、外语、幼师、礼仪、干训等专业班。

学校根据民族特点将民族历史、民族英烈、民族物产和民族旅游资源、民族人文地理、风景名胜和民族文化纳入课堂教学和课外活动内容，增强少数民族学生的自豪感，振奋民族精神，坚定学习信念。设立国际主义战士罗盛教烈士事迹及校史展览室，修建集教学性与景观性为一体的建筑群作为德育教育基地。1985—2000年，增设民族政策讲座，在民族班和第二课堂开设苗文课，在音乐课教学中补充《苗山谣》和苗族唢呐、土家族“咚咚喹”等民族乐曲，在第二课堂增加苗族接龙舞、土家族摆手舞等舞蹈，在体育教学中补充高脚马、跳方桌等项目，美术教学补充土家族织锦、苗族凿花、剪纸、刺绣等内容，语文教学补充介绍沈从文、孙健忠等少数民族作家和湘西民族民间文学。1987年4月26日，《人民日报》登载本报记者景险峰的通讯《吉首民族师范学校组织学生下乡实习下功夫造就乡村教师》，报道该校面向少数民族地区开展教育活动的情况。

1988年6月，获国家语言文字工作委员会全国新时期语言文字知识竞赛组织奖。8月，被国家教委评为全国为基础教育培养合格师资先进单位。1989年，被列为“中国·联合国儿童基金会1991—1994年周期合作加强小学师资培训项目学校”。1990年11月，被评为省级文明卫生单位。

至2000年，吉首民师为湘西少数民族聚居区培养35000多名中小学教师和各类建设人才。毕业生中有10人被评为全国优秀教师、89人成为专家、学者、教授和文艺家，82人成为县级干部，15人成为厅级干部。

2001年6月，吉首民师与州教师进修学院合并为吉首大学民族师范学院。

1962—2001年，吉首民师历任校长向旸、熊漠元、夏炎炎、李建平、彭勇忠。

永顺民族师范学校 （以下简称永顺民师），位于永顺县城东北玉屏社区（原名西衙部）。是一所省、州共管的正处级中等师范学校，接受永顺县委、县政府的监督和领导，为湘西州和张家界市培养小学师资。1989年学校内设办公室、政工科、教务科、马列主义研究室、总务科、学生科、保卫科、校团委8个科室。有教职员工129人，其中高级讲师6人，讲师及其他中级职称人员28人。1995年增设教研室。2001年，学校有教职员工128人，其中高级讲师16人，讲师和其他中级职称人员40人。是年6月，永顺民师改办为湘西州第二民族中学。

1989年1月至2001年6月，李怀清、彭勇忠、谢根奎先后担任党委书记，李怀清、彭勇忠、李传徽先后任校长。

设施 1989年，永顺民师校园占地4.2万平方米，建筑面积2.5万平方米，在连洞乡高峰坡办农场1个，占地33.4公顷。1995年增设电脑教学室。1996年建成语音实验室。1998年建成科技大楼，钢琴增至30台，风琴增至120架，图书馆藏书增至7万余册。1999年建成多媒体教学室，其他教学仪器设备增至4500件（套）。

学生 1989年，面向湘西州和张家界市招生，主要招收永顺、龙山、永定、桑植4县区学生，另招保靖、古丈、慈利、武陵源等县（区）部分学生。招生对象为初中毕业生和民办教师，初中毕业生学制3年，民办教师学制2年。1991年开始招收计划外职教班学生，1997年停招民办教师。至2000年共招收中师班58个，学生2784人，其中永顺学生704人；招收民办教师21个班，学生1008人，其中永顺学生256人。招收幼师、文秘、工艺美术、电脑、体育、音乐等计划外职教班24个，学生1080人，其中永顺学生613人。

教学 1989年，师范生教学，分课堂教学（包括必修课和选修课）、教育实践（主要指教育实习）和课外活动（又称“第二课堂”）三大块。课程除普通中等学校课程外，另开设教育学、心理学、小学教材教法、儿童文学、书法等中师专业课程。课外活动根据学生爱好，主要开展毛笔字、钢笔字、粉笔字训练。同时包括朗诵比赛、数学拉力赛、百科知识抢答赛、文艺会演和各项体育运动竞赛等。教育实践在永顺民师附小和农村小学实习基地龙山县农车乡马蹄寨民族小学进行。

教研 1989年，学校各科均有教研组织，负责各科教研和教改。1995年，成立教研室，开展教改和各科教学研究。是年，该校政治教师匡明海参加全省中师政治课教学改革教学竞赛，获第一名。1997年，物理教师邱勇参加省中师物理课教学竞赛，获一等奖，并被推选参加全国中专学校物理课教学竞赛，获三等奖。1998年，体育教师李培雄参加省中师体育课三项全能竞赛，获第一名，其论文获全国中师教研论文甲等奖。同年，李培雄获全国曾宪梓教育基金会中师教育三等奖。至2000年，永顺民师有5人在全省中师课堂教学竞赛中获甲等奖，18人次的教研论文在省级研讨会上被评为甲等奖，9人次的11篇论文和7件作品在国家级刊物上发表。

1989—2001年，永顺民师先后培养中小学教师1.6万人。

第三节 成人教育

扫除青壮年文盲 湘西州有成人业余初等学校282所，教职工893人，在校生27035人，其中扫盲班21174人。1990年，第四次人口普查，全州文盲率29.38%。其中，青壮年总人口102786人，青壮年文盲、半文盲为14986人，文盲率14.58%。是年，州委、州政府在全州实施“科教兴州战略”，开展“治穷先治愚，脱贫先脱盲”的扫盲攻坚。至1997年，州境新增文盲17234人，迁出和死亡文盲1678人，扫除青壮年文盲147519人；全州青壮年人口1288003人，实有文盲17987人（含丧能文盲7884人），文盲率1.4%（除去丧能文盲，文盲率为0.78%）。是年，省人民政府扫盲评估验收团检查验收，各项主要指标达到中央、省定标准，湘西州基本扫除青壮年文盲。1998年6月，国家扫除青壮年文盲检查组抽查永顺县，确认湘西州实现基本扫除青壮年文盲目标。

1999年，全州成教工作重心转移到补偿教育。确定以补偿教育为重点，以“普九”为目标，开展堵盲工作。以乡镇农校为依托，提高当班农民整体素质，扫除剩余青壮年文盲；以岗位培训和继续教育为手段，建立现代职工教育和继续教育制度。是年，成人文盲287573人（指15周岁以上文盲）占总人口16.57%，剩余的青壮年文盲4653人（不含丧能文盲），占青壮年人口0.36%。全州办扫盲班851个，扫除青壮年文盲4403人；办脱盲人员提高班2149人，巩固提高脱盲学员41895人。2000年，办扫盲班199个，参加脱盲学习2189人，脱盲72人。办补偿教育班142个，15周岁适龄少年入学33人，17周岁及部分社会青年参加补偿教育学习3952人。是年，省政府验收团验收，永顺、保靖、花垣、凤凰、泸溪五县补偿教育基本达标。

农民技术教育 1989年，全州213个乡（镇）开办农民技术学校，办学面90%，合格面40%，参加培训农民14万人次。村办农民技术夜校2261所，办学面50%，参加实用技术培训农民28万人次。年底，省、州教育等相关部门检查验收花垣、永顺、凤凰三县农民中专，其中花垣县农民中专、永顺县麻岔农民中专达到省级合格标准，凤凰县农民中专基本合格。

1998年，全州各乡（镇）及95%以上建制村创办农民文化技术学校。其中省授牌乡镇农校62所。各农校举办实用技术培训班3357期，培训327134人次，占青壮年农民的80%。2000年，各乡（镇）农校组织脱盲后的青壮年开展时事政治、法律知识、文化知识学习。办脱盲人员巩固提高班1927个，参学43367人。根据“实际、实效、实用”原则，开展多元化培训，举办柑橘栽培与管理和卫生保健等培训班5752个（期），参加培训321649人次。2003年，永顺县塔卧镇、王村镇农校被评为省示范性农校。是年，全州创办乡镇成人文化技术学校合格县，至2004年，花垣、永顺、泸溪等6县（市）达到省定标准。2005年，龙山县第一职业中学被省认定为农村剩余劳动力转移扶贫技能培训定点单位。泸溪县第一职业中学被州劳动和社会保障局授予“农村劳动力转移技能培训机构”。2006年，各乡（镇）农校开展农村实用技术培训，培训农民32.5万人次。2007年，凤凰县实施现代农业示范基地项目，形成“一乡一品”农业产业格局。千工坪乡的党梨、水打田乡脐橙、吉信镇生姜、阿拉营镇万头生猪养殖场、腊尔山大米等形成品牌，远销省内外。

2010年，永顺县被列为国家特色优质烟叶项目开发县，承担全国烤烟基地示范性建设项目，高坪乡、松柏镇成为全国现代烟草农业新区开发试点基地，所在乡镇开展相关实用技术培训。各县市组织回乡初高中毕业生、失地农民、退役士兵、民营企业从业人员等参加培训。是年，全州乡（镇）农校开展农村实用技术培训，参训42万人次。

职工教育 1989年，湘西州职工教育学校有州工业技工学校、供销职工中专、公安职工中专、水电职工中专、物资职工文化学校、财税职工中专、城乡建设中职学校、粮食职工中专、交通职校、卫生职校等。同时，州广播电视大学通过成人高考，开展职工学历教育。1998年，全州职工岗位培训4.64万人次。其中，面向市场需求，开展多工种、多层次的转行、转岗培训2万余人次。1999年，开展职工教育现状调查，全员培训率40%。是年，省教委检查州人才交流培训中心、州经济管理干部学校、州城乡建设职工学校、州物资职工学校，州经济管理干部学校荣获省职工教育优秀单位，州人才交流培训中心、州城乡建设职工学校、州物资职工文化学校获优良单位。2000年，全州职工在岗培训17083人次，转岗培训2114人次，再就业培训362人次。2006年，全州各职业学校开展农村劳动力转移培训16166人次，培训后就业14556人，其中转移后再就业培训513人。2007年，继续开展农村劳动力转移培训，至2010年，培训学员68720人次，培训后就业47898人，其中转移后再就业培训4702人。

自学考试 1984年，湘西州成立高等教育自学考试委员会，11月，州境组织首次高等教育自学考试。至1990年，共考13次，报考人数27302人，及格率38%，获专科毕业证380人。2001年，报考人数8637人，获本专科毕业证406人。2005年报考人数上升至11262人，办理本专科毕业证230人。次年报考人数下降，全年报考人数7391人。2008年，报考3次，人数5206人，审查毕业生材料525份，合格75份。2010年，组织考试2次，报名考试5396人，比2009年增加164人。

研究生入学考试 2000年，湘西州组织研究生入学考试。当年全州报考人数299人，其后每年报考人数上升，2002年报考人数增至548人，2005年突破千人大关，全州有1243人报考。2006年，报考人数1579人。是年，湘西州实施“少数民族高层次骨干人才计划”，有28名考生签订“硕士学位研究生新录取学生协议书”。2008年，研究生入学考试人数686人，签订新录取学生协议书107人。2010年，全州研究生入学考试人数529人，其中，签订研究生新录取学生协议书157人。至是年年底，先后有79名少数民族硕士研究生回到湘西州就业服务。

第四章 高等教育

1989年，湘西州有吉首大学、湖南广播电视大学湘西分校、湘西民族教育学院3所高等学校，在册学生4344人。1992年，湖南广播电视大学湘西分校更名为湘西自治州民族广播电视大学（简称州电大）。2000年，吉首卫生学校并入吉首大学，湘西自治州医学院成立，属吉首大学二级学院。2001年湘西民族教育学院和吉首民族师范学校组建成吉首大学师范学院，属吉首大学二级学院。是年，吉首大学在校本专科学生27327人，其中吉首大学校本部17854人。2004年，湘西民族职业技术学院创办（简称湘西职院）。是年，全州在册大学生20853人，2006年，州水电学校并入湘西职院，州内在册本专科学生 20152 人，其中吉首大学在校学生 14425 人。2009 年，州技工学校并入湘西职院。全州高校在册本专科学生 32432 人，其中吉首大学学生 22769 人。2010 年，原州财会学校、交通学校、机电学校、粮食学校合并组建的湘西经贸学校并入湘西职院，实行“一套班子、一个窝子、两块牌子、两个层次”办学模式。是年，州境有普通本科院校 1 所，普通高职专科院校 1 所，成人高校 1 所，在籍学生 29685 人，其中吉首大学 21135 人。

第一节　吉首大学

1989 年，吉首大学为湖南省属综合性大学，学校占地面积 120 公顷，建筑面积 55 万平方米，教学科研仪器设备总值 1.6 亿元，藏书总量 200 余万册。在校生 2078 人，有教职工 707 人，其中正副教授 59 人，讲师 148 人。

2000 年 8 月，吉首卫生学校并入吉首大学，建立吉首大学医学院。2002 年 10 月，武陵高等专科学校并入吉首大学。2003 年，学校获得硕士学位授予权。2006 年，通过教育部本科教学工作水平评估，评为优秀。学科门类有文、史、哲、理、工、农、医、经、管、法、教等十一大学科门类，本科专业 61 个，其中国家级特色专业 3 个，国家本科专业综合改革试点专业 2 个，省级特色专业 8 个，省级重点专业 8 个。有一级学科硕士点 14 个，专业硕士点 1 个。有省级优势特色重点学科 1 个，省级重点学科 5 个；国家级实验教学示范中心 1 个，省部级重点研究基地 9 个，省级重点实验室 3 个，省级实践教学示范中心 6 个，省级产学研合作示范基地 3 个。是湖南省唯一“少数民族预科教育基地”。“十一五”期间，学校承担各级各类科研课题 800 余项，其中国家自然科学基金课题 15 项、国家社会科学基金课题 54 项。获国家级教学成果奖 3 项，省级教学成果奖 16 项，省部级科技成果奖 25 项。社会科学研究以及区域经济、民族文化、民族历史为重点，其中民族历史文化、民族语言、沈从文研究、文化创意产业、旅游经济等研究成果在国内外产生较大影响，多项成果被各级地方政府决策所采纳。自然科学研究以自然资源开发、利用与保护为重点，获得较好的经济效益和社会效益。学校开展产学研工作，服务地方经济社会发展。猕猴桃“米良一号”被国务院扶贫办列为扶贫开发项目，在全国 16 个省（市）推广栽种，湘西州种植面积 6700 余公顷。猕猴桃中提取的“果王素”经国内专家鉴定“达到国内领先水平，填补国际空白”。先后与美国、英国、韩国、乌克兰、日本及香港、台湾地区 20 余所高校开展合作交流。学校先后获得“全国民族团结进步模范集体”“全国精神文明建设先进单位”“湖南省文明单位”“湖南省高校毕业生就业工作先进单位”等荣誉称号。朱镕基、曾庆红、贾庆林、尉健行、曾培炎、陈至立等党和国家领导人以及教育部、湖南省委省政府领导多次到校视察指导。朱镕基称赞“吉首大学是湖南的骄傲”，曾庆红肯定“吉首大学具有特殊价值”，贾庆林在视察学校时高兴地说“看到了吉首大学，就看到了武陵山区脱贫致富的希望”。2010 年，在校教职员工 1563 人，其中专任教师 986 人；有教授 153 人，副教授 387 人；博士 270 人（含在读博士 128 人），硕士以上学历占专任教师总数的 86%。有享受国务院政府特殊津贴专家 15 人。学校面向全国 31 个省（市、自治区）及港澳地区招生。是年，招收本专科学生 5893 人，各类在籍学生 3 万余人。其中，全日制本专科生 1.8 万余人，硕士研究生 700 余人，招有韩国、乌克兰等国留学生及交换生。

吉首大学师范学院　2001 年，学院由湘西民族教育学院与吉首民族师范学校合并而成，实行湘西州人民政府与吉首大学共建共管、以湘西州人民政府管理为主的体制。学院占地面积 8.74 公顷。设有 7 个系 10 个专科专业。有正高级职称 2 人、副高级职称 30 人，中级职称 37 人，硕士 1 人。2005 年，学院 10 个专科专业通过湖南省教育厅“新上专业办学水平省级评估”，全部合格。2006 年，学院被湖南省教育厅确定为全省培养培训大专层次小学教师的 4 所学校之一。2010 年，州政府将原救助站1.6公顷土地划归学院，学校面积规模扩大，有学生宿舍7栋，田径运动场1个，图书馆藏书27万余册。教职工278人，专任教师181人，其中教授6人，副教授70人，讲师级职称114人；博士学位教师6人、硕士学位教师52人。是年，在校学生3000余人。10年间，培训各级各类师资8755人。其中，中小学教师学历培训2891人，新课程骨干教师培训3312人，英语、音乐、体育、美术、信息技术等6个短缺学科教师培训2130人，培训中学校长422人。

第二节　湘西州广播电视大学

1983年，湖南广播电视大学湘西土家族苗族自治州分校创办。业务接受上级电大指导，按照分级办学、分级管理原则，属州人民政府领导。1989年，湖南电大湘西州分校在籍学生727人。1992年，湖南电大湘西自治州分校更名为湘西自治州民族广播电视大学（简称“州电大”），学校下联7个县级电大工作站。是年，学校教职工43人，其中专任教师27人。2000年，新增高职、中职等办学形式，形成以开放教育为主体，职业技术教育和继续教育为两翼的“一体两翼”办学格局。2004年，在籍学生6500人。2006年4月，省教育厅组织全省电大开放教育试点总结评估，州电大被评为“优秀学校”。2009年，学校启动“一村一名大学生”培养项目，利用现代远程教育手段将高等教育资源延伸到农村第一线。开设农业经济管理、园艺设计、畜牧兽医等专业，招收学员101人。通过广播电视等远程教育手段，从事成招、普招（含师范）、单科视听生、注册视听生等专科学历教育，成人中专教育和“汽车驾驶员职业道德培训”等非学历教育，至是年，累计培养学生6100人。2010年，学校被省教育厅确认为首批“全省示范性电大分校”。在全省电大开放教育办学水平评估中被评为“优秀”。全州电大系统教职工347人。其中，专职教师197人，管理人员99人，技术人员51人。教师中享受国务院特殊津贴1人，教授1人，副教授、高级政工师45人，中级职称124人，研究生7人。开设文史、理工、经济、师范、法律等五大类本、专科教育和中职教育。是年，招收学员200人，在籍学生5500人。累计招生3.6万人，毕业3.1万人，占全州各类高校毕业生总数36.8%。

第三节　湘西职业技术学院

2003年6月，湖南省教育厅批准筹建湘西民族职业技术学院。2004年3月，省高校设置评议委员会组织专家复查评估并通过。5月21日，省人民政府以湘政函给州人民政府下发《关于建立湘西民族职业技术学院的批复》，湘西民族职业学院正式建立。为大专、本科（自学考试）、五年制大专（招收初中毕业生）以及中专、中技、四年制高等职业技术学院。占地70余公顷。2004年，引进青年骨干教师和优秀大学毕业生28人，其中硕士研究生2人。166名教师参加省教育厅组织的资格考试，全部获得通过。学院设置计算机网络技术、应用电子技术、文秘、广告设计与制作、汽车运用技术、供用电技术、电力系统自动化技术等13个专业。是年，招收新生1924人。

2005年，学院预筹资突破1.62亿元。11月9日新校区建设破土动工。2008年，新区建设累计完成投资1.86亿元，其中当年完成投资7030万元。2009年秋季搬入新校区，招收学生2282人。2010年，州技工学校、州经贸学校等州直公办中专学校全部并入学院，实现功能布局合理化，教学设施标准化，校园环境园林化。是年，招收学生2340人。设有专业：园林技术、畜牧兽医、动物防疫与检验、建筑工程技术、工业与民用建筑、机械设计与制造、数控技术、数控机床调试与维修、模具设计与制造、电力系统自动化技术、供电技术、汽车检测与维修技术、汽车运用与维修、汽车商务、计算机应用技术、计算机网络技术、图形图像制作、动漫设计与制作、电子信息工程技术、应用电子技术、服装设计、会计电算化、市场营销、电子商务、物流管理、服装设计、旅游工艺设计与制作、旅游管理、广告设计与制作、涉外旅游、应用英语、文秘、焊接技术、烹饪、幼师等35个专业。

第四节 湘西民族教育学院

1980年4月创办，位于吉首市新桥社区，时为湘西自治州教师进修学院。1987年3月更名为湘西民族教育学院。学院占地2.18公顷，建筑面积2.5万平方米，其中教学用房1.09万平方米，生活用房1.41万平方米。图书馆藏书8.3万册。拥有价值350万元的教学仪器及设备。1989年在籍学员1717人，2000年增至2241人，其中脱产班1517人，函授班724人。是年，学院有教职工127人，其中专任教师60人，教辅人员28人，行政管理人员23人，工勤人员16人。有教授1人，副教授9人。开设专业有语文、数学、物理、化学、生物、英语6个。2001年8月，经湖南省人民政府批准，湘西民族教育学院与吉首民族师范学校合并建立吉首大学师范学院，实现湘西州师范教育资源的优化整合。

第五章 民族教育

第一节 民族教师与学生

1989年，湘西州少数民族教职工14062人，占教职工总数的66%；少数民族学生278058人，占学生总数的71.6%。2000年，少数民族教职工23716人，占教职工总数的83.8%；少数民族学生390250人，占学生总数的81.8%。2010年，少数民族教职工23801人，占教职工总数的84.2%；少数民族学生376181人，占学生总数的82.7%。湘西民族教育平稳发展。

1989—2010年部分年份湘西州少数民族教师情况一览表

表28-4

年份 \ 数字 \ 各级各类学校		少数民族教职工人数	占教职工比重（%）	少数民族专任教师人数	占专任教师比重（%）
1989年	合计	14062	66.0	11644	65.6
	大学	373	41.3	140	49.1
	普通中专	406	50	201	48
	成人中专	262	61.6	152	48
	普通中学	3662	75.9	2850	66.7
	农业职业中学	379	63.6	268	64.0
	小学	8980	69.0	8033	68.1
2000年	合计	22607	67.6	19493	83.8
	大学	645	54.6	362	64.8
	普通中专	465	62.8	268	68.7

续表 28-4

年份 \ 数字 \ 各级各类学校		少数民族教职工人数	占教职工比重（%）	少数民族专任教师人数	占专任教师比重（%）
2000 年	成人中专	362	83.0	197	72.4
	普通中学	6889	84.7	5803	85.5
	农业职业中学	917	80.9	710	81.5
	小学	13328	85.4	12153	84.6
2005 年	合计	23352	82.1	20455	83.3
	大学	1211	56.2	671	54.5
	中等职业学校	667	58.7	399	52.9
	普通中学	9439	85.4	8070	86.3
	小学	12035	85.4	11315	85.7
2010 年	合计	23801	81.7	21444	84.2
	大学	1242	55.3	725	53.6
	中等职业学校	769	48.3	524	55.1
	普通中学	10107	86.5	9078	87.4
	小学	11683	88.4	11117	88.3

1989—2010 部分年份湘西州各级各类学校少数民族学生一览表

表 28-5

年 份	各级各类学校		少数民族学生人数	占学生总数比重(%)
1989 年	在校少数民族学生		278058	71.6
	其中	大学	3046	70.1
		普通中专	3817	76.1
		成人中专	1925	62.6
		普通中学	57540	75.9
		农业职业中学	4238	78.4
		小学	207492	70.4

续表 28-5

年 份	各级各类学校		少数民族学生人数	占学生总数比重(%)
2000 年	在校少数民族学生		390250	81.8
	其中	大学	5382	55.8
		普通中专	7122	80.8
		成人中专	1302	78.3
		普通中学	97193	80.8
		农业职业中学	7617	77.2
		小学	271634	83.2
2005 年	在校少数民族学生		409022	83.8
	其中	大学	11657	45.3
		中等职业学校	11762	71.6
		普通中学	158528	87.3
		小学	227075	85.9
2010 年	在校少数民族学生		376181	82.7
	中	大学	12324	41.5
		中等职业学校	19891	76.4
	普通中学		135215	87.5
	中	初中	99964	88.06
		高中	35251	85.84
	小学		208751	83.4

第二节　双语教学

1989 年，湘西州 6 个苗族聚居县（市）开展苗文扫盲工作。1990 年，州教委副主任周纯禄主持“四步转换”（双语双文教学：苗·汉双语双文和土·汉双语教学）教学实验，获湖南省教育部门认定。吉首大学教授叶德书在龙山县坡脚乡开展土家语教学实验和土家语拼音方案教学实验，获得成功，并在部分土家族村寨推广。1995 年 9 月，国家民族事务委员会和中国社会科学院联合调查组调研湘西苗文试验推广工作，认为：‘双语双文四步转换”教学和苗文科普扫盲教育相结合，教学方法新颖，为全国同类地区首创。2008 年 3 月，湘西州教科院承担“苗语苗文在学校保护与传承试点”研究。5 月，州教科院组织实验教材编写，连续举办三期苗文学习和苗文教材教法培训班。州教科院录制与《苗文课本》相配套的苗·汉双语教学光碟。2009 年 3 月，石学东主编的《苗文课本（1～4 册）》由湖南人民出版社出版，秋季在试点班使用。2010 年，这套教材被中国文字博物馆收藏。8 月，州人民政府办公室印发《关于认真做好土家语苗语抢救保护传承工作的若干意见》，部署第二批（2010—2012年）双语教学试点工作。土家语片区办班10个，有学生454人。苗语片区办班10个，学生501人。龙山、凤凰等5个县（市）14所学校，开办双语教学试点班39个。其中土家·汉双语文试点班19个、936人；苗·汉双语文试点班20个、887人。

第三节　民族教育优惠政策

1989年，湖南省实施少数民族地区大中专院校招生倾斜政策，定向招生，降分录取；湘西州内少数民族考生录取降低20分，汉族考生降低10分。1990年，湖南省教委在吉首和永顺两所民族师范学校开办“三定”（定向、定额、定分配）师资班，招收民族地区边远乡镇（含散居民族乡）少数民族考生，并签订合同，为边远乡村学校培养师资。1992年，启动世界银行贷款“义教工程”，龙山、凤凰、泸溪3个县分别获得111万、105.5万、105万美元贷款（1998年年底关闭）。1993年10月，湖南省教委、省民委针对民族地区和贫困山区初中学校建设薄弱情况，实施“五年百校工程”。连续三年支持湘西州7个县（不含吉首市）3474万元，建设学校。全州建成一批规范化寄宿制中心小学，办学条件得到改善。1994年，吉首大学开办民族预科班。同时，继续实行定向招生。1995年8月，省人大常委会通过《湖南省少数民族地区普及义务教育若干规定》。至2000年，省财政厅每年给各民族县（市）30万元“少数民族义务教育助学金”，解决义务教育中贫困学生入学难问题。

1997年，长沙、岳阳、衡阳、湘潭、株洲、常德6市援助湘西州，其中，教育投入600余万元，援改建学校16所，帮助培训骨干教师100余人。州民族中学通过外经贸部申报获国际援建项目1亿日元，省财政厅、省计委、省民委安排配套资金100万元；邵逸夫捐款40万港元，新建州民族中学综合大楼和运动场。是年，世行贷款第四个贫困地区基础教育发展项目启动，保靖、永顺和吉首3个县（市）分别获得70万、60万、65万美元用于校舍建设。1998年始，省财政厅和省教委用5年时间，投入7710万元帮助贫困县和民族县建成寄宿制骨干初中257所学校。2005年，全州参加高等教育招生考试9227人，其中，享受少数民族加分考生8184人，占考生总人数的88.70%。2006年参加高考人数增至11861人，享受少数民族加分优惠政策人数10294人，占参加高考总人数的86.79%。2010年，全州参加高考总人数14000人，其中享受少数民族加分政策人数11716人，占高考总人数的83.69%。

第六章　民办教育

第一节　发展概况

1989年，湘西州各县（市）均有民办幼儿园，同时，凤凰、永顺、泸溪、保靖等县办有民办中小学。凤凰县政协于1984年组织创办的凤凰县边城中学，至是年有教师40人，学生700余人，被评为全州政协系统社会力量办学先进单位，《湖南日报》《中国教育报》分别报道。吉首市4位退休教师开办新蕾幼儿园，当年入园幼儿630人。1995年，凤凰县边城中学、永顺县灵溪镇溪州中学相继停办。1997年，实施国务院《社会力量办学条例》，州内民办教育发展步伐加快，至2002年，全州各类层次社会力量创办学校（幼儿园）335所。其中，高等非学历教育专修学院2所，中等职业学校6所，普通中学9所，小学92所，幼儿园226所。2004年，实施《中华人民共和国民办教育促进法》，州人民政府印发《关于促进民办教育发展的若干意见》，提出学前教育以民办为主，义务教育阶段民办学校数和在校生人数适度提高，高中阶段民办学校在校生占比30%以上目标。是年，全州各类民办教育机构412个，在校生31460人，比上年增加200余人。2005年，新增民办学校3所，即湘西电脑电子学校、湘西自治州建筑学校、湘西光华现代技术学校。同时，湘西雅思实验学校创办，吉首市民族实验小学改制为民办寄宿制小学。是年，全州民办教育机构在校生逾4万人。2008年，农村民办教育呈下降趋势，2009年，全州民办教育机构299个，比2005年减少近百个。2010年，州人民政府专题研究公办学校教师向民办学校流动问题，并形成会议纪要。规定公办学校教师可以向民办学校有序流动，促进民办教育事业健康发展。是年，全州民办学校53所，在校学生19896人；民办幼儿园317所，在园幼儿36290人。民办中职学校当年招生1759人，占中职招生总数20.91%。永顺县电脑技术学校被湖南省教育厅评为“全省民办教育特色实验学校”。

第二节 管理工作

1989年，全州民办教育机构行政上接受当地党委和政府领导，招生、高考，纳入国家计划，教学业务受县市教育局（教委）指导。校内成立校务管理委员会（简称校管会），实行校管会领导下的校长负责制，学校一切重大问题，经由校管会集体研究决定。校管会下设教务、政教、总务3个处，执行校管会决策，制定各相关制度和规划，开展教、政、财日常工作。1997年，实施《社会力量办学条例》，各县市教育行政部门开展办学质量评估。2004年，贯彻《民办教育促进法》，州、县（市）教育局清理民办教育机构，核发办学许可证。同时，州政府出台“民办高中可以跨县（市）自主招生”政策，引导民办学校扩大办学规模，改善办学条件，提高办学质量。2005年，州内民办中小学设立校长办公室和教科室。2007年，州教育局制定民办教育机构设置基本模式，包括资金、教学场地、校长条件以及学校管理机构设立等。其中在学校管理机构设置上，要求成立董事会，实行董事会领导下的校长负责制；董事会下设行政、教学、财务、学生等处室。是年，开展民办教育机构年检，新批民办教育机构2个，拒批不符合办学条件申请8次。2008年，全州开展民办教育机构综合评估，评估民办学校、幼儿园368所，评估实现全覆盖。是年，湘西州教育局获湖南省教育厅“全省民办教育目标管理一等奖”。2010年，州、县（市）年检民办学校、幼儿园358所。其中，定为优秀学校（幼儿园）95所，合格247所，限期整改6所，责令停办7所，吊销办学许可证3所。是年，吉首市整合民办教育资源，由湘西州屹立农业科技有限公司、湘西州五矿进出口有限公司、湘西州民族中学联合成立湘西从文教育集团，为州境首个综合性民办教育集团。集团领导机构设立董事会，下设幼儿园、小学部、中学部、国际发展部及培训学校等教育教学实体。吉首市民族实验小学、湘西州雅思实验学校等隶属于该集团。集团学校占地总面积12.67万平方米，建筑面积12.2万平方米，有教职工499人，教学班92个，学生4753人。

第三节 民办学校选介

湘西雅思实验学校 由湘西州民族中学于2005年与湘西屹立农业科技公司联合创办，并经吉首市教育局批准的股份制民办中学。校址位于吉首市乾州小溪桥。占地4万平方米，建设投资8000多万元。学校秉承“以生为本，快乐成长，着眼未来，全面发展”的办学理念，以一流的质量求生存，以英语特色教学促发展，设有国际发展部。2010年，学校隶属湘西从文教育集团。是年，该校增设高中部，有教职工280人，学生4000余人。

吉首市民族实验小学 1997年11月筹建，1999年9月挂牌开学，公开选拔校长，并聘用教师80多人，为湘西州第一所用人制度实行聘用制的学校，校址在吉首市吉新路73号。是年，学校建成学生公寓2200平方米，住校学生200人。学校按照“探求集团运作，打造三湘名校，瞄准全国一流，指向目标接轨”的办学理念，将优质教育资源转化为教育教学优势。2000年，学校被吉首大学师范学院定为教育教学实验基地。2002年开设电脑信息技术和科学整合实验班，成为州内第一所开设英语和电脑课程的学校。是年，被定为国家基础教育课程改革项目学校、教育部“十五”规划重点课题新课程理论与实践实验基地，被湖南省教育厅评为“全省德育工作先进单位”。2003年，被共青团湖南省委定为省青少年教育研究基地。2004年，新建学生公寓3600平方米。被省体育局定为湖南省蹦床后备人才培训基地，被团省委列为“红领巾”示范学校。是年5月，学校承办教育部交办的贫困地区教师综合素质培训现场会。2005年5月，获“湖南省‘双合格’优秀示范家长学校”和“州级文明单位”称号，被评为全州管理规范、社会反映好的10所学校之一。是年12月，学校转制，成为州境唯一一所寄宿制民办民族实验小学。2008年4月，承办湖南省第四届小学校长年会。2009年11月，学校被中国当代语文教学专业委员会评为“全国人类语文特色学校”。2010年，学校占地面积2.8万公顷，有教学楼两栋、综合科技楼一栋、办公楼一栋、学生公寓三栋、学生餐厅3500平方米；有250米塑胶运动场；有教职工230人，开设教学班52个，在校学生2400余人。学生来自湘鄂渝黔4省（市）边区16个县（市）。是年，学校隶属湘西从文教育集团。

吉首市德雅第一幼稚园 创办于2006年8月。位于吉首市乾州新区小溪桥世纪大道北端。占地面积11186平方米，建筑面积3091平方米。设有舞蹈室、图书室、体能室、电脑房等多种活动室。户外活动场地有小树林、观赏池、种植园地、塑胶跑道、大型游乐设施等。2008年，南京康轩文教集团举办全国首届“小康轩杯”教学示范课评比大赛，德雅幼稚园参赛，获“优秀组织奖”。2009年，思维训练课程受邀在湖南省首届学前教育发展论坛上展示。是年12月，全国第六届“阅读启迪童心 创意引领未来”大赛，该园《“让我们陪孩子读书”大型家园共建活动总结报告》获一等奖。2010年，开设托、小、中、大、学前5个年龄层次教学班16个，在园幼儿560人，教职工90人。是年，被评为州级示范性幼儿园，获“全国百佳最具发展潜力幼儿园”称号，被教育部、中国教师发展基金会评为“全国民办教育先进集体”，获“成长的足迹?全国幼儿创意美术大赛”教育成果特等奖。

湘西州建筑学校 该校前身为湘西州城乡建设职业技术学校。位于吉首市乾州新区，占地面积3.4万平方米。2003年，学校改制，原资产置换到吉首市教育局。2005年，重新登记注册，改为湘西州建筑学校，为全日制中等职业技术学校。主要专业为建筑工程技术，学制三年。毕业生就业岗位明确，为工程项目九员，即土建施工员、安装施工员、材料员、安全员、质检员、造价员、资料员、准核员、机械操作员。该校是湖南省建设厅建筑工程技术管理人员继续教育和岗前考试培训基地、湖南省农业厅阳光工程培训基地、湘西州人力资源和社会保障局培训基地。2010年，学校有教职工31人，其中专业教师16人，文化课教师8人。在校生751人，其中全日制425人，非全日制326人。是年，学校参加湖南省建筑工程技术“工程预算”项目竞赛，获二等奖1项、三等奖2项。

第七章 希望工程

第一节 希望学校建设

1990年3月，共青团湘西州委、州教委召开联席会议，推介“希望工程”。是年，收到全州共青团员和少先队员特殊团队费2万余元，为希望工程捐款。永顺、保靖等县作为希望工程首批启动县，400名贫困学生得到救助，重返校园读书。

1992年6月，“湘西州民族青少年发展基金会”成立。中共湘西州委、州人大常委会、州人民政府、州政协等领导率先为希望工程捐款，并分别救助1～3名因家庭贫困而失学的孩子。是年，获得希望工程资金172.98万元。1994年，全国第一所苗家希望小学——凤凰腊尔山希望小学，第一所土家希望小学——龙山里耶长潭小学相继落成。“香港苗圃行动”在湘西州落户，援建保靖县茶市田家炳小学等。湘西籍著名歌唱家宋祖英回湘西领衔“希望工程大型义演”——托起明天的太阳，演出收入全部捐献希望工程。湖南省委书记王茂林专程到湘西考察，提出举全省之力，在湘西州兴建100所希望小学。州委、州政府成立“百所希望小学建设协调领导小组”。州人民政府下发文件，要求有关部门对希望学校建设征地、审批手续方面给予优先，在交通、城市规划、建设增容、供水等方面给予关照。1995年，省内外有关单位和爱心人士，为湘西州援建希望小学105所，其中省直单位援建97所，上海贝尔电话公司等单位援建8所。有关部门、企业直接与学校挂钩，在花垣县、吉首市援建希望小学10所；香港“苗圃行动”为保靖县修建希望学校10所（仅算6万元以上项目）。9月11日，湘西州百所希望小学落成庆典在吉首市振武营希望小学举行，时任中共中央政治局常委、全国政协主席李瑞环，湖南省委书记王茂林出席庆典仪式，为百所希望小学落成剪彩。至是年年底，全州修建希望小学125所。修建校舍总面积8.5万平方米，基建总投资2700多万元。

1997年，全州建成希望学校200所。9月，落成庆典在吉首市马颈坳上海浦江隧桥希望学校举行。共青团湖南省委书记刘莲玉、中国青基会办公室主任涂猛、省青基会秘书长黄钦贵、湘西州人民政府州长向世林等参加庆典仪式。1998年，改善边远农村基础教育，州青基会制定“7122”千村兴校计划”，即：用7年时间，引资2000万元，自筹2000万元，兴建和改善村小条件1000所。2000年，全州各级团组织引进、筹集建校资金512.57万元，其中捐款395.14万元，捐建希望小学22所。翌年，团州委以90个边远特贫村为重点，持续实施“7122”千村兴校计划，全年筹资810万元，建校15所，改善办学条件35所。2010年，实现社会筹资358万元，援（改）建希望小学3所。20年间，全州希望工程实现社会筹资1.3亿元，新建希望学校335所，改善办学条件489所。

第二节 学生资助

1990年，湘西州教育基金会为贫困高中、初中、小学生提供800元、120元、60元的学费，救助家庭贫困大学生1人、中学生15人、小学生4869人，直至完成学业。1993年3月，沈从文亲属捐资3万元，资助保靖、凤凰两县贫困学生。1997年，通过“芙蓉学子”、少数民族大学生成才计划、1+1资助活动，救助大中小学贫困学生2000余人。2002年8月，可口可乐（中国）有限公司湘西希望之星考察团，选送16名优秀贫困学生赴赣就读“全国希望之星”班。同时在州民族中学设立中国西部首届“希望之星”班。2003年，发放救助金150万元，救助贫困学生1.1万人。

2004年，州基金会与教育部门调查全州贫困学生情况，建立贫困学生电子档案7.3万人。发放救助金451.1万元，救助贫困生5.36万人次。2005年，团州委牵线搭桥，古丈团县委与湖南电视台公共频道、《潇湘晨报》、湖南交通广播电台、“我爱家园、爱心家园”边城爱心网等众多媒体联合开展“关注湘西、帮学助学”和爱心救助活动，捐赠文具、书籍、衣物等折合人民币3万余元，受益学生1000余人。

2006年，全州实施“两免一补”（免教科书费、杂费，补助贫困生寄宿生活费）政策，启动普通高中贫困生救助、“农村贫困寄宿生温暖工程”。州财政按每万人口安排0.2万元，县（市）级财政按每万人口安排不低于0.5万元标准，纳入预算，用于义务教育。各县（市）根据实际情况，逐步提高贫困寄宿生生活费补助标准和扩大救助覆盖面，将每生每年50元补助标准提高到1200元。少数民族义务教育助学金和政府助学专项资金，用于贫困寄宿生生活费补助。宋祖英助学金基金会、州教育基金会筹资40余万元，资助贫困高中生490人。交通部海事系统捐赠6.79万元，资助97人。州民政局为义务教育阶段寄宿制学校贫困寄宿生捐助5000套棉被，贫困寄宿生全部享有。全州普通高中阶段贫困生救助金150万元，资助高中贫困学生2356人。古丈县设立"古丈县高中阶段"助学基金，集中县直各单位年度公务费的1%，县财政局设立专户，用于资助家庭贫困而又品学兼优的高中学生。当年，全州落实发放各项救助金1.2亿元，资助学生13.3万人；免杂费9053万元，资助学生41万人；补助贫困寄宿生生活费876万元，资助学生5.6万人。

2008年，基金会筹措普通高中阶段助学金503万元，资助普通高中贫困生4116人。花垣县设立高中阶段教育少数民族助学金30万元，对县内寄宿的高中贫困生按学年给予每人每月100元救助，对农村独生子女户、两女节育户和城镇非国家工作人员居民户口的独生子女户子女进入高中阶段就读的,按学年给予每人每月200元救助。州、县（市）教育局多渠道筹措资金300余万元，资助大、中、小学学生近4000人，解决困难群众子女就读。花垣县在全省率先实行"五免一补"(免费提供教科书、免杂费、免寄宿生住宿费、免基础训练费、免音像教材费、补助贫困寄宿生生活费）。至2009年，两年发放中职国家助学金分别为2208.85万元、1815.3万元，资助学生29436人次、24204人次。全州筹措普通高中阶段助学金590.4万元，资助普通高中贫困生6111人，资助面14.5%。按照省教育厅统一布署，全面启动生源地信用助学贷款。泸溪县作为全省10个试点县之一，首批32名学生享受助学贷款18.8万元。

2010年春，州上报中职学生10531人，财政下拨中职助学金790.6万元。州采取统一集中支付方式发放助学金，发放中职国家助学金2003万元，资助学生25007人次，其中州级配套243.6万元。这一做法，得到省资助中心肯定，以简报形式向全省推介。9月，省教育厅和省开发银行在湘西州举行全省生源地助学贷款启动仪式，311名贫困大学生办理生源地信用助学贷款183万元，占全省生源地助学贷款总额度三分之一。是年，全州筹措资金718.8万元，资助普通高中贫困生7002人，资助面17.05%。是年秋季起，中央与地方共同设立国家助学金，用于资助普通高中在校生中家庭经济困难学生，资助标准每生每年1500元。财政部、教育部下拨湘西州救助资金615万元，资助贫困高中生8191人，占在校高中人数20%。

第八章　教师

第一节　教师管理

1989年，湘西州中小学教师由公办教师、民办教师组成。其中，小学民办教师4445人，占小学教职工总数的34.17%；中学民办教师70人，占1.7%。教师专业技术职务实行聘任制。教师招聘及流动调配实行州、县（市）分级管理。1990年，全州聘任小教高级、中教一级职务教师3799人，中教高级340人。民办教师按照学历、年龄等条件开始转为公办教师。1995年，全州聘任小教高级、中教一级等中级职务教师3887人。至1998年，州内符合条件民办教师基本转为公办。是年，州教委会同州人事局制定《湘西州教师专业技术职务任职资格量化评审细则》，推行教师专技职务评审制度改革，改定性评审为定量评审，此举得到湖南省教委及其相关专家肯定。2000年，全州民办教师转公办工作结束，民办教师成为历史。2002年，全州推选并报湖南省批准中小学特级教师6人，评审通过中学高级教师131人，中教一级、小教高级任职资格904人，培训测试中小学教师普通话过级5600人。2005年，严把教师入口关，州教育局办理教师资格证2000余人。评审通过中小学教师专技职务任职资格1345人，报省评定特级教师10人。2008年，开展中小学学科带头人评选工作，全州首次评出中小学学科带头人100名，并由州、县（市）财政每人每月发给特殊津贴300元。2009年，“特岗教师”招聘计划启动，全州招聘中小学“特岗教师”317人。2010年，招聘“特岗教师”277人，有效缓解州内农村义务教育阶段教师紧缺状况。同时，办理师范类高校毕业生教师资格证1595人，非师范类毕业生教师资格证653人。中小学教师评定专业技术职称855人，其中，中学高级153人，中学一级432人，小学高级270人。

第二节 教师培训

一、学历培训

1989年，州教师进修学院及八县市教师进修学校举办中小学教师学历培训，全州中师学历进修570人，其中脱产201人，函授369人。1991年，参加中师学历培训在册人员1962人，其中函授学员1473人，脱产学员489人。全州中师函授学员参加全省统考3317人次，及格2650人次，及格率80.1%。1992年，全州有1932名小学、幼儿园教师参加中师合格学历培训，其中新招中师函授学员200人，普通中师招收小学民办教师211人。全省中师函授结业统考，结业率83%。脱产中师统考，及格率96.7%。是年，619名小学教师获中师学历，全州小学教师中师学历培训毕业总人数3870人。1996年，全州有中学教师5400人，未达专科学历762人，其中男55岁，女50岁以上教师215人。全州12186名小学教师，未达中师学历2379人。其中男55岁、女50岁以上的教师413人；参加进修中师学历679人；不愿进修中师学历，与县（市）签订合同，后果自负75人。当年进修中师学历1212人。1998年，全州小学教师第一轮继续教育结束，培训教师12151人。同时，全州460名中心完小正副校长通过培训，获得上岗证书，占小学校长总数95%。1999年，州民族教育学院等学校，以送教到县方式巡回授课，共讲授专业课36门、公共课8门，培训语文、数学、英语、物理、化学、生物六个学科初中教师4994人，参训率96.73%。2000年，州教委组织4500名教师参加成人高等教育招生考试，3386名中小学教师参加学历提高培训。2003年，全州参加各种学历提高培训在籍学员5728人，占教师总数的26.1%。2004年，新增2000名中小学教师参加学历提高培训，全州7728名中小学教师参加学历提高培训，占中小学教师总数的35.1%。全州参加高师学历培训总人数1280人，实现初中语文、数学、政治、英语、生物、历史及高中语文、数学等学科学历不合格教师全员培训。2005年，州、县（市）举办高、初级培训班35期，培训中小学教师4773人。全州小学、初中、普通高中教师学历合格率分别达到99.2%、97.7%、80.8%。2010年，实施“国培”“省培”计划项目。全州参加项目培训教师1878人。

二、骨干教师培训

2002年，湘西州中小学骨干教师培训工作启动，州教育局成立领导小组，制定《湘西自治州中小学骨干教师州级培训方案》。首期培训班在吉首大学师范学院举办，参加培训学员71人。2004年，州教育局举办全州中小学骨干教师培训班12期42个班次，参训教师1707人。是年州教育局被教育部授予“全国中小学教师综合素质培训暨新课程教师培训先进实验区”。2005年，州级骨干培训小学和初中教师1042人，1015人获得合格证书，合格率97.4%。2009年，全州中小学骨干班主任培训350人，选派参加省各学科骨干教师培训106人，开展校本研修送教下乡、送培下乡活动30余次，上报教育部项目办校本研修子课题项目成果42项。启用州远训中心组织开发的网络远训平台，全州参训注册学员5000余人。2010年，举办全州小学语文教师培训班，培训以现场教学方式进行，安排现场4个，参加培训教师近2000人。

第三节 中小学校长培训

1989—1990年，州教育部门举办中小学校长培训班12期，培训中学校长194人，小学校长252人。1991—1999年，全州307所中心小学及以下学校的545名正副校长，参加任职资格培训，其中获培训合格证书480人，占任职人数的88.07%。全州17所幼儿园正副园长35人，参加任职资格培训，获证书13人，占任职人数37.14%。2001年，加强和规范中小学校长培训。州教育局举办中学校长任职资格培训班2期，培训初中校长63人。8个县（市）各办小学校长培训班1期，培训小学校长及后备干部285人。同时选送3名中小学校长参加省、部级高级研修班培训。2004年，全州培训中小学校长2000人次，其中参加省教育厅和教育部培训20人。2005—2007年，依托吉首大学师范学院，举办3期初级中学校长任职资格培训，参加培训147人。各县（市）举办小学校长培训班28期，培训正副校长和后备干部906人。同时举办全州农村寄宿制学校校长培训，参训400余人。

2008年12月，州教育局组织中小学校长参加教育部“中西部万名农村寄宿制学校校长远程专题培训”，参训校长450人。2009年，举办中学校长任职资格培训班、中学校长提高培训班各1期，聘请省内三位知名专家为校长班授课，培训中学校长80余人。各县（市）依托县级教师培训机构举办小学校长培训班12期，培训中小学正副校长750人。2010年，全州中小学校长、幼儿园园长参加教育部举办的全国中小学校长、园长及校园安全管理国家级远程专题培训。

1993—2010年湘西州中小学教师专业技术职务评定情况一览表

表28-6　　单位:人

年份	总 计	中学高级	中学一级	小学高级
1993	706	90	220	396
1994	845	76	232	537
1995	1406	106	336	964
1996	1074	85	403	586
1997	1480	83	550	847
1998	1143	—	477	666
1999	1036	82	431	523
2000	903	72	537	294
2001	860	104	502	254
2002	1042	131	542	369
2003	1013	143	553	317
2004	999	177	472	350
2005	1345	170	481	694
2006	1228	199	520	509
2007	1221	174	483	564
2008	1093	201	463	429
2009	843	163	382	298
2010	855	153	432	270

1989—2010年部分年份湘西州学校教职工分布情况一览表

表28-7　　　　单位：人

年份	其中												附：幼儿园教育员
	总计	专任教师	大学		中等职业学校		普通中学		小学		特殊学校	
			教职工	专任教师	教职工	专任教师	教职工	专任教师	教职工	专任教师		
1989	20296	17012	903	519	812	419	5573	4274	13008	11800	—	836
1995	23603	18086	981	419	1347	429	7769	5101	13498	12137	8	1836
2000	27010	22138	1184	559	920	390	9263	6791	15613	14368	30	1564
2005	28493	24429	2153	1231	1137	753	11047	9351	14086	13024	70	1475
2010	28856	25365	2247	1352	1592	956	11686	10390	13257	12593	74	3051

第九章　教育科研

第一节　教学指导

1989年，湘西州教育科学研究所（简称州教科所），举办全州“注意识字，提前读写”和“童话引路”培训班，举行小学思想品德优秀课评比活动。同时，召开全州贯彻“现行高中教学计划调整的意见”经验交流会。

1990年，州教科所召开全州教学方法改革总结表彰会，评出教改成果一等奖6项、二等奖19项，三等奖30项，表彰先进单位55个，先进个人55人。小学语文“注音识字，提前读写”和“童话引路”实验教学，得到省教委肯定，在全州、乃至全省推广。是年，省教委开展首届教育教学研究评奖活动，凤凰县箭道坪小学教师滕召蓉的“童话引路、提高读写能力”实验，吉首民族师范学校附小王刁书主持的“拼音学话、注音识字、提前读写”实验，获一等奖（全省一等奖6项，州占2项）；永顺县麻岔农业中学“不求人人升学，但求个个成才”实验，吉首市秦明璞主持的“差生转化”实验，获二等奖。1992年，州教科所周纯禄指导、凤凰县落潮井乡塘桥小学等学校开展的“‘双语双文’四步转换”实验通过国家民族事务委员会、中国社会科学院、中央民族学院等单位组成的鉴定验收小组鉴定。佘同生主持的以培养自学能力为主的教改项目——小学语文“分环节自学训练”在州内逐步推开，有实验班262个，比上年增加180个班。蒋林祥主持的初中教学“自学辅导”班135个，其中当年新增36个班。2000年，实施国家语委组织的“注提”实验子课题申报，“少数民族地区不同区域不同层次学校推广‘注提’的策略研究”获国家语委专家评审小组通过，予以立项。刘宇新主持“湘西希望小学美术教育改革实验”，先后在泸溪县白沙希望小学、花垣县茶洞希望小学，永顺县交通希望小学以及大坝希望小学指导实验。泸溪县白沙希望小学参与湖南省陶艺教学实验而成为省实验点。2002年，花垣、吉首、泸溪等县（市）城镇学校开展“珠脑算”实验教学，花垣县国土小学代表队参加全国少数民族“珠脑算”比赛，获得银牌。2003年，课程改革在全州推开，教育质量普遍提升。至2006年，永顺县麻岔中学课堂教学改革试点获得成功。州教科院课程改革经验与成果，在省教育厅主办的《课程改革实验通讯》上刊载。

2008年4月，州教科院举办“湘鄂边区小学课程改革教学交流研讨会”，与会教师1000余人。2010年10月，州教科院指导语文教学改革，举办小学语文教师培训班，培训教师2000余人。“十一五”期间（2006—2010年），全州小学教师参加全省各类教改竞赛48人次。

第二节　教育研究

1991年，湘西州教学研究纳入教育科研范畴。1993年10月，州教科所组织9项教育科研参加省第三次基础教育科研成果及教改经验评奖，5项获奖。其中，周纯禄、石学东主持的“苗区双语双文教学研究”获一等奖；宋泱主持的“计算机辅导教学CAI技术与实践”、滕久文李正坤等人合作的“中小学教育科研指导”获二等奖。1994年，滕久文主持的“规范学习行为，培养学习习惯，形成学习能力”实验，被列为省规划办重点课题，参加湖南省第四届教改成果及教改实验评奖，获二等奖。1996年，吉首市教科所左明政主持的“民族地区希望学校行为习惯研究”、永顺县民族实验学校杨崇媛主持的“小学素质教育模式研究”获立项，州教科所宋泱主持的“中学化学实验不规范操作计算机演示研究” 获非资助类课题立项。2000年，基础教育科研8项课题报省，其中4项被立为省级课题。2001年，泸溪县白沙希望小学陶艺教学改革实验，受到教育部体卫艺教司、省体卫艺教处表彰，获得湖南省教育科研成果三等奖。2002年，龙山县石羔中学的“开齐开足课程，推进教学改革”、凤凰县南华小学常秀炳主持 的“小学英语教学实验”、泸溪县浦市一小杨家诚主持 的“民族民间文化进课堂研究”，参加省第六届基础教育教研成果评奖，获三等奖。永顺县实验学校杨万富主持的“培养学生特长，促进全面发展研究”、泸溪县白沙小学李刚松主持的“开展陶艺教学，促进学生个性品质全面发展”、凤凰一中王嘉荣主持 的“激发情感、主动学习研究”，参加湖南省教育规划办科研课题评奖，获三等奖。2003年，开展“蒲公英行动”，州教科所组织有关学校开展的“民间美术在小学美术教育中的传承与发展”课题实验，参加实验的学校学生作品在教育部体卫艺司组织的全国少儿美展上参展，参展学校获国家“成就未来”希望奖，州教科所获国家“成就未来”学术奖。2007年，省教育规划办结题课题评奖，全州有5个课题分获一、二、三等奖。其中州特殊学校朱永久主持的“新时期德育问题及其对策研究”获一等奖，州民族中学王斌主持的“中学信息化、校本化课程的开发及网络化学习的研究” 、州教科院李春云主持的“小学数学实践活动课例及学生实践能力培养研究”获二等奖、吉首市第二小学陈绪贵主持的“少数民族地区小学环保课程资源开发研究”、湘西州教科院石学东主持的“苗族儿童汉语口语和书面语协调发展实验”获三等奖 。2008年，省教育规划办“十一五”规划课题立项申报，州上报65项，12项被审批立项，在全省14个市（州）中位居第三。是年，省教育规划办组织首批立项课题中期检查，全州6个课题在中期检查中被评为优秀，一个课题获追加经费。评优课题数名列全省14个市（州）第三位。

2010年，第十届全国少数民族地区珠心算比赛在湖北省恩施土家族苗族自治州举行，来自全国12个省的14支代表队42名选手参加比赛。湘西州珠算协会选派花垣县国土希望小学队代表湖南省参加比赛。经过激烈角逐，湖南代表队和贵州代表队分获团体一等奖，湘西州苗族选手麋亚男、杨娇两位选手与另外8名兄弟地区的选手获个人全能一等奖，另一名选手龙兴朝获个人全能二等奖。张大庆主持重新编写的《初中毕业学业水平考试指导丛书》，被州政府评为第四届哲学社会科学优秀成果奖。

第三节　编写乡土教材

1990年，州教科所佘同生编写的“注·童结合”教材，周纯禄编写“双语双文”，张天乐编写的“三读”，佘同生编写的“自学训练”，刘石璋编写的《生物》，宋泱编写的《地理》，蒋传宽编写的《历史》等初中乡土教材，在全州发行使用。是年，《生物》乡土教材在全国乡土教材评比中获二等奖，《地理》教材获鼓励奖。1994 年，滕久文重编初中乡土《历史》教材，宋泱重编《地理》教材并付印。杨桃枝组织编写小学一至六年级《思想品德》乡土教材，图文并茂。周晶华编写初中劳技课乡土教材，适用于初中劳技课教学和职业中学养殖、种植专业课教学。2000 年，杨顺生牵头组织教研员编写、修改小学二、四、六、八、十、十二册活动课教材，由贵州民族出版社出版。各相关学科教研员编写初中语文、数学、外语、物理、化学、政治、历史、地理、生物九科毕业会考考试标准及复习指导丛书，湖南教育出版社出版。2001 年，编印发行《中学时事政治学习资料》、高中语文、数学、政治、外语、历史、地理、物理、化学、生物九科毕业会考考试标准。编印《小学语文、数学教学大纲学习辅导资料》。2002 年，修订发行《生物》《地理》《历史》三科《乡土教材》及初中各科《毕业会考考试标准及复习指导》丛书。

2007 年，州教科院张大庆组织编写的湘西民族文化等乡土教材，至 2008 年，先后出版《湘西民族文化》《湘西民族文化常识》《美丽湘西我的家》《农村信息技术人才远程培训教程》等。是年，第三届全国乡土教材研讨会在吉首召开，湘西州教科院在会上作经验交流发言。2010 年，州编乡土教材在州内各校普遍试用。

第十章 教育经费

第一节 经费来源与支出

一、教育经费来源

1989 年，全州教育经费总收入 7771.6 万元，教育经费主要来源渠道是：财政预算内教经费拨款、城市教育费附加、农村教育费附加、预算外收入（学杂费、勤工俭学收入等,）。2010 年教育经费总收入 20.49784 亿元，其中：地方教育基金 165 万元，勤工俭学用于教育的经费 10.5 万元，社会团体和公民办学经费 1960.6 万元，社会捐赠办学经费 813.6 万元，事业收入 2.8844 亿元（其中学杂费 2.05762 亿元）、其他教育收入 3359.8 万元。

1989—2010 年湘西州教育经费收入情况一览表

表 28-8　　　　单位：万元

年份	总收入	其中
1989	7771.6	—
1990	8950	—
1991	10560.2	—
1992	12324.1	—
1993	14114.5	—
1994	20060.3	—
1995	24085.6	—

续表 28-8 单位:万元

年份	总收入	其中
1996	25017.2	—
1997	30097.1	—
1998	34689.4	—
1999	39847.6	—
2000	44844	—
2001	56388.9	—
2002	63213.7	—
2003	71653.7	社会 808，捐赠 1565
2004	87389.5	社会 181.9，捐赠 3790.8
2005	103047.9	社会 319.6，捐赠 3001.1
2006	107720.1	社会 2090.4，捐赠 791.9
2007	139477.7	社会 99，捐赠 1529.2
2008	153580.3	社会 90，捐赠 1535
2009	179517	社会 185.4，捐赠 830.6
2010	204978.4	地方基金 165，捐赠 813.6

二、教育经费支出

1989 年，教育经费支出 7608.4 万元，主要有如下部分：人员经费、公用经费、基建。人员经费支出中，包括基本工资、补助工资、其他、离退休费。公用经费支出中包括公务业务费、设备购置费、修缮费及其他支出。2010 年，教育经费支出 20.46853 亿元，其中人员经费 12.50672 亿元，公用经费 7.72024 亿元，基建 2415.7 万元。

1989—2010 年湘西州教育经费支出情况一览表

表 28-9 单位:万元

年份	合计	其中		
		人员经费	公用经费	基建支出
1989	7608.4	4442	2887.9	278.5
1990	9095.4	5234.3	3825.6	35.5
1991	10754.7	5793.9	4858.8	102
1992	12092.1	7093.1	4719	280
1993	13791.4	9141.4	4173.6	476.4

续表 28-9　单位：万元

年份	合计	其中		
		人员经费	公用经费	基建支出
1994	19956.9	13500.4	6276.5	180
1995	23710.5	14023.4	9486.1	201
1996	24877.2	15292.3	9452.9	132
1997	29848.2	17184.1	12550.1	114
1998	33336.5	18975.9	13662.9	697.7
1999	38907.3	23269	15244.3	394
2000	44059	26412	17203	444
2001	53831.7	34256.3	19541.4	34
2002	62354.9	39251.1	22197.8	906
2003	70233.3	43888.3	25472	873
2004	83732.5	51863	30773.5	1096
2005	100074.9	59345.7	39553.2	1176
2006	105517.2	63801.8	39514.4	2201
2007	139548.7	89858.6	48229.1	1461
2008	153932.8	94610.9	58188.9	1133
2009	179517	107845	68615.3	3056.7
2010	204685.3	125067.2	77202.4	2415.7

第二节　教育经费管理

1989 年，湘西州教育经费均实行州、县（市）、校三级管理。州教育行政部门设立计财科，负责指导、检查全州中小学校财务工作。县市教育部门设立“计财股”（或财会股），负责管理全县中、小学教育经费，同时审核各县（市）直学校经费收支情况。部分县（市）在教育办（联校、学区）配财务会计一人，负责所辖中心小学教育经费核算，接受县教育局计财股审核。各中心小学配会计、出纳各一人，负责对本校教育经费核算，同时监督所属片小、村小、教学点经费收支及核算，接受教育局计财股（或联校、学区）财务会计对本校教育经费收支审查。1990 年，全州教育系统内开展会计达标、升级，并组织相关人员赴湘潭学习会计达标经验。1993 年，省教委培训乡镇统计人员，提高财会人员素质。1996 年，州教委举办两期全州教育会计及统计人员计算机培训班。1997—2003 年，州、县（市）教育部门先后组织财务人员参加新会计制度学习培训，全州乡镇中心完小以上学校财务人员，全部参加培训学习。2004 年，吉首、龙山、保靖等县（市）相继成立教育会计核算中心（县会计核算中心教育分部），学校经费“所有权、使用权、签字权”不变前提下，各级各类学校教育经费由县教育局教育会计核算中心（县会计核算中心教育分部）统一核算、统一管理。核算中心依法监督各核算单位财务收支活动，执行统一的财务会计制度，规范会计核算工作，及时制止、纠正各核算单位违反国家财经纪律、法规、政策行为。是年，各中、小学校配备报账会计员1人，每月末把本单位经费收支账务上报核算中心审核、报账、记账。预算外资金纳入年度单位支出预算管理，报财政局批复后执行。预算外资金实行“收支两条线”管理，各级各类学校预算外收入必须缴入各级财政非税收入管理局，非税收入管理局核拨后方可使用。核算中心成立，基本杜绝各类学校乱收费、乱开支现象。2006年，吉首大学师范学院先后举办两期“全州中小学财务管理人员培训班”，420名中小学财务管理人员参加培训，掌握农村义务教育学校预算编制管理规划。2008年，农村义务教育经费保障机制改革，以县（市）就地办班方式，先后举办6期学校财务管理人员培训班，培训中小学财务管理人员430人。学习内容有中小学财务管理办法，财政部、教育部关于进一步加强农村义务教育保障机制财务管理，中小学财产管理，中小学校会计制度等。2010年，举办全州教育统计业务培训班，200余名统计员参训，22名学员被省教育厅评为“优秀学员”。全州教育经费管理步入规范化、制度化轨道。

第三节　勤工俭学

1989年7月6日，州人民政府办公室印发《关于进一步扶持学校开展勤工俭学活动的意见》，全州学校开展勤工俭学活动，并按教学大纲开设劳动课，劳动课达标学校2794所，占学校数的98%。是年，全州勤工俭学纯收入用于扩大再生产113.97万元，改善师生福利95.27万元。1990年10月，州教委制定1991—1995年《湘西自治州中小学勤工俭学（含中专、农职业中学）发展规划》。12月，州委作出《关于向永顺县松柏园艺中学学习，深化农村教育改革的决定》。1991年，全州各个学校开展勤工俭学活动，部分学校兴办校办企业。1992年，龙山县投资80万元，创办民安一小香精厂、华塘乡初级中学白乳胶厂、三元乡初级中学纸袋厂、洗洛乡初级中学食用菌厂。泸溪县教委根据县城搬迁实际，成立教育基建队、建筑材料厂、建材综合门市部等。永顺县民族中学借助猛洞河旅游优势，兴办织锦厂。1994年全州中初等学校勤工俭学普及率96%,比上年提高5个百分点。1995年，全州8个县（市），除凤凰县外，均超额完成州教委年初下达的勤工俭学目标管理任务。1996年，全州勤工俭学纯收入占财政经费的15%。全州除凤凰县外，其余7县（市）均超额完成省、州下达的勤工俭学目标管理任务。全州校办工业产值由上年的1644万元下降到1260万元，纯收入由上年的232万元降至198万元。龙山一中和凤凰一中锡箔纸厂、嘴棒厂相继停产。1997年，国务院扶贫办投资300万元，以松柏园艺中学为龙头联合周边农户开发千亩猕猴桃基地。是年，全州勤工俭学总产值8449万元，第三产业营业额2328万元。

2001年，发展校办第三产业，开辟教育内部市场。校办产业由单一的作业本、学生着装扩大到建材，校园绿化，校舍修建，教学设备供应，饮食业和百货销售。是年，推广校服3.4万套。2002年，文化办公用品销售超过4000万元。2003年，推广饮奶计划，倡导营养饮食。由吉首市开始，推至古丈、泸溪、花垣、保靖、凤凰5个县。2004年，全州农村学校劳动实践基地1038个，校办工厂17家，校办第三产业项目413个，创勤工俭学纯收入4300万元，比上年增加4.6%。全州利用勤工俭学收入投入改善办学条件2675万元，用于师生集体福利1153万元，救助贫困生290万元，扩大再生产182万元。2005年，全州恢复和建设劳动实践基地1457个，总面积757公顷，创办企业182家，全州勤工俭学收入突破4500万元，比上年增长4.6%。2006年，全州建有劳动实践基地1528个，总面积171.67公顷，创办企业

185家，全年勤工俭学纯收入4630万元，比上年增长2.8%。2007年，农村中小学校开展养好一栏肥猪活动。全年勤工俭学纯收入4682万元，比上年增长1.1%。2008年，全州336所学校开展勤工俭学，有勤工俭学基地876个。有勤工俭学从业人员3863人，其中，从事勤工俭学教职工1012人，182个劳动实践基地接纳学生参加劳动实践174494人次。全年勤俭学收入用于补助教育经费4294.5万元，用于基地建设61.9万元，资助困难学生57837人、841.72万元，改善办学条件支出2171.92万元，用于学生福利67.96万元。2009年，开展以劳动实践场所建设为主的“五个一活动”（种好一园菜，喂好一栏猪，养好一塘鱼，办好一个食堂，开好一个商店）。全州农村中小学校70%养猪，30%种蔬菜，全年勤工俭学纯收入突破5100万元，比上年增长18.7%。2010年，全州有32所学校种植椪柑，面积32.8公顷；130所学校种植蔬菜，面积7.8公顷；138所学校养猪，出栏生猪2782头；5所学校养鱼，放养5.2万尾。全州320个学校商店有293个由学校管理经营，并办校园连锁超市23家。学校以灶具为主的节能，一年为学校节约燃料费400万元。

1989—2010年湘西州勤工俭学收入情况一览表

表28-10　　单位：万元

年份	总产值	纯收入	补充教育经费
1989	1932	433.1	223.86
1990	1086.57	566.31	300.28
1991	1519.5	1024	594.45
1992	2491	963	582
1993	4167.2	1558.8	1040.3
1994	4803	1958	1262
1995	6719	2240	1751
1996	8048	2651	1262
1997	8449	3123	2479
1998	10558	3380	2573
1999	11499	3815	2879
2000	9398	3556	2711

第十一章　教育设施

第一节　校舍建设

1989年，湘西州中小学校舍（教育部门办）总面积161.64万平方米，危房面积14.28万平方米，占总面积8.8%。1991年，中小学校校舍面积181.77万平方米，危房面积6.82万平方米，占校舍总面积3.75%。1994年，中小学校舍总面积

206.94万平方米，危房面积9.73万平方米，占校舍总面积4.7%。

1995年，实施国家教委、财政部“国家贫困地区义务教育工程”，同时，建设“希望工程”学校，至1999年，全州中小学校舍面积增至244.45万平方米，危房总面积减至3.28万平方米，占校舍总面积1.34%。2000年，州境中小学校舍面积256.87万平方米，危房面积降至1.29万平方米，占校舍总面积0.5%。

2002年，二期义教工程、危改工程相继实施，全州中小学校舍总面积增至2574566平方米，小学生生均4.6平方米，普通中学生生均6.8平方米。是年，全州还有木结构和干打垒校舍14.8万平方米，其中部分房子为危房或将成危房。2003年，永顺、龙山、保靖等县发生特大洪灾，学校校舍遭受重创，危房面积由上学年29.69万平方米增至37.43万平方米。2004年，启动农村中小学寄宿制学校建设。次年，实施第二期“国家贫困地区义务教育工程”建设项目。全州中小学校舍总面积281.71万平方米，危房面积减少，占校舍总面积5.1%。

2006年，农村寄宿制学校建设结束，全州中小学校舍总面积297.17万平方米，解决学位近8万个。2007年，全州中小学校舍面积300.18万平方米，有危房面积2.71万平方米，占校舍总面积0.9%。2008年，因四川汶川发生地震，湘西州校舍建设提高抗震标准，危房面积增至29.25万平方米。次年，国家中小学校舍安全工程实施。至2010年，“校安工程”投入资金1.28亿元，开工建设面积18.01万平方米，实施项目203个，涉及项目校159个，全州中小学校舍总面积增至311.65万平方米，危房面积减至17.14万平方米，占校舍总面积5.5%。

第二节　教师住房

1995年，湘西州8县（市）城镇（含乡级镇）有带眷教职工28607人，教职工住宅300985平方米，人均建筑面积10.4平方米，人均居住面积7.4平方米。

2006年，全州农村中小学校有教职工21476人，有住房26.08万平方米，其中套间4591套，13.56万平方米；单元式住宅2217套，12.52万平方米，人均住房4.3平方米，教师住房缺口极大。州教育局会同州财政局开展教师住房调研，并形成调查报告逐级上报，引起关注。是年，州政府办公室转发州教育局、财政局、发改委、建设局《关于实施全州农村中小学教师公转住房建设意见的通知》。明确建设教师公转房四个基本原则：“政府统筹、个人垫资、产权公有、以息抵租、周转使用”。教师公转房建设以县为主，在县域内由政府统筹规划，组织实施。

2007年，全州农村中小学教师公转住房建设工程启动。当年投资4123万元，建设1218套，建筑面积80734平方米，涉及项目学校67所。至2009年，投入资金7090万元，完成建筑面积12.03万平方米，涉及项目校113所，建成公转住房1896套，2275名（其中379对双职工）教职工乔迁新居，教师人均住房面积由2006年的4.3平方米增至10.4平方米。

第三节　电教仪器

1993年，全州中小学实验教学，以县市为单位区域推进，“普及中小学实验教学”。古丈县率先普及中小学实验教学，经验收合格。1994年，泸溪、凤凰、龙山3个县验收合格。1996年，州电化教育馆把学校“两机一幕”“三机一幕”建设与州级电化教育示范学校建设相结合。是年，花垣县验收合格。1997年州教委、团州委投资50万元为100所希望学校配备彩电、录像机及动画教材。各县市也按此标准相应配备，州、县（市）两级总投入近百万元。是年，永顺县验收合格，1998年，保靖县、吉首市验收合格。是年，湘西州民族中学创建为全州首批国家级现代教育技术实验学校。花垣县花垣小学、凤凰县箭道坪小学、龙山县实验小学、永顺县灵溪镇第一完全小学创建为全州首批省级现代教育技术实验学校。1999

年，全州实现普及中小学实验教学，达到校校有实验室要求，并可满足 13 组以上学生操作实验。

2000 年，花垣县花垣小学创建为国家级现代教育技术实验学校。12 月，州教育局举办全州中小学信息技术教育校长培训班，计划分三步完成全州信息技术教学设施建设。2001 年 8 月，团州委、州教育局启动“托普计算机教室”建设项目，选择达到一定规模的学校与托普公司合作，采取银行信贷、分期付款方式建设。是年，确认四批 27 所学校为州级电化教育示范校。2002 年，州民族中学、吉首大学师范学院附属小学、吉首市第一中学、花垣县花垣小学建成校园网。12 月，州教育局召开全州中小学教育信息化建设座谈会，正式启动全州中小学教育信息资源库建设。2003 年全州计算机教室 223 间，有计算机 7585 台。全州中小学计算机价值 4546.6 万元，基本满足中小学正常开设信息技术课需求。2007 年，州教育局制定《湘西自治州农村中小学现代远程教育示范学校建设标准》，加强现代教育技术实验建设。2008 年 10 月，州教育局、州发改委、州财政局联合创建“湘西远程教育资源共享平台”。2009 年，州基础教育资源中心成立，为湖南省第一个市（州）级资源开发和管理专门机构。

2010 年，全州先后挂牌确认州级农村中小学现代远程教育示范学校 20 所，实验室建设除“普及中小学实验教学”外，建成独立初中学生实验室 25 个。永顺县一中、二中、实验学校、灵溪三小，吉首大学师范学院附小，龙山县高级中学、一中、里耶小学，花垣县国土希望小学、高级中学，保靖县民族中学，吉首市五小、一中、二中、民族中学、实验学校，泸溪县明德小学等创建为省级现代教育技术实验学校。是年，全州中小学理科教学仪器价值 3277.1 万元，实验设施 1603.1 万元，艺术体育设备设施 571.3 万元；完成合格学校建设 170 所，有校园网项目建设学校 21 所。

第二十九篇　文化

湘西州历史文化源远流长，民族传统文化积淀浓郁。1989年，州境群众文化活动有墟场文化、节日文化、业余文艺会演等方面，并以民族传统文化为主体。演出戏剧有汉剧、阳戏、傩愿戏等；舞蹈表演有摆手舞、铜铃舞等；曲艺有围鼓、打溜子、唢呐、三棒鼓等。州、县（市）建有影剧院、文化馆、图书馆、新华书店，还有州博物馆、乡镇文化站。全州文艺创作繁荣发展，高水平作者不断涌现，文学、音乐、舞蹈、曲艺，以及美术书法作品频见发表，有的获得国家和省级奖励。2000年，大型民族舞蹈《扎花女》获全国精神文明建设"五个一工程"奖。是年，州内城镇广场文化活动开始出现，业余文艺演出队伍不断壮大，节庆文化活动丰富多彩。2006年，州、县（市）加大非物质文化遗产保护力度，开展对非物质文化遗产的调查和保护工作。至2010年，列入国家级非物质文化遗产保护名录有三批24项；列入湖南省的有两批61项；列入州级17类、3200项。首批列入国家级"非遗"名录的有土家族织锦技艺等；列入省级的有土家族哭嫁歌、苗族民歌、土家族毛古斯、凤凰纸扎、酉水号子、苗族银饰锻造技艺等。

传媒事业发展迅速。1989年，湘西广播电台主要转播湖南台节目。1991年，州有线电视开始自办节目。2002年，湘西州正式接入中国互联网。2003年，州境广播电视光纤干线建成，州广播电视台开始向各县（市）电台、电视台传送节目信号。是年，州政务公开网建立。2007年，中国湘西网定为州一级新闻媒体。随着电视、互联网的普及，致使电影市场逐渐萎缩。2008年，开通广播电视新闻专网。2010年，全州广播综合覆盖率72.9%，电视综合覆盖率95.3%。全州公开发行的报刊有《团结报》《边城报》《吉首大学学报》《湘西科技》等；内部发行刊物有《湘西工作》《神地》等。

文物考古取得新的成就。1989年，湘西州有国家重点文物保护单位溪州铜柱。2002年，龙山县里耶镇考古发掘，出土秦简3.6万枚，震动国内考古界，被称为惊世大发现。2010年，永顺县老司城土司遗址发掘，被国家文物局评为年度全国考古新发现，并列入首批国家考古遗址公园立项名录。是年，州内有全国重点文物保护单位6处、省级文物保护单位21处、州级33处。

档案、地方志工作有序推进。1989年，全州综合档案馆开展定级达标工作，1994年，州内163个档案室上等达标，州档案局被评为全省少数民族档案工作先进单位。1999年，首部《湘西州志》公开出版。2001年，首卷《湘西州年鉴》出版发行。2009年，《湘西土家族苗族自治州志（1989—2010）》编纂委员会成立，二轮州志编修工作正式启动。2010年，档案工作再上新台阶，州档案局被湖南省档案局评为全省档案工作优秀单位。

第一章　群众文化

1989年，湘西州文化局内设办公室、政工科、群众艺术科、文物科。1991年，撤销文物科，设立州文物管理办公室。1992年局机关增设计财科。1996年，撤销计财科和群众艺术科，政工科更名为人事科。2003年，增设群众文化科和艺术科。2006年，州民族民间文化遗产保护中心成立。2010年，州文化局设办公室、人事科、群众文化科、艺术科、市场法制科、新闻出版科、民族文化保护科7个科室和非物质文化遗产保护中心。局直属单位：州新闻出版版权局、州文物管理局、州文化稽查支队、州民族歌舞团、州民族文艺创作研究所、州文化艺术职业学校、州群众艺术馆、州图书馆、州博物馆、州民族艺术剧院、州人民剧院、湘西大剧院、州文化物资公司。

1989—2010年，州文化局历任局长：吴应举、杨明发、瞿新华、孟宪政；副局长：陈敬良、蔡泽君、周文光、夏志禹、周耀宗、符忠能、高国秋、方厚钊、刘世树、张先旺、邢敏建。

第一节 农村文化

1989年，湘西州农村文化以传统民族文化为主体，融合有少量现代时尚文化潮流，出现歌厅、舞厅。乡镇文化站、农村业余剧团成为农村文化主力军。逢重大节日、乡村“红白喜事”均有文艺演出。是年，凤凰县有56个农村业余剧团，成员210人。每个剧团到乡村年演出百余场次，演出节目80多个。花垣县200多个村级文艺团体，演戏到村，送图书、送科技资料到村到户。龙山县文化部门创作地方戏——花灯《农民商业农民爱》，在县内乡村演出并参加全国商业工作会议调演，演出获优秀节目奖。永顺县保坪乡举办首届农民艺术节，全乡7个村及乡直机关18支男女代表队800余人参加活动，观众逾万人。湘西自治州民间艺术团到深圳演出，把土家族摆手舞、毛古斯舞、打溜子等民族民间艺术推向省外。

1990年，各乡（镇）文化站配合农村社会主义思想教育工作，广泛开展文艺宣传活动。全州建乡镇文化站152个，占乡（镇）总数的68.46%。其中吉首、凤凰两县（市）乡乡建立文化站。是年，花垣县茶洞镇被文化部授予“全国文化站先进单位”称号。1995年，全州8个县（市）乡（镇）建文化站208个，占乡（镇）总数的93.69%。省、州、县（市）文化部门先后投资144万元，建成文化设施较全文化站30个。同时，建设集镇文化中心60个、村文化室1059个。永顺县石堤镇文化站被文化部授予“全国先进文化站”称号。是年，州文化局在永顺县石堤镇召开全州农村文化工作现场会，石堤镇梓桐村‘一家班’剧团、保坪乡湖坪高腔剧团、新寨乡比溪“田家班”剧团、西歧乡瓦场村汉剧团等为现场会表演。节目有摆手舞、九子鞭、铜铃舞、围鼓、花鼓、唢呐、土号、三棒鼓、渔鼓、傩愿戏、汉戏、山歌等。2001年，保靖县梅花乡梭西村举行“喜庆建党80周年农家乐活动周”。花垣县长乐、窝勺、茶洞、排吾4乡（镇）文艺队，深入村组演出220场次，表演节目20个。凤凰县举行第二个农村文化年活动，12个业余剧团演出三天三夜，120多个节目在古城沱江演出，观看者众，影响面广。

2004年，保靖县举办“走进酉水——保靖纪行”大型原生态文化宣传活动，从县城酉水码头出发，沿酉水河上溯至清水坪镇，再返回县城，历时4天。活动有盛大庄重的“出征仪式”，有探寻沿河古迹，有走进陡滩酉水人家，有首八峒土家族祭祖，有探访比耳河街、清水坪镇码头凯旋、县城大型篝火晚会等。2006年，全州乡镇行政区划调整，158个乡（镇）有153个建立文化站，其中省投资建站25个。是年，古丈县举办土家族摆手舞和苗族鼓舞比赛活动，全县23支摆手舞队和18支苗鼓队参加比赛，演员5000余人，观众10余万人次。2008年，全州164个乡（镇、街道）全部建立文化站，乡（镇）文化专干247人。龙山、永顺、凤凰和吉首4个县（市）启动12个村“农家书屋”工程，由省新闻出版局给每个村配送图书1000册。2009年，实施“农家书屋”工程118个村，经国家新闻出版总局核查验收全部合格。是年，启动乡镇综合文化站建设工程，全州规划上报47个，并开展设计、选址等前期工作。2010年，全州建成“农家书屋”470个，图书、光盘、报架、书架全部到位。47个文化站建设工程主体完工。2141个村级网点文化信息资源共享工程设备安装调试。免费送戏下乡演出739场次，超省定任务615场的20.16%。

第二节 社区文化

1989—1999年，湘西州社区文化由街道办事处、居委会、大中小学校组成，形成一种文化现象，以广场舞为其代表，参与人员以中老年人为主体，内容广泛，形式多样。花垣县社区文化活动多在县体育广场、城南路四方井、边城广场等地举行，业余演出团队有汉剧团、腰鼓队、健身队、老年艺术团等，一般定时演练。吉首市多在峒河公园、团结广场、车站广场等地开展。

2000年，社区文化快速发展，各县城区自行组建各种业余文艺团体100余支，其中，老年艺术团队人数较多，经常开展表演活动。内容涉及苗鼓、乐队等20多个种类。保靖县夕阳红艺术团排演的《摆手迎吉祥》受群众喜爱并积极参与。该节目赴吉林省参加全国老年秧歌大赛，获创新奖和组织奖。吉首市商业城社区举办“共创美好人生——移动杯计划生育文艺会演”，25支代表队参演，实现社区文化与部门工作相结合。龙山县社区文化活动劲旅——夕阳红艺术团排演的摆手舞《土家人的祝福》。2003年，该节目参加全国第二届“九阳杯”老年风采大赛，获一等奖。2004年，全州老年人开展广场文化活动52场次，主要表演民族歌舞等节目。

2005年，社区文化繁荣势头强劲，且有新的表现形式。吉首市团结广场、人民广场，花垣县边城步行街、边城广场，以及其他县城广场等场所均有活动。活动项目增加太极剑、太极拳、太极球、武术等。吉首市、龙山县、永顺县等以夕阳红、金秋等老年表演队为主，一般在晚饭后进行，个别也有在早间或上午活动。吉首市相继举办“荣昌杯”“福盛杯”集体舞蹈、国际标准舞交谊舞锦标赛、“相约金秋”等文艺演出；峒河街道新桥社区被文化部命名为“全国文化先进社区”。龙山县“夕阳红艺术团”“无极健身队”赴福建武夷山参加中组部、国家老龄委组织的第十届中国不老城暨海峡两岸中老年文化节，演出获得好评。龙山县“夕阳红艺术团”赴韩国演出。2008年，吉首市举办“魅力湘西 文化吉首”广场文化活动，活跃社区文化。2010年凤凰县沱江镇有业余剧团26支，每个社区平均有两支业余文艺演出队，花垣县广场舞蹈团体有60多支，自娱自乐成为社区文化主流，参与者万余人。

第三节　墟场文化

1989年，湘西州文化部门开展墟场文化活动。凤凰县24个乡（镇）24个墟场，均开展墟场文化宣传，其中阿拉营镇、禾库镇、茶田镇、木江坪镇，墟场文化宣传队以文艺演出、电视广播、土喇叭广播、墟场设点咨询、印发宣传资料等形式，宣传科技兴农、扶贫开发、农村医改、法制教育、农村治安、新事新办、好人好事等。花垣县以各乡镇电影院为主的墟场文化，逐步引导发展收音机、台球、录像厅、摄影等多样性墟场文化。农村群众文化阵地面逐渐扩展，墟场点的书店、书摊、录像厅、苗歌竞赛台逐渐增多。每个乡（镇）都有录像厅、电影院、书摊点、卡拉OK厅。1992—1996年，各县以举办大型活动为主繁荣墟场文化。保靖县中心乡墟场举办“保靖县吕洞山区苗族青年艺术节”，举办“保险杯卡拉OK大家唱大奖赛”。州委宣传部等10余个单位会同永顺县在县境砂坝镇墟场举办文化宣传活动，15支文艺表演队、300多群众演员和乡土明星上街表演，演出节目有山歌对唱、戏剧、傩愿戏、民俗上刀梯、现代歌舞、渔鼓、围鼓、花鼓等。2001年，全州150个乡（镇）墟场，其中建立墟场文化活动点18个。永顺县砂坝镇被湖南省委宣传部定为全省墟场文化宣传试点。

2005年，全州农村墟场文化活动主要形式为当地业余艺术团体及县（市）“送戏下乡”艺术团节目表演。2008年，州内以网吧为代表的网络文化在乡（镇）墟场兴起、网吧文化成为墟场文化重要形态，全州网吧882家。音碟、光盘、VCD、DVD也相应发展，墟场文化发展进入新阶段。2010年，花垣县每个乡（镇）均有三家以上网吧，全县农村有网吧110个。

第四节　节日文化

1989年，土家族、苗族传统民族节日逐渐恢复，州域县市开始举办民族节会活动。吉首市先后举办“丹青清明歌会”“排绸标锦三月三”歌会、“社塘坡四月八”“已略赶秋”“河溪六月六”“排吼重阳节”等。特别是“清明歌会”，汇集泸溪、古丈周边数万苗族群众参加。龙山县举办“'93中国湖南（龙山）土家族摆手节”，湖北、重庆及省内怀化、张家界两万多人参加。1999年8月，花垣县举办“赶秋节”，周边凤凰、吉首、古丈、松桃、铜仁等地群众30余万人汇集花垣县城。秋场上高高矗立的“八人秋千”特别耀眼，表演者红衣绿衫空中飞舞；“苗鼓迎秋”鼓声激昂，场面宏大；“接龙舞”舞姿优雅，千转百媚。广场周边大街上几十处民族文艺演出、民族特技表演，人山人海，水泄不通。百余名特技艺人，轮番表演上刀梯、过火焰山、踩铧口、摸油锅、吞火子、睡钉板、枪刺喉、大刀砍肚皮等等。演者精神焕发，观者流连忘返。

2004年5月，龙山县靛房镇举办“土家族舍巴节”，将濒危的土家族民间艺术重新恢复，得到上级文化部门肯定，州域节日文化增添新的内容。2005年6月，吉首市德夯举办“2005德夯·中国鼓文化节”，台湾、广西、吉林、福建、湖北、贵州、重庆及湖南省各地100多支鼓表演队，1000多名演员参加开幕式表演。节日中举办“中国鼓文化高峰论坛”，50多名鼓文化学者参加座谈，收到论文40多篇。同时，开展苗鼓大赛评选，评出男、女鼓王。

2005—2009年，泸溪县连续五年举办“泸溪椪柑节”，每届椪柑节都邀请国内著名歌手助阵，演员张也、潘长江、阿宝等登台演出。每节签订椪柑购销合同金额上亿元。泸溪椪柑也由此在俄罗斯、泰国等国际市场打开销路。同时，凤凰、吉首、花垣、古丈、保靖等县（市）苗族聚集区，恢复“苗族四月八”“六月六”等传统节日，贵州松桃、重庆秀山等地苗族群众与州内苗族同胞共庆，每次人数3万~5万人，表演苗鼓、跳芦笙、唱苗歌、吹锁呐、吹木叶以及苗族绝技等。民族节日文化加进非物质文化遗产保护内容，更为丰富多彩。永顺县举办“中国湘西芙蓉镇土家族毛古斯文化节”，电影“芙蓉镇”主创人员及省州文化部门与周边地区2万多群众共庆。凤凰县举办第二届中国·凤凰苗族银饰文化节，贵州、重庆、广西及省内邵阳、怀化等地28支苗族表演队、3000多演员参加展演，经大会组委会评定，凤凰县三江等10余支表演队获特等奖。龙山县举办“西安—临潼—湘西—龙山”秦文化之旅暨中国湖南（龙山）第二届土家族摆手节，开幕式上演出大型团体舞——《秦城古韵》，为节日文化与旅游、经济搭上桥梁，湘西节日文化增添新的内涵，外延得到拓展。2010年，吉首市在社塘坡乡举办大型“苗族四月八”活动，吸引花垣、凤凰、古丈等县苗族群众自发参加，演出节目有苗歌、苗鼓、苗族绝技上刀梯、踩铧口、吞火子、睡钉板等。

湘西州少数民族主要节日一览表

表29-1

节日名称	节日时间（农历）	民族	活动地区	主要内容
春节	正月初一	土家、苗	全州八县市	打苗鼓、唱苗歌、玩龙灯、花灯、舞狮灯等
百狮会	正月初七至十二	苗	凤凰县、吉首市	舞狮、武术、绝技等
摆手节	正月初八至十三	土家	永顺县、龙山县	摆手、毛古斯舞等
调年节	正月十五	土家、苗	全州八县市	山歌、苗歌、舞狮、演戏、鼓舞等
跳马节	正月逢马日	土家	古丈县	跳马、审老爷等
舍巴节	二月逢社	土家	永顺县、龙山县、古丈县	跳舍巴舞、吃社饭、踏青等
歌会	三月三	苗	泸溪县、吉首市、古丈县	苗歌、团圆鼓、筒子舞等

续表 29-1

节日名称	节日时间(农历)	民 族	活动地区	主 要 内 容
挑葱会	三月	苗	保靖县、花垣县、吉首市、古丈县、	—
歌 会	清明日	苗	泸溪县、吉首市、古丈县	苗歌等
四月八	四月八日	苗	凤凰县、吉首市	祭祖、跳月、武术、龙灯、木叶等
五月年	五月初一	苗	保靖县	苗歌、鼓舞等
端午节	五月初五	土家、苗	全州八县市	赛龙舟、抢鸭子
龙船节	逢龙日始至月半	土家、苗	泸溪县	接龙舞、山歌等
六月年	六月初一	土家	永顺县、保靖县	山歌、摆手
歌 会	六月初六	苗	泸溪县、凤凰县、古丈县、吉首市	苗歌、山歌、花鼓、打溜子、武术、舞狮等
过年半	六月初六	土家	龙山县、吉首县、凤凰县	—
七月半	七月初至十四	苗	保靖县	鼓舞、苗歌等
走穿洞	七月初七	苗	古丈县	团圆舞、山歌等
歌 会	七月八、九	苗	泸溪县	苗歌、戏剧等
合草心	七月十三	土家	永顺县、保靖县	吃新粮、跳摆手舞等
鬼 节	七月十五	土家、苗	全州八县市	傩戏等
赶 秋	立秋日	苗	花垣县、保靖县、吉首市、凤凰县	八人秋、跳苗族鼓、唱苗歌等
中秋节	八月十五	土家、苗	全州八县市	戏剧等
重阳节	九月初九	土家、苗	全州八县市	歌、舞等
跳香节	九月二十九	苗	泸县溪、吉首市、古丈县、	跳香舞等
祭灶社	腊月二十三	土家	全州八县市	祭 神
土家年	腊月二十九	土家	全州土家族聚居地	祭 祖
抢 年	腊月三十	土家、苗	全州八县市	烧旺火、抢年
苗年	冬至	苗族	苗族聚居地	祭祖，喝酒吃肉

第五节 企业文化

1989年，湘西自治州企业文化，由国营企业、民营企业、乡镇企业形成，内容丰富，形式多样，民族文化与现代文化并重。企业文化的发展，为企业树品牌、创效益起到促进作用。州文化主管部门会同各企业每年举办全州企业文艺调演。1992年，全州28个厂家（公司）参加演出，永顺县烟厂编演的节目《小背篓》《山花伴你回家》，获优秀奖，并赴省参加调演。龙山县水电公司创编《明珠落山寨》《四花花探夫》《电工哥哥农家妹》，创企业文化新风，代表州水电系统参加全省水电系统会演，分别获一等奖、二等奖。1994年12月，龙山县工商银行编演《土家人的祝福》，参加全省工商系统“牡丹杯”文艺会演，获一等奖。是年，著名作家、书画家流沙河、王火一行，到湘泉城采风，感受湘泉，感受酒鬼，为企业留数十幅字画，成为企业文化财富。1995年，台湾作家代表团一行12人访问湘泉城，喝美酒论诗文，谈论企业发展、沟通两岸文化，留下不少墨宝。台湾著名作家洛夫挥毫写下“酒鬼饮湘泉，一醉三千年。醒后再举杯，酒鬼变酒仙”。“酒鬼”借美诗扬名，美诗与“酒鬼”并飞，享誉海内外，传颂久远。

1997年，湘泉酒业集团与州民族歌舞团文企联姻组建湘泉艺术团。赴上海、石家庄、郑州、大连等地参加“全国糖酒订货会”“全国食品博览会”及相关企业文化活动。湘泉集团投资720万元，建设“酒文化陈列馆”。陈列馆分“龙凤呈祥”“湘泉流源”“企业腾飞”“酒画泰斗”“翰墨溢香”“珠联璧合”等6部分。1998年，吉首市非公有制经济组织企业文化联谊会和吉首市个体工商业私营企业协会礼乐团成立。1999年9月，著名作家赵大年、彭荆风一行14人到酒鬼酒公司举行笔会，并在生产现场体验生活。笔会中，贺龙元帅长女、军旅作家贺捷生，给湘泉酒鬼城留下“湘西家乡，美酒湘泉，永远在我心中”赞词。湖南三立集团（花垣）举办三立集团成立二周年文艺晚会暨湖南东方锰业集团成立三周年庆祝文艺活动，表演歌舞、小品等节目20多个。

2001年，企业文化以招商引资、人才招聘、品牌广告、精品新品、厂家经营环境等内容开展宣传。凤凰县沱江镇160多户企业厂家，举办企业品牌文化活动。同时，街道文艺演出、花鼓队、腰鼓队等以游行等形式宣传企业品牌。2002年，吉首市非公有制企业联合举办建市20周年市庆灯展活动，企业出资金，文化部门组织文艺演出，吉首山城火树银花、街道流光溢彩。十余支文艺演出队在吉首火车站、老年文化宫、团结广场、民营小区、乾州等演出点演出，企业产品成为宣传亮点。2008年，凤凰古城有限公司举办“中国·凤凰苗族银饰节”，举行苗族银饰打造制作展演，凤凰县的山江镇、腊尔山镇，吉首市、花垣县以及贵州省的松桃、玉屏、凯里等地银饰代表队参演，观众近万人。

2010年，酒鬼酒股份有限公司《天下酒鬼》报创刊，企业文化又添新军。花垣县以企业文化为题材，组织戏剧创作笔会，《挂安全牌》《农民工》等小戏出炉，演出获广大职工喜爱。州、县（市）文化部门开展以文补文、实现文企联姻，组织“星火计划”服务项目，与厂矿企业联合举办文化活动30余场次，为企业文化繁荣开辟更加广阔前景。

第六节 文化交流

1989年，湘西州民族歌舞团应邀赴香港参加葵青区第二届艺术节，演出湘西风情歌舞包括苗族舞蹈《鼓舞》《捞虾》、歌曲《哭嫁》《赶秋》、土家族舞蹈《铜铃舞》等13个节目，香港观众反映“从来没有看到的舞从来没有听到的歌，很新鲜，美极了”。1992年8月，州歌舞团应邀参加“中国鼓舞团”赴新加坡参加第三届艺术节，演出苗族《花鼓》《猴儿鼓》《花鼓咚咚》3个节目，受到赞誉。9月，赴香港演出民族风情歌舞，宣传湘西民族文化。1993年10月，州歌舞团3名演奏员以“中国湖南省民族器乐演奏家小组”赴新加坡演出扬琴、琵琶、二胡独奏及小合奏，开展文化交流。

1995年10月，应上海市“'95桂花节”组委会邀请，湘西民族民间艺术团赴沪演出一个月。11月，台湾作家代表团到吉首访问，湘泉集团主办的《湘泉之友》报社负责接待。代表团成员有诗人洛夫、小说家萧立风、散文家向前等10余人。1997年，《湘泉之友》报本着“以酒会文，以文会友”宗旨，至2000年，连续十年举办全国著名作家笔会，每年金秋举行，会期5~7天，先后莅会的有国内知名作家白桦、张笑天、叶楠、毕淑敏、贺捷生、孙健忠等50余人。他们通过参观游览，写出一批精美散文，推介酒鬼酒，宣扬神秘湘西。是年，州美协与湖南省民间工艺委员会举办酉水河、茅岩河采风写生作品展，展出写生及摄影作品240件。泸溪县辰河高腔剧团《目莲救母》剧组一行29人赴法国巴黎演出。《目莲救母》为古老戏剧目，有中国戏剧“活化石”

之称。在巴黎演出10场次，受到好评。《剧组》又参加西班牙第二十五届巴赛罗那国际木偶戏艺术节，在巴塞罗那演出5场，受到中国驻法使馆文化参赞和法国文化部戏剧司司长赞赏以及法国人民欢迎。

2001年10月，州文联和湖南省文联、湖南省摄影家协会在澳门联合举办“湘西民族风情摄影展览”，展出艺术摄影作品70余幅，受到全国政协副主席马万祺等澳门同胞称赞。2002年6月，州文联在永顺县王村镇承办湖南省少数民族文学笔会。湖南省作家协会主席孙健忠，副主席凌宇、李元洛、张扬，秘书长梁瑞郴，湖南省文联副主席向本贵、州政协副主席田岚等与会。邀请《中国作家》副主编杨志广、编审肖立军，《民族文学》编辑部主任吉米平阶、编辑佟鑫，《花城》杂志编辑颜展敏等到笔会看稿和讲课。与会30多位作者创作各类作品101件。先后在《民族文学》《中国作家》《花城》《文学风》《黄河》《鹿鸣》等杂志发表。

2003年，湘西州民族歌舞团应香港、澳门特别行政区及香港国际艺联有限公司董事陈宝珠、台湾两岸文化交流事业有限公司邀请，先后赴香港、澳门、台湾地区演出民族歌舞《扎花女》。巡回演出受到各地欢迎。州音乐家协会在凤凰县主办全国少儿小提琴教学研讨会，全国及各省市小提琴教学、演奏方面专家学者50余人参会。小提琴教育家、中央音乐学院教授、中国音协小提琴专业委员会副会长赵微，星海音乐学院教授、中国音协少儿小提琴专业委员会会长李自立分别作学术报告。2008年4月，州作家协会和湖南省毛泽东文学院在吉首举办“走进八月楼商业步行街——毛泽东文学院六期相聚神地文学笔会”。毛泽东文学院1~6期作家班学员代表100多人，欢聚湘西，以文会友。2009年，著名作家冯骥才到湘西州考察非物质文化遗产，肯定州非物质文化遗产保护工作。是年，中国作家协会、湖南省文联、湖南省作家协会组织，台湾作家代表团“沈从文文学之旅”，先后到凤凰、保靖、龙山、花垣、吉首、泸溪等地，沿着沈从文当年生活及走过的地方实地寻访，并在吉首大学开展沈从文研究学术交流。2010年，永顺县少儿舞蹈《团拢来》在上海世博会公演，获得中外观众好评。

第二章　文化设施

第一节　影剧院

州民族艺术剧院　其前身为吉首剧院（以下简称剧院），1989年，放映收入和发行收入实现稳增长。1990年始，电视、录像、镭射光盘等新兴文化产品进入市场和家庭，电影业受其影响，剧院收入下滑。1992年，剧院领导班子抱着搞活的初衷，经州文化局同意，在剧场周边修建1栋6层建筑总面积2788平方米多功能综合大楼。综合楼建成为剧院搭建多种经营平台，剧院除经营放映业务外，还经营录像、招待所、舞厅、服装商场、门面租赁等。综合楼多种经营项目由于地缘等多种因素，没有达到预期收益。加上借贷修建综合楼，原计划88万元而后扩展为188万元，给企业带来沉重负担。1994年，剧院将影厅、录像场、住宿、商场等承包到班组和个人，但收效亦不尽人意，只有门面收益较好。1999年，剧院负债60多万元，30多名职工两个月发不出工资，企业濒临倒闭边缘。2000年8月，剧院根据周边环境，决定全面改造剧场。在保留剧场功能基础上，修建二层综合性大楼银苑商城，新增商业门面47间。从主营电影放映向资产经营转变。用借鸡生蛋办法和运作门面保证金，投资107万元改造门面。经改造，剧院经济收入上升，当年职工工资按时发放。2004年退清职工集资款，2007年还清银行贷款。2010年，剧院经营收入95万元，为2000年的4.3倍，职工福利得到改善。

州人民电影院　1988年，省投资32万元，人民电影院投资43万元，实施扩建改造工程，扩改面积1750平方米，1990年竣工，并投入使用。1999年，州人民电影院引进怀化宝庆实业有限公司，开发性改造州电影院。2000年，开发改造动工。设计建成9层综合楼，一至三层为商业门面，建筑面积600平方米，电影厅设在第三层；四至九层为住宅楼，建筑面积5300平方米，建筑总面积11300平方米。2001年10月，一、二层商业门面竣工投入使用。2002年1月，三层电影院投入使用；5月，四至九层宿舍交付使用。

湘西大剧院　1980年，始建湘西大剧院，位于吉首市人民北路。2003年在原址重建。剧院为钢筋混凝土结构，建筑面积9100平方米，整栋楼五层，一、二层为商业门面，三、四层为演艺厅，五层为办公室。观众厅设楼座、厅座860席，其中厅座590席，皆为豪华沙发靠背座椅。舞台台口宽18米，框高8米，深14米，置电动吊杆37根，左右附台各为100平方米。2007年3月，投入使用。2010年更名为“湘西大剧院”，作为州委、州政府及各部门重要会务中心，并承接各类演出。

第二节　群众艺术馆

2005年，经上级批准，州群众艺术馆采取土地置换方式，整体搬迁。5月，拆除原馆，在吉首市乾州燕子路民族文化城内修建新馆。2008年，新馆竣工，并投入使用。新馆建筑面积5000平方米，设有多功能厅1个、阅览室1个、展览厅4个、舞蹈排练厅3个、音乐、戏剧、美术、书法教室各1间，舞蹈、音乐、戏剧、美术、书法等艺术辅导组各1个，档案资料室1间、行政办公室6间。建筑设计富有湘西民族民间建筑特色、内外环境优美和谐统一，集辅导培训、学术研究、展览为一体。

第三节　图书馆

1989年，湘西州图书馆馆藏图书使用《中小型图书馆图书分类法》分编，后改用《中国图书馆图书分类法》分编，设卡片式读者、公务分类和书名目录各1套。1992年，章小萍撰写《西部大开发中民族地方文献信息资源建设的三大主题》获中国社会科学情报学会、学术委员会主办的“21世纪图书馆学、情报学可持续发展研究”征文一等奖和湖南省图书馆学会第七届学术成果评奖二等奖。1995年，被文化部授予“国家三级图书馆”称号并授牌。1998年，图书馆开始自动化建设，陆续投入资金配置计算机及相关设备。是年，为“星火计划”服务，州图书馆成立参考咨询服务部门，收集适合本地区中小企业、林牧、种植、养殖发展的各种资料，编辑专题或多题科技资料集，为开展科研和广大农民群众脱贫致富服务。分类摘录3.5万条科技文献信息，编辑《决策·信息》《实用科技》《专题文献目录》，以及其他“短、平、快”文献信息资料60余种3.48万份（册）。1999年，州图书馆被文化部授予“国家二级图书馆”称号并授牌。2000年开始，根据图书馆业务自动化建设要求，购买图书馆自动化管理集成系统（ILAS5.0采访、编目和流通3个子系统）和电脑终端设备，投入大量人力、物力，加工整理馆藏所有图书，回溯建库。州馆联合凤凰县图书馆、凤凰县科协、州农科所，深入凤凰县腊尔山苗区，利用墟场，向苗族农民免费发放科技资料5000多册，现场解答咨询3000多人次，《人民日报》在头版专题报道。2002年，采用ILAS编目系统，回溯建库，录制机读目录，实现馆藏图书书目和读者信息管理电子化，安装防盗仪后普通书库面向读者全开架借阅。通过节约有限购书经费，建成大型多媒体电子阅览室，与中国联通合作，实现100M光纤专线接入互联网，为读者提供快速、高效数字信息服务。此外，编有《湘西自治州古籍善本书目录》《湘西自治州图书馆地方文献目录》和《湘西自治州地方志联合目录》等书本式目录。2003年，图书馆配置计算机56套。其中业务自动化系统有服务器2台（8MB内存，2GB硬盘），终端机4套；办公用计算机9套；多媒体电子阅览室配置有服务器1套，无盘工作站40套，打印机4台，复印机2台，投影仪1台，图书馆自动化监测设备2套，阅览座席450个，书架总长度6790米。2004年，建立湘西土家族苗族自治州图书馆公共服务网站。2005年，全国文化信息资源共享工程湖南省湘西自治州支中心成立，地方财政陆续投入专项资金100万元，购置相关设备，加快图书数字信息化服务。

2008年，新建图书馆竣工。新馆位于乾州南区燕子路14号湘西民族文化城，占地面积1.6公顷，建筑面积1万平方米，主体建筑五层。其设施地方民族特色突出，具有现代特征，与湘西民族文化城总体建筑融为一体。2009年5月迁入新馆。2010年，新购电脑65台，电脑桌椅60套，IBM服务器2台，传真机1台，柯美一体机1台，数码摄像机1台，数码照相机1台，单反相机1台，浪潮服务器2台，存储1套，机柜2台，天融信防火墙1套，8碟刻录机1台，UPS电源一套，联想笔记本电脑一台，空调12台，多功能会议厅设备一套（含功放、投影设备等），新增钢木阅览桌100张，阅览椅400张，期刊架20组，报架20组，书刊小推车6台，目录柜5组，防盗可视监控系统1套。是年，州图书馆藏书近30万册，含古籍、地方民族文献和其他藏书。

第四节　博物馆

1992年，州博物馆从“三馆”旧址迁至吉首市环城东路，占地面积3.8公顷，建筑面积5918平方米。主体为两层园林式仿古建筑，由湘西民俗风情馆、湘西剿匪胜利纪念馆和湘西剿匪胜利纪念碑等组成。以实物、照片、资料和复原陈列介绍湘西土家族苗族人民生产生活、节庆婚嫁、服装首饰、居住房屋以及州域历史遗迹、文化名人、民族工艺、风景名胜等。2004年4月，在原展览内容、形式基础上，提升质量，重新布展。以300多幅图片和800多件实物，从不同层面翔实解读湘西历史和文化。2006年，湘西剿匪胜利纪念馆建成，并对外开放。该馆以实物、照片为主，其他手段为辅，介绍新中国建立初期，中国人民解放军和湘西各族人民紧密配合，根除匪患，使湘西人民过上幸福生活这一历史。是年，经省文物鉴定专家鉴定，州博物馆馆藏文物7657件（套），其中珍贵文物1810件（套），一级文物73件（套），二级文物187件（套），三级文物1550件（套）。按类别分：民族民俗文物2776件，革命和社建文物1954件，自然标本183件，历史文物2744件。精品有龙山县白羊溪出土的汉马钮铜錞于、泸溪县大坡流出土的战国柱状甬环钮铜钲（一套九件）和永顺县老司城出土的各类金器。民俗文物精品：民国苗族银接龙帽、清土家族八宝铜铃、清土家族蓝呢镶云勾花边开襟广袖男夹衣、清苗族青缎绣花鸟兽纹无领右衽接龙衣等。2007年，举办湘西历史名人展，以图片和史料为主展示湘西有突出贡献的军政要员、文化艺术界名人和工商企业家生平事迹，解读他们成长过程和成功的艰辛以及杰出贡献。州博物馆还举办湘西傩文化展览、湘西历代货币展、古今名人书画作品展、湘西英烈事迹展览、辉煌50年湘西自治州两个文明建设成就展、湘西自治州建州50周年成果展、改革开放30周年成果展、“魅力湘西”展、民族民间文化遗产保护成果展和民族团结进步展等百余个临时展览。州博物馆先后收集大批有价值的民族民俗史料，陆续汇编《湘西剿匪资料》《农民运动史略》《中国共产党组织在湘西建立与活动》《湘鄂西、湘鄂川黔革命武装斗争史料》《湘西土家族苗族自治州文物风光志》等。周明阜、吴晓玲、向元生、龙京沙出版专著《凝固的文明》，石邦彦出版《明清时期湘西苗族史论集》，欧阳允文出版《欧阳允文书法作品集》等，对研究湘西文化有重要作用。

2010年10月，里耶古城（秦简）博物馆，经过5年考古研究和规划建设，终于建成并对外开放。里耶古城（秦简）博物馆包括博物馆主体土建工程、征地拆迁安置工程和博物馆陈列展览工程、博物馆公园、湿地公园和配套设施（包括消防、水电、空调）建设、安防及周边绿化等工程，工程总投资1.2亿元，其中博物馆主体建筑面积7200平方米，集保管、研究、陈列为一体，收藏有为数众多的出土秦简以及其他历史、文化、艺术等方面的实物或标本。是年，湘西州有博物馆、纪念馆7个。其中，国有博物馆、纪念馆5个，即湘西州博物馆，县级湘鄂川黔革命根据地纪念馆、湘鄂川黔革命根据地塔卧纪念馆、湘西民俗风光馆、里耶秦简博物馆；行业博物馆1个，即吉首大学黄永玉艺术博物馆；民办博物馆1个，即山江苗族博物馆。全州博物馆、纪念馆工作人员133人。

第三章　非物质文化遗产

2004年，湘西州民族民间文化遗产保护工作领导小组成立，州委副书记、州人大常委会主任龙颂江任组长；州文化局设立州民族民间文化遗产保护中心。全州组织开展少数民族艺术发掘调查，整理传统艺术102类、项目1000余个。是年，湘西州被文化部列入全国民族民间文化保护工程综合性试点。

2006年，全州非物质文化遗产资源普查工作启动，州级非物质文化遗产项目名录开始建立，并向上申报非物质文化遗产项目名录。“苗族古老话”等22个项目进入湖南省首批非物质文化遗产保护名录，占全省74项名录的29.72%；湘西州首批民族民间文化遗产传承人名录正式向社会公布。是年，《湘西州民族民间文化遗产保护条例》经州人大常委会审议通过，并报省人大常委会批准实施。湘西州民族民间文化遗产保护工作得到文化部肯定，其做法在全国民族民间文化遗产保护工作会上作经验介绍。

2007年，全州入村开展非物质文化遗产资源普查，普查1296个村，占村总数的65%。普查汇总非物质文化遗产16类、1056种，其中申报全国第二批非物质文化遗产保护名录项目16个，初审通过6个；叶水云、刘代娥等10人被国务院公布为“国家级非物质文化遗产代表性传承人”。州文化局被文化部授予“全国非物质文化遗产保护先进单位”称号。

2008年，全州1976个村非物质文化遗产资源全部普查，申报省级第二批“非遗”项目名录52个，审查通过36个；申报国家级的有土家族梯玛歌、酉水号子，湘西苗族民歌，泸溪踏虎凿花，苗族服饰等8个。土家族“打溜子”应邀参加国家大剧院“非遗音乐专场——天籁之音”演出。是年，泸溪县合水镇、龙山县靛房镇、凤凰县山江镇等12个乡（镇）被文化部命名为“中国民族民间文化艺术之乡”。

2009年3月，湖南省非物质文化遗产普查工作会议在吉首召开。会议期间，州民族民间文化遗产保护中心举办湘西州非物质文化遗产普查成果展，展示、展演“非遗”项目30余个。是年，全州上报第三批国家级非物质文化遗产名录34个；公布第二批州级非遗名录项目74个，有非遗传承人128人。同时，完成《苗族银饰锻造技艺》《土家族织锦技艺》《土家族毛古斯》等非遗系列丛书编撰工作。

2010年，全州入选国家级非物质文化遗产名录24项、非物质文化遗产代表性传承人18人；列入湖南省非物质文化遗产项目61项、非物质文化遗产代表性传承人44人。湘西州非物质文化遗产分17大类，资源线索5735条，资源目录3200项。其中民族语言4项，民间文学3251项，传统音乐328项，传统舞蹈97项，传统戏剧25项、曲艺32项，杂技59项，传统美术148项，传统技艺145项，生产商贸习俗100项，消费习俗139项，生活习俗148项，岁时节令37项，民间信仰136项，民间知识47项，传统体育、游艺与竞技151项，传统医药73项，其他10项。全州各类别代表性传承人518人。其中，民间文学60人，传统音乐50人，传统舞蹈85人，传统戏剧18人，曲艺10人，杂技与竞技20人，民间美术30人，传统手工技艺90人，传统医药15人，民俗140人。

第一节　非物质文化遗产名录

一、国家级非物质文化遗产

土家打溜子　土家打溜子是土家族地区流传最广、土家族人非常喜爱的一种古老的民间器乐合奏。历史悠久、曲牌繁多、演奏独特、表现丰富。主要分布在州域酉水流域土家族聚居的永顺、龙山、保靖、古丈4个县68个乡（镇）。与土家族人民生活密切相关，土家人婚嫁、寿诞、年节喜庆离不开打溜子。打溜子独特艺术形态对研究民族学、社会学有极重要价值，是音乐学中音色旋律学研究极其珍贵的原生态物象标本。20世纪50年代至21世纪初，先后被国家艺术团体介绍到美国、德国、波兰、俄罗斯等国家表演。国家级代表性传承人有罗仕碧、田隆信。

土家摆手舞　土家摆手舞是土家族独有而又古老的风俗舞蹈。摆手舞产生在土家族祭祀仪式中，主要流传在龙山、永顺、保靖、古丈等县土家族地区。湘西土家族摆手舞系集歌、舞、乐、剧于一体的庞大载体，表现开天辟地、人类繁衍、民族迁徙、狩猎捕鱼、桑蚕绩织、刀耕火种、古代战事、神话传说及日常饮食起居等广泛而丰富的社会生活内容。有原始宗教色彩“祭祀舞”，有古代渔猎生活“狩猎舞”，有春耕夏耘“农事舞”，有民族风情“民俗舞”，有古代战争“军前舞”，还有专供土官土司取乐的“宴会舞”等。以史诗般结构和炽热的色彩，向人们展现一幅幅气势磅礴的民族历史画卷和风情浓郁的土家生活画卷。土家摆手舞动作大方、粗犷，有单摆、双摆、回旋摆，边摆边跳等。具体运用有撒谷种、望太阳、撬岩头、穿花、披甲、牛打架、狗连裆、老鹰抓鸡、摸冰口、抖狗蚤等。摆手舞的音乐分声乐伴唱及器乐伴奏，声乐主要是起腔歌和摆手歌，器乐伴奏乐器是鼓和锣，曲目是一曲多变。土家摆手舞的国家级代表性传承人有田仁信、张明光。

湘西苗族鼓舞　苗族鼓舞，艺术独特。流行于吉首市和凤凰、泸溪、保靖、花垣、古丈等县苗族地区。据历史文献记载，湘西苗族鼓舞历史悠久，源于汉代以前，产生在苗族祭礼活动之中，为苗族人民所喜爱。20世纪80年代，湖南省文化厅分别授予凤凰县山江镇，吉首市矮寨镇、己略乡，古丈县默戎镇为“民族艺术之乡”和“苗族花鼓之乡”称号。2004年4月，文化部公布第二批中国民族民间文化遗产保护工程试点，苗族鼓舞列入试点区重点保护项目。湘西苗族鼓舞种类多达几十种，常见的有花鼓舞、猴儿鼓舞、女子单人鼓舞、男子单人鼓舞、团圆鼓舞。舞蹈动作特点是：打鼓起舞，节奏明快，动作舒展大方，双手交替击鼓，两脚轮换跳跃，全身不停扭摆。《猴儿鼓舞》灵巧多变，风趣诙谐，挑逗戏耍，时而打鼓、时而离鼓、表演协调。《花鼓舞》温婉妖媚，轻盈柔软，身态柔美，极富表现。《男女鼓舞》多为屈膝矮桩，全身舞动，动作粗犷，豪放刚健。《女子鼓舞》双脚轮梭，步伐灵活，头稍摇动，腰随扭摆，含蓄抒情。《团圆鼓舞》场面宏大，时而边歌边舞，柔慢抒情，时而激情狂舞，轻松活泼。湘西苗族鼓舞对研究苗族历史、战争、宗教、迁徙、生产、爱情、民俗等有重要价值。国家级代表性传承人洪富强、石顺民。

土家毛古斯舞　毛古斯舞，土家语称“帕帕格次”或“拔步卡”。中外专家称“中国民族舞蹈的最远源头”。表演大多与跳摆手舞穿插进行，也有在一定场合单独表演。毛古斯舞产生在土家族祭祀仪式中，主要流传于龙山、永顺、保靖、古丈等县土家族地区。毛古斯舞是一种具有人物、对白、简单故事情节和一定表演程序的原始戏剧舞蹈。它以近似戏曲的写意、虚拟、假定等艺术手法，表演土家先民渔、猎、农耕等生产内容，既具舞蹈雏形，又具戏剧表演性，为两者杂糅交织、浑然一体的祭祀性舞剧。舞蹈服饰原始，身穿草衣树皮，古老大方，颇有原始人形象；表演者动作古朴健康，对话要求变腔怪调，观者听不出谁是表演者，这是舞蹈者最大成功。毛古斯舞动作特点别具一格，表演时曲膝抖身，全身茅草唰唰作响，头上五条大辫子左右不停摆动；碎步进退，左右跳摆，摇头抖肩。根据表演动作内容，可一目了然，如“打露水”“扫进扫出”“围猎”

“获猎庆胜”等。毛古斯舞在研究和探讨土家族舞蹈来源方面，能提供较可靠线索。同时，在研究土家族初始生活形态和原始生活方式中，也有重要价值。其国家级代表性传承人彭英威、省级传承人彭南京。

辰河高腔 辰河高腔即浦市高腔，属曲牌体音乐，源于明初弋阳腔。朱元璋建明朝平息叛乱后，为休养生息发展生产，鼓励农民迁徙异地，垦殖新土，江西大量移民西迁。时浦市是沅水中、下游商贸重镇，经贸、文化繁荣。弋阳腔随江西移民传入浦市。浦市高腔在发展过程中，融合当地民间小调，放排行船号子，佛、道、傩的祭祀音乐，并经过围鼓坐唱人声帮腔的初始期、矮台木偶戏演唱的发展期和高台演唱成熟期，形成沅水流域独特的地方剧种。周边县域纷纷来人到浦市学戏，形成其他流派，但各流派无不以浦市的“浦腔浦调”为正宗。现有曲牌200多个，完整剧本300多个。浦市高腔主要特点：在不少曲牌音乐中保留弋阳腔音乐，有《红衲袄》《南点绛》《北点绛》《清江影》等。变弋阳腔的人声帮腔为唢呐帮腔和锣鼓配节，以符号对曲牌“圈腔点板”，宗法中州音韵以浦市官语提炼而成“浦腔浦调”。国家级代表性传承人向荣。

土家织锦技艺 土家织锦是酉水流域土家族传统手工技艺，民间俗称“打花”。主要有土花铺盖（土家语西兰卡普）和花带两大品种。其中西兰卡普最具代表性和典型性，采用“通经断纬”的挖花技术，分为“对斜”平纹素色系列和“上下斜”斜纹彩色系列两大流派。土家花带是土家织锦中普及面更广的一个小品种，它采用“通经通纬”古老“经花”手法，不需专用工具，完全在织造者双膝间完成。湘西土家织锦技艺主要分布于州境永顺、龙山、保靖、古丈四县的土家族聚居区。土家织锦工艺原始而复杂。就西兰卡普而言，使用一种古老的纯木质腰式斜织机，有12道工艺流程：纺捻线、染色、倒线、牵线、装筘、滚线、捡综、翻篙、捡花、捆杆上机、织布机、挑织等，并以“反织法”挑织成型。湘西土家织锦工艺有1500多年历史。有409种传统图纹(西兰卡普350余种，花带50余种)，以独特的方式蕴含着本民族的文化心理和不同时代的文化积淀，充分展示中华民族文化的创造力。多次代表中国参与国际文化交流。国家级代表性传承人有叶水云、刘代娥。

苗族银饰锻制技艺 凤凰县苗族银饰手工技艺，是苗族喜爱的民间传统工艺，品种多样，主要用于苗族妇女衣着装饰，装饰系统全面，成为配合系列，体现其整体效应和整体装饰之美。从整个苗族银饰装饰表现方式看，可分为头饰、面饰、颈饰、肩饰、胸饰、腰饰、臂饰、脚饰、手饰等几个部分。每一个部分的饰品件都有一二件乃至多件以上组合，形成一个完整不可分割的整体。每一项组合都通过精心设计，把格调、韵味、情趣、审美意识融为一体，表现高度的外观美和形式美。头饰有银凤冠、银花帽、银簪花、银发髻、梳山、空心花罩等多种。银凤冠和银花帽是头饰中的主要饰品，也是整套银饰系列之首，有龙头凤尾之美称。银凤冠和银花帽制作复杂，使用的小件饰品，少则达150余件，多则达200余件，工艺流程长，一般需要5~7天。苗族银饰精品，价值昂贵。颈饰部位银饰品主要是银项链，又叫银项圈。银项圈的式样有轮圈、扁圈、盘圈、根圈几种。以轮圈、扁圈较为常见。制作一根银轮圈，需要纯银0.6公斤。苗族妇女在佩戴银项圈时，可以根据自己喜好选择式样，一般戴一根，多的可达三五根或更多一些。但只能戴单数。银饰肩饰和胸饰部位主要有银披肩、银牌、银链、银铃、银小件饰品如牙抒、银大刀、银剑、银钩、银弓、银针筒等。银饰的手、脚、腰饰部位，主要有银手钏、银手镯、银戒子、银钻花腰链、脚环等。根据自己需要和喜好，佩戴时可全部佩戴，或选择性佩戴。其他银饰佩件还有银耳环、银挖耳匙、银尾羽、银面罩、臂环等。苗族银饰有极高的观赏价值和实用价值。国家级代表性传承人龙米谷、麻茂庭。

土家梯玛神歌 “梯玛神歌”是土家族长篇史诗，主要分布在湘西酉水流域的龙山、保靖、永顺、古丈等县土家族地区，以“梯玛日”仪式为传承载体，世代口碑相传。其篇幅浩繁，长达数万行。集诗、歌、乐、舞为一体，表现开天辟地、人类繁衍、民族祭祀、民族迁徙、狩猎农耕及饮食起居等广泛的历史和社会生活内容。在唱述时，以土家语为主要表述语言，形式上是韵文和散文的综合体，采用浪漫主义和现实主义相结合手法，修辞有比兴，词汇丰富，想象奇特，形象生动，具有很强的文学性。演唱时有唱有吟，有对唱合唱，既有深沉，忧郁的古歌，也有轻松、欢快的盘歌，既有抒情、哀婉的祈祷辞，也有风趣、滑稽的玩笑话。“梯玛歌”以歌舞贯穿始终。其舞，有豪放者如“墨日里日”，有潇洒者如“坐马”，有缠绵者如“解钱”，有粗犷者如“大赏兵”，有风趣者如“选男选女”，有洒脱者如“摆郎”等。梯玛在舞蹈中的主要舞具是铜铃，称之为“八宝铜铃舞”。其形式有梯玛单独表演的“独舞”，亦有陪神、香倌随之唱和的双人舞或三人舞。形成有演有叙、亦歌亦舞的长篇神话舞蹈史诗。以独特、稀有的文化形式，凸显出珍贵的文化价值，被誉为“研究土家族方方面面的百科全书”。国家级代表性传承人彭继龙。

酉水船工号子　酉水古称酉溪，武陵五溪之一。酉水为沅水一大支流，上通湖北省、重庆市、贵州省，下达沅陵、常德，历来为湘鄂渝黔边区贸易往来要道。酉水河谷狭窄，水势湍急，险象环生。千百年来，行驶在这条河流的船工，与险滩斗，与恶浪斗，发出力的旋律——酉水船工号子是酉水号子的一种，分“橹号子”“桨号子”“纤号子”“装卸号子”四类。从内容上看，酉水号子将酉水沿岸的民俗风情包罗收尽，又将两岸的自然风光演绎讴歌，将一般号子的简洁节奏与湘西当地民间叙事和山歌抒情有机集合，既鲜明生动，又厚重缠绵。酉水船工号子历史久远，对研究酉水流域土家族的历史、文化、生产、生活、商贸有着不可多得的价值。省级代表性传承人张官坤。

湘西苗族民歌　湘西苗族民歌流传在州境吉首市和凤凰、花垣、保靖、古丈、泸溪等县。湘西苗族民歌，历史悠久。清乾隆《永绥厅志》“永苗风俗十年”载“鼓藏跳至戌时乃罢，然后择房旁旷野等处，男女各以类相聚，彼此唱苗歌，或男唱女和，或女唱男和，往来互答”。清嘉庆二十五年严炳文《苗防备览·风俗》亦有赛歌记述，云：“或有以能歌斗胜负者，男子出绸绢，女子出簪环以为采，结队对歌，彻夜不休，以争胜负。胜者收取其彩，不善歌者不入队”。1974年，中国科学院语文研究所凌纯声、芮逸夫《湘西苗族调查报告》“苗歌略说”云：歌谣在苗人的生活中，特别是在各种仪式中是占着很重要位置的。他们日常既随时随地即兴口占，表现当时的情绪或叙述当地事件，而每遇举行某种仪式或集会时，更多男女对歌，日夜不休，且有接连至数日夜者，他们即兴口占的歌谣，大都唱过即完，保存的很少。即有一些被较多人所传唱因而流传下来的，也完全靠不很确切和不能经久的记忆力，词句每多传讹或完全改变，所以至今没有定形。只在各种仪式中如宗教或婚嫁等所唱的歌谣，则因常常传习，虽也靠记忆力传诵，词句间不免有传讹或改变，但其内容大体相同，保存的也较多。因此之故，湘西州所归集的苗歌，以仪式歌为多，即兴歌甚少。国家级代表性传承人有陈千均。

土家咚咚喹　咚咚喹是湘西土家族的一种极其古老的民间簧管气鸣乐器。1994年5月，在沅水湘西段贝丘遗址发现两枚骨哨，“咚咚喹”当起源于距今6500—7000年以前的新石器时代早中期。至今盛行龙山、永顺、保靖等县的土家族地区。咚咚喹用当地小山竹做成，取材方便，制作简单，以直径约0.5厘米的细竹尾为管体，长约10～14厘米，上端留节，于节下削簧凿孔，形成三孔一筒音即成。其发音清脆、明快，具有打音、颤音兼备特点，从模拟鸟语虫鸣、风泉之声而形成写意性的音乐语汇和它固定的音乐曲牌。在龙山县洗车河流域的他砂、靛房、坡脚、苗儿滩、隆头、贾市一带，普遍流行的传统曲牌有“咚咚喹”“巴列咚”“呆嘟哩”“乃哟乃”“拉帕克”等20多种。有词有曲，可吹可唱，吹唱结合，唱词内容以土家语儿歌为主。清代一首《竹枝词》记云：“流水淙淙白云飞，翠色重重笼四围；三五村姑齐吹奏，婉啭悠扬咚咚喹。”龙山县坡脚一带有吹双管的，左、右手各持一根咚咚喹，用娴熟的技巧，一只手按一根乐管，双管齐吹同一首曲牌。20世纪60年代，土家族咚咚喹演奏家田逢信以其独特的表演，进京演出，1987年又到波兰演出，博得中外音乐界专家们一致好评。国家级代表性传承人严三秀。

凤凰纸扎 凤凰县纸扎技艺精湛,历史悠久.流传甚广。《凤凰厅志·乾隆志》记载：“元宵前数日,城乡敛钱,扮各样花灯,为龙马禽兽鱼虾各状……至十五日夜,笙歌鼎沸,灯烛辉煌……”，1994年,聂方俊扎制的“太狮少狮”“鲤鱼跳龙门”等32件作品被湖南美术出版社采用,收入《湖南民间美术全集民间美术拾零卷》；1997年，北戴河中国万博文化城喜迎香港回归民间艺术作品展,其5件作品“福寿双全太狮头”等被中国文化学会收藏。2000年，国家邮政局发行《龙年吉祥》有奖明信片“12—5”，采用其扎制的青龙作为图案。聂氏纸扎工艺，先后有中央电视台一频道、二频道和上海、湖南、湖北、湘西电视台录制播放过他的节目。一些工艺美术界名流也千里迢迢觅踪造访聂方俊，其中就有中央工艺美术学院前院长、著名画家张仃教授。20世纪90年代至2010年,收藏聂氏纸扎作品的有中央美术学院、中国美术馆、中国文化学会、湖北美术学院、浙江博物馆等单位。并流传到日本、新加坡、马来西亚、意大利等国家。国家级代表性传承人聂方俊。

踏虎凿花 泸溪县踏虎凿花是流传在湘西地区的一种民间剪纸艺术。踏虎凿花的生产与加工有近百年历史。踏虎是这一品种的主要生产地，故称为踏虎凿花。踏虎凿花创作以著名凿花大师黄靠天为代表，名扬湘、鄂、川、黔周边地区，深受人民群众喜爱。踏虎凿花和一般民间剪纸不同，工具独特，使用特制凿刀、蜡板，以刻、凿、扎等技艺为主，作品线条流畅、刀法细腻；分日常生活、服饰装饰、礼仪节庆用品等几大类。图案有禄、福、寿、喜等数十种，花样繁多，与人民群众生活紧相关连。一次凿花样10~20层。踏虎凿花能弥补一般剪刀不能精细加工之不足，从而别具一格。国家级代表性传承人邓兴隆，州级传承人杨贵军。

凤凰蓝印花布 凤凰县蓝印花布历史悠久、源远流长。据史料文字记载和考古材料研究，长沙马王堆出土汉墓的部分纺织品，就有质量上乘的蓝印花布。西汉时期，印染蓝印花布就在民间流行。明代，宋应星在《天工开物》一书中记载茶蓝（即菘蓝）、蓼蓝、马蓝、吴蓝、苋蓝等可以提取靛蓝，同时记载制蓝方法。印染蓝印花布有两大类：一种是纯蓝印花布；一种是彩蓝印花布。纯蓝印花布布面素净，没有花纹图案，一般用于衣服和头帕、裹脚的布料；彩蓝印花布面有复杂的花纹图案，制作复杂，一般用于被面、垫单、帐檐、巴裙、围腰、门帘、桌布、围布等，显得高贵上乘，也是艺术欣赏和收藏及研究的佳品，蓝印花布不管是纯蓝还是彩蓝，制作时工艺流程复杂。印染前工艺流程是：裱纸、描稿、刻版、上油、调料、刮浆、入染等；入染之后主要流程有：晾晒、淌洗、卷布、碾布又叫踩布等。在印染中还有百年间创造发展的另外几种新工艺品种，即扎染、针扎、捆扎、拔染等。这些均属印染项目，它们都是在长期的操作实践中，以及印染工艺品中摸索创造出的新的印染品种。民间艺人通过多年摸索和探讨，在单面画蓝印花布的基础上，又创造出一种印染双面画蓝印花布。印染双面画蓝印花布比印染单面画蓝印花布的工艺流程要复杂，它是蓝印花布中珍品。蓝印花布这一民间手工艺品，既有实用价值，又有艺术价值和市场价值。国家级代表性传承人刘大炮（刘贡鑫）。

湘西苗族服饰 据东汉应劭《风俗通》、晋干宝《搜神记》和范晔《后汉书·南蛮传》记载，早在四千多年前的高辛氏时代，湘西苗族即创制出“皆有尾形”的苗族原始服饰。湘西苗族支系多达20余个，其中又包括若干亚支系，这一格局导致湘西苗族服饰款式及风格多样的特点。它们在湘西州这块土地上，长期共存，相互影响，相互渗透，相互吸收，最终形成一型（湘西型）、三式（花保式、凤松式、吉泸式）的苗族服饰。湘西苗族服装饰纹富于幻想、创意，纹彩多样，寓意深刻。它承载了湘西苗族数千年的历史文化轨迹，有形有色地描绘了湘西苗族古代的生产生活情景，是一部湘西苗族有形可感的历史文化巨卷。湘西苗族服饰，工艺精湛，品种齐全。从纺织印染到服饰加工制作，无一不具有独到的技术流程和特殊的加工方式。其用于面料的苗锦，是中外闻名的服饰特产，唐宋年间即已成为湘西有名的贡品；花带是湘西苗族服饰的特殊佩件，为世人青睐；蜡染服饰无异于湘西苗族古代的"迷彩服"；银饰更是湘西苗族服饰一绝。湘西苗族服饰别具一格，华丽多姿，具有很高的实用价值、历史文化研究价值和审美价值。是湘西苗族也是中华民族的一笔宝贵的物质文化和非物质文化遗产。国家级代表性传承人龙红香。

盘瓠传说 盘瓠传说于州域泸溪县。盘瓠传说源远流长，流传于湘西苗族地区，在范晔的《后汉书》，此后的《风俗通义》《搜神记》《荆楚记》以及《溪蛮丛笑》《辰州府志》等史书和典籍中均有记载。由神话传说衍生出民族学、宗教学、语言学、祭祀、舞蹈、医药和丧葬等文化事象。与神话传说相关联的盘瓠洞、盘瓠庙、辛女岩、辛女庵等几十处地貌实体，集中在泸溪县辛女村一带，盘瓠神话在泸溪县流传甚广。作为古老神话传说，人类洪荒时期根植于农耕文化土壤，逐渐演变成各种崇拜盘瓠的民俗事象，泸溪苗族地区，保留有祭祀盘瓠与辛女的习俗。州级代表性传承人向家发。

土家哭嫁歌 土家哭嫁歌俗称"哭嫁"，又名出嫁歌，土家语叫"毕基卡铿柱祭"。是一部土家族妇女在千百年来的婚俗活动中、口耳相传、集体创作的抒情叙事长歌。在湘西土家族聚居地区传承，历史悠久。清代诗人曾以《竹枝词》描述土家族哭嫁歌场景。

"新梳高髻学簪花，姣泪盈盈洒碧纱。"

(田泰斗)

"十姊妹歌歌太悲，别娘顿足泪沾衣"。

(彭秋潭)

"侬今上轿哭声哀，父母深情丢不开"。

(彭勇功)

土家族哭嫁歌整体结构严谨，篇幅浩繁，内容丰富。主要有：哭开声、哭爹娘、哭哥嫂、哭姊妹、哭亲属等五个程序，母女对哭是婚嫁歌的重要部分，始终贯穿于整个出嫁的全过程。其次还有哭戴花、哭穿衣、哭离娘席、哭背亲、哭上轿、骂媒人等。"恋亲恩、伤别离，歌为曼声。"哭嫁歌始起闺房，由母亲哭开声。形式有独哭、对哭、陪哭三种。劝哭多在对哭中进行，于情寓理，灌输做人的道理。土家族哭嫁歌多采用比兴、比拟、排比、反复等修辞手法，歌词通俗洗练、直白易懂，句式生动灵活自由、长短不一，有七言、五言句式，整体上非诗非词。哭时声韵融为一体、优美流畅、动听感人，富有极强的文学艺术感染力和语言科研价值。国家级代表性传承人彭祖秀，省级传承人彭万姣，州级田义翠、张玉翠。

苗画 起初只是作为苗族刺绣的花样稿，包括服饰、被面，床帘、门帘、堂帘、床檐、壁挂、佩饰等各方面，其渊源与苗族绣花一样可追溯到苗族古老的纹身习俗。20世纪初，保靖县苗族人梁求瑞大胆创新，改铿苗绣花样稿为描画花样稿，受到苗族妇女普遍欢迎。湘西苗画所表现的主题就是反映一种喜庆吉祥、人寿年丰的物象。梁氏家族创作的苗画以龙、凤、花、草、鱼、虾、虫、鸟、竹、木等为主要的表现内容，再配以氏族图腾崇拜图案，把反映古老先民的部族迁徙与自然界的山川、河流、云彩、日月、人物、建筑以及传说中的仙人善神等很好地结合起来，采用写实与抽象，夸张与变形，自由与严谨相结合的表现手法，再融入自己内心世界和思想感情，使苗画既有古朴原始，又有热情奔放和浪漫的风格，达到真善美的和谐统一，形成独特的生存环境下苗族的文化符号。省级代表性传承人梁永福，州级传承人梁德颂、龙庭金。

土家吊脚楼营造技艺 土家吊脚楼建造，源于春秋战国，兴盛于唐宋时期，彭氏土司统治湘西后，土家族吊脚楼开始全面发展。清初，朝廷限制土家民居规模。清雍正年间解除梁柱、盖瓦之禁，土家吊脚楼建造增多。中华人民共和国成立后，人民居住条件有较大改善，土家吊脚楼的建造技艺再创新高。土家吊脚楼多为木质结构，干栏式建筑，均飞檐翘角，四面均有走廊，悬出的木质栏杆上雕有万字格，亚字格、四方格等象征吉祥如意的图案。悬柱有八棱形、六棱形、四方形、底部雕刻有绣球、金瓜等各种图案。窗棂刻有双凤朝阳、喜鹊登枝、狮子滚绣球以及牡丹、菊花等各种花草，古朴雅秀，美观实用，具有鲜明个性和手工技艺的特色。这一传统建筑主要分布在永顺县泽家、石堤、车坪、颗砂、芙蓉镇等乡镇，土家族吊脚楼形式多样，主要有单吊式吊脚楼、双吊式吊脚楼、四合水式吊脚楼等，具有无坎不成楼、无瓜不成趣、不转不成楼等建筑特征。省级代表性传承人彭善尧。

苗族四月八　苗族“四月八”是苗族人民聚会欢庆的重大节日。1933年，著名苗族民俗专家石启贵调查湘西苗族文化，在《湘西土著民族调查报告》中写道：“四月八日，苗乡节日，一班男女群喜看之。此为苗乡集会之一种，乾州中黄乡所属家庭例行此举……”国家民族事务委员会根据苗族人民要求，于1981年5月3日作出批示：“同意农历四月八日为苗族传统节日”。苗族“四月八”源于苗族祭祀活动，祭天地、祭祖先、祭英雄、祭神灵。随着时代的变迁，苗族人民情趣变化，节日活动逐步加进歌舞表演及人情交流，使之内容更加丰富多彩。“四月八”这一天，成千上万的苗族男女都要穿上节日盛装，从四面八方涌入歌场周围对唱苗歌。苗族青年称“赶歌场”，又叫“跳花跳月”。省级代表性传承人吴牛振。

土家年　是土家族人提前一天过年的习俗。中华人民共和国成立后，州人民政府落实民族政策，保护土家族这一民间习俗，决定将土家年列为地方法定节日，休假一天。土家年特点是过年吃团年饭的时间先于汉族一天。清光绪《永顺府龙山县志》载：“土人度岁，月大以二十九日为岁，月小则二十八日。”土家年来历悠久。有多种口头传说，有起源五代、明代、更早时代传说，多与军旅生活有关。说是提前一天过年后，第二天就要出征对敌作战。也有传说提前一天过年是为躲债。土家族人讲信用，欠债必须当年还。穷人欠债多还不起，年三十债主逼上门，“鬼门关”难过。提前一天过年便去躲债了。过土家年成为土家族民族认同的重要标志。州级代表性传承人彭家齐。

苗族古歌　湘西《苗族古歌》，流传在湘西花垣县的猫儿、龙潭、吉卫、麻栗场、排碧、董马库等乡镇及邻近的凤凰、保靖、古丈等县苗族地区。湘西《苗族古歌》是我国著名的一部长篇古歌，它产生于远古时代，随着时代的发展而逐渐丰富。《苗族古歌》包括开天立地篇“濮斗娘柔”，前朝篇“奶夔玛媾”“亲言姻语”，后换篇“仡戎仡夔”“仡索仡本”“巴龙奶龙”“接龙”“说火把”“事物生成共源根”“上天门”“仡输”等内容。湘西《苗族古歌》是苗族民间的一部主要典籍，被誉为苗族百科全书。州级代表性传承人龙炳文、石万达、石寿贵。

苗族挑花　挑花俗称数纱，是泸溪县苗族地区流传久远的民间工艺。它有别于绣花，从第一针起，所有的走针引线，全在布料的表面挑花行针，是苗族妇女娴熟的手工技艺。苗族妇女自己纺纱、织布，织的布叫“家织布”。因手工纺纱，不像现在机织布的纱那样细匀，家织布的纱较粗。因此纵横分明，经纬清晰。用家织布做头帕，长约1丈，宽1尺左右，头帕上有各种花的图案。挑花是在家织布头帕上，挑出各种不同的花样。挑花的工艺程序，完全不同绣花。它是在一幅图案上，从图案（花样）的中心起一针，数三根纱，下一针；又数三根纱一针……花样毕，最后一针，又回到中心。在一针一针的挑数过程中，不能数错一根纱，若数错一根纱，则以后的纱数全部皆错。因此，挑花是极细致而严格的手工工艺。挑花是没有花样的，什么图案花形，全在心里，把心里的花，一针一线在头帕上挑出来，使人不得不赞叹苗家妇女的聪慧。挑的图案有“双凤朝阳”“龙凤呈祥”“鲤鱼跳龙门”“石榴花”“阳球花”“牡丹花”“枫叶”“蜜蜂采花”“蝴蝶戏花”等60多种。挑花用线全部是蓝线或青线，因此头帕上的花样，线条清晰，十分淡雅，没有半点花里胡哨色彩。湘西苗族挑花，州级代表性传承人杨春英。

苗医药 苗族医药始于部落联盟时代，西汉刘向所著《说苑辩物》，有苗族医药起源和发展追述。《中国苗族通史》《凤凰厅志》《永绥厅志》《乾州厅志》对苗族医药均有记载。苗族医药主要分布在州域苗族聚居的凤凰、花垣、吉首、古丈、保靖、泸溪等县市，尤以凤凰、花垣、吉首、古丈为甚。苗族医药通过长期临床实践总结，创立出“四诊”（家望、号脉、询问、触摸）诊断法，把疾病分为36症72疾，囊括西医内科、外科、妇科、儿科、骨科、皮肤科等。探索出经济实效的行医原则，运用药物、医巫、推拿、针挑、蒸熏，拔罐等治疗方法，保证疗效，降低医疗成本。苗族医药省级代表性传承人田兴秀。

二、湖南省级非物质文化遗产

2007年、2009年，湖南省人民政府分别公布第一批、第二批省级非物质文化遗产名录，湘西州有：苗族古老话、苗族歌谣、土家族梯玛神歌、土家族山歌、土家族哭嫁歌、土家族挖土锣鼓歌、湘西苗族民歌、土家族咚咚喹、酉水船工号子、文武茶灯、湘西自治州阳戏、苗戏、苗族武术、踏虎凿花、湘西苗族服饰、凤凰蓝印花布、凤凰纸扎、土家族过赶年、乾州春会、土家族舍巴日、苗族椎牛祭、苗族赶秋、土家族摆手歌、盘瓠与辛女传说、湘西土家族民歌、湘西苗族接龙舞、湘西土家族铜铃舞、苗族绺巾舞、湘西三棒鼓、湘西苗族服饰绘画（苗画）、浦市窨子屋建筑艺术、土家族转角楼建筑艺术、湘西木雕、塔卧石雕、杨柳石雕、土家族竹雕、湘西苗绣、湘西苗族挑花（数纱）、泸溪傩面具、苗族花带技艺、湘西土陶制作技艺、竹编技艺、古丈毛尖茶制作技艺、酒鬼酒酿制技艺、保靖松花皮蛋制作技艺、湘西苗医苗药、苗族赶秋节、苗族四月八节、古丈跳马节、苗族跳香、苗族儸歌、苗族团圆鼓舞、凤凰杂染技艺、乾州水冲石砚、小儿提风疗法、苗族接龙、酉水船歌、苗族八合拳、湘西木雕、八部大王祭、蚩尤传说、木偶戏。

三、州级非物质文化遗产

湘西州级非物质文化遗产199项：土家族打溜子、土家摆手舞、苗族鼓舞、土家毛古斯舞、辰河高腔、土家织锦技艺、苗族银饰锻制技艺、苗族古老话、苗族歌谣、土家梯玛神歌、土家山歌、土家哭嫁歌、土家挖土锣鼓歌、苗族民歌、土家咚咚喹、酉水船工号子、文武茶灯、湘西州阳戏、苗戏、苗族武术、踏虎凿花、苗族服饰、凤凰蓝印花布、凤凰纸扎、土家族过赶年、乾州春会、土家族舍巴日、苗族椎牛祭、苗族赶秋、土家语、土家山歌、土家摆手歌、盘瓠与辛女传说、绷绷妥、咚咚喹、苗族唢呐、苗族接龙舞、苗族童子鼓舞、地花灯、阳戏、汉戏、酉戏、傩愿戏、木偶戏、永顺渔鼓、三棒鼓、苗族上刀梯、下火海、苗画、土陶技艺、浦市古民居、古丈毛尖茶手工制作技艺、花垣苗绣、泸溪苗族数纱（苗族苏萨）、土家竹雕、武溪杨柳石雕、湘西苗锦（芭排）技艺、傩面具、水冲石砚、土家服饰、苗医苗药、土家医药、苗族四月八、苗族赶秋节、土家族跳马节、清明歌会、苗族跳香、八部大王祭、还傩愿（傩祭）、上梁、白沙瓦乡山歌、酉水船歌、湘西山地号子、土家语山歌、土家族民歌、解放岩花灯、苗族司刀绺巾舞、土家族铜铃舞、苗族接龙舞、湘西灯戏、湘西汉戏、酉水渔鼓、土家梯玛绝技、塔卧石雕、湘西木雕、土家转角楼、湘西竹编（姚氏）、湘西竹编（胡氏）、凤凰姜糖制作技艺、苗族花带制作技艺、保靖陶瓷制作技艺、保靖酱油制作技艺、保靖松花皮蛋制作技艺、湘西榨油房、湘西水碾房、洗车河霉豆腐制作技艺、苗市腊肉制作技艺、湘西水磨制香制作技艺、酒鬼酒酿制技艺、苗绣制作技艺、苗族医药（苗族医术）、土家医药、土家过社、土家告祖、土家油茶汤、湘西苗语、土家族语、锦鸡（长诗）、猛洞河船工号子、吴着冲的传说、土家族情歌、苗族傩歌、苗族礼词、永顺土家族薅草锣鼓、傩言腔、土家摆手锣鼓、内溪民间吹打乐、永顺拖木号子、板凳龙舞、苗族团圆鼓舞、苗族调年舞、苗族舞狮、苗族舞龙、土家族铜铃舞、古丈地花灯、湘西花灯戏、永顺高腔、永顺阳戏、九子鞭、永顺三棒鼓、古丈渔鼓、凤凰苗族武术、苗族八合拳、苗族上刀梯、乾州水冲石砚、苗画、苗族服饰（瓦乡人服饰）、凤凰草编技艺、黄金古茶制作技艺、莓茶制作技艺、杠子面传统制作技艺、土家布鞋制作技艺、凤凰苗族织布制作技艺、湘西酸菜（若习寨酸菜）制作技艺、土家族打花带制作技艺、万坪豆腐制作技艺、湘西酸肉（土家酸肉腌制）制作技艺、万坪火腿制作技艺、酱麦酱制作技艺、纸裱制作技艺、土家挑花制作技艺、乾州板鸭制作技艺、酸鱼制作技艺、苗鼓制作技艺、苗族木雕、土家木雕、龙清靠接骨术、苗医正骨术、土家医雷继林蛇伤治疗技术、土家婚俗、浦市商贸、苗族太阳会、苗族四月八、土家语（扩展名录）、蚩尤传说、翠鸟、梅山神的故事、土司王的传说、八部大王传说、苗族竹唢呐、老区民歌、沅水号子、苗族唢呐、厄巴舞、潭溪筷子舞、龙山跳花灯、三棒鼓、苗族秋千、民间棋艺、蛤蟆抱蛋、凤凰扎染技艺、龙山大头菜制作技艺、苗家社饭制作技艺、永顺舀纸工艺、藤编技艺、水田河酒传统酿制技艺、亼子粑传统制作技艺、苗族花带纺织技艺、土家纸扎技艺、湘西木雕、小儿提风疗法、苗药蒸汽疗法、土家族封刀接骨、苗族接龙、苗族丧葬仪式、土家五马灯、土家晒龙谷、六月年、苗族三月三、古丈茶俗。

第二节　非物质文化遗产代表性传承人

2007年、2008年、2009年，文化部公布第一批、第二批、第三批国家级非物质文化遗产项目代表性传承人，湘西州有18人。湖南省公布非物质文化遗产代表性项目传承人，湘西州有44人。湘西州级非物质文化遗产代表性项目传承人128人。

国家级非物质文化遗产项目代表性传承人名录

表29-2

序号	姓　名	项目名称	入选批次
1	叶水云	土家族织锦技艺	一
2	刘代娥	土家族织锦技艺	一
3	罗仕碧	土家族打溜子	二
4	田隆信	土家族打溜子	二
5	石顺民	湘西苗族鼓舞	二
6	洪富强	湘西苗族鼓舞	二
7	张明光	土家族摆手舞	二
8	田仁信	土家族摆手舞	二
9	彭英威	湘西土家族毛古斯舞	二
10	向　荣	辰河高腔	二
11	彭继龙	土家族梯玛歌	三
12	陈千均	苗族民歌	三
13	严三秀	土家族咚咚喹	三

续表 29-2

序号	姓　名	项目名称	入选批次
14	邓兴隆	踏虎凿花	三
15	聂方俊	凤凰纸扎	三
16	刘大炮	蓝印花布印染技艺	三
17	龙米谷	苗族银饰锻制技艺	三
18	麻茂庭	苗族银饰锻制技艺	三

湖南省级非物质文化遗产代表性传承人名录

表 29-3

序号	姓　名	项目名称	入选批次
1	彭武庚	土家族挖土锣鼓歌	一
2	彭祖秀	土家族哭嫁歌	一
3	彭万蛟	土家族哭嫁歌	一
4	杨光万	土家族山歌	一
5	向云淼	土家族梯玛神歌	一
6	彭继龙	土家族梯玛神歌	一
7	张　艳	民族歌谣	一
8	张官坤	酉水船工号子	一
9	吴腊保	湘西苗族民歌	一
10	陈千均	湘西苗族民歌	一
11	严三秀	土家族咚咚喹	一
12	田隆信	土家族咚咚喹	一
13	彭南京	土家族毛古斯	一
14	杨秀早	湘西阳戏	一
15	石成业	苗戏	一
16	石仕贞	苗族武术	一
17	邓兴隆	踏虎凿花	一
18	聂方俊	凤凰纸扎	一

续表 29-3

序号	姓　名	项目名称	入选批次
19	龙米谷	苗族银饰锻造技艺	一
20	麻茂庭	苗族银饰锻造技艺	一
21	刘大炮	蓝印花布印染技艺	一
22	滕召云	乾州春会	一
23	李正平	土家族挖土锣鼓歌	二
24	田祖福	土家族摆手歌	二
25	向汉光	湘西土家族民歌	二
26	李云富	土家族毛古斯	二
27	郭长明	文武茶灯	二
28	吴国勤	湘西苗族接龙舞	二
29	石三冬	苗族绺巾舞	二
30	肖泽贵	湘西三棒鼓	二
31	梁永福	苗画	二
32	陶代荣	湘西木雕	二
33	王仕辉	土家族竹雕	二
34	吴四英	湘西苗绣	二
35	梁　铁	泸溪傩面具	二
36	姚本顺	湘西竹编	二
37	彭善尧	土家族吊脚楼营造技艺	二
38	田明花	土家族织锦技艺	二
39	石菊香	苗族花带技艺	二
40	张远忠	古丈毛尖茶制作技艺	二
41	龙玉年	苗医药(癫痫症疗法)	二
42	田兴秀	苗医药	二
43	张启荣	苗族跳香	二
44	鲁选明	古丈跳马节	二

州级非物质文化遗产代表性传承人名录

表 29-4

序号	姓　名	项目名称	入选批次
1	田茂忠	土家族山歌	一
2	彭祖秀	土家族哭嫁歌	一
3	龙炳文	苗族古老话	一
4	田隆信	土家族打溜子	一
5	龙兴才	苗族民歌	一
6	吴腊保	苗族民歌	一
7	龙英堂	苗族鼓舞	一
8	洪富强	苗族鼓舞	一
9	彭南京	土家族毛古斯舞	一
10	彭英威	土家族毛古斯舞	一
11	张明光	土家族摆手舞	一
12	田仁信	土家族摆手舞	一
13	向　荣	辰河高腔	一
14	侯应军	阳戏	一
15	石成业	苗戏	一
16	邓兴隆	踏虎凿花	一
17	刘代娥	土家族织锦技艺	一
18	叶水云	土家族织锦技艺	一
19	麻茂庭	苗族银饰锻造技艺	一
20	聂方俊	凤凰纸扎	一
21	刘大炮	凤凰蓝印花布	一
22	滕召云	乾州春会	一
23	石寿贵	苗老司(苗族古老话)	一
24	杨光万	土家族山歌	二
25	向远方	土家族山歌	二
26	张玉翠	土家族哭嫁歌	二
27	向云淼	土家族梯玛神歌	二

续表 29-4

序号	姓　名	项目名称	入选批次
28	向光权	土家族梯玛神歌	二
29	李正平	土家族挖土锣鼓歌	二
30	贾绍兴	酉水船歌	二
31	田祖福	土家族摆手歌	二
32	石万达	苗族古老话	二
33	向家发	盘瓠与辛女神话传说	二
34	张官坤	酉水船工号子	二
35	罗仕碧	土家族打溜子	二
36	杨文明	土家族打溜子	二
37	米显万	土家族打溜子	二
38	黄太新	湘西山地号子	二
39	陈千钧	湘西苗族民歌	二
40	向汉光	湘西土家族民歌	二
41	郭长明	文武茶灯	二
42	秦远贵	地花灯	二
43	张远亮	苗族童子鼓舞	二
44	李云富	湘西土家族毛古斯舞	二
45	龙彩莲	湘西苗族鼓舞	二
46	石顺民	湘西苗族鼓舞	二
47	吴国勤	苗族接龙舞	二
48	魏品付	湘西土家族铜铃舞	二
49	石三冬	苗族绺巾舞	二
50	彭运敏	酉戏	二
51	江正菊	汉剧	二
52	杨秀早	湘西阳戏	二
53	姜明顺	永顺渔鼓	二
54	肖泽贵	湘西三棒鼓舞	二
55	吴四英	湘西苗绣	二
56	洪文英	湘西苗绣	二

续表 29-4

序号	姓　名	项目名称	入选批次
57	梁永福	苗画	二
58	龙庭金	苗画	二
59	彭善尧	湘西土家族转角楼	二
60	王仕辉	土家族竹雕	二
61	张重九	塔卧石雕	二
62	彭武贵	湘西土陶技艺	二
63	李云彬	湘西土陶技艺	二
64	彭武淼	保靖松花皮蛋制作技艺	二
65	姚本顺	湘西竹编	二
66	胡廷贤	湘西竹编	二
67	陶代荣	湘西木雕	二
68	张远忠	古丈毛尖茶制作技艺	二
69	杨春英	湘西苗族挑花	二
70	梁　铁	傩面具	二
71	田明花	土家族织锦技艺	二
72	张家英	土家族织锦技艺	二
73	叶菊秀	土家族织锦技艺	二
74	黎秋梅	土家族织锦技艺	二
75	刘金霞	洗车河霉豆腐	二
76	余志林	湘西水磨制香制作技艺	二
77	杨光三	水冲石砚	二
78	余　冰	酒鬼酒酿制技艺	二
79	石菊香	苗族花带技艺	二
80	龙玉年	凤凰苗族医术	二
81	田兴秀	苗医苗药	二
82	饶生玉	还傩愿	二
83	龙乔风	苗族椎牛祭	二
84	鲁选明	土家族跳马节	二
85	张启荣	苗族跳香	二

续表 29-4

序号	姓 名	项目名称	入选批次
86	刘代英	土家族服饰	二
87	吴牛振	苗族四月八节	二
88	龙红香	苗族服饰	二
89	秦源发	上梁	二
90	吴海深	苗族赶秋节	二
91	彭家齐	土家年(土家族过赶年)	二
92	彭昌秀	土家族情歌	三
93	石万达	苗族礼词	三
94	石福保	苗族傩歌	三
95	向盛福	吴着冲的传说	三
96	郑木生	猛洞河船工号子	三
97	龙秋南	苗族唢呐	三
98	祝昌贵	永顺拖木号子	三
99	符珍香	土家族绷绷妥	三
100	曹怀锋	酉水船工号子	三
101	张忠献	苗族舞龙	三
102	石元高	苗族狮舞	三
103	张金安	苗族调年舞	三
104	杨明全	解放岩花灯	三
105	田志信	土家族摆手舞	三
106	向 付	永顺高腔	三
107	龙启勋	苗族武术	三
108	彭继龙	土家族梯玛神歌	三
109	杨桂军	踏虎凿花	三
110	向玉凤	凤凰草编技艺	三
111	张显兰	苗族织锦(苞排)制作技艺	三
112	石仕珍	苗族武术	三
113	杨再刚	乾州板鸭制作技艺	三
114	符自元	湘西木雕	三

续表 29-4

序号	姓　名	项目名称	入选批次
115	刘明生	苗族傩面具制作	三
116	田爱兰	万坪豆腐制作技艺	三
117	陈道珍	湘西酸肉制作技艺	三
118	向正明	若习寨酸菜制作技艺	三
119	熊德文	土家族打花带	三
120	戴桂煞	黄金古茶制作技艺	三
121	向天全	黄金古茶制作技艺	三
122	杨翠英	土家族布鞋制作技艺	三
123	姚绍兴	杠子面传统制作技艺	三
124	余善敏	酱麦酱制作技艺	三
125	王良玉	湘西苗绣	三
126	雷吉林	土家族医药	三
127	张东海	苗医苗药(苗医正骨术)	三
128	张生忠	清明歌会	三

第三节　武陵山区（湘西）土家族苗族文化生态保护实验区

2007年，湘西州文化局编制《湘西州文化生态保护区规划纲要》，凤凰县山江镇和龙山县里耶镇分别被确定为文化生态保护基地。2008年年初，州文化局牵头，向文化部申报建立“武陵山区（湘西）土家族苗族文化生态保护试验区”。是年8月，文化部文化生态保护考察组到州考察。考察组先后到凤凰、吉首、龙山3县（市）开展田野调查，并就《规划纲要》提出修改意见。2009年，湘西州人民政府、湖南省文化厅、国家非物质文化遗产保护中心，组织专家修改《武陵山区（湘西）土家族苗族文化生态保护实验区规划纲要》。2010年5月，文化部正式批准湘西州为国家级“武陵山区（湘西）土家族苗族文化生态保护实验区”。

土家族文化生态保护范围：以酉水流域为核心区。包括龙山县里耶镇、洗车河镇、苗儿滩镇、隆头镇、靛房镇、农车乡、他砂乡；永顺县灵溪镇、首车镇、两岔乡、西歧乡、勺哈乡、大坝乡、对山乡、泽家镇、芙蓉镇、小溪乡；古丈县断龙山乡、红石林镇；保靖县迁陵镇、碗米坡镇、清水坪镇；泸溪县潭溪镇。

苗族文化生态保护范围：以腊尔山台地为核心区。包括凤凰县沱江镇、山江镇、腊尔山镇、吉信镇、阿拉营镇、落朝井乡、都里乡；花垣县排碧乡、董马库乡、排料乡、麻栗场镇、吉卫镇、补抽乡、雅西镇、两河乡、民乐镇；吉首市矮寨镇、寨阳乡、己略乡、社塘坡乡；保靖县葫芦镇、水田河镇和古丈县默戎镇，泸溪县梁家潭乡。湘西土家族苗族自治州各县（市）未列入以上保护范围的乡（镇）为生态文化保护的延伸区，并辐射周边地区相关县（市）的保护点。

第四章 文学艺术

第一节 文艺创作

一、文学创作

1991年12月，龙再宇的诗词集《边城诗草》、彭世贵的组诗《七月的阳光》获全国第四届少数民族文学创作奖。向远创作的组诗《在外打工》、宋春华的中篇小说《城市符号》获2002年度《民族文学》新人奖。1997年8月出版《湘西自治州成立40周年优秀文学作品选》，12月出版《湘西散文选》。2004年11月出版《长河文丛小说、散文卷》，出版11位作家的作品。2005年12月张心平的纪实散文《发现里耶》获第八届全国少数民族文学创作“骏马奖”。2007年10月，田耳创作的中篇小说《一个人张灯结彩》获第四届鲁迅文学奖，填补湖南省在该项奖的空白。12月，出版《湘西自治州建州50周年优秀文学作品选（小说、散文、诗歌卷）》。2008年1月，向启军的中短篇小说集《南方》获湖南省第三届毛泽东文学奖。2009年9月，庆祝中华人民共和国成立60周年，湘西州优秀文学作品选《我的乡土》（上、中、下册）出版。

2010年，网络文学亦逐渐形成，受到广大读者喜爱。网络文学作者以红娘子为代表较有影响。

1989—2010年，全州有影响作品：杨国湘主编的《田茂忠山歌选》（1989.4），侯自佳的诗歌集《故乡梦》（1991.7）、散文集《沅水神韵》（1998.7）、长篇小说集《荒村》（2000.12）、《侯自佳短篇小说选》（2010.7）、与吴军辉合著的诗歌集《无悔的攀援》（2000.5）、与向午平合著长篇小说《躁动》（2001.2）、与聂元松合著的散文集《湘西叙事》（2010.11），刘大兴的诗歌集《爱情宗教》（1992.5）、散文集《子弹穿过胸膛》（2005.6）、与张明仁合著的散文集《今人旧事》（2005.6），彭学明的散文集《我的湘西》（1995.12）、《祖先歌舞》（1998.10），张心平的小说集《岁月之磨》（1997）、纪实散文《发现里耶》（2004.3）、小说集《草民》（2005.6）、与仲彦合著的诗歌集《生存归宿》（2004.11），郭曼文主编的《湘西散文选》（1997.12），龙宁英的小说集《女儿桥》，刘潇的小说集《忧郁村落》、散文集《山水的距离》（2007.12），汪祖宝的散文诗集《家园》（2004.12），彭世贵的散文集《经典湘西》（2005.6），陈亚丽的散文集《春天的旋律》（2005.6），龙顺成的散文集《沉情湘西》（2005.6），田瑛的小说集《大太阳》（2005.4），向启军的小说集《南方》（2005.6）、《小说散文选》（2008.8），黄青松的中篇小说《尘床》（2005.6），黄光耀的小说集《湘西物语》（2005.6）、长篇小说《土司王朝》（2009.2），吴国恩的小说集《寻找诗人夏天》（2005.6）、长篇小说《亲信》（2009.4），于怀岸的中篇小说《远祭》（2005.6）、长篇小说《猫庄史》（2009.2），江世炎的诗歌集《号角声中的湘西》（2005.6），梁厚能的散文集《那年那月》（2007.12），田特平的散文集《寻觅双命鸟》（2008.1），仲彦的诗歌集《我要为你准备很多甜言蜜语》（2009.10），谢彦秋的散文集《听心海》《漫步多情的土地》（2009.3），唐祖吉的长篇小说《月色青春》（2009.9），彭图湘的小小说集《乡事民情》（2009.10），杨永江的长篇小说《销魂岁月》（2010.6），陈亚丽的散文集《梦的翅膀》（2010.6）。

二、音乐创作

1989—2007年，陈国瑞撰写的湘西风情歌舞《太阳下的风景》，在省城长沙亮相，把湘西风土人情连缀得线条清晰，生动活泼，获得观众好评。彭昌兴作曲的《咚咚喹吹起来》以其构思精巧旋律优美获得建党七十周年全国征歌比赛好成绩。后作为中国56个民族中的土家族歌曲进入中央电视台春节歌舞晚会。陈国瑞作词、彭昌兴作曲的《吊脚楼的传说》，以其歌词立意新颖，作曲技法娴熟，获得文化部全国艺术歌曲比赛演出奖，并被贵州电视台拍成MTV，一时成为音乐电视的看点。山人作词，北川、曾薇作曲的《阿公的酒碗》，经宋祖英演唱，在全国反响强烈。刘定远作词，彭昌兴作曲的《大山的儿子》湖南电视台拍成MTV。李卓干作曲的《苗山赶秋歌》在《歌曲》杂志发表，《苗家住在高高山上》在全国创作歌曲比赛中获奖。2008—2010年，曾薇创作的歌曲《我家住在小山沟》获湖南省金旋律音乐节“和谐乐章”优秀歌曲评选三等奖。歌曲《幸福的歌儿满山坡》获2008湖南省少儿音乐舞蹈大赛银奖。李红梅创作的歌曲《湘西吊脚楼》获三等奖。歌曲《湘西啊！我的好家园》《废墟上有一只小手》《三妹子》在《音乐教育与创作》及《音乐文学》发表。曾薇创作的歌曲《农民工之歌》发表于《音乐教育与创作》第8期。李红梅创作的歌曲《稻香万里情》参加州省艺术节节目选拔获银奖，歌曲《打个电话》发表于《音乐教育与创作》第11期。

三、舞蹈创作

1989—1993年，胡明珠、吴京求创作和编导的舞蹈20多个，均在湖南省和全国的会演比赛中获奖。其中《拦门鼓》《簸谷》《踩瓦泥》《扯扯扯》等到波兰、美国及香港地区访问演出。胡明珠创作的舞蹈《夏夜》获全国少数民族舞蹈比赛创作二等奖。1994年，罗炳辉撰写文学台本，彭昌兴作曲，胡明珠总导演的湘西组舞《四季花儿开》，参加湖南省新剧（节）目会演，获得成功。1997年，刘定远担任艺术顾问，山人撰写文学台本，彭昌兴作曲，胡明珠总编导，黄国强编导的大型民族舞蹈诗《扎花女》，以其独特的艺术选材、构思和舞台呈现样式，被业内专家誉为“湘西民族歌舞创作的高峰”。1999年，刘定远撰写文学台本，彭昌兴作曲，胡明珠任总编导，黄国强为编导的舞蹈诗《霞生山水间》和组舞《凤凰飞来》以其别具一格的艺术追求获得成功。贾肇巽担任艺术顾问，山人、许锐撰写文学台本，彭昌兴、杨天解作曲，胡明珠总编导，黄国强编导的民族舞蹈诗《我的湘西》，是湘西民族歌舞创作又上一个新台阶。国家著名舞蹈理论家张苛称舞蹈诗《我的湘西》是民族链、风情串，其风格的独特和舞语的新颖，在近年民族舞中少见。2000—2010年，傅小平创作的大型民族舞剧《远山鼓谣》演出成功。傅小平创作的大型舞蹈诗剧《那一座山》演出成功，并在省会长沙一举夺得剧目金奖及全部单项奖。此外，李生权创作的舞蹈《桃花水》《苗家富银铃美》等作品获省级金奖，花垣县创作演出的舞蹈诗《玛汝沃黛雄》获田汉大奖。舞蹈《小小铜铃摇大山》获全国“小荷风采”一等奖。向珍香编导的舞蹈《快乐的磨哩嘎》获全国少儿舞蹈比赛金奖。《乐在其中》《稻草人》获湖南省金奖。

四、戏剧曲艺创作

1989—2010年，州民族文艺创作研究所主编《湘西获奖剧作精选》，是湘西州自20世纪50年代至21世纪近60年的戏剧创作演出活动阶段性总结。张子伟的专著《奔马集·悲剧六种》，傅小平的专著《傅小平小品选》均获社会好评。李北冰编剧、彭梦麟作曲的大型歌剧《情系猛洞河》，李北冰编剧、彭昌兴作曲的大型歌剧《使命》，有一定社会影响。张子伟创作的曲艺《健康快车》《人雷大战》，傅小平创作的曲艺《怪事》《山巅巅上的十八湾》参加第二、三、四届全国少数民族曲艺展演，分别获编剧二等奖和创作金奖。

五、美术与书法

1989年，吴正义创作的中国画《苗乡红柿》获湖南省美术展览铜奖。2001年，吴正义创作的中国画《小溪风光》参加首届全国“爱我中华”美术大展获优秀奖，《武陵山居图》载入《中国文化遗产年鉴书画艺术卷》。2004年11月，黄峥嵘的书法（楷书）入展全国首届“小榄杯”县镇书法大赛，书法（行书）作品在湖南省书画大赛中获优秀奖。2005年，黄峥嵘的书法作品（楷书）在全省群众艺术馆、文化馆（站）业务人员技能竞赛中获金奖。吴正义创作的中国画《武陵秋韵》获湖南省文化厅举办的美术大赛银奖。2007年，著名画家黄永玉牵头，中国美术馆、当代中国画杂志社承办，“来自凤凰”——刘鸿洲、肖振中、吴正义中国画展，在北京中国美术馆举行，展出精品画作 52 幅。首都美术界许多著名画家参观，中国教育电视台、湖南卫视、湖南经视、湘西电视台、凤凰电视台专题报道，《中国文化报》《文艺报》《北京信报》《北京青年报》《中国时报》《团结报》等十多家报刊跟踪报道，《国画家》《中国美术馆》《当代中国画》等十多家专业期刊作专栏介绍。2008—2010 年，吴正义创作的中国画《溪山深处》获湖南省文化厅举办的美术大赛银奖，吴正义被州委、州政府授予“德艺双馨”文艺工作者称号。10 月，黄峥嵘的书法（楷书）在全国人民防空书画、摄影大赛中获三等奖，书法（楷书）作品在湖南省第五届“三湘群星奖”中获银奖。吴正义创作的美术作品中国画《正春》入选 2009 年湖南艺术节书法美术摄影作品展览，并获第六届“三湘群星奖”银奖，他的《紫韵流苏》入选第十一届全国美术作品展、湖南省优秀美术作品展。毛光辉美术作品多次在上海、深圳、广州等城市举办画展。四川美术出版社出版《毛光辉作品集》《毛光辉白描写生集》等专集。

第二节　文艺研究

1989 年，湘西州文艺研究的主要课题是完成由文化部、国家民族事务委员会和中国文联有关协会、联合会开展的 10 部“中国民族民间文艺集成志书”编纂及其研究工作。黄意声主持，完成《中国民间歌曲集成》湘西州资料卷。唐方科主持完成《中国戏曲音乐集成》湘西州卷，同年，李改芳主持完成《中国民间器乐集成》湘西州卷。2007—2010 年，吉首大学学科组完成国家社会科研艺术学科课题“湘鄂渝黔少数民族传统音乐调查”。唐方科主持完成土家族毛古斯舞音乐、土家摆手舞音乐、土家打溜子、湘西民族器乐曲牌收集。

第三节　文艺表演

1989 年 9 月，湘西州政府组建湘西民间艺术团赴深圳演出，表演节目主要有土家摆手舞、毛古斯舞等。州文化艺术职业学校开设有舞蹈表演、声乐、器乐等艺术专业课程，培养民族舞蹈表演骨干。1991 年 9 月，湘西州民族歌舞团参加中国少数民族艺术节，演出打溜子《八哥洗澡》，获演出奖。1994 年，湘西州民族歌舞团赴长沙参加“庆祝中华人民共和国成立 45 周年暨全省 '94 湖南新剧（节）目会演”，成功演出大型民俗风情组舞《四季花儿开》，被誉为“是一部充满生机和活力、阳光和希望的风情奏鸣曲”。1995 年元旦，湘西州民族歌舞团部分演员、演奏员赴上海，参加由国家民委文宣司、上海市广播局、上海市民委、上海电视台共同举办的上海“'95 中国民族风各民族艺术精品展演”，演出土家族打溜子《土家情》。1995 年 3 月 9 日至 6 月 8 日，湘西州民族歌舞团与深圳锦绣中华发展有限公司签约在“中国民俗文化村”中心剧场商业演出 3 个月，演出大型民族歌舞《四季花儿开》194 场。是年 9 月，湘西自治州艺术团，赴上海参加上海市桂花节展演民族歌舞艺术，其中土家摆手舞、苗族鼓舞等 8 个节目获奖。1996 年 1—2 月，湘西州民族歌舞团应中央电视台邀请，表演舞蹈“踩瓦泥”“簸谷”，并赴北京参加 '96 春节歌舞晚会“春天的邀请”演出。是年 4 月 23 日至 6 月 30 日，湘西州民族歌舞团应上海“古代民俗娱乐村”有限公司中心邀请，组建演出队赴上海演出民俗歌舞专场 117 场。1998 年 4—5 月，应 '99 中国国际歌舞年组委会和文化部邀请，州民族歌舞团进京演出大型民族舞蹈诗《扎花女》，受到首都观众、专家和新闻媒体好评。全国政协副主席杨汝岱观看演出。舞蹈《赶酒》参加“长城艺术节”演出。是年，《扎花女》获全国精神文明建设“五个一工程”奖。2000 年 8 月 31 日，州民族歌舞团创作的大型民族风情舞蹈诗《霞生山水间》赴长沙参加“湖南省

第三届新剧（节）目会演”，获湖南省文化厅颁发的“新剧（节）目奖”及12个单项奖；2001年9月，该团创作演出的大型民族舞蹈诗《扎花女》代表湖南省，赴京参加“第二届全国少数民族文艺会演”，荣获创作金奖和表演金奖，另获5个单项奖。2005年1月17—19日，湘西州民族歌舞团参加由文化部、中国文联，北京市委、市政府共同举办的“北京第二届国际舞蹈演出季”，在天桥剧院商业演出，演出两场大型民族舞蹈诗《扎花女》。是年12月11日，在长沙举行的“湖南省少数民族文艺调演”中，湘西州民族歌舞团演出的大型民族舞蹈音画《我的湘西》获特等奖。2008年9月6—12日，湘西州民族歌舞团为“2008中国湖南国际旅游节开幕式”量身创作一台大型民族实景歌舞《摆手舞天下》，受到社会各界人士一致好评。2009年9月，州群众艺术馆选送5个优秀节目参加角逐2009湖南艺术节群文口剧（节）目会演，其中少儿舞蹈《团拢来》获金奖；成人器乐节目（打溜子）《雄鸡争艳》获非物质文化遗产保护贡献奖（金奖）；成人舞蹈《打哈且》、少儿声乐节目《魅力湘西好客娃》《苗歌对唱》获银奖。2010年6月9日，州民族歌舞团为岳阳汨罗市举行的国际龙舟节开幕式量身创作大型民族歌舞，其中《楚风鼓舞》《红伞绿荷》《江腾鱼跃》三台歌舞紧密贴合龙舟节主题，为观众奉上全新民族文化盛宴。是年，州民族歌舞团《寻梦湘西——湘西原生态歌舞》，在乾州古城演出10场，得到观众好评。一直与张家界武陵源魅力湘西大剧院合作，商业演出大型民族风情歌舞《魅力湘西》，借助当地丰厚的旅游资源和人力资源，向外推介湘西民族文化，获得很好的社会效益和经济效益。

第五章　文化市场管理

1989年，湘西州社会文化市场管理办公室联合公安、工商等部门，在全州开展“扫黄打非”集中行动。检查歌舞厅、书刊零售、出租，录像放映场、台球、电子游戏室等文化娱乐经营场所。1992年，加强歌舞厅歌手、乐手管理，实行考级，并持证上岗。1993年，全州文化市场经营户由文化部门实行年检制度，逐一检查、登记、核定管理费上缴标准。其中吉首地区年检歌舞厅30余家。是年，张先旺被评为全国文化市场管理先进个人。1994年，有文化经营单位（户）（含国营、集体、个人）1225家，从业人员7657人。其中：舞厅74家，从业人员1362人；音乐酒家104家，从业人员761人；音乐茶座27家，从业人员93人；电子游戏167户1213台，从业人员98人；射击场5家，从业人员350人；游乐场11家，从业人员51人；音像发行站21家；音像出租点4个；录像放映点198家，从业人员414人；图书报刊二级批发商4家；图书报刊销售出租点138家，从业人员282人；印刷厂43家，从业人员1850人；内部书报刊社9家，从业人员49人；打字复印店112家，从业人员589人；字画装裱店28家，从业人员61人；其他棋牌类（围棋、象棋、麻将等）44家，从业人员92人。1995年，全州文化部门配合公安机关开展经营业户安全大检查，查封歌舞厅3家，限期整改12家。是年，联合州就业培训中心，培训营业性歌舞厅舞台艺术、灯光、音乐、操作电工从业者30人。

1996年，州文化稽查大队成立。各县（市）相应成立文化稽查大队。1997年，州文化稽查大队更名为州文化稽查支队。全州清理整顿文化市场，出动车辆20台次，检查人员260人次，查缴电子游戏机近百台，取缔无证录像厅2家、街头“卡拉OK”4个。1999年，全州文化经营户1789家，从业人员1.7万人。其中舞厅31家，歌厅（卡拉OK、音乐茶座、KTV包房）576家，电子游戏室330家3682台，桌球47家169台，各类游乐场所19家，棋牌娱乐室102家，音像制品发行站7家，音像制品出租点202家，书报刊零售出租点 166 家，美术品经营户 26 家，各类印刷企业 135 家，艺术培训 6 家。是年，全州开展四次集中检查行动，出动检查人员 2145 人次，车辆 455 台次，检查音像制品经营户、电子出版物经营户 1389 家次，书报刊经营户 1067 家次，印刷厂 186 家次，电子游戏室 1424 家次；收缴非法出版书刊 3184 册、淫秽色情书刊 530 册、迷信书刊 210 册、非版像带 780 盒、淫秽像带 96 盒、非版影碟 9624 张，色情、淫秽影碟 810 张，各类赌机 380 台；关闭赌机室 57 家、无证经营户 141 家、KTV 包房非法放映影碟点 59 家；吊销 39 家经营许可证。

2000 年，州文化稽查支队举办两期文化市场经营业主法律法规培训班，参训 125 人次。8—11 月，开展文化市场专项治理。出动执法人员 2081 人次，车辆 320 台次，检查文化市场经营户 359 家，查处无证照或证照不全 81 家，收缴各类设备 280 台（件），吊销证照 67 个，罚款 2.15 万元。电子游戏经营单位由 425 家减至 188 家。2002 年 3 月，开展“扫黄打非”集中行动，龙山县文化市场稽查人员在一家音像经营店一次性收缴淫秽影碟 400 多张，经过追根溯源，一直查到吉首，经与州公安局治安支队联合，破获一起贩卖淫秽光盘连环案。是年，吉首市文化稽查大队大队长杨连欣被评为全国文化市场管理先进个人。

2005 年 8 月，州文化稽查支队将原直管歌舞娱乐及音像等市场移交给吉首市文化稽查大队管理。是年，检查各类经营户 6650 家次，收缴非法出版书刊 35142 册、非法音像制品 26064 张（盒）、电子游戏赌博机 47 台；停业整顿 57 家；行政处罚 135 家；吊销证照 21 家。2008 年，全州“扫黄打非”领导小组成员单位出动执法人员 13520 人次、执法车辆 1535 台次，检查书店、书刊摊点、音响零售门店 1350 家次、印刷复制企业 530 家次、互联网上网营业场所 2510 家次，查缴各类非法出版物 6 万余册（份），非法盗版图书、教辅资料 2 万余册（套），非法电子出版物 3000 余张，立案查处 3000 余起，处罚违法违规经营场所 230 余家。是年，湘西州文化稽查支队被文化部评为全国文化市场行政执法先进单位。

2009 年，开展净化社会文化环境、整治文化市场专项行动，吉首市聘请 1300 多名离退休志愿者担任网吧监督员。2010 年，州文化稽查支队将州管 37 家网吧全部移交给吉首市文化稽查大队管理。6 月，两个督查组检查网吧等各类市场经营场所 236 家。其中，网吧 153 家，娱乐场所 19 家，音像制品零售店 16 家，书刊零售店 27 家，印刷厂 2 家，学校周边文化经营户 19 家，将发现问题和不足向各县（市）发出通报，提出整改要求。是年，全州有文化市场稽查队 9 支，专职稽查人员 92 人，兼职 162 人。

第一节　网吧业管理

2000 年，湘西州始有网吧。2001 年，全州网吧 640 家，其中吉首市 210 家。2002 年 7 月，州、市文化市场管理部门开展网吧市场秩序整治，依法管理网吧。同时举办吉首地区网吧业主及管理人员法律法规培训班。2003 年 3 月，全州重新审批发证网吧 481 家，关闭停业不合格网吧 74 家，取缔中小学校周边 200 米内网吧经营户，搬迁 42 家。其中州体育学校院内搬迁 7 家，吉首市第六小学周边搬迁 4 家。防“非典”期间，州文化管理人员每天巡查一次网吧，检查网吧通风情况和消毒措施。2004 年，开展网吧专项治理，突出解决未成年人进入网吧问题，并取缔黑网吧。全州出动执法人员 373 人次，车辆 963 台次，检查网吧 1450 家次，行政处罚 289 家。7 月，吉首地区成立互联网上网服务营业场所管理协会。2005 年，整治农村网吧，加强监管力度。2007 年，全州开展联合检查 20 次，处罚违规网吧 126 家，建立守法责任制。2008 年，执行《湘西自治州净化社会文化环境工作实施方案》，建立网吧实名登记制、定期检查制、年检制、群众监督制、依法经营制度等。2009 年 10 月，聘请 82 名网吧志愿者为义务监管员，监督州直管理的 37 家网吧。全州聘请 1300 多名退休人员为网吧志愿者监督员。2010 年 5 月，州文化市场稽查支队把所管辖的 37 家网吧，全部移交给吉首市文化稽查大队管理。12月，全州出动检查人员9350人次，车辆520台次，清查网吧经营场所1202家次，查处违规网吧353家，其中罚款231家，停业整顿75家，吊销“网络文化经营许可证”5家。是年，全州有网吧1071家，其中县城区641家，乡镇430家，从业人员3000余人。

第二节 音像业管理

1989年,湘西州音像业由文化、广播两个部门各自管理系统内部单位经营。1998年，录像带逐步被音像光盘，CD、VCD、DVD光盘所替代。10月，全州音像制品批发、复录、出租、放映经营单位重新登记，由文化部统一核发“音像制品经营许可证”。2000年7月，开展音像市场调查（特别是音像放映单位)。10月，全州音像制品批发、出租、零售由原318家压缩到196家。音像放映点由原63家减至31家。

2002年2月，州文化市场管理部门再次调查州内音像市场。调查结果：音像制品批发站两个连锁经营批发站只有新华书店、州邮电音像制品批发站两个连锁经营批发站；音像制品零售出租店过滥过小、分布散乱、相互压价竞争，导致价格混乱，“贩黄”“租黄”时有发生，盗版侵权音像制品在市场占比较大；放映点在州内处于饱和状态，各乡镇基本没有市场。针对这些情况，州文化市场管理部门迅速组织力量，开展音像市场清理整顿。以《音像制品批发、零售、出租和放映管理办法》和《音像制品管理条例》为依据，查处音像制品零售、出租、无证经营单位33家；取缔无证放映点2个。

2003年3月，州文化市场管理部门联合州公安局治安支队，查办州内一起重大淫秽音像制品盗版案，赴常德、张家界等地调查取证，并追捕，历时一个多月，案件告破，查获淫秽音像制品7410张，其他盗版音像制品5068张（盒），抓获涉案人员6人，移交司法机关受到刑事处罚。

2004年4月，湘西州和吉首市文化市场管理部门在吉首城区开展联合执法，主要检查商业城、关厢门、人民路等地段音像制品出租、零售及放映点。收缴盗版光盘3.83万张，非法书刊3万余册，取缔非法经营单位4家，限期整改10家。2007年5月，整治农村书刊市场，规范农村文化市场经营秩序，历时一个半月，出动车辆145台次，人员885人次，检查乡（镇）98个、经营户640家。查出无证书刊和非法音像制品经营摊点30处，取缔“黑网吧”12家，收缴淫秽色情图书和音像制品8100多册（张）。

第三节 娱乐业管理

1989年，湘西州文化娱乐市场有歌舞厅、电子游戏室、卡拉OK厅、音乐茶座等。1990年，州社会文化市场管理办调查吉首城区台球、舞厅等文化市场经营户。1991年，州内形成交谊舞热，吉首城区有歌舞厅20余家。开始出现电子游戏厅。1992年，歌舞厅歌手、乐手由文化部门考级办证，持证上岗。1994年，全州有歌舞厅74家，卡拉OK厅35家，音乐酒家104家，音乐茶座27家，电子游戏室167户，桌球231家，棋牌室44家；有歌手292人。乐手经过考核取得合格以上级别。1995年初，配合公安、消防部门开展娱乐业安全大检查，查封歌舞厅3家，限期整改12家。规范文化娱乐市场，制定《歌舞厅五要四不准》《舞友须知》《歌手乐手管理制度》《禁止中小学生进入“三室一厅”的规定》等规章制度。1996年，台球项目逐渐淡出文化市场，卡拉OK、音乐茶座兴起。吉首城区商业城内有音乐茶座20多家。1998年，强化电脑、电子游戏及歌舞厅、音乐茶座、KTV包房管理，娱乐场所全部悬挂“未成年人禁入”标志牌，全州挂牌132块。针对某些歌舞厅、KTV包房中存在色情服务、播映色情淫秽及电脑、电子游戏存在“黄赌”问题开展专项整治，关停歌舞厅35家，KTV包房3家，电子游戏及电脑游戏室47家，收缴各类赌博电子游戏机78台。1999年5月，吉首市清理文化娱乐市场，发现利用电子游戏机赌博13家，当即勒令停止非法经营。10月，湘西州、吉首市相关部门组成联合行动组，深入现场，集中整治吉首地区14所中小学校及6所大中专院校周边“三室两厅”（电子游戏室、台球室、录像室、歌舞厅、卡拉OK厅）。发放宣传资料60余份，下达搬迁通知书17份。同时，关闭离大中专院校100米，中小学校200米内的“三室两厅”，限经营户在规定时间内全部搬迁。

2000年4月，吉首市文化、消防、工商部门和街道办事处组成联合检查组，开展市区文化娱乐场所消防安全大检查，检查娱乐场所200余家，下达整改通知书80余份，其中停业整顿娱乐场两处；收缴无证经营电脑游戏机2台，电视机1台、影碟机2台，水果机电路板6块，取缔砂子坳露天卡拉OK厅1家。2001年8月，永顺县整顿娱乐市场，县一中、二中，民师附小、灵溪一小、二小等学校200米以内娱乐场所全部强制性搬迁或拆除。停业整顿电游室19家。2003年3月，落实湖南省文化厅《关于加强娱乐场所和演出场所安全工作的通知》精神，全州开展城区娱乐演出场所清理整顿和消防安全检查。限期整改经营单位69家，查处无证经营19家。

2004年，全州文化稽查部门召开娱乐业主会议，开展法制宣传教育。全州出动执法人员768人次，车辆189台次，检查歌舞娱乐场所798家（含酒家KTV包房），取缔非法娱乐场所16家，限期整改43家，收缴赌博机107台，电路板163块。2005年10月，吉首城区30家歌舞娱乐场业主集中开会，学习《娱乐场所管理条例》和《营业性演出管理条例》等政策法规，效果很好。设在学校周边歌舞娱乐场所全部自觉停业，决定搬迁。

2008年，全州开展娱乐场所阳光工程活动。5月，在州电影公司小月亮放映厅召开吉首地区娱乐业主大会，发出《阳光娱乐经营倡议书》。各县发放宣传海报200余份，发放资料700余份。5月19日，哀悼汶川大地震遇难同胞，州内所有文化娱乐场所停业一天。2010年，全州强化娱乐场所管理力度，推动娱乐场所规范有序发展。泸溪县在“十一”国庆前夕，检查歌舞娱乐场所，检查歌舞厅、音乐休闲茶座48家，立案查处1家，停业整顿1家。

第四节 印刷业管理

1989年，全州有印刷企业193家，其中出版物印刷企业5家，出版物专项印刷企业2家，内部资料性出版物印刷企业10家，包装装潢印刷企业3家，其他印刷品印刷企业36家，复印、打印、影印企业137家。

1994年，全州有印刷厂43家，从业人员1850人。1998年，完成换发其他印刷品印制许可证工作。1999年，开展印刷行业清理整顿，成立有州委领导参加的领导小组，制定方案，清理调查全州各类印刷企业，全州有各类印刷企业135家，其中打字复印店93家、印刷厂42家。检查清理印刷企业112家、压缩印刷企业19家，经过清理整顿，初步改变州内印刷业“散、滥”状况。2002—2003年，开展打击盗版教材、教辅读物专项治理行动。检查印刷企业及打字复印门店459家次，其中处理非法印刷厂8家、非法经营打字复印店10家。龙山县彩印厂有从事违法盗印教辅读物行为，依法查封印刷车间，截断州域教辅读物盗印源头。2005年，开展州直管辖印刷复制业专项整治。吉首地区印刷、复制企业45家。其中，出版物印刷企业5家，包装装潢印刷企业3家，内部资料印刷企业5家，其他印刷品印刷企业13家，专项排版制版企业1家，复印打印、影印企业18家。整治采取自查自纠与重点抽查相结合办法，处理超经营范围经营印刷厂2家。5月30日，全州90家出版印刷及发行单位负责人齐聚吉首，讨论通过行业协会章程，选举产生出版印刷、发行行业协会常务理事会，州出版印刷发行行业协会宣告成立。是年，全州出版方面有书报刊经营厂（店）76家，经营品种2万余个，年发行量百万册以上。2009年，检查印刷企业及打字复印459家次，处理非法印刷厂8家，非法经营打字复印店10家。

2010年，加强出版物市场管理。检查清理印刷企业及打字复印386家次，查处非法印刷厂5家、非法经营打字复印店5家。是年，吉首地区印刷、复制企业有45家。其中，出版物印刷企业5家，包装装潢印刷企业3家，内部资料印刷企业5家，其他印刷品印刷企业13家，专项排版制版企业1家，复印打印、影印企业18家。

第六章　广播　电视　电影

1989年，湘西州广播电视局下属机构有州广播电台、州电视台、羊峰山电视调频转播台、边城视听报编辑部等。2010年，下属机构有州广播电台、州7602台。

1989—2010年，州广播电视局历任局长：邓策书、龚汝恒、田儒模、罗亚阳；副局长：莫光茂、高国秋、刘崇尧、符辰乾、宋学耘、左国强、石庭荣、胡双全、梁小玲、麻老先、石海平。

第一节　广播节目制作

1989年，湘西州人民广播电台借用州广播电视局办公用房制作和播出节目。有四台LY-636型录音机、一台3瓦电视差转机、一套250毫瓦微波设备。每天播音三次，即早、中、晚各一次。其中，转播中央人民广播电台节目1小时；转播湖南人民广播电台节目55分钟；自办节目2小时50分。该台节目从机房通过微波传送到州7602台花果山机房，用一台50瓦调频发射机以93兆赫兹频率发射。另在州6903中波转播台用一台1000瓦发射机以600千赫兹频率发射。节目覆盖人口9.05万人，覆盖率4.26%。1994年2月，州广播电台停播自办节目，每天晚上转播州电视台新闻节目一次，每次15分钟。11月，吉首至泸溪县微波线路开通，全州八县市城区和部分乡（镇）能收听到州广播电台节目。是年底，节目覆盖人口62.54万人，覆盖率26.24%。1996年1月，州广播电台保留机构，不再对外播出。

2003年10月，州广播电视局同意由州7602转播台承办州广播电台业务。州7602转播台聘用吴铁川负责州广播电台节目制作、播出和经营。2004年3月，正式对外播出。是年，吴铁川个人承包经营州广播电台业务，投资8万元，在吉首佳润多超市内租用场地，修建直播机房两间，面积50平方米。增办《早起看世界》《下午茶》《夜心情》等栏目。平均每天播音16小时45分。当年，州广播电台广告经营收入80万元。2005年，专题节目增办以反映民生民情为主要内容的《大事小事》栏目和以介绍湘西历史为主要内容的《湘西往事》栏目等。2007年，州财政投入5万元，为州广播电台购置300瓦调频发射机4台、100瓦调频发射机3台，分别用于龙山、永顺、花垣、凤凰、泸溪、古丈、保靖7个县转播发射州广播电台节目信号。7月，州财政补拨5万元，在州民族影剧院前修建直播机房2间，面积60平方米，直播机房从佳润多搬迁至此。是年，州广播电台节目覆盖人口117万人，覆盖率43.37%。该台当年广告经营收入170万元。2008年12月，吴铁川承包期满，由州广播电视局宣传科科长黄绍利负责州广播电台工作。是月，州广播电台播出机房迁至吉首胡麻井广电播控中心大楼11楼。湖南人民广播电台赠送湘西州广播电台直播录播设备14套（件），价值30万元。2010年，州广播电台平均每天播音时间20小时。

第二节　电视节目制作

州电视台　1989年1月，湘西州电视台办有新闻栏目《湘西新闻》，每期10分钟，每周三期，有《今夜五分钟》和《影视与观众》栏目。9月，该台新办综艺栏目《荧屏与观众》。同时，与州总工会联合摄制电视文艺晚会“山里人的心愿——国庆职工音乐晚会”。1992年2月，州电视台开办《经济纵横》栏目，每周一期，每期10分钟；新办文艺栏目《点歌台》。1993年8月，州电视台围绕永顺县猛洞河国际漂流月及经贸洽谈会，拍摄制作电视文艺片《猛洞河流动的音画》获省外宣节目二等奖。1994年11月《湘西新闻》栏目改版为《湘西新闻联播》，周一至周六播出，周日为《一周要闻》，每期10分钟。1995年，推出《希望工程》专题节目，并在湖南台、中央台播出。当年广告经营收入100万元，节目覆盖人口62.89万人。

1996年2月6日，州电视台在演播大厅现场直播湘黔川边区电网第三届联谊会文艺晚会“千里银线情”。14日，在演播大厅现场直播96春节电视联欢晚会“大拜年”。是年，该台新闻宣传突出扶贫攻坚、工业生产、州庆重点工程等宣传报道。1997年，节目实现标时播出，广告实现Betacam播出，新闻实现S—VHS磁带播出。9月25日，在州体育中心现场直播建州40周年庆祝大会实况。1998年6月，利用电信光缆向省台传送稿件。1999年1月，利用电信光缆向州内各县（市）传送节目信号。是年，该台新闻宣传重点报道国企改革和民营企业发展，开设专栏8个，播发稿件300条。2000年1月，州电视台对2000—2002年度广告经营权实行公开招标，三年标的为400万元。2001年1月10日，州电视台在州体育馆现场直播中国西部湘、鄂、渝、黔边区新世纪春节电视晚会，并通过湖南卫视向全国直播。2002年1月，州电视台开办第三套节目图文信息频道；将经济频道改版为公共频道。10月，购置一套DVD、VCD光盘刻录系统，该台播出的节目和资料始用光盘保存。2003年6月，建立计算机广告制播网络，三个频道广告实现计算机联网硬盘播出。8月，节目通过州广播电视局光纤干线网传送到州内8县（市）。2005年11月，该台改造播出机房设备，节目实现硬盘播出。2006年2月，围绕社会主义新农村建设，电视台与州内8县（市）电视台联合派出记者，历时30天，行程3000多公里，走访70多个村寨，推出“新农村、新纪行”大型系列报道43期。2007年3月，向社会发包广告经营权。通过竞标，向少阳夺标，第一年标的为638万元，第二年标的为689.04万元，第三年标的为744.15万元。5月，该台配置非编制作网络系统10套，后期编辑制作节目采用非编化、网络化、数字化制作。6月，整合栏目，开办新闻栏目《湘西新闻50分》，开办《看点》和《法制湘西》社教栏目，开办综艺栏目《欢乐湘西》，每周一期。2008年9月，吉首发生非法集资事件，州委、州政府及时应对处置这一事件。州电视台启动宣传应急机制，整合所有栏目，加强新闻策划和节目的针对性、时效性，推出《守护平安》《权威发布》《真情为民》《创业之路》《百姓心声》等专栏；制作《我们一起走》《平安是福》等5首MTV。12月10日，该台在全省市州电视台中率先实现新闻直播。

2009年1月，州电视台图文信息频道改版为电影频道；整合栏目，保留《关注》栏目，新办《品味湘西》栏目。3月，广告经营实施第五轮经营招标，杨程夺标，三年标的分别为450万元、472.5万元和496.13万元。4月，该台购进一套新威特自动播出系统，用于改善电影频道播出质量。2010年12月，州电视台节目人口覆盖率46.15%。是年，该台新闻宣传围绕经济建设，推出《奋进2010》《虎年春景》《转变发展方式，谋划科学发展》《推进新型城镇化》《科技创新，湘西发展加速度》《重点工程建设》等专题报道。

州有线电视台 1991年10月，湘西州有线电视台开始自办一套电视节目，设有《歌声与心声》《七彩艺苑》《轻松时刻》等栏目，用两台家用录像机编辑节目。1992年5月，购置一套BR822-622编辑系统、一套AG5700编辑系统、3台M9000摄像机、1台字幕机、2台J25录像机、2台东芝A62录像机。10月，播出两套节目：省广电厅综艺节目；本台自办节目。1993年8月，州有线电视台开办新闻栏目《湘西有线新闻》和社教栏目《有线广角》。1994年4月，州有线电视台改为自办一套节目。7月，该台首次现场直播宋祖英领衔主演的“希望工程”文艺晚会。是年，州有线台先后购置KY27摄像机2台、M9000摄像机1台、AG5700编辑系统一套、特技机1台。1995年购置3台M9000摄像机、一套宏大3080图文制作系统、3台录像机。1996年，新闻节目先后播出“辉煌的‘八五’”“金叶工程”“银羊工程”“抗洪救灾”“重走长征路”等系列报道。1997年，州有线电视台主要围绕“建州40周年”“民营经济”“扶贫攻坚”等开展新闻报道。1998年10月，开办图文信息频道，播出股票、就业、天气、旅游、交通等经济和社会信息。2000年，州有线电视台新闻节目播出扶贫攻坚类稿件458条，精神文明建设类稿件455条，民营经济类稿件325条，重点工程类稿件49条，西部开发类稿件34条，先进典型类稿件40条。2001年10月，州有线电视台撤销，采编播等相关人员和设备并入州广播电视台。

第三节 广播电视传输与覆盖

一、转播台

羊峰山电视调频转播台 台址：永顺县羊峰山。1989年，有机房一栋，建筑面积1000平方米，值班及附属用房300平方米；68米高天线铁塔一座；上山公路15公里，输电线路11公里。1千瓦电视发射机一部，转播中央电视台一套节目，覆盖人口70万人，覆盖率25.1%；转播湖南电视台节目，覆盖人口150万人，覆盖率55.3%。1994年1月，羊峰山转播台增加一台1千瓦调频发射机，转播湖南人民广播电台第一套节目，1995年10月，增加一台10千瓦调频发射机，转播中央人民广播电台第一套节目。1995年10月，7602转播台停止转播中央教育台节目。1997年，羊峰山转播台转播中央人民广播电台节目。2006年，羊峰山转播台改造1千瓦、10千瓦调频发射机和1千瓦、10千瓦电视发射机，增加一台数字电视发射机用17频道转播中央电视台第七套节目。2010年，羊峰山转播台增加一台数字电视发射机，用29频道转播湖南经济电视台节目。

州7602转播台 1989年4月，与羊峰山电视调频转播台分开，州7602转播台台址在吉首市花果山，机房占地面积3075平方米，机房建筑面积587平方米，值班及附属用房189平方米，有83.5米高天线铁塔一座。电视发射机5部，其中两部1千瓦发射机分别转播中国教育台和湖南电视台节目；3台50瓦发射机分别转播中央电视台一套、二套和湘西电视台节目。电视覆盖人口10万人；一台1千瓦调频发射机转播湖南广播电台节目，一台50瓦调频发射机转播湘西广播电台节目，广播覆盖人口16万人。2006年，州7602转播台固态化改造4频道电视发射机，并增加两部1千瓦电视发射机，分别转播中央电视台第一套节目和第七套节目。增加一台1千瓦调频发射机，转播中央人民广播电台第一套节目。

州6903中波转播台 1989年，州6903中波转播台台址在吉首市万溶江乡蔬菜村，机房和办公住宅用房占地7600平方米，机房建筑面积300平方米，宿舍和办公楼建筑面积1200平方米，有76米高天线铁塔一座，中波发射机7台，其中，10千瓦发射机1台转播湖南广播电台节目；3台1千瓦发射机，转播中央人民广播电台节目，其中1台插播湘西州广播电台节目；另有备份机3台，共3千瓦。中央人民广播电台一套节目覆盖人口21.7万人，覆盖率7.37%；湖南人民广播电台节目覆盖人口96万人，覆盖率32.65%。1991年11月，湘西州微波线路开通，7602转播台停止转播湘西电视台和湘西广播电台节目。湘西中波台启用新转播机房。新机房面积300平方米，办公及附属用房500平方米。2007年9月，增加一台1千瓦电视发射机，用6频道转播湖南经济电视台节目；2008年7月，增加一台1千瓦调频发射机转播湖南人民广播电台交通频道；2009年，湘西中波台机房配置自动定时监控系统，并通过互联网将监控数据传至省中波中心机房。2010年增加两台1千瓦数字电视发射机，一台用31频道转播一套数字电视节目，另一台用46频道转播七套手机电视节目。是年，湘西中波台增加一台3千瓦发射机作为转播湖南广播电台节目备机。

二、传输干线网

1989年5月，湘西州微波网建立，古丈县五里坡微波站建设工程动工，占地面积3000平方米，机房和值班办公用房建筑面积480平方米。

1991年6月，湘西州广播电视微波线路试播，7月1日正式开通。是月，古丈五里坡微波站建成，开始全天候传送省、州广播电台电视台节目信号。湘西州广播电视微波网以州广播电台电视台—花果山微波站—古丈五里坡微波站—羊峰山微波站为主干线，以羊峰山站为枢纽，为龙山、永顺、花垣、保靖四县传送微波信号；凤凰县微波信号由花果山微波站传送；各县接收微波信号后利用差转台再行转播。1994年11月，开通古丈县五里坡—泸溪县马鞍山—泸溪县城微波线路，湘西广播电视微波干线和支线全程贯通。

2002年10月，州广播电视局经与省广播电视网络公司协商，采用省、州共建方式，建设吉首至各县光纤干线网。2003年5月，光纤干线网建成，全长392公里，纤芯11668公里，其中管道地埋277公里，搭杆架空115公里。州、县光缆干线网建设工程共投入资金740多万元。干线沿途开口联接37个乡（镇）。通过光缆干线向州内除吉首市外的其他7个县传输18套电视节目和1套数字调频广播节目信号。其中，中央台电视节目5套，省台电视节目11套，州台电视节目2套，广播节目1套。是年7月，州广播电台、电视台节目信号通过州光纤干线网传送到各县，州广播电视微波线路停用。2005年，通过州光纤干线网开通全州林业数据专网。2008年开通广播电视新闻专网。是年，州广电数字信息传输公司投资39万元，建成吉首—花垣—保靖—永顺—古丈—吉首光纤环网。2010年，花垣县—龙山旦耶镇25公里环网光纤干线和凤凰县木江坪乡—泸溪县解放岩乡—凤凰县城42公里环网光纤干线架通，为州内各县传输数字广播电视节目信号170多套。

三、有线电视城域网

1989年3月，花垣县建立有线电视台。年底，该县城区有线电视主干线由上年1000米增至4000米，用户由386户增至1264户，传送电视节目7套，每户每月收取收视维护费2元。是年，保靖县城区开通有线电视，架设干线2公里，用户250户。1990年，凤凰、古丈两县城区开通有线电视。凤凰县架设主干线4公里，用户1070户；古丈县用户323户。1991年，州广播电视局在吉首市城区建有线电视网。当年架设主干线15公里，用户近3000户，传送电视节目8套。是年，龙山、永顺两县城区开通有线电视。龙山县架设主干线23公里，用户1000多户；永顺县用户500户。1992年，泸溪县城区武溪镇开通有线电视，架设主干线6公里，支干线18公里，用户3500户。是年，吉首市广播电视局在市区建有线电视网，架设干线40公里，用户3000多户。是年，州内八县市城区有线电视全部开通，网络结构均采用300兆赫兹同轴电缆传输系统，传输电视节目6至8套。吉首城区（包括州直单位）有线电视网络用户1万余户。1993年，泸溪县新城白沙镇开通有线电视，地埋主干线5公里。1994年，州有线电视台架设吉首机房至州机房主干线，原独立传输的乾州地区有线电视网并入州有线电视网。

1998年，州有线电视台和州内除古丈县外的各县（市）实施城区有线电视网升级改造，传送电视节目增至35套以上。1999年6月，州有线电视台和吉首市广播电视局共同贷款450万元，实施吉首市城区有线电视网升级改造，州有线电视网与吉首市有线电视网实现并网。2001年12月，州广播电视局和吉首市广播电视局以有线网络资产与湖南电广传媒股份有限公司共同组建湘西自治州电广宽带信息网络有限公司（简称州电广公司）。吉首地区有线电视城域网覆盖吉首城区和万溶江、吉首、马颈坳等乡（镇）区域。2002年，州电广公司改造吉首和万溶江两个乡干线网，实施城区部分干线入地工程建设，用户网改造2万户。年底，吉首有线电视城域网主干线215杆程公里，支干线700多杆程公里，用户3.5万户。2003年，州电广公司与湖南联通合作，搭建宽带数据业务平台，开展宽带上网业务。2004年，吉首、泸溪城域网启用可寻址收费管理系统。古丈县实施有线电视网升级改造，主干线由电缆传输改为光缆传输。

2007年11月，吉首城域网启动数字电视整体转换工程,当年链接2.3万户，传输数字电视节目130套，数字广播节目5套，保留模拟电视节目6套。2008年9月，花垣县启动数字电视转换。10

月，吉首市城域网数字化整体转换工程竣工，发放数字电视机顶盒58427个。凤凰、永顺、泸溪、龙山四县有线电视数字化整体转换启动。2010年，吉首城域网主干线实施双向网改造。数字机顶盒3.0版本升级，传输高清电视。城域网有地下管线51公里，地面网线252公里，光节点1764个，用户6.8万户，传输广播电视节目160套，网络资产1.3亿元。是年，古丈、保靖两县有线电视数字整体转换工程启动。

第四节　农村广播电视网

1989年，州政府将农村广播电视网络建设纳入政府目标管理，州财政每年安排专项资金作为农村广播电视网建设投资。是年，州境开工建设广电网络标准化乡（镇）12个。全州广播人口覆盖率由上年35.57%增至36.3%。通广播村900个，通村率34.14%；入农户5.7万户，入户率12.86%。全州广播专线4100杆公里，其中县至乡124杆公里，乡以下3796杆公里。全州广播电视发射台和转播台96座，电视人口覆盖率65.19%。1990年，启动农村网络标准化建设乡（镇）22个，当年建成6个。年底，全州218个乡（镇），常年通广播94个，占43.11%，间隙性通广播60个，占27.52%；未通广播64个，占29.36%。1991年，省广播电视厅实行农网建设达标乡补助办法，贫困乡一万元、一般乡五千元，是年，实施23个乡镇标准化农网建设，当年建成21个，全州8县（市）实现县（市）至乡（镇）广播信号调频传输。广播人口覆盖率42.45%，电视人口覆盖率74.75%，卫星电视地面接收站73座。

1992年，开展标准化农网建设乡（镇）21个，经州广播电视局验收达标6个。全州广播人口覆盖率52.31%，电视人口覆盖率75.8%，卫星电视地面接收站113座。1993年，州境农村广播电视网建设确定“一保二放三发展”新思路。一保：保县至乡（镇）调频广播信号的畅通；二放：技术上放手发展高音喇叭覆盖，放开广播传输与其他线路共杆；三发展：发展乡镇广播电视站的创收基地，发展村级广播电视放大站，发展乡镇所在地的卫星电视地面接收站。是年，全州城乡有线电视入网61698户，其中农村由上年的6110户增至17710户。

1995年，实施通广播村建设工程，计划通播建制村200个，并列入县（市）双文明目标管理内容，当年完成253个村，投入资金128.6万元。1996年，计划通播300个村，实际连通365个。通村总数增至1311个，通村率49.39%，到1998年全州新建卫星电视地面接收站155座，新增广播电视通播村384个，通村总数增至2017个，村通播率75.8%。

1999年7月，州委办、州政府办制定《关于全州村村通广播电视实施方案》，根据湘西州“盲村盲点”多、地理环境复杂、经济条件差、居住分散等情况，确定“村村通”建设资金分级、分部门筹措。州上报省计划“盲村”1246个，通播建设所需资金697.76万元。其中，中央承担138.06万元，省级承担233.58万元，州级承担93.36万元，县级承担232.76万元。是年底，中央、省、州、县（市）、乡（镇）和农户共投资892.73万元，完成“盲村”通播建设933个村。

2000年，州政府实施广播电视“村村通”工程，并列入州政府当年10件办实事项目之一，州政府与州广播电视局签订目标管理责任状。是年，全州完成建制村通广播建设503个，至此，全州列入省计划“盲村”通播建设任务全面完成，工程投入1635.3万元。建村级网974个，建立单收站集中收看村272个；通电视村767个，通广播和电视村479个，干线建设2399公里，支干线建设2659公里，覆盖3785个组，通组率51.5%，全州2663个建制村实现村村通广播电视目标。是年，全州开通有线电视村1235个，通有线广播村1247个，无线覆盖村182个。全州卫星电视地面接收站3047座。2001年，组织实施广播电视联网入户工程（简称“联网入户工程”）。至2002年，投入资金870余万元，架设光缆线路58公里，新增联通乡（镇）27个，新建农村小片网136个，新增农村有线电视网络用户20528户。2003年，联网入户工程投资3238万元。各县（市）完成县（市）、乡联网杆路100余公里，新增联通乡（镇）28个，联通村93个，联网用户3.02万户。2006年，全州实施广播电视自然村“盲点”通播建设工程，当年省定50户以上“盲点”村建设机房767个，年底，全部完成。全州联网乡（镇）达到107个，联网农户8.67万户。

2009年，全州完成20户以上1332个“盲点”自然村通播建设任务，安装直播卫星地面接收设备17214套。2010年，完成2083个“盲点”自然村通播建设任务，安装直播卫星接收设备19664套。新增联网建制村18个。年底，州境7184个20户以上通电自然村实现村村通广播电视目标。联网乡（镇）有155个，联网率94.51%；联网的建制村765个，联网率38.73%；全州有线广播电视用户32.57万户，卫星广播电视地面接收用户30.3万户，广播综合覆盖率72.9%，电视综合覆盖率95.3%。

第五节　电影发行放映

场地设施　1989年，州电影公司有“小月亮”放映厅1个，面积800平方米，内设座位350席。州人民电影院有放映厅一个，面积1200平方米，内设座位1100席，州民族影剧院有电影放映厅一个，面积1300平方米，内设座位1150席，州艺术剧院有电影放映厅一个，面积1100平方米，内设座位900席，州内8县（市）电影公司有电影放映厅32个，座位7583席。是年，州境电影放映设备主要有35毫米座机4套，35毫米提包机5套，16毫米放映机1套，35毫米座机38套，有农村放映队815个，拥有16毫米放映机860套，1994年周内农村电影队开始减少，到1997年，全州农村放映队仅存107个，仅有16毫米放映机109套，州内农村电影放映跌入低谷。2002年州境农村电影放映又趋活跃，当年全州有放映队310个，有16毫米放映机315套。2005年农村放映队增至415个，有16毫米放映机420套。2009年，州惠民农村数字电影院线公司配发8个县（市）电影公司数字电影放映机64套。其中，吉首、古丈、泸溪3个县（市）各5套，凤凰县11套，龙山县12套，花垣县9套，保靖县7套，永顺县10套。2010年，州电影公司和各县（市）电影公司设施设备未有变化。

影片发行　1989年，根据省电影公司实行的“分级核算，分权管理，分类经营，分层承包”的管理办法和下达的经营任务，州电影公司将省公司分配的任务分解到各县市公司。是年，全州发行35毫米影片87部、16毫米影片93部。全州8个县（市）加上大庸市永定区、桑植县（1989年至1990年省电影公司将这两个区县电影公司的经营归口湘西州电影公司管理），发行收入251万元，超年计划35.4%，比上年增长25%。

1991年，大庸市永定区、桑植县电影公司经营管理析出。州电影公司全年发行影片132部，其中为纪念建党70周年发行主旋律影片30部。全州电影发行收入252万元。

1994年，电影市场受电视、录像冲击，全州电影拷贝发行下降。1995年，16毫米影片发行放开，放映单位可自行购买拷贝到农村放映，各县（市）农村电影发行收入大幅减少。1996年，凤凰县电影公司发行收入6527元，创历史新低。1997年，全州未完成省电影公司下达任务，省电影公司供应湘西州影片减少。1998年，州电影公司主抓城镇电影发行，自购影片向州内各县市和湘鄂渝黔四省市边区租片发行。发行影片57部，全年发行收入5.8万元。2002年11月，州电影公司与湖南省楚湘影片公司签订院线供片合同，各县（市）根据需求向州电影公司租片。州内各县（市）城镇以放映商业影片为主。是年，州电影公司发行影片57部，发行收入10万元。2003—2008年州电影公司发行影片480部，发行收入75万元。2010年，胶片影片被数字化影片取代，胶片拷贝发行方式为数码院线供片方式取代。

电影放映　1989年，州内8个县（市）和大庸市永定区、桑植县电影公司放映电影23.8万场，观众8579万人次，放映收入732万元。是年，庆祝中华人民共和国成立40周年，州电影公司组织放映《开国大典》《百色起义》等7部重点影片，放映2317场。1991年，全州8个县（市）电影公司放映电影17.8万场，观众5834万人次，放映收入576.6万元。是年，纪念中国共产党成立70周年，州电影公司先后组织《焦裕禄》《毛泽东和他的儿子》《烈火金刚》等7部优秀影片在全州展播，放映1900场。1994年，州境电影放映场次和放映收入减少，至1997年，4年全州放映电影41万场，观众4200万人次，放映收入1120万元。是年，全州农村电影放映队107个，每队平均放映5场。

1998年，全州放映电影4050场，观众16万人次，放映收入48万元。是年6月，广播电影电视部下发文件，要求实施“2131工程”，即21世纪每村每月放映一场电影。1999年，全州放映3216场，其中农村公益放映160场；观众6万人次，放映收入31万元。2001年，放映4500场，其中农村公益放映130场；观众4万人次，放映收入20万元。2002年，全州放映9000场，其中农村公益放映1200场；观众7.6万人次，放映收入38万元。2003—2008年，全州放映5万场，其中农村公益放映3.5万场；观众47万人次，放映收入260万元。其间，放映《英雄》《十面埋伏》《极度险情》等商业影片1000余场，观众14万人次，放映收入70万元。放映《父老乡亲》《任长霞》《生死牛玉儒》《公仆》《村支书郑大发》等主旋律影片1200场，观众9万人次，放映收入45万元。

2009年，州电影公司执行省文化厅《关于建立健全农村数字电影放映服务体系和管理体系的指导性意见》，按照“企业经营，市场运作，政府购买，群众受益”原则，组建湘西自治州惠民农村数字电影院线公司，下设6个服务站。其中，龙山、永顺和凤凰3个县各设1个服务站，花垣、保靖两县合设1个服务站，吉首、泸溪、古丈3县（市）设立1个服务站。当年州院线公司服务站到农村放映公益电影2.33万场，政府补助公益放映经费233.75万元，覆盖建制村1969个，观众467万人次。2010年，全州放映农村公益电影2.33万场，观众490万人次，政府补贴350万元。

第七章　出版　报刊　网络

第一节　出版管理

1997年8月，湘西州新闻出版局、版权局成立，为副处级事业单位，实行“两块牌子，一套人马”，挂靠州文化局。2000年公开发行报纸3种、期刊2种。报纸内部资料3种。期刊内部资料8种。一次性准印内部资料100余种。是年，全州有电子出版物经营户240家，音像经营户1120家。2010年，州境公开发行报纸有2种、大学校报1种、期刊1种、大学刊物2种。报纸内部资料5种、刊型内部资料8种。报纸总印数1245万份，期刊印刷9.52万册；内部资料性图书73种，印数71370册；报刊年销量3000多种、28万份，流转额1600万元；图书年销量9000多种、1269万册，销售额1.3亿余元，实现利润1300万元。

第二节　书刊发行

州新华书店　1989年，全州8个新华书店。1991年，全年进货1245万元，其中图书进货822.6万元（湘版386.4万元），销售总额1210万元，利润68.4万元，为上年同期134.12%，农村批发44.6万元。是年，全州购进各类图书1.667亿元，销售1.554亿元，实现利税1360元。1993年，开展“双增双节”和优质服务活动，购进总额3744元，总销售额3558元。1994年，全州新华书店在职人员189人。其中，州店54人，永顺

26 人，龙山 29 人，凤凰 20 人，泸溪 15 人，保靖 17 人，花垣 17 人，古丈 11 人。是年，有图书报刊二级批发经营户 4 家，图书报刊销售出租户 128 家，从业人员 282 人；内部书报刊物经营户 9 家，从业人员 49 人。1996 年，购进3175 万元，实现销售额 3145 万元，利税 120.6 万元。是年 9 月，州店修建乾州分店门市部，面积 1000 平方米，造价 50 万元。2000 年，全州国营新华书店 8 家，图书年销量 4000 余种、2000 余万册，销售额 8000 余万元。

2006 年，州新华书店及 7 个县新华书店在职职工 260 人，有发行网点 14 个，其中县（市）城区 8 个，农村乡（镇）6 个。发行收入 9264 万元，其中，教材辅材 8564 万元，图书 648 万元，音像制品 52 万元；实现利润 98 万元。

2010 年，全州新华书店在岗职工 127 人，临聘员工 57 人。实现图书销售收入 1.02 亿元，利润 465 万元。参加送书下乡活动 12 场次，捐赠图书 5000 册。

民营书店　1996 年，“万利达书店”开办，为专业科技书店，经营面积 30 平方米。2002 年更名为“吉首教育图书超市”，面积扩至 300 平方米。2005 年 8 月，“吉首教育图书超市”拆迁，开设“湘吉图书城”，由原 300 平方米的小书店发展到拥有 2000 平方米的综合书店。同时，湘西州三民文化传播有限公司注册成立，注册资金 200 万元。以图书零售经营为主，不断向数码电教产品、文体用品、音像制品、动漫产品、文化教育等相关领域扩展。全州有民营书店 159 家，从业人员 1440 人；有零售书刊摊点 87 处；有邮政报刊亭 47 个。2010 年年底，三民公司有员工 70 余人，有专业销售团队和服务团队，并成为湘西州规模和品种第一的民营综合性书店。销售网点覆盖州内八县市及张家界、怀化等部分地区，年销售收入 1200 余万元。连续四年被评为湖南省民营出版物诚实守信和业绩优良先进单位。

第三节　报刊

一、团结报

1989 年，中共湘西自治州委机关报《团结报》，实行社委会领导下的社长负责制。设总编室（含摄影美术组）、采访部、经济部、政文副刊部、夜班部、广告部、群工部、经管部、政工科、纪检组和印报车间。有干部职工 86 人，其中在岗 80 人。1994 年，经州委批准，《团结报》社委会撤销，改为编委会领导下的总编辑负责制。采访部更名为记者部，新增周末版部。2001 年新设晚报版部。核定报社差额拨款事业编制 90 名，新增自收自支事业编制 5 名。11 月，恢复社委会领导下的社长负责制。2002 年，撤销经管部，成立办公室；政工科更名为人事科，夜班部更名为时事部，周末版部并入晚报版部，摄影美术组改为摄影部；撤销记者部，采访业务由总编室统一调度；印报车间更名为出版部，新设新闻研究室。2008 年，“团结网站”创办，报社内设机构新增党委办、老干办、团结网站。2010 年，团结报社有干部职工 84 人。

1989 年《团结报》为四开四版，周六刊，国内统一刊号：CN43-00030，其中一期为《团结报》周末版。1993 年 1 月 1 日，《团结报》首张激光照排胶印报纸与读者见面。1999 年 1 月 1 日，《团结报》扩版，由四开四版扩为对开四版，版面增大 1 倍。2001 年 1 月 1 日，《团结报》由周六刊改为周七刊；新增一期为《团结报》晚报版，每周星期三见报。12 月 2 日，《团结报》周末版由套红改为彩报。2003 年 1 月，《团结报》周末版停刊。11 月，购进彩印设备，实现天天出彩报目标。2005 年 1 月，对开四版改为四开八版。9 月 11 日，《团结报》晚报版由四开八版扩为四开十六版，分 A、B 报，各八个版面。至 2010 年，版面未变。

湘西自治州是少数民族聚居的贫困山区，《团结报》从这一州情出发，突出报道扶贫攻坚、科技致富等内容，推出《人民的儿子彭楚政》《山路十八湾》《巴斗山茗子传奇》等一大批突出典型。大力突出民族特色。《团结报》从 1957 年 3 月流淌出来的“兄弟河”专版，至 2010 年底从未间断，刊出大量以湘西自治州各族人民丰富多彩和特色浓郁的生产、生活为源泉的文艺作品。

1978—2003年推出的"民族团结"专版，1989年5月至1991年2月推出的用少数民族喜闻乐见的山歌形式说唱新闻的"周末山歌台"专栏，深受读者喜爱。大力宣传湘西优美风光和厚重的文化遗产。1985年开办的"湘西浏览"（1985年6月至1988年12月）、"醉乡"（1987年1月至1994年7月）专版，专门报道湘西州秀美河山和民俗风情，使张家界、天子山、猛洞河、南方长城等走出"深闺"，成为旅游胜地。1994—1996年，《团结报》获湖南省一类报纸称号，"理论与实践"专版被评为"湖南省优秀理论报刊"称号。1997年4月，《团结报》获得"湖南省报纸综合质量优胜奖"。2000年6月，团结报社被评为湖南省首届"十佳报社"。以山歌说唱真人真事的"周末山歌台"栏目，在全国地市报和湖南省市州报好新闻评选中接连获奖。通讯《唤醒湘西历史的人》，获2002年湖南省报纸系统年度好新闻一等奖。2003年《团结报》晚报版创办"文化醉乡"。

"边城百姓"专版，2005年9月"文化醉乡"更名为"旅游周刊"专版，报道形式多样，内容贴近生活，贴近实际，特色鲜明。1989—2010年，《团结报》有1000多件新闻稿件（含照片、版面、栏目、标题等），荣获全国和中国地市报、全国民族地区报和湖南省报纸系统、湖南省市州报及新华社中国地方时事报道好新闻奖。

1989—2010年，《团结报》历任社长（总编辑）：方苹、孙岱毅、周笃钊、彭益、刘世树。副社长（副总编辑）：方苹、刘仁民、龙秋娥、田宗桂、吴泽松、陈敬良、周笃钊、梁小玲、龙捷、周泽平、洪振瑚、尚顺宁、唐心、石庭荣、龙文玉、胡德利。

（一）宣传报道

1989年，《团结报》开设专版有"民族团结""醉乡"和"兄弟河"副刊，专栏有"周末山歌台"等。1992年，开辟"湘西人在特区"专栏，报社派记者赴深圳、海南采访，发稿12篇。1994年，《团结报》版面变化，二版地方稿综合版中有"经济""教科卫""大市场""扶贫攻坚"等栏目；三版副刊新增"理论与实践""读者来信"等；四版为时事、广告版。"星期天"周末版有"要闻""社会生活""博览窗""文化广场"等。1995年，湖南省报纸评比，《团结报》获一类报称号。

1997年，《团结报》开展扶贫攻坚深度报道，在一版刊发稿件591件；二版推出扶贫攻坚专版36个，报纸天天均有扶贫攻坚报道。同时，二版还开辟"扶贫追踪征文"，发稿50件。典型报道有"扶贫司令彭楚政"等。

2001年，《团结报》深入宣传贯彻中共十五届六中全会精神，在三版开辟"认真学习江泽民总书记'七一'讲话精神"专栏，刊发理论文章24篇。同时开辟"关注民生"和"干群新风"专栏，报道典型事件和人物通讯70多篇。是年，晚报版顺利推出，周末版实现彩印。2002年，一版开辟"生态经济"专栏，报道和推介8个县（市）和州直在产业结构调整、国企改制、税费改革、退耕还林、民营经济发展等方面动态、思路、做法和典型。同时筹办《团结报》创刊50周年庆典活动，编辑出版《团结报创刊50周年大事记》《团结报获奖作品集》《兄弟河的渔火》3本书。

2004年，理论版全新改版，新改版的"每周论坛"版设置"理论与实践""探索与思考""热点评论""前沿论点"4个骨干栏目，刊发通讯、言论20多篇。在经济报道方面开设"星光耀民营""常吉高速短波""小康村速写""发展论坛"等栏目，全年刊发消息、通讯、短评、新闻图片1200多篇（幅）。2005年，开展重大典型报道活动。重点推介吉首市赵小琼生前先进事迹，先后推出《即使翅膀断了，心也要高高飞翔》和《生命之光》长篇通讯。当年，赵小琼确定为湖南省重大典型，并通过省内主要新闻媒体向全省推介。

2008年，报纸一版开设《科学发展，富民强州》专栏，刊发稿件30多篇。开设《聚焦软环境，合力促发展》专栏，刊发稿件60余篇。是年1月，湘西州发生冰冻灾害，新闻报道重点反映抗击冰灾战斗事迹，并编辑出版《湘西州抗冰救灾摄影集》。5月12日，四川汶川发生强烈地震，报社记者第一时间采访报道湘西州情况，消除群众恐慌情绪，确保社会稳定。开设“一方有难，八方支援”专栏，刊发支援地震灾区事迹稿件260余篇。开辟《我以我心我力关爱留守儿童》专栏，在全州营造关爱留守儿童舆论氛围。同时，组织纪念改革开放30周年宣传报道，刊发各类稿件330篇。

2010年，《团结报》开设《加强学习型党组织建设》专栏，刊发消息、通讯等稿件10多篇。在《转变发展方式，谋划科学跨越》栏目，刊发稿件600多篇。策划《奋进！湘西，牛年记忆》特刊，组织2009年全州经济社会发展亮点解读。开展“破解难题促转变，服务民生促和谐”报道，刊发稿件80多篇。开设《开展公开评议，改进机关作风》专栏，刊发稿件40多篇。推出《矮寨天险好交警》和《百姓的好支书——泸溪县兴隆场镇巴斗山村支部书记杨兴刚》重大典型报道。是年，团结网成功取得湖南省网宣办颁发的新闻刊登资质。所做专题《救救孩子》获湖南省新闻奖三等奖，实现湘西网络湖南省新闻奖零的突破。

（二）开放式办报

1989年4月12—24日，1990年2月20日至8月4日，《团结报》先后两次报道古丈和吉首为土家族烧伤姑娘求援的动人事迹。采编人员走上街头开展募捐，带动6万多群众奉献爱心，募捐资金近10万元，伤者得到及时救治。1991年4月，由州洗溪磷矿赞助，《团结报》与新华社国内部地方编辑室联合举办反映全国少数民族地区改革开放出现的新事物、新气象的“今日民族风采‘丰收杯’短新闻征文”活动，新华社编发全国27个地市州盟和一些少数民族自治县的稿件72篇，经评选，湘西州《团结报》有3件作品获奖。记者洪振瑚获全国优秀新闻工作者称号。1992年6月，团结报社派记者赴深圳、海南作采访报道，《团结报》开辟“湘西人在特区”专栏，共发稿12篇，社会反响很好。1995年9月，团结报社获湖南省抗洪抢险新闻报道先进单位，记者洪振瑚、尚顺宁2人受到省人民政府表彰。1997—1999年连续三年被评为“湖南省广告行业精神文明先进单位”。2006年10月，团结报社组织8名记者沿着红二、六军团在湘西活动的足迹，分赴州境永顺、龙山两县和张家界市、桑植县采访，《团结报》开辟“寻访红军足迹”专栏，积极开展中国工农红军长征七十周年宣传报道。2007年，主任编辑彭世贵获全国先进新闻工作者称号。2006—2007年，团结报社连续两年被评为省级“文明卫生单位”和“园林式单位”。2009年被省委、省政府授予省“文明单位”称号。2010年，《团结报》发行3.3万份，被评为全国报业发行工作先进单位，群二部主任龙清彰被评为全国报业发行工作先进个人。

（三）通联与广告

通联工作 1989年，团结报社聘请州内八县市委宣传部新闻专干为团结报社特约记者。2月，社委会制定《团结报社特约记者管理条例（试行)》。条例明确特约记者每月在《团结报》见稿任务。团结报社发“团结报社特约记者证”，见报稿件，姓名前冠“本报特约记者”头衔。建设通讯员队伍。1991年，全州有通讯员1200余人，报社注重通讯员培训工作，不定期举办通讯员培训班。是年12月，报社举办新闻讲习班，学员40人，学习结束后颁发“特约通讯员证”。1993年12月，举办全州摄影通讯员培训班，学员27人。另外，团结报社每年编辑内部刊物《团结报通讯》发给骨干通讯员，供通讯员学习和交流。2009年，群工部牵头，配合8个县（市）的县（市）委宣传部和州直部分单位，举办通讯员培训班20期，参训人数1500多人。2010年3月，团结报社表彰奖励上年度优秀通讯员55人，其中摄影通讯员13人。是年，全州在册通讯员1375人，其中摄影通讯员135人，骨干通讯员367人。

广告经营 1989年，《团结报》有广告工作人员3人，当年广告收入13万元。1993年，广告收入36万元。1994年初，编委会决定从铅排改激光照排后的富余人员中抽调3人从事广告工作，并实行目标管理，改进分配办法，广告收入增至61万元。1997年再创新高，实现121万元。2000年，广告收入持续攀升，上升到137万元。2001

年，编委会通过竞标聘任广告部负责人，广告从业人员由广告部负责人选聘。是年，广告纯收入228万元。2003年，报社给广告部添置刻录机、扫描仪等设备，使广告采编业务实现办公自动化和智能化。同时实行竞标承包制，严格依法管理。2005年，广告纯收入337万元，2007年，跃升403万元。2008—2009年，受湘西融资事件等影响，广告收入下滑。2010年，收入318万元。

（四）报社设施建设

1989年，团结报社原社址位于吉首市团结东路2号，占地面积6700平方米。有一栋20世纪50年代修建的办公楼，共四层。职工宿舍有2栋56套。采编人员编写稿件，为手写笔抄；新华社稿件，用条式模写机接收；报纸印刷用小高速轮转机，编印设施落后。1991年4月，新华社派技术员到报社成功安装卫星地面接收站，当即投入使用，从而结束团结报长期采用短波、微波接收新华社电稿历史。是年12月16日，报社购置北京人民机器厂生产的双色轮转胶印机，28日安装成功。是月下旬，报社采购潍坊生产的激光照排设备投入使用。1997年6月，报社筹资32万元，州财政拨款6万元，新置一套北大方正电子公司生产的激光制作设备，并改造升级原有设备。2001年初，报社新添10余台电脑，部分采编人员用电脑编稿。是年，《团结报》在湖南新闻网（红网）创建电子版成功，在网上发布新闻。2002年，团结报社实施搬迁工程。州政府拨款300万元，多渠道筹资2000余万元，在吉首市乾州新区征地1.7万平方米，10月28日工程建设启动，次年11月竣工，建筑面积2.3万平方米。2004年，团结报社整体搬迁。同时添置一批数码相机和手提电脑。新闻综合业务在北大方正新闻采编计算机平台上操作。稿件源处理、新闻采编（含照片）、资料检索、因特网信息提取、稿酬管理、广告处理等，实现自动化和智能化。2010年实现双面彩印。

二、边城报

1993年6月8日，《边城视听周报》试刊一期，30日，创刊号出版，四开四版，湖南省内部刊号153号。报纸以“关注民生民情，弘扬边地文化，服务百姓生活”为宗旨，自办发行。当期刊登时任湘西州委书记石昌禄、州长向世林题词：“坚持正确舆论导向、突出湘西民族特色”；“服务经济建设、服务人民生活”。订价为每份全年13元，零售每份0.25元。期发行量1.2万份左右。1994年9月，《边城视听周报》更名为《边城视听报》。1994年，在贵州省铜仁市和四川省秀山县发行。1995年1月，交邮政局发行，当年报纸期发量1.5万份。1996年期发量减少，1997年，期发量1万份左右。1998年，恢复自办发行，报纸期发量升至1.5万份。1999年1月，《边城视听报》更名为《湖南城市广播电视报·湘西广播电视》，国内统一刊号CN43-0043/01-130，版面扩为四开八版。一版为新闻综合版，设有影视要闻、八面来风、七日谈、湘西之子等栏目。二、三、六、七版为节目预告版。四版为社会广角/家庭生活版。社会广角设有警世档案、多棱镜、人间真情、天南海北湘西人、世纪回眸、边地风情、第三只眼等栏目。2000年1月，《湖南城市广播电视报·湘西广播电视》更名为《湘西广播电视报》，主办单位由州广播电视局变更为州广播电台电视台。报社广告由州广播电台电视台广告部承包，年广告收入25万元。

2001年1月，《湘西广播电视报》扩版为四开十二版，2个彩色，4个套红版。报纸订价为每份全年45元。一版为要闻版。二版荧屏在线版，三版社会经纬版，四版生活时空版，五、六、七、八版为节目预告版，九版消费天地版，十版广闻博览版，十一版精彩剧场版，十二版为娱乐导航版。2003年1月，《湘西广播电视报》扩至四开十六版，2个彩版，4个套红版。是月，开办“民情联通”栏目，州委常委、州委宣传部部长刘路平为栏目开办题词：“传递民声民意，联通政府百姓”。

2004年1月，《湘西广播电视报》由州精美印刷厂印刷。是月，该报设A版和B版。A版版面12个：一版为要闻，二版民情联通，三版百姓故事，四版社区天地，五版旅游文化，六版政法，七版时尚，八版人间万象，九版养生保健，十版流星花园，十一版尘世快感，十二版特别关注；B版四个版：一版娱乐新闻，二、三、四版节目预告。是年，报社广告收入47万元。2005年1月，《湘西广播电视报》更名为《边城视听报》。2006年1月，《边城视听报》扩为4开20版。6个版彩色，2个版套红。A版头版为要闻版、二版民情联通版、三版民生版、四、五版娱乐版、六版生活版、七版旅游·休闲版、八版湘西教育版、九版平安湘西州版、十版看点版、十一版健康版、十二版深度调查版、十三版综合版、十四版口述湘西版、十五版文化版、十六版广告综合版。B版四个版为节目预告版。是年，该报由湖南长福彩色印务有限公司印刷，报纸每份全年订价58元。2007年9月，《边城视听报》更名为《边城报》，节目预告版从4个版减至1个版，总版数由20个版调整为16个版。

2010年，《边城报》刊发《悬崖上的矮寨交警——信念矗丰碑》一文，专题报道吉首市矮寨交警先进事迹。矮寨交警被誉为全国最牛交警。是年，《边城报》每份全年订价68元，年发行量1.8万份。

三、其他报刊

（一）公开发行报刊

1989年，湘西州境《吉首大学学报》向全国公开发行，国内统一刊号CN 43-1069，为季刊。《湘西文史资料》公开发行，刊号CN 43-1012，季刊。《湘西科技》国内刊号：CN 43-1048/N，为双月刊，16开本，州人民政府主管，州科学技术委员会（州科技局）主办，年发行量5000～6000份。1992年，《吉首大学学报》改为双月刊。1995年，《吉首大学学报》分为自然科学版和社会科学版两科，自然科学版国内统一刊号CN 43-1252/N，社会科学版刊号为CN 43-1069/C，均为季刊。1998年，《湘西文史资料》停刊。2010年，《吉首大学学报》（自然科学版）和（社会科学版）均为双月刊；自然科学版国际标准刊号：ISSN 1007-2985，国内统一刊号CN 43-1253/N；社会科学版国际标准刊号：ISSN 1007-4074，国内统一刊号CN 43-1069/C。

（二）内刊

1989年，中共湘西州委党校办有《湘西党校》季刊。州文联创办《神地》杂志，季刊。1991年，中共湘西州委创办《湘西工作》，双月刊；州社科联创办《社科纵横》，季刊。1993年，湘泉酒总厂创办《湘泉之友报》，半月刊。1994年，州委宣传部创办《导向》，季刊。1995年，中共龙山县委机关报《龙山报》复刊。1997年，凤凰县委机关报《凤凰报》复刊，1999年，报刊整顿，《凤凰报》停刊。2001年，中共永顺县委机关报《永顺报》复刊。2004年，《永顺报》停刊，改为《永顺情况》；《龙山报》停刊。2010年，州境有内部刊物10种，即《湘西党校》《神地》《湘西工作》《湘西社科纵横》《湘泉之友》《湘西诗词》《湘西企业导报》《湘西金融》《教学与管理》《永顺情况》。

第四节　网络信息

1989年3月，湘西州经济信息中心核定自收自支事业编制5名。1992年7月，增加自收自支事业编制2名。2001年1月，该中心更名为州政府经济信息中心，加挂州政府网站牌子。2004年11月，州政府经济信息中心更名为州政府信息化工作办公室（加挂州政府网站、州信息市场管理办公室牌子）。2007年1月，州政府信息化工作办公室增设综合科、网络管理科，核定全额事业编制8名。7月，增设法规规划科。2010年12月，该办并入州经委，组建州经济和信息化委员会。

1989—2010年，州政府信息化工作办公室历任主任：夏远收（兼）、熊文健（兼）、朱德福、田宏清。

一、网络管理

1989年3月，吉首、泸溪、凤凰、古丈、花垣、保靖和永顺7个县（市）成立经济信息中心，配备工作人员22人（有技术职称5人），有信息员51人。1990年，龙山县经济信息中心成立。至1991年，全州经济信息网络初步建成，与国内30个少数民族自治州建立经济信息协作网。组织州内87家企业与东南沿海地区4个工业产品销售代理公司签订销售协议，销售产品80种；与州内县市及四省市边区50家企业建立经济信息沟通关系，发展信息网员300人。1993年，州财政拨款21万元为州信息网络添置设备，开通国家联合信息网吉首终端，正式启动信息网络传输。1995年，与州内外50个单位保持交换信息联系。全州信息系统“九五”发展规划纳入州国民经济和社会发展总体规划。

1997年起，州直各机关单位相继使用电脑办公，信息工作进入人工采集与网络传输相结合发展阶段。1999年，州政府制定《湘西州信息化建设规划（1998—2010)》、印发《关于全州计算机网络建设规范管理的意见》，对全州信息产业和计算机网络建设作出政策性规定。经州政府授权，由州经济信息中心负责计算机网络注册管理，正式启用州人民政府网站域名：XiangXiZhou.gov.cn。25台（套）计算机及相关设备配置到位并正式启用。2000年，州政府建立处理计算机问题领导小组及办公室，并从州电信局、州公安局等单位抽调10名专业技术人员集中办公，处理计算机出现的问题。经对州内492个单位5081台计算机逐一检测，从中发现2079台存在问题；检测嵌入式设备756台套，存在问题98台套；经过逐机测试调处，全州计算机网络安全渡过计算机“千年虫”难关。年末，州政府网站正式开通上网，网站终端通过州电信局专线直接与省政府信息中心链接。是年，州经济信息中心被湖南省人民政府办公厅评为信息化组织工作先进单位。

2001年，州人民政府投入200万元，新建州政府机关办公区宽带网，并为州人大常委会、州政协、吉首军分区办公区开通宽带网，其后州直97个单位宽带网络相继开通。年末，州政府办公楼、住宅楼全部采用光纤互连，布点543个，实现100M接入互联网、100M进大楼、10M到桌面。同时经省计委立项，州网络中心平台扩建、改版项目被列入全州100个重点项目之一。是年，州政府经济信息中心被评为全省信息化工作先进单位。2002年，湘西州正式接入中国计算机互联网、中国经济信息网、中国教育科研网和中国科技信息网，金融、税务、电力、气象等部门建立覆盖行业的业务计算机网络；州工业企业利用信息技术改造生产流程，统计数据通过计算机录入汇总；公安部门开始使用计算机检索户籍人口管理。年末，397个州直部门与县市单位在互联网上开设窗口，州政府网站约1000万汉字在网上运行。2003年1月，全省电子政务研讨会暨省直信息化工作联席会议在吉首召开，出席会议的有省直单位、市州信息化办公室及IT企业代表共140人。会后出台《州政府公众信息网站管理办法》，就全州公众信息网站管理作出政策性规定。年末，全州新建网站70个、开设网吧520家。

2004年起，机关信息内涵由单一经济信息向全方位信息转变，信息工作步入网络采集、管理、传输时代。2005年10月，经过两次改版，州政府网站先后完成八大频道88个栏目框架设计和程序开发，中国湘西网网名正式启用，并将州直56个职能部门办事程序、审批事项等内容发布上网。是年，全州网上发布新闻、信息9185条，上传政府文件和政策法规562份。仅州长信箱栏处理来信1069件，成为网民与政府沟通的有效桥梁。在中国科学院《互联网周刊》组织的全国政府网站评比中，中国湘西网荣获“全国地市级中国优秀政府门户网站”称号。2006年，中国湘西网网民日访问量5万人次。中国湘西网在全省14个市(州)门户网站名列前茅。中国湘西网获“中国城市门户网站公众满意十佳品牌”称号。2007年1月，州委召开会议，明确中国湘西网为州一级新闻媒体。2008年，州政府办公室印发《关于进一步加强州政府门户网站建设和管理工作的通知》《2008年中国湘西网子网站考核评比办法》，明确子网站考核范围、时间、内容和方法，规范网络信息管理。2009年，贯彻执行湖南省信息厅《关于做好应对部分IC卡出现严重安全漏洞工作的通知》，按照“谁主管谁负责、谁运营谁负责”原则，实施IC卡系统升级改造。2010年，州信息办协助组织申报湖南马尔斯电子科技有限公司3G智能系列手机开发生产、湘西州成聪软件有限责任公司水务通 CRM 管理系统等项目，该项目经专家评审，获得省专项资金支持；协助食品加工、建材、陶瓷、纺织等 11 个行业，制定推行行业信息化方案；协助 4 家企业成功申报全省第四批利用信息技术改造和提升传统产业试点单位。是年，州直机关文件交换网络平台和州内 4 个行业物流信息化平台相继建成启用，全州商业银行业务全部利用信息技术，6 个行业利用 GPRS 移动通信技术，乡村固定电话网实施智能化改造工程、“村村通”及宽带网“乡乡通”建设项目，CDMA 移动网工程全面实施，3G 网络实现州内全覆盖。

二、信息化管理

1989 年，州、县（市）经济信息中心收集整理和贮存实用技术信息 200 项，政策法律等信息 150 条，物资供求价格信息 1200 条，包括五金、交电、化工、建筑、纺织、食品、能源、旅游、医药、卫生、养殖、种植、庭院经济等 20 个门类。1991—1994 年，协助企业论证生产项目 4 个，开发新产品 9 个，争取企业发展资金 670 万元，协助州内 25 家企业推销产品 12 次 23 个种类，销售成交 1000 万元。收集报送 100 余家州内企业产品信息，被编入《1994 湖南产品信息年鉴》，部分企业产品信息编入《国家产品信息年鉴》。

1995—1997 年，州经济信息中心先后组织开展农业投入情况、四省市边区物价情况、计算机使用情况和信息服务情况等多项调查研究，形成《湘西州农业投入情况的调查分析》《四省市边区物价形势分析》《州直单位计算机应用调查报告》《全州信息服务业调查》等调研材料，给州政府提出对策与建议。配合编制《全州信息化规划纲要》，对全州信息化建设发展现状及存在问题，提出改进意见。1999—2000 年，组织州内重点国有企业和优势产品的信息调查和采集，走访调查企业 48 家，搜集产品信息 147 种，并按照行业产品归类整理上网发布。2001 年，州政府网站开设西部开发网页，发布湘西州西部开发信息；开设州人大、州政协“两会”专栏，公开“两会”信息；开设州内重大项目建设网上查询、州内旅游资源网上导游等信息服务平台，为重大项目建设和发展旅游支柱产业服务。2002 年，配合吉首市举办国际攀岩节和苗鼓节活动，以造势湘西、推介湘西为主题，开展网上宣传，州政府网站增设推介湘西州山水风光、人文景观等栏目，让湘西美丽风光展现在网民面前。2003 年，建立州政务公开网，组织 44 个州直职能部门将办事程序、审批事项等在网上公开；开设经济论坛，网上发表治州论文 445 篇；建立政府文库，收录政府文件 123 份，同时为单位排除计算机、网络故障 250 次，确保网络畅通。

2004—2005 年，州信息化办公室实施《湖南省信息化条例》，编制湘西州“十一五”信息化规划；制定《湘西自治州网络与信息安全突发事件应急预案》，与全州其他 35 个应急预案一并由州政府印发执行。在州委党校开设信息化与电子政务知识主体班，参学人员 120 人。组建由 11 名专家参与的州信息化专家咨询委员会，评审吉首大学信息技术公司、德夯电力公司信息中心三级信息工程资质。集中清查全州 256 家非经营性网站，督促登记备案。配合做好政府部门使用正版软件工作，登记清查州直 43 个部门正版软件使用情况。2006 年，印发《关于认真做好州县市政府部门软件正版化工作的通知》和《关于印发湘西自治州政府工作部门使用正版软件管理办法的通知》，规范全州计算机市场和软件市场，组织 33 个州直单位使用正版软件工作情况督导验收，督促吉首大学信息公司、吉首新天地数码科技经营部等 80 家电脑供应商依规经营，严防预装盗版软件。2007 年 2 月，开展项目推动、企业服务信息化活动，完成 8 个县（市）和 71 个州直单位电子政务建设情况调查，组织审查信息化工程项目 5 个，推荐 6 名州信息化专家咨询委员会成员进入州政府采购评审专家库，先后有 15 人次参与信息化项目投标评审。与州公安局、州保密局联合制定《信息安全等级保护管理办法》，评审州直单位网络信息系统安全等级 37 家，按照网站受理、后台办理、网站反馈模式，梳理 57 个州直部门面向社会的 521 条行政许可事项和办理流程，进入“中国湘西网”虚拟办事大厅，接受网民访问。重新划分州政府机关大院宽带网418个信息点IP地址，清理45个部门子网站虚拟主机、主机托管、二级域名解析等。2008年，协助4家企业成功申报全省第二批信息技术改造和提升传统产业单位，每家获信息技术设备支持经费10万元；协助实施湘西州多晶硅项目，该项目被湖南省政府列入重点支持信息产业项目。是年，引进信息化招商引资项目2个，合同引资15.26亿元，到位资金1.7亿元。2009年，考察筛选上网发布的湘西吉凤开发区碱性锌锰电池生产基地等7个招商项目。2010年，组团参加湖南信息产业对接洽谈会，分发湘西电子信息产业园推介资料，落户湘西的电子信息产业项目2个，合同引资6800万元。

第八章 文物

第一节 文物普查

1985—1988年，湘西州开展第二次全国文物普查，州域发现各类文物点644处。其中，古化石点4处，古文化遗址228处，古城址2处，古窑址11处，古墓群137处，各种碑、石刻203处，古建筑59处。2008年，湘西州实施第三次全国文物普查。全州抽调普查员98人，围绕10条线路全面展开：

一、洞穴调查：涉及酉水、沅水干流及支流（含州内八县市）。

二、沅水中上游、酉水流域史前文化遗存调查，内容包括史前文化时期遗存点稻作农业发展线索，以及古今商埠、会馆遗址。

三、酉水流域商周古文化遗址、战国秦汉城址体系调查。

四、苗疆边墙调查；涉及凤凰、花垣、保靖、吉首、古丈、泸溪等县市。

五、湘西土司文化调查：涉及永顺、保靖、龙山、凤凰等县市。

六、八县市城镇历史街区建筑调查。

七、古村落、古民居调查，（包括八县市）。

八、苗族及土家族文化区民族民俗遗存，主要内容涉及民族建筑、丧葬（悬棺、崖墓）、宗教巫术（如大傩）遗存。

九、中国工农红军红二、六军团革命文物遗存调查，主要涉及永顺县和龙山县，调查内容：当年红军经过的桥梁、渡口、村落、使用过的房屋建筑、留存的革命标语等。

十、湘西剿匪革命遗存调查，主要内容是人民解放军经过的桥梁、渡口村落以及使用过的房屋建筑及烈士墓地。

是年底，全州实地调查文物点669处、新发现文物点381处、复查文物点288处；新发现古遗址136处、古墓葬65处、古建筑150处、古村落60处、石（碑）刻4处、近现代重要遗存18处、其他48处。同时开展“古村落、古民居”专项调查，全州实地调查建制村310个，自然寨731个；发现明清时期古村落60多个，古民居809栋，采集图片资料7235张，绘制图纸1000余幅。发现花垣县边城镇（茶洞）、团结镇有古脊椎动物化石、旧石器洞穴遗址，龙山县苗市商周文化遗址，永顺县泽家镇南渭战国古城址、南渭州土司城，保靖县末代土司洛巽县城址，吉首市苗疆边墙延伸系列五里牌屯堡，凤凰县茶田窑窖场龙窑遗址等重要遗存。

2009年，全州实地调查文物点1298处，复查文物点572处，新发现文物点726处，普查到达率、覆盖率100%。普查发现泸溪县浦市古建筑群，凤凰县乾嘉苗民起义天星山古战场遗址、茶田瓦坪明代龙窑群、龙潭明代城堡及其相关墓葬、木江坪桥头战国—汉代遗址、八公山军事屯堡，保靖县酉水龙马嘴旧石器遗址，龙山县石羔伍家河商周遗址、贾市历史街区、巴沙湖古村落等文化遗存。

2010年，全州复查和检验“三普”文物点各种数据，组织普查资料软件录入，整理原始图纸4000余张、照片1万余张。同时，核对苗疆边墙专题普查资料。州文物局检查普查情况，8县市实地普查初评合格。

第二节 文物保护

一、文物保护单位

1989年，湘西州有国家级文物保护单位1处（溪州铜柱）、省级文物保护单位4处（祖师殿、黄丝桥古城、塔卧湘鄂川黔边革命委员会旧址、老司城古墓群），州级23处，县（市）级220处。1995年，凤凰县沈从文故居和朝阳宫、龙山县茨岩塘湘鄂川黔省革命委员会旧址列入省级文物保护单位，县（市）级文物保护单位增至316处。2001年，永顺县老司城遗址被国务院批准为第五批全国重点文物保护单位。

2002年，经国务院审核，龙山县里耶古城遗址被增补为第五批全国重点文物保护单位。湘西州10处文物保护单位被湖南省人民政府公布为省级文物保护单位。2003年，全州县级以上文物保护单位重新清理登记，州境有县级以上文物保护单位328处，其中国保单位3处、省保单位15处、州保单位24处。2005年，州人民政府公布第三批州级文物保护单位22处。2006年，国务院核定公布第六批全国重点文物保护单位名单，凤凰县沈从文故居、凤凰古城堡、湘鄂川黔革命根据地旧址3处列入其中。湖南省人民政府公布第八批省级文物保护单位名单，湘西州有凤凰古城楼、四方城、沈从文墓、谢家祠堂红军标语、茶洞古码头等11处正式列入。至此，湘西州有各级文物保护单位351处，其中全国重点文物保护单位6处，省级文物保护单位21处，州级文物保护单位33处，国家历史文化名城1座、国家历史文化名镇1座。2010年，州内有国家、省各级文物保护单位396处，其中全国文物保护单位6处，省级文物保护单位21处，州级文物保护单位33处。

二、馆藏文物

1989年，湘西州有馆藏文物10105件套。1993年，凤凰县出土汉代青铜器和牡丹纹玉带，增加2件套。1995年，全州有文物藏品10107件套，其中珍贵文物377件套（一级文物14件套、二级文物65件套、三级文物298件套）；建立文物总账13本，分类账25本，文物卡片78本7490张，建立珍贵文物档案364份，照片3500张，绘图1130幅。2006年，开展州境馆藏珍贵文物调查及数据库建设。2006年6月，国家文物鉴定委员会委员高至喜教授带领省文物鉴定专家组一行9人，鉴定确认湘西州国有文博单位馆藏文物和珍贵文物。经鉴定，湘西州三级以上珍贵文物由原373件套增至3110件套。其中，一级文物112件套，二级文物331件套，三级文物2667件套。2008年，全州文物收藏单位收有各级文物藏品14436件套。有珍贵文物3110件套，其中，国家一级文物112件套，二级文物331件套，三级文物2667件套。2010年5月18日，湖南省9家之一的民办博物馆——凤凰县山江苗族博物馆在长沙由省文物局授牌。10月28日，里耶秦简博物馆对外开放。

三、文物维修利用

1996年，州文物管理处组织维修龙山县茨岩塘、永顺县塔卧湘鄂川黔省革命委员会旧址。1999年8月，组织修复龙山县里耶战国墓群，保靖县黄连汉墓群、四方城古遗址古墓群，古丈县河西沙湾古墓群及吉首市河溪校场新石器时代遗址出土文物，并整成资料。修复器物298件，清理登记器物800件，整理古墓葬资料198座。同时,维修沈从文故居和黄丝桥古城。2000年，维修州级文物保护单位“十万坪大战指挥部”。2001年，维修国家文物保护单位老司城遗址的土王祠、祖师殿、摆手堂。全面维修省级文物保护单位“湘鄂川黔省革命委员会旧址建筑群”。复修州级文物保护单位“郭亮县政府旧址”。参与南方长城——苗疆边墙维修1.78公里。是年，凤凰县人民政府经湘西州人民代表大会批准，将黄丝桥古城堡、湘西明清苗疆边墙、沈从文故居、熊希龄故居、凤凰古城楼、杨氏宗祠等6个文物保护单位，以“三权”（所有权、使用权、经营权）分离方式委托凤凰古城旅游有限公司利用。2003年，维修省级文物保护单位湘西苗疆边墙、凤凰文庙。2004年，抢救性维修州保单位永保县革命委员会旧址严重朽烂部分。2005年，维修州保单位万寿宫、土知州衙署和华国锋起草的《关于学洛塔、学野鸡坪的决定》旧址。2009年，凤凰县筹措资金12万元，整治维修省保单位沈从文墓地。永顺县投资9万元，维修李烛尘故居和湘鄂川黔省革命委员会旧址。2010年，省级文物保护单位三潭书院被列为当年全省重点文物维修工程，省文物局投入资金120万元实施整体修缮。

四、重大文物损毁

1992年，永顺县郭亮县革命委员会旧址失火烧毁。1993年，保靖县四方城古墓群由于违法开发，导致严重损毁。

第三节　考古调查与发掘

1989年，州文物考古队考古发掘龙山县里耶电站工地古墓群。至1991年，发掘战国墓49座，出土文物130余件套，其中出土的手心纹巴氏剑及铜印章等，世为罕见。

1990年始，州考古队考古发掘泸溪县白沙新城工地、凤凰县老官祖、吉首市雅溪村、向阳坪、车田，保靖县“四方城”工商业联合会征地范围3处古文化遗址及泡儿枯，永顺县王（村）石（堤）公路、王村二小，古丈县河西小学等地。至1995年，发现古墓群6处33座，出土文物165件套。同时，配合湖南省文物考古所勘探发掘老司城遗址。

1996—2000年，发掘古墓地4处（战国、汉、元、明墓葬35座）、古文化遗址2处，发掘面积135平方米，出土文物216件套。保靖县清水坪村发掘战国、汉代墓葬9座；在保靖县“四方城”发掘战国、汉代墓葬13座，出土文物136件套；在泸溪县浦市镇发掘战国、汉代墓葬75座，出土文物231件套。发掘吉首市振武营汉代农场遗址1处，面积300平方米，出土器物30余件套，发掘吉首市白果坪和古丈县潭上古遗址60平方米，出土器物40余件套。考古调查苗疆边墙190公里，发现遗存边墙85段，全长13185米，各类遗址506处。

2001年，考古发掘7处，发掘古文化遗址面积1525平方米，古墓葬23座。其中，花垣县茶洞古遗址发掘面积100平方米，出土旧石器时代打制的石器28件套，商周至明清陶片若干，将人类在清水江流域的活动追溯至1万年以前。永顺县不二门洞穴聚落遗址，发掘面积200平方米，古墓葬5座，出土商至汉代陶片以及青铜兵器、骨器、石器100余件套。

2003年，发掘保靖县清水坪汉墓群207座，旧石器时代遗址一处，出土文物1000余件套，其中青铜器300余件套。调查发现商周遗址16处及大板、麦茶、下码战国汉墓群3处。调查发掘古丈县河西白鹤湾古墓群内的茶树包、燕子窝、猫儿背墓地，清理汉墓6座，出土器物31件套。

2004年，州考古队调查发掘凤凰县凤大公路建设工程征地范围，发现古文化遗址6处，面积2550平方米，发掘遗址面积125平方米，古墓葬及近代墓44座，出土一批明清时期器物。考古调查发掘古丈县河西镇，发现西周—战国时期古文化遗址2处，发掘燕子窝、火焰包两地战国、汉代墓葬3座，出土战国青铜剑、黑衣彩绘仿铜陶礼器组合等器物49件套。抢救性考古发掘花垣县城北改造工程范围，发掘汉代遗址200平方米，明清墓葬16座，窖场一处，灰坑1处，出土大量陶瓷片。考古调查保靖县毛沟河沿岸，发现崖墓群5处，崖墓葬34座。开展龙山县里耶加油站扩建工程范围抢救性发掘，发现战国墓18座，出土青铜剑等器物81件套。

2005年，里耶古城秦简博物馆征地范围考古发掘，清理古墓42座，出土器物96件套，其中龙形玉佩、铜玲属首次发现。吉首市宗南拖拉机厂建设征地范围肖家坪考古发掘，调查面积约2万平方米，发掘面积300平方米，发掘居住遗址两处，出土旧石器时代打制石器、商周时期陶片等遗物50余件套。发掘龙山县火岩乡两河口遗址，发掘遗址面积1000平方米，清理清代早期居住遗址一处，发现记录三代土司事迹石碑、摆手堂和天王庙遗址。2007年，配合里耶民族中学校舍建设，清理战国墓8座，发掘遗址面积300平方米，出土文物200件套；抢救性发掘保靖县清水坪镇魏家寨村一处险遭盗掘的西汉古墓群，清理古墓4座，出土玉器1件，青铜器1件，陶器40余件套。2008年，保靖县沿江大道建设工程抢救性发掘，发掘汉代至明朝遗址200平方米，出土器物81件套。

2009年，州考古队考古调查泸溪县武溪工业园建设工地，调查面积5万平方米。配合古丈至保靖河（西）迁（陵）公路工程实施，开展考古发掘，调查勘探面积14万平方米，清理战国和两汉墓葬20余座，发掘宋元遗址面积100平方米，出土文物80余件。2010年，配合省考古研究所，抢救性考古发掘吉（首）怀（化）高速公路和张（家界）花（垣）高速公路工程建设范围内古遗址。其中吉怀高速公路发掘古遗址2500平方米，古墓葬9座，张花高速公路发掘古遗址856平方米，古墓葬6座。永顺县石堤镇羊峰古城考古调查、勘探和试掘周边范围10余平方公里。

第四节　老司城考古发掘

1995年10月，州考古队首次勘测老司城遗址，初步查清宫殿区与衙署区分布范围、宫殿区内建筑大致布局，以及宫殿区南缘局部建筑。老司城遗址位于永顺县城东19公里的灵溪镇司城村。遗址分布有宫殿区、衙署区、居住区、墓葬区、宗教祭祀区等遗址区域。遗址区内尚存祖师殿、皇经台、玉皇阁、古墓葬、古街道、古城墙、牌坊、铜钟、石马、若云书院等遗址，是湘鄂渝黔地区规模最大、保存最完整、最典型的民族文化遗存。遗址城区总面积约25万平方米，其中核心宫殿区、衙署区及墓葬区面积约5万平方米，被专家誉为“全国保存完好的西南古堡式民族文化古城”和“西南少数民族地区保存最为完整的军事性城堡”。1996年9—12月，第二次考古发掘老司城遗址，调查遗地周边相关遗存，重点勘探宫殿区。同时调查勘探紫金山基地，清理个别墓葬。其遗迹与遗物、遗址和墓葬关系基本厘清。

1998年10—12月，第三次勘探和局部发掘老司城遗址各功能区，开展永顺土司与周边相关土司遗址调查，同时试掘龙潭城和歇铺古城堡。认识永顺土司在特定历史时期所起的作用。出土遗物为研究土司文化提供实物例证。是年，老司城遗址考古获国家田野考古三等奖。2010年9月，州考古队配合湖南省考古所开展老司城遗址第四次发掘，调查发现老司城遗址核心区域20余万平方公里，新发现土司时期遗址20多处。10月，老司城遗址被国家文物局列入首批国家考古遗址公园立项名单。12月，老司城考古被评为年度全国考古新发现。

第五节　里耶考古发掘

2000年，西水保靖县碗米坡段修建水电站，龙山县里耶镇属该电站库区。2002年4月，湘西州考古队配合湖南省考古所，实施抢救性考古发掘里耶镇。里耶考古发掘分为三部分，即战国城地发掘、古井发掘、古墓葬及村落遗址发掘。古城址发掘1万余平方米，发现古城为方形，面积4万平方米，残存面积2万平方米。古井发掘，发现古井5口，其中发掘3口，在一号井出土秦简3.6万枚，其内容涵盖政治、经济、军事等。据相关专家称，里耶秦简的出土，能填补秦代历史文字记录的诸多空白。古墓葬发掘330座，其中战国墓260座、汉墓70座。出土器物800余件。村落遗址调查勘探面积十多万平方米，发掘商周时期古文化遗址10余处。全国著名考古专家、北京故宫博物院原院长张忠培考察里耶时说：“北有西安兵马俑，南有里耶秦简牍。”是年11月22日，国务院将里耶古城遗址增补为第五批全国重点文物保护单位。

2005年，考古发掘里耶秦简博物馆建设征用地。清理古墓42座，出土器物96件套，其中龙形玉佩、铜铃属首次发现。

第九章 档案 地方志

第一节 档案

1989年，湘西州档案局内设办公室、业务科，下设档案馆，编制22名，实有20人。1991年，增设政工科、法规科，增加事业编制4名。1994年，州档案局实行局馆合一，为正处级事业单位。1995年，内设人教科、业务科、法规科、保管科、开发利用科和办公室，核定事业编制26名。1996年，州档案局成立党组，并设副处级纪检（监察）员职位1名。1997年，局机关工作人员参照公务员管理。2000年，州档案保护服务中心成立，为正科级全额拨款事业单位，隶属州档案局领导，定编3名，编制从州档案局（馆）原事业编制中调剂。2002年，局机关内设办公室、人事科（科教科）、业务指导科、法规宣传科、保管利用科、纪检组（监察室），核定事业编制17名。2004年，州现行文件查阅服务中心成立，与州档案局保管利用科合署办公。2005年，增加全额拨款事业编制1名。

2010年，州档案局（馆）内设机构未变，核定事业编制20名，实有24人。

1989—2010年，州档案局历任局长：龚怀初、刘玉忠、吴清芝、石泽彬；副局长：周芳柏、吴清芝、吴心明、张颖、龙大成、时维善、向传林、石勇。

一、档案收藏与利用

1989年，全州有国家综合档案馆9个，馆藏各类档案资料20.28万卷（册）。其中州档案馆2.29万卷（册）。1990年，全州整理档案资料2.12万卷（册），接收、征集档案资料3.55万卷（件）；抢救复制档案资料6219卷（件），鉴定开放档案4107卷。编纂档案史料18件，计97万字。新编制作检索工具352件，接待查阅1.22万人次，提供档案资料12.06万卷（册）次。编研档案成果78件386万字。州档案馆启动《湘西自治州大事记（1949—1985)》编撰，次年，完成《大事记》初稿。1992年，吉首、凤凰、永顺等县市档案馆和州档案馆共抢救褪变、破损档案近600卷1.04万页，约5835.2万字。1993年，州馆与保靖、花垣、永顺等县市馆建立明清及民国时期档案目录，著录卡片186张。1995年，全州完成档案抢救任务4万卷，编制开放目录24万条。是年，州档案馆编撰的《湘西土家族苗族自治州大事记(1949—1985)》获湖南省档案学会优秀成果三等奖，苗族学者石启贵撰写的《湘西苗族实地调查报告》获省二等奖。

1997年，全州9个综合档案馆接收档案5654卷，音像影片1472盘，照片档案近千张。征集和接受捐赠民族特色档案578件。抢救国家重点档案1557卷。完成明清、民国和革命历史档案编目工作。州馆及永顺、龙山两个县馆的《档案馆指南》编制完成。1998年，全州9个综合档案馆编制目录45件；抢救国家重点档案478卷；新增开放档案2.11万卷；新建开放档案条目2.03万条；州档案局馆完成建馆40周年档案工作成就展布展，5个档案馆举办建馆40周年展览。1999年，全州编写档案案卷目录1944本、全引目录1428本、簿式专题目录186本，卡片式专题目录8.87万张、簿式重要文件目录10本、卡片式重要文件目录2.72万张，抢救国家重点档案1.52万卷。其中州档案馆编有案卷目录122本、全引目录366本、簿式专题目录23本、卡片式专题目录1.57万张，抢救档案1.02万卷。全州档案部门建立开放档案条目11.79万条，向社会开放1949年9月底前档案44个全宗2.84万卷、1949年10月1日后档案591个全宗6.51万卷。接收档案1.11万卷（盘、张）。其中，州档案馆接收1776卷（盘、张），征集重要档案109件，接受个人捐献档案10件，馆藏档案

3.29 万卷(盘、张)和资料 1.54 万册。全州 9 个综合档案馆均被命名为爱国主义教育基地。

2001 年，州档案馆着手建立旅游、民俗风情、民族服饰、名牌精品、名人、民间工艺六大系列档案，新增档案 545 卷（册）；并通过上门收集、捐赠、寄存、购买等多种方式收集民族文化遗产。各种族谱及实物档案被收集进馆。馆藏少数民族档案 1500 卷（册）。2002 年，州档案馆接收龙山里耶秦简发掘纪实《纪录湘西》和《古城、古井、古简》光碟 2 张，录像带 1 个；收集重要图书资料 86 册。州档案局收集民族服饰、银饰用具等 500 余件实物进馆。7 月，州档案馆 3 次到里耶民间购买两枚秦简档案、57 件里耶秦简文书档案、31 张秦简照片档案。该档案把中国档案形成年代提前 700 余年至秦汉。2003 年，州档案馆举办“神秘的湘西”精品档案大型综合展览，展出照片千余幅，吸引观众 4800 人。湘西电视台摄制《湘西走玩——档案馆里看湘西》专题片。州档案馆向社会公开发出建立名人档案全宗邀请函、征集函，得到湘西各界名人响应和支持。州人大常委会原主任石元机将珍藏的由国务院总理周恩来和湖南省省长程潜签发的湘西苗族自治区人民政府委员、秘书长委任书捐赠给州档案馆。收集整理中共中央原总书记胡耀邦、国务院原总理朱镕基、国家原副主席曾庆红到湘西考察照片、录像等珍贵档案资料，以及湖南省领导杨正午、石玉珍、吴运昌和画家黄永玉、文学家沈从文等 100 余位名人档案，建立湘西州历代名人全宗档案。2004 年，赴上海档案馆、南京中国第二历史档案馆收集民国内阁总理熊希龄珍贵历史档案 20 卷 100 余万字，主要有香山慈幼院工作计划、与美国总统威尔逊来往信函，与蒋介石、孔祥熙、陈诚来往信件及电函，同银行及社会各界来往业务书信，以及熊希龄自传资料等。收集罗干、回良玉及宋祖英等名人特色档案 190 卷册、光盘 10 张、照片 197 张。2005 年，州档案馆编撰《州委州政府大事记》，同时整理《湘西剿匪资料汇编》。其中《湘西剿匪资料汇编》通过档案资料，再现 1949 年 4 月中国人民解放军第四野战军四十七军挺进湘西，与湘西各族人民一道开展清剿匪患斗争的历史画卷。

2006 年，州、县（市）档案局和湘西电视台联合开办《湘西档案》专题节目，公布全州 9 个国家综合档案馆馆藏明清、民国，以及红二、六军团和中华人民共和国成立以来的珍贵历史档案。每周播出节目 6 期，累计播出 142 期。开展镇馆之宝评选活动，全州 9 个综合档案馆评选出镇馆之宝 98 件，主要反映全州各个历史时期与政治、军事、文化、宗教、科研和民俗等有关重要活动和事件。其中向湖南省档案局推荐 37 件。翌年，州档案局与《边城视听周报》联合开设镇馆之宝栏目，介绍州档案馆保存的 8 件镇馆之宝，先后开办 20 期。全州 9 个综合档案馆配合民政、劳动等部门，接待回城知识青年查阅档案 5961 人次，使 3396 名下乡知青解决基本养老保险和城乡低保问题。州档案馆还收集到《湘西自治州五十年州庆邮册》《中共湘西自治州党史》《湘西苗族装饰艺术》等珍贵档案资料，将湘泉集团档案、著名画家黄永玉先生《酒鬼背酒鬼》及黄苗子、洛夫等名人大家所作的 157 件珍贵字画收集进馆。同时，汇编《湘西自治州档案利用实例》《湘西自治州档案馆镇馆之宝》《湘西自治州五十年州庆资料汇编》《湘西档案》等一批编研资料。是年，全州有 13 件档案被湖南省档案局认定为一、二、三等级镇馆之宝。2008 年，收集《苗族通史》《湘西旅游诗词选》《湘西抗冰救灾纪实》等资料 526 册（份）。配合省档案馆编辑《湖南全国劳动模范风采录》《湖南省档案馆镇馆之宝图册》，提供湘西入编劳模和州档案馆镇馆之宝档案资料。2009 年，州档案局汇编全州档案利用实例 160 例，与团结报社联合收集拍摄历史老照片 3157 张。收集《湖湘文库》大型丛书、《湘西苗族百年实录》等珍贵民族档案资料 5863 册（份）。2010 年，州档案馆接收州直单位档案 11.3 万卷（册），接收现行文件 520 份。全州收集和抢救国家重点档案 1246 卷册。其中有清朝民间医书、民国 18 年《民国教育》、乾城县政字第 35 号布告《县视学杨通城视察学区的通知》等珍贵档案资料。

二、档案管理

1989年，州档案局举办全州第一期中等档案专业知识培训班，培训170人。全州评聘副研究馆员1人，档案馆员44人，助理馆员79人，管理员111人。1990年，在凤凰县召开全州档案学会第三次会员代表大会暨第四次学术讨论会、全州企业档案管理定级现场会。9个综合档案馆全部定级升级，16家企业档案管理评为省先进级。1991年，全州201个单位定级升级，陈忠华等11人荣获省档案工作先进工作者称号。1992年，全州139个档案室上等达标，一级机构档案室上等达标462个；全州预算内企业157家，有115家企业档案实施统一管理，按《工业企业档案分类规则》立卷归档46家。全州档案部门配备专兼职档案执法监督队伍。州档案局配备专职执法监督员2人，州直单位配兼职执法监督员7人。1993年，开展为期42天的州直副处级以上单位档案安全检查，有116个档案室上等达标，其中定级53个，升二级50个，升一级13个。1994年，全州163个档案室上等达标，其中升省一级5个。州档案局被评为全省1994年度少数民族档案工作先进单位。1995年，全州732个机关团体档案室有599个达到省级档案管理定级升级标准；249个乡（镇）有档案室，其中187个乡（镇）达到省级档案管理定级升级标准。

1996年，州档案局编制《全州档案事业“九五”发展计划》，建立企业档案工作目标管理试点。1997年，为庆祝《中华人民共和国档案法》颁布十周年，州《团结报》组织专版宣传全州档案工作典型；举行《档案法》知识竞赛活动，全州有12名州级干部、597名县（处）级干部、3345名乡（科）级干部、4258名一般干部和职工参加答卷。1998年，全州开展档案执法检查，检查采取先自查，后抽查方式进行，自查单位1119个，占应自查面83%；国际档案周活动期间，州、县（市）组织18个检查组，重点抽查234个单位。抽查发现国家综合馆库房符合档案馆建筑设计规范的66%，机关单位档案库房符合要求的88%。通过检查，推进档案室建设达标升级，90%的机关单位档案室更换防火设备、加固门窗等。全州有24个机关档案室定为省三级档案室，26个机关档案室定为省一级档案室。8个乡（镇）建馆工作试点审批挂牌7个；办村级建档试点6个、乡镇企业档案管理试点6个，乡（镇）档案室定级面95%。

1999年，全州首次实行机关、团体、企事业单位立卷归档年检年审制度，实际受检单位800余个，文件材料立卷归档90%。完成5家企业资产与产权变动档案处置工作。2000年，州、县（市）档案局成立档案行政执法责任制领导小组，配备专职档案法规工作人员12人，9人获档案行政执法联络员证书。州档案局对全州131个省一级机关档案室复查，124个档案室合格，合格率95%。喜阳集团和三立集团档案管理定为省先进级。2001年，持续开展文件材料立卷归档年检年审活动，实际受检单位654个，按时完成立卷归档任务单位597个，合格率91%。全州有33人获档案执法证书，5人获档案执法监督证书，24人获档案执法联系员证书。2002年，全州10家国有破产企业档案经验收合格。2003年，完成改制企业登记31家。同时，州档案馆与凤凰县山江镇联办湘西州苗族家庭文化档案馆，州人民政府原副州长龙文玉任馆长。与永顺县王村镇联办湘西州土家族民俗文化档案陈列室。

2004年，州委、州政府印发《关于进一步加强全州档案工作的意见》，州委办转发《州委宣传部、州委讲师团〈关于建立和健全州委中心组学习档案的意见〉的通知》，通报上年度年检年审档案不合格单位31个。2005年，《湘西自治州档案事业发展“十一五”规划》被纳入全州“十一五”规划。全省档案馆多功能建设现场经验交流现场会在吉首召开，州档案局和吉首市档案局在会上作经验介绍。全国城市记忆声像档案学术研讨会暨声像档案编委会在吉首召开，来自17个省（市）的36个单位57名声像档案工作者、学者参加会议，北京市档案馆、中国电影资料档案馆、武汉大学等单位专家、学者到会举办专题讲座，并组织与会人员在吉首市和凤凰古城实地观摩考察、现场采集拍摄。邀请省档案局业务处和金通公司技术员到湘西州讲授电子文档收集和管理等课程，选择州人民银行、州烟草公司等5家举行电子文件管理试点。州档案局被评为2005年度全省档案工作综合先进单位和“十五”时期全省档案馆舍建设先进单位。2006年，州委、州政府两次听取全州档案工作情况汇报，解决档案资金100万元。州长办公会议研究全州档案工作，决定将州档案局馆档案保护经费依照年报以每卷每年3元纳入本级财政预算，并解决档案行政执法用车1台和40万元消防缺口经费。州档案馆晋升为全省档案工作规范化管理省一级单位。2007年，州档案局成立全州档案安全专题执法检查小组，深入8个县（市）检查档案安全工作，对存在违法行为的单位发出《档案执法监督检查通知书》，并限期整改。全州有87家民营企业建档。湘西档案网站与州政府“中国湘西网”实现链接，开通湘西档案信息网。州档案局被人事部、国家档案局评为全国档案系统先进集体。吉首市档案局和州人行档案室分别被评为全省“十五”期间档案系统先进单位、档案工作优秀集体。

2008年，全州档案工作领导小组和全州档案安全工作领导小组成立，制定《湘西州国家综合档案馆灾害应急处置预案》《湘西州档案局（馆）档案安全度汛工作预案》，健全和完善《档案安全责任制》《档案安全定期检查制度》等20余项制度。编制《州档案局信息公开指南》和《政务公开目录》，在湘西州档案信息网公示。州档案局被省档案局评为全省档案宣传工作先进集体。2009年，州档案局组织干部职工260人次深入州直150多个单位开展档案业务指导，全州655个单位完成文件材料归档范围和文书档案保管期限表编制工作。建立社区档案室76个。配合建设部门，加强档案管理，印发《湘西自治州重点建设项目档案验收办法》，登记州、县（市）两级重点建设项目220个，其中州重点工程91个，登记91个，接收进馆9个。湘西档案信息网站档案信息数据库，点击率2.87万人次。输入档案目录16.78万条。州档案局被省档案局评为全省档案工作优秀单位、全省档案宣传工作先进集体、全省档案学会先进单位。

2010年，州委、州政府印发《湘西自治州档案行政处罚裁量权基准》，将档案工作纳入党委政府“四个文明”考核内容。州档案局与州民政局、州农村基层组织建设整顿办公室联合印发《关于开展创建新农村建设档案工作示范村（社区）活动的通知》，全州办农村和社区档案工作示范点16个。开展矮寨特大悬索桥、吉茶高速公路等59个重点工程项目档案登记和业务指导；验收州移动通信工程、湘西民族职业技术学院、州人民医院异地扩建3个竣工项目档案。州档案局被湖南省档案局评为2010年度全省档案工作优秀单位。

三、档案设施建设

1986—1990年，湘西州用于档案事业经费210万元，档案馆库房面积7313.7平方米。1991—1995年，全州新建档案馆库3个5160平方米，地方财政用于新建和维护档案馆库资金170万元。2001年4月，州档案馆新馆库建设开工，2002年5月竣工，2003年10月正式投入使用，建筑面积5050平方米、建设资金565万元。2004年，全州解决档案经费257.7万元，其中139万元用于各县（市）档案馆建设。是年，湖南省省长周伯华现场拍板解决保靖县新建档案馆资金100万元。

2006年，州档案馆投入35万元，建成档案密集架400立方米，同时完善档案库房防火自动报警和自动灭火设备设施。2007年，州档案局安排15万元购买多媒体设备1套，建立多媒体会议室。2009年，州档案局向省档案局、省发改委申报8个县（市）湖南省国家综合档案馆建设项目，同时向省档案局争取重点档案抢救经费29万元。2010年，全州3个县（市）综合档案馆建设项目计划经国家发改委审核通过，计划总投资6350.65万元，预计建筑面积3.51万平方米，其中一类档案馆3个，二类馆5个。州档案馆筹集资金40余万元，安装档案密集架290组，购置去湿机、消毒柜、特藏柜12个。是年，花垣县档案馆新建工程被列入国家首批建设项目，其规划设计方案经省档案局审查通过。

第二节　地方志

1989 年，湘西州人民政府地方志编纂领导小组改为州地方志编纂委员会，下设办公室，办公室为正处级机构，核定编制 7 名。1996 年，州地方志编纂委员会办公室更名为州人民政府地方志办公室（简称州地方志办），内设编纂科、综合科。2000 年加挂湘西州年鉴编辑部牌子。2001 年，机构改革，核定编制 6 名，实有工作人员 6 人。2010 年，内设机构、编制、实有人数未变。

1989—2010 年，刘仁民、秦加生、麻乐声先后任州地方志办公室主任；刘仁民、符兴猛、刘忠明、龚兴政先后任副主任。

1989 年，全州 8 个县（市）及州直各部门修志工作全面展开。《古丈县志》公开发行。1993 年，《泸溪县志》《花垣县志》出版，至 1996 年，全州 8 个县（市）首轮社会主义新县（市）志全部编修完成，州直部门志出版 24 部，《湘西州志》编修工作启动。1999 年首轮《湘西州志》出版。2000 年，县（市）志续修工作开始启动。2001 年首部《湘西州年鉴》出版。州直部门志出版 32 部。1999 年 12 月，州人民政府召开二轮州志编修部署动员会议，2010 年，《湘西土家族苗族自治州志（1989—2010)》基本完成收集资料任务；泸溪、保靖两县二轮县志公开出版；《湘西州年鉴》实现一年一卷。

一、州志编修

1995 年 11 月，州人民政府决定，编修《湘西州志》。州志编修日常工作由州地方志办具体承担。1996 年 8 月，州政府召开《湘西州志》编纂动员会，部署安排州志编撰工作，至 1998 年，先后举办修志业务培训班两期，州直 57 个部门和 8 个县（市）完成州志初稿 600 余万字。是年 11 月，形成评审稿，并先后在长沙、吉首召开志稿评议会。在长沙评稿期间，分别征求曾在湘西州工作过、时任湖南省领导的杨正午、郑培民、吴运昌、石玉珍等对州志稿的修改意见和建议。评议会和领导提出的修改意见有 200 余条。1999 年 8 月修改定稿，12 月，由湖南人民出版社出版。全志 206 万字，印刷 3000 套（上、下册）。2000 年 3 月 1 日，州人民政府召开《湘西州志》发行会，第一部州级综合性志书公开发行。

首部《湘西州志》取事断限始于东周周赧王三十年（公元前 285 年），下限至 1995 年，总纂由州人民政府分管地方志工作的副州长兼任，州地方志办主任秦加生任常务副总纂。2001 年，被湖南省社科联、省地方志编纂委员会评为“全省方志优秀成果一等奖”。

2009 年 12 月 22 日，州人民政府召开湘西州第五次地方志工作会议暨第二轮地方志编修工作动员大会，部署《湘西土家族苗族自治州志（1989—2010)》编纂工作，并将州志编修纳入政府目标管理考核。州志编修设立编辑部，编辑部设在州地方志办公室，由州地方志办公室负责组建编纂班子和修志日常工作。由于州地方志办人数少，特聘 6 位退休干部参与州志编修。州直 128 个承编单位成立修志领导小组，250 多人搜集资料和撰写初稿。2010 年，《湘西土家族苗族自治州志（1989—2010)》资料基本收集到位。

二、县市志编修

1980 年，湘西州开始编修地方志。1985 年，《龙山县志》率先付梓内部版。1988 年 12 月，《凤凰县志》由湖南人民出版社出版发行。1989 年 2 月，《古丈县志》由巴蜀书社出版。1990 年 10 月，《保靖县志》由中国文史出版社出版发行。1993 年 2 月，《花垣县志》由生活·读书·新知三联出版社出版；5 月，《泸溪县志》由社会科学文献出版社出版。1995 年 4 月，《永顺县志》由湖南出版社出版。1996 年 8 月，《吉首市志》由湖南出版社出版发行。至此，全州首轮县市综合志书全部完成。其中《凤凰县志》《花垣县志》《泸溪县志》获湖南省科技成果二等奖。《保靖县志》获湖南省科技成果三等奖。《吉首市志》获湘西州科技成果二等奖。

2000 年 3 月，州人民政府召开湘西州第四次地方志工作会议暨全州县（市）志续修工作会议，贯彻湖南省第四次地方志工作会议精神，安排部署全州二轮县(市)志编修工作，全州各县（市）分管地方志工作副县（市）长、史志办主任及州直单位负责人等120多人参加会议。会后，8个县（市）二轮志书编修全面启动。其中，龙山县以编修二轮县志为契机，改编原《龙山县志》（内部版），编纂《龙山县志》（通志）。2005年12月，《泸溪县志》（1986—2001）由中国图书出版社出版。2010年6月，《保靖县志》（1986—2005）由华艺出版社出版发行。是年，《龙山县志》（通志）、《吉首市志》召开省级评议会，并形成送省验收稿；凤凰、花垣两县县志进入总纂程序。

三、专业志编修

1988年，湘西“州志丛书”工程启动，州直单位53个部门列入编修计划。1989年，州直相关单位相继成立修志机构，安排专项经费，明确专人开始编修部门专业志书。1990年，湘西州《政协志》率先公开出版。1997年，州《民政志》出版，1999年，州《民族志》出版，2000年，州《政务志》《汉语方言志》出版。至2010年，州直部门出版发行的专业志有《财政志》《水利电力志》《烟草志》《卫生志》《石油贸易志》《检察志》《农业志》《金融志》《粮油贸易志》《交通志》《林业志》《税务志》《体育志》《妇女团体志》《文化志》《气象志》《城乡建设志》《建筑志》《畜牧水产志》《人民代表大会志》《轻纺工业志》《供销合作志》《广播电视志》《劳动志》《人事志》《审计志》《外经外贸志》《物资志》《人口志》《物价志》《乡镇企业志》《建材志》《法院志》《新闻出版志》《医药志》《工商联志》《科技志》《新闻出版志》《司法行政志》《军事志》《武警志》《煤炭工业志》《工商行政管理志》《计划经济管理志》《盐业志》《吉首监狱志》《教育志》及《吉首大学志》《吉首民族师范学校志》《永顺民族师范学校志》《州民族中学志》等57部，超计划4部。企业志有《洛塔煤矿志》《龙山烟厂志》《凤凰烟厂志》等。县市部门专业志有龙山县《教育志》《卫生志》，凤凰县《烟草志》等10余部。其中，州《农业志》《林业志》《交通志》《水利电力志》《建筑志》《教育志》等获“全省地方志优秀成果一等奖”；州《卫生志》《石油贸易志》《烟草志》获二等奖；州《金融志》《城乡建设志》《邮电志》获三等奖。

四、年鉴编辑

（一）综合年鉴

2000年3月，《湘西州年鉴》编修工作启动。年鉴编修由州人民政府主持，设立编辑部，州政府秘书长任主编，编辑部设州地方志办公室，州地方志办具体承编。年鉴所记事物上限为1996年1月，下限至2000年12月，实为继《湘西州志》1995年下限之后的“五年志”。《湘西州年鉴》以条目为主体，设特载、大事记、湘西州概貌、中共湘西州委、纪检监察、人民代表大会、州人民政府、州政协、民盟·工商联、工青妇、政法、军事、民政·劳动保障·人事、经济综合管理、农业、工业、交通、邮政·电信、城乡建设·环境保护、贸易、对外经济贸易、财政·金融、教育科技、文化、广播电视·报纸、卫生体育、旅游、人口、民族·宗教、市县、光荣谱、附录等32类，164分类，1095个条目。当年形成初稿，全书132万字，图片近800张。2001年10月，由五洲传播出版社出版。2002年起，《湘西州年鉴》一年一鉴，下年编辑上年度资料，至2010年，每鉴100万字左右。同时，年鉴在图片设计上不断创新，州直设“春晖篇”“求索篇”；县（市）设“践行篇”；科技、乡（镇）设“图志”；部门工作及里耶、浦市、芙蓉镇、边城等湘西名镇设“图存”。同时，置有“湘西名校”“湘西名企”“湘西揽胜”等图片简介，实现图文并茂。

2001年，吉首市人民政府编辑《吉首年鉴》，设立编辑部，编辑部设市史志办公室，市政府办公室主任兼任主编，市史志办主任任编辑部办公室主任，具体承担编务工作。当年搜集资料，次年编辑成书，共110万字，并配图片；至2010年，一年一鉴，内部发行。

（二）部门年鉴

1989年，湘西州统计局连续编辑《湘西统计年鉴》。州统计年鉴是反映全州国民经济和社会发展情况的资料性书刊。类目设15个，即统计公报、行政区划和自然状况、综合、人口劳力、农业、工业、运输邮电、能源及物资、建筑及固定资产投资、内外贸易、旅游、财政·金融·保险·物价、教育科学、文化·体育·卫生·建设·环保、人民生活及州内各县（市）主要经济和社会统计指标等。各县（市）基本比照州统计年鉴模式编辑统计年鉴，州、县（市）统计年鉴均为一年一鉴，内部赠阅。2010年，《湘西统计年鉴》由湘西自治州统计局和国家统计局湘西调查队联合承编；类目设置适当调整，增设“国民经济核算”“全国少数民族自治州主要经济指标”等；印数300册。

五、方志业务培训

1996年，州地方志办制定《湘西州志编写行文规则》。2000年，与泸溪县史志办合编《续志指南》资料10万字，将新编志书体例、通用编纂方法等简明地介绍给修志工作者，并用州地方志办业务经费印刷1000册，赠送各县（市）参阅。为配合指导县市第二轮修志和《湘西州志》的编修工作，同时编印《二轮志书编纂指南》和《讲义汇编》等业务用书。2001年，州地方志办先后两次组织23人参加省地方志编纂委员会举办的业务培训班。2008年9月，州地方志办主任带队，组织各县（市）修志专干参加省地方志编纂委员会在郴州举办的评审观摩交流会。11月，组织各县（市）志办主编共8人，参加全省二轮修志业务培训班。同时，州地方志办每年举办1期业务培训班，培训对象为县（市）志办主编和修志专干等。另外，州地方志办还深入到各县（市），指导县（市）地方志办自行培训。2009年8月，举行《保靖县志》评审会，并结合开展现场培训。2010年4月，举办二轮州志编修业务培训班，参训人员170人。7月，州地方志办专家到古丈县指导县志编修业务培训，并讲授相关业务知识。

六、方志利用

2000年，首部《湘西州志》公开发行，当年发行1000套。同时开展读志用志活动。2001年，《湘西州年鉴（1996—2000）》编辑出版，以其资料丰富、著述性强等特点，受到社会各界欢迎，发行量1000册。编修《湘西组织史》，年鉴资料被大量吸收，州志、年鉴资料库功能得以彰显。

2007年，编辑出版《魅力湘西》，同时编印湘鄂川黔革命根据地史迹资料《苏区走笔》，编印《湘西剿匪实录（1950.1—1951.12)》，编印《湘西名人》，宣传湘西人文历史。各县（市）史志办利用地方志资源编辑出版一批地情书。保靖县编写《保靖红枫》期刊，古丈县编写《古丈名茶》，永顺县编写《红色塔卧》，龙山县编写《名镇里耶》《红军战斗在龙山》《抗日英烈夏次叔》（此书还在人民大会堂举行首发式）、《走向辉煌——新中国60年龙山发展纪实》等实用地情书，赢得社会各界赞誉。

地方志书为地方党委政府提供决策参考，为经济社会发展建设服务。每有州、县（市）新领导莅任，便呈送一套地方志书及其相关资料，以供了解地情，并给档案馆、图书馆、研究所无偿赠送以资馆藏，还与外地史志办或党史办进行资料交换。古丈县领导读了县志中关于茶叶生产记述后，坚定将茶叶生产作为县境支柱产业大力发展。该县政协文史委还以县志资料为线索，研究古丈茶文化历史，并编辑《古丈名茶》一书。永顺县在举办猛洞河国际漂流月期间，以该县县志有关猛洞河风景名胜及其民族风情的精准记述做宣传，为永顺风景名胜的推介带来极佳效果。州烟草公司编修烟草志，经多方考证，首次提出湘西州种植烟草为明万历年间（1573—1620)，由此引起中国烟草行业相关专家关注。州军事志的编纂人员经内查外调，以及索征军事档案等办法，终于查清1949年至1955年间吉首军分区领导成员名单及其任职时间，为湘西州组织史相关人物记述提供准确资料。凤凰古城和里耶古城开发，从志书中均获可靠的历史人文依据。乾州新区开发、泸溪县城新址选择，以及吉茶高速公路、张花高速公路和吉怀高速公路建设等重点工程可行性论证，地方志相关记述均作信史应用。2010年，州内文化部门将地方志资料作基础，启动《湘西州非物质文化志》编纂工作。

第十章 文学艺术界联合会

第一节 文代会

1978年12月15—17日，湘西土家族苗族自治州文学艺术界联合会第一次代表大会在吉首召开。大会选举产生湘西土家族苗族自治州文学艺术界联合会第一届委员会。主席王建阁，副主席龚葆桂、陈秀实、龙再宇、李培良，以上均为兼职。委员（以姓氏笔画为序）有石邦本、田茂忠、向秀清、张二牧、张汇川、张必华、罗时娥、胡万卿、胡维星、唐克立、黄靠天、黄意声等17人。

1989年7月20—22日，湘西州文学艺术界联合会第二次代表大会在吉首召开。出席代表206人。龙再宇致开幕词，周文光作湘西自治州文联工作报告，郝瑞华在大会上作题为“坚持‘二为’方向，实行‘双百’方针，繁荣民族文艺事业”的祝词，州委书记杨正午讲话，周文光致闭幕词。参加会议的特邀领导和代表有州委副书记郝瑞华，州委常委、州委宣传部部长向熙勤，州委顾问杨国湘，州政府巡视员陈秀实等。大会选举产生州文联第二届主席团组成人员，主席由副州长龙文玉兼任，副主席为周文光、李北冰、彭冠智(兼)、黄先顺。名誉主席杨国湘、龙再宇。

1997年5月12—13日，湘西州文学艺术界联合会第三次代表大会在吉首召开。出席代表190人。州文联常务副主席周文光致开幕词，州委书记李大伦到会祝贺，州委宣传部副部长、文联兼职副主席彭冠智作修改章程报告，文联副主席田岚作题为《面向新的世纪，争取更大繁荣，努力开创湘西文学艺术事业的新局面》的工作报告，州委副书记向邦礼讲话，夏志禹致闭幕词。大会选举产生州文联第三届主席团组成人员，主席夏志禹,专职副主席田岚，兼职副主席李北冰、田宗桂、梁远邦、袁界文、张子伟、张健永、吴正义、胡明珠、张时翠，秘书长黄叶。州委书记李大伦、州委副书记向邦礼、州人大常委会副主任董继兴、副州长龙文玉、州政协副主席张长乐、吴荣发、吉首大学党委书记马本立、湖南省文联主席谭谈、湖南省作家协会副主席水运宪及全州文艺界代表200余人出席大会。

2003年12月20—21日，湘西州文学艺术界联合会第四次代表大会在吉首召开。出席代表221人。黄叶致开幕词，夏志禹作题为《牢记使命，不负众望，努力开创湘西文艺事业的新辉煌》的工作报告，州委副书记、州人大常委会主任龙颂江到会讲话，州委副书记、代州长杜崇烟作经济形势报告，湖南省文联纪委书记管群华、团州委书记吴凌频致贺词，文联主席夏志禹致闭幕词。大会选举产生州文联第四届主席团组成人员，夏志禹当选为主席,副主席黄叶，兼职副主席（按姓氏笔画排列）叶红专、吴正义、张子伟、张先旺、张时翠、张健永、胡明珠、袁界文、梁远邦、彭益、彭先明，秘书长黄叶（兼）。

2009年5月14—15日，湘西州文学艺术界联合会第五次代表大会在吉首召开。到会代表243人。张心平致开幕词，黄叶作题为《解放思想，开拓创新，为湘西文艺事业大繁荣大发展谱写新的华章》的工作报告，州委书记何泽中到会讲话，州委副书记、州长叶红专作经济形势报告，州委宣传部副部长、州文联党组书记石伏龙作修改《湘西自治州文学艺术界联合会章程》的报告，湖南省文联党组书记、副主席罗成琰、湖南省政协常委、湖南省作家协会副主席蔡测海、团州委书记杨彦芳致贺词，州委常委、宣传部部长、副州长陈潇讲话，黄叶致闭幕词。大会选举产生州文联第五届主席团组成人员，名誉主席刘路平，主席黄叶；副主席张心平；兼职副主席（以姓氏笔画为序）田应明、田茂军、刘世树、张先旺、张湘河、杨骏、范诚、麻晓玲、傅建华；秘书长罗应奉。

第二节　文联工作

1993年，州文联邀请中国作家协会和《中国作家》《绿叶》《中国文化报》《湖南文学》等刊物作家、编辑到州讲学。是年12月26日，州文联举办纪念毛泽东诞辰100周年美术、书法、摄影展览，先后接待四批国内外专家学者到湘西州考察采风。1995年，围绕纪念抗日战争胜利50周年，组织歌咏比赛、美术、书法、摄影展览等各种文艺活动。2000年12月，举办湘西州首届艺术创作讲习班，邀请湖南省艺术研究所5位专家授课，参加学习45人。

2001年1月，州文联在吉首举办金秋乌江行西南采风摄影作品展，展出作品40幅。10月，在澳门首次举办湘西民俗风情摄影展。在中国美术馆举办饶坤书画作品展。2004年，先后举办第十届全国美展·湘西作者创作草图观评会、“百名作家写湘西、百名艺术家颂湘西”“重庆黔江2004中国武陵山民族文化节书法、美术、摄影优秀作品展”。2007年，州文联围绕建州50周年，开展各项文艺活动。组织开展“美丽的湘西、可爱的家乡”全国散文征文大赛、神秘湘西全国摄影大赛和五十周年大庆民俗风情大型图片展，50米土家织锦长卷《魅力湘西》在州庆期间展出等活动。举办湘西优秀美术作品展览，展出作品100件；出版《建州50周年优秀文学作品选（小说、诗歌、散文三卷）》，出版《湘西工艺美术精粹》一书。2008年，举办“5·12”汶川特大地震书法、美术作品义卖活动，筹资12万元捐给灾区。举办毛泽东文学院六期学员相聚吉首大型文学采风活动，在花垣边城举办边城对话——龙宁英作品研讨会，在泸溪举办苗族作家侯自佳作品研讨会，全国各地近百名作家、编辑、学者及文学爱好者与会。组织诗词、书法、美术、文学等协会会员赴泸溪开展弘扬爱国情、寻访屈原路沅水采风活动。2009年，开展“辉煌湘西60年”文学征文活动，16件作品获奖。是年，接待著名作家、全国政协常委、国务院参事、中国文联副主席、民进中央副主席、中国民间文艺家协会主席、中国非物质文化遗产保护专家委员会主任冯骥才到湘西州调研。2010年7月，州文联和州戏剧曲艺家协会代表湖南省参加在贵阳举行的第四届全国少数民族曲艺展演，土家族溜子坐唱《怪事》获节目金奖第一名、表演奖银奖，苗鼓说唱《岳老子的面子》和苗傩鼓词《夕阳的尊严》获铜奖，泸溪县年轻演员吉林森获最佳新人奖，州文联获最佳组织奖。

第三节　文艺家协会

州文学工作者协会（简称州作协）　1987年7月26日，州作协在吉首成立。1988年有会员75人，其中中国作家协会会员1人、湖南省作家协会会员28人。1993年6月11日，在吉首召开湘西自治州作家协会第一次代表大会，选举张二牧为主席。2003年7月17日至18日，湘西州作家协会第二次代表大会在吉首召开，选举张心平为主席。2010年5月26日至27日，湘西州作家协会第三次代表大会在吉首召开，选举向启军为主席，龙德忠、张心平为名誉主席，滕和叶为名誉副主席。是年，州作家协会会员481人，其中中国作家协会会员9人、湖南省作家协会会员152人。

州民间文艺家协会　1987年7月26日，湘西州民间文艺工作者协会在吉首成立，召开第一次代表大会，选举刘黎光为主席，龙再宇为名誉主席。1993年，州民间文艺工作者协会更名为湘西州民间文艺家协会。1988年有会员55人，其中中国民间文艺家协会会员9人、湖南省民间文艺家协会会员36人。1994年11月29日，湘西州民间文艺家协会第二次代表大会在吉首召开，选举刘黎光为主席，龙再宇、龙文玉为名誉主席。1996年1月，湘西州民间文艺家协会第三次代表大会在吉首召开，选举张应和为主席，龙再宇、刘黎光为名誉主席。2001年1月，湘西州民间文艺家协会第四次代表大会在吉首召开，选举田仁利为主席，龙再宇、刘黎光、张应和为名誉主席。2007年12月13日，湘西州民间文艺家协会第五次代表大会在吉首召开，选举田仁利为主席，龙再宇、刘黎光、张应和为名誉主席。2010年，有会员168人。其中中国民间文艺家协会会员19人、湖南省民间文艺家协会会员71人。

州诗词楹联学会　1994年6月，湘西州诗词学会成立，并在吉首召开第一次代表大会，大会选举龙再宇为会长。1999年6月23日，湘西州诗词学会第二次代表大会在吉首召开，选举龙再宇为会长，石元机、杨国湘为名誉会长。2004年12月28日，湘西州诗词学会第三次代表大会在吉首召开，选举刘自齐为会长。2009年6月16日，州诗词学会更名为湘西州诗词楹联学会。17日，在吉首召开第四次代表大会，选举熊福为会长，龙再宇、叶德门、刘自齐、陈秀实为名誉会长。2010年，全州有会员885人，其中团体会员470人（含省级会员77人）。

州舞蹈家协会　1987年7月26日，湘西州舞蹈工作者协会召开第一次代表大会，选举罗时娥为主席；有会员51人，其中中国舞蹈家协会会员8人、湖南省舞蹈家协会会员23人。1993年，州舞蹈工作者协会更名为州舞蹈家协会。1997年10月，湘西州舞蹈家协会第二次代表大会在吉首召开，选举罗时娥为主席，刘定远为名誉主席。2008年4月16日，湘西州舞蹈家协会第三次代表大会在吉首召开，选举黄国强为主席，罗时娥为名誉主席。2010年，有会员56人，其中中国舞蹈家协会会员7人、湖南省舞蹈家协会会员20人。

州文艺评论家协会　2006年1月8日，湘西州文艺评论家协会成立。第一次代表大会在吉首召开，选举张健永为主席。2010年，有会员78人。

州书法家协会　1987年1月17日，湘西州书法工作者协会在吉首成立。第一次代表大会在吉首召开，选举林时九为主席，杨国湘为名誉主席。1988年有会员70人，其中中国书法家协会会员1人，湖南省书法家协会会员4人。1993年，湘西州书法工作者协会更名为湘西自治州书法家协会。1994年5月，湘西州书法家协会第二次代表大会在吉首召开，选举林时九为主席，杨国湘、杨永鉴为名誉主席。2002年7月3日，湘西州书法家协会第三次代表大会在吉首召开，选举黄叶为主席，林时九为名誉主席。2007年6月25日，湘西州书法家协会第四次代表大会在吉首召开，选举杨刚为主席。2010年，有会员253人，其中中国家书协会员5人、省书协会员38人、州书协会员206人。

州美术家协会　1987年7月26日，湘西州美术工作者协会在吉首成立。第一次代表大会选举贺显莲为主席。1988年有会员68人，其中中国美术家协会会员2人、湖南省美术家协会会员43人。1993年，湘西州美术工作者协会更名为湘西州美术家协会。1995年12月30日，湘西州美术家协会第二次代表大会在吉首召开，选举吴正义为主席，张雁碧为名誉主席。2002年3月27日，湘西州美术家协会第三次代表大会在吉首召开，选举吴正义为主席。2007年12月16日，湘西州美术家协会第四次代表大会在吉首召开，选举吴正义为主席，刘鸿洲、田明、田大年、简隆军为名誉主席。2010年，有会员124人，其中中国美术家协会会员4人、湖南省美术家协会会员45人。

州戏剧曲艺家协会　1986年12月18日，湘西州戏剧曲艺工作者协会在吉首成立。第一次代表大会选举张汇川为主席。1988年，有会员111人，其中中国戏剧曲艺家协会会员2人、湖南省戏剧曲艺家协会会员24人。1993年，湘西州戏剧曲艺工作者协会更名为湘西自治州戏剧曲艺家协会。1997年12月22日，湘西州戏剧曲艺家协会第二次代表大会在吉首召开，选举张子伟为主席。2003年5月8日，湘西州戏剧曲艺家协会第三次代表大会在吉首召开，选举张子伟为主席。2008年10月23日，湘西州戏剧曲艺家协会第四次代表大会在吉首召开，选举傅小平为主席。2010年，有会员134人。其中，中国戏剧曲艺家协会会员4人、湖南省戏剧曲艺家协会员23人、湘西州戏剧协会会员107人。

州音乐家协会　1987年7月26日，湘西州音乐工作者协会在吉首成立。第一次代表大会选举黄意声为主席。1988年，有会员87人，其中国家级3人、省级42人。1993年，湘西州音乐工作者协会更名为湘西州音乐家协会。1994年11月，湘西州音乐家协会第二次代表大会在吉首召开，选举黄意声为主席，李树广、张云珍、田隆信为名誉主席。1999年12月8—9日，湘西州音乐家协会第三次代表大会在吉首召开，选举李改芳为主席，黄意声、吴荣发、田隆信为名誉主席。2007年12月19日，湘西州音乐家协会第四次代表大会在吉首召开，选举曾薇为主席。2010年，有会员220人，其中中国音乐家协会会员7人、湖南省音乐家协会会员77人。

州影视家协会 2001年12月21日，湘西自治州影视家协会成立。第一次代表大会在吉首召开，选举田儒模为主席。有会员68人。2010年，有会员100人。

州摄影家协会 1987年1月17日，湘西州摄影工作者协会在吉首成立。第一次代表大会在吉首召开，选举唐克立为主席，杨国湘为名誉主席。1988年，有会员140人，其中中国摄影家协会会员3人，湖南省摄影家协会会员22人。1993年，湘西州摄影工作者协会更名为湘西州摄影家协会。1995年6月18日，湘西州摄影家协会第二次代表大会在吉首召开，选举陈庭茂为主席，杨国湘、唐克立、沙育昭、杨楚耀为名誉主席。2005年12月18日，湘西州摄影家协会第三次代表大会在吉首召开，选举张谨为主席，刘路平、张健永、陈庭茂、沙育昭、杨楚耀为名誉主席。2010年，有会员592人，其中中国摄影家协会会员19人、湖南省摄影家协会会员106人。

州工艺美术家协会 1985年11月4日，湘西州工艺美术学会在吉首成立。第一次代表大会在吉首召开，选举向乃章为理事长，时有会员52人。1993年，湘西州工艺美术学会更名为湘西州工艺美术家协会。1996年10月，湘西州工艺美术家协会第二次代表大会在吉首召开，选举江顺华为理事长，向乃章为名誉理事长。2004年，湘西州工艺美术家协会更名为州民族工艺美术家协会。2008年1月，州民族工艺美术家协会第三次代表大会在吉首召开，选举姜长青为主席。2010年，有会员170人，其中国家工艺美术家协会会员24人、湖南省协会会员28人。

州邮电文学艺术界联合会 1999年5月28日，州邮电文联成立。是州邮政局、州电信局两家企业联合成立的企业内部文艺群众团体，是湘西州第一家企业文联。为湘西州文联团体会员。1999年5月28日，州邮电文联在吉首召开第一次代表大会，选举王福吉为主席。邮政电信两局系统有文学、音乐、舞蹈、书法、美术、摄影等各种文艺人才近百人。2010年，随着机构调整、人员变动、经费问题等原因，未开展活动。

第十一章 社会科学界联合会

1986年8月，湘西州社会科学界联合会成立(以下简称州社科联)。州社科联第一届、第二届名誉主席、主席、副主席均由选举产生，但从1996年10月起，一直没有开展换届选举活动。2010年8月，州社科联成立中共党组，张立新任党组书记。12月，州社科联召开第三次代表大会，选举名誉主席、主席、副主席。

1989—2010年，州社科联历任主席、名誉主席：向熙勤（兼职）、颜长钊（名誉主席）、田茂德、彭冠智、陈潇（名誉主席）、唐镜；专职副主席：周耀宗、张立新、杨铁平。

第一节 社科活动

1989年，州社科联聘请州直县（处）级单位形势报告员10人，县（市）直机关、乡（科）级单位社科形势宣传员50人，举办形势报告会200余场，听众1万余人次。1990年，州社科联召开第二次代表大会，选举主席、兼职副主席。颁发全州首届社会科学优秀成果奖。1993年，州社科联组织社科界专家向社科理论界宣传国际国内经济政治形势，宣传改革开放方针政策，针对热点问题释疑解惑。1997 年，州社科联围绕“三讲”（讲学习、讲政治、讲正气），组织社科工作者学习马克思列宁主义、毛泽东思想、邓小平理论，打好社科工作者政治理论基础。1999—2001 年,州社科联举办 4 场大型理论学习报告会和生态州论坛、湖南西部论坛。2005 年，州社科联出台《学会管理办法》。2006 年，创办“湘西百家论坛”讲座，邀请北京大学教授刘春雷到湘西作学术报告，400 多名企业中高层管理人员参加报告会。2007 年，州社科联开设湘西学习大课堂。邀请 5 名全国知名专家，分别从如何增强企业领导核心、如何防范法律风险以及如何搞好企业财务管理等方面，组织全州大中型企业高层管理人员学习培训。邀请中国军事科学院军事学博士、中国战略与管理研究专家宫玉振教授，为州直机关领导干部授课两堂。加快《湘西研究》杂志创刊进程，从 8 个县（市）各聘请 1 名专家为杂志特约编辑，《湘西研究》编委会成立。12 月，杂志创刊，免费发行到全州科级以上行政事业单位和规模以上企业。2010 年，州社科联邀请清华大学社会学博士生导师孙立平、国家宏观经济研究院原常务副院长刘福垣、著名经济学家钟朋荣到湘西州学习大课堂讲课。

第二节　社科研究

1991 年，州社科联创办社科学术刊物《社科纵横》。1992 年，组织全州社会科学优秀成果参加全省首届评奖，其中 3 项获湖南省首届社科优秀成果二等奖。1993 年，组织全州社科理论界人士开展纪念毛泽东诞辰一百周年征文活动，举办第二届社会科学优秀成果评选，评出社科优秀成果。

1994 年，州社科联及其所属学会为纽带，形成全州各县市、各部门、大专院校、企事业单位社科理论研究网络，有 35 个社科学会，会员 1.69 万人，社科理论刊物 14 个，国家级报刊（出版社）发表论著 207 篇（部）。1996 年，湘西经济发展专题研究课题组成立，完成“湘西自治州发展市场经济对策研究”课题。2002 年，湘西州在国家社科规划办公室课题立项 6 个，在湖南省社科规划办公室、省委宣传部、省社科联课题立项 15 个，争取资金 40 万元。2003 年，评选出 20 个课题立项，并给予适当补助，资助率达到 50%。开展“湘西改革与发展”理论研讨活动，重点围绕宏观战略、“三农”问题、工业经济、城市化建设、文化经济等方面开展研讨。2004 年，湘西自治州州情与对策研究专家委员会成立，围绕社会经济发展重大问题，组织企业改制、人才资源、加快发展、旅游经济、农业产业化、城镇建设、科技普及、交通建设为主题的理论研讨活动。

2005 年，州社科联创办《湘西决策参考》，专家委员会推出“降低行政成本”“三带理论”（发酵带、亚麻酸带、富硒带）、“湘西矿业发展”等研究课题。制定《湘西自治州社会科学课题项目管理办法》。确定 20 个研究课题，明确课题负责人和课题组成员以及课题挂靠单位。2006 年，召开州情与对策研究专家委员会年会，为湘西州经济和社会发展出谋划策。举办以“振兴工业，科学发展”为主题理论研讨会。结集出版《湘西文化源与流研究》《湘西三带理论与实践研究》《湘西民族传统建筑特色研究》《中国古代德治思想》专著。2008 年，重点课题“传承民族传统节目，提升文化旅游经济”“土家织锦艺术、传承、发展与利用的整合性研究”“社会主义先进文化与道德精华研究”等进入省级立项课题。出台《湘西自治州哲学社会科学优秀成果奖励办法》，建立湘西州哲学社会科学成果评审奖励制度。《湘西文化揭密》获得湖南省第九届哲学社会科学优秀成果二等奖。2009 年，州委、州政府出台《湘西州哲学社会科学优秀成果奖奖励办法》。

2010 年，州社科联采取公开招标方式，确定课题学术主持人，采用双主持人研究模式，促进课题研究任务落实。全年立项课题 20 项，其中州直单位 12 项、8 个县（市）各 1 项。

第三十篇　卫生

20世纪90年代初，湘西州人民政府提出卫生工作仍以农村为重点的要求。1990年，州、县（市）选派卫生技术人员进驻边远贫困区乡卫生院，开展“卫生支农”，支援乡镇卫生院建设，建立村级卫生室。全州各级各类医院按照分级管理标准，加强硬件软件建设，开展升级达标活动。1993年，泸溪县浦阳中心卫生院成功创建为“一级甲等”医院。1995年，州人民医院、保靖县人民医院达到“二级甲等”医院标准。1997年，全州乡镇卫生院由集体所有制转为全民所有制，乡镇基层医疗卫生建设步伐加快。1999年，州人民医院首次成功安装“永久性人工心脏起搏器”，湘西州医疗技术明显提升。

进入21世纪，全州城乡医疗卫生事业发展全面提速。2002年，州、县（市）撤销卫生防疫站，成立疾病预防控制中心和卫生监督所，加大疾病预防控制力度，加强公共卫生监督工作；乡镇中心卫生院普遍开展“一甲”医院创建活动。2005年，全州35个乡（镇）中心卫生院达到“一级甲等”医院标准。民族医药实现突破。州民族中医院成功开展“冬病夏治疗法”，“苗医、土家医结肠炎专病”建设项目确定为国家民族医药重点项目。2007年，全州8个县（市）新型农村合作医疗实现全覆盖，走在全省各市州前列。2009年，州人民医院为1名“延髓肿瘤”患者成功摘除一乒乓球大的肿瘤，标志着湘西州神经外科技术达到国内先进水平。2010年，全州新法接生率由1990年的91.41%升至99.53%，连续16年无脊髓灰质炎病例发生，同时，流脑无病例报告。是年，州、县（市）、乡（镇）有医疗卫生机构664个，拥有卫生技术人员14137人；有病床10142张，每千人有病床3.67张；村卫生室能够开展基本医疗救治，缺医少药的落后局面根本改观，群众健康水平不断提升。

1989年，湘西州卫生局内设办公室、人事科、计财科、医教科、中医科、防疫科、地方病办公室、监察室及州爱国卫生办公室（州爱卫办，挂靠州卫生局）9个科室，行政编制26名。局直属事业机构有吉首卫生学校，州卫生防疫站、州职业病防治所、州妇幼保健站、州药品检验所、州结核病防治所、州民族医药研究所、州医疗器械管理站、州健康教育所、州计划生育技术指导所和州医学学会办公室。州属医疗机构有州人民医院、州民族中医院、州精神病医院。2010年，局机关内设办公室、人事科、规划财务科、疾病预防控制科、医政科、中医药民族医药管理科、农村卫生科、新型农村合作医疗管理科、干部保健科、药物政策与基本药物制度科、爱卫办公室、纪检组（监察室），核定行政编制22名、事业编制3名、工勤编制2名。局直属事业机构10个。其中副处级3个，即州卫生监督所、州疾病预防控制中心、州妇幼保健院；正科级7个，即州中心血站、州民族医药研究所、州医疗器械管理站、州计划生育技术指导所、州医学会办公室、州农村改水办公室及州药品集中采购服务中心。州属医疗机构3个，其中正处级机构有州人民医院、州民族中医院，副处级有州精神病医院。

1989—2010年，州卫生局历任局长：周光忠、梁巨澜、张旭；副局长：陈绍振、梁巨澜、方明金、殷湘汉、瞿绍坤、麻老政、李云武、彭剑涛、张旭、黄绍萍、彭志新、彭云、危首华。

第一章 卫生监督

第一节 公共场所卫生

1989年，全州实施《公共场所卫生管理条例》，组织理发店、宾馆等公共场所从业人员健康检查5559人，卫生知识培训5259人，监测公共场所354家。1991年，州、县（市）政府成立公共场所卫生监督工作领导小组，州卫生防疫站配备卫生监督员9名，各县（市）配备卫生监督员1～2名，从业人员体检率、培训率90%以上，“五病”（伤寒、肝炎、痢疾、结核病、皮肤病）调离率100%；实施处罚97家，罚款1400元。1992年，全州公共场所建档管理启动，建档1245家，发放卫生许可证1120家。1995年，加强公共场所现场监督，全州监督覆盖率95.7%。1997年，州内公共场所卫生监测全面启动，8个县（市）卫生防疫站开展检测检验4732项次。

2002年，州卫生监督所成立，当年检测公共场所55家。2003年，开展州直管21家公共场所卫生监督，实施行政处罚8家，销毁不合格物品100公斤。2005年，开展经常性州直管公共场所卫生监督检查316家次，监督实现全覆盖。2009年，州直管公共场所量化管理工作启动，州卫生局审批州民族宾馆等3家为A级信誉单位、衡民大酒店等23家为B级信誉单位、友谊宾馆等13家为C级信誉单位。2010年，全州公共场所经营单位1880家，从业人员13298人，健康持证率93.4%；实施量化分级管理71.4%，全年监督频次2次以上，经营场所均有卫生许可证。

第二节 职业卫生

1989年，州职业病防治所实施《湖南省工业企业劳动卫生管理条例》，开展尘肺病防治和劳动卫生监督。1992年，开展劳动卫生监督，检查州七一化工厂、州龙家寨煤矿、吉首双塘水泥厂等企业57家。1995年，州职业病防治所开展州直管企业劳动卫生执法检查，同时协助花垣、吉首、古丈3个县（市）开展劳动卫生监督，检查厂矿企业19家。2000年，全州预防性劳动卫生监督达到100%，经常性劳动卫生监督实现85%。2002年，州卫生监督所实施《中华人民共和国职业病防治法》，在27家州直管企业宣传职业病防治法律法规，同时启动全州职业病危害项目申报工作。是年，查处花垣县汇银锰企业有限公司13名二人砷化氢中毒案，罚款15万元。州28家直管企业职业病危害申报率达到98.5%。2005年，全州开展《中华人民共和国职业病防治法》宣传周活动，吉首市在街头搭建“健康维权和职业病防治知识”咨询台，接待咨询群众千余人次，发放宣传资料上千份。2006年，实施煤炭、冶金、化工、建材等行业30多家企业卫生监督，处罚卫生不合格企业2家。2010年，启动工矿企业建设项目职业卫生竣工验收备案工作，查实全州有168家用人单位存在职业危害，接触有毒有害因素员工9448人，监督实现全覆盖。其中州直管工业企业13家，监督52家次，健康体检率77%，建立职工职业健康监护档案451份。

第三节 饮水卫生

1989年，州卫生防疫站抽检15家城市集中式供水单位水质样品38份950个项次，合格率95.88%。1990年，州、县（市）卫生防疫站定期监测8县（市）城镇10个自来水厂水质四大指标（感官性状，细菌学指标，一般化学指标及毒理学指标）1533项次，合格率90.08%；检测单位自备供水54处四大指标214项次，合格率19.63%。1993年，全州11家城镇自来水厂全部实现水质自检；当年自检5188项次，合格率95.64%。州、县

（市）卫生防疫站定期抽检水质149份1019项次，并开展54家自备供水单位的213名从业人员健康检查和卫生知识培训。1997年，全州监测城市生活饮用水水质5.53万项次，合格率95.83%。1998年起，加强农村乡镇集中式供水、自备供水监督检查，同时抽样监测水源水质、供水水质，至2000年，总体监督覆盖率、监测合格率达到60%以上。

2002年，州卫生监督所开展桶装饮用水生产企业摸底调查，印发《湘西州桶装饮用水生产企业基本条件》，并开展桶装水卫生专项整治，实施行政许可审批。是年年底，州内有桶装水生产企业26家，其中15家获得产品卫生许可证，2家自动停业，9家限期整改。2004年，开展15家桶装饮用水厂家卫生许可量化评分，州卫生局确认食品卫生信誉A级、B级各6家，C级3家。2007年，州卫生监督所抽查吉首市市场销售的小型净水器，抽检6个品牌产品各1件，检测合格4件。2008年，开展州内乡镇136家集中式供水单位卫生安全调查，调查供水人口40.78万人，使用漂白粉等药物消毒处理55家，采用砂石过滤处理41家，直供水源水40家，抽检水源水样30份、出厂水或管网末梢水样156份，合格率35%。2010年，开展吉首市区涉水产品市场卫生监督专项执法检查，检查管材管件、制水设备、饮水机经营户69家，并向经营企业宣传相关法律法规。是年，全州集中式供水单位136家，其中县级10家，乡镇126家。州、县（市）开展生活饮用水监督抽查，抽采水样106份，其中县市供水合格率98.4%，乡镇合格率26.1%。

第四节　放射卫生

1989年，州职业病防治所实施《放射性同位素与射线装置防护条例》，开展州、县（市）、乡（镇）三级医用X光机防护改造检查，全州县以上医疗卫生单位44台X光机防护达标，农村乡镇达标率偏低。1992年，检测县以上医疗卫生单位47台X线机和原放射防护不合格的92台X光机，合格46台、76台。1995年，州职业病防治所检查全州46家放射从业单位，发现有州肿瘤医院等9个单位不合格，责令限期整改；泸溪县上堡乡卫生院未获射线装置许可证，违法使用X线机被责令停业整顿。2000年，全州放射卫生全部建档，放射人员防护知识培训率53%、体检率45.69%。

2002年，州卫生局会同州环保局、公安局开展州内15个单位放射源装置检查，检查装置台27个。2005年，州卫生局在凤凰县举办两期全州放射人员培训班，参加培训190人。是年，检查32家州直管医用放射装置台64次，同时开展7家新建X线机房单位预防性卫生监督。2008年，开展全州153家医疗机构放射防护专项督查。2010年，州卫生局举办在规定年限内必须培训的69名放射人员培训班，主要学习卫生法律法规和放射专业知识。是年，全州放射工作单位165家，实施经常性监督检查286家次，持放射诊疗许可证90%；有放射工作人员296人，持放射工作人员证94%。其中，州直管的41家145人，均获“放射诊疗许可证”和“放射工作人员证”。

第五节　学校卫生

1989年，州卫生防疫站开展吉首地区学生健康检查7018人次，龋齿防治1602人次；检查学生血常规2628人次，贫血患病率35.84%。1990年，开展吉首地区部分小学乙肝带毒调查，乙肝表面抗原检测3372人，阳性率占5.53%。1991年，执行《学校卫生工作条例》，组建学校卫生监督队伍，全州有学校卫生监督员38人、助理监督员225人。1994年，湖南省卫生防疫站及州卫生防疫站参与实施的联合国儿童基金会与中国（七省市）“学龄前儿童营养与改善及基层营养工作人员培训”项目，获得中国预防医学科学院科技进步三等奖。1995年，开展中、小学学生健康体检，治疗近视、沙眼、龋齿、肠道寄生虫等学生常见病，接种乙肝疫苗，预防和控制学校重点传染病的发生。2000年，加强学校卫生监督管理，开展两次执法检查，检查学生食堂182家，处罚和责令限期整改12家。2001年，全州监测52所学校2.23万学生，发现因病退学24人，意外死亡1人。开展12所学校2.52万学生保健体检，各种常见病发病率为：营养不良率4.48%，肥胖率2.24%，视力不良率16.26%，龋齿患病率15.32%，沙眼患病率9.8%，贫血患病率12.52%，蛔虫感染率6.13%。2005年，州、县（市）卫生监督所开展学校食品专项整治，出动监督员50人次、车辆25台次，检查各类学校和幼教园54所，卫生许可证持证100%，从业人员健康持证率98.3%，实施学生食堂经营环境不合格行政处罚2起。2007年，全州再次开展学校卫生专项整治，检查各类学校379所，检查学生食堂408家，实施学校食堂食品卫生量化管理244家，评定A级信誉16家、B级20家、C级38家、D级46家。2010年，全州学生食堂700家，持有食品卫生许可证或餐饮服务许可证542家，持证率77.4%，从业人员持健康证占95%，监督实现全覆盖。

第六节　食品卫生

1989年，州人民政府颁布《糕点生产经营卫生管理暂行规定》，对副食品卫生实行规范管理。州人大常委会定期开展卫生执法大检查。是年，全州8个县（市）监督检查1.07万家食品生产经营户，实施行政处罚1052家次，没收和销毁变质食品18.05吨，责令停止整顿61家次。1991年，湖南省定为卫生执法年，湘西州人大常委会牵头开展食品卫生执法检查36次，检查食品生产经营户6671家，实施行政处罚1141家，处理变质食品86种17吨。全州卫生防疫站抽检消毒餐具492件，合格率70.5%。是年，州境有36家糕点厂基本达到卫生标准。1996年，实施《中华人民共和国食品卫生法》，监督检查州内7140家食品生产经营户，实施行政处罚626家次，其中罚款25家次、6.41万元，吊销卫生许可证1家，销毁水质污染变质食品288吨。1998年，州内霍乱疫情发生，为控制疫情蔓延，卫生监督员关停食品生产经营户4434家。2002年，州卫生监督所联合州药品监督局在吉首城区开展专项执法检查，主要检查保健品和特殊营养品经营户，销毁违法保健品3种21盒、违法特殊营养品92种2976盒，货值9万余元。2004年，开展吉首市食品卫生安全专项整治，检查吉首城区和近郊食品生产经营企业137家，查处非法制售腊制品企业1家、产品500余公斤；查出并销毁违法产品23种2.54吨。是年4月，国内发生劣质奶粉“大头娃娃”事件，全州紧急开展劣质奶粉清查行动，检查超市、批发部27家，查封奶粉品种38个788袋。2006年3月，开展“3·15”卫生监督维权“春雷”行动，全州检查生产经营户626家，实施食品卫生行政处罚189起，罚款7起、7000元，端掉食品加工黑窝点18个，销毁禁止生产经营食品7.98吨。2008年5—8月，开展“迎奥运百日餐饮消费安全专项整治行动”，全州检查城乡餐饮户4122家，查处无证经营245家。是年，实施食品卫生量化动态管理，州卫生监督所全面复核A级信誉单位，全州保留27家，撤销2家。2009年，开展“2009卫监1号行动”，全州检查学校食堂及餐饮业2469家、食品经营户879家，州卫生监督所查获“三无”（无厂名、无厂址、无生产日期）食品添加剂5种、22公斤，以及含有罂粟籽的系列调味品60袋、106瓶。2010年，全州食品生产环节、流通环节、餐饮服务环节的卫生行政许可审批，以及日常监管职能由卫生部门分别划转到质量技术监督局、工商行政管理局和食品药品监督管理局。是年，全州监督检查餐饮业4280家，实行量化分级管理3228家。

第七节　健康相关产品卫生

1990年，州卫生防疫站开始监督管理州内卫生纸厂。1991年开展化妆品索证和查处无证化妆品。1993年监督检测州境21家化妆品批发单位和11家生产企业。1998年开展外埠一次性用品索证和质量监测，抽查8个厂家样品25份。1999年抽检市场销售化妆品97件，取缔非法经营6户次。2001年开展2次综合执法行动，没收并销毁州直管的35户婚纱影楼、美容美发店等经营、使用的违禁化妆品142种，查封5家逃避卫生监督、非法生产散纸的“黑厂”。2002年，州卫生监督所现场监督213家州直管的健康相关产品经营户448次，监督覆盖率100%。2003年开展改善性功能健康相关产品违法宣传专项整治行动，检查药品经营企业2家、医疗机构2家、零售药品商店及超市27家、食品超市6家，查出并销毁违法宣传改善性功能食品67个品种、1442盒，无批准文号及违法宣传的消毒产品5个品种、560盒，立案查处6起。2005年3月，开展吉首城区“性保健品”专卖店专项检查，检查10家“性保健品”专卖店、3家大药房的“性保健品”专卖柜，品种300个，查出198种食品在外包装或说明书上违法宣传改善性功能，销毁1200盒违法宣传改善性功能食品。2008年7月，开展吉首城区超市、药店化妆品专项检查，检查化妆品经营户14家，抽查香水类、美乳类、健美类及育发类化妆品18种，销毁外包装及说明书不符合卫生要求的香水类化妆品3种。2010年，州卫生监督所检查吉首市红旗门批发市场、雅溪民营小区、关厢门市场等卫生用品批发商、零售户20家，检查卫生用品牌81个。其中，妇女经期用品及婴幼儿尿布等48个，皮肤、黏膜用品6个，其他一次性用品27个。对采购索证不规范、产品标识标签内容不符合国家有关规定等问题全部依法处理。

第二章 医疗

第一节 西医

1989年，湘西州有西医医院218所，其中州、县（市）综合医院9所，农村中心卫生院45所，乡镇卫生院151所，精神病医院2所，其他（厂、矿、部门）医院11所。有病床4419张，卫生人员4408人，其中专业技术人员3790人。2000年，有西医医疗机构232个，编制病床4584张，卫生人员5946人，其中专业技术人员4857人。2010年，有西医医院227所，其中州、县（市）综合医院9所，专科医院4所，农村中心卫生院43所，乡（镇）卫生院160所，民营和部门医院11所。有病床8347张，卫生人员8203人，其中专业技术人员6892人。

一、医疗技术

1989年，湘西州实施科技兴医战略，医院引进新技术、新设备，开展新手术。1998年，州人民医院有：选择性支气管动脉插管灌化疗药物治疗晚期肺癌技术，急性心肌梗塞溶栓治疗，慢性肾功能衰竭非透析疗法，带可视系统纤维喉镜检查，全喉切除术，妇科恶性肿瘤根治术，二尖瓣、主动脉瓣置换术，小儿先天性直肠肛门畸形修复术，大脑半球肿瘤切除术，输精管针梗支架法吻合术，断肢、掌、指再植神经、血管损伤吻合术等一批诊治项目在省内领先或达到省级水平。县市综合医院也首次成功开展一批外科手术，主要有龙山县人民医院“心包剥离术”，永顺县人民医院“大脑半球肿瘤切除术”和断离半小时“上臂再植术”，保靖县人民医院“肺叶切除术”和“胃、胰、十二指肠切除术”；花垣县人民医院“肝叶切除术”“十二指肠切除吻合术”“全头皮再植术”，并首次成功抢救呼吸心跳停止8分钟病人；吉首市人民医院“电视腹腔镜胆囊切除术”，等等。

1999年10月，州人民医院首次成功安装“永久性人工心脏起搏器”，2001年2月，为一例肝脏多发性囊肿患者实施“右半肝切除术”获得成功。是年5月，成功开展首例“肾脏移植手术”和首例“冠状动脉搭桥术”。2003年1月，普外科利用“微创”技术，为一名16月龄幼儿成功实施首例“腹腔镜下先天性巨结肠切除术”；4月，在全州实施首例“巨大肝血管瘤介入手术”，6月，心胸外科与多个科室合作，成功抢救一名“心跳骤停”长达38分钟的大面积心肌梗塞患者。2005年，州人民医院心内科和胸外科合作，采用“介入放射”新技术成功实施湖南省首例“胡桃夹综合征”介入手术治疗。是年12月，州人民医院骨科为一名被水泥搅拌机绞断离体7小时的断腕实施“断肢再植术”治疗成功。2006年5月，湘西州首例“Bentall术”（升主动脉置换、主动脉瓣置换、冠状动脉移植术）在州人民医院成功实施；7月，开展首例“颈胸腔多脊髓脂肪瘤切除术”和“腹腔镜下胆囊切除与胆总管切开取石术”。2007年，州人民医院成功实施在省内领先、州内首例的“皮穿刺椎体成形术”；是年，该院脊柱外科与头颈外科、麻醉科合作，为一名38岁的女性患者实施上颈椎难复性环枢关节脱位治疗，采取“先行前路径口咽环枢关节松解，再行后路环枢椎椎弓根钉复位固定植骨融合术”办法，获得成功。该项技术步入省内先进行列。

2009年5月，州人民医院为一名“延髓肿瘤”患者成功摘除一个有乒乓球大的肿瘤。2010年3月，州人民医院采用“高位胆管切开取石联合肝叶部分切除术”办法，为一肝内外胆管结石患者取净整个胆道结石，填补湘西州复杂胆石症治疗技术空白。

二、突发事件救治

1990年1月，一辆湘运龙山分公司客班车在龙山途中造成翻车事故，龙山县人民医院组织数十名医护人员赶赴事故现场，抢救受伤人员，16名重伤人员急送县人民医院治疗。11月13日，湘运客班车在吉首市阳孟路段发生特大翻车事故，32人当场死亡，10人重伤；州人民医院院长刘佳赋率罗光楠等医护人员前往现场抢救，将10名重伤者转入州人民医院住院治疗。是年，泸溪浦市化工厂发生火灾事故，烧伤30多人，州人民医院组织医护人员赶到现场全力抢救，所有烧伤人员得到及时治疗。1993年2月，泸溪县浦市鞭炮厂发生爆炸事故，死伤数10人，重伤人员全部送州人民医院治疗，绝大多数康复出院。1999年2月，吉首市糖果厂发生氯气泄漏事故，造成200多人中毒，州人民医院组织医护人员全力抢救并治愈出院；9月，重庆市云阳县一辆开往广东的大巴车在永顺县路段翻车，永顺县人民医院出动8名医护人员、4辆救护车，将54名伤者送至医院抢救，使之全部脱险。

2003年6月，广东、北京等部分省市发生“非典”疫情，为迅速有效防止传入湘西州，州人民医院在短期内筹集资金400余万元，筹建“湘西州非典治疗专门医院”，采购“非典”消毒、治疗药品价值72万元，赶制“非典”防护用品4650件；接诊680多例发热病人，收治医学观察对象30多例；派遣专家73人次到县、乡（镇）排查疑似病人，全州实现“非典”疫情零病例、零传染目标。2007年8月13日，凤凰县发生一座大桥坍塌事故，州人民医院成立医疗救治组，赶赴凤凰抢救，经过连续183小时紧张救治，实现22名危重伤员转危为安。2008年4月，州人民医院乾州传染病区收治“手足口病”13例（其中危重2例），治愈12例，好转1例，实现州委、州政府“确保不发生死亡病例”的目标。是年9月，针对全国“婴幼儿食用含三聚氰胺奶粉”事件，州人民医院及时为食用问题奶粉婴幼儿免费检查治疗，至年底共筛查1874人次，确诊88例，住院治疗3例。2009年11月至2010年1月，州内发生甲型H1N1传染病流行，州人民医院及时启动预案，先后集中隔离治疗并治愈患者58人。

三、公益诊疗服务

1996年9月，国务院港澳事务办公室处长谢伟民将香港慈善康复项目“关怀行动”引荐给湘西州。1997年12月，香港与州人民医院正式签订援助湘西州协议书，州人民医院成为香港“关怀行动”在国内的第九个工作点。香港“关怀行动”历时12年，港方派驻义诊队员250人次，捐助资金270万元，捐赠药品、器材价值160万元；州人民医院的人、财、物投入超过港方。该项目在湘西州开展义诊10次，州、县（市）、乡（镇）三级医疗机构共筛选病人1.2万人次，开展肢体残疾矫治手术1000余例、唇腭裂手术62人次、康复治疗3000余人次。

2007年11月，州人民医院与香港嘉里集团郭氏基金会签约“白内障复明援助项目”，香港嘉里集团郭氏基金会资助每例手术2350元，州人民医院减免其余费用，湘西州50岁以上“贫病孤老”

白内障患者得到复明手术治疗。2008年6月，州人民医院与湖南省卫生厅签约成为“国际微笑列车基金会唇、腭裂修复慈善项目”定点医院，免费为贫困家庭儿童唇、腭裂患者实施初期矫治手术。2009年，州人民医院为全省32所防盲定点医院之一，实施国家“百万贫困白内障患者复明工程”，中央财政为每例手术补助800元费用，凡符合手术条件的白内障患者得到手术治疗。至2010年，香港嘉里集团郭氏基金会“白内障复明援助项目”，港方捐助资金131.68万元，州人民医院赴基层普查筛选5000余人，手术治疗543人；“国际微笑列车基金会唇、腭裂修复慈善项目”实施唇裂手术62台次、腭裂手术30台次，收到基金会援助资金24.2万元，医院减免费用21.5万元；“百万贫困白内障患者复明工程”实施白内障复明手术670例，超额完成湖南省卫生厅下达的任务。

1989年湘西州西医医疗机构医疗服务情况一览表

表30-1 单位：人次、%

机构分类	门诊				住院					
	门诊	急诊	家庭服务健康检查	急诊救治成功率	入院人数	出院人数	住院手术	治愈率	好转率	病床使用率
总　计	3938270	82583	32873	98.97	81846	81765	10548	63.9	35.3	91.7
综合医院	972294	67541	28807	98.85	43634	43416	9321	61.6	31.3	92.8
专科医院	5931	—	75	100	311	347	51	52.9	42.4	60.2
乡镇卫生院	2960045	15042	3991	99.01	37901	38002	1176	73.4	22.6	28.8

2000年湘西州西医医疗机构医疗服务情况一览表

表30-2 单位：人次、%

机构分类	门诊				住院					
	门诊	急诊	家庭服务健康检查	急诊救治成功率	入院	出院	手术	治愈率	好转率	病床使用率
总　计	2883618	67967	21721	99.9	64268	63825	13395	62.7	34.49	45.23
综合医院	715653	52469	20476	97.22	35246	34958	10536	50.35	45.96	45.8
专科医院	5593	—	68	—	429	411	94	38.69	60.58	33.18
乡镇卫生院	2162372	15498	1177	99.67	28593	28456	2765	79.61	18.68	31.23

2010年湘西州西医医疗机构医疗服务情况一览表

表30-3 单位：人次、%

机构分类	门诊				住院					
	门诊	急诊	家庭服务健康检查	急诊救治成功率	入院	出院	手术	治愈率	好转率	病床使用率
总　计	3455853	128374	197747	98.28	280212	280198	27022	47.51	48.20	71.97

续表 30-3　　单位：人次、%

机构分类	门诊				住院					
	门诊	急诊	家庭服务健康检查	急诊救治成功率	入院	出院	手术	治愈率	好转率	病床使用率
综合医院	1303677	98953	25530	97.30	108835	108498	26341	49.21	46.04	78.23
专科医院	40860	201	802	98.50	10106	9929	631	45.83	49.20	88.03
乡镇卫生院	2111316	29220	171415	99.98	161271	161771	—	85.16	13.04	53.98

第二节　中医

1989 年，湘西州有州县中医院 8 所、病床 511 张，有中医师 316 人、中医士 48 人、中药师 96 人、中药士 74 人、其他中医药人员 153 人；诊疗病人 43.69 万人次。是年，凤凰县中医职业学校创办，招收中医、中药学生 200 余人。1990 年，州中医院综合楼和凤凰县中医职校教学楼落成。1991 年，编制《湘西自治州中医事业“八五”发展规划》，州级及永顺、龙山、凤凰、花垣、保靖五县财政实行中医事业费预算单列。1993 年，全州开始分级开展“二级甲等中医院”创建工作，成立等级医院创建领导小组。州卫生局与湘西电视台联合拍摄电视科教片《推拿奇葩》，推广老中医、推拿专家、吉首卫校副教授刘开运小儿推拿绝技；州中医院引进花垣县中医院谢国胜研究成果，开设中草药治疗骨质增生专科。是年，州中医院、龙山县中医院、保靖县中医院 3 所中医门诊楼和永顺县中医院综合楼竣工使用。州中医院副主任医师魏衡生研制的“枪式肛门注射器”获得国家专利局第 141513 号“实用新型专利证书”。1994 年，投资 270 万元、建成建筑面积 6000 平方米的州中医院住院楼。1996 年，州中医院配备应用国家推广的急诊中成药 20 余种，使用“清栓酶”治疗偏瘫、“风湿立康”治疗风湿病等，获得成功；是年，州中医院设置中医特色专科门诊 14 个，并通过省级评审达到“二甲”中医院标准。1997 年，州境有 13 所乡镇（中心）卫生院恢复开展中医业务。1998 年 3 月，泸溪县浦市镇中医院通过州级审评达到“一级甲等”中医院标准。是年，开展州级重点中医专科创建工作，同时启动乡镇卫生院中医业务。州卫生局印发《关于加强乡镇卫生院中医工作的意见》，全州有 8 所乡镇卫生院恢复开展中医业务，永顺县成为“农村中医合格县”。1999 年，凤凰县中医职校停止向社会招生，继续面向在职卫技人员开办中医大专班。2000 年，全州开展医疗气功清理整顿工作，中医院开展下乡义诊、上街咨询等活动 20 余次；是年，永顺县被湖南省卫生厅评为“全省农村中医工作先进县”，凤凰、龙山两县中医院被评为“二级甲等”中医院。2001 年，州中医院、保靖县中医院被湖南省中医管理局列入全省重点中医院急诊科建设单位。2002 年，龙山、永顺、保靖和花垣 4 个县，各有 3 所乡（镇）卫生院达到中医“六有”（有中医药专职人员，有中医诊断室，有中药房，有中药加工室，有中草药园地，有中医药适宜技术诊治设备）建设标准。2003 年，全面启动县级中医院急诊科建设，保靖县中医院心血管专科、凤凰县中医院肝病专科、龙山县中医院糖尿病专科和永顺、花垣两县中医院骨伤科均被确认为省级重点中医专科，并列入国家西部大开发技术支持专科建设计划。是年 5 月，省卫生厅公布首批湖南省老中医药专家学术经验继承指导人及学术继承人员名单，确认州中医院中医内科主任医师何炬、中西医结合主任医师马伯元为全省 18 位专家之一；州中医院张洪勤、文杰分别为两位专家的学术继承人。2005 年，泸溪县浦市中医院、永顺县石堤中心卫生院、龙山县里耶中心卫生院成功创建“中医兴院示范单位”。2006年，州中医院将针灸推拿科作为重点特色专科建设，成功开展“冬病夏治疗法”。2008年，州中医院新建急诊医技综合楼（建筑面积1.25万平方米，总投资3300万元）开业接诊，其脑病专科经国家中医药管理局审核，被批准为“全国中医脑病专科协作组观察员单位”。2009年，湖南省中医药管理局将州中医院针灸推拿专科纳入全省“十一五”第二批重点专科建设项目。2010年，州卫生局贯彻执行国务院《关于扶持和促进中医药事业发展的若干意见》，推广农村常见病、多发病中医药适宜技术30项，适宜技术推广乡镇卫生院和村卫生室实现全覆盖。是年，全州有二级以上中医院8所、病床1396张，中医执业医师363人、中医执业助理医师108人，药师（士）126人，业务用房面积7.2万平方米，万元以上设备553台（件）、总价值7000万元，其中价值百万元的设备12台（件）。全年诊疗病人48.46万人次。

1989—2010年部分年份湘西州中医医院医疗服务情况一览表

表30-4

年份	门诊(人次)				住院(人次)					
	门诊	急诊	家庭服务健康检查	急诊救治成功率(%)	入院	出院	手术	治愈率(%)	好转率(%)	病床使用率(%)
1989	427182	5851	1747	100	6686	6674	1249	66.5	30.1	73.3
2000	302644	16811	7593	99.42	16109	15854	5254	50.81	45.71	57.92
2010	369733	20318	6649	98.04	32821	32603	6183	41.38	55.83	76.71

第三节　民族医药

20世纪80年代中期，州卫生局开展全州土家医药、苗医药资源调查，登记民族医药人员1873人，发现民间医药古书26册、诊疗器具42件，收集单方、验方、秘方520剂，采集民族药物标本600余个，编辑《民族医药调查资料汇编》3集。1989年，州民族医药研究所实施课题研究11个。1991年，州民族医药研究所田奇伟的木瓜抗菌痢研究专著《木瓜研究》由黑龙江科技出版社出版。1993年7月，州民族医药研究所受湖南省中西医结合学会、民族医药专业委员会委托，在永顺县王村镇举办湖南省首届民族医药学术研讨会。10月，田奇伟获国务院“政府特殊津贴”，成为湘西州卫生系统国家级专家第一人。1994年8月，田华咏、潘永华、唐永佳、何炬、瞿绍双合著的《土家族医药学》出版。1996年，州民族中医院运用苗医药、土家医药治疗慢性结肠炎临床研究被湖南省卫生厅列为重点专病建设项目。是年，瞿显友、田华咏、杨文兴、彭芳胜的《湘西常用民族药炮制方法调查研究》成果获湖南省中医药科技进步奖三等奖。2000年8月，州民族医药研究所在吉首市承办湖南省第六届民族医药学术研讨会；9月，田华咏、瞿显友、熊鹏辉合著的《中国民族药炮制集成》一书出版。是年，张东海、田华咏、瞿显友等合作开展的《苗医正骨手法与柏林接骨散治疗骨伤疾病的研究》获湘西州科技进步奖二等奖暨湖南省中医药科技进步奖三等奖。2001年，国家中医药管理局将湘西州民族中医院“苗医药、土家医药治疗慢性结肠炎”纳入首批民族医药重点专科病建设项目，州民族中医院成立结肠炎专病科室，配置10张病床，改造土家药“龟龙丸”剂型质量标准（由蜜丸改制成肠溶胶囊），开展“龟龙丸”临床治疗慢性结肠炎研究。是年，全国土家族医药学术研讨会在吉首召开，田华咏、瞿显友等“全国民族药炮制方法调查研究”项目成果获湘西州科技进步奖一等奖和湖南省中医科技进步奖三等奖。州民族医药研究所、州民族中医院联合申报的“苗医、土家医结肠炎专病”建设项目被列为国家中医药管理局首批全国民族医药专病专科建设项目。2004年，州民族中医院被省中医药管理局确定为苗医、土家医治疗结肠炎的重点专病建设项目单位，新开设民族医病床20张，实现民族医药研究方向由基础性向临床应用性转变。2005年1月，田华咏出版《土家族医学史》一书；10月，湖南省苗族医药学术研讨会在花垣县召开；是年，州卫生局成立《湘西州民族医药保护条例（草案）》起草小组；田华咏、滕建卓合作的《土家族医学发展史研究》获得湘西州科技进步奖一等奖。2006年4月，州民族医药研究所，州民族中医院“苗医、土家医结肠炎专病”建设项目，通过国家中医药管理局验收，并确定为国家民族医药重点专病项目；7月，田华咏的专著《土家族医药研究新论》出版；10月，全国土家族医药学术研讨会在凤凰县召开。2007年，国家中医药管理局将湘西州民族中医院的“土家医肝病专科”和“苗医、土家医脾胃病专科”确定为“十一五”重点专科专病建设项目。是年，杜江、田华咏合著的《苗族医药发展史》、张东海、田华咏合著的《苗医正骨》和彭芳胜的《土家医方剂学》先后出版；彭芳胜、田华咏、滕建卓合作的《土家医方剂学研究》和田华咏、滕建卓、田药合作的《湖南省民族医药发展史研究》获湘西州科技进步奖一等奖、张东海、田华咏等《湘西苗医正骨技术整理研究》获湘西州科技进步奖二等奖；州民族中医院申报的“土家医肝病专科”及“苗医、土家医胃病专科”建设项目，被列入国家第二批民族医药专科建设项目；是年，永顺县石堤镇中心卫生院退休医生周大成被列入国家“十一五”科技支持计划项目第一位老土家医医技医术抢救对象，州民族医药研究所开展“周大成土家医药医技医术的抢救性传承研究”，并编写出版《名老土家医周大成医案》，周氏祖传“土家医小儿提风疗法”等临床经验得到传承和推广。

2009年3月27日，湘西州第十二届人民代表大会第二次会议表决通过《湘西自治州土家医药苗医药保护条例》，5月22日，湖南省第十一届人大常委会第八次会议批准实施。2010年，州民族中医院完成肝病、脾胃病、针灸推拿等国家和省重点专科建设项目建设，州民族医药研究所申报的“民族医药文献整理及适宜推广项目”“土家医小儿提风疗法治疗小儿走胎技术推广应用”“土家医雷火技术针疗法治疗风湿痛痹技术推广应用”“苗医正骨疗法治疗腰痛技术推广应用”“苗医小儿推拿疗法治疗小儿外感发热技术推广应用”，被国家中医药管理局列入“国家公共卫生专项资金项目”。组织乡镇卫生院和村卫生室技术推广人员培训，参训160人；应用土家医、苗医适宜技术治疗7000余人，均有明显疗效。是年，湘西州有民族医药人才800多人；普查登记中草药、民族医药品种1835种。蕲蛇风湿酒、百补酒、木瓜舒肝冲剂、萱白伤湿喷雾剂、神州三蛇酒、桐叶烧伤膏等6种自主研发民间验方或药取得国家药品生产批准文号。凤凰县龙玉年祖传四百余年的“苗医药癫痫症疗法”、花垣县田兴秀发掘整理的名苗医龙玉六祖传十余代的“苗医药钻节风疗法”，被列入《第三批国家级非物质文化遗产扩展项目名录》（项目编号：Ⅸ-15），龙玉年、田兴秀被列入“第二批省级非物质文化遗产代表性项目传承人”，雷吉林（土家族医药）、张东海（苗医正骨术）被确定为“第三批州级非物质文化遗产代表性项目传承人”。

第四节　护理

1989年，全州有护理师620人，护士457人。7月，州人民医院副院长、护理部主任、总护士长周娴君获得国际红十字会第三十二届“南丁格尔奖”，成为湖南省获得世界护理界最高荣誉第一人。是年，州卫生局实施《湖南省医疗护理与工作质量评分标准》，组织培训从事护理质量管理的护士长、护士126人。1991年，全州医疗机构开始执行肌肉注射“一人一针一管制”和“一次性输液（输血）器”制度，组织护理“三基”（基础理论、基本技能、基本操作）训练。1992年，州人民医院供应室经省验收达标。1994年，全州执行《中华人民共和国护士管理办法》，开展护士执业考试发证工作，护士开始持证（执业资格证）上岗。是年1月，州人民医院急诊科经省专家验收评审达标，取得创建“二级甲等”医院“入场券”。1995年9月，经湖南省医院分级管理评审委员会专家验收评审，卫生部确认州人民医院达到“二级甲等”医院标准。同时，经省卫生厅评审，保靖县人民医院达“二级甲等”医院标准。医院“评审标准细则”规定总分1000分，其中护理工作200分。是年，全州有护理人员1769人，其中护师以上技术职务777人、护士833人。州人民医院全面实行责任制护理制度，先后在急诊科、心内外科、普外科建立CCU（重症冠心病监护室）和ICU（重症加强护理病房）以及新生儿监护室。1996年，州卫生局开始从州人民医院、州民族中医院抽调资深护理专家到县市医院和农村中心卫生院开展护理业务培训，护理管理及质量水平得到提升。1998年，州人民医院开始推行“整体护理”（以护理程序为核心，将临床护理和护理管理各个环节系统化）制度改革。

2000年，全州医疗机构中有护理人员1882人，其中护师以上技术职称1062人、护士739人。是年，州中医学会组织全州中医院整体护理知识竞赛。

2003年，州人民医院开展护士全员培训，并在临床科室推行“整体护理”模式。2006年，州人民医院消毒灭菌合格率100%，一次性医疗卫生用品使用后毁形率100%。2007年，实施《中国护理事业发展规划纲要》和《湖南省护理事业发展规划纲要》，州卫生局出台《湘西自治州医院护理管理规定》，组织护理人员“三基”考试（参考率94%，合格率98%），开展护士长、新进院护士和危重病人护理强化培训，通过培训，护理文书书写合格率达到95%以上，患者满意度97%。2008年，实施《中华人民共和国护士条例》，州人民医院被湖南省卫生监督所评为“护士执业先进单位”。2010年，全州各级医疗机构开展“优质护理服务工程”活动，强化基础护理，组织开展“一针见血”静脉穿刺竞赛和出院病人电话回访活动，加强与患者沟通，促进临床护理“三贴近“（贴近患者、贴近临床、贴近社会），护理质量得到优化。年末，在全州244个医疗机构中，有注册护士2981人。

第五节　医疗机构选介

一、湘西州人民医院
（吉首大学第一附属医院）

州人民医院创办于1952年9月，前身系英国基督教复初会建立的湖南省私立沅陵宏恩医院之乾城县所里宏恩医疗中心。1989年，医院占地面积4.8万平方米，医疗用房14149平方米。有工作人员705人，其中专业技术人员492人；有正高级职称人员1人、副高级职称36人、中级职称210人、初级职称233人、无职称12人。开放床位460张。设置科室37个，其中临床科室10个、医技科室12个、职能科室15个。有万元以上医疗器械仪器设备14台件，价值45.27万元。1995年，成功创建“二级甲等医院”。1996年，被卫生部和联合国儿童基金会确认为“爱婴医院”。1997年，医院晋升为“三级乙等医院”。2006年6月，挂牌吉首大学第一附属医院，实行两块牌子、一套人员、统一管理。2009年12月，吉首大学依托州人民医院建立吉首大学临床学院，实行三块牌子、一套人员。2010年，医院设置科室73个，其中，临床科室42个、医技科室14个、职能科室17个。同时设有传染病区、健康管理中心、肿瘤诊治中心、医疗紧急救援中心等。开放床位700张，有工作人员814人，其中正高级职称33人、副高级139人、中级277人；总资产11.36亿元。是年，医院易地迁建工程启动，新址位于吉首市乾州新区，占地面积30万平方米，预算总投资7.51亿元。

重点专科　大骨科：1997年8月设置骨科。2001年，在州境率先开展微创治疗椎间盘突出症。2002年11月，成功实施足趾移植拇指再造手术。2005年7月，为一名右手断裂患者成功实施断手再植术。2006年，骨科编制床位达到100张；5月，一例断掌再植手术实施成功；6月，施行首例高位颈1.2椎弓根钉内固定术。2007年1月，州内首例、省内领先的经皮穿刺椎体成形术获得成功；3月，州内首次为一例上颈椎难复性环枢关节脱位的女性患者，成功实施先行前路径口咽环枢关节松解，再行后路环枢椎椎弓根钉复位固定植骨融合术，标志着该院治疗上颈椎疾患水平跨进省内先进行列。2010年，成功实施膝关节镜下前交叉韧带重建术。是年，第二足趾移植再造拇指手术成功，技术水准达到省内先进水平。被省卫生厅评审为湖南省市（州）级临床重点专科。

神经外科：1997年8月神经外科设立。2008年，引进首位神经外科博士生，由此形成颅脑创伤救治、脑血管病及颅内肿瘤显微和微创手术治疗三大特色，填补湘西州在神经外科领域18项空白，主要有：高血压脑出血的锁孔手术、微创软通道治疗幕下脑出血。2009年，右侧裂一岛叶动静脉畸形显微手术切除，幕下血管畸形合并幕上多发脑膜瘤显微手术切除，椎板开窗椎管肿瘤显微手术切除，颅咽管瘤显微手术切除，延髓区肿瘤切除；功能区巨大胶质瘤切除，颅底巨大脑膜瘤切除。2010年，上矢状窦中后1/3、横窦及窦汇区等大血管旁巨大脑膜瘤显微手术切除；中颅窝底胆脂瘤显微手术切除，小脑蚓部海绵状血管瘤显微手术切除，脑血管造影，电生理监测下听神经瘤切除。是年，该科被湖南省卫生厅评定为湖南省市州级临床重点专科。

1989—2010年湘西州人民医院医疗服务情况一览表

表30-5

年份	门诊（人次）	住院治疗							
		病床（张）	出院总数（人）	住院手术（人次）	治愈率（%）	好转率（%）	病死率（%）	病床周转次数	病床使用率（%）
1989	350272	460	9743	2343	62.3	31.1	1.6	21.20	101.5
1990	360704	460	8889	1867	59.1	25.1	1.5	19.30	97.3
1991	371405	460	8994	2290	58.1	35.8	1.5	19.60	100.2
1992	373333	460	9309	2150	58.6	36.0	1.3	20.20	97.5
1993	253772	460	8548	2022	57.8	36.7	1.2	18.60	92.3
1994	234289	500	7247	1936	52.9	41.4	1.2	15.80	84.3
1995	261845	500	7452	2171	52.4	41.9	0.9	16.20	85.2
1996	253709	500	8008	2291	49.7	44.7	0.8	16.20	87.1
1997	229727	600	8891	2294	50.8	44.5	0.6	18.20	84.5
1998	236545	600	9655	2737	48.4	46.8	0.3	16.10	67.9
1999	252967	600	10123	2889	50.4	44.8	0.3	16.90	65.5
2000	233075	600	10207	3157	47.1	48.0	0.2	17.00	61.1
2001	261171	600	12064	3149	47.4	47.5	0.2	20.10	73.1
2002	260964	600	14095	2865	47.2	48.1	0.3	23.50	82.6

续表 30-5

年份	门诊（人次）	住院治疗							
		病床（张）	出院总数（人）	住院手术（人次）	治愈率（%）	好转率（%）	病死率（%）	病床周转次数	病床使用率（%）
2003	220090	600	13175	4198	40.6	53.2	0.5	22.10	77.6
2004	241948	600	13375	4310	38.3	50.6	0.6	22.30	80.6
2005	269000	600	14500	4195	37.1	52.3	0.6	24.10	89.4
2006	287304	600	16581	4598	39.9	49.0	0.4	27.60	102.0
2007	326030	670	19034	5721	39.60	49.6	0.3	28.70	106.0
2008	344867	670	19434	5961	45.0	48.6	0.3	29.00	103.7
2009	364405	700	21514	5969	40.1	53.2	0.3	30.90	111.4
2010	376190	700	23363	7251	41.4	52.4	0.2	33.40	114.2

二、湘西州民族中医院

湘西州民族中医院成立于1986年8月，其前身为吉首市民族中医院。1989年，该院房屋建筑面积7169平方米，开放病床104张，有工作人员142人，其中副高级职称11人、中级职称42人、初级职称67人。有万元以上医疗设备5台件，价值14.8万元。1997年1月，被评定为二级甲等中医医院。1998年，通过国家“爱婴医院”创建验收并授牌。2006年，新建一栋门诊医技综合楼，建筑面积1.25万平方米。2010年，中医院占地面积1.6万平方米，有业务用房2.54万平方米；有工作人员312人，其中正高级职称2人、副高职称27人、中级职称104人、初级职称70人。开放病床263张。设置科室33个，其中临床科室17个、医技科室5个、职能科室11个。拥有1万~10万元医疗设备153台件、10万元以上医疗设备37台件，价值2050.3万元。

特色专科 1996年，州中医院“苗医药、土家医药治疗慢性结肠炎临床研究”被湖南省卫生厅列入重点专病建设项目。2001年，国家中医药管理局将该院“苗医药、土家医药治疗慢性结肠炎”纳入首批民族医药重点专病建设项目，2006年项目建设验收合格。2007年，国家中医药管理局将该院“苗医药、土家医药治疗慢性结肠炎专科”“土家医肝病专科”“苗医、土家医脾胃病专科”列入“十一五”重点专科建设项目。2009年，湖南省中医药管理局将该院“针灸推拿专科”纳入全省“十一五”第二批重点专科建设项目。该专科开放病床20张，配备专业针灸推拿医师22人，治疗颈椎病、偏瘫、面神经瘫痪、椎间盘突出症、小儿脑瘫、疳积、风湿、肩周炎、小儿咳嗽、小儿慢性腹泻等疾病，成为湘鄂渝黔四省市边区规模第一的针灸推拿理疗康复中心。

1989—2010年湘西州民族中医院医疗服务情况一览表

表 30-6

年份	门诊（人次）	住院治疗								
		病床（张）	住院总数（人次）	出院总数（人次）	住院手术（人次）	治愈率（%）	好转率（%）	病死率（%）	病床周转次数	病床使用率（%）
1989	64984	104	1212	1140	106	66.67	24.83	0.6	11.8	80.2

续表 30-6

年份	门诊（人次）	住院治疗								
		病床（张）	住院总数（人次）	出院总数（人次）	住院手术（人次）	治愈率（%）	好转率（%）	病死率（%）	病床周转次数	病床使用率（%）
1990	75401	104	1190	1180	125	72.27	23.36	0.2	11.4	89.1
1991	70286	104	1351	1349	150	71.95	24.35	0.4	11.1	78.0
1992	71196	134	1497	1491	172	73.68	24.13	0.2	11.3	54.0
1993	74168	134	1295	1268	188	75.68	18.53	0.5	9.8	52.9
1994	57586	134	1249	1132	236	69.18	18.57	0.8	7.3	37.1
1995	52053	170	1684	1577	263	65.74	19.77	0.5	9.8	43.1
1996	55557	170	1592	1348	305	54.52	21.92	0.3	9.4	46.1
1997	54364	170	1387	1359	353	65.03	26.75	0.2	8.2	34.9
1998	46135	170	1465	1440	359	68.60	24.16	0.3	8.6	35.0
1999	46446	170	1739	1716	402	66.65	20.64	0.5	10.1	36.4
2000	61231	170	2323	2304	568	53.64	35.51	0.1	13.6	45.9
2001	67130	170	2751	2492	752	39.73	39.51	0.5	16.0	54.5
2002	79033	170	2730	2675	729	43.41	43.55	0.6	16.2	51.3
2003	64224	170	2691	2648	794	40.77	44.52	0.5	15.9	46.4
2004	70163	190	2715	2693	897	43.31	45.72	0.7	14.2	44.0
2005	76359	190	2701	2690	1002	47.32	42.61	0.7	14.3	45.2
2006	83065	195	3503	3496	1167	51.01	33.99	0.5	17.8	66.4
2007	90721	195	4162	4135	1401	42.72	45.99	0.6	21.3	75.2
2008	101330	227	4514	4482	1503	44.02	46.37	0.6	21.4	70.3
2009	99529	227	5420	5347	1575	39.71	50.46	0.7	23.7	72.6
2010	102610	278	6367	6343	1832	43.14	47.23	0.3	24.2	70.1

三、湘西州精神病医院

湘西州精神病医院位于永顺县灵溪镇宝塔村，1959年创建，前身系湘西自治州精神病疗养院。1989年，该院占地面积5.2万平方米，有业务用房2000余平方米；编制床位200张，有工作人员110人，其中中级职称19人、初级医技人员70人。内设办公室、医务科、一病室、二病室、三病室、门诊部、总务科7个科室；有价值约12.7万元的医疗设备，能开展三大常规检验、肝功能检查、部分生化检验项目。1990年，州精神病司法鉴定委员会在该院挂牌成立。1994年，医院加挂州精神病红十字会医院牌子。1997年该院设立湘西州自愿戒毒所。1998年，医院升格为副处级事业单位。2004年，设立湖南武陵司法鉴定所。2006年，开始收治开放性管理的各类神经症、身心疾病患者，同年开设心理咨询门诊。2008年,在吉首市大田湾设立吉首分院。2010年，该院有业务用房8620平方米，价值2860.5万元，生活用房500平方米，价值66.5万元；编制床位350张，有工作人员131人，其中正高级职称1人、副高级职称2人、中级职称33人、医技师44人、无职称9人；内设17个科室及州自愿戒毒所、湖南武陵司法鉴定所和永顺县灵溪镇河西分院、吉首分院等4个院所；有1万～10万元医疗设备7台件、10万～49万元医疗设备2台件，总价值58.6万元。

1989—2010年湘西州精神病医院临床医疗情况一览表

表30-7

年份	门诊（人次）	住院治疗						
		入院总数（人次）	出院总数（人次）	治愈率（%）	好转率（%）	病死率（%）	病床周转率（%）	病床使用率（%）
1989	5856	311	347	53.9	44.4	0.6	1.7	60.2
1990	4309	304	284	51.1	47.8	—	1.4	53.7
1991	6297	258	261	43.3	54.8	0.8	1.3	54.3
1992	4575	346	359	81.6	17.6	0.3	1.9	58.2
1993	3691	246	249	48.2	50.2	—	1.2	47.7
1994	10881	290	299	42.5	56.2	—	1.5	46.0
1995	11492	391	383	29.5	68.7	—	1.9	48.9
1996	9410	357	373	68.2	30.8	0.47	1.9	45.5
1997	6674	503	503	30.1	67.8	0.10	2.3	43.8
1998	11366	415	426	29.4	68.5	0.5	1.6	32.0
1999	7527	437	437	36.4	62.5	0.2	1.6	30.1
2000	5593	429	411	38.7	60.6	—	1.5	32.2
2001	9298	501	494	32.0	67.0	—	1.8	34.0
2002	5824	312	300	32.0	66.0	0.4	1.1	43.0
2003	6542	681	690	46.0	53.0	—	2.5	43.0
2004	6333	1035	1009	47.8	50.3	0.2	3.7	50.0
2005	6029	1056	1048	31.0	67.0	—	3.9	54.0
2006	14473	1654	1616	31.0	68.0	0.2	6.5	72.0
2007	18182	2269	2271	40.7	57.1	0.3	8.4	74.2

续表 30-7

年份	门诊（人次）	住院治疗						
		入院总数（人次）	出院总数（人次）	治愈率（%）	好转率（%）	病死率（%）	病床周转率（%）	病床使用率（%）
2008	6760	2088	2062	44.0	54.0	0.05	7.6	77.0
2009	6219	2956	2948	48.0	49.0	—	10.9	99.0
2010	20303	4775	4688	52.0	48.0	—	10.4	91.0

第三章 疾病防治

1989年，湘西州卫生防疫站（加挂州食品卫生监督检验所牌子）为正科级事业单位，核定事业编制89名。1990年，州卫生防疫站升格为副处级事业机构。1996年，加挂州卫生局公共卫生监督分所牌子。1998年验收达到“地（市）级二等一级卫生防疫站”标准；站艾滋病初筛实验室获“湖南省艾滋病初筛实验室”授牌。2002年，撤销州卫生防疫站，成立州疾病预防控制中心（简称州疾控中心，加挂州公共卫生检验检测中心牌子）；核定全额事业编制110名。2007年，站艾滋病实验室被省卫生厅定为“湖南省艾滋病检测确认实验室”。2010年，州疾控中心有工作人员128人，其中卫生专业技术人员87人。

第一节 计划免疫

1989年，全州卫生防疫机构及乡镇卫生院接种适龄儿童卡介苗98.2%、脊髓灰质炎疫苗96.1%、百白破疫苗95.2%、麻疹疫苗95.1%。是年，全州实现“四苗”全程接种率85%，在全省地市州排列第一位。1991年，实施0～4岁儿童脊灰疫苗强化免疫，并开展AFP（急性迟缓性麻痹）病例定期监测。1996年，以乡（镇）为单位实现“四苗”全程接种率85%的目标。2001年，实施免疫规划疫苗免费接种。2002年，实施“五苗防七病”（新增乙肝疫苗）计划。2004年，吉首、花垣、保靖、泸溪4县（市）开展8月龄～10岁儿童麻疹疫苗强化免疫活动，接种率80.81%。随后有针对性地在各县市组织适龄儿童麻疹疫苗/乙肝疫苗强化免疫或查漏补种。2008年10月1日，实施扩大的国家免疫规划，即由“五苗防七病”扩至“十四苗防十五病”。2010年，全州开展适龄儿童累计投服脊灰疫苗355万剂次，每轮次报告接种率均在97%以上；累计接种麻疹疫苗84.10万剂次。是年，湘西州麻疹发病率降至0.32/10万，为历史最低点。州境卡介苗、脊髓灰质炎疫苗、百白破疫苗、含麻疹成分疫苗、乙肝疫苗、乙脑疫苗、A群流脑疫苗、甲肝疫苗基础免疫报告接种率分别为99.87%、99.70%、99.68%、99.51%、99.73%、99.53%、99.36%、98.80%，适龄儿童免疫屏障基本建立。

第二节 传染病防治

霍乱及副霍乱 1993年，永顺县发生1例。1994年9—11月，州内霍乱暴发流行，波及吉首、凤凰、花垣等6个县（市）的29个乡（镇）69个村，发病348例，死亡3例。疫情发生后，州人民政府召开紧急防治会议，组建18个防治队和抽调539名卫生人员深入疫区工作，抢救危重病人79人，消毒水井535口，外环境消毒78.5万平方米，印发宣传资料2.78万份，举办霍乱防控知识讲座27场次，疫情得到控制。1998年7—9月，州内再次发生霍乱疫情，少数县（市）呈局部暴发，蔓延除龙山县以外的7个县（市）40个乡（镇）97个村，发病390例，死亡9例。疫情发生后，州政府先后召开22次霍乱防治专题会议，州、县（市）组建1741支工作队进驻州内2751个村，出动宣传车667台次，举办街头咨询宣传618场次，印发宣传资料48万份。全州卫生系统组成防疫医疗机动队407支3027人，实施预防服药68.85万人，同时，州境33189口水井、4078处简易自来水、36.45万个农户水缸、44.56万户农户厕所全部实施外环境消毒，疫情得到有效控制。2000年6—7月，吉首、花垣两县（市）报告霍乱病人7例，无死亡病例。2001—2010年，全州未出现霍乱疫情，外环境检索亦未发现霍乱菌株。

传染性非典型性肺炎 2003年初，传染性非典型性肺炎（简称“非典”或SARS）在广东、北京等地发生，随后迅速席卷全国。4月30日，湘西州成立非典防治总指挥部，总指挥部办公室设在州卫生局，时任州委秘书长姚建江兼任办公室主任。是年，全州开展拉网式排查，出动机动组成员1771人次、车辆272台次，排查入境人口103593人；全州建立发热门诊253个、隔离留观室281个，抽调医生418人、护士288人，排查疑似病例22例，追访密切接触者297人。全州实现“非典”零病例。

甲型H1N1流感 2009年9月，州内发现甲型H1N1流感（简称“甲流”）首例输入性病例。疫情发生后，州委、州政府成立全州甲型H1N1流感防控领导小组，领导小组办公室设在州卫生局，卫生局局长兼任办公室主任。是年，全州卫生系统出动机动队38次260人次、车辆150台次，成功处置多起学校“甲流”疫情，应急接种“甲流”疫苗14万余人份；州境“甲流”发病182例，死亡3人。2010年，全州报告“甲流”4例，无死亡病例，疫情得到控制。

手足口病 2008年5月，州内发现手足口病疫情。州人民政府立即召开全州手足口病防控工作紧急会议，成立手足口病防治领导小组、防控专家组和医疗救治组。是年，全州排查1493次108973人，下基层督导48次，发放宣传资料29.51万份，电视宣传手足口病防治知识121次，当年，州内发生手足口病867例，无死亡病例。2010年，全州发生手足口病2106例，死亡4例。

结核病 1989年，全州有活动性肺结核病人近5万人。保靖、吉首两县（市）为湖南省结核病防治工作重点县（市）；保靖县实施肺结核病治疗64例，吉首市治疗78例。1991年，湘西州编制《1991—2000年结核病防治规划》。提出“到2000年发现、治管病人上万例目标”。1992年7月，凤凰县率先启动“世界银行贷款中国控制结核病项目”（简称“卫五”项目）。1995年项目覆盖州境八县市。1998年，湘西州享受使用“湖南省农民医疗救济基金”，免费治疗涂阴肺结核病人。2001年，“卫五”项目实施结束，累计投入资金445.28万元，免费接诊病人62245人次、免费照片54865人、免费查痰31129人，发现活动性肺结核病人16629例，其中新涂阳病人7123例、复治涂阳病人3529例、涂阴病人5977例。新涂阳治愈率93.25%、复治涂阳治愈率90.17%。2002年，开始实施世行贷款/英国赠款中国结核病控制项目（简称“卫十”项目），在全州投入资金932.09万元，免费接诊病人100763人次，免费照片88817人次，免费查痰65718人，发现并登记活动性肺结核病人27241例。2003年，全球基金结核项目开始在湘西州实施，投入资金235.34万元，发现病人27241例。2004年始，湘西州享受“中央转移支付结核病防治经费”政策，当年投入26.5万元。2004年，州政府开展“全州结核病防治工作大行动”，即在州内每新发现1例确诊肺结核病人，政府“以奖代补”50元［州、县（市）财政各分担20元、30元］，2005年“以奖代补”经费提高至80元，州财政承担35元、县（市）财政承担45元，其中有30元为工作经费。2010年，中央转移支付结核病防治经费227.91万元，累计投入620.76万元。全州确诊肺结核患者27241例，治疗27241例，治愈25143例。

麻风病 1989年，全州麻风病防治所8家，有专业防治人员35人。有麻风村8个、住村麻风病人242例。1990年，永顺县麻风病防治站傅瑞光获马海德基金奖。1999年，州卫生局成立州基本消灭麻风病达标验收委员会，考核县市基本消灭麻风病工作，龙山、吉首、凤凰3个县（市）经省级考核，基本达到消灭麻风病标准。2004年，国家彩票公益金麻风病畸残矫治手术项目实施，全州麻风畸残病人睑外翻、眼睑闭合不全、爪形指矫治、截肢等获康复治疗407例。2005年，爱德基金会在永顺县投入40万元，实施麻风病贫困家庭小额贷款项目。是年，全州开始实施中央补助地方麻风病防治项目；各县（市）开展麻风病可疑者筛查、家属检查、线索调查，一年一次。州境发现麻风病4254例、治愈3374例，其中当年新发现21例，患病率为5.36/10万。至2010年，全州有麻风病防治专业机构5个、专业防治人员59人、麻风村7个。

艾滋病 1990年，湘西州首次开展艾滋病监测工作，监测对象主要为与外籍人员密切接触者，至1994年，先后监测2082人，实际采集血样2216人份，全为HIV（艾滋病病毒）阴性。1995年，从1例永顺籍献血人员中首次查出HIV。1996年，州艾滋病初筛实验室在州卫生防疫站建立。是年，查出HIV感染者6例，确诊首例在州内医院经临床用血感染的艾滋病人。2004年，州境各县（市）疾控中心、州人民医院、州中心血站等17个医疗卫生机构建成艾滋病初筛实验室。2005年，新增州中医院、州肿瘤医院、州妇幼保健院等12所医疗卫生机构艾滋病初筛实验室。2006年，开始建立艾滋病病毒感染者和病人的数据库，实行电脑联网管理。2007年，州疾控中心艾滋病确认实验室通过国家和省级主管部门验收达标。2008年，开始实行艾滋病免费自愿咨询检测（VCT），在高危场所免费发放安全套。至2010年，全州接受艾滋病自愿咨询16785人。发现艾滋病患者443例，死亡192例。

钩端螺旋体病 1989年，全州发生钩端螺旋体病120例，分布在永顺、龙山、保靖、古丈4个县27个乡（镇）45个村。其中，龙山县茨岩塘镇半寨村、永顺县青坪乡青坪村和龙关村为暴发点。是年，州内接种钩体菌苗145251人，123677户村民参加春节灭鼠活动，投药前鼠密度为81.25%，投药后降至9.40%。1990年，全州829个城镇单位、107个乡（镇）1300个村开展春季灭鼠活动，培训专业人员130人、投药员3332人，使用邱氏灭鼠剂102公斤，敌鼠钠盐45.5公斤，配制毒饵50248公斤，接种钩体菌苗102191人。1993年，全州开展春、秋两次大面积灭鼠活动，投放敌鼠钠盐等毒饵64125公斤，接种钩体菌苗98262人。1994年，钩体病只有极少数散发病例，疫情基本控制。2005年无病例报告，2010年发生1例钩体病人。

狂犬病 1989年，全州报告狂犬病23例，死亡23例。1994—2003年，连续十年无狂犬病例报告。2004—2006年，连续三年分别在凤凰、泸溪和吉首3个县（市）调查犬只带毒，分别捕犬67只、154只、7只，检出狂犬病毒2只、3只、2只。2007年，加强狂犬病防治工作，调拨兽用狂犬病疫苗23万份，免疫犬猫18.3万只，为3915只犬发放“宠物健康合格证”，发放“免疫合格证”和免疫牌4.3万套，广播电视宣传狂犬病防治知识363次，出黑板报639期，制作宣传板35块、横幅标语552条，全程接种狂犬疫苗15252人、抗狂犬病毒特异免疫球蛋白5025人。2010年，全州报告狂犬病17例，死亡17例。死亡者均为暴露后未接种狂犬病疫苗和抗狂犬病毒免疫血清（球蛋白）者。

炭疽病 1989年，古丈县发生1例炭疽病。1990年，花垣县吉卫镇葛藤村暴发22例、雅西乡高吾村暴发14例，凤凰县柳薄乡米坨村暴发11例、盘干村暴发7例，患者主要为直接参与炭疽病死畜的剖剥、洗切所致。1991年，龙山县坡脚乡暴发13例、农车乡正河村暴发5例，永顺县毛坝乡毛家庄村暴发4例。2000年，龙山县靛房乡百型村暴发23例。州、县卫生部门对病人采取隔离治疗措施，并对2500名接触者和食用过病牛肉者全部服用四环素。同时投入2万余元药品，对病家及污染场所消毒二次；山塘水库、水沟、牛栏、集贸市场、牛病污染场消毒一次，消毒面积分别为4000平方米、1800平方米、2200平方米、

3000平方米、2600平方米；并关闭牛肉交易市场。2002—2010年，州境无炭疽病例报告。

伤寒 1989年，全州发现病例3635例，死亡3例，发病率161.52/10万。1990年，发生伤寒流行30起，其中吉首市10起、泸溪县7起、永顺县4起、古丈和凤凰两县各3起，保靖、花垣、龙山3个县各1起，疫情蔓延至24个乡（镇）30个村50个村民小组及自然寨，发病1112例。发病原因，除1起为日常生活接触型外，其余均为水型暴发。疫情发生后，将患者采取隔离式住院治疗办法，密切接触者服用复方新诺明与痢特灵，应急接种伤寒菌苗，并对饮用水源、病家及当地卫生院粪便作消毒处理。1992年，全州发生伤寒流行17起，主要集中在古丈、吉首两个县（市）。是年1月，古丈县山枣乡中心完小发生伤寒流行，州卫生防疫站派员到疫区调查处理，全校师生及部分学生家长362人口服预防药7天；重病患者免费住院治疗；密切接触者预防接种伤寒疫苗3000人份，疫苗接种率83.33%。1993年，永顺、泸溪两县对饮食、公共场所从业人员全部接种伤寒疫苗，全州免费发放伤寒三联菌苗24万毫升，接种183716人次，接种率79.99%。1995年伤寒疫情得到控制。2010年，州境发现病人39例，无死亡病例，发病率1.57/10万。

痢疾 1989年，湘西州痢疾发病3450例。1991年，痢疾发病率319.70/10万，古丈、龙山、花垣、保靖、凤凰5个县局部暴发24次，主要以水型暴发流行为主。1996年6—7月，龙山县民安镇由于自来水厂供水不足，居民饮用井水、河水，发生痢疾流行，两个月内发现病人759例。2001年5—6月，保靖县普戎镇马福村寄福组发生痢疾暴发流行，该组43户127人，其中发病35户56人，死亡2人。2003年8月，保靖县拔茅乡补足村发生痢疾水型暴发流行，全村103户383人，其中发现病人40户62例。2005年7月，保靖县中心乡龙潭村发生痢疾水型暴发流行，全村96户407人，其中发现病人47户79例。2010年8月，花垣县麻栗场镇彭湖村发生痢疾流行，发现病人55例。是年，全州发现病人1249例，死亡2例，发病率50.16/10万。

病毒性肝炎 1989年，全州发现病人1789例，发病率79.49/10万，8个县（市）均有散发病例，无集中暴发疫情。1991年，发现病人3569例、发病率155.52/10万，暴发10次。2001年7月，州卫生局在永顺、吉首两个县（市）的重点人群中开展甲肝疫苗接种，两县（市）接种甲肝疫苗22999人份。2002年1—2月，龙山县红岩溪镇发生甲肝流行，发现病人58例，其中红岩溪镇中心小学49例。2005年7—9月，龙山县召市镇、老兴乡发生甲肝流行，发现病人74例。2006年2月，保靖县毛沟镇发生甲肝流行，波及毛沟完小、簸箕完小、毛沟四中、簸箕中学及所在村组，其中毛沟中心完小发现病人52例。接到疫情报告后，州疾控中心、州卫生监督所等专业人员赶到毛沟甲肝疫区指导扑疫工作。对所有甲肝病人实施免费住院隔离治疗，免费接种丙种球蛋白3245人，对21户饮食店下达停业整顿，体检饮食从业人员95人，查处过期食品800余公斤。2010年，全州发现病人1084例，死亡1例，发病率43.53/10万。

麻疹 1989年，全州发现病人15例，发病率0.66/10万，无死亡病例。1991—1992年，州内出现一波麻疹疫情高峰期，发病数3531例。1995—1997年再次出现高峰期，发病1340例。2004年始，实施适龄儿童麻疹疫苗强化免疫。2006年再次暴发疫情，发病1500例。2007年，吉首市和古丈县对8月龄～8岁儿童实行麻疹疫苗强化免疫，接种率95.84%。2008年，吉首、泸溪、凤凰和保靖4个县（市）对8月龄～8岁儿童实施麻疹疫苗强化免疫，接种率97.40%。2009年，开展8月龄～14岁儿童麻疹疫苗强化免疫活动，接种率97.89%。2010年，州境8月龄～5岁儿童麻疹类强化免疫98.06%。是年，全州麻疹发病率0.32/10万。

流行性脑脊髓膜炎 1989年，全州流脑发病率2.09/10万。1991年起，州境接种A群流脑疫苗防控该病。2007年6月，A群流脑疫苗纳入免疫规划，免费提供适龄儿童接种。2008年10月，执行新的国家免疫程序，即6～18月龄儿童基础免疫接种2次，3岁和6岁各加强免疫1次A+C群流脑疫苗。2010年州内无流脑病例报告。

脊髓灰质炎 1989年，全州无脊髓灰质炎病例发生。1991年，0~4岁儿童实行脊灰疫苗强化免疫，接种率95.97%；同时，建立急性迟缓性麻痹病例（AFP）监测系统，各级疾病预防控制机构开展AFP病例监测工作，发现相关病例及时调查、采样送检和随访。1994年，州境发生脊灰病例1例。1995—2010年，州内连续16年未发生脊灰病例，基本实现消灭脊灰目标。

白喉 1986年，湘西州发生1例白喉病例。1987—2010年，连续24年境内无白喉病例报告。

第三节 寄生虫病防治

疟疾 1989—1991年，全州发现疟疾（俗称“打摆子”）病例29例。其中吉首市10例、永顺县9例，龙山、古丈两县各4例，花垣、保靖两县各1例。1992—2000年，州境发现病例341例，八县市均有分布，其中境外输入性310例，境域发生31例。根治现症病人315人，发热病人血检91390人，检出疟原虫阳性336人。通过发热病人血检确诊占98.53%(336/341),处理疟疾疫点13处，预防服药2549人，休止期抗复发根治981人。1999年、2000年、2001年，省卫生厅先后开展县市验收评审，确认湘西州达到卫生部颁布的基本消灭疟疾标准。2002年疟疾疫情回升，发现病例82例，2003年报告疑似病例26人，2005年发现病例22例。至2010年，年发病率均在1/万以下，除2002年出现1例为州域感染者外，其余均为输入性病例。全州开展发热病人疟原虫血检48022人，检出疟原虫阳性63人，阳性率为0.13%，处理疟疾疫点21处，根治现症病人92人，休止期根治342人，流行季节预防服药9378人，州境疟疾疫情得到有效控制。

丝虫病 1989年，湘西州达到卫生部基本消灭丝虫病标准，至1996年持续开展丝虫病横向检测，检测169个乡（镇）的209个村159851人，查出微丝蚴血症者145人。治疗鞘膜积液、乳糜尿、象皮肿等慢性丝虫病人428例。是年，湖南省卫生厅考核评审泸溪、凤凰、吉首、永顺4个县（市），血检保靖、吉首、泸溪3个县（市）的5个乡5个村5323人，无微丝蚴阳性发现，达到卫生部消灭丝虫病标准。1997年，州卫生防疫站和龙山县卫生防疫站代表湘西州通过卫生部考核评审，达到消灭丝虫病标准。1998—2010年，监测18个乡的24个村10438人。复查原阳性病人1428人，解剖蚊媒2007只，均未发现阳性病例。

肺吸虫病 1989年，州卫生防疫站解剖从凤凰县禾库乡龙角村后山溪沟里捕捉的溪蟹28只，检出感染肺吸虫囊蚴蟹7只。1996—1998年，州卫生防疫站和湖南省卫生防疫站在永顺县长官乡开展联合调查，解剖100只溪蟹，检出阳性溪蟹3只。2002年，解剖古丈县罗依溪镇和高望界林场的溪蟹304只，检出肺吸虫阳性溪蟹13只，并对21例疑似肺吸虫病人做皮试，发现阳性15人。2003年，湖南省疾控中心在凤凰县木江坪乡柏林村、齐良桥乡长宜哨村和吉信镇团结村，用ELISA法（酶联免疫吸附测定法）调查人群肺吸虫抗体，检测1504人，检出抗体阳性21人。至2010年，州疾控中心检查可疑患者599人，确诊肺吸虫感染者96例，全部治愈。

第四节 地方病防治

碘缺乏病 1989年，湘西州碘缺乏病防治（碘缺乏病俗称“大脖子病”）以食用碘盐为主，同时开展定期检测，当年全州调查7~14岁学生2.27万人，甲状腺肿大率11.79%。1995年，州卫生局抽查州内16所农村小学8~10岁学生1650人，甲状腺肿大占15.94%，高出国家<5%的标准。1996年，全州投入碘盐专项经费130.7万元，免费供应碘盐130吨、供应碘油丸75451人份。1999年，设监测点66个，监测4260人，发现甲状腺肿410人；调查学校140所113267人，发现甲状腺肿12082人，占调查人数的10.65%。2000年4月，经卫生部和湖南省卫生厅考核，患病率为5.43%，碘盐合格率90%以上，人群尿碘值大

于100微克/升的比例为98.23%，均值为465.32微克/升，达到部颁消除碘缺乏病标准。2005年，湘西州参加全国第五次碘缺乏病监测，泸溪、龙山两县被定为监测点，监测结果显示，8~10岁儿童甲状腺肿大率13.75%；另监测古丈县，高达22.5%。2007年，监测州内72个乡（镇）、288个村，检测居民户食盐2304份，碘盐覆盖率99.87%，碘盐合格率98.62%，合格碘盐食用率98.52%。2010年，省卫生厅考核保靖、永顺2县和州疾病预防控制中心，认定湘西州达到《全国重点地方病防治规划（2004—2010年）》预期目标。

地氟病 1989年，保靖县野竹坪乡的木山、腊洞、大坪村，凤凰县竿子坪乡的牯牛坪、木林坪村和吉信镇的吉信、联欢村，龙山县洛塔乡、红岩溪镇7个村均属燃煤污染型地方性氟中毒病区。1998年，保靖县研制80套适合高寒山区的新型炉灶，投入村民试用。1999年，保靖县改造炉灶并铸造100口降氟灶发放村民使用。是年，州卫生防疫站入户监测，室内空气、玉米、辣椒氟含量明显下降，降氟改灶初见成效。2008年，保靖县野竹坪乡实施燃煤型地方性氟中毒降氟改灶项目，改建炉灶2000户。2010年，实施中央补助地方病防治专项资金项目，在凤凰县竿子坪乡牯牛坪村、木林坪村和吉信镇吉信村、联欢村降氟改灶1000户；在龙山县洛塔乡、红岩溪镇7个村降氟改灶2005户。

第五节 职业病防治

1989年，州职业病防治所开展防尘及尘肺病防治工作试点，试点单位吉首市第一水泥厂。1990年，州职业病防治所、州劳动局联合实施全州厂矿企业有毒有害因素监督监测，监测点1310个，监测率80.2%，合格率37.4%。1992年，湘西州首次普查砷中毒、三硝基甲苯中毒、噪声聋职业病，并培训放射和同位素从业人员232人。1994—1995年，全州149家县以上工矿企业有害因素监测率55.95%，合格率35.47%；接触有害因素作业工人体检率18.36%，职业病检出率2.01%。1996年，开展县以上医疗机构医用X射线诊断机的放射卫生防护及影像质量检测，合格率86%。2001年，州内有23家企业存在锰及其化合物职业危害，接触者1095人，其中3家州直管企业作业场所空气中锰及其化合物浓度为0~55.6毫克/立方米，超过国家标准277倍。2004年，调查工矿企业职业病危害情况，全州有1934家工矿企业和个体工商户产生职业病危害，涉及员工42731人，接触职业病危害25663人，其中农民工19962人。2005年，州疾控中心通过湖南省卫生厅评审，获得职业卫生技术服务机构劳动卫生乙A级和放射卫生乙B级资质。2010年，全州诊断和治疗各类职业病2930人，其中尘肺2700例、职业中毒173例、物理因素57例。

第六节 卫生应急

1995年5—7月，永顺、保靖、龙山、泸溪、凤凰、花垣等县遭受两次洪水灾害，州、县卫生部门派出5支医疗队到灾区防病治病，免费预防接种伤寒、钩体等疫（菌）苗5万余人次。1996年，州境再次遭受洪涝灾害，州卫生局组建32个救灾防病工作队，派出320名医务人员深入灾区救灾防病，为灾民义务治病2.8万余人次、抢救危重病人31例、开展预防接种12万余人次、预防服药3万余人次，实施灾区消（毒）、杀（虫）、灭（鼠）面积21.6万平方米，封存控制被洪水浸泡污染各类食品610吨，130个重灾村饮用水井全部消毒。2000年，全州卫生系统配备机动喷雾器75台、机动包330个，州卫生局划拨救灾防病物资价值37万元，印发救灾防病宣传资料8.1万份。

2003年6—8月，州境有162个乡（镇）160余万人遭受特大洪灾，全州卫生部门组建医疗机动队36支425人，深入灾区开展防病治病。水井消毒1213口，预防服药1.1万余人次，预防接种5万人次；同时筹集防病专款326万元，投入灾区疾病防控工作。39家医疗卫生单位与突发公共卫生事件信息直报系统互联互通。2004年，县（市）直以上医疗卫生单位均开通疫情网络直报系统，

95%的乡镇卫生院实行疫情电话直报。2005年7月，州人民医院州紧急救援中心正式运行。是年，州内发生3起由传染病引发的突发公共卫生事件，波及5810人，发病239人，无死亡病例。2007年，各县（市）人民医院建立“120”急救站并开通“120”电话，乡镇卫生院设急救点，156个乡（镇）卫生院全部配备传染病疫情网络直报设备，1584个村卫生室安装电话。州、县（市）、乡（镇）、村四级卫生应急机制初步建立。2008年初，州境遭受50年未遇的低温雨雪冰冻灾害，全州卫生系统派出医疗防疫队825批4125人次，救治冻伤摔伤人员7812人，预防服药与接种28518人次，消毒环境污染面积2.8万平方米。是年，“5·12”四川汶川地震发生后，州内卫生系统派出医务人员44人，分三批赴四川都江堰市、彭州市和阿坝州理县灾区，救治灾民。储备应急血源45.6万毫升。同时，组建全州卫生系统突发公共卫生事件应急处置专家库，入选专家57人。2010年，州境发生7起由传染病和食物中毒引发的突发公共卫生事件，涉及1874人，发病159人，死亡2人。是年，全州传染病疫情计算机网络直报点207个,实现传染病疫情及突发公共卫生事件网络直报。制定《湘西自治州突发公共卫生事件处置应急预案》20个。

第四章 卫生保健

第一节 妇女保健

一、围产期保健与孕产妇系统管理

1989年，湘西州开展围产期保健试点工作。全州孕期建卡率55.72%，新法接生率90.28%，住院分娩率20.28%，孕产妇死亡率103.81/10万。1995年，新法接生改称消毒接生。2008年，全州开始实施艾滋病毒母婴传播阻断项目检测。2010年，开展HIV、梅毒检测工作，两项检测率分别为64%、49.98%。

二、妇科病防治

1989年，全州妇科病应查7.59万人，实查8788人，查出妇科病4477例，患病率50.94%，治疗213例，治疗率4.76%。1990—2009年，全州妇科病累计应查527.39万人次，实查17.77万人次，查出妇科病83446人，患病率46.97%，其中宫颈糜烂44072例、滴虫阴道炎7547例、霉菌阴道炎2769例、淋病278例，治疗32831例，治疗率39.34%。2010年，全州妇科病应查56.55万人，实查1.43万人，查出妇科病11652例，患病率81.48%；居前三位疾病的有宫颈糜烂、霉菌阴道炎、淋病，分别为8070例、3468例、110例，共治疗10615例，治疗率91.1%。

三、妇幼卫生服务

1990年，州境启动城镇婚前医学检查，是年应检3102人，实检2242人，婚检率72.28%，检出患病人数59人，建议暂缓结婚23人、不宜生育2人。2000年，湘西州被列入国家降低孕产妇死亡率和消除新生儿破伤风项目（简称“降消”项目），州、县（市）两级政府成立降低“两率”项目协调领导小组，健全高危孕产妇转诊体系及抢救中心，实施项目投入711万元，发放宣传单30.7万份，出动宣传车64台次，出墙报2200期，电视广播宣传32次，播放录像60余场次，培训县（市）、乡（镇）、村三级妇幼保健人员4032人，救助贫困孕产妇1215人。2002年，举办“母婴保健技术服务”和“新生儿疾病筛查”培训班，参训240人。2004年，州妇保院唐芸、永顺县妇保所董秀英、保靖县阳朝乡卫生院周发群3人获首轮“降消”项目国家级先进个人。2005年，救助贫困高危孕产妇552人，抢救孕产妇335人，其中成功抢救322人。2006年，上级安排救助资金166.5万元，救助贫困孕产妇4112人。2007年，省拨款317万元，救助孕产妇13383人，其中高危孕产妇696人。2008年8月，省级专家到湘西州开办“乡镇卫生院产科建设、新生儿窒息复苏”培训班，参训1275人。同时，下拨贫困孕产妇救助经费355万元，救助贫困孕产妇14735人，其中高危贫困孕产妇208人；是年，吉首、泸溪两县（市）人民医院孕产妇急救中心通过省级验收。2009年，永顺、龙山、保靖、花垣4县人民医院孕产妇抢救中心通过省级验收。2010年，“降消”项目拨款68万元，各县（市）抢救中心接收高危孕产妇369人，成功救治362人，上转4人。

艾滋病母婴阻断 2008年，湘西州开展艾滋病母婴阻断工作，检测9545名孕产妇HIV抗体，检出HIV抗体阳性产妇1人。2009年，检测14186名孕产妇，未发现HIV抗体阳性孕产妇。2010年，全州一次HIV抗体免费检测孕产妇17106人，检出HIV抗体阳性孕产妇7人，免费母婴阻断用药孕产妇1人，治疗3名HIV抗体阳性产妇分娩的新生儿。

住院分娩补助 2009年始，湘西州农村孕产妇住院分娩补助300元/人，同时对住院分娩收费实行限价：县级医疗机构单胎平产850元、剖宫产2500元，乡镇卫生院平产600元、剖宫产2000元。是年，全州补助15432人，补助金637.7万元。2010年，全州补助农村住院分娩孕产妇25910人,金额783.02万元。

孕期增补叶酸 2009年，湘西州实行妊娠早期3个月和准备怀孕的妇女（含流动人口）免费补服叶酸，以预防新生儿神经管缺陷和畸形。是年，州境叶酸补服项目启动，服用12564人，补服率1.71%。2010年，新增服用人数8459人，其中高风险孕妇173人，补服率35.77%。

宫颈癌普查 2009年，保靖县被列为湖南省12个“农村妇女免费宫颈癌检查项目县”之一，普查农村妇女7163人，查出患病妇女5616例，其中宫颈疾患3429例、生殖道感染1346例。2010年，保靖县检查农村妇女8763人，查出患病妇女6012例，其中宫颈疾患4640例、生殖道感染1372例；年末，活检75人宫颈组织，查出宫颈癌前病变及宫颈癌37人，发病率1.53‰，高于全国平均水平1‰；查出有乳腺疾患449人，其中乳腺增生261人、乳腺纤维瘤159人。

四、出生医学证明管理

1996年1月1日，实施《中华人民共和国母婴保健法》，全州统一使用出生医学证明。2005年5月1日，全面使用新版出生医学证明。2009年1月1日起，出生的活产儿和1996年1月1日后出生的需要补发出生医学证明的儿童实行免费发放。至2010年末，全州医疗助产机构分娩新生儿34276人，医疗保健机构为新出生人口发放出生医学证明29745份，县（市）妇幼保健院（所）换发609份、补发2302份，为在医疗保健机构外出生人口签发出生医学证明1679份。

五、农村妇幼卫生队伍

1989年，全州有妇幼专干259人、村级接生员3240人，尚有5个乡卫生院无妇幼专干、23个村缺接生员。是年，龙山、花垣、凤凰、泸溪四县配齐区乡妇幼专干和接生员。1990年，举办各种妇幼保健业务培训13期，乡级妇幼人员到上级医院进修20人次，培训接生员1625人。1991年，将接生员培训纳入常规管理，对新配接生员要求具有初中以上学历，并接受初任培训；老接生员实行一年一次培训制度，培训业务由县级卫校承担。1992年，全州培训接生员1992人。接生员见习、实习在区（中心）卫生院进行。2003年，接生员改称妇幼保健员，主要配合乡（镇）妇幼专干开展产前检查、产后访视、护送产妇住院分娩、妇幼保健知识宣传等工作。2010年，全州有乡（镇）专（兼）职妇幼干部245人，村妇幼保健员1710人。

1990—2010年部分年份湘西州围产期保健、新法接生与孕产妇系统管理一览表

表30-8

年份	孕期建卡率(%)	孕产妇系统管理率(%)	住院分娩率(%)	高危孕妇检出率(%)	高危孕妇住院分娩率(%)	新法接生率(%)	孕产妇死亡率(/10万)
1990	61.99	62	20.22	2.27	未统计	91.41	106.07

续表 30-8

年份	孕期建卡率（%）	孕产妇系统管理率（%）	住院分娩率（%）	高危孕妇检出率（%）	高危孕妇住院分娩率（%）	新法接生率（%）	孕产妇死亡率（/10万）
1995	84.74	17.50	28.5	4.53	91.84	65.13	153.05
2000	88.71	88.03	53.42	7.87	98.65	93.75	77.51
2005	94.87	91.55	79.28	14.01	97.55	98.60	58.26
2010	96.1	93.66	98.08	25.83	99.24	99.53	59.85

第二节 儿童保健

1989 年，湘西州开展儿童保健试点乡工作，同时在城镇托幼机构开展卫生保健试点，考核 9 所试点幼儿园，有 5 所达标。是年健康检查 0～7 岁儿童 262259 人次，查出小儿贫血、佝偻病等 2190 例。调查花垣、永顺部分乡 0～7 岁儿童，调查苗族 899 人，查出贫血患儿 455 例，患病率 50.61%；调查土家族儿童 934 人，查出贫血患儿 519 例，患病率 55.56%。1990 年，儿童系统管理全面启动，全州 0～7 岁儿童系统管理率 15.56%、0～3 岁儿童系统管理率 6.24%。1997 年，州妇保所在湘泉幼儿园开展卫生保健试点，健康检查并评价分析在园幼儿 184 人。1999 年，州妇保所指导州直 9 所幼儿园建立卫生保健制度和卫生保健档案，并选择吉首大学幼儿园试点示范。2001 年，州妇保院指导州直 15 所幼儿园保健工作，健康体检儿童 1105 人。2003 年，州妇保院到州直 12 所幼儿园现场指导卫生保健 86 次，健康体检儿童 2272 人，并举办儿童保健知识培训班，参训儿童家长 800 余人。2005 年，州妇保院制定全州托幼机构卫生保健考核细则，并在全州托幼机构组织实施。2008 年，全州助产机构开始实施新生儿疾病筛查和听力筛查，苯丙酮尿症筛查率 24.56%、甲状腺功能减低症筛查率 23.92%、听力筛查率 3.39%。2010 年，州境 3 岁以下儿童系统管理率 75.53%，中、重度贫血患病率 0.63%，新生儿苯丙酮尿症筛查率 50.43%，甲状腺功能减低症筛查率 50.43%，听力筛查率 18.63%，5 岁以下儿童死亡率 12.24‰，婴儿死亡率 9.82‰。是年，州妇保院、吉首市妇保所在吉首城区组织 48 个托幼机构健康体检，检查幼儿 8387 人，体重超均值 61.2%。其中肥胖儿占 8.2%，身高超均值儿 46.3%，营养状况“优”37.9%，体重低下占 3.58%。

第三节 农村初级卫生保健

第一轮初级卫生保健 1990 年，全州首轮初级卫生保健合格县（市）创建工作启动。1991 年，各县市开展摸底调查。1992 年，州政府召开常务会议，专题研究初级卫生保健工作，明确提出卫生事业经费占财政年度总支出比例，并每年递增一个百分点，直至达到 8%目标。是年，凤凰县在州境率先创建初级卫生保健合格县。1993 年 2 月，州人民政府制定《湘西自治州农村实施“2000 年人人享有卫生保健”规划》。1994 年 11 月，经湖南省“初保”领导小组考核评审，凤凰县合格，该县成为湘西州首个初级卫生保健合格县。1995 年，保靖县合格。1996 年，龙山、古丈两县达标。1997 年，湘西州执行湖南省卫生厅《农村初级卫生保健周期复审实施方案》，开展达标满三年的凤凰县周期复审，复审得分 86.71 分，经省卫生厅抽查，确认周期复审合格；是年，永顺、花垣、吉首 3 县（市）达标。1998 年，泸溪县达标，至此，全州提前两年实现首轮初级卫生保健规划目标。

第二轮初级卫生保健 2003 年 7 月，州人民政府制定《湘西自治州农村初级卫生保健实施规划（2002—2010 年）》，增加新型农村合作医疗、卫生监督、居民健康水平、基本医疗规范管理等指标。是年，全州农村卫生工作会议召开，州境第二轮初级卫生保健工作正式启动。随后，各县市制定出台农村初级卫生保健实施方案，调整充实领导班子，加大政府投入。2006年，州卫生局在各县市自评基础上复查评估，花垣、保靖和龙山3个县达到合格标准，得分为93.96分、86.7分、86.7分，古丈、泸溪两县接近合格标准，凤凰、永顺、吉首3县（市）与合格标准有差距。评估结果上报省卫生厅，省卫生厅对此项工作未作后续安排。至2010年，全州第二轮初级卫生保健工作投入资金1.1亿元，新建、改建、扩建、迁建乡镇卫生院216所；投入3423.53万元，添置各种医疗设备6715台件；投入1883万元，建设标准村卫生室1004个；州、县（市）财政每年投入244万元，帮助解决乡村医生劳务报酬。

第五章 农村卫生

第一节 乡镇卫生院体制改革

1989年，湘西州乡（镇）卫生院党、团组织属地管理，人、财、物由县（市）卫生局直管。乡镇卫生院机构性质为集体所有制。1992年，执行省政府规定，乡镇卫生院实行“县乡共管”的管理体制，其人员和财务由县（市）卫生局主管，基本建设、设备添置以乡镇为主。1998年，全州乡镇卫生院由集体所有制转为全民所有制。是年，在龙山县乡镇卫生院推行“医防剥离”体制改革，将乡（镇）卫生院行政、防疫保健职能与医疗服务分开，实行“一个窝子、两套人员”，中心卫生院建立防保站，一般乡镇卫生院设立防保组，其机构、编制、业务、经费与卫生院分开，卫生院院长和“两干”（防疫专干、妇幼专干）工资由县财政直接按全额拨付。1999年，州委、州政府决定，全州推行“医防剥离”改革。2005年，乡镇卫生院成立公共卫生管理办公室，院长兼任办公室主任，防（疫）保（健）工作由卫生院统一领导管理”，乡镇防（疫）保（健）机构回并乡镇卫生院，“两干”人员工资由财政直接发放。

2006年，全州设置中心卫生院40所、一般乡（镇）卫生院116所、乡（镇）卫生院分院52所（即被撤并乡镇原设立的卫生院）。是年10月，州政府召开全州乡（镇）卫生院人事制度改革会议，核定乡镇卫生院病床3049张（乡镇卫生院分院不设置病床），人员编制4053名；病床与人员编制均比改革前增加30%。2010年，州人民政府印发《关于深化基层医疗卫生机构人事分配改革的意见》，乡镇卫生院全面实行人员聘用制、岗位管理制和绩效工资制。是年，全州有乡（镇）卫生院203所，比2006年减少5所。

第二节 乡镇卫生院建设

1989年，全州有15所乡（镇）卫生院达到“三管三有”（管理预防保健工作、管理医疗工作、管理计划生育技术指导，有必要的工作用房、有相应的医疗防保设备、有为病人服务的基本设施）标准。1990年，永顺县西歧乡、泸溪县解放岩乡和吉首市河溪镇等10所卫生院达标。1992年，区（中心）卫生院创建“一级甲等医院”工作启动。是年，培训村级卫生人员3779人。1994年3月，泸溪县浦市中心卫生院成为州内第一所“一级甲等医院”乡镇中心卫生院。

2001年，全州乡（镇）卫生院产科建设启动。2005年，启动“农村卫技人员培训工程”，举办短期培训班8期846人次；培训B超、X光、检验、心电图等医技人员220人次、传染病检验人员201人次；基层卫技人员到县（市）以上医疗机构进修396人次，培训乡镇医生3315人次。是年，全州有34所乡（镇）中心卫生院成功创建“一级甲等医院”，81所乡（镇）卫生院产科建设达标。

2008年，全州创建乡（镇）卫生院产科建设合格县活动启动，花垣县、吉首市成为全省第四批产科建设合格县。2009年，永顺、龙山、保靖3县成为全省第五批产科建设合格县，泸溪、凤凰两县成为全省第六批产科建设合格县。2010年，湖南省基层医疗机构全科医生培训工作启动，湘西州参加培训的基层医生50人，参加乡镇卫生院院长培训156人。

第三节　村卫生室与乡村医生

1989年，全州有村卫生室876个，合格867个，覆盖率43.16%。1998年开始启动合格村卫生室建设，至2001年，州内有村卫生室2295个，合格村卫生室1531个，合格率66.7%。2002年，州卫生局出台《湘西自治州标准村卫生室建设标准》，规定：村卫生室必须有合格的卫生技术人员，乡村医生至少获得执业助理医师资格或乡村医生资格证书；诊室、治疗室、药房相应分开，业务用房面积不少于20平方米；药品品种120个以上，总金额3000元以上；有必备的医疗设备。2004年1月1日，《乡村医生从业管理条例》实施，国家实行乡村医生执业注册制度。是年，州卫生局组织两次乡村医生考试，2320名乡村医生中，具备直接注册资格有1181人，具备考试资格的637人（489人考试合格），注册1670人。2005年，开展"示范村卫生室"创建活动，20所卫生室达到"示范村卫生室"标准。

2006年2月，州政府发文要求，原则上一个建制村设立一所村卫生室。乡镇行政区划调整后，部分撤并后的建制村服务半径超过2.5公里，原设置的村卫生室可以保留；药品实行统一采购且达到120个品种以上的常用药品。是年，1547个建制村、2597名乡村医生劳务报酬全部落实。州内有467人取得"乡村医生执业证"。2010年，全州有村卫生室2335个。其中，一村多室建制村379个，未设卫生室村109个，村卫生室覆盖率94.48%；有合格乡村医生2370人。

第四节　公共卫生服务体系建设

2009年，湘西州落实国家基本公共卫生服务政策，各级财政按照辖区常驻人口安排项目补助经费，当年15元/人。2010年2月，州卫生局、州财政局联合印发《湘西自治州基本公共卫生服务工作考核与经费管理暂行办法》，补助经费标准人均增至17.5元，年底，实际人均补助16.8元。是年，建立城乡居民健康档案627581份，其中农村523465份、城镇104116份。设置健康教育固定宣传栏2389个，提供健康教育资料61种，开展重点人群专题讲座230次、重大卫生日宣传咨询活动182次。报告法定乙丙类传染病10151例，未发生甲类及按甲类管理的乙类传染病疫情；儿童系统管理81165人；孕产妇管理31931人；老年人管理143785人；慢性病患者管理164507人；重性精神疾病登记管理4821例。

第六章　爱国卫生

第一节　爱国卫生运动

1989年，湘西州开展第一个全国"爱国卫生活动月"活动。同时投入740.99万元，续建吉首、凤凰两县（市）自来水厂和永顺县王村镇自来水厂，新建水泥街巷6.51万平方米，改造背街小巷1.98万平方米，整修下水道3.83万平方米，66.67%的乡镇开展灭鼠工作，投放各种毒鼠毒饵100.7吨。1990年，全州85.25%的乡（镇）开展灭鼠工作，投入资金14.78万元，投放各种毒鼠毒饵94.92吨，其中吉首市鼠密度5.76%。1992年，投资1278.6万元，整修城乡街道95.2公里、小巷16.3公里、下水道11.2公里，新建公厕2座、垃圾处理场2处、垃圾围55个，添置垃圾清运车5辆；吉首市获全省县级市爱卫评比竞赛第二名。1993年，全州整修硬化城区道路27条11.49万平方米，新建、改建公厕27座，修建垃圾站房671座，添置果皮箱2224个，添置垃圾清运车2辆。

1996年，吉首市、龙山县获省级“灭鼠先进县（市）”称号。1999年，州政府决定每年4月为爱国卫生活动月。是年，全州筹资6387.8万元，硬化路面11.2万平方米、新铺人行道1.2万平方米，整修下水道12公里，新建垃圾处理场1处、垃圾中转站11个，新建、改建垃圾围186个，新购环卫车6辆，安装路灯1377盏，清理卫生死角894处，责令清洗“牛皮癣”广告3000多处；是年，吉首市组织市直机关工作人员688人，在城区433个单位、2.68万居民户投放溴敌隆毒饵6.3吨、灭蟑药品96800万包（块），吉首市、凤凰县分别获“省级灭蟑先进市”“州级灭鼠先进县”称号。

2003年，开展以“非典”防控为主线、以呼吸道传染病防治和城乡环境卫生整治为重点的爱国卫生运动，全州投放灭鼠毒饵45吨，投放灭蟑螂、灭苍蝇药物1.8万块（包）、外环境消毒药剂5.4吨。2006年，开展“三湘农民健康行”活动，把农村改水改厕、村容村貌整治以及健康教育等爱国卫生工作纳入重要内容；是年，吉首市获“湖南省灭蚊先进市”称号。2008年，凤凰县获“湖南省灭鼠先进县”称号。2009年7月，开展全州八县市城市卫生大检查，龙山县城区投放灭鼠药饵1吨；凤凰县投入20.6万元，投放毒饵2.5吨、灭蟑灵32750包；泸溪县获“湖南省灭蟑先进县”称号。2010年，经省爱卫会复查，吉首市保留“湖南省灭鼠先进市”“湖南省灭蚊先进市”和“湖南省灭蟑先进市”三个荣誉称号；是年8月，州委、州政府召开全州“百个乡镇、街道整脏治乱绿化行动”电视电话会议，会议提出，把此项工作作为各级各部门“一把手”工程、民心工程和基础工程来抓。全州各县（市）成立以县（市）主要领导任组长的领导小组，公布乡（镇、街道）“脏乱差”投诉举报电话。是年12月，全省爱卫办片区主任会议在凤凰县召开。

第二节　农村改水改厕

1989年8月，全州农村改水工作会议在泸溪县召开。是年，州境筹资168万元，实施农村简易自来水工程180处，改水井99口，受益人口10.59万人。1990年，筹资171.82万元，建设农村简易自来水工程233处，改井214口，受益人口13.63万人；是年，州设立农村改水办公室，有工作人员3人，并为凤凰、永顺两县安排世界银行贷款农村改水配套资金48万元。1991年，全州农村改水筹资123.83万元，新建简易自来水工程351处，改水井88口，受益居民12万人。1993年，开展农村改水普查，调查改水工程2120处，其中工程质量完好1528处、部分损坏430处、报废162处，实际受益51.19万人。1994年，泸溪县提前2年实现“八五”农村改水规划目标。1995年，筹资346.03万元，新建农村改水工程290处，受益人口8.23万人。1996年，全州农村改水筹资137万元，新建农村改水工程98处，受益人口3万人。1999年，在吉首市马颈坳镇竹寨村创办农村改厕试点。是年，全州投入改厕资金87.52万元，改厕2200座，其中无害化厕所400座、公厕9座。2000年，州爱卫会抽查州内71个村74处改水工程：设计合理68处，设计不合理6处；自来水入户60处，入户率81.08%；正常供水70处，间隙性通水3处，报废1处。2002年，全州筹措资金416.8万元，建成农村改水工程89处，解决6.63万人农村居民饮水难问题；筹资580万元，改厕8900座，其中沼气厕2300座。2005年，全州农村改厕投入1786.25万元，建成三联沼气池改厕4.78万户、三格式化粪池改厕3100户。

2006年，全州农村改水投入72万元，新增受益人口4.49万人；农村改厕投入254.97万元，实施三联沼气池改厕7.4万户、三格式化粪池改厕2200户。2008年，湖南省下达湘西州水质监测点108处，安排专项经费15.12万元，无农村改厕项目，农村改厕步入低谷。2010年，全州农村改水投资9703.28万元，实施乡村自来水工程216处，新增受益人口18.96万人；农村改厕投入432万元，实施三格式化粪池改厕2.16万户、三联沼气改厕9.08万户。

第三节 文明卫生单位创建

1989年，全州创建省级文明卫生单位50个、州级文明卫生单位45个，复查省级文明卫生单位18个。1991年，州爱卫办抽查45个省、州级文明卫生单位，44个合格，巩固率97.78%。1993年，州财政局、吉首铁路工务段等10个单位被评为“全州十佳文明卫生单位”。1994年，龙山县兴隆街乡双堰村、花垣县麻栗场镇老寨村等10个村被评为“全州农村十佳文明卫生村”；是年，龙山县启动“省级卫生县城”创建工作。1996年，龙山、泸溪和凤凰3个县开展“省级卫生县城”创建工作，龙山县成立“创建卫生县城指挥部”，筹资3000多万元加强城区卫生基础设施建设；凤凰、泸溪两县成立以县长为组长的创建文明卫生县城领导小组。1998年，吉首市启动“省级卫生城市”创建工作。1999年11月，龙山县民安镇成为湘西州首个“省级卫生县城”；是年，全州创建“州级卫生示范村”8个，里耶镇获“省级卫生镇”称号。2000年，泸溪县白沙镇获“省级卫生县城”称号。2004年12月，吉首市成为“省级卫生城市”；是年，花垣县开展“省级卫生县城”创建工作，拆除占道经营摊点14个、违章建筑381处，修整下水道2.4公里，拓宽街道1836平方米，水泥硬化地面3546平方米，铺设人行道5980平方米。2007年，泸溪县白沙镇的红土溪、刘家滩等3个村和凤凰县沱江镇的大众村、蔬菜村等4个村达到“州级文明卫生村”标准。2008年，凤凰县沱江镇成为“省级文明卫生县城”。2010年，泸溪县白沙镇获“国家卫生县城”称号，成为湘西州首个国家级卫生县城。是年，泸溪县国土资源局、武溪镇武溪小学被州爱卫会授予“全州控烟先进单位”称号。

第四节 健康教育

1989年，全州投入健康教育经费7.46万元，在县城小学、幼儿园开设卫生知识课，其中幼儿园全部开设，小学开课率70%。1990年，花垣、泸溪和吉首3个县（市）经省卫生厅、省爱卫办考核验收，健康教育达标。是年9月，全国中西南健康教育协作区经验交流会在湘西州召开。1991年，保靖县设立县健康教育所，至此，全州除古丈县外，其余7县（市）均设县（市）级健康教育机构，有专职健康教育人员37人；是年，全州投入健康教育经费11万元，建卫生报刊宣传栏1247个，设健康咨询门诊103处，出黑板报1044块，刊出卫生宣传期刊4924期，放映卫生科普电影6129场次，受教育群众400余万人次；州《团结报》增设“卫生与健康”专栏；订阅《大众卫生报》9041份、《健康报》576份。

1995年，湘西州“九亿农民健康教育行动”试点在泸溪县武溪镇秤砣山村举办，受教育村民9471人次，卫生知晓率93%。1996年，“九亿农民健康教育行动”全面展开，重点实施52个乡（镇）164个村，宣传教育对象20.46万人。凤凰、永顺、古丈等县添置摄像机、彩电等电教设施。1997年6月，保靖县被全国爱卫会办公室确定为中国/联合国儿童基金会健康教育合作项目县。1999年，全州发放各种卫生宣传资料12.28万份，刊出卫生宣传黑板报、墙报3751期，开展卫生咨询、义诊84次，出动宣传车56台次，张贴标语1700多条，制作宣传版62块。2003年，创办卫生防病专刊1.33万期，印发宣传资料183万份，出动宣传车5600多台次；全州卫生系统开展义诊和卫生防病咨询5685次，受教育和义诊群众92.1万人次，爱卫宣传农村家庭入户率97%。

2006年，全州开展“健康面对面·乡村行”活动，在89个乡（镇），为177个村发放城乡人畜共患疾病防治宣传画4300张、防病知识读本4000余册。2007年，全州投入4.4万元，添置摄影、摄像、电视机等健康教育设备17台套，组织卫技人员2737人次，深入234个乡（镇）和社区，开展卫生知识宣传教育，下发卫生宣传资料11.7万份，受教育群众195万人次。2008年，州卫生局成立由局长任组长的全民健康生活方式行动领导小组，领导小组办公室设在州疾控中心健康教育所。2009年，州卫生局成立湘西州医疗卫生系统履行烟草控制框架公约领导小组，领导小组办公室设在州卫生局爱卫办。2010年，设置健康教育固定宣传栏2389个，提供健康教育资料61种，针对重点人群开展专题讲座230次，开展重大卫生日宣传咨询活动182次。

第七章　医政管理

第一节　医疗执业管理

1989年，湘西州国家医疗机构设置由辖区县以上卫生行政部门及相关部门审核，并报同级政府批准设立，其他医疗机构设置由卫生行政部门批准，中等以上医学类学校毕业的、从事所学专业期满一年，或从师三年，经考试、考核取得医（护、药、技）士以上技术职务者，即可执业。

1993年，全州开展医疗市场整顿，取缔非法诊所44家，停业整改33家，限期整改134家，处罚5家。1994年治理整顿医药市场，取缔非法游医药贩54起，罚款3.78万元，停业整顿7家，刑事拘留2人。1995年，实施国家《医疗机构管理条例》和州人民政府《湘西自治州医疗机构设置规划》，注册各级各类医疗机构588个。其中：省级注册4个，州级注册33个，县（市）级注册551个。全州国有医疗机构255个，有各类医务室、门诊部173个，个体诊所160家。合并重复设置的国有医疗机构4个，取缔个体诊所229家，暂缓登记242家。1999年，州政府成立由卫生、公安、工商等部门组成的医疗机构清理整顿办公室，检查、清理州内各级各类医疗机构1315家，取缔无证行医机构482家，限期整改国有和个体医疗机构381家，没收医疗器械、药品货值11.1万元，拆除各类医疗广告牌243块，被处罚单位66个，罚没款10.56万元。2000年，全州开展医疗市场专项整治，实施行政处罚146家，其中，罚款24家，暂控“医疗机构执业许可证”14家，注销执业许可证9家，责令停业整改99家。限期整改医疗机构262家。取缔无证开业140家，没收非法医疗机构药品器械价值2.65万元，罚款9500元。2001年，清查医疗机构1381家，取缔非法医疗机构136家，没收药品、医疗器械货值13万元，没收非法所得18万元，取缔未经批准的坐堂医5处，清退非法从业人员28人。取缔非法性病诊治机构8家，注销社会团体开设性病专科2家，处理擅自增设性病诊疗项目的医疗机构68家，清退个体承包经营国有医疗机构性病诊疗业务8家。拆除户外固定广告牌84块和过街横幅62条，没收性病广告印刷设备1套、广告成品1500余张。2003年，乡镇卫生院设置调整，全州设中心卫生院40所、一般卫生院150所、防保型卫生院28所。2005年，吊销执业资格7家。2007年，取缔无证行医诊所19家。2010年，停业整顿两家医院血液透析业务。是年，全州有注册医疗机构664家，其中二级以上综合医院9家、中医院8家、专科医院3家、乡（镇）卫生院203家、城市社区卫生服务中心6家、妇幼保健院9家、农村中医院1家、采供血机构1家、民营医疗机构71家、个体诊所353家。

第二节　医院质量管理

1989年，全州开展医院护理人员“三基”（基础理论、基本知识、基本技能）训练和“天使杯”护理质量竞赛活动，培训护理质量管理骨干126人。1992年，医院分级管理工作启动，州人民医院、泸溪县浦市中心卫生院试点创建等级达标医院。1993年，湘西州医院分级管理评审委员会成立，全面开展医院分级管理创等达标工作。1994年，浦市中心卫生院在州内率先达到“一级甲等医院”标准。1995年，州人民医院通过湖南省医院分级管理评审委员会验收评审，达到“二级甲等医院“标准并正式挂牌。1996年，州民族中医院通过湖南省医院（中医）分级管理评审委员会专家评审验收，达到“二级甲等中医院”标准。1997年，州人民医院晋升为“三级乙等医院”。是年，龙山县“农村中医合格县”达标，1999年，永顺县中医合格县达标。2000年，保靖、花垣、永顺、吉首4个县（市）人民医院和永顺、凤凰、龙山3个县中医院通过评审验收，被确认为“二级甲等医院（中医院）”。2001年，开展“医疗质量、医疗安全年”活动，实行医疗质量、医疗安全管理与科室和人员奖金、职称、评先评优相挂钩，发生医疗事故实行一票否决权；州人民医院、州民族中医院开始实行住院费用一日清单制；州民族中医院、保靖县中医院急诊科经湖南省中医药管理局评估验收，被列入全省重点中医院急诊科建设单位。2004年，州民族中医院被省中医药管理局确定为苗医、土家医治疗结肠炎的重点专病建设项目。2005年，州卫生局“医院管理年活动”领导小组和专家督查组成立，召开全州“医院管理年”活动动员大会，全州县以上医院开展“以病人为中心、以质量为核心”的医院管理年活动；泸溪县浦市镇中医院及永顺县石堤、龙山县里耶、花垣县民乐3所中心卫生院，经省、州考核确认为“农村中医兴院示范单位”。是年，全州有34所卫生院成功创建“一级甲等医院”，81所卫生院产科建设达标。

2010年，全州开展“医疗质量万里行”活动，严格执业资格和医疗服务项目准入管理，开展院感、血透、医用氧质量检查。是年，完成肝病、脾胃病、针灸推拿等国家和省重点专科项目建设。

第三节　医疗纠纷调处与事故鉴定

1989年，全州发生医疗纠纷15起，州卫生局组织现场调查以及通过州医疗鉴定委员会鉴定，认定医疗差错9起。1990年医疗纠纷增多，州医疗鉴定委员会受理医疗事故鉴定30起。2001年，州、县（市）卫生行政部门受理医疗纠纷81起。其中，行政调解49起，医疗事故鉴定23起，医疗机构与患者协商解决9起。2002年，州医学会医疗事故技术鉴定办公室成立，建立专家库，聘请专家库成员118人，并设立学科专业组8个，当年受理鉴定申请8起，鉴定4起，接待相关咨询100多人次。2003年，受理并调解医疗纠纷48起，其中移交湖南省医学会鉴定2起、州医学会鉴定14起，鉴定为医疗事故3起，调解29起。2004—2008年，受理医疗事故鉴定95起，组织医学鉴定87起，终止8起。2009年，执行省公安厅、省卫生厅印发的《湖南省医患纠纷处置暂行规定》，全州二级以上医院设立警务室，建立医患纠纷第三方调处机制。是年全州受理医疗事故鉴定16起，移交州医学会鉴定12起，终止4起。2010年，集中清理和调处医患纠纷积案17件；当年受理医疗事故鉴定14起，鉴定10起，终止4起。

1994—2005年湘西州“一级甲等医院”评审达标情况一览表

表30-9

年份	“一级甲等医院”名单
1994	泸溪县浦市镇中心卫生院
1998	永顺县王村镇、龙寨镇，龙山县里耶镇、红岩溪镇，吉首市矮寨镇、马颈坳镇中心卫生院
1999	保靖县毛沟镇、葫芦镇，龙山县茨岩塘镇、石牌乡、洗车河镇、召市镇中心卫生院，永顺县石堤镇、泽家镇 吉首市丹青乡、万溶江乡中心卫生院，花垣县吉卫镇、民乐镇，古丈县高峰乡，凤凰县腊尔山镇中心卫生院

续表 30-9

年份	“一级甲等医院”名单
2002	龙山县桂塘镇、苗市镇，永顺县高坪乡、首车镇中心卫生院，凤凰县阿拉镇，古丈县断龙镇中心卫生院
2004	永顺县塔卧镇、泸溪县兴隆场镇中心卫生院、保靖清水坪镇、花垣县龙潭镇中心卫生院
2005	永顺县灵溪镇、龙山县水田坝乡、凤凰县吉信镇中心卫生院

第四节　血液管理

一、无偿献血

1989年，全州临床用血由各医院自行有偿采血和输血。1994年8月1日，湘西州红十字会中心血站开展采供血业务，全年有偿采血1203人次，采集量36.15万毫升，临床用血36.06万毫升。1995年，开始实行成分输血，宣传发动无偿献血50人次，无偿献血量1万毫升。1998年，实施《中华人民共和国献血法》，州人民政府下达年度无偿献血任务，湘西州开始实行无偿献血制度。是年“5·8”世界红十字活动日，州人民政府副州长梁秋松带头无偿献血，当天参加无偿献血63人次、献血1.26万毫升。1999—2003年，采用政府指令性任务和街头自愿相结合方式开展无偿献血采集，无偿献血占临床用血比例逐年上升。2004年1月24日，州人民政府出台《湘西自治州无偿献血管理暂行办法》，各县市和州直单位建立无偿献血责任制，广播电视常年播放无偿献血公益广告，发动农村无偿献血400人次、献血11万毫升。是年，全州首次完成年度无偿献血任务。2005年，州中心血站在吉首市商业城湘泉步行街广场设立固定采血点，无偿献血法规和科学献血知识等宣传资料，接受爱心人士无偿献血。2006年，吉首大学组建无偿献血青年宣传队，湘西广播电台每日早、晚两次播放献血科学知识讲座；州武警支队、吉首大学、州直卫生系统等单位在“5·8”国际红十字会日、“6·14”世界献血者日开展现场献血活动。2009年，州人民政府授予田明全等609人“无偿献血奉献奖“、团结报社等57个单位“无偿献血促进奖”及龙山县人民政府等26个单位“无偿献血先进单位”称号。2010年，建立血液应急机制，实行以团体招募为主的公民自愿无偿献血常态化模式，全年招募无偿献血者13253人次，无偿献血量402.8万毫升。其中：农民无偿献血1688人次、献血量52.26万毫升，占无偿献血总量的13%；街头无偿献血3844人次，献血量118.59万毫升，占无偿献血量29%；团体招募7721人次，献血量230.5万毫升，占无偿献血总量58%。

二、血液质量与安全

1989年，全州血液安全检测工作由临床用血医院自行开展。1994年，州红十字会中心血站开展乙型肝炎病毒表面抗原（HBSAg）、丙型肝炎病毒抗体（抗-HCV）、谷丙转氨酶（ALT）、ABO正反定型、血色素（Hb）、梅毒等单项检测。1995年，州血液质量管理委员会成立。是年11月，州中心血站经省血液质量管理委员会验收合格，取得“中华人民共和国血站执业许可证”。1996年1月，开始检测艾滋病病毒（人类免疫缺陷病毒，HIV）抗体，并实行100%双人双试剂检测（献血者血液初检和复检不得用同一试剂厂家生产的试剂，同一标本的初检和复检不得由同一人进行操作）的初、复检制度。1999年，开展不规则抗体（ABO亚型、Rh抗D）检测。2002年，州中心血站人员经湖南省采供血机构岗位培训考核合格。2003年，州人民政府献血办公室成立，全州县以上医疗机构落实血液管理制度，规范输血协议等输血文书的书写，杜绝擅自采血现象；州中心血站开始使用酶标仪检测双波长吸光度，提高临界值标本分析准确度。2004年，州中心血站建立血站员工健康档案，清理献血员队伍，其艾滋病初筛实验室被湖南省卫生厅确认为“湖南省艾滋病初筛实验室”。2005年，应用计算机管理采供血和相关服务程序，采用条形码技术标识血袋，确保每一袋血液具有唯一性标识以及可追溯性，并使用进口试剂检测血液，提高检测灵敏度。2006年，初步建立与检测项目相适应的室内质量控制程序等质量管理体系，层层签订目标管理责任书，每月定期召开质量分析会，每年参加省级以上室间质量评价2次。2008年，血液检测采用自动化检测设备操作标本和试剂加样以及试验过程，避免手工加样、清洗等人为因素产生误差；是年8月，通过国际质量管理体系（方圆标志认证集团有限公司）认证，其质量管理体系符合标准。是年，全州血液实行“统一采血、统一供血、统一管理”。全州医疗机构临床用血由州中心血站统一供血。2009年1月，省卫生厅批准州中心血站在7个县城各设1个贮血点。2010年，州中心血站改造血液检测实验室，实现血液管理信息化。

第五节 医学考试与注册

护士执业资格考试与注册 1994年开始实行护士资格全国统一考试和护士执业注册制度。1995年，全州卫生专技人员增至6614人。2000年，首次注册执业护士1700余人，2002年再次注册执业护士2083人。2003年，护士资格考试与全国中、初级卫生技术资格考试合并，2010年进入全国互联网注册。是年，全州有注册护士3428人。

医师执业资格考试与注册 1999年，实施《中华人民共和国执业医师法》，实行医师资格考试、执业注册制度。是年，湘西州医师资格考试工作领导小组、医师资格实践技能考试工作领导小组和考点办公室成立，设立实践技能考点5个。其中：州人民医院为临床类及口腔类考点，吉首市人民医院为临床类考点，州民族中医院为中医类考点，原州卫生防疫站为公卫类考点地。至2000年，全州报考人数1433人，参加综合笔试1273人，合格660人。至2001年，审批认定执业医师2646人、执业助理医师901人。2003年，实践技能考点调整为3个，即州人民医院、吉首市人民医院和州民族中医院，口腔类和公卫类实践技能考点由省卫生厅统一设在长沙市。2010年，参加执业、助理执业医师考生17310人次，考试合格3734人，全州注册执业医师5304人，其中执业医师3515人、执业助理医师1789人。

职称晋升考试 1989年，全州有卫生专业技术人员5009人。其中有中、西医医士及以上职称2725人，护士及以上1219人，中西药士及以上402人，医技士以上250人。2001年，卫生系列中、初级职务改为“以考代评”，参加国家统一考试合格即获可得任职资格，高级职称级职务由省卫生厅组织考试和评审。2009年，设立农村乡镇卫生院卫生中级、高级技术职称，农村卫生中级从参加国家中级考试中降低5分录取。至2010年，州卫生局、州人力资源和社会保障局联合确认高级职称600人，中级职称1473人，初级职称834人；农村卫生高级7人、中级11人。

2001—2010年湘西州执业、助理执业医师考试情况一览表

表30-10　　单位：人、%

年份	报考人数	实践技能考试		综合笔试合格人数			执业医师注册
		合格人数	合格率	合计	执业医师	执业助理医师	
2001	522	—	—	224	102	122	—
2002	868	630	72.6	330	184	146	—
2003	1200	658	54.8	224	100	124	329

续表 30-10　　单位:人、%

年份	报考人数	实践技能考试		综合笔试合格人数			执业医师注册
		合格人数	合格率	合计	执业医师	执业助理医师	
2004	1828	1100	60.2	343	140	203	584
2005	1990	1272	63.9	388	174	214	340
2006	2043	—	—	317	143	174	348
2007	2056	1349	65.6	369	185	184	146
2008	1731	1100	63.5	256	114	142	287
2009	1795	1190	66.3	288	142	146	—
2010	1844	1259	68.3	395	190	205	229

2001—2010年湘西州卫生系列职称晋升考试情况一览表

表 30-11　　单位:人、%

年份	报考人数	合格人数	初级	中级	合格率
2001	309	126	16	110	40.78
2002	478	175	110	65	36.61
2003	951	519	350	169	54.57
2004	729	407	339	68	55.83
2005	1179	648	463	185	54.96
2006	1143	667	400	267	58.36
2007	1049	569	358	211	54.24
2008	1162	598	369	229	51.46
2009	1353	782	471	311	57.80
2010	1720	1027	694	363	59.71

第六节　药品采购

1989年，湘西州医疗机构药品自行采购。2001年，州内药品实行集中采购，有供货企业48家，服务医疗机构26个，采购品种805个、品规1320个，总价值4807万元。采购药品不含麻醉、放疗、精神、毒品等四类品种。2005年，采购方式由集中采购转为集中招标采购。2006年，开始实施医用耗材采购项目，采购医用耗材价值1235万元。2009年，全州县级以上医疗机构采购药品2.42亿元，乡镇卫生院药品招标采购1154.9万元。2010年1月31日，吉首、龙山两县（市）开展国家基本药物制度试点工作，实行省级网上集中公开招标采购，统一配送，全部配备使用国家基本药物，并实行基本药物零差率销售。同时，开展基本药物制度监测评价、国家基本药物临床应用指南和处方集培训工作，基层医疗卫生机构培训实现全覆盖。湘西州在《国家基本药物目录》基础上，增补基本药物目录88个。是年，以县（市）为单位增补药物询价采购品规406个。全州供货企业112家，服务医疗机构39个，药品品种3315个，品规3509个，采购药品总价值2.58亿元，采购医用耗材总价值0.64亿元。

第八章　红十字会

1988年11月，湘西州红十字会成立，第一届理事会名誉会长郝瑞华、会长龙文玉、常务副会长印六秀。1989年，州境各县（市）红十字会相继成立，全州有红十字会基层组织193个。1993年6月，龙文玉再次当选为州红十字会会长。1994年，州红十字会救灾中心成立，核定事业编制3名；同时成立州红十字会中心血站，核定事业编制17名；两个机构均为正科级事业单位。1995年，州红十字会与香港救世军建立长期帮扶机制。1998年2月，州红十字会为副处级群团机构，编制5名，工作人员参照公务员管理，挂靠州卫生局。1993年3月，州红十字会召开会员代表大会选举产生第三届理事会。2001年3月，州红十字会归口州人民政府办公室管理，内设办公室、赈济服务部、宣传联络部，成为独立从事人道主义工作的社会救助团体。2002年，州红十字会中心血站划归 为州卫生局管理。2003—2010年，州红十字会机构和编制均未变化。

1988—2010年，州红十字会历任会长：龙文玉、梁秋松、陈潇、曹世凯；专职副会长：印六秀、杨家升、欧天国。

第一节　赈济救助

1989年，州红十字会为6位工伤女工募捐万元医药费，并转递、查询台湾同胞寻亲信件54宗。1991年，州红十字会发放台湾、香港等地红十字会捐赠的粮食1500吨、衣物200箱。1992年，州、县（市）红十字会募捐实物价值和现金20.85万元，美国侨胞援助资金6.5万美元、毛毯1700多条，省红十字会拨发大米、棉被、衣物价值41万元，全部发放到灾民手中。1993年，州、县（市）红十字会筹集和接受捐赠款物818.66万元。1994年，接受海内外捐赠救灾款物102万元。1995年5月，州境发生洪灾，州红十字会争取国内外组织和个人捐助，协助政府组织抗洪救灾，并联系香港救世军中国事务部部长曾庆敏带领有关人员前往湘西州考察灾情，与州红十字会制订“1995年湘西水灾赈灾计划”：投入350万元，援建重灾区永顺、保靖、泸溪、凤凰4个县的11所小学；投入资金110余万元，帮助永顺、保靖、泸溪3县共510户灾民修建因灾毁坏的房屋，购买棉被1.1万床，棉衣8000件；湖南省红十字会下拨价值200万元的救灾药品、500万元湖南省红十字会下拨价值200万元的救灾药品、500万元的救灾物资。是年，州红十字会被中国红十字会总会授予“全国红十字会先进集体”称号。1998年，州境遭受特大洪灾，州红十字会争取省红十字会资金372.3万元、救灾大米120吨；台湾红十字会捐赠价值40.81万元的欣欣口粮饼干1667箱，上海市松江区红十字会捐赠价值13.4万元衣物，香港救世军捐赠资金200万元、空运饼干、救生衣和药品价值17万元。是年，州红十字会被中国红十字会总会评为“抗洪救灾先进集体”。

2000年5月，州红十字会救灾综合大楼破土动工，翌年竣工，建筑面积2400平方米，工程造价280万元。2001年，州红十字会开展博爱送万家活动，省、州红十字会负责人及州委宣传部、州财政局等单位负责人到吉首市己略乡举行赈贫仪式，将17.8吨大米分发给贫困村民。2002年，湘西州发生水灾，州、县（市）红十字会与民政、防汛、气象等部门配合，及时掌握并上报灾情动态，并派人到广东省中山市等地募捐，并邀请香港救世军王国法委员、红十字会国际联合会普鲁士等到湘西州考察灾情；此后，香港救世军捐赠人民币10万元救灾款，国际联合会通过总会捐赠60吨大米，广东省中山市捐赠2万元用于灾后重建，湖南省红十字会捐赠100吨大米、1000余箱食品、总价值300万元。2005年，州红十字会在全州范围内发出“紧急动员，救助印度洋海啸灾民”倡议，全州红十字会系统接收募捐款8.41万元；广东亚特通讯有限公司总经理刘美龙及其员工捐资1.5万元现金，美国扶贫教育基金会无偿捐赠价值2.55万元的涤棉被410床。

2010年元旦、春节期间，州红十字会将价值200万元的各类物资分发给各县（市）和州直会员单位；陪同州委、州政府及省红十字会负责人到泸溪、凤凰两县慰问特困群众，为保靖县夯沙乡困难群众送棉被320床；上海闵行区红十字会给湘西州援助300万元全新服装，浦东新区红十字会每年拿出2万元帮助永顺一中20名学生完成学业；5—7月，州红十字会争取香港救世军代表特区政府援助救灾款252.5万元，用此款购买大米600吨、棉被5000床、蚊帐3000顶，发放至全州80余个乡（镇）5万灾民手中。

第二节　医疗救助

1989年，州红十字会举办两期卫生救护师资培训班，培训救护骨干60人，组织红十字医疗队33批356人次，义诊7.25万人次。1990年，州红十字会举办吉首地区汽车司机卫生救护基本知识培训班，198个单位的415名汽车驾驶员参加培训。同时为吉首市严重烧伤的村姑张新凤募捐医药费7万元。1991年，发放中国台湾、香港等地红十字会捐赠的救灾药品价值5万元。1992年，组织78支医疗队680名医务人员奔赴57个洪灾、雹灾点，救治危急重病人1万人次，并在州境209、319国道沿线建立39个救护站，开展救护培训2.84万人次。

1997年5月，州红十字会在吉首火车站设立红十字会卫生救护点，为过往旅客免费发放药品175人次。1998年，州境遭受特大洪灾，州红十字会争取省红十字会下拨67万元的防疫治疗药品，同时采购60.73万元药品，全部发放重灾区灾民。1999年，州境发生洪灾，州红十字会争取省红十字会价值救灾药品93.85万元，全州集中开展两次无偿献血活动。2001年，全年实现无偿献血量110万毫升，完成州政府下达任务的80%。2002年，州红十字会门诊部连续10天免费为群众提供医疗服务，累计减免医药费6万元；全州无偿献血134万毫升，占全州年临床用量55%。

2005年5月，上海市宝山区红十字会援建的泸溪县潭溪镇卫生院用房竣工落成。该卫生院用房建筑面积910平方米，造价50万元，其中宝山区红十字会援助30万元。6月9日，宝山区红十字会爱心医院在潭溪卫生院举行挂牌仪式。挂牌仪式结束后，宝山区6名医疗专家在该镇开展两天义诊活动，诊疗病人560人次。6月14日是世界献血日，州红十字会制定《湘西州2005年“6·14”世界献血者日活动方案》和印发无偿献血倡议书，6月14日当天献血2.97万毫升。11月9日在吉首市团结广场举行湘西州造血干细胞志愿捐献者工作启动仪式，举办为期三天的造血干细胞志愿捐献知识专题讲座，招募红十字志愿工作者121人，当场有160名造血干细胞志愿捐献者报名抽取血样；湘西州造血干细胞工作实现零的突破。是年，全州临床用血基本实现无偿献血化。2010年，州红十字会利用“5·8”世界红十字会日和“6·14”世界献血者日等大力宣传无偿献血的意义。同时举办大型现场献血活动。是年，全州参加无偿献血者1万余人。

第三十一篇　体育

1989年，湘西州坚持以竞技体育为先导，学校体育为基础，全民健身为重点，民族体育为特色，全面发展体育事业。全州8县（市）体校均有田径队，有田径教练15人，运动员200人。1991年，古丈县创办州内第一所举重学校。是年8月，古丈籍运动员龙玉玲赴印度尼西亚参加第四届亚洲女子举重锦标赛，获52公斤级抓举、挺举、总成绩3枚金牌，以80.5公斤打破该级别抓举世界纪录，成为湘西州首位在世界级比赛中夺得冠军的运动员。1997年，在第八届全国运动会上，保靖籍女子举重运动员杨霞获得举重金牌，实现湘西州运动员在全国运动会金牌零的突破。1998年杨霞在曼谷亚运会举重比赛中夺冠，湘西州运动员在亚运会获得首枚金牌。

进入21世纪，州境持续发展"竞技体育，民族体育，学校体育"。以健身操、广场舞为载体，推动全民体育发展。2000年，杨霞在悉尼奥运会女子举重53公斤级比赛中一举夺冠，实现湘西州运动员奥运会金牌零的突破。2002年陈初富参加波兰华沙世界举重锦标赛夺男子举重金牌，实现湘西籍运动员世界锦标赛金牌零的突破。2006年，在湖南省第六届少数民族运动会上，湘西州代表团获总分661分、金牌33枚，总分和金牌排名均居全省14个市（州）之首。是年，湘西州高脚竞速、高脚竞技、高脚撞架在全国推广，并列入国家少数民族体育运动会正式比赛项目。全州常年参加体育锻炼有86万人，占总人口的32%。

2010年，全州有体育场、馆27个，全民健身工程项目和农村体育示范点277个，有省、州、县（市）传统体育项目学校10所，有各级各类体育协会12个，各级社会体育指导员1956人，各类健身活动站点34个，青少年体育俱乐部4个；学校实施《国家体育锻炼标准》，达标率94.2%。全州参加体育活动人口90余万人，占总人口的30%。是年，湘西州参加全国少数民族运动会，获得7枚金牌的好成绩。

1989—2010年，湘西州为国家培养输送体育后备人才400余人；每年举办不同类型专项赛事，其中举办州运动会五届，即第七届至十一届；比赛项目主要有篮球、乒乓球、举重、游泳、赛艇、田径、体操、摔跤、武术等，全民健身运动高涨。全州受到国家体育总局表彰单位46个、33人，受湖南省体育局表彰单位180个、273人。

第一章　群众体育

1989年，湘西州体育运动委员会（简称州体委）内设办公室、竞赛训练科、社会体育科，编制11名，实有工作人员11人。1995年，机构改革，州体委改为州政府直属事业机构。2002年，州体委更名为州体育局，核定编制10名，机关工作人员参照公务员管理，内设机构增设产业科（法规科）。2004年，增设老年体育协会办公室，并从下属单位划转全额事业编制1名，另增工勤编制1名，内设机构有竞赛训练科、社会体育科、产业科（法规科）、办公室、老年体协办公室。编制12名，实有人员12人。2010年，内设科室和编制人员未变。局下属单位有州民族体育学校、州体育馆、州体育运动科学研究所（简称"体科所"）、州体育产业开发中心、州体育彩票管理中心、州举重人才基地。

1989—2010年，州体育局（州体委）历任局长（主任）：钟福至、秦平、吴正友、石建秋；副局长（副主任）：代建仁、李树清、秦可国、秦平、张自家、刘大效、姚本生、刘小刚、高长渊、吴罡、刘攀。

第一节 全民健身运动

1989年，湘西州群众体育围绕新中国成立40周年和迎接北京亚洲运动会，开展全民健身活动。州体委与州教委联合举办“全州韵律操比赛”，州内各县市第一中学和中心完小学生41685人参赛。各县市体委还分别举办篮球、足球、拔河、棋类、气功、门球、钓鱼、老年迪斯科等项目比赛，全州参与活动30万人次。是年，在湖南省体委首次召开的全民健身表彰会上，湘西州受表彰的有州、县（市）直单位7个，乡（镇）8个，体育工作者15人。1991年5月，州人民政府印发《关于进一步发展我州体育事业的通知》，提出全民健身向社会化、多样化和制度化方向发展。全州纺织、保险、工行、农行、卫生等系统举行男、女篮球赛，参赛运动员800多人。篮协、足协、门协、武协、钓协、棋协分别举办运动会，80支代表队1000余名运动员参加比赛。全州开展各类体育活动174次，参加活动人数5.8万余人。花垣县举办各类活动30次，参加者17262人，观众32万人次。

是年6月，原国家体委主任、体育总会主席李梦华到湘西州考察，为吉首市游泳中心题字。12月，州体育总会成立，州人民政府副州长龙文玉任名誉主席，州体委主任钟福至任主席。

1994年，州人民政府出台《湘西自治州全民健身计划实施方案》，提出深化改革，逐步实现体育事业社会化，全民健身列入议事日程。州人民政府成立全民健身计划指导委员会，副州长龙文玉任主任，州直28个单位分管领导为委员，指导、推动全民健身活动。活动坚持灵活多样，并因地、因时、因人而宜。州人民政府在州体育中心举行“奔向新世纪”火炬传递活动，工人、干部、学生组成3000人长跑队伍，经人民南路至团结东路天桥，全程3000米，沿途5万余人观看。“全民健身”成为锻炼人群的口头语，参与登山、徒步、钓鱼等户外活动人员不断增多。

1998年10月，湘西州举行首届大众体育运动会，大会设5个大项15个小项。比赛项目：健美操、木兰扇、42式太极拳、趣味体育、飞镖。运动会在州体育馆举行开幕式。8个县（市）、州直10个系统18支队伍，1200名男女运动员入场参赛。运动会产生金牌15枚，评选出6个优秀组织单位，27名优秀组织个人。6月，湘西州组团参加湖南省首届大众体育运动会，获银牌2枚，铜牌4枚，并获体育道德风尚奖、比赛优胜奖。1999年，全民健身活动围绕国庆50周年和“国际老人年”开展。是年3月，州人民政府在花垣县召开群众体育经验交流会，花垣县介绍开展民族传统体育经验，参观县电力公司、三立集团、茶洞等农村体育场地。表彰十佳群众体育单位和个人。

2001年，全州举行各类大型群众体育活动102次，参加活动7万余人次，观众10万余人，投入资金120万元。泸溪县举办首届大众运动会，参赛运动员2000人，竞赛项目13个，观看者万余人。

2004年，凤凰、泸溪、花垣、保靖、永顺5个县实施全民健康工程建设，当年选址，当年安装设施，全州全民健身工程竣工15处。其中，州直5处，县（市）8处，乡、村2处。

2005年，开展《全民健身计划纲要》颁布10周年纪念活动，州、县（市）分别成立纪念活动领导小组，组织全民健身宣传，州内报纸电视开设专题宣传8期，张贴标语2000余条。州政府办公室印发《湘西自治州2005年国民体质监测工作方案》，吉首、凤凰、花垣等县（市）启动群众体质监测工作。是年6月10日，州体质监测中心10名监测员到凤凰县测试80人。

2007年，全州举行大型健身活动35次，参加活动10万余人次。是年10月12日，湘西州健身委、州环保局、州老干局、州畜牧水产局、州体育局、吉首市人民政府联合举办中国移动“神州行杯”湘鄂渝黔四省市边区钓鱼比赛，经网上报名，600多名钓鱼爱好者参加比赛，创湘西州钓鱼比赛史上规模新高。赛场在乾州中央商务区小河水域，600多名钓手分布在2000米的长廊上，形成两条长龙，引来数千人观看，经8小时比赛，吉首市郭卫国以25.55公斤成绩获总重量冠军。

2008年，全州开展以龙舟、篮球、拔河、登山等为主的"全民健身与奥运同行"系列健身竞赛活动，活动开展16次，参加活动30余万人次。是年10月11—12日，凤凰县承办湖南省大众运动会登山比赛，比赛分5个组，即青年组、中年组、青年中年混合组、处级干部组、厅级干部组。比赛地点设在国家森林公园南华山。比赛结果：州代表队获混合组第四名。2009年8月8日，湘西州开展第一个全民健身日活动，8个县（市）同时举办万人长跑赛。吉首城区路线从团结广场出发，至乾州州商务局门口广场，全程4500米，比赛分团体赛和个人赛，团体10人1队，其中男7人、女3人；近2000名运动员参赛，奥运冠军杨霞、龙清泉一同参与。州领导彭武长、陈潇、秦湘赛、龚瑞珍同时击响苗鼓，为参赛市民擂鼓助威。

2010年，全州各类健身站点54个，经常参加体育锻炼有90余万人，占州内总人口三分之一。举办较大型群众性体育活动56次，参与人数28万人次。州体育局培训社会体育指导员80人，全州拥有社会体育指导员1916人。是年，州境国民体质监测启动，当年监测7000余人。

第二节　职工体育

1989年，全州职工体育项目有篮球、象棋、跳子棋、广播体操、钓鱼、散步等；运动方式以小型、分散为主；活动时间集中在"五一"及6月和12月末的一个星期天。1990年5—8月，州体委与州总工会联合举办"全州职工百日锻炼迎亚运"活动，州境90个队2700名机关干部职工参加，观众10万余人次。在"百日迎"活动中，全州举办规模不一的各类运动会300余次，有3万名干部职工参加活动。1992年6月，纪念毛泽东题词"发展体育运动，增强人民体质"40周年，州体委、州教委、州总工会、团州委、州妇联联合开展体育月活动。活动内容有：全州龙舟通讯赛、机关干部广播体操比赛、老年门球赛、吉首地区围棋擂台赛等。体育月期间，全州117支龙舟下水，4280名运动员参赛，观众25万人次。其间，62支党政机关干部代表队参加广播体操比赛，有运动员2108人。

1995年，全州组织大型体育活动46次，参加活动职工3.78万人。1999年，州体委举办全州职工篮球赛，2000年，州直举办职工趣味运动会。

2005年，州体育局举办首届"荣昌杯"体育系统职工篮球运动会。国际奥委会副主席何振梁到运动会现场观看。州体育局与州妇联联合举办"五一"职工拔河赛；州交通局举办首届全州交通战线职工运动会。

2007年，州委组织部等4部门联合举办"体彩杯"第二届州、市直机关公务员运动会，参加单位21个，运动员400余人，开设项目有乒乓球、羽毛球、田径、网球等。

2010年，州人大常委会、州纪委、州总工会、州计生委分别举办机关职工篮球运动会，参加单位65个6000多人。

第三节　农民体育

1989年，全州开展篮球、武术、苗鼓、龙舟等项目农村体育活动，并将每年端午节定为农民体育节，端午节前后一个星期为农民健身活动周，开展"百艘龙舟闹湘西"全民健身活动。花垣、保靖、吉首、凤凰和古丈5个县（市）在苗族聚居乡（镇），利用赶年场、四月八、赶秋等民族节日，举办各类体育活动。龙山县农村乡镇普遍达到"一场一室"（篮球场、活动室），1990年，该县被命名为全国体育先进县。1991年，晨（晚）练活动开始走进农村乡镇，万余支篮球队活跃在州境乡镇村，具有湘西特色的民间"练武堂"达到1000多个。苗鼓、狮舞等，在湘西农村牵引千万农民健身，乡镇将农民运动会制度化，纳入两个文明建设规划。"丰收杯""健康杯""致富杯"等赛事活动频繁。

1995年，吉首市成为全国第五批体育达标先进县（市）。在1999年湖南省第二届农民运动会上，湘西州代表团56名男女运动员，参加5个项目比赛，获银牌1枚，铜牌2枚；集体项目舞龙获第六名，拔河第四名，代表团获体育道德风尚奖。2000年，古丈县成为全国第七批体育先进县。是年，农村体育结合旅游向特色方向发展。州农村工作办公室、州民委、州体育局制定全州体育特色乡（镇）评选标准，21个乡（镇）命名为第一批体育特色乡镇。

吉首市矮寨镇、寨阳乡为民族传统体育之乡；河溪镇为龙舟之乡。

泸溪县潭溪镇为民族传统体育之乡。

凤凰县官庄乡为龙舟之乡，吉信镇为武术之乡。

花垣县茶洞镇为龙舟、龙灯之乡，排碧乡为民族传统体育之乡，两河乡为武术之乡。

古丈县默戎镇为民族传统体育之乡，河西镇为龙舟之乡。

保靖县水田河镇为民族传统体育之乡，葫芦镇为苗鼓之乡，毛沟镇为篮球之乡。

永顺县王村镇为篮球之乡，塔卧镇为民族传统体育之乡，石堤镇为体育之乡。

龙山县靛房镇、农车乡为摆手之乡，桂塘镇、茨岩塘镇为体育之乡。

2003年，湘西州代表团参加湖南省第三届农民运动会，60名男女运动员参加5个项目比赛；在田径项目比赛中，湘西州运动员田世芳以14秒3的成绩夺得男子100米推轮胎第一名，瞿云祥在掷秧苗比赛中以29.88米的成绩夺得第一名，共夺金牌2枚，银牌2枚，总分排名第七位，实现农民运动会金牌零的突破。

2007年，州体育局、州农村工作办公室联合举办全州首届农民运动会，运动会地点设在吉首市矮寨镇。竞赛项目有：趣味体育（划旱龙船、摸石过河、袋鼠跳、二龙戏珠）、篮球、象棋三大项。在运动会开幕式上，矮寨镇农民表演苗鼓、舞狮等民族传统体育项目。运动会经4天角逐，花垣、永顺、吉首3个县（市）代表队获得男子篮球前三名。花垣县的李传海，古丈县的龙朝辉、石仁信，获中国象棋前三名。永顺县获得“划旱龙船、摸石过河、袋鼠跳”3项第一名，龙山县获得“二龙戏珠”第一名。2010年，州体育局组织农民体育代表队参加全省“强民杯”农民运动会，参赛项目为篮球、乒乓球等。

第四节　学校体育

1989年，湘西州学校体育实施湖南省教委颁布的《湖南省全日制六年制农村小学教学计划》，一至六年级每周2课时，每节课时40分钟；上课总时数按全年34周计算，全学年开设408节；文体活动每周3课时，全学年开设612节。初、高中体育课执行《湖南省全日制普通中学教学计划》，每周2学时，每节课时45分钟，全学年开设384节。课外体育活动每周2课时，全学年开课384节。是年，州内学校开展达标测试，达标率34%。龙山县民安镇第一小学和保靖县实验小学被省体委评为体育先进集体。

1990年，保靖县和吉首市中学招生率先加试体育科目。1991年，全州初中招生普遍加试体育，并将体育成绩计入总分，规定体育成绩不合格者，不得录入重点中学。1994年，湖南省举办中学生篮球赛，保靖民中和永顺一中代表队分别获第五、第六名。1995年，全州学校举办体育竞赛130次，参赛学生4.8万人。是年，湖南省在吉首举行中学生运动会，湘西州代表队以59分成绩获团体总分第四名。

2002年，吉首市义务教育开展省级基础教育课程改革实验，1~6年级设体育课，7~9年级设体育与健康课，其中，健康知识不得组织笔试。小学1~4年级每周4课时，5~6年级每周3课时，每节课时量40分钟；7~9年级每周2课时，每节课时量45分钟。部分学校还开设地方课程和学校课程等特色体育课。2003年，执行教育部《普通高中体育与健康课程标准》。2005年，组织学生参加全省中学生田径运动会；全州有16所学校被省教育厅、省体育局评为落实《学校体育工作规则》先进单位。

2010 年，全州实施学校体育与健康新课程标准，开展学校体育大课间活动；州内中心完小以上学校推广中小学新广播体操和眼保健操。全州有 90%的学校上报学生体质健康数据。

第五节 老年人体育

1989 年，全州各级建立老年人体育协会、门球协会和老年健身辅导站。各级老干活动中心、公园、社区绿地成为老年人体育活动场所，全州老年人开展体育项目 60 余个，经常参加体育活动人口 12 万人，占州境老年人口 40%。1990 年，州老年体协在花垣县麻栗场镇老寨村修建农村首个门球场。1991 年 10 月，州老年体协组织代表团参加湖南省第三届老年人运动会，获集体太极拳、趣味体育三等奖。

1995 年，全州有老年门球队 300 余支、运动员 2000 余人，新辟门球场 51 个。是年，湖南省举办第四届老年人运动会，湘西州选派 6 支代表队参赛，获地掷球第八名和象棋第三名。

2000 年，州人民政府举办第九届全民运动会，运动项目有田径、篮球、门球等 7 个，州直体协组队参赛。

2002 年 7 月，湖南省第五届老年人体育科学论文研讨会在凤凰县举行。来自全省各市州、省直厂矿企事业单位 70 余名老年体育爱好者与会，交流论文 40 余篇，湘西州 3 篇论文获奖。2004 年 6 月，全省第六届老年人运动会在长沙市举行，湘西州代表团 90 名老运动员参加 8 个项目比赛，获集体太极拳、健身球三等奖，吉首市熊莫元获女子乙组单打第五名。古丈县代表队夺得全省第七届门球锦标赛第二名。2005 年初，“贺龙杯”全国门球邀请赛在张家界市举行，州军干所、花垣县、古丈县、永顺县分获第一、第二、第三、第四名。5 月，湖南省老年人钓鱼比赛在花垣县举行，全省 14 个市（州）16 支代表队 64 名运动员参赛；花垣县、湘西州代表队以 41.6 公斤、28.65 公斤总重量获得团体第一名和第三名，花垣县梁官印、杨仕成以 37.00 公斤、30.2 公斤的成绩获得个人重量第一名和第三名。10 月，湘西州第三届老年人运动会分别在保靖、花垣、古丈 3 个县举行；古丈县承办门球比赛，花垣县承办健身球比赛，其他项目均在保靖县举行。比赛项目有门球、象棋、健身球、乒乓球、钓鱼、太极拳等。8 个县（市）加上州直共 9 个代表团 500 多名运动员参赛。经过 4 天紧张比赛，保靖、吉首、凤凰 3 个县（市）分别获得团体总分前三名；古丈县获门球、花垣县获健身球、保靖县获太极拳第一名；永顺县参加全国老年人门球赛获第四名。2007 年，吉首市代表队获中国门球冠军赛湖南赛区第二名。9 月，全国老年健身球比赛在新疆举行，州健身站健身球队 16 人参赛获三等奖。

2009 年，湘西州老年人体育协会、门球协会在吉首市举办庆祝中华人民共和国成立 60 周年门球赛，运动员来自湘鄂渝黔四省市边区，以及张家界市、怀化市等，计 56 支门球队、500 余名运动员，6 个场地同时比赛。经过 4 天角逐，湖南省 405 地质队获第一名、龙山县队获第三名。

2010 年 5 月，全国木兰拳精英赛在江苏淮安市举行，州木兰拳队 16 人参加比赛获二等奖。是年，全州有门球场 32 片，老年体协组织 11 个，有门球协会 22 个，门球队 198 支，球员 3000 余名；有国家一级门球裁判员 72 人、二级 240 人。

第六节 残疾人体育

1989 年，湘西州伤残人体育协会选拔参加湖南省残疾人运动会运动员，通过逐县摸底和基本素质测试，确定 140 名男女运动员重点培训。1990 年，湘西州伤残人体育协会改称残疾人体育协会。1991 年 9 月，湘西州派出 30 名残疾人参加湖南省第三届残疾人体育运动会。在田径、游泳、乒乓球、射击、举重项目比赛中，获 7 银、10 铜的成绩。1995 年 9 月，参加省第四届残疾人运动会，州代表团 33 人参加田径、游泳、射击、乒乓球、举重 5 个项目比赛，获金牌 3 枚、银牌 11 枚、铜牌 5 枚，龙山籍运动员彭军获男子 A6（A8）100 米、200 米两枚金牌，吉首市福利厂杨军获男子A6（A8）级跳高第一名。1999年9月，湖南省第五届残疾人运动会在湘潭市举行，湘西州代表团参加田径、游泳、乒乓球、举重、射击5个项目比赛，获银牌5枚、铜牌12枚，全省排名第九位。2002年6月，湖南省第六届残疾人运动会在益阳市举行，湘西州代表团35人参赛，参赛项目有田径、射击、游泳、举重、乒乓球5个，获金牌4枚。其中游泳运动员田荣获金牌3枚，聋人运动员向琼获女子乒乓球单打第一名。6月，全国游泳锦标赛在湖北武汉市举行，永顺籍运动员田荣获游泳50米金牌。12月，参加在韩国举行的远南运动会获50米、100米、400米游泳2枚银牌，1枚铜牌。2003年，在全国残疾人运动会上，田荣获50米、100米、400米游泳金牌3枚。2004年，在雅典举行的第十二届残奥会上，田荣在S7级蝶泳50米中以31秒32的成绩打破世界纪录，获得第一名。2005年5月，第七届全国残疾人运动会游泳锦标赛在武汉市举行，田荣获50米、100米游泳金牌2枚。2006年，在南非举行的世界残疾人运动会上田荣获50米、100米、400米游泳1金、1银、1铜奖牌。10月，湖南省第七届残疾人运动会在株洲市举行，州代表团26人，参加田径、游泳2个项目比赛，获金牌6枚、银牌4枚、铜牌5枚。金牌、团体总分全省排列第十、第十一名。永顺籍游泳运动员田荣获得金牌4枚，并以1分7秒15的成绩打破S7级男子100米自由泳全国纪录。2008年9月，第十三届残疾人奥运会在北京市举行，田荣以31秒09成绩打破50米蝶泳—S7级世界纪录，获冠军，50米自由泳再夺1金。

2009年7月，全国残疾人游泳锦标赛在北京举行，湘西州代表队获1枚金牌、5枚银牌、8枚铜牌。2010年10月，湖南省第八届残疾人运动会在湘潭市举行，州代表团22人，参加田径、游泳、乒乓球、盲人柔道、举重5个项目比赛，获金牌13枚、银牌10枚、铜牌2枚。金牌、团体总分名列全省第八、第九位，首次进入全省八强。田荣、罗浩各获3枚游泳金牌，杨峰、周超、陈翔、田露、覃凡各获1枚金牌。盲人柔道吉首选手沈果、凤凰籍选手吴玉荣，获男子100公斤级和81公斤级两个级别冠军。12月17日，亚洲残疾人运动会在广州市举行，凤凰籍运动员杨峰S8级50米自由泳以27秒38的成绩获第一名，与队友合作参加4×100米接力赛，以4分34秒03的成绩再获第一名。

第七节　体育协会活动

1991年10月，国家著名滑翔运动员衣瑞龙应湘西自治州航模协会邀请，在吉首火车站后山意志坡、矮寨坡头举行首次滑翔表演。2002年5月，龙山县举办大型洞中探险活动，来自北京、上海、广东及法国的14名探险队员，在当地向导带领下，进入飞虎洞，他们爬洞中山，趟洞中河，冲破重重险阻，来到一处深涧绝壁，横断前进之路，历时61小时，法国队员留下标记沿路返回，走出飞虎洞。9月，吉首市人民政府与中国登山协会联合举办中国湘西德夯“湘酒鬼杯”国际攀岩溯瀑精英赛暨“白沙新世纪杯”瀑中云梯表演赛，来自俄罗斯、韩国、美国、加拿大、马来西亚、中非共和国、赤道几内亚和中国等国家选手22人（女9人、男13人）徒手攀上53米高悬崖，中间穿插216米高的流沙瀑布顶速降和空中云梯表演，选手们头顶瀑布，向上一步一步攀登，吸引数万人观看。经过两天表演与比赛，男选手有上海的刘常钟、北京的赵凯、韩国的金秉泰，女选手有北京的张清、武汉的黎建丽、湖南的张艳丽，分别获男、女前三名。

2003年4月，花垣县7名苗族青年，以“为国足呐喊，览雪域风情”为目标，用30天时间，往返于贵州、四川及西藏，行程3600公里，创下湘西人走西藏纪录。9月，凤凰南方长城有限公司举行首届中韩围棋对抗赛，中国队代表常昊九段，韩国队代表曹薰铉九段。棋赛别具一格，361名少林武术弟子身着黑、白武侠服饰，头顶黑、白斗笠，充当黑白棋子，运用武术的各种步法、拳法翻腾跳跃进场，坐在各自的位置上。经两小时酣战，比赛结束，曹薰铉战胜常昊。2004年11月，州体育局、湖南省棋协、凤凰县政府在凤凰承办“东方红杯”全国桥牌千人百团大战赛。参赛单位来自北京、上海、浙江、贵州、湖南等省市90余支代表队500多名运动员，国家桥牌队派出3人组成代表队参赛，中国棋牌协会副主席宰学海亲临比赛现场作赛事顾问。广东佛山、财政证券、嘉兴南湘3支代表队获得前三名。

2005年9月，南方长城有限责任公司在凤凰举行第二届中韩围棋赛，由中国常昊对韩国李昌镐，演绎一场巅峰对决围棋大赛，经2小时对决，以四劫连环握手言和。为演绎这场围棋赛，由361名武童“人为其子地为盘”的表演，30面苗鼓齐奏迎宾鼓，鼓声响彻云霄，著名歌唱家杨洪基高歌助兴。著名评说家田芳评说，中国棋院院长王汝南任裁判长。湘西州围棋协会组织600名围棋爱好者在南长城岩石墩上对弈。10月，龙山县在里耶八面山举办全国滑翔锦标赛，来自全国排名前50名的选手参赛，运动员从海拔1400米高的八面山起飞，飞越里耶古镇，通过指定目标竞速、绕标、飞行和定点飞行，最后6名男子、3名女子勇摘桂冠。北京大羽俱乐部周宏光、深圳队顾莹获男、女第一名，北京大羽俱乐部获团体第一名。龙山县开创全州滑翔运动先河，州境滑翔爱好者吴小孟从八面山成功滑飞，成为湘西州滑翔运动第一人。

2007年4月，国家体育总局棋牌运动管理中心、中国棋院、湘西州人民政府主办，州体育局、州围棋协会承办“魅力湘西杯”中日围棋大赛。有中日围棋对抗赛、湘鄂渝黔四省市边区业余棋手团体赛、个人赛。中日围棋对抗赛中方棋手：“中国棋圣”聂卫平、“围棋巾帼”徐莹；日方棋手有：“棋坛宇宙流”武宫正树、“棋坛美女”梅泽由香里；经过一个上午精彩对弈，中国老将聂卫平战胜日本武宫正树，徐莹战胜梅泽由香里。10月，州体育总会主办，州汽车摩托车协会承办，全州首届摩托车越野赛在吉首市矮寨举行。赛场选在有“40里画廊”之称的吉首市矮寨至大龙洞路段，来自州内及贵州、重庆、湖北的摩托车运动员及爱好者64人参赛。2010年5月，第四届全国体育大会在安徽合肥举行，湘西州凤凰籍运动员舒振益在男子滑水比赛中以52.3米、52.4米两次打破全国纪录，并以104.7米的总成绩获第一名。是年，举办湘鄂渝黔四省市边区业余围棋手邀请赛，参加比赛的代表队有：湖南省湘西州、常德市、张家界市、怀化市，贵州省黔东南州、铜仁地区，湖北省恩施州，重庆市黔江区。近百名选手参加角逐，个人、团体前八名获奖。9月9日，第三届世界围棋巅峰对决赛在凤凰县万寿宫举行，中韩围棋手对决，三湘108名棋手表演，中国围棋院院长华以刚任裁判长。

1990—2010年湘西州群众体育获奖一览表

表31-1

年份	奖励项目	获奖单位	获奖个人
1986	武术挖掘整理奖	—	秦可国，另获三等雄狮奖
1990	体育先进县命名	龙山县	—
1991	体育先进县优秀个人	—	黄明炎
	1987—1991年少数民族传统体育	花垣县	—
1992	健康老人奖		杨晓春
1993	州七运会组织奖	吉首大学、吉首市民中、州体校	郭文光、包良举、聂兴文
1994	老年体育组织奖	—	刘云

续表 31-1

年份	奖励项目	获奖单位	获奖个人
1995	体育先进县命名	吉首市	—
	全民健身周组织奖	州体委	—
	中华武林百杰评选	—	秦可国
	健康老人奖	—	吴付妹(101 岁)
1996	全民健身周组织奖	州体委、州委机关、凤凰县广电局	—
1997	1994—1997 年八运会组织奖	州人民政府、龙山县茨岩塘镇、花坦县茶洞镇、古丈县体校、州体校、永顺县灵溪镇一小、保靖县民中	吴正有、谢庆文、龚英华、向明
	全民健身周组织奖	州体委、州健身站	—
1998	全民健身周组织奖	州体委	—
	施行体育锻炼标准优秀奖	州体委	—
	创体育先进县优秀个人	—	张明继
	国家级社会体育指导员奖	—	秦可国、黄燕生
1999	全民健身周组织奖	州体委	—
2000	全民健身周组织奖	古丈县体育局、吉首市体育局	—
	体育先进县命名	古丈县	—
	健康老人奖	—	石金菊(106 岁)
2001	全民健身周组织奖	州体育局	—
	创体育先进县优秀个人	—	王承旺
	1997—2001 年九运会组织奖	吉首市峒河办事处、三立集团、州电业局、古丈县河西镇、州老年体协、州民中、保靖县体校、州体校	秦可国、龙文辉、高长渊、张忠献、刘云、李培安
2002	全民健身周组织奖	凤凰县体育局	—
2003	全民健身周组织奖	州体育局、凤凰县体育局	—
	老年体育先进个人	—	秦可国
	社会体育荣誉指导员	—	聂兴文、李培忠
2004	少数民族传统体育	州人民政府、花垣县人民政府	—
	全民健身周组织奖	花垣县人民政府、凤凰县体育局	—
2005	全民健身周组织奖	凤凰县体育局、保靖县体育局	—
	全州运动会组织奖	矮寨镇、花垣县体育局、吉首市竹园社区、州篮协、灵溪镇一小、凤凰县体育局	文斐、田家发、麻老正、田荣
2006	全民健身周组织奖	花垣县体育局、泸溪县体育局、吉首市体育局	—
2007	全民健身周组织奖	凤凰县体育局、永顺县体育局、古丈县体育局	—

续表 31-1

年份	奖励项目	获奖单位	获奖个人
2008	全民健身周组织奖	保靖县体育局、州地税局、凤凰少林武术学校	—
2009	全民健身周组织奖	泸溪县体育局、保靖县体育局、凤凰县体育局	—
2010	全民健身日组织奖	泸溪县体育局、保靖县体育局、州地税局	—
	先后命名八批亿万农民体育先进乡镇	桂塘镇、芙蓉镇、花垣镇、矮寨镇、寨阳乡、河溪镇、白沙镇、默戎镇	—
	全州举办11次运动会组织奖	吉首州移动公司、保靖县迁陵镇朝阳社区、花垣县人民政府、永顺县门球协会	黄燕生、蔡隆辉、王承臣

第二章　竞技体育

第一节　举重

1989年，湘西州体校女子举重队陈爱民、李金梅、龙玉玲代表湖南省参加在江苏扬州举行的全国女子举重冠军赛，6项成绩超世界纪录。龙玉玲被选送国家队集训，备战1990年北京亚运会。1990年，州举重队参加湖南省第七届运动会，获2枚金牌、3枚银牌、1枚铜牌。1991年，古丈县创办全州第一所举重学校。8月，龙玉玲参加印度尼西亚举行的第四届亚洲女子举重锦标赛，获52公斤级抓举、挺举、总成绩3枚金牌，以80.5公斤打破该级别抓举世界纪录，成为湘西州首位世界级冠军运动员。1992年，州体校举重教练李小平被国家体委授予"世界冠军启蒙教练"称号。1993年8月，古丈籍运动员罗红卫、龙玉玲参加第七届全运会，分别获女子46公斤级、54公斤级银牌，龙玉玲以抓举102.5公斤、挺举127.5公斤、总成绩230公斤，5次打破54公斤级抓举、挺举、总成绩三项全国纪录和亚洲纪录。湘西州举重运动员首次在全运会夺牌。12月，罗红卫在广东省石龙镇第六届亚洲女子举重锦标赛上，以抓举72.5公斤、挺举92.5公斤、总成绩165公斤获46公斤级3枚金牌，6次打破该级别抓举、挺举、总成绩三项世界纪录；龙玉玲夺54公斤级金牌2枚、银牌1枚，以挺举112.5公斤打破亚洲锦标赛纪录。1994年，古丈县举重学校以龙玉玲名字命名，时任国家体委主任伍绍祖为其题名"古丈县玉玲举重学校"，湖南省体委主任李茂勋莅临揭牌仪式。是年7月，湖南省青少年举重比赛在古丈县举行，全省14个市（州、地）代表队参赛，零陵地区、湘西州、常德市获团体总分前三名。

1995年8月，全国"旺旺杯"少年举重运动会在古丈县举行。来自全国各地22支代表队、195名少年举重选手参加比赛，湖南、辽宁、福建队分列团体总分前三名。湘西州4人7次打破4项全国少年男子纪录，古丈县获团体总分第四名。1996年，湘西州举重队参加省第八届运动会，获7枚金牌、7枚银牌、3枚铜牌，列全省第二名。1997年8月，保靖籍运动员杨霞在上海全国第八届运动会女子举重54公斤级比赛中，以抓举100公斤、挺举132.5公斤、总成绩232.5公斤获冠军，打破该级别挺举全国和世界纪录，湘西州运动员实现全运会金牌零的突破。1998年12月，杨霞参加泰国曼谷第十三届亚洲运动会，以抓举92.5公斤、挺举120公斤、总成绩212.5公斤夺得53公斤级冠军。1999年，州体校被省体育局确认为"湖南省举重后备人才基地"。2000年杨霞参加在澳大利亚悉尼举行的第二十七届奥运会，在53公斤级比赛中，以抓举100公斤、挺举125公斤和总成绩225公斤获冠军，打破该级别三项世界纪录，成为中国第一个女子举重奥运会冠军。是年，州体校被国家体委授予“全国举重高水平后备人才基地”。2001年，省举重队首次到湘西州举重基地集中训练。11月，杨霞在全国第九届运动会上再次夺冠，泸溪籍刘华勇在男子举重比赛中获铜牌。2002年，湘西州举重队参加省九运会，夺得金牌10枚、银牌8枚、铜牌11.5枚、总分251.5分，金牌数和总分数排名全省第一位。11月，古丈籍运动员陈初富参加波兰华沙第七十二届世界男子举重锦标赛69公斤级比赛，以157.5公斤获抓举金牌，以挺举187.5公斤和总成绩345公斤获两枚银牌。2004年，经州委、州政府批准，湘西州举重人才基地建立，为全额拨款事业单位，核定编制6名。2005年，陈初富参加全国第十届运动会，获铜牌1枚。2006年，湘西州举重队在省十运会上夺得金牌20枚、银牌14枚、铜牌8枚、总分750.5分，获金牌数和总分数全省排名第一。2008年4月，龙山籍运动员龙清泉参加在福建泉州举行的全国男子举重锦标赛暨北京奥运会选拔赛56公斤级比赛，以抓举132公斤（第二名），挺举160公斤（第一名），总成绩292公斤夺得第一名，破亚洲纪录，获得参加北京奥运会资格。8月，在北京第二十九届奥运会男子举重56公斤级比赛中，以抓举132公斤，挺举160公斤，总成绩292公斤获金牌，打破该级别3项世界青年纪录，成为湖南省首位男子举重奥运冠军。是年，州体校被国家体育总局授予“2008北京奥运会突出贡献集体”奖牌；授予州体育局局长石建秋和州体校教练甘智悦“2008北京奥运会突出贡献个人”称号。2009年10月，龙清泉参加全国第十一届运动会，以抓举133公斤、挺举169公斤、总成绩302公斤夺得56公斤级金牌，打破该级别全国纪录和世界挺举纪录。古丈籍运动员向艳梅在女子举重比赛中获银牌1枚。2010年湖南省第十一届运动会，湘西州举重队夺得16枚金牌、11枚银牌、6.5枚铜牌，总分317.5分，再次夺得金牌数和总分数第一名，成为省运会上第一支“三连冠”代表队。向艳梅以女子69公斤级挺举和总成绩破省纪录。

第二节　田径

1989年，湘西州各县市体校均有田径队，全州有田径教练15人，运动员200人。是年，州体科所成立，建立中长跑运动员档案，派出田径教练员参加省体委组织的岗位培训。是年5月，州体校田径队参加湖南省第二届标枪比赛，获3枚金牌1枚银牌。1990年，湘西州田径队参加省七运会，中长跑项目获4金，竞走项目获2金，龙山县黄桂秀在女子甲组800米、1500米、3000米比赛中获金牌3枚，并以9分46秒成绩打破省女子3000米纪录，达国家健将级运动员标准。1992年，省第二届青少年运动会，州田径队获3枚金牌、2枚银牌、6枚铜牌，列全省第七名。1995年，州体校田径队参加省中学生田径运动会，以59分获团体总分第四名，1996年，湘西州队获得省第八届运动会金牌5枚、银牌5枚、铜牌8枚。

1998年，州体校整体迁至吉首市沙子坳民族体育中心，田径训练场地设施条件得到改善。1999年，湘西州田径队参加省第三届青少年运动会，获金牌4枚，团体总分列第五名。2000年，湘西州承办省“金湘泉杯”青少年田径运动会，有36个市（州）、县单位领队、教练员、运动员640人参赛，州田径队取得好成绩。2002年，省九运会湘西州田径队获10枚金牌、9枚银牌、7枚铜牌、总分267分，金牌和总分列全省前三名，花垣籍尚同国获男子1500米和5000米冠军，保靖籍彭晓桂获男子跳远和三级跳两枚金牌。2003年，省体育局在吉首市举办田径裁判员培训班，湘西州62人获一级田径裁判。2005年，湘西州民族体育学校被国家体育总局确认为首批“国家高水平体育后备人才基地”，湘西州田径项目列为重点发展项目。2006年，省第十届运动会湘西州田径队获金牌18枚、银牌14枚、铜牌5枚，总分454分，金牌数居全省第二位，总分列全省第三名。保靖籍运动员王庆林参加女子甲组比赛，分别以4分20秒2和9分17秒1打破1500米和3000米省纪录，达到运动健将标准，被送入解放军队。林世燕获得女子乙组100米和200米两枚金牌，张静获得女子丙组短跑全能和200米两枚金牌。是年，州体校被省体育局确定为“省田径后备人才基地”。2009年，州体校被国家体育总局确定为“国家中长跑奥林匹克高水平后备人才基地”，并再次被确认为“国家高水平体育后备人才基地（2009—2012年）”。

2010年，湘西州田径队参加省十一届运动会，获金牌9枚、银牌6枚、铜牌7枚、总分217分，金牌数居全省第三位，总分列全省第七位。泸溪籍运动员高向东在男子乙组100米比赛中以10秒55获银牌，打破省青年纪录。高向东、孙田、向仁贵、胡文学在男子乙组4×100米接力比赛中以42秒03获金牌，打破省青年纪录；高向东在200米和400米比赛中分别以21秒65和47秒80获金牌，打破15岁组纪录。

第三节　水上项目

一、皮划艇

1989年，湘西州体校皮划艇队有1名专职教练，在训运动员12人，吉首市和泸溪县开设皮划艇班。泸溪籍运动员许发战代表湖南省参加在上海举办的全国第二届青年运动会，获男子1000米单皮第三名。1990年，湘西州皮划艇队参加湖南省第七届运动会，获1金4银1铜奖牌。凤凰籍杨水芳以2分15秒5成绩获女子500米单皮冠军，并获1500米单皮和250米、500米、1500米双皮4枚银牌。1992年，湘西州皮划艇队参加省第二届青少年运动会，以8金、241分的成绩首次排列全省第一位。8月，泸溪籍许发战在全国第七届运动会男子1000米四人皮艇比赛中，与队友合作以3分16秒52获银牌1枚，以1分48秒62获男子500米单人皮艇第七名，湘西州皮划艇运动员首次在全运会获奖牌。1993年，湘西州皮划艇获省体委检查验收单项评比第一名。1996年，参加省八运会获2枚金牌、7枚银牌、6枚铜牌。1999年，省第三届青少年运动会获金牌4枚、银牌4枚、铜牌7枚，团体总分161分，蝉联省青运会桂冠。2002年，省九运会在男子甲组单人皮艇500米比赛中获得铜牌1枚，团体总分列全省第九位。2003年，凤凰籍田茂华参加长沙第五届城市运动会夺得划艇2000米银牌，凤凰籍运动员田勤参加平顶山和台湾等两届激流回旋亚洲锦标赛获冠军。2004年，田勤参加希腊雅典第二十八届奥运会激流回旋项目比赛，获当年亚洲第十一名好成绩。2005年，田勤参加全国锦标赛夺划艇2000米金牌，是年，参加全国第十届运动会获激流回旋项目第四名。2006年，湘西州皮划艇队参加省十运会，女子甲组6000米和男子乙组1000米单人皮艇各获金牌1枚，团体总分列全省第五位。2010年，在省十一运会上，获金牌2枚、团体总分第七名；古丈籍运动员向红金以4分0秒2的成绩和8分04秒9的成绩包揽男子甲组1000米和2000米单人皮艇金牌。

二、赛艇

1990年，湘西州赛艇项目开始组队，招收运动员12人，训练地点设在泸溪县。1992年，赛艇队首次参加湖南省运会，获银牌2枚，向省队输送运动员4名。1994年，泸溪籍石泽旭参加大连全国青年赛艇锦标赛，获男子2000米4人单桨无舵手第六名。1996年3月，花垣籍江燕、凤凰籍付菊英参加成都全国青年赛艇锦标赛，夺女子四人艇单桨、四人艇双桨、四人艇总分三个第一名。11月，付菊英参加巴基斯坦亚洲青年赛艇锦标赛，获轻量级双人双桨第二名。是年，湘西州赛艇队参加省八运会，在轻量级单人双桨、双人双桨和公开级单人双桨、双人双桨比赛中获得金牌6枚，金牌数列全省第二位。

1999年，湘西州赛艇队参加省第三届青少年运动会，获3枚金牌、3枚银牌、1枚铜牌，居全省第二位。2001年，石泽旭参加全国第九届运动会，获赛艇四人单桨第三名，湘西州赛艇运动员首次在全运会获奖牌。2002年，湘西州赛艇队参加省九运会，获金牌6枚、银牌7枚、铜牌5枚、总分188分，金牌数和团体总分数均列全省第二位。保靖籍欧鹏飞、龚勋以1分45秒57和7分27秒18夺男子甲组轻量级双人双桨500米和2000米两枚金牌，保靖籍王淑芳在女子乙组公开级单人双桨2000米和双人双桨500米项目中获金牌2枚。2006年，湘西州赛艇队参加省十运会，获4枚金牌、10枚银牌、5枚铜牌、总分202分，排全省第四名。2010年，湘西州赛艇队在省十一运会上获3.5枚金牌、0.5枚银牌、6枚铜牌，团体总分114.5分，排到全省第三名。

三、游泳

1989年，吉首、保靖、泸溪3个县（市）开办游泳项目，保靖县游泳班有教练2人，在训运动员10余人，有露天游泳池1个。吉首市游泳队有教练1人，在训运动员40余人。1990年省七运会，泸溪籍刘俊龙在男子乙组100米蛙泳，以1分16秒79获金牌。1993年，吉首市民族游泳中心竣工。8月，湘西州举办省少年儿童游泳锦标赛，全省地州市284名运动员参赛，湘西州队获“体育道德风尚奖”。1996年，湘西州队参加省第八届运动会，周林飞以1分11秒38成绩获15～16岁组100米蛙泳金牌。杨彩霞获女子11～12岁组蛙泳全能金牌。

2006年，湘西州游泳队参加省十运会，吉首籍运动员黄朝升获男子乙组200米、400米、1500米自由泳3枚金牌，总分居全省第十位。2008年，全国游泳冠军赛暨奥运选拔赛，以4分23秒92获400米个人混合泳第二名。2009年，参加全国游泳冠军赛暨全运会预选赛，获400米个人混合泳铜牌。是年，黄朝升参加全国第十一届运动会，以4分12秒53的成绩夺得400米个人混合泳金牌，打破全运会和亚运会纪录。又在200米蛙泳决赛中以2分12秒67获银牌1枚，破全国纪录。

第四节　其他竞技体育

一、摔跤 柔道

1989年，州体校和龙山县有摔跤队，教练员3人，在训运动员31人。8月，湖南省少年柔道比赛在吉首市举行，全省14个市（州、地）代表队参赛，湘西州女队1人获第五名，男队以1枚铜牌和1个第五名列团体总分第三名。1990年，湘西州摔跤队参加省七运会，获金牌1枚、铜牌1枚和1个第五名，吴杰获男子乙组自由式47公斤级冠军。柔道队获1枚银牌、1枚铜牌、2个第四名和1个第六名。1992年，湘西州调整竞技体育训练项目，柔道队撤队停办。吴杰输送到省队，1992—1994年，三次参加全国青年摔跤锦标赛，获自由式54公斤级2金1铜成绩。1996年，湘西州摔跤队参加省第八届运动会，获2枚金牌、2枚银牌、3枚铜牌，吴春红、于奎分别获男子自由式甲组55公斤级和乙组43公斤级冠军。2002年，湘西州摔跤队参加省九运会，获1枚银牌、2枚铜牌，团体总分50分列全省十一名。2006年省十运会，以2枚金牌、6枚银牌、5枚铜牌、总分136分列第六名，杨柳、龙书盼分别在女子乙组自由式43公斤级和63公斤级夺冠军。

2008年，州体校新建摔跤训练馆，改善训练条件，次年输送杨柳到省队参加全国青年摔跤锦标赛，获自由式66公斤级冠军。2010年，湘西州摔跤队参加省十一届运动会，获金牌6枚、银牌3枚、铜牌9枚、团体总分140分，金牌数及总分全省排列第二位。

二、体操　蹦床

1989年，湘西州体操项目下放到永顺县开办。1990年，州体操队参加省第七届运动会获铜牌1枚，技巧队获团体项目第五名。1992年，永顺县灵溪镇一完小创办体操项目基地，建立读训两集中体操班，筹资20多万元修建体操训练房。是年，永顺县体操队首次代表湘西州参加省第二届青少年运动会，获男子团体总分第四名，女子团体总分第五名。1996年，永顺县运动员马继游参加省第八届运动会，1人独获男子一级组自由体操、鞍马、跳马、单杠4枚金牌和吊环银牌。1999年，马继游代表湖南省队参加全国蹦床冠军赛获团体冠军。是年，吉首市体委在民族实验小学开办蹦床项目。2000年，马继游参加全国蹦床锦标赛获网上个人冠军，2001年参加全国第九届运动会获网上个人金牌，与队友合作夺得团体亚军，湘西州蹦床运动员，首次参加全运会并夺金。2002年，湘西州体操队参加省第九届运动会，获团体总分第六名。州蹦床队首次组队参加，以1枚金牌、0.5枚银牌、1枚铜牌、团体总分18.5分列全省第五名。吉首籍张雨林获女子乙组网上个人金牌。2003年，永顺县灵溪一完小、吉首市民族实验小学分别被省体育局确定为省体操后备人才基地和省蹦床后备人才基地。2004年7月，湖南省少年儿童体操比赛在永顺县举办，永顺县体操队获金牌9枚，男子乙组获团体第一名。10月，向朗参加宁波全国青少年蹦床锦标赛，获乙组单跳第一名，龚洋获女子乙组网上个人第二名。永顺籍汤航参加在贵州举行的全国“李宁杯”少儿体操比赛，获自由操银牌。

2005年，马继游参加全国第十届运动会蹦床比赛，获个人第五名和团体第四名，永顺籍符敏获男子蹦床团体第八名。是年，汤航获广东佛山全国少儿体操男子总决赛全能金牌。2006年，湘西州体操队在省十运会上，获金牌7枚、银牌4枚、铜牌5.5枚、总分464分列全省第三名，汤航在男子一级甲组比赛中获全能、鞍马、吊环、双杠4枚金牌和自由体操银牌1枚。州蹦床队参加省十运会，获3枚金牌、2枚银牌、1.5枚铜牌、总分108分列全省第三名。2007年，张雨林、龚洋参加在湖北仙桃举行的全国第六届城市运动会，获女子蹦床团体冠军。是年，永顺县体操队商春松参加全国少儿体操比赛获跳马、自由体操及团体金牌，永顺县体操队李宜参加河北保定全国少年儿童体操分区赛，夺男子乙组双杠金牌、团体银牌。2009年，李宜参加河南郑州全国少年体操比赛，获甲组全能、自由操、鞍马、团体4枚金牌；永顺籍罗永胜获男子乙组跳马、鞍马金牌，单杠、吊环、全能银牌。汤航参加广东举行的全国青少年体操锦标赛，获团体银牌、全能铜牌。2010年，州体操队参加省十一届运动会，获3枚金牌、5枚银牌、1枚铜牌、总分109分列全省第三名。罗永胜在男子甲组双杠、吊环、鞍马项目获金牌3枚。州蹦床队获总分6分列全省第四名。8月，永顺籍运动员杨书涵，在广东佛山全国少儿体操决赛中，获平衡木、高低杠金牌和全能第三名。

三、球类运动

（一）篮球

1989年，州、县（市）体校篮球班相继停办，篮球运动在机关、厂矿、学校、农村受人喜爱。州县市直机关组织篮球运动会常年不断。1993年2月26日，奥运会亚军中国国家女子篮球队抵达吉首市。当天下午，应湘泉酒总厂邀请，参观酒厂。27日晚，中国女篮与湘西州男子篮球队比赛，中国女篮以84∶70战胜湘西州男篮。1994年6月24日至7月8日，中国女篮联赛在湘西赛区吉首举行，8支篮球队参赛。

1995年5月20日，湘鄂川黔四省边区第十八届“民族团结杯”暨“湘泉杯”篮球赛在吉首举行。9月，在吉首举办四省市（北京、辽宁、江苏、广东）男篮邀请赛。2003年7月，州直单位举行“庆七一抗非典”职工篮球赛暨全民健身活动周，58支篮球队，38个单位参加，运动员800余人。2004年，州篮球协会第三次换届，州体育局局长石建秋任主席。国家篮管中心主任、篮球协会副主席兼秘书长李元伟，中国篮协党委书记、副主席刘晓农莅临吉首指导湘西篮球运动发展。8月3日，吉首大学体育馆举办中美篮球对抗赛。中国“八一”队对美国瑞琪俱乐部队。

2005年11月，州篮球队参加湖南省甲级联赛，成绩排列第三名。11月8日，州体育总会、州篮球协会主办首届湘西周边友好城市篮球邀请赛，8支队伍参赛，湘西州移动代表队获第二名。2006年9月，湘鄂渝黔四省市边区第二十一届“民族团结杯”篮球赛在花垣县举行，14支男队，8支女队参赛，花垣县男队获得冠军。11月，湖南省男子篮球甲级联赛在吉首举行，16支代表队参赛，湘西州移动代表队获第二名。

2010年5月，第二届“贺龙杯”中国业余篮球公开赛湘西赛区移动集团客户邀请赛在吉首举行，46支队552名运动员参赛。6月，在吉首大学举办欧美篮球对抗赛，阿根廷自由俱乐部对克罗地亚光芒俱乐部队。9月，举办“酒鬼酒杯”湘西俱乐部联赛，首次采用主客场制，分别在凤凰、花垣、古丈、泸溪、吉首5个县（市）举行。中国酒鬼俱乐部、吉首移动俱乐部、花垣顺隆俱乐部等8支队伍参赛。10月，湘西州农民篮球队在怀化市参加湖南省农民运动会篮球赛，获三等奖。是年，全州有篮球队13285支，国家一级篮球社会体育指导员16人，国家级篮球裁判员1人，国家一级篮球裁判60人，二级篮球裁判200人，州、县（市）二级篮球协会9个，俱乐部26个。

（二）足球

1982年，湘西州第一支女子足球队成立，有队员26人，集中在吉首市民族中学读书、训练。1987年，州足球协会成立。1990年7月，全州首届足球赛在吉首市人民广场举行，10支代表队参赛，比赛9天，前三名参加湘鄂川黔四省边区第五届足球赛。1997年，湘西州足球协会第二次换届，吉首市民族实验小学挂牌“州青少年足球训练基地”。是年夏，湘西州首届校园足球赛在吉首举行，17支队265名球员参赛。2009年7月，湘西州足球协会第三次换届，同时举行首届5人制室内足球比赛，18支球队200名球员参赛，年龄13岁至41岁。是年10月，吉首、花垣、凤凰3县（市）足球协会成立。2010年8月8日，泸溪县足球协会成立，举办足球邀请赛，周边县市12支队参赛。

（三）乒乓球

1989年，全州各县市机关单位体育活动室置有乒乓球桌。各级各类学校设有乒乓球室。参加乒乓球活动的人较多。1994年春，国家著名乒乓球运动员、国家体委原主任庄则栋应凤凰县人民政府邀请，到县体校讲学。1997年7月3—5日，州委宣传部、州总工会、州妇联、州全民健身指导委员会、州体委联合举办庆“七一”迎香港回归乒乓球赛。比赛分成年组、老年组、学生组男、家庭组，参赛运动员240人。2000年，州内城市乒乓球俱乐部诞生，有大小俱乐部20个，其中，吉首“全明星”“乒德”两个俱乐部场地面积位居前列，各有乒乓球桌10台。2004年4月，州建设银行举办“建行杯”乒乓球比赛，22个单位、109名男女运动员参赛。5月14日，湘西州老年人体育协会乒乓球分会成立，同时举行全州首届老年乒乓球比赛，全州8个县（市）代表队和州直60名男女老运动员参赛。

2009年8月，湘西州全民健身指导委员会、州体育总会联合举办“酒鬼杯”湘西自治州首届乒乓球锦标赛，全州60个单位和俱乐部500多名运动员参赛，分吉首大学、州体育中心、州老干活动中心、州青少年宫4个赛区，比赛4天。2010年7月，在吉林延边州举行全国30个少数民族自治州乒乓球比赛，湘西州派队参赛，获团体赛、男子单打第三名。

（四）羽毛球

1989年，湘西州打羽毛球人较少。2000年，州内羽毛球运动兴起，城市社区、机关单位空坪闲地建起羽毛球场。民间成立羽毛球俱乐部，修建羽毛球馆。2006年，全州移动金融、移动通信等系统先后举办羽毛球比赛。2007年，州羽毛球协会、零点俱乐部成立，并在吉首“三馆”（图书馆、博物馆、群众艺术馆）建有7片室内羽毛球场。次年，承办三次全州羽毛球比赛，每次20支队伍、200多名运动员参赛。2009年，吉首边城羽毛球俱乐部成立，有9片室内球场。是年，承办湖南省交通系统羽毛球大赛。2010年，零点俱乐部承担参加湖南省第十一届运动会羽毛球比赛。州体育局为零点俱乐部授牌“全民健身羽毛球基地”。

第五节　体育运动会

一、州体育运动会

州第七届运动会　1989年7—8月，州第七运届运动会在吉首、保靖、凤凰、泸溪4个赛区举行，设田径、举重、游泳、摔跤、柔道、乒乓球、射击、皮划艇等8个项目，全州8个县（市）代表团614名青少年参赛，2人破3项州青少年记录，1人超1项省记录，团体总分前六名为永顺县、吉首市、保靖县、古丈县、凤凰县和龙山县。

州第八届运动会　1995年8—9月，第八届州运会先后在凤凰、吉首、古丈3个县（市）举行。8个县（市）代表队538名运动员参赛，设田径、举重、游泳、乒乓球、射击5个项目，8人破9项州纪录，吉首市获田径、游泳、射击3个单项第一名，凤凰县和古丈县分别获乒乓球和举重第一名。

州第九届运动会 2000年4—9月，州九运会分别在古丈县、吉首市、保靖县、永顺县4个赛区举行。8个县（市）代表队800多名运动员参赛、设田径、举重、体操、游泳、门球、篮球、足球7个项目，永顺、保靖、花垣3个县团体总分进入前三名。

州第十届运动会 2004年5—8月，举行州第十届运动会，设田径、游泳、体操、举重、皮划艇、赛艇、篮球、武术、老年门球9个比赛项目。田径、体操分别在龙山县和永顺县举办，其他各项由花垣县承办。花垣县投资1000余万元，用于绿化、硬化、亮化、美化县城市容市貌；投资500万元整修场馆；安排500万元，供运动员食宿。开幕式在花垣县体育中心举行，3000多名苗族青年男女表演《边城神韵》大型团体操。省体育局、州委、州人民政府的主要领导出席开幕式，州运会首次有会旗、会歌、会徽。8个县（市）代表队1000余名运动员参赛。州运会首次引入市场机制，采取竞争招标方式，交由县市承办。在资金筹措上，以吸引社会资金为主，8个单项比赛以企业或产品冠名，分别为：“农行金穗杯”“东锰杯”“金垣杯”“汇丰杯”“兴安杯”“太丰杯”“振兴杯”“时代杯”等。社会赞助筹资500余万元。比赛决出金牌200枚，永顺、花垣、保靖3个县团体总分位居前三名，花垣、永顺、保靖3个县分获金牌前三名。

州第十一届运动会 2008年7月12—21日，州体育局、保靖县政府承办州十一届运会会，设置田径、举重、游泳、体操、皮划艇、赛艇、摔跤、象棋、围棋、篮球、武术、乒乓球、老年门球13项。开幕式在杨霞体育馆举行，奥运冠军杨霞应邀出席开幕式。全州8个县（市）代表队1137名运动员参赛。体操赛区设永顺县。比赛共决出金牌362枚，金牌数前三名为花垣、永顺、保靖3个县，团体总分前三名为永顺县、花垣县和保靖县。八县市代表团均获“体育道德风尚奖”。

二、省运会参赛

（一）参加省第七届运动会

1990年7月15日至9月4日，湘西州组团参加湖南省第七届运动会，州代表团运动员178人，参赛项目有田径、游泳、举重、体操、摔跤、柔道、皮划艇、赛艇、乒乓球、技巧、蹼泳、武术等。获金牌13枚、银牌18枚、铜牌13枚、总分478分，金牌数列全省第十一位，总分数列第十三位，1人破1项省纪录，7人破3项青少年纪录，21人破14项州纪录。龙山籍田径运动员黄桂秀在女子甲组800米、1500米、3000米比赛中获金牌3枚，并以9分46秒成绩打破省女子3000米纪录，达国家运动健将标准。

（二）参加省第二届青少年运动会

1992年8月，湘西州组团参加省第二届青少年运动会，代表团运动员130人，参加田径、举重、体操、皮划艇、赛艇、摔跤、柔道、游泳、射击、乒乓球10个项目比赛，夺金牌20枚、银牌26枚、铜牌28枚、总分665分，总成绩获全省第七名。举重运动员杨霞（保靖籍）、罗红卫（古丈籍）达国家运动健将标准，1人打破1次全国青少年记录，皮划艇项目以8枚金牌，241分获全省第一名。

（三）参加省第八届运动会

1996年8月，湘西州组团参加省八运会，176名运动员参加青年组比赛，项目有田径、举重、体操、皮划艇、赛艇、游泳、柔道、射击、摔跤、乒乓球、羽毛球11个。获金牌29枚、银牌32.5枚、铜牌30枚、总分957.5分，金牌数、团体总分数双双列青少年组第九名。永顺籍运动员马继游在男子一级组体操比赛中夺得鞍马、跳马、单杠自由体操等4个单项4枚金牌。

（四）参加省第三届青少年运动会

1999年8月，湘西州运动员170人，参加省第三届省青少年运动会，比赛项目有田径、举重、体操、游泳、皮划艇、赛艇、摔跤、射击、柔道、乒乓球10个。获金牌17枚、银牌24.5枚、铜牌

26枚，团体总分742分，列参赛14个单位第七位。金牌数列第十位。

（五）参加省第九届运动会

2002年，湘西州运动员210人，参加省九运会，参赛项目15个，即：田径、举重、赛艇、皮划艇、体操、跳水、摔跤、蹦床、游泳、武术、乒乓球、网球、柔道、羽毛球、射击。夺金牌51.5枚、银牌43.75枚、铜牌49.5枚、总分1581.5分，列参赛14个单位第八名。金牌数列第五名。

（六）参加省第十届运动会

2006年8月，湘西州运动员314人，参加省第十届运动会，参赛项目13个，即：田径、举重、赛艇、皮划艇、体操、摔跤、蹦床、游泳、乒乓球、射击、跆拳道、花样游泳、羽毛球。获金牌68.25枚、综合总分2577.5分，分别列参赛14个单位第六名和第五名。王庆林在田径项目中以4分20.2秒和9分17.1秒的成绩破女子1500米和3000米省纪录，达运动健将标准。

（七）参加省第十一届运动会

2010年8月，湘西州运动员300余人参加省第十一届运动会，参赛项目有田径、举重、体操、蹦床、摔跤、皮划艇、赛艇等。获总分1012分，金牌39.5枚，分列全省参赛14个单位第十一名和第七名。高向东在田径项目男乙100米中破省青少年纪录和15岁组纪录，黄杰在田径项目男子100米栏中破14岁组纪录，高向东在田径项目男子400米中破15岁组纪录，200米中破15岁组纪录，田径队在4×100米接力中破省青年纪录，向艳梅在举重项目中破女子69公斤级挺举和总成绩省纪录。

第六节　体育后备人才基地

国家体育后备人才基地　2000年，湘西州民族体育学校被国家体育总局确认为“全国举重高水平后备人才基地”；2005年，被国家体育总局确认为“2005—2008国家高水平体育后备人才基地”；2009年，被国家体育总局确认为“国家中长跑奥林匹克高水平后备人才基地”，并再次被确认为“2009—2012国家高水平体育后备人才基地”。该基地为综合性训练基地，开设举重、田径、摔跤、皮划艇、赛艇等5个项目，有教练14人，其中高级教练6人，中级教练5人，初级教练3人，在训运动员350人。建有综合训练馆、塑胶田径场、举重训练馆、摔跤训练馆、皮划艇荡浆池等训练场馆。至2010年，基地先后为国家培养输送奥运会、亚运会、世锦赛、全运会冠军杨霞、龙清泉，奥运会激流回旋项目参加者、全国冠军田勤，亚洲和全国冠军龙玉玲、刘华勇、谭亚运、左梦霞、田文菊、田静、石泽旭、田茂华等20余人；全国大学生运动会1万米冠军黄诚，田径健将彭晓桂、王庆林等。向全国各省市专业队和“八一”队输送优秀运动员100余名，向全国高等院校输送优秀体育人才300余人。

省举重后备人才基地　1999年，湘西州体校被省体育局确认为“省举重后备人才基地”，是湘西州第一所省体育后备人才基地。2004年湘西自治州举重人才基地建立，有教练7人，其中，高级教练2人，中级教练1人，初级教练4人（2人为聘任教练）；在训运动员80余人，有举重训练馆2个。2007年，湘西举重馆建成，面积800平方米，有标准举重比赛台1个，训练杠铃30多副，可供100名运动员同时训练，建有桑拿房、浴室、理疗室和隔音设备，各项设施齐全。至2010年，参加全国基地锦标赛和全国举重分龄赛获金牌50余枚，向全国各省市专业队和“八一”队输送优秀举重运动员50余人。先后被国家和湖南省体育部门授予“省业余训练先进集体”“参加北京奥运会突出贡献单位”“参加全运会突出贡献单位”“参加省十一运会突出贡献单位”称号。

2002年，古丈县玉玲体校被省体育局确认为“省举重后备人才基地”。2010年，基地有教练3人，其中中级教练2人，初级1人。在训运动员30余人。有举重训练台15个，训练比赛杠铃15副。先后向国家培养输送优秀举重运动员10余人，包括世界锦标赛冠军陈初富，亚洲女子锦标赛冠军龙玉玲、罗红卫，女子举重健将、全运会亚军向艳梅等。

省田径后备人才基地 2007年，湘西州体校被湖南省体育局确认为“省田径后备人才基地”。基地有教练7人，其中，高级教练2人，中级3人，初级教练2人。在训运动员80余人。建有400米标准塑胶田径场，标准室内田径馆，田径场有容纳4万人的标准看台和大屏幕电子显示器，有专项训练房，训练器材100余副。基地培养输送全国大学生运动会1万米冠军黄诚。2008年，全国青少年田径锦标赛前六名运动员张静、彭金凤、王瑛，田径健将彭晓桂、王庆林、尚同国等出自基地。2010年，亚洲青年标枪锦标赛，州运动员彭娟红获冠军。至是年，先后为全国各省市专业队和全国各高等院校输送优秀专业田径后备人才20余人。

省体操后备人才基地 2003年，永顺县灵溪一完小被省体育局确认为“省体操后备人才基地”。该基地有教练6人，其中中级教练2人，初级4人。在训运动员50余人。有体操房1栋，占地面积800平方米。有自由操床垫、双杠、单杠、高低杠、吊环、平衡木、鞍马、弹网等主要训练器材20余副，跳板、保护垫等辅助器材70会副。至2010年，先后为国家培养输送全运会冠军马继游，全国冠军汤航、商春松、罗永胜等优秀体操后备人才20余人。

省蹦床后备人才基地 2004年，吉首市民族实验学校被省体育局确认为“省蹦床后备人才基地”。有专职蹦床教练2人。建有蹦床训练房和田径训练场、篮球场，有训练蹦床3架，单跳板、海绵垫等体操训练器材齐全。学校体育教学中确定“以蹦床为龙头”，开展多项体育健身锻炼，全面增强学生体质。至2010年，先后为省蹦床队输送优秀运动员10多人。

湖南省少数民族传统体育训练基地（州民族体育学校） 1998年，州民族体育学校由州民委、州体委确定为少数民族传统体育训练点，主要开展秋千项目训练和比赛。2002年，增加高脚、蹴球两个项目。2003年，开设秋千、高脚、蹴球、射弩、陀螺5个项目，配备专职教练5人，安装两副秋千架，修建蹴球场，购置弩箭8把，高脚马12副，陀螺100个。2006年10月，湖南省第六届民运会在张家界市举行，州体校学生夺得12枚金牌，基地建设初见成效。2007年10月，州民族体校学生在广州举行的全国第八届民运会上，夺金牌4枚。2010年4月，州民族体育学校被湖南省民委、省体育局挂牌为“湖南省少数民族传统体育训练基地”。

第七节 奥运会冠军

中国第一个女子举重奥运会冠军——杨霞

杨霞，女，土家族，1977年11月出生于保靖县迁陵镇社峰村。她个子不高，性格活泼开朗，从小爱好体育，小学读书时就跟从体育老师练举重。1988年，杨霞在州体校女子举重队训练。1989年，她被送到湖南省举重队试训。1990年，代表湘西自治州体育代表队参加湖南省七运会，获得女子丙组44公斤级第一名。1992年，成为湖南省举重队正式队员，开始专业运动员生涯。1995年，代表湖南省参加全国举重冠军赛获金牌并打破全国纪录。1997年7月，参加在扬州举行的第十届亚洲女子举重锦标赛，打破抓举、挺举和总成绩3项世界纪录，并夺抓举和总成绩两项冠军，首次为国争光。10月，参加在上海举行的第八届全国运动会，以232.5公斤总成绩获女子54公斤级冠军，并以132.5公斤的成绩打破该级别挺举全国纪录及世界纪录。1998年12月，参加在泰国曼谷举行的第十三届亚洲运动会，以抓举92.5公斤、挺举120公斤、总成绩212.5公斤获得女子53公斤级冠军，并打破该级别挺举及总成绩世界纪录，再次为国争光。是年，被湖南省总工会、省妇联、共青团湖南省委授予“优秀职工”“三八红旗手”“新长征突击手”荣誉称号，并获省人民政府一等功奖励一次。2000年9月，参加在澳大利亚悉尼举行的第二十七届奥运会女子53公斤级举重比赛，以抓举100公斤、挺举125公斤和总成绩225公斤获得冠军，并打破该级别3项世界纪录。2001年，参加全国第九届运动会，再次夺得53公斤级桂冠。

湖南省第一个男子举重奥运会冠军——龙清泉

龙清泉，苗族，1990年12月出生于龙山县红岩溪镇红岩村，从小身强体壮。1999年3月，在红岩溪中心小学读四年级时被招进龙山县举重队训练，转学到县实验小学就读，边读书边参加举重基础训练。是年，龙清泉跨进州体校大门。他个子矮小，但训练场上毫不示弱，深得教练赏识。2001年，参加湖南省举重年度赛，一举夺得38公斤级冠军。2002年，参加省九运会获38公斤级金牌1枚。2006年，参赛湖南省十运会，以总成绩255公斤，超出第二名40公斤成绩夺冠，达国家体育健将级别，进入省举重队训练。2007年11月，参加在重庆举行的全国举重比赛，以抓举130公斤，挺举156公斤，总成绩286公斤获第一名。2008年4月20日，参加全国男子举重锦标赛暨北京奥运会选拔赛56公斤级比赛，以抓举132公斤（第二名）、挺举160公斤（第一名）、总成绩292公斤再获第一名，破亚洲纪录。2008年8月10日，参加第二十九届北京奥运会男子举重56公斤级比赛，抓举132公斤，挺举160公斤，总成绩292公斤，为中国男子举重队夺得该届奥运会首枚金牌，打破该级别三项世界青年纪录。2009年10月，参加全国第十一届运动会，抓举133公斤，挺举169公斤，总成绩302公斤夺得金牌，打破56公斤级三项全国纪录和世界挺举纪录。11月，参加韩国高阳世界举重锦标赛，夺得挺举、总成绩金牌和抓举银牌。2010年参加土耳其安塔拉世界举重锦标赛，再夺56公斤级挺举金牌、总成绩银牌和抓举铜牌。

两届残奥会游泳冠军——田荣

田荣，1989年10月3日出生于永顺县灵溪镇艾坪村王家坡。5岁时遭遇触电事故失去左手和右腿，成为重度残疾人。田荣从小喜欢与水打交道，5岁时整天泡在河里，水里长大的孩子，熟练游泳。1999年，被永顺县体委、县残联发现，推荐到州体委、州残联，经有关专家测试，确认是一块游泳好材料。经过集训，参加湖南省第五届残疾人运动会，一举夺得50米自由泳第一名、100米仰泳第三名、200米混合泳第二名，赛后入选省队。2002年6月，参加全国残疾人游泳锦标赛，获2枚金牌。12月，代表国家队赴韩国参加远南残疾人运动会，获3枚奖牌。2004年，参加在雅典举行的第十二届残疾人奥林匹克运动会，夺得S7公斤级50米蝶泳金牌，以31秒32的成绩打破世界纪录。2008年9月13日，参加在北京举行的第十三届残奥会，以30秒37的成绩夺得S7公斤级50米蝶泳金牌，再次打破世界纪录。1999—2010年，田荣参加全国和残奥会等残疾人大型运动会9次，夺金21枚。

第三章 民族传统体育

第一节 主要项目

一、武术

1989年6月，湘西州第三届武术擂台赛在花垣县举行，比赛级别6级，参赛代表队15支、运动员84人。7月，湖南省体委检查验收武术馆校，湘西武术馆为全省26所合格武术馆之一。1991年2月8日，湘西州武术协会换届，州人大常委会原副主任李仲喜任名誉主席，原州武协秘书长秦可国任主席。5月，古丈县九龙村苗族拳师龙云海，苗族运动员张其华、石顺书在河北沧州参加全国少数民族武术运动会，获“苗棍进锐”对练项目第三名。1992年秦可国编著的《土家族武术》在香港国际展望出版社出版。1995年，州体委土家族一级拳师秦可国被中国武术协会、中国武术管理中心评为“中华武林百杰”。1997年，经州人民政府同意，确定9月最后一个星期日为湘西自治州民族武术节，并确定首届武术节在吉首德夯风景区举行。武术节由州武术协会、矮寨镇人民政府、德夯风景区管理处举办，为期两天。有州内8个县（市）的武术馆、武术学校，有武术套路、水上武术擂台、摔跤、举石锁、抵杠等160名选手参赛。2001年7月，永顺县少林武术学校成立，校址设在永顺县勺哈乡中心完小。2003年4月29日，湘西州武术学校成立，该校前身为湘西武术馆，校址位于吉首市砂子坳。12月，湘西武校王玉龙参加省第六届散手“青年拳王”争霸赛，获男子60公斤级第一名。2004年8月，花垣籍武术运动员扬琴，参加省跆拳道锦标赛，获女子43公斤级第一名。9月，凤凰县少林武术学校成立，校址位于凤凰县吉信镇。2005年3月，第三届香港国际武术节，湘西武校石松参加剑术赛，获传统剑术第一名。5月，凤凰县少林武术学校派员参加第二届中国武术华夏武状元争霸赛，获金牌2枚。8月，郑州国际武术节，石松再夺剑术第一名。2006年5月，凤凰县少林武术学校学员参加北京第二届东亚武术交流大会，获金牌6枚。8月，省第十届运动会，扬琴再夺43公斤级跆拳道第一名。2007年3月，凤凰县少林武校学员参加第三届中日武术邀请赛，获金牌6枚。4月，该校运动员付凡、刘定国、杨欢欢、林云、麻鑫华参加香港第五届国际武术节，获5金、2银、2铜成绩。2008年春节，凤凰县少林武术学校应邀参加中央军委在北京举办的慰问老同志联欢晚会，表演获得好评。4月21日，第三届华夏武状元国际争霸赛，凤凰县少林武术学校派出28名学生参赛，获金牌14枚、银牌10枚、铜牌4枚。2009年春节，凤凰县少林武术学校一行9人应北京市人民政府邀请，前往芬兰、瑞典、爱沙尼亚三国表演，传播中华武术文化，所到之处受到当地政府和民众热烈欢迎。庆祝新中国成立60周年，凤凰县少林武术学校30名运动员应邀在北京天安门广场参加表演。同年11月18—22日，湖南省举办首届太极拳运动会，湘西州派出26名运动员参赛，保靖籍龙利川、78岁的女运动员彭秀芝、吉首大学李培雄、吉首市张丽娟等5人，各获1枚金牌。

2010年3月，第八届香港国际武术节，保靖籍龙音竹获太极剑、陈式太极拳2枚铜牌。凤凰县少林武术学校20多名运动员在广州亚运会闭幕式、北京市第十三届运动会、北京世界武术博览会、上海世博会参加表演。是年，州举办第七届武术散手比赛，50支队、400余名运动员参赛，产生金牌42枚，银牌、铜牌84枚。年底，苗族拳师、非物质文化遗产传承人石仕贞编著的《蚩尤拳》一书出版。是年，全州有各类武术馆校16所，武术堂子1000余人。

二、健身气功

1999年7月，州人民政府印发《关于加强群众性健身功法活动管理的规定》，清理整顿功法组织。全州有各类功法组织32个，练功者4000余人。经清理，保留湘西硬气功组织，其余功法组织均予注销和取缔。

湘西硬气功又称“提桶子”，历来在湘西民间流传。通过提气运气于身，达到强身健体、祛病延年和防身自卫目的。硬气功表现形式主要有银枪刺喉、钉床、刀床破石、腹下卧叉、上刀梯、头顶开砖等。2005年，州体育局推广易筋经、五禽戏、六字诀、八段锦四套功法，为群众健身服务。2010年，主要流行地有：龙山县茨岩塘镇，永顺县灵溪镇、塔卧镇、石堤镇，保靖县水田河镇、葫芦镇，花垣县两河乡、吉卫镇、麻栗场镇，吉首市矮寨镇，古丈县默戎镇，泸溪县潭溪镇，凤凰县吉信镇等。男女都做。

三、龙舟赛

1989年，全州组织“百支龙舟闹湘西”龙舟赛。湘西赛龙舟民间基础广泛，源远流长。赛事主要在沅江、酉水、武水和沱江水域举行。赛点有泸溪县大陂流、潭溪、浦市、白沙，吉首市峒河、河溪、万溶江，龙山县隆头、里耶，保靖县迁陵、比耳，花垣县茶洞，永顺县王村，古丈县河西，凤凰县沙湾、竿子坪16个。竞渡时间为：小端午初五、大端午十五、五龙、六龙、六月六等。1994年，全州举办7个赛区龙舟赛，参赛龙舟队99支、运动员3800人，观众48万人。2000年，州体委召开全州龙舟竞渡会议。4—7月，湖南省举办首届龙舟大奖赛，古丈、泸溪、吉首、保靖、花垣5个县（市）分别组织预赛，古丈、吉首、泸溪3个县（市）龙舟队在沅陵县参加分区决赛，吉首市河溪龙舟队参加在长沙石燕湖总决赛。全州107艘龙舟下水，参加比赛运动员5000余人，观众30万人次。

2001年，凤凰县将一年一度的端午节龙舟赛，命名为“南长城杯”龙舟赛。次年，第二届“南长城杯”龙舟赛在县城沱江举行，参赛龙舟48艘，运动员1428人，激烈的龙舟赛，吸引众多国内外游客。经两天角逐，凤凰县烟草公司男队和官庄乡溪口女队分别夺冠。2006—2008年，官庄乡溪口男队获“南长城杯”龙舟赛三连冠，夺得著名画家黄永玉设计的荷花奖银质奖杯。

四、舞龙

1989年，全州体育部门开展州内舞龙普查。普查结果显示，泸溪县浦市镇舞双盘龙，永顺县桃子溪舞板凳龙、泼水龙，龙山县舞地龙、草把龙，凤凰县舞火龙。花垣、保靖两县苗区舞“接龙”。永顺县土家族风调雨顺年收割时舞“晒龙谷”。吉首市河溪镇、马劲坳镇舞“烧龙”。保靖县复兴镇复兴村村民向德忠家有一条九节龙，祖孙三代每年春节都要舞龙。1997年，香港回归祖国，在花垣边城镇民间老艺人张忠猷（全国群众体育先进个人）倡导下，制作一条长巨龙197米，象征1997年香港回归，共分99节，取九九归一，祖国统一之意。以“边城巨龙”得名。“边城巨龙”制作成功后，运至募老村，由140余名苗族青年小伙在河滩上操练。先后到县城、长沙及湘西州成立40周年庆典表演。11月，在耒阳举行的全国舞龙锦标赛上展示，中央电视台现场播报。1998年，“边城巨龙”被载入世界吉尼斯大全。是年10月，边城舞龙队舞九节龙代表湘西州参加湖南第三届大众体育运动会，获第四名。1999年，澳门回归祖国，“边城巨龙”增加2.9米，全长199.9米，花垣县委、县政府应中国文学艺术界联合会、中国民间文艺家协会邀请，组织180人的舞龙队赴京参加“喜迎新世纪澳门回归”舞龙大赛。湘西苗家小伙和姑娘们身着民族服装，冒着零下10度的刺骨寒风，在天安门广场展示“边城巨龙”，龙身长长，气势恢宏。之后，又在北京八达岭长城展示。边城舞龙队一举夺得组织奖、山花奖、创作奖。

2000年农历正月十五日，凤凰县举行烧龙表演。舞龙者高举黑、黄、红、紫四条不同颜色的龙，穿来走去，30分钟后上百名小伙用钢花火炮直喷四条龙，吸引万名观众观看。2006年元旦，凤凰县扎两条各60米长的龙，在南长城为2006名登城运动员表演，湖南电视台经视频道现场直播。2008年，吉首大学舞龙队参加迎奥五环潇湘行表演，10月，参加全国舞龙锦标赛获第三名。2010年，全州参加各种节庆表演的舞龙队30余支。

五、舞狮

1989年，州体委提出舞狮是一种武术活动，农村体育以武术为重点。湘西武术运动员一般都是舞狮能手。湘西舞狮与武术同步发展，为全民健身活动项目之一。是年农历正月，吉首市大兴寨村举办“百狮会”。70匹“狮子”，从各山寨路口向大兴河滩汇集。各狮队争相表演过独木桥、走跳岩、上河坎、爬桌子等，动作敏捷，极富情趣。每年春节苗寨都要舞狮。经常举办百狮会的地方有：花垣县排碧、麻栗场、吉卫、董马库、排料；吉首市寨阳、矮寨、己略；保靖县夯沙、葫芦寨、水田河；凤凰县腊尔山、山江、禾库；古丈县默戎、坪坝等。2000年，吉首市德夯举办“百狮会”，永顺县西歧乡瓦厂村出现一匹高脚狮，两名运动员脚踩1.2米的木制高脚，远远高出其他狮子，给观众留下深刻印象。2002年正月初五，吉首市矮寨举办“百狮会”，有96匹“狮子”，其中女狮子队20支，她们与男队一样，表演爬桌子，展示高台竞技水平。2004年正月初八，吉首市雅溪民营小区举办“百狮会”，40支狮子队在21张金字塔式高桌子竞技，迎来万名游客观看。2006年元旦，矮寨镇60匹“狮子”同凤凰县吉信少林武校“狮子”同台竞技，参与南长城新年登高开幕式表演，湖南经济电视台现场直播。10月，矮寨镇坪朗狮子队代表吉首市参加湖南省第六届民运会，获一等奖。2008年，吉首市矮寨、坪年、德夯、大兴寨4个村联合举办“百狮会”，千名运动员上场，十万观众观看。8月，矮寨镇坪朗狮子队在吉首团结广场参加迎奥五环潇湘行开幕式表演，省体育局领导观看后为其题词“湘西第一狮”。2010年，吉首市矮寨镇举办第二十八届“百狮会”。花垣、凤凰、保靖、古丈、永顺五县狮子队，齐聚苗寨，争奇斗艺，场面壮观。

六、摆手舞

龙山、永顺、保靖、古丈等县土家族聚居区，流传着土家族特有的摆手活动。它既是一种群众性娱乐舞蹈，又是一种传统民族体育活动。摆手活动含祭祀、跳摆手舞、唱摆手歌和表演毛古斯等内容。摆手动作分军事和农事等。军事舞蹈动作，舞者手持弓、矢、戈、矛、盾等兵器，摆手队阵容有“师刀”“铜铃”“披甲”“神棍”。农事及日常生活动作有“甩同边手”、踩田、插秧、摘苞谷、打蚊子、牛打架、老鹰闪翅等。1981年，湘西州土家族摆手队参加湖南省少数民族传统体育运动会，获一等奖。1983年，龙山县在农车乡举办万人摆手节。湖北、四川等省毗邻县派出摆手队参加，观众数万人。2000年，永顺县在王村镇举办摆手节，激活旅游文化资源，提升旅游文化品位。2001年，龙山县庆祝世纪广场落成，举行“万人摆手”活动。2002年5月2日，永顺县人民政府在北京中华民族园，举行“舍巴日”活动，内容有跳摆手舞、跳毛谷斯、祭祖等。全国人大常委会副委员长铁木尔·达瓦买提及国家民委，国家体育总局领导观看，得到一致好评。6月，全民健身活动周，永顺县举办首届土家族摆手比赛，12支队、近500名运动员参赛。10月，州妇联组织湘西州土家摆手舞比赛，8个县（市）及州直16条战线、800余名运动员参赛。2008年8月8日，北京奥运会开幕式文体节目中，土家族传统文体节目《土家毛谷斯——欢庆》在“鸟巢”表演。2010年11月，在省第七届民运会上，永顺县毛谷斯、龙山县摆手舞获表演一等奖。

七、苗鼓

1989年，苗鼓列入全国民运会竞赛项目。2002年5月，保靖县葫芦镇鼓手在苗鼓传统打法上更新，结合苗拳动作演变成“八合鼓”。2005年6月28日，“天下鼓乡”湘西德夯擂响中国鼓文化节。来自广西、吉林、山西、湖北、湖南、贵州、重庆、台湾8个省（市、区）21支代表队400余名鼓手聚集德夯苗寨，参加中国鼓文化节。经过3天角逐，决出苗鼓王和猴儿鼓王。

2007年8月28日，由州人民政府主办，州全民健身指导委员会、州委宣传部、州文明办、州体育局承办，吉首市人民政府协办，在吉首市团结广场举行“白沙·迎奥五环潇湘行·走进湘西，全州苗鼓大展示”。参加单位有：吉首市德夯迎宾鼓、女子单人鼓、四季鼓、猴儿鼓、嬉鼓；花垣县湘拳鼓；古丈县花鼓；凤凰县尤裔鼓；泸溪县玛汝鼓；保靖县八合鼓；湘西武校猴儿鼓等。一代鼓王龙英棠、二代鼓王石顺民、四代鼓王龙菊献同堂献艺。吉首大学、湘西民族职业技术学院、州技工学校、州体校选手参加拉鼓比赛，吉首市矮寨村雄狮队表演高台竞技。参赛鼓手500人，观众万余人。大会为优秀组织单位、拉鼓前三名颁奖。是年9月20日，湘西土家族苗族自治州成立50周年庆典，保靖县葫芦镇组织500面鼓、600名选手在州民族体育中心表演八合鼓。2008年8月6日，吉首市德夯风景区举行“击鼓迎奥运“活动。鼓王龙英棠、石顺民、龙菊献、黄娟和猴儿鼓王彭莫生作表演。湘西自治州委常委、吉首市委书记叶红专击响“蚩尤神鼓”，为奥运鼓劲并带头在奥运长卷上签名，签名者万余人，表达湘西州各族人民对北京奥运会的期盼和祝福。

八、高脚马

1989年3月，湘西州体委、州民委向湖南省体委、省民委提出申请，将“高脚马”列入全国民运会竞赛项目。州体委制定竞赛规则和裁判办法。1991年、1995年、1999年，三届全国民运会，高脚马入场表演。2001年6月，国家体委、国家民委在吉首大学举办高脚马研讨会，商讨竞赛规则。年底，高脚马列入全国民运会比赛项目。2003年9月，湘西州土家高脚马进入全国第七届少数民族运动会，州运动员田世芳首次参赛，获100米、200米两个第一名。2007年，全国第八届民运会举行，田世芳夺金牌1枚、银牌1枚，并与队友合作获得4×100米混合接力银牌。2010年，省第七届民运会高脚马竞赛设金牌7块，州体校运动员获6块；田世芳100米成绩达到10秒9。

第二节　竞赛活动

1991年6月30日至7月3日，州内8个县（市）单独组团参加湖南省第二届少数民族传统体育运动会（简称民运会），经过4天竞赛，花垣县获金牌6枚，居金牌榜首，总分获第二名。永顺县获金牌3枚，居金牌榜第三位，总分第六名。吉首、龙山、古丈3县（市）各获金牌1枚。凤凰县获团体总分第四名。花垣县、吉首市被授予民族传统体育先进县（市）。评出州内民族传统体育先进乡（镇）8个，表彰民族传统体育先进个人8人。1994年10月16—20日，州、县（市）组织代表队参加省第三届民族传统体育运动会，吉首市、龙山县各获甲组金牌4枚，居金牌榜第二和第三位，团体总分获第四、第六名。花垣县获金牌2枚，永顺、保靖两县各获金牌1枚。州代表队获乙组金牌5枚，居金牌榜第二位，总分第五名。花垣、永顺两县被评为民族体育先进县，州属18个单位、18人受到表彰。1995年11月5—12日，州组队参加在昆明举行的全国第五届少数民族传统体育运动会，州女子龙舟队获600米、800米竞赛第一名、第三名；4名女运动员获秋千项目团体第四名，女子集体苗鼓获表演项目二等奖。1998年10月17—22日，州、县（市）组织代表队参加省第四届民运会，经过5天比赛，花垣县获甲组金牌4枚，居金牌榜第四位，团体总分第六名。永顺、凤凰、保靖3个县各获甲组金牌1枚。州直代表队获乙组金牌8枚、总分146分，金牌、总分位居第二名。吉首市被评为先进县（市），州内14个单位、14人受到大会表彰。1999年8月8—23日，9月24—30日，州组队参加在拉萨市和北京市举行的全国第六届民运会，湘西州20名运动员参加蹴球、陀螺比赛，永顺籍女运动员向红艳获蹴球第二名，土家族“积打哈”获表演一等奖。

2002年10月18—22日，州、县（市）组队参加省第五届民运会。花垣县获甲组6枚金牌，居金牌榜第三位，团体总分排列第一名。凤凰县、吉首市各获甲组1枚金牌。州直代表队获乙组金牌8枚、团体总分、金牌名列第二位，14个单位和14人受到运动会表彰。2003年9月16—23日，州组队参加在银川举行的全国第七届民运会，州运动员参加陀螺、蹴球比赛，花垣籍运动员彭军懋获蹴球第三名，女子队获秋千双人触铃比赛第一名，12名运动员参加表演，“猴鼓”表演获一等奖。

2006年10月25—31日，州、县（市）组队参加省第六届民运会，经过6天比赛，花垣县获甲组9枚金牌，位居金牌和总分榜首，保靖县获金牌5枚，金牌和总分位居第四、第八位，泸溪县获金牌3枚，居第七位，古丈、龙山两县各获金牌1枚。州代表队获乙组金牌13枚，金牌和总分均排第一名。2007年11月，州组队参加全国第八届民运会，州运动员获4枚金牌。2010年11月，州、县（市）组队参加省第七届民运会，花垣县获甲组金牌20枚，金牌和总分位居榜首，为全省第一个获“三连冠”的代表团。吉首市获金牌7枚，永顺县获金牌2枚，古丈县获金牌3枚，分别居金牌榜第三、第七和第五位。州代表队获乙组金牌13枚，团体总分和金牌列全省第二名。

第四章　场地设施与体育彩票

第一节　体育场地设施

1989年，湘西州贯彻国家体委《关于开展争创全国体育先进县活动的通知》精神，龙山、吉首、古丈3个县（市）申报建设标准场地。1990年，保靖县建成小热水游泳池，填补州体育设施一项空白。1991年5月，州人民政府印发《关于进一步发展我州体育事业的通知》，全州体育场地建设速度加快。龙山县年内建成室内游泳池，永顺县财政投资80万元，在灵溪镇大坝坪征地3.48公顷，新建体育场。泸溪县城搬迁，规划体育场地。吉首市征地0.67公顷，建设游泳中心。当年，吉首市筹资120万元，动工修建游泳中心，次年，游泳中心建成使用。永顺县政府拨款31万元，整修运动场，并建成可容纳2500名观众的看台灯光球场，同时，建成灵溪一完小100平方米的体操房。花垣县体育运动场破土动工。各县市均有两处以上标准体育场地。

1992年，州体委在吉首市砂子坳征地6.77公顷，新建州体育中心。9月18日，州体育中心工程破土动工。

1993年，花垣县体委以举办首届“赶秋节”为契机，实施田径场工程建设。永顺县利用县政府举办国际漂流月活动的机遇，增拨资金修建田径场看台。龙山县改扩建原有场馆。吉首市游泳中心配套设施建设全部竣工。

1997年，州体育中心投入使用，投资1500万元，建筑面积4.1万平方米，体育场看台可容纳观众1.5万人。保靖县新建体育中心，征地4公顷，一期工程投入350万元。永顺县在风景区猛洞河哈妮宫建成水上漂流项目训练基地。古丈县改扩建体育场地，全县12个乡（镇）140个建制村建有篮球场。龙山县茨岩塘镇政府筹资35万元，投劳力2.9万个，镇直机关和建制村普遍达到一场一室（篮球场、体育活动室）；全镇体育运动场达到2万多平方米，有篮球场28片；乒乓球桌38台；桌球台40张；“狮子”4匹；龙灯2条；武术棍300根；单刀60把；双刀20副；秋千、爬杆16副；有文体专业户20户，镇政府每年举办一次运动会。花垣县龙潭镇龙门村修建村级体育中心，占地1.34公顷，有2片灯光水泥球场，一栋600平方米文体活动楼。2001年，花垣县财政投入30万元，建成县体育中心；泸溪县征地2.67公顷，筹资120万元，开工建设水上运动中心；永顺县筹资40万元，完善体操训练馆配套设施；吉首市游泳中心改水项目竣工；保靖县投入100万元，修建杨霞体育馆。花垣县筹资20万元，建设武术训练房。是年7月27日至8月4日，湖南省体育局局长傅国良一行到州内八县市考察体育场馆建设，提出湘西州发展体育事业意见，当即表示，在省体育扶贫款项中拨付420万元，支持湘西州体育设施建设。

2003年，湘西州申报国家雪炭工程，州体育中心续建工程争取到国家体育总局经济司110万元、国家体育总局“雪炭工程”资金250万元、湖南省体育局体育扶贫资金200万元支持。保靖县争取到国家“雪炭工程”资金200万元，用于县体育中心建设。泸溪县争取到上级投资20余万元。全州体育设施建设规模通过多元化筹资，超过1000万元。州体育中心扩建，保靖、花垣、古丈3县体育中心续建，泸溪县水上体育中心、花垣县武术馆新建，吉首市游泳中心改建全面启动，永顺县体操训练馆投入68万元，建筑面积1000余平方米。州财政投入200余万元，建成吉首市砂子坳州民族体育中心健身广场。2006年，国家体育总局“民康工程”投资370万元，建设湘西州国民体质监测楼。湖南省体育局投资358万元，铺设州体育中心塑胶跑道。

2007年，龙山、永顺两县自筹资金修建休闲广场。州政府投资1800万元，实施州体育中心二期工程建设，维修主看台、扩建南北看台，新设乒乓球馆、健身俱乐部、武术跆拳道馆，完善老年人健身休闲娱乐室等配套设施，铺设体育中心炒砂路，配置看台坐凳2万个，新修体育中心大门及四周通透栏，安装100平方米大型电子显示屏。中心广场铺设9000平方米麻石地板，正立面及贵宾室装修。中心田径场铺设标准塑胶跑道，整修田径场通水系统等。保靖县杨霞体育馆竣工，建筑面积3752平方米，可容纳观众3200人，内设一个标准篮球场和300平方米的举重训练房，湘西州第十一届运动会在该馆举行。

2010年，全州完成国家计划“农民体育健身工程”点198个，自筹资金建设健康点79个，建成场地面积44.94万平方米，人均面积1.29平方米，投入资金795.5万元，其中，中央投入387.5

万元，省级投入198万元，县级投入85万元，社会筹资125万元。场地建设投入509.5万元，体育器材投入286万元。古丈县高峰林场投资50万元，修建带看台灯光球场、乒乓球室，同时安装健身器材20件，建羽毛球场2片，成为州境首个高山农村体育中心。全州实现“一乡一站”（文体站）乡（镇）119个，占乡（镇）总数的72.12%；“一村一场”（篮球场）村160个，占村总数8.12%。

第二节 体育彩票

1997年，州体委开始发行体育彩票。1998年，永顺县首次发行体育彩票，并突破百万元大关，获公益金20余万元。1999年，州内开始发行电脑体育彩票，种类有“排列三”“顶呱刮”“即乐彩”等，发行额上升。2000年，湘西州体育彩票管理中心（简称州体彩中心）成立。2002年，借助奥运湘军献爱心西部行等机遇，开发体育彩票市场，发行体育彩票380万元，州体彩中心实现纯收入25万元。

2003年，州境有7个县（市）发行体育彩票，全年发行538万元，获取公益金10万元。2004年，即开型彩票发行暂停，电脑体育彩票发行量超过500万元，州体彩中心实现纯收入30余万元。

2005年，州体育局增设彩票发行网点，开拓市场，全年发行体育彩票2000万元。2007年，体育彩票发行量增至3790万元。2008年，受四川汶川地震和金融危机影响，体彩发行额下滑，当年全州发行3178万元，比上年减少16.14%。

2010年，全州体育彩票有发行网点178个，其中当年新增41个。是年，湘西州通过增设加奖机会等办法，发行额实现5180万元，成为湖南省唯一完成电脑型和即开型彩票任务的市州。

2005—2010年湘西州体育彩票发行情况一览表

表31-2 单位:元

时间 额度 单位	2005年	2006年	2007年	2008年	2009年	2010年
龙山县	2391626	5981024	6546016	4102882	3778681	4546228
永顺县	5638974	3671274	4430911	2469579	2953693	4021402
保靖县	1872690	2816560	3887016	3649552	3481121	6050990
花垣县	1705030	2535402	5467376	4932324	5947729	6050990
古丈县	—	136228	505823	579956	865363	1966499
泸溪县	260452	1656360	2289464	1558722	1608435	2617816
凤凰县	1353720	2301534	2659880	3730239	10308833	5929786
州　直	6835830	8742782	12150688	10760147	12714790	17835466
合　计	20058322	27841164	37937174	31783401	41658645	49019177

第三十二篇　民俗　方言

第一章　民俗

第一节　土家族民俗

一、居住习俗

20世纪80年代末，湘西州土家族民居基本保持传统习俗。安土重迁，“散处溪谷，所居必择高峻”。土家族民居一般由正屋、偏厦、转角楼、朝门四部分组成。正屋四排三间（亦有六排五间）一字形排开，木构穿斗，屋面盖小青瓦。正中为堂屋，大门六扇，门槛盈尺，黏土或“三合土”地面，正上方安“神龛”供祖宗神位，为祭祀祖先、宴请宾客、操办红白喜事场所。两边房叫“人间”，铺木地板，以中柱为界装板壁隔成前、后两小间，进出之门向堂屋开启。择一头“人间”前面小间设火床，圈火坑，置三脚架，上吊木炕，是做饭、取暖、熏腊肉之处；火坑旁立碗柜，碗柜上贴小红纸人像，为婴幼儿保护神“阿米嫲嫲”。正屋两侧或后面设“偏厦屋”，作打灶、安碓磨和设猪圈牛栏及厕所之用。部分土家民居择正屋一头（或两头），配吊脚楼，两层，屋顶飞檐翘角，挂柱木雕金瓜；楼上设廊（过道），两面设廊叫“转角楼”、三面设廊称“跑马楼”。廊内为房，房间设对子门，小格子窗，多为土家未婚女子闺房。屋外是坪院，坪院与公地相连处设楼门，两扇六柱，单层，顶饰翘角。龙山县苗儿滩镇捞车村、永顺县灵溪镇双凤村、保靖县普戎镇亨章村、古丈县红石林镇老司岩村等，土家族传统民居保存较为完好。在一些集镇上偶见昔日大户人家所建三进两亭、五进四亭印子屋，以天井过亭联结，过亭高耸、门窗精致，两侧砌封火墙。集镇临街民居多与铺面结合，柜台外露，饰以雕花栏杆。沿河岸土家族民居多悬吊脚楼，典型有：永顺县芙蓉镇（王村），龙山县洗车河镇、里耶镇，保靖县拔茅寨等。土家族民居讲究风水龙脉，有“坟打（对）尖山、屋打（对）坳”之说；正面忌对白色石壁，认为“白虎对堂坐，无灾便是祸”。土家族起造新屋均有看屋场、砍树、发墨、排架、竖屋、偷梁、上梁、甩梁粑等习俗。新屋落成，宴请亲朋，举寨同乐，贺礼多为彩、匾、钱、粮；席面改过去两荤两素四菜趋于丰盛。建房所需人工皆请“白工”（即只供饭不给工钱）。是时，土家族中亦有少数人家新建房屋离开“老屋场”，搬向交通方便平地之处，但依然保持“离乡不离土”的生产生活状态。

20世纪90年代，土家族民居建材由以树木、青瓦为主向钢筋、水泥、小砌块、瓷砖转变，木质建筑逐渐被砖混结构替代，出现一批小楼房。一些人家开始“离乡离土”，进城经商、务工，并在集镇建房。

进入21世纪，湘西州境土家族民居除在旅游区和民族特色村寨保护区新建民居仍为传统木质结构外，其余均为砖混结构小楼房。“偷梁”等习俗消失。一些习俗发生变化，如建房选址由以前的山坡地向平地乃至城镇边沿转移；请亲朋邻里帮白工向请懂建筑工程亲朋邻里或工程队半包或全包形式转变；以前厕所只能放在“偏厦屋”里变成修套间卫生间放在卧室里还安抽水马桶；甩梁粑由甩糯米梁粑变成甩馒头、包子、糖果、纸币；宴请亲朋，以钱币为贺礼，数额百元乃至千元，席面丰盛，菜肴多达十多个。

二、服饰习俗

20世纪80年代，湘西州土家人着装基本汉化。也有中青年男子着家机布或青、蓝布对襟衣（俗称“对胸衣”），偶见老年男子着上有白布裤腰、下为青色的“超裆裤”，以锦绦系之；衣着袖口、襟沿、下摆，裤管口等处全无装饰；头包青布帕或青丝帕；脚着布鞋、线袜。土家族男子传统上衣琵琶襟无处可寻。女性上衣右开满襟，下着裤，并无花边装饰；中老年妇女通常在外衣上罩一件围裙；已婚妇女头挽“粑粑髮”“麻花头”簪银簪，包青布帕或青丝帕；戴耳环、手镯，以银器为主，次为玉器、铜器，金器不多；善制布鞋，少女喜着水红袜；善织锦，“绩五色线为之，文彩斑斓可观”，用作被褥、衣裙或巾。土家族女性传统衣裙已少见。幼儿衣裤一般用花布做成，有讲究者在素色布上绣花；帽子讲究，春戴紫金冠，夏戴蛤蟆帽、圈圈帽，秋戴冬瓜帽、八角帽，冬戴虎头帽、狗头帽；帽围用丝线绣喜鹊闹梅、凤穿牡丹和长命富贵、易养成人、福禄寿喜等花鸟文字，钉八仙、寿星、方形算盘、银牌、银铃等银制饰品；项戴长命锁，上刻“长命富贵”“富贵双全”；手脚戴银圈，圈上挂响铃；脚穿虎头鞋、猫儿鞋，绣五色花。

90年代，土家族男女服饰与当地汉族着装几无差异。男子流行西装，但穿着随和，多不打领带，着皮鞋；女子烫发，花衣长裙，着高跟鞋；青少年喜牛仔服，着运动鞋。后逐渐流行男子穿夹克、西裤、文化衫、皮衣、呢子大衣、皮鞋；女子时装五彩纷呈，礼服、“迷你”装、长衣短衫、蝙蝠衫、低胸衫、健美裤、长裙、一步裙、超短裙、休闲装、运动装、波鞋、高筒皮鞋，变化周期短、频率快。

进入21世纪，土家族男女老少穿着服饰也日趋时尚化，越来越讲究品牌，讲究个性化，讲究时髦；女性首饰由金器不多转变为以金器为主，很多女性均有“三金”（金耳环、金项链和金戒指）。

三、节令习俗

过年 20世纪80年代末，湘西州土家族过年依循“土人度岁，逢月大，以二十九为岁；月小，则以二十八日”旧制，其由来有多种民间传说，均与军旅征战有关，说过年那天要出征作战，只得提前一天过年。进入腊月就开始杀年猪、熏腊肉、推豆腐、打糍粑。过年这天，用甑子蒸饭，用大锅煮“合菜”。吃年饭时间各地不一，或天不亮吃，或上午吃，或下午吃，或晚上吃。还要在房屋柱头上插松枝、梅花，堂屋里扯麻布围帐，给家畜、果树喂年饭。到年三十这天，白天给过世亲人坟前送亮，晚上烧旺火守岁，子夜放鞭炮“抢年”，还要开大门、舂碓、推磨、敲仓门、挑水、敬四官神。正月初一不出门，初二开始拜年，初三观游艺，直到十五，闹完元宵，“吃了元宵肉，各自找门路”，过年才算完结。湘西州人民政府尊重土家族早一天过年习俗，每年春节比国务院规定放假时间提前一天放假。进入21世纪，土家族仍循提前一天过年旧制，但食物更为丰盛，程序大为简化。杀年猪、熏腊肉习俗依旧；推豆腐、打糍粑等习俗犹存。

祭祖调年 20世纪80年代末，祭祖调年活动在土家族聚居地区普遍开展。一般在正月（也有在二月、三月、五月、六月以及七月立秋日和八月秋社日）于摆手堂举行，分“大摆手”（由数寨共同举行）和“小摆手”（由一村一寨单独举行）两种。摆手堂供八部大神或彭公爵主、向老官人、田好汉神像。堂外坪场中央竖旗杆，杆顶立仙鹤，挂龙凤旗。先由梯玛主持扫邪安神仪式，众人单腿跪地，齐唱请神歌，然后人们在掌坛师带领下，绕场而舞，跳表现民族迁徙、狩猎征战、农桑耕织摆手舞、演毛谷斯。进入21世纪后，舍巴日被整合利用，成为民族风情展示会。永顺、龙山、保靖、古丈等县将祭祖调年开发成旅游项目，每年选择不同时期举行，招徕游客。

跳马节 20世纪80年代末，州境古丈县土家族聚居地仍流传民谣“热溪土家有古根，不等三年装马灯，两个纱箩来做嘴，一床被单盖脚裙”，这是对当地土家族跳马节生动描绘。跳马节系当地土家族阖族连寨酬神歌舞盛会，每逢正月十五后第一个马日举行，活动分许马、扎马、选日、跳马四个阶段。先用竹扎纸糊战马，跳马当天，先由梯玛祭祖，然后表演舞狮子、梯玛贺马、抬老爷、操旗、调年、西可乐、出马、跳马、烧马、审老爷、烧老爷等节目。跳马是活动高潮，骑士头戴草帽，手举战刀，以跳代跑冲进马场，模仿骏马各种动作，有紧张激烈战斗场面，有轻松自在娱乐嬉戏。至夜，将“战马”送到水边，梯玛念送马经，烧“战马”。事毕，主宾相约，男歌女唱，吹乐跳鼓，随人所好，尽兴娱乐，直至天明。进入21世纪，跳马节被开发成旅游项目，经常表演。

四月八　20世纪80年代末，州境土家族仍有过“四月八”习俗。其来历有多种传说，或说是与民族迁徙有关，或说是与水牛救命有关，或说是婆婆神嫁毛毛虫日子。或过四月初八，或过四月十八，统称“四月八”。进入21世纪后，土家族仍存“四月八”习俗。

六月六　20世纪80年代末，州境土家族仍有“六月六”过小年，吃新、祀祖习俗。一说是姑妈节，二说是先祖定居湘西日，三说是茅岗土司覃垕蒙难日。这天，杀猪、打粑粑、推豆腐，举行摆手活动祭祀祖先，接出嫁女儿回家“歇伏”。进入21世纪，土家族“六月六”过小年不如从前隆重。

七月半　20世纪80年代末，州境土家族依然有过“七月半”习俗，即每年古历七月十五日祭祀祖先。从七月初一到十五，每天在神龛上敬香，十三日晚，在大门外烧纸钱，给祖先十五日赴“盂兰盆会”作盘缠。进入21世纪后，土家族依然盛行过“七月半”和七月十三晚“烧月半纸”习俗。

四、饮食习俗

20世纪80年代末，粑粑、腊肉、酸菜、辣椒依然是州境土家族特色饮食。土家族喜食粑粑，过年打糍粑、春粉粑、炸油粑，三月清明做蒿子粑，四月八做糯米粑，五月端午包粽粑，六月六吃新苞谷粑，定亲送耳朵粑粑，起屋甩梁粑粑，不同节庆做不同粑粑。土家族善做腊肉，爱吃腊肉。冬至过后，开始杀年猪，砍成块，趁热抹盐、花椒，入缸腌十天半月，挂于炕架，微火慢熏一月两月即成腊肉；熏制好的腊肉红中透亮，香而不腻；走亲访友、接人待客，必以腊肉为礼。土家族喜食辛辣，善做酸菜。酸菜有大蔸酸、萝卜酸、青菜酸、白菜酸、豇豆酸、洋葱酸，还有酸肉、酸鱼；辣椒则夏秋食鲜椒，冬春食干椒，一年四季食酸辣椒。酸辣椒有苞谷酸辣子、糯米酸辣子、扎辣子等多种。乡里家家户户有几个、十几个土坛子，腌制各种酸菜。进入21世纪，土家族腊肉、酸菜、酸辣椒成为特色商品，尤以湘西腊肉、龙山大蔸菜酸极负盛名。

五、婚恋习俗

20世纪80年代末，州境土家族青年男女婚姻较为自由，可以自由选择对象恋爱，即或由父母物色对象也需经青年人同意才行。不管哪种方式均得请媒人“提亲”。还要经过“讨红庚”“合八字”“认亲”、朝年拜节、“催接”等程序，女方同意后才能结婚。男方选好良辰吉日并通报女方，女方便筹办嫁妆，打制三门柜、高低柜、食品柜、书桌，购置自行车、缝纫机、收录机等物件；男方则筹备彩礼，备足酒肉、以及数千甚至上万元礼金不等，给新娘购买数套新衣和部分首饰。旧时土家族女儿出嫁前时兴“哭嫁”，此时已不盛行。迎亲前三天，男方将彩礼送至女方“过礼”。婚礼前一天为女方“戴花”日，新娘“开脸”“上头”，举行“簪花”成年礼；亲戚朋友送礼庆贺，吃“戴花酒”。中午男方派人迎取嫁妆，迎嫁妆不再是用人力拿包杠抬，而是用拖拉机、货车拉。晚上男方派执事礼官、乐队、接亲客到女方家中迎亲，过去迎亲花轿已不时兴，改为农用车替代。迎亲过程中还有“拦门”“摸米”活动。新娘出闺有“吃离娘饭”“别祖宗”“甩筷子”“背亲”“抢喜把”等仪式。迎亲路上，若两支迎亲队伍相遇还有“争高”习俗。婚礼第二天为男方“圆亲酒”，新娘迎到男方家门后，还有跨“七星灯”“烧四眼”仪式，男方父母避见新媳妇不“碰红脸”，举行拜堂仪式，入洞房后洗和气脸，吃团圆饭，然后新娘向男方亲友行“拜茶礼”，首拜公婆，后向男方长辈敬茶、送鞋，公婆、长辈打发“见面礼”和“茶钱”“鞋礼”。下午宴客，晚上“闹新房”，第三天早上“三朝回门”。

进入21世纪，州境土家族婚俗程序有所简化，娱乐性有益男女交往程序更加强化。嫁妆由简单实用变得现代时尚，除电视机、电脑、冰箱、洗衣机、摩托车外，有的陪嫁小轿车；彩礼由实物变现金，由数千、上万元变成数万、十数万元；“上头”“开脸”变成在美容院化新娘妆；迎亲队改为轿车队。宴请亲朋，场面更大，酒席丰盛，存在铺张现象。亲朋贺礼由实物改为礼金，一般亲朋从三五十元增至三五百元；外公、舅舅、姨姨、姑姑等近亲属礼金多达数千乃至上万元。

六、丧葬习俗

20世纪80年代末，州境土家族老人病危，子女尽候床前“守气送终”。老人逝后即烧“落气钱”，并将纸灰装入三角形布袋，让死者提在手上，作黄泉路上“盘缠”，燃放鞭炮报丧。邻居主动上门帮忙。长者病故忌言“死”，代言“过世”。家人打来井水烧热，为逝者净身，穿寿衣、寿鞋，包青丝帕，腰间围束五色纱线，一岁一根。随后将遗体平放堂屋门板上，曰“上柳床”。随后，将棺木置堂中，为逝者“入殓”，请道士“开路”。停柩3~7日，期间设灵堂，大门上挂“当大事”三个大字，守灵伴亡唱孝歌，恭颂亡者、劝慰后人。安葬逝者讲究风水龙脉，须请地理先生查看龙脉，选好墓地，定好向道，掘好墓穴。大葬之日，由女儿女婿献猪献羊，灵前作祭，素服叩拜，同寨姊妹、姑嫂陪女儿哭灵。出柩前晚“大悼”，绕棺散花、挂灯解结。第二天天未亮前出柩，抬棺上山，亲朋好友参与送葬。墓地上道士烧芝麻杆热井，画八卦，用雄鸡驱邪，然后棺木入井。孝子跪棺盖先挖三锄，众人铲土掩棺填井。道士撒“衣禄米”，孝子跪接。土家族多行土葬浅埋，垒坟厚葬，一般人户以乱石封坟垒土，富有人家用条石砌坟，立碑。葬后连续三晚往坟地送火把；第三天“三朝覆山”为新坟添土，燃香化纸；第三天晚上由道士为亡者“招亡”。

20世纪90年代，州境土家族丧葬更为隆重，不但请道士做法事，请歌手唱孝歌，还放电影、录像。进入21世纪，乡间葬俗依循旧制，多请三教合一的道士做法事，着道教装行法事驱鬼除邪，着佛教装行法事念诵佛经，宣扬的是儒家孝道，法事中宗教色彩淡化，娱乐色彩更浓，“丧事喜办”习俗突出；城镇葬俗趋向革新，县市城镇始建陵园，丧葬服务向商业化发展，从买墓地到掘井、伴亡守灵、抬丧、送葬、叠坟一条龙服务。伴亡守灵由文艺队唱歌、演戏、跳舞、开追悼会；出殡由管乐队奏乐送行。无论城乡吊唁之人送礼，逐渐由实物转为送花圈和现金，现金从100元到1000元不等。城乡多有在世之人先在陵园内买好墓位或在自家责任山上选好墓地。修生基、立牌楼碑之俗盛行，生前圈坟立碑，死后刨土入穴。墓碑更为讲究，有独碑、五厢碑、七厢碑、九厢碑、牌楼碑，牌高3~4米；碑版有1通、3通，多则5通、7通；碑上刻墓主姓名、生殁时辰、孝男孝女名字及墓表、墓联等誉美诗文。

第二节　苗族民俗

一、居住习俗

20世纪80年代末，湘西州苗族民居基本保持传统习俗，喜聚居，村寨多选址山腰中部，一寨数百户乃至上千户，鳞次栉比，重重叠叠。一般由正屋、偏厦、吊脚楼、朝门四部分组成；正屋四排三间（亦有六排五间）一字形排开，木构穿斗，屋面盖小青瓦；房屋正中一间向内收缩成倒“凹”形，称“吞口屋”。苗族民居除用木板装壁外，在木材较少地方用片石、土砖砌墙、黄土筑墙，或用竹子夹墙后涂抹泥浆。大门开于吞口处，进门是堂屋，“三合土”地面，是聚会办红白喜事之处。左右两间枕楼板，一般在左边一间前半部分设火塘，后半部分为卧室。右边一间隔成两半作卧室、粮仓。苗族民居正屋两侧或后面设“偏厦屋”，作打灶、安碓磨和设猪圈牛栏及厕所之用。苗族起造新屋均有看屋场、砍树、发墨、排扇、立屋、偷梁、上梁、甩梁粑等习俗。新屋落成，宴请亲朋，举寨同乐，贺礼多为彩、匾、钱、粮。建房所需人工皆请“白工”（即只供饭不给工钱）。苗族新居落成要在堂屋地面正中挖一小坑，内置一碗，盛白酒、清水、雄黄，上覆片石，称“安龙神”，建成“龙宝”。苗家神龛或置于堂屋后壁上，或置于火塘边“母柱”处，称为“杭果”，逢年过节在此敬祖先；苗族讲究楼门（苗语叫“住垂”，把屋箍紧之意），有“千斤楼门四两屋”之说。保靖县夯沙乡夯沙村、吉首市矮寨镇德夯村苗族木质结构民居均保存完好；凤凰县阿拉营镇勾良村、山江镇东就村均保存着完好的石板屋。苗寨喜建石构保家楼，一般三层，高十余米，居高临下，俯瞰全寨。

20世纪90年代，州境苗族民居建材由以树木、石板、青瓦为主向钢筋、水泥、小砌块、瓷砖转变，木质建筑逐渐被砖混结构替代，出现一批小楼房。

进入21世纪，湘西州苗族民居除在旅游区和民族特色村寨保护区新建民居仍为传统木质结构外，其余均为砖混结构小楼房。习俗亦有变化，如建房选址由以前山坡地向平地以及公路沿线转移；请白工向半包或全包形式转变；甩梁粑由甩糯米梁粑变成甩馒头、糖果、钱币；宴请亲朋，席面丰盛，亲朋以钱币为贺礼。

二、服饰习俗

20世纪80年代末，州境苗族语言保存区男装趋向简单朴实，一般上着黑白或青蓝相间条纹家织布对胸衣，下穿青、蓝素色家织布直筒裤，头包条纹布花格帕。女装仍持旧制，且向更加华丽多姿发展，款式逐步趋向紧身合体。男女均着鞋袜。在外工作的苗族男女和不会讲苗语的苗族群众均着汉装。

州境苗族女装独具特色，上衣满襟衣，一般由领口、衣袖、套袖、衣襟、盘肩、衣脚、围裙组成。装饰上凸显湘西苗族服饰个性，领口以圆领居多，均喜绣花；衣袖上有两道滚边，绣花；套袖亦叫假袖，长约0.3米，套在外衣里面，由内向外翻，露于外衣衣袖外，显得美观雅致，一般以白布为底，上有两道滚边，绣花；衣襟有两道滚边，绣喜鹊登梅、锦鸡高鸣、双龙抢宝、蝴蝶起舞等图案；盘肩有3道滚边，绣石榴、牡丹、梅花等花纹，构图匀称；下摆滚边，绣蝴蝶、水波、六耳格等花纹图案；围裙有胸裙和腰裙两种，均绣花朵，缀银花吊钩，鲜艳夺目。下装包括裤、裙、鞋。裤子多为青、蓝、墨绿色布料，裤脚底色布上镶一块异色布，滚2~3道花边，绣鲤鱼跳龙门、双凤朝阳、梅花含苞、石榴花果、水波滚滚等图案；百褶裙（亦称“礼裙”）长而宽，缝成褶子，青红相间，以层多为美，裙脚绣花纹图案，五颜六色，美观富丽，一般只在“椎牛”“接龙”等盛大祭典时穿着。苗族妇女喜包头帕，有棉质、丝质两种，一般长6米，最长可达10米。棉质头帕有素色和花色两种，素色头帕多为青、蓝、白3色，花色头帕有织就条纹花帕、井字格花帕、扎染狗脚纹花帕、挑花头巾；丝帕一般只在节日聚会、喜庆做客时缠戴。常见式样有圆筒形高帕、交叉帕、平顶帕、螺蛳形平帕和蝴蝶帕5种。苗族妇女喜戴银饰，有头饰、颈饰、胸背饰、手饰、脚饰等，“以大为美，以多为美，以重为美”。头饰中有银帽、银花大平帽、插头银花、银凤冠等。银帽又叫接龙帽，一般用雪银1500克打制。因为耗银多，非富有人家不能制，一寨、几寨才有一顶，需要时可借用；银花大平帽呈圆形，直径60厘米，重470克，其构造由三大部件组成：前后为两块半圆形银皮合成圆形，中间用细丝螺旋构成圆顶形，3部件可以拆开，帽顶焊花、鸟、鱼、虾、龙、凤、蝴蝶等图样，饰湖绿和桃红丝线花束；插头银花一般重40克，造型有蚩尤大刀、长矛、菊花、梅花、桃子、棋盘花、蝴蝶、寿字等，吊湖绿桃红丝线花束；银凤冠是未出嫁姑娘戴在前额装饰品，构造为一块宽4厘米、长37厘米、重180克银皮镂空，形成方孔古钱、莲花、梅花点、梅花朵等图案，银皮上插二龙抢宝、双凤对菊和花草，下端缀9只凤凰。颈饰中有轮圈、扁圈、盘圈、披肩等，轮圈可单独佩带，也可加扁圈、盘圈组合佩戴。小轮圈需银300克左右，大的700~1000克，中段为弯弯扭扭形状，两端做一公母套钩，钩柄上缠纹一二十道凸状银瓣。扁圈为项圈中层饰品，每套5匝，即由5根组成一套，重300多克。圈心成筋脉状，有菊花纹饰，两端为公母套钩。盘圈有5匝互相叠压，大的在下，小的在上，故又名“叠板项圈”。银披肩是披在肩上银链饰物，披肩需银1000克左右，一般为缎面做底，银饰缝缀其上，佩戴时，披肩能随肩、胸高低、凸凹而紧贴于肩胸。身前身后银饰有牙扦、银针筒、围裙链子、挂扣、银纽、银花银蝶、银牌、后尾等。

州境苗族儿童服装有其特色，主要体现在帽饰上，有凉帽、船形帽、罗汉帽、虎头帽、猫头帽、狗头帽、龙凤帽、麒麟帽、八仙帽等。儿童项圈需银百余克，精细如筷子，刻简单花纹，佩戴时，项圈上多挂一条银链垂至前胸，链子下端吊有一腰子形银锁，以示驱邪；儿童银手镯重30～40克，直径4～5厘米，两只一套，一只配官印一颗，一只配瓜锤一对，取“文武双全”之意。

进入21世纪，州境仍有10万余苗族妇女有苗族服装，常年着苗族服装中农村老年妇女在2万～3万人左右。节日活动和红白喜事时，成百上千苗族妇女身着苗族盛装、银饰叮当，不失为一道靓丽风景线。苗族服装制作或由自己在布片上手绣花纹，在缝纫店制成衣服；或由缝纫作坊成批生产，机绣花纹，在墟场销售。凤凰县腊尔山、山江、禾库，花垣县吉卫、雅酉、麻栗场，保靖县葫芦、水田、中心，吉首市矮寨、排绸、丹青，古丈县龙鼻嘴等墟场，常年有苗族服装摆摊设点销售。

三、节令习俗

赶年场 20世纪80年代末，湘西州苗族盛行赶年场，即在春节封场期满后第一个场，其日期因各地平时场期各异而不尽相同。每逢赶年场，附近苗族群众面带喜悦，身着盛装，结伴而行。年场上人流如潮，歌声、问候声、锣鼓声、唢呐长号声交织一起，热闹非凡。或货物交易，或参加和观看打秋千、舞狮子、耍龙灯、上刀梯等活动。未婚青年男女借此机会物色情侣，谈情说爱。歌郎歌娘三五结伴，说古道今，引吭高歌，相互唱和。进入21世纪，州境苗族赶年场依然盛行。

三月三 20世纪80年代末，州境泸溪、吉首、古丈3县（市）交界地区苗民，依照从前，传唱着一首山歌：“桃红李白一园栽，土家苗汉同心怀，冬瓜架上搭南瓜，自愿牵藤结拢来。”相传从前3县边民争夺山林地界发生械斗，后经商议和解，于农历三月初三日立碑划界。以后每年三月三，边民们相聚芭蕉坪，以山歌形式庆祝民族团结。古丈县苗族传说过去苗民与皇帝打仗，于三月三日议和划界，当晚，苗民汇聚一大草坪歌舞庆祝，该草坪位于古丈县野竹乡，地名就叫“三月三”。这样久而久之，“三月三”成为苗族群众传统节日。

清明歌会 20世纪80年代末，清明时节，州境吉首市丹青乡及古丈县、泸溪县相邻地区苗族群众，不但要单独扫墓祭祖，还要举行歌会，祭祀共同的祖先——陈有亮、张有年和为他们献身的韩世忠。这天，天刚亮，各寨男女老少吃过早饭，穿上盛装，汇聚山上，三五一堆，七八一蓬，相互对歌，人山歌海，从早唱到夜晚，春寒料峭，生起篝火，围火而歌。未婚青年趁大人歌兴未艾溜到树丛、溪旁去唱情歌。保靖、花垣、吉首、古丈4县相邻苗族群众，清明节聚集吕洞山翁排坡举行“挑葱会”。古丈县则在坪坝乡曹家坪“清明场”举行清明歌会。进入21世纪，这些歌会或由群众自发进行，或由县、乡政府出面组织，每年如期举办，举行苗歌大赛，评选歌师。

四月八 即农历四月初八，是苗族人传统的盛大祭祖节，又称跳花节、英雄节。传说古代凤凰有一个名叫“亚宜”的苗族首领，领导苗民反抗统治者残暴统治，血战三天三夜，终于寡不敌众，许多英雄都倒在血泊之中。四月八日这天，亚宜战死在贵阳市的喷水池附近。苗族人民为了纪念这位民族英雄，设于每年四月八日举行纪念活动，追思亚宜的业绩。清代，乾嘉苗民起义后，朝廷禁止湘西苗族人民举行这一活动。1981年5月，国家民委批准恢复农历四月八日为苗族传统节日。1983年5月20日，凤凰县落潮井乡椿木坳举行规模盛大的“四月八”活动，来自凤凰、吉首、花垣、松桃、铜仁等地4000多人表演文艺节目。1987年“四月八”，吉首市在砂子坳唐家岭举行椎猪活动，参与及观看者逾万人。2001年4月29日，凤凰县举行“中国凤凰‘四月八’民族艺术节”大型文艺活动。古丈县苗族“四月八”活动场地在坪坝乡。花垣县苗族“四月八”称“樱桃会”，人们一边品尝樱桃，一边对歌述情。

赶秋节 “赶秋节”是湘西苗族“情人节”和“丰收节”，时间是立秋后连续5天内，逢赶集墟场即举行赶秋活动。花垣县麻栗场、董马库、排碧、排料、吉卫，保靖县水田、中心、葫芦、夯沙，古丈县龙鼻嘴，吉首市矮寨、大兴寨等苗区大墟场，从立秋那天算起，头场为头秋，二场为二秋，末场为末秋，哪个墟场逢着这些天赶集，便是赶秋日。头秋是吉祥如意征兆，是难得的荣耀。活动由“秋公”“秋婆”指挥。“秋场”上搭一歌台，“秋公”“秋婆”各抱一捆连枝带果水稻、苞谷、高粱、棉花，登上歌台跳跃鞠躬，宣布赶秋活动开始，歌台下三眼铳响起，鞭炮齐鸣，鼓乐喧天，成千上万群众欢呼雀跃，龙灯队、狮子队拨开人流，向秋场四周舞去；“秋场”边“四人秋”“八人秋”“十二人秋”各种秋千一齐荡起，成百上千人簇拥在秋千下，谈笑风生，对歌搭伴。每当秋千停时，谁在最高处，谁就得唱歌。至晚，男女青年相邀而歌，通宵达旦。1993年8月8日，“'93中国湖南花垣苗族赶秋节暨经贸洽谈会”在县城广场举行，活动有跳鼓、秋千、舞龙、舞狮、上刀梯、椎牛、文艺表演、边边场等。观众十万余人。至2004年，花垣县人民政府先后在县城及排碧、麻栗场、龙潭、雅酉、民乐等乡（镇）连续举办12届赶秋活动。2005年起，花垣县赶秋节活动逐渐转由乡（镇）人民政府或民间自主组织承办，至2010年，每年正常进行。

跳香节 20世纪80年代末，州境泸溪、古丈、吉首3县（市）交界之地的苗族仍流行“跳香”活动。“跳香节”又叫“降香”或“明香大会”，是苗族群众祭祀祖先、庆祝五谷丰登的节日，于农历十月十五日至十六日举行，也有连跳半个月的。一般以村寨为主，也有几寨联合举办。还有以溪水为限，从头至尾跳完溪水两岸所有村寨才尽兴而散的。事前，各家各户凑钱凑米做“香糍粑”“香豆腐”。届时，人们汇集“跳香殿”举行跳香活动。跳香主祭之神是傩公（盘瓠）、傩母（辛女），次为三百六十神（统称“五谷神”）。活动由“闹沙”主持，内容有铺坛、发牒、开殿门、请神、封五谷罐、跳八封舞、发童子、吃香豆腐、娱神等场。至2010年，泸溪、古丈两县人民政府及乡镇政府多次组织跳香活动。

四、饮食习俗

20世纪80年代末，酸鱼、野菜、野味仍为州境苗族喜爱食物。苗族善制酸鱼，挑选250克左右鲜鱼洗净去内脏，晾干后把糯米粉、辣椒粉和其他佐料置于鱼腹，封于坛中，可长达数年之久；猪肉亦可制成酸肉。苗族多居高山地带，喜食野菜，惯饮山泉。山中蕨、葛、枞菌、桐菌、草菌、荞粑菌、地木耳、白蒿菜、糯米菜、鸭脚板，水中虾米、桃花虫、黄鳝、田螺等，皆为苗族爱吃之物；山中泉水很多，为苗族常年饮用水源。进入21世纪，苗族酸鱼、野菜、野味成为招待贵宾特色食品。

五、婚恋习俗

20世纪80年代末，州境苗族青年男女婚恋自由，通过跳花跳月、赶边边场等方式择偶恋爱，充满自由、纯真、野朴情调。赶边边场是苗族青年男女择偶恋爱典型方式：每逢赶集或重大节日，同寨同姓同龄青年三五七八人结伴而行，在乡场上物色对象。某一男青年一旦看上某一女青年就千方百计弄清女青年姓氏、住址、婚姻状况。散场或节日活动结束后，男青年在同伴陪同下跟随同样有同伴陪同的女青年往乡场外山路上走，若女方表情友好，便以苗歌为媒，以“讨糖”“讨葱”为名，探听虚实，直至约好下次相会日期，交换信物，才各自离去。经过多次同伴陪同相会，发展成两位恋人单独幽会。经过单独幽会，觉得情投意合，便遵循“父母之命，媒妁之言”古俗，请媒人到女方家提亲。媒人带着男方重托需多次到女方家去，首次得到回答肯定是需要“商量”，再次得到回答或是“锁门”（即拒绝）或“留话”。苗族习俗是即便女家同意某门婚事也不轻易放口，认为只有男家多求方显女儿贵气。一旦女家答应，男家即择吉日良辰，到女家放爆竹“放话”。然后再择吉日，男方到女方家去“过礼”，吃“排家饭”订婚。

苗族订婚仪式排场、风趣、热闹，男方父亲、歌师、总管、唢呐师、叔伯舅辈及挑担子小伙，清一色男性二三十人，衣冠楚楚，肩负礼品，浩浩荡荡去到女家，至村头，燃放鞭炮，吹奏唢呐。女家族众于村头恭候，迎至家中，祭祀天地祖先后，当晚，即于中堂烧起旺火，众人围火而歌。往后几天女方叔伯兄弟请吃“排家饭”，最后女家配以送客礼品，由女方母亲带领清一色女性送男家贵客回家。一排少女齐刷刷站立路旁双手藏于背后含笑送客，待长辈男客走完后，少女们一拥而上，将原藏于背后抹满锅灰的双手伸出来向小伙子男客脸上涂去，叫“摸黑脸”，小伙子趁机抓住少女手讨要帕子洗擦，少男少女们闹作一堆，并唱起“送客歌”直至日薄西山方歇。

婚期将至，女家忙于制作、采购嫁妆。出阁前请有儿有女、父母双全的年长嫂子给新娘修眉。婚礼第一天叫“插花日”。男方迎亲队伍吹吹打打来迎亲，队伍中有一副新奇担子，一头是装着两只“长生鸡”的鸡笼，一头是大肚子装满白酒“盼子坛”。这两样东西将留在女家，待新娘婚后生下第一个小孩时，女家才将这笼鸡、这坛酒送回男家吃“祝米酒”。迎亲队伍需经过“拦门”程序，才能进入女家屋里，进屋后主客围坐火旁对唱苗歌，直至天将破晓。凌晨，女儿即将离别爹娘哥嫂，用歌声一一辞行；新娘出门有“背亲”、打“窝窝伞”“抢火把”等习俗；迎亲路上还有“争高”“辟邪”习俗。苗族送亲队伍人数较多，有送亲哥、送亲娘、陪嫁女等，陪嫁女多为新娘同寨姐妹和好友，她们同新娘一样穿戴一新满身银饰。到了男家有“烧亲”“筛亲”等“辟邪”仪式；然后，新娘被引进大门直上火塘端坐。稍息，“洗四眼”、喝“合欢酒”、吃“合欢肉”。亲朋好友带上礼品四方来贺，男家盛情款待，女家送亲客为正客，请上座，主人招待殷勤周到，其他为副客，开“流水席”。晚宴过后，在堂屋中央架起干柴，烧起旺火，主客围火而坐，唱“火堂歌”，直至天亮收场。第二天，男方兄弟请女方送亲客吃“排家饭”。第三天早上，举行“摆席”仪式，双方亲家各请一位礼老坐首席，双方主人及新郎新娘、兄弟姐妹等依次围桌而坐。看热闹者或坐或站于四周。男方礼老讲“古老话”，致颂客辞，唱贺婚歌；女方礼老致答谢辞，祈求公婆善待和教导新娘。最后，双方亲家互赠、分发礼品，共同祝愿新郎新娘美满幸福，婚礼结束。

苗族婚恋嫁娶，从一开始以歌为媒到请媒提亲再到放话、订婚、迎亲，处处皆以苗歌对唱形式言事传情，一次苗家婚恋嫁娶就是一次系列苗家歌会。

进入21世纪，苗族婚俗并无多大改变，只是部分习俗（“吃排家饭”、唱“火堂歌”“摆席”等）有所简化。嫁妆、新娘打扮、迎娶新娘礼节、婚宴酒席、礼金等变化与当地其他民族趋同。

六、丧葬习俗

20世纪80年代末，州境苗族老人弥留之际，子女赶聚床头听遗嘱；并将蚊帐撤下，不让老人在蚊帐中逝去。老人逝后，家人围拢痛哭，烧落气钱纸，摆落气饭，插香，拿鸟枪连放3响报丧，邻居即来探望，协助办理丧事。亲属或生前好友为死者浴身，穿寿衣、寿鞋，包头帕，“上柳床”，请道士扎孝堂，举行铺台、请师、取水、请佛、开路、度亡等法事。法事毕，入殓。入殓后，灵前日夜香火灯烛不灭，停丧3~5日或7~9日。其间，道士行请佛、启经、封斋、颂经、礼忏等法事，封斋后只能吃斋，待行颂经法事后方可吃荤。晚上，亲朋邻里陪孝子守灵；苗族安葬逝者讲究风水龙脉，送殡之前须请地理先生查看龙脉，选好墓地，定好向道，掘好墓穴。送殡前一天，行开吊礼，道士行“开棺”仪式，让亲属瞻仰逝者遗容，然后封棺。亲友吊唁有亲疏之别，礼物亦有多寡之分：媳妇亲家，用猪头、刀头肉及香、烛、纸、鞭炮、米、幛等作祭；女婿须上猪、羊作祭，请巫呼礼，哭祭于逝者灵前，叫“献牲”；男性亲属需行跪拜礼，女客直入帏内扶棺痛哭。开吊之日还要举行“说火把”活动，晚宴后，丧家在庭院里燃起旺火，舅方和丧家主人及各自礼郎围坐火旁，其余宾客围满四方。双方礼郎一问一答讲述“火把”根源，吟诵一部9章共1100余行《苗族丧葬礼词》。当晚还举行“打绕棺”，分为灵前开道、招亡安灵、请水、请圣、皈依、血盆挑灯、寻狱、答语、守狱、问语、十王赞灯、关灯、叹亡、度亡、散花、辞灵、送圣等活动。在唢呐、小鼓、钹、木鱼、小锣和包包锣等法场乐器敲敲打打伴奏下，道士或独唱、或领唱、或齐唱，场面热闹，其中以“穿花”和“捉道士”活动场面最为激烈活跃。绕棺后，开始唱孝歌，通宵达旦，直至次日凌晨，道士行辞灵、送亡仪式方止。全堂法事结束后，抬丧之人肩扛抬杠，跟着“火把”、孝男，朝坟场而去。女儿女婿拿烟提酒紧跟其后。途中，抬丧男子故作乏力，高叫“打湿索子!”意要发烟、赏酒，女儿女婿赶紧敬烟敬酒。抬丧者抽烟喝酒后继续抬丧前行，如此多次。至坟地停柩时，孝子须在柩前下跪，以示孝敬。道士先于墓穴烧纸“热井”、画八卦、用雄鸡驱邪。众人吊棺入井。地理先生定准龙脉向道，孝男、孝女跪于墓穴之前，道士念《祝龙经》、撒米，孝男孝女用孝帕接米，吃下数粒，以示接得衣禄。道士扫魂后，孝子跪棺头挖泥盖棺三次，众人铲土、砌石，堆好新坟，插上一把纸伞和一根“子孙棍”，燃放鞭炮，安葬完毕。葬后，孝家选一卯日，请苗巫“招魂安亡”。翌日晨，用竹篾编织一个简易背篓，装上祭奠糯米粑，用逝者一件衣服搭其上，送给其舅亲背去。葬后三日傍晚时分，众孝子提着饭菜酒肉等祭品，打着火把去坟前作祭“覆山”，给新坟培土加固。苗族以去世父母坟茔高大、坚实为佳，葬后每年清明节均要“覆山”，使之逐年增高增大。葬后三年方可用岩石砌坟，在坟上栽一蓬“坟竹子”。殷实人家常于坟前竖“和尚碑”，富有之人方立“帽子碑”。

20世纪90年代，州境苗族丧葬不但请道士做法事，请歌手唱孝歌，还放电影、录像。进入21世纪，改由戏班唱戏，唱现代流行歌曲、跳流行舞蹈，送葬时由乐队吹管乐击洋鼓送行。花垣、吉首、凤凰、泸溪等县（市）苗族渐兴立碑习俗。吊唁人礼金与土家族相同。

第三节　其他民族民俗

湘西州除土家族、苗族外，还有汉族以及回族、瑶族、侗族、白族等多个少数民族。汉族习俗与全国汉族相同，其他少数民族基本“坐乡随俗”。回族有禁食猪肉和不食妄杀之物习俗。

第二章　方言

湘西州汉语方言（简称湘西方言），是汉语的一种变体。是历史上北方汉族居民不断南迁将汉语带入湘西地域，再受官话、古楚语支系——湘语及当地土家语和苗语影响而形成。据史载，明朝政府在湘西土司机构中委派流官，与土司共同管理政务，控制和监督地方土司。还在边缘险要地区设置卫所，驻守重兵。土司与卫所并存、流官与土官参用，促进官话传播。清代，特别是“改土归流”后，清政府规定，凡举人、生员、贡生、监生、童生不会官话，一律不准送试，使官话在湘西地区得到发展和巩固。湘西地区在先秦时代属楚黔中地，方言受古楚语支系——湘语影响也很大。湘西聚居着土家族和苗族，他们的语言对湘西汉语方言也有着特殊的影响。在湘西丰富的汉语方言词汇中，尤其是在地名中有许多都是苗语和土家语词汇。苗族聚居地区很多地名带有一个苗语音译单词“排”，如“排吼”“排绸”“排料”“排碧”“排大荒”“排不道”等。“排”后面那个苗语音译单词是修饰限制前面那个“排”的，或表物产，或表地形、地貌，或表事件，或表习俗。土家族聚居地区地名大多兼有一个土家语音译单词“湖”，如“撒珠湖”“别那湖”“泽家湖”“利湖”“岩湖”“半湖”“旮湖”等。“湖”前面的词是些表物产、地形、地貌、事件、习俗的词用于修饰限制“湖”。地名不属于方言范畴，当这些地名进入社会表述语言并成为社会表述语言词汇后，它就进入该地方言范畴。随着时代发展，湘西外出务工人员增多，为了交流，他们学习讲普通话；湘西本地学校和机关也在推广普通话，普通话对湘西方言也有着不可忽视的影响。即使外语也在影响着湘西的方言，如“拜拜”“OK”等英语词汇也在湘西方言中流行。

湘西方言在语音、词汇、语法、修辞、语风等方面特点显明，大致可分4个土语区，即龙山、永顺土语区，保靖、花垣、吉首、古丈土语区，凤凰土语区和泸溪土语区。

第一节　湘西方言语音

一、声母

1. 龙山、永顺土语声母，除去零声母，共有19个，与普通话比较，其声母无舌尖后音 tʂ、tʂ‘、ʂ、ʐ，但有鼻音 ŋ 声母和舌尖前浊擦音 z 声母。

2. 保靖、花垣、吉首、古丈土语声母，除去零声母，还有26个，与普通话比较，其声母无舌尖后音 tʂ、tʂ‘、ʂ、ʐ，却多出双唇不送气浊塞音 p、舌尖前不送气浊塞擦音 dz、舌尖前浊擦音 z、舌尖中不送气浊塞音 d、舌面不送气浊塞擦音 dz、舌面浊擦音 z 声母、舌根不送气浊塞音 g 和舌根浊鼻音 ŋ 等几个浊音声母。

3. 凤凰土语声母与龙山、永顺土语声母相同。

4. 泸溪土语的声母与保靖、花垣、吉首、古丈土语声母基本相同，仅在个别音节中有舌尖后音 tʂ、tʂ‘出现。

二、韵母

湘西方言四个土语区，汉语方言语音韵母与普通话韵母比较，少了鼻音韵母 iŋ、əŋ、uəŋ 和单韵母，多了 io、ya 两个韵母。

三、声调

湘西方言四个土语区声调，除泸溪土语区有5个声调外，其余3个土语区均只有4个声调：

泸溪土语5种调值为：高平调、半降调、中升调、低平调、全降调。

永顺、龙山土语；保靖、花垣、吉首、古丈土语和凤凰土语4种调值为：高平调、低平调、中升调、全降调。

湘西方言声调与普通话比较，其对应规律较为明显，即：普通话第一声阴平55调，湘西方言大都读成44调；普通话第二声阳平35调，湘西方言大都读成22调；普通话第三声上声214调，湘西方言大都读成31调；普通话第四声去声调，湘西方言大都读成14调。

但是，也有一些不合符上述对应规律的特殊变调情况，如：普通话阴平55调值的字，湘西方言有的读成22调，如：壹、八、帆、曰、汁；有的读为14调，如：吨、侵、应、撑、亚；有的读为31调，如：褒、抚、轰、棵、拥。

四、音节

州境汉语方言音节，因各土语区声母、韵母和声调数量多少及配合不同，各土语区音节数量也不一样。保靖、花垣、吉首、古丈和泸溪两个土语区音节数量多；龙山、永顺和凤凰两个土语区音节数量少。

五、方音辨正

与普通话比较，湘西方音在声、韵、调三个方面均存在一些差异，举例辨正如下：

（一）声母辨正

1.普通话里零声母音节字，湘西方言大多加上 n、ŋ。

①加 n 声母，如：严，普通话读 ian^{35}，方言读 niae n^{22}；谊，普通话读 yi^{35}，方言读 ni^{22}；银，普通话读 yin^{35}，方言读 nin^{22}。

②加 ŋ 声母，如：爱，普通话读 ai^{35}，方言读 ŋai^{14}；岸，普通话读 an^{35}，方言读 ŋan^{14}；我，普通话读 wo^{214}，方言读 ŋo^{31}。

2.普通话 n 声母音节字，在湘西方言中大都读成 l 声母音节。如：拿，普通话读 nA^{35}，方言读 lA^{22}；南，普通话读 nan^{35}，方言读成 lan^{22}；糯，普通话读 nuo^{51}，方言读 luo^{14}。

3.普通话里 f ‘声母音节和 x 声母音节字，在湘西方言中常常混读。

①把普通话 f ‘声母音节字混读成 x 声母音节，如：发，普通话读 f ‘^{55}，方言读 xuɑ^{22}；繁，普通话读 f ‘an^{35}，方言读 xuan^{22}；房，普通话读 f ‘ɑŋ^{35}，方言读 xuɑŋ^{22}。

②把普通话里的 x 声母音节字混读成 f ‘声母音节，如：还，普通话读 xuan^{35}，方言读 f ‘an^{22}；湖，普通话读 xu^{35}，方言读 f ‘u^{22}；悔，普通话读 xuei^{214}，方言读 f ‘uei^{31}。

4.普通话里 tɕ 声母音节字，在湘西方言中有的读成 k 声母音节，如：夹，普通话读 tɕia^{55}，方言读 kA^{22}；嫁，普通话读 tɕia^{51}，方言读 kA^{14}；枷，普通话读 tɕia^{55}，方言读 kA^{44}。

5.普通话里 tɕ ‘声母音节字，在湘西方言中有的读成 k ‘声母音节，如：掐，普通话读 tɕ ‘ia^{55}，方言读 kA^{22}；确，普通话读 tɕ ‘yɛ^{51}，方言读 k ‘uo^{22}；敲，普通话读 tɕ ‘iɑu^{55}，方言读 k ‘ɑu^{44}。

6. 普通话里 ɕ 声母音节字，在湘西方言中有的读成 x 声母音节字，有的读成 tɕ ‘声母音节字。

①读成 x 声母音节，如：瞎，普通话读 ɕia^{55}，湘西方言读 xA^{22}；虾，普通话读 ɕia^{55}，湘西方言读 xA^{44}；苋，普通话读 ɕiaən^{51}，湘西方言读 xan^{14}。

②读成 tɕ ‘声母音节，如：奚，普通话读 ɕi^{55}，湘西方言读 tɕ ‘i^{44}；溪，普通话读 ɕi^{55}，湘西方言读 tɕ ‘i^{44}；详，普通话读 ɕiɑŋ^{35}，湘西方言读 tɕ ‘iɑŋ^{22}。

（二）韵母辨正

1.普通话里的 əŋ 韵母音节，在湘西方言中有的读成 ən 韵母音节，有的则读成 uŋ 韵母音节。

①读成 əŋ 韵母，如：成，普通话读 tʂ ‘tən^{35}，湘西方言读 tʂ ‘tən^{22}；灯，普通话读 təŋ^{55}，湘西方言读 tən^{44}；耕，普通话读 kəŋ^{55}，湘西方言读 kən^{44}。

②读成 uŋ 韵母，如：丰，普通话读 f ‘əŋ$_{55}$，湘西方言读 xuŋ^{44}；烽，普通话读 f ‘əŋ^{55}，湘西方言读 xuŋ^{44}；风，普通话读 f ‘əŋ^{55}，湘西方言读 xuŋ^{44}。

③有的字还将之读成 uən 韵母音节。如：绳，普通话读 ʂ ‘əŋ^{214}，湘西方言读 suən^{22}。

2.普通话里的 iŋ 韵母音节，在湘西方言中大多读成 in 韵母音节，有的读成 yn 韵母音节。

①读成 in 韵母音节，如：兵，普通话读 biŋ^{55}，湘西方言读 bin^{44}；并，普通话读 biŋ^{51}，湘西方言读 bin^{14}；定，普通话读 tiŋ^{51}，湘西方言读 tin^{14}。

②读成 yn 韵母，如：营，普通话读 iŋ^{55}，湘西方言读 yn^{22}；萤，普通话读 iŋ^{35}，湘西方言读 yn^{22}；倾，普通话读 tɕ ‘iŋ^{55}，湘西方言读 tɕ ‘yn^{44}。

3.普通话里的 ɤ 韵母音节字，在州域汉语方言中的变化最为复杂。

①有的变成 o 韵母音节，如：屙，普通话读 ɤ^{55}，湘西方言读 ɔ^{44}。

②有的变成 uo 韵母音节，如：瞌，普通话读 k ‘ɤ^{35}，湘西方言读 k ‘uo^{22}；苛，普通话读 k ‘ɤ^{55}，湘西方言读 k ‘uo^{44}；课，普通话读 k ‘ɤ^{51}，湘西方言读 k ‘uo^{14}。

③有的在泸溪土语里变成了 ai，在其他几个土语里则变成了 ei，如：咳，普通话读 k ‘ɤ^{51}，泸溪方言读 k ‘ai^{22}，其他方言读 k ‘ei^{22}；奢，普通话读 ʂ ‘ɤ^{55}，泸溪方言读 ʂ ‘ai^{44}，其他方言读 sei^{44}。

④有的变成 iɛ，如：得，普通话读 tɤ^{35}，湘西方言读 tiɛ^{22}；德，普通话读 tɤ^{35}，湘西方言读 tiɛ^{22}；特，普通话读 t ‘ɤ^{51}，湘西方言读 t ‘iɛ^{22}。

4.普通话里 y 韵母与 l 声母相拼合的音节，在湘西方言中变成了 uei 韵母与 l 声母相拼合的音节，如：吕，普通话读 ly^{214}，湘西方言读 luei^{31}；旅，普通话读 ly^{214}，湘西方言读 luei^{31}；律，普通话读 ly^{35}，湘西方言读 luei^{22}。

5.普通话里 yɛ 韵母音节字，在湘西方言中大多读成 io 韵母音节，如：约，普通话读 yɛ^{55}，湘西方言读 io^{22}；岳，普通话读 yɛ^{51}，湘西方言读 io^{22}；钥，普通话读 yɛ^{51}，湘西方言读 io^{22}。

6.普通话 y 韵母音节字，在湘西方言中有的读成 iou 韵母音节，如：育，普通话读 y^{55}，湘西方言读 jou^{22}；郁，普通话读 y^{51}，湘西方言读 jou^{22}；欲，普通话读 y^{51}，湘西方言读 jou^{22}。

7.除上述一般性变异外，还有若干特殊的变读情况。

①普通话里 u 和 u 开头的韵母音节，在龙山县境的部分地区变读成 y 和 y 开头的韵母音节，如：朱，普通话读 tʂu^{55}，龙山方言读 tʂy^{44}；主，普通话读 tʂu^{214}，龙山方言读 tɕy^{31}；住，普通话读 tʂu^{51}，龙山方言读 tɕy^{14}。

②普通话里 in、iŋ 两韵母，在与 t、t‘、l、声母相拼时，在保靖方言中变成 ən 韵母，如：丁，普通话读 $tiŋ^{55}$，保靖方言读 $tən^{44}$；林，普通话读 $liŋ^{35}$，保靖方言读 $lən^{22}$；听，普通话读 $t‘iŋ^{55}$，保靖方言读 $t‘ən^{44}$。

③普通话里的 yɛ 韵母音节和 iɛ 韵母音节，在花垣土语中分别变成了 y 韵母音节和 i 韵母音节，如：悦，普通话读 $yɛ^{55}$，花垣方言读 y^{22}；爷，普通话读 $yɛ^{35}$，花垣方言读 i^{22}；协，普通话读 $ɕiɛ^{35}$，花垣方言读 $ɕi^{22}$。

④普通话里的 u 韵母首节，在凤凰土语中一律变成 ou 韵母音节，如：炉，普通话读 lu^{35}，凤凰方言读 lou^{22}；泸，普通话读 lu^{35}，凤凰方言读 lou^{22}；虏，普通话读 lu^{214}，凤凰方言读 lou^{31}。

⑤与普通话比较，泸溪方言的韵母变异很难找出对应规律。例如：么，普通话读 $mɤ^{35}$，泸溪方言读 $ɕia^{31}$；小，普通话读 $ɕiɑu^{214}$，泸溪方言读 $niɑŋ^{55}$；绿，普通话读 ly^{51}，泸溪方言读 $liou^{22}$ 等。

第二节　湘西方言词汇

湘西方言词汇丰富，略举例如下：

[一大泼] 很多。例：那边来了一大泼人。

[一扑搂搜] 全部；统统。例：你把那些东西一扑搂搜都拿走吧。

[一爬扑] 趔趄，向前倾倒。例：一爬扑摔在地上。

[一偏手] 数量很少，例：这东西太少了，敛拢来不过一偏手。

[一港港儿] 一会儿。例：等一港港儿，我就来了。

[二天] 改天；过一两天；以后。例：今天不去了，二天再去。

[二气] 不正经。例：做正事，你莫二气。

[二路人] 不正经做事的人。例：他是个二路人，不要靠他。

[二巴拉西] 不上劲的，例：这件事，二巴拉西的人还做不好。

[了拐] 表遗憾的叹词。例：了拐！出来时忘记锁门。

[三不知] 有时；不定期。例：三不知他又提起这件事来。

[大大] 姑母、长兄。

[丈老儿] 岳父。

[万千的] 很多。例：这东西我们那边万千的。

[口岸] 地点；地方。例：下次来这里钓鱼，我再选个好口岸。

[亡魂] 蛮横不讲道理。例：这伢儿就是有点儿亡魂。

[叉口] 布袋。

[幺幺]、[幺] 家中排行最小的。

[夫] 让对方占优势。例：下象棋，我夫你一个车。

[公公] 爷爷。

[少饱海] 很多。例：这东西，我们那边少饱海。

[火冒] 生气、发脾气。

[乌漆麻黑] ①晚上特别黑暗。例：夜头乌漆麻黑的，伸手不见掌。②颜色很黑。例：那个人脸上乌漆麻黑的像个炭蔸子。

[斗凑] 凑热闹添麻烦。例：这边本来就忙不开堂，你还要来斗凑。

[巴] ①热；烫。例：麻烦给我倒点巴水！②贴；粘。例：这衣服好巴身。③亲近；亲热。例：这孩子巴得好人。④挨着；靠拢。例：好热，莫巴在我身上。⑤跟；和。例：您老人家是巴儿坐还是巴女坐。⑥靠。例：巴河边上走两里就到了。

[轧] 夹、挤。例：我的手被轧了一下。

[可儿] 一丁点儿。例：就可儿饭，不够吃。

[左] 兑换；交换。例：和你左点零钱。

[布] 窥视；从缝隙里看。例：你在布什么？

[龙夜] 连夜。

[龙更三夜] 深夜。例：他龙更三夜赶来了。

[打捞窜] 腿脚无力，走路趔趄的样子。例：他病得走路都打捞窜了。

[四眼婆] 指孕妇。

[四道八处] 四面八方。

[叫雀儿] 比喻只会讲不会做的人。例：他是个叫雀儿，什么都做不来。

[外外] 外甥。

[倔] 人的脾气乖僻，不合群。例：这个人脾气有点倔。

[加减] 拿把握。例：这件事能不能做，你自己加减。

[在行] 听话。

[老儿] 叔叔。

[老老] ①弟弟；②泛指男孩子。

[老头儿] 父亲。

[肉奶奶] 形容胖而柔软的样子。例：这小孩长得肉奶奶的。

[先不先] 首先。例：看把戏先不先争个好位子。

[向火] 烤火。例：坐在火坑边向火。

[扯飞火] 做没把握的事。例：做事要稳当点，不要扯飞火。

[扳俏] 故意抬高身价摆谱。例：你不要扳俏，有本事的人多的是。

[这口儿] 这儿，例：我在这口儿。

[阿咧咧]、[阿乃乃] 疼痛难忍时的呻吟声。例：阿咧咧，疼死了！

[阿蒙] 哄小孩吃饭或吃别的东西的口头语。例：乖乖，来，阿蒙一口干！

[枉诞] 靠不住、马虎。例：他做事有点枉诞。

[抬] 拿。例：抬颗针来。

[拐场]、[拐火]、[拐场火] 出差错；失误；糟糕。例：拐场哒，我又忘记告诉他了。

[苕] 傻。例：你晓得，不要装苕。

[咕噜子] 扒手；小偷。

[往天] 往日；从前。

[肥腪腪] 很肥胖的样子。例：吃些什么好东西？吃得肥腪腪的。

[迩] 理睬。例：不要迩他。

[标] 指男子长得俊俏。例：你男朋友长得好标。

[标直] 笔直。例：这树长得标直的。

[轻乍] 得意忘形、忘乎所以。例：老弟弟，你莫轻乍。

[点水] 告密。例：几个抢劫犯躲在涵洞里，因有人点水，警察一下就抓到了他们。

[冒] 天阴，要下雨了。例：天好冒，要落雨了。

[冒火] 生气、发脾气。例：你莫冒火，这件事一定给你处理好。

[秋娘怪] 过分打扮忸怩的女人。

[客人] 少数民族称汉人。

[客话] 少数民族称汉语。

[活哩哩] 活生生的。例：这条鱼还是活哩哩的！

[误一忘二] 办事不认真。例：你这个人做起事来总是误一忘二的。

[套头] 规律；套路。例：这事做了半天还没摸到套头。

[捞饭] 煮饭。例：我娘在屋里捞饭。

[柏头柏脑] 歪歪斜斜。例：这东西柏头柏脑的。

[捋柯] 麻烦。

[捋皮] 脱皮。例：这东西捋皮脱壳的。

[逻] 寻找。例：上山逻菌子。

[病壳壳] 身体不好，常常害病的人。

[酒坛子] 指女儿。例：他家养了个酒坛子。

[哈哈糊糊] 不想事，不在乎。例：他哈哈糊糊的，不想事。

[悭生子] 吝啬鬼。

[假口] 涩；味涩。例：这东西假口，不好吃。

[脚脚] 残余物；渣滓。例：菜吃完了，锅子里光是些脚脚。

[麻妈]、[麻麻] 姑妈；姑母。

[廊场] 地方；地点；部位。例：这个廊场很不错。

[盖一] 第一；最好的。例：这根树上结的枇杷盖一好吃。

[婆婆] 奶奶。

[婆娘] 妻子。

[婆婆客] 中年妇女。例：莫小看这些婆婆客，做事都很能干。

[寄爷] 干爹。

[逮] 吃；做；干。例：逮饭。这事，我们逮。

[嗷奥] 指小孩睡觉。例：宝宝嗷奥快睏着！

[等手] 正在。例：这事等手在做。

[象] 妄自尊大，瞧不起人。例：你莫象，有人会割你的象鼻子。

[装苕] 假装糊涂；装傻。例：你莫装苕。

[登坎] 极点；最大限度。

[跳脚] ①间改嫁。例：都三十来岁的人了，还想跳脚。②顶多。例：这东西跳脚不过百把斤。

[嗲] 父亲。

[矮坨坨] 矮而胖。例：他个子不高，矮坨坨的。

[篁] 背篓。

[满]①叔父。例：满叔。②最后的。例：满妹。

[满满]叔，叔父。

[撒……趟子]跑。例：撒飞趟子；撒豺狗趟子。例：那个人撒豺狗趟子了。

[嚼筋]爱说硬话爱争辩。例：你不要嚼筋，比你强的人多得很。

[糯米坨]性格软弱、长短不说、原则性不强。例：他是个糯米坨。

第三节 湘西方言特殊现象

一、古音现象

第一节第五目第（一）子目声母辩证中的4、5、6三个细目记述湘西州境汉语方言中“tɕ、tɕ‘、x”与“k、k‘、h”6个声母音素呈现出一一对应的变化关系。即将声母“tɕ”读成“k”，将声母“tɕ‘”变成“k‘”，将声母“x”变成“h”。例如：

（一）将“tɕ”读成“k”：

例字	普通话	湘西汉语方言
家	tɕia^{55}	kA̭^{44}
街	tɕiɛ^{55}	kai^{44}
解	tɕiɛ^{214}	kai^{44}
间	tɕiaen^{55}	kan^{44}
江	tɕiaŋ^{55}	kaŋ^{44}

湘西方言中，“家公”（即外公）的“家”读“kA^{44}”，不读“tɕia^{55}”；保靖县清水乡原名“清水江”，这个“江”读“kaŋ^{44}”，不读“tɕiaŋ^{55}”；花垣河汇入酉水的地方叫“江口”，这个“江”也读“kaŋ^{44}”，不读“tɕiaŋ^{55}”。

（二）、将“tɕ‘”读成“k‘”：

例字	普通话	湘西汉语方言
掐	tɕ‘ia^{55}	k‘A̭^{44}
卡	tɕ‘ia^{214}	k‘A̭^{51}
敲	tɕ‘iau^{55}	k‘au^{44}
壳	tɕ‘iau^{55}	k‘ɤ^{214}
去	tɕ‘y^{51}	k‘ɤ^{35}

湘西方言中，“掐脖子”的“掐”读“k‘A̭^{44}”，不读“tɕ‘ia^{55}”；花垣县长乐乡“跃马卡”村的“卡”读“k‘A^{51}”，不读“tɕ‘ia^{214}”；“敲鼓”的“敲”读“k‘au^{44}”，不读“tɕ‘iau^{55}”；“哪里去”的“去”读“k‘ɤ^{35}”，不读“tɕ‘y^{51}”。

（三）、将“ɕ”读成“x”：

例字	普通话	湘西汉语方言
瞎	ɕia^{35}	xA̭^{214}
下	ɕia^{51}	xA̭^{214}
项	ɕiaŋ^{51}	xaŋ^{31}
巷	ɕiaŋ^{51}	xaŋ^{31}
行	ɕiŋ^{35}	xaŋ^{214}
鞋	ɕiɛ^{35}	xai^{214}

湘西方言中，“瞎子”的“瞎”读“xA^{21}”，不读“ɕia^{35}”；保靖县城有个“黄泥巷”的“巷”读“xaŋ^{31}”，不读“ɕiaŋ^{51}”；“鞋子”的“鞋”读“xai^{214}”，不读“aŋiɛ^{35}”；“打一下”的“下”读“xA̭^{214}”，不读“ɕia^{51}”；“行亲走眷”的“行”读“xəŋ^{214}”，不读“ɕiŋ^{35}”。

在汉语语音的中古音时期，“k、k‘、x”和“tɕ、tɕ‘、ɕ”这一组声母中，还只有“k、k‘、x”这3个音素，“tɕ、tɕ‘、ɕ”这3个音素是中古音时期之后才分化出来的。汉语早在中古音时期之前就传入湘西地域，湘西方言保留中古时代汉语语音特征。

二、古字现象

湘西方言中，有些语音和语意难以用现代常用汉字表达，这些方言的本字在普通话里成为不常用的生僻古汉字。如：

湘西方言把煮饭时除去多余的米汤叫“逼米汤”，“逼”的本字是“滗”（读bi^{214}）。湘西州境山野中有一种茎、叶上都长满毒刺的野草，俗称“霍麻草”，“霍”的本字是“藿”（读he^{44}）；同样，有一种身上长满毒刺的虫叫“霍辣子”，“霍”的本字同样是“藿”。湘西方言将游泳时潜入水中叫“栽迷拱”，“迷拱”的本字是“沕（读mi^{22}）蛬（读kuŋ^{44}）”。湘西方言用“肥妥妥”形容肉肥厚而下垂，“妥”的本字是“䩡”（读 t ‘uo[14]）。湘西方言将用手捏住鼻子排除鼻涕叫“醒鼻涕”，“醒”的本字是“擤”（读 ɕiŋ[14]）。湘西方言将东西开裂、张开叫“咋”，“咋”的本字是“奓”（读 tʂ ‘A[44]）。

三、古义现象

湘西方言中，一些词汇还明显地保留着汉语的古义。如：

“巴”，古代泛称“火”为“巴火”，指火的温度高；湘西方言中巴水、火的温度高叫做“巴”，如：“喝口巴水”的“巴水”即“开水”；“手被巴起泡”的“巴”，即烫伤的意思。“等”，古代有“让”的意思，如“等我窦娥站立”（元·关汉卿《窦娥冤》）；湘西方言中的“等”也有“让”的意思，如“等他把话说完”中的“等”就是“让”的意思。“问”，古代有“向”的意思；湘西方言中的“问”也有“向”的意思，如“我问他要了这件东西”里的“问”就是“向”的意思。“坐”，古代有“居住”的意思；湘西方言中的“坐”也有“居住”的意思，如：久别重逢的朋友见面会问：“您现在坐在哪里?”这里的“坐”就是“居住”的意思。

四、书面语口语化现象

湘西方言中，把一些书面语变得口语化了。如：“靡”（读 mi），书面语为“没有”，口语例句：问：“吃饭了靡？”答：“靡吃。”“疢”（读 chen），书面语为“病”，口语例句：“我这个疢疾已经是老病了，就是治不好!”

五、地名土家语苗语化现象

湘西州地名中有许多都是土家语和苗语的词汇。如：土家族聚居地区很多地名都有一个土家语音译单词“湖（有溪流和田野的山间平地）”或“枯（山岗）”，如“撒珠湖”“泽家湖”“利湖”“岩湖”“桐木枯”“新祭枯”等；苗族聚居地区很多地名都有一个苗语音译单词“吉（地方）”或“排（坪、坪地）”，如“吉首”“吉卫”“排吼”“排绸”“排料”“排不道”等。这类土家语苗语化地名其构成形式有“纯土家语（或苗语）”“汉语＋土家语（或苗语）”两种形式。如：

纯土家语地名：

“里耶”，发现和发掘出3.6万枚秦简的地方。“里”土家语的意思是“拖土”，“耶”土家语的意思是“辟地”，“里耶’即“开辟土地的地方”。“泽家湖”的“泽”，土家语的意思是“水”，“家”土家语的意思是“干枯”，“湖”土家语的意思是“有溪流和田野的山间平地”，“泽家湖”，即“溪流干涸了的地方”。

纯苗语地名：

“德夯”，吉首市地质公园及苗族风情旅游风景区。“德”，苗语的意思是“小”，“夯”，苗语的意思是“巷”，“德夯”直译成汉语是“山中小巷”即“小山谷”，现在人们都叫“德夯”为“美丽的小山谷”。“排不道”的“排”苗语的意思是“坪、坪地”；“不道”苗语的意思是“南瓜”。“排不道”，因其位于高山坡上，译成汉语的大意是“盛产南瓜的高山台地”。

汉语＋土家语地名：

“岩湖”的“岩”汉语的意思是“岩石”，“岩湖”即“多岩石的有溪流和田土的山间平地”。“桐木枯”，“桐木”汉语，树木名，“枯”土家语的意思是“山岗”，“桐木枯”即“生长着桐木树的山岗”。

苗语＋汉语地名：

“吉首”，湘西自治州首府。“吉”，苗语的意思是“地方”，“首”是“所”的谐音，“吉首”原名“所里”，旧时这里设立过“卫所”，“吉首”是“吉所”的谐音，即“设立过所城的地方”。“夯沙“的“夯”，苗语，与“德夯“的”夯“同义，“沙”汉语，指水中“多沙“；“夯沙”即“溪流中多沙的山谷”。

六、状语后置现象

湘西方言中，一个重要的语法特点就是状语后置。如普通话说：“我在吃饭。”湘西方言则说：“我吃饭在。”

第四节 湘西方言俗语

一、谚语

（一）生活类

家有一老，如同一宝。

不听老人言，吃亏在眼前。
小孩靠哄，泥鳅靠捧。
朋友不怕多，冤家怕一个。
晴带雨伞，饱带饥粮。
木怕墨线弹，人怕众人嫌。
人不贪财，鬼也怕。
病从口入，祸从口出。
病人不忌嘴，跑断家人腿。
睡多得疾病，哭多坏眼睛。
一年四季勤，不入药铺门。
是药三分毒，不要随便服。
梳头洗脚，不用吃药。
锅灶净，不生病。
吃不穷，穿不穷，划算不好，一世穷。
一天省一把，三年买金马；一天省一口，十天一大斗。
是草都有露水养，是人都有路谋生。
看菜吃饭，量体裁衣。
树怕剥皮，人怕伤心。
火要空心，人要忠心。
坛子口封得到，人口封不到。
可穿朋友衣，莫恋朋友妻。
人乖不在脚上，牛乖不在角上。
儿不嫌母丑，狗不嫌家贫。
捡瓦赶天晴，读书趁年轻。
见蛇不打三分罪。
人蓬有的，狗咬丑旳。
在行在行，只在一行。
弯树服木匠，泥巴服瓦匠。
样样要，全失掉。
打蛇打七寸，捉鱼抠鱼鳃。
瓜无滚圆，人无十全。
草鞋无样，越打越像。
蓑衣遮背不遮胸，斗篷挡雨不挡风。
上回当，学回乖。
力大养一人，志大养千军。
家吵败，猪吵癞。
要得伙计长，时时算伙账。
一根稻草搓不成索，一皮篾条织不成箩。
会打三棒鼓，也要两帮人。
鼓打千锤，不如雷哼一声。
交人要交心，浇菜要浇根。
长短是个棍，大小是个情。
门里不出，门外不入。
有艺高山有吃(读 qi)的，无艺平地使傻力。
事从理上过，鞋从底上破。
要做一世伴，要把三年看。
好谷先看秧，好女先看娘。
苗怕虫咬，儿怕娘娇。
天晴不捡瓦，落雨补漏迟。
出门靠口，入乡靠友。
白拿手软，白吃嘴软。
不掀老牛下坎，不踩别人痛脚。
杀猪杀登喉，救人救登头。
要打当面鼓，莫敲背面锣。
有米无柴，煮出饭来；有柴无米，烧破锅底。

（二）农事类

天大地大，五谷最大。
一年之计在于春，一日之计在于晨。
春耕扯断犁，秋后不愁吃（读 qi）。
要吃来年饭，隔年做一半。
立春雨水到，早起晚睡觉。
吃了新年酒，家伙（农具）不离手。
惊蛰惊心，快做阳春。
十年难老一个人，一天误掉一个春。
桐树开花，忙坏千家。
种子不选好，满田长稗草。
种田无粪，瞎子无棍。
春耕加一寸，如上一瓢粪。
千把锄，万把撬，不抵老牛伸个腰。
洗脸洗耳朵，耙田耙田角。
插秧插得正，抵得上次粪。
秧多不发，瓜多不大。
只栽不管，一亩一碗。
苗里一棵草，赛过毒蛇咬。
娘肥儿胖，田肥苗壮。
田踩三道猪无糠，棉薅三道白如霜。
田里要过脚板，土里要过铁板。

要想害虫少，出尽田边草。

治虫治到无虫止，防虫防到谷进仓。

积水如积金，保水如保命。

青蛙叫，害虫跳。

养鸡养鸭，不缺钱花。

春插杨柳夏栽桑，正月栽松好时光。

夏至栽秧不得吃（读 qi），六十岁养儿不得力。

插秧如赶考，打谷如抢宝。

谷倒一箩糠，荞倒无箩装。

陡坡开荒，滨湖遭殃。

山光光，年年荒。

种树如种田，管树如管棉。

养猪无巧，栏干食饱。

栽姜养羊，本小利长。

（三）气象类

冬无三日雨，春无三日晴。

春不湿路，寒不湿衣。

正月雷打雪，二月雨未得。

二月初一晴，荞麦无收成；二月初一落，荞麦结成索。

清明要晴，谷雨要淋。

立夏不下，犁耙高挂。

早上发霞，等水开茶；晚上发霞，干死蛤蟆。

马云（彩虹）拦东，有雨不凶；马云拦西，干断河溪。

月亮长毛，干田装篆。

早晨雨，中午停；中午雨，鸡上笼（天黑）。

五月干，胀破仓；六月干，断种粮。

五月南风涨大水，六月南风干到底。

六月三泼雨，遍地是黄金。

夜晴不是好晴，夜人（盗贼）不是好人。

七晴八不晴，九里开天门。

七落八不落，九里发瓢泼。

有雨山戴帽，无雨山麻腰。

今朝不住点，明朝晒破脸。

先打雷，后下雨，当不了一场大露水。

石头出汗，有水煮饭。

蚂蚁搬家，大雨哗哗。

烟子不出屋，明天要歇工。

八月凉水到缸里。

吃了中秋粑，要把被窝加。

九月重阳，移火进房。

十月无霜，碓里无糠；十月多霜，粮食满仓。

雨夹雪，半个月。

冬寒有雨，夏寒晴。

霜重见晴天，瑞雪兆丰年。

阴霜冻死狗。

一九二九，不中揣手。

三九四九，光棍不离灶门口。

春打六九头，穷人不要愁。

七九六十三，行人把衣搬。

九九八十一，黄狗歇荫地。

二、歇后语

裁缝戴眼镜——认真（针）。

三十夜吃腊肉——有盐（言）在先。

大门口挂粪桶——臭名在外。

瓦匠婆娘——泥腥（疑心）重。

水里摸菩萨——捞（劳）神。

火烧芭茅——不死心。

叫化子进茅厕——讨屎（死）。

叫化子背不起米——自讨的。

坛子里取粑粑——十拿九稳。

鸡啄蜈蚣——逮（歹）毒。

茅厕板拣帕子——揩（开）不得口。

驼子睏楼板——两头不落实。

蚂蚁钻到磨子里——条条是道。

草帽烂边——顶好。

高坡打锣——响得宽。

巷子里赶猪——夹直。

黄瓜打大锣——大半节不斗力。

猪八戒照镜子——里外不是人。

阎王告示——尽是鬼话。

麻布绣花——底子太差。

柴棒头吹火——一巧不通。

瞎子打婆娘——松不得手。

瞎子点灯——白费蜡。

刀打（切）豆腐——二面光。

矮子上楼梯——步步高升。

哑巴吃汤丸——心里有数。

哑巴吃黄连——有苦难言。

和尚打伞——无法（发）无天。

老鼠拖葫芦——大的在后头。

三、斩言词

天长地——久（酒）。例：到我家喝天长地（酒）去吧。

见异思——迁（千）

牛头马——面。例：今天早餐吃的牛头马（面条）。

四季长——青。

四面楚——歌（哥）。

白头到——老。

回心转——意。

成千上——万。

年年有——余（鱼）。例：过年总得吃年年有（鱼）吧。

安分守——己。

安居乐——业。

低三下——四。

拨乱反——正。

闻鸡起——舞（五）。

桃红柳——绿（六）。

唉声叹——气。

爱财如——命。

接二连——三。

逼上梁——山。

摇头摆——尾。

第五节 湘西方言趣事

一、湘西是水乡泽国都市遍布的地方

一位湘西的小青年在网上结识了一位深圳姑娘。在网聊的时候，湘西小青年向深圳姑娘介绍说："我们湘西有'撒珠湖''泽家湖''别那湖''利湖''岩湖''半湖''旮湖'；还有、浦市、苗市、召市、贾市、茶市、马市。是一个山清水秀的水乡泽国、都市遍布的好地方"。深圳姑娘听了湘西小青年的介绍，信以为真，表示愿意到湘西来，和这位湘西小青年结婚。当这位深圳姑娘来到湘西后，发现这些"湖"和"市"原来只是土家语音译过来的方言地名，并非真正的"湖"和"市"。但是，她没有后悔，因为她发现湘西果然山清水秀、环境优美、空气新鲜、气候宜人，有很多旅游胜地，有很多风味独特的美食小吃，土家族、苗族群众个个热情好客，真是个居家落脚的好地方；加上网上结识的这位湘西小青年勤劳朴实，深深地爱着她。她就和这位湘西小青年结婚，成了家，在湘西创造和发展他们的事业。

二、抬颗针来

一位外地旅客到湘西某县城住旅社，放背包时不小心把上衣纽扣弄脱了。他走到服务台向服务员借针线钉纽扣。服务台的服务员朝储藏室喊："快抬颗针出来，给这位先生把扣子钉好！"旅客来湘西之前就听说湘西是个神秘的地方，听了服务员的话更觉得神秘，连一颗针也要"抬"，真不知到湘西的针有多长多大多重，更想看个稀奇，看服务员抬颗又长又大又重的针出来，如何为他钉这个小小的纽扣。一位服务员从储藏室走出来，手里拿着针线包，走到旅客面前。当旅客看到服务员从针线包里取出一颗与平常并无两样的针为自己钉纽扣的时候，心中的好奇一下就解开了，原来"抬"是湘西方言，就是"拿""取"的意思，而不是两人用肩去抬。

三、我"抱"你

一位外地女客到吉首住旅社，在服务台登记挂号拿到房卡后，正找不到房间在什么地方。一位男服务生走过来热情地打招呼说："请跟我来，我报（抱）你。"女客听了一阵紧张，心想莫非住上了黑店！但又不得不小心提防地跟在男服务生后面走。走到一个房间门口，男服务生帮助女客打开房门，然后十分礼貌地说："请女士安心休息，这里很安全！"后来这位女客才知道：吉首方言"报"是"告诉"的意思，自己不懂吉首方言，反把"报"误认为是拥抱的"抱"，受了一场虚惊。回想那次住店，其实服务员个个都是很讲文明礼貌的。

四、"乃"和"扔"

一位外地人到吉首来旅游，在峒河边散步时看到一个不懂事的小孩正想把一袋垃圾扔到河里去。这位游客正想上前劝阻，只见旁边一位戴眼镜的男子对小孩说："垃圾不应该乃到河里去污染河水，应该乃到垃圾桶里去。"这位游客看一看那位戴眼镜的男子，文质彬彬的应该是很有学问的，怎么会犯"长字读半截，宽字读半边"的错误呢，把"扔"字读成"乃"字？这位游客在吉首旅游的几天里发现吉首人几乎都把"扔"说成"乃"，他才明白这个"乃"乃是吉首方言，就是"扔"的意思。

五、马骑骡子马有味

两位泸溪人到广州采购，在一个餐馆里用餐。点了菜以后，服务员很快就把菜上上来了说："两位客人点的菜都上齐了，请用餐吧！"一位客人看了桌上的菜说："马骑骡子马有味！"说罢就打开行李包掏东西。服务员听不懂客人说的话，也不知道他在行李包里掏什么，只好问："不知道两位客人还需要什么？"另一位客人忙说："我的同事说的是方言，我们湘西人吃的辣，他看广东菜都很清淡就说'冒吃辣子冒有味'，出来时我们怕吃不惯已带了些辣椒来。"这位客人刚说完，另外那位客人已从行李包里取出一罐鲜红鲜红的剁辣椒放在桌子上。服务员看了忙说："真抱歉，下次来敝店就餐点菜时先告诉一声，一定给你们多放些辣椒，让你们吃得开心。"

六、过了接官厅儿到了衙门口儿

有外地人初到保靖问路："去衙门口怎么走？"本地人回答他："过了接官厅儿就到衙门口儿。"湘西保靖儿化音很多。地名儿化：东门口儿、西门口儿、南门口儿、北门口儿、千门口儿、杨巷儿、接官厅儿、衙门口儿。方位词儿化：这口儿、那口儿、这边儿、那边儿。人名儿化：生小孩，男孩多取名"包儿"，如老包儿、银包儿、财包儿、哭包儿、岩包儿等；女孩取名"珍""莉""莲""巧"等，但后面还要重叠一次并且儿化，如珍珍儿、莉莉儿、莲莲儿、巧巧儿；如果小孩刚生下来没有呼吸，通过抢救才有呼吸叫"闷生儿"。称谓也多儿化现象：旧时对已婚女子称"妹儿"（现已改称其名），如张妹儿、李妹儿、廖妹儿、周妹儿、王七妹儿；对父亲称"老头儿"；对叔叔称"老儿"，如"三老儿""四老儿"。

七、买个"居"（猪）脑壳

一个外地人到湘西龙山县来工作，想学一些龙山方言。一位本地人告诉他："想学龙山土话，容易。先练一练'买个居脑壳，挂在句头上，风一缺，打个卷卷'这句话，你慢慢就会讲龙山土话了。"外地人问本地人："这句话是什么意思？"本地人告诉他："这句话的意思是'买个猪脑壳，挂在柱头上，风一吹，打个转转'。"外地人听了，想一想说："明白了，只要掌握龙山方言和普通话发音时声母、韵母变化规律就会讲龙山方言了。"

八、十个老庚斩言词

有一天，湘西的十个老庚在一起玩耍。一个老庚提议玩一玩斩言词的游戏，哪个斩不出来就罚哪个喝酒。大家说好，就要大老庚出题。大老庚想了想就说："就出'中华人民共和国万岁'九个字，哪个落到最后没题目做了就罚他喝酒。"十个老庚都说："要得！"于是一个接一个报出答案："乐在其——"，"取其精——"，"志士仁——"，"执政为——"，"休戚与——"，"天地仁——"，"保家卫——"，"成千上——"。第八个老庚报出答案后，第九个老庚生怕遭罚，赶忙报出"年年岁——"。九个老庚报出的答案最后没有说出来的那个字连起来正是"中华人民共和国万岁"。九个报出答案的老庚一齐看着已无题目可做的第十个老庚，准备罚他喝酒。只见那第十个老庚不慌不忙地把右手臂伸直，再把左手的拳头放在伸直的左手臂下，做出一个"！"的形状。大家看了不约而同地鼓起掌来，一起邀进酒馆痛饮了一场。

九、鲍师傅斩言词

湘西某县城有一位姓鲍的理发匠，本名"鲍梦生"，人称"鲍师傅"。最爱斩言词，尤其喜欢用别人的姓名斩言词取笑和占便宜。有一次，遇到一位叫邓新儒的人，就用邓新儒的名字斩言词开起玩笑来，说："你这名字斩起言词来还真不错。你姓的是‘桌椅板——凳（邓）’，名字就是‘比干挖——心（新）’、‘行尸走——肉（儒，湘西方言肉、儒同音）’。”邓新儒知道鲍梦生这个人喜欢用别人的姓名斩言词取笑和占便宜。他自己觉得很聪明，但是大家对他的这个脾气并不看好。就想借这个机会教训一下他，就说：“鲍师傅，我用你的大名也斩一次言词，好吗?”鲍师傅笑了笑说：“我这个名字还没有人能斩出个不好听的言词来。”邓新儒说：“那我就试一试，你看好听不好听！你的姓是‘人民日——报（鲍，湘西方言报、鲍同音）’‘工人日——报（鲍）’‘农民日——报（鲍）’‘解放军日——报（鲍）’‘大众日——报（鲍）’，还有全国各省市日——报（鲍）。”按照湘西方言斩言词的意思去理解，这等于就是在骂娘。喜欢用别人姓名斩言词取笑和占便宜的鲍师傅自然明白这层意思，但事情是他先挑起来的，也不便发火，只是脸上青一阵白一阵的难看。还听到邓新儒说：“你的名字我也给斩个言词叫‘黄粱一——梦’‘九死一——生’。”鲍师傅的脸上更是难看，但他还说：“叫我名字的人很少，大家都叫我鲍师傅，师傅这两个字大家斩言词都斩得很好，叫‘堪为人——师’‘百万财——富（傅，湘西方言富、傅同音）’。”邓新儒说：“别人都斩得好，我再给你斩个新鲜的叫‘陈腐烂——尸（师，尸、师同音）’‘棺材——副（傅，湘西方言副、傅同音）’。”鲍师傅听了自知是平时自己爱拿别人的名字斩言词开玩笑、占便宜，这回终得报应。从此以后，鲍师傅再不敢用别人的姓名斩言词取笑和占便宜了。

第三十三篇　县市

吉首市

一、概况

吉首市地处湘西自治州南部，位于北纬 28°08′～28°29′、东经 109°30′～110°04′，是州人民政府所在地。市域与凤凰、泸溪、保靖、古丈、花垣 5 个县接壤，总面积 1078.33 平方公里。1989 年，吉首市辖 11 个乡、3 个镇、4 个街道办事处，下设 192 个建制村、27 个居委会，总人口 21.95 万人。经调整行政区划，2010 年，辖 7 个乡、5 个镇、3 个街道办事处，138 个建制村、32 个社区，总人口 29.04 万人。市域已探明有开发价值的矿藏有钒矿、磷矿、石灰石矿、大理石矿等 26 种；有金雕、白颈长尾雉等陆地野生脊椎动物 108 种，有红豆杉、银杏、柏栎树等木本科植物 73 科 336 种；有椪柑、猕猴桃、生姜、药材、烟叶等特产；有酒鬼酒、猕猴桃果王素和祛斑油、河溪香醋、乾州板鸭、民族金银饰品等名优产品。

吉首是湖南西部旅游黄金线中心。神奇秀丽的山水、底蕴深厚的民族文化、内涵丰富的人文景观形成吉首旅游的独特品位，素有“神秘湘西、魅力吉首”之誉。国家级风景名胜区德夯是云贵高原与武陵山脉相交所形成的武陵大峡谷自然风光带，被誉为“谷韵吉首”。景区内有“创四项世界第一”的湘渝高速公路矮寨特大悬索桥和全国公路奇观矮寨盘山公路，有全国落差最大的德夯流纱瀑布。乾州古城与凤凰古城一起支撑南方长城，曾有“乾州的城，凤凰的兵”之称。2003 年 10 月，乾州古城被省人民政府列入“湖南省历史文化古街区”。2005 年起，吉首连续六年被列为“全国最具投资潜力百强中小城市”。成为湖南省第一个进入优质服务方阵的少数民族县（市）。

1989 年，全市实现生产总值 3.04 亿元，其中第一产业产值 0.58 亿元、第二产业产值 1.02 亿元、第三产业产值 1.44 亿元，人均生产总值 1410 元。农民人均纯收入 416 元，职工年平均工资 1753 元（县市篇各项经济指标，均按是年价格计算，下同）。

2010 年，全市生产总值增至 71.32 亿元，其中第一产业增加值 4.14 亿元、第二产业增加值 24.24 亿元、第三产业增加值 42.94 亿元，人均生产总值 2.47 万元。吉首市民营经济发展到 11808 家。农民人均纯收入增至 3687 元，城镇居民可支配收入 1.48 万元。

二、乡镇（街道）

峒河街道　1982 年 11 月设立，位于市区北部，2006 年 1 月，吉首乡 9 个村并入，总面积 64.24 平方公里，辖 9 个社区、9 个建制村。街道驻有中央、省、州、市直国家机关和企事业单位 78 家，为全市金融、教育、物资集散中心和交通运输枢纽。2010 年，总人口 9.26 万人。

镇溪街道　位于市区中心，2006 年 1 月，由原石家冲、红旗门 2 个街道及原吉首乡 12 个村合并而成。总面积 23.73 平方公里，辖 9 个社区、2 个建制村。驻有省、州、市直国家机关和企事业单位 281 家，为全市政治、经济、文化中心和湘西州人民政府驻地。2010 年，总人口 13.72 万人。

乾州街道　位于市区南部，属低山地貌，1982 年 11 月设立。2006 年 1 月，原万溶江乡并入，总面积 57.3 平方公里，辖 10 个社区、5 个建制村。驻有中央、省、州、市直国家机关和企事业单位150家，为湘鄂渝黔四省市边区物资集散地和商贸中心。2010年，总人口5.26万人。

吉凤街道 位于吉首市与凤凰县交界处。2010年12月21日，由吉首市乾州街道双河村、兴隆社区二组，以及凤凰县竿子坪乡湾溪、木林坪、牯牛坪、捧捧坳4个村合并而成，总面积18.85平方公里。辖湾溪、牯牛坪、木林坪、捧捧坳、双河5个建制村和龙凤社区。湖南湘西经济开发区设在辖区内。总人口1.5万人。

马颈坳镇 位于市域北部，镇境地形似马，镇政府驻地溪马居于马颈之上，故名。溪马距市中心11公里。总面积91.16平方公里，辖13个建制村、1个社区，2010年，总人口1.89万人，耕地面积883.4公顷。镇内焦柳铁路和省道229纵贯南北。镇政府在团结村建金银花种植基地，开发金银花54公顷；在隘口村开发黄金茶20公顷；在团结村成立“山农果木专业合作社”，全镇先后建立椪柑、苗木、金银花等专业合作社12个。

河溪镇 位于市域东南部，因位于峒河万溶江沱江司马河诸河交汇处，故名合溪，后演变为河溪。镇域面积98.5平方公里，辖11个建制村、1个社区。镇政府驻河溪，距市中心15公里。2010年，总人口1.25万人，耕地面积746.05公顷。镇内国道319纵贯镇辖6个建制村，湘渝高速公路吉首段在镇境设互通，河溪电站水库库区386.67公顷、水路长25公里。经调整产业结构，逐步形成镇企业、椪柑、蔬菜、网箱养鱼四大支柱产业。

矮寨镇 位于市域西北部，属于中山区、喀斯特地貌。据《乾州厅志》记载：“‘鬼者’（现矮寨一带）在西五十里，即天门山，为花垣、乾州的咽喉乾州隘，苗民悬梯而上。”清末改为矮寨，因此村址于山脚，故名。镇域面积96平方公里，辖16个建制村、1个社区，镇政府驻矮寨，距市中心19公里。2010年，总人口1.57万人，耕地面积1067.4公顷。国道319、209（重复线）横穿镇域东西。镇内盛产烟叶、金秋梨、玉米、花生、油菜籽、西红柿。辖区有主跨1176米世界第一的湘渝高速公路矮寨特大悬索桥、全国落差最高的流纱瀑布和中国矮寨盘山公路奇观，是湘西州实施旅游带动战略的重点乡镇。

双塘镇 位于市域南部，属于低山丘陵区，总面积74.87平方公里。2000年4月，撤乡设镇，以镇政府驻地有小山塘两口而得名，距市中心9公里，辖13个建制村、1个社区。2010年，总人口1.35万人。耕地面积1634.27公顷。镇内经济作物以生姜、西瓜、香瓜、苎麻、椪柑、晒烟为主，形成椪柑、生姜、苎麻、瓜果四大支柱产业，种植面积1600公顷。

丹青镇 位于市域东部，属于低山红壤区，2001年11月，撤乡设镇。是吉首、古丈、泸溪三县市边区物资集散地。总面积59.6平方公里，镇政府驻丹青寨，距市中心63公里，辖7个建制村和1个社区，2010年，总人口7085人。镇内耕地560.67公顷，盛产椪柑、猕猴桃、辣椒、畜禽等产品。

社塘坡乡 位于市域西南部，属于中山区、喀斯特地貌，乡政府驻地社塘坡，位于坡脚，两侧有塘，前有天王庙，历史上列行“社祀”故名。社塘坡距市中心9公里。乡域面积86.7平方公里，辖5个建制村。2010年，总人口9678人，耕地面积533公顷。乡内形成蔬菜、畜牧、小水果、烤烟、青蒿五大支柱产业。古迹有清乾嘉苗民起义古战场遗址，旅游景区有天星湖（八月湖）。

寨阳乡 位于市域西郊，属于中低山区、喀斯特地貌。寨阳系苗语名，苗民称寨阳为“强秧”，“强”为“有名”，“秧”为“姓”，此寨为秧姓人首居，颇有名气，汉语遂译为寨阳。乡政府驻寨阳，距市中心9公里。总面积88.6平方公里，辖13个建制村，2010年，总人口11187人，耕地面积668.53公顷。国道319、209（重复线）以及峒河分别途经、流经乡境6个村。经调整产业结构，逐步形成蔬菜、果品、养殖、苗木四大支柱产业。

己略乡 位于市域西北部，属于中低山区。总面积79平方公里，耕地877公顷。己略属苗语，意为地势低洼，略为村侧有塘，以驻地村命名。乡政府驻龙舞，距市中心5公里，辖10个建制村，2010年，总人口8216人。乡内经过农业产业结构调整和经济转型，逐步形成林、果、畜、菜四大支柱产业。

白岩乡 位于市域东北部，属于中低山区，总面积72平方公里，以境内白岩洞水库命名。乡政府驻白岩，距市中心21公里，辖10个建制村，2010年，总人口1.13万人。耕地面积823公顷。乡内开发药材面积500公顷、黄金茶和蔬菜各80公顷。

太平乡 位于市域东部，属于中低山区，总面积58平方公里。据传有向姓兄弟居于溪边务农，风调雨顺，生活安定，故名太平村。乡政府驻太平，距市中心14.5公里，辖8个建制村，2010年，总人口6990人。耕地面积540公顷。是年，乡内建成规模千只的竹鼠养殖场，养殖竹鼠千余只；建有3个特色产业基地，即一个1000亩优质薄壳核桃基地、一个1000亩黄金茶基地和一个400亩的金银花基地。

排吼乡 位于市域东部，属于低山红壤区。总面积62.39平方公里，排吼系苗语，“排”为坪，“吼”为冲，因村驻溪畔坪坝，故名排吼。乡政府驻下百户，距市中心37公里，辖6个建制村，2010年，总人口6998人。耕地面积422.67公顷。乡内形成椪柑、苗木、油菜、青蒿、劳务输出五大支柱产业，采取“政府+公司+基地+农户”模式，实行产、供、销一条龙开发椪柑产业，打造“苗乡椪柑”品牌，建椪柑精品示范园34公顷，辐射周边村组67公顷。

排绸乡 位于市域东部，属于低山红壤区，总面积62.99平方公里。排绸为苗语，“排”为坪，“绸”为桑叶，该乡素以养蚕织布为习，故名。乡政府驻香花，距市中心58公里，辖10个建制村，2010年，总人口8102人，耕地面积571公顷。乡内形成椪柑、烤烟、畜牧、油菜、劳务输出五大支柱产业。

三、特色事物（事件）

（一）湖南吉首经济开发区

吉首为州、市人民政府驻地，湘鄂黔渝四省市边区重镇和经贸中心。2001年3月19日，经湖南省人民政府批准，设立吉首市乾州经济开发区。2006年2月，吉首市乾州经济开发区更名为湖南吉首经济开发区（以下简称“吉首经开区”）；吉首经开区地处市区南部乾州，四面环山，中为盆地，东至小庄村，南至湘西经济开发区，西至仙镇营，北抵鸦溪村，规划控制范围20平方公里，南距凤凰古城42公里、距贵州省铜仁大兴机场80公里，北距张家界荷花机场148公里，万溶江和�抗冲溪穿境而过，焦柳铁路和国道209纵贯南北，建成的湘渝高速公路常（德）吉（首）段和在建的吉（首）茶（洞）、吉（首）怀（化）高速公路穿越吉经开发区，以铁路、高速公路、航空为支撑的现代立体交通网络正在逐步形成。开发区规划面积8.5平方公里，按城市功能划分为4个区。行政中心区，规划面积2平方公里，以州、市行政办公区、商贸金融和房地产开发为主；南区，规划面积3.5平方公里，重点发展教育事业、文化产业、大型综合市场和配套生活设施等第三产业；东区，规划面积1.5平方公里，内有鸦溪和吉庄两个工业园，重点发展生态工业和重化工业；古城区位于吉首经开区核心部位，规划面积1.5平方公里，以保护古城风貌和开发旅游产业为主。至2010年，吉首经开区完成投资93.03亿元。其中，基础设施投资18亿元，入园企业投入59.03亿元，州、市直机关迁建和房地产投入16亿元。是年，吉首经开区总长27.2公里的世纪大道，以及建新路、荣光路、载福路、朝阳路、燕子路、乾城大道、水厂路等主次干道竣工通车，基本形成“六纵十五横”骨干道路网络。

（二）吉首峒河国家湿地公园

峒河发源于花垣县雅酉乡火焰洞，自高岩流入矮寨镇夯腊村，经寨阳乡、吉首城区，由河溪镇新建村黄莲溪注入泸溪县境，市境段长60公里，为州府吉首的“母亲河”。两岸群峰竞秀，峡谷广布，野生动植物资源丰富，田园风光秀丽，民族风情浓郁，是湘西区域性中心城市重要生态功能区。21世纪初，市政府实施“生态立市”战略，着力打造“城市之肺”“城市之肾”，建设13333公顷的环城生态圈和峒河湿地公园。2008

年冬至2009年春，投资2200万元，在交通要道、峒河两岸、城区主要街道及四周实施湘西州“八百里绿色行动”计划，绿化美化面积933公顷，城市绿化覆盖率和城区绿地率分别为32.89%和27.11%，13333公顷环城生态圈全面建成。

2009年11月上旬，国家林业局湿地保护管理中心专家组考察评估峒河湿地公园，2010年1月9日，国家林业局批准为国家湿地公园建设试点单位，成为湖南省九大湿地公园之一、湘西州首块湿地公园。吉首峒河湿地公园总面积9253.78公顷，其中湿地面积2900公顷，由宽谷河流、河漫滩涂、江心洲、草本沼泽和库塘、沟渠、水田等人工湿地复合湿地系统、森林生态系统、湘西农耕文化、民俗风情、民族文化系统组成。湿地公园景观与德夯苗族鼓舞、矮寨公路奇观、湘渝高速公路矮寨特大悬索桥、乾州古城、八仙湖景观等旅游景点形成互补，相得益彰。公园地貌总的特征是西北高、东南低，中部较平缓，以低山、中低山地貌为主。公园区内最高处高起山，海拔811米；最低点是东南部的藕丝溪口，海拔142米；一般海拔300～600米。西部和西北部可溶性碳酸盐岩类遭强烈溶蚀，形成独特孤峰、峰丛、溶洞、地下河等岩溶地貌。基本特点为山高、谷深、峰丛林立；中部岩溶丘陵蜿蜒起伏，地势较为平缓；东南部是源麻盆地一部分，地势较低。公园内水系因地质构造呈格子状，主支干流大都遵循构造方向发育，境内溪河稠密，河床狭窄，水势湍急，最大坡降为64.5%，河流长度50公里以上6条，均属沅水流域。园内主干河流为沱江、峒河，主要支流有万溶江、司马河、洽比河等，各支流从地势高的西部、北部、南部分别向中部盆地汇集流入峒河，组成复聚合状水系。公园属中亚热带山地季风湿润气候，四季分明，具有“春多寒潮，夏少酷热，秋高气爽，冬有霜雪”特点。公园位于中亚热带常绿阔叶林带，植物区系既有大量的亚热带种，又有不少热带和温带成分。规划范围内拥有集中成片的天然林，植物种类丰富，古树名木众多，从20世纪90年代到21世纪，湖南省有很多新纪录属和新纪录种在德夯区内首次发现。公园有湿地植物64科134属232种；有维管束植物1142种（包括种下等级和个别栽培植物），隶属602属、180科。其中蕨类植物25科、54属、101种；裸子植物8科、14属、16种；被子植物147科、534属、1025种（双子叶植物125科、435属、861种；单子叶植物22科、99属、164种）。种子植物分别占湖南科、属、种总数的73.81%、41.83%、21.43%。在1142种维管束植物中，有国家重点保护植物14种，其中国家一级保护植物4种，二级保护10种；中国珍稀濒危保护植物12种；另外列入国际公约保护植物名录CITES附录Ⅱ的兰科植物12种。在这些珍稀濒危保护植物中，闽楠（Phoebe bournei）在该地河溪镇海拔200～500米沟谷地带形成大面积完好群落；榉树（Zelkova schneideriana）在矮寨镇等地海拔350米的地方形成小面积群落；其他保护树种在峒河流域也有群落分布。公园有野生脊椎动物256种，其中水生脊椎动物33种（鱼类有4目11科）和陆生脊椎动物223种（两栖类18种，爬行类27种，鸟类89种，兽类33种）。公园有国家一级重点保护动物2种，即金鹏和白颈长尾雉；国家二级重点保护动物如大鲵、虎纹蛙、普通鵟、红腹锦鸡、草鸮、红隼、大灵猫、水獭等23种；公园有30种湿地类型鸟类，主要以鹭科鸟类和喜水域生境的雀形目小型鸟类为主。如白鹭、牛背鹭、池鹭、褐河乌、红尾水鸲、灰背燕尾、白额燕尾、蓝矶鸫等。

（三）吉首市人民广场

2005年初，吉首市人民政府开始筹建人民广场。选址原乾州农贸市场场址和与农贸市场相连的居民菜地洼地上，位于世纪大道、人民南路、荣光路、载福路交汇处，面对人民路，背靠世纪大道和市政大楼；东边长351米、西边长470米、南边长375米、北边长324米，面积12.3万平方米；总投资1.9亿元，由长沙建设工程集团有限责任公司和湘西武陵建筑安装公司承建。2005年1月征地拆迁，2006年6月动工建设，2007年9月竣工建成。

广场由上下两层组成，上层为广场、下层为

商务区。工程施工采用建造钢筋混凝土桩柱钢梁工艺，柱顶铺架钢筋网，浇成钢筋混凝土地面，上铺规则板石，整齐美观，广场四周与路相通。广场中部南北两侧各修一座石拱桥，跨溪流，相互对称。桥两侧石护栏雕刻民族图案，两石桥间架两座弧形平面铁桥，两铁桥跨水相望，把广场东西两部连为一体，中间形成一大空椭圆，水流其下，散步其上，可览四周美景。

广场以岷抗冲溪为界，以四桥相连，分为东西两区。东区为休闲区，西区为集会娱乐区。还有滨水区、园林区、体育健身区，以及历史文化浮雕墙等。

休闲区　从人民南路人行道上10级台阶即进入广场休闲区。该区面积2万平方米，中为花园，似铺彩毯，有“之”字形幽径，两侧铺设游道，游道两旁各立整齐对称、高5米灯柱，柱上端四方为苗鼓图案，并有两行14株西雅椰子树，一字形排列，左右对称。

集会娱乐区　从休闲广场通过弧形铁桥便进入集会娱乐区。该区面积1.7万平方米，可容纳3万多人集会或观看文艺演出。场面铺就整齐规则的板石，两侧各竖6盏铜质灯柱照明灯，柱高5米，顶端为盘状漏斗造型。该区两旁各植双行11株西雅椰子树。区场中安装四方形变色流线地灯，两端中央设平台。广场从东区到西区中间竖有双排6盏高杆强光照明灯。广场东西两旁均有通道进入商务区。

滨水区　场内岷抗冲溪及其两岸为滨水区，面积6000平方米。两岸斜坡植草被、柳树、翠竹等竹木。区内溪流北端建水坝，坝有电动开关闸门，关闸蓄水，碧波荡漾，垂柳依依，翠竹摇曳，绿草如茵，物景倒影，相映成趣。

园林区　广场西区两侧为园林公园区，面积8万平方米。区内植樟树、桂花树、黑松、罗汉松、壮杆棕等风景树40余种，地面植草被，纵横交错的鹅卵石通道和石板通道穿越其间。道旁置石凳、石桌，供游人小憩；安装拉灯、地灯，供游人夜间游场照明；各路段置造型别致、外形多样的地线音乐箱，供游人漫步欣赏。该区北侧设体育健身场，场内置骑马、劈力、蹬力、立式旋转、太极推揉、太空漫步、天梯、伸展器、单杠、双杠、高低杠、仰卧板等健身器材十余类45台（件）。

历史文化浮雕墙　集会娱乐区下层两侧人行道旁依次各砌一堵历史文化浮雕墙，墙高3米、厚0.4米，南墙长92米，北墙长35米，墙体均为浙江青石，墙面呈灰白色。浮雕图案内容分为历史文化和民俗风情两大类。南墙为历史文化浮雕，墙面刻有清末驻守天津大沽抗击八国联军、以身殉职的天津总兵罗荣光；有清代率师赴援台湾驱逐法寇、收复基隆港的陕甘总督杨岳斌；有民国时期，中国画马四杰之一的张一尊；有苗族民间传说故事等浮雕图案37幅。民族风情浮雕有苗族鼓舞、苗家拦门酒、苗族舞狮爬桌、苗乡水车、土家族姑娘哭嫁、土家族毛谷斯、民族生产、生活、房屋建筑等图案45幅。

（四）中国苗鼓王

1957年9月，吉首县已略乡27岁的苗族女鼓手龙英棠（又名龙桂香、龙成英），随湖南省歌舞团到北京，参加在中南海怀仁堂为毛泽东、刘少奇等党和国家领导人专场演出，表演苗族鼓舞。在前排就坐观看的毛泽东主席频频点头鼓掌。演出结束后，毛泽东等领导人登上舞台，与龙英棠等演员亲切握手，并合影留念。后称龙英棠为第一代苗族女鼓王。

吉首市第二代“苗族女鼓王”石顺民。她在苗族鼓舞生涯中，推陈出新，将传统苗族鼓舞与现代舞蹈艺术融为一体，逐渐形成现代苗族鼓舞。1964年，她进京表演苗族鼓舞。1978年，她以《喜迎火车穿山来》为题，表演苗族鼓舞，首次将苗族鼓舞搬上银幕。至1986年，先后进京表演苗族鼓舞4次。是年8月，她参加在乌鲁木齐举行的全国第三届少数民族运动会，表演苗族鼓舞，获鼓舞表演第一名。2009年3月12日，石顺民获中国民族民间文艺家协会鼓文化专业委员会授予的“中国苗鼓王”荣誉证书。

1994年1月，吉首市矮寨镇德夯村苗族女鼓手龙菊兰参加湖南省第三届少数民族传统体育运动会，摘取苗族鼓舞女子单人鼓舞金牌，在全国第四届、第五届少数民族运动会上分别获1枚金牌和1枚银牌。

2002年9月，吉首市矮寨镇德夯村苗族女鼓手龙菊献(龙菊兰之妹)参加“首届德夯·中国苗鼓节”比赛，被评为“中国第四届苗鼓王”。2009年3月12日，龙菊献获中国民族民间艺术家协会鼓文化专业委员会授予的“中国苗鼓王”荣誉证书。

2005年6月，矮寨镇苗族女鼓手、德夯苗族风情园民族艺术团苗鼓队队员黄娟参加“首届德夯·中国苗鼓文化节”苗族鼓舞比赛，被评为“第五届苗族鼓王”（前两名苗鼓王年龄相差很大，视为一代、二代，后三者均属同代之人，于是称之为“届”）。

苗族鼓舞是苗族人民喜欢的一项民俗活动项目。贵客来了跳“迎宾鼓”，逢年过节跳“四面鼓”，婚嫁喜庆跳“猴儿鼓”，丧事祭坛跳“老人鼓”，世代相传，日臻精湛优美。五谷丰登的金秋农历九月九日，苗族人民把这一天定为苗鼓节。苗鼓节这一天，十里八寨苗民欢聚一地，击鼓狂欢庆丰年，比鼓技，赛苗歌，播情谊。

2002年9月14—16日，州、市委，州、市人民政府在省级风景名胜区德夯举办“首届中国·德夯苗鼓节”。贵州、云南、湖南、湖北、重庆、广西等省（市、区）21支苗鼓队150名苗鼓手参加传统苗族鼓舞、集体苗族鼓舞和女子个人鼓舞比赛，交流苗族鼓舞技艺，推选出吉首市苗族女鼓手龙菊献为中国第四届苗鼓王。

2005年6月28—30日，州、市委，州、市人民政府在国家级风景名胜区、湘西重点旅游区之一德夯举办“2005德夯·中国鼓文化节”，台湾民族艺术团、广西壮族铜鼓队、云南阿佤族森、傣族象脚、基诺族太阳3支鼓队、吉林朝鲜族长鼓队、陕西安塞腰鼓队和湘鄂黔渝四省市边区县（市）苗鼓队1000多名鼓手应邀到德夯参加鼓舞表演活动。通过表演和评选，吉首市苗族女鼓手黄娟被评为“中国第五届苗鼓王”，猴儿鼓男鼓手彭英生被评为“中国第二届猴儿鼓王”，德夯民族艺术团苗族鼓舞队被评为“玛汝”（最好）苗鼓队。节日期间，德夯成立中国民族民间文艺家协会鼓文化艺术专业委员会，同时建立中国第一座“德夯鼓文化博物馆”，收集世界各民族之鼓及其相关资料入馆展示；中国民间巫傩绝技大师献艺表演巫傩绝技；举办鼓文化节论坛，以及经贸和旅游项目推介暨经贸洽谈会。

凤凰县

一、概况

凤凰县地处湘西自治州南部，位于北纬27°44′～28°19′、东经109°18′～109°48′之间。南北长66公里，东西宽50公里，总面积1744.62平方公里。县域与泸溪县、吉首市、花垣县、怀化市麻阳苗族自治县、贵州省松桃苗族自治县接壤。据《凤凰厅志》记载：“凤凰之名因山受。”在县城西50公里有一山，处于群峰之中，若鸟昂首展尾，取吉祥之意，称凤凰山，故而得名。县城沱江镇距湘西州首府吉首市50公里。2010年，县辖9个镇、15个乡，下设340个建制村、10个居委会、6个社区，户籍总人口40.09万人，其中苗族18.99万人，占总人口的47.37%；土家族7.08万人，占17.66%；汉族等其他民族14.02万人，占34.97%。境内沟壑纵横，总体地势自西北向东南呈三级台阶递降，有台地峡谷型岩溶特殊地貌，海拔最高1117米、最低170米。境内动植物资源和矿藏资源丰富，有森林树种2358种，其中国家一级保护植物4种，二级保护植物26种；野生动物199种，其中国家一级保护动物有云豹、百颈长尾雉、金钱豹、林麝4种，国家二级保护动物有穿山甲、猕猴、黑熊、小灵猫、大头猫、苏门羚、水獭、红腹角雉等32种；可供开采矿藏35种，其中汞的储量居全国第四位、铅锌储量居全省第二位。

凤凰历史文化丰厚，民族风情浓郁，自然风光秀丽。被新西兰著名作家路易·艾黎先生誉为“中国最美丽的小城”。1999 年 4 月，凤凰古城被湖南省人民政府批准为省级历史文化名城；2001 年 12 月 17 日，被国务院批准为国家级历史文化名城。凤凰旅游业快速崛起，拉动第三产业迅速发展。文化旅游产业逐步成为主导产业。随着扶贫攻坚“以工代赈”政策实施，国道、省道改扩建和县、乡、村道建设提速。凤大高速、吉怀高速公路，国道 209 和省道 308 绕城线等交通干线建设加快推进，铜仁凤凰机场改扩建工程正式启动，外通内达交通网络初步形成，区位优势较为明显。

1989 年，全县实现国内生产总值 2.9 亿元。其中，一产业 1.05 亿元，二产业 1.02 亿元，三产业 0.82 亿元；人均产值 911 元；社会消费品零售总额 1.04 亿元；财政收入 8147 万元，财政支出 6193 万元；农民人均纯收入 447 元；职工年均工资 1660 元。

2010 年，全县国内生产总值 34.35 亿元。其中，第一产业增加值 6.01 亿元，第二产业增加值 5.71 亿元，第三产业增加值 22.63 亿元；人均产值 9801 元。社会消费品零售总额 18.42 亿元；财政收入 2.44 亿元，财政支出 10.06 亿元；农民人均纯收入增至 3459 元；城镇居民可支配收入 1.12 万元。

二、乡镇

沱江镇 位于县域东南部，以沱江为镇名，为县人民政府驻地，是全县政治、经济、文化中心。镇域面积 116.7 平方公里，其中耕地面积 1241 公顷。2010 年，该镇辖 24 个建制村、6 个街道社区，总人口 5.75 万人，其中乡村人口 2.35 万人、街道社区人口 3.4 万人。镇内交通便利，国道 209 和省道 308 纵横而过，镇东 20 公里有新凤凰火车站，镇西 27 公里到达铜仁凤凰机场。境内农业以水稻、瓜果、蔬菜为主，椪柑为境内支柱产业。凤凰古城历史悠久，名胜古迹众多，自然风光优美，成为海内外游客的观光目的地。

阿拉营镇 位于县域西部，距县城 24 公里。相传镇域一田内有一对金鸭戏水，泛起水波，意为鸭浪，又说镇址驻官军一营，故合称鸭浪营，后因谐音为阿拉营。境内有黄丝桥古城等历史人文景观。全镇面积 78 平方公里，有耕地 1781 公顷。2010 年，该镇辖 26 个建制村、1 个街道居委会，人口 3.07 万。以烤烟、蔬菜、旅游、养殖、集贸为特色产业，为湖南省小城镇建设的重点镇。

廖家桥镇 位于县域西部，距县城 9 公里，以镇驻地廖家桥村得名。镇域面积 63 平方公里。有耕地 1172.4 公顷。2010 年，该镇辖 20 个建制村、1 个居委会，2 万人。境内交通便利，省道 308 横穿全境，建设中的凤大高速公路途经 5 个村，明代始建的南方长城为镇内著名旅游胜地。特色水果有柑橘、猕猴桃、柚子等，水稻生产、旅游为其支柱产业。

吉信镇 地处县域东北部，距县城 21.5 公里，吉信为苗语名。民风淳朴，人文蔚起。镇域面积 116.51 平方公里，有耕地 1633 公顷。2010 年，该镇辖 21 个建制村、1 个居委会，2.3 万人。境内国道 209 贯穿南北，为湘西州连接怀化市、贵州省铜仁地区的主要通道。全镇经济以生姜、柑橘和劳务输出为主，辅以烟叶、脐橙、板栗、猕猴桃、无公害蔬菜等产业。

木江坪镇 地处县域东部，距县城 27 公里。历史上外运木材，主要依靠沱江，满江皆木，塞江南下，江边又有大坪，故名木江坪。镇域面积 120.46 平方公里，有耕地 1070 公顷。2010 年，该镇辖 21 个建制村、1 个居委会，2.08 万人。焦柳铁路横穿镇境。有大小河流溪沟 16 条。矿藏储量品种有硅粉、铅锌、锰、天然岩石、花岗石、钒矿等。以水稻、养殖、水果、油茶为主要产业。

山江镇 位于县域西北部，距县城 20 公里，1959 年因修筑山江水库而得名。镇域面积 104.2 平方公里，有耕地 1194.22 公顷。2010 年，该镇辖 21 个建制村、1 个居委会，1.89 万人。凤腊、凤麻公路穿越全境。名贵林木有水杉、杜仲、银杏等 30 多种，林果产品有桐油、核桃、板栗等，烟叶和旅游业为该镇优势产业。

腊尔山镇 地处县域西北部，距县城 36 公里，因地处湘黔分界的腊尔山得名。腊尔山农贸市场繁荣，辐射面广，有县境第二大市场之称。镇域面积80.8平方公里，有耕地1277.3公顷。2010年，该镇辖19个建制村、1个居委会，1.87万人。农业生产以水稻为主，其次有玉米、黄豆、红薯等。以劳务输出、烟叶、高山反季节蔬菜、养殖为主要产业。

禾库镇 位于县域西北部，距县城53公里。"禾库"系苗语，意为"天坑""地洞"。很久以前，有龙遍身金鳞，口含宝物，常兴风作浪，毁坏庄稼，苗民怒甚，为降服孽龙，于龙出没处建一巨塔镇之，龙隐地下，洪水逐退，存一天坑遂名禾库。镇域面积91平方公里。有耕地865公顷。2010年，该镇辖15个建制村、1个居委会，1.53万人。镇内主要以农业为主，生产稻谷、玉米、红薯、黄豆、烤烟等。

茶田镇 位于县域西南端，距县城33公里。传说镇域世居徐姓，年荒亡去，田姓人继之，翌年徐姓人归探，田姓以茶饭盛待，徐姓为表谢意，将此地命名为茶田相赠，故名为"茶田"。全镇面积90.5平方公里。有耕地824.33公顷。2010年，该镇辖10个建制村、2个居委会，1.45万人。境内森林资源丰富，树种以松、杉为主，森林覆盖率47%。矿产资源有铅锌矿、铁矿、汞矿。农业以水稻为主，烟叶为其支柱产业，辅以梨、蔬菜等。

都里乡 位于县域西南部，距县城14公里，以乡府驻地都里村命名。有水库3座，龙塘河干渠环绕乡境，水资源丰富。乡域面积45.9平方公里。有耕地571公顷。2010年，该乡辖8个建制村，2663户1.17万人。该乡发展现代畜牧业、粮食种植和烟叶生产，乡村旅游业正在兴起。

落潮井乡 位于县域西部，距县城沱江镇30公里。相传村后田中有四泉齐喷，某年突然水落不再复出，故名落潮井。乡域面积60多平方公里。有耕地838公顷。2010年，该乡辖13个建制村，1.45万人。乡境村村通公路，省道308穿乡而过，境内有大小河流5条。有水库4座，其中龙塘河水库为县内第二大水库，总库容0.29亿立方米，灌溉面积4705公顷，受益12个乡（镇）78个村。以水稻、烟叶、猕猴桃为主要产业。

竿子坪乡 位于县域东北部，距州府吉首8公里，素有凤凰"北大门"之称。乡域面积31平方公里。有耕地468公顷。2010年，该乡辖12个建制村，人口1万人。该乡交通便利，国道209纵贯南北，焦柳铁路过境两个村，公路实现村村通。农业形成"瓜—稻—菜""菜—稻—菜"特色，并实行"公司＋协会＋农户"模式。以柑橘、生姜、蔬菜为主要产业。

三拱桥乡 位于县域东北部，距县城35公里。传说清朝时有一孤孀上山采樵，拾金一块，无后人可遗，遂捐为桥资，桥既竣，含三拱，故名。乡域面积77平方公里，有耕地848公顷。2010年，该乡辖16个建制村，1.5万人。境内水资源丰富，农业以水稻、蔬菜、油菜种植为主。随着吉凤经济开发区的发展，一批企业落户乡境，主要有氧气厂、氢气厂、飞精石灰厂等。

官庄乡 位于县域东部，沱江河中游，距县城12公里。乡域面积75平方公里。有耕地516公顷，下辖10个建制村，总人口1.13万人。境内沱江流域相对平坦，主产水稻、油菜，以柑橘等水果为支柱产业。全乡森林覆盖率62%，退耕还林面积1120公顷。大湾村为新农村建设示范村。

千工坪乡 地处县域中部，距县城15公里。乡域面积62平方公里。有耕地883公顷。2010年，该乡辖15个建制村，总人口1.38万人。境内交通便利，凤腊公路与吉山公路交叉过境，全乡通车里程46.5公里。天坑溶洞甚多，系典型的喀斯特地貌。粮食作物以水稻、玉米和红薯为主，随着农业产业结构的调整，水果、蔬菜和烟叶三大基地基本建成。

木里乡 地处县域中北部，距县城23公里。传说此地古时林木参天，寨子藏于密林之中，故名木林寨，后演变为木里。乡域面积48平方公里。有耕地764公顷。2010年，下辖9个建制村，1.12万人。境内交通便利，吉千公路横穿全乡，国道209过境3.5公里。粮食作物以水稻、玉米和红薯为主，经济作物有油菜、烤烟、水果，蛋鸡养殖业形成规模。

麻冲乡　位于县域西部，距县城38公里。据传苗族麻姓人最先在此定居，因地势坑坑洼洼，故名麻冲。乡域面积53.2平方公里。有耕地675公顷。2010年，下辖16个建制村，1.16万人。该乡有林地面积200多公顷，森林覆盖率32%。粮食作物以水稻、红薯、玉米为主，山地开发发展较快，经济作物主要有烟叶等。以种植、养殖、劳务输出为主要产业。

两林乡　位于县域西北部，距县城46公里。"两林"系苗语，意指此地盛产图饶（板栗）和图畜（马尾松），乡名即取两林之意。乡域面积53.2平方公里。有耕地1167公顷。2010年，下辖14个建制村，1.26万人，境内交通便利，各村公路全部贯通。水资源丰富，主要河流有两岔河、高果河，并有中小型水库6座。粮食作物主要有水稻、玉米、大豆、红薯等。烟叶、猕猴桃形成支柱产业。

柳薄乡　位于县域北部，距县城59公里。柳薄系苗语，柳为"水井"，薄为"稀奇动物"，意为水井内有一稀奇动物，故名。乡域面积46.2平方公里，耕地面积768公顷。2010年，该乡辖11个建制村，0.82万人。境内为湘西黄牛主产地，并实施"湘西黄牛提纯复壮"项目，烟叶成为支柱产业。传统苗族银饰加工为境内一大特色。

米良乡　地处县域北部，距县城67公里。乡政府驻地村前有一片农田，周围青山环绕，风景秀丽，苗语称之米良，故名。乡域面积41.93平方公里。有耕地377公顷。2010年，下辖6个建制村，0.52万人。境内粮食作物主要有水稻、玉米、大豆、红薯等，烟叶种植成为支柱产业。

茨岩乡　地处县域西南部，距县城26公里，因乡政府驻地茨岩村而得名。乡域面积52平方公里。有耕地751公顷。2010年，下辖10个建制村，1.23万人。境内物产丰富，药材种类繁多，椪柑、枇杷、柚、猕猴桃、李、葡萄均有规模种植。矿产资源有铅、锌、汞等。

水打田乡　位于县域东南部，距县城17公里。有民谣称："春季发大水，平地遭水淹，冲坏田土禾受灾，黄砂怪石把人难"。乡名由此而得。乡域面积91平方公里。有耕地558公顷。2010年，下辖9个建制村，1.21万人。该乡农作物以椪柑、水稻、红薯、玉米、土豆为主。森林资源丰富，林业用地7234.4公顷，森林覆盖率71.26%。为县境"椪柑之乡""林业之乡""茶灯艺术之乡"。

新场乡　位于县域西南部，距县城20公里，因乡政府驻地新场村而得名。乡域面积52.36平方公里，耕地面积883公顷。2010年，下辖10个建制村，1.37万人。境内村村通公路，总里程120余公里。林业用地面积3000余公顷，森林覆盖率58%，木材蓄积量5万余立方米。主要经济林有油桐、漆树，果木树有核桃、板栗等。以水稻、烤烟、蔬菜、养殖为主要产业。

林峰乡　位于县域西南部，距县城25公里。因境内森林繁茂，山峰林立，故名。乡域面积73.5平方公里。有耕地879公顷。2010年，下辖8个建制村，1.23万人。乡境林场9个，林地面积451.06公顷；有旅游景点景区4处，年旅游业收入150多万元。以水稻、柑橘、油菜、猕猴桃、枣、蔬菜以及林业等为主要产业。

三、特色事物(事件)

(一) 中国南方长城

中国南方长城，又称苗疆边墙，是明清统治者"开疆辟土"和镇抚苗民的产物。南方长城始建于明朝万历四十三年（1615），竣工于明熹天启二年（1622）。由分守湖北管带辰沅兵备道参政蔡复一上书朝廷，奏请在肖授的"二十四堡"和张岳的"凡十有三"哨所的基础上筑建苗疆边墙。前后花费八年时间修建而成，全长190余公里，耗白银四万三千两。整个工程分两期完成，第一期于明朝万历四十三年动工修建至次年停工，全长160公里；第二期于明朝天启二年动工修建，长30公里，两期工程总长190余公里。明朝末年，湘西又起战事，苗民揭竿造反，摧毁苗疆边墙。清乾隆六十年（1795），乾嘉苗民起义暴发，清王朝在镇压起义同时，在边墙旧址修筑新防线。清嘉庆二年（1797），凤凰厅同知傅鼐向朝廷请奏，在凤凰境内沿明代遗址修复边墙，后延至乾州、永绥、保靖、古丈坪四厅县。形成一条由1176座（其中凤凰境内848座）汛堡、碉楼、屯卡、哨台、炮台、关门、关厢组成的边卡防御体系。南方长城西南起自与贵州铜仁接界的凤凰县阿拉营镇亭子关，东北方向贯穿凤凰，过乾州至吉首的喜鹊营，逶迤190余公里。2000年4月20日，国家文物局古建筑专家组组长、中国长城学会副会长，国家历史文化名城专家委员会副主任罗哲文教授带领考察队考察，登上“边墙”永兴坪遗址——全胜营（又名全石营）查看。经实地考察，苗疆边墙尚有土、石或土石混合边墙85段13185米，各类遗存506处。经过科学论证，认定“苗疆边墙”就是中国南方长城，与北方长城一起载入史册。2000年8月21日，“中华炎黄圣火”在边墙永兴坪段点燃。2001年，凤凰县委、县政府决定修复南方长城永兴坪段。是年2月下旬，工程正式动工，全部采用青石精雕细钻砌筑，用2个月时间，花工12万个，投资800余万元，修复长城1.78公里、石碉8个，炮台16座、堞垛780多个、动土石4.2万立方米。在21世纪的第一个“五一黄金周”对中外游客开放。2003年初，又保护性修复2.5公里。所有石材长短、大小、厚薄不一，砌筑技艺讲究，墙体一律按原苗疆边墙修复，“修旧如旧”。竣工后的墙体，不仅坚固，而且有很高的工艺和观赏价值。这里还有世界最大的围棋棋盘，每两年举行一次中韩围棋邀请大赛。如今，中国南方长城不再是“御苗”的工事，而是作为历史文化遗产加以修复、保护和开发，国内外游客纷至沓来，领略南方长城风采。

（二）凤凰古城申报国家历史文化名城

凤凰，历史悠久，地灵人杰，被誉为“中国最美的小城”，有秀美的山水风光、浓郁的民族风情和厚重的文化底蕴，孕育出郑国鸿、熊希龄、沈从文、黄永玉等大批名人。凤凰历史文化遗存丰厚，1986年10月全县文物普查发现，各种文物古迹1650处，有1300多年历史的凤凰古城，有全国保存完好的古石城之一的黄丝桥古城，有逶迤全境的湘西苗疆边墙等军事防御体系遗址，有错落有致的沱江吊脚楼，有明清特色民居古建筑，有众多的祠堂庙宇、亭台楼阁等。2006年，沈从文故居、凤凰古城堡被列为全国重点文物保护单位。

1997年5月，国家烟草行业实施“限产压库”政策，将凤凰雪茄烟厂纳入“关、停、并、转”之列。同年7—8月，县委书记陈久经、县长熊福等一班人审时度势，果敢决策，实施二次创业大讨论，瞩目旅游发展。10—11月，中共凤凰县第八次代表大会和凤凰县第十三届人民代表大会相继召开，提出“旅游带动”发展战略。第八届县委的决定在第九届、第十届、第十一届县委得到顺利实施，并不断充实和完善。1998年年底，县委、县政府根据全省文化（文物）工作会议精神，作出申报历史文化名城的决定，并成立由县委副书记周祥辉、副县长张永中具体负责的申报班子，这个决定与旅游发展相得益彰。

1999年4月19日，凤凰古城成功申报湖南省历史文化名城，接着开始申报国家历史文化名城。申报组成员先后赴北京、承德学习申报经验，到文物、建设部门汇报工作，拜访古建筑及文物保护专家。9月，县长等一行9人赴江苏、浙江、安徽、云南、四川等地考察名城古镇，学习名城及文物保护管理经验。2000年3月，县委、县政府组成“凤凰县申报国家历史文化名城赴京汇报小组”，走访建设部、国家文物局等部门的领导、专家和在京参加“两会”的省州领导以及凤凰籍知名人士，向湖南省文物局和省建委汇报赴京活动情况。6月，凤凰县成立旅游产业开发领导小组，加强对名城申报、古城整治和旅游产业开发的领导。8月，县政府向省建设厅、文化厅递交《凤凰古城申报为国家级历史文化名城的请示》。随即，申报组成员再次赴京正式提出将凤凰县列为国家历史文化名城和中国南方长城——湘西边墙列为国家级重点文物保护单位的请示。

围绕申报工作和旅游开发，凤凰县组织举办“中华炎黄圣火采集仪式”、中韩围棋邀请赛、南北长城登高互动活动、“中国·凤凰四月八民族艺术节”“湘西从文文化节”“地图——寻找消失中的根籁”谭盾大型水上音乐晚会、凤凰天下美群星演唱会、天下“凤凰”聚凤凰等一系列大型宣传活动。同时，根据建设、文物等部门意见，完善《凤凰县城总体规划》和《凤凰古城保护规划》文本，出台《关于加强古城保护若干规定》和《凤凰古城保护综合整治实施办法》，编制《凤凰历史文化名城保护规划》等。根据国家历史文化名城的条件和国务院办公厅就凤凰申报国家历史文化名城做出“先整治后公布”的要求，全面持续整治和保护凤凰古城。1999—2001 年，筹集整治资金 6130 万元，铺砌古城区红石板街道 9 公里、改造 17 条下水道、沿街“三线一管”（电源线、电话线、电视广播线、自来水管）入地，整修 1 公里多的沱江河岸及码头，埋设排污管道 3 公里，整治不协调建筑 997 栋（处）。按照“修旧如旧”原则，修复虹桥、古城墙、城门、北门码头及跳岩、杨家祠堂、熊希龄故居、南方长城（全石营段）大批文物古迹等，美化、净化、亮化凤凰古城。

凤凰国家历史文化名城的申报工作，凝聚着各级各部门和社会各界的关心和支持。据统计，1978—2001 年，党和国家领导人 21 人次视察凤凰。尤其是 2001 年 4 月 8 日朱镕基总理临时提议视察凤凰，提出古城保护意见，之后在一次国务院部门会议间歇，专门嘱咐建设部负责同志派人指导凤凰历史文化名城申报工作。全国人大常委会副委员长李铁映三次听取凤凰县国家历史文化名城申报工作汇报。省、州将凤凰县申报国家历史文化名城作为一项重要工作明确专人专抓。2000 年 8 月 29 日，省长储波接到申报请示当即签发，当天印发向国务院办公厅上报的《关于将凤凰县列为国家级历史文化名城的请示》文件。2001 年 6 月 13 日，湘西州凤凰历史文化名城工作领导小组成立，加强申报工作的领导。省、州领导经常前往凤凰指导古城整治工作。中央、省、州建设及文物部门领导和专家给予了精心指导，同时也倾注了画家黄永玉等对家乡的关爱之情。2001 年 12 月 17 日，国务院印发国函〔2001〕167 号文件，同意将湖南省凤凰县列为国家历史文化名城。

凤凰成功申报国家历史文化名城，给凤凰经济发展注入新的活力。10 年间，凤凰县抢抓机遇，始终坚持和完善“一业带三化”的县域特色经济发展思路，被评为首批“中国旅游强县”“全省旅游产业发展先进县”“省级卫生县城”“国家级风景名胜区”“全省特色县域经济重点县”“省经济发展快进县”“中国最佳休闲小城”“中国最宜居城镇”，凤凰古城、奇梁洞、南华山神凤文化景区成功创建成为国家 AAAA 级景区。2010 年，全县接待中外游客 520 万人次，实现旅游收入 30.02 亿元，其中门票收入 1.51 亿元，分别为 2001 年的 9.1 倍、40.4 倍、91.5 倍；全县国民生产总值 34.35 万元，为 2001 年的 4.1 倍，三产业比重由 2001 年的 30.02∶27.04∶42.94，调整为 17.51∶16.63∶65.86。古城文化旅游成为全县主导产业、湘西州旅游龙头、湖南旅游窗口和中国旅游名片。

（三）凤凰雪茄烟厂发展与关停

1979 年，凤凰县委、县政府确定“突出两烟、搞活全盘”的经济发展战略，经过科学论证，决定创办高利税企业。1980 年 5 月，建成凤凰县雪茄烟厂，并生产卷烟 399 大箱，实现工业产值 25 万元，销售收入 6.3 万元，税收 4 万元，安置就业 116 人。经几年扩建改造，1983 年被纳入国家计划内卷烟生产企业，定名为凤凰雪茄烟厂。1984 年 4 月，被列入湘西州 24 家重点企业之一，1985 年 1 月上划湖南省烟草公司管理，是月，永顺卷烟厂更名为凤凰雪茄烟厂灵溪车间。1989 年，进入全省卷烟企业第五位。1990 年 1 月，乾州卷烟厂并入凤凰烟厂，更名为凤凰雪茄烟厂乾州分厂。

1990 年，凤凰雪茄烟厂成为省、州重点骨干企业，同时成为州、县财政收入的主要来源。是年，凤凰县继 1983 年成为全州唯一一个财政上缴县后，财政收入实现 10064.4 万元，首次突破亿元大关，居全省 99 个县（市、区）第五位，创造出“凤凰模式”。1987—1992 年，烟厂先后投资 1.1 亿元实现易地搬迁，并引进先进设备和技术，改进生产工艺，调整产品结构，逐渐发展到鼎盛时期。1996 年，生产卷烟 12.2 万大箱，实现产值 2.54 亿元，销售收入 2.617 亿元，上缴税收 1.18

亿元，固定资产2.9亿元，职工1896人。该厂获得“全省100家最大工业企业”“全省50家最佳经济效益企业”“中国500家最佳经济效益企业”等荣誉称号。然而，国家烟草行业于1997年6月开始实行“限产压库”政策；12月，烟厂解除职工劳动合同818人。1998年4月，国家烟草专卖局下发国烟〔1998〕126号文件，将凤凰雪茄烟厂纳入“关、停、并、转”企业。根据湘政办函〔1997〕113号文件和省政府“7·15”会议精神，凤凰雪茄烟厂生产指标由白沙烟厂买断，1997年买断5.5万大箱，当年烟厂完成税收3758万元，全县财政收入由上年14462万元减至7280万元，比上年下降49.7%。1998—2001年每年买断8万大箱，基本处于半停产状态。1999年，全县财政收入2171万元，比1997年再降70.18%，人均仅59.37元，回到1984年水平，全县经济跌入底谷。2001年4月，县委、县政府对凤凰雪茄烟厂全面关停和职工安置作具体安排。2002年1月，凤凰雪茄烟厂停止生产，设备和原辅材料封存。4月，凤凰雪茄烟厂关停工作领导小组进驻烟厂，12月，职工解除劳动关系780人，解除劳动关系职工，给予一次性安置经济补偿。同时完成清算债务、处置设备、处理遗留问题等关停相关工作。

凤凰雪茄烟厂从1980年建立至1996年累计完成税收12.3亿元，1997年开始限产到2001年关停，长沙烟厂买断指标返还州县财政和该烟厂各项补偿共75552万元，其中“两税”基数返还53334万元，城建税和教育附加补助3468万元，买断指标补偿18750万元。2002年，省政府决定继续返还各项补贴3年。从2005年起，各项返还补贴纳入转移支付基数。凤凰雪茄烟厂的发展壮大，为该县20世纪80年代在全国、全省率先推行的取消生猪、粮食统派购任务、放开粮食价格等农村经济体制改革提供财力支撑，并带动印刷、包装等相关产业发展，形成“农民靠烟富、工业靠烟兴、财政靠烟税”的格局，推动全县90年代全方位改革开放和社会各项事业的振兴，为21世纪全县经济转型升级打下坚实基础。

泸溪县

一、概况

泸溪县地处湘西自治州东南部，是湘西州的“南大门”。位于北纬27° 54′ ~28° 28′、东经109° 40′ ~110° 14′。县境与吉首市、凤凰县、古丈县，怀化市沅陵县、辰溪县、麻阳苗族自治县接壤，东西宽79.5公里，南北长104公里，总面积1566平方公里。县城白沙镇距湘西州首府吉首市64公里。2010年，县辖8个镇、7个乡，下设150个建制村（社区），总人口30.67万人，其中苗族、土家族、瑶族、回族等19个少数民族17.6万人，占总人口的57.38%。县境处于武陵山脉和雪峰山脉过渡地带，境内有大小山头2700多座，一般海拔300~500米，最高海拔为县域西南部的巴斗山主峰884.3米，最低点为武溪镇东北大龙溪出口，海拔97.1米。矿藏有45种，其中探明储量的有24种。有开采价值的金属矿藏13种，主要有金（含砂金）、铝、铁、铅锌、硫铁等；非金属矿藏17种，主要有磷、硅石、石灰石、菊花石、金刚石、白云石、石煤、莫来石等。在各种矿藏中，曾经开采和正在开采的有18种。境内旅游资源有沅水风光带，被湖南省人民政府列为省级风景名胜区；新城白沙被誉为“中国最年轻的氧吧县城”，浦市古镇获国家级历史文化名镇称号。1989年，全县实现生产总值1.81亿元。其中，第一产业总产值0.68亿元，第二产业总产值0.59亿元，第三产业总产值0.54亿元，人均生产总值772元。社会消费品零售总额7694万元。财政收入1180万元，财政支出2185万元。农民人均纯收入323元，全部职工年均工资1731元。

1986年，五强溪水电站建设列入国家“七五”计划，泸溪县属五强溪水库淹没区，县城整体搬迁。1995年3月，县委、县政府正式搬迁至新县城白沙镇，机关、企事业单位等随之陆续迁入白沙镇。全县有公路38条，总长433.9公里。其中，国道60.25公里，县道158.7公里，乡道（含少量通村公路）215.6公里。

2010年，全县生产总值37.12亿元。其中，第一产业增加值4.98亿元，第二产业增加值22.74亿元，第三产业增加值9.40亿元，人均生产总值13518元。社会消费品零售总额6.82亿元。财政收入3.05亿元，财政支出10.41亿元。农民人均纯收入3143元，城镇居民人均可支配收入10669元。是年，泸溪县获得全国卫生县城、全国平安畅通县，全省社会治安综合治理先进县、新型工业化先进单位、义务教育均衡发展先进县等荣誉称号。

二、乡镇

白沙镇　修建五强溪水电站，泸溪县城武溪镇属淹没区需搬迁。新县城选址上堡乡白沙村。1989年10月，白沙新城建设启动。1994年6月29日，白沙镇正式建立并挂牌。1995年3月28日，县城迁址白沙，白沙镇成为泸溪县新县城。2005年，行政区划调整，白沙镇面积59.8平方公里，耕地556.82公顷，下辖5个社区、3个建制村，2010年，总人口3.2万人。全镇工业企业25家，其中规模以上企业7家，工业产值1.8亿元。

武溪镇　位于县境东北部，1989年为县人民政府所在地。1995年因镇中心属五强溪电站水库淹没区，县直机关迁出镇区，为县域建制镇。该镇为历代县（郡）所在地，并因镇南有武溪而得名。2010年，镇域面积96.9平方公里，耕地面积781公顷，下辖2个社区10个建制村，总人口2.28万人。镇内以椪柑、蔬菜、水产品为支柱产业。

浦市镇　位于县境东南部，距县城白沙23公里，为湘西四大名镇之一。宋时设浦口千户所，明代此地生意兴隆，故名浦市。镇域面积237平方公里，下辖4个社区、24个建制村，总人口6.2万人。镇内以农业生产为主，有中型水库1座。矿产资源主要有石煤、磷矿石、铝土矿、菊花石、硅石等，工业基础较好。1999年被评为湘西州经济“十强乡镇”之一。2010年，该镇获中国历史文化名镇称号。

达岚镇　位于县境西南，距县城白沙35公里。传说湘西天王庙（白帝宫）有罗姓三兄弟（吉首雅溪人）因平叛有功，为奸臣所忌，酒中暗下毒药，兄弟酒后行至此地头已耷拉不起，故名，后演变为达岚坪。2010年，镇域面积106.25平方公里，耕地面积396公顷，下辖7个建制村、1个社区，总人口1.7万人。全镇以农业生产为主，粮食产量稳定在5600吨左右。2010年，烤烟、椪柑和“双低”油菜为其特色支柱产业。

合水镇　位于县境南部，距县城48公里。境内有两条小溪，在合水村汇合，故名。全镇以农业为主，油茶和红薯是特色产业。踏虎凿花剪纸工艺长盛不衰，作品享誉湘黔渝边区乡村，2008年，被列入国家第二批非物质文化遗产保护名录；合水镇被文化部授予中国民间文化艺术之乡称号。2010年，镇域总面积132.7平方公里，耕地面积1111公顷，下辖1个社区、11个建制村，总人口2.73万人。

兴隆场镇　位于县境西南部，距县城66公里。相传清末此地开设墟场，生意兴隆，故名兴隆场。镇内经济以农业为主，椪柑、辣椒为其支柱产业。2010年，镇域面积86.9平方公里，耕地面积916公顷。下辖1个社区、10个建制村，总人口2.022万人。

潭溪镇　位于县境西北部，距县城40公里。镇政府驻地对岸丹青河流入武水，溪口有一深潭，故名。2010年，镇域面积143.8平方公里，耕地面积880公顷，辖1个社区、11个建制村，总人口1.83万人。镇内经济以农业为主，椪柑为其支柱产业。

洗溪镇　位于县境中部，距县城21公里。相传洗溪与武水汇合处有一大码头，人们都在此洗涤衣物，故名洗溪。境内矿产资源有磷矿、钾矿、石英石、白云石等。农业在稳定粮食生产的基础上，发展以椪柑为主的特色支柱产业。镇内有工业企业16家，工业总产值3000余万元。2010年，镇域面积128平方公里，耕地面积620公顷，下辖1个社区、8个建制村，总人口1.32万人。

石榴坪乡 地处县境南端，距县城45公里。辰水支流太平溪从北向南纵横全境，沿溪地势平坦，乡政府驻地原有石榴树一株，故名石榴坪。全乡粮食作物种植主要有水稻、红薯、玉米等，经济作物有辣椒、花生、烤烟和油菜等；椪柑种植面积70公顷，产量1100吨。2010年，镇域面积55.3平方公里，耕地面积687公顷，辖11个建制村，总人口1.56万人。

永兴场乡 位于县境西南部，距县城61公里。早在宋代，墟场设在上广村，因交通不便，贸易萧条，后墟场迁入永兴场，墟场兴隆，日赶集上万人，永兴场因此得名。1992年，该乡粮食作物种植有水稻、玉米等，经济作物种植有辣椒、椪柑等；养殖业有生猪、山羊等。2010年，乡域面积65.5平方公里，耕地面积528公顷，辖6个建制村，总人口1.35万人。

解放岩乡 位于县境西南部，距县城77公里。解放前此地名“狗爬岩”，因河岸有一段悬崖峭壁，路人需爬行而过，故名“狗爬岩”，因其名不雅，于1950年更名为解放岩。该乡粮食作物种植有水稻、玉米等，经济作物有晒烟、芝麻、油菜、烤烟、椪柑、生姜等。乡内梯级开发水能资源，建民营小水电站5座，装机容量4240千瓦，产值420万元，上缴税收27万元。2010年，乡域面积87.4平方公里，耕地面积625公顷，辖12个建制村，总人口1.34万人。

小章乡 位于县境西部，距县城53公里。据传明末湘西动乱时期，有章（张）氏兄弟逃难到此，后兄去，弟落户，故名小章。境内粮食作物主要有水稻、玉米等，粮食产量2480吨。椪柑种植面积450公顷，产量1600多吨。开发药材基地28公顷、布朗李基地28公顷。2010年，乡域面积69.1平方公里，耕地面积548公顷，辖7个建制村，总人口1.23万人。

白羊溪乡 地处县境中部，距县城33公里。相传很久以前，村后溪岸有一洞穴，常有白羊出没，故名白羊溪。该乡椪柑种植1120公顷，产量13850吨，人均椪柑收入1000余元。2010年，乡域面积92.4平方公里，耕地面积6285公顷，辖8个建制村，总人口1.11万人。

八什坪乡 位于县境北部，距县城48公里。传说此地有一乡人在外经商，夸耀家乡富饶，从沅陵至家址，共有大小坪地八十块。故称“八十坪”，后沿用该名称。该乡农产品主要有水稻、玉米、黄豆、油菜籽、芝麻、板栗、椪柑等。林地面积2700公顷，有一块县境唯一的原始次森林，面积33公顷；全乡木材积蓄量3.5万立方米。2010年，乡域面积91平方公里，耕地面积586.7公顷。辖7个建制村，总人口1.12万人。

梁家潭乡 位于县境北部，距县城37公里。据传古代有一梁姓人家在该地深潭边落户，故名。全乡粮食作物以水稻为主，黄豆、绿豆、红薯、玉米为辅。水果生产以椪柑为主，种植面积1000余公顷，产量8500吨，品质优良。该乡民族文化底蕴深厚，民族节日有“三月三”“六月六”“九月九”，节日期间对歌、跳舞、舞狮等。2010年，乡域面积88平方公里，耕地面积760公顷，有林地面积4200公顷，草地面积1900公顷。辖9个建制村，总人口1.2万人。

三、特色事物（事件）

（一）盘瓠文化

盘瓠文化是一个关于南方少数民族始祖传说的神话故事，泸溪县境流传着关于盘瓠与辛女的神话。古时候，高辛“王”与犬戎国交战，屡战不胜。高辛“王”遂颁旨：“谁能取得吴将军的首级，把辛女嫁给他，赏金封地”。文武百官都不敢应战。谁知三天后，有一只色彩斑斓的神犬，衔吴将军首级伏于殿上。神犬就是盘瓠。高辛“王”心想是神犬立功，便生赖婚之意，只肯给盘瓠金银，不肯下嫁公主。辛女却誓死要兑现诺言，下嫁盘瓠。……盘瓠和辛女冲破重重阻挠，来到南方蛮荒之地，开疆辟土，生下六男六女。后来，高辛“王”曾派人寻找女儿，因山地毒邪之气甚重，人不得进。盘瓠死后，辛女带领儿女们回到京都见外公。但高辛“王”的外甥们过惯山野生活，吵着要回南方。高辛“王”只得打发车床、铜马、陶器、五谷种子等物资给辛女。辛女回来后，绝壁下深潭里一条白龙，欺辛女寡居，想调戏辛女，被辛女一巴掌打死在绝壁上。至今绝壁上还隐隐可见一条白龙影子。辛女死后，人们感谢她传授织布、种植水稻技术，建庙宇敬奉她。同时，盖殿堂敬盘瓠，称辛女为“娘娘”，称盘瓠为“公公”。盘瓠和辛女传说由来已久，这是一个发源于南方的关于苗、瑶、畲等少数民族始祖传说，至今还流传在中国南方各省乃至东南亚一带。泸溪沅水两岸至今还保留有众多与盘瓠相关文化传说的遗存，人们把打杀盘瓠的地方叫引狗冲、打狗坡、擢狗坨、流狗滩；把与辛女有关的地方叫辛女溪、辛女桥、辛女宫、辛女祠、辛女庵。有盘瓠庙等盘瓠文化遗存。并由此衍生出跳香、祭辛女的祭祀活动。1990年10月20—23日，经中共中央宣传部批准，由中国民间文艺家协会等6单位联合举办的全国首届盘瓠文化学术研讨会在泸溪县武溪镇召开，泸溪作为盘瓠文化发源地的地位得以确立。2009年农历七月二十五日，盘瓠子孙沅水瓦乡村落甲腊坪人邀请瓦乡家族举办公祭盘瓠大典。2010年农历七月二十五日，盘瓠公祭大典再次在瓦乡村落甲腊坪举行，庆典活动规模宏大，参加庆典上千人。是年，盘瓠与辛女神话故事传说成功列入国家级非物质文化遗产名录。

（二）辰河高腔

辰河高腔产生于浦市镇，因流传于古辰州府所辖沅水中游一带，因而得名。明初，江西大批移民迁至浦市，同时，江西地方戏曲弋阳腔随之传入浦市。辰河高腔以弋阳腔为基础，结合当地民间小调，宗教音乐，放排号子和山歌等民间音乐发展而成为艺术风格独特的大型地方剧种。其发展过程经历围鼓坐唱的初始期，矮台（木偶）演唱发展期和高台演唱成熟期三个阶段。辰河高腔属曲牌体音乐，现在有音乐曲牌300多个，整体剧本除48本目连戏以外有200多个。唱腔优美动听，以婉转轻曼见长。唢呐为主奏乐器，清雍正年间，加进笛子伴奏，打击乐有大堂鼓，大锣、钗、小锣以及锞子和云板。清《湖南通志》载：“浦市产高腔、虽三岁童孩亦知曲唱。”

辰河高腔形成时，周边的沅陵、辰溪、溆浦等县均有人到浦市学戏，学成后，回本地教唱。因地域的原因，逐渐形成上词、中词、下词三大流派。但各流派均以浦市的“浦腔浦调”为正宗。浦市高腔擅演“目连戏”，并将目连戏作为“母戏”。《目连戏》的故事，源于西晋竺法护译的《佛说盂兰盆经》经文，经文讲述的是目连得知母亲在阴间受苦，向佛祖讨教解救的办法。佛祖说凭你一个人的力量是办不到的，需在七月十五盂兰盆会上，以美味佳肴招待各方自恣僧，以众人的法力解救母亲……此后，至中唐时，目连救母的故事编得诡秘神奇；至宋代目连救母的故事情节变得更加复杂和曲折，七月十五也变成鬼节。同时，目连杂剧也在盂兰盆会法事活动中搭台演出。明代，郑之珍的剧本《目连传》问世，为正在发展中的辰河戏提供拓展的舞台；明崇祯四年（1631），浦市的浦兴古寺前曾有一块石碑记载：“浦兴古寺为闺市礼佛圣地，每年元宵节修盂兰盆会……预期演唱四十八本目连戏剧。”目连戏内涵博大精深而诡秘怪异。集天上、地上、阴间、佛、道、儒、人、神、鬼和巫傩祭祀等事象于一戏，这在戏剧中是绝无仅有的，值得认真研讨。故事以目连救母为主线，集中渲染孝悌观念。《目连戏》剧本48个，一天演一个，连演48天，俗称“唱大戏”。1998年10月，泸溪高腔剧团赴法国巴黎和巴塞罗那演出浓缩本《目连救母》，演出获得巨大成功，轰动西方历史文化名城，被誉为“东方戏曲艺术的瑰宝”。2006年泸溪县辰河高腔被文化部确定为优秀非物质文化遗产，列入国家首批非物质文化遗产项目名录，辰河高腔传承人向荣也被列为国家级非物质文化代表性传承人。

（三）踏虎凿花

泸溪县踏虎凿花，始于清乾隆年间（1736—1795），素有“艺苑奇葩、民族瑰宝”之美誉。泸溪踏虎凿花源于剪纸，胜于剪纸。工艺类型分为湿纸刻法和干纸印刻法两种，通常采用干纸刻法。技艺分为阴刻、阳刻和阴阳混刻。早期作品供人们春节时贴于门楣上的“喜钱”，之后作服装等绣花的花样，有衣边、裤边、头巾、帽子、裤裙、帐檐、鞋子面花等。传统作品有花草虫鱼、飞禽走兽等类形象，如“喜上眉梢”“凤穿牡丹”“龙凤呈祥”“五福捧寿”等。踏虎凿花为泸溪特产，其品牌享誉湘黔渝边区。20世纪50年代初，文学大师沈从文在《旅行家》杂志撰文，介绍踏虎凿花艺术。著名踏虎凿花老艺人、湘西州首位中国美术家协会会员黄靠天，在继承传统艺术的基础上创造《白毛女人物》《工农兵》《五谷丰登》等许多具有新时代特色的作品。1982年6月，《黄靠天剪纸技法》一书由湖南美术出版社出版，发行8000册。黄靠天收藏凿花艺术作品68幅，200多幅作品分别在《湖南日版》《民族画报》《人民日报》发表。1993年，踏虎乡凿花艺术委员会成立，举办凿花技术培训班，培训800余人次。使这一技艺后继有人。是年，踏虎乡被湖南省文化厅授予“群众文化艺术之乡”称号。继黄靠天以后传承人有邓兴隆、杨贵军等，其作品远销国内外。2008年6月，踏虎凿花被列为第二批国家级非物质文化遗产保护名录，合水镇被文化部授予中国民间文化艺术之乡，传承人邓兴隆之子邓启刚大学毕业后热心凿花技艺，先后被吸收为湖南省美协会员，省剪纸研究专业委员会会员，并被评为湘西州工艺美术大师，正式成为踏虎凿花新一代传承人。其姐邓溆芳就职于泸溪职中，传授“踏虎凿花”技艺。2010年，泸溪县有从事凿花技艺专业人才50余人，业余爱好者数以百计。

（四）菊花石雕

菊花石是因石灰岩及灰质板岩中分布的天然白色花纹酷似菊花而得名。泸溪县菊花石花蕊一般由坚硬的结核燧石或泥质矿物组成，花瓣由天青石或方解石组成，稀有而珍贵。1999年12月20日，湖南省人民政府赠送澳门特别行政区政府珍贵礼品——大型菊花石雕《龙球》，胚料就产自浦市镇高山坪菊花石洞。早在明末清初，泸溪就有人从事菊花石雕刻，作品多为浮雕或半浮雕。1972年，现代菊花石雕开发起步，时任泸溪二中教师周建斌创作现代版第一件作品。之后，便有人相继而为。20世纪80年代，在香港名商葛家祥和省工艺美术大师袁跃初指导下，泸溪菊花石雕有长足发展，先后有县二中、县浦市化工总厂、县铝厂等单位办起菊花石雕工艺美术厂，培养和造就菊花石雕民间艺人。泸溪二中89级工艺班学员邓吉发，雕刻出一菊花石砚，标价1.2万元，得到国家教委职教司司长陈德才题词夸奖。1995年，雕刻大师李维杰所雕砚台被国家作为礼品赠送尼泊尔国王。2004年，李维杰菊花石作品“九龙宝瓶”被评为全国菊花石雕金奖。湖南省美术家协会会员、省工艺美术大师、泸溪县美术家协会会长佘军的菊花石作品多次获省工艺美术精品大奖赛“金奖”和“银奖”，其作品《小背篓》《和平盛世》经北京故宫博物院专家鉴定，市场参考价高达80万元和60万元。

（五）泸溪椪柑与椪柑节

泸溪椪柑 1984年，洗溪镇能滩村柑橘场从温州引进椪柑嫁接繁殖获得成功。是年冬，上堡乡开始在黑塘村办点开发椪柑。至1986年，全乡椪柑开发面积100公顷。其间县农业局高级农艺师杨胜陶等经过反复试验，从一千多个椪柑株系中筛选出“8306”“8304”椪柑优良株系，并繁育试种成功，椪柑果质优良增产增收，该成果获得1990年湖南省农业科技进步奖二等奖。是年6月，县委、县政府决定在峒河流域建立椪柑生产基地，包括上堡、洗溪、潭溪、八什坪、白羊溪等5个乡（镇），椪柑基地面积320公顷。1994年，发展到10个乡（镇），种植面积增至2130公顷，挂果1000多公顷。椪柑开发在湘西州处于领先地位。

1998年6月20日，县委作出《关于进一步加强椪柑支柱产业建设的决定》，全县椪柑产业化建设得到快速发展。至2001年年底，全县投入椪柑开发培管资金4000余万元，农民自筹资金1.3亿元，开发椪柑面积8800余公顷，农村户均0.153公顷。挂果面积5000多公顷，产量6500多万公斤，创产值6000多万元；有1个面积“2000亩”的省级优质椪柑示范指挥片，3个“万亩”连片生产出口的基地乡（镇），9个“5000亩”的规模乡，全县椪柑优果率70%。1998年，泸溪县选送的椪柑样果在湖南省优质水果评比会上夺冠。1999年泸溪“九洲牌”椪柑通过国家绿色食品认证，成为湘西州首个获国家殊荣的农产品，2001年，“泸溪椪柑”又通过LSO 900国际质量体系认证。2005年，“8306”椪柑株系还通过省品种审定委员会审定，注册登记为“泸溪椪柑”，成为地理标志名优品种。是年，县委、县政府作出《关于加快发展椪柑产业的决定》，并成立县椪柑产业开发办公室，负责全县椪柑开发规划、协调指导、调整及督查。2007年，全县椪柑面积15330公顷，产量10万吨，产值1.3亿元，椪柑作为全县农业支柱产业初具规模。2010年，泸溪椪柑种植面积2万余公顷，产量15.6万吨，产值2亿元，椪柑培管率达到90%，椪柑使农民直接增收833元。椪柑产品销往全国各地，部分出口俄罗斯等国，椪柑成为泸溪县农业支柱产业。

泸溪椪柑节　泸溪县在做大做强椪柑产业同时，为打开国内和国际两个市场，县委、县政府决定举办椪柑节开展促销活动，使泸溪椪柑面向全国、走向世界。2005年12月12日，在泸溪一中运动场，首届中国湘西泸溪椪柑节大型文艺演出隆重开幕，邀请歌唱家助阵，由湖南影视节目主持人红胖子主持。国家柑橘行业领域的部分专家、省州县领导出席开幕式。全国著名歌唱家张也现场演唱《沅水神韵》。椪柑节期间，签约销售椪柑2000吨。2006年12月12日，第二届椪柑节开幕式继续由红胖子并贺雅娟主持，邀请全国著名笑星潘长江、及湖南省笑星何晶晶、妹坨等演员助阵演出，泸溪县境涌现出的优秀民族音乐组合“红叶组合”和青年歌手邓粤的深情演唱，博得在场观众长时间掌声。著名笑星潘长江的演出将这次演出推向高潮。椪柑节上十多个客商共签约销售椪柑6500多吨。2007年12月12日，第三届中国湘西泸溪椪柑节邀请郁钧剑、李琼等全国著名歌手到现场助阵。湖南电视台《勇往直前》栏目还应泸溪县之邀，把外景拍摄地放在泸溪县沅江风光带，宣传泸溪椪柑，提升泸溪知名度。并根据不同层次顾客需要，采用13种包装形式，有纸箱装的，有竹筐装的，有塑料筐装的。顾客可根据自已需要任意挑选。全国各地客商争相选果签约，当场签订购销合同8份，4000多吨，产品销往香港、东北三省和我罗斯等国家。2008年11月22日，第四届中国泸溪椪柑节开幕式暨中央电视台“激情广场走进和谐泸溪”大型文艺演出会，著名歌手陈思思、刘和刚、柯以敏、阿鲁阿卓、魏金栋等明星加盟演出。来自全国各地的农业专家以及吉林、内蒙、重庆等省市区的200多名客商和沅陵、辰溪、麻阳、吉首、古丈等省内10多个县（市）的嘉宾前来参加椪柑节。北京新发地农产品批发有限公司总经理杨洪凯、县金圆水果有限公司总经理王宏刚也分别发言。仅椪柑节椪柑批发市场现场签约2200吨。2009年12月12日，第五届中国泸溪椪柑节，央视品牌栏目《欢乐中国行——魅力泸溪》走进泸溪，央视著名主持人董卿主持。当红实力偶像演员：孙悦、陈慧琳、王力宏、龙龙、江涛、阿木、李小璐、阿宝、凤凰传奇等登台献艺。十多位客商签约销售椪柑5000多吨。

（六）武溪工业园

2004年，中共泸溪县委、县人民政府实施“工业立县、产业富民”战略，整合工业资源和生产要素，打造县工业集中、土地集约、产业集聚的工业发展基地和新型工业化平台，筹建武溪工业园区。园区位于武溪镇境内，选址以武溪原工业基地为基础。区内交通方便，常吉高速公路和国道319横穿而过，沿沅水而下经洞庭湖可通江达海。规划区面积7.33平方公里，以峒河为界，分为南北两区，南区4.2平方公里，为老工业基地；北区3.13平方公里，为新开发区。规划区涉及武溪镇城北社区、大溪、联盟、上堡、五里洲、天门溪和黑塘5个村及白沙镇刘家滩村。

2005年，县委、县政府成立武溪工业园建设开发领导小组，抽调工作人员3人，专门负责园期建设前期工作。2006年12月，正式成立武溪工业园管委会，为正科级全额拨款事业单位。核定全额事业编制15名。管委会下设办公室、招商办、建设办、征地拆迁办，另有国土所和财政所两个职能部门，两个所各配工作人员3人。至2007年，工业园先后投入基础设施建设资金1.18亿元。编制园区总体规划和控制性详细规划，形成环境影响评价和可行性研究报告，规划报告经省相关部门和专家评审，均获通过；完成200公顷工业用地的土地储备工作；制定招商引资优惠政策；实现“一站式审批”，企业办事可不出园区；搭建工业园融资平台，全面展开市场融资工作。建成长3.5公里、宽20米的滨江大道，修建4条总长4.3公里的园区互通道路。园区企业实现工业总产值21.3亿元，纳税1.02亿元。至2008年，引进较大工业项目5个，其中20万吨磷精矿浮选建成投产，其他项目正在建设之中。是年7月，拆迁户安置区开工建设，面积2万平方米(后用作县廉租房建设用地)；9月，引进20万吨/年不锈钢项目；12月，引进10万吨/年锰合金项目。全年培训青年员工223人，园区实现工业总产值32.4亿元，税收1.52亿元。2009年1月，引进10万吨/年液氨项目；2月，开工建设第二、第三大道；5月，引进3000吨/年金属颜料项目；6月，引进40万吨/年不锈钢等重大项目，计划总投资10.8亿元。10月，开工建设总容量达200万立方米的新型渣库项目，12月，动工建设第五大道，实施滨江大道东端延伸工程及滨江大道硬化工程。园区实现工业总产值38.7亿元，实现税收1.85亿元。2010年，园区基础设施建设投资2650万元，入园续建项目1个，新入园项目2个，园区实现工业总产值42亿元，缴纳税收1.88亿元。

花垣县

一、概况

花垣县地处湘西自治州西部，位于北纬28°10'~28° 38'、东经109° 15'~109° 38'之间。县境与保靖县、吉首市、凤凰县、贵州省松桃苗族自治县、重庆市秀山土家族苗族自治县接壤，南北长49.5公里，东西宽38.5公里，总面积1109.35平方公里。花垣县原名永绥县，1953年经中央人民政府内务部批准改称花垣县。全县地势呈东南高、西北低三级台阶状分布，平均海拔500米，最高处梳子山海拔1248米，最低点狮子桥花垣河床海拔212米。属亚热带季风湿润性气候，年均降水量1442毫米，水资源总量16亿立方米。林业用地6840公顷，森林覆盖率49%。探明矿藏18种，锰矿探明储量3112万吨，居湖南省首位，全国第二；铅锌探明储量523万吨，居全省第二、全国第三位，有“东方锰都”和“有色金属之乡”之称。国道209、319贯穿全境，长渝、张花高速公路在县内相交，县城花垣镇距湘西州首府吉首市55公里。花垣县坚持走“抓水脱贫、抓电起步、抓矿振兴、抓教兴县、抓山致富”的发展路子。1998年，全面实施农村通水、通电、通路、通广播、通电视、通电话工程。全县有公路2355.8公里，建制村通公路率100%，公路密度2.1公里/平方公里，94.4%的乡镇公路、92%的建制村公路实现硬化，名列全州第一。文化、教育、卫生、体育等事业得到快速发展。1999年，长99节的边城“巨龙”在北京参加迎澳门回归“中华国安杯”全国舞龙大赛，获金奖。2004年创办边城高级中学，2005年规模招生，2010年晋升为“湖南省示范性普通高级中学”，是年，该校958名高中毕业生参加高考，录取823人，其中一本46人，二本193人。

2010年，县辖8个镇、10个乡，下设296个建制村（居委会），总人口30.5万人，其中苗族22.02万人，占总人口72.19%。

1989年，全县实现生产总值1.35亿元，其中第一产业0.61亿元，第二产业0.37亿元，第三产业总产值0.37亿元，人均生产总值586元；社会消费品零售总额6237万元；财政收入994万元，财政支出2334万元；农民人均纯收入323元，全部职工年均工资1683元。2010年，全县生产总值48.27亿元；其中，第一产业增加值4.16亿元，第二产业增加值32.07亿元，第三产业增加值12.04亿元；人均生产总值17517元；社会消费品零售总额 7.61 亿元；财政收入 7.48 亿元，财政支出 11.46 亿元；农民人均纯收入 3290 元，城镇居民可支配收入 12548 元。2006—2010 年，连续五年进入"全国最具投资潜力中小城市百强"、连续三年进入"全国最具区域带动力中小城市百强"。

二、乡镇

花垣镇 地处县境东北部，是县人民政府驻地，为全县政治、经济、文化中心。花垣县原治所在吉多坪（今吉卫镇），清嘉庆七年（1802）迁至花垣。花垣原名为花园，相传系保清宣慰使彭氏宴游之地，距镇中心东南 1.5 公里，尚有花园寨遗址。国道 319 和 209 在境内交汇。主要产业有农业、商业、交通运输业，粮食有稻谷、玉米、红薯等。镇内有工业企业 82 家，年产值 3.1 亿元。2010 年，镇域面积 111.20 平方公里，耕地面积 1675.7 公顷。辖 42 个建制村，总人口 6.67 万人。

团结镇 位于县域北部，距县城花垣镇 11 公里。镇名取各民族团结，建设新中国花垣之意。镇内铅锌矿资源丰富。主要产业有种植业、加工业和商业，"干柿""洞泉粉丝"等农林产品畅销省内外，牛市兴旺。2010 年，镇域总面积 48.01 平方公里，耕地面积 854.6 公顷。辖 19 个建制村、两个街道居委会，总人口 2.05 万人。

边城镇 位于县域西北部，距县城 25 公里。原名茶洞镇，因沈从文小说《边城》名扬国内外，为发展旅游业，于 2005 年 7 月更名为边城镇。镇内主要资源有铅锌矿，主要产业有种植业、养殖业，盛产稻谷、椪柑。2010 年，镇域面积 77.85 平方公里，耕地面积 921 公顷。辖 25 个建制村、2 个居委会，总人口 2.52 万人。

龙潭镇 位于县域中北部，距县城 20 公里。以镇政府驻地龙潭村而得名。龙潭村居龙潭河北岸，上有老龙潭源口，潭深不可测，传说有龙居其内，故名。镇内矿产资源有铅锌矿，储量居全县之首。农业产业有种植业、畜牧业，盛产稻谷、玉米、黄豆。2010 年，镇域面积 59.69 平方公里，耕地 827.4 公顷。下辖 16 个建制村、1 个居委会，总人口 1.53 万人。

民乐镇 位于县域西部，距县城 37 公里。民乐镇盛产九月糯，苗语称'米罗贵'。据传宜昌镇总兵张延彦攻打黄瓜寨途经此地，被义军首领龙九月部阻击，张假许银一担，诱龙至米罗害之，故原名应为弭诺，新中国成立后改称民乐。镇内主要资源有锰矿，主要产业有农业、畜牧业。2010 年，镇域面积 49.39 平方公里，耕地面积 846公顷。辖 12 个建制村 2 个居委会，总人口 1.45 万人。

吉卫镇 位于县域西南部，距县城 39 公里。据《永绥厅志》载：明洪武元年（1368）在此设崇山卫，以总戎驻扎"防止苗变"。清雍正九年（1731）改土归流，设副将营于吉多坪，赐名永绥厅，设同知，清嘉庆七年（1802）厅治迁花垣。镇内农业为其主要产业，盛产稻谷、玉米、豆类等。2010 年，镇域面积 86.27 平方公里，耕地面积 1257 公顷。下辖 20 个建制村、2 个居委会，总人口 1.72 万人。

雅酉镇 位于县域南部，距县城 57 公里。清改土归流时，设雅夷汛（意为黑苗地域），后演变为雅酉。镇域地处丘陵地带，主要产业有农业、畜牧业。2010 年，镇域面积 51.45 平方公里，耕地面积 544 公顷。辖 12 个建制村，1 个镇办农场，总人口 7399 人。

麻栗场镇 位于县域东部，距县城 22 公里。清光绪十五年（1889）原墟场设麻连村，距今墟场 1 公里，取名麻连场，后演变为麻栗场，镇名由此而得。镇域地处山区丘陵，以农业为主，盛产水稻、苞谷、黄豆、红薯等。2010 年，镇域面积 53.54 平方公里，耕地面积 1225 公顷。辖 18 个建制村、1 个居委会，总人口 1.6 万人。

长乐乡 位于县域东北部，距县城 19 公里。乡名取人民当家作主、永远欢乐之意。乡内主要资源有水晶硅。农业以种养为主，产水稻、玉米、豆类、茶油。2010 年，乡域面积 82.6 平方公里，耕地面积 974 公顷。辖 18 个建制村，总人口 1.39 万人。

道二乡 位于县域中北部，距县城 10 公里。道二为苗语"岩板石"，村旁有硕大石板一块，故名。全乡以农业为主，产大豆、红薯、玉米和花生。2010年，乡域面积42平方公里，耕地面积841公顷。辖11个建制村，总人口1.04万人。

雅桥乡 位于县域中部，距县城28公里。乡政府驻地有古桥一座，桥跨兄弟河上，桥上建有长亭，两侧栏杆相护，倒映水中，波光粼粼，十分雅致，故名雅桥。乡内主要资源有滑石矿，主要产业有农业、林果业、畜牧业。2010年，乡域总面积39.25平方公里，耕地面积840公顷。辖13个建制村，总人口4049人。

排吾乡 位于花垣县域西南部，距县城35公里。排吾系苗语，“排”为坪，“吾”为水，取坪中有水据名。全乡主要资源有锰矿、褐铁矿、钒矿；主要产业有农业、林业、畜牧业。2010年，乡域面积49.7平方公里，耕地面积452公顷。辖11个建制村，总人口9086人。

两河乡 位于县域西南部，距县城49公里。乡政府驻地有水田溪，麻拉河在此汇合，故名两河。乡内主要资源有锰矿，主要产业有林业、畜牧业。2010年，乡域面积54.9平方公里，耕地面积513公顷。辖12个建制村，总人口1.14万人。

猫儿乡 位于县域中西部，距县城23公里。乡政府驻地附近有一天然岩石，形似猫，前脚蹬，面向东，如猫打坐，故名。乡内矿产资源有锰、钼、铅锌矿。主要产业有农业、养殖业、采矿业。2010年，乡域面积69.07平方公里，耕地面积1014公顷。辖15个建制村，总人口1.41万人。

补抽乡 位于县域南部，距县城44公里。据《苗族简史》载：“湘西补抽（今花垣县)，是苗人祖先聚会立谱之地”，故名谱秋，后记音演变为补抽。全乡主要产业有农业、畜牧业。2010年，乡域面积82.36平方公里，耕地面积876公顷。辖19个建制村，总人口1.32万人。

排碧乡 位于县域东南部，距县城34公里。以乡政府驻地得名。苗语“排”指坪，“碧”指冲顶头，因此排碧即冲连一坪。乡内地处高山台地，平均海拔700米，以农业为主，盛产水稻、玉米、黄豆等。2010年，乡域面积54.85平方公里，耕地面积1014公顷。辖14个建制村，总人口1.01万人。

排料乡 位于县域东南部，距县城44公里。以乡政府驻地排料村得名。苗语“排”为坪，“料”指枇杷，因境内地平盛产枇杷，故名。乡内地处台地，平均海拔780米，主要资源有方解石、观赏石，主要产业有烟叶、畜牧业、林果业。2010年，乡域面积48.21平方公里，耕地面积521公顷。辖7个建制村、1个乡办农场，总人口6342人。

董马库乡 位于县域东部，距县城33公里。以乡政府驻地董马库村得名。董马库属苗语地名。“董”为盆地，“马库”为马叫声。乡内地处台地，平均海拔743米。农业以种植业为主。林业有松、杉等用材林，有油桐、油茶、板栗等经济林。2010年，乡域面积52.75平方公里，耕地面积724.3公顷。辖16个建制村，总人口1.13万人。

三、特色事物（事件）

（一）边城茶洞风景区

边城茶洞历史悠久，风光秀丽，民风纯朴，文脉深远。与重庆市秀山土家族苗族自治县洪安镇和贵州省松桃苗族自治县迓驾镇交界，素有“一脚踏三省”之称。始建于清嘉庆八年(1803)，是湘西四大历史名镇之一。自文坛巨匠沈从文名著《边城》问世后，边城成为一个著名的世界性人文品牌。自然景观香炉山、水帘百尺、龙凤呈祥、酉水回澜、银泉涌翠、仙人石室、龟蛇献瑞、虹桥月影、石炉香烟等被称为边城茶洞八景；人文景观有边城翠翠岛、边城百家书法园、清水江畔的苗家吊角楼、两边店铺林立的青石板街、拉拉渡口码头、清水江上的鱼鹰嬉戏与渔船的静谧；古迹有南方古人类遗址、清乾隆年间修建的城墙、太平军石达开西征将士牌位、人民解放军刘邓大军进军大西南宿营指挥所。1993年，湘西州人民政府将茶洞列为州级旅游风景区。2008年，边城景区成为国家AAA级景区。

（二）排碧“金钉子”地质公园

排碧“金钉子”地质公园位于花垣县排碧乡四新村。排碧寒武纪年代地质剖面在寒武纪时期处于“江南斜坡带”，形成于6亿~15亿年前的地质时期，属中一上寒武地质层剖面。具有露头连续、岩性单一、构造简单、化石丰富且演化明显等一系列优越地质条件，是解决全球寒武系分统建阶的理想地区之一。排碧剖面的典型性吸引大批中外科学家，2001 年 8 月 31 日，来自美、德、法、英、俄等 10 多个国家的 35 名科学家和中国内地及台湾地区的 40 余名科学家到花垣排碧剖面考察。同年在阿根廷希鲁马举行的第六次寒武系地层会议上，排碧剖面被选中参加“金钉子”评选。2002 年 7 月，这一地质剖面被国际地层委员会以全票通过，确定为寒武系首枚“金钉子”，并以此为底界划分以中国地名命名的寒武系第一个“统”——“芙蓉统”、第一个“阶”——“排碧阶”。排碧金钉子的确立，在国际地质地层领域为中国赢得崇高荣誉。

（三）国立八中纪念园

国立八中是 1938 年由安徽省 4 所临时中学和 3 所中等学校因避战乱，合迁湘西后组建的 1 所流亡中学。其高二部设在当时永绥县城文庙坪(后来的花垣县城花垣小学、花垣民中一带)，为国立八中在湘西主要教学基地之一。日寇投降后国立八中于民国 35 年（1946）回皖。国立八中在花垣办学长达八年，培育出诸如国务院总理朱镕基、中国科学院院士刘庵麟、中国工程院院士萧纪美、美国哥伦比亚大学教授唐德刚等一批栋梁之材。国立八中初二部、高二部学子在当时国破家亡，环境异常艰苦的条件下，仍不忘国耻，立志攻读，英才辈出，为花垣人民留下一笔宝贵的精神财富。2001 年 4 月 7 日，朱镕基总理重返花垣，留下“湘西一梦六十年，故园依稀别有天”的诗句，将花垣引为故园，引起国内外人士对花垣的关注。国立八中旧址仍保存有石狮等部分文物。为缅怀国立八中历史业绩，弘扬国立八中精神，激励花垣各族人民奋发图强，花垣县委、县政府决定修建国立八中纪念园。通过社会集资、精心策划和为期 4 个月施工，于 2001 年 8 月 6 日在花垣民中校园举行落成典礼，纪念园竣工建成。

（四）花垣工业园区

花垣县工业园位于花垣镇境内，是花垣县推进新型工业化、加快发展园区经济的重要平台，是省政府办公厅和省发改委联合授牌的省级新材料产业基地。园区规划建设总面积 15 平方公里，总投资约 72 亿元。产业定位：以高科技、大产能、高附加值的企业为主导，发展一、二类工业，有选择性地发展三类工业，重点发展锰锌、农副产品精深加工和生物制药等优势产业，发展仓储物流等配套产业。2010 年，工业园区开发面积 5.5 平方公里，其中工业用地 6 平方公里。累计完成固定资产投资 68 亿元，其中基础设施投资 15 亿元。入园企业 27 家，其中高新技术企业 2 家、出口企业 6 家。园区从业人员 1.5 万人，企业实现技工贸收入 24.5 亿元，实现增加值 23 亿元，上缴税金 1.04 亿元。

（五）北欧玛鲟鱼养殖加工

花垣县北欧玛鲟鱼养殖有限公司　2008 年 8 月成立，位于花垣县花垣镇佳民冲，占地面积 10 公顷，是北京北欧玛生物科技有限公司的全资子公司。2010 年 3 月与法国鲟鱼公司（Caviar SC）完成合资，花垣县北欧玛鲟鱼养殖有限公司成为外商投资企业，注册资本 1000 万元，专业从事西伯利亚鲟鱼养殖、销售、鲟鱼鱼子酱出口加工以及水产技术推广、人员培训、水产苗种和饲料销售等业务。

鲟鱼养殖生产基地　位于花垣县花垣镇佳民村，占地面积 10 公顷，2008 年 10 月动工兴建。鲟鱼养殖生产基地建成后，每年可提供用于鲟鱼鱼子酱加工的怀卵母鱼 1 万尾，生产商品鲟鱼（尾重 0.75 公斤以上）300 吨。同时可为湖南全省和周边省区从事鲟鱼养殖企业和个人提供苗种、技术、培训、饲料等服务。养殖基地所有的西伯利亚鲟鱼种苗、饲料均从国外引进，生产工艺流程严格执行相关国际标准，追求完美的品质。2010 年 11 月，公司完成海关和国家食品进出口检验检疫局登记备案。

鲟鱼鱼子酱加工厂　位于花垣县境内，占地面积 1.34 公顷，主要用于西伯利亚鲟鱼鱼子酱加工及其副产品（鲟鱼烟熏肉、鲟鱼皮革、鲟鱼钙等）深加工。建成后可年加工 10 吨的鲟鱼鱼子酱，产品全部出口欧洲，仅此一项年产值逾亿元。鲟鱼肉可加工成鱼片、烟熏肉、鱼罐头、鱼松等休闲食品120吨，鲟鱼皮制作成高档皮革，鲟鱼骨加工成高档医药原料、高钙保健食品，供应国内外市场。

（六）县城建设

20世纪80年代，花垣县城街道仅有主街和后街各1条，小巷5条。主街为一字长街，约2公里，最宽处约4米，逢年过节，人群熙攘，拥挤不堪，行走困难。后以国道209过境为基础，修建建设路，全长3公里。1990年始，县委、县政府实施城镇带动战略，按照“拓展东西，打通南北”的总体思路，规划旧城改造和新城开发，城南、城北开发相继启动，县城道路框架不断拉开，先后筹资10亿余元，新建城北大道和衡阳路、四方井路、赶秋路、国道319和209绕城线、张花高速花垣连接线、钟佛山北路等道路，修建伍家坡立交桥、四方井大桥、双龙潭大桥、钟佛山大桥、犀牛潭大桥、边城二桥等桥梁，形成“三纵四横”的道路体系。2010年底，县城道路总长40公里，为1950年的10倍。

筹集资金4亿元，修建城关集贸大市场、边贸大市场、金三角大市场、边城步行街、光明建材大市场、紫竹园建材大市场、骏华商贸城等一批商贸物流设施；建设电影院、城北广场、边城广场、边城公园、花果山森林公园等大型休闲娱乐活动场所；新建和改造花垣县民族中学，花垣县国土希望小学，花垣镇第一小学、边城高级中学等中小学校；投资1.5亿元，新建边城高级中学，仅用一年半时间全面竣工并投入使用，成为湘渝黔三省市边区规模最大、环境最美、设施最好的学校；投资近1亿元，新建县人民医院新住院部大楼、医技大楼，使县人民医院达到湘黔渝边区县级医院一流水平。还相继建设边城图书馆、骏华大厦、金垣电力中心、广电大厦、交警大楼等一批标志性公共建筑；兴建花垣县社会福利院，新修吉龙缘、豪门、名都、兴银、骏华华天等一批较高档次的商务宾馆和酒店。

古丈县

一、概况

古丈县地处湘西自治州中东部。县境与吉首市、泸溪县、保靖县、永顺县、怀化市沅陵县接壤，位于北纬28° 24′ ~28° 45′ 、东经109° 4′ ~110° 16′ 之间。东西长51.36公里，南北宽40.52公里，总面积1297平方公里，酉水从县境北部流过，向东注入沅江。焦柳铁路和省道229线纵贯县境，焦柳铁路县境段长35公里，省道229线经过县境44.73公里。县城古阳镇距湘西州首府吉首市45公里。清初古丈为永顺县地，清道光二年（1822）置古丈坪抚民厅。民国2年(1913) 改为古丈县，治所在古丈坪，故名。该县是一个以土家族、苗族为主的多民族聚居的山区县。2010年，县辖7个乡、5个镇，下设140个村及17个社区，总人口142225人。其中，土家族53207人，占总人口37.41%；苗族60884人，占42.8%。古丈地处武陵山脉中段、酉水以南，境内山峰林立，坡陡谷深，溪谷纵横。境内最高峰为高望界主峰顶堂，海拔1146.2米;最低处为高峰乡陈家村花椒坪，海拔147.3米。1989年，全县实现生产总值0.72亿元。其中第一产业总产值0.34亿元，第二产业0.15亿元，第三产业0.23亿元，人均生产总值637元。社会消费品零售总额3645万元。财政收入571万元，财政支出1598万元。农民人均纯收入329元，全部职工年平均工资1570元。古丈县产茶历史悠久，“古丈毛尖”是古丈茶中精品，以条索紧细圆直、色泽翠绿、白毫显露、汤色黄绿透亮、滋味醇爽、香高持久等特点而久负盛名。1999年，“古丈毛尖”获中国国际农业博览会名牌产品称号；2005年，“古丈毛尖”被评为湖南省十大名茶；2010年，获世界绿茶评比金奖。古丈茶产品有“古丈毛尖”、绿(眉) 茶、七叶参（绞股蓝）茶、茉莉花茶、茶多酚、速溶茶六大系列近100个品种的产品群。远销德国、俄罗斯、美国等30多个国家和地区。古丈县山川秀丽，生态文化旅游独具特色。有国家地质公园红石林、中南第一奇峡坐龙峡、湘西北第一大内湖——栖凤湖，有国家级自然保护区——“天然氧吧”高望界和世界地质遗迹——罗依溪“金钉子”。古丈被称为“歌舞之乡”，是著名歌唱家宋祖英、何纪光的家乡；民族文化底蕴深厚，土家族毛古斯、摆手舞、苗族鼓舞等民族艺术独具特色，巫傩文化源远流长。《土家族毛古斯》《土家族摆手舞》《土家族打溜子》《土家族织锦》《梯玛神歌》《苗族鼓舞》《土家族哭嫁歌》被列入国家非物质文化遗产名录。全县逐步形成坐龙峡探险游、红石林科考游、高望界生态游、栖凤湖休闲游、夯吾苗寨乡村游五大特色旅游。2009—2010年，县委、县政府大力推进省道229一线，栖凤湖、红石林、坐龙峡、高望界四个风景区四大工程建设，发挥省道S229优势，完善坐龙峡、红石林、栖凤湖、高望界等四个风景区的基础设施，展现古丈独特的自然生态资源和浓郁的民族文化优势，推进河西滨河片区、红石林国家地质公园和金钉子地质观光、夯吾苗寨等项目开发。2010年，引进张家界土家风情园公司，在默戎镇毛坪村建成集旅游观光、民俗体验、休闲娱乐、饮食购物为一体的乡村旅游景点——夯吾苗寨。县内各风景区纳入芙蓉镇景点圈和大湘西精品旅游线路建设规划，全年接待游客46.5万人次，旅游收入1.77亿元。是年，全县生产总值10.68亿元。其中，第一产业增加值2.33亿元，第二产业增加值2.52亿元，第三产业增加值5.83亿元，人均生产总值8301元。社会消费品零售总额增至2.61亿元。财政收入增至7738万元，财政支出增至6.02亿元。农民人均纯收入增至2620元，城镇居民可支配收入9635元。

二、乡镇

古阳镇　位于县域中部偏西，为古丈县人民政府驻地，是全县政治、经济、文化、交通、物流中心。焦柳铁路、省道229纵贯全镇。因古丈坪为群山环绕，中间坪地乃当阳之地，故名。2010年，全镇面积72.4平方公里，耕地面积163.7公顷。辖4个社区、9个村，总人口26794人。镇内主要矿产资源有磷矿、硫铁矿、钒矿；农产品主要有水稻、玉米、茶叶、椪柑、蔬菜；茶叶、椪柑、蔬菜是支柱产业。古阳镇是“古丈毛尖”原产地和主产区。全镇有3个大型有机茶基地，100多家茶叶生产大户，13家中型茶叶加工销售企业，茶园面积388公顷，产量230吨。

岩头寨镇　位于县域东南部，距县城25公里。因镇政府驻地周围多高山巨石而得名。2010年，全镇面积195.31平方公里，耕地面积1076.7公顷，退耕还林面积835.8公顷。辖21个村，1个镇办林场，3个居委会，总人口14962人。该镇为省级生态环境优美乡镇。境内矿产资源有钒、锰、磷等，其中钒、锰储量居全县之首。农业以种植水稻、玉米、油菜、红薯为主。

罗依溪镇　位于县域北部，距县城13公里。传说古代有朝廷命官经此，失落大印一枚，故名“落印溪”，后雅化为罗依溪。2010年，全镇面积109.7平方公里，森林覆盖率78.4%，耕地403公顷，有可开发利用水面1200公顷。辖14个村、1个社区，总人口12324人。该镇为凤滩库区古丈县移民乡镇之一，酉水河自西向东流经镇境北部，焦柳铁路和省道229线纵贯全镇。境内矿产资源有硫黄、锰矿。全镇有民营企业53家，工业总产值8258万元。

红石林镇　位于县域西北部，距县城33公里。因发现红石林风景区，并开发为红石林国家地质公园，2005年，茄通乡与河西镇合并为红石林镇。2010年，全镇面积103.87平方公里，耕地面积1124.73公顷，林地面积8200公顷。辖16个村、2个街道居委会，总人口13687人。镇域山清水秀，有红石林国家地质公园、坐龙峡、老司岩明清古民居、白鹤湾战国古墓群遗址。

默戎镇　位于县域西南部，距县城20公里。默戎为苗语，“默”即“有”，“戎”即“龙”。因境内有一天然巨石，形似龙鼻，有泉自龙鼻喷出，故名默戎。2008年11月，文化部授予该镇中国民间文化艺术之乡称号。2010年，全镇面积120.8平方公里，辖11个村、1个街道居委会，总人口14579人。镇内交通便利，省道229和焦柳铁路纵贯全境，公路实现村村通。镇自来水厂投入使用。镇内有茶园面积313公顷，开发烟叶34公顷，开发柑橘167公顷。

坪坝乡 位于县域东南部，距县城41公里。因乡政府驻地有一长坝，并溶两溪之水，坝外地势开阔，故名坪坝。2010年，全乡面积109.35平方公里，耕地总面积831.4公顷。辖12个村，总人口11048人。境内矿产资源以矾、磷为主，森林资源丰富。主要农产品有稻谷、玉米、小麦、红薯、大豆、油菜籽等。

高望界乡 位于县域东北部，距县城29公里。因乡政府驻地原为高望界林场，为该县最高山峰，后改为高望界乡，故名。2010年，全乡面积129.48平方公里，耕地面积250.66公顷，林地总面积5124.1公顷，森林覆盖率88.9%，林木绿化率93%，森林畜积量46.3万立方米。辖8个村，1个街道居委会，总人口3542人。高望界林区内有植物221科、976属、2440种；国家保护植物有银杏、水杉、南方红豆杉、钟萼木、伯乐树、润楠、榉木、鹅掌楸等。有国家保护动物云豹、白颈长尾雉、林麝、果子狸、红腹角雉、穿山甲、飞狐、武陵岩蛙等珍稀野生动物35种。农作物主要有水稻、玉米、马铃薯、黄豆、油菜、红薯等。

山枣乡 位于县域东南部，距县城44公里。该乡坐落溪边，酸枣蔚林，遂名酸枣溪，后雅化酸枣为山枣。2010年，乡域面积71.74平方公里，耕地面积513.7公顷，林地面积6067公顷。经济林有油茶等。全乡辖7个村、1个街道居委会，总人口6223人。乡内主要粮食作物有水稻、玉米、黄豆、红薯等；经济作物有烤烟、油菜、辣椒、花生等；水果有柑橘等。

断龙山乡 位于县域西北部，距县城40公里，以县境名山断龙山命名。2010年，全乡面积95.86平方公里，耕地面积1076.7公顷。辖15个村、1个街道居委会，总人口13350人。乡内有白云石、硝石等矿产资源，森林覆盖率63.7%。种植和养殖为境内主要产业。每年春秋两季盛产枞菌，枞菌销售为境内居民一大经济来源。

河蓬乡 位于县域东南部，距县城33公里。因乡政府驻地村处于河边，沿岸草木丛生，形似绿蓬，故名河蓬。2010年，全乡面积75.58平方公里，有耕地393.66公顷，林地733.33公顷。辖8个村和1个街道居委会，总人口6199人。乡内矿产资源有磷、锰和钒等。农业以种植稻谷、玉米、红薯、豆类、油菜为主，辅以花生、魔芋、凉薯等种植。境内有板栗、梨等果木，并产柑橘等水果。

双溪乡 位于县域西部，距县城10公里。因乡政府驻地位于梳头溪与西歧河交汇处而得名。2010年，全乡面积78.82平方公里，耕地503.86公顷，林地6333.33公顷。辖8个村，总人口8268人。乡内蕴藏煤、钒、锰、磷等矿产资源。农产品主要有茶叶、稻谷、玉米等。是年，湖南省现代化茶业加工龙头企业——英妹子茶叶科技有限公司落户梳头溪村，该乡成为“古丈毛尖”主产乡镇。

高峰乡 位于县域东北部，距县城44公里。因境内地势较高，平均海拔在700米以上，故名高峰。2010年，乡域面积123.96平方公里，耕地面积827.86公顷，林地9864.6公顷。辖11村、1个乡办林场、1个社区居委会，总人口10031人。全乡森林面积4000多公顷，林木蓄积量59万立方米，森林覆盖率78%，为全县重点林业乡。矿产资源有铅、锌、铁、硫铁和朱砂等，还有木纹石资源。农产品有水稻、玉米、黄豆、茶叶、烟叶、油菜等。

三、特色事物(事件)

(一) 古丈茶业

古丈县地处武陵山脉中段，酉水南岸，属亚热带季风湿润性气候，年均气温15.9℃，雨量充沛，年均降水量1405.3毫米。境内山峰林立，溪谷纵横，植被茂盛，森林覆盖率73.32%。县域多为山地黄壤和紫砂土，富含微量元素。茶园主要分布在县域酉水河段沿岸、古阳河及其支流河谷两岸200～600米的缓坡地带，日照充足，云雾多，湿度大，温、光、水、土四大条件不仅适宜于茶树生长，且为优良茶叶品质打下坚实基础。

湖南省茶叶研究所副所长、研究员谭正初认为，古丈山清水秀，生态良好，气候宜人，是中国绿茶生产的最佳地区。

1989年，古丈县农业局负责全县茶叶开发技术指导。境内各乡镇和国营高望界林场均种植茶叶，其中，茶叶面积排在前四位的乡镇有古阳镇、罗依溪镇、河西镇和默戎镇。全县茶叶种植面积621.4公顷，产茶130吨，有1个茶叶专业村、两家国营茶场。全县有茶叶加工机械29台，制茶以手工为主。茶叶产品有绿茶、花茶、保健茶3个系列10个品种。1991年4月，古阳茶叶精制厂生产的倩云牌七叶参茶，在中国国际展览中心举办的北京第二届国际博览会上荣获金奖。县委、县政府在1992—1995年实施“四四一一一”山地开发工程规划，计划到1995年全县开发四万亩茶叶、四万亩药材、一万亩板栗、一万亩椪柑、一万亩蚕桑，茶叶面积迅速扩大。1995年，茶园面积由1989年的621.4公顷增至2011.2公顷。

1998年，县委、县政府实施茶叶产业化建设。1999年，投入150多万元，购置茶叶加工机械70台套，其中粗加工40台套、精加工30台套。县内9个重点产茶乡（镇）的52家茶叶生产大户基本实现初加工机械化。6月，中央电视台、湖南电视台、长沙电视台共同策划和拍摄由著名歌唱家宋祖英演唱的MTV《古丈茶歌》。是年年底，全县茶叶专业村由21个发展到61个，茶叶总产量338吨。2000年3月，古丈县茶叶局成立，负责全县茶叶开发工作。2001年，县政府投资300余万元建成茶叶科研基地——武陵茶叶大观园。是年，“古丈毛尖”商标在国家商标局正式注册。2003年，古丈县茶叶局组建古丈茶叶协会和行业管理办公室，制定“古丈毛尖”地方标准，建立生产经营质量标准化体系，实现古丈茶叶统一品牌、统一质量标准、统一商标、统一包装。2005年，国家级产业化龙头企业湖南省茶业有限公司与县茶叶总厂联合成立古丈县有机茶业公司，并发展小背篓茶业公司等一批民营企业。2006年，全县茶叶机械设备增至262台套。机械加工普遍推广，茶叶机械化制作水平不断提高，茶叶品质向干茶绿、汤色绿、叶底绿“三绿”方向发展。是年，县有机茶业公司同美国、欧盟、摩洛哥等签订出口800吨眉茶合同，总金额120万美元。2007年，建成国家认证的绿色食品基地466.67公顷，有机茶基地133.33公顷，其中40公顷茶园通过欧盟I-MO有机茶认证。是年，“古丈毛尖”成功申报“国家地理标志保护产品”。2008年3月，县城红星茶叶专业市场建设正式启动，规划区内所有茶叶经营店户和鲜茶叶进入市场交易。4月，县政府成功举办2008中国绿茶（古丈）高峰论坛，来自全国11个省（市）的茶叶专家、客商共300多人莅临古丈。其间，开展全国名优绿茶评比、优秀论文评选、茶叶产业发展论坛、武陵茶叶集团联谊会等系列活动。12月，“古丈毛尖”荣获“湖南省著名商标”。2009年3月，国家茶叶产业技术体系湘西综合实验站落户古丈，成为全国22个茶叶综合试验站之一。10月，县委、县政府在发展茶叶基地建设的同时，着力推进茶叶加工工业的发展。年末增购茶叶加工机械260台套，建成200平方米高标准规范化茶叶加工厂6家、100平方米以上名优茶加工厂25家、50～80平方米的加工厂49家；发展3.33公顷以上种植大户150户，6.67公顷以上种植大户5户，年销售50万元以上经营大户10户，全县茶叶种植面积增至3566.66公顷。

2010年4月，县委、县政府举办2010中华茶祖节·古丈毛尖万人品评会。农业部、中国茶叶流通协会、中国茶叶科学文化研究会、中国国际茶文化研究会的专家、教授，湖南省、湘西自治州及茶叶生产县（市）领导干部参加品评会。大会评出一个金茶王和五个银茶王，并现场竞拍六个茶王茶叶。金茶王茶叶0.5公斤卖出4.8万元的高价。拍卖所得21万元全部捐给青海省玉树地震灾区。在此次品评会上，古丈县茶叶企业与10多家省内外茶叶营销企业签订总计7400万元的茶叶销售合同。是年，全县茶园面积4333.33公顷。其中，可采面积2800公顷，建立国家认证的绿色食品基地1333.33公顷、有机茶基地133.33公顷，茶叶总产量879吨，茶叶生产加工总量1803吨，茶叶种植面积和茶叶产量均比1989年增长7倍，产值首次突破亿元大关。销售收入过500万元的茶叶企业有5家、过100万元20家。县有机茶业公司等10多家企业实现QS认证，两家企业通过“ISO 9001质量体系认证”，取得自营进出口权。“古丈毛尖”获第八届国际名茶金奖，在湖南十大茶叶品牌评选活动中，“古丈毛尖”居地方公共品牌之首。古丈茶叶形成“古丈毛尖”、眉茶、七叶参茶、茉莉花茶、茶多酚、速溶茶六大系列近100个品种的产品群，远销德国、俄罗斯、美国等30多个国家和地区。

（二）栖凤湖与红石林旅游

古丈县位于湖南省西部，湘西自治州中东部，地处湘西旅游黄金线：张家界—吉首—凤凰旅游线中段，焦柳铁路和省道229纵贯全境，境内山奇水秀，林茂竹翠，民风淳朴，茶文化历史悠久，生态旅游独具特色，是湘西州四个旅游重点县之一。1989年，县旅游开发领导小组初步调查全县旅游资源，1992年8月，古丈县旅游局成立，全面开展旅游资源调查和栖凤湖风景区申报等工作。1993年7月，栖凤湖风景区被湖南省人民政府公布为第三批省级风景名胜区。1994年，县委、县政府提出“旅游搭台，经贸唱戏，引凤筑巢，招商引资”的发展战略，加大旅游宣传力度，出台《关于开发省级风景名胜区栖凤湖优惠政策的规定》，全年接待洽谈旅游开发投资商12批，落实3个建设项目，引进资金10.7万元。

1996年，县旅游局开展境内旅游资源考察，发现“红石林”“坐龙峡”等一批新的旅游资源。1997年，启动栖凤湖“水上娱乐中心”项目建设，当年建成“栖凤湖水上土家民俗寨”，试营一年因效益不佳即停业。2000年3月，在省会长沙举行《栖凤湖风景名胜区总体规划》初审会，规划控制区总面积明确为238.2平方公里（含水面25.43平方公里）、外围保护区面积79.2平方公里。2001年9月，县旅游局开始考察坐龙峡资源，组成7人探险小组，全程穿越坐龙峡。2002年，古丈县旅游局着手开发“中南第一奇峡”——坐龙峡旅游资源，修建坐龙峡简易游道和进景区公路等基础设施。10月，坐龙峡景区试营业，至年底，门票收入实现5.6万元。2003年4月，“天然氧吧”——高望界自然保护区被批准为省级自然保护区。7月，县人民政府与湖南鸿仪投资发展公司签订《坐龙峡景区开发经营合同》，并成立县生态旅游开发有限公司（2005年3月，更名为湘西坐龙峡旅游开发有限公司）。2004年9月，红石林景区试营业。该景区被誉为“中国最红的景区”，称“天造奇石，地生瑰宝”。景区内的石林是中国迄今为止唯一被发现形成于4.8亿年前的奥陶纪时期的红色碳酸盐岩石林，具有颇高的地质科研、美学观赏和旅游景观价值。2005年，县人民政府与湖南华厦科技公司签订红石林开发经营合同，红石林景区招商引资成功。9月，红石林被批准为国家地质公园。红石林国家地质公园由红石林岩溶地貌景区、坐龙溪峡谷地貌景区和栖凤湖河谷地貌景区组成。在261平方公里的公园范围内，包括溶石林、峰丛、石柱、岩溶、洼地、洞穴、暗河，以及峡谷、河流、湖泊、瀑布和标准地层剖面、古生物化石等地质遗迹，构成类型多样、色彩斑斓、层次分明、形态各异、绚丽壮观的地质地貌景观。2006年，总投资3000万元的栖凤湖拦湖大坝、栖凤大道、红石林国家地质公园博物馆和栖凤广场等工程竣工。9月，湖南电视台在栖凤湖和红石林景区拍摄大型电视连续剧《血色湘西》，再现湘西各族儿女抗击日寇、保家卫国的悲壮历史。2007年11月，古丈县罗依溪地层剖面被国际地质科学联合会授予寒武系第三统第七阶底界“金钉子”剖面称号。罗依溪“金钉子”是中国第六枚以地名命名的“金钉子”，也是中国境内第九枚“金钉子”，是世界上极其珍贵的地质遗迹资源。2009年8月，红石林旅游公司投入3700万元，实施景区基础设施建设，并保护性开发生态资源。

（三）绿色生态建设

古丈是湖南省重点林业县，也是湘西州唯一林业县。1989年始，大力植树造林，发展林业，至1992年，累计造林34533.33公顷，成林17400公顷，封山育林3000公顷，林地面积102533.33公顷，森林蓄积量301万立方米，森林覆盖率72.5%。是年，县委、县政府制定《1995年古丈县实现林业绿化达标和“四四一一一”山地开发工程规划》。规划坚持以营林为基础，贯彻封造管并举的方针，有步骤地实现绿化达标。同时，加强林政管理，放宽政策，鼓励机关单位和个人下农村为林业绿化、山地开发做贡献。1995 年 5 月，经省林业部门验收，古丈县成为湘西州首个消灭宜林荒山达标县。

1998 年，古丈县委、县政府开始实施茶叶产业化建设。1999 年，全县茶园面积发展到 3066.66 公顷，其中可采面积 1666.66 公顷，改造低产茶园 1000 公顷，有茶叶专业村队 61 个，茶叶总产量 500 吨。2003 年，县委、县政府提出“绿色产业兴县，生态家园富民”的发展战略，以生态林业、生态农业、环境保护、水土保持等方面为亮点，全面开展生态县建设，使古丈的生态环境全面提质。2008 年，全县先后实施退耕还林、人工造林、封山育林工程和重点生态公益林规划等林业建设项目，实施退耕还林 1.54 万公顷，提高绿化水平。是年，古丈县实施湘西州“八百里绿色行动”计划，在省道 229 古丈段绿化面积 433.33 公顷。持续开展高望界省级自然保护区生态保护，2009 年 12 月，高望界自然保护区晋升为国家级自然保护区。完成古丈县生态建设规划编制工作，并以生态县建设为契机，围绕县委、县政府“新型工业兴县，绿色产业富民”的发展战略，实施重点生态建设工程，开展环境优美乡（镇）和生态示范村创建工作。生态养殖业和林果业不断壮大，全县种草养畜户发展到 1500 余户，人工种草 833.33 公顷，草场改良保护 2066.66 公顷，发展山羊 15 万只，网箱养鱼 2500 箱。以椪柑、脐橙等特色水果为主的林果业不断发展，面积 4000 余公顷。2010 年，全县林地面积 1062666.66 公顷，占国土总面积 1286.47 平方公里的 82.6%，森林覆盖率 73.32%，林木绿化率 80.46%。是年，全县沼气池建设 1.7 万余口，农村沼气入户率超过 40%，建沼气农户形成猪—沼—菜、猪—沼—茶、猪—沼—果等发展模式，生态家园初具雏形。全县投入资金 1.5 亿元，先后开展“禁钒”、非法洗磷、涉锰企业污染治理、矿山整治、查处违法排污企业、县城环境综合治理及古阳河保护等一系列环保工作。总投资 5848 万元、日处理污水一万吨的县污水处理厂投入运行，总投资 4900 余万元的县垃圾填埋场建成使用。“一线四区”工程，建设取得新的进展。成功引进卓良木业、恒兴木业、远华木业等一批林木加工企业，成功引进古丈有机茶业公司、英妹子茶叶公司等一批农业产业化龙头企业。红石林成功申报为国家地质公园，古丈“金钉子”成功申报为世界地质遗迹保护项目，坐龙峡提质扩容工程顺利实施，栖凤湖整体开发招商引资工作取得重大突破。良好的生态环境，成为古丈县域经济快速发展的强大动力。

（四）高望界自然保护区

高望界自然保护区位于古丈县东北部，地理坐标在北纬 28° 36′ 32″ ～28° 45′ 39″，东经 109° 58′ 23″ ～110° 14′ 38″ 之间。保护区东西长 23.1 公里，南北宽 13.7 公里，总面积 17169.8 公顷。保护区管理局所在地高望界距古丈县城 27 公里，古丈坪至高峰四级公路东西横穿全境，酉水河流经保护区北部 10 公里。

高望界自然保护区由高望界、鲤鱼池、小高望界、王贵山、观音山等山体组成，海拔 800 米以上山峰 25 座。境内高望界主峰顶堂 1146.2 米，为古丈县最高峰。保护区森林覆盖率 88.9%，核心区高望界国有林场森林覆盖率 93.7%。区内有维管束植物 204 科 346 属 1883 种，分别占湖南省维管束植物科、属、种的 79.52%、58.24%%、34.62%。有国家一级保护植物银杏、红豆杉、南方红豆杉、钟萼木 4 种，国家二级保护植物黄杉等 34 种。地带性植被为中亚热带常绿阔叶林，植被类型多样。发现野生脊椎动物有 279 种，隶属 29 目 87 科。其中属国家一级保护动物有云豹、林麝、白颈长尾雉 3 种，国家二级保护动物有白鹇、红腹锦鸡、勺鸡、穿山甲等 28 种。高望界的大气质量，经专家测定，空气负氧离子含量 1.2 万个 / 立方米，素有“天然氧吧”之称。高望界自然保护区的前身系国营高望界林场，建于 1958 年。因林场场部设在高望界山峰下，故命名高望界林场。1989 年，高望界国有林场辖 10 个村，下设 40 个村民小组，总人口2365人；有山林11699.33公顷，木材畜积量396844立方米。2003年，高望界林场被湖南省人民政府批准为省级自然保护区。2005年12月，乡镇行政区划调整，在高望界林场新建高望界乡。该乡下辖8个建制村和1个居委会，下设41个村（居）民小组，总人口3134人。2007年，高望界自然保护区申报国家级自然保护区。2009年，国家自然保护区评审委员会评审通过。高望界国家自然保护区涉及高望界乡、高峰乡、岩头寨镇、罗依溪镇、高望界国有林场、大面山国有林场共17个村，总人口3583人。

保靖县

一、概况

保靖县位于湘西自治州中部，地处北纬28° 24'～28° 55'、东经109° 12'～109° 50'之间，与吉首市、龙山县、永顺县、古丈县、花垣县、重庆市秀山土家族苗族自治县接壤，南北长57.4公里，东西宽62.7公里，总面积1760.66平方公里。国道209途经境内33公里，张（家界）花（垣）高速公路穿越县域37.21公里。县城迁陵镇至湘西州首府吉首市，沿国道209线相距98.9公里，走张花、包茂高速公路85.7公里。2010年，县辖10个镇、6个乡，下设7个社区、196个建制村，总人口30.07万人。其中，土家族16.76万人，占总人口的55.74%；苗族6.89万人，占22.92%；汉族6.26万人，占20.81%；瑶、回、侗、壮等少数民族0.16万人，占0.53%。境内山、丘、岗、坪交错分布，总体地势西北高、东南次高，中间低，呈马鞍形。西北川河界、白云山、香火山、灵角山四大山脉连绵，海拔900米以上山峰331座，白云山主峰海拔1320.5米，为县境最高峰；中部为中低山谷地，地势平缓，海拔300～500米，最低处迁陵镇酉水河，海拔200.5米。有大小溪河150条，分属酉水和武水两大水系，流域面积分别为1634.1平方公里、136.55平方公里；植物2741种，野生动物数百种；煤、钒、铁、铜、锰、铅锌、镁、磷、钾、陶土、石英等矿藏资源100多种。

1989年，全县生产总值1.39亿元。其中，第一产业总产值0.79元，第二产业0.28亿元，第三产业总产值0.32亿元，人均生产总值550元。社会消费品零售总额0.79亿元。财政收入823万元，财政支出2049万元。农民人均纯收入378元，全部职工年均工资1592元。

随着国家“以工代赈”项目实施和扶贫攻坚战略的推进，保靖县实现村村通公路，初步形成以国道209为主干，县、乡、村公路相互交错的陆地运输网络，并以酉水河航道为干线、西香河等为支流航道的水上交通运输网。2010年，实施迁陵镇沿河大道工程建设，完成张（家界）花（垣）高速公路和迁（陵镇）河（古丈县河西镇）公路保靖段路基工程，以及乡镇客运站建设，基本形成县、乡、村快捷通畅的水、陆交通网。

2010年，全县生产总值33.11亿元。其中，第一产业增加值5.10亿元，第二产业增加值17.62亿元，第三产业增加值10.39亿元，人均生产总值11906元。社会消费品零售总额5.71亿元。财政收入2.31亿元，财政支出9.48亿元。农民人均纯收入3228元，城镇居民年可支配收入10771元。

二、乡镇

迁陵镇 位于县域中北部，是保靖县政治、经济、文化、交通中心。汉高祖五年（公元前202）改黔中郡为武陵郡，始置迁陵县，治所即今迁陵镇，故名。2010年，镇域面积167平方公里，辖7个社区、14个建制村，总人口8.1万人。境域风景秀丽，名胜古迹有汉代四方城遗址、摩天石刻“天开文运”、酉水森林公园、酉水悬棺、钟灵山宝塔等20余处景观。矿产资源种类繁多，主要有氧化锌、金属镁等。

碗米坡镇 位于县域西北部，距县城25公里。由原拔茅乡、昂洞乡合并建镇，称碗米坡镇。

境内有全州装机第一的水电站——碗米坡电站。2010年，全镇面积216.89平方公里，辖20个建制村，总人口2.21万人。经济以农业、林业、畜牧及水产养殖为主。矿产资源有烟煤、硫铁矿、铝土矿、石灰岩、陶土、铅、锌等。境内有土家祭祖的“八部大王庙”遗址、“摆手堂”遗址、“东洛旧石器”遗址及“土家吊脚楼群”等历史人文景观。

比耳镇　位于县域西北部，距县城70公里。在酉水南岸有一形似雄狮之山，北岸之巨岩形似大象，狮象隔河相望，两耳相对，故名比耳。2010年，镇域面积96.7平方公里，辖10个建制村，总人口1.52万人。柑橘为镇内重要经济支柱。酉水河流经境域8公里，河面5.6万平方米，建有网箱400余口。

清水坪镇　位于县域西北部，距县城70公里，以镇政府驻地清水坪村命名。2010年，镇域面积137平方公里，辖15个建制村，总人口2.23万人。省、县、乡公路纵横交错，酉水河横穿东西。形成以水果和蔬菜为主的种植业及畜牧养殖，沿山种植水果、烟叶，沿河种植蔬菜，沿沟发展养殖。境内清水坪村、里外村汉代古墓群、魏家村西汉古城及坝木村烈士陵园景观开始接待游人。

野竹坪镇　位于县域西部，距县城70公里。1967年因卡棚公社卡棚大队修建中型水库，公社迁址野竹坪，1982年更名为野竹公社，1984年撤社复乡，2005年撤乡建镇。2010年，镇域面积63平方公里，耕地面积705公顷，辖6个建制村、1个街道居委会，总人口1.04万人。境内有煤、高岭土、紫砂等矿产资源；开发小水电1处，开办瓷厂2家。

毛沟镇　位于县域西部，距县城26公里。相传该镇驻地花垣河北岸有一小溪，沿溪而上，岸边茅草丛生，得名茅沟寨。2010年，镇域面积150.94平方公里，耕地1434公顷。辖17个建制村，总人口2.81万人。境内花（垣）龙（山）公路穿镇而过，略水大桥为湘渝边区干线通道，有大小集市2处，是周边3个县的5个乡（镇）商品集散地。镇内镁矿、制陶用泥资源丰富，水能资源蕴藏量大。全镇有各类企业15家，发电站4座，变电站3处。

普戎镇　位于县域北部，距县城25公里。镇政府驻地普戎村，相传遍地绒草，故名。“绒”“戎”同音，曾误写为戎，后约定俗成为普戎。是湘鄂川黔革命根据地重要组成部分，红二、六军团曾在境内建立普戎、糯梯、亨章三个苏维埃乡人民政府。2010年，镇域面积115平方公里，耕地面积944公顷，辖9个建制村、1个街道居委会，总人口1.29万人。全镇以农业为主，粮食作物有稻谷、玉米、小麦、红薯、大豆；畜牧业以猪、牛、羊为主，镇内波尔山羊繁殖场，其山羊良种繁殖规模和供应量居湘西州第一位。

复兴镇　位于县域东南部，保靖与花垣两县城之间，国道209纵贯南北，距县城14公里，素有“保靖南大门”之称。清初此地开设墟场，因交通闭塞、市面萧条而废弃，嘉庆元年（1796）重开墟场，交易兴隆，故名。2010年，镇域面积79.8平方公里，辖9个建制村、1个街道居委会，总人口1.55万人。镇内建有2座中型水电站，1个220千伏、1个110千伏、3个35千伏的变电站；各类工业企业25家，其中规模以上企业12家。粮食作物，以稻谷、玉米、小麦、红薯、大豆为主。

水田河镇　位于县域南部，距县城33公里。因镇政府驻地有一条小溪叫水田河，故而得名。2010年，镇域面积144.81平方公里，耕地面积1037.85公顷，辖23个建制村，总人口2.23万人。迁（陵）默（戎）公路纵贯全境，公路通村率100%。经济以农业为主，主粮为水稻，杂粮为玉米和红薯，全镇粮食年产量3773.6吨。民营企业水田河酒厂2005年产量400吨，实现产值480万元。

葫芦镇　位于县域东南部，距县城62公里。该镇地势四周高，中间低，处于三角形河谷地带，形似葫芦，故名葫芦镇。2010年，镇域面积149.06平方公里，有耕地面积903公顷，辖21个建制村，总人口1.78万人。该镇苗鼓、苗歌、巫傩绝技等苗文化源远流长，其中，苗鼓艺术被列入国家级非物质文化遗产保护名录。在农村经济结构调整中，以椪柑、黄金茶为主的农业产业初具规模。磷、石煤、辉绿岩等矿产资源储量丰富。

涂乍乡 位于县域东南部，距县城25公里，以乡政府驻地村命名。2010年，乡域面积55平方公里，耕地面积600公顷。辖8个建制村，总人口8238人。乡内小寨沟原始次森林风光秀丽，有历史遗存营盘碉卡。白云石等矿产资源丰富。全乡经济以农业生产为主。

水银乡 位于县域西南部，距县城19公里。2010年，境内有汞矿，历史上曾开采设厂，故名水银厂，简称水银。辖6个建制村，总人口10087人，全乡面积55.12平方公里，耕地面积642公顷。乡内村、组公路全部贯通。境内矿产资源主要有汞矿和方解石，有年生产能力2000吨的矿产品加工企业4家。

阳朝乡 位于县域东南部，距县城10公里。该乡驻地位于山冲向阳，破晓日出，峡谷晖耀，故名阳朝。2010年，乡域面积98.6平方公里，耕地1128公顷，辖12个建制村，总人口1.81万人。境内交通便利，村与村公路全部连通。全乡有8座水库，素有“粮仓”之称。引进湘西州民生公司成立“仙人茶业有限责任公司”，投资220万元建立“仙人茶”生产基地80公顷；公司生产的“仙人云雾茶”系列产品在北京农博会上获金奖。

清水乡 位于县域西部，距县城26公里，与花垣县城隔河相望。境内有一古泉，终年清澈，因此得名。乡域面积45平方公里，耕地面积672公顷。辖9个建制村，总人口1.01万人。境内森林资源丰富，2001—2005年，实施退耕还林工程，全乡林地面积2489.86公顷。林木有杉木、松树、柏木等十多个品种。

大妥乡 位于县域中部，驻地大妥村，距县城27公里。相传此地从前出过几位举人，民间以为风水好，驻此为妥，故名大妥。二说该地坪坝靠山居，自然形成大椭圆形，故名大椭，后演变为“大妥”。2010年，乡域面积107平方公里，耕地1714公顷，辖10个建制村，总人口1.89万人。粮食、蔬菜、水果为全乡农业主导产业，有商品菜地320公顷，水果面积1293.33公顷。境内建有以锌业公司为龙头的企业10家，形成狮子桥工业区的主要组成部分。

夯沙乡 位于县域南部，距县城120公里。夯沙系苗语地名，“夯”即冲，村旁有溪流过，溪中多沙，冲积成沙坪，故名夯沙坪。2010年，乡域面积64.9平方公里。下辖7个建制村，总人口6325人。境内山势独特险峻，以神奇的吕洞山而著名，粮食作物有水稻、玉米、红薯等，经济作物有大豆、油菜等；盛产桐油、黄金茶、猕猴桃、椪柑等；林业以山竹和木材为主。

三、特色事物（事件）

（一）碗米坡水电站

碗米坡水电站为湖南省西部开发十大标志性工程之一，是省、州、县重点工程。位于酉水中游，是沅水一级支流酉水第四个梯级电站。坝址地处保靖县碗米坡境内，水路距县城20公里，上距龙山县里耶镇、保靖县清水坪镇36.7公里。坝址控制流域面积10415平方公里。水库正常蓄水位248米，总库容3.78亿立方米，有效库容1.25亿立方米。电站装机3台，总容量24万千瓦，年均发电量7.92亿千瓦时。工程开发以发电为主，兼有航运、养殖、旅游等综合效益。是一座具有不完全季节性调节的电站。

碗米坡水电站勘测设计工作始于1954年，1955年武汉水利水电设计院（长沙中南勘测设计院前身）勘查酉水河道650公里，提出酉水河梯级开发可行性方案，并将碗米坡坝址列为首期开发工程，编制《酉水查勘报告》；1984年，中南水电勘测设计研究院编制《酉水流域规划报告》；1986年，碗米坡水电站初步设计，1987年底完成初步设计报告。选定正常蓄水位260米，装机27万千瓦。1993年，保靖县成立碗米坡电站前期工作办公室，开展碗米坡水电立项等工作。1996年4月，国务院副总理邹家华在长沙主持召开会议，研究沅水流域水电开发问题。是年5月2日，国务院印发《关于研究沅水流域水电开发问题的会议纪要》，同意将沅水流域列为国家滚动综合开发的重点，将洪江、碗米坡水电站列入沅水一期开发项目。湖南五凌水电开发有限责任公司为项目业主，全面负责整个梯级电站的开发、建设和管理工作。1997年6月12—17日，碗米坡电站前期工作办公室组织保靖县移民局、国土局、水电局、林业局、农业局、建设局、文物局等相关部门，开展碗米坡电站蓄水246米、248米、252米淹没的实物标准调查统计。1998年1月1—3日，国家计委、中国水利规划设计研究总院（简称水规总院）、湖南省计划委员会、交通厅、国土厅、电业局、五凌水电开发责任有限公司、环保厅、湘西州政府、龙山县政府、保靖县政府等相关单位领导和专家，审查评估中南水电勘测设计研究院编制的《碗米坡发电站可行性研究报告》。4月，水规总院批准《碗米坡水电站可行性研究报告》。

2000年6月14日，国家发展计划委员会将碗米坡水电站列入2000年第五批基本建设新开工大中型项目，准予开工。8月18日，州、县举行碗米坡电站开工仪式。时任中共湖南省委常委、常务副省长周伯华，湘西州人民政府州长武吉海出席开工仪式并讲话。2001年5月8日，大坝主体工程开工，11月16日，大坝成功截流。2003年11月30日，大坝下闸蓄水，12月验收通过。2004年2月13日，电站第一台机组运行发电，比设计规定时间提前9个月。6月1日，第二台机组投入运行。8月18日，第三台机组运行。2005年4月，经中国电力投资集团组织相关部门专家验收，碗米坡水电站被评定为达标投产先进单位。

（二）钟灵山工业园

1996年，中共保靖县委、保靖县人民政府实施民营主体带动战略，加快县域经济发展步伐。针对改革开放以来县域经济增长主要依靠发展非国有经济的实际，采取新的举措推进民营经济发展提速，优化环境；制定20条优惠办法，创建民营经济试验小区；实行“一卡收费”和试营期低税无费等优惠政策；坚持“一个窗口对外，一站式审批，一条龙服务”的管理模式，在立项、审批、厂址选择、征地拆迁、物质供应、供水供电等方面提供优质服务。打破所有制界限，调整和优化工业区域结构，为招商引资和发展民营经济创造条件。2003年，具有产业优势、行业优势、产品优势的龙溪工业小区初具规模。2004年10月29日，县委召开第二十次常委会会议，会议将工业小区正式命名为“工业园区”，成立钟灵山工业园区管委会，碗米坡工业园区由钟灵山工业园区管委会代管。2005年8月9日，中共保靖县委召开第十一次常委会会议，专题研究工业园区用地有关优惠政策：凡是在钟灵山工业园区内兴办工业且固定资产500万元以上、经营期10年以上的，由投资者在支付应缴的国家、省、州有关费用及征地补偿费和拆迁补偿费后，即取得土地使用权；固定资产投资达1000万元以上、经营期10年以上的，由投资者代缴应上缴的国家和省、州有关费用及征地补偿费和拆迁补偿费的，即取得土地使用权，代缴的费用在缴税中分期返还；凡在碗米坡工业园区兴办且固定资产投资500万元以上的，不计征土地费，条件是企业兴建的项目必须是高科技和无污染；在钟灵山工业园区和碗米坡工业园区入园的企业需缴纳土地出让金，可作挂账处理；按照省规定的按每平方米3元的农土资金必须在国土部门办证前一次性缴清；工业园所征土地必须用于兴办工业，不得变更用地性质，否则，县政府将依法收回土地使用权，并追缴土地出让金；入碗米坡工业园区的企业在取得用地红线图及土地使用证三个月内必须动土建设，否则，县政府将依法予以处理。是年，工业园区建设速度加快，推动县域经济迅速增长，年末，县财政收入突破1.4亿元大关。2010年，工业园区实现工业总产值6.5亿元。

（三）黄金茶

黄金茶诞生于400多年前今保靖县吕洞山区的葫芦镇。据《明世宗实录》记载：明朝嘉靖十八年（1539）农历四月，湖广贵州都御史陆杰，从保靖宣慰司（今迁陵镇）取道前往镇溪（今吉首市）巡视兵防，途经鲁旗（今保靖葫芦）深山沟壑密林中，一行百余人，多染瘴气，艰难行至冷寨河苗寨，苗族老阿婆采自家门前的百年老茶树叶沏汤赠与服用，半个时辰后，瘴气痊愈。陆杰甚喜，当场赐老阿婆黄金一条，还将此茶上报朝廷为贡品，成为唯一产地。从此，该茶便有“一两黄金一两茶”之说。所制干茶外形翠绿显毫，汤色黄绿明亮，具有“香、绿、爽、浓、醇”的特点，氨基酸含量是一般名优绿茶2倍以上。2009年，“黄金古茶制作技艺”被湘西州人民政府列入非物质文化遗产保护名录。2010年，“保靖黄金茶”获国家农产品地理标志。

（四）保靖酱油

保靖酱油，制作历史170余年。以黄豆、面粉、食盐、水等为主要原料，精制而成；不含化学制剂，长年贮放不霉，油体极酽，红褐鲜亮，营养丰富，酱香味浓。远销湘鄂渝黔4省市边区。1988年获湖南省首届青年技术星星博览会优胜奖。2008年，“保靖酱油制作技艺”列入湘西州非物质文化遗产名录。

（五）保靖松花皮蛋

保靖松花皮蛋，有200多年历史 。蛋体丰满、晶亮、富有弹性，蛋内有如松花的银灰色图案。清香可口，易消化。具有清肝明目、开胃、降血脂等功效，1987年获湘西州“十佳食品”奖，1989年获湖南省“优质产品奖“，1994年在第五届亚太地区国际贸易博览会上获金奖。2009年2月，保靖松花皮蛋制作技艺被湖南省人民政府列入非物质文化遗产名录。

永顺县

一、概况

永顺县地处湘西自治州北部，位于北纬28°42′～29°27′、东经109°35′～110°23′之间。县境与龙山县、保靖县、古丈县、张家界市桑植县、永定区及怀化市沅陵县接壤。县城灵溪镇距湘西州首府吉首市113公里。全县总面积3811.1平方公里，居全省第七位、全州第一位，县辖30个乡（镇），下设327个建制村（居），2010年全县53.04万人，聚居着土家、苗、汉等21个民族，以土家族为主的少数民族人口占89.2%。境内山峦叠嶂，溪谷纵横，最高羊峰山海拔1437.9米，最低小溪鲤鱼坪海拔162.6米，有大小溪河330多条，流域面积大于10平方公里、干流长度超过5公里的河流70条。1989年，全县生产总值2.44亿元。其中，第一产业总产值1.34亿元，第二产业0.46亿元，第三产业0.64亿元，人均生产总值578元。社会消费品零售总额9717万元。财政收入4404万元，财政支出5289万元。农民人均纯收入378元，全部职工年均工资1622元。

第二次国内革命战争时期（1927—1937年），贺龙、任弼时、关向应、萧克、王震等老一辈无产阶级革命家在永顺建立红色苏区，成为红二方面军的诞生地，是湘鄂川黔革命根据地中心区域。境内保留大量的历史遗迹和人文景观，同时作为土家族聚集地，土家族摆手舞、打溜子、毛古斯舞等被列入国家首批非物质文化遗产项目名录，土家舍巴节、梯玛祭祀等古朴民风至今犹存。永顺农业资源丰富，全县耕地2.79万公顷。矿产资源初步勘探发现铁、煤、钒、铅锌、大理石等36种，其中铁、钒等矿储量位居全省前列。文化旅游资源独特，拥有猛洞河国家重点风景名胜区、不二门国家森林公园、小溪国家自然保护区、芙蓉镇国家历史文化名镇、国家重点文物保护单位溪州铜柱、老司城遗址及湘鄂川黔革命根据地旧址等七大“国”字号旅游品牌；同时有猛洞河漂流、芙蓉古镇游等一批旅游精品。

县委、县政府重视旅游资源开发利用，提出“充分利用本地自然资源和人文景观资源，走内涵与外延相结合道路，突出重点，兼顾全面，逐步将猛洞河建成风景优美、设施齐全、服务周到的旅游区”思路，先后投资7000多万元，建成哈尼宫旅游接待站、西米至哈尼宫、抚志至哈尼宫旅游公路，改造石堤至王村公路、县城灵溪镇至老司城旅游公路，完善漂流景区码头、停车场、卫生间、更衣室、休息室等景区配套设施，1992—1997年，连续举办六届湖南猛洞河国际漂流月活动，成功打造猛洞河漂流、芙蓉古镇采风等知名旅游产品。按照“定位准、方向明、起点高、效益显、能践行”的标准，先后编制《永顺县旅游业发展规划》《王村古镇、老司城保护性开发详细规划》《不二门开发建设详细规划》，以及猛洞河风景名胜区详细规划，为旅游产业发展提供强有力保障。实施交通带动战略，突出重点干线公路升级改造和通达工程建设。投资近2亿元，完成县城至小龙村公路砂改油工程，

修建展笔至小溪旅游公路，整修王村古镇石板街和古民居，修筑猛洞河漂流水量调节坝，新修候漂厅和王村城门楼，修建猛洞河大酒店等星级宾馆，提高猛洞河旅游接待标准。小溪被批准为国家级自然保护区，老司城遗址被国务院公布为第五批全国重点文物保护单位，苏区塔卧被定为全国爱国主义传统教育基地，猛洞河风景区被批准为国家级风景名胜区。2006年，塔卧湘鄂川黔革命根据地旧址被批准为第六批全国重点文物保护单位，有效提升永顺县旅游资源品位。城镇建设按照“政府引导、市场运作、重点突破、梯次推进”的方针，推进县城扩容和农村建制镇建设。成功引进湖南大汉集团实施县城综合运营开发，投资10亿元，实施县城提质扩容工程，永顺大道、府正家园、府顺家园开工建设，4条主干街道改造完工，垃圾处理场竣工使用，污水处理厂建成投产。

2010年，境内接待游客185.2万人次，实现旅游收入7.3亿元。全县生产总值30.86亿元。其中，第一产业增加值10.25亿元，第二产业增加值7.31亿元，第三产业增加值13.30亿元，人均生产总值7057元。社会消费品零售总额16.48亿元。财政收入1.76亿元，财政支出13.11亿元。农村居民人均年纯收入2942元，城镇居民年可支配收入9638元。

二、乡镇

灵溪镇　位于县域中部，为全县政治、经济、文化中心。据《永顺县志》载：“灵溪在春秋战国属楚，唐置溪州灵溪郡，以灵溪水而得名。”2010年，镇域面积219平方公里，辖15个建制村、9个社区，总人口8.2万人。境内交通便利，国道209、省道230西连渝黔，是湘西州重要交通枢纽之一。

芙蓉镇　位于县域南部，距县城51公里。原名王村镇，1986年因拍摄电影《芙蓉镇》后而改名。镇域面积168平方公里。辖16个建制村（社区），总人口23776人。该镇既是湘西自治州四大名镇之一，又在猛洞河国家级风景区内，旅游业发展迅速。2010年，接待游客80万人次，实现旅游收入2400万元，全镇生产总值2.3亿元，农民人均纯收入2200元。

青坪镇　位于县域东部，距县城50公里。镇政府驻地有坪，昔日古木参天，不见天日。庶民乔居，毁林开垦，扩居成片，晴日晨光和煦，碧空蓝天，时人谓之青天坪。镇域面积154.2平方公里，辖10个建制村（居），总人口12148人。该镇耕地573.26公顷，退耕还林地3333.33公顷，柑橘等林果面积156.66公顷。镇内矿产资源有铅锌、镍钼、钒矿等。2010年，粮食总产量6236吨，蔬菜产量2696吨，柑橘产量1.8万吨。全镇种植烤烟206.66公顷，产量413吨，实现产值330多万元。

长官镇　位于县域东南部，距县城104公里。相传镇政府驻地长官村，曾因土司时期设长官司而得名。2010年，镇域面积105平方公里，辖2个居委会、5个建制村，总人口6558人。焦柳铁路和省道1828线贯穿全境，水上交通上至保靖、下至凤滩，交通便利。粮食作物以水稻、玉米为主，经济作物主要种植柑橘、烤烟等，养殖业主要有养羊、养猪和网箱养鱼等。

砂坝镇　位于县域东北部，距县城54公里。砂坝，土家语叫“杉卡”，意即杉树多的地方。2010年，镇域面积131平方公里，耕地面积2556.66公顷。辖3个街道社区、9个建制村，总人口27534人。农产品有稻谷、玉米、油菜籽、花生、茶叶等。该镇文化底蕴深厚，纸扎艺术、打溜子、唢呐、狮子灯、蚌壳灯、傩堂戏等民族民间艺术远近闻名，曾被中共中央宣传部授予“文化艺术之乡”称号。

石堤镇 位于县域中东部，距县城41公里。石堤为土家语，意为多田坝子。2010年，镇域面积301平方公里，辖29个建制村（居），总人口4.7万人。全镇粮食作物种植面积4805公顷，总产量21137吨，其中水稻播种面积2371公顷，产量12478吨；种植烤烟面积270公顷，实现烤烟收购500余吨。

首车镇 位于县域西北部，距县城25公里。“首车”系土家语，意为“出红锈水的地方”。2010年，全镇面积114.8平方公里，辖6个建制村、2个居委会，总人口13001人。该镇群山环抱，猛洞河自北向南穿境而过，国道209贯穿全镇。20世纪80年代，开始种植柑橘，并逐渐形成一大支柱产业。

松柏镇 位于县域东南部，距县城60公里。松柏原名松湖，土家语即松柏丛生的地方，后人在此开设墟场，故名松柏场。2010年，镇域面积156平方公里，辖15个建制村（居），总人口2.3万人。该镇素有“湘西粮仓”之称。水稻、烤烟、富硒猕猴桃为境内支柱产业，优质“松柏大米”具有营养丰富、口感独特、回味甘醇的特点，获中国驰名商标；富硒猕猴桃获湖南省优质水果“金质奖”，产品畅销全国各地。

塔卧镇 位于县域东北部，省道230穿镇而过，距县城38公里。镇驻地山形如宝塔卧地，故名。2010年，镇域面积142.3平方公里，有耕地面积1432.73公顷，森林面积2.44万公顷，森林覆盖率60.5%。辖14个建制村（居），总人口3.6万人。该镇有老苏区十大革命文物旧址、遗址，是国家级文物保护单位。塔卧石匠名扬中外，一批石匠先后参加过坦桑尼亚、赞比亚、南也门、斯里兰卡、马里援外工程建设。全镇石匠年劳务收入过亿元。

永茂镇 位于县域东部，距县城72公里。永茂原名野猫塔，因此地野猫多而得名，后演化为永茂塔。2010年，镇域面积83.03平方公里，辖7个建制村（居），总人口8936人。该镇交通便利，焦柳铁路和省道1828线穿境而过，永茂火车站为永顺县乃至周边县市的货运中转站，年货物装卸量60万吨以上，镇内建有中央粮食储备库，仓容量3.5万吨。

泽家镇 位于县域西南部，距县城27公里。泽家湖，土家语“泽口夏枯”，意即缺水的地方。2010年，镇域面积127平方公里，耕地面积1141.6公顷，林业面积1.34万公顷,辖14个建制村（居），总人口18645人。境内国道209、张花高速公路纵横而过。农作物以水稻、玉米为主。

万坪镇 位于县域北部，距县城46公里。镇域龙家寨至杉木村，有长7.5公里、宽2公里的谷地，历史上该地年产稻谷十万担，故名十万坪。有著名的苏维埃郭亮县旧址，是贺龙、任弼时等老一辈无产阶级革命家领导红二、六军团取得当年“十万坪大捷”的主战场。全镇发展特色产业，打造优质万坪豆腐、火腿、竹器、铁器等品牌，年产值3000多万元。2010年，全镇面积147平方公里，耕地面积1334公顷，林地面积1.2万公顷，森林覆盖率64%。辖15个建制村（居），总人口2.8万人。

车坪乡 位于县域东北部，距县城48公里。因沿河多架水车灌溉农田，故名车坪。2010年，全乡面积77平方公里，林地6333公顷，辖7个建制村，总人口1.3万人。该乡塔卧至西眉公路贯穿全境，交通便利。

大坝乡 位于县域西南部，距县城15公里。大坝原为保靖至永顺的驿站，站后有一大草坝，可牧放骡马而得名。2010年，全乡面积130平方公里,辖11个建制村，总人口1.3万人。该乡土家族民族文化浓郁，双凤村被定为全国土家族民族文化调研基地。国道209穿越全境。粮食作物以稻谷、玉米为主，经济作物主要有蔬菜等，水果有柑橘等。

吊井乡 位于县域东北部，距县城19公里。相传三百年前，土司“王”在乡政府驻地河边建有钓鱼台，故名钓矶岩，后误传吊井岩。2010年，全乡面积86平方公里,辖8个建制村，总人口12467人,该乡交通便利，省道306、230纵横境内。粮食作物以稻谷、玉米为主，经济作物主要种植大棚蔬菜；春夏季种植品种以辣椒、西红柿为主，兼种苦瓜、丝瓜、茄子等品种；秋冬季种植品种以莴笋、萝卜、白菜为主。

对山乡　位于县域西北部，距县城42公里。乡政府驻地呈三山相对而立，故名对山。2010年，乡域面积87.2平方公里，辖7个建制村，总人口9208人。该乡退耕还林面积居县境乡镇之首。土家语世代传承，为湘西州三个土家语双语教学示范乡之一。粮食作物以稻谷、玉米为主，经济作物主要种植大棚蔬菜。

抚志乡　位于县域南部，距县城19公里。乡境有一坪坝，周围山形似虎，故名虎子坪，后改"虎子"为"抚志"。2010年，全乡面积98平方公里，辖7个建制村，总人口1.1万人。该乡以喀斯特地貌为主，主要粮食作物有水稻、玉米等，经济作物以烤烟、油茶为主。境内交通便利，永（顺）吉（首）公路、张（家界）花（垣）高速公路纵横全境；旅游资源丰富，境域哈尼宫至牛路河大桥段，为猛洞河漂流黄金线。

高坪乡　位于县域东南部，距县城42公里。高坪，相传土司时代，外省迁来陈、刘、朱、周等姓，向土司课地种高粱，故名高粱坪。2010年，全乡面积142平方公里，辖10个建制村，总人口14325人。境内交通便利，省道229和永王公路穿乡而过，村村组组通公路，总里程173公里。农业主要生产烤烟、猕猴桃、优质大米、红提葡萄等，工艺品有土家绣花鞋垫。

回龙乡　位于县域东南部，距县城96公里，因乡政府驻地回龙庵而得名。2010年，全乡面积98平方公里，耕地面积314.4公顷，退耕还林面积1710公顷，辖5个建制村，总人口9033人。乡内资源丰富，植被茂盛，有水杉、香叶树、白玉楠、南方红豆杉、珙桐、红腹锦鸡、大鲵、麂子等珍稀动植物；矿产资源有磷、硫铁、铅锌等。

颗砂乡　位于县域东北部，距县城23公里。据《永顺县志》载："城东四十里，昔有砂石圆形，珠色赤，叫颗砂"，故由此得名。2010年，全乡面积77.67平方公里，耕地面积829.2公顷，辖10个建制村，总人口17082人。乡境多丘陵、山地，桑（植）永（顺）公路、永（顺）万（坪）公路纵横全乡。

两岔乡　位于县域西北部，距永顺县城34公里，因乡政府驻地有两条小溪在此汇合，故名。2010年，全乡面积110平方公里，耕地面积795.2公顷，辖9个建制村，总人口11708人。乡内建有高家坝水库，利用库区水资源相继实施网箱养鱼、水上农家乐等项目开发。

列夕乡　位于县域西南部，距县城43公里，列夕系土家语，意为"河坎上"。2010年，全乡面积86平方公里，辖9个建制村，总人口9275人。该乡森林资源丰富，森林覆盖率69%，矿产资源有白岩矿、铁矿、三叶虫矿等。境内盛产板栗，且质地好、味甜，列夕豆腐，其"细""嫩""味"堪称一绝，远近闻名。

毛坝乡　位于县域东北部，距县城60公里。2010年，乡域面积92平方公里，耕地面积980公顷。辖8个建制村，总人口1.3万人。澧源河由南向北，将乡境分成河东，河西两大片区，东西两片各有一条乡级公路，交通便利。境内有省级文物保护单位1处，即1934年11月红二、六军团十万坪大战指挥部旧址。该乡矿产资源有煤、铁、铜等。农产品有稻谷、烤烟、玉米、油菜籽等。

润雅乡　位于县域东北部，距县城63公里。相传土司在此设官衙曰"润衙"，后人将"衙"演为"雅"，故名润雅。2010年，全乡面积88.3平方公里，耕地面积579.86公顷；辖7个建制村，总人口9492人。境内盛产磨刀石、莓茶、蜂糖酒，矿产资源有方解石、铁矿、地热温泉资源储量大。

勺哈乡　位于县域西北部，距县城10公里。相传土家人初来湘西，仅一户留居此地，分得三撮粮食，土家语"勺"为三，"哈"即撮，故名。国道209穿乡而过，猛洞河纵贯该乡中部，2010年，乡域面积106.48平方公里，耕地面积2071.2公顷，林地面积6990.73公顷，辖10个建制村，总人口1.5万人。该乡农产品有稻谷、玉米、油菜籽、花生等。全乡有柑橘518.66公顷，脐橙150公顷，年产柑橘6725吨；种植蔬菜667.33公顷，年产量7580吨。

万民乡 位于县域西北部，距县城 78 公里。相传首先定居此地的为李姓万民、万岗两兄弟，后人称此地为万民岗。2010 年，乡域面积 143.9 平方公里，耕地面积 913.6 公顷。辖 8 个建制村，总人口 11984 人。该乡主要农作物有水稻、玉米等。全乡退耕还林面积 2106.67 公顷，有林地面积 1.26 万公顷，森林蓄积量 50 万立方米，森林覆盖率 80%。矿产资源有铅、锌、钼矿和重晶石等。

西歧乡 位于县域西北部，距县城 30 公里。据传清代土司出游，携西歧夫人同行亡葬于此，故名。2010 年，乡域面积 91 平方公里，辖 8 个建制村，总人口 10916 人。全乡粮食总产量 4923 吨，蔬菜总产量 2093 吨，柑橘产量 3000 余吨。

小溪乡 位于县域东南部，距县城 155 公里。因乡政府驻地村前，有终年清澈见底、水明如镜的小溪而得名。2001 年批准成为小溪国家级自然保护区，保护区为亚热带低海拔常绿阔叶原始次生林保护最完好的地区之一，是免遭第四纪冰川侵袭而唯一幸存的原始森林和天然林资源宝库、森林覆盖率 91.65%。区内有金钱豹、云豹等国家一、二级保护动物 36 种，有珙桐、红豆杉、三尖杉等国家一、二级保护植物 43 种，植物多样性指标高。2010 年，乡域面积 248 平方公里，辖 11 个建制村，总人口 8593 人。

盐井乡 位于县域西北部，距县城 68 公里。乡政府驻地有咸井一口，能以水熬盐，故名盐井。2010 年，乡域面积 79 平方公里，耕地面积 689.6 公顷。辖 10 个建制村，总人口 7519 人。已探明矿产 10 余种，以铅锌矿为主，储量 100 万吨以上。农作物以种植水稻、玉米为主。龙洞、车溪两个村涌现一批养殖专业户，主要养殖黄牛和山羊。

朗溪乡 位于县域东南部，距县城 102 公里。2010 年，乡域面积 110 平方公里。辖 6 个建制村，总人口 6443 人。该乡矿产资源有钒、镍钼、铅锌、铜、玉；林业资源丰富，森林覆盖率 81%。野生动植物资源有香菇、木耳、大鲵、黄心夜合；农作物以种植水稻、小麦、玉米为主；养殖业以生猪、山羊、家禽为主。

三、特色事物（事件）

（一）退耕还林

2000 年，永顺县退耕还林工程启动，县委、县政府坚持把退耕还林工程作为农民脱贫致富的“富民工程”和密切党群干群关系的“德政工程”和“民心工程”来抓，科学规划设计，精心组织实施。至 2010 年，全县累计完成退耕还林面积 70440 公顷。其中，营造生态林 63480 公顷，占总面积 90.1%；经济林 6006.66 公顷，占总面积 8.5%；退耕还草 86.66 公顷，占总面积 0.1%；封山育林 866.66 公顷，占总面积 1.3%。初步显现生态、经济、社会三大效益。

工程实施过程中，采取的主要措施：(1) 加强组织领导。成立由县委书记任组长，县委、县人大常委会、县政府、县政协、县人武部分管领导任副组长，县财政、林业、发改、审计、监察、广电、农行、农发行等单位主要负责人为成员的退耕还林工程建设领导小组；各乡镇也相应成立退耕还林工作领导小组，由党政“一把手”亲自抓、负总责，并明确分管领导和专抓人员。(2) 细化工作责任。按照“横向到边、纵向到底”的要求，坚持退耕还林“四包”负责制，即：县级领导包片区、县直单位包乡镇、乡镇干部包村、村组干部包户，并层层签订目标管理责任状，形成一级抓一级、一级对一级负责的组织管理体系。(3) 强化目标考核。全县自上而下建立双线承包责任制，加强质量管理，坚持按规划设计、按设计施工、按项目考核、按标准验收，推行项目法人制、招投标制和工程监理制；制定《退耕还林工程技术责任追究办法》，对因工作不到位造成质量事故的相关责任单位和责任人，严格实行责任追究，并坚决执行到位。(4) 严格政策兑现。出台《永顺县退耕还林工程建设检查验收办法》，严格检查验收，强化专项资金管理，坚持公平、公正、公开”原则，确保国家各项补助及时、足额发放到位，同时严肃查处虚报、截留补助资金的单位和个人。(5) 加强后期管护。全县聘请 625 名专职护林员，加强上山巡查，切实减少损毁森林情况发生。2010 年，全县退耕户累计人均直接获得国家补助2415元。在巩固退耕还林成果8年间，退耕还林区农民人均可增加现金收入1432元，实现生态环境好、农民得效益的“双赢”目标，确保“退得下、稳得住、能致富、不反弹”。

（二）红色旅游

永顺县是革命老区，境内红色旅游资源丰富。有全国重点文物保护单位湘鄂川黔边革命根据地领导机关旧址，省级文物保护单位“十万坪大战”指挥部旧址，州级文物保护单位永保县政府旧址、郭亮县政府旧址、连洞红军标语墙等。1986年，永顺县在塔卧镇建成湘鄂川黔革命根据地纪念馆；2001年6月，中共中央宣传部将湘鄂川黔革命根据地纪念馆列入全国爱国主义教育示范基地；2006年3月，国务院将湘鄂川黔革命根据地旧址公布为第六批全国重点文物保护单位。

加强爱国主义和革命传统教育，完善旅游产品结构，丰富旅游观光内容。2004年，永顺县委、县政府按照中共中央办公厅和国务院办公厅联合下发的《关于印发〈2004—2010年全国红色旅游发展规划纲要〉的通知》，着力抓好以湘鄂川黔革命根据地旧址为主体的红色旅游开发建设。通过申报，中共中央宣传部、国家发改委、国家旅游局、财政部等12个部委于2005年联合行文，将湘鄂川黔革命根据地旧址列为全国100个红色旅游经典景区和30条红色旅游精品线路之一。2007年，永顺县按照国家发改委下发的《关于印发全国红色旅游重点景区总体建设方案的通知》，分两期向国家发改委申报湘鄂川黔革命根据地旧址红色旅游开发工程项目。2008年，一期工程项目获批，2009年1月正式实施，2010年10月竣工。整个一期工程累计投资3748万元，其中，中央投资1880万元。主要建设项目有湘鄂川黔革命根据地旧址陈列馆、苏区广场、停车场、红都大道、红军桥、旅游厕所、游道等。通过项目实施，景区基础设施条件改善，旅游接待服务能力提升。年底，永顺县向国家发改委申报湘鄂川黔革命根据地旧址红色旅游开发二期工程项目。1986—2010年，湘鄂川黔革命根据地纪念馆先后接待游客150余万人次。

（三）猛洞河漂流

猛洞河漂流位于国家重点风景名胜区猛洞河风景区内，为全国仅有的两条四星级漂流线路之一，也为国家旅游局重点推荐的20条国际旅游精品线路核心景点之一，全程47公里，精彩处位于上程段，约17公里。漂流河段沿岸绿树葱茏、悬崖耸峙，飞瀑流泉与熔岩峰林浑然天成，猿啼鸟鸣与水清鱼翔交相辉映，滩多浪急与青山绿水自成一体，境内有三角岩、捏土瀑布、阎王滩、落水坑瀑布、梦思峡瀑布等数十个景点。漂流接155个弯，在133个滩潭中穿梭而行，迂回流连、心旷神怡。特别是阎王滩、三大炮等景点处，险象环生、有惊无险、扣人心弦、令人叫绝。为扩大猛洞河漂流的知名度，打造国内漂流旅游精品，1992—1997年，永顺县委、县政府先后举办六届国际漂流月暨经贸洽谈会。党和国家领导人乔石、廖汉生、费孝通等先后到猛洞河视察。国家旅游局原局长刘毅漂流后赞道“猛洞河漂流全国独有”，香港著名摄影家陈复礼漂流后欣然题词：“寻幽探胜刺激抒情兼而有之，猛洞河漂流游行将扬名天下”，全国人大常委会副委员长费孝通亲笔命名“天下第一漂”。1994年“天下第一漂”经国家工商总局认定注册。2000年，县人民政府与振升铝材公司签订合约，以2.8亿元将猛洞河漂流经营权租赁50年，猛洞河公司改制，由原国有企业改制为外资、民营企业；2003年，宋祖英录制演唱《家乡有条猛洞河》，让猛洞河漂流逐渐“养在深山有人识”。2010年7月，湘西州人民政府与张家界市政府洽谈30轮，正式将振升铝材公司猛洞河漂流景区经营权收回，由湘西州芙蓉镇景点圈管委会负责景区经营管理。1988—2010年，猛洞河漂流累计接待80多个国家和地区游客530多万人次，实现门票收入4.5亿元。

（四）小溪国家级自然保护区

小溪国家级自然保护区位于永顺县东南部西水下游的小溪乡，地处武陵山西端，距县城155公里，属全球重点保护的200个生态圈之一，是世界少有、中国独有、中南十三省唯一免遭第四纪冰川侵袭而幸存的低海拔常绿阔叶原始次生林。

总面积263平方公里，分为实验区、缓冲区和核心区；保护区辖11个村88个村民小组，总人口8326人。区内层峦叠嶂，山高林密，溪河交错，最高处人头山海拔1327米，最低点鲤鱼坪的明溪海拔162.6米，地势比降44.6%，属亚热带季风湿润气候区和亚热带低海拔常绿阔叶林区。区内最低气温零下5℃，最高气温37℃，年均气温在12～14℃之间，年均降水量1445毫米，无霜期282天，年日照1200小时左右。区内土质多为砂页岩，土壤肥力高，物种丰富，有各类动植物291科2912种，其中木本植物94科419种，珍稀树种有珙桐、水杉、香果树、钟萼林、巴东木莲、银杏、鹅掌楸、杜仲、楠木等22种，有药用植物985种，芳香植物306种，森林覆盖率80%以上；有脊椎动物23目70科208种，昆虫19目144科738种，其中包含金钱豹、云豹、白颈长尾雉等国家一、二级保护动物36种，黑麝、林麝、虎纹蛙等国家重点保护动物，是天然的植物园和野生动植物的基因库及天然氧吧。1982年，保护区成立。1983年，设立保护区管理所，行政隶属小溪乡政府领导，业务由县林业局主管。2001年，经国务院批准升格为国家级自然保护区。2003年，永顺县小溪自然保护区管理局成立，为副处级事业单位。2004年，保护区行政区划调整，面积扩至266.67平方公里。同时编制《湖南小溪国家级自然保护区总体规划（2010—2020）》和《湘西土家族苗族自治州小溪国家级自然保护区条例》，并组织实施保护区基础设施建设项目，投入8000万元，建成防火道50公里，游道25公里，乡政府及乡直机关搬迁，生态移民40余户；开工建设展笔至小溪旅游公路；完善杉树王、原始吊脚楼、连山瀑布群等景点观光配套设施。保护区逐步成为生态旅游观光、科考探险、休闲度假的目的地。2010年，接待旅游休闲观光游客5.2万人次。

龙山县

一、概况

龙山县地处湘西自治州北部，位于北纬28°46′～29°34′、东经109°12′～109°54′之间。总面积3131.43平方公里。县境与永顺县、保靖县，张家界市桑植县，重庆市秀山、酉阳土家族苗族自治县，湖北省来凤县、宣恩县接壤。境内群山耸立，峰峦起伏，酉水与澧水纵横其间。清雍正七年（1729）改土归流，龙山设县。县政府驻地民安街道，距湘西州首府吉首市210公里。2010年，县辖20个乡、11个镇、3个街道办事处，下设462个建制村（居），总人口57.36万人，其中少数民族39.36万人，占总人口68.61%。县域属中亚热带山地季风湿润性气候区，夏无酷暑，冬无严寒，年均气温15.8℃。探明矿产资源29种，紫砂陶土藏量5000多万吨，量多质高。1989年，全县实现生产总值3.05亿元。其中，第一产业1.35亿元，第二产业1.19亿元，第三产业0.51万元，人均668元。社会消费品零售总额9717万元。财政收入6540万元，财政支出4775万元。农民人均纯收入378元，全部职工年均工资1641元。县境为土地革命时期（1927.8—1937.7）红军长征途中建立的根据地——湘鄂川黔苏区中心县之一。2002年，里耶出土全国唯一保存完整的战国—秦代古城遗址和3.6万枚秦简牍，其数量为20世纪国内出土秦简牍总数的10倍。文化旅游资源丰富。全县获得26个“国”字号文化品牌，土家织锦作品获首届非物质文化遗产博览会金奖，土家织锦技艺、土家摆手舞、土家打溜子、土家毛古斯等列入国家非物质文化遗产项目名录，县艺术团出演上海世界博览会。

龙山县开展“百村通路”工程，乡村公路向深山贫困村延伸推进。先后实施国道209，花（垣）龙（山）公路、桑（植）龙（山）公路、茅（坪）岩（冲）公路沙改油工程。龙（山）张（家界）高速公路进入国家高速公路网调整项目；龙（山）吉（首）高速公路开工建设，其中龙（山）

永（顺）段完成投资3.5亿元。通乡、通畅工程完成投资7.62亿元，农村客运网络日趋完善。县城四横六纵干道全部贯通，56条街巷维修一新；城区供水压力分布均衡，水质合格；下水道逐步形成网络，污水收集管网建成，实现达标排放；县城范围东起新城街道办事处的木材检查站，南至县水泥厂以南，北抵县委党校，西到民安街道办事处宝塔村，总面积15.1平方公里，为1989年的4倍、2006年的2倍。城区绿化面积105公顷，其中园林绿化面积85公顷。

2010年，全县生产总值增至37.74亿元，人均7524元。第一产业增加值12.34亿元，第二产业增加值9.02亿元，第三产业增加值16.38亿元。社会消费品零售总额增至16.81亿元。财政收入增至2.18亿元，财政支出增至15.26亿元。农村居民人均纯收入增至3077元，城镇居民年可支配收入10962元。

二、乡镇（街道）

民安街道　系龙山县政府驻地，民国时期名首善镇，1958年属城郊人民公社，1959年，取国泰民安之意，称民安镇，2005年改为民安街道，辖5个社区和8个建制村。总面积12平方公里，有耕地127.44公顷，总人口6.81万人。2010年，街道财政收入突破1000万元，跻身湖南省“百强镇”之列。

华塘街道　位于县城西北部，距城中心3公里。2005年，设立华塘街道，为湖南、湖北两省共同打造的新兴经济城市中心。华塘古称莲花宝地，因缺水，当地居民依山循势筑小山塘蓄水灌溉，远看若莲花朵朵，因之得名花塘坝，后演化为华塘。2010年，街道辖6个社区居委会和4个建制村，总人口1.8万人。粮食作物以水稻、玉米为主，经济作物以生姜、甘蔗、辣椒为主。

新城街道　位于县城东部，距城中心2公里。2005年设立新城街道，总面积29.29平方公里。2010年，街道辖3个社区居委会、8个建制村，总人口1.5万人。境内农作物以水稻、玉米、薯类、蔬菜为主。该街道为湘西州22个工业强乡强镇之一，工业经济占居主导地位。街道办事处驻地新城坳。该地有湘鄂川黔革命纪念地旧址，1935年3月，红二军团攻打龙山县城时，指挥部设在新城坳。

桂塘镇　位于县境南部，距县城63公里，传说该镇有塘一口，塘边生一桂花树，树高冠茂，八月开花，香溢数里，得名桂塘。2010年，镇域面积152平方公里，耕地面积791公顷，辖13个建制村、1个社区居委会，总人口21304人。该镇为龙山县城至里耶和龙山至重庆酉阳公路的交汇处，交通便利，素有“一脚踏三省”之称。粮食作物以水稻、玉米为主，经济作物以烤烟为主。镇内乌龙山大峡谷为省级风景名胜区，并建成辐射湘鄂渝三省市边区15个乡（镇）的大市场。

红岩溪镇　位于县境东南部，距县城49公里。镇名因镇政府驻地村前溪沟内红石遍地而得。2010年，镇域面积179平方公里，耕地面积1231公顷，辖2个居委会、26个建制村，总人口26362人。国道209穿镇而过，交通便利。境内煤炭资源丰富。

石羔镇　位于县境北部，距县城7公里，因该地盛产石膏，故名。2010年，镇域面积43平方公里，耕地面积1168.8公顷。辖15个建制村和1个社区居委会，总人口26725人。该镇交通方便，灌溉便利。粮食作物以稻谷、玉米为主，为湘西州商品粮生产基地之一。经济作物有百合等，水果有柑橘等。镇内有石英石、石膏等矿产资源，石英石储量在3000万吨以上。

靛房镇　位于县境南部，距县城103公里，镇政府驻地村开发之初有制作蓝靛的作坊，故名靛坊，后演化为靛房。2010年，镇域面积129平方公里，耕地面积1089公顷，辖1个社区居委会、16个建制村，总人口1.49万人。该镇公路实现村村通，村民小组通公路70%。粮食作物以水稻、薯类为主，经济作物以烤烟、油菜为主。土家族语言代代相传，摆手舞、打溜子、毛古斯、咚咚喹、梯玛、哭嫁歌、挖土锣鼓等一系列民族民间生态文化原汁原味，被誉为“中国南方原生态文化活化石”。

里耶镇　位于县境南部，距县城116公里。“里耶”是土家语，意为“拖土”，泛指新石器时代当地人由渔猎为生转向农业垦殖。2010年，镇域面积 165 平方公里，耕地面积 1170 公顷，辖 3 个社区居委会、28 个建制村，总人口 3 万人。省道 231 贯穿全境，酉水河终年通航，为南北交通枢纽。该镇粮食作物以水稻、玉米为主。水果有柑橘等。经济林有油桐、油茶。有战国古城遗址、溪口新石器时期遗址、麦茶战国古墓群等古迹和 3.6 万余枚秦简牍出土文物。里耶镇为湘西自治州四大名镇之一，是中国历史文化名镇。

隆头镇 位于县境南部，距县城 98 公里。2010 年，全镇面积 68 平方公里，耕地面积 459 公顷。辖 1 个街道居委会、10 个建制村，总人口 8597 人。该镇民风纯朴，属土家族集聚地，是土家族语言、文化、民俗传承完好的乡镇之一。境内粮食作物以水稻、玉米、红薯为主；水果开发橙柚 800 公顷；有叉尾鮰鱼养殖网箱 764 口。

洗车河镇 位于县境东南部，距县城 65 公里。2010 年，全镇面积 175 平方公里，耕地面积 728 公顷，辖 1 个街道居委会、20 个建制村，总人口 14212 人。该镇交通便利。粮食作物以水稻、玉米为主；经济作物以烤烟为主。有土家族特色建筑吊脚楼、凉亭桥、石板街、古色古香的明清院落。有土家族原生态文化。有装机容量 5000 千瓦的小型水电站 1 座。洗车河豆腐堪称“湘西一绝”，有豆制品加工作坊 152 家，获注册商标 29 项。

石牌镇 位于县境北部，距县城 33 公里。据《龙山县志》载：石牌洞在白岩里，洞（口）里即巨潭，三面笔削，人不能入，初有牌立洞口皆古篆文，剥蚀难辨，未知为何代物，何人制者，洞之名以此，镇随洞名得之。2010 年，镇域面积 68 平方公里，耕地面积 604 公顷。辖 1 个街道居委会、11 个建制村，总人口 12370 人。该镇粮食作物以水稻、玉米为主，经济作物有百合、中药材等。境内有卧龙水库，库容 1400 万立方米，灌溉面积 270 余公顷。

茨岩塘镇 位于县境东北部，距县城 22 公里。2010 年，全镇面积 141 平方公里，有耕地 1187 公顷。辖 1 个街道居委会、20 个建制村，总人口 20807 人。该镇交通便利，桑（植）龙（山）公路穿境而过。主产烤烟、蔬菜等。1935 年，贺龙、任弼时等老一辈无产阶级革命家在此建立湘鄂川黔省革命委员会，有苏维埃县政府旧址等省级重点文物保护单位 5 处。

召市镇 位于县境南部，距县城 42 公里，清代初期境域形成集市，官府常在此杀人示众，被杀者亲属到此领头认尸，故名招头寨，后演化为召头寨，再简雅称召市。2010 年，镇域面积 151 平方公里，耕地面积 1596.7 公顷。辖 1 个街道居委会、22 个建制村，总人口 33897 人。镇内交通便利。粮食作物以水稻、玉米为主，经济作物以烤烟、辣椒为主。

苗儿滩镇 位于县境南部，距县城 82 公里，据传，苗新、团结两个村交界的河滩上有一石猫，山洪暴发从不淹没，由此得名猫儿滩，后演化为苗儿滩。2010 年，全镇面积 158.61 平方公里。辖 1 个街道居委会、16 个建制村，总人口 21145 人。境内粮食作物以水稻、玉米为主，经济作物以油菜为主，脐橙、花椒产业初具规模。土家织锦久负盛名，有“土家织锦之乡”之誉，镇域土家原生态文化独具特色，铜铃舞、土家毛古斯和捞车古村寨等共同构成自然景观和人文景观。

猛必乡 位于县境东部，距县城 78 公里，乡政府驻地猛必村，有猛必河环绕，故名。2010 年，乡域面积 52 平方公里，耕地面积 259 公顷。辖 6 个建制村，总人口 4376 人。该乡粮食作物以水稻、玉米为主，经济作物以烤烟为主。有丰富的森林和煤炭资源，煤炭年产量约 3 万吨，为全县工业强乡强镇之一。

乌鸦乡 位于县境东北部，距县城 49 公里，以乡政府驻地乌鸦河命名。2010 年，乡域面积 58 平方公里，耕地面积 296 公顷，辖 6 个建制村，总人口 4995 人。该乡主产玄参、天麻、厚柏、杜仲等中药材，为湘鄂渝边区中药材集散地。森林与水利资源丰富，植被覆盖率 75%。

洗洛乡 位于县境南部，距县城 7 公里，传说清咸丰年间（1851—1861），新知县到龙山赴任，途经洗洛四方井处，见田螺交配，知县说是喜兆，百姓称其为“喜螺”。清末雅化为“喜乐”，民国时期演变为“洗洛”。2010 年，乡域面积 78.1 平方公里。辖 13 个建制村，总人口 16626 人。该乡交通便利，国道 209 横贯其间。粮食作物以水稻、玉米为主，经济作物以百合、烤烟为主，矿产资源有石灰石。

农车乡 位于县境东部，距县城69公里。乡名因以乡政府驻地周围水少，农民多用木车车水灌田而得。2010年，乡域面积85平方公里，耕地面积670公顷。辖14个建制村，总人口11176人。国道209纵贯乡境，交通便利。该乡保留着原始、古老的土家祭祖、龙凤绞旗、大摆手等民间风俗，为原汁原味的土家族文化发祥地之一。粮食作物以水稻、玉米、红薯为主，经济作物有烤烟等。

茅坪乡 位于县境东南部，距县城21公里。因乡政府驻地开发前，为大片茅草坪而得名。2010年，乡域面积95平方公里，耕地面积887.4公顷。辖14个建制村，总人口14579人。该乡209国道、茅召、茅岩公路贯穿全境。粮食作物以水稻、玉米为主，经济作物有烤烟等。矿产资源有铅锌矿和煤炭。

三元乡 位于县境北部，距县城15公里。乡政府驻三元堡村，该村有土地堡、油坊堡、叫化堡，三个自然土坡皆呈圆形，故名。乡域地势东高西低，地貌以丘陵山地为主，最高海拔1005.8米，最低375米，年均降水量1571.4毫米，年均气温13.6℃。2010年，乡域面积45.07平方公顷，耕地面积657公顷。辖11个建制村，总人口14921人。粮食作物以水稻为主，经济作物以辣椒、百合为主。工业企业有三元乡水泥厂和金属硅厂。

塔泥乡 位于县境东部，距县城74公里。因乡中多积水，常年道路泥泞，遂得踏泥糊名，后演化为塔泥湖。2010年，乡域面积87平方公里，耕地面积376公顷。辖8个建制村，总人口7586人。该乡粮食作物以水稻、玉米、红薯为主，经济作物以烤烟为主，林地面积7133.3公顷，森林覆盖率80%以上，印家界为省级自然保护区。有一定的煤炭储量和铅锌矿资源。

水田坝乡 位于县境东部，距县城39公里，乡政府驻地位于田坝之间，故名水田坝。2010年，乡域面积138平方公里，耕地面积935公顷，辖12个建制村，总人口13864人。该乡交通便利，桑（植）龙（山）公路穿境而过。粮食作物以水稻、玉米为主，经济作物以烤烟为主。铅锌矿储量较为丰富。

他砂乡 位于县境东南部，距县城90公里，据传该村先人原住保靖他砂村，后迁入此地，怀念故土，遂名他砂。2010年，乡域面积86.68平方公里，稻田357公顷，旱土377公顷。辖12个建制村，总人口10806人。该乡系土家族聚居乡，保留着土家族风俗，有打溜子、咚咚喹等非物质文化遗产。粮食作物以水稻、玉米为主，经济作物以烤烟、油菜为主。林业和竹业为主要资源，盛产板栗、枣子等土特产。

桶车乡 位于县境北部，距县城17公里。总面积68平方公里，有耕地2165公顷。2010年，辖15个建制村，总人口17289人。砂壤和黄壤遍布全乡，粮食作物以水稻、玉米、红薯为主，经济作物以茶叶、猕猴桃、百合为主，为湘西州商品粮基地之一。境内有佛教圣地太平山。

湾塘乡 位于县境西南部，距县城23公里，乡政府驻地龙嘴为山势所阻，形成“S”形大湾，水流湍急，冲成深潭，人们称之为湾塘，故名。2010年，乡域面积56平方公里。辖11个建制村，总人口12237人。该乡地势东南高西北低，土质以黄壤为主，境内建有西水湾塘电站，电站水库可利用水面3万平方米，盛产鱼虾，有龙山鱼米之乡之称。乡内经济以农业、林业为主。

兴隆街乡 位于县境东部，距县城10公里，乡政府驻地在清咸丰年间（1851—1861）即设墟场，系湘鄂边区各县交往要地，因集市兴盛而得名。2010年，乡域面积74平方公里，辖12个建制村，总人口14751人。该乡地势东高西低，低山、中山连片，地貌为丘陵山地，土壤多为黄壤、砂壤。粮食作物以水稻、玉米、薯类为主，经济作物以烤烟、百合为主。工业有兴隆纸厂、七星葛粉厂、秒峰山泉水厂。

贾坝乡 位于县境南部，距县城60公里，乡政府驻地贾家坝，村前有田坝一片，系贾姓世传，故名贾家坝。2010年，总面积61平方公里，耕地面积413公顷。辖11个建制村，总人口11500人。该乡地势南高北低，土质以黄壤为主。粮食作物以水稻、玉米、薯类为主。经济作物以烤烟、辣椒、西瓜为主。

洛塔乡 位于县境南部，距县城45公里。乡政府驻地村前有溪，村后有岩，形似宝塔，故名落塔车，“落塔车”为土家语，“车”即“水”，后演变洛塔车。2010年，乡域面积167平方公里。辖16个建制村，总人口17117人。境内四周高,中间低，洛塔界最高海拔1430米，多溶洞。粮食作物以水稻、玉米为主。经济作物有烤烟等。煤炭资源丰富。

咱果乡 位于县境南部，距县城84公里，据传乡政府驻地村边遍生者果树，故名者果坪，后演变为咱果坪。2010年，乡域面积108平方公里。辖12个建制村，总人口11798人。乡境多高山峡谷，粮食作物以水稻、玉米、薯类为主。经济作物以烤烟为主。桐油品种优良，远近闻名。

大安乡 位于县境东北部，距县城40公里。民国时期，境内土匪骚扰，人们称之为“大烂坪”，20世纪50年代初，匪患肃清，人民安居乐业，故更名为大安坪。2010年，全乡面积111.4平方公里，有林地466公顷，辖11个建制村，总人口7271人。该乡粮食作物主产玉米、薯类，水稻次之。经济作物有烤烟等，药材有黄连和野生天麻、当归、贝母、党参等。经济林以油茶、生漆为主。

白羊乡 位于县境西南部，距县城7公里，因乡政府驻白羊坪村得名。2010年，乡域面积31.14平方公里，辖10个建制村，总人口12189人。该乡粮食作物以水稻、甘薯为主，高粱、玉米次之。经济作物以百合为主，西瓜、大棚蔬菜形成规模产业。紫砂陶、石灰石、石英沙、原煤等矿产资源丰富。

贾市乡 位于县境南部，距县城98公里，乡政府驻地贾家寨，设有墟场，故名贾市。2010年，乡域面积68平方公里，耕地面积678公顷，辖12个建制村，总人口10274人。该乡属山区，小盆地形，粮食作物以水稻、玉米为主，经济作物以柑橘、烤烟为主。其中，柑橘为境内一大产业，年产量8000多吨，销往河南等全国20多个省、市、自治区。

老兴乡 位于县境南部，距县城70公里，以乡政府驻地老兴场村命名。2010年，乡域面积78平方公里，有稻田372公顷，林地2619公顷,辖10个建制村，总人口10421人。境内山峦重叠，小溪纵横。粮食作物以水稻、玉米、红薯、豆类为主，经济作物有烤烟、辣椒等，常年粮食产量3800吨左右。

内溪乡 位于县境南部，距县城92公里，以乡政府驻地内溪棚村得名。传说境内先人开发时有七个茅棚，均处在四周宝塔岩、双凤坡、神堂堡、回龙山之内，故名内七棚，后演变为内溪棚。2010年，乡域面积93平方公里，耕地面积1579.3公顷。辖14个建制村，总人口15746人。该乡地貌以丘陵山地为主，里（耶）龙（山）公路穿乡而过。粮食作物以水稻、玉米、红薯为主，经济作物以烤烟为主。

三、特色事物(事件)

(一) 万亩超级杂交稻实验

2000年，龙山县实施千亩超级杂交稻示范样板项目。9月10日，“世界杂交水稻之父”、中国工程院院士袁隆平在龙山县民族宾馆主持召开新闻发布会，向世界宣告中国超级杂交水稻种植获得成功。科技部、农业部组织全国水稻知名专家到县境华塘乡官渡村测产验收超级稻。经测产，千亩超级杂交稻平均亩产703.5公斤，实现农业部1996年提出的全国超级杂交稻一期目标。该县超级杂交稻示范推广，县人民政府成立领导小组，县长任组长，分管农业副县长任副组长，县农村工作办公室、计划委员会、农业局、财政局、科学技术委员会、扶贫开发办公室、国土局等单位负责人为成员，各乡镇相应成立工作班子，负责宣传发动，组织技术指导，办点作样，跟踪服务。超级杂交稻的推广关键在于让农户掌握相关高产栽培技术。龙山县每年集中培训一次技术骨干，主要培训办点人员及各乡镇农技站站长，并以乡镇为单位开展农民技术培训，每年培训农民10万余人次。办好高产样板田，每年创办高产样板示范片40多个。开展超级杂交稻高产栽培技术研究。每年县财政安排15万元，用于不同播期、不同密度、不同肥料、药肥试验、新品种比较、强化栽培、旱育保护对比等试验，以及新品种引进、药肥等示范。研究探索出适合县境的超级杂交稻高产栽培技术。加强技术指导。从2000年起，县农业局每年安排 120 名专业技术人员办点示范，并到面上进行现场技术指导。2005—2006 年，农业部把龙山列为全国超级杂交稻重点示范县。加大投入。2007 年湖南省农业厅安排 40 万元，用于实施龙山县超级杂交稻（中稻）示范推广项目。2008—2009 年，州政府安排 100 万元，用于实施超级杂交稻“推一、抓二、攻三”技术研究与示范项目。“推一”，即在龙山县推广超级杂交稻第一期目标达到亩产 700 公斤的成熟配套技术，实现大面积增产增收；“抓二”，即抓好二期目标亩产 800 公斤的生产示范，组装集成相应的配套技术；“攻三”，即三期目标亩产 900 公斤的高产攻关，旨在展示水稻生产前景和努力方向。2010 年，湖南省农业厅安排资金 40 万元、国家杂交稻工程技术研究中心安排资金 21 万元，支持龙山县万亩超级杂交稻示范推广，亩产均超 800 公斤。

2007 年，龙山县实施“种三产四”丰产项目，即运用超级杂交稻的技术成果，用 3 亩耕地产出常规技术种植的 4 亩耕地的粮食。2010 年，“种三产四”项目实施面积 30582.5 亩（2038.83 公顷），平均亩产 653.8 公斤，增幅 42.71%。项目实施效果，得到袁隆平院士和国家、省、州有关领导和专家肯定。

（二）烤烟生产

1989 年，龙山县成为湘西州第一个“全国烤烟生产收购先进县”，后又多次获此荣誉。在 1995 年 11 月召开的全县乡镇和县直机关主要干部会议上，县委发出“全县实施总体战，种烟八万亩，收入八千万”的动员令，成立以县委副书记黄道生为组长的烤烟生产领导小组，下设办公室。是年，全县烤烟收购 63178 吨，其中中上等烟比例达到 82.6%，实现收购值 1809 万元，居全省第二位，湘西州“十大种烟状元”中龙山占 8 名，其中有廖吉顺等 3 人出席湖南省烟叶生产颁奖大会。1996 年，全县烤烟种植面积、产量较上年分别增长 71.3%、69%，其中大安乡的烤烟面积由 1995 年的 26.66 公顷扩大到 671.73 公顷；农民人均纯收入由 1995 年的 500 元增加到 1510 元。中共湘西州委、州政府发出烤烟生产“全州学龙山，乡镇学大安”的号召。是年，长沙卷烟厂成立龙山县基地示范片领导小组，投入资金 800 万元，在砂子坡林场、茅坪乡各办烤烟示范片 66.66 公顷，开发地膜烟 2013.33 公顷，调香型主料烟 66.66 公顷。1997 年再创新高，种植面积 8800 公顷，产量 13811 吨，收购值 1.28 亿元，创烟叶特产税 1500 余万元，全县人均烟叶收入 295 元。全县烤烟收入占农业总收入的 21.1%。至 2001 年，6 年间全县种植烤烟 34660 公顷，收购烤烟 4.57 万吨，烟农收入 3.61 亿元，实现烟叶特产税 5665 万元，县烟草公司创烟叶经营利润 4699 万元。2002 年，全县烤烟生产快速发展，至 2005 年，种植面积由 5120 公顷扩至 6586.66 公顷，总产量由 8534 吨增值 1.23 万吨，烤烟收购量由 6015 吨上升到 1.23 万吨，收购金额由 6117 万元增加到 1.30 亿元，每公斤烟叶均价由 9.46 元上调到 10.76 元。2006 年，全县烤烟生产稳中有降，至 2010 年，种植面积由 5660 公顷降至 3380 公顷，总产量由 1.09 万吨减至 6015.37 吨，烤烟收购量由 10954.59 吨降至 6015.37 吨，收购金额由 1.34 亿元减至 9685.94 万元，每公斤烟叶均价由 12.29 元上调到 16.10 元。

（三）湘鄂渝边区民族文化艺术节

湘鄂渝边区的湖南龙山，湖北来凤、重庆酉阳 3 个县民族文化艺术节宗旨是弘扬民族文化、开展文化艺术交流、加强边区民族团结、促进两个文明建设。边区民族文化艺术节每六年举行一届，所需经费由东道主县按组委会规定筹集。组委会主任委员分别由东道主县的县委副书记担任。艺术节交流演出节目坚持“四为主”原则，即以民族民间歌舞为主、以业余演出为主、以县境整理创作为主、以小型多样为主。1986 年 12 月，龙山等 3 个县首届民族文化艺术节在湖北省来凤县开幕，并举行首场演出，随后分别到三县巡回表演。1992 年 9 月，龙山县组织贾市乡兔吐坪的土家小摆手参加在酉阳举行的湘鄂渝酉阳、来凤、龙山三县第二届民族文化艺术节。1999 年 10 月，龙山组团参加在湖北来凤剧院举办的湘鄂渝边区来凤、酉阳、龙山三县第三届民族文化艺术节。2005 年 10 月，“2005 年中国龙山全国滑翔伞锦标赛暨湘鄂渝边区民族文化艺术节”在龙山里耶镇举行，除原有的龙山、来凤、酉阳 3 个成员县外，还邀请湖南保靖、重庆秀山、贵州松桃3个睦邻友好县，6个县均带有表演队伍，参加2005年中国龙山滑翔伞锦标赛的12支队伍同期抵达龙山里耶。他们分别来自宜昌、温州、深圳、哈尔滨、北京、上海等地。开幕式上展示土家文化中神秘古朴祭祖、梯玛、土家摆手锣鼓，湘鄂渝等地不同风格的土家族摆手舞。还有以里耶出土的秦简牍为历史线索的秦风楚韵歌舞表演，3天时间里，民族文艺演出《家园风情》《武陵春色》《秦风楚韵》等大型民俗歌舞，演职人员5000余人；12支滑翔伞表演者冒雨飞行，举行锦标赛，场面壮观，有观众5万余人。

（四）中国龙山土家族摆手节

1992年，贾市乡兔吐坪土家小摆手组团参加渝鄂湘酉阳、来凤、龙山三县第二届民族文化艺术节。11月19日，为打开山门、扩大开放，县委、县政府向湘西州并湖南省人民政府上报申办“中国湖南（龙山）土家族艺术节暨经贸洽谈会”请示。湘西州委、州政府及时报送省政府。1993年2月9日，湖南省副省长唐之享主持召开省直13个部门负责人汇报会，会上提出“因地制宜，实事求是，注重实效”的举办要求，同时明确“龙山主办、州政府协调、省直部门配合、省政府支持”的举办方式。12日，州人民政府成立“龙山一节一会协调小组”，由副州长龙文玉任组长。16日,州政府确定文化艺术节名称为“'93中国湖南（龙山）土家族摆手节暨经贸洽谈会”（简称一节一会），18日，县委成立“一节一会”筹备委员会，由县委书记向后兴任主任，副书记黄道生任常务副主任。3月21日，中共湖南省委副书记杨正午就“一节一会”向州、县提出“精心组织、热情接待、保证安全、注重实效”的要求。8月6日，改“筹委会”为“一节一会组织委员会”，下设办公室、文化艺术部、新闻宣传部、旅游观光部、经贸展销部、业务接洽部、安全保卫部、环境建设部。县委、县政府提出“文化搭台、旅游助兴、经贸唱戏”的办节形式，向全县各族人民发出“开放的龙山迎佳宾”和“全县共办摆手节，人人当好东道主”的号召。湘西州文化局派罗炳辉、刘定远、彭梦麟等编导人员到县协助工作。大型民族艺术广场团体舞以《摆手迎吉祥》为主题，由序幕《祭祖》和《扫堂纳福》《龙飞凤舞》《卡普风姿》《摆手奋进》四场组成。10月22日上午，在开幕式结束后，紧接着举行大型广场团体舞表演，3200名演员在县体育广场上龙腾虎跃，歌舞蹁跹，800名少年儿童在背景台上依次组成6幅宽63米的背景图案，分场交换，情景交融，气势恢宏。来自日本的东英寿说：“我在龙山学到了从书本上学不到的知识。”中国民主建国会会员张士元挥毫留言：“土家古风摆手舞，长江文化龙山魂。”副省长唐之享说：“想不到龙山能排演出如此高质量的广场舞，其中两场完全可以上天安门广场表演。”1996年，长潭乡恢复土家大摆手活动。2001年7月18日，龙山县举办“坡脚乡土家族舍巴节”，首先以村为单位分9个队举行小摆手舞表演，接着八级村绕周大团摆，参演者上千人。2004年5月18日，龙山县在靛房镇举办“第一届舍巴节”，参加表演者千余人，内容有传统摆手舞、幼儿摆手舞、土家族摆手锣鼓等。2005年，“三八妇女节”前夕，龙山县举行“烟草杯”千人女子摆手舞大赛，共22支代表队、千余名土家姑娘参赛。5月24日，县境靛房镇举办“第二届舍巴节”，一千多人以村为单位举行小摆手及大团摆表演。是年，由湘西土家族苗族自治州牵头申报的土家摆手舞，被列入首批国家级非物质文化遗产名录。龙山县作为湘西州的人口大县，又是土家族聚居地。全县举办一系列独具特色的土家摆手舞大型表演展示活动，使土家摆手舞这一优秀的民族文化遗产得到很好传承和提升。

2007年，打造“西安临潼—湘西里耶秦文化之旅”品牌，塑造“天下秦城中国里耶”形象；展示龙山丰厚的民族民间文化资源，促进文化旅游发展，决定在龙山县里耶镇举办“西安临潼—湘西龙山秦文化之旅暨中国湖南（龙山）第二届土家族摆手节”活动，由西安市政府和湘西州政府主办，龙山县政府和临潼区政府承办，活动主题为龙（山）临（潼）联姻，俑简合璧；演绎民族文化，展示土家之源。活动内容包括开幕式、精品晚会、闭幕式三部分，开幕式表演大型广场舞《秦风楚韵》，精品晚会表演《毕兹卡神韵》；

闭幕式由艺术大游行、原生态文艺表演《浓情土家》、万人大摆手三部分构成。11月17—19日，“西安·临潼—湘西·龙山“秦文化之旅”暨中国湖南（龙山）第二届土家族摆手节”如期举行。表演分摆手祭、摆手乐、摆手舞三大板块，参加演职人员近万人，观众多达15万余人，此次活动邀请中央、省、州各级新闻媒体现场采访，有湖南省、重庆市、湖北武汉的170多家旅行社，以及国内重要客商和龙山县各族群众万余人参加盛会。

（五）实施“龙凤融城”

湖南省龙山县城与湖北省来凤县城（文中称龙凤双城）镶嵌在武陵山区腹地一个100余平方公里的河谷盆地，两县城相距6公里，酉水河呈“S”形穿过龙凤双城之间。龙山、来凤两县边界线长87公里，其中酉水共有河段41公里。两县行政区划图合在一起呈“心脏”图形，且恰在武陵山区中心。同属武陵山贫困区和土家族、苗族、汉族等多民族聚居区。

2005年11月，龙山、来凤两县领导就两个县城对接融合问题举行会商。中共龙山县委书记曹世凯，来凤县委书记王建民共同认为：“推进龙山、来凤城市一体化是加速龙山发展进程的重要门路”，“加速来凤发展要进一步加强与龙山合作，走区域经济一体化道路”。是年，两县开始绘制中国首个跨省对接城市蓝图，并初步作出“交通同网、旅游同线、产业同步、环境同治、信息同享”的发展规划，龙凤双城一体化建设拉开帷幕。

龙山县向西北发展，来凤县向南推进，逐步实现两县县城对接。在来凤绘制的规划草图上，纳入湖南一侧的龙山新城区规划，岳麓大道四纵五横，疏朗简明。在龙山绘制的规划草图上，纳入湖北一侧的来凤新城区规划，武汉大道五纵六横，水电设施相随，分布匀称，一目了然。在两县规划中，一体化城市面积30平方公里，人口30万。其结构为八大组团，来凤的三大组团：即翔凤组团为商业区，土堡组团为行政区，黄茅坪组团为工业区。龙山的五大组团：即民安组团为老城区，华兴组团为行政中心，官渡口组团为边区加工区，繁荣组团为文教中心，龙头组团为边贸中心。在武汉、长沙的对口扶持下，来凤县城建设规模超过2001—2010年总和，龙山县城面积扩大近4倍。来凤与龙山还以一盘棋思路共谋发展，尽力避免重复建设。酉水河作为龙山、来凤两县人民共有的母亲河，水能资源丰富，开发潜力巨大。两县通力协作，相互支持，在酉水河干流上先后建成湾塘、塘口、纳吉滩、落水洞4个水电站。来凤县依托两地市场，率先发展水泥建材产业，既支持龙山交通、城建和新农村建设，又培育地方骨干企业；立足两地生猪养殖规模，建成万吨肉联加工生产线。龙山县则力避产业趋同，大力发展农产品加工、矿产品开发、生物制药、化工等六大重点产业。龙山县以里耶古城为龙头，开发文化旅游产业；来凤县借势打造仙佛寺旅游景区，与龙山合力开发酉水文化和生态旅游资源，携手构建湘鄂边区旅游经济圈。两县减少污水直排，控制流域污染，共同保护酉水河资源。2005—2010年，来凤县以水电、建材、药材、农副产品精深加工等主要产业得到长足发展；龙山县建成以烤烟、百合、水果为主的专业村170多个，发展成型的农产品加工企业23家，其中省级龙头企业两家。来凤与龙山两县，紧紧抓住国家政策机遇，积极推进两县合作，形成优势互补、错位发展的态势。2010年8月，来凤县委常委、常务副县长胡平江和龙山县委常委梁高武带领两县发改局赴北京，就在武陵山经济协作区内设立“龙凤试验区”给国家发改委作专题汇报；9月28日，“龙凤先行区”首次联席会议召开，龙山县县长彭正刚、来凤县县长胡泽和等两县相关部门主要负责人出席会议，会议就上争和协作事项达成十点共识；是年12月，两县人民政府联合向国家发改委报送《关于呈报武陵山经济协作龙凤先行区实施方案（纲要）的请示》，请求设立龙凤先行区，以及将龙凤先行区纳入国家武陵山经济协作区建设规划。龙（山）来（凤）两县迈开跨省对接、和谐发展新步伐，初步形成交通同网、旅游同线、产业同步、环境同治、信息同享新格局。

人　物

田光南（1900—1993），土家族，五代梯玛传人，古丈县断龙山乡报吾烈村人。1958 年，田光南将自己的艺术毫不保留地奉献出来，经他手把手编排的《土家社巴舞》参加湘西州民族民间艺术会演，荣获嘉奖，并登上首都舞台，再现昔日土家男女赴舍唱舍巴歌跳舍巴舞的欢乐情景。1962 年，田光南接待彭继宽和彭勃两位学者，将深藏于心的全套舍巴歌演唱出来，为日后出版《摆手歌》奠定基础。1991 年，中国社会科学院少数民族语言研究会 4 位专家学者，登门探望田光南，田光南协助搜集大量有关土家族历史、语言、习俗等资料。1993 年农历正月二十八日病逝。

李文采（1906—2000），土家族，1906 年 9 月 9 日生，永顺县毛坝乡人。其父李烛尘是中国现代著名爱国实业家，自幼承父教，立志科学救国。1931 年毕业于上海交通大学电机系，在父亲支持下，赴湘鄂西苏区电台从事技术工作。1933 年留学德国，1939 年，获德国累斯顿高等工业大学工学博士学位。回国后任重庆巴山石墨制品公司经理、武汉大学冶金系教授、天津中国工业原料公司总经理、华东财经委员会重工业处副处长。1949 年加入中国共产党，参加上海及华东重工业企业的接管工作，整顿上海各钢铁厂，建立上海国营钢铁公司，规划沪、杭、宁电力网工程。中国人民共和国成立后，任西南军政委员会工业部副部长、轻工业部重庆工业试验所所长。1954 年专事钢铁冶金研究工作，任冶金部钢铁综合研究所所长，冶金部钢铁研究总院副院长、教授级高级工程师、博士生导师。1955 年当选为中国科学院首批学部委员（1994 年改称院士）。1998 年被国务院授予中国科学院资深院士称号。他是中国金属学会理事、中国仪器仪表学会常务理事。2000 年 3 月 1 日在北京逝世。

林子元（1909—1991），龙山县桶车乡下母池人。民国 13 年（1924）参加北伐战争。南昌起义后从事农民运动。1933 年 2 月回龙山参加贺龙领导的中国工农红军第二军团，任独立团工作人员、红二军团保卫局侦察员、特派干事。1934 年加入中国共产党，1935 年参加长征。1937—1948 年，任八路军一二〇师警备连连长、警备旅营长、团长，晋绥军区第八分区交（城）文（水）支队长。1942 年 5 月 23 日在深南李家角村，率部与 3 倍于我的日军进行顽强战斗，赢得胜利。1945 年 2 月 28 日，他率一支队和二支队夜袭白家庄，击毙日本侵略军 17 人，俘虏 90 余人，缴获大量枪支等武器。此次战斗被晋绥军区评为“模范的白家庄战斗”。1945 年至 1946 年 7 月，他所率的一、二支队共歼阎锡山部三千余人，后攻下山西省文水县城。1948 年后，历任晋中军区第二军分区、汾阳军分区、榆次军分区副司令员。1955 年任雁北军分区司令员，被授予大校军衔。他是山西省第四届政协常委，正军九级。1964 年离休。1988 年，中央军委授予他三级“八一”勋章、二级“独立自由”勋章、二级“解放”勋章，以及二级红星功勋荣誉章。1991 年病逝。

叶玉翠（1911.10—1992.8），女，土家族，龙山县苗儿滩镇叶家寨人。8 岁起向伯母向水花学织土家织锦（西兰卡普），族叔叶成本教会她绘画技术。15 岁成为苗儿滩一带有名的织锦能手。中华人民共和国成立后，叶玉翠进农民夜校学习文化，织锦技艺大有长进。1958 年，她与湖南省工艺美术协会的工艺师李昌鄂共同创作的西兰卡普壁挂《开发山区》等 5 幅作品，在世界博览会展出。1960 年，受湖南省美协邀请，到长沙传艺，成为湖南省美协会员。1978 年，叶玉翠挖掘出濒临失传的“老鼠迎亲”“土王五颗印”等传统珍品。1979年，叶玉翠出席全国工艺美术界创作设计人员代表大会，《人民日报》《人民画报》《民族画报》等多家媒体报道她的事迹。1984年，任龙山县土家织锦工艺厂终身技术顾问。她指导艺徒编织的《岳阳楼》《武陵胜境》大型壁挂，分别挂在北京人民大会堂和长沙火车站迎客厅，《老鼠迎亲》等68幅作品由轻工部作珍品收藏。部分作品被介绍到日本、美国、加拿大、英国、菲律宾等国家。1988年，被轻工部授予"中国工艺美术大师"称号。1992年8月病逝。

田吉安（1912—1990），土家族，古丈县新龙山乡人，出生于一个贫苦农民家庭。1931年3月，到永顺县参加红二军团，经过战火考验，很快加入中国共产党。1935年11月随部长征，参加抢渡金沙江、抢夺娘子关等著名战役战斗。抗日战争时期，他在八路军一二〇师先后任供给员、粮秣员和管理员等职，随部队参加为期49天的反扫荡斗争和"百团大战"。解放战争时期，在冀鲁豫四分区基干团供给部任管理员、管理主任、管理股长和军事股长等职。中华人民共和国成立后，田吉安在华北军区第四后方医院总务科任供给股股长，第四机动医院任党委副书记，1955年2月升准团级。1958年离职休养回到吉首。先后当选吉首县第三届人大代表，湘西州第二、第三届人大代表和州政协第四届委员会委员、常务委员。1990年4月在吉首病故。

肖升旭（1913—1996），又名肖贵财，龙山县水田坝乡下比村人，苗族。1934年10月参加红军。参加过永顺桃子溪、桑植陈家河、龙山招头寨、湖北咸丰忠堡、湖北宣恩板栗园等战斗。1935年10月参加长征。到延安后，参加大生产运动。1943年9月随部队开赴山西抗日，任山西编关绥南一团一连连长。1946年参加延安保卫战。1949年2月任陕西蒲城骑兵二旅四团参谋长。1950年参加解放大西北战斗。1953年10月任西北骑兵一团团长，为固守祖国的西北大门做出贡献。1964年任新疆喀什军分区司令员。1969年任新疆博尔塔拉军分区司令员，指挥部队粉碎外国侵略势力几次挑衅，维护祖国的尊严。1978年6月，任北疆军区副司令员（副军级）。1981年3月离职休养，1996年病逝。

汪春林（1913—1997），龙山县新城乡人。1934年2月参加红军，12月加入中国共产党。历任红三军沿河独立团一连通讯员，红二军团四师班长、排长，龙山县游击大队指导员，红二方面军某团政治指导员；参加根据地历次反"围剿"及湖北宣恩板栗园、围攻龙山城等战斗。1935年10月参加长征。抗日战争时期，任山西兴国县二区动员委员会主任兼区委书记，任八路军某部指导员、师卫生部教导员、晋西北宁武县游击大队政委，多次参加对日本侵略军的反"扫荡"作战。解放战争时期，任团政治处主任、团政治委员。参加过辽沈、平津战役。中华人民共和国成立后，任第四十四军一三一师后勤处政委、军后勤部副政委、五十五军后勤部政委、湖南吉首军分区副政委。离休时为副军职。曾获"八一"勋章，三级独立自由勋章、三级解放勋章，二级红星功勋荣誉章。1997年在吉首病逝。

刘祖春（1914—1999），1914年除夕出生于凤凰县镇筸城（今沱江镇）。其父刘可权，光绪贡生，曾任湖北当阳县令。1919年，祖春在家启蒙读书，除学蒙学课程与四书五经而外，还广泛涉猎唐宋古文及古典诗词小说，遍读家中藏书，写字兴趣尤浓。他生性慧敏，学习刻苦，成绩优秀。1925年考入凤凰县省立十二联合中学，当时国民革命之风渐入凤凰，祖春与同学少年揭伯屏、阙祝生等成立文学社，以抒发新思想的诗文相砥砺。1926年十二联中停办，他因书法秀丽，被介绍到湘西镇守使署副官处任录事，挣钱养家。1930年到沅陵朝阳中学读初中，1931年考入常德湖南省立三中，接触马列主义书籍，创建学生文学社并任社长，与同学李之谊、金汉虚（凤凰人）共同主编文学刊物《芜原》。其间，与沈从文书信往来十分密切。1934年毕业后赴北京投奔沈从文，开始在北京大学历史系旁听，在沈从文指导下，学习文学创作。次年，考取北京大学和天津南开大学。他欣赏北大的革命氛围，于是就读于北大历史系。其间致力于小说创作，挣稿费维持学业。

三年间发表小说30多篇，步入文坛，被称为“小京派”知名作家。1935年，在北大加入中华民族解放先锋队，成为当时学生救亡运动的骨干。1937年夏，他的短篇小说集《佃户集》由商务印书馆出版。1937年，“七七事变”爆发，他义无反顾地放弃学业，奔赴抗日前线。到山西太原加入抗日救国总动员委员会，担任抗日游击队政治指导员，发动和组织农民群众，参加抗日游击战争。1938年5月，进入延安抗日军政大学学习。同年6月，加入中国共产党。抗大毕业后，被任命为华北《新华日报》特派记者，赴太行山抗日前线，深入战地采访报道。后被调任华北新华日报社太南分社副社长，被委派赴冀鲁豫边区，创办《卫河日报》，并担任报社社长兼总编辑。后被调任冀鲁豫日报社副社长，继任社长，调任华北新华日报社编辑部长，1944年调回延安，担任解放日报社国际部副主任。1946年2月，中央政治局委员兼解放日报社社长博古作为全国政协宪章草案审议委员会中共代表，赴重庆工作，挑选他当秘书。解放战争时期，任第一野战军新华分社社长。后来担任新华总社随党中央留陕甘宁边区工作分社编辑科长，跟着毛泽东转战陕北。1948年秋，调任中原局宣传部宣传科长。武汉解放后，担任华中局宣传部副部长，后任中南局宣传部秘书长、常务副部长。1950年，中南出版社出版了他的文艺理论著作《生根开花》。1954年，调到中共中央第三办公室，任重工业组组长。后又调任中共中央工业交通工作部部务委员兼秘书长，中共中央华北局委员、秘书长，政治研究室主任和工业部部长。1966年6月，调任中共中央宣传部副部长兼秘书长。“文化大革命”期间，受到迫害流放青海，1975年回到北京。9月任华北协作区负责人。1977年6月，任中共北京市委常委兼教育局长。1982年11月，任中共北京市顾问委员会常委、中国工业经济协会顾问。1996年12月离休。1999年8月18日，在北京逝世。

钟醒钟（1914—1997），又名钟启福，土家族，凤凰县竿子坪乡人。幼时入私塾，9岁时在乡境读小学，毕业后考入凤乾麻三县联合乡村师范。因成绩优异，13岁即完成学业考入长沙育群中学，后转入广益中学，直至高中毕业。1936年秋，考入长沙群治农商专科学校。1938年春，钟醒钟在乾城县与中共地下党组织负责人黄增一组织乾城青年战时服务团任团长，宣传抗日。1939年转入广州国立中山大学农学院学习。1941年毕业取得学士学位，即回湘西担任湖南省屯区中学教导主任。1942年任国民政府农林部第一国营农场设计委员，南岳管理局技师，致力于农业技术推广，良种引进。1945年任国民政府教育部督导员，1947年任湖北省教育厅督学，1949年任湖南省立十三中学校长，矢志发展教育。1950年，在湖南革命大学学习结束后，参加衡阳专区土地改革，担任副组长。他以自己的特殊经历说服国民党地方武装投诚缴械。1950年12月受审查错判劳改，他正确面对人生挫折，承担西湖农场4000多亩农作物技术指导，其间多次被评为积极分子、先进生产者，立大功、小功12次，减刑一年。1981年1月，落实政策，重新走上教育岗位，任湘西州民族中学副校长。1983年9月担任教学顾问，与弟弟美籍华人钟启禄在州民族中学设立“钟氏奖学金”。1983年先后当选为湖南省第六届人民代表大会代表，湘西州政协第五、第六届委员会兼职副主席。1997年7月1日，在吉首逝世。

杨南泉（1914—2005），龙山县洗洛乡小井人。1934年3月参加工农红军，任龙山县游击队班长，6月加入中国共产党，7月任红军排长。1935年任红二军团一十六师四十七团副连长、连长，11月参加长征。1937年2月在红军教导团学习，8月任八路军一二〇师某部副营长。1939年1月任营长。1940年7月调三五九旅九团任营长。1943年8月在延安中央党校学习。1944年10月任新四军第五师独立旅营长。1946年9月任华东某旅干部队队长。1947年10月任二十二军六十六师一九六团团长。抗日战争时期参加百团大战、贺兰山对日大战及河北兴史有山、龙须口等战役。解放战争时参加易县、开封、洛阳、渡江等战役战斗。1949年在华东军政大学学习。1950年12月任工兵一十一团团长。1954年11月任高级工兵学校一营营长。1956 年 8 月任工程兵器材管理部主任。1970 年 12 月离休。为副军职离休干部。2005 年去世。

彭飞（1914—2006），土家族，永顺县车坪乡茶园村人。6 岁跟随祖父彭图达读私塾，后又到外祖父刘墨清的塾馆求学，后因家贫辍学。1934 年，参加工农红军，任侦察连战士、文书。1935 年 3 月，任参谋。11 月，随红二军团参加长征。参加湘西、乌蒙、昆明等大小战役战斗 10 余次。1936 年 4 月加入中国共产党。1937 年，任八路军一二〇师三五八旅司令部作战参谋、连长。1938 年，入延安抗日军政大学学习，1940 年 4 月任八路军三师七旅二十团参谋长、团长。1942 年 6 月任新四军三师七旅海边支队支队长。抗日战争时期，他带领部队坚持敌后游击作战，多次参加反“扫荡”的战役和战斗，为鲁豫、苏北抗日根据地的创建、发展做出一定贡献。1947 年 7 月，任人民解放军华东十三纵队三十九师参谋长，后任一纵二师副师长，第二十军五十九师副师长、师教导团团长、六十师师长。他参加过平度城阻击战、高山阻击战、夏格庄攻击战、海洋围困战、莱阳城保卫战和淮海、渡江、上海等重大战役。1950 年 11 月，他率六十师入朝参加抗美援朝战争。11 月下旬至 12 月 12 日，配合兄弟部队，战胜零下 30 多度严寒，歼敌 8000 余人。1951 年，指挥六十师，投入抗美援朝第五次战役，缴敌汽车 70 辆，歼敌 500 多人。特别是 7 月中旬，进入华川、金城地区，坚持顽强战斗 50 余天，成功掩护兄弟部队转移，与二十军兄弟部队取得歼敌 2.1 万余人的重大胜利。彭飞及其六十师受到志愿军司令员彭德怀的表扬和嘉奖。1952 年 9 月，回国任二十军副军长。1954 年 8 月任二十军第一副军长兼参谋长；后任三十一军副军长。1970 年 2 月，任福建生产建设兵团司令员，1978 年 5 月，任福州军区司令部副参谋长，后任福州军区司令部顾问。1955 年，被授予大校军衔，1964 年晋升为少将。1983 年 7 月离职休养，享受副兵团级待遇。1988 年，被中央军委授予三级八一勋章，二级独立自由勋章，二级解放勋章，一级红星功勋荣誉勋章。2006 年 10 月 14 日因病在福州逝世。

麻季星（1914—1987），苗族，凤凰县麻冲乡老洞村人。7 岁随在军界任职的叔父到长沙读书，初因不懂汉语，成绩很差而退学回家学习汉语，一年后重返长沙就读。16 岁时被保送到长沙岳云中学读高中，二年级时因叔父去世，父亲离职，辍学回乡。18 岁因逃婚，再次离乡，前往南京插班读高中，20 岁时高中毕业，因成绩优异被保送到广州岭南大学。因学费昂贵，改考中山大学工学院土木工程系，被录取。1938 年大学毕业，分配到湖南省建设厅工作，被任命为零陵县建设科科长。1940 年年底，麻季星调任凤凰县建设科长，后辞职去邵阳中学任教，一年后又回零陵建设科工作。1942 年，麻季星被收编到国民党空军第二工程大队，任二程师、主任工程师，主持过四川梁山机场、重庆大坪机场、湖北恩施机场、湖南耒阳机场的修建工程。1947 年，被请往东北，主持沈阳东塔机场、锦州机场滑行道、北陵机场的修建工程。1948 年，趁部队调往台湾途经广州时，脱离国民党。1949 年 11 月，广州解放，军管会航空处招收工程技术人员，麻季星参加中国人民解放军空军航空处学习。结业后，分配到武汉中南局空军航空处场站任工程师，主持武汉王家墩机场的修复工程。1952 年，参加江西向塘机场修建。1953 年，主持河南许昌和尚桥机场的勘测、设计、修建工作，并参与许昌铁路专线桥梁设计，荣立三等功。1956 年，任广州军区空军后勤部修建部高级工程师、主任工程师，主持过韶关、佛山、惠阳、遂溪、长沙、溆浦等机场的设计和扩建工程。1964 年，参加并主持广州白云国际机场的设计、施工。“文化大革命”期间，被下放到“五七”干校劳动改造，1978 年平反，恢复工作。1979 年因本人强烈要求，回广州军区后勤部任修建部副主任、主任工程师，获国务院颁发的四级工程师证书，享受副军级待遇。1987 年 1 月退休，2 月在广州逝世。

李昌（1914—2010），原名雷骏随，土家族，永顺县塔卧镇人。1928 年到杭州求学。1935 年考入清华大学。在中国共产党的影响下，积极投身于抗日救亡洪流，是“一·二九”运动的骨干分子和中华民族解放先锋队总队长。1936年加入中国共产党。1938年到达延安，从事青年工作，曾任中共中央青年工作委员会委员兼组织部长。1942年后，任中共晋绥边区兴县县委副书记。1945年后，历任中共礼山县委书记、鄂豫边区党委秘书长、枣阳中心县委书记、中原民主建国大学教育长、晋察冀第四纵队政治部主任。1949年北平解放后，任北平市青委书记兼团委书记。他参与解放上海的工作，曾任华东军政委员会委员、华东团工委书记兼上海市团委书记。1951年秋任团中央书记。1953年经周恩来总理提名，任哈尔滨工业大学校长。1964年任中央对外文化联络委员会副主任、党组书记兼北京第二外国语学院院长。“文化大革命”中受到错误批斗，下放到“五七”干校劳动。1975年恢复工作，任中国科学院副院长兼党组副书记。1976年粉碎江青反革命集团后，任中国科学院常务副院长兼党组书记。1980年12月20日，他在中央工作会议上专门写信给邓小平，呼吁加强社会主义精神文明建设。中共八大当选中央候补委员，中共十一届四中全会增选为中央委员。中共十二大当选为中央纪律检查委员会委员、常委、书记。1985年在中共全国代表会议上增选为中央顾问委员会委员，1987年在中共十三大上继续当选为中顾委委员。退居二线后，主要精力放在扶贫和社会发展的研究上，发起成立中国老区开发促进会，并担任会长。1994年7月，他建议成立中国自然辩证法研究会社会发展研究所。十余年间，足迹遍及全国大部分省市的许多贫困县市，所写的《关于尽快改变湘西土家族苗族自治州贫穷落后状况的意见》及《湘西北扶贫工作考察报告》等都以意见具体深刻得到中央和有关部门重视，对创办武陵大学（现为武陵高等专科学校）和张家界飞机场建设起到重要作用。2010年9月3日因病在北京逝世。

萧离（1915—1997），原名向远宜，土家族，中共党员，古丈县河蓬乡白羊溪人。曾先后担任绥远《文艺》主编、《平明日报》记者采访部主任、《大公报》记者组副主任。萧离文字功底深厚，笔如投枪，讴歌中国共产党是中华民族的希望，批判国民党的黑暗统治。1949年毕业于北京大学中国文学系，并取得学士学位。中华人民共和国成立后，他继续从事新闻工作，为北京市第五、第六届政协委员。萧离在做好新闻工作的同时，也有不少文艺作品问世。代表作有《山城杂记》《湘西、湘西人》《城、山、水》等作品。萧离参与过很多重大时事新闻的采访。他曾采访过东北反细菌战争，现场参与审判日本战犯，采访大陈岛事件，采访外国国家元首……20世纪50年代，其文章频频见诸报端，为广大读者所知，有的文章还受到国务院总理周恩来的高度评价和赞扬。在“锁笔封笺”二十年后，萧离仍离不开他心爱的笔，有《崛起吧、湘西》《湘西是只金饭碗》等振奋人心的文章发表。为家乡湘西走出贫困和落后而呼吁、呐喊。1979年、1982年、1984年先后三次回湘西，在湘西群众中匆匆奔走，看到城镇和乡村的变化，高兴异常。写出散文集《故园篇》，他从发展经济、治穷致富的高度，肯定湘西的变化与潜力，对湘西建设提出自己的设想和建议。中共中央书记处办公室致信萧离，肯定他的努力，赞扬他难能可贵的精神和建议。1993年离休，1997年6月9日病逝于北京，其骨灰运回家乡安葬。

邹金铭（1916.5—2001.7），龙山县洛塔乡人。1933年4月，参加工农红军。1934年11月，加入中国共产党。红军时期，曾任红二方面军六军团十七师四十九团三营七连副排长、代理排长。抗日战争时期，曾任河北省冀西一二九师支前支队二大队五连政治指导员、一二九师支前二支队英勇队副政治教导员、一二九师十旅二十八团十三营教导员、太行六分区武安独立营副政委、沙河武工队队长、沙河独立营营长、团长。参加邢沙、沙河等战斗。解放战争时期，历任太行一分区三十六团团长、三十五团团长、太行三十九旅一一六团团长、六十一军一八三师五四八团团长、十八兵团六十一军一八三师参谋长。参加永年桥、百晋、正太、临汾、晋中、西北、秦川、秦岭等战斗。1948年荣立二等功一次。中华人民共和国成立后，历任川北军区连县军分区参谋长、西南军区赴朝鲜补充一师副师长、西南军区第二政治干部学校校务部部长、川北军区南充军分区副司令员、桂林步兵学校校务部部长等职。1964 年离休。离休后于 1966—1967 年又继续工作，任桂林步兵学校和第二外语学校副校长。1955 年被授予上校军衔，1962 年晋升为大校。1982 年享受副军职待遇。2001 年 7 月病逝。

尚学文（又名尚世学，1916.9—2004），龙山县白羊乡白坪人。1935 年 5 月参加工农红军，随后参加龙山县城包围战，忠堡、板栗园、官渡口、红石坎之战。是年 11 月参加长征，到达陕北后，参加南泥湾大生产运动，上过抗日军政大学，参加延安保卫战。解放战争中参加过辽沈战役，参加解放大同和太原的战斗，先后任班长、指导员、营长。朝鲜战争爆发，他随六十八军二〇二师赴朝鲜参战，先在二〇二师前线当团长，后调志愿军俘虏管理处任副主任（副师级）。回国后在南京军区工作。1954 年，在南京军事学院学习。1955 年，授予上校军衔。1962 年 2 月，调烟台军分区任副司令员（正师级）。1966 年退休，1981 年改为离休。1987 年 6 月晋升为副军级干部。2004 年在烟台病逝。

张生荣（1916—1993），苗族，花垣县边城镇（茶洞）白岩村人。1936—1949 年，先后任国民党军第三十二军副班长、班长、副排长、少尉排长、永绥县常备队茶洞分队副、白岩保副保长等职。1949 年 11 月，永绥县（花垣）解放，张生荣拥护中国共产党、拥护人民政府，参加土改工作队并任副队长。1951 年 2 月，他邀约张家跃、石维生、张明俊、张声仲、石批发等 5 户贫苦农民，在永绥县率先组织第一个临时互助组。因未互利，不久解散。10 月，他又组织 6 户农民参加常年互助组，以竹牌工票计分，死分活评，互助组得以巩固。是年，中共永绥县委、县人民政府号召全县人民学习张生荣，大办互助组。1952 年春，全县建常年互助组 61 个，临时互助组 796 个，当年，绝大多数互助组获得增产，张生荣互助组粮食产量比 1951 年增产 52.4%，荣获省特等模范互助组称号。是年初，张生荣互助组给毛泽东主席写信。2 月 7 日，中共中央办公厅代表毛泽东主席发来贺信。贺信说："去年你们给毛主席的信已由《团结报》转来，对你们被评为湖南省模范互助组特致以热烈的祝贺。希望更加团结一致，在人民政府领导下，为实现你们信中所提出的 1953 年生产计划而奋斗。"1953 年，张生荣互助组发展到 40 户，他被评为湖南省特等劳动模范，并奖励水牛一头。1954 年 1 月，花垣县委、县政府按照中共中央"积极领导，稳步前进"的办社方针，在白岩乡张生荣常年互助组的基础上，办初级农业生产合作社试点，张生荣任社长。秋收决算时，合作社户户盈利。是年，张生荣被推选为湘西区人民代表和湖南省人民代表，被任命为湘西苗族自治区人民委员会委员。1955 年，张生荣被评为湖南省模范民族工作者并出席全国表彰会，受到邓子恢、邓小平等党和国家领导人接见，并共进晚宴。国务院还颁给他一块长 1.2 米、宽 0.4 米珍贵的大幅玻璃镜屏纪念品，并奖励一头奶牛。1956 年初，花垣县委、县政府在白岩乡开展"建社整社"，工作组发现张有历史问题，4 月 30 日湖南省监察委员会以"混入党内的反革命分子"开除党籍，同时经湖南省人民委员会办公厅同意，撤销他的湖南省人民代表资格、取消省、州、县三级劳动模范称号，罢免其湘西苗族自治区人民委员会委员职务，并追回奖章和奖状。8 月，张生荣被戴上历史反革命分子帽子，交群众监督生产劳动。1973 年 5 月 28 日，花垣县革命委员会人民保卫组公检法军事管制小组，摘掉张生荣的"反革命分子"帽子。1987 年，中共湖南省纪律检查委员会将原给予张生荣开除党籍处分改为留党察看两年。湖南省人民委员会亦恢复张生荣省人民代表、自治区人民委员会委员和省特等劳动模范称号。1993 年 6 月 24 日，因病去世。

秧初兴（1918—1993），苗族，花垣县麻栗场镇角鱼村人，初小文化，湘西州第五、第六届政协委员，湘西州工艺美术家协会会员。秧初兴从小酷爱绘画，1933 年就向他的大哥、当时有名的苗画师傅秧初成学画。1934 年，他一边继续学画，一边将自己画的苗族花边、苗族图案纹样拿到市场换钱。1935年，他拜湘西有名的苗画师傅王正文为师，学习苗画和做苗族服装。三年期满当起裁缝师傅，游遍苗乡，做上门功夫。同时，在传统图案纹样的基础上，根据顾客喜好，吸收各地优秀图案纹样进行大胆创新，在线条、色彩、工艺、装饰上精益求精，深受苗族群众欢迎。中华人民共和国成立后，秧的技艺水平再度提升。1956年，花垣县百货公司邀请他画苗族花边、苗族门帘、帐檐、围裙、背裙、枕套等。1957年应湘西州百货公司邀请，画苗族花边、图案纹样。1978年9月，他受邀省工艺美术公司湘绣研究所画苗画和苗族图案纹样。1979年，花垣县民族民间工艺厂又邀请他去画苗画，负责苗族图案纹样设计，由于工作成绩显著，被推选出席“全省民间老艺人座谈会”，受到湖南省工艺美术家协会嘉奖。1980年，他出席中国美术家协会举办的“全国民族民间老艺人座谈会”。1981年出席“全州民族民间老艺人座谈会”。所带的苗画作品参加展出后，被湖南省美术家协会和省艺术馆收藏。他在县工艺厂所绘制的苗画作品先后在湖南省轻工服务部、广州交易会、北京民族文化宫展销，同时被湖南省博物馆、省艺术馆收藏，产品销往欧、美、日本、东南亚等国家和地区。1993年因病去世。

李双盛（1919—2004），原名李之拔，土家族，永顺县塔卧镇廻龙村人。1934年4月参加中国工农红军，1935年加入中国共产党。土地革命时期，历任红六军团战士、班长，参加二万五千里长征。抗日战争时期，历任八路军三五九旅班长、排长、连长、副营长，参加上下佃腰、原平、广灵、大佃环等战役战斗。解放战争时期，历任三五九旅七一八团营长、团参谋长，二军五师副团长，在著名的青化砭、新岔河、合水城、沙家店等战役战斗中，贡献突出。他参加解放运城、瓦子街、西府、扶眉的战役战斗。1949年9月，进军新疆。新疆解放后，历任二军十五团团长、新疆焉耆军区副司令员、司令员。1955年，被授予上校军衔。1964年授予大校军衔，1988年，获中央军委授予的三级八一勋章，三级独立自由勋章、三级解放勋章。1978年，任南疆军区司令员。1983年，任乌鲁木齐军区司令部正军职顾问和中共新疆维吾尔自治区顾问委员会常委。1990年6月离休。2004年7月1日，因病在北京逝世。

石邦智（1920—2006），又名田老保，苗族，花垣县边城镇（茶洞）茶园坪村人，14岁参加工农红军，16岁参加二万五千里长征，1936年9月加入中国共产主义青年团，同年12月加入中国共产党。红军时期，他先后任红二方面军红六军团战士、通讯员、军直宣传队员。抗日战争时期，先后任八路军一二〇师三五九旅七一七团三营副排长、排长、营长和团司令部侦察股长。在土地革命、抗日战争、解放战争和清匪反霸历程中，先后参加大小战斗150多次，荣立大小战功17次，是南泥湾大生产的劳动模范，大练兵运动中的神枪手。中共中央曾用小册子将他与另外3位劳模的先进事迹介绍到抗日根据地，号召军民向他们学习。1950—1952年3月，先后任永绥（花垣）县大队大队长、湖南军区独立二十二团和二十三团副团长、团长。1952年4月，转业到地方工作，8月任湘西苗族自治区人民政府主席。1953年，任中南行政委员会委员，1955年4月，任湘西苗族自治州地委第二书记。1957年9月，湘西土家族苗族自治州成立，当选为州人民政府州长。1973年5月，任中共湘西自治州委书记、州革命委员会主任。20世纪70年代末，先后任湖南省革命委员会农村办公室副主任、党组成员、省革命委员会副主任兼省民委主任、省人大常委会副主任、党组成员。他是全国第一、二、三届人大代表，全国第一、二、三届民族委员会委员，全国第八、九、十、十一、十二届党代会代表，第七届全国政协委员，1988年离休。离休后，仍以饱满的热情参加贵州省、湖南省苗学会，湘鄂川黔革命根据地历史研究会，湖南省南泥湾精神研究会等学术研讨活动，并任贵州省苗学会顾问、湖南省苗学会名誉会长，湘鄂川黔革命历史研究会副会长，湖南省南泥湾精神研讨会名誉会长。2006年9月在长沙逝世。

齐寿良（1920—2008），山西省定襄县人。1937年考入中共晋东北特委和定襄县委创办的定襄学院,参加革命工作。1938年9月，任定襄四区抗日自卫大队教导员。1939年3月加入中国共产党，1940年任区武装委员会主任。1942年5月，任定襄一区区委书记。1943年3月，在县大队的掩护下，发动群众从敌据点夺回粮食十多万斤，解决群众缺粮问题，受到地委表扬。1944年7月，任忻县县委组织部部长、忻定县城工部部长兼武工队政委。日本投降后，任忻县县委副书记兼城工部部长、地委城工部副部长、定襄县委副书记兼城工部部长、寿（阳）榆（次）县委副书记兼路南工委书记、忻县县委书记兼县大队政委。1949年7月南下湖南，任平江县委书记兼县长。1952年调湘潭地区工作，任地委委员、副专员、湘阴县救灾组长、整修南洞庭指挥部副指挥兼湘潭地区指挥。1953年，任地委副书记兼副专员。1954年，任湖南省水利厅厅长。是年10月,任湘西苗族自治区委第一书记兼军分区政委。1955年4月，湘西苗族自治区改自治州,当选为州政办主席。"文化大革命"中遭受批斗，下放到州"五七"干校劳动。1969年10月，调任岳阳地区革命委员会第一副主任、党的核心小组副组长。1973年7月，任岳阳地委书记、革委会主任。1974年初,调任湘潭地委第一书记、革委会主任。1975年10月,任长沙市委第一书记、市革委会主任兼警备区政委。1977年10月，当选为湖南省革命委员会副主任,兼任省农村工作办公室主任。1979年,当选为省人大常委会副主任,在省第一次人大常委会上被推选为常务副主任。他是第五、第六、第七届全国人大代表。1995年12月离休，2008年逝世。

彭祖贵（1920—2009），土家族，古丈县人。1934年参加中国工农红军，1935年11月加入中国共产党，随贺龙领导的红二方面军长征。长征结束后，随八路军一二〇师三五九旅抗击日寇，转战晋西北。1940年3月，他被选派到重庆八路军办事处，担任警卫队长，保卫周恩来副主席，重庆5年中，得到周恩来、邓颖超、董必武等老一辈革命家的关怀、教育及帮助，不断获得成长和进步。抗战胜利后，彭祖贵在第四野战军担任保卫工作。解放战争时期在第四野战军任保卫股长、营教导员。1950年3月，彭祖贵随军南下，转业到地方工作。先后担任永顺县副县长兼公安局局长、湘西苗族自治区公安处副处长、湘西苗族自治州人民检察署检察长。1957年，任湘西土家族苗族自治州副州长。1975年，任湖南省地质局副局长。1977年，任湖南省政协常委、民族工作组组长。1993年离休。2009年6月8日在长沙逝世。

李振军（1920—2008），苗族，凤凰县镇筸城（沱江镇）人。少时就读凤凰县立模范小学、沅陵朝阳中学、常德中学。"一二·九"运动爆发，怀着满腔爱国热情参加抗日救亡斗争。1936年6月，他参加民族解放先锋队，1937年2月加入中国共产党。7月抗日战争爆发后，他在长沙参加"抗敌后援会""新生歌咏团"，积极组织学生参加抗日救亡运动。9月，赴延安入陕北公学二区、延安抗日军政大学三大队学习。先后任陕北瓦窑堡抗大一支队教育干事、二支队组织干事，晋察冀军区抗大二分校一大队党务干事、指导员，冀中军区抗大二分校三团宣传股长、代教导员，政治部组织科干事、副科长等职。参加陈庄、万安、陈胜庄、"五一反扫荡"、进军绥远等战役战斗。1942年5月，在一次反"扫荡"突围中，不幸被俘，面对敌人的严刑拷打，不屈不挠，在被押送到阜新煤矿当劳工期间，坚持斗争，发展党员，组织罢工和暴动，后在党组织的积极营救下，重返部队。1945年至1949年，任晋察冀军区四旅政治部组织科长，军政干校教育主任、补充团政委，冀热察五旅六团副政委，东北十一纵队三十二师四二九团副政委、纵队政治部秘书处处长等职。参加辽沈、平津、渡江、赣南、广西剿匪等战役战斗和对长沙起义的国民党部队改编工作。中华人民共和国成立后，任人民解放军四十八军政治部秘书长，一四四师政治部副主任，军干部管理部部长，二十一兵团宣传部副部长，广州军区五十五军干部部副部长、部长，二一五师政委兼政治部主任，二一九师政委，广州军区政治部青年部部长，五十五军政治部主任，四十七军副政委等职。1955 年被授予上校军衔，1960 年 3 月晋升为大校。1970 年四十七军北调后，至 1978 年一直在湖南工作，任湖南省军区副政委，湖南省革命委员会常委、副主任、省委书记。“文化大革命”中，不但保护叶剑英元帅等一批领导，在筹建湖南电视台、潇湘电影制片厂、湘潭大学中贡献卓著。1978 年后调任军事科学院政治部副主任。在此期间，担任《叶剑英传》编写组组长。1983 年 4 月，担任武警部队副政委兼政治部主任，1984 年 9 月任武警部队政委、公安部党组成员。1988 年 4 月当选为第七届全国政协常委。1993 年离休后，担任过《民主与法制》《中国老年》《中国红叶诗刊》和“中国老区建设促进会”及“中国老年书画协会”等报刊杂志和群众组织顾问。2008 年 3 月在北京逝世。

田茂忠（1923—2008），土家族，出生于保靖县马王乡一彭姓贫苦农家。半岁被卖到本乡田姓人家，“一斗苞谷半串钱，彭家小哥改姓田”。田家姐姐隆香是方圆十寨的歌娘，也是田茂忠学习山歌的入门师姐。田茂忠随姐出入远近大村小寨各种歌会，耳濡目染，深深爱上土家山歌。20 世纪 50 年代初，田茂忠利用土家山歌召集群众、宣传党的方针政策。1979 年 9 月，出席全国少数民族民间歌手、诗人座谈会。10 月，出席全国文学艺术工作者第四次代表大会。1988 年 4 月，出席全国民族团结进步先进单位、先进人物表彰大会。先后当选中国民间文艺研究会第三届理事、中国歌谣协会理事、湖南省民间文艺家协会理事、湖南省文联委员。田茂忠山歌唱得好，还能讲一百多个故事，又能编写谜语、作对联。先后在中央、省、地各级报刊发表歌词 2000 多首。1989 年 4 月，中国民间文艺出版社出版《田茂忠山歌选》，25 万字，该书被人们称为山歌文化的艺术之花，获中国民间文化节第三届作品三等奖。2007 年，他被评为首批“中国民间文化杰出传承人”。2008 年 1 月 17 日病逝。

谭德森（1924—1998），字茂庵，凤凰县齐良桥乡王家寨人。6 岁入私塾，8 岁转入县立模范小学就读。毕业后，参加抗日青年训练班学习，他学习刻苦，得到凤凰县妇孺教养院帮助，以优异成绩考取贵州铜仁国立第三中学，成为甲等公费生。6 年后高中毕业，考入国民党外事局译员训练班，受训三个月被派往昆明美国空军基地担任翻译。1945 年 8 月抗日战争胜利，译员被遣散，谭德森转入国民党警官学校外事警察班学习。毕业后分配到南京任警察厅外事警官，外事课长，江南铁路警务室司法组组长，警察总处秘书等职。1949 年随国民党到台湾，创办《当代文献》月刊。他一边工作一边攻读法律，1958 年获东吴大学法学硕士学位，后赴美国深造。先后在美国俄亥俄州立大学、华盛顿乔治大学、科罗拉多州丹佛大学等著名学府、研究院攻读法律及国际关系学，均获硕士学位。后因眼疾未能完成博士学位攻读，转而从商。初与妻吴保仁开设小咖啡馆，逐渐成立谭氏咖啡店及连锁公司，有大小咖啡店十多间，并投资地产业，拥有高级出租公寓数百间。两度当选旅美北加州湖南同乡会会长。1970 年代，中美建交之后，谭德森几度回国省亲。他先后给母校文昌阁小学赠送美金 7000 元，改善办学条件，并积极准备资金为母校修建科技大楼。1988 年回乡，为王家寨带回彩电一台，1993 年返乡时，投资 16 万元修建村自来水站，解决全村 70 多户 300 余人的饮水困难。谭德森回家为母亲过完 84 岁寿辰后，又接母亲于旧金山居住。其母病逝，他遵遗嘱将母亲遗体空运家乡安葬，并写有《祭母文》以示怀念。1998 年，谭德生因病于美国逝世。他逝世后，其夫人吴保仁尊其遗愿，捐赠 120 万元为文昌阁小学修建科技大楼，并添置电脑 80 台。

陈伐桂（1928.6—1997.3），原名陈开玉，女，土家族，凤凰县吉信镇人。1950 年 8 月，参加教师学习班，分配到边区小学教书。她一边自修文化，一边苦练苗语，很快就能熟练地运用苗语讲课。1951 年调凤凰县人民法院工作，1952 年 10 月加入中国共产党。到县法院工作后，她剪西式头，戴上干部帽，腰挎驳壳枪，同男干部一样冲锋陷阵，在清匪反霸运动、镇压反革命斗争和土地改革运动中屡建功勋。1955 年 2 月，她参加县境三区、五区、六区的反革命暴动案侦破工作，昼寝夜行，翻山越岭，深入苗寨，人们竟不知她是女干部。1955年12月任县法院副院长，1960年任院长，是全国首位担任县级人民法院院长的少数民族女法官。“文化大革命”中下放“五七”干校劳动。1972年参加湘西州农村工作队，驻山江公社千潭大队。为改善灌溉条件和人畜饮水难题，她多次下到几十米深的天坑找水源，组织修建几千米引水渠道。1974年6月任凤凰县卫生局局长，1975年5月，任湘西州人民医院院长。在任州人民医院院长期间，该院的医德医风有很大改进，医疗技术水平也有很大提高。1979年12月，她调任州中级人民法院副院长，主管法院落实政策工作，平反一系列冤假错案。其中平反吉首、大庸、泸溪等县重大错案5起；昭雪1起，即1967年9月22日老红军秦仲林被错杀案。1983年，在严打斗争中，她深入基层了解情况，指导工作。1997年3月，因病去世。

余济贤（1932—2001），保靖县迁陵镇人。少时就读于县城私立竞择小学。1947年就读于保靖中学。1954年2月，武汉水电学校（原湖南省沅陵高级技工学校）毕业，分配到水利部长江水利委员会（设在武汉）工作。1956年，加入中国共产党。至1964年，先后参加安徽梅山水库、丹江口、宜昌陆水等枢纽工程设计与施工，曾任砼组组长、代理技术科长。1965—1977年，从事三峡工程防护研究，参加核效应试验，化爆模试验等科研项目。曾主持戈壁滩上代号为“751”的防核爆试验工程，任防护科副科长。参加三峡、重庆彭水等大中型水利工程设计和施工。1978年，主持江西万安第一阶段工程设计和现场施工。先后担任科长、副处长、设计处处长。1979年晋升为工程师，1987年被聘为高级工程师。1991年任枢纽处处长。先后完成涨渡湖水闸、葛洲坝、隔河岩等重点水利水电工程设计，并负责江西万安赣水、湖南江垭等枢纽工程的设计、施工与监理。1992年，被推荐为教授级高级工程师。1994年，《三峡工程防护论文汇编》获水利部科技进步奖一等奖、国家科技进步奖二等奖，根据其为“751”工程研究所做的重大贡献，核基地政治部为其记三等功一次。1997年被命名为“国家级有突出贡献的专家”，享受国务院政府特殊津贴。湖南江垭电站是国家特许工程，余济贤担任该项工程总工程师。设计建成碾压混凝土重力坝，创下坝高131米的记录。1998年第一台机组运行发电。机组运行时间比预期提前10个月。1998年1月退休，2001年9月2日在武汉病故。

孙继武（1934.11—2001.7），湖南沅江市北大乡人，中共党员，高级农艺师。1960年秋由湖南农业大学毕业，分配到龙山县农业局工作。1977年5月，将父母、伯父母遗骨迁到龙山安葬。1980年起，先后任县粮油站站长、县农技推广中心主任、总农艺师兼任县农学会秘书长、湘鄂川黔边区民族自治县农学联合会秘书长、县专业技术职称评审委员会副主任等职。他是中国农学会会员、中国作物学会会员。1980—1990年，在他主持和参加的14项农业科技推广项目中，有7项获得省、部级科技成果奖；他曾多次出席全国性的农业科技研讨会、全国油菜生产科研会议、全国地膜覆盖栽培技术研讨会、全国庭院经济研讨会等。公开发表《武陵山区玉米地膜覆盖栽培技术研究与推广》等论文12篇。先后被评为湖南省优秀专业技术工作者、农业部振兴农业先进个人，被列入首批州管有突出贡献的专业技术人员。1992年10月，经国务院批准，享受政府特殊津贴。2001年7月病逝。

吴运昌（1936.9—2004.5），苗族，大专文化，中共党员，花垣县龙潭镇人。1956年1月至1960年1月，先后在花垣县雅酉、龙潭等地任教。1961年5月，任花垣县麻栗场区委秘书。1962年4月，任中共花垣县委办干事。1964年7月，任花垣县委宣传部副部长。1966年3月，任中共花垣县委副书记。1968年3月，任中共花垣县委常委、县革命委员会副主任。1972年12月，任中共花垣县委副书记、县革命委员会副主任。1973年6月至1975年1月，任中共湘西自治州委副书记兼花垣县委书记、县革命委员会主任。1975年1月至1978年11月，任湘西州委副书记、州革命委员会副主任。1978年11月至1981年6月，任湘西州委副书记、州革命委员会主任兼州政协主席。1981年6月至1988年1月，任湘西州委副书记、州人民政府州长。1988—2000年，任湖南省第七、第八、第九届人大常委会副主任。他是第五、第六届全国人大代表，第五届全国人大民族委员会副主任委员。2004年5月病逝于长沙。

何纪光（1939—2002），苗族，中共党员，古丈县人。曾任中国音乐家协会常务理事，湖南省音乐家协会主席，享受国务院特殊津贴，湖南省歌舞剧院国家一级演员。1939年6月10日出生于古丈县古阳镇。他自幼喜欢唱歌演戏，是县城业余汉剧团一名出色的小演员。1953年，湖南省湘江歌舞团到古丈演出和招收学员，他大胆演唱《晋察冀小姑娘》等歌曲，当场被录取。1956年，他参加首届全国音乐会中南海专场演出，其领唱的《澧水号子》，受到中央领导和专家赞赏，崭露头角。1962年，何纪光进入上海音乐学院学习，师从著名民族声乐家王品素。他将西洋科学发声理论技术融合到湖南高腔演唱中，学习掌握一种既不同于美声唱法，又不同于中国戏曲唱法，而能充分表现民族特色的“半声唱法”。歌声优美，粗犷豪放，真假声更换自如，使其在民族演唱艺术达到一个新的高度，形成一种具有特殊色彩的高腔音色，在歌坛上独树一帜。1964年，在第二届“上海之春”音乐会上，他演唱的《挑担茶叶上北京》《洞庭鱼米乡》两首湘韵醇浓的歌曲轰动歌坛，风靡全国。1983年，他随文化部艺术团赴香港演出，登台献艺，一时轰动港岛，各大报刊纷纷惊叹：“何纪光的演唱是中国歌坛一绝！”1988年，何纪光回古丈县，配合湖南电视台拍摄反映其艺术生涯的《那山·那水·那歌》音乐专题片，放声高歌《回苗山》，倾诉一位游子对家乡的眷恋之情。1995年5月，他应邀赴台湾参加“歌颂流芳古到今”音乐作品演唱会，在台湾国父纪念馆高唱《蜀道难》《祖国颂》等浸透炎黄子孙拳拳爱国之情的歌曲，在观众如潮的掌声中，找到了海峡两岸人民感情的契合点。何纪光一生参加各类演出3000多场次，近200首歌曲灌成唱片和磁带，为10余部电影、电视剧配唱主题歌和插曲。1988年，他获“全国首届影视十佳歌手”称号，1989年《洞庭鱼米乡》获中国首届金唱片奖。他留下的《洞庭鱼米乡》《挑担茶叶上北京》、电视连续剧《济公》主题歌等代表作，将民族演唱艺术推到全新高度。2002年9月19日辞世。

郑培民（1943—2002），祖籍河北省武安县，出生地吉林省海龙县。1967年9月参加工作，1969年12月加入中国共产党。1962年9月至1968年7月，就读于吉林大学物理系。1968年7月至1970年2月，在人民解放军3275部队农场锻炼。1970年3月至1983年6月，在湖南湘潭电机厂工作，任革委会组织组干事、子弟中学党支部书记、厂团委副书记、党委办主任、党委副书记兼纪委书记。其间于1981年2月至1982年8月在清华大学经济管理工程系经济管理研究班学习。1983年6月至1985年6月，任湘潭市委副书记，1985年6月至1990年6月，任湘潭市委书记。其间于1986年9月至1987年7月在中央党校培训部学习。1990年6月至1992年12月，任中共湘西州委书记。1992年10月至1996年8月，任湖南省人民政府副省长。1995年10月至2002年3月，任中共湖南省委副书记。他是中共第十三、十四、十五次全国代表大会代表。2002年3月11日因病逝世。

陈大双（1947—2004），龙山县召市镇招头寨人。1968年2月参军，1969年加入中国共产党。1970—1985年8月，先后任排长、副政治指导员、股长、副科长、团参谋长、副团长兼参谋长。1985年9月任某集团军步兵团团长，11月奉命赴云南老山地区参加对越南防御作战。他认真研究南方山地丛林和喀斯特地貌的机动作战特点，进行冷枪冷炮活动和机动炮战，实战歼敌800余人。1987年1月5日，指挥对某高地的奇袭拔点作战，以小代价换取大胜利，缴获各类武器装备200余件。该团荣立集体二等功，陈大双获三等功奖励。该团连续六年被兰州军区、某集团军评为训练管理、基层建设先进单位。1989年1月被兰州军区评为“基层建设标兵团”。1989年6月任青海省果洛军分区参谋长，组织编写《骑兵训练教材》，在全军推广。曾6次参与重大军事演习，并组织指挥。他认真研究军事理论，撰写军事著作，组织编写的《平面线式作战的历史终结》在全军学术界有一定反响。他的《应急机动部队建设研究》获全军军事理论研究成果二等奖。2002年，《论联合动员》一书被国家国防动员委员会评为一等奖。1992年2月任某集团军副参谋长，2002年7月晋升为少将军衔，2004年去世。

单海鹰（1956—2010），土家族，永顺县灵溪镇人。中共党员，高级工艺美术师。自幼习画，师从民间艺人。1987年毕业于湖南工艺美术职工大学装潢设计专业。擅长土家织锦和蜡染设计制作。1995年蜡染“土家风情”获“万博杯”全国艺术之乡精品展示大赛一等奖。1999年，土家织锦“毕兹卡人”获“世纪杯”中国工艺美术创作大会展金奖。2000年，蜡染“摆手舞”、土家织锦“毛古斯”分别获湖南省首届民间工艺美术品大赛暨精品展金、银奖。他的作品，被联合国粮农开发署、法国达乌拉斯省文化艺术中心、日本冲绳高等工艺美术学院等国外专业机构收藏。1996年，在全国第四届科技大会上，被国家科委和中国科协授予“全国先进科普工作者”称号。1997年，他将作品在北京大学、清华大学、北京航空航天大学、中央民族大学等8所高校义卖，所得款项全部捐给贫困地区修建图书馆。2000年，他将织锦“毕兹卡人”和蜡染“土家风情”作品，在湖南卫视《真心风采》栏目中现场拍卖，所得的数百万元收入全额交给湖南省慈善总会，资助残疾人。2003年4月，中央电视台第三套《走进幕后》栏目，用20分钟时间介绍他和他的作品及土家织锦工艺。他是中国工艺美术学会会员，曾获“湖南省高级工艺美术设计大师”称号，被中国工艺美术学会评定为“中国织锦工艺大师”。2010年5月6日因病去世。

赵小琼（1960.1—2005.1），女，土家族，永顺县人。中专文化，中共党员。1981年7月，湖南省化工学校毕业，分配到州七〇化工厂工作，至1989年，18次被评为先进工作者。1990—1994年，先后任吉首市环保局环境监测站站长、市环保局副局长。1995年任吉首乡党委副书记、乡长。到任后，经常深入村寨农户，与群众一起修建村组公路、种植大棚蔬菜，深得群众钦佩和信服。1997年6月，因骨癌接受医疗手术，右腿装置两块长23厘米的钢板。病情稍得控制后，她就立刻回到乡政府工作，并与基层干部群众一道，修公路，搞开发，不辞辛劳。1999年，病情复发，右腿高位截肢。他身残志坚，心存高远。她在日记中写道：“即使翅膀断了，心也要高高飞翔！”截肢3个月后，为能重新工作，她刻苦练习假肢走路，自学电脑知识与技术，以“秋阳大姐”为网名，在网上与众多残疾人谈生活、谈人生、谈理想，鼓励残疾人朋友顽强地生活，并经常通过网络向外地人士推介湘西风土人情和物产。2001年5月，调任市残联理事长，上任后拄着拐杖到乡镇和街道访问残疾人。了解他们的生活情况，倾听他们的意见和呼声。市残联两次被湖南省残联评为全省残联工作先进单位。2003年，赵小琼的病情再次复发，癌细胞转移到肺部和手掌，8月住进广州中山医科大学第一附属医院，实施多方位的断腿15厘米残端切除、肺部肿瘤切除和右手掌切除手术。每次手术醒来时，第一件事就是给中国残联国际部领导人打电话，询问项目审批情况。赵小琼在中山医科大学第一附属医院住院86天，连做3次大手术，极度虚弱的病躯，尚未得到休养，她就迫不及待地回到工作岗位。断腿残端截了，右手掌没了，只剩下一条腿、一只手、半边肺，可她每天仍坐着轮椅上下班。由于右腿高位截肢和右胸两根肋骨被切除，身体重心全压在左侧，她坚持用左手指在电脑键盘上打字，完成3万多字的《吉首市残疾人康复中心项目建议书》。为争取市残疾人康复中心项目，赵小琼带病乘火车三赴北京向中国残联请示汇报，中国残联国际部主任傅克礼看到她疲惫不堪的样子，被她忘我工作的顽强精神所感动，当即与香港嘉道理慈善基金会联系，得到满意答复。

2005年1月5日，赵小琼因骨癌恶化逝世，年仅45岁。是年3月18日，中共湘西自治州委作出《关于向赵小琼同志学习的决定》。3月下旬，中共湖南省委批准将赵小琼作为全省重大先进典型推出。4月下旬，经州委、州政府研究同意，州妇联追认赵小琼为全州“三八”红旗手。5月10日，省妇联授予她“三八”红旗手称号。是年，她被评为湖南省十大新闻人物之一。

张洋（1963.10—1996.8），苗族，龙山县石牌镇玉河沟人。1993年加入中国共产党，1995年任村党支部书记。张洋舍小家为大家，垫资4万多元（其中借款1.9万余元，每月为村集体贴息300余元）修缮村学校，办电视卫星接收站，修4条10公里长的通组公路和两座石桥。1996年7月1日，中共龙山县委授予张洋“优秀共产党员”称号，8月授予他“模范党支部书记”称号，并发出《关于开展向张洋同志学习活动的通知》。是年8月11日，石牌乡遭受特大洪灾。玉河桥头张洋家有存放修建公路的炸药雷管等物资，房屋即将被洪水冲垮时，张洋、张桂云、李士平等3人不顾安危，奋力抢救集体财产。突然，房屋被洪水冲塌，3人卷入洪水之中。张洋、张桂云2人不幸遇难，英勇献身；李士平凭年轻，得以幸存。1999年8月19日，湖南省人民政府追认张洋和张桂云为革命烈士。

莫乔明（1965—1995），凤凰县落潮井乡牛堰村人，出生于一个苗族农民家庭，其父母均为中共党员，曾长期担任基层干部。在父母的熏陶和学校教育下，莫乔明从小养成忠厚老实，爱憎分明，见义勇为的良好品德。他曾担任村团支部书记、村治安联防队组长。1995年8月14日清晨，莫乔明、莫开金、唐爱金、唐爱兵等十几个村民，早早地赶到村头凤（凰）铜（仁）公路边的水泥预制场，开始一天紧张的劳动。6时许，见有3个陌生男人，在公路上，顺着预制场方向，匆匆走来，快到预制场时，又急忙转向山林小道，往西，朝贵州方向跑去。紧接着，一辆手扶拖拉机紧追而来，车上的人朝着莫乔明大声喊：“快抓住那3个家伙！他们身上有枪，是抢劫犯。”莫乔明等十多人立刻放下手中的活，向歹徒逃窜方向追去。这3个歹徒分别叫吴记必、吴通明、唐勇奎，手里持有仿真“五四”式手枪及菜刀、螺丝刀等凶器，从贵州松桃窜入凤凰作案。凌晨3时，3歹徒窜至阿拉营镇教场村一村民家，威胁抢劫后沿公路向贵州流窜。5时许，又窜到落潮井塘桥村，撬门入宅行窃，得手后行至大兴机场公路入口处，想拦截黄合乡安井村村民龙仙智手扶拖拉机，用枪威逼龙驾车送他们逃出湖南。龙拒绝，遭到毒打，幸有附近村民赶到，3歹徒沿公路快速向牛堰方向逃跑。

莫乔明等人奋力直追，快要追到歹徒时，突然，歹徒吴记必转过身来，举枪对着莫乔明，恶狠狠地说：“你们不要再追了，不然我就开枪打死你们。”莫乔明正气凛然，大声喝道：“快把枪放下！你们休想从这里逃走！”威胁不成，歹徒便扣动扳机，枪未响。莫乔明伺机捡起石块还击，歹徒钻进茂密的丛林。在丛林中，莫乔明等人与歹徒周旋两个多小时，利用有利地形，躲过歹徒5次枪击。8点多钟，3歹徒被追至贵州境内大兴镇岩垅村。歹徒以为莫乔明等不敢再追，骄狂地用枪瞄准莫乔明。莫乔明等毫不畏惧，歹徒们便掉头朝牛堰水库库尾窜逃，莫乔明他们兵分两路追赶拦截，前方被水库隔断的马蹄形地段内的歹徒吴记必，再次向奋不顾身的莫乔明扣动扳机。“呯”的一声，罪恶的子弹击中莫乔明的头部……。莫开金和唐爱金随即将吴记必制服。随后赶来的凤凰县公安局民警、武警战士与贵州松桃大兴镇派出所民警及村民共600多人，经过四个多小时的拉网搜山，将歹徒吴通明抓获归案，另一歹徒唐勇奎也于10天后落入法网。是年11月，凤凰县委、县政府举行莫乔明英雄事迹报告会，并作出《关于在全县广泛开展学习莫乔明同志见义勇为英雄事迹的决定》。1996年，湖南省人民政府批准莫乔明为烈士。

附：1999年版《湘西州志》人物传补遗

郑国鸿（1777—1841），字雪堂，回族，凤凰县茶田都桐人。少时聪颖好学，记忆过人。稍长，就到名师严如煜处就读，探求经世之学。清乾隆五十九年（1794）参加沅州乡试，中武举，步入仕途。以“文臣不爱钱，武臣不惜死”为座右铭。乾隆六十年（1795）伯父郑廷松任镇筸千总，征苗阵亡，无子，以国鸿为嗣，承袭云骑尉世职。26岁，参与凤凰厅同知傅鼎督兵防边的筹划，积功擢永绥（今花垣县）屯守备。清嘉庆二十二年（1817）迁湖北黄州协都司。清道光元年（1821）擢湖北提标中军参将，四年再迁广西平乐协副将，一年后调任湖北竹山协副将，代理郧阳镇总兵。道光九年（1829）旋任浙江湖州（今吴兴县）协副将，十七年（1837）调任湖南宝庆（今邵阳）协副将。道光二十年（1840）升浙江处州镇总兵。同年7月6日，定海首次被英军占领，闽浙总督邓廷桢统诸军进剿，63岁的郑国鸿奉调防镇海充翼长。道光二十一年（1841）2月，清廷被迫对英宣战，两江总督伊里布即日出兵，令镇海总兵葛云飞押送英俘去定海，与英军交换海域，并加派处州镇总兵郑国鸿，安徽寿春镇总兵王锡朋率领三千将士，同去定海迎战。英军被迫撤出定海。9月26日，英国公使璞鼎查率领舰船29艘、兵力两万余人直扑定海。当时定海守军不足五千人，三总兵立即根据地形调整布防，郑国鸿防守要隘竹山门，王锡朋防守城西晓峰岭，葛云飞防守土城。凌晨，英军的“皋华丽”号等4艘军舰窜入竹山门狭港，登陆后分两纵队挺进，同时向土城发炮猛攻。郑国鸿率军与其恶战八九小时，击毙英军400余人，使其惨败。27、28日，英军转攻新筑土城及晓峰岭，亦被击退。29日拂晓，英军一部乘舢板从城西南登陆，潜入五奎山扎立营盘，郑国鸿奋力拼杀，将其全部赶下海。30日上午，英军又从城西、城南同时发起猛攻，激战至下午6时，一股英军从城西南岸登陆，郑国鸿众将士全力阻击，击退敌军；由于连日激战，伤亡重大，形势万分危急，部属劝其退保晓峰岭，与葛军合力抵抗，国鸿不从，说：“竹山不守，晓峰焉能自存，武臣效命疆场，分也！”始终不肯后退半步。英军连续五天进攻，发射千发炮弹，仍未攻下定海，于是调集增援部队，舰船增加到40多艘，10月1日发动全面进攻，英军分路夹攻土城、竹山门和晓峰岭。由于汉奸带路，英军得以从间道袭取晓峰岭，总兵王锡朋阵亡。敌军顺晓峰岭而下，定海县城失陷。英军又集中三千兵力，水陆并进，攻打竹山门。郑国鸿不顾连日征战疲惫，仍然带领士兵沉着应战。从辰时战至午时，终因兵微将寡，弹尽绝援，敌军步步进逼，自己身负重伤，战败已成定局。郑把将印交给军校，单枪匹马冲入敌群，挥刀连斩数敌，身体受创十余处，壮烈殉国，时年64岁。随征1200余名士兵全部牺牲。郑国鸿、王锡朋、葛云飞三总兵殉国后，道光帝朱批：三镇皆以提督例赐恤，并入昭忠祠。待定海收复后，再建立专祠，并许原籍各建专祠。郑国鸿被追谥忠节，对其家属除赐银三千两从厚抚恤以资丧费外，对其子孙赐骑都尉兼一云骑尉世职。郑国鸿生前著有《诗经疏义》《葩经揭旨》《昌学崇源》等书数卷。

杨大槐（1817—1898），土家族，古丈县小田家洞人。早年家贫，哥嫂全不理他，40岁还单身，靠捡柴卖攒得几个钱，听从隔壁杨公劝告，买米，煮酒，卖酒赚钱。从此，杨大槐酒卖钱，糟喂猪，猪多钱多。杨大槐42岁，娶妻向氏，无生育，后又娶向氏，仍无生育。身边无儿无女，甚感孤寂，决心积德行善，为后人做好事。60岁时家攒钱万贯。茄通、田家洞一带，历来山道崎岖，泥泞不堪，人畜难行。清光绪三年(1877)，杨大槐出钱修小田家洞至河西、小田家洞至茄通，河西至界牌3条全长35公里的石板山路。又请岩匠开凿整修抱肚岩至一碗水一段陡峭山路，保障人畜行路安全。光绪二十四年(1898)病故。杨大槐生前修桥铺路造福乡里，在当地广为传颂。

吴自发（1834—1896），号诚斋，苗族，凤凰县三拱桥乡板参村人，幼年随父母迁居得胜营（今吉信镇）。13岁丧父，由其母养大成人。自幼聪敏好学，经常逗留私塾窗外窃听讲习，塾师知情后免费收其入馆。学文之余乐习武功，20岁时，能飞步追犬。清咸丰五年（1855），镇筸总兵文安，辰沅永靖兵备道翟诰筹饷募勇。吴自发应召入伍，因生性勇猛，处事果敢，深得上司信赖。

咸丰七年（1857）3月，统领乡勇二千八百人，进剿黔东。清同治五年（1866），吴自发受任镇远知府。是时，镇远城乡毁于战火，田园荒芜，人民流离失所。吴自发到任以后，开仓济贫，招徕流民垦植。捐俸修筑城垣，兴立碉堡，修建桥梁；复兴书院，设立试舍，振兴文教。同时在风木溪等溪河沿途设塘筑堰，先后开出良田一千余亩。同治六年（1867），擢升贵东兵备道。此时战事结束，朝廷补发历年拖欠军响，有巨额饷银无从发放，吴自发念己幼时少读诗书，遂将八万两白银押回家乡，在吉信修建“三潭书院”，在板参修建“竹庐书院”，在沅州府（今芷江）修建“考生会馆”。同时，在乌江上建造一座铁索桥，以利两岸交通。号召苗民移风易俗，革除耗费巨资的椎牛祭祖活动。吴自发两任贵东兵备道，加布政使衔，受钦赐花翎与黄马褂及奋勇巴图鲁称号，诰封光禄大夫。清光绪二十二年（1896）病逝，清朝廷追赐其为内阁大学士。

张文德（1834—1881），号正亭，原名张文龙，凤凰县沱江镇大坳村人。清咸丰三年（1853），张文德随曾国藩率领的湘军征剿太平军，以解南昌之围。其所在“镇筸营”在收复江西诸府的战役中战功卓著，文德又英勇善战，于咸丰四年（1854）由兵勇升为把总。咸丰五年（1855），张文德率部随提督和春入皖攻庐州，打下安庆。5月东下克黄安，9月又攻克潜山、垌城、舒城。太平军固守庐州五十里外的三河城。清军久攻不下，张文德自请持檄入营劝降，设立内应，并率筸军奋勇当先，攻克三河。咸丰六年（1856）8月，移师破丹阳，次年5月收溧水、句容。9月奉命随总兵余万清攻打天京外围重镇镇江，与张国梁合歼洪仁发所率两万御林援军以及李秀成援军前锋李世贤部，击溃李秀成主力，收复镇江，筸军名声大振。咸丰八年（1858），领军援福建，赐花翎，九年（1859），援浙江，晋游击。咸丰十年（1860），随张国梁驰援杭州时，因太平军多次进犯镇江，遂回援战退敌军，与冯子材共守镇江，次年补广东罗定协副将。清同治元年（1862），冯子材奏请朝廷，而准授贵州镇远总兵，赐号翼勇巴图鲁。同治二年（1863），奉冯命率筸军进攻太平军守地牧马口、薛村、柏林村等，裹伤而战，鼓舞士气。继而攻下白堍镇、宝堰，解曾国荃围攻金陵，侧背受太平军牵制之险。同治三年（1864），率军多次进攻丹阳，以太平军叛徒黄先知、杜玉成等为内应，攻占丹阳城，斩太平将领陈时永，擒赖桂芳等大小头目百余人，屠太平军七千余人，降服数千，张因此积功记江南提督，受一品封典。同治四年，张文德回镇远上任，募勇练兵，清剿太平军残部。六年，署贵州提督。次年，御赐黄马褂，晋号达桑阿巴图鲁。同治十三年（1874），带兵分多路平定苗乱，被授世袭云骑尉。光绪元年（1875）加头品顶戴，署贵州巡抚。光绪七年（1881）逝世。赐恤贵阳建功专祠奉祀，湘黔公路乌江附近有“文德关”纪念张文德。

田兴恕（1836—1877），字忠普，凤凰厅（今凤凰县）镇筸城（沱江镇）人。父早殇，兄弟二人与母亲以捡柴、割马草卖为生。田兴恕十三岁时，受人羞辱而与一伙穷青年前往长沙，投军邓绍良处。正逢太平天国军围攻长沙城，战事呈胶着状态。一个漆黑的夜里，他突然发觉太平军在城外挖掘地道，便立刻向守卫哨官报告，上级随即采取行动，阻止太平军挖地道攻城。事后，兴恕由火工营调到抚台跟前听差。他作战勇敢，不到两年升为哨官。当时太平天国西王萧朝贵率部直扑长沙，巡抚骆秉章属下只有镇筸标下一个协，他自己扼住要塞，令田兴恕率一突击队出击，以迟滞太平军进攻。相持中，太平军一面挖地道，一面攻城，萧朝贵身穿黄袍，立在天心阁城外，指挥攻城。田兴恕悍然出城突击，城中则调集大炮轰击，萧朝贵中弹而亡，长沙之围得解。田兴恕随军转战湖南、湖北、江西各地。清咸丰五年（1855），领五百人号“虎威营”克郴州；六年（1856），随慕启江援江西，克万载、袁州；七年（1857），战上高、英冈岭，克临江；八年（1858），又克崇仁、乐安、宜黄、南丰，积功升副将，加总兵衔，赐号尚勇、挚勇两个巴图鲁。以功实署古州总兵，年方22岁。咸丰九年（1859）2月，石达开领太平军由南安入湖南，取衡州受阻而改道围永州。左宗棠令田兴恕等驰援永州。4月，石达开部由永州指向宝庆，分兵略武冈、祁阳未逞。5月，石军三十万兵力围攻宝庆。当时田兴恕只有四千五百人，加上刘长佑部仍不及石军二十分之一。胡林翼即遣李续宜赴援，统一指挥水陆军共四万人，仍是以寡敌众。续宜召诸将会商，田兴恕扼九巩桥，刘长佑渡资水西袭石军侧背，自己攻击正面。田兴恕连毁石军附城营3座，形成内外夹击，势如破竹，毙石军二万余，逼石达开部向广西撤退，解宝庆之围。田兴恕奉命移师靖州防御黔边，署贵州提督。咸丰十年（1860），受命领军二万镇压以农民为骨干力量的仲苗、白莲教等起义。主力经铜仁进攻印江，分部田兴奇领兵二千人，经石阡，战龙潭，追至马坪，斩起义军元帅韩成龙、贾国英，救出男女老幼三千人。另派田兴盛等统兵进攻雄苗屯小崽苗民住所猫猫山，斩首一千五百余级。同年，石达开军再攻贵州，连陷数城。此时兴恕已实授提督，诏受钦差大臣，受命援省城，赴定番迎战。咸丰十一年（1861），兴恕奉诏兼署贵州巡抚，乃分兵督剿，筸军所至，每战皆捷。先后招抚起义军首领唐天佑、贾保、柳天成等人，克复归化、荔枝、定番、广顺、蜀山各县，疏通驿道。

当年，西方传教士传教活动日益增多，田兴恕对此痛恨，拒不张贴清朝廷发的《中俄天津条约》布告。咸丰十一年（1861）3月20日，法国天主教徒胡缚理得到“传教士护照”，4月4日乘坐紫呢大轿，身披紫带，头戴方帽，前呼后拥，耀武扬威地来到巡抚衙门面见田兴恕，被田的武士驱逐出门。胡缚理立即报告驻重庆的法国公使馆员德纳马，并向清廷状告田兴恕阻挠传教及《天津条约》的执行。田兴恕得知此事后，非常气愤，立即派人查抄教堂，正告法国传教士：“中国有中国的法，有中国的教，决不允许你们践踏中国法律，以传教为名无法无天，胡作非为。”并向全省官员发出扑灭贵州境内洋教的密令。是年端午节，贵阳人按传统习惯，上街游行以祈“消除百病”。当游行人群行至大修院时，遭到两名门丁和4名修士谩骂和驱赶。游行人员群情奋起，包围大修院，将4名辱骂群众的修士扭送抚衙。胡缚理向田要人不成，转向法国公使馆告状，并写信大骂田兴恕。兴恕大怒，命令将4名修士绑赴刑场斩首，民心大快。史称“青岩教案”。法国使馆将此案告到清皇帝那里，皇帝大骂田心恕“恃功而骄”“不谙文法”等，撤去贵州巡抚、钦差大臣，保留提督一职。田毫不在乎，一身正气。

咸丰十二年（1862）农历正月十五，开州夹沙龙群众举行传统祭龙活动，欢度元宵佳节。天主教徒以奉教为由，千方百计阻挠破坏，且不服劝说。知州官员戴鹿芝禀告田兴恕，田认为洋人不尊重中国法律和传统习俗，明目张胆蔑视中华，欺人太甚。当即批示将法国教头文乃尔、教徒张天申等4人凌迟处死，并头颅悬挂在开州城门示众，史称“开州教案”。法国公使馆反复向清朝皇帝告状，要求赔偿损失，处死田兴恕。清皇慑于洋人淫威，下旨将田兴恕发配新疆，永不赦免。”

时任钦差大臣的陕甘总督左宗棠正督办新疆军务，组建一支精明强干的西征军。左知田兴恕勇谋兼备，英勇善战。故奏请朝廷把田兴恕留在西征军内帮办军务。田屡建战功，深得左宗棠赏识，左请求清廷放其回原籍凤凰。慈禧太后不允，只准释放回家封为禁臣，并赐金锁一把，锁住所乘轿顶，非有御赐钥匙，不得调用。田心恕为国家为民族伸张正义，反被清廷迫害，年仅41岁含恨去世。他本无文化，但勤奋好学，后期著有诗集《更生诗草》，主修过《凤凰厅续志》。

田应达（1861—1897），凤凰厅镇筸城（沱江镇）人。幼年天资聪慧，12岁考取秀才，16岁乡试中举。17岁应邀议修《田氏族谱》，成为祠堂修谱主持人之一。清光绪十一年（1885），应达赴京会试，一举中式，殿试中二甲，赐进士出身，授翰林院庶吉士，放户部主事，着山东司行走。后放陕西兰田县知县。田为官清廉，勤政爱民，抑豪强，重农桑。每逢灾年，亲自下乡巡视，救灾济困，深得百姓爱戴。光绪二十二年（1896），母亲逝世，应达守制回乡丁忧。离任时百姓倾城送别，并刻德政碑，献万民伞。自母死后，应达日夜忧思，积哀成疾，光绪二十三年（1897）病逝于凤凰，年仅36岁。

危云开（1885—1927），危云炎（1887—1927），古丈县古阳镇人。云开又名危开泰，是危云炎胞兄。民国14年（1925），在古丈县巡防军总监刘谷卿部下任军法官。民国16年（1927）4月，经中共党员、国民党党务特派员张世衡介绍，危云炎、危云开秘密加入共产党。后被派往罗依溪、官坝、龙鼻嘴等地开展农民运动和组织农民自卫队等工作。危云炎、危云开加入中国共产党后，工作积极，不顾个人安危，按照党的指示，发动工农群众，打击贪官污吏。民国16年（1927）5月21日，国民党反动军官许志祥在长沙发动“马日事变”，大肆屠杀共产党员和工农革命群众，6月1日，危云炎、危云开兄弟两人被国民党反动派刘谷卿逮捕，押走时两兄弟气宇昂然，视死如归。为保存革命力量，危云炎被捕时，设法在手掌上写个“走”字，亮出来暗示其他同志赶快离走。当晚，兄弟俩惨遭杀害，牺牲时危云炎40岁，危云开42岁。

田君亮（1894—1987），原名田景奇，清光绪二十年（1894）8月出生于凤凰厅（今凤凰县）镇筸城（今沱江镇）。6岁时全家流落贵州，迁居黔西水城县。

清光绪三十年（1904），贵州创办新学，田君亮进入贵阳模范小学就读。清宣统三年（1911），考入贵阳模范中学，毕业后考取贵州官费留学日本。留学期间，关心国内政局，积极参加民主革命活动。1919年在早稻田大学政治经济学系毕业回国。1921年，在广西桂林见到孙中山，参加中华革命党，继而在广东、上海等地从事民主革命活动。1923年回到贵州，任贵州公立法政专门学校教授兼教务长，贵州军事善后督办署参议。1924年出任贵州省大塘县知事。在担任大塘县知事期间，他严惩聚匪抢劫的该县团防局大队长杨秀章，处决欺压百姓的中区区长李海清，同时，审理一批积案，县境逐渐安宁。一年后，任四川石柱县县长，后又任务川县县长。1930年，他弃官从教，先后在贵阳毅成中学、贵州省立师范学校、贵州大学任教，讲授国文和人生哲学。1938年，在中共地下党的联络下，发起成立“贵阳战时社会科学座谈会”和“中苏文化协会贵州分会”，宣传抗日主张，支持并参加贵州学生组织的抗日爱国运动。中华人民共和国成立后，田君亮任贵州省人民政府委员兼文教厅副厅长，贵州省教育厅厅长兼贵阳师范学院院务管理委员会主任委员，贵州大学校长。1955年任贵州省人民政府文史研究馆馆长。1959年加入中国共产党。1962年任贵州省副省长。20世纪80年代初任贵州省人大常委会副主任。他为人耿直，作风正派，严于律己，宽以待人，始终把“学习·学到老，革命·革命终身”作为座右铭。著有诗词集《病牛遗诗》。

1987年2月15日，在贵阳病逝。

吴光烈（1902—1943），字诚斋，苗族，清光绪二十八年（1902）9月13日生，凤凰县阿拉营镇新寨人。从小勤奋好学，练拳习武。1916年，凤凰十二县联合中学毕业，毕业后在家务农。1925年，进入湘西巡防军军官养成所学习。1926年，随黔军东下北伐。1928年，考入贵州“崇武学校”，毕业后到湘西巡防军服役。1931年，吴光烈任新陆军三十四师卫士大队上尉中队长，1932年任少校营长。1936年投身抗日战争，他作战勇敢，有“抗日虎将”之称。1937年11月，在浙江嘉善对日作战，1938年1月升上校团长。7月，一二八师在江西牯塘支援战中，遭诬告，被取消番号，连以上军官一律被遣散。光烈回到陈渠珍重组的地方武装任湘西特务大队上校大队长。1940年10月，撤销特务大队，入新编暂五师，任上校团长，防守长江南岸，驻守湖北江陵。1941年12月第三次长沙会战胜利后，被调“成都中央军校高级班”受训。在重庆经陈范联系，与中共地下党接触，1943年5月，回原团驻地石门。然而，军长汪之斌不安排他实职，不予重用。吴光烈十分气愤，决定“举兵起义，投靠共产党，抗日反蒋”。他乘闲置之机，串通十五团二营营长吴镐、三营营长唐国钧、一营连长田应昭、田丹、林战泉等，准备起义。联络好人员后，由师部便衣队班长陈远祥带路，星夜与石门地下党负责人取得联系，请求地下党协助起义。吴光烈回到军部后，秘约有关人员在白槎二营营部商议起义事宜，决定于“双十节”（10月10日）晚上12点举行起义。10月8日下午，就在武装起义准备工作接近尾声，起义官兵枕戈待旦时，因机密泄露，起义骨干人员被捕。由于多为单线联系，密信不注姓名，除吴光烈、吴镐、王吉全3人外，其他成员幸免于难。11月下旬，3人被国民党以“通共投共，背叛党国”之罪名，杀害于石门县城郊宝塔山下，吴光烈时年41岁。

田志仁（1903—1936），土家族，古丈县断龙山乡溪龙车村人。家境贫寒，靠做长工维持生计。1930年4月，被国民党军队抓去当差，从永顺县王村前往桑植边境送军粮。途中碰上红军，枪声一响，国民党军队闻风丧胆，各自逃散，田志仁乘机将粮食送给红军。红军领导和战士们对他的举动表示称赞。田受到感动，当即要求参加红军。红军领导得知他家有妻室儿女，没有批准他的要求，发给他100块银圆作生活资助，动员回家。但田志仁参加红军心切，再三恳求留下，红军领导见他态度坚决，便同意吸收他为红军战士，并把他编入二军团第十八团一营二连一排三班。1935年6月，红军在龙山芭蕉坨一带打击敌人，田志仁挺身而出，匍匐前进，巧妙避开敌人火力，爬上敌人机枪阵地，乘敌不备，一跃而上，夺得机枪1挺，使敌人阵地大乱，为红军冲锋打开通道。8月3日，红军在湖北板栗园歼灭敌军八十五师的战斗中，田志仁机智地俘获一敌军营长。11月19日，红二、六军团胜利完成牵制敌人兵力的任务，在贺龙的指挥下开始突围，北上抗日。田志仁随部队从桑植县刘家坪出发，经石门、津市，转新化、辰溪，到达贵州江口。这时他担任红六军团十七师五十一团机枪连班长。1936年2月2日，所在部队顺利抢渡乌江天险，奉令以威宁、毕节、黔西、大方四县为中心，开展游击战争，创建新的根据地。他服从组织安排，带领全班战士，深入发动群众，宣传革命道理，打土豪，分田地，组织游击队，建立苏维埃政权。3月31日，红二、六军团主动撤离盘县西进，继续长征。4月14日，攻占云南省丽江城。在石鼓地区渡江突围时，田志仁胸部中弹负伤。他一声不吭，嚼了一把草烟堵住伤口，撕下内衣将伤口扎住，继续坚持长征。5月5日，田志仁带着伤从中甸出发，翻过两座大雪山，到达四川的甘孜。7月7日，他又拄杖随部队从甘孜出发，进入荒无人烟的草地。部队首长见他伤口恶化，行军非常困难，要把战马让给他骑，他坚决不肯，战友们几次要用担架抬着他走，他屡次谢绝。就这样，凭着顽强的毅力在草地坚持前进。后来，他的伤势越来越严重，知道自己已经不行了，要求同志们把他留下。并对身边的战友田吉安等说：“同志们!我不行了，你们走吧。我在草地会听到你们胜利的喜讯的，会看到全中国解放的，……”说完，他含着微笑闭上双眼，在草地光荣牺牲，年仅33岁。

石光奎（1908—1927），土家族，古丈县罗依溪镇石碧溪村人。兄弟8人，他排行第四，11岁进私塾读书5年。闻贺龙部队驻永顺县王村，打土豪，吃大户，为穷人办事，便暗约本村石步云、罗依溪杨顺举、杨光洪等人，到永顺王村报名入伍。后编入湖南澧州镇守使署第一旅第三团第二营第五连。两年之中，参加多次战斗，立过许多战功。后在永顺牛路河阻击戴季韬部的战斗中，石光奎表现得英勇顽强，受到上级表扬。1926年9月，随贺龙率领的北伐军第九军第一师从常德出发，北上讨伐吴佩孚。11月底到达长江南岸，此时，敌军早已将船只全部撤到北岸，并以重兵把守，企图凭借长江天险，阻止北伐。北伐军决定组织“泅渡夺船”，光奎参加泅渡夺船突击队，突破敌人防线，为北伐军胜利渡江攻占鄂西重镇宜昌做出贡献。1927年4月随军出师河南，在攻打武胜关和逍遥镇战斗中，表现非常英勇。6月，回师武汉驻防，编入国民革命军第二十军一师三团二营五连。后来，他紧跟贺龙，参加“八一”南昌起义。8月25日，在江西会昌高地激战中，不幸英勇牺牲，时年19岁。

吴妹花（1911—1979），女，苗族，凤凰县腊尔山镇人，农民。1952年土地改革中，被选为农会主任。1953年组织农民成立常年互助组。1955年成立所德农业生产合作社，被选为社长。1957

年成立高级社，被选为社长。1958年，腊尔山人民公社成立，任所德大队大队长。是年被评为县、州社会主义建设积极分子，出席全国妇女建设社会主义积极分子大会。1960年被选为凤凰县贫下中农协会副主席、州贫协常委、省贫协委员。1968年被选为县革命委员会常务委员。1979年，被评为全国“三八”红旗手。1979年8月19日病逝。

田文成（1913—1940），又名田光富，土家族，古丈县断龙山乡坐苦巴村田家湾人。1933年参加红军，1934年6月，跟随贺龙部队到达黔东地区，在沿河县一带开展工作。10月25日，红二军团在贵州印江县的木黄，与红六军团胜利会师。不久，红二、六军团整编，田文成被编入红六军团十七师五十一团直属机枪连。为配合中央红军长征，部队由黔东向湘西挺进。在攻占永顺县城、十万坪大战、芭蕉坨战斗、陈家河战斗、桃子溪战斗、忠堡战斗、板栗园战斗等数十次大小战斗中，作战勇敢，多次受到上级表扬，光荣地加入中国共产党，并被提升为班长。1935年11月19日，随红二、六军团从桑植县刘家坪出发长征。部队进入黔西时，他身负重伤，还参加工作组，开辟黔西根据地。过草地时，他将干粮和牛皮让给战士和伤病员吃，自己吃野菜草根。后来，他自己也病倒了。为能从草地多走出一位同志，他自己忍着病痛饥饿，一手撑着拐棍，一手还拖着一名伤病员行走。1937年8月25日，红军改编为国民革命军第八路军。田文成编入一二〇师七一七团。9月3日，由庄里镇出发，东渡黄河，开赴晋西北抗日前线，在神池、宁武、朔县一带阻击日寇，开展游击战争。10月23日，田文成所在的七一七团奉贺龙师长命令，在崞阳镇北面的王董堡伏击日本侵略军。黄昏时分，日军的35辆运输汽车满装粮食、武器、兵员，由南向北开来，当日军的运输队全部进入包围圈，部队立即发动猛攻。田文成对准日军汽车，连投5枚手榴弹，并跃出战壕，带领全班战士，端起刺刀，猛虎般地冲向敌群。经过一场激战，日军丢下几十具尸体和35辆汽车狼狈逃窜。在这次战斗中，田文成作战勇敢，荣立二等功，被提升为副排长。1938年12月21日，田文成跟随贺龙进军冀中平原，保卫冀中抗日根据地。1939年1月25日到达冀中河间县。冀中区部队刚刚建立，缺少党员和干部，组织上决定把田文成编入冀中区部队警备旅二团一营二连一排任副排长，在一年时间里，田文成带领战士们先后参加曹家庄、黑马张庄、河间、大曹庄、东唐旺、齐会、陈庄、黄土岭等百余次战斗，沉重地打击了敌人，保卫了抗日根据地。1940年1月，贺龙率一二〇师主力回师晋西北，田文成仍留在冀中区部队，按照党的指示，对日军开展游击战和运动战，同时还肩负保卫冀中区司令部的重任。是年8月下旬，冀中区司令部在警备旅的护卫下，宿营饶阳县大尹村西面的长刘庄，研究和部署战争进入新阶段后冀中抗战的策略和战术。狡猾的敌军，探得情况，于第三天拂晓，出兵5000余人，配备坦克、飞机、大炮等重型武器，对长刘庄发动突然袭击。当时，冀中区司令部、警备旅及友邻部队只有4000人，长刘庄地势又不利于八路军作战，形势非常危急。在冀中区司令部的领导指挥下，八路军向敌人进行顽强反击，一次又一次打退敌人的疯狂进攻。冀中区司令部终得突围转移，田文成奉令撤防突围，但他已身负重伤。就在这时，敌人又扑上来，田文成中弹倒下。正在指挥战斗的副连长田吉安发现，急忙将他背下阵地，卫生员包扎急救。然而，田文成已经闭上眼睛，停止呼吸，牺牲时年仅27岁。

田拥华（1958—1979），土家族，凤凰县阿拉营镇葡萄村人。自幼好学，热爱劳动。放学回家，总要帮着家里喂猪、守牛、做家务。1975年7月，从凤凰县第三中学毕业后回乡参加生产劳动。1976年冬，应征入伍，被分配到39479部队气象台当观测兵。他刻苦钻研技术，掌握过硬本领，1979年2月初，奉命奔赴对越自反击战前线，负责战地气象观测任务。17日凌晨战斗打响，气象组所在地区山峦叠嶂，测量空气中合成风需要施放气球。为便于观察，他同战友们不顾越军炮火袭击，坚持在无山阻挡、视野开阔的高地上作业。一天中午，上级急需获得几个高地上空的合成风资料，此时敌人正在炮击，炮弹不断在气象组作业的高地上爆炸，然而，他们接到命令，毫不犹豫地扛起仪器迅速奔向高地，放出气球，圆满地完成数据观测任务。2 月 21 日，田拥华向部队递交决心书，表示要为人民立功，争当革命英雄，并表达加入中国共产党的强烈愿望。22 日清晨，田拥华在炮声隆隆中发出六点钟的天气实况报告。尽管他每次计算的数据、编码稿从未出过差错，但他在每次发报后，还要复算一遍，以确保准确无误。七点正，他制好氢气，充满气球，同战友们测好合成风资料，准时向上级发报。然而正当他复核发报稿时，突然一发炮弹落在他身旁爆炸，弹片击中他的身体。当战友们闻声赶来时，倒在血泊中的田拥华已经停止呼吸，时年 21 岁。田拥华的遗体被安葬在他生前战斗过的坡上。

田拥华牺牲后，《空军报》刊载《战火中的青春》一文，报道他的英雄事迹。所在部队给他追记二等功，并追认他为中国共产党正式党员、革命烈士。

杨正喜（1959—1980），凤凰县茶田镇和平村人。1979 年 3 月入伍，任中国人民解放军 35555 部队 64 分队战士。1980 年 10 月，杨正喜所在部队奉命收复被越南军队占领的罗家坪大山主峰。出征前，杨正喜面对八一军旗，咬破指头，用鲜血书写“让我上”三个大字，并向连队党支部递交入党申请书。10 月 15 日凌晨，部队向敌人盘踞的罗家坪大山主峰发起猛烈进攻。在直逼主峰时，突然遭到主峰下暗堡群中残敌拼命抵抗。火焰喷射器班在连指导员率领下，冒着敌人倾泻不止的弹雨，勇猛地扑向敌人暗堡。途中，指导员身负重伤，两位战友相继牺牲。杨正喜同另一名战士，交替向敌人火力点靠近，同时朝敌火力点喷出第一枪火焰。利用弥漫硝烟的掩护，他俩跃上距敌火力点 15 米处的山崖。突然，杨正喜的身子一震，倒了下去，顿时鲜血染红他的胸膛。他拒绝战友的包扎，“我没关系，完成任务要紧，你留下掩护我”，话音未落，杨正喜忍着巨痛，直向敌堡爬去。10 米，3 米……终于爬到有效射程位置，他端起火焰枪向敌堡喷射出复仇的火焰……。“八一”军旗插上罗家坪大山主峰。杨正喜却牺牲了，时年 21 岁。战斗结束后，部队党委根据杨正喜生前表现和要求，给他追记二等功，并追认他为中国共产党正式党员和革命烈士。

附　录

一、重要文献

湘西土家族苗族自治州自治条例

（1986 年 7 月 14 日湘西土家族苗族自治州第七届人民代表大会第四次会议通过，1986 年 7 月 27 日湖南省第六届人民代表大会常务委员会第二十次会议批准，根据 2002 年 3 月 29 日湘西土家族苗族自治州第十届人民代表大会第五次会议《关于修改〈湘西土家族苗族自治州自治条例〉的决定》修正，2002 年 6 月 3 日湖南省第九届人民代表大会常务委员会第二十九次会议批准）

第一章　总则

第一条　根据中华人民共和国宪法和中华人民共和国民族区域自治法的规定，结合湘西土家族苗族自治州（以下简称自治州）　的政治、经济和文化的特点制定本条例。

第二条　自治州是土家族苗族实行区域自治的地方。自治州的行政区域为吉首市、泸溪县、凤凰县、古丈县、花垣县、保靖县、永顺县、龙山县。自治州的首府设在吉首市。

第三条　自治州设立自治机关。自治机关行使下设区、县的市的地方国家机关的职权，同时依照宪法和民族区域自治法以及其他法律规定的权限行使自治权。

第四条　自治州的各族人民在中国共产党的领导下，在马克思列宁主义、毛泽东思想、邓小平理论的指引下，坚持党在社会主义初级阶段的基本路线，集中力量进行社会主义现代化建设，发展社会主义市场经济，加强社会主义民主与法制建设，实施科教兴州，加速经济文化的发展，把自治州建成经济繁荣、社会进步、民族团结、山川秀美的民族自治地方。

第五条　自治州的自治机关保证宪法和法律在本州的遵守和执行，把国家的整体利益放在首位，努力完成上级国家机关交给的各项任务。

自治州的自治机关根据本州的情况在不违背宪法和法律的原则下，采取特殊政策和灵活措施，加速经济文化建设事业的发展。上级国家机关的决议、决定、命令和指示，如有不适合本州实际情况的，自治机关在报经该上级国家机关批准后，变通执行或者停止执行。

第六条　自治州的自治机关维护和发展各民族的平等、团结、互助的社会主义民族关系，禁止对任何民族的歧视和压迫，禁止破坏民族团结和制造民族分裂的行为。

第七条　自治州的自治机关保障各民族公民享有宪法规定的公民权利，并且教育他们履行公民应尽的义务。

第八条　自治州的自治机关提倡爱祖国、爱人民、爱劳动、爱科学、爱社会主义的公德。对全州各族人民进行爱国主义、集体主义、社会主义和公民基本道德规范教育。

自治州的自治机关保障各民族公民有宗教信仰自由，保护合法的宗教活动，禁止邪教活动。

第二章　自治机关

第九条　自治州的自治机关是自治州人民代表大会和自治州人民政府。

自治州人民代表大会常务委员会是自治州人民代表大会的常设机关，对自治州人民代表大会负责并报告工作。

自治州人民政府对自治州人民代表大会和湖南省人民政府负责并报告工作，在自治州人民代表大会闭会期间对自治州人民代表大会常务委员会负责并报告工作。

自治州的自治机关实行民主集中制的原则。

第十条　自治州人民代表大会中，土家族、苗族和其他民族代表的名额，根据法律规定的原则确定。

自治州人民代表大会常务委员会的组成人员中，土家族和苗族的公民应当超过半数。

自治州人民代表大会常务委员会主任或者副主任中，应当有土家族、苗族的公民。

第十一条　自治州州长由土家族或者苗族的公民担任。自治州人民政府的组成人员，应当合理配备土家族、苗族和其他少数民族人员。

第十二条　自治州的自治机关所属工作部门的干部中，应当合理配备土家族、苗族和其他少数民族的人员，同时注意配备各民族的妇女干部。

第十三条　自治州的自治机关加强县、市和乡、镇的政权建设。

自治州的自治机关加强居民委员会和村民委员会及其所属的人民调解、治安保卫、公共卫生等组织的建设。

第十四条　自治州的自治机关根据法律和国家的规定，结合本州的实际情况，确定国家机关的机构设置和人员编制数额，报省人民政府批准。

第十五条　自治州的一切国家机关和国家工作人员，必须忠于职责，廉洁奉公，遵纪守法，密切联系群众，努力为各族人民服务。

第三章　人民法院和人民检察院

第十六条　自治州中级人民法院和自治州人民检察院对自治州人民代表大会及其常务委员会负责并报告工作。

自治州中级人民法院的审判工作，受上级人民法院监督。自治州人民检察院的工作，受上级人民检察院领导。

第十七条　自治州中级人民法院和自治州人民检察院的领导成员中，应当有土家族、苗族的人员；工作人员中应当合理配备土家族、苗族和其他少数民族的人员。

第十八条　自治州中级人民法院和自治州人民检察院保障各民族公民都有使用本民族语言文字进行诉讼的权利，对于不通晓汉族语言文字的诉讼参与人，应当为他们翻译。

第四章　经济建设和文化建设

第十九条　自治州的自治机关根据本州的实际情况，制定国民经济和社会发展规划以及相应的政策措施，自主地安排和管理本州的经济文化建设事业。

自治州的自治机关在国家计划指导下，根据本州的财力、物力和其他条件，自主地安排基本建设项目。上级国家机关帮助自治州的基本建设项目，根据国家有关规定享受减少或者免除配套资金的照顾。

第二十条　自治州的自治机关根据法律规定和本州经济发展的特点，合理调整生产关系和经济结构，发展社会主义市场经济。自治州的自治机关坚持公有制与多种所有制经济共同发展的方针，鼓励发展民营等非公有制经济。自治州的自治机关自主地管理隶属于本地方的企业、事业。

第二十一条　自治州的自治机关重视安全生产，保障劳动者的生命安全。健全社会保障制度，完善就业服务体系，鼓励劳动力合理流动。

第二十二条 自治州的自治机关按照因地制宜的原则，调整农村经济结构和农业产业结构，建立农村经济支柱产业；实施科技兴农，提高农业生产水平和农业经济效益，增加农民收入。自治州的自治机关加强农村基础设施建设，改善农业生产条件，促进农业和农村经济持续发展。

第二十三条 自治州的自治机关加大对本州贫困地区和贫困人口的扶持力度，积极争取国家和上级人民政府在财政、金融、物资、技术、人才等方面的支持，帮助贫困地区和贫困人口尽快摆脱贫困状况。

第二十四条 自治州的自治机关在农村继续稳定和不断完善以家庭联产承包为基础、统分结合的双层经营体制。鼓励农民按照自愿、互利、公平、合法的原则进行土地流转；保护农村集体经济组织和农业生产经营者的合法权益。

第二十五条 自治州的自治机关加强自然资源和生态环境的保护。保护天然林，保护植被，对二十五度以上的坡耕地实施退耕还林，鼓励植树、绿化庭院和城镇，禁止乱砍滥伐林木。

第二十六条 自治州的自治机关鼓励集体和个人发展畜牧业、水产业和其他养殖业，支持集体和个人开发利用草山，发展草食动物。

第二十七条 自治州的自治机关积极支持县、市发展小水电，鼓励集体和个人办电。自治州的自治机关依照法律规定，保护和管理矿藏资源，对可以由本州开发的矿藏资源，划定范围和地段，有计划地合理开采。

第二十八条 自治州的自治机关鼓励企业、事业单位同经济发达地区的企业、事业单位开展经济、技术协作。

自治州人民政府制定优惠政策，引导、鼓励外来资金投入和经济、技术合作。

第二十九条 自治州的自治机关积极发展交通、水利、能源、通信、城建等基础设施建设。

第三十条 自治州的自治机关合理利用资源发展传统手工业和其他工业，加速工业化进程。

第三十一条 自治州的自治机关加强城乡建设的统一规划和管理，有计划地把农村小集镇建设成为农村区域性的政治、经济、文化中心。

自治州的自治机关依照法律规定，加强土地管理，严格控制城乡建设用地，禁止乱占滥用耕地。

第三十二条 自治州的自治机关依照国家规定，充分利用国家的优惠政策，积极发展对外贸易事业，鼓励发展自治州优势产品出口。

自治州的自治机关保障少数民族特需商品的生产和供应工作。

第三十三条 自治州的自治机关充分利用生态、人文等旅游资源，积极发展旅游业。对自治州境内的旅游资源实行依法保护、依法开发、自主管理。

第三十四条 自治州的自治机关积极发展民族教育，重视发展学前教育，巩固提高普及九年义务教育，大力发展普通高中和职业技术教育，加速发展高等教育。

自治州的自治机关为盲、聋、哑人和弱智的残疾儿童、少年举办特殊教育学校（班）。

第三十五条 自治州的自治机关对居住分散的乡村采取多种形式办学，对特别贫困的少数民族地区，设立以助学金和寄宿制为主的公办民族小学和民族中学。改善中小学教育设施和环境，当地财政困难的，报请上级财政给予补助。

自治州的自治机关对开办少数民族学生为主的学校，汉语教学有困难的地方可以同时采用本民族语言进行教学，并积极推广全国通用的普通话和规范汉字。

第三十六条 设立在自治州内的高等院校和中等专业学校，对特别贫困的地区实行定向、定额招生的办法，对本州少数民族考生适当放宽录取标准和条件。

第三十七条 自治州的自治机关积极发展成人教育，鼓励企业事业单位和其他社会力量举办各类学校或者培训班，鼓励自学成才。

第三十八条 自治州的自治机关加强师资队伍建设，根据民族地区的特点和多种形式办学的需要，确定小学和中等学校的人员编制，报上级国家机关批准，列入教育事业计划。

第三十九条 自治州的自治机关积极发展科

学事业，普及科学技术知识，开拓技术市场；以高等学校、科研机构为依托，建立高新技术推广中心，加强科学技术研究和推广运用。

自治州的自治机关对科学研究和科学技术推广运用取得显著成效的单位和个人给予奖励，对有特殊贡献和创造发明的给予重奖。

第四十条 自治州的自治机关积极发展具有民族特点和民族形式的文艺事业，开展群众性的文化活动，加强民族理论、历史、语言、文字等方面的研究工作，收集、整理和编纂民族书籍，保护文物、名胜古迹和其他重要民族文化遗产。

第四十一条 自治州的自治机关积极发展广播、电视和新闻事业。

第四十二条 自治州的自治机关积极发展医疗卫生事业，开展中西医药和少数民族的传统医药的研究工作，加强地方病的防治和妇幼卫生保健，努力改善医疗卫生条件。

第四十三条 自治州的自治机关积极发展体育事业，开展民族传统体育活动，提高各类体育运动的技术水平，增强各族人民的体质。

第四十四条 自治州的自治机关实行计划生育和优生优育，提高各民族人口素质。

自治州的自治机关根据国家法律和政策，结合本州实际制定实行计划生育的办法。

第四十五条 自治州的自治机关努力做好社会福利工作，帮助各民族中的孤儿、孤老和残疾人解决生产、生活等方面的困难。

第四十六条 自治州的自治机关根据社会主义经济文化建设的需要，积极从本州各民族中培养干部、专业人才和技术人员。

自治州的国家机关和企业、事业单位在招收工作人员的时候，对少数民族人员应适当放宽录取标准和条件。

第四十七条 自治州的自治机关采取特殊措施，优待、鼓励外地干部、专业人才和技术工人参加本州的经济、文化建设。

第四十八条 自治州的国家工作人员享受民族地区生活补贴，在其他生活福利方面，也可以享受优待。

第五章 财政金融

第四十九条 自治州的自治机关依照全国统一的财政体制，自主地安排使用属于本州的财政收入。

自治州财政依照国家规范的财政转移支付制度，享受国家和湖南省一般性财政转移支付、专项财政转移支付和民族优惠政策财政转移支付以及国家和省确定的其他方式的照顾，同时享受省对自治州共享收入全部返还的照顾。

自治州的自治机关根据国家法律政策，结合自治州的实际作出财政预算安排。

自治州的自治机关在执行预算过程中，自行安排使用收入的超收和支出的结余资金。

自治州的自治机关的财政预算支出，按照国家规定，设机动资金，预备费在预算中所占比例高于一般地区。

第五十条 自治州的自治机关对本州的各项开支标准、定员、定额，根据国家规定的原则，结合实际情况，制定补充规定和具体办法，报湖南省人民政府批准。

第五十一条 自治州的自治机关依照国家财政体制的规定，对县、市实行转移支付制度。

第五十二条 自治州的自治机关按照国家税收管理体制，除应由上级国家机关审批的减免税收项目外，对属于地方财政收入的某些需要从税收上加以照顾的，可以实行减税或者免税。

第五十三条 自治州的自治机关在财政、税收、贷款等方面，帮助特别贫困的地区和革命老根据地发展生产。

第五十四条 自治州的自治机关根据自治州经济和社会发展的需要，依照法律规定设立地方商业银行和城乡信用合作组织。自治州的自治机关综合运用货币市场和资本市场，加大金融对自治州固定资产投资项目和符合国家产业政策的企业的扶持力度。自治州的自治机关根据国家的规定，鼓励外资金融机构在州内设立分支机构。

第六章　民族关系

第五十五条　自治州的自治机关保障本州内各民族都享有平等权利。

自治州的自治机关团结本州各族人民共同建设湘西土家族苗族自治州。

自治州的自治机关加强民族法律法规和民族政策教育，经常检查民族法律法规和民族政策的遵守和执行，教育各民族干部和群众，互相信任、互相学习、互相帮助。相互尊重语言文字、风俗习惯和宗教信仰，共同维护国家的统一和各民族的团结。

第五十六条　自治州的自治机关在处理涉及各民族的特殊问题的时候，应当与有关民族的代表充分协商。

第五十七条　自治州的自治机关尊重各民族的传统节日。

第七章　附则

第五十八条　九月二十日为自治州成立纪念日。

第五十九条　本条例经自治州人民代表大会通过，报湖南省人民代表大会常务委员会批准，并报全国人民代表大会常务委员会备案。

第六十条　本条例自一九八六年九月二十日起施行。

附：

关于《湘西土家族苗族自治州自治条例(修正案)》的说明

2000 年 5 月 27 日在湖南省第九届人大常委会第 29 次会议上

湘西自治州人大常委会副主任　田志海

主任、各位副主任、秘书长、各位委员：

我受州人大常委会的委托，现就《湘西土家族苗族自治州自治条例（修正案）》作以下说明。

1986 年制定的《湘西土家族苗族自治州自治条例》（以下简称自治条例），把党和国家的民族区域自治政策在我州的施行，用民族法规的形式固定下来。自治条例施行十五年来，在保障我州行使自治权利，巩固和发展平等、团结、互助的社会主义民族关系，促进我州的改革、发展、稳定和扶贫攻坚等方面发挥了一定的作用。随着改革开放和社会主义现代化建设事业的发展，社会主义市场经济体制的建立，我州扶贫攻坚、西部开发的任务，加之行政区划的调整，特别是 2001 年 2 月 28 日第九届全国人民代表大会常务委员会第 22 次会议通过了《关于修改（中华人民共和国民族区域自治法）的决定》，修正案对“民族区域自治法”章节内容作了较大调整修改。显而易见，自治条例已不适应现在的实际，需要作出修改。

州人大常委会对自治条例的修改工作十分重视。常委会多次召开各种形式的会议研究该项工作。并列入 2001 年州人大常委会工作要点，去年 4 月州人大常委会批转了自治条例修改工作方案，成立了以州人大常委会主任金述富同志为组长的修改领导小组，并确定了工作机构和人员。

自治条例经州人大常委会两次审议。在全国人大民委、省人大法制委、民侨外委的帮助和指导下，五易其稿，在报经州委常委和省人大常委会主任会议审查后，2002 年 3 月 29 日经州十届人大五次会议审议通过，形成了自治条例的报批稿。

自治条例的修改以邓小平理论、“三个代表”重要思想、党的基本路线和十五大精神为指导，遵循宪法和民族区域自治法的规定。从社会主义初级阶段的国情和我州的实际出发，力求解决我州经济和社会发展的一些具体问题。在经济和文化建设、财政管理、劳动和社会保障等方面采取一些适合我州扶贫攻坚、西部开发、促进民族团结的政策，逐步缩小我州与其他发达地区的差距。同时，考虑到社会主义市场经济正在建立和完善过程中，扶贫攻坚任务的艰巨性，进入西部开发才开始启动，许多情况正在变化，同时自治条例又是具体规定我州行使自治权的行为，根据我州经济和社会发展的实际，有关的经济政策、社会发展方略、以及措施等都不宜规定得过于具体，以便于行政机关根据不同情况操作施行。修改内容，在总则中主要增写了邓小平理论的指导地位。其他修改主要集中在经济和社会发展方面。现将自治条例修正案（草案）的主要问题说明如下。

一、关于总则的修改

1. 由于行政区划的调整，大庸市和桑植县早已从自治州的版图中划出。第二条第一款修改为“自治州是土家族苗族实行区域自治的地方。自治州的行政区域为吉首市、泸溪县、凤凰县、古丈县、花垣县、保靖县、永顺县、龙山县”。

2. 依据民族区域自治法总则，以及我州的实际情况和发展目标。在第四条中增写了“邓小平理论”“建设有中国特色的社会主义道路”“社会主义市场经济”等内容，增写了“把自治州建成经济繁荣、社会进步、民族团结、山川秀美的民族自治地方”。作这样的修改和补充，特别是邓小平理论的指导地位、自治州的发展目标等内容，体现了全州各族人民的意愿，将鼓舞全州各族人民“把自治州建成经济繁荣、社会进步、民族团结、山川秀美的民族自治地方”。

3. 为了保护正常的宗教活动，反对邪教，依据民族区域自治法第十一条，在第八条第二款中增写了“自治州的自治机关保障各民族公民有宗教信仰自由，保护合法的宗教活动，禁止邪教活动”。

二、关于自治机关的组成、人民法院和人民检察院

1. 这二章基本上保留了原来的内容，考虑到同修改的民族区域自治法相一致，在第十一条和第十二条中关于自治州人民政府的组成人员、自治机关所属工作部门的干部的配备，由原来“尽量配备”修改为‘合理配备”，同时删除了自治州人民政府组成人员“逐步做到超过半数”的表述。

2. 自治条例第十四条中涉及国家机关、事业机构的设置，考虑到人员编制很重要，增写了这方面的内容，第十四条修改为：“自治州的自治机关根据法律和国家的规定，结合本州的实际情况，确定国家机关的机构设置和人员编制数额，报省人民政府批准。”

3. 人民法院和人民检察院这一章只是作了小的修改。第十六条中第一款中修改为“自治州中级人民法院和自治州人民检察院对自治州人民代表大会及其常务委员会负责并报告工作”，增写“报告工作”的内容是必要的，过去也是这样做的。在第十七条中对人民法院和人民检察院工作人员由原来的“尽量配备”修改为“合理配备”。

三、关于经济建设和文化建设

经济建设和文化建设是自治条例修改的重点，具体修改以下内容：

1. 依据民族区域自治法第二十五条、五十六条的规定，第十九条第一款修改为：“自治州的自治机关，根据本州的实际情况，制定国民经济和社会发展规划以及相应的政策措施，自主地安排和管理本州的经济建设事业。”第二款修改为：“自治州的自治机关在国家计划指导下，根据本州的财力、物力和其他条件，自主地安排基本建设项目。上级国家机关帮助自治州的基本建设项目，根据国家有关规定享受减少或者免除配套资金的照顾。”

2. 依据民族区域自治法第二十六条、第三十条的规定，第二十条修改为：“自治州的自治机关根据法律规定和本州经济发展的特点，合理调整生产关系和经济结构，发展社会主义市场经济。自治州的自治机关坚持公有制与多种所有制经济共同发展的方针，鼓励发展民营等非公有制经济。自治州的自治机关自主地管理隶属于本地方的企业、事业”。

3. 根据我州现时农村应当调整农村经济结构

和产业结构，建立农村支柱产业以及加强农村基础设施建设的问题，第二十二条修改为：“自治州的自治机关按照因地制宜的原则，调整农村经济结构和农业产业结构，建立农村经济支柱产业；实施科技兴农，提高农业生产水平和农业经济效益，增加农民收入。自治州的自治机关加强农村基础设施建设，改善农业生产条件，促进农业和农村经济持续发展。”

4. 根据国家和州“十五”计划纲要，对社会保障和就业服务问题增写了第二十一条，即：“自治州的自治机关重视安全生产，保障劳动者的生命安全。健全社会保障制度，完善就业服务体系，鼓励劳动力合理流动。”

5. 扶贫攻坚是我州六大发展战略之一，依据民族区域自治法第六十九条的规定，增写了第二十三条，即：“自治州的自治机关加大对本州贫困地区和贫困人口的扶持力度，积极争取国家和上级人民政府在财政、金融、物资、技术、人才等方面的支持，帮助贫困地区和贫困人口尽快摆脱贫困状况。”

6. 依据1999年宪法修正案第十五条的规定，第二十二条调整为第二十四条。内容修改为：“自治州的自治机关在农村继续稳定和不断完善以家庭联产承包为基础、统分结合的双层经营体制。鼓励农民按照自愿、互利、公平、合法的原则进行土地流转；保护农村集体经济组织和农业生产经营者的合法权益。”

7. 生态建设工作也是我州六大发展战略之一，依据民族区域自治法第二十七条的规定和国家退耕还林政策，将第二十三条、第二十四条合并修改为第二十五条：“自治州的自治机关加强自然资源和生态环境的保护。保护天然林，保护植被，对二十五度以上的坡耕地实施退耕还林，鼓励植树、绿化庭院和城镇，禁止乱砍滥伐林木。”

8. 依据湘西州矿产资源管理条例的规定和我州水电建设的实际状况，第二十六条调整为第二十七条，修改为“自治州的自治机关积极支持县、市发展小水电，鼓励集体和个人办电。自治州的自治机关依照法律规定，保护和管理矿藏资源，对可以由本州开发的矿藏资源，划定范围和地段，有计划地合理开采”。

9. 依据民族区域自治法第五十五条的规定，第二十七条调整为第二十八条后，保留原第一款，增写第二款，内容为：“自治州人民政府制定优惠政策，引导、鼓励外来资金投入和经济、技术合作。”

10. 针对我州基础设施建设落后和工业不发达的情况，根据民族区域自治法第六十三条的规定，第二十八条调整为第二十九条，并修改为：“自治州的自治机关积极发展交通、水利、能源、通信、城建等基础设施建设。”增加一条，作为第三十条：“自治州的自治机关合理利用资源发展传统手工业和其他工业，加速工业化进程。”

11. 根据民族区域自治法第三十一条和第六十一条的规定，我州的对外贸易要积极扩大企业对外经营贸易自主权，发展优势产品出口，同时开展省市边区间的边民互通贸易，将原第三十条一、三款合并修改为第三十二条第一款。即：“自治州的自治机关依照国家规定，充分利用国家的优惠政策，积极发展对外贸易事业，鼓励发展自治州优势产品出口。”

12. 我州的旅游资源丰富，而丰富的资源又体现在生态、人文、民俗等方面。通过自主管理、依法保护、开发旅游资源，才能发挥其经济和社会效益。第三十一条调整为第三十三条后，修改为：“自治州的自治机关充分利用生态、人文等旅游资源，积极发展旅游业。对自治州境内的旅游资源实行依法保护、依法开发、自主管理。”

13. 教育科学文化卫生体育方面内容修改不多，根据民族区域自治法第三十七条、七十一条的规定，在第三十四条第一款将“有计划有步骤的普及九年制义务教育”修改为“巩固提高普及九年制义务教育”，同时增写了“加速发展高等教育”，第三十三条调整为第三十五条后，增写了“改善中小学教育设施和环境，当地财政困难的，报请上级财政给予补助”的内容。

四、关于财政金融

1. 我州的财政在国家实行分税制后，仍然存在很多困难。根据民族区域自治法的第三十二条、第六十二条的规定，第四十九条修改为“自治州的自治机关依照全国统一的财政体制，自主地安排使用属于本州的财政收入。自治州财政依照国家规范的财政转移支付制度，享受国家和省一般性财政转移支付、专项财政转移支付和民族优惠政策财政转移支付以及国家和湖南省确定的其他方式的照顾，同时享受省对自治州共享收入全部返还的照顾。自治州的自治机关根据国家法律政策，结合自治州的实际作出财政预算安排。自治州的自治机关在执行预算过程中，自行安排使用收人的超收和支出的结余资金。自治州的自治机关的财政预算支出，按照国家规定，设机动资金，预备费在预算中所占比例高于一般地区”。

2. 依照民族区域自治法第三十三条，增写了第五十条：“自治州的自治机关对本州的各项开支标准、定员、定额，根据国家规定的原则，结合实际情况，制定补充规定和具体办法，报省人民政府批准。”增写这一条的内容主要是我州属边远地区和民族自治地方，不能视同省辖市的情况。

3. 我州各县、市财政状况很不平衡。州财政对县市的财政采取国家转移支付的办法，原第四十八条调整为第五十一条后修改为“自治州的自治机关依照国家财政体制的规定，对县、市实行转移支付制度”。

4. 金融机构的设置，运用货币、市场和资本市场扩大对企业的扶持将对发展我州经济起到重要的作用，特别是我国人世后，其更显突出。依据民族区域自治法第三十五条和第三十七条的规定，增写了第五十四条：“自治州的自治机关根据自治州经济和社会发展的需要，依照法律规定设立地方商业银行和城乡信用合作组织。自治州自治机关综合运用货币市场和资本市场，加大金融对自治州固定资产投资项目和符合国家产业政策的企业的扶持力度。自治州的自治机关根据国家的规定，鼓励外资金融机构在州内设立分支机构。”

五、关于民族关系

这一章主要是在调整后的第五十五条中增写了一、二款，即“自治州的自治机关保障州内各民族都享有平等权利。自治州的自治机关团结本州各族人民共同建设湘西土家族苗族自治州”。第三款中增写民族法律法规教育的内容。原第五十三条主要是写民族乡和各散居民族的，由于桑植县划出后，自治州现无民族乡，故删去了第五十三条的内容。经修改后自治条例条文顺序作了相应调整。

以上说明连同《湘西土家族苗族自治州自治条例（修正案）》是否妥当，请一并审议。

二、史料珍藏

(一)山城新雨迎贵客①

——李瑞环视察湘西

1995年9月11日上午，中共中央政治局常委、全国政协主席李瑞环在吉首市吉首乡振武营村参加湘西州百所希望小学落成庆典活动以后，在时任中共湖南省委书记王茂林等省、州主要领导的陪同下，兴致勃勃地考察了湘西湘泉酒总厂、吉首市吉首乡林木山村。

一阵秋雨后，干燥酷热多时的山城，凉爽了许多。吉首市北郊的湘泉城酒香浓郁，整洁干净。9时30分左右，李瑞环一行来到这里，早已在门口等候的湘泉酒总厂厂长王锡炳迎上前去，欢迎各位领导的到来。在龙泉分厂，当班的员工正在挥铲上甑，干得热火朝天。李瑞环主席问："这是生产什么酒的?""生产湘泉酒。"王锡炳答道。李瑞环主席详细询问了该厂生产经营情况和工艺后，问道："酒鬼、湘泉有什么区别?"王锡炳告诉他："湘泉是基础，酒鬼是精品，工艺各有特色，尤其是酒鬼的工艺独具一格。"李主席又问："酒鬼厂在哪里?""我陪李主席看看。"冒着绵绵秋雨，从龙泉分厂步行到酒鬼分厂，一路上王锡炳向李主席简要地汇报了酒鬼酒的生产情况、酒质特性和特点，李瑞环主席颔首微笑着说："酒鬼酒是很有名儿的，是很好的酒"。他对酒鬼酒的质量给予了充分的肯定以后，也对其包装工艺提出了改进意见。他从世界名酒"路易十三"的瓶盖，讲到中国老牌酒"杏花村"的包装，鼓励该厂注意每一个环节，更上一层楼。当他听到湘泉酒总厂准备更名湘泉集团，打算到2000年总产值达到10亿至12亿元、销售收入14亿至16亿元、总积累达到6亿元时，连声称赞："好，好，湘泉集团要大发展"。王茂林书记叮嘱王锡炳，产品有了知名度，要注意采取措施打假防伪；2000年的打算好，要逐步完善，努力实现。在酒鬼酒包装车间，李主席拿起一个装酒鬼酒的陶瓶，对王锡炳说，你这个酒味儿纯，好喝，但不能囤。密闭是酒的要害，这个酒的塞儿要改进。王茂林书记说，酒厂要把这一问题作为一个技术难关来攻。在样品陈列室看到琳琅满目的湘泉系列产品，李瑞环主席十分高兴，王锡炳把自己印有名家赞誉湘泉的诗画名片双手送给李瑞环主席，李瑞环主席接过名片朗声念起上面的诗来："酒鬼饮湘泉，一醉三千年……"气氛一下子活跃了起来。离开湘泉城时，李主席对王锡炳说，我们的酒鬼酒在国内外市场很有名气，名人设计的包装盒很有特色，要在保持原有特色基础上适当改进瓶口。他希望湘泉集团继续努力，精益求精，争创世界名牌。

秋雨后的林木山村，缀满果实的黛绿色柑橘树满山遍岭，一派勃勃生机。李瑞环主席笑吟吟地走进村民吴显仁的家里。吴显仁是远近闻名的"橘子大王"，这几年来，他与全村群众一道大搞山地开发，家里的经济境况发生了巨大的变化。他告诉李主席，他栽种了10亩柑橘树，蔬菜基本上是套种的，去年他全家收入两万多元，其中蔬菜收入8000多元，他陪着李瑞环等领导，来到他摆放冬瓜的一间房里，李瑞环主席看到硕大的冬瓜，称赞吴显仁勤劳。在这里，李瑞环主席十分关心农民的负担问题，询问现在还有哪些摊派。吴显仁认真地回答了李主席提出的问题。在问到全村的情况时，吴显仁说，村里今年有1200亩左

①湘西土家族苗族自治州年鉴编辑委员会编:《魅力湘西》(1957-2007),长沙:湖南人民出版社,2007年9月,第6~7页。

右的柑橘挂果，平均亩产可达400多公斤，今年准备进军长沙找销路。谈到柑橘，李瑞环主席问到这里的海拔高度，生产条件和农业投入等。王茂林书记向李瑞环主席汇报说，湘西州在泸溪、凤凰、吉首3个县（市）海拔500米以下的地方搞10万亩椪柑，都作了具体的规划，标准较高，我们总结了他们的经验。李瑞环说，销售和贮存是水果发展的关键，销的问题要搞点对口。不丰收不好，丰收了以后卖不出也会严重挫伤农民生产的积极性。你们可以和北京、天津的果品公司联系一下。同时水果还要在品种的季节上做点文章。王茂林书记要求州里认真研究一下柑橘的销售。随行陪同的向世林州长汇报说，过去我们采取“公司+农户”的办法，取得了一些效果，已经与东北那边挂了钩。李瑞环主席问道，火车从这里到北京多少个小时？向世林答道，需要40多个小时。不过还有一些问题没解决，没有吉首到北京的直达货车，如果有就方便多了。李瑞环说，湖南、湖北的运输要在水运上下点功夫认真研究。你们有长江，可以通达各口岸，水运比陆运要廉价得多。

时间在不知不觉中过去了，李瑞环主席站起身来，与吴显仁握手道别，他勉励吴显仁努力发展生产，勤劳致富。在离开林木山的一段路上，李主席几次停下，远眺蒙蒙细雨中的群山，端详近旁葱翠欲滴的果木，脸上洋溢着慈祥的微笑。

（二）重访湘西①

——朱镕基视察湘西

清明刚过，雨过天晴的吉首格外清爽宜人。2001年4月6日，夜幕降临，一辆南行的列车在吉首火车站缓缓停住。共和国总理朱镕基和夫人劳安以及中直有关部门负责人，在湖南省委书记杨正午、省长储波，省委常委、省委秘书长谢康生的陪同下，健步走下火车，和早已等候在这里的湘西土家族苗族自治州的党政主要负责人握手致意。杨正午同志给朱镕基总理介绍说：“这是州委书记彭对喜，州长武吉海。一个土家族，一个苗族。”

在总理一行下榻的民族宾馆，国务院办公厅的同志和省州负责人进一步确定了朱镕基总理湘西一行的日程：4月7日，从吉首出发乘汽车去花垣县，沿途视察吉首市矮寨公路、花垣县民族中学，中午住花垣宾馆；下午乘汽车返回吉首，沿途视察吉首市矮寨镇阳孟村，访问农户，然后视察吉首大学。4月8日，上午听取湘西自治州委、州政府工作汇报，召开“三农”工作座谈会，和基层干部座谈。原计划下午离开吉首前往怀化。在与基层干部座谈时，听完凤凰县委书记滕万翠如何发展凤凰旅游业的情况汇报，一向重视旅游业发展的朱镕基总理欣然提出要去凤凰看一看。下午的日程便为视察凤凰。朱镕基总理从凤凰再回到吉首，踏上南去怀化的列车时，又是夜幕降临的时候了。

整整两天的湘西之行，是朱镕基总理57年后的又一次湘西之行，也是建国以后共和国总理的第一次湘西之行。两天来，朱镕基总理带着对故土的深深依恋，带着对少数民族群众的殷殷情怀，带着对西部大开发的深层次思考，进农村，入学校，访农户，一路的笑脸，一路的诙谐，一路的关怀，一路的希望。所到之处，无不给当地干部群众留下难忘的记忆。每当朱镕基总理从驻地出发时，外面公路上总是秩序井然地站满了群众，他们渴望着看一眼总理。朱镕基总理总是打开车窗笑容满面地向自动守候在公路两旁的男女老少

①湘西土家族苗族自治州年鉴编辑委员会编：《魅力湘西》（1957–2007），长沙：湖南人民出版社，2007年9月，第7~10页。

挥手致意，欢呼的人群朝着他热情地鼓掌。从那一张张兴奋激动的面庞上，可以看出湘西人民对党的信赖和赤诚。

我在花垣念过两年高中

朱镕基总理说："我是1944年到1946年在永绥（现在的花垣）念高中，当时是从新化去的。我到新化念高中一年级，正好湘北五次会战，长沙都沦陷了，国立八中到新化去招生。我考取了国立八中，然后从新化、辰溪、泸溪一直走到吉首，最后到永绥（花垣）念了两年。两年以后，抗战胜利了，1946年，我又回到了长沙。"

国立八中是1938年在湘西成立的一所流亡中学。日本帝国主义发动全面侵华战争，由于国民党政府实行不抵抗政策，坐失抗战良机，日寇迅速占领了大半个中国，战争烽火燃遍祖国大地。当时许多沦陷区的学校被迫陆续迁往西南内地。1937年底，芜湖、南京陷落，安徽危急。国立八中就是从安徽迁移过来的国立安徽中学演变而来的。这所中学在抗战中后期，招收了不少湖南省学生，朱镕基总理就是其中的一个。

4月7日一早，朱镕基总理一行乘汽车，从吉首出发前往花垣。汽车沿着蜿蜒曲折的公路爬上矮寨坡顶时停了下来，朱镕基总理回头一望，一条长达6000多米绕了15道"之"字弯的盘山公路像一条巨龙腾飞在崇山峻岭之间。朱镕基总理不禁回想起了他57年前路过这里去花垣求学的情景。"我当时是乘木炭车从吉首到这里的。读书去的时候一次，回去路过一次，这是第三次路过这里。"当朱镕基总理看到为修筑这条公路的死难者建造的纪念碑时，关切地问："修这条路死了多少人？""死了200多人。"朱镕基总理又问："怎么死了这么多人？""不少员工是得痢疾死的。"朱镕基总理十分动情地说："我到花垣读书的时候也得了痢疾，差点死了，好在当时才发明的青霉素救了我的命。"杨正午同志诙谐地说："还是老天爷有眼，给我们留下了一位好总理。"

汽车继续前行。大约上午11点钟，朱镕基总理一行来到了"国立八中"的旧址——如今的花垣小学和花垣民族中学。在花垣小学，他沿着操场走了一圈，看到校容校貌的巨大变化，他由衷地笑了。想当年，他到这里求学的时候，破庙就是校舍，祠堂就是教室，他们睡地铺，吃粗粮，穿草鞋。夏天，苍蝇蚊虫猖獗；冬天，无棉衣棉被御寒。其间辛苦，笔墨难述。

从花垣小学到花垣民族中学，只隔一条马路。朱镕基总理一边走，一边听着学校负责人介绍。走到一对石狮面前，朱镕基总理停了下来，面对石狮，他感慨万千，仿佛又回到了50多年前那意气风发、挑灯苦读的峥嵘岁月。他十分激动地走上前去，抚摸着石狮的头，深情地说："57年了，这真是57年一摸啊！大家都来摸一摸，摸一下，至少可以当个副总理"。本来，几个部长都想去摸一摸，听朱镕基总理这么一说都退了回来。随后，朱镕基总理还参观了花垣县民族中学的陈列室，并主动与随行的花垣县干部群众合影留念。

吉首大学是湖南的骄傲

4月7日下午，朱镕基总理乘车从花垣返回。大约17时50分，朱镕基总理的专车在无数双期盼的眼睛注视下，缓缓地开进了吉首大学的校门，汽车行驶到图书馆前停了下来。朱镕基总理走下车来，在省委书记杨正午的介绍下，与学校党委书记马本立等一一亲切握手。早已等候在图书馆前台阶上的千余名师生再也抑制不住激动的心情，雷鸣般地欢呼起来："朱总理，您好!朱总理，您辛苦了!您是中国人的骄傲，您是湖南人的自豪!"朱镕基总理笑容满面地向师生们频频挥手致意，眼里噙着激动的泪花。然后，朱镕基总理一边视察校园，一边听着学校负责人的介绍。

吉首大学创建于1958年，是经国务院批准办在湖南西部的一所省属综合性大学，也是湘鄂川黔四省边区唯一的综合性大学。学校已面向全国12个省（市）招生，在校学生已达15000余人，专任教师500多人，正副教授300余人；有12个教学院（系）部，30个本科专业，涵盖9大学科门类；已先后为国家培养各类毕业生25000余人，取得了一批开发前景较好、直接服务地方经济建设的科研成果，为湖南省少数民族地区和边远山区经济建设和社会发展做出了突出贡献。

朱镕基总理一边听着吉首大学的发展历史和近几年来在教学与科研方面所取得的可喜成绩，一边欣赏着绿色葱茏、湖光潋滟的校园景色，不一会儿，就来到了一座横跨风雨湖上的玉虹桥上。这时，风雨湖的堤岸上，玉虹桥的台阶上已是人山人海，前来一睹朱总理风采的大学生们越来越多，掌声、欢呼声响成一片，风雨湖变成了欢乐的海洋。省委书记杨正午向师生们做了一个“暂停”的手势，掌声和欢呼声便嘎然而止。朱镕基总理笑容满面地向学生们大声呼唤：“同学们好！”“总理好！”学生们的欢呼声响彻云霄。朱镕基总理便拉长声音大声说道：“吉首大学是湖南的骄傲！”此时，学生们激动得欢呼雀跃，掌声雷动。朱镕基总理接着又说：“同学们，你们很热情，也很守纪律！我希望你们好好学习！中国一定会富强！中华民族一定会屹立于全世界！希望寄托在你们身上！”激动的师生们对朱镕基总理的每一句话都报以热烈的掌声……

这次应该去凤凰看一看

4月8日下午，湘西州委常委会议室里，座无虚席，春意浓浓。朱镕基总理正在聚精会神地和州县乡干部座谈。凤凰县委书记滕万翠如数家珍般地介绍着凤凰旅游业的发展前景：我们凤凰山清水秀，人杰地灵；自然景观与人文景观融为一体，概括起来有“九个一”——一是一座青山抱古城，国家森林公园南华山把古城紧紧围抱，17500亩的森林植被把凤凰装扮得更加亮丽；二是一条石板街从远古走向现在，每一块石板都记载着土家、苗、汉各族人民的传奇故事；三是一湾清秀的沱江河水穿越而过，清澈见底；四是一排吊脚楼培养了中国一批名画家，记载着这里的民俗风情；五是一座古城堡，即黄丝桥古城，是中国大地上保留最完整的一座唐代古石城；六是一座大石桥即乌巢河大桥，是目前世界上第一大石桥；七是一个奇梁洞，天下奇景一洞收，上有天堂，中有十里画廊，下有地下龙宫；八是一道南方长城，始建于1615年，横跨凤凰192公里，雄伟壮观；九是一批名人的故居铸就了这里丰厚的文化底蕴，民国内阁总理熊希龄，世界文豪沈从文，著名画家黄永玉，都是凤凰人，他们都是从这里走出湘西，走出湖南，走向世界的。

滕万翠介绍到这里，指着会议室墙壁上挂着的一幅山水巨照说：这就是我们的凤凰山水。顿时，会议室热闹起来，个个对凤凰如诗如画的景色赞叹不已。朱镕基总理突然问：“凤凰离这里多远？”杨正午书记回答：“52公里。”朱镕基总理又问：“公路好不好？”滕万翠回答：“是209国道”。朱镕基总理非常关切地说：“你要发展旅游，关键是交通。”滕万翠介绍说：“贵州铜仁机场今年7月份就要通航了，离凤凰县城只有28公里。”朱镕基总理饶有兴趣地说：“我们这次还是应该到凤凰去看一看。”杨正午同志急切邀请：“请总理走一趟。”顿时，会场响起一片热烈的掌声。

4月8日下午，朱镕基总理一行乘坐汽车仅一个小时就来到了凤凰。首先站在沱江河上的凤凰大桥眺望着凤凰县城的全景，朱镕基总理连说“凤凰不错，凤凰不错”。然后走到石板街，参观了沈从文的故居，听了讲解员对沈从文生平的介绍，朱镕基总理盛赞沈从文是个天才。最后来到设计独特、构造精美的虹桥上，欣赏着周围的景色。远远望去，青山环抱，南华山森林公园郁郁葱葱；虹桥近处，一排排独具民族风情的吊脚楼，伴着楼下的潺潺流水，使人仿佛进入了“小桥流水人家”的意境。朱镕基总理看着这美不胜收的景色，心旷神怡，欣然应邀挥笔题写了“凤凰城”三个大字。

湘西州关键是要改善生态环境

朱镕基总理湘西一行作了一系列重要指示。特别强调的是要改善生态环境，调整产业结构，改进干部作风。

总理一行从花垣返回吉首的途中，当汽车行驶到吉首矮寨镇阳孟村时便停了下来，朱镕基总理兴致勃勃地走进了一户名叫杨再保的农户家里，朱镕基总理和夫人劳安与杨再保夫妇在火塘边并排坐着，亲切地拉起家常来。朱镕基总理指着火塘中间一个生铁铸成的三脚架问道："这三脚架是做什么用的?"杨再保"嘿嘿嘿"地笑着回答："这是用来架鼎锅煮饭炒菜的，冬天还可以烤火取暖。"朱镕基总理有点忧虑地问："用三脚架长期烧柴煮饭炒菜，森林怎么保得住?生态环境怎样改善?要下决心节省能源，推广烧煤，推广沼气。"4月8日上午，朱镕基总理听完州、县、乡的同志汇报后，说的第一个问题就是要改善生态环境。他说："当前的湘西，包括张家界、怀化，关键是要改善生态环境，除了退耕还林这个很重要的政策措施外，要抓农村能源结构调整。湘西地区如果到处都是草木葱茏，参天大树，那时旅游发展起来是最大的门路，到凤凰去游历史文化名城，才有兴趣。"

4月7日上午10时许，朱镕基总理一行来到花垣县麻栗场镇尖岩山农业综合开发的示范现场，一个身穿苗族服装的中年妇女笑容满面地迎上前来，双手捧着总理的手自我介绍道："我是麻栗场镇党委书记龙翠梅。"朱镕基总理一边听着小龙的介绍，一边望着初具规模的翠绿色猕猴桃基地，关切地问："这是公家的，还是私家的?"小龙回答："这是连片规划，分户经营。"朱镕基总理满意地点了点头。又问："现在猕猴桃多少钱一斤?"小龙回答："两块钱一斤。"朱镕基总理笑了笑说："那是以前，现在只有五六毛一斤了。我们调整农村产业结构一定要认真研究市场。"4月8日上午，在"三农"问题的座谈会上，当听到彭对喜同志汇报"九五"时期湘西州调整农村产业结构，实施"八七"扶贫攻坚取得明显成效时，朱镕基总理露出了欣慰的笑容。当中财办副主任段应碧谈到湘西要调整产业结构发展特色农业，粮食不是这个地方的优势的时候，朱镕基总理显得很兴奋，禁不住插话道："不要强调粮食自给自足，粮食自给自足不是变成自然经济了?现在粮食有的是，仓库里在烂掉。要帮助农民，什么东西赚钱就种什么，什么东西市场需要就种什么，粮食不是你们的优势。现在全国统一大市场，是一个市场经济，要发挥各地的地区优势。有优势的地方要多生产。说到工业问题，朱镕基总理态度十分明朗。他说："工业发展一定要考虑可持续发展问题，还是要把生态环境的改善放在最前面。工业不要随便搞，绝对不要随便办'五小'工业，搞这些东西都是背包袱，钱都是白花，也不符合可持续发展的战略，把环境污染了，把生态破坏了。"朱镕基总理一边说一边提醒国家扶贫开发领导小组副组长胡富国同志："扶贫的项目要十分小心，千万别去扶什么工业项目，扶贫要扶到点子上。"

朱镕基总理还十分重视干部作风问题。他一再强调："政府的职能要转变，我们政府不是国民党的政府，也不是过去计划经济体制下的政府，要过渡到社会主义市场经济轨道上来。我们的领导干部的作风应该是实事求是的。现在讲究的是市场，讲究的是科学决策，讲究的是政企分开，不能够想干什么就干什么，要按照规律来办，要实事求是、脚踏实地做起。我们的干部要加强学习，提高自己政策思想水平，要适应当前形势的发展。"

朱镕基总理一句句语重心长的话语，一声声诚挚殷切的嘱托，现在正化作湘西州260万土家、苗、汉各族儿女的自觉行动。相信湘西州的明天会更好。

(三)菊秋古城话发展①

——吴邦国凤凰考察记

2005年10月31日至11月1日，中共中央政治局常委、全国人大常委会委员长吴邦国，率领中共中央政治局委员、全国人大常委会副委员长王兆国，全国人大常委会副委员长兼秘书长盛华仁，中央外办主任、外交部副部长戴秉国等领导，对凤凰县进行了考察。

健步登临南长城

深秋时节，阳光和煦。10月31日下午，吴邦国委员长的专机平稳地降落在贵州铜仁机场，中共湘西州委主要负责人等领导到机场迎接。下午5时许，车队缓缓停在了南方长城的脚下，委员长在中共湖南省委书记杨正午的介绍下，与凤凰县“五大家”主要负责人一一握手。

委员长一行兴趣盎然地迈上了南方长城的台阶。台阶共有六百多级。为了照顾后面的人员，委员长沿路休息了三次。快要登临东门外的小石坪时，古朴热闹的苗家唢呐声、锣鼓声一齐响了起来，东门城楼上飞出了苗家姑娘的歌声。委员长走到苗家唢呐手身边，主动地和他们握手。3个土生土长的农民根本没有心理准备，紧张得连手也不敢伸出来。委员长握着他们的手问道：“你们是苗族吗，这是唢呐吧，能不能吹一段让我们听一听？”杨正午书记说：“他们就是当地的苗族。”又转过身去说：“你们就吹一个拜堂成亲的吧”“行，那我们就吹一曲拜堂曲。”喜庆欢快的唢呐声久久回旋于山涧……

在东门外的碑记前，委员长不时地询问南方长城的历史文化和基本情况。站在南方长城里面的草坪上，看着地上一块很大的围棋盘，得知这里曾举办了两届中韩围棋邀请赛和炎黄圣火采集仪式以及2003年湖南旅游节闭幕式等大型活动后，委员长高兴地说：‘南方长城过去是明清王朝镇抚苗民的产物，现在却是历史文化遗产，要好好地利用呀……旅游是富民产业，凤凰发展文化旅游产业是对的，可以带动老百姓尽快脱贫致富，一定要大力发展”。

挥毫泼墨赞凤凰

11月1日上午8点半，吴邦国委员长一行到达凤凰县城之后，开始了古城考察。走过虹桥的一家葫芦丝小店，委员长饶有兴趣地拿起葫芦丝，吹起了悠扬悦耳的《月光下的凤尾竹》，大家都想不到委员长竟有如此特长爱好，都为他的平易近人和多才多艺而折服，现场响起了热烈的掌声。

参观了东门城楼，考察了杨家祠堂后，沿着古街道前行，两位苗家大嫂自发地唱起了苗歌，委员长驻足聆听，尽管没有听懂苗歌，但他依然兴趣浓厚，微笑着说：“你们唱得很好”。

参观了熊希龄故居后，委员长一行沿着文星街步入朝阳宫稍事休息。碰巧，凤凰书画院的艺术家们正在此笔会。吴邦国委员长特别感兴趣的是绘画，他愉快地走到了田儒龙大师的玻璃吹画面前，认真而又细致地观摩。参观完毕，吴邦国委员长在宣纸上挥毫写下了“凤凰古城”几个大字。

委员长一行还考察了张氏姜糖店，品尝了美味的特色食品。参观了熊承早蜡染店，观摩了张桂英的扎染工艺。委员长说：“这些民间工艺要大力开发，形成规模，形成品牌，才能走向世界。”到了沈从文故居，委员长怀着对一代文学大

①湘西土家族苗族自治州年鉴编辑委员会编:《魅力湘西》(1957–2007),长沙:湖南人民出版社,2007年9月,第10~11页。

师的敬意，在宣纸上写下：吴邦国，二〇〇五年十一月一日于沈从文故居。

考察队伍边走边聊，到了虹桥艺术楼。艺术楼上的苗家姑娘向委员长一行介绍凤凰的山水景观和人文历史。修葺一新的吊脚楼鳞次栉比，远处灰砖青瓦、飞檐走角的屋宇在沱江两岸各抱地势，错落有致，清澈的河水与古朴的吊脚楼交相辉映。此时，凤凰县阳戏剧团精心准备了地方戏曲为委员长一行献艺，随着一阵阵的锣鼓声响起，艺术楼里洋溢着欢快热闹的气氛。吴邦国委员长兴犹未尽，挥笔题下："天下凤凰美"。

字斟句酌情谊深

11 月 1 日下午两点多钟，凤凰县党政领导向吴邦国委员长汇报了有关古城保护和申报世界文化遗产的工作后，委员长说："保护古城就是保护文化，抢救文物也就是抢救文化，一定要把这些事情做好！"

回到北京的吴邦国委员长对凤凰申报世界遗产问题，分别向国家发改委、国家文物局作出批示——"马凯同志：在湖南工作的几天，湖南省领导谈及凤凰城的保护问题，县里领导送来二份材料，转请你批示。吴邦国 /11.1"，"单霁翔同志：在凤凰县参观时，县里送来关于申报世界文化遗产报告，转请你批示。吴邦国 /11.1"。国家发改委和国家文物局按照指示立即作出回应：国家发改委、建设部在"十一五"规划中给凤凰古城列入近 2 亿元的保护资金，国家文物局决定将凤凰古城增补进入中国世界文化遗产预备名单，并表示将继续加大对凤凰古城保护和申报世界文化遗产工作的指导和支持力度。

(四)湘西苗族考察纪要①

石宏规

1. 弁言

余家世居永绥，关于苗族之生活，习惯，风俗，语言，理应洞悉，惟自幼入学就傅，鲜有接近机会，稍长复负笈外游，相去益远。十七年倦游归来，有志从事苗族之考察，且进而求实现。总理国内民族一律平等之主张，卒因事牵，愿莫之遂，今夏中央研究院特派考察湘西苗族专员凌纯声，研究员芮逸夫，助理员勇士衡，前来考察，相约结伴偕往，欣然从之。计自六月四日由凤凰出发，道经廖家桥，乐豪，雅拉营，凤凰营，岩板桥，老洞，石灰窑，总兵营，大马，鸟巢河，新寨，斗沙，龙角洞，鸭堡寨，隆朋，科甲，大龙洞，高岩河，岩尾坡，大新寨，矮寨，平浪，镇溪，雅溪，乾城，湾溪，竿子坪，三拱桥，得胜营，清溪哨，黄土坳，奇梁桥，而返原地。途行九日，休息于新寨与乾城亦九日。同行者，除凌芮勇三人外，尚有新编陆军第三十四师独立旅副旅长戴季韬，湘西屯政处副处长熊子霖，凤凰县政府秘书王悦岩，凤乾绥三县边境绥靖处副处长唐文儒，凤凰县苗族代表吴文祥，乾城苗族代表石岩山，永绥苗族代表龙麟章，及苗疆各县士绅左唯一，陈少难，陈子光，陈荫生，田人文，刘组平诸君。兹将考察所得，撮要纪之：

2. 苗字之意义及苗族古时之发明

汉族入主华夏，庞然自尊，自谓为神明之胄，而于异族，恒以夷狄蛮貊俨狁獠猖猓猡称之，不指其好乱逞兵，即目为蠢好犬豕。独于苗族则不然；世传苗族为槃瓠子孙，或谓为黄帝曾孙卞明

①湘西州人民政府办公室、湘西州地方志办公室编：《湘西州年鉴(1996—2000)》，北京：五洲传播出版社，2001 年 10 月，第 510~516 页。

之后，究竟苗与汉，系同一祖先抑系别种，实不可考，姑置不论。然按说文草生于田谷日苗，又云植物出生亦日苗，则以苗字民族之义，实显示其民族躬耕力田，以农业为生活之根本，并无鄙视及阶级畛域之见存乎其间，今人昧于古义，常以苗字讥人，而苗族亦以为不美之名，讳莫如深，吁，何其谬也!夫苗族乃中国之主人，世界最古之民族，洪荒之世，披荆折棘，以启山林，实有大功于中国，今仅就其发明试略言之；中国农业，其始发明者，载籍盛称神农，然实与苗族有莫大之关系。盖苗族为中国之原始民族，其原始生活，亦为农业生活。汉族来自葱岭，沿黄河而东，其生活纯恃游牧，与今之蒙古民族相类，后因代出明君，渐向东侵，遂因气候环境之关系，由游牧进而业农，其农具及耕种之方，全系取法于苗族而加以改良，汉族夸大喜功，掠苗人之美而为己之发明，湮没至今，无人道及，此其有功于中国者一也。中国古代，战争之器，皆极拙劣，及蚩尤兴，乃有利器，史称蚩尤好乱喜功，作刀戟大弩。又山海经云："蚩尤作兵伐黄帝。"管子地数篇云："蚩尤受金作兵。"由上观之，则刀戟大弩兵皆作自蚩尤，又史记五帝纪正义引龙鱼河图日："蚩尤兄弟八十一人，皆铜头铁额"。使蚩尤而果铜头铁额也，黄帝安能擒而杀之。意其时：蚩尤必戴甲胄，而汉族因未见此物，骤视蚩尤之甲胄，遂疑其铜头铁额也。洎乎蚩尤败亡，此等武器归于汉族，遂因以仿造以为后日战争之利器，此其有功于中国者二也。上古之世，汉族之教重术数，苗族之教重鬼神，楚语曰："少皞之衰，九黎乱德。"（按九黎蚩尤皆属苗族）民苗杂糅，不可方物。夫人作享，家为巫史，无有要质，民匮于祀。盖当时苗族以奉神信巫为其教义，而汉族因重术教，而轻鬼神，故尝思扶灭其教义。吕氏春秋召类篇云："尧战于丹水之浦，以服南蛮，舜却苗民，更易其俗，禹攻曹魏，屈惊有扈以行其教。"盖欲更易其俗而从汉族之教也。然虞夏以前，汉族先哲，不信鬼神，及周以降，则术数与鬼神并重。夫迷信神道，由今观之，固不足取，然在上古之世，民无智识，借之以劝善儆恶，未尝无所禆焉，此其有功于中国者三也。苗族之在中国既有此三大功，今人岂可食其惠而鄙视之，訾议之，而苗裔之子孙，又岂可不自尊其祖重其族，甘效数典而忘其祖乎？

3. 苗族之南迁

苗族初居黄河沿岸，其势甚盛，迨汉族由帕米尔高原东徙，逐之而据其地，史称："黄帝战蚩尤于涿鹿之野，舜窜三苗于三危。"苗族力不从敌，乃由抵抗而屈服。故虞书有云："舞干羽于两阶，七旬有苗格。"自斯以还，苗族南迁。史载"周宣王二年荆楚蛮叛，王命方叔讨平之。"按荆楚即今湘鄂赣皖诸省也。吴起曰："三苗之国，左洞庭而右彭蠡。"洞庭彭蠡，亦为荆楚之地，即当时苗蛮之混合场也。又汉武帝时，武陵五溪诸蛮迭叛，帝命刘尚马援先后讨之，按武陵五溪，今之常桃以上及黔东各县也。故自周以后，苗族由洞庭彭蠡间，复分窜而入湘西广西云贵及蜀之东南，今湘西苗人酬傩愿戏唱其神之出路，系由桃源县之桃源洞为出发点，中经郑家驿、界亭、马底、辰阳诸驿而达于酬神之家，足征湘黔之苗，古时胥由武陵迁来，益征今日之苗，昔时统称曰蛮，然言蛮实可以概苗，言苗未足以概蛮也。东汉而后，苗汉相安，史少记载，直至明季，苗乱始萌，至清乾嘉而祸益烈，始则苗人受制于蛮，继则离蛮而独树一帜，苗蛮之分，自明始矣。

4. 苗族之区域及人口

苗族南迁之地，上文已详言之，此间所指之区域，系湖南之凤凰，乾城，永绥，古丈，保靖五县是也。此五县位处湘西边陲，东接泸沅，西接黔蜀，南连辰麻，北毗永龙，山水险阻，素为苗族栖息之区，其人口与所占面积，综计各占五县二分之一，以此推之，苗族散居湖南之晃县、靖县，通道，绥宁等县及滇桂黔等省者为数当不少也，五县中苗族之最多，首为永绥，凤凰，次为乾城，保靖，至古丈则苗仅占一隅，为数不及二万耳。

5. 苗族之种类及语言

苗族避处西南林谷，自成风尚，鲜与外族往还，而中国政治，向以汉人私入苗地县为厉禁。

有明以前，苗族内幕，罕有知者，清季乾嘉后，此禁稍弛，惜国人漠视。记载不详，以致对于苗族，仅以其所尚衣带首帕之色，而别之曰红苗，青苗，花苗，白苗等名称，然其生理上是否有别，未可知也。其语言，咿哑拗舌，亘古不变，但因散处各地，语音亦各有不同，古无之物，如茶烟枪炮火柴煤油之类，仍采汉音，其卷舌重浊，今犹昔也。兹择其普通基本语言，分类选译于下，并附苗歌一首于后。

（1）**衣帽类** 单衣曰窝鸭，夹衣曰窝夹，棉衣曰窝机炉，青衣曰窝貌，蓝衣曰窝扑，长棉衣曰窝机炉斗，短棉衣曰窝机炉类，帽子曰果帽，鞋子曰硝配，靴子曰果靴，裹脚曰果处，衣领曰果朵，裤子曰及苟。

（2）**动植矿物类** 马曰大美，牛曰大欲，羊曰大容，鸡曰大戒，犬曰大规，猪曰大摆，猴子曰大难，蛇曰大能，狼曰大交，鱼曰大谋，虎曰大脚，鹅曰奴恩，鸭曰奴索，竹曰个老，桃曰被怪，梨曰被茶，李曰被李，柿曰被蛮，栗曰被若，豆曰比怒，谷曰李白，苞谷曰波若，麦曰高目，稻草曰枷浓，铜曰铜，铁曰卵，金曰格，银曰恩，锡曰练。

（3）**身体类** 身曰禾丢，头曰破卑，面曰靠巴，眼曰捞界，耳曰懂谬，鼻曰巴留，口曰加卵，颈曰松空，肩曰膊际，手曰过头，腹曰过递，舌曰过面，齿曰过鲜，发曰过篦，背曰嘴柱，股曰架布，脚板曰板糯，脚趾曰被大糯，人高曰缮乃，短曰哑，貌美曰生如，貌劣曰身佳。

（4）**数目类** 一曰阿，二曰偶，三曰补，四曰彼，五曰罢，六曰左，七曰中，八曰亿，九曰脚，十曰谷，百曰阿摆，千曰阿串，万曰阿万。

（5）**器物类** 背笼曰果箕，箱曰果袋，鼓曰果依，锣曰果金，锁曰果索，戥曰且恩，秤曰告且，鸟铳曰炮，刀曰果滕，柴曰果夺，一碗曰阿者，升曰果响，斗曰果斗，杯曰阿杯，碗曰果嘴，号曰喇，书曰头，桌曰记北，椅曰阿构，罐曰果矮，灶曰阿灶，锅曰阿完，三脚曰阿扛，筷子曰阿走，锅铲曰假劳，面盆曰白渣美，脚盆曰阿本渣糯，帕子曰尚美，盐曰纠，油曰线，茶油曰线务，桐油曰线头油，小米曰槽侬，糯米曰槽糯，粘米曰槽渣。

（6）**称呼类** 祖父曰阿谱，祖母曰阿躬，父曰阿爸，母曰阿妳（米），伯父曰阿岭，叔父曰阿么，兄曰阿那，弟曰代沟，姐曰阿雅，妹曰阿沟，子曰代代，女曰代帕，姑曰阿猛，姨曰能龙，外公曰阿打，外婆曰阿大，舅曰阿敬，媳曰能，孙曰伽，夫曰抱，妻曰琶，亲家曰巴注，客人曰果乍，苗人曰果雄，大官曰猛贵，小官曰得贵，兵曰遣，当兵曰出遣。

（7）**自然界类** 天曰大霸，地曰大豆，日曰奈，月曰纳，云曰甲度，风曰箕，雨曰龙，雪曰培，火曰必斗，水曰务，天晴曰好内，天雨曰达龙，天晚曰茫内，天明曰们。

（8）**饮食起居及通常语** 吃饭曰咙利，吃茶曰咙东有，早餐曰咙利朝，中餐曰咙利徒，晚餐曰咙利莽，饮酒曰呼酒，饮茶曰呼己，吸烟曰呼烟，睡觉曰保目，起来曰销梦，大曰辽，小曰削，哭曰研，笑曰遭，看见曰在目，讲话曰布睹，解小便曰格茶，解大便曰格枷，肥曰胀，瘦曰瘠，洗澡曰故务，读书曰透头，上山曰扭揉，赶场曰赶场，冷曰拢，热曰硝，欠债曰该债，还债曰毕降，公道曰布理，不公道曰屈布理，是曰宁，不是曰几宁，坐曰仲，起曰销，嫁女曰送代帕，完婚曰堂帕，有丧曰达内，葬人曰凉内，祭祀曰楚肱，杀人曰打乃，打人曰搏乃，耕田曰疏那，犁土曰疏卤，问路曰内乃沟，知曰矮，不知曰屈矮，多谢曰几靠。

以上所译，乃本凤乾绥三县之苗语，虽各地音调略有区别，然于动物则以大字冠之，称呼则以阿字冠之，名物则以果阿窝被等字冠之，则皆相同，且其音或义，多与汉语相类者，究不知苗学汉，抑汉学苗耶？

（9）**贺接亲苗歌** 奈姥蕊纽部当出，底舍底研囊后天！哑嘴多蕊怕大冗，二层多兰丢莽了，不挑奈胆作东出，囊冗多丢九连宝，金花多蕊银花红，天成佳隅同到老。有缘沙多龙配凤，白虎青龙沙的搏，囊碑总当缸买封，补仙老豆发告老。

汉译：良辰吉日结了婚，欢天喜地乐融融！一贺娇妻如龙美，二庆嘉宾满座中，好比旭日东方涌，龙获至宝喜无穷!金花银花交辉映，佳偶天成偕老终。有缘才得龙配凤，白虎必须合青龙，神仙下凡赐吉语，坐看他年受朝封。

6、苗族之生活及职业

苗族初迁湘西，多居山峒，故有峒苗之称，嗣后结草为庐，以蔽风雨，今也贫著仍如其旧，富者大厦崇垣，耸以碉楼，惟不喜开窗，以至室内暗黑，空气阻滞，宅之左右，或设火床，高二三尺，长宽不一，宛如大榻，中设火炉，炊爨坐卧其上，正堂无神龛，相传火床上之中柱下，即为祖先所在地，忌客坐之，贫者室内多无间壁，翁姑子妇兄弟妯娌终日劳作。登其堂，则一目了然，牛马猪羊丛栖一室，殊欠清洁。其所衣者，纯为布质，由棉自纺而自织者，间用土绢，实居少数，至于舶来品，未尝见焉。

其所食者，多苞谷，燕麦，番薯，豆类等杂粮，米则市之。大宾至，则宰牛羊猪以享之，每块大至二三两，除油盐外，鲜有香料，汉人食之，鲜能下咽，彼辈酣饮大嚼，饶有味也。其职业，百分之九十九业农，田则种稻，山野则斩其榛芜，火焚后，再行开垦，播以杂粮，所谓刀耕火种是也。迩来生齿日繁，峭壁悬崖，垦辟殆尽，终岁胼手胝足，独不免于饥寒，诚可悯也。男妇赤足裹头，俱勤耕作，腰系火链，背负竹笼，不畏雨雪，不避风霜，披星戴月，备极劳苦，虽竹木铁石等匠作，亦自任之。苗境内，山峦重叠，交通不便，无大市集，常于适中之地，定期交易，名曰赶场，日期为一、六、二、七、三、八、四、九、五、十不等，各随其场之便，而定每五日一场。届期男女各携其所出之品，如米粮家畜布疋花带斗笠农具等出售，而易盐及所需之物以归，场之大而较繁盛者，为凤凰之得胜营，子竿、鸭堡寨、鸦拉营、乾城之大兴寨、永绥之卫城、龙潭、麻栗场等处，其他无足述也。苗人朴实无文，不尚虚浮，勤劳节俭，乃其美德；好讼仇杀，为其恶习。非交易不入市，非诉讼不进城，甚有终身未离乡井数十里者，其保守顽强，可想知也。

7. 苗族之婚丧及服饰

苗族婚丧，极为自由，古无同姓不婚之嫌，归化后，此风渐息。今其嫁娶亦由父母主持，谋妁相通，酒肉以为聘礼，嫁之日，轿马鼓吹，俨同汉礼。贫者新妇自擎雨伞步行，兄弟亲属负衾枕送之，迄抵夫家，无合花烛之仪，无祭祖谒亲之礼。往贺者，各携酒肉匾对或土产以进，酒酣耳熟，互唱苗歌，以示贺意，新郎之亲族，必各招待酒食一餐，谓之吃排家饭，初婚三日，夫妇不能同宿，须待送婚者将所赠之衣物照价索值，名曰取娘钱以去后，乃成为配偶，夫妻不睦，随时可以脱离。如系男方主动，须给女方赡养之费，如系女方主动，则当予男方另娶之资；经凭中证，立字毁婚，不必经法庭正式手续，今所谓结婚离婚绝对自由者，苗族行之久矣。丧葬之礼，古无衣衾棺椁之殓，衰麻织带之服，人死以筊卜之，随其所卜之地，掘窟三四尺，镶以木板，置尸其中，以土封之。后三日，割牲覆墓，邀亲戚食饮，初丧之日，家人哭泣，亲友各以土物吊之，主人则椎牛设饮，谓之送哭；今则多采汉制，几无区别。其服饰，则男女满襟青蓝布衣，头缠青、白、花帕，手带银钏，腰束以带，颈环项圈，跣足髭须，状颇雄武；其妇人耳垂银环，辫发盘头，外裹大帕，项圈手钏，重叠佩带，有重至数十两者，衣较男子稍长，斜领直上，富者扣纽均以银制，衣袴裾鞋之周缘，刺绣花卉，深合图案，红绿辉映，鲜艳可观。女子未嫁者，额头中分，示与妇别也。

8. 苗族之技击及医药

苗族强悍，著自古昔，被迫南迁，实不获已，舍中原之故居，而入山峦瘴疠之地，为自卫计，为适合环境计，于技击医药二端，当各有其特长。今试简略言之；凡苗族富厚之家，对于国术，常延专师以课其子弟，贫者必联合醵金以为之，拳术，刀棍，梭标，挡钯，铜叉，铁钢诸项，逐一习之，农暇辄以鸟铳猎取禽兽，每射必获，能跨怒马，奔驰峻阪，以故身体坚强，力敌数人，男者负百斤以上，越山履险，疾如奔马，女者赤足天成，负重任劳，不亚男子，产后能饮冷水，藉使污血速清，其身体之强可知也。病者常请巫师祈祷，画符水以祛鬼怪，间亦有以药疗者，其药皆采自附近山谷，名色诡异，非方书所载，谓之草药，或吞或敷，奏效甚捷，往往有枪伤刀砍，痛不可支，一经化水，血痛立止，肿胀渐消，不数日而愈者，亦奇事也。

9. 苗族之政治及教育

苗族智识幼稚，几无政治组织。然聚族而居，不免外族侵凌，于是孔武有力者，群戴而为之长，受制土司。清初改土归流，乃设官直接以辖之。嘉庆苗乱平，更于凤、乾、绥、保、古五县，先后共设苗守备三十二员，千总六十五员，把总一百二十六员，外委二百六十三员，苗兵五千名，选苗族中优秀而明达者任之官，层递约束、分管散苗。凡苗人格斗窃盗口角，悉由缉拿调处。相沿日久，流弊渐生，今充斯职者，多不兴利除害，望我贤明政府，慎选而善驭之可也。又苗族向无文字，自无教育之可言。归化后，率多慕化读书，嘉庆时，辰沅永靖道傅鼐，乃于五县苗巢中，分设义馆七十，接馆入苗乡之浅深，年授谷十六石或二十四石不等，选品行端正文字清通之生童，充任馆师，专课苗民子弟；另于每县中，酌定新籍（苗民）附生名额，犹恐苗疆文风弇陋，与通省士子较艺，难于角胜，故请于乡试中规定凤乾永保四县苗民，另编田字号，增加额外举人一名，以示鼓励，而坚其向上之心，从此苗民声教日隆，举人秀才辈出，而以知县教谕之官于外者，颇不乏人。科举废，学校兴，而苗民负笈于常、长、京、沪者，时有所闻，民十，陈统领渠珍驻防保靖整军之暇，竭力提倡教育，除资送苗民优秀子弟游学外，更于苗乡中，每乡规定设立小学五所，已达学龄之儿童，劝令就学，违者责其父兄。当时弦歌之声，遍及苗疆，设非川黔军两次破坏，则汉苗同化工作，或告完成。年来黔省内战不息，散枪败卒，伙同苗匪蚁聚乾凤绥毗连之松铜边境，杀人越货，无所不用其极，夕发黔境，朝掠楚民以归。苗乡学校，或因经费支绌，或因地方糜烂，相率停顿，富者迁徙一空，贫者流离失所，苗民之生计日蹙。今更逸居无教，设狡桀者，煽惑而利用之，铤而走险，其祸曷可胜言。溯自嘉庆以来，百余年汉苗相安无事者，纯赖傅重庵（名鼐）观察经营计划于前，凡三厅古板及接近苗疆之泸麻相度险要，建立碉卡，安设营屯。计口屯田，分兵防苗，丁司耕守，兵专雕剿，于是民安其业，兵足于食。更以官垦新垦官赎捐赎诸田，以为奖赏祭祀兴学育才养济育婴之费，教抚兼施，恩威并用，流风善政，卒以维持百年治安。入民国又赖今三十四师陈师长渠珍苦心治理，念年坐镇，缘陈氏生长凤凰，出身湖南将弁学校，历充四十九标队官，及川边大臣赵尔丰部下管带，驻藏有年，颇著勋劳，鼎革归来，充任湘西镇守使田公凤丹之参谋长及团长等职，民九田公倦勤，陈氏继统其众，时吾湘为南北军事上之焦点，陈氏不愿内争，首以保境息民为职志，继以自著良心论训其军，剿匪抚民，竭尽心力，以故地方安宁。致有世外桃源之称。民十四五两年，川黔军各以数万之众，不克摧毁陈氏者，乃军民合作之效也。陈氏对于苗民一视同仁，凡有一技之长，靡不量才录用，以是苗众归之，近以苗匪跳梁，边区备受蹂躏，乃积极以谋补救之方，贫者资其财以复耕种，富者劝升学以广教育，恐土匪之出没无定，专遣军农大队常驻苗巢，实行开垦，兼资保卫，又虑苗民无组织无训练也，乃于五千苗兵中，调集三分之一，组织黑旗大队，教以技击及军事常识，更番训练，增其自卫能力，藉图永久治安，是陈氏治理苗疆，可与傅鼐后先比美矣！

10. 苗疆之鬼神及娱乐

苗人亦为信奉多神教之民族，凡天地日月风云雷雨山川怪异，靡不尊之为神，而畏鬼信巫，今昔无异，尤为他族所罕见。人病则日有鬼，延巫占之，或祭天地，或祀祖先，或椎牛，或接龙，或赎魂，或酬傩，咸以巫师一言以为断，虔诚叩许，择期举行，其祭祖先，须用自喂花头花尾大豮猪一只，又稍小者一只，碗烧蜜蜡，（代香）杯盛以酒，巫师手摇铜铃，口念苗语，另置长约三尺之大竹筒（巫师素备为做鬼必不可少之物）于一旁，击之跫然有声，未几宰大猪之左肘，置于篾筐，筐之左右，各立男女一人，斯时衣长衫有衣领及蓄发者（暗指汉人），不能接近，目不能视，犯了谓惊其鬼，必勒赏所费，复祭于前，筐内之肉，必遗之舅辈，家人及同姓均不能食，否则必为猛兽所伤，屡试屡应，未敢稍犯。若遇暴病，则祭天王（即三王此地土神），宰大黑牛一只，取腑脏杂煮以祀神，肉则分给亲友。祭太后（三王之母）不用牛而用猪，草扎茅人，张伞覆之，服饰胥如苗妇，盖像其形而祭之，每于小暑前，由辰日起，巳日止，谓为三王忌日，禁屠宰，不衣赤，不作乐，稍不谨，则灾异降临，其虔诚如此，遇冤抑争执，必告庙祀神，刺猫血滴酒中饮以盟心，谓之吃血，常有官不能判之案，一经吃血，遂即了事，按三王庙仅于湘西及贵州有之，尤以乾州之鸦溪者为最大而最灵效；但三王事迹，传说纷纭，有谓为汉时竹王三郎神者；有谓为马伏波昔乘白马征苗，土人敬而祀之者；有谓为靖州土人平苗有功者；有谓为南宋时鸦溪有杨姓处女浣于溪，有感而孕，生三子，依母为姓，及长英武有神力，以三十六人杀苗九千，事闻于朝，天子召之，归赐鸩酒，行至桃源白马渡，开坛饮之，均毒死，故苗人畏而敬之，以上诸说，概不足信，究竟三王系汉系苗，抑系土人，生于何时何地，莫由考证，要之其与苗族有深切关系，可以断言；若谓为平苗有功，苗民敬畏，而何于近代之傅鼐，独不敬畏乎？其接龙即客民谢土之意，用白母猪花豮猪各一头，小豮猪二头，白鸡一只，堂中遍悬彩纸，巫师虔请五方之神，鼓锣齐鸣，炮声震天，亲友来贺，必盛服从事，日当午，主妇戴银质莪冠（重数十两，专为接龙而戴）衣锦绣及百折花裙，偕巫师赴井接龙，众客随之，主人恭候门外，待其归，以吉语与主妇互相问答，事毕，以碟砂与酒盛碗中，另以碗覆之，瘗于堂中，以安龙神。至椎牛诚为苗族最大祀典，古时极为盛行，自傅鼐严禁后，仅于边远丰裕之家行之。十月农毕，先以小豮猪二头祭财神，十三日后复以花头花尾黄牯一头祭大财神，然后以白黑水牯各一，黄牯一，自喂大母猪一，小猪二，择日宰杀，约会亲友乡邻，届期男女毕至，少长咸集，结棚于寨外，主客皆盛服治容，郑重将事，宾至互燃炮以示贺意，祭时系黄牯于花柱上，主人揖其舅而授以矛，舅还拜受之。揖四方后，举矛刺牛，余以序刺，旁一人持水随所刺而泼，不使血凝于地，牛仆，视其首之所向以卜休咎，向其室，则谈笑相庆，以鬼来歆，否则众皆愀然不乐，苗巫鸣铎诵咒，各敲鼓鸣金吹角掌号烧柴以祭，祭毕，以一腿遗先祭者，谓之背腿。余皆悬诸室内，另烹他牛，置酒款客，使男女美而善歌者，衣华服，戴折角巾，击鼓为戏，名曰跳猴儿鼓，其法一人执木棒击鼓腰，男女各执短杵，左右旋绕，跳击而歌。其名有美女梳头，霸王举鼎，古树盘根，及挖耳等，举手顿足，疾徐应节，今之欧西摩登跳舞，苗族行之数千年也。歌罢，男女杂坐，欢呼畅饮，戏谑嬉笑，无所不至！甚有相悦而为桑中之行，亦不之禁，盖乐甚则流于无礼耳。每逢废历正初，醵会玩龙，或耍狮子，叠方桌十余张，高至数丈，最上则四脚朝空，舞狮子者，由卑而高，张头缩脚，或俯或仰，或卧或兴，诸态毕现，回环上下，若履坦途，非精练国术者鲜能之，又或广场建秋千，四人或八人同在一轴上旋转，实系娱乐而兼运动之法也。苗乡除锣鼓大号喇叭及笙外，无他特别乐器，故不赘述。

11. 苗乡之景物及气候

苗乡山峦重叠，森林丛错，水寒气湿，烟雾迷濛，温度常在摄氏二十度左右，冬季有降至零下四度者，永绥之卫城，凤凰之新寨，为苗乡中之高原，气候尤为特别；盛夏不觉炎热，冬常积雪数尺，冷刺肌骨，故苗民终年裹头，不去手帕，盖不如是，不足以御外界之山岚瘴气也。苗乡之风景，足为吾人注意者，为凤凰之大龙洞，乾城之小龙洞，景奇利薄，洵堪探索，按大小龙洞，位于凤乾绥三县之交，为武水上源，相距二十余里，高原之水，胥伏流由二洞而出，直泻而下，声若奔雷，居民敬畏，故以龙石名，数里之外，震耳欲聋，对山远望，则见水花四溅，白雾迷濛，绝壁千尺，飞帘悬空，亦奇观也。测其水源，高度均为七百余尺、每秒水流之量，为一百立方尺，乃吾国有数之大瀑布，苟善利用以发电流，可振数十万马力。政府能注意而发展之，则苗民生活实业，咸利赖无穷。他如永绥之石栏杆，岩柱矗立，直入云霄，数多形怪，宛如一畴竹林；乾城之天门山，峭壁千寻，羊肠蜿蜒，有类蜀道；乃因交通梗阻，湘中瑞士，乏人游历，遂致湮没不彰，诚可慨也!苗乡产物，动物除普通家禽家畜外，颇多野产，如鸟类中之鹌鹑、雉鸡、寒鸡、班鸠，兽类中之果子狸、毛兔、野狗及虎豹豺狼之属；植物有稻、麦、菽、荞、高粱、玉蜀黍、番薯及松、柏、杉、枞、漆、樟等，矿产以永绥之铅，凤凰之朱砂、水银，为最著名；而天门山峒之硝土，可以肥田，每至夏季，乾、凤、绥农民前往采掘者，络绎于途，亦堪称为湘中之智利硝也。

12. 清乾嘉年间苗变之始末

苗族据西南边区，恃山水险阻以为固，人稀地广，饥寒无虞，故步自封，无志竞进，故自东汉以后得相安无事者，亘二千余年。洎乎明季，苗乱始萌，及于乾嘉，卒成燎原之祸，岂苗人好乱成性，抑别有原因在耶？考明季凤凰原为五寨司，与竿子坪长官司均隶保靖宣慰使。镇溪千户所，则隶于永顺宣慰使，司使各职，咸择土人夙有智勇为苗蛮所信服者任之，迨后袭职者恣睢暴戾，苗民不堪其扰，边患以兴。清自入主中国，削平三藩，统一宇内，对于苗族，经营不遗余力，设治置官，分兵戍守，急欲限制苗族势力发展。时永绥旧城孤悬苗巢（今永绥卫城），城外土地、胥为苗有，不肖客民，重利盘剥，或以物易地，附郭原野，客民占据日广，苗民生齿日益繁殖，生活愈趋困顿，官吏不加抚恤，反多压迫朘削，于是桀骜者，倡言逐客民，复故地，乾隆五十九年（1794），歃血于鸭保寨吴陇登家，适松桃大寨苗石柳邓妖煽其党，铜仁知府会营弁捕之，遁入楚境，遂纠众攻陷大塘汛，焚掠松桃正大营，正月十八日永绥黄瓜寨苗石三保，焚掠永绥鸭堡汛，副将伊萨纳，同知彭凤尧，率兵六百前往捕剿，镇筸总兵明安图，亦领兵军于军寨以防乱，廿一日，往会永绥兵于雅西汛，是夜三保等集众万余，围鸦西寨，焚民居，凤凰鸭保寨苗吴陇登，苏麻寨苗吴半生，乾城平隆苗吴八月，同时蠢动，清军药尽援绝，二十三日伊萨纳等被戕于永绥之排打扣，苗众遂围绥城，攻镇竿，次日乾州三岔坪苗吴廷举，亦率众陷乾州，同知宋如椿，巡检江瑶死之。旋出泸溪，烧浦市，远及麻阳永顺等县，秀山苗闻讯，亦倾巢出攻石堤等处，清廷闻警，二月急命云贵总督福康安，率云南总兵花连市（后升提督），督兵征讨，四川总督和琳，率提督穆克登阿，总兵袁国璜等统兵会剿，领侍卫额勒登保德楞泰参赞军务，闰二月会师松桃，破石柳邓于大寨，毁其巢，留贵州提督彭廷楝驻正大营。乃合兵入湖南，三月总兵花连市，湖南提督刘君辅，宜昌总兵张廷彦，会攻永绥之花园，隆团，鸭堡汛，解永绥围。四月大营分五路会攻黄瓜寨，苏麻寨等处，破之，石三保、吴半生遁走。适湖广总督调任两江总督福宁，欲疏通镇筸粮道，率兵由狗扒岩进，苗众扼险败之。比时湖广总督毕沅，驻扎辰州，专理军储饷糈，闻兵溃，苦不能救，五月刘君辅兵败于永绥鸭堡汛，退守隆团，绥城复被围。同时苗众猛扑镇筸城，清廷乃增调四川将军观成，荆州将军公兴肇，各率兵至镇筸，与永州总兵苏灵协力击却之。七月大兵与苗众激战于大鸟巢河，九月随营知县傅鼐，生擒苗目龙乔六、龙八会于马鞍山斩之，旋合攻高斗寨，擒苗首吴半生献俘京师。十月克大天星寨，攻鸭保，首苗吴陇登降，并诱擒吴八月以献，八月其子廷礼、廷义益纠众肆扰，自十二月至嘉庆元年四月，鏖战于凤凰之暴木营、火麻营等处，磔吴八月于军，续调两广云南四川兵六万前来协剿，五月贝子福康安卒于军，和琳督领其众，提督刘君辅诱擒石三保于拗溪，献京师，六月和琳亲统大军，连破马鞍山，尖云山，黄连坡。田头冲，至二炮台，尽毁乾州城外木城石卡，移师入城。八月大军由乾州攻平隆，激于强虎哨，旋破麻里湾，墨斗溪，天塘舖等地，同时总兵袁国璜于北路之花园擒石柳邓之党羽石代噶，解军磔示，是月和琳卒于军，领侍卫内大臣额勒登保代总军务。九月大军以次攻克黄土坡，杏口洞等处，进营大坝角，北路驻永绥提督穆克登阿攻剿永绥附近之补林、洞口各寨，斩苗首龙三章、石老寨等，驻兵隆团，总兵袁国璜擒苗目石必文，送大营斩之。十月钦差广州将军明亮，新授湖南提督鄂辉同来苗疆，分兵五路会攻平隆，破之，焚吴八月庐舍，戮其子廷礼之尸。是月提督穆克登阿破蜡夷苗寨，擒斩颇多，永绥六七里苗寨均降；未几复破田家坡、打字坡、岩板、铜木、知耳等苗寨，总兵苏灵张廷彦，擒痴苗石八月、石七月，李二、刘七官等解营磔之，苗势渐衰。十二月初三日，大军攻克贵鱼坡，两叉湾等险要；初五日，额勒登保等分兵四路会攻石隆，其地接平隆后山，山势险峻，鸟道迂回，寨落棋布，实为首乱者之巢穴。经额勒登保领纶布春等督兵从坡下仰攻于前，明亮由两叉湾绕出猛击于后，大破之，阵斩苗首石柳邓。生擒其养子老乔，毙其党羽无算。是月吴陇登复擒石三保幼子老宜，吴八月之侄廷梁，复缚八月之次子廷义，石柳邓之子老贯、老二，石三保之子满宜老有以献。二年二月，分兵剿攻散苗疏通乾绥道路，三月苗乱底定，大军撤移。是役起自乾隆乙卯，迄嘉庆丁巳，清廷倾七省之兵十余万以讨之，大小百余战，死亡相枕藉。考其祸之起因，不在苗而在为虎作伥之清廷官吏，重施压迫以激成之。汉苗同受其害，苗众原无仇汉之心，因愤清廷之暴而间接及于汉人之为清廷爪牙者，余此次道经鸭保寨，乡老举先辈传说以相告：谓“吴陇登当起事之日，不徒不加害汉人，且特别保护”。故鸭保寨至今成为苗汉枢纽，繁盛市场。又据苗防备览所载：“当时百户百端苛索，苗民不堪其苦，乃群起倡乱”，书曰：“抚我则后，虐我则仇”。由此观之，石柳邓、石三保、吴八月、吴半生等，纯为自救以抗满清乱命，死亦荣也。百余年来，国人慑于专制淫威，讳不敢言，致以苗逆目之，岂不冤哉！今也满清余孽，窃据东北，甘作倭奴傀儡，死灰复燃，祸乱方殷，吾人倘不急起图之，则嘉定扬州之屠杀，事实俱在，抑不知苗族中，尚有如石柳邓等与国人共起以扑灭之者乎？

结论

苗族者，中国之主人，世界最古之民族也，观其上古时代之发明，实大有功于中国，苟以崇德报功之典论之，其位置当在满蒙回藏诸族之上，乃于清季则以皂下奴隶之民族目之。鼎革以还，号曰共和，而苗族又不得列于五族之内，所谓民族平等者，果如是乎？今伪满建国东北，甘作倭奴傀儡，西藏僻处西南，附英引狼入室，外蒙高倡独立，回疆变乱纷乘，塞上敌骑，纵横自若，漠北千里，名存实亡，强邻各谋鲸吞中国以自肥，五族已兆分崩离析之现象，独为人摈弃落伍之苗族而能与汉族休戚与共，亲若兄弟，此岂意料所及哉？愚意共和之上冠以种族，范围甚隘，殊不适当，中国固不止五族，舍苗而外，尚有其他，即以人口多者为代表，而苗亦不亚于满，仅以五族称之，反足以乱国民之心志；譬诸家庭焉，有子六人，末者尚在襁褓中，人问有子若干，必当以六子应之，不能以其稚而不与于数焉。又若长者均成立授室，各藉外援以求分爨，惟襁褓者安闲无扰，时以笑颜相承，而家庭间可不厚遇之乎？秉政诸公，日为权利意气之争，争城争地以战，对于民族之团结，情感之融和，畛域之消泯，以及筹边固圉雪耻图强诸端，从未计及，木朽蛀生，授外人挑拨利用之机，致酿目前之乱，不但失地不能恢复，不平等条约未能废弃，近且版图日削，隐患四伏。倘不毖后惩前，急图补救，几何其不为印度朝鲜之续？夫苗族既无负于中国，且僻居西南林谷，勤俭力作，守法奉公，可称良民，近以天灾人祸，交相逼迫，农村经济宣告破产，自给自足之家，百无二三，粮无隔宿者，比比皆是，苗族之整个生活问题，已濒险境；孟子曰：“无恒产而有恒心者，惟士为能。”语云：“衣食足而后礼义兴。”今苗族无衣，无食，无教，责其循规蹈矩，勉为顺民，岂可能乎？为未雨绸缪，防患未萌计，特就管见所及，草拟发展苗疆办法于后，甚盼党政诸公，教育当局，一注意焉。

一、建筑苗疆碉堡——湘黔边境，为苗族栖息之所，其中万山丛错，道路崎岖，民俗强悍，匪盗猖獗，大兵清剿，此击彼窜，彻底肃清殊非易易。溯自清代苗乱勘定以后，傅鼐于苗疆各属要害，建筑碉堡，分兵驻守，百余年来，相安无事，惟今昔情势不同，地形之夷险亦因之变迁，昔日以防苗为主要，今日以安苗为急务，欲求苗民安定，当师傅鼐陈法，于苗巢大寨，择要建筑堡垒，平日各安生业，有警足资捍卫，庶免迁徙奔避，致失生业，即无重兵镇摄，而众志成城，亦可安如磐石。

二、调节苗民经济——苗族生活，纯赖农业，第以所处区域山多田少，土质硗瘠，终岁辛劳不获一饱。最近外界经济势力，侵及苗疆，苗族生活益形困难。此次考察所到之地，村寨凋敝，不堪入目，苗民穷蹙，无力自救，长此不图，即长懦者日削月剥，势必辗转沟壑，成为饿莩，狡黠者，呼群引类，难免不铤而走险，是则苗族经济之调节，实为目前切要工作。至进行步骤：第一应组织苗族农村银行，调查苗民之无力耕种者，实行信用借款，俾苗民不受高利贷之盘剥；其次组织生产消费合作社，以团体力量，抵制外来经济势力之压迫。经济充裕以后，关于农业之改良，矿产之开发，交通之建设，森林之培植，均可按步实行。

三、发展苗族教育——苗族僻处万山之中，交通梗阻，知识锢蔽，向无文化可言。清代苗乱平息后，始设官兴学，当时文化逐日进展，歌诵之声，几遍苗疆。但昔日读书识字者，仅限于少数富苗，多数贫苦者，仍属惰懵昧昧。民国以还，各苗区学校，虽经陈统领一度提倡，设置甚多，近因经费不充，或因地方不靖，相率停顿，存者亦不过形式而已。兹宜切实调查苗区学龄儿童，就其需要，筹备的款，将已有之学校，逐一而恢复之，应增之学校，分年而建筑举办之，已达学龄之儿童，限令就学，讳者罚其父兄，青年可造者，由政府酌量津贴，资送国内外专门大学，以期深造，似此生聚教养，十年之后，苗民文化，当不难与汉族并驾齐驱矣。

四、奖励汉苗通婚——自黄帝征蚩尤，迄今已四千余年，汉苗界限，仍未泯灭，其所以形成此界限者，固由于血统语言风俗宗教之不同，抑由汉族未尽兄长之义务。今欲合汉苗为一家，必须提倡汉苗互通婚姻，非若现时汉人娶苗，而不嫁苗之单方面通婚可能成功也。

以上所陈，仅举其荦荦大者，倘能逐一行之，则风俗之改移，语言之更易，服饰之变换，均当迎刃而解，鄙见如斯，未知当否？深望有志改进苗族者，勿吝教而指正焉。

中华民国二十二年十月（1933年11月）于永绥县

索　引

索引主要编制目与子目、表格和人物部分，序言、凡例、目录、总述、注释、附录、编后记没有编入；目录中排列的篇、章、节已具备检索功能，不再重复。人物索引收录人物传传主，其他篇章中涉及的人物没有收录。标引词尽量简化。目与子目做标引词含义不明时，提炼主题词。表格索引的标语词省略前面的时间和区域。索引按标引词首字的汉语拼音音序排列，首字相同，按第二个字音序排列，依次类推。标引词后面的阿拉伯数字表示内容所在页码。

目与子目索引

A

B

C

D

E

F

G

H

J

K

L

M

N

P

Q

R

S

T

W

X

Y

Z

表格索引

C

D

F

G

H

J

K

L

M

N

Q

R

S

T

W

X

Y

Z

传记人物索引

编后记

《湘西土家族苗族自治州志（1989—2010）》是继首轮《湘西州志》（1999年版）出版之后，在中共湘西州委领导下，由州人民政府主持编修的《湘西州志》续志。1999年版《湘西州志》下限为1995年。鉴于1988年底湘西州行政区划变动，原州辖大庸市和桑植县划归新设地级大庸市，湘西州辖区由8县2市调整为7县1市，故二轮州志上限定为行政区划调整的起始年，即1989年；与首部州志重叠7年。

2009年11月，《湘西土家族苗族自治州志（1989—2010）》编纂工作开始启动。州委、州政府成立第二轮《湘西州志》编纂委员会，州委书记任顾问，州长任编纂委员会主任，州直部门主要负责人和各县市长为成员。编纂委员会下设编辑部，编辑部设州人民政府地方志办公室，与州政府地方志办公室合署办公，州人民政府秘书长兼任主编，州人民政府地方志办公室负责人任副主编，并主持编辑部日常工作，牵头组建编纂班子，同时聘请6位退休老同志共同参与州志编修工作。

2010年2月，二轮州志进入全面编辑阶段，全州138个承编单位与州政府签订编纂州志目标责任状，有承编人员290余人，按照“广征博采、考证核准、甄别提炼、精编严审”的编纂要求，开始搜集资料。2011年5月，县市和州直部门资料收集基本到位，并分别编写资料长编。2012年5月，编成资料长编500余万字，随即正式编撰志稿。2013年5月，召开第一次统稿修改点评会，邀请湖南省地方志编纂委员会专家提前介入，并对志稿中的民族、扶贫、城建、旅游、教育、文化等篇章与承编人员进行沟通，系统指导。2014年5月初，完成统稿总纂330万字。5月9日，召开州级《湘西土家族苗族自治州志》评审会，与会的有州直保密、档案、党史、法律、经济、军事、统计等部门负责人和专家。在会上，首先对州志评审稿给予了充分肯定，认为志稿架构宏大、结构合理、内容翔实，是一部基础较好的湘西州地情书稿。同时提出意见建议总共3667条，包括篇目调整、资料挖掘、内容补充、数据核对、重大事件核实、特色突出等诸多方面。省地方志编纂委员会领导和专家对评审稿作出书面点评。州人民政府地方志办公室及其编辑部在认真吸收各方面意见建议的基础上，进行了实地考察、史料甄别、资料补充，重点围绕突出地方特色、民族特色、时代特征，把湘西州的自然风光、人文景观、民族风情、精准扶贫、旅游开发、基础设施建设、退耕还林、老苏区建设及县市篇等内容予以升格或详加记述。经过增删修改，至12月，形成近200万字的评审稿。

2015年1月，《湘西土家族苗族自治州志（1989—2010）》（评审稿）提交湖南省地方志编纂委员会及省内13个市、湘鄂渝黔周边市县区和湘西州有关领导及专家学者审读。5月26日至27日，湖南省地方志编纂委员会在吉首州民族宾馆召开《湘西土家族苗族自治州志（1989—2010）》评审会，省地方志编纂委员会党组书记、副主任易介南，中共湘西自治州委、州人大常委会、州人民政府、州政协领导叶红专、彭武长、龙靖波、龙德忠等出席会议并讲话，与会专家学者对《湘西土家族苗族自治州志（1989—2010）》（评审稿）提出意见建议5120条。根据评审意见，各责任编辑对志稿进行了认真修改，其中篇目调整90余处，补充资料150余处，调整记述140余处，纠错改写1560余处。例如交通篇增设“交通运输管理”内容；人事、劳动、民政分为两篇；民俗与方言合篇；档案、地方志工作移入文化篇等。对台事务、计划生育、民族宗教、军事人防等方面由相关部门审查把关。

2016年，国务院办公厅颁发《全国地方志事业发展规划纲要（2015—2020）》，对地方志编修工作提出了更新更高要求。州人民政府地方志办公室认真贯彻《纲要》精神，组织精干力量对《湘西州志(1989—2010)》再行打磨，再作精修，对重要数据的缺失、误差等请相关部门加以补充、校核，尽力不留硬伤，以期打造成一部质量上乘的佳志。至2017年8月，数易其稿，终于形成《湘西土家族苗族自治州志（1989—2010)》终审验收稿，报送省地方志编纂委员会验收。9月，省地方志编纂委员会下达批复，同意《湘西土家族苗族自治州志（1989—2010)》报州人民政府批准后公开出版。州人民政府地方志办公室按照批复要求进行了认真修改，州人民政府办公室及时印发《关于校核新编〈湘西土家族苗族自治州志〉稿的通知》，要求各单位对所涉及志稿内容再次进行成书前审核校对。州人民政府地方志办公室对各单位上报的签字盖章校对稿进行了全面梳理和校核。同时，按照新时代志书图文并茂的要求，由州人民政府办公室牵头召开会议部署图片征集工作，补充征集高质量图片150张。

2018年2月，形成报州人民政府送审稿，共计199.7万字、189张图片。3月，州人民政府审定，同意《湘西土家族苗族自治州志（1989—2010)》公开出版。5月，经方志出版社规范性审查，7月付梓发行。

编修《湘西土家族苗族自治州志（1989—2010)》是一项浩大的文化工程，涉及全州各级、各行各业、各个部门，凝聚着组织领导者、资料图片提供者、志稿编撰者等众多参与人员的心血，是集体智慧的结晶，在此一并表示谢忱。

由于编纂者水平有限，书中难免出现疏漏与差错，诚请广大读者批评指正。

编者

2018年7月